Peter Forstmoser
Arthur Meier-Hayoz
Peter Nobel

Schweizerisches Aktienrecht

Dr. Peter Forstmoser
Professor an der Universität Zürich

Dr. Arthur Meier-Hayoz
em. Professor an der Universität Zürich

Dr. Peter Nobel
Professor an der Universität St. Gallen

Schweizerisches Aktienrecht

Verlag Stämpfli+Cie AG Bern · 1996

Zitiervorschlag:
Forstmoser/Meier-Hayoz/Nobel, Aktienrecht

Stand der Bearbeitung:
1. Oktober 1995

© Verlag Stämpfli+Cie AG Bern · 1996

Gesamtherstellung:
Stämpfli+Cie AG, Graphisches Unternehmen, Bern
Printed in Switzerland

ISBN 3-7272-0889-9

Dank

Die Verfasser sind für mannigfache Unterstützung bei der Niederschrift dieses Buches dankbar.

Zu nennen sind vorab die Mitarbeiterinnen und Mitarbeiter (in alphabetischer Reihenfolge): Conrad Appenzeller, Irene Busch, Max Gerster, Willi Jäggi, Christian Köpfli, Catrina Luchsinger Gähwiler, Marcel Moser, Lorenzo Olgiati, Ulysses von Salis, Beat Spörri, Reto Waidacher, Gabriella Weber, Christoph Widmer. Sie haben – als Assistenten oder Substituten – überbordendes Material gesichtet und geordnet, zu zahlreichen Rechtsfragen Stellung bezogen, die Register erstellt und die administrativen Arbeiten bei der Drucklegung erledigt. Für ihren engagierten Einsatz gebührt ihnen unser herzlicher Dank.

Frau Rosemarie Linder hat – unterstützt durch einige Kolleginnen – in unermüdlicher Arbeit eine druckfertige Vorlage erstellt und dabei auch da und dort Vorschläge eingebracht.

Dr. Walter Meier hat die zahlreichen in den Text eingestreuten steuerrechtlichen Bemerkungen korrigiert und teils redigiert, Dr. Urs Bölsterli die zusammenhängende steuerrechtliche Darstellung der §§ 64–66 durchgesehen. Die Übersicht zur Rechnungslegung (§ 51) wurde durch Prof. Dr. Conrad Meyer einer kritischen Durchsicht unterzogen, die der Revisionsstelle (§§ 32–35) durch Prof. Dr. Carl Helbling. Frau Gisela Müller und Herr F. Huber haben ihre Erfahrung im Kapitalmarktrecht eingebracht. Mitarbeiterinnen und Mitarbeiter der Handelsregisterämter der Kantone Zürich und Basel gaben zu Fragen der Registerpraxis bereitwillig Auskunft. Ein besonders herzlicher Dank gebührt erneut Herrn Fürsprech Hanspeter Kläy, dem Kenner der Aktienrechtsreform und des Registerrechts, der auch zu dieser Publikation zahlreiche Informationen beigesteuert hat.

Dankbar sind die Verfasser endlich vielen Kollegen und Freunden aus Lehre und Praxis für mancherlei Anregung.

Die Verfasser

Vorwort

1976 haben die Autoren eine für Studenten konzipierte «Einführung in das schweizerische Aktienrecht» vorgelegt. 1980 folgte eine zweite überarbeitete Auflage, 1983 eine dritte unveränderte.

Nach der Zäsur, die das Inkrafttreten des neuen Aktienrechts am 1. Juli 1992 brachte, wurde auf eine weitere Überarbeitung der «Einführung» verzichtet. Vielmehr präsentieren die Verfasser ein neues Buch, das breiter angelegt ist und nicht nur die Grundzüge des Aktienrechts aufzeichnet, sondern auch Einzelfragen behandeln will. Damit soll den Bedürfnissen der Praktiker, die schon die «Einführung» – mehr als erwartet – beigezogen haben, vermehrt Rechnung getragen werden.

Die aktienrechtliche *Literatur* ist in den letzten Jahren enorm angewachsen. Zahlreiche Wiederholungen und Überschneidungen sind die zwangsläufige Folge. Es wurde daher darauf verzichtet, jede Aussage mit einer Reihe von Belegstellen zu versehen. Vielmehr erfolgen die Literaturhinweise selektiv, wobei vor allem Standardwerke und leicht zugängliche neuere und neueste Publikationen berücksichtigt wurden. (Die Auswahl ging nicht ohne Willkür vonstatten, wofür die nicht erwähnten Autoren Verständnis haben mögen.) Ausführlichere Angaben finden sich zu umstrittenen Fragen des revidierten Rechts.

Dem Bedürfnis der Praxis entsprechend, aber auch im Hinblick auf den didaktischen Wert wird dagegen die *Judikatur* (und vor allem diejenige des Bundesgerichts) ausführlich referiert.

Um den unterschiedlichen Bedürfnissen nach einer *Einführung* für das Studium und einem *Handbuch* für den Praktiker gerecht zu werden, ist der Text auch optisch strukturiert: In Normalschrift werden die Grundlagen präsentiert. Vertiefungen, die vor allem den Praktiker interessieren und dem Studenten allenfalls zur Illustration dienen können, sind in Kleinschrift gesetzt. In den Fussnoten schliesslich werden Einzelfragen behandelt und finden sich Hinweise auf weiterführende Literatur und vor allem Judikatur.

Im Interesse der Konsistenz erschien es wünschenswert, dass die Darstellung des materiellen Aktienrechts im wesentlichen aus einer Feder stammt, eine Aufgabe, der sich mit der Abfassung der §§ 1–3, 6–60 und 67 P. Forstmoser unterzogen hat. Von A. Meier-Hayoz stammen verschiedene, in sich geschlossene Teilabschnitte. Auch stützen sich die einführenden §§ 1–3 stark auf die von ihm verfasste Darstellung in der früheren «Einführung». P. Nobel hat die §§ 4, 5, 61, 63–66 sowie 68 verfasst. Alle Autoren haben durch Kritik, zahlreiche Anregungen und Ergänzungen auch auf die nicht von ihnen redigierten Abschnitte eingewirkt.

Eine abschliessende Bemerkung: Das revidierte Aktienrecht ist nun seit gut drei Jahren in Kraft. Überraschend viele der zahlreichen Unklarheiten des Gesetzestextes konnten inzwischen bereinigt werden, zu mancher Ungereimtheit existiert bereits eine gefestigte Lehre, allenfalls gar ein höchstrichterlicher Entscheid. Trotzdem befinden sich Doktrin und Praxis noch immer im Stadium des Kennenlernens des neuen Rechts. Auch den Autoren muss es daher gestattet sein, da und dort noch klüger zu werden.

Zürich, im September 1995

Peter Forstmoser   Arthur Meier-Hayoz   Peter Nobel

Inhaltsübersicht

Detailliertes Inhaltsverzeichnis		XIII
Literatur		IL
Abkürzungen		LIII
1. Kapitel: Grundlagen		1
§ 1	Der Begriff der Aktiengesellschaft	1
§ 2	Der gesetzliche Typus der AG und das Problem der atypischen Ausgestaltung	13
§ 3	Interessen und Interessenkollisionen im Aktienrecht	31
§ 4	Geschichte der AG und Werdegang der Reform von 1968/1991	51
§ 5	Der Geltungsbereich des schweizerischen Aktienrechts	69
§ 6	Die Rechtsquellen des Aktienrechts	87
2. Kapitel: Statuten und weitere innergesellschaftliche Rechtsgrundlagen		91
§ 7	Wesen und Auslegung der Statuten	91
§ 8	Der Inhalt der Statuten	99
§ 9	Die Form der Statuten und die Anforderungen an die Beschlussfassung	113
§ 10	Rechtsfolgen bei der Verletzung statutarischer Vorschriften	115
§ 11	Das Organisationsreglement	117
§ 12	Weitere innergesellschaftliche Rechtsgrundlagen	121
3. Kapitel: Die Gründung		125
§ 13	Grundlagen	125
§ 14	Die Errichtung der AG	131
§ 15	Besonderheiten der qualifizierten Gründung	143
§ 16	Das Entstehungsstadium: Anmeldung der AG beim Handelsregisteramt und Eintragung in das Handelsregister	153
§ 17	Gründungsmängel und fehlerhafte Aktienzeichnung	163
§ 18	Rechtshandlungen für die werdende Gesellschaft	169
4. Kapitel: Die Organe der AG und ihre Funktionen		173
§ 19	Der Organbegriff	173
§ 20	Die Organe der AG und ihre Funktionen	177
§ 21	Die Verpflichtung der AG durch ihre Organe	185
5. Kapitel: Die Generalversammlung		191
§ 22	Die Befugnisse	191
§ 23	Die Organisation	201
§ 24	Die Beschlussfassung	221
§ 25	Anfechtbarkeit und Nichtigkeit von Generalversammlungsbeschlüssen	247
§ 26	Exkurs: Sonderversammlungen im Aktienrecht	269

6. Kapitel: Die aktienrechtliche Exekutive, insbesondere der Verwaltungsrat .. 277

§ 27 Begründung und Beendigung des Verwaltungsratsmandats; Zusammensetzung des Verwaltungsrates 278
§ 28 Die Rechtsstellung des Verwaltungsratsmitglieds 293
§ 29 Die Organisation der aktienrechtlichen Exekutive 323
§ 30 Die Aufgaben des Verwaltungsrates; Möglichkeiten der Kompetenzdelegation 335
§ 31 Verwaltungsratssitzungen und Beschlussfassung im Verwaltungsrat ... 355

7. Kapitel: Die Revisionsstelle 365

§ 32 Wählbarkeitserfordernisse; Begründung und Beendigung des Mandats der Revisionsstelle 366
§ 33 Aufgaben und Verhaltenspflichten 375
§ 34 Der Konzernrechnungsprüfer insbesondere 395
§ 35 Exkurs: Die Sonderprüfung 401

8. Kapitel: Die aktienrechtliche Verantwortlichkeit 419

§ 36 Die aktienrechtliche Verantwortlichkeit im allgemeinen 419
§ 37 Verantwortliche Personen und Pflichten im einzelnen 441
§ 38 Exkurs: Verantwortlichkeit nach öffentlichem Recht 451

9. Kapitel: Aktionäre und Partizipanten 453

§ 39 Grundsätzliches zur aktienrechtlichen Mitgliedschaft................ 455
§ 40 Die Rechte des Aktionärs 485
§ 41 Schranken der Kapitalherrschaft und des Mehrheitsprinzips im Aktienrecht 529
§ 42 Die Pflichten des Aktionärs 537
§ 43 Verurkundung der aktienrechtlichen Mitgliedschaft und Aktienbuch.. 543
§ 44 Erwerb, Verlust und Übertragung der Mitgliedschaft 557
§ 45 Gemeinschaftliches Eigentum und beschränkte dingliche Rechte an Aktien 601
§ 46 Partizipanten und Partizipationsscheine 609
§ 47 Exkurs I: Genussberechtigte und Genussscheine 621
§ 48 Exkurs II: Gläubiger, Mitarbeiter und Allgemeinheit 627

10. Kapitel: Kapitalschutz und Rechnungslegung 635

§ 49 Die Kapitalbasis der Aktiengesellschaft 636
§ 50 Aktienrechtliche Kapitalschutzbestimmungen 647
§ 51 Rechnungslegung und Publizität 687

11. Kapitel: Veränderungen des Grundkapitals 721

§ 52 Die Erhöhung des Aktienkapitals. 722
§ 53 Die Herabsetzung des Aktienkapitals 777

12. Kapitel: Die Beendigung der Aktiengesellschaft 819

§ 54 Übersicht 819
§ 55 Auflösungsgründe und Abwicklungsstadium 823

§ 56	Die Liquidation	849
§ 57	Die Fusion	873
§ 58	Weitere Fälle der Beendigung ohne Liquidation	909

13. Kapitel: Gegliederte und verbundene Aktiengesellschaften: Zweigniederlassung und Konzern ... 915
- § 59 Gegliederte Unternehmen: Die Zweigniederlassung ... 916
- § 60 Konzern und Holdinggesellschaft ... 931

14. Kapitel: Besondere Arten von Aktiengesellschaften ... 941
- § 61 Sonderbestimmungen für einzelne Arten von Aktiengesellschaften ... 941
- § 62 Gesetzlich nicht geregelte Sonderarten ... 955
- § 63 Gemischtwirtschaftliche und spezialgesetzliche Aktiengesellschaften ... 979

15. Kapitel: Die Besteuerung der Aktiengesellschaft ... 991
- § 64 Die Besteuerungssysteme der Aktiengesellschaft ... 991
- § 65 Die Steuerpflicht der Aktiengesellschaft ... 995
- § 66 Steuerrechtliche Verflechtungstatbestände ... 1005

16. Kapitel: Die Zukunft der schweizerischen Aktiengesellschaft und die Europäisierung des Aktienrechts ... 1019
- § 67 Die Zukunft des schweizerischen Aktienrechts ... 1019
- § 68 Zur Europäisierung des Aktienrechts ... 1027

Konkordanztabellen ... 1043
  1. Vergleich OR 1991/1936 ... 1043
  2. Vergleich OR 1936/1991 ... 1046

Sachregister ... 1049

Gesetzesregister ... 1083

Inhaltsverzeichnis

Literatur	IL
Abkürzungen	LIII

1. Kapitel: Grundlagen 1
§ 1   Der Begriff der Aktiengesellschaft 1
    I. Definition 1
    II. Die körperschaftliche Struktur 1
        1. Übersicht 1
        2. Die Unabhängigkeit der Existenz der AG vom jeweiligen Mitgliederbestand 3
        3. Rechtsverhältnisse am Gesellschaftsvermögen 3
        4. Die weitgehend zwingend festgelegte, straffe Organisation .. 4
        5. Weitere Konsequenzen der verselbständigten Rechtspersönlichkeit 4
    III. Die AG als Grundkapitalgesellschaft 6
        1. Der Begriff «Grundkapital» 6
        2. Funktion und Schutz des Aktien- bzw. Grundkapitals 7
        3. Die Zerlegung in Teilsummen, Aktien 9
        4. Das Partizipationskapital als fakultativer Bestandteil des Grundkapitals 9
    IV. Ausschliessliche Haftung des Gesellschaftsvermögens 10
    V. Registereintrag als Entstehungsvoraussetzung 11
    VI. Exkurs: Die Bedeutung der Legaldefinition 11

§ 2   Der gesetzliche Typus der AG und das Problem der atypischen Ausgestaltung 13
    I. Schwache Typbindung im Aktienrecht 13
        1. Begriff und Typus 13
        2. Die Elastizität des Aktienrechts 13
    II. Die Frage nach dem gesetzlichen Typus der AG 14
        1. Negative Abgrenzung 14
        2. Positive Umschreibung 15
    III. Das Typusmerkmal der Kapitalbezogenheit 17
        1. Kapitalbezogene Struktur als Typus-, Grundkapital als Begriffsmerkmal 17
        2. Die Kapitalbezogenheit der Mitgliedschaft 17
        3. Zur Möglichkeit personenbezogener Ausgestaltung der AG . 19
    IV. Wirtschaftliche Zielsetzung und Gewinnstrebigkeit als charakteristische Elemente 21
        1. Wirtschaftliche Zielsetzung 21
        2. Gewinnstrebigkeit insbesondere 22
    V. Die typische AG als Publikumsgesellschaft 22
    VI. Einheit des Aktienrechts oder gesetzliche Berücksichtigung unterschiedlicher Realtypen? 23

		1. Gesetzlicher Typus und Realtypus.	23
		2. Berücksichtigung unterschiedlicher Realtypen im Aktienrecht?	23
	VII.	Exkurs: Zur Bedeutung typologischer Betrachtung für Rechtsanwendung und Rechtsfindung.	24
		1. Übersicht	24
		2. Der gesetzliche Typus als generelle Schranke der privaten Gestaltungsfreiheit?	25
		3. Korrektur atypischer Ausgestaltungen im Einzelfall?	26
		4. Typgerechte Auslegung	26
		5. Die Anwendung typgerecht ausgelegter Normen auf gesetzlich nicht geregelte atypische Erscheinungsformen	27
		6. Exkurs: Würdigung der Typologie	30
§ 3	**Interessen und Interessenkollisionen im Aktienrecht**		31
	I.	Übersicht und Problematik	31
	II.	Die Frage nach dem massgebenden Gesichtspunkt für die Interessenabwägung	32
		1. Die Priorität des Unternehmensinteresses	32
		2. Vorrang der Mehrheits- und Verwaltungsmacht in der Rechtsprechung.	32
		3. Doktrinelle Bemühungen	34
		4. Die Haltung des Gesetzgebers	35
		5. Ergebnis	36
	III.	Das Verhältnis der Aktionäre zur Verwaltung.	36
	IV.	Das Verhältnis der Aktionäre untereinander.	37
		1. Arten von Aktionären	37
		2. Beispiele von Interessendivergenzen und ihrer Lösung im Gesetz	39
	V.	Die Interessen der Gläubiger	43
	VI.	Die Interessen der Arbeitnehmer	44
		1. Allgemeines	44
		2. Mitarbeiteraktien	44
		3. Mitbestimmung	45
	VII.	Die öffentlichen Interessen	47
	VIII.	Wirtschaftliche Effizienz als objektives Kriterium für die Lösung von Interessenkonflikten im Aktienrecht?	49
§ 4	**Geschichte der AG und Werdegang der Reform von 1968/1991**		51
	A.	*Aus der Geschichte der Aktiengesellschaft.*	52
	I.	Allgemeine Entwicklung	52
		1. Zur hier befolgten Betrachtungsweise	52
		2. Früheste Ansätze	52
		3. Die AG in der aufkommenden Neuzeit	53
		4. Die Mühen dogmatischer Erfassung	55
	II.	Die Entwicklung in der Schweiz.	56
		1. Die genossenschaftliche Verankerung.	56
		2. Vorläufer	57

		3. Das 19. Jahrhundert vor der Vereinheitlichung des Obligationen- und Handelsrechtes	57
		4. Das Obligationenrecht vom 14. Juni 1881	58
		5. Die Reform von 1936	58
	B.	*Der Werdegang der Revision 1968/1991*	60
	I.	Mängel der Aktienrechtsordnung von 1936	60
	II.	Die Etappen der Reform 1968/1991	61
		1. Erste parlamentarische Vorstösse	61
		2. Der «Geheimbericht» Gautschi vom Mai 1966	61
		3. Einsetzung der Arbeitsgruppe «Tschopp» und erster Vorentwurf	62
		4. Die Überarbeitung des Vorentwurfes von 1975: Einsetzung und Vorentwurf der Arbeitsgruppe «von Greyerz»	64
		5. Die bundesrätliche Botschaft vom Juni 1983	65
		6. Die Behandlung der Aktienrechtsvorlage in den Eidgenössischen Räten	65
	III.	Würdigung der Reform	66
§ 5	**Der Geltungsbereich des schweizerischen Aktienrechts**		69
	I.	Der örtliche Geltungsbereich: Internationales Privatrecht (IPR)	69
		1. Die gesetzlichen Grundlagen	69
		2. Die Inkorporation als wichtigste Basis für die Bestimmung des anwendbaren Rechts (Hauptanknüpfung)	70
		3. Zu den allgemeinen Bestimmungen des IPRG im Bereich des Gesellschaftsrechts	72
		4. Schweizerische Zuständigkeit und Anerkennung ausländischer Entscheide	72
		5. Umfang des Personalstatuts und Sonderanknüpfungen	73
		6. Die Sonderproblematik von IPRG 159	75
		7. Zweigniederlassungen ausländischer Gesellschaften	75
		8. Zur Sitzverlegung von und nach der Schweiz	76
		9. Zur Bedeutung nationaler Kontrolle	77
	II.	Der zeitliche Geltungsbereich: Intertemporales Recht (Übergangsbestimmungen)	79
§ 6	**Die Rechtsquellen des Aktienrechts**		87
	I.	Allgemeines Privatrecht	87
	II.	Spezialgesetze	87
	III.	Kantonales und öffentliches Recht	88
	IV.	Exkurs: Anwendung des Aktienrechts auf andere Gesellschaftsformen	88

2. Kapitel: Statuten und weitere innergesellschaftliche Rechtsgrundlagen 91

§ 7	**Wesen und Auslegung der Statuten**		91
	I.	Wesen und Funktion	91
		1. Begriff und Rechtsnatur	91
		2. Funktion und Wirkung	92
	II.	Das Verhältnis zu anderen Rechtsquellen	93
		1. Statuten und staatliche Rechtsordnung	93

		2. Statuten und andere innergesellschaftliche Rechtsquellen ...	95
	III.	Zur Auslegung der Statuten	96
§ 8		**Der Inhalt der Statuten**	99
	I.	Die Gliederung des Statuteninhalts	99
	II.	Der absolut notwendige Statuteninhalt (OR 626)	99
		1. Allgemeines	99
		2. Die Firma (Ziff. 1)	100
		3. Der Sitz (Ziff. 1)	103
		4. Der Zweck (Ziff. 2)	105
		5. Aktienkapital und Aktien (Ziff. 3 und 4)	106
		6. Einberufung der Generalversammlung (Ziff. 5)	106
		7. Das Stimmrecht der Aktionäre (Ziff. 5)	107
		8. Organe für die Verwaltung und die Revision (Ziff. 6)	107
		9. Bekanntmachungen der Gesellschaft (Ziff. 7)	107
	III.	Der bedingt notwendige (weitere) Statuteninhalt (OR 627 f)	107
		1. Allgemeines	107
		2. Vorschriften über die Beschlussfassung in der Generalversammlung (OR 627 Ziff. 1 und 11, OR 703)	108
		3. Tantiemen und Bauzinsen (OR 627 Ziff. 2 und 3)	108
		4. Die Begrenzung der Dauer der Gesellschaft und andere besondere Auflösungsgründe (OR 627 Ziff. 4, 736 Ziff. 1)	108
		5. Konventionalstrafen bei Nichterfüllung der Liberierungspflicht (OR 627 Ziff. 5)	108
		6. Besondere Formen der Kapitalerhöhung (OR 627 Ziff. 6, OR 628)	109
		7. Wechsel in der Aktienart (OR 627 Ziff. 7)	109
		8. Vinkulierung (OR 627 Ziff. 8)	109
		9. Vorrechte einzelner Aktienkategorien (OR 627 Ziff. 9, 693 I)	109
		10. Partizipationsscheine und Genussscheine (OR 627 Ziff. 9)	109
		11. Beschränkungen des Stimmrechts und des Vertretungsrechts (OR 627 Ziff. 10)	110
		12. Besondere Regeln für den Verwaltungsrat (OR 627 Ziff. 12, 716b, 710, 713)	110
		13. Besondere Regeln für die Revisionsstelle (OR 627 Ziff. 13)?	110
		14. Regelung der Wahl des Vertreters bestimmter Aktionäre in den Verwaltungsrat (OR 709)	110
		15. Abkehr vom wirtschaftlichen Endzweck (OR 620 III)	111
		16. Schiedsgerichts- und Gerichtsstandsklauseln	111
		17. Beteiligung von Vertretern von Körperschaften des öffentlichen Rechts (OR 762 I)	111
		18. Aus Spezialgesetzen folgender, bedingt notwendiger Statuteninhalt	111
	IV.	Der fakultative Statuteninhalt	112
	V.	Besondere Anforderungen an den Statuteninhalt bei einzelnen Gesellschaftsarten	112

§ 9	**Die Form der Statuten und die Anforderungen an die Beschlussfassung**	113
	I. Die Form der Statuten	113
	II. Die Beschlussfassung über die originären Statuten	113
	III. Die Abänderung der Statuten	113
§ 10	**Rechtsfolgen bei der Verletzung statutarischer Vorschriften**	115
§ 11	**Das Organisationsreglement**	117
	I. Begriff und typischer Inhalt	117
	1. Der Begriff	117
	2. Der Inhalt	118
	3. Das Organisationsreglement als Voraussetzung für die Delegation von Kompetenzen	118
	II. Formelle Voraussetzungen und Anforderungen	118
	III. Publizität	119
§ 12	**Weitere innergesellschaftliche Rechtsgrundlagen**	121
	I. Weitere Reglemente	121
	II. Observanz	121
	III. Beschlüsse und andere Rechtshandlungen von Gesellschaftsorganen	122
	IV. Exkurs: Schuldvertragliche Abmachungen	123

3. Kapitel: Die Gründung … 125

§ 13	**Grundlagen**	125
	I. Voraussetzungen für die Gründung einer AG (Übersicht)	125
	II. Theoretische Grundlagen	126
	1. Das System der Normativbestimmungen	126
	2. Zur Rechtsnatur des Gründungsvorgangs	126
	III. Die Stadien des Gründungsvorgangs	127
	1. Die beiden Phasen	127
	2. Die Rechtsnatur der in Gründung befindlichen Gesellschaft	128
	IV. Gründungsarten	129
	V. Vergleich mit den Gründungsvoraussetzungen bei anderen Gesellschaften	130
	VI. Übersicht über die in der Aktienrechtsreform vollzogenen Änderungen	130
§ 14	**Die Errichtung der AG**	131
	I. Übersicht	131
	II. Mindestzahl und Person der Gründer	131
	III. Festlegung der Statuten	132
	IV. Zeichnung und Liberierung des Aktienkapitals	132
	1. Zeichnung sämtlicher Aktien	133
	2. Die Liberierung der gezeichneten Aktien	133
	3. Exkurs: Nachträgliche Liberierung	135
	V. Bestellung der notwendigen Organe	137
	VI. Der Errichtungsakt	137
	1. Die Gründungsversammlung	137
	2. Die Aufgaben im einzelnen	138
	3. Form und Inhalt der Gründungsurkunde	138

		4. Die öffentliche Beurkundung insbesondere...............	139
	VII.	Die Verantwortlichkeit der Gründer......................	141
	VIII.	Sonderfälle..	141
§ 15		**Besonderheiten der qualifizierten Gründung**................	143
	I.	Begriff und Problematik	143
	II.	Die qualifizierenden Tatbestände	144
		1. Sacheinlagen......................................	144
		2. Sachübernahmen..................................	145
		3. Besondere Vorteile zugunsten der Gründer oder anderer Personen..	147
		4. Liberierung durch Verrechnung.......................	147
		5. Kombinationen	148
		6. Nachträgliche qualifizierte Liberierung	148
	III.	Schutzvorkehrungen...................................	149
		1. Allgemeines und Übersicht..........................	149
		2. Besondere Formerfordernisse	149
		3. Rechenschaftsablegung seitens der Gründer............	149
		4. Prüfung des Gründungsberichts durch einen Revisor	150
		5. Offenlegung und Publizität	151
		6. Nachträgliche Liberierung...........................	152
		7. Verantwortlichkeit	152
§ 16		**Das Entstehungsstadium: Anmeldung der AG beim Handelsregisteramt und Eintragung in das Handelsregister**	153
	I.	Die Anmeldung beim Handelsregisteramt..................	153
		1. Das Anmeldungsverfahren	153
		2. Der Inhalt der Anmeldung, Beilagen und Belege..........	154
	II.	Das Verfahren vor dem Handelsregisteramt, insbesondere die Prüfung durch den Registerführer.....................	156
		1. Allgemeines......................................	156
		2. Prüfungsrecht und Prüfungspflicht insbesondere	156
		3. Vorgehen bei positivem Prüfungsergebnis	157
		4. Vorgehen bei negativem Prüfungsergebnis	158
		5. Exkurs: Die privatrechtliche Einsprache gegen die Eintragung	158
	III.	Die Eintragung in das Handelsregister, Inhalt und Wirkungen ..	158
		1. Registerrechtliche Publizität im allgemeinen............	158
		2. Der Inhalt der Eintragung...........................	159
		3. Die Wirkungen des Registereintrages..................	159
	IV.	Die Veröffentlichung im Schweizerischen Handelsamtsblatt (SHAB)...	162
	V.	Exkurs: Die Entrichtung der eidgenössischen Emissionsabgabe .	162
§ 17		**Gründungsmängel und fehlerhafte Aktienzeichnung**	163
	I.	Allgemeines..	163
	II.	Der Grundsatz der heilenden Wirkung des Registereintrages und seine Tragweite	164
		1. Der Grundsatz....................................	164
		2. Die Tragweite	164
		3. Nichtige Aktiengesellschaften	164

	III. Die Auflösungsklage bei fehlerhafter Gründung	165
	IV. Die Haftung aus fehlerhafter Gründung	166
	V. Die vorzeitige Ausgabe von Aktien	166
	VI. Die Aktienzeichnung aufgrund von Willensmängeln	167
	VII. Mangelhafte Liberierung	167
§ 18	**Rechtshandlungen für die werdende Gesellschaft**	169
	I. Die Möglichkeiten des Handelns für die künftige Aktiengesellschaft	169
	II. Handeln im Namen der künftigen Aktiengesellschaft	169
	III. Das Verhältnis zur Sachübernahme gemäss OR 628 II	170

4. Kapitel: Die Organe der AG und ihre Funktionen 173

§ 19	**Der Organbegriff**	173
	I. Die Bedeutungen des Ausdrucks «Organ»	173
	1. Das Organ als Funktionsträger	173
	2. Das Organ als nach aussen auftretender Funktionsträger	173
	3. Der Organbegriff im aktienrechtlichen Verantwortlichkeitsrecht	174
	II. Organe, Stellvertreter und Hilfspersonen	174
	1. Abgrenzungen	174
	2. Die massgebenden Kriterien der Organstellung	175
§ 20	**Die Organe der AG und ihre Funktionen**	177
	I. Unternehmerische Funktionen und ihre Zuordnung zu den Organen der AG	177
	II. Das Verhältnis der Organe zueinander	178
	1. Die Möglichkeiten	178
	2. Die Entscheidung des schweizerischen Rechts	178
	3. Der eigenständige Funktionskreis jedes Organs	179
	4. Ausnahmsweise Eingriffe eines Organs in den Kompetenzbereich anderer Organe	180
	III. Fakultative Organe	181
	1. Freiheit und Schranken in der Bildung zusätzlicher Organe	181
	2. Die Direktion/Geschäftsleitung insbesondere	181
	3. Beiräte und andere Gremien	182
	IV. Fehlen und Handlungsunfähigkeit notwendiger Organe	183
§ 21	**Die Verpflichtung der AG durch ihre Organe**	185
	I. Der Grundsatz	185
	II. Die rechtsgeschäftliche Verpflichtung der AG durch ihre Organe	185
	III. Die Bindung der AG durch unerlaubte Handlungen ihrer Organe	187
	1. Die zivilrechtliche Bindung	187
	2. Zur strafrechtlichen Verantwortlichkeit	188
	IV. Exkurs: Die Bindung der AG durch das Handeln von Stellvertretern und Hilfspersonen	188
	1. Stellvertreter	188
	2. Hilfspersonen	189

5. Kapitel: Die Generalversammlung ... 191
§ 22 Die Befugnisse ... 191
    I. Die unübertragbaren Befugnisse ... 192
        1. Übersicht ... 192
        2. Änderung der Statuten (OR 698 II Ziff. 1) ... 192
        3. Wahlen und Abberufungen (OR 698 II Ziff. 2) ... 193
        4. Genehmigung des Geschäftsberichtes (OR 698 II Ziff. 3 und 4) ... 195
        5. Gewinnverwendung (OR 698 II Ziff. 4) ... 197
        6. Entlastung der Mitglieder des Verwaltungsrates (OR 698 II Ziff. 5) ... 197
        7. Weitere vorbehaltene Gegenstände (OR 698 II Ziff. 6) ... 199
    II. Weitere Befugnisse ... 199
        1. Allgemeines ... 199
        2. Befugnisse der GV im Bereiche der Geschäftsführung? ... 200
§ 23 Die Organisation ... 201
    I. Arten der Generalversammlung ... 201
        1. Ordentliche und ausserordentliche Generalversammlung ... 201
        2. Die Universalversammlung ... 202
        3. Keine Surrogate: Unzulässigkeit von Delegiertenversammlungen und Zirkulationsbeschlüssen ... 202
    II. Die Einberufung der Generalversammlung ... 203
        1. Recht und Pflicht zu Einberufung, Traktandierung und Antragstellung ... 203
        2. Frist, Form und Inhalt der Einberufung ... 207
        3. Traktandenliste und Anträge insbesondere ... 209
        4. Administrative Anordnungen, besonders hinsichtlich des Teilnahme-, Vertretungs- und Stimmrechts ... 211
        5. Die Bekanntgabe an Partizipanten ... 213
        6. Die Verletzung von Einberufungsvorschriften; Widerruf und Korrektur ... 214
    III. Die Durchführung der Generalversammlung ... 214
        1. Ordnung und Zuständigkeit ... 214
        2. Ort und Zeit der Versammlung ... 215
        3. Zulassungsprüfung, Teilnahme von Dritten, insbesondere von Unbefugten ... 215
        4. Teilnahmepflichten ... 216
        5. Konstituierung ... 217
        6. Die Leitung der Versammlung ... 217
        7. Verhandlung, Antragstellung und Beschlussfassung ... 218
        8. Die Protokollierung ... 219
        9. Mängel bei der Durchführung der Generalversammlung ... 220
§ 24 Die Beschlussfassung ... 221
    I. Quorumsvorschriften ... 221
        1. Allgemeines ... 221
        2. Die gesetzliche Grundregel (OR 703) ... 223
        3. Das qualifizierte Quorum für «wichtige Beschlüsse» (OR 704 I) ... 224
        4. Statutarische Quorumsvorschriften ... 226

		5. Die Feststellung des Abstimmungsergebnisses	228
		6. Exkurs: Der Stichentscheid des Vorsitzenden	228
	II.	Stimmrechtsbeschränkungen und Ausschluss des Stimmrechts . .	229
		1. Statutarische Stimmrechtsbeschränkungen	229
		2. Kein Ausschluss des Stimmrechts bei Interessenkonflikten	231
		3. Die Ausnahme: Stimmrechtsausschluss bei der Entlastung . .	232
		4. Ruhen des Stimmrechts an vinkulierten Namenaktien	233
		5. Der Ausschluss des Stimmrechts an eigenen Aktien der Gesellschaft.	233
		6. Suspendierung von Stimmrechten nach Bankengesetz und Börsengesetz	235
		7. Auswirkungen von Stimmrechtsbeschränkungen und Stimmrechtsausschluss auf die Quoren.	235
		8. Exkurs: Stimmbindungsverträge	236
	III.	Stimmrechtsaktien	236
		1. Problematik und gesetzliche Grundentscheide	236
		2. Die gesetzliche Konstruktion	237
		3. Die Ausgestaltung	238
		4. Schranken des Stimmenprivilegs	238
		5. Die Einführung und Abschaffung von Stimmrechtsaktien . . .	239
	IV.	Die Ausübung des Stimmrechts durch Stellvertreter	240
		1. Allgemeines.	240
		2. Organvertreter und unabhängige Stimmrechtsvertreter	241
		3. Depotvertreter	242
		4. Transparenzpflichten	244
		5. Die praktische Bedeutung der institutionellen Stellvertretung	244
§ 25	**Anfechtbarkeit und Nichtigkeit von Generalversammlungsbeschlüssen**		247
	I.	Grundlagen, Verhältnis zu anderen Rechtsbehelfen.	247
	II.	Die Anfechtung von Generalversammlungsbeschlüssen	249
		1. Das Anfechtungsrecht als Element des Minderheitenschutzes	249
		2. Anfechtungsgründe	249
		3. Klagelegitimation	252
		4. Klagefrist	254
		5. Kognitionsbefugnis und richterliches Urteil.	255
		6. Verfahrensfragen.	256
		7. Streitwert und Kostentragung insbesondere	258
	III.	Die Nichtigkeit von Generalversammlungsbeschlüssen.	260
		1. Übersicht	260
		2. Die bisherige Gerichtspraxis.	260
		3. Der gesetzliche Regelungsversuch.	261
		4. Für die Rechtsanwendung massgebende Gesichtspunkte	263
		5. Formelle Mängel.	265
		6. Die Geltendmachung der Nichtigkeit	266
		7. Keine Heilung der Nichtigkeit	267
		8. Exkurs: Geltendmachung der Nichtigkeit von Verwaltungsratsbeschlüssen	267

§ 26	Exkurs: Sonderversammlungen im Aktienrecht....................	269
	I. Allgemeines...	269
	II. Die Sonderversammlung der Vorzugsaktionäre	270
	III. Erfordernis einer Sonderversammlung der Stimmrechtsaktionäre bei der Beseitigung von Stimmprivilegien?	271
	IV. Die Sonderversammlung der Partizipanten	272
	V. Die Sonderversammlung der Genussscheinberechtigten........	273
	VI. Hinweis: Die Versammlung der Gläubigergemeinschaft bei Anleihensobligationen.....................................	274

6. Kapitel: Die aktienrechtliche Exekutive, insbesondere der Verwaltungsrat .. 277

§ 27	Begründung und Beendigung des Verwaltungsratsmandats; Zusammensetzung des Verwaltungsrates	278
	I. Wählbarkeitsvoraussetzungen und Bestellung des Verwaltungsrats	278
	1. Wählbarkeitsvoraussetzungen	278
	2. Die Bestellung..	281
	3. Amtsdauer, Wiederwahl	283
	II. Die Beendigung des Verwaltungsratsmandats..................	283
	1. Ablauf der Amtsdauer.................................	283
	2. Abberufung	284
	3. Rücktritt...	284
	4. Weitere Beendigungsgründe............................	285
	5. Die Löschung im Handelsregister	285
	6. Exkurs: Vakanzen im Verwaltungsrat	286
	III. Vorschriften über die Zusammensetzung des Verwaltungsrats...	287
	1. Zahl der Verwaltungsratsmitglieder	287
	2. Nationalitäts- und Domizilerfordernisse.................	287
	3. Gruppenvertreter	289
	4. Vertreter von Minderheiten	290
	5. Vertreter der Partizipanten.............................	291
	6. Keine Vertretung Dritter...............................	292
§ 28	Die Rechtsstellung des Verwaltungsratsmitglieds	293
	I. Die rechtliche Qualifikation des Verwaltungsratsmandats	293
	II. Die Pflichten des Verwaltungsratsmitglieds...................	295
	1. Pflicht zur persönlichen Erfüllung der Aufgaben	295
	2. Pflicht zur sorgfältigen Aufgabenerfüllung	295
	3. Treuepflicht und Geheimhaltungspflicht, Verhalten bei Interessenkonflikten...................................	296
	4. Gleichbehandlungspflicht, Pflicht zu Sachlichkeit und Pflicht zu schonender Rechtsausübung	303
	5. Organschaftliche Mitwirkungspflicht	303
	6. Die statutarische Konkretisierung und Abänderung der Pflichten von Verwaltungsratsmitgliedern...............	303
	7. Die Folge von Pflichtverletzungen.......................	303
	III. Die Rechte des Verwaltungsratsmitglieds.....................	304
	1. Gleichberechtigung und allfälliger Sonderstatus...........	304
	2. Die Informationsrechte	305

		3. Geschäftsführungsrecht und Vertretungsbefugnis	308
		4. Das Recht auf Entschädigung	310
		5. Das Recht auf Entlastung	311
	IV.	Die Stellung einzelner Mitglieder	312
		1. Der Verwaltungsratspräsident	312
		2. Der Delegierte des Verwaltungsrates	314
		3. Die Mitglieder von Verwaltungsratsausschüssen	315
		4. Die «Vertreter» von Gruppen und Minderheiten	315
		5. Die «Vertreter» von juristischen Personen oder Handelsgesellschaften, insbesondere das von der Konzernleitung entsandte Verwaltungsratsmitglied	316
		6. Der Partizipantenvertreter	318
		7. Der Vertreter des Gemeinwesens	318
		8. Das fiduziarisch tätige Verwaltungsratsmitglied	319
		9. Das einem Berufsgeheimnis unterstellte Verwaltungsratsmitglied	319
		10. Stille und faktische Mitglieder des Verwaltungsrates	320
		11. Suppleanten und Stellvertreter	320
	V.	Die persönliche Verantwortlichkeit des Verwaltungsratsmitglieds	321
§ 29	**Die Organisation der aktienrechtlichen Exekutive**		323
	I.	Die Konstituierung des Verwaltungsrates	323
	II.	Möglichkeiten der Organisation der aktienrechtlichen Exekutive	324
		1. Die gesetzliche Grundordnung: Gesamtgeschäftsführung durch den Verwaltungsrat	324
		2. Andere Organisationsmöglichkeiten	324
		3. Formelle Voraussetzungen für die Abweichung von der rechtlichen Grundordnung	326
		4. Materielle Schranken der Organisationsfreiheit	327
	III.	Verwaltungsratsausschüsse	327
	IV.	Delegierte des Verwaltungsrates	329
	V.	Direktoren (Geschäftsleitung), Prokuristen und Handlungsbevollmächtigte	329
		1. Direktoren, Geschäftsleitung	329
		2. Prokuristen und andere Bevollmächtigte	330
	VI.	Exkurs: Das Recht zu Abberufung und Einstellung nach OR 726	332
	VII.	Zusätzliche Organe	333
§ 30	**Die Aufgaben des Verwaltungsrates; Möglichkeiten der Kompetenzdelegation**		335
	I.	Die gesetzliche Kompetenzvermutung zugunsten des Gesamtverwaltungsrates	335
	II.	Die allgemeine Geschäftsführungspflicht	336
		1. Geschäftsführung, Vertretung und Aufsicht als Aufgaben des Verwaltungsrates	336
		2. Sorgfalts- und Treuepflicht	337
		3. Gleichbehandlungspflicht und Pflicht, weitere aktienrechtliche Grundsätze zu beachten	337

III. Möglichkeiten, Voraussetzungen, Schranken und Wirkungen der Kompetenzdelegation (Verweisungen) 338
IV. Undelegierbare und unentziehbare Aufgaben des Verwaltungsrates insbesondere 339
　　1. Oberleitung und Erteilung der nötigen Weisungen (OR 716a I Ziff. 1) 339
　　2. Die Festlegung der Organisation (OR 716a I Ziff. 2) 340
　　3. Finanzverantwortung (OR 716a I Ziff. 3) 341
　　4. Ernennung und Abberufung der mit der Geschäftsführung und Vertretung betrauten Personen, Oberaufsicht über die Geschäftsleitung (OR 716a I Ziff. 4 und 5, OR 721) 342
　　5. Erstellung des Geschäftsberichts (OR 716a I Ziff. 6) 343
　　6. Vorbereitung der Generalversammlung und Ausführung ihrer Beschlüsse (OR 716a I Ziff. 6) 343
　　7. Benachrichtigung des Richters und weitere Massnahmen bei Unterdeckung und Überschuldung 343
　　8. Einberufung nachträglicher Leistungen auf nicht voll liberierte Aktien 344
　　9. Entscheide im Rahmen von Kapitalerhöhungen 344
　　10. Prüfung der fachlichen Qualifikation der Revisionsstelle 344
　　11. Exkurs: Einwirkungsmöglichkeiten der Generalversammlung im Rahmen der undelegierbaren und unentziehbaren Aufgaben 344
V. Die Vertretung der Aktiengesellschaft 346
　　1. Vertretungsbefugnis und Vertretungsmacht 346
　　2. Die vertretungsberechtigten Personen 347
　　3. Umfang und Schranken der Vertretungsmacht 348
　　4. Umfang und Schranken der Vertretungsbefugnis 349
　　5. Die Form der Zeichnung 350
　　6. Die Eintragung der zur Vertretung befugten Personen im Handelsregister 350
　　7. Selbst- und Doppelkontrahieren 351
　　8. Passivvertretung und Wissensvertretung 353
　　9. Exkurs: Die Bindung der AG durch unerlaubte Handlungen ihrer Organe 353

§ 31 **Verwaltungsratssitzungen und Beschlussfassung im Verwaltungsrat** ... 355
I. Die Sitzungen des Verwaltungsrates 355
　　1. Vorbereitung und Einberufung 355
　　2. Die Durchführung 356
II. Beschlussfähigkeit und Beschlussfassung 357
　　1. Beschlussfähigkeit 357
　　2. Zwingende Verankerung des Kopfstimmprinzips 358
　　3. Quoren für die Beschlussfassung 358
　　4. Der Stichentscheid des Vorsitzenden 359
　　5. Stellvertretung im Verwaltungsrat 360
　　6. Stimmbindungen für Verwaltungsratsmitglieder in Treuhand- und Aktionärbindungsverträgen 360

		7. Nichtigkeit und Anfechtbarkeit von Verwaltungsrats-	
		beschlüssen?....................................	361
	III.	Zirkulationsbeschlüsse insbesondere.................	362

7. Kapitel: Die Revisionsstelle 365

§ 32 **Wählbarkeitserfordernisse; Begründung und Beendigung des Mandats der Revisionsstelle** 366

- I. Wählbarkeitserfordernisse 366
  1. Befähigung.. 366
  2. Wohnsitz- bzw. Sitzerfordernisse 368
  3. Unabhängigkeit.................................... 369
  4. Die Wahl einer Handelsgesellschaft oder Genossenschaft insbesondere 369
  5. Minderheitenschutzbestimmungen 370
- II. Die Bestellung der Revisionsstelle......................... 370
  1. Der Normalfall: Die Wahl........................... 370
  2. Einsetzung durch den Richter 370
  3. Amtsdauer und Wiederwahl.......................... 371
  4. Eintragung im Handelsregister........................ 372
- III. Die Beendigung des Mandats 372
  1. Ablauf der Amtsdauer............................... 372
  2. Abberufung....................................... 372
  3. Rücktritt.. 373
  4. Weitere Beendigungsgründe.......................... 374
  5. Die Löschung im Handelsregister 374
  6. Exkurs: Vakanz der Revisionsstelle.................... 374
- IV. Exkurs: Die interne Revision 374

§ 33 **Aufgaben und Verhaltenspflichten** 375

- I. Übersicht 375
- II. Die Pflicht zur Abschlussprüfung......................... 376
  1. Die Gesetzesvorschrift.............................. 376
  2. Die formelle Prüfung von Buchführung und Jahresrechnung .. 376
  3. Die materielle Prüfung von Buchführung und Jahresrechnung . 377
  4. Prüfung der Korrektheit des Antrages über die Verwendung des Bilanzgewinnes.................................. 379
  5. Die Auskunftspflicht des Verwaltungsrates 379
  6. Die beschränkte Aussagekraft der Prüfungsresultate 380
- III. Berichterstattungs- und Anzeigepflichten 381
  1. Die Berichterstattung an die Generalversammlung 381
  2. Der Erläuterungsbericht an den Verwaltungsrat, weitere Formen der Berichterstattung 382
  3. Anzeigepflichten bei der Feststellung von Unregelmässigkeiten 384
  4. Anzeigepflicht bei offensichtlicher Überschuldung 385
- IV. Besondere Prüfungsfälle 385
  1. Allgemeines....................................... 385
  2. Prüfung des Gründungsberichts....................... 385

		3. Prüfungsfälle im Zusammenhang mit Kapitalerhöhungen ...	386
		4. Die Aufwertungsprüfung.	386
		5. Prüfung bei Gefahr der Überschuldung	387
		6. Kapitalherabsetzung.	387
		7. Vorzeitige Verteilung des Liquidationsüberschusses	387
		8. Sitzverlegung einer Gesellschaft vom Ausland in die Schweiz ..	388
	V.	Geschäftsführungshandlungen durch die Revisionsstelle	388
		1. Der Grundsatz, die Ausnahmen.	388
		2. Einberufung der Generalversammlung.	388
		3. Benachrichtigung des Richters	388
	VI.	Zuweisung zusätzlicher Aufgaben	389
		1. Die gesetzlichen Pflichten als Mindesterfordernis	389
		2. Möglichkeiten und Schranken der Aufgabenerweiterung....	389
		3. Exkurs: Prüfung der Geschäftsführung durch Sachverständige .	390
	VII.	Die Schweigepflicht der Revisionsstelle	391
	VIII.	Die Folge von Pflichtverletzungen.	392
	IX.	Exkurs: Die Bedeutung der Revisionspraxis	393
§ 34	**Der Konzernrechnungsprüfer insbesondere**		395
	I.	Konzern, Konzernrechnungslegung und Konzernprüfung	395
	II.	Wählbarkeitserfordernisse, Bestellung und Beendigung des Mandats des Konzernrechnungsprüfers	396
		1. Wählbarkeitserfordernisse	396
		2. Die Bestellung.	397
		3. Amtsdauer und Beendigung des Mandats	397
	III.	Aufgaben und Verhaltenspflichten	397
		1. Die Prüfungspflicht.	397
		2. Berichterstattungs- und Anzeigepflichten	397
		3. Keine Pflicht (und kein Recht) zu Geschäftsführungshandlungen	398
		4. Zuweisung zusätzlicher Aufgaben	399
		5. Die Verschwiegenheitspflicht	399
		6. Haftung bei Pflichtverletzungen.	399
§ 35	**Exkurs: Die Sonderprüfung**		401
	I.	Die Sonderprüfung – Ausfluss und Ergänzung der Informationsrechte des Aktionärs.	401
		1. Die Problematik der aktienrechtlichen Informationsordnung	401
		2. Der Sonderprüfer als Vertrauensmann zwischen Gesellschaft und Aktionär	402
		3. Die Funktion der Sonderprüfung.	402
		4. Systematische Stellung, Verhältnis zu anderen Rechtsbehelfen	403
	II.	Ernennung und Voraussetzungen der Ernennung.	404
		1. Allgemeine Voraussetzungen für die Bestellung.	404
		2. Bestellung aufgrund eines Generalversammlungsbeschlusses	405
		3. Bestellung aufgrund des Begehrens einer Aktionärsminderheit.	406
		4. Einsetzung durch den Richter	407
	III.	Die Qualifikation des Sonderprüfers.	408

1. Sachkunde		408
2. Unabhängigkeit		408

- IV. Der Auftrag ... 408
- V. Die Prüfungstätigkeit ... 409
  1. Die Durchführung der Prüfung ... 409
  2. Die Informationsrechte des Sonderprüfers ... 410
- VI. Der Bericht des Sonderprüfers ... 411
  1. Ausarbeitung und Unterbreitung des Entwurfs ... 411
  2. Bereinigung des Berichts, Einspruchsmöglichkeit der Gesellschaft ... 411
  3. Gelegenheit zur Stellungnahme und zu Ergänzungsfragen ... 412
  4. Die Krux: Der Gegensatz von Offenlegungs- und Geheimhaltungsinteressen ... 412
  5. Behandlung und Bekanntgabe ... 414
- VII. Die Kostenregelung ... 415
- VIII. Verantwortlichkeit ... 415
- IX. Zur praktischen Bedeutung der Sonderprüfung ... 416

8. Kapitel: Die aktienrechtliche Verantwortlichkeit ... 419

§ 36 Die aktienrechtliche Verantwortlichkeit im allgemeinen ... 419

- I. Übersicht ... 419
- II. Die verantwortlichen Personen ... 420
- III. Die Klage- und Anspruchsberechtigten ... 421
  1. Übersicht und Vorbemerkung zur Unterscheidung zwischen unmittelbarem und mittelbarem Schaden ... 421
  2. Die Gesellschaft ... 422
  3. Die Aktionäre (und Partizipanten) ... 422
  4. Die Gläubiger ... 423
  5. Anspruchskonkurrenzen ... 423
- IV. Rechtsnatur der Verantwortlichkeitsklagen ... 424
  1. Vertragliche oder ausservertragliche Grundlage? ... 424
  2. Die Rechtsnatur der Klage aus mittelbarer Schädigung ... 425
- V. Schaden, schuldhafte Pflichtverletzung und adäquater Kausalzusammenhang ... 426
  1. Schaden, Schadensnachweis und Schadensberechnung ... 426
  2. Pflichtwidriges Verhalten ... 427
  3. Verschulden ... 428
  4. Adäquater Kausalzusammenhang ... 429
- VI. Schadenersatzbemessung ... 431
- VII. Mehrheit von Ersatzpflichtigen ... 431
  1. Solidarität im Aussenverhältnis ... 431
  2. Die Auseinandersetzung im Innenverhältnis: Der Rückgriff ... 432
  3. Geltendmachung des Gesamtschadens ... 432
- VIII. Prozessuale Fragen ... 433
  1. Gerichtsstand ... 433
  2. Streitwert ... 433
  3. Tragung der Verfahrenskosten ... 433

	IX.	Untergang der Ersatzansprüche und Ausschluss des Klagerechts	434
		1. Entlastung	434
		2. Urteil und Vergleich	435
		3. Verjährung und Verwirkung	436
		4. Exkurs: Einverständnis der Betroffenen	438
	X.	Zur praktischen Bedeutung der Verantwortlichkeitsklage	438
§ 37	**Verantwortliche Personen und Pflichten im einzelnen**		441
	I.	Haftung für Verwaltung, Geschäftsführung und Liquidation (OR 754)	441
		1. Der erfasste Personenkreis	441
		2. Die Pflichtverletzungen	443
		3. Exkurs: Verantwortlichkeit bei Kompetenzdelegation	445
	II.	Revisionshaftung (OR 755)	445
		1. Die erfassten Personen und Tätigkeitsbereiche	445
		2. Die Pflichtverletzungen	446
	III.	Die Gründungshaftung (OR 753)	447
		1. Die erfassten Personen	447
		2. Die Pflichtverletzungen	447
	IV.	Prospekthaftung (OR 752)	448
		1. Die erfassten Personen	448
		2. Die Pflichtverletzungen	449
§ 38	**Exkurs: Verantwortlichkeit nach öffentlichem Recht**		451
9. Kapitel: Aktionäre und Partizipanten			453
§ 39	**Grundsätzliches zur aktienrechtlichen Mitgliedschaft**		455
	A.	*Tragende Prinzipien der aktienrechtlichen Mitgliedschaft*	456
	I.	Kapitalbezogenheit und Anonymität	456
	II.	Das Gleichbehandlungsprinzip und seine Ausgestaltung	457
		1. Entwicklung und gesetzliche Verankerung	457
		2. Sinn und Begründung des aktienrechtlichen Gleichbehandlungsgebots	459
		3. Die Adressaten des Gleichbehandlungsgrundsatzes	459
		4. Die geschützten Personen, der Anwendungsbereich	461
		5. Inhalt und Schranken des Gleichbehandlungsprinzips	463
		6. Sanktionen bei der Verletzung des Gleichbehandlungsprinzips	466
	III.	Sachlichkeitsgebot und Pflicht zu schonender Rechtsausübung bei Eingriffen in die Interessensphäre des Aktionärs	467
		1. Allgemeines	467
		2. Sachlichkeitsgebot, Erforderlichkeit und wichtige Gründe	467
		3. Schonende Rechtsausübung	468
	IV.	Das Verbot des Rechtsmissbrauchs als weitere Schranke der Mehrheitsmacht	470
	B.	*Unabänderliche und erschwert abänderliche Aktionärsrechte*	471
	I.	Unverzichtbare, wohlerworbene und erschwert abänderliche Rechte	471
		1. Der Grundsatz: Verbindlichkeit von Mehrheitsbeschlüssen	471

		2. Unverzichtbare Rechte	471
		3. Unentziehbare, «wohlerworbene» Rechte	472
		4. Erschwert abänderliche Rechte	473
	II.	Individualrechte, Minderheitenrechte und Gruppenrechte	474
		1. Individualrechte	474
		2. Minderheitenrechte	474
		3. Gruppenrechte	475
		4. Erweiterungen durch die Statuten	475
		5. Sanktionen	475
	C.	Exkurs: Vertragliche Vereinbarungen über die Aktionärsstellung, Aktionärbindungsverträge	475
		1. Das Bedürfnis nach einer vertraglichen Ergänzung der aktienrechtlichen Ordnung	476
		2. Inhalt und Verbreitung	477
		3. Zulässigkeit und Fehlen einer gesetzlichen Ordnung	477
		4. Begriff, Charakterisierung und rechtliche Qualifikation	478
		5. Die Form	480
		6. Dauer und Beendigung von Aktionärbindungsverträgen	480
		7. Die Durchsetzung von Rechten und Pflichten aus Aktionärbindungsvertrag	482
		8. Zur Gültigkeit und Problematik von Stimmbindungsvereinbarungen insbesondere	484
§ 40	**Die Rechte des Aktionärs**		485
	A.	*Einteilung und Übersicht*	485
	B.	*Vermögensmässige Rechte*	487
	I.	Übersicht	487
	II.	Das Recht auf Dividende	488
		1. Allgemeines	488
		2. Das Recht auf Gewinnstrebigkeit	488
		3. Recht auf einen Anteil am Bilanzgewinn	489
		4. Voraussetzungen der Beschlussfassung, Problematik von sog. Interimsdividenden	491
		5. Bemessungsbasis, Fälligkeit und Ausschüttung	493
		6. Alternativen zur Bardividende	493
		7. Verdeckte Gewinnausschüttungen	496
	III.	Das Recht auf das Liquidationsergebnis	498
	IV.	Das Recht auf Bauzinsen	499
	V.	Das Recht auf Benutzung der gesellschaftlichen Anlagen	500
	C.	*Mitwirkungsrechte*	501
	D.	*Schutzrechte*	501
	I.	Übersicht	501
	II.	Informationsrechte des Aktionärs	502
		1. Problematik und gesetzgeberisches Konzept	502
		2. Bekanntgabe des Geschäftsberichts und des Revisionsberichts (OR 696)	504
		3. Das Auskunftsrecht (OR 697 I, II)	504
		4. Das Recht auf Einsicht (OR 697 III)	506

	5. Die Durchsetzung des Rechts auf Auskunft und Einsicht (OR 697 IV)...	507
	6. Einzelfragen...	507
	7. Die Sonderprüfung......................................	508
III.	Das Recht auf Anfechtung und auf Feststellung der Nichtigkeit...	509
IV.	Das Recht zur Verantwortlichkeitsklage......................	509
V.	Das Recht auf Rückerstattung von Leistungen.................	509
VI.	Das Recht auf unabhängige und sachkundige Revisoren........	509
VII.	Das Recht auf Abberufung von Liquidatoren aus wichtigen Gründen..	509
VIII.	Das Recht, die Auflösung der Gesellschaft zu verlangen........	509
IX.	Das Recht auf Vertretung im Verwaltungsrat..................	509
E.	*Rechte auf Beibehaltung der Beteiligungsquote*	509
I.	Grundsätzliches und Problematik	509
II.	Das Bezugsrecht..	511
	1. Die Entscheidung des Gesetzgebers	511
	2. Berechtigte und Berechnungsgrundlage...................	512
	3. Formeller Schutz des Bezugsrechts	512
	4. Materieller Schutz des Bezugsrechts......................	512
	5. Die Kompetenzordnung	515
	6. Das Bezugsrecht beim Vorliegen verschiedener Aktienkategorien oder von Partizipationsscheinen	518
	7. Bezugsrecht und Vinkulierung...........................	519
	8. Zuweisung nicht ausgeübter oder entzogener Bezugsrechte; Voraussetzungen für die Ausübung vertraglich erworbener Bezugsrechte	519
	9. Folgen der Verletzung des Bezugsrechts...................	520
	10. Exkurs: Bezug neuer Aktien beim Festübernahmeverfahren; Weiterplazierung eigener Aktien durch die Gesellschaft	520
III.	Das Vorwegzeichnungsrecht	520
	1. Begründung und Grundsatz	520
	2. Die gesetzliche Ordnung................................	521
	3. Kritik und praktische Bedeutung.........................	523
F.	*Rechtsgeschäftliche Beziehungen zwischen der AG und den Aktionären*	524
	1. Allgemeines...	524
	2. Darlehen der Aktionäre an die Gesellschaft	525
	3. Darlehen der Gesellschaft an ihre Aktionäre	527

§ 41 Schranken der Kapitalherrschaft und des Mehrheitsprinzips im Aktienrecht.. 529
    I. Übersicht 529
    II. Individual- und Minderheitenschutz 529
    III. Möglichkeiten der Abweichung von der Zumessung der Rechte nach der Kapitalbeteiligung 531
        1. Allgemeines... 531
        2. Stimmrechtsaktien 532

		3. Vorzugsaktien	532
		4. Die nachträgliche Einführung von privilegierten Aktien sowie die Beeinträchtigung bestehender Privilegien	534
§ 42	**Die Pflichten des Aktionärs**		537
	I.	Die Liberierungspflicht	537
	II.	Fehlen weiterer Aktionärspflichten	537
		1. Der Grundsatz der beschränkten Leistungspflicht des Aktionärs	537
		2. Fehlen weiterer vermögensmässiger Pflichten	537
		3. Fehlen von nicht vermögensmässigen Pflichten, insbesondere einer Treuepflicht	539
		4. Exkurs: Mitteilungs- und Offertpflichten nach dem künftigen Börsengesetz, Meldepflicht nach dem revidierten Bankengesetz	541
	III.	Exkurs: Vertragliche Vereinbarungen betreffend Aktionärsleistungen	542
§ 43	**Verurkundung der aktienrechtlichen Mitgliedschaft und Aktienbuch**		543
	I.	Das Recht auf Verurkundung und seine Bedeutung	543
	II.	Die Ausstellung einer blossen Beweisurkunde	544
	III.	Die Verurkundung in einem Wertpapier	545
		1. Allgemeines	545
		2. Inhaberaktien	546
		3. Namenaktien	546
		4. Rektaaktien	547
		5. Wechsel der Aktienart und des Nennwerts	548
		6. Aktienzertifikate insbesondere	549
		7. Dividendencoupons und Talons	550
		8. Neuere Entwicklungen bei Publikumsgesellschaften	550
	IV.	Der Zeitpunkt der Ausgabe von Aktientiteln und die Ausgabe von Interimsscheinen	552
		1. Der Zeitpunkt der Ausgabe von Aktientiteln	552
		2. Interimsscheine	553
	V.	Exkurs: Das Aktienbuch	553
		1. Das Erfordernis	553
		2. Inhalt und Form	554
		3. Eintragungsvoraussetzungen	554
		4. Eintragungswirkungen	554
		5. Streichung einer durch falsche Angaben erschlichenen Eintragung	555
		6. Zum Recht auf Einsicht in das Aktienbuch	556
§ 44	**Erwerb, Verlust und Übertragung der Mitgliedschaft**		557
	A.	*Wesensmerkmale der Aktiengesellschaft und ihre Auswirkungen auf den Gesellschafterwechsel*	557
		1. Der Grundsatz der festen Zahl von Mitgliedschaftsstellen	557
		2. Kapitalbezogenheit und leichte Übertragbarkeit der Mitgliedschaft	558
	B.	*Der Erwerb der Mitgliedschaft*	559

	1.	Originärer Erwerb	559
	2.	Derivativer Erwerb	559
C.	Der Verlust der Mitgliedschaft		559
I.	Ausschluss aus der Aktiengesellschaft: Die sog. Kaduzierung		560
	1.	Begriff, Zweck und Anwendungsbereich	560
	2.	Wirkungen der Kaduzierung	562
	3.	Exkurs: Weitere Verzugsfolgen	563
II.	Aberkennung der durch Täuschung erschlichenen Aktionärsstellung		564
III.	Andere Möglichkeiten der Ausschliessung von Aktionären?		564
	1.	Die gesetzliche Ordnung	564
	2.	Zulässigkeit statutarischer Ausschliessungsgründe?	564
	3.	Exkurs: Ausschlussrecht aufgrund des neuen Börsengesetzes	565
IV.	Austrittsrecht des Aktionärs?		565
	1.	Die gesetzliche Ordnung	565
	2.	Zulässigkeit des Austritts aufgrund einer Vereinbarung oder als statutarisches Recht?	566
	3.	Gesetzliche Erleichterungen des Ausscheidens	567
	4.	Exkurs: Verkaufsrechte aufgrund des neuen Börsengesetzes	567
D.	Die Übertragung der Mitgliedschaft		568
I.	Die Forderung nach leichter Übertragbarkeit		568
II.	Die Übertragung von Inhaberaktien		568
III.	Die Übertragung gewöhnlicher Namenaktien		569
IV.	Die Übertragung von Rektaaktien		570
V.	Die Übertragung unverbriefter Aktienrechte		570
VI.	Vinkulierte Namenaktien und ihre Übertragung		571
	1.	Das gesetzliche Konzept und seine Entwicklung	571
	2.	Gesetzliche Übertragungsbeschränkungen	573
	3.	Statutarische Übertragungsbeschränkungen: Grundsätzliches	574
	4.	Die Vinkulierungsordnung für nicht börsenkotierte Namenaktien	575
	5.	Die Vinkulierungsordnung für börsenkotierte Namenaktien	582
	6.	Zusammenfassende Übersicht zu den Vinkulierungsgründen und -wirkungen	591
	7.	Vinkulierung und Bezugs- sowie Options- und Wandelrechte	593
	8.	Verhinderung von Umgehungsgeschäften und Vorgehen bei rechtswidriger Verweigerung der Aktionärsstellung	593
	9.	Die nachträgliche Einführung oder Verschärfung der Vinkulierung	594
	10.	Vorübergehende Ausschaltung von Übertragungsbeschränkungen	594
VII.	Vertragliche und statutarische Erwerbsberechtigungen		594
	1.	Vertragliche Erwerbsberechtigungen	595
	2.	Statutarische Erwerbsberechtigungen	595
	3.	Exkurs: Möglichkeit der Umdeutung (Konversion) einer ungültigen statutarischen in eine gültige schuldvertragliche Verpflichtung?	597

	VIII.	Angebotspflichten und Übernahmerechte nach neuem Börsenrecht	598
	IX.	Exkurs: Der Erwerb aller Aktien einer Gesellschaft	598
§ 45		**Gemeinschaftliches Eigentum und beschränkte dingliche Rechte an Aktien**	601
	I.	Gemeinschaftliches Eigentum an Aktien	601
	II.	Die Nutzniessung an Aktien	603
	III.	Pfandrechte an Aktien	605
	IV.	Exkurs: Treuhänderische Übertragung der Aktionärsstellung	606
§ 46		**Partizipanten und Partizipationsscheine**	609
	I.	Entwicklung und Wesen des Partizipationsscheins	609
	II.	Begriff und Bezeichnungszwang	610
	III.	Grundsätze der rechtlichen Ordnung	610
	IV.	Gesetzliche Schranken für das Partizipationskapital	612
	V.	Die Rechtsstellung des Partizipanten	612
		1. Die Grundlagen: Vermögensrechtliche Mindestgleichstellung und Schicksalsgemeinschaft mit den Aktionären	612
		2. Die Vermögensrechte	614
		3. Fehlen gesetzlicher Mitwirkungsrechte	614
		4. Schutzrechte	615
		5. Das Bezugsrecht der Partizipanten	617
		6. Verurkundung und Übertragbarkeit	617
	VI.	Die Schaffung und Abschaffung von Partizipationsscheinen und ihre Umwandlung in Aktien	618
		1. Die Schaffung von Partizipationsscheinen	618
		2. Die Abschaffung von Partizipationsscheinen	618
		3. Umwandlung von Partizipationsscheinen in Aktien	618
	VII.	Die wirtschaftliche Bedeutung	619
	VIII.	Übergangsrecht	620
§ 47		**Exkurs I: Genussberechtigte und Genussscheine**	621
	I.	Wesen und Rechtsnatur des Genussscheins	621
	II.	Die Schaffung von Genussscheinen	622
	III.	Der mögliche Inhalt von Genussrechten	623
	IV.	Die Genussberechtigten	623
	V.	Schutz der Aktionäre und Schutz der Genussberechtigten	625
	VI.	Abgrenzung des Genussscheins vom Partizipationsschein	626
	VII.	Verurkundung und Übertragbarkeit	626
	VIII.	Übergangsrecht	626
	IX.	Hinweis: Genussaktien	626
§ 48		**Exkurs II: Gläubiger, Mitarbeiter und Allgemeinheit**	627
	I.	Gläubiger	627
		1. Aktienrechtliche Schutzbestimmungen zugunsten der Gläubiger	628
		2. Exkurs: Obligationenanleihen	629
	II.	Mitarbeiter	632
		1. Mitarbeiter als Gläubiger besonderer Art	632

		2. Besondere aktienrechtliche Bestimmungen für Arbeitnehmer	632
	III.	Allgemeinheit	633

10. Kapitel: Kapitalschutz und Rechnungslegung 635

§ 49 Die Kapitalbasis der Aktiengesellschaft 636
    I. Eigenkapital und Fremdkapital 636
    II. Grundkapital, insbesondere Aktienkapital 638
        1. Aktien- und Partizipationskapital als Elemente des Grundkapitals 638
        2. Begriff und Wesen des Aktienkapitals 638
        3. Erfordernis eines festen Aktienkapitals in minimaler Höhe .. 639
        4. Funktionen und Schutz des Aktienkapitals 640
        5. Zerlegung des Aktienkapitals in Teilsummen, Aktien 641
        6. Publizität 642
    III. Reserven 642
        1. Begriff und Funktion 642
        2. Arten 642
        3. Stille Reserven insbesondere 643
    IV. Freies Eigenkapital 644
    V. Fremdkapital 644

§ 50 Aktienrechtliche Kapitalschutzbestimmungen 647
    I. Schutz der Aufbringung der Mittel 647
    II. Pflicht zur Verstärkung der Kapitalbasis: Reservebildungsvorschriften 648
        1. Allgemeines 648
        2. Die allgemeine gesetzliche Reserve (OR 671) 648
        3. Besondere gesetzliche Reserven (OR 671a, 671b) 650
        4. Statutarische Reserven (OR 672 f) 651
        5. Von der Generalversammlung im Einzelfall beschlossene Reserven (OR 674 II, III) 652
        6. Stille Reserven insbesondere (OR 669 II–IV) 653
        7. Sonderfälle 657
    III. Schutz vor und bei freiwilliger Kapitalverminderung 658
        1. Die Herabsetzung des Aktienkapitals 658
        2. Das Kapitalrückzahlungsverbot 658
        3. Aktienrechtliche Rückerstattungspflichten (OR 678 f) 659
    IV. Schranken für den Erwerb eigener Aktien (OR 659–659b) 662
        1. Problematik und Grundsätze der gesetzlichen Regelung 662
        2. Beschränkte Zulässigkeit des Erwerbs eigener Aktien und Vorschriften zum Kapitalschutz 664
        3. Gleichstellung des Erwerbs durch Tochtergesellschaften (OR 659b) 668
        4. Exkurs: Folgen für die Mitwirkungsrechte 669
    V. Pflichten bei Kapitalverlust und Überschuldung 669
        1. Unterbilanz und Kapitalverlust 670
        2. Begründete Besorgnis einer Überschuldung 671

		3. Ausnahme von der Pflicht zur Benachrichtigung des Richters bei Rangrücktritt	672
		4. Richterliche Massnahmen	673
		5. Persönliche Konsequenzen für die Verantwortlichen	674
	VI.	Bewertungsvorschriften und Aufwertungsverbot	675
		1. Allgemeines	675
		2. Die Aktivierung von Kosten	676
		3. Besondere Bewertungsvorschriften	677
		4. Abschreibungen, Wertberichtigungen und Rückstellungen	680
		5. Ausnahmsweise Aufwertung von Grundstücken oder Beteiligungen	683
	VII.	Verschärfte Rechnungslegungsvorschriften und Prüfung von Buchführung und Jahresrechnung	685

§ 51 **Rechnungslegung und Publizität** ... 687
    A. *Der Geschäftsbericht* ... 689
    B. *Die Jahresrechnung* ... 691
       I. Allgemeine Regeln zur Rechnungslegung ... 691
           1. Übersicht zu den rechtlichen Vorschriften ... 691
           2. Die Zielsetzung ... 691
           3. Grundsätze ordnungsgemässer Rechnungslegung ... 692
           4. Abweichungen von den gesetzlichen Vorschriften ... 695
           5. Formelle Anforderungen ... 696
           6. Aufbewahrungs- und Editionspflichten ... 697
           7. Verantwortung und strafrechtlicher Schutz ... 698
       II. Gliederung und Mindestinhalt der Erfolgsrechnung (OR 663) ... 698
       III. Gliederung und Mindestinhalt der Bilanz (OR 663a) ... 701
       IV. Der Mindestinhalt des Anhangs der Jahresrechnung (OR 663b, 663c) ... 704
           1. Die Funktion des Anhangs ... 704
           2. Die verlangten Angaben ... 704
       V. Keine allgemeine Pflicht zur Erstellung einer Mittelflussrechnung ... 707
       VI. Exkurs: Die Bedeutung privater und internationaler Regelwerke und Standards ... 708
    C. *Die allfällige Konzernrechnung* ... 712
           1. Begriff, Problematik und rechtliche Erfassung des Konzerns ... 712
           2. Pflicht zur Erstellung einer Konzernrechnung ... 713
           3. Anwendungsbereich der Konzernrechnungslegungspflicht ... 713
           4. Grundsätze für die Erstellung der Konzernrechnung ... 716
           5. Auswirkungen der Konzernrechnung auf den Einzelabschluss ... 719
    D. *Der Jahresbericht (OR 663d)* ... 719

11. Kapitel: Veränderungen des Grundkapitals ... 721
§ 52 **Die Erhöhung des Aktienkapitals** ... 722
    A. *Grundlagen und Übersicht* ... 723
       I. Gründe, Rechtsnatur und Zulässigkeit der Kapitalerhöhung ... 723
           1. Gründe für Kapitalerhöhungen ... 723

	2. Rechtsnatur und Zulässigkeit	724
II.	Die Stellung des Aktionärs	724
	1. Kein Recht auf Beibehaltung des Aktienkapitals in seiner bisherigen Höhe	724
	2. Recht auf Teilnahme an einer Kapitalerhöhung und auf Erhaltung der Beteiligungsquote	725
	3. Keine Pflicht zur Teilnahme an einer Kapitalerhöhung	725
III.	Arten der Kapitalerhöhung	725
	1. Ordentliche, genehmigte und bedingte Kapitalerhöhung	726
	2. Gliederung nach Art der Liberierung	726
	3. Einfache und qualifizierte Kapitalerhöhung	727
	4. Der Adressatenkreis	727
	5. Schaffung zusätzlicher Aktien oder Nennwerterhöhung	727
	6. Besonderheiten	728
	7. Exkurs: Gleiche Regeln für die Erhöhung des Aktien- und des Partizipationskapitals	728
IV.	Die gesetzliche Ordnung	728
B.	*Die ordentliche Kapitalerhöhung*	728
I.	Das Verfahren im allgemeinen; Kompetenzabgrenzungen	728
II.	Die Beschlussfassung durch die Generalversammlung	729
	1. Form und Quorum	729
	2. Der Inhalt	730
	3. Die Wirkung	733
III.	Zeichnungseinladung und Zeichnung der neuen Aktien	733
	1. Das Vorrecht der bisherigen Aktionäre	733
	2. Die Einladung zur Zeichnung, insbesondere der allfällige Emissionsprospekt	733
	3. Die Aktienzeichnung	736
IV.	Die Liberierung	737
	1. Grundsatz und Übersicht	737
	2. Barliberierung	737
	3. Liberierung durch Sacheinlage	737
	4. Liberierung durch Verrechnung	737
	5. Liberierung aus Eigenkapital	738
	6. Liberierung durch Herabsetzung der Liberierungsquote?	740
V.	Weitere Vollzugsmassnahmen	741
	1. Rechenschaftsablage und Prüfung	741
	2. Feststellungsbeschluss und Statutenänderung	743
	3. Anmeldung beim Handelsregisteramt und Eintragung in das Handelsregister	745
	4. Exkurs: Entrichtung der Emissionsabgabe	745
	5. Aktienausgabe und Schicksal vorzeitig ausgegebener Aktien	746
VI.	Mängel der Kapitalerhöhung und fehlerhafte Aktienzeichnung	746
VII.	Exkurs: Die Praxis des Festübernahmeverfahrens	747
C.	*Die genehmigte Kapitalerhöhung*	748
I.	Funktion, Charakteristik und Problematik	748
	1. Die Funktion	748

		2. Charakteristik	749
		3. Die Problematik	749
	II.	Einsatzmöglichkeiten des genehmigten Kapitals und Schranken für die Delegation von Kompetenzen an den Verwaltungsrat	750
		1. Betragliche Schranken	750
		2. Zeitliche Schranken	751
		3. Inhaltliche Schranken	751
	III.	Das Verfahren	753
		1. Die Beschlussfassung durch die Generalversammlung	753
		2. Beschlussfassung und Statutenänderung durch den Verwaltungsrat	755
		3. Zeichnung, Liberierung und weitere Vollzugsmassnahmen	756
	IV.	Exkurs: Vorratsaktien	757
D.	*Die bedingte Kapitalerhöhung*		759
	I.	Funktion, Charakteristik und Problematik	759
		1. Die Funktion	759
		2. Charakteristik	759
		3. Problematik	760
	II.	Einsatzmöglichkeiten und gesetzliche Schranken	761
		1. Betragliche Schranken	761
		2. Keine zeitliche Begrenzung	761
		3. Einsatzmöglichkeiten	762
	III.	Der Schutz der Beteiligten	765
		1. Schutz der Aktionäre	765
		2. Schutz der Wandel- und Optionsberechtigten	766
	IV.	Das Verfahren	767
		1. Der statutenändernde Grundlagenbeschluss der Generalversammlung	767
		2. Einsatz und Konkretisierung durch den Verwaltungsrat	770
		3. Ausübung der Wandel- oder Optionsrechte	771
		4. Liberierung und Entstehung der Aktionärsrechte	771
		5. Prüfung und Prüfungsbericht	773
		6. Anpassung der Statuten und Registereintrag	774
		7. Streichung von gegenstandslos gewordenen Bestimmungen über bedingtes Kapital	775
		8. Exkurs: Festübernahme und Vorratsaktien	775
E.	*Sonderfälle*		776
§ 53	**Die Herabsetzung des Aktienkapitals**		**777**
A.	*Grundlagen und Übersicht*		777
	I.	Begriff und Arten der Kapitalherabsetzung, Anwendungsbereich von OR 732 ff	777
		1. Der Begriff der Kapitalherabsetzung und der Anwendungsbereich der einschlägigen Gesetzesbestimmungen	777
		2. Arten der Kapitalherabsetzung	779
		3. Sonderfälle	779
	II.	Gründe für die Kapitalherabsetzung	779
	III.	Problematik und Schranken	780

B. Das Kapitalherabsetzungsverfahren im allgemeinen und
die konstitutive Kapitalherabsetzung insbesondere 781
 I. Grundlagen der konstitutiven Kapitalherabsetzung 781
    1. Die erfassten Fälle 781
    2. Die konstitutive Kapitalherabsetzung als einziger Weg zur
       Rückzahlung von Einlagen 782
    3. Charakteristik des Verfahrens und Überblick über den Ablauf . 782
    4. Zur steuerrechtlichen Behandlung 783
 II. Schranken der konstitutiven Kapitalherabsetzung 784
    1. Einhaltung der gesetzlichen Minimalsumme des Aktien-
       kapitals (OR 732 V) 784
    2. Einhaltung des minimalen Nennwerts (OR 622 IV)......... 784
 III. Möglichkeiten der Herabsetzung 784
    1. Verminderung des Aktiennennwertes..................... 785
    2. Verminderung der Anzahl Aktien 785
 IV. Erfordernis eines besonderen Revisionsberichts............... 787
    1. Unabdingbarkeit und Zweck 787
    2. Anforderungen an den Revisor, Verantwortlichkeit......... 787
    3. Die Untersuchungen des Revisors........................ 788
    4. Form und Inhalt des besonderen Revisionsberichts, für
       die Feststellung massgebender Zeitpunkt 789
 V. Herabsetzungsbeschluss der Generalversammlung 790
    1. Ausschliessliche Beschlussfassungskompetenz der General-
       versammlung 790
    2. Der Inhalt des Herabsetzungsbeschlusses 791
    3. Verfahren 791
 VI. Weitere Gläubigerschutzbestimmungen 793
    1. Der Schuldenruf 794
    2. Die Anmeldung von Forderungen........................ 795
    3. Der Anspruch auf Befriedigung oder Sicherstellung 796
    4. Die Verwendung eines allfälligen Buchgewinns 799
    5. Exkurs: Möglichkeiten der Abkürzungen oder Vorverlegung
       des Gläubigerschutzverfahrens?.......................... 799
 VII. Vollzug der Herabsetzung, besonders Kapitalrückzahlung an
      die Aktionäre... 800
 VIII. Berichtigung der Aktientitel................................ 801
 IX. Öffentliche Feststellungsurkunde............................ 803
 X. Anmeldung, Eintragung in das Handelsregister und Veröffent-
    lichung im schweizerischen Handelsamtsblatt 804
    1. Die Anmeldung....................................... 804
    2. Das Verfahren vor dem Handelsregisteramt 805
    3. Die Eintragung in das Register, Inhalt und Wirkungen 806
    4. Die Veröffentlichung im Schweizerischen Handelsamtsblatt . 806
 XI. Mängel des Herabsetzungsverfahrens........................ 806
 XII. Exkurs: Kapitalherabsetzung aufgrund eines richterlichen Urteils . 807
C. Die deklarative Herabsetzung insbesondere 808
 I. Grundlagen 808

			1. Die Interessenlage	808
			2. Die erfassten Fälle; Abgrenzungen	809
			3. Charakteristik des Verfahrens und Überblick über den Ablauf	809
			4. Keine Steuerfolgen	810
		II.	Voraussetzungen und Schranken der deklarativen Kapitalherabsetzung	810
			1. Herabsetzung nur zur Beseitigung einer durch Verluste entstandenen Unterbilanz	810
			2. Einhalten der gesetzlichen Minimalsumme des Aktienkapitals	812
			3. Keine Nennwertschranke	812
			4. Keine Pflicht zur Beseitigung der vollen Unterbilanz	812
		III.	Die gesetzliche Ordnung im einzelnen	813
			1. Möglichkeiten der Herabsetzung	813
			2. Erfordernis eines besonderen Revisionsberichts	813
			3. Statutenändernder Generalversammlungsbeschluss	813
			4. Wegfall besonderer Gläubigerschutzbestimmungen	814
			5. Vollzug der Herabsetzung	814
			6. Berichtigung der Aktientitel	814
			7. Keine öffentliche Feststellungsurkunde	815
			8. Anmeldung beim Handelsregisteramt, Eintragung und Veröffentlichung im Schweizerischen Handelsamtsblatt	815
			9. Widerruf und Mängel	815
	D.	*Kapitalherabsetzung unter gleichzeitiger Wiedererhöhung auf den bisherigen Betrag*		815
		I.	Interessenlage, Voraussetzungen und Schranken	816
		II.	Das Verfahren	817
			1. Das Verfahren bei Ausgabe neuer Aktien	817
			2. Besonderheiten der Deckung des Aktienkapitals durch Zuzahlungen von Aktionären	817
		III.	Exkurs: Entrichtung der Emissionsabgabe?	818

12. Kapitel: Die Beendigung der Aktiengesellschaft ... 819

§ 54	**Übersicht**			819
	I.	Die grundsätzlich unbeschränkte Dauer der AG		819
	II.	Beendigungsgründe und Beendigungsarten		819
	III.	Das Beendigungsverfahren		820
	IV.	Der Einfluss der Aktienrechtsreform		820
§ 55	**Auflösungsgründe und Abwicklungsstadium**			823
	A.	*Die Auflösungsgründe*		823
		I.	Auflösung nach Massgabe der Statuten (OR 736 Ziff. 1)	823
			1. Allgemeines	823
			2. Zeitablauf insbesondere	824
			3. Zulässigkeit der Kündigung als Auflösungsgrund?	825
		II.	Auflösung durch Generalversammlungsbeschluss (OR 736 Ziff. 2)	825
		III.	Auflösung infolge Konkurseröffnung und aus ähnlichen Gründen (OR 736 Ziff. 3)	826
			1. Eröffnung des Konkurses	826

            2. Konkursähnliche Auflösungsgründe 828
       IV. Auflösung durch den Richter aus wichtigem Grund (OR 736
            Ziff. 4) 829
            1. Funktion, Problematik und Grundlagen der Klage auf
               Auflösung aus wichtigem Grund 829
            2. Der Begriff des wichtigen Grundes 831
            3. Verfahrensfragen....................................... 834
            4. Das richterliche Urteil, besonders die Verfügung anderer
               sachgemässer Lösungen................................. 835
            5. Das Verhältnis zu anderen Rechtsbehelfen und Auflösungs-
               gründen... 835
       V. Weitere Fälle der Auflösung durch den Richter 836
            1. Gründungsmängel...................................... 836
            2. Absinken der Mitgliederzahl und Fehlen notwendiger
               Organe (OR 625 II) 836
            3. Unsittliche oder widerrechtliche Gesellschaftszwecke
               (ZGB 57 II) 838
            4. Fehlende Anpassung an das revidierte Recht 839
       VI. Auflösung durch den Handelsregisterführer 839
            1. Nichterfüllung der Nationalitäts- und Wohnsitzerfordernisse
               von OR 708, Fehlen eines Geschäftslokals oder Domizils.... 839
            2. Exkurs: Löschung der Gesellschaft infolge Einstellung der
               Aktivität 840
       VII. Auflösung durch andere Behörden 840
       B. *Das Abwicklungsstadium*................................... 841
            1. Allgemeines... 841
            2. Beibehaltung von Rechtspersönlichkeit und Handlungsfähig-
               keit im Liquidationsstadium 841
            3. Einschränkung von Zweck und Organkompetenzen 841
            4. Weitere Wirkungen.................................... 842
            5. Der Zeitpunkt des Eintritts der Wirkungen 843
            6. Anmeldung und Eintragung beim Handelsregister 843
       C. *Zur Möglichkeit, die Auflösung rückgängig zu machen* 845
       I. Allgemeines 845
       II. Positivrechtliche Ordnungen................................ 845
            1. Widerruf der Auflösung durch Konkurs.................. 845
            2. Widerruf der Auflösung durch den Handelregisterführer.... 846
       III. Möglichkeit des Widerrufs in gesetzlich nicht geregelten Fällen . 846
            1. Widerruf einer Auflösung durch Generalversammlungs-
               beschluss?.. 846
            2. Widerruf einer Auflösung nach Massgabe der Statuten? 848
            3. Widerruf einer Auflösung durch den Richter aus
               wichtigem Grund? 848
§ 56 **Die Liquidation** 849
       A. *Begriff, Grundsätzliches und Übersicht* 849
       B. *Liquidatoren und ordentliche Gesellschaftsorgane*.............. 850
       I. Bestellung der Liquidatoren und Beendigung ihres Amtes...... 850

		1. Die gesetzlichen Erfordernisse	850
		2. Bestellung der Liquidatoren	851
		3. Amtsbeginn und Amtsdauer, Eintragung im Handelsregister	853
		4. Die Beendigung des Amts des Liquidators	853
	II.	Die Stellung der Liquidatoren	854
		1. Die Liquidatoren als Organ der Gesellschaft	854
		2. Das interne Verhältnis der Liquidatoren zur Gesellschaft	855
	III.	Die ordentlichen Gesellschaftsorgane	856
		1. Der Grundsatz	856
		2. Die Generalversammlung	857
		3. Der Verwaltungsrat	858
		4. Die Revisionsstelle	858
C.	*Das Liquidationsverfahren*		858
	I.	Liquidationsbilanz, allfällige Zwischenbilanzen und Schlussbilanz	859
	II.	Der Schutz der Gläubiger	859
		1. Allgemeines	859
		2. Benachrichtigung der Gläubiger	860
		3. Sicherstellung der Erfüllung der Verpflichtungen	861
	III.	Die Liquidationshandlungen	861
		1. Beendigung der Geschäfte	862
		2. Verwertung der Aktiven	862
		3. Erfüllung der Verpflichtungen	863
		4. Allfällige Einforderung ausstehender Liberierungsbeträge	863
		5. Keine Dividendenzahlungen	863
		6. Schlussabrechnung	863
	IV.	Massnahmen bei Feststellung einer Überschuldung	863
	V.	Verteilung des Vermögens	864
		1. Der Schlüssel	864
		2. Die gesetzliche Sperrfrist	865
		3. Unbekannte Aktionäre	866
		4. Ungerechtfertigt bezogene Liquidationsanteile	866
		5. Exkurs: Stille Liquidation und faktische Liquidation	866
D.	*Das Ende der Liquidation*		867
	I.	Löschung und allfällige Wiedereintragung der Gesellschaft	867
		1. Die Löschung	867
		2. Ausnahmsweise Wiedereintragung einer gelöschten Aktiengesellschaft	868
	II.	Nachwirkende Pflichten	869
	III.	Mantelgesellschaften	869
E.	*Steuerfolgen*		871

§ 57 Die Fusion ... 873

A. *Vorbemerkung betreffend die Möglichkeiten einer Beendigung ohne Liquidation* ... 873
B. *Fusion und fusionsähnliche Tatbestände im allgemeinen* ... 874
  I. Der Begriff der Fusion; Wesenselemente ... 874
    1. Der Begriff ... 874
    2. Auflösung ohne Liquidation ... 874

XLI

	3. Vermögensübergang durch Universalsukzession	874
	4. Mitgliedschaftliche Kontinuität	875
	5. Untergang mindestens einer juristischen Person	875
II.	Arten der Fusion und fusionsähnliche Tatbestände	875
	1. Die beiden Arten der Fusion: Absorption und Kombination	875
	2. Der weiter gefasste wirtschaftliche Fusionsbegriff, insbesondere unechte Fusion und Quasifusion	876
III.	Gesetzlicher Numerus clausus oder Freiheit der Fusionsmöglichkeiten?	877
	1. Die gesetzliche Ordnung	877
	2. Die Entwicklung in Lehre und Praxis	877
IV.	Wirtschaftliche Gründe der Fusion	879
C.	*Die Absorption und der Ablauf der Fusion im allgemeinen*	879
I.	Vorbemerkung und Übersicht	879
	1. Die Absorption als einzige praktizierte Fusionsform	879
	2. Rechtlicher und wirtschaftlicher Sachverhalt	880
	3. Übersicht über das Verfahren	881
II.	Fusionsverhandlungen und Fusionsvertrag, insbesondere Festlegung des Austauschverhältnisses	881
	1. Die Fusionsverhandlungen	881
	2. Der Fusionsvertrag	883
	3. Das Austauschverhältnis insbesondere	887
III.	Beschlussfassung in der Generalversammlung der untergehenden Gesellschaft	889
IV.	Beschlussfassung in der Generalversammlung der übernehmenden Gesellschaft	890
	1. Beschlüsse aus Anlass der Fusion	890
	2. Erfordernis eines spezifischen Fusionsbeschlusses?	891
	3. Wirkungen der Beschlussfassung	891
V.	Die Einträge im Handelsregister	892
	1. Eintrag bei der übernehmenden Gesellschaft	892
	2. Eintrag bei der untergehenden Gesellschaft	893
	3. Wirkungen der Registereinträge	894
VI.	Fortführung der Mitgliedschaft der Aktionäre der untergehenden Gesellschaft in der übernehmenden Gesellschaft	895
	1. Erwerb der Mitgliedschaft bei der übernehmenden Gesellschaft	895
	2. Exkurs: Die Bereitstellung der erforderlichen Aktien	897
	3. Fälle der Fusion ohne Aktientausch	898
VII.	Vermögensverschmelzung	898
VIII.	Schutz der Gläubiger der übernommenen Gesellschaft	900
	1. Fusionsrecht als Gläubigerschutzrecht	900
	2. Die Schutzvorkehren im einzelnen	900
	3. Exkurs: Keine Schutzvorkehren zugunsten der Gläubiger der übernehmenden Gesellschaft	902
IX.	Löschung der absorbierten Gesellschaft	902

D.	Besonderheiten der Kombination	903
I.	Charakterisierung und Verfahren	903
	1. Grundlagen der gesetzlichen Ordnung	903
	2. Verbindung von Fusionsvertrag und Gründungsvorbereitungen (OR 749 III Ziff. 1)	903
	3. Beschlüsse der Generalversammlung aller beteiligten Gesellschaften (OR 749 III Ziff. 2)	904
	4. Gründung der neuen Gesellschaft (OR 749 III Ziff. 3)	904
	5. Aktientausch (OR 749 III Ziff. 4)	904
	6. Anmeldung der Auflösung und Löschung der untergehenden Gesellschaften	904
II.	Die geringe praktische Bedeutung der Kombination und ihre Gründe	905
E.	Steuerrechtliche Aspekte	906
F.	Exkurs: Die Teilung der Aktiengesellschaft	907

§ 58 Weitere Fälle der Beendigung ohne Liquidation ... 909
  I. Umwandlung der Rechtsform ... 909
    1. Die Umwandlung einer AG in eine GmbH (OR 824–826) ... 910
    2. Weitere Fälle der Umwandlung in eine andere Rechtsform? ... 911
    3. Exkurs: Die Umwandlung einer Genossenschaft in eine AG ... 912
  II. Die Übernahme durch eine Körperschaft des öffentlichen Rechts («Verstaatlichung») ... 913
  III. Exkurs: Die Umwandlung einer öffentlichrechtlichen Institution in eine privatrechtliche AG («Privatisierung») ... 913
  IV. Sitzverlegung ins Ausland und aus dem Ausland ... 914

13. Kapitel: Gegliederte und verbundene Aktiengesellschaften: Zweigniederlassung und Konzern ... 915

§ 59 Gegliederte Unternehmen: Die Zweigniederlassung ... 916
  I. Der Begriff der Zweigniederlassung ... 916
    1. Fehlen einer Legaldefinition, Terminologie ... 916
    2. Das Erfordernis eines Geschäftsbetriebes ... 917
    3. Relative Selbständigkeit in wirtschaftlicher und geschäftlicher Hinsicht ... 917
    4. Die rechtliche Abhängigkeit der Zweigniederlassung ... 919
    5. Exkurs: Der Begriff der Hauptniederlassung ... 920
  II. Die registerrechtliche Behandlung der Zweigniederlassung ... 920
    1. Recht und Pflicht zur Eintragung ... 920
    2. Die Anmeldung der Zweigniederlassung ... 921
    3. Die Eintragung der Zweigniederlassung ... 921
    4. Änderung und Löschung der Eintragung ... 922
    5. Die Bedeutung der Eintragung im Handelsregister ... 922
  III. Die rechtliche Behandlung im übrigen ... 923
    1. Die Zuständigkeit zur Errichtung von Zweigniederlassungen ... 923
    2. Die Firma der Zweigniederlassung ... 923
    3. Der Tätigkeitsbereich ... 923

		4. Leitung und Vertretung der Zweigniederlassung	923
		5. Der besondere Gerichtsstand am Ort der Zweigniederlassung .	924
		6. Der Ort der Zweigniederlassung als Erfüllungsort..........	925
		7. Betreibungsrechtliche Wirkungen	925
		8. Exkurs: Zweigniederlassung und Betriebsstätte im Steuerrecht	925
	IV.	Internationale Tatbestände	926
		1. Die schweizerische Zweigniederlassung einer ausländischen Aktiengesellschaft.................................	926
		2. Die ausländische Zweigniederlassung einer schweizerischen AG	929
§ 60	**Konzern und Holdinggesellschaft**		931
	A.	*Die Konzernrealität und das Fehlen eines schweizerischen Konzernrechts*	931
		1. Rechtstatsächliches................................	931
		2. Die Problematik der Konzernbildung..................	932
		3. Die Erfassung der Konzernrealität in Gesetzesrecht und Rechtspraxis (Übersicht)...........................	933
	B.	*Die rechtliche Behandlung des Konzerns*.....................	934
	I.	Sicherstellung der einheitlichen Leitung.....................	935
		1. Das Paradox der gesetzlichen Ordnung	935
		2. Die Rechtswirklichkeit.............................	935
	II.	Die Haftung im Konzern	937
		1. Der Grundsatz: Haftung nur der Einzelgesellschaft.........	937
		2. Die Ausnahme: Haftung der Konzernmuttergesellschaft oder anderer Konzerngesellschaften.....................	937
		3. Würdigung	939
	III.	Rechnungslegung und Publizität	939
	IV.	Die Berücksichtigung wechselseitiger Beteiligungen	939
	C.	*Die Holdinggesellschaft als Instrument der Konzernbildung*	940
	I.	Die zivilrechtliche Behandlung............................	940
	II.	Die steuerrechtliche Behandlung...........................	940

14. Kapitel: Besondere Arten von Aktiengesellschaften 941

§ 61	**Sonderbestimmungen für einzelne Arten von Aktiengesellschaften** ...		941
	A.	*Aktienrechtliche Sonderbestimmungen für Gross- und für Publikumsgesellschaften*.................................	941
	B.	*Das Bundesgesetz über die Börsen und den Effektenhandel (Börsengesetz, BEHG) und kapitalmarktrechtliche Aspekte des Aktienrechts*.......................................	943
	I.	Entstehungsgeschichte und Inhalt des Börsengesetzes	943
		1. Entstehungsgeschichte.............................	943
		2. Inhalt des Börsengesetzes	945
	II.	Offenlegung von Beteiligungen	948
	III.	Öffentliche Kaufangebote.................................	949
		1. Grundregeln.....................................	949
		2. Übergangsrecht und Altbestände	950
		3. Eingliederung	950

		C. Ergänzende spezialgesetzliche Bestimmungen für einzelne Branchen	951
		I. Die Bank-Aktiengesellschaft	951
		II. Die Versicherungs-Aktiengesellschaft	952
§ 62		**Gesetzlich nicht geregelte Sonderarten**	955
	A.	Die personalistische Aktiengesellschaft	955
		I. Umschreibung	955
		II. Stiefmütterliche Behandlung durch den Gesetzgeber	956
		III. Annäherungen an das Recht der Personengesellschaft	956
		1. Erschwerter Mitgliederwechsel	956
		2. Annäherung an die Selbstorganschaft	956
		3. Aktionärbindungsverträge	957
		4. Übernahme von Gesellschaftverbindlichkeiten durch Aktionäre	957
		5. Fehlende Kapitalsammelfunktion	957
		IV. Unterschiede gegenüber dem Recht der Personengesellschaften	958
		1. Strengere Gründungsvoraussetzungen, straffere Organisation und anspruchsvollere Rechnungslegung	958
		2. Gesicherte Existenz der Gesellschaft auch beim Tod eines Gesellschafters	958
		3. Mehrheitsprinzip	958
		4. Beschränkte Berücksichtigung persönlicher Verhältnisse bei der Auflösung aus wichtigen Gründen	959
	B.	Die Einpersonen-Aktiengesellschaft	959
		I. Umschreibung	959
		II. Die Frage der Zulässigkeit	960
		1. Vom Gesetz nicht verboten	960
		2. Rechtliche Duplizität trotz wirtschaftlicher Identität	961
		III. Die Einpersonen-Aktiengesellschaft im Dienste legitimer Interessen	961
		1. Vereinfachung der Vererbung und Veräusserung von Unternehmen	961
		2. Wunsch nach Haftungsbeschränkung	962
		3. Instrument der Konzernbildung	962
		IV. Das Trennungsprinzip	962
		1. Der Grundsatz	962
		2. Der Anwendungsbereich	963
		V. Die Korrektur von Missbräuchen: der Durchgriff	964
		1. Der Durchgriff als Ausnahme vom Trennungsprinzip	964
		2. Theoretische Begründung	965
		3. Allgemeine Voraussetzungen	966
		4. Arten des Durchgriffs und Rechtsfolgen	966
		5. Der direkte Durchgriff insbesondere	968
		6. Der umgekehrte Durchgriff	969
		7. Der Durchgriff zugunsten der Gesellschaft bzw. des beherrschenden Gesellschafters	970
		8. Unechte Durchgriffstatbestände	970

	9. Der Durchgriff in anderen Rechtsgebieten	970
C.	Die Zweipersonen-Aktiengesellschaft	971
I.	Umschreibung	971
II.	Die Problematik der Zweipersonen-Aktiengesellschaft	971
III.	Zur Lösung von Patt-Situationen	972
	1. Die Notwendigkeit präventiver Regelungen in den Statuten und in Aktionärbindungsverträgen	972
	2. Der Stichentscheid	972
	3. Richterliche Hilfe beim Vorliegen wichtiger Gründe	973
D.	Die Immobilien-Aktiengesellschaft	973
I.	Die Immobilien-Aktiengesellschaft im engeren Sinn	974
	1. Umschreibung	974
	2. Zur Problematik	974
	3. Die Immobilien-Aktiengesellschaft im engeren Sinn in der Lex Friedrich	975
II.	Die Immobilien-Aktiengesellschaft im weiteren Sinn als Sonderform der Lex Friedrich	976
III.	Die Mieter-Aktiengesellschaft	977
E.	Die genossenschaftliche Aktiengesellschaft	978

§ 63 Gemischtwirtschaftliche und spezialgesetzliche Aktiengesellschaften ... 979

A.	Die gemischtwirtschaftliche Aktiengesellschaft	979
I.	Öffentliche, gemischtwirtschaftliche und kantonalrechtliche Aktien-Unternehmen	979
II.	Zum Begriff der gemischtwirtschaftlichen Unternehmung	980
III.	Motive zur Gründung gemischtwirtschaftlicher Unternehmen	981
IV.	Einzelheiten zur Ordnung gemäss OR 762	982
V.	Zur Durchsetzung der öffentlichen Interessen	984
B.	Spezialgesetzliche Aktiengesellschaften	984
I.	Die Schweizerische Nationalbank (SNB)	984
II.	Die Swissair (Schweizerische Luftverkehrs-Aktiengesellschaft)	986
III.	Die Eisenbahn-Aktiengesellschaften	987
IV.	Die Elektrizitäts-Aktiengesellschaften	988
C.	Exkurs: Ausschluss der Anwendung des Gesetzes auf öffentlich-rechtliche Anstalten, OR 763	988

15. Kapitel: Die Besteuerung der Aktiengesellschaft ... 991

§ 64 Die Besteuerungssysteme der Aktiengesellschaft ... 991

I.	Neue gesetzliche Grundlagen	992
II.	Bundes-, Kantons- und Gemeindesteuern	992
III.	Ordentliche Steuern auf Gewinn und Kapital	993

§ 65 Die Steuerpflicht der Aktiengesellschaft ... 995

A.	Die Eidgenössischen Stempelabgaben	995
I.	Wesen und rechtliche Grundlage der Stempelsteuer	995
	1. Wesen der Stempelsteuer	995
	2. Rechtliche Grundlage der Stempelsteuer und Revision	995
II.	Die Emissionsabgabe	996
III.	Die Umsatzabgabe	997

	B. Die Kapitalsteuer	997
	I. Begriff des Kapitals	997
	II. Steuerobjekt	997
	III. Die Kapitalsteuer als proportionale Steuer	998
	C. Die Ertrags- bzw. Gewinnsteuer	998
	I. Begriff des Ertrages	998
	II. Steuerobjekt	999
	III. Die Ertragssteuer als von der wirtschaftlichen Leistungsfähigkeit abhängige Steuer	999
	D. Die Eidgenössische Verrechnungssteuer	1000
	I. Rechtliche Grundlage und Wesen der Verrechnungssteuer	1000
	II. Gegenstand der Verrechnungssteuer im allgemeinen	1001
	III. Sonderfälle	1001
	1. Gratisaktien	1001
	2. Geldwerte Leistungen	1001
	3. Konzernrechtliche Umgestaltung von Beteiligungsverhältnissen (sog. Transponierungstheorie)	1002
	4. Teilliquidation	1003
§ 66	**Steuerrechtliche Verflechtungstatbestände**	1005
	A. Die Problematik der wirtschaftlichen Doppelbelastung und ihre Bedeutung bei der Wahl der Gesellschaftsform	1005
	B. Gesellschaften mit besonderen Zwecken	1006
	I. Konzernbildung	1006
	1. Grundbegriffe und Problematik	1006
	2. Beteiligungsgesellschaften	1007
	3. Die Privilegierung der Holdinggesellschaft	1007
	II. Die Domizilgesellschaft	1008
	C. Das Problem der Doppelbesteuerung	1009
	I. Das interkantonale Doppelbesteuerungsverbot	1009
	1. Rechtsgrundlage	1009
	2. Die Besteuerung von interkantonalen Unternehmungen	1009
	II. Die Problematik der internationalen Doppelbesteuerung	1010
	III. Zur Problematik der Wegzugssteuer	1012
	1. Der steuerliche Realisationstatbestand	1012
	2. Sitzverlegung über die Grenze	1012
	D. Steuerliche Folgen von Unternehmenszusammenschlüssen und Unternehmensspaltungen	1013
	I. Verschmelzung von Aktiengesellschaften	1013
	1. Echte Fusion	1013
	2. Unechte Fusion	1014
	3. Absorption einer Tochtergesellschaft	1014
	II. Zusammenschluss von Aktiengesellschaften ohne Verschmelzung	1015
	1. Der fusionsähnliche Tatbestand	1015
	2. Aktientausch zwecks Übernahme einer Gesellschaft	1016
	III. Spaltung von Unternehmen	1016
	1. Begriff und wirtschaftliche Bedeutung der Unternehmensspaltung	1016

2. Steuerrechtliche Probleme bei Unternehmensspaltungen.... 1017

16. Kapitel: Die Zukunft der schweizerischen Aktiengesellschaft und die Europäisierung des Aktienrechts 1019

§ 67 **Die Zukunft des schweizerischen Aktienrechts** 1019
    1. Parlamentarische Vorstösse 1019
    2. Der Bericht der Groupe de réflexion «Gesellschaftsrecht» .. 1020
    3. Neue Gesetze mit aktienrechtlicher Relevanz............. 1024
    4. Die Frage nach der Europaverträglichkeit des schweizerischen Aktienrechts. 1025

§ 68 **Zur Europäisierung des Aktienrechts** 1027
    I. Die europäische Rechtsangleichung im Gesellschaftsrecht...... 1027
        1. Grundlagen der Rechtsangleichung im EWG-Vertrag....... 1027
        2. Stand der gesellschaftsrechtlichen Arbeiten in der EG 1031
    II. Zur Europafähigkeit des revidierten schweizerischen Aktienrechts... 1037
        1. Allgemeine Bemerkungen............................. 1037
        2. Hinweise zu einzelnen Punkten 1038

Konkordanztabellen... 1043
    1. Vergleich OR 1991/1936................................... 1043
    2. Vergleich OR 1936/1991................................... 1046
Sachregister 1049
Gesetzesregister 1083

Literatur

Die Aufstellung enthält nur die wichtigsten Standardwerke, die mit dem Namen des Autors oder Herausgebers (Hg.) sowie allenfalls dem *kursiv* gesetzten Stichwort zitiert werden. Grundlegende Werke zu bestimmten Themenkreisen finden sich jeweils am Anfang der Paragraphen; weiterführende Literatur zu Einzelfragen ist in den Anmerkungen erwähnt.

Basler Kommentar, s. Honsell/Vogt/Watter.
Berthel/Bochud: Neues Aktienrecht aus registerrechtlicher und materieller Sicht (Luzern 1992, vervielfältigt).
Böckli, Peter: Das neue Aktienrecht (Zürich 1992, 2. A. erscheint mit dem Titel «Schweizer Aktienrecht» im November 1995 gleichzeitig mit diesem Buch).
Boemle/Geiger/Pedrazzini/Schluep (Hg.): Lebendiges Aktienrecht, Festgabe zum 70. Geburtstag von W. F. Bürgi (Zürich 1971).
Botschaft des Bundesrates an die Bundesversammlung zu einem Gesetzesentwurf über die Revision der Titel XXIV bis XXXIII des Schweizerischen Obligationenrechtes vom 21. Februar 1928, BBl *1928* I 224 ff (zitiert «Botschaft *1928*», nach dem Sonderdruck).
Botschaft über die Revision des Aktienrechts vom 23. Februar 1983, BBl *1983* II 745 ff (zitiert «Botschaft», nach dem Sonderdruck).
Brosset/Schmidt: Guide des sociétés en droit suisse (Bd. II, Aktienrecht, Genf 1963).
von Büren/Hausheer/Wiegand (Hg.): Grundfragen des neuen Aktienrechts, Symposium aus Anlass der Emeritierung von Rolf Bär (Bern 1993).
Bürgi, Wolfhart F.: Die Aktiengesellschaft, Zürcher Kommentar, Bd. V/5b/1 und 2: 1. Halbband: Art. 660–697 (Zürich 1957); 2. Halbband: Art. 698–738 (Zürich 1969).
Bürgi/Nordmann-Zimmermann: Die Aktiengesellschaft, Zürcher Kommentar, Bd. V/5b/3: 3. Halbband: Art. 739–771 (Zürich 1979).
Ciocca, Philippe (Hg.): Le nouveau droit des sociétés anonymes. Conférences et séminaires organisés par les Facultés de droit romandes (Lausanne 1993), mit Beiträgen von Max Boemle, François Chaudet, Louis Dallèves, Gérard Hertig, Alain Hirsch, Georges Müller, Robert Pennone, Henry Peter, Jean-Marc Rapp, Pierre-Alain Recordon, Jacques-André Reymond, Roland Ruedin, Baptiste Rusconi, Walter Stoffel, Pierre Tercier.
Dessemontet François: Droit suisse des sociétés anonymes: Répertoire des arrêts fédéraux et cantonaux (Lausanne 1986).
Druey, Jean Nicolas: Grundzüge des schweizerischen Aktienrechts (Separatum aus Nachdruck 1995 von Guhl/Kummer/Druey).
Festschrift Bär s. von Büren/Hausheer/Wiegand.
Festschrift Bürgi s. Boemle/Geiger/Pedrazzini/Schluep.
Festschrift Forstmoser s. Schluep/Isler.
Forstmoser, Peter: Schweizerisches Aktienrecht I/1 (Zürich 1981).
Funk, Fritz: Kommentar des Obligationenrechtes Bd. II (Aarau 1951).

Literatur

von Greyerz, Christoph: Die Aktiengesellschaft, in: Schweiz. Privatrecht VIII/2 (Basel/ Frankfurt 1982) 1 ff.
Guhl/Kummer/Druey: Das Schweizerische Obligationenrecht (8. A. Zürich 1991) 618 ff. (Nachdruck, mit Neubearbeitung des Aktienrechts, 1995: s. Druey).
Gutzwiller, Max: Das Recht der Verbandspersonen. Grundsätzliches, in: Schweiz. Privatrecht II (Basel/Frankfurt 1967) 425 ff.
Homburger, Eric: Leitfaden zum neuen Aktienrecht (2. A. Zürich 1992).
Honsell/Vogt/Watter (Hg.): Basler Kommentar zum Schweiz. Privatrecht, Obligationenrecht II (OR 530–1186) (Basel/Frankfurt 1994), mit Beiträgen von Carl Baudenbacher, Eric L. Dreifuss, Beat Hess, Patrick Hünerwadel, Peter R. Isler, Manfred Küng, Peter Kurer, Andreas Länzlinger, André E. Lebrecht, Markus R. Neuhaus, Matthias Oertle, Shelby du Pasquier, Graziano Pedroja, Andreas von Planta, Hans-Peter Schaad, Franz Schenker, Christoph Stäubli, Rudolf Tschäni, Nedim Peter Vogt, Rolf Watter, Rolf H. Weber, Martin Wernli, Peter Widmer, Hanspeter Wüstiner, Gaudenz G. Zindel.
Jäggi/Druey/von Greyerz: Wertpapierrecht unter besonderer Berücksichtigung von Wechsel und Check (Basel/Frankfurt 1985).
Meier, Robert: Die schweizerische Aktiengesellschaft. Ein Rechtshandbuch für die praktische Arbeit in der schweizerischen Aktiengesellschaft (2. A. Zürich 1994).
Meier-Hayoz/Forstmoser: Grundriss des schweizerischen Gesellschaftsrechts (7. A. Bern 1993).
Meier-Hayoz/von der Crone: Wertpapierrecht (Bern 1985).
Nobel, Peter: Aktienrechtliche Entscheide. Praxis zum Schweizerischen Aktienrecht (2. A. Bern 1991).
Patry, Robert: Précis de droit suisse des sociétés, vol. II (Bern 1977).
Rebsamen/Thomi: Kommentierte Handelsregister-Eintragungstexte zur Aktiengesellschaft nach neuem Recht (Notariatskammer Basel-Stadt 1993, vervielfältigt).
Riemer, Hans Michael: Berner Kommentar zum ZBG, 3. Abteilung: Die juristischen Personen, 1. Teilband: Allgemeine Bestimmungen (ZGB 52–59) (Bern 1993).
Roth, Rudolf (Hg.): Das aktuelle schweizerische Aktienrecht. Nachschlagewerk... für den Praktiker (Zürich 1992, mit Nachträgen), mit Beiträgen von Peter Bertschinger, Sebastian Burckhardt, Catherine Christen-Westenberg, Harold Grüninger, Hans Hurter, Christine Jeker, Urs Pfander, Peter Schenk, Balthasar Settelen, Nathalie Voser, Viktor Wirth, Stefan Zwicker, Daniel Züger.
Schluep/Isler (Hg.): Neues zum Gesellschafts- und Wirtschaftsrecht. Zum 50. Geburtstag von Peter Forstmoser (Zürich 1993), mit aktienrechtlichen Beiträgen von Ulrich Benz, Irene Busch, Andreas Casutt, Stephan Dekker, Jakob Höhn, René W. Isenschmid, Robert Meier, Adrian Plüss, Georg Rauber, Ulysses v. Salis, Ernst F. Schmid, Franco Taisch, Reto Waidacher, Gaudenz G. Zindel.
Schucany, Emil: Kommentar zum Schweizerischen Aktienrecht (2. A. Zürich 1960).
Schweizerische Juristische Kartothek: Darstellung der einzelnen Themenbereiche des Aktienrechts (Genf 1941 ff, fortlaufend umgearbeitet).
Siegwart, Alfred: Die Aktiengesellschaft, Zürcher Kommentar, Bd. V/5a, Allgemeine Bestimmungen (OR 620–659) (Zürich 1945).
von Steiger, Fritz: Das Recht der Aktiengesellschaft in der Schweiz (4. A. Zürich 1970).
Usteri/Reimann: Kartothek zum Schweizerischen Obligationenrecht, Karten zu OR 620 ff (Zürich 1939 ff), laufend nachgeführt, ab 1974 von Bühler/Walder und ab 1985/86 von Bühler/Aeppli.

Weiss, Gottfried: Zum Schweizerischen Aktienrecht (Bern 1968 = ASR 385, ursprünglich Einleitung zum Berner Kommentar über die Aktiengesellschaft, 1956).
Zürcher Kommentar s. Bürgi sowie Siegwart.

Zahlreiche Aufsätze zu aktienrechtlichen Themen finden sich in der SZW. Hinsichtlich des *revidierten Aktienrechts* ist auch auf folgende Sondernummern hinzuweisen: *ST 1991 Heft 11* (mit Beiträgen von Carl Baudenbacher, Peter Bertschinger, Peter Böckli, Max Boemle, Pierre Borgeaud, Andreas Casutt, Matthias Eppenberger, Peter Forstmoser, Carl Helbling, Gérard Hertig, Peter Nobel, Roland Ruedin, Günther Schultz, Thomas Staehelin, Hanspeter Thiel, Frank Vischer und André Zünd), *BN 1992 Heft 2* (mit Beiträgen von Rolf Bär, Arthur Hänsenberger, Walter Lussy und Peter Ruf), *AJP 1992 Heft 6* (mit Beiträgen von René Biber/Rolf Watter, Alexander Brunner, Roland Bühler, Felix Ehrat, Edgar Fluri, Peter Isler, Walter Lussy, Marie-Therese Müller, Shelby du Pasquier/Matthias Oertle, Graziano Pedroja, Henry Peter, Markus Ruffner/Eric Stupp, Brigitte Tanner, Hanspeter Thiel, Peter Widmer). Die Literatur zur Aktienrechtsreform ist zusammengestellt bei Brigitte Tanner in AJP *1992* 821 ff. Umfassende Literaturverzeichnisse zum Aktienrecht finden sich bei Peter Böckli sowie – auf dem Stand von 1981 – bei Peter Forstmoser.

Die wichtigeren der in diesem Band zitierten, zum bisherigen Recht ergangenen Entscheide sind in der Sammlung von Nobel abgedruckt. Französisch und italienisch verfasste neuere Bundesgerichtsentscheide finden sich in deutscher Übersetzung in der «Praxis des Schweizerischen Bundesgerichtes» (Pra.).

Abkürzungen

A.	Auflage
ABl	Amtsblatt der Europäischen Gemeinschaft
a. E.	am Ende
Abs.	Absatz
AFG	BG über die Anlagefonds vom 18. März 1994, SR 951.31
AFV	VO über die Anlagefonds vom 19. Oktober 1994, SR 952.311
AG	Aktiengesellschaft; bei Zitaten: Die Aktiengesellschaft, Köln
AGVE	Aargauische Gerichts- und Verwaltungsentscheide, Aarau 1947 ff
AJP	Aktuelle Juristische Praxis, St. Gallen 1992 ff
AISUF	Arbeiten aus dem juristischen Seminar der Universität Freiburg, Freiburg 1946 ff
AK	Aktienkapital
AktG	Deutsches Aktiengesetz vom 6. September 1965, BGBl I S. 1089
AmtlBull	Amtliches stenographisches Bulletin der Bundesversammlung, bis 1962: StenBull
Anm.	Anmerkung
Art.	Artikel
AS	Sammlung der eidgenössischen Gesetze; Amtliche Sammlung der Bundesgesetze und Verordnungen, Bern 1848 ff
ASA	Archiv für Schweizerisches Abgaberecht, Bern 1932 ff
ASR	Abhandlungen zum schweizerischen Recht, Bern 1904 ff, Neue Folge Bern 1924 ff
BankG	BG über die Banken und Sparkassen vom 8. November 1934, SR 952.0, in der Fassung vom 18. März 1994
BankV	VO über die Banken und Sparkassen vom 17. Mai 1972, SR 952.02, in der Fassung vom 12. Dezember 1994
BB	Bundesbeschluss
BBl	Bundesblatt
BBSW	Berner Beiträge zum Steuer- und Wirtschaftsrecht, Bern 1991 ff
Bd.	Band
BEHG	BG über die Börsen und den Effektenhandel vom 24. März 1995 (Börsengesetz)
BewG	BG vom 16. Dezember 1983 über den Erwerb von Grundstücken durch Personen im Ausland, SR 211.412.41
BG	Bundesgesetz
BGE	Entscheidungen des Schweizerischen Bundesgerichtes; Amtliche Sammlung, Lausanne 1875 ff
BGer	Bundesgericht
BGH	(deutscher) Bundesgerichtshof
BGHZ	Entscheidungen des (deutschen) Bundesgerichtshofes in Zivilsachen (Köln)
BJM	Basler Juristische Mitteilungen, Basel 1954 ff
BlSchK	Blätter für Schuldbetreibung und Konkurs, Wädenswil 1937 ff

BN	Der Bernische Notar, Langenthal 1940 ff
Botschaft	Botschaft des Bundesrates
Botschaft 1928	Botschaft des Bundesrates zur Revision der Titel XXIV bis XXXIII des Obligationenrechts vom 21.2.1928, BBl 1928 I 205 ff, zitiert nach dem Separatdruck
Botschaft 1983	Botschaft des Bundesrates zur Revision des Aktienrechts vom 23. Februar 1983, BBl 1983 II 745 ff, zitiert nach dem Separatdruck
BRB	Bundesratsbeschluss
BStR	Basler Studien zur Rechtswissenschaft, Basel 1932 ff
BV	Bundesverfassung der Schweizerischen Eidgenossenschaft vom 29. Mai 1874, SR 101
bzw.	beziehungsweise
CEDIDAC	Centre du droit de l'entreprise de l'Université de Lausanne, Publications CEDIDAC Lausanne 1985 ff
CuR	Computer und Recht, Zürich 1976 ff
DBG	BG über die direkte Bundessteuer vom 14. Dezember 1990, SR 642.11
d. h.	das heisst
ders.	derselbe
Diss.	Dissertation, thèse
E	Erwägung
EBK	Eidgenössische Bankenkommission
EG	Europäische Gemeinschaft; kantonales Einführungsgesetz
EuGH	Europäischer Gerichtshof
EuZW	Europäische Zeitschrift für Wirtschaftsrecht, München / Frankfurt
evtl.	eventuell
EWGV	Vertrag zur Gründung der Europäischen Wirtschaftsgemeinschaft vom 25. März 1957
EWR	Europäischer Wirtschaftsraum
f	und folgende Seite/Note, und folgender Artikel
ff	und folgende Seiten/Noten/Artikel
FER	Fachempfehlungen zur Rechnungslegung, erarbeitet von der Fachkomission FER und hg. von der «Stiftung für Empfehlungen zur Rechnungslegung», Zürich 1984 ff
FS	Festschrift, Festgabe
GAAP	(US) Generally Accepted Accounting Principles
GmbH	Gesellschaft mit beschränkter Haftung
GV	Generalversammlung
hg.	herausgegeben
Hg.	Herausgeber
HGer	Handelsgericht
HRV	Verordnung über das Handelsregister vom 7. Juni 1937 in der Fassung vom 9. Juni 1992, SR 221.411
IAS	International Accounting Standards, erarbeitet vom International Accounting Standards Committee, London
i. e. S.	im engeren Sinne
insbes.	insbesondere
IPR	Internationales Privatrecht

IPRG	BG über das internationale Privatrecht vom 18. Dezember 1987, SR 291
i. S. / i. S. v.	im Sinne / im Sinne von
i. V. m.	in Verbindung mit
i. w. S.	im weiteren Sinne
JBHReg	Jahrbuch des Handelsregisters, Zürich 1992 ff
JdT	Journal des Tribunaux, Lausanne 1853 ff
JZ	Deutsche Juristenzeitung, Tübingen 1946 ff, Titel bis 1950: Süddeutsche Juristenzeitung
KG	BG über Kartelle und ähnliche Organisationen vom 20. Dezember 1985, SR 251
KSG	Konkordat vom 27. März 1969 über die Schiedsgerichtsbarkeit, SR 279
lit.	litera
LugUe	Übereinkommen über die gerichtliche Zuständigkeit und die Vollstreckung gerichtlicher Entscheidungen in Zivil- und Handelssachen vom 16. September 1988, SR 0.275.11
LV	Literaturverzeichnis (dieses Buches)
MaschSchr	in Schreibmaschinenschrift bzw. hektographiert
Mitt	Schweizerische Mitteilungen über gewerblichen Rechtsschutz und Urheberrecht, Zürich 1925 ff, ab 1985: SMI
MWSTV	Verordnung über die Mehrwertsteuer vom 22. Juni 1994, SR 641.201
N	Note (Randnote)
NR	Nationalrat
NZZ	Neue Zürcher Zeitung
o. J.	ohne Jahresangabe
o. O.	ohne Ortsangabe
OG	BG vom 16. Dezember 1943 über die Organisation der Bundesrechtspflege, SR 173.110
OGer.	Obergericht
OPA	Offre Publique d'Achat
OR	BG betreffend die Ergänzung des Schweizerischen Zivilgesetzbuches, Fünfter Teil: Obligationenrecht vom 30. März 1911, SR 220
OR *1881*	BG über das Obligationenrecht vom 14. Brachmonat 1881
OR *1936*	OR in der Fassung vom 18. Dezember 1936
PCEJE	Publications de l'Institut suisse de droit comparé/Veröffentlichungen des Schweizerischen Instituts für Rechtsvergleichung, Zürich 1984 ff
Pra.	Die Praxis des Schweizerischen Bundesgerichtes, Basel 1912 ff
ProtExp	Protokoll der Expertenkommission für die Revision der Titel 24 bis 33 des Obligationenrechts, Bern 1928
PS	Partizipationsschein
PS-Kapital	Partizipationskapital
Rep.	Repertorio di Giurisprudenza Patria, Bellinzona
rev OR	26. Titel des OR (Aktienrecht) in der Fassung vom 4. Oktober 1991
RevV	Verordnung über die fachlichen Anforderungen an besonders befähigte Revisoren vom 15. Juni 1992, SR 221.302
RL	Richtlinie der Europäischen Gemeinschaft
RS	Revisionsstelle
Rz.	Randziffer

S.	Seite
s. / s. a.	siehe / siehe auch
SAG	Schweizerische Aktiengesellschaft, Zürich 1928 ff, ab 1990: SZW
SAV	Schweizerischer Anwaltsverband
SchKG	BG betreffend Schuldbetreibung und Konkurs vom 11. April 1889, SR 281.1
SchlBest	Schlussbestimmungen
SchlT ZGB	Schlusstitel des ZGB
SE	Societas Europaea, Europäische Aktiengesellschaft
Sem.	La Semaine Judiciaire, Genf 1879 ff
SHAB	Schweizerisches Handelsamtsblatt, Bern
SJK	Schweizerische Juristische Kartothek, Genf
SJZ	Schweizerische Juristen-Zeitung, Zürich 1904 ff
SMI	Schweizerische Mitteilungen zum Immaterialgüterrecht, Zürich, bis 1984: Mitt
SnA	Schriften zum neuen Aktienrecht, Zürich 1992 ff
sog.	sogenannt
SPR	Schweizerisches Privatrecht, Basel/Stuttgart 1969 ff
SR	Systematische Sammlung des Bundesrechts, Bern 1970 ff
SSBR	Schweizerische Schriften zum Bankrecht, Zürich 1990 ff
SSHW	Schweizer Schriften zum Handels- und Wirtschaftsrecht, Zürich 1973 ff
SStIR	Schweizer Studien zum Internationalen Recht, Zürich 1975 ff
SSTRK	Schriftenreihe der Treuhandkammer, Zürich, bis 1988: Schriftenreihe der Treuhand- und Revisionskammer
ST	Der Schweizer Treuhänder, Zürich
StenBull	Stenographisches Bulletin der Bundesversammlung, seit 1963: AmtlBull
StE	Der Steuerentscheid, Sammlung aktueller steuerrechtlicher Entscheidungen, Basel 1984
StG	BG über die Stempelabgaben vom 27. Juni 1973, SR 641.10
StG ZH	Zürcher Gesetz über die direkten Steuern vom 5. Juli 1951
StGB	Schweizerisches Strafgesetzbuch vom 21. Dezember 1937, SR 311.0
StHG	BG über die Harmonisierung der direkten Steuern der Kantone und Gemeinden vom 17. Dezember 1990, SR 642.14
StR	Ständerat
StV	VO über die Stempelabgaben vom 3. Dezember 1973, SR 641.101
SZGerm.	Zeitschrift für Rechtsgeschichte der Savigny-Stiftung, germanistische Abteilung, Heidelberg
SZIER	Schweizerische Zeitschrift für internationales und europäisches Recht, Zürich 1991 ff
SZW	Schweizerische Zeitschrift für Wirtschaftsrecht, Zürich 1990 ff, bis 1989: SAG
u. ä.	und ähnliche(s)
u. a.	unter anderem
u. E.	unseres Erachtens
UeBest	Übergangsbestimmungen
usw.	und so weiter
UWG	BG gegen den unlauteren Wettbewerb vom 19. Dezember 1986, SR 241

VAG	BG betreffend die Aufsicht über die privaten Versicherungseinrichtungen vom 23. Juni 1978, SR 961.01
VO	Verordnung
Vorb.	Vorbemerkung(en)
VPB	Verwaltungspraxis der Bundesbehörden, Bern
VR	Verwaltungsrat
VStG	BG über die Verrechnungssteuer vom 13. Oktober 1965, SR 642.21
VV	Vollziehungsverordnung
WuR	Wirtschaft und Recht, Zürich 1949–1990
z. B.	zum Beispiel
ZBGR	Schweizerische Zeitschrift für Beurkundungs- und Grundbuchrecht, Wädenswil 1920 ff
ZBJV	Zeitschrift des Bernischen Juristenvereins, Bern 1865 ff
ZBl	Schweizerisches Zentralblatt für Staats- und Verwaltungsrecht, Zürich, bis 1988: ZSGV
ZBR	Zürcher Beiträge zur Rechtswissenschaft, Zürich, ab 1978 abgelöst durch die verschiedenen Reihen der Zürcher Studien
ZGB	Schweizerisches Zivilgesetzbuch vom 10. Dezember 1907, SR 210
ZGR	Zeitschrift für Unternehmens- und Gesellschaftsrecht, Berlin 1972 ff
ZHR	Zeitschrift für das gesamte Handels- und Wirtschaftsrecht, Stuttgart 1858 ff
Ziff.	Ziffer
ZR	Blätter für Zürcherische Rechtsprechung, Zürich 1902 ff
ZRP	Zeitschrift für Rechtspolitik, München 1968/69 ff
ZSGV	Schweizerisches Zentralblatt für Staats- und Gemeindeverwaltung, Zürich 1900 ff, ab 1989: ZBl
ZSR	Zeitschrift für Schweizerisches Recht, Basel 1852; Neue Folge, Basel 1882 ff
ZStIR	Zürcher Studien zum internationalen Recht, Zürich, ab 1975 = SStIR
ZStöR	Zürcher Studien zum öffentlichen Recht, Zürich 1978 ff
ZStP	Zürcher Studien zum Privatrecht, Zürich 1978 ff
z. T.	zum Teil
ZWR	Zeitschrift für Walliser Rechtsprechung, Sion

1. Kapitel: Grundlagen

§ 1 Der Begriff der Aktiengesellschaft

Literatur: Baudenbacher in Basler Kommentar zu Art. 620; Forstmoser, Aktienrecht § 1; Meier-Hayoz/Forstmoser §§ 1, 2 und 12; Siegwart, Einleitung N 1 ff und Kommentar zu Art. 620; Pierre Tercier: Société Anonyme I, Généralités, Fiches Juridiques Suisses 389 (Genève 1992); Weiss N 54 ff.

I. Definition

Die Legaldefinition von OR 620 I umschreibt die AG wie folgt:

«*Die Aktiengesellschaft ist eine Gesellschaft mit eigener Firma, deren zum voraus bestimmtes Kapital (Aktienkapital) in Teilsummen (Aktien) zerlegt ist und für deren Verbindlichkeiten nur das Gesellschaftsvermögen haftet.*»

Diese Umschreibung enthält zwar die wesentlichsten Elemente, sie ist aber weder ganz präzis noch vollständig. Statt von «Gesellschaft» würde besser von «Körperschaft» gesprochen, wobei dieser Begriff (soweit er juristische Personen des Handelsrechts bezeichnet) die Führung einer eigenen Firma impliziert. Sodann wird dem im revidierten Aktienrecht erweiterten Begriff des Grundkapitals, das auch Partizipationsscheine umfassen kann, nicht Rechnung getragen. Endlich fehlt der Hinweis auf das Erfordernis der Eintragung im Handelsregister. Eine nach diesen Richtungen *präzisierte Definition* lautet:

«*Die Aktiengesellschaft ist eine im Handelsregister eingetragene Körperschaft, deren zum voraus bestimmtes Kapital (= Grundkapital) in Teilsummen (= Aktien und allenfalls Partizipationsscheine) zerlegt ist und für deren Verbindlichkeiten ausschliesslich das Gesellschaftsvermögen haftet.*»

Die in dieser Definition enthaltenen vier Begriffsmerkmale sind im folgenden näher zu betrachten:
- die *körperschaftliche Struktur* (N 11 ff),
- die Eigenschaft der AG als *Grundkapitalgesellschaft* (N 38 ff),
- die *ausschliessliche Haftung des Gesellschaftsvermögens* (N 57 ff),
- die *Pflicht zur Eintragung im Handelsregister* (N 62 ff).

II. Die körperschaftliche Struktur

1. Übersicht

Körperschaften sind Gesellschaften mit eigener Rechtspersönlichkeit[1]. Nach zwei Seiten hin sind somit Abgrenzungen vorzunehmen:

---

[1] Dazu ausführlich Meier-Hayoz/Forstmoser § 2 N 6 ff sowie Hans Michael Riemer: Berner Kommentar zum Personenrecht 3. Abteilung 1. Teilband (Bern 1993) Systematischer Teil; ders.: Personenrecht des ZGB (Bern 1995) 150 ff.

12 – gegenüber jenen anderen Gesellschaften, die nicht juristische Personen sind (den rechtsgemeinschaftlich strukturierten sog. *Personengesellschaften*) und
13 – gegenüber juristischen Personen, die nicht Gesellschaften sind (den *Anstalten*, insbesondere der privatrechtlichen Anstalt des schweizerischen Rechts, der *Stiftung*).

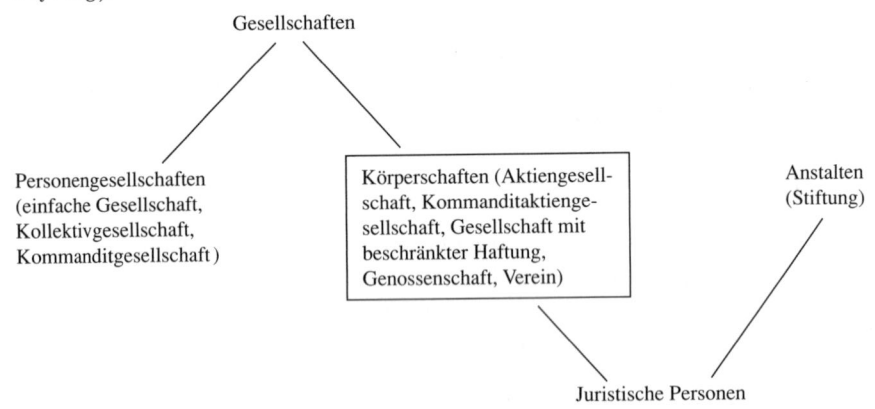

14

```
                        Gesellschaften
                       /      |      \
                      /       |       \
Personengesellschaften   Körperschaften (Aktiengesell-   Anstalten
(einfache Gesellschaft,  schaft, Kommanditaktienge-     (Stiftung)
Kollektivgesellschaft,   sellschaft, Gesellschaft mit
Kommanditgesellschaft)   beschränkter Haftung,
                         Genossenschaft, Verein)
                              \       |       /
                               \      |      /
                             Juristische Personen
```

15 a) Die beiden Arten von juristischen Personen, die *Körperschaften* und die *Anstalten*, unterscheiden sich durch die Verschiedenheit ihres Substrats. Die Körperschaft weist ein *persönliches* Substrat auf (sie besteht regelmässig aus einer Mehrzahl von Personen, die den Willen der Vereinigung selbst bilden). Der Anstalt ist ein *reales* Substrat eigen (sie stellt eine Vermögenszusammenfassung dar, die einem besonderen Zweck dauernd zu dienen bestimmt ist). Die Körperschaft ist eine universitas *personarum*, die Anstalt eine universitas *rerum*.

16 Allerdings kann bei einer Körperschaft dieses persönliche Element bis aufs äusserste reduziert sein, nämlich auf eine *einzige* Person: so bei der Einpersonen-AG (dazu § 62 N 26 ff). Hier fehlt die für Gesellschaften an sich charakteristische Vielzahl von Personen. Aber es ist doch noch *eine* Person da; das Gebilde ist noch nicht ganz zur Anstalt geworden (bei welcher ausschliesslich ein reales Substrat vorhanden ist).

17 b) Eine Gesellschaft ist nicht notwendigerweise selbständiges Rechtssubjekt. Der Schwerpunkt kann derart bei den einzelnen Mitgliedern – und nicht bei der Organisation, in der sie sich zusammengeschlossen haben – liegen, dass die Rechtsträgerschaft bei den Teilhabern (als Gesamthändern oder ausnahmsweise gar als Bruchteilsberechtigten) liegt[2]. Im Gegensatz zu diesen *Personengesellschaften* erscheinen die Körperschaften als von ihren Mitgliedern weitgehend gelöste, mit eigener Rechtspersönlichkeit (dazu N 19 ff) und einer festen Organisation (dazu N 24 ff) ausgestattete Einheiten. Kennzeichnend ist für sie somit – positiv ausgedrückt – ein hoher Grad der Einheitsbehandlung des gesellschaftlichen Zusammenschlusses (dazu N 21 ff) und – negativ – ein erhebliches Mass der Loslösung vom einzelnen Mitglied (dazu N 18 ff).

---

[2] Dazu Meier-Hayoz/Forstmoser § 2 N 41 ff.

2. Die Unabhängigkeit der Existenz der AG vom jeweiligen Mitgliederbestand

Bei den *Gesellschaften ohne Rechtspersönlichkeit* ist die Person der jeweiligen Mitglieder von zentraler Bedeutung. Beim Wechsel des Mitgliederbestandes verändert sich das Gesamtbild der Personenvereinigung. Darum ist bei den rechtsgemeinschaftlich strukturierten Personengesellschaften – der einfachen Gesellschaft, der Kollektivgesellschaft und der Kommanditgesellschaft – die *Mitgliedschaft nur ausnahmsweise übertragbar*.

Bei einer *Körperschaft* besteht von der rechtlichen Struktur her keine derart enge Verflechtung des einzelnen Mitgliedes mit dem Verband. Die Körperschaft ist nicht so sehr «Personenverband» als vielmehr «Verbandsperson». Sie ist eine *von den Mitgliedern weitgehend getrennte Einheit*. Ihr Bestand wird daher vom *Wechsel in der Zusammensetzung der Mitglieder nicht betroffen*.

Bei der AG als Kapitalgesellschaft und «société *anonyme*» ist die Loslösung der Mitgliedschaft von der Person, die sie gerade innehat, besonders weit getrieben (vgl. § 39 N 2 ff). Die geringe Bedeutung der Rechtspersönlichkeit des Teilhabers zeigt sich etwa darin, dass störende Ereignisse in der Person *eines* Mitgliedes keine Auswirkungen auf den Bestand der AG oder auf die Fortdauer der Mitgliedschaft der anderen Aktionäre haben, ja grundsätzlich nicht einmal auf die Mitgliedschaft dessen, der die Störung zu vertreten hat.[3]

3. Rechtsverhältnisse am Gesellschaftsvermögen

Trägerin des Gesellschaftsvermögens, d. h. Alleineigentümerin und ausschliessliche Gläubigerin und Schuldnerin ist die *AG als juristische Person*. Dementsprechend können über Gegenstände des Gesellschaftsvermögens nur die Organe der AG verfügen, nicht die Aktionäre als solche. Die Verfügung eines Aktionärs wäre Verfügung eines Nichtberechtigten. Das gilt selbst für den Extremfall des Alleinaktionärs, der z. B. nicht berechtigt ist, als solcher über das auf den Namen der AG im Grundbuch eingetragene Grundstück zu verfügen. Verfügungsberechtigt sind nur die hiefür von Gesetz und Statuten vorgesehenen *Organe* der betreffenden AG.

Von «Miteigentum der Aktionäre» am Gesellschaftsvermögen zu sprechen mag bei einer wirtschaftlichen Betrachtungsweise angehen; juristisch ist diese Vorstellung nach heutigem Recht unhaltbar, weil eben der AG die alleinige Rechtsträgerschaft zukommt.

Das hohe Ausmass der Verselbständigung des Gesellschaftsvermögens und seine Loslösung vom Vermögen der beteiligten Aktionäre zeigt sich ganz besonders bei der *Haftung*: Den Gesellschaftsgläubigern haftet nur das Gesellschaftsvermögen; eine Zugriffsmöglichkeit auf das Vermögen der Aktionäre haben sie nicht (vgl. hinten N 57 ff).

---

[3] Zu Ausnahmen vgl. § 44 N 17 ff (Kaduzierung) und § 55 N 57 ff (Auflösung aus wichtigem Grund).

4. Die weitgehend zwingend festgelegte, straffe Organisation

24 Die Erfüllung eines vom jeweiligen Mitgliederbestand unabhängigen Dauerzwecks verlangt eine straffe Organisation und eine klare, von der Person des einzelnen Gesellschafters losgelöste Ordnung der Kompetenzen. So bestehen bei der AG kraft zwingenden Rechts mindestens drei Organe im Sinne von Funktionsschwerpunkten:

25 – die *Generalversammlung* für die Willensbildung (dazu 5. Kapitel),
26 – der *Verwaltungsrat* für die Geschäftsführung (dazu 6. Kapitel) und
27 – die *Revisionsstelle* für die Überprüfung der finanziellen Verhältnisse (dazu 7. Kapitel).

28 Der Verbandswille ist – anders als bei den Personengesellschaften – vom Einzelwillen der Beteiligten unabhängig. *Als Verbandswille gilt, was die Mehrheit will.* Der Einzelne verzichtet mit seinem Beitritt zur Körperschaft auf die Durchsetzung seines Einzelwillens. Er unterwirft sich dem Willen der Mehrheit, die in der AG als einer Kapitalgesellschaft grundsätzlich eine Mehrheit nicht nach Köpfen, sondern nach Kapitalanteilen (Aktien) ist (§ 24 N 12 f)[4].

29 Während bei den Personengesellschaften die Mitglieder – oder zumindest einzelne von ihnen – schon kraft ihrer mitgliedschaftlichen Stellung zur Geschäftsführung in der Gesellschaft berechtigt und verpflichtet sind, kommen dem Aktionär keine entsprechenden Befugnisse oder Pflichten zu. Es besteht nicht Selbst-, sondern *Drittorganschaft*. Mitgliedschaft und Geschäftsführungsfunktion fallen auseinander. Nur *der* Aktionär, der durch die Generalversammlung in den Verwaltungsrat gewählt worden ist und diese Wahl angenommen hat, soll sich mit der Geschäftsführung befassen dürfen und müssen[5].

30 Die straffe Organisation der AG findet äusserlich ihren Ausdruck in einem eigenen Grundgesetz jeder einzelnen Gesellschaft, in ihren *Statuten*, die einen gesetzlich fixierten Mindestinhalt aufweisen müssen und die Grundlage der AG sind, die zur gültigen Entstehung der öffentlichen Beurkundung bedarf (dazu 3. Kapitel).

5. Weitere Konsequenzen der verselbständigten Rechtspersönlichkeit

31 Die AG als juristische Person ist also vom Wechsel ihrer Mitglieder unabhängig. Sie ist an einem eigenen Vermögen selbständig berechtigt und handelt selber durch ihre Organe. Die Verselbständigung zeigt sich auch in der eigenen *Firma* (dazu § 8 N 19 ff) und im eigenen *Sitz* (dazu § 8 N 32 ff).

32 Gemäss ZGB 53 ist die AG «*aller Rechte und Pflichten fähig, die nicht die natürlichen Eigenschaften des Menschen ... zur notwendigen Voraussetzung haben*».

---

[4] Zu den Schranken von Kapitalherrschaft und Mehrheitsmacht vgl. immerhin § 3 N 12 ff und § 41.
[5] Allerdings müssen die Mitglieder des Verwaltungsrates Aktionäre sein (OR 707 I); insofern besteht eine Beziehung zur Mitgliedschaft.

In den *Vermögensrechten* ist die AG der natürlichen Person grundsätzlich 33
gleichgestellt. Sie kann dingliche Rechte, Forderungsrechte, Immaterialgüterrechte erwerben (auch geschenkt erhalten oder erben) und innehaben. Sie kann sich verpflichten und über ihre Vermögensrechte Verfügungen treffen. Verpflichtungen können dabei nicht nur durch Vertrag oder einseitiges Rechtsgeschäft begründet werden. Vielmehr kann die AG auch eine Haftung aus unerlaubter Handlung treffen, da sie für die unerlaubten Handlungen ihrer Organe einzustehen hat (dazu § 21 N 9 ff).

Zu differenzieren ist bei den *auf die Person bezogenen* Rechten und Pflichten: 34
Die AG kann zwar grundsätzlich *Mitglied* anderer Verbindungen mit oder ohne Rechtspersönlichkeit sein[6]. Dagegen sind ihr Rechte versagt, die eine *persönliche Ausübung* erfordern, wie die Stellung eines Prokuristen oder Handlungsbevollmächtigten (vgl. OR 458, 462) oder des Mitglieds des Verwaltungsrates einer anderen AG (OR 707 III). Zugelassen ist die AG jedoch für Funktionen, bei denen es überwiegend um reine *Vermögensverwaltung* oder eine *Kontrolltätigkeit* geht: Die AG kann Revisionsstelle einer anderen juristischen Person sein (vgl. OR 727d), sie kann zum Liquidator bestellt werden (HRV 41), ebenso zum Willensvollstrecker[7].

Wie jede juristische Person ist die AG grundsätzlich in ihren *Persönlichkeits-* 35
rechten geschützt, so mit Bezug auf ihre Firma[8], ihre Ehre[9], ihre Geheim- und Privatsphäre[10] und ihre wirtschaftliche Persönlichkeit im Wettbewerb[10a]. ZGB 27 II schränkt auch die Möglichkeiten der *Selbstbindung* von Aktiengesellschaften ein[11].

Die AG ist *partei-* und *prozessfähig*[12], ihre Selbständigkeit zeigt sich auch etwa 36
darin, dass der *Aktionär* im Prozess der Gesellschaft grundsätzlich als *Zeuge* auftreten kann.

Die AG ist *eigenes Steuersubjekt* (zur Besteuerung der AG vgl. 15. Kapitel). 37
Dagegen ist sie nach allgemeinem *Strafrecht* nicht deliktsfähig[13]; verurteilt

---

[6] Jedoch nicht unbeschränkt haftender Gesellschafter einer Kollektiv- oder Kommanditgesellschaft bzw. einer Kommandit-Aktiengesellschaft, OR 552, 594 II, 764 I.
[7] Vgl. als Beispiel BGE 90 II 376 ff.
[8] BGE 95 II 486; 102 II 165.
[9] BGE 95 II 490, ZR *1984* Nr. 18.
[10] BGE 97 II 97 ff.
[10a] Der AG steht auch die Rekurslegitimation wegen einer Verletzung der Europäischen Menschenrechtskonvention zu, VPB *1994* 773 f.
[11] Dazu Silvio Caflisch: Die Bedeutung und die Grenzen der rechtlichen Selbständigkeit der abhängigen Gesellschaft im Recht der AG (Diss. Zürich 1961); Martin Frey: Statutarische Drittrechte im Schweizerischen Aktienrecht (Diss. Bern 1979) und Eugen Bucher: Berner Kommentar zu ZGB 27 (Bern 1993) Art. 27 N 510 ff.
[12] Dazu Rudolf Ottomann: Die Aktiengesellschaft als Partei im schweiz. Zivilprozess (Diss. Zürich 1976). – Ein Anspruch auf unentgeltliche Rechtspflege soll der AG dagegen normalerweise nicht zukommen. Die Rechtsgleichheit zwischen natürlichen und juristischen Personen soll hier nach Ansicht des Bundesgerichts Grenzen haben (BGE 119 Ia 337 ff).
[13] Vgl. BGE 105 IV 175, 100 IV 40 E 2a. Zivilrechtlich muss sie dagegen für deliktisches Verhalten ihrer Organe einstehen, vgl. vorn N 33.

werden können vielmehr nur die als Organe handelnden natürlichen Personen[14].

III. Die AG als Grundkapitalgesellschaft

1. Der Begriff «Grundkapital»

38 a) OR 620 I nennt als notwendiges Begriffselement der AG ein «zum voraus bestimmtes Kapital (Aktienkapital)». Aktienkapital (auch Nominalkapital genannt) ist ein in den Statuten festgesetzter Kapital-*Sollbetrag*, ein Betrag, der von den Aktionären mindestens zur Verfügung gestellt werden muss und der in der Folge als Reinvermögen der Gesellschaft mindestens vorhanden sein soll. Es handelt sich um eine bloss *rechnerische*, nicht um eine reale Grösse, um gewolltes, nicht wirkliches Vermögen: Zwar stellt das Gesetz durch strenge Vorschriften für die Gründung und die Kapitalerhöhung sicher, dass die Aktionäre in ihrer Gesamtheit Einlagen mindestens in der Höhe des nominellen Aktienkapitals in das Gesellschaftsvermögen erbringen oder sich zumindest dazu verpflichten. Nicht verhindert werden kann jedoch, dass sich dieses Vermögen in der Folge vermindert, weil etwa die Produktionsanlagen an Wert verlieren oder durch ungeschickte Geschäfte Verluste eintreten. Nur die *freiwillige* Verminderung – namentlich durch Ausschüttungen an die Gesellschafter – kann der Gesetzgeber unterbinden.

39 Das Aktienkapital stellt damit eine Garantie- oder *Sperrziffer* dar, in deren Ausmass Gesellschaftsvermögen vorhanden *sein soll*, aber nicht unbedingt *ist*. Davon zu unterscheiden ist die reale Grösse des *Gesellschaftsvermögens*, sei es im Sinne des *Bruttovermögens* (= Summe aller der Gesellschaft zustehenden Vermögenswerte), sei es im Sinne des *Rein-* oder *Nettovermögens* (= Überschuss der Aktiven über die Schulden, Bruttovermögen vermindert um die Summe der Verpflichtungen gegenüber Dritten). Anders als das Aktienkapital ist das Gesellschaftsvermögen ständiger Veränderung unterworfen[15].

40 b) Aktienkapital ist *Grundkapital*. Während unter bisherigem Recht die Begriffe «Grundkapital» und «Aktienkapital» identisch waren, ist nach revidiertem Recht zu differenzieren: Als fakultativen Bestandteil des Grundkapitals kann eine Gesellschaft neben dem Aktienkapital ein sog. *Partizipationskapital* vorsehen. In vermögensmässiger Hinsicht ist das Partizipationskapital im wesentlichen den gleichen Bestimmungen wie das Aktienkapital unterworfen (OR 656a II). Wenn im folgenden (wie im Gesetz) nur von «Aktienkapital» die Rede ist, dann ist grundsätzlich das Partizipationskapital mit gemeint.

---

[14] Ausnahmen bestehen – aus praktischen Gründen – im *Verwaltungsstrafrecht*, insbes. etwa für Steuerdelikte.
[15] Näheres bei Meier-Hayoz/Forstmoser § 12 N 26 ff.

2. *Funktion und Schutz des Aktien- bzw. Grundkapitals*

a) Das Aktienkapital stellt – wie erwähnt – einen *Sollbetrag* dar, in dessen Höhe die Aktionäre (mindestens) eigene Mittel aufzubringen haben und welcher der Gesellschaft während der ganzen Dauer ihrer Tätigkeit (mindestens) erhalten bleiben soll. Eine Aktiengesellschaft soll nicht ausschliesslich mit fremden Mitteln arbeiten, ein minimales *Risikokapital* ist durch die Gesellschafter sicherzustellen. Damit wird eine Pufferzone gebildet, in welcher Verluste abgefangen werden können, bevor sie auf die Gläubiger durchschlagen. 41

b) Da für die Verpflichtungen einer AG ausschliesslich ihr eigenes Vermögen haftet (dazu sogleich nachstehend N 57 ff), hat der Gesetzgeber eine Reihe von *Schutzvorkehren* getroffen, um sicherzustellen, dass die Gesellschaft über ein Reinvermögen mindestens in der Höhe der Sperrziffer «Aktienkapital» verfügt: 42

aa) Bei der Gründung einer AG wird gewährleistet, dass das Aktienkapital *voll aufgebracht* wird: Eine AG kann nicht zur Entstehung kommen, bevor das gesamte Aktienkapital gedeckt ist. Erforderlich ist also, dass das *Aktienkapital in seinem ganzen Umfange gezeichnet* wurde (OR 629 II Ziff. 1). Für sämtliche Aktien müssen gültige Verpflichtungserklärungen (= Zeichnungserklärungen, vgl. OR 630) abgegeben worden sein. Mindestens ein Teilbetrag muss bei der Errichtung der Gesellschaft geleistet werden[16]; im übrigen genügt die Verpflichtung der Gesellschafter, die Leistungen jederzeit aufgrund einer Aufforderung der Gesellschaft zu erbringen[17]. 43

bb) Grosses Gewicht legt der Gesetzgeber auch auf die *Erhaltung* des Grundkapitals: Die «Garantiesumme» zugunsten der Gläubiger soll als Reinvermögen der Gesellschaft ungeschmälert bleiben. Daher ist eine Rückzahlung der vom Aktionär erbrachten Einlagen verboten (OR 680 II[18]). Untersagt ist auch die Zahlung von Dividenden, ohne dass Gewinn erzielt worden wäre (OR 675 II), und da Zinsen unabhängig von der Erzielung eines Gewinns geschuldet sind, unterbindet das Gesetz Zinszahlungen an die Aktionäre (OR 675 I)[19]. Auch Gewinnanteile der Mitglieder des Verwaltungsrates (sog. Tantiemen) dürfen nur dem Bilanzgewinn entnommen werden (OR 677). Näheres in § 22 N 41 ff und § 50 N 105 ff. 44

Das Aktienkapital muss in der Bilanz auf der *Passivseite* eingesetzt werden. Dadurch soll die Verteilung von Gewinn verhindert werden, solange die Aktiven nicht die Verbindlichkeiten der Gesellschaft und das volle Aktienkapital übersteigen. Nach Verlustjahren müssen daher Gewinne in der Gesellschaft verblei- 45

---

[16] OR 632: Mindestens 20 Prozent des Nennwertes jeder Aktie, insgesamt mindestens Fr. 50 000.–.
[17] Näheres in § 14 N 30 ff und – für die vergleichbare Ordnung bei der Kapitalerhöhung – in § 52 N 115 ff.
[18] OR 680 II verneint zwar nur ein Recht des Aktionärs, einbezahlte Beträge zurückzufordern. Lehre und Praxis leiten daraus aber auch ein Rückzahlungsverbot für die Gesellschaft ab, vgl. § 50 N 107.
[19] Zur Ausnahme von OR 676 vgl. § 40 N 115 ff.

ben, bis die Aktiven wieder den vollen Betrag des Aktienkapitals erreichen. Erst dann dürfen Dividenden ausgerichtet werden (OR 675 II, Näheres in § 22 N 43).

46 Ergänzt werden die Vorschriften zum Schutz des Aktienkapitals durch die Pflicht zur *Bildung von Reserven*: Über die Aktienkapitalziffer hinaus ist die Gesellschaft verpflichtet, einen Teil des erzielten Gewinns in der Gesellschaft zurückzubehalten («der allgemeinen Reserve zuzuweisen», wie sich das Gesetz ausdrückt, OR 671 I). Arbeitet die Gesellschaft erfolgreich, wird also die Sperrquote aufgestockt. Näheres in § 50 N 5 ff.

47 Diese und weitere gesetzliche Schutzbestimmungen können freilich nicht verhindern, dass die Gesellschaft Verluste erleidet und dadurch *unfreiwillig* die Sperrquote tangiert wird. Das Aktienkapital ist dann zunächst nicht mehr voll gedeckt, doch kann die Gesellschaft ihren Verpflichtungen immer noch nachkommen. Vermag sie dies schliesslich nicht mehr, weil auch die Fremdmittel nicht mehr voll gedeckt sind, dann ist die Gesellschaft überschuldet[20]. Für diese negative Entwicklung enthält das Gesetz zusätzliche Vorschriften, die verhindern sollen, dass Gläubiger zu Schaden kommen (vgl. § 50 N 187 ff).

48 c) Die AG verfügt notwendig über ein *ziffernmässig genau festgelegtes*, nicht variables Kapital, das in den Statuten zu nennen (OR 626 Ziff. 3) und im Handelsregister einzutragen (OR 641 Ziff. 4) ist. Veränderungen sind zwar nicht gänzlich ausgeschlossen, aber nur unter Einhaltung strenger gesetzlicher Vorschriften möglich: durch die der Gründung verwandte *Kapitalerhöhung* (OR 650 ff, dazu § 52) und die an die Liquidation erinnernde *Kapitalherabsetzung*, für die zusätzliche Gläubigerschutzbestimmungen vorgesehen sind (OR 732 ff, dazu § 53).

49 d) Da der Gesetzgeber die Form der AG nur für Unternehmen von einer gewissen wirtschaftlichen Bedeutung zur Verfügung stellen wollte, schreibt er ein *Mindestaktienkapital* vor. Diese Mindestziffer ist freilich tief ausgefallen: Verlangt sind Fr. 100 000.– (OR 621), von denen überdies anlässlich der Gründung nur die Hälfte der Gesellschaft effektiv zur Verfügung stehen muss (vgl. OR 632 II). Vor der Aktienrechtsreform, d.h. bis Mitte 1992, betrug das Mindestkapital gar nur Fr. 50 000.–[21]. Diese geringen Anforderungen haben dazu geführt, dass die AG zur weitaus bedeutsamsten und beliebtesten Rechtsform des schweizerischen Rechts geworden ist und sie auch für Kleinunternehmen viel häufiger Anwendung findet als die dafür konzipierten Personengesellschaften und die GmbH[22].

50 Der Gesetzgeber hat darauf verzichtet, ein angemessenes Verhältnis zwischen dem Aktienkapital und dem Vermögen einer Gesellschaft bzw. ihrer wirtschaftlichen Bedeutung zu verlangen. Dies ist verständlich, wäre es doch kaum möglich gewesen, für die unterschiedlichsten Branchen und Tätigkeiten angemessene

---

20 Vgl. das Beispiel in Meier-Hayoz/Forstmoser § 12 N 37 ff.
21 Vor dem 1. Januar 1985 gegründete Gesellschaften können dieses Mindestkapital auch weiterhin beibehalten, SchlBest 2 II.
22 Fast die Hälfte aller Aktiengesellschaften wies unter altem Recht gerade nur das Minimalkapital von Fr. 50 000.– aus. Zur wirtschaftlichen Bedeutung vgl. im übrigen § 2 sowie Meier-Hayoz/Forstmoser § 12 N 303 ff.

Sätze festzulegen. Doch erlaubt es die gesetzliche Ordnung, das Aktienkapital in einer Höhe festzulegen, die in keiner vernünftigen Relation zum Geschäftsvolumen steht. So wies die F. Hoffmann-La Roche AG – eines der grössten Pharmaunternehmen der Welt – bis vor wenigen Jahren nur gerade das gesetzliche Minimalkapital von Fr. 50 000.– auf!

Eine Ausnahme von der freien Fixierung des Grundkapitals besteht für einzelne Branchen: Für *Bankaktiengesellschaften* wird ein voll einbezahltes Grundkapital von mindestens 10 Mio. Fr. verlangt[23], und für *Versicherungsgesellschaften* wird von der Aufsichtsbehörde ein von den betriebenen Versicherungszweigen abhängiges – ebenfalls stets voll einzubezahlendes – Grundkapital in der Höhe eines Vielfachen des aktienrechtlichen Minimalkapitals im Einzelfall festgelegt. 51

3. Die Zerlegung in Teilsummen, Aktien

Das Aktienkapital ist notwendig in *Teilsummen (= Aktien)* zerlegt, die auf einen bestimmten Nennwert lauten müssen. Der gesetzliche Mindestnennwert beträgt nach neuem Recht Fr. 10.– (OR 622 IV, nach OR *1936* Fr. 100.–). Nennwertlose Aktien (sog. Quotenaktien, die eine bestimmte Quote des Aktienkapitals bzw. des Gesellschaftsvermögens verkörpern) sind unzulässig. Die Statuten haben über Anzahl und Nennwert der Aktien Auskunft zu geben (OR 626 Ziff. 4), und diese Angaben gehen auch aus dem Handelsregistereintrag hervor (OR 641 Ziff. 5). 52

Aus dem Verhältnis des Nennbetrages der einzelnen Aktie zum Nennbetrag des gesamten Aktienkapitals ergibt sich die *Beteiligungsquote*, die in einer Aktie ausgedrückt ist und die den wichtigsten Massstab für die Aktionärsrechte darstellt. 53

Näheres in § 39 N 51 ff. 54

4. Das Partizipationskapital als fakultativer Bestandteil des Grundkapitals

Partizipationskapital ist wie das Aktienkapital risikotragendes Kapital. Es ist ebenfalls in Teilsummen (= *Partizipationsscheine*) zerlegt (OR 656a I). Der Partizipationsschein entspricht weitgehend einer stimmrechtslosen Aktie[24], und dem Partizipationskapital kommt die gleiche Funktion wie dem Aktienkapital zu (vgl. die Verweisung in OR 656a II). Anders als das Aktienkapital ist aber das Partizipationskapital in seiner Höhe nach unten nicht begrenzt (OR 656b II). Eine obere Grenze ergibt sich daraus, dass das Partizipationskapital das Doppelte des Aktienkapitals nicht übersteigen darf (OR 656b I). 55

Näheres in § 46. 56

---

[23] BankG 3 II lit. b) in Verbindung mit BankV 4 I. Zusätzlich bestehen Eigenmittelanforderungen im Verhältnis zur Aktivseite der Bilanz; vgl. dazu Yannick Hausmann: Die Eigenmittelvorschriften des schweizerischen Bankengesetzes... (Diss. Basel 1995 = SSBR 31).
[24] Neben dem Stimmrecht fehlen aber auch weitere Mitwirkungsrechte, vgl. § 46 N 35.

IV. Ausschliessliche Haftung des Gesellschaftsvermögens

57 Die grosse Bedeutung des festen Grundkapitals im Aktienrecht erklärt sich aus den Haftungsverhältnissen bei der AG. Zum besseren Verständnis sind drei verschiedene Rechtsbeziehungen auseinanderzuhalten:

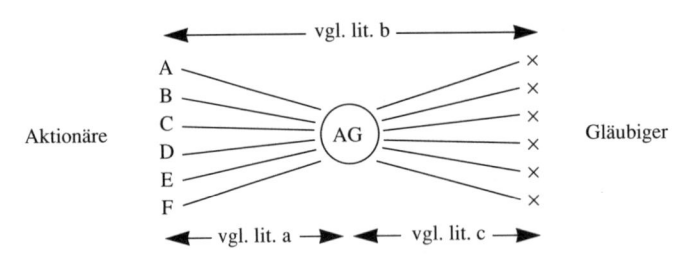

58
```
                        ←——— vgl. lit. b ———→
                    A ╲                    ╱ ×
                    B ╲                   ╱  ×
                    C ——                ——   ×
         Aktionäre  D ——    ( AG )    ——     ×  Gläubiger
                    E ╱                   ╲  ×
                    F ╱                    ╲ ×
                    ←— vgl. lit. a —→  ←— vgl. lit. c —→
```

59 a) Für das *Verhältnis von Aktionär (und allenfalls Partizipant) zur AG* gilt der Grundsatz der beschränkten finanziellen Beitragspflicht, für deren Erfüllung der Aktionär (und Partizipant) jedoch voll haften. Diese Beitragspflicht besteht in der Verpflichtung zur Zahlung des bei der Ausgabe von Aktien (und allenfalls Partizipationsscheinen) festgesetzten und übernommenen Zeichnungsbetrages. Über diesen Betrag hinaus sind Aktionär und Partizipant zu keiner weiteren Leistung verpflichtet (vgl. OR 680 I, dazu § 42 N 8 ff). Die *Leistungspflicht* ist somit *beschränkt*. Unbeschränkt ist aber die *Haftung*; denn dafür, dass sie ihren Beitrag erbringen, haften Aktionär und Partizipant mit ihrem ganzen Vermögen. Also: *Unbeschränkte Haftung für die Erfüllung einer beschränkten Leistungspflicht.*

60 b) Den *Gesellschaftsgläubigern* gegenüber *fehlt jegliche Leistungspflicht und jegliche Haftung der Aktionäre und Partizipanten.* Der Aktionär, der oft nur in bescheidenem Ausmass die Willensbildung der AG beeinflusst, der als solcher in der Geschäftsführung nicht mitwirkt und der darum nur beschränkt auf die Begründung von Verpflichtungen zulasten der Gesellschaft einwirken kann, soll nicht persönlich für Gesellschaftsschulden in Anspruch genommen werden dürfen. Noch unangemessener wäre eine persönliche Haftung der Partizipanten, denen nicht einmal das Stimmrecht zukommt.

61 c) Den *Gesellschaftsgläubigern* haftet *ausschliesslich das Vermögen der AG*[25]. Nur das Gesellschaftsvermögen steht ihnen zur Befriedigung ihrer Ansprüche zur Verfügung, dieses jedoch *unbeschränkt.* Daher hat sich der Gesetzgeber bemüht, nach Möglichkeit sicherzustellen, dass die Gesellschaft wenigstens über ein minimales Vermögens- und Haftungssubstrat verfügt, das von der Gründung der Gesellschaft an vorhanden sein muss und während der ganzen Dauer ihrer Existenz erhalten bleiben soll. Mindestens in der Höhe des nach aussen kundgegebenen Grundkapitals sollen Mittel zur Sicherung der Gläubiger in der Gesellschaft gebunden bleiben (Näheres in § 49 N 33 ff).

---

[25] Haftungssubstrat ist das *Gesamtvermögen*, nicht etwa bloss der Grundkapitalbetrag.

V. Registereintrag als Entstehungsvoraussetzung

Die AG ist zur Eintragung in das Handelsregister verpflichtet, mehr noch: Der Eintrag ist unentbehrliche Voraussetzung für die Erlangung der eigenen Rechtspersönlichkeit und damit Existenzbedingung einer Aktiengesellschaft. Sie hat also *konstitutive Bedeutung*: OR 643 I. Dieses formelle Erfordernis trägt viel zur Klarheit und Sicherheit im Rechtsverkehr bei, kann doch die Existenz einer AG – im Gegensatz zu der von Personengesellschaften und Vereinen – stets unzweideutig festgestellt werden. Der Eintragung geht eine Prüfung seitens des Registerführers voraus. Dieser kontrolliert, ob die zwingenden Rechtsnormen eingehalten worden sind. Damit hat man bezüglich einer eingetragenen AG eine gewisse – freilich nicht absolute – Gewähr dafür, dass bei der Gründung die zwingenden gesetzlichen Vorschriften nicht verletzt worden sind (Näheres in § 16 N 30 ff). 62

VI. Exkurs: Die Bedeutung der Legaldefinition

Eine Legaldefinition steckt den Rahmen ab, in welchem sich ein Rechtsinstitut entwickeln kann. Ihr Inhalt bildet *zwingendes Recht*[26]. 63

Erfüllt eine Gesellschaft die Elemente der Definition der AG (einschliesslich des Registereintrages), dann untersteht sie *vollumfänglich und* – allfällige gesetzliche Verweisungen (z. B. OR 762 IV) und Spezialgesetze (z. B. das BankG) vorbehalten – *ausschliesslich dem Aktienrecht*, und zwar auch dann, wenn sie den Vorstellungen des Gesetzgebers, dem *Typus der AG nicht entspricht*[27]. 64

Für das Verständnis der AG und ihrer gesetzlichen Ausgestaltung ist die Kenntnis des *Leitbildes,* das dem Gesetzgeber vorschwebte, des *Typus,* der in der Legaldefinition nur unvollkommen zum Ausdruck kommt, trotzdem von hoher Bedeutung. Darauf ist im nächsten Paragraphen einzutreten. 65

---

[26] BGE 92 I 404 E 4.
[27] Dazu Näheres in § 2 N 59 ff.

§ 2 Der gesetzliche Typus der AG und das Problem der atypischen Ausgestaltung

Literatur: Bär, insbes. 469 ff; W. F. Bürgi: Die Bedeutung der tragenden Ideen des schweizerischen Aktienrechts in der Gegenwart, FS Hug (Bern 1968) 273 ff; Pierre Jolidon: Problèmes de structure dans le droit des sociétés, portée et limites de la théorie des types, ZSR *1968* II 427 ff; Arnold Koller: Grundfragen einer Typuslehre im Gesellschaftsrecht (Diss. Freiburg 1967); Meier-Hayoz/Schluep/Ott: Zur Typologie im schweizerischen Gesellschaftsrecht, ZSR *1971* I 293 ff; Peider Mengiardi: Strukturprobleme des Gesellschaftsrechts, ZSR *1968* II 1 ff; Walter Ott: Die Problematik einer Typologie im Gesellschaftsrecht (Diss. Zürich 1972 = ASR Heft 412); W. von Steiger, Betrachtungen über die rechtlichen Grundlagen der AG... ZBJV 91bis *(1955)* 334 ff.

I. Schwache Typbindung im Aktienrecht

1. *Begriff und Typus*

In § 1 war vom *Begriff* der AG die Rede, von denjenigen Merkmalen also, die gegeben sein *müssen*, damit eine AG im Rechtssinne überhaupt besteht. Hier wird nun auf den *Typus* eingetreten, d. h. auf das *Leitbild*, welches dem Gesetzgeber bei der Ausgestaltung der rechtlichen Ordnung vor Augen stand, auf die Modellvorstellung, die der konkreten Regelung zugrunde liegt. Im Gegensatz zu den Begriffselementen brauchen die Typusmerkmale bei einer konkreten Gesellschaft nicht durchwegs realisiert zu sein. Vielmehr kann eine AG auch *atypisch* ausgestaltet sein, solange sie nur das zwingende Recht und damit die Begriffselemente einhält. Während die Frage nach der Erfüllung der Begriffsmerkmale nur mit Ja oder Nein zu beantworten ist[1], gibt es beim Typus ein Mehr oder Weniger[2]. Die Typusmerkmale geben damit nur die *allgemeine Richtung* an, von der im Einzelfall mehr oder minder stark abgewichen werden kann.

2. *Die Elastizität des Aktienrechts*

Der Gesetzgeber hat es in der Hand, eine Gesellschaft – durch zwingendes Recht – mehr oder weniger stark an ein vorgegebenes Leitbild zu binden. Stark ist die Typbindung etwa im Recht der Genossenschaft, die nur für genossenschafts*typische* Zielsetzungen offenstehen soll[3]. Dagegen weist das Aktienrecht eine *ausgesprochen schwache Typbindung* auf, es ist – positiv ausgedrückt – sehr *elastisch* ausgestaltet.

---

[1] Eine Gesellschaft *ist* im Handelsregister als AG eingetragen oder eben nicht, sie weist ein Aktienkapital in der gesetzlich vorgeschriebenen Mindesthöhe auf oder nicht...
[2] Eine Gesellschaft kann mehr oder weniger kapitalbezogen (zu diesem Typusmerkmal nachstehend N 22 ff) ausgestaltet sein, sie kann kapitalbezogene Elemente mit personenbezogenen verbinden usw. Grundkapitalgesellschaft (Begriffsmerkmal, vgl. § 1 N 38 ff) ist sie aber als AG immer.
[3] Kennzeichnend ist schon die anschauliche Legaldefinition: OR 828.

4 Der gesetzliche *Begriff* der AG (vgl. § 1) ist so weit, dass er Gesellschaften mannigfaltigster Erscheinungsformen erfasst und zulässt: Gesellschaften mit einem einzigen Aktionär wie solche mit vielen Tausenden von Teilhabern; Gesellschaften mit einem Aktienkapital von Fr. 100 000.– und andere mit einem solchen von Hunderten von Millionen Franken; selbständige Gesellschaften wie auch völlig in einen Konzern integrierte; Aktiengesellschaften, die ein Fabrikations-, Handels- oder Dienstleistungsunternehmen betreiben (Betriebsaktiengesellschaften) wie solche, deren Zweck in der Innehabung und Verwaltung von Vermögen besteht (Holdinggesellschaften, Immobiliengesellschaften).

II. Die Frage nach dem gesetzlichen Typus der AG

5 Trotz dieser Offenheit des Aktienrechts für die vielfältigsten Zielsetzungen und Strukturen ist die rechtliche Ordnung der AG aber doch auf ein bestimmtes *Leitbild* ausgerichtet[4]. Denn nur aufgrund eines einheitlichen Leitbildes konnte eine konsistente Sinngebung des Instituts gelingen, konnten Widersprüche in der Ausgestaltung vermieden werden. Welches ist dieses Leitbild, dieser *gesetzliche Typus* der AG?

1. Negative Abgrenzung

6 Das Gesetz enthält keine ausdrückliche Umschreibung des seiner Ordnung zugrunde liegenden Leitbildes. Doch lässt sich dieses allenfalls aus dem Sinnzusammenhang der geltenden aktienrechtlichen Ordnung folgern. Eine Gesamtbetrachtung von OR 620–763 macht zunächst deutlich, dass der Gesetzgeber folgende Modelle *nicht* als Vorbilder vor Augen hatte:

7 a) Mit der AG sollte *keine personenbezogene* Gesellschaft geschaffen werden. Besonders deutlich zeigt sich dies in OR 680 I, wo irgendwelche Leistungspflichten des Aktionärs – ausser der rein finanziellen Pflicht zur Leistung des für den Bezug einer Aktie festgelegten Betrages – ausdrücklich ausgeschlossen sind. Persönliche Mitwirkungspflichten, wie sie bei den Personengesellschaften, aber auch bei der Genossenschaft regelmässig vorkommen, sind daher in der AG untersagt. Illustrativ ist auch, wie erwähnt, die Legaldefinition, in welcher ausschliesslich vom Kapital die Rede ist[5].

8 Für stärker personenbezogene Gebilde, bei denen persönliche Leistungspflichten bedeutsam sind, hat der Gesetzgeber die GmbH geschaffen, bei welcher die Teilhaber zwar ähnlich wie bei der AG (wenn auch nicht gleich konsequent) ihr Risiko beschränken

---

[4] Dies ist freilich auch schon in Frage gestellt worden, und über die Modellvorstellung des Gesetzgebers besteht nicht durchwegs *unité de doctrine*.

[5] OR 620 I. Eindrücklich ist der Vergleich mit der Definition der Genossenschaft in OR 828: Während die AG als Gesellschaft mit zum voraus bestimmtem *Kapital* definiert wird, ist bei der Genossenschaft von einer Verbindung von *Personen* die Rede, die ihre Ziele «in gemeinsamer Selbsthilfe» erreichen wollen.

können[6], aber trotzdem das System der Selbstorganschaft gewahrt bleiben kann. Dass sie sich in der Schweiz nicht einzubürgern vermochte und an ihrer Stelle Kleinaktiengesellschaften bevorzugt werden, hat zahlreiche Gründe[7].

Die fehlende Ausrichtung auf die Persönlichkeit der Beteiligten und ihre spezifischen Fähigkeiten und Bedürfnisse hat freilich nicht verhindert, dass in der Praxis zahlreiche personalistische Gebilde die Rechtsform der AG gewählt haben, ja dass die AG gerade auch für personenbezogene Kleinunternehmen die hiefür vom Gesetz vorgesehenen Rechtsformen an Bedeutung weit hinter sich gelassen hat. Doch ergeben sich aus der fehlenden Personenbezogenheit des Aktienrechts bei diesen «Personengesellschaften in der Rechtsform der AG» nicht selten Probleme. Darauf wird verschiedentlich zurückzukommen sein.

b) Die AG mit *nichtwirtschaftlichem Zweck* ist eindeutig ein Ausnahmefall: Darauf weist schon die Formulierung des die nichtwirtschaftliche AG zulassenden Art. 620 III hin: «Die Aktiengesellschaft kann *auch* für andere als wirtschaftliche Zwecke gegründet werden». OR 660 I und die Vorschriften über Erfolgsrechnung und Bilanz (OR 663 ff) zeigen, dass der Gesetzgeber bei der AG in erster Linie an eine gewinnstrebige *Erwerbsgesellschaft* gedacht hat.

c) *Kleingesellschaften* und solche mit nur einem oder einigen wenigen Aktionären standen dem Gesetzgeber, trotz der Beschränkung der Mindestgründerzahl auf drei (OR 625 I), auch nicht als Leitbild vor Augen. Für Kleingesellschaften wären die erhöhten Anforderungen an Rechnungslegung und Publizität, die das Aktienrecht enthält (OR 662 ff), nicht unbedingt erforderlich gewesen. Für Einmanngesellschaften und solche mit einigen wenigen Aktionären hätten auch nicht zwingend drei Organe (Generalversammlung, Verwaltungsrat und Revisionsstelle, OR 698 ff) vorgeschrieben werden müssen.

d) Auf *Grösstunternehmen* ist das Gesetz ebenfalls nicht speziell ausgerichtet, obwohl heute Grösstgesellschaften keine andere Wahl haben, als sich der Rechtsform der AG (oder allenfalls der auch nicht adäquaten Form der Genossenschaft) zu bedienen. So ist die Generalversammlung als zwingend vorgeschriebenes Willensbildungsorgan bei Grösstgesellschaften mit Zehn- oder Hunderttausenden von Aktionären wenig passend.

2. *Positive Umschreibung*

Mit einer verbreiteten (aber nicht unbestrittenen) Auffassung ist unseres Erachtens davon auszugehen, der Gesetzgeber habe bei der Ausgestaltung des

---

[6] Bei den *Personengesellschaften* ohne eigene Rechtspersönlichkeit sind dagegen stets zumindest einzelne Gesellschafter voll mit ihrem ganzen Vermögen für die Verpflichtungen der Gesellschaft haftbar.

[7] Dazu Meier-Hayoz/Forstmoser § 14 N 79 ff. Im Gefolge der Aktienrechtsreform hat die GmbH freilich erheblich an Bedeutung gewonnen, vgl. § 58 Anm. 3.

Aktienrechts in erster Linie an die *mittelgrosse Publikumsgesellschaft* gedacht, die sich wie folgt umschreiben lässt:

14 *Die Publikumsgesellschaft ist eine wirtschaftliche Zwecke verfolgende und gewinnstrebige, kapitalbezogen strukturierte Aktiengesellschaft mit relativ grossem Grundkapital und relativ grossem Geschäftsvolumen, die eine veränderliche Vielzahl selbständig handelnder, mit der Gesellschaft nur durch ihre Kapitalbeteiligung verbundener Aktionäre aufweist.*

15 *Negativ* enthält diese Umschreibung die *Abgrenzungen* namentlich gegenüber den in Ziff. 1 erwähnten atypischen Erscheinungsformen der

16 – personenbezogenen AG (Verbindung nur durch Kapitalbeteiligung),

17 – nichtwirtschaftlichen AG («eine wirtschaftliche Zwecke verfolgende» AG),

18 – Kleingesellschaft (grosses Grundkapital und Geschäftsvolumen, Vielzahl von Personen), aber auch Grösstgesellschaft (*relativ* grosses Grundkapital und *relativ* grosses Geschäftsvolumen).

19 *Positiv* erscheinen als wichtigste Eigenschaften die *Gewinnstrebigkeit* und die *Kapitalbezogenheit* sowie die *veränderliche Vielzahl* der Gesellschafter. Auf diese Typuselemente ist im folgenden näher einzutreten (Ziff. III–V).

20 In der Literatur wird zum Teil das Erfordernis der *veränderlichen Vielzahl von Aktionären* einschränkender und präziser gefasst: Typgerecht soll eine AG nur sein, wenn die Aktien an einem öffentlichen Markt (einer «Börse» im weitesten Sinne) gehandelt werden. Noch enger wird vereinzelt erklärt, eine Publikumsgesellschaft liege nur vor, wenn kein Aktionär und keine Aktionärsgruppe eine vorherrschende Stelle einnähmen[8]. Eine derart eingeschränkte Umschreibung ist allenfalls für die rechtliche Ordnung des *Kapitalmarktes* von Bedeutung, dem schweizerischen Aktienrecht liegt sie aber nicht zugrunde.

21 Auf der anderen Seite ist bestritten worden, dass das schweizerische Aktienrecht auf die (relativ) grosse Aktiengesellschaft ausgerichtet ist[9]. Dem ist entgegenzuhalten, dass sich der Gesetzgeber in der letzten Aktienrechtsreform explizit zum Modell der Publikumsgesellschaft bekannt hat: «Es kann kein Zweifel bestehen, dass das Leitbild des Aktienrechtes die Gesellschaft mit einem grossen Aktionärskreis ist, denn einzig in solchen Grossgesellschaften kann sich das Grundprinzip – Festigkeit des Aktienkapitals und Handelbarkeit der Aktien – voll entfalten.»[10]

---

[8] Aufgrund dieses Erfordernisses wären nur einige wenige schweizerische Aktiengesellschaften als Publikumsgesellschaften zu bezeichnen, da die Mehrzahl selbst der börsenkotierten Gesellschaften in der Schweiz von einem Grossaktionär oder einer unter sich verbundenen Aktionärsgruppe beherrscht wird. Eine 1991 erschienene Studie kam zum Schluss, dass von 114 untersuchten börsenkotierten Gesellschaften nur bei 19 die Aktien breit gestreut und frei handelbar waren. 75 Gesellschaften waren von Grossaktionären beherrscht (vgl. Kaufmann/Kunz: Besitzesverhältnisse von Schweizer Aktien, Studie der Bank Bär [Zürich 1991] 3).

[9] Kritisch auch das Bundesgericht im Entscheid 95 II 555 ff, 560.

[10] Botschaft 3, wo freilich auch auf die schwache Typbindung hingewiesen wird: «Einzuräumen ist allerdings, dass das Gesetz nicht wenige Bestimmungen enthält, die auf Kleinaktiengesellschaften zugeschnitten sind.»

III. Das Typusmerkmal der Kapitalbezogenheit

1. Kapitalbezogene Struktur als Typus-, Grundkapital als Begriffsmerkmal

In Lehre und Praxis ist unbestritten, dass die AG *kapitalbezogen* strukturiert[11] und dass sie insofern als Gegensatz zur personenbezogenen Genossenschaft zu verstehen ist[12]. Ist diese kapitalbezogene Struktur nur ein *Typus-* oder auch ein *Begriffs*merkmal der AG? Im hier verstandenen Sinne nur das erste. Jede AG ist zwar begriffsnotwendig Grundkapitalgesellschaft (vgl. § 1 N 38 ff sowie § 49), und sie kann dies nicht «mehr oder weniger», sondern nur uneingeschränkt sein. Über ihre Struktur ist damit jedoch noch nichts ausgesagt.

Kapitalbezogen ist eine Struktur, wenn die Mitgliedschaft *nicht auf der Person* des Teilhabers, sondern ausschliesslich auf seiner *Kapitalbeteiligung* aufgebaut ist. Massgebend ist, *dass* und *wieviel* Kapital zur Verfügung gestellt wird, nebensächlich dagegen, *wer* der Kapitalgeber ist.

Bei der AG des schweizerischen Rechts besteht in dieser Hinsicht die Möglichkeit unterschiedlicher Ausgestaltung: Im typischen – dem gesetzgeberischen Leitbild entsprechenden – Fall der Publikumsgesellschaft mit einer Vielzahl von Aktionären, von denen keiner einen beherrschenden Einfluss auf die Gesellschaft hat, liegt eine konsequent kapitalbezogene Struktur vor (N 25 ff). Aber es sind zahlreiche Abweichungen von dieser Struktur im Sinne einer stärker personenbezogenen Ausgestaltung denkbar und zulässig (N 35 ff)[13]. Die *Kapitalbezogenheit* ist somit bei der schweizerischen AG ein *Typusmerkmal*, das mehr oder weniger intensiv zum Ausdruck kommt, sie ist aber nicht begriffsnotwendig.

2. Die Kapitalbezogenheit der Mitgliedschaft

Sie zeigt sich beispielsweise
- im Grundsatz «Soviel Kapital – soviel Recht» (N 29 ff),
- in der Leichtigkeit des Mitgliedschaftswechsels (N 33),
- im Fehlen von Rechtsbeziehungen der Gesellschafter untereinander (N 34).

a) Der aktienrechtlichen Mitgliedschaft liegt der Grundsatz *«Soviel Kapital – soviel Recht»* zugrunde:

aa) Das *Stimmrecht* und damit die Einwirkungsmöglichkeiten auf die Gesellschaft sind abgestuft nach dem Kapitaleinsatz, zu welchem sich der einzelne

---

[11] Vgl. etwa BGE 91 II 307.
[12] Illustrativ auch Botschaft *1928* 81: «Aktiengesellschaft und Genossenschaft sind wirtschaftliche Gegensätze. Die Aktiengesellschaft ist Kapitalgesellschaft, die Genossenschaft Personenvereinigung.»
[13] Die Möglichkeit, im Rahmen der AG personengesellschaftlichen Gesichtspunkten Rechnung zu tragen, wird stark betont in BGE 95 II 560 f. Vgl. auch ein Votum des späteren Bundesrats Villiger zu Beginn der parlamentarischen Beratung über die Aktienrechtsreform: «Als Leitbild soll durchaus die Grossgesellschaft mit wechselndem Aktienbesitz gültig bleiben. Wichtig ist jedoch, dass die Möglichkeit zur personenbezogenen Ausgestaltung ... gewahrt bleibt», AmtlBull NR *1985* 1661.

Aktionär verpflichtet hat. Je grösser der Kapitalanteil einer Person und damit das von ihr eingegangene Risiko ist, desto höher ist grundsätzlich auch ihre Stimmkraft (OR 692 I, Näheres in § 24 N 11 ff).

31   bb) Bei den *Vermögensrechten* ist das gleiche Prinzip noch konsequenter verwirklicht: Während sich die Stimmkraft nach dem Nennwert der Aktien und damit der Gesamtheit der Einzahlungs*verpflichtungen* (gleich ob bereits erbracht oder erst in Zukunft bevorstehend) richtet, bemessen sich der Gewinnanteil (die Dividende) und die Liquidationsquote nach dem *effektiv* auf das Grundkapital *geleisteten* Betrag (OR 661, Näheres in § 40 N 14 ff).

32   cc) Bei den *Schutzrechten* ist das kapitalistische Element am schwächsten entwickelt. Hier kommt vor allem der Gedanke des Minderheitenschutzes (dazu § 3 N 56 ff und § 41 N 5 ff) zum Tragen mit der Konsequenz, dass gewisse Rechtsbehelfe ohne Rücksicht auf die Grösse der Kapitalbeteiligung jedem einzelnen Aktionär als solchem zustehen: so das Recht auf Anfechtung von GV-Beschlüssen (OR 706 I, vgl. § 25 N 11 ff) oder das Recht, Auskunft oder Einsicht zu verlangen (OR 697 I, vgl. § 40 N 166 ff). Indessen spielt in anderen Fällen die Kapitalbeteiligung doch eine gewisse Rolle: so beim Recht des Aktionärs, die GV einberufen zu lassen (OR 699 III, vgl. § 23 N 23) oder die Traktandierung eines Verhandlungsgegenstandes zu verlangen (OR 699 III, vgl. § 23 N 27), beim Recht, vor Gericht die Einsetzung eines Sonderprüfers zu beantragen (OR 697b I, vgl. § 35 N 42) und beim Recht, auf Auflösung der Gesellschaft aus wichtigen Gründen zu klagen (OR 736 Ziff. 4, vgl. § 55 N 93 ff).

33   b) *Der Wechsel der Mitgliedschaft:* Anders als bei der Genossenschaft (vgl. OR 828 I, 839 I und 842 I) stehen die Mitgliedschaftsstellen bei der AG fest: Aus dem festen Grundkapital, das in Teilsummen von bestimmter Höhe (Aktien) aufgeteilt ist, ergibt sich zwangsläufig eine feste Zahl von Mitgliedschaftsstellen, die sämtliche den Gesellschaftern zugewiesen sein müssen[14]. Die Möglichkeit eines Austritts, einer Kündigung unter Rückforderung des einbezahlten Betrages, kann es daher bei der AG nicht geben. Die Gebundenheit der Mitgliedschaftsstelle wird jedoch kompensiert durch das *Prinzip der freien Übertragbarkeit*. Durch Veräusserung der Aktien an einen Dritten soll ein Aktionär sich seiner Mitgliedschaft entledigen und nach Möglichkeit den investierten Betrag wieder freibekommen können. Der kapitalbezogene Charakter der typischen Aktiengesellschaft zeigt sich darin, dass die Anteile in Wertpapieren verurkundet sind. Im konsequentesten Fall der Verbriefung in einem Inhaberpapier geht die Mitgliedschaftsstelle (unter der Voraussetzung, dass ein gültiges Kausalgeschäft vorliegt und der Veräusserer zur Verfügung befugt bzw. der Erwerber gutgläubig ist) durch blosse Übergabe der Urkunde vom Veräusserer auf den Erwerber über, ohne dass es irgendeiner Mitwirkung der Gesellschaft bedürfte (Näheres in § 44).

---

[14] Variabel ist natürlich die Zahl der Aktionäre, da ein Aktionär nur eine einzige, aber auch eine Vielzahl und im Extremfall die Gesamtheit aller Aktien besitzen kann.

c) *Das Fehlen von Rechtsbeziehungen zwischen den Aktionären:* Die Beziehungen der Gesellschafter untereinander und zur Gesellschaft sind sozusagen mediatisiert durch das sie verbindende Kapital. Daher schulden die Gesellschafter weder sich noch der AG Treue, wenn man vom selbstverständlichen allgemeinen Grundsatz des Handelns nach Treu und Glauben absieht (vgl. § 42 N 24 ff). Persönliche Mitarbeit ist systemwidrig, weil nichts gefordert ist als Kapitalhingabe. Das Mass der finanziellen Beteiligung ist das Mass der Dinge. Da einzig das gemeinsame Kapital das verbindende Element ist, gibt es auch *keine actio pro socio* im Sinne des Anspruchs eines jeden Gesellschafters gegen den andern auf Erbringung gesellschaftsvertraglicher Leistungen.

3. *Zur Möglichkeit personenbezogener Ausgestaltung der AG*

Das Merkmal der Kapitalbezogenheit kann nun aber relativiert werden, so dass der Persönlichkeit des Aktionärs ein höheres Gewicht zukommt als im Normalfall, welcher dem Gesetzgeber vor Augen schwebte. Das *Gesetz selbst* sieht Möglichkeiten solcher Relativierung vor. Darüber hinaus kann durch besondere *vertragliche Abmachungen* aller oder einzelner Aktionäre eine Abwendung von der kapitalbezogenen Struktur erfolgen. Aus der Fülle personalistischer Gestaltungsmöglichkeiten seien als Beispiele herausgegriffen:
– die Stimmrechtsaktie (N 39 f),
– die vinkulierte Namenaktie (N 42 ff),
– der Aktionärbindungsvertrag (N 45 ff).

a) *Die Stimmrechtsaktie:* Das Bedürfnis, bei der Bemessung der Stimmenmacht nicht an die kapitalmässige Beteiligung (und damit an den Grundsatz des Gleichlaufs von Risiko und Stimmkraft) gebunden zu sein, sondern vielmehr auf persönliche Elemente abstellen zu können, hat die Stimmrechtsaktie entstehen lassen (OR 693). Stimmrechtsaktien bestehen dann, wenn bei unterschiedlichen Nennwerten verschiedener Aktienkategorien jeder Aktie eine Stimme zukommt. (Neben Stammaktien im Nennwert von Fr. 100.– können beispielsweise Stimmrechtsaktien zu nominal Fr. 10.– ausgegeben werden, wobei jeder Aktie das gleiche Stimmrecht [eine Stimme] zukommen soll.[15]) Das Gewicht der Kapitalbeteiligung tritt dadurch in den Hintergrund. Stimmrechtsaktien werden vor allem zur Schaffung von Führungs- und Beherrschungsschwergewichten und zum Schutz vor Übernahmen geschaffen. Mit ihrer Hilfe kann eine stimmenmässige Beherrschung trotz Kapitalminorität erzielt werden, was auch in Konzernen vorkommt.

Da die Abkoppelung der Stimmacht vom Kapitaleinsatz bei der AG atypisch und systemwidrig ist, schränkt der Gesetzgeber die Möglichkeiten der Privilegierung immerhin ein: Die Stimmkraft im Verhältnis zur Kapitalbeteiligung darf nicht mehr als das

---

[15] Nicht zugelassen sind im schweizerischen Recht sog. Pluralstimmrechtsaktien, d. h. solche, die bei gleichem Nennwert über ein mehrfaches Stimmrecht verfügen.

Zehnfache betragen (vgl. OR 693 II), und für gewisse wichtige Beschlüsse gilt das Stimmenprivileg nicht (OR 693 III).

41 Näheres in § 24 N 95 ff.

42 b) *Die vinkulierte Namenaktie:* Wie die Inhaberaktie so ist auch die gewöhnliche Namenaktie frei übertragbar. Zwar ist neben den üblichen wertpapierrechtlichen Voraussetzungen (gültiges Kausalgeschäft, Verfügungsgeschäft [bestehend in der Übergabe – Tradition – der indossierten Aktienurkunde], Verfügungsbefugnis des Veräusserers bzw. guter Glaube des Erwerbers, vgl. OR 684 II) der Eintrag des Erwerbers in das Aktienbuch erforderlich (OR 686 I) und soll im Verhältnis zur Gesellschaft nur derjenige als Aktionär anerkannt werden, der im Aktienbuch eingetragen ist (OR 686 IV[16]). Doch hat der Erwerber, wenn die übrigen Voraussetzungen einer gültigen Übertragung vorliegen, einen Anspruch auf Eintragung (vgl. OR 684 I). Die Gesellschaft kann daher den Übergang der Mitgliedschaft nicht verhindern.

43 Eine Verpersönlichung der Mitgliedschaft wird nun durch die statutarische *Vinkulierung*[17] von Namenaktien ermöglicht (OR 685a ff). Vinkulierung bedeutet Übertragungserschwerung, indem ein Erwerber des Aktientitels nur dann Aktionär wird, wenn ihn die Gesellschaft zulässt (was sich durch die Eintragung im Aktienbuch manifestiert). Für die Verweigerung der Eintragung sind – und darin liegt die Abkehr von der Kapitalbezogenheit – *andere als pekuniäre Interessen* massgebend.

44 Auch hier lässt der Gesetzgeber jedoch personalistische Elemente nicht unbeschränkt zu: Während das frühere Aktienrecht die Möglichkeit der Ablehnung eines Aktienerwerbers «ohne Angabe von Gründen» und damit aus jedem beliebigen, nur nicht gerade willkürlichen, Grund zuliess (OR *1936* 686 II), schränkt das geltende Recht die Möglichkeiten der Vinkulierung stark ein. Dabei wird differenziert: Besonders klein ist der Spielraum bei börsenkotierten Namenaktien (OR 685d, SchlBest 4), etwas weitergehend bei den nicht kotierten (OR 685b). Gesellschaften, deren Aktien an der Börse gehandelt werden, sollen stärker an den Typus der kapitalbezogenen Gesellschaft gebunden werden. Näheres in § 44 N 103 ff.

45 c) *Der Aktionärbindungsvertrag (ABV):* Aktionärbindungsverträge sind Verträge unter Aktionären über die Ausübung von Aktionärsrechten. Vereinbart werden können etwa die gemeinsame Ausübung des Stimmrechts nach gewissen Grundsätzen[18] oder gegenseitige Kaufs- oder Vorkaufsrechte[19]. Inhalt eines Aktionärbindungsvertrages kann auch die Statuierung einer speziellen Treuepflicht, insbesondere eines Konkurrenzverbotes sein.

46 Aktionärbindungsverträge wirken nur *inter partes*, unter den beteiligten Aktionären. Die Gesellschaft selbst ist nicht Partei (auch wenn sie von den Auswir-

---

[16] Zur beschränkten Bedeutung dieser Bestimmung vgl. § 43 N 84.
[17] Lateinisch *vinculum* = Fessel.
[18] Stimmbindungsverträge, vgl. ZR *1984* Nr. 53, ZR *1970* Nr. 101.
[19] Erwerbsberechtigungen, vgl. SZW *1990* 213 ff.

kungen des Vertrages stark betroffen sein kann). Aktienrechtliche Wirkung kommt diesen Verträgen nicht zu[20].

Zwei Momente charakterisieren also den Aktionärbindungsvertrag: Die Bindung der Aktionäre beruht erstens auf einem zwischen ihnen abgeschlossenen besonderen *Vertrag*, nicht etwa auf den Statuten oder dem Gesetz. Und zweitens hat dieser Vertrag nur die *Ausübung* eines (dem Aktionär zustehenden) Rechts[21] zum Gegenstand; das *Recht selber bleibt trotz der vertraglichen Bindung beim Aktionär* als dem Rechtsträger. Wenn sich der Verpflichtete nicht an den Vertrag hält, zeitigt seine vertragswidrige Handlung, z. B. die in Verletzung des Aktionärbindungsvertrages erfolgte Stimmabgabe, aktienrechtlich trotzdem ihre ordentliche Wirkung: Der durch einen Bindungsvertrag Verpflichtete *kann* vertragswidrig handeln, nur *darf er nicht*[21a]. Die Praxis hat aber Wege gefunden, um die Durchsetzung der in Aktionärbindungsverträgen verankerten Rechte und Pflichten faktisch sicherzustellen (z. B. hohe Konventionalstrafen oder gemeinsame Deponierung der Aktien).

Aktionärbindungsverträge sind *das* Mittel, um die fehlende Personenbezogenheit der AG bei den vielen kleinen und mittleren Gesellschaften, bei denen es auf die Persönlichkeit der Beteiligten ankommt, zu kompensieren. Ohne sie wäre die AG kaum zum «Mädchen für alles» im Gesellschaftsrecht geworden. Näheres in § 39 N 139 ff.

d) Zu betonen ist, dass personalistische Elemente in einer AG stets auf einem *bewussten Entscheid,* auf einer *besonderen Gestaltung der Verhältnisse* durch Statuten und allenfalls Verträge beruhen. Von Gesetzes wegen ist die AG konsequent kapitalbezogen ausgestaltet.

IV. Wirtschaftliche Zielsetzung und Gewinnstrebigkeit als charakteristische Elemente

1. Wirtschaftliche Zielsetzung

a) Es wurde bereits erwähnt: Das Gesetz hält in OR 620 III fest, dass eine AG «auch» für andere als wirtschaftliche Zwecke gegründet werden kann. Die wirtschaftliche Zielsetzung wird somit – e contrario – als «Regelfall» vorausgesetzt.

Der Begriff des wirtschaftlichen Zwecks umfasst zwei Komponenten: Es geht erstens darum, ökonomische, *geldwerte Vorteile* zu erlangen, und diese Vorteile sollen zweitens *den Gesellschaftern zukommen*. Kein wirtschaftlicher Zweck liegt demnach vor, wo es – wie beim Verein – um Bedürfnisse ideeller, geistiger Natur der Beteiligten geht oder wo altruistische Ziele (materieller oder idealer Art) verfolgt werden.

---

[20] Immerhin nimmt sie das revidierte Recht in OR 663c II zur Kenntnis («verbundene Aktionärsgruppen»).
[21] Oder – etwa im Falle des Konkurrenzverbots – den Verzicht auf die Ausübung eines solchen Rechts (nämlich der Freiheit, die Gesellschaft zu konkurrenzieren).
[21a] Vgl. ZR *1970* Nr. 101.

52   b) Klar zu trennen ist zwischen *wirtschaftlicher Zielsetzung* einerseits und der Führung eines *kaufmännischen Unternehmens* auf der anderen Seite: Wirtschaftliche Zielsetzung ist der *Zweck,* die Führung eines kaufmännischen Unternehmens das *Mittel,* mit dem der Zweck verfolgt wird. In der Regel werden zwar wirtschaftliche Zwecke durch den Betrieb von kaufmännischen Unternehmen verfolgt, notwendig ist dies jedoch nicht. (Gegenbeispiel ist die Holdinggesellschaft, die selber nicht unternehmerisch tätig ist, sondern nur Beteiligungen hält.)

2. *Gewinnstrebigkeit insbesondere*

53   a) Mit «*wirtschaftlicher Zielsetzung*» kann bei einer Gesellschaft zweierlei gemeint sein:

54   – Die Gesellschaft kann ihre *konkrete Tätigkeit selbst* unmittelbar in den Dienst der Mitglieder stellen, ihnen bestimmte ökonomische Vorteile verschaffen. Dies ist typisch für die Genossenschaft, vgl. OR 828 I.

55   – Die Gesellschaft kann aber auch danach trachten, durch ihre Erwerbstätigkeit einen *Überschuss* zu erzielen, der dann (als *Dividende*) an die Mitglieder weitergeleitet wird. Nur in diesem zweiten Fall, in welchem den Gesellschaftern durch die Ausschüttung von Gewinn ein *Geldvorteil* verschafft werden soll, liegt *Gewinnstrebigkeit* im technischen Sinne vor.

56   b) Die AG ist typischerweise einer gewinnstrebigen Geschäftsführung verpflichtet. OR 660 I (Anspruch des Aktionärs auf einen Anteil am Bilanzgewinn) setzt dies voraus, und in OR 706 II Ziff. 4 wird die Aufhebung der Gewinnstrebigkeit «ohne Zustimmung sämtlicher Aktionäre» ausdrücklich als Anfechtungsgrund genannt. (Näheres in § 40 N 22 ff).

57   Begriffsnotwendig ist dies freilich nicht: Die AG kann zwar wirtschaftlich, aber nicht gewinnstrebig tätig sein (genossenschaftliche AG, vgl. § 62 N 136 ff), und sie kann auch für altruistische Zwecke eingesetzt werden, beides aber nur aufgrund einer ausdrücklichen Regelung in den Statuten. Schweigen die Statuten, dann ist die AG zur gewinnstrebigen Tätigkeit verpflichtet, und der nachträgliche Verzicht bedingt eine Statutenänderung, der *sämtliche* Aktionäre zustimmen müssen (OR 706 II Ziff. 4).

V.   Die typische AG als Publikumsgesellschaft

58   Der Gesetzgeber hat – nach herrschender Ansicht zumindest – bei der Ausgestaltung des Aktienrechts vor allem die Publikumsgesellschaft vor Augen gehabt. Doch ist diese Ausrichtung auf die grosse Gesellschaft im schweizerischen Recht[22] nur beschränkt realisiert worden. Zu erinnern ist an das geringe

---

[22]   Anders als etwa im deutschen Aktienrecht, das herkömmlich konsequent für die Grossgesellschaft konzipiert ist. Ein «Gesetz für Kleine Aktiengesellschaften und zur Deregulierung des Aktienrechts» vom 2. 8. 1994 ([Deutsches] Bundesgesetzblatt *1994* S. 1961 ff) soll nun aber die AG auch für kleinere Gesellschaften attraktiv machen.

Minimalkapital, das überdies nur zum Teil einbezahlt werden muss (vgl. § 1 N 43), sodann daran, dass eine AG mit nur drei Aktionären gegründet werden und mit einem einzigen Aktionär weiterbestehen kann (vgl. § 1 N 18 ff). Während – wie gezeigt – die Abweichung von Kapitalbezogenheit und Gewinnstrebigkeit einen bewussten gestalterischen Akt der Beteiligten, eine gewollte Abkehr von der gesetzlichen Ordnung voraussetzt, finden sich somit schon *in der gesetzlichen Ausgestaltung* Tendenzen, die der Ausrichtung auf die Publikumsgesellschaft entgegenlaufen. Diesem Typusmerkmal kann daher keine allzu grosse Bedeutung beigemessen werden.

VI. Einheit des Aktienrechts oder gesetzliche Berücksichtigung unterschiedlicher Realtypen?

1. *Gesetzlicher Typus und Realtypus*

Wenn vorstehend vom *Typus* die Rede war, dann war damit das Leitbild gemeint, das dem *Gesetzgeber* vor Augen schwebte. Der Begriff Typus wird aber auch anders verwendet: als eine in der Lebenswirklichkeit häufig vorkommende charakteristische Ausgestaltung. In diesem Sinne kann etwa von einer typischen Familien-AG gesprochen werden, die – gemessen am gesetzgeberischen Leitbild – gerade atypisch, weil personenbezogen ist. Die Rede ist dann vom *Realtypus* oder von den *Realtypen der AG*.

2. *Berücksichtigung unterschiedlicher Realtypen im Aktienrecht?*

a) Eine Frage wurde in den Diskussionen um die schweizerische Aktienrechtsreform immer wieder aufgeworfen: Sollte der Gesetzgeber nicht der gewaltigen Vielfalt der aktienrechtlichen Realität Rechnung tragen und die unterschiedlichen Realtypen der AG statt in einer einheitlichen Ordnung in verschiedenen Formen von Aktiengesellschaften regeln? Angeregt wurde insbesondere eine Zweiteilung des Aktienrechts in Publikumsgesellschaften und stärker personenbezogene private Aktiengesellschaften.

Die Antwort sämtlicher gesetzgeberischer Instanzen war eindeutig: Festhalten an der *Einheit des Aktienrechts*. Dieses sollte aber – wie bis anhin – durch seine Elastizität die Basis für die vielfältigsten konkreten Ausgestaltungen und insbesondere für personenbezogene kleinere Gesellschaften bilden. Mit Ausnahme der zusätzlich in Spezialgesetzen geregelten Gesellschaften einzelner Branchen (z. B. Banken, Versicherungen, vgl. § 61 N 53 ff) gilt daher für *sämtliche Aktiengesellschaften* gleiches Aktienrecht, für die grossen Industrieunternehmen ebenso wie für die kleine Familiengesellschaft und die Einmann-AG.

b) Doch konnte und wollte der Gesetzgeber die Augen vor der Realität nicht verschliessen. Die Einheit des Aktienrechts wurde daher an verschiedenen Stellen durch *Sondervorschriften für Grossgesellschaften* durchbrochen, so bei der

Pflicht zur Konzernrechnung (vgl. OR 663e ff, dazu § 51 N 199 ff), bei den Offenlegungsvorschriften hinsichtlich der Jahres- und Konzernrechnung und des Aktionariats (vgl. OR 697h, 663c, dazu § 48 N 57 ff und § 39 N 8), bei der Abschlussprüfung (vgl. OR 727b, dazu § 32 N 13) und – wie schon erwähnt – mit Bezug auf die Vinkulierung von Namenaktien (vgl. OR 685a ff, dazu § 44 N 182 ff). Andere Bestimmungen gelten zwar theoretisch für sämtliche Gesellschaften, kommen aber praktisch nur bei Publikumsgesellschaften zum Tragen, so die Regeln über die Prospektpflicht bei der Ausgabe neuer Aktien (OR 652a, vgl. § 52 N 87 ff) und über die Stellvertretung in der GV durch Organ- und Depotvertreter (OR 689c f, dazu § 24 N 123).

63 Für *kleine, personenbezogene Aktiengesellschaften* fehlt es dagegen an besonderen Regeln, und es fragt sich, ob deren Bedürfnisse nicht in der Aktienrechtsreform zu kurz gekommen sind. Die neuesten Zahlen scheinen dieser schon während der Reformarbeiten geäusserten Befürchtung recht zu geben: 1993 – im ersten vollen Jahr unter neuem Aktienrecht also – hat die Zahl der Gesellschaften mit beschränkter Haftung um mehr als einen Drittel von 2964 auf 4186 Einheiten zugenommen, während die der Aktiengesellschaften mit einem Zuwachs von weniger als $1/2\%$ stagnierte. In den Folgejahren setzte sich diese Tendenz fort (Bestand von GmbH Ende 1994: 6600 Einheiten. Die Zahl der Aktiengesellschaften war dagegen 1994 leicht rückläufig).

VII. Exkurs: Zur Bedeutung typologischer Betrachtung für Rechtsanwendung und Rechtsfindung

1. Übersicht

64 Der typusbezogenen Ausrichtung kommt für die Arbeit des *Gesetzgebers* hohe Bedeutung zu: Will er Widersprüche vermeiden, so muss er sich auf ein bestimmtes Leitbild ausrichten. Die Kenntnis des Typs ist auch *didaktisch wertvoll:* Wer den Typus eines Rechtsinstituts vor Augen hat, wird die konkrete Ausgestaltung besser verstehen.

65 Was aber bedeutet der Typus für die Praxis, für *Rechtsanwendung und Rechtsfindung?* Es stellen sich hier verschiedene Fragen, deren Beantwortung zum Teil umstritten geblieben ist:

66 – Zeigt der Typus die Grenzen auf, die der Bildung atypischer Erscheinungen gesetzt sind, sei es ganz generell (N 69 ff), sei es im Hinblick auf individuell-konkrete Situationen (N 72 f)?

67 – Bringt die Beachtung des gesetzlichen Typus zusätzliche Hilfe bei der Interpretation aktienrechtlicher Normen (N 74 ff)?

68 – Ist eine typgerecht ausgelegte Vorschrift ohne weiteres auch auf atypische Gesellschaften anzuwenden oder ist auf dem Wege freier Rechtsfindung eine dem Sondercharakter adäquate Lösung zu suchen (N 76 ff)?

2. Der gesetzliche Typus als generelle Schranke der privaten Gestaltungsfreiheit?

Nach einer Lehre, die besonders in Deutschland vertreten worden ist[23], sollen die Parteien in der Ausgestaltung einer Gesellschaft nicht nur durch die zwingenden gesetzlichen Bestimmungen in Schranken gewiesen sein, sondern darüber hinaus durch die *«Typengesetzlichkeit der einzelnen Gesellschaftsformen»*. Zu beachten wären also nicht nur die zwingenden Rechtsnormen, sondern auch die grundlegenden Typusmerkmale.

Diese Auffassung, die in der Schweiz nie hat Fuss fassen können, ist *nicht praktikabel,* da es unmöglich wäre, die Grenze zwischen erlaubter und unerlaubter Typabweichung nach objektiven Kriterien zu ziehen. Sie ist auch unvereinbar mit grundlegenden gesellschaftsrechtlichen Ordnungsvorstellungen: Auszugehen ist von dem das Gesellschaftsrecht beherrschenden Grundsatz des *numerus clausus* gesetzlicher Gesellschaftsformen. Dieser besagt, dass die Parteien beim Eingehen eines Gesellschaftsverhältnisses beschränkt sind auf die Wahl einer der im Gesetz abschliessend aufgezählten Rechtsformen. Dies im Gegensatz zum Recht der Schuldverträge[24], aber ähnlich wie im Sachenrecht, wo bei der Errichtung dinglicher Rechte auch der numerus clausus der gesetzlich vorgesehenen Formen beachtet werden muss. Die Parteien sind also im Gesellschaftsrecht frei in der Wahl einer der vom Gesetz zur Verfügung gestellten Formen, können aber nicht selbst neue bilden, insbesondere auch nicht durch Umgestaltung oder Vermischung bestehender Formen. Zu dem durch den Grundsatz des numerus clausus statuierten Zwang, eine der gesetzlich vorgesehenen Gesellschaftsformen zu wählen *(Formenzwang),* tritt eine *Formenfixierung:* Innerhalb der einmal gewählten Form müssen die Parteien sich an den Rahmen der zwingenden gesetzlichen Minimalanforderungen halten. Diese *Minimalerfordernisse* einer Gesellschaftsform sind in ihrer *begrifflichen Umschreibung und in weiteren zwingenden Rechtssätzen eingefangen.*

Eine typologische Betrachtungsweise wäre dagegen nicht imstande, die Aufgabe der Abgrenzung zwischen zulässigen und unzulässigen Abweichungen von der gesetzlichen Ordnung zu erfüllen. Wenn über Zulässigkeit oder Unzulässigkeit einer von Privaten vorgenommenen Gestaltung entschieden werden muss, kann dies sinnvollerweise nur nach dem Zuordnungsschema des «Entweder-Oder», nicht aber des «Mehr oder Minder» erfolgen. Eine konkrete Gesellschaft oder ein einzelnes Gestaltungselement in einer solchen (etwa eine statutarische Bestimmung) kann vernünftigerweise nicht als «mehr oder weniger» zulässig gedacht werden. Zwingende Erfordernisse sind erfüllt oder nicht erfüllt, eine Abstufung, wie sie bei Typusmerkmalen möglich ist, ist ausgeschlossen. Das

---

[23] Bahnbrechend war seinerzeit Heinz Paulick: Die eingetragene Genossenschaft als Beispiel gesetzlicher Typenbeschränkung (Tübingen 1954).
[24] Die Parteien können beliebige obligationenrechtliche Verträge eingehen, gesetzlich vorgeformte, solche, die aus Elementen gesetzlich geregelter Typen gemischt sind oder auch völlig frei gestaltete, sog. Innominatkontrakte.

bedeutet: *Die Frage nach Zulässigkeit oder Unzulässigkeit beurteilt sich aufgrund eines klassenlogischen und nicht eines typologischen Verfahrens.* Der *Begriff* einer Gesellschaft, nicht der *Typus* ist also das Kriterium für die Grenzen der Zulässigkeit atypischer Gestaltungen. Sobald einem Merkmal zwingender Charakter zukommt, verdichtet es sich zum Begriffselement. Die Besinnung auf den Typus vermag daher bei der Grenzziehung zwischen zulässigen und unzulässigen Gebilden und Ausgestaltungen nicht weiterzuhelfen.

3. Korrektur atypischer Ausgestaltungen im Einzelfall?

Bildet der Typus nicht eine generelle Schranke für atypische Ausgestaltungen, so fragt sich weiter, ob allenfalls im *Einzelfall* atypischen Erscheinungen (auch wenn sie sich im Rahmen des zwingenden Rechts befinden) die Anerkennung zu versagen ist. Antwort: Nein. Auch hier ist der Entscheid ausschliesslich aufgrund des zwingenden Rechts zu fällen, ist blosse Atypizität nicht rechtswidrig.

Fragt sich etwa, ob der Einpersonen-AG die Berufung auf ihre rechtliche Selbständigkeit zu versagen sei, ob also der Gläubiger einer Einpersonen-AG durch die Gesellschaft «durchgreifen» und den hinter ihr stehenden Alleinaktionär für die Schulden der Gesellschaft persönlich haftbar machen könne, dann genügt es nicht, auf den extrem atypischen Charakter dieser Erscheinungsform hinzuweisen. Wohl aber kann die Berufung auf die eigene Persönlichkeit und ausschliessliche Haftung der Einpersonen-Gesellschaft im Einzelfall *rechtsmissbräuchlich* sein. Die Korrektur erfolgt dann aufgrund zwingenden Rechts, nämlich der Generalklausel von ZGB 2, die für diese Frage in der Lehre vom sog. «Durchgriff» konkretisiert worden ist (vgl. § 62 N 47 ff). Das Atypische ist keineswegs stets (oder auch nur häufig) missbräuchlich, sowenig wie der Befolgung des Typischen der Missbrauch immer abgehen würde.

4. Typgerechte Auslegung

Wenn und soweit eine gesetzliche Regelung auf die typische AG zugeschnitten ist, muss dem *Leitbild bei der Interpretation Rechnung getragen* werden. Einem solchen Postulat typgerechter Auslegung wird sich niemand widersetzen. Doch erheben sich zahlreiche Bedenken, die vor allem um die Möglichkeit und die Zuverlässigkeit der Eruierung des gesetzlichen Typus kreisen. Unbestritten ist indessen, dass die typologische Betrachtungsweise als eine Art *systematischer Auslegung* dazu beiträgt, eine Norm nicht nur als Einzelerscheinung, sondern als Teil eines Ganzen zu verstehen. Sie hilft mit, aus dem positiven Recht Leitideen zu gewinnen und Zusammenhänge zu erkennen und die einzelnen Anordnungen von einer solchen Ganzheitsbetrachtung her zu begreifen. Der *historischen Auslegung* ist sie darin verwandt, dass sie die Zielsetzungen des Gesetzgebers berücksichtigt, soweit sich dafür im Gesetz Anhaltspunkte finden lassen.

Ein Musterbeispiel typologischer Argumentation findet sich in BGE 67 II 164 zur Auslegung des Rechts, auf Auflösung einer AG aus wichtigen Gründen zu klagen (OR 736 Ziff. 4; die Bestimmung ist im bisherigen Recht – soweit hier von Belang – mit dem geltenden identisch): «Die Klägerin will nun für die Umschreibung des wichtigen Grundes

i. S. von Art. 736 Abs. 4 OR die Grundsätze heranziehen, welche sich in der Literatur und der Rechtsprechung über die Auflösung aus wichtigen Gründen bei den Personengesellschaften (einfache Gesellschaft, Kollektivgesellschaft, Kommanditgesellschaft) herausgebildet haben. Für diese sah nämlich schon das altOR eine solche Beendigungsmöglichkeit vor, während sie im Rechte der AG erst durch die Revision von 1937 eingeführt worden ist. Eine solche Übertragung verbietet sich jedoch mit Rücksicht auf die grundsätzlich verschiedene Struktur der AG als reiner unpersönlicher Kapitalgesellschaft einerseits und der genannten Personengesellschaften anderseits. Wie schon die Vorinstanz zutreffend bemerkt, tritt das Moment der persönlichen Beziehung der Gesellschafter, das bei den Personengesellschaften einen Grundpfeiler jeglichen gedeihlichen Zusammenarbeitens bildet, bei der AG stark in den Hintergrund. Tiefgreifende Änderungen in den Voraussetzungen persönlicher Natur sind es aber gerade, die bei den Personengesellschaften nach allgemein anerkannter Auffassung Anlass zur Auflösung aus wichtigen Gründen geben können.» (Näheres zur Auflösung aus wichtigem Grund hinten § 55 N 57 ff.)

5. *Die Anwendung typgerecht ausgelegter Normen auf gesetzlich nicht geregelte atypische Erscheinungsformen*

a) Klar ist die Rechtslage, soweit die *Anwendung zwingenden Rechts* in Frage steht: Wer die AG als Organisationsform wählt, hat zwar die Möglichkeit, sie auf die konkreten Bedürfnisse auszurichten, soweit das Gesetz freien Spielraum gewährt. An den zwingenden Bestimmungen findet die Entfaltungsmöglichkeit aber ihre starren Schranken. Dem zwingenden Recht ist jede noch so atypisch ausgestaltete Gesellschaft unterworfen. *Die typgerecht ausgelegte zwingende Norm muss auch auf atypische Sachverhalte angewendet werden.*

So darf auch der Einmann-Aktionär keine Dividenden beziehen, ohne dass das dafür gesetzlich vorgeschriebene Verfahren eingehalten worden ist. Es bedarf – so merkwürdig sich das im Einzelfall ausnehmen mag – eines gültigen Beschlusses auf Dividendenausschüttung in einer formell ordnungsgemäss durchgeführten Generalversammlung. Vereinzelt ist zwar die Ansicht vertreten worden, der Einmann-Aktionär sei befugt, solche Beschlüsse formlos zu fassen[25]. Hinter dieser Auffassung steht der Wunsch, das typegerecht ausgelegte Gesetz nur auf typusgemässe Gesellschaften anzuwenden und für atypische Erscheinungen adäquatere Regeln heranzuziehen. Es wird sinngemäss argumentiert: Die gesetzliche Ordnung der AG sei ersichtlich auf Gesellschaften mit einer grösseren Mitgliederzahl und einer gewissen wirtschaftlichen Bedeutung zugeschnitten, während sie mit ihren strengen Gründungsbestimmungen, weit gehenden Publizitätsvorschriften und der Verteilung der Kompetenzen auf drei Organe schlecht auf Unternehmen kleineren Umfangs, vor allem auf Einpersonen-Aktiengesellschaften, passe. Also seien diese Vorschriften nicht auf solche Unternehmen anwendbar. Mit solchen Überlegungen würde man jedoch Missbräuchen Tür und Tor öffnen, sie sind *strikte abzulehnen*[26].

---

[25] So das erstinstanzliche Gericht im Falle SAG *1949/50* 158 ff.
[26] So auch unzweideutig das Bundesgericht im Entscheid 86 II 180: «[D]er Inhaber aller Aktien hat nach allgemein anerkannter Auffassung die von Gesetz und Statuten vorgeschriebenen Formen zu beachten und kann daher nicht wie ein Privatmann nach Belieben über die Aktiven der ihm gehörenden Gesellschaft verfügen» (mit Verweisung auf BGE 67 II 29).

78   b) Weniger eindeutig ist die Situation beim *dispositiven Recht*. Von den einen wird eine Berücksichtigung der Atypizität auch für das dispositive Recht abgelehnt; auch auf die atypische Gesellschaft soll die für den Typus vorgesehene nachgiebige Vorschrift angewendet werden (vgl. N 80 ff). Von andern wird gefordert, es sei hier nicht starr auf die Rechtsform abzustellen, sondern vielmehr der (atypische) Lebenssachverhalt zu beachten und für ihn eine angepasste Regelung in freier Rechtsfindung zu treffen (vgl. N 79).

79   aa) Beim *Postulat der freien richterlichen Rechtsfindung* wird von der Feststellung ausgegangen, dass nachgiebige Normen von den «Beteiligten im Gesellschaftsvertrag ja ohne weiteres durch abweichende, dem atypischen Sachverhalt angepasste Bestimmungen ersetzt werden können»[27]. Tun sie das, so erfolgt nicht nur die Auslegung, sondern allenfalls auch die Ergänzung solcher gesellschaftsvertraglicher Anordnungen aus der konkreten Situation heraus und ausgerichtet auf die besondere atypische Gestaltung. Soll nun nicht auch dort, so wird argumentiert, wo Auslegung und Ergänzung sich nicht mehr unmittelbar an den Parteiwillen anknüpfen lassen, der Atypizität Rechnung getragen werden dürfen? Soll nicht dort, wo die Parteien es unterlassen haben, ihre nach Mass konzipierte Kleidung vollständig herzustellen, der Richter in Abweichung vom gesetzlichen Modell den individuellen Zuschnitt vollenden dürfen? Die Argumentation klingt bestechend. Dennoch lässt sie sich unseres Erachtens nicht halten und wird nur der gegenteilige Standpunkt der Struktur des heutigen Gesellschaftsrechts gerecht:

80   bb) Ansatzpunkte für die – hier vertretene – *Theorie der formalen Rechtsanwendung* sind demgegenüber der schon erwähnte Formenzwang und die damit zusammenhängende Formenfixierung im Gesellschaftsrecht (vorn N 70). Zwar lässt das Gesetz im Rahmen der Formenfixierung Raum für abweichende Gestaltungen im Einzelfall, und es ordnet (durch dispositives Recht) die Verhältnisse nur insoweit, als von dieser Möglichkeit nicht Gebrauch gemacht wird. Verzichten die Parteien jedoch darauf, von den dispositiven Normen des Gesetzes abweichende Regelungen zu treffen, dann bleiben sie dem für die typische Gesellschaft angeordneten nachgiebigen Recht unterstellt. Es ergibt sich dies aus den für die Formenfixierung massgebenden Gründen der Rechts- und Verkehrssicherheit, des Schutzes Dritter und – namentlich bei grösseren Gesellschaften mit einer Vielzahl von Mitgliedern und wechselndem Mitgliederkreis – des Schutzes der Beteiligten selber.

80a   Wir kommen somit zum Ergebnis, der Richter habe sich im Gesellschaftsrecht grundsätzlich an die vom Gesetzgeber vorfabrizierte Konfektion zu halten. Es ist ihm untersagt, die im konkreten Fall für Einzelne zwar erwünschte Massarbeit zu leisten, weil er das Vertrauen Dritter und allenfalls auch das der übrigen Beteiligten nicht verletzen, die allgemeine Rechts- und Verkehrssicherheit nicht gefährden darf. Das würde er aber tun, wenn er stets dann, wenn die für den typischen

---

[27] So Koller (zit. N 1) 171.

Fall statuierte Norm als unpassend erscheint, eine Lücke annehmen und diese in freier richterlicher Rechtsfindung ausfüllen dürfte. Auch die analoge Anwendung von Normen anderer Gesellschaftsformen, die Kombination von für verschiedene Gesellschaftsformen aufgestellten Rechtssätzen[28], ist unseres Erachtens unstatthaft. Es hätte unabsehbare Folgen, wenn der Richter die ihm jeweils passend erscheinende Norm aus einer anderen Gesellschaftsform übernehmen könnte und damit die personalistische AG kollektivgesellschaftlichen Bestimmungen, die kooperative AG genossenschaftlichen Vorschriften (mit-)unterstellen würde.

Die schweizerische *Gerichtspraxis* hat sich denn auch – abgesehen von einer einmaligen Entgleisung ausserhalb des Aktienrechts[29] – *konsequent gegen die Typenvermischung ausgesprochen*[30].

c) Die Regel, dass das auf den Typus zugeschnittene Gesetzesrecht unmittelbar und vollumfänglich auch auf atypische Gebilde anzuwenden sei, findet ihre *Grenze im allgemeinen erst im Grundsatz von ZGB 2 II*: Es darf die Anwendung der typischen Norm nicht zu einem derart unerträglichen Ergebnis führen, dass man von einem offenbaren Rechtsmissbrauch sprechen müsste.

Sodann kann sich aus dem *Zweck einer Norm selbst* ergeben, dass sie unter Berücksichtigung des konkreten Sachverhalts anzuwenden ist.

Verweist der Gesetzgeber auf «wichtige Gründe», dann soll eine Interessenabwägung stattfinden. Bei Publikumsgesellschaften wird man dabei auch den Interessen der Arbeitnehmer, ja der ganzen Volkswirtschaft Rechnung tragen, bei personenbezogenen kleinen Gesellschaften mit wenigen Aktionären der Bedeutung der persönlichen Mitwirkung. Zu Recht führte daher das Bundesgericht im Hinblick auf das Begehren des Minderheitsaktionärs in einer Zweipersonen-AG, es sei die Gesellschaft aus wichtigen Gründen aufzulösen, aus, bei der Interessenabwägung sei «auf die konkreten Verhältnisse der Beklagten abzustellen und nicht auf jene bei grossen Publikumsgesellschaften ...»[31].

Schliesslich darf bei der *Interpretation* von zweideutigen oder widersprüchlichen Statutenbestimmungen allenfalls auf den vom gesetzlichen Typus abweichenden Charakter einer Gesellschaft Rücksicht genommen werden (vgl. § 7 N 38 ff).

---

[28] Sie schwebte seinerzeit Alfred Siegwart vor: Die Freiheit bei der Wahl der Verbandsform und bei der Einzelgestaltung ihres Inhaltes, Festgabe der juristischen Fakultät Freiburg (Freiburg 1943) 173 ff, 188.
[29] In BGE 82 II 292 ff, 307 wandte das Bundesgericht das genossenschaftliche Prinzip der offenen Tür auf einen wirtschaftliche Zwecke verfolgenden Verein an. Der Entscheid ist unhaltbar. Er ist auch durch die spätere Kartellgesetzgebung überholt.
[30] So unzweideutig BGE 91 II 307: «Wer sich für die Form der Aktiengesellschaft und für die damit verbundenen Vorteile entscheidet, hat sich auch den Folgen zu unterziehen, die sich daraus ergeben.»
[31] BGE 105 II 129.

6. Exkurs: Würdigung der Typologie

86 Die sog. Typuslehre ist in den sechziger und siebziger Jahren auch in der Schweiz intensiv diskutiert worden. Seither hat sich jedoch die Erkenntnis durchgesetzt, dass sich aus der Typologie für die *Rechtspraxis* wenig Neues gewinnen lässt. Es ergeben sich daraus kaum Aspekte, die nicht auch bei herkömmlichem Vorgehen beachtet werden: Die Auslegung der Einzelnorm unter Berücksichtigung des Ganzen und die Beachtung der gesetzgeberischen Zielsetzungen gelten seit langem als selbstverständlich.

87 Wertvoll ist dagegen eine Orientierung am Typus für die *Rechtssetzung*, und es ist erfreulich, dass das Typusbewusstsein des schweizerischen Gesetzgebers bei der letzten Aktienrechtsreform deutlich höher war als früher. Der Gesetzgeber bekannte sich ausdrücklich zu einem bestimmten gesetzlichen Typus der AG, dem der Publikumsgesellschaft (vgl. vorn N 58), und er trug auch den Besonderheiten einzelner Realtypen durch differenzierte Regelungen Rechnung (vgl. vorn N 62). Verzichtet wurde jedoch weiterhin auf eine umfassende Spezialregelung für personenbezogene Kleingesellschaften (zu diesem – problematischen – Postulat vgl. auch hinten § 67 N 8, 19 ff).

§ 3 Interessen und Interessenkollisionen im Aktienrecht

Literatur: Rolf Bär: Grundprobleme des Minderheitenschutzes in der Aktiengesellschaft, ZBJV *1959* 369 ff; Andreas Binder: Die Verfassung der Aktiengesellschaft (Diss. Basel 1987 = Reihe Handels- und Wirtschaftsrecht Bd. 20, Grüsch 1988) insbes. 52 ff; Wolfhart F. Bürgi: Bedeutung und Grenzen der Interessenabwägung bei der Beurteilung gesellschaftsrechtlicher Probleme, in: FS Carry (Genève 1964) 1 ff; Hans Caspar von der Crone: Interessenkonflikte im Aktienrecht, SZW *1994* 1 ff; Claude André Lambert: Das Gesellschaftsinteresse als Verhaltensmaxime des Verwaltungsrates der Aktiengesellschaft (Diss. Zürich 1992 = ASR 535); John Nenninger: Der Schutz der Minderheit in der Aktiengesellschaft nach schweizerischem Recht (Diss. Basel 1974 = Basler Studien 105); Peter Nobel: Vom Minderheitenschutz bis zur Machtkontrolle aus öffentlichem Interesse im Aktienrecht, SJZ *1974* 33 ff; Walter R. Schluep: Schutz des Aktionärs auf neuen Wegen? SAG *1960/61* 137 ff, 170 ff, 188 ff; Siegwart, Einleitung N 215 ff; Weiss N 140 ff.

I. Übersicht und Problematik

«Gesellschaften sind Bezugspunkt verschiedenster Interessen: Gesellschafter, Gläubiger, oft auch Arbeitnehmer, ja sogar die Allgemeinheit nehmen an ihnen teil.»[1]

Jede Personenvereinigung weist Spannungsverhältnisse unterschiedlichster Art auf; in der Organisationsform der AG sind einige von besonderer Intensität. Es ist Aufgabe der Rechtsordnung, den oft gegenläufigen Interessen gerecht zu werden:
- die *Funktionsfähigkeit der Gesellschaft* aufrechtzuerhalten,
- der *Unternehmensleitung* den nötigen *Freiraum* zu gewähren,
- die Interessen der *Kapitalgeber*, aber auch die der *Arbeitnehmer* zu schützen,
- die *Anliegen der Geschäftspartner* (als Kunden, Lieferanten, Gläubiger) zu beachten,
- und bei all dem die *öffentlichen Interessen* nicht ausser acht zu lassen.

Hier den Ausgleich zu finden ist ein nie restlos gelöster, von jeder Zeit aufgrund der in ihr herrschenden Wertvorstellungen neu zu bewältigender Auftrag.

Kennzeichnend für die heutige Rechtslage – zumindest in der Schweiz – ist, dass das *Gesellschaftsrecht* nur zu einem Teil dieser Interessengegensätze Stellung nimmt und weder die internen noch die externen Spannungsfelder umfassend zu normieren sucht. Das *geltende Gesellschaftsrecht* regelt im wesentlichen die Beziehungen der AG bzw. der vom Verwaltungsrat repräsentierten Unternehmensleitung zu den Aktionären, die Interessengegensätze der Aktionäre unter sich und solche im Verhältnis zu den Gläubigern. Die von einem künftigen *Unternehmensrecht*[2] vermehrt mitzuerfassenden Probleme der Beziehungen der AG zu den Arbeitnehmern und den Geschäftspartnern sowie der Stellung der

---

[1] Koller (zit. § 2 N 1) 130.
[2] Dazu einführend Meier-Hayoz/Forstmoser § 5 N 2 ff.

einzelnen Gesellschaft im Gesamtzusammenhang einer freiheitlichen Wettbewerbsordnung sind heute zum grössten Teil anderen Rechtsbereichen zur Lösung überlassen (Arbeitsrecht, Wettbewerbsrecht usw.).

II. Die Frage nach dem massgebenden Gesichtspunkt für die Interessenabwägung

1. *Die Priorität des Unternehmensinteresses*

11   Nach einer verbreiteten, aber nicht unbestrittenen[3] Auffassung steht ausser Zweifel, dass das schweizerische Aktienrecht im Interesse der «grossen Gemeinschaft von Aktionären, Gläubigern und (in einem gewissen Umfange) Angestellten und Arbeitern den Schutz der Unternehmung, d. h. des der AG zugrunde liegenden Wirtschaftskörpers anstrebt»[4]. Dem *Schutz des «Unternehmens an sich»* hat auch das Bundesgericht schon früh einen hohen Stellenwert eingeräumt. Noch unter dem OR von 1881 betonte es, das moderne Aktienrecht ziele «nicht einseitig nur auf Schutz der Interessen der Aktionäre und Gläubiger, sondern vor allem auch auf Schutz der Aktienunternehmung selber ..., im Sinne der Erleichterung ihrer Bildung, ... Gewährleistung ihrer Bewegungsfreiheit und Existenz in schweren Zeiten, indem Mittel und Wege zur Erhaltung oder Gewinnung der Leistungsfähigkeit zur Verfügung gestellt werden, was alles mit auf dem Gedanken beruht, dass mit dem Gedeihen der Unternehmung auch die Interessen der Mitglieder am besten gewahrt sind ...»[5]. Daher seien im Aktienrecht «toutes choses inspirées par l'idée que la prospérité de l'entreprise est la meilleure sauvegarde des intérêts des sociétaires eux-mêmes»[6]. Auch in späteren Entscheiden hat das Bundesgericht immer etwa wiederholt, in Zweifelsfällen müsse das Interesse der Gesellschaft vor den persönlichen Vorteil und Eigennutzen einzelner Aktionäre gestellt werden[7]. Ausdrücklich hat die Gerichtspraxis denn auch bestätigt, dass die Pflicht zu gewinnstrebigem Handeln im Aktienrecht keineswegs kurzfristige Gewinnstrebigkeit zugunsten der gegenwärtigen Aktionäre bedeuten müsse[8]. Vielmehr sei jede Massnahme, die langfristig im Interesse der Gesellschaft liege, mit dem Prinzip der Gewinnstrebigkeit vereinbar.

2. *Vorrang der Mehrheits- und Verwaltungsmacht in der Rechtsprechung*

12   Wer aber bestimmt, welches die wohlverstandenen Interessen des Unternehmens sind? Nach (zutreffender) Auffassung des Bundesgerichts spricht eine

---

3   Vgl. nachstehend N 17.
4   Weiss N 153.
5   BGE 51 II 427, vgl. auch 53 II 231.
6   BGE 59 II 48.
7   Vgl. die Überlegungen in BGE 72 II 306.
8   BGE 100 II 393 E 4, im gleichen Sinne auch schon BGE 54 II 28.

Vermutung dafür, ein *Mehrheitsentscheid der GV oder eine Massnahme des Verwaltungsrates liege im Gesellschaftsinteresse.* Das Bundesgericht ist freilich vor allem in den siebziger Jahren im Glauben an die Richtigkeit von Mehrheits- und Verwaltungsratsentscheiden allzu weit gegangen. Beeinträchtigungen oder Verletzungen von Aktionärsrechten durch Verwaltung oder Aktionärsmehrheit wurden nur unter dem engen Gesichtswinkel willkürlichen Verhaltens geprüft, wobei die Angaben der Verwaltung und deren Berufung auf die «Interessen der Gesellschaft» (OR 717 I) kaum kritisch hinterfragt wurden.

Sicher ist eine gewisse richterliche Zurückhaltung in diesem Bereich angebracht. Der Richter hat Hemmungen, sich in unternehmerische Entscheidungen einzumischen. Er scheut sich, eine Anordnung von Verwaltungsrat oder Aktionärsmehrheit als nicht sachgemäss zu deklarieren und seine eigene Beurteilung an deren Stelle zu setzen. Er zögert zu Recht, die Rolle eines Wirtschaftsführers zu übernehmen[9]. 13

Wirtschaftliche Entscheide wird vernünftigerweise auch niemand von ihm verlangen[10]. Gefordert ist aber, dass auch in aktienrechtlichen Prozessen die Verletzung von Minderheits- und Individualrechten geahndet und Missbräuchen der Rechtsschutz versagt wird. Das Bundesgericht hat sich zuweilen einer Kapitulation des Rechts vor willkürlicher Mehrheitsmacht bedrohlich angenähert; vgl. etwa BGE 99 II 62: «Mit dem Eintritt in die Gesellschaft unterwirft der Aktionär sich bewusst dem Willen der *Mehrheit* und anerkennt, dass diese *auch dann bindend entscheidet, wenn sie* nicht die bestmögliche Lösung trifft und *ihre eigenen Interessen* unter Umständen denjenigen der *Gesellschaft* und einer *Minderheit* vorgehen lässt»[11]; sodann auch BGE 100 II 389: «Im übrigen übten die Mitglieder der Verwaltung ihr Stimmrecht nicht schon dann missbräuchlich aus, wenn sie – allenfalls – ihre eigenen Interessen jenen der Gesellschaft oder einer Minderheit von Aktionären voranstellten.» 14

In neuerer Zeit ist dagegen eine erfreuliche Wende zu einer differenzierteren Betrachtungsweise festzustellen. So führte das Bundesgericht hinsichtlich einer Zweimann-AG – deren Minderheitsaktionär vom Mehrheitsaktionär systematisch schikaniert wurde – bei der Beurteilung des Auflösungsbegehrens des Minderheitsaktionärs aus: «Dem Auflösungsinteresse des Klägers steht das Interesse der Beklagten[12] oder zutreffender ihrer Mehrheit am Fortbestand der Gesellschaft gegenüber. Dieses Kollektivinteresse ist aber nicht generell dem Individualinteresse der Minderheit vorzuziehen, sondern diesem im Prinzip gleichwertig...»[13] 15

---

[9] In amerikanischen Urteilen findet sich oft die Feststellung, der Richter wolle kein «Business Judgement» ausüben.
[10] Wohl aber wirtschaftlichen Sachverstand, wie er etwa in grösseren Gerichten durch spezialisierte Wirtschaftsabteilungen und in den Kantonen Zürich, Bern, Aargau und St. Gallen durch besondere Handelsgerichte gefördert wird.
[11] Hervorhebungen hinzugefügt.
[12] D. h. der Gesellschaft, Anmerkung hinzugefügt.
[13] BGE 105 II 128; zurückhaltender dagegen noch BGE 104 II 35 f.

3. Doktrinelle Bemühungen

16 Zahlreich sind die Monographien und Aufsätze in der schweizerischen Literatur, in denen versucht wird, einen möglichst adäquaten und doch praktikablen Massstab für die Interessenabwägung zu finden, ein Kriterium, nach welchem im Einzelfall den Interessen der Mehrheit oder der Minderheit der Vorzug zu geben oder auch Drittinteressen zu berücksichtigen wären. Bahnbrechend war dabei eine Auseinandersetzung zwischen Walter R. Schluep und Rolf Bär, deren Arbeiten als Zeugnisse zweier unterschiedlicher Fundamentalpositionen noch heute hervorragen.

17 Entscheidender Wertungsmassstab bleibt für Schluep[14] das Unternehmensinteresse, Unternehmen verstanden als *Unternehmensgemeinschaft*, als Verbindung aller an diesem Wirtschaftskörper unmittelbar oder mittelbar Beteiligten: «Die dauernde Sicherung des gewinnerzielenden Unternehmens liegt im Interesse sowohl der Aktionäre – der gegenwärtigen wie der zukünftigen – als auch im Interesse der Gesellschaft, ja sogar der Allgemeinheit: der Volkswirtschaft, der Gläubiger, der Arbeitnehmer»[15]. – Gegen diese seines Erachtens «geradezu privatrechtswidrige» und «dogmatisch verfehlte Zuflucht zu einem Interessengegensatz Aktionär/Unternehmen» wendet sich Bär. Für ihn sind massgebende Kriterien der Interessenbeurteilung der *typische Gesellschaftszweck*[16] und die Figur des *typischen Aktionärs*. «Typisch ist es für eine AG..., wenn die 'anonymen' Gesellschafter von der Gesellschaft nichts anderes erwarten als Anlage und Ertrag.» Plastischer noch wird dieser Gedanke im von Bär entworfenen Leitbild des typischen Aktionärs, der umschrieben wird als «der gewinnstrebige, nicht der sachleistungs- oder machtstrebige, aber auch nicht der nur auf kurzfristigen Spekulationserfolg, sondern überdies auf eine wertbeständige Anlage Bedachte»[17].

18 Trotz des prinzipiellen Gegensatzes dieser beiden Theorien darf nicht übersehen werden, dass der einen wie der andern Überspitzungen fremd sind. Bär ist weit davon entfernt, kurzfristigen egoistischen Interessen des Aktionärs das Wort zu reden, und von Schluep wird das Unternehmen keineswegs als «unpersönlicher, mystischer Träger von Interessen»[18] verstanden. Verschieden ist jedoch die Gewichtung. Der eine betont mehr die *individuellen Interessen* derer, die sich zum Unternehmen zusammengeschlossen haben, der andere mehr die *Eigenständigkeit des* durch den Zusammenschluss entstandenen *Gebildes*.

19 Viele andere Autoren haben in diesem Spannungsfeld Position bezogen, wobei freilich auch schon kritisch erklärt worden ist, das Unternehmens- oder Gesellschaftsinteresse eigne sich als Massstab schon deshalb nicht, weil es nicht möglich sei, diesen Begriff nach objektiven Kriterien mit materiellem Gehalt zu füllen[19].

---

[14] Zit. N 1 und bereits die Monographie «Die wohlerworbenen Rechte des Aktionärs» (Diss. St. Gallen, Zürich 1955) insbes. 400 ff.
[15] Zit. Anm. 14, 401.
[16] Im Sinne des wirtschaftlichen Endzweckes, vgl. § 8 N 46.
[17] ZSR *1966* II 514 f; siehe schon ZBJV *1959* 369 ff und dazu die Antwort von Schluep in SAG *1960/61* 137 ff, 170 ff, 188 ff.
[18] So die kritische Formulierung von Siegwart, Einleitung N 217, der aber die Ausrichtung auf das «Unternehmen an sich» im Sinne eines Ausgleichs der Interessen aller Beteiligten anerkennt.
[19] So Lambert (zit. N 1).

4. Die Haltung des Gesetzgebers

a) Der Gesetzgeber anerkennt ausdrücklich Interessen der Gesellschaft als solcher und damit des Unternehmens. So werden in OR 717 I die Mitglieder des Verwaltungsrates und Dritte, die mit der Geschäftsführung befasst sind (Direktoren), angewiesen, «die Interessen der Gesellschaft in guten Treuen [zu] wahren». Und OR 669 III sieht die Bildung von sog. stillen Reserven[20] nicht nur im Hinblick auf die Ausrichtung einer möglichst gleichmässigen Dividende, sondern auch mit «Rücksicht auf das dauernde Gedeihen des Unternehmens» vor. Mit der gleichen Zielsetzung kann auch die Generalversammlung zusätzliche, weder gesetzlich noch statutarisch vorgesehene Reserven beschliessen (OR 674 II Ziff. 2).

Der Gesetzgeber geht also offenbar davon aus, dass bei einer AG nicht nur die Interessen der Aktionäre, der *«shareholders»*, Berücksichtigung finden sollen, sondern allenfalls auch diejenigen der übrigen *«stakeholders»* (Beteiligten).

Zugunsten der *Arbeitnehmer* insbesondere fördert das Gesetz ein sozial verantwortliches Verhalten, indem es – durch Statutenbestimmung oder auch blossen Generalversammlungsbeschluss – «Reserven zur Gründung und Unterstützung von Wohlfahrtseinrichtungen für Arbeitnehmer des Unternehmens» ausdrücklich vorsieht (OR 673, 674 III).

b) Dass in der AG grundsätzlich die *Mehrheit das Sagen hat* und sich die Minderheit Mehrheitsentscheiden unterwerfen muss, geht schon aus OR 703 hervor, wonach die GV ihre Beschlüsse «mit der absoluten Mehrheit der vertretenen Aktienstimmen» fasst[21]. Und dass dem *Verwaltungsrat* ein grosser *Entscheidungsspielraum* eingeräumt ist, zeigt sich in OR 716a, wo ihm wichtigste Kompetenzen unübertragbar und unentziehbar zugewiesen werden[22].

c) Daneben lässt das Gesetz aber auch die *Individualinteressen einzelner Aktionäre* nicht unberücksichtigt. Zahlreiche Schutzrechte stehen jedem einzelnen Aktionär – unabhängig von seiner Kapitalbeteiligung – zu[23].

So steht das Recht, Generalversammlungsbeschlüsse anzufechten, jedem einzelnen Aktionär zu, obwohl dessen Geltendmachung der Gesellschaft und damit der Aktionärsmehrheit erheblichen Schaden zufügen kann. Illustrativ ist etwa BGE 117 II 290 ff: Eine Vereinigung, die über eine einzige Aktie verfügte, focht eine ganze Anzahl von Beschlüssen der Generalversammlung 1989 der Nestlé S. A. an. Zwar wurde die Klage abgewiesen; das Bundesgericht verwarf aber den Einwand der Beklagten, die Klägerin habe kein rechtlich geschütztes Interesse an der Klage. Dies, obschon die Vereinigung ihre Aktie unmittelbar vor der Generalversammlung – in Kenntnis der zu fassenden Beschlüsse und mit der Absicht, diese anzufechten – erworben hatte. Dass der Beklagten, Nestlé, dadurch erheblicher Schaden und hohe Umtriebe entstanden und dass insbesondere eine mit

---

[20] Dazu § 49 N 58 ff.
[21] Für wichtige Beschlüsse ist in OR 704 ein qualifiziertes Quorum vorgesehen; allgemein zur Beschlussfassung in der GV vgl. § 24 N 2 ff.
[22] Vgl. dazu § 30 N 29 ff.
[23] Näheres in § 39 N 71 ff.

grosser Mehrheit beschlossene Kapitalerhöhung für zwei Jahre blockiert blieb, war in Kauf zu nehmen.

26 Die Aktienrechtsreform hat dem Schutz von Individualinteressen gegenüber der Mehrheit *verstärkte Bedeutung* beigemessen: Gemäss OR 706 sollen nicht nur Beschlüsse anfechtbar sein, die gegen das Gesetz oder die Statuten verstossen, sondern – so erklärt das Gesetz nun ausdrücklich – auch solche, die «in unsachlicher Weise Rechte von Aktionären entziehen oder beschränken» oder die «eine durch den Gesellschaftszweck nicht gerechtfertigte Ungleichbehandlung oder Benachteiligung der Aktionäre bewirken».

5. *Ergebnis*

27 Gerade auch im Lichte des neuen Aktienrechts erscheint es richtig, eine mittlere Linie zu verfolgen. Festzuhalten bleibt nach der einen Seite, dass das «Unternehmen an sich» – ohne Aktionäre – den gesellschaftsrechtlichen Konkurs der Gesellschaftsform AG bedeuten würde[24], und nach der andern Seite, dass ein Unternehmen nicht ausschliesslich im Dienste der Individualinteressen der Aktionäre zu stehen braucht. Je grösser eine Gesellschaft, je bedeutsamer sie als Arbeitgeber und für die Volkswirtschaft ist, desto stärker sind die Interessen der übrigen «stakeholders» zu beachten. Festzuhalten bleibt auch, dass zwar die Individualinteressen vor der Willkür einer Mehrheit und den Übergriffen der Verwaltung zu schützen sind, dass aber Mehrheit und Verwaltung die nötige Freiheit für unternehmerische Entscheide haben müssen, und zwar auch dann, wenn die gefundene Lösung nicht die bestmögliche ist.

28 Im folgenden wird auf einzelne Interessen und Interessengegensätze im Rahmen der AG eingegangen und die gesetzliche Lösung skizziert (Ziff. III–VII.). Dabei wird sich zeigen, dass das Bemühen, einen Ausgleich zwischen divergierenden Interessen zu finden, sich wie ein roter Faden durch das gesamte Aktienrecht zieht.

III. Das Verhältnis der Aktionäre zur Verwaltung

29 Die vergangenen Jahrzehnte waren geprägt durch eine zunehmende Stärkung der Verwaltungsmacht und – besonders in Grossgesellschaften – eine entsprechende Entmachtung der Aktionäre. Dabei ging gelegentlich vergessen, dass der Verwaltungsrat *aus fremdem Recht* tätig ist, von den Aktionären gewählt und ihnen rechenschaftspflichtig.

30 In den letzten Jahren ist es in dieser Beziehung zwar nicht zu einem radikalen Kurswechsel, aber doch zu einem Umdenken gekommen. Aktionäre pochen vermehrt auf ihre Rechte, und Verwaltungsräte bemühen sich zunehmend, den Interessen der Aktionäre auch dann Rechnung zu tragen, wenn sie nicht in Mehrheitsbeschlüssen der Generalversammlung artikuliert werden.

---

[24] So Rudolf Wiethölter: Interesse und Organisation der Aktiengesellschaft im amerikanischen und deutschen Recht (Köln 1960) 41.

Diese Entwicklung ist zu begrüssen. Doch ist anderseits zu betonen, dass der 31
Exekutive der nötige Freiraum für eine effiziente Führung gesichert bleiben
muss, denn «in einer Zeit aufs höchste gesteigerter Komplizierung und Wandelbarkeit der wirtschaftlichen Verhältnisse vermag nur eine initiative, rasch entschlossene, rasch handelnde und vor allem nur eine sachkundige Geschäftsführung dem Wohle der Unternehmensgesamtheit zu genügen»[25].

In der Aktienrechtsreform wurde versucht, beiden Interessensbereichen – dem Aktionärsschutz wie der Funktionsfähigkeit des Verwaltungsrates – vermehrt Rechnung zu tragen: 32

- Die Aktionärsstellung wird verbessert durch erhöhte Transparenz[26], durch Erleichterung der Klagerechte[27] und durch das Bestreben, die Generalversammlung aufzuwerten[28]. 33
- Die Position des Verwaltungsrates wird dadurch gestärkt, dass ihm wichtige Befugnisse *unentziehbar* zugewiesen werden[29]. Den Eingriffsmöglichkeiten der GV und damit der Aktionäre im eigentlichen Aufgabenbereich der Exekutive werden so Schranken gesetzt. 34

Scheinbar gegenläufige Interessen werden also dadurch auf einen Punkt gebracht, dass 35
zwar die unternehmerische Freiheit des Verwaltungsrates im Vergleich zum bisherigen
Recht noch verstärkt, dass aber zugleich die Pflicht, Rechenschaft abzulegen, verschärft
wird.

IV. Das Verhältnis der Aktionäre untereinander

1. *Arten von Aktionären*

Man kann verschiedene Arten von Aktionären unterscheiden, die unterschiedliche Interessen verfolgen und daher miteinander in Konflikt geraten können. Die folgende Übersicht versucht, die praktisch wichtigsten Gruppen festzuhalten: 36

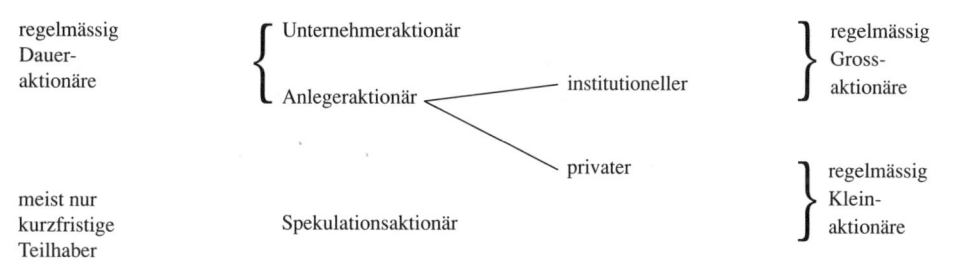

37

regelmässig Daueraktionäre	{ Unternehmeraktionär Anlegeraktionär	institutioneller privater	} regelmässig Grossaktionäre
meist nur kurzfristige Teilhaber	Spekulationsaktionär		} regelmässig Kleinaktionäre

---

25 So schon 1956 Weiss N 220.
26 Bedeutend aussagekräftigere Rechnungslegung, OR 662 ff, dazu § 51 N 11 ff; Sonderprüfer zur Erlangung zusätzlicher Informationen, wenn das Auskunftsrecht nicht genügt, OR 697a ff, dazu § 35 N 2 ff.
27 Vor allem der Verantwortlichkeitsklage, vgl. OR 756 II, dazu § 36 N 121 ff.
28 So insbes. durch die Regelung des Depotstimmrechts und der Organvertretung, OR 689c ff, dazu § 24 N 132 ff.
29 OR 716a, dazu § 30 N 29 ff.

38 a) Dem *Unternehmeraktionär* geht es um Einflussnahme auf die Geschicke der AG. Er ist imstande, auf Dauer einen entscheidenden Einfluss auf die Tätigkeit des Unternehmens auszuüben, und er übt diesen Einfluss auch aus. Das setzt in der Regel die Verfügungsmacht über einen wesentlichen Teil der Aktien voraus. Unternehmeraktionäre sind daher regelmässig Gross-, nicht selten Mehrheitsaktionäre. Sie sind meist im Verwaltungsrat vertreten und können so ihre Interessen auch in der Exekutive durchsetzen.

39 b) Der *Anlageaktionär* ist wie der Unternehmeraktionär ein Daueraktionär. Seine Beteiligung entspringt dem Wunsch, Kapital gewinnbringend anzulegen. Massgebend ist für ihn der Ertrag seiner Investition. Im übrigen können Interessen und Verhaltensweisen recht unterschiedlich aussehen:

40 *Institutionelle Investoren* wie Pensionskassen und andere Vorsorgeeinrichtungen, Versicherungsgesellschaften, Anlagefonds und Kapitalanlagegesellschaften sind regelmässig Grossaktionäre. Als sog. «aktive Aktionäre»[29a] versuchen sie nicht selten, auf die Geschicke der Gesellschaft auch ausserhalb der Generalversammlung Einfluss zu nehmen und mit Verwaltungsrat und Geschäftsleitung direkt ins Gespräch zu kommen. Ihre Anlage ist zwar tendenziell langfristig gedacht, doch können sich institutionelle Investoren auch kurzfristig und überraschend von ihrem Aktienpaket trennen, um Kursgewinne zu realisieren; insofern sind sie nicht immer ein stabiles Element.

41 Der *private Anlageaktionär* ist dagegen meist Kleinaktionär. Von der Rendite abgesehen kümmern ihn die Geschicke der AG mehr oder weniger; angesichts seines geringen Einblicks in die Geschäfte und seiner schwachen Stimmkraft vermag er sie ohnehin nicht massgebend zu beeinflussen. Oft fühlt er sich eher in der Rolle eines Kreditgebers als in der eines Gesellschafters. Doch bleibt er der Gesellschaft oftmals sehr treu. Dieser Aktionär ist wohl am ehesten der *typische Aktionär* im Sinne von Rolf Bär (vgl. die Umschreibung vorn N 17).

42 c) *Spekulationsaktionär* ist derjenige, dem die Aktie lediglich Mittel zur Erzielung von kurzfristigen Kursgewinnen ist. Ihm geht es nicht um eine auf Dauer angelegte feste Bindung an die AG, sondern um eine vorübergehende Beteiligung, die aufgrund der Börsenentwicklung erworben und wieder abgestossen wird.

43 d) Die vorstehende Gliederung ist überwiegend auf *typische Aktiengesellschaften* im Sinne von *Publikumsgesellschaften* ausgerichtet. Bei *privaten* Gesellschaften mit einigen wenigen Aktionären ist vor allem die Gliederung in *Mehrheits-* und *Minderheitsaktionäre* entscheidend. Mehrheitsaktionäre (oder zu einer Mehrheit zusammengeschlossene Aktionäre) beherrschen die Gesellschaft und die Geschäftspolitik. Sie wirken regelmässig im Unternehmen aktiv mit oder bestimmen zumindest die Personen, denen die Leitung obliegt. Minderheitsaktionäre – die durchaus ein grosses Aktienpaket (im Extremfall 50 % minus eine

---

[29a] Vgl. dazu Markus Ruffner: Aktive Grossaktionäre: Neue Herausforderungen für das Aktienrecht?, in: Andreas Kellerhals (Hg.): Aktuelle Fragen zum Wirtschaftsrecht (Zürich 1995) 233 ff.

Aktie) halten können – haben dagegen kaum Möglichkeiten, die laufende Entwicklung der Gesellschaft zu beeinflussen, und sie können auch oft nur in geringem Umfang eine Kontrolle ausüben. Einfluss kommt ihnen nur auf die Entscheide zu, für die Gesetz oder Statuten eine qualifizierte Mehrheit verlangen, die ohne ihre Zustimmung nicht erreichbar ist. Einblick in die Interna der Gesellschaft haben sie nur, wenn ihnen durch statutarische oder vertragliche[30] Ordnung ein Recht auf Einsitz in den Verwaltungsrat eingeräumt worden ist.

Die Lage solcher Minderheitsaktionäre hat in der Diskussion rund um die Aktienrechtsreform eine grosse Rolle gespielt.

2. *Beispiele von Interessendivergenzen und ihrer Lösung im Gesetz*

Aus der Vielzahl möglicher Konfliktsituationen seien als Beispiele herausgegriffen:

a) *Spekulations- und Daueraktionäre:* Ein Daueraktionär wird, egal ob er seine Aktien zum Zwecke blosser Anlage oder mit dem Ziel der Beherrschung und Einflussnahme hält, immer daran interessiert sein, die finanzielle Basis der AG gesund zu erhalten. Er denkt langfristig, kann auf kurzfristige Gewinne verzichten. Anders der Spekulant. Ihn interessiert die Gesellschaft nur insoweit, als sie ihm ermöglicht, innert kurzer Zeit durch Kauf und Verkauf der Aktien Gewinne zu erzielen. Das langfristige Gedeihen der Gesellschaft braucht ihn nicht zu kümmern.

Im Interessenkonflikt zwischen Spekulations- und Daueraktionär hat das schweizerische Recht *zugunsten des Daueraktionärs* Stellung bezogen, was sich etwa in der gesetzlichen Pflicht zur Reservebildung[31] und im Recht, zusätzliche Reserven zu schaffen[32], zeigt.

Doch stehen zahlreiche Rechte ungeschmälert auch dem Spekulationsaktionär zu: so etwa das Auskunftsrecht oder das Recht auf Anfechtung von Generalversammlungsbeschlüssen. Dies kann im Einzelfall stossende Konsequenzen haben, ist aber eine logische Folge der kapitalbezogenen Ausgestaltung der AG.

Langfristiges Denken und Handeln in der AG wird grundsätzlich auch vom Bundesgericht gutgeheissen, vgl. BGE 100 II 393 E 4 und vorn N 20.

b) *Institutionelle und private Anlegeraktionäre:* Alle Anlegeraktionäre sind renditeorientiert. Im einzelnen können aber ihre Interessen auseinanderlaufen: Dem privaten Kleinaktionär (der nicht selten aus seinem Vermögensertrag den Lebensunterhalt ganz oder teilweise bestreitet) kann es vorwiegend auf die *Dividende* ankommen. Er erwartet einen einigermassen zuverlässig voraussehbaren, regelmässigen Ertrag. Der institutionelle Investor sucht dagegen allenfalls (wenn

---

[30] Aktionärbindungsvertrag, vgl. § 39 N 146.
[31] OR 671, dazu § 50 N 5 ff.
[32] Sei es mit statutarischer Grundlage, sei es aufgrund eines blossen Generalversammlungsbeschlusses oder gar durch Entscheid des Verwaltungsrates, OR 672, 673, 674 III, 669 III, dazu § 50 N 42 ff, 54 ff, 72 ff.

auch nicht immer[33]), Erträge in erster Linie durch die Realisierung von *Kursgewinnen* zu erzielen. Diesfalls ist für ihn die Dividende von geringer Bedeutung und entscheidend (wie für den Spekulationsaktionär) die Veränderung des Börsenkurses.

51 Für den Privatanleger ist dagegen ein hoher Börsenkurs durchaus nicht immer erwünscht: Solange er nicht daran denkt, seine Papiere zu veräussern, hat ein höherer Kurs für ihn nur höhere Vermögenssteuern zur Folge. Anderseits kann er den Kursgewinn, der für ihn steuerfrei ist, der einkommenssteuerpflichtigen Dividende vorziehen.

52 Zwischen dem Dividendeninteresse einerseits und dem Interesse an nachhaltiger Wertsteigerung auf der anderen Seite nimmt das Gesetz eine *vermittelnde Position* ein: In OR 660 I wird der «Anspruch auf einen verhältnismässigen Anteil am Bilanzgewinn» als Recht eines jeden Aktionärs explizit genannt[34]. In OR 669 III und 674 II Ziff. 2 erwähnt das Gesetz dagegen «das dauernde Gedeihen des Unternehmens» als wünschenswerte Zielsetzung und fördert Massnahmen zur Werterhaltung und Wertsteigerung[35]. Und schliesslich wird das Dividendeninteresse mit der Langfristigkeit kombiniert, indem die Reservebildung auch mit Rücksicht «auf die Ausrichtung einer möglichst gleichmässigen Dividende» gerechtfertigt werden kann[36].

53 c) *Unternehmer- und Kleinaktionäre:* Das Motiv der Beteiligung des Unternehmeraktionärs ist Einflussnahme, das des Kleinaktionärs entweder langfristige Beteiligung am Ertrag (= Anlageaktionär) oder kurzfristiger Spekulationsgewinn (= Spekulationsaktionär). Aus diesen unterschiedlichen Interessen entspringen regelmässig Konflikte. Während etwa der in der Gesellschaft aktiv tätige Unternehmeraktionär seine finanziellen Interessen durch Saläre und andere Leistungen der Gesellschaft befriedigen kann, ist der Kleinaktionär auf die Ausschüttung von Dividenden angewiesen. Der Unternehmeraktionär wird danach trachten, durch grosszügige Reservebildung die Eigenkapitalbasis «seines» Unternehmens zu stärken, den Kleinaktionär interessieren die Ausschüttungen. Der Unternehmeraktionär befürwortet möglichst grosse Freiheit und Unabhängigkeit der Verwaltung, der Kleinaktionär will straffe Kontrolle und ausführliche Information.

54 Eine eindeutige Stellungnahme zugunsten der einen oder anderen Seite lässt sich dem Gesetz nicht entnehmen, und es erscheint auch angemessen, beiden

---

[33] Der Entscheid kann massgebend von seinem Steuerstatus abhängen.
[34] Allerdings mit der Einschränkung, dieser Anspruch bestehe nur, «soweit dieser [der Bilanzgewinn] nach dem Gesetz oder den Statuten zur Verteilung unter die Aktionäre bestimmt ist».
[35] Dies freilich wiederum mit einer Einschränkung: Die Massnahmen müssen sich «unter Berücksichtigung der Interessen aller Aktionäre» rechtfertigen lassen. (OR 674 II Ziff. 2, OR 669 III spricht von den «Interessen *der* Aktionäre» ohne dass damit etwas anderes gemeint wäre.) Die Wert- und damit tendenziell auch Kurssteigerung wird auch durch die gesetzlichen Pflichten zur Reservebildung und damit zur Rückbehaltung eines Teils der Gewinne in der Gesellschaft gefördert, dazu § 50 N 5 ff.
[36] OR 669 III, 674 II Ziff. 2; wiederum sollen dabei die Interessen aller Aktionäre Beachtung finden.

Interessen Rechnung zu tragen. Gewiss ist, dass es für die Rechtsform der AG charakteristisch ist, neben «Unternehmern» ein breites «Publikum» an der Gesellschaft zu beteiligen; ebenso gewiss ist aber auch, dass in einer AG stets Persönlichkeiten nötig sind, die über unternehmerischen Geist verfügen und diesen möglichst frei sollen einsetzen können. Ein in der Rechtsform der AG als Grossaktionär wirtschaftender Unternehmer soll daher die nötige Freiheit haben, er darf aber nicht übersehen, dass er für das von den Kleinaktionären aufgebrachte Aktienkapital gleichsam Treuhänderfunktion hat. Zu fordern ist daher eine umfassende Rechenschaftsablage, und diese ist durch die Aktienrechtsreform deutlich verbessert worden[37].

d) Ähnliche Probleme ergeben sich aus dem Interessengegensatz von *Mehrheits- und Minderheitsaktionären*. Im Aktienrecht gilt grundsätzlich das *Mehrheitsprinzip*[38]. Ihm liegt nicht etwa die Vorstellung zugrunde, der Mehrheitsentscheid trage die Vermutung der inhaltlichen Richtigkeit in sich – eine Vermutung, die angesichts der Tatsache, dass es um eine Mehrheit von Kapitalanteilen und nicht von Personen geht, besonders abwegig wäre. Vielmehr handelt es sich um ein rechtstechnisches Mittel, das die Funktionsfähigkeit der Gesellschaft und eine dem übernommenen Risiko adäquate Einflussnahme der Aktionäre gewährleisten soll. Es muss dort seine Grenzen finden, wo es verletzend und schädigend in die Interessensphäre von Minderheiten einwirken könnte. 55

Gesetz und Rechtsprechung haben gegen überbordende Mehrheitsmacht *zahlreiche Schutzwälle* errichtet. Gewisse Rechte stehen jedem Aktionär unentziehbar und unverzichtbar zu (vgl. § 39 N 110 ff). Andere können ihm nicht ohne seine Zustimmung entzogen werden (vgl. § 39 N 113 ff). Wieder über andere kann zwar die Generalversammlung verfügen, aber nur mit qualifizierter Mehrheit (vgl. § 24 N 28 ff). Jedem Mehrheitsentscheid zieht sodann das Verbot des Rechtsmissbrauchs von ZGB 2 II eine Schranke (vgl. § 39 N 103 ff): Missbräuchlich ist jede durch das Gesellschaftsinteresse nicht legitimierte, der Mehrheit zum Vorteil gereichende offensichtliche Beeinträchtigung der Minderheit. 56

Den Minderheitsaktionären steht eine Reihe von *Rechtsbehelfen* zu, und diese sind im Zuge der Aktienrechtsreform deutlich verstärkt worden. Er kann auf Anfechtung von Generalversammlungsbeschlüssen oder Nichtigerklärung von Generalversammlungs- oder Verwaltungsratsbeschlüssen[39], aber auch auf Schadenersatz klagen[40], kann die Einberufung einer ausserordentlichen Generalversammlung[41], aber auch die Bestellung eines Sonderprüfers verlangen[42]. Als ultima ratio steht ihm die Klage auf Auflösung der AG aus wichtigem Grund zur Verfügung[43]. 57

---

[37] Vgl. dazu § 51 N 11 ff.
[38] OR 703, vgl. § 3 N 23 sowie § 24 N 25 ff.
[39] OR 706 ff, 714, dazu § 25 N 2 ff.
[40] OR 752 ff, dazu § 36.
[41] OR 699 III, dazu § 23 N 23 ff.
[42] OR 697b f, dazu § 35 N 42 ff.
[43] OR 736 Ziff. 4, dazu § 55 N 57 ff.

58 Das revidierte Recht betont auch im übrigen stärker, dass die Interessen *aller* Aktionäre, also auch die einer Minderheit, angemessen zu wahren sind: OR 717 II trägt der Verwaltung ausdrücklich auf, alle Aktionäre «unter gleichen Voraussetzungen gleich zu behandeln»[44]. Die Ungleichbehandlung oder Benachteiligung einzelner Aktionäre wird nun auch ausdrücklich als Anfechtungsgrund genannt[45]. Und für die Bildung zusätzlicher, weder gesetzlich noch statutarisch vorgesehener Reserven wird – wie schon erwähnt – gefordert, dass sich solche «unter Berücksichtigung der Interessen *aller Aktionäre* rechtfertigen»[46].

59 Das im neuen Recht verstärkte Engagement des Gesetzgebers zugunsten der Minderheitsaktionäre vermag freilich nicht darüber hinwegzutäuschen, dass die Stellung der Minderheit in einer AG nach wie vor prekär ist und vielerlei Möglichkeiten bestehen, um der Mehrheit zulasten der Minderheit Vorteile einzuräumen. Eine wirklich angemessene Ordnung kann durch das Gesetz allein nicht sichergestellt werden; hiefür bedarf es der individuellen Ausgestaltung aufgrund der konkreten Verhältnisse. Die Voraussetzungen dazu sind gegeben:

60 – Durch statutarische Bestimmungen kann etwa der Minderheit ein Recht auf Vertretung im Verwaltungsrat eingeräumt werden[47], wodurch diese nicht nur Einfluss auf die Geschäftsführung gewinnt, sondern auch umfassende Informations- und Einsichtsrechte erhält[48]. Die Quoren für bestimmte wichtige Beschlüsse können so erhöht werden, dass die Beschlussfassung von der Minderheit blockiert werden kann[49]. Und die Verwendung des Bilanzgewinns kann bereits durch die Statuten (statt erst durch Generalversammlungsbeschluss) festgelegt werden, wobei allenfalls den Minderheitsaktionären – im Hinblick darauf, dass sie auf die Geschäftsführung kaum Einfluss haben und daher für Fehler auch nicht in erster Linie die Folgen tragen sollen – bei der Gewinnausschüttung eine privilegierte Stellung eingeräumt werden kann[50].

61 – Solche Schutzvorkehrungen können auch in *Aktionärbindungsverträgen* verankert werden[51]. Überdies können solche Verträge zusätzliche Sicherungen enthalten, die wegen der beschränkten Leistungspflicht des Aktionärs[52] nicht in den Statuten verankert werden können: Dem Minderheitsaktionär kann etwa das Recht eingeräumt werden, unter bestimmten Voraussetzungen seine Aktien an die Mehrheit zu im voraus festgelegten Bedingungen zu veräussern. Oder es kann ein *Mitverkaufsrecht* vorgesehen werden, wonach der Mehrheitsaktionär – sollte er seine Beteiligung verkaufen – auf Wunsch des Minderheitsaktionärs dessen Aktien ebenfalls und zu den gleichen Bedingungen mitveräussern muss.

---

44 Das Gleichbehandlungsgebot war auch unter bisherigem Recht unbestritten, aber nicht im Gesetz verankert, vgl. zum alten Recht BGE 102 II 268, zur geltenden Ordnung § 39 N 11 ff.
45 OR 706 II Ziff. 3, dazu § 25 N 27 ff.
46 Vgl. vorn Anm. 35, Hervorhebung hinzugefügt.
47 Vgl. OR 709 II, dazu § 27 N 88 ff.
48 Vgl. OR 715a, dazu § 28 N 96 ff.
49 Dies kann sich freilich für die Gesellschaft nachteilig auswirken; auch hier ist ein angemessener Ausgleich zu finden.
50 Etwa im Sinne einer zugesicherten Minimaldividende, die freilich voraussetzt, dass überhaupt entsprechende Gewinne erzielt werden, OR 675 II.
51 Dazu § 39 N 139 ff.
52 Dazu § 1 N 59.

In personenbezogenen Aktiengesellschaften mit wenigen Aktionären sind solche Vorkehren als Garanten einer fairen Ordnung unabdingbar. Sie bilden insbesondere einen entscheidenden Teil der *Nachfolgeplanung in Familienunternehmen.* Der Unternehmensgründer und Alleinaktionär wird oft den Grossteil seines Vermögens im Unternehmen investiert haben. Er kann daher seine Aktien in der Regel nicht einem einzigen seiner Nachkommen vererben, sondern muss den Aktienbesitz auf seine Kinder aufteilen, die sich vielleicht in unterschiedlicher Weise engagieren wollen. Dabei wird es nur durch angemessene statutarische und vertragliche Regeln möglich sein, einerseits den künftig im Unternehmen tätigen Nachkommen den nötigen Freiraum zu sichern, gleichzeitig aber auch den anderen Erben einen angemessenen Ertrag auf der im Unternehmen investierten Erbschaft zu sichern.

V. Die Interessen der Gläubiger

Die ausschliessliche Haftung des Gesellschaftsvermögens, das Fehlen einer subsidiären persönlichen Haftung der Aktionäre und das Verbot der Statuierung irgendwelcher Nachschusspflichten verlagern das Risiko bei der AG auf die Gesellschaftsgläubiger. Der Gesetzgeber hat diesem Umstand durch zahlreiche *Schutzvorkehren* Rechnung getragen:

– Der Sicherung der Gläubiger dienen die Normen über das Aufbringen des *Grundkapitals* bei Gründung und Kapitalerhöhung, über die Erhaltung des Grundkapitals während der Dauer der Gesellschaft und über Schutzvorkehren bei Liquidation oder Fusion der AG[53]. Der *Gläubigerschutz* hat *Vorrang vor dem Schutz von Aktionären und Partizipanten.* Der Gläubiger soll sich auf die Sicherungsfunktion des Grundkapitals verlassen dürfen; das Verlustrisiko sollen primär die Gewinnbeteiligten tragen.

– *Beschlüsse von Gesellschaftsorganen,* die gegen zwingende Anordnungen zum Schutz der Gläubiger verstossen, sind *nichtig*[54]. Die Aktivlegitimation zur Klage auf Feststellung der Nichtigkeit derartiger Generalversammlungsbeschlüsse und Verwaltungsratsmassnahmen steht (neben den Aktionären) auch den Gläubigern zu (vgl. § 25 N 132).

– Im Falle widerrechtlicher Schädigung können die Gläubiger *Verantwortlichkeitsansprüche* gegenüber den Gründern (OR 753) und den Organpersonen (OR 754 f, vgl. § 36 f) geltend machen.

– Gläubigern kommen allenfalls besondere *Informationsrechte* zu: Gemäss OR 697h II (dazu § 48 N 10 ff) müssen alle Aktiengesellschaften den Gläubigern «Einsicht in die Jahresrechnung, die Konzernrechnung und die Revisionsberichte gewähren», sofern diese ein schutzwürdiges Interesse nachweisen. Die Bestimmung hat freilich keine grosse praktische Bedeutung.

---

[53] Zum Grundkapitalschutz vgl. vorn § 1 N 44 ff sowie § 49 N 33 ff; zum Schutz bei Liquidation und Umwandlung vgl. § 56 N 87 ff und § 57 N 192 ff.
[54] OR 706b Ziff. 3, 714.

68 – Spezielle Schutzbestimmungen für eine besondere Gläubigerkategorie, die *Anleihensobligationäre* (dazu § 48 N 24 f), enthalten OR 1156 ff.

VI. Die Interessen der Arbeitnehmer

1. Allgemeines

69 Die Wahrung der Arbeitnehmerinteressen ist primär eine *Aufgabe des Arbeitsrechts*, welches das Arbeitsverhältnis seit langem nicht nur «als ein schuldrechtliches Austauschverhältnis», sondern zugleich auch als ein «personenbezogenes Gemeinschaftsverhältnis, geprägt durch Treue- und Fürsorgepflichten», versteht[55]. Einige *aktienrechtliche Normen* ergänzen den arbeitsrechtlichen Schutz. So sollen nach OR 671 III die Reserven nicht nur zur Deckung von Verlusten eingesetzt werden, sondern auch für Massnahmen, «die geeignet sind, in Zeiten schlechten Geschäftsganges das Unternehmen durchzuhalten, der Arbeitslosigkeit entgegenzuwirken oder ihre Folgen zu mildern». Auch die Möglichkeit der Bildung zusätzlicher Reserven mit «Rücksicht auf das dauernde Gedeihen des Unternehmens»[56] liegt im Interesse der Arbeitnehmer, das insofern zu dem der Unternehmeraktionäre (nicht aber unbedingt der Publikumsaktionäre) parallel läuft. Ausdrücklich im Gesetz genannt wird sodann die Reservebildung «zur Gründung und Unterstützung von Wohlfahrtseinrichtungen für Arbeitnehmer des Unternehmens» (OR 673, 674 III).

2. Mitarbeiteraktien

70 Einer über das gewöhnliche Arbeitsvertragsverhältnis hinausgehenden engeren Bindung zwischen Arbeitgeber und Arbeitnehmern lässt das Aktienrecht weiten Raum. So besteht die Möglichkeit, die Arbeitnehmer durch Abgabe von Mitarbeiteraktien (Belegschaftsaktien) am Substanzzuwachs und Vermögensertrag der Gesellschaft teilhaben zu lassen und so zum Abbau des Interessengegensatzes zwischen Kapital und Arbeit beizutragen. Solche Aktien werden Arbeitnehmern regelmässig zu günstigen Bedingungen angeboten oder gar unentgeltlich abgegeben. Oft wird für die Wiederveräusserung eine Sperrfrist vorgesehen, um sicherzustellen, dass der Zweck der Beteiligung auch erreicht wird, aber auch, weil dies mit steuerlichen Vorteilen verbunden sein kann.

71 Die aktienmässige Beteiligung der Mitarbeiter am Unternehmen ist sicher begrüssenswert. Zu bedenken ist aber, dass der Mitarbeiter dadurch nicht nur vom Unternehmenserfolg stärker profitiert, sondern auch den Misserfolg vermehrt zu tragen hat: Geht es der Gesellschaft schlecht, riskiert der Mitarbei-

---

[55] Manfred Rehbinder: Schweizerisches Arbeitsrecht (12. A. Bern 1995) 20.
[56] OR 674 II Ziff. 2, 669 III, vgl. vorn N 52.

teraktionär nicht nur seinen Arbeitsplatz, sondern auch sein Vermögen zu verlieren.[57]

Eine andere Zielsetzung wird verfolgt, wenn *leitenden Angestellten* ermöglicht wird, Aktien der Gesellschaft zu Sonderbedingungen zu erwerben (sog. Stock-Option-Pläne). Hier geht es darum, diese leitenden Angestellten vermehrt am Unternehmenserfolg oder -misserfolg, den sie persönlich stark beeinflussen, teilhaben zu lassen. Es wird damit gewissermassen die Figur des Unternehmeraktionärs nachgebildet, bei dem Einfluss und finanzielles Engagement verbunden sind, während beim Manager, der nicht Aktionär ist, keine Vermögensbindung besteht.

72

3. Mitbestimmung

Den Arbeitnehmern ist in schweizerischen Aktiengesellschaften am Arbeitsplatz und auf Betriebsebene (durch die Einführung von Betriebskommissionen) oft ein Recht auf Mitwirkung in sozialen und personellen, teils auch wirtschaftlichen Belangen eingeräumt worden[58, 59]. Eine 1976 von Volk und Ständen abgelehnte *Initiative «über die Mitbestimmung der Arbeitnehmer und ihrer Organisationen in Betrieb, Unternehmen und Verwaltung»* wollte weitergehen. Hinter der Initiative stand das Postulat, die Verwaltungsräte aller grösseren Aktiengesellschaften (ab 500 Arbeitnehmer) paritätisch aus Vertretern der Kapitalgeber (Aktionäre) und solchen der Mitarbeiter zusammenzusetzen[60]. Eine solche insti-

73

---

[57] Näheres bei Max Wehrli: Mitbeteiligung der Arbeitnehmer durch Belegschaftsaktien (Diss. Zürich 1969) und bei Reto A. Lyk: Die Mitarbeiteraktie im Wandel der Zeit, SAG *1979* 110 ff sowie ders.: Die Mitarbeiteraktie in der Schweiz (Zürich 1989). Zur steuerlichen Behandlung vgl. Marco Cereghetti: Die Besteuerung von Mitarbeiteraktien und Mitarbeiteroptionen als Einkommen und als Vermögen (Diss. Zürich 1994). – Das Aktienrecht nimmt indirekt auf die Schaffung von Mitarbeiteraktien Bezug, indem in OR 652b II die «Beteiligung der Arbeitnehmer» ausdrücklich als wichtiger Grund genannt wird, der es rechtfertigt, den bisherigen Aktionären bei der Schaffung neuer Aktien das Recht auf den Bezug dieser Aktien zu entziehen (Näheres in § 40 N 242 ff).

[58] Vgl. die in BBl *1973* II 321 ff enthaltenen Informationen; seither ist die Mitbestimmung auf betrieblicher Ebene vielerorts weiter ausgebaut worden. – Solche Rechte können in einer vom Arbeitgeber mit einer Vertretung der Arbeitnehmer vereinbaren oder zumindest nach Anhören der Arbeitnehmer erlassenen Betriebsordnung enthalten sein, vgl. Arbeitsgesetz (SR 822.11) 37 ff.

[59] Seit dem 1. 5. 1994 ist das BG über die Information und Mitsprache der Arbeitnehmerinnen und Arbeitnehmer in den Betrieben (Mitwirkungsgesetz) vom 17. 12. 1993 in Kraft (SR 822.14), das den Arbeitgeber und die Arbeitnehmervertretung zur Zusammenarbeit «in betrieblichen Angelegenheiten nach Treu und Glauben» verpflichtet und das Informationsrecht der Arbeitnehmer oder ihrer Vertretung verankert. Besondere Mitwirkungsrechte der Arbeitnehmer oder ihrer Vertretung sind für die Fälle des Übergangs von Betrieben und von Massenentlassungen in den ebenfalls seit 1. 5. 1994 in Kraft stehenden Art. 333 und 333a sowie 335d–335g OR vorgesehen.

[60] Eine solche paritätische Besetzung ist in Deutschland für den Aufsichtsrat (der dem schweizerischen Verwaltungsrat freilich nicht gleichgesetzt werden darf) in grösseren Aktiengesellschaften vorgesehen, und auch andere europäische Länder kennen die Mitbestimmung der Arbeitnehmer in Gremien der AG, vgl. die Übersicht bei Rudolf M. Staehelin: Mitbestimmung in Europa (Diss. Basel 1979 = SSHW 38), sodann Peter Thomas Isler: Mitbestimmung und Unternehmungsrecht unter besonderer Berücksichtigung der niederländischen Regelungen (Diss. Zürich 1980 = SSHW 45). In der Europäischen Union blockiert die Mitbestimmungsfrage zur Zeit wichtige gesellschaftsrechtliche Vorlagen, vgl. § 67 N 48 ff.

tutionalisierte Einsitznahme der Arbeitnehmer oder ihrer Vertreter in die Organe der AG (und nicht nur in Gremien der von der AG betriebenen Unternehmung) hätte weitgehende Folgen für die Struktur der AG und das Funktionieren ihrer Organe gehabt. Zur Zeit sind in der Schweiz keine entsprechenden politischen Bestrebungen im Gange; das Thema bleibt aber als Gegenstand der politischen wie theoretischen Diskussion aktuell.

74 *Für* eine Institutionalisierung der Mitbestimmung im Verwaltungsrat und allenfalls auch in der Direktion werden als Hauptargumente vorgebracht:

75 – Es gehe um die *Menschenwürde* des Arbeitnehmers, die volle Anerkennung seiner Persönlichkeit, die Überwindung der Selbstentfremdung des Arbeiters in einer sinnentleerten Arbeitswelt durch Übernahme von Mitverantwortung.

76 – Weiter dränge sich Mitbestimmung als Mittel zur *Demokratisierung der Wirtschaft* auf. Was auf staatlicher Ebene erreicht sei, müsse auch auf wirtschaftlicher verwirklicht werden: der Industrie*untertan* müsse zum Industrie*bürger* aufrücken.

77 – Das dränge sich schon deshalb auf, weil die bisherige Unterordnung der Arbeit unter das Kapital ungerecht sei. Den beiden *Produktionsfaktoren Arbeit und Kapital* komme für den Unternehmenserfolg das gleiche Verdienst zu, sie seien daher auch gleich zu berechtigen.

78 – Letztlich gehe es um ein Machtproblem: Die Mitbestimmung der Arbeitnehmer sei *das* Mittel zur *Kontrolle wirtschaftlicher Macht* (und der damit verbundenen gesellschaftlichen und politischen Macht), und sie sei Garant einer *sozialen Unternehmenspolitik*.

79 Dagegen bringen die *Gegner* der Mitbestimmung folgende Argumente vor:

80 – Auch für sie handelt es sich um ein Machtproblem, nämlich den Versuch der Gewerkschaften, in der Wirtschaft vermehrt die Macht zu ergreifen. Gewarnt wird vor der Gefahr einer *Syndikalisierung der Wirtschaft,* vor Freiheitsverlust in einem gewerkschaftlich dominierten Staat.

81 – Überhaupt bangt man um die *Existenz der freien Marktwirtschaft*. Nicht nur die Handels- und Gewerbefreiheit, auch andere verfassungsrechtlich garantierte *Grundrechte* seien *gefährdet,* so besonders das Privateigentum und die Tarifautonomie.

82 – Man befürchtet sodann eine *Beeinträchtigung der Funktionsfähigkeit* mitbestimmter Unternehmen. Die Einheit der Führung werde in Frage gestellt, paritätisch zusammengesetzte Organe würden polarisiert, die Unteilbarkeit der Verantwortung der Unternehmensführung werde aufgebrochen.

83 – In Frage gestellt wird auch ein echtes *Bedürfnis der Arbeitnehmer* nach Mitbestimmung auf Unternehmensebene (im Gegensatz zu Betrieb und Arbeitsplatz). Wenn aber schon der Kreis der auf Unternehmensebene Mitbestimmenden vergrössert werden solle, dann müsse er konsequenterweise auch auf die Verbraucher und die Vertreter von allgemeinen Interessen erweitert werden.

84 Zur Frage, ob in der Schweiz eine Mitbestimmung in Organen der AG nach deutschem Vorbild wünschbar ist, und zur weiteren Frage, ob sich eine solche Struktur künftig allenfalls im Hinblick auf die Entwicklungen in Europa aufdrängt, soll hier nicht Stellung bezogen werden. Erwähnt sei nur, dass sich die Mitbestimmung in Gesellschaftsorganen – und besonders eine paritätische Mitbestimmung – nicht einfach auf das bestehende schweizerische Aktienrecht aufpfropfen liesse. Vielmehr müsste wohl eine Zweiteilung des Aktienrechts vorge-

nommen und für grosse, mitbestimmte Gesellschaften ein eigentliches Aufsichtsratssystem entsprechend dem deutschen Recht (dazu § 20 N 7) eingeführt werden.

Literatur: Wolfhart Graetz: Demokratisierung der Wirtschaft durch Mitbestimmung (Diss. St. Gallen 1974); Walter R. Schluep: Arbeits- und gesellschaftsrechtliche Konsequenzen einer auf Mitbestimmung gründenden Unternehmensverfassung, SAG *1977* 77 ff; Werner Stauffacher: Mitbestimmung im Verwaltungsrat der Aktiengesellschaft (Diss. Zürich 1974 = SSHW 5).

VII. Die öffentlichen Interessen

a) Die AG als Prototyp der Kapitalgesellschaft ist eine gerade auch im öffentlichen Interesse in hohem Masse erwünschte Rechtsform. Sie dient als «Kapitalpumpe» (Schmalenbach) für grosse wirtschaftliche Aufgaben. Nach Walter Lippmann[61] hätte sich ohne die Kapitalgesellschaft unser heutiges Wirtschaftssystem gar nicht entfalten können, und er hält es nicht für übertrieben, wenn Nicholas Murray Butler sagt, selbst Dampfkraft und Elektrizität seien bei weitem nicht so wichtig wie die Rechtsform der Kapitalgesellschaft, ohne die jene Naturkräfte verhältnismässig unwirksam geblieben wären.

Anderseits ist die AG in der Lage, öffentliche Interessen zu gefährden und zu verletzen. Rudolf von Jhering hat unter dem Eindruck der mit der AG betriebenen Missbräuche diese Gesellschaftsform als eine der verhängnisvollsten Einrichtungen des ganzen Rechts betrachtet: «Unter den Augen unserer Gesetzgeber haben sich die Actiengesellschaften in organisierte Raub- und Betrugsanstalten verwandelt, deren geheime Geschichte mehr Niederträchtigkeit, Ehrlosigkeit, Schurkerei in sich birgt, als manches Zuchthaus, nur dass die Diebe, Räuber und Betrüger hier statt in Eisen in Gold sitzen.»[62]

Beidem hat die Rechtsordnung Rechnung zu tragen: der *Unentbehrlichkeit* dieses Instituts durch eine der Wirtschaftsentwicklung förderliche Ausgestaltung; aber auch den *Gefahren* durch zwingende Schranken und die Ahndung von Missbräuchen. Hat lange Zeit der Sinn für die Entfaltung freier Initiative auch in der Rechtsform der AG vorgeherrscht, ging in den letzten Jahren die Tendenz – weltweit gesehen – eher dahin, denkbare Fehlentwicklungen von vornherein zu verhindern.

Das schweizerische Recht ist – auch in der letzten Aktienrechtsreform – seiner *liberalen Grundhaltung* treu geblieben. Das Aktienrecht erscheint als Bestandteil einer letztlich von privater Initiative in Gang gehaltenen Wirtschaft und einer auf die Freiheit des Einzelnen ausgerichteten Rechtsordnung. Diese Ausrichtung auf die Freiheit zeigt sich freilich nicht nur darin, dass der Entfaltung der Kräfte im gesellschaftlichen Zusammenschluss weiter Raum gewährt wird, sondern vermehrt auch im Umstand, dass Auswüchsen, die der Freiheit *anderer* abträglich sind, Schranken gesetzt werden.

---

[61] Die Gesellschaft freier Menschen (Bern 1945) 55.
[62] Der Zweck im Recht (3. A. Leipzig 1893) I 218.

90   b) In der Schweiz besteht – auch für grösste, volkswirtschaftlich eminent bedeutsame Gesellschaften – keine gesetzlich verankerte Pflicht der Gesellschaftsorgane zur positiven Förderung öffentlicher Interessen, wie sie etwa § 70 des deutschen Aktiengesetzes von 1937 vorsah, wonach der «Vorstand unter eigener Verantwortung die Gesellschaft so zu leiten [hatte], wie das Wohl des Betriebes und seiner Gefolgschaft und der gemeine Nutzen von Volk und Reich» es erforderten. Indessen dürfte auch für unser Recht die Begründung Gültigkeit haben, die den deutschen Gesetzgeber veranlasste, von einer entsprechenden ausdrücklichen Anordnung im neuen Aktiengesetz von 1965 abzusehen: es handle sich um eine selbstverständliche Forderung, die nicht der Erwähnung bedürfe. «Wie man für das Eigentum eine 'soziale Bindung' annimmt, so ist eine solche Bindung auch als Grenze der unternehmerischen Dispositionsbefugnis anzuerkennen. Wo die Ausübung einer schrankenlosen Privatautonomie zur Erschütterung der öffentlichen Ordnung führt, muss eine Grenze des rechtlich Zulässigen liegen.»[63]

91   Zur Frage, inwieweit die Mitwirkungsrechte des Aktionärs zur Verfolgung öffentlicher Interessen eingesetzt werden dürfen, vgl. Peter Forstmoser: Der Aktionär als Förderer des Gemeinwohls?, ZSR *1973* I 1 ff.

92   c) Einen wirksamen Schutz erhalten öffentliche Interessen durch das *System der Normativbestimmungen*[64]. Grundlegende – und auch für die Allgemeinheit bedeutsame – Strukturelemente der AG sind vom Gesetz zwingend ausgestaltet worden, so dass sich jedermann, der mit einer AG in Kontakt kommt, darauf verlassen kann, dass diese minimalen Voraussetzungen gegeben sind. Ihre Überprüfung obliegt – freilich nur im Sinne einer groben Triage, die offenkundig Rechtswidriges aussondern soll – dem Registerführer anlässlich der Handelsregistereintragung[65], dem HRV 38 vorschreibt: «Alle Eintragungen in das Handelsregister müssen wahr sein, dürfen zu keinen Täuschungen Anlass geben und *keinem öffentlichen Interesse widersprechen*»[66].

93   In ZGB 52 III und 57 III ist vorgesehen, dass Verbindungen zu *unsittlichen oder widerrechtlichen Zwecken* nicht juristische Personen werden können oder – wenn die Unsittlichkeit oder Widerrechtlichkeit zu einem späteren Zeitpunkt eintritt – gerichtlich aufzuheben sind[67]. Diese zum Schutz des öffentlichen Interesses aufgestellten Regeln sind bisher vor allem für Aktiengesellschaften aktuell geworden[68].

94   d) Das *revidierte Aktienrecht* trägt der besonderen volkswirtschaftlichen Bedeutung grosser Aktiengesellschaften dadurch Rechnung, dass es für sie ver-

---

[63] Vischer/Rapp: Zur Neugestaltung des schweizerischen Aktienrechts (Bern 1968) 148.
[64] Dazu hinten § 13 N 13.
[65] Zur Kognitionsbefugnis des Registerführers vgl. Meier-Hayoz/Forstmoser § 5 N 28 ff und hinten § 16 N 30 ff.
[66] Hervorhebung hinzugefügt.
[67] Dazu Meier-Hayoz/Forstmoser § 1 N 36 f, 71 ff.
[68] Vgl. Meier-Hayoz/Forstmoser § 1 N 69 ff und hinten § 55 N 128 ff.

schiedentlich strengere Anforderungen aufstellt[69]. Insbesondere sind diese Gesellschaften zwingend einer besonders qualifizierten Kontrolle unterworfen (OR 727b) und müssen sie ihre Jahres- und allenfalls Konzernrechnung der Allgemeinheit offenlegen (OR 697h I, dazu § 48 N 57 ff).

e) Für Aktiengesellschaften, deren Tätigkeit in besonderem Masse öffentliche Interessen (und private Drittinteressen) berührt, bestehen *Spezialgesetze,* die dem Sondercharakter entsprechend verschärfte Bestimmungen enthalten[70].

f) Eine spezifische Gefährdung öffentlicher Interessen ergibt sich aus der *Zusammenballung wirtschaftlicher Macht,* wie sie durch die *Konzentration* von Unternehmen (Konzernbildung, Fusion), aber auch durch deren *Kooperation* (Kartellabsprachen) entstehen kann. Während die Konzernrealität vom schweizerischen Gesetzgeber erst in einem Teilaspekt (nämlich der Rechnungslegung[71]) erfasst und gestaltet wurde, ist die Kartellierung seit längerem spezialgesetzlich geregelt[72].

Sodann ist beim Zusammenschluss grösserer schweizerischer Unternehmen, die auch in EU-Mitgliedstaaten tätig sind, das EU-Recht, insbesondere die VO über die Kontrolle von Unternehmenszusammenschlüssen (und VO Nr. 4064/89; ABl *1990* L 257 13 ff) zu beachten, die in Art. 4 I eine Meldepflicht bei der EG-Kommission (heute: Europäische Kommission) zwecks Überprüfung der Vereinbarkeit mit dem gemeinsamen Markt vorsieht. Die EG-Kommission überprüfte z. B. 1991 den Erwerb der Mehrheit der Aktien der Elvia-Versicherungen durch die Schweiz. Rückversicherungs-Gesellschaft ebenso wie 1994 die Übernahme der Schweiz. Volksbank durch die CS Holding.

VIII. Wirtschaftliche Effizienz als objektives Kriterium für die Lösung von Interessenkonflikten im Aktienrecht?

In den achtziger Jahren ist eine vor allem in den USA entwickelte Rechtstheorie vermehrt ins Rampenlicht der wissenschaftlichen Diskussion ge-

---

[69] Die Kriterien für die Abgrenzung sind im einzelnen unterschiedlich, vgl. OR 727b, 663e II und III, 697h I, 663 f II (Verweisung auf OR 697h I). Näheres in § 61 N 4 ff.
[70] Vgl. bezüglich der Bank- und Versicherungsaktiengesellschaften § 48 N 66, § 61 N 53 ff.
[71] Vgl. OR 663e ff, dazu § 51 N 190 ff.
[72] BG über Kartelle und ähnliche Organisationen (Kartellgesetz, KG) vom 20. 12. 1985, SR 251 (ein erstes Gesetz datierte von 1962), dazu Schürmann/Schluep: Kartellgesetz und Preisüberwachungsgesetz (Zürich 1988) und Eric Homburger: Kommentar zum Schweizerischen Kartellgesetz (Zürich 1990). Anders als etwa Deutschland kennt das schweizerische Recht (noch) keine Fusionskontrolle, mit dem merkwürdigen Ergebnis, dass gegen unerwünschte Wettbewerbs*beschränkungen* durch Kartellierung Rechtsbehelfe vorgesehen sind, während den Wettbewerb vollständig *aufhebende* Fusionen ohne Schranke zugelassen bleiben. Die Einführung einer Fusionskontrolle wird zur Zeit nicht nur auf der rechtstheoretischen Ebene diskutiert, sondern auch auf der politisch-praktischen Ebene vorbereitet (vgl. § 57 N 34). Hingegen verbietet schon das geltende Kartellrecht den Missbrauch der Stellung marktmächtiger Unternehmen.

rückt: die *Ökonomische Analyse des Rechts*[73]. Nach dieser Theorie soll *volkswirtschaftliche Effizienz* das entscheidende Ziel für die Ausgestaltung der Rechtsordnung sein: Recht sei dann gut, wenn es zu *ökonomisch optimalen Resultaten* führe.

98 Es versteht sich, dass diese Betrachtungsweise im Wirtschaftsrecht und damit auch im *Gesellschaftsrecht* besonders nahe liegt. Auch in der Schweiz ist wiederholt versucht worden, die Ökonomische Analyse für das Gesellschaftsrecht fruchtbar zu machen[74].

99 b) Nicht zu bezweifeln ist, dass der ökonomischen Effizienz bei der AG als einer typischerweise gewinnorientierten Organisation ein hoher Stellenwert zukommen muss. Alleiniges und absolutes Kriterium kann sie jedoch nicht sein. Vielmehr ist das Recht – auch das Wirtschaftsrecht – auch auf andere Kriterien als die der gesellschaftlichen Nutzenmaximierung ausgerichtet und sind wegen solcher anderer Ziele – etwa des sozialen Ausgleichs oder der Achtung der Interessen einer Minorität – Effizienzverluste in Kauf zu nehmen. Der aktienrechtliche Minderheiten- und gar Individualschutz lässt sich kaum mit ökonomischen Prinzipien begründen. Wenn etwa ein einziger Aktionär mit bloss einer Aktie einen Beschluss anficht, der von mehr als einer Million Aktienstimmen getragen wird[75], dann ist dies ökonomisch nicht effizient. Trotzdem lässt der Gesetzgeber eine solche Klage zu, in der Überzeugung, dass dem Schutz des Einzelnen auch gegenüber einer überwältigenden Mehrheit der Vorrang gebühren kann.

100 c) Die Berücksichtigung der wirtschaftlichen Auswirkungen ist also ein wichtiges Kriterium für die Gestaltung, aber auch Auslegung aktienrechtlicher Normen, und es ist ein Verdienst der Ökonomischen Analyse, auf diesen Umstand gebührend hingewiesen zu haben. *Alleiniger* oder auch nur wichtigster Massstab für die Rechtssetzung und Rechtsanwendung kann wirtschaftliche Effizienz aber niemals sein.

---

[73] Dazu grundlegend Richard A. Posner: Economic Analysis of Law (3. A. Boston/Toronto 1986); ferner Assmann/Kirchner/Schanze (Hg.): Ökonomische Analyse des Rechts (Kronberg Ts. 1978); Beat Hotz: Ökonomische Analyse des Rechts – Eine skeptische Betrachtung, WuR *1982* 293 ff.
[74] Vgl. etwa Christian J. Meier-Schatz: Über die Notwendigkeit gesellschaftsrechtlicher Aufsichtsregeln: ein Beitrag zur ökonomischen Analyse des Gesellschaftsrechts, ZSR *1988* I 191 ff; Karl Hofstetter: Sachgerechte Haftungsregeln für multinationale Konzerne (Tübingen 1995).
[75] Vgl. das Beispiel Canes/Nestlé, BGE 117 II 290 ff, dazu vorn N 25.

§ 4 Geschichte der AG und Werdegang der Reform von 1968/1991

Materialien: Protokoll der Expertenkommission für die Revision der Titel 24 bis 33 des Obligationenrechts (1928); Botschaft des Bundesrates über die Revision der Titel XXIV bis XXXIII des schweizerischen Obligationenrechtes vom 21. Februar 1928, BBl *1928* I 224 ff; StenBull, Beratungen betreffend die AG: SR: *1931* 351–369, 389–413, 560–579, 610–615; *1932* 325–336; *1935* 83–107, 256–265; *1936* 75–89, 197–203, 247–250, 346–347; NR: *1934* 262–293, 295–328, 335–346, 844–860, 865–866; *1935* 163–194, 362–382; *1936* 761–778, 894–901, 905, 1084–1086; Zwischenbericht des Präsidenten und des Sekretärs der Arbeitsgruppe für die Überprüfung des Aktienrechtes zum Vorschlag für eine Teilrevision des Aktienrechtes (Tschopp-Bericht) vom April 1972; Vorentwurf der Arbeitsgruppe für die Überprüfung des Aktienrechts, 1975 (Arbeitsgruppe von Greyerz); Begleitbericht der Eidgenössischen Justizabteilung zum Vorentwurf 1975, auszugsweise publiziert in SAG *1976* 9 ff; Botschaft des Bundesrates über die Revision des Aktienrechts vom 23. Februar 1983, BBl *1983* IIb 745 ff (zitiert nach Sonderdruck); AmtlBull NR *1985*, 1657–1733, 1763–1791; *1990*, 1351–1393; *1991*, 847–854, 1108; AmtlBull SR *1988*, 453–529; *1991*, 65–77, 469–472.

1

Literatur zur Geschichte im allgemeinen: Georg Cohn: Die Aktiengesellschaft, Bd. I (bearbeitet von F. Fick und R. Zehntbauer, Zürich 1921); Helmut Coing: Europäisches Privatrecht, Bd. I (München 1985) 523 ff, Bd. II (München 1989) 95 ff; F. Fick: Über Begriff und Geschichte der Aktiengesellschaften, ZHR *1862* 1 ff.; Bernhard Grossfeld: Die rechtspolitische Beurteilung der Aktiengesellschaft im 19. Jahrhundert, in: Wissenschaft und Kodifikation des Privatrechts im 19. Jahrhundert, hg. von Helmut Coing/Walter Wilhelm, Bd. IV (Frankfurt 1979) 236 ff; Anne Lefebvre-Teillard: La société anonyme au XIXème siècle (Paris 1985) insbes. 419–448; Karl Lehmann: Die geschichtliche Entwicklung des Aktienrechts bis zum Code de Commerce (Berlin 1895, Neudruck Frankfurt a. M. 1968); Karl Rauch: Die Aktienvereine in der geschichtlichen Entwicklung des Aktienrechts, SZGerm *1952* 239–300; Franz Wieacker: Zur Theorie der juristischen Person des Privatrechts, Festschrift für E. R. Huber (Göttingen 1973) 339 ff; Rudolf Wiethölter: Interessen und Organisation der Aktiengesellschaft im amerikanischen und deutschen Recht (Karlsruhe 1961).

2

Literatur zur schweizerischen geschichtlichen Entwicklung im besonderen: A. Egger: Die Aktiengesellschaft nach dem revidierten schweizerischen Obligationenrecht vom 18. Dezember 1936, SJZ *1937* 1 ff; Richard Eugster: Die Entstehung des schweizerischen Obligationenrechtes vom Jahre 1883 (Diss. Zürich 1926); Christoph von Greyerz: Die Kapitalgesellschaften, in: SPR, Bd. VII/2 (Basel/Frankfurt 1982) 1 ff; Theo Guhl: Die Ergebnisse der Beratungen der Expertenkommission für die Revision des Obligationenrechts, ZBJV 62 *1926* 97 ff; Walther Hug: Zur Revision des schweizerischen Aktienrechts (St. Gallen 1934) insbes. 9 ff; Pierre von May: Die Gründung der Aktiengesellschaft in ihrer geschichtlichen Entwicklung in der Schweiz (Diss. Bern 1945) insbes. 1 ff, 81 ff; Walther Munzinger: Motive zum Entwurf eines schweizerischen Handelsrechts (Bern 1865); Hans Töndury: Zur Revision des schweizerischen Aktienrechtes, ZSR *1915* 467 ff; Weiss N 9 ff.

3

Zur Reform 1968/1991 seien neben der bundesrätlichen Botschaft (vgl. vorn N 1) und der synoptischen Darstellung des Vorentwurfs der Arbeitsgruppe für die Überprüfung des

4

Aktienrechts und des geltenden Textes des 26. Titels des Obligationenrechts, SAG *1976* 17 ff, die folgenden Sammelwerke erwähnt, die aus einer Vielzahl von Publikationen zur Aktienrechtsreform herausgegriffen sind: Sonderhefte SAG *1976* 1 ff, *1983* 91 ff, *1984* 49 ff; Aktienrechtsreform (Zürich 1984 = SSTRK Bd. 59); Révision du droit des sociétés anonymes (Zürich 1984 = Publication de la Chambre suisse des Sociétés fiduciaires et des Experts-Comptables, Vol. 60); Rechtliche und betriebswirtschaftliche Aspekte der Aktienrechtsreform (Zürich 1984 = SSHW 74).

A. *Aus der Geschichte der Aktiengesellschaft*

I. Allgemeine Entwicklung

1. Zur hier befolgten Betrachtungsweise

5   Die Organisationsformen, die man rückblickend irgendwie als aktienrechtlich qualifizieren kann, sind stets mit dem Wandel praktischer Wirtschaftsbedürfnisse engstens verknüpft; die Geschichte des Aktienrechtes ist eine Geschichte seiner Reformen[1].

6   Bei einer historischen Betrachtungsweise ist immer die besondere Art der verwendeten Ausdrücke zu beachten: Es sind selten Begriffe mit dogmatischer Trennschärfe, sondern typologische Sinneinheiten mit gewissen spezifischen Merkmalen, die man im einzelnen als entwicklungsrelevant auszeichnen muss. Die Verwendung einer Mehrzahl von Kriterien (wie Organisation, Leitung, Haftung) vermeidet einen Grossteil der Subsumtionsstreitigkeiten rund um die früheren Erscheinungsformen der AG und gibt auch konkrete Anhaltspunkte dafür, wo geschichtliche Einsichten mit Gewinn für die Lösung aktueller Probleme verwertet werden können.

2. Früheste Ansätze

7   a) «Auch die AG ist dem Schicksal nicht entgangen, mindestens auf Hellas und Rom zurückgeführt zu werden»[2]. In diesem Zusammenhang werden etwa die (eher stille Beteiligungsverhältnisse darstellenden) griechischen Steuerpachtgesellschaften und die römischen Publikanengesellschaften genannt. Diese – allerdings öffentlich-rechtlichen – Steuerpächterkorporationen wiesen immerhin zwei auch der modernen AG eigene Merkmale auf:

8   – eine Organisation in dem Sinne, dass ein «Magister Societatis» mit seinen Promagistern die Gesellschaft und einen grossen Beamtenstab leiteten, und dass Ausschüsse und wohl auch eine Generalversammlung bestanden;

---

[1]   Wiethölter (zit. N 2) Vorwort S. V.
[2]   Cohn (zit. N 2) N 18.

– das Vorhandensein übertragbarer Anteile. Es scheint, dass diese «partes» im Handel Kursschwankungen unterlagen «pro ratione belli, pacis fertilitatis, sterilitatis provinciarum».

Gesamthaft gesehen haben die Römer für die Ausbildung des kommerziellen Assoziationswesens allerdings wenig geleistet. Das Bedürfnis war eben klein, solange man Sklaven ein «peculium» zur Bewirtschaftung übergeben konnte[3].

b) Wichtiger als die griechischen und römischen Vorläufer erscheinen die Gestaltungsformen des germanisch-mittelalterlichen (in der Schweiz ja besonders entwickelten) *Genossenschaftswesens*. Römische und germanische Wurzeln nähren aber beide die Dogmenstreite des 19. Jahrhunderts (Fiktions- oder Realitätstheorie bzw. Stellvertretung oder Organ), der für die Gestaltung des modernen Korporationsrechts entscheidenden Epoche.

Nach der Fiktionstheorie wird die juristische Person als bloss künstliche Abstraktion betrachtet, die nicht selbständig handlungsfähig ist; es sind vielmehr natürliche Personen, die als Stellvertreter für sie handeln. Demgegenüber ist nach der Realitätstheorie die juristische Person als in der sozialen Realität handlungsfähiges Wesen aufzufassen, das durch eigene Organe, die im Rechtssinne Teil von ihm selbst sind, tätig wird.

3. Die AG in der aufkommenden Neuzeit

a) Richtigerweise sind die Anfänge der AG in den Zusammenhang mit jener Wirtschaftsepoche zu stellen, die man früher unverfänglicher als Kapitalismus bezeichnete. Man meinte damit den von Aufklärung und Liberalismus alimentierten Prozess der bürgerlichen Mobilisierung aller Verhältnisse und die mit dem allmählichen Heraufkommen der Neuzeit verbundene Wendung gegen Feudalismus, «zünftige» Wirtschaftsweise und Merkantilismus. Besonders das Industrialisierungszeitalter brauchte die «Wunderkräfte» der AG und ihre Möglichkeiten zur Kapitalsammlung.

b) Die Vorläufer dieser Epoche waren allerdings noch eng mit der sich erst herausbildenden Differenzierung zwischen Staat und Gesellschaft, mit wirtschaftlichem Expansionsdrang und Kolonialisierung verbunden. Drei verschiedene Unternehmenskategorien werden in allen geschichtlichen Betrachtungen, mit unterschiedlichem Gewicht und vielen umstrittenen Einzelfragen, als Ursprung der AG erwähnt: die *italienischen Staatsgläubigerverbände*, die *Reedereien* und vor allem die *Seehandels-Kompanien*.

An den *italienischen Staatsgläubigerverbänden* mit dem vielzitierten Beispiel der 1407 unter französischer Herrschaft geschaffenen Genueser St. Georgs-Bank (Vorbild für die Bank of England!) lassen sich bereits aktiengesellschaftliche Elemente wie die beschränkte Beitragspflicht, ein festes Kapital und eine differenzierte Organisation erkennen. Zweifelhaft ist aber der korporative Charakter. Und im weitern war die überaus typenwesentliche

---

[3] Vgl. Fick (zit. N 2) 27 ff.

«Variabilität der Verzinsung» (Dividende) anfänglich mehr auf die wirtschaftliche Notlage denn auf Absicht zurückzuführen.

16 Das 17. Jahrhundert brachte die grossen, auch von politischer Absicht bestimmten *Handelscompagnien* hervor, welche sich aus der noch nicht durchwegs Haftungsbeschränkung und begrenzte Beitragspflicht aufweisenden *Reederei* entwickelten. Die berühmte Niederländisch-Ostindische Compagnie wurde durch Octroi[4] vom 20. März 1602 gegründet und stellte eine Fusion verschiedener Reedereien dar. Sie hatte sich damit zu einer mit Korporationsrechten versehenen Sozietät weiterentwickelt. Im Aussenverhältnis verkörperte sie damit grössere Einheitlichkeit, die mit dem ausdrücklichen Beizug des im ganzen Mittelalter anerkannten Satzes «Nec quod debet universitas singuli debent»[5], der Haftungsbeschränkungen mithin, weiter verselbständigt wurde.

17 Schwieriger ist es, sich Klarheit über die *Innenverhältnisse* zu verschaffen, weil sich hier z. B. der Wegfall der Zuschusspflicht aus der «Incorporierung» nicht erklärt, anderseits diese als ursächlich für eine Verfestigung der internen Verfassung anzusehen ist. Die Reederei war ja eine Gelegenheitsgesellschaft, die nun einen dauerhaften Rahmen erhielt, welcher anfänglich allerdings nur geringes Vermögen (bloss Eintrittsgelder) und eine Mitgliedschaft umschloss, die nicht einmal ohne weiteres Anspruch auf Teilnahme an den Reederei-Geschäften brachte. Erst langsam wuchs dieser Rahmen mit der hinsichtlich Verlusttragung privatautonom geregelten Geschäftstätigkeit zusammen, wobei sich die Beschränkung der Beitragspflicht zum Grundsatz verfestigte.

18 c) Daneben war in der Geschichte der AG auch das Institut der *Kommandite* wegleitend. Nach Fick (zit. N 2, 1 ff, 12) ist es denn auch als logische (und viele dogmatische Probleme lösende) Fortentwicklung zu betrachten, dass in der Figur der Kommanditgesellschaft die Kommandite unter viele aufgeteilt und die Stellung des Komplementärs auf eine Korporation übertragen wurde. Als Zwischenform erscheint bei dieser Betrachtungsweise begrifflich und historisch die (heute fast ausgestorbene) Kommandit-AG.

19 d) Die Rechtsform der AG hat in den einzelnen Ländern stets differenzierte Züge erhalten; das holländische Muster, auf welches sprachlich auch die Bezeichnungen «Aktie» und «Aktionär» zurückgehen, blieb aber tonangebend.

20 e) Mit dem aufkommenden Aktienwesen der Kolonialgesellschaften verbanden sich besonders in Frankreich und später auch in England ungeheure Spekulationen und Betrügereien. Das Publikum drängte hysterisch zur Zeichnung (sogar für Gesellschaften, deren Zweck erst später bekanntgegeben werden sollte) und fiel letztlich «Finanzgenies», wie etwa John Law und seiner Compagnie des Indes (Mississippi-Gesellschaft), zum Opfer.

21 Nach einer regelrechten Skandalserie griffen die Staaten zu strengeren gesetzgeberischen Anordnungen (vgl. etwa die englische Bubble-Act von 1720, welche den wie «Seifenblasen» schillernden und platzenden Gesellschaften ein Ende bereiten sollte). Diese Gesetzgebung war von einem tiefen Misstrauen gegen alle die persönliche Haftung ausschliessenden Kommandit-Verhältnisse geprägt und

---

[4] Eine beurkundete staatliche Ermächtigung; vgl. hinten N 25.
[5] Die Einzelnen schulden nicht, was die Gesamtheit schuldet.

auch vom Widerstreben gegen Anonymität, die sich in der Ausgestaltung der Anteile auf den Inhaber manifestierte.

Mit der einsetzenden Schutzgesetzgebung begann die AG institutionellere und dauerhaftere Züge anzunehmen (in der französischen «Ordonnance» von 1673 war die «société anonyme» noch eine blosse Gelegenheitsgesellschaft). 22

f) Durch die gesetzliche Erfassung verfestigten sich auch die nationalen Unterschiede, die heute noch, was bei allen Rechtsangleichungsbemühungen in den Vordergrund tritt, sehr markant sind. Lehmann (zit. N 2, 57 ff.) hebt die bereits für die Zeit vor dem Code de Commerce zu unterscheidenden zwei Typen der inneren Verfassung der Aktiengesellschaft hervor, einen *Verbandstypus,* Verbandsorganismus, welcher von anstalts- und stiftungsähnlichem Charakter ist; dieser findet sich vor allem in der holländischen Entwicklung. Der andere ist der sogenannte *Corporationstypus;* hier bildet prinzipiell die «aristokratisch» zusammengesetzte Generalversammlung das Rückgrat der Gesellschaft. 23

g) Generell ist ferner auch festzustellen, dass die Entwicklung der Generalversammlung vorwiegend romanisch beeinflusst ist, während aus der holländischen Struktur das Institut des Aufsichtsrates stammt, welches aus den neben den Direktoren an der Gesellschaftsverwaltung teilnehmenden Hauptpartizipanten (denen im Corporationstyp Vorrechte in der GV zukamen) hervorging. 24

4. *Die Mühen dogmatischer Erfassung*

a) Die Geschichte des Aktienrechts kennt drei verschiedene *Gründungssysteme:* Den frühen Aktiengesellschaften wurden Inkorporierung und Privilegien mittels des sogenannten *Octroi,* einer Art staatlicher Ermächtigung in besonderer Urkunde, gewährt, worin sich schon ihre starke staatlich-wirtschaftspolitische Instrumentalisierung zeigt. Der Code de Commerce von 1807 – Ausgangspunkt aller europäischen aktienrechtlichen Gesetzgebung –, der zum ersten Male den Begriff der AG gesetzlich festlegte und sie in zwölf Artikeln knapp regelte, brachte den Übergang zum sogenannten *Konzessionssystem.* Jede Gründung war zwar noch bewilligungspflichtig, aber es wurde nicht mehr für jede einzelne AG ein Spezialerlass geschaffen; die Rechtsform war vielmehr allgemein anerkannt. Vorab unter englischem Einfluss und erst allmählich in der Gesetzgebung des 19. Jahrhunderts bildete sich schliesslich das *Normativsystem* heraus; es bedeutet die Freiheit der Korporationsbildung in dem vom Gesetz abgesteckten Rahmen der sog. Normativbestimmungen, d. h. unter Beachtung der gesetzlich zwingend vorgeschriebenen Minimalbedingungen. Dieses System der Normativbestimmungen wurde auch in das altOR von 1881 übernommen, und seither ist das schweizerische Aktienrecht diesem Prinzip – über die Revisionen von 1919, 1936 und 1991 hinweg – treu geblieben. 25

b) Die Frage, ob die AG als juristische Person zu betrachten sei oder nicht, stand im 19. Jahrhundert ebenfalls in engem Zusammenhang mit der Behandlung ihres Verhältnisses zum Staat. Man glaubte, mit der blossen Persönlichkeitsver- 26 leihung sei bereits ein Element gesteigerter Ausrichtung auf öffentliche Interessen in das Aktienrecht eingeflossen.

27 c) Der Name «Aktiengesellschaft» geht auf das aus dem holländischen entlehnte Wort für Kapitalbeteiligung (Aktie) zurück. Es wird auch vermutet, dass er vor allem den Anspruch auf Dividende bezeichnete; von daher kann sogar eine etymologische Beziehung zu «actio» bestehen[6]. Die häufig gebrauchte französische Bezeichnung der «Société Anonyme» will nach der geschichtlichen Herkunft besagen, dass kein namentlich (in der Firma) benannter Gesellschafter für die Gesellschaftsschulden hafte.

II. Die Entwicklung in der Schweiz

1. Die genossenschaftliche Verankerung

28 Eugen Huber zeigte, wie mit dem Entstehen eines Marktes und der wirtschaftlichen Mobilisierung der Verhältnisse die «Genossenschaft» als das die gesamte Existenz des Individuums umfassende Band sich zu reduzieren begann, Funktionen an das allgemeine (bürgerliche) Recht des entstehenden Staates abgab und zum modernen privatrechtlichen Institut der Wirtschaftsorganisation privaten Nutzens wurde[7]. Dabei ist zu beachten, dass in der germanistischen Tradition der Genossenschaftsbegriff bis ins 19. Jahrhundert hinein umfassend geblieben ist: So hiess in Bluntschlis Zürcher «Privatrechtlichem Gesetzbuch» auch die AG noch Genossenschaft.

29 Der Ablösungsprozess öffentlich-rechtlicher Funktionen der Genossenschaft gestaltete sich in der Schweiz aber besonders kompliziert, und oft konnte man extern wohl von Privatkorporationen sprechen, während es sich intern doch noch um Wirtschaftsgemeinden im eigentlichen Sinne handelte. Als entgegengesetztes Extrem standen diesen die sogenannten Alpmark- oder Kapitalistengenossenschaften gegenüber, die späteren sogenannten Kapitalistenalpen. Ursprünglich aus alten Markverbindungen hervorgegangen, war «ihre äussere und innere Einrichtung schon im 14. und 15. Jahrhundert fast dieselbe wie heute und der einer Aktiengesellschaft auffallend ähnlich. Danach wurde und wird die Genossenschaft von den Inhabern gewisser ideeller Anteile an der Nutzung der im Gesamteigentum oder doch im Gesamtlehnrecht stehenden Alpmark gebildet. Diese Nutzungsanteile, welche Kuhessen, Alprechte, Gräse, Stösse usw. genannt werden, sind nach Zahl und Umfang fixiert... Diese Nutzungsanteile sind veräusserlich, vererblich, teilbar und kumulierbar»[8]. Hinweise auf öffentliche Funktionen finden sich noch in ZGB 59 und OR 829.

---

6 Vgl. Coing, Bd. I (zit. N 2) 528.
7 Eugen Huber: System und Geschichte des Schweizerischen Privatrechts, Bd. IV (Basel 1893) 261 ff.
8 Otto von Gierke: Das deutsche Genossenschaftsrecht, Bd. I (Berlin 1867) 611, 679.

2. *Vorläufer*

Vorläufer hat es auch in der Schweiz gewiss gegeben, jedoch setzte die 30 Ära der wirklichen AG erst im 19. Jahrhundert, im Zeitalter von Eisenbahnbau und industrieller Revolution, ein. Dabei schuf die «Helvetische Republik» von 1798 durch Auflösung des hinderlichen Zunftwesens und durch die Schaffung von Niederlassungsfreiheit und «Gemeinsamem Markte» die rechtlichen Voraussetzungen.

3. *Das 19. Jahrhundert vor der Vereinheitlichung des Obligationen- und Handelsrechtes*

a) Die kantonalen Aktienrechtsordnungen des 19. Jahrhunderts lassen 31 sich vorwiegend in drei Gruppen gliedern:
- Vorab die *welschen Kantone* Genf, Waadt, Freiburg, Neuenburg, aber auch der 32 Berner Jura, das Wallis und der Kanton Basel-Stadt standen dem Code de Commerce von 1807 nahe, den sie aber nicht einfach rezipiert, sondern vielmehr mit Modifikationen, Ergänzungen und Präzisierungen in ihr Zivilrecht eingefügt hatten.
- Die Kantone *Bern und Solothurn* gingen insofern eigene Wege, als sie mehrere 33 ausländische Gesetzgebungen zum Vorbild nahmen, insbesondere das österreichische ABGB.
- Zur *Gruppe des zürcherischen Rechts* gehörten noch Luzern, Schaffhausen 34 und Graubünden. Wegleitend war hier das Privatrechtliche Gesetzbuch des Kantons Zürich (PBG) von Bluntschli. Dieses charakterisiert sich namentlich durch seine begriffsfeindliche Einstellung und verzichtet auf gesetzliche Definitionen. Für den Bereich des Aktienrechts kennzeichnend ist, dass das PBG die Aktiengesellschaft als «Genossenschaft» behandelt, wobei freilich der Genossenschaft dannzumal eine andere Idee zugrundelag, als dies heute der Fall ist[9].

Die übrigen Kantone schlossen sich stillschweigend einer der bestehenden Gruppen 35 an.

b) Trotz der wirtschaftlichen Stärke Zürichs waren Aktiengesellschaftsgründungen vor 36 dem 19. Jahrhundert selten. Nach 1800 nahm die Zahl aber schnell zu und die AG fand 1835 ihre erste Regelung im Gesetz über das Ragionenwesen.

c) Auf Bundesebene erschien die AG zum erstenmal 1864 im Entwurf von Munzinger 37 zu einem schweizerischen Handelsgesetzbuch als Gegenstand gesetzgeberischen Bemühens. Im Rahmen der grossen Eisenbahndebatten im Parlament der sechziger Jahre des vorigen Jahrhunderts kam die AG dann freilich sowohl in den Reihen ihrer Befürworter als auch ihrer Gegner reichlich zur Sprache.

---

[9] Vgl. v. May (zit. N 3) 10 f; vorn N 28.

4. Das Obligationenrecht vom 14. Juni 1881

38 a) Im Entwurf zu einem schweizerischen Handelsgesetzbuch aus dem Jahre 1864 findet sich eine kurze Begriffsumschreibung der AG: «Eine Gesellschaft, welche ihr Grundkapital durch Ausgaben von Aktien oder Aktienanteilen bildet und für deren Verpflichtung lediglich das Aktienkapital haftet, heisst eine Aktiengesellschaft»[10]. Der Redaktor Munzinger ging vom Zürcherischen Privatrechtlichen Gesetzbuch aus und verarbeitete dazu die französische Jurisprudenz und das Allgemeine Deutsche HGB von 1861. Mit Schlüssen aus einem europäischen Rechtsvergleich (!) plädierte Munzinger mit Vehemenz für eine Ersetzung des Konzessions- durch das Normativsystem.

39 b) In der Folge ist für die Geschichte der AG wichtig, dass die Expertenkommission nach 1872 den einstimmigen Entschluss fasste, sich bei ihren Arbeiten möglichst eng an die deutsche Gesetzgebung (vor allem an die Aktienrechtsnovelle von 1870) anzulehnen. Ein vierter Entwurf zu einem einheitlichen Obligationenrecht wurde 1879 dem Parlament mit einer Botschaft, die auch den Werdegang referiert[11], vorgelegt. Daraus entstand das Obligationenrecht von 1881, das die AG zusammen mit der Kommanditaktiengesellschaft in 66 Artikeln regelte. Die nur etwa 16 Abweichungen vom deutschen Recht, welches im übrigen z.T. wörtlich übernommen wurde, erläutert Silbernagel[12]: Im Gegensatz zu Deutschland wird z.B. die AG als juristische Person anerkannt, sind die Bestimmungen über den Schutz «wohlerworbener Rechte» der Aktionäre erweitert, ist das Erwerbsverbot eigener Aktien strenger gefasst, darf kein Aktionär mehr als 20 % von sämtlichen vertretenen Stimmrechten auf sich vereinigen und ist die Gründerhaftung strenger geregelt.

40 c) Die Schweiz wandte sich bekanntlich dem System des «Code Unique» zu (Schuldrecht und Handelsrecht im gleichen Gesetzgebungsakt); für das Aktienrecht resultierte daraus die Öffnung der AG für nicht-wirtschaftliche Zwecke (heute OR 620 III).

5. Die Reform von 1936

41 a) Die Grundhaltung des Gesetzgebers von 1936 war gekennzeichnet von einer liberalen Rückgewinnung der Unabhängigkeit von ausländischen Vorbildern[13].

42 b) Die Revision des Handelsrechts kam nur sehr langsam voran, obwohl Eugen Huber für die Handelsgesellschaften bereits 1915 dem Bundesrat einen Entwurf vorlegte. Aus jenem ist vor allem die beabsichtigte Trennung von Gross-

---

10 Walther Munzinger: Entwurf Schweizerisches Handelsrecht (Bern 1864) Art. 112.
11 Vgl. BBl *1880* I 149.
12 Alfred Silbernagel: Die Gründung der Aktiengesellschaft (Berlin 1907) 18, 19.
13 Weiss N 49 ff insbes. auch N 153; ferner Hans Fehr: Der Schutz des Unternehmens durch das Gesetz, ZBJV *1935* 440 ff.

und Kleingesellschaften, ferner ein der Regelung der einzelnen Körperschaften vorangestellter allgemeiner Teil zu erwähnen.

1919 folgte eine das ganze Handelsrecht umfassende überarbeitete Version, wo unter dem Titel «Die Handelsgesellschaften mit Persönlichkeit» sowohl «Allgemeine Bestimmungen» als auch je ein Abschnitt für AG, Kommandit-AG und Genossenschaft vorgesehen waren. Die «Allgemeinen Bestimmungen» enthielten eine Verschärfung der Publizitätsvorschriften, die Erweiterung der verschiedenen Verantwortlichkeiten sowie eine Unterscheidung zwischen kleinen und grossen Gesellschaften. Aktienrechtlich finden sich darin u. a. neue Bestimmungen über Genussscheine und Prioritätsaktien, gesetzliche Reservefonds, Universalversammlung, Anfechtungsrecht, Ausübung der Mitgliedschaftsrechte, Organisation der Gesellschaft und strengere Zeichnungsvorschriften.

43

Am 8. Juli 1919 erliess der Bundesrat eine Aktienrechtsnovelle in der Form einer Notverordnung (Bundesratsbeschluss), weil immer mehr Aktiengesellschaften in der Schweiz errichtet wurden, die mit dem schweizerischen Wirtschaftsgebiet bloss formell verbunden waren. Die Verordnung brachte zusätzliche Publizitätsvorschriften zur Offenlegung der nationalen Struktur der Gesellschaft, beschränkte die Ausgabe von Inhaberaktien und stellte Nationalitätserfordernisse für die leitenden Gesellschaftsorgane auf[14]. Soweit die Bestimmungen nicht ins ordentliche Recht übergeführt wurden (etwa Art. 711 OR *1936,* heute OR 708) traten sie nach der Revision von 1936 ausser Kraft. Eine zweite Novelle brachte den Gesellschaften mit Aktiven in fremden Währungen Bilanzerleichterungen, um der Geldentwertung Rechnung tragen zu können.

44

1923 legte alt Bundesrat Arthur Hoffmann dem Bundesrat einen neuen, wesentlich liberaleren Entwurf vor, worin auch der Abschnitt «Allgemeine Bestimmungen» wegfiel und dem Gedeihen des Unternehmens Priorität eingeräumt werden sollte. Auch die Unterscheidung zwischen kleinen und grossen Gesellschaften wurde aufgegeben. Neu eingeführt wurde hingegen die GmbH. In leicht modifizierter Form gelangte der Entwurf 1928[15] vor die Räte.

45

Vereinzelte Bestimmungen wurden in den Beratungen fallengelassen (Aufsichtsrat), andere neu aufgenommen (Mindestnennwert der Aktien, Erleichterungen für Holdinggesellschaften, Zulässigkeit von Stimmrechtsaktien, Inkompatibilität zwischen Geschäftsführung und Kontrollstelle). Umstritten waren die Bestimmungen über die Reservebildung, den Wohlfahrtsfonds, das Stimmrecht, die Rechnungslegung, die Minderheitenrechte und die Auflösungsklage aus wichtigen Gründen. In der Beurteilung betonte der Ständerat mehr die Förderung des Unternehmens, während der Nationalrat seine Aufmerksamkeit vermehrt der Missbrauchsbekämpfung und dem Schutz von Gläubigern und Aktionären schenkte[16].

46

---

[14] Vgl. den Bericht des Bundesrates in BBl *1919* IV 503 ff, den Wortlaut des BRB in AS *1919* 527 ff.
[15] BBl *1928* I 205 ff.
[16] Roland Mandel: Die richterliche Interessenabwägung in der Frage des aktienrechtlichen Minderheitenschutzes (Diss. St. Gallen 1974) 231.

47 Die Revisionsvorlage beschäftigte die eidgenössischen Räte in den Jahren 1931, 1932, 1934, 1935 und 1936. Am 18. Dezember 1936 erfolgte die annehmende Schlussabstimmung. Das Referendum wurde nicht ergriffen. Das Gesetz trat am 1. Juli 1937 in Kraft.

B. Der Werdegang der Revision 1968/1991

48 Die Reform des schweizerischen Aktienrechts dauerte ein Vierteljahrhundert – ein Zeitraum, der sogar für die Schweiz mit ihren traditionell langsam mahlenden Gesetzesmühlen rekordverdächtig ist.

I. Mängel der Aktienrechtsordnung von 1936

49 a) Angesichts der heutigen Gesetzesflut fragt es sich vorerst, ob eine Reform der aktienrechtlichen Bestimmungen überhaupt vonnöten war, zumal im Aktienwesen *keine groben Missstände* publik geworden sind[17].

50 b) Die *Notwendigkeit* einer Reform war trotzdem aus verschiedenen Überlegungen zu bejahen:

51 – Zunächst ist zu beachten, dass das Bild der AG, das dem Gesetzgeber von 1936 vorschwebte, jenes der grösseren kapitalbezogenen Publikumsgesellschaft ist. In der Realität überwiegen jedoch eindeutig die kleinen, personenbezogenen Gebilde mit einem Kreis von einigen wenigen, oft selber im Unternehmen tätigen Aktionären; dieser Trend manifestiert sich besonders deutlich in der *Einmann-Gesellschaft*.

52 – Das Aktienrecht von 1936 enthielt für legitime Bedürfnisse *keine genügende Regelung*. Zu denken ist etwa an den Partizipationsschein oder an die Sicherstellung von Vorratsaktien bei der Emission von Wandel- oder Optionsanleihen.

53 – Ferner harrten die *Bilanzierungsvorschriften* dringend einer Revision. Fehlende Gliederungsvorschriften und Bilanzierungsgrundsätze sowie die fast unbeschränkte Zulassung stiller Reserven erschwerten die Einsicht in die Vermögens- und Ertragslage einer Gesellschaft.

54 – Auch die *Ausgestaltung der Organe* erwies sich als unbefriedigend. In der Generalversammlung konnte sich der Aktionär mit seiner Stimme oft nicht durchsetzen, die Pflichten des Verwaltungsrates waren nur unzureichend oder überhaupt nicht formuliert und Unabhängigkeit und Befähigung der Revisoren waren zu wenig sichergestellt.

55 – Des weitern kam unter dem Recht von 1936 der *Schutz der Klein- und Minderheitsaktionäre* zu kurz; dies um so mehr, als eine ausgesprochen restriktive Gerichtspraxis die im Gesetz enthaltenen Anknüpfungspunkte eines Minderheitenschutzes endgültig jeglicher Substanz beraubte.

---

17 Unzufriedenheit herrschte vor allem mit der Rechtsprechung zum Minderheitenschutz.

II. Die Etappen der Reform 1968/1991

1. Erste parlamentarische Vorstösse

Die ersten Anstösse zur Reform reichen bis in die frühen sechziger Jahre zurück. Einer Reihe von national- und ständerätlichen Postulaten folgte bereits 1961 der Bericht einer Studiengruppe. Sie untersuchte Zielsetzung und Funktion des Nennwertsystems unseres Aktienrechts[18], ferner den Zusammenhang zwischen festem Grundkapital und Aktien. Sie kam zum Schluss, dass die Zulassung von sog. Quotenaktien und/oder einer in bezug auf den Nennwert stummen Verurkundung der Anteilsrechte keine Vorteile für die Schaffung von Kleinaktien brächte.

2. Der «Geheimbericht» Gautschi vom Mai 1966

a) Schon im Mai 1966 erstattete der Zürcher Rechtsanwalt Dr. Georg Gautschi dem Eidgenössischen Justiz- und Polizeidepartement (EJPD) Bericht zur Frage einer zeitgemässen Ausgestaltung des Aktienrechts unter besonderer Berücksichtigung der Wahrung der Aktionärsrechte gegenüber der geschäftsführenden Verwaltung. Das umfangreiche Dokument ist leider bis heute unveröffentlicht geblieben. Seine *zentralen Thesen* forderten eine formelle und materielle Publizitätsverbesserung, eine strikte Verstärkung der dem Einzelaktionär zur Durchsetzung seiner Rechte dienlichen Mittel und verschiedene Neuregelungen hinsichtlich des Stimmrechts und seiner Ausübung. Mit der Verwirklichung der Vorschläge Gautschis wäre die AG wesentlich transparenter geworden und hätte das organisatorische Übergewicht des Verwaltungsrates abgebaut werden können.

b) Ferner lässt Gautschi ansatzweise bereits einen funktionalen Zusammenhang des Aktienrechts mit dem Kapitalmarkt erkennen, indem er am Recht vom 1936 bemängelt, es ignoriere «die Aktie in ihrer Funktion als Objekt des Wertpapierhandels, und als Mittel der Geldbeschaffung und der Anlage von Sparkapital fast vollständig»[19]. Zudem bedauert er das Fehlen einer eidgenössischen Wertpapier- und Börsengesetzgebung (nach amerikanischem Muster). Heute drängt sich der kapitalmarktrechtliche Aspekt der Aktie zunehmend in den Vordergrund. Ein Eidgenössisches Börsengesetz steht vor der Inkraftsetzung[20].

c) Mit *umfassendem Weitblick* für das Ganze warnt Georg Gautschi des weitern vor einer Teilrevision ohne inneren Zusammenhang; eine solche drohe in ein inkonsistentes Flickwerk auszuarten, welches den praktischen Bedürfnissen der Wirtschaft nicht Rechnung trage, aber auch den Nichtjuristen nur schwer oder überhaupt nicht zugänglich sei.

---

[18] Dazu § 1 N 52.
[19] Unveröffentliches Gutachten von Georg Gautschi an das EJPD vom Mai 1966, S. 19.
[20] BEHG, BBl *1995* II 419 ff; vgl. hinten § 61 N 15 ff.

3. *Einsetzung der Arbeitsgruppe «Tschopp» und erster Vorentwurf*

60   a) Im Mai 1968 ernannte der Bundesrat eine Expertenkommission für die Überprüfung des Aktienrechtes unter dem Präsidium von alt Bundesrichter Dr. Hans Tschopp. Diese Expertengruppe hatte ihren Untersuchungen den Bericht Gautschis zugrundegelegt, entwickelte dann aber eigene Ansichten und Revisionsziele und verwarf in der Folge eine Reihe von Punkten, wie etwa die Schaffung von Volksaktien, die rechtliche Regelung der Aktionärbindungsverträge, die Beschränkung der Wählbarkeit in den Verwaltungsrat, die Kennzeichnung fiduziarischer Verwaltungsräte, Massnahmen der Verwaltung bei Überschuldung sowie die Forderungen zum Verantwortlichkeitsrecht.

61   b) Im Frühjahr *1972* wurden die Vorschläge der Expertenkommission zusammen mit einem *Zwischenbericht* der Öffentlichkeit zugänglich gemacht. Die Arbeitsgruppe hatte sich von vornherein auf eine *Teilrevision* des Aktienrechts beschränkt. Sie war nicht mit der Absicht ans Werk gegangen, «neue Tendenzen zu verwirklichen oder modernen Prinzipien zum Durchbruch zu verhelfen. Leitgedanke war vielmehr, einzig die dringlichen Fragen einer Überprüfung und Neuregelung zu unterziehen. Somit lässt sich kein durchgehender Grundzug der ins Auge gefassten Teilrevision aufzeigen»[21]. Entsprechend diesen selbst gesetzten und ausgesprochen kurz gesteckten Zielen hatte die Expertengruppe lediglich einige Problemkreise näher untersucht und dazu Vorschläge ausgearbeitet.

62   Erwähnt seien daraus insbesondere die verbesserte Information über Aktiengesellschaften durch Mindestgliederungsvorschriften für die Rechnungslegung, die Verstärkung der buchhalterischen Kontrolle und die Verschärfung der Unabhängigkeitsvorschriften für Revisoren. Im Bereich der Aktionärsrechte sollte namentlich der Bezugsrechtsschutz verstärkt werden. Im Zusammenhang mit einer flexibleren Ausgestaltung der Kapitalgrundlage wurde die Schaffung eines bedingten sowie eines genehmigten Kapitals vorgeschlagen. Ferner sollte im Sinne einer klaren Ordnung der Partizipationsschein gesetzlich geregelt werden.

63   Ausgeklammert wurden indessen sowohl die Frage der Schaffung eines eigentlichen Konzernrechts (obwohl damals als dringlich bezeichnet) als auch, nach eingehender Überprüfung, diejenige einer Zweiteilung des Aktienrechts in eine Ordnung für Kleingesellschaften einerseits und Publikumsgesellschaften auf der anderen Seite. Grundsätzlich blieb es in der Folge bei der «Einheit des Aktienrechtes».

64   In der Beschränkung des Zwischenberichts auf einzelne Fragen lag eine ausgeprägte Schwäche; die geplante Teilrevision drohte als Stückwerk zu verkümmern und die Gleichgewichte des geltenden Rechts zu zerstören. Lehre und Praxis haben den mit dem Zwischenbericht veröffentlichten Revisionsvorschlag unter-

---

[21] Zwischenbericht des Präsidenten und des Sekretärs der Arbeitsgruppe für die Überprüfung des Aktienrechts zum Vorschlag für eine Teilrevision des Aktienrechts (Lausanne/Bern 1972) 20.

schiedlich aufgenommen. Einerseits wurde – unseres Erachtens zu Recht – das Fehlen eines Leitbildes, einer umfassenden Konzeption, kritisiert. Anderseits wurde erklärt, die Vorschläge der Kommission stellten ein Optimum dessen dar, was politisch realisierbar sei.

c) Im Lichte der Stellungnahmen zum Zwischenbericht nahm die Arbeitsgruppe ihre Verhandlungen wieder auf und überprüfte ihre Vorschläge. Am 15. Oktober 1974 reichte sie dem EJPD die definitve Fassung ihres Vorentwurfes ein. Im September *1975* ging dieser *Vorentwurf* zusammen mit einem Begleitbericht in die Vernehmlassung. 65

Materiell brachte der Vorentwurf *keine grundsätzliche Änderung der Zielsetzung*. So hatte sich auch das EJPD der Auffassung der Expertenkommission Tschopp angeschlossen und sich im «acte de mission» (Bundesrat Furgler) für eine blosse Teilrevision ausgesprochen. Leitmotiv blieb nach wie vor, Korrekturen und Ergänzungen auf das zeitlich Dringliche zu beschränken; aber auch, dies innerhalb einer vernünftigen Zeitspanne zu vollbringen – eine Zielsetzung, die im nachhinein als kläglich gescheitert beurteilt werden muss. 66

Der Vorentwurf wurde jetzt vorwiegend mit Blick auf die *grossen Gesellschaften* ausgearbeitet. Namentlich trat die Expertengruppe nicht näher auf die Problematik der Einmann- und der Immobiliengesellschaft ein. Auf eine generelle Zweiteilung des Aktienrechts wurde verzichtet; in gewissen Punkten schlug der Vorentwurf allerdings bereits eine nach Art und Grösse der Gesellschaft unterschiedliche Lösung vor, vor allen Dingen bei der Publizität der Jahresrechnung, bei der besonderen Befähigung der Revisoren und bei der Vinkulierung. Der Konzernsachverhalt wurde keiner Regelung unterzogen. Ebenfalls ausser acht gelassen wurde die Frage der Mitbestimmung der Arbeitnehmer. 67

Der Vorentwurf enthielt trotzdem wesentliche Fortschritte und Modernisierungen des Aktienrechts von 1936, wobei zwei Tendenzen deutlich erkennbar waren, nämlich die *Verstärkung des Minderheitenschutzes* einerseits sowie die *Verbesserung der Finanzierungsmöglichkeiten* auf der anderen Seite: 68

– Im Bereich der Jahresrechnung und des Geschäftsberichtes wurde vermehrte *Transparenz* gefordert, vor allem für Gross- und Publikumsgesellschaften. 69
– Im Bereich der Abschlussprüfung wurde die reine *Laienrevision ausgeschlossen;* die Revisoren sollten ganz allgemein für ihre Aufgabe die nötigen Fähigkeiten haben; für Gesellschaften, die ihre Jahresrechnung veröffentlichen müssen, wurde eine besondere Befähigung verlangt. 70
– Einführung des *genehmigten Kapitals:* Hauptmerkmal des genehmigten Kapitals ist eine Kompetenzdelegation von der Generalversammlung an den Verwaltungsrat[22]. 71
– Einführung des *bedingten Kapitals* zur kontinuierlichen Schaffung und Ausgabe von Aktien und der damit verbundenen allmählichen Erhöhung des Aktienkapitals[23]. 72
– Der *Partizipationsschein* wurde als Aktie ohne Stimmrecht konzipiert. 73
– Das *Bezugsrecht* sollte einen verstärkten Schutz erfahren. 74

[22] Näheres in § 52 N 208 ff.
[23] Eingehend § 52 N 298 ff.

75 – Des weitern lockerte der Vorentwurf die Vinkulierung, indem das nach bisherigem Recht zulässige gänzliche Verbot der Aktienveräusserung aufgehoben und die Beschränkung der Übertragbarkeit nur noch aus wichtigen oder statutarischen Gründen zulässig erklärt wurden.

76 – Weitere Vorschriften bezweckten schliesslich die Ersetzung der Kapitalmehrheiten in der GV durch Anwesenheitsquoren, den Erwerb eigener Aktien, die Erleichterung der Anfechtungs- und der Auflösungsklage.

4. Die Überarbeitung des Vorentwurfes von 1975: Einsetzung und Vorentwurf der Arbeitsgruppe «von Greyerz»

77 a) Angesichts der unbestrittenen Revisionsbedürftigkeit des Aktienrechts einerseits sowie der sehr kontroversen Reaktionen der Öffentlichkeit auf den von der Arbeitsgruppe Tschopp erarbeiteten Revisionsentwurf auf der anderen Seite beschloss der Bundesrat im Dezember 1978 die Einsetzung einer neuen Arbeitsgruppe, die den Vorentwurf von 1975 im Lichte der Vernehmlassungsergebnisse zu überarbeiten und durch aktuelle Revisionspostulate zu ergänzen hatte. Der Vorsitz dieser zweiten Expertengruppe wurde Prof. Christoph von Greyerz übertragen.

78 b) Die Arbeitsgruppe von Greyerz erarbeitete in dreijährigen Beratungen einen neuen Gesetzesentwurf für eine Teilrevision, indem sie den Vorentwurf von 1975 einer eingehenden Überprüfung unterzog und die Stellungnahmen im Vernehmlassungsverfahren sowie die Auswirkungen der vorgeschlagenen Teilrevision auf das *gesamte Aktienrecht* untersuchte.

79 Dabei setzte die Gruppe folgende zusätzlichen *Revisionsschwerpunkte:*

80 – Im Laufe der Beratungen hatte sich gezeigt, dass die Normierung des *genehmigten Kapitals* im Vorentwurf sich in die überkommenen Regeln der Kapitalerhöhung eingliedern liess. Wirklich neu war aber die *bedingte Kapitalerhöhung*. Alle Kapitalerhöhungsarten (ordentliche, genehmigte und bedingte) wurden sodann gemeinsam mit der Gründung geregelt.

81 – Das *Mindestkapital* wurde der Geldentwertung angepasst und auf Fr. 100 000.– erhöht, wobei mindestens Fr. 50 000.– liberiert sein sollten.

82 – Ferner wurden die *Organe* der Gesellschaft in ihren Grundfunktionen *gestärkt:*

82a – Bei der *Generalversammlung* wurde insbesondere das Depotstimmrecht geregelt. Eine bemerkenswerte Neuerung war ferner das Institut der Sonderprüfung. Damit sollte jeder einzelne Aktionär zusätzlich zu seinem Auskunftsrecht die Möglichkeit erhalten, einen Sachverhalt bei der Gesellschaft vertieft untersuchen zu lassen.

82b – Auch der Abschnitt über den *Verwaltungsrat* hatte einige wesentliche Änderungen erfahren. Namentlich zu erwähnen ist hier der neu festgehaltene Katalog unübertragbarer Kompetenzen des Verwaltungsrates. Damit wurde die sogenannte Paritätstheorie[24] institutionalisiert.

---

[24] Vgl. dazu § 20 N 10 ff.

5. *Die bundesrätliche Botschaft vom Juni 1983*

a) Am 23. Februar 1983 verabschiedete der Bundesrat – diesmal bedauerlicherweise ohne weitere Vernehmlassung – Entwurf und Botschaft zum neuen Aktienrecht, welche im Juni 1983 veröffentlicht wurden [25]. 83

b) Eine einigermassen klare Richtung der Aktienrechtsrevision vermochte denn auch erst diese Botschaft zu vermitteln, indem sie die *fünf* folgenden *Hauptziele* bezeichnete [26]: 84
- Erhöhung der Transparenz 84a
- Verstärkung des Aktionärsschutzes 84b
- Verbesserung von Struktur und Funktion der Organe 84c
- Erleichterung der Kapitalbeschaffung 84d
- Verhinderung von Missbräuchen. 84e

Da auch so kein durchgehender Grundzug der Teilrevision ausgemacht werden kann [27], handelt es sich hierbei um Schwerpunkte. 85

6. *Die Behandlung der Aktienrechtsvorlage in den Eidgenössischen Räten*

a) Die parlamentarischen Beratungen der Aktienrechtsreform fanden 1985–1991 statt [28]. Die Schlussabstimmung fiel auf den 4. Oktober 1991, an dem das revidierte Aktienrecht ohne Gegenstimme vom Parlament verabschiedet wurde. Auf den 1. Juli 1992 wurde die neue Ordnung in Kraft gesetzt, die Konzernrechnungslegungspflicht ein Jahr später. 86

b) Viel Verhandlungsstoff in den Eidgenössischen Räten lieferten vor allem der *aktienrechtliche Minderheitenschutz*, die *stillen Reserven* und die *Vinkulierung*; hier sind – zum Teil in letzter Minute und selbst noch durch die Redaktionskommission nach der Verabschiedung durch das Parlament – grundlegende Veränderungen vorgenommen worden. Der Wille zur Verbesserung des Schutzes des Aktionärs war in den Beratungen die Konstante, die stillen Reserven der Zankapfel und die Frage der Vinkulierung wurde zur zum Teil ideologiegeladenen Entdeckungsfahrt. Am Ende konnten sogar Stossseufzer verzeichnet werden, wie etwa derjenige von Frau NR Uchtenhagen: «Wir haben ja alle ein bisschen die Nase voll von diesem Aktienrecht» [29]. 87

c) Im Hinblick auf den EWR sind in den Räten in letzter Minute vereinzelt Stimmen laut geworden, die Arbeit abzubrechen, das EWR-Verhandlungsergebnis abzuwarten und dann neu anzufangen [30]. 88

---

[25] BBl *1983* IIb 745 ff.
[26] Vgl. ausführlich Botschaft *1983* (Separatdruck) 23 ff.
[27] Zwischenbericht 20.
[28] Erste Behandlung 1985 im Nationalrat als Erstrat, 1988 im Ständerat.
[29] AmtlBull NR *1991* 852.
[30] Vgl. AmtlBull NR *1990* 1356 f; vgl. zur Europäisierung § 68 N 55 ff.

III. Würdigung der Reform

89   a) Die Reform wollte sich von Anfang an auf eine *Teilrevision* beschränken, die sich freilich im Laufe der Zeit doch zur umfassenden Durchsicht und Überarbeitung des gesamten Aktienrechts ausweitete, der es aber an einer klaren Zielsetzung gebrach. Erfasst wurden schliesslich die weitaus meisten Artikel des bisherigen Rechts, und es wurde dieses um gut 50 % erweitert. Zahlreiche Modifikationen sind nur oder überwiegend redaktioneller oder systematischer Natur, und vielfach sind auch lediglich sprachliche Anpassungen und Modernisierungen vorgenommen worden (etwa «Revisionsstelle» statt «Kontrollstelle», «Verwaltungsrat» statt «Verwaltung», «Sekretär» statt «Protokollführer»)[31]. Daneben aber finden sich doch begrüssenswerte strukturelle Änderungen[32]. Insgesamt bleibt es aber bei der zutreffenden Feststellung der bundesrätlichen Botschaft: «... die tragenden Prinzipien und die wichtigsten Grundsätze unseres Aktienrechtes bleiben unberührt oder erfahren sogar eine Verstärkung»[33]. So bleibt anzuerkennen, dass das schweizerische Aktienrecht seiner liberalen Grundhaltung im wesentlichen treu geblieben ist. Es sind aber formelle und materielle Mängel zu verzeichnen[34].

90   b) Die ausdrückliche Beschränkung auf eine Teilrevision hat sodann auch *«heilige Kühe» des Aktienrechts* am Leben gelassen, so zum Beispiel das Erfordernis der Aktionärseigenschaft eines jeden Mitgliedes des Verwaltungsrates (OR 707 I) und die Vorschrift, dass die Mitglieder des Verwaltungsrates mehrheitlich Schweizer Bürger sein müssen (OR 708 I).

91   c) Die Reform blieb von Anfang an dem Dogma der Erhaltung der Einheit des Aktienrechts verschrieben, wobei als Leitbild doch wiederum die Publikumsgesellschaft[35] diente. An verschiedenen und bedeutenden Stellen ist diese Einheit freilich durchbrochen und sind Sondernormen für die kapitalmarktorientierten Gesellschaften geschaffen worden, die an der Börse kotiert sind oder Anleihensobligationen ausstehend haben. Ferner spielt das Kriterium der volkswirtschaftlichen Bedeutung bei der Revision (OR 727b Ziff. 3), nicht aber – entgegen dem Vorschlag des Bundesrates – bei der öffentlichen Rechnungslegung (OR 697h) eine Rolle[36]. So wurde die Möglichkeit verbaut, für die ungezählten kleinen Gesellschaften eine flexiblere Ordnung zu treffen. Die auf die Person ihrer Gesellschafter ausgerichteten Kleingesellschaften sind in der Revision wohl zu kurz gekommen. Namentlich fehlt auch weiterhin eine sichere gesetzliche Grundlage für die *Aktionärbindungsverträge*[37].

---

[31] Peter Forstmoser: Alter Wein in neuen Schläuchen?, ZSR *1992* I 8.
[32] Etwa im Bereich der Eigenkapitalbasis, vgl. § 52 N 20 ff.
[33] Botschaft *1983* 23.
[34] Vgl. dazu Peter Forstmoser: Ungereimtheiten und Unklarheiten im neuen Aktienrecht, SZW *1992* 58 ff.
[35] Vgl. § 2 N 58.
[36] Vgl. § 2 N 62.
[37] Vgl. § 39 N 151 ff.

d) Man kann sich fragen, wie weit die Reform die mit der bundesrätlichen 92
Botschaft gesetzten Ziele (vgl. N 84 ff) erreicht hat: Die Transparenz ist markant verstärkt worden, insbesondere auch mit der Verpflichtung zur Konzernrechnungslegung; der Aktionärsschutz ist stärker ausgebaut, wobei der Erfolg von der Rechtsprechung abhangen wird; Struktur und Funktion der Organe sind verbessert worden, vor allem bei der Revisionsstelle, wobei im übrigen auch eine gewisse Starrheit zu Lasten kleiner Gesellschaften in Kauf zu nehmen ist; die Kapitalbeschaffung ist reichhaltiger normiert, aber nicht vereinfacht, sondern mit zahlreichen Formalbestimmungen belastet worden; das Ziel der stärkeren Missbrauchsverhinderung dürfte vor allem mit der Prüfung von Sacheinlage- bzw. Sachübernahmegründungen und –kapitalerhöhungen, aber auch mit der Konzernrechnungslegungspflicht erreicht worden sein.

Im Verantwortlichkeitsrecht ist die Regelung der Solidarität nach langer Diskussion 93
neu gefasst worden; die neue Ordnung wird aber nicht einfach zu handhaben sein (OR 759 I und II)[38].

e) Die Reform ist gar nicht auf die Problematik der Umstrukturierungen, wie 94
Fusion oder Spaltung, eingegangen, obwohl hier Bedürfnisse bestehen. Dieser Reformschritt soll speziell angegangen werden. (Es besteht nun ein Entwurf von Prof. F. Vischer, vgl. § 67 N 33.)

Von der Aktienrechtsrevision *nicht behandelt* wurden weitere Aspekte, für die 95
eine gesetzliche Regelung diskutiert wird, so etwa die rechtliche Normierung der Festübernahme von Emissionen, die Takeovers und Offres Public d'Achat (OPA). Der letztere Aspekt wird im voraussichtlich 1996 in Kraft tretenden Eidg. Börsengesetz[39] geregelt. Das revidierte Aktienrecht sieht aber bereits vor, dass kotierte Gesellschaften bedeutende Aktionäre zu publizieren haben (OR 663c I)[40]. Im Bereich des Konzernrechts blieb die Reform auf halbem Wege stehen; als wesentlicher Fortschritt ist wenigstens die Einführung der Pflicht zur konsolidierten Rechnungslegung zu verzeichnen (OR 663e, dazu § 51 N 190 ff). Zu publizieren sind auch alle wesentlichen Beteiligungen (OR 663b Ziff. 7); dies ist der Transparenz sehr förderlich. Die Zeit für die Regelung weiterer Aspekte war wohl noch nicht reif gewesen[41].

f) Was die *«Europäisierung»* des Aktienrechts betrifft, so ist das schweizeri- 96
sche Recht von den Ergebnissen der europäischen Entwicklung zwar nicht weit weg, aber sowohl in verschiedenen eher nebensächlichen als auch in entscheiden-

---

[38] Dazu Näheres in § 36 N 107 ff.
[39] BG über die Börsen und den Effektenhandel vom 24. März 1995 (BEHG); vgl. dazu § 61 N 15 ff.
[40] Vgl. dazu § 39 N 8 f.
[41] Eine Mitte Januar 1993 eingesetzte Groupe de réflexion erachtet die Schaffung eines umfassenden Konzernrechts zur Zeit mehrheitlich als nicht vordringlich, zumal die Probleme internationaler Konzerntatbestände autonom kaum erfasst werden könnten und die dadurch entstehenden Standortnachteile der Schweiz im Vergleich zu den EU-Staaten sich per saldo schädlich auswirken könnten. Vgl. den Schlussbericht der Groupe de réflexion «Gesellschaftsrecht» vom 24.9.1993 (dazu § 67 N 10 ff) 78.

den materiellen Punkten sind Defizite zu verzeichnen[42]. Diese betreffen vor allem die formelle und materielle Publizität.

97 Bei der Offenlegung der Rechnungslegung[43] beschränkt man sich in der Schweiz auf die kotierten Gesellschaften und auf jene, die Anleihen ausstehend haben (OR 697h, dazu § 48 N 57).

98 Sodann wurde der Standard der «True and Fair View»[44] nicht erreicht, indem stille Reserven, wenn auch in wortreicherer Formulierung, weiterhin ausdrücklich zugelassen sind (OR 669 III; siehe allerdings auch die gewundene Bestimmung von OR 663b Ziff. 8, die deutliche Zeichen des Kompromisses trägt. Zum Problem vgl. hinten § 50 N 68 ff). Europäischen Standard wird aber die Konzernrechnungslegung der kotierten Gesellschaften erreichen. Internationalen Standards sind auch die revidierten Kotierungsvorschriften der Börse verschrieben (dazu § 61 N 30).

99 Denkbar ist in absehbarer Zeit eine Anschlussrevision des Aktienrechts, vor allem auch zur kohärenteren Anpassung an die Europäischen Richtlinien (vgl. dazu § 68 N 33 ff), da man gerade auch die Angleichung an weniger wichtige Details verpasste.

100 Die Europäisierung des schweizerischen Gesellschaftsrechts ist von einer Groupe de réflexion (dazu § 67 N 10 ff) als ein wichtiges Reformpostulat eingestuft worden. Allgemeines Ziel ist es, bei Gesetzesrevisionen grundsätzlich europataugliche Regelungen zu wählen, damit das schweizerische Recht nicht in einer Richtung fortentwickelt wird, die sich vom Recht der EG weiter entfernt[45].

---

[42] Zum Ganzen hinten § 68.
[43] 1. Richtlinie der EG, ABl L 65 14. 3. 1968, 8.
[44] 4. EG-Richtlinie, ABl L 222 14. 8. 1978, 11 sowie die Änderung vom 8. 11. 1990 über den konsolidierten Abschluss hinsichtlich der Ausnahme für kleine und mittlere Gesellschaften sowie der Offenlegung von Abschlüssen in ECU; 90/604/EG, ABl L 317 16. 11. 1990, 57. – Zum Begriff True and Fair View vgl. § 51 N 30.
[45] Vgl. Schlussbericht (zit. Anm. 39) insbes. 8.

§ 5 Der Geltungsbereich des schweizerischen Aktienrechts

Der Anwendungsbereich des geltenden schweizerischen Aktienrechts ist – wie der jeder Rechtsnorm – sowohl örtlich wie zeitlich abzugrenzen:
- örtlich durch die Regeln des Internationalen Privatrechts (dazu N 4 ff);
- zeitlich durch die Bestimmungen des intertemporalen Rechts (dazu N 56 ff).

I. Der örtliche Geltungsbereich: Internationales Privatrecht (IPR)

Materialien: Botschaft über das Internationale Privatrecht (IPRG) vom 10.11.1982, BBl *1983* Ia 437 ff; Botschaft betreffend das Lugano-Übereinkommen über die gerichtliche Zuständigkeit und die Vollstreckung gerichtlicher Entscheidungen in Zivil- und Handelssachen vom 24.4.1990, BBl *1990* II 265 ff.

Literatur: Marino Baldi: Völkerrechtlicher Schutz für internationale Direktinvestitionen, recht *1990* 5 ff; Gerardo Broggini: Regole intertemporali del nuovo diritto internazionale privato svizzero, in: Mélanges en l'honneur d'Alfred E. Overbeck (Fribourg 1990) 453 ff; ders.: Regole societarie del nuovo diritto internazionale privato svizzero, FS Pedrazzini (Bern 1990) 263 ff; Jasmin Ghandchi: Der Geltungsbereich des Art. 159 IPRG – Haftung für ausländische Gesellschaften (Diss. Zürich 1991); Heini/Keller/Siehr/Vischer/Volken: IPRG-Kommentar (Zürich 1993) Kapitel 10: Gesellschaftsrecht; Max Keller/Kurt Siehr: Allgemeine Lehren des internationalen Privatrechts (Zürich 1986); Andreas Kley-Struller: Die Staatsangehörigkeit juristischer Personen, SZIER *1991* 163 ff; Francis A. Mann: Einheitsrecht und internationales Privatrecht, in: FS Vischer (Zürich 1983) 207 ff; Alfred E. Overbeck: Droit des Sociétés: L'article 159 de la loi fédérale sur le Droit international revu, in: FS Heini (Zürich 1995) 295 ff.

1. Die gesetzlichen Grundlagen

a) Mit dem *BG über das Internationale Privatrecht* (IPRG) vom 18.12.1987 (SR 291), in Kraft seit dem 1.1.1989, ist mit dessen reichhaltigem Kapitel zum Gesellschaftsrecht (10. Kapitel, IPRG 150 ff) auch das IPR des Gesellschaftsrechts und insbesondere der Aktiengesellschaft gesetzlich geordnet worden. Von Bedeutung sind zudem auch die gemeinsamen Bestimmungen des 1. Kapitels des IPRG.

b) Der *Regelungsbereich des IPRG* geht bekanntlich über das klassische IPR (Bestimmung des anwendbaren Rechts) hinaus und regelt auch die Fragen der *Zuständigkeit* und der *Anerkennung* und *Vollstreckung* ausländischer Entscheidungen, mithin Fragen des internationalen Zivilprozess- und Vollstreckungsrechts. So ist auch das Kapitel zum Gesellschaftsrecht thematisch nach dem Dreiklang: Zuständigkeit, anwendbares Recht und Anerkennung ausländischer Entscheidungen aufgebaut. Daneben finden sich als Besonderheiten eine Qualifikationsnorm (IPRG 150, Begriffe), unter die die AG ohne weiteres fällt, eine besondere Massnahmekompetenz zum Schutze schweizerischen Vermögens ausländischer Gesellschaften (IPRG 153; vgl. auch IPRG 10), Regeln zur internationalen Sitzverlegung (IPRG 161–164, mit der Verweisung auf besondere Bestimmungen über vorsorgliche Schutzmassnahmen im Falle internationaler Konflikte in IPRG 163 II) sowie eine Haftungsnorm besonderer Art für ausländische Gesellschaften (IPRG 159).

8   c) In internationalen Streitverhältnissen ist auch das Übereinkommen vom 16.9.1988 über die gerichtliche Zuständigkeit und die Vollstreckung gerichtlicher Entscheide in Zivil- und Handelssachen, kurz Lugano-Übereinkommen (LugÜ)[1], zu beachten (vgl. z.B. LugÜ 53, wonach der «Sitz» einer Gesellschaft nach dem nationalen IPR zu bestimmen ist und dieser Sitz für die Belange des Abkommens dann dem Begriff «Wohnsitz» gleichsteht). Gesellschaftsrechtliche IPR-Fragen stellen sich auch bei der Anwendung des Kapitels über Konkurs und Nachlassvertrag (Frage der Konkurseröffnung am Sitz, vgl. N 17).

2. Die Inkorporation als wichtigste Basis für die Bestimmung des anwendbaren Rechts (Hauptanknüpfung)

9   a) Es werden heute international noch mehrere Theorien und damit auch Vorgehensweisen vertreten, um in internationalen Verhältnissen das anwendbare Recht für juristische Personen, das sog. *Personalstatut,* zu bestimmen (Inkorporations-, Sitz-, Überlagerungs-, Differenzierungstheorie). Die beiden Hauptrichtungen sind die Theorie des effektiven Sitzes bzw. der Hauptverwaltung (Sitztheorie) und das Abstellen auf den Ort des Registereintrages (Inkorporationstheorie). Erstere unterstellt das Personalstatut dem Recht des Ortes, an dem die juristische Person tatsächlich und massgeblich verwaltet wird. Dieser Theorie ist (leider) noch ein Grossteil der Länder der EG verpflichtet. Nach der Inkorporationstheorie ist das Personalstatut dagegen vom Recht des Ortes beherrscht, wo die Gründungsvorschriften der juristischen Person erfüllt wurden[2]. Hier muss sich in der Regel auch der statutarische Sitz befinden (vgl. für die Schweiz OR 640 I).

10   b) Das *IPRG* bekennt sich im Interesse von Rechtssicherheit und Klarheit für die Bestimmung des auf eine Gesellschaft anwendbaren Rechts klar und zu Recht zur *Inkorporationstheorie* (IPRG 154)[3].

11   c) Die *Sitztheorie* führt vermehrt zur Vernichtung von Gesellschaften; wird nämlich in einem Land effektiver Tätigkeit das Gründungsstatut nicht anerkannt, so untersteht die Gesellschaft nicht als Gesellschaft dem Recht des Sitzstaates; die Folgerung ist vielmehr, dass mangels Erfüllung der notwendigen Gründungsvorschriften die Gesellschaft gar nicht oder nur als Gründungsgesellschaft existiert.

12   d) Aktiengesellschaften «unterstehen dem Recht des Staates, nach dessen Vorschriften sie organisiert sind, wenn sie die darin vorgeschriebenen Publizitäts-

---

[1] SR 0.275.11.
[2] BGE 108 II 400 E 3a).
[3] BGE 117 II 494 E 4b).

oder Registrierungsvorschriften dieses Rechts erfüllen ...» (IPRG 154 I). Fehlen in einem Staat solche Vorschriften, so ist darauf abzustellen, ob eine Gesellschaft «sich nach dem Recht dieses Staates organisiert» hat (IPRG 154 I a. E.). Damit soll dem Gründungsstatut möglichst weitgehend zum Durchbruch verholfen werden.

Lediglich subsidiär wird im Sinne einer Kaskadenanknüpfung die Möglichkeit des Abstellens auf den Verwaltungssitz eröffnet. Erfüllt nämlich eine Gesellschaft die oben erwähnten Registrierungs- (d. h. Inkorporations-)vorschriften nicht, «so untersteht sie dem Recht des Staates, in dem sie tatsächlich verwaltet wird» (IPRG 154 II). 13

e) In seiner früheren Rechtsprechung hat das Bundesgericht dagegen in konstanter Praxis die Anwendung des Rechts des tatsächlichen Verwaltungssitzes vorbehalten, sofern der statutarische Sitz fiktiv war und bloss zum Zwecke der Gesetzesumgehung gewählt worden ist[4]. 14

Das IPRG sieht einen solchen Vorbehalt betreffend fiktiver Gesellschaftssitze nicht vor, und das Bundesgericht hat mit einlässlicher Begründung sowie unter Beizug der Materialien dargetan, dass es sich hier weder um eine Gesetzeslücke noch um ein qualifiziertes Schweigen des Gesetzgebers handle[5]. Vielmehr habe sich der Gesetzgeber für die Inkorporationstheorie ausgesprochen, welche einzig durch die Sonderanknüpfungen für gewisse genauer umschriebene Ausnahmefälle (IPRG 156–161; im einzelnen hinten N 28 ff) abgeschwächt werde. 15

f) Die Theorie des Verwaltungssitzes im Sinne des Sitzes der allenfalls nicht leicht zu bestimmenden Hauptverwaltung spielt erstaunlicherweise in Europa auch heute noch eine grosse Rolle. So vertritt z. B. in Deutschland die vorherrschende Lehre die Theorie des Verwaltungssitzes, und die Divergenz zu den sich eher an die anglo-amerikanische Tradition der Inkorporationslehre anlehnenden Staaten hat dazu geführt, dass das EG-Übereinkommen von 1968 über die Anerkennung von Gesellschaften nie in Kraft treten konnte[6]. 16

g) Insbesondere im Zusammenhang mit der Frage der Anerkennung von am ausländischen Sitz der tatsächlichen Verwaltung ergangenen Konkursdekreten hat die Divergenz der Auffassungen auch in der neueren schweizerischen Rechtsprechung[7] ihren Niederschlag gefunden[8]. IPRG 166 lässt am Wohnsitz des Schuldners ergangene Konkursdekrete zur Anerkennung zu, und bei juristischen Personen gilt der Sitz, und zwar primär der statutarische, als Wohnsitz (IPRG 21 I und II). Im Rahmen der Inkorporationstheorie von IPRG 154 führt die Anknüpfung an das Recht dieses Sitzes auch zur Bestimmung des Personalstatutes, und IPRG 166 ist im Sinne eines Gleichklanges innerhalb des IPRG so zu verstehen, dass damit das Konkursdekret des Richters am Inkorporationsort (allein) anzuerkennen ist. Für die Anerkennung von ausländischen Entscheiden am tatsächlichen 17

---

[4] BGE 110 Ib 217, 108 II 400 f, 105 III 111, 102 Ia 410, 76 I 159.
[5] BGE 117 II 494 ff.
[6] Vgl. dazu § 68 N 20 f.
[7] Etwa ZR *1991* Nr. 45 S. 141 ff.
[8] Vgl. die Nachweise bei Anton K. Schnyder: Rechtsprechung zum internationalen Privat- und Wirtschaftsrecht 1991/92, SZW *1993* 194 ff.

Verwaltungssitz, die dort ergehen, weil der statutarische Sitz fiktiv sei, ist im Lichte von BGE 117 II 494 nur noch in engem Rahmen Platz, nämlich dann, wenn die Nichtanerkennung einen eigentlichen Rechtsmissbrauch sanktionieren würde (anders ZR *1995* Nr. 59 zur Anerkennung eines belgischen Konkursdekrets über eine Panama-Gesellschaft).

3. Zu den allgemeinen Bestimmungen des IPRG im Bereich des Gesellschaftsrechts

18   a) Zu beachten ist vorerst der direkt einschlägige IPRG 21 zu «Sitz und Niederlassung von Gesellschaften» (Titel), der in Abs. I, in etwas antiquierter Anlehnung an ZGB 56 festhält: «Bei Gesellschaften gilt der Sitz als Wohnsitz»[9]. Als *Sitz* einer Aktiengesellschaft gilt der in den Statuten bezeichnete Ort (IPRG 21 II), der ja zum notwendigen Statuteninhalt gehört (OR 626 Ziff. 1) und an dem die Gesellschaft einzutragen ist (OR 640 I).

19   b) IPRG 21 enthält zudem eine Lokalisierung der «Niederlassung», die besagt, dass die *Niederlassung* einer Gesellschaft sich in dem Staat befinde, in dem sie ihren Sitz oder eine Zweigniederlassung hat[10]. Die Festlegung der «Niederlassung» von Gesellschaften weist eigentlich auch über das IPR hinaus, kann aber bei der Anwendung der zahlreichen von der Schweiz abgeschlossenen Niederlassungs- (und Handels-)Abkommen nützlich sein, da dort regelmässig auch Anerkennung und Schutz der Gesellschaften ein Thema ist.

20   c) Zu beachten ist auch die *Ordre-public-Klausel* (sog. Vorbehaltsklausel, IPRG 17); sie will verhindern, dass die Anwendung ausländischen Rechts zu Resultaten führt, die mit dem schweizerischen Ordre public unvereinbar sind. In neuer Zeit hat sie für das Gesellschaftsrecht eine Rolle gespielt bei der Anerkennung ausländischer (französischer) Nationalisierungen in bezug auf Schweizer Gesellschaften. Solche werden anerkannt, wenn sie in einem geordneten Verfahren gegen angemessene Entschädigung erfolgen und weder das (negative) Territorialitätsprinzip noch das bereits durch IPRG 13 ausser Kraft gesetzte Prinzip der Nichtanerkennung öffentlichen Rechts ihrer Anerkennung entgegengehalten werden können[11].

4. Schweizerische Zuständigkeit und Anerkennung ausländischer Entscheide

21   a) «In *gesellschaftsrechtlichen Streitigkeiten*» (IPRG 155) «sind die schweizerischen Gerichte am Sitz der Gesellschaft zuständig für Klagen gegen die Gesellschaft, die Gesellschafter oder die aus gesellschaftlicher Verantwortlichkeit haftenden Personen» (IPRG 151 I). Die Zuständigkeitsregeln gelten für alle nach dem 1.1.1989 angebrachten Klagen[12].

---

[9]   Materiell gleich: LugÜ 53 I.
[10] Abs. III; zur Zweigniederlassung ausländischer Gesellschaften N 40 ff; diesbezüglich ist daran zu erinnern, dass das Handelsregisterrecht (wie das OR in Art. 642) neben den Begriffen des Sitzes und der Zweigniederlassung auch denjenigen der «Hauptniederlassung» kennt (HRV 70 und 75), damit aber den Grundeintrag oder jedenfalls den Bestandesnachweis (HRV 75 II) der Gesellschaft des Sitzstaates meint.
[11] Diesbezüglich instruktiv BJM *1993* 17.
[12] Zum Übergangsrecht vgl. SJ *1994* 687.

b) Für *Verantwortlichkeitsklagen* sind überdies die schweizerischen Gerichte am Wohnsitz des Beklagten zuständig (IPRG 151 II).

c) Die *Prospekthaftung* kann auch am Ausgabeort der Papiere geltend gemacht werden; ein Ausschluss dieser Zuständigkeit durch eine Gerichtsstandsvereinbarung ist nicht möglich (IPRG 151 III).

d) Ausländische Entscheide werden in gleicher Weise anerkannt, wenn sie im Sitzstaat der Gesellschaft oder am Wohnsitz des Beklagten oder am ausländischen Ausgabeort von Papieren ergangen sind (IPRG 165). Diesbezüglich ist aber eine wichtige Differenz zu beachten: Die schweizerische (eigene) Zuständigkeitsbegründung geht weiter als die Anerkennung ausländischer entsprechender Entscheide. Ausländische Entscheide gegen Beklagte mit Wohnsitz in der Schweiz werden nicht anerkannt und sind daher im Inland nicht vollstreckungsfähig (IPRG 165 I lit. a und II). Das bedeutet, dass Schweizer mit Wohnsitz in der Schweiz als Organe ausländischer Gesellschaften nur in der Schweiz an ihrem Wohnsitz beklagt werden können.

Die mit dem verfassungsrechtlichen Prinzip des Wohnsitzrichters in BV 59 begründete, aber doch stossende Inanspruchnahme einer gegenüber der Anerkennung weitergehenden inländischen Zuständigkeit hätte nach dem Inkrafttreten des Lugano-Übereinkommens dahinfallen müssen. Die Schweiz hat hierzu aber einen auf zehn Jahre befristeten Vorbehalt (zu LugÜ 5 Ziff. 1) angebracht, wonach sie eine in einem anderen Vertragsstaat ergangene Entscheidung, die gegen das Prinzip des Wohnsitzrichters verstösst, nicht anerkennen und vollstrecken muss. Dieser Anerkennungsvorbehalt bleibt noch bis längstens am 31. 12. 1999 in Kraft.

5. *Umfang des Personalstatuts und Sonderanknüpfungen*

a) Das IPRG arbeitet systematisch mit der auf der Inkorporationstheorie fussenden Hauptanknüpfung (IPRG 154) und einer bestimmten Anzahl von Sonderanknüpfungen (IPRG 156 ff).

b) Das Personalstatut, d. h. das auf eine Gesellschaft anwendbare Recht, bestimmt insbesondere:
– die Rechtsnatur;
– die Entstehung und den Untergang;
– die Rechts- und Handlungsfähigkeit;
– den Namen oder die Firma;
– die Organisation;
– die internen Beziehungen, namentlich diejenigen zwischen der Gesellschaft und den Mitgliedern;
– die Haftung aus Verletzung gesellschaftsrechtlicher Vorschriften;
– die Haftung für Gesellschaftsschulden;
– die Vertretung der aufgrund ihrer Organisation handelnden Personen.
Dieser Katalog wird *Umfang des Personalstatuts* genannt und gilt gemäss IPRG 155 unter Vorbehalt von IPRG 156–161, die sogenannte Sonderanknüpfungen enthalten.

28 c) Die *Sonderanknüpfungen* im eigentlichen Sinne, d. h. die gesonderte Anknüpfung von gesellschaftsrechtlichen Teilaspekten an ein mit dem Sachverhalt allenfalls enger verknüpftes Recht, umfassen nach der Systematik des Gesetzes («IV. Sonderanknüpfung») die folgenden Materien (IPRG 156–161):
   – Ansprüche aus öffentlicher Ausgabe von Beteiligungspapieren und Anleihen;
   – Namens- und Firmenschutz;
   – Beschränkung der Vertretungsbefugnis;
   – Haftung für ausländische Gesellschaften.

29 d) Die Festlegung der *Haftung für ausländische Gesellschaften* (IPRG 159) ist nicht eine typische Sonderanknüpfung, sondern eigentlich eine (unklare) materiellrechtliche Anordnung[13].

30 e) Bei den Ansprüchen aus der *öffentlichen Ausgabe von Beteiligungspapieren und Anleihen* ist zugunsten eines Klägers eine alternative Anknüpfung vorgesehen, entweder an das Personalstatut oder an das Recht des Ausgabestaates (IPRG 156).

31 f) Im Bereich des *Namens- und Firmenschutzes* wird die etwas eigenwillig vom Bundesgericht initiierte Praxis fortgesetzt[14], wonach die Inländergleichbehandlung nach der Pariser Verbandsübereinkunft[15] so zu handhaben ist, dass nur den in der Schweiz im Handelsregister eingetragenen Firmen der registerrechtliche Schutz zukomme. Nicht eingetragene Firmen sind damit auf das Namens- und Wettbewerbsrecht als Anspruchsgrundlage verwiesen (IPRG 157), wie bei Schweizer Gesellschaften, deren Name nicht im Handelsregister eingetragen ist.

32 g) Bei der *Vertretungsbefugnis* wird insofern dem Verkehrsschutz Rechnung zu tragen versucht, als eine Gesellschaft sich nicht auf eine Beschränkung der Vertretungsbefugnis soll berufen können, die im Niederlassungsstaat der Gegenpartei unbekannt ist, es sei denn, diese habe die Beschränkung gekannt oder kennen müssen (IPRG 158). Zu den sehr eingeschränkten Möglichkeiten der Beschränkung der Vertretungsmacht im Schweizer Recht vgl. § 30 N 94 ff.

33 h) Abgesehen von der vertretungsrechtlichen Ausnahmebestimmung in IPRG 158 regelt das Personalstatut grundsätzlich auch die Frage der Haftung der Gesellschaft für ihre Schulden (IPRG 155 lit. h). Im Bereich der *ausservertraglichen Haftung* aufgrund von ZGB 55 und/oder OR 722[16] kann es aber zu einer weiteren Sonderanknüpfung kommen. Bei den *unerlaubten Handlungen* ist nach dem IPRG nämlich in der Regel auf das Recht am Deliktsort abzustellen (IPRG 133 II). Nach der bisherigen Rechtsprechung gilt dies auch in bezug auf die Frage der Haftung einer Gesellschaft[17].

---

[13] Vgl. dazu N 34 ff.
[14] BGE 79 II 305, 90 II 192.
[15] SR 0.232.04, Art. 2 I, Art. 8.
[16] Dazu § 21 N 20 f.
[17] BGE 110 II 188 E 3.

6. Die Sonderproblematik von IPRG 159

a) IPRG 159 lautet wie folgt:

«Werden die Geschäfte einer Gesellschaft, die nach ausländischem Recht gegründet worden ist, in der Schweiz oder von der Schweiz aus geführt, so untersteht die Haftung der für sie handelnden Personen schweizerischem Recht.»

b) Ergänzend sieht IPRG 152 vor, dass für solche Klagen und für Klagen gegen die ausländische Gesellschaft, für die gehandelt wurde, die schweizerischen Gerichte am Wohnsitz der beklagten haftenden Person oder am Ort der tatsächlichen Verwaltung der Gesellschaft zuständig sind.

c) IPRG 159 will ein aus dem internationalen Auseinanderfallen von Inkorporationsstatut und effektivem Geschäftsführungsort resultierendes Spannungsverhältnis mildern. (Im Inland ist ein solches Auseinanderfallen problemlos.)

Die Tragweite der Norm ist schwierig zu ergründen, denn gesetzgebungsgeschichtlich stellt sie eine (Über-)Reaktion auf einen spektakulären Einzelfall[18] dar. Sie ist indessen nicht einfach als (beschränkter) Rückfall auf die Sitztheorie (vgl. vorn N 9) zu verstehen.

Am ehesten kommt in Frage, die Bestimmung als Sonderhaftungsnorm für einen fälschlich erweckten Anschein zu verstehen, nämlich dann, wenn der unzutreffende Anschein des Bestandes einer schweizerischen Gesellschaft erzeugt wird[19]. Danach würden die Personen, die den falschen Anschein einer schweizerischen Gesellschaft erwecken, persönlich haften und zwar, da die Inkorporationsvorschriften in der Schweiz nicht erfüllt sind, am ehesten – was aber noch nicht gesichert ist – wie die Mitglieder einer Vorgesellschaft solidarisch nach den Regeln der einfachen Gesellschaft (dazu § 13 N 25 ff). Die Norm knüpft damit für einen spezifischen Bereich und auf spezifische Art an die frühere Rechtsprechung zur bloss fiktiven, d.h. rechtsmissbräuchlichen Inkorporation im Ausland an[20].

Eine mögliche Auffassung wäre auch, die Bestimmung als Verknüpfung des ausländischen Personalstatuts mit dem schweizerischen Verantwortlichkeitsrecht (OR 752 ff) zu sehen. Aus einer solchen aktienrechtlichen Doppelanknüpfung entstünden aber schwierige Problemlagen und Unklarheiten (möglicher Klagezeitpunkt, Schadensvoraussetzung).

7. Zweigniederlassungen ausländischer Gesellschaften

a) Ausländische Gesellschaften können in der Schweiz Zweigniederlassungen errichten. Diese *unterstehen schweizerischem Recht* (IPRG 160 I) und damit OR 642. Angesichts der von Lehre und Rechtsprechung entwickelten Umschreibung des Begriffs der Zweigniederlassung (vgl. § 59 N 4 ff) kommt es gleichsam zu einem gespaltenen Personalstatut (inländische, schweizerischem

---

[18] Texon, vgl. dazu BGE 105 Ib 348 ff. Vgl. zur Tragweite von IPRG 159 insbes. Ghandchi (zit. N 5) 45 ff.
[19] Vgl. auch SJ *1994* 687.
[20] Vgl. vorn N 14 und dort in Anm. 4 zitierte Entscheide.

Recht unterstehende Zweigniederlassung als Teil eines ausländischen, fremdem Recht unterstehenden Hauptunternehmens).

41 b) Die *Vertretungsmacht* einer Zweigniederlassung richtet sich nach schweizerischem Recht; mindestens *eine* zur Vertretung befugte Person muss Wohnsitz in der Schweiz haben und im Handelsregister eingetragen sein (IPRG 160 II). Ein Nationalitätserfordernis des Vertreters im Sinne von OR 708 entfällt.

42 c) Der Eintrag im Handelsregister hat nach Form und Inhalt der Eintragung einer schweizerischen Hauptniederlassung zu entsprechen (HRV 75 I).

43 d) Die Feststellung des Bestehens einer inländischen Zweigniederlassung kann insbesondere darum von Bedeutung sein, weil am Sitz der Zweigniederlassung ein Gerichtsstand besteht (OR 642 III, dazu § 59 N 63 ff, 94). So hat das Bundesgericht mit der Feststellung der Eintragungspflicht für die Zweigniederlassung von Panama-Gesellschaften bei schweizerischen (Service-)Gesellschaften in einem überaus interessanten Entscheid einen solchen *inländischen Gerichtsstand* eröffnet[21].

8. Zur Sitzverlegung von und nach der Schweiz

44 a) Das IPRG regelt relativ ausführlich auch die Verlegung einer Gesellschaft vom Ausland in die Schweiz und von der Schweiz ins Ausland und zwar ohne Liquidation und Neugründung (IPRG 161–164). Damit ist ein Wechsel des Personalstatutes (Uminkorporation) rechtlich möglich. Es ist aber anzumerken, dass diesen internationalrechtlichen Möglichkeiten der freien Niederlassung sowohl in der Schweiz, wie übrigens in allen Ländern[22], erhebliche fiskalische Hindernisse (Liquidationsbesteuerung, dazu § 66 N 39 f) entgegenstehen können.

45 b) Bei der *Verlegung in die Schweiz* sind die Wegzugs-Voraussetzungen des ausländischen Rechts zu erfüllen, der Mittelpunkt der Geschäftstätigkeit in die Schweiz zu verlegen (ein Anklang an die Sitztheorie), die Anpassung an das schweizerische Recht vorzunehmen und (bei Kapitalgesellschaften) der Nachweis der Deckung des Grundkapitals mittels besonderem Revisionsbericht zu erbringen (IPRG 161 und 162). Der Bundesrat kann aufgrund einer «politischen» Kompetenz die Unterstellung unter das schweizerische Recht auch ohne Berücksichtigung des ausländischen Rechts zulassen, «insbesondere, wenn erhebliche schweizerische Interessen es erfordern» (IPRG 161 II). Diese Kompetenz ist auf internationale Konfliktlagen ausgerichtet, und in diesem Zusammenhang ist (neben IPRG 163 II) auch die besondere Massnahmekompetenz von IPRG 153 zugunsten von Gerichten und Behörden zum Schutze des schweizerischen Vermögens von (nach dem IPRG) ausländischen Gesellschaften zu sehen.

---

[21] BGE 108 II 122 = Pra *1982* Nr. 239, dazu kritisch SAG *1982* 162; weiteres zur schweizerischen Zweigniederlassung eines ausländischen Unternehmens in § 59 N 78.
[22] Vgl. zur Lage in der EG § 68 N 23.

c) Der *Wegzug* erfordert die Erfüllung der Voraussetzungen des schweizerischen Rechts, den Fortbestand der Gesellschaft nach ausländischem Recht und einen Gläubigerruf, mit nachfolgender Sicherstellung oder Einverständnis der Gläubiger zum Wegzug als Voraussetzung der Löschung im Handelsregister (IPRG 163 und 164).

Vorbehalten werden bei der internationalen Sitzverlegung von der Schweiz ins Ausland (IPRG 163 II) die Bestimmungen über vorsorgliche Schutzmassnahmen im Falle internationaler Konflikte im Sinne von Art. 61 des BG vom 8.10.1982 über die wirtschaftliche Landesversorgung (SR 531). Diesbezüglich ist auch auf den BRB vom 12.4.1957 über vorsorgliche Schutzmassnahmen für juristische Personen, Personengesellschaften und Einzelfirmen (SR 531.54) hinzuweisen. Grundsätzlich geht es um ein «Notauswanderungsrecht» für Gesellschaften.

Dieser BRB, der erst durch einen weiteren Beschluss in Kraft gesetzt werden müsste (Art. 10), regelt die erleichterte Sitzverlegung und andere Schutzmassnahmen im Falle von internationalen Konflikten, um das Vermögen, die Rechte und die Interessen der betroffenen Gesellschaften zu schützen. Inhaltlich geht es dabei um im Verhältnis zum ordentlichen Gesellschaftsrecht erleichterte Beschlussformen, ja Kompetenzverschiebungen zwischen den Organen (VR anstatt GV), ferner die Anerkennung von (bei uns sonst unüblichen) Trustgebilden.

Hatten in der Zeit des Kalten Krieges zahlreiche der grossen schweizerischen Aktiengesellschaften Schutzvorkehren zur Sitzverlegung in Kriegs- und Krisenzeiten vorbereitet, so haben diese Massnahmen in den letzten Jahren stark an Bedeutung verloren.

9. *Zur Bedeutung nationaler Kontrolle*

a) Auch das IPRG enthält noch Normen, die ihre Bedeutung besonders in internationalen Konflikten entfalten; solches ist besonders im Zusammenhang mit den Sonderregeln über die internationale Sitzverlegung, die zu einem Wechsel der Staatsangehörigkeit der juristischen Person (Wechsel des Personalstatutes, N 44) führten, festzustellen (IPRG 161 II, 163 II).

b) Zusätzlich zu erwähnen ist zur Vollständigkeit einer internationalistischen Übersicht die Erfahrung aus den Zeiten der Weltkriege, wo die Bestimmung der Nationalität (Staatsangehörigkeit) von Gesellschaften nach der sog. Kontrolltheorie erfolgte. Diese kennzeichnet sich dadurch, dass im Sinne eines Durchgriffs (dazu § 62 N 47 ff) geschaut wird, wer die Gesellschaft effektiv, vor allem kapitalmässig kontrolliert.

Die Schweiz hat mit dem sog. Interhandel-Fall, wo die USA das Vermögen einer schweizerischen Gesellschaft als deutsches Feindvermögen unter Beschlag legten, reiche Erfahrung sammeln können[23].

---

[23] Vgl. zum «Interhandel-Case», Recueil des arrêts *1959,* 6 ff insbes. 14: «The Swiss Compensation Office was entrusted with the task of uncovering property in Switzerland belonging to Germans or controlled by them.» Vgl. auch die Bemerkungen von Luzius Wildhaber: Praxis des Völkerrechts (Bern 1977) 366 f.

53 Es ist daher nachvollziehbar, dass Gesellschaften Wert auf den Nachweis ihrer inländischen Beherrschung legen wollen. Daraus ergibt sich ein Zusammenhang mit der Vinkulierung (dazu § 44 N 103 ff), die einerseits die Kontrolle des Zugangs zur Gesellschaft, andererseits aber auch den Nachweis der effektiven Beherrschung ermöglicht. Die Kontrolltheorie ist auch heute im Verwaltungsrecht noch durchaus üblich, nämlich dann, wenn ein öffentliches Interesse besteht, um an die effektive Beherrschung gewisse Privilegien[24], Verbote (Grundstückerwerb) oder Sanktionen[25] knüpfen zu können[26].

54 Davon handelt auch der sibyllinische ÜBest 4 zum revidierten Aktienrecht (vgl. N 94 und § 44 N 193 ff), der eine Vinkulierung auch ermöglicht, um «durch Bundesgesetze geforderte Nachweise über die Zusammensetzung des Kreises der Aktionäre zu erbringen». Solche Bundesgesetze[27] sind das Bankengesetz[28], das BG über den Erwerb von Grundstücken durch Personen im Ausland (Lex Friedrich)[29] und der sog. Missbrauchsbeschluss des Bundesrates über die Inanspruchnahme von Doppelbesteuerungsabkommen[30].

55 Der *diplomatische Schutz von Gesellschaften*, d. h. von deren Vermögen in Drittländern, knüpft nach der Praxis des Internationalen Gerichtshofes dagegen nicht an die effektive Beherrschung an, sondern an den (Inkorporations-)Sitz der Gesellschaft[31]. Die Schweizer Auffassung geht dagegen weiter und stellt auf die Kontrolltheorie ab, die in neueren Verträgen (CSR, Polen, Ungarn) durch eine modifizierte Inkorporationstheorie ergänzt wurde; verlangt wird Kontrolle durch Staatsangehörige oder die Inkorporation in einem Vertragsstaat, verbunden mit einer effektiven Wirtschaftstätigkeit. Der diplomatische Schutz erstreckt sich damit auch auf die in Gesellschaften organisierte Wirtschaftstätigkeit von Ausländern in der Schweiz[32].

---

[24] Z. B. Führung der Schweizer Flagge, des Hoheitszeichens bei Schiffen und Flugzeugen, vgl. BG über die Seeschiffahrt unter der Schweizerflagge (Seeschiffahrtsgesetz) vom 23. 9. 1953, SR 747.30, Art. 3; VO über die Kennzeichen der Luftfahrzeuge vom 6. 9. 1984, SR 748.216.1.
[25] Keine Inanspruchnahme von Doppelbesteuerungsabkommen.
[26] Nachweise bei Kley-Struller (zit. N 5) 186 ff.
[27] Der Begriff ist nicht im formellen Sinn zu verstehen.
[28] BG über die Banken und Sparkassen vom 8. 11. 1934, SR 952.0; Art. 3bis legt fest, wann eine ausländisch beherrschte schweizerische Bank vorliegt und zwar auch mit Hilfe eines Kontrollkriteriums (Stimmenmehrheit qualifizierter Beteiligungen).
[29] SR 211.412.41; Art. 6 II lit. a besagt, dass eine juristische Person als ausländisch beherrscht gelte, wenn Personen im Ausland mehr als ein Drittel des Aktien-, Stamm- oder Genossenschafts- und gegebenenfalls des Partizipationskapitals besitzen.
[30] BRB vom 14. 12. 1962 betreffend Massnahmen gegen die ungerechtfertigte Inanspruchnahme von Doppelbesteuerungsabkommen des Bundes, SR 672.202; Art. 2 II lit. b. spricht von einer missbräuchlichen Beanspruchung einer Steuerentlastung, wenn diese einer juristischen Person zugute käme, an der nicht abkommensberechtigte Personen wesentlich beteiligt sind.
[31] Vgl. den berühmten Fall Barcelona Traction von 1970, International Court of Justice Reports *1970* 3 ff, kommentiert bei Luzius Wildhaber: Multinationale Unternehmen und Völkerrecht, Berichte der Deutschen Gesellschaft für Völkerrecht *1978* 43 ff.
[32] Nachweise bei Kley-Struller (zit. N 5) 180.

II. Der zeitliche Geltungsbereich: Intertemporales Recht (Übergangsbestimmungen)

Materialien: AmtlBull NR *1985* 1789 f; AmtlBull SR *1988* 527 f; AmtlBull NR *1990* 1392 f; AmtlBull SR *1991* 77; AmtlBull NR *1991* 854; AmtlBull SR *1991* 471 f; AmtlBull NR *1991* 1108.

Literatur: Böckli N 2037 ff; Gerardo Broggini: Intertemporales Privatrecht, in: SPR Bd. I (Basel/Stuttgart 1969) 353 ff; Peter Forstmoser: Vom alten zum neuen Aktienrecht, SJZ *1992* 137 ff, 157 ff; Robert Meier: Anpassung der Statuten an das revidierte Aktienrecht, AJP *1992* 317 ff; Jean-Marc Rapp: L'application du nouveau droit de la société anonyme aux sociétés fondées avant son entrée en vigueur – problèmes urgents de droit transitoire, SZW *1992* 106 ff; Peter Tuor/Bernhard Schnyder: Das Schweizerische Zivilgesetzbuch (11. A. Zürich 1995) 901 ff; Markus Vischer: Die allgemeinen Bestimmungen des schweizerischen intertemporalen Privatrechts (Diss. Zürich 1986); Herbert Wohlmann: Zu den Verweisungen im Recht der GmbH auf das Aktienrecht, SZW *1995* 139 ff.

a) Der Bundesrat hat das neue Aktienrecht vom 4. 10. 1991 nach unbenütztem Ablauf der Referendumsfrist auf den 1. 7. 1992 in Kraft gesetzt, für die Regeln zur Konzernrechnung (OR 663e–663g) aber als späteres Datum des Inkrafttretens den 1. 7. 1993 angeordnet[33]. Die HRV wurde mit Datum vom 9. 6. 1992 angepasst und ebenfalls auf den 1. 7. 1992 in Kraft gesetzt[34].

Die in OR 727b II vorgesehene VO über die fachlichen Anforderungen an die besonders befähigten Revisoren wurde am 23. 6. 1992 durch den Bundesrat erlassen[35].

b) In der folgenden Übersicht werden die übergangsrechtlichen Prinzipien abgehandelt; auf Einzelfragen kann nicht eingegangen werden. Obwohl das Gesetz von «Schlussbestimmungen» spricht, wird hier die materiell besser zutreffende Bezeichnung *Übergangsbestimmungen (UeBest)* verwendet. Das Kapitel der Übergangsbestimmungen enthält aber auch Rechtssätze, denen nur in dem Sinne intertemporalrechtlicher Gehalt zukommt, dass sie als befristet konzipiert sind, etwa die Bestimmungen zur Vinkulierung[36] und zur Abschaffung von statutarischen Quorumsbestimmungen[37].

c) Während die Übergangsbestimmungen der Reform von 1936 praktisch bedeutungslos geworden sind[38], kommt denjenigen der am 1. 7. 1992 in Kraft getretenen Revision nun grosse Tragweite zu. Ihre Fassung ist auf herbe Kritik gestossen[39]. Es ist in der Tat so, dass eine Analyse der weder klaren noch syste-

---

[33] AS *1992* 786.
[34] AS *1992* 1213 ff.
[35] SR 221.302; zur Rechtstechnik eines erstmaligen Verweises auf europäisches Richtlinienrecht und zur Europakompatibilität vgl. § 67 N 55.
[36] UeBest 4, N 94 f sowie § 44 N 193 ff.
[37] UeBest 6, N 93 sowie § 25 N 55.
[38] Ein Rest wird nun noch in Art. 5 der neuen UeBest fortgeschrieben; vgl. N 81 f.
[39] «Kunterbuntes Durcheinander», Böckli, N 2047.

matisch angeordneten Bestimmungen Schwierigkeiten bereitet und Ungewissheiten hinterlässt. Von den Materialien ist nur die Botschaft erhellend, deren übergangsrechtliche Konzepte aber nirgendwo eine an sich notwendige Durchleuchtung fanden, obwohl wesentliche Interpretationsprobleme bereits angekündigt wurden.

62   d) UeBest 1 besagt einleitend (wie schon 1936, aber noch lakonischer), dass die Bestimmungen des Schlusstitels des ZGB allgemein auch für das revidierte Aktienrecht gelten. Damit sollte vor allem der Grundsatz der Nichtrückwirkung bekräftigt, aber implizite auch angeordnet werden, dass das neue Recht auf alle Tatsachen, die sich nach dem Inkrafttreten ereignen, Anwendung finde (SchlT ZGB 1). «Unausgesprochen bleibt der Grundsatz der sofortigen Anwendbarkeit des neuen Rechts auf alle Tatsachen, die nach dem Inkrafttreten des Gesetzes eintreten; alle Neugründungen, alle Kapitalveränderungen, alle Jahresrechnungen usw. richten sich nach dem neuen Gesetz»[40]. Es gilt damit die *Faustregel:* Alte Tatsache altes Recht, neue Tatsache neues Recht. Der zweite Teil der Faustregel ist aber mit erheblichen Differenzierungen zu versehen (N 68 f).

63   e) Fraglich bleibt, welche Bedeutung für das Aktienrecht die ebenfalls zum Schlusstitel des ZGB gehörenden Ausnahmen von SchlT ZGB 2 (Rückwirkung der um der öffentlichen Ordnung und Sittlichkeit willen aufgestellten Bestimmungen), SchlT ZGB 3 (neurechtlicher Inhalt von gesetzlichen, unabhängig vom Willen der Beteiligten umschriebenen Rechtsverhältnissen) sowie SchlT ZGB 4 (neurechtlicher Gehalt sog. «nicht erworbener Rechte»; siehe Marginale und Gesetzestext) erlangen könnten. Dazu wurden während des Gesetzgebungsverfahrens kaum Überlegungen angestellt. Aus der Rechtsprechung ergibt sich allgemein eine grundsätzliche Priorität des Grundsatzes der Nichtrückwirkung, was u. a. mit dem Vertrauensschutz begründet wird[41].

64   Das Bundesgericht hatte Gelegenheit, im Zusammenhang mit OR *1936* 704/OR 697h II[42] die übergangsrechtliche Frage der Anwendung von SchlT ZGB 2 zu prüfen[43]. Es hielt dabei, unter Aufrechterhaltung des Verfahrens von OR *1936* 704 für ein bei Inkrafttreten des neuen Aktienrechts hängiges Begehren, fest:

64a   – Aufgabe des Vorbehaltes von SchlT ZGB 2 ist es, dem überwiegenden öffentlichen Interesse zum Durchbruch zu verhelfen, was ein Abwägen der entgegengesetzten Vertrauens- und öffentlichen Interessen voraussetzt;

64b   – die Bestimmung von SchlT ZGB 2 sollte jedoch nur dann herangezogen werden, wenn es tatsächlich um die Verletzung grundsätzlicher sozialpolitischer und ethischer Anschauungen geht;

64c   – eine Norm muss um der öffentlichen Ordnung und Sittlichkeit willen aufgestellt worden sein; dies gilt selbst für Verfahrensvorschriften;

---

[40] Botschaft 195.
[41] Vgl. BGE 116 III 120 = Pra *1992* Nr. 64.
[42] Einsichtsrecht der Gläubiger; vgl. dazu § 48 N 10 ff.
[43] BGE 119 II 46.

– der Erlass um der öffentlichen Ordnung und Sittlichkeit willen genügt alleine noch nicht, sondern eine weitere Anwendung des alten Rechts müsste mit der öffentlichen Ordnung oder Sittlichkeit geradezu unvereinbar sein.

64d

Es ist kaum anzunehmen, dass die neuen Bestimmungen um der öffentlichen Ordnung und Sittlichkeit willen erlassen wurden und insbesondere nicht, dass – ausserhalb spezifischer Anordnungen[44] – altrechtliche Verhältnisse während der Anpassungsfrist von fünf Jahren, wie sie UeBest 2 I ermöglicht, mit der öffentlichen Ordnung oder Sittlichkeit unvereinbar sein könnten, was nach der Rechtsprechung weitere Voraussetzung für die Geltung des neuen Rechts vor Ablauf der fünfjährigen Übergangsfrist wäre[45].

65

f) Die gemäss SchlT ZGB 3 neurechtlich zu fassende, gesetzliche Inhaltsbestimmung von Rechtsverhältnissen kann auch im Aktienrecht eine Rolle spielen, besonders bei gesetzlichen Festlegungen von Rechten und Pflichten ausserhalb des Statuteninhalts. Grundsätzlich ist dem Statuteninhalt selbst – und zwar insgesamt, ob intentional oder blosse Floskel[46] – für die Übergangsfrist von fünf Jahren[47] der Vorrang einzuräumen[48], ansonsten die Übergangsordnung zu komplex und rechtsunsicher würde. Die statutarische Ordnung verdient den Vertrauensschutz.

66

g) Der Grundsatz der Nichtrückwirkung neuen Rechts gilt indessen nur für den Erwerb bzw. die Begründung von Rechten, während ihr Inhalt, soweit statutarisch nicht oder nicht vollständig geordnet, ab Inkrafttreten (1. 7. 1992 bzw. 1993) neuem Recht unterworfen ist.

67

Die Botschaft wog die möglichen, übergangsrechtlichen Lösungen ab, nämlich:

68

– keine Anpassung (neues Recht nur für neue Gesellschaften; dies sei nur bei Fundamentalveränderungen am Platz);

68a

– sofortiges Ausserkrafttreten des alten Rechts (neues Recht für alle; dies gehe nur für starke Schutzmassnahmen);

68b

– befristete Weitergeltung des alten Rechts (also Übergangsfrist zur Anpassung, gleich wie 1936, Regelfall).

68c

Die Reform wählte grundsätzlich den letzterwähnten Weg[49], doch enthalten die Übergangsbestimmungen ausnahmsweise auch Vorschriften der beiden anderen Varianten.

69

Eine Anpassung entfällt für gewisse Verhältnisse von Stimmrechtsaktien[50], bezüglich der Mindestkapitalanforderungen für vor dem 1. 1. 1985 gegründete Gesellschaften[51] und unter bestimmten Umständen hinsichtlich der Höhe des Partizipationskapitals[52]. Ein sofortiges Inkrafttreten (und damit Ausserkrafttre-

70

---

[44] Vgl. UeBest 3 I.
[45] BGE 119 II 46.
[46] Vgl. aber zu UeBest 6 N 93.
[47] UeBest 2 I.
[48] Differenzierter Böckli N 2058.
[49] Botschaft 196.
[50] UeBest 5; N 81 f; zum Begriff vgl. § 24 N 95.
[51] UeBest 2 II; N 78 f; zum Begriff vgl. § 49 N 29.
[52] UeBest 2 II; N 80.

ten von widersprechenden Statutenbestimmungen) gilt im Bereiche der PS, aber auch dort nicht integral[53].

71   h) Das Konzept der Anpassungsfrist ist nur statutenbezogen und bedeutet, dass die Gesellschaften dem bisherigen Recht unterstehen, soweit ihre Statutenbestimmungen dem neuen Recht widersprechen. Leider sagen die Übergangsbestimmungen dies nirgends mit der wünschbaren Klarheit. Die Botschaft entnimmt diese Auffassung aber zu Recht dem diesbezüglich klaren Wortlaut von UeBest *1936* 2 II. Es kommt damit in Einzelfragen massgeblich (auch) auf den Statuteninhalt an. Es gilt stets, die das neue Recht allenfalls ausschliessende Tragweite statutarischer Bestimmungen zu eruieren.

72   i) Es wird grundsätzlich eine reichlich (zu reichlich) bemessene Frist von fünf Jahren für die Anpassung der Statuten an das neue Recht vorgesehen[54].

73   Die Anpassung wird verlangt für die Aktiengesellschaften, die im Zeitpunkt des Inkrafttretens des neuen Rechts im Handelsregister eingetragen sind, und ausdrücklich auch für die Kommanditaktiengesellschaften, für deren Ordnung ja im wesentlichen auf das Recht der Aktiengesellschaft verwiesen wird (OR 764 II). Nicht geregelt ist die Frage der Anwendung des neuen Rechts im Bereiche anderer Gesellschaftsformen, bei denen auf das Recht der Aktiengesellschaft verwiesen wird[55]. Hier ist wohl – obgleich diese Frage im Parlament nicht diskutiert wurde und es an einem klaren subjektiv-historischen Änderungswillen fehlen mag[56] – auf die Anwendbarkeit des neuen Rechts zu schliessen; solche Verweisungen meinen das *jeweils geltende Recht.* Ein gleichzeitiges Arbeiten mit neuem und altem Recht wäre wenig praktikabel. Der Bundesrat scheint ebenfalls von der Geltung des neuen Rechts auszugehen[57]. Die Anwendbarkeit des neuen Aktienrechts auf die anderen Gesellschaftsformen umfasst grundsätzlich auch die intertemporalrechtlichen Belange.

74   k) Statutarische Bestimmungen, die mit dem neuen Recht unvereinbar sind, bleiben bis zur Anpassung, längstens aber fünf Jahre in Kraft (UeBest 2 III). Nach Verstreichung der unbenützten Anpassungsfrist, also mit Ablauf des 1.7.1997, treten sie ausser Kraft, d. h. dass dann unmittelbar das neue Gesetzesrecht gilt.

75   l) Bei gewissen Bestimmungen ist aber eine schärfere Sanktion vorgesehen:
76   Sofern eine Gesellschaft ihre Statuten trotz öffentlicher Aufforderung durch mehrfache Publikation nicht innert fünf Jahren den Bestimmungen über das

---

[53] UeBest 3; N 83 ff.
[54] UeBest 2 I.
[55] So z.B. in OR 805 und 808 IV, 827 für die GmbH, in OR 858 II und 920 im Bereiche des Genossenschaftsrechts und in BankG 6 II für Bankaktiengesellschaften; vgl. auch Peter Nobel: Aktienrechtsreform und Banken, FS Kleiner (Zürich 1993) 169 ff; EBK-Rundschreiben vom 25.8.1993 betreffend das Verhältnis zwischen dem Bankengesetz und dem revidierten Aktienrecht. – Näheres hinten § 6 N 17 ff.
[56] Zu einem Nachweis aus der Kommissionsarbeit, wonach die Geltung des neuen Rechts selbstverständlich sei, vgl. Meier-Hayoz/Forstmoser § 6 N 78.
[57] Vgl. Änderung von HRV 90; Entfernen des alten Aktienrechts aus der SR.

Mindestkapital, die Mindesteinlage und die Partizipations- und Genussscheine anpasst, wird sie gemäss UeBest 2 II auf Antrag des Handelsregisterführers vom Richter aufgelöst. Diese Vorschrift ist allerdings nicht unproblematisch; faktisch hat der Richter nämlich kaum eine Möglichkeit, im Falle passiven Widerstandes des Verwaltungsrates die Durchführung der Liquidation zu erzwingen. Vielmehr bleiben diese Gesellschaften im Handelsregister[58] eingetragen, bis irgendein zufälliges Vorkommnis ihrer Existenz ein Ende bereitet.

m) Für das Mindestkapital und die Obergrenze des PS-Kapitals sind Ausnahmen – und zwar im Sinne eines Anpassungsdispenses (sog. «*Grandfathering*») – vorgesehen: 77

aa) Gesellschaften, die vor dem 1.1.1985 gegründet wurden, müssen ihr *Mindestkapital* nicht auf Fr. 100 000.– (OR 621) erhöhen. Diese Ausnahme betrifft aber nicht etwa die Mindesteinzahlung, die höher ist als unter dem alten Recht[59]. 78

Das Datum vom 1.1.1985 wurde festgelegt, um zu verhindern, dass vor dem Inkrafttreten noch zahlreiche Gesellschaften unter dem Anpassungsdispens hätten gegründet werden können. 79

bb) Gesellschaften, deren *PS-Kapital* am 1.1.1985 das Doppelte des Aktienkapitals überstieg, sind von dessen Anpassung an die gesetzliche Begrenzung ausgenommen[60]. 80

n) Die zeitliche Grenze des 1.1.1985 gilt nicht in bezug auf Stimmrechtsaktien; UeBest 5 dispensiert Alt-Gesellschaften, bei denen der Nennwert der grösseren Aktien mehr als das Zehnfache des Nennwertes der kleineren Aktien beträgt, generell von einer Anpassung der Statuten an revOR 693 II. Konserviert wird auch die Beibehaltung von Stimmrechtsaktien aus der Zeit vor 1936 mit einem Nennwert von weniger als Fr. 10.– (UeBest 5). 81

Der Gesetzgeber wollte darauf Rücksicht nehmen, dass in Gesellschaften mit Stimmrechtsaktien die Stimmverhältnisse und damit das Machtgefüge sorgfältig ausbalanciert seien[61], so dass diesen Gesellschaften nicht zugemutet werden könne, sich der neuen, einschränkenden Regel zu unterwerfen. Zu beachten ist aber, dass auch diese Gesellschaften keine neuen Aktien mehr ausgeben dürfen, denen ein Stimmprivileg von mehr als dem Zehnfachen des Nennwertes eingeräumt wird. 82

o) OR 656a, 656b II und III, 656c und 656d sowie 656g gelten unmittelbar ab dem Inkrafttreten des Gesetzes auch für bestehende Gesellschaften, selbst wenn die Statuten und Ausgabebedingungen ihnen widersprechen. Unter diesen Be- 83

---

58 Mit dem Zusatz «in Liquidation», OR 739 I.
59 OR 632: 20 % des Nennwertes jeder Aktie, jedoch mindestens Fr. 50 000.–.
60 UeBest 2 II; die gesetzliche Begrenzung der Höhe des PS-Kapitals findet sich in OR 656b I (dazu § 46 N 27); zur sofortigen materiellen Wirksamkeit der neuen Bestimmungen über die PS vgl. hinten N 83.
61 Vgl. Botschaft 198.

stimmungen findet sich die wichtige, grundsätzliche Gleichstellung des PS mit der Aktie (OR 656a II, dazu § 46 N 11) und die Zusammenrechnung von PS- und Aktienkapital (OR 656b III, dazu § 46 N 14 f). Die Anordnung gilt für alle Titel, die den Namen Partizipations- oder Genussschein tragen, einen Nennwert aufweisen und in der Bilanz unter den Passiven ausgewiesen sind; damit umschreiben die UeBest den PS auch materiell.

84 Die statutarischen Bestimmungen zur Anpassung an OR 656 f (vermögensmässige Mindestgleichstellung der Partizipanten mit den Aktionären) und der Aufnahme der Ausgabebedingungen sind ebenfalls innert fünf Jahren vorzunehmen (UeBest 3 II), wobei sogar die hier übertriebene Drohung der Auflösung im Untätigkeitsfall gilt (UeBest 2 II, vorn N 76).

85 Titel, für die die sofortige Unterstellung unter das neue Recht nicht gilt[62], sind in Zukunft als Genussscheine ohne Nennwert auszugestalten, wobei die Anpassungsfrist ebenfalls fünf Jahre beträgt. Möglich ist aber auch die Umwandlung in den gesetzlichen Anforderungen entsprechende Partizipationsscheine (UeBest 3 III).

86 p) Fragen ergaben sich hinsichtlich der Rechnungslegungsnormen, da das neue Recht auf die Mitte eines Jahres in Kraft trat und das Geschäftsjahr der meisten Gesellschaften mit dem Kalenderjahr identisch ist.

87 Am ehesten aus dem Grundsatz der Nichtrückwirkung (in Verbindung mit der Betrachtung der Rechnungslegung als Einheit) ergab sich, dass grundsätzlich auf das erste volle Geschäftsjahr nach dem Inkrafttreten abzustellen war[63]. Neurechtliche Abschlüsse waren demgemäss – bei Übereinstimmung von Geschäftsjahr und Kalenderjahr – erstmals für das Geschäftsjahr 1993 in der ersten Hälfte 1994 (bei vom Kalenderjahr abweichendem Geschäftsjahr analog) vorzulegen, Konzernabschlüsse ein Jahr später (1995 für das Geschäftsjahr 1994).

88 Bei den ersten Abschlüssen durfte die Angabe der Vorjahreszahlen (OR 662a I a. E.) fehlen, da dies nicht eine Anfangsanforderung, sondern eine solche der Kontinuität darstellt. Bei der Frage der Befreiung von der Pflicht zur Erstellung einer Konzernrechnung gemäss OR 663e II wäre für die Bestimmung des Zweijahresdurchschnitts das der allfälligen erstmaligen Konzernrechnungslegungspflicht (1994) vorgehende Jahr (1993) doch schon in die Betrachtung einzubeziehen, da es sich hier nicht um eine Rückwirkung, sondern bloss um eine, erst noch privilegierende Massgrösse handelt.

89 q) Es darf angenommen werden, dass auch die neuen Bestimmungen zur Revisionsstelle sich auf die neurechtlichen Abschlüsse beziehen sollen. Damit oblag es der ersten Generalversammlung nach dem Inkrafttreten des neuen Rechts, die Revisoren mit den neu notwendigen Qualifikationen zu bezeichnen (OR 698 II Ziff. 2, 727, 727a, 727b, 727c, vgl. § 32). Alsdann hatte auch der Eintrag ins Handelsregister zu erfolgen[64].

---

[62] Zur definitorischen Umschreibung N 83; ferner UeBest 3 III.
[63] Vgl. dazu Pra *1995* Nr. 135.
[64] OR 641 Ziff. 10.

r) Es ist davon auszugehen, dass die Bestimmungen des neuen Rechts im Bereiche der Aufgaben des Verwaltungsrates unmittelbar wirksam wurden (vgl. insbes. OR 716a), da hier statutarische Bestimmungen in der Regel wohl unvollständig sind, aber nicht entgegenstehen. Die bereits unter dem alten Recht vorgesehene Delegation der Geschäftsführung (OR *1936* 717) ist neu nur nach Massgabe eines Organisationsreglementes zulässig (OR 716b, dazu § 11 N 16 ff); dafür ist aber eine statutarische Grundlage nötig[65]. Für den Erlass eines solchen Organisationsreglementes ist keine Übergangsbestimmung vorgesehen; daraus ist zu schliessen, dass ein solches mit dem Inkrafttreten des neuen Rechts notwendig wurde. Fraglich ist, ob die Übergangsfrist von fünf Jahren auch für die Schaffung der neu erforderlichen statutarischen Delegationsgrundlage gilt. Diese Frage ist zu bejahen; es brauchte also ab sofort ein Organisationsreglement, und zwar auch zur wirksamen Delegation der Geschäftsführung (OR 716b I), doch steht für die Schaffung einer fehlenden statutarischen Grundlage die fünfjährige Anpassungsfrist (vgl. N 66) zur Verfügung. Da die Statuten bislang nicht zwingend eine die Delegation zulassende Norm enthalten mussten, ist ihnen – beim Fehlen einer Delegationsnorm – auch kein qualifiziertes Schweigen beizumessen.

s) Das neue Aktienrecht enthält verschiedene Rechte, die weitergehen als das alte Recht, so die Möglichkeit der Sonderprüfung (OR 697a ff) oder erweiterte Auskunftsrechte des einzelnen Verwaltungsratsmitglieds (OR 715a). Diese neuen gesetzlichen Rechte gelten unmittelbar, da die Statuten sie gar nicht ausgestalten konnten. Es ist ferner anzunehmen, dass diese Rechte nach dem Inkrafttreten auch in bezug auf vor dem Inkrafttreten liegende Sachverhalte ausgeübt werden können (so jetzt BGE 120 II 393 ff, wonach sich SchlT ZGB 1 nur auf die rechtliche Beurteilung beziehe).

t) Wo früher bei der Regelung der GV mit einer Verweisung auf «das Gesetz» allenfalls Verweisungen auf die Quorumsbestimmungen von OR *1936* 648, 649 oder 655 beabsichtigt waren, sind diese jetzt als solche auf revOR 704 aufzufassen[66].

u) Es war auch die besondere Anpassungsvorschrift von UeBest 6 zu beachten. Sie stellt auf die «blosse Wiedergabe von Bestimmungen des bisherigen Rechts» ab, was materiell und nicht formell zu verstehen ist. Für Quorumsvorschriften, die einfach aus dem Gesetz in die Statuten übernommen worden waren, erlaubte die materielle Sondervorschrift die Anpassung an das neue Recht innert Jahresfrist (also bis 1.7.1993) mit dem allgemeinen Quorum der absoluten Mehrheit aller an einer GV vertretenen Aktienstimmen. Die Anpassung, die sonst am Quorum hätte scheitern müssen[67], sollte dadurch ermöglicht werden.

---

[65] Nach OR *1936* 717 I genügte auch ein Reglement.
[66] Dies gilt aber nicht, wenn auf bestimmte Artikel verwiesen wurde; siehe für diesen Fall UeBest 6 und dazu sogleich nachstehend.
[67] Für die Beseitigung eines qualifizierten Quorums ist das Quorum selbst einzuhalten, und in den Generalversammlungen von Publikumsgesellschaften wird die in OR *1936* 648 vorgesehene Mehrheit von zwei Dritteln des gesamten Aktienkapitals meist nicht erreicht.

Diese Möglichkeit besteht nun nicht mehr. Sie war zudem an die Voraussetzung gebunden, dass mit der Wiedergabe und ihrer (allenfalls erweiterten) Formulierung keine besondere (Minderheiten-)Schutzabsicht verbunden war[68]. Die Bestimmung scheint kaum benutzt worden zu sein.

94   v) OR 685d I (Vinkulierung bei börsenkotierten Gesellschaften) wird in den Übergangsbestimmungen (Art. 4) ergänzt, indem eine Vinkulierung «aufgrund statutarischer Bestimmung» auch dahingehend zugelassen wird, dass kotierte Gesellschaften Erwerber fernhalten können, «soweit und solange deren Anerkennung die Gesellschaft daran hindern könnte, durch Bundesgesetze geforderte Nachweise über die Zusammensetzung des Kreises der Aktionäre zu erbringen». Der Vorschlag zu dieser Bestimmung – faktisch eine Ausländerdiskriminierung, da Nachweise über die Zusammensetzung des Aktionärskreises im schweizerischen Recht nur hinsichtlich der schweizerischen Beherrschung von Aktiengesellschaften vorkommen – entsprang als Kompromiss in letzter Minute einer «Boîte à mystères»[69].

95   Die Bestimmung von UeBest 4 wird, da materiell dorthin gehörend, im Zusammenhang mit der Vinkulierung behandelt[70]. Der Standort der letztlich vom Nationalrat vorgenommenen Verschiebung in die Übergangsbestimmungen dient eigentlich nur kosmetischen Zwecken. Immerhin wird damit angedeutet, dass die Norm nur vorübergehend gelten und gelegentlich entfallen soll.

---

[68]   Die Bestimmung von UeBest 6 ist übrigens ein Hinweis für die Annahme, dass OR 704 II auch für die Aufhebung von Quorumsbestimmungen (und nicht nur für deren Einführung) gilt, vgl. dazu § 24 N 51.
[69]   Couchepin, AmtlBull NR *1991*, 851; Näheres in § 44 N 193.
[70]   Dazu § 44 N 193 ff.

§ 6 Die Rechtsquellen des Aktienrechts

Neben dem allgemeinen Privatrecht (Ziff. I) sind für einzelne Arten von Aktiengesellschaften Spezialgesetze von Bedeutung (Ziff. II). Am Rande spielt auch kantonales und öffentliches Recht eine Rolle (Ziff. III). Zu beachten ist ferner, dass einzelne aktienrechtliche Bestimmungen auch auf Gesellschaften anderer Rechtsform anwendbar sind (Ziff. IV).

I. Allgemeines Privatrecht

Das Recht der AG ist im *26. Titel des OR* (Art. 620–763)[1] geregelt. Anwendung finden sodann zahlreiche Artikel der *vierten Abteilung des OR,* in welcher das Handelsregisterrecht, das Firmenrecht und das Recht der kaufmännischen Buchführung geordnet sind. – Aus der *Privatrechtskodifikation* sind im übrigen vor allem die allgemeinen Bestimmungen über die juristischen Personen (insbes. ZGB 53 und 54) von Bedeutung, sodann der Einleitungstitel zum ZGB und der allgemeine Teil des Schuldrechts[2].

II. Spezialgesetze

Für einzelne Arten von Aktiengesellschaften finden sich Sondervorschriften in Spezialgesetzen.

Zu erwähnen sind namentlich:
- BG über die *Banken und Sparkassen* vom 8. 11. 1934 (SR 952.0) und zugehörige Verordnung (SR 952.02)[3]
- BG über die *Ausgabe von Pfandbriefen* vom 25. 6. 1930 (SR 211.423.4), mit zugehöriger VV (SR 211.423.41)
- BG über die *Anlagefonds* vom 18. 3. 1994 (SR 951.31), mit zugehörigen Verordnungen des Bundesrates vom 19. 10. 1994 (SR 951.311) und der Eidg. Bankenkommission vom 27. 10. 1994 (SR 951.311.1)
- BG über den *Versicherungsvertrag* vom 2. 4. 1908 (SR 221.229.1), BG über die *Aufsicht über die privaten Versicherungseinrichtungen* vom 23. 6. 1978 (SR 961.01), mit zugehöriger Verordnung (SR 961.05), BG über die Kautionen der Versicherungsgesellschaften vom 4. 2. 1919 (SR 961.02), BG über die Sicherstellung von Ansprüchen aus Lebensversicherungen inländischer Lebensversicherungsgesellschaften (SR 961.03)[4]
- BG über die *Nutzbarmachung der Wasserkräfte* vom 22. 12. 1916 (SR 721.80)

---

[1] Fassung vom 4. Oktober 1991, zur Entstehungsgeschichte § 4 N 48 ff.
[2] Dieser ist gemäss ZGB 7 auch im Gesellschaftsrecht anwendbar. Doch ist in jedem Einzelfall zu prüfen, inwieweit die Besonderheiten des Gesellschafts- und insbesondere des Aktienrechts Abweichungen verlangen. Vgl. etwa zur Frage der Anwendbarkeit der Bestimmungen über die Willensmängel (OR 23 ff) auf die Zeichnung von Aktien hinten § 17 N 34 sowie allgemein § 7 N 4.
[3] Dazu § 61 N 53 ff.
[4] Dazu § 61 N 59 ff.

10 – BG betreffend die elektrischen *Schwach- und Starkstromanlagen* vom 24.6.1902 (SR 734.0)
11 – *Eisenbahngesetz* vom 20.12.1957 (SR 742.101), mit zugehöriger Verordnung (SR 742.101.1).
12 – BG über die *Seeschiffahrt* unter der Schweizer Flagge vom 23.9.1953 (SR 747.30), mit zugehöriger Verordnung (SR 747.301)
13 – BG über die *Luftfahrt* vom 21.12.1948 (SR 748.0), mit zugehöriger Verordnung (SR 748.01).
14   Für Gesellschaften mit börsenkotierten Aktien wird auch das voraussichtlich Mitte 1996 in Kraft tretende eidgenössische *Börsengesetz* besondere Vorschriften enthalten[5].

III. Kantonales und öffentliches Recht

15   Die Befugnis zur Gesetzgebung auf dem Gebiet des Aktienrechts ist den Kantonen entzogen. (Das Recht der Kantone bleibt bloss für die öffentlich-rechtlichen und kirchlichen Körperschaften sowie für Allmendgenossenschaften und ähnliche Körperschaften vorbehalten, ZGB 59 I, III[6].) Die bundesrechtliche Ordnung ist abschliessend[7]. Kantonales Recht kann trotzdem für Aktiengesellschaften des Bundesrechts von Bedeutung sein. So haben die Kantone die öffentliche Beurkundung zu regeln[8], was sich unmittelbar auf die Modalitäten der Gründung und der Statutenänderung auswirkt.

16   Zu den sog. *gemischtwirtschaftlichen* und den *öffentlichrechtlichen* Aktiengesellschaften vgl. OR 762 f und hinten § 63[9].

IV. Exkurs: Anwendung des Aktienrechts auf andere Gesellschaftsformen

17   Kraft Verweisung kommen einzelne aktienrechtliche Vorschriften auch auf *Genossenschaften* und auf die *GmbH* zur Anwendung. Diese Verweisungen meinen nach vorherrschender Lehre das jeweils geltende Recht[10].

---

5   Dazu § 61 N 15 ff.
6   Dazu Meier-Hayoz/Forstmoser § 17 und zur Konkretisierung im Aktienrecht – OR 763 – hinten § 63 N 42 ff.
7   Es bestehen keine Vorbehalte im Sinne von ZGB 5 I.
8   SchlT ZGB 55.
9   Als Beispiel für eine öffentlichrechtliche oder gemischtwirtschaftliche Ordnung sei das *Nationalbankgesetz* vom 23.12.1953 (SR 951.11) erwähnt, dazu hinten § 63 N 23 ff und Meier-Hayoz/Forstmoser § 1 N 25.
10   Vgl. Brigitte Tanner: Die Auswirkungen des neuen Aktienrechts auf Gesellschaften mit beschränkter Haftung, Genossenschaften und Bankaktiengesellschaften, in: Schluep/Isler (Hg.): Neues zum Gesellschafts- und Wirtschaftsrecht (Zürich 1993) 31 ff; zurückhaltender noch Meier-Hayoz/Forstmoser § 6 N 76 ff. A. M. und für die Weitergeltung des bisherigen Aktienrechts dagegen Baudenbacher in Basler Kommentar, Vorb. zu Art. 620 N 17 sowie Herbert Wohlmann: Zu den Verweisungen im Recht der GmbH auf das Aktienrecht, SZW *1995* 139 ff.

Für *Kreditgenossenschaften* verweist OR 858 II auf die aktienrechtlichen Bilanzvorschriften, OR 920 auf die aktienrechtliche Verantwortlichkeit. Für die *konzessionierten Versicherungsgenossenschaften* gelten dieselben Verweisungen und überdies eine auf die Amtsdauer des Verwaltungsrates (OR 896 II). 18

Für *alle Genossenschaftsarten* geltende Verweisungen finden sich in OR 874 II und 917 II. 19

Zahlreich sind die Verweisungen auf das Aktienrecht im Recht der *GmbH:* Vgl. OR 788 II (Herabsetzung des Stammkapitals), 804 II (Bauzinsen), 805 (Bestimmungen über Bilanz und Reserven), 808 VI (Anfechtung von Gesellschaftsbeschlüssen), 814 I (Vertretungsbefugnis des Geschäftsführers), 817 I (Kapitalzerfall und Überschuldung), 819 II (Kontroll- bzw. Revisionsstelle), 823 (Liquidation), 827 (Verantwortlichkeit). 20

Für die *Kommandit-AG* kommen, «soweit nicht etwas anderes vorgesehen ist, die Bestimmungen über die Aktiengesellschaft zur Anwendung» (OR 764 II). 21

2. Kapitel: Statuten und weitere innergesellschaftliche Rechtsgrundlagen

Materialien: Botschaft 109–111, AmtlBull NR *1985* 1671, SR *1988* 467, NR *1990* 1357, SR *1991* 65.

Das Aktienrecht lässt weiten Raum für die privatautonome Gestaltung (vgl. § 2 N 4). Diese erfolgt – was das Grundsätzliche betrifft – in den Statuten, im weiteren auch durch andere innergesellschaftliche Rechtsgrundlagen.

§ 7 Wesen und Auslegung der Statuten

Literatur: Fritz Bartlomé: Die Statuten der Aktiengesellschaft (Diss. Bern 1949); Max Brunner: Streifzug durch die Statuten schweizerischer Publikums-Aktiengesellschaften (Bern 1976 = ASR 444); David Hüppi: Die Methode zur Auslegung von Statuten (Diss. Zürich 1971 = ZBR 373). *Musterstatuten* nach neuem Aktienrecht finden sich (viersprachig) bei Zindel/Honegger/Isler/Benz: Statuten der Aktiengesellschaft (2. A. Zürich 1996 = SnA 1).

I. Wesen und Funktion

1. Begriff und Rechtsnatur

a) Statuten können definiert werden als «Komplexe von Rechtsnormen, die als Verfassung von Körperschaften funktionieren und ihren Geltungsgrund unmittelbar in der Privatautonomie haben»[1]. Diese Umschreibung weist auf zwei Wesensmerkmale hin: Den Statuten kommt die Bedeutung einer *Verfassung,* einer Grundordnung für die betreffende Körperschaft, zu (N 3), und sie beruhen auf privatautonomer, *rechtsgeschäftlicher Grundlage* (N 4).

b) Die Statuten bilden also das von der Körperschaft selbst aufgestellte *Grundgesetz,* ihre Bestimmungen sind «den vom Gemeinwesen gesetzten Normen insoweit ähnlich, als durch sie das Leben eines Verbandes nach innen und nach aussen geregelt wird...»[2]. Statuten sind demnach Regeln *objektiver und genereller Natur,* sie binden nicht nur die einzelnen Gesellschafter, sondern auch die Organe der Gesellschaften. Die Verwandtschaft von Statuten und staatlichen Rechtsnormen lässt es oft angezeigt erscheinen, die Regeln über die Anwendung von Gesetzesbestimmungen auch im Hinblick auf die Statuten zu berücksichtigen[3].

---

[1] Hüppi (zit. N 1) 1.
[2] Siegwart Art. 626 N 1.
[3] So bei der Auslegung, vgl. hinten N 36.

4 c) Die Statuten werden von den Beteiligten in den Schranken des Gesetzes autonom gestaltet. Sie beruhen auf einer *rechtsgeschäftlichen Grundlage*, gelten gegenüber den Adressaten aufgrund privater Willensäusserungen. Insofern sind die Statuten verwandt mit anderen Rechtsgeschäften, besonders auch den schuldrechtlichen Verträgen. Es kann sich daher der Beizug der *Normen des allgemeinen Teils des OR aufdrängen*[4], wobei jedoch – da die allgemeinen Bestimmungen des OR vornehmlich auf zweiseitige schuldrechtliche Verträge zugeschnitten sind – ihre Anwendbarkeit im Einzelfall sorgfältig zu prüfen ist[5].

5 d) Die *Rechtsnatur* der Statuten war früher stark umstritten: Von einzelnen Autoren wurde einseitig die rechtsgeschäftliche Natur, der Vertragscharakter betont, von anderen der Normcharakter, der die Statuten in die Nähe des Gesetzes bringt. Heute ist – zumindest in der Praxis – die Berücksichtigung beider Komponenten weitgehend selbstverständlich geworden.

2. Funktion und Wirkung

6 a) Die Statuten entfalten primär *Wirkungen nach innen*. Sie regeln die *Organisation* der Körperschaft sowie die *Rechte und Pflichten der Beteiligten*. Die Unterwerfung unter die Statuten dauert grundsätzlich nur solange, als die Beziehung als Aktionär, Partizipant, Nutzniesser oder Organ besteht. Doch können die Statuten auch für Ausgeschiedene von Bedeutung sein, soweit die frühere Rechtsbeziehung noch nachwirkt.

7 Weitere Funktionen der Statuten sind etwa ihre *Entstehungsfunktion* während des Gründungsverfahrens (dazu § 14 N 10), die Funktion als *Publizitätsmittel* (dazu § 16 N 42), ihre *Individualisierungsfunktion* für eine bestimmte Körperschaft und schliesslich eine *Schutzfunktion* für die Beteiligten insofern, als gewisse statutarische Bestimmungen nur erschwert abänderbar sind (dazu §§ 9 N 10, 24 N 28 ff).

8 b) Auch für *Drittpersonen*, die zur Gesellschaft in Beziehung treten, sind die Statuten von Bedeutung. So können Dritte Verträge nicht durchsetzen, wenn diese in offensichtlicher Missachtung der statutarischen Zweckbestimmung abgeschlossen worden sind[6]. Die *Kenntnis* des Inhalts der Statuten wird ermöglicht und – zumindest teilweise – vorausgesetzt, weil diese im Handelsregister eingetragen sind (OR 647 II, dazu hinten § 16 N 42 ff) und dort von jedermann ohne jeden Interessennachweis eingesehen werden können (OR 930[7]).

9 Dritte werden durch die Statuten jedoch *direkt nicht verpflichtet und in der Regel auch nicht berechtigt;* sie können insbesondere auch nicht ihre richtige

---

[4] Vgl. die Verweisung von ZGB 7.

[5] Statuten sind auf eine Interessen*gemeinschaft,* Schuldverträge auf einen Interessen*gegensatz* ausgerichtet. Statuten erzeugen – anders als Verträge – Rechtswirkungen nicht nur für die direkt Beteiligten, sondern auch für künftige Gesellschafter und allenfalls für Dritte.

[6] Die Praxis ist in dieser Hinsicht zu Recht zurückhaltend, vgl. BGE 111 II 484 ff. Unhaltbar war der in diesem Entscheid zurückgenommene frühere BGE 95 II 442 ff.

[7] Vgl. Meier-Hayoz/Forstmoser § 5 N 12 ff.

Anwendung durchsetzen[8]. Immerhin bestehen Ausnahmen für die *Gläubiger*, so im Hinblick auf die Erhaltung des Haftungssubstrats[9]. Sodann können statutarische Bestimmungen für Dritte von *mittelbarer* Bedeutung sein[10].

II. Das Verhältnis zu anderen Rechtsquellen

In welchem Verhältnis stehen die Statuten zu anderen Rechtsquellen, zur staatlichen Rechtsordnung, zu den Reglementen einer Gesellschaft und anderen gesellschaftsinternen Rechtsquellen sowie zu schuldvertraglichen Abmachungen? 10

1. Statuten und staatliche Rechtsordnung

a) Das Gesetz legt den zwingend notwendigen Statuteninhalt fest (OR 626, dazu § 8 N 7), und es sieht vor, dass gewisse weitere Bestimmungen nur durch Aufnahme in die Statuten verbindlich geregelt werden können (OR 627 f, dazu § 8 N 64 ff). Statuten können aber noch weitere Aspekte gestalten (sog. fakultativer Statuteninhalt, vgl. § 8 N 88 ff). 11

b) *Zwingend* ausgestaltete staatliche Rechtsnormen *gehen den Statuten vor, dispositive* können durch statutarische Bestimmungen *wegbedungen* werden. 12

Der *zwingende oder nicht zwingende Charakter* einer Rechtsnorm wird oft *eindeutig festgelegt*[11]. Bei anderen Normen ergibt sich die Zuordnung zum zwingenden oder nachgiebigen Recht nicht schon aus dem Wortlaut. Dann ist die Rechtsnatur nach bewährten Auslegungsregeln zu ermitteln[12], wobei im Zweifel anzunehmen ist, dass eine Vorschrift *dispositiver Natur* ist und daher durch eine statutarische Bestimmung abgeändert werden kann. 13

c) Zwingende, den Statuten vorgehende Bestimmungen können aus den *verschiedensten Quellen* stammen: 14

Zunächst ist über das Aktienrecht hinaus die *ganze Privatrechtskodifikation* zu beachten. 15

So gilt auch etwa OR 19 II: «Gleich wie die Vertragsfreiheit nur in den Schranken des Gesetzes, der öffentlichen Ordnung, des Rechts der Persönlichkeit und der guten Sitten 16

---

[8] Der Vertragspartner einer AG kann sich also – wenn diese den Vertrag nicht erfüllt – nicht darauf berufen, der Verwaltungsrat verletze seine statutarisch festgelegten Geschäftsführungspflichten. Er muss mit den normalen Rechtsmitteln aus Vertragsrecht gegen die Gesellschaft selber vorgehen.
[9] Vgl. OR 734 (dazu § 53 N 159 ff): Die Herabsetzung des Aktienkapitals kann nur durchgeführt werden, wenn die Gläubiger befriedigt oder sichergestellt worden sind.
[10] Gläubiger können allenfalls aus einer Missachtung statutarischer Pflichten Schadenersatzansprüche gegen Organpersonen herleiten (OR 754 ff, dazu § 36 f).
[11] Eindeutig zwingend etwa OR 626: «Die Statuten müssen Bestimmungen enthalten über ...»; eindeutig dispositiv dagegen OR 672: «Die Statuten können bestimmen ...».
[12] Dazu ausführlich Arthur Meier-Hayoz, Berner Kommentar, Einleitungsband (Bern 1966) N 132 ff zu ZGB 1.

besteht, so besteht auch die Freiheit zur beliebigen Gestaltung von Verbandsstatuten nur innerhalb dieser Schranken»[13].

17 Zu beachten sind sodann auch die *Spezialgesetze* für Körperschaften einzelner Wirtschaftszweige (etwa für Bank- oder Versicherungsgesellschaften, dazu § 61 N 53 ff), und auch das auf *Verordnungsstufe* stehende zwingende Recht geht den Statuten vor[14].

18 Endlich können sich den Statuten vorgehende zwingende Normen theoretisch aus *Gewohnheitsrecht oder* – was praktisch schon eher vorkommt – *aus Richterrecht* herleiten (vgl. ZGB 1 II).

19 d) Nicht selten werden in den Statuten *zwingende oder dispositive Gesetzesbestimmungen wörtlich wiederholt*. Die Statuten sollen so als eine Art Checklist dienen, die den Gesellschaftsorganen ihre elementaren Rechte und Pflichten in Erinnerung ruft. Rechtlich zeitigen solche Wiederholungen zunächst keinerlei Wirkungen[15]. Sie können aber bei Gesetzesänderungen bedeutsam werden: Fällt die in den Statuten enthaltene Gesetzesnorm dahin und wird sie nicht durch eine andere zwingende Vorschrift ersetzt, dann gilt sie als nunmehr statutarische weiter[16].

20 e) Widerspricht eine statutarische Bestimmung zwingenden Gesetzesvorschriften, dann ist sie *vom Handelsregisterführer grundsätzlich zurückzuweisen*. Der Registerführer darf aber eine statutarische Regelung nur dann beanstanden, wenn sie *offensichtlich und unzweideutig qualifiziertem zwingendem Recht widerspricht* (vgl. § 16 N 33 f).

21 Wird eine gegen zwingendes Recht verstossende Statutenbestimmung durch den Handelsregisterführer – aus Versehen oder weil es sich nicht um einen offensichtlichen Fall handelt – *zugelassen,* so bleibt sie *dennoch nichtig.* Die Nichtigkeit kann von jedermann, der daran ein rechtliches Interesse hat, geltend gemacht werden, und sie ist vom Richter von Amtes wegen zu berücksichtigen.

22 Von der wegen eines Widerspruchs zu zwingendem Recht nichtigen Statutenvorschrift klar zu unterscheiden ist eine statutarische Bestimmung, deren *Inhalt* von Gesetzes wegen *zulässig* ist, bei deren *Einführung* aber zwingende gesetzliche Vorschriften bezüglich der *Beschlussfassung verletzt* worden sind. Bei solchen Verstössen gegen formelle Vorschriften greift nur ausnahmsweise die Sanktion der Nichtigkeit Platz, in der Regel dagegen jene der Anfechtbarkeit (vgl. § 25 N 2 ff).

---

[13] BGE 80 II 132.
[14] Besonders bedeutsam ist etwa die HRV mit ihren zahlreichen zwingenden Bestimmungen.
[15] Die Bestimmungen gelten weiterhin als *gesetzliche*, vgl. BGE 57 II 309.
[16] Bestimmungen, die bisherigem zwingendem Recht entsprechen, sind in der Regel als *bewusst gewollt* anzusehen und werden daher mit einer Änderung des Gesetzes nicht wirkungslos, ZR *1949* Nr. 155. Zur erleichterten Abänderbarkeit von aus dem bisherigen Recht übernommenen Quorumsbestimmungen während eines Jahres nach dem Inkrafttreten des revidierten Aktienrechts vgl. § 5 N 93.

2. Statuten und andere innergesellschaftliche Rechtsquellen

a) Reglemente stehen zu den Statuten im gleichen Verhältnis wie Verordnungen zu Gesetz und Verfassung. «Sie stellen ebenfalls generelle Normen auf zur Ausführung, Erläuterung oder Ergänzung ..., namentlich in Angelegenheiten, die von untergeordneter Bedeutung sind oder nur für einen beschränkten Personenkreis in Betracht kommen»[17].

Zwingendes Recht und *statutarische Ordnung gehen* den Reglementen *vor*. Wo das Gesetz die Form der Statuten vorschreibt, ist eine *Delegation* durch die Statuten auf die Reglementsstufe unzulässig, und zwar selbst dann, wenn das Reglement durch die Generalversammlung beschlossen wird.

Reglemente brauchen im Gegensatz zu den Statuten *nicht beim Handelsregister deponiert* zu werden. In der Regel sind sie nicht allgemein zugänglich.

Zum sog. *Organisationsreglement,* dem im neuen Aktienrecht besondere Bedeutung zukommt, vgl. hinten § 11.

b) In einer Gesellschaft kann sich – analog zum staatlichen Gewohnheitsrecht – eine Art gesellschaftsinternes Gewohnheitsrecht, die sog. *Observanz* bilden. Zu dieser und ihrem Verhältnis zu den Statuten vgl. § 12 N 7 ff.

c) *Beschlüsse* aller Organe – auch die der Generalversammlung – haben sich in den Grenzen der von den Statuten gesetzten Ordnung zu halten. Diese setzt aber oft nur *Schranken des Dürfens, nicht solche des Könnens*. Gegen die Statuten verstossende Generalversammlungsbeschlüsse sind deshalb in der Regel nicht nichtig, sondern lediglich anfechtbar und können daher volle Gültigkeit erlangen[18].

d) Die durch Statuten und Reglemente festgelegte generelle Ordnung wird – vor allem bei personenbezogenen Gesellschaften mit kleinem Aktionärskreis – oft ergänzt durch *schuldvertragliche Abmachungen zwischen der Gesellschaft und ihren Aktionären*[19] oder zwischen *einzelnen oder allen Aktionären unter sich*[20].

Solche Verträge haben rechtlich ein *selbständiges Schicksal*[21]. Gültigkeit und Bedeutung richten sich nach dem Recht des betreffenden Schuldvertrages.

Faktisch bilden freilich die Statuten und auf sie abgestimmte (Aktionärbindungs-)Verträge nicht selten eine Einheit, indem eine für den Einzelfall passende Ordnung nur durch eine Kombination von statutarischen und vertraglichen Normen gefunden werden kann. Diese faktische Einheit kann auch rechtlich nicht gänzlich ignoriert werden: So wird oft «bei der Interpretation solcher Abmachun-

---

[17] Siegwart, Einleitung N 296.
[18] Vgl. § 25 N 4 ff. Das neue Recht enthält freilich auch einen expliziten Katalog nichtiger Beschlüsse (OR 706b, dazu § 25 N 89 ff).
[19] Z.B. Arbeitsverträge mit vollamtlich tätigen Verwaltungsratsmitgliedern.
[20] Aktionärbindungsverträge, dazu § 39 N 139 ff.
[21] Die Abberufung als Mitglied des Verwaltungsrates berührt z. B. die Stellung als Arbeitnehmer nicht und umgekehrt.

gen auf die Statuten abzustellen sein ...»²² oder sind umgekehrt die schuldvertraglichen Vereinbarungen zum besseren Verständnis der Statuten beizuziehen.

32   e) Statutarische oder reglementarische Bestimmungen können im Widerspruch stehen zu *vertraglichen Verpflichtungen,* welche die Gesellschaft *Dritten gegenüber* eingegangen ist. Auch in diesen Fällen haben die innergesellschaftlichen Rechtsnormen einerseits und die vertraglichen Bindungen auf der anderen Seite ein *rechtlich selbständiges Schicksal:* Die Gültigkeit des Vertrages wird durch den Widerspruch in der Regel nicht beeinträchtigt. Anderseits bleibt aber auch die statutarische (oder reglementarische) Bestimmung intern wirksam. Sie kann z. B. Grundlage für Verantwortlichkeitsansprüche gegen Organe und Hilfspersonen sein²³, und allenfalls können die geschäftsführenden Organe gehalten sein, Schadenersatz zu leisten, statt den Vertrag zu erfüllen.

III. Zur Auslegung der Statuten

33   a) Wie vorn in N 2 ff dargelegt weisen die Statuten Gemeinsamkeiten einerseits mit *Gesetzen,* anderseits mit *Schuldverträgen* auf. Diese doppelte Verwandtschaft ist auch bei der Auslegung zu berücksichtigen: «Weder eine rein vertragliche noch eine rein institutionelle Auffassung vermag den Verhältnissen gerecht zu werden. Die für die gewöhnliche Vertragsauslegung charakteristische Individualisierung ist hier nicht am Platze. Aber auch Generalisierung im gleichen Masse wie bei der Gesetzesinterpretation würde den Besonderheiten nicht gerecht.»²⁴

34   b) In Gerichtsentscheiden wird oft die *Analogie zum Schuldvertrag* in den Vordergrund gestellt, so etwa in BGE 87 II 95:

35   «Die Statuten einer privatrechtlichen Körperschaft sind wie vertragliche Willenserklärungen... nach dem Vertrauensprinzip auszulegen. Massgebend ist der Sinn, den die Mitglieder ihnen nach Treu und Glauben vernünftigerweise beimessen dürfen ...»

36   c) In anderen Urteilen wird demgegenüber die Auslegung von Statuten der *Gesetzesinterpretation* angenähert, indem eine Berücksichtigung der individuellen Umstände, wie sie bei der Vertragsauslegung von Bedeutung ist, abgelehnt wird. Besonders deutlich ist in dieser Hinsicht ein alter Entscheid, BGE 26 II 284:

37   «Diese [die Statuten] sind aus sich selbst heraus zu interpretieren. Da dieselben dazu bestimmt sind, nicht nur für die bei deren Abfassung beteiligten Personen, sondern für jedermann Recht zu machen, der ... der Gesellschaft beitritt, muss bei der Auslegung ihres Inhaltes vom Standpunkt des Publikums ausgegangen werden, das die Entstehungsgeschichte der einzelnen Bestimmung nicht kennt und sich deshalb lediglich an dasjenige zu

---

22   Siegwart, Art. 626 N 8, vgl. BGE 32 II 124.
23   Zur Haftung der Organe vgl. OR 754 ff und hinten § 36 f; die Verletzung statutarischer oder reglementarischer Anweisungen kann auch einen Verstoss gegen arbeitsrechtliche Sorgfaltspflichten beinhalten, vgl. OR 321a und 321e.
24   Meier-Hayoz in SJZ *1956* 172 ff, 178.

halten hat, was darin geschrieben steht und nach den Regeln grammatikalischer und logischer Interpretation gemeint sein kann.»

d) Neuere Entscheide nehmen dagegen zu Recht *Differenzierungen* vor, und zwar in zweierlei Hinsicht, sowohl nach Art der in Frage stehenden *Gesellschaft* wie auch mit Rücksicht auf die *auszulegende Bestimmung:* 38

aa) Nach *Art der Gesellschaft* unterscheidet etwa BGE 107 II 186: 39

«Gesellschaftsstatuten sind wie Willenserklärungen, die bei Schuldverträgen abgegeben werden, nach dem Vertrauensprinzip auszulegen ... Bei Gesellschaften, die sich ... an das breite Publikum wenden, rechtfertigt sich zudem eine analoge Anwendung der Grundsätze, die für die Interpretation von Gesetzesrecht entwickelt worden sind ...» 40

Bei kleinen Gesellschaften mit engem Mitgliederkreis, bei denen alle betroffenen Aktionäre an der Ausgestaltung der Statuten beteiligt waren, sind also die konkreten, individuellen Umstände zu beachten. So können für die Beurteilung unklarer statutarischer Bestimmungen auch etwa die Vorverhandlungen und weitere Äusserungen der Beteiligten beigezogen werden, soweit sich daraus ein einheitlicher Wille erkennen lässt. Bei der typischen AG mit grossem Aktionärskreis, der zur Gesellschaft im wesentlichen nur in einer Kapitalbeziehung steht, muss dagegen die Auslegung weitgehend der von Gesetzesbestimmungen entsprechen. 41

Im weiteren ist dem *besonderen Charakter* der konkreten Gesellschaft Rechnung zu tragen, ist die Auslegung also nicht einfach auf den gesetzlichen Typus der AG auszurichten: Wo das Gesetz Freiheit zur atypischen Ausgestaltung lässt, ist auch bei der Auslegung der Statuten auf Typabweichungen Rücksicht zu nehmen. 42

Entsprechend kann bei zweideutigen oder widersprüchlichen statutarischen Bestimmungen «nicht ohne weiteres angenommen werden, die mit der subsidiären gesetzlichen Regelung identische Statutenbestimmung gehe ... vor»[25]. 43

bb) Eine Differenzierung nach der in Frage stehenden *Bestimmung* stellt BGE 114 II 196 f zur Diskussion: 44

«Certes, le Tribunal fédéral a considéré que les statuts d'une personne morale de droit privé ... doivent s'interpréter selon le principe de la confiance, comme des déclarations de volonté contractuelles (ATF 87 II 95 consid. 3). Toutefois, il s'agissait dans cette espèce de la partie des statuts qui comportait un contrat d'assurance. On peut se demander si, quand il s'agit d'interpréter les statuts dans la mesure où ils édictent les règles sur la constitution de la personne morale (savoir la désignation de ses organes, la détermination des compétences respectives de chacun d'eux et les formes dans lesquelles sont prises leurs décisions), l'interprétation ne doit pas se faire selon le sens objectif plutôt que selon le principe de la confiance...»[26]. 45

---

[25] Appellationshof Bern in SJZ *1956* 179 Nr. 94.
[26] Fragwürdig ist es, wenn in diesem Entscheid ein Gegensatz zwischen Vertrauensprinzip und objektivierter Auslegung angenommen wird: Das Vertrauensprinzip enthält durchaus das Element der Objektivierung, und der vorerwähnte BGE 107 II 186 spricht zu Recht von einer «objektiven Auslegung nach Treu und Glauben».

46 Das Bundesgericht lässt die Frage offen, man wird aber auch dieser Differenzierung zustimmen: Die Auslegung nach Vertragsgrundsätzen ist vor allem dann am Platz, wenn nur *gesellschaftsintern* bedeutsame Bestimmungen zu interpretieren sind, der Beizug der Regeln der Gesetzesinterpretation dagegen, wenn Interessen von *Dritten*, insbesondere von Gläubigern zu schützen sind.

47 *Ein* der Gesetzesauslegung entlehnter Gesichtspunkt muss freilich bei der Interpretation von Statuten immer berücksichtigt werden: Diese sind wie Gesetze *einheitlich, für alle Beteiligten gleich auszulegen*. Dies setzt der Beachtung individueller Momente Schranken.

48 e) Überhaupt gelten zahlreiche Auslegungsgrundsätze unabhängig davon, ob mehr auf die Regeln der Vertrags- oder der Gesetzesinterpretation abgestellt wird. So ist zwar der Wortlaut Ausgangspunkt jeder Interpretation, doch ist eine formalistisch allein darauf abstellende Auslegung abzulehnen. Die einzelne Statutenbestimmung ist sodann aus dem Zusammenhang heraus, in Berücksichtigung der Gesamtheit der statutarischen Ordnung, auszulegen (systematisches Element). Dabei kommt insbesondere dem Gesellschaftszweck eine hervorragende Bedeutung auch für das Verständnis der übrigen Bestimmungen zu (teleologisches Element).

49 f) Von der Auslegung zu trennen ist die Frage der allfälligen *Ergänzung* der statutarischen Ordnung. Diese hat regelmässig durch dispositives Gesetzesrecht zu erfolgen. Umstritten ist, inwieweit allenfalls Statutenergänzungen gestützt auf den hypothetischen Willen der Beteiligten zulässig sind. In Betracht kommen solche Ergänzungen jedenfalls nur in kleinen Verhältnissen (bei denen das schuldvertragliche Element stärker hervortritt) und ausschliesslich dann, wenn sich die Ordnung nur für die Beteiligten selbst auswirkt.

§ 8 Der Inhalt der Statuten

Literatur: Vgl. die Angaben zu § 7 sowie Böckli N 107 ff; Forstmoser § 7 N 15 ff; Schenker in Basler Kommentar zu Art. 626–628; Siegwart zu Art. 626–628.

Im Vergleich zu ausländischen Rechten zeichnet sich das schweizerische Aktienrecht durch *grosse statutarische Gestaltungsfreiheit* aus. Dies hat freilich nicht verhindert, dass die Statuten der meisten Gesellschaften in ihrer formalen und auch inhaltlichen Ausgestaltung grosse Ähnlichkeiten aufweisen, wobei sich unter neuem Aktienrecht wohl vermehrt zwei Typen entwickeln werden: Statuten für Publikumsgesellschaften mit kotierten Aktien und solche für «private» Aktiengesellschaften.

I. Die Gliederung des Statuteninhalts

Die in den Statuten enthaltenen Bestimmungen werden üblicherweise gegliedert in den *absolut notwendigen,* den *bedingt notwendigen* und den *fakultativen* Statuteninhalt.

Der *absolut oder unbedingt notwendige* Statuteninhalt umfasst diejenigen Angaben, die in den Statuten enthalten sein *müssen,* damit eine AG überhaupt gegründet werden kann. Vgl. N 7 ff.

Andere Regeln erlangen nur durch Aufnahme in die Statuten Gültigkeit, doch steht es den Beteiligten frei, auf eine Normierung zu verzichten und sich der dispositiven gesetzlichen Ordnung zu unterstellen. Diese Bestimmungen werden als *«bedingt notwendiger»* Statuteninhalt bezeichnet. Vgl. N 64 ff.

Vom Gesetz nicht besonders erwähnt wird der *fakultative* Statuteninhalt. Dazu sind Normen zu zählen, die rechtlich verbindlich auch in anderer Form (z. B. in Reglementen) aufgestellt werden können, ferner solche, die einfach die zwingende oder dispositive gesetzliche Regelung wiedergeben. Vgl. N 88 ff.

II. Der absolut notwendige Statuteninhalt (OR 626)

1. Allgemeines

Der absolut notwendige Inhalt der Statuten, ihr *Minimalinhalt,* ist in OR 626 aufgeführt. Die Aufzählung ist – vorbehältlich spezialgesetzlicher Vorschriften für einzelne Arten von Aktiengesellschaften (dazu N 90) – abschliessend.

Fehlen einzelne dieser Bestimmungen, dann ist die Eintragung in das Handelsregister zu verweigern (vgl. OR 940 II und HRV 21 II), die AG *kann nicht entstehen* (vgl. OR 643 I). Wird versehentlich trotz Lückenhaftigkeit eingetragen, liegen *Gründungsmängel* vor, die unterschiedliche Rechtsfolgen haben können (vgl. § 17 N 2 ff).

Die in OR 626 verlangten Angaben müssen *materiell in den Statuten enthalten* sein; eine *Verweisung* auf andere gesellschaftsinterne Rechtsquellen (Reglemente oder einfache Gesellschaftsbeschlüsse) ist also *nicht statthaft.* Nur so wird die vom Gesetzgeber verlangte Transparenz gewährleistet.

2. Die Firma (Ziff. 1)

10 a) Die *Firma* ist der Name der AG, den diese im Handelsverkehr zu verwenden hat[1], und zwar einheitlich zu verwenden hat[2].

11 Hauptaufgabe der Firma ist die *Individualisierung* und Kennzeichnung der AG. Daraus ergeben sich auch die wichtigsten Grundsätze des Firmenrechts: Wahrheitsgebot und Täuschungsverbot (N 18 ff) sowie deutliche Unterscheidbarkeit gegenüber bereits bestehenden Firmen (N 26 ff).

12 b) Das *Firmenrecht* ist im OR in einem eigenen Titel geregelt (OR 944 ff), wobei für die Personengesellschaften einerseits, die Körperschaften andererseits besondere Normen gelten (vgl. für die AG insbes. OR 944, 950–952, 955, 956). Ergänzende Bestimmungen finden sich in der HRV (vgl. HRV 38, 39, 44–46, 70).

13 c) Im Rahmen der allgemeinen Schranken (dazu N 17 ff) kann die AG ihre Firma *frei wählen* (OR 950 I), also Sachbezeichnungen, Phantasieworte oder auch Personennamen sowie Kombinationen verwenden.

14 – Die AG kann für die Bildung ihrer Firma *Sachbezeichnungen* frei einsetzen, soweit der Grundsatz der Firmenwahrheit (N 18 f) nicht verletzt wird. Doch verbietet die neuere bundesgerichtliche Praxis *reine* Sachbezeichnungen, um einer Monopolisierung vorzubeugen[3]. Es muss daher ein unterscheidungskräftiger *Zusatz* beigefügt werden.

15 – Die Firma kann auch aus einem *Personennamen* bestehen. Für diesen Fall wird verlangt, dass im Zeitpunkt der Eintragung im Handelsregister ein Zusammenhang zwischen der AG und dem Träger des Personennamens gegeben ist (der Namensträger wirkt in der Verwaltung mit, er übernimmt einen Teil des Aktienkapitals usw.)[4]. Damit nicht der Eindruck entstehen kann, es handle sich um eine Personengesellschaft, muss bei Personenfirmen (und nur bei diesen) stets die Bezeichnung der Rechtsform als notwendiger Zusatz beigefügt werden (OR 950 II).

16 – Grösste Freiheit besteht in der Wahl von *Phantasiebezeichnungen,* wobei freilich auch bei ihnen Schranken durch die allgemeinen Grundsätze des Firmenrechts – besonders das Verbot reklamehafter Bezeichnungen (N 20) – gesetzt sind.

---

[1] Firmengebrauchspflicht, vgl. BGE 103 IV 202 ff.
[2] Das Einheitsgebot steht der Abfassung der Firma in mehreren Sprachen nicht entgegen, doch müssen die verschiedenen sprachlichen Fassungen inhaltlich übereinstimmen, HRV 39.
[3] BGE 101 Ib 361 ff, insbes. 369. Eine «Bau AG» oder eine «Schweizerische Treuhandgesellschaft» könnte daher nicht mehr gegründet werden.
[4] Entfällt der Zusammenhang später, braucht die Firma nicht geändert zu werden, BGE 73 II 120 ff.

d) Wie erwähnt gelten die *allgemeinen Grundsätze der Firmenbildung* (OR 944, HRV 38, 39, 44–46) auch für die AG. 17

aa) Insbesondere muss eine Firma *wahr* sein und darf sie beim Durchschnittsleser[5] *zu keinen Täuschungen Anlass geben.* 18

Eine Täuschungsgefahr hat das Bundesgericht etwa bejaht beim Firmenbestandteil «Gymnase» eines Genfer Unternehmens, das eine Turnhalle betreibt (wegen Gefahr der Verwechslung mit einer höheren Lehranstalt)[6], bei der Firma «Ecole polytechnique par correspondance SA» für eine Privatschule[7], aber auch bei der Firmenbezeichnung «Fraumünster-Verlag AG, Zürich» für ein katholisches Unternehmen[8]. Das Wahrheitsgebot verbietet auch, eine tatsächlich nicht ausgeübte und auch nicht ernsthaft beabsichtigte Tätigkeit in der Firma zu nennen[9]. Auch wahre Angaben können *unklar* und damit täuschend sein, so etwa die Verwendung eines ausländischen «Dr. h. c.»-Titels, wenn die Gleichwertigkeit mit einem entsprechenden schweizerischen Titel nicht gewährleistet ist[10]. 19

HRV 44 enthält sodann ein *Reklameverbot*[10a]. Eine Firma darf zwar werbewirksame Bestandteile enthalten[11]. Unerlaubt ist dagegen, die Firma ausschliesslich in den Dienst der Werbung zu stellen, etwa durch grossprecherische Hinweise auf die Unternehmensgrösse, wie «Centre du Leasing»[12] oder «Besteck-Zentrale»[13]. 20

Aus dem Verbot von Täuschung und Reklame hat die Registerpraxis eine Reihe von Regeln für die *Schreibweise* von Firmen entwickelt. Untersagt ist insbesondere die figurative Darstellung der Firma[14]. Auch Satzzeichen dürfen in einer Firma nur grammatikalisch korrekt und nicht als «figuratives Beiwerk» gebraucht werden, und allgemein sind die Sprach- und Rechtschreibungsregeln zu beachten[15]. 21

bb) *Nationale, territoriale und regionale Bezeichnungen* sind nur aufgrund einer besonderen Bewilligung zulässig[16]. «Territorial» bzw. «regional» ist jeder 22

---

5 BGE 113 II 281 f.
6 BGE 110 II 398 ff.
7 BGE 100 Ib 31 f.
8 BGE 77 I 158 ff.
9 BGE 117 II 194.
10 BGE 113 II 280 ff.
10a Die Registerpraxis hiezu war früher ausgesprochen streng; sie ist in neuerer Zeit etwas gelockert worden (vgl. Martin K. Eckert in JBHReg *1994* 214).
11 Zugelassen wurde etwa die Firma «Speak for Yourself AG», SMI *1992* 47 ff.
12 BGE 96 I 606 ff.
13 BGE 63 I 104 ff.
14 Unzulässig etwa «MacCooperative», weil der regelwidrig gebildete Grossbuchstabe C als figuratives Zeichen erscheine, BGE 118 II 319 ff.
15 BGE 111 II 86 ff.
16 Zum Zweck dieser Bewilligungspflicht vgl. BGE 104 Ib 265 f. Es handelt sich um ein Verbot mit Erlaubnisvorbehalt. Untersagt wurden etwa «Eurotrans, Europatransport und Spedition AG» (BGE 97 I 73 ff), «Airgenève S. A.» für eine kleine Fluggesellschaft mit Sitz in Genf (BGE 85 I 128), zugelassen dagegen «Coop Oberwallis» (BGE 98 Ib 299). Zur Bewilligungspflicht für die Bezeichnung «Schweiz» vgl. Andreas von Albertini in JBHReg *1994* 108 ff. – Ein *Mustergesuch* für die Bewilligung einer nationalen Bezeichnung findet sich in JBHReg *1993* 199 ff. Zu den Anforderungen und zum Bewilligungsverfahren vgl. Martin K. Eckert in JBHReg *1994* 215 ff.

Begriff, der einen bestimmten geographischen Raum bezeichnet, auch wenn es sich nicht um ein juristisch definiertes Territorium handelt[17]. Bewilligungsfrei sind territoriale und regionale Bezeichnungen des Sitzes in substantivischer Form (HRV 46 III).

23 Beschränkungen unterliegt auch die Verwendung *amtlicher Bezeichnungen*[18] und die von *Hoheitszeichen*. Nur unter bestimmten Voraussetzungen sind die Ausdrücke *«Bank»* und *«Sparen»* gestattet (BankG 1 IV, 15 I). Unzulässig ist der Gebrauch der Worte *«Rotes Kreuz»* oder *«Genfer Kreuz»* sowie Name und Zeichen der *Organisation der Vereinten Nationen* und bestimmter *anderer zwischenstaatlicher Organisationen*[19].

24 cc) Zur Firma der *Zweigniederlassung* vgl. § 59 N 57 ff, zu der der *AG in Liquidation* OR 739 I und § 55 N 157.

25 Für die Firma der *ausländischen AG* ist deren Personalstatut und damit grundsätzlich das Recht des Landes, in welchem die AG im Register eingetragen ist, massgebend[20].

26 e) Privaten Interessen dient der Schutz der *Ausschliesslichkeit* der im Handelsregister eingetragenen Firma: Nach OR 951 II muss sich die Firma einer AG *«von jeder in der Schweiz bereits eingetragenen Firma deutlich unterscheiden»*. Daraus ergeben sich – nach dem Grundsatz der *Eintragungspriorität* – Schranken für die Bildung neuer Firmen und zugleich ein Schutz der Interessen der bisheriger Firmeninhaber. Schutzraum ist dabei – für die AG – die ganze Schweiz[21].

27 Das Gesetz verlangt *deutliche* Unterscheidbarkeit. Diese fehlt nicht nur im Falle wörtlicher Übereinstimmung[22], sondern schon im Falle der *Ähnlichkeit* zweier Firmen. Dabei genügt abstrakte Verwechslungs*gefahr*[23]. Massgebend ist der *Gesamteindruck,* und zwar sowohl in der Schreibweise wie auch phonetisch, wobei die Verwechslungsgefahr um so grösser ist, je mehr die Kundenkreise zweier Gesellschaften sich überschneiden und je näher sie geographisch beisammen sind[24].

28 Nachfolgend einige neuere Beispiele der – im allgemeinen strengen – Gerichtspraxis:
29 Als verwechselbar und daher unzulässig wurden erklärt:
– «Cofida Revision et Conseils S. A.» neben «Cofidras S. A.»[25],

---

[17] BGE 104 Ib 267. – Nach neuer Registerpraxis untersteht der Bewilligungspflicht für regionale Bezeichnungen auch der Firmenbestandteil «International», vgl. Thomas Pletscher in JBHReg *1994* 100 ff sowie Breitenstein/Kocian in JBHReg *1994* 115 ff.
[18] Z. B. «Eidgenossenschaft», «Kanton».
[19] Vgl. BGE 105 II 139 f.
[20] IPRG 155 lit. d, vgl. § 5 N 27.
[21] Geschützt sind nur im *Schweizerischen* Handelsregister eingetragene Firmen. Der Schutz ausländischer Firmen erfolgt nach den Regeln des UWG, vgl. BGE 109 II 483 ff.
[22] Für identische Firmen verweigert der Registerführer von Amtes wegen die Eintragung.
[23] BGE 95 II 459.
[24] Verwechslungsgefahr kann aber auch ohne eine Konkurrenzsituation bestehen, vgl. BGE 97 II 234 ff.
[25] SMI *1992* 191 ff.

- «Ferosped AG» neben «Fertrans AG», wenn beide Gesellschaften ihr rechtliches Domizil am gleichen Ort haben und sie zudem im Wettbewerb stehen[26],
- «Finorsud SA» neben «Finotrust, Financial Organisation and Trusteeship»[27],
- «Standard Commerz Bank» neben «Commerzbank Aktiengesellschaft»[28] und neben «The Standard Bank Limited»[29].

Für zulässig wurden dagegen erachtet:
- «Inacos AG» neben «Unicos Holding AG» und «COS Computer Systems AG»[30],
- «Louis A. Leuba S. A.» neben «Compagnie des montres Favre-Leuba S. A.»[31],
- «Profisoft Informatik AG» neben «Prosoft Zürich AG» und «W & E Prosoft AG»[32].

f) Im formellen Verkehr ist die Firma so zu verwenden, wie sie im Handelsregister eingetragen ist (*Firmengebrauchspflicht*; zur strafrechtlichen Erfassung ihrer Verletzung vgl. StGB 326ter I). In Werbetexten, Inseraten usw. dürfen jedoch auch *Kurzbezeichnungen* verwendet werden, wenn sie Firmenbestandteil sind und dies nicht zur Verwechselbarkeit mit anderen Firmen führt (HRV 44 II)[32a].

g) Näheres bei Meier-Hayoz/Forstmoser § 5 N 75 ff und der dort angeführten Literatur sowie bei Altenpohl in Basler Kommentar zu Art. 944–956. – Neben den BGE sind für firmenrechtliche Entscheide insbes. die SMI beizuziehen. Jährliche Übersichten finden sich im JBHReg.

3. Der Sitz (Ziff. 1)

a) Was der Wohnsitz für die natürliche Person, das ist der Sitz für die Gesellschaft[33]: der Ort, an welchem ihre Rechtsverhältnisse angeknüpft, an dem sie *konzentriert* gedacht werden. Dies ist von Bedeutung für das materielle wie das formelle, das nationale wie das internationale Recht.

b) Anders als eine Personengesellschaft, aber gleich wie jede andere Körperschaft, kann die AG ihren Sitz *innerhalb der Schweiz völlig frei wählen*. Nach ZGB 56 ist Sitz einer Körperschaft der Ort, den die *Statuten als solchen bezeichnen*. Unerheblich ist daher, ob der statutarisch genannte und im Handelsregister eingetragene Sitz mit dem Zentrum der gesellschaftlichen Tätigkeit überein-

---

[26] BGE 118 II 322 ff.
[27] SMI *1990* 66 ff.
[28] BGE 98 II 57 ff.
[29] BGE 98 II 67 ff.
[30] SMI *1989* 201 ff.
[31] BGE 88 II 371 ff.
[32] ZR *1992/93* Nr. 38 S. 134 ff, mit ausführlichen Erwägungen zu den Anforderungen an die Unterscheidbarkeit. Der Entscheid wurde vom BGer bestätigt: SMI *1994* 53 ff.
[32a] Die Praxis des BGer ist noch toleranter: Sie lässt unter gewissen Voraussetzungen Kurzbezeichnungen auch im formellen Verkehr zu und gestattet im formlosen Verkehr Abkürzungen, die nicht Firmenbestandteil sind (vgl. BGE 100 II 401 f; strenger wohl BGE 103 IV 202 ff und BGE vom 19. 3. 1993, wiedergegeben in JBHReg *1994* 205 ff).
[33] Vgl. ZGB 56, wo auch für juristische Personen untechnisch vom «Wohnsitz» gesprochen wird; ferner IPRG 21 I, wonach bei Gesellschaften der Sitz als Wohnsitz gilt.

stimmt. Unter dem Vorbehalt des Rechtsmissbrauchs[34] kann der Sitz auch an einem Ort gewählt werden, zu dem überhaupt keine tatbeständliche Beziehung vorliegt. Der Sitz ist daher eine rein formelle Anknüpfung für gewisse Rechtsfolgen.

34   c) Die AG muss einen festen und einheitlichen Sitz haben[35]. Nicht möglich ist daher der bei Vereinen vorkommende sog. *fliegende Sitz,* z. B. die Bestimmung, der Sitz befinde sich am Wohnort des jeweiligen Präsidenten des Verwaltungsrates. Die AG kann ferner nur *einen Sitz* haben[36].

35   Eine *Sitzverlegung*[37] ist nur mittels Statutenänderung (dazu § 9 N 5 ff) möglich[37a].

36   d) An den Sitz knüpfen sich verschiedene *Rechtsfolgen*:
37   – Er ist *Eintragungsort* für die AG (OR 640 I).
38   – Am Sitz befindet sich der *allgemeine Gerichtsstand* für Klagen gegen die Gesellschaft[38] (und zwar auch solche, die sich aus dem Betrieb einer nicht am Sitz gelegenen Geschäftsniederlassung ergeben), ferner auch ein (nicht ausschliesslicher) Gerichtsstand für *Verantwortlichkeitsklagen* (OR 761, dazu § 36 N 115 ff).
39   – Der Sitz ist ausschliesslicher *allgemeiner Betreibungsort* (SchKG 46 II).
40   – Zivilrechtlich kann der Sitz etwa für die Festlegung des *Erfüllungsortes* von Bedeutung sein (vgl. OR 74).
41   – Nach dem *Internationalen Privatrecht* der Schweiz untersteht die AG primär «dem Recht des Staates, nach dessen Vorschriften sie organisiert» ist (IPRG 154 I), was in der Regel eine Verweisung auf das Recht des formellen Sitzes bedeutet. Dagegen spielt im *Völkerrecht* neben dem Sitzprinzip das *Kontrollprinzip* eine wichtige Rolle, wonach sich die Staatsangehörigkeit einer AG nicht danach bestimmt, wo sie inkorporiert worden ist und ihren Sitz hat, sondern nach der Nationalität der sie kontrollierenden Rechtssubjekte (vgl. § 5 N 51 ff).
42   – Für die *Besteuerung* gelten eigene steuerrechtliche Normen. Neben dem formellen statutarischen ist dabei der *effektive* Sitz, vor allem aber die Lage der *Betriebsstätten* vermehrt von Bedeutung[39].

43   e) Vom Sitz zu unterscheiden ist die *Geschäftsniederlassung* als Ort, an welchem die Gesellschaft effektiv tätig ist. Eine AG kann mehrere Niederlassungen

---

[34]   Es kann etwa die Berufung auf eine statutarische Sitzverlegung dann rechtsmissbräuchlich sein, wenn sie ohne Änderung der tatsächlichen Verhältnisse nur zum Zweck erfolgte, der Belangung durch einen Gläubiger auszuweichen, ZBJV *1950* 582 ff.
[35]   Zu nennen ist eine bestimmte *politische Gemeinde.*
[36]   BGE 53 I 130 f; in der Praxis kommen freilich in früherer Zeit begründete Doppelsitze vor: Die Nestlé S. A. hat Hauptsitze in Cham und Vevey.
[37]   Vgl. HRV 49 ff; Näheres bei Forstmoser § 4 N 140 ff; zur Sitzverlegung vom oder ins Ausland § 5 N 45 ff.
[37a]   Entsprechend OR 647 III wird die Sitzverlegung unmittelbar mit der Eintragung in das Handelsregister und nicht erst mit der Veröffentlichung im SHAB wirksam, BGE 116 III 4.
[38]   BGE 94 I 567.
[39]   Vgl. BGE 93 I 426 f.

haben, von denen keine notwendig mit dem Sitz zusammenfallen muss. Weiter unterscheidet sich der Sitz vom *Geschäftslokal,* das in der Eintragung in das Handelsregister genau zu bezeichnen ist (HRV 42 II[40]).

Vom Sitz zu unterscheiden ist sodann auch die *Zweigniederlassung* im Sinne von OR 642 (zu jener vgl. § 59 N 4 ff). 44

4. Der Zweck (Ziff. 2)

In der Umschreibung der Zielsetzung einer Gesellschaft sind verschiedene Stufen der Konkretisierung zu unterscheiden: 45

a) Mit «*Endzweck*» wird die Zielsetzung einer Gesellschaft im weitesten Sinn, ohne jede Bezugnahme auf ihre konkrete Tätigkeit, bezeichnet. Bei der AG ist Endzweck in der Regel die Erzielung und Ausschüttung von Gewinnen (vgl. § 2 N 53 ff). Dieser (wirtschaftliche) Endzweck braucht in den Statuten nicht ausdrücklich genannt zu werden, wohl aber die Abweichung davon im Sinne einer nicht gewinnstrebigen oder nicht wirtschaftlichen Tätigkeit (dazu § 2 N 50 ff). 46

Mit dem «*Zweck*» wird in allgemeiner Form umschrieben, was eine Gesellschaft im besonderen zu tun und zu erreichen beabsichtigt, um ihren Endzweck zu fördern. Der Zweck präzisiert damit die Zielsetzung einer Gesellschaft, ohne aber auf ihre Tätigkeit im einzelnen Bezug nehmen zu müssen. 47

Das bisherige Aktienrecht kannte noch den Begriff «*Gegenstand*» als Umschreibung des Mittels, mit dem der Zweck erreicht werden sollte, als Konkretisierung dessen, was die AG tatsächlich tut. In der Praxis wurde jedoch diese Differenzierung zumeist ignoriert[41], sie ist bei der Revision zu Recht fallengelassen worden. 48

b) Eine AG kann ihre Zielsetzung frei wählen, sie kann für jeden *zulässigen und möglichen Zweck* gegründet werden[42]. Doch versteht sich von selbst, dass die AG nicht zu *widerrechtlichen* oder *unsittlichen* Zwecken gegründet werden darf[43]. 49

c) Die Angabe des Zwecks in den Statuten soll über die *besondere Zielsetzung der betreffenden AG* orientieren. Die blosse Wiederholung des Endzwecks würde daher nicht genügen. Doch werden an die statutarische *Konkretisierung des Zwecks* in der Praxis keine hohen Anforderungen gestellt. Die AG darf zwar eine enge, auf die konkrete Tätigkeit begrenzte Zweckumschreibung in den Statuten 50

---

[40] Hat die AG an ihrem statutarischen Sitz kein Geschäftslokal, muss sie angeben, bei wem sich am Ort des Sitzes das *Domizil* der Gesellschaft befindet, HRV 43 I (sog. «Briefkastengesellschaften»).

[41] So übrigens auch in HRV 42 I, wo für sämtliche juristische Personen nur vom Zweck die Rede ist.

[42] Vorbehalten bleiben Aufgaben, die von Gesetzes wegen nur von natürlichen Personen verfolgt werden können, vgl. ZGB 53 f und § 1 N 32 ff.

[43] Dazu § 17 N 17. Die allfällige Widerrechtlichkeit oder Unsittlichkeit bestimmt sich freilich nicht allein nach der statutarischen Formulierung, sondern ebenso nach dem unausgesprochenen, tatsächlich gewollten oder geübten Zweck, vgl. BGE 115 II 401 ff.

verankern, sie muss aber nicht. Vielmehr werden allgemeine Wendungen zugelassen, vorausgesetzt freilich, die statutarische Zweckverfolgung sei überhaupt in der genannten Breite möglich[44].

51 In der Praxis wird man in der Regel einen *Mittelweg* einschlagen: Zu enge Zweckumschreibungen sind umständlich, weil sie für jede Erweiterung der Geschäftstätigkeit eine Statutenänderung bedingen. Weit gefasste Formulierungen schützen dagegen in keiner Weise vor Kompetenzüberschreitungen der Vertretungsberechtigten (dazu sogleich N 53).

52 d) Die statutarische Zweckumschreibung ist in verschiedener Hinsicht von Bedeutung:

53 — Der Zweck bestimmt die *Vertretungsmacht* der für die AG Handelnden, und Vertretungshandlungen, die durch den Gesellschaftszweck nicht gedeckt sind, sind für die AG allenfalls nicht verbindlich[45].

54 — Der Zweck ist auch für die *internen Rechte und Pflichten der Organe* und damit für deren Verantwortlichkeit (dazu § 36) massgebend, und er ist Richtlinie für die Geschäftspolitik.

55 — Zweckwidrige Generalversammlungsbeschlüsse sind gemäss OR 706 *anfechtbar* (dazu § 25 N 11 ff), und die dauernde zweckwidrige Tätigkeit kann Fundament einer *Auflösungsklage* aus wichtigen Gründen sein (vgl. OR 736 Ziff. 4 sowie § 55 N 57 ff).

56 — Bei Gesellschaften mit nicht kotierten Namenaktien ist der Zweck im Hinblick auf die Möglichkeiten der Ablehnung von Aktienerwerbern bedeutsam (OR 685b II, dazu § 44 N 133 ff).

57 e) *Zweckänderungen* sind nur unter qualifizierten Voraussetzungen möglich (OR 704 I Ziff. 1, dazu § 24 N 34 ff).

5. *Aktienkapital und Aktien (Ziff. 3 und 4.)*

58 Dazu § 1 N 38 ff und § 49 N 16 ff.

6. *Einberufung der Generalversammlung (Ziff. 5)*

59 Dazu § 23 N 45 ff.

---

[44] So dürfte die Zweckumschreibung «Handel mit Waren aller Art» zulässig sein, nicht aber die der «Fabrikation von Waren aller Art». Zu den Anforderungen im einzelnen vgl. BGE vom 29. 6. 1982, referiert in SAG *1983* 32 ff.

[45] OR 718a I, vgl. § 21 N 5 ff sowie BGE 111 II 484 ff. und 116 II 323: Nach diesem Entscheid liegt die «Veräusserung des gesamten Betriebes mit allen Aktiven und Passiven» grundsätzlich nicht mehr im Rahmen des Gesellschaftszwecks. In jenem Fall lagen aber besondere Umstände vor, welche die Veräusserung des gesamten Unternehmens durch den Verwaltungsrat ausnahmsweise rechtfertigten.

7. Das Stimmrecht der Aktionäre (Ziff. 5)

Dazu § 24 N 2 ff. Obwohl das Gesetz eine dispositive Ordnung für das Stimmrecht enthält (OR 692 I, vgl. dazu § 24 N 12 f), verlangen Gesetz und Registerpraxis eine statutarische Regelung, die freilich mit der dispositiven gesetzlichen übereinstimmen kann und im Normalfall (keine Ausgabe von sog. Stimmrechtsaktien, zu diesen vgl. § 24 N 95 ff) auch übereinstimmt.

8. Organe für die Verwaltung und die Revision (Ziff. 6)

Dazu § 29 N 2 ff für die Verwaltung, § 33 N 2 ff für die Revision.

Sowohl für den Verwaltungsrat wie auch für die Revisionsstelle sind Wahl, Ausgestaltung und Aufgaben im Gesetz vollständig geregelt. Es genügt daher die blosse Verweisung auf die gesetzlichen Bestimmungen, falls man nicht von der dispositiven gesetzlichen Ordnung abweichen oder einzelne Fragen präziser regeln will.

9. Bekanntmachungen der Gesellschaft (Ziff. 7)

Das Gesetz schreibt an verschiedenen Orten vor, es hätten Bekanntmachungen an die Aktionäre (vgl. OR 681 II, 682 I, 696 II) oder an Gläubiger (vgl. OR 733, 742 II) in der «von den Statuten vorgesehenen Form» zu erfolgen. Die Statuten müssen daher eine explizite Regelung betreffend das *Publikationsorgan der Gesellschaft und die Form der Mitteilungen an die Aktionäre* enthalten.

Da die entsprechenden Gesetzesbestimmungen durchwegs auch die Publikation im *Schweizerischen Handelsamtsblatt* (SHAB) vorschreiben (vgl. auch OR 931 II), empfiehlt es sich, das SHAB als Publikationsorgan der Gesellschaft zu nennen. Der Gesellschaft bleibt es dann unbenommen, freiwillig zusätzliche Publikationen in anderen Blättern zu veranlassen. Diesen kommt dann nicht die Wirkung der Bekanntgabe in der «von den Statuten vorgesehenen Form» zu, und es brauchen daher auch die entsprechenden Vorschriften nicht eingehalten zu werden (vgl. auch § 23 N 48).

III. Der bedingt notwendige (weitere) Statuteninhalt (OR 627 f)

1. Allgemeines

a) OR 627 und 628 zählen den bedingt notwendigen Statuteninhalt auf, diejenigen statutarischen Bestimmungen also, die nur dann erforderlich sind, wenn eine *von der dispositiven gesetzlichen Ordnung abweichende Regelung* getroffen werden soll. Die Aufzählung ist – im Gegensatz zu der des absolut notwendigen Inhalts in OR 626 – *nicht ganz abschliessend*[46].

---

[46] Vgl. die Hinweise nachstehend Ziff. 2–16.

65   b) Wie beim absolut notwendigen Statuteninhalt ist eine *materielle Regelung in den Statuten* erforderlich, die Verweisung auf andere gesellschaftsinterne Rechtsquellen also nicht ausreichend[47]. Die Regelung eines der in OR 627 f genannten Punkte *ausserhalb der Statuten* (in Reglementen oder einfachen Gesellschaftsbeschlüssen) ist *unverbindlich*.

2. Vorschriften über die Beschlussfassung in der Generalversammlung (OR 627 Ziff. 1 und 11, OR 703)

66   Die Beschlussfassung in der Generalversammlung ist in OR 703 f abschliessend geregelt. Soll von der gesetzlichen Ordnung abgewichen werden, bedarf es einer statutarischen Bestimmung, was OR 627 Ziff. 11 generell anordnet, OR 627 Ziff. 1 (überflüssigerweise) spezifisch für Statutenänderungen erwähnt und OR 703 nochmals wiederholt. Dazu § 24 N 46 ff.

67   Die Praxis lässt es – trotz Fehlens einer Grundlage im Gesetz – zu, dass in der Generalversammlung dem Vorsitzenden (regelmässig der Präsident des Verwaltungsrates) der Stichentscheid eingeräumt wird[48]. Verlangt wird aber auch hiefür eine statutarische Grundlage.

3. Tantiemen und Bauzinsen (OR 627 Ziff. 2 und 3)

68   Zu den Tantiemen vgl. § 28 N 122 ff, zu den Bauzinsen § 40 N 115 ff.

4. Die Begrenzung der Dauer der Gesellschaft und andere besondere Auflösungsgründe (OR 627 Ziff. 4, 736 Ziff. 1)

69   Aktiengesellschaften werden regelmässig auf unbeschränkte Dauer gegründet, was zuweilen in den Statuten festgehalten wird, ohne dass dies nötig wäre. Soll dagegen das Bestehen der AG von vorneherein befristet sein, bedarf es einer statutarischen Grundlage. Auch *andere* besondere, gesetzlich nicht vorgesehene Auflösungsgründe müssen in den Statuten enthalten sein, was sich zwar nicht aus OR 627, wohl aber aus OR 736 Ziff. 1 ergibt. Dazu § 55 N 8 f.

5. Konventionalstrafen bei Nichterfüllung der Liberierungspflicht (OR 627 Ziff. 5)

70   Dazu OR 681 III und § 44 N 50 sowie § 39 Anm. 81.

---

[47] Unterschiedlich ist immerhin der geforderte *Grad der Genauigkeit:* Gründervorteile sind nach OR 628 III «nach Inhalt und Wert genau zu bezeichnen», während bei Tantiemenbestimmungen allgemein gehaltene Formulierungen genügen dürften.
[48] Vgl. BGE 95 II 559 ff E 2. In der Lehre ist diese Praxis nicht ganz unbestritten.

6. *Besondere Formen der Kapitalerhöhung (OR 627 Ziff. 6, OR 628)*

Das revidierte Recht sieht neu die *genehmigte* und die *bedingte Kapitalerhöhung* vor. Wird von diesen Möglichkeiten Gebrauch gemacht, dann muss dies aus den Statuten hervorgehen (OR 627 Ziff. 6). Ebenso müssen aus den Statuten *qualifizierte Formen der Liberierung* (Sacheinlage und Sachübernahme) sowie die Einräumung *besonderer Vorteile* an einzelne Aktienzeichner oder Dritte ersichtlich sein (OR 628). 71

7. *Wechsel in der Aktienart (OR 627 Ziff. 7)*

Falls es in einer Gesellschaft möglich sein soll, bestehende Namenaktien in Inhaberaktien oder – für die Aktionäre problematischer – bestehende Inhaberaktien in Namenaktien umzuwandeln, bedarf dies einer statutarischen Basis. 72

Die Bestimmung ist freilich deshalb kaum von Bedeutung, weil die Praxis nicht etwa verlangt, dass eine solche Grundlage bereits in den ursprünglichen Statuten enthalten ist. Fehlt sie und soll trotzdem umgewandelt werden, kann daher zunächst durch statutenändernden Generalversammlungsbeschluss die Voraussetzung entsprechend OR 627 Ziff. 7 geschaffen und unmittelbar danach – in derselben Generalversammlung – die Umwandlung selbst beschlossen werden. 73

8. *Vinkulierung (OR 627 Ziff. 8)*

Dazu § 44 N 123 ff. 74

9. *Vorrechte einzelner Aktienkategorien (OR 627 Ziff. 9, OR 693 I)*

Soll vom Grundsatz der gleichen Behandlung aller Aktien abgewichen werden, bedarf dies der statutarischen Grundlage. Dies ergibt sich für vermögensmässige Vorteile (dazu § 41 N 26 ff) aus OR 627 Ziff. 9, für stimmenmässige Privilegien (dazu § 24 N 95 ff) aus OR 693 I. 75

10. *Partizipationsscheine und Genussscheine (OR 627 Ziff. 9)*

Diese besonderen Beteiligungsformen sind ebenfalls nur möglich, wenn die Statuten einschlägige Bestimmungen enthalten. Sie kommen – anders als die Aktien – nicht in jeder AG, sondern nur ausnahmsweise vor und sind daher beim bedingt notwendigen Statuteninhalt aufgeführt (vgl. dagegen zu den Aktien OR 626 Ziff. 4). 76

Zu den Partizipationsscheinen vgl. OR 656a ff und dazu § 46, zu den Genussscheinen OR 657 und dazu § 47. 77

11. Beschränkungen des Stimmrechts und des Vertretungsrechts (OR 627 Ziff. 10)

78   Dazu § 24 N 59 ff für das Stimmrecht, § 24 N 120 ff für das Vertretungsrecht.

12. Besondere Regeln für den Verwaltungsrat (OR 627 Ziff. 12, 716b, 710, 713)

79   Der Verwaltungsrat darf die Geschäftsführung nur dann *delegieren*, wenn dies in den Statuten vorgesehen ist, OR 627 Ziff. 12 und 716b I (dazu § 29 N 10 ff).

80   Soll von der gesetzlich dispositiv vorgesehenen dreijährigen *Amtsdauer* abgewichen werden, muss dies ebenfalls in den Statuten gesagt sein. Es ergibt sich dies nicht aus OR 627, wohl aber aus OR 710 (dazu § 27 N 29).

81   Endlich bedarf es trotz des Schweigens von OR 627 einer statutarischen Basis, wenn in Sitzungen des Verwaltungsrates dem Vorsitzenden der ihm nach dispositivem Recht zustehende *Stichentscheid entzogen* werden soll, OR 713 I (dazu § 31 N 31).

13. Besondere Regeln für die Revisionsstelle (OR 627 Ziff. 13)?

82   OR 627 Ziff. 13 verlangt eine statutarische Basis, soweit hinsichtlich der Organisation und der Aufgaben der Revisionsstelle «über die gesetzlichen Vorschriften hinausgegangen wird». Dem widerspricht aber OR 731, wo erklärt wird: «Die Statuten *und die Generalversammlung* können die Organisation der Revisionsstelle eingehender regeln und deren Aufgaben erweitern.»[49] Nicht nur durch statutarische Bestimmung, sondern auch durch einen gewöhnlichen Beschluss der Generalversammlung können also die in OR 627 Ziff. 13 genannten Massnahmen getroffen werden. Die Aufzählung im Rahmen des bedingt notwendigen Statuteninhalts erscheint damit als Versehen, das leider während der Aktienrechtsreform nicht ausgemerzt worden ist. (Vgl. auch § 33 N 97.)

83   Mit Bezug auf die Amtsdauer der Revisionsstelle erwähnt das Gesetz die Statuten nicht[50], weshalb diese wohl auch durch blossen Generalversammlungsbeschluss festgelegt werden kann[51].

14. Regelung der Wahl des Vertreters bestimmter Aktionäre in den Verwaltungsrat (OR 709)

83a   Bestehen in einer AG mehrere Kategorien von Aktien mit unterschiedlicher Rechtsstellung (OR 709 I, dazu § 27 N 78 ff), dann müssen die Statuten die

---

[49] Hervorhebung hinzugefügt.
[50] Vgl. OR 727e I, im Gegensatz zu OR 710 für den Verwaltungsrat.
[51] A.M. Pedroja/Watter in Basler Kommentar zu Art. 727e N 2. Die Differenzierung zwischen Verwaltungsrat und Revisionsstelle macht freilich nicht Sinn.

Wahl eines Kategorienvertreters regeln. In der Praxis wird dieser Vorschrift freilich nur selten nachgelebt.

Sodann können die Statuten – und nur sie – weitere Bestimmungen betreffend die Vertretung von Minderheiten im Verwaltungsrat enthalten (OR 709 II, dazu § 27 N 88 ff). 83b

15. Abkehr vom wirtschaftlichen Endzweck (OR 620 III)

Während sich die Gewinnstrebigkeit bei der AG von selbst ergibt und sie statutarisch nicht erwähnt zu werden braucht, muss die *Abkehr* von der wirtschaftlichen Zielsetzung in den Statuten verankert sein. (Vgl. vorn N 46.) 84

16. Schiedsgerichts- und Gerichtsstandsklauseln

Sollen – was vor allem in kleineren Verhältnissen nicht selten ist – für alle Aktionäre und Organe verbindliche Schiedsgerichts- und/oder Gerichtsstandsklauseln eingeführt werden, so bedürfen diese der statutarischen Basis. 85

Solche Klauseln sind freilich nicht unproblematisch, da ihre Durchsetzbarkeit gegenüber den Beteiligten oft nicht gewährleistet ist: Art. 6 II des Schweiz. Konkordats über die Schiedsgerichtsbarkeit vom 27.3./27. 8. 1969[52] verlangt für die Gültigkeit einer Schiedsabrede *Schriftlichkeit*. Bei statutarischen Schiedsklauseln ist diese gemäss Konkordat 6 II gewahrt, wenn eine schriftliche Beitrittserklärung «ausdrücklich auf die in den Statuten oder in einem sich darauf stützenden Reglement enthaltene Schiedsklausel Bezug nimmt». Solche Erklärungen finden sich bei Aktiengesellschaften kaum je; sie können – von den Gründergesellschaftern abgesehen – auch nicht erzwungen werden. 86

17. Beteiligung von Vertretern von Körperschaften des öffentlichen Rechts (OR 762 I)

Wiederum nicht aus OR 627, wohl aber aus OR 762 I ergibt sich, dass Körperschaften des öffentlichen Rechts das Recht eingeräumt werden kann, Vertreter in den Verwaltungsrat oder die Revisionsstelle abzuordnen, jedoch nur aufgrund einer statutarischen Basis. 87

18. Aus Spezialgesetzen folgender bedingt notwendiger Statuteninhalt

Dass eine Ordnung nur gilt, wenn sie in den Statuten aufgeführt ist, kann sich auch aus Spezialgesetzen ergeben. 87a

So enthält das voraussichtlich Mitte 1996 in Kraft tretende neue Börsengesetz (BEHG) eine Angebotspflicht, die für Gesellschaften mit börsenkotierten Beteiligungspapieren gilt (vgl. § 44 N 74 ff und § 61 N 41 ff). Diese kann statutarisch modifiziert oder ausgeschlossen werden. 87b

---

[52] SR 279.

IV. Der fakultative Statuteninhalt

88   a) Die *Wiederholung von Gesetzesbestimmungen* in den Statuten zeitigt zunächst keinerlei Wirkungen, kann aber bei Gesetzesänderungen bedeutsam werden, was sich bei vielen Gesellschaften beim Inkrafttreten des neuen Aktienrechts gezeigt hat: Fällt die Gesetzesnorm dahin, dann gilt sie – vorbehältlich neuen zwingenden Rechts – als nunmehr statutarische Bestimmung weiter (vgl. § 7 N 19).

88a   Die Aufnahme von besonders wichtigen Gesetzesbestimmungen – etwa denen über die Kompetenzen von GV und Verwaltungsrat – in die Statuten ist äusserst verbreitet. Die Statuten sollen so als eine Art Checklist dienen.

89   b) Die Aufnahme von Normen in die Statuten, welche auch in der Form des *Reglements* oder des *einfachen Generalversammlungsbeschlusses* Gültigkeit hätten, verschafft diesen gesellschaftsintern und -extern vermehrte Publizität. Weiter kommt solchen Bestimmungen erhöhte Geltung zu, da bei Widersprüchen die Statuten Priorität haben. Endlich kann die Änderung statutarischer Bestimmungen erschwerten Voraussetzungen unterworfen sein.

V. Besondere Anforderungen an den Statuteninhalt bei einzelnen Gesellschaftsarten

90   Aus Spezialgesetzen (dazu § 6 N 3, § 61 N 52 ff) kann sich die Notwendigkeit weiterer oder detaillierterer statutarischer Bestimmungen ergeben; vgl. etwa BankG 3 II lit. a, wo erhöhte Anforderungen an die Umschreibung von Geschäftszweck und Geschäftsbereich und des Ausbaus der Organisation gestellt werden.

§ 9 Die Form der Statuten und die Anforderungen an die Beschlussfassung

Literatur: Vgl. die Angaben zu §§ 7 und 8.

I. Die Form der Statuten

Die Statuten sind *schriftlich abzufassen*[1]. Die Beschlussfassung über die originären Statuten und über jede Statutenänderung ist *öffentlich zu beurkunden*[2], und es sind die Statuten entweder in die öffentliche Urkunde aufzunehmen oder dieser als Bestandteil beizulegen (OR 631 II).

Die Statuten und jede Statutenänderung sind *dem Handelsregisteramt am Sitz der Gesellschaft einzureichen*[3].

II. Die Beschlussfassung über die originären Statuten

Die originären Statuten sind von den Gründern *einstimmig* zu beschliessen, vgl. dazu § 14 N 51.

III. Die Abänderung der Statuten

a) Wie Grundgesetze von Staaten, so müssen auch die Statuten von Aktiengesellschaften den jeweiligen Bedürfnissen angepasst werden können. Statuten sind daher – in den vom zwingenden Recht gesetzten Schranken – revidierbar.

b) Die Statutenänderung gehört *ausschliesslich und unübertragbar* in den Kompetenzbereich der *Generalversammlung* (OR 698 II Ziff. 1). Das Recht zu Statutenänderungen kann daher nicht an andere Stellen – Organe, einzelne Gesellschafter oder gar Dritte – delegiert und ebensowenig von deren Zustimmung abhängig gemacht werden. Immerhin ist zu präzisieren:

– Das neue Recht räumt dem Verwaltungsrat die Befugnis ein, im Rahmen von Kapitalerhöhungen bestimmte Statutenänderungen formaler Art selber vorzunehmen (dazu § 30 N 59 und § 52 N 169)[4].

– Die Praxis gestattet dem Verwaltungsrat die Korrektur von *Schreibfehlern* und die Vornahme von *rein redaktionellen Änderungen,* die nur die Fassung, nicht aber den Inhalt betreffen[5].

---

[1] Es ergibt sich dies aus OR 629 I, 631 II und 640 III Ziff. 2.
[2] Vgl. OR 629 I für die Gründung, OR 647 I für Statutenänderungen.
[3] OR 640 II, 647 II.
[4] Die aus dem bisherigen Recht übernommene Bestimmung von OR 698 II Ziff. 1 ist daher nicht mehr ganz korrekt.
[5] Der Begriff der «redaktionellen Änderung» ist aber einschränkend zu interpretieren.

9 – Für einzelne Arten von Gesellschaften ist die *behördliche Genehmigung* der Statuten spezialgesetzlich vorgeschrieben.

10 c) Für die *Beschlussfassung* über Statutenänderungen verlangt das Gesetz grundsätzlich *kein qualifiziertes Mehr*. Die Statuten können daher gemäss OR 703 «mit der absoluten Mehrheit der vertretenen Aktienstimmen» revidiert werden. Für bestimmte *besonders wichtige* statutarische Bestimmungen sieht aber OR 704 *erhöhte Quoren* vor. Die Statuten können die Liste solcher wichtiger und nur mit qualifizierter Mehrheit abänderlicher Beschlüsse noch erweitern oder auch das Quorum über das gesetzliche Erfordernis hinaus erschweren[6]. *Einstimmigkeit* ist sodann verlangt, wenn von der wirtschaftlichen Zielsetzung abgegangen werden soll oder Aktionärsrechte, die gegen den Willen der Berechtigten nicht beseitigt werden können, abgeschafft oder geschwächt werden sollen. Näheres zu den Quorumserfordernissen und übrigen Anforderungen an die Beschlussfassung in § 24 N 25 ff.

11 d) Beschlüsse über Statutenänderungen sind *öffentlich zu beurkunden* (OR 647 I) und beim Handelsregisteramt zur Eintragung im Register *anzumelden* (OR 647 II).

12 e) Mit der *Eintragung im Handelsregister* werden Statutenänderungen auch Dritten gegenüber verbindlich (OR 647 III[7]). Im einzelnen ist hinsichtlich des Beginns der Wirksamkeit zu differenzieren:

13 – Statutenänderungen mit *reiner Innenwirkung* werden grundsätzlich *sofort* nach der Beschlussfassung *wirksam,* und zwar für anwesende wie abwesende Aktionäre[8].

14 – Statutenänderungen mit *Aussenwirkung* werden gemäss OR 647 III unmittelbar mit der *Eintragung im Handelsregister* wirksam. Als Statutenänderung mit Aussenwirkung ist etwa die Änderung der Firma, der Ordnung der Vertretung und der Bekanntmachungen an Gläubiger zu verstehen.

15 – Zeitigt eine Statutenänderung Wirkungen *sowohl nach innen wie nach aussen,* dann wird sie nach der Praxis des Bundesgerichts intern wie extern erst mit dem *Eintrag im Handelsregister wirksam*[9].

---

[6] Vgl. aber OR 704 II, durch welche Bestimmung das Gesetz sog. petrifizierende Klauseln verhindern will, d.h. solche Klauseln, die auch durch die Generalversammlung selbst nicht mehr abgeändert werden können, weil das erforderliche Quorum wegen fehlender Präsenz gar nicht erreichbar ist, dazu § 24 N 49.

[7] Es ist dies eine Ausnahme von der allgemeinen Regel, wonach Handelsregistereinträge gegenüber Dritten erst nach der Publikation im Schweizerischen Handelsamtsblatt (SHAB) wirksam werden, OR 932 II. Vgl. dazu auch BGE 116 III 3 f.

[8] Reine Innenwirkung zeitigen Beschlüsse, die ausschliesslich die Rechtsstellung des Aktionärs und die Organisation der Gesellschaft betreffen. So kann etwa die statutenändernde Generalversammlung sofort gestützt auf die neuen Bestimmungen Beschlüsse fassen und Wahlen vornehmen, vgl. BGE 60 I 385.

[9] So braucht sich der Aktionär eine an sich beschlossene, aber noch nicht eingetragene Sitzverlegung so wenig entgegenhalten zu lassen wie ein Dritter, vgl. BGE 84 II 40 f. Die Praxis ist freilich umstritten.

§ 10   Rechtsfolgen bei der Verletzung statutarischer Vorschriften

a) *Generalversammlungsbeschlüsse,* die Statutenvorschriften verletzen, sind anfechtbar (OR 706 I, dazu § 25 N 11 ff), und zwar auch dann, wenn sie mit einem Quorum gefasst werden, welches eine Statuten*änderung* ermöglicht hätte.

Da die Anfechtung nur binnen einer Frist von zwei Monaten möglich ist (OR 706a I), steht es den Gesellschaftern frei, statutenwidrige Beschlüsse durch Verzicht auf die Anfechtung in volle Gültigkeit erwachsen zu lassen. Der Registerführer kann auch bei offensichtlicher Statutenverletzung keinerlei Sanktionen ergreifen, da er nur die Einhaltung der *gesetzlichen* Bestimmungen zu überprüfen hat (OR 940 I und HRV 21).

b) Verletzen der *Verwaltungsrat* oder die *Revisionsstelle* statutarische Bestimmungen, dann kann dies Schadenersatzpflichten der in diesen Organen tätigen Personen nach sich ziehen (vgl. OR 754 ff sowie § 36 N 5 ff). Ein offenkundiger Verstoss gegen die statutarische Zweckumschreibung kann zudem die Unverbindlichkeit eines Rechtsgeschäfts zur Folge haben (vgl. vorn § 8 N 53).

§ 11　Das Organisationsreglement

Literatur: Fridolin Allemann: Das Verhältnis des Reglementes zu den Statuten der Aktiengesellschaft (Diss. Zürich 1951); Böckli N 1533 ff, 1586 ff; Ernst Eigenmann: Das Reglement der Aktiengesellschaft, Die AG im neuen OR Heft 11 (Zürich 1952); Peter Forstmoser: Organisation und Organisationsreglement nach neuem Aktienrecht (Zürich 1992, mit Checklist, 2. A. in Vorbereitung); Irene von Moos-Busch: Das Organisationsreglement des Verwaltungsrates (Diss. Zürich, erscheint 1996); Watter in Basler Kommentar zu Art. 716b; Stefan Zwicker: Der Inhalt des Organisationsreglementes nach dem neuen Aktienrecht, ST *1994* 55 ff.

Materialien: Botschaft 180 f, AmtlBull NR *1985* 1786, SR *1988* 515, NR *1990* 1388.

I.　Begriff und typischer Inhalt

1.　Der Begriff

a) *Reglemente* werden umschrieben als «schriftliche Zusammenfassung von Verhaltensmassregeln der internen Körperschaftsordnung, erlassen durch förmlichen Beschluss eines zuständigen Organes für jenen Bereich, der nicht schon durch Gesetz oder Statuten geordnet und den letzteren nicht zwingend vorbehalten ist»[1].

Reglemente stellen demnach – wie die Statuten – ebenfalls generelle Normen auf. Im Vergleich zu den Statuten sind sie *Satzungen zweiter Stufe,* indem sie Angelegenheiten regeln, die nicht von grundlegender Bedeutung oder die nur für einen bestimmten Personenkreis (z. B. den Verwaltungsrat) massgebend sind. Reglemente werden *förmlich beschlossen,* durch das zuständige Organ, für seinen Bereich oder ihm unterstellte Bereiche. Aus Gründen der Praktikabilität ist *Schriftlichkeit* unerlässlich.

b) *Organisationsreglemente* enthalten Bestimmungen über die Organe einer Gesellschaft, ihre Rechte und Pflichten sowie ihre Organisation, insbesondere auch über die Art der Beschlussfassung[2].

c) Im Gegensatz zum bisherigen enthält das neue Aktienrecht explizit den Ausdruck «Organisationsreglement» (OR 716b). Dabei wird der Begriff enger gefasst als vorstehend umschrieben: Gemeint ist ein *durch den Verwaltungsrat erlassenes* Reglement, in welchem dieser *sich selbst organisiert* und insbesondere auch allfällige *Kompetenzdelegationen* vornimmt.

---

[1]　Eigenmann (zit. N 1) 14.
[2]　Von den Organisationsreglementen unterschieden werden in der Lehre *Geschäftsreglemente,* die Anweisungen für die geschäftliche Tätigkeit, Vorschriften über die praktische Betriebsführung enthalten. Diese Aufteilung macht wenig Sinn, sie liegt dem neuen Aktienrecht nicht (mehr) zugrunde.

2. Der Inhalt

7   a) Zum Inhalt des Organisationsreglements hält *OR 716b II* fest: «Dieses Reglement ordnet die Geschäftsführung, bestimmt die hierfür erforderlichen Stellen, umschreibt deren Aufgaben und regelt insbesondere die Berichterstattung.»

8   In der *Literatur* wird als typischer Inhalt von Organisationsreglementen etwa genannt:

9   – die Aufzählung der geschäftsführenden Organe (wie Verwaltungsrat, Verwaltungsratsausschuss, Präsident und Delegierter des Verwaltungsrates, Geschäftsleitung bzw. Direktion und allenfalls einzelne Mitglieder derselben, allenfalls auch Geschäftsführer von Zweigniederlassungen) und die Konstituierung von Kollegialorganen,

10 – die Regelung der Aufgaben und Kompetenzen dieser Organe,

11 – administrative Anordnungen z.B. betreffend die Einberufung von Sitzungen, den Sitzungsrhythmus, die Protokollierung usw.,

12 – die Regelung der Beschlussfähigkeit und der Beschlussfassung sowie der Zeichnungsberechtigung,

13 – Auskunftsrechte und Berichterstattung,

14 – Bestimmungen für die einzelnen Mitglieder des jeweiligen Gremiums etwa betreffend Geheimhaltung, Ausstand bei Befangenheit, Altersgrenze, Entschädigung.

15 b) Unternehmerische Strukturen sind einem ständigen Wandel unterworfen, Organisationsreglemente daher an veränderte Verhältnisse laufend anzupassen. Gelegentlich wird denn auch die Pflicht zur periodischen Überprüfung im Reglement selbst ausdrücklich genannt.

3. Das Organisationsreglement als Voraussetzung für die Delegation von Kompetenzen

16 Will der Verwaltungsrat Geschäftsführungskompetenzen delegieren, sei es intern an einen oder mehrere Delegierte des Verwaltungsrates, sei es extern an eine Direktion oder Geschäftsleitung, dann ist dies nur «nach Massgabe eines Organisationsreglementes» (OR 716b I), nicht aber durch gewöhnlichen Verwaltungsratsbeschluss möglich.

17 Das an sich nicht zwingend vorgeschriebene Organisationsreglement ist also unabdingbar bei jeder AG, in der der Verwaltungsrat nicht selbst und ausschliesslich die Geschäfte führt, also eigentlich immer ausser bei kleinen und übersichtlichen Verhältnissen.

18 Näheres zur Organisation der Exekutive in § 29 N 2 ff und insbes. zur Kompetenzdelegation in § 30 N 22 ff.

II. Formelle Voraussetzungen und Anforderungen

19 a) Das Gesetz schreibt bestimmte formelle Anforderungen vor, wenn in einem Organisationsreglement *Organkompetenzen* – Teile oder die Gesamtheit

der «Geschäftsführung», wie sich das Gesetz ausdrückt – *delegiert* werden sollen. Erforderlich sind nach OR 716b I
- eine *statutarische Grundlage*, 20
- die *Ermächtigung zur Delegation* in dieser statutarischen Grundlage und schliesslich 21
- das vom Verwaltungsrat beschlossene *Organisationsreglement*, das eine Delegation im Rahmen der statutarischen Ermächtigung und der gesetzlichen Schranken[3] vornimmt. 22

Aus diesen zwingenden formellen Voraussetzungen ergibt sich sowohl eine Schranke wie auch ein Schutz der *Kompetenzen des Verwaltungsrates:* 23

b) Der Verwaltungsrat kann eine Kompetenzdelegation nur vorsehen, wenn ihn die *Statuten* dazu ausdrücklich *ermächtigen*. 24

Im übrigen – d.h. wenn keine Delegation von Kompetenzen erfolgt – ist der Verwaltungsrat aber zum Erlass eines Organisationsreglementes auch ohne statutarische Basis befugt. Er kann darin etwa seine Organisation und die Art der Beschlussfassung ordnen und die Rechte und Pflichten seiner Mitglieder festlegen. 25

c) *Nur der Verwaltungsrat selbst ist kompetent* zum Erlass des Organisationsreglementes[4], woraus zu Recht gefolgert wird, dass sich die Generalversammlung auch nicht das Recht zu dessen Genehmigung vorbehalten kann[5]. 26

III. Publizität

Der bundesrätliche Entwurf zum revidierten Aktienrecht hatte vorgesehen, dass das Organisationsreglement beim Handelsregister zu hinterlegen und damit öffentlich zugänglich zu machen sei[6]. Das definitive neue Recht geht hinsichtlich der Offenlegung weniger weit, verlangt aber immerhin, dass der Verwaltungsrat die Aktionäre und die ein schutzwürdiges Interesse glaubhaft machenden Gesellschaftsgläubiger[7] auf Anfrage hin «über die Organisation der Geschäftsführung» schriftlich zu orientieren hat (OR 716b II)[8]. 27

Im Vergleich zu den Statuten ist demnach die Offenlegungspflicht bezüglich des Organisationsreglements stark eingeschränkt. Anderseits geht sie weiter als bei anderen Gesellschaftsinterna, über welche die Aktionäre nur beschränkt (OR 697, dazu § 40 N 166 ff) und Dritte überhaupt nicht orientiert werden müssen. 28

---

[3] Vgl. insbes. die Liste unübertragbarer Aufgaben in OR 716a I, dazu § 30 N 29 ff.
[4] Es ergibt sich dies schon aus der *unentziehbaren* Organisationskompetenz und -pflicht des Verwaltungsrates gemäss OR 716a I Ziff. 2
[5] Böckli N 1551. Eine andere Frage ist die, ob die Generalversammlung statutarisch die Organisation des Verwaltungsrates vorschreiben kann, dazu § 29 N 28 und § 30 N 65 f.
[6] Entwurf des Bundesrates Art. 716b II und dazu Botschaft 181.
[7] Aktionäre dürften stets ein schutzwürdiges Interesse haben.
[8] Vgl. dazu § 40 N 187 ff.

§ 12 Weitere innergesellschaftliche Rechtsgrundlagen

Literatur: Vgl. die Angaben zu § 11 sowie Walter König: Statut, Reglement, Observanz (Diss. Zürich 1943).

I. Weitere Reglemente

a) Neben dem im Gesetz ausdrücklich vorgesehenen und geregelten Organisationsreglement des Verwaltungsrates sind in einer AG *weitere Reglemente* möglich und bei grösseren Gesellschaften üblich.

Oft wird die *Kompetenz* zum Erlass ausdrücklich in den Statuten geregelt. Ganz allgemein muss aber jedes Organ *berechtigt* und – soweit dies für einen ordnungsgemässen Geschäftsablauf erforderlich ist – auch *verpflichtet* sein, für sich und unterstellte Organe die erforderlichen Anordnungen zu treffen und also auch Reglemente aufzustellen[1].

b) Für die *Beschlussfassung* über die Einführung, Abänderung und Aufhebung von Reglementen gelten die allgemeinen Regeln. Mangels anderer Ordnung bedarf es daher für Reglemente der Generalversammlung der absoluten Mehrheit der vertretenen Aktienstimmen (OR 703, dazu § 24 N 25 ff), für solche des Verwaltungsrates der relativen Mehrheit der abgegebenen Stimmen (OR 713 I, dazu § 31 N 23 ff). Reglemente sind aus praktischen Gründen *schriftlich* abzufassen. Eine öffentliche Beurkundung ist in keinem Fall erforderlich.

c) Hinsichtlich des *Inhalts* ist zu beachten, dass diesem nicht nur durch zwingende gesetzliche Kompetenzzuweisungen Schranken gesetzt sind, sondern auch durch qualifizierte gesetzliche Formerfordernisse. *Nicht* in einem gewöhnlichen Reglement kann daher geregelt werden, was zum absolut oder bedingt notwendigen Statuteninhalt gehört (dazu § 8 N 3 ff) und ebensowenig, was im Organisationsreglement des Verwaltungsrates geregelt werden muss[2].

d) Reglemente gehören zu den *Interna* einer Gesellschaft. Sie sind nicht allgemein zugänglich und oft vertraulicher Natur.

II. Observanz

a) In einer Gesellschaft kann sich – analog zum staatlichen Gewohnheitsrecht – eine Art «verbandsinternes Gewohnheitsrecht» bilden, die sog. *Observanz*. Wegen der strukturellen Übereinstimmung sind auf die Observanz die zum Gewohnheitsrecht gebildeten Regeln analog anwendbar:

---

[1] Für den Verwaltungsrat ergibt sich dies aus der Pflicht, die Organisation festzulegen, die in OR 716a I Ziff. 2 ausdrücklich verankert ist, und zwar unabhängig von einer allfälligen Kompetenzdelegation.
[2] Es betrifft dies die Delegation von Kompetenzen, vgl. vorn § 11 N 16.

8   So ist die Entstehung ebenfalls an zwei Voraussetzungen gebunden: Zunächst bedarf es einer *inveterata consuetudo,* einer längere Zeit andauernden, unangefochtenen und ununterbrochenen Übung. Diese allein genügt jedoch nicht; vielmehr muss die *opinio necessitatis* hinzukommen, die Überzeugung der Beteiligten, es handle sich bei dieser Übung um die Befolgung einer rechtlich verbindlichen Ordnung.

9   b) *Zwingendes Recht* lässt sich durch innergesellschaftliche Observanz so wenig ausschalten wie durch eine statutarische oder reglementarische Vorschrift, *nachgiebiges* kann zwar durch Observanzen ausgeschlossen werden, aber nur dann, wenn das Gesetz dafür nicht eine statutarische Bestimmung oder eine solche im Organisationsreglement des Verwaltungsrates verlangt (vgl. soeben vorn N 5).

10 Im Verhältnis zu den *Statuten* lassen sich verschiedene Arten von Observanzen denken: auslegende, ergänzende oder derogierende. Die *auslegende*[3] und die *ergänzende*[4] Observanz stellen rechtlich keine Probleme. Umstritten ist dagegen, ob und allenfalls inwieweit die Statuten *derogierende* Observanzen möglich sind[5]. Analog der herrschenden Lehre und Praxis, welche die Bildung von gesetzesänderndem Gewohnheitsrecht für unzulässig erachtet[6], ist grundsätzlich auch die derogierende Observanz nicht zuzulassen: Wie im staatlichen Bereich auf das gesetzte Recht, so muss im innergesellschaftlichen Raum auf die statutarische Ordnung Verlass sein.

11 c) Die Observanz *entsteht formfrei.* Sie kann jederzeit *durch förmlichen Beschluss aufgehoben* werden.

III. Beschlüsse und andere Rechtshandlungen von Gesellschaftsorganen

12 Die Beschlüsse aller Organe – auch die der Generalversammlung – haben sich an die Schranken der von den *Statuten* gesetzten Ordnung zu halten. Vorbehalten bleiben auch die *Reglemente,* soweit sie vom betreffenden oder einem übergeordneten Organ erlassen worden sind.

13 Doch ist zu beachten, dass damit oft nur *Schranken des Dürfens, nicht solche des Könnens* gesetzt werden: Gegen die Statuten verstossende Generalversammlungsbeschlüsse sind in der Regel nicht nichtig, sondern lediglich anfechtbar und können daher in volle Gültigkeit erwachsen (vgl. OR 706, dazu § 25 N 57 ff). Und eine Verpflichtung der Gesellschaft durch zur Vertretung befugte Personen wird

---

[3] Eine unklare statutarische Bestimmung wird konstant in einer bestimmten Weise verstanden.
[4] Eine statutarische Lücke wird konsequent in gleicher Weise gefüllt.
[5] In BGE 72 II 110 scheint das Bundesgericht die Zulässigkeit einer von den Statuten abweichenden gewohnheitsmässigen Ordnung nicht von vorneherein auszuschliessen. Dagegen hat das Zürcher Obergericht (ZR *1974* Nr. 31 S. 83 E 5a) ein die Statuten derogierendes Gewohnheitsrecht abgelehnt.
[6] Vgl. BGE 104 Ia 313.

wirksam, auch wenn dabei statutarische oder reglementarische Beschränkungen der Geschäftsführungsbefugnis verletzt worden sind[7].

IV. Exkurs: Schuldvertragliche Abmachungen

Vor allem bei Gesellschaften mit einigen wenigen Aktionären oder einigen Grossaktionären finden sich zur Ergänzung der in Statuten und Reglementen und allenfalls durch Observanz festgelegten generellen Ordnung oft *schuldvertragliche Abmachungen zwischen der Gesellschaft und ihren Aktionären* oder *zwischen einzelnen oder allen Aktionären unter sich*. Auf diese Verträge ist hier nicht näher einzutreten, da sie die körperschaftliche Ordnung *nur mittelbar bestimmen* und rechtlich ein selbständiges Schicksal haben. Faktisch sind die körperschaftliche Ordnung einerseits und die schuldvertragliche auf der anderen Seite freilich oft *Teil eines einheitlichen Konzepts,* das auch rechtlich nicht einfach ignoriert werden kann (vgl. dazu § 7 N 31 f; Näheres in § 39 N 139 ff und § 40 N 325 ff).

14

---

[7] Schranken des *Könnens* können sich dagegen aus dem Gesellschaftszweck ergeben, vgl. § 21 N 5.

3. Kapitel: Die Gründung

Materialien: Botschaft 44–46, 111–115; AmtlBull NR *1985* 1671–1678, SR *1988* 467–470.

§ 13 Grundlagen

Literatur: Basler Kommentar zu OR 625 (Baudenbacher) und 628–645 (Schenker); Böckli N 39 ff; Forstmoser § 8 (mit umfassenden weiteren Angaben zum bisherigen Recht); Guhl/Kummer/Druey 630 ff; Siegwart, Kommentierung von OR 629–645.

Zu den Neuerungen und Änderungen der *Aktienrechtsreform* finden sich Übersichten auch bei Biber/Watter: Notariatspraxis bei Gründung und ordentlicher Kapitalerhöhung, AJP *1992* 701 ff; Roland Ruedin: La fondation, ST *1991* 579 ff; ders.: Fondation, in: Le nouveau droit des sociétés anonymes, CEDIDAC Bd. 23 (Lausanne 1993) 29 ff, 253 ff; ders.: La société anonyme II, fondation, Fiches Juridiques Suisses 390 (Genève 1992); Peter Ruf: Gründung und Kapitalerhöhung im neuen Aktienrecht, BN *1992* 351 ff; Marc-Antoine Schaub: L'acte constitutif d'une société anonyme et ses annexes, ZBGR *1992* 265 ff; Rolf Watter: Gründung und Kapitalerhöhung im neuen Aktienrecht, in: Das neue Aktienrecht, Schriftenreihe SAV 11 (Zürich 1992) 55 ff.

I. Voraussetzungen für die Gründung einer AG (Übersicht)

Damit eine AG gegründet werden kann, bedarf es der Klärung in viererlei Hinsicht (vgl. OR 629):
- *Struktur und Zielsetzung* müssen feststehen. Es geschieht dies durch die Aufstellung der Statuten.
- Die *finanzielle Basis* muss gesichert sein. Zu diesem Zweck müssen die Gründer sämtliche Aktien gezeichnet und sich dadurch zu Einlagen (mindestens) in der Höhe des Nominalbetrages des Aktienkapitals *verpflichtet* haben. Zumindest teilweise muss die Einlageverpflichtung bereits im Gründungsstadium *erfüllt* sein.
- Damit ist auch die *personelle Basis* gegeben und stehen die ersten Aktionäre fest.
- Schliesslich muss sichergestellt sein, dass die zu gründende Gesellschaft *funktionsfähig* ist. Es sind daher die erforderlichen Organe – Verwaltungsrat und Revisionstelle – zu wählen.

Diese Voraussetzungen sind im Errichtungsakt zu schaffen bzw. festzustellen. Über diesen ist eine *öffentliche Urkunde* zu erstellen (OR 629 I). Für den Erwerb der Rechtspersönlichkeit ist anschliessend die *Eintragung in das Handelsregister* erforderlich (OR 643 I, vgl. § 1 N 62, § 16 N 39).

II. Theoretische Grundlagen

1. Das System der Normativbestimmungen

9   a) Herkömmlich werden mit Bezug auf die Gründung einer Körperschaft drei Systeme unterschieden[1]:

10 – Nach dem *System der freien Körperschaftsbildung* erlangt eine Vereinigung die Rechtspersönlichkeit unabhängig von jeder staatlichen Mitwirkung dann, wenn die begriffswesentlichen Elemente vorliegen[2].

11 – Nach dem *Konzessionssystem* ist für die Errichtung eine vom freien Ermessen des Staates abhängige Genehmigung erforderlich[3].

12 – Einen Mittelweg stellt das *System der Normativbestimmungen* dar: Im Gegensatz zum Grundsatz der freien Bildung genügt hier die Verwirklichung der Begriffsvoraussetzungen für sich allein noch nicht zur Erlangung der Rechtspersönlichkeit. Ergänzend muss ein staatlicher Akt, der Eintrag in ein öffentliches Register (das Handelsregister), hinzukommen[4]. Anders als beim Konzessionssystem besteht aber ein vom Ermessen der Behörden unabhängiger Rechtsanspruch auf Anerkennung, sofern die gesetzlichen Voraussetzungen erfüllt sind.

13 b) Der schweizerische Gesetzgeber hat für die AG – wie für die übrigen Körperschaften mit wirtschaftlicher Zielsetzung – das *System der Normativbestimmungen* gewählt[5]. Dieses System gewährleistet klare Verhältnisse: Durch den Registereintrag wird für jedermann erkennbar, ob eine Gesellschaft besteht und welches ihre für den Rechtsverkehr massgebenden besonderen Wesenszüge sind. Zugleich werden aber polizeistaatliche Eingriffe, wie sie mit dem Konzessionssystem verbunden sind, vermieden.

14 Auch in den anderen europäischen Staaten gilt für die Gründung von Aktiengesellschaften das System der Normativbestimmungen.

2. Zur Rechtsnatur des Gründungsvorgangs

15 a) Die theoretische Erfassung des Gründungsgeschäfts war früher stark umstritten. Auf der einen Seite stand die sogenannte *Kreations-* oder *Gesamtaktstheorie,* welche im Gründungsgeschäft einen sozialrechtlichen Konstitutivakt

---

[1] Vgl. Meier-Hayoz/Forstmoser § 7 N 6 ff und vorn § 4 N 25.
[2] Dieses Prinzip gilt z. B. für die Entstehung des Vereins, vgl. ZGB 60.
[3] Das Konzessionssystem gilt in vielen Kantonen noch für die Gründung von Allmendgenossenschaften und ähnlichen Körperschaften im Sinne von ZGB 59 III. Es dominierte in der ersten Hälfte des 19. Jahrhunderts.
[4] Man spricht deshalb auch vom System des Registerzwangs. Dieses System ermöglicht eine staatliche Überprüfung der Entstehungsvoraussetzungen, die freilich nur grobe Rechtsverletzungen verhindern kann und soll (vgl. die Ausführungen zur Kognitionsbefugnis des Handelsregisterführers hinten § 16 N 30 ff).
[5] Einer behördlichen Bewilligung bedarf es nur ausnahmsweise für einzelne Arten von Aktiengesellschaften.

erblickte, einen Statusakt, der sich mit schuldvertraglichen Begriffen nicht erfassen lasse. Die sogenannte *Vertragstheorie* anderseits suchte den Gründungsvorgang im wesentlichen als *schuldrechtlichen Vertrag* zu erklären.

Der Theorienstreit ist heute überholt, da sich die gegensätzlichen Standpunkte zumindest bezüglich der praktischen Konsequenzen weitgehend angeglichen haben: 16

Wo von der *Vertragsnatur* des Gründungsaktes ausgegangen wird[6], da werden gleichzeitig die *Besonderheiten des Gründungsvertrages* betont. Diese werden namentlich in zwei Momenten erblickt: 17
– in der *Interessenlage*[7], 18
– im *angestrebten juristischen Erfolg*, nämlich der Schaffung eines neuen Rechtssubjekts, der Organisation einer Körperschaft[8]. 19

Wo anderseits die Gründung als *Gesamtakt*[9] bezeichnet wird, da werden die *Parallelen zum Vertragsrecht* anerkannt, d. h. die Tatsache, dass die Körperschaft auf den übereinstimmenden Willensäusserungen der Gründer beruht. 20

b) Aus der Charakterisierung des Gründungsvorgangs als Vertrag besonderer Art (bzw. als Gesamtakt mit vertragsähnlichen Elementen) folgt, dass die *Regeln des allgemeinen Teils des OR* entsprechend der Verweisung von ZGB 7 grundsätzlich auch auf das Gründungsgeschäft Anwendung finden, dass aber im Einzelfall zu prüfen ist, ob die auf Schuldverträge zugeschnittene Ordnung der speziellen Natur des Gründungsvertrages gerecht zu werden vermag[10]. 21

III. Die Stadien des Gründungsvorgangs

1. Die beiden Phasen

Man pflegt den Gründungsvorgang bei der AG – von den rechtlich meist unverbindlichen *Vorbesprechungen* abgesehen – in zwei Phasen zu gliedern: 22

Das *Errichtungsstadium* umfasst alle Vorkehren der Gründer, die das Gesetz für das Zustandekommen einer AG vorschreibt (vgl. OR 629). Mittelpunkt und zugleich Abschluss dieses Stadiums ist der öffentlich zu beurkundende Errichtungsakt. Danach ist die AG zwar *errichtet,* konstituiert. Sie ist aber im Rechtssin- 23

---

[6] So BGE 69 II 248, wonach Aktiengesellschaften «in ihrem Kern eben doch Gesellschaften [bleiben], d. h. Gebilde, die auf einem Vertrag beruhen, durch den die Gesellschafter, bei der A.-G. also die Aktionäre, zu einer Zweckgemeinschaft zusammengeschlossen werden».

[7] Während für den zweiseitigen schuldrechtlichen Vertrag ein Interessengegensatz zwischen den Parteien typisch ist, besteht beim Gründungsvertrag Gemeinsamkeit der Interessen. Er wird deshalb auch als «Interessenvergemeinschaftungsvertrag» bezeichnet.

[8] Man spricht deshalb auch von «Organisationsvertrag».

[9] So BGE 80 II 269, wonach der Aktionär, «der durch seine Kapitalbeteiligung die Körperschaft bilden hilft, ... ihr in dieser Eigenschaft nicht als Vertragsschliessender gegenüber[steht], sondern die beidseitigen Pflichten und Rechte ... jedenfalls dem Grundsatz nach körperschaftsrechtliche» sind.

[10] Vgl. etwa zur Frage der Berufung auf Willensmängel bei einer Aktienzeichnung infolge von Irrtum oder Täuschung § 17 N 34 f.

ne *noch nicht entstanden,* es kommt ihr die Rechtspersönlichkeit noch nicht zu. Zum Errichtungsstadium vgl. §§ 14 und 15.

24 Als *Entstehungsstadium* bezeichnet man die Vorgänge, die unmittelbar zum Erwerb der Persönlichkeit führen, d. h. die Handlungen im Zusammenhang mit der Eintragung im Handelsregister (vgl. OR 640 f, 643). Zum Entstehungsstadium vgl. § 16.

2. Die Rechtsnatur der in Gründung befindlichen Gesellschaft

25 a) Die in Gründung befindliche Aktiengesellschaft wird in Judikatur und Literatur überwiegend als *einfache Gesellschaft* qualifiziert[11]. Diese Zuordnung folgt aus OR 530 II, wonach eine gesellschaftliche Verbindung dann eine einfache Gesellschaft ist, wenn nicht die Voraussetzungen einer anderen gesetzlich geordneten Gesellschaftsform zutreffen. Sie ergibt sich auch aus einer analogen Anwendung von ZGB 62.

26 b) Damit ist jedoch nicht gesagt, dass auf die Aktiengesellschaft im Gründungsstadium generell und ausschliesslich das Recht der einfachen Gesellschaft anzuwenden ist. Die Ansichten hiezu sind kontrovers. U. E. ist zu differenzieren und sind *verschiedene Stadien* der Gründung zu unterscheiden:

27 aa) Während der *Vorbesprechungen* sind in der Regel gar keine rechtsverbindlichen Beziehungen gewollt. Immerhin trifft die Parteien eine Pflicht zu ernsthaftem Verhandeln, deren Verletzung Ersatzansprüche nach den Regeln der culpa in contrahendo[12] nach sich ziehen kann.

28 bb) Während des *Errichtungsstadiums* beurteilen sich die Beziehungen unter den Beteiligten wie auch gegenüber Dritten grundsätzlich und im Zweifel nach dem Recht der einfachen Gesellschaft, OR 530 ff[13]. Doch ist zu beachten, dass das Aktienrecht bereits für diesen Zeitraum besondere Bestimmungen aufgestellt hat, die dem Recht der einfachen Gesellschaft vorgehen. So regelt OR 645 die Haftung der Gründer für im Namen der werdenden AG eingegangene Verpflichtungen (dazu § 18), und die Verantwortlichkeit der Beteiligten richtet sich nicht nur nach dem Recht der einfachen Gesellschaft, sondern auch nach OR 753 (dazu § 36 f).

29 cc) Auch nach dem Abschluss des Errichtungsstadiums und bis zur *Eintragung* der Gesellschaft im Handelsregister bleibt diese grundsätzlich eine einfache Gesellschaft[14]. Im *Aussenverhältnis* ändert sich nichts[15]. Im *Innenverhältnis* tritt

---

[11] Vgl. etwa BGE 102 II 423.
[12] Dazu BGE 105 II 79 f.
[13] So gilt grundsätzlich das Einstimmigkeitsprinzip.
[14] BGE 102 II 423. Immerhin kann – wenn die errichtete Gesellschaft den Geschäftsbetrieb aufnimmt, bevor sie in das Handelsregister eingetragen wird – auch eine Kollektivgesellschaft vorliegen, da dann allenfalls sämtliche Begriffsmerkmale von OR 552 I erfüllt sind.
[15] Nach wie vor gilt das Recht der einfachen Gesellschaft, modifiziert durch OR 645 betreffend vor der Eintragung eingegangene Verpflichtungen sowie durch OR 752 ff hinsichtlich der Verantwortlichkeit.

dagegen mit der Genehmigung der Statuten und der Bestellung der für die künftige AG erforderlichen Organe eine Änderung ein: Zwar bleibt auch intern die in Gründung befindliche Gesellschaft eine einfache Gesellschaft. Doch ist das Recht der einfachen Gesellschaft mit Bezug auf das Innenverhältnis fast ausschliesslich dispositiver Natur. Die Gesellschafter können daher eine andere Organisation vereinbaren, und es ist anzunehmen, dass sie mit der Beschlussfassung über die Statuten und der Wahl der Organe eine solche Vereinbarung getroffen haben. Gesellschaftsintern gilt daher nach der konstituierenden Versammlung grundsätzlich die *statutarische Ordnung*[16].

IV. Gründungsarten

Das Gesetz kennt zwei Arten der Gründung: 30
- Eine *qualifizierte Gründung* liegt vor, wenn einer der in § 15 näher zu erläuternden Tatbestände der Sacheinlage, der Sachübernahme, besonderer Vorteile zugunsten von Gründern oder Dritten oder der Liberierung durch Verrechnung gegeben ist. 31
- Ist keiner dieser qualifizierenden Tatbestände erfüllt, spricht man von einer *einfachen Gründung* oder *Bargründung*. 32

Das bisherige Recht unterschied zudem nach einem anderen Kriterium zwischen der *Simultan-* und der *Sukzessivgründung:* Eine *Simultangründung* lag vor, wenn die Gründer sämtliche Aktien übernahmen, Initianten und künftige Aktionäre also identisch sein sollten. Bei der *Sukzessiv- oder Stufengründung* bereiteten dagegen die Gründer im engeren Sinne die Errichtung der Gesellschaft lediglich vor, ohne sämtliche Aktien zu übernehmen. Dann wandten sie sich an einen weiteren Personenkreis mit der Einladung, Aktien der zu gründenden Gesellschaft zu zeichnen. Der Kreis der künftigen Aktionäre deckte sich daher nicht mit dem der vorbereitenden Initianten. Dieses Verfahren der Sukzessivgründung entsprach eigentlich der AG als einer Publikumsgesellschaft mit einer Vielzahl von Aktionären besser als das der Simultangründung. Es wurde denn auch als Normalfall ausführlich geregelt (OR *1936* 629–637), während die Simultangründung nur gerade in einem Artikel Erwähnung fand (OR *1936* 638). 33

In der Praxis kam das Sukzessivverfahren aber kaum je vor. Auch da, wo die Gründung einer Publikumsgesellschaft geplant war, bediente man sich regelmässig des Simultanverfahrens und wandte man sich erst an das Publikum, nachdem die Gründungsformalitäten abgeschlossen waren. 34

Das revidierte Aktienrecht kennt daher nur noch das Simultanverfahren, während das Sukzessivverfahren gestrichen wurde. Das Simultanverfahren wird der weit überwiegenden Zahl von Gründungen im kleinen Kreis gerecht. Die Neugründung von Publikumsgesellschaften bleibt dennoch möglich, jedoch mit einem zweistufigen Vorgehen: Entweder übernehmen die Promotoren sämtliche – auch die für das Publikum bestimmten – Aktien und offerieren diese in der Folge öffentlich zum Kauf. Oder aber es wird eine Gesellschaft 35

---

[16] Dabei ist freilich jeweils zu prüfen, ob eine statutarische Bestimmung auf die Verhältnisse der nicht eingetragenen Gesellschaft passt oder ob sie vernünftigerweise erst für die künftige juristische Person gelten soll.

mit einem minimalen Aktienkapital gegründet und unmittelbar daran eine Kapitalerhöhung zur Schaffung der für das Publikum vorgesehenen Aktien angeschlossen.

V. Vergleich mit den Gründungsvoraussetzungen bei anderen Gesellschaften

36   Die Gründungsvoraussetzungen für die AG sind ausführlicher und strenger als die der übrigen Gesellschaften (mit Ausnahme der GmbH, für die ähnliche Bestimmungen gelten). Der Gesetzgeber wollte dadurch der überragenden wirtschaftlichen Bedeutung von Aktiengesellschaften Rechnung tragen, aber auch dem Umstand, dass für die Verpflichtungen der Gesellschaft ausschliesslich ihr eigenes Vermögen haftet.

VI. Übersicht über die in der Aktienrechtsreform vollzogenen Änderungen

37   Die Aktienrechtsreform hat das bisherige Recht in vier Punkten abgeändert:
38   – Wie erwähnt ist die Sukzessivgründung entfallen.
39   – Bei qualifizierten Gründungen braucht es in jedem Fall einen Gründungsbericht[17].
40   – Dieser Gründungsbericht ist von einem Revisor zu prüfen[18].
41   – Und schliesslich werden das Mindestkapital von Fr. 50 000.– auf Fr. 100 000.–, die Mindestliberierung von Fr. 20 000.– auf Fr. 50 000.– heraufgesetzt[19].
42   Im übrigen ist die Regelung der Gründung – im Gegensatz zu der der Kapitalerhöhung – praktisch unverändert geblieben, weshalb die bisherige Literatur und Judikatur weiterhin beigezogen werden kann[20].

---

[17]   Im bisherigen Recht war dieser nur für die Sukzessivgründung vorgesehen, OR *1936* 630.
[18]   OR 635a, es sollen dadurch Schwindelgründungen erschwert werden.
[19]   OR 621, 632 II. Auch mit dieser Norm wollte man kriminelle Machenschaften erschweren – eine Hoffnung, die sich angesichts der immer noch tiefen Zahlen freilich kaum verwirklichen wird.
[20]   Dies wird gelegentlich übersehen und die reichhaltige bisherige Doktrin und Gerichtspraxis ausser acht gelassen.

§ 14 Die Errichtung der AG

Literatur: Vgl. die Angaben zu § 13 sowie Böckli N 53 ff; Forstmoser § 9; Schenker in Basler Kommentar zu Art. 629–633; Marc-Antoine Schaub: L'acte constitutif d'une société anonyme et ses annexes, ZBGR *1992* 265 ff; *Mustertexte* für die Gründungsurkunde finden sich bei Biber/Watter (zit. § 13 N 2) 702 f und in den vom Notariatsinspektorat des Kantons Zürich herausgegebenen Textvorlagen zum neuen Aktienrecht (Zürich 1992); *Checklisten* zur Gründung bei Urs Zenger in JBHReg *1995* 85 ff.

I. Übersicht

Im Errichtungsstadium soll sichergestellt werden, dass sämtliche Voraussetzungen für Bestand und Funktionsfähigkeit einer AG (vgl. § 13 N 3 ff) erfüllt sind: personell (OR 625 I, dazu Ziff. II), strukturell (OR 626 f, dazu Ziff. III), finanziell (OR 630, 632 f, dazu Ziff. IV) und funktionell (OR 629 I, dazu Ziff. V).

Die nötigen Beschlüsse und Feststellungen sind in einem formellen Errichtungsakt[1] festzuhalten, über den eine öffentliche Urkunde aufzusetzen ist (OR 629, 631, dazu Ziff. VI).

Zu beachten ist, dass der Errichtungsakt in den Einzelheiten stark von der Handelsregisterverordnung (HRV 78 f) geprägt ist.

Zum Schutze Dritter und des Rechtsverkehrs hat der Gesetzgeber für die Errichtung der AG präzise Anforderungen aufgestellt, nicht nur in *materieller,* sondern auch in *formeller* Hinsicht. Damit soll die Klarheit der Verhältnisse gewährleistet werden. Da sämtliche künftigen Aktionäre – persönlich oder über ihre Stellvertreter – an der Errichtung mitwirken, war dagegen – anders als bei der Sukzessivgründung des bisherigen Rechts[2] – ein besonderer Schutz von nicht an den Gründungsvorbereitungen beteiligten Aktionären nicht erforderlich[3].

II. Mindestzahl und Person der Gründer

a) OR 625 I schreibt vor, dass eine AG anlässlich ihrer Gründung *mindestens drei Gesellschafter* zählen muss[4].

Mehr als drei Aktionäre sind dann erforderlich, wenn sonst die notwendigen Organe nicht entsprechend den statutarischen Bestimmungen bestellt werden könnten, z. B. weil

---

[1] Terminologisch ist zu beachten, dass der Begriff «Errichtungsakt» vom Gesetz in zweierlei Bedeutung verwendet wird: In OR 629 ist damit ein *Vorgang,* die Gründungsversammlung (mit bestimmten Feststellungen und Erklärungen), gemeint, in OR 631 (und daran anschliessend in HRV 79) sowie OR 640 III Ziff. 2 dagegen das *Dokument,* das anlässlich dieser Versammlung erstellt wird.
[2] Zum Begriff vgl. § 13 N 33.
[3] Die Aktionäre sind vor allem dadurch geschützt, dass sämtliche Beschlüsse im Gründungsverfahren *einstimmig* gefasst werden müssen.
[4] Zu den Folgen des nachträglichen Absinkens des Mitgliederbestandes vgl. OR 625 II sowie § 62 N 29 ff.

sich der Verwaltungsrat – der aus Aktionären bestehen muss (OR 707 I) – aus mehr als drei Personen zusammensetzen soll[5].

8 Ob die erforderliche Zahl von Gründern gegeben ist, bestimmt sich nach rein *formalrechtlichen* Gesichtspunkten. Der «Strohmann», der an der Gründung lediglich treuhänderisch mitwirkt, ist daher wahres Gründungsmitglied und als solches mitzuzählen[6], auch wenn er unmittelbar nach der Errichtung der AG wieder ausscheidet[7]. *Wirtschaftlich* betrachtet ist es daher möglich, *Einpersonen-Gesellschaften* zu gründen.

9 b) Als Gründer kommen *natürliche und juristische Personen,* aber auch *Handelsgesellschaften ohne eigene Rechtspersönlichkeit* (Kollektiv- und Kommanditgesellschaften) in Betracht[8]. Nationalitäts- und Wohnsitzvorschriften bestehen an sich keine, doch wirken sich die für den Verwaltungsrat in OR 708 I aufgestellten Anforderungen (dazu § 27 N 68) auch auf die Gründer aus, da – wie erwähnt – sämtliche Verwaltungsratsmitglieder Aktionäre sein müssen. Schranken hinsichtlich der Mitwirkung von Ausländern können sich sodann aus Spezialgesetzen ergeben, insbes. aus dem BG über den Erwerb von Grundstücken durch Personen im Ausland (sog. «Lex Friedrich», dazu § 62 N 112 ff) für den Fall, dass zu den Aktiven der künftigen Gesellschaft Grundstücke in der Schweiz gehören sollen[9].

III. Festlegung der Statuten

10 Die Gründer haben die Statuten zu genehmigen[10]. Zum Inhalt vgl. § 8.

IV. Zeichnung und Liberierung des Aktienkapitals

11 Im Zeitpunkt der Errichtung müssen sämtliche Aktien «gültig gezeichnet» sein (OR 629 II Ziff. 1, dazu nachstehend Ziff. 1). Zumindest teilweise muss auch die Liberierung – die Erfüllung der mit der Zeichnung übernommenen

---

[5] Das Gesetz erwähnt auch die Revisionsstelle, doch braucht diese nicht aus Aktionären zusammengesetzt zu sein.
[6] Vgl. BGE 81 II 541. Die treuhänderische Gründung an sich ist zugelassen, vgl. BGE 115 II 468.
[7] Er übernimmt damit auch die Risiken der Gründungshaftung, OR 753, dazu § 37 N 55 ff.
[8] Andere Personenmehrheiten wie einfache Gesellschaften, Erbengemeinschaften, eheliche Gütergemeinschaften, können dagegen nicht Mitglieder werden, sondern es kommt die Aktionärseigenschaft direkt den Beteiligten – freilich allenfalls gemeinsam – zu.
[9] Eine Liberalisierung der Lex Friedrich ist in einer Volksabstimmung vom 25. 6. 1995 abgelehnt worden.
[10] Von einem praktischen Gesichtspunkt aus empfiehlt es sich, den Statutenentwurf dem Handelsregisteramt zur *Vorprüfung* einzureichen, um sicherzustellen, dass dieser bei der späteren formellen Anmeldung (dazu § 16 N 10) – nach erfolgter öffentlicher Beurkundung – nicht beanstandet wird.

Einlageverpflichtung – erbracht worden sein (OR 629 II Ziff. 3, dazu nachstehend Ziff. 2).

1. Zeichnung sämtlicher Aktien

a) Bei der AG ist das in bestimmter Höhe festgesetzte Grundkapital als Haftungsbasis von besonderer Wichtigkeit (vgl. § 1 N 38 ff). Der Gesetzgeber hatte deshalb dafür zu sorgen, dass das Aktienkapital im Zeitpunkt der Entstehung der Gesellschaft voll gedeckt ist. Daher muss bei der Gründung feststehen, dass *sämtliche Kapitalanteile (Aktien) von den Gründern gezeichnet* worden sind.

«Zeichnung» bedeutet, dass sich die Gründer gegenüber der künftigen Gesellschaft zur Einbringung bestimmter Aktiven[11] verpflichten.

Die Zeichnung erfolgt – individuell durch jeden Gründer – *im Errichtungsakt selbst* (OR 629 II), und die Zeichnung sämtlicher Aktien wird – ebenfalls im Errichtungsakt – von den Gründern gemeinsam festgestellt (OR 629 II Ziff. 1).

b) OR 630 umschreibt den *Inhalt* der «Zeichnung»: Die übernommenen Aktien sind nach Anzahl, Nennwert, Art, Kategorie und Ausgabebetrag zu spezifizieren, und es hat sich der Zeichner bedingungslos zu verpflichten, «eine dem Ausgabebetrag entsprechende Einlage zu leisten».

c) Der *Ausgabebetrag* muss mindestens dem *Nennwert* der Aktie entsprechen (OR 624), da nur so sichergestellt ist, dass das Aktienkapital bei der Gründung voll gedeckt ist. Erfolgt die Ausgabe zum Nennwert – was bei der Gründung die Regel ist[12] – spricht man von einer Ausgabe *zu pari*.

Der Ausgabebetrag kann aber auch *höher* als der Nennwert angesetzt werden, die Ausgabe *über pari* erfolgen. Dadurch entsteht bei der Liberierung ein Mehrerlös in der Höhe der Differenz zwischen dem Nennwert und dem Ausgabebetrag, das sog. *Agio*. Dieses ist zwar nicht Teil des Aktienkapitals, doch kommen dem Agio ähnliche Funktionen zu wie der Einzahlung auf das Aktienkapital[13].

2. Die Liberierung der gezeichneten Aktien

a) Von der Zeichnung als Verpflichtung zur Einlage ist die *Erfüllung* dieser Einlageverpflichtung, die *Liberierung* zu unterscheiden. Diese hat bei der hier besprochenen ordentlichen Gründung *in bar* zu erfolgen[14].

---

[11] Bei der hier behandelten Bargründung Geldbeträge, bei der qualifizierten Gründung (dazu § 15) allenfalls Sachwerte.

[12] Anders bei der Kapitalerhöhung, vgl. § 52 N 68.

[13] Es wird daher in verschiedener Hinsicht wie diese behandelt, etwa hinsichtlich der Stempelsteuer, dazu § 16 N 67 f. Auch sind die auf das Agio entfallenden Beträge grundsätzlich als Reserven gebunden, OR 671 II Ziff. 1, dazu § 50 N 15.

[14] Möglich ist auch die Liberierung durch Überlassung anderer Werte, durch *Sacheinlage* also, sowie die Liberierung durch *Verrechnung*. Dabei handelt es sich um Formen der qualifizierten Gründung, vgl. § 15.

19 b) Die einbezahlten Beträge müssen nach der Gründung zur *freien Verfügung der Gesellschaft* stehen. Um dies sicherzustellen, verlangt OR 633 I, dass die Einlage bei einem dem BankG unterstellten Institut hinterlegt werden muss. Die einbezahlten Beträge bleiben auf einem Sperrkonto der Bank (in diesem Zusammenhang oft *Depositenstelle* genannt) hinterlegt, bis die Gesellschaft eingetragen ist. Erst dann werden sie der Gesellschaft nach Weisung der zuständigen Organe ausgehändigt[15].

20 Die Herausgabe des Liberierungsbetrages darf erst erfolgen, wenn die Gründung registerrechtlich abgeschlossen ist. Grundsätzlich ist der Gesellschaft der ganze Betrag nach Weisung ihres Verwaltungsrates zur Verfügung zu stellen, unter Abzug einer Gebühr für die Mühewaltung der Bank. Die Bank kann jedoch angewiesen werden, die Gründungskosten wie Beurkundungs- und Eintragungsgebühren sowie die Stempelabgabe[16] direkt zu bezahlen.

21 Ausgeschlossen ist eine Rückgabe der hinterlegten Gelder an die Einzahler, ausser wenn die Hinterlegung zeitlich befristet war und die Frist erfolglos abgelaufen ist oder die Urkundsperson (dazu nachstehend N 68 ff) formell erklärt, dass die Gründung gescheitert ist.

22 Mit der Pflicht zur Hinterlegung der Liberierungsbeiträge will der Gesetzgeber Gründungsschwindel eindämmen. Gänzlich unterbinden kann er sie – wie die Praxis zum bisherigen Recht zeigte – freilich nicht: Es kommt auch heute noch vor, dass Gründer die nötigen Beträge kurzfristig borgen, bei der Bank hinterlegen, dann aber sofort nach der Eintragung der AG im Handelsregister wieder aus der Gesellschaft entnehmen und zurückzahlen. Neben strafrechtlichen Sanktionen kommt in solchen Fällen – falls Dritte zu Schaden kommen – die persönliche Haftung aller Beteiligten in Betracht (OR 753 Ziff. 2, dazu § 37 N 71). Sodann kann die Gesellschaft die nachträgliche Liberierung verlangen[17].

23 c) Zu hinterlegen ist der gesamte auf das Aktienkapital anzurechnende Betrag, nicht notwendig dagegen ein allfälliges Agio[17a].

24 d) Liberiert zu werden braucht im Gründungsstadium grundsätzlich nur ein *Teilbetrag,* nämlich wenigstens 20% des Nennwertes jeder Aktie[18], und insgesamt mindestens Fr. 50 000.– (OR 632).

---

[15] Die Bank hat zuhanden der Gründungsversammlung zu bestätigen, dass der Liberierungsbetrag bar einbezahlt worden ist und den zeichnungsberechtigten Organen der Gesellschaft ab Handelsregistereintrag zur freien Verfügung steht.

[16] Dazu § 16 N 67 f.

[17] Vgl. BGE 102 II 361 f, ferner 109 II 128 ff.

[17a] Die Hinterlegung dient vor allem dem *Schutz Dritter.* Diese sollen sich auf die volle Liberierung des Nennbetrages des Aktienkapitals verlassen dürfen. Mit darüber hinausgehenden Mehrbeträgen können sie dagegen nicht rechnen, zumal diese nicht im Handelsregister eingetragen werden. – Die hier vertretene Auffassung ist freilich nicht unbestritten (entspricht aber der derzeitigen Praxis des Eidg. Handelsregisteramtes). Zur Begründung einer Hinterlegungspflicht auch für das Agio wird namentlich auf den Wortlaut des Gesetzes (vgl. OR 633 I: «Einlagen in Geld», ohne Spezifizierung) hingewiesen, sodann darauf, dass die Hinterlegung auch dem Schutz der Gesellschaft und der nicht geschäftsführenden Aktionäre diene.

[18] Mehrleistungen auf einzelne Aktien rechtfertigen daher nicht eine entsprechende, unter 20% liegende Minderzahlung auf andere.

Der Gesamtliberierungsbetrag ist in den Statuten zu nennen (OR 626 Ziff. 3), womit auch Dritte feststellen können, in welchem Umfang die Einlageverpflichtung bereits erfüllt worden ist. Überdies ist bei nicht voll liberierten Aktien auf jeder Aktienurkunde der auf den Nennwert einbezahlte Betrag anzugeben (OR 687 IV), womit für die Erwerber solcher Aktien erkennbar ist, dass die Liberierungspflicht zum Teil noch zu erfüllen ist. 25

e) *Besonderheiten* gelten für Stimmrechts- und für Inhaberaktien[18a]: 26
- *Stimmrechtsaktien* (dazu § 24 N 95 ff) sind nur als vollständig liberierte Aktien zulässig (OR 693 II). 27
- Bei *Inhaberaktien* schreibt das Gesetz zwar keine erhöhte Minimalliberierung vor, doch dürfen die Aktienurkunden gemäss OR 683 I erst nach voller Liberierung ausgegeben werden[19]. 28

f) Zur Liberierung verpflichtet ist grundsätzlich *derjenige, der die Aktien gezeichnet* hat. Doch muss die Verpflichtung nicht notwendig persönlich, sie kann auch durch einen Dritten oder einen Mitaktionär erfüllt werden[20]. 29

3. *Exkurs: Nachträgliche Liberierung*[21]

a) Soweit die Liberierung nicht in der Gründungsphase erfolgte, kann sie – in der Höhe des sog. «Nonversé» – aufgrund eines Verwaltungsratsbeschlusses jederzeit ganz oder zum Teil eingefordert werden (OR 634a). 30

Nach bisherigem Recht erfolgte dabei die Zahlung direkt an die Gesellschaft, also – anders als in der Gründungsphase – nicht über das Sperrkonto bei einer Depositenstelle. Unter neuem Aktienrecht wird dagegen in HRV 83 I lit. c) verlangt, dass auch die «nachträgliche Leistung» im Sinne von OR 634a durch Zahlung auf ein Sperrkonto bei einer Bank zu erfolgen hat. Dies ergibt sich aus der systematischen Stellung von OR 634a[22], ist aber ein wenig sinnvoller Umweg, da die Bank – anders als in der Gründungsphase – die einbezahlten Mittel unverzüglich an die Gesellschaft weiterzuleiten hat. 31

b) Werden *nicht voll liberierte Namenaktien übertragen,* dann fragt es sich, wer zur Restliberierung verpflichtet ist. OR 687 sieht für diesen Fall eine differenzierte Lösung vor: 32

[18a] Bei der Kapital*erhöhung* besteht sodann eine Pflicht zur Volliberierung beim sog. *bedingten Kapital* (vgl. OR 653a II und dazu § 52 N 392).
[19] Vorher sind nur auf den Namen lautende Interimsscheine zugelassen, vgl. OR 688 II. Damit soll sichergestellt werden, dass der Gesellschaft die Aktionäre, die noch eine Liberierungspflicht betrifft, bekannt sind.
[20] Dies kommt bei der treuhänderischen Aktienzeichnung oft vor. Der Zeichner bleibt jedoch für die Erfüllung haftbar, auch wenn er nur fiduziarisch tätig ist.
[21] Vgl. dazu die beiden Aufsätze von Bernard Kroug und Berthel/Bochud in JBHReg *1993* 35 ff und 39 ff sowie Marc-Antoine Schaub: La libération ultérieure du capital-actions, SZW *1993* 120 ff. – Zur nachträglichen *qualifizierten* Liberierung vgl. auch § 15 N 36 und Anm. 23a.
[22] In diesem Sinn auch ausdrücklich Botschaft 113 sowie die einhellige Literatur.

33 – Nach OR 687 I wird der Erwerber der Gesellschaft gegenüber zur Einzahlung verpflichtet, sobald er im Aktienbuch (zu diesem vgl. § 43 N 76 ff) eingetragen ist. Die Eintragung ist damit grundsätzlich notwendig und genügend für die Begründung der Einzahlungspflicht[23], sie wirkt wie eine Schuldübernahme.

34 Nach der neueren Bundesgerichtspraxis[24] ist diese gesetzliche Ordnung freilich nur auf den Normalfall zugeschnitten, in dem das Aktienbuch ordnungsgemäss geführt ist. Genau besehen komme der Eintragung «nur die Bedeutung eines Beweismittels [zu], das durch andere Beweismittel sowohl ersetzt als auch entkräftet werden kann»[25]. Im Einzelfall kann daher auch der nicht eingetragene Erwerber zur Liberierung angehalten werden, wenn die gültige Übertragung auf andere Weise nachgewiesen werden kann. Umgekehrt wird der Eingetragene nicht verpflichtet, wenn er darlegen kann, dass der Eintrag zu Unrecht erfolgte.

35 – Der Veräusserer, der selbst *nicht Zeichner* (also nicht originärer Erwerber im Gründungsstadium) war, wird mit der (korrekten) Eintragung des Erwerbers im Aktienbuch von der Leistungspflicht *befreit* (OR 687 III).

36 Eine besondere Regelung besteht dagegen für den *Zeichner,* den *originären Aktienerwerber:* Für ihn sieht OR 687 II eine beschränkte *Weiterhaftung* vor:

37 Der Zeichner kann für den nicht einbezahlten Betrag belangt werden, wenn die Gesellschaft innert zweier Jahre seit ihrer Eintragung in das Handelsregister in Konkurs gerät und wenn ausserdem sein Rechtsnachfolger des Rechts aus der Aktie verlustig erklärt (dazu § 44 N 17 ff) worden ist.

38 Da nach OR 683 *Inhaberaktien* erst nach der Volleinzahlung ausgegeben werden dürfen, stellt sich bei ihnen das Problem des Übergangs der Liberierungspflicht an sich nicht[26].

39 c) Der Aktionär, der seiner Liberierungspflicht nicht rechtzeitig nachkommt, ist nach OR 681 I zur Zahlung von *Verzugszinsen* verpflichtet. Statutarisch kann auch eine *Konventionalstrafe* vorgesehen sein, was aber kaum je vorkommt.

40 Bleibt die Zahlung dauerhaft aus, so kann der Aktionär im sog. *Kaduzierungsverfahren* aus der Gesellschaft *ausgeschlossen* werden (vgl. OR 681 f und dazu § 44 N 17 ff).

41 d) Die Liberierungspflicht untersteht der allgemeinen zehnjährigen *Verjährungsfrist*[27]. Doch ist zu beachten, dass diese Frist erst in dem Zeitpunkt zu laufen beginnt, auf den hin die Liberierung verlangt wird[28].

---

[23] BGE 90 II 171.
[24] BGE 90 II 164 ff.
[25] BGE 90 II 176.
[26] Zum – rechtswidrigen – Fall der vorzeitigen Aktienausgabe vgl. BGE 86 II 94 f.
[27] BGE 102 II 361.
[28] Nach der Minderheitsmeinung von Karl Spiro (Die Begrenzung privater Rechte durch Verjährungs-, Verwirkungs- und Fatalfristen [2 Bde. Bern 1975] Bd. I 268) sogar – soweit Gläubiger geschädigt sind – erst im Zeitpunkt des Konkurses, selbst wenn die Aufforderung zur Zahlung früher erfolgte.

e) Da der Betrag der geleisteten Einlagen in den Statuten genannt ist (OR 626 Ziff. 3), geht mit der nachträglichen Leistung eine Statutenänderung einher. Diese ist rein formeller Natur, und es ist anzunehmen, dass sie – wie die Anpassung der Statuten nach erfolgter Kapitalerhöhung (OR 652g, 653g) – durch den Verwaltungsrat[29] erfolgen kann. Erforderlich ist – wie bei jeder Statutenänderung – eine öffentliche Beurkundung (OR 647 I)[30].

V. Bestellung der notwendigen Organe

a) Die Gründer haben auch die ersten Organe – Verwaltungsrat und Revisionsstelle – der künftigen AG zu bestellen (OR 629 I). Dabei sind die gesetzlichen sowie allfällig weitergehende statutarische Vorschriften zu beachten[31].

b) «Bestellt» sind die Organe erst, wenn die Gewählten das übertragene Mandat *angenommen* haben. Waren sie beim Errichtungsakt *anwesend,* so dürfte sich die Annahme aus der Errichtungsurkunde ergeben. Wurden *Abwesende* gewählt, ist eine schriftliche Annahmeerklärung beizubringen, es sei denn, die Annahme ergebe sich aus konkludentem Verhalten, etwa aus der Unterzeichnung der Anmeldung an das Handelsregisteramt als Mitglied des Verwaltungsrates[32].

VI. Der Errichtungsakt

1. Die Gründungsversammlung

Die Errichtung – und damit die Erfüllung der in Ziff. III, IV 1 und V genannten Aufgaben – erfolgt anlässlich einer *Zusammenkunft aller Gründer oder ihrer Vertreter*[33]. Der Ort kann – unabhängig vom Sitz der künftigen AG – frei gewählt werden. Die Gründungshandlungen können auch auf mehrere Zusammenkünfte verteilt werden, die dann eine Einheit bilden und zusammen als Errichtungsakt zu betrachten sind[34].

---

[29] Also in Abweichung von OR 698 II Ziff. 1. So auch HRV 83 I lit. a).

[30] In der öffentlichen Urkunde wird festgestellt, dass die Leistung der Einlagen entsprechend den gesetzlichen und statutarischen Anforderungen erfolgt ist (OR 629 II Ziff. 3 analog). Sodann werden im gleichen Zug die Statuten hinsichtlich der Angabe der erfolgten Liberierung (OR 626 Ziff. 3) geändert. Vgl. dazu Brückner (zit. nachstehend Anm. 39) N 2994.

[31] Vgl. insbesondere die Nationalitäts- und Wohnsitzvorschriften für Verwaltungsratsmitglieder (OR 708 I–III) und die Wohnsitz- bzw. Sitzvorschriften für die Revisionsstelle (OR 727 II). Revisoren müssen die erforderliche Befähigung (OR 727a) und Unabhängigkeit (OR 727c) haben. Besonders befähigte Revisoren im Sinne von OR 727b sind in diesem Stadium wohl nie erforderlich, da die Voraussetzungen dieses Artikels nicht erfüllt sind.

[32] Vgl. HRV 78 I lit. c, wo ein entsprechender Nachweis gefordert wird.

[33] Die Unterschriften der Vollmachtgeber sind notariell zu beglaubigen.

[34] Dies kann erforderlich sein, wenn die Registerbehörden eine Ergänzung der Gründung oder die Änderung der Statuten verlangen, vgl. BGE 62 I 22 ff. Zu beachten ist aber, dass bei jeder Versammlung sämtliche Gründer anwesend oder vertreten sein müssen.

2. Die Aufgaben im einzelnen

46 a) Anlässlich des Errichtungsaktes haben die Gründer gewisse Willenserklärungen abzugeben (lit. b) und Feststellungen zu treffen (lit. c). Der Gründungsversammlung müssen bestimmte Belege vorliegen (lit. d).

47 b) Die von den Gründern abzugebenden *Willenserklärungen* beziehen sich auf

48 aa) die Gründung einer Aktiengesellschaft (OR 629 I),

49 bb) die Festlegung der Statuten (OR 629 I),

50 cc) die Zeichnung sämtlicher Aktien (OR 629 II).

51 Gründungserklärung, Festlegung der Statuten und Bestellung der Organe erfolgen durch einstimmigen Beschluss. Die Zeichnung nimmt jeder Gründer individuell vor, wobei insgesamt alle Aktien gezeichnet sein müssen.

52 c) Die Gründer haben sodann durch Beschluss *festzustellen,* dass

53 aa) sämtliche Aktien gültig gezeichnet sind (OR 629 II Ziff. 1),

54 bb) die versprochenen Einlagen dem gesamten Ausgabebetrag entsprechen (OR 629 II Ziff. 2),

55 cc) die gesetzlichen und allenfalls weitergehende statutarische Anforderungen an die Leistung der Einlagen erfüllt sind (OR 629 II Ziff. 3).

56 d) Der Gründungsversammlung müssen gewisse *Belege* vorliegen (OR 631 I), so ein Bestätigungsschreiben der Bank, bei welcher die Liberierungsbeträge hinterlegt sind (vgl. OR 633 I), der Statutenentwurf, die Annahmeerklärungen der Revisionsstelle und allenfalls von nicht anwesenden, in den Verwaltungsrat zu wählenden Personen.

57 Weiter sind gegebenenfalls erforderlich: die Vollmachten vertretener Gründer sowie Dokumente, die den rechtmässigen Bestand von als künftigen Aktionären beteiligten juristischen Personen oder Handelsgesellschaften nachweisen.

3. Form und Inhalt der Gründungsurkunde

58 Aus den gemäss N 47 ff erforderlichen Erklärungen und Feststellungen ergibt sich der *Inhalt* der Gründungsurkunde. Dieser wird in HRV 79 I im einzelnen aufgelistet.

59 Erforderlich sind folgende Angaben:
60 – die Personalien der Gründer und allenfalls ihrer Vertreter (vgl. im einzelnen HRV 78 III),
61 – die Erklärung, eine AG zu gründen,
62 – die Bestätigung, dass die Statuten festgelegt sind,
63 – die Erklärung jedes Gründers über die Zeichnung seiner Aktien und seine bedingungslose Verpflichtung, eine dem Ausgabebetrag entsprechende Bareinlage zu leisten,
64 – die Bestellung der Mitglieder des Verwaltungsrates und der Revisionsstelle,

- die in OR 629 II verlangten Feststellungen, 65
- die Nennung der einzelnen Belege mit einer Bestätigung durch die Urkundsperson 66
(dazu Ziff. 4), dass sie den Gründern vorgelegen haben.
    Ausserdem ist in HRV 79 ausdrücklich vorgeschrieben, dass der Errichtungsakt (die 67
Gründungsurkunde) die Unterschriften der Gründer oder ihrer Vertreter tragen muss.

4. Die öffentliche Beurkundung insbesondere

a) Für den Errichtungsakt genügt private Schriftlichkeit nicht, es bedarf 68
vielmehr der *öffentlichen Beurkundung* (OR 629 I, 631 I). Der Errichtungsakt ist daher im Beisein eines Notars oder einer anderen Urkundsperson zu vollziehen[35].

b) Öffentliche Beurkundung ist «die Aufzeichnung rechtserheblicher Tatsa- 69
chen oder rechtsgeschäftlicher Erklärungen durch eine vom Staat mit dieser Aufgabe betraute Person, in der vom Staat geforderten Form und in dem dafür vorgesehenen Verfahren»[36]. Es handelt sich um einen Begriff des Bundesrechts[37], das jedoch nur Mindestanforderungen aufstellt und im übrigen die Ordnung des Beurkundungswesens dem kantonalen öffentlichen Recht überlässt[38].

c) Der *Zweck* der öffentlichen Beurkundung ist vielfältig und je nach Art des 70
Geschäfts unterschiedlich[39]. Für die Beurkundung des Errichtungsaktes sind etwa die folgenden Funktionen zu nennen:
- Die Beurkundung soll Klarheit über die Verhältnisse schaffen. Sie hat damit 71
auch beweissichernde Funktion[40].
- Die Urkundsperson sorgt dafür, dass das für die Eintragung im Handelsregi- 72
ster erforderliche Dokument formell korrekt und vollständig ist.
    Für die materielle Richtigkeit trägt die Urkundsperson zwar keine Verantwor- 73
tung, doch soll sie die Beurkundung klar rechtswidriger Beschlüsse[41] verweigern. In der Praxis geht die Aufgabe des Notars freilich oft weiter: Er ist juristisch geschulter und spezialisierter Berater, der nicht selten den Statutenentwurf verfasst.

---

[35] Die Einhaltung dieser Formvorschrift ist Gültigkeitserfordernis, OR 11 II.
[36] BGE 99 II 161 E 2a.
[37] BGE 113 II 404.
[38] Dieses hat die für die Beurkundung zuständigen Personen, das Verfahren und die Form zu bestimmen. Der Inhalt der Urkunde ist dagegen bei der Gründung weitestgehend durch aktienrechtliche Vorschriften festgelegt.
[39] Vgl. Christian Brückner: Schweizerisches Beurkundungsrecht (Zürich 1993) 77 ff; René W. Isenschmid: Sinn und Zweck der öffentlichen Beurkundung, in: Schluep/Isler (vgl. LV) 305 ff; ferner Peter Ruf: Notariatsrecht (Skript, Langenthal, erscheint 1995 oder 1996).
[40] Vgl. die Richtigkeitsvermutung von ZGB 9 I. Dazu ist aber zu beachten, dass der Notar beim Errichtungsakt lediglich festhält, was die Gründer beschliessen und erklären. Die Richtigkeitsvermutung betrifft damit nur den Umstand, dass die Gründer bestimmte Erklärungen abgegeben und Feststellungen getroffen haben, nicht aber, dass diese Aussagen richtig sind.
[41] Z.B. unvollständige Statuten, Bestellung des Verwaltungsrates unter Verletzung der Nationalitäts- und Domizilerfordernisse von OR 708 I.

74 – Durch ihre Präsenz sorgt die Urkundsperson für einen korrekten Ablauf der Gründungsversammlung.

75 – Nach Ansicht des Bundesgerichts dient dagegen «die öffentliche Beurkundung ... des Errichtungsaktes nicht zum Schutze der Gründer. Damit sollen vielmehr unlautere Machenschaften verhindert, die gesetzeskonforme Abwicklung des Gründungsvorganges gewährleistet und verlässliche Beweise gesichert werden... Die Vorschriften verfolgen also vor allem objektive Zwecke zum Schutze Dritter...»[42]. Dies mag insofern richtig sein, als die öffentliche Beurkundung – anders als etwa beim Grundstückkauf – nicht den Schutz der Beteiligten vor Übereilung und Sorglosigkeit bezweckt. Im übrigen dient aber der Schutz vor Unredlichkeiten und die Sicherstellung eines korrekten Verfahrens gerade auch den Gründern selbst.

76 d) Die *materiellen* Angaben der öffentlichen Urkunde ergeben sich aus dem vom Aktienrecht verlangten Inhalt der Gründungsurkunde, vgl. vorn N 58 ff.

77 Neben der Verurkundung der materiell erforderlichen Angaben hat die Urkundsperson zu bestätigen, dass die in der Urkunde genannten Belege – Bescheinigung der Depositenstelle, Annahmeerklärungen der Revisionsstelle und allenfalls nicht anwesender in den Verwaltungsrat gewählter Personen, allfällige Vollmachten vertretener Gründer – den Gründern vorgelegen haben (OR 631 I) und dass die Urkunde (mit den Statuten als Beilage, OR 631 II[43]) dem erklärten Willen der Gründer entspricht.

78 *Formell* ist zu verlangen, dass die Urkunde angibt, durch wen, wann und wo sie errichtet worden ist. Diskussionsvoten sind nicht aufzunehmen, vielmehr genügt es, dass die Beschlüsse, Feststellungen und Erklärungen festgehalten werden.

79 e) Während sich die Urkundsperson grundsätzlich darauf beschränkt festzuhalten, was ihr seitens der Gründer erklärt worden ist, hat sie in zwei Punkten *selbständige Feststellungen* zu treffen: Sie hat die Identität der Erschienenen (und bei Stellvertretern auch deren Vertretungsbefugnis aufgrund einer notariell beglaubigten Vollmachtsurkunde) sowie den Umstand, dass die im Errichtungsakt genannten Belege den Gründern vorgelegen haben, festzustellen.

80 f) Mit der Unterzeichnung des Errichtungsaktes durch die Gründer bzw. ihre Vertreter ist das Errichtungsstadium abgeschlossen.

81 g) Im Sinne eines Exkurses sei erwähnt, dass öffentliche Beurkundung im Aktienrecht nicht nur für die Gründung verlangt wird, sondern auch für Statutenänderungen (OR 647 I), einschliesslich der Erhöhung und Herabsetzung des Grundkapitals (OR 650 II, 652g II, 653g I; 734), für die Auflösung (OR 736 Ziff. 2) mit Einschluss der Fusion in den Formen der Annexion und der Kombination (OR 736 Ziff. 2, 749 III Ziff. 1) sowie der Übernahme durch eine Kommandit-AG oder eine Körperschaft des öffentlichen Rechts (Verweisungen in OR 750 I und 751 II), für die Umwandlung einer AG in eine GmbH (OR 736

---

[42] BGE 102 II 424.
[43] Die übrigen in OR 631 II genannten Dokumente betreffen die qualifizierte Gründung, dazu § 15.

Ziff. 2[44]), für die Beschlüsse der Gläubigergemeinschaft bei Anleihensobligationen (OR 1169 in Verbindung mit der bundesrätlichen VO über die Gläubigergemeinschaft bei Anleihensobligationen vom 9. 12. 1949, SR 221.522.1, Art. 6) und für die Nachliberierung des Aktienkapitals (vgl. OR 634a).

h) Näheres zur öffentlichen Beurkundung allgemein bei Brückner (zit. Anm. 39, dort N 2963 insbes. zur Beurkundung des Errichtungsaktes), speziell zum Aktienrecht bei Roland Bühler: Öffentliche Urkunden des Aktienrechts als Handelsregisterbelege, ZBGR *1982* 321 ff sowie – zum neuen Recht – bei Biber/Watter, Ruf und Schaub (alle zit. § 13 N 2). *Musterurkunden* für die Gründung (und weitere aktienrechtliche Vorgänge) finden sich bei Reto Berthel/Louis Bochud: Neues Aktienrecht aus registerrechtlicher und notarieller Sicht (Luzern 1992) und in den Textvorlagen zum neuen Aktienrecht, hg. vom Notariatsinspektorat des Kantons Zürich (Zürich 1992). 82

VII. Die Verantwortlichkeit der Gründer

Zur Haftung der Gründer für vor der Inkorporation der Gesellschaft eingegangene Rechtsgeschäfte vgl. OR 645 und dazu § 18. 83

Zur Haftung für Rechtswidrigkeiten anlässlich der Gründung vgl. OR 753 und dazu § 37 N 55 ff. 84

Die Urkunde über die Gründung einer AG stellt eine Urkunde im Sinne von StGB 110 Ziff. 5 dar[45]. Stimmt der Inhalt mit den Tatsachen nicht überein, ist dies strafrechtlich relevant (vgl. StGB 251, ferner auch 152 und 153)[46]. 85

VIII. Sonderfälle

a) Das System der Normativbestimmungen (dazu vorn § 13 N 12 f) wird für einzelne Arten von Aktiengesellschaften modifiziert, indem ein besonderes Konzessions- oder Bewilligungsverfahren erforderlich ist, sei es für die Entstehung der Gesellschaft schlechthin, sei es für die Geschäftsaufnahme[47]. 86

b) Ohne Einhaltung des Gründungsverfahrens nach schweizerischem Aktienrecht kann eine schweizerische AG unter bestimmten Voraussetzungen durch Immigration einer (vorher) ausländischen Körperschaft in die Schweiz entstehen (vgl. § 5 N 45). 87

---

[44] Die Umwandlung stellt gleichzeitig eine Auflösung der AG dar.
[45] Vgl. BGE 101 IV 145 ff.
[46] Per 1. 1. 1995 aufgehoben worden ist das BG betreffend Strafbestimmungen zum Handelsregister- und Firmenrecht vom 6. 10. 1923 (SR 221.414).
[47] Es gilt dies insbesondere für Versicherungsgesellschaften, Banken, Luftfahrt- und Eisenbahnunternehmen.

§ 15 Besonderheiten der qualifizierten Gründung

Literatur: Vgl. die Angaben zu § 13 sowie Böckli N 67 ff; Forstmoser § 10; Manfred Küng: Sacheinlagen und Sachübernahmen im neuen Aktienrecht, JBHReg *1992* 13 ff; Schenker in Basler Kommentar zu Art. 628, 634–635a; Treuhand-Kammer (Hg.): Revisionshandbuch der Schweiz 1992 (Zürich 1992) Bd. II Ziff. 7.3 S. 533 ff. *Mustertexte* für die Gründungsurkunde bei qualifizierten Gründungen finden sich in den vom Notariatsinspektorat des Kantons Zürich herausgegebenen Textvorlagen zum neuen Aktienrecht (Zürich 1992), ferner bei Biber/Watter (zit. § 13 N 2) 704.

I. Begriff und Problematik

a) Unter dem Begriff der qualifizierten Gründung[1] werden im Aktienrecht vier Tatbestände zusammengefasst:
– Gründungen, bei denen das Aktienkapital ganz oder zum Teil nicht durch Bargeld, sondern durch andere Vermögenswerte liberiert wird, sog. *Sacheinlagegründungen,*
– Gründungen, bei denen bereits vor Erlangung der Rechtspersönlichkeit Bindungen für die künftige Gesellschaft eingegangen werden, indem die Übernahme von Vermögenswerten vorgesehen wird, sog. *Sachübernahmegründungen,*
– Gründungen, bei denen einzelnen Gründern oder anderen Personen *besondere Vorteile* gewährt werden,
– und schliesslich solche Gründungen, bei denen die Liberierungspflicht ganz oder zum Teil mit Forderungen, die dem Aktionär gegenüber der künftigen Gesellschaft zustehen, *verrechnet* wird.

b) Bei der qualifizierten Gründung besteht die Gefahr, dass die *Gesellschaft* bereits im Gründungsstadium *geschwächt* wird und dass einzelne *Aktionäre benachteiligt* werden: Die eingelegten oder zu übernehmenden Sachwerte können überbewertet sein; das Aktienkapital ist dann von Anfang an nicht gedeckt, weil ausgewiesene Aktiven nur scheinbar vorhanden sind. Die zur Verrechnung gestellte Forderung kann zweifelhaft oder gar fingiert sein, und es würde daher durch den Verzicht im Zuge der Verrechnung der Gesellschaft nur scheinbar eine Leistung erbracht. Endlich können die eingeräumten besonderen Vorteile ungerechtfertigt sein und die Interessen der belasteten Gesellschaft wie auch der übrigen Aktionäre verletzen.

c) Der Gesetzgeber lässt die genannten qualifizierenden Tatbestände (dazu im einzelnen Ziff. II) zu (vgl. OR 628, 634a II), doch stellt er an die qualifizierte Gründung *besondere Anforderungen* (vgl. Ziff. III). Dabei geht es ihm «um den Schutz der Gesellschaft als solcher, der – gegenwärtigen und künftigen – Aktio-

---

[1] Das Gesetz verwendet den Begriff nicht, es trifft jedoch – freilich nicht konsequent (vgl. N 29) – für die qualifizierenden Tatbestände eine einheitliche Ordnung.

näre, der Gläubiger und aller anderen Personen, die zur Gesellschaft in Beziehung treten»[2].

II. Die qualifizierenden Tatbestände[3]

1. Sacheinlagen[4]

9   a) Eine Sacheinlagegründung (auch Apportgründung genannt) liegt vor, wenn einzelne oder alle Aktien nicht in Geld, sondern durch *andere Vermögenswerte* liberiert werden.

10   b) Gegenstand der Sacheinlage kann jedes *übertragbare* Vermögensobjekt sein, das einen feststellbaren wirtschaftlichen Wert hat (*Bewertbarkeit*) und aktivierbar ist (*Bilanzierungsfähigkeit*)[5]. Ausserdem muss die Sacheinlage *verwertbar* sein, da der Gegenstand gegebenenfalls der Befriedigung der Gläubiger dienen soll. Zu fordern ist schliesslich, dass die Sacheinlage *für die in Frage stehende Gesellschaft* – im Hinblick auf ihre spezifische Zielsetzung also – einen Wert darstellt[6].

11   Eingebracht werden können etwa Eigentumsrechte (an Grundstücken und beweglichen Sachen), selbständige und dauernde dingliche Rechte, obligatorische Rechte (insbesondere Geldforderungen, aber z.B. auch Rechte aus Kaufvertrag), Beteiligungsrechte (z.B. Aktien von anderen Gesellschaften), immaterielle Wirtschaftsgüter wie Patent- und Urheberrechte sowie Lizenzrechte, ferner auch reine Wirtschaftsgüter wie nicht patentierte Geheimverfahren, sofern sie sich in einer übertragbaren Form konkretisieren lassen.

12   *Nicht eingelegt* werden können *Arbeitsleistungen* oder persönliche Fähigkeiten[7], ebensowenig *künftige* Sachen, Forderungen und Rechte.

13   *Goodwill* bzw. Kundschaft ist für sich allein nicht einlegbar[8], wohl aber in Verbindung mit der Einbringung eines Unternehmens oder Unternehmensteils (als werterhöhender Bestandteil im Rahmen der anerkannten Bewertungspraxis).

---

[2]   BGE 109 Ib 98.
[3]   Bei der Kapital*erhöhung* kommt zu den für die Gründung genannten qualifizierenden Tatbeständen noch ein weiterer hinzu: die Liberierung aus Eigenkapital, OR 652d, dazu § 52 N 129 ff. Diese sollte – entgegen dem zu engen Wortlaut von OR 634a II – auch bei der *nachträglichen* Liberierung möglich sein.
[4]   Vgl. dazu auch Joseph-Alexander Baumann: Gegenstand und Bewertung von Sacheinlagen und Sachübernahmen nach Privat- und Steuerrecht ... (Diss. Zürich 1972).
[5]   Höchstpersönliche Rechte und Naturalobligationen können nicht eingelegt werden, ebensowenig zukünftige Gewinne.
[6]   In der Praxis kommt freilich die Einbringung irgendwelcher Güter, die mit dem Gesellschaftszweck nichts zu tun haben, vor, etwa die eines Segelflugzeugs in eine AG, deren Zweck die Erbringung von EDV-Dienstleistungen ist. Dies ist fragwürdig, wenn auch nicht explizit untersagt.
[7]   Erfolglos versuchte einst ein Gründer, sein Gehirn als Apport in die künftige Gesellschaft einzubringen.
[8]   Es fehlt die selbständige Verwertbarkeit. – Zur *Marke* als möglicher Sacheinlage vgl. Pascal Hinny in ST *1995* 730 ff.

c) Erforderlich ist, dass die Gesellschaft unmittelbar nach ihrer Entstehung über die Sacheinlage frei *verfügen* kann (OR 634 Ziff. 2[9]). 14

Da der Eintrag der AG als Eigentümerin im Grundbuch erst nach Erlangung der Rechtspersönlichkeit und damit nach erfolgter Eintragung in das Handelsregister möglich ist, wird der freien Verfügbarkeit der bedingungslose Anspruch auf Eintragung in das Grundbuch gleichgesetzt (OR 634 Ziff. 2)[10]. 15

d) Zur *Form* des Sacheinlagevertrages vgl. N 38. 16

e) Häufig ist die Sacheinlagegründung bei der *Umwandlung eines Einzelunternehmens oder einer Personengesellschaft* in eine AG[10a]. Diese erfolgt aufgrund einer Bilanz, die anlässlich des Errichtungsaktes vorzuliegen hat und möglichst aktuell sein soll[10b]. Die Übernahme des Geschäfts wird nach OR 181 und damit – was die Aktiven betrifft – im Wege der *Singularsukzession* vollzogen[11]. Es müssen daher die entsprechenden gesetzlichen Formerfordernisse erfüllt werden, z. B. hinsichtlich Geschäftsliegenschaften die der öffentlichen Beurkundung. 17

2. *Sachübernahmen*[12]

a) Unter einer Sachübernahme ist der *vor der Eintragung* der AG in das Handelsregister vereinbarte (oder zumindest fest beabsichtigte) *Erwerb bestimmter Vermögenswerte* zu verstehen[13]. 18

Im Gegensatz zur Sacheinlage besteht die Gegenleistung also nicht in der Zuweisung von Aktien, sondern regelmässig in der *Zahlung eines bestimmten Betrages*[14]. Die Sachübernahme steht demnach nicht direkt im Zusammenhang 19

---

[9] Nur so ist sichergestellt, dass tatsächlich liberiert wird. – Freie Verfügbarkeit ist nach BGE 119 IV 319 ff, 324 auch dann gegeben, wenn der Sacheinleger der Gesellschaft Fahrnis zu Eigentum überträgt, an der ein Dritter einen obligatorischen Anspruch auf Einräumung eines Pfandrechts hat: Ein solcher Anspruch richtet sich nur gegen den Einleger persönlich, nicht gegen die Gesellschaft.

[10] Sollte die Gesellschaft im Sinne der Lex Friedrich ausländisch beherrscht sein (dazu § 16 N 22 f, 62 N 129 ff), muss überdies die erforderliche behördliche Bewilligung erteilt worden sein.

[10a] Vgl. dazu etwa Peter Böckli: Gesellschaftsrechtliche und steuerrechtliche Aspekte bei der Gründung einer AG durch Umwandlung einer Personengesellschaft, Steuer Revue *1993* 393 ff; Massimo Calderan: Geschäftsübernahmen durch eine Aktiengesellschaft aus der Sicht des Handelsregisterführers, JBHReg *1994* 28 ff; Jean-Marc Vuille: Die Umwandlung einer Personengesellschaft in eine Aktiengesellschaft ... (Diss. Zürich 1966). Weitere Hinweise bei Forstmoser § 10 N 31 ff.

[10b] Zu tolerieren ist – wenn keine besonderen Geschäftsvorfälle vorkamen – jedenfalls eine bis zu sechs Monate alte Bilanz, allenfalls aber auch eine Bilanz noch älteren Datums.

[11] BGE 109 II 101. Die Marginalie von OR 181 («Übernahme eines Vermögens oder eines Geschäftes») ist daher nicht korrekt: Nur die *Verpflichtungen* gehen gesamthaft über, wobei der bisherige Schuldner für zwei Jahre solidarisch haftbar bleibt (OR 181 II).

[12] Vgl. Baumann (zit. Anm. 4) sowie Roland Ruedin: La reprise de biens: un terme technique à définir, in: FS Grossen (Basel/Frankfurt 1992) 325 ff.

[13] Vgl. BGE 83 II 286 f.

[14] Keine Sacheinlage, sondern eine Sachübernahme liegt damit vor, wenn die Gründer zunächst bar liberieren, um anschliessend aus den liberierten Beträgen den Kaufpreis für einzubringende Werte zu zahlen.

mit dem Aktienerwerb und damit der Mitgliedschaft. Vielmehr können Vermögenswerte auch von *Dritten* übernommen werden[15].

20 Die Sachübernahme wird vom Gesetzgeber der Sacheinlage vor allem deshalb im wesentlichen gleichgestellt, weil sonst eine *Umgehung* der Vorschriften über die Sacheinlagegründung leicht möglich wäre, indem zwar bar gegründet wird, anschliessend jedoch aufgrund von bereits im Gründungsstadium getroffenen Vereinbarungen Vermögenswerte von den Gründern übernommen werden.

21 b) Für die Sachübernahme kommen alle Vermögenswerte in Betracht, die auch Sacheinlagen darstellen können. Anders als bei der Sacheinlage brauchen die Werte aber *nicht sofort verfügbar* zu sein.

22 c) Umstritten war früher, ob die Bestimmungen über die Sachübernahmegründung auch dann anzuwenden seien, wenn noch *keine formellen Abmachungen* getroffen wurden. Das Bundesgericht hat dies seit langem in Übereinstimmung mit der herrschenden Lehre bejaht[16]. Danach liegt eine Sachübernahme nicht nur bei fester und verbindlicher Vereinbarung vor, sondern schon dann, wenn einigermassen feste Absichten für die nächste Zukunft und eine fast sichere Aussicht auf Verwirklichung dieser Absichten bestehen. Das neue Recht hat diese erweiterte Umschreibung aufgenommen, vgl. OR 628 II: «Übernimmt die Gesellschaft von Aktionären oder Dritten Vermögenswerte *oder beabsichtigt sie* solche Sachübernahmen ...»[17].

23 d) Bei den meisten Gesellschaftsgründungen werden allerdings schon im Gründungsstadium Vereinbarungen getroffen oder zumindest ins Auge gefasst, selbst wenn es nur darum geht, für die künftige AG Briefpapier und Büromaterial zu besorgen[18]. Es ist nicht der Sinn des Gesetzes, alle diese Fälle den Bestimmungen über die qualifizierte Gründung zu unterstellen. Vielmehr versteht es sich nach BGE 83 II 289 «von selbst, dass nicht jede geringfügige Anschaffung von Möbeln, Bureaumaterial und dergl. für die künftige A.-G. eine Sachübernahme im Sinne des Gesetzes darstellt». Gemeint seien nur «Geschäfte von grösserer wirtschaftlicher Bedeutung», durch welche das Vermögen der Gesellschaft geschwächt werden könnte. Keine Sachübernahmen im Sinne des Gesetzes liegen insbesondere dann vor, wenn lediglich Verträge für den (künftigen) laufenden Geschäftsgang abgeschlossen werden.

---

[15] In der Literatur wird freilich (zu Recht) kritisiert, dass die Übernahme von Vermögenswerten von *Dritten* gleich wie die Übernahme *von den Gründern selbst* den erhöhten Anforderungen der qualifizierten Gründung unterstellt wird: Anders als bei der Übernahme von künftigen Aktionären fehlt beim echten Drittgeschäft die besondere Gefahr einer Benachteiligung der künftigen Gesellschaft. – Allgemein kritisch zur «Überregulierung» der Sacheinlage- und Sachübernahmegründung, durch welche die Eigenkapitalfinanzierung gegenüber der Fremdfinanzierung benachteiligt werde, Rolf Watter: Bemerkungen zur Unlogik der Sacheinlage- und Sachübernahmevorschriften ..., AJP *1994* 147 ff.

[16] Vgl. BGE 83 II 288 f, 109 Ib 97.

[17] Hervorhebung hinzugefügt. Konsequenterweise wird auch in OR 631 II nicht einfach von den Sachübernahmeverträgen gesprochen, sondern von den «bereits vorliegenden» Verträgen.

[18] Vgl. dazu § 18.

3. Besondere Vorteile zugunsten der Gründer oder anderer Personen

a) OR 628 III nennt als weiteren qualifizierenden Tatbestand «besondere Vorteile», die Gründern oder anderen Personen eingeräumt werden sollen. Gemeint sind *besondere* Vergünstigungen, die anderen an der AG Beteiligten nicht zukommen. Die Vorteile stellen in der Regel eine Entschädigung für Verdienste im Zusammenhang mit der Gründung der Gesellschaft dar. Sie können nach der Gründung – ausser bei Kapitalerhöhungen (vgl. OR 650 II Ziff. 6, 652e Ziff. 5, 704 I Ziff. 5) – nicht mehr eingeräumt werden. 24

b) Die Vergünstigungen sind *personenbezogen und nicht aktienbezogen*. Die in Vorzugsaktien (OR 654, dazu § 41 N 26 ff) und Stimmrechtsaktien (OR 693, dazu § 24 N 95 ff) verkörperten Privilegien stellen daher keine besonderen Vorteile im Sinne des Gesetzes dar, weil sie mit der Aktie und nicht spezifisch mit der Person eines Gründers (oder Dritten) verbunden sind. 25

c) Solche Vorteile können mannigfaltige Formen annehmen; sie können einmalig oder periodisch sein, sofort oder erst in Zukunft fällig. Denkbar[19] sind etwa Rechte auf Gewinnbeteiligung, Lieferungs- und Abnahmeverpflichtungen der künftigen Gesellschaft, Gebrauchs- und Benutzungsrechte. Immer aber muss es sich um *besondere* Vorteile, um Privilegien handeln. Die Vorrechte können auch in Genussscheinen verkörpert (OR 657, dazu § 47 N 3 ff[20]) und damit übertragbar ausgestaltet werden. 26

d) Wie bei Sacheinlagen und Sachübernahmen besteht die Gefahr, dass die Gesellschaft durch die Einräumung von Gründervorteilen geschwächt oder übermässig belastet wird. Eine analoge gesetzliche Erfassung drängte sich deshalb auf. 27

4. Liberierung durch Verrechnung

a) Unter bisherigem Aktienrecht war umstritten, ob die Liberierungsverpflichtung auch durch Verrechnung mit einer Forderung gegen die AG erfüllt werden könne. In der Praxis kam aber die Verrechnungsliberierung vor, selten zwar bei der Gründung, häufig dagegen bei Kapitalerhöhungen. In der Handelsregisterverordnung war sie ausdrücklich geregelt (altHRV 80). 28

Das revidierte Recht sieht die Verrechnungsliberierung explizit vor (OR 634a II, 635 Ziff. 2) und regelt sie als eine Form der qualifizierten Gründung – freilich mit abgeschwächten Anforderungen (vgl. N 37 ff). 29

b) Im Gründungsstadium dürfte die Liberierung durch Verrechnung selten bleiben. Denkbar ist sie immerhin «bei der Umwandlung von Einzelfirmen und Personengesellschaften in Aktiengesellschaften, ... indem Gläubiger der bisherigen Unternehmung Aktien zeichnen und die Liberierungsschuld durch Verrechnung mit ihrer Forderung tilgen»[21]. 30

---

[19] Praxis gibt es zu solchen Vorrechten wenig.
[20] Vgl. aber die Schranken für die Verkörperung von Rechten in Genussscheinen, OR 657 II.
[21] Botschaft 45.

31 c) Eine Liberierung durch Verrechnung ist nur möglich, wenn die Voraussetzungen von OR 120 I erfüllt sind[22].

32 Nicht anwendbar ist OR 120 II (Verrechnung mit einer bestrittenen Gegenforderung), da sonst die freie Verfügbarkeit über die Einlage, auf die das Gesetz so grossen Wert legt (vgl. etwa OR 634 Ziff. 2), nicht erfüllt wäre. Nicht anwendbar dürfte auch OR 120 III (Verrechnung mit einer verjährten Forderung) sein.

33 d) Die Verrechnungsliberierung war besonders zu regeln, weil sonst die bei der Bargründung vorgesehene Hinterlegungspflicht (vgl. § 14 N 19) allzu leicht hätte umgangen werden können.

34 e) Die *gesetzliche Systematik* ist im Hinblick auf die Liberierung mittels Verrechnung missglückt: Die Verrechnung wird als Liberierungsart nur in OR 634a, bei der Regelung der *nachträglichen* Liberierung also, erwähnt. Eine Verrechnung kann aber auch, wie OR 635 Ziff. 2 zeigt, bei der *ursprünglichen* Liberierung erfolgen, genauso wie eine Liberierung durch Einzahlung (OR 633) oder Sacheinlage (OR 634). Richtigerweise hätte sie also in einem eigenen Artikel, gleichgestellt mit den beiden anderen Liberierungsarten, geregelt werden müssen.

5. Kombinationen

35 Zwischen den verschiedenen qualifizierenden Tatbeständen sind Kombinationen möglich und häufig. So können bei der Umwandlung einer in der Form einer Personengesellschaft geführten Unternehmung in eine AG Sacheinlage und Verrechnung kombiniert sein. Möglich ist auch die Kombination von Gründervorteilen und Sacheinlagen[23].

6. Nachträgliche qualifizierte Liberierung

36 Die nachträgliche Leistung bei ursprünglicher Teilliberierung (dazu § 14 N 24) kann ebenfalls qualifiziert – durch Sacheinlage oder Verrechnung – erfolgen (so ausdrücklich OR 634a II)[23a]. Auch bei der nachträglichen qualifizierten Liberierung sind die Schutzvorkehrungen gemäss Ziff. III hienach zu beachten.

---

[22] Eine Besonderheit besteht darin, dass der Verrechnungsschuldner – die AG – bei der Verrechnungsliberierung im Zeitpunkt der Gründung noch gar nicht als Rechtsperson besteht.
[23] Sie kann z. B. zweckmässig sein, wenn der Wert einer Einlage von künftigen Ereignissen abhängt: Der Einlage wird dann ein minimaler, bei einer Verwertung sicher erzielbarer Wert zugrunde gelegt; für allfällige Mehrwerte soll der Einleger durch künftige erfolgsabhängige Vorteile abgefunden werden.
[23a] Ebenfalls zulässig – obwohl im Gesetz nicht erwähnt – muss die nachträgliche *Liberierung aus frei verwendbarem Eigenkapital* der AG (dazu § 52 N 129 ff) sein. Dies unter der Voraussetzung, dass die gesetzliche Kompetenzordnung eingehalten (dazu Kroug, zit. § 14 Anm. 21) und die Gleichbehandlung der Aktionäre beachtet werden. Auch die nachträgliche Liberierung *zwecks Sachübernahme* (i. S. von OR 628 II) muss zulässig sein (dazu auch Schenker in Basler Kommentar zu Art. 634a N 3).

III. Schutzvorkehrungen

1. Allgemeines und Übersicht

Den mit den qualifizierenden Tatbeständen verbundenen besonderen Gefahren für die AG, ihre künftigen Gläubiger, aber auch einzelne Aktionäre begegnet der Gesetzgeber mit erhöhten Anforderungen an die qualifizierte Gründung. Gegenüber dem bisherigen Recht sind diese erheblich erweitert und verschärft worden. Zusammenfassen lassen sie sich in vier Stichworten: besondere Formvorschriften (Ziff. 2), Rechenschaftsablegung (Ziff. 3), Prüfung (Ziff. 4) und Offenlegung (Ziff. 5). 37

2. Besondere Formerfordernisse

a) Für *Verträge*, mit denen die Berechtigung und Verpflichtung zu *Sacheinlagen* geschaffen wird, weicht das Gesetz vom Grundsatz der Formfreiheit (OR 11 I) ab: Verlangt wird Schriftlichkeit oder – was bei der Einbringung von Grundstücken ohnehin erforderlich ist – öffentliche Beurkundung (OR 634 Ziff. 1). 38

Für *Sachübernahmen* muss dieses Formerfordernis analog gelten, falls überhaupt schon Verträge bestehen, was bei der bloss *beabsichtigten* Sachübernahme allenfalls nicht der Fall ist (vgl. vorn N 22). 39

Diese Verträge sind dem Errichtungsakt beizulegen (OR 631 II). Sie werden damit *öffentlich zugänglich*, was den Beteiligten oft wegen vertraulicher Bestimmungen in solchen Verträgen lästig ist[23b], aber angesichts der klaren gesetzlichen Ordnung nicht vermieden werden kann. 39a

b) Dem individualrechtlichen Formerfordernis steht ein *körperschaftsrechtliches* zur Seite: die Aufnahme des wesentlichsten Vertragsinhalts in die Statuten (OR 628, dazu nachstehend N 59 ff). 40

3. Rechenschaftsablegung seitens der Gründer

a) In allen Fällen der qualifizierten Gründung verlangt das Gesetz einen *schriftlichen Rechenschaftsbericht* der Gründer (OR 635). 41

Bei *Sacheinlagen* und *Sachübernahmen* sind «Art und Zustand» anzugeben[24], und es ist die Angemessenheit der Bewertung kurz zu begründen[25]. 42

Bei der *Verrechnungsliberierung* muss Rechenschaft abgelegt werden über «den Bestand und die Verrechenbarkeit der Schuld». 43

[23b] Dies um so mehr, als nach HRV 78 II lit. c auch die Beilagen zu den Verträgen einzureichen und damit öffentlich zugänglich sind.
[24] Beispiel: «Fräsmaschine Marke X, Modell Y, Jahrgang Z, totalrevidiert».
[25] Z. B. durch Berufung auf den Listenpreis, den Neupreis und angemessene Abschreibungen usw.

44 Bei *besonderen Vorteilen* ist ihre Rechtfertigung und Angemessenheit zu begründen.

45 b) Die *Bewertungsgrundsätze* bei Sacheinlagen und Sachübernahmen werden im Gesetz nicht genannt. Aus dem Verbot der Unter-Pari-Emission (OR 624, dazu § 14 N 16) ergibt sich aber, dass höchstens der tatsächliche Wert zu berücksichtigen ist. Obergrenze ist daher der Verkehrs- oder Marktwert. Als weitere, kumulativ zu beachtende obere Limite ergibt sich aus OR 960 II der Wert, der einem eingebrachten oder zu übernehmenden Gut «für das Geschäft zukommt». Endlich wird man aus OR 665 ein Verbot der späteren Heraufsetzung des anlässlich der Gründung festgelegten Betrages folgern müssen[26].

46 Untere Grenzen für die Bewertung und Abfindung sieht das Zivilrecht nicht vor. Es ist daher zulässig, durch tiefe Bewertung von Anfang an stille Reserven (zu diesen § 49 N 58 ff) zu schaffen.

47 Die Bewertung sollte möglichst auf den Zeitpunkt der Einlage bzw. Übernahme hin erfolgen, doch ist es aus praktischen Gründen zuzulassen, eine vor kurzem erstellte Bilanz oder ein entsprechendes Bewertungsgutachten zugrunde zu legen.

48 c) Für unrichtige Angaben im Gründungsbericht können – wie schon nach bisherigem Recht – die Gründer verantwortlich gemacht werden (vgl. OR 753 Ziff. 1, dazu § 37 N 66 ff). Das neue Recht ergänzt diesen repressiven Schutz durch einen präventiven: die Prüfung des Gründungsberichts.

4. *Prüfung des Gründungsberichts durch einen Revisor*

49 a) Nach OR 635a muss der Gründungsbericht durch einen Revisor geprüft werden. Der Revisor «bestätigt schriftlich, dass dieser [der Gründungsbericht] vollständig und richtig ist» (OR 635a).

50 b) Zu prüfen ist zunächst die *formelle* Richtigkeit, d.h. insbesondere die Vollständigkeit des Berichts. Damit ist es jedoch nicht getan; verlangt wird vielmehr auch eine *materielle* Überprüfung seines Inhalts. «Richtig» sind die Wertangaben bei Sacheinlagen und Sachübernahmen dann, wenn sie als *vertretbar* erscheinen. Der Revisor setzt also nicht seine eigene Bewertung an die Stelle der von den Gründern vorgelegten, vielmehr wird deren Bewertung «einzig auf ihre Plausibilität hin überprüft, denn eine Bewertung ist nicht richtig oder falsch, sondern höchstens vertretbar oder nicht vertretbar»[27].

51 Analoge Anforderungen sind bei der Beurteilung von besonderen Vorteilen zu stellen.

52 c) Die «Prüfungsbestätigung» des Revisors kann kurz ausfallen. Eine Begründung braucht es nicht, sondern lediglich die Feststellung, dass die im Gründungsbericht enthaltenen Angaben vollständig, richtig und gesetzeskonform sind[28].

---

[26] Anwendbar dürfte freilich auch der Vorbehalt von OR 670 (dazu § 50 N 302 ff) sein.
[27] Botschaft 115.
[28] Ausserdem ist anzugeben, wer die Revision geleitet hat, und zu bestätigen, dass diese Personen die gesetzlichen Anforderungen an Befähigung und Unabhängigkeit erfüllen, OR 729 II analog.

Die Prüfungsbestätigung muss *vorbehaltlos* abgegeben werden[29]; ansonsten haben die Urkundsperson die Errichtung der öffentlichen Urkunde (vgl. OR 629, 631) und der Registerführer die Eintragung der Gesellschaft im Handelsregister zu verweigern (vgl. § 16 N 38 f). 53

Zur Gründungsprüfung im einzelnen vgl. Revisionshandbuch (zit. N 1) 533 ff sowie Roderick Kaps: Die Gründungsprüfung nach dem Entwurf zur Revision des schweizerischen Aktienrechts (Diss. St. Gallen 1989). 54

d) Der bundesrätliche Entwurf hatte die Gründungsprüfung den «ausgewiesenen», d.h. in der Terminologie des revidierten Rechts den «besonders befähigten» Revisoren (OR 727b, dazu § 32 N 8ff) vorbehalten wollen. In der parlamentarischen Beratung ist dieses Erfordernis leider gestrichen worden, so dass jeder Revisor mit der Aufgabe betraut werden kann. Immerhin sind die allgemeinen Voraussetzungen an Befähigung und Unabhängigkeit (OR 727a und 727c) zu erfüllen. Auch wird der Revisor für die Überprüfung der Bewertung allenfalls branchenkundige Fachleute beizuziehen haben (vgl. § 33 N 22). 55

e) Zusätzliche – jedoch weitgehend nur formale – Prüfungen erfolgen durch die Urkundsperson beim Errichtungsakt (vgl. § 14 N 72 f) und durch den Registerführer vor der Eintragung in das Handelsregister (vgl. § 16 N 30 ff). 56

5. Offenlegung und Publizität

a) Qualifizierende Tatbestände sollen wegen der ihnen inhärenten Problematik *publik gemacht* werden. Dadurch sollen nicht nur die an der Gesellschaftsgründung beteiligten Personen orientiert werden, sondern in dauernder Weise auch die Öffentlichkeit im Hinblick auf den Erwerb von Aktien und den Abschluss von Rechtsgeschäften mit der Gesellschaft. 57

b) Diesem Ziel – und nicht nur der Orientierung der direkt Beteiligten – dient der *Gründungsbericht* deshalb, weil er als Beleg der Anmeldung beim Handelsregisteramt beizufügen ist (HRV 78 II lit. a) und damit jedermann zugänglich wird[30]. Künftige Aktienerwerber und Gläubiger werden so in die Lage versetzt, sich selbst ein Urteil zu bilden. 58

c) In ihrem Kern sind die qualifizierenden Tatbestände als bedingt notwendiger Inhalt *in den Statuten zu nennen:* 59

Bei *Sacheinlagen* «müssen die Statuten den Gegenstand und dessen Bewertung sowie den Namen des Einlegers und die ihm zukommenden Aktien angeben» (OR 628 I). 60

Bei *Sachübernahmen* müssen sie «den Gegenstand, den Namen des Veräusserers und die Gegenleistung der Gesellschaft angeben» (OR 628 II). 61

---

[29] Anders als der Bericht der Revisionsstelle zur Jahresrechnung, zu diesem vgl. OR 729 I und dazu § 33 N 39 ff.

[30] Beizulegen sind auch die Sacheinlageverträge und allenfalls schon abgeschlossene Sachübernahmeverträge (HRV 78 II lit. c), was zu einer sehr weitgehenden Offenlegung von Interna führt (vgl. vorn N 39a).

62 Werden *besondere Vorteile* eingeräumt, «so sind die begünstigten Personen in den Statuten mit Namen aufzuführen, und es ist der gewährte Vorteil nach Inhalt und Wert genau zu bezeichnen» (OR 628 III).

63 Diese Angaben werden auch im Handelsregister eingetragen (vgl. OR 641 Ziff. 6 und dazu § 16 N 46 ff). Inkonsequenterweise (und wohl versehentlich) wird dagegen für den vierten qualifizierenden Tatbestand, die *Liberierung durch Verrechnung,* keine Erwähnung in den Statuten verlangt. Dies, obwohl es genauso problematisch sein kann, wenn einer Gesellschaft der als Aktienkapital genannte Betrag gar nie in bar zur Verfügung stand, weil die Liberierung ganz oder zum Teil durch Verrechnung mit einer bestehenden Schuld erfolgte.

64 Da Sacheinlage- und Sachübernahmebestimmungen nach einer gewissen Zeit ihre Aktualität verlieren, gestattet OR 628 IV ihre Löschung durch gewöhnlichen statutenändernden Beschluss nach Ablauf von zehn Jahren[31].

65 Für die *besonderen Vorteile* ist eine Löschung nicht vorgesehen; u. E. ist diese dann zuzulassen, wenn die Vorteile gegenstandslos geworden sind[32].

6. Nachträgliche Liberierung

66 Erfolgt die nachträgliche Leistung von Einlagen auf nicht voll liberierte Aktien in qualifizierter Form (durch Sacheinlage oder Verrechnung), dann sind die vorstehend umschriebenen Schutzvorkehrungen in gleicher Weise zu beachten. Verantwortlich für den Bericht ist dann der Verwaltungsrat.

7. Verantwortlichkeit

67 Bei Missachtung der Vorschriften über die qualifizierte Gründung werden alle bei der Gründung Mitwirkenden (also nicht nur die eigentlichen Gründer und künftigen Aktionäre) persönlich verantwortlich (OR 753 Ziff. 1, dazu § 37 N 55 ff). Die krasse Überbewertung kann auch strafrechtlich relevant sein[33].

---

[31] Das bisherige Recht kannte diese Löschungsmöglichkeit nicht, weshalb die Statuten z. B. noch viele Jahrzehnte nach der Gründung darüber informierten, dass anlässlich der Gründung «ein Posten modischer Damenkleider zum Preise X» übernommen worden sei.
[32] Z. B., weil sie nur für eine befristete Zeit eingeräumt wurden.
[33] Vgl. StGB 251 ff und dazu BGE 81 IV 240, 101 IV 60, 145, BGE vom 22.12.1993 (Urteil 6 S. 191/1993).

§ 16 Das Entstehungsstadium: Anmeldung der AG beim Handelsregisteramt und Eintragung in das Handelsregister

Literatur: Vgl. die Angaben zu § 13 sowie Forstmoser § 11 und Meier-Hayoz/ Forstmoser § 5 N 4 ff (je mit weiteren Angaben); Schenker in Basler Kommentar zu Art. 640 f, 643. Seit 1992 erscheint das «Jahrbuch des Handelsregisters» (JBHReg, Zürich) mit einschlägigen Aufsätzen, Praxisberichten und Musterformularen. *Mustertexte* für die Anmeldung und Eintragung finden sich bei Manfred Küng: Handbuch für das Handelsregister Bd. II, Aktiengesellschaft (1993) 19 ff, und bei Rebsamen/Thomi: Kommentierte Handelsregister-Eintragungstexte zur Aktiengesellschaft nach neuem Recht (Basel 1993) 17 ff.

Die im Errichtungsakt geschaffene AG ist zur Eintragung in das Handelsregister anzumelden (Ziff. I). Der Registerführer prüft die Gesetzmässigkeit des beantragten Registereintrages (Ziff. II), und er trägt anschliessend die Gesellschaft in das Handelsregister ein (Ziff. III). Mit der Eintragung geht die Veröffentlichung im Schweiz. Handelsamtsblatt einher (Ziff. IV); sodann ist die Emissionsabgabe zu entrichten (Ziff. V).

I. Die Anmeldung beim Handelsregisteramt

1. Das Anmeldungsverfahren

a) Nach BGE 69 I 54 bedeutet «Anmeldung» im Sinne von OR 640 «die an das Handelsregisteramt gerichtete Mitteilung einer eintragungspflichtigen Tatsache, die mit dem Gesuch um registerliche Behandlung verbunden ist und der die nach Gesetz oder nach der Natur der Sache erforderlichen Unterlagen beigefügt sind».

b) Die Anmeldung hat im Registerkreis[1] des statutarischen Sitzes der AG zu erfolgen (OR 640 I).
Zuständig ist der Verwaltungsrat[2].

c) Den Aktionären gegenüber ist der Verwaltungsrat verpflichtet, die Anmeldung der Gesellschaft beim Handelsregister möglichst *unverzüglich* vorzunehmen. Extern, gegenüber der Registerbehörde und allfälligen Dritten, mit denen schon Geschäfte getätigt worden sind, besteht dagegen keine solche Pflicht[3].

---

[1] Dieser wird durch kantonales Recht bezeichnet, wobei die Kantone einen oder auch mehrere Registerkreise vorsehen können.
[2] Besteht dieser aus mehreren Personen, so ist die Anmeldung gemäss HRV 22 II durch den Präsidenten oder seinen Stellvertreter sowie den Sekretär oder ein zweites Mitglied des Verwaltungsrates vorzunehmen. Bei der Gründungsanmeldung sind jedoch nach der Registerpraxis auch die beglaubigten Unterschriften der übrigen Mitglieder des Verwaltungsrates beizubringen.
[3] Wohl aber ist eine als AG im Handelsregister eingetragene Gesellschaft verpflichtet, alle *Änderungen* bezüglich eintragungspflichtiger Tatsachen anzumelden (vgl. OR 937 und HRV 59).

Wird nicht eingetragen, dann treten eben die Wirkungen des Eintrages nicht ein, kann also die Gesellschaft nicht im Rechtssinne entstehen.

7   d) Die Anmeldung kann entweder beim Handelsregisteramt selbst unterzeichnet oder schriftlich mit beglaubigten Unterschriften eingereicht werden (OR 640 II, vgl. auch HRV 23).

8   e) Unterlässt der Verwaltungsrat pflichtwidrig eine Anmeldung, dann hat der Registerführer dazu *aufzufordern*[3a]. Entsteht zufolge der Unterlassung der Anmeldung ein Schaden, dann ergibt sich aus OR 942 eine Schadenersatzpflicht[3b]. Überdies kann gemäss OR 943 und HRV 2 eine *Ordnungsbusse* gegenüber den verantwortlichen Mitgliedern des Verwaltungsrates ausgesprochen werden. – Werden gegenüber Handelsregisterbehörden *unwahre Angaben* gemacht, so ist dies nach StGB 153 strafbar.

2. *Der Inhalt der Anmeldung, Beilagen und Belege*

9   a) Nach OR 640 III sind der Anmeldung beizufügen:
10 – der Errichtungsakt (vgl. OR 629, dazu § 14 N 45 ff) samt Beilagen (OR 631 II, dazu sogleich nachstehend),
11 – nach der Praxis einzelner Handelsregisterämter eine beglaubigte Ausfertigung der Statuten, obwohl diese schon im Errichtungsakt enthalten sind (in anderen Kantonen genügt es, die Statuten der öffentlichen Urkunde beizuheften, ohne eigenen Beglaubigungsvermerk),
12 – der Ausweis über die Wahl der Mitglieder des Verwaltungsrates und der Revisionsstelle, mit Angabe des Wohnsitzes und – bei den Mitgliedern des Verwaltungsrates – auch der Staatsangehörigkeit[4], sofern sich diese Angaben nicht aus dem Errichtungsakt ergeben.
13 Bei qualifizierten Gründungen sind als Beilagen zudem der Gründungsbericht, die Prüfungsbestätigung, die Sacheinlageverträge und allenfalls bereits vorliegende Sachübernahmeverträge einzureichen (OR 631 II, mit Präzisierungen in HRV 78 II).
14 Ferner sind die zur Vertretung berechtigten Personen anzumelden (OR 640 IV). Diese – und generell alle Mitglieder des Verwaltungsrates – haben ihre Unterschrift beim Handelsregisteramt zu zeichnen oder in beglaubigter Form einzureichen (OR 720).

15 b) Eine grundsätzlich vollständige[5] – im Vergleich mit OR 640 präzisierte und etwas ergänzte – Liste der dem Registerführer einzureichenden Belege findet sich in HRV 78, der als eine Art Checklist ausgestaltet ist. Ergänzend zu OR 640 wird verlangt:

[3a] Vgl. HRV 60 I, BGE 91 I 438 ff. – Für die *Gründungsanmeldung* gilt dies jedoch nicht, vgl. vorn N 6.
[3b] Diese dürfte nicht die Gesellschaft, sondern die verantwortlichen natürlichen Personen direkt betreffen.
[4]   Dies wegen der Nationalitäts- und Domizilerfordernisse von OR 708 und 727 II.
[5]   Zu Ausnahmen vgl. nachstehend N 22 ff, 25 f.

- das Protokoll des Verwaltungsrates über seine Konstituierung (HRV 78 I lit. d, vgl. auch HRV 28 II), sofern sich die Konstituierung nicht aus der Gründungsurkunde ergibt, was dann möglich ist, wenn der Verwaltungsrat vollzählig anwesend ist,
- allenfalls eine Bescheinigung, aus der hervorgeht, bei welchem Bankinstitut die Liberierungsbeträge hinterlegt sind, falls sich dies nicht aus der öffentlichen Urkunde ergibt (HRV 78 I lit. e),
- eine Erklärung betreffend das Domizil der Gesellschaft (HRV 78 I lit. f und HRV 43 I).

c) Da die Vorschriften über qualifizierte Gründungen leicht umgangen werden können[6], haben die Registerämter schon unter bisherigem Recht bei der Gründung einer AG eine ausdrückliche Erklärung der Gründer darüber, dass keine qualifizierenden Tatbestände erfüllt sind, verlangt, die sogenannte *Stampa-Erklärung*. Im Zuge der Revision der Handelsregisterverordnung auf das Inkrafttreten des neuen Aktienrechts hin ist nun diese Erklärung ausdrücklich als erforderlicher Anmeldungsbeleg in die Verordnung aufgenommen worden (HRV 78 I lit. g).

Die herrschende Lehre zum bisherigen Recht hat die Rechtmässigkeit der Stampa-Erklärung – bei allem Verständnis für ihre sachliche Berechtigung – verneint. Diese blieb auch unter geltendem Recht umstritten: Der Gesetzgeber verlangt einen Gründungsbericht bei der qualifizierten Gründung, er sieht aber für die einfache Gründung keinen «negativen Gründungsbericht» – und um einen solchen handelt es sich bei der Stampa-Erklärung – vor. Das Bundesgericht hat nun aber die Rechtmässigkeit der Stampa-Erklärung (freilich ohne auf die Problematik einzutreten) bestätigt[7].

Ein Mustertext für die Stampa-Erklärung findet sich in JBHReg *1992* 87 f. Die Handelsregisterämter verfügen über Formulare.

d) Die Notwendigkeit eines weiteren, weder im OR noch in der HRV genannten Beleges ergibt sich aus dem BG über den Erwerb von Grundstücken durch Personen im Ausland («Lex Friedrich», SR 211.412.41, dazu § 62 N 126 ff): Dieses Gesetz beschränkt den Erwerb von Grundstücken durch Personen im Ausland, und zwar auch indirekt, indem es den Erwerb von Aktien einer Gesellschaft einschränkt, die Grundstücke in der Schweiz hält oder zu halten beabsichtigt. Unter gewissen Voraussetzungen ist in solchen Fällen für den Aktienerwerb eine besondere Bewilligung erforderlich.

Gemäss Art. 18 der Lex Friedrich muss der Handelsregisterführer prüfen, ob ein solcher Tatbestand gegeben ist. Kann er dies nicht ohne weiteres ausschliessen, so muss er verlangen, dass eine Bewilligung der zuständigen Behörde oder deren Feststellung, eine solche sei nicht nötig, eingereicht wird[8].

---

[6] Vgl. etwa BGE 79 II 174 ff.
[7] BGE 119 II 463 ff. Danach bezweckt die Stampa-Erklärung, «gerade bei Barliberierung die Interessen von gutgläubigen Dritten, Aktionären und Gläubigern zu schützen» (S. 465 E 2a). Dies trifft zweifellos zu, ersetzt aber nicht die fehlende gesetzliche Grundlage.
[8] Vgl. dazu BGE 114 Ib 261 ff sowie als weiteres Beispiel BGE 106 Ib 65 ff.

24 Um ihrer Prüfungspflicht nachzukommen, verlangen die Registerämter bei der Gründung einer AG[9] auch in unkritischen Fällen von den Anmeldenden ausdrückliche Erklärungen, wonach eine Bewilligungspflicht ausgeschlossen ist.

25 e) In den Sonderfällen, in denen für die Gründung eine *behördliche Genehmigung* erforderlich ist (vgl. § 14 N 86), muss auch diese dem Handelsregisteramt eingereicht werden.

26 Soweit in der Firma *bewilligungspflichtige* nationale, territoriale oder regionale *Bezeichnungen* verwendet werden (vgl. § 8 N 22), hat bei der Anmeldung die entsprechende Bewilligung des Eidg. Amtes für das Handelsregister vorzuliegen.

II. Das Verfahren vor dem Handelsregisteramt, insbesondere die Prüfung durch den Registerführer

1. Allgemeines

27 Gemäss OR 940 I hat der Handelsregisterführer zu prüfen, «ob die gesetzlichen Voraussetzungen für die Eintragung erfüllt sind». Nach OR 940 II soll dabei insbesondere kontrolliert werden, «ob die Statuten keinen zwingenden Vorschriften widersprechen und den vom Gesetz verlangten Inhalt aufweisen» (ebenso HRV 21).

28 Dabei hat der Registerführer nicht nur zu *prüfen*, er hat in jedem Fall auch einen *Entscheid zu treffen*, also entweder die Eintragung der Gesellschaft vorzunehmen oder die Anmeldung abzuweisen.

29 Die Prüfung erfolgt in erster Linie durch den *kantonalen Registerführer*. Eine ergänzende Prüfung nimmt das *Eidg. Amt für das Handelsregister* vor, dem eine selbständige Prüfungsbefugnis zukommt. Doch handelt es sich nur um eine oberbehördliche Kontrolle, die sich im Normalfall auf die Nachprüfung des zur Publikation eingereichten Textes beschränkt. Auch kann das Eidg. Amt lediglich von den kantonalen Ämtern zugelassene Eintragungen *ablehnen, nicht* aber bei Eintragungsverweigerungen seinerseits die *Eintragung anordnen*.

2. *Prüfungsrecht und Prüfungspflicht insbesondere*

30 a) Den Rahmen für die Kognition des Handelsregisterführers steckt HRV 38 ab, wonach alle Eintragungen in das Handelsregister wahr sein müssen, zu keinen Täuschungen Anlass geben und keinem öffentlichen Interesse widersprechen dürfen. Der *Umfang* der Prüfung ist dabei sehr unterschiedlich:

31 b) *Unbeschränkt* ist die Kognitionsbefugnis und -pflicht des Handelsregisterführers bezüglich der *formellen* und der *registerrechtlichen* Voraussetzungen[10].

---

[9] Und entsprechend bei der Kapitalerhöhung.
[10] Vgl. BGE 67 I 113.

Zu prüfen sind namentlich die Zuständigkeit des Registerführers selbst, die Zuständigkeit der Urkundsperson, Zuständigkeit und Identität der anmeldenden Personen sowie Klarheit, Vollständigkeit und formelle Richtigkeit der Belege. Zu diesem letzten Punkt enthält HRV 79 eine vollständige – wiederum als Checklist gedachte – Aufzählung der erforderlichen Angaben.

c) Aus OR 940 folgt grundsätzlich auch eine Pflicht zu prüfen, ob die Anmeldung *materiell* rechtmässig ist. Doch ist in diesem Bereich die Überprüfungsbefugnis stark *eingeschränkt*. Sie erfasst von vornherein nur den Bereich des *zwingenden* Rechts[11]. Aber auch in diesem Rahmen ist die Kompetenz beschränkt:

– Der Registerführer kann nur einschreiten, wenn die verlangte Eintragung sich als *offensichtlich und unzweideutig rechtswidrig* erweist. Fehlt diese Eindeutigkeit, so hat er den Eintrag zu vollziehen und die Angelegenheit der richterlichen Entscheidung aufgrund des Begehrens eines Betroffenen zu überlassen[12].

– Eine zusätzliche Schranke besteht darin, dass der Registerführer nur einschreiten darf, wenn zwingendes Recht verletzt wird, das zur Wahrung *öffentlicher Interessen* oder im *Interesse Dritter* statuiert worden ist und nicht bloss die direkt Beteiligten betrifft[13, 13a].

Um allfälligen Einwänden des Registerführers Rechnung tragen zu können, empfiehlt es sich, die Statuten bereits vor der öffentlichen Beurkundung beim Handelsregisteramt zur Vorprüfung einzureichen.

d) Eine Verpflichtung zur Überprüfung der *tatsächlichen Richtigkeit* der vorgelegten Angaben besteht für den Registerführer nur in äusserst beschränktem Umfang. Grundsätzlich hat er die ihm gemachten Angaben als wahr anzusehen. Ohne besondere Veranlassung oder auf blosse unbelegte Vermutungen hin ist er weder verpflichtet noch berechtigt, eine Anmeldung zu beanstanden oder den Nachweis der Richtigkeit der angemeldeten Tatsachen zu verlangen[14].

3. *Vorgehen bei positivem Prüfungsergebnis*

Kommt der Registerführer zum Schluss, dass die Voraussetzungen für die Eintragung erfüllt sind, hat er die für das Handelsregister erforderlichen Eintragungen im *Tagebuch* vorzunehmen (HRV 11). Ausserdem hat er eine Abschrift

---

[11] Vgl. BGE 114 II 68 ff und 117 II 188 f.
[12] Vgl. BGE 114 II 70, 117 II 188 f.
[13] Vgl. BGE 114 II 70, 91 I 362.
[13a] In der Literatur wird zum Teil für eine erweiterte materiellrechtliche Prüfungsbefugnis eingetreten, so von Rolf Bär in BN *1978* 410 ff; Christian J. Meier-Schatz in ZSR *1989* 433 ff, 446 ff und neuestens von Alexander I. de Beer in ZSR *1995* I 81 ff. Das BGer hat jedoch an seiner Praxis zu Recht konsequent festgehalten.
[14] Die Registerprüfung kann daher Schwindelgründungen sowenig verhindern wie die Prüfung durch die Urkundsperson bei der öffentlichen Beurkundung. – Immerhin macht sich strafbar, wer gegenüber den Handelsregisterbehörden unwahre Angaben macht, vgl. StGB 153.

der Eintragung an das *Eidg. Amt für das Handelsregister* zu übermitteln (HRV 114). Dieses prüft die Eintragung seinerseits und ordnet die Veröffentlichung im Schweizerischen Handelsamtsblatt (SHAB) an (HRV 115). Sobald die Publikation im SHAB erfolgt ist, sind die Eintragungen aus dem Tagebuch in das *Hauptregister* zu übertragen (HRV 11). Bis zur Zustimmung durch das Eidg. Amt für das Handelsregister ist die Eintragung nur bedingt gültig.

4. *Vorgehen bei negativem Prüfungsergebnis*

38   Kommt der Registerführer aufgrund seiner Prüfung zum Ergebnis, die Anmeldung sei zurückzuweisen, so hat er seinen Entscheid kurz zu begründen. In der Begründung sind rechtswidrige oder unterlassene Handlungen sowie fehlende Belege zu bezeichnen.

39   Gegen Verfügungen des Registerführers kann der Betroffene binnen 14 Tagen von der Zustellung an *Verwaltungsbeschwerde* an die übergeordnete Instanz, die kantonale Aufsichtsbehörde, erheben (HRV 3 III, IV). Gegen Entscheide der kantonalen Aufsichtsbehörden und des Eidg. Amtes für das Handelsregister kann innert 30 Tagen seit Zustellung die *Verwaltungsgerichtsbeschwerde* an das Bundesgericht ergriffen werden (HRV 5).

5. *Exkurs: Die privatrechtliche Einsprache gegen die Eintragung*

40   a) Der Registerführer kann nicht entscheiden, ob eine Eintragung Rechte Dritter verletzt. Erheben Dritte Einspruch, sind sie daher gemäss HRV 32 I *an den Zivilrichter zu verweisen.* (Vorbehalten bleiben Fälle, wo das Fehlen von Voraussetzungen der Eintragung gerügt wird, die der Handelsregisterführer von Amtes wegen zu prüfen hat.)

41   b) Ist die Eintragung noch nicht erfolgt, hat der Handelsregisterführer dem Einsprecher – falls das kantonale Recht dies vorsieht – eine nach kantonalem Recht genügende *Frist zur Erwirkung einer provisorischen Verfügung* einzuräumen. Wird innert dieser Frist die Eintragung durch den Richter nicht einstweilen untersagt, so ist sie vorzunehmen, wenn die übrigen Voraussetzungen erfüllt sind. Ebenso ist einzutragen, wenn das ordentliche Verfahren nicht innert der in der richterlichen Verfügung angesetzten Frist angestrengt wird. Und schliesslich hat sich der Handelsregisterführer an die richterlichen Anordnungen zu halten; die richterliche Kompetenz geht damit vor.

III.   Die Eintragung in das Handelsregister, Inhalt und Wirkungen

1. *Registerrechtliche Publizität im allgemeinen*

42   «Der Zweck des Handelsregisters besteht im wesentlichen darin, im Interesse der Geschäftstreibenden und des Publikums im allgemeinen die kauf-

männischen Betriebe und die auf sie bezüglichen rechtserheblichen Tatsachen kundzumachen»[15]. Dieser Zweck soll erreicht werden:
- durch die *Eintragung* der für Dritte wesentlichen Tatsachen in das öffentliche Register (OR 641, dazu N 46 f),
- durch die *Öffentlichkeit* des Handelsregisters einschliesslich der beim Handelsregisteramt liegenden Anmeldungen und Belege (OR 930, HRV 9, dazu N 47),
- durch die *Veröffentlichung* der Eintragung im Schweiz. Handelsamtsblatt (SHAB) (OR 931, HRV 113, dazu N 65 f).

2. *Der Inhalt der Eintragung*

a) Der Inhalt der Eintragung in das Handelsregister ist in OR 641 detailliert aufgeführt. Es sei auf jene Aufzählung verwiesen. Überwiegend handelt es sich um Angaben, die den Statuten entnommen werden können und an denen Dritte ein besonderes Interesse haben.

b) «*Eingetragen*» im technischen Sinn wird damit im Interesse der Übersichtlichkeit nur ein Teil der in den Gründungsakten enthaltenen Angaben. Doch sind wegen der Öffentlichkeit der Gründungsbelege (HRV 9) die *weiteren Informationen* ebenfalls jedermann ohne Interessensnachweis *zugänglich*. So können etwa Sacheinlage- und -übernahmeverträge eingesehen[15a] oder kann festgestellt werden, dass eine Liberierung durch Verrechnung erfolgt ist, obwohl dies aus den Statuten nicht hervorgeht.

3. *Die Wirkungen des Registereintrages*[16]

Bezüglich der Wirkungen des Registereintrages kann unterschieden werden zwischen *materiellrechtlichen* Wirkungen (vgl. lit. a), *registerrechtlichen* Wirkungen (vgl. lit. b) und *Nebenwirkungen,* die eine Folge des Register*eintrages* oder auch der Eintragungs*pflicht* sein können (vgl. lit. c).

a) Dem Eintrag der AG im Handelsregister kommt *konstitutive, rechtsbegründende* Wirkung zu: Die AG entsteht als solche, sie erlangt Rechtspersönlichkeit (OR 643 I)[17]. Die konstitutive Wirkung tritt selbst dann ein, wenn das Grün-

---

15   BGE 75 I 78, vgl. auch 104 Ib 322.
15a Vgl. vorn § 15 N 39a.
16   Diese Wirkungen werden hier allgemein, nicht nur auf den Gründungseintrag bezogen, behandelt. Ausführlicher Meier-Hayoz/Forstmoser § 5 N 43 ff.
17   Nach der neueren Bundesgerichtspraxis – vgl. BGE 112 II 6 f, 110 Ib 109, 107 Ib 15 und 189 – erwirbt die AG mit der Eintragung in das Handelsregister das Recht der Persönlichkeit – entgegen ZGB 52 III – selbst dann, wenn sie zu unsittlichen oder widerrechtlichen Zwecken gegründet worden ist. Damit soll OR 643 der Regelung von ZGB 52 III vorgehen. In der Lehre ist dies umstritten, doch wird anerkannt, dass auch eine zu unsittlichen oder widerrechtlichen Zwecken gegründete Gesellschaft jedenfalls dann nicht ignoriert werden kann, wenn sie bereits mit gutgläubigen Dritten in Beziehung getreten ist. Vielmehr muss dann die in ihrem Zweck fehlerhafte AG als «faktische

dungsverfahren mangelhaft war. Dem Registereintrag kommt diesfalls regelmässig *heilende Wirkung* zu (Näheres in § 17 N 14 ff).

50 Lediglich *deklaratorische* Wirkung hat der Registereintrag in anderen Bereichen des Aktienrechts, so namentlich bei der Bestellung von Mitgliedern des Verwaltungsrates, Direktoren, Prokuristen und Liquidatoren und bei der Auflösung der Gesellschaft.

51 b) Mit Bezug auf *richtige* Eintragungen, solche Eintragungen also, deren Inhalt mit dem wirklichen Sachverhalt und der wirklichen Rechtslage übereinstimmen, ordnet OR 933 zwei *Publizitätswirkungen* an, eine positive und eine negative:

52 – Nach der *positiven Publizitätswirkung* (OR 933 I) können Dritte nicht einwenden, eine eingetragene und publizierte Tatsache nicht gekannt zu haben. Der Registereintrag wird somit als bekannt vorausgesetzt, der gute Glaube des nicht informierten Dritten wird nicht geschützt[18].

53 – Nach der *negativen Publizitätswirkung* (OR 933 II) kann sodann eine vorschriftswidrig nicht eingetragene Tatsache einem Dritten nur dann entgegengehalten werden, wenn bewiesen wird, dass sie ihm *bekannt* war. Im Gegensatz zur allgemeinen Regel von ZGB 3 II kann sich ein Dritter daher auch dann auf seine Unkenntnis berufen, wenn er bei angemessener Sorgfalt den Bestand des nicht eingetragenen Sachverhaltes hätte kennen können. Nur der Nachweis der sicheren Kenntnis des Dritten kann die negative Publizitätswirkung des Handelsregisters beseitigen[19].

54 Das Handelsregister entfaltet demnach Wirkungen sowohl zu Lasten Dritter (sie müssen sich jede richtige Eintragung entgegenhalten lassen) wie auch zu deren Gunsten (sie brauchen sich nicht um die Abklärung von Sachverhalten, die nicht eingetragen sind, zu bemühen).

55 Dem Eintrag in das Handelsregister als einem öffentlichen Register kommt *beweisverstärkende Wirkung* zu: Nach ZGB 9 I gelten Eintragungen so lange als wahr, als nicht die Unrichtigkeit ihres Inhalts nachgewiesen wird. Diese Richtigkeitsvermutung ist freilich widerlegbar, und zwar ohne dass an den Gegenbeweis erschwerende Anforderungen gestellt werden (vgl. ZGB 9 II).

Gesellschaft» liquidiert werden, vgl. den eine Stiftung betreffenden BGE 90 II 387. Näheres bei Meier-Hayoz/Forstmoser § 1 N 33 ff und 69 ff sowie bei Markus Kick: Die verbotene juristische Person (Diss. Freiburg i. Ü. 1993 = AISUF Bd. 123) 70 ff. – Entscheidend kann sich für die Betroffenen ZGB 57 III auswirken.

[18] Vgl. BGE 98 II 215. Selbst ein im Ausland wohnhafter Ausländer kann sich nicht auf Unkenntnis des Registereintrages berufen, BGE 96 II 444. Eine Ausnahme besteht nur dann, wenn die Berufung auf die positive Publizitätswirkung gegen Treu und Glauben verstossen würde, weil ein anderer Eindruck erweckt worden ist: BGE 106 II 351.

[19] Zu beachten ist, dass ausserregisterliche Kenntnis dann ohnehin keine Rechtsfolgen zeitigen kann, wenn dem Eintrag konstitutive Wirkung zukommt. Bei der Eintragung einer AG stellt sich die Frage der negativen Publizitätswirkung daher in der Regel nicht: Vor der Eintragung ist die AG gar nicht als solche entstanden, kann ihr Bestehen also auch voll informierten Dritten nicht entgegengehalten werden. Bedeutsam ist die negative Publizitätswirkung dagegen etwa im Hinblick auf die Beschränkung von Vertretungsvollmachten, vgl. § 30 N 94 ff.

Umstritten ist, welche Wirkungen Eintragungen haben, die *nicht mit der wirk-* 56
lichen (tatsächlichen oder rechtlichen) *Lage übereinstimmen.* Kommt dem Handelsregister *öffentlicher Glaube* zu, können sich also gutgläubige Dritte generell auf die Richtigkeit der Eintragungen im Handelsregister verlassen, wie dies beim Grundbuch der Fall ist (vgl. ZGB 973)? Das Gesetz schweigt zu dieser Frage, die Lehre ist gespalten, und in der Bundesgerichtspraxis wurde zwar dem Handelsregister in einem obiter dictum der öffentliche Glaube zugebilligt[20], in einem späteren Entscheid dagegen die Frage wieder ausdrücklich offengelassen[21].

Auch wenn man dem Eintrag im Handelsregister nicht generell die Wirkung 57
des öffentlichen Glaubens zuerkennen will, ist diese in *einzelnen Fällen* zu bejahen, so insbesondere dann, wenn der Eintragung rechtsbegründende Wirkung zukommt und die öffentliche Erklärung wegen wesentlicher Drittinteressen als richtig angenommen werden muss. Bei den im Zuge der Gründung einer AG erfolgenden Eintragungen wird dies überwiegend der Fall sein[22].

c) Mit dem Registereintrag verbunden sind sodann gewisse *Nebenwirkungen,* 58
so der besondere Firmenschutz (dazu § 8 N 26 ff), allenfalls die Unterwerfung unter die spezielle Handelsgerichtsbarkeit[23], die Unterstellung unter die Betreibung auf Konkurs und die Wechselbetreibung (SchKG 39 I Ziff. 7).

Nicht eine Folge der Eintragung, wohl aber der Eintragungs*pflicht,* ist die 59
Pflicht zur kaufmännischen Buchführung (OR 957)[24].

d) Bezüglich des *massgebenden Zeitpunktes* für den Eintritt der Wirkungen ist 60
gemäss OR 932 zu differenzieren:
– *Interne* Wirkungen sollen mit der Einschreibung in das Tagebuch beginnen 61
(OR 932 I)[25]. Entscheidend ist dieser Zeitpunkt namentlich für die Erlangung der Rechtspersönlichkeit.
– *Externe* Wirkungen sollen dagegen erst nach der Publikation im Schweiz. 62
Handelsamtsblatt (dazu sogleich nachstehend) eintreten (vgl. – präzisierend – OR 932 II). Von diesem Zeitpunkt an wirkt das positive Publizitätsprinzip, besteht also die unwiderlegbare Vermutung der Kenntnis des Registereintrags. Auch besteht die Möglichkeit, die Rechtspersönlichkeit gegenüber Dritten geltend zu machen, namentlich in Prozessen und Betreibungen sowie gegenüber Registerämtern.

Dieser Zeitpunkt ist auch massgebend für den Beginn des Fristenlaufs für die Auflö- 63
sungsklage bei Gründungsmängeln, OR 643 IV und dazu § 17 N 19 ff.

– OR 932 III behält *besondere gesetzliche Vorschriften* vor, nach denen unmittel- 64
bar mit der Eintragung auch Dritten gegenüber Rechtswirkungen verbunden

---

[20] BGE 104 Ib 321 ff.
[21] BGE 111 II 480 ff, 484.
[22] So etwa hinsichtlich des Zwecks oder der Höhe des Aktienkapitals.
[23] So in den Kantonen Bern, Zürich, Aargau und St. Gallen.
[24] Für die AG ergibt sich die Buchführungspflicht freilich schon aus OR 662 ff.
[25] Allerdings ist die Eintragung vorerst nur bedingt gültig, da die Genehmigung durch das Eidg. Handelsregisteramt noch aussteht, vgl. vorn N 29.

sind oder Fristen zu laufen beginnen. Im Aktienrecht findet sich eine einzige Ausnahme: OR 647 III für Statutenänderungen (dazu § 9 N 12 ff).

IV. Die Veröffentlichung im schweizerischen Handelsamtblatt (SHAB)

65 Der gesamte Registereintrag (OR 641, vgl. vorn N 46 f) ist im Schweiz. Handelsamtsblatt (SHAB) zu veröffentlichen (OR 931 I[26]). Damit wird die Publizität des Gründungsvorgangs verbessert.

66 Die Publikation ist – wie soeben ausgeführt – massgebend für den Eintritt der Eintragungswirkungen gegenüber Dritten. Die Publikation ist auch Voraussetzung für die Freigabe der bei der Depositenstelle hinterlegten Beträge[27].

V. Exkurs: Die Entrichtung der Eidgenössischen Emissionsabgabe

67 Anlässlich der Gründung (und auch bei späteren Kapitalerhöhungen) ist die eidg. Emissionsabgabe zu entrichten[28].

68 Die Abgabeforderung *entsteht* im Zeitpunkt der Eintragung der Gesellschaft im Handelsregister (StG 7 I lit. a). Sie betrug 3 % und wird per 1.1.1996 auf 2 % herabgesetzt[29]. Berechnet wird sie vom Betrag, welcher der Gesellschaft als Gegenleistung für die ausgegebenen Aktien (und allenfalls Partizipationsscheine) zufliesst, mindestens aber vom Nennwert[30]. Abgabepflichtig ist die AG (StG 10 I), die den Steuerbetrag innert 30 Tagen nach der Eintragung ins Handelsregister unaufgefordert zu entrichten hat[31].

69 Aufgrund einer Änderung des StG (vgl. Anm. 29) wird die Abgabe ab 1996 *entfallen*, «sofern die Leistungen der Gesellschafter gesamthaft 250 000 Franken nicht übersteigen» (StG 6 I lit. h). Wird die AG bei ihrer Gründung mit einem Kapital von mehr als Fr. 250 000.– ausgestattet, so ist die Emissionsabgabe auf dem *gesamten* Kapital geschuldet. (Nachträgliche Kapitalerhöhungen unterliegen auf jeden Fall der Steuer.)

---

[26] Dies ist freilich nur inhaltlich und nicht wörtlich gemeint.
[27] In der Praxis findet oft ein beschleunigtes Verfahren Anwendung, wonach die Beträge – mit Genehmigung durch das Eidg. Amt für das Handelsregister – bereits vor erfolgter Publikation freigegeben werden können.
[28] Vgl. BG über die Stempelabgaben (StG) vom 27.6.1973, SR 641.10.
[29] Vgl. Änderung des BG über die Stempelabgaben vom 24.3.1995, BBl *1995* II 406.
[30] StG 8 I lit. a. Auch für nicht voll liberierte Aktien ist also anlässlich der Gründung die volle Emissionsabgabe zu entrichten, und es ist die Abgabe auch für ein allfälliges Agio zu zahlen, freilich nur in Höhe des Betrages, welcher der Gesellschaft «als Gegenleistung ... zufliesst», also unter Abzug der mit der Ausgabe verbundenen Emissionskosten.
[31] StG 11 lit. c, präzisierend VO über die Stempelabgaben (StV) vom 3.12.1973 (SR 641.101) 9 I und II.

§ 17 Gründungsmängel und fehlerhafte Aktienzeichnung

Literatur: Vgl. die Angaben zu § 13 sowie Walter Boesch: Willensmängel beim Beitritt zu Kapitalgesellschaften (Diss. Zürich 1937); Forstmoser § 12; Andreas Hemmeler: Die faktische Gesellschaft im schweizerischen Recht (Diss. Zürich 1962); Martin Neese: Fehlerhafte Gesellschaften (Diss. Zürich 1991 = SSHW 134); Schenker in Basler Kommentar zu Art. 643 und 644; Alfred Wieland: Willensmängel beim Beitritt zu Kapitalgesellschaften, SJZ *1938/39* 118 ff.

I. Allgemeines

a) Wesentlich für die Behandlung von Gründungsmängeln ist der *Zeitpunkt ihrer Entdeckung:*

aa) Stellt die Urkundsperson anlässlich des *Errichtungsaktes* Mängel fest, so verweigert sie die Beurkundung.

bb) Entdeckt der Handelsregisterführer bei seiner Prüfung Mängel, dann hat er die Anmeldung *zurückzuweisen,* und der Mangel ist vor der Eintragung zu beheben[1]. Sofern eine Korrektur einzig *redaktioneller* und nicht inhaltlicher Art ist, lässt die Praxis auch eine Bereinigung durch den Verwaltungsrat zu[2].

cc) Da der Umfang der Prüfung durch die Urkundsperson und den Registerführer stark eingeschränkt ist (vgl. § 14 N 73 und § 16 N 30 ff), bietet die Prüfung keine Gewähr dafür, dass nicht auch *fehlerhaft errichtete* oder *mit Mängeln behaftete Gesellschaften* eingetragen werden.

b) Für einzelne Fehler sind im Gesetz oder durch Lehre und Praxis *spezielle Konsequenzen* vorgesehen bzw. entwickelt worden, von denen im folgenden vier behandelt werden:
– die Haftung der Gründer und weiterer Personen (Ziff. IV),
– die Folgen der vorzeitigen Ausgabe von Aktien (vgl. Ziff. V),
– die Konsequenzen der fehlerhaften Aktienzeichnung (vgl. Ziff. VI) und
– die Auswirkungen einer Nichterfüllung der Liberierungspflicht (vgl. Ziff. VII).

Vorerst aber sind die *allgemeinen Rechtsfolgen* von Fehlern des Gründungsverfahrens zu behandeln, nämlich
– der Grundsatz der *heilenden Wirkung* des Registereintrages und seine Schranken (Ziff. II) und

---

[1] Nach der Registerpraxis genügt – wenn nicht grundlegende, nicht korrigierbare Mängel vorliegen – die Bereinigung des Fehlers in einer zusätzlichen, wiederum öffentlich zu beurkundenden Versammlung der Gründer (sog. fortgesetzte Gründung).
[2] In den Gründungsurkunden wird der Verwaltungsrat häufig ermächtigt, allfällig notwendig werdende Änderungen formeller Natur an den Statuten von sich aus vorzunehmen. Eine solche Bestimmung ist aus praktischen Gründen zuzulassen, aber eng zu interpretieren.

13 – die Möglichkeit, bei erheblichen Mängeln die richterliche *Auflösung* der Gesellschaft zu verlangen (Ziff. III).

II. Der Grundsatz der heilenden Wirkung des Registereintrages und seine Tragweite

1. Der Grundsatz

14 Nach OR 643 II erlangt eine AG durch die Eintragung im Handelsregister das Recht der Persönlichkeit auch dann, wenn die Voraussetzungen der Eintragung tatsächlich nicht vorhanden waren. Mängel des Gründungsverfahrens – etwa die Simulierung einer Bargründung trotz Sacheinlagen – haben also *keine Nichtigkeit* der Gesellschaft zur Folge; der Bestand der AG ist – mit Rücksicht auf die Sicherheit des Rechtsverkehrs – trotz Gründungsmängeln gesichert. Insofern kann von einer «heilenden Wirkung» des Registereintrages gesprochen werden[3].

15 Die sog. heilende Wirkung entfaltet sich mutatis mutandis auch im Rahmen des Kapitalerhöhungsverfahrens[4].

2. Die Tragweite

16 Die heilende Wirkung bezieht sich jedoch nur auf die *Entstehung* der AG als solche, nicht dagegen auf die ihr anhaftenden Mängel. Vielmehr sind die *Mängel zu beheben* und *fehlende Voraussetzungen nachzuholen,* soweit sie nicht lediglich untergeordneter Natur sind[5].

3. Nichtige Aktiengesellschaften

17 Umstritten ist, ob eine zu unsittlichen oder widerrechtlichen Zwecken gebildete AG gemäss ZGB 52 III nichtig ist[6]. In der Doktrin – und ganz vereinzelt auch in der Praxis – wird sodann angenommen, dass es neben den in ZGB 52 III erwähnten *weitere Fälle nichtiger Aktiengesellschaften* geben muss[7]. Doch ist hier grösste Zurückhaltung zu üben[8].

18 Auch die allenfalls nichtige AG kann – falls sie bereits im Rechtsverkehr aufgetreten ist – nicht einfach als inexistent betrachtet werden. Vielmehr muss

---

[3] BGE 64 II 280 f.
[4] Vgl. BGE 102 Ib 24, ferner hinten § 52 N 195 ff.
[5] So sind blosse Verfahrensvorschriften in der Regel nicht nachzuholen.
[6] Vgl. die Ausführungen in § 16 N 49; das Bundesgericht nimmt selbst für solche Fälle an, dass die Gesellschaft durch den Registereintrag entsteht.
[7] Zum Beispiel bei vollständig fehlender Liberierung, die auch nicht mehr nachgeholt werden kann, weil die Aktionäre nicht mehr auffindbar sind.
[8] In der Regel ist eine Auflösung mit anschliessendem Liquidationsverfahren erforderlich, vgl. § 55 N 128 ff.

ein *Beendigungsverfahren* durchgeführt werden. Dabei muss regelmässig wie bei einer gültigen AG das *aktienrechtliche Liquidationsverfahren* (vgl. § 56 N 3 ff) eingehalten werden[9].

III. Die Auflösungsklage bei fehlerhafter Gründung

a) Wie in Ziff. II gezeigt, hat sich der Gesetzgeber grundsätzlich für die Aufrechterhaltung der trotz Mängeln anlässlich des Gründungsverfahrens eingetragenen Gesellschaft entschieden. Sind jedoch infolge von Gründungsmängeln die Interessen von Aktionären oder Gläubigern *erheblich gefährdet oder verletzt,* steht den geschädigten oder gefährdeten Personen gemäss OR 643 III und IV eine *Klage auf Auflösung der Gesellschaft* zu.

b) Doch rechtfertigt sich die Auflösung nur, wenn ein *schwerwiegender Mangel* vorliegt, was nach einem strengen Massstab und unter Abwägung der schutzwürdigen Interessen an der Auflösung bzw. der Fortdauer der Gesellschaft im Einzelfall zu prüfen ist. Solange das Urteil nicht ergangen ist, steht es der Gesellschaft frei, den Mangel zu beheben, wodurch die Klage gegenstandslos wird.

c) *Aktivlegitimiert* sind alle Aktionäre und Gläubiger, nicht dagegen andere Dritte, insbesondere nicht die Registerbehörden oder weitere Amtsstellen.

Passivlegitimiert ist die Gesellschaft als solche, vertreten durch den Verwaltungsrat oder einen Beistand.

Die Klage muss *innert drei Monaten* seit der Veröffentlichung der Eintragung im Schweiz. Handelsamtsblatt (SHAB) angehoben werden. Dabei handelt es sich um eine *Verwirkungsfrist.*

d) OR 643 III a. E. erwähnt ausdrücklich die Möglichkeit, auf Antrag einer Partei *vorsorgliche Massnahmen* anzuordnen. Welche Massnahmen möglich sind und welches Verfahren einzuschlagen ist, bestimmt das kantonale Recht, wobei sich der *Anspruch* auf Massnahmen bei Rechtshängigkeit der Auflösungsklage aber aus der bundesrechtlichen Bestimmung von OR 643 III ergibt. Denkbar ist etwa die Sicherstellung von Aktiven und Dokumenten oder die Bestellung eines Sachwalters.

e) Bei *Gutheissung* wirkt das Urteil notwendig für und gegen alle Aktionäre und Gläubiger. Wird eine Klage auf Auflösung der Gesellschaft dagegen *abgewiesen,* so ist die Rechtskraft auf die klagende Partei beschränkt. Andere Gläubiger oder Aktionäre können – sofern dies innert Frist möglich ist – trotzdem auf Auflösung klagen.

Anders als bei der Auflösungsklage nach OR 736 Ziff. 4 (zu dieser § 55 N 57 ff) kann der Richter nur die Auflösung aussprechen oder ablehnen, nicht dagegen gestaltend eingreifen.

---

[9] Vgl. ZR *1987* Nr. 74 S. 176, sodann auch BGE 73 II 90.

27 f) Die Auflösungsklage ist insofern ein fragwürdiger Rechtsbehelf, als Gläubigern und Aktionären durch die Liquidierung der Gesellschaft meist nicht geholfen ist. Dies und die sehr kurze Verwirkungsfrist dürften erklären, weshalb diese Klage praktisch kaum von Bedeutung ist.

IV. Die Haftung aus fehlerhafter Gründung

28 a) OR 752 und 753 zählen eine Reihe von Rechtsverletzungen anlässlich der Gründung auf, die eine *persönliche Haftung* begründen. Dabei ist der *Kreis der Verantwortlichen* weiter gezogen als derjenige der Gründer im technischen Sinne: Haftbar wird jedermann, der bei einer der genannten Handlungen *mitgewirkt* hat, also auch etwa der beratende Treuhänder, Anwalt oder eine mitwirkende Bank, vgl. § 37 N 55 ff.

29 b) Die Haftung ist auf bestimmte, in OR 752 f aufgezählte Rechtswidrigkeiten beschränkt. Im übrigen gelten die gleichen Regeln wie für die Haftung für Verwaltung, Geschäftsführung, Revision und Liquidation, vgl. § 36.

30 c) Näheres bei Christian A. Camenzind: Prospektzwang und Prospekthaftung bei öffentlichen Anleihensobligationen und Notes (Diss. Zürich 1989 = SSHW 121); Katharina Schoop: Die Haftung für die Überbewertung von Sacheinlagen bei der Aktiengesellschaft ... (Diss. Bern 1981 = SSHW 52); Peter Forstmoser: Die aktienrechtliche Verantwortlichkeit (2. A. Zürich 1987) N 902 ff, 967 ff (alle zum alten Recht); Rolf Watter: Prospekt(haft)pflicht heute und morgen, AJP *1992* 48 ff; Zobl/Arpagaus: Zur Prospekt-Prüfungspflicht der Banken bei Emissionen, in: FS Juristentag 1994 (Zürich 1994) 195 ff (zum neuen Recht). Beispiele: BGE 102 II 356 ff, 90 II 490 ff, 83 II 287 ff sowie – zur entsprechenden Norm im Anlagefondsgesetz – BGE 112 II 172 ff.

V. Die vorzeitige Ausgabe von Aktien

31 *Aktienurkunden* dürfen erst nach der Eintragung der AG in das Handelsregister, also erst, wenn die Gesellschaft die Rechtspersönlichkeit erlangt hat, ausgegeben werden. Vor der Eintragung darf nur eine Quittung über die geleisteten Zahlungen ausgestellt werden, nicht dagegen ein eigentlicher Mitgliedschaftsausweis.

32 Gemäss OR 644 I sind vor der Eintragung ausgegebene Aktientitel *nichtig*[10, 10a]. Von der Nichtigkeit werden jedoch – was OR 644 I ausdrücklich festhält – die *Verpflichtungen* der Aktienzeichner *nicht berührt*. Dies ist dann von Bedeutung, wenn nicht bereits im Gründungsstadium voll liberiert wurde.

---

[10] Immerhin wird man es zulassen, dass die Gesellschaft nach erfolgter Eintragung die bisher nichtigen Titel als nun gültige erklärt und bestehen lässt. Auch kann der als Aktie nichtige Titel als Beweisurkunde für die Erfüllung der Liberierungspflichten dienen.

[10a] Eine entsprechende Bestimmung findet sich für die Einräumung von Wandel- und Optionsrechten in OR 653b III, vgl. dazu § 52 N 376.

OR 644 II statuiert eine Haftung derjenigen, die vor der Eintragung Aktien 33
ausgeben. Sie richtet sich wohl nach OR 41 und nicht nach den spezifischen
aktienrechtlichen Verantwortlichkeitsbestimmungen (OR 752 ff).

VI. Die Aktienzeichnung aufgrund von Willensmängeln

Das Aktienrecht enthält keine Bestimmungen zur Frage, in welchem 34
Umfang der Aktienzeichner Willensmängel geltend machen kann. Es ist daher
von der *allgemeinen schuldrechtlichen Ordnung* gemäss OR 21 ff auszugehen,
jedoch den Besonderheiten des Körperschaftsrechts Rechnung zu tragen. Zu
beachten ist vor allem die *besondere Interessenlage:* Während nach Schuldrecht
nur auf die Interessen des Erklärungsempfängers Rücksicht zu nehmen ist, sind
im Aktienrecht weitere Interessen – der Öffentlichkeit und insbesondere der
Gläubiger, aber auch der Mitaktionäre – zu beachten. Solche überwiegende
schutzwürdige Interessen von Dritten und allenfalls von Mitaktionären entstehen
mit der Eintragung der Gesellschaft in das Handelsregister.

Lehre und Praxis gehen daher davon aus, dass eine *Berufung auf relevante* 35
Willensmängel (Simulation, Übervorteilung, Irrtum, Täuschung oder Drohung)
solange möglich ist, als die Gesellschaft noch nicht entstanden ist, dass aber nach
ihrer Eintragung im Handelsregister eine Anfechtung der Zeichnung aufgrund
von Willensmängeln nicht mehr möglich ist [11].

VII. Mangelhafte Liberierung

a) Ist die Erfüllung der Liberierungspflicht simuliert worden oder nicht 36
im gesetzlich oder statutarisch vorgeschriebenen Umfang erfolgt und ist dieser
Mangel anlässlich des Errichtungsaktes oder bei der Prüfung durch den Handelsregisterführer nicht entdeckt worden, dann wirkt die Eintragung im Handelsregister nach der allgemeinen Regel von OR 643 II insofern heilend, als die Gesellschaft das Recht der Persönlichkeit erlangt. Die *Liberierungspflicht bleibt jedoch*
bestehen, und die Liberierung ist nachzuholen [12]. Ebenso ist die Liberierung in bar
nachzuholen, wenn unter Verletzung der für die Sacheinlagegründung geltenden
Vorschriften eine Bargründung vorgetäuscht wurde [13]. Und ein Sachübernahme-
geschäft ist nichtig, wenn die gesetzlichen Erfordernisse nicht beachtet werden [13a].

Kann oder soll eine *Sacheinlage nicht realisiert* werden, dann ist statt durch 37
Sacheinlage in bar zu liberieren [14].

---

[11] In diesem Sinne etwa BGE 64 II 281. Kritisch zur Zulassung von Willensmängeln hinsichtlich der Zeichnung schlechthin Brückner (zit. § 14 Anm. 39) S. 839 f Anm. 124.
[12] Vgl. BGE 102 II 361.
[13] BGE 64 II 280 f.
[13a] ZR *1991* Nr. 66 S. 222 f.
[14] Zumindest in der Regel kann die Sachliberierung durch die Barliberierung ersetzt werden, und eine entsprechende Umstellung wird auch von der Registerpraxis toleriert. Ausnahmsweise kann

38 b) Denkbar ist es, die noch nicht erfüllte Liberierungspflicht dadurch zu beseitigen, dass das Aktienkapital in einem formellen Kapitalherabsetzungsverfahren (dazu § 53 N 33 ff) um den entfallenden Betrag herabgesetzt wird.

39 c) Für den Fall, dass ein Aktionär seine Liberierungspflicht nicht erfüllt, sieht das Gesetz sodann ein besonderes *Ausschlussverfahren* vor, die sog. *Kaduzierung* (vgl. OR 681 f und dazu § 44 N 17 ff).

---

freilich der einzubringende Sachwert für die Gesellschaft von so grosser Bedeutung sein, dass der Wegfall der Sacheinlage ein Grund für die Auflösung ist. So etwa, wenn die Gesellschaft zur Verfolgung ihres Zwecks notwendig auf den Sachwert angewiesen ist, wie z. B., wenn sie zur Verwertung eines einzubringenden Patents gegründet wurde.

§ 18 Rechtshandlungen für die werdende Gesellschaft

Literatur: Rolf Bär: Gründergesellschaft und Vorgesellschaft zur AG, in: FS Kummer (Bern 1980) 77 ff; Forstmoser § 13; Schenker in Basler Kommentar zu Art. 645; Pascal Trösch: Rechtsgeschäfte für die in Gründung befindliche AG (Diss. Basel 1992, MaschSchr).

I. Die Möglichkeiten des Handelns für die künftige Aktiengesellschaft

a) Häufig sind bereits im Gründungsstadium gewisse Rechtshandlungen für die künftige Gesellschaft vorzunehmen: Räumlichkeiten sind zu mieten, Materialien anzuschaffen, Personal ist anzustellen. Dabei kann auf verschiedene Weise gehandelt werden:

b) Einer der Gründer handelt nach aussen *selbständig und in eigenem Namen*. Gemäss OR 543 I wird er nach aussen hin allein berechtigt und verpflichtet. Intern stehen dem nach aussen Auftretenden – falls er im Rahmen seiner Geschäftsführungsbefugnis tätig wurde – Rückgriffsansprüche gemäss OR 537 zu.

Soll die AG nach ihrer Gründung in die Rechtsverhältnisse eintreten, dann ist deren Übernahme nur nach den *Regeln über die indirekte Stellvertretung* (OR 32 III) möglich. Forderungen sind daher entsprechend OR 164 ff abzutreten, Schulden gemäss OR 175 ff zu übernehmen, wobei für die externe Wirkung das Einverständnis des Vertragspartners erforderlich ist, falls sich keine Ausnahme aus OR 32 II ergibt.

c) Ein Gründer kann *im Namen der Gründergemeinschaft* oder sämtlicher Gründer auftreten, oder es können die *Gründer gemeinschaftlich* handeln. In diesen Fällen werden die Gründergesellschafter dem Dritten gegenüber insoweit berechtigt und verpflichtet, als es die Bestimmungen über die Stellvertretung (OR 32 ff) mit sich bringen. Dabei wird eine Ermächtigung der handelnden Gesellschafter zur Vertretung vermutet, wenn ihnen die Geschäftsführung überlassen worden ist (vgl. OR 543 II, III). Die interne Auseinandersetzung richtet sich ebenfalls nach OR 537.

Auch in diesen Fällen hat die Übernahme des Rechtsgeschäfts durch die AG nach den Regeln über die *indirekte Stellvertretung* zu erfolgen.

d) Die Handelnden können schliesslich *ausdrücklich im Namen der künftigen AG* auftreten. Für diesen Fall (und nur für ihn) sieht OR 645 besondere Regeln vor (vgl. nachstehend II).

II. Handeln im Namen der künftigen Aktiengesellschaft

a) Handeln die Gründer im Namen der künftigen AG, so *haften die Handelnden* gemäss OR 645 I *persönlich und solidarisch*. Ob kundgetan wurde, dass die AG erst in Entstehung begriffen ist oder ob der Vertragspartner dies wusste, spielt keine Rolle. Dem Dritten soll dadurch ein möglichst umfassender Schutz gewährt werden. Aus diesem Schutzgedanken heraus wird der Begriff der «Handelnden» im Sinne von OR 645 von Lehre und Praxis weit gefasst[1].

9   OR 645 I stellt die Haftung der Handelnden in den Vordergrund. Darüber hinaus ist festzuhalten, dass das abgeschlossene Rechtsgeschäft *grundsätzlich gültig* ist, unabhängig davon, ob die Gesellschaft zustande kommt oder nicht[2]. Die Handelnden werden daher nicht nur persönlich verpflichtet, sondern auch *berechtigt*.

10   b) OR 645 II sieht für die Fälle, in denen ausdrücklich im Namen der künftigen Gesellschaft aufgetreten wurde, die *Übernahme der Verpflichtungen* und damit die *Befreiung der Handelnden von Verpflichtungen, Haftung und Rechten auch ohne Zustimmung der Vertragspartner* vor. Diese Übernahme kann erst nach der Eintragung der AG im Handelsregister und sie muss innert drei Monaten seit dieser erfolgen. Eine frühere Genehmigung ist wirkungslos, eine spätere ist zwar zulässig, doch ist dann die Übernahme nur nach den Regeln über die indirekte Stellvertretung möglich (vgl. dazu vorn N 4, 6).

11   Kompetent zur Übernahme ist der Verwaltungsrat. Weder die handelnden Gründer noch der Vertragspartner haben einen Anspruch darauf. Doch wird man dem Vertragspartner ein Recht zur Rückgängigmachung des Geschäfts einräumen, wenn dieses vornehmlich mit Bezug auf die Person der AG abgeschlossen wurde und sie die Übernahme ablehnt.

12   c) Den Handelnden steht es frei, das Risiko einer persönlichen Inanspruchnahme auszuschalten, indem sie das Geschäft von der Entstehung der AG und der Genehmigung durch sie abhängig machen. Dieser *Vorbehalt* kann auch stillschweigend erfolgen[3].

III. Das Verhältnis zur Sachübernahme gemäss OR 628 II

13   a) Schwierigkeiten bereitet die Abgrenzung zwischen den Bestimmungen über die Sachübernahmegründung (OR 628 II, 631 II, 635 Ziff. 1) und der Regel von OR 645 II. Beide Male scheint der gleiche Tatbestand erfasst zu sein: das Eingehen von Bindungen für die künftige Gesellschaft. Während OR 628 II dafür eine ausdrückliche Nennung in den Statuten und OR 635 Ziff. 1 besondere schriftliche Rechenschaft verlangt, lässt OR 645 II die formfreie Übernahme zu. Unklar ist sodann, ob OR 645 I auch in den in OR 628 II angeführten Fällen anzuwenden ist.

---

[1]   Vgl. BGE 76 II 165 ff.
[2]   Ein Rücktrittsrecht kann aber entstehen, wenn das Geschäft wesentlich mit Bezug auf die Person der AG abgeschlossen wurde, vgl. ZBGR *1967* 293.
[3]   Vgl. BGE 49 II 193 f.

b) Diese letzte Frage hat das Bundesgericht bejaht: «Art. 645 OR sieht ... zum 14
Schutze dessen, der mit einer erst in Gründung befindlichen AG. in rechtsgeschäftliche Beziehung tritt, eine weitgezogene persönliche Haftung aller vor, die für die Gesellschaft irgendwie tätig geworden sind»[4]. Auch im Rahmen einer Sachübernahmegründung im Sinne von OR 628 II haften somit die *Handelnden zunächst persönlich und solidarisch* gemäss OR 645 I.

c) Festzuhalten ist weiter, dass die qualifizierten Anforderungen der Sach- 15
übernahmegründung immer dann angewendet werden *dürfen,* wenn OR 645 II anwendbar ist. Dies hat den Vorteil, dass die betreffenden Vereinbarungen mit der Eintragung der AG in das Handelsregister als genehmigt gelten und unmittelbar für diese Rechte und Pflichten begründen, dass also weder die Gründer noch Dritte das Risiko eingehen, dass der künftige Verwaltungsrat das Geschäft nicht übernimmt.

d) Dagegen ist umgekehrt eine Übernahme nach OR 645 II nicht zulässig, 16
wenn gemäss OR 628 II die Aufnahme in die Statuten verlangt ist[5]. Eine andere Lösung würde den Schutzzweck von OR 628 II, 635 und 635a vereiteln, indem diese qualifizierenden Bestimmungen dadurch umgangen werden könnten, dass der in Frage stehende Vermögenswert aufgrund von OR 645 II ohne entsprechende Statutenbestimmung nach der Gründung übernommen würde.

In diesem Zusammenhang ist jedoch daran zu erinnern, dass nur gewichtige 17
und ausserhalb des üblichen Geschäftsganges liegende Geschäfte den Regeln über die Sachübernahme unterliegen, vgl. § 15 N 23.

---

[4] BGE 83 II 294.
[5] BGE 79 II 177.

4. Kapitel: Die Organe der AG und ihre Funktionen

§ 19 Der Organbegriff

Literatur: Bürgi, Kommentar zu Art. 698–738, Vorb. zu OR 698–731; Peter Forstmoser: Der Organbegriff im aktienrechtlichen Verantwortlichkeitsrecht, in: FS Meier-Hayoz (Bern 1982) 125 ff; Pierre-Olivier Gehriger: Faktische Organe im Gesellschaftsrecht (Diss. St. Gallen 1978 = SSHW 34); Gutzwiller 438 ff; Peter Portmann: Organ und Hilfsperson im Haftpflichtrecht (Bern 1958 = ASR 335); Rolf Watter: Die Verpflichtung der AG aus rechtsgeschäftlichem Handeln ihrer Stellvertreter, Prokuristen und Organe (Diss. Zürich 1985 = SSHW 81).

I. Die Bedeutungen des Ausdrucks «Organ»

1. Das Organ als Funktionsträger

a) Um ihre Ziele verfolgen zu können, braucht die Körperschaft eine *Organisation*. Aufgabenbereiche müssen umschrieben und bestimmten *Funktionsträgern* zugeordnet werden. Diese nennt man *Organe*.

b) Die Organisation der AG wird in den Grundzügen im dritten Abschnitt des Aktienrechts («Organisation der Aktiengesellschaft»), OR 698 ff, geregelt. Danach muss jede AG zwingend über drei Organe verfügen, denen je ein Unterabschnitt gewidmet ist: die Generalversammlung (OR 698–706b, dazu §§ 22 ff), den Verwaltungsrat (OR 707–726, dazu §§ 27 ff) und die Revisionsstelle (OR 727–731a, dazu §§ 32 ff).

Diese gesetzlichen Organe sind *notwendige Funktionsträger* jeder AG. Daneben können durch die Statuten und das Organisationsreglement *weitere Organe* vorgesehen werden, da das Gesetz die Organisation der AG nicht abschliessend regeln will (vgl. dazu § 20 N 31 ff). Solchen zusätzlichen Organen können jedoch keine Aufgaben übertragen werden, die nach Gesetz zwingend einem der drei obligatorischen Organe zugewiesen sind.

c) Als Organe für ausserordentliche Situationen werden im Gesetz die *Liquidatoren* (vgl. OR 740 ff, dazu § 56 N 13 ff) und der *Sachwalter* (OR 725a II, dazu § 50 N 227) genannt.

2. Das Organ als nach aussen auftretender Funktionsträger

Gleichzeitig wird das Wort «Organ» auch in einem engeren Sinn verwendet, zur Bezeichnung des *nach aussen auftretenden* Funktionsträgers. «Organ» ist in diesem Sinne gleichbedeutend mit *«Exekutivorgan»* oder Verwaltung[1]. Dieser

---

[1] Gemeint ist damit sowohl das *Gremium als Gesamtheit* (so in OR 716, 716a, 716b) wie auch die in diesem Gremium tätige *Einzelperson* (so in OR 722: Organhaftung).

engere Begriff liegt zugrunde, wenn erklärt wird, die AG als juristische Person handle durch ihre Organe. Er ist vor allem bedeutsam im Hinblick auf die Haftung einer Körperschaft für Handlungen – besonders auch unerlaubte Handlungen – von für sie tätigen Personen[2]. Wesentlich ist hier vor allem die Abgrenzung zu zwei anderen Personenkreisen, die ebenfalls für die AG tätig sein können: den Stellvertretern und den Hilfspersonen (dazu Ziff. II).

3. Der Organbegriff im aktienrechtlichen Verantwortlichkeitsrecht

7 Endlich dient der Organbegriff der Abgrenzung desjenigen Personenkreises, welcher der besonderen aktienrechtlichen *Verantwortlichkeit* für Verwaltung, Geschäftsführung und Liquidation (OR 754, dazu § 37 N 2 ff) untersteht.

8 Im allgemeinen stimmt der Kreis der als Exekutivorgane tätigen Personen (Ziff. 2) mit dem Organbegriff im Verantwortlichkeitsrecht überein. Doch ist in der neueren Lehre zu Recht darauf hingewiesen worden, dass sich Unterschiede ergeben können[3]. Das Bundesgericht hat diese differenzierte Betrachtungsweise kürzlich aufgenommen[4].

II. Organe, Stellvertreter und Hilfspersonen

1. Abgrenzungen

9 a) Das Organ im Sinne des Exekutivorgans[5] ist abzugrenzen von anderen Personen, die für eine AG nach aussen auftreten können: vom Stellvertreter und der Hilfsperson:

10 aa) *Organe* sind Personen, die in einer Gesellschaft selbständige Entscheide treffen können «oder die eigentliche Geschäftsführung besorgen und so die Willensbildung der Gesellschaft massgebend mitbestimmen»[6], die «zu einer massgebenden Mitwirkung bei der Willensbildung»[7] der AG in der Lage sind. Organe sind daher stets *Personen in leitender Stellung*[8].

11 Die Grenzziehung ist in der bundesgerichtlichen Praxis freilich nicht einheitlich: So wird in BGE 117 II 570 ff betont, dass mit dem Organbegriff nur «die oberste Schicht der

---

[2] Vgl. OR 722, wo freilich nicht von «Organ», sondern von der «zur Geschäftsführung oder zur Vertretung befugte[n] Personen» gesprochen wird. Im allgemeinen Teil des Körperschaftsrechts – ZGB 52 ff – wird dagegen der Ausdruck «Organ» explizit verwendet: ZGB 55.

[3] Vgl. Jean Nicolas Druey: Organ und Organisation – Zur Verantwortlichkeit aus aktienrechtlicher Organschaft, SAG *1981* 77 ff, und Watter (zit. N 1) N 139 ff.

[4] Vgl. BGE 117 II 570 ff, 572 f, dazu Maya R. Pfrunder-Schiess in SZW *1993* 126 ff.

[5] Und auch des aktienrechtlichen Verantwortlichkeitsrechts.

[6] BGE 107 II 349 f, vgl. auch BGE 121 III 179 f.

[7] BGE 117 II 573. Die Beeinflussung muss dabei in der Gesellschaft, «von innen» her, erfolgen: Der Geldgeber, der einer AG in schwieriger Lage harte Vertragsbedingungen aufzwingt, beeinflusst zwar deren Willensbildung erheblich. Er tut dies aber «von aussen» und ist daher nicht Organ.

[8] Dabei ist freilich zu beachten, dass es wegen des Vertrauensprinzips allenfalls auch genügt, wenn der blosse *Anschein* einer solchen leitenden Stellung erweckt wird, vgl. N 19.

Hierarchie»[9] angesprochen sei. Wenige Monate früher hat das Bundesgericht dagegen im vielkritisierten Entscheid 117 II 432 ff erklärt, es genüge, dass «eine Person Geschäfte abwickelt und Entscheide trifft, welche nicht mehr zur Routine des Alltagsgeschäfts gehören, sondern von unternehmerischer Bedeutung sind»[10]. Auf dieser Basis wurde in jenem Urteil die Prokuristin einer Kleinbank, die routinemässig die Zweitunterschrift für Garantien und Bürgschaften der Bank zu leisten hatte, als Organ qualifiziert.

bb) Wer dagegen lediglich mit der «Vorbereitung der Entschlussfassung durch die Bereitstellung technischer, kaufmännischer oder juristischer Grundlagen»[11] befasst ist, ist nicht Organ, auch wenn solche Vorbereitungen durch Fachleute faktisch die Entscheidungen präjudizieren können. Ebensowenig ist Organ, wer die «Routine des Alltagsgeschäfts»[12] abwickelt. Vielmehr sind solche Personen als *Hilfspersonen* (vgl. OR 55, 101) zu qualifizieren. Der Hilfsperson kommen ausübende und vorbereitende Aufgaben zu, sie kann zwar auch Entscheidungen treffen, aber nicht solche von grundlegender, unternehmerischer Tragweite.

cc) Während das Organ «Teil der juristischen Person selbst» ist[13], handelt der *Stellvertreter* für die AG als Drittperson[14]. Er steht ausserhalb der aktienrechtlichen Organisation, ist nicht Teil der Gesellschaft, sondern beauftragter Dritter.

b) Die Abgrenzung zwischen den für eine AG Handelnden ist vor allem in zweierlei Hinsicht von Bedeutung:
– für den Entscheid darüber, ob die AG durch die Handlungen der betreffenden Person – und insbesondere auch durch ihre unerlaubten, deliktischen Handlungen – gebunden wird (dazu § 21),
– für die Abgrenzung des Personenkreises, welcher der aktienrechtlichen Verantwortlichkeit untersteht (vgl. dazu § 37 N 2 ff).

2. *Die massgebenden Kriterien der Organstellung*

a) Die Organstellung kann zunächst *formal* begründet werden: Organ ist jeder, der als Mitglied des Verwaltungsrates (der aktienrechtlichen Exekutive) bestellt worden ist, gleichgültig welche Aufgaben er tatsächlich erfüllt.

b) Darüber hinaus ist aber nach der in der Schweiz in Lehre und Praxis unbestrittenen *funktionellen Betrachtungsweise* auch Organ, wer bloss *tatsächlich*

---

[9] S. 573.
[10] S. 442.
[11] BGE 117 II 573.
[12] BGE 117 II 442.
[13] BGE 107 II 155, vgl. nachstehend § 21 N 2 ff.
[14] Vgl. OR 32 I: «Vertretung eines andern». Dazu ist freilich zu bemerken, dass auch die Organperson kundtun muss, dass sie nicht in persönlicher Eigenschaft, sondern eben als Organ – für die AG – tätig ist. Insofern handelt auch das Organ – wie in der neueren Lehre zu Recht betont wird – «für einen andern». Das Gesetz bezeichnet denn auch das Handeln eines Organs nach aussen als «Vertretung» (vgl. OR 718, 722), was insofern unglücklich ist, als dadurch die Unterschiede zwischen dem Handeln eines Organs und dem eines Stellvertreters im Sinne von OR 32 (dazu § 30 N 88 ff) verwischt werden.

in massgebender Weise an der Willensbildung der AG teilnimmt und korporative Aufgaben selbständig ausübt, unabhängig von einer formellen Bestellung[15]. Wer effektiv für eine AG Entscheidungen von grundlegender unternehmerischer Tragweite treffen oder daran massgebend mitwirken kann, ist materiell Organ, unabhängig davon, ob ihm formell eine entsprechende Position eingeräumt worden ist[16]. Man spricht dann von einem *faktischen Organ*.

19 c) Aus dem *Vertrauensprinzip* ergibt sich schliesslich, dass Dritte eine Organstellung allenfalls auch dann annehmen dürfen, wenn der *Anschein* einer solchen Stellung erweckt wird (Organstellung durch *Kundgabe*): Wer sich als Organ einer AG ausgibt, muss damit rechnen, nach den Grundsätzen der aktienrechtlichen Verantwortlichkeit ins Recht gefasst zu werden. Und die Gesellschaft, die jemanden gewähren lässt, der sich als ihr Organ aufspielt, hat sich dessen Handlungen nach Treu und Glauben als diejenigen eines Organs zurechnen zu lassen, auch wenn der Betreffende nicht über entsprechende Kompetenzen verfügt.

---

[15] Vgl. etwa BGE 87 II 187, 107 II 353 f, 117 II 442; ZR *1984* 310, *1994* 114.
[16] So allenfalls die «graue Eminenz» oder der Hauptaktionär, wenn sie tatsächlich die Geschicke der Gesellschaft bestimmen. Näheres bei Gehriger (zit. N 1).

§ 20 Die Organe der AG und ihre Funktionen

Literatur: Andreas Binder: Die Verfassung der Aktiengesellschaft (Diss. Basel 1988 = Reihe Handels- und Wirtschaftsrecht [Grüsch] Bd. 20); Bürgi, Kommentar zu Art. 698–738, Vorb. zu Art. 698–731; François Dessemontet: L'organisation des sociétés anonymes, in: von Büren/Hausheer/Wiegand 19 ff; Adrian Niggli: Die Aufsicht über die Verwaltung der Aktiengesellschaft... (Diss. Bern 1981); Roger Secrétan: L'assemblée générale, «Pouvoir suprême» de la société anonyme (698 CO)?, SAG *1958/59* 153 ff; Erik Slingerland: Die Aufsicht über die Geschäftsführung bei Kapitalgesellschaften ... (Diss. Zürich 1982).

I. Unternehmerische Funktionen und ihre Zuordnung zu den Organen der AG

a) In einem Unternehmen lassen sich – abstrakt und stark vereinfacht – vier Funktionen unterscheiden: die *Willensbildung,* die *Ausführung,* die materielle *Aufsicht* über Zweckmässigkeit und Angemessenheit der Ausführungshandlungen sowie die mehr formelle *Kontrolle* der rechtlichen und buchhalterischen Korrektheit der Tätigkeit.

Versucht man diese Aufgaben den gesetzlich vorgeschriebenen Organen der AG zuzuordnen, so erscheint die *Generalversammlung* als Willensbildungsorgan, der *Verwaltungsrat* als Exekutive und die *Revisionsstelle* als Organ, das über die buchhalterische und rechtliche Korrektheit der Ausführung wacht.

b) Dagegen *fehlt* – im Gegensatz etwa zu Deutschland, dessen Aktienrecht einen sog. Aufsichtsrat[1] kennt – ein eigentliches *Aufsichtsorgan*. Die Aufsicht über die Angemessenheit und Zweckmässigkeit der Geschäftsführung muss daher von einem der drei anderen Organe übernommen werden:

– Das Gesetz sieht die Möglichkeit vor, dass der Verwaltungsrat die Geschäftsführung an Dritte (eine Direktion oder Geschäftsleitung) überträgt (vgl. OR 716b I, dazu § 29 N 10 ff). Der Verwaltungsrat kann sich dann auf die Aufsicht der Direktion oder Geschäftsleitung konzentrieren und damit zu einem Überwachungsorgan werden. Freilich ist dies nie in der Konsequenz des deutschen Aufsichtsratssystems möglich, da dem schweizerischen Verwaltungsrat grundlegende Exekutivaufgaben unübertragbar zugeordnet sind (vgl. OR 716a, dazu § 30 N 29 ff).

– Möglich ist es sodann, die Überprüfungsaufgaben der *Revisionsstelle* zu erweitern (vgl. OR 731 I) und diese mit einer Prüfung der Geschäftsführung zu betrauen[2]. Auch kann die Generalversammlung «zur Prüfung der Geschäfts-

---

[1] Vgl. dazu Marcus Lutter: Rechte und Pflichten des deutschen Aufsichtsrats. Eine rechtliche Betrachtung mit Blick auf den Schweizer Verwaltungsrat, in: von Büren/Hausheer/Wiegand 35 ff.
[2] Ob die Revisionsstelle mit einer umfassenden und dauernden Prüfung der Zweckmässigkeit der Geschäftsführung beauftragt oder ob ihr nur die Prüfung einzelner Aspekte der Geschäftsführung zugewiesen werden kann, ist im einzelnen umstritten, vgl. Rosmarie Abolfathian-Hammer: Das Verhältnis von Revisionsstelle und Revisor zur Aktiengesellschaft (Diss. Bern 1992 = Berner Beiträge zum Steuer- und Wirtschaftsrecht Heft 5) 32 ff.

führung oder einzelner ihrer Teile Sachverständige ernennen» (OR 731 II, dazu § 33 N 106 ff).

7 – In kleinen Verhältnissen, in welchen die Aktionäre über die nötige Sachkompetenz verfügen und in laufendem Kontakt zur Gesellschaft stehen, kann endlich auch die *Generalversammlung* bzw. kann die *Gesamtheit der Aktionäre* die Aufsicht selber ausüben.

8 c) Eine besondere Ordnung gilt im *Bankbereich*: Für Bankaktiengesellschaften schreiben BankG 3 II lit. a) und BankV 8 eine Trennung zwischen der Oberleitung, Aufsicht und Kontrolle einerseits und der Geschäftsführung auf der anderen Seite vor[3]. Bankaktiengesellschaften sind damit in ihrer Organisation auf ein *dualistisches System,* auf die Trennung zwischen Verwaltungsrat und Geschäftsleitung (Direktion), verpflichtet. Auch bei ihnen bleibt aber beim Verwaltungsrat ein Kompetenzbereich, der weit grösser ist als derjenige des deutschen Aufsichtsrats.

II. Das Verhältnis der Organe zueinander

1. Die Möglichkeiten

9 Im Verhältnis der Organe zueinander und vor allem zwischen Generalversammlung und Verwaltungsrat sind drei Möglichkeiten denkbar[4]: Nach der *Omnipotenztheorie* soll die Generalversammlung grundsätzlich alle Entscheide fällen können. Nach dem *Führerprinzip* soll dagegen der Verwaltungsrat alle massgebenden Kompetenzen an sich ziehen können. Das *Paritätsprinzip* endlich weist jedem Organ bestimmte Aufgaben zu, innerhalb derer es grundsätzlich allein zuständig ist.

2. Die Entscheidung des schweizerischen Rechts

10 a) OR 698 I lautet: «Oberstes Organ der Aktiengesellschaft ist die Generalversammlung der Aktionäre.»

11 Entgegen dem ersten Anschein ist diese Bestimmung nicht als Bekenntnis zur Omnipotenztheorie zu verstehen: Die GV ist vielmehr lediglich *formell, hierarchisch* oberstes Organ, insofern, als in ihre Kompetenz die grundlegendsten Entscheide (insbesondere die Festsetzung und Abänderung der Statuten und der Kapitalbasis) sowie die Bestellung und Abberufung der anderen Organe fallen.

---

[3] Dazu Beat Kleiner in Bodmer/Kleiner/Lutz: Kommentar zum Schweiz. Bankengesetz (Zürich 1976 ff) Art. 3–3ter N 21 ff.
[4] Näheres bei Dessemontet (zit. N 1) 24 ff.

b) *Funktionell* beruhte dagegen das schweizerische Recht schon bisher – jedenfalls nach herrschender Lehre – auf dem *Paritätsprinzip*[5], und auch die Praxis des Bundesgerichts legte der Sache nach das Paritätsprinzip zugrunde[6].

Das revidierte Recht hat diese *«Gewaltenteilung» verstärkt*, indem es dem Verwaltungsrat bestimmte Kompetenzen ausdrücklich nicht nur unübertragbar, sondern auch *unentziehbar* zugewiesen hat[7]. In diesem Bereich werden also Einwirkungen der GV auf die Verwaltungstätigkeit, aber auch eine «Delegation nach oben» – vom Verwaltungsrat an die GV – unterbunden. Damit soll – so ausdrücklich die bundesrätliche Botschaft zum neuen Aktienrecht[8] – «[d]er sogenannten Omnipotenztheorie, wonach die Generalversammlung grundsätzlich alle Entscheide fällen kann und in alle Entscheidungskompetenzen des Verwaltungsrates eingreifen darf, ... eine Absage erteilt» werden.

Zur Frage, inwieweit die GV allenfalls trotzdem bei grundlegenden Entscheidungen der Geschäftsführung mitbestimmen kann oder gar muss, vgl. § 30 N 61 ff.

c) *Faktisch* ist heute – dies sei im Sinne eines Exkurses erwähnt – vor allem in Grossgesellschaften zumeist der Verwaltungsrat das massgebende Organ, durch welches auch die der GV vorbehaltenen Fragen vorentschieden werden: In Publikumsgesellschaften ist es äusserst selten, dass die GV einem Antrag des Verwaltungsrates nicht folgt.

Man wird sogar noch einen Schritt weitergehen müssen: Auch der nur einige Male im Jahr tagende und aus nebenamtlichen Mitgliedern zusammengesetzte Verwaltungsrat ist in grossen Gesellschaften oft nicht das stärkste Organ. Vielmehr werden seine Entscheide durch den vollamtlich tätigen Delegierten bzw. die Direktion präjudiziert. Doch war es ein Anliegen des revidierten Rechts, durch die Fixierung unübertragbarer Aufgaben des Verwaltungsrates als Gesamtgremium dafür zu sorgen, dass der Verwaltungsrat nicht zum blossen Nickorgan verkommt (vgl. OR 716a I, dazu § 30 N 29 ff).

3. *Der eigenständige Funktionskreis jedes Organs*

Das Gesetz ordnet jedem Organ einen eigenständigen Funktionskreis zu:

a) In OR 698 II werden «unübertragbare Befugnisse» der *Generalversammlung* aufgezählt, darunter insbesondere die Wahl der anderen Organe, die Festsetzung und Abänderung der Statuten, die Genehmigung von Jahresbericht und

---

[5] In der Lehre wurde zum Teil von «eingeschränkter Omnipotenztheorie» gesprochen, so von Bürgi, Kommentar zu Art. 698–739, Vorb. zu Art. 698–731 N 43, womit jedoch sachlich weitgehend dasselbe gemeint war.

[6] Vgl. etwa die Erwägungen in BGE 78 II 374 f, wo auch die Möglichkeit eines ausnahmsweisen Eingriffs der GV in den Kompetenzbereich der Verwaltung behandelt wird; sodann – mit ähnlicher Problematik – BGE 100 II 384 ff, insbes. 387 f.

[7] OR 716a I. Die Regelung ist gewollt: Während der bundesrätliche Entwurf nur von «unübertragbaren» Aufgaben sprach, ist im Ständerat bewusst das Wort «unentziehbar» beigefügt worden, AmtlBull SR *1988* 514 f.

[8] S. 98.

Jahresrechnung sowie einer allfälligen Konzernrechnung (dazu § 51 N 190 ff) und die Beschlussfassung über die Verwendung des Gewinns (Näheres in § 22).

19   b) Dem *Verwaltungsrat* als dem Geschäftsführungs- und Vertretungsorgan (OR 716 II und 718) stehen diejenigen Kompetenzen zu, welche das Gesetz, die Statuten, Reglemente oder Generalversammlungsbeschlüsse ihm zuweisen. Besonders wichtig ist die Liste der unübertragbaren Aufgaben gemäss OR 716a. Ausserdem kann der Verwaltungsrat «in allen Angelegenheiten Beschluss fassen, die nicht nach Gesetz oder Statuten der Generalversammlung zugeteilt sind» (OR 716 I). Durch diese Kompetenzvermutung zugunsten des Verwaltungsrates werden positive und negative Kompetenzkonflikte vermieden.

20   c) Die *Revisionsstelle* hat die Buchführung und die Jahresrechnung auf ihre Konformität mit Gesetz und Statuten zu überprüfen (OR 728 I) und darüber der Generalversammlung sowie allenfalls dem Verwaltungsrat Bericht zu erstatten (OR 729, 729a).

4. *Ausnahmsweise Eingriffe eines Organs in den Kompetenzbereich anderer Organe*

21   a) Gesetz und Rechtsprechung betonen die Notwendigkeit einer *Gewaltentrennung*. Eingriffe eines Organs in den Kompetenzbereich eines anderen sind daher nur ganz ausnahmsweise und unter strengen Voraussetzungen zulässig:

22   b) Eindeutig ist dies zunächst für die *Revisionsstelle:*

23   aa) Der *Verwaltungsrat* – als Organ, dessen Tätigkeit und Verantwortungsbereich zu prüfen ist (vgl. OR 728 I) – kann überhaupt nicht auf die Revisionsstelle und ihre Aufgaben Einfluss nehmen.

24   bb) Aber auch die *Generalversammlung* kann nur beschränkt auf die Revisionsstelle einwirken. Dies ergibt sich schon daraus, dass – nach der zutreffenden Feststellung des Bundesgerichts – die «Bestimmungen über die Pflichten der Kontrollstelle[9]... auch zum Schutze Dritter erlassen worden» sind[10]. Die Generalversammlung kann daher die Pflichten der Revisionsstelle erweitern (OR 731 I), jedoch nicht einschränken.

25   Eine gewisse Abhängigkeit besteht freilich insofern, als die Generalversammlung frei ist, die Revisionsstelle zu wählen oder auch abzuwählen[11].

26   c) Der Kompetenzbereich des *Verwaltungsrates* ist gegenüber der Revisionsstelle klar, gegenüber der GV dagegen etwas weniger eindeutig abzugrenzen:

---

[9]   D. h. in der Terminologie des revidierten Aktienrechts der Revisionsstelle.
[10] BGE 106 II 235; die Aussage wird freilich in der Lehre und vereinzelt in der Judikatur als zuwenig differenziert kritisiert, sie ist aber jedenfalls für die grundlegenden Prüfungspflichten richtig.
[11] Doch ist dafür zu sorgen, dass die Funktion der Revisionsstelle stets besetzt ist. Andernfalls wird eine neue Revisionsstelle durch den Richter bestellt, vgl. § 32 N 36 ff.

aa) Nach der expliziten und zwingenden Bestimmung von OR 731 I dürfen der *Revisionsstelle* keinerlei Aufgaben des Verwaltungsrates zugeteilt werden. Insofern ist die Gewaltenteilung konsequent gewahrt.

bb) Das revidierte Aktienrecht betont aber auch die Unabhängigkeit von der *Generalversammlung*, indem dem Verwaltungsrat in OR 716a I ein Kernbereich *unentziehbarer* Aufgaben zugewiesen wird. Es betrifft dies im wesentlichen die Oberleitung der AG, die Oberaufsicht über die Geschäftsführung, die Festlegung der Organisation, die Planung und damit Festlegung der Geschäftspolitik und die massgebenden personellen Entscheide (Näheres hinten § 30 N 29 ff).

Umstritten ist, ob und allenfalls in welchem Ausmass die Generalversammlung trotz dieser eindeutigen gesetzlichen Kompetenzordnung Einfluss auf Grundsatzentscheide im Funktionsbereich des Verwaltungsrates nehmen kann, vgl. dazu § 30 N 61 ff.

d) In den Kompetenzbereich der *Generalversammlung* als dem «obersten Organ» der AG (OR 698 I) können weder die Revisionsstelle noch der Verwaltungsrat eingreifen[11a].

III. Fakultative Organe

1. Freiheit und Schranken in der Bildung zusätzlicher Organe

Die genannten gesetzlichen Organe – Generalversammlung, Verwaltungsrat und Revisionsstelle – sind *notwendige Funktionsträger* der AG. Daneben steht es der AG frei, statutarisch *weitere Organe* vorzusehen. Diesen dürfen jedoch keine Aufgaben zugewiesen werden, die nach Gesetz zwingend einem der drei obligatorischen Organe zukommen.

2. Die Direktion/Geschäftsleitung insbesondere

a) Im Gesetz ausdrücklich erwähnt ist die Befugnis, die Geschäftsführung «an Dritte zu übertragen» (OR 716b I) und «Dritten (Direktoren)» das Recht zur Vertretung der Gesellschaft einzuräumen (OR 718 II). Dadurch besteht die Möglichkeit, den Verwaltungsrat vom Alltagsgeschäft zu entlasten und ihn stärker als Aufsichtsgremium zu konzipieren[12]. In Grossgesellschaften ist es unabdingbar, von dieser Möglichkeit Gebrauch zu machen.

b) Für die Delegation von Geschäftsführungsaufgaben verlangt das Gesetz eine *doppelte formale Grundlage*: In den Statuten muss eine Ermächtigungsnorm verankert sein, und das Organisationsreglement des Verwaltungsrates muss auf-

---

[11a] Zu Ausnahmen vgl. hinten N 46.
[12] Dieses bleibt freilich – anders als der deutsche Aufsichtsrat – für die grundlegenden geschäftsführenden Entscheide verantwortlich, vgl. vorn N 13 und ausführlicher § 30 N 29 ff.

grund dieser Ermächtigung die Delegation anordnen. Sowohl die Generalversammlung wie auch der Verwaltungsrat haben es daher in der Hand, die Delegation von Geschäftsführungskompetenzen zu verhindern, und nur im Einverständnis beider Organe kann sie angeordnet werden. Näheres in § 29 N 23 ff.

3. Beiräte und andere Gremien

34   a) Vor allem in der deutschen Rechtspraxis sind *Beiräte* in wirtschaftlich tätigen Gesellschaften verbreitet. In der Schweiz kommen solche Gremien zwar viel weniger häufig, aber doch zunehmend vor. Dabei können einem Beirat unterschiedlichste Funktionen zukommen:

35   – Beiräte können – immer unter Beachtung der unübertragbaren Befugnisse des Verwaltungsrates gemäss OR 716a – Geschäftsführungs- oder auch Aufsichtsfunktionen haben.

36   – Aus qualifizierten Fachleuten zusammengesetzte Beiräte können einem aus Generalisten bestehenden Verwaltungsrat beratend zur Seite stehen («advisory boards», «Expertenbeiräte»).

37   – Beiräte können aus Prestigeüberlegungen gebildet werden («Prominentenbeiräte»).

38   – In ausländisch beherrschten Gesellschaften dienen Beiräte gelegentlich dazu, den ausländischen Aktionären angemessene Einsichts- und Mitwirkungsrechte zu gewähren, ohne den Verwaltungsrat unnötig aufblähen zu müssen: Nach OR 708 I müssen die Mitglieder des Verwaltungsrates mehrheitlich Schweizer Bürger mit Wohnsitz in der Schweiz sein. Werden Ausländer als Beiräte, nicht aber als Mitglieder des Verwaltungsrates bestellt, findet diese «Heimatschutzbestimmung» keine Anwendung. Der mehrheitlich aus in der Schweiz wohnhaften Schweizern zusammengesetzte Verwaltungsrat und der aus Ausländern bestehende Beirat tagen dann jeweils gemeinsam. Zwar kommt den Mitgliedern des Beirates nur eine beratende Stimme zu, doch ist dies in der Praxis kaum von Bedeutung, weil der Verwaltungsrat diesen Stimmen dasselbe Gewicht zumessen wird wie seinen eigenen.

39   Organe im Rechtssinn sind diese Beiräte nur dann, wenn ihnen Organfunktionen (dazu vorn § 19 N 2 ff) zukommen, also insbesondere bei Geschäftsführungs- und Aufsichtsaufgaben.

40   Näheres bei Felix Reiff: Beiräte als Beratungs- und Führungsgremien bei schweizerischen Aktiengesellschaften (Diss. Zürich 1988 = SSHW 115).

41   b) Daneben kommen in der Praxis *weitere Gremien* vor, welche beratende Aufgaben haben, in Teilbereichen entscheiden oder auch nur der Information der Beteiligten dienen können. Eine Mieter-AG (zum Begriff § 62 N 134 f) kann etwa eine regelmässige Versammlung der Bewohner institutionalisieren, eine Familien-AG (dazu § 62 N 5) ein der informellen Orientierung dienendes Familientreffen.

42   Organe sind diese Gremien regelmässig nicht.

IV. Fehlen und Handlungsunfähigkeit notwendiger Organe

a) Sind notwendige Organe einer AG nicht besetzt, so kann eine *Auflösungsklage* angestrengt werden (OR 625 II, vgl. § 55 N 119 ff). Fehlt einer Gesellschaft die Verwaltung, so kommt überdies die *Ernennung eines Beistandes* durch die Vormundschaftsbehörde in Betracht (ZGB 393 Ziff. 4)[13]. Nach Ansicht des Bundesgerichts ist diese Massnahme jedoch «ein mit Zurückhaltung zu handhabender Notbehelf»[14], und in der Praxis ist die Ernennung eines Beistandes äusserst selten[15].

b) Ausnahmsweise lässt es die Praxis zu, dass ein fehlendes oder handlungsunfähiges Organ vorübergehend durch ein anderes «vertreten» wird:
- So hat das Bundesgericht[16] und haben im Anschluss daran kantonale Gerichte der Generalversammlung einer verwaltungslosen AG die Kompetenz zu Verwaltungshandlungen eingeräumt, was jedoch umstritten blieb.
- Andererseits hat das Bundesgericht anerkannt, dass der Verwaltungsrat ausnahmsweise Kompetenzen der Generalversammlung an sich ziehen kann, wenn «einschneidende Massnahmen zur Erhaltung des Betriebes dringend geboten» sind und «besondere Umstände eine rechtzeitige Beschlussfassung durch die Generalversammlung» verunmöglichen[17].
- Dagegen dürfte die Erfüllung von Geschäftsführungshandlungen durch die Revisionsstelle schon wegen OR 731 I ausgeschlossen sein. Und umgekehrt kann keines der beiden anderen Organe die Aufgaben der Revisionsstelle wahrnehmen, schon deshalb nicht, weil die Revision auch im Interesse Dritter ausgeführt wird[18].

---

[13] Näheres bei Iso Schumacher-Bauer: Beistandschaft in der AG (Diss. Zürich 1981 = ZStP 18). Zuständig ist nach Schumacher die Behörde am Ort der tatsächlichen Ausübung der Verwaltungstätigkeit und nicht notwendig diejenige am Sitz der AG, a.a.O. 7. Legitimiert, einen Beistand zu verlangen, ist, wer an der Anordnung der Beistandschaft ein rechtlich relevantes Interesse hat, wem also aus der Handlungsunfähigkeit der AG ein Nachteil erwachsen kann, BGE 120 II 8 E 2b. – Vgl. auch Riemer, Art. 54/55 N 9 ff.

[14] BGE 78 II 374.

[15] Für eine weitergehende Verwendung der Vermögensverwaltungsbeistandschaft bei der AG dagegen Schumacher, a.a.O. passim.

[16] BGE 78 II 374 f.

[17] Vgl. BGE 116 II 320 ff.

[18] Vgl. etwa BGE 106 II 235: «Die Bestimmungen über die Pflichten der Kontrollstelle [nach revidiertem Recht: Revisionsstelle] (Art. 728/29 OR) sind auch zum Schutze Dritter erlassen worden, die der Gesellschaft insbesondere ein Darlehen gewähren oder sich beteiligen wollen.» Ähnlich BGE 86 II 175, 93 II 30 (Wahrung der «Interessen der Aktionäre, Gläubiger und der Gemeinschaft»), 99 Ib 110 («eine im öffentlichen Interesse liegende Aufgabe»).

§ 21 Die Verpflichtung der AG durch ihre Organe

Literatur: Gutzwiller 438 ff; Reto Marugg: Die Anknüpfung der organschaftlichen Vertretungsmacht bei der Aktiengesellschaft im internationalen Privatrecht (Diss. St. Gallen 1975 = SSHW 6); Peter Portmann: Organ und Hilfsperson im Haftpflichtrecht (Bern 1958 = ASR 335); Heinz Schärer: Die Vertretung der Aktiengesellschaft durch ihre Organe (Diss. Freiburg i. Ü. 1981); Rolf Watter: Die Verpflichtung der AG aus rechtsgeschäftlichem Handeln ihrer Stellvertreter, Prokuristen und Organe (Diss. Zürich 1985 = SSHW 81); Dieter Zobl: Probleme der organschaftlichen Vertretungsmacht, ZBJV *1989* 289 ff.

I. Der Grundsatz

Dem schweizerischen Verbandsrecht liegt der Organbegriff der deutschrechtlichen Tradition – der vorab von Gierke, aber auch von Eugen Huber vertretenen *Realitäts- oder Organtheorie* – zugrunde[1]. Nach dieser Theorie sind die für die juristische Person als Organe Handelnden nicht Stellvertreter im technischen Sinn, sondern *Teil der juristischen Person selbst*[2]. Während der Stellvertreter den Vertretenen nur durch erlaubtes Handeln bindet (vgl. N 20), verpflichten Organe «die juristische Person sowohl durch den Abschluss von Rechtsgeschäften als durch ihr sonstiges Verhalten» (ZGB 55 II), wobei mit sonstigem Verhalten vor allem unerlaubte, deliktische Handlungen gemeint sind[3]. Im einzelnen ist zwischen rechtsgeschäftlichen und unerlaubten Handlungen der Organe zu differenzieren:

II. Die rechtsgeschäftliche Verpflichtung der AG durch ihre Organe

a) Das Aktienrecht präzisiert den allgemeinen Grundsatz von ZGB 55 II: Nach OR 718a I können die Organe «im Namen der Gesellschaft alle Rechtshandlungen vornehmen, die der Zweck der Gesellschaft mit sich bringen kann». Daraus ergeben sich zwei Schranken:
– Das Organ muss als solches, *im Namen der Gesellschaft* gehandelt haben, nicht im eigenen Namen als Privatperson.
– Die rechtsgeschäftliche Handlung muss zum *Zweck* der Gesellschaft in Beziehung stehen. Daran werden jedoch geringe Anforderungen gestellt: Gedeckt sind alle Rechtshandlungen, die *irgendwie mit dem Gesellschaftszweck in Zu-*

---

[1] Ausführlich Meier-Hayoz/Forstmoser § 2 N 9 ff sowie I. Schwander: Die juristischen Personen im schweizerischen Recht, in: Rapports suisses présentés au XIII ème Congrès international de droit comparé, Veröffentlichungen des Schweiz. Instituts für Rechtsvergleichung Bd. 12 (Zürich 1990) 23 ff.
[2] BGE 111 II 289, 112 II 190.
[3] Denkbar ist freilich auch anderes «sonstiges» Verhalten, vgl. Karl Spiro: Zur Haftung für Doppelorgane, in: FS Vischer (Zürich 1983) 639 ff, 647.

sammenhang gebracht werden können, die – objektiv betrachtet – durch diesen *nicht geradezu ausgeschlossen* sind[4]. Auch ist keineswegs erforderlich, dass die Handlung des Organs im konkreten Fall wirklich dem Gesellschaftszweck dienen sollte. Vielmehr reicht es, solange die Gegenpartei gutgläubig ist, dass Rechtshandlungen der entsprechenden Art «an sich» der Gesellschaft dienen können[5].

6 b) Grundsätzlich ist jedes Mitglied des Verwaltungsrates einzeln zur Vertretung der AG befugt (OR 718 I), doch kann durch Handelsregistereintrag die Vertretungsmacht in zweierlei Hinsicht eingeschränkt sein: Es kann *Kollektivunterschrift* vorgesehen werden (ein Vertretungsbefugter kann somit rechtsgeschäftlich wirksam nicht allein handeln[5a]), und die Vertretungsmacht kann auf den *Geschäftsbereich der Haupt- oder einer Zweigniederlassung beschränkt* werden (vgl. OR 718a II, dazu § 30 N 95).

7 c) Von der Eingehung einer rechtsgeschäftlichen Verpflichtung ist die sog. *Wissensvertretung* zu unterscheiden: Kenntnis der juristischen Person wird – unabhängig von einer allfällig vorgesehenen Kollektivunterschrift – grundsätzlich dann angenommen, wenn auch nur *ein* Mitglied eines Kollektivorgans Kenntnis erlangt hat[6].

8 d) Obwohl organschaftliches Handeln klar von der Stellvertretung im Sinne von OR 32 ff zu unterscheiden ist, können die Regeln des Stellvertretungsrechts analog Anwendung finden, so etwa hinsichtlich des Schutzes gutgläubiger Dritter, des Selbstkontrahierens und der Doppelvertretung (zu diesen vgl. § 30 N 121 ff).

---

[4] Vgl. BGE 96 II 444 f. Als Beispiel für eine nicht mehr durch den Gesellschaftszweck gedeckte Rechtshandlung nennt das Bundesgericht die Veräusserung des gesamten Unternehmens, BGE 116 II 323. (In jenem Entscheid wird aber der Verwaltungsrat wegen besonderer Umstände auch dazu für kompetent erachtet.)

[5] BGE 111 II 284 ff, 289: Verpflichtung einer AG zur Rückzahlung eines ihr und ihrem Hauptaktionär solidarisch gewährten Darlehens, obwohl der Hauptaktionär die Darlehenssumme offenbar vollumfänglich für sich selbst behändigt hatte. Das Bundesgericht gibt in diesem Entscheid eine frühere verfehlte Praxis (vgl. BGE 95 II 442 ff, 450) auf, wonach Geschäftsführungshandlungen *tatsächlich* dem Gesellschaftszweck zu dienen hätten. Die korrigierte Rechtsprechung wird bestätigt in BGE 116 II 323. Vgl. neuestens auch BGE 121 III 180.

[5a] Möglich ist es auch vorzusehen, dass bestimmte Mitglieder des Verwaltungsrates zwar kollektiv zu zeichnen haben, aber *nicht miteinander,* sondern nur jeweils zusammen mit einem anderen Verwaltungsratsmitglied oder sonstigen Zeichnungsberechtigten unterzeichnen können (BGE vom 19. 9. 1995, Urteil 4 A. 7/1994 vom 19. September 1995). Immer aber muss der Verwaltungsrat die Gesellschaft durch seine Mitglieder – also auch ohne die Mitwirkung weiterer Zeichnungsberechtigter – verpflichten können (vgl. § 30 N 13).

[6] BGE 101 Ib 437, 56 II 188; Näheres – z. T. differenzierend – bei Kurt Sieger: Das rechtliche relevante Wissen der juristischen Person des Privatrechts (Diss. Zürich 1979 = SSHW 33); vgl. auch Heinz Reichwein: Wie weit ist der Aktiengesellschaft ... das Wissen ihrer Organe anzurechnen (sog. Wissensvertretung)?, SJZ *1970* 1 ff, und neuestens Rolf Watter: Über das Wissen und den Willen einer Bank, in: FS Kleiner (Zürich 1993) 125 ff. – Nicht der AG anzurechnen ist das Wissen eines Organs etwa dann, wenn es einer gesetzlichen oder vertraglichen Geheimhaltungspflicht unterliegt, sodann allenfalls bei Doppelvertretung. – Näheres in § 30 N 124 ff.

III. Die Bindung der AG durch unerlaubte Handlungen ihrer Organe

1. Die zivilrechtliche Bindung

a) Auch hier wird die für alle juristischen Personen geltende Bestimmung von ZGB 55 II im Aktienrecht genauer gefasst: Gemäss OR 722 haftet die AG «für den Schaden aus unerlaubten Handlungen, die eine zur Geschäftsführung oder zur Vertretung befugte Person in Ausübung ihrer geschäftlichen Verrichtungen begeht». Daraus folgt:

- Es muss «eine zur Geschäftsführung oder zur Vertretung befugte Person» gehandelt haben. Gemeint sind damit *Organe,* und nicht etwa – entgegen dem täuschenden Wortlaut – auch Stellvertreter. Dabei wird freilich – entsprechend den allgemeinen Regeln (vgl. vorn § 19 N 17 ff) – formelle Organeigenschaft nicht verlangt; es genügt, dass jemand materiell Organ ist, indem er korporative Aufgaben selbständig erfüllt (vgl. vorn § 19 N 18) oder dass – mit Dulden der AG – der Anschein einer Organstellung erweckt wird (vgl. § 19 N 19).
- Das Organ muss als solches gehandelt haben, es darf nicht offenkundig[7] in privater Eigenschaft gehandelt haben[8].
- Dagegen kommt es nicht darauf an, ob der Handelnde intern zu seinem Verhalten ermächtigt war oder nicht[9].
- Ebensowenig ist es nötig, dass die deliktische Handlung zugunsten der Gesellschaft verübt wurde. Vielmehr genügt, «dass die Handlung ihrer Natur, ihrem Typus nach in den Bereich der Organkompetenz fällt», dass sie «im allgemeinen Rahmen der Organkompetenz liegt, mit dieser in funktionellem Zusammenhang steht»[10].

b) Erforderlich ist, dass der Handelnde als *Organ* tätig ist, *nicht dagegen, dass ihm die Vertretungsbefugnis zukommt.* Nicht nur das Aussenorgan, auch das Innenorgan ohne Vertretungsbefugnis (z. B. ein Mitglied des Verwaltungsrates ohne Unterschriftsberechtigung) kann die Gesellschaft durch unerlaubte Handlungen zu Schadenersatz verpflichten.

Daher ist auch die Einführung der Kollektivunterschrift kein Schutz vor dem Risiko der Haftung wegen unerlaubter Handlungen einzelner Organpersonen[11].

---

[7] «manifestement», BGE 101 Ib 437. Nachlässigkeit des Vertragspartners bei der Prüfung schliesst die Haftung der AG nicht aus, kann aber zu einer Reduktion der Schadenersatzpflicht führen: BGE 121 III 181 f.
[8] Vgl. BGE 68 II 98.
[9] Vgl. BGE 105 II 289 ff: Haftung einer AG für das deliktische Verhalten ihres Direktors, der Eigenwechsel in Umlauf setzte, bei denen zwar seine eigene Unterschrift richtig, die Zweitunterschrift jedoch durch ihn gefälscht war.
[10] BGE 105 II 292: Im bereits erwähnten Fall war offen – und belanglos –, ob der Erlös aus den mit gefälschten Unterschriften in Umlauf gesetzten Wechseln der Gesellschaft zukam oder vom Finanzdirektor persönlich behändigt wurde. Im gleichen Sinn auch BGE 121 III 180.
[11] Vgl. auch hiezu BGE 105 II 289 ff: Da auf den namens der Gesellschaft ausgegebenen Wechseln nur die Unterschrift des Finanzdirektors echt, die Zweitunterschrift dagegen (durch den Finanzdirektor) gefälscht war, haftete die AG wechselrechtlich nicht. Doch musste sie einstehen für den Schaden, der durch die Ausstellung der gefälschten Eigenwechsel entstanden war.

2. Zur strafrechtlichen Verantwortlichkeit

16 a) Die juristische Person ist nach *allgemeinem Strafrecht* nicht deliktsfähig und daher auch nicht verantwortlich[12]. Sie wird nicht für schuldfähig im Sinne des Strafrechts erachtet; die Realitätstheorie hat hier ihre Grenzen.

17 Immerhin: Im BG über das Verwaltungsstrafrecht vom 22. März 1974 (SR 313.0) wird die strafrechtliche Verantwortlichkeit der juristischen Person für das Gebiet des eidg. Verwaltungsstrafrechts zwar grundsätzlich ausgeschlossen, jedoch unter Vorbehalt von Bagatellstrafen (Busse von höchstens Fr. 5000.–) und von abweichenden Bestimmungen in den einzelnen Verwaltungsgesetzen[13]. Wichtige Spezialgesetze (Steuer- und Zollgesetze) sehen nicht selten die solidarische Haftung der juristischen Person für Geldstrafen vor, welche ihren Organen oder Beauftragten auferlegt worden sind[14].

18 Näheres bei Niklaus Schmid: Die strafrechtliche Verantwortlichkeit für Wirtschaftsdelikte im Tätigkeitsbereiche der AG, SAG *1974* 101 ff; vgl. auch Vital Schwander: Der Einfluss der Fiktions- und Realitätstheorie auf die Lehre von der strafrechtlichen Verantwortlichkeit der juristischen Personen, in: FS Gutzwiller (Basel 1959) 603 ff.

19 b) Wo jedoch das *Zivilrecht* Folgen an einen strafrechtlichen Tatbestand anknüpft, ist der juristischen Person das Verhalten ihrer Organe anzurechnen. So kommt die längere Verjährungsfrist für Klagen aus einer strafbaren Handlung (OR 60 II) auch gegenüber der juristischen Person, deren Organ delinquierte, zur Anwendung[15].

19a c) Falls besondere *persönliche Merkmale* die Strafbarkeit begründen oder erhöhen und diese Merkmale bei der AG vorliegen, dann sind sie allenfalls auch auf die handelnden Organpersonen anzuwenden (so nach StGB 172 bei Vermögensdelikten und nach StGB 326 bei gewissen Konkurs- und Buchführungsdelikten).

IV. Exkurs: Die Bindung der AG durch das Handeln von Stellvertretern und Hilfspersonen

1. Stellvertreter

20 Wie eine natürliche, so kann auch die juristische Person *gewillkürte Stellvertreter* im Sinne von OR 32 ff bestellen[16]. Es gelten dann die allgemeinen Re-

---

[12] Vgl. BGE 85 IV 95 ff, 100 IV 40.
[13] BGE 105 IV 175.
[14] Vgl. BGE 83 IV 121, 130 f.
[15] BGE 112 II 190: Das Bundesgericht begründet dies mit dem Organbegriff des schweizerischen Rechts, «nach dem die Organe Teil der juristischen Person selbst sind und ihr Handeln deshalb nicht als Handeln für eine andere Person aufzufassen ist ...». Die Frage war freilich umstritten und die frühere Praxis des Bundesgerichts gegenteilig.
[16] Etwa einen Anwalt mit der Führung eines Prozesses, einen Liegenschaftenhändler mit dem Verkauf eines Grundstücks beauftragen.

geln von OR 32 ff, wobei insbesondere zu beachten ist, dass es Stellvertretung nur für rechtsgeschäftliches, erlaubtes Handeln gibt, nicht für «unerlaubte Handlungen»[17].

Näheres bei Roger Zäch: Berner Kommentar zu Art. 32–40 OR (Bern 1990); Rolf Watter in Honsell/Vogt/Wiegand: Basler Kommentar zum schweiz. Privatrecht I (Basel 1992) Art. 32 ff; Gauch/Schluep: Schweiz. Obligationenrecht Allgemeiner Teil Bd. I (5. A. Zürich 1991) N 1304.

2. *Hilfspersonen*

a) Auch die AG als juristische Person muss für ihre *Hilfspersonen* nach den allgemeinen Regeln einstehen:

Die Haftung für Hilfspersonen, die für die *Erfüllung einer Schuldpflicht oder die Ausübung eines Rechts* beigezogen werden, richtet sich nach OR 101: Es besteht eine Ersatzpflicht für Schaden, den die Hilfsperson «in Ausübung ihrer Verrichtungen verursacht», für schädigende Handlungen der Hilfsperson also, die in einem funktionellen Zusammenhang zur Verrichtung stehen[18]. Die Haftung kann vertraglich wegbedungen werden (OR 101 II, vgl. aber die Beschränkung in Abs. III).

Für *unerlaubte, deliktische Handlungen* einer Hilfsperson haftet die AG als Geschäftsherr dann, wenn der Schaden durch die Hilfsperson «in Ausübung ihrer dienstlichen oder geschäftlichen Verrichtungen verursacht» worden ist und die AG nicht nachweisen kann, dass sie «alle nach den Umständen gebotene Sorgfalt angewendet hat, um einen Schaden dieser Art zu verhüten, oder dass der Schaden auch bei Anwendung dieser Sorgfalt eingetreten wäre» (OR 55 I). Anders als bei der Organhaftung (bei der die Handlung als Handlung der juristischen Person selbst betrachtet und ihr daher in jedem Falle angerechnet wird) entfällt mithin die Haftung dann, wenn die AG den in OR 55 vorgesehenen (von der Praxis streng gehandhabten) Sorgfaltsbeweis erbringen kann[19].

Näheres zur *rechtsgeschäftlichen* Hilfspersonenhaftung bei Karl Spiro: Die Haftung für Erfüllungsgehilfen (Bern 1984); zur (vertraglichen und) *ausservertraglichen* Haftung für Hilfspersonen bei Oftinger/Stark: Schweiz. Haftpflichtrecht, Besonderer Teil, Bd. II/1 (4. A. Zürich 1987) 280 ff. Vgl. sodann Schnyder (zu OR 55) und Wiegand (zu OR 101), beide in Honsell/Vogt/Wiegand (Hg.): Basler Kommentar zu OR 1–529 (Basel 1992), sowie Guhl/Merz/Koller: Das Schweiz. Obligationenrecht (8. A. Zürich 1991) 189 ff (OR 55) und 229 f (OR 101) und Gauch/Schluep: Schweiz. Obligationenrecht Allgemeiner Teil Bd. II (5. A. Zürich 1991) N 2824 ff.

b) Die Grenze zwischen Organ und Hilfsperson ist nach dem Umfang der *Entscheidungskompetenz* zu ziehen: Während der Hilfsperson lediglich ausübende Funktionen zukommen und sie keine oder nur untergeordnete Entscheide

---

[17] Möglich ist jedoch eine Haftung aus *gemeinsamem* Verschulden als Anstifter usw., vgl. OR 50.
[18] Die also nicht bloss «bei Gelegenheit» dieser Verrichtung erfolgten, vgl. BGE 98 II 292 f, vgl. dagegen BGE 99 II 48.
[19] Vgl. dazu BGE 110 II 460 f.

trifft, nimmt das Organ effektiv und in entscheidender Weise an der Bildung des Verbandswillens teil (vgl. § 19 N 10 ff sowie Portmann [zit. N 1] 11 ff und Gutzwiller 479 ff).

5. Kapitel: Die Generalversammlung

Materialien: Botschaft 83–86, 159–162 (Stimmrechtsvertretung), 92–96, 170–173 (Generalversammlung); AmtlBull NR *1985* 1727–1732 (Stimmrechtsvertretung), 1780–1782 (Generalversammlung), SR *1988* 503 f (Stimmrechtsvertretung), 511 f (Generalversammlung), NR *1990* 1383–1386 (Stimmrechtsvertretung), 1387 f (Generalversammlung), SR *1991* 75 f, NR *1991* 852.

a) Die Generalversammlung (GV) ist das Organ, in welchem die Aktionäre ihren Willen zum Ausdruck bringen, aber auch andere Rechte (z. B. das Auskunftsrecht, dazu § 40 N 146 ff) ausüben (OR 689 I).

Die GV ist ein reines *Innenorgan*, das nach aussen nicht auftritt.

b) Das Gesetz ordnet der GV bestimmte Kompetenzen – teils unübertragbar – zu (§ 22). Es stellt Regeln für die Einberufung und Durchführung auf (§ 23). Gesetzlich normiert ist – teils dispositiv, teils zwingend – auch die Beschlussfassung, und zur Ausübung der Aktionärsrechte in der GV durch Stellvertreter finden sich detaillierte gesetzliche Anweisungen (§ 24). Zwar gilt in der GV grundsätzlich das Mehrheitsprinzip, jedoch nicht uneingeschränkt (§ 25). Rechtswidrige GV-Beschlüsse sind anfechtbar, ausnahmsweise sogar nichtig (§ 26).

Neben der GV sieht das Gesetz gewisse Sonderversammlungen mit ähnlicher Struktur und Funktion, aber anderen Beteiligten vor (§ 27).

c) Die *formell überragende Bedeutung* der GV (zu ihrer funktionellen und faktischen Stellung vgl. § 20 N 3) kommt in der grossen Zahl von Gesetzesartikeln zum Ausdruck, die sich – primär oder auch nur am Rande – mit ihr befassen. Im Zentrum stehen zwei Artikelfolgen: OR 698–706b regeln die Befugnisse der GV, ihre Organisation, die Beschlussfassung und die allfällige Mangelhaftigkeit von Beschlüssen. OR 689–695 handeln vom Teilnahmerecht des Aktionärs, der Stellvertretung und der Ausübung des Stimmrechts. Sodann erscheint die GV im Gesetz überall da, wo Fragen geregelt werden, die für die Gesellschaft von existentieller Bedeutung sind, so bei der Kapitalerhöhung (vgl. OR 650, 651, 653) und -herabsetzung (vgl. OR 732), bei Vermögensverlust (vgl. OR 725), bei Auflösung und Liquidation (vgl. OR 736 Ziff. 2, 740, 741).

§ 22 Die Befugnisse

Literatur: Basler Kommentar zu OR 698 (Dreifuss/Lebrecht); Bürgi, Kommentierung von OR 698; Guhl/Kummer/Druey 687 ff; Petra Schmitt: Das Verhältnis zwischen Generalversammlung und Verwaltung in der Aktiengesellschaft (Diss. Basel 1991 = SSHW 137) 109 ff.

Der GV kommen im wesentlichen vier Funktionsbereiche zu:
– *interne Gesetzgebung* (Beschlussfassung über die Statuten),
– *Wahlen* (Bestellung der anderen Organe),

5 – *Aufsicht* (Genehmigung des Jahresberichts, der Jahresrechnung und der allfälligen Konzernrechnung, Erteilung der Entlastung),
6 – in einem eng begrenzten Raum auch *Verwaltung* (Beschlussfassung über die Gewinnverwendung).
7 In diesen Kernbereichen sind der GV die wichtigsten Kompetenzen *unübertragbar* durch zwingendes Recht zugewiesen (vgl. Ziff. I). Darüber hinaus kann sie *weitere Befugnisse* haben (vgl. Ziff. II), jedoch nur in den Schranken, die aufgrund der Paritätstheorie durch den selbständigen Kompetenzbereich der anderen obligatorischen Organe (dazu § 20 N 12 f) gesetzt sind.

I. Die unübertragbaren Befugnisse

1. Übersicht

8   OR 698 II zählt in sechs Ziffern *unübertragbare Befugnisse* der GV auf. Die Liste enthält zwar die wichtigsten Aufgaben, sie ist aber nicht abschliessend; vielmehr ist Ziff. 6 als Generalklausel ausgestaltet, die auf weitere Gesetzesbestimmungen (oder auch solche der Statuten) verweist.
9   «Unübertragbar» heisst, dass die GV *materiell selbst entscheiden* muss. Eine Delegation etwa an den Verwaltungsrat oder einen Aktionärsausschuss ist nicht möglich. Wohl aber können, ja müssen die *Vorbereitung* wie auch die *Ausführung* der GV-Beschlüsse durch ein anderes Organ erfolgen, da die GV als nur gelegentlich tagendes Innenorgan hiezu gar nicht in der Lage wäre. Das Gesetz weist denn auch die Vorbereitung der GV und die Ausführung ihrer Beschlüsse ausdrücklich dem Verwaltungsrat zu (OR 699 I, 702, 716a I Ziff. 6).
10   Zu den unübertragbaren Befugnissen der GV im einzelnen folgendes:

2. Änderung der Statuten (OR 698 II Ziff. 1)

11   a) Wegen der fundamentalen Bedeutung der Statuten ist ihre Abänderung als unübertragbare Befugnis der Gesellschafterversammlung zugewiesen.
12   Das revidierte Recht hat vom bisherigen Recht den Passus «Festsetzung und Änderung der Statuten» unverändert übernommen. Dabei wurde übersehen, dass – anders als beim sog. Sukzessivverfahren für die Gründung der AG unter bisherigem Recht – der Errichtungsakt, in welchem die originären Statuten einstimmig zu genehmigen sind, zwar eine Versammlung der Gründer darstellt (vgl. § 14 N 45 ff), nicht aber eine GV im Sinne von OR 698 ff. Richtigerweise wäre daher nur noch von «Änderung» zu sprechen.
13   b) Das Gesetz ist noch in einem zweiten Punkt ungenau: Gewisse statutenändernde Beschlüsse – nämlich die mehr formalen im Zuge der Kapitalerhöhung – sind neu dem Verwaltungsrat zugewiesen (vgl. OR 651a, 652g, 653g, dazu § 52 N 169 f, 268 ff, 403 ff).
14   c) Im übrigen aber können anderen Organen – besonders dem Verwaltungsrat – im Rahmen der Statutenänderung nur Vorbereitungsfunktionen zukommen.

Aber auch *gesellschaftsexternen Instanzen* ist ein Einfluss auf die Beschlussfassung über die Statuten verwehrt: So ist es z. B. nicht möglich, einem Gemeinwesen als solchem (also unabhängig von einem allfälligen Aktienbesitz) ein Mitwirkungsrecht oder gar ein Vetorecht bei Statutenänderungen einzuräumen, und zwar selbst dann nicht, wenn eine AG gewisse öffentliche Funktionen erfüllt und sie vom Gemeinwesen unterstützt wird[1].

Auch die in Verbänden oft anzutreffenden Bestimmungen, es müssten die angeschlossenen Gesellschaften ihre Statuten denen des Verbandes anpassen und es bedürften Statutenänderungen bei den Mitgliedgesellschaften der Zustimmung des Verbandes, sind nur insofern von Bedeutung, als eine Körperschaft allenfalls aus dem Verband ausgeschlossen werden kann, falls ihre Statuten bestimmten Anforderungen nicht genügen. Ein Mitbestimmungsrecht des Verbandes bei Statutenänderungen einer angeschlossenen AG ergibt sich daraus nicht.

d) Zum Verfahren der Statutenänderung vgl. § 9 N 5 ff.

3. *Wahlen und Abberufungen (OR 698 II Ziff. 2)*

a) Nach OR 698 II Ziff. 2 obliegt der GV als «oberstem Organ» die Wahl der Mitglieder des Verwaltungsrates und der Revisionsstelle. Dazu ist zu präzisieren:

b) Die GV wählt als Exekutivorgan den Verwaltungsrat.

Dabei ist zu beachten, dass die Organisation des Verwaltungsrates und damit die Zuweisung bestimmter Funktionen an einzelne Mitglieder unübertragbar und unentziehbar Aufgabe des Verwaltungsrates selbst ist. Dies folgt aus dem Paritätsprinzip (vgl. § 20 N 10 ff). Von diesem Grundsatz macht das Gesetz jedoch eine Ausnahme: Die Statuten können vorsehen, dass die Wahl des *Verwaltungsratspräsidenten* der GV vorbehalten bleibt (OR 712 II). Dies erklärt sich mit der besonderen Bedeutung des Präsidenten sowohl für die Beziehung zu den Aktionären wie auch für den Auftritt der Gesellschaft nach aussen.

Die GV hat gewisse Wählbarkeitsvoraussetzungen (OR 707 f, dazu § 27 N 66 ff) und Rechte von Aktionärskategorien auf Vertretung im Verwaltungsrat (OR 709 I, dazu § 27 N 78 ff) zu beachten.

c) Die GV wählt «einen oder mehrere Revisoren als Revisionsstelle» (OR 727 I). In der Praxis häufig und im Gesetz als Möglichkeit ausdrücklich vorgesehen (OR 727d I) ist die Wahl einer juristischen Person (Treuhand- oder Revisionsgesellschaft), die sich auf die Aufgaben der Revisionsstelle spezialisiert hat[2].

Gemäss OR 727 I kann die GV auch Ersatzleute bezeichnen, was selten vorkommt und wegen der Schwierigkeit der Kompetenzabgrenzung kaum sinnvoll sein dürfte[3].

---

[1] Vgl. BGE 67 I 265 f, ferner 97 II 108 ff; zu Möglichkeiten der Einflussnahme von Körperschaften des öffentlichen Rechts vgl. OR 762 und dazu § 63 N 6 ff.
[2] In den Verwaltungsrat können dagegen nur natürliche Personen gewählt werden, vgl. § 27 N 7.
[3] Die Zulässigkeit einer Wahl von Ersatzleuten in den Verwaltungsrat ist dagegen umstritten, vgl. § 28 N 185 ff.

23   Auch für die Wählbarkeit als Revisionsstelle enthält das Gesetz bestimmte Voraussetzungen (OR 727 ff, dazu § 32 N 3 ff). Bei ihrer Wahl kommt das Stimmenprivileg von Stimmrechtsaktien nicht zum Tragen (OR 693 III, vgl. N 24 N 109 ff).

24   d) Gesellschaften, die eine Konzernrechnung aufzustellen haben (dazu OR 663e und § 51 N 190 ff), müssen diese Rechnung durch einen *Konzernrechnungsprüfer* revidieren lassen (OR 731a, dazu § 34).

25   Das Gesetz schweigt sich zu dessen Wahl aus, weshalb nach der Kompetenzvermutung von OR 716 I der Verwaltungsrat zuständig wäre. Die herrschende Lehre hält jedoch, trotz des Schweigens des Gesetzes, die GV für unübertragbar zuständig, was sachlich richtig, aufgrund der gesetzlichen Ordnung aber nicht offenkundig ist[4].

26   Die Konzernrevisionsstelle kann, muss aber nicht mit der ordentlichen aktienrechtlichen Revisionsstelle identisch sein. Zu den Wählbarkeitsvoraussetzungen vgl. OR 731a, dazu § 34 N 10 ff.

27   e) Das Gesetz sieht an zwei weiteren Stellen exklusive Wahlkompetenzen der GV vor: hinsichtlich der besonderen *Sachverständigen,* die eine materielle Prüfung der Geschäftsführung oder einzelner Teile derselben auf ihre Zweckmässigkeit oder Angemessenheit hin vorzunehmen haben (OR 731 II, dazu § 33 N 101), und bezüglich der *Liquidatoren,* falls die Liquidation nicht durch den Verwaltungsrat selbst besorgt wird (OR 740 I, dazu § 56 N 19 ff) und die Liquidatoren nicht vom Richter ernannt werden (OR 740 IV).

28   Dagegen ist die GV *nicht befugt*, Direktoren, Geschäftsführer, Prokuristen und andere für die Gesellschaft tätige Personen zu ernennen. Dies ist vielmehr eine unübertragbare und unentziehbare Kompetenz des Verwaltungsrates (vgl. § 30 N 46 ff).

29   f) Mit dem Wahlrecht notwendig verbunden ist das jederzeitige *Abberufungsrecht* der GV, das im Gesetz ausdrücklich verankert (OR 705 I, 727e III, 741 I, dazu § 27 N 38 ff)[5] und nur durch das Rechtsmissbrauchsverbot begrenzt ist. Mit Bezug auf Entschädigungsansprüche und zur allfälligen Fortführung arbeitsvertraglicher Beziehungen vgl. den Vorbehalt von OR 705 II und § 27 N 42.

---

[4] Aus den Materialien ergibt sich folgendes: Der Bundesrat hatte die Ernennung der mit der Prüfung der Konzernrechnung betrauten Personen ausdrücklich bei den unübertragbaren Aufgaben des Verwaltungsrates genannt (OR 716a I Ziff. 5 des bundesrätlichen Entwurfs). Im Nationalrat wurde die Streichung dieser Kompetenz beantragt und ausführlich besprochen, schliesslich aber knapp abgelehnt (AmtlBull NR *1985* 1785). Der Ständerat hat dann aber die Streichung diskussionslos vorgenommen (AmtlBull SR *1988* 514 f). Dabei blieb es (AmtlBull NR *1990* 1388). Aus der Entstehungsgeschichte ergibt sich damit, dass keine zwingende Kompetenz des Verwaltungsrates gewollt war, nicht aber, dass die Wahl des Konzernrevisors nach Gesetz zwingend der GV zukommen sollte. Bei dieser Unsicherheit ist es angezeigt, in den Statuten die Wahl des Konzernrevisors explizit der GV zuzuweisen.

[5] Vgl. BGE 80 II 121, 117 II 313.

Umstritten ist in der Lehre, ob der zwingende Charakter des Abberufungsrechts auch 30
ein *Verbot der Erschwerung der Wegwahl* (namentlich durch qualifizierende Quorumsvorschriften) impliziert[6]. Das Bundesgericht hat entschieden, dass eine Erschwerung der Beschlussfassung dem Recht auf jederzeitige Abwahl nicht entgegensteht, sofern die Wegwahl grundsätzlich möglich bleibt[7].

g) Zu OR 698 II Ziff. 2 findet sich in OR 762 eine Ausnahme für *öffentlich-* 31 *rechtliche Körperschaften*, die an einer AG ein öffentliches Interesse haben: Einer solchen Körperschaft kann das Recht eingeräumt werden, «Vertreter in den Verwaltungsrat oder in die Revisionsstelle abzuordnen, auch wenn sie nicht Aktionärin ist.»

h) Die Ernennung von Exekutivorganen durch den *Richter* ist vorgesehen im 32 Falle der Überschuldung (OR 725a II: Sachwalter) und bei der Auflösung der Gesellschaft durch richterliches Urteil (OR 740 IV: Liquidatoren). Im Falle des Konkurses einer AG steht die Wahl der den Verwaltungsrat weitgehend ersetzenden Konkursverwaltung den Gläubigern zu (SchKG 237 II, 253 II).

4. *Genehmigung des Geschäftsberichtes (OR 698 II Ziff. 3 und 4)*

a) Die periodische Berichterstattung der Gesellschaft an ihre Aktionäre[8] 33 erfolgt durch den *Geschäftsbericht*, der sich aus einem verbalen Teil – dem Jahresbericht[9] – und einem Zahlenteil – der Jahresrechnung und allenfalls einer Konzernrechnung – zusammensetzt (OR 662 I[10], Näheres in § 51). Diese Berichte hat die GV *zu genehmigen*[11]. Nicht genehmigt wird dagegen der Revisionsbericht (zu diesem § 33 N 39 ff), welcher den Aktionären ebenfalls zur Verfügung stehen muss (OR 696 I).

Durch die Genehmigung von Jahresbericht und Jahresrechnung sollen – nach 34 den Worten des Bundesgerichts – «der Vermögensstand, der innere finanzielle Aufbau sowie die wirtschaftliche Lebens- und Tragfähigkeit der Gesellschaft alljährlich erwahrt werden»[12].

b) Die Genehmigung der Jahresrechnung durch die GV darf nur erfolgen, 35 «wenn ein Revisionsbericht vorliegt und ein Revisor anwesend ist.» (OR 729c). Dadurch soll eine unkorrekte Berichterstattung durch den Verwaltungsrat an die Aktionäre (die oft nicht in der Lage wären, von sich aus Unstimmigkeiten festzustellen) vermieden werden.

---

[6] Vgl. Meier-Schatz in SAG *1988* 110 f mit Hinweisen.
[7] BGE 117 II 313 f; unzulässig wäre etwa das Erfordernis der Einstimmigkeit.
[8] Und bei Publikumsgesellschaften allenfalls auch die Allgemeinheit (OR 697h I).
[9] Das bisherige Recht verwendete für diesen verbalen Teil den Ausdruck «Geschäftsbericht», vgl. Art. 696, 724 OR *1936*.
[10] Die Jahresrechnung ihrerseits ist gegliedert in Erfolgsrechnung, Bilanz und Anhang, OR 662 II, 663–663c.
[11] Das frühere Recht sprach statt von «Genehmigung» von «Abnahme». Der Begriff ist im neuen Recht verschiedentlich aus Versehen stehengeblieben, so in OR 729 I und 729c I.
[12] BGE 72 II 296.

36 Die rechtlichen Konsequenzen des Fehlens dieser Voraussetzungen sind unterschiedlich: Fehlt der Revisionsbericht, so sind die Beschlüsse der GV nichtig, ist kein Revisor anwesend, können sie angefochten werden (OR 729c II, vgl. § 25 insbes. N 100).

37 Gegen die Präsenzpflicht der Revisionsstelle ist unter bisherigem Recht häufig verstossen worden: Falls ihr Bericht auf vorbehaltlose Genehmigung der Jahresrechnung lautete, sahen in kleineren Verhältnissen Verwaltungsrat und Aktionäre oft keinen Anlass, die Revisionsstelle zur GV einzuladen, und diese erfuhr von der Versammlung nichts. Das revidierte Recht trägt dieser Konstellation Rechnung, indem es die Möglichkeit einräumt, aufgrund eines einstimmigen Beschlusses der GV auf die Anwesenheit des Revisors zu verzichten (OR 729c[13]).

38 c) Wie bedeutsam *materiell* die Kompetenz der GV zur Genehmigung von Jahresbericht, Jahresrechnung und Konzernrechnung ist, hängt weitgehend davon ab, wie substantiell die der GV vorgelegten Informationen sind und wie einlässlich sie im Geschäftsbericht erläutert werden. Wird die GV ungenügend orientiert, so sind ihre Einflussmöglichkeiten faktisch beschränkt, und der Verwaltungsrat erhält eine dem systematischen Gedanken des Gesetzes widersprechende Vormachtstellung. Das neue Recht hat die Aussagekraft der Berichterstattung des Verwaltungsrates massiv verbessert. Durch die auch weiterhin bestehende Möglichkeit, stille Reserven ohne Information an die GV zu bilden, kann aber der Geschäftsgang noch immer unrichtig dargestellt werden (Näheres in § 50 N 68 ff).

39 d) Die GV kann den Jahresbericht, die Jahresrechnung und die allfällige Konzernrechnung genehmigen, zurückweisen oder dazu Vorbehalte anbringen[13a]. Dagegen hat sie keine Möglichkeit, Änderungen vorzunehmen und etwa einen höheren Reingewinn als den vom Verwaltungsrat vorgeschlagenen auszuweisen[14].

40 Gesetzlich nicht geregelt ist, was zu geschehen hat, wenn der Geschäftsbericht oder Teile desselben zurückgewiesen werden. Da ohne genehmigte Jahresrechnung weder ein Beschluss über die Gewinnverwendung gefasst noch eine Eröffnungsbilanz für das nächste Jahr erstellt werden kann, muss in diesem Fall der Verwaltungsrat den Geschäftsbericht nochmals überarbeiten und hat die Revisionsstelle die Jahresrechnung erneut zu prüfen. Auf dieser Basis hat dann eine neue – ausserordentliche – GV zu beschliessen.

---

[13] Unklar ist, ob der Beschluss im voraus traktandiert sein muss. Dies wäre wenig sinnvoll, aber nach OR 700 III anzunehmen. Zumindest aus Gründen der Vorsicht empfiehlt es sich daher, den Antrag, die Revisoren von der Anwesenheit in der GV zu entbinden, ausdrücklich auf die Traktandenliste zu nehmen.
[13a] Zur – unter revidiertem Recht neuen – Genehmigung der Konzernrechnung vgl. Peter Böckli in ST *1995* 637 ff.
[14] Die Erstellung des Geschäftsberichtes ist unübertragbare und unentziehbare Aufgabe des Verwaltungsrates, OR 716a I Ziff. 6.

5. Gewinnverwendung (OR 698 II Ziff. 4)

a) Die GV hat Beschluss zu fassen «über die Verwendung des Bilanzgewinnes, insbesondere die Festsetzung der Dividende und der Tantieme» (OR 698 II Ziff. 4).

Voraussetzung dafür ist, dass vorgängig die – durch die Revisionsstelle revidierte (OR 729c I) – *Jahresrechnung genehmigt* worden ist, da nur dann der verwendbare Bilanzgewinn verbindlich feststeht. Hinsichtlich der Verwendung des Bilanzgewinnes stellt der Verwaltungsrat der GV Antrag, und die Revisionsstelle hat in ihrem Bericht an die GV (dazu § 33 N 39 ff) ausdrücklich zu bestätigen, dass dieser Antrag gesetzes- und statutenkonform ist (OR 729 I i. V. m. OR 728 I). Die GV kann von diesem Antrag abweichen, aber nur im Rahmen des ausgewiesenen Bilanzgewinnes.

Der zur Verfügung stehende *Bilanzgewinn* besteht aus dem Jahresgewinn des vergangenen Rechnungsjahres (soweit er nicht für die Äufnung gesetzlicher oder statutarischer Reserven einzusetzen ist) und den Gewinnvorträgen (freien Reserven) früherer Jahre (Näheres in § 40 N 27 ff).

b) Aufgrund des Bilanzgewinnes wird von der GV insbesondere die *Dividende*, d. h. die Ausschüttung an die Aktionäre, festgelegt. Dass dem Aktionär – vom Sonderfall der nicht gewinnstrebigen AG (dazu § 2 N 53 ff) abgesehen – ein Recht «auf einen verhältnismässigen Anteil am Bilanzgewinn» (OR 660 I) zusteht, ergibt sich schon aus dem Gesetz und braucht in den Statuten nicht erwähnt zu sein. Der Umfang dieses Rechts hängt aber im konkreten Fall von vielerlei Voraussetzungen ab. Näheres in § 40 N 17 ff.

c) Nur aufgrund einer statutarischen Basis können dagegen sog. *Tantiemen* beschlossen werden (vgl. OR 627 Ziff. 2), d. h. Gewinnbeteiligungen der Mitglieder des Verwaltungsrates.

d) Neben den gesetzlichen und statutarischen Reserven (die gespeist werden, bevor der verfügbare Bilanzgewinn errechnet wird) kann die GV in gewissen Grenzen *weitere Reserven* beschliessen (vgl. OR 674, Näheres in § 50 N 54 ff). So kann etwa eine «Dividendenreserve» vorgesehen sein, die einen Ausgleich der jährlichen Ausschüttungen an die Aktionäre bezweckt: Bei gutem Geschäftsgang wird diese Reserve geäufnet, in schlechten Zeiten erlaubt sie die Ausschüttung einer Dividende, obwohl die Gesellschaft keinen Jahresgewinn erzielt hat.

6. *Entlastung der Mitglieder des Verwaltungsrates (OR 698 II Ziff. 5)*

a) Eine weitere unübertragbare Kompetenz der GV ist die Erteilung der Entlastung (Decharge) an die Mitglieder des Verwaltungsrates.

Es ist dies eine «Erklärung, dass gegen die entlasteten Organe aus deren Geschäftsführung während einer bestimmten Geschäftsperiode keine Forderun-

---

15 Vgl. BGE 91 II 311; Näheres hinten § 28 N 122 ff.

gen geltend gemacht werden»[16]. Die Erteilung der Decharge soll so zur Klärung der Rechtsverhältnisse beitragen.

49 b) Die wirksame Entlastung bringt allfällige Schadenersatzansprüche der Gesellschaft aus Aktienrecht zum Erlöschen, ebenso Ansprüche der zustimmenden Aktionäre aus sog. mittelbarem Schaden. Sie schränkt das Klagerecht der nicht zustimmenden Aktionäre zeitlich ein, hat aber keinen Einfluss auf die Ansprüche der Gläubiger (vgl. OR 758, Näheres in § 36 N 128 ff).

50 Wirkungen zeitigt der Entlastungsbeschluss jedoch – wie OR 758 I nun ausdrücklich festhält – «nur für bekanntgegebene Tatsachen». Seine Tragweite hängt damit von der Informationslage der Aktionäre ab. Diese Einschränkung – sie galt schon im bisherigen Recht aufgrund der Gerichtspraxis – wurde früher mit dem Hinweis auf Grundlagenirrtum begründet[17], während in neueren Entscheiden auf das Vertrauensprinzip verwiesen wird[18].

51 c) Das Gesetz sieht die Entlastung nur für die Mitglieder des Verwaltungsrates vor, sie ist aber auch gegenüber anderen mit der Verwaltung und Geschäftsführung betrauten Personen, wie Direktoren und Prokuristen, denkbar. Auch den Mitgliedern der Revisionsstelle kann Entlastung erteilt werden. Bei einem Kollegialorgan kann die Decharge – ohne dass es hiezu einer besonderen Begründung bedürfte – auch auf einzelne Mitglieder beschränkt sein.

52 Die Dechargeerteilung steht in engem Zusammenhang mit der Abnahme des Geschäftsberichtes, doch impliziert die vorbehaltlose Genehmigung von Jahresrechnung und Jahresbericht die Entlastung an sich nicht: «Rechnungsabschluss und Entlastung sind ungeachtet ihres inneren Zusammenhanges zwei verschiedene Dinge»[19]. Immerhin kann die Auslegung im Einzelfall ergeben, dass in der Genehmigung der Jahresrechnung die Decharge mitenthalten sein sollte.

53 d) Das Institut der Decharge ist insofern problematisch, als – wie das Bundesgericht einmal ausgeführt hat – die GV «das denkbar ungeeignetste Organ ist, um die delikate Frage der Entlastung zu behandeln ...»[20].

54 e) «Bei Beschlüssen über die Entlastung des Verwaltungsrats haben Personen, die in irgendeiner Weise an der Geschäftsführung teilgenommen haben, kein Stimmrecht.» (OR 695 I, dazu § 24 N 78 ff).

55 f) Näheres zu Voraussetzungen und Tragweite in § 36 N 128 ff.

---

[16] BGE 51 II 70. Vgl. auch BGE 118 II 498, wo der Inhalt des Entlastungsbeschlusses als negative Schuldanerkennung oder Verzicht auf eine Leistung umschrieben wird.
[17] So BGE 65 II 15 f.
[18] Vgl. BGE 95 II 329 f.
[19] BGE 78 II 156.
[20] BGE 65 II 11.

7. Weitere vorbehaltene Gegenstände (OR 698 II Ziff. 6)

a) OR 698 II Ziff. 6 verweist auf Beschlüsse, die der GV an *anderer Stelle des Gesetzes* vorbehalten sind, vgl. 56

- OR 623 I (Zerlegung und Zusammenlegung von Aktien, wobei die Zusammenlegung zusätzlich der Zustimmung der betroffenen Aktionäre bedarf, OR 623 II), 57
- OR 650 I, 651 I, 653 I (Kapitalerhöhungen), OR 652b II (Entzug des Bezugsrechts), 58
- OR 654 I, II (Ausgabe von Vorzugsaktien), 59
- OR 656a II i. V. m. OR 650 I, 651 I, 653 I (Schaffung von Partizipationskapital), 60
- OR 657 I (Schaffung von Genussscheinen), 61
- OR 674 II, III (Bildung zusätzlicher Reserven, wobei zu beachten ist, dass auch der Verwaltungsrat zusätzliche Reserven – als sog. stille Reserven, vgl. OR 669 III – bilden kann), 62
- OR 676 (Entrichtung von Bauzinsen), 63
- OR 693 I (Einführung von Stimmrechtsaktien), 64
- OR 697a (Einleitung einer Sonderprüfung; lehnt die Generalversammlung ab, kann allenfalls der Richter die Sonderprüfung veranlassen, OR 697b f), 65
- OR 705 I (Abberufung der von der GV gewählten Personen), 66
- OR 729c III (Verzicht auf die Anwesenheit eines Revisors an der GV), 67
- OR 731 (Erweiterung der Aufgaben der Revisionsstelle, wobei jedoch auch der Verwaltungsrat berechtigt sein muss, der Revisionsstelle zusätzliche Aufträge zu erteilen), 68
- OR 731 II (Ernennung von Sachverständigen), 69
- OR 732 (Kapitalherabsetzung), 70
- OR 736 Ziff. 2, 740 I, 743 IV, 749 III Ziff. 2, 751 I, 825 (Kompetenzen im Zusammenhang mit Auflösung, Liquidation, Fusion, Übernahme des Gesellschaftsvermögens durch eine Körperschaft des öffentlichen Rechts sowie Umwandlung in eine GmbH). 71

Nach der bundesgerichtlichen Praxis hat die GV auch über Verträge zu entscheiden, wenn diese eine *faktische Änderung des Gesellschaftszwecks* mit sich bringen[21]. 72

b) Sodann sieht OR 698 II Ziff. 6 vor, dass auch durch die Statuten die Beschlussfassung über bestimmte Gegenstände der GV vorbehalten werden darf. Dazu nachstehend Ziff. II. 73

II. Weitere Befugnisse

1. Allgemeines

Aufgrund von OR 698 II Ziff. 6 kann sich die GV durch statutarische Bestimmung zusätzliche Kompetenzen zuweisen. Es betrifft dies Aufgaben, die nach der gesetzlichen Ordnung dem Verwaltungsrat obliegen würden (vgl. die in OR 716 I aufgestellte Kompetenzvermutung). 74

---

[21] Vgl. BGE 100 II 384 ff; im übrigen besteht grundsätzlich kein Recht der GV, in Geschäftsführungshandlungen einzugreifen, vgl. § 20 N 13.

75 Diese Möglichkeit findet ihre *Grenze* darin, dass die Befugnisse, die von Gesetzes wegen *zwingend einem anderen Organ zugeordnet* sind, auch statutarisch nicht an die GV übertragen werden können. Es ist dies ein Ausfluss der Paritätstheorie, vgl. § 20 N 17 ff.

76 Freilich ist der Umfang der zwingend einem anderen Organ zugewiesenen Kompetenzen nicht immer einfach zu bestimmen (vgl. dazu die Hinweise zu den unentziehbaren Aufgaben des Verwaltungsrats in § 30 N 29 ff).

2. *Befugnisse der GV im Bereiche der Geschäftsführung?*

77 a) Insbesondere stehen dem Verwaltungsrat unübertragbar sowie – dies richtet sich an die GV – «unentziehbar» die Aufgaben der Organisation der Gesellschaft und ihrer Oberleitung zu. Damit steht fest, dass die GV die Geschäftsführung nicht an sich ziehen und dass sie auch nicht einen generellen *Instanzenzug* für wichtige geschäftsführende Entscheide vorsehen kann.

78 b) Eine Ausnahme besteht, wie soeben erwähnt, wenn sich eine geschäftsführende Handlung als Änderung des Gesellschaftszwecks auswirkt[22]. In einem solchen Fall besteht eine unabdingbare Genehmigungskompetenz der GV schon von Gesetz wegen. Doch ist eine «faktische» Zweckänderung nur mit grosser Zurückhaltung anzunehmen.

79 Sodann mag – ganz ausnahmsweise – die GV vorübergehend Geschäftsführungshandlungen vornehmen können, wenn der Verwaltungsrat fehlt oder handlungsunfähig ist (vgl. § 20 N 45).

80 c) In der Praxis kann – vor allem bei kleineren personenbezogenen Gesellschaften mit wenigen Aktionären – das Bedürfnis bestehen, Geschäfte von grösserer Tragweite (wie Investitionen oder der Abschluss langfristiger Liefer- bzw. Abnahmeverträge) von der Zustimmung durch die Aktionäre und damit der GV abhängig zu machen. Ob und allenfalls inwieweit dies unter revidiertem Aktienrecht zulässig ist, ist umstritten, vgl. dazu § 30 N 61 ff.

---

[22] So etwa die Veräusserung des Fabrikationsbetriebes, vgl. den Tatbestand von BGE 100 II 384 ff.

§ 23 Die Organisation

Literatur: Peter Haefliger: Die Durchführung der Generalversammlung bei der Aktiengesellschaft (Diss. Bern 1978 = ASR 455); Wolfgang Maute: Die Durchführung der Generalversammlung (SnA Bd. 4, Zürich 1993, mit Mustertexten); Alfred Schett: Stellung und Aufgaben der Verwaltung einer AG bei der Durchführung der ordentlichen Generalversammlung (Diss. Zürich 1977); Christoph D. Studer: Die Einberufung der Generalversammlung der Aktiengesellschaft (Diss. Zürich, erschienen in Bern 1995). Aus den *Gesamtdarstellungen* vgl. Basler Kommentar zu OR 699–702 (Dreifuss/Lebrecht); Böckli N 1268 ff; Bürgi, Kommentierung von OR 699–702; Guhl/Kummer/Druey 689 f. Zu *Einzelfragen* vgl. François Bianchi: Die Traktandenliste der Generalversammlung der Aktiengesellschaft (Diss. Zürich 1982 = SSHW 64) und Urs Chicherio: Die Einberufung der Generalversammlung einer Aktiengesellschaft durch die Kontrollstelle (Diss. Zürich 1973).

I. Arten der Generalversammlung

Das Gesetz unterscheidet zwischen der ordentlichen und der ausserordentlichen Generalversammlung (vgl. Ziff. 1), und es kennt als besondere Art die Universalversammlung (vgl. Ziff. 2). Andere Formen sind nicht zulässig (vgl. Ziff. 3).

1. Ordentliche und ausserordentliche Generalversammlung

Nach OR 699 II hat alljährlich innerhalb von 6 Monaten seit Abschluss des Geschäftsjahres eine *ordentliche* GV stattzufinden[1]. Ausserordentliche Versammlungen – d. h. alle anderen – sind nach Bedarf einzuberufen[2]. Die Einberufung einer ausserordentlichen GV kann auch von einer Aktionärsminderheit verlangt werden (OR 699 III, dazu N 22 ff).

Zwischen der ordentlichen und der ausserordentlichen GV besteht rechtlich kein Unterschied; beide haben dieselben Kompetenzen, und es gelten auch dieselben Form- und Verfahrensvorschriften.

---

[1] Die Frist von 6 Monaten ist zwingend, BGE 107 II 246 ff. Es handelt sich jedoch um eine blosse Ordnungsvorschrift, vgl. N 44.

[2] Von Gesetzes wegen ist die Einberufung einer ausserordentlichen GV im Falle des Kapitalverlustes dann vorgeschrieben, wenn die Hälfte des Aktienkapitals und der gesetzlichen Reserven nicht mehr gedeckt ist (OR 725 I, dazu § 50 N 195 ff). Ferner muss der Verwaltungsrat unverzüglich eine GV einberufen, wenn er von bestellte Bevollmächtigte und Beauftragte in ihren Funktionen einstellt (OR 726 II). Da nach dem revidierten Aktienrecht alle zur Vertretung der Gesellschaft Berechtigten durch den Verwaltungsrat selber zu ernennen sind (OR 716a Ziff. 4 und 721, dazu § 30 N 46 ff), könnte diese Bestimmung höchstens noch Anwendung finden, wenn der Verwaltungsrat eines seiner Mitglieder (besonders den Präsidenten) oder das Mitglied eines von der GV gewählten Beirates in seinen Funktionen einstellt.

2. Die Universalversammlung

5   a) Falls *alle Aktien vertreten* sind, kann die GV – die ordentliche wie die ausserordentliche – in der Form einer sog. *Universalversammlung* abgehalten werden (OR 701). Die Besonderheit der Universalversammlung besteht darin, dass sie «ohne Einhaltung der für die Einberufung vorgeschriebenen Formvorschriften» (OR 701 I) durchgeführt werden kann. Im übrigen besteht kein Unterschied zu einer anderen GV; insbesondere kommen der Universalversammlung die gleichen Verhandlungs- und Beschlusskompetenzen wie jeder GV zu (OR 701 II) und sind – von der Einladung abgesehen – die gesetzlichen Vorschriften zur Durchführung der GV (dazu N 82 ff) – einschliesslich der Protokollierungspflicht – voll einzuhalten.

6   Eine Universalversammlung kann nur und nur solange durchgeführt werden, als *sämtliche Aktionäre anwesend oder vertreten* und mit ihrer Durchführung *einverstanden* sind. Der Weggang oder Widerspruch auch nur eines Aktionärs oder Vertreters beendigt die Universalversammlung. Anschliessend gefasste Beschlüsse sind *nichtig*[3] (vgl. OR 706b Ziff. 1). Jedem Aktionär steht also ein *Vetorecht* zu, wobei sich dieses auch bloss auf einzelne Traktanden beziehen kann[4].

7   b) In kleinen Gesellschaften mit einigen wenigen Aktionären ist die Universalversammlung sehr verbreitet, bei der Einmann-AG ist sie die Regel.

8   c) Gerade für jene kleinen Verhältnisse ist aber zu betonen, dass nicht jede *informelle Zusammenkunft* aller Aktionäre eine Universalversammlung ist. Vielmehr sind bei dieser – von den Formalitäten der Einladung abgesehen – die gesetzlichen Vorschriften vollumfänglich zu erfüllen. Insbesondere gilt dies für die Protokollführung (OR 702 II, dazu N 112 ff), und es ist daher die Protokollierungspflicht auch in der Einpersonen-AG einzuhalten[5].

3. Keine Surrogate: Unzulässigkeit von Delegiertenversammlungen und Zirkulationsbeschlüssen

9   a) Für die Genossenschaft sieht das Gesetz unter gewissen Voraussetzungen die Möglichkeit vor, die Generalversammlung durch eine Delegiertenversammlung (vgl. OR 892) oder die schriftliche Stimmabgabe per Post, die sogenannte Urabstimmung (vgl. OR 880) zu ersetzen[6].

10   Im Aktienrecht ist für den *Verwaltungsrat* die Möglichkeit von sog. *Zirkulationsbeschlüssen*, also der postalischen Stimmabgabe, vorgesehen (OR 713 II, dazu § 31 N 46 ff).

---

[3]   ZR *1982* Nr. 17 S. 43 ff = SAG *1982* 27 ff.
[4]   Das Vetorecht bezieht sich jedoch nur auf die Durchführung der Universalversammlung bzw. der Behandlung eines Traktandums an sich. Für die Beschlussfassung selbst gelten die normalen Quoren (dazu § 24 N 25 ff).
[5]   Dafür besteht oft wenig Verständnis. Die Befolgung der Verfahrensvorschriften ist aber zur Vermeidung einer persönlichen Verantwortlichkeit unumgänglich.
[6]   Die Praxis lässt Delegiertenversammlung und Urabstimmung auch beim Verein zu.

Für die *GV* bestehen solche Möglichkeiten nicht:

- Nach geltender Praxis und herrschender Lehre ist es im schweizerischen Aktienrecht nicht möglich, die GV durch *briefliche Stimmabgabe* zu ersetzen[7]. Auf dem Zirkulationsweg gefasste Aktionärsbeschlüsse sind daher selbst dann nicht gültig, wenn sämtliche Aktionäre zugestimmt haben.
- Ebensowenig kann bei der AG die *Delegiertenversammlung* neben oder anstelle der GV eingeführt werden[8]. Immerhin ist daran zu erinnern, dass in der AG für Funktionen, die nicht zwingend einem der gesetzlichen Organe zugewiesen sind, weitere Organe vorgesehen werden können, worunter allenfalls auch ein Gesellschafterausschuss (vgl. § 20 N 31 ff). In der Praxis kommen solche Instrumente aber kaum vor.

b) Die GV (eventuell in der Form einer Universalversammlung) bleibt also das einzig zulässige «Legislativ-Organ» des schweizerischen Aktienrechts.

Gewissermassen als Kompensation ist das Aktienrecht ausgesprochen *stellvertretungsfreundlich* (OR 689 II, vgl. § 24 N 120 ff): Statt durch briefliche Stimmabgabe kann so Einfluss über weisungsgebundene Stellvertreter genommen, und durch die Einräumung von Vollmachten an einzelne Aktionäre kann ein Pendant zur Delegiertenversammlung geschaffen werden.

II. Die Einberufung der Generalversammlung[8a]

1. Recht und Pflicht zu Einberufung, Traktandierung und Antragstellung

a) Zu unterscheiden ist zwischen den Rechten (und allenfalls Pflichten) zur *Einberufung* der GV, zur *Traktandierung* von Verhandlungsgegenständen und schliesslich zur *Antragsstellung*:
- Mit der Einberufung wird dafür gesorgt, dass überhaupt eine GV stattfindet. Das Traktandierungsrecht ist enger und beinhaltet die Möglichkeit, die Behandlung eines bestimmten Themas an einer GV zu verlangen. Das Antragsrecht schliesslich ermöglicht es, im Rahmen der traktandierten Themen Vorschläge zur Abstimmung zu unterbreiten. Daneben besteht auch ein «demokratisches» Äusserungsrecht jedes Aktionärs[9].
- Zwischen den drei Rechten (und Pflichten) besteht eine einseitige Verknüpfung: Mit der Einberufung sind notwendig Traktandierung und Antragstellung

---

[7] Vgl. BGE 67 I 342 ff, bestätigt in BGE 71 I 387; a. M. aber Roland Ruedin: Le vote par correspondance dans la société anonyme, in: FS Jeanprêtre (Neuchâtel 1982) 101 ff; kritisch zur herrschenden Lehre und Praxis auch Hans Peter Weber-Dürler: Gesellschafterversammlung, Urabstimmung und Delegiertenversammlung als Beschlussfassungsformen im schweizerischen Gesellschaftsrecht (Diss. Zürich 1973 = ASR 420) 108 ff.

[8] Zur Frage der Wünschbarkeit de lege ferenda vgl. Weber-Dürler (zit. Anm. 7) 161 ff.

[8a] Vgl. dazu insbes. Studer (zit. N 1).

[9] Unter dem Traktandum «Varia» werden oft vielfältige Gegenstände zur Behandlung ohne Abstimmung vorgetragen.

verbunden, mit der Traktandierung die Antragstellung. Dagegen besteht das Antragsrecht unabhängig vom Traktandierungs- und Einberufungsrecht, und für das Recht auf Traktandierung wird weniger verlangt als für jenes zur Einberufung einer GV.

19 b) Die *Einberufung* der GV ist in erster Linie Sache des *Verwaltungsrates* (OR 699 I)[10]. Der Verwaltungsrat hat auch die Traktandenliste aufzustellen (dazu N 58 ff) und seine Anträge zu den Verhandlungsgegenständen bekanntzugeben (dazu N 64 ff).

20 c) «Nötigenfalls» soll zur GV durch die *Revisionsstelle* eingeladen werden. Da es sich bei der Einberufung um eine Aufgabe der Geschäftsführung handelt, wird man die Einberufungspflicht der Revisionsstelle nicht leichthin annehmen. Doch ist unbestritten, dass die Revisionsstelle handeln muss, wenn der Verwaltungsrat «dazu nicht im Stande» ist[11] oder wenn er die Einberufung böswillig und in unverantwortlicher Weise unterlässt[12]. Ebenso hat die Revisionsstelle die GV bei passivem Verhalten des Verwaltungsrates trotz Kapitalverlusts im Sinne von OR 725 I einzuberufen[13,14].

21 d) Nach OR 699 I steht das Einberufungsrecht auch den *Liquidatoren* zu[15]. Bleibt der Verwaltungsrat in der Liquidationsphase im Amt, ist jedoch weiterhin er in erster Linie für die Einberufung zuständig. Weiter kann nach OR 699 I auch der Vertreter der Anleihensgläubiger die Einberufung vornehmen[15a].

22 e) Die *Aktionäre* können zwar selbst keine GV einberufen, doch sieht das Gesetz als Minderheitenrechte die Möglichkeit vor, die Einberufung und die Traktandierung von Verhandlungsgegenständen *zu veranlassen*:

23 aa) Aktionäre, die zusammen mindestens 10 Prozent des Aktienkapitals[16] vertreten, können vom Verwaltungsrat schriftlich die *Einberufung einer GV* verlangen. Dabei sind die zu behandelnden Traktanden und die Anträge der Initianten anzugeben (OR 699 III a. E.).

---

[10] Dieser handelt als Kollegialorgan (OR 716b III) und entscheidet über die Einberufung durch Mehrheitsbeschluss. Beim Vollzug wird er regelmässig durch seinen Präsidenten vertreten.
[11] BGE 93 II 28 E. 5.
[12] BGE 86 II 177.
[13] Vgl. BGE 86 II 182 f. Vom Einberufungsrecht kann allenfalls auch Gebrauch gemacht werden, wenn der GV schwerwiegende Verstösse gegen Gesetz und Statuten mitzuteilen sind (vgl. OR 729b I, dazu § 33 N 59).
[14] Näheres bei Chicherio (zit. N 1).
[15] Die Liquidation kann, muss aber nicht durch den Verwaltungsrat durchgeführt werden, vgl. OR 740 I und § 56 N 13 ff.
[15a] Ein solches Einberufungsrecht besteht aber nur, solange die Gesellschaft mit ihren Verpflichtungen aus der Anleihe im Verzug ist.
[16] Auch wenn die Gesellschaft Partizipationsscheine ausstehen hat, ist – entgegen der allgemeinen Regel von OR 656a II (dazu § 46 N 11) – für die Bemessung grundsätzlich auf das Aktienkapital allein abzustellen (vgl. OR 656b III e contrario). Eine Ausnahme gilt jedoch dann, wenn die Statuten den Partizipanten ebenfalls ein Einberufungsrecht verleihen (so Botschaft 170, vgl. OR 656c II, dazu § 46 N 36).

Der Verwaltungsrat hat dem vollständigen und formell korrekten Begehren innert angemessener Frist nachzukommen. Bei kleineren Gesellschaften dürften dies etwa 4–6 Wochen sein, bei Publikumsgesellschaften allenfalls mehr. Ist eine GV bereits terminiert, wird man hinsichtlich der Fristbemessung etwas larger sein.

Das Einberufungsrecht kann vor allem in kleineren Verhältnissen wirksam werden, während bei grossen Publikumsgesellschaften die Hürde von 10 Prozent des gesamten Aktienkapitals oft kaum überwindbar sein dürfte.

bb) Da die Ergänzung der Traktandenliste einer ohnehin einzuberufenden GV durch einen weiteren Verhandlungsgegenstand für die Gesellschaft mit weit weniger Aufwand verbunden ist als die Pflicht, eigens eine GV einzuberufen, ist es angemessen, das *Traktandierungsrecht* an *geringere Voraussetzungen* zu binden. Der Gesetzgeber hat dies – zur Verstärkung des Minderheitenschutzes – versucht (dazu § 39 N 130 ff), freilich in missglückter Form:

Nach OR 699 III Satz 2 können «Aktionäre, die Aktien im Nennwerte von 1 Million Franken vertreten, ... die Traktandierung eines Verhandlungsgegenstandes verlangen». Eine Prozentklausel ist hier nicht vorgesehen. – Nähme man die Bestimmung beim Wort, dann wäre das Traktandierungsrecht gegenüber dem Einberufungsrecht bei kleinen und mittleren Gesellschaften nicht erleichtert, sondern verschärft oder verunmöglicht: Nur bei den rund 750 grossen Gesellschaften mit mehr als 10 Mio. Fr. Aktienkapital wäre die Hürde von einer Mio. Nominalwert tiefer angesetzt als die Limite von 10 Prozent des Gesamtkapitals. Das kann nicht die Meinung gewesen sein, und es ist das offenkundige Versehen des Gesetzgebers insoweit zu korrigieren, als das Traktandierungsrecht auch Aktionären zusteht, die mindestens 10 Prozent des Aktienkapitals – also u. U. weit weniger als 1 Mio. Fr. Nennwert – vertreten.

Die mit der Aktienrechtsreform eingeführte Regelung des Traktandierungsrechts vermag aber auch in anderer Weise nicht zu befriedigen: Im Gegensatz zur älteren vertrat die wohl überwiegende neuere Lehre zum bisherigen Aktienrecht die Auffassung, das Traktandierungsrecht stehe – entsprechend dem Meinungsäusserungsrecht in der GV selbst – jedem einzelnen Aktionär unabhängig von der Höhe seines Aktienbesitzes zu[17]. Im Vergleich hiezu bringt das neue Recht eine Einschränkung statt der gewollten Erweiterung des Minderheitenschutzes.

Den Zeitpunkt, in welchem die Traktandierung spätestens verlangt werden muss, regelt das Gesetz nicht. Zu verlangen ist, dass ein Begehren so rechtzeitig eingereicht wird, dass es vom Verwaltungsrat bei ordnungsgemässer Vorbereitung der Einberufung der GV noch berücksichtigt werden kann. Bei kleineren Gesellschaften ist diese Frist kurz, bei grösseren wird sie einige Wochen betragen. Zur Klarstellung sind Publikumsgesellschaften verschiedentlich dazu übergegangen, die Frist in den Statuten festzulegen oder gar einige Monate vor der GV ein Inserat zu publizieren, in welchem der Termin für die Einreichung zusätzlicher Traktanden bekanntgegeben wird. Solche Massnahmen dienen der Klarheit, wobei die Fristansetzung nur verbindlich ist, wenn sie angemessen ist.

---

[17] Vgl. statt vieler Otto Bruderer: Das Antragsrecht des Aktionärs (Diss. St. Gallen 1981) passim, mit umfassenden Hinweisen.

30 cc) Im Sinne eines Exkurses ist darauf hinzuweisen, dass das *Antragsrecht* als das Recht, im Rahmen angekündigter Traktanden der GV Vorschläge zu unterbreiten, jedem einzelnen Aktionär als *Individualrecht* zusteht. Auch können Anträge in der GV selbst gestellt, sie brauchen also nicht vorgängig eingereicht zu werden. Noch breiter angelegt ist das *Meinungsäusserungsrecht* des Aktionärs (ohne Antragstellung), von dem allenfalls auch ausserhalb der traktandierten Gegenstände Gebrauch gemacht werden kann (vgl. N 104 ff).

31 dd) Entspricht der Verwaltungsrat einem Minderheitsbegehren auf Einberufung der GV oder Traktandierung eines Verhandlungsgegenstandes nicht, dann kann der Richter angerufen werden (OR 699 IV)[17a].

32 Nach dem Wortlaut von OR 699 IV stünde dieser Rechtsbehelf nur hinsichtlich des Einberufungs-, nicht aber des Traktandierungsrechts zu, was nicht Sinn macht. Es ist auch hier ein gesetzgeberisches Versehen anzunehmen. Der bundesrätliche Entwurf hatte nur das *Einberufungsrecht* geregelt. Die nationalrätliche Kommission führte dann in OR 699 III die Differenzierung zwischen dem Einberufungs- und dem Traktandierungsrecht (mit unterschiedlichen Anforderungen) ein[18], und der Ständerat stimmte dem diskussionslos zu[19]. Bei dieser Modifikation ging die Anpassung von Abs. IV vergessen.

33 Das Begehren richtet sich gegen die AG[20]. Es ist ihm zu entsprechen, wenn die formellen Voraussetzungen eines Einberufungs- oder Traktandierungsbegehrens erfüllt sind und der Verwaltungsrat dem Begehren «nicht binnen angemessener Frist» nachgekommen ist[21].

34 Die Kantone sehen für Begehren im Sinne von OR 699 IV regelmässig das *summarische Verfahren* vor[22]. Die Voraussetzungen müssen dabei nicht strikt bewiesen werden, vielmehr genügt ihre Glaubhaftmachung[23]. Bei Begehren nach OR 699 IV handelt es sich nicht um Zivilrechtsstreitigkeiten im Sinne von OG 44 ff[24], weshalb nur die staatsrechtliche Beschwerde, nicht aber die Berufung an das Bundesgericht möglich ist.

35 Der Richter beruft die GV nicht selber ein[24a], sondern er *befiehlt* der Gesellschaft, bzw. ihrem Verwaltungsrat, innert einer bestimmten Frist eine GV mit bestimmten Traktanden einzuberufen oder einen Verhandlungsgegenstand auf die Traktandenliste einer ohnehin einzuberufenden GV zu setzen[25]. Damit kann (und sollte) die Androhung verbunden werden, dass bei weiterer Säumnis die Einberufung und Durchführung durch einen Dritten – namentlich einen örtlich zuständigen Notar – durchgeführt werde[26].

[17a] Vgl. ZR *1995* Nr. 43 S. 135 ff.
[18] AmtlBull NR *1985* 1781.
[19] AmtlBull SR *1988* 511.
[20] Nach einem älteren Entscheid – ZR *1955* Nr. 184 S. 373 f – soll allenfalls auch die Gesamtheit der Mitglieder des Verwaltungsrates passiv legitimiert sein, was fraglich ist.
[21] Vgl. BGE 102 Ia 211, 112 II 145.
[22] Vgl. etwa Zürcher Zivilprozessordnung § 219 Ziff. 17.
[23] BGE 102 Ia 210 f.
[24] BGE 112 II 147 E 2a.
[24a] Die herrschende Lehre befürwortet freilich ausnahmsweise ein direktes Einberufungsrecht des Richters, vgl. Studer (zit. N 1) 9, mit Hinweisen. – Unklar ist aufgrund des publizierten Textes das Vorgehen des Richters in ZR *1995* Nr. 43 S. 135 ff.
[25] Vgl. das Vorgehen im in SJZ *1986* 298 f referierten Fall.
[26] Vgl. BGE 105 II 117, ZR *1988* 227. Kritisch hiezu Studer (zit. N 1) 9 f.

Mit der Gutheissung des Begehrens ist nur über die Einberufung der GV bzw. die Traktandierung entschieden, nicht aber über die Frage, ob der Gesuchsteller in der GV stimmberechtigt ist[27]. 36

ee) Die gesetzlichen Voraussetzungen des Einberufungs- und des Traktandierungsrechts sind *einseitig zwingend* in dem Sinne, dass sie statutarisch zwar erleichtert, nicht aber erschwert werden können[28]. Absolut zwingend sind die inhaltlichen Anforderungen[29], da diese die Informationsinteressen der übrigen Aktionäre betreffen. 37

f) Die Einberufung einer Generalversammlung kann auch von der *Generalversammlung selbst* beschlossen werden, und zwar ohne vorherige Ankündigung in der Traktandenliste (OR 700 III). Im Gesetz nicht erwähnt (aber selbstverständlich) ist, dass die GV auch beschliessen kann, ein Thema für eine nächste Versammlung zu traktandieren. Dies kann insbesondere im Anschluss an Verhandlungen ohne Beschlussfassung im Sinne von OR 700 IV sinnvoll sein. 38

g) Den *Partizipanten* können statutarisch gewisse Mitwirkungsrechte (nicht aber das Stimmrecht) eingeräumt werden (OR 656c I), namentlich auch das Recht zur Einberufung einer GV (vgl. § 46 N 40). Dafür gelten die Bestimmungen für Aktionäre analog. Auf jeden Fall muss ihnen die Einberufung der GV bekanntgegeben werden (OR 656d, dazu § 46 N 50). 39

2. *Frist, Form und Inhalt der Einberufung*

a) Die GV ist «*spätestens 20 Tage vor dem Versammlungstag*» einzuberufen. Es handelt sich um eine gesetzliche Minimalfrist, die statutarisch zwar verlängert, nicht aber verkürzt werden kann. 40

Eine Verlängerung liegt im Interesse der Aktionäre, die dann über entsprechend mehr Vorbereitungszeit verfügen. Trotzdem ist nicht zu empfehlen, eine Frist von mehr als etwa einem Monat vorzusehen: Zum einen verliert die Gesellschaft mit langen Fristen die Möglichkeit, auf ausserordentliche Ereignisse rasch durch GV-Beschluss reagieren zu können. Zum zweiten kann eine lange Einberufungsfrist in Konflikt mit der gesetzlichen Sechsmonatsfrist für die Einberufung der ordentlichen Generalversammlung (OR 699 II, dazu sogleich nachstehend N 44) geraten, da dann – jedenfalls in komplexeren Verhältnissen und besonders bei Konzernen – zuwenig Zeit für die Abschlussarbeiten und die Vorbereitung der GV zur Verfügung steht[30]. 41

Die gesetzlich vorgesehenen 20 Tage sollen dem Aktionär eine angemessene Vorbereitung der GV ermöglichen und insbesondere auch sicherstellen, dass das komplexe Verfah- 42

---

[27] Vgl. SJZ *1986* 298 f, ZR *1988* 225.
[28] In einer Publikumsgesellschaft mag es sinnvoll sein, das Einberufungsrecht von der Unterstützung durch weniger als 10 Prozent des Aktienkapitals abhängig zu machen; in einer kleinen privaten AG könnte das Traktandierungsrecht als Individualrecht ausgestaltet und jedem Aktionär eingeräumt werden.
[29] Bekanntgabe des Verhandlungsgegenstandes und der Anträge.
[30] Darauf wurde im Nationalrat hingewiesen (AmtlBull NR *1985* 1781), jedoch ohne Folgen.

ren für die Ausübung des Depotstimmrechts (OR 689d, dazu § 24 N 139 ff) ordnungsgemäss durchgeführt werden kann. Daraus folgt u. E., dass die Frist nur eingehalten ist, wenn die Einladung 20 Tage vor der GV – den Tag der Versammlung nicht eingerechnet – beim Empfänger *eintrifft*.

43 Dies war auch die herrschende Lehre zum bisherigen Aktienrecht[31]. In der Literatur zum revidierten Recht wird nun aber die Auffassung vertreten, es sei das Datum des Poststempels massgebend[32] oder es könne dies zumindest statutarisch vorgesehen werden[33]. Sachlich sind diese Auffassungen vertretbar, im Lichte der gesetzgeberischen Absicht erscheinen sie jedoch als problematisch. Anderseits ist es kaum sinnvoll, das Risiko von Verzögerungen bei der postalischen Zustellung der Gesellschaft aufzubürden. U. E. ist es daher angemessen, die Postaufgabe der Einladung zu einem Zeitpunkt zu verlangen, der – bei ordnungsgemässer Abwicklung – die Zustellung im Inland mindestens 20 Tage vor der Versammlung gewährleistet[33a]. Jedenfalls ist die Frist von zwanzig Tagen bei der Einladung durch Publikation einzuhalten.

44 b) Zu erinnern ist daran, dass die ordentliche Generalversammlung spätestens 6 Monate nach Schluss des Geschäftsjahres stattfinden muss (OR 699 II, vgl. vorn N 3). Auch diese Frist ist zwingend, doch handelt es sich – im Gegensatz zur Einberufungsfrist – um eine blosse Ordnungsvorschrift, deren (geringfügige) Verletzung kaum Rechtsfolgen nach sich zieht.

45 c) Gemäss OR 700 I ist die GV «in der durch die Statuten vorgeschriebenen Form einzuberufen»[34]. Dazu ist jedoch zu beachten, dass – ein weiteres Beispiel für Disharmonien im revidierten Aktienrecht – in OR 696 II bestimmte Mitteilungspflichten hinsichtlich der (ordentlichen) GV verankert sind und dass für diese die Form der Mitteilung *im Gesetz* vorgeschrieben ist. Theoretisch kann zwar zwischen der Hinweispflicht gemäss OR 696 II und der Einberufungspflicht nach OR 700 unterschieden und können je unterschiedliche Regeln aufgestellt werden. Sinnvoll ist dies nicht. Vielmehr dürfte es sich empfehlen, die Einberufung der GV statutarisch entsprechend den Regeln von OR 696 II zu ordnen:

46 – Danach sind Namenaktionäre durch *schriftliche Mitteilung* zu orientieren (und einzuladen), wobei die Mitteilung an die im Aktienbuch eingetragene Adresse (vgl. OR 686 I) zu senden ist.

47 – Inhaberaktionäre sind «durch Bekanntgabe im Schweizerischen Handelsamtsblatt sowie in der von den Statuten vorgeschriebenen Form» zu informieren (OR 696 II).

48 Als praktischer Hinweis sei erwähnt, dass es sich nicht empfiehlt, neben der Bekanntgabe im SHAB weitere Formen der Bekanntmachung – namentlich die Publikation in Tages- oder Wochenzeitungen – statutarisch vorzuschreiben: Da nach dem neuen Aktienrecht nicht nur die Traktanden, sondern auch Anträge des Verwaltungsrates (und allenfalls von Aktionären) im voraus bekanntzugeben sind (dazu nachstehend N 64 f), kann die

---

[31] Die Frist hatte bisher freilich nur 10 Tage betragen.
[32] So Dreifuss/Lebrecht in Basler Kommentar zu Art. 700 N 5.
[33] So Böckli N 1284.
[33a] So auch die herrschende deutsche Lehre zum Recht der GmbH.
[34] Bestimmungen über die Einberufung der GV gehören zum absolut notwendigen Statuteninhalt, OR 626 Ziff. 5, dazu § 8 N 7 ff.

Publikation umfangreich und kostspielig ausfallen[35]. Die gesetzliche Bekanntgabepflicht ist daher auf das Minimum (und damit auf die Publikation im SHAB) zu beschränken. Der Gesellschaft bleibt es dann unbenommen, freiwillig zusätzliche (verkürzte) Bekanntgaben und Einladungen in Tages- und Wochenzeitungen zu publizieren.

Für die – bei Namenaktien wegen OR 696 II aus praktischen Gründen erforderliche – schriftliche Mitteilung sollten statutarisch ebenfalls keine erschwerenden Anforderungen aufgestellt werden. So wird es kaum sinnvoll sein, in den Statuten die Einladung durch *eingeschriebenen* Brief vorzuschreiben. Die Gesellschaft bleibt frei, die Einladung im Einzelfall per Einschreiben zuzustellen, falls sie dies aus Beweisgründen für notwendig erachtet. 49

d) Als zusätzliche Informationspflicht schreibt das Gesetz – dies ist als Exkurs zu erwähnen – die *Auflage des Geschäftsberichts und des Revisionsberichts* am Gesellschaftssitz vor. Zudem kann jeder Aktionär verlangen, dass ihm eine Ausfertigung dieser Unterlagen unverzüglich zugestellt wird (OR 696 I). 50

Die Auflage hat mindestens 20 Tage vor der ordentlichen GV zu erfolgen (OR 696 I), und sie ist – wie soeben erwähnt – den Aktionären bekanntzugeben (Hinweispflicht nach OR 696 II, dazu soeben N 45 ff). 51

Auch hier handelt es sich um gesetzliche Minimalvorschriften. So kann statutarisch vorgesehen werden, dass Geschäftsbericht und Revisionsbericht mit der Einladung zur GV (und nicht nur auf Anforderung hin) zugestellt werden[36]. Diesfalls wird man von der Auflage- und Hinweispflicht gemäss OR 696 I und II absehen dürfen. 52

e) Zum *Inhalt* der Einladung gehören neben den ausdrücklichen Hinweisen zu *Ort und Zeit* der Versammlung: 53
– die Traktandenliste (vgl. N 58 ff), 54
– die Anträge des Verwaltungsrates (sowie allenfalls der Aktionäre, welche die Traktandierung gestützt auf OR 699 III verlangt haben) (vgl. N 64 ff), 55
– der Hinweis auf die Auflage von Geschäftsbericht und Revisionsbericht (vgl. soeben N 50), 56
– administrative Hinweise etwa bezüglich der Organ- und Depotvertretung (OR 689c und 689d, dazu § 24 N 132 ff) sowie zum Bezug von Eintrittskarten und zum Stichtag für die Ausübung der Aktionärsrechte (dazu N 67 ff). 57

3. *Traktandenliste und Anträge insbesondere*

a) In der Einladung zur GV müssen die *Traktanden* (= Verhandlungsgegenstände, OR 700 II) bekanntgegeben werden[37]. 58

Der *Detaillierungsgrad* der Bekanntgabe ist im Gesetz nicht präzisiert. Nach der (zutreffenden) Praxis ist zu verlangen, dass die Gesellschafter «nach Einsicht in die Tagesord- 59

---

[35] Bei einer Totalrevision der Statuten, wie sie derzeit zur Anpassung an das neue Aktienrecht häufig erfolgt, müssen die neuen Statuten im Wortlaut bekanntgegeben werden.
[36] Bei Gesellschaften mit Inhaberaktien ist eine solche Regelung freilich nur in kleinen Verhältnissen, in denen alle Inhaberaktionäre bekannt sind, möglich.
[37] Näheres bei Bianchi (zit. N 1) passim.

nung und die Statuten leicht erkennen können, über welche Gegenstände zu beraten und gegebenenfalls ein Beschluss zu fassen sein wird»[38]. Daher genügt etwa die Angabe «Liquidität der Gesellschaft» nicht im Hinblick auf den beabsichtigten Verkauf des Inventars der Gesellschaft[39].

60   b) Zum Inhalt der Traktandenliste der *ordentlichen* GV gehören stets die in OR 698 II Ziff. 3–5 aufgeführten Gegenstände, allenfalls auch diejenigen von OR 698 II Ziff. 1, 2 und 6.

61   c) Die *Bedeutung* der Traktandierung ergibt sich aus OR 700 III: Zu nicht ordnungsgemäss angekündigten Verhandlungsgegenständen können keine Beschlüsse gefasst werden (mit Ausnahme derjenigen auf Einberufung einer ausserordentlichen GV, auf Durchführung einer Sonderprüfung und – im Gesetz nicht erwähnt – auf Traktandierung eines Verhandlungsgegenstandes an der nächsten GV sowie u. E. hinsichtlich des Verzichts auf die Präsenz eines Revisors). – Umgekehrt *müssen* die traktandierten Gegenstände zur Sprache kommen; die einberufende Instanz (in der Regel also der Verwaltungsrat) hat es also nicht einfach in der Hand, ein Traktandum abzusetzen[39a].

62   Häufig findet sich am Schluss der Liste ein Traktandum «Varia», «Verschiedenes». Unter diesem können – von den soeben erwähnten Ausnahmen abgesehen – keine Beschlüsse gefasst, sondern lediglich Mitteilungen gemacht und Diskussionen ohne Beschlussfassung geführt werden.

63   d) Von der Traktandierung streng zu unterscheiden ist die *Antragstellung* innerhalb eines traktandierten Verhandlungsgegenstandes (OR 700 IV). Gegenanträge im Rahmen eines Traktandums können daher jederzeit und ohne Vorankündigung gestellt werden[40]. «Es wird also niemand verpflichtet, Gegenanträge zum voraus bekanntzugeben.»[41] Ohne Ankündigung in der Traktandenliste sind sodann auch *«Verhandlungen ohne Beschlussfassung»* zulässig (OR 700 IV).

64   e) Das revidierte Recht verlangt – anders als das bisherige – bei der Einladung zur GV die Bekanntgabe der *Anträge* des Verwaltungsrates und – falls die Traktandierung aufgrund des Begehrens von Aktionären erfolgte – der antragstellenden Aktionäre[42].

---

[38] BGE 114 II 193, vgl. auch 196 f mit dem Hinweis darauf, dass nur unter dieser Voraussetzung von «gehörig angekündigten Verhandlungsgegenständen» (OR 700 III) gesprochen werden kann.
[39] BGE 103 II 141 ff.
[39a] Eine Ausnahme mag in begründeten Fällen, etwa bei Bekanntwerden neuer Informationen, die erst noch verarbeitet werden müssen, gelten.
[40] Z.B. Antrag auf eine höhere Ausschüttung im Rahmen des Traktandums «Beschlussfassung über die Verwendung des Bilanzgewinns», Antrag auf Wahl von Frau X anstelle des beantragten Herrn Y im Rahmen des Traktandums «Wahlen».
[41] Botschaft 171.
[42] Nach bisherigem Recht war die Bekanntgabe der Anträge nicht erforderlich. Es war daher z. B. möglich (und als Unsitte verbreitet), unter dem Traktandum «Wahlen» erst in der GV selbst die Wahlvorschläge bekanntzugeben.

Durch die Pflicht, nicht nur die Traktanden, sondern auch die Anträge bekanntzugeben, hat die (Streit-)Frage nach dem Detaillierungsgrad der Bekanntgabe der Traktanden ihre Brisanz weitgehend eingebüsst, da durch den Antrag präzis aufgezeigt wird, was die GV beschliessen soll. 65

Die Pflicht zur vorgängigen Bekanntgabe der Anträge schliesst nicht aus, dass – auch seitens des Verwaltungsrates oder der antragstellenden Aktionäre – «im Rahmen der gehörig angekündigten Traktanden neue Anträge gestellt und gestellte Anträge modifiziert werden können»[43]. Niemandem ist es verwehrt, klüger zu werden und auf veränderte Verhältnisse zu reagieren. Doch verlangt Treu und Glauben, dass die Bekanntgaben ernsthaft und damit die Abweichungen nur aufgrund neuer Tatsachen oder Kenntnisse erfolgen. 66

4. *Administrative Anordnungen, besonders hinsichtlich des Teilnahme-, Vertretungs- und Stimmrechts*

a) *Teilnahmeberechtigt* ist bei Inhaberaktien derjenige, der «sich als Besitzer ausweist, indem er die Aktien vorlegt» (OR 689a II), bei Namenaktien, «wer durch den Eintrag im Aktienbuch ausgewiesen ... ist» (OR 689a I). Während bei *privaten* Aktiengesellschaften mit geschlossenem, überblickbarem Aktionärskreis die Teilnahmeberechtigung und allfällige Vollmachtserteilungen regelmässig an der GV selbst überprüft werden können, drängen sich bei *Publikumsgesellschaften* Massnahmen im Vorfeld der GV auf, die in der Einberufung bekanntzugeben sind. Dazu folgendes: 67

aa) Für *Inhaberaktien* werden Zutrittskarten gegen Hinterlegung und Sperrung der Aktien bis zum Abschluss der GV bei der Gesellschaft selbst oder einer namentlich genannten Bank ausgestellt[44]. 68

Solche Sperrfristen sind gemäss OR 689a II[45] zulässig[45a], soweit sie angemessen sind[46]. 69

bb) Bei *Namenaktien* war es unter bisherigem Recht üblich, das Aktienbuch während der Einberufungsfrist zu «schliessen». Damit blieben die vor der Einberufung eingetragenen Aktionäre stimmberechtigt[47]. Bei nicht börsenkotierten Namenaktien kann diese 70

---

[43] Botschaft 191.
[44] Beispiele: «Die Zutrittskarte wird den Inhaberaktionären nach Hinterlegung bis zum XX. Juni 199X der Titel beim Hauptsitz der Gesellschaft oder bei der X Bank in A, der Y Bank in B oder der Z Bank in C ausgestellt. Die Aktien müssen bis zum Schluss der GV hinterlegt bleiben.»
Oder: «Inhaberaktionäre können ihre Eintrittskarte, die sie beim Eingang zur GV in die Zutrittskarte mit Stimmaterial umtauschen können, gegen Hinterlegung ihrer Aktien oder einer Depotbescheinigung mit Sperrvermerk bis spätestens XX. Juni 199X am Sitz der Gesellschaft (Adresse) sowie über ihre Bankverbindung bei schweizerischen Geschäftsstelle folgender Banken beziehen: X Bank, Y Bank, Z Bank. Die Inhaberaktien müssen bis nach Schluss der GV hinterlegt werden.»
[45] «Der Verwaltungsrat kann eine andere Art des Besitzesausweises anordnen.»
[45a] A. M. Studer (zit. N 1) 21, welcher der Ansicht ist, dem Aktionär müsse «*immer* die Möglichkeit belassen werden, sich durch Vorlage der Aktien zu legitimieren».
[46] Unzulässig wäre etwa eine Hinterlegungsfrist, die bereits vor Einberufung der GV beginnt, aber auch jede andere Frist, die nicht aus administrativen Gründen gerechtfertigt ist.
[47] OR *1936* 685 IV entsprechend OR *1991* 689a I.

Praxis unter revidiertem Aktienrecht weitergeführt werden, da der Gesellschaft für den Entscheid über ein Eintragungsgesuch drei Monate Zeit bleiben[48]. Bei kotierten Aktien kann dagegen der Entscheid über die Zulassung des Erwerbers als stimmberechtigter Aktionär während der Einberufungsfrist nicht ausgesetzt werden, da für sie OR 685g bestimmt: «Lehnt die Gesellschaft das Gesuch des Erwerbers um Anerkennung innert 20 Tagen nicht ab, so ist dieser als Aktionär anerkannt.» Die Untätigkeit der Gesellschaft während der (ebenfalls 20tägigen) Einberufungsfrist würde daher die automatische Anerkennung des Aktienerwerbers bewirken[48a]. Gesellschaften mit börsenkotierten Namenaktien befinden sich hier in einem Dilemma. Aus administrativen Gründen drängt sich eine Schliessung des Aktienbuches auf, aus rechtlichen Erwägungen kann sie (wegen OR 685g) nicht während der ganzen Dauer der Einberufungsfrist erfolgen. In der Praxis sind dazu zwei Lösungsmöglichkeiten entwickelt worden[48b]:

71 – Die Einladung zur GV wird den an einem Stichtag kurz vor der Einberufung im Aktienbuch eingetragenen Namenaktionären zugestellt, die Zutrittskarte jedoch aufgrund eines später festgelegten Stichtages[49]. In Kauf genommen wird, dass Aktionäre, die ihre Aktien nach dem für die Stimmberechtigung massgebenden Stichtag weiterveräussert haben, rechtswidrig trotzdem stimmen[50].

72 – Oder aber es werden Eintrittskarte und Stimmaterial mit der Einladung zur GV verschickt, jedoch mit dem Hinweis, dass bei einer Veräusserung der Aktien das Stimmaterial an den Erwerber weiterzuleiten ist. Auch in diesem Fall kann das Aktienbuch wegen OR 685g nicht während der ganzen Einberufungsfrist geschlossen und muss dafür Sorge getragen werden, dass Eintragungsgesuche auch während der Einberufungsfrist behandelt und später eingetragene Aktionäre mit Stimmaterial versehen werden[51]. Wiederum wird in Kauf genommen, dass allenfalls einzelne unberechtigte Aktienveräusserer an der GV teilnehmen.

---

[48] OR 685c III, dazu § 44 N 177.
[48a] Vgl. hiezu auch Roland von Büren in ZBJV *1995* 57 ff, 58 f.
[48b] Für Einzelheiten und Beispiel
[49] Beispiel: «Den am 20. Mai 1994 [bei einer Einladung am 25. Mai für eine am 20. Juni stattfindende GV] im Aktienbuch eingetragenen Namenaktionären wird eine Einladung zugesandt. Zutrittskarten mit Stimmzettel (sowie der Geschäftsbericht) werden auf schriftliche Bestellung und Anmeldung zur GV hin zugestellt. Die Zutrittskarte mit Stimmzettel wird aufgrund des Eintrages im Aktienregister vom 10. Juni erstellt. Die an diesem Tag mit Stimmrecht eingetragenen Aktionäre sind zur Stimmabgabe legitimiert. Namenaktionäre, die am 20. Mai noch nicht im Aktienbuch eingetragen sind, können die Zutrittskarte über ihre Depotbank oder direkt beim Sitz der Gesellschaft beziehen, falls sie bis zum 10. Juni ein Eintragungsgesuch als stimmberechtigter Aktionär stellen, das anerkannt wird.» Verbunden mit diesem Hinweis in der Einladung ist ein weiterer Hinweis auf der Zutrittskarte, dass Aktionäre, die ihre Aktien vor der GV veräussert haben, nicht mehr stimmberechtigt sind.
[50] Da die Stimmabgabe durch Unberechtigte nur dann einen Anfechtungsgrund bildet, wenn die Gesellschaft nicht nachweisen kann, dass die unrechtmässige Mitwirkung keinen Einfluss auf die Beschlussfassung hatte (OR 691 III, dazu § 25 N 30), kann dies in Kauf genommen werden, wenn aufgrund der breiten Streuung der Aktien ein solcher Einfluss durch einen Aktienveräusserer ausgeschlossen werden kann.
[51] Beispiel: «Stimmberechtigte Namenaktionäre erhalten die Zutrittskarte mit der Einladung zur GV. Aktionäre, die ihre Aktien vor der GV veräussert haben, sind nicht mehr stimmberechtigt. Erwerber, die vor dem 10. Juni 1995 [bei einer Einladung zur GV am 25. Mai und ihrer Abhaltung am

b) In der Einladung ist sodann die *Stellvertretung* zu regeln, dies jedenfalls 73
dann, wenn – wie es zumindest bei Publikumsgesellschaften die Regel ist – die
Gesellschaft ein Mitglied ihrer Organe oder eine andere abhängige Person (sog.
Organvertreter) für die Stimmrechtsvertretung in der GV vorschlägt: Diesfalls ist
zugleich eine unabhängige Person (sog. unabhängiger Stimmrechtsvertreter) zu
bezeichnen, welche die Aktionäre mit der Vertretung beauftragen können (OR
689c, dazu § 24 N 134 ff)[52]. Endlich sind die sog. Depotvertreter (vgl. OR 689d,
dazu § 24 N 136 ff) aufzufordern, der Gesellschaft Anzahl, Art, Nennwert und
Kategorie der von ihnen vertretenen Aktien bekanntzugeben, da diese Angaben
– wie auch diejenigen der von Organen und unabhängigen Stimmrechtsvertretern vertretenen Aktien – an der GV offenzulegen (OR 689e, dazu § 24
N 145 ff)[53] und zu protokollieren (OR 702 II Ziff. 2) sind.

c) Die vorstehend lit. a) und b) genannten Angaben enthalten auch die erfor- 74
derlichen Hinweise zur *Stimmberechtigung*.

5. *Die Bekanntgabe an Partizipanten*

Hat eine AG Partizipationsscheine (dazu § 46) ausgegeben, dann muss 75
den Partizipanten «die Einberufung der Generalversammlung zusammen mit
den Verhandlungsgegenständen und den Anträgen bekanntgegeben werden»
(OR 656d I). Dabei ist auch darauf hinzuweisen, dass Beschlüsse der GV unverzüglich am Gesellschaftssitz und bei den eingetragenen Zweigniederlassungen
zur Einsicht der Partizipanten aufliegen[54] (OR 656d II).

Die «Mitteilung an die Partizipanten» erfolgt zweckmässigerweise gleichzeitig mit der 76
Einladung der Aktionäre zur GV. Hat eine Gesellschaft zugleich Inhaberaktien und
Inhaber-PS ausstehend, kann die Einladung an die Aktionäre auch als solche Mitteilung
dienen; sie ist aber entsprechend zu bezeichnen. Wegen der Gleichstellung in OR 656a II

---

20. Juni] als stimmberechtigte Aktionäre im Aktienbuch eingetragen worden sind, können Zutrittskarte und Stimmaterial vorgängig der GV beim Sitz der Gesellschaft oder unmittelbar vor der Versammlung am Tagungsort beziehen.»

[52] Beispiel: «Aktionäre, die nicht persönlich an der GV teilnehmen, werden gebeten, sich durch einen anderen Aktionär, ihre Bank oder einen Beauftragten der Gesellschaft vertreten zu lassen. Sie können auch Herrn X [Name, Adresse] als unabhängigen Stimmrechtsvertreter im Sinne von OR 689c mit der Vertretung beauftragen. Der Beauftragte der Gesellschaft stimmt im Sinne der Anträge des Verwaltungsrates, der unabhängige Stimmrechtsvertreter ebenfalls, wenn ihm keine gegenteiligen Weisungen zukommen. Aktionäre, die ihre Vollmacht unterschrieben und ohne Bezeichnung eines Bevollmächtigten der Gesellschaft zustellen, werden durch einen Beauftragten der Gesellschaft vertreten; ihr Stimmrecht wird im Sinne der Zustimmung zu den Anträgen des Verwaltungsrates ausgeübt.»

[53] Beispiel: «Depotvertreter im Sinne von OR 689d werden gebeten, der Gesellschaft Anzahl, Art und Nennwert der von ihnen vertretenen Aktien möglichst frühzeitig, spätestens jedoch am XX. Juni 199X [Datum der GV] bei der Zutrittskontrolle bekanntzugeben.»

[54] Vgl. dagegen OR 696 I, wo eine Auflage des Geschäftsberichts (entgegen dem bisherigen Recht) nur noch am Sitz der Gesellschaft vorgeschrieben ist; ein Grund für die differenzierte Behandlung ist nicht ersichtlich.

dürfte auch den Partizipanten ein Recht auf Zustellung von Geschäftsbericht und Revisionsbericht (OR 696 I) zukommen, worauf sie ebenfalls hinzuweisen sind.

6. Die Verletzung von Einberufungsvorschriften; Widerruf und Korrektur

77   a) Werden Einberufungsvorschriften verletzt, so sind die Beschlüsse der GV anfechtbar, ausnahmsweise sogar nichtig (OR 706, 706b, dazu § 25)[54a].

78   Die Grenze zwischen Anfechtbarkeit und Nichtigkeit ist schwer zu ziehen und im einzelnen umstritten. Im Zweifel wird man im Interesse der Rechtssicherheit lediglich Anfechtbarkeit (und damit Heilung nach Ablauf der Zweimonatsfrist von OR 706a I) annehmen.

79   Anfechtbar ist ein Beschluss etwa dann, wenn der Verhandlungsgegenstand unklar oder zu eng traktandiert war[55]. Dass eine Verletzung der Einberufungsfrist unter revidiertem Recht zur Nichtigkeit führt, wie dies Böckli[56] annimmt, ist wohl abzulehnen. Unter altem Recht wurde lediglich Anfechtbarkeit angenommen[57]. Nichtig ist ein GV-Beschluss jedoch dann, wenn einer entscheidenden Zahl von Aktionären das Recht zur Mitwirkung am Beschluss verwehrt oder eingeschränkt wurde[58]. Nichtigkeit ist auch anzunehmen, wenn bei der Einberufung Machenschaften getroffen wurden, die darauf hinzielten, einzelne Mitglieder vom Erscheinen abzuhalten[59].

80   b) In einem beschränkten Umfang – etwa im Sinne der erläuternden Berichtigung – wird man auch *Korrekturen* der Einladung nach Ablauf der Zwanzigtagefrist zulassen. Im übrigen sind aber Änderungen unzulässig, und es können insbesondere nicht weitere Traktanden nachgeschoben werden[60].

81   Zulässig muss es sein, die Einladung zur GV zu *widerrufen*, weil sich die Situation geändert hat oder weitere Vorbereitungen nötig sind.

III. Die Durchführung der Generalversammlung

1. Ordnung und Zuständigkeit

82   Zur Durchführung der GV enthält das Gesetz – von der Regelung des Stimm- und des Vertretungsrechts (OR 689–690, 692–695, 703–705, dazu § 24) abgesehen – nur wenige Vorschriften (vgl. OR 689e, 691, 702). Oft enthalten die

---

[54a] Differenziert – und teils von der herrschenden Lehre und Rechtsprechung abweichend – zu den Folgen einer mangelhaften Einberufung Studer (zit. N 1) 36 ff.
[55] Vgl. BGE 114 II 193 ff (zum analogen Problem im Vereinsrecht), 103 II 141 ff.
[56] N 1303.
[57] Vgl. SJZ *1939/40* 275.
[58] Vgl. etwa SAG *1969* 212 ff.
[59] Vgl. BGE 78 III 46. – Vgl. im übrigen zur Abgrenzung von Anfechtbarkeit und Nichtigkeit § 25, insbes. N 86 ff.
[60] Dagegen besteht die Möglichkeit, von den bekanntgegebenen Anträgen abzuweichen, und zwar auch noch in der GV selbst, vgl. vorn N 66.

Statuten einzelne Bestimmungen, die aber in der Regel kaum über die Wiedergabe des Gesetzestextes hinausgehen. Selten finden sich eigentliche GV-Reglemente. Bei Publikumsgesellschaften ist es üblich – und angesichts der verschärften formellen Anforderungen des revidierten Rechts angezeigt –, für den Vorsitzenden ein eigentliches «Drehbuch» zu erstellen.

Im Rahmen der gesetzlichen, statutarischen und reglementarischen Vorschriften ist es Sache des Verwaltungsrates, die GV vorzubereiten und durchzuführen (vgl. OR 716a I Ziff. 6 und 702), wobei in der Praxis dem Präsidenten eine besondere Bedeutung zukommt. 83

2. Ort und Zeit der Versammlung

Die GV kann an einem *beliebigen Ort*, sie muss also nicht notwendig am Sitz der Gesellschaft durchgeführt werden. Denkbar ist auch die Durchführung im Ausland, wobei schweizerisches Recht anwendbar bleibt[61]. Die Wahl eines Tagungsortes, der für die Aktionäre schwer erreichbar ist, wäre jedoch rechtsmissbräuchlich und würde die GV-Beschlüsse anfechtbar machen. 84

Auch für den *Zeitpunkt* der Versammlung bestehen – von der Pflicht zur Durchführung der ordentlichen GV innerhalb von 6 Monaten nach Abschluss des Geschäftsjahres (OR 699 II) abgesehen – keine gesetzlichen Vorschriften. Eine schikanöse Zeitansetzung wäre jedoch ebenfalls missbräuchlich. 85

3. Zulassungsprüfung, Teilnahme von Dritten, insbesondere von Unbefugten

a) An der GV *teilnahmeberechtigt* sind die (stimmberechtigten[62]) Aktionäre sowie deren Vertreter. Die Statuten können das Recht zur Stellvertretung und damit das Teilnahmerecht auf Aktionäre beschränken (OR 689 II) oder umgekehrt das Teilnahmerecht weiteren Kreisen öffnen[63]. 86

Das Recht zur Teilnahme umfasst nicht notwendig das Stimmrecht. Für Dritte und Aktionäre ohne Stimmrecht ist dies offenkundig. Aber auch der vollberechtigte Aktionär kann für bestimmte Traktanden vom Stimmrecht ausgeschlossen sein, vgl. § 24 N 59 ff. 87

Es ist Sache des Verwaltungsrates, die Teilnahmeberechtigung *zu prüfen*. In kleinen Verhältnissen geschieht dies an der Versammlung selbst im Sinne einer Türkontrolle[64]. Bei Publikumsgesellschaften wird die Prüfung in der Regel vorverlegt, indem die Teilneh- 88

---

[61] Für allfällige öffentliche Beurkundungen ist das ausländische Recht massgebend, vgl. HRV 30.
[62] Das revidierte Aktienrecht hat bei Publikumsgesellschaften den «Aktionär ohne Stimmrecht» eingeführt (OR 685f II, III, dazu § 44 N 217 f). Aktionäre ohne Stimmrecht sind – falls statutarisch nichts anderes vorgesehen ist – nicht teilnahmeberechtigt.
[63] Vgl. OR 656c für die Partizipanten; Gleiches muss für die Aktionäre ohne Stimmrecht gelten.
[64] Bei dieser Gelegenheit kann allenfalls das Stimmaterial ausgehändigt werden. Bei Gesellschaften mit wenigen Aktionären wird in der Regel darauf verzichtet, da die Stimmverhältnisse bekannt sind oder sich leicht auch während der Versammlung aus der Prüfung der Aktien bzw. des Eintrags im Aktienbuch ergeben.

mer aufgefordert werden, vor der GV Zutrittskarten gegen Hinterlegung ihrer Aktien anzufordern[65].

89 b) Regelmässig wird eine *Präsenzliste* geführt[66], und unabdingbar ist jedenfalls die Feststellung der Zahl der vertretenen Aktienstimmen, bei Aktienkategorien mit unterschiedlicher Stimmkraft nach Gattungen gegliedert[67]. Das revidierte Recht schreibt zudem die Bekanntgabe der von Organvertretern, Depotvertretern und unabhängigen Stimmrechtsvertretern (zu diesen vgl. § 24 N 132 ff) vertretenen Aktien nach Anzahl, Art, Nennwert und Kategorien vor (OR 689e I[68]). Auch diese Angaben sind daher zu erfassen.

90 c) Gegen die Teilnahme *unberechtigter Personen* kann jeder Aktionär Einspruch erheben (OR 691 II). Wirken unbefugte Personen bei der Beschlussfassung mit (die Anwesenheit in der GV allein genügt nicht), ist der Beschluss anfechtbar[69]. Die Anfechtungsklage ist jedoch nur gutzuheissen, sofern die beklagte Gesellschaft nicht nachweisen kann, dass die Mitwirkung keinen Einfluss auf die Entscheidung hatte (OR 691 III[70]).

91 d) Häufig ist die *befugte Teilnahme Dritter*. Oft ist der Protokollführer Nichtaktionär, und bei grösseren Versammlungen werden für die Administration Hilfspersonen beigezogen. Bei Publikumsgesellschaften ist die Präsenz von Pressevertretern üblich, bei Familiengesellschaften nehmen gelegentlich Verwandte an der GV teil.

92 Der Entscheid über die Zulassung ist vom *Vorsitzenden der GV* zu fällen.

4. Teilnahmepflichten

93 a) Aus der allgemeinen Sorgfaltspflicht (OR 717 I) und der Rechenschaftspflicht[71] des *Verwaltungsrates* ergibt sich grundsätzlich eine Teilnahmepflicht seiner Mitglieder. Das Fernbleiben einzelner Verwaltungsratsmitglieder (oder auch der Gesamtheit des Verwaltungsrates, falls die Sitzungsleitung sichergestellt ist) hat jedoch keine Auswirkung auf die Gültigkeit der GV.

---

65 Vgl. die Beispiele vorn, Anm. 49 und 51.
66 Ob durch Inhaberaktien legitimierte Personen ihre *Identität bekanntzugeben* haben, ist umstritten und wird von der herrschenden Lehre verneint. Danach soll die Bekanntgabe der Aktien- bzw. Stimmenzahl genügen.
67 Für die Beschlussfassung ist nach OR 703 die Zahl der *vertretenen* und nicht der bei der Abstimmung *abgegebenen* Stimmen massgebend, weshalb die an der GV vertretene Gesamtstimmenzahl bekannt sein muss. Für OR 704 (wichtige Beschlüsse) bedarf es zudem einer Aufteilung nach Kategorien unterschiedlicher Stimmkraft. Daraus folgt, dass die Präsenzliste laufend nachzuführen ist. Näheres zu den Quorumsvorschriften in § 24 N 3 ff.
68 Die Bestimmung ist zwar für Publikumsgesellschaften konzipiert, sie gilt jedoch für alle Gesellschaften.
69 Berechtigt zur Anfechtung ist jeder Aktionär, auch wenn er keinen Einspruch erhoben hat.
70 Zur Anfechtung vgl. § 25 N 11 ff.
71 Vgl. insbes. die spezifischen Auskunftspflichten nach OR 697, dazu § 40 N 166 ff.

b) Bei der ordentlichen GV muss ein *Revisor* anwesend sein (OR 729c, dazu vorn § 22 N 35 ff). Ist dies nicht der Fall, sind die Beschlüsse über die Abnahme der Jahresrechnung und die Verwendung des Bilanzgewinnes anfechtbar, es sei denn, die GV habe durch einstimmigen Beschluss auf die Anwesenheit verzichtet (OR 729c III). 94

c) Der *Aktionär* ist dagegen in keiner Weise verpflichtet, an der GV teilzunehmen[72]. Er kann selbst dann fernbleiben, wenn er selbst die Einberufung der GV verlangt hat. 95

Auch durch die Statuten kann dem Aktionär keine Teilnahmepflicht auferlegt werden. Es zeigt sich darin die Anonymität und Kapitalbezogenheit der aktienrechtlichen Mitgliedschaft, im Gegensatz zu derjenigen etwa beim Verein und der Genossenschaft, bei denen die Mitwirkungspflicht statutarisch verankert werden kann. 96

5. *Konstituierung*

Im Rahmen der gesetzlichen und allfälliger statutarischer Vorschriften erfolgt die Konstituierung der GV durch den Verwaltungsrat[73]. 97

Statutarisch wird oft vorgesehen, dass in der GV der *Präsident des Verwaltungsrates* oder bei dessen Verhinderung ein anderes Mitglied des Verwaltungsrates den *Vorsitz* führt. Auch ohne statutarische Bestimmung ist dies eine Selbstverständlichkeit[74]. 98

Zu ernennen ist sodann der *Protokollführer*[75]. Auch sind *Stimmenzähler* zu bestellen[76]. 99

6. *Die Leitung der Versammlung*

a) Die Versammlungsleitung liegt in der Hand des *Vorsitzenden*. Er eröffnet und schliesst die Versammlung, erteilt das Wort, stellt den Abschluss der Diskussion zu einem Traktandum fest und sorgt für die korrekte Beschlussfassung. 100

Der Vorsitzende hat auch die nötigen *administrativen Anweisungen* zu erteilen. So darf er – falls es sich sachlich aufdrängt – die *Redezeit beschränken*[77], bei ehrverletzenden oder nicht zum Thema gehörenden Äusserungen das Wort entziehen und im Extremfall (und nach vorheriger Verwarnung) einen Teilnehmer aus dem Saal weisen. 101

---

[72] Zum Fehlen jeglicher Aktionärspflichten mit Ausnahme der Liberierungspflicht vgl. § 42 N 8 ff.
[73] Vgl. die expliziten Hinweise auf die Vorbereitungspflicht in OR 716a I Ziff. 6 und 702.
[74] Zwar können die Statuten die Wahl eines Tagungspräsidenten vorsehen, doch kommt dies in der Praxis kaum vor.
[75] Vgl. die Vorbereitungspflicht des Verwaltungsrates gemäss OR 702.
[76] Auch hiefür ist grundsätzlich der Verwaltungsrat zuständig, doch wird in den Statuten – und gelegentlich auch ohne statutarische Basis in der Praxis – die Wahl oft durch die GV selbst vorgesehen.
[77] Dabei ist das Gleichbehandlungsprinzip zu wahren, vgl. OR 717 II.

102 Da das Gesetz schweigt und die Statuten zumeist auch keine Bestimmungen enthalten, sind die allgemeinen Regeln der Versammlungsführung, wie sie namentlich für die parlamentarische Debatte entwickelt worden sind, richtungweisend.

103 b) Das revidierte Recht schreibt – wie erwähnt – die Bekanntgabe der sog. institutionellen Stimmrechtsvertreter (Organvertreter, unabhängige Stimmrechtsvertreter und Depotvertreter) vor (OR 689e II). Üblich – aber nicht zwingend – ist der Hinweis auf die ordnungsgemässe Einladung der GV (OR 699 f) und – bei der ordentlichen GV – auf die Auflage von Geschäfts- und Revisionsbericht (OR 696 I). Falls schon bekannt, wird am Ende der Versammlung meist das Datum der nächsten ordentlichen GV bekanntgegeben.

7. *Verhandlung, Antragstellung und Beschlussfassung*

104 a) Jeder Aktionär ist – unabhängig von der Grösse seiner Beteiligung – berechtigt, sich zu den traktandierten Themen – und nur zu diesen[78] – zu äussern. Das *Meinungsäusserungsrecht* kann – wie erwähnt (N 101) – durch administrative und prozedurale Anordnungen des Vorsitzenden eingeschränkt werden, aber nur insoweit, als dies für die ordnungsgemässe Durchführung der Versammlung (wozu auch die zeitliche Zumutbarkeit gehört) erforderlich ist.

105 Das Äusserungsrecht steht einem Aktionär auch zu einem Traktandum zu, bei dem er vom Stimmrecht ausgeschlossen (dazu § 24 N 78 ff) ist.

106 Umstritten ist, ob die *Versammlung* beschliessen kann, auf ein (traktandiertes) Thema nicht einzutreten, die Redezeit eines einzelnen Aktionärs zu beschränken oder – was auf dasselbe herauskommen mag – den Schluss der Diskussion zu verfügen, obwohl sich noch Aktionäre zum Wort gemeldet haben. Nach wohl vorherrschender Lehre stehen der GV diese Möglichkeiten unbeschränkt zu. Dies erscheint jedoch nicht unproblematisch, und es dürfte zu differenzieren sein: Die GV kann zwar beschliessen, auf ein Thema nicht einzutreten. Wird jedoch die Verhandlung eröffnet, dann ist allen Aktionären gleichmässig – wenn auch allenfalls zeitlich beschränkt – Gelegenheit zur Äusserung zu geben.

107 b) Auch das Recht zur *Antragstellung* steht jedem Aktionär in gleicher Weise zu.

108 Das Antragsrecht kann – wie erwähnt (N 61) – *nur im Rahmen der angekündigten Traktanden* wahrgenommen werden.

109 Die Grenzziehung nach diesem scheinbar eindeutigen Kriterium kann schwierig sein: So ist zwar offenkundig, dass unter dem Traktandum «*Wahlen*» nicht nur der Antrag

---

[78] Die Traktandenlisten enthalten häufig ein letztes Traktandum «Varia», «Verschiedenes». Auch die unter diesem Traktandum zur Sprache gebrachten Themen müssen zur Gesellschaft in Beziehung stehen. Sodann ist zu beachten, dass unter dem Traktandum «Varia» *nur verhandelt, nicht aber beschlossen* werden kann (OR 700 III, mit Ausnahmen betreffend die Einberufung einer ausserordentlichen GV oder Durchführung einer Sonderprüfung). Geeignet ist das Traktandum «Varia» insbesondere auch zur Geltendmachung des Auskunftsrechts (OR 697 I, dazu § 40 N 166 ff) über spezifische Gesellschaftsangelegenheiten.

gestellt werden kann, offiziell vorgeschlagene Personen nicht zu wählen, sondern dass auch neue Wahlvorschläge gemacht werden können. Kann aber auch die Abwahl eines bisherigen Mitgliedes des Verwaltungsrates beantragt werden? Und dass unter dem Verhandlungsgegenstand *«Verwendung des Bilanzgewinns»* statt der vorgeschlagenen Dividende von 15 % eine solche von 12 % beantragt werden kann, ist ebenfalls klar. Wäre aber auch der Antrag auf eine Dividende von 90 % und damit auf Ausschüttung aller freien Gesellschaftsmittel zulässig?

Auszugehen ist vom Postulat, dass die Aktionäre «genau wissen [sollen], worüber verhandelt und allenfalls beschlossen werden soll»[79], nicht nur, um sich auf die Versammlung vorbereiten, sondern auch, um entscheiden zu können, ob sie daran überhaupt teilnehmen wollen. Die Aktionäre sollen – wie in der Lehre verschiedentlich festgehalten wird – «nicht überrumpelt werden» dürfen. Daraus ist zu folgern, dass unter dem Traktandum «Verwendung des Bilanzgewinns» zwar auch ein Antrag gestellt werden kann, der über demjenigen des Verwaltungsrates liegt, nicht aber einer, der die Gesellschaft all ihrer freien Reserven entblösst und sich dadurch wie eine teilweise Liquidation auswirkt. Und wenn unter dem Traktandum «Wahlen» eine Mehrzahl von Verwaltungsratsmitgliedern zur Wiederwahl vorgeschlagen wird, ist auch ein Antrag auf Wegwahl eines anderen Verwaltungsratsmitgliedes möglich. Dagegen wäre ein solcher Antrag ausgeschlossen, wenn eine spezifische «Zuwahl in den Verwaltungsrat» traktandiert ist. 110

c) Zur Beschlussfassung vgl. § 24. 111

8. Die Protokollierung[80]

a) Das Gesetz verlangt die *Protokollierung* der GV, und es legt den Minimalinhalt des Protokolls zwingend fest (OR 702 II): Neben den im Gesetz nicht erwähnten selbstverständlichen Angaben über die Art der Versammlung sowie deren Ort und Datum sind zu protokollieren: 112
- die Angaben über die Stimmrechtsvertreter im Sinne von OR 689e I, 113
- die Beschlüsse und die Wahlergebnisse, 114
- die Begehren um Auskunft und die darauf erteilten Antworten, 115
- die von den Aktionären zu Protokoll gegebenen Erklärungen. 116

Ein eigentliches *Verhandlungsprotokoll*, das auch die Meinungsäusserungen enthält, ist gesetzlich nicht verlangt[81], kann aber statutarisch vorgesehen sein. In Publikumsgesellschaften werden die Verhandlungen oft auch auf *Tonband* aufgenommen, worauf die Versammlung ausdrücklich hinzuweisen ist (vgl. StGB 179bis). 117

---

[79] BGE 103 II 143.
[80] Vgl. dazu – neben den in N 1 angeführten Werken zur Durchführung der GV allgemein – Theodor Wydler: Die Protokollführung im Schweizerischen Aktienrecht (Diss. Zürich 1956). – Zur Bedeutung von Protokollen für Handelsregisteranmeldungen vgl. die Aufsätze von Theo Müller in JBHReg *1992* 27 ff und von Christof Bläsi in JBHReg *1994* 81 ff.
[81] Anders ist die Ordnung für das Protokoll des Verwaltungsrates, vgl. OR 713 III.

118 b) Für bestimmte qualifizierte Beschlüsse[82] verlangt der Gesetzgeber eine besondere Form der Protokollierung, die *öffentliche Beurkundung*. Diese kann an die Stelle der privaten Protokollführung treten. Vgl. zur öffentlichen Beurkundung allgemein die Ausführungen in § 14 N 68 ff[82a].

119 c) In Streitfällen ist das Protokoll ein geeignetes *Beweismittel*[82b], dem jedoch – als einer Privaturkunde – keine erhöhte Beweiskraft zukommt[83]. Oft wird das Protokoll in einer nächsten GV formell genehmigt. Dies ist kein gesetzliches Erfordernis, mag aber die Beweiskraft erhöhen.

120 Anders als bei der öffentlichen Beurkundung[84] hat die Unterlassung der privaten Protokollierung keinerlei Auswirkung auf die Gültigkeit von Beschlüssen.

121 Den Aktionären steht das Recht zu, in das Protokoll *Einsicht zu nehmen* (OR 702 III).

122 Die Protokolle sind von der AG *aufzubewahren*[85].

123 d) Zu betonen ist, dass die Protokollierungspflicht auch für die Einmann-AG gilt. In der Praxis tritt freilich bei ihr oft das Protokoll *an die Stelle* der GV selbst.

9. Mängel bei der Durchführung der Generalversammlung

124 Mängel bei der Durchführung der GV bewirken regelmässig Anfechtbarkeit[86], ganz ausnahmsweise Nichtigkeit (vgl. dazu § 25).

---

[82] Vgl. die Aufzählung in § 14 N 81.
[82a] Zur Beurkundung bei grossen Aktionärsversammlungen vgl. Brückner (zit. Anm. 39) N 3002 ff.
[82b] Strafrechtlich ist das Protokoll eine *Urkunde* im Sinne der Normen über die Urkundenfälschung insoweit, als es Grundlage für einen Eintrag im Handelsregister bildet (wie z. B. bei Wahlen): BGE 120 IV 199 ff.
[83] Anders verhält es sich bei der öffentlichen Beurkundung, vgl. ZGB 9 I und dazu § 14 Anm. 40.
[84] Dazu § 14 Anm. 95.
[85] Umstritten ist, ob – was richtig sein dürfte – die in OR 962 vorgesehene 10-Jahresfrist analog Anwendung findet oder ob die Aufbewahrungspflicht bis zur Löschung der Gesellschaft dauert.
[86] Vgl. neben der generellen Norm von OR 706 die besonderen Anfechtungsgründe gemäss OR 689e II, 691 III und 729c II 2. Halbsatz.

§ 24 Die Beschlussfassung

Literatur: Peter Böckli: Das Aktienstimmrecht und seine Ausübung durch Stellvertreter (Diss. Basel 1961 = Basler Studien zur Rechtswissenschaft 61); Ulysses v. Salis: Die Gestaltung des Stimm- und Vertretungsrechts im schweizerischen Aktienrecht (Diss. Zürich, erscheint voraussichtlich 1996); Brigitte Tanner: *Quoren* für die Beschlussfassung in der Aktiengesellschaft (Diss. Zürich 1987 = SSHW 100); dies.: Neuerungen für die *Beschlussfassung* in der Generalversammlung, AJP 1 (1992) 765 ff; Zäch/Schleiffer: Statutarische qualifizierte Quoren, SZW *1992* 263 ff; ferner Hans Feldmann: Beschluss und Einzelstimme im Schweizerischen Gesellschaftsrecht (Diss. Bern 1954); Haefliger (zit. § 23 N 1) 78 ff, 110 ff; Maute (zit. § 23 N 1) 43 ff; Schett (zit. § 23 N 1) 96 ff. Aus den *Gesamtdarstellungen* vgl. Basler Kommentar zu OR 703 f, 695, 659a, 693, 689–689e (Dreifuss/Lebrecht, Länzlinger, Schaad, von Planta); Böckli N 1379 ff, 387; Bürgi, Kommentierung von OR 703; Siegwart, Kommentierung von OR 648 und 659; Guhl/Kummer/Druey 692 f. Zu *Einzelfragen* vgl. Patrick Schleiffer: Der gesetzliche Stimmrechtsausschluss im schweizerischen Aktienrecht (Diss. Zürich 1993 = ASR 545).

1

Für die Beschlussfassung in der GV schreibt das Gesetz *Quoren* vor, die durch die Statuten ergänzt und abgeändert werden können (vgl. Ziff. I). Unter bestimmten Voraussetzungen ist das Stimmrecht von Aktionären eingeschränkt oder können diese vom Stimmrecht *ausgeschlossen* sein (vgl. Ziff. II). Umgekehrt kann eine Aktienkategorie in der Stimmkraft *privilegiert* werden (vgl. Ziff. III). Besondere Sorgfalt hat das revidierte Recht der Regelung der Ausübung des Stimmrechts durch *Stellvertreter* angedeihen lassen (vgl. Ziff. IV).

2

I. Quorumsvorschriften

1. Allgemeines

a) Für die Fassung eines – positiven – Beschlusses eines Organs bzw. einer Versammlung bedarf es einer bestimmten Anzahl befürwortender Stimmen sowie allenfalls auch einer minimalen Präsenz. Normen, die hiefür Vorschriften aufstellen, nennt man *Quorumsvorschriften*.

3

b) Quoren können nach unterschiedlichen *Kriterien* gegliedert werden, von denen hier die folgenden bedeutsam sind:

4

aa) Als Quorum kann eine bestimmte Anzahl befürwortender Stimmen verlangt sein (*Stimmenquorum*). Es kann aber auch eine minimale Vertretung von Stimmrechten in der Versammlung vorgeschrieben sein (*Präsenzquorum*).

5

bb) *Berechnungsgrundlage* kann etwa sein: die Gesamtzahl der in einer Gesellschaft überhaupt bestehenden Stimmen (Bemessung am gesamten Aktienkapital), die Zahl der in der Versammlung vertretenen oder der vertretenen und stimmberechtigten Stimmen oder auch nur die Zahl der bei der Beschlussfassung abgegebenen Stimmen.

6

7 cc) Als *Erfordernisse* können insbesondere die relative oder die absolute oder auch eine qualifizierte Mehrheit vorgeschrieben sein:

8 – Beim *relativen (oder einfachen) Mehr* wird ausschliesslich auf die abgegebenen Ja- und Nein-Stimmen abgestellt. Ein Antrag ist angenommen, wenn sich mehr Stimmen dafür als dagegen aussprechen. Stimmenthaltungen (unabhängig davon, ob sie ausdrücklich erklärt wurden oder ob sich ein Stimmberechtigter einfach passiv verhalten hat) fallen ausser Betracht.

9 – Das *absolute Mehr* verlangt dagegen die Annahme des Antrages durch mehr als die Hälfte der massgebenden Stimmen. Damit wirken sich Stimmenthaltungen gleich wie Nein-Stimmen aus.

10 – *Qualifizierte Mehrheiten*[1] stellen zusätzliche Anforderungen, verlangen etwa die Zustimmung von zwei Dritteln der massgebenden Stimmen oder gar Einstimmigkeit[2].

11 dd) Die *Stimmkraft* kann sich bemessen:

12 – nach der *Kapitalbeteiligung*. Es ist dies in der AG als einer Kapitalgesellschaft der «natürliche» Massstab, der in OR 692 I als Regel festgehalten ist:

13 «Die Aktionäre üben ihr Stimmrecht in der Generalversammlung nach Verhältnis des gesamten Nennwerts der ihnen gehörenden Aktien aus.»

14 – nach der *Aktienzahl*. Falls Aktien unterschiedlichen Nennwerts bestehen, weicht dadurch die Stimmkraft von der Kapitalbeteiligung ab. Das Gesetz sieht diese Möglichkeit als Ausnahme vor, OR 693 I:

15 «Die Statuten können das Stimmrecht unabhängig vom Nennwert nach der Zahl der jedem Aktionär gehörenden Aktien festsetzen, so dass auf jede Aktie eine Stimme entfällt.»

16 – endlich auch nach *Köpfen* (sog. Virilstimmrecht). Dieser im Genossenschaftsrecht zwingende Massstab (vgl. OR 885) passt im Aktienrecht in der Regel nicht.

17 Ein Anklang findet sich in OR 692 II: «Jeder Aktionär hat, auch wenn er nur eine Aktie besitzt, zum mindesten eine Stimme.»[3]

18 Statutarisch wird nicht selten auf das Stimmrecht nach Köpfen abgestellt bei der Beschlussfassung darüber, ob geheim abgestimmt werden soll[4].

19 Zu beachten ist, dass in Publikumsgesellschaften aus praktischen Gründen meist mit offenem Handmehr abgestimmt wird. Dies darf nicht darüber hinwegtäuschen, dass trotzdem die Zahl der Aktienstimmen entscheidet. Wenn jedoch das Resultat absolut

---

[1] Oft wird zu diesen auch schon das absolute Mehr gezählt.
[2] Zur Frage, ob auch *Minderheitsquoren* möglich sind, vgl. nachstehend N 54.
[3] Diese *eine* Stimme bleibt selbst dann erhalten, wenn der Nennwert von Aktien auf Null herabgesetzt wird, BGE 86 II 83 E 3 c) aa).
[4] Z.B: «Wahlen und Abstimmungen finden offen statt, sofern nicht der Vorsitzende geheime Abstimmung anordnet oder 30 Aktionäre dies verlangen.» Eine solche Regel ist als Minderheitenrecht ohne weiteres zulässig. Ebenso wird man die Wahl der *Stimmenzähler* mit Handmehr zulassen, da diese auch vom Vorsitzenden allein ernannt werden könnten.

eindeutig ist[5], kann auf deren Auszählung verzichtet werden. Falls jedoch die Stimmenverhältnisse nicht völlig klar erscheinen, ist die Abstimmung zu wiederholen und sind die Aktienstimmen zu zählen[6].

ee) In der Praxis werden diese unterschiedlichen Kriterien oft nicht sauber auseinandergehalten.

So wird etwa in statutarischen Bestimmungen von der «absoluten Mehrheit der abgegebenen Stimmen» gesprochen, ein zwar mögliches, aber unpraktikables[7] Quorum.

Oder es werden in der GV vom Vorsitzenden nur die Nein-Stimmen ausgezählt und die restlichen vertretenen Aktienstimmen als Ja-Stimmen gewertet[8].

c) Das revidierte Recht hat auf *Präsenzquoren verzichtet*[9]. Es will dadurch sicherstellen, dass jede ordnungsgemäss eingeladene GV zu jedem Traktandum beschlussfähig ist[10]. Es stellt grundsätzlich auf die *absolute Mehrheit* der jeweils *vertretenen* Aktienstimmen ab (OR 703, dazu Ziff. 2). Ausnahmsweise wird eine *Zweidrittelmehrheit* der vertretenen Stimmen verlangt, verbunden mit der absoluten Mehrheit der vertretenen *Aktiennennwerte* (OR 704, dazu Ziff. 3).

d) Gesetz und Praxis unterscheiden zwischen *Beschlüssen* und *Wahlen*. Dazu ist festzuhalten, dass auch Wahlen Beschlüsse sind, die sich nur durch ihre Ausrichtung auf einen personellen Entscheid auszeichnen und im übrigen den anderen Beschlüssen gleichgestellt sind[11].

2. Die gesetzliche Grundregel (OR 703)

OR 703 verlangt für Beschlüsse (und Wahlen) die absolute Mehrheit der vertretenen Aktienstimmen. Massgebend sind also *sämtliche* in der Versamm-

---

[5] Dies kann etwa dadurch sichergestellt werden, dass den Stimmenzählern die Vertreter grosser Aktienblöcke bekannt sind. Stimmen diese zu, dann ist die Mehrheit erreicht, auch wenn sämtliche übrigen Aktionäre dagegen gestimmt hätten.

[6] Dies ist bei Publikumsgesellschaften regelmässig nur im (zeitraubenden) schriftlichen Verfahren möglich.

[7] Neben den Ja- und den Nein-Stimmen ist in diesem Fall noch zu differenzieren zwischen eigentlichen Stimmenthaltungen (die der Aktionär kundzutun hat, indem er die Stimme «leer» abgibt) und dem bloss passiven Verhalten: Die Stimmenthaltung zählt mit und wirkt sich als Neinstimme aus. Die Stimmen des passiven Aktionärs sind nicht zu beachten.

[8] Wenn es auf das absolute Mehr ankommt, sind jedoch stets auch die Stimmenthaltungen festzustellen.

[9] Eine *Ausnahme* gilt für die Durchführung einer Universalversammlung (OR 701 I, dazu § 23 N 5 ff). Vgl. sodann zum Stimmenquorum der Einstimmigkeit hinten N 29 ff.

[10] Das OR *1936* hatte dagegen für gewisse Beschlüsse von grosser Tragweite die Anwesenheit von zwei Dritteln des gesamten Aktienkapitals verlangt, ein Quorum, das bei Publikumsgesellschaften oft nicht erreichbar war. Es konnten dann auch völlig unumstrittene und sinnvolle Beschlüsse nicht gefasst werden.

[11] Statutarisch wird nicht selten vorgesehen, dass Wahlen – im Gegensatz zu den übrigen Beschlüssen – stets schriftlich zu erfolgen haben. Auch wird – in Anlehnung an Vorgaben aus dem öffentlichen Recht – gelegentlich erklärt, bei einem zweiten Wahlgang gelte statt des absoluten das relative Mehr.

lung *vertretenen*, nicht nur die abgegebenen Stimmen, und es muss die Mehrheit dieser Stimmen den Antrag unterstützen[12].

26 Für die Bemessung des Quorums *nicht mitzuzählen* sind jedoch diejenigen Aktien, an denen das Stimmrecht nicht ausgeübt werden darf[13].

27 Das ordentliche gesetzliche Quorum kommt – von den in OR 704 vorgesehenen Ausnahmen (dazu sogleich Ziff. 3) abgesehen – auch für Beschlüsse von grosser Tragweite zur Anwendung. So können Statutenänderungen in der Regel mit dem ordentlichen Quorum von OR 703 beschlossen werden, und selbst der Beschluss über die Auflösung der Gesellschaft mit anschliessender Liquidation bedarf keiner grösseren Mehrheit.

3. *Das qualifizierte Quorum für «wichtige Beschlüsse» (OR 704 I)*

28 a) Für gewisse – im Gesetz abschliessend aufgezählte – «wichtige Beschlüsse» stellt das Gesetz erhöhte Anforderungen auf: Erforderlich ist die Zustimmung von mindestens *zwei Dritteln der vertretenen Stimmen* und zugleich auch die *absolute Mehrheit der vertretenen Aktiennennwerte*[14]. Es handelt sich um eine einseitig zwingende Bestimmung, indem die qualifizierten Anforderungen statutarisch zwar weiter erschwert[15], nicht aber erleichtert werden können.

29 Dem Gesetzgeber lag daran, im Interesse der Transparenz sämtliche Beschlüsse, für die ein qualifiziertes Quorum verlangt wird, in einem einzigen Artikel zusammenzufassen. Dazu ist freilich zu ergänzen, dass an einzelnen anderen Stellen im Gesetz das Erfordernis der *Einstimmigkeit* aufgestellt wird:

30 – Absolute Einstimmigkeit des *gesamten Aktienkapitals* ist verlangt, wenn die Gewinnstrebigkeit aufgehoben werden soll (OR 706 II Ziff. 4, vgl. auch § 2 N 53 ff).

31 – Einstimmigkeit der *vertretenen* Aktien ist erforderlich für den Beschluss, auf die Anwesenheit eines Revisors zu verzichten (OR 729c III).

32 – Ein *Präsenzquorum* der absoluten Einstimmigkeit des Gesamtkapitals ergibt sich aus den Anforderungen an die Universalversammlung (OR 701, dazu § 23 N 5 f).

---

[12] Anders ist die Ordnung im Recht der Genossenschaft und der GmbH: Zwar kommt es auch bei diesen Gesellschaften auf die absolute Mehrheit an, aber nicht der vertretenen, sondern der abgegebenen Stimmen (OR 888 I, 808 III). Dagegen stimmt die vereinsrechtliche Ordnung (ZGB 67 II «Mehrheit der Stimmen der anwesenden Mitglieder») mit der aktienrechtlichen überein. Ein Grund für die Unterschiede ist nicht ersichtlich.

[13] Dazu nachstehend N 59 ff. Da der Ausschluss vom Stimmrecht vom Traktandum abhängen kann, ist es möglich, dass das massgebende Quorum während der GV variiert, obwohl weder Aktionäre den Saal verlassen haben noch solche dazu gekommen sind.

[14] Dadurch wird das Stimmprivileg der Stimmrechtsaktien (zu diesen nachstehend N 95 ff) teilweise neutralisiert.

[15] Die Einführung statutarischer Erschwerungen selber ist erschwerenden Bedingungen unterstellt, OR 704 II, dazu N 118 f.

Zu den einzelnen in OR 704 I vorgesehenen Beschlüssen folgendes: 33

b) Durch die *Änderung des Gesellschaftszwecks* können die Grundlagen einer 34
AG und damit auch der Mitgliedschaft verändert werden. Das Gesetz unterstellt
daher Zweckänderungen in OR 704 I Ziff. 1 den qualifizierten Anforderungen.

Dazu ist festzuhalten, dass die Gesellschaften in der Regel die Zweckumschreibung so 35
weit fassen, dass auch eine Neuorientierung ohne Zweck- und Statutenänderung möglich
ist. Eine Zweckänderung kann jedoch nötig sein, wenn sich die AG einer neuen Branche
zuwendet oder auch, wenn sie von einer Produktions- zur Holdinggesellschaft wird. Sodann haben es die Aktionäre in der Hand, durch eine enge Umschreibung des Gesellschaftszwecks den Spielraum des Verwaltungsrates einzuschränken und diesen zu zwingen, auch wichtigere geschäftspolitische Kursänderungen der GV vorzulegen. Sinnvoll
dürfte dies nur in kleineren Verhältnissen sein.

Für vinkulierte Namenaktien (dazu § 44 N 103 ff) sieht der Gesetzgeber im Anschluss 36
an die Zweckänderung eine erleichterte Veräusserungsmöglichkeit während 6 Monaten
vor, OR 704 III.

c) Den qualifizierten Quoren wird in Ziff. 2 die Einführung von *Stimmrechts-* 37
aktien unterstellt. Dies, weil dadurch die bisherigen Aktien überproportional an
Stimmkraft verlieren.

Aufgrund dieser ratio verlangt die Praxis – der herrschenden Lehre folgend – die 38
Einhaltung der qualifizierten Quorumsvorschriften nur dann, wenn bisherige Aktionäre
eine überproportionale Beeinträchtigung ihrer Stimmrechte erfahren. Falls sowohl die
Kategorie der Stimmrechts- wie auch die der gewöhnlichen Stammaktien *proportional*
erhöht werden, genügt das gewöhnliche Quorum von OR 703[16].

Auch in diesem Fall können vinkulierte Namenaktien nach der Beschlussfassung wäh- 39
rend 6 Monaten frei übertragen werden, OR 704 III.

d) Die qualifizierten Quoren sind gemäss Ziff. 3 einzuhalten, wenn die *Über-* 40
tragbarkeit von Namenaktien nachträglich *beschränkt*, diese also *vinkuliert* werden sollen (dazu § 44 N 123 ff).

e) Den qualifizierten Anforderungen sind in den Ziff. 4–6 verschiedene For- 41
men und Modalitäten der *Kapitalerhöhung* unterstellt, so die genehmigte und die
bedingte Erhöhung, die qualifizierte Erhöhung und die Erhöhung mit Einschränkung oder Aufhebung des Bezugsrechts (zu diesen Fällen vgl. § 52 N 208 ff,
298 ff, § 52 N 120 ff, § 40 N 237 ff).

Zu beachten ist, dass die ordentliche Kapitalerhöhung mit Barliberierung mit dem 42
gewöhnlichen Quorum von OR 703 beschlossen werden kann, ebenso die Kapitalherabsetzung.

---

[16] BGE 116 II 531 E 3d; dasselbe gilt auch etwa, wenn bisherige Stammaktien durch einen
Aktiensplit gleichmässig in Stamm- und Stimmrechtsaktien aufgespalten werden. Ebensowenig
braucht das qualifizierte Quorum eingehalten zu werden, wenn bei einer Kapitalerhöhung die
bisherigen Aktien zu Stimmrechtsaktien werden, da in diesem Fall die (bisherigen) Aktionäre in
ihren Interessen nicht beeinträchtigt, sondern privilegiert werden.

43 f) Auch die *Sitzverlegung* (vgl. § 8 N 35) kann nur mit den qualifizierten Mehrheiten von OR 704 I beschlossen werden (Ziff. 7).

44 g) Endlich sind die qualifizierten Mehrheiten gemäss Ziff. 8 einzuhalten bei der *Auflösung der Gesellschaft ohne Liquidation*, d. h. bei der Beschlussfassung über eine Fusion (OR 748 f, dazu § 57 N 102 ff), die Übernahme durch eine Kommandit-AG oder eine Körperschaft des öffentlichen Rechts (OR 750 f, vgl. § 58 N 52 ff), bei der Umwandlung in eine GmbH (OR 824 ff, dazu § 58 N 9 ff) und bei einer Sitzverlegung ins Ausland (IPRG 163 f, dazu § 5 N 46 ff).

45 Soll dagegen die Gesellschaft nach der Auflösung liquidiert werden, bedarf es von Gesetzes wegen keines qualifizierten Quorums.

4. Statutarische Quorumsvorschriften

46 a) OR 704 I ist einseitig zwingend in dem Sinne, dass die Statuten die dort vorgeschriebenen Anforderungen zwar verschärfen, nicht aber erleichtern können. Im übrigen sind die Gesellschaften grundsätzlich frei, von den gesetzlichen Quorumsbestimmungen durch statutarische Vorschrift abzuweichen. So können Präsenzquoren vorgesehen, Stimmenquoren verschärft oder erleichtert werden, und jede Gesellschaft ist frei, zusätzlich Gegenstände zu bezeichnen, die sie für besonders wichtig erachtet und bei denen sie die Beschlussfassung qualifizierten Anforderungen – den gesetzlichen oder statutarisch festgelegten – unterstellen will. Im einzelnen gilt folgendes:

47 b) Eine *Verschärfung* der Anforderung an die Beschlussfassung kann grundsätzlich beliebig – bis hin zum Erfordernis der Einstimmigkeit – erfolgen. Möglich ist es auch etwa, mehrere Aktienkategorien zu schaffen und die Zustimmung der Mehrheit einer jeden Kategorie vorzuschreiben[17].

48 Freilich ist es *nicht empfehlenswert*, so strenge Anforderungen aufzustellen, dass gewisse Beschlüsse faktisch gar nicht mehr gefasst werden können: Die Zukunft bringt stets Unvorhergesehenes, auf das eine Gesellschaft muss reagieren können. Sog. «petrifizierende» oder «Lock-Up-Klauseln», d. h. Quorumserfordernisse, die später nicht erreichbar sind, sollten daher vermieden werden[18].

49 Das Gesetz selbst hat diesen Gedanken aufgenommen: «Statutenbestimmungen, die für die Fassung bestimmter Beschlüsse grössere Mehrheiten als die vom Gesetz vorgeschriebenen festlegen, können nur mit dem vorgesehenen Mehr eingeführt werden.»[19] Die verlangte Mehrheit muss daher mindestens bei der Einführung der Bestimmung erreichbar gewesen sein[20].

---

[17] Vgl. dazu hinten N 52 a. E.
[18] Eine Ausnahme mögen kleine, personenbezogene Aktiengesellschaften bilden, in denen das personengesellschaftliche Einstimmigkeitsprinzip (vgl. OR 534 I) auch in der AG verwirklicht werden soll.
[19] OR 704 II.
[20] Nach ihrem Wortlaut käme die Bestimmung nur bei der Verschärfung von *Stimmenquoren* zur Anwendung, da das Gesetz keine Präsenzquoren mehr vorschreibt und es daher auch keine «grösse-

In der Lehre wird sodann die Auffassung vertreten, für bestimmte *notwendige Be-* 50
schlüsse, etwa für die Genehmigung von Jahresbericht und Jahresrechnung, dürfe *kein qualifiziertes Mehr* eingeführt werden.

Das Gesetz regelt nur die *Einführung* qualifizierter Quoren. Die Lehre wen- 51
det jedoch OR 704 II analog auch auf ihre *Beseitigung* an: Es wäre widersinnig, wenn die erhöhten Anforderungen mit dem ordentlichen Mehr wieder abgeschafft werden könnten. Vielmehr soll das abzuschaffende Mehrheitserfordernis eingehalten werden müssen, falls die Statuten keine besonderen Bestimmungen enthalten.

Die *Gründe* für die Erschwerung der Beschlussfassung sind unterschiedlich. Bei *Publi-* 52
kumsgesellschaften geht es vor allem um den Schutz vor «unfreundlichen Übernahmen»: Zu diesem Zweck wird ein statutarisches Abwehrdispositiv aufgebaut, das etwa die Vinkulierung der Aktien und eine erschwerte Wegwahl der Mitglieder des Verwaltungsrates vorsieht. Die dieses Dispositiv betreffenden Normen sollen nur unter Einhaltung erschwerter Beschlussvoraussetzungen (Stimmen- und allenfalls Präsenzquoren) beseitigt werden können[21]. Bei *privaten* Aktiengesellschaften sind erhöhte statutarische Quoren ein Mittel des Minderheitenschutzes: Durch ein Präsenz- oder ein am gesamten Aktienkapital bemessenes Stimmenquorum kann sichergestellt werden, dass wichtige Beschlüsse nicht ohne die Mitwirkung des Minderheitsaktionärs gefasst werden können. (Diesem kommt dann eine *Sperrminorität* zu.) Oder es können in einer Familiengesellschaft zwei Kategorien von Aktien – für jeden Familienstamm eine – geschaffen werden, verbunden mit der Vorschrift, dass für bestimmte Beschlüsse die Zustimmung der Mehrheit jedes Stammes nötig ist.

c) Die Beschlussfassung kann statutarisch auch *erleichtert* werden. So kann 53
etwa statt der absoluten Mehrheit der vertretenen Aktienstimmen nur das *relative Mehr der abgegebenen Stimmen* verlangt werden, wiederum ganz generell oder auch nur für bestimmte Beschlüsse, aber immer unter dem Vorbehalt von OR 704.

Denkbar sind nach herrschender und u. E. richtiger Ansicht sogar *Minderheitsquoren* 54
für einzelne Gegenstände. So kann ein wirksames – wenn auch mit Vorsicht einzusetzendes – Element des Minderheitenschutzes darin bestehen, für den Beschluss über die Auflösung und Liquidation der Gesellschaft die Zustimmung einer Minderheit genügen zu lassen.

d) Für die Übergangszeit nach dem Inkrafttreten des revidierten Aktienrechts war 55
eine erleichterte Anpassung von Quorumsbestimmungen, die aus dem bisherigen Recht unverändert in die Statuten übernommen worden waren, vorgesehen (SchlBest 6). Diese Möglichkeit bestand nur bis zum 30. Juni 1993.

---

ren» als die vom Gesetz vorgeschriebenen Präsenzquoren geben kann. Die herrschende Lehre geht jedoch zu Recht davon aus, dass der Gesetzestext zu eng gefasst ist und auch die Einführung von *Präsenzquoren* unter OR 704 II fällt.

[21] Wiederum ist davor zu warnen, die Anforderungen so hoch anzusetzen, dass auch erwünschte Änderungen in Zukunft nicht möglich sind.

5. Die Feststellung des Abstimmungsergebnisses

55a Soweit die Statuten dazu nichts vorsehen[21a], ist es Sache des Vorsitzenden, das Abstimmungs- und Wahlverfahren zu regeln.

55b Wenn die Verhältnisse klar sind, wird meist offen mit Handmehr abgestimmt. Dagegen ist nichts einzuwenden, falls sich das Resultat eindeutig feststellen lässt[21b]. Andernfalls muss die Abstimmung jedoch – wenn nötig schriftlich – wiederholt werden.

55c Nichts einzuwenden ist (entgegen vereinzelter Kritik) auch gegen die sog. *Subtraktionsmethode* (auch *Negativverfahren* genannt), bei der nur die Nein-Stimmen und die Stimmenthaltungen ausgezählt werden und die übrigen vertretenen Aktienstimmen als Ja-Stimmen gewertet werden.

6. Exkurs: Der Stichentscheid des Vorsitzenden

56 Bei einer Abstimmung kann sich *Stimmengleichheit* ergeben. Es fragt sich, ob eine solche Pattsituation durch den *Stichentscheid des Vorsitzenden* der GV geklärt werden kann.

57 Das Gesetz kennt für die GV den Stichentscheid nicht[22], weshalb ein Antrag, den gleich viele Stimmen befürworten wie ablehnen, als abgelehnt zu gelten hat. Doch ist nach der bundesgerichtlichen Praxis[23] der Stichentscheid des Vorsitzenden aufgrund einer *statutarischen Grundlage* zugelassen[23a].

58 Ein problematisches Instrument ist der Stichentscheid bei der paritätischen Zweipersonen-AG (dazu § 62 N 102 ff), bei der jedem Aktionär 50 % der Stimmen zukommen: Der Aktionär, dem es gelingt, erstmals das Verwaltungsratspräsidium und damit den Vorsitz in der GV zu erlangen, hat es in der Hand, seinen Partner dauernd zu majorisieren[24]. Sinnvoller kann es in paritätisch gehaltenen Gesellschaften sein, dass jede Seite einem neutralen Dritten fiduziarisch eine Aktienstimme überträgt, wodurch ein Aussenstehender notfalls «Zünglein an der Waage» sein kann.

[21a] Oft bestimmen die Statuten, dass Wahlen und Abstimmungen grundsätzlich offen erfolgen, *schriftlich* (oder *geheim*, was nicht genau dasselbe ist) dagegen, wenn eine bestimmte Anzahl Aktionäre oder Aktienstimmen es verlangen oder der Vorsitzende dies anordnet.
[21b] Z. B. weil dem Vorsitzenden und den Stimmenzählern bekannt ist, welche der Anwesenden grosse Aktienpakete vertreten, die bereits die Mehrheit (oder eine allenfalls verlangte qualifizierte Mehrheit) auf sich vereinigen.
[22] Anders dagegen für die Beschlüsse des Verwaltungsrates, bei denen der Vorsitzende den Stichentscheid hat, wenn die Statuten nichts anderes vorsehen, OR 713 I.
[23] BGE 95 II 555 ff.
[23a] Für die *Einführung* des Stichentscheides scheint das ordentliche Quorum für statutenändernde Beschlüsse (OR 703, dazu N 25 f) zu genügen, da eine Erwähnung bei den «wichtigen Beschlüssen» in OR 704 fehlt. Sachlich ist dies jedoch nicht gerechtfertigt, und es fragt sich, ob allenfalls OR 704 I Ziff. 2 (Einführung von Stimmrechtsaktien) analog anzuwenden ist.
[24] Vgl. den Tatbestand von BGE 95 II 555 ff.

II. Stimmrechtsbeschränkungen[25] und Ausschluss des Stimmrechts[26]

Das Gesetz sieht die Möglichkeit vor, statutarisch das Stimmrecht des einzelnen Aktionärs zu beschränken (Ziff. 1). Überdies schreibt es für bestimmte Situationen zwingend vor, dass das Stimmrecht einzelner Aktionäre – sei es generell, sei es für bestimmte Abstimmungsgegenstände – ruht (Ziff. 2–5). Der Ausschluss vom Stimmrecht ist bei der Bemessung der Quoren zu beachten (Ziff. 6). Durch Vertrag können die Aktionäre unter sich Regeln zur Ausübung des Stimmrechts vereinbaren (Ziff. 7).

1. Statutarische Stimmrechtsbeschränkungen

a) Nach OR 692 II «können die Statuten die Stimmenzahl der Besitzer mehrerer Aktien beschränken». Soweit der Aktienbesitz in einer Hand diese Grenze überschreitet, ruhen die Stimmrechte der die Limite übersteigenden Aktien. Dadurch soll die Vorherrschaft einzelner Grossaktionäre eingeschränkt werden.

Die Begrenzung kann nach verschiedenen Kriterien erfolgen. Am häufigsten ist die Festlegung einer bestimmten prozentualen Maximalzahl, sei es der in der GV vertretenen, sei es sämtlicher Aktienstimmen[27]. Möglich ist aber auch die Festlegung einer absoluten Zahl[28]. Umstritten ist, ob sog. skalierte Stimmrechte zulässig sind, d. h. ob das Stimmrecht stufenweise beschränkt werden kann[29]. U. E. sind solche Abstufungen im Lichte des Gleichbehandlungsprinzips problematisch.

Durch die zulässige Beschränkung der Stimmkraft jedes Aktionärs auf eine einzige Stimme[30] kann sogar das genossenschaftliche Kopfstimmprinzip[31] in der AG realisiert werden[31a].

Die Begrenzung kann sich sodann auf die eigenen oder auf sämtliche durch einen Aktionär vertretenen Aktien beziehen[32]. Ferner finden sich in den Statuten nicht selten sog. Gruppenklauseln, wonach Aktionäre, die unter sich verbunden sind, als Gruppe der

---

25 Dazu Böckli (zit. N 1) 31 ff; Ulysses v. Salis: Beschränkung der Stimmkraft der Aktionäre durch Höchststimmklauseln, in: Schluep/Isler 171 ff, mit zahlreichen Hinweisen; ders., zit. N 1; ferner Christian Meier-Schatz: Aktienrechtliche Verteidigungsvorkehren gegen unerwünschte Unternehmensübernahmen, SAG *1988* 106 ff, 115 ff, mit weiteren Hinweisen. – Eine Musterklausel für Publikumsgesellschaften findet sich in SZW *1993* 87 = ST *1993* 96.
26 Dazu Schleiffer (zit. N 1 a. E.), mit umfassenden Hinweisen.
27 Beispiel: «Kein Aktionär kann mehr als 5 % sämtlicher Aktienstimmen [oder: der an der GV vertretenen Aktienstimmen] auf sich vereinigen.»
28 Beispiel: «Einem Aktionär kommen in der GV höchstens 50 Stimmen zu.»
29 Z. B.: Bis zu Fr. 1000.– Nennwert je eine Stimme auf Fr. 100.– Nennwert, darüber je eine Stimme auf Fr. 500.– Nennwert.
30 Vgl. OR 692 II Satz 1, sog. *Virilstimmrecht*, vgl. vorn N 16.
31 Vgl. OR 885.
31a Die Zulässigkeit des Kopfstimmprinzips in der AG ist freilich nicht unbestritten, vgl. dazu ausführlich Kratz (zit. § 62 N 136) § 9 N 30 ff.
32 Beispiel: «Kein Aktionär darf direkt oder indirekt für eigene und vertretene Aktien zusammen mehr als 5 % sämtlicher Aktienstimmen vereinigen.» Vgl. BGE 117 II 187.

Höchststimmenzahl unterstehen[33]. Verbindlichkeit und Tragweite solcher Gruppenklauseln sind umstritten; blosse Aktionärbindungsverträge (dazu § 39 N 139 ff) dürften der Gruppenklausel nicht unterstellbar sein, wohl aber Konzerne und ähnliche Gebilde.

64   b) Das Ziel solcher Klauseln ist – wie erwähnt – die Eindämmung der Vorrangstellung von Grossaktionären. In Publikumsgesellschaften kann dadurch das Gewicht des kleineren Aktionärs gestärkt werden. Gleichzeitig werden feindliche Übernahmen erschwert, indem der Aufkauf der Aktienmehrheit nicht automatisch zur Kontrolle über die Gesellschaft führt[34].

65   c) Die Einführung einer Höchststimmklausel anlässlich der *Gründung* – und damit einstimmig – ist problemlos. Dagegen ist hinsichtlich der Zulässigkeit einer *nachträglichen* Einführung zu differenzieren:

66   Nach herrschender Ansicht ist der in den ursprünglichen Statuten gewährte Umfang des Stimmrechts (vom Virilstimmrecht nach OR 692 II abgesehen) nicht als unentziehbar zu betrachten. Grundsätzlich ist daher eine Abänderung möglich, und zwar mit dem normalen Quorum von OR 703 (dazu N 25). Doch müssen *sachliche Gründe* die Beschränkung rechtfertigen, muss also die Stimmenbeschränkung objektiv im Interesse der Gesellschaft liegen. Zudem sind die allgemeinen Schranken der Rechtsordnung (ZGB 2) und diejenigen des Aktienrechts (namentlich die Grundsätze der Gleichbehandlung der Aktionäre [dazu § 39 N 11 ff] und der schonenden Rechtsausübung [dazu § 39 N 95 ff]) zu beachten. Daraus ergibt sich eine je nach Ausgangslage unterschiedliche Antwort:

67   – In der Regel zulässig ist die Einführung einer Beschränkung, von der kein Aktionär im Zeitpunkt ihres Inkrafttretens getroffen wird, weil niemand mehr als die auch künftig ausübbare Stimmenzahl auf sich vereinigt[35].

68   – Sehr problematisch ist dagegen die Einführung einer Höchststimmlimite, die einzelnen Aktionären einen Teil ihrer bisherigen Stimmkraft entzieht. Ein solches «Sonderopfer» ist nur zum Schutz eines intensiven Gesellschaftsinteresses zulässig. Kaum zu rechtfertigen sein dürfte eine Begrenzung, die nur gerade einen oder einige wenige Grossaktionäre trifft und damit faktisch gegen deren Person gerichtet ist.

69   d) In der Praxis finden sich nicht selten statutarische *Ausnahmen von der Höchststimmlimite*. Diese sind ebenfalls im Lichte der allgemeinen aktienrechtlichen Grundsätze, insbesondere des Gleichbehandlungsprinzips (dazu § 39 N 11 ff) zu beurteilen und rechtlich wohl nur zum Teil haltbar:

---

[33] Beispiel: «Juristische Personen und rechtsfähige Personengesellschaften, die untereinander kapital- oder stimmenmässig, durch einheitliche Leitung oder auf ähnliche Weise zusammengefasst sind, gelten in bezug auf die Stimmabgabe als ein Aktionär.» Vgl. BGE 117 II 187.
[34] Ob und allenfalls in welchem Umfang dies wünschbar ist, ist umstritten.
[35] Absolute zahlenmässige Höchstbegrenzungen sind freilich – im Gegensatz zu prozentualen – auch in einem solchen Fall nicht problemlos: Bei künftigen Kapitalerhöhungen wird derjenige Aktionär, der die Anzahl stimmberechtigter Aktien schon nahezu erreicht hat, bei Ausübung des Bezugsrechts für die neu erworbenen Aktien durch die Begrenzung getroffen werden, während der Kleinaktionär an sämtlichen neu erworbenen Aktien das Stimmrecht ausüben kann.

- Unzulässig wäre es, einzelne namentlich genannte Aktionäre oder Aktionärsgruppen von der Stimmenlimite auszunehmen. 70
- Unzulässig ist u. E. auch die gelegentlich anzutreffende Klausel, der Verwaltungsrat könne «in begründeten Fällen» Ausnahmen von der Höchststimmlimite bewilligen. Eine solche Bestimmung verstösst nicht nur gegen das Gleichbehandlungsprinzip, sondern auch gegen die Hierarchie der Organe, indem sie dem Verwaltungsrat die Möglichkeit einräumt, zu entscheiden, wer mit wievielen Stimmen in der GV vertreten sein kann. Dies widerspricht der ratio von OR 659a I, wonach eine Einflussnahme des Verwaltungsrates auf die GV der eigenen Gesellschaft verpönt ist. 71
- Zulässig und sogar wünschbar ist dagegen die bei Publikumsgesellschaften verbreitete *Ausnahme für die Ausübung des Stimmrechts durch institutionelle Stimmrechtsvertreter* (dazu § 3 N 40) wie Banken und Organvertreter[36]. Den Banken und Organvertretern gleichgestellt sind häufig sog. *Nominees*[37], und aufgrund des Sinns des *unabhängigen Stimmrechtsvertreters*, die Stimmabgabe durch eine unabhängige Person als Alternative zur Organvertretung zur Verfügung zu stellen (vgl. hinten N 134) sind Ausnahmen wohl auch ohne explizite statutarische Bestimmung auch auf diesen zu erstrecken. 72
Solche Bestimmungen haben zum Ziel, die Ausübung des Stimmrechts durch Stellvertreter zu erleichtern, was vor allem für Kleinaktionäre, die an der GV nicht teilnehmen können, bedeutsam ist. Es handelt sich nicht um eine verpönte Ungleichbehandlung, sondern ganz im Gegenteil darum, auch dem an der GV nicht anwesenden Aktionär die Ausübung des Stimmrechts zu ermöglichen. 73
- Nicht unproblematisch ist es dagegen, wenn die Ausnahme für die Ausübung des Depotstimmrechts nicht in den Statuten enthalten ist, sondern von Verträgen mit der Gesellschaft abhängig gemacht wird[38]. 74

2. *Kein Ausschluss des Stimmrechts bei Interessenkonflikten*

Das *Vereinsrecht* sieht zwingend vor, dass jedes Mitglied «bei der Beschlussfassung über ein Rechtsgeschäft oder einen Rechtsstreit zwischen ihm, 75

---

[36] Beispiel: «Bankinstitute sind zur Ausübung des Depotstimmrechts von der Vertretungsbeschränkung ausgenommen, ebenso die Organvertreter.» Zur Rechtmässigkeit vgl. BGE 117 II 312 E 6 b), bb). Solche Ausnahmen dürfen freilich nicht dazu dienen, Höchststimmlimiten auf dem Weg über die Depotvertretung zu umgehen. Dies bedeutet, dass auch auf dem Weg über das Depotstimmrecht oder die Organvertretung für einen einzelnen Aktionär die Höchststimmlimite nicht überschritten werden darf.

[37] Es handelt sich um eine institutionalisierte Form der treuhänderischen Aktionärsstellung, die im angelsächsischen Bereich verbreitet ist. Vgl. § 44 N 199 und die dort in Anm. 74 zitierte Diss. Olgiati, ferner BGE 117 II 312 E 6 b), bb) a. E.

[38] Vgl. das Beispiel in BGE 117 II 187: «Der Verwaltungsrat ist berechtigt, mit Banken Vereinbarungen zu treffen, um die Ausübung des Depotstimmrechts zu ermöglichen. Er kann dabei von den in Absatz 3 [Stimmrechtsbeschränkung] festgelegten Beschränkungen abweichen.» Aus dem Grundsatz der Gleichbehandlung ergibt sich, dass solche Verträge nach gleichen Kriterien mit allen interessierten Instituten abzuschliessen sind. Nur so hat der Aktionär unabhängig vom Ort der Verwahrung seiner Aktien dieselbe Möglichkeit, von der Ausübung des Stimmrechts durch einen Depotvertreter Gebrauch zu machen. Dasselbe gilt für Ausnahmen aufgrund eines Beschlusses des Verwaltungsrates. – Kritisch zur Zulässigkeit solcher Ausnahmen an sich Huguenin Jacobs 159 f.

seinem Ehegatten oder einer mit ihm in gerader Linie verwandten Person einerseits und dem Vereine anderseits» vom Stimmrecht ausgeschlossen ist[39].

76 Dem *Aktienrecht* ist ein solcher *Ausschluss vom Stimmrecht bei Interessenkonflikten fremd.* Den Aktionär trifft keine Treuepflicht (vgl. § 42 N 26 ff), er ist frei – in den Schranken des Gesetzes[40] –, seine eigenen Interessen wahrzunehmen, selbst wenn diese den Interessen der Gesellschaft und anderer Aktionäre zuwiderlaufen[41].

77 Das Gesetz sorgt auf *andere Weise* dafür, dass einzelne Grossaktionäre nicht rücksichtslos ihre Interessen durchsetzen können, so insbesondere durch die allgemeinen Grundsätze der Gleichbehandlung und der schonenden Rechtsausübung (dazu § 39 N 11 ff), sodann durch Minderheiten- und Individualrechte (dazu § 39 N 128 ff).

3. Die Ausnahme: Stimmrechtsausschluss bei der Entlastung

78 Zum soeben erwähnten Grundsatz besteht eine (einzige[42]) Ausnahme: Nach OR 695 I haben bei der Beschlussfassung «über die Entlastung des Verwaltungsrates ... Personen, die in irgendeiner Weise an der Geschäftsführung teilgenommen haben, kein Stimmrecht».

79 Die Bestimmung ist mit Bezug auf den ausgeschlossenen Personenkreis *extensiv auszulegen.* Sie umfasst *alle* Personen, die an der Geschäftsführung teilgenommen haben, nicht nur die von der Abstimmung betroffenen[43]. Die in kleineren Gesellschaften übliche *gegenseitige Dechargeerteilung* durch Aktionäre, die in der Verwaltung oder Geschäftsführung tätig sind – je unter Stimmenthaltung für sich selbst – begründet daher keine gültige Entlastung (dürfte aber immerhin die zustimmenden Aktionäre persönlich binden).

80 Ist eine Person vom Stimmrecht ausgeschlossen, so sind es auch *ihre Vertreter,* und es darf der Ausschluss auch nicht durch Übertragung der Aktien an Strohmänner umgangen werden. Stimmberechtigt sind zwar *unbeteiligte Rechtsnachfolger, nicht dagegen die Erben*[44].

81 Eine *juristische Person* ist nach herrschender Lehre mit ihrem Aktienbesitz von der Abstimmung über die Entlastung jedenfalls dann ausgeschlossen, wenn sie von einem zu entlastenden Verwaltungsratsmitglied beherrscht wird[45].

---

[39] ZGB 68.
[40] Diese sind durch die Aktienrechtsreform verstärkt worden, vgl. etwa OR 706 II Ziff. 2 und 3, dazu § 39 N 1.
[41] Vgl. BGE 99 II 62, 100 II 389. In der Literatur ist zwar verschiedentlich die Auffassung vertreten worden, es habe der Aktionär das Stimmrecht «so auszuüben, wie der Gesellschaftszweck im weiteren Sinne, die Verfolgung der Interessen der Gesellschaft, es erfordert» (so Nenninger [zit. § 39 N 1] 141). In die Praxis haben solche – ohnehin kaum handhabbare – Postulate keinen Eingang gefunden.
[42] Vgl. BGE 100 II 389.
[43] Ausgenommen sind die Mitglieder der Revisionsstelle, OR 695 II. Umstritten ist, ob der Organvertreter die ihm übertragenen Stimmrechte beim Dechargebeschluss ausüben darf, vgl. dazu Roland von Büren (zit. Anm. 59a) 67 f, mit weiteren Angaben.
[44] So ausdrücklich BGE 118 II 496 ff, vgl. dazu auch SZW *1993* 295 ff.
[45] Vgl. ZR *1976* Nr. 22 S. 79 f.

Sind sämtliche Aktionäre auch Mitglieder des Verwaltungsrates, kann kein gültiger Decharge-Beschluss erfolgen[46]. Undenkbar ist die Entlastung in der *Einpersonen-AG*.

4. Ruhen des Stimmrechts an vinkulierten Namenaktien

Das revidierte Aktienrecht hat bei börsenkotierten Namenaktien die Figur des *Aktionärs ohne Stimmrecht* eingeführt (OR 685f III, dazu § 44 N 217 ff). Soweit ein Aktienerwerber nur als stimmrechtsloser Aktionär anerkannt ist, ruht das Stimmrecht an seinen Aktien.

5. Der Ausschluss des Stimmrechts an eigenen Aktien der Gesellschaft

a) In einem gewissen Umfang ist es einer AG erlaubt, ihre eigenen Aktien zu erwerben (vgl. OR 659, dazu § 50 N 131 ff). Doch schreibt das Gesetz zwingend vor, dass an diesen eigenen Aktien sowohl das *Stimmrecht* wie auch die damit verbundenen Rechte *ruhen* (OR 659a I).

Um diese Norm zu verstehen, muss man sich daran erinnern, dass die Geschäftsführung Sache des Verwaltungsrates oder allenfalls von Personen ist, an die der Verwaltungsrat die Geschäftsführung übertragen hat (OR 716 II). Zur Geschäftsführung gehört auch die Verwaltung der Wertschriften im Eigentum der AG, bei Aktien also auch der Entscheid darüber, wie die Mitwirkungsrechte auszuüben sind. Falls nun die von der Gesellschaft erworbenen eigenen Aktien in der GV vertreten werden könnten, hätte der Verwaltungsrat die Möglichkeit, mit diesen Aktien die Generalversammlungsbeschlüsse in seinem eigenen Interesse zu beeinflussen. Damit würde die Unabhängigkeit der GV vom Verwaltungsrat, ihre Stellung als «oberstes» Organ und als Kreationsorgan auch des Verwaltungsrates, beeinträchtigt.

b) Das revidierte Recht erstreckt das Stimmverbot auch auf Aktien, die bei *Tochtergesellschaften,* an denen eine AG mehrheitlich beteiligt ist, liegen (OR 659b)[46a]. Es regelt dadurch eine Frage, die unter dem früheren Recht nicht restlos geklärt war.

Auch dieses Verbot erklärt sich aus der Sorge um die Unabhängigkeit der GV: Der Verwaltungsrat der Muttergesellschaft beherrscht die Tochtergesellschaft.

---

[46] Die in der Praxis verbreitete gegenseitige Decharge unter jeweiliger Stimmenthaltung durch den Betroffenen ist gegenüber der Gesellschaft und den Gläubigern unwirksam.

[46a] Offen ist, ob sich die Frage der Mehrheitsbeteiligung nach dem Stimmrecht oder nach der Kapitalbeteiligung beurteilt. Im Hinblick auf den Stimmrechtsausschluss müsste es auf die Einflussmöglichkeiten und damit die Stimmkraft ankommen. Soweit es dagegen um vermögensmässige Konsequenzen des Erwerbs eigener Aktien geht, ist die Kapitalbeteiligung entscheidend (vgl. § 50 N 178). Ob der Gesetzgeber eine solchermassen differenzierte Anwendung von OR 659b gewollt hat (sie wird für das Verhältnis zu Enkelgesellschaften vertreten von Oertli, vgl. § 50 Anm. 73), ist allerdings fraglich.

Er könnte dadurch indirekt bestimmen, wie mit den im Vermögen der Tochtergesellschaft befindlichen Aktien gestimmt werden soll und auf diese Weise wiederum die eigene GV beeinflussen[47].

88 c) Umgekehrt darf – und soll – natürlich eine *Muttergesellschaft* die Rechte aus ihrer Beteiligung in der GV der Tochtergesellschaft ausüben. Auf dieser Möglichkeit beruhen die im Gesetz ausdrücklich vorgesehenen (vgl. OR 708 I und 671 IV) Holdinggesellschaften, d. h. Gesellschaften, deren Zweck hauptsächlich die Beteiligung an anderen Gesellschaften und allenfalls deren Kontrolle ist (dazu § 60 N 53 ff), ebenso die Figur des Konzerns (vgl. OR 663e und § 60 N 3 ff).

88a d) Offen ist, inwieweit das Stimmverbot von OR 659a I *über den Wortlaut* von OR 659 und 659b *hinaus Anwendung finden soll* und ob es umgekehrt Fälle gibt, in welchen Tochtergesellschaften im Sinne von OR 659b I *ausnahmsweise das Stimmrecht ausüben* dürfen. Ein Beschluss des Handelsgerichts des Kantons Zürich im summarischen Verfahren vom 6. 2. 1995[47a] hält zu Recht fest, dass stets die Zielsetzung von OR 659 ff – die *Machtbeschränkung des Verwaltungsrates* der (Mutter-)Gesellschaft – im Auge zu behalten ist. Daraus können – teils von jenem Entscheid abweichend – etwa folgende Schlüsse gezogen werden[47b]:

88b – Das *Depotstimmrecht* (dazu hinten N 136 ff) kann von einer Bank auch in ihrer eigenen GV wahrgenommen werden[47c].

88c – Liegen Aktien einer Gesellschaft bei einem *patronalen Fonds,* dessen Stiftungsrat von dieser Gesellschaft frei bestimmt wird, dann dürfte OR 659a I analog Anwendung finden: Es liegt die gleiche Interessenlage wie bei Tochtergesellschaften vor, da der Verwaltungsrat der (Stifter-)Gesellschaft in gleicher Weise indirekt auf die Stimmabgabe einwirken könnte. Stimmberechtigt ist dagegen wohl ein Fonds mit paritätisch aus Arbeitgeber- und Arbeitnehmervertretung zusammengesetztem Stiftungsrat.

88d – Bei *Anlagefonds* hat die Fondsleitung das Fondsvermögen «für Rechnung der Anleger selbständig» zu verwalten, wobei ausschliesslich die Anlegerinteressen zu berücksichtigen sind. Daher erscheint es als gerechtfertigt, dass die Fondsleitung die Stimmrechte an Aktien ihrer Muttergesellschaft, die in einem von ihr verwalteten Fonds liegen, ausüben kann: Sie steht diesbezüglich nicht unter der «einheitlichen Leitung» (vgl. OR 663e I) der Muttergesellschaft, weshalb der Grund für die Regelung von OR 659 I entfällt. Dagegen ruht das Stimmrecht an Aktien der Muttergesellschaft, die sich im Eigenbestand der Fondsleitungsgesellschaft befinden[47d].

---

47 Vgl. zum Problem BGE 72 II 275 ff; dieser Entscheid hat das revidierte Recht teilweise vorweggenommen.
47a SJZ *1995* 196 ff, insbes. 200.
47b Die Frage wird voraussichtlich in absehbarer Zeit vom BGer entschieden werden.
47c Andernfalls würde die gesetzlich zwingend vorgesehene Wahlmöglichkeit zwischen Organvertretung und unabhängiger Stimmrechtsvertretung (vgl. OR 689c und hinten N 134) zu Lasten der Bankkunden vereitelt.
47d Ebenso Matthäus den Otter in NZZ vom 31. 1. 1995 S. B 20; anders der in Anm. 47a erwähnte Beschluss des Zürcher Handelsgerichts, der ein generelles Stimmverbot annimmt.

– Hat eine Gesellschaft *eigene Aktien auf Termin gekauft*, dann trägt sie zwar das wirtschaftliche Risiko, doch stehen die Aktionärsrechte vorderhand weiterhin dem Veräusserer zu. Dieser bleibt daher grundsätzlich stimmberechtigt[47e]. 88e

6. Suspendierung von Stimmrechten nach Bankengesetz und Börsengesetz

Das voraussichtlich Mitte 1996 in Kraft tretende neue BG über die Börsen und den Effektenhandel (Börsengesetz, BEHG) vom 24. 3. 1995 schafft sodann die Voraussetzungen für eine Suspendierung des Stimmrechts, falls ein Aktienerwerber die *börsengesetzlichen Melde- oder Angebotspflichten* nicht beachtet (vgl. dazu § 61 N 36 f). 88f

Durch den am 1. 2. 1995 in Kraft getretenen neuen Art. 23ter Abs. 1bis des BankG erhält die Bankenkommission die Möglichkeit, das Stimmrecht von Aktionären mit qualifizierten Beteiligungen[47f] zu suspendieren, wenn diese ihrer bankengesetzlichen Meldepflicht (dazu § 42 N 41 f) nicht nachgekommen sind. 88g

7. Auswirkungen von Stimmrechtsbeschränkungen und Stimmrechtsausschluss auf die Quoren

a) Die gesetzlichen Quoren stellen auf die «vertretenen» Stimmen bzw. Aktiennennwerte ab (OR 703 f, dazu vorn N 25). Aktien, deren Stimmrecht generell oder bei einer einzelnen Abstimmung (Decharge) ruht, *sind in der GV im Sinne von OR 703 f nicht vertreten* und damit bei der Bemessung des Quorums *nicht mitzuzählen*. 89

Dasselbe muss für statutarische Stimmenquoren gelten, wenn nicht zweifelsfrei eine andere Ordnung vorgesehen wurde. 90

b) Ob bei – unter neuem Recht nur noch auf statutarischer Grundlage vorkommenden – *Präsenzquoren* (dazu N 5) die im Stimmrecht beschränkten Aktien mitzuzählen sind oder nicht, hängt vom Wortlaut der statutarischen Bestimmung und – da sich dieser zur Frage oft ausschweigt – ihrer Auslegung ab. Im Zweifel sind wohl Aktien, deren Stimmrecht ruht, bei den Präsenzquoren sowohl bei der zahlenmässigen Bestimmung des Quorums wie bei der Prüfung, ob dieses Quorum erreicht wurde, nicht mitzuzählen, ist also nur auf diejenigen Aktien abzustellen, die rechtlich überhaupt vertreten sein *können*. Es entspricht dies der Tendenz des neuen Aktienrechts, die Beschlussfähigkeit der GV nach Möglichkeit sicherzustellen[47g]. Jedenfalls sind die beiden Fragen, wie das Quorum zu bestimmen ist und ob es erreicht worden ist, nach dem gleichen Kriterium zu beantworten: Es wäre nicht sachgerecht, bestimmte Arten von Aktien zwar bei der Berechnung der 91

47e Anders und für ein Stimmverbot der in Anm. 47a erwähnte Beschluss des Zürcher Handelsgerichts. Ein Stimmverbot ist nur unter bestimmten Voraussetzungen zu bejahen, besonders dann, wenn mit dem Veräusserer Absprachen über die Ausübung der Aktionärsrechte bis zum Übertragungstermin getroffen wurden.
47f Beteiligungen von mindestens 10% des Kapitals oder der Stimmen oder Möglichkeit der massgebenden Einflussnahme auf andere Weise.
47g Vgl. dazu vorn Anm. 14a.

8. *Exkurs: Stimmbindungsverträge*

92 a) Aktionäre können sich hinsichtlich der Ausübung ihres Stimmrechts vertraglich binden. Stimmbindungsvereinbarungen sind oft das Herzstück von Aktionärbindungsverträgen (zu diesen § 39 N 139 ff).

93 Stimmbindungsverträge wirken – wie alle Verträge – nur *inter partes, unter den Beteiligten*: Der gebundene Aktionär ist vertraglich verpflichtet, seine Stimme vertragskonform abzugeben. Verletzt er diese Vertragspflicht, dann ist die Stimme trotzdem im abgegebenen Sinne gültig. Näheres in § 39 N 160, 193.

94 b) OR 691 I sieht jedoch vor, dass die Überlassung von Aktien zum Zwecke der Ausübung des Stimmrechts in der GV dann unzulässig ist, «*wenn damit die Umgehung einer Stimmrechtsbeschränkung beabsichtigt ist*». Die Lehre hat diese Norm weiter gefasst und daraus ein *Verbot* der Vereitelung des mit Stimmrechtsbeschränkungen angestrebten Erfolgs *durch Umgehungsgeschäfte* abgeleitet. Stimmbindungsverträge, mit denen Stimmrechtsbeschränkungen umgangen werden sollen[48], sind nichtig, und die Gesellschaft hat das Recht und die Pflicht, die in Umgehung der Stimmrechtsbeschränkung abgegebenen Aktienstimmen nicht zu beachten[49, 50].

III. Stimmrechtsaktien

1. Problematik und gesetzliche Grundentscheide

95 a) Ein Gegenstück zur Stimmrechtsbeschränkung bildet die *Stimmrechtsaktie*: Mit ihr soll einer Aktienkategorie eine im Verhältnis zur Kapitalbeteiligung *überproportionale Stimmkraft* eingeräumt werden.

96 b) Die *Problematik* ist offenkundig: Die AG ist eine Kapitalgesellschaft, für die es charakteristisch ist, dass sich die Rechte der Beteiligten – und insbesondere ihr Stimmrecht – nach dem Kapitaleinsatz bestimmen. Dieser Grundsatz wird durch Stimmrechtsaktien durchbrochen.

---

[48] Z.B. Unterlaufen einer prozentualen Limite dadurch, dass ein Teil der Aktien einem Strohmann übertragen und durch diesen vertreten wird.
[49] Vgl. BGE 109 II 44 (zum analogen Problem der Umgehung einer Vinkulierungsbestimmung).
[50] Um Umgehungsgeschäfte zu erschweren, machten schon bisher zahlreiche Gesellschaften die Anerkennung des Erwerbers von vinkulierten Namenaktien als Aktionär von einer Erklärung abhängig, dass er die Aktien «im eigenen Namen und auf eigene Rechnung erworben» habe. Die Möglichkeit einer solchen Vorbedingung ist nun gesetzlich verankert, OR 685b III (nicht börsenkotierte Namenaktien) und 685d II (börsenkotierte Namenaktien).

Anderseits kann vor allem bei personenbezogenen Aktiengesellschaften ein 97
Bedürfnis bestehen, einem persönlich stärker engagierten Aktionär vermehrten Einfluss einzuräumen[51].

Die bundesrätliche Botschaft[52] fasst Wünschbarkeit und Problematik wie folgt 98
zusammen: «Stimmrechtsaktien sind geeignete Instrumente zur Bildung von Führungsschwergewichten, insbesondere in Klein- und Familienaktiengesellschaften. Sie sind jedoch mit dem Postulat nach Gleichlauf von Risiko und Stimmkraft, von Einlage und Einfluss, nicht in Einklang zu bringen.»

c) Der Gesetzgeber lässt Stimmrechtsaktien weiterhin zu[53]. Wie bis anhin 99
schreibt er dafür eine bestimmte gesetzliche Konstruktion (Ziff. 2) und Ausgestaltung (Ziff. 3) vor. Stärker als im bisherigen Recht wird das Stimmenprivileg beschränkt (Ziff. 4). Für die Einführung von Stimmrechtsaktien gelten erschwerte Anforderungen (Ziff. 5).

2. *Die gesetzliche Konstruktion*

a) Das Stimmrecht eines Aktionärs richtet sich grundsätzlich nach dem 100
Umfang seiner Kapitalbeteiligung (vgl. OR 692 I sowie vorn N 12 f). Neben dem System des Stimmrechts nach Kapitalanteilen kennt das Gesetz jedoch auch das sog. *Stückstimmrecht:* Gemäss OR 693 I kann vom Grundsatz der Stimmenmacht entsprechend dem Kapitalanteil abgewichen und statutarisch bestimmt werden, dass *jede Aktie unabhängig von ihrem Nennwert eine Stimme vermittelt.* Werden nun Aktien mit verschiedenem Nennwert ausgegeben (z. B. solche von Fr. 500.– neben solchen von Fr. 100.– Nennwert), so entstehen – gleichsam als Nebenprodukt – sog. *unechte Stimmrechtsaktien:* Die Inhaber der Aktien mit kleinerem Nennwert erlangen mit gleichem Kapitaleinsatz ein Mehr an Stimmkraft.

b) Dagegen sind nach schweizerischem Recht sog. *echte Stimmrechtsaktien,* 101
d. h. die Schaffung von Aktien mit gleichem Nennwert, aber unterschiedlicher Stimmkraft, *nicht zulässig*[53a].

c) Als Exkurs sei erwähnt, dass eine gemessen am Kapitaleinsatz erhöhte 102
Einflussmöglichkeit auch dadurch bewirkt werden kann, dass einzelnen Aktionären *nicht voll einbezahlte Namenaktien* (vgl. OR 632 I sowie § 14 N 24) zugewie-

---

[51] Dieses Bedürfnis besteht oft in Familiengesellschaften, wenn ein einzelner oder einige Aktionäre aktiv in der Unternehmung tätig, andere dagegen ausschliesslich mit Kapital beteiligt sind. – Schon bei den Vorarbeiten zum früheren Aktienrecht ist die Stimmenprivilegierung einzelner Aktionäre freilich als Möglichkeit zur Schaffung «industrieller Erbdynastien» kritisiert worden.
[52] S. 43.
[53] Mit den im EG-Recht sich abzeichnenden Tendenzen ist dies freilich kaum zu vereinbaren.
[53a] Unzulässig ist u. E. auch eine Abstufung des Stimmrechts nach der Intensität des Engagements in der AG, wie sie Kratz (zit. § 62 N 136) § 9 N 41 ff bei der genossenschaftlich strukturierten AG (dazu § 62 N 136 ff) für möglich hält.

sen werden: Da sich das Stimmrecht nach dem Umfang des *gezeichneten* und nicht des liberierten Kapitals bestimmt, sind die voll einbezahlten wie die nur teilweise liberierten Aktien trotz unterschiedlichem Kapitaleinsatz gleich stimmberechtigt.

103 Solche Aktien sind *keine Stimmrechtsaktien* im Sinne des Gesetzes, weshalb die nachfolgend besprochenen besonderen Bestimmungen keine Anwendung finden. Auch ist das so eingeräumte «Privileg» von unsicherer Dauer, hat es doch die Gesellschaft jederzeit in der Hand, die volle Liberierung zu verlangen (vgl. § 14 N 30 ff). Ungleiche Liberierungsquoten verstossen zudem gegen das Gleichbehandlungsprinzip (dazu § 39 N 11 ff) und dürften daher in der Regel nur im Einverständnis aller Aktionäre zulässig sein.

3. Die Ausgestaltung

104 Stimmrechtsaktien können nur als *Namenaktien* ausgegeben werden, und sie müssen *voll liberiert* sein (OR 693 II). Die Gesellschaft soll die privilegierten Aktionäre kennen, und der Kapitaleinsatz soll nicht dadurch nochmals verringert werden können, dass nur teilliberierte Aktien ausgegeben werden.

4. Schranken des Stimmenprivilegs

105 Eine von der Kapitalbeteiligung abweichende Stimmkraft ist dem Wesen des Aktienrechts wie erwähnt fremd. Der Gesetzgeber lässt daher solche Privilegien nicht frei zu; er beschränkt sie sowohl im Umfang wie im Anwendungsbereich:

106 a) Eine *absolute Schranke* ergibt sich daraus, dass nach OR 693 II der Nennwert der übrigen Aktien «das Zehnfache des Nennwertes der Stimmrechtsaktien nicht übersteigen» darf. Das Stimmenprivileg im Verhältnis zum Kapitaleinsatz ist damit auf das Zehnfache limitiert. (Möglich ist es dagegen, einer Gruppe von Beteiligten *überhaupt kein Stimmrecht* einzuräumen; dies durch die Schaffung von sog. *Partizipationsscheinen*, dazu § 46 N 35 ff.)

107 Das bisherige Aktienrecht kannte diese Schranke nicht. Doch war ein Privileg von mehr als dem Zehnfachen deshalb äusserst selten, weil der minimale Nennwert der Aktien Fr. 100.– (statt nun Fr. 10.–) betrug und für die gewöhnlichen Aktien (Stammaktien) aus praktischen Gründen[54] kaum ein Nennwert von mehr als Fr. 1000.– in Betracht kam.

108 In Gesellschaften mit Stimmrechtsaktien sind «die Stimmverhältnisse und damit das Machtgefüge nicht selten sehr sorgfältig ausbalanciert»[55]. Der Gesetzgeber hielt es daher nicht für zumutbar, von den Gesellschaften zu verlangen, unter altem Recht eingeführte Stimmprivilegien, welche die neue gesetzliche Limite von 10 : 1 überstiegen, zu beseiti-

---

[54] So sind zu «schwere» Aktien für den börsenmässigen Handel unzweckmässig.
[55] Botschaft 198.

gen. Vielmehr enthält SchlBest 5 eine sog. «Grandfathering»-Klausel, d. h. eine Bestimmung, wonach die alte Ordnung trotz Widerspruchs zum neuen Recht beibehalten werden darf, und zwar unbefristet[56].

b) Das Gesetz sieht in OR 693 III vor, dass das *Stimmenprivileg* auf vier Abstimmungsgegenstände *nicht anwendbar* ist: 109
- für die Wahl der Revisionsstelle, 110
- für die Ernennung von Sachverständigen zur Prüfung der Geschäftsführung oder einzelner Teile davon, 111
- für die Beschlussfassung über die Einleitung einer Sonderprüfung, 112
- für die Beschlussfassung über die Anhebung einer Verantwortlichkeitsklage. 113

Bei diesen Beschlüssen geht es um Kontrolle und Verantwortlichkeit, welche die Stimmrechtsaktionäre nicht durch den Einsatz ihrer erhöhten Stimmkraft sollen vereiteln können. 114

c) Sodann wird der Einfluss der Stimmrechtsaktien bei den *«wichtigen Beschlüssen»* im Sinne von OR 704 (dazu vorn N 28 ff) teilweise neutralisiert: Diesen Beschlüssen müssen nicht nur zwei Drittel der vertretenen Stimmen[57] zustimmen, sondern auch die absolute Mehrheit der vertretenen – und vom Stimmenprivileg unabhängigen – Aktien*nennwerte*. 115

d) Ein gewisser Schutz der nicht privilegierten Aktionäre besteht endlich auch darin, dass bei unterschiedlichen Aktienkategorien jede Kategorie ein Recht auf wenigstens *einen* Vertreter im Verwaltungsrat hat (OR 709 I, dazu § 28 N 162 ff). 116

5. *Die Einführung und Abschaffung von Stimmrechtsaktien*

In den ursprünglichen Statuten werden Stimmrechtsaktien – wie die originären Statuten insgesamt – mit Einstimmigkeit eingeführt. 117

Die Einführung von Stimmrechtsaktien zu einem *späteren Zeitpunkt* bedarf als «wichtiger Beschluss» des doppelt qualifizierten Quorums von OR 704 (vgl. OR 704 I Ziff. 2). Eine «Einführung» im Sinne des Gesetzes liegt – entgegen dem Wortlaut – jedoch nur dann vor, wenn bisherige Aktien durch die Einführung überproportional an Stimmkraft verlieren (vgl. vorn N 38). 118

Auch mit dem erforderlichen qualifizierten Quorum können jedoch Stimmrechtsaktien nicht ohne weiteres eingeführt werden. Vielmehr sind die allgemeinen aktienrechtlichen Grundsätze – besonders das Gleichheitsprinzip und das der schonenden Rechtsausübung (dazu § 39 N 95 ff) – zu beachten. Die Tragweite dieser Schranken für diesen Fall ist freilich umstritten. 119

Zur *Abschaffung* von Stimmrechtsaktien vgl. § 26 N 16 f. 119a

---

[56] Auch solche Gesellschaften dürfen jedoch keine neuen Aktien mehr ausgeben, denen ein Stimmenprivileg von mehr als dem Zehnfachen des Nennwertes eingeräumt wird.
[57] Hier wirkt sich das Privileg aus.

IV. Die Ausübung des Stimmrechts durch Stellvertreter

1. Allgemeines

120 a) Die aktienrechtliche Mitgliedschaft ist – wie wiederholt erwähnt – *vertretungsfreundlich* ausgestaltet: Der Aktionär kann seine Aktien in der GV «durch einen Dritten vertreten lassen, der unter dem Vorbehalt abweichender statutarischer Bestimmungen nicht Aktionär zu sein braucht» (OR 689 II).

121 Wenn in der Literatur erklärt wird, statutarische Vertretungsbeschränkungen mit Bezug auf Nationalität, Religion usw. seien zulässig, dann kann sich dies nur auf die Stellvertretung durch Nichtaktionäre beziehen. Für alle Stellvertreter – auch die Aktionäre – gelten dagegen allgemeine Stimmrechtsbeschränkungen, z. B. eine Prozentklausel, soweit sie sich auf vertretene (und nicht nur auf eigene) Aktien erstreckt (vgl. N 60 ff), sodann der Stimmrechtsausschluss bei der Erteilung der Decharge (vgl. N 78 ff).

122 b) Das Gesetz regelt die Stellvertretung nicht im Abschnitt über die GV, sondern bei den persönlichen Mitgliedschaftsrechten und hier beim Teilnahmerecht (vgl. OR 689 II, 689b–689e). Dabei ist zu unterscheiden zwischen allgemeinen Bestimmungen (OR 689 II, 689b) und solchen speziell für sog. *institutionelle Stellvertreter*, nämlich den Organ- und den Depotvertreter und den unabhängigen Stimmrechtsvertreter (OR 689c und d, dazu nachstehend Ziff. 2–5).

123 Die Regelung der institutionellen Stellvertretung ist vor allem für *Publikumsgesellschaften* konzipiert. Da bei ihnen meist nur ein kleiner Bruchteil aller Aktionäre an der GV teilnimmt und teilnehmen kann, kann eine repräsentative Kundgabe des Aktionärswillens nur durch Stellvertretung erfolgen. Dafür bieten sich die Banken, bei denen die Aktien meist hinterlegt sind, an (*Depotvertreter*). Aber auch die Gesellschaft selbst offeriert regelmässig, für die Vertretung der Aktien durch eine von ihr bestimmte Person besorgt zu sein (*Organvertreter*). Damit eine unabhängige Vertretung allenfalls auch gegen die Anträge des Verwaltungsrates sichergestellt ist, verlangt das revidierte Recht neben einem allfälligen Organvertreter auch einen sog. *unabhängigen Stimmrechtsvertreter*.

124 c) Das Aktienrecht spricht nur vom *gewillkürten*, vom Aktionär selbst eingesetzten Stellvertreter. Da das Stimmrecht des Aktionärs kein höchstpersönliches Recht im Sinne von ZGB 19 II ist, kann das Stimmrecht jedoch auch durch *gesetzliche Vertreter* ausgeübt werden: den Inhaber der elterlichen Gewalt (ZGB 304), den Vormund oder Beistand (vgl. ZGB 367, 393, 407, 413, 419), den Erbschaftsvertreter oder Willensvollstrecker (vgl. ZGB 518, 551 II, 554) und die Konkursverwaltung (vgl. SchKG 240). Für juristische Personen wird das Stimmrecht durch ihre Organe ausgeübt, für Personengesellschaften durch die Geschäftsführer, wobei juristische Personen und Personengesellschaften auch gewillkürte Vertreter bestellen können.

d) Sind an einer Aktie *mehrere Personen gemeinsam berechtigt*, so können sie die Aktionärsrechte und insbesondere das Stimmrecht «nur durch einen gemeinsamen Vertreter ausüben» (OR 690 I). Im Falle der Nutzniessung wird die Aktie durch den Nutzniesser vertreten (OR 690 II), während umgekehrt bei Verpfändung der Aktionär und nicht der Pfandgläubiger vertretungsbefugt ist (ZGB 905), es sei denn, der Pfandgläubiger sei vom Aktionär eigens bevollmächtigt worden (OR 689b II). 125

e) Bei der gewillkürten Stellvertretung ist zur *Bevollmächtigung* bei Namenaktien eine schriftliche Vollmacht erforderlich (OR 689a I). Auch bei Inhaberaktien ist eine Bevollmächtigung durch schriftliche Vollmacht (analog OR 689a I) möglich. Häufig ist bei Inhaberaktien aber die *verdeckte* Vollmacht: «Die Mitgliedschaftsrechte aus Inhaberaktien kann ausüben, wer sich als Besitzer ausweist, indem er die Aktien vorlegt.» (OR 689a II). Ob er aus eigenem Recht oder aufgrund einer Bevollmächtigung handelt, bleibt dabei offen. 126

f) Der Vertreter ist verpflichtet, die *Weisungen des Aktionärs zu befolgen* (OR 689b I). Der Gesetzgeber sah sich veranlasst, diese Selbstverständlichkeit, die sich bereits aus allgemeinem Auftragsrecht (OR 397 I) ergibt, angesichts vermuteter Missstände im Gesetz ausdrücklich zu verankern. 127

Aus der Pflicht zur Befolgung von Weisungen ergibt sich eine Pflicht desjenigen, der ein Mandat als Stellvertreter angenommen hat, das Stimmrecht auch dann auszuüben, wenn die erteilte Weisung nicht der eigenen Meinung entsprechen sollte. 128

Verletzt der Vertreter Weisungen des Aktionärs, so bleibt die Stimmabgabe trotzdem gültig, und zwar selbst dann, wenn die Gesellschaft Kenntnis vom vertretungswidrigen Verhalten hat. Der Vertreter wird aber allenfalls schadenersatzpflichtig. 129

g) Hauptfall der Stellvertretung ist die *Stimmabgabe*, doch können auch *andere Rechte* – etwa das Antragsrecht oder das Auskunftsrecht – durch Stellvertreter wahrgenommen werden. 130

Umstritten ist, inwieweit Depotvertreter oder Organvertreter die Weisung, abweichende *Anträge* zu stellen, entgegennehmen und ausführen müssen. 131

2. *Organvertreter und unabhängige Stimmrechtsvertreter*[58]

a) Bei Namenaktien (bei denen der Gesellschaft die Adressen der Aktionäre bekannt sind, OR 686 I) wenden sich die Publikumsgesellschaften regelmässig selber an ihre Aktionäre. Dabei bieten sie an, «für die Stimmrechtsvertretung besorgt zu sein». Vollmachten, die der Gesellschaft aufgrund dieser Offerte zukommen, werden dann meist einer von der Gesellschaft abhängigen Person – 132

---

[58] Vgl. dazu Herbert Wohlmann: Zur Organvertretung im neuen Schweizer Aktienrecht, SJZ *1994* 116 ff; Reto Waidacher: Die Rechtsbeziehungen zum unabhängigen Stimmrechtsvertreter im schweizerischen Aktienrecht, in: Schluep/Isler 187 ff.

einem Direktor, allenfalls einem Verwaltungsratsmitglied oder einem Angestellten der Gesellschaft – zur Ausübung übertragen[59].

133 Es versteht sich von selbst, dass solche *Organvertreter*[59a] regelmässig entsprechend den Anträgen des Verwaltungsrates stimmen. Aufgrund der Pflicht, Weisungen des Vollmachtgebers zu befolgen (OR 689b I, dazu vorn N 127), muss freilich auch ein Organvertreter allenfalls auftragsgemäss gegen diese Anträge stimmen[59b].

134 b) Das revidierte Recht schreibt vor, dass eine Gesellschaft, die den Aktionären eine abhängige Person für die Stimmrechtsvertretung vorschlägt, zugleich eine *unabhängige Person* bezeichnen muss, der ebenfalls Vollmacht erteilt werden kann (OR 689c). Dieser *unabhängige Stimmrechtsvertreter* darf nicht in einem Treue- oder Abhängigkeitsverhältnis zur Gesellschaft stehen[59c]. Er wird direkt durch die Aktionäre beauftragt[59d].

135 c) Anders als beim Depotvertreter (dazu sogleich nachstehend) schreibt das Gesetz für Organ- und unabhängige Stimmrechtsvertreter die Einholung von Weisungen nicht ausdrücklich vor. Für den unabhängigen Stimmrechtsvertreter dürfte sich dies in der Regel deshalb erübrigen, weil der Aktionär, der sich an den unabhängigen Vertreter wendet, regelmässig von sich aus Weisungen erteilt. Für Organvertreter wird in der Regel in der Offerte der Gesellschaft erklärt, diese würden die vertretenen Stimmen entsprechend den Anträgen des Verwaltungsrates abgeben.

3. Depotvertreter

136 a) Aktien von Publikumsgesellschaften werden heute in der Regel nicht beim Aktionär privat, sondern bei Banken verwahrt. Dabei räumt der Aktionär seiner Bank oft die *Vertretungsmacht* an den hinterlegten Aktien ein. Dieses sog. Depotstimmrecht ist unter bisherigem Recht stark kritisiert worden[60]: Durch das «Depotstimmrecht» vereinigten die Banken regelmässig bedeutende Stimmblöcke – in Einzelfällen gar die Mehrheit der Stimmen – auf sich. Die Art der

---

59 Unzulässig wäre es dagegen, den Verwaltungsrat als *Organ* mit der Vertretung zu beauftragen. Vielmehr ist eine Stellvertretung nur durch einzelne *Mitglieder* des Verwaltungsrates oder andere Organpersonen möglich.
59a Charakteristisch für den Organvertreter ist seine *Abhängigkeit* von der Gesellschaft (OR 689c). Organstellung im Sinne der aktienrechtlichen Verantwortlichkeit (dazu § 37 N 2 ff) bzw. in dem eines Exekutivorgans (dazu § 19 N 9 ff) ist also nicht verlangt. Auch Hilfspersonen oder abhängige Dritte kommen als Organvertreter in Betracht. Vgl. Roland von Büren in ZBJV *1995* 57 ff, 60 ff.
59b A. M. und für eine Pflicht zur Ablehnung des Antrags von Büren (zit. Anm. 59a) 62.
59c Zur Konkretisierung mag man OR 727c (dazu § 32 N 24 ff) analog beiziehen, vgl. von Büren (zit. Anm. 59a) 62.
59d Der unabhängige Stimmrechtsvertreter kann nur zur weisungsgemässen Stimmabgabe (bzw. -enthaltung) verpflichtet werden, nicht dagegen zur Abgabe von Voten, zur Stellung von Gegenanträgen usw., vgl. von Büren (zit. Anm. 59a) 63.
60 Vgl. zum früheren Recht Hans-Peter Schaad: Das Depotstimmrecht der Banken nach schweizerischem und deutschem Recht (Diss. Zürich 1972); Erich Tillmann: Das Depotstimmrecht der Banken (Diss. Zürich 1985 = SSHW 80); Böckli (zit. N 1) 22 ff.

Stimmabgabe war jeweils schon vor der GV festgelegt, und sie erfolgte praktisch ausnahmslos entsprechend den Anträgen des Verwaltungsrates. Die Meinungsbildung an der GV selbst konnte dadurch zur Farce werden. Hingewiesen wurde auch auf Interessenkonflikte bei den Banken, die oft im Verwaltungsrat vertreten sind und dadurch ein Interesse an der Unterstützung des Verwaltungsrates haben, während sie als Depotvertreter zur Wahrung der Interessen der Auftraggeber verpflichtet sind.

Die Schweiz. Bankiervereinigung versuchte durch Richtlinien von 1961/1967/1980 eine effektivere Willensbildung zu realisieren. Doch blieb das Unbehagen bestehen, zumal die Richtlinien in der Praxis nicht durchwegs befolgt wurden. 137

b) Anlässlich der Aktienrechtsreform ist die Problematik der Depotvertretung intensiv diskutiert worden. Dabei stand ein Verbot nicht zur Diskussion: Unter bisherigem Recht waren die Depotstimmen schon zur Erreichung gesetzlicher Präsenzquoren erforderlich (vgl. vorn N 23). Auch ermöglicht die Bankenvertretung dem Kleinaktionär immerhin die indirekte Ausübung seines Stimmrechts. Das Bestreben ging deshalb dahin, die Depotvertretung dadurch aufzuwerten, dass in den Depotstimmen der echte Wille der vertretenen Aktionäre effektiver zum Ausdruck kommen sollte: 138

c) Zu diesem Zweck verlangt das revidierte Recht, dass Banken oder gewerbsmässige Vermögensverwalter (vgl. OR 69 3d III), welche die Stimmrechte (oder andere Mitwirkungsrechte) aus bei ihnen hinterlegten Aktien ausüben wollen, den Hinterleger vor jeder Generalversammlung um *Weisungen für die Stimmabgabe* zu ersuchen haben (OR 689d I). Trifft die Antwort nicht oder verspätet ein, sind die Stimmen nach einer allgemeinen Weisung des Hinterlegers auszuüben. Fehlt eine solche, so muss entsprechend den Anträgen des Verwaltungsrates gestimmt werden[61]. 139

Gleichzeitig mit der Einholung der Weisungen hat der Depotvertreter den Aktionär über die bevorstehende GV und ihre Traktanden zu orientieren. Die Orientierungspflicht ist zwar im Gesetz nicht ausdrücklich genannt, folgt aber schon daraus, dass der Aktionär ohne Information keine vernünftigen Instruktionen erteilen kann. 140

Bei Namenaktien werden die GV-Unterlagen in der Regel von der Gesellschaft den Aktionären direkt zugestellt. Leitet ein Aktionär in der Folge die Zutrittskarte an seine Bank weiter, bevollmächtigt er diese und erteilt er spezielle oder allgemeine Weisungen, erübrigt sich eine Rückfrage seitens der Bank. 141

d) Auch wenn man der neuen gesetzlichen Regelung grundsätzlich zustimmen kann, ist an Einzelheiten *Kritik* anzubringen: 142

– Die Einholung von Weisungen vor *jeder* Generalversammlung, also auch dann, wenn lediglich unbestrittene Routinetraktanden abzuwickeln sind, dürfte die Rückfrage abwerten und sich so als kontraproduktiv erweisen. Weniger – nämlich eine Pflicht zur Rückfrage nur bei wichtigen und umstrittenen Traktanden – hätte mehr sein können. 143

---

[61] OR 689d II.

144   – Verfehlt ist die gesetzliche Pflicht, beim Fehlen von Weisungen *gemäss den Anträgen des Verwaltungsrates zu stimmen:* Mangels spezieller Vorschriften galt bis zur Aktienrechtsreform allgemeines Auftragsrecht und damit die Pflicht des Depotvertreters, nach bestem Wissen im Interesse und nach dem mutmasslichen Willen des Auftraggebers zu stimmen (OR 397 f), also nötigenfalls auch *gegen* einen Antrag des Verwaltungsrates. Diese Möglichkeit der Interessenwahrung ist dem Depotvertreter nach neuem Recht versperrt, es sei denn, er sei aufgrund einer allgemeinen Weisung dazu ermächtigt.

4. Transparenzpflichten

145   Organvertreter, unabhängige Stimmrechtsvertreter und Depotvertreter müssen der AG «Anzahl, Art, Nennwert und Kategorie der von ihnen vertretenen Aktien bekannt» geben (OR 689e I).

146   Diese Angaben sind vom Vorsitzenden der Versammlung «gesamthaft für jede Vertretungsart» mitzuteilen (OR 689e II), und sie sind auch in das Protokoll der GV aufzunehmen (OR 702 II Ziff. 1).

147   Durch diese Vorschriften soll die institutionelle Stimmrechtsvertretung, zu deren Bedeutung – von einer Untersuchung der Kartellkommission[62] abgesehen – nur Mutmassungen bestanden, vermehrt *transparent* gemacht werden.

148   Unterbleibt die Meldung durch die institutionellen Stellvertreter, dann sind die Beschlüsse der GV anfechtbar, falls die Gesellschaft nicht nachweisen kann, dass die durch die fehlbaren institutionellen Vertreter ausgeübten Stimmen auf die Beschlussfassung keinen Einfluss hatten (OR 689e I in Verbindung mit OR 691 III). Diese Sanktion geht wohl zu weit, doch dürfte sie vor allem *präventiv* wirken.

149   Unterlässt der Vorsitzende der GV die Bekanntgabe trotz des Begehrens eines Aktionärs, sind die Beschlüsse ebenfalls anfechtbar (OR 689e II)[63].

5. Die praktische Bedeutung der institutionellen Stellvertretung

150   a) In Publikumsgesellschaften kommt der *institutionellen Stellvertretung* weit *grössere Bedeutung als der individuellen* zu[64]. Organvertreter und Depotvertreter dürften – jedenfalls bei grösseren Publikumsgesellschaften – regelmässig die Stimmenmehrheit auf sich vereinigen – in einzelnen Fällen eine erdrückende Mehrheit.

---

[62] Vgl. Veröffentlichungen der Kartellkommission *1979* Heft 1/2 S. 74 ff, 134 ff, 166 ff.

[63] Dabei ist umstritten, ob auch in diesem Fall der Nachweis der Einflusslosigkeit gemäss OR 691 III offensteht: Befürwortend (u. E. zu Recht) Böckli N 1371 ff, verneinend Botschaft 88.

[64] Bei privaten Aktiengesellschaften spielt dagegen die institutionelle Vertretung meist keine Rolle; an sich finden aber die Bestimmungen von OR 689c ff trotzdem Anwendung. So muss auch eine private Aktiengesellschaft, die ihren Aktionären offeriert, für die Stimmrechtsvertretung besorgt zu sein, einen unabhängigen Stimmrechtsvertreter bestimmen.

b) Doch ist die Entwicklung der *Depotvertretung* unter neuem Aktienrecht *enttäuschend:* Aufgrund des vermehrten Aufwandes und als Folge eines allgemein verstärkten Kostenbewusstseins sind Banken dazu übergegangen, das Depotstimmrecht nur noch dann auszuüben, wenn entweder die Gesellschaft die Kosten für den mit dem Einholen der Weisungen verbundenen Aufwand oder der Hinterleger diejenigen für die Vertretung übernimmt. Die Folge war ein zum Teil drastischer Rückgang der Präsenz an den Generalversammlungen, also – ganz entgegen der gesetzgeberischen Zielsetzung – eine Verschlechterung statt einer Verbesserung der demokratischen Legitimation. Durch eine Anpassung der Kostenstruktur soll dieser Trend gekehrt werden.

c) Der durch das revidierte Recht neu eingeführte *unabhängige Stimmrechtsvertreter* hat bis heute kaum eine Rolle gespielt: zumeist vertritt er nur einen marginalen Teil der Aktienstimmen, und, wie es scheint, wird er meist beauftragt, entsprechend den Anträgen des Verwaltungsrates zu stimmen. Dies spricht jedoch nicht gegen die Institution des unabhängigen Vertreters. Vielmehr dient er der Vertrauensbildung und könnte ihm in einer umstrittenen GV – etwa anlässlich eines Übernahmekampfes – durchaus einmal eine zentrale Rolle zukommen.

§ 25 Anfechtbarkeit und Nichtigkeit von Generalversammlungsbeschlüssen

Literatur: Urs Gaudenz Frei: Nichtige Beschlüsse der Generalversammlung der Aktiengesellschaft (Diss. Zürich 1962); Alfred Koller: Die aktienrechtliche Anfechtungsklage, recht *1988* 51 ff; Yigit Tahsin Okur: L'action en annulation des décisions de l'assemblée générale des actionnaires dans la société anonyme (Diss. Genf 1965); Rudolf Peyer: Nichtige und anfechtbare Beschlüsse der Generalversammlung der Aktiengesellschaft (Diss. Zürich 1944); Kuno Walter Rohrer: Aktienrechtliche Anfechtungsklage (Diss. Bern 1979); Schluep (zit. § 39 N 1) 276 ff; Armin Strub: Die Ungültigkeit von Generalversammlungsbeschlüssen der Aktiengesellschaft (Diss. Zürich 1963 = ASR 350); Studer (zit. § 23 N 1) 107 ff (besonders und differenziert zu den Folgen einer fehlerhaften Einberufung). Aus den *Gesamtdarstellungen* vgl. Basler Kommentar zu OR 706–706b (Dreifuss/Lebrecht); Böckli N 1898 ff; Bürgi, Kommentierung von OR 706; Guhl/Kummer/Druey 694 ff.

I. Grundlagen, Verhältnis zu anderen Rechtsbehelfen

a) Beschlüsse der GV können *mangelhaft* sein, und zwar entweder hinsichtlich des *Verfahrens*[1] oder auch mit Bezug auf ihren *Inhalt*[2].

Für diese Fälle sind im Aktienrecht zwei Sanktionen vorgesehen: die Anfechtbarkeit und die Nichtigkeit.

aa) *Anfechtbarkeit* ist die Regel. Sie bedeutet, dass die Rechtmässigkeit eines GV-Beschlusses bzw. seines Zustandekommens von einem bestimmten Personenkreis innert gesetzlicher Frist gerichtlich angegriffen werden kann. Der GV-Beschluss befindet sich in der Schwebe: Wird die Anfechtungsklage gutgeheissen, erfolgt eine Aufhebung ex tunc. Wird nicht oder erfolglos angefochten, ist der Beschluss definitiv gültig.

bb) *Nichtigkeit* ist die Ausnahme. Sie kann grundsätzlich von jedermann jederzeit geltend gemacht werden; ein nichtiger Beschluss wird auch durch Zeitablauf nicht gültig[3].

cc) Um die *Grenzziehung* zwischen anfechtbaren und nichtigen GV-Beschlüssen zu erleichtern, werden im revidierten Aktienrecht Beispiele von Anfechtungsgründen (OR 706 II, dazu N 19 ff) und von Nichtigkeitsgründen (OR 706b,

---

[1] Beispiele: Verspätete Einberufung, mangelhafte Traktandierung, Verweigerung des Rechts auf Meinungsäusserung.
[2] Beispiele: Kapitalerhöhung unter Entzug des Bezugsrechts der Aktionäre, Beschluss einer Ausschüttung, obwohl kein Bilanzgewinn vorhanden ist, Beschluss einer statutarischen Bestimmung, die einer zwingenden gesetzlichen Anordnung zuwiderläuft.
[3] Aus Gründen des Verkehrsschutzes kann freilich auch ein nichtiger Beschluss Wirkungen zeitigen, vgl. N 136.

dazu N 89 ff) gesetzlich umschrieben. Über die Kodifizierung der bisherigen Praxis hinaus ist es dem Gesetzgeber aber nicht gelungen, klare Unterscheidungskriterien zu statuieren[3a]. Diese aufzufinden, bleibt wie bei den andern juristischen Personen auch im Recht der AG weiterhin Lehre und Rechtsprechung überlassen (vgl. hinten N 103 ff)[4].

7   b) Neben der Anfechtungs- und der Nichtigkeitsklage kennt das Aktienrecht auch die *Verantwortlichkeitsklage,* d. h. eine Klage auf Schadenersatz gegen fehlbare Organe (vor allem Verwaltungsrat und Revisionsstelle; dazu § 36 f). Das Bundesgericht hat kategorisch erklärt, die *Anfechtungsklage* gegenüber Beschlüssen der Generalversammlung sei *unzulässig,* wenn sie sich auf einen Sachverhalt stütze, der Gegenstand einer Verantwortlichkeitsklage gegen Gesellschaftsorgane bilden könne[5]. Demgegenüber wird in der Literatur zu Recht erklärt, dass zwischen dem Anfechtungsrecht nach OR 706 (und neu dem Recht auf Feststellung der Nichtigkeit nach OR 706b) einerseits und den Verantwortlichkeitsansprüchen nach OR 752 ff auf der anderen Seite *keine Subsidiarität* besteht, dass vielmehr diese Klagemöglichkeiten *in Konkurrenz zueinander* stehen und sie – falls die Voraussetzungen hiefür gegeben sind – allenfalls gleichzeitig geltend gemacht werden können. (Die Möglichkeit einer – auch im Hinblick auf das Vollstreckungsergebnis – stets ungewissen Klage auf Schadenersatz zufolge Verantwortlichkeit ist keine Alternative zur Beseitigung eines Gesellschaftsbeschlusses.)

8   Dagegen ist die aktienrechtliche *Auflösungsklage* (OR 736 Ziff. 4, dazu § 55 N 57 ff) zur Anfechtungsklage regelmässig subsidiär, da die richterliche Auflösung einer AG nur als ultima ratio in Betracht kommen kann[6].

9   c) Ein Anfechtungsrecht besteht nur gegenüber GV-Beschlüssen. *Verwaltungsratsbeschlüsse* sind nach feststehender Praxis *nicht anfechtbar*[7].

10 Wohl aber kann Nichtigkeit auch gegenüber Verwaltungsratsbeschlüssen geltend gemacht werden (OR 714, dazu § 31 N 42 f).

3a In der Praxis wird man oft nicht darum herumkommen, vorsichtshalber neben einem Begehren auf Feststellung der Nichtigkeit eventualiter eine Anfechtungsklage anzustrengen.
4   Das bisherige Recht regelte nur die Anfechtbarkeit, nicht aber die Nichtigkeit.
5   BGE 92 II 246 f, 100 II 389.
6   BGE 105 II 125 f.
7   BGE 76 II 61 ff, 109 II 243 f. A. M. mit ausführlicher Begründung Eric F. Stauber: Das Recht des Aktionärs auf gesetz- und statutenmässige Verwaltung ... (Diss. Zürich 1985 = SSHW 79) 165 ff. – Der aktienrechtliche Behelf gegen rechtswidrige Verwaltungsratsbeschlüsse ist die Verantwortlichkeits- und nicht die Anfechtungsklage; zu jener vgl. § 36 f. – Möglich ist allenfalls eine Klage gegen die Gesellschaft auf *Feststellung der Widerrechtlichkeit* eines Verwaltungsratsbeschlusses, vgl. BGE 76 II 51.

II. Die Anfechtung von Generalversammlungsbeschlüssen

1. Das Anfechtungsrecht als Element des Minderheitenschutzes

Das Recht auf Anfechtung von GV-Beschlüssen gemäss OR 706 f bildet die prozessuale Basis, auf deren Grundlage eine Minderheit – ja auch nur ein einziger Aktionär – gegen gesetzes- und statutenwidrige Mehrheitsbeschlüsse vorgehen kann. Es ist ein wesentliches Element des *Minderheiten- und Individualschutzes*, durch das der Mehrheitsmacht Schranken gesetzt werden.

Das Anfechtungsrecht ist *unentziehbar* und *unverzichtbar*; es können die Aktionäre zwar auf die Geltendmachung im Einzelfall verzichten, niemals aber auf das Recht als solches. Selbst ein einstimmig gefasster Beschluss, durch den das Anfechtungsrecht beseitigt oder eingeschränkt werden soll, bliebe nichtig (vgl. OR 706b Ziff. 1, dazu N 92 ff).

2. Anfechtungsgründe

a) Anfechtbar sind nach der Generalklausel von OR 706 I «*Beschlüsse der Generalversammlung, die gegen das Gesetz oder die Statuten verstossen*». Diese aus dem bisherigen Recht übernommene Formel ist in OR 706 II in vier Ziffern exemplifiziert, wobei im wesentlichen die bisherige Rechtsprechung des Bundesgerichts zusammengefasst wird. Die Aufzählung ist nicht abschliessend und bewusst nicht allzu detailliert gehalten, um für die Weiterentwicklung durch die Praxis Raum zu lassen[8]. Vgl. zu den in OR 706 II genannten Gründen nachfolgend lit. b–e.

Weitere Anfechtungsgründe, die vor allem verfahrensmässige Mängel betreffen, nennt das Gesetz an anderer Stelle: in OR 691 III, 689e I, II, 729c II. Vgl. dazu nachfolgend lit. f–h.

Anfechtbar sind nur *Rechtsverletzungen*[9]. Gerichtlich *nicht überprüfbar* ist dagegen die *Angemessenheit* bzw. Zweckmässigkeit eines GV-Beschlusses[10].

Erforderlich ist überdies eine *konkrete*, nicht bloss eine mögliche, virtuelle Rechtsverletzung[11].

Die verletzten Rechtssätze können sich aus der gesamten Rechtsordnung ergeben. So kann ein Beschluss auch etwa wegen eines *Verstosses gegen Treu und Glauben* bzw. wegen *Rechtsmissbrauchs* (ZGB 2 I und II) angefochten werden[12],

---

[8] Botschaft 79.
[9] Diese müssen *konkret*, sie sollen *nicht bloss virtuell* sein, vgl. BGE 117 II 308 E 6 a.
[10] BGE 100 II 392 f, 117 II 308 E 6a.
[11] BGE 117 II 308 E 6b: Dass eine Statutenbestimmung weit gefasst ist und missbräuchlich ausgelegt werden *könnte*, ist kein Anfechtungsgrund. Vielmehr ist nachzuweisen, dass der kritisierte Beschluss als solcher Gesetz oder Statuten verletzt.
[12] Vgl. BGE 98 II 96 ff, 98 ff.

und Grundlage einer Anfechtung können auch *ungeschriebene Rechtsgrundsätze* sein[13].

18 Bei *Verfahrensvorschriften* ist die Anfechtung nur zuzulassen, wenn die Rechtsverletzung für die Beschlussfassung *kausal* war, wobei Kausalität zu vermuten und ihr Fehlen zu beweisen ist. Der Grundsatz ist ausdrücklich in OR 691 III für die Teilnahme Unbefugter an der GV festgehalten, er muss jedoch allgemein gelten[14].

19 b) Anfechtbar sind gemäss OR 706 II Ziff. 1 Beschlüsse, die «*unter Verletzung von Gesetz oder Statuten Rechte von Aktionären entziehen oder beschränken*». Während ein Beschluss, der statutarische Rechte verletzt, stets nur anfechtbar ist, kommt bei einer Verletzung gesetzlicher Rechte ausnahmsweise auch Nichtigkeit in Betracht, dann nämlich, «wenn mit dem entsprechenden Aktionärsrecht derart gewichtige öffentliche Interessen verbunden sind, dass sie das ebenfalls öffentliche Rechtssicherheitsinteresse überwiegen»[15].

20 Beispiele für anfechtbare Tatbestände:
21 – Verletzung der Traktandierungspflicht (OR 700 II, vgl. § 23 N 58 ff) durch eine unpräzise und unklare Bezeichnung des Verhandlungsgegenstandes[16].
22 – Verletzung der gesetzlichen Kompetenzordnung (dazu § 20 N 10 ff)[17].
23 – Ausnutzung des Streits um die Unverbindlichkeit eines Aktienkaufs und der dadurch bewirkten Lahmlegung von Aktien, um mit Minderheitsstimmen eine Kapitalerhöhung durchzusetzen[18].

24 c) Anfechtbar ist die Beeinträchtigung von Aktionärsrechten, wenn sie «*in unsachlicher Weise*» *erfolgt* (OR 706 II Ziff. 2).

25 Dazu zählen die Fälle, in welchen die Mehrheit zweckwidrige, nicht im Gesellschaftsinteresse liegende Ziele durchsetzt[19], sodann auch solche, in denen gegen den Grundsatz der «schonenden Rechtsausübung»[20] verstossen wird, indem die Mehrheit für ein – an sich erlaubtes – Ziel einen Weg wählt, der die Minderheit unnötig stark in ihren Interessen beeinträchtigt.

---

[13] So war im bisherigen Aktienrecht der Grundsatz der *Gleichbehandlung* der Aktionäre (dazu § 39 N 11 ff) zwar im Gesetz nicht verankert, aber als ungeschriebener rechtlicher Grundsatz anerkannt. Eine Anfechtungsklage gestützt darauf war daher möglich, vgl. BGE 102 II 265. Zur Anfechtbarkeit aufgrund der Verletzung eines allgemeinen, nicht geschriebenen Rechtsgrundsatzes vgl. auch BGE 100 II 386 f E 1, 117 II 308 E 6a.

[14] Vgl. ZR *1950* Nr. 103 S. 182. War eine Rechtsverletzung für die Beschlussfassung nicht kausal, fehlt das Anfechtungsinteresse, zu diesem vgl. N 44.

[15] Botschaft 140.

[16] BGE 103 II 141 ff.

[17] BGE 100 II 387 f, in casu verneint.

[18] BGE 98 II 96 ff.

[19] Dazu ist freilich zu beachten, dass im Aktienrecht das Mehrheitsprinzip gilt und der Richter nur zurückhaltend Mehrheitsentscheide als «nicht im Gesellschaftsinteresse liegend» qualifizieren wird, vgl. § 3 N 12 ff. Doch genügt für die Anfechtbarkeit, dass der Beschluss «unsachlich» ist, «offensichtliche» Unsachlichkeit, wie sie noch der bundesrätliche Entwurf in Art. 660a verlangt hatte, ist zu Recht nicht vorausgesetzt.

[20] Dazu § 39 N 95 ff.

Beispiel: Eine an sich zulässige Kapitalerhöhung zu Bedingungen, die für eine Minderheit, welche sich der Erhöhung widersetzt, äusserst ungünstig sind[21]. 26

d) Anfechtbar sind Beschlüsse, die *«eine durch den Gesellschaftszweck nicht gerechtfertigte Ungleichbehandlung oder Benachteiligung der Aktionäre bewirken»* (OR 706 II Ziff. 3). Verpönt ist nicht jede Ungleichbehandlung, wohl aber eine, die durch den Zweck bzw. – richtiger – die Interessen der Gesellschaft nicht geboten ist[22]. 27

Durch diese Bestimmung[23] ist der Gleichbehandlungsgrundsatz, der bisher als ungeschriebener Grundsatz des Aktienrechts galt[24], in das geschriebene Recht übernommen worden. 28

Beispiele: 29
– Verletzung des Gleichbehandlungsprinzips dadurch, dass das Bezugsrecht nur den im Unternehmen aktiv mitwirkenden Aktionären eingeräumt wird[25]. 30
– Dagegen wurde eine Verletzung des Gleichbehandlungsgebots verneint in Fällen, in denen das Bezugsrecht allen Aktionären gewährt wurde, jedoch zu Bedingungen, die für die Minderheitsaktionäre wirtschaftlich unattraktiv waren[26]. 31

e) Als letzten Tatbestand nennt OR 706 II in Ziff. 4 schliesslich die *Aufhebung der Gewinnstrebigkeit*[27] ohne Zustimmung sämtlicher Aktionäre[28]. Dadurch soll der typische Endzweck der AG geschützt werden. 32

f) Nach OR 691 III ist ein GV-Beschluss anfechtbar, wenn bei der Beschlussfassung *Unbefugte* mitgewirkt haben[29]. Dabei muss deren Teilnahme für den Ausgang der Beschlussfassung kausal gewesen sein. Das Gesetz weist auf diesen – an sich selbstverständlichen – Grundsatz hin, indem es der Gesellschaft den Nachweis einräumt, «dass diese Mitwirkung keinen Einfluss auf die Beschlussfassung ausgeübt hatte». 33

Im Gesetz nicht ausdrücklich vorgesehen, in Lehre und Praxis aber unbestritten ist das analoge Anfechtungsrecht in Fällen, in denen *Berechtigte zu Unrecht* von der Teilnahme oder der Ausübung des Stimmrechts *ausgeschlossen* wurden[30]. Wird einer entscheidenden Zahl von Aktionären das Recht zur Mitwir- 34

---

[21] Vgl. BGE 99 II 55 f, 62 f; in jenem Entscheid wurde eine Rechtsverletzung und besonders eine Verletzung des Grundsatzes der schonenden Rechtsausübung verneint. Das Urteil ist in der Lehre stark kritisiert worden. Unter heutigem Recht würde allenfalls anders entschieden.
[22] Vgl. die Ausführungen zum Recht auf Gleichbehandlung, § 39 N 11 ff, sowie als Beispiel einer Anfechtungsklage SJZ *1995* 196 ff, 197.
[23] Und ihr Pendant bei den Verwaltungsratspflichten, OR 717 II.
[24] Vgl. BGE 102 II 265 ff, 117 II 312.
[25] BGE 91 II 298 ff (das neue Recht regelt das Bezugsrecht klarer und detaillierter).
[26] Vgl. BGE 102 II 265 ff, 99 II 58 f. Offen ist, ob diese Entscheide heute gleich ausfallen würden.
[27] Dazu § 2 N 53 ff.
[28] Es handelt sich hier um ein am *Gesamtkapital* bemessenes Einstimmigkeitserfordernis; Zustimmung nur der vertretenen Aktien genügt nicht, vgl. § 24 N 30.
[29] Vgl. § 23 N 90.
[30] Vgl. ZR *1965* Nr. 147 S. 243 ff.

kung am Beschluss verwehrt oder eingeschränkt, kann dies freilich auch zur Nichtigkeit führen.

35 Beispiel: Anfechtbar ist ein Beschluss, an welchem Gemeindedelegierte als Vertreter der Mehrheit der Aktien mitgewirkt haben, ohne über die nach kantonalem öffentlichem Recht erforderliche Vertretungsbefugnis zu verfügen[31].

36 Ein Beispiel für die Ablehnung einer auf OR 691 III gestützten Klage findet sich in ZR *1987* Nr. 38 S. 84 ff.

37 g) Zwei besondere Anfechtungsgründe sieht das Gesetz im Zusammenhang mit der Transparenz der *institutionellen Stellvertretung* (dazu § 24 N 145 ff) vor: Falls die institutionellen Stellvertreter ihrer Meldepflicht nicht nachkommen (OR 689e I) oder falls der Vorsitzende der GV die Angaben trotz des Begehrens eines Aktionärs nicht bekanntgibt (OR 689e II), können die Beschlüsse der GV angefochten werden[32].

38 h) Endlich sind nach OR 729c II Beschlüsse über die Genehmigung der Jahresrechnung und die Verwendung des Bilanzgewinns anfechtbar, wenn *kein Revisor anwesend* war und die Beteiligten nicht durch einstimmigen Beschluss auf seine Präsenz verzichtet haben[33].

39 i) Das Anfechtungsrecht ist *zwingend* ausgestaltet; eine Einschränkung durch die Statuten oder andere innergesellschaftliche Ordnungen ist daher nicht möglich[34,35].

40 In der Lehre wird eine *Erweiterung* des Anfechtungsrechts als problemlos erachtet[36]. Ob dies generell zutrifft, ist jedoch u. E. fraglich, da auch Interessen Dritter berührt werden[37] und den Gerichten nicht einfach zusätzliche Aufgaben zugewiesen werden können[38].

3. Klagelegitimation

41 a) *Aktivlegitimiert* zur Anfechtungsklage ist grundsätzlich *jeder Aktionär*, auch wenn er nur eine einzige Aktie besitzt[39].

---

[31] BGE 110 II 196 ff.
[32] In beiden Fällen muss u. E. der Gesellschaft das Recht zustehen, die fehlende Kausalität nachzuweisen. Für den zweiten Fall ist dies umstritten, vgl. § 24 Anm. 63.
[33] Zur Präsenzpflicht des Revisors vgl. § 23 N 94.
[34] In der Literatur wird eine Ausnahme gemacht hinsichtlich der Verletzung nachgiebigen Gesetzesrechts, weil der Aktionär auch auf jene Rechte selbst verzichten könnte, vgl. Rohrer (zit. N 1) 4, mit Hinweisen. Die Frage ist im einzelnen umstritten.
[35] Natürlich kann auf die *Ausübung* des Anfechtungsrechts im *Einzelfall* jederzeit verzichtet werden.
[36] Vgl. Rohrer (zit. N 1) 4, mit Hinweisen.
[37] Diese sollten sich z. B. darauf verlassen können, dass ein nicht angefochtener Beschluss in zwei Monaten voll wirksam wird, vgl. OR 706a I.
[38] Problematisch wäre etwa die Erweiterung der richterlichen Kognitionsbefugnis und -pflicht im Sinne einer Prüfung der Angemessenheit von GV-Beschlüssen.
[39] Vgl. als Beispiel BGE 117 II 290 ff: Klage einer Vereinigung, die über eine einzige Aktie verfügte und diese ausserdem nur zum Zweck der Anfechtung erworben hatte, gegen zahlreiche mit

Legitimiert ist auch der Aktionär ohne Stimmrecht im Sinne von OR 685f III (zu 42
diesem § 44 N 217 ff).

Legitimiert ist derjenige, der im Zeitpunkt des in Frage stehenden GV-Beschlusses 43
Aktionär ist. Umstritten ist die Rechtslage im Falle der Veräusserung der Aktien während
des Verfahrens. Nach einer Lehrmeinung geht das Anfechtungsrecht durch die Aktienveräusserung unter[40]. Nach einer zweiten Ansicht soll das Prozessführungsrecht auf den
Erwerber übergehen[41], nach einer dritten endlich sind sowohl der Veräusserer[42] wie auch
der Erwerber klageberechtigt[43].

Der anfechtende Aktionär muss ein gewisses *Anfechtungsinteresse* haben[44]. 44
Doch genügt als solches die Absicht, die Gesellschaftsinteressen zu wahren[45,46].

Auch der Aktionär, welcher der Generalversammlung ferngeblieben ist, kann 45
anfechten[47]. Dagegen geht das Anfechtungsrecht unter, wenn der Aktionär dem
betreffenden GV-Beschluss zugestimmt hat[48]. (Vorbehalten bleiben die Fälle von
Willensmängeln, besonders eines wesentlichen Irrtums, wenn dieser die Beschlussfassung massgeblich beeinflusste[49].) Sodann fehlt ein Interesse an der
Anfechtung, wenn die GV den entsprechenden Beschluss unter Zustimmung des
Verwaltungsrates wieder aufgehoben hat[50].

Anfechtungsberechtigt sind nach revidiertem Recht auch die *Partizipanten* 46
(OR 656a II, 656c II e contrario).

grosser Mehrheit gefasste Generalversammlungsbeschlüsse der Nestlé S.A. Die Klage wurde vom
Bundesgericht zugelassen, in der Sache freilich fast vollständig abgewiesen.

[40] So Bürgi, Kommentar zu OR 706 N 50.
[41] So wohl Dreifuss/Lebrecht in Basler Kommentar Art. 706 N 5.
[42] Falls er über ein ausreichendes Anfechtungsinteresse (dazu sogleich N 44) verfügt.
[43] So Rohrer (zit. N 1) 55.
[44] BGE 107 II 182, 86 II 167.
[45] BGE 74 II 42. Immerhin muss ein konkretes Interesse des klagenden Aktionärs vorliegen, vgl.
BGE 117 II 305: Die Klägerin war Aktionärin einer grossen Publikumsgesellschaft mit börsenkotierten Inhaberaktien. Sie verfügte selbst über eine einzige Inhaberaktie und focht einen ihres Erachtens
rechtswidrigen Entzug des Bezugsrechts an. Das BGer wies darauf hin, dass die Klägerin jederzeit
Aktien der beklagten AG an der Börse erwerben und so ihre Beteiligungsquote erhalten konnte. Ihr
Interesse sei daher rein pekuniärer Natur und durch die Verantwortlichkeitsklage ausreichend
geschützt. Ähnliche Überlegungen finden sich in einem BGE vom 25. 4. 1995 (vgl. § 40 Anm. 57).
[46] Entgegen Dreifuss/Lebrecht in Basler Kommentar, Art. 706 N 8, ist u. E. das Anfechtungsrecht
auch nach neuem Recht nicht auf die Verletzung von Aktionärsrechten beschränkt: Wohl nennt OR
706 II Ziff. 1 die Aktionärsrechte explizit, aber nur exemplifikativ. Die allgemeine Formel – Anfechtbarkeit von Beschlüssen, die gegen das Gesetz verstossen – bleibt bestehen, OR 706 I.
[47] BGE 99 II 57, 74 II 41 ff.
[48] BGE 99 II 57, 74 II 43.
[49] Nach OR 31 kann ein Willensmangel innert eines Jahres geltend gemacht werden. Nach
herrschender und u. E. richtiger Ansicht bleibt jedoch die zweimonatige Verwirkungsfrist von OR
706 I (dazu N 53 ff) auch im Falle von Willensmängeln verbindlich, unabhängig von einer allfälligen
späteren Entdeckung. Näheres bei Eric Homburger/Susy Moser: Willensmängel bei der Beschlussfassung der Generalversammlung der Aktionäre, in: FS Engel (Lausanne 1989) 145 ff.
[50] BGE 86 II 167 ff, vgl. auch ZR *1991* Nr. 61 S. 209 f: Das Verfahren wird gegenstandslos, wenn
der Beschluss wieder aufgehoben wurde.

47 Unklar bleibt, ob den Genussscheinberechtigten (vgl. OR 657) ein Anfechtungsrecht zusteht[51].

48 Kein Anfechtungsrecht steht den *Gläubigern* und anderen aussenstehenden Personen zu.

49 Aktivlegitimiert ist nach OR 706 I auch der *Verwaltungsrat* als Organ[52]. Das einzelne Verwaltungsratsmitglied ist als solches zur Klage nicht legitimiert, doch bleibt ihm die Möglichkeit, den Klageweg als Aktionär zu beschreiten[53].

50 Klagt der Verwaltungsrat als Organ, so hat der Richter für die Gesellschaft einen *Vertreter* zu bestellen[54].

51 *Kein Klagerecht* steht dem dritten obligatorischen Organ der AG zu, der *Revisionsstelle*.

52 b) *Passivlegitimiert* ist die Gesellschaft und sind nicht etwa die Aktionäre, die den Beschluss gefasst haben[55].

4. *Klagefrist*

53 a) Nach OR 706a I erlischt das Anfechtungsrecht, «wenn die Klage nicht spätestens zwei Monate nach der Generalversammlung angehoben wird». Es handelt sich um eine *Verwirkungsfrist,* die weder unterbrochen noch richterlich erstreckt werden kann[56, 57].

54 Die Frist beginnt – nach allgemeinen Regeln – am Tag der beschlussfassenden GV zu laufen, und sie endet am gleichen Tag des zweiten Monats nach der GV (OR 77 I Ziff. 3).

55 Ob die Frist gewahrt ist, bestimmt sich analog den für die Verjährung entwickelten Regeln[58]. Danach ist die erste prozesseinleitende oder -vorbereitende Handlung des Klägers massgebend, mit der *in bestimmter Form der Schutz des Richters angerufen* wird[59].

56 Ein Gesuch um Erlass *vorsorglicher Massnahmen* genügt für die Einhaltung der Verwirkungsfrist jedenfalls dann nicht, wenn die Anträge des Gesuchs nicht mit den Anträgen im Hauptprozess übereinstimmen[60].

---

[51] Bejahend Böckli N 1901, indirekt verneinend BGE 115 II 473 E 3b.
[52] Über die Anhebung der Verantwortlichkeitsklage ist nach den allgemeinen Regeln (dazu § 24 N 25 ff) Beschluss zu fassen.
[53] BGE 75 II 153 f.
[54] Nicht dagegen, wenn einzelne Verwaltungsratsmitglieder in ihrer Eigenschaft als Aktionäre klagen. – In der Regel ist kantonal ein *rasches Verfahren* vorgesehen (vgl. etwa Zürcher ZPO 219 Ziff. 18: Einzelrichter im summarischen Verfahren).
[55] BGE 23 I 923.
[56] BGE 86 II 87.
[57] Nach Ablauf der Anfechtungsfrist können auch nicht etwa weitere, innert Frist nicht geltend gemachte Anfechtungsgründe nachgeschoben werden, BGE 86 II 87.
[58] BGE 110 II 389 E 2b.
[59] BGE 118 II 487. Ob dafür das Begehren um Durchführung einer Sühnverhandlung genügt, hängt von der Ausgestaltung des kantonalen Prozessrechts ab. Ausreichend ist dieses Begehren in der Regel dann, wenn das kantonale Recht nach erfolgloser Sühnverhandlung eine zeitliche Limite für die Anhebung der Klage setzt.
[60] BGE 110 II 387 ff.

b) Während der Anfechtungsfrist befindet sich der anfechtbare Beschluss in einem Schwebezustand: Er ist *resolutiv bedingt gültig* und darf – unter dem Vorbehalt entgegenstehender einstweiliger richterlicher Verfügungen – wie ein gültiger Beschluss behandelt werden[61]. Der Registerführer hat auch einen anfechtbaren Beschluss unverzüglich im Register einzutragen, es sei denn, vor dem Vollzug der Eintragung sei ein privatrechtlicher Einspruch im Sinne von HRV 32 II erhoben worden[61a].

c) Läuft die Zweimonatsfrist unbenutzt ab, dann wird der Beschluss *definitiv*, und seine Rechts- oder Statutenwidrigkeit kann nicht mehr geltend gemacht werden. Dadurch – und durch die kurze Bemessung der Frist – soll dem Interesse an Rechtssicherheit und Klarheit der Verhältnisse Rechnung getragen werden.

5. *Kognitionsbefugnis und richterliches Urteil*

a) Die richterliche Prüfung aufgrund einer Anfechtungsklage ist – wie erwähnt (vorn N 15) – *Rechtmässigkeits- und nicht Zweckmässigkeitsprüfung.* «Die Gerichte können ... die Angemessenheit der ... gefassten Beschlüsse nicht frei überprüfen, sondern dürfen nur einschreiten, wenn die Generalversammlung den Rahmen vernünftiger Überlegungen willkürlich überschritten hat»[62].

Die bisherige Gerichtspraxis hat das Mehrheitsprinzip in Anfechtungsprozessen stark betont und die Interessen der klagenden Minderheit nicht selten allzusehr in den Hintergrund gerückt. So wird etwa in BGE 99 II 62 erklärt, der Richter dürfe «nur einschreiten, wenn die Mehrheitsaktionäre die Macht, die ihnen Art. 703 OR einräumt, im Hinblick auf entgegengesetzte Interessen der Minderheitsaktionäre offensichtlich missbraucht haben». Das revidierte Aktienrecht, das die nicht gerechtfertigte Ungleichbehandlung oder Benachteiligung einzelner Aktionäre explizit unter den Anfechtungsgründen anführt (OR 706 II Ziff. 3, dazu vorn N 27 ff), könnte in diesem Punkt eine Kurskorrektur bewirken – ganz im Sinne einer Hauptstossrichtung der Reform, den Schutz der Minderheit zu verstärken[63].

---

[61] So darf der Verwaltungsrat einen Kapitalerhöhungsbeschluss auch dann vollziehen und im Handelsregister eintragen lassen, wenn eine Oppositionsgruppe eine Anfechtungsklage angekündigt hat. Dies, obwohl dadurch ein fait accompli geschaffen wird, da einmal eingetragene Kapitalerhöhungen auch bei Gutheissung der Anfechtungsklage nicht mehr rückgängig gemacht werden können. In der Praxis werden freilich Opponenten rechtzeitig – d. h. spätestens unmittelbar nach der Beschlussfassung – beim Registerführer Einspruch im Sinne von HRV 32 II erheben, wodurch die Eintragung bis auf weiteres verhindert wird, vgl. hinten N 75 ff.
[61a] Zur Möglichkeit vorsorglicher Massnahmen vgl. BGE 97 I 487 sowie als Beispiel SJZ *1995* 196 ff.
[62] OGer des Kantons Zürich in SAG *1975* 105; vgl. auch etwa BGE 100 II 392 f, mit weiteren Hinweisen, 117 II 308 E 6a.
[63] Vgl. Botschaft 24 sowie vorn § 4 N 84b.

61 b) Der Richter kann die vollständige oder teilweise «Aufhebung eines angefochtenen Generalversammlungsbeschlusses verfügen, er ist aber nicht befugt, positive Anordnungen zu treffen»[64]. Das Gericht kann nicht an die Stelle der GV treten; gestalterische Eingriffe im Sinne einer ersatzweisen richterlichen Beschlussfassung sind unzulässig.

62 c) Wird die Klage *gutgeheissen*, so wird der angefochtene Beschluss durch das Urteil *aufgehoben*. Insofern wirkt der Entscheid nicht nur für den Kläger und die beklagte Gesellschaft, sondern «für und gegen alle Aktionäre» (OR 706 V) und indirekt auch gegenüber Dritten.

63 Mit der Gutheissung werden allfällige weitere Anfechtungsklagen mit Bezug auf denselben Beschluss gegenstandslos.

64 Wird die Klage dagegen *abgewiesen*, dann ist dadurch nichts bezüglich der Klage anderer *Legitimierter* entschieden.

65 Theoretisch könnten daher andere Aktionäre oder der Verwaltungsrat denselben Beschluss erneut anfechten. Praktisch wird eine solche Klage an der zweimonatigen Verwirkungsfrist scheitern, wenn sie nicht bereits hängig gemacht worden ist.

6. *Verfahrensfragen*

66 a) Örtlich *zuständig* sind die *Gerichte am Sitz der Gesellschaft* als der beklagten Partei.

67 Nicht notwendig ist, dass die Anfechtung vor staatlichen Gerichten stattfindet; statutarisch oder durch Schiedsvertrag kann auch ein *Schiedsgericht* eingesetzt werden.

68 In privaten Aktiengesellschaften und teils auch in Publikumsgesellschaften sind für die Erledigung von Rechtsstreitigkeiten zwischen der Gesellschaft, ihren Organen und den Aktionären oft *statutarisch* Schiedsgerichte vorgesehen. Art. 6 I des Schweiz. Konkordats über die Schiedsgerichtsbarkeit[65], das seit 1.1.1995 in allen Kantonen gilt, verlangt nun aber für die Gültigkeit einer Schiedsabrede *Schriftlichkeit*. Bei statutarischen Schiedsklauseln ist diese gemäss Konkordat 6 II nur dann gewahrt, wenn eine schriftliche Beitrittserklärung «ausdrücklich auf die in den Statuten oder in einem sich darauf stützenden Reglement enthaltene Schiedsklausel Bezug nimmt».

69 Solche ausdrücklichen Bezugnahmen werden in der Praxis nur selten verlangt, bei Inhaberaktien sind sie ohnehin nicht durchsetzbar. Die meisten Schiedsgerichtsklauseln in den Statuten von Aktiengesellschaften dürften daher unwirksam oder – was schlimmer ist

---

[64] ZR *1982* Nr. 91 S. 218 = SJZ *1983* 162, mit Hinweisen auf allfällige Ausnahmen. – Wird etwa der Beschluss über die Ausschüttung einer Dividende angefochten, weil diese nach Auffassung der Kläger zu knapp ausgefallen ist, dann kann das Gericht die Klage gutheissen (und damit den Gewinnverteilungsbeschluss aufheben), nicht aber die angemessene Dividende selbst festlegen. Diese zu beschliessen ist vielmehr wiederum Sache der GV. Vgl. das in SAG *1975* 108 f referierte Urteil des HGer des Kantons Zürich.

[65] Vom 27.3./27.8.1969, SR 279.

– nur für einzelne Gruppen von Beteiligten wirksam sein. Im allgemeinen sind daher solche Klauseln nicht (mehr) zu empfehlen.

b) Obwohl sich ein die Klage gutheissendes Urteil auf alle Aktionäre auswirkt (so ausdrücklich OR 706 V), ist die Anfechtungsklage in einem normalen *Zweiparteienverfahren* zwischen dem anfechtenden Kläger und der beklagten Gesellschaft durchzuführen. Weitere Betroffene – etwa andere Aktionäre – können nach den Möglichkeiten des kantonalen Prozessrechts durch Intervention und Streitverkündung in das Verfahren einbezogen werden. 70

c) Die Anfechtung von GV-Beschlüssen hat durch eine *selbständige Gestaltungsklage* zu erfolgen. Die Geltendmachung durch blosse Einrede ist ausgeschlossen. 71

Wie erwähnt kann der Richter die Klage nur ganz oder teilweise gutheissen oder abweisen, dagegen nicht in dem Sinne gestalterisch eingreifen, dass er den GV-Beschluss abändert[66]. Auch kann das richterliche Urteil die Gesellschaft nicht zur Beschlussfassung in einem bestimmten Sinne verurteilen[67]. 72

d) *Vergleich* und *Klageanerkennung* sind im Anfechtungsprozess ausgeschlossen[68], da sonst die Hierarchie der Organe gestört würde: Der Verwaltungsrat hätte es in der Hand, durch Anerkennung einen (allenfalls rechtmässigen) GV-Beschluss zu beseitigen[69]. Doch gilt nach der herrschenden – freilich nicht ganz unbestrittenen – Ansicht die *Verhandlungsmaxime*[70]. Danach ist es Sache der Parteien, dem Gericht den relevanten Sachverhalt darzulegen und ihn zu beweisen. Das Gericht selbst greift nicht in die Tatsachenbeschaffung ein. Durch den Verzicht auf den Vortrag gewisser Tatsachen (oder gar auf eine Klageantwort) kann daher das Resultat des Verfahrens beeinflusst werden. 73

e) Nach der allgemeinen Regel von ZGB 8 hat der Kläger die Tatsachen zu beweisen, mit denen er seinen Anspruch begründet. Doch obliegt der beklagten Gesellschaft der Beweis dafür, dass die allfällige Rechts- oder Statutenwidrigkeit keinen Einfluss auf die Beschlussfassung hatte[71]. Auch hat die Gesellschaft nachzuweisen, dass eine Ungleichbehandlung oder Benachteiligung von Aktionären gerechtfertigt war (vgl. OR 706 II Ziff. 3). 74

f) Um zu verhindern, dass die AG während der Dauer des Prozesses den angefochtenen Beschluss vollzieht und dadurch nicht oder nicht leicht wiedergutzumachende Veränderungen des bestehenden Zustandes bewirkt, kann der Rich- 75

---

66   Vgl. vorn N 61 f.
67   Vgl. ZR *1982* Nr. 91 S. 218 f = SJZ *1983* 161 f, mit Hinweisen auf Ausnahmen.
68   BGE 80 I 389 f E 4; a. M. Guhl/Kummer/Druey 696.
69   Zuzulassen wäre aufgrund dieser Überlegung immerhin ein Vergleich bzw. eine Klageanerkennung mit dem Vorbehalt der Zustimmung der GV.
70   Vgl. BGE 80 I 390: Nach der Ansicht des BGer wäre es bei Anfechtungsprozessen wegen der betroffenen Drittinteressen eigentlich gerechtfertigt, dass der Richter den Tatbestand von Amtes wegen abklärt; doch sehe das Gesetz keine solche Pflicht vor.
71   So ausdrücklich OR 691 III für den Fall der Mitwirkung von Unbefugten.

ter für die Dauer des Verfahrens *vorsorgliche Massnahmen* treffen und den Vollzug des angefochtenen Beschlusses untersagen[72].

76 Wegen des Schutzes gutgläubiger Dritter kann insbesondere ein einmal im Handelsregister eingetragener Beschluss oft nicht mehr oder nur erschwert rückgängig gemacht werden. HRV 32 II trägt dem Rechnung und lässt gegen eine noch nicht vollzogene Eintragung einen *privatrechtlichen Einspruch* zu. Dadurch wird die Eintragung vorerst verhindert, ohne dass der Einsprecher sein Recht auch nur glaubhaft machen müsste. Der Richter hat dann (im summarischen Verfahren) zu entscheiden, ob die Eintragungssperre aufrecht erhalten werden soll.

77 Da die – vorläufige – Eintragungssperre voraussetzungslos erwirkt werden kann, ist sie ein äusserst wirksames Mittel des Minderheitenschutzes. Freilich ist damit auch ein einschneidender Eingriff zulasten der Gesellschaft verbunden, zumal in der Praxis die Gerichte zögern, die einmal verfügte Sperre während der Dauer des Gerichtsverfahrens wieder aufzuheben. Die Beschlüsse bleiben dann allenfalls aufgrund einer vorsorglichen richterlichen Massnahme auf Jahre hinaus in der Schwebe. Diese Unsicherheit kann sich auf die Gesellschaft äusserst nachteilig auswirken, z.B. bei Kapitalerhöhungs- oder Fusionsbeschlüssen. Das Mittel des privatrechtlichen Einspruchs ist denn auch in letzter Zeit vereinzelt missbraucht worden, um einen «nuisance-value» zu schaffen und die Gesellschaft zu ungerechtfertigten Leistungen zu zwingen, um den Rückzug des Einspruchs zu «erkaufen». Dem sollten durch eine strenge Gerichtspraxis bei der Gewährung vorsorglicher richterlicher Verfügungen Grenzen gesetzt werden.

78 g) Ist ein anfechtbarer GV-Beschluss vollzogen worden, dann kann er allenfalls nicht mehr rückgängig gemacht werden. Nach der Gerichtspraxis stellt dies in der Regel keinen hinreichenden Grund dar, um eine Anfechtungsklage als gegenstandslos zu erklären[73]. Gegenstandslos kann ein Verfahren dagegen allenfalls deshalb werden, weil der angefochtene Beschluss durch einen neuen GV-Beschluss rückgängig gemacht wurde[73a].

7. Streitwert und Kostentragung insbesondere

79 a) Bei der Anfechtungsklage handelt es sich um eine *vermögensrechtliche Streitigkeit*[74].

80 Als *Streitwert* wird dabei nicht etwa das persönliche Interesse des klagenden Aktionärs zugrunde gelegt, sondern das *Gesamtinteresse* der beklagten Gesellschaft[75]. Der Kleinaktionär, der einen GV-Beschluss anficht, geht daher ein erhebliches und unverhältnismässiges Prozessrisiko ein: Verliert er den Prozess, hat er Gerichtsgebühren und Prozessentschädigungen entsprechend diesem hohen

---

[72] Vgl. ZR *1987* Nr. 127 S. 310 f (betrifft nicht eine Anfechtungsklage); Isaak Meier: Einstweiliger Rechtsschutz im Aktienrecht, in: FS Walder (Zürich 1994) 67 ff, 68 ff.
[73] BGE 116 II 715 ff.
[73a] Vgl. ZR *1991* Nr. 61 S. 208 f.
[74] BGE 107 II 181.
[75] Vgl. BGE 75 II 152.

Streitwert zu zahlen, obwohl für ihn persönlich – entsprechend seinem Anteil am gesamten Aktienkapital – nur ein Bruchteil der Streitwertsumme auf dem Spiel steht.

b) Das revidierte Recht will dieses Missverhältnis zwischen dem Kostenrisiko und den finanziellen Chancen zwar nicht beseitigen, aber immerhin mildern: Nach OR 706a III soll der Richter bei Abweisung der Klage die Kosten «nach seinem Ermessen auf die Gesellschaft und den Kläger» verteilen. Wenn der Aktionär in guten Treuen geklagt hat, kann er daher erwarten, die Kosten auch dann nicht oder nur teilweise tragen zu müssen, wenn er den Prozess verliert. Damit soll – in den Worten der Botschaft[76] – «der oft unbilligen Härte entgegengewirkt werden, die im Grundsatz liegt, wonach derjenige, der den Prozess verliert, alle Prozesskosten bezahlen muss, mögen die Klagegründe vorher noch so gerechtfertigt und die Prozessaussichten noch so günstig erschienen sein». 81

Der Begriff «*Kosten*» ist – wie in kantonalen Prozessordnungen – als Oberbegriff zu verstehen, der sowohl die Gerichtskosten wie auch die Prozessentschädigung an die Gegenpartei umfasst[77]. Entgegen der allgemeinen Regel muss der unterliegende Kläger also allenfalls die Gerichtskosten nicht oder nur teilweise tragen und der obsiegenden Partei keine oder nur eine reduzierte Prozessentschädigung bezahlen. Es verbleiben ihm aber seine eigenen Parteikosten. 82

Der Richter soll nach *Ermessen*, also nach Recht und Billigkeit (ZGB 4) entscheiden. Er soll dem konkreten Einzelfall Rechnung tragen. Als relevante Umstände, die zu beachten sind, können etwa genannt werden: die Erfolgsaussichten des Klägers bei der Klageeinleitung, sein vorprozessuales Verhalten[78] und das Verhalten der Gesellschaft[79] sowie auch etwa das finanzielle Interesse des anfechtenden Aktionärs[80]. 83

c) Trotz dieser Erleichterungen bleibt für den Kläger ein nicht unerhebliches Risiko, da er damit rechnen muss, bei Unterliegen die Kosten zumindest teilweise tragen zu müssen. Die Regelung unterscheidet sich von der für die Sonderprüfung vorgesehenen: Deren Kosten hat grundsätzlich die Gesellschaft und nur bei besonderen Umständen der Gesuchsteller zu tragen (OR 697g I, dazu § 35 N 105 ff). 84

Näheres bei Andreas Casutt: Rechtliche Aspekte der Verteilung der Prozesskosten im Anfechtungs- und Verantwortlichkeitsprozess, in: Schluep/Isler (vgl. LV) 79 ff und bei Schmid (zit. Anm. 77). 85

---

[76] S. 96.
[77] Vgl. Ernst F. Schmid: Zur prozessualen Umsetzung der Kostenpflicht der Gesellschaft im vom Aktionär eingeleiteten Verantwortlichkeitsprozess (Art. 756 Abs. 2 OR), in: Schluep/Isler (vgl. LV) 341 ff, 345 f.
[78] Hat er sich um eine angemessene Information bemüht? Hat er sich gegen die Beschlussfassung zur Wehr gesetzt?
[79] Hat diese offen informiert? Konnte der Aktionär seine Auffassung der GV ausreichend vortragen?
[80] Dem Kleinstaktionär, der von der Gutheissung der Klage nur geringfügig profitieren würde, wird das Gericht einen tieferen Kostenanteil auferlegen als einem Grossaktionär, der ein eminentes finanzielles Interesse am Klageausgang hat.

85a   d) Werden für die Dauer des Anfechtungsprozesses vom Gericht vorsorgliche Massnahmen erlassen, dann kann dies von einer *Sicherheitsleistung* durch den Kläger abhängig gemacht werden. Die Regelung von OR 706a III steht einer solchen Sicherstellungspflicht nicht entgegen. Immerhin ist der ratio dieser Bestimmung insofern Rechnung zu tragen, als die Sicherstellung so zu bemessen ist, dass sie für den Kläger tragbar ist und sein Klagerecht nicht faktisch verunmöglicht.

III. Die Nichtigkeit von Generalversammlungsbeschlüssen

1. Übersicht

86   Auszugehen ist von der Feststellung, dass, was bei den Rechtsgeschäften im allgemeinen die *Regel* ist (nämlich der Nichtigkeit im Falle von Rechtswidrigkeit: OR 20), bei GV-Beschlüssen juristischer Personen eine *Ausnahme* darstellt (weil sie normalerweise nur anfechtbar und nur unter gravierenden Umständen nichtig sind: OR 706–706b; vgl. vorn N 3 ff). Die unheilbare Nichtigkeit von GV-Beschlüssen, die jederzeit von jedermann geltend gemacht werden kann, ist eine aus Gründen der Verkehrssicherheit nur ausnahmsweise gerechtfertigte Sanktion.

87   Den Bereich der Nichtigkeitstatbestände abzustecken, bietet Schwierigkeiten. Deren Bewältigung im Einzelfall ist der *bisherigen Gerichtspraxis* zwar weitgehend gelungen (nachfolgend Ziff. 2). Aber der daran anknüpfende *gesetzliche Regelungsversuch* im neuen Recht (OR 706b) kann nicht als geglückt bezeichnet werden (Ziff. 3). Die *Doktrin* ist auf dem Weg, Beurteilungskriterien für die Grenzziehung zwischen anfechtbaren und nichtigen GV-Beschlüssen zu entwickeln (Ziff. 4). Aber weder Gesetz noch Doktrin entlasten den *Richter* im jeweils zu entscheidenden Fall von einer umfassenden und vertieften Würdigung der konkreten Interessenlage. Entscheidend bleibt die richterliche Gewichtung der divergierenden Interessen. Die zu Nichtigkeit führenden *formellen Mängel* eines GV-Beschlusses verdienen eine gesonderte Betrachtung (Ziff. 5). Abschliessend erfolgen Hinweise auf die *Geltendmachung* der Nichtigkeit (Ziff. 6) und auf die grundsätzlich fehlende Möglichkeit einer *Heilung* von nichtigen Beschlüssen (Ziff. 7).

2. Die bisherige Gerichtspraxis

88   Um die Festlegung eines Bereichs nichtiger GV-Beschlüsse bemühen sich die Gerichte nicht nur im Aktienrecht, sondern auch im Genossenschafts-[81] und Vereinsrecht[82]. Die Problematik und ihre Lösung ist bei allen juristischen Personen weitgehend identisch[83].

---

[81]   BGE 80 II 275.
[82]   BGE 71 I 387 ff.
[83]   Einen umfassenden Überblick über die Rechtsprechung zu allen juristischen Personen gibt Riemer im Berner Kommentar zu ZGB 60–79 (Bern 1990) Art. 75 N 89 ff.

Nichtigkeit wurde bejaht beim Verstoss gegen zwingende aktienrechtliche Regeln, die nicht nur dem Schutz der individuellen Interessen der Aktionäre, sondern der Wahrung allgemeiner öffentlicher Interessen oder dem Schutz von Aussenstehenden (z. B. von Gesellschaftsgläubigern) dienen sollen[84]. Nichtigkeit wurde sodann auch angenommen bei unsittlichen, unmöglichen oder Persönlichkeitsrechte verletzenden Beschlüssen[85] sowie, wenn gegen die Fundamentalordnung einer Gesellschaft verstossen wurde[86]. Endlich wurden Beschlüsse nichtig erklärt, wenn einer entscheidenden Zahl von Gesellschaftern das Recht zur Mitwirkung verwehrt oder eingeschränkt worden war[87].

3. Der gesetzliche Regelungsversuch

In einer ausdrücklich als nicht abschliessend bezeichneten Aufzählung erwähnt OR 706b zwei Bereiche möglicher Nichtigkeitsfälle:
– den Entzug oder die Beschränkung von vom Gesetz zwingend gewährten Aktionärsrechten (Ziff. 1 und 2) und
– die Missachtung der Grundstrukturen der AG (Ziff. 3)[88].

a) *Verletzung von Aktionärsrechten*: Die bestimmungsbedürftige Generalklausel von der Nichtigkeit des Entzugs oder der Beschränkung der «vom Gesetz zwingend gewährten Rechte des Aktionärs» wird durch Nennung von Beispielen präzisiert: in Ziff. 1 durch den Hinweis auf das Teilnahmerecht, das Mindeststimmrecht und die Klagerechte, in Ziff. 2 durch die Erwähnung der Kontrollrechte[89]. Aber auch so bleibt die gesetzliche Hilfe für die Rechtsanwendung bescheiden:
– Wird etwa das Teilnahmerecht dadurch beeinträchtigt, dass zu spät zur GV eingeladen wird, dann hat dies nicht die Nichtigkeit, sondern bloss Anfechtbarkeit der gefällten Beschlüsse zur Folge[90]. Nichtig wäre dagegen ein GV-Beschluss, durch den die gesetz-

---

[84] BGE 80 II 275, 86 II 88.
[85] BGE 93 II 33 f.
[86] BGE 67 I 346 f (Zirkulationsbeschlüsse von Aktionären).
[87] BGE 71 I 387 ff (Einberufung der GV eines Vereins durch eine unzuständige Stelle); BGE 78 III 43 ff (Beschluss, der ohne Erreichen der gesetzlich zwingend vorgeschriebenen qualifizierten Mehrheit gefasst wurde); OGer des Kt. Zürich, referiert in SAG *1969* 212 ff (Einladung nur eines Teils der Aktionäre an die GV).
[88] Auch im Aktienrecht gelten grundsätzlich die allgemeinen Bestimmungen von OR 20 und ZGB 27 f, zu denen OR 706b eine nicht exklusive Spezialnorm darstellt. So sind unmögliche und unsittliche Beschlüsse aufgrund von OR 20, Eingriffe in die Persönlichkeitsrechte gemäss ZGB 27 nichtig (vgl. BGE 93 II 33).
[89] Weshalb die Kontrollrechte in einer eigenen Ziffer speziell erwähnt werden, ist nicht ersichtlich, zweifellos nicht deswegen, weil in Ziff. 1 nur von Entzug oder Beschränkung der Aktionärsrechte die Rede ist, in Ziff. 2 dagegen ein Zusatz beigefügt wurde, wonach Kontrollrechte nicht «über das gesetzlich zulässige Mass hinaus» beschränkt werden dürfen.
[90] Freilich ist daran zu erinnern, dass ein Beschluss auch dann nichtig ist, wenn einer entscheidenden Zahl von Gesellschaftern das Recht auf Mitwirkung verwehrt oder eingeschränkt worden ist. Erfolgt die Einladung derart spät, dass den meisten Aktionären die Teilnahme verunmöglicht wird, ist daher Nichtigkeit anzunehmen.

liche Einladungsfrist von zwanzig Tagen (OR 696 I) statutarisch auf zehn Tage verkürzt werden soll.

94 – Wird in einer GV der Stellvertreter eines Aktionärs zu Unrecht nicht zugelassen, so sind die Beschlüsse anfechtbar. Soll dagegen das Vertretungsrecht als solches über die Möglichkeit von OR 689 II hinaus durch statutarische Bestimmungen beschränkt werden, ist ein entsprechender Beschluss nichtig[91].

95 Was damit bezüglich des Teilnahmerechts festgestellt wird, gilt auch für die andern im Gesetz aufgezählten Fälle des Stimm-, Klage- und Kontrollrechts: Nichtig ist nicht jede Beeinträchtigung, sondern nur eine irgendwie *qualifizierte Verletzung* des betreffenden Rechts. Über Art und Ausmass dieser Qualifizierung schweigt das Gesetz. Entsprechendes gilt für die allgemeine Umschreibung, wonach alle GV-Beschlüsse nichtig sein sollen, die «andere vom Gesetz zwingend gewährte Rechte des Aktionärs entziehen oder beschränken» (OR 706b Ziff. 1).

96 Zweifellos ist nicht jede Verletzung zwingender Aktionärsrechte ein Nichtigkeitsgrund, nicht einmal jeder grundlegende Verstoss. Mit «zwingend» gewährten Aktionärsrechten meint das Gesetz offenbar Rechte, die *unverzichtbar* sind. Deshalb ist denn auch für das vielleicht wichtigste Aktionärsrecht, nämlich das Recht auf Gewinnstrebigkeit, in OR 706 II Ziff. 4 lediglich Anfechtbarkeit vorgesehen, weil die Aktionäre durch einstimmigen Beschluss auf die Gewinnstrebigkeit verzichten können (vgl. vorn N 32).

97 b) *Verletzung der Grundstrukturen*: Auch der diesen zweiten Nichtigkeitsbereich umschreibende Wortlaut ist kaum geeignet, dem Richter massgebende Hilfe zu leisten. Wie wenig sich der Gesetzgeber über das Ausmass der von ihm so genannten «Grundstrukturen der Aktiengesellschaft» Rechenschaft ablegte, zeigt schon die Art, wie er den Hinweis auf einen der bedeutenden Anwendungsfälle in Ziff. 3 formuliert hat. Er spricht von Missachtung der Grundstrukturen der AG *oder* von Verletzung der Bestimmungen zum Kapitalschutz. Dabei ist der Verstoss gegen Kapitalschutzvorschriften einfach ein praktisch bedeutsames Beispiel einer Missachtung der aktienrechtlichen Grundstruktur[92].

98 Eine Verletzung von Bestimmungen zum *Kapitalschutz* läge etwa in der Emission neuer Aktien unter pari (vgl. OR 624, dazu § 14 N 16) oder in der Kapitalrückzahlung (vgl. OR 680 II, dazu § 50 N 107 ff).

99 Zu beachten ist, dass OR 706b Ziff. 3 nur von Regeln zum Kapitalschutz handelt, *nicht dagegen allgemein vom Vermögensschutz*: Wo eine Rechtsverletzung nicht das durch die Sperrquoten «Aktienkapital» und «gesetzliche Reser-

---

[91] Dies entgegen Botschaft 138, wonach «unberechtigte Vertretungsbeschränkungen ... nur Anfechtbarkeit zur Folge haben» sollen.
[92] Andere Beispiele sind etwa die Einführung der Urabstimmung bzw. der Delegiertenversammlung (vgl. § 23 N 9ff), die Ersetzung des Verwaltungsrates durch Aufsichtsrat und Vorstand im Sinne des deutschen Rechts (§ 29 N 16) oder der Verzicht auf die Revisionsstelle (vgl. OR 727ff, dazu § 32ff). Eine Missachtung der «Grundstruktur» könnte auch hinsichtlich der Ausgestaltung der Mitgliedschaft erfolgen (wenn man diese Fälle nicht unter Ziff. 1 subsumieren will), etwa durch die Einführung einer persönlichen Haftung oder Nachschusspflicht der Aktionäre oder durch Ausgabe nennwertloser Aktien.

ven» gebundene Gesellschaftsvermögen beeinträchtigt, kommen andere Rechtsfolgen zum Zug, etwa die Rückerstattungspflicht (vgl. OR 678 I und die dortige Beschränkung auf Bösgläubigkeit, dazu § 50 N 112 ff).

Die Unsicherheit darüber, welche Kapitalschutzbestimmungen durch die Nichtigkeitssanktion geschützt werden, ist gross. Ein in der gesetzlichen Spezialnorm von OR 729c II genannter Nichtigkeitsgrund zeigt, wie weit der Kreis nichtiger GV-Beschlüsse in bezug auf den Kapitalschutz (und damit generell in bezug auf die aktienrechtliche Grundstruktur) gezogen werden könnte: Nichtig sind GV-Beschlüsse über die Abnahme der Jahresrechnung und die Verwendung des Bilanzgewinnes, wenn kein Revisionsbericht vorliegt. Offenbar ist in OR 729c II – anders als nach OR 706b Ziff. 3 – die Nichtigkeitsfolge auch dann vorgesehen, wenn das durch die Sperrziffern «Aktienkapital» und «gebundene Reserven» blockierte Vermögen nicht angegriffen wird, ja selbst dann, wenn der Beschluss über die Verwendung des Bilanzgewinns materiell korrekt war. Dies ist u. E. nicht angemessen und steht überdies im Widerspruch zu OR 678 I, wonach ungerechtfertigt bezogene Dividenden nur bei Bösgläubigkeit zurückzuzahlen sind.

100

c) Die vergebliche Suche nach konkretisierenden Anhaltspunkten für die genaue Erfassung der Nichtigkeitstatbestände von OR 706b zeigt, dass wir es hier nicht so sehr mit einer Sachnorm als mit einer *Ermächtigungsnorm* zu tun haben, weniger mit einer vom Gesetzgeber unmittelbar anwendbar gestalteten Vorschrift als zur Hauptsache mit einer Delegation rechtssetzender Aufgaben an den Richter. Ergebnis also: Der Problemkreis «Nichtigkeit» bleibt gesetzlich noch immer weitgehend ungelöst[93].

101

Bedeutungslos ist OR 706b dennoch nicht, weil er unverkennbar zum Ausdruck bringt, dass dem Gesetzgeber an der Weiterführung der bisherigen Rechtsprechung gelegen ist. Der Fehler besteht nur darin, dass die richterlichen Aussagen von damals, die im konkret zu entscheidenden Fall ihre Richtigkeit hatten, jetzt als abstrakte gesetzliche Regeln zu weit und zu unpräzis gefasst sind.

102

4. Für die Rechtsanwendung massgebende Gesichtspunkte

a) *Richterliche Interessenabwägung*: Aufgabe des Richters bleibt es somit auch unter neuem Recht, ohne wirksame Hilfe des Gesetzes die Grenze zwischen nichtigen und bloss anfechtbaren GV-Beschlüssen zu ziehen. Ihm obliegt eine heikle Interessenabwägung. Auf der einen Seite besteht ein *Interesse an der Beseitigung widerrechtlicher Beschlüsse* und ihrer Folgen. Rechtsverstösse, ganz besonders solche gravierender Natur, sollen keinen Bestand haben. Auf der andern Seite besteht zur Vermeidung von Rechtsunsicherheit ein *Interesse an der Aufrechterhaltung selbst eines nicht über alle Zweifel erhabenen Beschlusses*, damit – jedenfalls nach Ablauf der Frist für die Anfechtungsklage – jedermann von der gültigen Existenz des Beschlusses ausgehen darf. Ein Konflikt also zwischen

103

---

[93] Böckli (N 1934) spricht wohlwollend von einem «kühnen Schritt mit neuen Problemen».

dem Bestreben, Rechtsverletzungen (zumindest solche schwerwiegender Art) nicht zuzulassen und dem Wunsch, das Vertrauen auf die Beständigkeit eines (zwar mangelhaften, aber faktisch doch wirksam gewordenen) Beschlusses zu schützen und damit Rechtssicherheit zu gewährleisten.

104 Zwei Aspekten hat der Richter somit gleichzeitig Rechnung zu tragen: der Bedeutung der Rechtssicherheit auf der einen und der Schwere der Verletzung auf der andern Seite. Die zugunsten der Rechtssicherheit bei der Anfechtbarkeit bestehenden Schranken der Geltendmachung in personeller und zeitlicher Hinsicht entfallen bei der Nichtigkeit, die von jedermann jederzeit geltend gemacht werden darf. Die jeweils zu beantwortende Frage ist somit, ob ein so krasser Verstoss gegen ein so schutzwürdiges Gut vorliege, dass die durch die einschneidende Sanktion der Nichtigkeit bewirkte Rechtsunsicherheit in Kauf genommen werden muss. Oder umgekehrt: Ist die Aufrechterhaltung der Rechtssicherheit (ja schon das Vermeiden jeglicher Verunsicherung) so wichtig, dass der Verzicht auf die Behebung des (vielleicht nicht so ins Gewicht fallenden) Rechtsmangels als gerechtfertigt erscheint.

105 Mit *Rechtssicherheit* ist das Allgemeininteresse an Stabilität und Verlässlichkeit von bestehenden Rechtsverhältnissen gemeint und nicht etwa das Interesse der die Gesellschaft beherrschenden Kräfte daran, dass ihr Handeln nicht in Frage gestellt wird. Rechtssicherheitsinteresse meint also nicht das Interesse der Mehrheit an ungestörter Aufrechterhaltung ihrer Macht oder der Verwaltung an von rechtlichen Bedenken ungetrübtem freiem Schalten und Walten. Zu beachten hat der Richter allerdings auch immer, wie gross der Schaden ist, der durch Nichtigerklärung eines Beschlusses der Gesellschaft und vor allem auch Dritten zugefügt werden könnte.

106 Richterlichem Ermessen ist unter all diesen Aspekten grosser Spielraum gewährt. Ganz ohne objektive Anhaltspunkte allgemeiner Natur ist es aber nicht. Das Problem stellt sich nur im Rahmen zwingenden Rechts (vgl. nachfolgend N 107) und muss verschieden gelöst werden, je nachdem, ob es sich um Beschlüsse generell-abstrakten (N 108 f) oder individuell-konkreten Inhalts (N 111 ff) handelt.

107 b) *Rechtsverletzung ohne Nichtigkeitsfolgen*: Die Verletzung dispositiven Rechts hat nur Anfechtbarkeit zur Folge, ebenso die blosse Statutenwidrigkeit eines Beschlusses.

108 c) *Gegen zwingendes Recht verstossende Beschlüsse generell-abstrakten Inhalts* sind dagegen in der Regel *nichtig*.

109 Generell-abstrakten Inhalts sind insbesondere Statutenänderungsbeschlüsse. Statutarische Bestimmungen, die zwingendes Recht verletzen (z. B. Nebenleistungspflichten für Aktionäre einführen, die in OR 696 statuierte Frist von 20 Tagen für die Einladung an die GV auf 10 Tage reduzieren), sind grundsätzlich nichtig. Würden solche gegen zwingendes Recht verstossende Beschlüsse nach unbenutztem Ablauf der Anfechtungsfrist gültig, könnte sich eine Gesellschaft eine Individualordnung zulegen, die den zwingenden gesetzlichen Rahmen des Aktienrechts beliebig durchbricht. Die Sanktion der Nichtigkeit solcher Be-

schlüsse verhindert die Verankerung rechtswidriger Bestimmungen in Gesellschaftsstatuten.

Verstösse gegen zwingendes Recht sind auch ausserhalb des Bereichs von Statutenänderungen immer dann nichtig, wenn nicht nur im Einzelfall ein Aktionärsrecht verletzt, sondern das *Recht als solches entzogen*, die *Institution an sich beeinträchtigt* wird.

d) Beschlüsse *individuell-konkreten Inhalts* sind nur nichtig, wenn *qualifiziertes zwingendes Recht* verletzt wird.

Bei Beschlüssen mit individuell-konkretem Inhalt tritt Nichtigkeitsfolge ein, wenn gegen zwingendes Recht verstossen wird, das bestimmt ist zum Schutze
– von *öffentlichen Interessen* (Beispiel: Verpflichtung eines Exekutivorgans zu deliktischem Verhalten) oder
– von *Drittinteressen*, namentlich Gläubigerinteressen (so bei einem Verstoss gegen Schutzvorschriften bei einer Kapitalherabsetzung oder gegen das Verbot verdeckter Gewinnausschüttung).

Auch ein im *Einzelfall* erfolgender *Verstoss gegen unverzichtbare Aktionärsrechte* kann zu Nichtigkeit führen, so z. B. im Falle von OR 729c II (dazu vorn N 100).

Keine Nichtigkeitsfolgen haben dagegen individuell-konkrete Verstösse gegen zwingende Normen, die lediglich den Schutz *individueller Interessen* der einzelnen Aktionäre bezwecken und auf deren Durchsetzung die *Aktionäre verzichten* können.

5. *Formelle Mängel*

Von Nichtigkeit aus formellem Grund spricht man nicht nur dann, wenn ein GV-Beschluss zustandegekommen, aber wegen eines formellen Fehlers nicht gültig ist (z. B. bei fehlender öffentlicher Beurkundung eines im übrigen einwandfrei gefassten Statutenänderungsbeschlusses), sondern auch dann, wenn genau genommen gar kein Beschluss vorliegt, nicht einmal ein nichtiger: beim Scheinbeschluss und beim Nichtbeschluss. Mit einem *Scheinbeschluss* hat man es zu tun, wenn ein Gebilde entschieden hat, das keine Versammlung der Aktionäre ist, sondern beispielsweise eine im Aktienrecht nicht zulässige Delegiertenversammlung. Von *Nichtbeschluss* wird gesprochen, wenn zwar Meinungsäusserungen an einer GV erfolgten, aber die begrifflichen Voraussetzungen für das Vorliegen eines Beschlusses nicht erfüllt sind, wie z. B. dann, wenn einer entscheidenden Zahl von Aktionären die Mitwirkung am Beschluss verunmöglicht wurde. Die Rechtsfolgen von Schein- und Nichtbeschlüssen entsprechen denjenigen nichtiger Beschlüsse: Die Mangelhaftigkeit darf von jedermann jederzeit geltend gemacht werden und ist von Amtes wegen zu beachten. Angesichts dieser Tatsache kann für die Rechtsanwendung auf diese theoretisch möglichen, aber praktisch irrelevanten und im Einzelfall oft nicht leicht vorzunehmenden Differenzierungen verzichtet werden.

118   Aus dem Katalog der *formellen Nichtigkeitsgründe* seien erwähnt:
119   – Beschlüsse einer Universalversammlung, an der im Zeitpunkt der Beschlussfassung nicht mehr alle Aktionäre anwesend oder vertreten waren.
120   – Beschlüsse, die vor dem formellen Beginn oder nach dem formellen Abschluss einer GV gefasst wurden.
121   – Beschlüsse, die auf dem für die GV verbotenen Zirkulationsweg[94] oder in einer aktienrechtlich unzulässigen Delegiertenversammlung gefasst wurden.
122   – Beschlussfassung unter ungerechtfertigtem Ausschluss einer massgebenden Zahl von Aktionären[95]. Der zu Unrecht erfolgende Ausschluss *einzelner* Aktionäre hat dagegen nur Anfechtbarkeit zur Folge (in Analogie zum Fall der Mitwirkung Unbefugter an der GV: OR 691 III, dazu vorn N 33).
123   – Beschlüsse einer durch Unbefugte einberufenen GV[96].
124   – Beschlüsse einer fehlerhaft einberufenen GV, wobei es sich allerdings um krasse Fehler handeln muss. So, wenn nur ein Teil der Aktionäre eingeladen wurde oder den meisten Aktionären die Teilnahme an der GV wegen verspäteter Einladung nicht möglich war oder, wenn Ort- und Zeitangaben auf der Einladung falsch waren (es sei denn, es handle sich um geringe Abweichungen, wie eine falsche Saalangabe im gleichen Kongresshaus oder um einen gegenüber der angegebenen Uhrzeit verzögerten Beginn).
125   – Die Wahl eines neuen Verwaltungsrates, solange ein bisheriger noch im Amte ist[97].
126   – Beschlüsse von Personen, die nicht mehr Aktionäre sind[98].
127   – Beschlüsse die den Kompetenzbereich der GV überschreiten. Nichtig wäre beispielsweise ein in einer Familien-AG nach Fehlleistungen des Verwaltungsrates gefasster Beschluss, wonach die «Oberleitung der Gesellschaft» (OR 716a I Ziff. 1) während des folgenden Geschäftsjahres von der GV ausgeübt werde.

6. Die Geltendmachung der Nichtigkeit

128   a) Ein nichtiger Beschluss entfaltet *keine Rechtswirkung*. Eine Klage auf Aufhebung des Beschlusses erübrigt sich. Zulässig ist aber eine Feststellungsklage[99] bei Vorhandensein eines entsprechenden Interesses.

129   b) Die Nichtigkeit eines GV-Beschlusses kann *von jedermann geltend gemacht* werden:
130   – von jedem Aktionär, in den Schranken des Rechtsmissbrauchs sogar dann, wenn er selber dem Beschluss zugestimmt hatte[100],
131   – vom Verwaltungsrat,
132   – von den Gläubigern und von weiteren Beteiligten, etwa von Genussscheininhabern, wenn und soweit ein Interesse besteht. Ein solches ist immer dann anzunehmen, wenn der Betroffene in seiner Rechts- oder Interessensstellung

---

[94] BGE 67 I 347.
[95] SAG *1969* 212 ff.
[96] BGE 71 I 388, 78 III 46 f.
[97] BGE 71 I 389.
[98] SJZ *1947* 224.
[99] Die Klage richtet sich – wie die Anfechtungsklage – gegen die Gesellschaft.
[100] BGE 74 II 43.

direkt beeinträchtigt ist (ein Gläubiger z. B. dann, wenn gegen das Einlagerückzahlungsverbot verstossen wird) oder wenn die Schranken der Sittlichkeit oder der öffentlichen Ordnung verletzt wurden.

c) Möglich ist jederzeit auch eine *einredeweise* oder eine *ausserprozessuale* Berufung auf Nichtigkeit[101].

133

d) Der Richter hat die Nichtigkeit *von Amtes wegen zu beachten*, also selbst dann, wenn keine Partei sich darauf beruft[102]. Dasselbe gilt für den Handelsregisterführer, wobei sich dieser jedoch an seine beschränkte Kognitionsbefugnis zu halten hat und nur bei offensichtlicher Nichtigkeit die Eintragung verweigern darf[103].

134

7. *Keine Heilung der Nichtigkeit*

a) Im Gegensatz zum anfechtbaren wird der nichtige Beschluss grundsätzlich nie wirksam. Auch der Handelsregistereintrag kann grundsätzlich nichtige Beschlüsse nicht heilen[104]. Nichtigkeit kann daher im allgemeinen auch jederzeit ohne zeitliche Befristung geltend gemacht werden.

135

b) In der Praxis sind von dieser harten Konsequenz allerdings zum Schutze gutgläubiger Dritter Ausnahmen gemacht worden: Ihr Vertrauen in einen jahrelang unangefochten andauernden Zustand ist allenfalls zu schützen[105]. Aufgrund nichtiger Beschlüsse erfolgte Leistungen an gutgläubige Erwerber können grundsätzlich nicht zurückgefordert werden. Gestützt auf nichtige Beschlüsse mit gutgläubigen Dritten ordnungsgemäss abgeschlossene Verträge sind für die AG verbindlich. Nichtige Beschlüsse können somit dank Gutglaubensschutz extern doch Rechtswirkungen erzeugen.

136

8. *Exkurs: Geltendmachung der Nichtigkeit von Verwaltungsratsbeschlüssen*

Während Verwaltungsratsbeschlüsse nicht angefochten werden können (vgl. vorn N 9), gelten für die Beschlüsse des Verwaltungsrates «sinngemäss die gleichen Nichtigkeitsgründe wie für die Beschlüsse der Generalversammlung» (OR 714).

137

---

[101] BGE 74 II 43.
[102] BGE 64 II 152 f.
[103] Zur Kognitionsbefugnis vgl. vorn § 16 N 30 ff.
[104] ZR *1982* Nr. 17 S. 44. Anders im deutschen Recht, wo nach Ablauf von drei Jahren seit der Eintragung im Handelsregister die Nichtigkeit nicht mehr geltend gemacht werden kann: § 242 AktG.
[105] Vgl. BGE 78 III 33 ff, 44 f. In diesem Entscheid wurde der Beschluss über die Einführung einer persönlichen Haftung bei einer Genossenschaft wegen Nichterreichens des Quorums für nichtig erklärt. Da dieser Beschluss jedoch im Handelsregister eingetragen worden war und mehrere Jahre – bis zum Konkurs der Genossenschaft – unangefochten blieb, durften Dritte nach Ansicht des Bundesgerichts auf den Bestand der persönlichen Haftung vertrauen. Begründet wird der Entscheid mit «unabweislichen praktischen Bedürfnissen» (S. 45).

§ 26 Exkurs: Sonderversammlungen im Aktienrecht

Literatur: Felix Horber: Die Sonderversammlung im Aktienrecht (Zürich 1995 = SnA 9). – Zur *Sonderversammlung der Vorzugsaktionäre:* Basler Kommentar zu OR 654–656 N 26–29 (Vogt); Böckli N 350 ff; Siegwart zu OR 654–656 N 26. – Zur *Partizipantenversammlung:* Basler Kommentar zu OR 656f N 5 (Hess); Böckli N 490 ff. – Zur Versammlung der *Genussscheinberechtigten:* Basler Kommentar zu OR 657 N 6 (Hess); Axel Bauer: Partizipationsscheine im Schweizer Aktienrecht – im Vergleich zum deutschen Aktienrecht (Diss. Genf 1976 = SSHW 15) 212 ff; Böckli N 534 f; Tassilo Ernst: Der Genussschein im deutschen und schweizerischen Aktienrecht (Diss. Zürich 1963 = ZBR 241) 219 ff; Peter Strässle: Die Vorschriften über die Gläubigergemeinschaft bei Anleihensobligationen ... in ihrer Anwendbarkeit auf die Gläubigergemeinschaft bei Genussscheinen (Diss. Freiburg 1966). – Zur *Gläubigerversammlung bei Anleihensobligationen:* Basler Kommentar zu OR 1164–1182 (Steinmann); Daniel Daeniker: Anlegerschutz bei Obligationenanleihen (Diss. Zürich 1992 = SSHW 142) 79 ff; Andreas Rohr: Grundzüge des Emissionsrechts (Zürich 1990) 273 ff.

I. Allgemeines

a) In ihrem Kompetenzbereich entscheidet die GV in der Regel *allein*. Dabei gilt das *Mehrheitsprinzip* (vgl. § 24 N 25 ff). Die allenfalls abweichenden Interessen von Minderheiten werden dadurch geschützt, dass für gewisse wichtige Beschlüsse ein qualifiziertes Quorum vorgesehen ist (vgl. § 24 N 28 ff).

Von diesem Grundsatz der alleinigen Kompetenz der GV sieht der Gesetzgeber jedoch *Ausnahmen* vor für Beschlüsse, die eine bestimmte *Kategorie von Aktionären oder anderen Beteiligten* besonders trifft. In diesen Fällen bedarf es eines *Doppelbeschlusses:* Nicht nur die GV muss zustimmen, sondern auch eine Sonderversammlung der Betroffenen.

Solche Doppelbeschlüsse sind im Gesetz an drei Stellen vorgesehen:
– in OR 654 II und III für den Fall, dass Vorrechte von *Vorzugsaktien* beeinträchtigt werden (dazu Ziff. II; zur Frage, ob diese Regelung auch auf Stimmrechtsaktien anwendbar ist, Ziff. III),
– in OR 656f IV dann, wenn den *Partizipanten* Vorrechte oder statutarische Mitwirkungsrechte entzogen werden sollen (dazu Ziff. IV),
– in OR 657 IV im Falle des Entzugs einzelner oder aller Rechte von *Genussscheinberechtigten* (dazu Ziff. V).

8   b) Für die *Sonderversammlungen* der Vorzugsaktionäre, Partizipanten und Genussscheinberechtigten enthält das Gesetz nur rudimentäre Regeln. Es drängt sich daher die *analoge Anwendung der für die GV aufgestellten Regeln* auf, und zwar hinsichtlich der Einberufung[1], der Durchführung[2] und besonders der Beschlussfassung[3] und schliesslich auch der Anfechtung[4].

9   c) Zu beachten ist, dass das Erfordernis des Doppelbeschlusses die allgemeinen aktienrechtlichen Regeln des Minderheitenschutzes nicht ausser Kraft setzt: Auch die durch einen Doppelbeschluss sanktionierte Massnahme muss vor dem Grundsatz der *Gleichbehandlung* (dazu § 39 N 11 ff) standhalten[5]. Auch die durch die GV wie durch die Sonderversammlung beschlossene Beeinträchtigung der Rechtsstellung einzelner Kategorien von Beteiligten muss *erforderlich* sein (dazu § 39 N 91 ff) und dem Grundsatz der *schonenden Rechtsausübung* Genüge tun (dazu § 39 N 95 ff).

10   d) Ausserhalb des Aktienrechts ist die *Gläubigergemeinschaft bei Anleihensobligationen* geregelt, welche die *gemeinsamen Interessen der Anleihensgläubiger, insbesondere bei einer Notlage des Schuldners* (OR 1164 I) wahrzunehmen hat. Dazu Ziff. VI.

II. Die Sonderversammlung der Vorzugsaktionäre

11   a) Vorzugsaktien räumen den Berechtigten *vermögensrechtliche Vorteile* gegenüber den «gewöhnlichen» Aktien, den sog. Stammaktien, ein (Näheres in § 41 N 26 ff). Diese Vorrechte können nur mit Zustimmung einer Sonderversammlung der Vorzugsaktionäre beeinträchtigt oder beseitigt werden:

12   Die Zustimmung einer Sonderversammlung ist erforderlich, «wenn statutarische Vorrechte, die mit Vorzugsaktien verbunden sind, abgeändert oder aufgeho-

---

[1] Vgl. § 23 N 16 ff. Insbes. ist die Frist von 20 Tagen zu wahren.
[2] Vgl. § 23 N 82 ff. Insbes. gilt auch in diesen Versammlungen das Meinungsäusserungsrecht.
[3] Vgl. § 24. Mangels anderer Regelung in Gesetz und Statuten werden Beschlüsse mit der absoluten Mehrheit der vertretenen Stimmen gefasst, analog OR 703. Doch ist zu beachten, dass für die Gemeinschaft der Genussscheinberechtigten die Zustimmung der «Mehrheit aller im Umlauf befindlichen Genussscheintitel» verlangt wird, OR 657 IV.
[4] Die Beschlüsse der Sonderversammlung von Vorzugsaktionären können u. E. und nach der herrschenden Lehre nicht nur von den teilnahmeberechtigten, sondern von *sämtlichen* Aktionären angefochten werden, da das Anfechtungsrecht ein selbständiges Schutzrecht und nicht ein vom Stimmrecht abgeleitetes Recht ist. Dagegen sind die Beschlüsse der Versammlungen von Partizipanten und Genussscheinberechtigten nur von diesen anfechtbar, da die Aktionäre davon nicht betroffen sind.
[5] Vgl. BGE 69 II 251: «es muss ... als ein Satz des ungeschriebenen Rechtes anerkannt werden, dass auch die durch die Zustimmung der Sonderversammlung gedeckte Verletzung des Prinzips der Gleichbehandlung nicht unanfechtbar ist. Tatsächlich ist es denn auch sehr wohl denkbar, dass eine Neuordnung unsachlich ist, obwohl die Mehrheit der davon Betroffenen sich mit ihr einverstanden erklärt.» – Immerhin dürfte die separate Zustimmung der betroffenen Minderheit ein Indiz für die Zumutbarkeit der Ungleichbehandlung verschiedener Beteiligten*kategorien* sein.

ben werden sollen» (OR 654 III). Sie ist aber auch dann notwendig, wenn eine gegenüber bereits bestehenden Vorzugsaktien privilegierte neue Aktienkategorie oder wenn privilegierte Partizipationsscheine geschaffen werden sollen, da auch in diesem Fall die Vorrechte der (bisherigen) Vorzugsaktionäre beeinträchtigt werden (OR 654 II).

Die Zustimmung einer Sonderversammlung ist etwa nötig, wenn Vorzugsaktionäre allein oder in erster Linie von einer Kapitalherabsetzung betroffen werden, sowie selbstverständlich dann, wenn Vorzugsaktien in Stammaktien umgewandelt werden sollen. Ob dagegen generell der Liquidationsbeschluss der gesonderten Zustimmung bedarf, weil – bzw. falls – dadurch Dividendenvorrechte beseitigt werden[6], erscheint zweifelhaft.

b) Die Zustimmung einer Sonderversammlung ist nur erforderlich, wenn *Vorrechte beeinträchtigt werden sollen*. Dagegen bedarf es keiner Sonderversammlung, wenn sämtliche Aktionäre in *gleicher Weise* in ihren Rechten herabgestuft werden[7, 8]. Und schon gar nicht braucht es die Zustimmung der Vorzugsaktionäre, wenn deren Rechtsstellung verbessert werden soll.

c) OR 654 II und III ist nicht zwingend: Das Gesetz behält eine «abweichende Ordnung durch die Statuten» ausdrücklich vor (OR 654 II). Die Tragweite dieses Vorbehalts ist umstritten[9].

III. Erfordernis einer Sonderversammlung der Stimmrechtsaktionäre bei der Beseitigung von Stimmprivilegien?

a) Neben den Vorzugsaktien kennt das Gesetz eine zweite Kategorie von privilegierten Aktien: die *Stimmrechtsaktien*. Es handelt sich um Aktien, die im Hinblick auf ihre Stimmkraft gegenüber den Stammaktien bevorzugt sind (vgl. § 24 N 95 ff). Stimmrechtsaktien sind – entgegen vereinzelten früheren Lehrmeinungen – nicht eine Unterart der Vorzugsaktien, sondern eine eigene Aktienkategorie.

b) Für die Beseitigung der Stimmprivilegien von Stimmrechtsaktien enthält das Gesetz keine Ordnung. Die vorherrschende Lehre zum bisherigen Recht bejahte die *analoge Anwendung von OR 654 III*[10]. Zur Begründung wurde ange-

---

[6] So Hess in Basler Kommentar zu Art. 654–656.
[7] So etwa dann, wenn von einer Kapitalherabsetzung sämtliche Aktionäre gleich betroffen werden, vgl. BGE 113 II 530 ff E 4, 5 zum gleichen Problem bei Partizipationsscheinen des bisherigen Aktienrechts.
[8] Vgl. jedoch OR 654 II: Die Schaffung einer neuen, gegenüber sämtlichen bisherigen Aktien privilegierten Kategorie betrifft sowohl die Vorzugs- wie die Stammaktionäre. Trotzdem bedarf es einer Sonderversammlung.
[9] Nach Böckli N 352 können die Statuten zwar «gewisse Abweichungen vom Gesetz verwirklichen, keine solchen aber, die eine Aufhebung der Vorrechte ohne Zustimmung einer Sonderversammlung der beeinträchtigten Vorzugsaktionäre zulassen würden». Ob diese Einschränkung zutrifft, ist angesichts des eindeutigen Gesetzeswortlauts fraglich.
[10] A.M. jedoch Tanner, *Quoren* (zit. § 24 N 1) 258 f.

führt, die Beseitigung des Stimmprivilegs sei für die Betroffenen von ebenso grosser Tragweite wie die Abschaffung vermögensrechtlicher Privilegien bei Vorzugsaktien. Den Entscheid darüber in die Hand einer (nicht betroffenen) Mehrheit zu legen, sei sachlich nicht gerechtfertigt, zumal das Gesetz[10a] nicht einmal eine qualifizierte Mehrheit für die Beschlussfassung in der GV vorsehe[10b].

17a   In der Praxis wurde freilich bei der Beschlussfassung über die Beseitigung von Stimmprivilegien keineswegs stets eine Sonderversammlung durchgeführt. Vielmehr fanden sich drei Vorgehensweisen: Erstens die Durchführung einer Sonderversammlung zusätzlich zur GV, zweitens die Beschlussfassung nur in der GV, mit dem ordentlichen Quorum von OR 703 und schliesslich drittens die Beschlussfassung nur in einer GV, jedoch mit qualifiziertem Quorum.

17b   In einem im summarischen Verfahren ergangenen Entscheid des Handelsgerichts des Kantons Zürich vom 6. 2. 1995[10c] wird davon ausgegangen, dass es für die Abschaffung von Stimmrechtsaktien *keiner Sonderversammlung* bedarf. Vielmehr seien die Stimmrechtsaktionäre durch die ihnen zukommende erhöhte Stimmkraft in der GV ausreichend geschützt[11]. Die Frage wird voraussichtlich in absehbarer Zeit vom Bundesgericht zu entscheiden sein.

IV.   Die Sonderversammlung der Partizipanten

18   a) Partizipanten sind – wie die Aktionäre – an der AG vermögensmässig beteiligt. Doch steht ihnen kein Stimmrecht zu (OR 656c I, Näheres zur Stellung des Partizipanten in § 46 N 26 ff).

19   Im Regelfall müssen die Partizipanten die Beschlüsse der GV gegen sich gelten lassen, obschon sie keine Mitwirkungsmöglichkeit haben. Auch eine Schlechterstellung ihrer Position durch GV-Beschluss müssen sie sich gefallen lassen, vorausgesetzt, die Aktionäre nehmen ebenfalls eine entsprechende Beeinträchtigung auf sich (Gedanke der *Schicksalsgemeinschaft,* OR 656f III, dazu § 46 N 31).

20   Eine *Ausnahme* besteht jedoch dann, wenn die Rechtsstellung der Partizipanten *einseitig beeinträchtigt* wird. Eine solche Beeinträchtigung bedarf – zusätzlich zum GV-Beschluss – der Zustimmung einer «besonderen Versammlung der betroffenen Partizipanten» (OR 656f IV; es ist dies der einzige Fall, in welchem den Partizipanten ein Stimmrecht eingeräumt wird). Die Ordnung ist also analog der für die Vorzugsaktien geltenden gestaltet.

10a   Anders als für die *Einführung* von Stimmrechtsprivilegien, dazu OR 704 I Ziff. 2 bzw. bisher Art. 648 des OR *1936.*
10b   Unter revidiertem Recht wird freilich – trotz des Schweigens von OR 704 in dieser Hinsicht – überwiegend die Auffassung vertreten, für die Beseitigung von Stimmrechtsaktien müsse das Quorum von OR 704 eingehalten werden. Begründet wird dies mit einer analogen Anwendung von OR 704 I Ziff. 2 («Einführung» von Stimmrechtsaktien).
10c   SJZ *1995* 196 ff, 198.
11   Diese Auffassung wird auch von Horber (zit. N 1) vertreten.

b) Das Gesetz verlangt die Zustimmung einer Sonderversammlung der Partizipanten, wenn «die Vorrechte» oder «die statutarischen Mitwirkungsrechte» derselben «beschränkt oder aufgehoben werden» (OR 656f IV). Diese Umschreibung ist irreführend:

Die Zustimmung einer Sonderversammlung der Partizipanten ist nicht nur beim Entzug von «Vorrechten» erforderlich, sondern immer dann, wenn die *Rechtsstellung der Partizipanten einseitig* – also ohne eine entsprechende Verschlechterung der Rechtsstellung von Aktionären – *beeinträchtigt* wird[11a].

Anderseits ist – um dies nochmals zu betonen – eine Verschlechterung der Rechtsstellung der Partizipanten auch ohne deren Zustimmung möglich, sofern die Aktionäre dieselbe Beeinträchtigung auf sich nehmen.

c) OR 656f IV soll nur gelten, «[s]ofern die Statuten nichts anderes bestimmen». Die Ordnung ist mithin dispositiver Natur. Doch nimmt die überwiegende Lehre an, dass es nicht zulässig wäre, statutarisch vorzusehen, dass den Partizipanten Rechte ohne ihre Zustimmung entzogen werden können[12]. Ob dies richtig ist, scheint angesichts des klaren und uneingeschränkten Gesetzeswortlauts fraglich.

V. Die Sonderversammlung der Genussscheinberechtigten

a) Aktiengesellschaften können zugunsten bestimmter Personenkreise (dazu OR 657 I) sog. *Genussscheine* ausgeben. Es handelt sich um Beteiligungen (im Gegensatz zur Gläubigerstellung), die – ähnlich den Partizipationsscheinen – vermögenswerte Rechte, aber keine Mitwirkungsrechte vermitteln (Näheres in § 47 N 15 ff).

Nach OR 657 IV bilden die Genussscheinberechtigten «von Gesetzes wegen eine Gemeinschaft, für welche die Bestimmungen über die Gläubigergemeinschaft bei Anleihensobligationen[13] sinngemäss gelten». Die Beschlusskompetenzen sind jedoch unterschiedlich:

b) Die Gläubigergemeinschaft bei Anleihensobligationen kann auf gewisse Rechte verzichten oder deren Durchsetzung aufschieben (OR 1170 I, vgl. aber die Schranke von OR 1173).

[11a] Es bedarf jedoch einer *Beeinträchtigung*. Für die Umwandlung von PS in Aktien bedarf es daher keiner Sonderversammlung, wohl aber u. E. für die gleichzeitige Einführung einer Vinkulierung (a. M. Horber [zit. N 1] 41 f, der auch in diesem Fall auf eine Sonderversammlung verzichten will mit dem Hinweis, es könne durch den Verzicht auf ein Eintragungsgesuch die Anonymität gewahrt bleiben.).

[12] So Böckli N 493 und Eric Homburger: Leitfaden zum neuen Aktienrecht (2. A. Zürich 1992) zu OR 656f IV; a. M. Hess in Basler Kommentar zu Art. 656f N 5.

[13] Dazu sogleich nachstehend N 33 ff.

28 Der Gemeinschaft der Genussscheinberechtigten stehen weitergehende Kompetenzen zu: Sie kann auf «einzelne» oder sogar auf «alle Rechte aus den Genussscheinen» verzichten (OR 657 IV).

29 Ein solcher Verzicht kann jedoch nur durch die «Inhaber der Mehrheit aller im Umlauf befindlichen Genussscheintitel verbindlich» beschlossen werden. Dieses Quorum, das sich nicht an den an einer Versammlung *vertretenen* Genussscheinen orientiert, sondern an *sämtlichen ausgegebenen* Titeln, ist in der Praxis oft unerreichbar, zumal Genussscheine meist Inhaberpapiere sind und die Gesellschaft die Berechtigten nicht kennt[14].

30 c) Anders als bei den Partizipationsscheinen spielt bei Genussscheinen der Gedanke der *Schicksalsgemeinschaft* nicht: Der Umstand, dass die Aktionäre ein gleichartiges Opfer auf sich nehmen, dispensiert nicht von der Zustimmung der Genussscheinberechtigten.

31 Wohl aber muss die Zustimmung der Genussscheinberechtigten nur dann eingeholt werden, wenn ihre Rechtsstellung *beeinträchtigt* wird. Soweit die Rechte der Genussscheinberechtigten durch Generalversammlungsbeschlüsse formal und inhaltlich nicht tangiert werden, erübrigt sich deren Zustimmung[15].

32 d) Die Ordnung von OR 657 IV wird von der herrschenden Lehre und Praxis als «im Kern» zwingend erachtet. Welcher Spielraum für die statutarische Ausgestaltung bleibt, ist umstritten.

VI. Hinweis: Die Versammlung der Gläubigergemeinschaft bei Anleihensobligationen

33 a) Bei Obligationenanleihen (dazu OR 1156 ff) stehen einem Schuldner (der AG) eine Vielzahl von Gläubigern mit gleicher Rechtsstellung gegenüber. In normalen Verhältnissen kann jeder dieser Gläubiger seine Rechte selbständig und unabhängig von den übrigen geltend machen. In Ausnahmefällen – und besonders dann, wenn die Zahlungsfähigkeit des Schuldners in Frage gestellt ist – ist ein solches selbständiges und unabhängiges Vorgehen dagegen weder für die Gläubiger noch für die schuldnerische Gesellschaft sinnvoll:

34 – Die einzelnen Anleihensgläubiger sind oft mit relativ geringen Beträgen engagiert. Es wäre unökonomisch, wenn jeder von ihnen selbständig gegen die Schuldnerin vorgehen müsste.

35 – Umgekehrt wäre es für die Schuldnerin praktisch unmöglich, die Beziehungen zu den Gläubigern neu zu ordnen (was auch im Interesse der Gläubiger sein

---

14 Unter dem bisherigen Aktienrecht unterstanden die Partizipationsscheine dem Recht der Genussscheine (BGE 113 II 529). Das Quorum von OR 657 IV war daher oft eine unüberwindbare Hürde für Statutenänderungen, welche die Stellung der Partizipanten beeinträchtigten, und zwar selbst dann, wenn die Wünschbarkeit der Änderungen unbestritten war.

15 Vgl. BGE 113 II 530 ff, E 4, 5: Gleichmässige Herabsetzung von Aktien und Genussscheinen zur Beseitigung einer Unterdeckung des Kapitals. (Zu beachten ist, dass nach dem revidierten Aktienrecht Genussscheine mit Nennwert nicht mehr zulässig sind, OR 657 II, UeBest 3 III.)

kann), wenn mit jedem einzelnen Gläubiger separat verhandelt werden müsste.

b) Das Gesetz sieht daher die Zusammenfassung der Gläubiger von Anleihensobligationen zu einer *Gemeinschaft* (vgl. OR 1157 ff) vor, deren *Versammlung* (dazu OR 1164 ff) mit der Befugnis ausgestattet ist, «in den Schranken des Gesetzes die geeigneten Massnahmen zur Wahrung der gemeinsamen Interessen der Anleihensgläubiger, insbesondere gegenüber einer Notlage des Schuldners, zu treffen» (OR 1164 I[16]). Diese Versammlung kann – mit einer «Mehrheit von mindestens zwei Dritteln des im Umlauf befindlichen Kapitals» – auch auf gewisse Gläubigerrechte verzichten oder deren Durchsetzung stunden (OR 1170).

c) Für die Gläubigerversammlung bei Anleihensobligationen sieht das Gesetz eine *detaillierte Ordnung* vor (OR 1164–1182), die durch eine bundesrätliche Verordnung über die Gläubigergemeinschaft bei Anleihensobligationen[17] noch näher ausgeführt wird. Daher erübrigt sich die analoge Anwendung der aktienrechtlichen Bestimmungen zur GV.

---

[16] Zu den Kompetenzen der Gläubigergemeinschaft vgl. BGE 113 II 283 ff, insbes. 286 ff E 3–5; ferner BGE 96 II 202 ff E 2.
[17] Vom 9. 12. 1949, SR 221.522.1.

6. Kapitel: Die aktienrechtliche Exekutive, insbesondere der Verwaltungsrat

Materialien: Botschaft 96–99 (OR 707–725a), 173–184 (OR 707–725a), 104–106 (OR 754 II), 191 f (OR 754 II), 194 f (OR 762); AmtlBull NR *1985* 1782–1786 (OR 707–725a), 1788 (OR 754 II), 1789 (OR 762), SR *1988* 512–515 (OR 707–725a), 524 f (OR 754 II), 527–529 (OR 724 II), 526 (OR 762), NR *1990* 1388, SR *1991* 75 f.

a) Das Gesetz sieht als aktienrechtliche *Exekutive* den *Verwaltungsrat* vor. Aufgrund der statutarischen und reglementarischen Ordnung kann neben den Verwaltungsrat eine *Direktion* oder *Geschäftsleitung* treten, welcher insbes. die laufende Geschäftsführung übertragen werden kann.

b) Durch die *Aktienrechtsreform* wurden die gesetzlichen Bestimmungen *umgruppiert*. Geändert hat sodann die *Terminologie*: War bisher von der «Verwaltung» die Rede, so wird nun vom «Verwaltungs*rat*» gesprochen[1]. (Das einzelne Mitglied des Gremiums sollte daher nicht mehr als «Verwaltungsrat», sondern als «Mitglied des Verwaltungsrates» bezeichnet werden.)

Materiell ist dagegen die bisherige Ordnung – und besonders ihre Flexibilität – weitgehend beibehalten worden. Doch wird nun vermehrt im Gesetz festgeschrieben, was früher nur aufgrund der Gerichtspraxis galt[2]. Das *inhaltliche* Schwergewicht der Reform im Bereich des Verwaltungsrates – und wohl eines ihrer Hauptverdienste überhaupt – liegt in der präzisen Umschreibung der Voraussetzungen und Wirkungen einer *Delegation von Kompetenzen* des Verwaltungsrates an einzelne seiner Mitglieder oder Dritte (vgl. OR 716b, 754 II, dazu § 37 N 37 ff) und – damit verbunden – in der Festlegung *unübertragbarer und unentziehbarer Pflichten* des Gesamtverwaltungsrates in einer umfassenden Liste (OR 716a, dazu § 30 N 29 ff). Dadurch sind grosse Unsicherheiten der bisherigen Praxis beseitigt oder zumindest eingeschränkt worden.

Weitere Änderungen betreffen die Klärung der *Informationsrechte* der Mitglieder des Verwaltungsrates (OR 715a, dazu § 28 N 78 ff), die zugleich strengere wie auch realistischere Ausgestaltung der *Pflichten bei Kapitalverlust* (OR 725 f, dazu § 50 N 187 ff), ferner die gesetzliche Verankerung der bisher in der HRV vorgesehenen Möglichkeit des ausgeschiedenen Verwaltungsratsmitgliedes, seine *Löschung* im Handelsregister selbst zu bewirken (OR 711 II, dazu § 27 N 54) und – wie schon erwähnt – die gesetzliche Verankerung des durch die Praxis anerkannten *Gleichbehandlungsgebots* (OR 717 II, dazu § 39 N 11 ff).

---

[1] Während im Gesetz konsequent die neue Terminologie verwendet wird, erfolgte die Anpassung der HRV flüchtig: Zwar wird etwa in den Art. 80 I lit. d, e, 81a, 81b und 82a korrekt von Verwaltungs*rat* gesprochen. Dagegen ging die Bereinigung von Art. 86 II und 88 vergessen.

[2] So etwa hinsichtlich des Gleichbehandlungsgebots, OR 717 II. Zum bisherigen Recht vgl. BGE 102 II 265 ff.

6   Da die Änderungen – abgesehen von der Regelung der Kompetenzen und der Kompetenzdelegation – bescheiden geblieben sind, bleiben die *bisherige Literatur und Judikatur weiterhin aktuell*[3].

7   c) Im folgenden werden zunächst die Begründung und Beendigung des Verwaltungsratsmandats und die gesetzlichen Anforderungen an die Zusammensetzung des Verwaltungsrats besprochen (§ 27). Anschliessend wird die Stellung des einzelnen Verwaltungsratsmitglieds behandelt (§ 28). Ein weiterer Paragraph handelt von der Organisation der aktienrechtlichen Exekutive, also der Strukturierung des Verwaltungsrates, aber auch einer allfälligen Direktion (§ 29). Sodann wird auf die Aufgaben des Verwaltungsrates im einzelnen und die Möglichkeiten und Schranken der Kompetenzdelegation eingegangen (§ 30). Ein letzter Paragraph befasst sich schliesslich mit der Durchführung von Verwaltungsratssitzungen und insbesondere der Beschlussfassung (§ 31).

§ 27 Begründung und Beendigung des Verwaltungsratsmandats; Zusammensetzung des Verwaltungsrates

1   *Literatur:* Roland Müller/Lorenz Lipp: Der Verwaltungsrat. Ein Handbuch für die Praxis (Zürich 1994) 25 ff; Adrian Plüss: Die Rechtsstellung des Verwaltungsratsmitgliedes (Diss. Zürich 1990 = SSHW 130); Walter Stoffel in Ciocca (vgl. LV) 157 ff, 163 ff. – Aus den *Gesamtdarstellungen* vgl. Basler Kommentar zu OR 707–711, 762 (Wernli), 754 N 21 ff (Widmer); Böckli N 1467 ff, 1974 ff; Bürgi, Kommentierung von OR 707–711 und Bürgi/Nordmann, Kommentierung von OR 762; Guhl/Kummer/Druey 707 f.

I. Wählbarkeitsvoraussetzungen und Bestellung des Verwaltungsrats

1. Wählbarkeitsvoraussetzungen

2   a) Der Verwaltungsrat besteht gemäss OR 707 I aus Personen, «die Aktionäre sein müssen». Obwohl für die AG als von ihren Gesellschaftern losgelöster Körperschaft das System der *Drittorganschaft* gilt[1] und obwohl zwischen Mitgliedschaft und Organstellung klar zu trennen ist, schreibt somit das Gesetz für alle Mitglieder des Verwaltungsrates die *Aktionärseigenschaft* vor: «Werden

---

[3]   Die zahlreichen Umstellungen des Gesetzestexts (ohne materielle Änderung), die sich im Abschnitt über den Verwaltungsrat wie auch in anderen Abschnitten des revidierten Aktienrechts finden, erschweren die Arbeit mit der vorhandenen Literatur und Judikatur unnötig. Die Umgruppierung erscheint daher – auch wenn die Systematik verbessert worden sein mag – als problematisch und wenig praxisfreundlich. Die im Anhang dieses Buchs (S. 1043 ff) abgedruckten Konkordanztabellen des alten und des neuen Aktienrechts können den Zugriff zur bisherigen Dokumentation erleichtern.

[1]   Also – im Gegensatz zu den Personengesellschaften (vgl. OR 535, 557 II, 599) und zur GmbH (vgl. OR 811 I) – keine direkte Berufung der Gesellschafter oder einzelner von ihnen zur Geschäftsführung.

andere Personen gewählt, so können sie ihr Amt erst antreten, nachdem sie Aktionäre geworden sind.» (OR 707 II)

Das Motiv für diese Bestimmung liegt darin, das Verwaltungsratsmitglied persönlich auch finanziell zu engagieren und so sein eigenes Interesse mit dem der AG zu verbinden. Diese Zielsetzung wird freilich nicht erreicht, genügt doch von Gesetzes wegen der Erwerb auch nur einer einzigen Aktie. Man kann sich auch fragen, ob es in einer Zeit, in der der Verwaltungsrat aufgrund von fachlichen Kompetenzen zusammengesetzt wird oder werden sollte, überhaupt sinnvoll ist, die Stellung in der Exekutive zwingend mit einer finanziellen Beteiligung zu verbinden[2].

Immerhin ist die Regelung in der Praxis wenig belastend: Es handelt sich um eine Ordnungsvorschrift, deren Nichteinhaltung kaum Konsequenzen hat. Die Wahl auch eines Nichtaktionärs ist gültig, und mit der Veräusserung sämtlicher Aktien entfällt die Stellung als Mitglied des Verwaltungsrates nicht. Eine amtliche Kontrolle – etwa seitens der Handelsregisterbehörden – über die Einhaltung von OR 707 besteht höchstens bei der Gründung[3]. Und Dritte dürfen sich auf den Eintrag im Handelsregister verlassen. Im übrigen genügt auch die *treuhänderische* Überlassung einer Aktie an einen Gewählten, um OR 707 Genüge zu tun[4].

Das *bisherige* Recht kannte noch die Pflicht der Verwaltungsratsmitglieder, am Sitz der Gesellschaft eine durch die Statuten bestimmte Anzahl von Aktien der Gesellschaft zu hinterlegen (OR *1936* Art. 709 f). Diese Aktien sollten als Haftungssubstrat für allfällige persönliche Verpflichtungen der Verwaltungsratsmitglieder dienen. Die Aktienrechtsreform hat die unnötige und administrativ belastende Institution der Pflichtaktie beseitigt.

Im Gegensatz zur AG muss bei der Genossenschaft nur die *Mehrheit* der Verwaltung aus Mitgliedern bestehen (OR 894 I). Dies erklärt sich daraus, dass die genossenschaftliche Mitgliedschaft regelmässig an bestimmte persönliche Voraussetzungen geknüpft ist, die eine für den Verwaltungsrat geeignete Person allenfalls nicht erfüllt.

b) In den Verwaltungrat können nur *natürliche Personen* gewählt werden[5].

---

[2] Wenn schon, dann wäre von den Verwaltungsratsmitgliedern ein *substantielles* Engagement in der Gesellschaft zu verlangen. Eine solche Pflicht, die auf die konkreten Verhältnisse Rücksicht zu nehmen hätte, könnte aber sinnvoll nur in den Statuten, nicht dagegen in generell abstrakter Form im Gesetz verankert werden.

[3] Für die Bestellung des Verwaltungsrates im Gründungsstadium ist die *Praxis der Registerämter uneinheitlich*. Eine Prüfung erfolgt im Kanton Zürich: Falls die in den Verwaltungsrat gewählte Person nicht Gründeraktionärin ist und sie auch nicht als Vertreterin einer an der Gründung beteiligten juristischen Person im Sinne von OR 707 III gewählt worden ist, muss das Original der Abtretungserklärung über mindestens eine Aktie vorgelegt werden. Dagegen prüft etwa das Handelsregisteramt des Kantons Basel-Stadt die Aktionärseigenschaft der in den Verwaltungsrat Gewählten auch im Gründungsstadium nicht.

[4] Solche fiduziarischen Aktionärsstellungen sind in der Praxis häufig, so namentlich bei Einmann-Aktiengesellschaften (zu denen auch Konzern-Tochtergesellschaften gehören können) und – um dem Nationalitäts- und Domizilerfordernis (dazu N 68 ff) Genüge zu tun – vor allem auch bei ausländisch beherrschten Aktiengesellschaften.

[5] Selbstverständlich ist dies nicht. So kann in der 1994 eingeführten französischen Société par actions simplifiée der Präsident sowohl eine natürliche wie auch eine juristische Person sein.

8   Nach der bundesgerichtlichen Praxis und der herrschenden, aber bestrittenen Lehre ist Handlungsfähigkeit keine Wählbarkeitsvoraussetzung, sondern es genügt *Urteilsfähigkeit*[6].

9   c) Da juristische Personen und Handelsgesellschaften als solche nicht in den Verwaltungsrat wählbar sind, sieht das Gesetz vor, dass «an ihrer Stelle ihre Vertreter gewählt werden» können (OR 707 III).

10 Das Gesetz stellt für die Qualifikation des «Vertreters» keine besonderen Anforderungen auf. Anzunehmen ist, dass er selber nicht Aktionär der Gesellschaft, in deren Verwaltungsrat er gewählt werden soll, zu sein braucht[7]. Richtigerweise wird man aber auch nicht verlangen, dass er Angestellter oder gar Organ der delegierenden juristischen Person ist. Vielmehr kann eine Gesellschaft auch einen *Dritten* – etwa einen Anwalt – *als ihren Vertreter wählen lassen.*

11 Zur Rechtsstellung des Vertreters einer juristischen Person oder Handelsgesellschaft vgl. Emanuel Falkeisen: Die Vertretung juristischer Personen im Verwaltungsrat, insbesondere ihre rechtliche Natur (Diss. Zürich 1947); zu den Haftungsverhältnissen insbes. vgl. Forstmoser, *Verantwortlichkeit* (zit. § 36 N 1) N 717 ff.

12 d) Die Statuten können bestimmte *persönliche Voraussetzungen* für die Wählbarkeit aufstellen.

13 Ziemlich verbreitet sind obere *Alterslimiten*[8]; denkbar wäre auch eine Begrenzung der Amtszeit oder der Anzahl Mandate, die ein Mitglied in anderen Gesellschaften innehaben kann. Zulässig muss es auch sein, Konkurrenten das passive Wahlrecht zu versagen. Allenfalls können auch fachliche Qualifikationen verlangt oder Nationalitätserfordernisse aufgestellt werden.

14 Immerhin ist zu beachten, dass solche Beschränkungen des passiven Wahlrechts *nicht beliebig* vorgenommen werden können. Vielmehr sind die allgemeinen aktienrechtlichen Grundsätze – besonders das Gleichbehandlungs- und das Sachlichkeitsprinzip (dazu § 39 N 11 ff, 87 ff) – zu wahren. Die sich daraus ergebenden Schranken dürften sich unter dem revidierten Recht verschärft haben: Da es nur noch in engen Grenzen möglich ist, durch die Vinkulierung Dritte von der Aktionärsstellung fernzuhalten (vgl. § 47 N 103 ff) und da das Wahlrecht ein wesentliches Aktionärsrecht ist, wird man insbesondere Begrenzungen, die sich faktisch gegen einzelne Aktionäre oder Aktionärsgruppen richten, nicht mehr zulassen[9].

15 e) Das Gesetz sieht eine *Unvereinbarkeit* vor: Das Verwaltungsratsmandat kann nicht mit dem eines Revisors kombiniert werden (OR 727c I).

---

6   BGE 84 II 684; in diesem Sinne Bürgi zu OR 707 N 14; a. M. mit ausführlicher Begründung dagegen Plüss (zit. N 1) 7 ff. Weitere Hinweise bei Plüss, a. a. O. Anm. 14.
7   Das Erfordernis der Aktionärseigenschaft wird von der delegierenden juristischen Person oder Handelsgesellschaft erfüllt. A. M. aber Roland von Büren in ZBJV *1995* 57 ff, 84 und Balthasar Bessenich in AJP *1995* 455 ff (mit ausführlichen Literaturhinweisen).
8   In der Regel Erreichen des 70. Altersjahrs als Schranke für die Ausübung des Mandats oder für die Wählbarkeit.
9   So wird man zwar die Wählbarkeit an eine substantielle Aktienbeteiligung binden dürfen. Doch darf diese niemals so hoch sein, dass dadurch das passive Wahlrecht einzelner Aktionäre faktisch vereitelt wird.

Weitere Beschränkungen des passiven Wahlrechts enthält das Gesetz nicht. Insbes. ist 16
die vom Bundesrat vorgeschlagene Beschränkung auf maximal zehn Verwaltungsratsmandate bei Publikumsgesellschaften[10] von den Räten abgelehnt worden.

f) Eine singuläre Bestimmung enthält OR 762 I: Danach kann eine AG, an der 17
eine *Körperschaft des öffentlichen Rechts* wie Bund, Kanton, Bezirk oder Gemeinde ein öffentliches Interesse haben, in ihren Statuten dieser Körperschaft das Recht einräumen, *Vertreter in den Verwaltungsrat abzuordnen*. Es handelt sich um ein eigentliches Entsendungsrecht, durch das der Grundsatz der Wahl durch die GV durchbrochen wird. Auch über die Abberufung ihrer Vertreter entscheidet die öffentlichrechtliche Körperschaft allein[11].

Von der Bestellung abgesehen, kommen den von einer Körperschaft des öffentlichen 18
Rechts abgeordneten Mitgliedern des Verwaltungsrates dieselben Rechte und Pflichten zu wie den von der Generalversammlung gewählten (OR 762 III). Doch sieht OR 762 IV eine unmittelbare Haftung der Körperschaft des öffentlichen Rechts für die abgeordneten Verwaltungsratsmitglieder vor[12].

Näheres bei Michael Stämpfli: Die gemischtwirtschaftliche Aktiengesellschaft ... 19
(Diss. Bern 1991 = ASR 533 104 ff); Armin Stoffel: Beamte und Magistraten als Verwaltungsräte von gemischt-wirtschaftlichen Aktiengesellschaften (Diss. oec. St. Gallen 1975) 67 ff; E. Steiner: Die Vertretung öffentlich-rechtlicher Korporationen im Verwaltungsrat von Aktiengesellschaften, SAG *1938/39* 180 ff; ders.: Die Vertretung des Gemeinwesens im Verwaltungsrat von Aktiengesellschaften, SAG *1947/48* 143 ff. – Vgl. ferner die Kontroverse zwischen Leo Schürmann und Hans Windlin in ZBl *1990* 337 ff und ZBl *1991* 152 ff.

g) Andere Fälle einer *Vertretung von Nichtaktionären* bestehen im schweizerischen 20
Recht weder von Gesetzes wegen noch können sie durch statutarische Bestimmung eingeführt werden. So kennt das schweizerische Recht keine Möglichkeit, Arbeitnehmer oder Dritte als solche in den Verwaltungsrat zu wählen. Praktisch ergibt sich daraus freilich deshalb kein Problem, weil es ohne weiteres möglich ist, durch die fiduziarische Übertragung einer Aktie den zu Wählenden zum (treuhänderischen) Aktionär und damit wählbar zu machen.

2. *Die Bestellung*

a) Die *Wahl* (und Abberufung) des Verwaltungsrates gehört zu den unab- 21
dingbaren Kompetenzen der GV (OR 698 II Ziff. 2, dazu § 22 N 17 ff). Eine andere Wahlart – etwa die bei Stiftungen häufige Kooptation – ist gesetzlich nicht vorgesehen und kann auch statutarisch nicht eingeführt werden.

---

[10] Art. 707 IV des bundesrätlichen Entwurfs, dazu Botschaft 173 f.
[11] OR 762 II, dasselbe gilt für gemischtwirtschaftliche Unternehmungen.
[12] Die Haftungsvoraussetzungen richten sich jedoch nach den Bestimmungen von OR 754 ff (dazu § 36) und nicht etwa nach dem öffentlichen Recht; vgl. etwa hinsichtlich der Verjährung (Anwendbarkeit von OR 760) BGE 116 II 159 E 3a.

22   Auch kann gesellschaftsexternen Instanzen kein Recht eingeräumt werden, die Wahl oder Abberufung von Mitgliedern des Verwaltungsrates durch ein Vorschlags- oder Vetorecht zu beeinflussen[13].

23   b) Der Wahlakt ist einer Offerte vergleichbar und *annahmebedürftig*[14]. Die Zustimmung kann ausdrücklich oder konkludent (etwa durch Stillschweigen des beim Wahlakt anwesenden Gewählten) erfolgen.

24   c) Da der Aktionär mit Ausnahme der Liberierungspflicht keinerlei Pflichten hat (OR 680 I, dazu § 42 N 8 ff), besteht keine Pflicht zur Annahme der Wahl und kann ein Amtszwang auch statutarisch nicht eingeführt werden.

25   d) Die Mitglieder des Verwaltungsrates sind mit Namen, Wohnsitz und Staatsangehörigkeit in das Handelsregister einzutragen (OR 641 Ziff. 9[15, 16]).

26   Die Anmeldung wird durch den Verwaltungsrat selbst vorgenommen[17].

27   Der Registerführer hat zu prüfen, ob die gewählten Personen ihrer Wahl zugestimmt haben[18].

28   Der Eintragung kommt *keine konstitutive Bedeutung* zu: Eine gültige Wahl ist auch ohne Eintragung wirksam, und die Eintragung macht eine nichtige oder anfechtbare Wahl nicht gültig. Mit der Eintragung und anschliessenden Publikation ist jedoch die positive Publizitätswirkung nach OR 933 I (dazu § 16 N 52) verbunden.

---

[13] Vgl. BGE 59 II 282.
[14] BGE 105 II 132.
[15] Vgl. dazu die Präzisierung in HRV 40: Neben dem Familiennamen sind mindestens ein ausgeschriebener Vorname, die Staatsangehörigkeit (bei Schweizer Bürgern der Heimatort) und der Wohnort zu nennen. Für die Schreibweise von Namen – auch Vornamen – ist der Eintrag im Zivilstandsregister massgebend, BGE 112 II 64 ff, ferner 116 II 76 ff.
[16] Verwaltungsratsmitglieder, die für die Gesellschaft *nicht zeichnungsberechtigt* sind, müssen aufgrund von Gesetz und Verordnung die Anmeldung nicht unterzeichnen. Die Wahlannahme muss aber eindeutig belegt werden, was insbesondere auch durch Mitunterzeichnung der Anmeldung geschehen kann.
Einzelne Registerämter – so das des Kantons Zürich – gehen über die gesetzlichen Voraussetzungen hinaus und verlangen von sämtlichen Mitgliedern des Verwaltungsrates beglaubigte persönliche Unterschriften, auch wenn sie nicht zeichnungsberechtigt sind und die Anmeldung nicht unterschreiben. Begründet wird dies mit der «sicheren Erstellung aller Personalien» und einer Vereinfachung späterer Eintragungsverfahren (vgl. Theo Müller: Persönliche und Firmaunterschrift/Protokolle als Handelsregisterbelege, in: JBHReg *1992* [Zürich 1992] 27 ff, 28). – Zur Beglaubigung der Firmaunterschrift vgl. auch Christof Bläsi: Protokolle als Anmeldungsbelege für das Handelsregister und Beglaubigung der Firmaunterschrift, in: JBHReg *1994* 81 ff.
[17] HRV 22 II: Besteht der Verwaltungsrat aus mehreren Personen, so hat der Präsident oder sein Stellvertreter sowie der Sekretär oder ein zweites Mitglied die Anmeldung zu unterzeichnen. Dies kann vor dem Registerführer erfolgen (mündliche Anmeldung, HRV 23 I), aber auch per Post (HRV 23 II: diesfalls müssen die Unterschriften beim ersten Mal beglaubigt sein).
[18] BGE 105 II 130 ff; vgl. auch HRV 78 I lit. c, wonach die Annahme der Wahl der ersten Verwaltungsratsmitglieder aus den Gründungsdokumenten hervorzugehen hat. Bei späteren Wahlen ergibt sich die Annahme entweder aus dem Protokoll oder aus einer Annahmeerklärung.

3. *Amtsdauer, Wiederwahl*

a) Nach dispositivem Recht beträgt die Amtsdauer der Mitglieder des Verwaltungsrates drei Jahre. Die Statuten können beliebig eine kürzere oder eine bis maximal sechs Jahre lange Amtsdauer vorsehen (OR 710 I).

29

Für den Fall, dass ein Verwaltungsratsmitglied während der Amtsdauer ausscheidet, sehen die Statuten häufig vor, dass der Nachfolger nicht für eine volle Amtsdauer gewählt wird, sondern in die Amtszeit des Vorgängers eintritt.

30

b) Überwiegend sehen die Gesellschaften einheitliche Amtsdauern und Gesamterneuerungswahlen vor. Oft werden die Amtsdauern aber auch gestaffelt, so dass an einer GV immer nur die Amtszeit eines Teils der Mitglieder ausläuft[19].

31

c) *Wiederwahl* ist vorbehältlich entgegenstehender Statutenbestimmungen unbeschränkt zulässig (OR 710 II).

32

II. Die Beendigung des Verwaltungsratsmandats

Ordentlicher Beendigungsgrund des Verwaltungsratsmandats ist der Ablauf der Amtsdauer (Ziff. 1). Da die Beziehung beidseitiges Vertrauen voraussetzt, kennt das Gesetz die Möglichkeit, das Mandat jederzeit ausserordentlich durch Abberufung oder Rücktritt zu beenden (Ziff. 2 und 3). Daneben sind weitere Beendigungsgründe denkbar (Ziff. 4). Im Falle der ausserordentlichen Beendigung fragt es sich, wie sich Vakanzen im Verwaltungsrat auswirken (vgl. Ziff. 6).

33

Mit dem Wegfall des Mandats ist der Eintrag des Verwaltungsratsmitglieds im Handelsregister zu löschen (Ziff. 5).

34

1. *Ablauf der Amtsdauer*

Mit dem Ablauf der gesetzlichen oder statutarischen Amtszeit endet das Verwaltungsratsmandat.

35

Dazu ist zu präzisieren, dass das Mandat nicht etwa am Jahrestag der Wahl ausläuft, sondern am Tag der ordentlichen GV des entsprechenden Jahres[20]. Findet in einem Jahr

36

---

[19] Dadurch wird die *Kontinuität* sichergestellt. In Verbindung mit qualifizierten Quoren für die Wegwahl ist die gestaffelte Amtsdauer auch eine *Abwehrmassnahme* gegen unfreundliche Übernahmen, indem ein Raider nicht ohne weiteres den Verwaltungsrat auswechseln und mit Personen seiner Wahl besetzen kann: Vielmehr braucht er dafür entweder ein qualifiziertes Mehr oder einen langen Atem, um die Ablösung des bisherigen Verwaltungsrates in mehreren Generalversammlungen und damit über mehrere Jahre zu erzwingen. In der Praxis ist diese Abwehrmassnahme freilich noch nie erprobt worden: Da die Arbeit in einem in eine Mehrheit und eine Minderheit von Mitgliedern gespaltenen Verwaltungsrat (deren Minderheit die Mehrheit der Aktionärsstimmen hinter sich hat) wenig erfreulich ist, könnte es durchaus sein, dass in solchen Fällen die Mehrheit freiwillig zurücktritt und das Feld kampflos den Vertretern des Hauptaktionärs überlässt.

[20] So für die Revisionsstelle BGE 86 II 178; damals offengelassen für den Verwaltungsrat.

keine GV statt, so ist anzunehmen, dass sich das Mandat bis zur nächsten GV, an welcher Wahlen durchgeführt werden, erstreckt.

37   Statutarisch kann eine andere Ordnung getroffen werden, doch ist dies in der Praxis selten.

2. Abberufung

38   a) Die GV kann die Mitglieder des Verwaltungsrates oder einzelne von ihnen *jederzeit abberufen* (OR 705 I, dazu § 22 N 29).

39   Das Abberufungsrecht ist zwingender Natur und kann durch die Statuten nicht eingeschränkt werden. Eine statutarische Erschwerung der Beschlussfassung durch qualifizierte Quoren bleibt aber nach der Bundesgerichtspraxis möglich (vgl. § 22 N 30).

40   *Kein* Abberufungsrecht steht der GV mit Bezug auf die von einer Körperschaft des öffentlichen Rechts entsandten Vertreter zu (vgl. OR 762 II[21]).

41   Eine Einschränkung des Abberufungsrechts wird in der neueren Literatur für Gruppenvertreter im Sinne von OR 709 I (dazu nachstehend N 78 ff) postuliert: Da die GV bei der Wahl den Vorschlag der berechtigten Aktienkategorie nur aus wichtigen Gründen ablehnen kann (vgl. N 81), soll auch die Abberufung des Gruppenvertreters nur aus wichtigem Grund zulässig sein. Dieser Meinung ist zuzustimmen, doch dürfen an die «wichtigen Gründe» keine allzu hohen Anforderungen gestellt werden.

42   b) «Entschädigungsansprüche der Abberufenen bleiben vorbehalten» (OR 705 II). Diese richten sich – je nach Ausgestaltung des Verwaltungsratsmandats (dazu § 28 N 2 ff, insbes. N 13 ff) – nach Auftrags- oder Arbeitsvertragsrecht. Ein Recht, die Verwaltungsratsentschädigung bis zum ordentlichen Ablauf der Amtsdauer weiterhin zu erhalten, besteht nicht[22].

3. Rücktritt

43   Das Pendant zum Abberufungsrecht der GV stellt das *jederzeitige Rücktrittsrecht* der Verwaltungsratsmitglieder dar. Auch der Rücktritt ist vorbehaltlos möglich; statutarische oder reglementarische Einschränkungen wären nichtig[23].

44   Die Rücktrittserklärung ist grundsätzlich an die Generalversammlung zu richten; Praxis und herrschende Lehre lassen aber (u. E. zu Recht) auch die Adressierung an den Präsidenten des Verwaltungsrates zu. Die Rücktrittserklärung ist weder formgebunden noch annahmebedürftig.

---

21   Immerhin hält das Bundesgericht zu Recht dafür, die Gesellschaft könne beim Vorliegen wichtiger Gründe die Abberufung verlangen, BGE 51 II 340, 59 II 288.
22   Vgl. BGE 111 II 483 E 1b. Vorbehalten bleibt aber wohl eine Entschädigung wegen Abberufung «zur Unzeit» analog OR 404 II.
23   Vorbehalten bleiben Schadenersatzpflichten des Verwaltungsratsmitglieds, das zur Unzeit zurücktritt, analog OR 404 II.

4. Weitere Beendigungsgründe

a) Das Verwaltungsratsmandat endet mit dem *Tod* und mit dem Eintritt der Urteilsunfähigkeit bzw. – wenn man volle Handlungsfähigkeit als Voraussetzung für die Ausübung des Mandats erachtet (vgl. vorn N 8) – mit deren Wegfall.

b) Unterschiedlich beantwortet wird die Frage, ob der *Wegfall von Wählbarkeitsvoraussetzungen* das Verwaltungsratsmandat ohne weiteres beendet. (In der Praxis ist die Frage deshalb kaum von Bedeutung, weil sich Dritte auf die Registerpublizität verlassen dürfen.)

aa) Beim *Wegfall der Aktionärseigenschaft* nehmen die herrschende Lehre und Praxis an, das Verwaltungsratsmandat daure bis zum Rücktritt, zur Abberufung oder zum Ablauf der Amtsdauer weiter[24].

bb) Keine Konsequenzen für den Bestand von Verwaltungsratsmandaten ergeben sich aus dem Umstand, dass die *Nationalitäts- und Domizilvorschriften* von OR 708 (dazu N 68 ff) nicht mehr eingehalten sind.

cc) Der *Vertreter einer juristischen Person* nach OR 707 III und der *Gruppenvertreter* nach OR 709 I bleiben nach herrschender Lehre auch dann im Amt, wenn die Voraussetzungen ihrer Wahl entfallen.

c) Durch die *Auflösung* der Gesellschaft werden die Verwaltungsratsmandate nicht tangiert; wohl aber werden die Kompetenzen des Verwaltungsrates allenfalls beschränkt (vgl. für den Fall der konkursrechtlichen Liquidation OR 740 V).

d) Die *Statuten* können vorsehen, dass das Verwaltungsratsmandat beim Wegfall bestimmter Voraussetzungen erlischt, wobei diese Sanktion sachlich gerechtfertigt sein und dem Grundsatz der Gleichbehandlung Rechnung tragen muss (vgl. die Ausführungen zum analogen Problem der statutarischen Wählbarkeitsvoraussetzungen vorn N 12 ff).

5. Die Löschung im Handelsregister

a) Die Gesellschaft hat das Ausscheiden eines Mitgliedes des Verwaltungsrates *unverzüglich beim Handelsregister* zur Eintragung anzumelden (OR 711 I).

Zuständig für die Löschungsanmeldung ist der Verwaltungsrat, wobei wiederum der Präsident oder sein Stellvertreter sowie der Sekretär oder ein zweites Mitglied die Anmeldung zu unterzeichnen haben (HRV 22 II).

Meldet die Gesellschaft das Ausscheiden nicht innert 30 Tagen, «so kann der Ausgeschiedene die Löschung selbst anmelden» (OR 711 II). Dabei sind die nötigen Belege – etwa das GV-Protokoll über die Abberufung oder eine Kopie des Rücktrittsschreibens – beizulegen (HRV 25a I).

---

[24] Vgl. die Hinweise bei Plüss (zit. N 1) 101. Nach Plüss kann diese aus praktischen Gründen gebotene Auffassung jedoch dogmatisch nicht überzeugen.

55 b) *Intern*, gegenüber der Gesellschaft und – was im Hinblick auf Verantwortlichkeitsansprüche wichtig ist – gegenüber den Aktionären wird das Ausscheiden mit dem Eintritt des Beendigungsgrundes (Rücktritt, Abwahl ...) wirksam[25]. Der Löschungseintrag hat damit nur deklaratorische Bedeutung.

56 Dagegen ist unklar, ob gegenüber *Dritten* bereits das Ausscheiden oder – im Hinblick auf die Registerpublizität und den Gutglaubensschutz – erst die Löschung im Handelsregister entscheidend ist.

57 Das Bundesgericht hat früher erklärt, gegenüber gutgläubigen Dritten entfalte «die Demission ihre Wirkungen erst nach der Eintragung im Handelsregister, genauer mit dem auf ihre Veröffentlichung im SHAB folgenden Werktag (OR 932/33)»[26]. In neueren Urteilen zum Sozialversicherungsrecht und einem neuesten Entscheid zum Zivilrecht wird dagegen auch gegenüber Dritten der Zeitpunkt der Demission bzw. der Abberufung für grundsätzlich massgebend erachtet[27], wobei freilich erklärt wird, es seien «Ausnahmen von diesem Grundsatz ... nicht von vornherein auszuschliessen»[28]. Ob das Bundesgericht bei dieser für den Ausgeschiedenen im Hinblick auf die Verantwortlichkeitsansprüche Dritter günstigen Lösung bleibt, ist fraglich: Da der Ausgeschiedene nach neuem Recht[29] die Möglichkeit hat, die Löschung selbst zu bewirken, liegt es nahe, ihn gegenüber gutgläubigen Dritten die Konsequenzen seiner Unterlassung tragen zu lassen[30].

6. *Exkurs: Vakanzen im Verwaltungsrat*

58 a) Scheiden einzelne Verwaltungsratsmitglieder während des Geschäftsjahres aus, hat dies auf die Funktionsfähigkeit des Organs grundsätzlich keinen Einfluss. Vielmehr «können die verbleibenden Mitglieder, soweit die Statuten nichts anderes bestimmen, die Verwaltung bis zur nächsten Generalversammlung fortführen»[31].

59 b) Anders verhält es sich, wenn wegen des Wegfalls einzelner Mitglieder gesetzliche oder statutarische Vorschriften über die Zusammensetzung des Verwaltungsrates nicht mehr eingehalten sind:

60 aa) Werden *statutarische Vorschriften* – namentlich solche über die Mindestzahl von Verwaltungsratsmitgliedern – nicht mehr erfüllt, so ist eine GV einzuberufen, welche Ergänzungswahlen vorzunehmen hat.

61 Dasselbe gilt, wenn einzelne Aktionärskategorien oder -gruppen im Sinne von OR 709 (dazu N 78 ff) nicht mehr vertreten sind.

62 Unterlässt der Restverwaltungsrat die Einberufung, so kann diese allenfalls gemäss OR 699 IV durch den Richter angeordnet werden (dazu § 23 N 31 ff).

---

[25] Vgl. BGE 104 Ib 323.
[26] BGE 104 Ib 323, zitiert nach Pra. *1979* 319.
[27] BGE 111 II 480 ff.
[28] BGE 111 II 485.
[29] Dieses wurde vorbereitet durch eine seit 1982 geltende analoge Bestimmung in der HRV.
[30] Anhaltspunkte für eine solche Argumentation finden sich in BGE 111 II 485.
[31] So ausdrücklich Art. 708 III des OR *1936*. Die Bestimmung ist in der Reform gestrichen worden, weil ihr Inhalt als selbstverständlich erschien.

bb) Schwerer wiegt die Nichterfüllung der *Nationalitäts- und Domizilerfordernisse* von OR 708: Gemäss OR 708 IV und HRV 86 hat diesfalls der Handelsregisterführer der Gesellschaft eine angemessene, mindestens dreissigtägige Frist zu setzen «und nach fruchtlosem Ablauf die Gesellschaft von Amtes wegen als aufgelöst zu erklären». Diese Sanktion wird in der Lehre allgemein als übermässig erachtet[32]. Zur Möglichkeit des Widerrufs der Auflösung, wenn nachträglich der gesetzliche Zustand wieder hergestellt wird, vgl. HRV 86 III.

c) Ist der Verwaltungsrat *überhaupt nicht mehr besetzt*, dann ist unverzüglich eine GV für Neuwahlen einzuberufen. Zuständig hiefür ist die Revisionsstelle (vgl. § 23 N 20) oder allenfalls der Richter auf Begehren von Aktionären (vgl. § 23 N 31 ff).

Vgl. im übrigen die Ausführungen zum Fehlen und zur Handlungsunfähigkeit notwendiger Organe in § 20 N 43 ff.

III. Vorschriften über die Zusammensetzung des Verwaltungsrats

Das Gesetz enthält gewisse zwingende Bestimmungen über die Zusammensetzung des Verwaltungsrats. Diese können durch statutarische Regeln ergänzt werden.

1. Zahl der Verwaltungsratsmitglieder

Nach OR 707 I besteht der Verwaltungsrat «aus einem oder mehreren Mitgliedern». In den Statuten wird diese Bestimmung häufig näher ausgeführt, indem eine minimale und/oder maximale Zahl von Verwaltungsratsmitgliedern vorgeschrieben wird.

2. Nationalitäts- und Domizilerfordernisse

a) Wie nach dem bisherigen, so muss auch nach dem revidierten Aktienrecht die Mehrheit des Verwaltungsrates aus Personen bestehen, «die in der Schweiz wohnhaft sind und das Schweizer Bürgerrecht besitzen» (OR 708 I). Besteht der Verwaltungsrat aus einer einzigen Person, «so muss sie in der Schweiz wohnhaft sein und das Schweizer Bürgerrecht besitzen» (OR 708 III).

Diese Vorschrift wurde 1919 aufgrund der Erfahrungen im Ersten Weltkrieg eingeführt: Sie sollte sicherstellen, dass «schweizerische» Aktiengesellschaften auch wirklich von der Schweiz aus und durch Schweizer kontrolliert sind und als solche von kriegsführenden Mächten anerkannt werden. Die Bestimmung ist seither auf vielfache Kritik gestossen, einerseits, weil sie zu einer starken Zunah-

---

[32] Die Regelung ist auch deshalb wenig sinnvoll, weil die aufgelöste Gesellschaft ihre Existenz nicht einfach verliert (vgl. § 55 N 149 ff), sondern – wenn der Verwaltungsrat untätig bleibt – als aufgelöste Gesellschaft weiter existiert.

me lediglich fiduziarisch tätiger Verwaltungsratsmitglieder geführt hat, zum anderen, weil sie nicht genügt, um den schweizerischen Charakter einer Gesellschaft zu wahren[33]. In der heutigen Zeit erscheint sie mehr und mehr als Anachronismus, und sie wird im Zuge der Annäherung an die EU wohl gelegentlich entfallen oder zumindest modifiziert werden müssen[34]. Sinn kann man ihr immerhin in zweierlei Hinsicht abgewinnen: Das schweizerische Element mag eine gewisse Gewähr für die Beachtung schweizerischen Rechts und – vor allem – schweizerischer Gepflogenheiten bieten[35]. Sodann wird sichergestellt, dass bei Unregelmässigkeiten zumindest einzelne Mitglieder des Verwaltungsrates in der Schweiz zur Rechenschaft gezogen werden können.

70 Die Praxis hat Wege gefunden, um die ausländische Vorherrschaft in Verwaltungsräten trotz OR 708 sicherzustellen:

71 – Erwähnt wurde die Bestellung *fiduziarisch* (treuhänderisch) tätiger Verwaltungsratsmitglieder, mit der die Nationalitäts- und Wohnsitzvorschriften voll erfüllt werden[36].

72 – Sodann werden Ausländer als sog. *stille Mitglieder des Verwaltungsrats* bestellt, d. h. als zwar gewählte, nicht aber im Handelsregister eingetragene (vgl. N 181 f). Dadurch kann die ausländische Beherrschung des Verwaltungsrats sichergestellt werden, obwohl aufgrund des Registereintrages die Vorschriften von OR 708 erfüllt sind.

73 – Endlich kann neben dem Verwaltungsrat ein aus Ausländern bestehender *Beirat* bestellt werden, dessen Mitglieder faktisch die gleichen Einflussmöglichkeiten wie die Mitglieder des Verwaltungsrates haben (vgl. § 20 N 38).

74 b) Bei *Holdinggesellschaften* (zum Begriff vgl. § 60 N 54), deren Beteiligungen sich mehrheitlich im Ausland befinden, kann der Bundesrat Ausnahmen von den Nationalitäts- und Domizilerfordernissen bewilligen (vgl. OR 708 I[37]). In der Praxis wird die Bewilligungserteilung liberal gehandhabt.

75 c) Nach OR 708 II muss wenigstens ein zur *Vertretung* der Gesellschaft befugtes Verwaltungsratsmitglied «in der Schweiz wohnhaft» (nicht aber notwendig Schweizer Bürger) sein. Diese Bestimmung soll die Handlungsfähigkeit der AG in der Schweiz sicherstellen. Es reicht daher auch aus, wenn mehrere in der Schweiz wohnhafte Mitglieder des Verwaltungsrates gemeinsam für die Gesellschaft zeichnungsberechtigt sind[38].

---

[33] Vgl. dazu auch BGE 76 II 291.
[34] In neuerer Zeit hat die Vorschrift im Ausland vereinzelt zu Retorsionsmassnahmen Anlass gegeben, so in Italien.
[35] Die Erfahrung zeigt, dass auch lediglich treuhänderisch tätige Verwaltungsratsmitglieder oft in diesem Sinne wirken. Freilich bedürfte es dazu keiner schweizerischen Mehrheit.
[36] Falls solche Mitglieder des Verwaltungsrates ihre Aufgabe verantwortungsvoll wahrnehmen, sind sie keineswegs blosse «Strohmänner». Vielmehr werden sie die Weisungen des ausländischen Hauptaktionärs nur insoweit befolgen, als schweizerisches Recht und schweizerische gute Sitten nicht verletzt werden.
[37] Ein Mustergesuch findet sich in JBHReg *1993* (Zürich 1993) 209 ff.
[38] Dagegen genügt die Zeichnungsberechtigung gemeinsam mit Direktoren oder Prokuristen nicht.

Diese Norm ist – anders als die allgemeinen Nationalitäts- und Wohnsitzerfordernisse – sinnvoll und auch eurokompatibel.

d) Zur Rechtsfolge bei einer Verletzung der Vorschriften von OR 708 vgl. vorn N 63.

3. *Gruppenvertreter*[39]

a) Bestehen in einer AG mehrere Aktienkategorien mit unterschiedlichen Stimm- oder Vermögensrechten, so hat nach OR 709 I jede Kategorie ein Recht auf einen Vertreter im Verwaltungsrat. Dabei steht – wie schon unter bisherigem Recht – fest, dass die Grösse der Kategorien keine Rolle spielt. Vielmehr gilt, «dass im Verwaltungsrat jede Gruppe, ohne Rücksicht auf ihre Grösse, Anspruch auf Vertretung hat»[40]. *Quantitative* Unterschiede sind damit irrelevant.

Entfallen ist die im bisherigen Aktienrecht[41] enthaltene Vorschrift, dass «wichtige Gruppen» auch Anspruch auf eine Vertretung in einem allfälligen Verwaltungsratsausschuss haben.

b) OR 709 I stellt nun klar, was schon bisher galt: Es muss sich um *Kategorien unterschiedlicher Rechtsstellung* handeln. OR 709 I kommt damit dann zum Zug, wenn eine Gesellschaft *Stimmrechts- oder Vorzugsaktien* (dazu §§ 24 N 95 ff und 41 N 26 ff) geschaffen hat. Blosse Unterschiede im Nominalwert genügen daher – wenn sie nicht mit einer unterschiedlichen Stimmkraft verbunden sind – nicht. Nicht ausreichend sind auch Unterschiede in der Übertragbarkeit: Auch wenn neben Inhaberaktien stark vinkulierte Namenaktien bestehen, ergibt sich daraus kein Anspruch auf eine Gruppenvertretung. Und schon gar nicht besteht ein Entsendungsrecht in den Verwaltungsrat, wenn lediglich die Interessenlage unterschiedlich ist[42].

c) Auch der Vertreter einer bestimmten Aktienkategorie wird *durch die GV gewählt*. Der Kategorie kommt daher nur (aber immerhin) ein *Vorschlagsrecht* zu, wobei die Wahlvorschläge der Kategorie für die GV grundsätzlich verbindlich sind und nur aus wichtigen Gründen abgelehnt werden dürfen[43]. Es besteht also kein Entsendungsrecht, wohl aber ein *verbindliches Vorschlagsrecht*.

---

[39] Vgl. dazu neben der in N 1 zitierten Literatur auch Dieter Münch: Das Recht einer Aktionärsminderheit auf Vertretung im Verwaltungsrat ... (Diss. Zürich 1976) sowie Armand Benoît: La représentation des groupes et de minorités d'actionnaires à l'administration des sociétés anonymes (Diss. Lausanne 1954) 152 ff. – Das Gesetz unterscheidet zwischen «Gruppen» und «Minderheiten». «Dabei sind unter 'einzelnen Gruppen' solche von Aktionären mit verschiedener Rechtsstellung und unter 'Minderheiten' solche von Aktionären gleicher Rechtsstellung zu verstehen ...» (BGE 120 II 50).
[40] BGE 66 II 49.
[41] OR *1936* Art. 708 IV Satz 2.
[42] Vgl. BGE 120 II 50/51.
[43] Vgl. BGE 66 II 50 ff, 107 II 185. Unzulässig wäre es daher, wenn die GV zwar einen Aktionär der betreffenden Kategorie, aber nicht den von der Kategorie selbst gewünschten «Vertreter» wählen würde, vgl. BGE 66 II 43 ff, 51 f.

82 d) Das Gesetz regelt die Bestellung des Gruppenvertreters nicht im einzelnen, sondern es weist die Gesellschaften an, eine einschlägige Ordnung in die Statuten aufzunehmen. Regeln über die Wahl des Gruppenvertreters gehören daher bei Gesellschaften mit unterschiedlichen Aktienkategorien zum bedingt notwendigen Statuteninhalt (dazu § 8 N 83a f). In der Praxis wird dieser Bestimmung freilich kaum je Rechnung getragen und sind einschlägige statutarische Bestimmungen äusserst selten[44]. Doch wird in neuerer Zeit bei der Bestellung des Verwaltungsrates von Publikumsgesellschaften in der Regel darauf geachtet, dass einzelne Verwaltungsratsmitglieder jeweils besonders als Vertreter einer Kategorie gewählt werden. Das Bundesgericht scheint einen Gruppenvertretungsanspruch auch ohne statutarische Grundlage direkt aus dem Gesetz herzuleiten[45].

83 Das Fehlen von – eigentlich nach zwingendem Recht erforderlichen – statutarischen Bestimmungen über die Bestellung von Gruppenvertretern erklärt sich daraus, dass der Handelsregisterführer Statuten trotz dieser Lückenhaftigkeit nicht zurückweisen kann: Seine Kognitionsbefugnis ist auf die Verletzung von im Interesse der Öffentlichkeit oder Dritter aufgestellten Bestimmungen beschränkt (vgl. § 16 N 34), und dazu gehört das Recht auf eine Gruppenvertretung nicht.

84 e) Über die *Rechtsbehelfe,* die der berechtigten Kategorie bei Missachtung ihrer Gruppenrechte zustehen, schweigt sich das Gesetz aus. Die Lehre orientiert sich am *Einberufungs-* (vgl. § 23 N 21 ff) und am *Anfechtungsrecht* (vgl. § 25 N 11 ff):

85 – Werden keine Vorkehren für die Bestimmung des Gruppenvertreters getroffen, können die Minderheitsaktionäre die Einberufung einer Sonderversammlung zu dessen Bestellung verlangen.

86 – Wird der vorgeschlagene Gruppenvertreter – ohne dass ein wichtiger Grund vorläge – nicht gewählt, dann ist der negative Wahlbeschluss anfechtbar. Gutheissung der Klage bedeutet in diesem Fall Feststellung der Wahl. Wird statt des von der Kategorie vorgeschlagenen ein anderer Kandidat als Vertreter einer Aktionärsgruppe gewählt, ist der Beschluss ebenfalls anfechtbar.

87 f) Zur Rechtsstellung des Gruppenvertreters vgl. § 28 N 162 f.

   4.   Vertreter von Minderheiten[46]

88 a) Nach OR 709 II können die Statuten «besondere Bestimmungen zum Schutz von Minderheiten oder einzelnen Gruppen von Aktionären vorsehen».

Kein wichtiger Grund liegt etwa im Umstand, dass sich die berechtigte Minderheit von politischen Motiven leiten lässt, BGE 107 II 182 E 2.
[44] Am ehesten finden sie sich noch bei privaten Aktiengesellschaften.
[45] Vgl. BGE 66 II 43 ff: Trotz Fehlens einer statutarischen Basis befasste sich in diesem Entscheid das BGer mit der Wahl des Gruppenvertreters.
[46] Vgl. dazu neben der in N 1 zitierten Literatur auch Benoît (zit. Anm. 39) 202 ff.

Die Lehre folgt aus der systematischen Stellung des Absatzes, dass es darin (nur) um die Vertretung im Verwaltungsrat geht.

Solche Minderheitenschutzbestimmungen können unterschiedlich ausgestaltet sein: Es kann z. B. vorgesehen werden, dass – nach dem Belieben der Mehrheit – *irgendein* Aktionär der betreffenden Aktionärsgruppe zu wählen ist. Der Minderheit kann aber auch ein unverbindliches oder – entsprechend OR 709 I – ein verbindliches Vorschlagsrecht[47] eingeräumt werden.

Als *Beispiele* können etwa erwähnt werden:
- die Einräumung eines Vertretungsrechts je zugunsten der Namen- und der Inhaberaktionäre, obwohl es sich um (von der Übertragbarkeit abgesehen) gleichberechtigte Aktionärsstellungen und damit nicht um unterschiedliche Kategorien im Sinne von OR 709 I handelt;
- in einer Familien-AG die Zuerkennung je einer Aktienkategorie an jeden Familienstamm, wobei die einzige Besonderheit der Kategorien darin besteht, dass jede ein Verwaltungsratsmitglied verbindlich vorschlagen kann;
- die Einräumung eines verbindlichen Vorschlagsrechts zugunsten der im Unternehmen tätigen Aktionäre[48].

b) Denkbar ist auch die Schaffung eines eigentlichen *Proporzsystems,* indem bei Verwaltungsratswahlen für jede Aktie soviele Stimmen zuerkannt werden, wie Mitglieder des Verwaltungsrates zu wählen sind. Der Aktionär hat es dann in der Hand, seine sämtlichen Stimmen auf einen Kandidaten zu «kumulieren»[49].

c) Vor allem bei privaten Aktiengesellschaften ist die Einräumung von Vertretungsrechten verbreitet. Die Regelung erfolgt jedoch oft nicht durch statutarische Bestimmungen, sondern durch gegenseitige Zusagen der Aktionäre untereinander in *Aktionärbindungsverträgen* (zu diesen vgl. § 39 N 139 ff).

5. *Vertreter der Partizipanten*

a) Falls eine Gesellschaft Partizipationsscheine ausstehend hat, sieht OR 656e die Möglichkeit (nicht aber die Pflicht) vor, «den Partizipanten einen Anspruch auf einen Vertreter im Verwaltungsrat ein[zu]räumen».

In seinem Gehalt entspricht dieser Anspruch dem von OR 709 I: Es handelt sich um ein verbindliches Vorschlagsrecht. Die Wahl erfolgt durch die GV, die den vorgeschlagenen Kandidaten aber nur aus wichtigen Gründen ablehnen darf.

---

[47] Zu letzterem vgl. BGE 107 II 179 ff.
[48] In diesem Sinne ist eine Mitarbeiterbeteiligung möglich, nicht dagegen losgelöst von der Aktionärsstellung, vgl. vorn N 2.
[49] Dieses «cumulative voting» ist in den USA verbreitet. Nach schweizerischem Aktienrecht muss eine entsprechende Ordnung auf statutarischer Basis möglich sein: Die Aktionäre üben in der GV ihr Stimmrecht grundsätzlich nach Massgabe ihrer Kapitalbeteiligung aus (OR 692 I). Es steht daher nichts entgegen, die Stimmkraft der Aktien mit der Anzahl zu besetzender Verwaltungsratssitze zu multiplizieren, da sich dadurch zwar die Anzahl der Stimmen des einzelnen Aktionärs, nicht aber seine Stimmkraft im Verhältnis zur Kapitalbeteiligung ändert.

98 b) Unklar ist, ob der Partizipantenvertreter zugleich Aktionär sein muss. Nach dem Wortlaut von OR 707 I wäre dies zu bejahen. Aufgrund einer teleologischen Betrachtungsweise verneint dagegen die herrschende Lehre – u. E. zu Recht – das Erfordernis der Aktionärsstellung[50, 51].

99 c) Zur Rechtsstellung des Partizipantenvertreters vgl. § 28 N 172.

6. Keine Vertretung Dritter

100 Wie erwähnt ist es – mit Ausnahme von Vertretern öffentlichrechtlicher Körperschaften (dazu § 28 N 173 f) und dem soeben erwähnten allfälligen Partizipantenvertreter – nicht möglich, Dritten, d. h. Nicht-Aktionären, ein Recht auf Vertretung im Verwaltungsrat einzuräumen (vgl. vorn N 2 ff).

---

[50] Vgl. etwa Peter V. Kunz: Rechtsnatur und Einredenordnung der aktienrechtlichen Verantwortlichkeitsklage (Diss. Bern 1993 = BBSW 7) 180 f. A. M. Böckli N 506.

[51] Die bundesrätliche Botschaft (S. 134) ist unentschieden: Der Grundsatz der Gleichbehandlung lasse annehmen, dass der Partizipant als solcher wählbar sei. Man könne aber auch argumentieren, das passive Wahlrecht setze regelmässig das aktive voraus. Der Vorentwurf von 1975 hatte die Aktionärsstellung als Wählbarkeitsvoraussetzung ausdrücklich verlangt. Die Arbeitsgruppe Aktienrecht strich diese Bestimmung als selbstverständlich.

§ 28 Die Rechtsstellung des Verwaltungsratsmitglieds

Literatur: Marie-France Berset: L'administrateur non directeur de la société anonyme en droit suisse et américain (Diss. Neuchâtel 1988); Bruno U. Glaus: Unternehmungsüberwachung durch schweizerische Verwaltungsräte (Diss. oec. St. Gallen 1990 = SSTRK 93) 55 ff; Claude Lambert: Das Gesellschaftsinteresse als Verhaltensmaxime des Verwaltungsrates der Aktiengesellschaft (Diss. Zürich 1992 = ASR 535) insbes. 101 ff; Müller/Lipp (zit. § 27 N 1) 77 ff, 111 ff; Plüss (zit. § 27 N 1) passim; Anton Thalmann: Die Treuepflicht der Verwaltung der Aktiengesellschaft (Diss. Bern 1975); Renate Wenninger: Die aktienrechtliche Schweigepflicht (Diss. Zürich 1983 = SSHW 70) 135 ff. – Aus den *Gesamtdarstellungen* vgl. Basler Kommentar zu OR 677, 678 (Kurer), 712, 715, 715a (Wernli), 717 (Watter); Böckli N 1496 ff, 1613 ff; Bürgi, Kommentierung von OR 677, 678, 713, 722.

I. Die rechtliche Qualifikation des Verwaltungsratsmandats

a) In der schweizerischen Lehre wird regelmässig auf die *zweifache Charakterisierung* des Verwaltungsratsmandats hingewiesen:
– Zum einen kommt dem Verwaltungsratsmitglied eine *Organstellung* in der AG zu, die es zur Mitwirkung in der aktienrechtlichen Exekutive berechtigt und verpflichtet.
– Gleichzeitig enthält das Verwaltungsratsmandat eine *schuldrechtliche Komponente,* die als arbeitsvertrags- oder auftragsähnlich klassifiziert wird, vgl. BGE 75 II 153: «Le membre du conseil d'administration d'une société anonyme se trouve généralement lié à elle par un contrat de travail ou en tout cas par un contrat de mandat.»
Daraus könnte man schliessen, dass durch die Wahl und ihre Annahme zwei Rechtsverhältnisse, ein *organschaftliches* und ein *vertragliches,* begründet würden. Die herrschende schweizerische Lehre lehnt dies ab und fasst beide Elemente zu einem *einheitlichen Rechtsverhältnis* zusammen, das als *Innominatvertrag* verstanden wird.
Dieser Qualifikation ist erhebliche Kritik erwachsen:
– Gegen die Kennzeichnung des Verwaltungsratsmandates als arbeitsvertragsähnlich wird ins Feld geführt, dass das für den Arbeitsvertrag typische *Subordinationsverhältnis* (vgl. OR 321d) fehlt[1].

---

[1] Konsequenterweise hat es denn auch das Bundesgericht in BGE 118 III 46 ff abgelehnt, einem als Geschäftsführer tätigen einzelzeichnungsberechtigten Mitglied des Verwaltungsrates im Konkurs der AG das Konkursprivileg des Arbeitnehmers (SchKG 219 IV 1. Klasse lit. a) zu gewähren: Zwar sei der Betreffende in einem Arbeitsverhältnis gestanden, doch habe es «wegen seiner Organstellung in tatsächlicher Hinsicht an einem Unterordnungsverhältnis» gefehlt (S. 52).

8 – Gegen die Subsumtion unter Auftragsrecht spricht, dass das Verwaltungsratsmitglied nicht als Dritter, sondern als Organ und damit als Teil der «auftraggebenden» Gesellschaft tätig ist[2].

9 – Ganz allgemein wird betont, dass dem Verwaltungsratsmandat zwar eine schuld- und gesellschaftsrechtliche Doppelnatur eignet, dass es aber keinem der herkömmlichen Rechtsgeschäftstypen zugewiesen werden kann. Es wird daher von einem «organschaftlichen Rechtsverhältnis» gesprochen, das wegen seiner zweiseitigen Ausgestaltung «stark vertragsähnlich strukturiert ist»[3].

10 In praktischer Hinsicht ist der Meinungsstreit freilich kaum von Bedeutung, da die Rechtsstellung der Mitglieder des Verwaltungsrats weitgehend durch aktienrechtliche Bestimmungen festgelegt ist. Im übrigen ist unbestritten, dass sich die – direkte oder analoge (vgl. ZGB 7) – Anwendung des Vertragsrechts zur Lückenfüllung aufdrängt und dass von den vertragsrechtlichen Bestimmungen diejenigen des einfachen Auftrags als der Grund- und Subsidiärform der Verträge auf Arbeitsleistung (vgl. OR 394 II) besonders gut passen.

11 b) *Kein* Rechtsverhältnis besteht von Gesetzes wegen zwischen den Mitgliedern des Verwaltungsrates und den einzelnen Aktionären.

12 Vertraglich können solche Verhältnisse natürlich begründet werden. So ist etwa für das fiduziarisch tätige Verwaltungsratsmitglied (dazu N 175 ff) charakteristisch, dass es im Spannungsfeld zwischen seinen aktienrechtlichen Organpflichten und den Pflichten als Beauftragter des Treugebers steht.

13 c) Zum Verwaltungsratsmandat können weitere, *vertragliche Rechtsbeziehungen* zur Gesellschaft hinzutreten.

14 So kann der Delegierte des Verwaltungsrates (dazu N 149 ff) zugleich Vorsitzender der Geschäftsleitung sein und als solcher in einem arbeitsvertraglichen Verhältnis zur Gesellschaft stehen[4]. Und aus dem Umfang der Tätigkeit eines Verwaltungsrates und den ihm übertragenen Aufgaben kann sich ergeben, dass zusätzlich ein reines Auftragsverhältnis begründet wurde[5].

15 Insbesondere bei der *Beendigung* der Rechtsbeziehungen können das Verwaltungsratsmandat und diese weiteren Rechtsverhältnisse *getrennte Schicksale* haben: So kann durch Abberufung oder Rücktritt ein Verwaltungsratsmandat jederzeit mit unmittelbarer Wirkung beendigt werden (vgl. § 27 N 38 ff), während vertragliche – etwa arbeitsvertragliche – Beziehungen weiterlaufen und nach ihren eigenen Regeln zu Ende zu führen sind[6].

16 Wenn in OR 705 II «Entschädigungsansprüche der Abberufenen» ausdrücklich vorbehalten werden, dann sind damit in erster Linie solche Ansprüche aus schuldvertraglichen Beziehungen gemeint, daneben – in Extremfällen – allenfalls

---

2 So schon BGE 44 II 138.
3 So Plüss (zit. § 27 N 1) 123, 121.
4 Konkursrechtlich wird er freilich nicht als Arbeitnehmer betrachtet, vgl. den soeben in Anm. 1 zitierten BGE 118 III 46 ff.
5 Vgl. SAG *1962/63* 288 ff.
6 Vgl. BGE 111 II 482.

auch eine Entschädigung wegen Beendigung des Verwaltungsratsmandats zur Unzeit analog OR 404 II.

II. Die Pflichten des Verwaltungsratsmitglieds

Wichtigste Pflicht des Verwaltungsratsmitgliedes ist es, an den Organfunktionen des Gesamtverwaltungsrates teilzunehmen (vgl. Ziff. 5). Seine Aufgaben hat das Mitglied mit aller Sorgfalt und in Treue zur Gesellschaft zu erfüllen (vgl. Ziff. 2 und 3). Dabei sind die allgemeinen aktienrechtlichen Verhaltensgebote, insbes. die Pflicht zur Gleichbehandlung, zu beachten (vgl. Ziff. 4). Die Pflichterfüllung hat persönlich zu erfolgen (vgl. Ziff. 1). Durch das Organisationsreglement, aber auch vertraglich können die Pflichten des Verwaltungsrates präzisiert und modifiziert werden (vgl. Ziff. 6). Bei Pflichtverletzungen werden die Verwaltungsratsmitglieder persönlich haftbar (vgl. Ziff. 7).

1. *Pflicht zur persönlichen Erfüllung der Aufgaben*

Das Verwaltungsratsmandat ist «seiner Natur nach an die Person des damit von der Generalversammlung Betrauten gebunden»[7] und daher *persönlich zu erfüllen*. Eine Übertragung an Dritte, wie sie im Auftragsrecht unter gewissen Voraussetzungen vorgesehen ist (OR 398 III), ist nicht zulässig[8].

2. *Pflicht zur sorgfältigen Aufgabenerfüllung*

a) OR 717 I hält explizit fest, was an sich selbstverständlich ist: «Die Mitglieder des Verwaltungsrates ... müssen ihre Aufgaben mit aller Sorgfalt erfüllen ...». Wer sich als Mitglied eines Verwaltungsrates wählen lässt, muss die erforderlichen *Fähigkeiten* und *Kenntnisse* mitbringen sowie bei der Ausübung des Amtes die nötige *Sorgfalt* walten lassen und *Zeit* aufbringen können.

Das *Fehlen* der erforderlichen Fähigkeiten und Möglichkeiten wird dem Verwaltungsratsmitglied persönlich voll *angelastet;* eine Minderung der Verantwortlichkeit, wie sie OR 321e II aus sozialpolitischen Gründen für den Arbeitnehmer kennt, kommt bei Organpersonen nicht in Betracht. Ebensowenig genügt die Einhaltung der sog. diligentia quam in suis, d. h. derjenigen Sorgfalt, die man in eigenen Angelegenheiten beachtet[9].

---

[7] BGE 71 II 279.
[8] Vgl. BGE 71 II 279 f; zur Frage, ob trotzdem eine Stellvertretung in Verwaltungsratssitzungen möglich ist, vgl. § 31 N 33 ff.
[9] Vgl. BGE 99 II 180: Das Verwaltungsratsmitglied, das den Grossteil des Gesellschaftsvermögens in hochspekulativen Papieren anlegte, konnte sich nicht mit dem Hinweis darauf, dass es selber die dreifache Zahl der gleichen Aktien gekauft hatte, der Verantwortung entziehen. Vgl. dagegen die Beschränkung auf diligentia quam in suis im Recht der Personengesellschaften, OR 538 I.

21   b) Nach allgemein anerkannter Auffassung ist die erforderliche Sorgfalt *objektiv* zu bestimmen. Als Massstab dient das, was ein gewissenhafter und vernünftiger Mensch unter den gleichen Umständen für nötig erachten würde und was daher von einer Person in der Stellung des Verwaltungsratsmitgliedes einer bestimmten AG erwartet werden darf. Daraus ergibt sich, dass *subjektive Entschuldbarkeit* eines unsorgfältigen Verhaltens (etwa das Fehlen der erforderlichen Kenntnisse oder Zeitmangel) belanglos ist.

22   Anderseits ist stets den *konkreten Umständen* Rechnung zu tragen, etwa der Tatsache, dass der Gesellschaftszweck das Eingehen besonderer Risiken erforderlich macht[10] oder dass sich aufgrund bestimmter Anzeichen besondere Vorsicht aufdrängt[11].

23   Die Gerichtspraxis hat den Massstab der Sorgfalt vor allem anhand von pathologischen Fällen konkretisiert: in zahlreichen Entscheiden zur aktienrechtlichen Verantwortlichkeit, in denen Mitgliedern des Verwaltungsrates Pflichtverletzungen vorgeworfen worden sind (dazu § 37 N 20 ff.).

24   c) An die Sorgfaltspflicht bei der Organtätigkeit in einer Aktiengesellschaft sind zwar «grundsätzlich strenge Anforderungen zu stellen»[12]. Doch ist zu beachten, dass die Anforderungen und damit das Risiko der als Organe in einer AG Tätigen auf ein vernünftiges Mass beschränkt bleiben müssen. Dabei ist in Rechnung zu stellen, dass eine komplexe Aufgabe, wie sie die Führung eines Unternehmens darstellt, keinen sehr strengen Massstab erträgt[13] und dass es zulässig ist, vernünftige Risiken einzugehen[14]. Nicht jeder Verlust ist die Folge von Unsorgfalt, und ein Entscheid ist nicht schon deshalb fehlerhaft, weil er sich im nachhinein als unrichtig erweist. – In der Gerichtspraxis – vor allem derjenigen des Eidg. Versicherungsgerichts – sind vereinzelt weltfremde Anforderungen aufgestellt worden[15].

3. *Treuepflicht und Geheimhaltungspflicht, Verhalten bei Interessenkonflikten*

25   a) Nach OR 717 I müssen die Mitglieder des Verwaltungsrates sodann «die Interessen der Gesellschaft in guten Treuen wahren». Insbesondere sind sie gehalten, alles zu unterlassen, was der Gesellschaft schaden könnte[16].

---

10 So etwa bei einer Gesellschaft, die Investitionen in spekulativen Anlagen bezweckt.
11 So etwa bei Hinweisen auf unredliches Verhalten oder schönfärberische Information durch die Geschäftsleitung.
12 BGE 108 V 203, 103 V 125.
13 Nicht amtlich publizierter BGE in Sem *1982* 225 f.
14 Sem *1982* 225 f; spekulative Geschäfte sind damit jedoch – vorbehältlich besonderer statutarischer Erlaubnis – nicht gemeint, vgl. BGE 99 II 178 ff.
15 Vgl. BGE 103 V 125 und 108 V 203; zur Kritik vgl. Forstmoser, *Verantwortlichkeit* (zit. § 36 N 1) N 1080 ff.
16 Für den gewöhnlichen Aktionär gilt kein solches Schädigungsverbot, sondern nur die Schranke, die sich aus der allgemeinen Rechtsordnung und insbes. dem Rechtsmissbrauchsverbot (ZGB 2 II) ergibt, vgl. § 42 N 24 ff.

Leitlinie für die schon unter bisherigem Recht unbestrittene, aber erst seit der 26
Reform im Gesetz explizit erwähnte Treuepflicht soll also das *Gesellschaftsinteresse* sein. Mit dieser Aussage ist freilich wenig gewonnen, da in einer AG die verschiedensten, teils widersprüchlichen Interessen gebündelt sind[17]. Die Verpflichtung auf die Wahrung der Interessen der Gesellschaft gibt daher weniger her als zunächst erwartet[18]. Im Zentrum muss das Interesse der Aktionäre stehen (falls überhaupt ein einheitliches Aktionärsinteresse ermittelt werden kann, dazu § 3 N 36 ff). Daneben dürfen und sollen aber auch die Interessen der Mitarbeiter Beachtung finden[19]. Bei grossen, volkswirtschaftlich bedeutsamen Gesellschaften sind sodann – was im einzelnen freilich umstritten ist – auch die Interessen der gesamten Volkswirtschaft und der Allgemeinheit zu berücksichtigen.

Bedeutsam wird die Verpflichtung auf das Unternehmensinteresse besonders 27
in ihrem *negativen Aspekt:* Die Mitglieder des Verwaltungsrates dürfen keinesfalls den *Interessen anderer Personen* – ihren eigenen, denjenigen einzelner Aktionäre (im Gegensatz zur Aktionärsgesamtheit) oder denen Dritter – den Vorrang gegenüber den Gesellschaftsinteressen einräumen. Die bundesgerichtliche Praxis ist in diesem Punkt eindeutig: «Strenge Massstäbe sind anzulegen, wenn Verwaltungsräte nicht im Interesse der Gesellschaft, sondern im eigenen Interesse, in demjenigen von Aktionären oder von Drittpersonen handeln.»[20]

Die Pflicht, die Gesellschaftsinteressen zu wahren, gilt auch für den als Ver- 28
waltungsrat tätigen *Einmannaktionär.* Auch er hat die selbständigen Interessen der Gesellschaft zu achten und insbesondere dazu Sorge zu tragen, dass ihr Vermögen erhalten bleibt[21].

Ebenso gilt die Treuepflicht für Mitglieder des Verwaltungsrates mit *besonde-* 29
rer Rechtsstellung: den Vertreter der juristischen Person (OR 707 III), den Gruppenvertreter (OR 709) und den Vertreter des Gemeinwesens (OR 762). Zur Frage, inwieweit diese «Vertreter» spezifische Interessen der entsendenden Personen oder Körperschaften wahrnehmen dürfen, ohne die Treuepflicht zu verletzen, vgl. N 162 ff, 164 ff, 167 f.

Besonders schwere Verstösse gegen die Treuepflicht werden *strafrechtlich geahndet.* 30
Insbesondere können die Tatbestände der ungetreuen Geschäftsbesorgung (StGB 158) oder der Veruntreuung (StGB 138) erfüllt sein. Dabei muss sich nach der bundesgerichtlichen Rechtsprechung auch der Alleinaktionär einer Einmanngesellschaft die rechtliche Selbständigkeit der Gesellschaft grundsätzlich entgegenhalten lassen. Der «strafrechtliche Schutz des Gesellschaftsvermögens besteht wie der von der Zivilrechtsordnung ge-

---

[17] Dazu ausführlich § 3.
[18] Auf die materielle Inhaltslosigkeit des Begriffs «Gesellschaftsinteresse» weist insbesondere Lambert (zit. N 1) hin.
[19] Vgl. OR 669 III und 674 II Ziff. 2, wo im Hinblick auf die Reservebildung vom «Gedeihen des *Unternehmens*» die Rede ist: Am Unternehmen sind – anders als an der Gesellschaft – auch die Arbeitnehmer als «stakeholders» beteiligt. Vgl. dazu auch § 3 N 20 ff.
[20] BGE 113 II 57 E 3a.
[21] Die bei der Gesellschaft getätigten Bezüge – etwa Saläre – müssen daher in angemessenem Rahmen bleiben, und Entnahmen ohne spezifische Gegenleistung dürfen nur in formal korrekter Form (insbes. als Dividende) erfolgen. Vgl. § 40 N 87 ff.

wollte Kapitalschutz ausser im Interesse der Aktionäre und der Gesellschaftsgläubiger auch in demjenigen der Gesellschaft selber»[22].

31 b) Immerhin lässt die Wahrung der Gesellschaftsinteressen einen *weiten Ermessensbereich* zu, und im so abgesteckten Rahmen darf das Verwaltungsratsmitglied durchaus bestimmte Interessen – etwa die der von ihm entsandten Aktionärsgruppe oder Körperschaft – wahrnehmen.

32 Eine *Ausstandspflicht*, wie sie in ZGB 68 für Vereinsbeschlüsse vorgesehen ist, kennt das Aktienrecht nicht, und auch eine analoge Anwendung jener Bestimmung wäre nicht sinnvoll[23]. Vielmehr kann – und soll – ein Verwaltungsratsmitglied auch in den Angelegenheiten mitwirken, in denen es oder die von ihm «Vertretenen» bestimmte Eigeninteressen verfolgen[24]. Zu fordern ist aber die Offenlegung solcher Interessen.

33 Gesellschaftsintern, insbes. im Organisationsreglement, kann freilich eine Ausstandspflicht begründet und näher geregelt werden.

34 Aus allgemeinen Regeln und der aktienrechtlichen Treuepflicht ist aber eine Pflicht, in den *Ausstand* zu treten, dann anzunehmen, wenn über Verträge zwischen der AG und einem Verwaltungsratsmitglied oder einer ihm nahestehenden Person abgestimmt wird: In diesem Fall stehen sich Interessen diametral gegenüber, wirken sich Vorteile für das Verwaltungsratsmitglied oder die ihm Nahestehenden zwangsläufig für die Gesellschaft nachteilig aus und umgekehrt, weshalb eine Mitwirkung bei der Entscheidfindung der Gesellschaft analog den Regeln zum Selbst- und Doppelkontrahieren (dazu § 30 N 121 ff) zu untersagen ist[25].

35 c) Ein *Konkurrenzverbot* des Verwaltungsratsmitglieds sieht das Aktienrecht nicht explizit vor. In Lehre und Praxis ist jedoch anerkannt, dass konkurrenzierende Tätigkeiten mit der Ausübung eines Verwaltungsratsmandats unvereinbar sein können.

---

22 BGE 97 IV 16; vgl. auch BGE 101 IV 57 und 85 IV 230 f. Im letztgenannten Entscheid hat das Bundesgericht festgestellt, dass der Alleinaktionär, der einen im Eigentum der AG stehenden Wagen in Brand setzt, vorsätzliche Brandstiftung begeht. Der Entscheid ist freilich umstritten; kritisch etwa Eugen Bucher in FS Schultz (Bern 1977) 165 ff, 170. Die kantonalen Gerichte sind dieser bundesgerichtlichen Praxis nicht immer gefolgt, vgl. etwa KG St. Gallen in SJZ *1985* 328 f. In BGE 117 II 259 ff, 266 hat nun das Bundesgericht eine differenzierte Haltung eingenommen: Pflichtwidrige Vermögensdispositionen des einzigen Verwaltungsrates und Alleinaktionärs einer Einpersonengesellschaft sollen den objektiven Tatbestand der ungetreuen Geschäftsführung dann *nicht erfüllen*, wenn das Grundkapital und die gebundenen Reserven unberührt bleiben.
23 Dazu von der Crone (zit. § 3 N 1) 5.
24 Vgl. Böckli N 1641: «Es wäre geradezu widersinnig, einen Mitarbeitervertreter im Verwaltungsrat sitzen zu lassen, nur um ihn in den Ausstand zu bitten, sobald über eine Frage abgestimmt wird, in der die Interessen der Arbeitnehmer mit jenen der Gesellschaft als Arbeitgeberin nicht parallel laufen.»
25 Näheres bei von der Crone (zit. § 3 N 1) 5 und Böckli N 1641 ff, die beide für eine enge Fassung der Ausstandspflicht eintreten. – Vgl. auch hinten § 30 N 128a zur Frage einer Beschränkung der Vertretungsbefugnis wegen Interessenkonflikten.

In der älteren Lehre ist zum Teil die analoge Anwendung der für Personengesellschaften und die GmbH vorgesehenen Konkurrenzverbote[26] postuliert worden. Doch erscheint jene strenge Regelung als unpassend für das Verwaltungsratsmandat, das in der Regel nebenamtlich ausgeübt wird. Richtiger ist es, mit der neueren Lehre die Konkurrenzenthaltungspflicht aus der aktienrechtlichen Treuepflicht herzuleiten. 36

Der *Umfang* des Konkurrenzverbots richtet sich nach den konkreten Umständen. Die Konkurrenzenthaltungspflicht geht für vollamtlich tätige Verwaltungsratsmitglieder zweifellos weiter[27] als für «aussenstehende» Mitglieder des Rates. Insbesondere kann das Konkurrenzverbot der Übernahme weiterer Verwaltungsratsmandate in derselben Branche entgegenstehen. 37

Die Gesellschaften haben es in der Hand, Konkurrenzenthaltungspflichten im einzelnen reglementarisch oder vertraglich zu regeln. 38

Näheres bei Daniel Würsch: Der Aktionär als Konkurrent der Gesellschaft (Diss. Zürich 1989 = SSHW 124) 30 ff, 62 ff. 39

d) Die *Geheimhaltungs- und Schweigepflicht* des Verwaltungsratsmitglieds wird im Gesetz ebenfalls nicht explizit genannt[28]. Sie ergibt sich aber wiederum als Folge der aktienrechtlichen Treuepflicht. 40

Dagegen wird bei den Aufgaben der Revisoren die Pflicht zur Wahrung der Geschäftsgeheimnisse ausdrücklich erwähnt (OR 730 I, § 33 N 109 ff). 41

Im einzelnen umfasst die Diskretionspflicht der Mitglieder des Verwaltungsrates namentlich «gesellschaftsinterne Umstände, welche ihnen im Hinblick auf Beschlussfassungen zur Kenntnis gebracht wurden, wie etwa finanzielle Einzelheiten, betriebswirtschaftliche Konzepte, laufende Vertragsverhandlungen, bestehende Geschäftsbeziehungen, aber auch die Aktionärsstruktur, Eintragungen im Aktienbuch und allenfalls sog. Fabrikationsgeheimnisse; sodann rechtfertigt sich eine grundsätzliche Geheimhaltung im Zusammenhang mit dem Verlauf von Verwaltungsratssitzungen für die entsprechenden Protokolle sowie das Abstimmungsverhalten der einzelnen Teilnehmer und das Abstimmungsergebnis»[29]. 42

Für die aktienrechtliche Verschwiegenheitspflicht können auch aus dem Arbeitsvertragsrecht Analogien gezogen werden (OR 321a IV[30]). 43

Besondere Probleme ergeben sich für die «*Vertreter*» des Gemeinwesens (OR 762), einer juristischen Person (OR 707 III) oder einer Aktionärskategorie (OR 709) sowie für das fiduziarisch tätige Verwaltungsratsmitglied: Diese Personen 44

---

[26] Vgl. OR 561 und die Verweisung in OR 598 II; OR 818.
[27] Für sie kann sich die analoge Anwendung von OR 321a III aufdrängen.
[28] Immerhin wird die Wahrung der Geschäftsgeheimnisse im Hinblick auf das Auskunfts- und Einsichtsrecht der Aktionäre ausdrücklich vorbehalten (OR 697 II, III, dazu § 40 N 175 ff).
[29] So Plüss (zit. § 27 N 1) 40 f, in Zusammenfassung der ausführlichen Darstellung von Wenninger (zit. N 1) 135 ff. Im Hinblick auf die Aktionärsstruktur sieht das revidierte Recht nun aber für Publikumsgesellschaften in OR 663c eine Offenlegungspflicht vor, dazu § 39 N 8 f.
[30] Vgl. BGE 80 IV 30, im Anschluss an 64 II 172.

stehen in einem *doppelten Pflichtennexus:* Als Mitgliedern des Verwaltungsrates kommt ihnen grundsätzlich dieselbe Rechtsstellung wie den übrigen Mitgliedern zu, sie unterliegen also der *Verschwiegenheitspflicht.* Gleichzeitig unterstehen sie gegenüber den «delegierenden» Personen oder Gruppen einer mandatsrechtlichen oder mandatsähnlichen Loyalitätspflicht, aus der sich eine Beschränkung der aktienrechtlichen Schweigepflicht ergeben könnte. Die Lösung dieses Konflikts ist für die verschiedenen «Vertreter» unterschiedlich[31]:

45 – Eine *Körperschaft des öffentlichen Rechts* haftet für die von ihr abgeordneten Mitglieder (OR 762 IV). Es erscheint daher als konsequent, die Berichterstattung unbeschränkt und ohne Rücksicht auf geheimhaltepflichtige Tatsachen zuzulassen, freilich nur an das Exekutivorgan der entsendenden Körperschaft, das dann seinerseits der Geheimhaltungspflicht unterliegt[32].

46 – Für den *Vertreter einer juristischen Person* (OR 707 III) wird in der Lehre eine analoge Ansicht vertreten: Es soll ein umfassendes, nicht durch Geheimhaltungspflichten eingeschränktes Informationsrecht bestehen, aber nur gegenüber dem Verwaltungsrat der delegierenden Gesellschaft, der seinerseits der Geheimhaltungspflicht unterstehe. Diese Auffassung ist u. E. nicht unproblematisch. Einschränkend ist jedenfalls festzuhalten, dass das Informationsrecht insofern sachlich beschränkt ist, als es nur insoweit besteht, als es für die Erteilung von Weisungen seitens der delegierenden Gesellschaft erforderlich ist. Verzichtet eine Gesellschaft darauf, über ihren «Vertreter» Einfluss zu nehmen, lässt sie ihn also sein Amt frei und ohne Instruktionen ausüben, dann erscheint auch ein umfassenderes Informationsrecht nicht als gerechtfertigt[33].

47 In *Konzernverhältnissen* dürfte ein Geheimhaltungsinteresse entfallen und eine umfassende Information jedenfalls dann zulässig sein, wenn die Förderung der Konzerninteressen oder derjenigen der Muttergesellschaften durch eine entsprechende statutarische Zweckumschreibung nach aussen kundgemacht wird[34].

48 – Der *Gruppenvertreter* im Sinne von OR 709 I oder einer entsprechenden statutarischen Bestimmung untersteht – auch gegenüber den von ihm «vertretenen» Aktionären – vollumfänglich der Schweigepflicht. Eine andere Lösung würde zu einer ungerechtfertigten Privilegierung der entsendenden Gruppe und könnte – da die Aktionäre ihrerseits keiner Geheimhaltungspflicht unterstehen – zu einer Schädigung der Gesellschaft führen.

---

[31] Dazu ausführlich Wenninger (zit. N 1) 155 ff.
[32] Ähnlich das deutsche AktG, das die Frage in § 394 explizit regelt.
[33] Praktische Konsequenzen ergeben sich im Hinblick auf die aktienrechtliche Verantwortlichkeit der delegierenden Gesellschaft für die Handlungen des «Vertreters»: Wenn die delegierende juristische Person über den Entsandten tatsächlich an der Willensbildung der AG teilnimmt und korporative Aufgaben erfüllt, wird sie für dessen Handlungen verantwortlich. Lässt sie ihn dagegen frei und ohne Instruktionen tätig werden, besteht eine solche Verantwortung grundsätzlich nicht. Sie könnte aber trotzdem zu bejahen sein, wenn die delegierende juristische Person darauf besteht, umfassend informiert zu werden, um sich so die *Möglichkeit* einer Einflussnahme zu wahren.
[34] Eine gesetzliche Durchbrechung der Schweigepflicht in Konzernverhältnissen dürfte sich sodann aus OR 663e ff ergeben: Die dort verlangte konsolidierte Konzernrechnung kann nur erstellt werden, wenn die Buchhaltung der zum Konzern gehörenden Gesellschaften zumindest teilweise offengelegt werden, da sonst konzerninterne Geschäftsvorgänge nicht eliminiert werden können.

– Das *treuhänderisch* tätige Verwaltungsratsmitglied untersteht grundsätzlich der aktienrechtlichen Schweigepflicht im normalen Umfang. In der Praxis wird diese Schranke jedoch kaum beachtet[35].

49

Der *Beizug von Fachleuten als Berater* stellt – soweit er für die korrekte Ausübung des Verwaltungsratsmandats erforderlich ist – keinen Verstoss gegen die Schweigepflicht dar. Vielmehr ist davon auszugehen, dass die allgemeine Sorgfaltspflicht der Schweigepflicht übergeordnet ist und den Beizug von Beratern erfordern kann. Doch ist durch die nötigen Weisungen sicherzustellen, dass der Berater die erlangten Informationen seinerseits geheimhält, falls er hiezu nicht durch ein gesetzliches Berufsgeheimnis ohnehin verpflichtet ist (wie z. B. ein Anwalt).

50

Inwieweit ein Verwaltungsratsmitglied von der Geheimhaltung zur *Wahrung eigener Interessen* Abstand nehmen darf, ist im Einzelfall aufgrund einer Interessenabwägung zu entscheiden. Grundsätzlich soll die Verschwiegenheitspflicht das Verwaltungsratsmitglied nicht daran hindern, gegenüber der Gesellschaft gerechtfertigte eigene Ansprüche allenfalls auch gerichtlich durchzusetzen.

51

Die vorstehenden Ausführungen betreffen Informationen, die *im Interesse der Gesellschaft selbst* geheimgehalten werden (sog. *relative* Geschäftsgeheimnisse). Daneben gibt es jedoch auch *absolute* Geschäftsgeheimnisse, nämlich solche, zu deren Geheimhaltung die Gesellschaft *gegenüber Dritten* verpflichtet ist[36]. Diese sind von allen Verwaltungsratsmitgliedern konsequent geheim zu halten.

52

Näheres zur aktienrechtlichen Schweigepflicht bei Wenninger (zit. N 1) insbes. 135 ff.

53

Krasse Verletzungen der Geheimhaltungspflicht werden auch *strafrechtlich* geahndet[37].

54

– Gemäss StGB 162 macht sich strafbar, «[w]er ein Fabrikations- oder Geschäftsgeheimnis, das er infolge einer gesetzlichen oder vertraglichen Pflicht bewahren sollte, verrät...». Diese Bestimmung ist auch auf Mitglieder des Verwaltungsrates, denen – wie ausführlich gezeigt – eine gesetzliche Geheimhaltungspflicht obliegt, anwendbar[38].

55

---

[35] Die Nichtbeachtung der Schweigepflicht kann Konsequenzen hinsichtlich der Verantwortung des Treugebers haben: Eine uneingeschränkte Berichterstattung kann ein Indiz für die *materielle Organstellung* (dazu § 37 N 4 ff, 10 ff) des Treugebers sein, die zu seiner Unterstellung unter die aktienrechtliche Verantwortlichkeit führt. Weitergehend könnte allenfalls argumentiert werden, durch eine umfassende, die aktienrechtliche Schweigepflicht missachtende Berichterstattung erlange der Treugeber die *Möglichkeit* von Eingriffen, woraus sich Konsequenzen für seine Verantwortung ergäben.

[36] Eine *Bank* etwa ist aufgrund des Bankgeheimnisses ihren Kunden gegenüber zur Geheimhaltung verpflichtet. Ein Industrie- oder Dienstleistungsunternehmen, das von einem Dritten Knowhow erwirbt, muss sich allenfalls vertraglich zur Geheimhaltung der erworbenen Kenntnisse verpflichten.

[37] Vgl. dazu die Übersicht bei Wenninger (zit. N 1) 289 ff.

[38] Näheres bei Wenninger (zit. N 1) 304 ff, bei Martin Schubarth: Kommentar zum schweiz. Strafrecht Bd. II: Delikte gegen das Vermögen, Art. 137–172 StGB (Bern 1990) zu Art. 162 und bei Stefan Trechsel: Schweizerisches Strafgesetzbuch, Kurzkommentar (Zürich 1989) zu Art. 162.

56 (Zu beachten ist jedoch, dass sich die aktienrechtliche Geheimhaltungspflicht nicht auf Fabrikations- und Geschäftsgeheimnisse im Sinne von StGB 162 beschränkt, sondern weiter gefasst ist.)

57 – Seit dem 1. Juli 1988 kennt das schweizerische Recht auch einen Straftatbestand der missbräuchlichen Ausnutzung vertraulicher Tatsachen durch sog. *Insidergeschäfte*. Nach dem neuen Art. 161 StGB sind bestimmte *Insider* – wozu auch die Mitglieder des Verwaltungsrates gehören – allenfalls zu bestrafen, wenn sie vertrauliche Tatsachen ausnutzen, um sich oder einem anderen einen Vermögensvorteil zu verschaffen.

58 Um den Anwendungsbereich der Strafnorm nicht ausufern zu lassen, wird der Tatbestand freilich eingeschränkt: Vorausgesetzt ist, dass der Täter eine vertrauliche Tatsache ausnützt oder weitergibt, die bei ihrem Bekanntwerden voraussichtlich einen *erheblichen* Einfluss auf den Kurs von Wertschriften, Bucheffekten oder Optionen hat, die in der Schweiz börslich oder vorbörslich gehandelt werden[39].

59 – Besondere Geheimhaltungspflichten ergeben sich aus den strafrechtlich geschützten *Berufsgeheimnissen*, namentlich dem des Anwalts (vgl. StGB 321) und des Bankorgans oder -angestellten (BankG 47).

60 Dabei ist aber zu beachten, dass das Bundesgericht (in einer im einzelnen umstrittenen Praxis) zwischen der berufsspezifischen Tätigkeit und der Funktion als Verwaltungsratsmitglied unterscheidet: Was ein Rechtsanwalt unabhängig von seiner anwaltlichen Tätigkeit als Mitglied des Verwaltungsrates einer AG erfährt, untersteht nach der Bundesgerichtspraxis nicht dem Anwaltsgeheimnis, weshalb auch nicht das anwaltliche Zeugnisverweigerungsrecht angerufen werden kann[40].

61 e) Ein Ausfluss der Geheimhaltungspflicht ist die *Pflicht zur Aktenrückgabe* bei Beendigung des Mandats (und – im Hinblick auf besonders sensitive Informationen – ausnahmsweise auch während der Amtszeit).

62 Ob die Rückgabepflicht sämtliche oder nur bestimmte Akten umfasst, ist im einzelnen umstritten. Aus der Begründung der Rückgabe- mit der Geheimhaltungspflicht ergibt sich, dass jedenfalls allgemein zugängliche Akten und weitere, an denen kein Geheimhaltungsinteresse besteht, nicht zurückgegeben werden müssen.

63 Im Hinblick auf die künftige Wahrung seiner eigenen Interessen kann das ausscheidende Mitglied grundsätzlich von den zurückzugebenden Akten Kopien erstellen, um die Beweisführung sicherzustellen.

64 f) Die Geheimhaltungspflicht dauert auch nach der Beendigung des Verwaltungsratsmandats unbeschränkt weiter. Dagegen dürfte ein Konkurrenzverbot – von besonderen Abmachungen abgesehen – nur für die Zeit der Mandatsausübung wirksam sein.

---

[39] Näheres bei Niklaus Schmid: Schweizerisches Insiderstrafrecht (Bern 1988); Peter Böckli: Insiderstrafrecht und Verantwortung des Verwaltungsrates (Zürich 1988 = SSHW 120); Peter Forstmoser: Insiderstrafrecht, SAG *1988* 122 ff.

[40] BGE 115 Ia 197 ff; vgl. auch BGE 114 III 105 ff: Der Anwalt, der zugleich Verwaltungsratsmitglied einer Gesellschaft ist, muss im Konkurs die Geschäftskorrespondenz der Gesellschaft herausgeben.

4. Gleichbehandlungspflicht, Pflicht zu Sachlichkeit und Pflicht zu schonender Rechtsausübung

Die Pflicht zur Gleichbehandlung trifft – obwohl im Gesetz als Pflicht des einzelnen Verwaltungsratsmitgliedes formuliert – in erster Linie den *Verwaltungsrat als Organ*, vgl. dazu § 30 N 17 ff.

Dasselbe gilt von den im Gesetz nicht explizit genannten Pflichten zur Sachlichkeit und zur schonenden Rechtsausübung, vgl. § 30 N 21.

5. Organschaftliche Mitwirkungspflicht

Mit der Annahme der Wahl übernimmt das einzelne Mitglied die *Pflicht, an den Organfunktionen des Gesamtverwaltungsrates teilzunehmen*. Diese Pflicht wird zwar im Gesetz nicht eigens genannt, sie ergibt sich aber schon daraus, dass die Geschäftsführung – soweit sie nicht übertragen worden ist – «allen Mitgliedern des Verwaltungsrates gesamthaft zu[steht]» (OR 716b III).

Die Mitwirkungspflicht konkretisiert sich namentlich in der Pflicht, an den *Verwaltungsratssitzungen teilzunehmen* und an der *Willensbildung* des Exekutivorgans mitzuwirken (dazu § 31). Damit verbunden ist die Pflicht zur angemessenen Vorbereitung.

6. Die statutarische Konkretisierung und Abänderung der Pflichten von Verwaltungsratsmitgliedern

Durch das Organisationsreglement oder auch vertraglich können die Pflichten der Verwaltungsratsmitglieder konkretisiert und modifiziert werden[41]. Dabei ist jedoch zu beachten, dass die gesetzliche Ordnung in der Regel *Mindeststandards* aufstellt, die gesellschaftsintern zwar verschärft, aber nicht herabgesetzt werden können.

Für das Gesamtorgan kann etwa die minimale Zahl jährlicher Verwaltungsratssitzungen festgelegt werden. Für das einzelne Mitglied lässt sich die Treuepflicht durch ein spezifisches Konkurrenzverbot erweitern.

7. Die Folge von Pflichtverletzungen

Verletzt ein Verwaltungsratsmitglied schuldhaft seine Pflichten, kann es für den verursachten Schaden *persönlich verantwortlich* gemacht werden[42]. Klageberechtigt sind neben der Gesellschaft auch die einzelnen Aktionäre (und im Konkurs die Gläubiger) (vgl. § 36 N 12 ff).

---

[41] Eine entsprechende Ordnung in den *Statuten* ist dagegen unter revidiertem Aktienrecht im Hinblick auf die unübertragbare und *unentziehbare* Organisationskompetenz des Verwaltungsrates selbst (OR 716a I Ziff. 2) wohl nicht mehr zulässig, vgl. § 30 N 63 ff.

[42] OR 754 I, dazu § 37 N 2 ff.

72 Die Gesellschaft kann sodann die Pflichterfüllung – etwa die Einhaltung eines Konkurrenzverbots – mit einer *Leistungsklage* durchsetzen. (Den einzelnen Aktionären steht diese Möglichkeit nicht offen.)

73 Eine naheliegende Sanktion für Pflichtverletzungen ist die Abwahl bzw. *Nichtwiederwahl* säumiger Verwaltungsratsmitglieder, die voraussetzungslos möglich ist (vgl. § 27 N 38 ff). Vorübergehend – und unter sofortiger Einberufung einer GV – kann wohl auch der Gesamtverwaltungsrat ein einzelnes Mitglied *seiner Funktionen entheben*[43].

74 Missachtet der vom Hauptaktionär dominierte Verwaltungsrat konsequent und schwerwiegend die Rechte von Minderheiten, kommt schliesslich als ultima ratio die *Auflösung* der Gesellschaft in Betracht[44].

III. Die Rechte des Verwaltungsratsmitglieds

75 Im Zentrum stehen die Mitwirkungsrechte des Verwaltungsratsmitglieds in der Gesellschaft (vgl. Ziff. 3). Damit diese vernünftig wahrgenommen werden können, steht dem Mitglied ein umfassendes Recht auf Information zu (vgl. Ziff. 2). Das Verwaltungsratsmitglied hat ein Recht auf Entschädigung für seine Tätigkeit (vgl. Ziff. 4) und – bei korrekter Amtsführung – auf Entlastung (vgl. Ziff. 5). Grundsätzlich sind die Verwaltungsratsmitglieder untereinander gleichberechtigt, doch kann einzelnen ein Sonderstatus zukommen (vgl. Ziff. 1).

1. Gleichberechtigung und allfälliger Sonderstatus

76 a) Grundsätzlich sind die Mitglieder des Verwaltungsrates untereinander gleichberechtigt. So steht jedem kraft zwingenden Rechts das gleiche Stimmrecht zu (dazu § 31 N 22), und auch in den übrigen Mitwirkungsrechten (dazu N 109 ff) und im Recht auf Information (dazu N 78 ff) bestehen keine Unterschiede.

77 b) Einzelnen Mitgliedern kann jedoch ein *Sonderstatus* zukommen. So kommen schon von Gesetzes wegen dem *Präsidenten* des Verwaltungsrates zusätzliche Funktionen zu (vgl. N 137 ff). Eine besonders starke Stellung haben sodann allfällige *Delegierte* (vgl. N 149 ff), und zusätzliche Kompetenzen können auch den Mitgliedern von *Ausschüssen* (dazu § 29 N 30 ff sowie hinten N 159 ff) eingeräumt sein. Näheres hinten N 136 ff.

---

[43] Dies jedenfalls dann, wenn man die Mitglieder des Verwaltungsrates zu den «Bevollmächtigten und Beauftragten» im Sinne von OR 726 II zählt.
[44] Vgl. als Beispiel BGE 105 II 114 ff, insbes. 124 ff. Zur Auflösungsklage vgl. § 55 N 57 ff.

2. Die Informationsrechte[45]

a) Unabdingbare Voraussetzung für die korrekte Erfüllung der Aufgaben des Verwaltungsrates ist eine angemessene, stufengerechte Information. Diese ist auch wegen der strengen persönlichen Haftung der Verwaltungsratsmitglieder[46] geboten. Das Informationsinteresse der Verwaltungsratsmitglieder geht daher den Geheimhaltungsinteressen der Gesellschaft vor[47].

Das Gesetz regelt den Informationsfluss an den Verwaltungsrat und seine Mitglieder auf zwei Ebenen:
– als institutionalisierte Berichterstattung (vgl. lit. b),
– als Recht auf Auskunft und allenfalls Einsicht (vgl. lit. c).

b) Sollen Geschäftsführungsaufgaben vom Gesamtverwaltungsrat an einzelne seiner Mitglieder oder Dritte delegiert werden, dann hat dies in einem Organisationsreglement (vgl. § 11) zu erfolgen (Näheres in § 30 N 22 ff). Dieses Reglement hat «insbesondere die Berichterstattung» zu regeln (OR 716b II). Entsprechendes gilt, wenn der Verwaltungsrat die Vorbereitung oder Ausführung seiner Beschlüsse oder die Überwachung von Geschäften Ausschüssen oder einzelnen Mitgliedern zuweist: Gemäss OR 716a II ist in solchen Fällen «für eine angemessene Berichterstattung» an alle Mitglieder zu sorgen.

Sobald also nicht der Verwaltungsrat in seiner Gesamtheit uneingeschränkt die Geschäfte führt, schreibt das Gesetz die Orientierung aller Verwaltungsratsmitglieder ausdrücklich vor. Die Information soll «angemessen» sein, also strukturiert und auf die Bedürfnisse des Verwaltungsrates zugeschnitten[48].

In einer grösseren Gesellschaft, bei der die Geschäftsführung delegiert ist, kann etwa die Berichterstattung über folgende Gegenstände geboten sein:
periodische Berichterstattung[49] über
– das wirtschaftliche Umfeld (konjunkturelle Entwicklung, Entwicklung in der Branche, Konkurrenzlage),
– den Geschäftsgang (z. B. Bestellungen, Auslieferungen und Auftragsvorrat, Umsatz und Rentabilität, gemessen am Umsatz sowie allenfalls auch am Eigenkapital oder am investierten Gesamtkapital, im Vergleich mit den budgetierten Zahlen),
– die finanzielle Lage der Gesellschaft (Verhältnis von Eigen- und Fremdkapital, Liquidität, wichtigste Positionen der Bilanz und der Erfolgsrechnung in vereinfachter Form, Herkunft und Verwendung der eingesetzten Mittel [Mittelflussrechnung], betriebli-

---

[45] Vgl. neben der in N 1 angeführten Literatur insbes. Jean Nicolas Druey: Das Informationsrecht des einzelnen Verwaltungsratsmitglieds, SZW *1993* 49 ff; Peter V. Kunz: Die Auskunfts- und Einsichtsrechte des Verwaltungsratsmitglieds, AJP *1994* 572 ff sowie aus betriebswirtschaftlicher Sicht Marcel Dietrich: Der Verwaltungsrat und seine Information (Diss. oec. Bern 1990) sowie ders.: Brevier der Verwaltungsrats-Information (Glattbrugg 1993).
[46] OR 754 ff, dazu § 36 f. Umgekehrt ist auch festzuhalten, dass genaue Kenntnis der Geschehnisse die Haftung verschärft.
[47] Gegen Missbräuche soll die Schweigepflicht der Mitglieder des Verwaltungsrates (vgl. N 40 ff) schützen.
[48] Die Überhäufung mit zahllosen, weder zusammengefassten noch kommentierten Einzelinformationen ist ebenso unerwünscht wie das Vorenthalten von Informationen.
[49] Allenfalls gegliedert nach Geschäftszweigen oder Produkten bzw. Dienstleistungen.

cher Cash-flow sowie weitere wichtige, von Betrieb zu Betrieb unterschiedliche Kennzahlen, wiederum verglichen mit den budgetierten Zahlen),
89 – besondere Massnahmen der Geschäftsleitung in der Berichtsperiode, insbesondere Investitionen und Devestitionen (soweit nicht in die Kompetenz des Verwaltungsrates fallend), Lancierung neuer Produkte, besondere Marketinganstrengungen,
90 – besondere Ereignisse in der Berichtsperiode (wichtigste Aufträge, Verlust von Aufträgen an Konkurrenten, wichtigere gerichtliche Auseinandersetzungen),
91 – Personalentwicklung,
92 – Zukunftsaussichten (Geschäftsgang, finanzielle Lage, personelle Entwicklung), Schwerpunkte und Sondermassnahmen der Geschäftsführung;
93 *aperiodische* (sofortige) Berichterstattung über ausserordentliche Ereignisse, insbes. solche, die Massnahmen des Verwaltungsrates erforderlich machen.
94 Bei *Konzernen* sollte diese Information auch hinsichtlich der wichtigsten Tochtergesellschaften verfügbar sein.
95 In analoger Form hat die Berichterstattung von Ausschüssen und einzelnen Verwaltungsratsmitgliedern im Sinne von OR 716a II zu erfolgen.

96 c) Die *individuellen Informationsrechte* des einzelnen Verwaltungsratsmitgliedes regelt OR 715a[49a]. Nach Abs. 1 kann jedes Verwaltungsratsmitglied «Auskunft über alle Angelegenheiten der Gesellschaft verlangen»[50].
97 Dieses umfassende Informationsrecht findet seine Schranke zunächst einmal nur im Rechtsmissbrauchsverbot[51]. Erforderlichkeit verlangt das Auskunftsrecht nicht[52]; vielmehr genügt, dass das Verwaltungsratsmitglied die Auskunft als für die Entscheidfindung nützlich erachtet.
98 In den weiteren Absätzen von OR 715a wird nun aber dieses umfassende Recht präzisiert und begrenzt. Dadurch soll praktischen Bedürfnissen der Gesellschaft Rechnung getragen werden:

99 aa) Thematisch und umfangmässig unbeschränkt ist das Recht auf Auskunft gemäss OR 715a II *in den Sitzungen des Verwaltungsrates.* Eingeschränkt ist freilich auch in diesen Sitzungen die Gruppe der Auskunftspflichtigen: Nur die Mitglieder des Verwaltungsrates selbst und die mit der Geschäftsführung betrauten Personen sind auskunftspflichtig. Damit soll verhindert werden, dass sich Verwaltungsratsmitglieder in Durchbrechung der Hierarchie direkt an untergeordnete Personen wenden[53].

[49a] Diese Rechte stehen dem Mitglied des Verwaltungsrates nur während seiner Amtszeit zu. Scheidet er aus dem Verwaltungsrat aus, stehen ihm nur noch die Auskunftsrechte des Aktionärs gemäss OR 697 zu (dazu § 40 N 166 ff), SJZ *1995* 218 f.
[50] Ausgeschlossen sind damit von vornherein Informationen, welche nicht die Gesellschaft betreffen, etwa solche über private Angelegenheiten von Mitgliedern des Verwaltungsrates und der Geschäftsleitung.
[51] Missbräuchlich wäre es, wenn ein Verwaltungsratsmitglied Informationen verlangen würde, die es nicht für die Erfüllung seiner Aufgabe benötigt, sondern zu anderen Zwecken verwenden will.
[52] Wohl aber das Recht auf Einsicht, vgl. OR 715a IV, dazu N 103.
[53] Zulässig muss es jedoch sein, im Verwaltungsrat die persönliche Berichterstattung seitens eines nicht der Geschäftsleitung zugehörigen Angestellten – etwa eines Projektleiters im Forschungsbereich – zu verlangen.

bb) Auch *ausserhalb der Verwaltungsratssitzungen* kann das Informationsrecht nicht gegenüber jedem Angestellten geltend gemacht werden, sondern nur gegenüber den «mit der Geschäftsführung betrauten Personen» (OR 715a III). 100

Das Informationsrecht ausserhalb von Sitzungen ist zudem auch thematisch eingeschränkt bzw. kanalisiert: Ein direkter Zugang zu den Mitgliedern der Geschäftsführung ist nur vorgesehen für «Auskunft über den Geschäftsgang», d. h. über die Entwicklung der unternehmerischen Tätigkeit im allgemeinen[54]. Über *einzelne Sachgeschäfte* kann dagegen nur «mit Ermächtigung des Präsidenten» Auskunft verlangt werden[55]. Im Lichte der Zielsetzung von OR 715a wird man dem Präsidenten freilich nicht das Recht zugestehen, das Auskunftsrecht nach freiem Ermessen zu verweigern. Vielmehr sind Begehren nur dann abzuweisen, wenn sie unsachlich sind, eine übermässige Störung des Betriebs verursachen oder wenn schwerwiegende Geheimhaltungsinteressen der Gesellschaft entgegenstehen. 101

Weist der Präsident das Auskunftsgesuch ab, dann entscheidet der Gesamtverwaltungsrat endgültig (OR 715a V). 102

cc) Stärker beschränkt ist das Recht auf *Einsicht* in «Bücher und Akten»[56] der Gesellschaft: Das Einsichtsrecht besteht nach OR 715a IV nur, «[s]oweit es für die Erfüllung einer Aufgabe erforderlich ist», wobei wiederum der Präsident zu entscheiden hat[57] und ein ablehnender Entscheid an den Gesamtverwaltungsrat weitergezogen werden kann (OR 715a V). 103

dd) OR 715a enthält den Mindeststandard der Auskunfts- und Einsichtsrechte, den der Verwaltungsrat allgemein durch «Regelungen» oder im Einzelfall durch «Beschlüsse» erweitern kann (OR 715a VI[58]). So können etwa ein direktes Auskunftsrecht auch ausserhalb der Sitzungen bzw. ein Einsichtsrecht ohne Ermächtigung des Präsidenten oder das Recht zur direkten Informationsbeschaffung auch bei untergeordneten Angestellten stipuliert werden. 104

Unabhängig von einer allfälligen Erweiterung kann es sich empfehlen, im Organisationsreglement das *Verfahren* der Informationsbeschaffung näher zu regeln. 105

---

[54] In Betracht kommen dürfte besonders die Beantwortung von Fragen, die sich aufgrund der periodischen Berichterstattung stellen.

[55] Dadurch wird einer vor allem bei Familienunternehmen vereinzelt grassierenden Unsitte entgegengewirkt, wonach sich einzelne Mitglieder des Verwaltungsrates in Missachtung der hierarchischen Ordnung direkt mit irgendwelchen Angestellten in Verbindung setzen, oft nicht nur, um Auskunft zu erlangen, sondern auch, um Einfluss zu nehmen.

[56] Mit «Büchern» sind die Unterlagen der Buchführung gemeint, vgl. OR 957. Der Begriff «Akten» erfasst z. B. die Korrespondenz der Gesellschaft sowie interne Aktennotizen. Das für Namenaktien zu führende *Aktienbuch* (vgl. OR 686, dazu § 43 N 76 ff) gehört dagegen nicht zu den «Akten» im Sinne von OR 715a IV. Vielmehr hat jedes Mitglied des Verwaltungsrates ein unbeschränktes und umfassendes Recht auf Einsicht in das Aktienbuch (vgl. Ulrich Benz: Aktienbuch und Aktionärswechsel [Diss. Zürich 1981 = SSHW 63] 45, mit weiteren Hinweisen.)

[57] Der Ermessensbereich des Präsidenten ist hier grösser, was in der unterschiedlichen Wortwahl des Gesetzgebers zum Ausdruck kommt: Verwaltungsratsmitglieder können Auskunft «verlangen» (OR 715a III), Einsicht dagegen nur «beantragen» (OR 715a IV).

[58] Die Kompetenz liegt – dies ergibt sich aus dem unentziehbaren Recht des Verwaltungsrates zur Selbstorganisation (OR 716a I Ziff. 2, dazu § 30 N 34 ff) – ausschliesslich beim Verwaltungsrat. Eine Erweiterung kann daher nicht durch statutarische Bestimmung vorgenommen werden.

106 d) Der Verwaltungsrat entscheidet über Gesuche auf Informationserteilung innergesellschaftlich endgültig (OR 715a V). Ein Weiterzug an die GV ist angesichts des klaren Wortlauts des Gesetzes wie auch im Lichte der Paritätstheorie (dazu § 20 N 12 ff) von Gesetzes wegen nicht möglich und kann auch statutarisch nicht eingeführt werden.

107 Umstritten ist, ob das abgewiesene Verwaltungsratsmitglied den Richter anrufen kann[59].

108 e) In *Konzernverhältnissen*, bei denen mehrere Gesellschaften unter einheitlicher Leitung zusammengefasst werden (vgl. die Definition in OR 663e I sowie § 51 N 191 ff), erstrecken sich die Informationsrechte auch auf die *Tochtergesellschaften*, da die Leitung des Konzerns eine zentrale Aufgabe des Verwaltungsrates der Muttergesellschaft ist[60].

3. *Geschäftsführungsrecht und Vertretungsbefugnis*

109 a) Hauptaufgabe des Verwaltungsrates ist es, die *Geschäfte der Gesellschaft zu führen*, soweit die Geschäftsführung nicht übertragen worden ist (OR 716 II, dazu § 30 N 9 ff).

110 An diesen Aufgaben teilzunehmen ist nicht nur eine Pflicht[61], sondern auch ein unentziehbares Recht des einzelnen Verwaltungsratsmitglieds.

111 b) Das Recht des einzelnen Verwaltungsratsmitglieds zur Mitwirkung bei der Tätigkeit des Gesamtverwaltungsrates beinhaltet zunächst das unabdingbare Recht, *an den Sitzungen des Verwaltungsrates* (dazu § 31 N 5 ff) und auch im übrigen an der Willensbildung im Verwaltungsrat teilzunehmen[62].

112 Sodann steht jedem Verwaltungsratsmitglied das Recht zur *Meinungsäusserung* und das *Antragsrecht* zu (vgl. § 31 N 12).

113 Schliesslich haben alle Verwaltungsratsmitglieder das gleiche unentziehbare *Stimmrecht* (dazu § 31 N 22)[63].

---

[59] Für die gerichtliche Durchsetzbarkeit sprechen sich aus: Martin Wernli in Basler Kommentar zu Art. 715a N 13; Plüss (zit. § 27 N 1) 59; Eric F. Stauber: Das Recht des Aktionärs auf gesetz- und statutenmässige Verwaltung (Diss. Zürich 1985 = SSHW 79) 85 Anm. 408, 88, 151. Gegen eine gerichtliche Durchsetzbarkeit sind Markus Affolter: Die Durchsetzung von Informationspflichten im Zivilprozess (Diss. St. Gallen 1994 = St. Galler Studien zum Privat-, Handels- und Wirtschaftsrecht 36) 6; Peter V. Kunz (zit. Anm. 45) 578. Nicht eindeutig ist Druey (zit. Anm. 45): Verneinend S. 51, bejahend S. 53.

[60] Anders dagegen, wenn sich eine Gesellschaft lediglich finanziell in anderen Gesellschaften engagiert hat, ohne Einfluss auf die Geschäftsführung zu nehmen. Diesfalls umfasst das Informationsrecht der Mitglieder des Verwaltungsrates der Muttergesellschaft nur diejenigen Informationen, die der Muttergesellschaft in ihrer Eigenschaft als Aktionärin zukommen. – Vgl. im übrigen zu den Informationsrechten im Konzern vorn N 46 f.

[61] In der Geschäftsführungspflicht konkretisiert sich die allgemeine Sorgfaltspflicht des Verwaltungsratsmitglieds, zu dieser vorn N 19 ff.

[62] Der enge Zusammenhang dieses Rechts mit dem Informationsrecht ist offensichtlich.

[63] Eine Ausnahme von der absoluten Gleichheit folgt aus dem allfälligen Recht des Präsidenten zum Stichentscheid, dazu § 31 N 29 ff.

Wird der Verwaltungsrat durch die Bestellung von Ausschüssen und/oder 114
Delegierten strukturiert, dann erweitern sich die Mitwirkungsrechte und -pflichten der in Ausschüssen oder als Delegierte wirkenden Verwaltungsratsmitglieder entsprechend.

c) Nach OR 715 steht jedem Verwaltungsratsmitglied das unentziehbare Recht 115
zu, die *Einberufung einer Sitzung* zu verlangen. Das Begehren ist an den Präsidenten zu richten. Es kann formfrei erfolgen, doch sind die Gründe anzugeben. Der Präsident (oder das dafür zuständige Verwaltungsratsmitglied) hat die Sitzung *unverzüglich* einzuberufen[64]. Eine Beurteilung der Rechtfertigung des Begehrens ist nicht vorzunehmen; nur auf offenbar missbräuchliche Ansinnen darf nicht eingetreten werden.

Das Einberufungsrecht unterstützt die Mitwirkungsrechte, da diese im wesentlichen in 116
der Verwaltungsratssitzung geltend zu machen sind. Es ist auch ein notwendiges Korrelat zur Sorgfalts- und Treuepflicht.

Ergänzt wird das Einberufungsrecht durch das Recht, anstelle von Zirkula- 117
tionsbeschlüssen die *mündliche Beratung* zu verlangen (OR 713 II, dazu § 31 N 49 ff).

d) Den Mitgliedern des Verwaltungsrates steht nicht nur ein internes Ge- 118
schäftsführungsrecht zu, sondern auch – dies freilich nur dispositiv – das *Vertretungsrecht* für die Gesellschaft (dazu Näheres in § 30 N 86).

Nach OR 718 I steht die Vertretungsbefugnis, wenn die Statuten oder das Organisa- 119
tionsreglement nichts anderes bestimmen, «jedem Mitglied einzeln zu»[65]. In der Praxis ist die Einzelzeichnungsberechtigung freilich eher selten und – wenn überhaupt – meist nur zugunsten einzelner qualifizierter Verwaltungsratsmitglieder – etwa des Präsidenten oder des Delegierten – vorgesehen. Üblich ist die Zeichnung kollektiv zu zweien.

Das direkt auf das Gesetz abgestützte Einzelzeichnungsrecht jedes Verwaltungsrats- 120
mitgliedes spielt in der Praxis auch deshalb kaum eine Rolle, weil die Art der Zeichnungsberechtigung aus dem Eintrag in das Handelsregister hervorgeht. Dritte haben den Registereintrag gegen sich gelten zu lassen[66].

---

[64] Dabei ist der Dringlichkeit des Geschäfts wie auch der Zusammensetzung des Verwaltungsrats angemessen Rechnung zu tragen.

[65] Dies im Gegensatz zum Geschäftsführungsrecht, das die Mitglieder des Verwaltungsrates grundsätzlich «gesamthaft» ausüben, OR 716b III. Das bisherige Recht hatte auch für die Vertretung vermutungsweise ein «gemeinsames» Handeln der Mitglieder des Verwaltungsrates verlangt, OR *1936* Art. 717 III. Tatsächlich kam diese unpraktische Gesamtvertretung jedoch kaum vor.

[66] Fehlt im Registereintrag ein Hinweis auf die Zeichnungsberechtigung, dann müssen Dritte davon ausgehen, dass ein Zeichnungsrecht nicht besteht. Insofern ist die Regelung von OR 718 I unwirksam. Anders dagegen bei sog. *stillen* Mitgliedern des Verwaltungsrates (dazu hinten 181 f): Da diese im Handelsregister nicht eingetragen sind, ergibt sich aus dem Register auch keine Aussage über ihre Zeichnungsberechtigung. Nach OR 718 I sind daher stille Mitglieder des Verwaltungsrates einzeln zeichnungsberechtigt, sofern nicht die Statuten oder das Organisationsreglement etwas anderes bestimmen.

4. Das Recht auf Entschädigung

121 a) Die Mitglieder des Verwaltungsrates haben nach unbestrittener Lehre und Praxis ein Recht auf angemessene Vergütung ihrer Tätigkeit, obwohl das Gesetz dies nicht ausdrücklich vorsieht. Dabei sind zwei Formen zu unterscheiden: das feste – allenfalls erfolgsabhängige – *Honorar* (vgl. lit. c) und die *Gewinnbeteiligung, Tantieme* (vgl. lit. b).

122 b) Das Gesetz regelt nur die *Tantieme*. Es handelt sich um eine Entschädigung, die ausschliesslich aus dem Bilanzgewinn (zu diesem Begriff vgl. § 40 N 28 ff) ausgeschüttet werden darf.

123 Unabdingbare Voraussetzung ist eine *statutarische Grundlage*[67]. Ohne statutarische Basis kann die Ausrichtung eines Gewinnanteils an den Verwaltungsrat nicht beschlossen werden.

124 Die Ausschüttung darf nur aus dem *Bilanzgewinn* erfolgen, wobei vorab die Zuweisung an die gesetzliche Reserve gemäss OR 671 erfolgen muss und eine Dividende von 5% (oder einem statutarisch höher festgesetzten Ansatz) auszurichten ist.

125 Die Statuten können die Höhe der Tantieme festlegen. Diesfalls haben die Mitglieder des Verwaltungsrates darauf einen vertraglichen Anspruch, den sie mit einer Leistungsklage geltend machen können[68]. Möglich ist es aber auch, dass die Statuten das Ausmass der Gewinnbeteiligung der Verwaltungsratsmitglieder in das Ermessen der GV legen[69].

126 Tantiemen kommen in der Praxis selten vor, und zwar schon deshalb, weil sie eine steuerlich unattraktive Form der Vergütung darstellen: Da die Tantieme aus dem Gewinn ausgeschüttet wird, ist der entsprechende Betrag vorher bei der Gesellschaft zu versteuern und kann er nicht als Aufwand vom Bruttoertrag abgezogen werden.

127 c) Viel häufiger ist das bei der Gesellschaft steuerlich als Aufwand zu behandelnde *Honorar*. Dieses kann betragsmässig in den Statuten festgelegt sein, was jedoch kaum je vorkommt. Statutarisch vorgesehen werden kann auch eine «angemessene» Entschädigung. Oft basiert die Vergütung auf einer vertraglichen Grundlage.

128 Die Statuten können festlegen, dass die Vergütung durch die GV zu beschliessen ist. Dieser steht – wie bei der Ausschüttung einer Tantieme – ein weiter Ermessensbereich zu. Doch muss sich die Entschädigung durch vernünftige wirtschaftliche Überlegungen rechtfertigen lassen[70].

---

[67] Die Möglichkeit, Tantiemen auszurichten, gehört damit zum bedingt notwendigen Statuteninhalt, vgl. OR 627 Ziff. 2.
[68] BGE 75 II 153 E 2a; es muss also nicht eine Anfechtungsklage gegen den die Tantieme verweigernden oder in ungenügender Höhe festlegenden GV-Beschluss angestrengt werden.
[69] Immerhin muss sich der Betrag im Rahmen vernünftiger wirtschaftlicher Überlegungen halten: Die Entschädigung an den Verwaltungsrat schmälert die Dividende und kann daher – wenn sie übermässig ist – die Rechte der Minderheitsaktionäre verletzen, vgl. BGE 82 II 150 f (Übermässigkeit verneint), sowie als krasses Beispiel von Missbrauch BGE 105 II 114 ff, 121 f.
[70] BGE 86 II 162 ff E 1.

Meist enthalten die Statuten jedoch keine Kompetenzordnung. Es obliegt dann dem Verwaltungsrat, die Entschädigung seiner Mitglieder selbst festzulegen, wobei auch er sich im Rahmen des Angemessenen zu bewegen hat. 129

Als *Kriterien* für die Bemessung des Honorars sind nach Ansicht des BGer insbesondere der Umfang der geleisteten Arbeit, aber auch der Erfolg der Geschäftsführung und – in untergeordnetem Ausmass – die finanzielle Lage des Unternehmens zu berücksichtigen[71]. Zu beachten sind daneben auch das mit der Übernahme eines Verwaltungsratsmandats getragene Risiko der persönlichen Haftbarkeit[72], sodann der Umstand, dass das Verwaltungsratsmitglied wegen seiner Treuepflicht und dem daraus allenfalls folgenden Konkurrenzverbot andere Erwerbschancen nicht wahrnehmen kann. 130

In der Praxis kommen neben einer festen Entschädigung gelegentlich zusätzliche *Sitzungsgelder* vor. 131

Häufig wird die Entschädigung sodann (teilweise) *erfolgsabhängig* ausgestaltet, wobei als Kriterien etwa in Betracht kommen der Umsatz, der ausgewiesene oder der nach betriebswirtschaftlichen Grundsätzen errechnete Reingewinn, der Cash-flow, die Höhe der ausgeschütteten Dividende. Durch eine Bemessung des Honorars entsprechend dem wirtschaftlichen Erfolg der Gesellschaft wird die Entschädigung noch nicht zur Tantieme. Doch kann eine proportional zum Betriebsgewinn zu entrichtende Entschädigung nach der Ansicht des Bundesgerichts eine verschleierte Tantieme darstellen[73]. 132

In der Praxis ist die Honorierung der Verwaltungsratsmitglieder äusserst unterschiedlich. In kleineren Gesellschaften mag das jährliche Honorar zwischen Fr. 1000.– und 10 000.– liegen, bei grösseren, aktiv tätigen privat beherrschten Gesellschaften und kleinen bis mittleren Publikumsgesellschaften zwischen Fr. 10 000.– und 50 000.–, bei grossen Publikumsgesellschaften zwischen Fr. 50 000.– und 100 000.– und vereinzelt mehr. Ein Zuschlag wird meist für den Präsidenten des Verwaltungsrates gemacht, während Verwaltungsratsdelegierte oft arbeitsvertraglich entschädigt werden[73a]. 133

d) Ungerechtfertigt bezogene Tantiemen sowie Entschädigungen, die in einem offensichtlichen Missverhältnis zur Leistung des Verwaltungsratsmitglieds und zur wirtschaftlichen Lage der Gesellschaft stehen, sind allenfalls *zurückzuerstatten* (vgl. OR 678 f, dazu § 50 N 112 ff). 134

5. Das Recht auf Entlastung

Nach Ansicht der Lehre steht den Verwaltungsratsmitgliedern ein Recht auf Entlastung durch die GV zu[74]. Zu dieser vgl. § 22 N 47 ff und § 24 N 78 ff. 135

---

[71] BGE 86 II 163, 105 II 122.
[72] Überlegungen in dieser Richtung finden sich in BGE 111 II 480 ff.
[73] Vgl. BGE 84 II 554.
[73a] Eine 1995 veröffentlichte Studie der Visura Treuhand-Gesellschaft ermittelte für Klein- und Mittelbetriebe ein Durchschnittshonorar von Fr. 13 300.– (Fr. 22 000.– im Handel, Fr. 18 000.– in Produktion und Gewerbe und Fr. 8000.– in Dienstleistungsunternehmen). Für den Verwaltungsratspräsidenten ergab sich ein Durchschnittshonorar von Fr. 22 500.–. – Für Grossunternehmen ermittelte die Handelszeitung 1994 eine durchschnittliche Verwaltungsratsentschädigung von Fr. 42 600.–.
[74] Ob ein solches Recht tatsächlich besteht, ist freilich zweifelhaft; und jedenfalls kann sich darauf nur dasjenige Verwaltungsratsmitglied berufen, das seine Tätigkeit statuten- und gesetzeskonform ausgeübt hat.

IV. Die Stellung einzelner Mitglieder

136 Obwohl sämtliche Verwaltungsratsmitglieder ihr Mandat aufgrund derselben Basis ausüben, sind doch einzelnen von ihnen zusätzliche Aufgaben zugewiesen oder weist ihre Rechtsstellung Besonderheiten auf. Dazu folgendes:

1. Der Verwaltungsratspräsident[75]

137 a) Die Wahl eines *Präsidenten* des Verwaltungsrates ist gesetzlich zwingend vorgeschrieben (OR 712 I). Dessen Aufgaben sind aber nur knapp und recht zufällig geregelt. Der innergesellschaftlichen Ordnung – vor allem im Organisationsreglement –, aber auch den in einer Gesellschaft herrschenden Übungen kommt daher für die Konkretisierung der Funktion des Präsidenten grosse Bedeutung zu.

138 Allgemein können die üblichen Aufgaben des Verwaltungsratspräsidenten wie folgt umschrieben werden: Er hat «die Sitzungen vorzubereiten, einzuberufen und zu leiten, vom Verwaltungsrat gefasste Beschlüsse und Direktiven nötigenfalls weiterzuleiten und bekanntzugeben, Erklärungen und Mitteilungen für die Verwaltung entgegenzunehmen und den Mitgliedern zur Kenntnis zu bringen ... Darüber hinaus wird der Vorsitzende, ohne gesetzlicher Vertreter der Gesellschaft zu sein, weitgehend die Verwaltung nach innen und aussen repräsentieren ...; er wird in dringenden, unaufschiebbaren Geschäften gezwungen sein, ohne vorherige Einberufung einer Sitzung im Namen des Verwaltungsrates zu handeln, bindende Anweisungen, Entscheidungen und Massnahmen zu treffen ...»[76].

139 Aus dem *Gesetz* ergeben sich insbesondere folgende Präsidialfunktionen:

140 – Der Präsident hat die Verwaltungsratssitzungen einzuberufen[77] und zu leiten[78].

141 – Der Präsident ist Anlaufstelle für die übrigen Verwaltungsratsmitglieder, so für Informationsbegehren (OR 715a III und IV, dazu vorn N 100 ff) und für Begehren um Einberufung einer Verwaltungsratssitzung (OR 715, dazu vorn N 115 f).

142 – Dem Präsidenten kommen sodann weitere administrative Aufgaben zu, so die Unterzeichnung der Protokolle von Verwaltungsratssitzungen (OR 713 III) und die Anmeldung von Handelsregistereintragungen (HRV 22 II).

---

[75] Vgl. dazu Felix Rolf Wunderer: Der Verwaltungsrats-Präsident (Diss. oec. St. Gallen 1995 = SSHW 163); Jürg Vollmar: Grenzen der Übertragung von gesetzlichen Beschlüssen des Verwaltungsrates an Ausschüsse, Delegierte und Direktoren (Diss. Bern 1986) 131 ff; Frank Vischer: Die Stellung der Verwaltung und die Grenzen der Delegationsmöglichkeit bei der grossen AG, in: FS Schönenberger (Freiburg i. Ü. 1968) 345 ff, 359 ff.

[76] So Bürgi, Art. 714 N 10.

[77] Dies wird im Gesetz nicht explizit gesagt, aber in OR 715 vorausgesetzt.

[78] OR 713 I spricht zwar in der deutschen Fassung des Gesetzes vom «Vorsitzenden». Die französische und die italienische Gesetzesfassung verwenden dagegen in OR 712 I und 713 I einheitlich den Begriff «Président», «Presidente». Daraus kommt zum Ausdruck, dass im Regelfall der Präsident den Vorsitz im Verwaltungsrat innehat. Ausnahmsweise – bei dessen Verhinderung – kann aber auch ein anderes Verwaltungsratsmitglied die Sitzung leiten.

Besonderes Gewicht kommt dem Präsidenten bei der Beschlussfassung zu, da – falls die Statuten nichts anderes vorsehen – in Verwaltungsratssitzungen der Vorsitzende (und damit regelmässig der Präsident) den *Stichentscheid* hat[79] (dazu § 31 N 29 ff). Regelmässig leitet der Verwaltungsratspräsident auch die Generalversammlung. Auch dort kann ihm der Stichentscheid zukommen, aber nur dann, wenn dies statutarisch explizit vorgesehen ist (vgl. § 24 N 56 ff). 143

Wegen der besonderen Stellung des Verwaltungsratspräsidenten als Repräsentant der Gesellschaft und Ansprechpartner auch für die Aktionäre sieht das Gesetz vor, dass die *Wahl* des Präsidenten statutarisch der *GV* zugewiesen werden kann[80]. 144

In der *Praxis* ist die Stellung des Verwaltungsratspräsidenten sehr unterschiedlich ausgestaltet. Einem vollamtlich tätigen Präsidenten kann – als Gegenpol und Gesprächspartner der Geschäftsleitung – eine sehr starke Position zukommen. Dominant kann die Stellung des Präsidenten sein, wenn sie zugleich mit der des Delegierten (dazu N 149 ff) und allenfalls auch noch des Direktionspräsidenten in einer Person kumuliert wird. Anderseits kann das Präsidialamt aber auch weitgehend auf repräsentative und administrative Aufgaben beschränkt bleiben, so insbesondere dann, wenn der Präsident nebenamtlich tätig ist und die Geschäftsführung oder ihre Überwachung von einem vollamtlichen Delegierten ausgeübt wird. 145

b) Die Gesellschaft kann, muss aber nicht einen *Vizepräsidenten* bestellen[81]. Dem Vizepräsidenten obliegt im wesentlichen die Vertretung des Präsidenten bei dessen Verhinderung, es können ihm aber auch besondere Aufgaben zugewiesen sein. 146

Aus praktischen Gründen kann die Ernennung eines Vizepräsidenten bei Gesellschaften, die häufig Anmeldungen beim Handelsregister vorzunehmen haben[82], nützlich sein: Gemäss HRV 22 II sind Registeranmeldungen – wenn der Verwaltungsrat aus mehreren Personen besteht – durch den Präsidenten oder seinen *Stellvertreter* sowie den Sekretär oder ein zweites Mitglied des Verwaltungsrates zu unterzeichnen[83]. Hat etwa der Präsident einer ausländisch beherrschten AG sein Domizil im Ausland, kann jeweils der in der Schweiz domizilierte Vizepräsident die Anmeldungen unterschreiben. 147

c) Der vor allem bei Familiengesellschaften, vereinzelt aber auch bei Publikumsgesellschaften vorkommende *Ehrenpräsident* ist rechtlich nicht Mitglied des Verwaltungsrates 148

---

[79] Wird die Sitzung ausnahmsweise von einem anderen Mitglied des Verwaltungsrates geleitet, kommt diesem der allfällige Stichentscheid ebenfalls zu.
[80] Im übrigen konstituiert sich der Verwaltungsrat nach zwingendem Recht selbst (vgl. § 29 N 3 f), und ohne besondere Statutenbestimmung obliegt ihm auch die Wahl des Präsidenten.
[81] Während eine AG stets nur einen Präsidenten haben kann, ist es möglich, zwei oder mehrere Vizepräsidenten zu ernennen. In der Praxis ist die Bestellung mehrerer Vizepräsidenten selten; sie kommt bei grossen Gesellschaften mit stark strukturierten Verwaltungsräten vor, ferner als «Vertretung» verschiedener Grossaktionärsgruppen.
[82] Etwa Änderungen der Zeichnungsberechtigten.
[83] Als «Stellvertreter» wird vom Zürcher Handelsregisteramt nur ein gewählter Vizepräsident, nicht dagegen ein beliebiges Verwaltungsratsmitglied anerkannt. Liberaler ist dagegen die Basler Praxis: Es genügt die Unterschrift eines beliebigen Verwaltungsratsmitglieds, sofern es seiner Unterschrift beifügt, dass es in Vertretung des Präsidenten zeichnet.

und daher auch nicht im Handelsregister einzutragen[84]. Es handelt sich um ein reines Ehrenamt, das z. B. Gründern oder auch langjährigen Präsidenten oder Delegierten des Verwaltungsrates eingeräumt werden kann. Nach der Praxis kann der Ehrenpräsident an den Sitzungen des Verwaltungsrates teilnehmen, doch ist er nicht stimmberechtigt.

2. Der Delegierte des Verwaltungsrates

149 a) Nach OR 716b I kann die Geschäftsführung «ganz oder zum Teil an einzelne Mitglieder» des Verwaltungsrates übertragen werden[85]. Nach OR 718 II kann der Verwaltungsrat sodann auch die Vertretung der Gesellschaft «einem oder mehreren Mitgliedern» übertragen. Diese mit besonderen Aufgaben betrauten Verwaltungsratsmitglieder nennt man *Delegierte*[86].

150 b) Der Delegierte ist eine Art Bindeglied zwischen Verwaltungsrat und Geschäftsleitung, wobei die Funktion unterschiedlich ausgestaltet sein kann:

151 – Der Delegierte kann die Aufgabe haben, die Arbeit der Geschäftsleitung als deren direkter Vorgesetzter laufend zu überwachen.

152 – Der Delegierte kann aber auch Teil des geschäftsführenden Organs selbst sein und – allenfalls in Personalunion mit der Position des Direktionspräsidenten – den Vorsitz in der Geschäftsleitung innehaben.

153 Im Verwaltungsrat steht der Delegierte mit Bezug auf seine Geschäftsführungsaufgaben in einem Subordinationsverhältnis zum Gesamtorgan. Faktisch kommt ihm jedoch – schon wegen seines Informationsvorsprungs – regelmässig eine besonders starke Position zu.

154 Die Stellung des Delegierten ist überwiegend ein Vollamt, das auf der Basis eines Arbeitsvertrages ausgeübt wird.

155 c) Der starke Mann (oder die starke Frau) einer AG nimmt in der Schweiz oft die Position des vollamtlichen Delegierten und zugleich Vizepräsidenten ein, während das Präsidium einem «externen» Verwaltungsratsmitglied zukommt. Dieses konzentriert sich dann auf die Sitzungsleitung und die mehr administrativen Aufgaben.

156 d) Nicht zugelassen ist die Position des Delegierten bei *Bankaktiengesellschaften*. Für sie schreiben BankG 3 II lit. a) und BankV 8 eine Trennung zwischen der Oberleitung, Aufsicht und Kontrolle einerseits und der Geschäftsführung andererseits vor. Dabei darf kein Mitglied des Oberleitungsorgans der Geschäftsführung angehören[87].

---

[84] Vgl. SAG *1965* 256 f.
[85] Zu den Voraussetzungen dieser Übertragung vgl. § 29 N 23 ff.
[86] Das Gesetz verwendet den Begriff «Delegierter» nur noch bei der Vertretung (OR 718 II), während er bei der Behandlung der Geschäftsführung aus unerfindlichen Gründen entfallen ist (OR 716b I, vgl. dagegen OR *1936* Art. 717 II). In der Praxis wird der Begriff weiterhin zu Recht für diejenigen Verwaltungsratsmitglieder verwendet, denen Geschäftsführungs- oder Überwachungsaufgaben (regelmässig verbunden mit der Vertretungsbefugnis) übertragen sind.
[87] Näheres bei Beat Kleiner in Bodmer/Kleiner/Lutz: Kommentar zum Schweiz. Bankengesetz (Zürich 1976 ff, laufend nachgeführt) Art. 3–3ter N 21 ff.

e) Zu den Schranken der Kompetenzdelegation vgl. § 30 N 29 ff.

f) Näheres zur Stellung des Delegierten bei Irene Busch: Die Übertragung der Geschäftsführung auf den Delegierten des Verwaltungsrates, in: Schluep/Isler 69 ff; Felix Horber: Die Kompetenzdelegation beim Verwaltungsrat der AG und ihre Auswirkungen auf die aktienrechtliche Verantwortlichkeit (Diss. Zürich 1986 = SSHW 84); Kurt Meyer: Die rechtliche Stellung des Delegierten des Verwaltungsrates nach schweizerischem Recht (Diss. Zürich 1946); Vischer (zit. Anm. 75) 345 ff, 352 ff; Vollmar (zit. Anm. 75).

3. Die Mitglieder von Verwaltungsratsausschüssen

Der Verwaltungsrat kann – insbesondere für die Vorbereitung und Ausführung seiner Beschlüsse und die laufende Überwachung der Geschäftsführung – Ausschüsse oder Arbeitsgruppen aus seiner Mitte bilden (vgl. OR 716a II, dazu § 29 N 11, 23).

Entsprechend den Aufgaben dieser Ausschüsse kommen seinen Mitgliedern zusätzliche Aufgaben zu.

Das bisherige Recht (OR *1936* Art. 708 IV) sah vor, dass «wichtige» Aktionärsgruppen ein Recht auf Vertretung nicht nur im Verwaltungsrat, sondern auch in einem allfälligen Verwaltungsratsausschuss hätten. In der Reform ist dieses Gruppenrecht, das wegen der Unbestimmtheit der Grenzziehung kaum zu handhaben war, entfallen.

4. Die «Vertreter» von Gruppen und Minderheiten

a) Den von Gesetzes wegen vorgesehenen Vertretern einzelner Aktienkategorien (OR 709 I, dazu § 27 N 78 ff) und den allenfalls statutarisch eingeführten Vertretern von Minderheiten (OR 709 II, dazu § 27 N 88 ff) kommt grundsätzlich dieselbe Rechtsstellung zu wie allen übrigen Verwaltungsratsmitgliedern. Insbesondere gilt für sie die gleiche Sorgfalts- und Treuepflicht, und zwar gegenüber der Gesamtgesellschaft und nicht etwa nur der «vertretenen» Gruppe[88]. Dasselbe gilt für die Schweigepflicht (dazu vorn N 40 ff), die auch gegenüber den «vertretenen» Aktionären in gleicher Weise wie gegenüber allen übrigen zu wahren ist.

b) Doch ist es Aufgabe des «Vertreters», besonders darauf zu achten, dass die Interessen und Rechte der «vertretenen» Gruppe oder Minderheit nicht vernachlässigt oder verletzt werden. Auch soll er in Ermessensfragen von zwei gleichwertigen Lösungen diejenige unterstützen, die eher im Interesse der Gruppe oder Minderheit liegt.

---

[88] Vgl. BGE 66 II 51: «[A]uch der Gruppenvertreter hat sich im Verwaltungsrat in erster Linie von den allgemeinen Interessen der Gesellschaft leiten zu lassen, und nur in deren Rahmen darf er die Sonderinteressen der Gruppe verfechten.».

5. *Die «Vertreter» von juristischen Personen oder Handelsgesellschaften, insbesondere das von der Konzernleitung entsandte Verwaltungsratsmitglied*

164 a) Für den *«Vertreter» einer juristischen Person* (dazu § 28 N 164 ff) gilt grundsätzlich dasselbe wie für den Gruppen- oder Minderheitenvertreter: Er ist Verwaltungsratsmitglied mit allen Rechten und Pflichten und hat als solches in erster Linie die Interessen der AG, in der er als Verwaltungsratsmitglied tätig ist, zu wahren. Im Bereich des Ermessens darf er jedoch die Interessen der delegierenden Körperschaft oder Handelsgesellschaft mitberücksichtigen.

165 Unterschiedliche Auffassungen werden in der Literatur zur Frage vertreten, ob der von einer juristischen Person im Sinne von OR 707 III delegierte «Vertreter» einer *Pflicht zur Befolgung von Weisungen* seitens der delegierenden juristischen Person untersteht. Eine Auffassung geht davon aus, dass sich der Vertreter im Rahmen eines Mandats rechtsgültig einer Weisungsbefolgungspflicht unterwerfen kann[89]. Eine andere Lehrmeinung will eine solche Verpflichtung nicht zulassen[90]. Will man eine Pflicht zur Befolgung von Weisungen bejahen, dann gilt diese jedenfalls *nicht uneingeschränkt*. Der Vertreter darf Weisungen nur dann befolgen, wenn diese nicht gegen zwingende gesetzliche Vorschriften verstossen. In dieser Hinsicht ist das Weisungsrecht der delegierenden Gesellschaft jedenfalls beschränkt[91]. Umstritten kann also nur sein, ob Weisungen im gesamten Bereich des freien Ermessens zulässig sind oder nur dann, wenn sie sich mit den Interessen der AG, in deren Verwaltungsrat der «Vertreter» tätig ist, vollständig decken.

166 Umstritten ist auch die Rechtslage hinsichtlich der Schweigepflicht[92]: Der «Vertreter» soll berechtigt sein, die delegierende juristische Person umfassend zu informieren, freilich nur auf der Stufe des Verwaltungsrates derselben, wobei dieser seinerseits zum Schweigen verpflichtet sei (kritisch und differenzierend hiezu vorn N 44 ff).

167 b) Das von der *Konzernobergesellschaft* delegierte Verwaltungsratsmitglied ist rechtlich nichts anderes als ein «Vertreter» einer juristischen Person im Sinne von OR 707 III. Doch setzt der Gesetzgeber voraus, dass Konzerne unter «einheitli-

---

[89] So Wenninger (zit. N 1) 161 f; Böckli N 1633 f; Markus P. Stebler: Konzernrecht in der Schweiz, in: Das St. Galler Konzerngespräch... hg. von Jean Nicolas Druey (Bern/Stuttgart 1988) 13 ff, insbes. 17; Emil Schucany: Zur Frage der rechtlichen Stellung des «abhängigen» Verwaltungsrates, SAG *1954/55* 109 ff, 111 f; Georg Gautschi in Berner Kommentar zu OR 394–410 (Bern 1960) zu Art. 397 N 13 b; ders. in SJZ *1949* 301 ff, 303 f; Martin Zweifel: Holdinggesellschaft und Konzern (Diss. Zürich 1973 = SSHW 1) 93. Vgl. auch Roland von Büren in ZBJV *1995* 57 ff, 84 f.

[90] So Max Albers-Schönberg: Haftungsverhältnisse im Konzern (Diss. Zürich 1980 = SSHW 44) 92 f; Fritz von Steiger: Zur Frage der rechtlichen Stellung des «abhängigen» Verwaltungsrates, SAG *1954/55* 33 ff, 40; ders. in SAG *1954/55* 113 ff, 115 ff; Vito Picenoni: Rechtsformen konzernmässiger Abhängigkeit, SJZ *1955* 321 ff, 328; Silvio Caflisch: Die Bedeutung und Grenzen der rechtlichen Selbständigkeit der abhängigen Gesellschaft im Recht der Aktiengesellschaft (Diss. Zürich 1961) 141 ff, 144 ff, 146.

[91] Vgl. Albers-Schönberg (zit. Anm. 90) 92; Schucany (zit. Anm. 89) 111 f; Gautschi in SJZ *1949* (zit. Anm. 89) 303.

[92] Vgl. dazu Wenninger (zit. N 1) 165 f.

cher Leitung» (OR 663e I) stehen und offenbar rechtlich auch stehen dürfen. Dies ist aber nur dann möglich, wenn von der Obergesellschaft eines Konzerns verbindliche Weisungen für die in die Tochtergesellschaften entsandten Organpersonen erlassen werden dürfen. Dagegen ist wohl solange nichts einzuwenden, als eine Tochtergesellschaft von der Konzernmuttergesellschaft zu hundert Prozent beherrscht ist und die Gläubigerinteressen (also die Zahlungsfähigkeit der Tochtergesellschaft) sowie die Einhaltung der (schweizerischen) Rechtsordnung sichergestellt sind. Mit diesen Einschränkungen wird man eine Pflicht zur Befolgung von Weisungen der Konzernmuttergesellschaft (und zu ihrer vollen Informierung) bejahen. Sind dagegen an einer Konzerntochtergesellschaft auch aussenstehende Aktionäre beteiligt, hat das entsandte Verwaltungsratsmitglied im Zweifel den Interessen der Tochtergesellschaft den Vorrang einzuräumen und darf es – wie jeder «Vertreter» einer juristischen Person im Sinne von OR 707 III – nur im Spielraum des Ermessens den spezifischen Interessen des Konzerns als Gesamtheit und damit den Weisungen der Muttergesellschaft Folge leisten.

Die Ausrichtung auf die Gesamtinteressen des Konzerns oder auf die Interessen der Konzernobergesellschaft wird erleichtert, wenn sie im statutarischen Zweckartikel der Gesellschaft ausdrücklich zur Aufgabe gemacht wird. 168

Näheres bei Flurin von Planta: Der Interessenkonflikt des Verwaltungsrates der abhängigen Konzerngesellschaft (Diss. Zürich 1988 = ZStP 59); vgl. auch Werner de Capitani: Der delegierte Verwaltungsrat, SJZ *1994* 347 ff. 169

c) Der «Vertreter» einer juristischen Person im Sinne von OR 707 III, besonders aber das von der Konzernobergesellschaft in den Verwaltungsrat der Tochtergesellschaft delegierte Mitglied ist oft gleichzeitig *Organ* – Mitglied des Verwaltungsrates oder der Geschäftsleitung – *der delegierenden juristischen Person*. Für solche *Doppelorgane*[93] kann sich der Interessenkonflikt bei der Mandatsausübung akzentuieren, obliegt ihnen doch eine Sorgfalts- und Treuepflicht gegenüber beiden beteiligten Gesellschaften. Auch hier gilt der Grundsatz, dass das Verwaltungsratsmitglied im Zweifel den Interessen seiner Gesellschaft den Vorrang einzuräumen hat. Dies bedeutet, dass sich die in einer Doppelstellung tätige Organperson jeweils genau bewusst sein muss, welchen Hut sie trägt: Ist sie in ihrer Funktion als Mitglied des Verwaltungsrates einer AG tätig, an der eine andere Gesellschaft beteiligt ist, dann hat sie in erster Linie die Interessen *dieser* AG zu wahren. Die Umsetzung dieser Regel im Einzelfall kann freilich schwierige Probleme aufgeben[94]. 170

---

[93] Dazu Andreas von Planta: Doppelorganschaft im aktienrechtlichen Verantwortlichkeitsrecht, in: FS Vischer (Zürich 1983) 597 ff.
[94] Wie soll sich etwa das Mitglied des Verwaltungsrates einer schweizerischen Tochtergesellschaft verhalten, wenn die ausländische Muttergesellschaft von ihr die Verpfändung sämtlicher verfügbarer Aktiven zugunsten von Verpflichtungen der Muttergesellschaft verlangt? Im vordergründigen Interesse der Tochtergesellschaft liegt diese Verpfändung zugunsten eines «Dritten» nicht. Doch kann längerfristig die Lebensfähigkeit der Tochtergesellschaft vom Überleben ihrer Muttergesellschaft abhängen.

171 Auch für das Doppelorgan beschränkt sich bei einer hundertprozentigen Tochtergesellschaft die Treue- und Sorgfaltspflicht faktisch auf die Wahrung der Zahlungsfähigkeit und die Einhaltung der schweizerischen Gesetze.

6. Der Partizipantenvertreter

172 Die Stellung des Partizipantenvertreters (dazu OR 656e und § 27 N 96 ff) ist dieselbe wie die des «Vertreters» einer bestimmten Aktienkategorie oder Minderheit. Insbesondere kommen ihm volle Mitwirkungsrechte und das Stimmrecht zu, obwohl er – falls er nicht zugleich Aktionär ist[95] – in der GV der Gesellschaft kein Stimmrecht hat.

7. Der Vertreter des Gemeinwesens

173 Auch der Vertreter des Gemeinwesens[95a] ist zunächst einmal Mitglied des Verwaltungsrates in der Gesellschaft, in die er entsandt worden ist. Er übt sein Mandat in dieser Gesellschaft persönlich aus[96]. Auch kommt ihm – von der Haftung (OR 762 IV) abgesehen – keine Sonderstellung bezüglich der Rechte und Pflichten zu[97].

174 Für den «Vertreter» einer Körperschaft des öffentlichen Rechts können sich im übrigen dieselben Interessenkonflikte ergeben wie für die «Vertreter» einer bestimmten Aktionärsgruppe, einer juristischen Person oder der Partizipanten. Angesichts der Bestellung durch die öffentlichrechtliche Körperschaft (OR 762 I), die sich nach der Vorstellung des Gesetzgebers wegen der Verfolgung öffentlicher Interessen rechtfertigt, und angesichts der direkten Haftung der Körperschaft für die «abgeordneten Mitglieder» (OR 762 IV) wird man dem Vertreter des Gemeinwesens jedoch das Recht einräumen, die Interessen der delegierenden Körperschaft stärker in den Vordergrund zu stellen[98].

---

[95] Zur Kontroverse um das Erfordernis der Aktionärseigenschaft vgl. § 27 Anm. 49 f.

[95a] Vgl. dazu OR 762, hinten § 63 N 14 ff sowie Armin Stoffel: Beamte und Magistraten als Verwaltungsräte von gemischtwirtschaftlichen Aktiengesellschaften (Diss. St. Gallen 1975).

[96] Folgerichtig hat das Bundesgericht im Entscheid 118 IV 242 festgehalten, dass das von einer öffentlichrechtlichen Körperschaft delegierte Verwaltungsratsmitglied keine Veruntreuung im Sinne von StGB 140 begeht, wenn es die Verwaltungsratsentschädigung pflichtwidrig nicht an das Gemeinwesen abliefert: Im Verhältnis zur Gesellschaft steht die Entschädigung dem Mitglied persönlich zu; es handelt sich daher nicht um «anvertrautes Gut» im Sinne von StGB 140.

[97] So ausdrücklich OR 762 III und BGE 120 II 51 f. Vgl. etwa BGE 71 I 189 f: Den von öffentlichrechtlichen Körperschaften delegierten Mitgliedern des Verwaltungsrates kann sowenig wie den übrigen Mitgliedern ein Pluralstimmrecht eingeräumt werden. – Da es an einer Sonderstellung fehlt, werden die übrigen Aktionäre auch nicht zu einer besonderen Kategorie mit Vertretungsrecht nach OR 709 II: BGE 120 II 50 f.

[98] Dies gilt jedoch nur, wenn die Abordnung auf einer statutarischen Ernennungsbefugnis im Sinne von OR 762 I beruht. Wird der Vertreter dagegen durch die Generalversammlung bestellt, kommen die allgemeinen Regeln zur Anwendung.

8. Das fiduziarisch tätige Verwaltungsratsmitglied

a) In der Praxis üben Mitglieder des Verwaltungsrates ihre Funktion nicht selten aufgrund eines *Mandatsvertrages* aus. In diesem verpflichten sie sich, die Weisungen des Treugebers – soweit sie schweizerischem Recht und schweizerischen Gepflogenheiten entsprechen – zu befolgen. Im Gegenzug verpflichtet sich der Treugeber, das Verwaltungsratsmitglied schadlos zu halten, falls es persönlich haftbar gemacht werden sollte.

175

Solche fiduziarisch tätigen Verwaltungsratsmitglieder (despektierlich auch «Strohmänner» genannt) finden sich oft in ausländisch beherrschten Gesellschaften, um das Nationalitäts- und Domizilerfordernis des schweizerischen Aktienrechts (dazu § 27 N 68 ff) zu erfüllen. Verbreitet sind weisungsabhängige Verwaltungsratsmitglieder auch in Konzerngesellschaften.

176

b) Umstritten ist, inwieweit das treuhänderisch tätige Verwaltungsratsmitglied die Weisungen seines Auftraggebers befolgen darf, ohne dabei eine Pflichtwidrigkeit zu begehen. Herrschend ist in der Schweiz die bereits vorn N 44 erwähnte Theorie des «*doppelten Pflichtennexus*»: Danach gehen zwar die Pflichten gegenüber der Gesellschaft, in welcher das Verwaltungsratsmandat ausgeübt wird, vor. Doch dürfen Drittweisungen insoweit befolgt werden, als dies im Rahmen des freien Ermessens eines Verwaltungsratsmitglieds möglich ist. Eine Pflichtverletzung liegt danach nur dann vor, wenn bei Interessenkollisionen nicht dem Gesellschaftsinteresse der Vorrang gegeben wird[99]. Es kommen also ähnliche Überlegungen zum Zuge wie für Gruppen- und Minderheitsvertreter.

177

Die Möglichkeit, den Interessen des Treugebers den Vorzug zu geben, ist – wie für die Konzernverhältnisse ausgeführt – dann vertretbar, wenn die Gesellschaft vom Treugeber vollständig beherrscht ist. Es gelten dann die vorn N 167 genannten Grundsätze[100].

178

9. Das einem Berufsgeheimnis unterstellte Verwaltungsratsmitglied

Für das einem Berufsgeheimnis unterstellte Verwaltungsratsmitglied – insbesondere den Anwalt und den Banquier – gelten keine Besonderheiten. Es ist jedoch daran zu erinnern, dass nach der bundesgerichtlichen Praxis die Berufung auf das Berufsgeheimnis nur dann möglich ist, wenn in spezifisch beruflicher Tätigkeit gehandelt wurde. Soweit dagegen Kenntnisse in der Eigenschaft als

179

---

[99] Kritisch wird zu dieser Auffassung immerhin angemerkt, dass auch im Rahmen des Ermessens Entscheide im besten Gesellschaftsinteresse zu treffen sind. Drittinteressen wären somit nur soweit zu befolgen, als sie im Einklang mit dem Gesellschaftsinteresse liegen. Näheres zum Interessenkonflikt des fiduziarischen Verwaltungsratsmitglieds bei Flurin von Planta (zit. N 169) insbes. 91 ff; vgl. auch Krneta (zit. N 180) 13 ff.

[100] Vgl. ZR *1959* Nr. 70 S. 179 ff, wo das Zürcher Obergericht für die Einmann-AG erklärt hat, es sei ein Auftragsverhältnis, wonach die Mitglieder des Verwaltungsrates unter Vorbehalt zwingender gesetzlicher und statutarischer Vorschriften verpflichtet seien, bei ihrer Tätigkeit den Willen und die Weisungen des rechtlichen oder tatsächlichen Alleinaktionärs zu befolgen, weder rechts- noch sittenwidrig.

Verwaltungsratsmitglied erlangt wurden, ist eine Anrufung des Berufsgeheimnisses nicht möglich (vgl. vorn N 60).

180 Näheres bei Georg Krneta: Der Anwalt als Organ einer juristischen Person (Zürich 1994).

10. Stille und faktische Mitglieder des Verwaltungsrates

181 a) Da der Eintrag im Handelsregister für die Bestellung eines Verwaltungsratsmitglieds nicht konstitutiv ist, kann eine Person zwar als Mitglied gewählt, aber nicht als solches im Handelsregister eingetragen und im SHAB publiziert worden sein.

182 Diese *stillen* Mitglieder sind formell in den Verwaltungsrat gewählt und haben die Wahl angenommen. Sie haben daher dieselben Rechte und Pflichten wie die anderen Mitglieder des Verwaltungsrates und werden insbesondere auch für Pflichtverletzungen persönlich haftbar.

183 b) Gelegentlich wirken auch Personen im Verwaltungsrat mit, die nicht formell gewählt worden sind, so etwa der Hauptaktionär, der zwar die Geschicke der Gesellschaft leiten, aus irgendeinem Grund aber nach aussen nicht in Erscheinung treten will. Man spricht dann von *faktischen* oder *verdeckten* Mitgliedern des Verwaltungsrates[101].

184 Solche Personen massen sich die Kompetenzen eines Verwaltungsratsmitgliedes an, ohne dazu formal befugt zu sein. Tun sie dies, dann unterstehen sie denselben Pflichten zur sorgfältigen Ausübung der Geschäfte und zur Geheimhaltung wie gewählte Mitglieder des Verwaltungsrates. Auch sind sie im Bereich ihrer Einflussnahme persönlich in gleicher Weise verantwortlich.

11. Suppleanten und Stellvertreter

185 a) Sind an einer AG verschiedene Interessengruppen beteiligt – etwa zwei oder mehrere Familienstämme oder bei einem joint venture zwei Unternehmensgruppen –, dann kann der Stimmverteilung im Verwaltungsrat grosse Bedeutung zukommen. Auch ein sorgfältig ausbalanciertes Stimmengleichgewicht wird jedoch gestört, wenn einzelne Verwaltungsratsmitglieder abwesend sind und ihre Stimme nicht abgeben können. Diesem Problem sucht die Praxis auf zweierlei Art zu begegnen:

186 – Die Generalversammlung wählt neben den ordentlichen Mitgliedern des Verwaltungsrates zusätzlich Ersatzmitglieder, sog. *Suppleanten*. Diese sollen im Einzelfall an die Stelle eines vorübergehend oder dauernd verhinderten Mitglieds treten.

187 – Das verhinderte Mitglied erteilt im Einzelfall Vollmacht an einen *Stellvertreter*.

---

[101] Vgl. BGE 102 II 359, wo von «administrateurs camouflés» die Rede ist. Anders ist die Terminologie des BGer im Entscheid 107 II 349 ff, wo für diesen Tatbestand der Begriff des «stillen» Verwaltungsratsmitglieds verwendet wird.

In der Sache sind diese Vorgehensweisen – bei allem Verständnis für das Bedürfnis – problematisch: Das Verwaltungsratsmandat ist *persönlich* auszuüben (vgl. N 18), und die Mitglieder des Verwaltungsrates werden ad personam gewählt. Die rechtliche Zulässigkeit von Ersatzleuten und Stellvertretern ist daher umstritten: 188

b) Als solche gewählte Suppleanten werden von der Lehre überwiegend als zulässig erachtet, und sie werden – jedenfalls im Kanton Zürich – auch im Handelsregister eingetragen. 189

Der Suppleant steht für die Zeiträume, in denen er das Amt ausübt, in den gleichen Rechten und Pflichten wie andere Verwaltungsratsmitglieder. Darüber hinaus ist er gehalten, sich über die Vorgänge, die nicht während seiner aktiven Zeit geschehen, angemessen zu informieren, da dies für seine Amtsausübung unumgänglich ist. 190

Das ordentliche Verwaltungsratsmitglied wird durch die Bestellung eines Suppleanten seiner Pflichten nicht enthoben: Nur bei objektiver Verhinderung soll der Suppleant an seine Stelle treten. Es ginge also nicht an, formell «grosse Namen» in den Verwaltungsrat zu wählen, die Arbeit dann aber durch unbekannte Dritte machen zu lassen. 191

c) Die Erteilung einer generellen *Vollmacht* an einen *Dritten* ist schon deshalb nicht zulässig, weil dadurch die Wahlkompetenz der GV verletzt würde. Erfolgt sie trotzdem, bleibt das gewählte Verwaltungsratsmitglied voll verantwortlich. Der «Stellvertreter» ist als faktisches Mitglied des Verwaltungsrates zu behandeln. 192

Zur Frage, ob die Einräumung einer Vollmacht an ein *anderes Mitglied des Verwaltungsrates* zulässig ist, vgl. § 31 N 33 ff. 193

Näheres bei Martin Weber: Vertretung im Verwaltungsrat (Diss. Zürich 1994 = SSHW 155) und Plüss (zit. § 27 N 1) 82 f, je mit weiteren Angaben. 194

V. Die persönliche Verantwortlichkeit des Verwaltungsratsmitglieds

Dazu §§ 36 ff. 195

§ 29 Die Organisation der aktienrechtlichen Exekutive

Literatur: François Dessemontet: L'organisation des sociétés anonymes, in: von Büren/Hausheer/Wiegand 19 ff; Felix R. Ehrat: Mehr Klarheit für den Verwaltungsrat, AJP *1992* 789 ff; Forstmoser, *Organisation* (zit. § 11 N 1); Glaus (zit. § 28 N 1); Müller/Lipp (zit. § 27 N 1) 62 ff; Luzius R. Sprüngli: Die neue Rolle des Verwaltungsrates (Diss. oec. St. Gallen 1990); Stoffel (zit. § 27 N 1) 166 ff. – Aus den *Gesamtdarstellungen* vgl. Basler Kommentar zu OR 712 (Wernli), 716a und b (Watter); Böckli N 1486 ff; Bürgi, Kommentierung von OR 712, 714, 717; Guhl/Kummer/Druey 708 f.

I. Die Konstituierung des Verwaltungsrates

Das Gesetz schreibt zwingend die Bezeichnung eines *Präsidenten* und des *Sekretärs* vor, wobei letzterer nicht Mitglied des Verwaltungsrates zu sein braucht (OR 712 I). Im übrigen steht die Organisation des Verwaltungsrates im Ermessen der Gesellschaft.

Grundsätzlich konstituiert sich der Verwaltungsrat selbst, ist er also *selber für seine eigene Organisation zuständig*. Umstritten ist, ob die GV Verwaltungsratsmitglieder direkt für bestimmte Chargen wählen und dadurch die Organisation und Struktur des Verwaltungsrates bestimmen könne. Bejaht wird dies mit dem Hinweis darauf, dass sich die unübertragbare und unentziehbare Organisationskompetenz des Verwaltungsrates gemäss OR 716a I Ziff. 2 (dazu § 30 N 34 ff) nur auf die Organisation bei Delegation von Organkompetenzen beziehe, dagegen nicht auf die Konstituierung des Verwaltungsrates selbst[1]. Dem steht jedoch entgegen, dass der Gesetzgeber ausdrücklich die Möglichkeit erwähnt, in den Statuten zu bestimmen, dass der *Präsident durch die Generalversammlung gewählt* werde (OR 712 II). Daraus folgt e contrario, dass die Chargen im übrigen vom Verwaltungsrat selbst zuzuteilen sind[2].

Vor allem aber würden zwingende organisatorische Vorgaben der GV gegen das im revidierten Aktienrecht hochgehaltene *Paritätsprinzip* (dazu § 20 N 12 f) verstossen. Sodann würde sich eine fremdbestimmte Organisation auch schlecht mit der persönlichen Verantwortung der Mitglieder des Verwaltungsrates (unter anderem auch für die korrekte Arbeitsweise und zweckmässige Strukturierung des Gremiums) vertragen. U. E. liegt daher die Konstituierung – mit Ausnahme der Bestellung des Präsidenten – zwingend im Kompetenzbereich des Verwaltungsrates selbst.

---

[1] So Ehrat (zit. N 1) 791 Anm. 33 und – ihm folgend – Wernli in Basler Kommentar Art. 712 N 4.
[2] In diesem Sinne wohl auch Botschaft 175, wo erklärt wird, durch OR 712 II werde im Hinblick auf die Bedeutung der Funktion des Verwaltungsratspräsidenten «die Möglichkeit eingeräumt, vom Prinzip der Selbstorganisation abzuweichen und den Präsidenten durch die Generalversammlung wählen zu lassen.»

II. Möglichkeiten der Organisation der aktienrechtlichen Exekutive

5   Das Gesetz sieht dispositiv eine Organisationsform der aktienrechtlichen Exekutive vor, die in der Praxis nur bei atypischen Aktiengesellschaften passt (vgl. Ziff. 1). Die gesetzliche Ordnung ist jedoch flexibel ausgestaltet und erlaubt den Gesellschaften, massgeschneiderte Lösungen ihrer Organisation zu entwickeln (vgl. Ziff. 2). Verlangt wird jedoch die Einhaltung bestimmter formeller Voraussetzungen (vgl. Ziff. 3), und inhaltlich ergeben sich aus dem Gesetz gewisse zwingende Vorschriften für die Kompetenzordnung (vgl. Ziff. 4).

1. Die gesetzliche Grundordnung: Gesamtgeschäftsführung durch den Verwaltungsrat

6   a) Nach OR 716 II führt der Verwaltungsrat «die Geschäfte der Gesellschaft, soweit er die Geschäftsführung nicht übertragen hat». Vorgesehen ist dabei der Grundsatz der *Gesamtgeschäftsführung,* vgl. OR 716b III: «Soweit die Geschäftsführung nicht übertragen worden ist, steht sie allen Mitgliedern des Verwaltungsrates gesamthaft zu.».

7   b) Diese Organisationsform passt in kleinen und kleinsten Verhältnissen, bei den in der Schweiz zahlreichen «Personengesellschaften in der Rechtsform der AG», bei den atypischen, aber häufigen Gesellschaften, in denen *faktisch Selbstorganschaft* besteht.

8   In diesen Verhältnissen erübrigt sich oft eine Strukturierung des Exekutivorgans. Offenkundig ist dies für die einem einzigen Unternehmer-Aktionär gehörende Einpersonen-AG. Aber auch in Gesellschaften mit einigen wenigen aktiven Aktionären, die alle zugleich Mitglieder des Verwaltungsrates sind, kann sich eine konkretisierende Ordnung erübrigen, da das Gesetz die nötigen Bestimmungen – für die Geschäftsführung und Vertretung, den Abstimmungsmodus im Verwaltungsrat (vgl. OR 713 I, dazu § 31 N 18 ff), die Protokollierungspflicht (vgl. OR 713 III, dazu § 31 N 14 ff), die Informationsrechte der Mitglieder (OR 715a, dazu § 28 N 78 ff) – enthält und sich der Sitzungsrhythmus aus der Pflicht zur sorgfältigen Geschäftsführung (OR 717 I) ergibt.

9   c) Erinnert sei daran, dass dem Grundsatz der Gesamtgeschäftsführung nicht – wie man erwarten könnte – derjenige der gemeinsamen Vertretung der Gesellschaft durch alle Mitglieder des Verwaltungsrates an die Seite gestellt wird. Vielmehr steht nach dispositivem Gesetzesrecht die Vertretungsbefugnis *jedem Mitglied einzeln* zu (OR 718 I, dazu § 28 N 119 f).

2. Andere Organisationsmöglichkeiten

10   a) Die schweizerische AG dient als «Mädchen für alles» für die verschiedenartigsten wirtschaftlichen Bedürfnisse. Dies setzt *organisatorische Flexibilität* voraus, die auch im revidierten schweizerischen Aktienrecht erhalten bleibt:

Nach OR 716a II kann der Verwaltungsrat Ausschüsse bilden oder einzelne seiner Mitglieder mit der Vorbereitung und Ausführung von Beschlüssen betrauen. 11

Vor allem aber können nach OR 716b I die Statuten «den Verwaltungsrat ermächtigen, die Geschäftsführung nach Massgabe eines Organisationsreglementes ganz oder zum Teil an einzelne Mitglieder oder an Dritte zu übertragen». 12

Und gemäss OR 718 II kann der Verwaltungsrat «die Vertretung einem oder mehreren Mitgliedern (Delegierte) oder Dritten (Direktoren) übertragen». 13

Dadurch wird es möglich, die Organisation der jeweils betriebswirtschaftlich sinnvollen Konzeption anzupassen und die im Ausland gängigen oder gesetzlich vorgeschriebenen Formen mehr oder minder getreu nachzubilden: 14

b) Werden Geschäftsführung und Vertretung einzelnen «internen» Mitgliedern des Verwaltungsrates zugewiesen, während weitere «externe» Mitglieder im wesentlichen eine Überwachungsfunktion erfüllen, kann das amerikanische *«Board System»* verwirklicht werden mit einer Gliederung des Verwaltungsrates in externe nebenamtliche und interne vollamtlich geschäftsführende Mitglieder. 15

c) Durch eine konsequente Delegation von Geschäftsführung und Vertretung im grösstmöglichen Ausmass an nicht dem Verwaltungsrat angehörende Direktoren bzw. eine Geschäftsleitung kann das *dualistische deutsche System* nachgebildet werden, freilich nicht in der Konsequenz eines eigentlichen Aufsichtsratssystems. 16

d) Schliesslich können auch einem Delegierten des Verwaltungsrates weitestgehende Befugnisse eingeräumt und kann ihm zugleich das Amt des Verwaltungsratspräsidenten zugewiesen werden. Dies entspricht in etwa dem französischen System des *«Président Directeur Général»*[3]. 17

e) Die Anpassung an praktische Erfordernisse bleibt daher in weitem Umfang möglich. Immerhin ist auf drei *Begrenzungen* hinzuweisen: 18

aa) Zunächst ist es nicht möglich, die Grundkonzeption, wonach der Verwaltungsrat die Exekutive oder zumindest *«Ober»-Exekutive* bildet, völlig zu beseitigen. Vielmehr enthält das Gesetz eine gehaltvolle Liste von *undelegierbaren Aufgaben* des Verwaltungsrates (OR 716a I, dazu § 30 N 29 ff). 19

bb) Sodann ist es auch unter dem neuen Recht nicht möglich, eine der wirtschaftlichen Realität in *Konzernverhältnissen* angepasste Ordnung zu treffen. Das neue Recht nimmt zwar die Realität des Konzerns als Zusammenfassung von Gesellschaften «unter einheitlicher Leitung» zur Kenntnis (OR 663e I), und es regelt *einen* Aspekt des Konzernrechts – nämlich die Rechnungslegung (OR 663e ff, dazu § 51 N 190 ff). Im Bereich der Organisation geht es dagegen noch immer vom Konzept der unabhängig und selbständig in ihrem eigenen Interesse 20

---

[3] Die Botschaft (S. 180) erblickt darin freilich einen Systembruch, der aber wegen der Verbreitung dieses Systems in der Westschweiz gerechtfertigt sei. In Wirklichkeit findet sich dieses Konzept ebenso in der deutschsprachigen Schweiz.

geführten Gesellschaft aus. Wohl ist es möglich, eine Gesellschaft in der Umschreibung des Zwecks auf die Konzerngesamtheit auszurichten. In beschränktem Umfang kann auch Einfluss auf die Verwaltungsratsmitglieder der Konzerntochter genommen werden (vgl. § 28 N 167 f). Es bleibt aber die unabdingbare Eigenverantwortlichkeit des Verwaltungsrates für das Gedeihen «seiner» Gesellschaft. Da im Konzern die Weisungs- und Rapportwege vielfach am Verwaltungsrat vorbeiführen, ergeben sich so zwangsläufig unlösbare Konflikte zwischen den Anforderungen der Rechtsordnung und den Bedürfnissen der wirtschaftlichen Realität.

21   Ist eine Gesellschaft zu hundert Prozent vom Konzern beherrscht, genügt es freilich von einem praktischen Gesichtspunkt aus, dass der Verwaltungsrat für die Zahlungsfähigkeit der Tochtergesellschaft und die Einhaltung der (schweizerischen) Rechtsordnung sorgt, da weder die Gesellschaft selbst noch der einzige Aktionär eine Verantwortlichkeitsklage anstrengen wird, wenn nach den Weisungen des Konzerns gehandelt wurde. Den Vorstellungen und Anforderungen der Rechtsordnung genügt dies jedoch nicht.

22   cc) Schliesslich schreiben für *Bankaktiengesellschaften* BankG 3 II lit. a) und BankV 8 eine Trennung zwischen der Oberleitung, Aufsicht und Kontrolle einerseits und der Geschäftsführung andererseits vor. Kein Mitglied des Oberleitungsorgans darf der Geschäftsführung angehören. Dadurch sind Bankaktiengesellschaften in ihrer Organisation auf ein «dualistisches System», die Trennung zwischen Verwaltungsrat und Geschäftsleitung (Direktion), verpflichtet. Die Ernennung eines Delegierten, aber auch ein «Board System», scheiden daher als Organisationsformen aus.

3. *Formelle Voraussetzungen für die Abweichung von der rechtlichen Grundordnung*

23   a) Für die Bildung von *Ausschüssen*, denen lediglich vorbereitende, überwachende und ausführende Aufgaben zukommen, sieht das Gesetz keine besonderen formellen Anforderungen vor. Der Verwaltungsrat kann solche Ausschüsse jederzeit – auch ad hoc für einzelne Aufgaben – bilden, ohne dass es dafür einer besonderen Grundlage oder Form bedürfte[4]. Doch ist zu beachten, dass trotz der Einsetzung solcher Ausschüsse die Verantwortung ungeteilt beim Gesamtverwaltungsrat bleibt.

24   b) Anders verhält es sich, wenn der Verwaltungsrat *Aufgaben und Kompetenzen delegieren* will, sei es an einzelne seiner Mitglieder (Delegierte oder Ausschüsse mit Entscheidkompetenzen), sei es an Dritte (Direktoren oder eine Geschäftsleitung). Eine Delegation ist nur möglich, wenn die in OR 716b I genannten formellen Grundlagen eingehalten sind:

25   – Es bedarf einer *Ermächtigung* zur Delegation durch die GV.

---

[4] Bei ständigen Ausschüssen ist aber eine formelle Ordnung – im Organisationsreglement des Verwaltungsrates oder einem besonderen Reglement für den Ausschuss – die Regel.

- Diese Ermächtigung muss in den *Statuten* enthalten sein; ein gewöhnlicher GV-Beschluss genügt also nicht. 26
- Auf dieser Basis kann der Verwaltungsrat eine Delegation vornehmen, wobei hiefür die Form des *Organisationsreglements* (dazu § 11) zwingend vorgeschrieben ist. 27

Eine Delegation von Kompetenzen auf eine Stufe unterhalb des Verwaltungsrats als eines Gesamtorgans ist also nur im *Zusammenwirken von GV und Verwaltungsrat* möglich: Die GV muss die Voraussetzung in der Form einer in den Statuten enthaltenen Ermächtigung schaffen, sie kann aber nicht die Delegation selber anordnen. Vielmehr ist die Festlegung der Organisation und damit auch die Delegation von Kompetenzen unentziehbare Aufgabe des Verwaltungsrates (vgl. OR 716a I Ziff. 2), wobei dieser jedoch an den von den Statuten gesteckten Rahmen gebunden ist. Die Aktionäre haben damit zwar die Möglichkeit, die Delegation zu unterbinden, indem sie keine statutarische Basis schaffen[5,6]. Dagegen können sie selber die Delegation nicht anordnen. 28

4.   Materielle Schranken der Organisationsfreiheit

Die Delegation von Kompetenzen an einzelne Mitglieder des Verwaltungsrates oder Dritte ist nicht nur an strenge formelle Voraussetzungen gebunden, sondern auch materiell dadurch eingeschränkt, dass dem Verwaltungsrat als Gesamtorgan bestimmte Aufgaben *unübertragbar* zugewiesen sind (vgl. OR 716a I und dazu § 30 N 29 ff). 29

III.   Verwaltungsratsausschüsse

a) Der Verwaltungsrat kann aus seiner Mitte *Ausschüsse* bilden. Dabei sind zwei Arten zu unterscheiden: Ausschüsse, denen lediglich Aufgaben der Ausführung, Vorbereitung oder Kontrolle zugewiesen sind und solche, die eigene Entscheidkompetenzen haben. Die formellen Voraussetzungen, aber auch die Wirkungen der Zuweisung sind für die beiden Fälle unterschiedlich: 30

b) Das Gesetz nennt – in OR 716a II – lediglich Ausschüsse, denen «die Vorbereitung und die Ausführung» von Verwaltungsratsbeschlüssen «oder die Überwachung von Geschäften» zugewiesen wird. Diese Ausschüsse haben verwaltungs*interne* Aufgaben. *Entscheidungsbefugnisse kommen ihnen nicht zu.* 31

Ausschüsse dieser Art können – wie erwähnt (N 23) – nach Bedarf gebildet werden, ohne dass besondere Formerfordernisse vorausgesetzt oder einzuhalten 32

---

[5]   Sie müssen – als minus zum Delegationsverbot – auch *Schranken* der Delegationsmöglichkeit vorsehen können, etwa ein Recht zur Delegation nur an Verwaltungsratsmitglieder, nicht aber an Dritte oder ein Recht zur Delegation nur bestimmter Teile der Geschäftsführung.
[6]   Werden Aufgaben durch den Verwaltungsrat ohne statutarische Basis delegiert, so bleibt dieser voll verantwortlich (OR 754 II e contrario).

wären. Die Funktion permanenter Ausschüsse wird regelmässig in einem Reglement geregelt, doch kann ein Ausschuss auch durch Einzelbeschluss des Verwaltungsrates gebildet und mit bestimmten Überwachungs-, Vorbereitungs- oder Vollzugsaufgaben betraut werden.

33 c) Dagegen schweigt das Gesetz in bezug auf Ausschüsse, denen *Entscheidkompetenzen* zugewiesen werden sollen, an die also gewisse Geschäftsführungsaufgaben zur *selbständigen Erledigung* übertragen werden.

34 Die Bildung solcher Ausschüsse ist nach OR 716b I zu behandeln, also – wie die Bestellung von Delegierten – als Übertragung der Geschäftsführung «an einzelne Mitglieder» des Verwaltungsrates.

35 Daher sind die vorstehend N 23 ff genannten formellen Voraussetzungen einzuhalten: Ausschüsse mit Entscheidkompetenzen dürfen nur gebildet werden, wenn die Statuten eine Delegationsnorm enthalten, und ihre Aufgaben sind im Organisationsreglement zu regeln.

36 d) In der Praxis kommen etwa folgende Ausschüsse vor:

37 aa) *geschäftsführende Ausschüsse.* Diesen kommt regelmässig nicht nur die laufende Überwachung der Geschäftstätigkeit zu, sondern auch der *Entscheid* in Fragen, die aufgrund ihrer Bedeutung nicht mehr in den Kompetenzbereich der Direktion fallen sollen, die aber auch nicht die Behandlung durch den Gesamtverwaltungsrat erfordern. Geschäftsführende Ausschüsse dürfen nur gebildet werden, wenn die Statuten eine Ermächtigung zur Delegation von Geschäftsführungsaufgaben enthalten.

38 Den Vorsitz im geschäftsführenden Ausschuss führt regelmässig der Präsident. Sind Delegierte bestellt, so gehören sie diesem Ausschuss ebenfalls an.

39 In der Praxis wird meist einfach vom «Verwaltungsratsausschuss» gesprochen. In der Regel handelt es sich um einen geschäftsführenden Ausschuss mit beschränkten Entscheidkompetenzen.

40 bb) der *Revisionsausschuss,* das *«Audit Committee»*[6a]. Die bis heute nur in Grossunternehmen zu findenden Audit Committees nehmen die Überwachungsaufgabe des Verwaltungsrates in besonderem Masse wahr. Sie arbeiten intensiv mit der Revisionsstelle (dazu § 33) und einem allfälligen internen Revisorat (dazu § 32 N 62 f) zusammen, koordinieren deren Aufgaben und behandeln die Revisionsberichte im Detail. Schwergewichte sind die Kontrolle der «Legal Compliance» (der rechtlich einwandfreien Geschäftsführung), der Organisation des Rechnungswesens und der Berichterstattung.

41 Audit Committees entscheiden nicht selbst, sondern erstatten dem Gesamtverwaltungsrat Bericht. Sie können auch ohne besondere statutarische Grundlage eingerichtet werden. Aufgaben und Arbeitsweise sind regelmässig in einem Reglement geregelt.

[6a] Vgl. dazu Hanspeter Thiel: Audit Committee – ein Instrument der Unternehmensüberwachung, in: ST *1994* 815 ff.

cc) *Ad hoc-Ausschüsse* oder Arbeitsgruppen für die Überwachung bestimmter Projekte oder die Untersuchung einzelner Vorfälle. Der Verwaltungsrat kann solche Ausschüsse von Fall zu Fall bilden, etwa einen Bauausschuss für die Begleitung eines Bauvorhabens oder einen juristischen Ausschuss für die Untersuchung von Unregelmässigkeiten. Entscheidbefugnis kommt solchen Ausschüssen nicht zu. 42

e) Das Gesetz nennt ausdrücklich die Pflicht zur *Berichterstattung* an den Gesamtverwaltungsrat (OR 716a II, 716b II, dazu § 28 N 82 ff). 43

Zur Stellung des Ausschussmitglieds vgl. § 28 N 159 ff. 44

IV. Delegierte des Verwaltungsrates

Zur Stellung von Delegierten vgl. § 28 N 149 ff. 45

Der oder die Delegierten haben regelmässig geschäftsführende Aufgaben und entsprechende Entscheidkompetenzen. Delegierte dürfen daher nur bestellt werden, wenn die Statuten eine Delegationsnorm enthalten, und ihre Aufgaben sind im Organisationsreglement zu regeln. 46

V. Direktoren (Geschäftsleitung), Prokuristen und Handlungsbevollmächtigte

Von kleinen Verhältnissen abgesehen werden in Aktiengesellschaften für die Geschäftsführung regelmässig auch *Dritte* – Direktoren, Prokuristen und Handlungsbevollmächtigte – beigezogen: 47

1. Direktoren, Geschäftsleitung

a) Für die Geschäftsführung sieht OR 716b I die Möglichkeit einer Delegation «an Dritte» vor, und für die Vertretungsbefugnis gilt gemäss OR 718 II dasselbe, wobei das Gesetz an dieser Stelle den Terminus «Direktoren» aufnimmt. 48

Direktoren sind nicht Mitglieder des Verwaltungsrates[7], und sie brauchen auch nicht Aktionäre zu sein. 49

b) Da an Direktoren Entscheidungskompetenzen delegiert werden, bedarf es einer statutarischen Delegationsnorm und der Regelung in einem Organisationsreglement. 50

c) In der Praxis kommen die verschiedensten Erscheinungsformen vor: 51

Nicht selten wirken Direktoren und Verwaltungsratsmitglieder in gleicher Weise in der Geschäftsführung mit, besteht also kaum eine hierarchische Gliederung. 52

---

[7] Allerdings ist Personalunion möglich: Direktoren können in den Verwaltungsrat gewählt werden. Es kommt ihnen dann eine ähnliche Stellung wie Delegierten zu.

53 In grösseren Unternehmen besteht dagegen stets eine Zweiteilung: Dem Verwaltungsrat kommen schwergewichtig Überwachungsaufgaben und die in OR 716a I genannten undelegierbaren Kompetenzen (dazu § 30 N 29 ff) zu, die Direktoren üben die laufende Geschäftsführung aus. (Als Bindeglied der beiden Gremien kann allenfalls ein Delegierter des Verwaltungsrates bestellt sein.)

54 Regelmässig werden in grösseren Gesellschaften mehrere Direktoren bestellt. Sie bilden dann die Direktion oder *Geschäftsleitung,* die ihrerseits wiederum auf unterschiedlichste Art strukturiert sein kann:

55 – Die Direktoren können grundsätzlich gleichberechtigt sein, und es hat lediglich ein Mitglied als primus inter pares den Vorsitz inne[8].

56 – Es kann aber auch ein Direktions*präsident* bestellt werden, dem die übrigen Direktoren unterstellt sind und der gegenüber dem Verwaltungsrat die Verantwortung trägt.

57 In Grossgesellschaften ist die Geschäftsleitung zudem oft funktionell und hierarchisch stark gegliedert: Es kann ein «geschäftsleitender» Ausschuss und es können auch Fachausschüsse gebildet werden. Neben der eigentlichen kann eine erweiterte Geschäftsleitung bestehen, der z. B. Vertreter von Zweigniederlassungen oder einer zweiten Stufe der Hierarchie angehören.

58 Dem Verwaltungsrat gehören die Direktoren wie erwähnt nicht an, doch können sie, einzelne von ihnen oder der Direktionspräsident allenfalls den Sitzungen des Verwaltungsrates im Einzelfall oder regelmässig als Auskunftspersonen und mit beratender Stimme beiwohnen[9].

59 d) Direktoren unterstehen derselben Sorgfalts- und Treuepflicht wie die Mitglieder des Verwaltungsrates (vgl. OR 717 I, dazu § 28 N 19 ff, 25 ff). Den Aktionären gegenüber haben auch sie den Grundsatz der Gleichbehandlung (OR 717 II, dazu § 30 N 17 ff) zu beachten. Sie sind in gleicher Weise wie die Mitglieder des Verwaltungsrates zur Verschwiegenheit verpflichtet (vgl. § 28 N 40 ff).

60 Direktoren stehen zur Gesellschaft regelmässig in einem *arbeitsvertraglichen Verhältnis,* das jedoch durch die spezifisch aktienrechtlichen Bestimmungen ergänzt und präzisiert wird.

61 e) Näheres bei Richard Felber: Die Direktion der Aktiengesellschaft (Diss. Zürich 1949), ferner etwa bei Vollmar (zit. § 28 Anm. 75) 108 ff, Dessemontet (zit. N 1) 30 ff und in der in N 1 zitierten Standardliteratur zu OR 716b und 718.

2. *Prokuristen und andere Bevollmächtigte*

62 a) Gemäss OR 721 kann der Verwaltungsrat «Prokuristen und andere Bevollmächtigte» ernennen.

63 Anders als für die Ernennung von Delegierten und Direktoren bedarf es hiefür weder einer statutarischen Basis noch der Konkretisierung im Organisa-

---

[8] Allenfalls kann der Vorsitz im Turnus zwischen den verschiedenen Direktoren wechseln.
[9] Erforderlich ist dies regelmässig dann, wenn die Verbindung nicht durch einen Delegierten oder einen vollamtlich tätigen Verwaltungsratspräsidenten sichergestellt wird.

tionsreglement. Doch ist darauf hinzuweisen, dass eine – haftungsbefreiende (vgl. OR 754 II und dazu § 37 N 37 ff) – Delegation von Geschäftsführungskompetenzen in jedem Falle der vorstehend N 23 ff genannten formellen Voraussetzungen bedarf. Prokuristen und Handlungsbevollmächtigte, die ohne die entsprechenden formalen Grundlagen ernannt werden, können daher zwar den Gesamtverwaltungsrat in der Geschäftsführung unterstützen und entlasten, ihn aber nicht von seiner vollen Verantwortung befreien.

b) Das revidierte Recht ordnet – konsequenter als das bisherige – *alle wesentlichen personellen Entscheide* dem Gesamtverwaltungsrat zu. Dies ergibt sich aus OR 716a I Ziff. 4, wonach dem Verwaltungsrat als Gesamtorgan die «Ernennung und Abberufung der mit der Geschäftsführung und der Vertretung betrauten Personen»[10] obliegt. Diese Ordnung wird in OR 721 für Prokuristen und Handlungsbevollmächtigte nochmals bestätigt. Daraus ist zu folgern, dass *alle Zeichnungsberechtigungen* – einschliesslich der nicht im Handelsregister einzutragenden Handlungsvollmachten – durch den Gesamtverwaltungsrat zu erteilen sind. Diese Bestimmung ist bei Grossgesellschaften, in denen jährlich Hunderte von Zeichnungsberechtigungen zu erteilen und zu entziehen sind, unsinnig, vom Gesetzgeber aber offenbar bewusst gewollt[11]. Die Praxis sucht zur Zeit nach Lösungen, um diese Bestimmung vernünftig handhaben zu können[12]. 64

Eine Ausnahme wird in der Praxis für Banken gemacht: Da diese durch die spezialgesetzliche Ordnung des BankG auf ein dualistisches System verpflichtet sind (vgl. vorn N 22), wird davon ausgegangen, dass der Bankverwaltungsrat die Kompetenz zur Erteilung der Zeichnungsberechtigung – wie dies unter bisherigem Recht üblich war – an einen Ausschuss oder an die Geschäftsleitung delegieren kann. Die Registerpraxis anerkennt dies, soweit die Statuten diese Kompetenzdelegation vorsehen. 65

c) Die Stellung des *Prokuristen* ist in OR 458 ff geregelt. Der Prokurist ist gutgläubigen Dritten gegenüber ermächtigt, die Gesellschaft durch alle Arten von Rechtshandlungen zu verpflichten, die der Zweck des Unternehmens mit sich bringen kann (OR 459 I), mit der einzigen Ausnahme von Grundstückgeschäften, für die es einer besonderen Ermächtigung bedarf (OR 459 II). Der Prokurist hat also – was das Auftreten gegenüber Dritten betrifft – eine ähnliche 66

---

10 Also auch der Prokuristen und Handlungsbevollmächtigten.
11 Vgl. Botschaft 182: «Die Ernennung von Prokuristen und anderen Bevollmächtigten wird in der Regel auch in Grossgesellschaften durch den Verwaltungsrat vorgenommen. Es erscheint angebracht, diese bewährte Praxis gesetzlich zu verankern ...» Die Aussage (die im übrigen nicht richtig war) steht freilich im Widerspruch zu Botschaft 187, wo betont wird, in Grossgesellschaften ernenne der Verwaltungsrat «nur die oberste Geschäftsleitung, welche die ihr untergebenen Stellen besetzt» – allerdings mit der Präzisierung, für die Einräumung der Unterschriftsberechtigung sei «allein der Verwaltungsrat zuständig».
12 So sind vereinzelt Grossgesellschaften dazu übergegangen, allen nach aussen auftretenden Sachbearbeitern ohne weiteres nach einer gewissen Anstellungszeit die Unterschriftsberechtigung (im Sinne einer nicht im Handelsregister einzutragenden Handlungsvollmacht) einzuräumen, jedoch nur als Zweitunterschrift, wobei die weitere Unterschrift als «Kontrollunterschrift» von einer im Handelsregister eingetragenen Organperson zu leisten ist. Eine solche generelle Regelung ist im Lichte von OR 721 zulässig.

Position wie ein Direktor oder ein zeichnungsberechtigtes Verwaltungsratsmitglied, mit etwas eingeschränkten Kompetenzen. Intern ist seine Geschäftsführungsbefugnis regelmässig beschränkt.

67 Mit «anderen Bevollmächtigten» sind in OR 721 die Handlungsbevollmächtigten im Sinne von OR 462 gemeint. Diese sind – im Gegensatz zu den Prokuristen – nicht in das Handelsregister einzutragen, und es kommt ihnen nur eine beschränkte Vertretungsmacht zu: Nur diejenigen Rechtshandlungen dürfen vorgenommen werden, die der Betrieb des Unternehmens «gewöhnlich mit sich bringt» (OR 462 I).

68 d) Prokuristen und Handlungsbevollmächtigte stehen regelmässig in einem arbeitsvertraglichen Verhältnis zur Gesellschaft.

69 e) Näheres zur Stellung des Prokuristen und des Handlungsbevollmächtigten bei Meier-Hayoz/Forstmoser § 5 N 219 ff und bei Watter in Basler Kommentar zu OR 1–529 (Basel 1992) zu Art. 458 ff.

VI. Exkurs: Das Recht zu Abberufung und Einstellung nach OR 726

70 a) Nach OR 726 I kann der Verwaltungsrat «die von ihm bestellten Ausschüsse, Delegierten, Direktoren und anderen Bevollmächtigten und Beauftragten jederzeit abberufen». Dieses jederzeitige Abberufungsrecht ist ein Ausfluss des Vertrauensverhältnisses, das der Ernennung zugrunde liegt. Es entspricht dem jederzeitigen Kündigungsrecht im Auftragsrecht (OR 404).

71 Zuständig für die Abberufung ist der Gesamtverwaltungsrat, der diese ohne Begründung vornehmen kann.

72 b) Bevollmächtigte und Beauftragte, die von der GV bestellt worden sind, kann der Verwaltungsrat jederzeit in ihren Funktionen einstellen «unter sofortiger Einberufung einer Generalversammlung» (OR 726 II). Da die personellen Entscheide im revidierten Aktienrecht konsequent und unentziehbar dem Verwaltungsrat zugewiesen sind (vgl. § 30 N 46 ff), kommt dieser Bestimmung kaum mehr Bedeutung zu: In Betracht kommen kann die Amtseinstellung des Präsidenten[13], sodann die allfälliger Beiräte (dazu § 20 N 34 ff). Möglich dürfte auch die Einstellung eines Verwaltungsratsmitglieds in seinen allgemeinen Funktionen durch den Gesamtverwaltungsrat sein[14].

73 c) Nach OR 726 III bleiben *Entschädigungsansprüche* der Abberufenen oder in ihren Funktionen Eingestellten vorbehalten. Solche Ansprüche können sich etwa aus einem Arbeitsvertrag ergeben. Darunter fallen aber auch Rechte auf

---

[13] Falls dieser von der GV gewählt worden ist (vgl. N 3); andernfalls kann er vom Verwaltungsrat jederzeit abberufen werden.
[14] Die Mitwirkung in Ausschüssen, als Delegierter usw. kann dagegen gemäss OR 726 I jederzeit beendet und nicht nur vorübergehend eingestellt werden.

Schadenersatz bei der Beendigung eines Auftragsverhältnisses zur Unzeit gemäss OR 404 II[15].

Zu beachten ist, dass die Einstellung bzw. Beendigung der Funktion als Delegierter, Direktor, Bevollmächtigter oder Beauftragter nur *diese* Funktion betrifft und andere Rechtsbeziehungen unberührt lässt. Die arbeitsvertraglichen Beziehungen dauern daher weiter, und es kann der Arbeitsvertrag nur nach den dafür vorgesehenen Regeln beendet werden[16]. 74

VII. Zusätzliche Organe

Vgl. dazu § 20 N 34 ff. 75

---

[15] Dazu, dass OR 404 II auf das Verwaltungsratsmandat analog Anwendung finden kann, vgl. § 28 N 16.
[16] Hinsichtlich des aus seiner Funktion *abberufenen* Delegierten ist sodann zu beachten, dass dieser (gewöhnliches) Verwaltungsratsmitglied bleibt.

§ 30 Die Aufgaben des Verwaltungsrates; Möglichkeiten der Kompetenzdelegation

Literatur: Peter Böckli: Die unentziehbaren Kernkompetenzen des Verwaltungsrates (Zürich 1994 = SnA 7); Ehrat (zit. § 29) N 1; Forstmoser, *Organisation* (zit. § 11 N 1); Glaus (zit. § 28 N 1) 53 ff; Horber (zit. § 28 N 158, zum Teil durch die Aktienrechtsreform überholt); Müller/Lipp (zit. § 27 N 1) 111 ff; Felix Schärer: Die Vertretung der Aktiengesellschaft durch ihre Organe (Diss. Freiburg i. Ü. 1981); Bernhard Schulthess: Funktionen der Verwaltung einer Aktiengesellschaft (Diss. Zürich 1967); Stefan Schulz-Dornburg: Die Verwaltung der Aktiengesellschaft in Deutschland und der Schweiz (Diss. Zürich 1966); Stoffel in Ciocca (vgl. LV) 172 ff; Sprüngli (zit. § 29 N 1); Vollmar (zit. § 28 Anm. 75); Rolf Watter: Die Verpflichtung der AG aus rechtsgeschäftlichem Handeln ihrer Stellvertreter, Prokuristen und Organe ... (Diss. Zürich 1985 = SSHW 81). – Aus den *Gesamtdarstellungen* vgl. Basler Kommentar zu OR 716–720 (Watter); Böckli N 1517 ff; Bürgi, Kommentierung von OR 717, 721 f (zum Teil durch die Aktienrechtsreform überholt); Guhl/Kummer/Druey 703 ff.

Dem Verwaltungsrat kommen – soweit er sie nicht rechtmässig delegiert hat – alle Geschäftsführungsaufgaben zu (vgl. Ziff. II N 9 ff), darüber hinaus – nach der gesetzlichen Vermutung von OR 716 I – alle Aufgaben, «die nicht nach Gesetz oder Statuten der Generalversammlung zugeteilt sind» (vgl. Ziff. I N 3 ff). Seine Aufgaben kann der Verwaltungsrat weitgehend delegieren (vgl. Ziff. III N 22 ff), doch verbleibt ihm ein Kernbereich undelegierbarer (und unentziehbarer) Aufgaben (vgl. Ziff. IV N 29 ff). Die Vertretung der AG gegenüber Dritten muss zumindest einem Mitglied des Verwaltungsrates zustehen (OR 718 III); doch können auch nicht dem Verwaltungsrat angehörende Personen durch den Verwaltungsrat zur Vertretung der Gesellschaft ermächtigt werden (vgl. Ziff. V N 75 ff).

I. Die gesetzliche Kompetenzvermutung zugunsten des Gesamtverwaltungsrates

a) Nach OR 716 II führt der Verwaltungsrat «die Geschäfte der Gesellschaft, soweit er die Geschäftsführung nicht übertragen hat». Dabei gilt – wie in § 29 N 6 ff erwähnt – der Grundsatz der *Gesamtgeschäftsführungsbefugnis* (OR 716b III).

Der Verwaltungsrat ist also das geborene *Exekutivorgan der AG*. Wie in § 29 N 7 f gezeigt, ist freilich diese gesetzliche Grundordnung nur in kleinen, personenbezogenen Gesellschaften («Personengesellschaften im Kleid der AG») sinnvoll und gangbar, während bei typischen Aktiengesellschaften die Geschäftsführung weitgehend delegiert und der Verwaltungsrat als Organ strukturiert ist (vgl. § 29 N 10 ff). Freilich bleibt nach zwingendem Recht beim Verwaltungsrat ein gehaltvoller Strauss unübertragbarer und unentziehbarer Aufgaben (vgl. OR 716a I, dazu N 29 ff).

5   b) Zur Vermeidung positiver und negativer Kompetenzkonflikte sieht das Gesetz eine *Kompetenzvermutung zugunsten des Verwaltungsrates* vor: Nach OR 716 I kann der Verwaltungsrat «in allen Angelegenheiten Beschluss fassen, die nicht nach Gesetz oder Statuten der Generalversammlung zugeteilt sind»[1].

6   Die Möglichkeit der statutarischen Kompetenzzuweisung an den Verwaltungsrat findet ihre Schranke in den unübertragbaren Befugnissen der GV, die in OR 698 II festgehalten sind (dazu § 22 N 8 ff).

7   Als *Geschäftsführungsorgan* unterscheidet sich der schweizerische Verwaltungsrat vom deutschen *Aufsichtsrat*, dem im wesentlichen Überwachungsaufgaben zukommen[2].

8   c) Zu den formellen Voraussetzungen der Kompetenzdelegation durch den Verwaltungsrat vgl. § 29 N 23 ff, zu den materiellen Schranken nachstehend N 29 ff.

II.   Die allgemeine Geschäftsführungspflicht

1.   Geschäftsführung, Vertretung und Aufsicht als Aufgaben des Verwaltungsrates

9   a) Der Verwaltungsrat ist – wie erwähnt – nach dispositivem Gesetzesrecht das *geschäftsführende Organ* der AG (OR 716 II, vgl. § 29 N 6 ff). Ebenso ist der Verwaltungsrat das *Vertretungsorgan* (OR 718 I), wobei die vom Gesetz vorgesehene Einzelvertretungsbefugnis eines jeden einzelnen Verwaltungsrates abgeändert werden kann und zumeist abgeändert wird.

10   b) Der Verwaltungsrat kann seine Aufgaben in weitem Ausmass *delegieren*[3]. Das Schwergewicht seiner Tätigkeit liegt dann bei der *Aufsicht*, doch ist der schweizerische Verwaltungsrat – anders als der deutsche Aufsichtsrat – niemals *nur* Aufsichtsorgan:

11   aa) Vielmehr enthält OR 716a I eine lange Liste von *unübertragbaren und unentziehbaren Aufgaben*, von denen manche *Geschäftsführungscharakter* haben (dazu im einzelnen IV).

12   bb) Aber auch die *Vertretungsbefugnis* kann nicht vollständig an Dritte abgetreten werden: Wohl ist es möglich, für die Vertretung der Gesellschaft Dritte – Direktoren, aber auch Prokuristen und Handlungsbevollmächtigte – zu bestellen (OR 718 II, 721). Ebenso kann Mitgliedern des Verwaltungsrates die Vertretungsbefugnis entzogen werden, was vor allem bei zahlenmässig grossen Verwaltungsräten von Publikumsgesellschaften nicht selten vorkommt. Doch muss

---

[1]   Nach bisherigem Recht – OR *1936* Art. 721 I – konnte dagegen die GV auch durch *Einzelbeschlüsse* – also ohne gesetzliche oder statutarische Bestimmung – in die Befugnisse der Verwaltung eingreifen.
[2]   Vgl. die Übersicht bei Lutter, zit. § 20 Anm. 1.
[3]   Zu den formellen Voraussetzungen vgl. § 29 N 23 ff.

«*[m]indestens* ein Mitglied des Verwaltungsrates ... zur Vertretung befugt sein» (OR 718 III).

Die Bestimmung ist so zu verstehen, dass auch *Kollektivunterschrift* analog OR 460 II eingeräumt werden kann, wonach nur mehrere Vertretungsberechtigte (regelmässig zwei) gemeinsam die Gesellschaft verpflichten können. Immer aber müssen Mitglieder des Verwaltungsrates *allein* vertretungsbefugt sein: Zulässig ist es daher vorzusehen, dass nur zwei Verwaltungsratsmitglieder kollektiv zeichnungsberechtigt sind; unzulässig wäre es, nur ein einziges zeichnungsberechtigtes Verwaltungsratsmitglied vorzusehen und zu bestimmen, dass es nur gemeinsam mit einem Direktor oder Prokuristen die Gesellschaft vertreten könne. (Vgl. im übrigen auch vorn § 21 N 6 und Anm. 5a).

Zu beachten ist OR 708 II, wonach wenigstens ein vertretungsberechtigtes Mitglied des Verwaltungsrates oder – so ist über den Wortlaut des Gesetzes hinaus zu ergänzen – als Alternative mindestens zwei kollektiv zeichnungsberechtigte Mitglieder des Verwaltungsrates in der Schweiz wohnhaft sein müssen (dazu § 27 N 68 ff).

2. *Sorgfalts- und Treuepflicht*

Zur Art, wie der Verwaltungsrat seine Pflichten zu erfüllen hat, enthält OR 717 I eine allgemeine Regel: Danach sollen die Verwaltungsratsmitglieder – und damit auch der Verwaltungsrat als Organ – «ihre Aufgaben mit aller Sorgfalt erfüllen und die Interessen der Gesellschaft in guten Treuen wahren».

Vgl. zur Sorgfalts- und zur Treuepflicht im einzelnen § 28 N 19 ff, 25 ff.

3. *Gleichbehandlungspflicht und Pflicht, weitere aktienrechtliche Grundsätze zu beachten*

a) Die Sorgfalts- und die Treuepflicht orientieren sich an den Interessen der Gesellschaft. Mittelbar profitieren davon freilich auch die Aktionäre, da der Wert und Ertrag ihrer Investition direkt von der Prosperität der Gesellschaft abhängen.

Das revidierte Recht verankert im Gesetzestext zusätzlich eine Pflicht, deren Erfüllung nicht im Interesse der Gesellschaft, sondern direkt in demjenigen von *Aktionären* liegt: Nach OR 717 II sind «die Aktionäre unter gleichen Voraussetzungen gleich zu behandeln».

Auch diese Anweisung ist an das einzelne *Mitglied* des Verwaltungsrates gerichtet. Da der Verwaltungsrat gegenüber den Aktionären jedoch regelmässig als Gesamtorgan auftritt, ist die Gleichbehandlungspflicht in erster Linie für den *Verwaltungsrat als Organ* von Bedeutung[4].

b) Während das Gleichbehandlungsgebot durch die Aktienrechtsreform vom ungeschriebenen Prinzip des Aktienrechts[5] zum gesetzlich ausdrücklich veran-

---

[4] Für das einzelne Mitglied ist die Norm deshalb wesentlich, weil das Verwaltungsratsmitglied, das sich nicht für die gesetzlich geforderte Gleichbehandlung einsetzt, allenfalls den betroffenen Aktionären gegenüber verantwortlich werden kann, vgl. OR 754 I und dazu § 37 N 20 ff.
[5] Grundlegend BGE 69 II 246 ff und 102 II 265 ff, dazu § 39 N 11 ff.

kerten Rechtsgrundsatz geworden ist, verbleiben andere Regeln für den Verkehr der Gesellschaft mit ihren Aktionären weiterhin ungeschriebene – aber nicht minder verbindliche – Pflichten: so die Pflicht zur *Sachlichkeit* und zur *Erforderlichkeit* von Eingriffen in Aktionärsrechte sowie die zu *schonender Rechtsausübung*.

21 c) Zum Gleichbehandlungsgebot sowie den Erfordernissen der Sachlichkeit, Erforderlichkeit und schonenden Rechtsausübung vgl. § 39 N 86 ff.

III. Möglichkeiten, Voraussetzungen, Schranken und Wirkungen der Kompetenzdelegation (Verweisungen)

22 a) Der Gesetzgeber hat die Ausgestaltung der aktienrechtlichen Exekutive *flexibel* gehandhabt (vgl. § 29 N 10 ff). Dies bedingt, dass von der allgemeinen Geschäftsführungspflicht des Verwaltungsrates abgewichen werden kann. Das Gesetz lässt dies in weitem Umfange zu, aber nur unter Einhaltung bestimmter formeller Erfordernisse und in gesetzlich vorgegebenen materiellen Schranken:

23 b) Die Kompetenzdelegation bedarf gewisser *formeller* Voraussetzungen. Vgl. dazu § 29 N 23 ff.

24 c) Zudem ist die Delegation von Kompetenzen nicht unbegrenzt möglich, sondern nur unter Einhaltung bestimmter, *im Gesetz festgeschriebener materieller Grenzen*. Vgl. dazu nachstehend IV.

25 d) Schliesslich muss – wie erwähnt (vorn N 12 ff) – der Verwaltungsrat als Organ vertretungsbefugt bleiben.

26 e) Werden Organfunktionen unter Beachtung der unübertragbaren Aufgaben in formell korrekter Form delegiert, so tritt eine *weitgehende Haftungsbefreiung* des Gesamtverwaltungsrats und seiner Mitglieder ein: Diese haften dann nur noch für die gebotene Sorgfalt bei der Auswahl, Unterrichtung und Überwachung der Delegationsempfänger[6]. (In der Praxis stellt sich dann freilich die Frage, welche Anforderungen an die Sorgfalt bei Auswahl, Instruktion und – vor allem – Überwachung gestellt werden.)

27 f) *Hilfsaufgaben,* die nicht eine Organstellung (dazu § 19 N 17 ff) bedingen, also namentlich *vorbereitende und ausführende* Aufgaben, können auch ohne entsprechende formelle Basis delegiert werden, ja es ist geradezu die Pflicht des Verwaltungsrates, diejenigen Aufgaben, die er sinnvollerweise nicht selber erfüllen kann oder will, weiterzudelegieren. Wird die Zuweisung solcher Aufgaben sinnvoll vorgenommen, beschränkt sich die Verantwortung ebenfalls auf die gebotene Sorgfalt bei der Auswahl, Unterrichtung und Überwachung der mit den Aufgaben betrauten Personen.

---

[6] OR 754 II, dazu § 37 N 37 ff.

Es ist daher verfehlt, wenn in der Literatur zum Teil die Auffassung vertreten wird, für 28
Fehler beigezogener Hilfspersonen müssten die delegierenden Personen (also allenfalls sämtliche Mitglieder des Verwaltungsrates) stets persönlich einstehen[7]. Richtigerweise muss vielmehr eine Delegation auch an eine Hilfsperson mit haftungsbefreiender Wirkung möglich und – wo dies als angemessen erscheint – sogar geboten sein.

IV. Undelegierbare und unentziehbare Aufgaben des Verwaltungsrates insbesondere[8]

OR 716a I enthält – wie mehrfach erwähnt – eine Liste von Aufgaben, die 29
dem Verwaltungsrat als Gesamtorgan *unübertragbar und unentziehbar* zugewiesen sein sollen. Den blossen «Aushängeschild-Verwaltungsräten» soll damit ein Ende bereitet werden, was man nur begrüssen kann. Abschied soll auch von der Vorstellung genommen werden, Verwaltungsratsmandate seien Sinekuren, Pfründe für politische, wirtschaftliche, militärische oder auch freundschaftliche und familiäre Verdienste.

Die Liste – die freilich kaum mehr enthält, als schon bisher der guten (aber 30
eben nur der guten) Praxis entsprach –, ist abschliessend im Sinne einer Checklist gedacht. Der Versuch ist nicht ganz gelungen, finden sich doch vereinzelt auch an anderer Stelle Aufgaben, die der Verwaltungsrat selbst erfüllen muss. Im einzelnen folgendes:

1. Oberleitung und Erteilung der nötigen Weisungen (OR 716a I Ziff. 1)

a) Zentrale unübertragbare Aufgabe des Verwaltungsrates ist die *Ober-* 31
leitung der Gesellschaft[9]. «Oberleitung bedeutet ein Dreifaches, nämlich Entwicklung der strategischen Ziele der Gesellschaft, Festlegung der Mittel, um diese Ziele zu erreichen, und Kontrolle der Geschäftsführungsorgane im Hinblick auf die Verfolgung der festgelegten Ziele.»[10] Es geht also in erster Linie um die Bestimmung der Unternehmens*strategie* und um die Allokation der (auch in einem Unternehmen stets knappen) Mittel.

b) Für die Durchsetzung der so festgelegten Grundlagen der Geschäftstätig- 32
keit hat der Verwaltungsrat die nötigen *Weisungen* zu erteilen, an die die Geschäftsleitung gebunden ist.

---

[7] Diese – irrige – Ansicht wird auch in der bundesrätlichen Botschaft, S. 106, vertreten: «Keine Haftungsbefreiung tritt ein, wenn Aufgaben Hilfspersonen zur Erledigung übertragen werden.» Würde mit einer solchen Kausalhaftung ernst gemacht, dürften es künftig nur noch besonders Mutige wagen, höhere Funktionen in einem grossen Unternehmen zu bekleiden.
[8] Vgl. dazu neben der in N 1 zitierten Literatur (insbes. Böckli) auch Jean-Fritz Stöckli: Unübertragbare Aufgaben des Verwaltungsrates, AJP *1994* 581 ff.
[9] Unübertragbar ist nur die *Ober*leitung, nicht dagegen die Leitung der Gesellschaft selber (Botschaft 177): Nur die grundlegenden Entscheide sind angesprochen, nicht die tägliche Geschäftsführung, die im Gegenteil regelmässig delegiert sein wird.
[10] Botschaft 177 f.

33   c) Die «Oberleitung» ist *die* zentrale Aufgabe des Verwaltungsrates. «Viele der [weiteren] aufgezählten Aufgabenbereiche sind nichts anderes als Konkretisierungen dieses Begriffes.»[11]

2. *Die Festlegung der Organisation (OR 716a I Ziff. 2)*

34   a) In die Kompetenz des Verwaltungsrates gehört auch der Entscheid über die *organisatorischen Grundlagen* der Gesellschaft. Die hierarchische Struktur ist festzulegen, Aufgaben sind zuzuweisen und abzugrenzen, Berichterstattung und Kontrolle müssen sichergestellt werden[12]. Der unabdingbare Aufgabenbereich des Verwaltungsrates umfasst dabei nur die Organisation des Verwaltungsrates selbst sowie der ihm direkt unterstellten Stufe der Hierarchie (Geschäftsleitung, Direktion).

35   Wie alle in OR 716a I genannten Aufgaben kommt auch die Organisationsverantwortung dem Verwaltungsrat nicht nur «unübertragbar», sondern auch *«unentziehbar»* zu: Der Verwaltungsrat darf diese Aufgabe weder nach unten (an einen Ausschuss, einen Delegierten oder die Direktion) noch auch nach oben (an die GV) übertragen. Die Kompetenz darf dem Verwaltungsrat aber auch nicht durch die GV entzogen werden.

36   In der Literatur wird freilich die Auffassung vertreten, OR 716a I Ziff. 2 beziehe sich «nur auf die Organisation der Gesellschaft bei Delegation von Organkompetenzen ..., nicht aber auf die Konstituierung des Verwaltungsrates»[13]. Die GV könnte danach dem Verwaltungsrat dessen Organisation vorschreiben, etwa bestimmte Chargen festlegen. Diese Ansicht ist abzulehnen[14]. Sie findet weder im Wortlaut noch im Sinn des Gesetzes eine Stütze, und es ist nicht einzusehen, weshalb gerade die Organisation des *eigenen* Gremiums dem Verwaltungsrat nicht *unentziehbar* zustehen sollte. Vgl. dazu auch § 29 N 4, 28.

37   b) Grundlage für die organisatorischen Anordnungen des Verwaltungsrates ist das *Organisationsreglement* (dazu § 11). Dieses kann ergänzt und konkretisiert werden durch Pflichtenhefte, Organigramme, Funktionendiagramme, Stellenbeschreibungen, die Bestandteil des Organisationsreglements sein, aber auch getrennt erlassen werden können.

38   c) Zu erinnern ist daran, dass der Verwaltungsrat mit der Vorbereitung seiner Beschlüsse einzelne seiner Mitglieder oder auch Dritte betrauen kann. Dies gilt für die Festlegung der Organisation wie auch für weitere in OR 716a I genannte Aufgaben, insbesondere die Ausgestaltung des Rechnungswesens, die Finanzkontrolle und -planung (Ziff. 3). In der Praxis werden dem Verwaltungsrat für seine Beratung und Beschlussfassung meist ausgearbeitete Entwürfe vorgelegt,

---

[11] Botschaft 177.
[12] Vgl. dazu die Umschreibung des Inhalts des Organisationsreglements in OR 716b II, dazu § 11 N 7 ff.
[13] So Ehrat (zit. § 29 N 1) 791 Anm. 33.
[14] So die Auffassung von P. Forstmoser und A. Meier-Hayoz. A. M. ist P. Nobel.

die nicht selten unverändert oder nur mit kleinen Korrekturen angenommen werden. Ein solches Vorgehen ist in der Regel nicht nur zweckmässig, sondern geradezu unumgänglich. Es ist dagegen nichts einzuwenden, jedoch zu betonen, dass die *volle Verantwortung* trotzdem beim Gesamtverwaltungsrat und allen seinen Mitgliedern verbleibt.

3. *Finanzverantwortung (OR 716a I Ziff. 3)*

a) Der Verwaltungsrat trägt sodann die oberste Finanzverantwortung. Er ist zuständig für die Ausgestaltung des Rechnungswesens, die Finanzkontrolle und die Finanzplanung:

b) Zum *Rechnungswesen* gehört «die Gesamtheit aller Zählungen, Messungen und Rechnungen, welche in einer Einzelwirtschaft durchgeführt werden»[15]. Das Rechnungswesen gibt insbesondere Auskunft über die vermögensmässige Entwicklung und Situation einer Gesellschaft. In neuerer Zeit hat es sich – wie die Botschaft[16] zu Recht schreibt – «zu einem wichtigen Informationsinstrument und Führungsmittel entwickelt.» Die Verantwortung dafür ist deshalb dem Verwaltungsrat zugewiesen, wobei das Gesetz präzisiert, dass es nur um die «Ausgestaltung», nicht dagegen um die Einzelheiten gehen soll.

Zum Rechnungswesen gehört insbesondere die *Finanzbuchhaltung*, also die laufende Geschäftsbuchhaltung und ihre Abschlüsse, nämlich die Bilanz als Statusbetrachtung und die Erfolgsrechnung als Berichterstattung über eine bestimmte Periode (zu diesen § 59 N 89 ff), sodann die im Gesetz nicht eigens genannte, in der Praxis aber immer häufigere Kapital- oder Mittelflussrechnung (§ 51 N 160 ff). Zur Finanzbuchhaltung, welche die AG als Gesamtheit erfasst, können *Betriebsbuchhaltungen* für einzelne Teilbereiche hinzukommen. Ergänzend können *Kostenrechnungen* vorgesehen werden, durch welche der Aufwand für bestimmte Produkte oder Leistungen genau bestimmt wird, sodann *Planungsrechnungen,* die für die Festlegung der unternehmerischen Ziele wichtig sind, ferner Sonderrechnungen für bestimmte Projekte.

c) Durch die ebenfalls zum unabdingbaren Aufgabenbereich des Verwaltungsrates gehörende *Finanzplanung* soll insbesondere sichergestellt werden, dass die nötigen Mittel vorhanden sind, um die geplanten Tätigkeiten ausüben zu können, und dass insbesondere auch die erforderlichen flüssigen Mittel (Liquidität) bereitstehen, um die jeweiligen Verpflichtungen zu erfüllen.

Das Gesetz verlangt eine Finanzplanung nur, «sofern diese für die Führung der Gesellschaft notwendig ist». In der Praxis dürfte dies – ausser in statischen Verhältnissen – fast immer der Fall sein, da eine sinnvolle Gestaltung der Zukunft ohne die Planung der erforderlichen finanziellen Mittel nicht möglich ist.

Die *Finanzkontrolle* überprüft die finanziellen Vorgänge in der AG. Sie soll dadurch die Rechtmässigkeit und Ordnungsmässigkeit der finanziellen Abläufe

---

[15] Meyer (zit. § 51 N 1) 17; vgl. auch Boemle (zit. § 51 N 1) 28 ff.
[16] S. 178.

sicherstellen und – zusammen mit der Finanzplanung – gewährleisten, dass die nötigen Mittel für die Erfüllung der Verbindlichkeiten bereitstehen und zugleich nicht benötigte Mittel sinnvoll angelegt sind.

45 Grosse Gesellschaften verfügen über ein *internes Inspektorat* als Instrument zur Erfüllung der Finanzkontrolle[17]. Eine zentrale Rolle spielt in diesem Bereich sodann die Revisionsstelle (dazu § 33).

4. Ernennung und Abberufung der mit der Geschäftsführung und Vertretung betrauten Personen, Oberaufsicht über die Geschäftsleitung (OR 716a I Ziff. 4 und 5, OR 721)

46 a) Nach OR 716a I Ziff. 4 hat der Verwaltungsrat alle «mit der Geschäftsführung und der Vertretung betrauten Personen» zu ernennen. Dazu gehört – wie sich aus OR 721 ergibt – nicht nur die Bestellung der *Direktion,* sondern die Ernennung *sämtlicher Zeichnungsberechtigter*, also auch der Prokuristen und Handlungsbevollmächtigten. Näheres und Kritik hiezu vorn § 29 N 62 ff.

47 b) Der Verwaltungrat ist zuständig für die «Oberaufsicht über die mit der Geschäftsführung betrauten Personen». Der Ausdruck «Oberaufsicht» ist vom Gesetzgeber bewusst gewählt worden. Er soll aufzeigen, dass es nicht um die laufende Beaufsichtigung geht, sondern in erster Linie um die Sicherstellung einer angemessenen Überwachung und die Berichterstattung über die Ergebnisse dieser Überwachung an den Gesamtverwaltungsrat.

48 Die Oberaufsicht soll laut Gesetz «namentlich im Hinblick auf die Befolgung der Gesetze, Statuten, Reglemente und Weisungen» erfolgen. Betont wird damit der *formelle* Aspekt. Ebenso wichtig – oder wichtiger – ist jedoch die *materielle* Überprüfung der Geschäftsführung auf ihre Zweckmässigkeit hin: Die Oberaufsicht bezieht sich «also nicht bloss auf die Legalität, sondern auf die Opportunität der Geschäftsführung schlechthin»[18].

49 Aufsicht setzt eine *kritische Haltung* des Verwaltungsrates voraus. Doch ist zu betonen, dass der Verwaltungsrat grundsätzlich davon ausgehen darf, dass die ihm Unterstellten ihre Aufgaben korrekt erfüllen. Daher reicht es im allgemeinen aus, wenn der Verwaltungsrat für eine angemessene Berichterstattung sorgt, die Orientierungen zur Kenntnis nimmt und kritisch würdigt. Besondere Kontrollen sind erst erforderlich, wenn Zweifel aufkommen müssen[19]. Doch verletzen die Mitglieder des Verwaltungsrates und insbesondere der Präsident die Überwachungspflichten, wenn trotz Unregelmässigkeiten in der Geschäftsführung, die bekannt sind oder bekannt sein müssten, keine Untersuchungen und weiteren Massnahmen veranlasst werden[20].

50 Näheres zur konkreten Erfüllung der Überwachungsaufgabe bei Glaus (zit. § 28 N 1).

---

[17] Dieses kann mit einem Verwaltungsratsausschuss, dem «audit committee» (dazu § 29 N 40 f), zusammenarbeiten.
[18] Botschaft 179.
[19] Rep *1984* 363, 366.
[20] Vgl. BGE 97 II 411 ff.

c) Dem Verwaltungsrat obliegt auch die *Abberufung* der von ihm Eingesetzten sowie die *Einstellung* der von der Generalversammlung Bestellten in ihrer Funktion (OR 726, dazu § 22 N 29 f). 51

5. *Erstellung des Geschäftsberichts (OR 716a I Ziff. 6)*

Der Verwaltungsrat ist verantwortlich für die Berichterstattung an die Aktionäre und allenfalls auch an Dritte: Er hat den Geschäftsbericht zu erstellen (zu diesem vgl. § 51 N 14 ff). 52

Der Verwaltungsrat wird den Geschäftsbericht in der Regel nicht selber als Gremium verfassen. Der Zahlenteil (Jahresrechnung mit Bilanz, Erfolgsrechnung und Anhang sowie allenfalls Konzernrechnung) wird vom Finanzchef oder allenfalls einem Delegierten vorbereitet, der verbale Teil (Jahresbericht) oft vom Präsidenten in enger Zusammenarbeit mit Mitgliedern der Geschäftsleitung oder dem Delegierten gestaltet. Die *Verantwortung* aber bleibt beim Gesamtverwaltungsrat. 53

6. *Vorbereitung der Generalversammlung und Ausführung ihrer Beschlüsse (OR 716a I Ziff. 6)*

a) Der Verwaltungsrat hat sodann für die Vorbereitung der GV zu sorgen. Dazu gehören neben der Berichterstattung (zuhanden der ordentlichen GV durch den soeben erwähnten Geschäftsbericht) die nötigen Massnahmen für die korrekte Einberufung und reibungslose Durchführung (dazu § 23 N 16 f). Zu den Traktanden soll der Verwaltungsrat seine Anträge vorlegen. 54

b) Im weiteren ist der Verwaltungsrat als «Exekutivorgan» für die *Ausführung* der Beschlüsse der GV verantwortlich. Wiederum bedeutet dies nicht, dass der Verwaltungsrat im einzelnen selbst zu handeln hat. Wohl aber muss er die Durchführung sicherstellen durch eine angemessene Organisation, die Erteilung der nötigen Weisungen und durch Kontrollen. 55

7. *Benachrichtigung des Richters und weitere Massnahmen bei Unterdeckung und Überschuldung*

a) Im Falle der Überschuldung der Gesellschaft trägt der Verwaltungsrat «eine besonders hohe Verantwortung gegenüber der Gesellschaft, den Gesellschaftsgläubigern und der Öffentlichkeit»[21]. Die Benachrichtigung des Richters bei Überschuldung ist daher dem Verwaltungsrat unübertragbar zugewiesen (vgl. OR 725 II und dazu präzisierend § 50 N 208 ff). 56

b) Auch die für den Fall des Kapitalverlusts vor dem Eintritt der Überschuldung vorgesehene Orientierung der GV ist eine unübertragbare Aufgabe des Verwaltungsrates (vgl. OR 725 I, dazu § 50 N 201 ff)[22]. 57

[21] Botschaft 179.
[22] Dies folgt aus einer extensiven Auslegung von OR 716a I Ziff. 7, aber auch aus den Verwaltungsratspflichten im Hinblick auf die GV.

8. Einberufung nachträglicher Leistungen auf nicht voll liberierte Aktien

58 Nach OR 634a I beschliesst der Verwaltungsrat «die nachträgliche Leistung von Einlagen auf nicht voll liberierte Aktien» (dazu § 14 N 30 ff). Die Kompetenz ist u. E. nicht delegierbar, obwohl sie in OR 716a I nicht genannt ist.

9. Entscheide im Rahmen von Kapitalerhöhungen

59 Dem Verwaltungsrat kommen nach revidiertem Aktienrecht im Rahmen von Kapitalerhöhungen zusätzliche Aufgaben zu: Beim sog. genehmigten Kapital obliegt ihm die Beschlussfassung über die Erhöhung (vgl. OR 651 IV, dazu § 52 N 264 ff). Bei allen Kapitalerhöhungen hat er die erfolgreiche Durchführung festzustellen und die entsprechenden Statutenänderungen vorzunehmen (vgl. OR 651a, 652g, 653g, dazu § 52 N 164 ff, 269 ff. 403 ff). Auch diese Pflichten obliegen dem Gesamtverwaltungsrat.

10. Prüfung der fachlichen Qualifikation der Revisionsstelle

60 Zum undelegierbaren Kompetenzbereich des Verwaltungsrates gehört ferner die Überprüfung der Qualifikationen allfälliger besonders befähigter Revisoren (Verordnung über die fachlichen Anforderungen an besonders befähigte Revisoren vom 15. 6. 1992, SR 221.302, Art. 3 I, dazu § 32 N 16 ff).

11. Exkurs: Einwirkungsmöglichkeiten der Generalversammlung im Rahmen der undelegierbaren und unentziehbaren Aufgaben

61 a) In der Praxis besteht nicht selten ein Bedürfnis, die GV bei einzelnen Fragen im unentziehbar dem Verwaltungsrat zugewiesenen Aufgabenbereich mitentscheiden zu lassen.

62 So kann in kleineren Verhältnissen die Gesamtheit der Aktionäre bei Weichenstellungen von *strategischer Bedeutung* – etwa grossen Investitionen, Akquisitionen, Gründung von Tochtergesellschaften – mitbestimmen wollen. Allenfalls möchte sich die GV auch die wichtigsten *personellen Entscheidungen* unterhalb des Verwaltungsrates – die Ernennung von Direktoren bzw. der Mitglieder der Geschäftsleitung oder einer allfälligen Konzernleitung – vorbehalten.

63 In den Statuten finden sich sodann oft Regeln für die *Organisation und Arbeitsweise des Verwaltungsrates,* etwa zur minimalen Anzahl von Sitzungen pro Jahr, zur erforderlichen Präsenz, zu den Quoren für die Beschlussfassung. Verbreitet sind auch statutarische Bestimmungen, die als zusätzliches Organ eine *Direktion, Generaldirektion oder Geschäftsleitung* oder eine *Konzernleitung* vorsehen und in den Grundsätzen regeln.

64 Es fragt sich, ob Entscheidkompetenzen der GV im Kompetenzbereich des Verwaltungsrates zulässig sind und ob die GV in den Statuten Weisungen für die Organisation der Exekutive aufstellen darf. Dazu folgendes:

b) Was die *Organisation* der Verwaltungsratstätigkeit betrifft, so kann die GV den Verwaltungsrat dazu zwingen, die Geschäfte selber, und zwar als Gesamtorgan, zu führen, indem sie eine statutarische Delegationsnorm nicht vorsieht (vgl. § 29 N 24 ff). Ferner kann sie sich bezüglich der Konstituierung des Verwaltungsrates die Bestellung des Präsidenten vorbehalten (vgl. § 28 N 144). Und schliesslich hat sie eine bescheidene Einwirkungsmöglichkeit auf die Regeln für die Beschlussfassung, indem sie den Stichentscheid des Vorsitzenden in Verwaltungsratssitzungen ausschliessen kann (OR 713 I, dazu § 31 N 29 ff).

Im übrigen ist es dagegen ausschliesslich Sache des Verwaltungsrates, seine eigene Organisation festzulegen[23]. Bestimmungen, durch welche die Durchführung von Verwaltungsratssitzungen und die Beschlussfassung im Verwaltungsrat geregelt werden, haben daher in den Statuten nichts mehr zu suchen. Ebensowenig gehören Regeln für eine Direktion, Konzernleitung usw. in die Statuten: Es ist vielmehr Sache des Verwaltungsrates, solche zusätzlichen Organe vorzusehen und Aufgaben und Funktionsweise im Organisationsreglement zu ordnen (vgl. OR 716a I Ziff. 2, 716b).

c) Auch die *Personalentscheide* sind unabdingbare Aufgabe des Verwaltungsrates (OR 716a I Ziff. 4). Die GV kann daher die Ernennung von Direktoren, Mitgliedern der Geschäftsleitung oder der Konzernleitung nicht an sich ziehen, weder im Einzelfall noch generell durch statutarische Bestimmung.

d) *Strategische Entscheide* sind Teil der Oberleitung und daher ebenfalls dem Verwaltungsrat zwingend zugeordnet. Immerhin hat die Generalversammlung gewisse Einflussmöglichkeiten:
– Direkt kann sie sich grundlegende Geschäftsführungsentscheide dadurch vorbehalten, dass sie den statutarischen Gesellschaftszweck so eng fasst, dass neue Tätigkeiten eine Statutenänderung erforderlich machen.
– Indirekt beeinflusst sie die Geschäftsführung durch ihr unabdingbares Wahl- und Abberufungsrecht.

e) Erwähnt sei ferner, dass der Verwaltungsrat zwar (falls die dafür nötige statutarische Ermächtigung vorliegt) die *laufende Geschäftsführung* ganz oder zum Teil delegieren kann (vgl. § 29 N 10 ff), aber innerhalb der Gesellschaft nur *nach unten,* an Ausschüsse, Delegierte, Direktoren oder eine Geschäftsleitung, niemals dagegen *nach oben*, an die Generalversammlung. Dies folgt schon daraus, dass der Verwaltungsrat trotz Delegation die nötige Sorgfalt bei der Auswahl, Unterrichtung und Überwachung zu beachten hat (OR 754 II) und er diese Sorgfaltspflichten gegenüber der hierarchisch übergeordneten Generalversammlung und den an keinerlei Pflichten gebundenen Aktionären nicht wahrnehmen könnte[24].

---

[23] Die hier vertretene Auffassung wird von P. Nobel nicht geteilt.
[24] Vgl. auch OR 716b II, wonach das Organisationsreglement die Geschäftsführung ordnet, die hierfür erforderlichen Stellen bestimmt, deren Aufgaben umschreibt und die Berichterstattung regelt. All dies ist mit Bezug auf die Generalversammlung nicht möglich.

72 f) Möglich ist es dagegen, dass sich der Verwaltungsrat – in eigener Kompetenz – entschliesst, eine Frage der GV vorzulegen. In kleineren Verhältnissen mag es gar zu seiner Sorgfaltspflicht gehören, vor schicksalsschweren Weichenstellungen die Meinung der GV einzuholen. Die Abstimmung in der GV hat aber stets nur *konsultativen* Charakter, sie bindet den Verwaltungsrat letztlich nicht und entlässt dessen Mitglieder auch nicht aus ihrer Verantwortung.

73 Da solche Konsultativabstimmungen stets möglich sein müssen, ist auch nichts gegen die oft in den Statuten anzutreffende Bestimmung einzuwenden, wonach die Generalversammlung über Gegenstände beschliesst, die ihr vom Verwaltungsrat zum Entscheid vorgelegt werden.

74 g) Näheres bei Peter Böckli: Aktionärbindungsverträge ..., ZBJV *1993* 475 ff; Peter Forstmoser: Eingriffe der Generalversammlung in den Kompetenzbereich des Verwaltungsrates – Möglichkeiten und Grenzen, SZW *1994* 169 ff; Marie-Therese Müller: Unübertragbare und unentziehbare Verwaltungsratskompetenzen und deren Delegation an die Generalversammlung, AJP *1992* 784 ff.

V. Die Vertretung der Aktiengesellschaft

75 Die Vertretung der AG nach aussen ist Sache des Verwaltungsrates (OR 718 I). Er kann diese Aufgabe an Dritte übertragen (OR 718 II), sich selbst aber niemals vollständig der Möglichkeit der Vertretung berauben (OR 718 III).

76 Zur Vertretung – in Ergänzung zum bereits Gesagten (vgl. § 21 N 3 ff, § 28 N 118 f, § 29 N 47) – folgendes[25]:

1. Vertretungsbefugnis und Vertretungsmacht

77 a) Die *Geschäftsführung* im weiten Sinne des Wortes «hat eine interne und eine externe Seite: Die erstere betrifft die Stellung der Geschäftsführer und die Auswirkung ihrer Tätigkeit im Verhältnis zur Gesellschaft ..., die zweite die Stellung der Geschäftsführung und die Auswirkung ihrer Tätigkeit im Verhältnis zu Dritten»[26].

78 Die Ausübung von gesellschafts*internen* Funktionen (= Vorgänge tatsächlicher Art) wird *Geschäftsführung im engeren Sinne* genannt; diese regelt die internen Verantwortlichkeiten und wirkt im Innenverhältnis der Gesellschaft. Wo das Aktienrecht von Geschäftsführung spricht, meint es vor allem diese

---

[25] *Literatur:* Vgl. die Angaben in § 21 N 1 sowie etwa Gauch/Schluep: Schweizerisches Obligationenrecht Allgemeiner Teil Bd. I (5. A. Zürich 1991 [6. A. erscheint 1996]) N 1305 ff, 1429 ff; Guhl/Merz/Koller: Das Schweizerische Obligationenrecht (8. A. Zürich 1991) 144 ff; von Tuhr/Peter: Allgemeiner Teil des Schweizerischen Obligationenrechts Bd. I (3. A. Zürich 1979) 347 ff; Rolf Watter in Basler Kommentar zu Art. 718–721.

[26] Werner von Steiger: Gesellschaftsrecht, Allgemeiner Teil und Personengesellschaften, in: Schweiz. Privatrecht VIII/1 (Basel 1976) 211 ff, 397.

interne Funktion. Dem steht das rechtsgeschäftliche Handeln für die Gesellschaft *nach aussen* gegenüber: die *Vertretung*.

b) Mit Bezug auf die Vertretung werden durch die herrschende Lehre zwei Aspekte unterschieden[27]:

- Einerseits geht es um die Frage, inwieweit jemand berechtigt ist, für einen anderen (die AG) Rechtsgeschäfte abzuschliessen. Dies ist die Frage der Vertretungs*befugnis*.
- Anderseits stellt sich das Problem, ob bzw. unter welchen Voraussetzungen das rechtsgeschäftliche Handeln im Namen eines Dritten diesem Dritten (also z. B. der AG) anzurechnen ist. Dies ist die Frage der Vertretungs*macht*.

Vertretungs*macht* bezeichnet also den Bereich des rechtlichen *Könnens*, der Möglichkeit, unmittelbar für die Gesellschaft Rechtswirkungen zu erzeugen; Vertretungs*befugnis* den Bereich des rechtlichen *Dürfens* des Vertreters.

Der Prokurist hat z. B. gegen aussen von Gesetzes wegen die *Macht*, die Unternehmung für jeden beliebigen Betrag zu verpflichten (vgl. OR 459: Eine Einschränkung der Vertretungsmacht ist nur für die Veräusserung und Belastung von Grundstücken vorgesehen). Intern wird dagegen seine Befugnis regelmässig in bestimmter Höhe limitiert.

Wer extern für die Gesellschaft mit Vertretungsmacht auftritt, ohne dazu intern befugt zu sein, bindet zwar die Gesellschaft, da Drittpersonen in ihrem guten Glauben geschützt werden. Intern kann er jedoch wegen fehlender Vertretungsbefugnis verantwortlich werden.

c) Terminologisch ist zu beachten, dass das Vertretungsrecht oft auch als «Unterschriftsberechtigung», «Zeichnungsberechtigung», «Zeichnungsrecht» bezeichnet wird (vgl. auch den Begriff «Zeichnung» in der Marginalie von OR 719). Der wichtige Fall der Ausstellung von Dokumenten – besonders von schriftlichen Verträgen – dient so als pars pro toto.

2. *Die vertretungsberechtigten Personen*

a) Nach der gesetzlichen Grundordnung von OR 718 wird die AG durch die Mitglieder des Verwaltungsrates vertreten. Dieses Vertretungsrecht kann eingeschränkt, nicht aber ganz entzogen werden, vgl. § 28 N 118 ff.

Für die Vertretung der Gesellschaft können sodann Direktoren ernannt werden (OR 718 II, dazu § 29 N 48 ff), und weiter kann der Verwaltungsrat nach OR 721 Prokuristen und andere Bevollmächtigte (womit in erster Linie Handlungsbevollmächtigte im Sinne von OR 462 gemeint sind) ernennen (dazu § 29 N 62 ff).

b) Daneben kann sich die AG – worauf hier nicht näher einzutreten ist – als (juristische) Person auch der *bürgerlichen Stellvertretung gemäss OR 32 ff* bedie-

---

[27] Eine andere Theorie, die jedoch kaum zu anderen praktischen Ergebnissen führt, vertritt Watter, zit. § 21 N 1 sowie ders. in Basler Kommentar zu OR 718 N 19 und 718a N 10 f.

nen, also Dritte ermächtigen, für sie und in ihrem Namen rechtsgeschäftlich tätig zu werden und insbes. Verträge abzuschliessen[28].

89 Mit der bürgerlichen Stellvertretung können auch juristische Personen betraut werden. (Beispiel: Eine Beraterfirma wird beauftragt, namens der AG die nötigen Verträge für die Realisierung einer EDV-Lösung abzuschliessen.) Als aktienrechtliche Organvertreter, aber auch als Prokuristen und Handlungsbevollmächtigte können dagegen nur natürliche Personen bestellt werden[29].

90 Nicht selten wird in der Praxis auch einer aktienrechtlichen Organperson für ein bestimmtes Geschäft eine bürgerliche Vollmacht erteilt. (Beispiel: Einem an sich nur kollektiv zeichnungsberechtigten Mitglied des Verwaltungsrates oder Direktor wird Vollmacht eingeräumt für den Abschluss eines Vertrages mit Einzelunterschrift.)

3. Umfang und Schranken der Vertretungsmacht

91 a) Im Interesse der Rechtssicherheit ist der Umfang der Vertretungsmacht gesetzlich festgelegt:

92 – Verwaltungsratsmitglieder und Direktoren können gemäss OR 718a I für die AG «alle Rechtshandlungen vornehmen, die der Zweck der Gesellschaft mit sich bringen kann» (dazu § 21 N 5).

93 – Ähnlich weit (jedoch mit einer Einschränkung für Grundstückgeschäfte) geht die Vollmacht des Prokuristen, OR 459 (dazu § 29 N 66). Stärker begrenzt ist dagegen die Vertretungsmacht von Handlungsbevollmächtigten im Sinne von OR 462 (vgl. § 29 N 67).

94 b) Durch Eintrag im Handelsregister kann die Vertretungsmacht *eingeschränkt* werden, aber – wiederum im Interesse der Rechtssicherheit – nur standardisiert und beschränkt auf zwei Möglichkeiten (vgl. OR 718a II):

95 – Die Vertretungsmacht kann auf den Geschäftsbereich der *Haupt- oder einer Zweigniederlassung* beschränkt werden. Eine solche Beschränkung ist freilich nur dann von Bedeutung, wenn der Zweck einer Zweigniederlassung enger umschrieben wird als der des Gesamtunternehmens. Auch dann ist die Wirkung in der Regel gering. Trotzdem sind bei Grossunternehmen Zeichnungsberechtigungen, die auf eine Zweigniederlassung beschränkt sind, sehr häufig.

96 – Sodann kann *Kollektivunterschrift* vorgesehen werden, so dass mehrere (in der Praxis regelmässig zwei[30]) Personen die Gesellschaft nur gemeinsam verpflichten können und «die Unterschrift des Einzelnen ohne die vorgeschriebene Mitwirkung der übrigen nicht verbindlich ist» (OR 460 II)[31].

---

[28] Vgl. BGE 100 IV 171.
[29] Vgl. für die Mitglieder des Verwaltungsrates OR 707 III (dazu § 27 N 7); für Prokuristen BGE 108 II 129 = SAG *1982* 162 ff.
[30] Theoretisch könnten es auch mehr sein.
[31] Vor Verpflichtungen aus *unerlaubter Handlung* (OR 722) einer einzelnen Organperson schützt die Kollektivunterschrift jedoch nicht, vgl. § 21 N 14 f.

c) Weitere – nicht im Handelsregister eingetragene – Beschränkungen der Vertretungsmacht sind möglich, jedoch nur wirksam, soweit Dritte (etwa durch Zirkular oder persönliche Mitteilung) davon Kenntnis erlangt haben (vgl. OR 718a II, 460 III). Dabei ist offen, ob nur der Gutgläubige auf den Registereintrag (und damit die grundsätzlich unbeschränkte Vertretungsmacht) vertrauen darf bzw. welcher Grad an Bösgläubigkeit das berechtigte Vertrauen zerstört: Zum Teil wird davon ausgegangen, es komme OR 933 II analog zur Anwendung, wonach einem Dritten nur sein positives Wissen (welchem das grobfahrlässige Nichtwissen gleichgestellt ist) entgegengehalten werden kann. Von anderer Seite wird dagegen die allgemeine Regel von ZGB 3 II angerufen, wonach sich derjenige, der unter den konkreten Umständen bei angemessener Aufmerksamkeit nicht gutgläubig sein konnte, nicht auf seinen guten Glauben berufen kann[32]. 97

d) Ergänzend ist darauf hinzuweisen, dass auch im Aktienrecht eine *Anscheinsvollmacht* denkbar ist: Die AG, die es zulässt, dass jemand nach aussen als ihr Vertreter auftritt, muss im Rahmen von Treu und Glauben das Risiko für den erzeugten *Rechtsschein* auf sich nehmen[33]. Die *exceptio doli* steht ihr nur in qualifizierten Fällen zur Verfügung[34], vor allem bei Kollusion zwischen dem Vertreter und Drittpersonen[35]. 98

4. Umfang und Schranken der Vertretungsbefugnis

Intern, auf der Ebene der Vertretungs*befugnis,* sind beliebige Beschränkungen des Vertretungsrechts möglich. 99

In der Praxis werden die *Vertretungskompetenzen* regelmässig entsprechend der Hierarchie *abgestuft*: Bis zu einem bestimmten Betrag (wobei meist zwischen einmaligen und wiederkehrenden Verpflichtungen differenziert wird) sind Prokuristen und Handlungsbevollmächtigte zur Vertretung befugt. Höhere Beträge fallen in die Kompetenz eines Direktors oder der Direktion als Gesamtorgan, und bei noch grösseren soll der Delegierte des Verwaltungsrates, ein Verwaltungsratsausschuss oder gar der Gesamtverwaltungsrat entscheiden. Regelmässig werden auch bestimmte Geschäfte (z. B. die Anhebung von Prozessen oder der Abschluss von Verträgen ausserhalb des üblichen Tätigkeitskreises) höheren Organen zum Entscheid vorbehalten. 100

Extern, gegenüber gutgläubigen Dritten, haben solche internen Schranken wie erwähnt keine Wirkung; sie betreffen die Vertretungs*befugnis*, nicht die Vertretungs*macht.* 101

---

[32] Vgl. dazu etwa Watter in Basler Kommentar zu Art. 718a N 10 f, Zobl (zit. § 21 N 1) 299 f, Robert Patry: Grundlagen des Handelsrechts, in: Schweiz. Privatrecht VIII/1 (Basel 1976) 1 ff, 146. – Das BGer spricht in BGE 111 II 289 von der zu berücksichtigenden «bonne foi du cocontractant», wobei offen ist, ob es sich dabei der unterschiedlichen Lehrmeinungen bewusst ist.
[33] Vgl. BGE 94 II 117, 96 II 443.
[34] Vgl. BGE 77 II 143 f.
[35] BGE 52 II 358 ff.

5. *Die Form der Zeichnung*

102 a) Nach allgemeinem Stellvertretungsrecht tritt die Vertretungswirkung grundsätzlich nur dann ein, wenn sich der Vertreter «als solcher zu erkennen gegeben» hat (OR 32 II).

103 Dazu präzisiert OR 719 mit Bezug auf die Unterzeichnung von Schriftstücken: «Die zur Vertretung der Gesellschaft befugten Personen haben in der Weise zu zeichnen, dass sie der Firma der Gesellschaft ihre Unterschrift beifügen.»

104 Prokuristen haben «einen die Prokura andeutenden Zusatz» (HRV 26 III, z. B. «p. p.») zu verwenden, ebenso Handlungsbevollmächtigte einen solchen, der ihre Position kennzeichnet (z. B. «i. V.»). Bei Mitgliedern des Verwaltungsrates und Direktoren ist die Kennzeichnung der Funktion nicht erforderlich, und allgemein gilt, dass es sich bei den formellen Anforderungen an die Zeichnung um blosse *Ordnungsvorschriften* handelt.

105 b) Fehlt ein Hinweis, dass für die AG gehandelt wird, dann wird diese nicht direkt berechtigt und verpflichtet, es sei denn, es liege einer der in OR 32 II erwähnten Fälle vor: Die Gegenpartei musste «aus den Umständen auf das Vertretungsverhältnis schliessen», oder es war ihr gleichgültig, mit wem sie den Vertrag abschliesst.

6. *Die Eintragung der zur Vertretung befugten Personen im Handelsregister*

106 a) «Die zur Vertretung der Gesellschaft befugten Personen sind vom Verwaltungsrat zur Eintragung in das Handelsregister anzumelden ...» (OR 720). Dieser Bestimmung kommt nur der Charakter einer *Ordnungsvorschrift* zu[36]. «Die Eintragung im Handelsregister ist ... weder nach innen noch nach aussen Voraussetzung der Vertretungsbefugnis»[37].

107 Materiell von Bedeutung ist die Eintragung freilich dann, wenn nur kollektive Zeichnungsberechtigungen vorgesehen oder das Zeichnungsrecht auf die Hauptniederlassung oder eine Filiale beschränkt werden sollen: Diese Einschränkungen gelten gutgläubigen Dritten gegenüber nur, wenn sie im Handelsregister eingetragen sind (vgl. vorn N 97).

108 b) Die Anmeldung kann mündlich oder – was die Regel ist – schriftlich erfolgen (HRV 23). Vorzunehmen ist sie durch den Präsidenten oder den Vizepräsidenten des Verwaltungsrates gemeinsam mit dem Sekretär oder einem zweiten Mitglied des Verwaltungsrates (HRV 22 II).

109 Die Anmeldung enthält im Falle der schriftlichen Anmeldung den eigentlichen Anmeldungstext, wie er im SHAB zu publizieren ist[38].

---

[36] BGE 96 II 442 f und dort zit. Entscheide.
[37] BGE 76 I 351 f.
[38] Der Text kann auch durch die Handelsregisterbehörde aufgrund der Unterlagen erstellt und der Gesellschaft zur Unterzeichnung zugeschickt werden, vgl. HRV 23 III.

Beizufügen ist eine beglaubigte Abschrift oder – was das Gesetz als Selbstverständlichkeit nicht erwähnt – ein Original des Beschlusses des ernennenden Organs[39]. 110

Die zeichnungsberechtigten Personen haben sodann «ihre Unterschrift beim Handelsregisteramt zu zeichnen oder die Zeichnung in beglaubigter Form einzureichen» (OR 720)[40]. 111

c) Während früher verschiedenste Funktionen im Handelsregister eingetragen werden konnten, lässt die neuere Registerpraxis im Interesse der Transparenz nur noch bestimmte Funktionen zu, nämlich die folgenden: 112
– Mitglied, Präsident bzw. Vizepräsident des Verwaltungsrates, 113
– Sekretär des Verwaltungsrates, 114
– Direktoren, stellvertretende Direktoren, Subdirektoren und Vizedirektoren sowie Generaldirektoren (falls auch mindestens ein Direktor eingetragen ist), 115
– Geschäftsführer, 116
– Prokuristen, 117
– ferner Zeichnungsberechtigte ohne besonderen Titel[41]. 118

Nicht eingetragen werden können andere Titel und Funktionsbezeichnungen, etwa «Ehrenpräsident», «Direktionspräsident», «Kaufmännischer/Technischer Direktor», «Rechtskonsulent» usw. 119

d) Nicht im Handelsregister einzutragen sind Handlungsbevollmächtigte (zu diesen vgl. § 29 N 67), ebensowenig natürlich Stellvertreter im Sinne von OR 32 ff. 120

7. Selbst- und Doppelkontrahieren

a) Von *Selbstkontrahieren* spricht man, wenn ein Stellvertreter ein Rechtsgeschäft mit sich selbst abschliesst[42]. Die Problematik des Selbstkontrahierens ist offenkundig: In der Regel besteht ein manifester *Interessenkonflikt*. 121

Nach der bundesgerichtlichen Praxis ist Selbstkontrahieren wegen der Gefahr der Benachteiligung des Vertretenen grundsätzlich *verboten*. Ausgenommen sind Rechtsgeschäfte, bei denen «die Natur des Geschäfts die Gefahr der Benachteiligung des Vertretenen ausschliesst[43] oder wo der Vertretene den Vertreter zum Geschäftsabschluss besonders ermächtigt oder diesen nachträglich genehmigt hat»[44]. 122

---

[39] Bei der Bestellung von Verwaltungsratsmitgliedern sind also der Generalversammlungsbeschluss betreffend die Wahl und der (allfällige) Verwaltungsratsbeschluss betreffend die Zeichnungsberechtigung beizulegen, bei der Bestellung von Direktoren und Prokuristen der Beschluss des Verwaltungsrates.

[40] Verlangt wird die Zeichnung einer Firmenunterschrift und einer «persönlichen Unterschrift» (vgl. HRV 26 IV), auch wenn diese identisch sind.

[41] Diese letzte Form wird mehr und mehr von Grossunternehmen gewählt, um Mutationen im Handelsregister bei Beförderungen vermeiden zu können.

[42] Beispiel: Der Beauftragte, der eine bestimmte Ware kaufen soll, tritt gleich selbst als Verkäufer auf.

[43] Eine Benachteiligungsgefahr wird im allgemeinen verneint, wenn Waren zum Börsen- oder Marktpreis gekauft oder verkauft werden (vgl. OR 436).

[44] BGE 89 II 326, vgl. auch etwa BGE 95 II 453, 82 II 392 ff; wegweisend BGE 39 II 566 ff. Diese Regelung entspricht der Ordnung, die sich im deutschen BGB in § 181 findet.

123 Diese Praxis gilt auch für die Organe juristischer Personen[45]. Ein Verwaltungsratsmitglied, ein Direktor oder ein Prokurist kann daher – ausser aufgrund einer besonderen Ermächtigung[46] oder mit nachträglicher Genehmigung sowie in Fällen, in denen keine Gefahr der Übervorteilung besteht – mit sich selbst keine Verträge abschliessen.

124 b) Gleich wie das Selbstkontrahieren wird die sog. *Doppelvertretung* behandelt[47], d. h. der Umstand, dass eine Person als Organ von zwei Gesellschaften Rechtsgeschäfte zwischen diesen Gesellschaften abschliesst. Die Problematik der Übervorteilung einer der beiden Gesellschaften ist offenkundig, weshalb auch die Doppelvertretung – von den erwähnten Ausnahmen abgesehen – verpönt und in Doppelvertretung geschlossene Rechtsgeschäfte grundsätzlich nichtig sind[48].

125 Das Verbot der organschaftlichen Doppelvertretung wird durch die Gerichte jedoch bei *abhängigen Gesellschaften eingeschränkt*. Hier soll mit Rücksicht auf die wirtschaftlichen Bedürfnisse die Doppelvertretung in einem weitergehenden Umfang erlaubt werden. So führt das Bundesgericht aus[49]:

126 «Bei wirtschaftlich eng verbundenen Gesellschaften dürfen Vertragsverhältnisse in Doppelstellung ohne Bedenken zu den Rechtshandlungen gerechnet werden, welche ihr Zweck gemäss Art. 718 Abs. 1 OR[50] mit sich bringen kann. Ist eine besondere Ermächtigung zur Doppelvertretung aber anzunehmen, so gilt sie unbekümmert um die Gefahr nachteiliger Auswirkungen des Geschäftes auf die eine oder andere Gesellschaft...»[51].

127 Diese Ausnahme gilt aber u. E. nur bei *vollständiger Beherrschung* einer Tochtergesellschaft durch die Muttergesellschaft. Bei einer bloss mehrheitlich gehaltenen Gesellschaft, bei der auf die Interessen von Drittaktionären Rücksicht zu nehmen ist, kann sie nicht angerufen werden[52].

128 c) Verstösse gegen das Verbot des Selbst- oder des Doppelkontrahierens machen das Rechtsgeschäft grundsätzlich *unwirksam*[53]. Doch ist der *gute Glaube* in die Vertretungsmacht zu schützen, wenn der Interessenkonflikt für den Dritten nicht erkennbar war[53a].

128a d) *Andere Fälle von Interessenkonflikten* führen nicht grundsätzlich, wohl aber allenfalls im Einzelfall zu einer Beschränkung der Vertretungsbefugnis[53b].

[45] Vgl. BGE 95 II 442 ff, 89 II 326, 63 II 173.
[46] Diese kann freilich auch *stillschweigend* erfolgen.
[47] Vgl. BGE 95 II 621 ff, ZR *1994* Nr. 30 S. 115.
[48] BGE 106 Ib 148, ZR *1994* Nr. 30 S. 115.
[49] Entscheid vom 7. 2. 1978, wiedergegeben in ZR *1978* Nr. 44 S. 127 ff.
[50] Entsprechend OR 718a I des revidierten Rechts, Anmerkung hinzugefügt.
[51] A. a. O. 128, mit Hinweisen auf Literatur und Judikatur.
[52] Es ergibt sich dies auch aus der Begründung des erwähnten bundesgerichtlichen Entscheides: Das Bundesgericht weist auf den Umstand hin, dass das wirtschaftliche Interesse bei einer Bevorteilung der einen oder der anderen Seite dasselbe sei (a. a. O. 128/129), was nur bei einer zu hundert Prozent gehaltenen Gesellschaft zutrifft, nicht aber dann, wenn Minderheitsaktionäre beteiligt sind.
[53] ZR *1978* Nr. 44 S. 127. Die nachträgliche Genehmigung bleibt – wie erwähnt – vorbehalten.
[53a] Vgl. BGE 120 II 9, 118 II 107, 107 II 118 f.
[53b] Vgl. Zobl (zit. § 21 N 1) 305 ff.

8. Passivvertretung und Wissensvertretung

a) *Passivvertretung* ist die Fähigkeit, eine *Willenserklärung* namens der AG und mit Wirkung für diese zu empfangen.

Die *Passivvertretung* kommt jedem für die AG Zeichnungsberechtigten zu. Dabei ist jede zeichnungsberechtigte Organperson für sich allein Passivvertreter, die Einführung der Kollektivunterschrift somit in dieser Hinsicht nicht von Belang. Anders soll es sich nach der herrschenden Lehre[54] bei einer Beschränkung der aktiven Zeichnungsberechtigung auf die Haupt- oder eine Zweigniederlassung (dazu vorn N 95) verhalten: Eine solche Beschränkung soll auch für die Passivvertretung wirksam sein.

Unklar ist, ob grundsätzlich *jedes Organ Passivvertreter*, die passive Vertretungsmacht also nicht von der Einräumung einer aktiven Vertretungsbefugnis abhängt[55].

b) Hinsichtlich der sog. *Wissensvertretung* wird danach gefragt, wann gewisse Kenntnisse der AG anzurechnen sind. Vgl. dazu vorn § 21 N 7 sowie ergänzend folgendes:

– Grundsätzlich der Gesellschaft anzulasten ist das Wissen *aller Organpersonen,* unabhängig von der Zeichnungsberechtigung. Auch nicht zeichnungsberechtigte Mitglieder des Verwaltungsrates können also Wissensvertreter sein.
– Wissensvertreter sind alle Zeichnungsberechtigten *einzeln,* auch dann, wenn Kollektivunterschrift besteht.
– Anzurechnen ist allenfalls auch das Wissen von qualifizierten *Hilfspersonen,* denen keine Organstellung zukommt, insbesondere denjenigen Personen, die an einem bestimmten Geschäft direkt beteiligt sind[56].
– Allgemein sind die *Umstände des Einzelfalls* zu berücksichtigen[57], aus denen sich auch ergeben kann, dass ausnahmsweise das Wissen einer Organperson der Gesellschaft nicht anzurechnen ist[58].

9. Exkurs: Die Bindung der AG durch unerlaubte Handlungen ihrer Organe

Vgl. dazu § 21 N 9 ff.

---

[54] Bürgi, Kommentar zu OR 698–738, Art. 718 N 15 und Funk, Art. 718 N 2.
[55] Dies wird bejaht von Watter (zit. N 1) N 274. Dagegen müssten die Überlegungen, mit denen Bürgi und Funk die allfällige Beschränkung der Passivvertretung auf eine Zweig- oder die Hauptniederlassung begründen, eigentlich dafür sprechen, dass die Passivvertretung nur der – allein oder zusammen mit anderen – aktiv vertretungsbefugten Organperson zukommt.
[56] Der Gesellschaft anzurechnen ist z. B. das Wissen der Mitarbeiter der Abteilungen für Einkauf und Rechnungswesen um die Verwendung einer verwechselbaren Firma durch einen Dritten, vgl. BGE 109 II 338 ff, 342.
[57] Vgl. BGE 109 II 338 ff.
[58] So allenfalls, wenn dieses Wissen einer Geheimhaltungspflicht unterliegt oder auch im Falle der Doppelvertretung (dazu ZR *1994* Nr. 30 S. 115 f).

§ 31 Verwaltungsratssitzungen und Beschlussfassung im Verwaltungsrat

Literatur: Müller/Lipp (zit. § 27 N 1) 87 ff, 99 ff, 142 ff; Tanner (zit. § 24 N 1) insbes. 357 ff. – Aus den *Gesamtdarstellungen* vgl. Basler Kommentar zu OR 714–715 (Wernli); Böckli N 1486 ff; Bürgi, Kommentierung von OR 715 und 716.

Die Verwaltungsratsmitglieder üben ihre Rechte in erster Linie in den Sitzungen des Verwaltungsrates aus. Hier können sie sich die nötigen Informationen beschaffen bzw. diese vertiefen und durch Meinungsäusserung und Stimmabgabe auf die Willensbildung der Gesellschaft einwirken.

Wie schon das bisherige, so enthält auch das revidierte Aktienrecht Regeln über das Recht zur Einberufung einer Verwaltungsratssitzung (OR 715), über die Protokollierung im Verwaltungsrat (OR 713 III) und für sog. Zirkulationsbeschlüsse (OR 713 II). Neu sind eine gesetzliche Regel für die Beschlussfassung (OR 713 I) und eine Aussage zur allfälligen Nichtigkeit von Verwaltungsratsbeschlüssen (OR 714).

Im folgenden ist zunächst von den Verwaltungsratssitzungen die Rede (Ziff. I), sodann speziell von der Beschlussfassung im Verwaltungsrat (Ziff. II) und schliesslich von den Zirkulationsbeschlüssen insbesondere (Ziff. III). Vgl. im übrigen die Ausführungen zur Rechtsstellung des Verwaltungsratsmitglieds in § 28.

I. Die Sitzungen des Verwaltungsrates

1. Vorbereitung und Einberufung

a) Die Sitzungen des Verwaltungsrates werden durch den *Präsidenten* einberufen[1], falls das Organisationsreglement nicht eine andere Ordnung vorsieht. Dem Präsidenten obliegt auch die Vorbereitung der Sitzung.

Jedes Verwaltungsratsmitglied hat das Recht, die Einberufung einer Sitzung zu verlangen (OR 715, dazu § 28 N 115). Darin enthalten ist das Traktandierungsrecht.

b) Über den *Zeitpunkt* der Durchführung von Verwaltungsratssitzungen und die *Einberufungsfrist* schweigt sich das Gesetz aus[2]. Regelmässig finden sich hiezu Bestimmungen im Organisationsreglement. Im übrigen ist der Präsident gehalten, so frühzeitig einzuladen, dass sich die Beteiligten angemessen vorbereiten können. Besondere Dringlichkeit kann eine Verkürzung der Einladungsfrist rechtfertigen.

---

[1] Das Gesetz sagt dies zwar nicht, setzt es aber in OR 715 voraus.
[2] Vgl. dagegen für die GV OR 699 II und 700 I, dazu § 23 N 3 ff und 5 ff.

8   Zur *Häufigkeit* der Sitzungen des Verwaltungsrates sagt das Gesetz ebensowenig. Auch hiezu finden sich meist Regeln im Organisationsreglement. Darüber hinaus besteht ganz allgemein die Pflicht, Sitzungen einzuberufen, so oft es die Geschäfte der Gesellschaft erfordern, also eine mündliche Orientierung des Verwaltungsrates oder eine Beschlussfassung durch diesen erforderlich ist.

9   Auch die *Form* der Einberufung wird den Gesellschaften anheimgestellt und meist im Organisationsreglement geregelt. In der Regel empfiehlt sich schriftliche Einladung, wobei die Traktanden bekanntzugeben und die für die Vorbereitung erforderlichen Unterlagen zuzustellen sind.

2.   Die Durchführung

10   a) Die *Sitzungsleitung* kommt regelmässig dem Präsidenten des Verwaltungsrates zu (vgl. § 28 N 138), ausnahmsweise dem Vizepräsidenten oder einem anderen Verwaltungsratsmitglied. Dazu gehört die Eröffnung der Sitzung und der Diskussion über ein bestimmtes Traktandum, die Worterteilung und die Durchführung der Abstimmungen. Die Aufgaben sind also ähnlich wie in der Generalversammlung (dazu § 23 N 100 ff), doch braucht die Sitzung weniger straff geführt zu werden und dürften Redezeitbeschränkungen in der Regel nicht nötig und auch nicht zulässig sein.

11   b) Zu den ordentlichen *Traktanden* gehören – neben der Feststellung der Beschlussfähigkeit – regelmässig die Berichterstattung über den Geschäftsgang und die finanzielle Lage der Gesellschaft sowie Diskussion und Beschlussfassung über die Gegenstände, die durch das Gesetz oder das Organisationsreglement dem Verwaltungsrat zugewiesen sind. Dazu gehört auch die Vorbereitung der GV, insbes. die Erarbeitung der den Aktionären vorzulegenden Traktanden und Anträge.

12   c) Jedem Verwaltungsratsmitglied steht das *Antrags- und das Meinungsäusserungsrecht* zu, wobei wiederum die für die GV geltenden Regeln (dazu § 23 N 104 ff) analog, aber weniger streng Anwendung finden dürften.

13   Neben den Mitgliedern des Verwaltungsrates nimmt an den Sitzungen auch der *Sekretär* teil[3]. Die Teilnahme von Mitgliedern der Geschäftsleitung ist dann erforderlich, wenn sie Auskunft zu erteilen haben (vgl. OR 715a II, dazu § 28 N 96 ff). Im übrigen ist die Praxis unterschiedlich: Wo ein Delegierter des Verwaltungsrates eingesetzt ist, kann er die Berichterstattung übernehmen. Andernfalls wird der Vorsitzende der Geschäftsleitung oder werden die Mitglieder der Geschäftsleitung in corpore an der Sitzung mit beratender Stimme teilnehmen. Doch hat der Verwaltungsrat stets die Möglichkeit zu beschliessen, allein tagen zu wollen.

14   d) OR 713 III erwähnt ausdrücklich die *Protokollierungspflicht*. Das Gesetz stellt für das Protokoll ein inhaltliches und ein formelles Erfordernis auf:

---

[3] Ausnahmen können generell oder von Fall zu Fall bei der Behandlung besonders sensitiver Fragen – insbesondere Personalentscheidungen – vorgesehen werden.

- Zum *Inhalt* des Protokolls wird festgehalten, dass dieses nicht nur (wie das für die GV in OR 702 II vorgesehene Protokoll) über die *Beschlüsse* Auskunft zu geben hat, sondern zusätzlich auch über die *Verhandlungen*. Zumindest in knapper Form sind daher die Erwägungen, die zu einem Traktandum vorgetragen wurden, wiederzugeben. Nicht erforderlich ist die Zusammenfassung jedes einzelnen Votums unter Nennung des Autors.
- *Formell* wird verlangt, dass das Protokoll vom Vorsitzenden (also in der Regel dem Präsidenten des Verwaltungsrates) und vom Sekretär zu unterzeichnen ist[4]. Daraus ergibt sich auch, dass das Protokoll *schriftlich* zu führen ist und Tonbandaufnahmen nicht genügen. Eine *öffentliche Beurkundung* ist dagegen nur in einzelnen Fällen – bei statutenändernden Beschlüssen im Hinblick auf Kapitalerhöhungen (vgl. § 52 N 170 ff) oder die Nachliberierung des Aktienkapitals (vgl. § 14 N 42) – erforderlich.

Im übrigen gilt das für das Protokoll der GV Ausgeführte (vgl. § 23 N 112 ff). Insbesondere ist zu betonen, dass auch der Alleinverwaltungsrat seine Entschlüsse zu protokollieren hat[5].

II. Beschlussfähigkeit und Beschlussfassung

1. Beschlussfähigkeit

Das Gesetz sieht für die Sitzungen des Verwaltungsrates – wie für diejenigen der GV – *kein Präsenzquorum* vor. Auch der mehrköpfige Verwaltungsrat ist damit nach der dispositiven gesetzlichen Ordnung beschlussfähig, wenn auch nur ein einziges Mitglied anwesend ist.

Um Zufallsentscheide zu verhindern, schreiben jedoch die Organisationsreglemente meist eine minimale Präsenz – oft die der Mehrheit der Mitglieder – vor[6]. Für bestimmte besonders wichtige Beschlüsse[7] wird oft ein *qualifiziertes Präsenzquorum* (z. B. zwei Drittel aller Verwaltungsratsmitglieder) vorgesehen.

Besondere Bedeutung kommt den Regeln zur Beschlussfähigkeit bei Gesellschaften mit einem paritätischen Aktionariat oder einem starken Minderheitsaktionär zu: Hier wird das Präsenzquorum nicht selten so angesetzt, dass die Be-

---

[4] Die Unterzeichnung ist zwar kein Gültigkeitserfordernis, aber wesentlich für die Beweiskraft des Protokolls.
[5] Das bisherige Recht hat dies in OR 1936 Art. 715 II ausdrücklich festgehalten. Bei der Reform wurde diese Vorschrift gestrichen in der – irrigen – Ansicht, ein Protokoll sei beim Einmannverwaltungsrat «weder sinnvoll noch durchsetzbar» (so Botschaft 176). Besonders im Hinblick auf seine Verantwortlichkeit wird auch der Alleinverwaltungsrat gut daran tun, seine Entscheidungen schriftlich festzuhalten.
[6] Solche Bestimmungen finden sich oft auch in den Statuten. Wegen des aus dem Paritätsprinzip fliessenden Selbstorganisationsrechts des Verwaltungsrates sind diese statutarischen Bestimmungen jedoch u. E. unverbindlich, vgl. § 30 N 61 ff.
[7] Z. B. die Abänderung des Organisationsreglementes selbst.

schlussfähigkeit nicht gegeben ist, wenn nicht wenigstens ein «Vertreter» jeder Aktionärsgruppe (bzw. des Minderheitsaktionärs) anwesend ist.

21 Umgekehrt findet sich im Organisationsreglement oft eine Bestimmung, wonach ausnahmsweise *kein Präsenzquorum* eingehalten werden muss, wenn ausschliesslich die erfolgte Durchführung einer Kapitalerhöhung festzustellen und die daran anschliessende Statutenänderung zu beschliessen sind. Diese auf den ersten Blick erstaunliche Regelung hat ihren Grund darin, dass das neue Recht den Feststellungsbeschluss nach dem Abschluss eines Kapitalerhöhungsverfahrens und die entsprechende Statutenänderung dem Verwaltungsrat zuweist (vgl. OR 651a I, 652g, 653g, dazu § 52 N 164 ff, 267 ff). Um für diese – öffentlich zu beurkundenden – Routinebeschlüsse nicht die Mehrheit der Verwaltungsratsmitglieder bemühen zu müssen, wird daher für Sitzungen, die sich ausschliesslich mit diesem Traktandum zu befassen haben, auf ein Präsenzquorum verzichtet.

2. Zwingende Verankerung des Kopfstimmprinzips

22 Während sich das Stimmrecht des Aktionärs grundsätzlich nach seiner Kapitalbeteiligung richtet (OR 692 I, dazu § 39 N 53), gilt im Verwaltungsrat – obwohl das Gesetz dazu schweigt – nach unbestrittener Lehre und Praxis zwingend das Prinzip der *einen Stimme pro Kopf*[8]. Es ist dies ein Ausfluss der Gleichberechtigung aller Verwaltungsratsmitglieder (vgl. § 28 N 76 f). Pluralstimmrechte einzelner Mitglieder – etwa des Vertreters des Hauptaktionärs – sind also nicht möglich[9].

3. Quoren für die Beschlussfassung

23 a) Nach OR 713 I werden die Beschlüsse des Verwaltungsrates «mit der Mehrheit der abgegebenen Stimmen gefasst». Im Gegensatz zum dispositiven Recht für die Generalversammlung (OR 703, dazu § 24 N 25) gilt also im Verwaltungsrat das *relative Mehr*. Gezählt werden die Ja- und die Nein-Stimmen, und ein positiver Beschluss ist zustande gekommen, wenn mehr Verwaltungsratsmitglieder für als gegen einen Antrag votieren. Die Stimmen der Mitglieder, die sich passiv verhalten oder sich ausdrücklich der Stimme enthalten, zählen also ebensowenig wie die der abwesenden Mitglieder.

24 Die *relative* Mehrheit zwingt eher dazu, Stellung zu nehmen, da sich Stimmenthaltungen weder negativ noch positiv auswirken. Dagegen wirken sich bei der *absoluten* Mehrheit Stimmenthaltungen gleich wie Nein-Stimmen aus, weshalb das Erfordernis der absoluten Mehrheit eine «höfliche Art des Neinsagens» erlaubt.

---

[8] Vgl. BGE 71 I 187 ff. Vgl. aber zum Stichentscheid des Vorsitzenden nachstehend N 29 ff.
[9] Vgl. aber zum allfälligen Recht auf Stellvertretung nachstehend N 33 ff.

b) Nach herrschender Lehre ist OR 713 I Satz 1 jedoch nur dispositiver Natur[10]. Im Organisationsreglement können daher andere Beschlussquoren vorgesehen werden, sei es generell, sei es für einzelne wichtige Traktanden[11,12].

Im Organisationsreglement wird gelegentlich statt des relativen das absolute Mehr der Anwesenden vorgesehen. Verbreitet sind sodann qualifizierte Quoren für besonders wichtige Beschlüsse.

c) Während der Aktionär nach zwingendem Recht frei entscheiden kann, ob er seine Stimme abgeben will oder nicht, kann für die Mitglieder des Verwaltungsrates im Organisationsreglement eine *Stimmpflicht* vorgesehen werden.

d) In der Praxis ist vor allem in Verwaltungsräten mit wenigen Mitgliedern die Tendenz festzustellen, *Einstimmigkeit* anzustreben, obwohl an sich das Mehrheitsprinzip gilt. Es wird dann jeweils so lange diskutiert und es werden die Anträge so weitgehend modifiziert, dass sich schliesslich sämtliche Mitglieder des Verwaltungsrates einverstanden erklären können oder sich (schlimmstenfalls) der Stimme enthalten. Es ist dann geradezu ein «Ereignis», wenn – vielleicht nach Jahren – wieder einmal eine formelle Abstimmung erforderlich wird.

4. *Der Stichentscheid des Vorsitzenden*

a) Nach OR 713 I hat im Verwaltungsrat der Vorsitzende «den Stichentscheid, sofern die Statuten nichts anderes vorsehen»[13]. Insofern wird das Kopfstimmprinzip modifiziert.

Da der Vorsitz im Verwaltungsrat regelmässig durch dessen Präsidenten ausgeübt wird, wirkt sich der Stichentscheid in der Praxis als Vorrecht des Verwaltungsratspräsidenten aus. Übt ausnahmsweise ein anderes Verwaltungsratsmitglied den Vorsitz aus, kommt auch ihm der Stichentscheid zu.

Die GV kann den Stichentscheid durch eine statutarische Bestimmung wegbedingen. Insofern – aber nur insofern (vgl. § 30 N 65) – kann sie auf die Regeln für die Beschlussfassung im Verwaltungsrat Einfluss nehmen.

---

[10] So Tanner (zit. § 24 N 1) 357 ff. Die Gegenposition wird mit einem Hinweis auf OR 713 I Satz 2 begründet, der eindeutig dispositiv ausgestaltet ist. E contrario soll dagegen Satz 1 zwingend sein. Vertreten wird auch eine Mittellösung: Danach wäre das relative Mehr nach OR 713 I zwingend vorgeschrieben für Beschlüsse, die vom Verwaltungsrat gefasst werden *müssen*, während andere Beschlüsse (z. B. betreffend neue Investitionsvorhaben) einer erschwerten Beschlussfassung unterstellt werden könnten.
[11] Immerhin fragt es sich, ob für Beschlüsse, die gefasst werden *müssen,* ein qualifiziertes Mehr (das solche Beschlüsse allenfalls vereitelt) eingeführt werden darf. Stets zulässig dürfte die Einführung des Erfordernisses der *absoluten* Mehrheit sein.
[12] Nach der hier vertretenen, von P. Nobel nicht geteilten Auffassung ist dagegen eine entsprechende *statutarische* Bestimmung wegen des unentziehbaren Selbstorganisationsrechts des Verwaltungsrates nicht mehr zulässig, vgl. § 30 N 66.
[13] Für die GV ist die Ordnung umgekehrt: Nach dispositivem Gesetzesrecht hat der Vorsitzende *keinen* Stichentscheid, doch kann dieser durch die Statuten eingeräumt werden, vgl. § 24 N 56 ff.

32   b) In Organisationsreglementen (und Statuten) findet sich zuweilen die Bestimmung, bei Stimmengleichheit zähle die Stimme des Vorsitzenden *doppelt*. Abgesehen davon, dass eine solche Regelung im Lichte des zwingenden Kopfstimmprinzips rechtlich problematisch ist, erscheint sie auch sachlich als nicht zweckmässig: Der Stichentscheid ermöglicht es dem Vorsitzenden, aufgrund der entstandenen Pattsituation zu entscheiden, ob er an seiner Position festhalten will. Nicht selten wird er darauf verzichten, einen Antrag – obwohl er ihn grundsätzlich befürwortet – mit seiner Stimme «durchzudrücken». Er wird dann den Antrag, dem er zunächst zugestimmt hat, mit seinem Stichentscheid ablehnen. Diese (sinnvolle) Möglichkeit entfällt, wenn die Stimme des Vorsitzenden automatisch doppelt zählt.

5. Stellvertretung im Verwaltungsrat

33   a) Das Mitglied des Verwaltungsrates hat seine Aufgaben *persönlich* zu erfüllen (vgl. § 28 N 18). Eine *Stellvertretung* in den Verwaltungsratssitzungen und insbes. bei der Stimmabgabe ist daher grundsätzlich *abzulehnen*.

34   Unbestritten ist dies für die Stellvertretung durch Drittpersonen. Die herrschende Lehre lehnt aber auch eine Vertretung durch andere Verwaltungsratsmitglieder ab[14]. Dagegen findet sich in der neueren Lehre vereinzelt die Ansicht, eine Vertretung durch andere Verwaltungsratsmitglieder sei in engen Grenzen zulässig[15].

35   b) Von der Lehre überwiegend als zulässig erachtet wird die Wahl von *Suppleanten*, die als solche von der GV gewählt werden und ihr Amt in den Zeiträumen ausüben, in denen das ordentliche Verwaltungsratsmitglied an der Wahrung seiner Teilnahmepflicht verhindert ist (vgl. § 28 N 185 ff).

6. Stimmbindungen für Verwaltungsratsmitglieder in Treuhand- und Aktionärbindungsverträgen

36   a) Fiduziarisch tätige Mitglieder des Verwaltungsrates verpflichten sich gegenüber dem Treugeber in der Regel, dessen Weisungen – auch im Hinblick auf die Stimmabgabe im Verwaltungsrat – zu befolgen.

37   Wie bei Stimmbindungsvereinbarungen von Aktionären sind in solchen Fällen die vertragsrechtliche und die körperschaftsrechtliche Seite klar auseinanderzuhalten: Aufgrund des Treuhandvertrages *muss* der Fiduziar die Stimme weisungs-

---

[14]   Vgl. statt vieler Böckli N 1491 und Plüss (zit. § 27 N 1) 84 f.
[15]   In diesem Sinne Martin Weber: Vertretung im Verwaltungsrat, Qualifikation – Zulässigkeit – Schranken (Diss. Zürich 1994 = SSHW 155) passim: Die Vertretung soll aufgrund einer ausdrücklichen statutarischen Grundlage möglich sein, jedoch nur gestützt auf eine Spezialvollmacht für eine einzelne Sitzung, wobei der Vertretene verantwortlich bleibt und kein Verwaltungsratsmitglied mehr als ein anderes vertreten darf. Für die Möglichkeit einer Stellvertretung aufgrund einer statutarischen Basis auch Markus Trottmann in: JBHReg *1993* 51 ff.

gemäss abgeben[16], gesellschaftsrechtlich betrachtet *kann* er aber auch anders stimmen. Verletzt der Treuhänder die Vertragspflicht, ist seine Stimme trotzdem so wie sie abgegeben wurde gültig.

Bei der Befolgung von Weisungen muss das fiduziarisch tätige Verwaltungsratsmitglied sodann – anders als der Aktionär in der GV – eine zusätzliche *Schranke* beachten: Der Verwaltungsrat ist verpflichtet, für die Interessen der Gesellschaft zu sorgen, sein Amt mit aller Sorgfalt auszuüben (vgl. § 28 N 19 ff). Seiner Pflicht aus dem Treuhandvertrag kann daher eine gesellschaftsrechtliche Pflicht der Interessenwahrung zugunsten der AG entgegenstehen. Diese Pflicht aus Gesellschaftsvertrag geht vor; das Verwaltungsratsmitglied, das Weisungen des Treuhänders befolgt und dabei Interessen der Gesellschaft missachtet, trifft daher die volle Verantwortung. Umgekehrt kann er u. E. nicht wegen einer Verletzung des Treuhandvertrages verantwortlich gemacht werden, wenn er Entscheide trifft, die im Interesse der Gesellschaft gefordert sind, aber den Weisungen widersprechen.

Vgl. im übrigen § 28 N 175 ff.

b) Dieselben Überlegungen gelten für Bindungen hinsichtlich der Stimmabgabe, die ein Verwaltungsratsmitglied in einem *Aktionärbindungsvertrag* eingegangen ist.

7. *Nichtigkeit und Anfechtbarkeit von Verwaltungsratsbeschlüssen?*

a) Verwaltungsratsbeschlüsse sind – im Gegensatz zu Beschlüssen der Generalversammlung (dazu § 25 N 11 ff) – nach feststehender Praxis[17] und absolut herrschender Lehre[18] *nicht anfechtbar.*

b) Dagegen sollen nach OR 714 für die Beschlüsse des Verwaltungsrates «sinngemäss die gleichen Nichtigkeitsgründe wie für die Beschlüsse der Generalversammlung» gelten. Von den in OR 706b exemplifikativ aufgezählten Nichtigkeitsgründen dürfte Ziff. 3 – Missachtung von Grundstrukturen der AG und von Bestimmungen zum Kapitalschutz – im Vordergrund stehen, während Ziff. 1 und 2 bei Beschlüssen des Verwaltungsrates kaum in Betracht kommen.

Nichtig wären etwa Bestimmungen des Organisationsreglementes, die einzelnen Verwaltungsratsmitgliedern das Recht zur Teilnahme an den Sitzungen oder das Stimmrecht entziehen, ebenso solche, mit denen einzelnen Mitgliedern des Verwaltungsrates ein

---

[16] A.M. Peter Böckli: Aktionärbindungsverträge, Vinkulierung und statutarische Vorkaufsrechte unter neuem Aktienrecht, ZBJV *1993* 475 ff, 484 ff: Danach soll im Rahmen der unentziehbaren Verwaltungsratskompetenzen eine vertragliche Stimmbindung von Mitgliedern des Verwaltungsrates grundsätzlich unzulässig sein. Nach der hier vertretenen Auffassung ist dagegen – wie hinsichtlich der Stimmabgabe in der GV – die vertragliche Bindung im Verhältnis zwischen Treugeber und Treuhänder weiterhin möglich. Zu ihren Schranken vgl. sogleich N 38.
[17] BGE 76 II 63, 109 II 243 f, ZR *1987* Nr. 127 S. 310 f.
[18] A. M. aber mit ausführlicher Begründung Eric F. Stauber: Das Recht des Aktionärs auf gesetz- und statutenmässige Verwaltung ... (Diss. Zürich 1985 = SSHW 79) insbes. 165 ff.

Pluralstimmrecht eingeräumt wird, ferner solche, die die Beschlussfassung im Verwaltungsrat von der Zustimmung von Drittpersonen abhängig machen.

44   Die für nichtige Beschlüsse der GV entwickelten Regeln sind nicht nur hinsichtlich der Nichtigkeits*gründe* analog anzuwenden, sondern auch im übrigen, etwa mit Bezug auf die *Geltendmachung* der Nichtigkeit (dazu § 25 N 128 ff).

45   Vgl. im übrigen das für nichtige GV-Beschlüsse Ausgeführte, § 25 N 86 ff.

III. Zirkulationsbeschlüsse insbesondere

46   a) Was das Bundesgericht für die GV nicht zugelassen hat[19], sanktioniert das Gesetz ausdrücklich für den Verwaltungsbereich, nämlich die Möglichkeit, Beschlüsse *schriftlich, auf dem Zirkulationswege* zu fassen (OR 713 II).

47   Diese Form der Beschlussfassung kommt vor allem für Routinetraktanden und solche von untergeordneter Bedeutung in Betracht, ferner bei Dringlichkeit, wenn es nicht gelingt, eine Sitzung einzuberufen. An sich kann aber jeder Verwaltungsratsbeschluss auch auf dem Zirkulationsweg gefasst werden.

48   b) Bei Zirkulationsbeschlüssen *entfällt die Beratung*. Der Antrag wird schriftlich vorgelegt, zweckmässigerweise unter Ansetzung einer Frist für die Stimmabgabe. Diese erfolgt ebenfalls schriftlich (d. h. per Brief, telegrafisch oder – im Gesetz [noch] nicht erwähnt – per Telefax, vgl. OR 13 II), meist durch Rücksendung des zugestellten Antrags- und Stimmformulars. Falls das Organisationsreglement nichts anderes bestimmt, gelten die normalen Quorumsvorschriften.

49   c) Jedes Verwaltungsratsmitglied kann – ohne dass es dafür besonderer Voraussetzungen oder einer Begründung bedürfte – die mündliche Beratung verlangen. Auch hiefür wird zweckmässigerweise eine Frist angesetzt, sei es im Einzelfall, sei es generell durch das Organisationsreglement.

50   Man beachte die gesetzliche Ordnung: Geäussert werden muss nicht die Zustimmung zum Zirkulationsverfahren, sondern dessen Ablehnung. Das Verfahren ist daher auch dann möglich, wenn nicht alle Mitglieder des Verwaltungsrates erreichbar sind.

51   d) Auch Zirkulationsbeschlüsse «sind in das Protokoll des Verwaltungsrates aufzunehmen»[20], wobei eine Protokollierung von «Verhandlungen» natürlich entfällt.

52   e) Eine *öffentliche Beurkundung* ist bei Zirkularbeschlüssen *nicht möglich*. Wo das Gesetz öffentlich beurkundete Verwaltungsratsbeschlüsse verlangt, kommen daher Zirkulationsbeschlüsse nicht in Betracht[21].

---

19   Vgl. § 23 N 12.
20   So ausdrücklich OR 1936 Art. 716. Das neue Recht verzichtet darauf, diese Selbstverständlichkeit zu erwähnen.
21   Vgl. Brückner (zit. § 14 Anm. 39) N 2995. In der Praxis werden daher für solche Beschlüsse oft Erleichterungen vorgesehen, um der Mehrheit der Verwaltungsratsmitglieder die Teilnahme an der Sitzung zu ersparen, vgl. § 52 N 175.

f) In der Praxis finden sich Formen der *erleichterten Beschlussfassung* für Fälle 53
von besonderer Dringlichkeit (z. B. Entscheid durch den Verwaltungsratspräsidenten allein oder durch den Ausschuss in Fragen, die an sich in den Zuständigkeitsbereich des Gesamtverwaltungsrates fallen, mit nachträglicher «Ratifizierung» durch den Gesamtverwaltungsrat). Solche Ausnahmen sollten sich auf ein Minimum beschränken. Sie sind im Organisationsreglement zu regeln.

7. Kapitel: Die Revisionsstelle

Materialien:
- Zur *Revisionsstelle:* Botschaft 99–104, 184–189; AmtlBull NR *1985* 1786 f, SR *1988* 515–517, NR *1990* 1388, SR *1991* 76.
- Zu *besonderen Prüfungsfällen:*
  - bei der Gründung (OR 635a): Botschaft 114 f; AmtlBull NR *1985* 1672–1678, SR *1988* 468–470;
  - bei der ordentlichen und genehmigten Kapitalerhöhung (OR 652f): Botschaft 122; AmtlBull NR *1985* 1672–1678, 1680 f, SR *1988* 471;
  - bei der bedingten Kapitalerhöhung (OR 653f): Botschaft 130; AmtlBull NR *1985* 1672–1678, 1686, SR *1988* 472 f, NR *1990* 1359;
  - bei der Aufhebung der Statutenbestimmungen über die bedingte Kapitalerhöhung (OR 653i): Botschaft 131; AmtlBull NR *1985* 1686, SR *1988* 473, (NR *1990* 1359), SR *1991* 65;
  - bei der Aufwertung (OR 670 II): Botschaft 150; AmtlBull NR *1985* 1721, SR *1988* 501–503, (NR *1990* 1363), SR *1991* 65;
  - bei Besorgnis der Überschuldung (OR 725 II): Botschaft 182 f; AmtlBull NR *1985* 1786, SR *1988* 515, NR *1990* 1388, SR *1991* 76;
  - bei der Kapitalherabsetzung (OR 732 II): Botschaft 190; AmtlBull NR *1985* 1788, SR *1988* 517 f, NR *1990* 1389;
  - bei der vorzeitigen Verteilung des Vermögens im Falle der Liquidation (OR 745 III): Botschaft 191, AmtlBull NR *1985* 1788, SR *1988* 519, NR *1990* 1389, SR *1991* 76, NR *1991* 852.
- Zum *Sonderprüfer:* Botschaft 90–92, 164–168; AmtlBull NR *1985* 1765–1773, SR *1988* 505 f, NR *1990* 1386 f, SR *1991* 75.

Das dritte obligatorische Organ der AG ist die *Revisionsstelle.* Wie für den Verwaltungsrat enthält das Gesetz bestimmte Wählbarkeitserfordernisse sowie Regeln über die Begründung und Beendigung des Mandats (OR 727–727f, dazu § 32). Weiter werden die Aufgaben der Revisionsstelle und bestimmte Verhaltenspflichten im Gesetz umschrieben (OR 728–731, dazu § 33). Ein besonderer Artikel gilt dem Konzernprüfer (OR 731a, dazu § 34).

Ausserhalb des Abschnitts über die Revisionsstelle sind bestimmte *besondere Prüfungsfälle* geregelt (dazu § 33 N 68 ff). Keine besondere Form der Revision – obwohl in der Durchführung der Tätigkeit mit dieser vergleichbar –, sondern ein Ausfluss der Kontrollrechte des Aktionärs ist sodann die *Sonderprüfung* (vgl. OR 697a-697g, dazu § 35).

§ 32 Wählbarkeitserfordernisse; Begründung und Beendigung des Mandats der Revisionsstelle

1   *Literatur:* Grundlegend Revisionshandbuch der Schweiz 1992 (Zürich 1992) Bd. I 327 ff. Vgl. sodann zum revidierten Recht Rosmarie Abolfathian-Hammer: Das Verhältnis von Revisionsstelle und Revisor zur Aktiengesellschaft (Diss. Bern 1992 = BBSW 5, mit umfassenden Literaturangaben); Müller/Lipp (zit. § 27 N 1) 343 ff; Robert Pennone: La révision, in: Ciocca (vgl. LV) 393 ff sowie aus den *Gesamtdarstellungen zum revidierten Aktienrecht* Basler Kommentar zu OR 727–727f (Pedroja/Watter); Böckli N 1775 ff; Guhl/Kummer/Druey 685 ff. – Zum *bisherigen Recht* (zum Teil durch die Reform überholt) vgl. Bürgi, Kommentierung von OR 727 sowie vor allem Alain Hirsch: L'organe de contrôle dans la société anonyme (Diss. Genève 1965) 51 ff; ferner Hans Heinrich Weber: Die Kontrollstelle der Aktiengesellschaft nach geltendem Recht ... (Diss. Zürich 1961).

2   Anders als für den Verwaltungsrat stellt das Gesetz für die Revisionsstelle gewisse Fähigkeits- und Unabhängigkeitserfordernisse auf (vgl. Ziff. I). Die Regeln für die Begründung und die Beendigung des Mandats sind ähnlich wie für das Verwaltungsratsmandat (vgl. Ziff. II und III). Besonderheiten gelten insofern, als eine Bestellung durch den Richter möglich ist (vgl. N 36 ff) und ein zurücktretender Revisor seinen Schritt zu begründen hat (vgl. N 55).

I. Wählbarkeitserfordernisse

3   Neben Anforderungen an die Befähigung (vgl. Ziff. 1) und die Unabhängigkeit (vgl. Ziff. 3) besteht ein Wohnsitz- bzw. Sitzerfordernis (vgl. Ziff. 2). Sichergestellt wird, dass die Voraussetzungen auch bei der Bestellung einer juristischen Person oder Personengesellschaft materiell erfüllt sind (vgl. Ziff. 4). Ein gesetzliches Recht auf Vertretung im Falle von verschiedenen Aktienkategorien gibt es nicht, wohl aber einen Schutz der Stammaktionäre, falls Stimmrechtsaktien ausgegeben worden sind (vgl. Ziff. 5).

1. Befähigung

4   a) Nach OR 727a müssen die Revisoren «befähigt sein, ihre Aufgabe bei der zu prüfenden Gesellschaft zu erfüllen». Das Gesetz stellt damit auf ein flexibles Kriterium ab, das in der Botschaft[1] wie folgt umschrieben wird:

5   «Die Befähigung zur Rechnungsprüfung setzt theoretische und praktische Kenntnisse im Gebiete des Rechnungswesens, der Betriebswirtschaftslehre sowie des Handels- und Steuerrechts voraus. Die erforderlichen Kenntnisse lassen sich nicht allgemein festlegen; sie hangen von der Art und der Grösse der zu prüfenden Gesellschaft ab. Die Prüfung einer Holding- oder Immobilien-Aktiengesellschaft verlangt geringere Erfahrung als die Revision eines Fabrikations- oder Handelsunternehmens. Verlangt wird somit eine gesell-

---

[1] S. 184.

schaftsspezifische, eine für die Revision der zu prüfenden Gesellschaft ausreichende Befähigung.»

Neben Rechts- und Rechnungslegungskenntnissen können auch etwa Sprach- oder besondere Branchenkenntnisse sowie solche der EDV erforderlich sein.

Ein besonderer Abschluss wird nicht verlangt[2], doch steht fest, dass die Laienrevision, wie sie bei kleinen Gesellschaften unter bisherigem Recht recht oft vorkam, nicht mehr möglich ist[3]. Mit der Zeit dürften sich objektive Anforderungs-Standards herausbilden.

b) Für gewisse Gesellschaften hat der Gesetzgeber in OR 727b *erhöhte Anforderungen* aufgestellt:

«Die Revisoren müssen besondere fachliche Voraussetzungen erfüllen, wenn
1. die Gesellschaft Anleihensobligationen ausstehend hat;
2. die Aktien der Gesellschaft an der Börse kotiert sind oder
3. zwei der nachstehenden Grössen in zwei aufeinanderfolgenden Geschäftsjahren überschritten werden:
   a) Bilanzsumme von 20 Millionen Franken,
   b) Umsatzerlös von 40 Millionen Franken,
   c) 200 Arbeitnehmer im Jahresdurchschnitt.»

Während für die Grosszahl von Aktiengesellschaften besonders befähigte Revisoren schon aus Kapazitätsgründen nicht verlangt werden konnten, will also der Gesetzgeber bei *volkswirtschaftlich bedeutenden Gesellschaften* und solchen, die den *Kapitalmarkt in Anspruch nehmen*, eine besonders qualifizierte Revision sicherstellen. Von der Regelung erfasst sein dürften etwa 2–3000 der über 170 000 Aktiengesellschaften.

Ein besonders befähigter Revisor wird auch vorgeschrieben für gewisse *ausserordentliche Prüfungsfälle,* nämlich die Prüfungen bei der bedingten Kapitalerhöhung (vgl. OR 653f, 653i, dazu § 33 N 75 ff und § 52 N 396 ff), bei Kapitalherabsetzungen (OR 732 II, dazu § 53 N 83 ff) und bei der vorzeitigen Verteilung des Liquidationsüberschusses (OR 745 III, dazu § 33 N 84 f und § 56 N 131 ff).

Für andere ausserordentliche Prüfungsfälle wird dagegen keine besondere Befähigung vorgeschrieben, so für die Gründungsprüfung (OR 635a, dazu § 15 N 49 ff), die Prüfung bei der ordentlichen und der genehmigten Kapitalerhöhung (OR 652f, dazu § 33 N 73 ff und § 52 N 158 ff), bei Aufwertungen (OR 670 II, dazu § 33 N 78 und § 50 N 314) und bei der Gefahr der Überschuldung (OR 725 II, dazu § 33 N 79 ff)[4].

---

[2] Doch dürften eidgenössische Diplome als Buchhalter/Controller, Treuhand- oder Steuerexperte in der Regel ein ausreichender Ausweis für die Befähigung sein, mit dem Vorbehalt von lit. b hienach.
[3] Zur Durchsetzung des Verbots vgl. OR 727e III, dazu N 50. Bei Übernahme des Mandats trotz ungenügender Sachkunde kann die Revisionsstelle persönlich verantwortlich werden, vgl. ZR *1979* Nr. 134 S. 309 und § 37 N 57.
[4] Für die Gründungsprüfung, die Prüfung bei der ordentlichen und der genehmigten Kapitalerhöhung und bei Aufwertungen hatte der bundesrätliche Entwurf eine besondere Befähigung verlangt. Das Erfordernis ist – sachlich zu Unrecht – im Parlament aus politischen Gründen gestrichen worden.

16 Die verlangten fachlichen Anforderungen sind vom Bundesrat in einer Verordnung näher umschrieben worden[5, 5a].

17 Als besonders befähigt gelten ohne weitere Voraussetzungen die diplomierten Bücherexperten (ab 1997 lautet der Titel: «dipl. Wirtschaftsprüfer»). Diplomierte Treuhand- und Steuerexperten und diplomierte Buchhalter/Controller gelten als besonders befähigt, wenn sie über eine praktische Erfahrung von fünf Jahren verfügen, Absolventen eines Hochschulstudiums in Betriebs-, Wirtschafts- oder Rechtswissenschaften und Absolventen einer vom Bund anerkannten Höheren Wirtschafts- und Verwaltungsschule bei einer praktischen Erfahrung von zwölf Jahren sind. Anerkannt werden auch ausländische Fähigkeitsausweise. Personen, die gemäss der 8. EG-Richtlinie auf dem Gebiet des Gesellschaftsrechts die Pflichtprüfung der Jahresrechnung durchführen dürfen, gelten als besonders befähigt, sofern sie die notwendigen Kenntnisse des schweizerischen Rechts besitzen. (Wie dieser Nachweis zu erbringen ist, wird nicht geregelt.)

18 Ist nicht ein einzelner Revisor, sondern eine Revisions*gesellschaft* (Handelsgesellschaft oder Genossenschaft) mit der Revision betraut, dann muss diejenige Person, welche die Revision leitet, den Anforderungen genügen (OR 727d II)[5b].

19 Ob die besonderen Fähigkeiten vorliegen, ist *vom Verwaltungsrat zu prüfen* (Verordnung Art. 3, vgl. § 30 N 60). Die der Prüfung zugrunde gelegten Unterlagen sind dem Handelsregisteramt einzureichen (vgl. HRV 86a II).

20 c) Bei *Banken* tritt zur aktienrechtlichen eine besondere *bankengesetzliche* Revisionsstelle hinzu (vgl. BankG 18 ff). Für die Durchführung von Bankenprüfungen ist eine Bewilligung der Eidg. Bankenkommission erforderlich, die nur erteilt wird, wenn die Revisionsstelle die in BankG 20 und BankV 35 umschriebenen strengen Voraussetzungen erfüllt[6]. Mit der aktienrechtlichen und der bankengesetzlichen Revision kann die gleiche Revisionsstelle betraut werden.

21 Auch in *anderen Spezialgesetzen* werden Revisoren mit besonderer Qualifikation vorgeschrieben, so etwa im Anlagefondsgesetz (vgl. AFG 52).

2. *Wohnsitz- bzw. Sitzerfordernisse*

22 Wenigstens *ein* Revisor muss in der Schweiz seinen Wohnsitz (natürliche Personen) oder Sitz (juristische Personen) oder eine eingetragene Zweigniederlassung haben (OR 727 II).

23 Dadurch soll die Vertrautheit mit den schweizerischen Verhältnissen gewährleistet und zudem sichergestellt werden, dass im Falle von Pflichtverletzungen mindestens ein Mitglied der Revisionsstelle in der Schweiz belangt werden kann.

---

[5] Vgl. OR 727b II und Verordnung über die fachlichen Anforderungen an besonders befähigte Revisoren vom 15. 6. 1992, SR 221.302, dazu BGE 119 II 259 ff.
[5a] Die Unterlagen, welche die besondere Befähigung nachweisen, sind am Hauptsitz des Revisors einzutragen und im SHAB zu publizieren, BGE 119 II 262 E 4.
[5b] Vgl. dazu BGE 119 II 262 E 3.
[6] Ein Verzeichnis der anerkannten Revisionsstellen – zur Zeit sind es knapp zwanzig – findet sich jeweils im Jahresbericht der Eidg. Bankenkommission.

3. *Unabhängigkeit*

a) Nach OR 727c I müssen die Revisoren «vom Verwaltungsrat und von einem Aktionär, der über die Stimmenmehrheit verfügt, unabhängig sein». Werden – wie dies in der Praxis häufig ist – Handelsgesellschaften oder Genossenschaften als Revisionsstelle bestellt, gilt das Unabhängigkeitserfordernis sowohl für die Gesellschaft wie auch für alle Personen, die die Prüfung durchführen (OR 727d III).

Eine Erweiterung des Erfordernisses ist für *Konzernverhältnisse* vorgesehen: Absolut gilt auch für den Konzern das Erfordernis der Unabhängigkeit von einem Aktionär, «der über die Stimmenmehrheit verfügt», also von der Konzernobergesellschaft. Überdies muss aber die Revisionsstelle auch von anderen Gesellschaften, «die dem gleichen Konzern angehören, unabhängig sein, sofern ein Aktionär oder ein Gläubiger dies verlangt.» (OR 727c II).

b) Das Gesetz erwähnt exemplifikativ zwei *Unvereinbarkeiten* (OR 727 I): Die Revisoren dürfen nicht «Arbeitnehmer der zu prüfenden Gesellschaft sein», und sie dürfen nicht «Arbeiten für diese ausführen, die mit dem Prüfungsauftrag unvereinbar sind»[7].

Die Treuhand-Kammer als Standesorganisation hat Richtlinien zum Erfordernis der Unabhängigkeit aufgestellt[8], die auch für Nichtmitglieder den Massstab korrekten Verhaltens setzen dürften. Die Unabhängigkeit des Revisors wird darin allgemein umschrieben als «dessen Fähigkeit ..., frei und unbeeinflusst vom geprüften Unternehmen bzw. dessen verantwortlichen Organen oder interessierten Dritten zu handeln und aufzutreten». Dieser Grundsatz wird in den Richtlinien konkretisiert, insbes. durch die Aufzählung bestimmter unvereinbarer Tätigkeiten, aber auch durch die – für kleinere Revisionsgesellschaften sehr einschneidende – Weisung, der Honoraranteil eines Klienten dürfe nicht mehr als 10 % der gesamten Mandatseinnahmen betragen.

4. *Die Wahl einer Handelsgesellschaft oder Genossenschaft insbesondere*

In die Revisionsstelle brauchen – anders als in den Verwaltungsrat (vgl. OR 707 III, dazu § 27 N 7) – nicht natürliche Personen gewählt zu werden. Vielmehr ist auch die Wahl von Handelsgesellschaften[9] und Genossenschaften möglich (vgl. OR 727d) und in der Praxis häufig.

Das Gesetz stellt sicher, dass auch in diesem Fall die Anforderungen an Fähigkeit (OR 727d II)[10], Unabhängigkeit (OR 727d III) und Wohnsitz bzw. Sitz (OR 727 II) erfüllt sind.

---

[7] Unter bisherigem Recht kam es dagegen vor, dass die Revisionsstelle auch gleich die von ihr zu revidierende Buchhaltung selber führte! Zum Erfordernis der Unabhängigkeit nach neuem Recht vgl. Handschin in SJZ *1994* 344 ff und Druey in ST *1995* 703 ff.
[8] Abgedruckt im Revisionshandbuch (zit. N 1) Bd. I 378 ff.
[9] Kommandit- und Kollektivgesellschaft, AG, Kommandit-AG und GmbH.
[10] Dazu präzisierend BGE 119 II 255 ff.

30 OR 727d spricht nur von der «Wahl» einer Handelsgesellschaft oder Genossenschaft. Es ist jedoch anzunehmen, dass auch der Richter, der ausnahmsweise eine Revisionsstelle einsetzt (OR 727f, dazu N 36 ff), die genannten Anforderungen zu beachten hat, obwohl das Gesetz erklärt, der Richter bestimme «den Revisor nach seinem Ermessen» (OR 727f II).

5. Minderheitenschutzbestimmungen

31 Für den Verwaltungsrat schreibt das Gesetz dann, wenn mehrere Aktienkategorien bestehen, das Recht jeder Kategorie auf einen Vertreter zwingend vor (OR 709 I, dazu § 27 N 78 ff). Ferner erwähnt es die Möglichkeit, anderen Minderheiten oder Gruppen von Aktionären ein Vertretungsrecht im Verwaltungsrat statutarisch einzuräumen (OR 709 II, dazu § 27 N 88 ff).

32 Für die Revisionsstelle fehlen entsprechende Bestimmungen. Ein gesetzliches Recht jeder Aktienkategorie auf Vertretung gibt es daher nicht. Doch können die Statuten trotz des Schweigens des Gesetzes Vertretungsrechte zugunsten von Aktionärsminderheiten auch im Schosse der Revisionsstelle vorsehen – sei es für bestimmte Aktienkategorien, sei es allgemein für Minderheiten oder für bestimmte Gruppen.

33 Eine Form des Minderheitenschutzes besteht von Gesetzes wegen im Falle von *Stimmrechtsaktien:* Gemäss OR 693 III Ziff. 1 findet das Stimmprivileg bei der Wahl der Revisionsstelle keine Anwendung; es ist daher nach Nennwerten abzustimmen.

II. Die Bestellung der Revisionsstelle

1. Der Normalfall: Die Wahl

34 Die Wahl der Revisionsstelle (OR 727 I) gehört – wie die des Verwaltungsrates – zu den unübertragbaren Befugnissen der GV (vgl. OR 698 II Ziff. 2 und dazu § 22 N 21 ff)[10a].

35 Die Wahl ist annahmebedürftig, und es ist die Annahme gegenüber dem Handelsregister nachzuweisen[11].

2. Einsetzung durch den Richter

36 a) Die gesetzlichen Bestimmungen zur Revisionsstelle dienen nicht nur dem Schutz der Aktionäre, sie sind vielmehr «auch zum Schutze Dritter erlassen

---

[10a] Tritt der Revisor zwischen zwei ordentlichen Generalversammlungen zurück, dann ist eine ausserordentliche GV einzuberufen, die eine Neuwahl vorzunehmen hat, BGE 120 II 427.

[11] Vgl. die Ausführungen zur analogen Ordnung bei der Wahl von Verwaltungsratsmitgliedern in § 27 N 23.

worden...»[12]. Der Gesetzgeber trägt daher Sorge dazu, dass das Amt der Revisionsstelle auch wirklich besetzt ist:

b) Anders als unter bisherigem Recht sind die Revisoren im Handelsregister einzutragen (OR 641 Ziff. 10, vgl. sogleich N 44). Das Ausscheiden des bisherigen Revisors wird daher dem Registerführer bekannt. Dieser – und nötigenfalls der *Richter* – sorgt für die Neubesetzung, vgl. OR 727f:

«Erhält der Handelsregisterführer davon Kenntnis, dass der Gesellschaft die Revisionsstelle fehlt, so setzt er ihr eine Frist zur Wiederherstellung des gesetzmässigen Zustandes.

Nach unbenütztem Ablauf der Frist ernennt der Richter auf Antrag des Handelsregisterführers die Revisionsstelle für ein Geschäftsjahr.»[12a].

Der Richter kann den Revisor «nach seinem Ermessen» bestimmen (OR 727f II). Diese Ermessensfreiheit ist u. E. als Unabhängigkeit von allfälligen Anträgen der Gesellschaft[12b] zu verstehen. Dagegen ist – wie erwähnt – auch der Richter gehalten, die allgemeinen Anforderungen an Befähigung, Unabhängigkeit und Wohnsitz bzw. Sitz gemäss OR 727 ff einzuhalten.

Ein vom Richter Bestellter ist frei, das ihm übertragene Mandat *abzulehnen* oder auch zu einem späteren Zeitpunkt – etwa wegen Nichtbezahlung des Honorars – wieder davon *zurückzutreten*. In der Praxis kann dies zu Schwierigkeiten führen[12c].

3. Amtsdauer und Wiederwahl

a) Die Revisionsstelle kann für höchstens drei Jahre gewählt werden (OR 727e I)[13].

---

[12] BGE 106 II 235.
[12a] Dazu Thomas Schmid: Der Antrag des Handelsregisterführers auf Ernennung einer Revisionsstelle ..., JBHReg *1995* 98 ff.
[12b] Ist der Richter anzurufen, dann steht der AG kein Vorschlags- oder Wahlrecht mehr zu, SJZ *1995* 341 f, AGVE *1993* 31 ff.
[12c] Vgl. als Beispiel ZR *1995* Nr. 42 S. 132 f. In jenem Fall verhinderte die Gesellschaft die Bestellung, indem sie den erforderlichen Kostenvorschuss nicht bezahlte. Daraufhin verfügte der Richter die Auflösung der AG.
Zur Durchsetzung der Bestellung eines Revisors sind einzelne Gerichte dazu übergegangen, die Leistung des für die Bezahlung der Revisionsstelle bestimmten Vorschusses durch die Androhung der konkursamtlichen Liquidation im Säumnisfall zu verstärken. Diese Praxis ist problematisch, da dadurch auch finanziell durchaus gesunde Gesellschaften der konkursamtlichen Liquidation zugeführt werden können und so dieses Institut für sachfremde Zwecke eingesetzt wird.
[13] Es scheint, dass der Gesetzgeber – freilich grundlos – eine andere Ordnung als für den Verwaltungsrat aufgestellt hat: Gemäss OR 710 beträgt die Amtsdauer des Verwaltungsrates nach dispositivem Gesetzesrecht drei Jahre und kann eine andere Dauer nur durch statutarische Bestimmung festgelegt werden. OR 727e I erklärt dagegen für die Revisionsstelle nur, die Amtsdauer daure «höchstens drei Jahre». Eine dispositive gesetzliche Dauer wird somit nicht erklärt. Enthalten die Statuten keine Bestimmung – die Amtsdauer der Revisionsstelle gehört nicht zum absolut notwendigen Statuteninhalt –, wird es daher der Generalversammlung freistehen, die Amtsdauer bei der Wahl bis zur Maximalfrist von drei Jahren festzulegen. Fehlt eine Bestimmung im Wahlbeschluss, ist eine Amtsdauer von drei Jahren anzunehmen.

42 Häufig ist die Wahl für ein Jahr. Damit kann alljährlich neu entschieden werden, ob die Revisionsstelle beibehalten oder ausgewechselt werden soll, ohne dass zum «Affront» der Abberufung gegriffen werden muss, wie dies bei mehrjährigen Amtsdauern allenfalls unumgänglich wäre.

43 b) Wiederwahl ist beliebig zulässig, wenn nicht die Statuten – was kaum je vorkommt – etwas anderes bestimmen.

4. Eintragung im Handelsregister

44 Nach OR 641 Ziff. 10 muss die Revisionsstelle im Handelsregister eingetragen werden, «unter Angabe des Wohnsitzes, des Sitzes oder einer im Handelsregister eingetragenen Zweigniederlassung»[14]. Ist der Revisor *offensichtlich* nicht unabhängig im Sinne von OR 727c, dann ist die Eintragung abzulehnen.

III. Die Beendigung des Mandats

45 Analog dem Verwaltungsratsmandat endet auch das Mandat der Revisionsstelle ordentlich mit dem Ablauf der Amtsdauer (Ziff. 1), ausserordentlich durch Abberufung oder Rücktritt (Ziff. 2 und 3). Weitere Beendigungsgründe sind denkbar (Ziff. 4). Nach der Beendigung des Mandats ist die Revisionsstelle im Handelsregister zu löschen (Ziff. 5). Anders als für den Verwaltungsrat ist das Vorgehen bei Vakanzen gesetzlich geregelt (Ziff. 6).

1. Ablauf der Amtsdauer

46 Für den ordentlichen Beendigungsgrund des Ablaufs der Amtsdauer präzisiert OR 727e I, dass das Ende nicht auf den Jahrestag der Wahl fällt, sondern auf den Tag der «Generalversammlung, welcher der letzte Bericht zu erstatten ist»[15]. Diese Regelung drängte sich schon wegen der Präsenzpflicht der Revisionsstelle (OR 729c, dazu § 33 N 47) auf.

2. Abberufung

47 a) Auch das Verhältnis zur Revisionsstelle ist ein Vertrauensverhältnis; der Generalversammlung steht daher das jederzeitige voraussetzungslose Abberufungsrecht zu (OR 727e III, vgl. § 22 N 29 f, ferner zur analogen Ordnung für den Verwaltungsrat § 27 N 38 ff).

48 Wie beim Verwaltungsrat (dazu § 27 N 42) bleiben Entschädigungsansprüche der abberufenen Mitglieder der Revisionsstelle vorbehalten (OR 705 II i. V. m. OR 705 I). Dabei geht es in erster Linie um die Honorierung bereits geleisteter Arbeit. Ausnahmsweise ist analog OR 404 II Schadenersatz wegen Abberufung «zur Unzeit» denkbar.

---

[14] Zur Eintragung besonders befähigter Revisoren und zur Hinterlegung der Belege ihrer Befähigung beim Handelsregister vgl. HRV 86a II sowie BGE 119 II 255 ff.
[15] Eine analoge Ordnung nimmt die Praxis für das Verwaltungsratsmandat an, vgl. § 27 N 36.

Nicht von der GV abberufen werden kann eine Revisionsstelle, die gemäss OR 727f vom Richter eingesetzt worden ist. Doch kann deren Abberufung durch die Gesellschaft verlangt werden, vgl. lit. c. 49

b) Nach OR 727e III kann ausserdem jeder Aktionär oder Gläubiger durch Klage gegen die Gesellschaft die Abberufung eines Revisors verlangen, der die Voraussetzungen für das Amt (dazu N 3 ff) nicht oder nicht mehr erfüllt[16]. Die Klage kann – unter dem Vorbehalt des Rechtsmissbrauchs bei bewusster Verzögerung – jederzeit angehoben werden. Das Verfahren richtet sich nach kantonalem Prozessrecht[17]. 50

Der Aktionär – nicht aber der Gläubiger – kann bei der Wahl einer Revisionsstelle, die die gesetzlichen Voraussetzungen nicht erfüllt, auch nach OR 706 vorgehen (dazu § 25 N 11 ff), was er allenfalls wegen der Kostenregelung von OR 706a III (dazu § 25 N 79 ff) vorziehen wird. 51

c) Eine vom Richter eingesetzte Revisionsstelle ist vom Richter abzuberufen, wenn die Gesellschaft dies aus wichtigen Gründen – d.h. bei Unzumutbarkeit – verlangt (OR 727f IV). 52

3. *Rücktritt*

a) Die Revisionsstelle kann jederzeit und voraussetzungslos zurücktreten[18]. 53

Der Rücktritt kann formfrei erklärt werden, doch ist Schriftlichkeit aus Beweisgründen zweckmässig. Die Erklärung wird an die Gesellschaft zuhanden der GV zu richten sein. Fehlt einer Gesellschaft der Verwaltungsrat oder ist dieser inaktiv, dürfte es sich empfehlen, dass die Revisionsstelle gemäss OR 699 I die GV einberuft und ihr den Rücktritt in der Versammlung erklärt. 54

Obwohl der Rücktritt voraussetzungslos möglich ist, hat der zurücktretende Revisor dem Verwaltungsrat die *Gründe anzugeben,* und dieser hat sie der nächsten GV mitzuteilen (OR 727e II). Dadurch sollen allfällige Missstände in der Gesellschaft, die häufig Grund für den Rücktritt sind, offengelegt werden. 55

b) Auch der vom Richter eingesetzte Revisor kann jederzeit und voraussetzungslos zurücktreten. Er hat seinen Rücktritt dem Richter mitzuteilen (OR 727f III). 56

c) Häufiger als der Rücktritt – der in der Regel nur als Notbremse zur Vermeidung einer persönlichen Verantwortung benutzt wird – ist es in der Praxis, dass sich die Revisionsstelle nicht zur Wiederwahl stellt. 57

---

[16] Vgl. dazu Marc-Antoine Schaub: La révocation du réviseur, ST *1992* 778 ff.
[17] Gemäss Zürcher Zivilprozessordnung § 219 Ziff. 14a ist der Einzelrichter im summarischen Verfahren zuständig.
[18] Immerhin besteht bei einem Rücktritt zur «Unzeit» allenfalls eine Schadenersatzpflicht gemäss oder analog OR 404 II.

4. Weitere Beendigungsgründe

58   Auch das Mandat des Revisors kann durch Tod oder Eintritt der Urteils- bzw. Handlungsunfähigkeit sein Ende finden. Dasselbe dürfte gelten, wenn eine Revisionsgesellschaft in Konkurs gerät.

59   Dagegen wird das Mandat nicht ohne weiteres beendet, wenn Wählbarkeitserfordernisse entfallen. Doch darf ein Revisor, der die gesetzlichen Anforderungen nicht mehr erfüllt, nicht wiedergewählt werden.

5. Die Löschung im Handelsregister

60   Wie der Rücktritt eines Verwaltungsratsmitgliedes ist auch der Rücktritt der Revisionsstelle (oder eines einzelnen Revisors, falls mehrere Revisoren gewählt wurden, was eher selten ist) dem Handelsregister zur Löschungseintragung anzumelden. Unterlässt der Verwaltungsrat die Anmeldung innert dreissig Tagen, kann der Ausgeschiedene die Löschung selbst anmelden (OR 727e IV). Es gilt das für den Verwaltungsrat Ausgeführte (vgl. § 27 N 52 ff).

6. Exkurs: Vakanz der Revisionsstelle

61   Die Regelung ist in dem Sinne anders als beim Verwaltungsrat[19], als das Gesetz Vorschriften enthält, die durch ein Zusammenwirken von Handelsregisterführer und Richter dafür sorgen sollen, dass das Amt der Revisionsstelle im Falle von Vakanzen möglichst rasch wieder besetzt wird, vgl. vorn N 36 ff.

IV. Exkurs: Die interne Revision[20]

62   Vom Gesetz nicht verlangt (aber bei grossen Gesellschaften mehr und mehr üblich) ist die Einsetzung einer sog. *Internen Revision* (auch Inspektorat oder Revisorat bezeichnet)[21]. Dieser obliegt die laufende Kontrolle (im Gegensatz zur periodischen Revision durch die Revisionsstelle). Revisionsstelle und interne Revision arbeiten regelmässig zusammen, um Schwerpunkte setzen, zugleich aber auch Doppelspurigkeiten vermeiden zu können. Doch darf die Revisionsstelle ihre Hauptaufgaben nicht an die Interne Revision delegieren.

63   Für Banken verlangt die Eidg. Bankenkommission eine interne Revisionsstelle, falls gewisse (tief angesetzte) Grössenkriterien erfüllt sind[22].

---

[19] Zu jener vgl. § 27 N 58 ff.
[20] Vgl. dazu zahlreiche Beiträge in ST *1994* 1007 ff und ST *1995* 1 ff.
[21] Die Interne Revision ist in der Regel direkt dem Verwaltungsrat oder seinem Präsidenten unterstellt.
[22] Vgl. das Rundschreiben der Eidg. Bankenkommission vom 3.10.1988: Interne Revision (Inspektorat).

§ 33 Aufgaben und Verhaltenspflichten

Literatur: Grundlegend Revisionshandbuch der Schweiz (zit. § 32 N 1) Bd. I 350 ff, Bd. II 497 ff. Vgl. sodann zum revidierten Recht Abolfathian-Hammer (zit. § 32 N 1) 16 ff; Max Boemle: Der Jahresabschluss (2. A. Zürich 1993) 363 ff; Carl Helbling: Revisions- und Bilanzierungspraxis (3. A. Bern/Stuttgart 1992 = Schriftenreihe der Treuhand-Kammer Bd. 103); ders.: Bilanz- und Erfolgsanalyse (9. A. Bern/Stuttgart 1994 = Schriftenreihe der Treuhand-Kammer Bd. 70) 307 ff; Müller/Lipp (zit. § 27 N 1) 364 ff; Peter Nobel: Chancen und Risiken des Prüfers nach neuem Aktienrecht, in: Kammertagung 1993 (Zürich 1994 = Schriftenreihe der Treuhand-Kammer 129) 25 ff; Pennone (zit. § 32 N 1); Otto Rüegsegger (Hg.): Prüfung der Jahresrechnung in der Schweiz (Zürich 1991 ff [Loseblattwerk]) sowie aus den *Gesamtdarstellungen zum revidierten Aktienrecht*, Basler Kommentar zu OR 728–731 (Pedroja/Watter); Böckli N 1798 ff; Guhl/Kummer/Druey 697 ff. – Zum *bisherigen Recht* (zum Teil durch die Reform überholt) vgl. Bürgi, Kommentierung von OR 728–731; Edouard Folliet: Le contrôleur dans les sociétés anonymes (Diss. Genève 1957); Hirsch (zit. § 32 N 1) 91 ff; Hans Morger: Die Prüfungspflicht der internen und externen Kontrollstelle im schweizerischen Aktienrecht (Diss. Zürich 1957); André Zünd: Revisionslehre (Zürich 1982) sowie die Sammelbände «Aufgaben und Verantwortlichkeit der Kontrollstelle» (Zürich 1979 = Schriftenreihe der Schweizerischen Treuhand- und Revisionskammer Bd. 36) und «Rechtsgrundlagen und Verantwortlichkeit des Abschlussprüfers» (Zürich 1980 = Schriftenreihe der Schweizerischen Treuhand- und Revisionskammer Bd. 45). – Für *weitere Literaturangaben* vgl. Revisionshandbuch Bd. I 381 ff.

I. Übersicht

Das Gesetz nennt im Abschnitt über die Aufgaben der Revisionsstelle zunächst die Pflicht zur Abschlussprüfung (OR 728, dazu Ziff. II), sodann Berichterstattungs- und Meldepflichten (OR 729–729c, dazu Ziff. III). Betont wird die Verpflichtung der Revisoren zur Verschwiegenheit (OR 730, dazu Ziff. VII). Ausdrücklich erwähnt – und eingeschränkt – wird die Möglichkeit, die Aufgaben der Revisoren detaillierter zu regeln und zu erweitern (OR 731, dazu Ziff. VI).

An anderer Stelle des Gesetzes werden weitere Prüfungsfälle geregelt (vgl. Ziff. IV).

Ausnahmsweise können der Revisionsstelle Aufgaben zukommen, die eigentlich im Funktionsbereich des Verwaltungsrates liegen (vgl. OR 729b II, 699 I, dazu Ziff. V).

Hingewiesen wird im folgenden auch auf die Verantwortlichkeit der Revisionsstelle (Ziff. VIII) und auf die Bedeutung der von der Standesorganisation der Prüfer erarbeiteten Publikationen (Ziff. IX).

II. Die Pflicht zur Abschlussprüfung

1. Die Gesetzesvorschrift

6 a) Nach OR 728 I hat die Revisionsstelle zu prüfen,
7 – ob die Buchführung Gesetz und Statuten entpricht,
8 – ob dies auch hinsichtlich der Jahresrechnung (also der Erfolgsrechnung, der Bilanz und des Anhangs, OR 662 II) der Fall ist und
9 – ob der Antrag des Verwaltungsrates über die Verwendung des Bilanzgewinnes gesetzes- und statutenkonform ist.

10 Nach der Ansicht des Bundesrates verlangt OR 728 I «eine integrale Legalitätsprüfung der Buchführung und Rechnungslegung»[1]. In der Literatur wird diese Umschreibung zu Recht als zu breit kritisiert: Vielmehr kann es nur darum gehen, die Einhaltung der allgemeinen und der spezifisch aktienrechtlichen Vorschriften zur *Rechnungslegung* (vgl. OR 957 ff, 662 ff) und zur *Bewertung* (vgl. OR 960, 664 ff) sowie die Beachtung der aktienrechtlichen *Kapitalschutzbestimmungen* (vgl. insbes. OR 671 ff, 725) zu prüfen. Auch in dieser Beschränkung ist die Vorschrift nur formell klar, inhaltlich dagegen wenig bestimmt. Insbesondere geht daraus nicht hervor, ob sich die Revisionsstelle auf eine formelle Prüfung beschränken darf (dazu Ziff. 2) bzw. wie weit die materielle Prüfungspflicht reicht (dazu Ziff. 3).

11 b) Damit die Revisionsstelle ihrer Aufgabe nachkommen kann, benötigt sie die Unterstützung durch den Verwaltungsrat, der ihr die erforderlichen Informationen zu geben hat (vgl. OR 728 II, dazu Ziff. 5).

12 c) Über die Zielsetzung der Revision und damit auch die Aussagekraft der Berichterstattung der Revisionsstelle bestehen oft falsche Vorstellungen, die zu unangemessenen Erwartungen führen (vgl. Ziff. 6).

2. Die formelle Prüfung von Buchführung und Jahresrechnung

13 Die Prüfung ist zunächst einmal *formeller und kalkulatorischer* Natur. Zu prüfen ist – wie das bisherige Recht explizit festhielt (OR *1936* 728) –, ob Erfolgsrechnung und Bilanz mit der Buchhaltung übereinstimmen und ob die Bücher ordnungsgemäss geführt worden sind. Weiter ist zu untersuchen, ob alle buchungspflichtigen Geschäftsvorfälle vollständig und richtig erfasst sind. Hinsichtlich der Jahresrechnung ist sodann die Einhaltung der gesetzlichen Mindestgliederung in Bilanz und Erfolgsrechnung und die Vollständigkeit der erforderlichen Angaben im Anhang (vgl. OR 663–663c) nachzuprüfen.

14 Auch die formelle Prüfung beschränkt sich freilich nicht auf ein bloss ziffernmässiges Nachrechnen und den rein formalen Vergleich mit dem Gesetz. Vielmehr ist gegebenenfalls auch das gewählte *Buchhaltungssystem zu beurteilen*[2].

---

[1] Botschaft 187.
[2] So Bürgi, Kommentar zu OR 728 N 20 ff.

Bei der heute üblichen EDV-Buchhaltung konzentriert sich die Buchprüfung mehr und mehr auf eine *Verfahrensprüfung*, da es oft nicht mehr möglich ist, den Ablauf der Rechnungslegungsvorgänge im einzelnen physisch nachzuvollziehen. Nach wie vor sind aber wenigstens Stichprobenkontrollen zu fordern.

Teils formeller, teils materieller Natur ist die Prüfung der Einhaltung der Grundsätze ordnungsmässiger Rechnungslegung, die (nicht abschliessend) in OR 662a II aufgeführt sind (dazu § 51 N 32 ff). 15

3. *Die materielle Prüfung von Buchführung und Jahresrechnung*

a) «Im Rahmen der *materiellen Kontrolle* ist ... zu prüfen, ob die Darstellung des Geschäftsergebnisses und der Vermögenslage den gesetzlichen und statutarischen Bewertungsgrundsätzen entspricht, d. h. die Werte auch wirklich vorhanden sind, und ob die gemäss Bilanz dargestellte Vermögenslage der Wirklichkeit entspricht ...»[3]. 16

Dass eine solche materielle Prüfungspflicht besteht, stand nicht seit jeher fest, und ihr Umfang ist noch heute nicht völlig geklärt: 17

Das Bundesgericht limitierte anfänglich die Kontrollpflicht im Bereiche der Bewertungen auf rein *kalkulatorische Überprüfungen*[4]. In neuerer Zeit ist es von dieser restriktiven Haltung abgerückt und hat erklärt: «Gewiss kann man von den Revisoren nicht verlangen, dass sie den Wert von ausstehenden Guthaben, Rechten, Patenten usw. ... überprüfen, unerlässlich ist aber jedenfalls, dass sie sich vergewissern, ob nicht die ständigen Anlagen zu Ansätzen in der Bilanz figurieren, welche die Anschaffungs- oder Herstellungskosten übersteigen, und ob die erforderlichen Abschreibungen vorgenommen worden sind»[5]. In BGE 93 II 22 ff wurde diese Auffassung noch präzisiert und die Verpflichtung festgehalten, «sich Gewissheit darüber zu verschaffen, ob bei Berücksichtigung eines angemessenen Abschreibungsnachholbedarfes der buchmässige Aktivenüberschuss auch wirklich bestand»[6] und ob «das Warenlager [als wichtigster Aktivposten] nach dem ... Niedrigstwertprinzip bilanziert war»[7]. Auch in BGE 112 II 462 wird betont, die Revisionsstelle müsse sich vergewissern, «que le solde actif du bilan existait réellement», und BGE 116 II 541 wiederholt, es sei die Revisionsstelle nach der bundesgerichtlichen Rechtsprechung «ebenfalls verpflichtet, die ausgewiesenen Gesellschaftsaktiven auf ihren tatsächlichen Bestand zu überprüfen». Diese Prüfung der Bilanzwahrheit erstrecke sich «nicht bloss auf das Anlage- und Umlaufvermögen ..., sondern auch auf die Forderungen ...»[8]. 18

---

[3] Berner Appellationshof in ST *1985* 75 ff, 77. Vgl. aber zur Einschränkung dieser Aussage hinten N 25 f.
[4] BGE 34 II 501.
[5] SAG *1944/45* 231 f.
[6] A. a. O. 25.
[7] A. a. O. 26.
[8] BGE, a. a. O.

19 Dabei ist freilich umstritten, inwieweit die *Bonität* der Schuldner zu prüfen ist[9]: Früher wurde eine Pflicht zur Bonitätsprüfung überwiegend verneint[10], heute wird sie zwar durchwegs bejaht, aber grundsätzlich beschränkt auf Stichproben, auf Fälle offenkundiger Gefährdung oder auf die Hauptschuldner der Gesellschaft[11].

20 Die Überprüfung ist nicht auf die (wichtigsten) Positionen von Bilanz und Erfolgsrechnung beschränkt, sie erstreckt sich auch auf den Anhang der Jahresrechnung (vgl. OR 663b). Hier dürfte insbesondere eine Beurteilung der Eventualverpflichtungen (Bürgschaften, Garantieverpflichtungen usw., vgl. OR 663b Ziff. 1) und der Bewegung bei den stillen Reserven[12] (dazu § 50 N 79 ff) von Bedeutung sein[13].

21 b) Wenn in der Judikatur verlangt wird, die Revisionsstelle müsse sich «vergewissern, dass die in der Bilanz aufgeführten Aktiven auch wirklich vorhanden und dass sämtliche Passiven der Gesellschaft verbucht worden sind»[14], dann ist zu betonen, dass sich eine solche Überprüfung auf Stichproben und die wichtigsten Bilanzpositionen beschränken darf und muss[15].

22 c) Da Bewertungen oft besondere Branchenkenntnisse voraussetzen, muss die Revisionsstelle allenfalls *Sachverständige* beiziehen und *Gutachten* einfordern[16].

23 d) Zusammenfassend: Die materielle Prüfung soll sicherstellen, dass der Zielsetzung der ordnungsmässigen Rechnungslegung nachgelebt wird, wonach die Jahresrechnung so aufzustellen ist, «dass die Vermögens- und Ertragslage der Gesellschaft möglichst zuverlässig beurteilt werden kann» (OR 662a I, dazu § 51 N 29.). Dabei braucht nicht jede Position geprüft zu werden. Vielmehr ist nach dem Grundsatz der *«Wesentlichkeit»* (materiality) vorzugehen, darf sich die selbständige Prüfung durch die Revisionsstelle auf *Stichproben* und die *wichtigsten Positionen* der Jahresrechnung beschränken und genügen im übrigen Plausibilitätsprüfungen.

24 Näheres in Revisionshandbuch (zit. § 32 N 1) Bd. I 387 ff, 549 ff; Helbling, Revisions- und Bilanzierungspraxis (zit. N 1) 119 ff, 124 ff; Werner F. Ebke: Umfang der Prüfungspflichten der Revisionsstelle, Die Revision aus schweizerischer und europäischer Sicht,

---

[9] Vgl. die Literaturübersicht in BGE 116 II 542.
[10] So BGE 65 II 19 und Berner Appellationshof in ST *1985* 77.
[11] Im letzten Sinne wohl auch BGE 116 II 542.
[12] Vgl. OR 663b Ziff. 8.
[13] Zu weit geht es, wenn in der Botschaft ausgeführt wird, die Revisionsstelle habe zu prüfen, ob stille Reserven «nur in dem Umfange gebildet wurden, als es Gründe besonderer Vorsicht rechtfertigen» (S. 187).
[14] BGE 112 II 462, zit. nach Pra. *1987* 916.
[15] In diesem Sinne wohl – freilich nur zum Teil explizit – BGE 93 II 26, 116 II 542.
[16] So BGE 93 II 25 f E 3a und c und 112 II 462. Zu weitgehend aber u. E. ZR *1979* Nr. 134 S. 308 ff = SJZ *1980* 299: Einer Revisionsstelle wurde zum Vorwurf gemacht, dass sie – nachdem erste Gutachten zur Bewertung von Liegenschaften nicht überzeugt hatten – zwar neue Gutachten verlangt, jedoch die Experten durch die kontrollierte Gesellschaft habe auslesen lassen und dass sie diese Experten überdies nicht selber instruiert habe.

ST *1992* 772 ff; ders.: ST *1993* 27 ff; Claude Bourquis: Wesentlichkeitsbegriff und Risikenbetrachtung in der Abschlussprüfung, ST *1992* 1381 ff.

e) Die bisherigen Aussagen sind nun aber in einem wesentlichen Punkt *einzuschränken und zu korrigieren*:

Wenn verlangt wird, dass die Jahresrechnung eine zuverlässige Beurteilung der Vermögens- und Ertragslage vermitteln soll und dass die in der Bilanz dargestellte Vermögenslage der Wirklichkeit entspricht[17], dann ist dies (trotz OR 959) insofern nur bedingt richtig, als die Revisionsstelle gemäss OR 728 I nicht die objektive Richtigkeit, sondern die *Gesetzmässigkeit* zu überprüfen hat. Die Bewertungsvorschriften des schweizerischen Rechts stellen aber keineswegs sicher, dass ein *richtiges* Bild von der Vermögens- und Ertragslage einer AG vermittelt wird, sondern sie wollen nur verhindern, dass *kein zu positives* Bild gezeichnet wird[18]. Gesetzmässigkeit bedeutet daher nicht notwendig «Richtigkeit» der Darstellung der Vermögens- und Ertragslage. Vgl. auch nachstehend N 33 f.

f) Eine erweiterte materielle Prüfung wird durch BankG 19 I und BankV 40 ff vorgeschrieben, vgl. dazu Lutz in Bodmer/Kleiner/Lutz: Kommentar zum schweizerischen Bankengesetz (Zürich 1981 ff, laufend nachgeführt) zu Art. 18 ff sowie Revisionshandbuch (zit. § 32 N 1) Bd. II 180 ff.

4. *Prüfung der Korrektheit des Antrages über die Verwendung des Bilanzgewinnes*

Die Revisionsstelle hat auch die Gesetzes- und Statutenkonformität des Antrages des Verwaltungsrates über die Verwendung des Bilanzgewinnes zu überprüfen. Insbesondere hat sie sich zu vergewissern, dass die gesetzlichen (vgl. OR 671 f) und allfällige statutarische (vgl. OR 672 f) Reservebildungsvorschriften eingehalten wurden, ebenso allfällige statutarische Bestimmungen über die Ausschüttung von Dividenden (z. B. Privilegien von Vorzugsaktionären). Vgl. dazu Revisionshandbuch (zit. § 32 N 1) Bd. I 312 f.

5. *Die Auskunftspflicht des Verwaltungsrates*

a) Nach OR 728 II hat der Verwaltungsrat der Revisionsstelle alle erforderlichen Unterlagen zu übergeben und alle benötigten Auskünfte zu erteilen. Das Informationsrecht der Revisionsstelle ist im Rahmen des zur Prüfung Notwendigen *extensiv* zu interpretieren; es «bezieht sich auf alle für die Prüfung erforderlichen Unterlagen und alle dafür benötigten Auskünfte»[19].

---

[17] So ST *1985* 77.
[18] So darf etwa das Anlagevermögen – wozu auch Grundstücke gehören – nach OR 665 höchstens zu den Anschaffungs- oder Herstellungskosten bewertet werden, auch wenn der Wert seither massiv angestiegen ist. Analoges gilt für Wertschriften ohne Kurswert nach OR 667 II. Und durch die Bildung stiller Reserven (vgl. OR 669 III) kann der Ausweis der Vermögens- und Ertragslage zusätzlich beeinflusst werden. Näheres in § 50 N 68 ff.
[19] Botschaft 187.

30 Auf Verlangen sind die Auskünfte *schriftlich* zu erteilen. Mit diesem Zusatz soll auf das in der Praxis entwickelte Institut der *Bilanz- oder Vollständigkeitserklärung* hingewiesen werden. Es ist dies eine von den professionellen Revisionsstellen regelmässig verlangte Erklärung des Verwaltungsrates, worin dieser nach bestem Wissen bestätigt, dass Erfolgsrechnung, Bilanz und Anhang vollständig und richtig sind, dass angemessene Wertberichtigungen und Rückstellungen vorgenommen wurden usw. Ein Standardtext findet sich im Revisionshandbuch (zit. § 32 N 1) Bd. I 605.

31 Gegen solche Erklärungen (die in der angloamerikanischen und der deutschen Praxis seit Jahrzehnten üblich sind) ist insoweit nichts einzuwenden, als sie zum Ziel haben, dem Verwaltungsrat seine Verantwortung für die Rechnungslegung in Erinnerung zu rufen und dessen Auskünfte zu formalisieren. Die Erklärung kann aber nicht dazu dienen, die Revisionsstelle von ihrer Verantwortung für die Prüfung zu entbinden.

32 b) In OR 669 IV wird besonders darauf hingewiesen, dass der Verwaltungsrat die «Bildung und Auflösung von Wiederbeschaffungsreserven und darüber hinausgehenden stillen Reserven ... der Revisionsstelle *im einzelnen*[20] mitzuteilen» hat (dazu § 50 N 92).

6. *Die beschränkte Aussagekraft der Prüfungsresultate*

33 a) Von der Prüfung durch die Revisionsstelle bestehen oft – selbst in wirtschaftlich erfahrenen Kreisen – *falsche Vorstellungen:* Es wird davon ausgegangen, dass das ganze Unternehmen durchleuchtet wird und ein vorbehaltloser Bericht eine Art Gütesiegel für eine lebensfähige, korrekt geführte Gesellschaft bildet. Gelegentlich dient die von der Revisionsstelle geprüfte Jahresrechnung als einzige rechnungsmässige Basis für Kreditentscheide oder den Erwerb eines Unternehmens. Dem ist entgegenzuhalten, dass der Auftrag der Revisionsstelle – wenn ihr nicht zusätzliche Aufgaben zugewiesen werden (vgl. OR 731 I und N 96 ff) – begrenzt ist:

34 b) «Die Rechnungsprüfung befasst sich ausschliesslich mit den Büchern und dem Jahresabschluss; sie prüft diese Gegenstände einzig unter dem Gesichtspunkt der Legalität.»[21] Geprüft wird damit – wie erwähnt – «nicht die richtige Bewertung der Aktiven schlechthin, sondern die Einhaltung der gesetzlichen und statutarischen Bewertungsgrundsätze»[22]. Da das Gesetz Unterbewertungen zulässt und zum Teil auch erzwingt, kann – wie in N 26 ausgeführt – auch aus einer in jeder Hinsicht gesetzmässigen Jahresrechnung nicht einfach auf den Unternehmenswert geschlossen werden.

35 c) Soweit nicht die Gefahr einer Überschuldung besteht, muss die Revisionsstelle auch *kein Urteil über die finanzielle Lage* der Gesellschaft abgeben und ebensowenig die Vermögensstruktur – etwa hinsichtlich der Liquidität, des Ver-

---

20 Also nicht nur pauschal, Hervorhebung hinzugefügt.
21 Botschaft 99, ähnlich ST *1985* 77.
22 BGE in ST *1976* Heft 9 S. 25.

hältnisses von Eigen- und Fremdkapital oder von Anlage- und Umlaufvermögen – analysieren[23].

d) Sodann obliegt der Revisionsstelle *keine allgemeine Pflicht zur Überwachung der Geschäftsführung*[24]. Festgestellte Mängel soll sie zwar melden (vgl. N 59 ff), doch braucht sie nicht systematisch nach Unregelmässigkeiten oder Schwächen zu suchen. Die Qualität der Unternehmensführung ist somit nicht Prüfungsgegenstand.

e) Aus all dem folgt, dass aus dem Bericht der Revisionsstelle «nicht auf die Gesundheit des Unternehmens oder auf die Qualität der Geschäftsführung geschlossen werden»[25] kann, und schon gar nicht auf die Zukunftschancen der Gesellschaft.

III. Berichterstattungs- und Anzeigepflichten

Die Revisionsstelle hat der GV schriftlich und allenfalls auch mündlich Bericht zu erstatten (OR 729, 729c, dazu Ziff. 1). Besonders befähigte Revisoren müssen zudem einen detaillierteren Bericht zuhanden des Verwaltungsrates erstellen (OR 729a, dazu Ziff. 2). Besondere Anzeigepflichten bestehen bei der Feststellung von Unregelmässigkeiten (OR 729b I, dazu Ziff. 3) und bei Überschuldung (OR 729b II, dazu Ziff. 4).

1. Die Berichterstattung an die Generalversammlung

a) Nach OR 729 berichtet die Revisionsstelle «der Generalversammlung schriftlich über das Ergebnis ihrer Prüfung». Der Inhalt dieses *Bestätigungsberichts* ergibt sich aus OR 728 f:
– Stellung zu nehmen ist zu Buchführung und Jahresrechnung. In der Regel ist zu bestätigen, dass diese Gesetz und Statuten entsprechen. Ist dies nicht der Fall, sind Vorbehalte anzubringen[26].
– Daraus ergibt sich der Antrag der Revisionsstelle, die Jahresrechnung zu genehmigen, zurückzuweisen oder mit einer oder mehreren Einschränkungen zu genehmigen.
– Zu bestätigen ist weiter die Gesetzes- und Statutenkonformität des Antrages über die Verwendung des Bilanzgewinns.
– Gesetzlich vorgeschrieben (OR 729 II) ist die Nennung der Personen, welche die Revision geleitet haben. Im weiteren hat die Revisionsstelle im Bericht

---

[23] ST *1985* 77.
[24] BGE 65 II 20, ST *1985* 77.
[25] Botschaft 99.
[26] So etwa, wenn die Buchhaltung nicht ordnungsgemäss geführt ist, wenn wesentliche Aktiven überbewertet sind oder wenn der Grundsatz der Kontinuität der Bewertungsgrundsätze nicht eingehalten wurde.

ausdrücklich zu bestätigen, dass sie die gesetzlichen Anforderungen an Befähigung und Unabhängigkeit erfüllt.

44 Im Normalfall – d. h. wenn keine Vorbehalte anzubringen sind – kann der Bestätigungsbericht kurz ausfallen. In der Praxis üblich ist ein von der Treuhand-Kammer erarbeiteter *Standardtext,* der den Vorteil hat, dass der Leser allfällige Abweichungen (und damit Hinweise auf Mängel) auf einen Blick erkennt. Dieser Text lautet wie folgt[27]:

45 Bericht der Revisionsstelle an die Generalversammlung der XX AG

Als Revisionsstelle Ihrer Gesellschaft haben wir die Buchführung und die vom Verwaltungsrat vorgelegte Jahresrechnung für das am ... 19.. abgeschlossene Geschäftsjahr im Sinne der gesetzlichen Vorschriften geprüft. Unsere Prüfung erfolgte nach anerkannten Grundsätzen des Berufsstandes. Wir bestätigen, dass wir die gesetzlichen Anforderungen an Befähigung und Unabhängigkeit erfüllen.

Aufgrund unserer Prüfung stellen wir fest, dass die Buchführung und die Jahresrechnung sowie der Antrag über die Verwendung des Bilanzgewinnes Gesetz und Statuten entsprechen.

Wir empfehlen, die vorliegende Jahresrechnung zu genehmigen.

Ort und Datum   Firma, Unterschrift und Name der (leitenden) Revisoren

Beilagen:
– Jahresrechnung bestehend aus
– Bilanz
– Erfolgsrechnung
– Anhang
– Antrag über die Verwendung des Bilanzgewinnes

46 Beispiele für Berichte, die vom Normalwortlaut abweichen, finden sich im Revisionshandbuch (zit. § 32 N 1) Bd. I 529 ff.

47 b) An der Generalversammlung, die über die Abnahme der Jahresrechnung beschliesst, muss ein *Revisor anwesend* sein (OR 729c I). Dieser soll den Revisionsbericht nötigenfalls erläutern[28] und allfällige Fragen der Aktionäre beantworten. Die Generalversammlung kann jedoch durch einstimmigen Beschluss auf die Anwesenheit eines Revisors verzichten (OR 729c III). – Vgl. im übrigen § 22 N 35 ff und § 23 N 94.

2. Der Erläuterungsbericht an den Verwaltungsrat, weitere Formen der Berichterstattung

48 a) Bei volkswirtschaftlich bedeutenden Gesellschaften – nämlich denen, die von besonders befähigten Revisoren geprüft werden müssen (dazu OR 727b und § 32 N 8 ff) – schreibt OR 729a einen Bericht zuhanden des Verwaltungsrates vor.

---

[27] Revisionshandbuch (zit. § 32 N 1) Bd. I 470 f, vgl. auch Hanspeter Thiel in ST *1992* 315 ff.
[28] In der Praxis wird häufig die überflüssige Erklärung verlangt, es seien keine Ergänzungen anzubringen.

In diesem – weder den Gläubigern noch den Aktionären zugänglichen – Bericht sollen «die Durchführung und das Ergebnis» der Prüfung erläutert werden.

Der Bericht vermittelt – so die in der Botschaft[29] geäusserte Erwartung – «dem Verwaltungsrat besondere Einblicke in das Rechnungswesen, legt allfällige Schwachstellen offen und schlägt Mittel zur Behebung vor». In der Praxis finden sich sehr ausführliche Berichte, in welchen Einzelheiten von Bilanz und Erfolgsrechnung besprochen und der Jahresabschluss im einzelnen analysiert werden. Verbreitet sind aber auch Kurzformen, die den gesetzlichen Anforderungen durch nichtssagende Floskeln zu genügen versuchen[30].

Näheres und Beispiele bei Helbling, Bilanz- und Erfolgsanalyse (zit. N 1) 311 ff und im Revisionshandbuch (zit. § 32 N 1) Bd. I 507 ff.

b) In der Praxis sind *weitere Formen der Berichterstattung* eingebürgert und zweckmässig[31]:
– In grösseren Gesellschaften erstellt jeweils der Chefbuchhalter oder Controller bzw. der Finanzchef einen umfassenden *internen Abschlussbericht*. Dieser kann ähnlich aufgebaut sein wie ein ausführlicher Erläuterungsbericht, und es kann dann der Erläuterungsbericht entsprechend kurz ausfallen.
– Als Ergänzung zum an den Verwaltungsrat gerichteten Erläuterungsbericht erstellt die Revisionsstelle oft einen an die Geschäftsleitung gerichteten sog. *Management letter*. Darin wird insbesondere auf Mängel in der Organisation des Rechnungswesens und im Kontrollsystem des Unternehmens hingewiesen.
– Endlich ist es üblich, vor der schriftlichen Berichterstattung die wesentlichen Ergebnisse der Prüfung mit den Verantwortlichen in einer *Revisionsschlussbesprechung* zu behandeln.

Auch bei Gesellschaften, die nicht die in OR 727b I aufgeführten Voraussetzungen erfüllen und damit nicht von besonders befähigten Revisoren geprüft werden müssen, werden nicht selten auf freiwilliger Basis *Erläuterungsberichte* erstellt, oder es wird ein *Management letter* verfasst, welcher auch die in einem Erläuterungsbericht enthaltenen Elemente erfasst.

Durch solche ergänzende Berichterstattung kann der Revisor vom blossen Prüfer zum eigentlichen Berater der Gesellschaft werden.

c) Besondere Anforderungen hat der Revisionsbericht bei *Banken* zu erfüllen[32], da er auch der Aufsichtsbehörde als Informationsmittel dient. Der banken-

---

[29] S. 188.
[30] Es wird auf den Bestätigungsbericht an die GV verwiesen und ergänzend festgehalten, «dass unsere Prüfung diejenigen Prüfungshandlungen umfasste, die wir unter den gegebenen Umständen als erforderlich erachteten». Im übrigen wird auf die interne Berichterstattung (dazu N 53) verwiesen und erklärt, es seien dazu keine ergänzenden Bemerkungen anzubringen.
[31] Um unnötigen Aufwand zu vermeiden, sind die verschiedenen Berichte aufeinander abzustimmen.
[32] Vgl. BankG 21 und BankV 43 ff sowie Revisionshandbuch (zit. § 32 N 1) Bd. II 297 ff sowie Bodmer/Kleiner/Lutz: Kommentar zum schweiz. Bankengesetz (Loseblattausgabe Zürich 1976 ff, Stand 1994) zu BankG 18–22 N 124 ff.

gesetzliche Revisionsbericht kann mit dem Erläuterungsbericht nach OR 729a zusammengelegt werden.

3. *Anzeigepflichten bei der Feststellung von Unregelmässigkeiten*

59 a) «Stellt die Revisionsstelle bei der Durchführung ihrer Prüfung Verstösse gegen Gesetz oder Statuten fest, so meldet sie dies schriftlich dem Verwaltungsrat, in wichtigen Fällen auch der Generalversammlung.» (OR 729b I).

60 Unklar ist zunächst das Verhältnis zwischen dieser Bestimmung und OR 728 I: In beiden Artikeln werden «Gesetz» und «Statuten» angesprochen, wobei die *rechtliche Ordnung unterschiedlich* ist:

61 – OR 728 I enthält eine *Prüfungspflicht,* die in OR 729 I zwingend mit einer Berichterstattung *an die GV* verbunden ist.

62 – OR 729b I enthält dagegen keine Prüfungspflicht. Vielmehr geht es nur um Fälle, in denen der Revisionsstelle «bei der Durchführung ihrer Prüfung», also bei Gelegenheit dieser Prüfung und *ohne dass speziell danach gefahndet worden wäre,* Verstösse gegen das Gesetz und die Statuten bekannt geworden sind[33]. Die Berichterstattung soll *an den Verwaltungsrat* und nur ausnahmsweise («in wichtigen Fällen») zusätzlich auch *an die GV* gehen.

63 Der Widerspruch erklärt sich daraus, dass die Begriffe «Statuten» und – vor allem – «Gesetz» in den beiden Artikeln Verschiedenes meinen:

64 – OR 728 I spricht diejenigen und nur diejenigen Normen an, die für die Rechnungslegung bedeutsam sind (also namentlich die Bewertungs- und die eigentlichen Rechnungslegungsvorschriften sowie die Kapitalschutzbestimmungen, vgl. vorn N 10). In diesem Bereich kommt der Revisionsstelle eine formelle wie materielle Prüfungspflicht zu (vgl. vorn N 6 ff). Das Ergebnis der Prüfung ist der GV mitzuteilen.

65 – OR 729b I meint dagegen *sämtliche* statutarischen und gesetzlichen Vorschriften. «Ausgenommen sind lediglich Verstösse gegen das Buchführungs- und Bilanzrecht, da diese Gegenstand der Prüfung und Berichterstattung sind (Art. 728 und 729).»[34] Nach Verstössen gegen irgendwelche Normen des Aktienrechts oder der gesamten übrigen Rechtsordnung hat die Revisionsstelle nicht zu suchen. Kommen ihr aber (Statuten- oder) Gesetzesverstösse vor Augen, dann hat sie diese zu melden[34a].

66 b) Die Anzeige ist schriftlich an den Verwaltungsrat zu richten. Nur «in wichtigen Fällen» – d. h. ausnahmsweise – ist zusätzlich zum Verwaltungsrat die GV

---

[33] Das bisherige Recht sprach in OR 729 III noch deutlicher von «bei Ausführung ihres Auftrages wahrgenommenen Mängel[n]». Vgl. auch Appellationshof Bern in ST *1985* 77: Die Revisionsstelle «hat nur allfällig bei der Rechnungsführung festgestellte Mängel ... zu melden, aber nicht systematisch solche Mängel zu suchen». Ergeben sich aber Verdachtsgründe, so ist eine nähere Abklärung zu fordern.

[34] Botschaft 188.

[34a] Insofern kann von einer beschränkten Prüfungs-, aber einer integralen Meldepflicht gesprochen werden.

zu benachrichtigen. Nötigenfalls wird die Revisionsstelle, um die Information der GV zu gewährleisten, von der Möglichkeit Gebrauch machen müssen, eine GV einzuberufen (vgl. OR 699 I, dazu § 23 N 20).

4. Anzeigepflicht bei offensichtlicher Überschuldung

Eine Pflicht zur Anzeige beim Richter trifft die Revisionsstelle nach OR 729b II allenfalls bei offensichtlicher Überschuldung der Gesellschaft, vgl. dazu N 90 ff.

67

IV. Besondere Prüfungsfälle

1. Allgemeines

Neben der vorstehend in Ziff. II besprochenen *periodischen* Prüfung kennt das Gesetz eine Reihe von *aperiodischen* Prüfungsfällen, die teils von jeder Revisionsstelle ausgeführt werden können, teils besonders befähigten Revisoren vorbehalten sind[35]. Eine aperiodische Prüfung kannte schon das bisherige Recht bei der Kapitalherabsetzung. In der Reform wurden die Prüfungsfälle stark erweitert, nicht zuletzt als Folge des grossen Einflusses von Vertretern des Berufsstandes der Revisoren auf die Reformarbeiten. Kritisch ist verschiedentlich auf eine Tendenz zum «over-auditing» hingewiesen worden, und es wurde gar die Frage gestellt: «Ist das noch eine Revision des Aktienrechts, oder bereits ein Aktienrecht der Revisoren?»[36] Doch ist anzuerkennen, dass die obligatorische Prüfung durch unabhängige und fachkundige Revisoren wohl eines der wirksamsten Mittel zur Bekämpfung von unlauteren Machenschaften im Rahmen von Aktiengesellschaften ist.

68

Die im Gesetz verstreuten besonderen Prüfungsfälle werden im folgenden zusammengefasst. Im übrigen wird auf die Behandlung der jeweiligen Rechtsinstitute verwiesen.

69

Während bei der *Abschlussprüfung* die Bestätigung des Revisors Vorbehalte enthalten kann (vgl. N 40 f), muss die Bestätigung des Revisors bei den *besonderen Prüfungsfällen* regelmässig uneingeschränkt und vorbehaltlos erfolgen[37].

70

2. Prüfung des Gründungsberichts

a) Bei der qualifizierten Gründung ist der Gründungsbericht durch einen Revisor[38] zu prüfen und dessen Vollständigkeit und Richtigkeit zu bestätigen. Vgl. dazu § 15 N 49 ff.

71

---

35 Vgl. die Übersicht vorn § 32 N 8 ff.
36 So von Böckli in SJZ *1984* 264.
37 Bestätigungen mit Vorbehalt sind vom Handelsregisteramt zurückzuweisen, wodurch der Vollzug und Abschluss des betreffenden Vorgangs verunmöglicht wird.
38 Besondere Befähigung im Sinne von OR 727b wird nicht verlangt.

72 b) Eine entsprechende Prüfung und Bestätigung ist auch bei der *nachträglichen* Liberierung (dazu § 14 N 30 ff) nötig, falls diese in qualifizierter Form erfolgt.

3. Prüfungsfälle im Zusammenhang mit Kapitalerhöhungen

73 a) Das revidierte Recht verlangt für die Kapitalerhöhung in der Mehrzahl der vom Gesetz vorgesehenen Fälle die Mitwirkung von Revisoren. Ohne entsprechende Prüfung und Berichterstattung kann nur der «Normalfall» der ordentlichen und der genehmigten Kapitalerhöhung (dazu § 52 N 158) durchgeführt werden, nämlich die Erhöhung unter Wahrung des Bezugsrechts (dazu § 50 N 229 ff) und ohne qualifizierenden Liberierungstatbestand (dazu § 15 N 9 ff und § 52 N 79, 120 ff).

74 b) Wird bei der *ordentlichen* und der *genehmigten* Kapitalerhöhung das Bezugsrecht eingeschränkt oder aufgehoben oder liegt ein qualifizierender Liberierungstatbestand vor, dann hat die Revisionsstelle[39] den vom Verwaltungsrat zu verfassenden Kapitalerhöhungsbericht zu prüfen und schriftlich zu bestätigen, «dass dieser vollständig und richtig ist» (OR 652f I). Prüfung und Bestätigung entsprechen denen hinsichtlich des Gründungsberichts (dazu § 15 N 49 ff).

75 c) Bei der *bedingten* Kapitalerhöhung (dazu § 52 N 298 ff) muss ein *besonders befähigter* Revisor nach Abschluss jedes Geschäftsjahres – oder auf Verlangen des Verwaltungsrates auch schon vorher – prüfen, «ob die Ausgabe der neuen Aktien dem Gesetz, den Statuten und, wenn ein solcher erforderlich ist, dem Emissionsprospekt entsprochen hat» (OR 653f I). Die Konformität mit dem Gesetz, den Statuten und dem allfälligen Prospekt ist schriftlich zu bestätigen (OR 653f II).

76 Anders als bei der Gründung, der ordentlichen und der genehmigten Kapitalerhöhung liegt dem Revisor kein Bericht des Verwaltungsrates bzw. der Gründer vor. Vielmehr ist die Erhöhung selbst zu prüfen. Auf den Prüfungsumfang dürfte dies aber kaum einen Einfluss haben. (Vgl. im übrigen auch § 52 N 396 ff.)

77 d) Endlich hat ein besonders befähigter Revisor schriftlich zu bestätigen, dass die Voraussetzungen für eine bedingte Kapitalerhöhung gegenstandslos geworden sind (OR 653i I, dazu § 52 N 416).

4. Die Aufwertungsprüfung

78 Das revidierte Aktienrecht erlaubt im Falle von Bilanzverlusten unter gewissen Voraussetzungen (entgegen der allgemeinen Regel von OR 665) eine Aufwertung von Grundstücken oder Beteiligungen zur Beseitigung der Unterbilanz (OR 670 I, dazu § 50 N 302 ff). Diese Aufwertung ist nur zulässig, «wenn die

---

[39] Ein besonders befähigter Revisor nach OR 727b ist nicht verlangt, wenn die Revisionsstelle nicht ohnehin wegen der Grösse der Gesellschaft besondere fachliche Voraussetzungen erfüllen muss.

Revisionsstelle zu Handen der Generalversammlung schriftlich bestätigt, dass die gesetzlichen Bestimmungen eingehalten sind»[40] (OR 670 II, dazu § 50 N 302 ff).

5. Prüfung bei Gefahr der Überschuldung

Grundsätzlich besteht auch nach revidiertem Aktienrecht keine allgemeine Pflicht, während des Geschäftsjahres Zwischenbilanzen zu erstellen[41]. Errichtet eine Gesellschaft solche freiwillig, dann brauchen sie nicht geprüft zu werden.

Eine Ausnahme ergibt sich aus OR 725 II: Besteht begründete Besorgnis einer Überschuldung, dann hat der Verwaltungsrat eine Zwischenbilanz erstellen zu lassen «und diese der Revisionsstelle zur Prüfung» vorzulegen[42].

Zur Aufgabe der Revisionsstelle schweigt sich das Gesetz aus, doch liegt auf der Hand, dass diese die Zwischenbilanz umgehend zu prüfen und dem Verwaltungsrat Bericht zu erstatten hat. Dabei hat sie – analog der Berichterstattung zur Jahresrechnung – die Gesetzeskonformität der Zwischenbilanz festzustellen. Weiter soll sie feststellen, ob sich zu Fortführungs- und zu Veräusserungswerten eine Überschuldung ergibt oder nicht.

Ergreift der Verwaltungsrat im Falle der Überschuldung nicht die erforderlichen Massnahmen, dann ist die Revisionsstelle allenfalls zur Benachrichtigung des Richters verpflichtet (OR 729b II, dazu N 90 ff).

6. Kapitalherabsetzung

Ein Kapitalherabsetzungsbeschluss (zur Kapitalherabsetzung vgl. § 53) kann – wie schon unter bisherigem Recht – nur gefasst werden, wenn «durch einen besonderen Revisionsbericht festgestellt ist, dass die Forderungen der Gläubiger trotz der Herabsetzung des Aktienkapitals voll gedeckt sind» (OR 732 II). Der Bericht ist von einem besonders befähigten Revisor zu erstatten. Näheres in § 53 N 83 ff.

7. Vorzeitige Verteilung des Liquidationsüberschusses

Zum Schutze von allenfalls nachträglich auftauchenden Gläubigern darf die Verteilung des Überschusses nach der Liquidation einer AG frühestens nach Ablauf eines Jahres seit der dritten Aufforderung an die Gläubiger, ihre Forderungen geltend zu machen (sog. Schuldenruf), erfolgen (OR 745 II). Ausnahmsweise darf jedoch nach OR 745 III eine Verteilung «bereits nach Ablauf von drei Monaten erfolgen, wenn ein besonders befähigter Revisor bestätigt, dass die Schulden getilgt sind und nach den Umständen angenommen werden kann, dass keine Interessen Dritter gefährdet werden».

---

[40] Wiederum wird nicht ein «besonders befähigter Revisor» verlangt.
[41] Vgl. aber OR 652a Ziff. 5 und dazu hinten § 52 N 102 ff.
[42] Auch hier wird besondere Befähigung nicht verlangt.

85 Dieses Vorgehen kann etwa dann zweckmässig sein, wenn eine Gesellschaft vor ihrer Auflösung schon längere Zeit inaktiv war, ferner in Konzernverhältnissen bei der Liquidation einer Tochtergesellschaft, die Rechtsbeziehungen ausschliesslich zu anderen Konzerngesellschaften hatte.

8. Sitzverlegung einer Gesellschaft vom Ausland in die Schweiz

86 Art. 161 f des BG über das Internationale Privatrecht (IPRG, SR 291) sieht vor, dass sich eine ausländische Gesellschaft unter gewissen Voraussetzungen «ohne Liquidation und Neugründung dem schweizerischen Recht unterstellen» kann (dazu § 5 N 44 ff). Handelt es sich um eine Kapitalgesellschaft (also insbes. um eine ausländische AG), so hat diese «vor der Eintragung durch einen Revisionsbericht einer vom Bundesrat hierzu ermächtigten Revisionsstelle nachzuweisen, dass ihr Grundkapital nach schweizerischem Recht gedeckt ist» (IPRG 162 III).

V. Geschäftsführungshandlungen durch die Revisionsstelle

1. Der Grundsatz, die Ausnahmen

87 a) Der *Grundsatz* ist klar: Die Revisionsstelle hat zu prüfen und Bericht zu erstatten, dagegen selbst *keine Entscheide* zu treffen. Es ergibt sich dies aus ihrer Funktion und deren gesetzlicher Konkretisierung, und das Gesetz untersagt der GV sogar ausdrücklich, der Revisionsstelle «Aufgaben des Verwaltungsrates[43] zu[zu]teilen» (OR 731 I).

88 b) In zwei Fällen sieht das Gesetz jedoch *Ausnahmen* vor und verpflichtet es die Revisionsstelle zu Handlungen im Kompetenzbereich des Verwaltungsrates, falls dieser säumig oder handlungsunfähig sein sollte: hinsichtlich der Einberufung einer GV (vgl. Ziff. 2) und mit Bezug auf die Benachrichtigung des Richters bei Überschuldung (vgl. Ziff. 3).

2. Einberufung der Generalversammlung

89 Vgl. dazu § 23 N 20.

3. Benachrichtigung des Richters

90 a) «Bei offensichtlicher Überschuldung benachrichtigt die Revisionsstelle den Richter, wenn der Verwaltungsrat die Anzeige unterlässt.» (OR 729b II).

91 Diese Pflicht ist von Revisoren und ihren Standesorganisationen als *systemwidrig* kritisiert worden. In der Tat ist zuzugeben, dass der Entscheid, wegen Über-

---

[43] Und damit insbes. solche der Geschäftsführung, vgl. hinten N 103.

schuldung zum Richter zu gehen, eine Massnahme der Geschäftsführung ist, die grundsätzlich unübertragbar dem Verwaltungsrat zusteht. Aus sachlichen Gründen erscheint aber die subsidiäre Zuständigkeit der Revisionsstelle gerechtfertigt: Ist der Verwaltungsrat säumig oder zur Anmeldung nicht in der Lage, dann bleibt die Revisionsstelle das einzige Organ, das eine solche Benachrichtigung vornehmen und dadurch weiteren Schaden für die Gläubiger verhindern kann.

b) Immerhin hat der Gesetzgeber die Benachrichtigungspflicht der Revisionsstelle zu Recht als *ultima ratio* ausgestaltet und auf Fälle der Offenkundigkeit beschränkt:

– Die Revisionsstelle hat den Richter nur zu benachrichtigen, wenn der *Verwaltungsrat untätig* bleibt. In aller Regel wird sie daher zunächst ihren Bericht erstatten und dem Verwaltungsrat für den Gang zum Richter eine (angemessene, aber nicht zu lange) Frist ansetzen. Erst wenn diese abgelaufen ist, wird die Revisionsstelle selbst anmelden dürfen und müssen[44].

– Eine Benachrichtigung soll nur bei *«offensichtlicher Überschuldung»* erfolgen. Zweifelsfälle hat der Verwaltungsrat zu entscheiden.

c) In den ersten zwei Jahren unter revidiertem Recht dürften Revisionsstellen einige Dutzend Male den Richter benachrichtigt haben; eine grosse Revisionsgesellschaft zählte bis Mai 1994 acht Fälle[44a].

VI. Zuweisung zusätzlicher Aufgaben

1. Die gesetzlichen Pflichten als Mindesterfordernis

Die im Gesetz vorgeschriebenen Prüfungs-, Berichterstattungs- und Anzeigepflichten stellen Mindestanforderungen dar, die erweitert, nicht aber eingeschränkt werden dürfen.

Nach OR 731 kann die GV statutarisch oder auch durch Beschluss im Einzelfall «die Organisation der Revisionsstelle eingehender regeln und deren Aufgaben erweitern». Zulässig muss es – obwohl eine entsprechende Gesetzesbestimmung fehlt – auch sein, dass der Verwaltungsrat im Hinblick auf seine eigenen Überwachungsaufgaben der Revisionsstelle zusätzliche Aufträge erteilt.

2. Möglichkeiten und Schranken der Aufgabenerweiterung[44b]

a) *Erweiterungen* der Aufgaben der Revisionsstelle sind in verschiedener Hinsicht denkbar:

---

[44] Nicht geklärt ist, was zu erfolgen hat, wenn die Revisionsstelle eine Überschuldung anmeldet, der Verwaltungsrat sich jedoch der Benachrichtigung des Richters widersetzt. Es ist anzunehmen, dass in solchen Fällen der Richter im Sinne von OR 725 f zu entscheiden hat.
[44a] Ein Beispiel findet sich in ZR *1995* Nr. 50 S. 151 ff.
[44b] Vgl. dazu Alexander Brunner: Handlungsalternativen der Revisionsstelle bei Überschuldung, ST *1994* 927 ff.

99 aa) Naheliegend ist zunächst eine Erweiterung der angestammten *Prüfungs- und Berichterstattungspflichten* im Bereich des Rechnungswesens. So können etwa – was das bisherige Recht ausdrücklich erwähnt hat (OR *1936* Art. 731 I) – Zwischenrevisionen vorgesehen werden. Auch kann die Revisionsstelle beauftragt werden, selbständige Bewertungen über die vom Gesetz verlangten Stichproben und die Beurteilung der Hauptaktiven hinaus vorzunehmen.

100 bb) Denkbar ist, dass die Prüfung über eine solche des Rechnungswesens hinaus zu einer allgemeinen Prüfung der «*legal compliance*», einer umfassenden Rechtmässigkeitsprüfung der gesellschaftlichen Tätigkeit, erweitert wird.

101 cc) Sodann kann die Revisionsstelle auch beauftragt sein, sich zur *Zweckmässigkeit* von Organisation und Geschäftsführung zu äussern[45,46]. Die Revisionsstelle wird dadurch zum Berater des Verwaltungsrates, kann ihn aber niemals von seinen Verantwortungen nach OR 716a I entbinden.

102 b) Der Zuweisung zusätzlicher Aufgaben sind jedoch in OR 731 I deutliche *Schranken* gesetzt:

103 aa) Der Revisionsstelle dürfen *keine «Aufgaben des Verwaltungsrates»* zugeteilt werden. Die Grenze zwischen dem Exekutiv- und dem Prüfungsorgan darf nicht verwischt werden; die Leitung der Gesellschaft, die Entwicklung der Strategie wie auch die laufende Geschäftsführung sind unübertragbar dem Verwaltungsrat (oder allenfalls ihm unterstellten Organen) zugewiesen (vgl. § 30 N 9 ff). Die Revisionstelle soll prüfen, Bericht erstatten, allenfalls beraten; *entscheiden darf sie nicht*[47].

104 bb) Sodann dürfen der Revisionsstelle keine Aufgaben zugewiesen werden, «*die ihre Unabhängigkeit beeinträchtigen» könnten*.

105 Diese Schranke ergibt sich schon aus dem allgemeinen Unabhängigkeitserfordernis von OR 727c I, vgl. dazu § 32 N 24 ff. Über den Wortlaut hinaus wird man diese Schranke – damit dem Erfordernis der Unabhängigkeit Genüge getan ist – auch auf der Gesellschaft Nahestehende erweitern, wenn solche Aufträge die Freiheit des Revisors bei seiner Beurteilung beeinträchtigen könnten.

3. *Exkurs: Prüfung der Geschäftsführung durch Sachverständige*

106 a) Nach OR 731 II kann die GV «zur Prüfung der Geschäftsführung oder einzelner ihrer Teile Sachverständige ernennen»[48].

---

[45] Nicht selten geschieht dies in der Schlussbesprechung nach Abschluss der Revisionsarbeiten ohnehin.
[46] Vgl. dazu Hans Berweger: Die Prüfung der Geschäftsführung durch die Kontrollstelle im schweizerischen Aktienrecht (Diss. Basel 1980 = SSTRK Bd. 43).
[47] Zu Ausnahmen vgl. soeben vorstehend N 87 ff.
[48] Bei ihrer Wahl ist das Stimmenprivileg von Stimmrechtsaktien neutralisiert (OR 693 III Ziff. 2, dazu § 24 N 110).

Solche von der GV eingesetzte Sachverständige kommen in der Praxis kaum je vor. Häufiger ist der Beizug von Beratern durch den Verwaltungsrat (oder die Geschäftsleitung), der auch ohne besondere gesetzliche Basis im Rahmen einer sorgfältigen Aufgabenerfüllung zulässig oder gar geboten ist. 107

b) Für die Abklärung bestimmter Sachverhalte bei vermuteten Rechts- und Pflichtwidrigkeiten sieht das revidierte Recht das Institut der *Sonderprüfung* vor (OR 697a–697g), vgl. dazu § 35. Anders als die Prüfung nach OR 731 II kann die Sonderprüfung auch von einer Minderheit durchgesetzt werden (vgl. OR 697b, dazu § 35 N 41 ff) und bedarf sie der Mitwirkung des Richters (OR 697a ff, vgl. § 35 N 51 ff). 108

VII. Die Schweigepflicht der Revisionsstelle

a) OR 730 regelt die Schweigepflicht der Revisionsstelle explizit[49]. Dabei wird *differenziert:* 109

aa) Bei der Berichterstattung und Auskunftserteilung – also *gegenüber der GV bzw. der Gesamtheit der Aktionäre* – bleibt nur die Wahrung der Geschäftsgeheimnisse vorbehalten[50]. 110

Eine Ausnahme ergibt sich aus der in OR 729b I enthaltenen Verpflichtung der Revisionsstelle, bei der Feststellung *schwerer Verstösse* gegen Gesetz oder Statuten die GV zu benachrichtigen. Diese Pflicht geht vor, auch wenn Missstände in einer Gesellschaft zu den bestgehüteten Geheimnissen gehören sollten. 111

bb) Gegenüber *einzelnen Aktionären* (im Gegensatz zur GV) und gegenüber *Dritten* besteht dagegen eine generelle Verschwiegenheitspflicht mit Bezug auf alle Wahrnehmungen, welche die Revisoren «bei der Ausführung ihres Auftrages gemacht haben», unabhängig davon, ob es sich um eigentliche Geschäftsgeheimnisse handelt[51]. Diese Schweigepflicht ist auch strafrechtlich geschützt (vgl. StGB 321 I). 112

Von dieser Verschwiegenheitspflicht sieht das Gesetz zwei *Ausnahmen* vor: 113
– Ausdrücklich vorbehalten bleibt in OR 730 II die Auskunftspflicht gegenüber einem Sonderprüfer (dazu § 35 N 74 ff). 114

---

[49] Dies im Gegensatz zur Ordnung für den Verwaltungsrat, vgl. zu jener § 28 N 40 ff.
[50] Eine ähnliche – freilich nicht ganz kongruente – Regelung enthält OR 697 II: Nach jener Bestimmung *kann* die Auskunft verweigert werden, wenn Geschäftsgeheimnisse gefährdet werden, nach OR 730 I *müssen* die Geschäftsgeheimnisse gewahrt werden. Dafür erlaubt OR 697 II die Verweigerung der Auskunft auch dann, wenn «andere schutzwürdige Interessen der Gesellschaft gefährdet werden», während in OR 730 I diese zusätzliche Rechtfertigung der Auskunftsverweigerung fehlt. Wie die beiden Bestimmungen in Einklang zu bringen sind, ist nicht klar.
[51] Die Schweigepflicht besteht auch gegenüber einem Gross- oder dem Hauptaktionär. Auch diese haben ihre Information durch die ordentlichen Kanäle – schriftliche Berichterstattung und Auskunft an der GV – zu beziehen, soweit sie nicht als Mitglieder des Verwaltungsrates ohnehin voll informiert sind.

115 – Sodann muss auch die Pflicht, bei offensichtlicher Überschuldung den Richter zu benachrichtigen (OR 729b II), der Verschwiegenheitspflicht vorgehen.

116 b) Probleme können sich insbesondere bei der Abgrenzung zwischen der *Schweigepflicht* nach OR 730 und der *Auskunftspflicht* in der GV gemäss OR 697 ergeben, um so mehr, als sich die beiden Bestimmungen zum Teil widersprechen (vgl. soeben Anm. 50). Der Ratschlag der Botschaft[52] hilft kaum weiter: Danach ist die Revisionsstelle «zur vollständigen Berichterstattung und Auskunftserteilung verpflichtet; dabei hat sie jedoch die Geschäftsgeheimnisse der Gesellschaft zu wahren». Einerseits legen die Aktionärsinteressen, aber auch das Gesellschaftsinteresse an der Beschlussfassung durch eine informierte GV eine liberale Haltung nahe. Anderseits ist dem Umstand Rechnung zu tragen, dass der Aktionär keiner Treue- oder Schweigepflicht untersteht (vgl. § 42 N 26 ff) und daher Informationen, die der GV erteilt werden, ohne weiteres auch zum Schaden der Gesellschaft verwertet und an Dritte weitergegeben werden können. Als Leitlinie mag dienen, dass sich die Auskünfte der Revisionsstelle auf den Prüfungsgegenstand zu beschränken haben.

117 c) Im einzelnen wird man ähnliche Erwägungen anstellen wie für die Schweigepflicht der Mitglieder des Verwaltungsrates, vgl. dazu § 28 N 40 ff.

118 Näheres bei Wenninger (zit. § 28 N 1) 191 ff.

119 d) Zur *strafrechtlichen* Erfassung der Verletzung von Geheimhaltungspflichten vgl. § 28 N 54 ff.

VIII. Die Folge von Pflichtverletzungen

120 a) Die Revisoren unterstehen – gleich wie die Mitglieder des Verwaltungsrates – der besonderen *aktienrechtlichen Verantwortlichkeit* (vgl. OR 755, dazu § 37 N 41 ff). Dabei ist zu beachten, dass als Revisionsstelle meist nicht einzelne natürliche Personen, sondern Handelsgesellschaften oder Genossenschaften bestellt werden (OR 727d, vgl. § 32 N 28 ff). Verantwortlich ist dann die gewählte Gesellschaft, nicht die natürliche Person, welche die Revision durchgeführt hat[53].

121 Die aktienrechtlichen Verantwortlichkeitsbestimmungen finden auch dann Anwendung, wenn die Befugnisse und Pflichten der Revisionsstelle gemäss OR 731 I im Rahmen ihrer Prüfungs- und Berichterstattungspflichten erweitert worden sind (dazu vorn N 98 ff).

122 Werden der Revisionsstelle dagegen Aufgaben zugewiesen, die ausserhalb des Bereichs ihrer Organpflichten liegen – etwa die Erstattung von Spezialberichten aufgrund eines Auftrages des Verwaltungsrates oder eine Unternehmensbewer-

---

[52] S. 189.
[53] Anders verhält es sich mit einer allfälligen strafrechtlichen Verantwortung, welche die natürliche Person trifft.

tung –, dann sind allfällige Pflichtverletzungen nach dem Recht des einschlägigen Vertrages, also in der Regel nach *Auftragsrecht* zu beurteilen[54].

b) Nach Auftragsrecht und nicht nach OR 755 ff bestimmt sich die allfällige Haftung von besonderen Sachverständigen im Sinne von OR 731 II. 123

IX. Exkurs: Die Bedeutung der Revisionspraxis

Das Gesetz umschreibt die Pflichten der Revisionsstelle nur sehr allgemein. Bei der Konkretisierung der gesetzlichen Grundsätze übt die Standesorganisation der Büchersachverständigen – die Treuhand-Kammer (Schweizerische Kammer der Bücher-, Steuer- und Treuhandexperten) – einen bedeutenden Einfluss aus. 124

Die Kammer führt alle zwei Jahre die eidgenössisch anerkannte Prüfung für Bücherexperten durch. Von 1984 bis 1992 bestanden 1051 Kandidaten die Prüfung, davon 216 1990 und 252 im Jahr 1992. 1997 wird die Bücherexpertenprüfung durch eine jährlich stattfindende Prüfung für Wirtschaftsprüfer ersetzt. 125

Als umfassendes Lehrmittel und zugleich Nachschlagewerk für die Praxis hat die Treuhand-Kammer das Revisionshandbuch der Schweiz (zit. § 32 N 1) herausgegeben, das – neben Ausführungen zur Buchführung und Rechnungslegung und zu den Grundlagen der Revision – umfassende Anleitungen zur Prüfung (Bd. I 387 ff) und zur Berichterstattung (Bd. I 459 ff) allgemein sowie speziell zur EDV-Prüfung (Bd. II 4 ff) und zur Prüfung in besonderen Branchen (Bd. II 179 ff) enthält. Weiter hat die Treuhand-Kammer verschiedene Empfehlungen zur Abschlussprüfung herausgegeben, worunter die Publikation «Grundsätze zur Abschlussprüfung 1993»[55], die neuerdings für die Verbandsmitglieder verbindlich sind. 126

Diese Publikationen haben zwar nicht Gesetzesrang, gelten aber als berufsrechtliche Standards und damit – für Mitglieder wie Aussenstehende – als *Richtschnur für die sorgfältige Ausübung des Revisionsstellenmandats*[56]. 127

Im *Bankbereich* spielen auch die Rundschreiben der Eidg. Bankenkommission eine bedeutende Rolle[57]. 128

---

[54] Vgl. BGE 112 II 262: Das Erstellen einer Bilanzdokumentation als Grundlage für eine Sanierungsbeteiligung gehört nicht zur Revisionstätigkeit, sondern erfolgt im Rahmen eines Sonderauftrages, weshalb OR 754 ff nicht anzuwenden war.
[55] Dazu Erich Frey: Grundsätze zur Abschlussprüfung, ST *1993* 435 ff.
[56] Zu zurückhaltend hinsichtlich ihrer Bedeutung wohl (noch) das in ST *1985* 75 ff wiedergegebene Urteil des Berner Appellationshofes (vgl. S. 77).
[57] Vgl. etwa das Rundschreiben 93/3: Revisionsbericht, Form und Inhalt.

§ 34 Der Konzernrechnungsprüfer insbesondere

Literatur: Grundlegend Revisionshandbuch der Schweiz (zit. § 32 N 1) Bd. II 128 ff. Vgl. sodann Basler Kommentar zu OR 731a (Pedroja/Watter); Peter Bertschinger: Konzernrechnung und Konzernprüfung nach neuem Aktienrecht, ST *1991* 564 ff; Max Boemle: Berichterstattung über die Konzernrechnungsprüfung, in: FS Helbling (Zürich 1992) 91 ff; Andreas Müller: Prüfungs-Testate zur Konzernrechnung, ST *1994* 461 ff; Müller/Braun: Das Prüfungstestat für die konsolidierte Rechnung, ST *1993* 191 ff; Ralph Michael Peterli: Theorie und Praxis der Konzernrechnungslegung und -prüfung in der Schweiz (Diss. oec. Zürich 1994 = Mitteilungen aus dem Handelswissenschaftlichen Seminar Bd. 181); Markus Zenhäusern: Konzernrechnungslegung und -prüfung (Diss. Freiburg i. Ü., Reihe Betriebswirtschaft Bd. 5, Grüsch 1989 bzw. Zürich 1991) 389 ff; Zünd André (Hg.): Konzernrechnungslegung und Konzernrevision (Zürich 1985 = SSTRK Bd. 64). – Vgl. auch die Literaturangaben zu §§ 32 und 33 sowie die Literaturübersicht in Revisionshandbuch Bd. II 161 f.

I. Konzern, Konzernrechnungslegung und Konzernprüfung

a) Aktiengesellschaften treten im Wirtschaftsleben oft nicht als wirtschaftlich und organisatorisch selbständige Einheiten, sondern als Teil einer Gruppe von Gesellschaften auf, die *unter einheitlicher Leitung zusammengefasst* sind. Solche Gruppen werden als *Konzerne* bezeichnet (Näheres in § 60 N 3 ff).

Grundsätzlich geht auch das revidierte schweizerische Aktienrecht von der Vorstellung nicht nur rechtlich, sondern auch wirtschaftlich unabhängiger Gesellschaften aus. Mit Bezug auf die *Rechnungslegung* wird aber im revidierten Recht die Konzernrealität zur Kenntnis genommen und in OR 663e–g in knapper Form geregelt: Konzerne werden verpflichtet, eine *konsolidierte Jahresrechnung (Konzernrechnung)* zu erstellen (OR 663e, dazu § 51 N 199 ff), d. h. eine Rechnung, in welcher der *Konzern als Ganzes* erfasst wird.

Um die Vielfalt der Erscheinungsformen nicht in ein starres Korsett zu zwängen, sind die gesetzlichen Vorschriften nicht nur extrem kurz, sondern auch äusserst flexibel ausgefallen: Verwiesen wird auf die Grundsätze ordnungsmässiger Rechnungslegung (OR 663g I), und im übrigen wird lediglich verlangt, dass die Gesellschaft die von ihr verwendeten Konsolidierungs- und Bewertungsregeln sowie allfällige Abweichungen hievon offenlegt (OR 663g II).

OR 663e und 663f nehmen eine Reihe von Konzernen von der Pflicht zur Erstellung einer Konzernrechnung aus. Geschätzt wird, dass etwa 1500 Gesellschaften – also weniger als ein Prozent aller Aktiengesellschaften – eine Konzernrechnung erstellen müssen[1]. Andere Konzerne werden freilich auf freiwilliger Basis eine konsolidierte Rechnung erarbeiten.

---

[1] So Bertschinger (zit. N 1) 565.

6   b) Gesellschaften, die eine Konzernrechnung erstellen müssen, haben diese durch einen *Konzernrechnungsprüfer*[2] prüfen zu lassen, OR 731a. Auch für die *Prüfung der Konzernrechnung* ist die gesetzliche Regelung knapp und flexibel:
7   – Verlangt wird die Prüfung durch einen *besonders befähigten Revisor.*
8   – Zu prüfen ist die Übereinstimmung der Rechnung *«mit dem Gesetz und den Konsolidierungsregeln».*
9   – Im übrigen sollen die Bestimmungen über die Unabhängigkeit und – mit Ausnahmen – die Aufgaben der Revisionsstelle sinngemäss gelten.

II. Wählbarkeitserfordernisse, Bestellung und Beendigung des Mandats des Konzernrechnungsprüfers

1. Wählbarkeitserfordernisse

10   a) OR 731a I verlangt ausdrücklich die Prüfung durch einen *besonders befähigten Revisor,* vgl. dazu OR 727b und § 32 N 8 ff.

11   b) Sodann gilt für den Konzernrechnungsprüfer das in OR 727c verankerte *Unabhängigkeitsgebot* (dazu § 32 N 24 ff) sinngemäss (OR 731a II).

12   Verlangt wird in OR 727c I u. a. Unabhängigkeit «von einem Aktionär, der über die Stimmenmehrheit verfügt». Daraus ist zu schliessen, dass als Konzernrechnungsprüfer *keine Gesellschaft desselben Konzerns* eingesetzt werden darf, da alle Konzerngesellschaften von der Konzerndachgesellschaft abhängen und diese meist über die Stimmenmehrheit verfügt. Fehlt es – trotz einheitlicher Leitung – an der Stimmenmehrheit, dann fragt es sich, ob OR 727c I nicht analog anzuwenden wäre. Jedenfalls kommt OR 727c II zum Zug, wonach jeder Aktionär oder Gläubiger Unabhängigkeit von allen Gesellschaften desselben Konzerns verlangen kann.

13   c) Das Wohnsitz- bzw. Sitzerfordernis von OR 727 II kommt für den Konzernrechnungsprüfer nicht zur Anwendung. Wählbar ist also auch ein Revisor ohne Wohnsitz bzw. Sitz und ohne Zweigniederlassung in der Schweiz.

14   d) Meist besteht zwischen der Revisionsstelle der Konzerndachgesellschaft und dem Konzernrechnungsprüfer Personalunion. Erforderlich ist dies jedoch nicht.

15   e) Die *obligationenrechtliche* Konzernrechnung kann auch bei Banken von einem besonders befähigten Prüfer gemäss OR 727b vorgenommen werden. Für die *bankenrechtlich* verlangten konzernorientierten Prüfungen (vgl. BankV 44) ist dagegen die bankengesetzliche Revisionsstelle zuständig (BankG 18 ff, BankV 34 ff), wobei wiederum Personalunion bestehen kann.

---

[2]   Das Gesetz verwendet den zu allgemeinen Ausdruck «Konzernprüfer», OR 731a II.

2. *Die Bestellung*

a) Der Konzernrechnungsprüfer ist nach heute nicht mehr bestrittener Ansicht durch die GV zu wählen (vgl. § 22 N 24 ff).

Eine Eintragung im Handelsregister ist – anders als für die Revisionsstelle (zu jener vgl. OR 641 Ziff. 10 und § 32 N 37) – nicht vorgesehen.

b) Die Einsetzung durch den Richter analog OR 727 f (dazu § 32 N 36 ff) ist hinsichtlich des Konzernrechnungsprüfers offenbar nicht möglich[3].

3. *Amtsdauer und Beendigung des Mandats*

a) Zur Amtsdauer des Konzernrechnungsprüfers äussert sich das Gesetz weder direkt noch durch Verweisung auf die für die Revisionsstelle aufgestellte Bestimmung. Im Sinne einer Lückenfüllung wird man aber jene Bestimmung analog beiziehen dürfen (vgl. OR 727e I, dazu § 32 N 41 ff).

b) Ebensowenig sind Rücktritt und Abberufung geregelt. Aus einer analogen Anwendung des Auftragsrechts (OR 404 I) folgt, dass auch beim Konzernrechnungsprüfer Rücktritt und Abberufung jederzeit möglich sind (vgl. daher die sinngemäss anwendbaren Ausführungen in § 32 N 47 ff, 53 ff).

III. Aufgaben und Verhaltenspflichten

Hinsichtlich der Pflichten des Konzernrechnungsprüfers verweist OR 731a II auf die für die Revisionsstelle geltenden Regeln, die – mit einer Ausnahme – sinngemäss Anwendung finden sollen. Dazu präzisierend folgendes:

1. *Die Prüfungspflicht*

Gegenstand der Prüfung ist die *Konzernrechnung*, die – gleich wie die Rechnungen der Einzelgesellschaften – aus Erfolgsrechnung, Bilanz und Anhang besteht. Basis für die Konzernrechnung und damit auch wesentliche Grundlage für deren Prüfung sind die geprüften Abschlüsse der Tochtergesellschaften.

Näheres in Revisionshandbuch (zit. § 32 N 1) Bd. II 132 ff.

2. *Berichterstattungs- und Anzeigepflichten*

Der Konzernrechnungsprüfer hat der GV und dem Verwaltungsrat in gleicher Weise Bericht zu erstatten wie der Revisor des Einzelabschlusses:

a) Auch der Konzernrechnungsprüfer hat der *GV* (der Konzerndachgesellschaft) schriftlich über das Prüfungsergebnis zu berichten (OR 729 I analog).

---

[3] Weder sieht OR 731a selbst diese Möglichkeit vor, noch wird dort auf OR 727f verwiesen.

26 Zum *Inhalt* des Berichts ergibt sich die Besonderheit, dass nicht nur die Gesetzeskonformität zu bestätigen ist, sondern auch die Übereinstimmung der Rechnung mit den (im Anhang der Konzernrechnung aufzuführenden, OR 663g II) *Konsolidierungsregeln*. Dies führt zum folgenden leicht modifizierten Standardtext des Bestätigungsberichts:

27 «Aufgrund unserer Prüfung stellen wir fest, dass die konsolidierte Jahresrechnung den gesetzlichen Vorschriften entspricht und mit den im Anhang wiedergegebenen Konsolidierungs- und Bewertungsgrundsätzen übereinstimmt.»

28 Im übrigen kann der Bericht gleich wie der für Einzelabschlüsse lauten (vgl. zu jenem § 33 N 44 ff), wobei natürlich statt auf Buchführung und Jahresrechnung auf die *konsolidierte Jahresrechnung* Bezug zu nehmen ist. Der Konzernprüfungsbericht hat auch die Empfehlungen gemäss OR 729 I (bezogen auf die Konzernrechnung) zu enthalten.

29 Analog anwendbar ist auch die Pflicht zur Auskunftserteilung an der GV (dazu § 33 N 47), weshalb auch der Konzernrechnungsprüfer verpflichtet ist, an dieser teilzunehmen.

30 b) Auch zur Konzernrechnung ist ein *Erläuterungsbericht für den Verwaltungsrat* zu erstellen, für den OR 729a sinngemäss Anwendung findet (vgl. dazu § 33 N 48 ff). Der Erläuterungsbericht kann allenfalls mit demjenigen für die Konzerndachgesellschaft als Einzelgesellschaft zusammengefasst werden.

31 c) Die *Anzeigepflichten* gegenüber dem Verwaltungsrat und allenfalls der GV (OR 729b I) gelten ebenfalls analog (dazu § 33 N 59 ff).

32 Von den Pflichten des Konzernrechnungsprüfers *ausdrücklich ausgenommen* ist dagegen die Anzeigepflicht im Falle offensichtlicher Überschuldung (vgl. OR 731a II).

33 d) Näheres in Revisionshandbuch (zit. § 32 N 1) Bd. II 145 ff. Die Standardtexte der Bestätigungsberichte sind 1995 leicht modifiziert worden (vgl. dazu Andreas Müller in ST *1994* 461 ff).

34 Konzernrechnungen werden immer häufiger nicht (nur) nach den gesetzlichen Vorschriften erstellt, sondern so, dass sie ein den tatsächlichen Verhältnissen entsprechendes *richtiges* Bild der Vermögens- und Ertragslage vermitteln (Grundsatz der *«true and fair view»*)[4]. Dies wird dann auch im Bericht des Konzernrechnungsprüfers bestätigt.

3. *Keine Pflicht (und kein Recht) zu Geschäftsführungshandlungen*

35 a) Wie soeben erwähnt hat der Konzernrechnungsprüfer keine Pflicht, bei offensichtlicher Überschuldung nötigenfalls den Richter zu benachrichtigen, da die Überschuldung und die sich daran anschliessenden Massnahmen die Einzelgesellschaft und nicht den Gesamtkonzern betreffen[5].

---

[4] Zur Problematik vgl. § 33 N 25 f und 33 ff.
[5] Ist der Konzernrechnungsprüfer zugleich Revisionsstelle der Konzerndachgesellschaft (vgl. vorn N 14), kann er natürlich in dieser zweiten Funktion anzeigepflichtig sein.

b) Darüber hinaus kommt dem Konzernrechnungsprüfer ganz allgemein keine   36
Pflicht (und kein Recht) zur (subsidiären) Vornahme von Geschäftsführungshandlungen zu. Es entfällt daher die Aufgabe, nötigenfalls die GV einzuberufen
(vgl. OR 699 I).

4. Zuweisung zusätzlicher Aufgaben

Auch der Konzernrechnungsprüfer kann mit zusätzlichen Aufgaben betraut werden, wobei die gleichen Schranken wie für die einzelgesellschaftliche   37
Revisionsstelle gelten, also insbesondere keine Aufgaben zugewiesen werden
dürfen, welche die Unabhängigkeit des Prüfers beeinträchtigen könnten, ebensowenig Geschäftsführungsaufgaben, da diese in den Aufgabenbereich des Verwaltungsrates fallen (vgl. OR 731 analog, dazu § 33 N 87 ff).

5. Die Verschwiegenheitspflicht

Die Pflicht auch des Konzernrechnungsprüfers zur Verschwiegenheit   38
wird zwar im Gesetz nicht ausdrücklich genannt[6], ist aber selbstverständlich. Es
gilt OR 730 analog (dazu § 33 N 109 ff).

6. Haftung bei Pflichtverletzungen

Da der Konzernrechnungsprüfer kein Organ (der Einzelgesellschaft) ist,   39
würde man erwarten, dass sich seine Verantwortung nach Mandatsrecht richtet.
OR 755 unterstellt jedoch auch die mit der Prüfung der *Konzernrechnung* befassten Personen ausdrücklich der aktienrechtlichen Verantwortlichkeit (zu dieser
vgl. § 37 N 41 ff).

---

[6]   Auch nicht durch Verweisung auf die für die Revisionsstelle geltenden Regeln (OR 730).

§ 35 Exkurs: Die Sonderprüfung

Literatur: Andreas Casutt: Die Sonderprüfung im künftigen schweizerischen Aktienrecht (Diss. Zürich 1991 = SSHW 136); ders.: Das Institut der Sonderprüfung, ST *1991* 574 ff; Alain Hirsch: Le contrôle spécial (art. 697a–697g CO) in: Ciocca (vgl. LV) 413 ff; Felix Horber: Die Informationsrechte des Aktionärs – eine systematische Darstellung (erscheint voraussichtlich 1995 oder 1996) 3. Teil; Graziano Pedroja: Die Sonderprüfung im neuen Aktienrecht, AJP *1992* 774 ff; Revisionshandbuch (zit. § 32 N 1) Bd. II 581 ff; ferner Hans Düggelin: Die Sonderprüfung als Rechtsbehelf des Aktionärs... (Diss. Bern 1977 = Schriftenreihe der Treuhand-Kammer, Bd. 19). – Aus den *Gesamtdarstellungen* vgl. Basler Kommentar zu OR 697a–697g (Weber) sowie Böckli N 1850 ff.

I. Die Sonderprüfung – Ausfluss und Ergänzung der Informationsrechte des Aktionärs

1. Die Problematik der aktienrechtlichen Informationsordnung

a) Der Aktionär kann seine Rechte nur dann vernünftig geltend machen, wenn er angemessen über die Geschäfte der Gesellschaft orientiert ist. Nur der informierte Aktionär kann seine Stimme in der GV sinnvoll abgeben, nur er kann beurteilen, ob Anlass besteht, Organe der Gesellschaft persönlich zur Verantwortung zu ziehen.

b) Dem steht nun aber das Interesse der Gesellschaft an der Vertraulichkeit ihrer Interna gegenüber. Dieses Interesse besteht – anders als etwa bei den Personengesellschaften – auch gegenüber den eigenen Gesellschaftern: Der Aktionär unterliegt keiner Treue- und schon gar keiner Verschwiegenheitspflicht (vgl. § 42 N 24 ff). Er kann daher Informationen auch zum Nachteil der Gesellschaft einsetzen und sie beliebig an Dritte weitergeben.

c) Den *Interessenkonflikt* zwischen den Informationsinteressen des Aktionärs und denen der Gesellschaft an Geheimhaltung hat das schweizerische Aktienrecht grundsätzlich *zugunsten der Gesellschaft* entschieden: Auskünfte an Aktionäre können verweigert werden, «wenn durch sie Geschäftsgeheimnisse oder andere schutzwürdige Interessen der Gesellschaft gefährdet werden». Einsicht in Geschäftsunterlagen ist dem Aktionär nur «unter Wahrung der Geschäftsgeheimnisse» zu gewähren (OR 697 II, III, dazu § 40 N 166 ff).

Durch die Aktienrechtsreform ist zwar die Informationslage des Aktionärs verbessert worden, insbesondere dadurch, dass die Rechnungslegung viel detaillierter als bisher gegliedert sein muss und dass Gewinnkosmetik mit Hilfe der Auflösung stiller Reserven offenzulegen ist. Es bleibt aber der Interessenkonflikt, und es sind im Zweifel auch unter dem revidierten Recht die Geheimhaltungsinteressen der Gesellschaft gegenüber den Interessen der Aktionäre an Information vorrangig.

2. Der Sonderprüfer als Vertrauensmann zwischen Gesellschaft und Aktionär

6 Dieses Dilemma zwischen Geheimhaltungs- und Offenlegungsinteressen soll durch das neue Institut des *Sonderprüfers* gemildert werden. Der Sonderprüfer soll als eine Art Vertrauensmann beider Seiten zwischen die AG und die Auskunft fordernden Aktionäre treten. Ihm gegenüber soll die Gesellschaft keinerlei Geheimhaltungsinteressen geltend machen dürfen. Er seinerseits hat den Aktionären zwar umfassend, jedoch unter Rücksichtnahme auf die Geschäftsgeheimnisse und andere Interessen der Gesellschaft Bericht zu erstatten.

7 Die Sonderprüfung ist in ausländischen Rechten – etwa in Deutschland und Frankreich[1] – seit langem bekannt, in der Schweiz dagegen eine Innovation. Bei der Ausgestaltung hat sich der Gesetzgeber stark an das deutsche Recht angelehnt[2].

3. Die Funktion der Sonderprüfung

8 a) «Der *Zweck der Sonderprüfung* besteht ... darin, die Aktionäre über bestimmte Vorfälle in der Gesellschaft *besser zu informieren,* damit sie in der Lage sind, ihre Rechte *sinnvoll zu nutzen.*»[3]

9 In erster Linie soll die Sonderprüfung der Vorbereitung einer *Verantwortlichkeitsklage* (dazu § 36 ff) dienen[4]. Doch ist es unrichtig, wenn in der Botschaft[5] ausgeführt wird, die Sonderprüfung könne «einzig zur Abklärung der Prozessrisiken für eine Verantwortlichkeitsklage verwendet werden». Vielmehr können die zusätzlich erlangten Informationen auch als Basis für die sachgerechte Ausübung des Stimm- und des Wahlrechts oder anderer Aktionärsrechte (etwa der Rückerstattungsklage nach OR 678) dienen.

10 b) Aus der Zielsetzung – bestimmte unklare Sachverhalte für die Aktionäre offenzulegen – folgt auch, was die Sonderprüfung *nicht sein soll:*

11 – Sie ist *keine umfassende Bilanzprüfung.* Die Arbeit der Revisionsstelle soll nicht dupliziert werden. Vielmehr geht es darum, *bestimmte* Vorkommnisse zu klären.

12 Die Sonderprüfung ist auch klar von der durch die Eidg. Bankenkommission nach BankG 23bis II anzuordnenden *ausserordentlichen Revision* zu trennen. Die ausserordentliche Revision nach BankG kann nur durch die Eidg. Bankenkommission angeordnet werden, und als Sachverständige kommen grundsätzlich nur die zur bankengesetzlichen Revision ermächtigten Gesellschaften in Frage.

---

[1] In Frankreich wird von diesem Instrument recht oft Gebrauch gemacht, in Deutschland sehr selten.
[2] Dies freilich mit einer anderen Gewichtung der Geheimhaltungsinteressen der Gesellschaft, vgl. Anm. 30.
[3] Casutt in ST (zit. N 1) 574.
[4] Vgl. aber hinten N 112 ff dazu, dass gerade dieses Ziel nur ungenügend erreicht wird.
[5] S. 91. Ähnlich, aber weniger absolut BGE 120 II 395.

– Die Sonderprüfung ist auch *keine Zweckmässigkeitsprüfung* hinsichtlich der 13
  Geschäftsführung. Offenzulegen sind Unregelmässigkeiten und nicht blosse
  Unzweckmässigkeit[6].
– Endlich ist die Sonderprüfung *keine Rechtmässigkeitsprüfung* (vgl. N 63). Es 14
  soll lediglich Klarheit in den Tatbestand gebracht werden[7].

c) Anderseits ist der *Prüfungsbereich* – im Vergleich zu dem der Revisionsstel- 15
le – insofern erweitert, als grundsätzlich *sämtliche Sachfragen,* nicht nur solche,
die mit dem Rechnungswesen zusammenhängen, Gegenstand einer Sonderprüfung sein können (vgl. N 64 f).

4. Systematische Stellung, Verhältnis zu anderen Rechtsbehelfen

a) Die Sonderprüfung dient der *Informationsbeschaffung* der Aktionäre. 16
Sie ist daher zu Recht nicht etwa dem Abschnitt über die Revisionsstelle ange-
fügt, sondern zusammen mit den Kontrollrechten der Aktionäre im Abschnitt
über die persönlichen Mitgliedschaftsrechte geordnet worden.

b) Zur *Abgrenzung* und zum Verhältnis zu *anderen Rechtsbehelfen* folgendes: 17
– Als Teil des aktienrechtlichen Informationskonzepts ist die Sonderprüfung 18
  *subsidiär zum in OR 696 f geregelten Auskunfts- und Einsichtsrecht des Aktio-
  närs* (vgl. OR 697a I, dazu N 31).
– Das Recht, eine Sonderprüfung zu verlangen, steht auf gleicher Stufe mit der 19
  Möglichkeit, *klageweise das Auskunfts- oder Einsichtsrecht durchzusetzen*
  (OR 697 IV)[7a]. Jenes Recht steht jedem Aktionär zu, die Sonderprüfung
  dagegen ist als Minderheitenrecht ausgestaltet (vgl. OR 697b I, dazu N 41 ff).
– Die Sonderprüfung soll nach der Vorstellung des Gesetzgebers die *Verantwort-* 20
  lichkeitsklage unterstützen. Ein notwendiger Zusammenhang besteht jedoch
  nicht: Weder braucht der Verantwortlichkeitsklage eine Sonderprüfung vor-
  geschaltet zu werden noch ist das Recht auf eine Sonderprüfung auf die Zielsetzung beschränkt, Klagen gegen Organe der Gesellschaft vorzubereiten[8].
– OR 731 II sieht die Möglichkeit vor, «zur Prüfung der Geschäftsführung oder 21
  einzelner ihrer Teile Sachverständige [zu] ernennen» (dazu § 33 N 106 ff). Die
  Aufgaben des Sachverständigen im Sinne von OR 731 II können dieselben sein
  wie die eines Sonderprüfers. Die *Voraussetzungen* für die Bestellung sind
  jedoch unterschiedlich: Während Sachverständige im Sinne von OR 731 II nur
  aufgrund eines Mehrheitsbeschlusses der GV eingesetzt werden können, ist

---

[6] Die Grenze ist freilich fliessend: Da dem Verwaltungsrat die Organisation der Gesellschaft obliegt, kann die Einführung oder Beibehaltung einer unzweckmässigen oder fehlerhaften Struktur auch eine Rechtswidrigkeit sein.
[7] Dagegen hat die Revisionsstelle bei der Abschlussprüfung ein Urteil über die Rechtmässigkeit der Geschäftsführung – beschränkt auf die mit dem Rechnungswesen zusammenhängenden Bereiche – abzugeben, vgl. § 33 N 6 ff.
[7a] Der Aktionär kann daher alternativ den einen oder andern Weg beschreiten.
[8] Dies entgegen den Ausführungen in der Botschaft, vgl. vorn N 9.

das Recht auf Sonderprüfung als *Minderheitenrecht* ausgestaltet (vgl. OR 697b I, dazu N 41 ff). Und während die GV die Sachverständigen selbst ernennt, obliegt die Bestellung des Sonderprüfers stets dem *Richter* (vgl. OR 697a II, 697b I).

22 Falls die *Mehrheit* der (in der GV vertretenen) Aktionäre bestimmte Abklärungen befürwortet, wird meist der Weg nach OR 731 II beschritten werden, da es dann nicht sinnvoll sein wird, den Richter für die Ernennung des mit der Prüfung zu Beauftragenden zu bemühen. Die Sonderprüfung aufgrund eines Mehrheitsbeschlusses der GV, wie sie in OR 697a II (dazu N 33 ff) vorgesehen ist, dürfte daher in der Praxis selten vorkommen.

II. Ernennung und Voraussetzungen der Ernennung

23 Eine Sonderprüfung soll nur veranlasst werden können, wenn bestimmte *allgemeine Voraussetzungen* erfüllt sind (Ziff. 1). Die Ernennung kann entweder auf einem *Mehrheitsbeschluss der GV* (Ziff. 2) oder auf dem klageweise vorgetragenen *Begehren einer Minderheit* (Ziff. 3) beruhen. Die Einsetzung erfolgt in beiden Fällen durch den *Richter* (Ziff. 4).

1. Allgemeine Voraussetzungen für die Bestellung

24 a) Jeder Aktionär kann der GV eine Sonderprüfung beantragen, wenn die folgenden *Voraussetzungen* gegeben sind (vgl. OR 697a I):

25 aa) Das Begehren muss die Abklärung *bestimmter Sachverhalte* bezwecken. Daraus ergibt sich eine doppelte Einschränkung:

26 – Es geht um die Abklärung von *Sachverhalten,* also weder um eine Stellungnahme zu Rechtsfragen noch um eine Zweckmässigkeitsprüfung.

27 – Die Sonderprüfung dient der Klärung *bestimmter* Sachverhalte. Sie ist nicht eine zweite Revision, sondern es soll die Prüfung auf einzelne konkrete Fragen – bestimmte Geschäftsvorfälle, die Beziehungen zu einem Geschäftspartner oder Aktionär usw. – konzentriert sein. Auch für «fishing expeditions» – die unspezifizierte Prüfung eines grösseren Geschäftsbereichs in der Hoffnung, Mängel zu entdecken – soll sie nicht eingesetzt werden können.

28 bb) Die Abklärung muss im Zusammenhang mit der *Ausübung von Aktionärsrechten* stehen, wobei – wie erwähnt – in erster Linie, aber nicht ausschliesslich die Anhebung einer Verantwortlichkeitsklage anvisiert ist. Blosse Neugier genügt nicht als Motiv, doch wird zwischen der Klärung von Geschäftsvorfällen und der Ausübung von Aktionärsrechten ein Zusammenhang regelmässig zu vermuten sein.

29 cc) Die Abklärung muss nach dem Wortlaut des Gesetzes für die Ausübung der Aktionärsrechte *«erforderlich»* sein. Der Ausdruck ist wohl zu stark gewählt. Es muss genügen, dass die Klärung der Ausübung von Rechten objektiv dienlich ist, dass ein *Rechtsschutzinteresse* besteht.

Stets ist verlangt, dass die Sachverhalte, deren Abklärung beantragt wird, *tatsächlich noch im Dunkeln liegen*. Hat der Verwaltungsrat in der GV umfassend Auskunft erteilt, bleibt kein Raum für die Sonderprüfung. 30

dd) Endlich muss das «Recht auf Auskunft oder das Recht auf Einsicht bereits ausgeübt» worden sein (OR 697a I)[8a]. Wenn die Information mit diesen einfacheren Rechtsbehelfen zu beschaffen ist, soll die Sonderprüfung nicht bemüht werden. Dagegen ist es nicht nötig, dass der Antrag stellende Aktionär versucht hat, das Auskunfts- oder Einsichtsrecht klageweise durchzusetzen. 31

b) Während diese Voraussetzungen vom Richter zu prüfen sind, wenn das Recht auf eine Sonderprüfung gegen den Mehrheitswillen gerichtlich durchgesetzt werden soll (vgl. N 41 ff), dürften diese Schranken kaum eine Rolle spielen, wenn die GV die Bestellung eines Sonderprüfers mit Mehrheit beschliesst. Denkbar ist, dass der Vorsitzende den Antrag nicht zur Abstimmung bringt, wenn das Recht auf Auskunft bzw. Einsicht noch nicht geltend gemacht wurde. Im übrigen aber wird man gegen die von der GV beschlossene Sonderprüfung kaum ins Feld führen können, es fehlten die Voraussetzungen von OR 697a. 32

2. *Bestellung aufgrund eines Generalversammlungsbeschlusses*

a) *Jeder Aktionär* kann der GV die Durchführung einer Sonderprüfung beantragen (OR 697a I). 33

Bei *börsenkotierten Namenaktien* hat wohl auch der sog. *Aktionär ohne Stimmrecht* (vgl. OR 685f III und dazu § 44 N 217 ff) ein Antragsrecht[9]. 34

Dem *Partizipanten* kann ein Antragsrecht auf Einleitung einer Sonderprüfung statutarisch eingeräumt werden. Ist dies nicht der Fall, so kann er ein entsprechendes Begehren «schriftlich zu Handen der Generalversammlung stellen» (OR 656c III). 35

b) Beschlossen wird mit dem ordentlichen Quorum – mangels statutarischer Vorschrift also mit der absoluten Mehrheit der vertretenen Aktienstimmen (OR 703). 36

[8a] Und zwar durch den Aktionär, der eine Sonderprüfung verlangt, und nicht durch irgendeinen Aktionär, vgl. Horber (zit. N 1) N 1005 ff, mit Hinweis auf abweichende Ansichten.
[9] So jedenfalls nach der herrschenden Lehre, die sich wie folgt begründen lässt: Nach OR 685f II kann der Aktionär ohne Stimmrecht «mit dem Stimmrecht zusammenhängende Rechte» nicht ausüben. Für die Auslegung dieser Einschränkung ist wohl OR 656c, wo sich die entsprechende Formulierung für die Stellung der Partizipanten findet, beizuziehen. Nach Abs. III von OR 656c aber kann der Partizipant (und daher analog auch der Aktionär ohne Stimmrecht) ein Begehren «um Einleitung einer Sonderprüfung schriftlich zu Handen der Generalversammlung stellen». In diesem Sinne Casutt, Diss. (zit. N 1) 72 und Gaudenz Zindel: Aktionäre ohne Stimmrecht und stimmrechtslose Aktionäre, in: Schluep/Isler 199 ff, 207. – Nach Weber (in Basler Kommentar Art. 697a N 30) soll dagegen nur ein «zu Unrecht abgelehnter» stimmrechtsloser Aktionär antragsberechtigt sein. Böckli (N 659 und Anm. 141a) äussert sich nicht abschliessend, ist aber eher gegen ein Antragsrecht. – Die hier vertretene Ansicht wird von Peter Nobel nicht geteilt.

37 Für die Beschlussfassung gelten zwei Besonderheiten:
38 – Sie ist auch *ohne vorgängige Traktandierung* (zu diesem Erfordernis vgl. § 23 N 61) möglich, OR 700 III.
39 – Das *Stimmenprivileg* von Stimmrechtsaktien kommt nicht zum Zuge, OR 693 III Ziff. 3.

40 c) Die positive Beschlussfassung über die Einleitung einer Sonderprüfung dürfte eher selten sein. Ein – abweisender – GV-Beschluss ist jedoch unabdingbare Voraussetzung für die Geltendmachung des Minderheitenrechts auf Einsetzung eines Sonderprüfers (vgl. OR 697b I):

3. Bestellung aufgrund des Begehrens einer Aktionärsminderheit

41 a) Lehnt die GV den Antrag auf Einleitung einer Sonderprüfung ab, so kann eine Aktionärsminderheit die Einsetzung eines Sonderprüfers durch den Richter beantragen (OR 697b I). Dieses Recht ist – zusätzlich zu den in N 24 ff erwähnten – an die folgenden formellen (lit. b) und materiellen (lit. c) Voraussetzungen gebunden:

42 b) Verlangt wird, dass der Antrag von Aktionären, «die zusammen mindestens 10 Prozent des Aktienkapitals oder Aktien im Nennwert von zwei Millionen Franken vertreten» (OR 697b I), unterstützt wird, eine Schranke, die in der Literatur allgemein als hoch oder zu hoch eingestuft wird.

43 Massgebend ist das *Kapital*, nicht die Stimmkraft, womit auch hier die Privilegien der Stimmrechtsaktien ausgeschaltet sind.

44 *Aktionäre ohne Stimmrecht* im Sinne von OR 685 f III sind nach der hier vertretenen – nicht unbestrittenen – Auffassung berechtigt, Antrag auf Einleitung einer Sonderprüfung zu stellen. Sie müssen daher auch einen Antrag auf richterliche Einsetzung unterstützen können. Konsequenterweise muss daher ihr Kapitalanteil bei der Bemessung des relevanten Aktienkapitals mitgezählt werden.

45 Bestehen in einer Gesellschaft Partizipationsscheine, so ist das Partizipationskapital für die Berechnungsbasis zum Aktienkapital hinzuzuzählen (OR 656b III, vgl. § 46 N 14 ff), wodurch das Klagerecht – sachlich kaum gerechtfertigt – erschwert wird.

46 Statutarisch können die Quoren herabgesetzt, nicht aber erhöht werden.

47 Für die Geltendmachung des Begehrens sieht das Gesetz eine *Verwirkungsfrist von drei Monaten* vor (OR 697b I).

48 c) «Die Sonderprüfung darf nicht zu erpresserischen Zwecken missbraucht werden»[10]. Um dies zu verhindern, hat das Gesetz eine zusätzliche materielle Schranke[11] eingeführt: Anspruch auf Einsetzung eines Sonderprüfers besteht nur, wenn glaubhaft gemacht wird, «dass Gründer oder Organe Gesetz oder

---

[10] Botschaft 191.
[11] Zu den allgemeinen Schranken vgl. vorn N 24 ff.

Statuten verletzt und damit die Gesellschaft oder die Aktionäre geschädigt haben» (OR 697b II)[11a].

Es geht also darum, allfällige *Pflichtwidrigkeiten* von Organen (oder Gründern) zu klären, und zwar solche, die der Gesellschaft oder ihren Aktionären *Schaden* zugefügt haben. Unregelmässigkeit und Schädigung müssen von den Gesuchstellern *glaubhaft* gemacht werden, wodurch der Gesetzgeber dem Missbrauch dieses neuen Instruments einen Riegel schieben wollte. In der Literatur wird zu Recht darauf hingewiesen, dass die Anforderungen an das Glaubhaftmachen nicht zu hoch geschraubt werden sollten, damit das Institut der Sonderprüfung nicht toter Buchstabe bleibt.

Aus der Subsidiarität der Sonderprüfung[11b] folgt sodann, dass die Sonderprüfung nur über Gegenstände verlangt werden kann, die vorher Thema eines (abgelehnten) Auskunfts- oder Einsichtsbegehrens waren.

4. *Einsetzung durch den Richter*

In jedem Falle erfolgt die Einsetzung des Sonderprüfers durch den Richter, der «nach Anhörung der Gesellschaft und des seinerzeitigen Antragstellers» (OR 697c I) zu entscheiden hat.

Zuständig ist der Richter am *Sitz der Gesellschaft*. Das Verfahren wird durch das *kantonale Recht* geordnet. Regelmässig dürfte – für die Beurteilung eines Ernennungsbegehrens nach OR 697b wie auch für die Einsetzung nach OR 697c – ein *summarisches Verfahren* vorgesehen sein[12].

Zu beachten ist, dass – obwohl OR 697c keinen Unterschied macht – das Verfahren unterschiedlich ist je nachdem, ob der Ernennung ein Mehrheitsbeschluss der GV oder das Begehren einer Minderheit zugrunde liegt: Im ersten Fall handelt es sich um ein Verfahren der *freiwilligen Gerichtsbarkeit*, bei der keine Weiterzugsmöglichkeit an das Bundesgericht gegeben ist, im zweiten um eine *streitige* Zivilsache, weshalb gegen den Entscheid der letzten kantonalen Instanz die Berufung an das Bundesgericht möglich ist[13].

[11a] In diesen Plausibilitätsvoraussetzungen liegt – in den Worten des BGer (BGE 120 II 397) – «der Angelpunkt des Sonderprüfungsrechts, da es einerseits bei übertriebenen Anforderungen toter Buchstabe bleiben könnte, und andererseits bei grosszügiger Handhabung ein Widerspruch zum Regelungsgedanken des Gesetzgebers entstünde, wonach die zwangsweise Sonderprüfung nicht leichthin zuzulassen sei ...». Zu den Anforderungen vgl. BGE 120 II 398 f.
[11b] Dazu Peter V. Kunz: Zur Subsidiarität der Sonderprüfung, erscheint in SJZ *1996*.
[12] Nach der Zürcher Zivilprozessordnung § 219 Ziff. 13 ist der Einzelrichter im summarischen Verfahren für die «Bestellung des Sachverständigen ... zur Sonderprüfung» zuständig, womit sowohl die Beurteilung von Ernennungsbegehren wie auch die Einsetzung gemeint sind.
[13] Vgl. Casutt, Diss. (zit. N 1) 84 f, 88, 102 f, mit Präzisierung. Nach Ansicht des BGer handelt es sich um eine Streitigkeit *vermögensrechtlicher Art*, BGE 120 II 395.

III. Die Qualifikation des Sonderprüfers

1. Sachkunde

54 a) Der Sonderprüfer soll «*Sachverständiger*» (OR 697c II) sein. Stets vorausgesetzt sind wohl «betriebswirtschaftliche und rechtliche Grundkenntnisse»[14]. Im übrigen variieren die Anforderungen je nach Prüfungsgegenstand. Neben Revisoren und Juristen kommen insbesondere auch Unternehmensberater und Vertreter technischer Berufe in Betracht.

55 b) Obwohl das Gesetz dies nicht ausdrücklich sagt, kann auch eine *juristische Person* oder eine Personengesellschaft als Sonderprüfer bestellt werden. Dies kann dann sinnvoll sein, wenn mehrere Fachgebiete gleichzeitig abzudecken sind. Für diesen Fall sieht das Gesetz auch ausdrücklich die Möglichkeit vor, die Sonderprüfung «*mehreren Sachverständigen gemeinsam*» zu übertragen (OR 697c III).

2. Unabhängigkeit

56 Das Gesetz schreibt die *Unabhängigkeit*[15] des Sonderprüfers ausdrücklich vor. Das Erfordernis geht – nimmt man die Vertrauensstellung zu beiden Seiten ernst – weiter als bei der Revisionsstelle (zu jener OR 727c und dazu § 32 N 24 ff). So wird man Aktionäre grundsätzlich ausschliessen[16]. Nicht in Betracht kommen sodann Beauftragte der Gesellschaft, und offenkundig ist, dass die Revisionsstelle in aller Regel schon wegen allfälliger Eigeninteressen nicht als Sonderprüfer bestellt werden kann.

57 In Analogie zu OR 727d ist bei der Ernennung einer Handelsgesellschaft oder Genossenschaft dafür Sorge zu tragen, dass sowohl diese wie auch die natürlichen Personen, die den Auftrag durchführen, unabhängig sind.

IV. Der Auftrag

58 a) In jedem Fall – also auch dann, wenn die GV die Sonderprüfung beschlossen hat – umschreibt der *Richter* den Prüfungsgegenstand. Dabei hat er sich «im Rahmen des Gesuches» (OR 697c II) zu halten.

59 – Liegt dem Gesuch ein *GV-Beschluss* zugrunde, dann ist vom Antrag in der GV und daher letztlich vom erfolglos gestellten Auskunfts- oder Einsichtsbegehren auszugehen.

---

[14] So Casutt in ST (zit. N 1) 576.
[15] In der Botschaft – für die Revisionsstelle – umschrieben als «Weisungsungebundenheit, Freiheit des Urteils und Selbständigkeit im Entscheid».
[16] Eine Ausnahme gilt allenfalls für Kleinaktionäre mit einer nicht ins Gewicht fallenden Beteiligung.

– Liegt ein *Minderheitsbegehren* zugrunde, sind die glaubhaft gemachte Pflichtwidrigkeit und die damit zusammenhängenden unklaren Umstände massgebend.

b) Zu beachten sind die allgemeinen Schranken und die Funktion der Sonderprüfung:

– Eine Prüfung ist nur anzuordnen mit Bezug auf Umstände, die für die *Ausübung von Aktionärsrechten wesentlich* sind, und selbstverständlich nur hinsichtlich noch nicht bekannter Umstände.
– «Die Sonderprüfung dient einzig der Abklärung des Sachverhaltes»[17]. Rechtsfragen sind vom Sonderprüfer nicht zu beantworten[18].
– Die Sonderprüfung bezieht sich stets nur auf «*bestimmte*» Sachverhalte, sie darf nicht in eine allgemeine Geschäftsführungsprüfung ausufern[19]. Es sind – soweit zumutbar – bestimmte Personen zu nennen, und es ist die Prüfung auf bestimmte (vermutete) Handlungen und Unterlassungen zu konzentrieren[20].
– Mit diesen Einschränkungen ist der *Gegenstand* der Sonderprüfung jedoch grundsätzlich *unbeschränkt*[21].

c) Der Sonderprüfer ist nicht Organ der Gesellschaft, sondern *aussenstehender Beauftragter*. Dabei handelt es sich freilich nicht um ein reines Mandatsverhältnis, da die Rechtsbeziehungen zwischen der Gesellschaft als «Auftraggeber» und dem Sonderprüfer als «Beauftragtem» der Disposition der Parteien weitgehend entzogen und durch spezifische aktienrechtliche Bestimmungen geregelt sind. Doch kann Auftragsrecht «überall dort herangezogen werden, wo nicht die gesetzliche Regelung oder die Natur der Sonderprüfung eine andere Lösung verlangen»[22].

V. Die Prüfungstätigkeit

1. Die Durchführung der Prüfung

OR 697d enthält in den Absätzen I, III und IV die folgenden Weisungen an die Adresse des Sonderprüfers:

---

[17] Botschaft 90.
[18] Unzulässig wäre daher der Auftrag: «Hat der Verwaltungsrat seine Überwachungspflichten verletzt?» Dies würde eine rechtliche Beurteilung erfordern. – Korrekt dagegen: «Auf welche Weise hat der Verwaltungsrat die Geschäftsführung überwacht?» (Vgl. Casutt, Diss. [zit. N 1] 126.)
[19] Unzulässig daher:
«Stehen die Verluste des letzten Geschäftsjahres in Zusammenhang mit Sorgfaltspflichtsverletzungen von Organen?» Zulässig dagegen: «Was sind die Ursachen des Verlusts der Abteilung Werkzeugmaschinen im letzten Geschäftsjahr?»
[20] Vgl. Casutt, Diss. (zit. N 1) 126.
[21] Zur Frage, inwieweit die stillen Reserven Gegenstand einer Sonderprüfung sein können, vgl. Rolf H. Weber: Stille Reserven und Sonderprüfung, SJZ *1993* 301 ff.
[22] Casutt, Diss. (zit. N 1) 122.

68 a) Die Prüfung ist «*innert nützlicher Frist*» durchzuführen. Da sie die Grundlage für die Ausübung anderer Aktionärsrechte darstellt, ist eine zeitgerechte Berichterstattung wesentlich[23]. Wenn immer möglich sollte der Bericht so rechtzeitig vorliegen, dass er der nächsten (ordentlichen) Generalversammlung vorgelegt (vgl. OR 697f I) werden kann.

69 Zulässig dürfte es sein, dem Sonderprüfer richterlich Frist anzusetzen.

70 b) Untersuchungshandlungen durch Dritte bringen regelmässig erhebliche Unruhe in einen Betrieb. Das Gesetz ermahnt daher den Sonderprüfer, seine Abklärungen «*ohne unnötige Störung des Geschäftsganges durchzuführen*». Daraus ergibt sich freilich e contrario, dass Störungen insoweit in Kauf zu nehmen sind, als sie für die Erfüllung des Auftrages des Sonderprüfers erforderlich sind.

71 c) Der Sonderprüfer «*ist zur Verschwiegenheit verpflichtet*». Insbesondere ist es ihm untersagt, einzelne Aktionäre – etwa die Gesuchsteller – über seine Prüfungen direkt zu orientieren.

72 Zur Frage, ob bzw. in welchem Umfang die Verschwiegenheitspflicht bei der Berichterstattung gilt, vgl. N 93 ff.

73 d) «Der Sonderprüfer hört die Gesellschaft zu den Ergebnissen der Sonderprüfung an.» (OR 697d III). Die Gesellschaft und ihre Organe erhalten dadurch die Möglichkeit, ihren Standpunkt einzubringen und so auf die Ausformulierung des Berichts Einfluss zu nehmen, freilich erst dann, wenn die Ergebnisse der Untersuchung feststehen[24].

2. Die Informationsrechte des Sonderprüfers

74 a) «Gründer, Organe, Beauftragte, Arbeitnehmer, Sachwalter und Liquidatoren müssen dem Sonderprüfer Auskunft über erhebliche Tatsachen erteilen.» (OR 697d II). Damit ist auch die Revisionsstelle (als Organ der Gesellschaft) auskunftspflichtig.

75 Eine Auskunftspflicht von *Aktionären* besteht grundsätzlich nicht. Doch ist zu beachten, dass ein Hauptaktionär, der aktiv und direkt auf die Geschicke der Gesellschaft einwirkt, allenfalls *faktisches Organ* der Gesellschaft und nach dem materiellen Organbegriff den formellen Organen gleichgestellt ist. Diesfalls unterliegt er der Auskunftspflicht.

76 Die Auskunftspflicht ist *umfassend*, sie bricht allfällige Schweigepflichten. Meinungsverschiedenheiten über ihren Umfang soll der Richter entscheiden (OR 697d II). Dieser darf die Auskunftspflicht jedoch nur dann ablehnen, wenn die Auskunft für die Erfüllung des Prüfungsauftrages als nicht erheblich erscheint, nicht dagegen wegen Geheimhaltungsinteressen der Gesellschaft.

---

[23] Dazu, dass die Sonderprüfung diesbezüglich ihr Hauptziel – die Grundlagen für eine Verantwortlichkeitsklage zu schaffen – regelmässig verfehlen wird, nachstehend N 112 ff.
[24] Natürlich hindert den Sonderprüfer nichts daran, Organpersonen im Laufe der Untersuchung zu befragen. Ein Anhörungs*recht* besteht aber erst nach deren Abschluss.

b) Im Gesetz nicht erwähnt, aber selbstverständlich ist, dass dem Sonderprüfer ein *umfassendes Recht auf Einsicht* in die Geschäftsakten der Gesellschaft und der in OR 697d II genannten Personen zusteht.

c) Dagegen besteht weder ein Auskunfts- noch ein Einsichtsrecht gegenüber *Dritten.* Dies gilt insbes. auch in Konzernverhältnissen. Der Sonderprüfer kann also keine Informationen von Tochtergesellschaften und ihren Organen verlangen. Wohl aber kann er allenfalls bei Organen der einer Sonderprüfung unterliegenden Muttergesellschaft Informationen über Tochtergesellschaften einholen und Einsicht in bei ihnen liegende Dokumente von Tochtergesellschaften nehmen[25]. Damit kann er auch Auskünfte von der Konzernrevisionsstelle (dazu § 34 N 10 ff) einholen.

VI. Der Bericht des Sonderprüfers

1. Ausarbeitung und Unterbreitung des Entwurfs

a) Nach OR 697e I hat der Sonderprüfer *«einlässlich über das Ergebnis seiner Prüfung»* zu berichten. Der Bericht soll objektiv, vollständig und klar sein und die Gesuchsteller in die Lage versetzen, sich ihr eigenes informiertes Urteil zu bilden.

b) Über die *Form* des Berichts enthält das Gesetz keine Bestimmungen. Offensichtlich ist, dass der kurze Bestätigungsbericht, den die Revisionsstelle nach OR 729 an die GV zu richten hat (dazu § 33 N 44 ff), nicht Vorbild sein kann. Eher wird man sich am ausführlichen *Erläuterungsbericht* gemäss OR 729a (dazu § 33 N 48 ff) orientieren.

c) Der Sonderprüfer soll zwar einlässlich und vollständig berichten, zugleich aber das *Geschäftsgeheimnis wahren.* Zu dieser Quadratur des Zirkels vgl. nachstehend Ziff. 4.

d) Der Bericht ist *dem Richter vorzulegen* (OR 697e I).

2. Bereinigung des Berichts, Einspruchsmöglichkeit der Gesellschaft

a) Der Richter stellt den Bericht der Gesellschaft zu, und diese hat Gelegenheit zu erklären, bestimmte Stellen würden «das Geschäftsgeheimnis oder andere schutzwürdige Interessen der Gesellschaft verletzen» und sie sollten «deshalb den Gesuchstellern nicht vorgelegt werden» (OR 697e II).

Auf dieser Grundlage entscheidet der Richter über eine allfällige Bereinigung.

b) Man kann sich fragen, ob hier nicht zum Schutze der Gesellschaft des Guten zuviel getan worden ist: Die Gesellschaft hat bereits vor der Erstellung des Berichts Gelegenheit, zu den Ergebnissen der Sonderprüfung Stellung zu beziehen (OR 697d III, dazu N 73). Sie erhält nun ein zweites Mal die Möglichkeit,

---

[25] Es gelten die Überlegungen zum Auskunftsrecht analog, dazu § 40 N 166 ff. Vgl. auch SAG *1973* 49 ff.

Einspruch zu erheben. Es besteht die Gefahr, dass bei diesem «Schleusensystem» der Bericht allzuviele Haare lässt und seine Aufgabe, die Aktionäre umfassend zu orientieren, nicht mehr erfüllt[26].

86 c) Wenig problematisch sind immerhin zwei Entscheide:
87 – Stellen, die zur Entscheidfindung im Hinblick auf die Ausübung von Aktionärsrechten nichts beitragen[27], können ohne weiteres gestrichen werden.
88 – Umgekehrt sind Passagen zuzulassen, bei denen keine Verletzung von Geschäftsgeheimnissen oder anderer erheblicher schützenswerter Interessen der Gesellschaft in Frage stehen[28].
89 Zwischen diesen klaren Positionen bleibt aber ein weites Niemandsland, in welchem trotz legitimer Informationsbedürfnisse von Aktionären allenfalls die Geheimhaltungsinteressen der Gesellschaft vorgehen sollen. Vgl. dazu Ziff. 4.

3. Gelegenheit zur Stellungnahme und zu Ergänzungsfragen

90 Der so bereinigte Entwurf wird nun vom Richter der Gesellschaft und den Gesuchstellern[29] eröffnet, und diese haben «Gelegenheit, zum bereinigten Bericht Stellung zu nehmen und Ergänzungsfragen zu stellen» (OR 697e III).

91 Ergänzungsfragen haben sich an die allgemeinen Schranken der Fragestellung (dazu N 61 ff) zu halten, und sie müssen zum Thema des ursprünglichen Prüfungsauftrages gehören.

92 In ihrer *Stellungnahme* können Gesellschaft und Gesuchsteller die Ergebnisse des Berichts würdigen, insbesondere auch unter *rechtlichen* Gesichtspunkten.

4. Die Krux: Der Gegensatz von Offenlegungs- und Geheimhaltungsinteressen

93 a) Die Sonderprüfung soll einen *Ausgleich zwischen divergierenden Interessen* – den Informationsinteressen der Aktionäre einerseits und den Geheimhaltungs- sowie anderen schutzwürdigen Interessen der Gesellschaft auf der anderen Seite – ermöglichen (vgl. vorn N 2 ff). Für diese Fahrt zwischen Skylla und Charybdis gibt das Gesetz eine Anleitung, die der Quadratur des Zirkels gleicht: Der Sonderprüfer soll zwar «einlässlich über das Ergebnis seiner Prüfung» berichten, zugleich aber «das Geschäftsgeheimnis» wahren (OR 697e I), und selbst auf «andere schutzwürdige Interessen der Gesellschaft» soll bei der Berichterstattung Rücksicht genommen werden (OR 697e II).

94 Eine einlässliche Berichterstattung über die Ergebnisse der Prüfung wird aber ohne Offenlegung von Geschäftsgeheimnissen oft nicht möglich sein, und Inter-

---

26 Es ist dies – wie Böckli N 1881 zutreffend schreibt – «die unausweichliche Folge der Entscheidung des Parlaments, der Pelz sei zu waschen, aber er müsse trocken bleiben».
27 Etwa Hinweise zu privaten Angelegenheiten einzelner Organpersonen.
28 So wohl regelmässig bei der Berichterstattung über Verfehlungen von Organen.
29 Bei einer Sonderprüfung aufgrund eines GV-Beschlusses sind darunter wohl die ursprünglichen Antragsteller zu verstehen.

essen der Gesellschaft werden fast immer tangiert, wenn Missstände offengelegt werden. Statt den Interessengegensatz zwischen Offenlegung und Geheimhaltung zu lösen, schreibt ihn das schweizerische Recht im Gesetz fest[30]!

b) Dabei scheint der Text des Gesetzes den Geheimhaltungsinteressen der Gesellschaft den Vorrang einzuräumen, wird doch die Wahrung des Geschäftsgeheimnisses ausdrücklich als Vorbehalt der Berichterstattungspflicht formuliert. Und selbst «andere schutzwürdige Interessen der Gesellschaft» scheinen den Informationsinteressen vorgehen zu können, da sonst nicht ersichtlich wäre, weshalb der Richter eine Bereinigung des Berichts wegen Verletzung solcher Interessen sollte verfügen können. War dies wirklich die Meinung des Gesetzgebers?

Wenig aufschlussreich, ja widersprüchlich sind die Materialien. So wird in der Botschaft zunächst[31] erklärt: «Das Interesse der Gesellschaft an der Wahrung ihrer Geschäftsgeheimnisse ist in jedem Fall *voll* zu schützen.» Später[32] wird dagegen ausgeführt, der Sonderprüfer berichte «über die Ergebnisse seiner Prüfung exakt, vollständig und ohne Einschränkungen, doch unter *möglichster* Wahrung des Geschäftsgeheimnisses»[33]. Scheint nach dem ersten Zitat das Geschäftsgeheimnis in jedem Falle vorzugehen, weist das zweite dem Informationsinteresse Priorität zu.

In der *Literatur* scheint im allgemeinen dem *Informationsinteresse der Vorrang eingeräumt* oder zumindest die Ansicht vertreten zu werden, der Richter habe Informations- und Geheimhaltungsinteressen als gleichwertig gegeneinander abzuwägen. So führt Casutt[34] aus, der Bericht müsse «alle für den Aktionär wesentlichen Punkte» festhalten und die Geheimhaltungsinteressen der Gesellschaft (nur) «soweit als möglich» wahren. Weber[35] und Pedroja[36] sprechen von einer «Interessenabwägung».

c) Fest steht jedenfalls, dass *«schutzwürdige Interessen der Gesellschaft»* keinesfalls stets, sondern nur *ausnahmsweise* der Offenlegung entgegenstehen dürfen, da sonst die Sonderprüfung ein zahnloser Tiger wäre: Die Offenlegung von Missständen wird für die Gesellschaft meist unangenehm sein und – jedenfalls kurzfristig – ihre Interessen berühren.

Mit Bezug auf das *Geschäftsgeheimnis* wird man trotz der absoluten Formulierung des Gesetzes eine *Interessenabwägung* durch den Sonderprüfer und den Richter zulassen. Für den *Sonderprüfer* ist von einem praktischen Gesichtspunkt

---

30 Anders das deutsche Recht (zu jenem ausführlich Düggelin [zit. N 1] 111 ff), vgl. § 145 IV AktG: «Auch Tatsachen, deren Bekanntwerden geeignet ist, der Gesellschaft oder einem verbundenen Unternehmen einen nicht unerheblichen Nachteil zuzufügen, müssen in den Prüfungsbericht aufgenommen werden, wenn ihre Kenntnis zur Beurteilung des zu prüfenden Vorgangs durch die Hauptversammlung erforderlich ist.»
31 S. 90.
32 S. 92.
33 Hervorhebungen hinzugefügt.
34 In ST *1991* (zit. N 1) 575.
35 Basler Kommentar zu OR 697e N 7.
36 Zit. N 1, 780.

aus sogar zu fordern, dass er in seinem Berichtsentwurf *den Informationsinteressen den Vorrang gibt*. Dies deshalb, weil die Gesellschaft in der Folge die Möglichkeit hat, Einwendungen gegen den Bericht zu erheben und die Beseitigung gewisser Stellen vor der Offenlegung zu beantragen. Die Lösung von Zweifelsfragen wird damit dem Richter (aufgrund eines Einspruchs der Gesellschaft) überlassen, der dazu besser in der Lage sein dürfte als der direkt involvierte Sonderprüfer.

5. *Behandlung und Bekanntgabe*

100   a) Der Bericht und die dazu ergangenen Stellungnahmen der Gesellschaft und der Gesuchsteller sind vom Verwaltungsrat der nächsten GV zu unterbreiten[37]. Adressat ist also in jedem Falle die GV, auch dann, wenn eine Aktionärsminderheit die Sonderprüfung veranlasst hat.

101   Der Verwaltungsrat kann mit der Bekanntgabe bis zur nächsten ordentlichen GV zuwarten. Doch hat es die Aktionärsminderheit, welche die Sonderprüfung gerichtlich durchgesetzt hat, stets in der Hand, die Einberufung einer ausserordentlichen GV zu verlangen[38].

102   b) An der betreffenden GV ist der Bericht – dies folgt freilich nur aus der Marginalie von OR 697f, nicht aus dem Text – zu behandeln. Die Behandlung ist *zu traktandieren,* wobei regelmässig nur eine Diskussion ohne Beschlussfassung erfolgen wird.

103   c) Nach OR 697f II hat jeder Aktionär das Recht, noch während eines Jahres nach der GV von der Gesellschaft eine Ausfertigung des Berichtes und der Stellungnahmen zu verlangen[39].

104   d) Kein Recht auf Einsicht haben die Gläubiger, insbesondere auch nicht die Mitarbeiter[40]. Die Sonderprüfung ist damit konsequent als ein Instrument des *Aktionärsschutzes* ausgestaltet worden[41].

---

[37] Da die Aktionäre in der Lage sein müssen, die Diskussion in der GV angemessen vorzubereiten, ist zu verlangen, dass der Bericht vorgängig in analoger Anwendung von OR 696 I (dazu § 23 N 50 ff) am Gesellschaftssitz zur Einsicht aufzulegen und jedem Aktionär, der dies verlangt, zuzustellen ist; so Böckli N 1890 und – ihm folgend – Weber, Basler Kommentar zu OR 697f N 1.

[38] Vgl. OR 697b I mit 699 III: Sowohl für das Recht, eine Sonderprüfung zu beantragen, wie für das Einberufungsrecht genügen 10 % des Aktienkapitals. Beim zweiten Kriterium – dem Nennwert – finden sich dagegen aus unerfindlichen Gründen unterschiedliche Anforderungen: 2 Mio. Franken Aktienkapital für das Recht auf Einsetzung eines Sonderprüfers, 1 Mio. Franken für die Einberufung einer ausserordentlichen GV.

[39] Die Kosten hat wohl – analog OR 697g – die Gesellschaft zu tragen.

[40] Eine Minderheit der nationalrätlichen Kommission wollte das Recht auf Beantragung einer Sonderprüfung «im Falle von Entlassung aus wirtschaftlichen Gründen auch dem Arbeitnehmer» zukommen lassen. Der Vorschlag wurde aber im Nationalrat abgelehnt, vgl. AmtlBull NR *1985* 1765 ff.

[41] Daher haben die Gläubiger auch kein Antragsrecht (vgl. Botschaft 164), und zwar selbst dann nicht, wenn sie als Inhaber von Wandel- oder Optionsrechten potentielle Aktionäre sind.

VII. Die Kostenregelung

a) Die Sonderprüfung kann mit erheblichen Kosten verbunden sein[42]. Das Gesetz trägt dazu Sorge, dass die Durchführung nicht aus Kostengründen scheitert (vgl. OR 697g):

aa) Der *Vorschuss* ist in jedem Falle von der Gesellschaft zu leisten.

bb) Ganz allgemein trägt in der Regel die Gesellschaft die *Kosten*, und nur «[w]enn besondere Umstände es rechtfertigen», soll der Richter die Kosten ganz oder teilweise den Gesuchstellern auferlegen können. In der Literatur wird diese Ausnahme restriktiv verstanden: Nur wenn der Antrag zur Sonderprüfung gegen Treu und Glauben verstossen hat, wenn er rechtsmissbräuchlich war, sollen die Gesuchsteller die Kosten tragen müssen[43].

b) Zu beachten ist, dass OR 697g nur die Kosten der Sonderprüfung regelt, nicht dagegen diejenigen des Antragsverfahrens nach OR 697b. Vielmehr sind jene Kosten nach den allgemeinen zivilprozessualen Regeln grundsätzlich von der unterlegenen Partei zu tragen, also allenfalls auch von den Aktionären, die erfolglos eine Sonderprüfung beantragt haben[44].

VIII. Verantwortlichkeit

a) Der Sonderprüfer ist nicht Organ der AG, und er untersteht daher der aktienrechtlichen Verantwortlichkeit gemäss OR 752 ff nicht, auch nicht aufgrund einer analogen Anwendung jener Bestimmungen. Vielmehr ist grundsätzlich *Mandatsrecht* (OR 397 f) analog anwendbar.

Näheres – besonders auch zur Frage, ob (bzw. inwieweit) auch Aktionäre Ansprüche wegen Pflichtwidrigkeiten des Sonderprüfers geltend machen können – bei Casutt, Diss. (zit. N 1) 243 ff, 260 ff.

b) Zur allfälligen *strafrechtlichen* Verantwortlichkeit vgl. Casutt, Diss. (zit. N 1) 271 ff.

---

[42] Die Botschaft (S. 168) meinte schon 1983: «Allein die Expertenkosten dürften in den meisten Fällen mehr als 30 000 Franken betragen.» Wie es gerade zu dieser Zahl kam, ist unbekannt und wenig einleuchtend, da der Aufwand sehr unterschiedlich ausfallen kann.
[43] So Casutt in ST *1985* (zit. N 1) 577, Pedroja (zit. N 1) 783, Weber in Basler Kommentar zu OR 697h N 4 und wohl auch Böckli N 1894.
[44] Das Gesetz ist hinsichtlich der Kostenregelung bei den verschiedenen Aktionärsklagen wenig konsistent: Nach OR 706a III sind die Kosten bei Abweisung einer Anfechtungsklage vom Richter «nach seinem Ermessen auf die Gesellschaft und den Kläger» zu verteilen. Dasselbe gilt nach OR 756 II für die Verantwortlichkeitsklage, aber nur dann, wenn «der Aktionär auf Grund der Sach- und Rechtslage begründeten Anlass zur Klage» hatte. Bei einer Klage aufgrund von OR 697b hat dagegen der unterliegende Kläger die Kosten regelmässig zu tragen, selbst dann, wenn begründeter Anlass für das Begehren bestand.

IX. Zur praktischen Bedeutung der Sonderprüfung

112 a) Das Institut der Sonderprüfung wurde in erster Linie eingeführt «zur Abklärung der Prozessrisiken für eine Verantwortlichkeitsklage»[45]. Es soll den Aktionär in die Lage versetzen, gezielt «en connaissance de cause» zu klagen. Doch scheint es – was bisher kaum beachtet wurde –, dass gerade diese Zielsetzung verfehlt wird:

113 Wird nämlich dem Verwaltungsrat Decharge erteilt, so erlischt das Klagerecht auch für diejenigen Aktionäre, die nicht zugestimmt haben, sechs Monate nach dem Entlastungsbeschluss (OR 758 II, dazu § 36 N 128 ff). Diese sechsmonatige Verwirkungsfrist wird in der Praxis längst verstrichen sein, bevor die Ergebnisse der Sonderprüfung zur Verfügung stehen.

114 Als Vorbereitung für eine Verantwortlichkeitsklage wird die Sonderprüfung daher nur dann dienen können, wenn die Entlastung verweigert wurde und die ordentliche fünfjährige Verjährungsfrist nach OR 760 (dazu § 36 N 146 ff) läuft. Dies dürfte meist dann der Fall sein, wenn die GV die Sonderprüfung veranlasst, nicht dagegen, wenn eine Minderheit sie beantragt.

115 Theoretisch wird die Problematik dadurch entschärft, dass die Entlastung nur hinsichtlich bekanntgegebener bzw. erkennbarer Tatsachen Wirkung entfaltet (vgl. § 36 N 129). Die von der Sonderprüfung erfassten Sachverhalte sollten aber per definitionem gerade nicht geklärt sein. Doch wird kein sorgfältiger Kläger das Risiko auf sich nehmen, an der Verwirkungsfrist von OR 758 II zu scheitern.

116 Während daher die Ergebnisse der Sonderprüfung als Grundlage für den Entscheid über die Anhebung einer Verantwortlichkeitsklage oft nicht zur Verfügung stehen werden, können sie doch die Prozessführung wesentlich erleichtern und unterstützen. So dürfte es sich allenfalls empfehlen, den Verantwortlichkeitsprozess anzuheben und Sistierung zu beantragen, bis das Ergebnis der Sonderprüfung vorliegt[46].

117 b) Seit dem Inkrafttreten des revidierten Aktienrechts sind etliche Fälle bekannt geworden, in denen eine Sonderprüfung beschlossen oder zumindest beantragt wurde[47]. In einem Fall wurde das Begehren vom Richter abgewiesen, weil es den Gesuchstellern nicht gelang, eine Schädigung der Gesellschaft und Pflichtverletzungen von Organen genügend glaubhaft zu machen. In einem anderen Fall scheiterte die Sonderprüfung am Widerstand des Verwaltungsrates und letztlich an der Prozentklausel. In einem dritten wurde das Begehren gerichtlich geschützt. Verschiedene Fälle sind zur Zeit hängig.

---

[45] Botschaft 91.
[46] So kann nach § 53 II der Zürcher Zivilprozessordnung ein Prozess aus zureichenden Gründen einstweilen eingestellt werden. Das Abwarten des Berichts dürfte in aller Regel ein zureichender Grund sein, da das Ergebnis der Sonderprüfung allenfalls zu einem Rückzug der Klage führen oder auch als Basis für einen Vergleich dienen könnte.
[47] Vgl. etwa BGE 120 II 393 ff.

c) Nicht zu unterschätzen – und wohl vorrangig – ist, wie in der Literatur zu Recht betont wird, die *prophylaktische Wirkung,* die diesem neuen Institut zukommt: Manch ein Verwaltungsrat wird den Minderheitsaktionären freiwillig zusätzliche Auskünfte erteilen, um eine drohende Sonderprüfung abwenden zu können. 118

d) Auch wenn kein Anlass zu Euphorie besteht, ist dieses neue Instrument des Minderheitenschutzes zu begrüssen. Es wird zwar kaum einen Siegeszug antreten, aber auch nicht toter Buchstabe bleiben. 119

8. Kapitel: Die aktienrechtliche Verantwortlichkeit

Materialien: Botschaft 104–108, 191–194; AmtlBull NR *1985* 1788 f, SR *1988* 524–526, NR *1990* 1389–1392, SR *1991* 76, 471, NR *1991* 852–854, 1108.

OR 752–761 enthalten eine besondere Ordnung der *persönlichen Verantwortlichkeit* für Pflichtverletzungen im Rahmen des Aktienrechts. Im folgenden werden zunächst deren Grundzüge skizziert (§ 36). Sodann wird auf den Kreis der verantwortlichen Personen und die in Frage stehenden Pflichtwidrigkeiten besonders eingegangen (§ 37). In einem Exkurs wird schliesslich auf öffentlichrechtliche Haftungsrisiken hingewiesen (§ 38).

§ 36 Die aktienrechtliche Verantwortlichkeit im allgemeinen

Literatur: Basler Kommentar zu OR 752f (Watter) und 754–761 (Widmer); Böckli N 1968 ff; Bürgi/Nordmann zu OR 752–761; Peter Forstmoser: Die aktienrechtliche Verantwortlichkeit (2. A. Zürich 1987, 3. A. in Vorbereitung); Kurt Jean Gross: Analyse der haftpflichtrechtlichen Situation des Verwaltungsrates (Diss. Zürich 1990 = Schriftenreihe zum Konsumentenschutzrecht 33); Jörg Meier-Wehrli: Die Verantwortlichkeit der Verwaltung einer Aktiengesellschaft bzw. einer Bank ... (Diss. Zürich 1968 = ZBR 296). – Vgl. sodann auch die Sammelbände «Die Verantwortlichkeit des Verwaltungsrates» (SnA 5, Zürich 1995); «La responsabilité des administrateurs de sociétés anonymes (Publication CEDIDAC 8, Lausanne 1987) und «Die Haftung des Verwaltungsrates» (SSHW 87, Zürich 1986).

Zu beachten ist, dass die Darstellungen zum bisherigen Recht in einzelnen Punkten überholt sind, so hinsichtlich der Ausführungen zu Solidarität und Rückgriff, zur Wirkung der Delegation von Kompetenzen und zu den Kostenfolgen der Verantwortlichkeitsklage. *Übersichten zum neuen Recht:* Peter Böckli: Neuerungen im Verantwortlichkeitsrecht für den Verwaltungsrat, SZW 65 (1993) 261 ff; ders.: Neuerungen im Verantwortlichkeitsrecht für die Revisionsstelle (Zürich 1994 = SnA 8); Peter Forstmoser: Die Verantwortlichkeit der Organe, ST *1991* 536 ff; Forstmoser/Lachat: Die privatrechtliche Verantwortlichkeit im Aktienrecht, SJK Ersatzkarte 406 (Genève 1994); Walter Stoffel: Le conseil d'administration et la responsabilité des administrateurs et réviseurs; sowie Pierre Tercier: Le nouveau régime de la responsabilité dans les sociétés anonymes, beide in: Le nouveau droit des sociétés anonymes, Publication CEDIDAC 23 (Lausanne 1993) 157 ff bzw. 449 ff; Peter Widmer: Die Verantwortlichkeit, AJP *1992* 796 ff; Wolfgang Wiegand: Die Verantwortlichkeit des Verwaltungsrates, in: FS Bär (Bern 1993) 1 ff.

I. Übersicht

Den besonderen aktienrechtlichen Haftungsnormen ist ein bestimmter Personenkreis unterstellt, nämlich die mit der Ausgabe von Prospekten oder ähnlichen Mitteilungen (OR 752), der Gründung (OR 753), der Verwaltung,

Geschäftsführung und Liquidation (OR 754) sowie der Revision (OR 755) befassten Personen. Voraussetzung der Haftung ist dabei – entsprechend den allgemeinen haftpflichtrechtlichen Grundsätzen – durchwegs, dass ein *Schaden* eingetreten ist, die zur Verantwortung gezogenen Personen *pflichtwidrig und schuldhaft* gehandelt haben und ein *adäquater Kausalzusammenhang* zwischen Schaden und schuldhaft pflichtwidrigem Verhalten besteht.

4   Das *BankG* enthält Sondervorschriften über die zivilrechtliche Verantwortlichkeit. Soweit das BankG eine Regelung getroffen hat, ist diese für Bankaktiengesellschaften *ausschliesslich anwendbar*. Während unter bisherigem Recht von der inhaltlichen Übereinstimmung der bankengesetzlichen und der aktienrechtlichen Verantwortlichkeitsbestimmungen (trotz teilweise unterschiedlicher Formulierungen) ausgegangen werden konnte[1], ist dies nach der Aktienrechtsreform nicht mehr der Fall. Auch auf Bankaktiengesellschaften Anwendung finden aus dem Aktienrecht die Art. 761[2] und wohl auch 756 II[3] sowie nach Ansicht der Eidg. Bankenkommission[4] auch die Art. 754 II[5], 755[6] und 759[7].

II. Die verantwortlichen Personen

5   a) Die aktienrechtliche Verantwortlichkeit ist *rein persönlich*. Sie trifft die *handelnden natürlichen* oder – im Falle der Revisionsstelle – allenfalls auch *juristischen Personen* und nicht etwa das Organ (Verwaltungsrat, Revisionsstelle), in welchem diese Personen tätig sind, als solches. Die Haftungsvoraussetzungen sind daher für jeden Handelnden gesondert zu prüfen.

6   b) In OR 752 ff werden die folgenden Personenkreise der spezifisch aktienrechtlichen Verantwortlichkeit unterstellt:

7   – die *Mitglieder des Verwaltungsrates und alle mit der Geschäftsführung befassten Personen* (OR 754 I), wozu Direktoren und allenfalls auch Prokuristen und Handlungsbevollmächtigte gehören können, ferner auch solche Personen, die zwar nicht formell, wohl aber materiell Organfunktionen ausüben[8]. Nicht erfasst sind die an der Generalversammlung Beteiligten, weshalb der Aktionär, der keine besonderen Funktionen ausübt, der aktienrechtlichen Verantwortlichkeit nicht untersteht[9];

8   – die mit der *Liquidation* befassten Personen (OR 754 I);

9   – die mit der *Prüfung der Jahres- und der Konzernrechnung* oder mit *besonderen Prüfungsaufgaben* (vgl. § 33 N 68 ff) befassten Personen (OR 755);

---

1   So BGE 97 II 414 E 7a.
2   Einheitlicher Gerichtsstand, vgl. BGE 97 II 408 f.
3   Verteilung der Prozesskosten.
4   Rundschreiben vom 25. 8. 1993.
5   Wirkungen der erlaubten Delegation.
6   Revisionshaftung.
7   Solidarität und Rückgriff.
8   Vgl. § 37 N 4 ff.
9   Vgl. aber zur allfälligen Haftung des beherrschenden Aktionärs § 37 N 13.

– schliesslich die bei der *Gründung* (OR 753) und bei der *Ausgabe eines Emissionsprospektes* (OR 752) Mitwirkenden.

Näheres in § 37.

III. Die Klage- und Anspruchsberechtigten

1. Übersicht und Vorbemerkung zur Unterscheidung zwischen unmittelbarem und mittelbarem Schaden

a) Schadenersatzansprüche aus aktienrechtlicher Verantwortlichkeit können der *Gesellschaft selbst*, den einzelnen *Aktionären* und den *Gesellschaftsgläubigern* zukommen (vgl. OR 753, 754 I, 755)[10]. Den Aktionären gleichgestellt sind die *Partizipanten* (vgl. OR 656a II).

b) Bei den Ansprüchen und der Klageberechtigung von Aktionären und Gläubigern ist danach zu differenzieren, ob diese *direkt, unmittelbar* geschädigt worden sind oder ob sie die Schädigung lediglich *indirekt, mittelbar*, aufgrund des Substanzverlustes der Gesellschaft trifft. Dazu folgendes:

aa) Als *unmittelbar* (oder direkt) wird der Schaden bezeichnet, den die Gesellschaft, der Aktionär oder der Gläubiger *selbst individuell* erleidet. Unmittelbar geschädigt ist etwa der Gläubiger, der einer zahlungsunfähigen Gesellschaft aufgrund einer falschen Bilanz Kredit gewährt oder mit einer überschuldeten Gesellschaft, die den Gang zum Richter unterlassen hat[11], kontrahiert. Unmittelbar geschädigt sind Aktionäre, denen widerrechtlich Bezugsrechte vorenthalten werden.

bb) Wird die *Gesellschaft* unmittelbar geschädigt, dann erleiden die Aktionäre – und im Konkursfall auch die Gläubiger – zwar ebenfalls einen Schaden, aber nur *mittelbar, indirekt:* Weil die Gesellschaft einen Vermögensverlust erlitten hat, verliert die Beteiligung des Aktionärs an Wert. Und falls die Vermögenseinbusse zur Zahlungsunfähigkeit der Gesellschaft geführt hat, müssen die Gläubiger den ganzen oder teilweisen Ausfall ihrer Forderungen gegenüber der Gesellschaft hinnehmen. «Der der Gesellschaft direkt zugefügte Schaden ist dabei deckungsgleich mit dem Schaden, welcher den Aktionären und Gläubigern insgesamt indirekt entsteht ...»[12]. In Abweichung vom allgemeinen Haftpflichtrecht kann im aktienrechtlichen Verantwortlichkeitsrecht auch dieser mittelbare Schaden (Reflexschaden) eingeklagt werden.

cc) Während die Gesellschaft nur unmittelbar geschädigt werden kann, ist die Unterscheidung für die Rechte von Aktionären und Gläubigern bedeutsam: Bei

---

[10] Eine abweichende Ordnung gilt bei der Haftung für Emissionsprospekte, die gegenüber den geschädigten *«Erwerbern der Titel»* besteht, OR 752 (vgl. § 37 N 80).
[11] Vgl. OR 725 II, dazu § 50 N 208 ff.
[12] BGE 117 II 438.

unmittelbarer Schädigung finden die besonderen Regeln von OR 756–758 keine Anwendung[13]. Anwendbar sind jedoch stets die Art. 759–761.

17 Das revidierte Recht vermeidet den Ausdruck «mittelbarer Schaden» und spricht statt dessen vom «Schaden der Gesellschaft» (Marginale zu OR 756). Die Neuordnung vermochte allerdings die umstrittene Frage nach der Rechtsnatur der Klage aus mittelbarem Schaden (dazu hinten N 41 ff) nicht zu klären.

2. Die Gesellschaft

18 Ob eine Gesellschaft Verantwortlichkeitsansprüche gegen eigene Organe geltend machen will, entscheidet bei der *aufrechtstehenden Gesellschaft* grundsätzlich der Verwaltungsrat (vgl. OR 717 I). Richtet sich die Klage gegen sämtliche Verwaltungsratsmitglieder oder deren Mehrheit, ist ein Beschluss der *GV* (vgl. OR 703 und OR 693 III Ziff. 4 zum Wegfall des Privilegs von Stimmrechtsaktien) erforderlich oder anzustreben.

19 Im *Konkurs* der Gesellschaft steht der Entscheid über Verantwortlichkeitsklagen der *zweiten Gläubigerversammlung* zu (SchKG 253 II in Verbindung mit 207).

20 Vor Gericht vertritt in der Regel der *Verwaltungsrat* die aufrechtstehende Gesellschaft; richtet sich die Klage gegen den Gesamtverwaltungsrat, hat die GV einen *besonderen Vertreter* zu bestellen. Im Konkurs vertritt die *Konkursverwaltung* die AG.

3. Die Aktionäre (und Partizipanten)

21 a) Die Geltendmachung *unmittelbaren* Schadens kann grundsätzlich *jederzeit erfolgen*, gleichgültig, ob über die Gesellschaft der Konkurs eröffnet worden ist oder nicht. Das Klagerecht steht *individuell jedem einzelnen Aktionär* zu und ist unabhängig von allfälligen Ersatzansprüchen anderer Aktionäre, Gläubiger oder der Gesellschaft. Die Klage richtet sich grundsätzlich nach den *allgemeinen Bestimmungen von OR 41 ff,* doch sind die besonderen aktienrechtlichen Regeln betreffend Verjährung (OR 760, dazu N 146 ff) und Gerichtsstand (OR 761, dazu N 115 ff) zu beachten.

22 b) Bei *mittelbarer* Schädigung ist zu differenzieren:

23 aa) Befindet sich die AG *nicht im Konkurs,* steht dem Aktionär ein Klagerecht unabhängig von einer allfälligen Klage der AG zu. Die Klage geht jedoch auf Leistung von Schadenersatz an die Gesellschaft (OR 756 I); *indirekter Schaden wird indirekt ersetzt.*

---

[13] Dies bedeutet, dass Gläubiger bei unmittelbarem Schaden – entgegen OR 756 – schon vor dem Konkurs der Gesellschaft klagen können (SJZ *1978* Nr. 5 S. 26), dass die Geschädigten – entgegen OR 756 I und 757 I – Leistung von Schadenersatz an sich selbst beanspruchen und dass schliesslich die Aktionäre auch im Konkursfall – entgegen OR 757 I – selbständig vorgehen können (vgl. BGE 106 II 234).

bb) Im *Konkursfall* obliegt es zunächst ausschliesslich der Konkursverwaltung, die Ansprüche der einzelnen Aktionäre aus mittelbarer Schädigung geltend zu machen. Verzichtet sie darauf, «so ist hierzu jeder Aktionär ... berechtigt» (OR 757 II)[14]. 24

4. Die Gläubiger

a) Solange die AG *aufrecht steht,* sind die Gläubiger nicht geschädigt (wenn man nicht einen aufgrund von Pflichtwidrigkeiten seitens der AG erlittenen Bonitätsverlust bereits als Schaden qualifizieren will). Es kommt ihnen daher *kein Klagerecht* zu (vgl. OR 756 I). 25

b) Im Falle des *Konkurses* werden die Ansprüche der Gläubiger ebenfalls in erster Linie durch die *Konkursverwaltung* geltend gemacht (OR 757 I) und fallen Schadenersatzleistungen in die Konkursmasse. Nur falls die Konkursverwaltung auf die Geltendmachung von Ersatzansprüchen verzichtet, sind die Gläubiger zur selbständigen Geltendmachung berechtigt (OR 757 II). 26

5. Anspruchskonkurrenzen

a) *Unmittelbaren Schaden* kann jeder Geschädigte unabhängig von allen anderen selbständig geltend machen. 27

b) Klagen *mehrere Aktionäre* gleichzeitig aus *mittelbarer Schädigung* (allenfalls neben der Gesellschaft, die denselben Schaden als unmittelbaren einklagt, vgl. OR 756 I), dann entsteht eine einfache Streitgenossenschaft. Das Prozessergebnis fliesst der Gesellschaft zu (OR 756 I). 28

c) *Aktionäre und Gläubiger*, die einen mittelbaren Schaden geltend machen, sind im Prozess grundsätzlich gleichberechtigt. Aus dem Prozessergebnis werden jedoch vorab die klagenden Gläubiger befriedigt. Nur ein allfälliger Überschuss steht den klagenden Aktionären zu und kann ihnen – in analoger Anwendung von SchKG 260 II – zugewiesen werden. Verbleibt ein Rest, so soll dieser «in die Konkursmasse» fallen und damit den übrigen, nicht klagenden Gläubigern zukommen. 29

Diese für den Konkurs aufgestellten Regeln sind auch im Falle eines *Nachlassvertrages mit Vermögensabtretung* anwendbar[15], wobei im Zweifel anzunehmen ist, dass die Verantwortlichkeitsansprüche zum abgetretenen Gesellschaftsvermögen gehören[16]. 30

Wegen dieser Privilegierung der Gläubiger bei der Verteilung des Prozesserlöses sind Aktionärsklagen im Konkurs selten. 31

---

[14] Unrichtig – jedenfalls unter revidiertem Recht – daher die Aussage in BGE 117 II 439 E 1b, ee a. E., im Konkurs sei ein Anspruch von Aktionären «nicht mehr denkbar».
[15] BGE 93 II 24.
[16] BGE 67 II 171.

32 d) Unter mehreren klagenden *Gläubigern* ist das Ergebnis gemäss SchKG 260 II «nach dem unter ihnen bestehenden Range» zu verteilen.

33 e) Wer zugleich *Aktionär und Gläubiger* ist, kann – in den Schranken des Rechtsmissbrauchs – wahlweise oder gleichzeitig aus beiden Rechtsstellungen klagen[17].

34 Der sowohl *unmittelbar als auch mittelbar* geschädigte Aktionär oder Gläubiger kann selbstverständlich beide Ansprüche nebeneinander geltend machen, wenn die jeweiligen Voraussetzungen erfüllt sind.

IV. Rechtsnatur der Verantwortlichkeitsklagen

1. Vertragliche oder ausservertragliche Grundlage?

35 a) Bekanntlich wird bei der Geltendmachung *vertraglicher* Ansprüche das Verschulden des allenfalls Ersatzpflichtigen vermutet (vgl. OR 97 I, wonach diesem der Beweis obliegt, dass ihm keinerlei Verschulden zur Last fällt), während bei einer *ausservertraglichen* Haftung nach OR 41 ff das Verschulden vom Geschädigten nachzuweisen ist. Es ist daher wesentlich, ob Verantwortlichkeitsansprüche als vertraglich bzw. vertragsähnlich oder als ausservertraglich zu qualifizieren sind. Dies ist zum Teil umstritten. U.E. ist zu differenzieren:

36 aa) Die Haftung gegenüber der *Gesellschaft* und den *Aktionären* nach OR 754 und 755 ist als vertraglich oder vertragsähnlich zu qualifizieren[18]. Ein Verschulden wird daher vermutet, und es obliegt den Beklagten, sich zu exkulpieren.

37 Da die *Konkursverwaltung* (auch) Ansprüche der Gesellschaft geltend macht, basiert auch ihre Klage auf vertraglichen bzw. vertragsähnlichen Rechten.

38 bb) Die *Gläubiger* machen dagegen – nach freilich umstrittener Auffassung – deliktsrechtliche Ansprüche geltend und müssen ein Verschulden nachweisen, soweit sie nicht (auch) Forderungen der AG aufgrund von «Abtretungen» nach SchKG 260 II und OR 757 III geltend machen.

39 cc) Eine explizite Regelung der Beweislast (im Sinne einer Umkehr) findet sich für den Sorgfaltsnachweis bei Delegation in OR 754 II (dazu § 37 N).

40 b) Die Qualifizierung der aktienrechtlichen Verantwortlichkeitsansprüche hat in der Praxis freilich deshalb an Bedeutung verloren, weil in der Regel von einem *objektivierten Verschuldensmassstab* ausgegangen wird (vgl. N 80 ff), bei dem die Beweislastverteilung keine entscheidende Rolle mehr spielt.

---

[17] BGE 87 II 296 f, 86 III 159.
[18] Vgl. v. a. BGE 46 II 455.

2. Die Rechtsnatur der Klage aus mittelbarer Schädigung

a) Die Rechtsnatur des Klagerechts von Aktionären und Gläubigern infolge mittelbarer Schädigung ist stark umstritten [19]. Herkömmlich werden drei Auffassungen vertreten: 41

- Nach einer ersten Ansicht liegt der Klage von Aktionären und Gläubigern ein *eigenes Forderungsrecht* zugrunde, das vom Recht der Gesellschaft zu unterscheiden ist. Da die Gläubiger die Möglichkeit haben, gestützt auf SchKG 260 auch Ansprüche der konkursiten Gesellschaft geltend zu machen, ergibt sich daraus eine *Doppelnatur der Gläubigerklage:* Diese können sowohl aus eigenem Recht wie auch zugleich aus dem (abgetretenen) Recht der Gesellschaft klagen [20]. 42

- Nach einer anderen Auffassung soll dagegen den klagenden Aktionären und Gläubigern kein eigenes materielles Forderungsrecht zustehen, sondern nur eine Legitimation für die Geltendmachung des Gesellschaftsanspruchs in *Prozessstandschaft für die Gesellschaft* [21]. 43

- Eine dritte Auffassung geht schliesslich davon aus, dass mit der Konkurseröffnung Ansprüche der Gesellschaft und der Aktionäre dahinfallen und nur noch ein einziger und *einheitlicher Anspruch der Gläubigergesamtheit* besteht [22]. 44

Das *Bundesgericht* ging im Entscheid 111 II 182 ff von der Doppelnatur der Gläubigerklage aus. In BGE 117 II 439 ff hat es dagegen eine «einheitliche Klage aus dem Recht der Gläubigergesamtheit» angenommen. Da dieser Entscheid allgemein kritisiert wird, dürfte das letzte Wort noch nicht gesprochen sein. 45

b) In der Aktienrechtsreform wurde die Chance verpasst, Klarheit zu schaffen. Das neue Recht bleibt *widersprüchlich:* 46

- OR 756 I spricht für Prozessstandschaft [23]. 47
- In OR 757 I ist dagegen von der Berechtigung von Aktionären und Gläubigern die Rede, was ein eigenes materielles Recht impliziert. 48
- Für einen eigenen materiellen Anspruch spricht auch die begrenzte Wirkung des Entlastungsbeschlusses, vgl. OR 758 I, dazu N 131 ff. 49
- Schliesslich wird in OR 757 III die «Abtretung von Ansprüchen der Gesellschaft» vorbehalten, was wiederum für eine Unterscheidung zwischen eigenen Ansprüchen 50

---

[19] Grundlegend Maya Schiess: Das Wesen aktienrechtlicher Verantwortlichkeitsansprüche aus mittelbarem Schaden ... (Diss. Zürich 1978 = SSHW 31).
[20] In diesem Sinne Peter V. Kunz: Rechtsnatur und Einredenordnung der aktienrechtlichen Verantwortlichkeitsklage (Diss. Bern 1993 = BBSW 7); Georg Rauber: Der mittelbare Gläubigerschaden, alte und neue Ungereimtheiten im Verantwortlichkeitsrecht, in: Schluep/Isler 157 ff sowie Forstmoser (zit. N 1) 106 ff.
[21] So Stephen Berti: Zur prozessualen Geltendmachung des Anspruches auf Ersatz des sog. mittelbaren Schadens im Schweizerischen Aktienrecht, ZSR *1990* I 439 ff und Widmer in Basler Kommentar (zit. N 1) OR 757 N 1 ff.
[22] So Rolf Raschein: Die Abtretung von aktienrechtlichen Verantwortlichkeitsansprüchen im Konkurs, in: FS 100 Jahre SchKG (Zürich 1989) 357 ff.
[23] Recht, «den der Gesellschaft verursachten Schaden einzuklagen».

von Aktionären und Gläubigern einerseits und (abtretbaren) Ansprüchen der konkursiten Gesellschaft auf der anderen Seite spricht.

51 c) Die unterschiedlichen Lehrmeinungen haben Einfluss auf die Höhe des einklagbaren Schadens und die zulässigen Einreden[24].

52 In *praktischer Hinsicht* dürfte heute – unabhängig von der vertretenen Lehrmeinung – folgendes feststehen:

53 – Die klagenden Aktionäre oder Gläubiger können den gesamten Gesellschaftsschaden einklagen.

54 – Klagenden Gläubigern stehen Einreden, die gegenüber der Gesellschaft Bestand hätten, nicht entgegen. Für Aktionärsklagen gilt OR 758.

55 – Ein durch die Konkursverwaltung erstrittenes Urteil bindet alle Gläubiger und Aktionäre. Umstritten ist dagegen die Wirkung eines durch die Konkursverwaltung abgeschlossenen Vergleichs.

V. Schaden, schuldhafte Pflichtverletzung und adäquater Kausalzusammenhang

56 Eine Haftung tritt nur ein, wenn die in Frage stehenden Personen *pflichtwidrig* und *schuldhaft* gehandelt haben, wenn ein *Schaden* eingetreten ist und wenn zudem der *adäquate Kausalzusammenhang* zwischen Schaden und widerrechtlicher Handlung feststeht. Zu diesen Voraussetzungen folgendes:

1. Schaden, Schadensnachweis und Schadensberechnung

57 a) Voraussetzung jeder Verantwortlichkeit ist das Vorliegen eines *Schadens*. Ist ein Schaden nicht feststellbar, dann sind Verantwortlichkeitsansprüche schlechthin ausgeschlossen, auch wenn Organpersonen rechtswidrig gehandelt haben.

58 Der Schaden entspricht der Differenz zwischen dem gegenwärtigen Stand des Vermögens des Geschädigten und dem Stand, den sein Vermögen ohne das schädigende Ereignis hätte. Aktienrechtlich relevant ist *aller Schaden,* sowohl positiver Verlust *(damnum emergens)* als auch entgangener Gewinn *(lucrum cessans).*

59 *Immaterielle Unbill* ist in der Regel nicht zu berücksichtigen.

60 *Unwesentlich* ist, ob der Verantwortliche durch die Schädigung einen *eigenen Vorteil* erlangt hat oder auch nur erlangen wollte.

61 Aktionäre und Gläubiger, die aufgrund *mittelbarer Schädigung* klagen, können den gesamten «der Gesellschaft verursachten Schaden» einklagen, nicht nur die auf sie entfallende Quote (OR 756 I, 757 I).

---

[24] So führt etwa die vom Bundesgericht neuerdings vertretene Auffassung der einheitlichen Klage aus dem Recht der Gläubigergesamtheit zum Ausschluss von Einreden, die der Beklagte dem Kläger persönlich gegenüber geltend machen könnte. Dies ist sachlich unbefriedigend und in der Literatur zu Recht kritisiert worden. (A. M. ist Peter Nobel.)

Von einem besonderen Schadensbegriff ist bei der *Gründungshaftung* auszugehen: Der Schaden entspricht hier «dem gezeichneten, aber nicht liberierten Aktienkapital»[25] plus Zins. 62

b) Grundsätzlich obliegt es dem Geschädigten, den eingetretenen Schaden *betragsmässig nachzuweisen* (OR 42 I)[26]. Ist ein Schaden oder dessen Höhe nicht beweisbar, kann der Richter gestützt auf OR 42 II auf eine Schätzung abstellen[27]. 63

Allfällige mit der schädigenden Handlung verbundene *Vorteile sind anzurechnen,* bewirken also eine Verminderung des Schadens. Doch ist es nicht als «Vorteil» zu betrachten, dass eine Organperson im allgemeinen pflichtgemäss gehandelt und dadurch der Gesellschaft Erträge verschafft hat. 64

Die Schadensberechnung ist *für jeden Haftpflichtigen gesondert* vorzunehmen, da eine verantwortliche Person nur für den *von ihr verursachten* Schaden einzustehen hat, für denjenigen Schaden also, der ihr «persönlich zurechenbar ist» (OR 759 I). 65

Beispiele von Schadensberechnungen: 66
– zur Gründerhaftung: BGE 102 II 357, 361 f, 79 II 179; 67
– zur Verantwortlichkeit des Verwaltungsrates: BGE 99 II 179, 183 f[28], 95 II 324 f, ZR *1979* Nr. 79 S. 193; 68
– zur Haftung der Revisionsstelle: BGE 86 II 186, ZR *1976* Nr. 21 S. 72. 69

2. Pflichtwidriges Verhalten

a) Voraussetzung der Verantwortlichkeit ist eine Missachtung von *durch das Gesetz oder die Statuten auferlegten Pflichten*[29]. 70

Die Prüfung hat *im Einzelfall* zu erfolgen; ein Verhalten, das im allgemeinen eine Pflichtwidrigkeit darstellt, kann im konkreten Fall gerechtfertigt sein, etwa wegen Einwilligung des Geschädigten[30]. 71

Für Beispiele von Pflichtwidrigkeiten vgl. § 37 N 21 ff, 48 ff, 67 ff, 83 ff. 72

b) Besonderes gilt hinsichtlich der Pflichtwidrigkeit bei der *Schädigung von Gläubigern:* Das Bundesgericht hat im Entscheid 110 II 395 präzisiert, eine Pflichtwidrigkeit könne nur dann Verantwortlichkeitsansprüche von *Gläubigern* (im Gegensatz zu denen der Gesellschaft und der Aktionäre) begründen, wenn sie einen «Verstoss gegen aktienrechtliche Gläubigerschutzbestimmungen» beinhalte. Der Verstoss gegen eine Vorschrift, die nur die Gesellschaft oder die Aktionäre schützen wolle, genüge nicht[31]. 73

---

[25] ZR *1981* Nr. 33 S. 100 E VII/1.
[26] Vgl. BGE 79 II 179.
[27] Vgl. BGE 95 II 501.
[28] Dazu kritisch SAG *1974* 167 ff.
[29] BGE 110 II 394.
[30] Die Einwilligung der Gesellschaft kann aber den nicht zustimmenden Aktionären und den Gläubigern nicht entgegengehalten werden, vgl. N 157 ff.
[31] Bestätigt in BGE 112 II 261 f.

74   Offen ist, ob diese Differenzierung unter *revidiertem Recht* noch aufrechterhalten werden kann, scheint doch dieses davon auszugehen, dass die Gläubiger den Gesellschaftsschaden geltend machen können.

3. Verschulden

75   a) Ausreichend für eine Haftung nach den Bestimmungen von OR 752 ff ist *jedes Verschulden,* auch die *leichte Fahrlässigkeit.*

76   Eine Ausnahme sieht lediglich OR 753 Ziff. 3 für einen Fall der Gründungshaftung vor[32].

77   b) *Fahrlässigkeit* setzt voraus, «dass das schädigende Ereignis für den Schädiger voraussehbar gewesen sei. Das bedeutet indessen nicht, er habe seines Eintrittes sicher sein müssen. Es genügt, wenn er sich nach der ihm zuzumutenden Aufmerksamkeit und Überlegung hätte sagen sollen, es bestehe eine konkrete Gefahr der Schädigung»[33].

78   Erforderlich ist, dass der Handelnde *urteilsfähig* war, da dem Urteilsunfähigen sein Verhalten nicht als Verschulden angelastet werden kann[34]. Handlungsfähigkeit ist dagegen nicht vorausgesetzt (vgl. ZGB 19 III).

79   Die in Frage stehenden Handlungen und Unterlassungen müssen aufgrund der Kenntnisse und Umstände *zur Zeit ihres Geschehens* beurteilt werden – es genügt nicht, dass sie nachträglich, *ex post,* im Lichte späterer Erkenntnisse betrachtet, als falsch erscheinen.

80   c) Zugrunde zu legen ist nach heute allgemein anerkannter Auffassung ein *objektivierter Verschuldensmassstab*[35]. Massgebend ist diejenige Sorgfalt, «die ein gewissenhafter und vernünftiger Mensch desselben Verkehrskreises wie die Verantwortlichen unter den gleichen Umständen als erforderlich ansehen würde»[36]. Verbindlich als Massstab für die Revisionsstelle sind daher etwa «die Pflichten eines ordentlichen und sachkundigen Revisors»[37].

81   Aus dieser Objektivierung folgt zweierlei:

82   – Einmal kann die *subjektive Entschuldbarkeit* – etwa Unfähigkeit, fehlende Kenntnisse, Zeitmangel – *keine Rolle spielen*[38].

83   – Sodann sind die *konkreten Umstände zu berücksichtigen,* etwa die Notwendigkeit, besondere Risiken einzugehen, die sich aus dem Gesellschaftszweck ergeben[39], oder der Umstand, dass sich aufgrund bestimmter Anzeichen besondere Vorsicht aufdrängt[40].

---

[32]   Beschränkung auf *wissentliche* Pflichtverletzungen.
[33]   BGE 99 II 180.
[34]   Immerhin könnte allenfalls OR 54 zu beachten sein.
[35]   Vgl. BGE 112 II 180.
[36]   Meier-Wehrli (zit. N 1) 80.
[37]   ST *1985* 77, mit Hinweisen.
[38]   Vgl. BGE 93 II 27, 97 II 411.
[39]   Vgl. BGE 61 II 236 f.
[40]   So etwa bei Unregelmässigkeiten in der Geschäftsführung durch einzelne Verwaltungsratsmitglieder, die den übrigen bekannt sein müssen, vgl. BGE 97 II 411 ff.

Im einzelnen ist zu präzisieren: 84
- An die Sorgfalt sind um so höhere Anforderungen zu stellen, je einflussreicher die Tätigkeit der verantwortlichen Person ist. 85
- Von Organpersonen mit *besonderen fachlichen Qualifikationen* darf man ein besonderes Mass an Sorgfalt verlangen[41]. 86
- Der Haftpflichtige vermag sich nicht dadurch zu exkulpieren, dass er nachweist, die *gleiche Sorgfalt wie in eigenen Angelegenheiten* aufgewendet zu haben[42]. 87
- Ein besonders strenger Massstab ist bei *potentiellen Interessenkonflikten* anzulegen, also dann, wenn die Schädigung durch eine Handlung erfolgt, welche die Organperson zu ihrem persönlichen Vorteil oder im Interesse von Drittpersonen vornimmt[43]. 88
- Auch eine lediglich *fiduziarische Tätigkeit* begründet die volle Verantwortlichkeit[44]. 89

d) Zum Teil umstritten ist die *Verteilung der Beweislast*. Sie hängt von der Rechtsnatur der Verantwortlichkeitsansprüche ab (dazu N 35 ff), spielt in der Praxis wegen der Objektivierung des Verschuldensmassstabes freilich oft kaum eine Rolle. 90

4. Adäquater Kausalzusammenhang

a) Zwischen dem schuldhaft pflichtwidrigen Verhalten und dem Schaden muss ein *Kausalzusammenhang* bestehen, es muss also die pflichtwidrige Handlung eine (aber nicht notwendig die einzige) Ursache der bewirkten Schädigung sein. 91

b) Haftungsbegründend ist – wie allgemein im Haftpflichtrecht – nicht jeder *natürliche* Kausalzusammenhang; vielmehr wird ein *adäquater Kausalzusammenhang* verlangt. «Als adäquate Ursache eines Erfolgs ist auch im Bereich der aktienrechtlichen Verantwortlichkeit ein Ereignis dann anzusehen, wenn es nach dem gewöhnlichen Lauf der Dinge und nach der Erfahrung des Lebens geeignet ist, einen Erfolg von der Art des eingetretenen herbeizuführen, so dass der Eintritt dieses Erfolgs durch jenes Ereignis allgemein begünstigt erscheint ...»[45]. 92

An die Adäquanz werden im Rahmen der aktienrechtlichen Verantwortlichkeit allgemein *keine hohen Anforderungen* gestellt[46]. Gelegentlich scheint es, dass den Gerichten schon der Umstand, dass ein Schaden zeitlich auf eine pflichtwidrige Handlung folgte, für die Bejahung der adäquaten Kausalität genügte. In neueren Entscheiden zeichnet sich 93

---

[41] Vgl. BGE 93 II 30 zur Haftung einer Treuhandgesellschaft als Revisionsstelle.
[42] Illustrativ BGE 99 II 176 ff, 179: Ein Alleinverwaltungsrat hatte den Grossteil des Gesellschaftsvermögens in hochspekulativen Papieren angelegt, die in der Folge zu Nonvaleurs wurden. Vergeblich versuchte er sich durch den Nachweis zu rechtfertigen, dass er für sich persönlich den dreifachen Betrag in dieselben Aktien investiert hatte.
[43] Vgl. BGE 113 II 57.
[44] BGE 59 II 460.
[45] BGE 113 II 57.
[46] Vgl. etwa BGE 93 II 29, wonach es ankomme «auf die allgemeine Eignung der fraglichen Ursachen ..., Wirkungen der eingetretenen Art herbeizuführen».

jedoch eine erfreuliche *Differenzierung* in der Beurteilung von Kausalität und Adäquanz ab[47].

94   Ein *adäquater Kausalzusammenhang fehlt* trotz pflichtwidrigen Verhaltens dann, wenn auch ein *pflichtgemässes Verhalten* den Schaden nicht hätte verhindern können. Doch sind blosse *Hypothesen*, wonach ein Schaden wohl auch bei pflichtgemässem Verhalten eingetreten wäre, *in der Regel unbeachtlich*[48]. Gemäss einem *dictum* in einem Entscheid des Bundesgerichts vom 2.7.1993[49] ist immerhin anzunehmen, dass sich Verwaltungsrat und GV nicht von einem kritischen Revisionsbericht hätten beeinflussen lassen, wenn eine der kritisierten Personen Alleinaktionärin ist[50].

95   c) Das revidierte Recht stellt – entgegen verwirrenden Formulierungen in einzelnen früheren Bundesgerichtsentscheiden – klar, dass ein Haftpflichtiger nur für den Schaden einzustehen hat, der eine adäquat kausale Folge *seines eigenen Verhaltens* ist (vgl. OR 759 I) und nicht für den durch das Zusammenwirken mehrerer Beteiligter verursachten *Gesamtschaden* (zu diesem vgl. OR 759 II)[50a].

96   Diese Präzisierung ist vor allem bedeutsam im Verhältnis zwischen Verwaltungsrat und Revisionsstelle: Eine Revisionsstelle, die es trotz Überschuldung unterlässt, die Benachrichtigung des Richters zu veranlassen, haftet «nicht schlechthin für den ursprünglich durch die Verwaltung verursachten Schaden, sondern nur für seine Fortdauer und Vergrösserung zufolge mangelhafter Orientierung der Generalversammlung»[51].

97   d) Der adäquate Kausalzusammenhang kann allenfalls «unterbrochen» werden, so durch *Selbstverschulden* des Geschädigten, sofern dieses nicht gemäss OR 44 I lediglich einen Herabsetzungsgrund bildet. Ausnahmsweise ist auch eine Unterbrechung durch *Drittverschulden* denkbar[52]. Eine – theoretisch mögliche – Unterbrechung durch *höhere Gewalt* wurde bisher soweit ersichtlich in keinem Gerichtsurteil zur aktienrechtlichen Verantwortlichkeit konstatiert.

98   e) *Beweispflichtig* für das Vorliegen eines adäquaten Kausalzusammenhangs ist der *geschädigte Kläger*, wobei jedoch wie erwähnt an die Beweisführung keine hohen Anforderungen gestellt werden.

---

[47]   Vgl. etwa BGE 112 II 461 ff, wo das Bundesgericht den adäquaten Kausalzusammenhang zwischen einer angeblich mangelhaften Berichterstattung der Revisionsstelle und der Schädigung der Gläubiger verneinte, weil sich die Gesellschaft nach der angeblichen Unterlassung und vor ihrem endgültigen Zusammenbruch nochmals erholt hatte (nicht publizierte Erwägungen).
[48]   Ablehnend etwa BGE 99 II 181; Hypothesen sehr weitgehend zulassend ST *1985* 83.
[49]   Urteil 4C.23/1993.
[50]   Damit erfolgt eine Korrektur des zu weitgehenden BGE 86 II 183 f.
[50a] Das Mitglied des Verwaltungsrates haftet daher nicht für Schaden, der bereits vor seinem Eintritt in den Verwaltungsrat entstanden war, BGE 119 V 407.
[51]   BGE 86 II 182.
[52]   Ablehnend BGE 101 II 165.

VI. Schadenersatzbemessung

a) Grundsätzlich, d. h. falls kein Reduktionsgrund vorliegt, ist der *ganze Schaden* zu ersetzen[53]. 99

b) Eine *Herabsetzung der Ersatzpflicht* kann aus verschiedenen Gründen vorgenommen werden: 100

- gemäss OR 44 I bei *Selbstverschulden* (und allenfalls anderen Umständen, für die der Geschädigte einstehen muss)[54]; 101
- nach OR 43 I bei nur *leichter Fahrlässigkeit* des Ersatzpflichtigen[55], und zwar entgegen der bisherigen Bundesgerichtspraxis nach der expliziten Regelung von OR 759 I auch bei einer Mehrheit von Ersatzpflichtigen; 102
- allenfalls wegen *unangemessen niedriger Entschädigung* der haftpflichtigen Organpersonen (vgl. OR 99 II) oder bei uneigennütziger Tätigkeit[56], jedoch – wenn überhaupt – nur gegenüber der *Gesellschaft* und informierten *Aktionären*, nicht aber gegenüber Gläubigern; 103
- wegen besonderer Umstände in der Person des Schädigers (vgl. OR 43 I), etwa, weil der Verantwortliche an einer *Krankheit* litt, die seine Fähigkeiten einschränkte[57], nicht aber wegen *fehlender Kenntnisse, Zeitmangels* oder *fiduziarischer Tätigkeit*; in Betracht zu ziehen ist allenfalls auch die *Notlage*, in die der Haftpflichtige durch vollen Schadenersatz versetzt würde (OR 44 II); 104
- höchstens ganz ausnahmsweise wegen *Drittverschuldens* oder *konkurrierenden Zufalls*[58]. 105

VII. Mehrheit von Ersatzpflichtigen[59]

Mehrere aus aktienrechtlichem Verantwortlichkeitsrecht Ersatzpflichtige haften *solidarisch* (vgl. OR 759 I, dazu Ziff. 1). Im Innenverhältnis kann derjenige, der Ersatz geleistet hat, allenfalls auf andere Haftpflichtige *Rückgriff* nehmen (vgl. OR 759 III, dazu Ziff. 2). Das revidierte Recht regelt insbesondere die Möglichkeit, gegenüber mehreren Verantwortlichen den *Gesamtschaden* geltend zu machen (OR 759 II, dazu Ziff. 3). 106

1. Solidarität im Aussenverhältnis

OR 759 I sieht für mehrere aus aktienrechtlicher Verantwortlichkeit ersatzpflichtige Personen *echte Solidarität* vor. Danach muss jeder Verantwortliche 107

---

[53] Vgl. etwa BGE 99 II 180 ff.
[54] Vgl. BGE 90 II 500.
[55] BGE 82 II 31.
[56] Vgl. BGE 99 II 182.
[57] BGE 61 II 237.
[58] In der Praxis scheint dieser Reduktionsgrund im aktienrechtlichen Verantwortlichkeitsrecht noch nie angewendet worden zu sein.
[59] Vgl. dazu neben der vorn N 1 f zitierten allgemeinen Literatur auch Baptiste Rusconi: Responsabilité solidaire selon l'article 759 CO, in: Ciocca (vgl. LV) 489 ff; ferner Robertino Lei Ravello: La responsabilité solidaire des organes de la société anonyme (thèse de licence, Lausanne 1992).

für den *gesamten Ersatzanspruch* einstehen, dies jedoch nur, soweit er den Schaden adäquat kausal verursacht hat und sich nicht auf einen Reduktionsgrund – insbesondere sein eigenes leichtes Verschulden – berufen kann. Die Geschädigten haben gegen jeden Solidarschuldner eine *selbständige Einzelforderung*. Es steht ihnen frei, alle Solidarschuldner oder auch nur einzelne oder einen von ihnen einzuklagen.

108 Solidarität besteht auch zwischen Haftpflichtigen mit verschiedener Organstellung, so insbes. zwischen Mitgliedern des Verwaltungsrates und der Revisionsstelle. Auch hier gilt aber, dass jeder Verantwortliche nur für den Schaden einstehen muss, den er durch sein eigenes Verhalten adäquat verursacht hat (vgl. vorn N 95 f).

109 *Urteil* und *Vergleich*, aber auch *Erlass* und *Stundung* beeinflussen nur die Rechtsbeziehungen zum jeweils betroffenen Ersatzpflichtigen. Dagegen wirkt sich die *Unterbrechung der Verjährung* gegenüber einem Solidarschuldner auch gegenüber allen andern aus (OR 136 I).

2. *Die Auseinandersetzung im Innenverhältnis: Der Rückgriff*

110 Von der Haftung gegenüber den Geschädigten ist die *definitive Schadenstragung im Innenverhältnis* zu unterscheiden: Intern ist der Schadenersatz vom Richter nach freiem, pflichtgemässem Ermessen auf die verschiedenen Haftpflichtigen zu verteilen. Dabei hat er – entsprechend dem allgemeinen Haftpflichtrecht (vgl. OR 50 II) – «in Würdigung aller Umstände» zu entscheiden. Massgebend ist dabei in erster Linie die *Intensität des Verschuldens,* daneben auch etwa die *Honorierung,* die *hierarchische Stellung* und die damit verbundenen Anforderungen an die einzelnen Verantwortlichen.

111 Jeder Ersatzpflichtige, der im Aussenverhältnis mehr als seinen Anteil zu leisten hatte, kann also intern den Mehrbetrag durch *Regress* von den Mitverantwortlichen einfordern. Sind einzelne von ihnen insolvent, haben die Zahlungsfähigen deren Anteile «gleichmässig» zu übernehmen (OR 148 III)[60].

3. *Geltendmachung des Gesamtschadens*

112 Nach OR 759 II kann der Kläger mehrere Beteiligte gemeinsam für den *Gesamtschaden,* den diese *insgesamt* verursacht haben, einklagen. Der Richter hat dann die Ersatzpflicht jedes einzelnen Beklagten (unter Berücksichtigung der persönlichen Zurechenbarkeit gemäss OR 759 I, also der individuellen Verursachung und des individuellen Verschuldens) festzusetzen.

113 Die Festlegung der «Ersatzpflicht jedes einzelnen Beklagten» (OR 759 II) betrifft den Betrag, für den er – solidarisch – gegenüber den Geschädigten haftet. Davon zu unterscheiden ist die *definitive Schadenstragung im Innenverhältnis,* die erst nach Geltendmachung der Rückgriffsrechte feststeht.

---

[60] Vgl. im übrigen auch OR 145 II und 149 I.

VIII. Prozessuale Fragen

Das aktienrechtliche Verantwortlichkeitsrecht enthält auch Bestimmungen prozessualer Natur: 114

1. Gerichtsstand

a) OR 761 begründet einen *einheitlichen Gerichtsstand* für sämtliche Klagen gegen alle nach Aktienrecht verantwortlichen Personen am *Sitz der Gesellschaft*. Massgebend ist der statutarische Sitz im Zeitpunkt der Klageerhebung[61]. 115

Dieser Gerichtsstand besteht zugunsten aller Berechtigten und unabhängig davon, ob aufgrund unmittelbarer oder mittelbarer Schädigung geklagt wird. Er gilt auch für die Prospekt- und die Gründungshaftung. Es ist daher nicht erforderlich – bleibt aber zulässig[61a] –, jeden Verantwortlichen an seinem Wohnsitz zu belangen. 116

b) OR 761 ist *dispositiver Natur*. Es kann daher – insbes. durch statutarische Bestimmung – auch ein vom Gesetz abweichender Gerichtsstand für die Klagen der Gesellschaft und der Aktionäre festgelegt werden[62]. Die *Gläubiger* werden jedoch durch eine solche Bestimmung *nicht gebunden*, und zwar u. E. auch dann nicht, wenn sich die Klage auf eine mittelbare Schädigung stützt. 117

c) Verantwortlichkeitsklagen können auch einer *schiedsgerichtlichen* Entscheidung unterworfen werden. Zu beachten ist jedoch, dass nach Art. 6 des Schweiz. Konkordats über die Schiedsgerichtsbarkeit[63] die Schiedsabrede der Schriftform bedarf. Diese ist gewahrt, wenn in einer schriftlichen Beitrittserklärung ausdrücklich auf eine statutarische oder reglementarische Schiedsklausel Bezug genommen wird. 118

Da statutarische Schiedsklauseln jedenfalls hinsichtlich der Klage von Gläubigern unwirksam sind und da auch die Unterwerfung neuer Aktionäre bei der Aktienübertragung kaum durchsetzbar ist, sind statutarische Schiedsklauseln in der Regel nicht (mehr) sinnvoll[64]. 119

2. Streitwert

Der Streitwert bemisst sich nach dem eingeklagten *Gesamtschaden*, bei mittelbarer Schädigung also nach dem eingeklagten Gesellschaftsschaden und nicht nach der Quote, die auf den klagenden Aktionär oder Gläubiger entfällt. 120

3. Tragung der Verfahrenskosten

a) Die aktienrechtliche Verantwortlichkeitsklage ist als *Individualrecht* ausgestaltet. Jeder einzelne Aktionär, auch wenn er nur eine einzige Aktie be- 121

---

[61] BGE 115 II 163 E c und 166 E d.
[61a] BGE 115 II 163 E b.
[62] SJZ *1944* Nr. 78 S. 124.
[63] Vom 27.3./27. 8. 1969, SR 279.
[64] Vgl. auch vorn § 8 N 85 f.

sitzt, kann nicht nur seinen eigenen unmittelbaren, sondern auch den *mittelbaren Schaden* und damit den gesamten Gesellschaftsschaden einklagen. Insofern scheint das Recht zur Verantwortlichkeitsklage ein höchst effizienter Schutz vor allem auch der Kleinaktionäre.

122 Die Crux dieser Klage lag bisher im *Kostenrisiko*[65]: Die Verfahrenskosten richten sich nach dem Streitwert – und damit nach dem eingeklagten Gesamtschaden –, obwohl die auf den klagenden Aktionär entfallende wirtschaftliche Quote eines Prozesserfolges davon allenfalls nur einen kleinen Bruchteil beträgt. Das Kostenrisiko des klagenden Aktionärs – jedenfalls des Kleinaktionärs – stand daher in keinem vernünftigen Verhältnis zu seinen Chancen[66].

123 b) Diesem Problem sucht das revidierte Recht dadurch zu begegnen, dass der Richter die Prozesskosten, «soweit sie nicht vom Beklagten zu tragen sind, nach seinem Ermessen auf den Kläger und die Gesellschaft» verteilen soll, wenn «aufgrund der Sach- und Rechtslage begründete[r] Anlass zur Klage» bestand (OR 756 II).

124 «Begründeten Anlass zur Klage» hat ein Aktionär nur, wenn er vorgängig seine Informationsmittel angemessen ausgeschöpft hat.

125 Die Bestimmung kommt nur bei Klagen aus *mittelbarer* Schädigung – also solchen mit Leistung an die Gesellschaft – zum Zug. Sie erfasst wohl nicht nur die *Gerichtsgebühr*, sondern auch die meist erheblich höheren *Prozessentschädigungen*.

126 c) Näheres bei Andreas Casutt: Rechtliche Aspekte der Verteilung der Prozesskosten im Anfechtungs- und Verantwortlichkeitsprozess und bei Ernst F. Schmid: Zur prozessualen Umsetzung der Kostenpflicht der Gesellschaft im vom Aktionär eingeleiteten Verantwortlichkeitsprozess (Art. 756 Abs. II OR), beide in Schluep/Isler, 49 ff, 341 ff.

IX. Untergang der Ersatzansprüche und Ausschluss des Klagerechts

127 Zu den wichtigeren Untergangs- und Ausschlussgründen folgendes:

1. Entlastung

128 a) Die Entlastung (Decharge) gehört zu den *unübertragbaren Befugnissen der GV* (OR 698 II Ziff. 5, dazu § 22 N 47 ff). Bei der Abstimmung «haben Personen, die in irgendeiner Weise an der Geschäftsführung teilgenommen haben, kein Stimmrecht» (OR 695 I, dazu § 24 N 78 ff).

---

[65] Vgl. zum gleichen Problem bei der Anfechtungsklage § 25 N 79 ff.

[66] Vor Jahren klagte ein Kleinaktionär aus behaupteter mittelbarer Schädigung gegen den Präsidenten einer Publikumsgesellschaft. Die Klage lautete auf einen Betrag von 10 Mio. Franken, das Kostenrisiko betrug daher mehrere hunderttausend Franken. Wäre die Klage (sie wurde durch Vergleich erledigt) erfolgreich gewesen, hätte der vom Kleinaktionär gehaltene Aktienbesitz wirtschaftlich um weniger als Fr. 10.– an Wert zugenommen.

b) Der Entlastungsbeschluss wirkt – wie OR 758 I nun ausdrücklich festhält – «nur für bekanntgegebene Tatsachen»[67].

Privates Wissen *sämtlicher Aktionäre* kann der GV zugerechnet werden[68], dagegen nicht die Kenntnisse *einzelner* Aktionäre[69] oder Beobachtungen der *Revisionsstelle*, sofern sie der GV nicht mitgeteilt worden sind[70].

c) Der gültige Entlastungsbeschluss
- lässt allfällige *Schadenersatzforderungen der Gesellschaft untergehen* (OR 758 I);
- lässt die Ansprüche auf Ersatz des *mittelbaren* Schadens der *zustimmenden Aktionäre untergehen*, ebenso derjenigen Aktionäre, welche ihre Beteiligung später *in Kenntnis des Beschlusses* erworben haben (OR 758 I);
- *verkürzt* das Klagerecht der übrigen Aktionäre aus mittelbarer Schädigung auf einen Zeitraum von *sechs Monaten* (OR 758 II, es handelt sich um eine Verwirkungsfrist);
- hat *keine Wirkung* hinsichtlich des Klagerechts der *Gläubiger aus mittelbarer Schädigung*[71];
- hat *keine Wirkung* hinsichtlich der Ansprüche von Aktionären und Gläubigern auf Ersatz *unmittelbaren Schadens*.

Allgemein kann festgestellt werden, dass die Entlastung geringere Konsequenzen hat als gemeinhin angenommen wird.

Keine Wirkung hat die Erteilung der Entlastung auf allfällige *Regressrechte*. (Immerhin wird eine *Subrogation* gemäss OR 149 I ausgeschlossen.)

2. *Urteil und Vergleich*

Die Wirkungen von Urteil und Vergleich auf Verantwortlichkeitsansprüche sind in der Doktrin stark umstritten und durch die Judikatur kaum geklärt. U.E. gilt folgendes:

a) Ein Urteil im *Prozess der Gesellschaft* oder ein von ihr abgeschlossener Vergleich *erledigt die der Gesellschaft zustehenden Ansprüche*.

b) Geht man von einem eigenen Forderungsrecht der *Aktionäre* aus, dann werden zwar Aktionärsklagen durch ein vollumfänglich Ersatz in der Höhe des gesamten Schadens zuerkennendes Urteil zugunsten der Gesellschaft gegenstandslos, dagegen durch ein *abweisendes Urteil nicht berührt*. Ebensowenig bindet ein von der Gesellschaft abgeschlossener Vergleich die *nicht zustimmenden Aktionäre*. Es ist daher geboten, den Vergleichsabschluss der GV vorzulegen; die

---

[67] *Erkennbarkeit* dürfte daher, entgegen der bisherigen Praxis (vgl. BGE 95 II 323 f), nicht mehr genügen.
[68] BJM *1954* 253, ZR *1953* Nr. 93 S. 171.
[69] BGE 95 II 329 f.
[70] BGE 65 II 11 f.
[71] Auch dann nicht, wenn dieses Recht gemäss OR 757 I von der Konkursverwaltung geltend gemacht wird.

Genehmigung ist dann – was freilich umstritten ist – wie eine Entlastung zu behandeln.

142 Das Schadenersatz in der Höhe des Gesamtschadens zusprechende Urteil im Prozess eines *Aktionärs* macht die Verfahren anderer Aktionäre gegenstandslos; die Abweisung der Klage eines Aktionärs hat dagegen keinen Einfluss auf die Ansprüche der übrigen.

143 c) Die Klagerechte der *Gläubiger* werden von einem Urteil gegen die Gesellschaft *nicht berührt*[72]. Die allfällige Genehmigung eines Vergleichs durch die GV ist gegenüber den Gläubigern ebenfalls wirkungslos.

144 d) Ein Urteil im Prozess der *Konkursverwaltung* bindet alle Geschädigten, während die Wirkung eines durch die Konkursverwaltung abgeschlossenen Vergleichs umstritten ist. U.E. haben vergleichsunwillige Aktionäre oder Gläubiger die Möglichkeit, die *Vergleichssumme in die Konkursmasse einzuwerfen,* dadurch den Vergleichsabschluss zu verhindern und ihre Ansprüche selbst geltend zu machen[73].

145 e) Ansprüche von Aktionären und Gläubigern aus *unmittelbarer Schädigung* werden durch Urteil bzw. Vergleich seitens der Gesellschaft oder anderer Aktionäre bzw. Gläubiger nicht berührt.

3. *Verjährung und Verwirkung*

146 a) OR 760 regelt die Verjährung der Verantwortlichkeitsansprüche einheitlich, unabhängig von der Art des Schadens und der rechtlichen Grundlage:

147 aa) Ordentlicherweise gilt eine *fünfjährige Verjährungsfrist.*

148 Die Frist beginnt mit der Kenntnisnahme des Geschädigten von der Existenz und der Höhe des Schadens[74], der Person der *Ersatzpflichtigen* und der *Tatsachen*, welche die Ersatzpflicht begründen[75]. Nicht erforderlich ist, dass die Höhe des Schadens ziffernmässig genau feststeht, doch müssen die Kenntnisse genügen, um eine substantiierte Klage zu begründen[76]. Die blosse *Möglichkeit* der Kenntnisnahme genügt nicht, vielmehr wird nach der bundesgerichtlichen Praxis *konkrete Kenntnis* verlangt[77].

149 Im Konkurs der Gesellschaft beginnt die Verjährung frühestens mit der Bestellung der Konkursverwaltung[78], für die Gläubiger jedoch in der Regel erst mit der Auflegung des

---

[72] Dies jedenfalls dann nicht, wenn man ein eigenes Forderungsrecht oder – mit BGE 117 II 441 – eine Klage aus dem Recht der Gläubigergesamtheit annimmt; vgl. dazu die Ausführungen vorn N 41 ff.
[73] Vgl. BGE 78 III 138; BlSchK *1967* 119 ff.
[74] BGE 100 II 341 f.
[75] BGE 82 II 45.
[76] BGE 116 II 161.
[77] BGE 109 II 435.
[78] Sem. *1984* 488.

Kollokationsplans, da sie erst in diesem Zeitpunkt den Umfang ihres Schadens kennen oder zumindest abschätzen können. Ausnahmen im Sinne eines früheren Beginns der Verjährungsfrist sind jedoch möglich[79].

Zur Unterbrechung der Verjährung und zum Verzicht auf die Verjährungseinrede vgl. OR 135 ff.

bb) Ohne Rücksicht auf das Wissen der Geschädigten gilt eine *absolute zehnjährige Verjährungsfrist*. Diese kann auch Ansprüche blockieren, bevor eine Klageerhebung überhaupt möglich wird (vgl. OR 757 I)[80].

cc) Leitet sich die Klage aus einer *strafbaren Handlung* ab, so verjährt nach OR 760 II in Übereinstimmung mit OR 60 II die zivilrechtliche Forderung nicht vor dem Strafanspruch. Massgebend ist dabei nicht die im konkreten Fall ausgesprochene oder zu erwartende Strafe, sondern die für den betreffenden Tatbestand gesetzlich vorgesehene *höchste Strafandrohung*[81].

Voraussetzung ist das *Vorliegen einer strafbaren Handlung*. Erfüllt sein müssen sowohl die *objektiven* wie auch die *subjektiven* Elemente des Tatbestandes[82]. Nicht erforderlich ist die Verurteilung des Verantwortlichen oder auch nur die Anhebung einer Strafverfolgung[83].

Die strafrechtliche Verjährung *beginnt mit der Straftat* (vgl. StGB 71 I). Ihre Dauer richtet sich nach StGB 70[84]. Während ihrer Dauer kann der Geschädigte die *zivilrechtliche Frist unterbrechen* mit der Wirkung, dass die zivilrechtliche Frist neu zu laufen beginnt[85], nicht dagegen die längere strafrechtliche Frist.

Die längere strafrechtliche Frist findet nicht nur für den *Täter selbst* Anwendung, sondern nach herrschender Lehre auch für seine *Erben*[86], nach neuer Bundesgerichtspraxis sodann auch gegenüber *juristischen Personen,* die für strafbare Handlungen von Organpersonen einzustehen haben[87]. Keine Anwendung findet die Verlängerung auf solidarisch Ersatzpflichtige, die nur zivilrechtlich haften.

b) Nach OR 758 II beschränkt ein gültiger Entlastungsbeschluss der GV das Klagerecht der *nicht zustimmenden* Aktionäre auf sechs Monate. Bei dieser Sechsmonatsfrist handelt es sich um eine nicht zu unterbrechende und nicht erstreckbare *Verwirkungsfrist,* die nur eingehalten ist, wenn die Klage innert Frist rechtshängig gemacht wurde.

---

[79] Vgl. BGE 116 II 161.
[80] BGE 102 II 357.
[81] Rep. *1985* 369.
[82] Vgl. BGE 106 II 217 ff.
[83] BGE 100 II 335.
[84] Vgl. BGE 100 II 342 f und 112 V 163.
[85] BGE 97 II 140.
[86] So nun SJZ *1993* Nr. 4 S. 31.
[87] BGE 112 II 189 f.

4. Exkurs: Einverständnis der Betroffenen

157 a) Nach dem Grundsatz «*volenti non fit iniuria*» kann die *Gesellschaft keinen Ersatz* verlangen, wenn Organpersonen durch die Ausführung rechtmässiger oder *nicht angefochtener und dadurch in Rechtskraft erwachsener GV-Beschlüsse* Schaden verursacht haben[88]. Selbst ein *nichtiger Beschluss* der GV dürfte das Klagerecht der Gesellschaft ausschliessen, sofern *sämtliche Aktionäre* zugestimmt haben[89]. Dieselbe Wirkung dürfte die informelle Zustimmung *aller Gesellschafter*[90] oder des Alleinaktionärs[91] zu den schadensstiftenden Handlungen der Gesellschaftsorgane haben.

158 Gleiches gilt für die Gründungshaftung, wenn *sämtliche Gründer* die Schädigung verursacht haben[92].

159 b) *Aktionäre,* die weder Schädigungshandlungen toleriert noch nichtige GV-Beschlüsse gutgeheissen haben, sind in ihrem Klagerecht aus mittelbarer Schädigung nicht tangiert[93].

160 c) Den Ansprüchen der *Gläubiger* stehen weder die Beschlüsse der GV noch die Zustimmung der Aktionäre oder Mitgründer entgegen; dies gilt auch dann, wenn die *Konkursverwaltung* die Ansprüche geltend macht[94].

X. Zur praktischen Bedeutung der Verantwortlichkeitsklage

161 a) Ein Blick auf die Realität zeigt, dass die Zahl der aktienrechtlichen Verantwortlichkeitsklagen in den letzten Jahren und Jahrzehnten sprunghaft angestiegen ist. Die publizierten Gerichtsentscheide vermitteln davon kein korrektes Bild, da die Mehrzahl der Verfahren durch Vergleich erledigt wird, jedoch oft erst nach Jahren harter prozessualer Auseinandersetzung und mit schwerwiegenden finanziellen Konsequenzen für die Betroffenen.

162 b) Im übrigen hinterlässt die Betrachtung der Rechtswirklichkeit einen *zwiespältigen Eindruck:*

163 – Einerseits blieben viele Fälle selbst grober Fahrlässigkeit, ja Absicht, ohne Sanktion. Verwaltungsratsmitglieder, die sich über Jahre nicht um ihre Gesellschaft gekümmert hatten, mussten keine Konsequenzen tragen. Insofern erscheint die Verantwortlichkeitsklage als stumpfe Waffe, blieben die theoretisch scharfen gesetzlichen Bestimmungen in der Vergangenheit häufig toter Buchstabe.

---

[88] Vgl. BGE 83 II 56, 65; 86 III 159 f.
[89] Vgl. BGE 86 II 162 f.
[90] ZR *1953* Nr. 93 S. 171.
[91] BJM *1954* 253.
[92] BGE 102 II 356, 90 II 496 f.
[93] Vgl. BGE 92 II 246, 100 II 389.
[94] BGE 111 II 183 f.

- Anderseits wurden diejenigen, die es traf, oft mit ungewöhnlicher Härte verfolgt. Ehrenwerte Geschäftsleute und Revisoren – und gerade sie, denn die kriminell Handelnden haben in der Regel, wenn es ernst wird, kein Geld oder verstecken es erfolgreich – konnten wegen einer kleinen Unsorgfalt oder allzu grossen Entgegenkommens um Hab und Gut kommen. 164

Dem Verantwortlichkeitsrecht in seiner bisherigen Ausgestaltung schien damit ein *willkürlicher Zug* innezuwohnen. Dies erklärte sich aus zwei Gründen: 165

- Die Aktionäre waren häufig ungenügend orientiert, und sie scheuten zudem das übermässige, im Verhältnis zu ihrem persönlichen finanziellen Interesse in keinem vernünftigen Verhältnis stehende Klagerisiko[95]. Klagen ausserhalb des Konkurses waren deshalb selten, da der Verwaltungsrat kaum je gegen einzelne seiner Mitglieder Ansprüche geltend machte und Gläubiger ausserhalb des Konkurses nicht geschädigt und damit auch nicht klageberechtigt sind. 166

- Die schwerwiegenden Konsequenzen für die Betroffenen anderseits erklärten sich zum einen aus der ausserordentlichen Strenge in der Beurteilung des Verhaltens von Organpersonen durch Gerichte, sodann aber auch durch die Handhabung der *Solidarhaftung* in der bundesgerichtlichen Praxis: Danach sollte eine Reduktion der Schadenersatzpflicht gemäss OR 43 I nicht möglich sein, wenn mehrere Personen solidarisch haftpflichtig sind. Dies führte zum paradoxen Resultat, dass ein Haftpflichtiger dann allenfalls nur für einen Teil des Schadens geradestehen musste, wenn er allein verantwortlich war, dass er dagegen – bei gleichem Verhalten – den vollen Schaden zu ersetzen hatte, wenn neben ihm noch weitere Personen verantwortlich gemacht werden konnten, und dies selbst dann, wenn diese anderen Organpersonen ein viel höheres Verschulden traf. 167

In beiden Richtungen hat die *Aktienrechtsreform* deutliche Verbesserungen gebracht: 168

- Die Information des Aktionärs ist markant verbessert worden, einerseits durch strengere Anforderungen an die Rechnungslegung (dazu § 51), sodann auch durch die Einführung der Sonderprüfung (vgl. § 35). Zugleich wurde das Kostenrisiko entschärft (vgl. N 121 ff). 169

- Zugunsten der potentiell Verantwortlichen wird sich die gesetzliche Festschreibung der unübertragbaren Pflichten des Verwaltungsrates (dazu § 30 N 29 ff) und die Klarstellung der haftungsbefreienden Wirkung einer korrekten Delegation (dazu § 37 N 37 ff) auswirken, vor allem aber auch die Korrektur der u. E. unhaltbaren bundesgerichtlichen Praxis zur Solidarität dadurch, dass nun in OR 759 I explizit festgehalten wird, dass sich auch ein Solidarschuldner auf sein leichtes Verschulden berufen kann (vgl. N 102). 170

Es ist daher zu erwarten – oder zumindest zu hoffen –, dass die künftige Praxis zum Verantwortlichkeitsrecht sachgerechter ausfallen wird als die bisherige. 171

---

[95] Dazu vorn N 122.

§ 37 Verantwortliche Personen und Pflichten im einzelnen

Literatur: Vgl. die Angaben in § 36 N 1 f sowie etwa Kurt Bättig: Die Verantwortlichkeit der Kontrollstelle im Aktienrecht (Diss. St. Gallen 1976 = SSTRK 16); Werner F. Ebke: Die Revisionshaftung aus schweizerischer und europäischer Sicht, ST *1992* 772 ff, *1993* 27 ff, 199 ff; Alain Hirsch: La responsabilité civile des contrôleurs, in: Aufgaben und Verantwortlichkeit der Kontrollstelle (Zürich 1979 = SSTRK 36) 31 ff; Felix Horber: Die Kompetenzdelegation beim Verwaltungsrat der AG und ihre Auswirkungen auf die aktienrechtliche Verantwortlichkeit (Diss. Zürich 1986 = SSHW 84); Arthur Hunziker: Pflichterfüllung und Pflichtverletzung der Kontrollstelle, in: Rechtsgrundlagen und Verantwortlichkeit des Abschlussprüfers (Zürich 1980 = SSTRK 45) 23 ff; Flurin von Planta: Der Interessenkonflikt des Verwaltungsrates der abhängigen Konzerngesellschaft (Diss. Zürich 1988 = ZStP 59); Thomas Sauber: Zur aktienrechtlichen Verantwortlichkeit stiller und verdeckter Verwaltungsratsmitglieder (Diss. Zürich 1987); Katharina Schoop: Die Haftung für die Überbewertung von Sacheinlagen bei der Aktiengesellschaft... (Diss. Bern 1981 = SSHW 52). – Hinweise zur Gründungs- und zur Prospekthaftung finden sich auch in § 17 N 30.

I. Haftung für Verwaltung, Geschäftsführung und Liquidation (OR 754)

1. Der erfasste Personenkreis

a) Die Organhaftung nach OR 754 erfasst nicht nur die Mitglieder des Verwaltungsrates, sondern auch alle mit der Geschäftsführung «befassten» Personen. Durch diese Formulierung soll klargestellt werden, dass der Verantwortlichkeit nicht nur Organe im *formellen Sinn* unterstehen, sondern auch weitere Personen, die *tatsächlich Organfunktionen erfüllen*[1] unabhängig davon, ob sie dazu bestellt worden sind oder nicht. Sodann kann die Organverantwortlichkeit auch dadurch begründet werden, dass durch Kundgabe oder konkludentes Verhalten der *Anschein* von Organkompetenzen bewirkt wird. Im einzelnen folgendes:

aa) Organpersonen im Sinne von OR 754 ff sind alle im Handelsregister eingetragenen *Mitglieder des Verwaltungsrates,* unabhängig davon, welche Aufgaben sie tatsächlich erfüllen. Insofern wird auf die *formelle Organeigenschaft,* wie sie sich aus dem Registereintrag ergibt, abgestellt.

bb) *Materiell, funktionell* als Organe zu betrachten und der aktienrechtlichen Verantwortlichkeit unterstellt sind überdies alle «Personen, die tatsächlich Organen vorbehaltene Entscheide treffen oder die eigentliche Geschäftsführung besorgen und so die Willensbildung der Gesellschaft massgebend bestimmen»[1a].

---

[1] Auch *strafrechtlich* können solche *faktischen Organe* den formellen gleichgestellt sein, wie StGB 172 und 326 in Übereinstimmung mit der bisherigen Praxis (vgl. BGE 97 IV 14) nun klarstellen.
[1a] BGE 117 II 442, vgl. auch 107 II 353 f.

5 Wo die Grenze zu ziehen ist, kann aufgrund der schillernden bundesgerichtlichen Praxis schwer beurteilt werden: BGE 117 II 573 fasst den Organbegriff (u. E. zu Recht) eng: Die spezifisch aktienrechtliche Verantwortlichkeit für die Geschäftsführung soll «grundsätzlich nur die oberste Leitung einer Gesellschaft, die oberste Schicht der Hierarchie» treffen. Viel weiter wird der Organbegriff dagegen vom Bundesgericht im gleichen Jahr im Entscheid 117 II 441 f verstanden: Danach sind die Voraussetzungen von OR 754 I erfüllt, «wenn eine Person Geschäfte abwickelt und Entscheide trifft, welche nicht mehr zur Routine des Alltagsgeschäfts gehören, sondern von unternehmerischer Bedeutung sind ...». Erfasst wurde in jenem Entscheid (u. E. zu Unrecht) die Prokuristin einer Kleinbank, die zusammen mit dem Delegierten Verträge (zugunsten des Delegierten) und zudem eine Bilanzerklärung[2] unterzeichnet hatte.

6 Festzuhalten ist jedenfalls, dass Fachleute, die auf einer hierarchisch untergeordneten Stufe stehen, auch dann nicht Organe sind, wenn sie faktisch oder formell Entscheide von weittragender Bedeutung fassen.

7 Sodann ist zu verlangen, dass die Einflussnahme aus einer *organtypischen Stellung* heraus erfolgt. Keine Organstellung hat daher der Vertragspartner einer AG inne, auch wenn er auf deren geschäftsführende Entscheide massgebend einzuwirken in der Lage ist.

8 Die Verantwortung von Organen im materiellen Sinn erstreckt sich u. E. nur auf *diejenigen Funktionen oder Bereiche, bei denen sie mitgewirkt haben,* bei diesen aber auch auf *Unterlassungen.*

9 cc) Schliesslich kann eine Organstellung nach einer neueren, vom Bundesgericht geteilten Lehrmeinung auch *durch Kundgabe* begründet werden, dann nämlich, «wenn nach dem Vertrauensgrundsatz aus den äusseren Umständen auf eine solche Stellung geschlossen werden» darf[3], wenn also nach aussen der Eindruck erweckt wird, der Betreffende habe Organkompetenzen.

10 b) Nach diesen Grundsätzen können der aktienrechtlichen Verantwortlichkeit etwa unterstellt sein:

11 – sämtliche *im Handelsregister eingetragenen Mitglieder des Verwaltungsrates,* auch die fiduziarisch tätigen, und zwar im Zusammenhang mit allen Handlungen in dieser Funktion[4];

12 – der *Hintermann* wie auch die verdeckt im Hintergrund wirkende *«graue Eminenz»*;

13 – der *Hauptaktionär,* aber nur dann, wenn er materiell Organfunktionen ausübt[5];

14 – die *Muttergesellschaft* und ihre Vertreter, sofern sie die Geschäftsführung der Tochtergesellschaft direkt beeinflussen (die Muttergesellschaft aber nur, wenn sie sich wie ein faktisches Organ verhält, nicht dagegen, wenn sie lediglich

---

2   Zu dieser vgl. § 33 N 30 f.
3   BGE 117 II 571.
4   ZR *1960* Nr. 130 S. 333.
5   Vgl. ZR *1959* Nr. 70 S. 190. Ausführlich hiezu Andreas von Planta: Die Haftung des Hauptaktionärs (Diss. Basel 1981 = BStR A Bd. 3).

Aktionärsrechte ausübt; insofern ist die Haftung in *Konzernverhältnissen* zu begrenzen[6]);
- die *juristische Person*, die gemäss OR 707 III einen Vertreter in den Verwaltungsrat delegiert hat, jedoch nur, wenn sie diesem Instruktionen erteilt und auf diese Weise die Geschäftsführung mitbestimmt (im einzelnen umstritten)[7];
- *stille* Mitglieder des Verwaltungsrates sowie *faktische (verdeckte)* Mitglieder, sofern sie materiell in Organstellung tätig sind oder sich nach aussen als Organe ausgeben[8];
- *Direktoren, Prokuristen, Handlungsbevollmächtigte* und weitere Angestellte, soweit sie selbständig wesentliche Geschäftsführungsentscheide fällen[9]. Es ist jedoch zu betonen, dass weder die *Zeichnungsberechtigung* noch der *Eintrag im Handelsregister* als solche Organstellung bewirken[10], sondern vielmehr eine materielle Ausübung von Organfunktionen vorausgesetzt ist. (*Direktoren* werden freilich regelmässig als Organe zufolge Kundgabe zu qualifizieren sein, da Dritte bei ihnen Organkompetenzen voraussetzen dürfen, selbst wenn der Titel nur dekorativer Natur sein sollte.)

c) Der Haftung aus OR 754 unterstehen auch die *Liquidatoren*[11] und der nach OR 725a II bei einem Konkursaufschub ernannte *Sachwalter*.

Im Konkurs geht SchKG 5 als *lex specialis* der aktienrechtlichen Ordnung insoweit vor, als Sachverhalte von beiden Bestimmungen erfasst werden.

2. *Die Pflichtverletzungen*

a) Die Pflichten der mit der *Verwaltung, Geschäftsführung und Liquidation* befassten Personen sind im Verantwortlichkeitsrecht nicht näher umschrieben. OR 754 I spricht lediglich allgemein vom Schaden, den diese Personen «durch absichtliche oder fahrlässige Verletzung ihrer Pflichten verursachen». Damit wird auf andernorts gesetzlich oder statutarisch festgelegte Pflichten verwiesen; vgl. für den Verwaltungsrat (und die Geschäftsführung) OR 716 ff (dazu § 30 N 9 ff, 29 ff), für die Liquidatoren OR 742 ff (dazu § 56 N 77 ff).

b) Nach der Gerichtspraxis verhält sich etwa pflichtwidrig das Mitglied des Verwaltungsrates, welches

---

[6] Näheres bei Max Albers-Schönberg: Haftungsverhältnisse im Konzern (Diss. Zürich 1980 = SSHW 44) 29 ff, 128 ff.
[7] Zur Haftung von öffentlich-rechtlichen Körperschaften für die von ihnen entsandten Organe vgl. OR 762 IV.
[8] Vgl. BGE 102 II 359, 107 II 354 f; zu den Begriffen § 28 N 181 ff.
[9] BGE 65 II 5.
[10] BGE 114 V 218, 117 II 573.
[11] Bzw. – genauer – die mit der Liquidation «befassten Personen», d. h. neben den gemäss OR 740 oder 741 formell bezeichneten Liquidatoren allenfalls auch solche, die sich diese Aufgabe angemasst haben.

22 – ein Darlehen zurückzahlt, das zur Scheinliberierung des Aktienkapitals verwendet wurde[12];
23 – der Gesellschaft Vermögenswerte entzieht, ohne sicherzustellen, dass diese eine entsprechende Gegenleistung erhält[13];
24 – 80 Prozent des Gesellschaftsvermögens ohne Zustimmung der Aktionäre in eine hochspekulative Anlage investiert; dies selbst dann, wenn es sich auf den Rat von Fachleuten verlassen hat[14];
25 – das Gesellschaftsvermögen – soweit es nicht zur Abwicklung erlaubter anderer Rechtsgeschäfte benötigt wird – nicht zinstragend anlegt[15];
26 – mit den Mehrheitsaktionären Geschäfte tätigt, die für die Gesellschaft und die Minderheitsaktionäre nachteilig sind[16];
27 – im Konzern die Interessen der Muttergesellschaft statt derjenigen der Tochtergesellschaft, für die es tätig ist, in den Vordergrund stellt[17];
28 – trotz Unregelmässigkeiten in der Geschäftsführung einzelner Verwaltungsratsmitglieder, die den übrigen bekannt sein mussten, keine Untersuchungen und weitere Massnahmen veranlasst[18];
29 – eine ordnungsgemässe Buchführung unterlässt[19];
30 – nicht für eine seriöse Finanzplanung sorgt[20];
31 – die Vorschrift von OR 725 missachtet, obwohl es über die bestehende Überschuldung im Bilde ist[21] oder sein müsste[22]; zulässig ist es dagegen, bei allfälliger Überschuldung zunächst zu prüfen, ob konkrete Aussichten auf eine Sanierung bestehen, die es rechtfertigen, von einer sofortigen Benachrichtigung des Richters abzusehen[23];
32 – sich trotz Unerfahrenheit nicht von einem Spezialisten beraten lässt[24];
32a – sich in das Amt wählen lässt, obwohl es weiss oder wissen muss, dass sich die Gesellschaft in einem hoffnungslosen finanziellen Zustand befindet[24a].

33 c) Eine Pflichtverletzung der *Liquidatoren* wurde in der Gerichtspraxis etwa festgestellt, wenn sie (bzw. die Betreibungsbeamten)
34 – einen Gläubiger versehentlich nicht in die Verteilungsliste aufnehmen[25];
35 – die Verwertungshandlungen verzögern[26].

---

[12] BGE 102 II 359.
[13] ZR *1960* Nr. 130 S. 337.
[14] BGE 99 II 179 f.
[15] BGE 99 II 184.
[16] BGE 92 II 246.
[17] BGE 108 Ib 36 f.
[18] BGE 97 II 411 ff, die Pflichtverletzung betraf insbesondere den Präsidenten.
[19] BGE 77 II 165 f.
[20] ZR *1983* Nr. 57 S. 151 ff.
[21] SAG *1944/45* 200, 231.
[22] ZR *1983* Nr. 57 S. 152 f.
[23] BGE 108 V 188, 116 II 541.
[24] SJZ *1941/42* Nr. 13 S. 74.
[24a] BGE 119 V 408 E d.
[25] SJZ *1941/42* Nr. 49 S. 118.
[26] BGE 52 III 140 f.

Die Liquidatoren können ferner für die im Liquidationsstadium begründeten Schulden 36
verantwortlich gemacht werden, soweit diese nicht getilgt werden können [27].

3. *Exkurs: Verantwortlichkeit bei Kompetenzdelegation*

a) Die Auswirkung einer Delegation von Kompetenzen war unter dem 37
bisherigen Recht nicht restlos geklärt. Die Aktienrechtsreform brachte in diesem
Bereich grössere Sicherheit:

Nach OR 754 II haftet derjenige, der die Erfüllung einer Aufgabe *befugterwei-* 38
se überträgt, für den vom Delegationsempfänger «verursachten Schaden [nur],
sofern er nicht nachweist, dass er bei der Auswahl, Unterrichtung und Überwachung die nach den Umständen gebotene Sorgfalt angewendet hat». Bei korrekter Delegation und Beachtung der drei *curae* tritt somit Haftungsbefreiung ein.

Unhaltbar ist freilich, dass OR 754 II nur die Übertragung an ein anderes *Organ* 39
zulassen will [28]. Richtigerweise muss auch eine Übertragung an *Hilfspersonen* oder an
nicht dem Unternehmen angehörende *Dritte* mit befreiender Wirkung möglich sein, es sei
denn, man folge der Lehrmeinung, wonach die Delegation den Delegationsempfänger
ohne weiteres zum Organ macht [29].

b) Zulässig ist eine Delegation nur, wenn die *formellen Voraussetzungen* (dazu 40
§ 29 N 24 ff) eingehalten und zudem die *materiellen Grenzen* der Delegationsmöglichkeit (dazu § 30 N 29 ff) beachtet worden sind.

II. Revisionshaftung (OR 755) [29a]

1. Die erfassten Personen und Tätigkeitsbereiche

a) Unterstellt sind nach OR 755 «[a]lle mit der Prüfung der Jahres- und 41
Konzernrechnung, der Gründung, der Kapitalerhöhung oder Kapitalherabsetzung befassten Personen».

Wie bei der Haftung für Verwaltung und Geschäftsführung ist damit eine *faktische* 42
Ausübung des Mandats ohne entsprechende formelle Bestellung denkbar und haftungsbegründend [30]. Auch insofern ist der *materielle* Organbegriff zugrunde zu legen.

Wird eine *juristische Person* als Revisionsstelle bestellt (vgl. OR 727d I), wird 43
diese verantwortlich, nicht dagegen die einzelnen Organ- oder Hilfspersonen,
welche die Revisionsaufgaben tatsächlich ausüben.

---

[27] SJZ *1958* Nr. 7 S. 40 f.
[28] Die Einschränkung war gewollt, vgl. Botschaft 106.
[29] Bei der gesellschafts*internen* Delegation erscheint diese Theorie im Lichte des materiellen Organbegriffs überzeugend, bei der Delegation an Dritte ausserhalb der Gesellschaft ist sie dagegen schwer vertretbar.
[29a] Dazu insbes. Böckli, Revisionsstelle (zit. § 36 N 2).
[30] Vgl. BGE vom 2. 7. 1993, referiert in ST *1994* 294. Die Fälle dürften jedoch äusserst selten sein.

44 b) Die Revisoren unterstehen der spezifisch aktienrechtlichen Verantwortlichkeit – wie sich aus OR 755 ergibt – sowohl mit Bezug auf die *ordentliche* (OR 728 ff, dazu § 33 N 6 ff) wie auch auf die *ausserordentliche* (vgl. OR 635a, 652f, 653f, 670 II, 732 II, 745 III, dazu § 30 N 68 ff) *Revisionstätigkeit*.

45 Dagegen kommen die aktienrechtlichen Sonderbestimmungen nicht zur Anwendung bei der Erfüllung von *Sonderaufträgen*, die nicht organspezifisch sind[31].

46 Nicht von der aktienrechtlichen Ordnung erfasst wird die *bankengesetzliche Revisionsstelle*[32]. Nicht erfasst ist sodann der *Sonderprüfer* (vgl. § 35 N 109 ff). Ebensowenig untersteht ein allfälliges *Internes Revisorat* (vgl. § 32 N 62 f) dem aktienrechtlichen Verantwortlichkeitsrecht.

2. Die Pflichtverletzungen

47 a) Auch die den *Revisoren* obliegenden Pflichten werden in den Bestimmungen zur Verantwortlichkeit nicht explizit genannt. Die einschlägigen Regeln finden sich an anderer Stelle (vgl. insbes. OR 728 ff und allgemein § 33).

48 b) Nach der Gerichtspraxis begeht die Revisionsstelle etwa eine Pflichtverletzung[32a], wenn sie

49 – es unterlässt, «die ausgewiesenen Gesellschaftsaktiven auf ihren tatsächlichen Bestand zu überprüfen»[33], wobei sich die Prüfungspflicht nicht bloss auf das Anlage- und Umlaufvermögen erstreckt[34], sondern auch auf die Forderungen[35]; dabei muss freilich eine materielle Überprüfung der wichtigsten Bilanzpositionen und – bei zahlreichen Einzelposten – eine Stichprobenkontrolle ausreichen;

50 – sich nicht vergewissert, dass «das Warenlager [im konkreten Fall der wichtigste Aktivposten] nach dem in Art. 666 OR niedergelegten Niedrigstwertprinzip bilanziert» ist[36];

51 – die GV nicht selbst einberuft (vgl. OR 699 I), obwohl der Verwaltungsrat dies ohne stichhaltigen Grund unterlässt[37];

52 – trotz festgestellter oder vermuteter Bewertungsmängel in der Bilanz der GV Antrag auf deren vorbehaltlose Genehmigung stellt bzw. in ihrem Bericht lediglich auf «unterlassene Abschreibungen» hinweist, ohne zu prüfen, ob unter Berücksichtigung eines «angemessenen» Nachholbedarfs an Abschreibungen der buchmässige Aktivenüberschuss auch wirklich besteht[38];

---

[31] Vgl. BGE 112 II 262 E b, dazu § 33 N 122.
[32] Vgl. BGE 117 II 315 ff.
[32a] Informativ auch das «ABC» kritischer Unterlassungen bei Böckli, Revisionsstelle (zit. § 36 N 2) 97 ff.
[33] BGE 116 II 541.
[34] BGE 112 II 462.
[35] BGE 116 II 541.
[36] BGE 93 II 24 ff, 26.
[37] BGE 86 II 179, 183.
[38] BGE 93 II 24 ff, 27 f, vgl. auch BGE 112 II 462.

- trotz erkennbarer Überschuldung ihren Bericht vorbehaltlos abgibt und nicht auf 53
  diesen Umstand und die Pflicht des Verwaltungsrates zur Benachrichtigung des Richters hinweist[39];
- trotz fehlender Fachkenntnisse weder ihr Mandat niederlegt noch einen Fachmann 54
  beizieht[40].

III. Die Gründungshaftung (OR 753)

1. Die erfassten Personen

a) Der Gründungshaftung unterliegen alle Personen, die *«bei der Gründung mitwirken»*. Diese weitgefasste Umschreibung umfasst etwa 55
- die *Gründer* im Sinne von OR 629; 56
- die *Handelnden* im Sinne von OR 645 I[41]; 57
- *fiduziarisch* bei der Gründung Tätige sowie den *Hintermann*; 58
- die *bestellten Organe*, v. a. den künftigen Verwaltungsrat; 59
- *Geldgeber*, die den Gründern ein kurzfristiges Darlehen zur Gründung gewähren[42]; 60
- *Berater* und an der Gründung mitwirkende *Anwälte*[43]; 61
- *Urkundspersonen* (umstritten), wobei zu betonen ist, dass ihnen nur eine 62
  eingeschränkte Prüfungspflicht und -befugnis zukommt (vgl. § 14 N 79);
- den *Handelsregisterführer*, der auch einer allgemeinen Verschuldenshaftung 63
  nach OR 928 I untersteht.

b) Die Gründungshaftung kommt – entgegen dem zu engen Wortlaut – auch 64
im *Kapitalerhöhungsverfahren* zur Anwendung[44].
Verwaltungs- und Revisionsorgane können alsdann zugleich nach OR 753 65
einerseits und OR 754 bzw. 755 auf der anderen Seite belangt werden.

2. Die Pflichtverletzungen

a) Anders als bei der Verwaltungs- und Geschäftsführungs- sowie der 66
Revisionshaftung sind bei der Gründungshaftung die erfassten Tatbestände im
Verantwortlichkeitsrecht umschrieben: Nach OR 753 haben die Verantwortlichen insbes. ein korrektes Vorgehen bei der *qualifizierten Gründung* (vgl. Ziff. 1),
bei der *Eintragung* der Gesellschaft ins Handelsregister (vgl. Ziff. 2) und der
Annahme von Zeichnungen (vgl. die eingeschränkte Haftung gemäss Ziff. 3)
sicherzustellen.

---

[39] ZR *1976* Nr. 21 S. 71, 74 f, 77, vgl. auch BGE 86 II 182, 93 II 27 f; das revidierte Recht hat die Benachrichtigungspflicht der Revisionsstelle in OR 729b II verschärft, vgl. dazu § 33 N 90 ff.
[40] BGE 93 II 26 f.
[41] BGE 79 II 178 f.
[42] BGE 76 II 311 ff.
[43] BGE 76 II 167.
[44] Vgl. den Hinweis auf den Kapitalerhöhungsbericht in OR 753 Ziff. 1

67 b) Die Gründer handeln z. B. pflichtwidrig, wenn sie
68 – eine Bargründung vortäuschen, der Gesellschaft aber lediglich Sachwerte zuführen[45];
69 – eine vereinbarte Sachübernahme verschweigen[46];
70 – Sacheinlagen überbewerten[47];
71 – an einer Scheineinzahlung des Aktienkapitals mitwirken[48].

IV. Prospekthaftung (OR 752)

1. Die erfassten Personen

72 a) Auch der in OR 752 der Prospekthaftung unterstellte Personenkreis ist weit. Erfasst wird, wer absichtlich oder fahrlässig bei der Verfassung oder Verbreitung eines mangelhaften Prospektes «*mitgewirkt*» hat. In Betracht kommen etwa

73 – die *Gründer* im Sinne von OR 629;
74 – die *Organe* der Gesellschaft bzw. die *bestellten Organe* der in Entstehung begriffenen AG, insbes. Verwaltungsrat und Revisionsstelle;
75 – die *Unterzeichner* – auch fiduziarische – von Prospekten und ähnlichen Mitteilungen;
76 – *Banken* und andere Stellen, die sich mit der Plazierung befassen;
77 – *Berater*, insbes. Anwälte;
78 – nach einer nicht unumstrittenen Ansicht auch *Urkundspersonen* und *Zeichnungsstellen*.

79 b) Gegenstand der Prospekthaftung sind Angaben in *sämtlichen Informations- und Werbemitteln*. Der Tatbestand findet nicht nur bei der *Gründung* Anwendung, sondern ebenso bei *Kapitalerhöhungen*[49] und bei der *Emission von Gläubigerpapieren*.

80 c) Anspruchsberechtigt sind – dies sei als Exkurs nachgetragen – neben den *Zeichnern* auch *spätere Erwerber* der Titel, wobei diese jedoch glaubhaft machen müssen, dass sie die Papiere aufgrund der unkorrekten Informationen erworben haben[50].

81 Nicht klageberechtigt sind die *Gesellschaft* oder *andere Gläubiger*.

---

[45] BGE 64 II 278 ff; SJZ *1951* Nr. 56 S. 178.
[46] BGE 83 II 287 ff.
[47] BGE 90 II 494 f.
[48] BGE 102 II 356; weiss der Darlehensgeber von der Verwendung des aufgenommenen Geldbetrages, haftet er gleichermassen: BGE 76 II 314.
[49] Vgl. BGE 112 II 261 E 3a.
[50] In erster Linie bezweckt die Prospekthaftung freilich den «Schutz des zur Zeichnung aufgerufenen Publikums vor Übervorteilung», BGE 112 II 261 E 3a.

2. Die Pflichtverletzungen

a) Auch die der Prospekthaftung zugrundeliegenden Pflichtwidrigkeiten sind im Verantwortlichkeitsrecht umschrieben: Haftungsbegründender Tatbestand ist nach OR 752 das Aufstellen oder die Verbreitung von unrichtigen, irreführenden oder den gesetzlichen Anforderungen nicht entsprechenden Angaben in Emissionsprospekten oder ähnlichen Mitteilungen.

b) Der Tatbestand ist etwa erfüllt,
- wenn ein Prospekt, Zirkular oder eine andere Kundgebung (so die Formulierung des bisherigen Rechts) unrichtige Angaben enthält oder wenn darin wesentliche Angaben verschwiegen werden, so dass die Ausführungen unvollständig sind[51];
- nach der Lehre auch dann, wenn die erforderlichen Angaben zwar richtig, aber in täuschender Weise unübersichtlich aufgeführt sind oder wenn der Prospekt übertriebene, leichtfertig aufgestellte Erfolgsaussichten prognostiziert;
- nach herrschender Lehre und Praxis sodann, wenn gar kein Prospekt aufgestellt wird, obwohl Prospektzwang besteht[52].

---

[51] BGE 112 II 176 (das AFG betreffend), 112 II 260 f E 3a.
[52] BGE 47 II 286 f.

§ 38 Exkurs: Verantwortlichkeit nach öffentlichem Recht

Literatur: Vgl. die Angaben bei Forstmoser, Verantwortlichkeit (zit. § 35 N 1) N 1027, 1030 ff, 1069; ferner Müller/Lipp (zit. § 27 N 1) 219 ff, 226 ff, 243 ff.

a) Ein Blick auf die Praxis zeigt, dass das vielleicht grösste Haftungsrisiko für Verwaltungsratsmitglieder und allenfalls auch Inhaber von Revisionsstellenmandaten nicht aus der privatrechtlichen Verantwortlichkeit nach Aktienrecht fliesst, sondern aus der *öffentlich-rechtlichen Ordnung,* und zwar besonders aus der Haftung für Steuern und Sozialabgaben. Darauf sei hier im Sinne eines Exkurses kurz hingewiesen:

b) Verschiedene *Bundessteuern* und die Steuergesetze einzelner *Kantone* kennen eine *solidarische Mithaftung* von Organpersonen für Steuerschulden der juristischen Person.

So sehen das BG über die *Verrechnungssteuer*[1] (Art. 15), das BG über die *direkte Bundessteuer*[2] (Art. 55), das BG über die *Tabakbesteuerung*[3] (Art. 8) und die Verordnung über die *Mehrwertsteuer*[4] (Art. 25) eine *solidarische Mithaftung* in zwei Fällen vor:
– Wenn eine juristische Person aufgelöst wird, haften die Liquidatoren für geschuldete Steuern bis zum Betrag des Liquidationsergebnisses.
– Wenn eine juristische Person ihren Sitz (oder die tatsächliche Verwaltung) ins Ausland verlegt, haften die Verwaltung bzw. die Organe für geschuldete Steuern bis zum Betrag des Reinvermögens der juristischen Person.

Die Haftung setzt *kein Verschulden* voraus, doch können sich Haftende exkulpieren, wenn sie nachweisen, dass «sie alles ihnen Zumutbare zur Feststellung und Erfüllung der Steuerforderung getan»[5] bzw. «alle nach den Umständen gebotene Sorgfalt angewendet»[6] haben.

Nach dem BG über die *Stempelabgaben*[7] (Art. 10 I) haftet – neben der Gesellschaft – der *Veräusserer der Beteiligungsrechte* für die geschuldete Emissionsabgabe solidarisch.

c) Ein hohes Haftungsrisiko, das besonders auch deshalb gefährlich ist, weil es sich aus dem Wortlaut der zugrundeliegenden Rechtsnormen nicht entnehmen lässt, ergibt sich sodann aus dem *Sozialversicherungsrecht.* Dazu führt Klaus Hütte[8] aus: «Wer in Zeiten der Krise nicht sein besonderes Augenmerk auf die Bezahlung der Sozialversicherungsbeiträge richtet, dem wird kaum ein Verant-

---

1 Vom 13. 10. 1965, SR 642.21.
2 DBG vom 14. 12. 1990, SR 642.11, in Kraft seit 1. 1. 1995. Für Steuern einer wegen wirtschaftlicher Zugehörigkeit steuerpflichtigen juristischen Person haften nach DGB 55 II Personen, die einen «Geschäftsbetrieb oder [eine] Betriebsstätte in der Schweiz auflösen» oder «Grundstücke in der Schweiz oder durch solche Grundstücke gesicherte Forderungen veräussern oder verwerten».
3 Vom 21. 3. 1969, SR 641.31.
4 MWSTV vom 22. 6. 1994, SR 641.201.
5 Verrechnungssteuergesetz 15 II. Tabaksteuergesetz 8 II; MWSTV 25 II.
6 DBG 55 I.
7 StG vom 27. 6. 1973, SR 641.10.
8 Die Sorgfaltspflichten der Verwaltung und Geschäftsleitung im Lichte der aktienrechtlichen Verantwortlichkeit, Versuch einer Analyse der schweizerischen Rechtsprechung, ZGR *1986* 1 ff, 34.

wortlichkeitsprozess erspart bleiben. Nicht jeder, aber doch die grosse Mehrzahl dieser Prozesse endet mit einem die Haftung bestätigenden Urteil zum Nachteil des Verwaltungsrates.»

10   Grundlegend ist dafür Art. 52 des BG über die Alters- und Hinterlassenenversicherung (AHVG)[9]. Danach hat ein *Arbeitgeber*, der absichtlich oder grobfahrlässig Vorschriften des AHVG missachtet und dadurch einen Schaden verschuldet, diesen der Ausgleichskasse zu ersetzen.

11   In einer – u. E. weltfremden – Überdehnung des Anwendungsbereiches dieser Norm hat das Eidg. Versicherungsgericht daraus faktisch eine neue *Kausalhaftung* für Mitglieder des Verwaltungsrates geschaffen:

12   – Über den Wortlaut hinaus wird aus AHVG 52 bei juristischen Personen eine subsidiäre Haftung der *verantwortlichen Organpersonen* hergeleitet, obwohl diese selber nicht «Arbeitgeber» sind[10].

13   – Vor allem aber legt das Eidg. Versicherungsgericht im Hinblick auf AHVG 52 einen Verschuldensmassstab an, der aus dieser Norm trotz der ausdrücklichen Beschränkung auf Absicht und Grobfahrlässigkeit nahezu eine *Kausalhaftung* macht. So wird in BGE 108 V 203 ausgeführt, es werde «einem Verwaltungsratspräsidenten einer Grossfirma nicht als grobfahrlässiges [sic!] Verschulden angerechnet werden können, wenn er nicht jedes einzelne Geschäft, sondern nur die Tätigkeit der Geschäftsleitung und den Geschäftsgang im allgemeinen überprüft und daher beispielsweise nicht beachtet, dass in Einzelfällen [sic!] die Abrechnung über Lohnbeiträge nicht erfolgt ist»[11]. In jenem Fall wurde *Grobfahrlässigkeit bejaht* und die Zulässigkeit einer haftungsbefreienden Delegation der Sozialversicherungsbelange an einen Geschäftsführer verneint, weil bei «derart einfachen und überschaubaren Verhältnissen» – nur drei Zeichnungsberechtigte, Aktienkapital von nur Fr. 50 000.– – das einzige Verwaltungsratsmitglied den «Überblick über alle wesentlichen Belange der Firma», zu denen das Gericht auch die lückenlose Entrichtung der Sozialversicherungsbeiträge zählte, haben müsse[12].

14   Die Haltung des Versicherungsgerichts ist in der Lehre vielfach kritisiert worden, doch hat das Gericht an seinem «auch bei der Delegation von Geschäftsführungskompetenzen angewendeten – strengen – Verschuldensmassstab»[13] festgehalten, so dass mit einer baldigen Praxisänderung nicht gerechnet werden kann. Auch hier bedürfte es wohl – wie bei der Regelung der Solidarität (dazu § 36 N 167) – eines Eingriffs des Gesetzgebers, um eine aufgrund von Wortlaut und Sinn des Gesetzes kaum haltbare höchstrichterliche Praxis zu korrigieren.

---

[9]   Vom 20. 12. 1946, SR 831.10. Die Norm gilt sinngemäss auch für die Invalidenversicherung, die Erwerbsersatzordnung, die Familienzulagen in der Landwirtschaft sowie für Beiträge in der Arbeitslosenversicherung.
[10] Vgl. BGE 114 V 220 f.
[11] Die Aussage wird wörtlich wiederholt in der nicht publizierten E 2c von BGE 114 V 219 ff.
[12] Ähnlich auch BGE 112 V 3; vgl. auch BGE 119 V 401 ff.
[13] BGE 114 V 224, unter Verweisung auf frühere Begründungen.

9. Kapitel: Aktionäre und Partizipanten

Materialien:
- Zur Rechtsstellung der *Aktionäre:* 1
  - OR 652b: Botschaft 24, 47, 52, 120 f; AmtlBull NR *1985* 1680, SR *1988* 471, NR *1990* 1358, SR *1991* 65;
  - OR 653c: Botschaft 54, 126; AmtlBull NR *1985* 1685, SR *1988* 472, NR *1990* 1358, SR *1991* 65;
  - OR 654–656: Botschaft 131; AmtlBull NR *1985* 1686, SR *1988* 473;
  - OR 675–676 (677): Botschaft 152, AmtlBull NR *1985* 1722, SR *1988* 503, NR *1990* 1363;
  - OR 680–682: Botschaft 154, AmtlBull NR *1985* 1722, SR *1988* 503, NR *1990* 1363;
  - OR 683–687: Botschaft 79–83, 154–158; AmtlBull NR *1985* 1722–1727, SR *1988* 481–499, NR *1990* 1363–1382, SR *1991* 65–75, NR *1991* 848–852, SR *1991* 469–471;
  - OR 689–691: Botschaft 85–88, 159–162; AmtlBull NR *1985* 1727–1733, SR *1988* 503–504, NR *1990* 1383–1387, SR *1991* 75;
  - OR 692–695: Botschaft 43, 162; AmtlBull NR *1985* 1733, SR *1988* 504;
  - OR 696–697: Botschaft 88–90, 162–164; AmtlBull NR *1985* 1765, SR *1988* 505;
  - OR 697a–697g: Botschaft 90–92, 164–168; AmtlBull NR *1985* 1765–1773, SR *1988* 505 f, NR *1990* 1386 f, SR *1991* 75;
  - OR 706–706b (entspricht im bundesrätlichen Entwurf den Art. 660, 660a, 706; die Umstellung erfolgte im Ständerat 1988): Botschaft 138–141, 173; AmtlBull NR *1985* 1693, SR *1988* 474, 512, NR *1990* 1388;
  - OR 736 Ziff. 4: Botschaft 190; AmtlBull NR *1985* 1788, SR *1988* 518, NR *1990* 1389;
  - OR 745: Botschaft 191; AmtlBull NR *1985* 1788, SR *1988* 519, NR *1990* 1389, SR *1991* 76, NR *1991* 852.
  - Vgl. sodann AmtlBull NR *1985* 1763–1765 betreffend einen verworfenen Antrag zur Regelung der Aktionärbindungsverträge sowie AmtlBull NR *1990* 1383 betreffend eine ebenfalls verworfene Meldepflicht beim Erwerb wesentlicher Beteiligungen.
- Zur Rechtsstellung der *Partizipanten* (OR 656a–656g): Botschaft 55–60, 132–136; AmtlBull NR *1985* 1686–1692, SR *1988* 473 f, NR *1990* 1359, SR *1991* 65, NR *1991* 847 f, SR *1991* 469. 2
- Zur Rechtsstellung von *Berechtigten an Genussscheinen* (OR 657): Botschaft 60, 136 f; AmtlBull NR *1985* 1692, SR *1988* 474. 3

a) Der zweite Abschnitt des Aktienrechts (OR 660–697h) ist mit dem Titel «Rechte und Pflichten der Aktionäre» überschrieben. Wer hier eine geschlossene und abschliessende Regelung der Aktionärsstellung erwartet, wird jedoch enttäuscht: 4

Zwar werden in diesem Abschnitt wesentliche Aspekte der Rechtsstellung des Aktionärs behandelt, so sein Recht auf Gewinn- und Liquidationsanteil (OR 660 f), das Recht auf Dividenden und allenfalls Bauzinse (OR 675 f), die allfällige Pflicht zur Rückerstattung von Leistungen der Gesellschaft (OR 678 f), die einzige Pflicht des Aktionärs, nämlich die zur Liberierung (OR 680–682), die Ausgabe und Übertragung der Aktien und die Möglichkeiten einer Beschränkung der 5

Übertragbarkeit (OR 683–688) sowie wesentliche Mitwirkungs- und Schutzrechte (vom Gesetz mit dem Begriff «persönliche Mitgliedschaftsrechte» zusammengefasst, OR 689–697g).

6   Verschiedene Aktionärsrechte sind aber *an anderer Stelle* geordnet, so
7   – das Bezugsrecht und das allfällige Vorwegzeichnungsrecht im Rahmen der Kapitalerhöhung (vgl. OR 652b, 653c),
8   – die Vorzugsaktien ebenfalls im Rahmen der Bestimmungen über die Kapitalerhöhung (OR 654, 656, dagegen ist die andere Art privilegierter Aktien – die der Stimmrechtsaktien – in OR 693, also im Abschnitt über die Aktionärsstellung geregelt),
9   – das Anfechtungsrecht und das Recht auf Feststellung der Nichtigkeit von GV-Beschlüssen bei der Ordnung der GV (OR 706–706b[1], dazu § 25),
10 – das Recht, die Auflösung der Gesellschaft zu verlangen, im 5. Abschnitt über die Auflösung (OR 736 Ziff. 4), wo auch das Recht auf Liquidationserlös konkretisiert wird (vgl. OR 745),
11 – endlich das Recht zur Verantwortlichkeitsklage in einem eigenen 6. Abschnitt (dazu §§ 36 ff).
12 Anderseits sind im Abschnitt über die «Rechte und Pflichten der Aktionäre» auch Themen behandelt, die nicht oder nur indirekt die Aktionärsstellung betreffen, so die Verpflichtung zur Erstellung eines Geschäftsberichts und die spezifisch aktienrechtlichen Rechnungslegungsvorschriften (OR 662–663h), die aktienrechtlichen Bewertungsvorschriften (OR 664–670) und die zur Reservebildung (OR 671–674). Ebenso werden in diesem Abschnitt die gegenüber dritten bestehenden Publizitätspflichten geregelt (OR 697h), ferner allfällige Rückerstattungspflichten von Mitgliedern des Verwaltungsrates und diesen nahestehenden Personen (OR 678 f).
13 b) Eine geschlossene Ordnung findet sich dagegen in den Art. 656a–656g für die Partizipationsscheine, wenn man davon absieht, dass deren Regelung zu einem wesentlichen Teil durch eine Verweisung auf das für die Aktionäre Geltende erfolgt (vgl. OR 656a II).
14 c) Das Recht der Genussscheine endlich ist in OR 657 in einem einzigen Artikel geregelt.
15 d) Im folgenden werden in § 39 die Grundlagen und tragenden Prinzipien der aktienrechtlichen Mitgliedschaft behandelt. Daran schliesst eine Darstellung der einzelnen Aktionärsrechte an (§ 40), gefolgt von Hinweisen auf die Schranken der Kapitalherrschaft in der AG (§ 41). Die Beschränkung der Pflichten des Aktionärs wird in § 42 besprochen. § 43 behandelt die Verurkundung der Mitgliedschaft, § 44 den Erwerb und Verlust sowie vor allem die Übertragung der Aktionärsstellung. § 45 befasst sich mit beschränkten dinglichen Rechten an Aktien.

---

[1] Vgl. auch OR 714 betreffend nichtige Beschlüsse des Verwaltungsrates.

§ 46 legt die aktionärs*ähnliche* Rechtsstellung der Partizipanten dar, § 47 die Position der an Genussscheinen Berechtigten. Abschliessend wird in einem § 48 noch auf die Rechtsstellung von Gläubigern und Mitarbeitern eingetreten, soweit sich für sie aus dem Aktienrecht Besonderheiten ergeben.

e) Wesentliche Aktionärsrechte werden in anderem Zusammenhang behandelt:
– So finden sich die Ausführungen zu den mit der GV zusammenhängenden Rechten schwergewichtig bei deren Darstellung (zum Einberufungs-, Traktandierungs- und Antragsrecht vgl. § 23 N 16 ff, zum Stimmrecht und seinen allfälligen Beschränkungen vgl. § 24 N 3 ff, 59 ff, zum Stellvertretungsrecht § 24 N 120 ff).
– In jenem Zusammenhang (§ 24 N 95 ff) sind auch die Stimmrechtsaktien vorgestellt worden.
– Auch die Klagerechte des Aktionärs sind an anderer Stelle besprochen (zum Recht auf Anfechtung von GV-Beschlüssen und auf Feststellung der Nichtigkeit von Beschlüssen der GV oder des Verwaltungsrates vgl. § 25, zur Verantwortlichkeitsklage vgl. § 36 f, zur Auflösungsklage § 55 N 57 ff).
– Andernorts behandelt wird auch die (einzige) Pflicht des Aktionärs: die zur Liberierung seiner Aktien (vgl. § 14 N 18 ff). Jene Ausführungen sind jedoch in diesem Kapitel noch zu vertiefen, besonders auch im Hinblick auf die mangelhafte Liberierung (vgl. § 44 N 17 ff).

Im einzelnen sei verwiesen auf die Angaben im Inhaltsverzeichnis und im Stichwort- sowie im Gesetzesregister.

§ 39 Grundsätzliches zur aktienrechtlichen Mitgliedschaft

Literatur: Claire Huguenin Jacobs: Das Gleichbehandlungsprinzip im Aktienrecht (Zürich 1994); Walter R. Schluep: Die wohlerworbenen Rechte des Aktionärs (Diss. St. Gallen 1955); ferner Rolf Bär: Grundprobleme des Minderheitenschutzes in der AG, ZBJV *1959* 369 ff; Baudenbacher in Basler Kommentar zu Art. 620 N 32 ff; Wolfhart F. Bürgi: Probleme des Minderheitenschutzes im schweizerischen Aktienrecht, SAG *1956/57* 81 ff; ders.: Bedeutung und Grenzen der Interessenabwägung bei der Beurteilung gesellschaftsrechtlicher Probleme, FS Carry (Genève 1964) 1 ff; Ruedi Bürgi: Möglichkeiten des statutarischen Minderheitenschutzes in der personalistischen AG (Diss. Bern 1987 = SSHW 104); Hans R. Forrer: Die Mitgliedschaft und ihre Beurkundung (Diss. Zürich 1959 = ZBR 224); von Greyerz (vgl. LV) 114 ff; John Nenninger: Der Schutz der Minderheit in der Aktiengesellschaft nach schweizerischem Recht (Diss. Basel 1974 = Basler Studien zur Rechtswissenschaft 105); Fulvio Pelli: Der Grundsatz der schonenden Rechtsausübung als Schranke der Ermessensfreiheit der Generalversammlung einer Aktiengesellschaft (Diss. Zürich 1978); Heinrich Stockmann: Zum Problem der Gleichbehandlung der Aktionäre, in: FS Bürgi (Zürich 1971) 387 ff; Conrad M. Walther: Zur Rechtsanwendung wertungsbedürftiger Minderheitsschutznormen im schweizerischen Aktienrecht (Diss. Bern 1987 = SSHW 97); Gottfried Weiss: Die nicht entziehbaren Rechte des Aktionärs, SJZ *1942/43* 513 ff, 529 ff.

A. Tragende Prinzipien der aktienrechtlichen Mitgliedschaft

I. Kapitalbezogenheit und Anonymität

2   a) Entsprechend der allgemeinen Ausgestaltung der AG ist auch die Mitgliedschaft *kapitalbezogen;* sie ist nicht auf die Person des Gesellschafters ausgerichtet, sondern auf seine *finanzielle Beteiligung* (vgl. dazu schon § 2 N 25 ff).

3   Das Interesse des typischen Aktionärs an seiner Gesellschaft ist finanzieller Natur. Ebenso ist der einzelne Aktionär für die Gesellschaft im typischen Fall vor allem – oder ausschliesslich – als Geldgeber von Bedeutung. Die Aktionärs*pflichten* sind ausschliesslich vermögensrechtlicher Art, die *Rechte* zwar nicht, doch bemessen sie sich überwiegend nach dem Kapitaleinsatz.

4   b) Immerhin sind auch bei der AG der Kapitalherrschaft durch das Gesetz *Schranken* gesetzt und haben es die Aktionäre in der Hand, durch statutarische Regelungen in erheblichem Umfang von der Zumessung der Rechte nach der Kapitalbeteiligung abzuweichen (vgl. dazu § 41).

5   c) Der Unpersönlichkeit der aktienrechtlichen Mitgliedschaft entspricht ein Recht des Aktionärs auf *Anonymität:*

6   – Besonders konsequent ist diese bei *Inhaberaktien* sichergestellt. Nach herrschender Lehre braucht der Inhaberaktionär seine Identität selbst dann nicht bekanntzugeben, wenn er seine Rechte an der GV ausübt[1].

7   – Der *Namenaktionär* muss sich dagegen zwangsläufig der Gesellschaft zu erkennen geben, wenn er seine Rechte geltend machen will. Er kann sich auch nicht hinter einem treuhänderisch tätigen Strohmann verstecken: Sowohl bei nicht börsenkotierten wie bei kotierten Namenaktien kann die Gesellschaft einen Erwerber von Aktien als Aktionär ablehnen, wenn er «nicht ausdrücklich erklärt, dass er die Aktien im eigenen Namen und auf eigene Rechnung erworben hat» (OR 685b III, 685d II). Immerhin kann die Anonymität gegenüber den Mitaktionären weitgehend gewahrt bleiben, da ein Recht auf Einsichtnahme in das Aktienbuch nur ausnahmsweise besteht[2].

8   Eine *Ausnahme* sieht das revidierte Aktienrecht für die *Grossaktionäre* von Gesellschaften mit *börsenkotierten Aktien* vor: Nach OR 663c haben Gesellschaften mit börsenkotierten Aktien «bedeutende Aktionäre und deren Beteiligungen anzugeben, sofern diese ihnen bekannt sind oder bekannt sein müssten». Als bedeutende Aktionäre gelten nach OR 663c II «Aktionäre und stimmrechtsverbundene Aktionärsgruppen, deren Beteiligung 5 Prozent aller Stimmrechte über-

---

[1]   So Haefliger (zit. § 23 N 1) 69; Maute (zit. § 23 N 1) 30; Schett (§ 23 N 1) 41; a. M. Peter Jäggi: Vom Abstimmungsverfahren in der Aktiengesellschaft, in: FS Obrecht (Solothurn 1961) 398. – Wer das Wort an der GV ergreift, wird sich aber die Bekanntgabe seines Namens für das Protokoll gefallen lassen müssen.

[2]   Vgl. dazu Dieter Zobl: Zur Frage der Einblicknahme in das Aktienbuch, SZW *1992* 49 ff.

steigt. Enthalten die Statuten eine tiefere prozentmässige Begrenzung der Namenaktien (Art. 685d Abs. 1[3]), so gilt für die Bekanntgabepflicht diese Grenze».

Mit Bezug auf die Grossaktionäre sollen auf diese Weise die Publikumsaktionäre und Dritte den gleichen Wissensstand wie der Verwaltungsrat erlangen. Die Aktionäre trifft jedoch keine Offenbarungspflicht, und ebensowenig hat die Gesellschaft eine Nachforschungspflicht. Sie hat diejenigen Informationen zu publizieren, die sie hat, mehr nicht. Es wird daher in Kauf genommen, dass die offengelegten Informationen nicht nur veraltet, sondern auch unrichtig und unvollständig sind[4].

Stärkere Einschränkungen der Anonymität sieht das künftige Börsengesetz vor, das Grossaktionäre verpflichtet, ihre Beteiligung der Gesellschaft bekanntzugeben[5].

II. Das Gleichbehandlungsprinzip und seine Ausgestaltung

1. Entwicklung und gesetzliche Verankerung

a) Im *bisherigen Aktienrecht* fehlte – im Gegensatz zum Genossenschaftsrecht[6] – eine explizite Verankerung des Grundsatzes der Gleichbehandlung der Gesellschafter. Das *Bundesgericht* hat jedoch dieses Prinzip auch im Aktienrecht seit jeher anerkannt und in einer langen Reihe von Entscheiden konkretisiert. Dabei hat es stets auch festgehalten, dass der Gleichbehandlungsgrundsatz keine absolute Geltung beanspruchen könne, sondern dass vielmehr aufgrund einer Interessenabwägung zu entscheiden sei.

Eine noch heute gültige Umschreibung enthält bereits BGE 69 II 248 f: Danach bedeutet das Recht auf Gleichbehandlung, «dass der Aktionär gegen jede unterschiedliche Behandlung, die durch die Interessen der Gesellschaft sachlich nicht gerechtfertigt werden kann, geschützt ist. Inhaltlich darf der Grundsatz der Gleichbehandlung allerdings nicht etwa dahin verstanden werden, dass er eine absolute Gleichbehandlung der Aktionäre gewährleisten wolle. Es genügt vielmehr, wenn die Organe der AG bei Beschlüssen, welche die rechtlichen Beziehungen zwischen den Aktionären und der Gesellschaft betreffen, alle Aktionäre soweit gleich behandeln, als nicht Abweichungen im Interesse der

---

[3] Vgl. dazu § 44 N 41 f.
[4] Näheres bei Peter Forstmoser: OR 663c – ein wenig transparentes Transparenzgebot, in: FS zum Schweiz. Juristentag 1994 (Zürich 1994) 69 ff; vgl. auch Cereghetti (zit. § 51 Anm. 35a) insbes. 213 ff.
[5] Vgl. dazu § 42 N 37 ff und § 61 N 36 ff.
Auch im Zuge der Aktienrechtsreform ist eine Meldepflicht diskutiert worden: Eine Minderheit der nationalrätlichen Kommission schlug einen neuen Art. 687a vor, dessen Abs. 1 wie folgt lauten sollte: «Wer an einer Gesellschaft mit börslich gehandelten Aktien eine Beteiligung von mehr als 20 Prozent des Aktienkapitals oder der Stimmen zu erwerben oder seine Beteiligung über diesen Prozentsatz zu erhöhen beabsichtigt, ist verpflichtet, dies der Verwaltung zu melden.» Dieser Antrag wurde jedoch im Rat mit 82:8 Stimmen abgelehnt, vgl. AmtlBull NR *1990* 1383.
[6] Vgl. OR 854: «Die Genossenschafter stehen in gleichen Rechten und Pflichten, soweit sich aus dem Gesetz nicht eine Ausnahme ergibt.»

Gesamtheit der Gesellschafter unumgänglich notwendig sind; eine ungleiche Behandlung der Aktionäre ist mit andern Worten dort, aber auch nur dort zulässig, wo sie ein angemessenes Mittel zu einem gerechtfertigten Zweck darstellt, also nicht unsachlich ist.»

13   In späteren Entscheiden wurde diese Umschreibung wie folgt verdichtet: Der Gleichbehandlungsgrundsatz «will allerdings nicht eine absolute Gleichbehandlung aller Aktionäre gewährleisten. Er bedeutet vielmehr, dass von der Gleichbehandlung nur insoweit abgewichen werden dürfe, als dies für die Verfolgung des Gesellschaftszweckes im Interesse der Gesamtheit aller Aktionäre unumgänglich notwendig ist. Eine unterschiedliche Behandlung der Aktionäre ist also dort zulässig, wo sie nicht unsachlich, sondern ein angemessenes Mittel zur Erreichung eines gerechtfertigten Zwecks ist ...»[7].

14   Im einzelnen sind in den Umschreibungen des Bundesgerichts Nuancen festzustellen, indem teils der Anspruch auf Gleichbehandlung, teils aber auch die Möglichkeit, unter bestimmten Voraussetzungen von der Gleichstellung abzuweichen, hervorgehoben werden:

15   – Das Recht auf Gleichbehandlung wird betont in BGE 102 II 267: «Die Aktiengesellschaft hat die Aktionäre alle gleich zu behandeln, soweit nicht Abweichungen unumgänglich sind, um im Interesse aller den Gesellschaftszweck zu verfolgen.»

16   – Verhaltener wird dagegen der Gleichbehandlungsgrundsatz im wohl letzten Entscheid unter bisherigem Aktienrecht, BGE 117 II 312, umschrieben: «En principe, les actionnaires ont droit au même traitement. Cette garantie n'est toutefois pas absolue. Un traitement différencié peut ainsi être licite à condition de ne pas être arbitraire, mais de constituer un moyen approprié pour atteindre un but justifié. L'égalité de traitement de tous les actionnaires n'implique, notamment, pas que les conséquences économiques soient les mêmes pour tous ...»

17   b) In der *Lehre* ist die bundesgerichtliche Praxis bestätigt und weiter differenziert worden. Insbesondere wurde hervorgehoben, dass bei der Abwägung zwischen den Gesellschafts- bzw. Mehrheitsinteressen und denen des Aktionärs, der eine Verletzung der Gleichbehandlung rügt, auch die *tatsächliche Stellung* der Aktionäre zu berücksichtigen sei. Stärker als in der Judikatur wird auf die wirtschaftlichen Auswirkungen geschaut und gefordert, dass die Aktionäre nicht nur formell, sondern auch *materiell gleich zu behandeln* sind.

18   Betont wird sodann, dass die *konkreten Interessen* der in Frage stehenden Gesellschaft und ihrer Aktionäre zu beachten sind, weshalb das Urteil über dieselbe Massnahme oder Norm bei einer Publikums-AG anders ausfallen kann als bei einer personenbezogenen Kleingesellschaft.

19   c) Im *revidierten Aktienrecht* ist nun der Grundsatz der Gleichbehandlung – unter Berücksichtigung der bisherigen Judikatur und Doktrin – explizit verankert worden, und zwar sowohl mit Bezug auf die Beschlüsse der GV wie auch hinsichtlich der Tätigkeit von Verwaltungsrat und Geschäftsleitung:

20   – Nach OR 706 II Ziff. 3 sind GV-Beschlüsse anfechtbar, wenn sie «eine durch den Gesellschaftszweck nicht gerechtfertigte Ungleichbehandlung oder Benachteiligung der Aktionäre bewirken».

---

[7] BGE 91 II 300 f, 93 II 406, 95 II 162 f (identische Formulierung).

– In OR 717 II wird die schon bisher im Gesetz festgeschriebene allgemeine   21
Sorgfaltspflicht der Mitglieder des Verwaltungsrates und der Geschäftsleitung
ergänzt durch die ausdrückliche Auflage: «Sie [die Mitglieder des Verwaltungsrates und die mit der Geschäftsleitung befassten Personen] haben die
Aktionäre unter gleichen Voraussetzungen gleich zu behandeln.»

Besondere Bedeutung kommt dem Gleichbehandlungsgrundsatz für die   22
Rechtsstellung der *Partizipanten* zu, indem für sie das Recht auf *vermögensmässige Gleichstellung mit den Aktionären* zwingend gesetzlich festgelegt wird (vgl.
OR 656f I, II, 656g III und dazu § 46 N 26 ff).

Durch die ausdrückliche gesetzliche Verankerung und Konkretisierung ist das   23
aktienrechtliche Gleichbehandlungsprinzip *markant verstärkt* worden.

2. *Sinn und Begründung des aktienrechtlichen Gleichbehandlungsgebots*[8]

a) Das Aktienrecht beruht – wie das Recht anderer Körperschaften auch   24
– grundsätzlich auf dem *Mehrheitsprinzip*. «Der Aktionär unterwirft sich mit dem
Eintritt in die Gesellschaft bewusst dem Willen der Mehrheit und anerkennt
somit, dass diese auch dann bindend entscheidet, wenn sie nicht die bestmögliche
Lösung trifft.»[9]

Anders als im Vertragsrecht und auf weite Strecken auch im Recht der Personengesellschaften kann daher die *Rechtsstellung der Beteiligten auch ohne deren   25
Einwilligung verändert* werden. Durch das Gleichheitsprinzip (und weitere
Grundsätze, besonders das Sachlichkeitsgebot und das Gebot der schonenden
Rechtsausübung, zu diesen N 86 ff) soll nun ein *Machtmissbrauch der Mehrheit
verhindert* werden. «Das Gleichbehandlungsprinzip soll die disproportionale Zuweisung von Vor- und Nachteilen im Rahmen von Organisationen verhindern, in
welchen die Mitglieder über die Zuteilung des Nutzens nicht nach dem Einstimmigkeitsprinzip entscheiden.»[10]

b) Auch durch das Prinzip der *Drittorganschaft* (dazu § 1 N 29) wird der   26
Aktionär dem Entscheid Dritter – der Exekutivorgane – unterworfen. Das
Gleichbehandlungsprinzip soll auch hier einen Schutz vor ungerechtfertigter Benachteiligung bieten.

3. *Die Adressaten des Gleichbehandlungsgrundsatzes*

a) Entsprechend der Funktion, Mehrheits- und Organmacht in Schranken   27
zu halten, richtet sich der Gleichbehandlungsgrundsatz – wie erwähnt – sowohl
an die GV wie auch an die aktienrechtliche Exekutive:

– Negativ formuliert wird das Prinzip im Hinblick auf die *GV*: GV-Beschlüsse,   28
die «eine durch den Gesellschaftszweck nicht gerechtfertigte Ungleichbehand-

---

[8] Dazu umfassend Huguenin (zit. N 1), insbes. 15 ff.
[9] Vgl. BGE 95 II 163; zu weit gehend und jedenfalls unter revidiertem Recht nicht mehr haltbar dagegen die erweiterte Formel in BGE 99 II 62.
[10] Huguenin (zit. N 1) 26.

lung ... der Aktionäre bewirken» (OR 706 II Ziff. 3), sind anfechtbar, womit indirekt ein *Verbot* ausgesprochen ist.

29 — Positiv, als *Gebot* umschrieben ist die Direktive an die aktienrechtliche *Exekutive*, «die Aktionäre unter gleichen Voraussetzungen gleich zu behandeln» (OR 717 II). Diese Pflicht trifft zunächst einmal den *Verwaltungsrat* und seine Mitglieder, darüber hinaus aber auch «Dritte, die mit der Geschäftsführung befasst sind» (OR 717 I), also alle Organpersonen, sowohl die formell als solche bestellten (wie etwa Direktoren), wie auch diejenigen, die – ohne formell ernannt worden zu sein – tatsächlich die *Geschäftsführung besorgen*. Wie im aktienrechtlichen Verantwortlichkeitsrecht (dazu § 37 N 4 ff) sind also nicht nur die formellen, sondern auch die materiellen Organe angesprochen.

30 b) Der *Aktionär* als solcher untersteht dem Gleichbehandlungsgrundsatz nicht. Wohl aber hat er die Gleichbehandlung zu beachten, wenn er als *faktisches Organ* auf die Geschicke der Gesellschaft Einfluss nimmt, etwa als Grossaktionär, der die Gesellschaft aus dem Hintergrund führt[11].

31 Für Gesellschaften mit *börsenkotierten Aktien* ist – auf privater Ebene im Wege der Selbstregulierung – eine Pflicht zur Gleichbehandlung bei öffentlichen Übernahmen durch den Schweizerischen Übernahme-Kodex vom 1. 9. 1989/1. 5. 1991 eingeführt worden[12]. Dessen Ordnung wird – in präzisierter und verschärfter Form – in das künftige schweizerische Börsengesetz (vgl. § 61 N 43) übergeführt werden.

32 Im künftigen Börsengesetz wird das Bestreben, den Aktionären von börsenkotierten Gesellschaften beim Wechsel der Kontrolle über eine Publikumsgesellschaft gleiche Chancen zu bieten, durch eine (freilich statutarisch wegbedingbare) Pflicht, unter gewissen Voraussetzungen sämtlichen Inhabern von börsenkotierten Beteiligungspapieren ein Angebot zu unterbreiten, verstärkt und erweitert (vgl. dazu § 44 N 75 ff, § 61 N 41 ff).

---

[11] Die Tragweite dieser Aussage ist noch weitgehend ungeklärt: Muss etwa ein Grossaktionär beim Verkauf seines Aktienpakets (bei welchem er regelmässig von seinen Informationen und Einflussmöglichkeiten als faktisches oder formelles Organ profitieren wird) für eine Gleichbehandlung der übrigen Aktionäre und damit für ein Mitverkaufsrecht zu deren Gunsten sorgen? Wollte man dies im Grundsatz bejahen, dann müsste man beachten, dass die Aktionäre nur «unter gleichen Voraussetzungen gleich zu behandeln» (OR 717 II) sind. Da ein grosses, die Kontrolle über die Gesellschaft vermittelndes Aktienpaket für einen Erwerber mehr wert ist als die gleiche Summe einzelner verstreuter Aktien, wird man daher auch bei einer Bejahung des Gleichbehandlungsgebotes einen «Paketzuschlag» und daher unterschiedliche Verkaufspreise für den Grossaktionär einerseits und die Publikumsaktionäre auf der anderen Seite nicht ausschliessen. Doch stellt sich die Frage, welcher Zuschlag noch als angemessen erachtet werden darf. Das Börsengesetz sieht für die ihm unterstellten Gesellschaften nun vor, dass das Angebot an die Publikumsaktionäre «mindestens dem Börsenkurs entsprechen» muss und es «höchstens 25 Prozent unter dem höchsten Preis liegen [darf], den der Anbieter in den letzten zwölf Monaten für Beteiligungspapiere der Zielgesellschaft bezahlt hat» (BEHG 32 IV).
[12] Vgl. dessen Art. 3.1: «Das [öffentliche] Angebot muss Aktionäre in vergleichbarer Lage gleich behandeln.»

4. Die geschützten Personen, der Anwendungsbereich

a) Ein Recht auf Gleichbehandlung haben die *Aktionäre* und – soweit die vermögensrechtliche Stellung betroffen ist – auch die *Partizipanten*[13].

Dritte können sich dagegen nicht auf den Grundsatz der Gleichbehandlung berufen, mit einer Ausnahme zugunsten der *Wandel- oder Optionsberechtigten:* Diesen wird gemäss OR 653d II zwar allenfalls eine Beeinträchtigung ihrer Rechtsstellung zugemutet, aber nur dann, «wenn die gleiche Beeinträchtigung auch die Aktionäre trifft».

Erwerber von Namenaktien, die noch nicht Aktionäre sind, können sich als Dritte nicht auf den Gleichbehandlungsgrundsatz berufen. Doch ist folgendes zu beachten:

– Bei *nicht börsenkotierten Namenaktien* verbleiben alle Aktionärsrechte bis zur Zustimmung der Gesellschaft zu einer Übertragung beim *Veräusserer* (OR 685c I). Dieser kann das Recht auf Gleichbehandlung geltend machen und auch etwa verlangen, dass er mit Bezug auf die Übertragung seiner Aktien gegenüber anderen Aktionären nicht benachteiligt wird. Der Erwerber kann sodann die Eintragung durchsetzen, wenn er die statutarischen und gesetzlichen Voraussetzungen erfüllt. Insofern besteht für eine Ungleichbehandlung nur beschränkt Raum.

– Bei *kotierten Namenaktien* muss jeder Erwerber, auch wenn er die Vinkulierungsbestimmungen nicht erfüllt, als *Aktionär ohne Stimmrecht* anerkannt werden (OR 685f III). Als solchem steht ihm das Recht auf Gleichbehandlung zu[14].

Näheres zur Vinkulierung und ihrer Handhabung in § 44 N 103 ff.

b) Entgegen einer vereinzelt in der Literatur geäusserten Auffassung gilt der Gleichbehandlungsgrundsatz *auch im Verhältnis verschiedener Aktienkategorien.*

Daher genügt etwa der Umstand, dass sich die nach OR 704 erforderliche qualifizierte Mehrheit für die Einführung von Stimmrechtsaktien oder die Beschränkung der Übertragbarkeit von Namenaktien ausgesprochen hat (vgl. OR 704 I Ziff. 2 und 3, dazu § 24 N 28 ff, insbes. 37 f, 40) für sich allein noch nicht, um eine Privilegierung der Stimmrechtsaktionäre hinsichtlich der Stimmkraft oder eine Benachteiligung der Namenaktionäre hinsichtlich der Übertragbarkeit ihrer Aktien zu rechtfertigen. Ebensowenig können den Vorzugsaktionären schrankenlos Vorrechte entzogen werden, wenn eine Sonderversammlung dieser Aktionäre der Beschränkung mehrheitlich zugestimmt hat (vgl. OR 654 II, dazu § 26 N 11 ff). Vielmehr sind solche Privilegierungen bzw. Benachteiligungen einzelner Aktionärsgruppen *zusätzlich unter dem Aspekt der Gleichbehandlung* zu prüfen, rechtfertigt sich die differenzierte Behandlung also nur dann, wenn die Verfolgung des Gesellschaftszwecks und damit das *überwiegende Gesellschafts- bzw. Unternehmensinter-*

---

[13] Hinsichtlich der Rechte auf Dividende und Liquidationsüberschuss und für das Bezugsrecht sieht das Gesetz ausdrücklich den Grundsatz der *Mindestgleichstellung* mit den Aktionären oder – genauer – mit der am wenigsten bevorzugten Aktienkategorie vor, vgl. OR 656f I, II und dazu § 46 N 26 ff. Vgl. sodann hinsichtlich der Bezugsrechte OR 656g III.

[14] Die Gesellschaft, die aufgrund von UeBest 4 ausländische Aktienerwerber nur bis zu einer bestimmten Grenze als Vollaktionäre zulässt, darf daher die Anerkennung nicht willkürlich vornehmen. Vielmehr hat sie ihre Entscheide nach Kriterien zu treffen, die den Grundsatz der Gleichbehandlung beachten.

esse aufgrund einer Interessenabwägung das *Sonderopfer* der betroffenen Aktionäre rechtfertigt[15].

41 Anerkennen wird man immerhin, dass eine Ungleichbehandlung innerhalb ein und derselben Aktienkategorie strenger zu beurteilen ist als eine solche zwischen verschiedenen Kategorien.

42 c) Das Gleichbehandlungsprinzip kommt – dies ist selbstverständlich – bezüglich *gesellschaftsrechtlicher* Beziehungen zwischen dem Aktionär und seiner Gesellschaft (und entsprechend hinsichtlich der Beziehungen, die der Partizipant aufgrund seiner Beteiligtenstellung zur Gesellschaft hat) zur Anwendung.

43 Dagegen fragt es sich, ob der Grundsatz auch dann zu beachten ist, wenn es um *schuldvertragliche* Verhältnisse zwischen der Gesellschaft und einzelnen ihrer Aktionäre geht.

44 Die Praxis des Bundesgerichts zu dieser Frage ist unklar:

45 – In BGE 88 II 98ff rügten die Kläger eine Verletzung des Gleichbehandlungsprinzips, weil der Verwaltungsrat ein bei der Gesellschaft liegendes und für die Beherrschung der Gesellschaft entscheidendes Aktienpaket gesamthaft an eine von zwei zerstrittenen Aktionärsgruppen veräussert hatte. Das Bundesgericht erklärte das Gleichbehandlungsprinzip als nicht verletzt: Der Verwaltungsrat habe nicht einen Beschluss gefasst «über die rechtlichen Beziehungen zwischen den Aktionären und der Gesellschaft, sondern er machte nichts grundsätzlich anderes, als wenn er einen Nichtaktionär als Käufer ausgewählt hätte»[16].

46 – Dagegen ist das Bundesgericht im Entscheid 95 II 157ff, insbes. 167 E 11 und 12 offenbar davon ausgegangen, dass Verträge mit einem Hauptaktionär dem Gleichbehandlungsgebot genügen müssen. Dies wird zwar nicht ausdrücklich ausgeführt, doch prüft das Bundesgericht aufgrund der von der Minderheit vorgebrachten Rüge, in ihren Interessen verletzt worden zu sein, ausführlich die Rechtfertigung einer vertraglichen Vereinbarung mit dem Mehrheitsaktionär und die Frage, ob daraus tatsächlich eine Benachteiligung der Minderheit resultiert habe.

47 Richtigerweise ist wohl zu differenzieren:

48 – Soweit ein Rechtsgeschäft *in keiner Beziehung zur Mitgliedschaft* steht, braucht der Gleichbehandlungsgrundsatz nicht beachtet zu werden. Die Aktionäre stehen der Gesellschaft diesfalls wie Dritte gegenüber, die mitgliedschaftliche Gleichstellung spielt nicht.

49 – Anders verhält es sich dagegen, wenn ein – nicht notwendigerweise rechtlicher, sondern allenfalls auch bloss faktischer – *Konnex zur Aktionärsstellung* besteht.

50 So hat etwa eine Gesellschaft das Gleichbehandlungsprinzip zu wahren, wenn sie Aktionären Darlehen zu *Sonderkonditionen* einräumt oder andere vermögenswerte Vorteile gewährt[17]. Ebenso ist der Grundsatz der Gleichbehandlung zu wahren, wenn die

---

[15] Die mehrheitliche Zustimmung auch der betroffenen Aktionäre kann immerhin ein Indiz dafür sein, dass das Gesamtinteresse eine Beeinträchtigung rechtfertigt.
[16] A. a. O. 105.
[17] Wird ein Darlehensvertrag dagegen strikte «at arm's length» – also zu gleichen Bedingungen wie mit irgendeiner Drittperson – abgeschlossen, stellt sich die Frage nicht.

Gesellschaft *eigene Aktien zurückerwirbt:* Die Möglichkeit des Verkaufs ist allen Aktionären gleichmässig zu gewähren, wenn nicht ausnahmsweise eine Rechtfertigung für Differenzierungen besteht[18]. Auch beim *Verkauf eigener Aktien* (an Aktionäre) ist der Gleichbehandlungsgrundsatz – entgegen dem erwähnten BGE 88 II 98 ff – einzuhalten: Die Veräusserung von bei der Gesellschaft liegenden Aktien führt zum Wiederaufleben des ruhenden Stimmrechts (OR 659a I), und sie kann gesellschaftsrechtlich – hinsichtlich der Mehrheitsverhältnisse – eminente Auswirkungen haben. Überdies hat die Veräusserung eigener Aktien an Aktionäre grosse Ähnlichkeit mit einer gesellschaftsrechtlichen Transaktion: der Neuausgabe von Aktien im Zuge einer Kapitalerhöhung.

5. Inhalt und Schranken des Gleichbehandlungsprinzips

a) Während das Genossenschaftsrecht (OR 854, vgl. Anm. 6) vom Prinzip der absoluten Gleichheit nach Köpfen ausgeht, herrscht im Aktienrecht die *relative Gleichbehandlung* vor: Differenzierungen unter den Mitgliedern sind die Regel, sie sollen aber nach einem *gleichen Massstab* erfolgen. Dieser Massstab ist – angesichts der kapitalbezogenen Struktur des Aktienrechts drängt sich dies auf – der der *Kapitalbeteiligung.* Danach bemessen sich etwa die vermögensmässigen Rechte, insbesondere das Dividendenrecht und das Recht auf eine Liquidationsquote, sodann das Stimmrecht. Dabei ist zu differenzieren:

– Die Anteile am Gewinn und am Liquidationsergebnis bemessen sich nach den *einbezahlten Beträgen,* also nach dem *effektiven Kapitaleinsatz* (OR 661).

– Dagegen richtet sich das Stimmrecht nach dem *Nennwert* der einem Aktionär gehörenden Aktien, also nach seinen Leistungs*verpflichtungen* (OR 692 I).

Sind einzelne Aktien voll liberiert, während auf andere nur ein Teil der Einlage geleistet worden ist (vgl. OR 632 I und § 14 N 24), kann somit einzelnen Aktionären ein im Verhältnis zum Kapitaleinsatz privilegiertes Stimmrecht zukommen. In der Praxis kommt dies gelegentlich vor, indem eine Gesellschaft einerseits Inhaberaktien (die von Gesetzes wegen voll einbezahlt sein müssen, OR 683 I), anderseits nur teilweise liberierte Namenaktien ausstehend hat.

Die gesetzliche Ordnung ist *dispositiver Natur:*
– Nach OR 661 sind die einbezahlten Beträge nur massgebend, «sofern die Statuten nicht etwas anderes vorsehen». Als Bemessungskriterium kann also auch der *Nennwert* der übernommenen Aktien – unabhängig vom Umfang der bereits erfolgten Liberierung – vorgesehen werden.
– Gemäss OR 693 I können die Statuten bestimmen, dass auf jede Aktie *unabhängig von ihrem Nennwert eine Stimme* entfällt. Dadurch können sog. Stimmrechtsaktien geschaffen werden (vgl. § 24 N 95 ff).

b) In Lehre und Praxis wird der Begriff der «relativen Gleichbehandlung» freilich noch in einem anderen Sinn gebraucht: für den Fall, dass sowohl von der absoluten Gleichheit nach Köpfen wie auch von der Differenzierung nach dem einheitlichen Massstab der Kapitalbeteiligung abgewichen wird.

---

[18] Gewährleistet ist diese gleiche Chance insbesondere beim Kauf über die Börse.

59 Dass eine solche Abweichung – falls sie sachlich gerechtfertigt ist – im Aktienrecht zulässig ist, hat das Bundesgericht seit jeher betont, vgl. die vorn N 12 ff zitierten Entscheide. Auch die Lehre stand schon immer auf diesem Standpunkt, vgl. etwa Weiss[19]:

60 «Das Prinzip der Gleichbehandlung der Aktionäre bedeutet nicht, dass jeder Aktionär gleich wie der andere zu behandeln sei, sondern nur, dass unter gleichen Umständen keiner schlechter als der andere behandelt werden dürfe. Es enthält also das Verbot willkürlicher Schlechterstellung.»

61 Das revidierte Aktienrecht hat nicht nur den Gleichheitsgrundsatz im Gesetz festgeschrieben, sondern auch die Möglichkeit einer *Differenzierung* gesetzlich verankert:

62 – GV-Beschlüsse sollen nicht schon immer dann anfechtbar sein, wenn Aktionäre ungleich behandelt werden, sondern nur, wenn sie *«eine durch den Gesellschaftszweck nicht gerechtfertigte Ungleichbehandlung»* bewirken (OR 706 II Ziff. 3).

63 – Und die Exekutivorgane werden nicht zur ausnahmslosen Gleichbehandlung angehalten, sondern dazu, die Aktionäre *«unter gleichen Voraussetzungen gleich zu behandeln»* (OR 717 II).

64 Ob sich eine Abweichung vom Gleichbehandlungsgrundsatz rechtfertigen lässt, ist eine Ermessensentscheidung. Es stellt sich die Frage nach dem *Wertungsmassstab*. Diesen findet das Bundesgericht im *Gesellschaftsinteresse,* das mit dem Interesse der *Gesamtheit aller Aktionäre* gleichgesetzt wird. Soweit es zur Verfolgung des Gesellschaftszwecks im Interesse aller Gesellschafter *unumgänglich* oder – nach der abgeschwächten Formulierung einzelner Entscheide – *gerechtfertigt* ist, darf eine ungleiche Behandlung der Aktionäre in Kauf genommen werden[20]. Die Lehre hat das Kriterium des Gesellschaftsinteresses überwiegend akzeptiert, vereinzelt freilich als inhaltsleer kritisiert[21]. Im revidierten Recht ist es (bzw. die Rechtfertigung durch den Gesellschaftszweck) in OR 706 II Ziff. 3 ausdrücklich verankert.

65 Da die Gleichbehandlung die Regel, eine Ungleichbehandlung die Ausnahme darstellt, ist diese zu *begründen,* wobei allenfalls neben dem Gesellschaftsinteresse auch ein anderer im Lichte der aktienrechtlichen Struktur valabler Grund eine Differenzierung rechtfertigen kann[22].

66 Hat etwa eine Gesellschaft Höchststimmlimiten eingeführt (zur Zulässigkeit vgl. OR 692 II Satz 2), dann ist ein allgemeiner Vorbehalt von Ausnahmen gemäss dem Ermessen des Verwaltungsrates unzulässig. Dagegen muss es zulässig sein, institutionelle Stimmrechtsvertreter von der Stimmenlimite auszunehmen, da dadurch die (indirekte) Aus-

---

[19] Zit. N 1, 519.
[20] Vgl. die Zitate vorn N 12 ff sowie SJZ *1995* 197.
[21] Vgl. vor allem Lambert (zit. § 3 N 1) passim.
[22] Vgl. den Vorbehalt eines «but justifié» in BGE 117 II 312, dazu vorn N 16.

übung des Stimmrechts vor allem auch für Kleinaktionäre erleichtert wird (vgl. § 24 N 72), was wünschbar ist[23].

c) In der Lehre wird zu Recht betont, dass mit Bezug auf die Gleichbehandlung nicht nur die formelle, sondern auch die *materielle* Stellung der Aktionäre zu beachten ist (vgl. vorn N 17). Ob eine materiell unterschiedliche Position dagegen auch eine *formelle Ungleichbehandlung* zu rechtfertigen vermag, ist noch weitgehend ungeklärt.

So erheben nicht selten *Grossaktionäre*, die im Verwaltungsrat nicht vertreten sind, Anspruch auf eine engere Zusammenarbeit mit der Gesellschaft in Form von zusätzlicher Orientierung oder gar der Mitsprache bei wichtigen Geschäftsführungsentscheiden. Im Hinblick auf die tatsächliche Stellung dieser Aktionäre kann man für solche Begehren Verständnis haben: Das finanzielle Engagement übersteigt das der Kleinaktionäre um Potenzen, und es ist oft auch nicht möglich, eine grosse Aktienposition ohne weiteres jederzeit zu vernünftigen Bedingungen zu veräussern. Im Lichte des Gleichbehandlungsprinzips sind aber solche Privilegien problematisch[24].

d) Dass ein Organ *Ermessensentscheide* treffen darf, entbindet nicht von der Beachtung der Gleichbehandlung.

So setzen Publikumsgesellschaften die in OR 685d gewährte Möglichkeit (dazu § 44 N 188 ff), Erwerber von vinkulierten Namenaktien nur bis zu einer bestimmten prozentualen Schranke als Vollaktionäre anzuerkennen, oft in dem Sinne um, dass dem Verwaltungsrat das *Recht,* nicht aber die *Pflicht* eingeräumt wird, die Eintragung als Vollaktionär zu verweigern, wenn diese Grenze überschritten wird. Eine solche Bestimmung ist wohl zulässig, aber keineswegs eine carte blanche für die ungleiche Behandlung verschiedener Aktionäre: Vielmehr hat eine allfällige Differenzierung nach einheitlichen und sachgerechten Kriterien zu erfolgen[25].

e) Das Aktienrecht kennt jedoch auch die *absolute Gleichbehandlung,* die Gleichstellung nach Köpfen.

So stehen die meisten *Schutzrechte* (zum Begriff vgl. § 40 N 7, 141 ff) allen Aktionären in gleicher Weise zu, namentlich
– die Einsichts- und Auskunftsrechte (OR 696 f, vgl. auch 716b II, dazu § 40 N 146 ff[25a],

---

[23] Vgl. die Erwägungen in BGE 117 II 312 E 6 b, bb.
[24] Den übrigen Aktionären stehen keine solchen Einflussmöglichkeiten zu, vielmehr sind sie auf die Ausübung ihrer Rechte in der GV angewiesen. Mit Bezug auf die Informationsrechte sieht das Gesetz gar eine absolute Gleichbehandlung aller Aktionäre vor (vgl. sogleich nachstehend N 73). – Die Einflussnahme von Grossaktionären auf Geschäftsführungsentscheide kommt übrigens auch bald einmal in Konflikt mit den unübertragbaren Kompetenzen des Verwaltungsrates (dazu § 30).
[25] Vgl. dazu die Überlegungen in SZW *1993* 82.
[25a] Daher ist es problematisch, wenn Grossaktionären zusätzliche Informationen gegeben werden, die den Kleinaktionären versagt bleiben. Die unterschiedliche Grösse der Investition wird in der Regel nicht dazu führen, dass ungleiche Voraussetzungen im Sinne von OR 717 II gegeben sind. Ausnahmsweise mag dies der Fall sein, etwa, weil sich der Grossaktionär zu einem langfristigen Engagement verpflichtet hat oder er zusätzliche Leistungen erbringt.

74 – das Anfechtungsrecht (OR 706 I, dazu § 25 N 41 ff) und das Recht auf Feststellung der Nichtigkeit (OR 706b, dazu § 25 N 130 ff),
75 – das Recht zur Verantwortlichkeitsklage (OR 752 ff, dazu § 36 N 21 ff),
76 – das Recht, die Rückerstattung ungerechtfertigter Leistungen zu verlangen (OR 678 III, dazu § 50 N 112 ff),
77 – das Recht auf einen ausreichend befähigten sowie allenfalls einen qualifiziert unabhängigen Revisor (OR 727e III, dazu § 32 N 4 ff, OR 727c II, dazu § 32 N 24 ff), sowie auf Präsenz des Revisors an der Generalversammlung (OR 729c III, dazu § 33 N 47),
78 – das Recht, die Abberufung eines Liquidators zu beantragen (OR 741 II, dazu § 56 N 44 f)[26].
79 Auch für die *Mitwirkungsrechte* gilt – vom wichtigsten Recht, dem Stimmrecht abgesehen – überwiegend der Grundsatz der absoluten Gleichbehandlung, so für das Recht zur Teilnahme an der GV (OR 689, dazu § 23 N 67 ff) und die damit verbundenen Rechte: zur GV unter Bekanntgabe der Traktanden eingeladen zu werden (OR 700, dazu § 23 N 40 ff) sowie in der GV seine Meinung zu den traktandierten Gegenständen äussern (vgl. § 23 N 104 ff) und Anträge stellen (OR 700 IV, dazu § 23 N 107 ff) zu können[27].
80 Werden die von Gesetzes wegen jedem Aktionär in gleicher Weise zustehenden Rechte statutarisch oder durch die Praxis der Gesellschaft *erweitert,* dann gilt auch für diese Erweiterung das Prinzip der absoluten Gleichbehandlung.
81 Erweitert die AG z. B. die Orientierung der Aktionäre über das gesetzliche Minimum hinaus, dann müssen diese Zusatzinformationen jedem Aktionär zugänglich sein[28].
82 f) Zu Abweichungen vom Gleichbehandlungsgrundsatz und besonders der Abstufung nach dem Massstab der Kapitalbeteiligung vgl. § 41.

6. Sanktionen bei der Verletzung des Gleichbehandlungsprinzips

83 Verletzt die GV den Grundsatz der Gleichbehandlung, dann ist der Beschluss *anfechtbar* (vgl. OR 706 II Ziff. 3 und allgemein zum Anfechtungsrecht § 25 N 27 ff).
84 Missachten der Verwaltungsrat oder andere Exekutivorgane das Gleichbehandlungsgebot, kann mit einer *Verantwortlichkeitsklage* Schadenersatz verlangt werden (vgl. OR 754 ff und dazu § 36 f).

---

[26] Andere Schutzrechte sind dagegen als Minderheitsrechte ausgestaltet, so nach OR 697b das Recht auf Einsetzung eines Sonderprüfers durch den Richter (dazu § 35 N 41 ff) und nach OR 736 Ziff. 4 das Recht auf Auflösung der Gesellschaft aus wichtigem Grund (dazu § 55 N 57 ff). Das Recht auf Vertretung im Verwaltungsrat schliesslich ist ein Gruppenrecht (vgl. OR 709, dazu § 27 N 78 ff).
[27] Als Minderheitenrechte ausgestaltet sind dagegen das Recht, die Einberufung einer GV und die Traktandierung bestimmter Gegenstände zu verlangen (vgl. OR 699 III, dazu § 23 N 22 ff und 26 ff).
[28] Die vorstehend Anm. 25a erwähnte Privilegierung von Grossaktionären durch besondere Informationssitzungen ist daher auch aus diesem Grund problematisch.

Schliesslich kommt auch eine *Rückforderung* von ungerechtfertigten und in Verletzung des Gleichbehandlungsprinzips an Aktionäre, Mitglieder des Verwaltungsrates und nahestehende Personen erbrachte Leistungen nach OR 678 in Betracht (dazu § 50 N 112 ff).

III. Sachlichkeitsgebot und Pflicht zu schonender Rechtsausübung bei Eingriffen in die Interessensphäre des Aktionärs

1. Allgemeines

Das Gleichbehandlungsprinzip ist nicht die einzige Schranke für die Mehrheits- und Kapitalmacht in der AG: Einzelne Aktionärsrechte sind unentziehbar oder gar unverzichtbar ausgestaltet, andere können nur unter erschwerten Voraussetzungen entzogen oder eingeschränkt werden (dazu N 128 ff). Darüber hinaus und ganz allgemein wird der Aktionär auch durch die allgemeinen Prinzipien der Rechtsordnung (dazu N 103 ff) und insbesondere durch zwei Grundsätze geschützt, die im Aktienrecht eine besondere Ausgestaltung erfahren haben: das Sachlichkeitsgebot und das Gebot der schonenden Rechtsausübung.

2. Sachlichkeitsgebot, Erforderlichkeit und wichtige Gründe

a) Jede Einschränkung von Aktionärsrechten bedarf – auch dann, wenn der Gleichbehandlungsgrundsatz gewahrt ist – der *sachlichen Rechtfertigung*[29]. Eine Beeinträchtigung, die sich nicht durch die Interessen der Gesellschaft und der an ihr beteiligten «stakeholders» (dazu § 3 N 21) und besonders der Aktionäre in ihrer Gesamtheit rechtfertigen lässt, würde gegen den Grundsatz von Treu und Glauben verstossen.

Wie das Gleichbehandlungsprinzip, so ist auch das Sachlichkeitsprinzip im Zuge der Aktienrechtsreform in das geschriebene Aktienrecht aufgenommen worden:

– Nach OR 706 II Ziff. 2 sind GV-Beschlüsse anfechtbar, wenn sie «in unsachlicher Weise Rechte von Aktionären entziehen oder beschränken». Das Fehlen eines sachlichen Grundes ist daher ein selbständiger, von der Ungleichbehandlung zu trennender Anfechtungsgrund.

– An anderer Stelle dient das Sachlichkeitsprinzip zur Präzisierung des Prinzips der relativen Gleichbehandlung: So darf bei der Aufhebung des Bezugsrechts oder des Vorwegzeichnungsrechts «niemand *in unsachlicher Weise* begünstigt oder benachteiligt werden»[30].

---

[29] Vgl. SJZ *1995* 197 f.
[30] OR 652b II, 653c III, Hervorhebung hinzugefügt. Vgl. sodann auch OR 706 II Ziff. 3, wonach (nur) eine «durch den Gesellschaftszweck nicht gerechtfertigte» und damit eben unsachliche Ungleichbehandlung zur Anfechtbarkeit führt.

91 b) Ist die Beeinträchtigung von Aktionärsrechten *besonders intensiv*, genügt nicht jede sachliche Begründung. Vielmehr ist zu verlangen, dass der Eingriff in die Rechte oder Interessen einzelner (oder auch aller) Aktionäre *erforderlich, unumgänglich* ist.

92 Verlangt wird, dass der *Eingriff* zur Erreichung des gesteckten Ziels notwendig ist, nicht dagegen, dass das *Ziel selbst* für den Bestand oder die Entwicklung der Gesellschaft unerlässlich ist. Auch im Interesse der Weiterentwicklung der Gesellschaft können Aktionärsrechte und -interessen allenfalls beeinträchtigt werden, wenn dies *unumgänglich* ist.

93 c) Bei einer Beeinträchtigung besonders wichtiger Aktionärsrechte wird sodann das Vorliegen eines *wichtigen Grundes* verlangt. So ist etwa die Aufhebung des Bezugsrechts oder des Vorwegzeichnungsrechts, aber auch die Ablehnung des Erwerbers von nicht börsenkotierten Namenaktien nur aus wichtigen Gründen möglich (vgl. OR 652b II, 653c II, 685b I, mit einer Ausnahme. Näheres in § 40 N 237 ff, § 44 N 133 ff).

94 Der Begriff des wichtigen Grundes scheint freilich im revidierten Aktienrecht nicht in der gleichen Bedeutung verwendet zu werden wie an andern Orten des Gesetzes: «Wichtiger Grund» bedeutet im Arbeitsvertragsrecht, im Mietrecht und im übrigen Gesellschaftsrecht «Unzumutbarkeit», Umstände, die «das weitere Verbleiben im betreffenden Rechtsverhältnis unzumutbar machen ...» (BGE 89 II 153, vgl. auch etwa BGE 61 II 193 f, 71 II 197). Betrachtet man die Beispiele für wichtige Gründe, die in OR 652b II[31] und 685b II[32] angeführt werden, dann scheinen viel eher «sachliche» oder allenfalls «qualifiziert sachliche» Gründe verlangt zu sein. «Unzumutbarkeit» dürfte dagegen der Begriff des wichtigen Grundes in OR 736 Ziff. 4[33] bedeuten.

3. *Schonende Rechtsausübung*

95 a) Nach dem Prinzip der schonenden Rechtsausübung ist unter mehreren möglichen Wegen zu einem an sich legitimen Ziel derjenige zu wählen, der für die in ihren Rechten Einzuschränkenden die geringsten Nachteile mit sich bringt.

96 Das Prinzip stammt ursprünglich aus dem Sachenrecht[34]. In der Schweiz hat als erster Hans Merz darauf hingewiesen, dass dieses Prinzip für das Gesellschaftsrecht fruchtbar gemacht werden kann, um einen Machtmissbrauch zu erfassen, der darin besteht, dass ein Vorteil für die Gesellschaft (und damit ein an sich zulässiges Ziel) auf einem Weg angestrebt wird, der die Minderheit übermässig schädigt. «Solches korporatives Handeln ist unzulässig, wenn der gleiche Unternehmensvorteil auf eine für die Minderheit weniger oder überhaupt nicht nachteilige Weise erlangt werden kann.»[35]

---

[31] Übernahme von Unternehmen, Arbeitnehmerbeteiligung.
[32] Rechtfertigung – und nicht etwa Erforderlichkeit (!) – der Zulassungsverweigerung im Hinblick auf den Gesellschaftszweck oder die wirtschaftliche Selbständigkeit.
[33] Auflösung der Gesellschaft.
[34] Vgl. insbes. ZGB 737 II, wonach der Dienstbarkeitsberechtigte verpflichtet ist, «sein Recht in möglichst schonender Weise auszuüben».
[35] Hans Merz in Berner Kommentar zum ZGB, Einleitungsband (Art. 1–10) (Bern 1966) Art. 2 N 326, vgl. auch N 399.

b) In der *Lehre* ist dieser Grundsatz seit langem anerkannt. 97

Vgl. etwa Meier-Hayoz/Zweifel: Der Grundsatz der schonenden Rechtsausübung im Gesellschaftsrecht, in: FS Westermann (Karlsruhe 1974) 383 ff; Pelli (zit. N 1), Rüttimann (zit. nachstehend Anm. 36b) 118 ff sowie etwa im Hinblick auf die Ausgestaltung von Emissionsbedingungen bei der Ausgabe neuer Aktien Gaudenz Zindel: Bezugsrechte in der Aktiengesellschaft (Diss. Zürich 1984 = SSHW 78) 244 ff. 98

In der aktienrechtlichen *Gerichtspraxis* hat das Gebot der schonenden Rechtsausübung dagegen bisher keinen erkennbaren Niederschlag gefunden. Immerhin wird es – jedenfalls neuestens – zumindest nicht abgelehnt: 99

– Schon in BGE 91 II 309 wird – ohne dass das Prinzip der schonenden Rechtsausübung genannt würde – darauf hingewiesen, dass ein bestimmtes Ziel auch auf einem Weg hätte erreicht werden können, bei dem die für den Minderheitsaktionär schädigenden Wirkungen eines Beschlusses kompensiert worden wären. Das schädigende Vorgehen sei daher nicht «unumgänglich notwendig» gewesen. – Ähnliche Ansätze finden sich auch in BGE 98 II 101. 100

– Im Entscheid 99 II 55 ff wird dagegen auf das Argument des Klägers, die Mehrheit hätte einen schonenderen Weg zur Verfolgung ihres Ziels wählen müssen, nicht eingegangen, sondern im wesentlichen erklärt, der Mehrheitsaktionär habe den Anspruch auf Gleichbehandlung gewahrt und es bestimme im übrigen die Mehrheit, was einer Gesellschaft fromme[36]. Im Entscheid 102 II 265 ff wird zwar auf S. 269 der «Grundsatz der schonenden Behandlung der Minderheit» als ein von der Klägerin eingebrachtes Argument ausdrücklich erwähnt, zu seiner Zulässigkeit dagegen nicht allgemein Stellung bezogen und im Gegenteil betont, dass in einer AG «die Mehrheit auch dann bindend entscheidet, wenn sie nicht die bestmögliche Lösung trifft ... und ihre eigenen Interessen denjenigen der Minderheit vorgehen lässt. Nur wenn die Mehrheit die ihr in Art. 703 OR eingeräumte Macht im Hinblick auf entgegengesetzte Interessen der Minderheit offensichtlich missbraucht, darf der Richter einschreiten ...». 101

– Dagegen erklärt das Bundesgericht im Entscheid 117 II 290 ff auf S. 302 unter Bezugnahme auf die Lehre, das Prinzip der schonenden Rechtsausübung sei verletzt «lorsque les décisions de la majorité compromettent les droits de la minorité alors même que le but poursuivi dans l'intérêt de la société aurait pu être atteint de manière peu ou pas dommageable pour cette minorité et sans inconvénient pour la majorité ...». Es hebt jedoch sogleich danach hervor, dass nach der Bundesgerichtspraxis «ce principe connait ces limites dans le principe de la majorité régissant le droit de la société anonyme, auquel se soumet tout actionnaire au moment de l'acquisition de sa qualité de membre» (unter Hinweis auf BGE 102 II 268 und 99 II 62), und es schliesst mit der Feststellung, dass es im konkreten Fall nicht nötig sei, «de trancher cette question controversée». 102

---

[36] Vgl. insbes. S. 60, wonach das Recht der Aktionäre auf Anteil am Reingewinn und am Liquidationsergebnis der Mehrheit nicht verbiete, «den Ausgabepreis neuer Aktien so niedrig festzusetzen, dass der innere Wert der alten Aktien sinkt und die auf Ausübung des Bezugsrechtes verzichtenden alten Aktionäre einen entsprechenden Nachteil erleiden».

102a — In neuesten Entscheiden wird schliesslich der Grundsatz der schonenden Rechtsausübung ausdrücklich als verbindlich anerkannt[36a].

IV. Das Verbot des Rechtsmissbrauchs als weitere Schranke der Mehrheitsmacht[36b]

103 a) Die Ausübung korporativer Rechte muss im Rahmen von Treu und Glauben erfolgen, darf also nicht rechtsmissbräuchlich sein: «Im Interesse des Aktienwesens selbst liegt es, dass es nicht Raum biete für Gewalttätigkeiten, für willkürliche Schädigungen und Ausplünderungen der Aktionäre»[37].

104 b) Geschädigte Aktionäre brauchen sich in der Regel freilich nicht auf ZGB 2 zu berufen. Vielmehr können sie einem zweckwidrigen Mehrheitsmissbrauch mit den spezifisch aktienrechtlichen Konkretisierungen von ZGB 2 – besonders dem Gleichbehandlungs- und dem Sachlichkeitsgebot und dem Gebot der schonenden Rechtsausübung – begegnen. Auch ist ZGB 2 nur ein letzter Damm gegen ein «nachweisbar auf Schädigung der Minderheit gerichtetes Zusammenwirken der Mehrheit»[38]. Insbesondere ist nach der bisherigen zurückhaltenden Bundesgerichtspraxis das Verhalten von Aktionären nicht schon dann missbräuchlich, wenn sie «ihre eigenen Interessen jenen der Gesellschaft oder einer Minderheit von Aktionären voranstellten»[39].

105 c) In seiner früheren Rechtsprechung hat das Bundesgericht die Auffassung vertreten, der aktienrechtliche Grundsatz der Gleichbehandlung sei eine lex specialis zu ZGB 2, weshalb sich eine zusätzliche Prüfung aufgrund von ZGB 2 erübrige. Von dieser Auffassung ist das Bundesgericht im Entscheid 102 II 265 ff abgerückt, wo es ausführt:

106 «Zu Recht macht die Klägerin geltend, dass Tatbestände von Rechtsmissbrauch denkbar sind, die das Gebot der Gleichbehandlung aller Aktionäre nicht verletzen. Damit kann der Gleichbehandlungsgrundsatz nicht lex specialis zu Art. 2 ZGB im Aktienrecht sein ...

107 Treu und Glauben ist die Schranke aller Rechtsausübung. Auch wenn ein Generalversammlungsbeschluss Gesetz und anerkannte Grundsätze des Aktienrechtes (wie das Gebot der Gleichbehandlung) nicht verletzt, kann er doch in offensichtlichem Missbrauch des Rechtes ergangen sein. Das hat der Richter zu prüfen.».

36a So etwa in einem Urteil des Handelsgerichts des Kantons Zürich vom 6.2.1995 (SJZ *1995* 196 ff, 198) und einem BGE vom 25.4.1995 (BGE 121 III 219 ff, 238 E 3).
36b Vgl. dazu Felix Matthias Rüttimann: Rechtsmissbrauch im Aktienrecht (Diss. Zürich 1994).
37 August Egger: Schranken der Majoritätsherrschaft im Aktienrecht, ZSR *1926* I ff, 41.
38 BGE 51 II 73.
39 BGE 100 II 389, vgl. auch BGE 102 II 269.

B. Unabänderliche und erschwert abänderliche Aktionärsrechte

I. Unverzichtbare, wohlerworbene und erschwert abänderliche Rechte

1. Der Grundsatz: Verbindlichkeit von Mehrheitsbeschlüssen

a) Wie bei allen Körperschaften, so gilt auch in der AG grundsätzlich das *Mehrheitsprinzip* (OR 703, vgl. § 24 N 25 ff: Beschlüsse, hinter denen die absolute Mehrheit der vertretenen Aktienstimmen (und damit im typischen Fall eine Kapitalmehrheit) steht, sind verbindlich, auch wenn sie nicht die bestmögliche Lösung darstellen[40]. Die Minderheit und der einzelne Aktionär haben sachlich begründete Änderungen in der Zielsetzung und Struktur der Gesellschaft aufgrund von Mehrheitsbeschlüssen auch dann in Kauf zu nehmen, wenn dadurch ihre Interessen beeinträchtigt werden.

b) Der Herrschaft der Mehrheit sind aber – wie schon in N 11 ff hievor gezeigt – Schranken gesetzt. Jene *qualitativen* Schranken der Mehrheitsmacht werden ergänzt durch die hier zu behandelnden *quantitativen* Schutzvorkehrungen: Gewisse Rechte können nur mit qualifizierter Mehrheit abgeändert werden, andere sind ohne den Willen des betroffenen Aktionärs nicht entziehbar oder sogar unverzichtbar.

2. Unverzichtbare Rechte

a) Einzelne Mitgliedschaftsrechte können dem Aktionär auch mit seinem Einverständnis nicht entzogen werden, sie sind *unverzichtbar*. Es handelt sich um solche Rechte, die nicht nur im Interesse der Aktionäre bestehen, sondern zugleich die körperschaftliche Struktur der AG gewährleisten und daher nicht in die individuelle Verfügungsfreiheit der Gesellschafter gestellt werden können. Unverzichtbar sind etwa das Anfechtungsrecht und das Recht auf Feststellung der Nichtigkeit von Beschlüssen der GV und des Verwaltungsrates (OR 706, 706b, dazu § 25), das Recht zur Verantwortlichkeitsklage (OR 752 ff, dazu § 36 ff), das Recht auf Teilnahme an der GV und die damit verbundenen Rechte (OR 689 ff) sowie die Informationsrechte (OR 696 f).

Nicht selten ist ein Recht nur *im Kern* unverzichtbar und kann es im übrigen beschränkt werden. So kann kein Aktionär ganz auf sein Stimmrecht verzichten, doch sind Beschränkungen bis hin zum Prinzip der einen Stimme pro Aktionär möglich (OR 692 II, dazu § 24 N 60 ff).

b) Auf die *Ausübung* unverzichtbarer Rechte kann der Aktionär *im Einzelfall* verzichten: Er kann das Stimmrecht nicht ausüben, einen klar rechtswidrigen GV-Beschluss nicht anfechten, berechtigte Schadenersatzansprüche gegenüber Organen nicht wahrnehmen. Generell und im voraus können unverzichtbare

---

[40] Vgl. BGE 95 II 163.

Rechte aber den Gesellschaftern auch mit ihrem Einverständnis nicht entzogen werden: Verzicht und Entzug wären *nichtig* (vgl. OR 706b Ziff. 1 und 2 und dazu präzisierend § 25 N 39).

3. Unentziehbare, «wohlerworbene» Rechte

113 a) Das OR *1936* enthielt in Art. 646 eine Aufzählung von Aktionärsrechten, die als *wohlerworben* bezeichnet wurden[41]. Nach der gesetzlichen Definition handelte es sich um Rechte, «die den einzelnen Aktionären ... nicht ohne ihre Zustimmung entzogen werden» konnten (OR *1936* Art. 646 I). Der Aktionär sollte auf diese Rechte zwar verzichten können, sie aber *nicht gegen seinen Willen aufgeben müssen*.

114 Wohlerworbene Rechte sind überwiegend *Individualrechte* des Aktionärs. Sie stehen jedem Aktionär zu und sind unabhängig von der Kapitalbeteiligung. Daneben gibt es jedoch auch wohlerworbene *Minderheiten- und Gruppenrechte* (zu den Begriffen vgl. Ziff. II), Rechte also, die einer Aktionärsminderheit oder einer bestimmten Aktionärskategorie nicht entzogen werden können[42].

115 Das revidierte Recht hat den Art. 646 des OR *1936* ersatzlos gestrichen und auf den Begriff des wohlerworbenen Rechts verzichtet. Eine materielle Änderung der Rechtslage war damit aber keineswegs beabsichtigt. Vielmehr ging es darum, eine schillernde und zu Missverständnissen verleitende Rechtsnorm zu eliminieren[43]: OR 646 enthielt zwar eine Aufzählung wohlerworbener Rechte, doch war diese Liste weder erschöpfend noch in allen Teilen richtig[44]. Zudem waren die genannten Rechte unterschiedlich – teils absolut, teils nur im Kern – geschützt.

116 b) Unentziehbare oder – wenn man die Terminologie des bisherigen Rechts weiter verwenden will – wohlerworbene Rechte können sich aus dem *Gesetz*, aber auch aus der *statutarischen Ordnung* ergeben. Charakteristisch ist in beiden Fällen, dass sie nur mit absoluter Einstimmigkeit aller Aktionäre beseitigt werden können. Dies kann in Gesetz oder Statuten ausdrücklich festgehalten sein (vgl. etwa OR 706 II Ziff. 4), sich aber auch aus der Auslegung ergeben.

117 c) Innerhalb der wohlerworbenen Rechte ist zwischen den *absolut* und den *relativ wohlerworbenen* zu unterscheiden: *Absolut* wohlerworben sind Rechte, die gegen den Willen des Aktionärs in keiner Weise beschränkbar sind. Nur

---

[41] Dazu umfassend Schluep (zit. N 1).
[42] Beispiel: das in OR 709 I verankerte Recht auf Vertretung im Verwaltungsrat, vgl. BGE 120 II 49. Nicht als wohlerworben zu betrachten ist dagegen das Recht auf Beibehaltung der bestehenden Aktienkategorien. Durch eine Vereinheitlichung der Aktienkategorien können daher die Voraussetzung für das Vertretungsrecht und damit indirekt auch dieses beseitigt werden, BGE 120 II 47 ff.
[43] Vgl. die Ausführungen in Botschaft 77, die in der Feststellung gipfeln: «Dieser Artikel [Art. 646 des OR *1936*] ist teilweise missverständlich und für den Gesetzesleser informationslos geworden.»
[44] Einzelne der aufgezählten Rechte waren nicht nur unentziehbar, sondern auch unverzichtbar. Denkbar sind sodann auch wohlerworbene Rechte, die – entgegen dem Wortlaut von 646 I – nicht «den einzelnen Aktionären» zustehen, sondern Aktionärsgruppen oder Minderheiten.

relativ wohlerworben sind dagegen solche, die nur dem Grundsatz nach geschützt sind und deren konkreter Umfang sich im Einzelfall aus einer Abwägung der Einzelinteressen des Aktionärs einerseits und der überindividualistischen Gesellschafts- und Unternehmensinteressen auf der anderen Seite ergibt.

Als Beispiel für die Unterscheidung mag das *Recht auf Dividende* dienen: *Absolut wohlerworben* ist das Recht jedes Aktionärs auf Gewinnstrebigkeit der Gesellschaft. Keiner braucht sich die Umwandlung in eine wohltätige Vereinigung gefallen zu lassen (so ausdrücklich OR 706 II Ziff. 4, dazu § 25 N 32). Lediglich *relativ wohlerworben* dagegen ist das Recht auf Ausschüttung der jährlichen Dividende. Dieses Recht kann von Verwaltungsrat (durch Bildung stiller Reserven) und GV (durch die Beschlüsse, zusätzliche Reserven zu schaffen, Zuweisungen an Einrichtungen der Personalvorsorge vorzunehmen oder auch nur einen Teil des Bilanzgewinns auf neue Rechnung vorzutragen) auf mannigfache Weise und in einem weiten Ermessensbereich beschränkt werden (dazu § 40 N 41 ff). Überhaupt kein Mitgliedschaftsrecht, sondern ein *reines Gläubigerrecht* gegenüber der AG ist der Anspruch auf Auszahlung der von der GV beschlossenen jährlichen Dividende: Dieses Recht kann wie jedes andere (unbedingte) Forderungsrecht gegenüber der Gesellschaft geltend gemacht werden; es hat keine Beziehung mehr zur Mitgliedschaft (aus der es hervorgegangen ist) und ist auch auf Dritte übertragbar.

Das Recht auf *Gleichbehandlung* ist grundsätzlich relativ wohlerworben (vgl. die Ausführungen zum Recht auf *relative* Gleichbehandlung, N 51 ff), in Kernbereichen der Schutz- und der Mitwirkungsrechte dagegen absolut unbeschränkbar (vgl. die Ausführungen zur absoluten Gleichbehandlung von Aktionären, N 71 ff).

d) Der Entzug und die Beschränkung absolut wohlerworbener Rechte sind nichtig, die übermässige Beeinträchtigung relativ wohlerworbener Rechte ist anfechtbar.

4.   Erschwert abänderliche Rechte

a) Ausserhalb des Bereichs der unverzichtbaren und unentziehbaren Rechte kann die Rechtsposition des Aktionärs dadurch geschützt sein, dass Änderungen nur unter erschwerten – formellen oder materiellen – Anforderungen möglich sind.

b) Eine *formelle* Erschwerung sieht das Gesetz dadurch vor, dass es bestimmte wichtige Beschlüsse *qualifizierten Quorumserfordernissen* unterwirft. Diese Beschlüsse sind in OR 704 abschliessend aufgezählt und einem einheitlichen Quorum unterstellt worden (dazu § 24 N 28 ff).

Statutarisch kann die Beschlussfassung – für die in OR 704 genannten, aber auch für andere Beschlüsse – erschwert, nicht aber erleichtert werden, dazu Näheres in § 24 N 46 ff.

Ein besonderer Schutz bestimmter *Kategorien* von Beteiligten wird dadurch erreicht, dass für Beschlüsse, welche die Kategorie besonders treffen, nicht nur die Zustimmung der GV, sondern auch die einer *Sonderversammlung* der Betroffenen erforderlich ist, vgl. dazu § 26.

125 c) Eine *materielle* Erschwerung sieht das Gesetz in den Fällen vor, in denen es den Entzug oder die Beeinträchtigung von Rechten nur aus *wichtigen Gründen* zulässt, dazu vorn N 93 f.

126 d) Formelle und materielle Erschwerungen können *kumuliert* sein: So darf das Bezugsrecht nur aus wichtigen Gründen entzogen oder aufgehoben werden (OR 652b II) und ist überdies für die Beschlussfassung die qualifizierte Mehrheit von OR 704 erforderlich (vgl. OR 704 I Ziff. 6).

127 e) Zu erinnern ist daran, dass auch die allgemeinen Grundsätze der Sachlichkeit und der schonenden Rechtsausübung (dazu N 87 ff) Minderheiten Schutz bieten.

II. Individualrechte, Minderheitenrechte und Gruppenrechte

128 In Ziff. I wurde darauf hingewiesen, dass gewisse Aktionärsrechte nicht oder nur unter erschwerten Bedingungen entzogen oder beschränkt werden können, dass also Einzelne oder Minderheiten in der Lage sind, bestimmte Beschlüsse zu *verhindern*. Hier wird aufgezeigt, dass das Gesetz einzelne Aktionäre oder Aktionärsminderheiten bzw. -gruppen[45] in die Lage versetzt, gewisse Rechte auch gegenüber einer Mehrheit *durchzusetzen*.

1. Individualrechte

129 Gewisse Rechte stehen jedem einzelnen Aktionär – unabhängig von seiner Kapitalbeteiligung – zu, so zahlreiche Schutzrechte und ein Teil der Mitwirkungsrechte, vgl. vorn N 72 ff, 79.

2. Minderheitenrechte[46]

130 Gewisse Rechte stehen nicht jedem einzelnen Aktionär, wohl aber einer Minderheit zu:
131 – Aktionäre, die Aktien im Nennwert von 1 Mio. Franken vertreten, können die Traktandierung eines Verhandlungsgegenstandes für die GV verlangen (OR 699 III, dazu § 23 N 26 ff).
132 – Aktionäre, die Aktien im Nennwert von 2 Mio. Franken vertreten, können den Richter ersuchen, einen Sonderprüfer einzusetzen (OR 697b I, dazu § 35 N 41 ff).

---

[45] Zum Unterschied zwischen Minderheiten und Gruppenrechten vgl. BGE 120 II 50 und vorn § 27 Anm. 38.
[46] Vgl. dazu Bär, W.F. Bürgi, R. Bürgi, Nenninger, Walther, alle zit. N 1.

– Dasselbe Recht steht Aktionären zu, die zusammen mindestens 10 % des 133
Aktienkapitals vertreten (OR 697b I). Die gleiche Minderheit kann auch die
Einberufung einer GV durchsetzen (OR 699 III, dazu § 23 N 23 ff), eine Konzernrechnung verlangen (OR 663e III Ziff. 3, dazu § 51 N 208) und die Auflösung der Gesellschaft aus wichtigen Gründen beantragen (OR 736 Ziff. 4, dazu
§ 55 N 53 ff).

3. Gruppenrechte

Als (wohlerworbenes[47]) Gruppenrecht ist das Recht auf eine Vertretung 134
im Verwaltungsrat (OR 709 I, dazu § 27 N 78 ff) ausgestaltet: Es kommt jeder von
mehreren Aktien*kategorien* mit unterschiedlicher Rechtsstellung zu.

4. Erweiterungen durch die Statuten

Individual-, Minderheiten- und Gruppenrechte sind im Gesetz regelmäs- 135
sig als *Minimalstandards* formuliert, die statutarisch erweitert und ergänzt, nicht
aber eingeschränkt werden können.

So kann etwa das Recht auf Einberufung einer GV oder das Traktandierungsrecht 136
statutarisch als Individualrecht verankert werden, können die in Ziff. 2 hievor erwähnten
Minderheitsquoren herabgesetzt werden, kann – worauf OR 709 II besonders hinweist –
ein Recht auf Vertretung im Verwaltungsrat auch einer Minderheit eingeräumt werden,
die sich nicht durch eine besondere Rechtsstellung auszeichnet (dazu § 27 N 88).

5. Sanktionen

Beschlüsse, welche *gesetzliche* Individual-, Minderheiten- oder Gruppen- 137
rechte in ihrer Grundlage verletzen, sind nichtig. Werden solche Rechte im
Einzelfall missachtet, ist die Folge Anfechtbarkeit (vgl. § 25 N 19 ff).

Die Verletzung *statutarisch* eingeräumter Rechte führt zur Anfechtbarkeit. 138

C. Exkurs: Vertragliche Vereinbarungen über die Aktionärsstellung, Aktionärbindungsverträge[48]

Auf Inhalt und Bedeutung von Aktionärbindungsverträgen (ABV) ist bereits in 139
§ 2 N 45 ff eingetreten worden. Die dortigen Ausführungen sind hier zu ergänzen und zu
vertiefen:

---

[47] Vgl. vorn Anm. 39.
[48] Vgl. dazu Peter Böckli: Aktionärbindungsverträge, Vinkulierung und statutarische Vorkaufsrechte unter neuem Aktienrecht, ZBJV *1993* 475 ff; Jürgen Dohm: Les accords sur l'exercice du droit de vote de l'actionnaire, Etude de Droit suisse et allemand (thèse Genève 1971); Peter Forstmoser: Aktionärbindungsverträge, in: FS Schluep (Zürich 1988) 359 ff (mit zahlreichen weiteren Angaben in

1. Das Bedürfnis nach einer vertraglichen Ergänzung der aktienrechtlichen Ordnung

140   a) Die schweizerische AG und insbesondere die aktienrechtliche Mitgliedschaft sind – es wurde wiederholt erwähnt – konsequent *kapitalbezogen* ausgestaltet (vgl. § 2 N 22 ff sowie vorn N 2 ff). Zwar sieht das Gesetz Möglichkeiten einer stärker personenbezogenen Ausgestaltung vor[49]. Doch bleiben diese bei der AG eng begrenzt, im Gegensatz etwa zur GmbH[50] oder gar der Genossenschaft[51].

141   b) Diese Ausrichtung passt schlecht für die zahlenmässig weit überwiegenden *kleinen und mittleren, personenbezogenen Aktiengesellschaften*. Den Anforderungen dieser personalistischen Kapitalgesellschaften mit einigen wenigen, oft in der Gesellschaft aktiv mitwirkenden Aktionären vermag das schweizerische Aktienrecht trotz seiner freiheitlichen Ausgestaltung nicht gerecht zu werden. Hingewiesen sei nur auf dreierlei:

142   – Auch in der personenbezogenen AG hat der Aktionär nach herrschender Lehre *keine Treuepflicht* (vgl. § 42 N 26 ff).

143   – Schon gar nicht besteht eine Treue- oder Loyalitätspflicht eines Aktionärs gegenüber den andern Aktionären[51a], ja es *fehlen* überhaupt *Rechtsbeziehungen der Aktionäre untereinander* und damit auch eine «actio pro socio» im Sinne eines Anspruchs eines Gesellschafters gegen den andern auf Erbringung gesellschaftsvertraglicher Leistungen (vgl. § 2 N 34).

144   – Endlich untersagt zwingendes Recht (OR 680 I) irgendwelche über die Liberierung hinausgehende Aktionärspflichten, kann es also Nebenleistungspflichten, wie sie bei der GmbH und der Genossenschaft verbreitet sind, nicht geben (dazu § 42 N 25).

145   c) Diese Lücken werden häufig durch Verträge von Aktionären untereinander, *Aktionärbindungsverträge*, geschlossen.

Anm. 24); Hans Glattfelder: Die Aktionärbindungsverträge, ZSR *1959* II 141a ff; Robert Patry: Les accords sur l'exercice des droits de l'actionnaire, ZSR *1959* II 1a ff.

[49]   So etwa durch die Einführung von Stimmrechtsaktien (OR 693, dazu § 24 N 118 ff) und von Vorzugsaktien (OR 654, 656, dazu § 41 N 26 ff), durch Übertragungserschwerungen (OR 685a ff, dazu § 44 N 254 ff) und durch die Einschränkung der Vertretungsmöglichkeiten (OR 689 II, dazu § 24 N 120 ff).

[50]   Für sie wird in OR 811 I der Grundsatz der Selbstorganschaft verankert. Die Übertragung der Mitgliedschaft ist erschwert (OR 791). Gesetzlich ist ein Konkurrenzverbot vorgesehen (OR 818), und statutarisch können eine Nachschusspflicht (OR 803) und Nebenleistungspflichten (OR 772 II, 777 Ziff. 2) eingeführt werden. Vgl. Meier-Hayoz/Forstmoser § 14 N 34 ff.

[51]   Diese ist in ihrer ganzen Struktur personenbezogen ausgestaltet, was schon in der Legaldefinition (OR 828) zum Ausdruck kommt, ferner im Kopfstimmprinzip (OR 885), in der expliziten Verankerung einer Treuepflicht (OR 866), der Möglichkeit einer persönlichen Haftung und Nachschusspflicht (OR 869 ff) und der gesetzlichen Limitierung rein finanzieller Vorteile der Gesellschafter (vgl. OR 859, 913 IV).

[51a]   Dies ist zumindest im Grundsatz unbestritten. Dagegen werden in der neueren Lehre gelegentlich Treuepflichten unter besonderen Umständen bejaht – so etwa zulasten des Mehrheitsaktionärs, der sein die AG kontrollierendes Aktienpaket veräussert, vgl. dazu Hünerwadel (zit. § 42 N 1) 69 ff.

2. Inhalt und Verbreitung

a) In Aktionärbindungsverträgen (*ABV*) können gegenseitige Rechte und Pflichten der Aktionäre und damit indirekt auch personenbezogene Obliegenheiten und Möglichkeiten gegenüber der Gesellschaft verankert werden. Typischer *Inhalt* sind etwa Stimmbindungen und Erwerbsberechtigungen, Vertretungsrechte im Verwaltungsrat aber auch Treuepflichten und Konkurrenzverbote, Rechte und Pflichten zu Arbeitsleistungen bzw. zur Geschäftsführung, Lieferungs- und Abnahmeverpflichtungen und -rechte, Nachschuss- und Zuzahlungspflichten sowie die Pflicht, für Verbindlichkeiten der Gesellschaft eine persönliche Haftung zu übernehmen.

Aktionärbindungsverträge – besonders solche unter allen Aktionären einer Gesellschaft – stellen so nicht selten die unsichtbare Seite des Mondes dar, den notwendigen, wenn auch für Dritte verborgenen Teil einer Einheit, die aufgrund der Statuten allein nicht rund und schön gestaltet werden könnte.

b) In der Praxis sind solche Verträge ausserordentlich verbreitet, für den im Handelsrecht tätigen Juristen gehören sie zum täglichen Brot. Dass Aktionärbindungsverträge in der Judikatur nur selten behandelt werden[52], täuscht und ist keinesfalls ein Indiz für die wahre Bedeutung solcher Verträge. Vielmehr legen die Parteien meist Wert auf Vertraulichkeit, und es wird versucht, Meinungsverschiedenheiten gütlich oder – falls eine gerichtliche Auseinandersetzung unumgänglich ist – vor Schiedsgericht zu regeln.

3. Zulässigkeit und Fehlen einer gesetzlichen Ordnung

a) In der schweizerischen Lehre und Praxis ist heute unbestritten, dass für Aktionärbindungsverträge das Prinzip der *Vertragsfreiheit* gilt, dass sie also in den Schranken von OR 19 f und weiterem zwingendem Recht *frei vereinbart* werden können[53].

Wichtige Einzelfragen sind dagegen bis heute nicht oder zumindest nicht endgültig geklärt, so neben der Rechtsnatur die Frage der längstmöglichen Dauer von Aktionärbindungsverträgen, ihre reale Durchsetzbarkeit, das Schicksal beim Subjektswechsel – insbes. im Erbgang – sowie die Abgrenzung der rechtlich zulässigen Stimmbindung vom Stimmenkauf und von der Umgehung von Vinkulierungsbestimmungen (dazu nachstehend N 203 ff).

b) In der Aktienrechtsreform wurde – freilich erst anlässlich der Beratung im Nationalrat[54] – eine gesetzliche Regelung vorgeschlagen. Der Antrag sah einen neuen Art. 695a mit folgendem Inhalt vor:

---

[52] Vgl. aus der Bundesgerichtspraxis BGE 114 II 64, 109 II 43 ff, 88 II 172 ff, 81 II 534 ff, 31 II 896 ff, nicht amtlich veröffentlichter Entscheid vom 13. 2. 1990, referiert in SZW *1990* 212 ff; aus der kantonalen Judikatur ZR *1990* Nr. 49 S. 93 ff (= SZW *1991* 210 ff), ZR *1994* Nr. 53 S. 139 ff, *1970* Nr. 101 S. 260 ff, Sem *1978* 521 und Rep. *1977* 193 ff.
[53] Vgl. aus der Judikatur BGE 109 II 45, 88 II 174 ff, ZR *1984* Nr. 53 S. 141 und *1970* Nr. 101 S. 261.
[54] Vgl. AmtlBull NR *1985* 1763 ff.

152 «Verträge unter Aktionären, insbesondere betreffend die Ausübung des Stimmrechts, die Beschränkung der Veräusserung der Aktien und die Übernahme von Verpflichtungen im Interesse der Gesellschaft, können gültig in der Form einer einfachen Gesellschaft und für die Dauer des Bestehens der Aktiengesellschaft abgeschlossen werden. In diesem Fall hat jeder Gesellschafter die Möglichkeit, jederzeit beim Richter die Auflösung der einfachen Gesellschaft aus wichtigen Gründen zu verlangen.»

153 Der Vorschlag wurde mit knapper Mehrheit abgelehnt, wobei in der Diskussion allseits betont wurde, die rechtliche Zulässigkeit von Aktionärbindungsverträgen stehe ausser Frage. Die Tragweite der vorgeschlagenen Norm sei aber schwer zu überblicken, und eine Regelung erweise sich – das habe die bisherige Praxis gezeigt – auch nicht als notwendig. «Lassen wir doch den Anwälten, ihrer Innovationsfreudigkeit und ihrer Phantasie freien Lauf. Sie finden schon Lösungen.»[55]

4. Begriff, Charakterisierung und rechtliche Qualifikation

154 a) Aktionärbindungsverträge sind «Verträge über die Ausübung von Aktionärsrechten»[56] und – so ist zu ergänzen – über die Pflicht, von einem Aktionär Aktien zu übernehmen. Mindestens eine der Parteien ist Aktionär oder künftiger Aktionär oder wenigstens an Aktien dinglich berechtigt.

155 Synonym verwendet werden die Ausdrücke *«Aktionärskonsortium», «Poolvertrag», «Syndikat»*. Der Begriff «Konsortium» sollte aber nur für eine Art von Aktionärbindungsverträgen, nämlich die gesellschaftsrechtlich strukturierten (dazu sogleich N 162ff) verwendet werden. «Poolvertrag» ist zu unbestimmt und wird von einzelnen Autoren auch in einem engeren Sinn verwendet. «Syndikat» endlich sollte für bestimmte Kartellvereinbarungen reserviert bleiben.

156 b) Aktionärbindungsverträge sind *Verträge*. Sie schaffen schuld- oder gesellschaftsrechtliche Beziehungen unter den Parteien, wie sie von Gesetzes wegen nicht bestehen. Daraus ergibt sich:

157 aa) Aktionärbindungsverträge stehen im Gegensatz zu *statutarischen Bindungen* für die Ausübung von Aktionärsrechten, wie sie sich aus Vinkulierungs- und Stimmrechtsbeschränkungen und aus der Beschränkung des Vertretungsrechts ergeben können.

158 bb) Die Verträge entfalten Wirkungen nur *inter partes*, zwischen den Vertragsparteien[57], weshalb weder die Gesellschaft noch unbeteiligte Aktionäre Einfluss nehmen können, wenn Bindungsverträge nicht eingehalten werden[58]. Die aus Aktionärbindungsverträgen fliessenden Rechte und Pflichten gehen auch nicht automatisch im Zuge der Aktienübertragung auf einen Erwerber über[59], und im

---

[55] So Nationalrat Leuenberger, a. a. O. 1764.
[56] So Glattfelder (zit. Anm. 48) 173a.
[57] Vgl. ZR *1970* Nr. 101 S. 261 f.
[58] Vgl. für die Gesellschaft AGVE *1950* 59 f, für die Verwaltung ZR *1970* Nr. 101 S. 261.
[59] ZR *1940* Nr. 96 S. 210.

Erbgang können die Bindungen auf der einen, die Aktien auf der anderen Seite allenfalls getrennte Wege gehen.

cc) Aktionärbindungsverträge haben lediglich *obligatorische Wirkung,* nicht etwa dingliche oder quasidingliche. Sie setzen für den Verpflichteten lediglich Schranken des Dürfens, nicht solche des Könnens[60]. Der durch einen Bindungsvertrag Verpflichtete *kann* vertragswidrig handeln, nur *darf er nicht.*

Eine bindungswidrig abgegebene Stimme ist daher gültig. Sie ist von der Gesellschaft so zu beachten, wie sie abgegeben wurde[61], und es besteht auch kein Anfechtungsgrund.

c) Aktionärbindungsverträge sind Verträge über die *Ausübung* von Aktionärsrechten, im Gegensatz zu Verfügungen über die Aktien selbst. Das *Recht an der Aktie* bleibt trotz der vertraglichen Vereinbarung beim bisherigen Aktionär[62].

d) Die Freiheit von Form, Inhalt und Ausgestaltung kann die *Einordnung und rechtliche Qualifikation* von Aktionärbindungsverträgen schwierig gestalten[63]. In der Tat können diese rechtlich unter die verschiedensten Vertragskategorien fallen: Es kann sich um ein- oder zweiseitige *Schuldverträge* handeln, aber auch – und vor allem – um *Gesellschaftsverträge,* insbesondere *einfache Gesellschaften.*

Das Vorliegen einer einfachen Gesellschaft ist in der Regel dann anzunehmen, wenn ein gemeinsames, abgestimmtes Verhalten bezweckt wird, so etwa bei Stimmbindungsverträgen, bei denen sich die Beteiligten verpflichten, ihre Aktionärsrechte gemäss gemeinsamem Beschluss auszuüben. Dagegen ist eine Vereinbarung als Schuldvertrag zu qualifizieren, wenn sie lediglich einseitige oder auch gegenseitige Anbietungspflichten und Erwerbsrechte enthält.

Sind – was vor allem in kleineren Verhältnissen oft vorkommt – alle Aktionäre zugleich auch Parteien des Aktionärbindungsvertrages, liegt meist eine *Doppelgesellschaft* vor[64].

Aus der Qualifikation im Einzelfall können sich entscheidende rechtliche Konsequenzen ergeben.

So kommt etwa hinsichtlich der Beendigung bei der einfachen Gesellschaft OR 545 f zum Zuge, während bei einem mandatsähnlichen Verhältnis das jederzeitige Kündigungsrecht gemäss OR 404 Anwendung findet.

e) Negativ ist festzuhalten, dass Aktionärbindungsverträge nur dem jeweiligen Vertragsrecht, *nicht dagegen aktienrechtlichem Körperschaftsrecht* unterstehen. Verbandsrecht kommt daher nicht zur Anwendung, und es gelten insbesondere nicht die statutarischen Bestimmungen.

---

[60] Vgl. ZR *1970* Nr. 101 S. 261 E 2. Zu Möglichkeiten, die Realerfüllung zu erzwingen, vgl. aber ZR *1984* Nr. 53 S. 139 ff und nachstehend N 191 ff.
[61] ZR *1970* Nr. 101 S. 261.
[62] Nicht selten werden freilich die Aktien zur Absicherung der Erfüllung des Vertrages in eine gemeinsame Personengesellschaft eingebracht, vgl. dazu hinten N 199.
[63] Vgl. etwa die Überlegungen in BGE 109 II 44 f zum allfälligen Vorliegen einer einfachen Gesellschaft.
[64] Zu dieser vgl. Eduard Naegeli: Die Doppelgesellschaft als rechtliche Organisationsform ..., 3 Bde (Zürich 1941).

168 Immerhin ist zu beachten, dass die Ausgestaltung der AG und ihrer Statuten oft mit Aktionärsvereinbarungen *koordiniert* werden, so dass *nur aus der Einheit der aktienrechtlichen und der vertraglichen Normen eine sinnvolle Ordnung hervorgeht.*

169 So können etwa statutarische Vinkulierungsbestimmungen durch vertragliche Übernahmepflichten und -rechte ergänzt werden oder aktienrechtliche Quorumsvorschriften mit Stimmrechtsvereinbarungen abgestimmt sein.

170 In solchen Fällen kann es angezeigt sein, bei der Auslegung und Anwendung von Bindungsvereinbarungen auch die körperschaftsrechtliche Ordnung mitzuberücksichtigen. Dritten gegenüber können jedoch Aktionärbindungsverträge als Ergänzung der statutarischen und reglementarischen Ordnung keine Beachtung finden.

5. Die Form

171 Für die Begründung von Aktionärbindungsverträgen gilt nach OR 1 I der Grundsatz der *Formfreiheit.* Immerhin kann sich aus dem *Inhalt* die Pflicht zur Einhaltung einer bestimmten Form ergeben. So ist etwa für die in Aktionärbindungsverträgen häufige Schiedsabrede gemäss dem Schiedsgerichtskonkordat[65] die Schriftform erforderlich. Beinhalten Bindungsverträge Verfügungen von Todes wegen, so ist die Form der letztwilligen Verfügung oder des Erbvertrages einzuhalten[66].

172 In der Praxis wird die einfache *Schriftform* regelmässig eingehalten, sei es als Gültigkeitserfordernis nach OR 16, sei es auch nur zu Beweiszwecken.

6. Dauer und Beendigung von Aktionärbindungsverträgen

173 a) Aktionärbindungsverträge bilden – wie erwähnt – oft mit den Statuten eine organisatorische Einheit. Es erscheint daher als wünschbar, solche Verträge *für die Dauer des Bestehens der AG* abzuschliessen.

174 Dem steht nun aber entgegen, dass nach der schweizerischen Lehre und Praxis Verträge *nicht auf «ewige Zeiten» abgeschlossen* werden können[67]. Zur Begründung wird im allgemeinen darauf verwiesen, dass ZGB 27 eine übermässige Einschränkung der persönlichen Freiheit verbietet[68]. Ergänzend hat das Bundesgericht erwähnt, dass eine Schranke auch aus dem allgemeinen Grundsatz von Treu und Glauben hergeleitet werden kann[69].

---

[65] Vom 27.3.1969, SR 279, Art. 6 I.
[66] Vgl. dazu BGE 113 II 270 ff. Ob eine Verfügung von Todes wegen vorliegt ist freilich oft schwer zu entscheiden. Im Zweifel sollte daher den erbrechtlichen Formvorschriften Genüge getan werden.
[67] Vgl. etwa BGE 113 II 210 f, 97 II 399 E 7, 93 II 300.
[68] Vgl. BGE 97 II 399 E 7.
[69] So BGE 97 II 400, ferner 102 II 249.

Ist eine vertragliche Bindung für übermässig lange Zeit eingegangen worden, dann kann sie *gekündigt* werden[70]. Dies steht im Gegensatz zur aktienrechtlichen Ordnung, da die AG als juristische Person theoretisch ein «ewiges Leben» hat.

175

b) Wesentlich dafür, ob ein Vertrag durch Kündigung beendet werden kann, ist die Frage, ob er auf *bestimmte* oder *unbestimmte* Dauer abgeschlossen worden ist: «Ordentlich kündbar sind in der Regel nur Verträge, die auf unbestimmte ... oder nicht bestimmte ... Dauer oder Zeit abgeschlossen werden; solche auf bestimmte Dauer oder Zeit gelten dagegen als unkündbar.»[71]

176

c) Hinsichtlich der Beendigung eines Aktionärbindungsvertrages ist im übrigen nach seiner rechtlichen Ausgestaltung zu differenzieren:

177

aa) *Schuldrechtlich gestaltete Verträge*, die auf eine *bestimmte Dauer* abgeschlossen worden sind, enden normalerweise mit deren Ablauf[72].

178

Ist der Vertrag auf *unbestimmte Zeit* abgeschlossen worden und haben die Parteien nicht eine Kündigungsmöglichkeit oder – was rechtlich fragwürdig ist – seine Unkündbarkeit vereinbart, dann muss grundsätzlich eine Kündigung möglich sein. Umstritten ist, ob es dafür einen wichtigen Grund braucht oder ob die Kündigung nach einer gewissen Zeit auch ohne Grundangabe zulässig ist.

179

Einen Ausschluss der ordentlichen Kündigung wird man allenfalls zulassen bei Verträgen, die *andere Möglichkeiten* zur Befreiung von der vertraglichen Verpflichtung vorsehen, etwa die Kaufspflicht der anderen Vertragspartner oder ganz allgemein die Möglichkeit des verpflichteten Aktionärs, seine Aktien zu angemessenen Bedingungen zu veräussern.

180

Ausserordentliche Beendigungsgründe (wichtige Gründe, Unmöglichkeit, Rücktritt) sind sowohl bei Verträgen auf bestimmte wie auf unbestimmte Dauer denkbar.

181

bb) Auch der *gesellschaftsrechtlich* konzipierte Aktionärbindungsvertrag endet, wenn er auf *bestimmte Dauer* abgeschlossen worden ist, durch Zeitablauf.

182

Wesentlich ist in diesem Zusammenhang, dass nach der neueren Praxis des Bundesgerichts[73] OR 546 I, wonach eine auf *Lebenszeit* eines Gesellschafters abgeschlossene einfache Gesellschaft auf sechs Monate gekündigt werden kann, lediglich dispositiver Natur ist. Gesellschaftsrechtlich konzipierte Aktionärbindungsverträge können daher grundsätzlich auf Lebenszeit der Parteien[74] abgeschlossen werden, wodurch dem Bedürfnis nach Langfristigkeit solcher Vereinbarungen entscheidend entgegengekommen wird.

183

Ist eine Gesellschaft auf *unbestimmte Dauer* abgeschlossen worden, so besteht nach OR 546 I die Möglichkeit der Kündigung unter Einhaltung einer Frist von sechs Monaten. Auch diese Frist ist nach neuerer Bundesgerichtspraxis[75] nicht zwingender Natur.

184

---

[70] BGE 93 II 300 f.
[71] BGE 106 II 229.
[72] Zu beachten ist aber, dass einem Bindungsvertrag auftragsrechtlicher Charakter zukommen kann, womit er wegen der zwingenden Norm von OR 404 I jederzeit kündbar ist.
[73] BGE 106 II 226 ff.
[74] Dagegen wohl nicht für die «Lebensdauer» der AG, vgl. nachstehend N 188.
[75] BGE 106 II 226 ff.

185 In der Praxis wird nicht selten auf Bestimmungen über die Beendigung des Bindungsvertrages verzichtet in der Meinung, dieser solle von unbeschränkter, «ewiger» Dauer sein. Erreicht wird damit das Gegenteil: die Unterwerfung unter die kurze sechsmonatige Kündigungsfrist von OR 546 I. Es empfiehlt sich daher, Vertragsdauer bzw. Beendigungsgründe explizit zu regeln.

186 d) In der Praxis finden sich in Aktionärbindungsverträgen oft Klauseln, die nach Möglichkeit die Dauer der Bindungsvereinbarung in Einklang mit derjenigen der statutarischen Ordnung bringen wollen:

187 – Es wird etwa erklärt, der Aktionärbindungsvertrag solle für die *Dauer der Aktionärseigenschaft* der Beteiligten Geltung haben. Eine solche Ordnung dürfte – wie erwähnt – im Lichte der neueren Bundesgerichtspraxis zulässig sein. Unproblematisch sollte sie jedenfalls dann sein, wenn dem Aktionär die Möglichkeit belassen wird, sich durch Veräusserung seiner Aktien zu angemessenen Bedingungen der Verpflichtung zu entziehen. Diesfalls wird man auch die Vererblichkeit der Verpflichtungen aus einem solchen Vertrag bejahen.

188 Problematischer erscheint dagegen die Klausel, wonach ein Bindungsvertrag *für die Dauer der AG* verbindlich sein soll. In der Lehre wird die Gültigkeit einer solchen Norm zwar bejaht, im Lichte der Gerichtspraxis zu Dauerverträgen (vgl. vorn N 183) erscheint dagegen ihre Verbindlichkeit fraglich: Auch wenn das Bundesgericht das Bestehen einfacher Gesellschaften für die Lebenszeit einer natürlichen Person sanktioniert hat, kann daraus nicht geschlossen werden, dass auch eine Bindung für die Dauer der Existenz einer Körperschaft gültig vereinbart werden kann: Während der Tod einer natürlichen Person in absehbarer Zeit feststeht, ist dies für die Liquidation einer juristischen Person nicht der Fall.

189 – Problematisch erscheinen sodann Vereinbarungen auf *unbegrenzte, «ewige» Zeit*, wie sie sich ebenfalls nicht selten in Bindungsverträgen finden. In der Literatur wird freilich die Zulässigkeit solcher Vereinbarungen für bestimmte Inhalte bejaht.

190 Festzuhalten bleibt, dass wegen des Fehlens einer gesetzlichen Bestimmung und einschlägiger Judikatur eine erhebliche *Unsicherheit* im Hinblick auf die Verbindlichkeit und Tragweite solcher Klauseln besteht.

7. Die Durchsetzung von Rechten und Pflichten aus Aktionärbindungsvertrag

191 a) Zu betonen ist, dass – wie allgemein im schweizerischen Zivilrecht – dem Berechtigten auch bei Aktionärbindungsverträgen grundsätzlich ein Recht auf *Realerfüllung* zusteht[76]. Er kann daher mit einer Leistungsklage die Erfüllung der Pflichten aus Aktionärbindungsvertrag verlangen und diese durch vorsorgliche Massnahmen im Rahmen des kantonalen Prozessrechts sicherstellen lassen.

---

[76] So ausdrücklich ZR *1984* Nr. 53 S. 141 E 5b.

So hat das Zürcher Kassationsgericht die Gewährung einstweiligen Rechtsschutzes im 192
Hinblick auf die Stimmabgabe geschützt[77]. Dem Verpflichteten kann daher im Befehlsverfahren eine bestimmte Stimmabgabe richterlich vorgeschrieben werden.

b) Doch vermag auch der Anspruch auf Realerfüllung nicht zu verhindern, 193
dass Aktionärbindungsverträge *verletzt* werden. So ist – wie vorn N 160 erwähnt
– eine bindungswidrig abgegebene Stimme gültig und so zu beachten, wie sie
abgegeben wurde[78]. Der Anspruch auf Rechtsschutz wird daher nur wirksam,
wenn er rechtzeitig geltend gemacht oder wenn auf den GV-Entscheid zurückgekommen werden kann.

Ebenso lässt sich ein im Aktionärbindungsvertrag verankertes Kaufs- oder Vorkaufs- 194
recht nicht mehr durchsetzen, wenn die Aktien bereits an einen Dritten veräussert und
diesem übertragen worden sind.

c) Angesichts dieser Unsicherheiten wird in der Praxis versucht, die Erfüllung 195
von Pflichten aus Aktionärbindungsvertrag *faktisch* sicherzustellen. Einige dieser
Sicherungsmassnahmen (die freilich zum Teil weiter gehen und einen Verzicht
auf die eigene Aktionärsstellung in sich schliessen) seien hier stichwortartig
erwähnt:

– *Vollmacht* an den Berechtigten oder einen Dritten, die dem Vertrag unterstellten 196
Aktien zu vertreten[79];
– *Hinterlegung* der belasteten Aktien bei einer Bank oder Treuhandgesellschaft[80]: Alle 197
am Vertrag beteiligten Parteien hinterlegen die Aktien *gemeinsam* und vereinbaren
mit dem Aufbewahrer, dass dieser die Aktien *nur mit Zustimmung aller Vertragsparteien herausgeben* darf, wie dies bei der Sequestration von Gesetzes wegen vorgesehen
ist (vgl. OR 480);
– Vereinbarung von *Konventionalstrafen*[81]; 198
– Überführung der gebundenen Aktien in das *Gesamteigentum* aller Beteiligten, insbe- 199
sondere durch Einbringung in eine einfache Gesellschaft oder – besser – eine *Kommanditgesellschaft*[82];
– *fiduziarische Übertragung* der gebundenen Aktien an einen als Treuhänder tätigen 200
Dritten;
– Einbringung der Aktien in eine *Holdinggesellschaft,* an der sich die Vertragspartner als 201
Aktionäre beteiligen[83].

---

[77] ZR *1984* Nr. 53 S. 159 ff, vgl. dazu Thomas Lörtscher in ST *1986* 192 ff.
[78] ZR *1970* Nr. 101 S. 260 ff.
[79] Für sich allein ist die Einräumung der Vertretungsbefugnis kein wirksames Sicherungsmittel, da nach der zwingenden Vorschrift von OR 34 I eine Vollmacht jederzeit widerrufen werden kann.
[80] Vgl. als Beispiel ZR *1970* Nr. 101 S. 260 f.
[81] Um wirksam zu sein, ist die Strafe hoch anzusetzen; vgl. als Beispiel für eine unwirksame Strafe ZR *1970* Nr. 101 S. 260 ff. Das Bundesgericht ist gewillt, in diesem Bereich auch hohe Strafen aufrechtzuerhalten, vgl. BGE 88 II 172 ff.
[82] Vgl. dazu Hirsch/Peter: Une meilleure garantie de l'exécution des conventions d'actionnaires..., SAG *1984* 1 ff.
[83] Damit verlieren die Beteiligten freilich Aktionärseigenschaft und Aktieneigentum zugunsten der Holdinggesellschaft und einer Beteiligung an derselben.

8. Zur Gültigkeit und Problematik von Stimmbindungsvereinbarungen insbesondere

202 a) In der schweizerischen Gerichtspraxis[84] wie in der Doktrin ist unbestritten, dass im schweizerischen Aktienrecht *Stimmbindungsvereinbarungen zulässig* sind. Hingewiesen wird in diesem Zusammenhang auf das Fehlen von Aktionärspflichten mit Ausnahme der Liberierungspflicht, und es wird betont, dass in Stimmbindungsvereinbarungen keine Umgehung der Vorschriften über die GV und keine Gefahr für das Funktionieren der AG liege.

203 b) Doch unterliegen Stimmbindungsvereinbarungen nach Lehre und Praxis *Schranken,* da sie nicht als Mittel dienen dürfen, um statutarische Bestimmungen zu umgehen:

204 aa) Nach OR 691 I ist die *Umgehung einer Stimmrechtsbeschränkung* durch die Überlassung von Aktien zum Zwecke der Ausübung des Stimmrechts *unstatthaft.* Die schweizerische Lehre hat diese Norm zu einem generellen *Verbot der Umgehung von Stimmrechtsbeschränkungen* ausgeweitet (vgl. § 24 N 94).

205 Von Gesetzes wegen sind Stimmrechtsbeschränkungen vorgesehen in OR 695 I für den Decharge-Beschluss (dazu § 24 N 78 ff) und in OR 659a für das Stimmrecht an eigenen Aktien (vgl. § 24 N 84 ff). Bei börsenkotierten Namenaktien ist sodann nach OR 685f das Stimmrecht des von der Gesellschaft nicht bzw. noch nicht als Vollaktionär anerkannten Aktienerwerbers ausgeschlossen (OR 685f III, dazu § 44 N 217).

206 bb) Unbestritten ist sodann, dass «Stimmrechtsvereinbarungen, mit welchen statutarische Vinkulierungsbestimmungen umgangen werden sollen, rechtsmissbräuchlich und unbeachtlich» sind[85].

207 cc) Nach der herrschenden schweizerischen Doktrin ist auch der sog. *Stimmenkauf* unsittlich und rechtlich nicht verbindlich[86]. Dabei ist die Abgrenzung zur rechtmässigen Stimmbindung freilich im einzelnen umstritten.

208 c) Rechtswidrige – bzw. sittenwidrige – Stimmbindungsvereinbarungen sind *nichtig.* Werden sie dennoch befolgt, dann sind die dadurch beeinflussten Beschlüsse der GV nach OR 691 III anfechtbar (dazu § 25 N 33)[87].

209 d) Zur Frage der Zulässigkeit von Stimmbindungen für Mitglieder des Verwaltungsrates vgl. § 31 N 36 ff.

---

[84] Vgl. etwa BGE 109 II 43 ff, 88 II 174 ff, ZR *1970* Nr. 101 S. 160 ff.
[85] BGE 114 II 164, vgl. auch BGE 109 II 45 f, 81 II 539 f; ZR *1990* Nr. 49 S. 93 ff = SZW *1991* 210 ff, mit kritischem Hinweis auf S. 215.
[86] Vgl. die Hinweise in ZR *1990* Nr. 49 S. 93 und SZW *1991* 214 f.
[87] Vgl. als Beispiel ZR *1990* Nr. 49 S. 91 ff.

§ 40 Die Rechte des Aktionärs

Literatur: Vgl. die Angaben in § 39 N 1, insbes. Huguenin Jacobs und Schluep; sodann etwa Böckli (zit. § 24 N 1); Louis Bochud: Darlehen an Aktionäre aus wirtschaftlicher, zivil- und steuerrechtlicher Sicht (Diss. Bern 1991 = BBSW 2) 141 ff; Felix Horber: Die Informationsrechte des Aktionärs – eine systematische Darstellung (erscheint voraussichtlich 1995 oder 1996); Ernst Robert Locher: Die Gewinnverwendung in der Aktiengesellschaft (Diss. Bern 1983); Gaudenz Zindel: Bezugsrechte in der Aktiengesellschaft (Diss. Zürich 1984 = SSHW 78). – Aus den *Gesamtdarstellungen* vgl. Basler Kommentar zu OR 652b (Zindel/Isler), 653c (Isler/Zindel), 660 f (Neuhaus), 675 f (Kurer), 689–695 (Schaad, Länzlinger), 696 f (Weber), 745 (Stäubli); Böckli N 254 ff, 1309 ff, 1939 ff; Siegwart zu OR 652, Bürgi zu OR 660 f, 675 f, 689–697, Bürgi/Nordmann zu OR 754; von Greyerz 114 ff; Guhl/Kummer/Druey 653 ff.

A. *Einteilung und Übersicht*

a) Die Rechte des Aktionärs können nach verschiedenen Kriterien *gegliedert* werden:

– nach dem gewährten *Schutz vor Abänderung* in Rechte, die durch Mehrheitsbeschluss modifiziert oder entzogen werden können, und solche, die einer Minderheit oder dem einzelnen Aktionär unentziehbar oder sogar unverzichtbar zustehen (dazu § 39 N 108 ff);
– nach der *Zuständigkeit zur Rechtsausübung* in Rechte, die durch Mehrheitsbeschluss ausgeübt werden, und in solche, die Minderheiten, Gruppen oder auch einzelnen Aktionären zukommen (dazu § 39 N 128 ff);
– nach ihrer *Grundlage* in gesetzlich oder statutarisch verliehene Rechte;
– endlich – und diese Einteilung liegt dem vorliegenden Paragraphen zugrunde – nach ihrer *Funktion* und ihrem *Inhalt*.

b) Betrachtet man Inhalt und Funktion der Aktionärsrechte, so drängt sich eine grundlegende Zweiteilung in *vermögensmässige* Rechte (lit. B, N 14 ff) und solche, die *nicht oder nicht in erster Linie vermögensmässiger Natur* sind, auf. Die *nicht vermögensmässigen Rechte* können weiter unterteilt werden in *Mitwirkungsrechte* (lit. C, N 130 ff) und *Schutzrechte* (lit. D, N 141 ff). Eine eigene Kategorie bilden schliesslich diejenigen Rechte, welche die *Beibehaltung der Mitgliedschaftsquote* gewährleisten sollen (lit. E, N 215 ff).

Freilich erfolgt diese Einteilung nicht ohne eine gewisse Willkür und könnten einzelne Rechte auch anders zugeordnet werden. So werden im folgenden die Rechte zur Verantwortlichkeitsklage und zur Klage auf Rückerstattung ungerechtfertigter Leistungen bei den Schutzrechten aufgeführt, obwohl ihnen in erster Linie pekuniäre Bedeutung zukommt. Ebenfalls bei den Schutzrechten genannt sind die Rechte, die Einberufung einer GV und die Traktandierung bestimmter Verhandlungsgegenstände verlangen zu können. Sie könnten auch zu den Mitwirkungsrechten gezählt werden.

9   c) Von den Aktionärsrechten zu trennen sind allfällige *Gläubigerrechte,* die einem Aktionär gegenüber seiner Gesellschaft zukommen können: Wie ein Dritter, so kann auch ein Aktionär zur AG in schuldrechtlicher Beziehung stehen, ihr gegenüber Forderungen aus Vertrag oder anderen Rechtsgründen haben. Solche Forderungsrechte sind grundsätzlich unabhängig von der Mitgliedschaft; sie unterscheiden sich nicht von Rechten Dritter.

10   Dazu gibt es freilich *Ausnahmen:*

11   – Die Gläubigerrechte können ihren Entstehungsgrund in der Mitgliedschaft haben (so z. B. das Recht auf die beschlossene Dividende, dazu § 39 N 118).

12   – Die Vertragsbedingungen können – im Hinblick auf die Mitgliedschaft – anders ausgestaltet sein als sie es in Verträgen mit Dritten wären. Darauf wird in lit. F, N 325 ff kurz eingegangen.

13   d) Die folgende Tabelle vermittelt eine *Übersicht über die gesetzlich geregelten Aktionärsrechte:*

Übersicht über die Aktionärsrechte

Vermögensmässige Rechte	Nicht vermögensmässige Rechte		Rechte auf Beibehaltung der Beteiligungsquote
	Mitwirkungsrechte	Schutzrechte	
– Dividendenrecht (OR 660 I) – R. auf Liquidationserlös (OR 660 I) – evtl. R. auf Bauzinsen (OR 676) – evtl. R. auf Benutzung der gesellschaftlichen Anliegen	– Stimmrecht (OR 692) – damit verbundene Rechte: – R. zur Teilnahme an der GV (OR 689, 689a) – R. auf Einladung und Bekanntgabe der Traktanden (OR 700) – Meinungsäusserungs- und Antragsrecht – Vertretungsrecht (OR 689 II, 689b–690) – Einberufungs- und Traktandierungsrecht (OR 699) – R. auf Einsprache gegen unbefugte Teilnahme (OR 691) – R. auf Einsicht in das GV-Protokoll (OR 702 III)	– R. auf Bekanntgabe des Geschäftsberichts (OR 622, 696 I) – R. auf Sonderprüfung (OR 697a ff) – R. auf Präsenz eines Revisors (OR 729c III) – R. auf Bekanntgabe der Organisation (OR 716b II) – Anfechtungsrecht (OR 706) – R. auf Feststellung der Nichtigkeit (OR 706b) – R. zur Verantwortlichkeitsklage (OR 752 ff) – R. auf Rückerstattung von Leistungen (OR 678) – R. auf Vertretung im Verwaltungsrat (OR 709)	– Bezugsrecht (OR 652b, 656g) – Vorwegzeichnungsrecht (OR 653c)

Vermögensmässige Rechte	Nicht vermögensmässige Rechte		Rechte auf Beibehaltung der Beteiligungsquote
	Mitwirkungsrechte	Schutzrechte	
		– R. auf unabhängige/ qualifizierte Revisoren (OR 727c II, 727e III) – R. auf Abberufung der Liquidatoren (OR 741 II) – R. zur Auflösungsklage (OR 625 II, 643 III, 736 Ziff. 4)	
Vgl. § 40 B (N 14 ff)	Vgl. § 40 C (N 130 ff)	Vgl. § 40 D (N 141 ff)	Vgl. § 40 E (N 215 ff)

B. Vermögensmässige Rechte

I. Übersicht

a) Aufgrund seiner Einlage bzw. Einlageverpflichtung wird der Aktionär am Vermögen der Gesellschaft anteilmässig beteiligt. Aus dieser Beteiligung fliessen das Recht auf Dividende (Ziff. II N 17 ff) und auf das Liquidationsergebnis (Ziff. III N 98 ff), allenfalls auch die Rechte auf sogenannte Bauzinsen (Ziff. IV N 115 ff) und auf Benutzung der gesellschaftlichen Anlagen (Ziff. V N 125 ff). 14

b) Auch dem Bezugsrecht und dem Vorwegzeichnungsrecht als Rechten auf Beibehaltung der Beteiligungsquote kommt eine vermögensmässige Komponente zu. Diese ist dann besonders ausgeprägt, wenn das Recht auf Bezug neuer Aktien zu einem Wert ermöglicht wird, der unter dem inneren Wert oder Kurswert der bisherigen Aktien liegt (vgl. zu diesen Rechten lit. E, N 215 ff). 15

c) Alle diese Rechte bestimmen sich in ihrem Umfang grundsätzlich nach der *Kapitalbeteiligung,* wobei für Dividenden, Liquidationsanteil, Bauzinsen und Benutzungsrecht nach dispositivem Gesetzesrecht der *effektiv einbezahlte* Betrag, für das Bezugsrecht und das Vorwegzeichnungsrecht dagegen die *gesamte Liberierungsverpflichtung* (unabhängig davon, ob sie erst teilweise erfüllt wurde) massgebend ist. Zu Ausnahmen vgl. § 41 N 20 ff. 16

II. Das Recht auf Dividende[1]

1. Allgemeines

17 a) Unter den vermögensmässigen Aktionärsrechten steht das Recht auf Dividende, d. h. auf einen *Anteil am von der Gesellschaft erwirtschafteten Gewinn*, im Vordergrund (vgl. OR 660 I).

18 Die gesetzliche Ordnung ist durch die Aktienrechtsreform – sieht man von terminologischen Modifikationen ab – nicht verändert worden. Literatur und Judikatur zum bisherigen Recht sind daher weiterhin beizuziehen.

19 b) Zuständig zum Entscheid über die Dividende ist die GV (OR 698 II Ziff. 4, dazu § 22 N 41 ff), die aber – wie im folgenden gezeigt wird – gesetzliche Schranken zu berücksichtigen hat.

20 c) Zu beachten ist, dass der Aktionär bei der Ausschüttung einer Dividende wertmässig *nichts bekommt, was er nicht schon hat:* In dem Umfang, in welchem die Gesellschaft Dividenden ausschüttet, vermindert sich ihr Vermögen und wird damit auch die Beteiligungsquote des Aktionärs weniger wert. Ein entscheidender Unterschied besteht aber darin, dass der Aktionär über die ausgeschütteten Mittel frei verfügen kann, während die in der Gesellschaft zurückbehaltenen (thesaurierten) Überschüsse für ihn nicht zugänglich sind.

21 d) Eine Dividende darf nur ausgeschüttet werden, wenn *Gewinne* erzielt worden sind (vgl. OR 675 II, dazu N 27 ff). Das Dividendenrecht in einem weiten Sinn ist daher zunächst ein Recht auf *gewinnstrebige Geschäftstätigkeit* (vgl. Ziff. 2), sodann – und im engeren Sinn – ein Recht auf einen Anteil am erzielten Gewinn (*Bilanzgewinn*, vgl. Ziff. 3).

2. Das Recht auf Gewinnstrebigkeit

22 a) «Recht auf Dividende» bedeutet vorab ein Recht auf *gewinnstrebige Geschäftsführung*. In diesem Sinn ist das Recht auf Dividende – wie erwähnt (§ 39 N 118) – absolut wohlerworben: Eine Gesellschaft darf von der Gewinnstrebigkeit nur abweichen, wenn sämtliche Aktionäre einverstanden sind; der Verzicht auf eine gewinnstrebige Geschäftsführung ohne Zustimmung sämtlicher Aktionäre wird in OR 706 II Ziff. 4 ausdrücklich als Anfechtungsgrund aufgeführt (dazu § 25 N 32).

23 b) Doch ist festzuhalten, dass dem Grundsatz der Gewinnstrebigkeit *Schranken gesetzt* sind[2]:

24 – Zunächst ist unbestritten, dass Gewinnstrebigkeit keineswegs rücksichtslose Profitgier bedeutet. Auch die AG darf und soll gleich einem anständigen und

---

[1] Vgl. dazu Locher (zit. N 1).
[2] Dazu allgemein Peter Forstmoser: Der Aktionär als Förderer des Gemeinwohls?, ZSR *1973* I 1 ff, 18 ff sowie Schluep (zit. § 39 N 1) 54 ff.

verantwortungsbewussten Bürger und Geschäftsmann handeln, was die Erfüllung *moralischer und sozialer Pflichten* einschliesst.
- Zugunsten der *Arbeitnehmer* fördert das Gesetz ein sozial verantwortliches Verhalten, indem es in OR 673 und 674 III ausdrücklich die Schaffung von Wohlfahrtseinrichtungen für Arbeitnehmer des Unternehmens und zu anderen Wohlfahrtszwecken vorsieht. In diesen Bestimmungen erblickte das Bundesgericht ein «Vertrauen in den sozialen Sinn der Aktiengesellschaft», es fasste sie auf als «Ausschnitt aus der eidgenössischen Sozialgesetzgebung mit der Besonderheit, dass der Staat auf Eingriffe verzichtet und es dem einzelnen Unternehmen überlässt, die zweckdienlichen Anordnungen zu treffen»[3].
- Sodann verlangt das schweizerische Recht *nicht kurzfristige Gewinnstrebigkeit*[4]. Jede Tätigkeit, die *langfristig im Interesse der Gesellschaft* liegt – bei grossen Aktiengesellschaften auch etwa, indem durch eine verantwortungsvolle Geschäftspolitik Eingriffen des Gesetzgebers oder Reaktionen der Sozialpartner vorgebeugt wird –, ist daher mit dem Prinzip der Gewinnstrebigkeit vereinbar. Die Ausrichtung auf langfristige Gesellschaftsinteressen und damit auf eine *nachhaltige* Gewinnstrebigkeit wird vom Gesetz sogar *gefördert,* was sich insbesondere in der Möglichkeit zeigt, offene und stille Reserven mit «Rücksicht auf das dauernde Gedeihen des Unternehmens» zu bilden (OR 674 II Ziff. 2, 669 III, wo immerhin als Schranke für die Bildung stiller Reserven die «Berücksichtigung der Interessen der Aktionäre» erwähnt wird, vgl. § 50 N 87).

3. Recht auf einen Anteil am Bilanzgewinn

a) Nach OR 660 I hat jeder Aktionär «Anspruch auf einen verhältnismässigen Anteil am Bilanzgewinn».

Der *Bilanzgewinn* setzt sich aus zwei Komponenten zusammen:
- dem *Jahresgewinn* des vergangenen Jahres und
- dem *Gewinnvortrag,* d. h. der Gesamtheit der Gewinne früherer Jahre, die jeweils weder ausgeschüttet noch anderweitig verwendet, sondern auf neue Rechnung vorgetragen worden sind.

Abzuziehen sind die *Verluste,* die im vergangenen Jahr allenfalls angefallen sind *(Jahresverlust)* oder die aus früheren Jahren auf neue Rechnung vorgetragen wurden *(Verlustvortrag)*.

Ein Bilanzgewinn kann also auch dann vorliegen, wenn die Gesellschaft im abgelaufenen Geschäftsjahr einen Verlust erwirtschaftet hat, sofern der Gewinnvortrag früherer Jahre diesen Verlust übersteigt. Umgekehrt kann kein Bilanzgewinn ausgewiesen (und damit keine Dividende ausgeschüttet) werden, wenn zwar im vergangenen Geschäftsjahr ein Reingewinn erzielt wurde, dieser aber den Verlustvortrag aus früheren Jahren nicht übersteigt.

---

[3] BGE 72 II 304.
[4] So ausdrücklich BGE 100 II 393 E. 4 und ebenso die Vorinstanz, vgl. SAG *1976* 166 f E. 7.

33   Die bundesrätliche Botschaft[5] und ihr folgend ein Teil der Lehre umschreibt den Bilanzgewinn unkorrekt als «den Jahresgewinn, verändert um das Vorjahresergebnis und die Bildung und Auflösung offener Reserven». Die Reservebildung hat nach OR 671 aus dem Jahresgewinn zu erfolgen, sie schmälert also nicht den Bilanzgewinn, sondern schränkt lediglich die Möglichkeit seiner Ausschüttung an die Aktionäre ein.

34   b) OR 675 II präzisiert, dass Dividenden nicht nur aus dem Bilanzgewinn, sondern auch *«aus hierfür gebildeten Reserven»* ausgerichtet werden dürfen:

35   Der Erfolg eines Unternehmens und damit der Jahresgewinn einer AG schwanken in der Regel von Jahr zu Jahr erheblich. Natürliche Folge wäre die Ausschüttung unterschiedlicher, alljährlich entsprechend dem Erfolg des Vorjahres bemessener Dividenden. Solche Schwankungen würden zwar der Kapitalanlage in Aktien als einer Chancen und Risiken des Unternehmens mittragenden Investition – im Gegensatz zu einer solchen in Obligationen – entsprechen. Aktionären, die auf einen regelmässigen Ertrag aus ihrem Kapitaleinsatz angewiesen sind[6], sind solche Schwankungen jedoch unerwünscht. Es wird daher häufig eine *Glättung und Verstetigung der Ausschüttungen* angestrebt, indem in fetten Jahren Teile des Jahresgewinns für Ausschüttungen in späteren mageren Jahren zurückbehalten werden. Das Gesetz fördert ein solches Vorgehen, indem es in OR 674 II Ziff. 2 ausdrücklich die Bildung von Reserven zulässt, wenn sich dies mit Rücksicht «auf die Ausrichtung einer möglichst gleichmässigen Dividende» rechtfertigt (sog. *Dividendenreserve*).

36   Im weiteren ist zu beachten, dass der Gewinnvortrag nicht immer als solcher, sondern oft – ganz oder zum Teil – als *«freie Reserven»* bezeichnet wird. Auch in der Höhe solcher freier Reserven ist eine Ausschüttung möglich.

37   Schliesslich steht es der GV frei, andere Reserven – soweit sie nicht durch Gesetz oder Statuten für bestimmte Zwecke reserviert sind – in freie Reserven umzuwandeln und in der Folge auszuschütten.

38   c) Nachzutragen ist, dass der von einer AG ausgewiesene Jahresgewinn *keineswegs mit dem echten betriebswirtschaftlichen Erfolg übereinzustimmen* braucht:

39   – Durch die Bildung oder Auflösung stiller Reserven kann der ausgewiesene Gewinn in erheblichem Ausmass «gestaltet» werden[7].

40   – Sodann kann eine Gesellschaft auch sog. *verdeckte Gewinnausschüttungen* (dazu N 87 ff) vornehmen, ein zwar rechtlich problematisches, in der Praxis aber keineswegs seltenes Vorgehen.

41   d) Das Recht auf Gewinnbeteiligung ist – vom Recht auf allgemeine Gewinnstrebigkeit abgesehen – nur *relativ wohlerworben* (vgl. § 39 N 118). Ausgeschüttet wird nicht der ganze Gewinn, worauf schon OR 660 I hinweist, indem es den Anspruch des Aktionärs auf einen Anteil am Bilanzgewinn nur einräumt, «so-

---

5   S. 145.
6   Etwa, weil sie im Ruhestand leben und aus dem Ertrag ihres Vermögens den Lebensunterhalt bestreiten.
7   Das revidierte Aktienrecht schafft Transparenz, soweit der Erfolg der Gesellschaft beschönigt wird, nicht aber, wenn der Geschäftsgang schlechter als in Wirklichkeit dargestellt wird, vgl. OR 663b Ziff. 8 und dazu § 50 N 93 ff.

weit dieser nach dem Gesetz oder den Statuten zur Verteilung unter die Aktionäre bestimmt ist». Im einzelnen ergeben sich vielfältige Schranken:
- In der Gesellschaft verbleiben muss zunächst ein den *gesetzlich vorgeschriebenen Reserven* (vgl. OR 671 und dazu § 50 N 7 ff) entsprechender Anteil. 42
- Die *Statuten* können eine *über die gesetzliche Ordnung hinausgehende Pflicht zur Reservebildung* vorsehen (vgl. OR 672 f und dazu § 50 N 42 ff) und die Möglichkeit der Ausschüttung dadurch weiter einschränken. 43
- Sodann kann die *GV* über die gesetzlichen und statutarischen Vorschriften hinaus nach OR 674 II und III die Bildung *zusätzlicher Reserven* beschliessen, 44
  - wenn dies zu Wiederbeschaffungszwecken notwendig ist, 45
  - wenn es sich mit «Rücksicht auf das dauernde Gedeihen des Unternehmens oder auf die Ausrichtung einer möglichst gleichmässigen Dividende ... unter Berücksichtigung der Interessen aller Aktionäre rechtfertigt», 46
  - zur Gründung und Unterstützung von Wohlfahrtseinrichtungen für Arbeitnehmer des Unternehmens und zu anderen Wohlfahrtszwecken. 47
  Näheres in § 50 N 54 ff. 48
- Dass der *Verwaltungsrat* durch die Bildung stiller Reserven eine weitere Quote des Gewinns in der Gesellschaft zurückbehalten kann, wurde bereits erwähnt (vorn N 39). 49
- Und schliesslich können mit statutarischer Grundlage auch noch *Tantiemen* an den Verwaltungsrat ausbezahlt werden (vgl. OR 677 sowie § 28 N 122 ff), was den an die Aktionäre ausschüttbaren Betrag weiterhin schmälert. 50

Das dermassen schon vom Gesetz relativierte «wohlerworbene» Recht auf einen angemessenen Anteil am Betriebserfolg wird noch weiter eingeschränkt durch eine *zurückhaltende Gerichtspraxis:* Jedenfalls dann, wenn Gewinne in der Gesellschaft zurückbehalten werden, haben die Gerichte – unter bisherigem Aktienrecht – gegen einen Mehrheitsbeschluss der GV kaum je opponiert[8]. Immerhin sind vereinzelt GV-Beschlüsse über die Gewinnverwendung aufgehoben worden, wenn sie sich trotz formeller Beachtung des Gleichbehandlungsprinzips faktisch als eine Schädigung der Aktionärsminderheit auswirkten[9]. 51

Strenger sind die Gerichte, wenn Gewinne nicht thesauriert, sondern *einseitig der Aktionärsmehrheit zugehalten* werden. So hat das Bundesgericht die Auflösungsklage gegen eine Gesellschaft geschützt, die über Jahre hinweg ihrem Mehrheitsaktionär auf Kosten der Dividende übersetzte Tantiemen und andere Leistungen zukommen liess[10]. 52

4. *Voraussetzungen der Beschlussfassung, Problematik von sogenannten Interimsdividenden*

a) Die Beschlussfassung über die Ausschüttung von Dividenden erfolgt durch die *GV* (OR 698 II Ziff. 4, vgl. § 22 N 41 ff). Diese kann die Ausschüttung 53

---

[8] Vgl. etwa SAG *1975* 104 ff.
[9] Vgl. SAG *1975* 108 f.
[10] BGE 105 II 114 ff, insbes. 121 f.

nur dann beschliessen, wenn in der *Bilanz* ein ausreichender Bilanzgewinn oder entsprechende Reserven ausgewiesen sind (OR 675 II) und wenn überdies die Revisionsstelle ausdrücklich bestätigt, dass die vorgesehene Ausschüttung gesetzes- und statutenkonform ist (OR 728 I, 729 I, dazu § 33 N 42).

54 b) Über die Dividendenausschüttung wird regelmässig anlässlich der ordentlichen GV, die die Jahresrechnung abnimmt, beschlossen. Es ist aber möglich, *ausserordentliche Dividenden* anlässlich einer *ausserordentlichen GV* zu beschliessen. Auch in diesem Fall müssen aber die Voraussetzungen von OR 675 II – ausreichender Bilanzgewinn oder für die Ausschüttung verwendbare Reserven – erfüllt sein und muss die Revisionsstelle bestätigen, dass die Ausschüttung gesetzes- und statutenkonform ist[11].

55 c) *Unzulässig* sind in der Schweiz die in den USA verbreiteten sog. *Interims- oder Zwischendividenden,* d. h. Ausschüttungen von Gewinnen des laufenden Geschäftsjahres. Diese Gewinne sind in der Bilanz (noch) nicht ausgewiesen, und es wäre die Revisionsstelle auch nicht in der Lage, die Rechtmässigkeit ihrer Ausschüttung zu bestätigen[12].

56 Immerhin muss die Ausschüttung solcher Zwischendividenden dann zulässig sein, wenn die allgemeinen Anforderungen eingehalten werden, d. h. wenn eine Zwischenbilanz erstellt, diese revidiert und von der Revisionsstelle bestätigt wird, dass der Ausschüttung weder Gesetz noch Statuten entgegenstehen.

57 Als Ersatz für Interimsdividenden werden in der Praxis gelegentlich *Akontozahlungen* an die Aktionäre erbracht.

58 Die Zulässigkeit solcher Akontozahlungen ist umstritten. Fest steht jedenfalls, dass es sich rechtlich um *Darlehen* handelt, die später mit der dann zu beschliessenden Dividende verrechnet werden sollen. Damit steht auch fest, dass die Zahlung der Gesellschaft zurückzuerstatten ist, wenn in der Folge keine Dividende ausgeschüttet wird. Im übrigen dürfte sich die Zulässigkeit nach den gleichen Regeln beurteilen wie allgemein die Gewährung von Darlehen an Aktionäre, vgl. dazu N 345 ff.

59 d) Sind die Voraussetzungen für die Ausschüttung einer Dividende nicht erfüllt, dann ist der Ausschüttungsbeschluss *anfechtbar* oder gar *nichtig* (vgl. OR 706 I, 706b Ziff. 3, 729c II, dazu § 25 N 13 ff, 89 ff) und ist die Dividende bei Bösgläubigkeit der Aktionäre *zurückzuerstatten* (OR 678 I, dazu § 50 N 112 ff). Denkbar ist auch eine persönliche Haftung der Verantwortlichen (OR 754 ff, dazu § 36 ff).

---

[11] Es ist ein Zwischenabschluss zu erstellen, den die Revisionsstelle zu prüfen hat, da sich die Verhältnisse seit der Prüfung der Jahresrechnung verändert haben können: Soweit der ausgewiesene Bilanzgewinn in der Zwischenzeit durch einen Verlust aufgezehrt worden sein sollte, wäre eine Ausschüttung rechtswidrig und allenfalls rückerstattungspflichtig (vgl. OR 678 und dazu § 50 N 112 ff).
[12] Näheres bei François Ruckstuhl: Die Zulässigkeit von Interimsdividenden nach schweizerischem Recht (Diss. Zürich 1974).

5. *Bemessungsbasis, Fälligkeit und Ausschüttung*

a) Bemessungsbasis ist – wie erwähnt – der auf den Nennwert *einbezahlte Betrag* und nicht der Nennwert der Aktie. Ein allfälliges Agio ist für die Bemessung der Dividende nicht zu berücksichtigen.

Die gesetzliche Ordnung ist dispositiver Natur; statutarisch kann eine andere Regelung vorgesehen werden.

b) Die Dividende wird grundsätzlich *sofort fällig*. Die GV kann aber auch Fälligkeit zu einem späteren Zeitpunkt beschliessen.

c) Bei der Ausschüttung ist die *Verrechnungssteuer* in der Höhe von 35 % abzuziehen und der Eidg. Steuerverwaltung abzuliefern. Steuerpflichtige mit Wohnsitz in der Schweiz haben Anspruch auf Rückerstattung der Verrechnungssteuer, soweit der Antragsteller der Fälligkeit der steuerbaren Leistung das Recht zur Nutzung des den steuerbaren Ertrag abwerfenden Vermögenswertes besitzt und die betreffenden Einkünfte und Vermögenswerte ordnungsgemäss deklariert. Für im Ausland ansässige Aktionäre stellt die Verrechnungssteuer eine endgültige Belastung (vorbehältlich der Anrechnung an die eigenen Steuern im Wohnsitzstaat) dar, soweit nicht zwischen der Schweiz und dem Ansässigkeitsstaat des Dividendenempfängers ein Doppelbesteuerungsabkommen abgeschlossen ist, das in der Regel eine teilweise (in wenigen Fällen eine vollständige) Entlastung von der Verrechnungssteuer vorsieht.

6. *Alternativen zur Bardividende*

a) Dividenden werden in der Regel *in bar ausgeschüttet*.

Das Gesetz schweigt sich zur Form der Dividende aus, doch liegt ihm die Vorstellung der *Bardividende* zugrunde; vgl. etwa OR 675 II, wonach Dividenden nur aus dem Reingewinn und hierfür gebildeten Reserven ausgerichtet werden dürfen.

b) Ausnahmsweise kann es bei einer Gesellschaft sinnvoll sein, Sachausschüttungen vorzunehmen. Das Gesetz nimmt zur Zulässigkeit solcher *Naturaldividenden* nicht Stellung. Zumindest in gewissen Schranken sind diese jedoch möglich:

aa) Problemlos sind vorab Vergünstigungen, die Gesellschaften in ihrem Tätigkeitsbereich zusätzlich zu einer Bardividende den Aktionären einräumen, etwa Freikarten bei Bergbahnunternehmen, Verbilligungen in Hotels usw.

bb) Mit Bezug auf Sachausschüttungen, die über solche Zusatzleistungen hinausgehen, ist daran zu erinnern, dass für die aktienrechtliche Mitgliedschaft das *abstrakte, nicht auf eine spezifische Leistung* zielende Dividendeninteresse charakteristisch ist. Die Zuteilung von Sachwerten entspricht daher in der Regel nicht der Erwartung des Aktionärs. Trotzdem folgt daraus keine generelle Unzulässigkeit der Naturaldividende. Vielmehr kommen vor allem folgende Fälle in Betracht[13]:

---

[13] Näheres bei Peter Forstmoser: Sachausschüttungen im Gesellschaftsrecht, in: FS Keller (Zürich 1989) 701 ff.

69 – Bei der auszuschüttenden Sache handelt es sich um *kurante Ware*, die sich *leicht in Geld umwandeln* lässt. Das primäre Interesse der Aktionäre an der Erlangung von Geldmitteln ist so genügend berücksichtigt.

70 – Eine AG kann sodann die Erbringung von *ganz spezifischen Leistungen* an ihre Aktionäre zum Ziel haben. Ein Beispiel hierfür ist die Mieter-AG, die als Alternative zum Stockwerkeigentum dient und den Beteiligten Wohnraum zur Verfügung stellen will. Bei solchen Gesellschaften liegt es gerade in ihrem Zweck, die Aktionäre durch bestimmte Sachleistungen (etwa die Zurverfügungstellung einer Wohnung) zu unterstützen.

71 – Endlich wird man Sachausschüttungen auch dann zulassen, wenn die Aktionäre damit einverstanden sind[14].

72 c) Schweizerische *Publikumsgesellschaften* schütten traditionellerweise oft eine – gemessen am betriebswirtschaftlichen Erfolg – relativ bescheidene Dividende aus, lassen ihren Aktionären aber geldwerte Vorteile zusätzlich in anderer Form zukommen: In mehr oder weniger regelmässigen Abständen finden Kapitalerhöhungen statt, bei denen das *Bezugsrecht* der Aktionäre so angesetzt wird, dass Aktien unter dem Kurswert erworben werden können. Der Aktionär hat dann die Wahl: Er kann das Bezugsrecht ausüben und zusätzliche Aktien zu günstigen Bedingungen erwerben oder aber – wenn er Bargeld erhalten will – die Bezugsrechte verkaufen. Zwar sinkt dann seine Beteiligungsquote, doch ist dies für Kleinaktionäre in Publikumsgesellschaften ohne Belang.

73 Für den *Aktionär* kann dieses Vorgehen steuerlich vorteilhaft sein: Während die Dividende als Einkommen zu versteuern ist, entsteht bei der Veräusserung von Bezugsrechten ein (bei der direkten Bundessteuer und nach den meisten kantonalen Steuergesetzen) steuerfreier Kapitalgewinn. – Für die Gesellschaft hat die «Entschädigung» des Aktionärs mit Bezugsrechten den Vorteil, dass keine Mittel aus der Gesellschaft abfliessen, sondern im Gegenteil durch die Liberierung der neu geschaffenen Aktien neues Kapital in die Gesellschaft eingebracht wird.

74 d) In den letzten Jahren haben sodann verschiedene Publikumsgesellschaften versucht, *Alternativen zur Ausschüttung von Dividenden* zu finden:

75 – So wurden etwa den Aktionären sog. *Gratisaktien* angeboten, d. h. es wurde das Aktienkapital erhöht, indem die neuen, unentgeltlich ausgegebenen Aktien aus Mitteln der Gesellschaft liberiert wurden (sog. Gratiskapitalerhöhung, dazu OR 652d und § 52 N 129 ff). Wenn dem Aktionär als Alternative zur Bardividende – entsprechend seiner bisherigen Beteiligung – neu durch die Gesellschaft ausgegebene Aktien zugeteilt werden, spricht man im angelsächsischen Raum von sog. *«Stockdividenden»*.

76 – Eine mit der Gratiskapitalerhöhung und der Stockdividende verwandte Alternative zur Dividendenausschüttung ist in der Praxis die sog. *«Wahldividende»*. Ihre Besonderheit liegt darin, dass den bisherigen Titelinhabern aufgrund ihres Anteils das Wahlrecht eingeräumt wird, entweder die Bardividende oder eine entsprechende Anzahl neuer Titel zu beziehen. Der dividendenberechtigte Titelinhaber erhält eine Brutto-Wahldividende, welche nach Abzug von 35 % Verrechnungssteuer (vgl. vorn N 63) einen anrechenbaren Netto-Betrag ergibt, der entweder in bar oder als anrechenbarer

---

[14] So können etwa im Rahmen einer Reorganisation ganze Unternehmensteile oder Beteiligungen an anderen Gesellschaften ausgeschüttet werden, vgl. von Greyerz 249.

Wert für den Bezug neuer Titel, d. h. für die Bestimmung des Bezugsverhältnisses, umgesetzt werden kann. Der Rückforderungsanspruch für die Verrechnungssteuer bleibt dabei erhalten.

– Auch der umgekehrte Weg wurde in der Praxis beschritten: die *Kapitalherabsetzung* im Umfang der frei verwendbaren Eigenmittel durch eine anteilsmässige Reduktion des Nennwertes aller Aktien. Dabei wurden Mittel frei, die den Aktionären in bar ausgeschüttet werden konnten. Diese Transaktion wurde namentlich deshalb gewählt, weil dabei keine Verrechnungssteuer anfällt[15,16]. 77

– Schliesslich wurden auch *öffentlich angebotene Aktienrückkäufe in Verbindung mit einer anschliessenden Kapitalherabsetzung* durchgeführt. Die Gesellschaft kaufte dabei ein Teil ihrer eigenen Aktien aus frei verwendbarem Eigenkapital zurück[17]. Die so erworbenen Titel wurden anschliessend auf dem Wege der Kapitalherabsetzung vernichtet. Solche Transaktionen unterliegen der Verrechnungssteuer, die jedoch – wie vorn N 63 erwähnt – durch den verkaufenden inländischen Aktionär zurückgefordert werden kann, während für ausländische Aktionäre die allfälligen Doppelbesteuerungsabkommen gelten. 78

Diese durch die *Kapitalmarktpraxis* geschaffenen Formen stellen (mit Ausnahme der Wahldividende mit Titelbezug und der angelsächsischen Stockdividende) aktienrechtlich *keine Gewinnausschüttung* und damit *keine Dividendenleistung* dar[18]: 79

– Bei der *Gratiskapitalerhöhung* werden überhaupt keine Aktiven in das Vermögen der Aktionäre überführt, sondern es geschieht lediglich eine *Umschichtung* innerhalb der Passiven der Gesellschaft, indem freies Gesellschaftsvermögen zu Aktienkapital wird. Beim Aktionär führt die Ausgabe von *Gratisaktien* dazu, dass seine gleichbleibende quotale Beteiligung am gleichen Vermögen künftig auf mehr Aktien aufgeteilt ist. (Näheres in § 52 N 129 ff). 80

– Bei einer *Nennwertherabsetzung* (vgl. dazu § 53 N 68 ff) geht es ebensowenig um eine Gewinnausschüttung: Vielmehr wird das Eigenkapital herabgesetzt, was wirtschaftlich – anteilsmässig pro Titelkategorie – die Rückführung von *Substanz* an die Aktionäre ermöglicht. 81

– Beim *Aktienrückkauf* spielt sich ein vergleichbarer Vorgang ab, indem die Gesellschaft frei verwendbares Eigenkapital für den Rückkauf eigener Aktien einsetzt, um nach erfolgter Tilgung der Titel auf dem Wege der Kapitalherabsetzung den Nominalwert des gesamten Aktienkapitals zu reduzieren (vgl. dazu § 53 N 73 ff). 82

Doch kann auf diesen Wegen dem Aktionär – wie bei einer klassischen Dividendenausschüttung – Bargeld zugewiesen werden: 83

– Bei der *Stockdividende* hat es der Aktionär in der Hand, die neu erworbenen Aktien am Markt zu veräussern und so Bargeld zu erlangen. Dieser Vorgang entspricht der 84

---

15 Das Vorgehen ist freilich – wegen des gesetzlichen Mindestnennwerts von Fr. 10.– (OR 622 IV, dazu § 1 N 52) – nicht beliebig oft praktizierbar.
16 Vgl. im übrigen die Ausführungen zur sog. konstitutiven Kapitalherabsetzung in § 52 N 33 ff.
17 Einzelne Gesellschaften taten dies *direkt*, andere *indirekt* durch eine sog. «Put-Option», ein dem Aktionär eingeräumtes und börsenmässig handelbares Optionsrecht.
18 Insofern entspricht das Vorgehen der Gewährung attraktiver Bezugsrechte, dazu vorn N 72 f.

Einräumung eines Bezugsrechts zu Bedingungen unter dem Kurswert, das der Aktionär veräussern und so zu Bargeld machen kann.

85 – Die *Nennwertherabsetzung* entspricht wirtschaftlich der *Dividendenausschüttung* weitgehend: Das Vermögen der Gesellschaft verringert sich im Umfang der erfolgten Ausschüttung, die Beteiligungsquote des Aktionärs am Gesellschaftsvermögen bleibt dieselbe. Der wirtschaftliche Beteiligungswert der Aktien sinkt theoretisch um den reduzierten (und zurückbezahlten) Nennwert, in gleicher Weise, wie der innere Wert einer Aktie aufgrund der Ausschüttung einer Bardividende sinkt (dazu vorn N 20).

86 – Beim *Rückkauf eigener Aktien* erlangt der Aktionär Bargeld direkt von der Gesellschaft, wobei seine bisherige Beteiligungsquote aufgrund des Verkaufs eines Teils seiner Aktien sinkt.

7. Verdeckte Gewinnausschüttungen

87 a) Die Ausschüttung von Dividenden an die Aktionäre führt zu einer wirtschaftlichen *Doppelbesteuerung:* Der auszuschüttende Betrag muss zunächst von der AG als Gewinn versteuert werden, anschliessend vom Aktionär als Einkommen. In privaten Aktiengesellschaften wurde seit jeher versucht, diesen unattraktiven Weg zu vermeiden und andere Formen zu finden, um dem Aktionär geldwerte Vorteile zukommen zu lassen. Nicht selten geschieht dies in der Form von sog. *verdeckten Gewinnausschüttungen.*

88 b) «Eine verdeckte Gewinnausschüttung liegt vor, wenn einem Gesellschafter oder einer ihm oder der Gesellschaft nahestehenden Person bewusst geschäftsmässig nicht begründete Zuwendungen geldwerter Vorteile durch die Gesellschaft erwachsen, ohne dass diese aufgrund eines Gewinnverteilungs- oder Kapitalherabsetzungsbeschlusses durch die Generalversammlung erfolgen.»[19]

89 Die Gesellschaft erbringt also Leistungen, ohne dafür eine (angemessene) Gegenleistung zu erhalten. Wirtschaftlich betrachtet werden auf diese Weise Mittel der Gesellschaft an die Aktionäre (oder ihnen nahestehende Personen) transferiert, was im Effekt einer Ausschüttung gleichkommt.

90 Beispiele sind übersetzte Gehälter oder Provisionen, die Vergütung fiktiver Spesen, Darlehen der Gesellschaft an Aktionäre ohne ernstgemeinte Verpflichtung zur Rückzahlung oder zu unüblich günstigen Bedingungen oder umgekehrt hochverzinsliche Darlehen von Aktionären an ihre Gesellschaft, die Veräusserungen von Vermögenswerten an Gesellschafter unter dem Marktpreis oder der Kauf von Gütern von Aktionären durch die Gesellschaft zu übersetztem Preis usw.[20].

---

[19] Dieter C. Probst: Die verdeckte Gewinnausschüttung nach schweizerischem Handelsrecht (Diss. Bern 1981) 11.
[20] Vgl. Probst (zit. Anm. 19) 22 ff; Bochud (zit. N 1) 179 ff; Anton Widler: Verdeckte Gewinnausschüttungen und der Rückerstattungsanspruch nach neuem Aktienrecht, Zürcher Steuerpraxis *1993* 233 ff; sodann als etwas komplexeres Beispiel BGE 119 Ib 116 ff: Die freiwillige Zuwendung einer Tochtergesellschaft an eine Schwestergesellschaft (hier: Übernahme einer Schuldverpflichtung) stellt eine geldwerte Leistung an die Muttergesellschaft dar, soweit sie unbeteiligten Dritten unter den gleichen Umständen nicht erbracht worden wäre.

c) Die *Rechtswidrigkeit* solcher Vorgänge liegt auf der Hand: 91
- Die Kapitalschutzbestimmungen (dazu § 50, insbes. N 105 ff) und insbes. die vorstehend (N 27 ff) dargestellten strengen Voraussetzungen für die Ausschüttung von Dividenden werden missachtet. 92
- Kommen die verdeckten Ausschüttungen nicht allen Aktionären in gleicher Weise zu, wird überdies das Recht der Aktionäre auf Gleichbehandlung verletzt[21]. 93

d) Das revidierte Recht sieht in OR 678 II für verdeckte Gewinnausschüttungen ausdrücklich eine Rückerstattungspflicht vor, freilich nur, wenn ein *offensichtliches Missverhältnis* zur Gegenleistung besteht. Durch diese Einschränkung soll – so die Botschaft[22] – «eine kleinliche Nachrechnerei» vermieden werden. (Näheres in § 50 N 112 ff). 94

In der Praxis wird man eine grosszügige Salarierung von Mitarbeiteraktionären, aber auch die Einräumung gewisser Vorteile tolerieren, falls sie allen Aktionären gleichmässig zukommen und im Branchenvergleich als vertretbar erachtet werden können. Die Einräumung weitergehender Vorteile kann dagegen nicht nur die Rückerstattungspflicht, sondern auch eine persönliche Haftung der verantwortlichen Organe auslösen. 95

e) Der Begriff der verdeckten Gewinnausschüttung (nach der verrechnungssteuerlichen Terminologie als *geldwerte Leistung* bezeichnet) ist vor allem im *Steuerrecht* entwickelt worden, indem geschäftsmässig nicht begründete Leistungen an Aktionäre und nahestehende Dritte der Gesellschaft als *steuerbarer Gewinn* aufgerechnet werden. Dabei wird – anders als nach OR 678 II (dazu § 50 N 119 ff) – keineswegs ein «offensichtliches Missverhältnis» zwischen Leistung und Gegenleistung vorausgesetzt. Steuerlich werden als verdeckte Gewinnausschüttungen insbesondere geldwerte Leistungen bezeichnet, die eine Gesellschaft ihren Gesellschaftern oder ihr oder ihren Gesellschaftern nahestehenden Personen *ohne entsprechende Gegenleistung* direkt oder indirekt zuwendet, aber *unbeteiligten Dritten* unter den gleichen Umständen nicht erbringen würde[23]. 96

Näheres bei Markus Neuhaus: Die Besteuerung des Aktienertrages (Diss. Zürich 1988 = ZStöR 81) insbes. 96 ff, 172 ff; Probst (zit. N 1); Widler (zit. Anm. 20) und Thomas Hilty: Die Besteuerung geldwerter Leistungen (2. A. St. Gallen 1990); vgl. ferner etwa Markus Reich: Verdeckte Vorteilszuwendungen zwischen verbundenen Unternehmen, ASA *1985/86* 609 ff; ders.: Vermögensertragsbegriff und Nennwertprinzip, in: FS Höhn (Bern 1995) 255 ff, 273 ff; Jacques-André Reymond: Dividendes cachées et rendement minimum des sociétés anonymes, SAG *1983* 14 ff. 97

---

[21] Vgl. als Beispiel BGE 105 II 120 f, dazu vorn N 52.
[22] S. 153.
[23] Vgl. etwa BGE 119 Ib 431 ff oder MWSTV 26 II: «Im Falle einer Lieferung oder Dienstleistung an eine nahestehende Person gilt als Entgelt der Wert, der unter unabhängigen Dritten vereinbart würde.»

III. Das Recht auf das Liquidationsergebnis

98 a) «Bei Auflösung der Gesellschaft hat der Aktionär, soweit die Statuten über die Verwendung des Vermögens der aufgelösten Gesellschaft nichts anderes bestimmen, das Recht auf einen verhältnismässigen Anteil am Ergebnis der Liquidation.» (OR 660 II).

99 Dieses Recht auf den Liquidationsanteil *hängt mit dem Dividendenrecht eng zusammen:* Im Zeitpunkt der Liquidation soll der Aktionär vom Wertzuwachs profitieren, der durch die Nichtverteilung von Gewinnen, durch die Schmälerung seiner Dividende also, entstanden ist. Der Liquidationsanteil wird denn in der Literatur auch als «Schlussdividende» bezeichnet[24], was insofern nicht ganz richtig ist, als im Liquidationsanteil auch der Liberierungsbetrag enthalten ist, also teilweise nicht eine «Gewinnausschüttung», sondern eine «Rückzahlung» erfolgt.

100 Bei grossen Publikumsgesellschaften ist das Recht auf eine Beteiligung am Liquidationsergebnis meist theoretischer Natur, da solche Gesellschaften kaum je liquidiert werden (es sei denn durch Konkurs, und in diesem wird sich ohnehin kein Liquidationsüberschuss ergeben). Bedeutsam bleibt aber die *Anwartschaft* auf den Liquidationsanteil, da sich diese im Substanzwert und damit auch im *Kurswert der Aktien niederschlägt* und durch Veräusserung der Aktien realisiert werden kann.

101 b) Massgebend ist – soweit nichts anderes bestimmt ist – wie beim Dividendenrecht der *auf den Aktiennennwert einbezahlte Betrag* (OR 745 I). Abzustellen ist daher nicht auf den Nennwert der Aktien, sondern auf den Umfang der Liberierung, und ein allfälliges Agio bleibt ausser Betracht.

102 c) Das Recht auf einen Anteil am Liquidationsergebnis ist *relativ wohlerworben:*

103 Gänzlich aufgehoben werden kann es nur in den Urstatuten oder mit Einstimmigkeit aller Aktionäre. *Nachträgliche Schmälerungen* sind dagegen möglich, wenn die allgemeinen Voraussetzungen für die Beschränkung von Aktionärsrechten erfüllt sind:

104 – Es bedarf eines *sachlichen Grundes,* d. h. die Beschränkung muss im Gesellschaftsinteresse liegen (vgl. § 39 N 87).

105 – Sie muss *objektiv erforderlich* sein (vgl. § 39 N 91).

106 – Der Grundsatz der *Gleichbehandlung* der Aktionäre muss beachtet werden (vgl. § 39 N 11 ff).

107 – Und schliesslich muss die Beschränkung das *schonendste* oder wenigstens ein *schonendes Mittel* zur Erreichung des gesteckten Zieles darstellen (vgl. § 39 N 95 ff).

108 Einschränkungen des Rechts auf die Liquidationsquote, welche diese Voraussetzungen erfüllen, sind schwer vorstellbar.

109 Richtigerweise sollte das Recht auf die Liquidationsquote gleich geschützt sein wie das Bezugsrecht, da beide Rechte das Interesse des Aktionärs an der Beibehaltung seiner

---

[24] So von Neuhaus in Basler Kommentar zu Art. 660 N 19.

Quote an der Gesellschaft und ihrem Vermögen schützen (vgl. zu den Zusammenhängen zwischen dem Recht auf Dividende, dem Bezugsrecht und dem Recht auf Liquidationsquote nachstehend N 218 ff). Das revidierte Recht trägt diesem Postulat jedoch nicht konsequent Rechnung:

– Für den Entzug des Bezugsrechts wird ein *wichtiger Grund* verlangt (OR 652b II), während sich das Gesetz über die Voraussetzungen der Einschränkung des Rechts auf die Liquidationsquote ausschweigt. Diese Differenz dürfte durch Auslegung auszugleichen sein: «Wichtiger Grund» meint beim Bezugsrecht «sachlicher» oder allenfalls «qualifiziert sachlicher» Grund (vgl. N 249), und diese Anforderung ist trotz des Schweigens des Gesetzes auch an die Beschränkung des Rechts auf das Liquidationsergebnis zu stellen.

– Der Entzug des Bezugsrechts ist nur unter Einhaltung des in OR 704 für sog. wichtige Beschlüsse vorgesehenen *qualifizierten Quorums* (dazu § 24 N 41) möglich, während die Beschränkung des Rechts auf das Liquidationsergebnis in der abschliessend gedachten Liste von OR 704 fehlt. U.E. handelt es sich hier um einen Fehler der gesetzlichen Ordnung, der nicht korrigiert werden kann: Einschränkungen des Rechts auf das Liquidationsergebnis können – falls statutarisch nichts anderes vorgeschrieben ist – mit dem ordentlichen Quorum von OR 703 beschlossen werden.

110

111

In den *ursprünglichen Statuten* kann die Zuwendung und Verteilung des Liquidationsüberschusses *beliebig geregelt* werden (vgl. die ausdrücklich dispositive Fassung von OR 660 II).

112

So könnte etwa bei einer nicht wirtschaftliche Ziele verfolgenden AG analog der gesetzlichen Ordnung im Genossenschaftsrecht (OR 913 IV) eine Verwendung des Liquidationsüberschusses «zur Förderung gemeinnütziger Bestrebungen» vorgesehen werden.

113

d) Vgl. auch hinten § 56 N 119 ff.

114

IV. Das Recht auf Bauzinsen

a) Die AG darf Ausschüttungen an ihre Gesellschafter nur aus erzielten Gewinnen vornehmen. «Zinse dürfen für das Aktienkapital nicht bezahlt werden.» (OR 675 I).

115

Vom Verbot erfasst sind *alle erfolgsunabhängigen Leistungen* an die Aktionäre, periodische wie aperiodische. Eine Gesellschaft kann daher ihren Aktionären auch keine «Dividendengarantie» abgeben[25].

116

b) Eine *Ausnahme* zu diesem Grundsatz bilden die in OR 676 vorgesehenen sogenannten *Bauzinse*: Das sind *Zinsen, die im Anfangs-* (OR 676 I) oder *Ausbaustadium* (OR 676 II) ausnahmsweise auf das Aktienkapital ausbezahlt werden dürfen, also dann, wenn der Betrieb der Gesellschaft noch nicht richtig angelaufen ist[26] und daher auch noch keinen Ertrag abwerfen kann.

117

---

[25] Wohl aber können sich Dritte zu solchen Garantien verpflichten.
[26] Die Fabrikationsanlagen befinden sich noch im Bau, der Hotelkomplex ist noch nicht erstellt, der Skilift läuft noch nicht ...

118 Mit dieser Ausnahmebestimmung wollte der Gesetzgeber die Möglichkeit schaffen, den Aktionären in der Auf- und Ausbauzeit, in der noch keine Gewinne zu erwirtschaften sind, gewisse Gegenleistungen für die von ihnen zur Verfügung gestellten Mittel erbringen zu können. Da die Auszahlung solcher Bauzinsen die Deckung des Aktienkapitals tangiert, lässt sie das Gesetz nur in *engen Grenzen* zu:

119 – Die Gesellschaft muss eine *Anlage* errichten oder – im Falle der Kapitalerhöhung – diese erweitern.

120 – Die Zinszahlungen dürfen nur für die Zeit von «Vorbereitung und Bau bis zum Anfang des vollen Betriebes des Unternehmens» (OR 676 I) bzw. – im Falle der Kapitalerhöhung – «bis zur Aufnahme des Betriebes der neuen Anlage» (OR 676 II) ausbezahlt werden.

121 – Die Zinsen müssen *statutarisch vorgesehen* sein, und es ist in den Statuten der *Zeitpunkt* zu bezeichnen, in welchem die Zinszahlungen spätestens (also auch dann, wenn die Vorbereitungsarbeiten bis dann nicht beendet sind) aufhören.

122 c) In der Praxis ist die Ausschüttung von Bauzinsen *selten,* weil die Gesellschaft gerade im Anfangs- oder Ausbaustadium meist alle verfügbaren Mittel benötigt und Ausschüttungen gerade in diesem Zeitraum geschäftspolitisch nicht gerechtfertigt sind.

123 Beispiele finden sich bei Gesellschaften, welche die Errichtung und den Betrieb von Bergbahnen und Skiliften bezwecken.

124 Bauzinsen sind aber auch eine Art Selbsttäuschung: Ausgeschüttet wird ja nicht ein von der Gesellschaft erwirtschafteter Ertrag, sondern ein Teil der *von den Aktionären geleisteten Einzahlungen.* Der Liberierungsbetrag muss daher entsprechend höher ausfallen und wird nachher tranchenweise zum Teil wieder zurückbezahlt.

V. Das Recht auf Benutzung der gesellschaftlichen Anlagen

125 a) Im Genossenschaftsrecht spricht OR 859 II ausdrücklich von der «Benützung der genossenschaftlichen Einrichtungen durch die einzelnen Mitglieder», und es ist genossenschafts*typisch,* dass in der Benutzung dieser Einrichtungen (der Einkaufsmöglichkeiten bei Einkaufsgenossenschaften, des Maschinenparks bei landwirtschaftlichen Genossenschaften, von Wohnraum bei Baugenossenschaften) das entscheidende vermögensmässige Recht des Genossenschafters liegt.

126 b) Im Aktienrecht fehlt ein entsprechender Hinweis. Das typische Aktionärsinteresse ist das Dividendeninteresse; an der spezifischen Tätigkeit der AG ist der «typische» Aktionär nur insoweit interessiert, als dadurch Ertrag erwirtschaftet wird.

127 Doch ist es auch im Rahmen der AG zulässig, den *Gesellschaftern Anlagen der Gesellschaft unentgeltlich oder zu Vorzugsbedingungen zur Verfügung zu stellen.*

Solche Rechte kommen als *Nebenrechte* neben dem im Vordergrund stehenden Recht auf Dividende nicht selten vor[27], ohne dass dies statutarisch verankert wäre. 128

Im *Zentrum* der Vermögensrechte stehen Benutzungsrechte bei der atypischen sog. *kooperativen AG*, d. h. bei Aktiengesellschaften mit genossenschaftlichem Einschlag wie etwa der Mieter-AG, bei der den Aktionären ein Benutzungsrecht an Wohnraum in einer der AG gehörenden Liegenschaft verschafft werden soll. 129

C. Mitwirkungsrechte

Die Mitwirkungsrechte des Aktionärs stehen durchwegs im Zusammenhang mit der GV und sind bei deren Behandlung besprochen worden. 130

Im Zentrum steht das Stimmrecht, das entsteht, «sobald auf die Aktie der gesetzlich oder statutarisch festgesetzte Betrag einbezahlt ist» (OR 694, vgl. dazu § 24). 131

Damit verbunden sind weitere Rechte, welche die Ausübung des Stimmrechts und dessen sinnvollen Gebrauch ermöglichen sollen, so 132
– das Recht auf *Einladung* und *Bekanntgabe der Traktanden* (OR 700), dazu § 23 N 16 ff, 133
– das *Einberufungs- und Traktandierungsrecht* (OR 699 III), dazu § 23 N 22 ff, 134
– das *Teilnahmerecht* (OR 689, 689a), dazu § 23 N 16 ff und 58 ff, 135
– das *Meinungsäusserungs- und Antragsrecht*, dazu § 23 N 104 ff, 136
– das Recht, gegen die *Teilnahme Unbefugter* Einspruch zu erheben und das damit zusammenhängende Anfechtungsrecht (OR 691), dazu § 23 N 90 und § 25 N 41 ff, 137
– das Recht, sich *vertreten* zu lassen (OR 689 II, 689b–690), dazu § 24 N 120 ff, 138
– das Recht auf *Einsicht in das GV-Protokoll* (OR 702 III), dazu § 23 N 121. 139

Als weiteres Recht mag das *passive Wahlrecht* der Aktionäre erwähnt werden (OR 707), dazu § 27 N 2 ff. 140

D. Schutzrechte

I. Übersicht

Ausgangspunkt für die Geltendmachung von Aktionärsrechten und damit auch grundlegendes Schutzrecht ist das Recht des Aktionärs auf *Information* (Ziff. II N 146 ff). 141

Gegen Rechtsverletzungen durch Organe sind spezielle aktienrechtliche *Klagerechte* vorgesehen: die Rechte auf Anfechtung von GV-Beschlüssen und Feststellung der Nichtigkeit von Beschlüssen der GV und des Verwaltungsrates 142

---

[27] Als Recht zum verbilligten Bezug von Produkten, welche die Gesellschaft herstellt, zu Gratisfahrten, vergünstigten Flugtickets usw.

(Ziff. III N 208), die Verantwortlichkeitsklage (Ziff. IV N 209) und die Klage auf Rückerstattung ungerechtfertigt bezogener Leistungen (Ziff. V N 210).

143 Der Aktionär hat die Möglichkeit, *Unabhängigkeit und ausreichende Qualifikation der Revisoren* durchzusetzen (Ziff. VI N 211) und *ungeeignete Liquidatoren abberufen* zu lassen (Ziff. VII N 212).

144 Als ultima ratio steht ihm die *Auflösungsklage* offen (Ziff. VIII N 213).

145 Dem Schutz von Aktionären einer bestimmten *Kategorie* dient das Recht auf *Vertretung* im Verwaltungsrat (Ziff. IX N 214).

II. Informationsrechte des Aktionärs[28]

1. Problematik und gesetzgeberisches Konzept

146 a) Damit der Aktionär seine Kapitalanlage beurteilen und richtige Investitionsentscheide treffen kann, muss er über seine Gesellschaft *informiert* sein. Ebenso ist eine angemessene Information unabdingbare Voraussetzung für die Geltendmachung der Mitverwaltungsrechte und besonders des Stimmrechts[29].

147 Die Informationsrechte dienen daher den *Individualinteressen* der Aktionäre. Zugleich sind sie aber auch Voraussetzung für die *Funktionsfähigkeit der GV* als oberstem Organ der Gesellschaft.

148 Das legitime Informationsinteresse des Aktionärs kann nun aber im Konflikt stehen zu einem ebenso legitimen *Geheimhaltungsinteresse der Gesellschaft*. Dies um so mehr, als der Aktionär durch keine Treuepflicht gebunden (vgl. § 42 N 24 ff) und insbes. nicht gehalten ist, die ihm zugekommenen Informationen vertraulich zu behandeln[30]. Was einem Aktionär mitgeteilt wird, kann daher den Weg zu jedem beliebigen Dritten, auch zur Konkurrenz finden.

149 b) Der Gesetzgeber hatte daher eine mittlere Lösung zu finden, durch die den Aktionären soviel Information wie möglich zukommen, bei der aber auch das

---

[28] Hiezu umfassend Horber (zit. N 1); ferner etwa H. P. Büchler: Das Kontrollrecht der Aktionäre (Diss. Zürich 1971); Matthias Eppenberger: Information des Aktionärs – Auskunfts- oder Mitteilungspflicht? (Diss. St. Gallen 1989 = St. Galler Studien zum Privat-, Handels- und Wirtschaftsrecht 23); Walter R. Schluep: Das Auskunftsrecht als wohlerworbenes Recht, SAG *1955/56* 129 ff; Conrad M. Walther: Zur Rechtsanwendung wertungsbedürftiger Minderheitsschutznormen im schweizerischen Aktienrecht (Diss. Bern 1987 = SSHW 97) insbes. 77 ff; Kurt Widmer: Das Recht des Aktionärs auf Auskunftserteilung ... (Diss. Zürich 1962); Heinz F. Wyss: Das Recht des Aktionärs auf Auskunftserteilung unter besonderer Berücksichtigung des Rechts der Unternehmenszusammenfassungen (Diss. Zürich 1953). – Grundlegend zur Informationsproblematik Jean Nicolas Druey: Geheimsphäre des Unternehmens (Basel/Stuttgart 1977).

[29] Doch ist nach neuerer Lehre und Praxis das Informationsrecht nicht lediglich ein Hilfsrecht zur Ausübung anderer Rechte, sondern es kommt ihm selbständige Bedeutung zu, vgl. BGE 109 II 48, 95 II 161 f.

[30] Eine Ausnahme gilt für die Mitglieder des Verwaltungsrates mit Bezug auf die ihnen in dieser Funktion zugekommenen Informationen, vgl. § 28 N 40 ff.

Geheimhaltungsinteresse der Gesellschaft soweit als nötig geschützt sein soll. Er tat dies durch das in OR 696–697h verankerte dreistufige Konzept der aktienrechtlichen Informationsrechte:
- Durch OR 696 wird die AG verpflichtet, den Aktionären gewisse (in OR 662–663h näher konkretisierte) Informationen *von sich aus, «spontan»*[31] zur Verfügung zu stellen. Vgl. dazu Ziff. 2.   150
- OR 697 gibt dem Aktionär das Recht, sich aktiv weitere Informationen zu beschaffen. Die Gesellschaft geht in diesem Bereich *«reaktiv»* vor, sie muss nur tätig werden, wenn Aktionäre dies verlangen[32]. Vgl. dazu Ziff. 3–5.   151
- Schliesslich wird mit dem neuen Institut des *Sonderprüfers* (OR 697a–697g) versucht, den Konflikt zwischen Offenlegungs- und Geheimhaltungsinteressen durch Zwischenschaltung eines Dritten zu überbrücken. Dazu § 35.   152

Einige weitere *spezielle Informationsrechte* finden sich an anderer Stelle im Gesetz verstreut: 153
- OR 663c: Recht auf Auskunft über die *Beteiligungsverhältnisse* bei Publikumsgesellschaften (dazu § 39 N 8 ff).   154
- Nach OR 663e III Ziff. 3 kann eine Aktionärsminderheit die Erstellung einer *Konzernrechnung* durchsetzen, auch wenn sie vom Gesetz her nicht verlangt wird (dazu § 51 N 208).   155
- OR 702 III verankert das Recht des Aktionärs auf *Einsicht in die GV-Protokolle* (dazu § 23 N 121).   156
- OR 716b II a. E. endlich gibt dem Aktionär das Recht, «auf Anfrage hin schriftlich über die *Organisation der Geschäftsführung»*[33] orientiert zu werden (dazu § 11 N 27 f).   157

Zu erwähnen sind sodann zwei Regeln, welche die Geltendmachung aktienrechtlicher Auskunftsrechte ermöglichen und ihre Erfüllung überprüfbar machen sollen: 158
- OR 729c betreffend die Pflicht mindestens eines Revisors zur *Anwesenheit in der GV* (dazu § 39 N 47),   159
- OR 702 II Ziff. 3, wonach «die Begehren um Auskunft und die darauf erteilten Antworten» zu *protokollieren* sind.   160

Zum *Schutz* der Informationsrechte sieht OR 706b Ziff. 2 vor, dass Beschlüsse, welche «Kontrollrechte von Aktionären über das gesetzlich zulässige Mass hinaus beschränken», *nichtig* sein sollen. Diese Regel gilt nicht nur für Beschlüsse der GV, welche Kontrollrechte in ihrer Substanz tangieren, sondern wegen OR 714 sinngemäss auch für solche des Verwaltungsrates. Näheres in § 25 N 89 ff.   161

---

[31] Eppenberger (zit. Anm. 28) 64 ff, ausführlich Horber (zit. N 1) 1. Teil 2. Kapitel.
[32] Dazu Horber (zit. N 1) 1. Teil 3. Kapitel, Eppenberger (zit. Anm. 28) 91 ff.
[33] Hervorhebung hinzugefügt.

2. Bekanntgabe des Geschäftsberichts und des Revisionsberichts (OR 696)

162 a) Nach OR 696 hat der Verwaltungsrat (vgl. OR 716a I Ziff. 6) den Aktionären alljährlich einen *Geschäftsbericht* vorzulegen. Dieser besteht aus einem verbalen Teil, dem Jahresbericht, und einem Zahlenteil, der Jahresrechnung und einer allfälligen Konzernrechnung (vgl. OR 662 I). Die Jahresrechnung ihrerseits besteht aus der Erfolgsrechnung, der Bilanz und dem Anhang (OR 662 II). Dieselbe Gliederung gilt für die Konzernrechnung. Zum Inhalt dieser Berichterstattung vgl. § 51.

163 Ebenso ist – was die Marginalie zu OR 696 verschweigt, der Text aber ausdrücklich festlegt – den Aktionären der *Revisionsbericht* (dazu § 33 N 39 ff) zu unterbreiten.

164 b) Die Information erfolgt durch *Auflage* am Gesellschaftssitz mindestens zwanzig Tage vor der ordentlichen GV (OR 696 I), und es ist die Auflage den Aktionären bekanntzugeben (OR 696 II, dazu § 23 N 50 ff, dort auch der Hinweis darauf, dass es als Alternative zulässig sein dürfte, die Dokumente sämtlichen Aktionären zuzustellen).

165 «Jeder Aktionär kann noch während eines Jahres nach der Generalversammlung von der Gesellschaft den Geschäftsbericht in der von der Generalversammlung genehmigten Form sowie den Revisionsbericht verlangen.» (OR 696 III)[34].

3. Das Auskunftsrecht (OR 697 I, II)

166 a) Die Auskunftsrechte sind vom Aktionär grundsätzlich *in der GV* geltend zu machen.

167 Doch steht nichts entgegen, das Begehren vorgängig *schriftlich* einzureichen, und es drängt sich dies dann auf, wenn die Beantwortung seitens der Gesellschaft Abklärungen erforderlich macht. Schriftlich eingereichte Auskunftsbegehren können in der GV selbst, aber auch vorgängig beantwortet werden. Wird das Begehren erst in der Versammlung gestellt, hängt die Pflicht zur Beantwortung davon ab, ob die Beschaffung der erforderlichen Unterlagen möglich und zumutbar ist. Ist dies nicht der Fall, kann die Auskunft auf später verschoben werden.

168 Auskunftspflichtig sind der Verwaltungsrat «über die Angelegenheiten der Gesellschaft» und die Revisionsstelle «über Durchführung und Ergebnis ihrer Prüfung» (OR 697 I).

169 b) *Gegenstand* eines Auskunftsbegehrens kann grundsätzlich alles sein, was im Zusammenhang mit der *Ausübung von Aktionärsrechten* steht und für die *Beurteilung der Lage der Gesellschaft* erheblich ist. Im einzelnen ergeben sich jedoch *Schranken:*

---

[34] Das bisherige Recht sah vor, dass die entsprechenden Dokumente «auf Kosten der Gesellschaft» ausgestellt werden sollten. Daran hat sich wohl trotz des Schweigens des revidierten Rechts nichts geändert.

aa) Nach OR 697 II ist Auskunft (nur) «insoweit zu erteilen, als sie für die Ausübung der Aktionärsrechte erforderlich ist». 170

Verlangt ist also ein *Sachzusammenhang* mit der Tätigkeit der Gesellschaft und den zur Debatte stehenden Traktanden. Insbesondere hat der Aktionär ein Recht auf Information über diejenigen Tatsachen, die für eine vernünftige und sachgemässe Beschlussfassung betreffend die Abnahme der Jahresrechnung, die Gewinnverwendung, die Erteilung der Decharge, Wahlen usw. erforderlich sind. Dabei kann bei *ausserordentlichen Verhältnissen* die Pflicht zur Auskunftserteilung weiter gehen als im Normalfall. 171

Aus der Schranke der *«Erforderlichkeit»* ergibt sich ein Verbot, sich des Auskunftsrechts zur Verfolgung von *normfremden Zwecken* zu bedienen: Wie jedes Recht darf auch das Auskunftsrecht *nicht gegen Treu und Glauben* geltend gemacht werden. Auskunftsbegehren, die in der Absicht gestellt werden, der Gesellschaft Schaden zuzufügen, können als missbräuchlich zurückgewiesen werden, ebenso solche, die lediglich dem Informationsinteresse der Konkurrenz dienen. 172

Doch liegt ein Missbrauch nicht schon dann vor, wenn das Auskunftsrecht nicht von einem ausgewiesenen berechtigten Interesse getragen wird, da der Nachweis eines solchen Interesses gesetzlich nicht verlangt wird. Es ist vielmehr Sache des eine Auskunft ablehnenden Verwaltungsrates, den Missbrauch nachzuweisen. 173

bb) Eine weitere *generelle Schranke* ergibt sich daraus, dass in der Regel nur *Aufschlüsse zusammenfassender Natur* verlangt werden können, nicht dagegen die Preisgabe von Einzelheiten[35]. 174

cc) Die Auskunft kann verweigert werden, «wenn durch sie Geschäftsgeheimnisse oder andere schutzwürdige Interessen der Gesellschaft gefährdet werden» (OR 697 II). Dabei ist zu differenzieren zwischen absoluten und relativen Geschäftsgeheimnissen: 175

– *Absolute* Geschäftsgeheimnisse sind solche, zu deren Geheimhaltung die Gesellschaft gegenüber Dritten verpflichtet ist. Sie sind von der Gesellschaft auf jeden Fall zu beachten. 176

– Demgegenüber werden *relative* Geschäftsgeheimnisse im Interesse der Gesellschaft selbst verschwiegen. Der Verwaltungsrat kann – gestützt auf eine Interessenabwägung – auf die Geheimhaltung verzichten. Zu den relativen Geschäftsgeheimnissen gehören etwa der allgemeine Geschäfts- und Handelsverkehr einer AG, ihr Kundenkreis und bestimmte Geschäfte. Gründe für die Auskunftsverweigerung können etwa die Gefährdung von Geschäftsbeziehungen sein, ebenso Anfeindungen in der Öffentlichkeit, nicht dagegen generell das Prestige der AG oder die Rücksicht auf die Aktienkurse. Allgemein ist festzuhalten, dass nur *Einzelheiten* des geschäftlichen Lebens unter das Geschäftsgeheimnis fallen, nicht dagegen das Geschäftsgebaren im allgemeinen. 177

Wann ein durch Verweigerung der Auskunft zu schützendes Geheimnis vorliegt, ist im Einzelfall und aufgrund der konkreten Verhältnisse zu entscheiden. Es ist dabei dem Charakter der in Frage stehenden Gesellschaft angemessen Rechnung zu tragen. 178

---

[35] Vgl. dazu die Genfer Cour de Justice in Sem. *1992* 340 (zitiert auch in SZW *1993* 62): «En relation avec la gestion de l'entreprise, l'actionnaire peut ainsi demander des renseignements sur l'appareil de production, sur les coûts, sur la politique des prix et des ventes, etc., mais les éléments de détail n'ont pas à être divulgés ...»

179 c) Nach der zusammenfassenden Feststellung des Bundesgerichts[36] sollen durch die Auskunftserteilung «die Interessen der Gesellschaft nicht gefährdet werden». Doch müsse «eine solche Gefährdung durch konkrete Vorbringen behauptet werden und zudem als wahrscheinlich erscheinen ...».

180 In der Literatur wird das Recht auf Auskunftsverweigerung etwas ausführlicher wie folgt umschrieben[37]:

181 «1. Die Verweigerung der Auskunfterteilung ist nur zulässig im Interesse der Gesellschaft, d.h. bei Vorliegen eines Gesellschaftsgeheimnisses oder im Falle eines offenbaren Rechtsmissbrauchs.

182 2. Die Abgrenzung der Schranken der Auskunfterteilung wird insbesondere beeinflusst durch die besondere wirtschaftliche und rechtliche Struktur der Aktiengesellschaft und den Zeitpunkt des Aufschlussbegehrens.

183 3. Das Interesse an der Geheimhaltung muss im Hinblick auf die Belange der Gesellschaft offenbar konkret berechtigt sowie sachlich begründet sein.

184 4. Der Grund der Verweigerung muss bekannt gegeben werden.

185 5. Die Gesellschaft darf durch eine Auskunfterteilung nie geschädigt werden; in Zweifelsfällen ist deshalb für die Verweigerung zu entscheiden.

186 6. Das Recht zur Verweigerung gibt der Verwaltung kein Recht zur Unwahrheit.»

187 d) In OR 716b II ist ein Recht auf *Auskunft «über die Organisation der Geschäftsführung»* verankert, das sich in drei Punkten vom allgemeinen Auskunftsrecht «über die Angelegenheiten der Gesellschaft» im Sinne von OR 697 unterscheidet:

188 – Es steht nicht nur Aktionären, sondern auch Gesellschaftsgläubigern zu, falls diese ein schutzwürdiges Interesse glaubhaft machen.

189 – Das Begehren braucht nicht im Zusammenhang mit der GV gestellt zu werden.

190 – Es ist schriftlich zu beantworten.

191 Dieses Auskunftsrecht soll nach der Idee des Gesetzgebers der Vorbereitung von Verantwortlichkeitsklagen dienen.

4. *Das Recht auf Einsicht (OR 697 III)*

192 a) Neben dem Auskunftsrecht sieht OR 697 in Abs. 3 ein Einsichtsrecht der Aktionäre vor, das *weitergehenden Einschränkungen* unterworfen ist: «Die Geschäftsbücher und Korrespondenzen können nur mit ausdrücklicher Ermächtigung der Generalversammlung oder durch Beschluss des Verwaltungsrates und unter Wahrung der Geschäftsgeheimnisse eingesehen werden.»

193 Die Erteilung oder Verweigerung dieser Ermächtigung steht im freien, aber pflichtgemässen Ermessen der GV oder des Verwaltungsrates.

194 b) Mit der Umschreibung *«Geschäftsbücher und Korrespondenzen»* sind grundsätzlich alle Bücher und Korrespondenzen erfasst, die für eine Beurteilung

---

[36] BGE 109 II 47 ff, 50, ausführlicher und differenzierter BGE 82 II 222.
[37] So Widmer (zit. N 28) 45, in Anlehnung an andere Autoren.

der Lage der Gesellschaft relevant sind, also alle die Gesellschaft betreffenden schriftlichen Unterlagen.

Nicht dazu gehört jedoch nach unbestrittener Lehre in der Regel das *Aktienbuch* (vgl. dazu § 43 N 89 ff).

5. Die Durchsetzung des Rechts auf Auskunft und Einsicht (OR 697 IV)

«Wird die Auskunft oder die Einsicht ungerechtfertigterweise verweigert, so ordnet sie der Richter am Sitz der Gesellschaft auf Antrag an.» (OR 697 IV)[38]. Bei diesem Recht auf richterliche Durchsetzung handelt es sich – wie schon nach bisheriger Praxis[39] – um ein selbständiges Recht, das für sich allein durchgesetzt werden kann und nicht etwa mit einem Anfechtungsbegehren oder einer Verantwortlichkeitsklage zusammenhängen muss[40,41].

6. Einzelfragen

a) Umstritten ist die *Informationspflicht im Konzern.*

Dazu ist zunächst festzuhalten, dass nach revidiertem Recht über die *Beteiligungsverhältnisse* Auskunft zu erteilen ist (OR 663b Ziff. 7, dazu § 51 N 141 ff). Sodann erstreckt sich das Auskunftsrecht der Aktionäre auch auf die Konzernrechnung (OR 696 I in Verbindung mit OR 662, zur Konzernrechnung vgl. § 51 N 190 ff). Da Informationen über die finanzielle Lage, den Geschäftsgang usw. bei Beteiligungen den Aktionär in der Ausübung seiner Rechte massgebend beeinflussen können, ist auch darüber grundsätzlich zu informieren. Zugleich sind aber die vorstehend entwickelten allgemeinen Schranken zu beachten. Was dies im einzelnen für Konzernverhältnisse bedeutet, ist noch wenig geklärt.

U.E. ist zu differenzieren zwischen der vollständigen oder beherrschenden Beteiligung einerseits und der Minderheitsbeteiligung anderseits:

In einem in SAG *1973* 49 auszugsweise wiedergegebenen Entscheid hat das Obergericht des Kantons Zürich eine Auskunftspflicht im Konzern mit Bezug auf *Tochtergesellschaften* bejaht. Es sei in solchen Verhältnissen «nicht auf die formelle Rechtslage, sondern auf die wirtschaftlichen Verhältnisse abzustellen und davon auszugehen, dass herrschende und abhängige Gesellschaften eine wirtschaftliche Einheit bilden ...». Damit unterlägen finanzielle und geschäftliche Vorgänge der abhängigen Gesellschaft «alsdann der gleichen aktienrechtlichen Aufschlusspflicht durch die Organe der herrschenden Gesell-

---

[38] Da es im Ermessen der Gesellschaftsorgane liegt, *Einsicht* zu gewähren oder nicht, kann es sich bei der richterlichen Überprüfung der Ablehnung eines Einsichtsbegehrens – anders als bei einem Begehren auf Auskunft – nur um eine Willkürprüfung handeln.
[39] BGE 109 II 48 E 2.
[40] Vgl. auch SZW *1993* 59. Alternativ zur klageweisen Durchsetzung des Auskunfts- und Einsichtsrechts besteht die Möglichkeit, die Einleitung eines Sonderprüfungsverfahrens zu veranlassen; vgl. Felix Horber: Das Auskunftsbegehren und die Sonderprüfung – siamesische Zwillinge des Aktienrechts, SJZ *1995* 165 ff.
[41] Kantonal ist meist ein rasches Verfahren vorgesehen (vgl. etwa Zürcher ZPO 219 Ziff. 16).

schaft, wie sie für die Verhältnisse und Vorgänge bei der herrschenden Gesellschaft besteht».

201 In der Literatur wird diese Auffassung mehrheitlich geteilt, vereinzelt aber auch kritisiert[42].

202 Ist eine Tochtergesellschaft vollständig beherrscht oder besteht die Beteiligung gar zu 100%, ist dieser Auffassung u. E. zuzustimmen. Sie ergibt sich auch aus den vorstehenden allgemeinen Ausführungen zum Auskunftsrecht des Aktionärs: Dieses wird – wie erwähnt – eingeschränkt durch absolute und relative Geheimhaltungspflichten. Absolute Geheimhaltungspflichten bestehen nun aber mit Bezug auf eine vollständig beherrschte Gesellschaft nicht, weshalb die gleichen Schranken zum Zuge kommen wie bei Auskünften über die Gesellschaft selbst, von der Information verlangt wird.

203 Dagegen ist bei *Minderheitsbeteiligungen* die *absolute* Geheimhaltungspflicht zu beachten, die eine Gesellschaft *Dritten* gegenüber hat. Auskunft ist daher nur insoweit zu erteilen, als die Gesellschaft nicht gegenüber der in Frage stehenden Untergesellschaft *zur Verschwiegenheit verpflichtet* ist. Dies kann dann der Fall sein, wenn Informationen nur aufgrund besonderer Rechtsverhältnisse (etwa einer Vertretung im Verwaltungsrat) erlangt worden sind. Umgekehrt darf Auskunft erteilt werden über solche Informationen, welche die Gesellschaft in ihrer Eigenschaft als Aktionärin erhielt oder erhalten konnte.

204 b) Information über die *stillen Reserven* und ihre Veränderung muss grundsätzlich nur in der in OR 663b Ziff. 8 festgelegten Schranke erteilt werden. Darüber hinaus hat die Revisionsstelle zu bestätigen, dass die gesetzlichen Bestimmungen eingehalten worden sind.

205 c) In der Literatur wird die Auffassung vertreten, bei der *personenbezogenen Klein-AG* gehe das Informationsrecht weiter als bei der grossen Publikumsgesellschaft, weil die Gefahr geringer sei, dass die Information an eine grössere Öffentlichkeit gelange, während umgekehrt das Interesse des Minderheitsaktionärs an Information grösser sei. Diese Ansicht ist insofern problematisch, als auch die kleine, personenbezogene AG von Gesetzes wegen kapitalbezogen ausgestaltet ist und dem Aktionär keine Treue- und schon gar keine Geheimhaltungspflicht obliegt. Immerhin ist bei der Abwägung der Interessen der Gesellschaft an Geheimhaltung und des Aktionärs an Offenlegung dem allenfalls vermehrten Engagement des Minderheitsaktionärs in einer kleinen Gesellschaft Rechnung zu tragen.

206 Möglich ist es in der personenbezogenen AG, den Aktionären zusätzliche, auch das Geschäftsgeheimnis berührende Informationen zukommen zu lassen, jedoch unter der Bedingung, dass sie sich zur Verschwiegenheit verpflichten. Dabei ist der Grundsatz der Gleichbehandlung zu beachten: Allen Aktionären, die sich der Schweigepflicht unterziehen, ist die Zusatzinformation in gleicher Weise zur Verfügung zu stellen.

7. Die Sonderprüfung

207 Vgl. dazu § 35.

---

[42] Vgl. auch die Hinweise in Sem. *1993* 343.

III. **Das Recht auf Anfechtung und auf Feststellung der Nichtigkeit**

Vgl. dazu § 25. 208

IV. **Das Recht zur Verantwortlichkeitsklage**

Vgl. dazu § 36 f. 209

V. **Das Recht auf Rückerstattung von Leistungen**

Vgl. dazu § 50 N 112 ff. 210

VI. **Das Recht auf unabhängige und sachkundige Revisoren**

Vgl. dazu § 32 N 24 ff und 4 ff. 211

VII. **Das Recht auf Abberufung von Liquidatoren aus wichtigen Gründen**

Vgl. dazu § 56 N 44 f. 212

VIII. **Das Recht, die Auflösung der Gesellschaft zu verlangen**

Vgl. dazu § 55 N 57 ff. 213

IX. **Das Recht auf Vertretung im Verwaltungsrat**

Vgl. dazu § 27 N 78 ff, § 28 N 162 f. 214

E. *Rechte auf Beibehaltung der Beteiligungsquote*

I. **Grundsätzliches und Problematik**

a) Die Beteiligungsquote des Aktionärs ist entscheidend für das Ausmass seiner Rechte: Soweit diese nicht allen Aktionären absolut gleich zustehen, richtet sich die Abstufung nach der Quote, mit der die Aktionäre am Kapital der Gesellschaft beteiligt sind (dazu – differenzierend – § 39 N 51 ff). 215

Wird das Aktienkapital erhöht, kann der Aktionär daher ein eminentes Interesse daran haben, neu geschaffenes Kapital im Verhältnis zu seinem bisherigen Anteil übernehmen und dadurch seine *Beteiligungsquote beibehalten zu können*. 216

Wird ihm dies versagt, dann verliert er an Einfluss, da die Gesamtzahl der Stimmrechte steigt, die Zahl seiner eigenen Stimmen jedoch konstant bleibt. Werden neue Aktien unter dem inneren Wert der bisherigen ausgegeben, erfährt zudem seine finanzielle Beteiligung eine Verwässerung.

217 Diesem *Schutz der Beteiligungsquote* dient das *Bezugsrecht* (dazu Ziff. II N 229 ff) und – indirekt – das durch das revidierte Aktienrecht neu eingeführte sog. *Vorwegzeichnungsrecht* (dazu Ziff. III N 301 ff).

218 b) Zu beachten ist der innere *Zusammenhang zwischen* dem Recht auf *Dividende*, dem Recht auf einen *Liquidationsanteil* und dem *Bezugsrecht:*

219 – Der von der Gesellschaft erzielte Gewinn wird regelmässig nur zum Teil als Dividende ausgeschüttet. Der Rest bleibt im Gesellschaftsvermögen. Für die Aktionäre braucht dies kein Nachteil zu sein, steigt doch der Wert ihrer Beteiligung in dem Mass, im welchem Gewinne in der Gesellschaft zurückbehalten werden. Die Ausschüttung einerseits und der innere Wert der Aktien auf der anderen Seite verhalten sich wie kommunizierende Gefässe: Was nicht ausgeschüttet wird, schlägt sich als Mehrwert der Aktie nieder.

220 – Diesen Mehrwert kann der Aktionär durch Veräusserung seiner Aktien realisieren. Und spätestens bei der Liquidation kommen die während des Bestehens der Gesellschaft zusätzlich geschaffenen und zurückbehaltenen Werte zum Vorschein. Sie werden dann – als Liquidationsüberschuss – an die Aktionäre verteilt.

221 – Diese *Kompensation von Minderausschüttung und Mehrwert* wird gestört, wenn neue Aktien zu einem Preis ausgegeben werden, der unter dem Wert der bisherigen liegt: Da alle Aktien – die neuen wie die alten – am Gesellschaftsvermögen und damit an den Mehrwerten in gleicher Weise beteiligt sind, sinkt durch eine solche Transaktion der Wert der alten Aktien, während derjenige der neuen sogleich über den Ausgabepreis steigt.

222 Beispiel: Eine Gesellschaft hat ein Aktienkapital von Fr. 100 000.–, eingeteilt in 100 Aktien à Fr. 1000.–. Das Reinvermögen der Gesellschaft beträgt Fr. 300 000.–. Jede Aktie verkörpert einen Hundertstel dieses Reinvermögens, also Fr. 3000.–.

223 Wird nun das Aktienkapital durch die Ausgabe von weiteren 100 Aktien à Fr. 1000.– verdoppelt und werden die neuen Aktien zum Nennwert liberiert, dann verfügt die Gesellschaft in der Folge über ein Reinvermögen von Fr. 400 000.–, das sich auf 200 Aktien aufteilt. Alle Aktien – die alten wie die neuen – haben damit einen Wert von Fr. 2000.–.

224 Die *Verwässerung der alten Aktien* durch die Ausgabe neuer unter ihrem inneren Wert schadet den bisherigen Aktionären dann nicht, wenn sie entsprechend ihrer Beteiligung *neue Aktien erwerben* können: Was sie auf ihren bisherigen Aktien verlieren, kommt den neuen Aktien zugut. Auch Aktionäre, die nicht bereit oder nicht in der Lage sind, neue Aktien zu erwerben und die für die Liberierung erforderlichen Mittel aufzubringen, können den Minderwert ihrer alten Aktien ausgleichen, indem sie das Erwerbsrecht für neue Aktien verkaufen. Wird dagegen dem Aktionär das Recht auf den Bezug neuer Aktien verweigert, dann hat er den Minderwert auf seinen bisherigen

Papieren zu tragen, ohne diesen mit dem Mehrwert der neuen Aktien kompensieren zu können. Diese Einbusse soll das Bezugsrecht verhindern.

Das *Bezugsrecht* stellt daher sicher, dass die durch die AG geschaffenen *nicht ausgeschütteten Mehrwerte dem Aktionär erhalten bleiben*[43].

c) Nun gibt es aber Fälle, in denen es erforderlich ist, den bisherigen Aktionären das *Bezugsrecht zu entziehen*.

Sollen etwa im Zuge einer Fusion die Aktionäre der zu übernehmenden Gesellschaft mit Aktien der übernehmenden AG abgefunden werden, dann kommt diese nicht umhin, Aktien zu schaffen, die den bisherigen Aktionären vorenthalten werden.

d) Das Gesetz trägt sowohl dem Interesse der Aktionäre am Bezug neuer Aktien wie auch dem Erfordernis, dieses Bezugsrecht allenfalls entziehen zu müssen, Rechnung: Es hat das Bezugsrecht (und entsprechend das Vorwegzeichnungsrecht) *entziehbar* ausgestaltet, den Entzug aber an *qualifizierte formelle wie materielle Anforderungen* geknüpft.

II. Das Bezugsrecht[44]

1. Die Entscheidung des Gesetzgebers

a) Der gesetzgeberische Grundsatzentscheid ist eindeutig: «Jeder Aktionär hat Anspruch auf den Teil der neu ausgegebenen Aktien, der seiner bisherigen Beteiligung entspricht.» (OR 652b I).

b) Doch hat sich der Gesetzgeber dem Bedürfnis, das Bezugsrecht im Interesse der Gesellschaft und der Aktionärsgesamtheit entziehen zu können, nicht verschlossen: Er lässt den Entzug des Bezugsrechts ausdrücklich zu, stellt aber einschränkende materielle Voraussetzungen (vgl. Ziff. 4) und erschwerte formelle Anforderungen (vgl. Ziff. 3) auf. Ausserdem werden der Entscheid über den Grundsatz und die wesentlichen Einzelheiten der GV zugewiesen (vgl. Ziff. 5).

c) Beim Beizug von Lehre und Praxis zum bisherigen Recht ist zu beachten, dass die qualifizierten formellen Anforderungen neu sind. Die materiellen Voraussetzungen sind zwar neu im Gesetz verankert und präzisiert, in den Grundzügen aber nicht verändert worden.

---

[43] Neben dieser vermögensmässigen Komponente dürfen die Mitwirkungsrechte nicht ausser acht gelassen werden: Auch sie werden durch die Ausgabe neuer Aktien verwässert, und das Bezugsrecht korrigiert auch diese Verschlechterung.

[44] Vgl. zum bisherigen Recht und allgemein neben Zindel (Ziff. N 1) auch Edward E. Ott: Das Bezugsrecht der Aktionäre (Diss. Zürich 1962 = ASR 347). Zum neuen Recht vgl. insbes. Zindel/Isler, Basler Kommentar zu Art. 652b, mit weiteren Hinweisen, Böckli N 254 ff, Peter Nobel: Bezugsrecht und Bezugsrechtsausschluss, AJP *1993* 1171 ff, Jacques-André Reymond: Suppression et protection du droit de souscription préférentiel ... SZW *1994* 153 ff.

2. *Berechtigte und Berechnungsgrundlage*

232 a) Bezugsrechtsberechtigt sind grundsätzlich die bisherigen *Aktionäre* (OR 652b I). Besteht ein Partizipationskapital, so steht das Bezugsrecht auch den *Partizipanten* zu (OR 656g, dazu nachstehend Ziff. 6). Ferner können auch den aus *Genussscheinen* Berechtigten Bezugsrechte eingeräumt sein (OR 657 II, dazu § 47).

233 Bei *vinkulierten Namenaktien* ist zu differenzieren:

234 – Sind diese Aktien börsenkotiert, dann erwirbt der Erwerber auch dann die Mitgliedschaft, wenn er die Vinkulierungsvorschriften nicht erfüllt (vgl. § 44 N 217 ff). Dementsprechend steht ihm auch das Bezugsrecht zu (so jetzt ausdrücklich OR 685f II).

235 – Bei nicht börsenkotierten Aktien bleiben dagegen bis zur Anerkennung des Erwerbers als Aktionär alle mit den Aktien verbundenen Rechte, mithin auch das Bezugsrecht, beim Veräusserer (OR 685c I).

236 b) Das Bezugsrecht bemisst sich nach dem *Nennwert* der gehaltenen Aktien, also nach der Leistungs*verpflichtung* und mithin bei nur teilweiser Liberierung nicht nach dem effektiven Kapitaleinsatz[45].

3. *Formeller Schutz des Bezugsrechts*

237 a) Der Entscheid über den Entzug des Bezugsrechts steht unentziehbar der *GV* zu (OR 652b II).

238 Zur Frage der Kompetenzabgrenzung zwischen GV und Verwaltungsrat im Hinblick auf das Bezugsrecht und seine Ausgestaltung vgl. im einzelnen nachstehend Ziff. 5.

239 Während das bisherige Recht die Möglichkeit vorsah, das Bezugsrecht durch eine generelle statutarische Bestimmung zu entziehen (von dieser Möglichkeit wurde freilich in der Praxis kaum Gebrauch gemacht), will das revidierte Recht sicherstellen, dass die Aktionäre «en connaissance de cause» entscheiden: Der Entzug darf nur *anlässlich des Kapitalerhöhungsbeschlusses* selbst und damit im Rahmen der konkreten Schaffung neuer Aktien beschlossen werden (OR 652b II).

240 Mit dem Kapitalerhöhungsbeschluss ist auch der Entzug oder die Einschränkung des Bezugsrechts *öffentlich zu beurkunden* (vgl. OR 650 II, insbes. Ziff. 8).

241 b) Der Entzug des Bezugsrechts gehört zu den in OR 704 aufgezählten *«wichtigen Beschlüssen»*, für die es einer Mehrheit von mindestens zwei Dritteln der vertretenen Stimmen und der absoluten Mehrheit der vertretenen Aktiennennwerte bedarf (OR 704 I Ziff. 6, vgl. § 24 N 28 ff, 41).

4. *Materieller Schutz des Bezugsrechts*

242 a) Nach OR 652b II darf die GV «das Bezugsrecht nur aus wichtigen Gründen aufheben». Ausserdem wird im Gesetz hervorgehoben, es dürfe durch

---

[45] Botschaft 120; zu den unterschiedlichen Massstäben des Nennwerts bzw. des effektiven Kapitaleinsatzes vgl. § 39 N 52 ff.

die Aufhebung «niemand in unsachlicher Weise begünstigt oder benachteiligt werden».

Diese neu im Gesetz verankerten Grundsätze zeigen die Absicht des Gesetzgebers. Sie sind aber nicht genügend präzis gefasst, auslegungs- und ergänzungsbedürftig. Dafür können Lehre und Praxis zum bisherigen Recht beigezogen werden.

b) Nach der bisherigen Lehre[46], der sich in der Sache auch die Praxis angeschlossen hat[47], war ein *Entzug* oder eine *Einschränkung des Bezugsrechts* möglich, wenn *drei Voraussetzungen* erfüllt waren:
- Es bedurfte einer *sachlichen Rechtfertigung,* d. h. der Entzug musste sich als objektiv erforderlich erweisen, um ein schützenswertes Gesellschaftsinteresse durchzusetzen.
- Der Grundsatz der *Gleichbehandlung der Aktionäre* musste beachtet sein.
- Endlich sollte der Ausschluss oder die Einschränkung des Bezugsrechts das schonendste oder wenigstens ein *schonendes Mittel* zur Erreichung des gesteckten Ziels darstellen.

Diese Kriterien sind *auch unter revidiertem Recht gültig:*

aa) Zwar spricht OR 652b II von *wichtigen Gründen,* was strengere Anforderungen als die bisher von Lehre und Praxis aufgestellten zu implizieren scheint, bedeutet doch «wichtiger Grund» an anderer Stelle des Gesetzes, dass eine andere Lösung *unzumutbar* wäre. Betrachtet man jedoch die in OR 652b II erwähnten Beispiele für wichtige Gründe – die Übernahme von Unternehmen, Unternehmensteilen oder Beteiligungen sowie die Beteiligung der Arbeitnehmer[47a] –, dann geht es nicht um Sachverhalte, bei denen ein anderes Vorgehen – etwa die Barabfindung bei der Übernahme von Unternehmen oder Unternehmensteilen oder der Erwerb von für die Mitarbeiterbeteiligung erforderlichen Aktien am Markt – schlechthin unzumutbar wäre. Vielmehr handelt es sich um *im Unternehmensinteresse liegende und damit sachlich gerechtfertigte* Massnahmen. In der Doktrin zum revidierten Recht hat sich daher die Auffassung weitgehend durchgesetzt, beim «wichtigen» Grund von OR 652b II handle es sich kaum um etwas anderes als den schon bisher geforderten *«sachlichen Grund»*, allenfalls einen *«qualifiziert sachlichen»* Grund[48].

---

[46] Vgl. v. a. Zindel (zit. N 1) 237 ff.
[47] Vgl. BGE 91 II 309 und 117 II 301 f; wenn der zweite Entscheid die Anforderungen tiefer anzusetzen scheint als der erste, dann dürfte dies mit zwei Unterschieden im Sachverhalt zu erklären sein: Im ersten Entscheid (Wyss-Fux) ging es um eine kleine AG mit nur drei Aktionären, bei welcher der Entzug des Bezugsrechts einen tiefen Einschnitt in die Interessen eines Aktionärs bedeutete; im zweiten Fall (Canes/Nestlé) dagegen um eine grosse Publikumsgesellschaft, bei welcher der Entzug den anfechtenden Kleinstaktionär kaum tangierte. Sodann richtete sich der Entzug im ersten Entscheid materiell gegen einen einzelnen Aktionär, während im zweiten alle Aktionäre gleich betroffen waren.
[47a] Vgl. zu diesen auch § 52 N 233 f.
[48] Vgl. dazu schon § 39 N 93 f.

250 Wie bis anhin ist daher zu prüfen, ob der Bezugsrechtsausschluss *im Gesellschaftsinteresse* liegt und ob der Ausschluss für das im Interesse der Gesellschaft liegende Ziel *unumgänglich* ist [49, 50].

251 bb) Im Gesetz verankert ist nun der schon bisher unbestrittene Grundsatz der *Gleichbehandlung,* wobei der Gesetzestext klarstellt, dass es sich nur um eine *relative* Gleichbehandlung handeln kann [51]. Vgl. dazu § 39 N 51 ff.

252 cc) Zu beachten ist sodann auch unter neuem Recht – obwohl nicht explizit genannt – das Prinzip der *schonenden Rechtsausübung* (vgl. dazu § 39 N 95 ff) [51a].

253 dd) Ob die materiellen Kriterien für den Entzug des Bezugsrechts erfüllt sind, ist *im Einzelfall,* unter Berücksichtigung der *konkreten Umstände,* zu beurteilen:

254 – Für den Minderheitsaktionär in einer kleinen Gesellschaft mit wenigen Aktionären ist der Entzug einschneidender als für den Publikumsaktionär, der an einer grossen AG mit einem verschwindend kleinen Kapitalanteil beteiligt ist. Im ersten Fall bedarf es daher eines intensiveren Gesellschaftsinteresses, um den Entzug zu rechtfertigen.

255 – Werden Aktien Dritten zum inneren Wert der bisherigen Aktien zugewiesen, dann werden die Altaktionäre durch den Bezugsrechtsausschluss zwar in ihren Mitwirkungsrechten, nicht aber vermögensmässig getroffen. Die Rechtfertigung kann daher weniger intensiv sein als dann, wenn die neuen Aktien unter dem Wert der bisherigen an Dritte gegeben werden. Dies jedenfalls dann, wenn das Aktienkapital breit gestreut ist und keinem Einzelaktionär entscheidende Stimmkraft zukommt.

256 – Sodann spielt auch die Anzahl neu zu schaffender Aktien und Mitgliedschaftsstellen eine Rolle: Eine allfällige geringfügige Verwässerung seines Kapitalanteils muss sich der Aktionär eher gefallen lassen als eine starke Beeinträchtigung seines Aktienwerts und seiner Stimmkraft.

256a – Insgesamt kann festgehalten werden, dass in einer kleinen, personenbezogenen AG mit wenigen Aktionären und einem sorgfältig ausbalancierten Stimmengleichgewicht ein Entzug des Bezugsrechts kaum in Frage kommen wird. Dagegen ist bei einer Publikumsgesellschaft mit breit gestreuten Aktien ein Entzug für die bisherigen Aktionäre von geringer Tragweite, wenn eine relativ geringe Zahl neuer Aktien geschaffen wird und diese zu Marktbedingungen im Publikum plaziert werden [51b].

---

[49] Vgl. BGE 91 II 309, 117 II 301.
[50] Erforderlich ist, dass der *Ausschluss* zur Erreichung des gesteckten Ziels notwendig ist, nicht dagegen unbedingt, dass das *Ziel selbst* für den Bestand oder die Entwicklung der Gesellschaft unerlässlich ist, so präzisierend BGE 117 II 301.
[51] Niemand darf «in unsachlicher Weise» bevorzugt oder benachteiligt werden.
[51a] So auch das BGer im Entscheid vom 25. 4. 1995 in Sachen Schweiz. Bankgesellschaft gegen BK Vision AG (vgl. hinten Anm. 57).
[51b] Ähnliche Überlegungen finden sich in einem leading case des Bundesgerichts, vgl. hinten N 275 ff.
Das deutsche Aktienrecht spricht seit einer Reform vom 2. 8. 1994 den zweiterwähnten Fall ausdrücklich an: Nach dem revidierten § 168 III AktG ist ein Ausschluss des Bezugsrechts «insbesondere dann zulässig, wenn die Kapitalerhöhung gegen Bareinlagen 10 vom Hundert des Grundkapitals nicht übersteigt und der Ausgabebetrag den Börsenpreis nicht wesentlich unterschreitet». Im schweizerischen Aktienrecht findet sich diese Präzisierung leider nicht, sie dürfte aber von der Praxis vollzogen werden, vgl. hinten N 275 a. E.

c) Als Beispiele für wichtige Gründe nennt das Gesetz «die Übernahme von Unternehmen, Unternehmensteilen oder Beteiligungen sowie die Beteiligung der Arbeitnehmer» (OR 652b II). Dabei macht der Gesetzestext klar, dass diese Aufzählung nicht abschliessend ist («insbesondere»). 256b

Umstritten war nach dem Inkrafttreten des Aktienrechts, ob auch der Zweck der *Finanzierung* ein wichtiger Grund für den Bezugsrechtsentzug sein kann. Das Bundesgericht nimmt dazu in einem Grundsatzentscheid[51c] differenziert Stellung: Die Finanzierung von Investitionen könne zwar an sich kaum als wichtiger, die Aufhebung des Bezugsrechts rechtfertigender Grund betrachtet werden. Wohl aber könne die «Finanzierung von Übernahmen und Beteiligungen im Einzelfall» die Aufhebung des Bezugsrechts rechtfertigen, so etwa, wenn eine internationale Aktienplazierung und die Kotierung der neuen Aktien an ausländischen Börsen beabsichtigt sei, wofür Grossgesellschaften ein echtes Bedürfnis haben könnten[52]. 256c

5. Die Kompetenzordnung

a) Aus der gesetzlichen Ordnung ergibt sich, dass die wichtigsten Entscheide hinsichtlich des Bezugsrechts an neuen Aktien in die Hand der GV gelegt werden. Zur Kompetenzabgrenzung gegenüber dem Verwaltungsrat ergibt sich im übrigen folgendes: 257

aa) Der *GV* obliegen die Entscheidungen über: 258
- die Aufhebung oder Einschränkung des Bezugsrechts an sich (vgl. OR 650 II Ziff. 8, 704 I Ziff. 6, vgl. aber präzisierend nachstehend N 272 ff), 259
- die Anzahl der neu zu schaffenden Aktien und damit indirekt über die allfällige «Verwässerung» der bisherigen Aktien (OR 650 II Ziff. 2), 260
- den Ausgabepreis, sofern dessen Festlegung nicht an den Verwaltungsrat delegiert worden ist (OR 650 II Ziff. 3), 261
- den Beginn der Dividendenberechtigung (OR 650 II Ziff. 3[53]), 262
- die Zuweisung nicht ausgeübter oder entzogener Bezugsrechte (OR 650 II Ziff. 8). 263
bb) Dem *Verwaltungsrat* stehen die folgenden Befugnisse zu: 264
- Festlegung der Formalien für die Ausübung des Bezugsrechts, namentlich der Bezugsfrist, 265
- allenfalls – wenn von der GV zugewiesen – Festlegung des Ausgabepreises (OR 650 II Ziff. 3). 266

b) Bei der *genehmigten Kapitalerhöhung* werden üblicherweise der GV zustehende Kompetenzen an den Verwaltungsrat delegiert (vgl. im einzelnen § 52 N 214 f). Davon ist auch das Bezugsrecht betroffen, indem dem Verwaltungsrat folgende *zusätzliche* Kompetenzen zukommen (vgl. OR 651 II, III, IV): 267

[51c] Entscheid vom 25. 4. 1995 in Sachen Schweiz. Bankgesellschaft gegen BK Vision, vgl. nachstehend Anm. 57.
[52] Entscheid (zit. Anm. 57) E 3.
[53] Im Gegensatz zum Ausgabebetrag kann der Entscheid über den Beginn der Dividendenberechtigung nach herrschender Lehre nicht an den Verwaltungsrat delegiert werden. Diese Folgerung entspricht dem differenzierenden Wortlaut von OR 650 II Ziff. 3, ist aber sachlich nicht gerechtfertigt.

268 – Festlegung des Umfangs der neu zu schaffenden Aktien im Rahmen der von der GV festgelegten Schranken (vgl. OR 651 II, IV, dazu § 52 N 264 ff),
269 – Festlegung des Ausgabebetrages, auch wenn die Kompetenz nicht explizit delegiert wurde (OR 651 III, IV),
270 – Festlegung des Beginns der Dividendenberechtigung (OR 651 III, IV).

271 c) Stark *umstritten* war nach der Einführung des revidierten Rechts die Frage, ob – und allenfalls in welchem Umfang – eine Delegation zusätzlicher Kompetenzen an den Verwaltungsrat erfolgen darf:

272 aa) Es galt dies vorab für den Entscheid über die Aufhebung bzw. die Beschränkung des Bezugsrechts schlechthin im Falle der *genehmigten Kapitalerhöhung*[54]: Durch das genehmigte Kapital soll dem Verwaltungsrat die Möglichkeit in die Hand gegeben werden, in einem raschen Verfahren und ohne erneute Befragung der GV neue Aktien zu schaffen, um diese für die Bedürfnisse der Gesellschaft – etwa zur Übernahme anderer Unternehmen – einsetzen zu können (vgl. im einzelnen § 52 N 209 ff). Die vom Gesetzgeber beabsichtigte Flexibilität würde stark beeinträchtigt, wenn der Entscheid über den Bezugsrechtsentzug – wie es nach dem Wortlaut des Gesetzes der Fall zu sein scheint – vollumfänglich bei der GV bliebe. Auch macht beim genehmigten Kapital die exklusive Kompetenz der GV wenig Sinn, weil es für das genehmigte Kapital gerade charakteristisch ist, dass im Zeitpunkt der Beschlussfassung durch die GV der künftige Verwendungszweck noch nicht bekannt ist.

273 Angesichts des Wortlauts des Gesetzes befand sich die Lehre in einem Dilemma: Nimmt man das Gesetz beim Wort, dann lässt sich das genehmigte Kapital kaum je sinnvoll einsetzen. Befürwortet man dagegen die Möglichkeit einer Delegation, entfernt man sich von einer grammatikalischen Auslegung.

274 Die *Lehre* war denn auch uneinheitlich[55], wobei sich eine *vermittelnde Lösung* abzeichnete: Die GV sollte den Entscheid über den Bezugsrechtsausschluss nicht einfach vollumfänglich an den Verwaltungsrat delegieren können. Sie sollte diesen Entscheid aber auch nicht im einzelnen selbst treffen müssen, sondern sich vielmehr auf die Festlegung der Grundsätze beschränken dürfen.

275 In einem ersten, nicht rechtskräftig gewordenen *Entscheid* zu dieser Frage[56] hat das Zürcher Handelsgericht eine ausgesprochen restriktive Haltung eingenommen und jede Delegation von Entscheidungskompetenzen an den Verwaltungsrat abgelehnt. Das Bundesgericht hat jedoch dieses Urteil, durch welches der Einsatz des genehmigten Kapitals weitgehend torpediert worden wäre, in der Folge korrigiert[57]. Das Bundesgericht ging

---

[54] Für die *ordentliche* Erhöhung steht dagegen fest, dass der Entscheid über den Entzug des Bezugsrechts von der GV zu treffen ist. Dasselbe gilt für die *bedingte* Erhöhung, bei welcher der Bezugsrechtsentzug wesensnotwendig ist (vgl. N 302).
[55] Übersicht bei Zindel/Isler in Basler Kommentar zu Art. 652b N 8.
[56] Urteil des Handelsgerichts des Kantons Zürich, vom 15. 9. 1994, auszugsweise wiedergegeben und kommentiert in SZW *1994* 285 ff und in AJP *1995* 285 ff. Das Urteil betonte die *Unübertragbarkeit* des Entscheids über den Entzug, die sich aus OR 650 II Ziff. 8 und 9 in Verbindung mit OR 651 III und OR 698 II Ziff. 6 ergebe.
[57] Urteil vom 25. 4. 1995 in Sachen Schweiz. Bankgesellschaft gegen BK Vision AG, während der Drucklegung dieses Buchs (Oktober 1995) amtlich publiziert als BGE 121 III 219 ff. Kurze Zusammenfassungen finden sich in SZW *1995* 148 und ZBJV *1995* 418 ff und 598 ff.

davon aus, dass zwei Ziele der Aktienrechtsreform (dazu § 4 N 79 ff) bei der Regelung des genehmigten Kapitals konkurrierten: dasjenige einer Flexibilisierung der Kapitalbeschaffung mit dem der Stärkung der Aktionärsstellung. Bedeutend stärker als die Vorinstanz betonte das Bundesgericht die Zielsetzung der Erleichterung der Kapitalbeschaffung, für die das genehmigte Kapital vorgesehen sei. Dem Gesetzgeber sei ein Versehen unterlaufen, wenn er für den Entzug des Bezugsrechts bei der ordentlichen und der genehmigten Kapitalerhöhung die gleiche Regelung aufgestellt habe. In Korrektur dieses Versehens müsse es bei der genehmigten Kapitalerhöhung *zulässig sein, unter gewissen Voraussetzungen die Kompetenz zum Entzug des Bezugsrechts von der GV an den Verwaltungsrat zu delegieren.* Die Zulässigkeit der Delegation sei freilich «nicht generell, sondern bloss individuell, nach den Gegebenheiten des konkreten Falls zu beurteilen und zu umschreiben». Dabei sei «nicht ausser acht zu lassen, dass das Bezugsrecht seine Hauptbedeutung in den Aktiengesellschaften kleinerer und mittlerer Grösse hat, seine mitgliedschaftsrechtliche Bedeutung aber geringer ist, wenn es um Grossgesellschaften mit börsenkotierten und weitgestreuten Aktien geht. Hier kann ein Aktionär seine Stellung in der Regel auf dem freien Markt sichern oder ausbauen.»[58]. Massgebend sei aber auch der *Umfang* der Kapitalerhöhung, die relative Höhe, in welcher sich das genehmigte zum bisherigen Aktienkapital verhalte.

Im einzelnen ergeben sich aus dem erwähnten *Leading Case* des Bundesgerichts die folgenden Grundsätze:

– Nicht mehr zulässig ist unter revidiertem Recht die noch in BGE 117 II 302 ff geschützte Klausel, wonach es dem Verwaltungsrat freistehen soll, neu geschaffene Aktien[58a] für beliebige Zwecke «im Interesse der Gesellschaft» einzusetzen und damit auch das Bezugsrecht für solche Zwecke nach freiem Ermessen zu entziehen.

– Zuwenig präzis ist es auch, wenn die GV einfach auf «wichtige Gründe» verweist, bei deren Vorliegen der Verwaltungsrat das Bezugsrecht entziehen dürfe.

– Umgekehrt ist nicht erforderlich, dass die GV über den Entzug des Bezugsrechts selbst definitiv entscheidet.

– Vielmehr ist es – zumindest bei Publikumsgesellschaften – zulässig und sinnvoll, wenn die GV den Verwaltungsrat ermächtigt, das Bezugsrecht für bestimmte, wichtige Gründe im Sinne des Gesetzes bildende Zwecke[58b] zu entziehen. Dabei «braucht nicht das individuelle Vorhaben als solches bezeichnet zu werden, welches den Ausschluss des Bezugsrechts rechtfertigen soll, sondern es genügt, dass der Verwaltung durch generell-abstrakte Weisungen ein sachlich begrenzter Ermessensspielraum gesetzt wird, innerhalb dessen sie geschäftspolitisch tätig werden kann»[58c].

---

[58] E 1, a. E.
[58a] In jenem Fall handelte es sich um sog. Vorratsaktien, die unter bisherigem Recht eine ähnliche Funktion hatten wie das genehmigte Kapital heute, vgl. § 52 N 290 ff.
[58b] Insbes. die in OR 652b II genannten, allenfalls aber auch zusätzliche, von der GV festgelegte «wichtige» bzw. «sachliche» Gründe, wobei diese Gründe jedoch – über den Wortlaut des Gesetzes hinaus – möglichst konkret zu umschreiben sind.
[58c] BGE 121 III 235. In jenem Entscheid wurde bei einer Grossbank die folgende Klausel als rechtmässig beurteilt:
«Diese [d. h. durch genehmigtes Kapital zu schaffende] Aktien sind zur Plazierung bei den bisherigen Aktionären vorgesehen. Der Verwaltungsrat ist jedoch berechtigt, das Bezugsrecht der Aktionäre auszuschliessen und Dritten zuzuweisen im Falle der Verwendung von Aktien für die Übernahme von Unternehmen, Unternehmensteilen, Beteiligungen oder im Falle einer Aktienplazierung für die Finanzierung derartiger Transaktionen.».

281   bb) Nach OR 650 II Ziff. 8 muss die GV in ihrem Beschluss auch über die «Zuweisung nicht ausgeübter ... Bezugsrechte» entscheiden. Dieser Entscheid wird in der Praxis gelegentlich so getroffen, dass nicht ausgeübte Bezugsrechte nach dem Entscheid des Verwaltungsrates einzusetzen sind. Damit wird zwar dem Wortlaut des Gesetzes Genüge getan, kaum aber seinem Sinn, der darin liegt, die Kompetenzen des Verwaltungsrates einzuschränken[58d]. Richtiger dürfte es sein, durch die GV *materiell* festzulegen, was mit den verbliebenen Aktien zu geschehen hat[59]. Dabei darf auch in dieser Frage dem Verwaltungsrat ein gewisses Ermessen eingeräumt werden und kann sogar davon ausgegangen werden, dass «die Anforderungen an die statutarische Regelung hier weniger hoch anzusetzen sind als im Fall des Entzugs der Bezugsrechte, weil dem Vorgang ein freiwilliger Verzicht [des Bezugsberechtigten] zugrunde liegt»[59a].

6. *Das Bezugsrecht beim Vorliegen verschiedener Aktienkategorien oder von Partizipationsscheinen*

282   a) Für die *Partizipationsscheine* hat das revidierte Aktienrecht den Grundsatz der *vermögensmässigen (Mindest-)Gleichstellung* mit einer Aktienkategorie festgelegt (OR 656 f I, II, dazu § 46 N 26). Dieser Grundsatz wird in OR 656g für das *Bezugsrecht* wiederholt und für die verschiedenen denkbaren Varianten präzisiert:

283   – Wird ein Partizipationskapital neu geschaffen, haben die Aktionäre ein Bezugsrecht wie bei der Ausgabe neuer Aktien (OR 656g I).

284   – Werden das Aktien- und das Partizipationskapital gleichzeitig und im gleichen Umfang erhöht, dann kann statutarisch vorgesehen sein, dass die Aktionäre nur Aktien, die Partizipanten nur Partizipationsscheine beziehen können (OR 656g II).

285   – Wird endlich «das Partizipationskapital oder das Aktienkapital allein oder verhältnismässig stärker als das andere erhöht, so sind die Bezugsrechte so zuzuteilen, dass Aktionäre und Partizipanten am gesamten Kapital gleich wie bis anhin beteiligt bleiben können» (OR 656g III).

286   Vgl. im übrigen § 46 N 56 ff.

287   b) Diese Regelung muss analog auch dann gelten, wenn eine AG *Aktien verschiedener Kategorien* ausstehend hat. Präzisierend ist immerhin festzuhalten, dass auch ohne statutarische Grundlage jeder Aktionär Aktien seiner Kategorie

---

[58d] Es bestand die Befürchtung, der Verwaltungsrat könne allenfalls verbleibende Aktien einseitig einem einzelnen Grossaktionär oder einer ihm genehmen Aktionärsgruppe zuweisen. Dem steht freilich unter revidiertem Recht schon das Gleichbehandlungsgebot von OR 717 II (dazu § 39 N 11 ff) entgegen.

[59] Bei privaten Aktiengesellschaften dürfte es – falls sich die Frage überhaupt stellt – sinnvoll sein, verbleibende Aktien den interessierten Aktionären proportional zu ihrer Kapitalbeteiligung zur Verfügung zu stellen. Bei Publikumsgesellschaften dürfte sich eine Plazierung zu Marktbedingungen im Publikum aufdrängen.

[59a] BGE 121 III 238 E 4a.

beziehen kann und soll, wenn alle Kategorien gleichzeitig und in gleichem Umfang erhöht werden[60].

7. Bezugsrecht und Vinkulierung

Für vinkulierte Namenaktien (dazu § 44 N 103 ff) hält OR 652b III ausdrücklich fest:

«Die Gesellschaft kann dem Aktionär, welchem sie ein Recht zum Bezug von Aktien eingeräumt hat, die Ausübung dieses Rechtes nicht wegen einer statutarischen Beschränkung der Übertragbarkeit von Namenaktien verwehren.» Das Bezugsrecht geht daher den Schranken der Vinkulierung grundsätzlich vor.

Die Bestimmung findet nur Anwendung auf Bezugsrechte, die einer bestimmten Person *von der Gesellschaft «eingeräumt»* worden sind, also auf *originär erworbene* Bezugsrechte. Dagegen kann sich nicht darauf berufen, wer Bezugsrechte derivativ erworben hat. Eine Ausnahme hiezu ist beim sog. Festübernahmeverfahren (dazu § 52 N 198 ff) zu machen, bei welchem formalrechtlich ein derivativer Aktienerwerb vorliegt, materiell aber ein originärer.

8. Zuweisung nicht ausgeübter oder entzogener Bezugsrechte; Voraussetzungen für die Ausübung vertraglich erworbener Bezugsrechte

a) Nach OR 650 II Ziff. 8 und 9 hat die GV im öffentlich beurkundeten Kapitalerhöhungsbeschluss auch zu entscheiden über
– «die Zuweisung nicht ausgeübter oder entzogener Bezugsrechte» (Ziff. 8) und
– «die Voraussetzungen für die Ausübung vertraglich erworbener Bezugsrechte» (Ziff. 9).

b) Zur Zuweisung *nicht ausgeübter* Bezugsrechte vgl. vorn N 281.

c) Über die Zuweisung *entzogener* Bezugsrechte hat die GV vor allem bei der ordentlichen Kapitalerhöhung materiell zu entscheiden. Bei der genehmigten Erhöhung kann sie diesen Entscheid – und es ist dies in der Regel erforderlich – teilweise an den Verwaltungsrat delegieren (vgl. vorn N 274 ff)[61]. Bei der bedingten Kapitalerhöhung (dazu § 52 N 298 ff) ergibt sich die Notwendigkeit eines Entzugs in der Regel schon aus der Zielsetzung der Kapitalerhöhung, doch ist darüber nach Gesetz trotzdem formell zu befinden.

d) Schwer verständlich ist OR 650 II Ziff. 9. Die Meinung ist wohl die, dass die GV auch entscheiden soll, was geschieht, wenn Bezugsrechte gehandelt werden und ein Dritter solche Rechte *derivativ* erwirbt. Konkret stellt sich die Frage bei

---

[60] Vgl. dagegen das – freilich wenig einleuchtende – Erfordernis einer statutarischen Grundlage im Falle von Partizipationsscheinen in OR 656g II.
[61] Doch es ist nicht zulässig, dem Verwaltungsrat einfach carte blanche zu erteilen. Vielmehr sollen die Einsatzmöglichkeiten – gestützt auf die Begründungen des Verwaltungsrates – von der GV möglichst genau festgelegt werden. Zu weitgehend aber ein (nicht in Rechtskraft erwachsener) Entscheid des Zürcher Handelsgerichts vom 15. 9. 1994 (vgl. vorn Anm. 56), korrigiert durch BGE 121 III 219 ff (vgl. Anm. 57).

vinkulierten Namenaktien, wo zu entscheiden ist, ob ein Erwerber von Bezugsrechten unbesehen als Aktionär zugelassen wird oder ob auf ihn die Vinkulierungsvorschriften Anwendung finden.

297   Keine Anwendung findet die Bestimmung bei der sog. *Festübernahme* (dazu § 52 N 198 ff), da hier Aktien nicht aufgrund derivativ erworbener Bezugsrechte, sondern durch Kauf von einer Bank erworben werden.

9.   Folgen der Verletzung des Bezugsrechts

298   a) Verletzt ein GV-Beschluss die Bezugsrechte, dann ist er *anfechtbar* (vgl. OR 706 II Ziff. 1–3, wo die Kriterien von OR 652b II teilweise wiederholt werden, dazu § 25 N 13 ff).

299   b) Missachtet der Verwaltungsrat das Bezugsrecht, dann können die betroffenen Aktionäre gegen die Gesellschaft *auf Leistung klagen* oder von den verantwortlichen Organpersonen aufgrund einer *Verantwortlichkeitsklage* wegen unmittelbarer Schädigung *Schadenersatz* verlangen (zu letzterem vgl. § 36 f).

10. Exkurs: Bezug neuer Aktien beim Festübernahmeverfahren; Weiterplazierung eigener Aktien durch die Gesellschaft

300   a) Bei Publikumsgesellschaften ist – entgegen den gesetzgeberischen Vorstellungen – bei ordentlichen Kapitalerhöhungen weiterhin das sog. *Festübernahmeverfahren* (dazu § 52 N 198 ff) üblich. Bei diesem Verfahren wird das Bezugsrecht zwar formell entzogen, materiell aber gewährt. Näheres in § 52 N 198 ff.

300a b) Bei der Veräusserung eigener Aktien kommt den Aktionären kein Bezugsrecht zu, wohl aber ein Recht auf Gleichbehandlung (vgl. § 50 N 171).

III.   Das Vorwegzeichnungsrecht[62]

1.   Begründung und Grundsatz

301   a) Publikumsgesellschaften bedienen sich für die Kapitalbeschaffung nicht selten der Formen der *Wandel-* und der *Optionsanleihe.* Es handelt sich dabei um Verbindungen einer (meist fest) *verzinslichen Obligation* mit einem *Recht auf Bezug von Aktien* (allenfalls auch von Partizipationsscheinen): Bei der Wandelobligation hat der Gläubiger das Recht, innert einer gewissen Frist oder zu einem bestimmten Zeitpunkt die Obligation zu im voraus bestimmten Konditionen gegen

---

[62]   Vgl. dazu insbes. Isler/Zindel, Basler Kommentar zu Art. 653b N 20 ff und 653c, Wenger (zit. § 52 N 1) § 4 D. Ausführlich und differenzierend Ruffner/Stupp in AJP *1992* 708 ff. Zur Diskussion um das Vorwegzeichnungsrecht vgl. ferner etwa Peter Isler in AJP *1992* 726 ff, 734 ff, Andreas von Planta in SZW *1992* 205 ff, 207 ff sowie neuestens Michael Widmer: Das Vorwegzeichnungsrecht bei Options- und Wandelanleihen (Diss. Zürich, erscheint 1996).

Aktien (oder Partizipationsscheine) *einzutauschen.* Bei der Optionsanleihe behält der Anleger seine Obligation, doch hat er die Möglichkeit, *zu dieser hinzu* zu bestimmten Bedingungen Aktien oder Partizipationsscheine zu erlangen[63].

Die für die Erfüllung der Options- oder Wandelrechte erforderlichen Aktien müssen meist in einer *Kapitalerhöhung* geschaffen werden. Dabei muss den Aktionären zwangsläufig das *Bezugsrecht entzogen* werden. 302

b) Dieser Bezugsrechtsentzug soll durch das sog. *Vorwegzeichnungsrecht* kompensiert werden, das in OR 653c I wie folgt umschrieben wird: 303

«Sollen bei einer bedingten Kapitalerhöhung Anleihens- oder ähnliche Obligationen, mit denen Wandel- oder Optionsrechte verbunden sind, ausgegeben werden, so sind diese Obligationen vorweg den Aktionären entsprechend ihrer bisherigen Beteiligung zur Zeichnung anzubieten.» 304

Der Bezug von Aktien wird so indirekt ermöglicht: Der Aktionär kann entsprechend seiner Kapitalbeteiligung Obligationen zeichnen, so die damit verbundenen Wandel- oder Optionsrechte erlangen und diese später ausüben. 305

c) Im einzelnen ist das Vorwegzeichnungsrecht ähnlich dem Bezugsrecht ausgestaltet: Wie jenes kann es grundsätzlich entzogen werden, aber nur unter gewissen einschränkenden materiellen Voraussetzungen und bei Einhaltung qualifizierter formeller Erfordernisse (vgl. Ziff. 2). 306

Das Vorwegzeichnungsrecht ist durch die Aktienrechtsreform 1968/91 *neu eingeführt* worden. Es war nicht unumstritten: Der Bundesrat hatte als Alternative zum Vorwegzeichnungsrecht eine Entschädigung der Aktionäre vorgesehen[64]. Der Nationalrat wollte das Vorwegzeichnungsrecht streichen, doch setzte sich der Ständerat, der am Vorwegzeichnungsrecht festhielt, durch[65]. 307

In der *Lehre* sind Sinn und Ausgestaltung des Vorwegzeichnungsrechts intensiv diskutiert worden, wobei in verschiedenen Punkten noch keine einheitliche Meinung erreicht wurde, vgl. nachstehend Ziff. 3. 308

2. *Die gesetzliche Ordnung*

Die gesetzliche Ordnung entspricht weitgehend derjenigen zum Schutz des Bezugsrechts: 309

a) Dies gilt vorab für die Bestimmung der *berechtigten Personen* und die *Berechnungsgrundlage,* vgl. daher vorn N 232 ff und 282 ff. 310

b) Auch über den *Entzug* des Vorwegzeichnungsrechts hat die *GV* zu befinden (vgl. OR 653b II). Der Entzug ist Teil des Beschlusses über eine bedingte Kapitalerhöhung und untersteht daher wie der Entzug des Bezugsrechts dem *qualifizierten Quorum* für «wichtige Beschlüsse» (vgl. OR 704 I Ziff. 4). 311

---

[63] Näheres in § 48 N 26 ff.
[64] Vgl. Botschaft 127.
[65] Vgl. AmtlBull NR *1985* 1685, SR *1985* 472, NR *1990* 1358, SR *1991* 65.

312   Die GV ist insofern *unentziehbar* zuständig, als eine vollständige Delegation des Entscheides an den Verwaltungsrat nicht zulässig ist. Möglich ist es dagegen, dass die GV dem Verwaltungsrat den Entscheid über den Entzug unter gewissen von ihr festgelegten Bedingungen überlässt.

313   Nach der zwingenden Vorschrift von OR 653b II müssen die Statuten dann, wenn das Vorwegzeichnungsrecht nicht eingeräumt wird, überdies «die Voraussetzungen für die Ausübung der Wandel- oder der Optionsrechte» und «die Grundlagen, nach denen der Ausgabebetrag zu berechnen ist», angeben (OR 653b II Ziff. 1 und 2).

314   Nähme man das Gesetz beim Wort, müsste also die *GV die wesentlichen Anleihensbedingungen selbst beschliessen*. Dies ist völlig unpraktikabel, da solche Bedingungen jeweils im letzten Moment entsprechend der Verfassung des Marktes festgelegt werden. In der Praxis wird diese Klippe dadurch umschifft, dass in die Statuten nur allgemeine Schranken aufgenommen werden (maximaler Zeitraum für die Ausübung des Wandel- oder Optionsrechts, Ausgabe zu Marktbedingungen[66]).

315   c) Wie das Bezugsrecht kann auch das Vorwegzeichnungsrecht nur entzogen werden, *«wenn ein wichtiger Grund vorliegt»* (OR 653c II[67]). Auch hinsichtlich des Vorwegzeichnungsrechts handelt es sich dabei – in bisheriger Terminologie – eher um einen «sachlichen» oder *«qualifiziert sachlichen»* Grund.

316   Wie beim Bezugsrecht ist sodann im Gesetz auch das Gebot der *Gleichbehandlung* bzw. das Verbot der unsachlichen Begünstigung oder Benachteiligung verankert (OR 653c III), und der ungeschriebene Grundsatz der schonenden

---

[66] Vgl. als Beispiel die von Nestlé bei der Schaffung von bedingtem Kapital in der ordentlichen GV von 1993 gewählte Ordnung:
«Das Vorwegzeichnungsrecht der Aktionäre und Inhaber von Partizipationsscheinen bei der Ausgabe von Wandel- oder Optionsanleihen kann durch den Verwaltungsrat beschränkt oder aufgehoben werden, wenn:
...
die Wandel- oder Optionsanleihe im Zusammenhang mit der Übernahme von Unternehmen, Unternehmensteilen oder Beteiligungen ausgegeben werden soll.
Für Wandel- oder Optionsanleihen, die gemäss Beschluss des Verwaltungsrates den Aktionären und Inhabern von Partizipationsscheinen nicht vorweg zur Zeichnung angeboten werden, gilt folgendes:
a) Wandelrechte dürfen höchstens während 15 Jahren und Optionsrechte höchstens während 7 Jahren ab dem Zeitpunkt der Emission der betreffenden Anleihe ausübbar sein.
b) Die Ausgabe der neuen Aktien erfolgt zu den jeweiligen Wandel- bzw. Optionsbedingungen. Wandel- bzw. Optionsanleihen sind zu marktüblichen Konditionen (einschliesslich der marktüblichen Verwässerungsschutzklauseln) zu emittieren. Der Wandel- bzw. Optionspreis muss mindestens dem Durchschnitt der letztbezahlten Börsenkurse in Zürich während der 5 Tage, die der Festlegung der definitiven Emissionskonditionen für die jeweilige Wandel- bzw. Optionsanleihe vorangeht, betragen.»
Ein Beispiel findet sich auch bei Isler (zit. Anm. 62) 733.

[67] Die Formulierungen sind – ohne Grund – nicht kongruent: OR 653c II erwähnt für das Vorwegzeichnungsrecht sowohl die Beschränkung wie auch die Aufhebung, OR 652b II für das Bezugsrecht nur die Aufhebung, was bedeutungslos sein dürfte, da in der Aufhebung die Beschränkung als Minus mitenthalten ist. Für das Bezugsrecht, nicht aber für das Vorwegzeichnungsrecht werden sodann im Gesetz Beispiele wichtiger Gründe angeführt. Sie dürften auch für das Vorwegzeichnungsrecht einschlägig sein.

Rechtsausübung ist ebenfalls zu beachten. Vgl. im übrigen die analog anwendbaren Ausführungen zum materiellen Schutz des Bezugsrechts, N 242 ff.

d) Auch der Entscheid über den Entzug des Vorwegzeichnungsrechts kann in gewissen Schranken *an den Verwaltungsrat delegiert* werden. Dabei gelten die Überlegungen betreffend die Zulässigkeit einer Delegation des Bezugsrechtsentzugs (dazu vorn N 272 ff) entsprechend: Dem Verwaltungsrat darf nicht einfach carte blanche erteilt werden, sondern es sollen die für den Entzug des Vorwegzeichnungsrechts erforderlichen wichtigen Gründe «im Delegationsbeschluss [der GV] mindestens in abstrakter Form angegeben werden»[68]. 316a

Dem Aktionärsschutz dient sodann, dass dann, wenn bedingtes Kapital auch für die *Mitarbeiterbeteiligung* eingesetzt werden soll, der für diesen Zweck reservierte *Maximalbetrag von der GV zu beschliessen* und in den Statuten zu verankern ist (vgl. § 52 N 339a). 316b

e) Analog anwendbar sind ferner die Regeln für den Fall einer Rechtsverletzung, vgl. vorn N 298 f. 317

3. *Kritik und praktische Bedeutung*

a) In der Lehre ist die gesetzliche Regelung des Vorwegzeichnungsrechts überwiegend *kritisiert* worden. Es wurde darauf hingewiesen, dass Wandel- und Optionsanleihen nach der bisherigen Bankusanz zumeist innert Stunden zu Marktbedingungen fest plaziert wurden. Durch die Einräumung eines Vorwegzeichnungsrechts wird dies verunmöglicht. Für die Gesellschaft bedeutet dies höhere administrative Kosten und *schlechtere Bedingungen,* ohne dass den Aktionären – jedenfalls den Publikumsaktionären – daraus Vorteile erwachsen würden: Bei der Plazierung zu Marktbedingungen kommt dem Vorwegzeichnungsrecht *kein Vermögenswert* zu. Kleinaktionäre können es überdies schon deshalb nicht ausüben, weil sie nicht über genügend Anrechte für den (indirekten) Bezug einer Aktie verfügen. Und ein Handel mit Vorwegzeichnungsrechten – wie er für die Bezugsrechte bei Publikumsgesellschaften üblich ist – wird im Gesetz nicht vorgesehen und ist auch in der Praxis nicht üblich. 318

b) In der Praxis ist denn auch bisher das *Vorwegzeichnungsrecht überwiegend wegbedungen* worden, was nach herrschender Lehre zulässig ist, wenn die folgenden Bedingungen erfüllt sind[68a]: 319
– Die Options- oder Wandelrechte werden zu Marktbedingungen ausgegeben[69]. 320
– Die durch die Ausübung von Wandel- bzw. Optionsrechten bewirkte Kapitalerhöhung ist relativ geringfügig[70]. 321

---

[68] BGE 121 III 240 E 5b. Nach jenem Entscheid genügt dem Spezifikationserfordernis die blosse Anweisung, der Verwaltungsrat habe die Anleihensbedingungen an den Marktverhältnissen zu orientieren, nicht.

[68a] Einschränkender Roland von Büren in ZBJV *1995* 57 ff, 73 ff: danach können rein finanzielle Erwägungen nie ein richtiger Grund für den Entzug des Bezugs- oder des Vorwegzeichnungsrechts sein. Aufgrund der Ausführungen in BGE 121 III 219 ff, 236 ff E 3 erscheint diese Aussage als zu absolut.

[69] Diesfalls erleidet der Aktionär keine wirtschaftliche Einbusse.

[70] Dann erleidet der Aktionär auch keine nennenswerte Einbusse in seiner Stimmkraft.

322 – Und schliesslich: Die Obligationen mit einem Bezugsrecht auf neue Aktien werden bei der Plazierung nicht bevorzugt einer bestimmten Aktionärsgruppe oder einem Dritten zugewiesen[71].

323 Zum Erfordernis der Ausgabe zu Marktbedingungen ist zu präzisieren, dass der Bezugspreis für die durch Wandelung oder Ausübung der Option zu erlangenden Aktien und der Ausgabepreis der Anleihe als *Einheit* zu sehen sind: Der Wandel- oder Optionspreis muss daher nicht unbedingt dem (erwarteten) Börsenkurs der Aktien entsprechen. Vielmehr ist auch ein tieferer Kurs denkbar, wenn er kompensiert wird durch ungünstigere Bedingungen der Anleihe. *Insgesamt* sollen die Marktbedingungen erreicht werden[72].

324 Zusätzlich wird in der Lehre zuweilen noch verlangt, dass der *Zweck der Anleihe* für die betreffende Gesellschaft besonders bedeutsam sein muss[73].

F. *Rechtsgeschäftliche Beziehungen zwischen der AG und den Aktionären*[74]

1. Allgemeines

325 a) In rechtsgeschäftlichen Beziehungen stehen die Aktionäre zu ihrer Gesellschaft grundsätzlich *im gleichen Verhältnis wie irgendwelche Dritte*. Besondere aktienrechtliche Fragen stellen sich nicht, vorausgesetzt, es werde die Rechtsbeziehung «at arm's length» aufgebaut und abgewickelt, d. h. so, wie man dies mit irgendeinem Dritten auch täte.

326 b) Nicht selten stehen aber die vertraglichen Beziehungen einer AG zu ihren Aktionären rechtlich oder auch bloss tatsächlich in einer *Beziehung zur Mitgliedschaft:*

327 – Das betreffende Rechtsgeschäft wäre mit einem Dritten gar nicht abgeschlossen worden[75].

328 – Oder es werden die Vertragsbedingungen anders gestaltet als in Verträgen mit Dritten[76].

---

[71] So kann vermieden werden, dass die Beherrschungsverhältnisse in der Gesellschaft geändert werden.

[72] Offenbar eher a. M. Isler/Zindel in Basler Kommentar zu Art. 653c, die eine «Festsetzung des Ausgabepreises der neuen Aktien mindestens beim Marktwert im Zeitpunkt der Anleihensvergebung» empfehlen.

[73] So Isler/Zindel in Basler Kommentar zu Art. 653c N 15, die als Beispiele die Finanzierung der Erweiterung der Geschäftsaktivitäten oder einer grösseren Beteiligung zwecks Kooperation, die Verbesserung des Verhältnisses Eigenkapital/Fremdkapital oder die Begebung einer Anleihe ins Ausland erwähnen.

[74] Vgl. dazu Huguenin Jacobs (zit. § 39 N 1) 255 ff.

[75] Es wird etwa dem Hauptaktionär ein Darlehen eingeräumt, obwohl dessen Bonität nicht über alle Zweifel erhaben ist oder das Darlehen wegen seines Umfangs für die Gesellschaft ein Klumpenrisiko darstellt.

[76] Der Kaufpreis für eine von der Gesellschaft verkaufte Ware wird nur gerade kostendeckend angesetzt, Dienstleistungen werden unentgeltlich erbracht usw.

Solche Rechtsbeziehungen, bei denen – zumindest faktisch – ein *Konnex zur* 329
Aktionärsstellung besteht, sind auch *aktienrechtlich relevant:*
– Es fragt sich, ob der Verwaltungsrat, der die Interessen der Gesellschaft zu 330
  wahren hat, seinen Sorgfaltspflichten nachgekommen ist (vgl. dazu § 28
  N 19 ff). Ist ein Geschäft mit Aktionären aus der Sicht der Gesellschaft nicht
  zu verantworten, kann dies zur persönlichen Verantwortung der Mitglieder
  des Verwaltungsrates führen (vgl. § 36 f).
– Allenfalls kann ein verpöntes Selbst- bzw. Doppelkontrahieren vorliegen 331
  (dazu § 30 N 121 ff).
– Die Transaktion kann die aktienrechtlichen Kapitalschutzbestimmungen ver- 332
  letzen (vgl. § 50 N 105 sowie nachstehend Ziff. 3).
– Die Gesellschaft hat – anders als bei Verträgen, die auch mit beliebigen Drit- 333
  ten abgeschlossen würden – das Gleichbehandlungsprinzip zu wahren (vgl.
  § 39 N 33 ff[77]).
– Schliesslich können die den Aktionären eingeräumten Vorteile – soweit es sich 334
  nicht um die üblichen Vergünstigungen wie Rabatte usw. handelt, wie sie auch
  Mitarbeitern und anderen nahestehenden Personen eingeräumt werden – als
  aktienrechtlich problematische verdeckte Gewinnausschüttung zu qualifizieren sein (dazu vorn N 87 ff).
– Leistungen an Aktionäre und nahestehende Personen, die in einem offensichtli- 335
  chen Missverhältnis zur Gegenleistung und zur wirtschaftlichen Lage der Gesellschaft stehen, sind zurückzuerstatten, vgl. OR 678 II (dazu § 50 N 121 ff).

c) Vor allem in Gesellschaften mit wenigen Aktionären, die in einer engen 336
Beziehung zur AG stehen, sind *Darlehensbeziehungen* zwischen der AG und
einzelnen oder allen Aktionären sowohl im Sinne von Passivdarlehen der Aktionäre an ihre Gesellschaft wie auch von Aktivdarlehen der Gesellschaft an ihre
Aktionäre verbreitet.

Das revidierte Aktienrecht verlangt, dass solche Beziehungen *transparent ge-* 337
macht werden, vgl. OR 663a IV, wonach «die Gesamtbeträge ... der Forderungen
und der Verbindlichkeiten gegenüber anderen Gesellschaften des Konzerns oder
Aktionären, die eine Beteiligung an der Gesellschaft halten», in der Bilanz gesondert anzugeben sind (dazu § 51 N 114). Im übrigen zu diesen Darlehensbeziehungen folgendes:

2. *Darlehen der Aktionäre an die Gesellschaft*

a) In Gesellschaften mit einigen wenigen Aktionären werden die erfor- 338
derlichen finanziellen Mittel seitens der Aktionäre oft nur zum Teil durch die
Liberierung von Aktienkapital zur Verfügung gestellt, zu einem anderen Teil
dagegen durch *langfristige Darlehen.*

Der Aktionär vermeidet dadurch eine endgültige Bindung seiner Investition: 339
Vermag sich die Gesellschaft in der Folge aus ihrer Aktivität selbst zu finanzieren, können die Darlehen wieder abgezogen werden. Vielfach wird aber damit

---

[77] Dazu ausführlich Huguenin (zit. § 39 N 1) 255 ff.

nicht gerechnet, sondern werden diese Aktionärsdarlehen als *«Quasi-Eigenkapital»* betrachtet und allenfalls auch bezeichnet. Erleidet die Gesellschaft Verluste, dann können diese Darlehen als Sanierungsmassnahme im Zuge einer Kapitalerhöhung in Aktienkapital umgewandelt werden[78]; «Quasi-Eigenkapital» wird so auch formell zu Eigenkapital.

340 b) Vor allem aber wird die teilweise Finanzierung mit Darlehen deshalb angestrebt, weil sie *steuerliche Vorteile* mit sich bringt: Zinszahlungen bedeuten bei der Gesellschaft steuerlich abziehbaren Aufwand, während Dividenden aus versteuertem Gewinn bezahlt werden müssen.

341 Dazu ist jedoch zu beachten, dass das *Steuerrecht* Aktionärsdarlehen nicht in beliebiger Höhe als Fremdkapital anerkennt (Problem der *Unterkapitalisierung* bzw. des *verdeckten Eigenkapitals*). Vielmehr wird die Darlehensfinanzierung steuerrechtlich nur in einer betriebswirtschaftlich vertretbaren Höhe zugelassen.

342 Nach der Praxis der Eidg. Steuerverwaltung dürfen die verzinslichen Kreditoren bei Finanz- und Vermögensverwaltungsgesellschaften nicht mehr als ein Siebtel der Bilanzsumme ausmachen. Bei Handelsgesellschaften geht die Differenzierung noch weiter: Das Eigenkapital der Gesellschaft sollte dabei wenigstens ein Fünftel der Immobilienwerte, die Hälfte des mobilen Anlagevermögens und ein Siebtel des Umlaufvermögens betragen. Werden diese Grenzen überschritten, dann können die Zinszahlungen steuerlich als geldwerte Leistung behandelt werden, d. h. es kann eine Aufrechnung und Besteuerung dieser Zinsen als Gewinn der Gesellschaft erfolgen.

343 Zur Verhinderung von Missbräuchen schreibt die Eidg. Steuerverwaltung überdies periodisch angepasste *Maximalzinssätze* vor, die auf Guthaben der Beteiligten oder ihnen nahestehenden Personen vergütet werden können[79]. Eine steuerbare geldwerte Leistung liegt bei Beachtung der steuerlichen Kapitalisierungsvorschriften nur dann vor, wenn die Gesellschaft für diese Darlehen einen höheren Zins vergütet. Zinsen, die diese Maximalsätze übersteigen, gelten mit dem Differenzbetrag als geldwerte Leistung und werden *steuerlich als Dividende* behandelt.

344 c) *Zivilrechtlich* ist – ausser für Banken und Versicherungsgesellschaften – kein bestimmtes Verhältnis von Eigenkapital und Fremdkapital vorgeschrieben. Ist jedoch die Höhe des Fremdkapitalanteils ausserhalb normaler Relationen und die Gesellschaft daher nach betriebswirtschaftlichen Massstäben *unterkapitalisiert,* dann können Aktionärsdarlehen allenfalls im Konkurs der AG wie Eigenkapital und damit als Haftungssubstrat zugunsten der übrigen Gläubiger qualifiziert werden[80].

---

[78] Kapitalerhöhung mit Liberierung durch Verrechnung, dazu § 52 N 122 ff.
[79] Vgl. das Merkblatt der Eidg. Steuerverwaltung: Zinssätze für die Berechnung der geldwerten Leistungen. – Der zulässige Maximalzinssatz variiert nach dem Verwendungszweck der Darlehen.
[80] Es kann gegen Treu und Glauben verstossen, wenn Aktionäre im Konkurs ihre Darlehen zurückfordern, obwohl diese ganz bewusst als «Quasi-Eigenkapital» dienten und die Gesellschaft ohne diese Mittel nie lebensfähig gewesen wäre. Durchgriffsüberlegungen (dazu § 62 N 47 ff) können in solchen Fällen dazu führen, dass die Aktionärsdarlehen wie Eigenkapital als Haftungssubstrat für die (übrigen) Gläubiger behandelt werden. – Das Problem der kapitalersetzenden Darlehen von Gesellschaftern ist vor allem zum Recht der deutschen GmbH intensiv diskutiert worden.

3. *Darlehen der Gesellschaft an ihre Aktionäre*[81]

a) Verbreitet ist in Gesellschaften mit wenigen Aktionären auch der *umgekehrte Vorgang:* Verfügt die Gesellschaft über Mittel, die sie nicht benötigt, dann stellt sie diese ganz oder zum Teil ihren Aktionären in der Form von Darlehen zur Verfügung.

b) Auch bei diesen Aktivdarlehen der Gesellschaft hält sich das *Steuerrecht* nicht unbedingt an die zivilrechtliche Ausgestaltung. Vielmehr wird ein von den Aktionären (oder nahestehenden Personen) als Entgelt zu erbringender *Minimalzins* – entsprechend dem bei der Gewährung von Passivdarlehen vorgeschriebenen Maximalzins – steuerlich verlangt[82]. Entspricht der den Aktionären (oder den nahestehenden Personen) belastete Zins diesem Mindestzins nicht, so stellt die Differenz eine geldwerte Leistung dar, die entsprechende Folgen bei den direkten Steuern und bei der Verrechnungssteuer auslösen kann.

c) Darlehen an Aktionäre können aber auch *zivilrechtlich* problematisch sein:

aa) Zunächst fragt es sich, ob Darlehen an Aktionäre im Lichte der aktienrechtlichen *Kapitalschutzbestimmungen* (dazu § 50 N 105 ff) zulässig sind und insbesondere, ob sie vor dem aus OR 680 II abgeleiteten *Kapitalrückzahlungsverbot* (dazu § 50 N 107 ff) standhalten. Fest steht zwar, dass diese Normen nicht verletzt sind, wenn die AG über freie Mittel im Gegenwert des Darlehens verfügt[83]. Geteilt sind die Auffassungen jedoch über die Zulässigkeit von Darlehen an Aktionäre, wenn durch die Zahlung Aktiven betroffen werden, die auf die Sperrquoten «Grundkapital und gebundene Reserven» anzurechnen sind. Die wohl herrschende und liberalere Auffassung hält dafür, solche Darlehen dann zuzulassen, wenn die Bonität des Aktionärs und Schuldners gut ist und mit der Rückzahlung im Zeitpunkt der Fälligkeit oder Kündbarkeit gerechnet werden darf[84]. Eine abweichende Lehrmeinung vertritt dagegen die Ansicht, dass Darlehen an Aktionäre – wenn ihnen eine wesentliche Bedeutung zukommt – grundsätzlich unzulässig sind, wenn das darin verkörperte Guthaben der Gesellschaft den gebundenen Mitteln zuzurechnen ist[85].

---

[81] Vgl. dazu Bochud (zit. N 1); Peter Böckli: Aktienrechtliches Sondervermögen und Darlehen an Aktionäre, in: FS Vischer (Zürich 1983) 527 ff; Probst (zit. Anm. 19) 24 ff.
[82] Vgl. auch hiezu das Merkblatt der Eidg. Steuerverwaltung: Zinssätze für die Berechnung der geldwerten Leistungen. Der Zinssatz variiert nach der *Quelle* der für Aktivdarlehen verwendeten Mittel. Falls sich die Gesellschaft für die Darlehensgewährung durch Dritten durch Aufnahme von Schulden refinanzieren musste, soll ihr zudem eine minimale *Zinsmarge* verbleiben.
[83] Diese Mittel könnte die Gesellschaft ohne weiteres (als Dividende) an die Aktionäre ausschütten oder sie anderweitig einsetzen. Der Gläubiger kann daher nicht darauf zählen, dass sie als Haftungssubstrat in der Gesellschaft verbleiben.
[84] So etwa Peter Binder: Das Verbot der Einlagenrückgewähr im Aktienrecht (Diss. Bern 1981) 37 f und Marco Duss: Darlehen an Aktionäre, ST *1980* Heft 2 S. 2 ff.
[85] So Böckli (zit. Anm. 81) 527 ff, der die Zulässigkeit ablehnt, wenn der Aktionär an der Gesellschaft massgeblich beteiligt ist und das Darlehen etwa 10 % des bilanzmässigen Eigenkapitals der Gesellschaft überschreitet. Strenger noch Böckli: Darlehen an Aktionäre als aktienrechtlich kritischer Vorgang, ST *1980* Heft 2 S. 4 ff.

349   bb) Nach der bundesgerichtlichen Praxis[86] darf sodann die Darlehensgewährung an einen Hauptaktionär *kein Klumpenrisiko* darstellen, sondern sollte sie nur im Rahmen einer vernünftigen Risikoverteilung erfolgen. Auch hier gilt das «arm's length principle»: In der Darlehensgewährung an Aktionäre soll sich die Gesellschaft nicht anders verhalten als gegenüber beliebigen Dritten.

350   cc) Daher sollte das Darlehen auch angemessen – d. h. so, wie man es bei Dritten auch halten würde – abgesichert sein. Problematisch ist dabei die in der Praxis gelegentlich vereinbarte Sicherstellung durch Aktien der Gesellschaft selbst[87].

351   dd) Von selbst versteht sich, dass die fristgerechte *Rückzahlung* des Darlehens ernsthaft gewollt sein muss. Sogenannt «unkündbare» Darlehen an Aktionäre, wie sie in der Praxis zu finden sind, stellen eine verdeckte Gewinnausschüttung – wenn nicht gar eine Rückzahlung der Kapitaleinlage des Aktionärs – dar, für die der Verwaltungsrat die Verantwortung trägt. Sodann ist auch aus zivilrechtlicher Sicht ein angemessener *Zins* zu fordern. Zinslose Darlehen oder solche zu unüblich günstigen Bedingungen sind ebenfalls verdeckte Gewinnausschüttungen[88].

352   ee) Endlich ist bei der Gewährung von Darlehen an Aktionäre – jedenfalls dann, wenn die Bedingungen nicht marktüblich sind – der Grundsatz der *Gleichbehandlung* zu beachten. Es soll also die Möglichkeit, Darlehen zu beziehen, allen Aktionären entsprechend ihrer Kapitalbeteiligung gleich zustehen.

353   d) Dieselben Probleme stellen sich, wenn *Mittel der Gesellschaft* zur *Sicherstellung* von Darlehen eingesetzt werden, die *Dritte* einem Aktionär eingeräumt haben[89], oder wenn die Gesellschaft die Rückzahlung solcher Darlehen *garantiert* oder sie sich dafür *verbürgt*.

354   So kommt es in der Praxis vor, dass sich der Käufer sämtlicher Aktien einer Gesellschaft die nötigen Mittel zur Bezahlung des Kaufpreises von einem Dritten beschafft und diesem Aktiven der AG als Sicherheit verpfändet werden. Allenfalls ist auch der Verkäufer der Aktien bereit, den Kaufpreis gegen entsprechende Sicherheiten, die von der Gesellschaft zu erbringen sind, zu stunden. Solche Geschäfte sind höchst problematisch und nur in engen Grenzen rechtens[90].

---

[86] Vgl. BGE 113 II 52 ff und dazu auch die Kritik von Bochud (zit. N 1) 291.
[87] Vgl. Bochud (zit. N 1) 222: Wird das Darlehen nicht zurückbezahlt, muss die Gesellschaft die übergebenen Aktien verwerten oder übernehmen, wodurch sich der verpönte Tatbestand des Erwerbs eigener Aktien (vgl. OR 659) tatsächlich oder sinngemäss erfüllt.
[88] Eine offenkundige Schädigung der Gesellschaft liegt dann vor, wenn sich diese die dem Aktionär zur Verfügung gestellten Mittel von einem Dritten beschafft hatte, wobei sie dem Dritten einen höheren Zins zu zahlen hat als denjenigen, den sie ihrerseits vom Aktionär einfordert.
[89] Der Gesellschaft gehörende Wertpapiere werden für eine Schuld des Hauptaktionärs verpfändet, ihre Liegenschaften werden zur Besicherung eines Kredits an denselben mit Hypotheken belastet ...
[90] Vgl. dazu Dieter Zobl: Sicherungsgeschäfte der Aktiengesellschaft im Interesse des Aktionärs, in: FS Kleiner (Zürich 1993) 183 ff.

§ 41 Schranken der Kapitalherrschaft und des Mehrheitsprinzips im Aktienrecht

Literatur: Vgl. Bürgi, Nenninger, Schluep, Walther, alle zit. § 39 N 1; Rolf Watter: Minderheitenschutz im neuen Aktienrecht, AJP *1993* 117 ff; ferner aus den *Gesamtdarstellungen* zum neuen Recht Basler Kommentar zu OR 654–656 (Vogt) und 693 (Länzlinger); Böckli N 342 ff, 347 ff.

I. Übersicht

a) Der kapitalbezogenen und körperschaftlichen Struktur der AG und der aktienrechtlichen Mitgliedschaft insbesondere entspricht es, dass sich die Rechte der Aktionäre grundsätzlich nach ihrem *Kapitaleinsatz* bemessen (dazu § 39 N 2 ff) und dass die Geschicke der AG durch die *Kapitalmehrheit bestimmt* werden (dazu § 24). Doch gelten diese Grundsätze auch im Aktienrecht *nicht ausnahmslos:*

b) Einmal sind der Kapitalherrschaft auch in der AG dadurch Schranken gesetzt, dass *dem einzelnen Aktionär und dass Aktionärsminderheiten bestimmte Rechte zuerkannt* werden, die durch die Mehrheit nicht tangiert oder die nur durch eine qualifizierte Mehrheit beschränkt werden können, vgl. § 39 N 128 ff und nachstehend Ziff. II.

c) Sodann besteht die Möglichkeit, einzelne Gruppen von Aktionären dadurch zu begünstigen, dass ihnen statutarisch *Rechte eingeräumt* werden, die *über ihre Kapitalbeteiligung hinausgehen.* Vgl. dazu Ziff. III.

II. Individual- und Minderheitenschutz

a) Durch unentziehbare Individual-, Minderheiten- und Gruppenrechte (dazu § 39 N 128 ff) will das Gesetz dazu Sorge tragen, dass der einzelne Aktionär oder eine Aktionärsminderheit der Mehrheit nicht schrankenlos ausgeliefert ist. Dieser Aufgabe dienen auch allgemeine aktienrechtliche Prinzipien: der Gleichbehandlungsgrundsatz (dazu § 39 N 11 ff, insbes. 24 ff), das Sachlichkeitsgebot und die Pflicht zur schonenden Rechtsausübung (dazu § 39 N 86 ff).

b) Unbestritten war, dass das *bisherige schweizerische Recht* die Aufgabe des Minderheitenschutzes trotz einer bedeutenden Anzahl einschlägiger Normen nur sehr unvollkommen erfüllte. Schon 1956 stellte W. F. Bürgi[1] pointiert fest: «Wer heute über den aktienrechtlichen Minderheitsschutz in der Schweiz berichten soll, ist zunächst versucht, seine Ausführungen auf die Feststellung zu beschränken: *Es gibt keinen wirksamen Rechtsschutz der Minderheit im schweizerischen Aktienrecht.*»

---

[1] Probleme des Minderheitenschutzes (zit. § 39 N 1) 81.

7 Der Grund für dieses Ungenügen lag zum einen im *gesetzlichen Instrumentarium*, ganz besonders in der *schwachen Ausgestaltung der Kontrollrechte*, die zur Folge hatte, dass der Minderheit oft die nötigen Informationen fehlten, um ihre Interessen wirksam geltend zu machen. Hinzu kam eine ausgesprochen *restriktive Gerichtspraxis*. Zu Recht bedauerte Bürgi[2], es würden insbesondere «*das Dividenden-, das Kontroll- und Auskunftsrecht* – als die theoretisch *wirksamsten Schutzbestimmungen* für die Minderheit ... durch die Gerichtspraxis ... *ständig weiter eingeschränkt*», eine Tendenz, die sich in späteren Entscheiden[3] fortgesetzt hat. Das Bundesgericht wollte im Interesse der Minderheit nur dann eingreifen, wenn ein GV-Beschluss *willkürlich* war. Zwar wurde Willkür angenommen, wenn durch einen Beschluss lediglich beabsichtigt war, der Mehrheit gesellschaftsfremde Sondervorteile auf Kosten der Minderheit zu verschaffen, doch wurde die Erfüllung dieses Tatbestandes in der Praxis selten bejaht[4].

8 c) Die *Verstärkung des Minderheitenschutzes* war daher eines der *vordringlichen Ziele der Aktienrechtsreform*. Die bundesrätliche Botschaft[5] hält dazu fest:

9 «Der Entwurf [für eine Teilrevision des Aktienrechts] schenkt dem Ausbau des Aktionärsschutzes besondere Aufmerksamkeit. Die Verstärkung des Minderheitenschutzes erfolgt nicht durch Statuierung grosser Prinzipien, sondern durch Verbesserung der Information, Lockerung der Vinkulierung, Schutz des Bezugsrechtes, Erleichterung der Ausübung der Klagerechte und andere konkrete Massnahmen.»

10 Diese Stossrichtung ist in der parlamentarischen Beratung beibehalten und da und dort noch akzentuiert worden.

11 An *Verbesserungen des Minderheitenschutzes* sind etwa zu nennen:

12 – die markant gesteigerte *Transparenz* der Rechnungslegung (dazu § 51) und die Einführung der *Sonderprüfung* (dazu § 35) als neues Instrument zur Informationsbeschaffung,

13 – die Verstärkung des *Bezugsrechts* (dazu § 40 N 229 ff) und die Einführung des *Vorwegzeichnungsrechts* (dazu § 40 N 301 ff),

14 – eine Einschränkung der *Vinkulierungsmöglichkeiten* (dazu § 44 N 103 ff),

15 – die Erleichterung der *Klagerechte* durch Sondervorschriften über die Kostenfolge bei der Anfechtungs- und der Verantwortlichkeitsklage (dazu § 25 N 79 ff und § 36 N 121 ff und durch die Herabsetzung des Quorums zur Anhebung einer Auflösungsklage von 20 auf 10 % (dazu § 55 N 93 ff),

16 – die Einführung *qualifizierter Quoren* für sog. «wichtige Beschlüsse»[6] (dazu § 24 N 28 ff).

---

2 A. a. O. 84.
3 Vgl. BGE 99 II 55 ff, 104 II 40.
4 Als positives Beispiel vgl. den zwar in den Einzelheiten, nicht aber im Grundsatz überholten BGE 91 II 298 ff; Willkür trotz einer stossenden Benachteiligung der Minderheit verneinend dagegen BGE 99 II 55 ff.
5 S. 24.
6 Vgl. OR 704 I, insbes. Ziff. 6 (Einschränkung oder Aufhebung des Bezugsrechtes), Ziff. 4 und 5 (verschiedene Formen der Kapitalerhöhung, aus Ziff. 4 ergibt sich auch ein qualifizierter Schutz

Näheres bei Watter (zit. N 1). 17

d) In der neueren *Gerichtspraxis* ist das Anliegen des Minderheitenschutzes 18
schon vor dem Inkrafttreten des revidierten Rechts stärker beachtet worden, vgl.
etwa BGE 105 II 114 ff, wo auf S. 129 die Kritik der Doktrin an der restriktiven
Praxis des Bundesgerichts ausdrücklich erwähnt und auf S. 125 im Hinblick auf
die Auflösungsklage betont wird, man müsse sich davor hüten, dass «durch eine
allzu restriktive Auslegung diese Form des Minderheitenschutzes praktisch um
die ganze Wirksamkeit gebracht» werde.

e) Die Anstrengungen von Doktrin, Gesetzgebung und Judikatur für eine 19
Verbesserung des Minderheitenschutzes sind zu begrüssen. Zugleich ist aber zu
betonen, dass in einer kapitalbezogenen Körperschaft, die auf eine Vielzahl von
Beteiligten ausgerichtet ist, dem *Schutz der Minderheit Schranken gesetzt sind
und sein müssen:* Grundsätzlich haben sich Einzelaktionäre und eine Aktionärsminderheit dem Entscheid der (Kapital-)Mehrheit zu beugen (vgl. § 39 N 108),
wenn diese in Beachtung des Gleichheitsprinzips sachlich angemessene Entscheide trifft und diese die Opposition nicht mehr als nötig in ihren Interessen einschränken[7].

III. Möglichkeiten der Abweichung von der Zumessung der Rechte nach der Kapitalbeteiligung

1. Allgemeines

a) *Statutarisch* kann sowohl bezüglich des *Stimmrechts* wie auch hinsicht- 20
lich der *Vermögensrechte* von der Bemessung nach der Kapitalbeteiligung abgewichen werden, erstes durch die Einführung von *Stimmrechtsaktien,* letztes durch
Vorzugsaktien (vgl. den ausdrücklichen Vorbehalt von «Vorrechten» «für einzelne Kategorien von Aktien» in OR 660 III). Die Begünstigungen von Vorzugs-
und von Stimmrechtsaktien können auch *kumuliert* werden.

b) In Erinnerung zu rufen ist, dass *Abweichungen von der Bemessung der* 21
Rechte nach dem Kapitaleinsatz auch auf andere Weise als durch die Einführung
besonderer Aktienkategorien möglich sind:

aa) OR 692 II erlaubt *statutarische Stimmrechtsbeschränkungen.* Dadurch 22
kann die Stimmkraft einzelner Grossaktionäre beschränkt werden. Vgl. dazu § 24
N 60 ff.

---

des Vorwegzeichnungsrechts), Ziff. 3 (nachträgliche Vinkulierung), Ziff. 8 (Auflösung der AG ohne
Liquidation, d. h. insbes. Fusion). – Für die in OR 704 I Ziff. 1 und 2 genannten Beschlüsse war schon
bisher ein qualifiziertes Mehr erforderlich, und Ziff. 7 ist im Hinblick auf den Minderheitenschutz
weniger von Bedeutung.

[7] Vgl. als Beispiel BGE 117 II 290 ff.

23 bb) Eine im Verhältnis zum Kapitaleinsatz erhöhte Stimmkraft kann dadurch eingeräumt werden, dass einzelnen Aktionären *nicht voll einbezahlte Namenaktien* zugewiesen werden, während andere ihrer Liberierungspflicht voll nachgekommen sind (vgl. dazu § 24 N 102 f).

24 cc) *Vermögensmässig* können einzelne Aktionäre dadurch privilegiert werden, dass in Abweichung von der dispositiven Ordnung in OR 661 die Rechte auf Dividende und Liquidationsergebnis nicht entsprechend den einbezahlten Beträgen, sondern nach dem Nennwert der übernommenen Aktien berechnet und gleichzeitig die Liberierungsverpflichtungen in unterschiedlichem Ausmass erfüllt werden[8].

2. Stimmrechtsaktien

25 Vgl. dazu § 24 N 95 ff.

3. Vorzugsaktien

26 a) *Vorzugs- oder Prioritätsaktien* sind Aktien, die *in vermögensrechtlicher Hinsicht* gegenüber den gewöhnlichen Aktien (Stammaktien) privilegiert sind. Die Vorrechte beziehen sich namentlich auf die Dividende und den Liquidationsanteil, doch sind auch privilegierte Bezugsrechte oder finanzielle Vorteile in anderer Form möglich.

27 Die Vorteile können darin bestehen, dass die berechtigten *vor* den übrigen Aktionären befriedigt werden[9], aber auch darin, dass die betreffenden Aktien *umfangmässig* bessergestellt sind[10]. Möglich ist auch etwa ein *Nachbezugsrecht* für ausgefallene Dividenden[11].

28 Wesentlich ist, dass der Vorzug bzw. das Vorrecht stets am *Kapitalanteil* bemessen wird. Vorzugsaktien sind damit Aktien, durch welche den Berechtigten Rechte eingeräumt werden, die über ihre Quote am Kapital hinausgehen.

29 Die Vorteile kommen einer bestimmten *Aktienkategorie* zu. Dadurch unterscheiden sie sich von den *besonderen Vorteilen*, die Gründern oder anderen Begünstigten ad personam

---

[8] Da die Gesellschaft jederzeit die volle Liberierung verlangen kann (vgl. § 14 N 30 ff), ist das so geschaffene Privileg – zumindest theoretisch – von nur vorübergehender Dauer. Wegen der daraus resultierenden Ungleichbehandlung wird man zudem in der Regel das Einverständnis aller Aktionäre verlangen müssen.

[9] Beispiel: «Auf Vorzugsaktien wird vorab eine Dividende in der Höhe von 15 % ausgeschüttet. Am verbleibenden Gewinn sind alle Aktien gleichmässig beteiligt.» (sog. unlimitierte Vorzugsdividende). Oder: «Der verbleibende Gewinn wird auf die Stammaktien ausgeschüttet.» (sog. limitierte Vorzugsdividende).

[10] Beispiel: «Die Vorzugsaktien erhalten eine Dividende in der Höhe des Anderthalbfachen des auf die Stammaktien ausbezahlten Dividendenbetrages.»

[11] OR 656 II erwähnt das Nachbezugsrecht ausdrücklich. Beispiel: «Ist die Gesellschaft während einem oder mehrerer Jahre nicht in der Lage, auf die Vorzugsaktien eine Dividende von mindestens X % auszuschütten, dann wird in den Folgejahren diese Ausschüttung nachgeholt, bevor auf die Stammaktien eine Dividende entrichtet wird.» (sog. kumulative Vorzugsdividende).

zuerkannt werden (zu diesen vgl. OR 628 III [dazu § 15 N 24 ff)] und 650 II Ziff. 6 [dazu § 47 N 11]).

Stimmrechtsaktien sind – entgegen vereinzelten Lehrmeinungen zum bisherigen Recht – *keine Untergruppe der Vorzugsaktien*. Vielmehr handelt es sich um eine eigene Kategorie privilegierter Aktien, wobei freilich einer Aktie Vorrechte in der Stimmkraft und in finanzieller Hinsicht zugleich zukommen können, so dass sie sowohl als Stimmrechts- wie auch als Vorzugsaktie zu betrachten ist. 30

Von den eingeräumten Vorrechten abgesehen sind die Vorzugsaktien *den Stammaktien gleichgestellt* (so ausdrücklich OR 656 I a. E.). Zu beachten ist immerhin OR 709 I, wonach beim Bestehen verschiedener Aktienkategorien den Aktionären jeder Kategorie – und damit auch den Vorzugsaktionären – das Recht auf einen Vertreter im Verwaltungsrat zukommt (dazu § 27 N 78 ff). 31

b) Begriffsnotwendig ist, dass die Vorrechte *statutarisch begründet* sind (vgl. OR 656 I). Die Umschreibung der Vorrechte gehört daher zum bedingt notwendigen Statuteninhalt (OR 627 Ziff. 9). 32

c) Vorzugsaktien können eingesetzt werden, um *besondere Leistungen im Hinblick auf die Gründung oder den Ausbau* einer Gesellschaft auszugleichen[12]. 33

Gründen zwei Partner eine gemeinsame Gesellschaft und soll beiden die gleiche Stimmkraft zukommen, dann können Vorleistungen der einen Partei oder der Mehrwert der von einer Seite eingebrachten Sacheinlage durch die Ausgabe von Vorzugsaktien honoriert werden, während die stimmenmässige Parität gewahrt bleibt. 34

In Familiengesellschaften kann durch Vorzugsaktien – allenfalls in Kombination mit Stimmrechtsaktien – den *unterschiedlichen Interessen der beteiligten Aktionäre* – der «Unternehmeraktionäre» auf der einen Seite und der blossen «Investoren» auf der anderen – Rechnung getragen werden: Den im Unternehmen aktiven Aktionären wird (allenfalls durch den Einsatz von Stimmrechtsaktien) die *stimmenmässige Kontrolle* zuerkannt. Im Gegenzug wird das Interesse der aussenstehenden Aktionäre an einem möglichst regelmässigen und sicheren Ertrag durch eine *Vorzugsdividende* – verbunden mit einem Nachbezugsrecht für dividendenlose Jahre – gewahrt. 35

Auch *Mitarbeiteraktien* können als Vorzugsaktien ausgestaltet sein[13]. 36

---

[12] Im Gegensatz zu Gründervorteilen sind die Privilegien mit der Aktie verknüpft und nicht an die Person gebunden (vgl. vorn N 29). Sie können daher ohne weiteres auch übertragen und so verwertet werden.
[13] Kritisch hiezu Max Boemle: Mitarbeiteraktien, in: Boemle/Geiger/Pedrazzini/Schluep (vgl. LV) 1 ff, 8 f; zu Privilegien für Mitarbeiteraktien auch Reto Lyk: Die Mitarbeiteraktie in der Schweiz (Zürich 1989) 108 f. Im Lichte der aktienrechtlichen Kapitalschutzbestimmungen unhaltbar dürfte die in der Praxis offenbar vorkommende Befreiung der Mitarbeiter vom Aktionärsrisiko dadurch sein, dass ihnen statutarisch ein Recht eingeräumt wird, die Aktien zum seinerzeitigen Erwerbspreis oder zum Nominalwert der Gesellschaft jederzeit bzw. beim Ausscheiden andienen zu können. Eine solche Verpflichtung kann von der AG nicht übernommen werden. Möglich ist dagegen die entsprechende Zusage eines Dritten, etwa einer patronalen Stiftung.

37   Vor allem aber sind Vorzugsaktien ein geeignetes Mittel bei *Sanierungen:* Dritte sind allenfalls bereit, neues Risikokapital zur Verfügung zu stellen, aber nur dann, wenn ihnen finanzielle Sondervorteile eingeräumt werden[14].

4. Die nachträgliche Einführung von privilegierten Aktien sowie die Beeinträchtigung bestehender Privilegien

38   a) Einen Anspruch auf jederzeitige Beibehaltung der bestehenden Aktienkategorien gibt es grundsätzlich nicht[15]. Die Aktionäre müssen es sich daher gefallen lassen, dass *nachträglich privilegierte Aktien geschaffen* werden. Aber auch die *Beseitigung bestehender Privilegien* ist grundsätzlich möglich[16]. Doch können solche Beeinträchtigungen der Position bestehender Aktionäre nur unter erschwerten Voraussetzungen beschlossen werden:

39   b) Zur *nachträglichen Einführung von Stimmrechtsaktien* vgl. OR 704 I Ziff. 2 und dazu § 24 N 117 ff.

40   c) Hinsichtlich der *nachträglichen Einführung von Vorzugsaktien* ist zu differenzieren:

41   aa) Bestehen *noch keine Vorzugsaktien,* dann kann die GV ihre Ausgabe «nach Massgabe der Statuten oder auf dem Wege der Statutenänderung ... beschliessen oder bisherige Aktien in Vorzugsaktien umwandeln» (OR 654).

42   Der Beschluss kann mit dem ordentlichen Quorum für statutenändernde Beschlüsse – beim Fehlen einer abweichenden Statutenbestimmung also gemäss OR 703 mit der absoluten Mehrheit der vertretenen Aktienstimmen (dazu § 24 N 25 ff) – gefasst werden.

43   In der abschliessend gedachten Liste der «wichtigen Beschlüsse» von OR 704 fehlt die Einführung von Vorzugsaktien. Es besteht also ein – sachlich nicht unbedingt überzeugender – Unterschied zur Einführung von Stimmrechtsaktien, bei der das qualifizierte Quorum von OR 704 einzuhalten ist (vgl. OR 704 I Ziff. 2). OR 704 ist auch nicht etwa aufgrund von Abs. I Ziff. 5 anwendbar: Die dort erwähnte «Gewährung von besonderen Vorteilen» bezieht sich auf ad personam eingeräumte Vorrechte und nicht auf solche einer besonderen Aktienkategorie (zur Unterscheidung vgl. vorn N 29).

44   Das bisherige Recht sah in OR 655 für die Beschlussfassung dispositiv ein qualifiziertes Präsenzquorum vor. Die Bestimmung ist ersatzlos gestrichen worden.

45   Selbstverständlich sind aber die allgemeinen aktienrechtlichen Grundsätze zu wahren. So ist dem Gleichbehandlungsprinzip Rechnung zu tragen: Werden be-

---

14   Bei diesen «Dritten» handelt es sich oft um Personen oder Institutionen, die der Gesellschaft *Darlehen gewährt* haben. Dieses Fremdkapital wird dann im Zuge einer Kapitalerhöhung in Eigenkapital umgewandelt, wobei das neue Aktienkapital durch Verrechnung mit der Forderung auf Rückzahlung des Darlehens liberiert wird (vgl. OR 634a II und § 15 N 28 ff).
15   BGE vom 19. 1. 1994, Urteil 4C. 316/1993 (nicht amtlich publiziert).
16   Denkbar ist allerdings eine statutarische Ausgestaltung als wohlerworbenes (vgl. § 39 N 113 ff) und damit unentziehbares Recht. Die Wohlerworbenheit kann statutarisch explizit verankert sein, sich aber auch aufgrund der Auslegung ergeben.

stehende Aktien in Vorzugsaktien umgewandelt, dann soll das Privileg grundsätzlich allen bestehenden Aktien zukommen[17]. Auch der Grundsatz der schonenden Rechtsausübung ist zu beachten[18].

bb) Hat eine Gesellschaft *bereits Vorzugsaktien ausstehend,* dann können neue Vorzugsaktien, «denen Vorrechte gegenüber den bereits bestehenden Vorzugsaktien eingeräumt werden sollen», nur geschaffen werden, wenn nicht nur die GV, sondern zusätzlich auch eine *Sonderversammlung der Vorzugsaktionäre* zustimmt (OR 654 II, dazu § 26 N 11 ff).

46

d) Für die *Aufhebung oder Einschränkung bestehender Vorrechte* ist nach OR 654 III ebenfalls zusätzlich zur Beschlussfassung in der GV die Zustimmung einer Sonderversammlung der Vorzugsaktionäre nötig.

47

Umstritten ist, ob diese Regelung trotz des Fehlens einer gesetzlichen Bestimmung analog bei der *Beseitigung oder Beschränkung der Stimmprivilegien von Stimmrechtsaktien* gilt (vgl. § 26 N 16 ff).

48

---

[17] Eine solche Umwandlung kann vor einer Kapitalerhöhung Sinn machen, wenn die bisherigen Aktien gegenüber den neu zu schaffenden privilegiert werden sollen.
[18] Wird etwa im Zuge einer Sanierung das Kapital durch Schaffung von Vorzugsaktien erhöht, sollen deren Privilegien nicht weitergehen als erforderlich, um neue Aktionäre gewinnen zu können.

§ 42 Die Pflichten des Aktionärs

Literatur: Andreas Hünerwadel: Die gesellschaftlichen Pflichten des Hauptaktionärs beim Kontrollverkauf (Diss. Zürich 1995 = SSHW 162); Werner Naegeli: Der Grundsatz der beschränkten Beitragspflicht, insbesondere der Ausschluss der Nachschusspflicht im Aktienrecht (Diss. Zürich 1948); Herbert Wohlmann: Die Treuepflicht des Aktionärs (Diss. Zürich 1968 = ZBR 286); Daniel Würsch: Der Aktionär als Konkurrent der Gesellschaft (Diss. Zürich 1989 = SSHW 124). Speziell zur *Liberierungspflicht* vgl. die Angaben zu §§ 13 und 14. Aus den *Gesamtdarstellungen* vgl. Basler Kommentar zu OR 680 (Kurer) und Bürgi zu OR 680 sowie Böckli N 67 ff, 199 ff.

Das Gesetz auferlegt dem Aktionär eine *einzige Pflicht:* die zur Liberierung seiner Aktien. Weitere Pflichten sind weder gesetzlich vorgesehen noch können sie statutarisch eingeführt werden (OR 680 I). Im einzelnen und präzisierend folgendes:

I. Die Liberierungspflicht

Die Liberierungspflicht wird in anderem Zusammenhang besprochen, vgl.
- zur Liberierung im Rahmen der *Gründung* (OR 630 Ziff. 2, 632–634a) § 14 N 18 ff,
- zur Liberierung im Rahmen einer *Kapitalerhöhung* (OR 652c, 653e II) § 52 N 115 ff,
- zur *nachträglichen* Restliberierung (OR 687) § 14 N 30 ff,
- zum allfälligen Ausschluss des Aktionärs wegen *Nichterfüllung* der Liberierungspflichten (OR 681 f) § 44 N 17 ff.

II. Fehlen weiterer Aktionärspflichten

1. Der Grundsatz der beschränkten Leistungspflicht des Aktionärs

a) Wie erwähnt dürfen gemäss dem unverändert aus dem OR *1936* übernommenen Art. 680 I dem Aktionär auch auf statutarischer Grundlage *keine über die Pflicht zur Liberierung hinausgehenden weiteren Pflichten* auferlegt werden.

Schon unter dem OR *1881* hielt das Bundesgericht fest, es fehle die gesetzliche Grundlage für eine Leistungspflicht der Aktionäre neben der Liberierungspflicht und es gehe das Gesetz davon aus, «dass der Aktionär nur seinen Aktienbetrag einzuwerfen» habe, dass somit «die Eingehung weiterer Verpflichtungen der Aktionäre gegenüber der Gesellschaft ausgeschlossen» sein solle[1]. Anlässlich der Revisionsarbeiten zum OR *1936* wurde

---

[1] BGE 25 II 23, 24. In jenem Fall ging es um eine Lieferungsverpflichtung.

die sog. *Nebenleistungsgesellschaft* ausdrücklich *abgelehnt*[2], und in der letzten Revision des Aktienrechts wurde die Frage gar nicht erst diskutiert. Zum geltenden Recht erklärt das Bundesgericht unzweideutig: «Der Aktionär ist zu nichts weiterem verpflichtet als zur Leistung seiner Einlage. Verpflichtungen persönlicher Art auferlegt ihm das Gesetz nicht.»[3]

10 b) Der in OR 680 I verankerte Grundsatz der beschränkten Leistungspflicht ist zwingender Natur[4].

11 Vereinzelt sind freilich für besondere Fälle abweichende Thesen vertreten worden:

12 – So ist nach François Gilliard[5] bei der kooperativ strukturierten AG unter gewissen Voraussetzungen eine persönliche Haftung der Aktionäre zu bejahen.

13 – Rolf Bär[6] und vor allem Herbert Wohlmann[7] haben die Frage gestellt, ob der Grundsatz der beschränkten Leistungspflicht statutarische Konkurrenzverbote oder eine Treuepflicht des Aktionärs ausschliesse.

14 – Nach einzelnen Autoren soll sodann der Grossaktionär einer besonderen Treuepflicht unterliegen[8], nach anderen ist eine Treuepflicht allgemein in stark personalistisch strukturierten Gesellschaften zu bejahen[9].

15 Solche Postulate können allenfalls *de lege ferenda* diskutiert werden; unter geltendem schweizerischem Aktienrecht besteht dafür kein Raum.

2. Fehlen weiterer vermögensmässiger Pflichten

16 a) Die vermögensmässigen Pflichten des Aktionärs beschränken sich auf die *Liberierung* unter Ausschluss weiterer mitgliedschaftsrechtlicher Pflichten und insbesondere auch jeder persönlichen Haftung für Gesellschaftsschulden (so ausdrücklich OR 620 II)[9a]. Ungenau wird in diesem Zusammenhang vom Grundsatz der beschränkten Haftung des Aktionärs gesprochen[10].

---

[2] Vgl. Botschaft *1928* 38 f.
[3] BGE 91 II 305.
[4] So schon BGE 25 II 23 f.
[5] Tendances coopératives dans la société anonyme, in: FS Bürgi (Zürich 1971) 149 ff, 152 ff.
[6] Aktuelle Fragen des Aktienrechts, ZSR *1966* II 321 ff, 498.
[7] Zit. N 1, insbes. 107.
[8] In diesem Sinne John Nenninger: Der Schutz der Minderheit in der Aktiengesellschaft nach schweizerischem Recht (Diss. Basel 1974 = Basler Studien zur Rechtswissenschaft 105) 112.
[9] So Baudenbacher in Basler Kommentar zu Art. 620 N 35.
[9a] Auch der Haupt- oder Alleinaktionär haftet als solcher nicht persönlich. Dagegen kann eine Haftung aus einer tatsächlichen Einflussnahme auf die Gesellschaft hergeleitet werden, vgl. § 37 N 13.
[10] Richtigerweise ist zu präzisieren, dass den Aktionär für die Gesellschaftsschulden überhaupt keine Haftung trifft, während er für die Erfüllung seiner Liberierungspflicht mit seinem ganzen Vermögen einzustehen hat. Es handelt sich somit – wie schon in § 1 N 59 ausgeführt – um eine *unbeschränkte Haftung für die Erfüllung einer beschränkten Leistungspflicht.*

Dem Aktionär können statutarisch auch *keine Nachschuss- oder Nebenleistungspflichten* auferlegt werden, weder Pflichten zu Geld- noch solche zu Sach- oder zu Arbeitsleistungen bzw. zu Unterlassungen[11]. 17

b) Zu betonen ist, dass die folgenden Leistungen *keine zusätzlichen Pflichten* im Sinne von OR 680 I beinhalten: 18
– das *Agio* (zum Begriff vgl. § 14 N 17). Dieses ist Teil des Liberierungsbetrages; 19
– die *Verzugsfolgen* – Pflicht zur Zahlung von Verzugszinsen, zum Ersatz weiteren Verzugsschadens und zur Leistung einer allfälligen Konventionalstrafe (vgl. § 14 N 39) – im Falle der nicht rechtzeitigen Erfüllung der Liberierungspflicht; 20
– die *Rückerstattungspflichten* nach OR 678 (dazu § 50 N 112 ff). 21

c) Ausnahmsweise können an sich unzulässige statutarische Nebenleistungspflichten in solche aus Schuldvertrag oder einfacher Gesellschaft *umgedeutet (konvertiert)* und als solche für gültig erachtet werden. Dies kommt dann in Betracht, wenn sämtliche Aktionäre einer statutarisch verankerten Leistungspflicht zugestimmt haben und seither kein Wechsel im Aktionariat stattgefunden hat[12]. 22

d) Unproblematisch sind dagegen *freiwillig* erbrachte zusätzliche Leistungen von Aktionären. Ohne Rechtspflicht erbrachte zusätzliche Leistungen – etwa Zuzahlungen auf die Aktien über die Volliberierung hinaus, ohne dass eine Kapitalerhöhung stattfände – stellen vor allem bei Gesellschaften mit engem Aktionärskreis und in Konzernverhältnissen ein wichtiges *Sanierungsmittel* dar. 23

3. Fehlen von nicht vermögensmässigen Pflichten, insbesondere einer Treuepflicht

a) Dem Wesen der AG als einer kapitalbezogenen Gesellschaft entspricht es, dass dem Aktionär *nur pekuniäre Pflichten* obliegen. 24

So können in der AG *keinerlei Pflichten zu Arbeitsleistungen* vorgesehen werden, und insbesondere kann auch keine statutarische Pflicht zur Annahme einer Wahl in den Verwaltungsrat, die Revisionsstelle oder ein anderes Amt bestehen. Unhaltbar ist auch die vereinzelt geäusserte Ansicht, es könne in der AG ein Stimmzwang eingeführt werden. 25

b) Intensiv diskutiert worden ist die Frage, ob trotz OR 680 I eine Treuepflicht (wie sie im Genossenschaftsrecht ausdrücklich stipuliert wird: OR 866) allgemein oder in bestimmten Fällen zu bejahen ist: 26
– Während vor allem in der älteren Literatur eine Treuepflicht des Aktionärs verschiedentlich bejaht wurde, wird diese von den neueren Lehrmeinungen 27

---

[11] Selbst in den ursprünglichen Statuten oder mit Zustimmung sämtlicher Aktionäre können solche Pflichten nicht statutarisch verankert werden.
[12] Ablehnend aber BGE 25 II 21. Zur Konversion und ihren Voraussetzungen allgemein vgl. § 44 N 269 ff.

zumindest für die typische AG und den typischen Aktionär überwiegend und zu Recht abgelehnt.

28 – Dagegen ist in neuerer Zeit verschiedentlich angeregt worden, eine Treuepflicht für *besondere Arten* von Aktiengesellschaften, namentlich für die kleine, personenbezogene AG und die Familien-AG zu bejahen[13]. Andere Autoren haben eine solche Differenzierung abgelehnt. Dieser zweiten Auffassung ist u. E. beizupflichten, und es ist insbesondere daran festzuhalten, dass dem Aktionär nach der zwingenden Bestimmung von OR 680 I keine über die Pflicht zur Liberierung hinausgehenden Verpflichtungen auferlegt werden können, also auch keine «Interessenwahrungspflichten».

29 – Das *Bundesgericht* hat eine Treuepflicht des Aktionärs *konsequent abgelehnt*[14], während sich in der kantonalen Judikatur auch Entscheide finden, in denen eine Treuepflicht bejaht wird[15].

30 c) Wird eine Treuepflicht grundsätzlich – für die typische wie für die atypische AG – abgelehnt, so fragt es sich, ob sich eine solche aus einer *besonderen Vertrauens- oder Machtstellung eines Aktionärs* herleiten lässt:

31 – Zu bejahen ist dies für diejenigen Aktionäre, die eine besondere *Organfunktion* einnehmen. So sind die im Verwaltungsrat tätigen Aktionäre gehalten, «die Interessen der Gesellschaft in guten Treuen [zu] wahren» (OR 717 I). Diese Treuepflicht ergibt sich jedoch nicht aus der Aktionärseigenschaft, sondern aus der besonderen Organstellung.

32 – Abzulehnen ist u. E. die vereinzelt geäusserte Auffassung, auch der *Grossaktionär* unterliege einer besonderen Treuepflicht: Solange er sich *mit der Rolle eines typischen Aktionärs* begnügt[16], d. h. solange er nur die jedem Aktionär zustehenden Rechte und Einflussmöglichkeiten entsprechend seiner Kapitalbeteiligung ausnützt, ist er nicht anders zu behandeln als die anderen Aktionäre. Wohl aber untersteht der Grossaktionär dann einer Treuepflicht, wenn er direkt oder indirekt Verwaltungs- oder Geschäftsführungsfunktionen ausübt. Dies ergibt sich aus dem funktionellen Organbegriff (dazu § 37 N 4 ff), wobei wiederum die Organ- und nicht die Aktionärsstellung entscheidend ist.

33 d) Von der Treuepflicht zu unterscheiden ist das *Konkurrenzverbot:* Ein Konkurrenzverbot kann, muss aber nicht Ausfluss der Treuepflicht sein, und es

---

[13] Vgl. etwa Wohlmann (zit. N 1) 107 f, 144 ff und Nenninger (zit. Anm. 8) 105, 108 ff sowie neuestens Baudenbacher, Basler Kommentar zu Art. 620 N 35 und Hünerwadel (zit. N 1), insbes. 82 ff, der beim Verkauf der kontrollierenden Beteiligung einer privaten AG eine gesellschaftsrechtliche Rücksichtspflicht gegenüber der Gesellschaft und den übrigen Aktionären bejaht.
[14] Vgl. BGE 105 II 128, 99 II 62, 91 II 305, offen noch BGE 80 II 270. – Eine Treuepflicht des Grossaktionärs gegenüber seinen Mitaktionären wird dagegen in der deutschen Praxis bejaht (vgl. BGHZ 103 [1988] 184 ff), und neuestens wird die Treuepflicht gar auf Minderheitsaktionäre ausgedehnt (vgl. Urteil des BGH vom 20. 3. 1995).
[15] Vgl. Obergericht Aargau in SJZ *1953* 295 f, wobei freilich nicht klar wird, ob dabei eine über Treu und Glauben hinausgehende Pflicht gemeint ist; ferner Basler Zivilgericht in BJM *1954* 111.
[16] Wohlmann (zit. N 1) 144.

erschöpft sich anderseits die Treuepflicht nicht in einem allfälligen Konkurrenzverbot.

Auch gesellschaftsrechtliche Konkurrenzverbote sind mit OR 680 I unvereinbar, und zwar bei der typischen wie bei der personenbezogenen atypischen AG. Das Bundesgericht hat dies im Entscheid 91 II 305 mit Bezug auf eine AG mit stark personalistischem Einschlag betont und erklärt, es sei «einem Aktionär ... nicht verwehrt, sich als Konkurrent der Gesellschaft zu betätigen».

Wiederum gilt anderes für diejenigen Aktionäre, die in der Gesellschaft eine Organstellung innehaben[17].

e) Von der Treuepflicht zu unterscheiden ist die *Pflicht, nach Treu und Glauben zu handeln.* Dass diese in ZGB 2 verankerte und in der ganzen Rechtsordnung geltende Pflicht auch dem Aktionär obliegt, ist unbestritten und selbstverständlich[18].

4. *Exkurs: Mitteilungs- und Offertpflichten nach dem künftigen Börsengesetz, Meldepflicht nach dem revidierten Bankengesetz*

a) Das voraussichtlich Mitte 1996 in Kraft tretende neue Börsengesetz (dazu § 61 N 15 ff) enthält für den Erwerber von Aktien einer Gesellschaft mit börsenkotierten Papieren in Art. 20 eine Meldepflicht[19]:

«Wer direkt, indirekt oder in gemeinsamer Absprache mit Dritten Aktien einer Gesellschaft mit Sitz in der Schweiz, deren Beteiligungspapiere mindestens teilweise in der Schweiz kotiert sind, für eigene Rechnung erwirbt oder veräussert und dadurch den Grenzwert von 5, 10, 20, $33^{1}/_{3}$, 50 oder $66^{2}/_{3}$ Prozent der Stimmrechte, ob ausübbar oder nicht, erreicht, unter- oder überschreitet, muss dies der Gesellschaft und den Börsen, an denen die Beteiligungspapiere kotiert sind, melden.»

(Es folgen Präzisierungen betreffend die Umwandlung von Partizipations- oder Genussscheinen in Aktien und die Meldepflicht für organisierte Gruppen, vgl. § 61 N 37).

b) Ferner sieht das neue Börsengesetz eine Angebotspflicht zu Lasten von Grossaktionären vor, vgl. § 44 N 74 ff und § 61 N 41 ff.

c) Sodann verlangt das per 1.2.1995 in Kraft getretene revidierte BankG in Art. 3 V von sog. massgeblichen Aktionären eine Meldung zwar nicht gegenüber der Bank-AG, aber gegenüber der Aufsichtsbehörde:

---

[17] Zulässig ist es auch, dass die Wählbarkeit in den Verwaltungsrat für Aktionäre, die eine konkurrenzierende Tätigkeit ausüben, ausgeschlossen wird, vgl. Würsch (zit. N 1) 127 sowie BGE 91 II 305, wonach sich eine AG «dagegen wehren [kann], dass ihr Geschäftsgang und die Gesellschaftsbeschlüsse durch Aktionäre, die zugleich ihre Konkurrenten sind, in unsachlicher Weise zum persönlichen Vorteil dieser Aktionäre beeinflusst werden».
[18] Ausführlich zur Verpflichtung des Aktionärs, nach Treu und Glauben zu handeln, Würsch (zit. N 1) 40 ff.
[19] Vgl. dazu Rolf H. Weber: Offenlegungspflichten im neuen Börsengesetz und im EG-Recht, AJP *1994* 301 ff sowie hinten § 61 N 36 ff.

42 «Jede natürliche oder juristische Person hat der Bankenkommission Meldung zu erstatten, bevor sie direkt oder indirekt eine qualifizierte Beteiligung nach Absatz 2 Buchstabe c^{bis} [20] an einer nach schweizerischem Recht organisierten Bank erwirbt oder veräussert. Diese Meldepflicht besteht auch, wenn eine qualifizierte Beteiligung in solcher Weise vergrössert oder verkleinert wird, dass die Schwellen von 20, 33 oder 50 Prozent des Kapitals oder der Stimmen erreicht oder über- beziehungsweise unterschritten werden.»

III. Exkurs: Vertragliche Vereinbarungen betreffend Aktionärsleistungen

43 a) OR 680 I untersagt lediglich zusätzliche *mitgliedschaftliche Pflichten*. Vertraglich kann sich der Aktionär gegenüber der Gesellschaft zu weiteren Leistungen verpflichten[21]. Solchen Verpflichtungen kommt rein *schuldrechtlicher Charakter* zu, sie sind nicht Teil des Mitgliedschaftsverhältnisses und gehen daher auch nicht mit diesem auf einen künftigen Aktienerwerber über.

44 b) In Gesellschaften mit einigen wenigen Aktionären oder Grossaktionären und namentlich in Familiengesellschaften werden zusätzliche Leistungspflichten oft in *Aktionärbindungsverträgen* (zu diesen vgl. § 39 N 139 ff) vereinbart. Aus solchen Verträgen entstehen Rechte und Pflichten lediglich für die *Aktionäre unter sich*. Für die AG sind sie rechtlich irrelevant. Die Gesellschaft kann daraus zwar faktisch begünstigt, niemals aber direkt berechtigt und schon gar nicht verpflichtet werden.

45 Die in Bindungsverträgen vorgesehenen Pflichten stellen damit *keine Mitgliedschaftspflichten* dar, sondern schuld- oder gesellschaftsrechtliche Verpflichtungen[22] gegenüber einzelnen oder allen Aktionären.

---

[20] Beteiligung – direkt oder indirekt – mit mindestens 10 % des Kapitals oder der Stimmen oder Möglichkeit, die Geschäftstätigkeit auf andere Weise massgebend beeinflussen zu können.
[21] Vgl. BGE 105 Ib 410 f E 4b, 80 II 269 f.
[22] Vgl. die Ausführungen in § 39 N 154 ff zur Rechtsnatur von Aktionärbindungsverträgen.

§ 43 Verurkundung der aktienrechtlichen Mitgliedschaft und Aktienbuch

Literatur: Ulrich Benz: Aktienbuch und Aktionärswechsel (Diss. Zürich 1981 = SSHW 63); Max Boemle: Wertpapiere des Zahlungs- und Kreditverkehrs sowie der Kapitalanlage (8. A. Zürich 1991); Forrer (zit. § 39 N 1); Jäggi/Druey/von Greyerz: Wertpapierrecht (Basel/Frankfurt 1985); Meier-Hayoz/von der Crone: Wertpapierrecht (Bern 1985); Emmanuel Stauffer: L'actionnaire sans titre. Ses droits (Genève 1977). Aus den *Gesamtdarstellungen* vgl. Basler Kommentar zu Art. 622 (Baudenbacher), 644 (Schenker), 683, 686, 688 (du Pasquier/Oertle); Böckli N 353 ff; Siegwart zu Art. 622, 644; Bürgi zu Art. 683, 685, 688.

I. Das Recht auf Verurkundung und seine Bedeutung

a) Das Gesetz schreibt die *Verurkundung* der aktienrechtlichen Mitgliedschaft nirgends vor, setzt sie aber verschiedentlich stillschweigend voraus (vgl. etwa OR 622 V, 644, 652h III, 683, 688).

Immerhin wird bei *kleineren Gesellschaften* mit einigen wenigen Aktionären und besonders bei Einpersonengesellschaften (dazu § 62 N 26 ff) nicht selten auf die *Ausgabe von Aktienurkunden verzichtet,* was kein Nachteil zu sein braucht, wenn die Aktionärsverhältnisse klar sind.

b) Nach vorherrschender schweizerischer Doktrin hat der Aktionär *kein erzwingbares Recht auf Ausgabe eines Wertpapiers*[1]. Wohl aber hat er Anspruch auf eine Bescheinigung seiner Mitgliedschaft in Form einer *Beweisurkunde* (dazu Ziff. II). Charakteristisch ist für die AG jedoch die Ausstellung von *Wertpapieren* (dazu Ziff. III), wobei freilich in neuerer Zeit bei Publikumsgesellschaften eine Tendenz zur *Dematerialisierung* festzustellen ist und bei börsenkotierten Namenaktien in absehbarer Zeit «Papiere» gänzlich verschwinden werden (vgl. dazu nachstehend N 59 ff).

c) Zum *Mindestinhalt des Aktientitels* gehört in der Regel folgendes:
– die Bezeichnung als *Aktie,*
– die Nennung der *Gesellschaft,* bei der das Aktienrecht besteht,
– in der Regel ein *Individualisierungsmerkmal* (Nummer und/oder Buchstabe), durch welches der einzelne Titel von anderen unterschieden werden kann[2],
– die Bezeichnung des *Berechtigten* (Inhaberklausel oder Name des Berechtigten[3]),

---

[1] Vgl. die Literaturhinweise bei Forstmoser/Lörtscher (zit. nachstehend Anm. 30) 52 Anm. 11 und Druey (zit. Anm. 26) 69 Anm. 45; ferner Meier-Hayoz/von der Crone (zit. N 1) § 5 N 197.
[2] Möglich ist es jedoch, dass die von einem Aktionär gehaltenen Aktien nur *mengenmässig* umschrieben werden, als Teilmenge aller Aktien einer Gesellschaft. Dieses Konzept findet bei den sog. Namenaktien mit aufgeschobenem Titeldruck (dazu N 63 ff) Anwendung.
[3] Denkbar sind freilich auch unbenannte Urkunden, soweit sich der Berechtigte zweifelsfrei – etwa aus dem Aktienbuch – eruieren lässt.

10 – die Angabe des *Nennwertes* und – solange die Aktien nicht voll liberiert sind – des auf den Nennwert *einbezahlten Betrags* (OR 687 IV),
11 – bei Namenaktien die *Bescheinigung der Eintragung* im Aktienbuch (OR 686 III, vgl. nachstehend N 76 ff),
12 – die *Unterschrift* mindestens eines zeichnungsberechtigten Verwaltungsratsmitgliedes (OR 622 V), wobei – wenn die Gesellschaft eine Vielzahl von Aktien ausgibt – eine Faksimile-Unterschrift genügt (OR 14 II), falls die Gesellschaft nicht die eigenhändige Unterschrift mindestens eines Verwaltungsratsmitgliedes verlangt (vgl. OR 622 V a. E.).
13 Nicht erforderlich, aber sinnvoll sind Hinweise auf eine allfällige Vinkulierung bei Namenaktien und – falls mehrere Aktienkategorien bestehen – die Kennzeichnung als Stamm-, Vorzugs- oder Stimmrechtsaktie.
14 Entgegen einer in der Lehre vertretenen Auffassung ist auch die Angabe des gesamten Aktienkapitals nicht erforderlich[4].

15 d) Aktienurkunden dienen – vor allem als Wertpapiere – der Geltendmachung der Aktionärsrechte (vgl. etwa OR 689a II) wie auch ihrer Übertragung (dazu im einzelnen § 44 N 79 ff). Unabdingbar sind sie dafür jedoch nicht, und das Bundesgericht hat zu Recht festgehalten: «Jedenfalls hangen die Mitgliedschaftsrechte in der Aktiengesellschaft nicht notwendigerweise vom Bestand des Papiers ab.»[5]

16 Fehlt bei *Namenaktien* eine Urkunde, dann lassen sich die Berechtigten in der Regel aufgrund des Aktienbuches eruieren. Obwohl *Inhaberaktien* (bei welchen die Berechtigung durch den Besitz nachgewiesen wird, vgl. OR 689a II) ohne Urkunde ein Widerspruch in sich zu sein scheint, kommen auch sie in der Praxis vor, besteht doch keine Gewähr dafür, dass eine Gesellschaft, die statutarisch Inhaberaktien vorgesehen hat, auch Aktientitel ausstellt[6]. Die Berechtigung ist dann nötigenfalls mittels der Gründungsurkunde (vgl. HRV 79 I lit. d und dazu § 14 N 58 ff) und allfälligen Zessionserklärungen (vgl. OR 165 I, dazu § 44 N 102) nachzuweisen.

II. Die Ausstellung einer blossen Beweisurkunde

17 Namentlich in Gesellschaften mit wenigen Aktionären wird recht oft auf die Ausgabe von Wertpapieren verzichtet und eine blosse *Bescheinigung über die Mitgliedschaft* ausgegeben, der lediglich die Funktion einer schlichten Beweisurkunde zukommt.

---

4 Wird das Aktienkapital aufgeführt, sollten die Aktientitel bei jeder Kapitalveränderung korrigiert werden. Vgl. aber zur Bedeutung solcher Angaben hinten N 24 und Anm. 8.
5 BGE 83 II 454.
6 Vgl. das in SAG *1975* 109 ff referierte Beispiel.

III. Die Verurkundung in einem Wertpapier

1. Allgemeines

a) Typisch ist für die AG die *Verurkundung der Mitgliedschaft in einem Wertpapier.* Es entspricht dies der Unpersönlichkeit und leichten Übertragbarkeit der Mitgliedschaft des Aktionärs (dazu § 39 N 2 ff), im Gegensatz zur Mitgliedschaft etwa bei der Genossenschaft und der GmbH[7].

Nach OR 622 I lauten die Aktien «auf den Namen oder auf den Inhaber». Inhaberaktien sind wertpapierrechtlich Inhaberpapiere, während Namenaktien in der Regel Ordrepapiere, ausnahmsweise aber auch Rektapapiere sein können (vgl. nachstehend N 26 ff).

b) Namen- und Inhaberaktien «können in einem durch die Statuten bestimmten Verhältnis nebeneinander bestehen» (OR 622 II).

In der Praxis kommt es etwa vor, dass sich die Initianten einer Unternehmensgründung mit Hilfe von als Stimmrechtsaktien ausgestalteten Namenaktien (dazu § 24 N 95 ff) die Kontrolle über die Gesellschaft sichern, während einem weiteren Kreis von Investoren Stammaktien in der Form von Inhaberaktien zugewiesen werden. Von der Möglichkeit einer solchen Differenzierung machen oft auch Familiengesellschaften Gebrauch, die ihren Kapitalbedarf beim Publikum stillen wollen: Den Familienaktionären werden vinkulierte Namenaktien mit kleinem Nennwert eingeräumt, dem Publikum Inhaberaktien mit grösserem Nennwert angeboten, wobei nur die Inhaberaktien an der Börse kotiert werden. Von der Finanzpresse sind solche «unechten» Publikumsgesellschaften verschiedentlich kritisiert worden, weil der für die AG typische Gleichlauf von Kapitaleinsatz und Rechten gestört wird.

Bei echten Publikumsgesellschaften ist das Nebeneinander von (meist als Stimmrechtsaktien ausgestalteten) vinkulierten Namenaktien und Inhaberaktien bisher oft verwendet worden, um die schweizerische Kontrolle über eine Gesellschaft sicherzustellen: Als Namenaktionäre wurden nur Schweizer Bürger zugelassen, während Inhaberaktien naturgemäss von jedermann erworben werden konnten. Das neue Aktienrecht hat diese Möglichkeit des «Heimatschutzes» massiv eingeschränkt (vgl. § 44 N 112 ff), und die Bedürfnisse des Börsenhandels fördern die in den letzten Jahren feststellbare Tendenz zur *Einheitsaktie,* die überwiegend als eine schwach vinkulierte Namenaktie ausgestaltet wird.

c) Grundsätzlich gelten für die Aktien die *allgemeinen wertpapierrechtlichen Regeln,* die aber *durch das Aktienrecht modifiziert* werden. Besonders weitgehend sind die Abweichungen vom allgemeinen Wertpapierrecht bei den vinkulierten Namenaktien, bei denen der Rechtsübergang von den aktienrechtlichen Normen beherrscht wird (vgl. § 44 N 103 ff).

---

[7] Es ist denn auch bezeichnend, dass das Gesetz für die Genossenschaft und die GmbH die Verbriefung der Mitgliedschaft in Wertpapieren ausdrücklich untersagt (vgl. OR 853 III in Verbindung mit OR 852 II, OR 789 III), wobei die Tragweite dieser Bestimmungen im einzelnen umstritten ist.

24   d) Allgemein ist zu beachten, dass sich die aus der aktienrechtlichen Mitgliedschaft fliessenden *Rechte nicht aus dem Aktientitel ergeben:* Vielmehr geht die Rechtsstellung aus den Statuten, allenfalls auch aus Reglementen und besonderen GV-Beschlüssen hervor[7a]. Dabei ist sie dauernden Veränderungen aufgrund von Mehrheitsbeschlüssen ausgesetzt. Selbst wenn daher auf der Aktienurkunde Angaben zur Mitgliedschaftsstellung gemacht werden, dienen diese nur der Information und kann der Aktionär nicht damit rechnen, dass die aktuelle Rechtslage wiedergegeben wird[8].

25   e) Zur Unterzeichnungspflicht vgl. OR 622 V und dazu vorn N 12.

2. Inhaberaktien

26   a) Die der AG als einer «société anonyme» am besten entsprechende Art der Verurkundung ist die der Inhaberaktie. Die Inhaberaktie stellt ein echtes *Inhaberpapier*[9] dar (vgl. OR 689a II in Verbindung mit OR 978 I), dessen Vorteil in der leichten Übertragbarkeit (dazu § 44 N 85 ff) und Geltendmachung der Rechte, dessen Nachteil aber in der Möglichkeit besteht, dass auch ein nichtberechtigter Inhaber infolge des durch den blossen Papierbesitz erweckten Rechtsscheins die darin verbrieften Rechte geltend machen kann (vgl. OR 689a II).

27   b) Inhaberaktien müssen *voll einbezahlt* sein (OR 683 I, dasselbe gilt für auf den Inhaber lautende Interimsscheine, OR 688 I). Vor der Volleinzahlung ausgegebene Inhaberaktien sind nichtig (OR 689 II, dazu nachstehend N 71).

28   c) In Erinnerung gerufen sei, dass Stimmrechtsaktien nicht als Inhaberaktien ausgestaltet sein dürfen (OR 693 II).

3. Namenaktien

29   a) Das Gesetz nennt als weitere Möglichkeit der Verurkundung die *Namenaktie*. Entgegen dem täuschenden Wortlaut handelt es sich dabei in der Regel nicht um ein Namen-, sondern um ein gesetzliches *Ordrepapier* (vgl. OR 684 II, wonach Namenaktien «durch Übergabe des indossierten Aktientitels» übertragbar sind, dazu § 44 N 90 ff)[10].

[7a] Vgl. Meier-Hayoz/von der Crone (zit. N 1) § 5 N 194, 215, 224.
[8]   So kann etwa die allenfalls auf dem Aktientitel genannte Aktienkapitalsziffer zwischenzeitlich durch Kapitalerhöhungen oder -herabsetzungen verändert worden sein, kann der Nennwert der Aktien durch statutenändernden Beschluss abgeändert worden sein, können Namenaktien in Inhaberaktien umgewandelt worden sein oder umgekehrt (vgl. OR 622 II, dazu N 39 ff) und kann die Übertragungserschwerung (Vinkulierung) von Namenaktien erleichtert oder erschwert worden sein.
[9]   Dazu Meier-Hayoz/von der Crone (zit. N 1) § 2 N 140 ff, Jäggi/Druey/von Greyerz (zit. N 1) 104 f.
[10] Vgl. Meier-Hayoz/von der Crone (zit. N 1) § 2 N 205 ff, Jäggi/Druey/von Greyerz (zit. N 1) 105 ff; BGE 119 IV 278 E 3, mit Verweisung auf BGE 81 II 197 E 4.

Gegenüber anderen Ordrepapieren zeichnet sich die Namenaktie dadurch 30
aus, dass für die Ausübung der verbrieften Rechte in der Regel nicht auf das
Papier, sondern auf den Eintrag in einem Register der Gesellschaft, dem *Aktienbuch,* abgestellt wird (vgl. OR 686 I, IV, 689a, dazu präzisierend nachstehend
N 76 ff). Die Eintragung ist von der Gesellschaft auf dem Aktientitel zu bescheinigen (OR 686 III).

b) Falls Gesetz oder Statuten nicht anderes bestimmen (dazu § 44 N 117 ff), 31
sind Namenaktien *frei übertragbar* (OR 684 I). Doch lässt es das Gesetz zu, dass
die Übertragbarkeit von Namenaktien *statutarisch eingeschränkt* wird. Aktien
mit beschränkter Übertragbarkeit nennt man *vinkulierte Namenaktien* (vgl. § 44
N 103 ff und schon § 2 N 42 ff)[11]. Auch sie sind grundsätzlich *Ordrepapiere*[12].

c) Der Vorteil der (nicht vinkulierten) Namenaktie liegt darin, dass die Gesell- 32
schaft ihre *Aktionäre kennt.* Auch können Stimmrechtsbeschränkungen (dazu
§ 24 N 60 ff) in der Regel nur bei Namenaktien wirksam durchgesetzt werden.

Die *vinkulierte* Namenaktie ermöglicht es der Gesellschaft überdies, auf die 33
Zusammensetzung des Aktionärskreises einzuwirken. Im Vergleich zum bisherigen Recht ist diese Möglichkeit jedoch stark eingeschränkt worden. (Näheres in
§ 44 N 112 ff.)

4. Rektaaktien

a) Die Statuten können Namenaktien auch als *Rektapapiere,* d. h. als *echte* 34
Namenpapiere (vgl. OR 974) ausgestalten.

Rektaaktien werden durch *Zession* übertragen. Die Abtretungserklärung hat 35
schriftlich zu erfolgen (OR 165 I). Sie muss – anders als das Indossament bei der
«gewöhnlichen» Namenaktie – nicht auf der Urkunde angebracht werden.

Die Eintragung im Aktienbuch kann bei Rektaaktien vom *materiell berechtig-* 36
ten Inhaber der Urkunde (und nur von ihm) verlangt werden.

Auch für Rektaaktien gelten die spezifisch aktienrechtlichen Bestimmungen 37
hinsichtlich der Möglichkeiten einer Beschränkung der Übertragbarkeit (dazu
§ 44 N 123 ff).

b) Im *börsenmässigen Handel* ist die Übertragung von Namenaktien – auch 38
wenn diese als Ordrepapiere gedacht sind – auf dem Wege der Zession die
Regel[13]. Die Zession liegt auch dem Konzept der sog. Namenaktien mit aufgeschobenem Titeldruck (dazu N 63 ff) zugrunde.

---

[11] Möglichkeiten und Wirkungen der Vinkulierung sind durch die Aktienrechtsreform grundlegend neu gestaltet worden. Die Ausführungen in den in N 1 zitierten Standardwerken von Meier-Hayoz/von der Crone (§ 5 N 225 ff) und Jäggi/Druey/von Greyerz (112 ff) entsprechen daher nur teilweise der heutigen Rechtslage.
[12] Vgl. BGE 83 II 304.
[13] Vgl. die Hinweise aus den Anfängen dieser Entwicklung bei Reto A. Lyk: Entwicklungstendenzen bei der Übertragung schweizerischer kotierter Namenaktien, SAG *1979* 9 ff.

5. Wechsel der Aktienart und des Nennwerts

39 a) Nach OR 622 III können die Statuten «bestimmen, dass Namenaktien später in Inhaberaktien oder Inhaberaktien in Namenaktien umgewandelt werden sollen oder dürfen».

40 Die Norm würde eigentlich nur Sinn machen, wenn eine statutarische Grundlage in den *ursprünglichen* Statuten verlangt würde, wodurch der Aktionär vor einer späteren Umwandlung geschützt wäre. Die Praxis lässt aber auch die *nachträgliche* Einführung einer Umwandlungsklausel im Sinne von OR 622 III zu[14], ja es kann diese in der GV selbst, welche die Umwandlung beschliessen soll, eingeführt werden[15]. Einen Schutz bietet daher das Erfordernis einer statutarischen Umwandlungsklausel nur, wenn die Statuten für Statutenänderungen allgemein oder die Einführung einer Umwandlungsklausel im besonderen erschwerte Voraussetzungen enthalten.

41 b) Die Umwandlung von *Namenaktien in Inhaberaktien* bringt für die Aktionäre Erleichterungen in der Übertragung (vgl. § 44 N 85 ff mit N 90 ff). Durch die Umwandlung von *Inhaberaktien in gewöhnliche Namenaktien* wird zwar die Übertragung an etwas erweiterte Formerfordernisse geknüpft, doch bleibt die Aktie frei übertragbar. Lehre und Praxis halten daher diese Wechsel für unproblematisch[16].

42 Anders verhält es sich, wenn Inhaberaktien oder gewöhnliche Namenaktien in *vinkulierte Namenaktien* (zu diesen vgl. § 44 N 103 ff) umgewandelt werden sollen. Dadurch wird das Recht auf freie Übertragbarkeit eingeschränkt, das nach herrschender Lehre als relativ wohlerworben eingestuft wird. Die Beeinträchtigung der Veräusserlichkeit kann sich auch auf den Marktwert einer Aktie negativ auswirken.

43 Die nachträgliche Vinkulierung darf daher einer Minderheit[17] nur aufgezwungen werden, wenn *drei Voraussetzungen* erfüllt sind[18]:

44 – Die Vinkulierung muss aus *sachlichem Grund erforderlich* sein, d. h. es muss ein *schutzwürdiges Interesse* der Gesellschaft an der Vinkulierung bestehen, welches das Interesse der Aktionäre an der freien Übertragbarkeit überwiegt.

45 – Die Vinkulierung darf nicht strenger sein als es der schutzwürdige Zweck verlangt, es muss also der Grundsatz der *Zweckproportionalität* eingehalten werden (schonende Rechtsausübung).

---

14 Vgl. SJZ *1965* 140 ff.
15 Es handelt sich um einen statutenändernden Beschluss mit reiner Innenwirkung, der sofort wirksam wird (vgl. § 9 N 12 f). Ein besonderes Quorum ist dafür – falls die Statuten nichts anderes vorsehen – nicht erforderlich. Fehlt eine Norm gemäss OR 622 III und soll die Aktienart gewechselt werden, dann können daher in einem ersten Traktandum eine Ermächtigungsnorm gemäss OR 622 III und sogleich danach in einem folgenden Traktandum die Umwandlung selbst beschlossen werden.
16 Vgl. SJZ *1948* 175 ff.
17 Für die Beschlussfassung genügt – mangels abweichender statutarischer Vorschrift – die Einhaltung des normalen Quorums von OR 703.
18 Vgl. BJM *1965* 87 f, SJZ *1968* 167 ff.

– Endlich muss der Grundsatz der *Gleichbehandlung* der Aktionäre gewahrt sein. 46

Von selbst versteht sich, dass die nachträgliche Einführung von Vinkulierungsbestimmungen eine bereits *bestehende Aktionärsstellung nicht beeinträchtigen* kann, d. h. es sind die bisherigen Aktionäre mit ihren sämtlichen Aktien einzutragen, auch wenn sie die Eintragungsvoraussetzungen nicht erfüllen [19]. 47

c) Da sich die rechtliche Ausgestaltung einer Aktie nicht aus dem Titel selbst zu ergeben braucht (vgl. vorn N 24), wirkt sich der Wechsel in der Aktienart auch *ohne Anpassung der Titel* aus. Doch sind die Titel im Interesse der Klarheit der Verhältnisse anzupassen oder auszutauschen [20]. 48

d) Möglich ist es auch – dies sei am Rande erwähnt –, die Aktien in solche von kleinerem Nennwert zu *zerlegen* [21, 22] (sog. *Aktiensplit)* oder zu solchen von grösserem Nennwert *zusammenzulegen* (OR 623 I). Dadurch darf freilich die Mitgliedschaft des Aktionärs nicht beeinträchtigt werden: Die Zerlegung muss daher so erfolgen, dass jeder Aktionär eine *ungebrochene Zahl neuer Aktien* beziehen kann, und eine Heraufsetzung ist nur mit *Zustimmung* aller (betroffenen) Aktionäre möglich (OR 623 II). 49

6. *Aktienzertifikate insbesondere*

a) Wo eine Gesellschaft nur einige wenige Aktionäre zählt, sich also zahlreiche Aktien in einer Hand befinden, ist es in der Praxis üblich, keine Einzelpapiere auszugeben, sondern *Ausweise über eine bestimmte Anzahl von Aktien, sog. Zertifikate* (z. B. Zertifikat über 490 Stammaktien Nrn. 1–490). In der Praxis ist diese Möglichkeit oft in den Statuten explizit vorgesehen, obschon dies gesetzlich nicht erforderlich ist. 50

Aber auch bei Publikumsgesellschaften kommen Zertifikate – vor allem in der Form des sog. *Einwegzertifikats* (dazu N 61 ff) – vor. 51

Zertifikate können für alle Aktienarten erstellt werden. Es sind damit administrative Erleichterungen im Rechtsverkehr zu erzielen (bei der Übertragung eines Zertifikats über Namenaktien ist z. B. nur ein einziges Indossament zu unterschreiben). 52

Aktienzertifikate sind *wie entsprechende Einzeltitel zu behandeln* [23]. 53

b) Vereinzelt sind auch schon Zertifikate über blosse Aktien*teile* ausgestellt worden: Aktien (oder andere Beteiligungspapiere), die für den Börsenhandel zu 54

---

[19] BGE 109 II 239 ff, 243.
[20] Keine Anpassung ist nötig, wenn gewöhnliche Namenaktien vinkuliert werden, da sich die Vinkulierung nicht aus dem Titel zu ergeben braucht.
[21] Die gesetzliche Untergrenze von Fr. 10.– (OR 622 IV) ist aber zu beachten, ausser in Fällen der Sanierung (OR 622 IV a. E.).
[22] Werden dadurch Stimmrechtsaktien (dazu § 24 N 95 ff) geschaffen, ist das Quorum von OR 704 zu beachten (vgl. OR 704 I Ziff. 2, dazu § 24 N 37 f).
[23] BGE 86 II 98.

«schwer», d.h. zu teuer geworden waren, wurden bei Banken deponiert und an ihrer Stelle Zertifikate über Bruchteile (z. B. über einen Zehntel einer «schweren» Aktie) ausgegeben. Wegen der *Unteilbarkeit* der Aktie[24] stellen solche Zertifikate – anders als diejenigen über mehrere Titel – *keine Aktien* dar.

55 Derzeit sind unseres Wissens keine solchen Teilzertifikate für schweizerische Aktien mehr im Umlauf. Durch die Reduktion des Mindestnennwertes der Aktien von Fr. 100.– auf Fr. 10.– (OR 622 IV) dürfte sich hierfür auf absehbare Zeit auch kein Bedürfnis mehr ergeben[25].

7. Dividendencoupons und Talons

56 a) Bei Publikumsgesellschaften waren den Aktien herkömmlich (zu neueren Entwicklungen vgl. sogleich N 59 ff) sog. *Couponbogen* beigefügt: Die (regelmässig numerierten) Coupons sollten zum Bezug von Dividenden (und allenfalls anderen vermögenswerten Rechten wie Bauzinsen), aber auch zur Ausübung des Bezugsrechts dienen. Dadurch wird der Vollzug der Leistungen der Gesellschaft erleichtert, indem z. B. der Dividendenbetrag im Austausch gegen den Coupon ausbezahlt werden kann.

57 Coupons lauten durchwegs auf den *Inhaber,* und zwar auch, wenn sie Namenaktien beigefügt sind. Sie sind *selbständig übertragbar* und ermöglichen damit auch die Übertragung von Dividendenrechten bzw. Anwartschaften ohne Preisgabe der Mitgliedschaft.

58 b) Den Abschluss des Couponbogens bildet der sog. *Talon* oder *Erneuerungsschein,* der zum Bezug eines neuen Couponbogens berechtigt. Auch er kann ein *Inhaberpapier* sein, doch ist er häufig als Legitimationspapier zu qualifizieren.

8. Neuere Entwicklungen bei Publikumsgesellschaften

59 a) Der Trend zur «papierlosen» Gesellschaft hat auch vor dem Wert«papier»recht nicht halt gemacht[26]. Zwar steht eine Anpassung des Privatrechts bislang aus[27]. Im Börsen- und allgemein im Kapitalmarktrecht ist dagegen neben

---

[24] Vgl. als Ausfluss hiervon etwa OR 690 I.
[25] Wohl aber hat eine grössere Zahl von Gesellschaften die Gelegenheit wahrgenommen und seit Inkrafttreten des revidierten Aktienrechts ihre Aktien in solche kleineren Nennwerts gesplittet.
[26] Vgl. dazu Arthur Meier-Hayoz: Abschied vom Wertpapier?, ZBJV *1986* 385 ff; Zobl/Lambert: Zur Entmaterialisierung der Wertpapiere, SZW *1991* 117 ff; Lukas Handschin: Papierlose Wertpapiere (Diss. Basel 1987 = BStR Reihe A Bd. 15). Zur Entwicklung im Ausland vgl. Jean Nicolas Druey: Die Entmaterialisierung des Wertpapiers. Einige rechtsvergleichende Hinweise, SAG *1987* 65 ff.
[27] Zur wachsenden Diskrepanz zwischen der privatrechtlichen Ordnung und der Realität des Rechtslebens vgl. Louis Dallèves: La dématérialisation des papiers-valeurs: un décalage croissant entre droit et réalité, SAG *1987* 43 ff.

den Begriff des Wertpapiers oder an seine Stelle mehr und mehr derjenige des *Wertrechts* getreten[28].

In der Praxis hat die Tendenz zur Entmaterialisierung bei Publikumsgesellschaften zu neuen Formen der Wertpapier«verurkundung» geführt. Auf zwei sei hier hingewiesen:

b) Seit Ende der siebziger Jahre haben bei den Publikumsgesellschaften sog. *Einwegzertifikate* die traditionellen, je einzeln in eigenen Urkunden verkörperten Namenaktien weitgehend verdrängt[29]: Es wird pro Aktionär jeweils ein einziges Aktienzertifikat ausgedruckt, das die Gesamtheit seiner Aktien verkörpert. Dieses Zertifikat ist ein «Einweg»-Zertifikat insofern, als bei jeder Aktienübertragung das bisherige Zertifikat vernichtet und durch ein neues, auf den Erwerber ausgestelltes, ersetzt wird. Dem Zertifikat kommt damit nur noch eine Beweis-, aber – anders als einem traditionellen Wertpapier – *keine Transportfunktion* mehr zu.

Einwegzertifikate tragen keine Coupons: Geleistet wird an die Adresse des im Aktienbuch eingetragenen Aktionärs oder an seine Bank. Dem Aktienbuch (und nicht mehr dem Aktientitel) kommt die entscheidende Funktion für die Bestimmung des Berechtigten zu.

c) Noch einen Schritt weiter geht das seit 1988 bei schweizerischen Publikumsgesellschaften sukzessive eingeführte Modell der *Namenaktien mit aufgeschobenem Titeldruck*[30].

Das Konzept der Namenaktien mit aufgeschobenem Titeldruck muss im Zusammenhang mit dem in der Schweiz seit den frühen siebziger Jahren bestehenden Effektengirosystem gesehen werden, das – verbunden mit einer *Sammelverwahrung* der erfassten Wertpapiere – eine rasche und rationelle Abwicklung des Effektenhandels gewährleisten soll. Träger dieses Systems ist die Schweizerische Effekten-Giro AG (SEGA), ein Gemeinschaftswerk schweizerischer Banken, das die Sammelverwahrung und – bei Transaktionen – die buchmässige Girierung fungibler Titel wie Aktien, Obligationen oder Notes zur Aufgabe hat.

Ursprünglich konnten in das SEGA-System nur *Inhaberaktien* aufgenommen werden. Mitte der achtziger Jahre wurde dann ein Weg gesucht, um die arbeits- und kostenintensive Verarbeitung der *Namenaktien* durch ein rationelleres System zu ersetzen. Dazu war erforderlich, die *körperliche Individualisierung der Aktien aufzuheben:*

---

28 Vgl. etwa das Zürcher Wertpapiergesetz in der Fassung vom 27. 9. 1992, § 1 II: «Den Wertpapieren gleichgestellt sind nicht wertpapiermässig verbriefte, massenweise emittierte Wertrechte.» Das neue AFG spricht in Art. 32 I von Investitionen «in massenweise ausgegebene Wertpapiere und in nicht verurkundete Rechte mit gleicher Funktion (Wertrechte)». Das künftige Börsengesetz (dazu § 44 N 58) braucht den Ausdruck «Effekten», der neben Wertpapieren nach der Legaldefinition von Art. 2 lit. a auch Wertrechte erfasst.

29 Dazu Lyk (zit. Anm. 13) 11, Dallèves (zit. Anm. 27) 45.

30 Dazu Forstmoser/Lörtscher: Namenaktien mit aufgeschobenem Titeldruck. Ein Konzept zur Rationalisierung der Verwaltung und des Handels von Schweizer Namenaktien, SAG *1987* 50 ff; Regine Fides Kocher-Wolfensberger: Namenaktien mit aufgeschobenem Titeldruck im Vollstreckungsrecht (Diss. Bern 1990); Böckli N 354 ff.

66   Nach dem Konzept des aufgeschobenen Titeldrucks sollen Aktien bzw. Aktienzertifikate von der AG nur dann und erst dann ausgegeben werden, wenn dies vom Aktionär verlangt wird. Grundsätzlich bestehen daher *keine Aktientitel,* sondern die Bestände an Namenaktien werden rein *EDV-buchmässig geführt,* und zwar einmal bei der Gesellschaft im Aktienregister pro Aktionär, sodann bei der die Aktien verwaltenden Bank pro Kunde bzw. Aktionär und schliesslich drittens bei der SEGA als Sammelbestände pro SEGA-Teilnehmerbank. Im Verbund von Banken und Gesellschaften wird der Datenaustausch unter den an Transaktionen mit Namenaktien beteiligten Personen über die SEGA koordiniert. Der Aktionär behält zwar ein Recht auf den Druck und die Auslieferung von Aktienurkunden, doch muss er diese ausdrücklich verlangen und wird erwartet, dass die allermeisten Aktionäre darauf verzichten. Rechtlich ist der Titeldruck zwar nur *aufgeschoben,* tatsächlich soll er *aufgehoben* und durch die buchmässige Führung der Aktienbestände ersetzt sein. Für den Übergang zum System der Namenaktien mit aufgeschobenem Titeldruck bedarf es einer statutarischen Basis[31].

67   An die Stelle eines Wertpapiers, d. h. einer *körperlichen Sache,* tritt dadurch ein *Recht, das wertpapiermässig nicht verkörpert ist.* Dies hat auch zur Folge, dass eine Übertragung durch *Indossament* nicht mehr möglich ist; an ihre Stelle tritt der Übergang durch *Zession.* Rechtstheoretisch sind diese Änderungen grundlegend. Doch ist es gelungen, durch entsprechende statutarische Bestimmungen die praktischen Konsequenzen klein zu halten, so dass sich für den Aktionär aus dem Übergang zum System der Namenaktien mit aufgeschobenem Titeldruck kaum praktisch spürbare Konsequenzen ergeben.

68   Das System der Namenaktien mit aufgeschobenem Titeldruck wird die bisher üblichen Einwegzertifikate verdrängen: Ende März 1992 waren elf Publikumsgesellschaften mit einer Börsenkapitalisierung von 58 % des Namenaktienkapitals dem SEGA-Modell beigetreten. Damals wurde das SEGA-Namenaktienmodell für kotierte Gesellschaften durch die Schweiz. Zulassungsstelle als obligatorisch erklärt, und bis Mitte 1997 soll das System – nach erfolgter Anpassung der Statuten – für sämtliche börslich gehandelten schweizerischen Namenaktien realisiert sein.

IV. Der Zeitpunkt der Ausgabe von Aktientiteln und die Ausgabe von Interimsscheinen

1.   Der Zeitpunkt der Ausgabe von Aktientiteln

69   a) Aktien dürfen erst ausgegeben werden, wenn die *Gesellschaft* bzw. – im Falle der Kapitalerhöhung – wenn die *Erhöhung im Handelsregister eingetragen* ist (OR 644 I, 652h III). Vorher ausgegebene Aktien sind nichtig, wodurch jedoch die Verpflichtungen der Aktienzeichner zur Liberierung nicht berührt werden.

70   Näheres in § 17 N 31 ff.

---

[31]   Beispiele bei Forstmoser/Lörtscher (zit. Anm. 30) 59 und bei Böckli N 357.

b) *Inhaberaktien* im besonderen dürfen erst *nach voller Liberierung* ausgegeben werden (OR 683 I). Vorzeitig ausgegebene Aktien sind wiederum nichtig (OR 683 II), doch hat der Zeichner auf jeden Fall für die Einzahlung aufzukommen[32].

2. *Interimsscheine*

a) Vor der Ausgabe der definitiven Aktientitel können sog. Interimsscheine ausgegeben werden. Sie stellen *provisorische Titel* dar, die nur für eine Zwischenperiode bis zur Aushändigung der Aktientitel Verwendung finden sollen (darum auch Zwischenscheine genannt). Materiell entsprechen sie den auszugebenden definitiven Titeln (mit Ausnahme der Nameninterimsscheine für noch nicht voll einbezahlte Inhaberaktien, dazu N 27).

b) Für *Namenaktien* dürfen nur auf den Namen lautende Interimsscheine ausgegeben werden (OR 688 III).

Für *Inhaberaktien,* die *voll einbezahlt* sind, können auf den Inhaber lautende Interimsscheine ausgestellt werden (OR 688 I). Sind dagegen die Inhaberaktien *noch nicht voll einbezahlt,* so dürfen gemäss OR 688 I und II nur auf den Namen lautende Interimsscheine ausgestellt werden. (Vor der Volleinzahlung ausgegebene, auf den Inhaber lautende Interimsscheine sind nichtig, OR 688 I.) Ob solchen auf den Namen lautenden Scheinen Wertpapiercharakter zukommt, ist umstritten[33]. Fest steht jedenfalls, dass sie nur auf dem Wege der Zession übertragen werden können (OR 688 II) und ihnen somit höchstens Namenpapierqualität zukommen kann.

c) Auch Interimsscheine dürfen erst *nach der Eintragung der Gesellschaft* bzw. der *Kapitalerhöhung im Handelsregister* ausgegeben werden. *Vorher ausgestellte Papiere* stellen – auch wenn sie in der Praxis häufig als «Interimsscheine» bezeichnet werden – *blosse Ausweise für die erfolgte Zeichnung* bzw. Liberierung dar. Als Interimsscheine sind sie nichtig (OR 644 I, 652h III analog).

V. **Exkurs: Das Aktienbuch**[34]

1. Das Erfordernis

Nach OR 686 I hat eine AG, die *Namenaktien* ausstehend hat, über diese ein Register, das *Aktienbuch,* zu führen. Verantwortlich ist der Verwaltungsrat, der diese Aufgabe jedoch delegieren kann.

Das Aktienbuch dient der Legitimation der Aktionäre: «Im Verhältnis zur Gesellschaft gilt als Aktionär oder als Nutzniesser, wer im Aktienbuch eingetragen ist.» (OR 686 IV, dazu aber präzisierend nachstehend N 82 ff).

---

[32] Vgl. BGE 86 II 89 ff.
[33] Offengelassen in BGE 75 III 9 f.
[34] Dazu Benz (zit. N 1).

2. Inhalt und Form

78 a) In das Aktienbuch müssen «die Eigentümer und Nutzniesser mit Namen und Adresse eingetragen werden» (OR 686 I). Bei börsenkotierten vinkulierten Namenaktien ist eine zusätzliche Differenzierung erforderlich, da das revidierte Recht hier zwei Arten von Aktionären vorsieht: den Vollaktionär und den «Aktionär ohne Stimmrecht» (OR 685 f III, dazu § 44 N 218 ff), die beide ins Aktienbuch einzutragen sind. Ist eine Gesellschaft aufgrund einer gesetzlichen Vorschrift gehalten, die schweizerische Beherrschung nachweisen zu können, dann drängt sich überdies die Registrierung der Nationalität auf.

79 b) Zur *Form* des Aktienbuchs äussert sich das Gesetz nicht. Bei privat gehaltenen Gesellschaften sind «Bücher» im eigentlichen Sinne oder – bei wenigen Aktionären – auch Einzelblätter gebräuchlich, während Publikumsgesellschaften das Aktienbuch oder -register EDV-mässig führen.

3. Eintragungsvoraussetzungen

80 «Die Eintragung in das Aktienbuch setzt einen Ausweis über den Erwerb der Aktie zu Eigentum oder die Begründung einer Nutzniessung voraus.» (OR 686 II).

81 Es ist also etwa der indossierte Aktientitel oder eine entsprechende Zessionserklärung oder auch der Beleg des Erwerbs infolge Erbrechts oder ehelichen Güterrechts vorzulegen. Ex officio einzutragen sind die ersten Aktionäre, die ihre Stelle als Gründer oder Zeichner im Zuge einer Kapitalerhöhung originär erworben haben.

4. Eintragungswirkungen

82 a) «Im Verhältnis zur Gesellschaft gilt als Aktionär oder als Nutzniesser, wer im Aktienbuch eingetragen ist.» (OR 686 IV).

83 b) Dem Aktienbuch kommt so eine *Legitimationsfunktion* gegenüber der Gesellschaft zu. Diese darf und muss grundsätzlich den im Aktienbuch Eingetragenen als berechtigten Aktionär oder Nutzniesser anerkennen. Doch gilt diese Legitimationswirkung nur beschränkt:

84 c) Der Eintrag im Aktienbuch hat nämlich nach heute unbestrittener Lehre und Praxis[35] lediglich deklaratorische Wirkung. Die Eintragung *bewirkt nicht etwa den Rechtsübergang, sondern sie setzt diesen voraus*[36]. Die Mitgliedschaft wird nicht durch die Eintragung im Aktienbuch erworben, sondern durch den

---

[35] Vgl. BGE 90 II 171 ff und Benz (zit. N 1) 114.
[36] BGE 87 II 256, 90 II 243, wo die Eintragung im Aktienbuch in Anlehnung an ein früheres Urteil als «Vollzugsmassnahme des bereits getroffenen Entscheides» umschrieben wird.

rechtsgültigen Erwerb der Aktie, bei vinkulierten Namenaktien verbunden mit der Anerkennung durch die Gesellschaft. «Anerkennung als Aktionär» und «Eintragung im Aktienbuch» sind daher zweierlei, auch wenn in der Praxis die Anerkennung meist durch die Eintragung im Aktienbuch kundgemacht wird.

Leider ist die Terminologie im revidierten Aktienrecht uneinheitlich und zum Teil unkorrekt, indem aus dem bisherigen Recht Formulierungen übernommen wurden, die sich aus der früher herrschenden Lehre von der konstitutiven Wirkung der Eintragung im Aktienbuch[37] erklären: So ist in OR 685b III die Rede davon, die Gesellschaft könne «die Eintragung in das Aktienbuch verweigern». Gemeint ist die Anerkennung eines Gesuchstellers als Aktionär, wofür die Eintragung nur ein Indiz ist. Die gleiche unkorrekte Formulierung findet sich in OR 685d II. Richtig sind dagegen OR 685b I und IV redigiert, wo von der Ablehnung des Gesuchs um Zustimmung zur Aktienübertragung seitens der Gesellschaft gesprochen wird, ebenso OR 685d I, wo gesagt wird, unter welchen Voraussetzungen «die Gesellschaft einen Erwerber als Aktionär ... ablehnen» kann. 85

d) Genau besehen ist daher «die Eintragung im Aktienbuch ohne Bedeutung ... für den Übergang der Mitgliedschaft»[38] und ist der Eintrag «für den Nachweis der Aktionäreigenschaft ... weder nötig noch hinreichend»[39]: Auch der nicht eingetragene Erwerber kann allenfalls den Nachweis der Aktionärsstellung erbringen und muss dann als Aktionär anerkannt werden, während umgekehrt der zu Unrecht Eingetragene von der Gesellschaft als Aktionär abgelehnt werden kann[40]. 86

5. *Streichung einer durch falsche Angaben erschlichenen Eintragung*

a) «Die Gesellschaft kann nach Anhörung des Betroffenen Eintragungen im Aktienbuch streichen, wenn diese durch falsche Angaben des Erwerbers zustande gekommen sind. Dieser muss über die Streichung sofort informiert werden.» (OR 686a). Mit dieser Regelung – einer aktienrechtlichen Präzisierung des in OR 28 allgemein verankerten Grundsatzes der einseitigen Unverbindlichkeit bei absichtlicher Täuschung – übernimmt und präzisiert das revidierte Recht die bisherige Bundesgerichtspraxis[41]. 87

b) Auch in OR 686a trägt das Gesetz der bloss deklarativen Wirkung des Registereintrags (und damit auch der Streichung) nicht Rechnung: Nicht um die «Streichung im Aktienbuch» geht es, sondern um die *Aberkennung der Aktionärseigenschaft*. Die Streichung ist lediglich eine Folge dieser Aberkennung. 88

---

[37] So noch BGE 69 II 316 ff.
[38] Benz (zit. N 1) und 14.
[39] Jäggi/Druey/von Greyerz (zit. N 1) 112.
[40] Immerhin ergibt sich aus dem Aktienbuch eine Vermutung der Berechtigung, die durch die Gesellschaft zu widerlegen ist, vgl. BGE 90 II 174 f.
[41] Vgl. BGE 117 II 309 ff E 6 b aa.

6. Zum Recht auf Einsicht in das Aktienbuch[42]

89 a) Vom Gesetz nicht geregelt ist die Frage, wer – und in welchem Umfang – ein *Recht auf Einsichtnahme in das Aktienbuch* hat. Aktienrechtliche Kasuistik fehlt[43].

90 b) In der Lehre ist unbestritten, dass der Namenaktionär ein Recht darauf hat, in die *ihn selbst betreffende Eintragung* Einsicht zu nehmen.

91 Ebenso ist unbestritten, dass *Dritten kein Recht auf Einsicht* zusteht.

92 c) Nicht gänzlich geklärt – und vom Einzelfall abhängig – ist das Recht auf eine Einsichtnahme in die *Eintragungen, welche Mitaktionäre betreffen*. Allgemein wird davon ausgegangen, dass das Aktienbuch kein Geschäftsbuch im Sinne von OR 697 III darstellt[44]. Im übrigen wird auf OR 697 II verwiesen, wonach einem Aktionär Auskunft insoweit zu erteilen ist, als sie für die Ausübung der Aktionärsrechte erforderlich bzw. erheblich ist, wobei entgegenstehende Geheimhaltungsinteressen der Gesellschaft grundsätzlich vorgehen (vgl. allgemein zum Auskunftsrecht des Aktionärs § 40 N 166 ff). Zusätzlich ist jedoch – was zuweilen übersehen wird – auch das *Diskretionsinteresse der betroffenen Mitaktionäre* zu berücksichtigen[45]. Aus einer Interessenabwägung kann sich daher im Einzelfall ein Recht auf eine beschränkte Einsicht ergeben. Dagegen ist wohl[46] ein Begehren auf Einsichtnahme in das Gesamtregister – etwa für die Beschaffung der Adressen, um Anträge und Antragsbegründungen für die GV den Aktionären vorgängig direkt zustellen zu können – regelmässig abzulehnen.

---

[42] Vgl. dazu Dieter Zobl: Zur Frage der Einblicknahme in das Aktienbuch, SZW *1992* 49 ff; ferner Böckli N 772 ff; Benz (zit. N 1) 39 ff.
[43] Dagegen haben Gerichte vereinzelt ein Recht auf Einsichtnahme in das Mitgliederverzeichnis von Genossenschaften bejaht, vgl. SJZ *1981* 10 ff Nr. 2 = ZR *1979* 56 ff Nr. 35.
[44] Präzisierend immerhin Zobl (zit. Anm. 42) 52 f.
[45] Für Publikumsgesellschaften wird allerdings das Interesse daran, die Grossaktionäre einer Gesellschaft zu kennen, dem Diskretionsinteresse dieser Grossaktionäre vorangestellt, vgl. OR 663c und dazu § 39 N 8 ff.
[46] Entgegen Entscheiden im Genossenschaftsrecht, vgl. Anm. 43.

§ 44 Erwerb, Verlust und Übertragung der Mitgliedschaft

Literatur: Urs L. Baumgartner: Die Vinkulierungsvorschriften des neuen Aktienrechtes und das schweizerische Ausländerrecht, SZW *1992* 149 ff; Ulrich Benz: Gelockerte Vinkulierung, in: Schluep/Isler (vgl. LV) 55 ff; Peter Böckli: Wesentliche Änderungen in der Vinkulierung der Namenaktien, ST *1991* 583 ff; ders. (zit. § 39 Anm. 48); Urs Brügger: Aspekte des Börsenhandels mit vinkulierten Namenaktien, SZW *1992* 215 ff; Peter Forstmoser: Welchen Spielraum lässt die neue Vinkulierungsordnung?, ST *1991* 592 ff; Jäggi/Druey/von Greyerz (zit. § 43 N 1); Peter Lutz: Vinkulierte Namenaktien (Diss. Zürich 1988 = SSHW 110, durch die Aktienrechtsreform teilweise überholt); Meier-Hayoz/von der Crone (zit. § 43 N 1); Musterklauseln für vinkulierte Namenaktien bei börsenkotierten Gesellschaften, SZW *1993* 80 ff = Aspects boursiers du nouveau droit des sociétés anonymes, ST *1993* 87 ff (Kommentierte Musterklauseln für börsenkotierte Gesellschaften); du Pasquier/Oertle: Les restrictions au transfert des actions nominatives liées, AJP *1992* 758 ff; Thomas Pletscher: Vinkulierungsvorschriften bei kotierten Gesellschaften und statutarische Freiheit, SZW *1992* 210 ff; Jean-Marc Rapp: Actions nominatives liées, in: Ciocca (vgl. LV) 303 ff; Gaudenz Zindel: Aktionäre ohne Stimmrecht und stimmrechtslose Aktionäre, in: Schluep/Isler (vgl. LV) 199 ff. – Aus den *Gesamtdarstellungen* vgl. Basler Kommentar zu OR 681 f (Kurer) und 685–686a (du Pasquier/Oertle) sowie Böckli N 540 ff.

A. *Wesensmerkmale der Aktiengesellschaft und ihre Auswirkungen auf den Gesellschafterwechsel*

1. *Der Grundsatz der festen Zahl von Mitgliedschaftsstellen*

a) Durch das ziffernmässig in bestimmter Höhe festgesetzte Aktienkapital (dazu § 1 N 48, § 49 N 29 ff) einerseits und den festen Nennwert der Aktien (vgl. § 1 N 52, § 49 N 39 ff) auf der anderen Seite ist die *Anzahl Aktien, die eine AG ausstehend hat, fest und grundsätzlich unabänderlich* bestimmt. Da jeder Aktionär mindestens eine Aktie halten muss, steht damit auch die Höchstzahl potentieller Mitgliedschaften, die Zahl der *Mitgliedschaftsstellen,* im voraus fest.

Der einzelne Aktionär kann eine oder mehrere Aktien innehaben, eine oder mehrere Mitgliedschaftsstellen besetzen. *Zu jeder Zeit aber müssen sämtliche Mitgliedschaftsstellen besetzt sein*[1] (sonst könnte das Aktienkapital nicht in fester Höhe festgelegt und erhalten werden), und es ist – ausser bei Kapitalerhöhungen – nicht möglich, die Mitgliedschaft zu erwerben, ohne dass ein bisheriger Aktio-

---

[1] Dies bedeutet freilich nicht, dass stets die Rechte aus sämtlichen Mitgliedschaftsstellen ausübbar sind; vgl. die Hinweise zu Stimmrechtsbeschränkungen in § 24 N 59 ff und zu den Folgen der Vinkulierung bei börsenkotierten Namenaktien in § 44 N 183 ff.

när seine Aktien ganz oder teilweise veräussert und damit Mitgliedschaftsstellen freigibt.

4 b) Daraus folgt, dass es im Aktienrecht – sobald die Gesellschaft besteht und unter dem Vorbehalt von Veränderungen durch Kapitalerhöhungen und -herabsetzungen (dazu § 52 und 53) – einen *Ein- und Austritt im technischen Sinne grundsätzlich nicht geben kann* (vgl. aber hinten N 61 ff). Möglich ist vielmehr nur die *Übertragung* der Mitgliedschaftsrechte von einem bisherigen auf einen neuen Aktionär.

5 Dagegen vollziehen sich bei der *Genossenschaft* Änderungen im Bestand der Mitglieder auf dem Wege von Eintritt und Austritt (vgl. OR 839 f und 842 ff) und ist eine Übertragung bzw. ein Übergang der Mitgliedschaft nur ausnahmsweise möglich (vgl. OR 847 II, III, 849 III, 850 II). Konsequenterweise ist denn auch ein allfälliges Grundkapital bei der Genossenschaft stets variabel (vgl. OR 828 II).

2. Kapitalbezogenheit und leichte Übertragbarkeit der Mitgliedschaft

6 a) Ist ein Mitgliedschaftswechsel nur durch Übertragung möglich, dann drängt es sich bei einer Körperschaft – die ja unabhängig vom jeweiligen Bestand ihrer Mitglieder sein soll – auf, die *Übertragung möglichst leicht zu gestalten*. Diesem Postulat kommt die Kapitalbezogenheit der AG und der aktienrechtlichen Mitgliedschaft im besonderen (vgl. § 2 N 22 ff, § 39 N 4 ff) entgegen: Da die Mitgliedschaft nicht auf die Person ausgerichtet ist und da es – neben der Liberierung – keinerlei Mitgliedschaftspflichten gibt, kann es grundsätzlich nicht entscheidend sein, wer jeweils eine Mitgliedschaftsstelle ausfüllt.

7 Die *Fungibilität der aktienrechtlichen Mitgliedschaft* wird weiter dadurch gefördert, dass die Mitgliedschaftsstellen gleichsam *standardisiert* sind: Jede Aktie hat einen bestimmten – innerhalb einer Aktienkategorie einheitlichen – Nennwert, und das grössere oder kleinere Engagement eines Aktionärs bestimmt sich aufgrund der Zahl der von ihm gehaltenen Aktien. Beim Mitgliedschaftswechsel ist es nicht nötig, einen Nachfolger zu finden, der genau dieselbe Beteiligung anstrebt. Vielmehr kann die Aufteilung der Aktien auf die Aktionäre bei jedem Wechsel neu erfolgen.

8 Anders ist die Ordnung bei der *GmbH*, bei der wegen der stärker personenbezogenen Ausgestaltung der Mitgliedschaft die Übertragbarkeit durch den Gesetzgeber bewusst erschwert worden ist: Jeder Gesellschafter einer GmbH «kann nur eine Stammeinlage besitzen» (OR 774 II). Dadurch sind die Stammeinlagen in der Regel von unterschiedlicher Grösse, was den Gesellschafterwechsel erschwert.

9 b) Die *gesetzliche Ausgestaltung* der Übertragung der aktienrechtlichen Mitgliedschaft entspricht diesen Prämissen: Nach der dispositiven gesetzlichen Ordnung sind Aktien *frei übertragbar*. *Übertragungsbeschränkungen* können zwar statutarisch vorgesehen werden, aber *nur in engen Grenzen* (vgl. N 123 ff).

B. Der Erwerb der Mitgliedschaft

1. Originärer Erwerb

a) Bei der in *Gründung* befindlichen AG erfolgt der Erwerb der Mitgliedschaft *originär*, durch Zeichnung und Liberierung einer oder mehrerer Aktien. Ebenfalls originär wird die Mitgliedschaft erworben, wenn durch eine *Kapitalerhöhung* neue Mitgliedschaftsstellen geschaffen werden.

b) Entscheidend ist bei der *Gründung* der Zeitpunkt der Eintragung der Gesellschaft im Handelsregister: In diesem Moment entsteht die AG (vgl. § 16 N 49) und damit auch die aktienrechtliche Mitgliedschaft bzw. wird die Mitgliedschaft von einer solchen in einer Personengesellschaft[2] in eine Aktionärsstellung überführt.

Auch bei der *Kapitalerhöhung* müssen die neuen Aktien nicht nur gezeichnet (wobei die Zeichnung allenfalls der Genehmigung durch die Gesellschaft bedarf), sondern muss auch der gesetzlich oder statutarisch festgelegte Betrag liberiert worden sein. Der (künftige) Aktionär hat damit alle von ihm abhängenden Voraussetzungen für die Erlangung der Mitgliedschaft erfüllt. Da jedoch die Kapitalerhöhung erst mit dem Eintrag im Handelsregister extern wirksam wird (vgl. § 52 N 186[3]), kann die Mitgliedschaft nur *suspensiv bedingt* für den Fall des Zustandekommens der Erhöhung, entstehen. Verwirrend ist in diesem Zusammenhang OR 694, wonach das Stimmrecht des Aktionärs entstehen soll, «sobald auf die Aktie der gesetzlich oder statutarisch festgesetzte Betrag einbezahlt ist». Gemeint ist damit wohl nicht eine Vorverschiebung der Stimmberechtigung, sondern nur die Erwähnung einer (selbstverständlichen), für sich allein nicht ausreichenden Voraussetzung für deren Entstehung. Immerhin geht die Lehre davon aus, dass im Innenverhältnis die Aktionärsrechte (und damit auch das Stimmrecht) vorbehältlich anderer Beschlussfassung schon mit dem Feststellungsbeschluss des Verwaltungsrates (OR 652g I und dazu § 52 N 176) entstehen[4].

Für die *bedingte Kapitalerhöhung* (dazu § 52 N 298 ff) sieht OR 653e III für den Fall der Ausübung von Wandel- oder Optionsrechten vor, dass die Aktionärsrechte «mit der Erfüllung der Einlagepflicht» entstehen.

2. Derivativer Erwerb

Ist die AG einmal errichtet, so kommt – ausserhalb von Kapitalerhöhungen – aus den in lit. A dargelegten Gründen nur noch der *derivative* Erwerb in Betracht. Zu diesem nachstehend lit. D.

C. Der Verlust der Mitgliedschaft

Von selbst versteht sich, dass die Mitgliedschaft mit der Liquidation der AG bzw. – genauer – dem *Abschluss der Liquidation* und damit der AG selbst untergeht.

---

[2] Vgl. zur Rechtsnatur der in Gründung befindlichen AG § 13 N 25 ff.
[3] Mit einer Ausnahme der bedingten Kapitalerhöhung, vgl. OR 653 II und dazu § 52 N 306.
[4] So Zindel/Isler, Basler Kommentar zu OR 652h N 6.

16   Im übrigen gibt es einen *Verlust der aktienrechtlichen Mitgliedschaft* (ohne gleichzeitige Weiterführung dieser Mitgliedschaft durch einen neuen Aktionär, d. h. im Zuge einer Übertragung) nur ganz ausnahmsweise: im Falle der sog. *Kaduzierung* (vgl. Ziff. I) und bei der *Streichung* eines im Aktienbuch eingetragenen Aktionärs (vgl. Ziff. II). Unter eng gehaltenen Voraussetzungen wird das neue Börsenrecht ein *Ausschlussrecht* einführen (vgl. Ziff. III). Ein *Austrittsrecht* aus der AG im technischen Sinne gibt es nicht, doch sieht das neue Börsenrecht unter gewissen Voraussetzungen ein Verkaufsrecht vor und fördert auch das revidierte Aktienrecht in bestimmten Konstellationen die Möglichkeit der Veräusserung (vgl. Ziff. IV).

I.   Ausschluss aus der Aktiengesellschaft: die sog. Kaduzierung

1.   *Begriff, Zweck und Anwendungsbereich*

17   a) Wegen der Bedeutung, die dem Aktienkapital und seiner vollen Deckung zukommt (vgl. § 1 N 42 ff sowie § 50 N 187 ff), sieht das Gesetz in OR 681f die Möglichkeit vor, einen in der Erfüllung seiner Liberierungspflicht *säumigen Aktionär* aus der Gesellschaft *auszuschliessen* und ihn seiner Rechte und der bereits geleisteten Einlagen verlustig zu erklären. Die so frei gewordenen Mitgliedschaftsstellen können einem Dritten zugewiesen werden, der dann seinerseits die Liberierung nachholen soll.

18   b) Bei der Kaduzierung handelt es sich nicht – wie früher vertreten – um eine Sonderform der Konventionalstrafe[5], auch nicht um eine besondere Art des Schuldnerverzugs, sondern um ein *aktienrechtliches Rechtsinstitut sui generis*[6]. Immerhin wird man allgemeine schuldrechtliche Bestimmungen analog anwenden dürfen, wenn das Aktienrecht keine Ordnung enthält, so etwa hinsichtlich des Eintritts des Verzugs.

19   Die Kaduzierung ist auch von der *Kraftloserklärung* abhanden gekommener Aktien (dazu OR 971 f, 981 ff) zu unterscheiden: Die Kraftloserklärung richtet sich gegen die Urkunde, tangiert aber die Mitgliedschaft als solche nicht. Die Kaduzierung bewirkt den Verlust der Mitgliedschaft, und eine allenfalls damit verbundene Kraftloserklärung der Aktie ist nur eine Folge des Untergangs der Aktionärsstellung.

20   c) Das Kaduzierungsverfahren kann durchgeführt werden, wenn ein Aktionär seiner *Liberierungspflicht nicht rechtzeitig nachkommt*. Entgegen dem täuschenden Gesetzeswortlaut[7] kommt die Kaduzierung nicht nur bei Säumnis im Falle der Barliberierung, sondern auch bei Nichterbringung einer Sacheinlage in Betracht. Da das Agio ebenfalls Teil des Liberierungsbetrages ist, kann das Kadu-

---

5   Diese kann aber zusätzlich vorgesehen werden, vgl. N 50.
6   Vom Vertragsrücktritt wegen Schuldnerverzugs unterscheidet sich die Kaduzierung etwa dadurch, dass der Aktionär nicht bloss für das negative Vertragsinteresse, sondern auch für Verluste bei der Verwertung haftet und dass ihm ausserdem keine Exkulpationsmöglichkeit zusteht.
7   Vgl. OR 681 I: «einbezahlt», OR 681 II: «Teilzahlungen».

zierungsverfahren auch angestrengt werden, wenn zwar der Nominalbetrag, nicht aber das Agio geleistet wurde. Dagegen gehört nicht zur Liberierung die Leistung von Verzugszinsen, Konventionalstrafen und Schadenersatz. Werden solche Pflichten nicht erfüllt, gibt es keine Kaduzierung.

d) Die gesetzlichen Vorschriften über die Voraussetzungen, die Ausgestaltung und den Anwendungsbereich des Kaduzierungsverfahrens sind im wesentlichen *zwingender Natur*. Dabei handelt es sich bei den in OR 682 vorgesehenen formellen Voraussetzungen, die einen *Schutz der Aktionäre* bezwecken (Mahnungen, Nachfrist), um einseitig zwingende *Mindestanforderungen*, die statutarisch oder auch im Einzelfall erweitert werden können.

Eine statutarische Bestimmung, welche die Gesellschaft zur Kaduzierung ermächtigen würde, ist nicht erforderlich[8].

e) *Zuständig* ist grundsätzlich der Verwaltungsrat. An seine Stelle kann ein Konkursverwalter, Liquidator oder Beistand treten.

Ob ein Kaduzierungsverfahren durchgeführt werden soll, entscheidet das zuständige Organ nach freiem, pflichtgemässem Ermessen. Die Gesellschaft ist zur Kaduzierung nur berechtigt, nicht aber verpflichtet[9]. Sie kann sich statt dessen auch der allgemeinen Rechtsbehelfe bedienen oder die Kaduzierung mit diesen kombinieren.

Doch ist auch bei der Kaduzierung der Grundsatz der *Gleichbehandlung* der Aktionäre (dazu § 39 N 11 ff) zu beachten. Gegen verschiedene säumige Aktionäre ist daher nach den gleichen Regeln vorzugehen, falls sich im Interesse der Gesellschaft nicht Differenzierungen – zum Beispiel Kaduzierung nur gegenüber zahlungsunfähigen Aktionären – aufdrängen.

Von der Kaduzierung *betroffen* wird der zur Liberierung verpflichtete Aktionär, der dieser Pflicht (dazu § 14 N 18 ff und § 42 N 3 ff) nicht nachgekommen ist. Die Ursache der Säumnis ist ohne Belang.

f) Die Kaduzierung greift tief in die Rechtsstellung des Aktionärs ein, da sie seine Mitgliedschaft vernichtet[9a]. Das Gesetz trägt dem Rechnung, indem es eine *zusätzliche Aufforderung zur Leistung* unter Ansetzung einer *Nachfrist* verlangt.

Hierfür sind zwei Formen vorgesehen: die Veröffentlichung (OR 682 I) und – für Namenaktien – die Ansetzung der Nachfrist durch Brief (OR 682 II)[10].

---

[8] Dies im Gegensatz zur Einforderung von Konventionalstrafen, vgl. OR 681 III und nachstehend N 50.
[9] Vgl. ZR *1942* Nr. 53 S. 138 E 10.
[9a] Der Aktionär kann sich mit Einreden, Feststellungs- und allenfalls Erfüllungsklagen zur Wehr setzen. Diese sind gegen die Gesellschaft zu richten, vgl. BGE 113 II 276 E 2b = Pra *1988* Nr. 19 S. 82.
[10] Im einzelnen ist der Anwendungsbereich der beiden Verfahren unklar: Die Regelung von OR 682 I ist wohl ohne Prüfung aus dem OR von *1881* übernommen worden, das die Ausgabe nicht voll einbezahlter Inhaberaktien zuliess. Nach geltendem Recht sollte es dagegen Inhaberaktien erst nach Einzahlung des vollen Nennwerts geben, vgl. OR 683 I, dazu § 43 N 27. OR 682 II kommt über den Wortlaut des Gesetzes hinaus nicht nur bei Namenaktien zur Anwendung, sondern auch bei Interimsscheinen für Namenaktien, bei Rektaaktien und Interimsscheinen für solche und wohl auch bei Nameninterimsscheinen für nicht voll einbezahlte Inhaberaktien.

29 g) Zum *Inhalt* der Aufforderung ist festzuhalten:
30 – Bei der *öffentlichen Kundgabe* müssen sich die drei Bekanntmachungen (die unmittelbar nacheinander folgen können) inhaltlich decken und muss die Bekanntgabe so abgefasst sein, dass die betroffenen Aktionäre erkennen können, dass sie angesprochen sind.
31 – Eine *schriftliche Aufforderung* zur Zahlung hat durch *eingeschriebenen Brief* zu erfolgen, auch wenn ein Aktienbuch (noch) fehlt.
32 – Ob die *Androhung der Kaduzierung* in der Aufforderung enthalten sein muss, ist umstritten; jedenfalls empfiehlt es sich.

33 h) Nach erfolglos verstrichener *Nachfrist*[11] ist die Gesellschaft berechtigt, den säumigen Aktionär seiner Rechte aus der Zeichnung *verlustig zu erklären*[12]. Die Verlustigerklärung ist ein *Gestaltungsrecht,* das die Gesellschaft ausüben *kann, aber nicht muss.* Es bedarf einer ausdrücklichen *Erklärung*; der Ablauf der Nachfrist allein genügt nicht.

34 Bis zur Verlustigerklärung ist der Aktionär *Gesellschafter* mit allen Rechten und Pflichten, und er hat die Möglichkeit, den Entzug der Mitgliedschaft durch Leistung des verlangten Betrages abzuwenden. Dies ergibt sich aus dem Sinn der Kaduzierung als eines Mittels, die Aufbringung des Aktienkapitals sicherzustellen; es bleibt daher kein Raum für einen Ausschluss nach – wenn auch verspätet – erfolgter Leistung.

35 i) Können bereits ausgegebene Titel nicht beigebracht werden, so muss ihre *Entkräftung* im Schweiz. Handelsamtsblatt sowie in den statutarisch vorgesehenen Publikationsorganen bekanntgegeben werden (vgl. OR 681 II). Dabei sind die Titel genau zu bezeichnen.

2. *Wirkungen der Kaduzierung*

36 a) Durch die Kaduzierung wird zum einen der säumige Aktionär seiner Mitgliedschaft und der geleisteten Einzahlungen *verlustig erklärt* und zum andern die *Aktienurkunde* annulliert.

37 Die Kaduzierung bewirkt den *Untergang sämtlicher Aktionärsrechte,* der vermögensmässigen wie der nicht vermögensmässigen. Insbesondere können bereits geleistete Teilzahlungen nicht zurückgefordert werden, und zwar auch dann nicht, wenn die Aktienrechte durch die Gesellschaft erfolgreich weiterplaziert (dazu nachstehend N 40 ff) werden können.

38 Da die kaduzierte Aktie kein Recht mehr verkörpert, geht auch die Möglichkeit unter, darüber zu verfügen. Insbesondere ist der *gutgläubige Erwerb* eines kaduzierten Titels ausgeschlossen.

---

[11] Diese muss nach OR 682 I mindestens einen Monat dauern, kann aber statutarisch oder im Einzelfall länger angesetzt werden.
[12] Nach der Auffassung des Bundesgerichts sollte die Frist allerdings nicht zu streng gehandhabt werden, vgl. BGE 113 II 275 ff = Pra. *1988* Nr. 19 S. 82 f.

Die Kaduzierung wirkt auch gegen die an einer Aktie berechtigten *Dritten*, etwa Pfandgläubiger und Nutzniesser. Deren Rechte gehen unter, ohne dass ein Anspruch gegen die Gesellschaft entstünde. 39

b) Anstelle der kaduzierten können nach OR 681 II *neue Aktien* oder Interimsscheine *ausgegeben* werden. Erst durch diese Neuplazierung wird das Ziel der Kaduzierung – die Liberierung sicherzustellen – erreicht. Der Verwaltungsrat ist daher – entgegen dem Wortlaut von OR 681 II – *verpflichtet* und nicht nur befugt, zur Neuausgabe zu schreiten, falls mit einem Erlös zu rechnen ist. 40

Entgegen dem Wortlaut des Gesetzes handelt es sich genau besehen nicht um die Ausgabe «neuer» Aktien, sondern um die *Neu- oder auch Wiederausgabe von Aktientiteln* anstelle der ausgefallenen für ein und dasselbe fortbestehende Aktienrecht. 41

Die *neue* Aktie kann *zu jedem erzielbaren Preis* plaziert werden, und OR 624 I sieht ausdrücklich die Veräusserung auch unter dem Nominalwert vor. 42

In der *Auswahl des Erwerbers* ist die Gesellschaft grundsätzlich frei[13], doch soll der Meistbietende nur aus triftigen Gründen abgelehnt werden. 43

c) Den *kaduzierten Aktionär* trifft nach OR 682 III eine *Ausfallhaftung*. Diese entspricht dem eingeforderten und nicht einbezahlten Betrag, reduziert um den bei der Neuplazierung erzielten Betrag. Dieselbe Haftung trifft unter gewissen Voraussetzungen auch den originären Aktienzeichner (OR 687 II, dazu § 14 N 36 f). 44

Der *Neuerwerber* tritt in die Rechte und Pflichten des kaduzierten Aktionärs ein wie bei der gewöhnlichen Übertragung von Aktien. 45

d) Im Kaduzierungsverfahren kann sich sowohl ein *Überschuss* wie auch ein *Verlust* ergeben. 46

– Ein allfälliger *Verwertungsüberschuss* verbleibt der AG und ist nach OR 671 II Ziff. 2 der allgemeinen Reserve zuzuweisen, und zwar auch dann, wenn diese die gesetzliche Höhe von OR 671 I erreicht hat. Der kaduzierte Aktionär hat also keinen Anspruch auf Rückerstattung seiner Leistungen, wenn ein Überschuss resultiert. 47

– Entsteht im Kaduzierungsverfahren ein *Ausfall*, dann ist dieser als Verlust zu buchen oder ist allenfalls das Aktienkapital entsprechend herabzusetzen. 48

3. *Exkurs: Weitere Verzugsfolgen*

a) Nach OR 681 I ist der Aktionär, der seiner Liberierungspflicht nicht rechtzeitig nachkommt, zur Zahlung von *Verzugszinsen* verpflichtet. 49

b) Nach OR 681 III kann statutarisch auch eine *Konventionalstrafe* vorgesehen sein, was in der Praxis freilich kaum vorkommt. 50

---

[13] Vertretbar, aber unseres Wissens bisher nicht diskutiert worden ist freilich die Ansicht, es sei den übrigen Aktionären ein Erwerbsrecht einzuräumen.

II. Aberkennung der durch Täuschung erschlichenen Aktionärsstellung

51   Vgl. OR 686a und dazu § 43 N 87 ff.

III. Andere Möglichkeiten der Ausschliessung von Aktionären?

1. Die gesetzliche Ordnung

52   a) Im Recht der Personengesellschaften (vgl. OR 577, 578, 619 II), des Vereins (vgl. ZGB 72), der GmbH (vgl. OR 822 III, IV) und der Genossenschaft (vgl. OR 846) sind weitere Fälle der zwangsweisen Ausschliessung von der Mitgliedschaft vorgesehen. Das deutsche Aktienrecht kennt den Zwangsausschluss von Aktionären[14].

53   b) Dagegen sieht das *schweizerische Aktienrecht* neben der Kaduzierung, der «Streichung im Aktienbuch» und dem Mitgliedschaftsverlust als einer Folge der Liquidation der Gesellschaft keine weiteren Fälle des zwangsweisen Ausscheidens vor. In Lehre und Praxis ist unbestritten, dass die *gesetzliche Ordnung abschliessend* ist: Weder gibt es zusätzliche Fälle der Kaduzierung noch andere Möglichkeiten des zwangsweisen Ausschlusses. Dies gilt auch für die AG mit nichtwirtschaftlichem Zweck, obwohl bei ihr die Person des Aktionärs allenfalls besonders bedeutsam ist.

54   Zu betonen ist, dass es einen Ausschluss auch dann nicht geben kann, wenn – im Fall vinkulierter Namenaktien – die *Eintragungsvoraussetzungen* nachträglich *wegfallen*[15].

55   Auch einen Untergang der Mitgliedschaft infolge *Verjährung* oder wegen *Nichtausübung* gibt es im Aktienrecht nicht. Wohl aber verjähren die Ansprüche auf verfallene Dividenden (vgl. OR 128 Ziff. 1: fünfjährige Verjährungsfrist) und auf den Liquidationsanspruch (vgl. OR 127: zehnjährige Frist).

2. Zulässigkeit statutarischer Ausschliessungsgründe?

56   In der Lehre ist verschiedentlich die Auffassung vertreten worden, es sei im Aktienrecht die *Einführung zusätzlicher Ausschliessungsgründe durch die Statuten zulässig*[16]. Die herrschende Lehre hat diese Auffassung grundsätzlich

---

[14] Vgl. AktG 320: Befinden sich 95 % des Gesamtnennwertbetrags der Aktien einer Gesellschaft in der Hand einer anderen Gesellschaft, dann kann die Hauptversammlung die «Eingliederung» der beherrschten Gesellschaft beschliessen. Die Minderheitsaktionäre scheiden dabei aus und sind durch Aktien der Hauptgesellschaft sowie allenfalls eine Barabfindung zu entschädigen.
[15] Ebensowenig natürlich, wenn nachträglich Eintragungsvoraussetzungen eingeführt oder verschärft werden, vgl. hinten N 255a.
[16] Vgl. etwa Peider Mengiardi: Statutarische Auflösungsgründe im Recht der AG ..., in: Boemle u. a. (vgl. LV) 265 ff, 280 f und Hans-Joachim Pfitzmann: Ausschluss und Austritt aus der personalistischen Kapitalgesellschaft (Diss. Bern 1974) 145 ff, 154 ff, 167 ff. – Zum Problem vgl. auch Peter Dorscheid: Austritt und Ausschluss aus der personalistischen Kapitalgesellschaft (Diss. Genf 1984 = SSHW 73) insbes. 107 ff.

u. E. zu Recht abgelehnt. Hinzuweisen ist insbesondere auf die in OR 680 I festgelegte beschränkte Beitragspflicht des Aktionärs (dazu § 42 N 8 ff), zu der ein Ausschluss als Sanktion für ein missbilligtes Verhalten in Widerspruch stünde. Einmal mehr ist daran zu erinnern, dass die AG *kapitalbezogen* strukturiert ist und daher der Berücksichtigung personenbezogener Elemente Schranken gesetzt sind.

Vertretbar erscheint allenfalls – mit statutarischer Grundlage – als Sonderfall der zwangsweise Rückkauf von Aktien als *Vorbereitung einer Kapitalherabsetzung*[16a]. 56a

In *Aktionärbindungsverträgen* können freilich Verkaufspflichten und Kaufsrechte vorgesehen werden. Diese wirken aber nur zwischen den Vertragsparteien und nicht gegenüber der Gesellschaft[17]. 57

3. *Exkurs: Ausschlussrecht aufgrund des neuen Börsengesetzes*

In engen Grenzen sieht das neue BG über die Börsen und den Effektenhandel[18], das im Juni 1996 in Kraft treten soll, eine Möglichkeit des Ausschlusses von Aktionären einer Gesellschaft mit börsenkotierten Aktien vor. Art. 33 ermöglicht die Kraftloserklärung von Beteiligungspapieren (und damit den Ausschluss der daran Berechtigten), wenn ein Anbieter im Zuge eines öffentlichen Übernahmeangebots über 98 % der Stimmrechte erlangen konnte: 58

«Verfügt der Anbieter nach Ablauf der Angebotsfrist über mehr als 98 Prozent der Stimmrechte der Zielgesellschaft, so kann er binnen einer Frist von drei Monaten vom Richter verlangen, die restlichen Beteiligungspapiere für kraftlos zu erklären. Der Anbieter muss zu diesem Zweck gegen die Gesellschaft Klage erheben. Die restlichen Aktionäre können dem Verfahren beitreten. 59

Die Gesellschaft gibt diese Beteiligungspapiere erneut aus und übergibt sie dem Anbieter gegen Entrichtung des Angebotspreises oder Erfüllung des Austauschangebotes zugunsten der Eigentümer der für kraftlos erklärten Beteiligungspapiere.»[18a] 60

IV. Austrittsrecht des Aktionärs?

1. Die gesetzliche Ordnung

a) Für die GmbH und die Genossenschaft ist ein Austrittsrecht des Gesellschafters ohne Mitgliedschaftsübertragung ausdrücklich vorgesehen (vgl. OR 822 II und 842). Das Aktienrecht dagegen kennt – wie erwähnt – nur die Übertragung der Mitgliedschaft. 61

[16a] Vgl. Forstmoser § 16 N 105 ff, ferner hinten § 53 N 82.
[17] Vgl. § 39 N 158 f.
[18] BG über die Börsen und den Effektenhandel (Börsengesetz, BEHG) vom 24.3.1995.
[18a] Zum Übergangsrecht: Art. 54. Vgl. zu dieser «Squeeze out»-Bestimmung auch § 61 N 50.

62 b) In der parlamentarischen Beratung zum revidierten Aktienrecht wurde ein Vorschlag, dem Aktionär ein Recht auf Austritt aus wichtigem Grund mit richterlicher Bewilligung einzuräumen, in die Diskussion eingebracht, in der Folge aber zurückgezogen[19].

2. Zulässigkeit des Austritts aufgrund einer Vereinbarung oder als statutarisches Recht?

63 a) Es fragt sich, ob das Schweigen des Gesetzes qualifiziert ist oder ob und allenfalls in welchen Schranken auch bei der AG ein Recht auf Austritt zugelassen werden kann.

64 b) Die traditionelle Lehre hat seit jeher daran festgehalten, dass es bei der AG grundsätzlich die Möglichkeit eines Austritts, einer Kündigung und Rückforderung des einbezahlten Betrages nicht gibt. Doch wurde von verschiedenen Autoren und mit unterschiedlicher Begründung betont, dass unter gewissen Voraussetzungen einem Austritt im technischen Sinne nichts entgegenstehe[20].

65 Auszugehen ist davon, dass das fehlende Austrittsrecht aus dem *Prinzip der festen Mitgliedschaftsstellen* folgt und dass dieses wiederum den *Schutz des Grundkapitals* bezweckt. Zu beachten ist sodann die *Zweckbindung gesetzlicher* und allenfalls statutarischer *Reserven* (dazu § 50 N 25 ff). Daraus folgt, dass gegen einen Austritt des Aktionärs dann keine grundsätzlichen Bedenken bestehen, wenn entweder die *Gläubigerschutzbestimmungen* von OR 732 ff (dazu § 53 N 57 ff) eingehalten werden oder der Ausscheidende nur aus *ungebundenem Gesellschaftsvermögen* (dazu § 49 N 61 f), das an die Aktionäre ausgeschüttet werden könnte, entschädigt wird[21]. Zu beachten ist ausserdem der Grundsatz der *Gleichbehandlung* der Aktionäre.

66 In diesen Schranken können wohl trotz des Schweigens des Gesetzes Möglichkeiten des Austritts im Einzelfall vorgesehen werden:

67 – Zunächst muss es dem Aktionär, der seiner Liberierungspflicht vollständig nachgekommen ist, offenstehen, seine Mitgliedschaft zu derelinquieren, sie also *entschädigungslos aufzugeben*. Weder der AG noch den Gläubigern noch anderen Aktionären erwachsen daraus Nachteile.

68 – Ein Austritt unter teilweiser oder voller Entschädigung ist sodann unter Beachtung der Vorschriften über die *Kapitalherabsetzung* (dazu § 53 N 33 ff) zulässig.

69 – Schliesslich muss unter den gleichen Voraussetzungen auch ein Austritt in Verbindung mit einer *Aktienamortisation* ohne Durchführung des Kapitalherabsetzungsverfahrens möglich sein[21a].

---

[19] Vgl. AmtlBull NR *1985* 1773 f, SR *1988* 506 ff.
[20] Vgl. insbes. Siegmund Pugatsch: Der Austritt des Aktionärs aus der personenbezogenen Aktiengesellschaft (Diss. Zürich 1976) insbes. 115 ff; ferner etwa Mengiardi (zit. Anm. 16) 278 f. Dagegen de lege lata (mit Bedauern) ablehnend Dorscheid (zit. Anm. 16) 114 f, 127.
[21] Ähnlich Pugatsch (zit. Anm. 20) 115 f.
[21a] Dazu Forstmoser § 16 N 511 ff, mit weiteren Hinweisen.

Bei Einhaltung dieser Auflagen kann auch der Einräumung eines *statutarischen Austrittsrechts* nichts entgegenstehen[22]. In der Praxis sind solche Regelungen, die ein wirksames Element des Minderheitenschutzes sein könnten, freilich bisher kaum vorgekommen.

3. Gesetzliche Erleichterungen des Ausscheidens

Wenn auch ein Austritts*recht* im Gesetz nicht vorgesehen ist, so enthält das revidierte Recht immerhin Neuerungen, die das Ausscheiden begünstigen:

– Bei nicht börsenkotierten vinkulierten Namenaktien hat die Gesellschaft zwar nach wie vor die Möglichkeit, einen Aktienerwerber als Aktionär ohne Grundangabe abzulehnen. Diesfalls muss sie jedoch dem Veräusserer der Aktien anbieten, diese zum wirklichen Wert zu übernehmen (OR 685b I, dazu nachstehend N 162 ff), so dass dieser ausscheiden kann.

– Nach OR 736 Ziff. 4 kann der Richter bei einer Klage auf Auflösung der Gesellschaft aus wichtigem Grund statt auf Auflösung «auf eine andere sachgemässe und den Beteiligten zumutbare Lösung erkennen». Diese kann darin bestehen, dass der klagenden Minderheit ein Ausscheiden aus der Gesellschaft ermöglicht wird (vgl. § 55 N 106 ff).

4. Exkurs: Verkaufsrechte aufgrund des neuen Börsengesetzes

Eine Austrittsmöglichkeit wird dagegen durch das neue Börsengesetz (vgl. vorn N 58 ff sowie ausführlich § 61 N 15 ff) eingeführt, indem Art. 32 unter gewissen Voraussetzungen eine Pflicht zur Unterbreitung eines Angebots für den Erwerb aller Aktien einer Gesellschaft vorsieht[23]:

«Wer direkt, indirekt oder in gemeinsamer Absprache mit Dritten Beteiligungspapiere erwirbt und damit zusammen mit den Papieren, die er bereits besitzt, den Grenzwert von $33^1/_3$% der Stimmrechte einer Zielgesellschaft, ob ausübbar oder nicht, überschreitet, muss ein Angebot unterbreiten für alle kotierten Beteiligungspapiere der Gesellschaft. Die Zielgesellschaften können in ihren Statuten den Grenzwert bis 49 % der Stimmrechte anheben.»

Die Aufsichtsbehörde kann unter gewissen Voraussetzungen eine Ausnahme von der Angebotspflicht gewähren, und die Pflicht entfällt, wenn die Stimmrechte durch Schenkung, Erbgang, Erbteilung, eheliches Güterrecht oder Zwangsvollstreckung erworben worden sind.

Eine besondere Angebotspflicht ist in den Schlussbestimmungen (Art. 52) für denjenigen vorgesehen, der beim Inkrafttreten des Börsengesetzes direkt, indirekt oder in gemeinsamer Absprache mit Dritten über Beteiligungspapiere verfügt, die ihm die Kontrolle über mehr als $33^1/_3$%, aber weniger als 50 % der Stimmrechte einer Zielgesellschaft

---

[22] Beispiel: Einer bestimmten Aktienkategorie wird statutarisch das Recht eingeräumt, für die AG verbindlich eine Kapitalherabsetzung zu beschliessen, bei welcher die Aktien dieser Kategorie eliminiert und zurückbezahlt werden sollen.

[23] Grundsätzlich hiezu (aufgrund des Vorentwurfs zum Börsengesetz) Urs Pulver: Zur Regelung öffentlicher Übernahmeangebote, in: Schluep/Isler (vgl. LV) 239 ff.

verleihen. Diese Pflicht besteht, wenn in der Folge durch den Erwerb weiterer Beteiligungsrechte der Grenzwert von 50 % der Stimmrechte überschritten wird.

78 Diese Ordnung kommt aber nur zum Tragen, wenn die AG in ihren Statuten die Pflicht zu einem öffentlichen Kaufangebot nicht ausgeschlossen hat (BEHG 22 II, III).

D. Die Übertragung der Mitgliedschaft

I. Die Forderung nach leichter Übertragbarkeit

79 a) Drei Gründe sind es, die dafür sprechen, dass es erforderlich, aber auch gerechtfertigt ist, die Mitgliedschaft bei der AG – dem Grundsatz nach zumindest – besonders *leicht übertragbar* auszugestalten:

80 – das *Fehlen eines Austrittsrechts* (dazu präzisierend vorstehend N 61 ff),

81 – die Tatsache, dass die Mitgliedschaft bei einer AG vielfach als Form der *Kapitalanlage* betrachtet wird und dass es möglich sein muss, eine solche Anlage im Bedarfsfall zu versilbern,

82 – die Unpersönlichkeit der aktienrechtlichen Mitgliedschaft und das *Fehlen personenbezogener Pflichten* (vgl. § 42 N 24 ff), wodurch der AG durch einen Gesellschafterwechsel kein Nachteil entstehen sollte.

83 b) Dementsprechend statuiert das Aktienrecht den *Grundsatz der freien Übertragbarkeit der Mitgliedschaft*. Immerhin sind Übertragungserschwerungen möglich und kann eine AG so auf die Zusammensetzung des Kreises ihrer Gesellschafter einwirken und insbesondere personalistischen Tendenzen Rechnung tragen (vgl. nachstehend N 103 ff).

84 c) Wie sich die Übertragung im einzelnen gestaltet, hängt von der Art der Verurkundung der aktienrechtlichen Mitgliedschaft ab:

II. Die Übertragung von Inhaberaktien

85 a) Die Inhaberaktie ist ein Inhaberpapier[24] und damit vollkommenstes Wertpapier. Die Übertragung der verbrieften Rechte erfolgt weitgehend nach den für die *Übertragung der Urkunde als Sache* geltenden und damit nach sachenrechtlichen Regeln[25]. Voraussetzungen der gültigen Rechtsübertragung sind somit:

86 – die *Übergabe des Besitzes am Aktientitel* vom Veräusserer an den Erwerber (sog. Traditionsmaxime); statt einer wirklichen Tradition (Übergabe) genügen auch blosse Traditionssurrogate wie Besitzesanweisung, constitutum possessorium, brevi manu traditio;

---

[24] Dazu Meier-Hayoz/von der Crone (zit. § 43 N 1) 34 ff und Jäggi/Druey/von Greyerz (zit. § 43 N 1) 58 ff.

[25] Anders, wenn auf eine Verurkundung verzichtet worden ist, dazu nachstehend N 102.

– der Abschluss eines *obligatorischen Rechtsgeschäftes,* z. B. eines Kaufvertrages (= Verpflichtungsgeschäft, Kausalgeschäft), da nach schweizerischem Sachenrecht die Verfügung (Tradition) in ihrer Wirksamkeit abhängig ist von der zugrundeliegenden Verpflichtung (sog. Kausalitätsprinzip);
– die *Verfügungsbefugnis des Veräusserers* bzw. der *gute Glaube des Erwerbers* bezüglich der Berechtigung des Veräusserers. Der für den Erwerb von Rechten sonst nicht geltende Gutglaubensschutz wird dank der Verbriefung in einem Inhaberpapier eingeführt und damit die Rechtssicherheit bei der Übertragung solcher Rechte erhöht. Über die allgemeine fahrnisrechtliche Regelung hinaus ist der gutgläubige Erwerb vom Nichtberechtigten zudem nicht nur im Falle eines anvertrauten, sondern auch eines abhanden gekommenen Inhaberpapiers geschützt (ZGB 935, im Gegensatz zur allgemeinen Regel von ZGB 934).

b) Der *AG gegenüber* ist der Nachweis des gültigen Erwerbs der Inhaberaktie nicht erforderlich. Für die Ausübung der Rechte gegenüber der Gesellschaft ist vielmehr die blosse *Innehabung der Urkunde* notwendig und zugleich ausreichend (vgl. etwa OR 689a II).

III. Die Übertragung gewöhnlicher Namenaktien

a) Für die Übertragung der in gewöhnlichen (d. h. nicht vinkulierten) Namenaktien verkörperten Mitgliedschaft bedarf es der *gleichen Voraussetzungen* wie bei Inhaberaktien und zusätzlich eines *Indossaments,* d. h. des für Ordrepapiere charakteristischen Übertragungsvermerkes auf der Aktie (OR 684 II)[26]. Obwohl damit die Aktionärsrechte grundsätzlich übergegangen sind, können sie vom neuen Aktionär in der Regel gegenüber der Gesellschaft erst geltend gemacht werden, wenn noch ein zusätzliches Erfordernis erfüllt ist: die *Eintragung des Erwerbers im Aktienbuch* der Gesellschaft (vgl. OR 686, Näheres in § 43 N 76 ff). Der Eintrag setzt die erfolgte Übertragung der Aktionärsrechte voraus – vgl. OR 686 II, wonach für die Eintragung ein «Ausweis über den Erwerb der Aktie zu Eigentum oder die Begründung einer Nutzniessung» verlangt ist –, hat also für die Eigentumsübertragung keine konstitutive Wirkung (Näheres vorn § 43 N 82 ff).

b) Die Frage des *Schutzes gutgläubigen Erwerbs* von Namenaktien beurteilt sich nach OR 1006 II, einer Bestimmung des international vereinheitlichten Wechselrechts, die in OR 1152 II auf sämtliche Ordrepapiere anwendbar erklärt wird.

Im *Verhältnis zur AG* (insbes. beim Begehren um Eintragung im Aktienbuch) ist der Nachweis des gültigen Titelerwerbs wiederum entbehrlich. Die formelle

---

[26] Näheres bei Meier-Hayoz/von der Crone (zit. § 43 N 1) 43 ff; Jäggi/Druey/von Greyerz (zit. § 43 N 1) 58 ff.

Legitimation durch den Papierbesitz und eine ununterbrochene Indossamentenkette genügt.

93   c) Bei der Übertragung *nicht voll einbezahlter Namenaktien* geht die Einzahlungspflicht auf den Erwerber über, sobald dieser im Aktienbuch eingetragen ist. Der Veräusserer bleibt jedoch – wenn er der originäre Erwerber der Aktie ist (und nur dann) – während zweier Jahre subsidiär haftbar (vgl. OR 687, dazu § 14 N 36 f).

94   Für nicht voll liberierte Namenaktien sieht das Gesetz selbst eine *Übertragungsbeschränkung* vor (OR 685, dazu N 117 f).

IV. Die Übertragung von Rektaaktien

95   a) Zur Übertragung einer Rektaaktie – wertpapierrechtlich ein echtes Namenpapier[27] – bedarf es der *Übergabe des Papiers* und der *Abtretung der Rechte durch den Verfügungsberechtigten:*

96   – Die *Tradition des Aktientitels* ist – anders als bei blossen Beweisurkunden, aber gleich wie bei Inhaber- und Ordrepapieren – conditio sine qua non des gültigen Rechtsübergangs.

97   – Die schriftliche *Abtretungserklärung (Zession)* muss als weiterer Verfügungsakt hinzukommen. Die Erklärung kann auf der Urkunde selbst, aber auch – im Gegensatz zum Indossament bei Ordrepapieren – auf einem besonderen Papier angebracht werden.

98   – Der Veräusserer muss *verfügungsbefugt* sein. Der Erwerb von einem nicht Berechtigten wird auch bei *Gutgläubigkeit des Erwerbers nicht geschützt*.

99   – Ein gültiges *obligatorisches Rechtsgeschäft* ist nach (nicht unbestrittener) herrschender Ansicht *nicht erforderlich,* da die Zession mehrheitlich noch immer als abstrakte Verfügung, d. h. als von Existenz und Gültigkeit der zugrundeliegenden Verpflichtung unabhängig, aufgefasst wird (Abstraktionsprinzip).

100 b) *Gegenüber der AG* hat der Erwerber (namentlich für das Begehren auf Eintragung im Aktienbuch) sich nicht nur durch Vorweisung des Aktientitels über den Papierbesitz, sondern auch durch den Nachweis der gültigen Übertragungsvorgänge über die materielle Berechtigung auszuweisen.

101 c) Im Sinne eines Exkurses sei darauf hingewiesen, dass *auch Ordrepapiere durch Zession übertragen* werden können. Dieser Übertragungsform bedient man sich etwa, wenn grosse Aktienmengen die Hand wechseln: Statt des Indossaments auf jeder einzelnen Aktie genügt *eine* Unterschrift auf der Zessionserklärung.

V. Die Übertragung unverbriefter Aktienrechte

102 Über die Form der Übertragung von nicht in Wertpapieren verkörperten Aktien schweigt sich das Gesetz aus. Nach heute wohl unbestrittener Lehre und

---

[27] Vgl. Meier-Hayoz/von der Crone (zit. § 43 N 1) 25 ff, 124 f; Jäggi/Druey/von Greyerz (§ 43 N 1) 53 ff.

Praxis hat deren Übertragung – unabhängig von der Aktienart – in der Form der *Zession* zu erfolgen[28].

VI. Vinkulierte Namenaktien und ihre Übertragung[29]

1. Das gesetzliche Konzept und seine Entwicklung

a) Der typischen AG entspricht die *freie Übertragbarkeit* der Mitgliedschaft (vgl. vorn N 6 ff). Für die zahlreichen atypischen Gesellschaften mit stark *personalistischen Elementen* passt diese freie Übertragbarkeit nicht und besteht ein Bedürfnis, auf die Zusammensetzung des Mitgliederkreises Einfluss zu nehmen. Dies gestattet – in beschränktem Masse – die *Vinkulierung* (vgl. schon § 2 N 42 ff).

Aber auch bei durchaus gesetzestypischen *Publikumsgesellschaften* kann ein Bedürfnis bestehen, die Aktionärsstruktur zu beeinflussen. Hier geht es nicht so sehr darum, von den Aktionären bestimmte persönliche Eigenarten (oder ihr Fehlen) erwarten zu können, als um die *Verhinderung* der Zusammenballung von Aktien und damit der *Machtkonzentration* in der Hand eines einzigen Aktionärs oder einer Aktionärsgruppe. Auch dafür lässt sich das Instrument der *Vinkulierung* einsetzen.

Die Abwehr unerwünschter Aktienerwerber mag – wie soeben gezeigt – im Interesse der Unternehmung und der in ihr verbleibenden Aktionäre liegen. Auf der anderen Seite werden dadurch die Interessen von Aktionären, die ausscheiden möchten, beeinträchtigt: Findet sich kein Dritter, der die Vinkulierungsvoraussetzungen erfüllt, sind die Aktien *unverkäuflich*. Bei Publikumsgesellschaften drückt sodann eine strenge Vinkulierung und die dadurch bewirkte *Einengung des Kreises von potentiellen Kaufinteressenten* auf den Aktienkurs. Auch verringert sich der Druck zu effizienter Unternehmensführung, wenn sich eine Gesellschaft gegen aussen abschotten kann und sie dem Damoklesschwert einer Übernahme nicht ausgesetzt ist.

Zwischen den divergierenden Interessen an freier Übertragbarkeit einerseits und der Möglichkeit, auf die Aktionärsstruktur Einfluss zu nehmen, auf der anderen Seite hatte der Gesetzgeber einen Kompromiss zu finden.

b) Das *bisherige Recht* liess die Vinkulierung praktisch unbeschränkt zu: Nach Art. 686 II des OR *1936* konnte eine AG statutarisch bestimmen, dass die Anerkennung eines Erwerbers als Aktionär «ohne Angabe von Gründen verweigert werden» konnte. In den Schranken der Willkür stand es dann der Gesellschaft frei, einen Aktienerwerber abzulehnen, ohne diesen Entscheid auch nur begründen zu müssen. Bis Mitte der achtziger

---

[28] Vgl. SAG *1975* 109 ff.
[29] Die Literatur zum Problem der vinkulierten Namenaktien ist – unter altem wie neuem Recht – immens. Auswahl: Baumgartner, Benz, Brügger, Böckli, Forstmoser, Lutz, Artikel «Musterklauseln», du Pasquier/Oertle, Rapp, Zindel, alle zit. vorstehend N 1, sodann besonders ausführlich Böckli (zit. LV) N 540 ff.

108 Jahre bedienten sich die meisten Gesellschaften, die eine Vinkulierung vorsahen, der Formel «Ablehnung ohne Grundangabe».
In der Praxis wechselten freilich vinkulierte Namenaktien trotzdem oft ihren Besitzer, ohne dass der Erwerber in das Aktienbuch eingetragen wurde, ja ohne dass er auch nur darum nachsuchte. Für diesen Fall hatte das Bundesgericht vorgesehen, dass die *Aktionärsrechte* (einschliesslich des Stimmrechts) grundsätzlich *beim Veräusserer* bleiben sollten, dass jedoch der *Erwerber die aus der Mitgliedschaft fliessenden Forderungsrechte*, also namentlich das Recht auf Dividende und auf einen allfälligen Liquidationsüberschuss, *erlangen* sollte[30]. In der Lehre und vor allem in der Finanzpresse wurde dieses Resultat mehr und mehr kritisiert, und es war in der Tat nicht unbedenklich: Der sog. *Buchaktionär*, d.h. der noch immer im Aktienbuch als Berechtigter Eingetragene, war an der Gesellschaft vielleicht seit Jahren nicht mehr finanziell beteiligt und konnte daher kein legitimes Interesse an Mitbestimmung mehr haben. Trotzdem konnte er noch immer das Stimmrecht ausüben, während der Aktienerwerber als «Geldgeber» keinerlei Aktionärsrechte hatte.

109 c) In der *Aktienrechtsreform* war denn auch die Vinkulierungsfrage von Anfang an ein wichtiges Thema. Die Entwicklung verlief dabei keineswegs geradlinig und ist ein Beispiel dafür, wie sich im Laufe der Zeit die Auffassungen ändern können:

110 Schon der *Zwischenbericht 1972* wollte die Vinkulierung einschränken: Die Ablehnung von Erwerbern sollte nicht mehr «ohne Angabe von Gründen» möglich sein, sondern nur noch aus wichtigen oder statutarisch besonders genannten Gründen. Die Bestimmung war zwar generell gehalten, doch erfolgte die Beschränkung vorwiegend im Hinblick auf die *privaten Gesellschaften* mit einigen wenigen Aktionären. Hier sollte der Minderheit eine erleichterte Möglichkeit des Ausscheidens durch die Veräusserung ihrer Aktien eingeräumt werden. Für Publikumsgesellschaften genügte dagegen nach allgemeiner Ansicht die Freiheit des Verkaufs über die Börse.

111 Im *Vorentwurf 1975* kehrte man konsequenterweise zur *freien Vinkulierbarkeit bei kotierten Aktien* zurück. Der *bundesrätliche Entwurf von 1983* sah dagegen erneut Schranken für *alle* Gesellschaften vor, aber mit Regeln, die für die private AG konzipiert und für den Börsenhandel unpraktikabel waren (Rückabwicklung bei Ablehnung des Erwerbers).

112 In der ersten Lesung im *Nationalrat* (Oktober 1985) wurden die Vinkulierungsmöglichkeiten ebenfalls allgemein begrenzt. Die «Erhaltung des schweizerischen Charakters der Gesellschaft und der Ausschluss des Erwerbs von Aktien durch Konkurrenten» sollten aber selbst dann Gründe für eine Verweigerung der Eintragung sein, wenn sie nicht statutarisch genannt waren – eine *Erweiterung* gegenüber dem bisherigen Recht! Erst in der *ständerätlichen Beratung* vom September 1988 – als Folge von in der Finanzpresse überwiegend freundlich kommentierten Übernahmeversuchen und nicht zuletzt als Konsequenz des verstärkten Rufs nach Europatauglichkeit – erfolgte dann ein Gesinnungswandel und eine *massive Einschränkung der Vinkulierungsmöglichkeiten*. Dabei wurde *vom Konzept der Einheit des Aktienrechts abgewichen* und sind unterschiedliche Ordnungen für private Aktiengesellschaften und Publikumsgesellschaften vorgesehen worden. Die Ordnung war im einzelnen bis in das Differenzbereinigungsverfahren am Schluss der parlamentarischen Beratung in wesentlichen Punkten umstritten[31].

---

[30] Zur Entwicklung dieser sog. Spaltungstheorie vgl. BGE 83 II 297 ff, 90 II 235 ff, 109 II 130 ff.
[31] Vgl. etwa die Ausführungen im Ständerat, AmtlBull SR *1991* 470 f.

Die geltende Vinkulierungsordnung ist daher *erst im Parlament erarbeitet* worden. Eine Folge dieser späten und hektischen gesetzgeberischen Tätigkeit ist, dass die nun Gesetz gewordene Regelung zum Teil *unklar und inkonsistent* ist. Es lassen sich verschiedene Sedimente gesetzgeberischer Arbeit – teils noch zurückgehend auf die Ordnung von 1936 – feststellen, die miteinander nicht voll in Einklang stehen.

Immerhin geht aus den Materialien wie aus der letztlich beschlossenen Ordnung deutlich der Wille hervor, bei *börsenkotierten* Gesellschaften eine *vollständige Devinkulierung der wirtschaftlichen Substanz* zu erreichen und bei privaten Gesellschaften zwar Möglichkeiten der Abschottung nach aussen beizubehalten, aber *nicht mehr einseitig auf Kosten veräusserungswilliger Aktionäre.*

d) Im folgenden wird zunächst darauf hingewiesen, dass schon von Gesetzes wegen gewisse Übertragbarkeitsbeschränkungen bestehen (Ziff. 2). Anschliessend werden die Möglichkeiten statutarischer Vinkulierung besprochen (Ziff. 3–6), sodann die Zusammenhänge zwischen der Vinkulierung und Bezugs- sowie Options- und Wandelrechten (Ziff. 7). Abschliessend ist auf die Unzulässigkeit von Umgehungsgeschäften (Ziff. 8), auf Möglichkeiten und Schranken einer nachträglichen Vinkulierung (Ziff. 9) und auf die ausnahmsweise Ausschaltung von Übertragungsbeschränkungen (Ziff. 10) hinzuweisen.

e) Die gesetzliche und allfällige statutarische Vinkulierungsordnung gilt *unabhängig von der Art der Verbriefung* der Aktionärsrechte, also nicht nur für in Ordrepapieren verurkundete Namenaktien, sondern auch für Rektaktien und für Namenaktionärsstellungen, die in einer blossen Beweisurkunde oder überhaupt nicht verbrieft sind. Inhaberaktien können dagegen naturgemäss nicht vinkuliert werden.

2. *Gesetzliche Übertragungsbeschränkungen*

a) Eine gesetzliche Beschränkung, die ohne Verankerung in den Statuten bei jeder Gesellschaft wirksam ist, findet sich in OR 685: «Nicht voll liberierte Namenaktien dürfen nur mit Zustimmung der Gesellschaft übertragen werden, es sei denn, sie werden durch Erbgang, Erbteilung, eheliches Güterrecht oder Zwangsvollstreckung erworben.»

Diese Beschränkung dient der Sicherstellung der Liberierung. Sie ist im Zusammenhang mit OR 687 zu sehen, wonach bei der Veräusserung von nicht voll einbezahlten Namenaktien der Veräusserer (mit Ausnahme des originären Erwerbers) von der Leistungspflicht befreit wird (OR 687 III, Näheres in § 14 N 32 ff) und daher die Zahlungsfähigkeit des Erwerbers entscheidend ist.

Dementsprechend lässt OR 685 II die Möglichkeit einer Ablehnung der Übertragung nur zu, wenn *Gefahr für die Erfüllung der Liberierungspflicht* besteht: «Die Gesellschaft kann die Zustimmung nur verweigern, wenn die Zahlungsfähigkeit des Erwerbers zweifelhaft ist und die von der Gesellschaft geforderte Sicherheit nicht geleistet wird.»

120 b) Das Gesetz sieht zwei weitere Ablehnungsgründe vor, die aber nur dann zur Anwendung kommen, wenn Namenaktien *statutarisch vinkuliert* sind:

121 – die nur bei nicht kotierten Namenaktien vorgesehene Möglichkeit einer Ablehnung ohne Grundangabe bei *Übernahme der Aktien zum wirklichen Wert* (OR 685b I, dazu N 161 ff) und

122 – die Ablehnung eines Erwerbers, der nicht bereit ist zu erklären, dass er die Aktien *im eigenen Namen und auf eigene Rechnung erworben* hat (OR 685b III, 685d II, dazu N 171, 208).

3. Statutarische Übertragungsbeschränkungen: Grundsätzliches

123 a) «Die Statuten können bestimmen, dass Namenaktien nur mit Zustimmung der Gesellschaft übertragen werden dürfen.» (OR 685a I). Diese gesetzliche Grundregel wird in den folgenden Artikeln (OR 685b ff) eingeschränkt und in ihren Wirkungen geregelt, wobei – wie erwähnt – eine Zweiteilung in nicht börsenkotierte und börsenkotierte Namenaktien erfolgt und sowohl die Ablehnungs*voraussetzungen* wie auch die *Wirkungen* der Ablehnung unterschiedlich ausgestaltet sind:

124 – Bei *nicht börsenkotierten Aktien* soll die Ablehnung des Erwerbers aus wichtigen, statutarisch genannten Gründen sowie – auch ohne solche Gründe – bei gleichzeitigem Angebot zur Übernahme der Aktien zum wirklichen Wert zulässig sein (OR 685b I, dazu N 161 ff). Fehlt die Zustimmung zur Übertragung, dann bleiben sämtliche Rechte beim Veräusserer (OR 685c, dazu N 179).

125 – Besonders eng gefasst sind die Vinkulierungsmöglichkeiten und besonders ausgeprägt ist dadurch die Verbesserung der Handelbarkeit für *börsenkotierte Aktien:* Hier sollen nur eine prozentmässige Begrenzung des Eigentums der Namenaktien sowie unter gewissen Voraussetzungen die Ablehnung von ausländischen Erwerbern möglich sein (OR 685d, UeBest 4, dazu N 188 ff, 193 ff). Ausserdem sind die Wirkungen der Ablehnung beschränkt, wird doch der nicht anerkannte Erwerber «Aktionär ohne Stimmrecht» (OR 685f, dazu N 217 ff).

126 Für kotierte wie nicht kotierte Aktien sind sodann *Ausnahmen* für den Rechtsübergang durch Erbgang, Erbteilung, eheliches Güterrecht und (zumindest bei nicht kotierten Aktien) Zwangsvollstreckung vorgesehen (OR 685b IV, 685d III, dazu N 172, 210 f).

127 b) Nach OR 685a II gilt eine Vinkulierungsbeschränkung *«auch für die Begründung einer Nutzniessung»*, d.h. es kann sich die Gesellschaft aus denselben Gründen und mit den gleichen Wirkungen gegen die Einräumung eines Nutzniessungsrechts zur Wehr setzen wie bei der Übertragung der Aktie zu vollem Recht.

128 c) «Tritt die Gesellschaft in Liquidation, so fällt die Beschränkung der Übertragbarkeit dahin.» (OR 685a III).

d) *Zuständig* für den Entscheid von Übertragungsgesuchen ist grundsätzlich 129
der Verwaltungsrat, der den Vollzug im Rahmen bestimmter Vorgaben delegieren kann[32]. Denkbar ist, dass der Entscheid der *GV* zugewiesen wird, was gelegentlich in kleinen Verhältnissen mit engen Bindungen der Gesellschafter unter sich sinnvoll sein mag.

e) Der *Verkäufer* vinkulierter Namenaktien hat sich – dies folgt als Nebenpflicht aus dem Kaufvertrag – nötigenfalls dafür einzusetzen, dass die Übertragung genehmigt wird[33]. 130

f) Gegen die ungerechtfertigte Ablehnung kann *geklagt* werden. Passivlegitimiert ist die Gesellschaft, aktivlegitimiert bei nicht kotierten Namenaktien der Veräusserer[34], bei kotierten dagegen der Erwerber, da dieser Aktionär (ohne Stimmrecht) geworden ist (vgl. OR 685 f III). 131

Wurde der Beschluss durch die GV gefasst, ist auch eine Anfechtungsklage möglich, vgl. OR 706 II Ziff. 1. 132

4. Die Vinkulierungsordnung für nicht börsenkotierte Namenaktien

a) Nach OR 685b I kann eine AG bei nicht börsenkotierten Namenaktien 133
«das Gesuch um Zustimmung [zur Übertragung] ablehnen, wenn sie hierfür einen wichtigen, in den Statuten genannten Grund bekanntgibt ...». Abs. II desselben Artikels präzisiert den Begriff des wichtigen Grundes:
«Als wichtige Gründe gelten Bestimmungen über die Zusammensetzung des 134
Aktionärskreises, die im Hinblick auf den Gesellschaftszweck oder die wirtschaftliche Selbständigkeit des Unternehmens die Verweigerung rechtfertigen.»
Gegenüber der bisher üblichen «Ablehnung ohne Grundangabe» ergeben sich 135
aus dieser Ordnung zwei Neuerungen:
– Die Ablehnungsgründe werden *eingeschränkt* und 136
– sie müssen zur Wahrung der Transparenz *in den Statuten selbst umschrieben* 137
sein.

Im einzelnen folgendes: 138

aa) Mit dem Begriff des *«wichtigen Grundes»* ist wohl auch an dieser Stelle des 139
revidierten Aktienrechts[35] nicht das gleiche gemeint wie an anderen Stellen des

---

[32] Zu den Voraussetzungen der Delegation vgl. § 30 N 22 ff und die dortigen Verweisungen. Eine vollumfängliche und weisungsfreie Delegation wäre mit der Pflicht zur sorgfältigen Geschäftsführung (OR 717 I) nicht vereinbar.
[33] Herbert Schönle: Zürcher Kommentar zu Art. 184–191 (Zürich 1993) Art. 184 N 80. Vgl. aber BGE 114 II 66 f, wonach der Veräusserer weiterhin sein Stimmrecht – auch gegen den Willen des Erwerbers – ausüben kann. (Für börsenkotierte Aktien ist der Entscheid seit dem Inkrafttreten des neuen Rechts obsolet.)
[34] Vgl. BGE 76 II 69, ebenso du Pasquier/Oertle in Basler Kommentar zu Art. 685a N 12, teilweise a. M. Böckli N 697 f.
[35] Vgl. schon die Ausführungen zum Begriff des «wichtigen Grundes» im Zusammenhang mit dem Entzug des Bezugsrechts, § 40 N 249.

Obligationenrechts, wo «wichtiger Grund» in der Regel «Unzumutbarkeit» bedeutet, also Umstände, «die das weitere Verbleiben im betreffenden Rechtsverhältnis unzumutbar machen ...»[36]. Vielmehr dürfte das Kriterium dem des *«sachlichen Grundes»* nahestehen. Dies zeigt die Konkretisierung von OR 685b II, wo nur gefordert wird, die Vinkulierungsbestimmungen müssten im Hinblick auf den Gesellschaftszweck oder die wirtschaftliche Selbständigkeit des Unternehmens die Verweigerung *rechtfertigen*. Immerhin ist ein Grund nur dann als «wichtig» einzustufen, wenn er nach *objektiven* Massstäben als sachlich gerechtfertigt erscheint. Das subjektive Verständnis der Gesellschaft selbst und ihrer Organe reicht nicht.

140   bb) Zur Konkretisierung in Abs. II ist hervorzuheben, dass die *Zusammensetzung des Aktionärskreises* für sich allein betrachtet keinen wichtigen, die Ablehnung rechtfertigenden Grund darstellt[37]. «Würde die Zusammensetzung des Aktionärskreises zu einem selbständigen Ablehnungsgrund, so könnten im Endeffekt beliebige Ablehnungsgründe geltend gemacht werden.»[38]

141   cc) Nach Böckli[39] sind im Rahmen von OR 685b II drei *Gründe* in Betracht zu ziehen, die eine Steuerung des Aktionärskreises im Hinblick auf den Gesellschaftszweck rechtfertigen können:

142   – das Fernhalten von *Ausländern,*
143   – der Ausschluss von *Konkurrenten,*
144   – die Erforderlichkeit *persönlicher Eigenschaften* von Aktionären für die Zweckerreichung.

145   *Ausländer* fernzuhalten dürfte nur in bestimmten Konstellationen ein wichtiger Grund sein, so in den Fällen, in denen die Ablehnung von Ausländern auch bei Publikumsgesellschaften zugelassen ist (vgl. N 194 ff)[40].

146   Ein Ausschluss von *Konkurrenten* wird sich zumindest dann rechtfertigen, wenn es um eine massgebende Beteiligung geht[41]. Dagegen fragt es sich, ob Konkurrenten auch vom Erwerb kleiner, einflussmässig nicht ins Gewicht fallender Beteiligungen ferngehalten werden dürfen. Vor allem in kleinen, personenbezogenen Verhältnissen ist dies wohl zu

---

[36] BGE 89 II 153; vgl. auch etwa BGE 105 II 125 f.
[37] Anders Botschaft 156, wo – entgegen dem Wortlaut des bundesrätlichen Entwurfs – erklärt wird, statutarische Gründe könnten als wichtig angesehen werden, wenn sie «im Hinblick auf den Gesellschaftszweck *oder* die Zusammensetzung des Aktionärskreises» von Bedeutung seien. Der Entwurf des Nationalrats knüpfte dagegen klar an den am Wortlaut des bundesrätlichen Entwurfs (*«und»*) an. Ein Minderheitsantrag, der für *«oder»* plädierte, weil dies «für den Schutz einer Familienaktiengesellschaft notwendig» sei (AmtlBull NR *1985* 1724), wurde verworfen.
[38] Bundesrätin Kopp in AmtlBull NR *1985* 1726.
[39] N 719 f; vgl. auch Schluep in SAG *1976* 134.
[40] Konkret wird es meist darum gehen, negative Auswirkungen für Immobiliengesellschaften unter der Lex Friedrich zu vermeiden, vgl. nachstehend N 196.
[41] Der bundesrätliche Entwurf erwähnte als wichtigen Grund ausdrücklich den «Ausschluss des Erwerbs von Aktien durch Konkurrenten oder ihnen nahestehende Personen». Mit der Streichung dieser Norm durch die nationalrätliche Kommission (vgl. AmtlBull NR *1990* 1364) war kein genereller Ausschluss einer Konkurrentenklausel beabsichtigt.

bejahen, da bei ihnen schon die Ausschöpfung der aktienrechtlichen Informationsrechte eine erhebliche Störung sein kann[42].

Persönliche Eigenschaften können etwa gefordert sein bei Gesellschaften, die durch ihre Organe professionelle Dienstleistungen erbringen wollen (etwa Revisionsgesellschaften), aber auch bei sog. «Tendenzbetrieben», d. h. Unternehmen, die bestimmte politische, philosophische oder religiöse Gesinnungen vertreten[43]. Immerhin ist zu beachten, dass eine AG von ihren Gesellschaftern ausser der Liberierung keine weiteren Leistungen verlangen kann (OR 680 I, dazu § 42 N 8 ff). Im Lichte jener Bestimmung erscheinen positive Eintragungsvoraussetzungen als problematisch[44], und es wird noch zu klären sein, wie sich OR 685b II und OR 680 I zueinander verhalten. 147

dd) «Beim Ablehnungsgrund der wirtschaftlichen Selbständigkeit ... [ist] der Sinnzusammenhang ... zunächst offensichtlich, *schwierig* dagegen die *praktische Ausmessung der Tragweite dieses Rechtfertigungsgrundes*»[45]. 148

Praktisch dürfte es sich um ähnliche Ablehnungsgründe handeln wie die im Hinblick auf den Gesellschaftszweck gerechtfertigten, d. h. insbes. um die Möglichkeit, die schweizerische Beherrschung sicherzustellen und sich vor einer Übernahme durch die Konkurrenz zu schützen. 149

In einem frühen Stadium der Aktienrechtsreform war die Rede von «Erhaltung des schweizerischen Charakters der Gesellschaft»[46]. Im Ständerat wurde dann jene «Heimatschutzformel» durch eine Formulierung ersetzt, die eine Diskriminierung von Ausländern vermeiden und es den Gesellschaften überlassen wollte, statutarisch «zahlen- oder anteilsmässige Begrenzungen für verschiedene Aktienkategorien festzulegen»[47]. 150

Zur Erhaltung der Selbständigkeit muss es unter anderem auch bei nicht kotierten Aktien möglich sein, in den Statuten eine *prozentmässige Begrenzung des Namenaktienbesitzes* zu statuieren[48]. 151

ee) Unklar ist, ob die gesetzliche Aufzählung *abschliessend* oder lediglich *exemplifikativ* gedacht ist. 152

Für eine *abschliessende* Aufzählung spricht der *Gesetzeswortlaut:* Die beiden genannten Gründe sollen als wichtige «gelten», weitere werden nicht genannt, und es fehlt auch an einem Hinweis darauf, dass sie nur beispielhaft gemeint sind. Auch aus den *Materialien* scheint sich zu ergeben, dass der Gesetzgeber von einer abschliessenden Aufzählung ausging[49]. 153

---

42 Wohl weniger weit gehend Böckli N 720 und du Pasquier/Oertle in Basler Kommentar Art. 685b N 6.
43 So etwa eine parteipolitisch verpflichtete Zeitschrift, ein religiöser Fachverlag usw.
44 Weniger dagegen negative, d. h. das Fehlen bestimmter, aus der Sicht der Gesellschaft nachteiliger Eigenschaften.
45 Böckli N 726.
46 So der bundesrätliche Entwurf in Art. 685b II Ziff. 1.
47 AmtlBull SR *1988* 490.
48 Für kotierte Namenaktien ist dieser Vinkulierungsgrund im Gesetz explizit vorgesehen, OR 685d I, dazu N 194.
49 Vgl. etwa NR Leuenberger in AmtlBull NR *1985* 1725, wonach der wichtige Grund im Gesetz «abschliessend geregelt» sein soll.

154 Immerhin ist von einem *teleologischen* Gesichtspunkt aus zu beachten, dass mit dem Begriff des «wichtigen Grundes» ein unbestimmter Rechtsbegriff gewählt wurde, was darauf schliessen lässt, dass keine allzu präzise Abgrenzung beabsichtigt war. Gestützt darauf würde es sich rechtfertigen, auch andere als die in OR 685b II genannten Gründe als «wichtig» zuzulassen, wenn die Interessen der Gesellschaft ebenso gefährdet erscheinen.

155 Immer aber ist zu verlangen, dass es um die Abwehr einer *Gefährdung* geht, die für die *konkrete Gesellschaft aktuell* werden könnte.

156 Sodann ist dem Erfordernis, die Ablehnungsgründe *«in den Statuten»* zu nennen, Rechnung zu tragen: Im Interesse der *Transparenz* sollen die Gründe für potentielle Aktienerwerber ersichtlich sein.

157 Aus den Materialien ergibt sich, dass auf dieses Erfordernis erhebliches Gewicht gelegt wurde; vgl. etwa das folgende Votum von Bundesrat Koller[50]:

158 «Dass diese ganze Vinkulierungsordnung für Leute, die Aktien einer Gesellschaft erwerben wollen, transparent wird, ist ein Hauptziel dieser Revision. Das kann nur erreicht werden, wenn die wichtigen Gründe tatsächlich in den Statuten namhaft gemacht werden.»

159 Daher kann es jedenfalls nicht genügen, einfach jene stichwortartige Umschreibung der wichtigen Gründe, die in OR 685b II enthalten ist, in die Statuten zu übernehmen. Die blosse Wiedergabe des Gesetzestextes von OR 685b II oder gar nur ein Verweis auf denselben, aber auch verschwommene allgemeine Formulierungen genügen dem Erfordernis eines «in den Statuten genannten Grund[es]» nicht, was in der Literatur gelegentlich übersehen wird[51,52].

160 b) Falls nicht börsenkotierte Namenaktien vinkuliert sind, gelten *von Gesetzes wegen* zwei *weitere Vinkulierungsgründe*[53]:

161 aa) Auch unter revidiertem Aktienrecht können Gesellschaften mit nicht kotierten Namenaktien die Übertragung *ohne Grundangabe ablehnen,* jedoch nur dann, wenn sie bereit sind, die zur Veräusserung anstehenden Aktien «zum wirklichen Wert im Zeitpunkt des Gesuches zu übernehmen» (OR 685b I a. E.). Damit bleibt der privaten AG die Möglichkeit erhalten, unerwünschten Dritten den Eintritt bis zur Grenze der Willkür aus beliebigen Gründen zu verwehren. Doch wird durch die sog. *Escape-Clause* faktisch eine Art «Austrittsrecht» ge-

---

50 AmtlBull NR *1990* 1365.
51 Zuwenig konkret u. E. der Vorschlag von Baumgartner (zit N 1) 155.
52 In Rechnung zu stellen ist auch, dass die Gesellschaft die Möglichkeit hat, eine Übertragung zu verweigern, wenn die Aktien von ihr übernommen werden (s. sogleich N 161). Daher rechtfertigt es sich, Vinkulierungsgründe eher restriktiv zu verstehen.
53 Systematisch sind die beiden Gründe falsch plaziert, nämlich nicht bei den gesetzlichen, sondern bei den statutarischen Beschränkungen der Übertragbarkeit. Richtigerweise handelt es sich aber um *gesetzliche* Ablehnungsgründe, die jedoch nur auf statutarisch vinkulierte Namenaktien Anwendung finden. Sind Namenaktien statutarisch vinkuliert, dann kann sich eine Gesellschaft stets auf diese Gründe berufen, also auch dann, wenn sie nicht in den Statuten aufgeführt sind (unrichtig diesbezüglich das Votum von NR Leuenberger in AmtlBull NR *1985* 1725). Die Frage ist freilich umstritten: du Pasquier/Oertle in Basler Kommentar zu Art. 685b N 10, 15 scheinen eine statutarische Verankerung für erforderlich zu halten.

schaffen: Entweder stimmt die Gesellschaft dem Übertragungsgesuch zu (immer vorausgesetzt, es liege nicht ein wichtiger Ablehnungsgrund vor), oder sie erklärt sich bereit, die zur Veräusserung anstehenden Aktien zum wirklichen Wert zu übernehmen. So oder so kann der veräusserungswillige Aktionär aus der Gesellschaft ausscheiden.

Die Übernahme kann durch die Gesellschaft «für eigene Rechnung, für Rechnung anderer Aktionäre oder für Rechnung Dritter» (OR 685b I) erfolgen, wobei jedoch ein Erwerb auf eigene Rechnung nur in den von OR 659 aufgestellten Schranken für den Erwerb eigener Aktien (dazu § 50 N 131 ff, insbes. 146 ff) erfolgen darf[54]. 162

Die Übernahme soll zum *wirklichen Wert* im Zeitpunkt des Gesuches erfolgen (OR 685b I a. E.). 163

Abgestellt wird damit auf einen *objektivierten Wert,* bei dessen Bestimmung «neben dem Wert des Anteils an der Gesellschaft alle weiteren Umstände zu berücksichtigen [sind], die den Verkehrswert beeinflussen: so der Preis der Kaufsofferte, der Umfang des Minderheitspakets (beispielsweise ob mit oder ohne Sperrminorität), die Zukunftsaussichten der Unternehmung usw.»[55]. Werden Aktien regelmässig gehandelt, so wird in der Regel vom Kurswert auszugehen sein. Andernfalls ist eine Bewertung nach anerkannten betriebswirtschaftlichen Grundsätzen[56] vorzunehmen. Berücksichtigt werden dabei einerseits der Substanzwert einer Unternehmung (Aktiven minus Schulden), anderseits der Ertragswert, der sich aus dem zu einem marktüblichen Zinssatz kapitalisierten betriebswirtschaftlichen Gewinn errechnet. Substanz- und Ertragswert können dabei gleich gewichtet werden (sog. Praktikermethode), es kann aber auch einem Element – in der Praxis meist dem Ertragswert – höheres Gewicht zugemessen werden[57, 57a]. 164

Kommt eine Einigung nicht zustande, dann kann der Veräusserer verlangen, dass der *Richter* am Sitz der Gesellschaft auf deren Kosten den wirklichen Wert bestimmt (OR 685b V[58]). 165

---

[54] Die Höchstgrenze für die Übernahme eigener Aktien kann im Zuge einer Übernahme nach OR 685b auf 20% angehoben werden, OR 659 II.

[55] Botschaft 157.

[56] Dazu etwa Carl Helbling: Unternehmensbewertung und Steuern (7. A. Düsseldorf 1993) insbes. 63 ff; ders.: Unternehmensbewertung in der Praxis – Ergebnisse einer Umfrage, ST *1989* 561 ff; ferner verschiedene Aufsätze in ST *1990* 531 ff.

[57] Nach BGE 120 II 259 ff bildet der *Liquidationswert nicht die untere Wertgrenze,* es sei denn, die Liquidation sei absehbar oder es werde die Rentabilität bewusst tief gehalten, um den Wert der Aktien zu drücken. Diese Ansicht ist nicht unproblematisch, da eine AG grundsätzlich gehalten ist, ihren Ertrag zu optimieren (vgl. § 2 N 53 ff). Erscheint der Liquidationswert dauerhaft höher als der Ertragswert, sollte daher die Fortführung unterbleiben und liquidiert werden, wodurch der Liquidationswert realisiert werden könnte. Kritisch auch Watter in AJP *1995* 108 f.

[57a] Im einzelnen ist die Frage der Bewertung noch nicht geklärt. So ist etwa offen, ob ein Minderheitsabzug, wie er bei der steuerlichen Bewertung vorgenommen und wie er auch beim freihändigen Verkauf von Aktien meist berücksichtigt wird, bei der Festlegung des Wertes zu beachten oder ob der Wert streng entsprechend der Quote am Gesamtvermögen der Gesellschaft zu bestimmen ist.

[58] Nach dem Wortlaut des Gesetzes soll der *Erwerber* die Bewertung verlangen können. Dies macht zwar Sinn bei der Übernahme von Aktien, die durch Erbgang, Erbteilung usw. (OR 685b IV) erlangt worden und damit auf den Erwerber übergegangen sind (OR 685c II, dazu sogleich nachste-

166 Liegt das Übernahmeangebot vor, so hat der Veräusserer die Wahl, dieses *anzunehmen oder aber seine Aktien zu behalten*. Lehnt er das «Übernahmeangebot nicht innert eines Monats nach Kenntnis des wirklichen Wertes ab, so gilt es als angenommen» (OR 685b VI[59]).

167 Das Gesetz äussert sich nicht zur Frage, ob *sämtliche* zur Veräusserung anstehenden Aktien übernommen werden müssen oder ob die Gesellschaft auch nur *für einen Teil* der zur Übertragung gemeldeten Aktien die Übernahme anbieten, für die restlichen Aktien dagegen die Übertragung bewilligen kann. Immerhin dürfte die gesetzliche Formulierung[60] eher dafür sprechen, dass nur *sämtliche Aktien übernommen* werden können. Dies entspricht auch dem Sinn der Norm, die *Erwerber vor einem Wertzerfall zu schützen*: Zwar soll die Gesellschaft und sollen damit die verbleibenden Aktionäre die Möglichkeit haben, missliebige Aktienerwerber aus beliebigen Gründen abzulehnen. Dies soll jedoch – anders als bei einer Ablehnung aus wichtigem Grund – nur möglich sein, wenn dem Veräusserer *voller Wertersatz* gewährt wird.

168 Nicht selten enthalten die Statuten *Bestimmungen darüber, wie der wirkliche Wert zu errechnen sei*. Solche Bestimmungen sind problematisch, weil sie die Freiheit in der Eruierung des echten wirklichen Wertes einschränken. Unzulässig sind sie jedenfalls dann, wenn sie offensichtlich nicht zum «echten» wirklichen Wert führen, wie etwa die oft anzutreffenden Bestimmungen, massgebend solle der letzte Steuerwert sein oder es solle der Substanzwert allein massgebend sein.

169 Die Abfindung zum *wirklichen Wert* ist *zwingend*. Dem Sinn der Norm, den ausscheidungswilligen Aktionär voll zu entschädigen, würde es widersprechen, wenn statutarisch ein tieferer als der wirkliche Wert vorgesehen werden könnte. Dagegen wird in der Lehre die statutarische Fixierung der Abfindung zu einem *höheren als dem wirklichen Wert* für zulässig erachtet. Auch dies erscheint aber als nicht unproblematisch, zum einen im Hinblick auf die Gleichbehandlung der Aktionäre[61], zum andern im Lichte des Kapitalschutzes[62].

170 Eine statutarische Bestimmung, die eine verbindliche Bestimmung des wirklichen Wertes durch die *Revisionsstelle* der Gesellschaft vorsah, ist vom Zürcher Obergericht wegen ungenügender Unabhängigkeit der Revisionsstelle abgelehnt worden[63]. Unter revidiertem Recht ist wohl nichts dagegen einzuwenden, dass die Revisionsstelle für die

---

hend N 172 ff), nicht aber im Normalfall von OR 685b I, in welchem «das Eigentum an den Aktien und alle damit verknüpften Rechte beim Veräusserer» verblieben sind (OR 685c I). In diesem Normalfall muss vielmehr der veräusserungswillige Aktionär die Bewertung verlangen können.

[59] Auch in diesem Absatz spricht das Gesetz vom *«Erwerber»*, muss aber richtigerweise im Falle der Ablehnung nach OR 685b I der *Veräusserer* gemeint sein.

[60] Die Rede ist davon, es sei die Übernahme *«der* Aktien» anzubieten und es seien *«die* Aktien» zu übernehmen (OR 685b I).

[61] Die verbleibenden Aktionäre werden durch die Abfindung zu einem überhöhten Wert benachteiligt.

[62] Die Abfindung zu einem höheren als dem wirklichen Wert kommt einer verdeckten Gewinnausschüttung gleich.

[63] ZR *1986* Nr. 89 S. 223 ff.

Gesellschaft den wirklichen Wert bestimmt. Doch bleibt das Recht, eine Bewertung durch den Richter zu verlangen, davon unberührt[64].

bb) Nach OR 685b III kann eine Gesellschaft überdies die Anerkennung eines Erwerbers als Aktionär ablehnen[65], wenn er «nicht ausdrücklich erklärt, dass er die Aktien im eigenen Namen und auf eigene Rechnung erworben hat». Der Gesellschaft soll damit ein Werkzeug in die Hand gegeben werden, um den fiduziarischen Erwerb vinkulierter Namenaktien und damit die Unterwanderung der Vinkulierungsbestimmungen zu unterbinden[66,67]. 171

c) «Sind die Aktien durch Erbgang, Erbteilung, eheliches Güterrecht oder Zwangsvollstreckung erworben worden, so kann die Gesellschaft das Gesuch um Zustimmung nur ablehnen, wenn sie dem Erwerber die Übernahme der Aktien zum wirklichen Wert anbietet.» (OR 685b IV). In diesen Fällen ist also eine Ablehnung nur verbunden mit der *Abfindung des Erwerbers zum wirklichen Wert* zulässig, und zwar selbst dann, wenn in der Person des Erwerbers ein wichtiger Grund im Sinne von OR 685b I und der entsprechenden statutarischen Bestimmungen gegeben wäre. 172

Wertbestimmung und Vorgehen richten sich nach den vorstehend N 164 erwähnten Regeln, wobei für die Bewertung – entsprechend der expliziten Regelung im bisherigen Recht (OR *1936* Art. 686 IV) – massgebend der Wert «im Zeitpunkte der Anmeldung zur Eintragung» sein dürfte. 173

Nach der Praxis des Bundesgerichts gilt diese Bestimmung auch beim Erwerb von Aktien im Zuge einer *Fusion*[68]. 174

d) OR 685b VII *untersagt* ausdrücklich eine *Erschwerung der Voraussetzungen der Übertragbarkeit*. Weder die Ablehnungsgründe noch die Modalitäten des Vollzugs der Vinkulierung dürfen von den Vorgaben in OR 685b zum Nachteil des veräusserungswilligen Aktionärs abweichen. 175

Zulässig sind dagegen *Erleichterungen*. So kann etwa vorgesehen werden, dass die Vinkulierung keine Anwendung finden soll, wenn Aktien unter Aktionären oder zwischen Familienmitgliedern die Hand wechseln. Auch kann die Ablehnung aus wichtigem Grund statutarisch mit einem Übernahmeangebot zum wirklichen Wert verbunden werden. 176

e) Um eine Verzögerung der Behandlung eines Übertragungsgesuchs zu vermeiden, sieht OR 685c III eine *Verwirkungsfrist* zu Lasten der Gesellschaft vor: Lehnt diese das Gesuch um Zustimmung nicht innert dreier Monate ab, so gilt 177

---

[64] Der Richter seinerseits wird für die Wertbestimmung im Rahmen des Beweisverfahrens meist einen Experten beiziehen.
[65] Im Gesetz heisst es untechnisch «die Eintragung in das Aktienbuch verweigern», vgl. § 43 N 84.
[66] Notwendige Ergänzung ist das in OR 686a verankerte Recht, die Mitgliedschaft abzuerkennen, «wenn diese durch falsche Angaben des Erwerbers zustande gekommen» ist, vgl. dazu § 43 N 87 ff.
[67] In der entsprechenden Norm für börsenkotierte Namenaktien (OR 685d II) wird präzisiert, dass die Erklärung nur *auf Verlangen der Gesellschaft* abzugeben ist. Dasselbe muss auch für nicht börsenkotierte Namenaktien gelten.
[68] Vgl. BGE 109 II 130 ff.

die Zustimmung als erteilt. Dasselbe gilt, wenn das Gesuch zu Unrecht abgewiesen wird.

178 f) Hinsichtlich der *Wirkungen* einer Ablehnung ist zu differenzieren:

179 aa) Im *Regelfall* «verbleiben das Eigentum an den Aktien und alle damit verknüpften Rechte beim Veräusserer», solange die erforderliche Zustimmung zur Übertragung nicht erteilt worden ist (OR 685c I). Der Veräusserer bleibt damit Aktionär mit vollen Rechten, und der Erwerbswillige erlangt gegenüber der Gesellschaft keinerlei Rechte. Die Einheit der Aktionärsstellung bleibt gewahrt.

180 bb) Eine *Ausnahme* gilt gemäss OR 685c II beim Erwerb von Aktien durch Erbgang, Erbteilung, eheliches Güterrecht oder Zwangsvollstreckung (sowie – nach der bundesgerichtlichen Rechtsprechung[69] – durch Fusion): Diesfalls gehen das Eigentum an der Aktie und die aus der Mitgliedschaft fliessenden Forderungsrechte sogleich auf den Erwerber über[70]. Die Mitwirkungsrechte bzw. – genauer – die Mitgliedschaft als solche geht erst mit Zustimmung der Gesellschaft auf den Erwerber über. Bis zu diesem Zeitpunkt können diese Rechte nicht ausgeübt werden.

181 Für diese Ausnahmefälle bleibt damit die im übrigen nach neuem Recht vermiedene sog. Spaltung gemäss der bisherigen Praxis zu den vinkulierten Namenaktien erhalten.

5. *Die Vinkulierungsordnung für börsenkotierte Namenaktien*

182 a) Besonders einschneidend ist die Einschränkung der Vinkulierungsmöglichkeiten und damit die Verbesserung der Handelbarkeit, die das Gesetz für *börsenkotierte Namenaktien* vorsieht: Auf längere Sicht soll nur noch eine Prozentklausel (dazu lit. b) zulässig sein, bis auf weiteres auch eine (verkappte und eingeschränkte) Ausländerklausel (vgl. lit. c). Wie bei nicht kotierten Namenaktien sollen zudem treuhänderische Eintragungen ausgeschlossen werden können (vgl. lit. d). Bei Erwerb infolge von Erbgang, Erbteilung oder ehelichem Güterrecht ist eine Ablehnung ausgeschlossen (vgl. lit. e).

183 Das Verfahren und vor allem die Auswirkungen einer Ablehnung sind gänzlich anders geregelt als für nicht kotierte Namenaktien (vgl. lit. f).

184 Während bei nicht kotierten Namenaktien der Gesellschaft stets ein Aktionär bekannt ist, braucht dies bei kotierten Namenaktien nicht der Fall zu sein (vgl. lit. g). Umstritten ist, ob eine treuhänderische Eintragung im Aktienbuch durchgesetzt werden kann (vgl. lit. h).

185 Hinzuweisen ist auf die uneinheitliche und unpräzise Terminologie im Abschnitt über die Vinkulierung kotierter Namenaktien (lit. i).

---

[69] Vgl. vorn N 174.
[70] Das Gesetz verwendet die frühere unpräzise Ausdrucksweise des Bundesgerichts (BGE 83 II 303) und spricht vom Übergang der «Vermögensrechte» statt vom Übergang der «aus der vinkulierten Aktie fliessenden Forderungsrechte» (so berichtigend BGE 90 II 241).

Zum *Anwendungsbereich* ist festzuhalten, dass der Begriff der «Börsenkotierung» die Notierung an irgendeiner schweizerischen oder ausländischen Börse – Haupt- oder Nebenbörse – meint. *Nicht erfasst* sind dagegen Namenaktien, die *ausserbörslich* gehandelt werden, und zwar auch dann nicht, wenn ein regelmässiger Handel besteht[71]. 186

Die Ordnung für kotierte Namenaktien findet sodann nur Anwendung, wenn die *Namenaktien* kotiert sind, nicht dagegen, wenn lediglich Inhaberaktien oder Partizipationsscheine börslich gehandelt werden. 187

b) In OR 685d I wird vorgesehen, dass Gesellschaften mit börsenkotierten Namenaktien Erwerber als (Voll-)[72] Aktionäre ablehnen können, wenn eine bestimmte *statutarisch festgelegte prozentuale Begrenzung überschritten* wird[73]. 188

Als Berechnungsbasis wird vernünftigerweise nicht die Gesamtzahl aller ausstehenden Aktien, sondern diejenige der Namenaktien gewählt. 189

Die Prozentklausel kann als Verpflichtung der Gesellschaft zur Ablehnung bei Überschreitung der Begrenzung formuliert sein. Es kann sich aber auch – dies ergibt sich schon aus dem Wortlaut des Gesetzes – um eine blosse *Kann-Vorschrift* handeln, die es der Gesellschaft erlaubt, einzelne Aktionäre mit grösseren Prozentsätzen anzuerkennen. Doch ist auch bei einer differenzierten Zulassung – gleich, ob sie in den Statuten geregelt oder bloss praktiziert wird – der Grundsatz der relativen Gleichbehandlung zu beachten (dazu § 39 N 51 ff), d. h. es muss die Differenzierung nach einheitlichen und sachgerechten Kriterien erfolgen. 190

Verbreitet ist die Eintragung von sog. *Nominees* mit einer grösseren Prozentzahl. Dabei handelt es sich um eine vor allem im angelsächsischen Bereich verbreitete und der Vereinfachung des Aktienhandels dienende Praxis, nicht die wirtschaftlichen Eigentümer von Namenaktien im Aktienbuch einzutragen, sondern Organisationen, die offen als Treuhänder tätig sind[74]. 191

In der Praxis verbreitet und nach allgemeiner Ansicht zulässig ist es, Aktionäre, die zu einer festen Gruppe zusammengefasst sind (d. h. besonders die verschiedenen Gesellschaften eines Konzerns) im Hinblick auf die Prozentklausel als *einen* Aktionär zu behandeln (sog. Gruppenklausel[75]). 192

---

[71] Der ausserbörsliche Handel kann auch durch Dritte ohne das Zutun, ja gegen den Willen der Gesellschaft organisiert werden. Die Unterstellung unter die strengere Vinkulierungsordnung für kotierte Aktien aber soll einer Gesellschaft nicht gegen ihren Willen aufgezwungen werden.
[72] Zu dieser Präzisierung, die sich zwar nicht aus OR 685d I, wohl aber aus OR 685f III ergibt, vgl. N 217.
[73] Beispiel: «Der Verwaltungsrat kann einen Erwerber von Namenaktien als Vollaktionär ablehnen, soweit die Anzahl der von ihm gehaltenen Namenaktien X % der Gesamtzahl der im Handelsregister eingetragenen Namenaktien überschreitet.»
[74] Vgl. dazu Lorenzo O. Olgiati: Schweizerische Nominees im Aktienregister amerikanischer Publikumsgesellschaften (Diss. Zürich 1995 = SSBR 32); ders.: Allgemeine Geschäftsbedingungen und Usanzen der Banken als Rechtsgrundlage für den Aktienregistereintrag auf einen Nominee, in: Schluep/Isler (vgl. LV) 219 ff.
[75] Beispiel: «Juristische Personen und rechtsfähige Personengesellschaften, die untereinander kapital- oder stimmenmässig, durch einheitliche Leitung oder auf ähnliche Weise zusammengefasst

193 c) Vorläufig bleibt für börsenkotierte Namenaktien ein zweiter Vinkulierungsgrund zulässig, nämlich eine verkappte *Ausländerklausel,* die jedoch nach der Vorstellung des Gesetzgebers im Zuge der Annäherung an Europa in absehbarer Zeit dahinfallen soll und die daher nur in den Schlussbestimmungen aufgeführt wird (UeBest 4). Die Bestimmung mit dem Marginale «Ablehnung von Namenaktionären» lautet:

194 «In Ergänzung zu Artikel 685d Absatz 1 [d. h. der soeben besprochenen Prozentklausel] kann die Gesellschaft, aufgrund statutarischer Bestimmung, Personen als Erwerber börsenkotierter Namenaktien ablehnen, soweit und solange deren Anerkennung die Gesellschaft daran hindern könnte, durch Bundesgesetze geforderte Nachweise über die Zusammensetzung des Kreises der Aktionäre zu erbringen.»

195 Im einzelnen zu dieser nicht besonders klaren, terminologisch zum Teil verunglückten Norm folgendes:

196 aa) Nachweise über die Zusammensetzung des Kreises der Aktionäre verlangen vor allem die sog. Lex Friedrich[76] und das Bankengesetz[77], ferner einige wenige andere Bundesgesetze[78], wobei es durchwegs um die *schweizerische Beherrschung* geht.

197 Obwohl das Gesetz in der deutschen Fassung den technischen Begriff «Bundesgesetz» verwendet, besteht Einigkeit darüber, dass der Verweis auch Bundesbeschlüsse, Verordnungen und Bundesratsbeschlüsse einschliessen soll[79]. Bedeutsam ist insbesondere der sog. Missbrauchsbeschluss[80]. Auch Staatsverträge (wie etwa Doppelbesteuerungsabkommen) fallen wohl unter den Verweis, nicht dagegen ausländische Rechtsnormen.

198 bb) Unklar ist, ob für die Ablehnung eines ausländischen Erwerbers eine *abstrakte* Gefährdung genügt oder ob *konkret* die Gefahr bestehen muss, dass verlangte Nachweise der schweizerischen Beherrschung nicht mehr erbracht werden können. Zwar deutet das Wort «könnte» eher auf das Genügen einer abstrakten Gefährdung hin. Eine restriktive Anwendung wird dagegen durch die Wörter «soweit und solange» suggeriert[81]. Eine restriktive Auslegung entspricht wohl auch dem Sinn der Norm, den Aktienerwerb durch Ausländer (nur) *ausnahmsweise* beschränken zu können. Es ist daher wohl auf eine

---

sind, sowie natürliche oder juristische Personen oder Personengesellschaften, die im Hinblick auf eine Umgehung der Eintragungsbeschränkung koordiniert vorgehen, gelten als ein Erwerber.» (Vgl. SZW *1993* 81).

[76] BG über den Erwerb von Grundstücken durch Personen im Ausland vom 16. 12. 1983, SR 211.412.41.

[77] BG über die Banken und Sparkassen vom 8. 11. 1934, SR 952.0.

[78] Rohrleitungsgesetz vom 4. 10. 1963, SR 746.1; BG über die Binnenschiffahrt vom 3. 10. 1975, SR 747.201; Luftfahrtgesetz vom 21. 12. 1948, SR 748.0; Atomgesetz vom 23. 12. 1959, SR 732.0.

[79] In der französischen und italienischen Fassung werden die allgemeineren Formulierungen «législation fédérale» bzw. «legislazione federale» verwendet.

[80] BRB betreffend Massnahmen gegen die ungerechtfertigte Inanspruchnahme von Doppelbesteuerungsabkommen des Bundes vom 14. 12. 1962, SR 672.202.

[81] Aus den Materialien geht freilich hervor, dass das Wort «solange» die Erwartung wiedergeben soll, die angesprochenen Erlasse würden in absehbarer Zeit dahinfallen, vgl. AmtlBull NR *1991* 850 f.

konkrete Gefährdung abzustellen, wobei eine nicht unwahrscheinliche künftige Gefahr ausreicht.

cc) Aus dem aktienrechtlichen Grundsatz der *Gleichbehandlung* (vgl. § 39 N 11 ff) ist zu schliessen, dass die Gesellschaft nicht einfach frei ist, ihr genehme Ausländer zuzulassen und andere abzulehnen. Vielmehr ist die Zuteilung von für Ausländer frei werdenden Mitgliedschaftsstellen nach einheitlichen, sachlichen Kriterien vorzunehmen. Praktisch drängt sich eine «Warteschlange» auf, d. h. die Zulassung in der Reihenfolge der Eintragungsgesuche («first come – first served»). 199

Nach dem Prinzip der *relativen* Gleichbehandlung sind freilich Ausnahmen aus sachlichen Gründen zulässig, etwa die Bevorzugung ausländischer Mitarbeiter. 200

dd) Unpräzis ist die Aussage, die Gesellschaft könne einen «Erwerber börsenkotierter Namenaktien ablehnen»: Gemäss OR 685 f III ist auch ein nicht anerkannter Aktienerwerber als «Aktionär ohne Stimmrecht» von der Gesellschaft zuzulassen und im Aktienbuch einzutragen (vgl. N 217 ff). Dies gilt auch für Ausländer, die mithin trotz einer Vinkulierungsklausel gemäss UeBest 4 als Aktionäre – freilich ohne Stimmrecht und ohne die damit verbundenen Rechte – bedingungslos zugelassen werden müssen. 201

Nach dem Wortlaut der *«Lex Friedrich»*, der nicht nur an die stimmenmässige Beherrschung, sondern auch an die blosse Kapitalbeteiligung anknüpft (vgl. Art. 6), könnte das Ziel von UeBest 4 daher gar nicht erreicht werden. Das Bundesamt für Justiz hat jedoch festgehalten, dass seines Erachtens Aktionäre ohne Stimmrecht bei der Ermittlung der ausländischen Beherrschung einer AG nach Art. 6 der Lex Friedrich nicht zu berücksichtigen sind[82]. 202

Im *BankG* ist dagegen durch die seit 1. 2. 1995 in Kraft stehende Revision die Umschreibung der ausländischen Beherrschung geändert worden[83]. 203

ee) Die statutarische Vinkulierungsbestimmung sollte die einschlägige Bundesgesetzgebung, auf die man sich stützt, zumindest *exemplifikativ nennen*[84]. Im Sinne der gesetzgeberischen Zielsetzung – Schaffung von Transparenz – ist es auch wünschbar, die *Beurteilungskriterien* in den Statuten anzugeben. Jedenfalls genügt eine generelle Kompetenzzuweisung an den Verwaltungsrat nicht. 204

Beispiel einer statutarischen Klausel[85]: «Der Verwaltungsrat ist ermächtigt, ausländische Erwerber von Namenaktien als Vollaktionäre abzulehnen, falls gemäss den der Gesellschaft zur Verfügung stehenden Informationen die Gesamtzahl der durch ausländische Personen kontrollierte Stimmrechte bereits X Prozent beträgt» [oder: «falls ... eine zusätzliche Anerkennung von Ausländern die Erbringung gesetzlich geforderter Nachweise verhindern könnte»]. 205

Diese Ermächtigung beruht auf Art. 4 Schlussbestimmungen OR und bezieht sich auf den von diversen Bundeserlassen geforderten Nachweis schweizerischer Beherrschung – namentlich dem Bundesgesetz über den Erwerb von Grundstücken durch Personen im 206

---

[82] Schreiben an die kantonalen Bewilligungsbehörden i. S. Erwerb von Grundstücken durch Personen im Ausland, an die Grundbuchverwalter und Handelsregisterführer vom 21. Dezember 1993. Zum Problem vgl. Forstmoser/Plüss: Probleme von Publikumsgesellschaften mit der «Lex Friedrich» unter neuem Aktienrecht, SJZ *1993* 297 ff.
[83] Vgl. BankG 3bis III.
[84] Im Vordergrund stehen dürften die Lex Friedrich und der Missbrauchsbeschluss.
[85] Vgl. SZW *1993* 84; dort finden sich auch weitere Erwägungen zu diesem Vinkulierungsgrund.

Ausland vom 16.12.1983 («Lex Friedrich») und dem Bundesratsbeschluss betreffend Massnahmen gegen die ungerechtfertigte Inanspruchnahme von Doppelbesteuerungsabkommen des Bundes vom 14.12.1962 (Missbrauchsbeschluss).

207   Der Verwaltungsrat regelt Einzelheiten, Ausnahmen und Kompetenzdelegation in einem Reglement.

208   d) Auch für börsenkotierte Namenaktien sieht das Gesetz – falls die Aktien vinkuliert sind – als gesetzlichen Vinkulierungsgrund die Möglichkeit der Ablehnung eines Erwerbers vor, der nicht bereit ist, eine ausdrückliche Erklärung abzugeben, dass er *nicht treuhänderisch tätig* ist (OR 685d II). Vgl. dazu vorn N 171.

209   Umstritten ist, ob die Verweigerung der Erklärung einen Ablehnungsgrund schlechthin bildet oder ob – wie bei den statutarischen Vinkulierungsgründen – ein Erwerber nur als *Vollaktionär*, nicht aber als sog. *Aktionär ohne Stimmrecht* (dazu N 217) abgelehnt werden kann, vgl. dazu N 242.

210   e) Gleich wie bei nicht kotierten Namenaktien ist die Vinkulierung in bestimmten Fällen ausgeschaltet. Ein Erwerber muss voraussetzungslos zugelassen werden, wenn die Aktien durch Erbgang, Erbteilung oder eheliches Güterrecht erworben worden sind (OR 685d III[86]). Anders als bei nicht börsenkotierten Namenaktien besteht keine Möglichkeit, den Erwerber auch in diesen Fällen abzulehnen und ihm die Übernahme der Aktien zum wirklichen Wert anzubieten. Im übrigen kann auf das vorn N 172 ff Gesagte verwiesen werden.

211   Im Gegensatz zur Ordnung für nicht börsenkotierte Namenaktien ist eine Ausnahme für den Fall der *Zwangsvollstreckung nicht vorgesehen*. Ob es sich dabei um eines der (zahlreichen) redaktionellen Versehen im revidierten Aktienrecht handelt[87] oder ob es sich um qualifiziertes Schweigen handelt[88], bleibt unklar.

212   f) Zum *Verfahren*, zum *Zeitpunkt des Rechtsübergangs* und zu den *Wirkungen der Vinkulierung* folgendes:

213   aa) «Werden börsenkotierte Namenaktien börsenmässig verkauft[89], so meldet die Veräussererbank den Namen des Veräusserers und die Anzahl der verkauften Aktien unverzüglich der Gesellschaft.» (OR 685e). Mit dieser Meldung *endet die Aktionärseigenschaft des Veräusserers*.

214   Sobald die Gesellschaft Kenntnis von der Veräusserung erlangt hat, kann sie an den Veräusserer nicht mehr rechtsgültig leisten. Auch hat sie diesen im Ak-

---

[86]   Anders als im Katalog von OR 685b IV (nicht börsenkotierte Namenaktien) fehlt in der Aufzählung der Ausnahmen die Zwangsvollstreckung, wobei unklar ist, ob der Unterschied gewollt ist oder – was eher wahrscheinlich ist – auf redaktioneller Nachlässigkeit beruht.
[87]   Wie dies du Pasquier/Oertle in Basler Kommentar zu Art. 685d N 12 annehmen.
[88]   Was allenfalls damit begründet werden könnte, dass der Erwerber einer börsenkotierten Aktie jederzeit die Möglichkeit hat, diese auf einem geregelten Markt zu veräussern.
[89]   Gemeint ist damit die Veräusserung aufgrund eines *Börsenauftrages*, auch wenn die beauftragte Bank den Auftrag nicht über die Börse, sondern durch Selbsteintritt oder interne Kompensation ausführt.

tienbuch zu streichen, unabhängig davon, ob ihr der Erwerber der Aktien bekannt ist.

bb) OR 685f I regelt den *Rechtsübergang auf den Erwerber* unterschiedlich je nach Art der Transaktion: «Werden börsenkotierte Namenaktien börsenmässig erworben, so gehen die Rechte mit der Übertragung auf den Erwerber über. Werden börsenkotierte Namenaktien ausserbörslich erworben, so gehen die Rechte auf den Erwerber über, sobald dieser bei der Gesellschaft ein Gesuch um Anerkennung als Aktionär eingereicht hat.»

Da es auch nach neuem Recht keine leeren Mitgliedschaftsstellen geben kann, wird der Erwerber im Zeitpunkt des Rechtsverlusts des Vorgängers Aktionär, und zwar *unabhängig von einem Rechtsakt der Gesellschaft*. Besonders augenfällig ist dies beim Börsengeschäft, wo der Erwerber «rechtsgültiger Eigentümer der Aktie [wird], ob er angemeldet ist oder nicht, ob er eingetragen ist oder nicht. Er kann mithin die Aktie rechtsgültig weiterverkaufen»[90].

cc) Im so bestimmten Zeitpunkt erlangt der Erwerber die Rechtsstellung eines *Aktionärs ohne Stimmrecht* (OR 685f II)[91], und zwar auf jeden Fall, also *auch dann, wenn gegen ihn ein Ablehnungsgrund besteht*. Er ist als solcher im Aktienbuch einzutragen.

Vorderhand kann er zwar «weder das mit den Aktien verknüpfte Stimmrecht noch andere mit dem Stimmrecht zusammenhängende Rechte ausüben» (OR 685f II Satz 1). Bei den mit dem Stimmrecht zusammenhängenden Rechten handelt es sich um «das Recht auf Einberufung einer Generalversammlung, das Teilnahmerecht, das Recht auf Auskunft, das Recht auf Einsicht und das Antragsrecht» (OR 656c II)[92].

«In der Ausübung aller übrigen Aktionärsrechte, insbesondere auch des Bezugsrechts, ist der Erwerber nicht eingeschränkt.» (OR 685f I Satz 2). Er wird also voraussetzungslos *Aktionär ohne Stimmrecht*, was nichts anderes besagt, als dass die *Vermögensseite* der aktienrechtlichen Mitgliedschaft *von der Vinkulierung nicht erfasst* wird.

dd) Die Ordnung ist also konträr zu jener für nicht börsenkotierte Namenaktien, wo (unter Vorbehalt von OR 685c II) bis zur Zustimmung zur Übertragung sämtliche Rechte beim Veräusserer bleiben (OR 685c I, dazu vorn N 179).

Der Gesetzgeber geht offenbar davon aus, dass es zum Schutz vor unerwünschten Aktienerwerbern ausreichen muss, wenn die Mitwirkungsrechte blockiert bleiben, während es letztlich egal sein kann, wem die Vermögensrechte zukommen. Genau besehen ist freilich der (schrankenlos mögliche) Aufkauf von Aktien auch für die Willensbildung in der Gesellschaft nicht ohne Einfluss: Die Stimmrechte der erworbenen Aktien *ruhen*, sie «gelten in der Generalversammlung als nicht vertreten» (OR 685f III), womit sich die

---

90 SR Schmid in AmtlBull SR *1991* 471.
91 Zu dessen Rechtsstellung im einzelnen vgl. Zindel (zit. N 1).
92 Die Bestimmung findet sich zwar in der Regelung des Partizipationsscheins, sie dürfte aber angesichts der übereinstimmenden Problematik und der gleichen Formulierungen auch auf nicht anerkannte Aktienerwerber Anwendung finden.

Stimmkraft in der Gesellschaft zugunsten der übrigen Aktionäre und das Stimmverhältnis zugunsten allfälliger Inhaberaktien verschiebt[93].

222 ee) Der *Aktionär ohne Stimmrecht* ist als solcher in das Aktienbuch einzutragen[94].

223 ff) Die *Vollaktionärsstellung* wird erlangt mit der Anerkennung durch die Gesellschaft oder – bei deren Untätigkeit – nach Ablauf von zwanzig Tagen seit Gesuchstellung (OR 685g[95]).

224 gg) Zusammenfassend ist festzuhalten, dass sich der Rechtserwerb bei börsenkotierten vinkulierten Namenaktien *in vier Stufen* vollzieht:

225 – *Stufe 1*: Der *Verkauf ist erfolgt* und vollzogen, jedoch der Gesellschaft noch *nicht mitgeteilt*. Der Gesellschaft gegenüber gilt der Veräusserer als Aktionär.

226 Intern – zwischen Veräusserer und Erwerber – ist die Rechtsstellung je nach Transaktion unterschiedlich:

227 – Beim börsenmässigen Erwerb ist der Erwerber mit der Übertragung in die Aktionärsstellung eingetreten.

228 – Beim ausserbörslichen Erwerb sind die Rechte noch nicht auf ihn übergegangen.

229 – *Stufe 2* (nur bei börsenmässigen Transaktionen): *Meldung* der Veräusserung durch die Veräussererbank.

230 In diesem Zeitpunkt ist der Veräusserer auch von der Gesellschaft *nicht mehr als Aktionär zu betrachten*. Er ist unverzüglich im Aktienbuch zu streichen, obwohl allenfalls noch kein Nachfolger feststeht.

231 Damit entstehen sog. *Dispo-Aktien*, vgl. dazu nachstehend N 239.

232 – *Stufe 3*: *Gesuch um Anerkennung* durch den Erwerber.

233 Die Gesellschaft hat den Gesuchsteller *unverzüglich* als «*Aktionär ohne Stimmrecht*» *anzuerkennen* und in das Aktienbuch einzutragen. Für den Entscheid darüber, ob sie ihn auch als Vollaktionär anerkennen will, steht ihr eine Frist von zwanzig Tagen zu.

234 – *Stufe 4*: *Zulassung als Vollaktionär*. Bei positivem Entscheid (oder bei Untätigkeit der Gesellschaft während zwanzig Tagen) wird der Aktionär Vollaktionär, d. h. er kann nun auch die Mitwirkungsrechte ausüben.

235 hh) Wird ein Erwerber zu Unrecht als Vollaktionär abgelehnt, so hat die Gesellschaft Schadenersatz zu leisten, sofern sie nicht nachweist, dass sie kein Verschulden trifft. Dagegen sind das Stimmrecht und die damit zusammenhängenden Rechte erst *vom Zeitpunkt des richterlichen Urteils an anzuerkennen* (OR 685f IV). Durch die Zuerkennung der Mitwirkungsrechte erst vom Zeitpunkt des Urteils an soll verhindert werden, dass GV-Beschlüsse nachträglich anfechtbar werden.

---

[93] Hat eine Gesellschaft sowohl Namen- wie auch Inhaberaktien ausstehen, so könnte ein Raider theoretisch die Stimmkraft von Namenaktien durch deren Aufkauf «neutralisieren» und dann die Gesellschaft durch die schrankenlos zu erwerbenden Stimmen der Inhaberaktien beherrschen.
[94] OR 685f III.
[95] Durch diese Verwirkungsfrist zu Lasten der Gesellschaft wird sichergestellt, dass der Entscheid über die Anerkennung beförderlich gefällt wird.

ii) Auch wenn die gesetzliche Ordnung komplex und zum Teil unklar ausgefallen ist, zeigt sich doch deutlich ein doppeltes Bestreben des Gesetzgebers: 236
- Er wollte die Vinkulierung als solche bei börsenkotierten Namenaktien *nach Möglichkeit einschränken.* 237
- Er wollte zudem die *Wirkungen der Vinkulierung limitieren,* sie im wesentlichen auf den Ausschluss der Mitwirkungsrechte beschränken. Die *wirtschaftliche Substanz* der aktienrechtlichen Mitgliedschaft sollte dagegen *vollständig devinkuliert* und völlig frei übertragbar werden. 238

g) Für die Ausübung der Rechte gegenüber der Gesellschaft ist es unabdingbar, dass sich der Erwerber dieser gegenüber *zu erkennen gibt.* Das Gesetz übt jedoch *keinen Druck* auf den Erwerber aus, *sich bei der Gesellschaft zu melden.* Ein solcher gesetzlicher Druck war zwar im Laufe der gesetzgeberischen Arbeit vorgeschlagen und vom Ständerat recht hartnäckig vertreten worden. Er wurde dann aber fallengelassen[96]. Aktien, für die bei der Gesellschaft (noch) *kein Anerkennungsgesuch* eingereicht worden ist, nennt man *Dispo-Aktien*[97]. Publikumsgesellschaften haben regelmässig einen mehr oder minder grossen Bestand an solchen Dispo-Aktien, was an sich unerwünscht ist, weil dadurch die bei Namenaktien vorausgesetzte Kenntnis der Aktionäre verunmöglicht wird[98]. 239

Dispo-Aktionäre können ihre Rechte nicht ausüben. Die Gesellschaft kann aber auch nicht mehr mit befreiender Wirkung an den Veräusserer leisten, falls ihr die Übertragung der Aktie gemeldet worden ist, was beim börsenmässigen Übergang durch die gesetzliche Ordnung gewährleistet ist (vgl. vorn N 213). In der Praxis wird die Dividende gleichwohl meist an die der Gesellschaft bekanntgegebene Käuferbank geleistet, was freilich mit einem Risiko verbunden ist, falls sich die Bank der Gesellschaft gegenüber nicht verpflichtet, diese schadlos zu halten, falls ein Aktienerwerber später erfolgreich Dividendenrechte geltend machen sollte[99]. 240

h) Zur Vereinfachung des Aktienhandels wird auch versucht, *Treuhänder als Aktionäre ohne Stimmrecht* eintragen und die Aktionärsrechte – natürlich mit Ausnahme des Stimmrechts und der damit zusammenhängenden Rechte – durch den Treuhänder zugunsten der wirtschaftlich Berechtigten geltend machen zu lassen. 241

Die Möglichkeit der bloss treuhänderischen Eintragung hängt davon ab, ob die in OR 685d II vorgesehene Erklärung, die Aktien im eigenen Namen und auf eigene Rechnung zu erwerben, nur für die Erlangung der Rechtsstellung eines *Vollaktionärs* oder auch für 242

---

[96] Die ständerätliche Version der neuen Vinkulierungsordnung vom September 1988 sah vor, dass der Anspruch auf nach dem Verkauf von Aktien fällig werdende Dividenden ein Jahr nach Eintritt der Fälligkeit erlöschen sollte, wenn der Erwerber kein Gesuch um Anerkennung gestellt hatte. Der Nationalrat lehnte diese Ordnung im September 1990 ab, der Ständerat hielt noch im März 1991 daran fest, doch setzte sich der Nationalrat im Juni 1991 in der Differenzbereinigung durch.
[97] Vgl. Zindel (zit. N 1) 202 f.
[98] Eine gewisse Anzahl von Dispo-Aktien ist jedoch aus praktischen Gründen für den Börsenhandel unerlässlich.
[99] Zur Problematik vgl. Brügger (zit. N 1) 218 und Pletscher (zit. N 1) 214.

die eines *Aktionärs ohne Stimmrecht* verlangt werden kann. Im Hinblick auf die Zielsetzung des Gesetzgebers, die wirtschaftliche Substanz vollständig zu devinkulieren, dürfte die Erklärung, nicht treuhänderisch tätig zu sein, nur für die Erlangung der Stellung eines *Vollaktionärs* relevant sein. Wer sich mit der Position eines Aktionärs ohne Stimmrecht begnügt, kann daher die Erklärung verweigern[100]. Die Frage ist aber umstritten[101], und es bleibt festzuhalten, dass die Figur des treuhänderisch tätigen Aktionärs ohne Stimmrecht grundsätzlich *unerwünscht* bleibt: Dem Wesen der Namenaktie entspricht es, dass die Aktionäre der Gesellschaft bekannt sind. Die Zahl der «anonymen Aktionäre» sollte daher klein gehalten werden.

243 i) Zu erwähnen bleibt, dass die gesetzliche *Terminologie* zum Teil unpräzis und uneinheitlich ist – eine Folge der Hektik, in der die Regelung für börsenkotierte Namenaktien in der letzten Phase der Aktienrechtsreform durch die Räte erarbeitet worden ist:

244 – So wird der Begriff *«Aktionäre»* in zwei verschiedenen Bedeutungen gebraucht, an gewissen Stellen als Oberbegriff für Aktionäre mit und solche ohne Stimmrecht[102], an anderen dagegen unter Beschränkung auf den *Vollaktionär*[103].

245 – Zum Teil sind auch Ausdrucksweisen *aus dem alten Recht übernommen* worden, obwohl sie schon unter jenem der Rechtslage nicht oder nicht mehr entsprachen. Dies ist der Fall, wenn in OR 685d II von der *Verweigerung der Eintragung in das Aktienbuch* die Rede ist, ebenso, wenn OR 686a eine *Streichung im Aktienbuch* vorsieht. Gemeint ist damit im einen Fall die Verweigerung, im anderen Fall die Rückgängigmachung der (Voll-)Aktionärseigenschaft, wofür der Eintragung im Aktienbuch lediglich deklaratorische Bedeutung zukommt (vgl. § 43 N 82 ff).

---

[100] Ebenso Zindel (zit. N 1) 202 f.
[101] Die hier vertretene Ansicht wird von Peter Nobel nicht geteilt.
[102] Vgl. OR 685f I: Die dortige Feststellung, die Rechte an börsenkotierten Aktien gingen mit der Übertragung bzw. dem Gesuch um Anerkennung auf den Erwerber über, trifft für die Vollaktionärsstellung offensichtlich nicht zu, vgl. OR 685d I.
[103] Vgl. OR 685d I: Die dortige Ablehnung als Aktionär ist – wie OR 685f III deutlich macht – nur eine Ablehnung der Vollaktionärsstellung. Der «Abgelehnte» muss als «Aktionär ohne Stimmrecht» anerkannt werden. Auch in OR 685d II kann nur die Vollaktionärsstellung gemeint sein, da nach OR 685f III jeder Erwerber als «Aktionär ohne Stimmrecht» eingetragen werden muss. Nach der hier vertretenen Auffassung betrifft sodann die «Streichung» im Aktienbuch – OR 686a – nur die Vollaktionärsstellung, d. h. der «Gestrichene» muss als Aktionär ohne Stimmrecht im Aktienbuch eingetragen bleiben.

6. *Zusammenfassende Übersicht zu den Vinkulierungsgründen und -wirkungen*

246 Die folgende Tabelle fasst die komplexe gesetzliche Ordnung der Vinkulierungsgründe und ihrer Wirkungen zusammen:

247

Vinkulierungsart	OR Art.	Ablehnungsgründe	Wirkungen
A. Gesetzliche Vinkulierung			
1. Nicht voll einbezahlte Namenaktien	685 I, II	– zweifelhafte Zahlungsfähigkeit des Erwerbers und keine Sicherheit	– nicht im Gesetz geregelt: Veräusserer bleibt Aktionär und liberierungspflichtig
1.a. Sonderfälle: Erbgang, Erbteilung, eheliches Güterrecht, Zwangsvollstreckung	685 I	– keine	– nicht im Gesetz geregelt: Erwerber wird Aktionär und liberierungspflichtig
B. Statutarische Vinkulierung (und gesetzliche in Verbindung mit statutarischer)			
2. Nicht börsenkotierte Namenaktien	685 I, II, III	– wichtiger, statutarisch genannter Grund (Zusammensetzung des Aktionärskreises im Hinblick auf den Gesellschaftszweck oder die wirtschaftliche Selbständigkeit) – Übernahme zum wirklichen Wert – Verweigerung der Erklärung, die Aktien im eigenen Namen und auf eigene Rechnung erworben zu haben	– bis zur Zustimmung oder Übernahme zum wirklichen Wert verbleiben das Eigentum an der Aktie und alle damit verknüpften Rechte beim Veräusserer (Ausnahmen bei Zuwarten während mehr als drei Monaten, OR 685 III)
2.a. Sonderfälle: Erbgang, Erbteilung, eheliches Güterrecht, Zwangsvollstreckung	685b IV	– nur Übernahme zum wirklichen Wert	– Eigentum an der Aktie und Vermögensrechte gehen sofort über, Mitwirkungsrechte erst mit Zustimmung der AG

Vinkulierungsart	OR Art.	Ablehnungsgründe	Wirkungen
3. Börsenkotierte Namenaktien	685d I, 685f II, III	– prozentmässige Begrenzung	– Erwerb der Stellung eines Aktionärs ohne Stimmrecht (aber mit Bezugsrecht):
	UeBest 4	– verkappte Ausländerklausel	– bei börsenmässigem Erwerb mit Übertragung
	685d II	– Verweigerung der Erklärung, in eigenem Namen und auf eigene Rechnung erworben zu haben	– bei ausserbörslichem Erwerb mit Gesuch um Anerkennung
			– Erwerb der Vollaktionärsstellung (Stimmrecht und damit zusammenhängende Rechte) mit Anerkennung bzw. nach Ablauf von 20 Tagen seit Gesuchstellung (OR 685g)
3.a. Sonderfälle: Erbgang, eheliches Güterrecht, Zwangsvollstreckung (?)	685d III	– keine	– nicht im Gesetz geregelt: Erwerb der Vollaktionärsstellung mit Gesuch um Anerkennung

7. *Vinkulierung und Bezugs- sowie Options- und Wandelrechte*

a) Das Bezugsrecht vermittelt die Möglichkeit, die Mitgliedschaft in einer AG zu erwerben oder auszubauen. Vinkulierungsbestimmungen könnten diese Möglichkeit vereiteln. Das Gesetz sieht daher vor, dass für die Ausübung des Bezugsrechts die Schranken der Vinkulierung nicht gelten sollen (OR 652b III, dazu § 40 N 288 ff).

b) Eine entsprechende Ordnung gilt für die Ausübung von Wandel- und Optionsrechten (zu diesen vgl. § 40 N 301 und § 52 N 380 f): OR 653d I sieht – mit einer Formulierung, die sich eng an diejenige von OR 652b III anlehnt – vor, dass dem Gläubiger oder Arbeitnehmer, dem ein Wandel- oder Optionsrecht zum Erwerb von Namenaktien zusteht, die Ausübung dieses Rechts nicht wegen einer Beschränkung der Übertragbarkeit von Namenaktien verwehrt werden kann.

Anders als beim Bezugsrecht ist diese Regelung jedoch nur *dispositiver Natur*. Es kann davon abgewichen werden, wenn «dies in den Statuten und im Emissionsprospekt vorbehalten wird» (OR 653d I a. E.). Erforderlich ist also ein Beschluss der GV (hinsichtlich der Nennung in den Statuten) und Transparenz gegenüber den Erwerbern durch Nennung im Prospekt.

Der Unterschied erklärt sich daraus, dass Wandel- und Optionsanleihen und die damit verbundenen Rechte in der Regel – anders als Bezugsrechte für vinkulierte Namenaktien – frei erworben werden können. Es wäre «sinnwidrig, dass ein Aktionär, der aufgrund der Statuten als Namenaktionär nicht eingetragen werden kann, wenn er direkt Namenaktien kauft, eingetragen werden muss, sobald er sich im Rahmen einer Wandel- oder Optionsanleihe an der Börse mit einer ganzen Serie von Bezugsrechten eindeckt»[104].

c) Bei *börsenkotierten Namenaktien* wirkt sich der Ausschluss nur auf die *Vollaktionärsstellung* aus. Jedermann bleibt also voraussetzungslos berechtigt, aufgrund eines Wandel- oder Optionsrechts die Stellung eines *Aktionärs ohne Stimmrecht* zu erlangen.

8. *Verhinderung von Umgehungsgeschäften und Vorgehen bei rechtswidriger Verweigerung der Aktionärsstellung*

a) Hat ein Aktionär die *Anerkennung* seitens der Gesellschaft *durch Täuschung erschlichen,* dann kann die Gesellschaft die Aktionärsstellung aberkennen (sog. «Streichung» im Aktienbuch, OR 686a, vgl. dazu § 43 N 87 ff).

b) Unzulässig ist auch eine *Umgehung der Vinkulierung* dadurch, dass ein Aktionär zwar seine Mitgliedschaft beibehält, sich aber gegenüber einem Dritten, der als Aktionär nicht anerkannt würde, verpflichtet, die Aktionärsrechte nach dessen Weisungen und auf dessen Rechnung auszuüben (vgl. § 39 N 206, § 45 N 40 ff).

---

[104] NR Spoerry in AmtlBull NR *1990* 1359.

253a   c) Der zu Unrecht Abgelehnte kann auf Zulassung als Aktionär klagen (so – implizit – OR 685f IV). Es handelt sich um eine *Leistungsklage*, die sich gegen die Gesellschaft richtet.

9. Die nachträgliche Einführung oder Verschärfung der Vinkulierung

254   a) Die nachträgliche Einführung oder Verschärfung der Vinkulierung bedarf einer Statutenänderung, die dem qualifizierten Quorum von OR 704 unterstellt ist (vgl. OR 704 I Ziff. 3[105] und § 24 N 28 ff).

255   Zu beachten sind jedoch nicht nur diese formellen Erfordernisse, sondern auch die allgemeinen Vorkehrungen zum Schutz der aktienrechtlichen Mitgliedschaft: das Gleichbehandlungsprinzip (vgl. § 39 N 11 ff), das Sachlichkeitsgebot (dazu § 39 N 87 ff) und die Pflicht zu schonender Rechtsausübung (dazu § 39 N 95 ff).

255a   b) Die Einführung oder Verschärfung der Vinkulierung wirkt nur für die *Zukunft*: da es im Aktienrecht grundsätzlich kein Ausschlussrecht gibt (vgl. N 52 ff), bleibt die bestehende Mitgliedschaft erhalten, auch wenn ein Aktionär die neuen Vinkulierungsbestimmungen nicht erfüllt[105a].

10. Vorübergehende Ausschaltung von Übertragungsbeschränkungen

256   Aufgrund des aktienrechtlichen Mehrheitsprinzips muss sich der Aktionär Änderungen in Struktur und Zielsetzung seiner Gesellschaft gefallen lassen. Immerhin hat er die Möglichkeit, auf ihm nicht genehme Veränderungen mit der Veräusserung seiner Aktien zu reagieren. Diese Möglichkeit wird durch die Vinkulierung beschränkt.

257   In der Folge von besonders schwerwiegenden Veränderungen – Beschluss über die Änderung des Gesellschaftszwecks oder Einführung von Stimmrechtsaktien – sollen Übertragungserschwerungen vorübergehend unwirksam sein: Namenaktionäre, die einem solchen Beschluss «nicht zugestimmt haben, sind während sechs Monaten nach dessen Veröffentlichung im Schweizerischen Handelsamtsblatt an statutarische Beschränkungen der Übertragbarkeit der Aktien nicht gebunden» (OR 704 III)[106].

VII. Vertragliche und statutarische Erwerbsberechtigungen

258   Bei personenbezogenen Aktiengesellschaften begnügt man sich oft nicht damit, durch Vinkulierungsbestimmungen sicherzustellen, dass missliebige Aktienerwerber abgelehnt werden können. Vielmehr soll *positiv* auf die Zusam-

---

[105] Eine «Beschränkung» im Sinne dieser Norm liegt nicht nur bei der erstmaligen Einführung einer Vinkulierung vor, sondern auch bei ihrer nachträglichen Verschärfung.
[105a] BGE 109 II 239 ff.
[106] Der direkte Erwerber solcher Aktien – gleich ob börsenkotiert oder nicht – muss also anerkannt werden. Offen ist immerhin, ob das Übernahmerecht gemäss OR 685b I a. E. (dazu vorn N 161 ff) der Gesellschaft geltend gemacht werden kann.

mensetzung des Aktionärskreises Einfluss genommen werden können, und zwar insbesondere dadurch, dass beim Verkauf von Aktien den verbleibenden Aktionären *Erwerbsrechte* zuerkannt werden[107].

Erwerbsberechtigungen kommen vor als sog. *Vorhandrechte*, d. h. als Angebotspflichten des verkaufswilligen Aktionärs vor einem Angebot an Dritte, und als echte *Vorkaufsrechte*, die voraussetzen, dass die Veräusserung an einen Dritten bereits (bedingt) vereinbart worden ist.

Herkömmlich sind die Erwerbsrechte entweder *vertraglich* oder *statutarisch* verankert. Im einzelnen folgendes:

1. Vertragliche Erwerbsberechtigungen

Erwerbsrechte – neben Vorhand- und Vorkaufsrechten auch eigentliche Kaufsrechte, die z. B. beim Ausscheiden eines Aktionärs aus der aktiven Mitarbeit im Unternehmen wirksam werden – sind häufig ein zentraler Teil von Aktionärbindungsverträgen (zu diesen vgl. § 39 N 139 ff).

Die vertragliche Verankerung ist unproblematisch, doch ist daran zu erinnern, dass Aktionärbindungsverträge – wie Verträge allgemein – Wirkungen nur *inter partes*, unter den Beteiligten, zeitigen. Da die Gesellschaft selber nicht Partei ist, wird sie durch den Vertrag nicht gebunden (vgl. § 39 N 156 ff). Daher können etwa statutarische Vinkulierungsvorschriften durch Aktionärbindungsverträge nicht ausgeschaltet werden (vgl. OR 685c I, wonach eine Übertragung nicht wirksam vollzogen werden kann ohne die allenfalls erforderliche Zustimmung seitens der Gesellschaft).

2. Statutarische Erwerbsberechtigungen[108]

a) Angesichts der Unwirksamkeit statutarischer Erwerbsberechtigungen gegenüber der Gesellschaft sind unter *bisherigem Recht* Erwerbsrechte zumeist – ausschliesslich oder zusätzlich zu einer vertraglichen Regelung – *statutarisch verankert* worden in der Absicht, ihnen eine Art «quasi-dingliche» Wirkung zukommen zu lassen und sie auch gegenüber der Gesellschaft durchsetzen zu

---

[107] Solche Rechte können allen Aktionären gleichermassen – entsprechend ihrem bisherigen Aktienbesitz – zukommen. Denkbar und in der Praxis häufig ist aber auch eine Abstufung, indem z. B. zunächst die Aktionäre einer bestimmten Aktienkategorie oder auch – bei Familiengesellschaften – der Familie des Veräusserers – die zum Verkauf anstehenden Aktien erwerben können, die übrigen Aktionäre erst in einer zweiten Runde.

[108] Zum *bisherigen Recht* und grundsätzlich vgl. Erika Salzgeber-Dürig: Das Vorkaufsrecht und verwandte Rechte an Aktien (Diss. Zürich 1970 = ZBR 345); Klaus W. Herren: Statutarische Berechtigungen zum Erwerb von Aktien und GmbH-Anteilen (Diss. Bern 1973 = ASR 425). Zum *revidierten Recht* vgl. Böckli N 755 ff sowie ders., Aktionärbindungsverträge (zit. § 39 Anm. 48) 491 ff; Christian Meier-Schatz: Statutarische Vorkaufsrechte unter neuem Aktienrecht, SZW *1992* 224 ff; Jacques-André Reymond: Les clauses statutaires d'agrément, SZW *1992* 259 ff; Benedikt A. Suter: Kognition des Handelsregisterführers in bezug auf statutarische Übertragungsbeschränkungen für Namenaktien nach neuem Aktienrecht, in: JBHReg *1993* 55 ff.

können. Ein probates Mittel hiefür war die unter bisherigem Recht praktisch unbeschränkte Möglichkeit der Vinkulierung, konnte doch vorgesehen werden, dass ein Erwerber abzulehnen war, wenn vorgängig nicht bestimmte Angebotspflichten eingehalten worden waren[109]. Die Rechtmässigkeit solcher Klauseln im einzelnen war freilich umstritten, und zahlreiche der bisher üblichen Formulierungen dürften gegen das Gebot der beschränkten Leistungspflicht der Aktionäre (vgl. § 42 N 8 ff) verstossen haben.

264 Unter *neuem Recht* ist die Frage der statutarischen Erwerbsrechte *umstritten* und gerichtlich noch nicht geklärt. Für eine weitgehende Zulässigkeit – immerhin mit dem Vorbehalt, dass die Entschädigung des wirklichen Wertes sicherzustellen ist – spricht sich Meier-Schatz[110] aus mit dem Hinweis darauf, dass das revidierte Recht durch die Escape-Clause[111] zwar die Verkaufsfreiheit begünstigen, nicht aber die Käuferwahlfreiheit sicherstellen will. Kritisch und restriktiv äussert sich dagegen Böckli[112], der vor allem auf das in OR 685b VII zwingend verankerte Verbot von Übertragungserschwerungen hinweist und sich ausführlich mit der Tragfähigkeit der zum bisherigen Recht geäusserten Theorien auseinandersetzt.

265 b) Auszugehen ist u. E. davon, dass das revidierte Recht die Möglichkeiten der Übertragungserschwerung – wie Böckli zu Recht betont – zwingend beschränkt[113], dass aber auch die geltende Ordnung die Ablehnung eines Erwerbers ohne Grundangabe ausdrücklich zulässt, falls die Aktien dem veräusserungswilligen Aktionär zum wirklichen Wert abgenommen werden. Daraus ergeben sich die Schranken, aber auch die verbliebenen Möglichkeiten einer statutarischen Ordnung:

266 – Hinsichtlich der *Einschränkungen* ist vor allem darauf hinzuweisen, dass die Übernahme zum *wirklichen Wert* sichergestellt sein muss[114]. Sodann ist zu beachten, dass die Ablehnung ohne Grundangabe nur möglich ist, wenn Namenaktien *statutarisch vinkuliert* sind (vgl. vorn N 160). Es müssen also bestimmte Ablehnungsgründe, die den Anforderungen von OR 685b I und II genügen, in den Statuten enthalten sein. Drittens ist zu fordern, dass die Veräusserung auch *verfahrensmässig nicht über das nach OR 685b f Zulässige hinaus erschwert* wird. Viertens muss schliesslich die *Verwirkungsfrist von OR 685c III eingehalten* werden: Das Verfahren muss innert dreier Monate durchführbar sein, was vor allem dann relativ knappe Überlegungsfristen bedingt, wenn die Möglichkeit des Erwerbs den verschiedenen Aktionären in mehreren Stufen eingeräumt werden soll.

---

[109] Vgl. im einzelnen die Arbeiten von Herren und Salzgeber-Dürig, beide zit. Anm. 108.
[110] Zit. Anm. 108. Weitere Angaben bei Kratz (zit. § 62 N 136) § 11 N 33 ff, die ihrerseits ebenfalls statutarische Erwerbsrechte unter revidiertem Recht für zulässig hält.
[111] Dazu N 161 ff.
[112] Vgl. u. a. Böckli, Aktionärbindungsverträge (zit. § 39 Anm. 48) 491 ff; eine einschränkende Position nimmt auch Suter (zit. Anm. 108) ein.
[113] So ausdrücklich OR 685b VII, dazu vorn N 175.
[114] Dies war wohl auch schon bisher der Fall, ist aber in der statutarischen Praxis oft nicht beachtet worden.

– In diesem Rahmen bleibt eine statutarische Erwerbsordnung zulässig: Es kann also statutarisch eine Pflicht der Gesellschaft[115] vorgesehen werden, im Falle der Veräusserung Aktien für Rechnung von Aktionären zu übernehmen, falls diese es wünschen. Auch kann die Berechtigung zur Übernahme konkretisiert und allenfalls abgestuft werden[116]. Endlich können die Modalitäten und insbesondere Fristen statutarisch verankert werden. 267

3. *Exkurs: Möglichkeit der Umdeutung (Konversion) einer ungültigen statutarischen in eine gültige schuldvertragliche Verpflichtung?*

a) Ist eine Statutenbestimmung als solche ungültig, so stellt sich die Frage, ob sie allenfalls in eine gültige vertragliche Bindung umgedeutet (konvertiert) werden könnte. Dies ist aufgrund des Einzelfalles zu prüfen. 268

b) Nach dem grundlegenden BGE 25 II 14 ff ist für den Entscheid über die allfällige Konversion einer Statutenbestimmung «... in erster Linie die rechtliche Natur dieser Verpflichtung zu untersuchen, und namentlich zu entscheiden, ob es eine dem Aktionär als solchem obliegende oder aber eine unabhängig von der Eigenschaft als Aktionär ... eingegangene Verpflichtung sei»[117]. 269

Zur Frage der Konversion im allgemeinen hat das Bundesgericht in konstanter Praxis ausserdem folgenden Grundsatz aufgestellt: «Entspricht ein nichtiges Geschäft den Erfordernissen eines anderen Geschäftes, das einen ähnlichen Zweck und Erfolg hat wie der mit dem nichtigen erstrebte, so gilt nach einem ungeschriebenen Rechtssatze des schweizerischen Rechts, der mit § 140 des deutschen BGB übereinstimmt, jenes andere Geschäft, wenn anzunehmen ist, die handelnden Personen hätten das bei Kenntnis der Nichtigkeit ihres Geschäfts gewollt ...»[118] 270

Eine Umdeutung setzt also voraus, 271
– dass das Ersatzgeschäft einen *ähnlichen Zweck und Erfolg* hat wie das nichtige und 272
– dass die Parteien bei Kenntnis der zweifelhaften Gültigkeit einer Statutenbestimmung dieses *schuldvertragliche Ersatzgeschäft gewollt* hätten. 273

c) Ein *vertragliches* Erwerbsrecht erfüllt denselben Zweck und hat denselben Erfolg wie ein statutarisches. Dass das Ersatzgeschäft gewollt gewesen wäre, kann wohl hinsichtlich der *originären Aktionäre* erwartet werden, haben sie doch der statutarischen Ordnung einstimmig zugestimmt. Solange die Gründer unter sich blieben (und nur dann), wird man daher ein ungültiges statutarisches Erwerbsrecht in ein gültiges vertragliches umdeuten dürfen. 274

---

[115] Nur von ihr, nicht dagegen von anderen Aktionären (vgl. § 42 N 16 ff).
[116] Immerhin ist das Gleichbehandlungsgebot (vgl. § 39 N 11 ff) zu beachten. Differenzierte Erwerbsrechte dürften daher nur zulässig sein, wenn sie in den originären Statuten enthalten sind oder mit sämtlichen Aktienstimmen eingeführt werden.
[117] BGE 25 II 20.
[118] BGE 93 II 452 E 5, ebenso BGE 103 II 184 E 3, vgl. auch BGE 76 II 13 f E 5, mit zahlreichen Hinweisen auf Literatur und Judikatur.

VIII. Angebotspflichten und Übernahmerechte nach neuem Börsenrecht

275   Vgl. dazu vorn N 58 ff und 74 ff.

IX. Exkurs: Der Erwerb aller Aktien einer Gesellschaft[119]

276   a) Soll ein in der Rechtsform einer AG betriebenes *Unternehmen veräussert* werden, dann geschieht dies zumeist nicht dadurch, dass ein Kaufvertrag über das Unternehmen selbst abgeschlossen und auf dessen Basis die dazugehörenden Aktiven übertragen und Verpflichtungen übernommen werden. Vielmehr wird die Gesamtheit – oder allenfalls auch eine kontrollierende Mehrheit – der *Aktien verkauft und übertragen.*

277   Dieses Vorgehen hat den Vorteil der Einfachheit für sich: Der Vertragsgegenstand lässt sich einfach umschreiben[120], und der Vertrag kann leicht vollzogen werden[121].

278   Freilich ergibt sich eine *Diskrepanz zwischen dem wirtschaftlich Gewollten und dem formell Vereinbarten:* Gewollt ist der *Erwerb des Unternehmens* als einer Einheit von Sachen, Rechten und Chancen, formell vereinbart der *Kauf von Aktien.* Diese Diskrepanz wirft vor allem Probleme auf, wenn sich das Unternehmen als «mangelhaft» erweist[122]. Ist in diesem Fall auf die Vereinbarung in ihrem formalen Gehalt abzustellen? Dies würde bedeuten, dass nur die Rechts- oder Sachmängel der Aktien selbst gerügt werden könnten. Oder kann die Rechts- und Sachgewährleistung auch hinsichtlich von Mängeln des Unternehmens geltend gemacht werden?

279   b) In der Regel werden beim Unternehmenskauf – auch wenn er sich in der Form des Aktienerwerbs vollzieht – *bestimmte Zusicherungen* hinsichtlich der Eigenschaften des Unternehmens selbst gemacht[123]. Solche Zusicherungen für

---

[119]   Dazu Peter Baldi: Über die Gewährleistungspflicht des Verkäufers von Aktien, insbesondere beim Verkauf aller Aktien einer Gesellschaft (Diss. Zürich 1975 = ZBR 468); Marcel Gmünder: Teilanfechtung aus Irrtum bei der Unternehmensübernahme (Diss. St. Gallen 1992 = St. Galler Studien zum Privat-, Handels- und Wirtschaftsrecht Bd. 31); Jürg Alexander Luginbühl: Leistungsstörungen beim Unternehmens- und Beteiligungskauf (Diss. Zürich 1993 = SSHW 151); Rolf Watter: Unternehmensübernahmen (Zürich 1990) insbes. 144 ff; Pierre Wessner: La vente portant sur la totalité ou la majorité des actions d'une société anonyme: La garantie en raison des défauts de la chose, in: FS Engel (Lausanne 1989) 459 ff.
[120]   Sämtliche X % der Aktien der A-AG.
[121]   Übertragung der Aktien nach den Regeln des Wertpapierrechts statt Übertragung der einzelnen zum Unternehmen gehörenden Werte in Beachtung der jeweils erforderlichen Formvorschriften.
[122]   Produktion oder Umsatz entsprechen nicht den Erwartungen, das Warenlager ist überaltert, übertragenes Know-how erweist sich als nicht verwertbar ...
[123]   Verbreitet ist etwa die Verweisung auf eine revidierte Bilanz, verbunden mit der Zusicherung, dass diese den Zustand des Unternehmens korrekt wiedergibt und dass seit dem Bilanzstichtag der Geschäftsgang normal verlief und sich keine ausserordentlichen Vorfälle ereigneten. Häufig sind auch zusätzliche spezifische Zusicherungen zu sensitiven Bereichen – hängige oder bevorstehende Prozesse, ungewisse Verbindlichkeiten, Steuer- und Sozialversicherungsforderungen, Altlasten usw.

den Zustand des Unternehmens – und nicht nur der Aktien – sind rechtswirksam und begründen eine Gewährleistungspflicht nach OR 197[124].

c) Umstritten ist dagegen, wie vorzugehen ist, wenn *Zusicherungen fehlen,* das *Unternehmen* bzw. Elemente desselben aber nach einer objektiven Betrachtung als *mangelhaft* erscheinen.

Das *Bundesgericht* hat in konstanter Praxis[125] an einer *formalen Betrachtungsweise* festgehalten. Ausgehend davon, dass Kaufgegenstand Aktien sind, soll nur die allfällige (in der Praxis kaum je vorkommende) Mangelhaftigkeit der Papiere in sachlicher oder rechtlicher Hinsicht als Kaufmangel zugelassen werden.

Zu dieser Rechtsprechung ist freilich darauf hinzuweisen, dass sie wohl nur deshalb aufrechterhalten werden konnte, weil stossende Ergebnisse dadurch vermieden wurden, dass dem Erwerber grosszügig die *Anfechtung des Vertrages wegen Willensmängeln* zur Verfügung gestellt wird[126]: Falls sich der Erwerber über die Eigenschaften des Unternehmens und insbesondere dessen Wert *grundlegend geirrt* hat, soll er den Vertrag wegen Grundlagenirrtums nach OR 24 I Ziff. 4 anfechten können. Wurde der Erwerber getäuscht, ist die Anfechtung um so eher möglich (vgl. OR 28). Der Käufer wird damit zwar insofern schlechter gestellt, als ein *grundlegender* Mangel oder eine *Täuschung* vorliegen müssen. Bessergestellt ist er dagegen, weil die Pflicht zur Mängelrüge und die schwerwiegenden Konsequenzen bei ihrer rechtzeitigen Unterlassung (vgl. OR 201, 203) entfallen.

Die *überwiegende neuere schweizerische Lehre*[127] lehnt diese formale Betrachtungsweise ab: «Die *Parteien* haben beim Gesellschaftskauf eindeutig das *Unternehmen* im Auge und es verträgt sich schlecht mit der Realität, wenn dem Käufer mangels Zusicherungen bloss Rechte betreffend fehlende Couponbogen oder verschmutzte Aktien zustehen sollen»[128]. Postuliert wird daher die Anwendung der kaufrechtlichen Sachmängelhaftung *auf das Unternehmen selbst.* Mängel des Unternehmens sollen daher *Mängel der Kaufsache* im Sinne von OR 197 ff sein, auch wenn es an einer Zusicherung fehlt.

Begründet wird diese Ansicht teils mit *Durchgriffs*erwägungen, teils mit dem Postulat einer *wirtschaftlichen Betrachtungsweise,* teils auch mit dem Hinweis auf den *wirklichen* Willen der Parteien, der auf den Erwerb des Unternehmens und

---

In neuerer Zeit ist es sodann üblich geworden, ein *«due diligence»-Verfahren* vorzusehen: Nach Abschluss einer Grundsatzvereinbarung erhält der Käufer vollen Einblick in das Unternehmen und die Möglichkeit, die Richtigkeit der vom Verkäufer gemachten Angaben selbst und mit von ihm betrauten Fachleuten zu überprüfen. Treffen die Angaben zu, bleibt der Vertrag bestehen. Andernfalls wird er nicht vollzogen.

[124] Vgl. BGE 107 II 419, 422, 79 II 159 ff; Baldi (zit. Anm. 119) 71 ff.
[125] Vgl. BGE 108 II 104, 107 II 422, 97 II 43, 79 II 158. – Anders dagegen ein Entscheid des Waadtländer Tribunal cantonal, vgl. SJZ *1981* 28 Nr. 5 und hinten § 62 Anm. 45.
[126] Vgl. BGE 108 II 102, 107 II 425 ff, 97 II 43 ff, 79 II 155.
[127] Vgl. Watter (zit. Anm. 119) 151 ff, Luginbühl (zit. Anm. 119) passim; a. M. und im Sinne der bundesgerichtlichen Rechtsprechung Wessner (zit. Anm. 119) 465 ff.
[128] Watter 151.

nicht (nur) der Aktien ging. Auch wird darauf hingewiesen, dass die *Rückgängigmachung* – die rechtliche Konsequenz einer erfolgreichen Anfechtung wegen Willensmängeln – auf einen Unternehmenskauf schlecht passt, vor allem, wenn sie erst nach einem längeren Zeitraum, in welchem sich das Unternehmen allenfalls grundlegend gewandelt hat, vollzogen werden soll.

285   Hingewiesen wird darauf, dass die Mangelhaftigkeit einzelner Elemente des Unternehmens nicht notwendig die Mangelhaftigkeit des Unternehmens als solchem bedeuten muss[129], während umgekehrt ein Mangel des Unternehmensganzen auch dann vorliegen kann, wenn die einzelnen Bestandteile keine Fehler aufweisen[130,131].

286   In der schweizerischen Gerichtspraxis hat diese Auffassung – im Gegensatz zur deutschen – bisher nur ganz vereinzelt Eingang gefunden[132].

---

[129] Trotz Fehlern einer Maschine kann die vorausgesetzte Leistung allenfalls insgesamt erbracht werden.
[130] So etwa beim Fehlen von beidseits vorausgesetztem Goodwill.
[131] Vgl. Luginbühl (zit. Anm. 119) 178 ff.
[132] Vgl. den in SJZ *1981* S. 28 Nr. 5 referierten Entscheid des Tribunal cantonal Vaudois, wonach bei einer Immobiliengesellschaft Raum für einen Gewährleistungsanspruch bestehe «dans la mesure où les qualités économiques de l'immeuble social influent directement sur la valeur des actions.»

§ 45 Gemeinschaftliches Eigentum und beschränkte dingliche Rechte an Aktien

Literatur: Aus der *sachenrechtlichen Literatur* vgl. Hans Leemann: Berner Kommentar zu ZGB 730–918 (Bern 1925); Oftinger/Bär: Zürcher Kommentar zu ZGB 884–918 (Zürich 1981); Paul Piotet: Dienstbarkeiten und Grundlasten, in: Schweiz. Privatrecht Bd. V/1 (Basel/Stuttgart 1977) 519 ff; Hans Michael Riemer: Die beschränkten dinglichen Rechte (Grundriss des schweiz. Sachenrechts Bd. II, Bern 1986) insbes. 65 f, 164 ff; Tuor/Schnyder/Schmid: Das schweizerische Zivilgesetzbuch (11. A. Zürich 1995) insbes. 788 ff, 877 ff. – Aus der *aktienrechtlichen Literatur* vgl. Basler Kommentar zu Art. 690 (Länzlinger); Bürgi zu Art. 690; Oskar Glettig: Die dinglichen Rechte an Aktien (Diss. St. Gallen 1953); Fritz von Steiger: Fragen betr. das Bezugsrecht bei nutzniessungsbelasteten und verpfändeten Aktien, in: Boemle u. a. (vgl. LV) 377 ff; Dieter Zobl: Zur Verpfändung vinkulierter Namenaktien nach neuem Aktienrecht, SZW *1994* 162 ff (mit weiteren Angaben).

Die Rechtsverhältnisse in Fällen, in denen mehrere Personen an einer Aktie beteiligt sind, und vor allem die beschränkten dinglichen Rechte an Aktien sind schwergewichtig im Sachenrecht geregelt. Darauf sei verwiesen, und es werden im folgenden nur Grundzüge und einige Besonderheiten des Aktienrechts besprochen.

I. Gemeinschaftliches Eigentum an Aktien

a) Aktien können im *gemeinschaftlichen Eigentum* (Miteigentum oder Gesamteigentum) mehrerer Personen stehen. Für diesen Fall sieht der unverändert aus dem bisherigen Recht übernommene Art. 690 I OR vor, dass «die Berechtigten die Rechte aus der Aktie nur durch einen gemeinsamen Vertreter ausüben» können. Es gilt dies vor allem für das Stimmrecht, aber auch für die übrigen Aktionärsrechte.

In den Statuten zahlreicher Gesellschaften wird dieser schon von Gesetzes wegen geltende Grundsatz wiederholt in Formulierungen etwa folgenden Inhalts: «Die Gesellschaft anerkennt pro Aktie nur einen Berechtigten.»

b) Gemeinschaftliches Eigentum entsteht etwa im Erbfall, wenn Aktien vor der Erbteilung zunächst auf die *Erbengemeinschaft* als Ganzes übergehen. Die Erbengemeinschaft kann nach fast unbestrittener Ansicht als Aktionärin anerkannt und im Aktienbuch eingetragen werden[1]. Ihre Rechte sind vom Willensvollstrecker wahrzunehmen[2]. Fehlt ein solcher, müssen sich die Erben auf einen gemeinsamen Vertreter einigen.

---

[1] Vgl. statt vieler Hansjörg Lenhard: Der Erwerb von vinkulierten Namenaktien infolge Erbgangs (Diss. Zürich 1975) 79. Das Gesetz setzt dies wohl voraus, wenn es (neu) in OR 685b IV und 685d III zwischen Erbgang und Erbteilung differenziert.
[2] Rep. *1976* 229 ff.

6   c) Bei *Inhaberaktien von Publikumsgesellschaften* ist heute die sog. *Sammelverwahrung* üblich[3]:

7   Die einer Bank zur Verwahrung und Verwaltung eingelieferten Inhaberaktien werden nicht mehr für jeden Kunden getrennt aufbewahrt, sondern in einem Sammeldepot. Der Kunde hat damit kein Recht mehr auf individualisierte Papiere, sondern er erlangt einen Miteigentumsanteil am Gesamtbestand der im Sammeldepot aufbewahrten Wertschriften der gleichen Art. Diese bei der Bank selbst erfolgende Sammelverwahrung wird *Haussammelverwahrung* genannt.

8   Zur Vereinfachung des Wertschriftenhandels ist 1970 die Schweizerische Effekten-Giro AG (SEGA) geschaffen worden. Sie bezweckt insbesondere die Sammelverwahrung von Effekten. Man spricht hier von *Drittsammelverwahrung*[4] oder *Giro-Sammelverwahrung*. Auch hier werden die Wertpapiere *vermengt*, verliert der einzelne Aktionär sein Alleineigentum und erlangt er dafür Miteigentum an der Gesamtheit der hinterlegten Aktien.

9   Dieses *Miteigentum* ist nun freilich besonderer Art und wird in der Lehre als atypisches, *modifiziertes und labiles* Miteigentum bezeichnet, «modifiziert, weil unter den Deponenten – im Gegensatz zum gewöhnlichen Miteigentum – nur theoretische Rechtsbeziehungen bestehen; labil, weil die Teilung des Miteigentums auf Begehren eines Einzelnen verlangt werden kann»[5]. Jeder einzelne Berechtigte kann jederzeit die Herausgabe verlangen. Er erhält jedoch nicht die von ihm eingelieferten Titel zurück, sondern lediglich Aktien gleicher Art und Zahl wie die eingelieferten. Dies ist deshalb belanglos, weil sämtliche im Sammeldepot liegenden Titel identische Rechte verkörpern. Auch das Stimmrecht und die übrigen Aktionärsrechte können – entgegen OR 690 I – wie bei Alleineigentum ausgeübt werden[6].

10 d) Das Bundesgericht hat die Vorstellung des labilen Miteigentums, bei welchem jeder Miteigentümer über seinen Anteil auch ohne Zustimmung der übrigen verfügen kann[7], auch auf «gewöhnliche» Formen des Miteigentums an einem Aktienpaket ausgedehnt und entschieden, dass jeder Miteigentümer einen Anspruch auf sofortige und vereinfachte Aufhebung des Miteigentums habe und er deshalb auch über die ihm bei einer Teilung zustehende Anzahl von Titeln jederzeit und ohne Einholung des Einverständnisses der anderen Miteigentümer verfügen könne[8].

11 e) OR 690 I will die *Einheit der Aktie* sicherstellen und verhindern, dass die einzelne Mitgliedschaftsstelle auf verschiedene Teilstellen aufgesplittet wird (vgl. dazu auch § 43 N 54).

---

3   Vgl. dazu Meier-Hayoz/von der Crone (zit. § 43 N 1) 293 ff; Robert Rickenbacher: Globalurkunden und Bucheffekten im schweizerischen Recht (Diss. Zürich 1981 = SSHW 58) 94 ff, 159 ff; René Jacques Bärlocher: Der Hinterlegungsvertrag, in: Schweiz. Privatrecht VII/1 (Basel/Stuttgart 1977) 647 ff, 690 ff.
4   Eine Drittsammelverwahrung kann auch bei einer ausländischen Korrespondenzbank erfolgen.
5   Meier-Hayoz/von der Crone (zit. § 43 N 1) § 21 N 130.
6   Vgl. Bärlocher (zit. Anm. 3) 693.
7   Dies entgegen ZGB 648 II.
8   BGE 112 II 406 ff, 415; vgl. dazu auch die kritischen Hinweise von Rey in ZBJV *1988* 114 ff.

Möglich ist es jedoch, dass die in einer Aktie verkörperten unterschiedlichen Rechte auf verschiedene Berechtigte aufgeteilt werden. Das Gesetz selbst sieht eine «Spaltung» in OR 685c II vor, indem es bei den dort genannten Erwerbsgründen «das Eigentum und die Vermögensrechte sogleich, die Mitwirkungsrechte erst mit der Zustimmung der Gesellschaft auf den Erwerber über[gehen]»[9] lässt. Möglich ist sodann die Begründung beschränkter dinglicher Rechte an Aktien: der Nutzniessung (vgl. Ziff. II.) und des Pfandrechts (Ziff. III).

II. Die Nutzniessung an Aktien[10]

a) Der ebenfalls unverändert aus dem bisherigen Recht übernommene Art. 690 II regelt die Ausübung der Aktionärsrechte im Falle der Nutzniessung an Aktien: «Im Falle der Nutzniessung an einer Aktie wird diese durch den Nutzniesser vertreten; er wird dem Eigentümer ersatzpflichtig, wenn er dabei dessen Interessen nicht in billiger Weise Rücksicht trägt.» Es gehen also nicht nur die *Vermögensrechte* auf den Nutzniesser über, sondern auch die *Mitwirkungsrechte*. Diese sind unter angemessener Berücksichtigung der Interessen des Eigentümers auszuüben. Die Ordnung entspricht der allgemein für die Nutzniessung vorgesehenen, vgl. ZGB 755, wonach dem Nutzniesser «das Recht auf den Besitz, den Gebrauch und die Nutzung der Sache» zusteht und er deren Verwaltung besorgt mit der Auflage, «nach den Regeln einer sorgfältigen Wirtschaft zu verfahren».

b) Die Übertragung zur Nutzniessung erfolgt in *gleicher Form* wie die zu voller Rechtsstellung (vgl. daher § 44 N 85 ff).

Konsequenterweise verlangt das revidierte Recht, dass auch der *Nutzniesser im Aktienbuch einzutragen ist* (OR 686 I, II, dazu § 43 N 78), und es gelten *Übertragungserschwerungen auch für die Nutzniessung* (OR 685a II, dazu § 44 N 127).

Trotz des Schweigens des Gesetzes müssen die in OR 685b IV und 685d III für die Fälle des Erwerbs durch Erbgang, Erbteilung oder eheliches Güterrecht[11] vorgesehenen Übertragungserleichterungen auch auf die Übertragung zur Nutzniessung Anwendung finden.

---

[9] Dazu präzisierend § 44 N 217 ff. Im übrigen wird im revidierten Recht versucht, die sog. «Spaltung» vinkulierter Namenaktien im Zuge der Veräusserung zu vermeiden. So gehen bei kotierten Namenaktien nach OR 685 f die Rechte vollständig auf den Erwerber über, auch wenn dieser als Aktionär nicht oder noch nicht anerkannt ist. Lediglich die *Ausübung* der Mitwirkungsrechte wird *suspendiert*.

[10] Vgl. dazu auch Max Baumann: Praktische Probleme der Nutzniessung an Aktien, Obligationen und Anlagefonds-Anteilscheinen (Diss. Zürich 1980 = SSHW 49) 25 ff; Rudolf Koeferli: Die Nutzniessung an Wertpapieren unter besonderer Berücksichtigung der Nutzniessung an Aktien (Diss. Zürich 1954); Max Brunner: Zur Frage der Nutzniessung an Aktien, mit besonderer Berücksichtigung anfallender Bezugsrechte und der Stellung des neben Nachkommen überlebenden Ehegatten, SAG *1978* 116 ff.

[11] Der in OR 685b IV zusätzlich erwähnte Erwerb durch Zwangsvollstreckung dürfte bei der Nutzniessung keine Rolle spielen.

17 c) Der Nutzniesser hat ein Recht auf den *Ertrag, nicht auf die Substanz*. Probleme kann die Abgrenzung hinsichtlich der *Bezugsrechte* stellen:

18 – Werden sog. *Gratisaktien* ausgegeben, d. h. werden die neuen Aktien aus Mitteln der Gesellschaft liberiert (vgl. § 52 N 129 ff), so ist die Rechtslage hinsichtlich der neuen Aktien gleich wie bei den bisherigen: Der Aktionär wird Eigentümer, doch sind die Aktien mit der Nutzniessung belastet.

19 – Sind die neuen Aktien dagegen entsprechend ihrem inneren Wert *vom Erwerber zu liberieren*, dann fallen sie nicht unter die Nutzniessung, da der Aktionär dafür zusätzliche, nicht von der Nutzniessung erfasste Mittel aufzubringen hat.

20 – Oft werden neue Aktien zwar nicht unentgeltlich, aber *unter ihrem inneren Wert* zum Bezug angeboten. Die Rechtslage in diesen Fällen ist umstritten. Richtigerweise wird man die Nutzniessungsrechte an den neuen Aktien in dem Umfang gewähren, in welchem der Ausgabepreis vom inneren Wert abweicht, da in dieser Höhe eine Verwässerung der Rechte aus den bisherigen nutzniessungsbelasteten Aktien erfolgt[12].

21 d) Die *Liberierung* einer nutzniessungsbelasteten Aktie ist *ausschliessliche Pflicht des Eigentümers*.

22 e) Dem Nutzniesser kommen auch die *Schutzrechte* zu, so insbes. das Anfechtungsrecht und die Informationsrechte. Nach herrschender Lehre soll aber das Anfechtungsrecht gleichzeitig auch dem Eigentümer zustehen[13], und eine entsprechende Lösung wird auch für die Informationsrechte vertreten[14]. Sachlich erscheint dies als angemessen; mit dem Wortlaut von OR 690 II und dem in OR 690 I zum Ausdruck kommenden Willen, gegenüber der Gesellschaft nur einen einzigen Berechtigten anzuerkennen, ist dies jedoch kaum vereinbar.

23 f) Die gesetzliche Ordnung ist *dispositiver Natur*. Sie kann sowohl durch eine abweichende Regelung zwischen den Parteien – Aktionär und Nutzniesser – abgeändert werden wie auch – nach herrschender Lehre – durch die statutarische Ordnung.

24 g) Vgl. im übrigen ZGB 745 ff und die entsprechende Judikatur und Literatur.

---

[12] Die praktische Durchführung dieses Postulats kann freilich schwierig sein, zumal der innere Wert der bisherigen Aktien keineswegs festzustehen braucht. Man wird daher diese differenzierte Lösung nur dann durchsetzen, wenn die Abweichung des Ausgabepreises vom inneren Wert *erheblich* ist.
[13] So Bürgi Art. 706 N 51, mit Hinweisen; Rohrer (zit. § 25 N 1) 76; ZR *1940* Nr. 97 S. 218 f.
[14] So von Länzlinger in Basler Kommentar zu Art. 690 N 16; anders wohl Horber (zit. § 40 N 1) N 408 f.

III. Pfandrechte an Aktien[15]

a) Wie durch die Einräumung einer Nutzniessung der Ertrag, so kann durch die Verpfändung von Aktien die *Anwartschaft auf einen künftigen Verwertungserlös* auf einen Dritten übertragen werden.

Das Aktienrecht erwähnt die Verpfändung nur beiläufig in OR 689b (dazu N 30). Die Zuweisung des Stimmrechts ist in ZGB 905 geregelt, und zwar anders als bei der Nutzniessung:

«Verpfändete Aktien werden in der Generalversammlung durch die Aktionäre und nicht durch die Pfandgläubiger vertreten.»[16].

Der Pfandgläubiger hat dem verpfändenden Aktionär die Ausübung seiner Rechte zu ermöglichen.

ZGB 905 ist dispositiver Natur: Zwischen den Parteien kann vereinbart werden, dass der Pfandgläubiger die Aktien in der GV vertreten können soll. Nicht möglich ist eine solche Abrede jedoch bei Namenaktien, bei denen nur der von der Gesellschaft anerkannte Aktionär oder Nutzniesser stimmberechtigt ist.

Nach OR 689b II darf der Pfandgläubiger bei *Inhaberaktien* «die Mitgliedschaftsrechte nur ausüben, wenn er vom Aktionär hierzu in einem besonderen Schriftstück bevollmächtigt wurde». Diese Beschränkung hat nur interne Wirkung zwischen Aktionär und Pfandgläubiger: Die Gesellschaft braucht sich die Vollmacht nicht vorlegen zu lassen, sondern es genügt als Legitimation der Aktienbesitz (OR 689a II).

Eine Eintragung von Pfandgläubigern im Aktienbuch ist nicht vorgesehen.

b) Auch *vinkulierte Namenaktien* können frei verpfändet werden, ebenfalls *nicht voll liberierte* Aktien[17].

Eine Pfandnahme *eigener Aktien* durch die Gesellschaft selbst ist gesetzlich nicht untersagt (vgl. § 50 N 166 ff). Oft problematisch ist es aber, wenn Darlehen an Aktionäre (zu diesen vgl. § 40 N 345 ff) durch die Verpfändung von Aktien der Gesellschaft gesichert werden: Dieses Vorgehen kann wirtschaftlich einer verpönten Kapitalrückzahlung (OR 680 II, dazu § 50 N 107 ff) gleichkommen.

c) *Statutarisch* kann die Verpfändung von Aktien *nicht ausgeschlossen* werden. Für nicht vinkulierte Aktien ergibt sich dies aus ihrer freien Übertragbarkeit, welche die Übertragung zu einem Teilrecht mit einschliesst. Aber auch bei vinkulierten Aktien ist – wie Zobl[18] überzeugend nachweist – ein statutarisches Verbot

---

[15] Vgl. dazu Glettig (zit. N 1) 146 ff; Oftinger/Bär (zit. N 1) insbes. zu Art. 899 N 32 ff und zu Art. 905; Jean Sautaux: L'engagement de l'action nominative liée (Diss. Fribourg 1958, zum Teil durch die Aktienrechtsreform überholt); Zobl (zit. N 1).
[16] Der Unterschied ist nicht sachlich zwingend, da zwischen den Interessen des Nutzniessers und denen des Pfandgläubigers nur ein gradueller Unterschied besteht, vgl. Oftinger/Bär (zit. N 1) Art. 905 N 5.
[17] Vgl. Zobl (zit. N 1) 164 f.
[18] Zit. N 1, 165 ff.

der Verpfändung nicht (mehr) möglich, da das Gesetz die zulässigen Übertragungserschwerungen abschliessend regelt[19,20].

35 d) Ein wirtschaftlich gleiches Resultat wie mit der Verpfändung wird durch die sog. *Sicherungsübereignung* erreicht: Die Aktien werden als Sicherheit extern zu vollem Recht übertragen, jedoch mit der internen Vereinbarung, dass die Übertragung lediglich Sicherungszwecken dienen soll. Zu dieser und anderen Formen der treuhänderischen Aktienübertragung folgendes:

IV. Exkurs: Treuhänderische Übertragung der Aktionärsstellung

36 a) Die Stellung des Treuhänders (Fiduziars) zeichnet sich dadurch aus, dass er gegen aussen als voll Berechtigter auftritt, während er intern, gegenüber dem Treugeber (Fiduzianten), verpflichtet ist, seine Rechte in einer bestimmten Weise auszuüben.

37 Vgl. die klassische Formulierung in BGE 71 II 100 f: «Das Wesen des fiduziarischen Rechtsgeschäfts liegt darin, dass der eine Vertragspartner (der Fiduziant) dem andern (dem Fiduziar) eine Rechtsstellung einräumt, die ihn Dritten gegenüber zum unbeschränkten Inhaber eines Rechtes macht, während er dem Fiduzianten gegenüber vertraglich verpflichtet ist, das übertragene Recht nicht oder nur teilweise auszuüben oder es unter bestimmten Voraussetzungen wieder zurückzuübertragen ... Das fiduziarische Geschäft setzt sich somit notwendigerweise aus zwei Verträgen zusammen, nämlich aus der nach aussen allein in Erscheinung tretenden vollen Rechtsübertragung und der für das Innenverhältnis getroffenen Verfügungsbeschränkung des Fiduziars.»

38 Treuhänderische Rechtsstellungen sind grundsätzlich *zulässig*. Voraussetzung ist jedoch die «vollständige Übernahme der Rechte durch den Treuhänder ...; ausserdem ist erforderlich, dass die Rechtsübertragung als solche ernsthaft gewollt sein musste und nicht nur simuliert werden durfte»[21].

39 b) Auch die *Aktionärsstellung* kann treuhänderisch gehalten werden. So kann etwa – wie soeben erwähnt – statt der Einräumung eines Pfandes an einer Aktie die volle Aktionärsstellung übertragen werden, jedoch mit der internen Vereinbarung, dass der Erwerber diese Stellung nur zu Sicherungszwecken ausüben und er im übrigen die Weisungen des übertragenden Treugebers befolgen soll. Nicht selten erfolgt auch die Gründung von Aktiengesellschaften treuhänderisch[22].

---

[19] Anders Botschaft 155.
[20] Daraus könnten sich Probleme für das Konzept der Namenaktien mit aufgeschobenem Titeldruck (dazu § 43 N 63 ff) ergeben, da dieses voraussetzt, dass unverurkundete Namenaktien nur zugunsten der Bank, bei welcher der Aktionär die Aktien buchmässig führen lässt, verpfändet werden können. Immerhin hat der Aktionär jederzeit die Möglichkeit, seine Beteiligung von der Beschränkung zu befreien, indem er für seine Aktien den Druck und die Auslieferung von Wertpapieren verlangt.
[21] BGE 117 II 295, zit. nach der deutschen Übersetzung in Pra. *1992* Nr. 137 S. 484. Der Fall betrifft spezifisch die Stellung des Aktionärs.
[22] Beispiel: BGE 115 II 468 ff.

c) «Dagegen ist das fiduziarische Verhältnis im Sinne von OR 20 nichtig, wenn es sich als Mittel herausstellt, zwingende gesetzliche Bestimmungen zu umgehen, insbesondere jene des Aktienrechts»[23].

So können etwa *Stimmrechtsbeschränkungen* nicht dadurch umgangen werden, dass Aktien einem Dritten zur weisungsgebundenen Ausübung des Stimmrechts übertragen werden (vgl. § 24 N 94). OR 691 I hält dies explizit fest.

Verpönt sind sodann fiduziarische Verhältnisse, wenn sie eine *Umgehung der Vinkulierungsvorschriften* bezwecken.

Das Bundesgericht hat diese Regel in mehreren Entscheiden konkretisiert:
- In BGE 81 II 534 ff übte ein Aktionär in einer Gesellschaft mit vinkulierten Namenaktien das Stimmrecht für Aktien aus, die er *veräussert* hatte, deren Übertragung von der Gesellschaft aber *nicht genehmigt* worden war. Dabei befolgte er die Weisungen des Käufers. Das Bundesgericht hielt dies für unzulässig, weil darin ein Umgehungsgeschäft, ein Verstoss gegen die statutarischen Vinkulierungsbestimmungen liege[24].
- In BGE 109 II 43 ff war eine *Stimmrechtszession* für vinkulierte Namenaktien zu prüfen. Das Bundesgericht erklärte diese für rechtswidrig, prüfte dann aber die Möglichkeit der Konversion in ein gültiges Rechtsgeschäft. In Frage kam nach Ansicht des Bundesgerichts ein einseitiger Aktionärbindungsvertrag sui generis. Trotz der ausdrücklichen Erklärung, Aktionärbindungsverträge seien zulässig[25], erachtete das Bundesgericht die Stimmabgabe im konkreten Fall wegen Rechtsmissbrauchs und Umgehung der Vinkulierungsbestimmungen als ungültig[26].

Das revidierte Recht verstärkt den Schutz vor einer Umgehung der Vinkulierung durch Treuhandgeschäfte, indem es bei vinkulierten Namenaktien die Gesellschaften ausdrücklich ermächtigt, vom Aktienerwerber eine Erklärung zu verlangen, dass er die Aktien im eigenen Namen und auf eigene Rechnung erworben habe (OR 685b III und 685d II, dazu § 44 N 171 und 208).

Umstritten ist, ob diese «Nicht-Treuhandererklärung» bei börsenkotierten Namenaktien schlechthin verlangt werden kann oder nur, wenn die volle Aktionärsstellung angestrebt wird. Nach der hier vertretenen Auffassung ist das zweite der Fall (vgl. § 44 N 242). *Treuhänder* sind daher – folgt man dieser Auffassung – *bei börsenkotierten Namenaktien als Aktionäre ohne Stimmrecht zuzulassen.* Bei nichtkotierten vinkulierten Namenaktien ist dagegen das treuhänderische Halten von Aktien gegen den Willen der Gesellschaft nicht zulässig.

---

[23] BGE 117 II 296, zit. nach der deutschen Übersetzung in Pra. *1992* Nr. 137 S. 485, mit Verweisung auf weitere Entscheide.
[24] S. 540, mit Hinweis auf zwei weitere, nicht publizierte Entscheide.
[25] S. 45 E 3 des Entscheides.
[26] S. 46 E 3 a und b, mit Judikatur- und Literaturhinweisen.

§ 46 Partizipanten und Partizipationsscheine

Literatur: Marc Demarmels: Die Genuss- und Partizipationsscheine nach dem Entwurf für ein neues Aktienrecht (Diss. Zürich 1985, basiert auf dem bundesrätlichen Entwurf); Henry Peter: Bons de participation, bons de jouissance et actions à droit de vote privilégié, in: Ciocca (vgl. LV) 319 ff; ders.: Les bons de participation sous l'empire du nouveau droit de la société anonyme, AJP *1992* 752 ff; Zindel (zit § 44 N 1) 210 ff. – Aus den *Gesamtdarstellungen* vgl. Basler Kommentar zu Art. 656a–656g (Hess) und Böckli N 466 ff. – Zum *bisherigen Recht* und zur Rechtsentwicklung vgl. Axel Bauer: Partizipationsscheine im Schweizer Aktienrecht – im Vergleich zum deutschen Aktienrecht (Diss. Genf 1976 = SSHW 15); Pierre Henggeler: Le bon de participation (Genève 1971); Christoph Hoffmann: Der Partizipationsschein oder die stimmrechtslose Aktie (Diss. Zürich 1976).

I. Entwicklung und Wesen des Partizipationsscheins

a) Der Partizipationsschein (PS) soll das Bedürfnis nach einer *stimmrechtslosen Kapitalbeteiligung,* und zwar einer *Risikobeteiligung* und nicht einer Gläubigerstellung, befriedigen.

Das *bisherige Aktienrecht* kannte den PS nicht; vielmehr hat sich dieser als Wildwuchs der Praxis entwickelt, und zwar basierend auf dem in OR 657 geregelten *Genussschein* (dazu § 47). Der Genussschein war vom Gesetz in erster Linie als Sanierungsmittel vorgesehen, ohne darauf klar und gesetzlich zwingend beschränkt zu sein. Seit den frühen sechziger Jahren begann man nun, dieses Instrument zu gänzlich anderen als den vom Gesetzgeber anvisierten Zielen, nämlich zu *Finanzierungszwecken* einzusetzen. Für diesen atypischen *Finanzierungsgenussschein* hat sich die Bezeichnung *Partizipationsschein* eingebürgert. Vom herkömmlichen Genussschein unterschied sich der PS durch seinen Rechtsgrund: Er wurde gegen *Kapitaleinlage* ausgegeben und nicht für verlorene Rechte, sollte Kapital*beschaffungs-* und nicht Kapital*ersatz*mittel sein.

Die *Vorteile* des PS für die Gesellschaft liegen auf der Hand: Im Gegensatz zu Obligationenanleihen erwachsen ihr *keine Rückzahlungs- und Zinsverpflichtungen.* Und anders als bei der Finanzierung durch die Ausgabe neuer Aktien müssen den Kapitalgebern *keine Mitbestimmungsrechte* zuerkannt werden. Anleger, die am Ertrag der Gesellschaft beteiligt sein wollten und auf Mitentscheidung keinen Wert legten, waren bereit, das fehlende Stimmrecht in Kauf zu nehmen, falls Vermögensrechte in gleicher Weise wie bei einer Aktie eingeräumt wurden.

Da der Gesetzgeber für die Ausgestaltung der Genussscheine grosse Freiheit beliess[1], erwies sich der Partizipationsschein als *äusserst flexibles Instrument*[2], das sich in den siebziger und achtziger Jahren grosser Beliebtheit erfreute.

---

[1] Und auch unter heutigem Recht belässt, vgl. § 47.
[2] Der Genussschein als ein Sanierungsmittel *muss* flexibel ausgestaltet sein, da für den Katastrophenfall keine hohen Minimalanforderungen aufgestellt werden können. Er *darf* aber auch hohe Flexibilität und geringen Schutz aufweisen, da dem Empfänger eines Genussscheins nach den Vorstellungen des Gesetzgebers regelmässig ein Verzicht auf Rechte als Gläubiger oder Aktionär zugemutet werden soll, weshalb er das Angebot kritisch prüfen wird.

6   b) Die Institution des «Finanzierungsgenussscheins»[3] war jedoch nicht unproblematisch und wurde vielfach kritisiert: Der Kapitalanleger erwartete eine «stimmrechtslose Aktie», und die gesetzliche Ordnung trug dem in keiner Weise Rechnung, sondern liess fast beliebige Formen der Ausgestaltung zu. Zwar waren zumindest bei Publikumsgesellschaften keine Missbräuche festzustellen, doch wurde der gesetzliche Schutz allgemein für ungenügend erachtet.

7   c) Ein Schwergewicht der Aktienrechtsreform lag in der *Kodifizierung und selbständigen Ordnung des Rechts des Partizipationsscheins*. Die ausgefeilte gesetzliche Ordnung, die schon im bundesrätlichen Entwurf im wesentlichen feststand, orientiert sich an der bisherigen guten Praxis, die jedoch konkretisiert und verschiedentlich im Interesse des Anlegerschutzes verschärft wurde.

II.   Begriff und Bezeichnungszwang

8   a) OR 656a I umschreibt den PS und das PS-Kapital in deutlicher Anlehnung an die Umschreibung von Aktie und Aktienkapital, aber auch in klarer Abgrenzung hiezu, wie folgt: «Die Statuten können ein Partizipationskapital vorsehen, das in Teilsummen (Partizipationsscheine) zerlegt ist. Diese Partizipationsscheine werden gegen Einlage ausgegeben, haben einen Nennwert und gewähren kein Stimmrecht.»

9   Schon aus dieser Legaldefinition wird deutlich, dass faktisch eine *stimmrechtslose Aktie* geschaffen werden sollte, wobei dieser Begriff vom Gesetzgeber vermieden wurde[4].

10   b) PS sind nach OR 656a III «*als solche zu bezeichnen*». Dieser Bezeichnungszwang wird ergänzt durch ein in den Schlussbestimmungen enthaltenes *Verbot, klassische Genussscheine als PS zu bezeichnen* (UeBest 3 III, vgl. dazu § 5 N 83 ff). Dadurch soll die nötige Transparenz für die Anleger geschaffen werden.

III. Grundsätze der rechtlichen Ordnung

11   a) Die *Nähe des PS zur* (stimmrechtslosen) *Aktie* wird in OR 656a II noch verdeutlicht: «Die Bestimmungen über das Aktienkapital, die Aktie und den Aktionär gelten, soweit das Gesetz nichts anderes vorsieht, auch für das Partizipationskapital, den Partizipationsschein und den Partizipanten.»[5]

12   Ein Einzelaspekt der Anwendbarkeit der für die Aktie, das Aktienkapital und den Aktionär geschaffenen Normen wird in OR 656b V eigens hervorgehoben: «Partizipationskapital kann im Verfahren der genehmigten oder bedingten Kapitalerhöhung geschaffen werden.» Dieser Hinweis ist überflüssig (weil selbstver-

---

[3]   Der rechtlich weiterhin als Genussschein zu behandeln war, BGE 113 II 529 E 3.
[4]   Vgl. Botschaft 56.
[5]   Was dies im einzelnen bedeutet, wird in Botschaft 57 f in einer langen Liste aufgeführt.

ständlich), und er ist zu eng gefasst: PS-Kapital kann in jeder Hinsicht gleich wie Aktienkapital geschaffen werden, also auch bereits bei der Gründung oder im Verfahren der ordentlichen Kapitalerhöhung. Auch die Liberierungsmöglichkeiten und -pflichten sind dieselben wie für Aktien.

b) In *vermögensrechtlicher Hinsicht* kommt den PS – von der Gesellschaft wie vom Anleger aus betrachtet – die gleiche Funktion wie den Aktien zu: «Wie Aktien treten sie in die Welt: im Errichtungsakt, oder nachträglich nach den strikten Regeln über die Kapitalerhöhung ... Wie Aktien funktionieren sie während der Dauer ihrer Existenz. Wie Aktien treten sie ab: durch Kapitalherabsetzung oder in der Auflösung der Gesellschaft.»[6]

Das PS-Kapital bildet mit dem Aktienkapital zusammen das *Grundkapital* (vgl. § 1 N 38 ff, insbes. 40). Folgerichtig sind daher im Hinblick auf die Kapitalschutzbestimmungen (dazu § 50) *PS-Kapital und Aktienkapital als Einheit zu sehen:*

«In den Bestimmungen über die Einschränkungen des Erwerbs eigener Aktien, die allgemeine Reserve, die Einleitung einer Sonderprüfung gegen den Willen der Generalversammlung und über die Meldepflicht bei Kapitalverlust ist das Partizipationskapital dem Aktienkapital zuzuzählen.» (OR 656b III).

Dieses Zusammenrechnen führt teils zu einem erhöhten, teils aber auch – wohl ungewollt – zu einem reduzierten Schutz:
– Eine Verstärkung erfolgt hinsichtlich der allgemeinen Reserve (zu dieser OR 671 und dazu § 50 N 7 ff): «Die erste Zuweisung an die allgemeine Reserve ist solange zu machen, bis diese die Höhe von einem Fünftel des einbezahlten Aktienkapitals *und* des Partizipationskapitals erreicht hat. Die allgemeine Reserve darf, soweit sie die Hälfte des Aktien- *und* des Partizipationskapitals nicht übersteigt, nur zur Deckung von Verlusten und zur Durchführung von Sozialmassnahmen verwendet werden.»[7]
– Dagegen wird der Plafond für den Erwerb eigener Aktien dadurch, dass auch die PS als Bezugsgrösse mitzuzählen sind, erhöht und dadurch der Kapitalschutz geschwächt[8].
– Die Möglichkeit, eine Sonderprüfung gerichtlich durchzusetzen, wird durch OR 656b III *erschwert.*
– Mit der «Meldepflicht bei Kapitalverlust» ist offenbar sowohl die Einberufung einer GV nach OR 725 I wie auch der Gang zum Richter nach OR 725 II gemeint[9]. Hinsichtlich der Orientierung der GV wird dadurch eine Verschärfung bewirkt, mit Bezug auf die Benachrichtigung des Richters ist die Norm neutral.

---

[6] Böckli N 478.
[7] Botschaft 132 f.
[8] Es ist anzunehmen, dass in der Höhe von 10 bzw. 20 % (vgl. OR 659) der Gesamtkapitalsummen nicht nur eine Kombination von Aktien und PS erworben werden dürfen, sondern auch *ausschliesslich* Papiere einer Kategorie, vgl. § 50 N 156.
[9] Der bundesrätliche Entwurf sprach – freilich auch in der Einzahl – von «Anzeigepflicht». Er nahm damit das Marginale von OR 725 («Anzeigepflichten», in Mehrzahl) auf, was für die hier vertretene Auffassung spricht. Im Nationalrat passierte der bundesrätliche Entwurf unverändert (AmtlBull NR *1985* 1691). Der Ständerat (AmtlBull SR *1988* 473) führte dann den Begriff der «Meldepflicht» ein, wobei nicht ersichtlich ist, dass damit materiell eine Änderung beabsichtigt war.

21   c) Leider hat es der Gesetzgeber unterlassen, den Oberbegriff «*Grundkapital*» als Gesamtheit von Aktien- und PS-Kapital zu verwenden. Die gesetzgeberische Technik – Verweisung und Gleichstellung, «soweit das Gesetz nichts anderes vorsieht» (!) – ist Grund verschiedener Unklarheiten und Ungereimtheiten (wie der soeben hinsichtlich des Kapitalschutzes erwähnten), die durch Regeln für das Grundkapital als Ganzes (oder eben nur für das Aktien- bzw. PS-Kapital allein) hätten vermieden werden können.

22   d) Ein grundlegender *Unterschied* zwischen Aktien- und PS-Kapital liegt darin, dass jede Aktiengesellschaft ein *Aktienkapital aufweisen muss* (vgl. schon die Legaldefinition von OR 620 I, dazu § 1 N 38), während das *PS-Kapital* nur *fakultativ* besteht. Bei privaten Aktiengesellschaften kommt es in der Praxis vereinzelt, bei Publikumsgesellschaften nur ausnahmsweise vor.

IV. Gesetzliche Schranken für das Partizipationskapital

23   a) Anders als für das Aktienkapital (zu diesem vgl. OR 621) ist für das PS-Kapital *keine untere Grenze* vorgesehen (vgl. OR 656b II). Auch von der für das Aktienkapital geltenden Vorschrift, wonach die geleisteten Einlagen *insgesamt* mindestens Fr. 50 000.– betragen müssen (OR 632 II), ist das PS-Kapital ausdrücklich befreit (OR 656b II).

24   b) Wohl aber gibt es für das PS-Kapital eine gesetzliche *Obergrenze:* «Das Partizipationskapital darf das Doppelte des Aktienkapitals nicht übersteigen.» (OR 656b I)[10]. Dadurch soll ein allzu grosses Auseinanderfallen von Kapitaleinsatz und Stimmkraft vermieden werden[11].

25   c) Analog anwendbar sind dagegen die für die *einzelnen Aktien* vorgesehenen Grenzwerte: Der Nennwert muss auch beim PS mindestens Fr. 10.– betragen (vgl. OR 622 IV, dazu § 1 N 52), die minimale Liberierung pro PS 20 % (OR 632 I).

V. Die Rechtsstellung des Partizipanten

1.   Die Grundlagen: Vermögensrechtliche Mindestgleichstellung und Schicksalsgemeinschaft mit den Aktionären

26   a) Das Gesetz verankert den *Grundsatz der vermögensrechtlichen Mindestgleichstellung* der Partizipanten mit den Aktionären in OR 656f I: «Die

---

[10] Die etwas merkwürdige Begrenzung auf das *Doppelte* ist die Folge einer zähen politischen Auseinandersetzung: Der bundesrätliche Entwurf sah eine Beschränkung in der Höhe des Aktienkapitals vor. Der Nationalrat übernahm diese Begrenzung nur für private Gesellschaften, während solche mit börslich gehandelten Aktien oder PS in der Höhe ihres PS-Kapitals frei sein sollten. Der Ständerat dagegen hielt am bundesrätlichen Vorschlag fest, und erst im Sommer 1991 stimmten beide Räte der nun geltenden Fassung zu.

[11] Das gleiche Anliegen zeigt sich bei den Stimmrechtsaktien, bei denen das Stimmenprivileg auf das Zehnfache des Kapitaleinsatzes limitiert ist, vgl. OR 693 II und dazu § 24 N 106.

Statuten dürfen die Partizipanten bei der Verteilung des Bilanzgewinnes und des Liquidationsergebnisses sowie beim Bezug neuer Aktien nicht schlechter stellen als die Aktionäre.»

Dieser Gleichbehandlungsgrundsatz gilt – das geht zwar aus dem Wortlaut des Gesetzes nicht hervor, erscheint aber als selbstverständlich – nicht nur für die statutarische Ausgestaltung, sondern auch für die Beschlussfassung im konkreten Fall[12].

OR 656 f spricht nur das Recht auf Dividende, auf den Liquidationserlös und den Bezug neuer Aktien[13] an. Darüber hinaus wird man aber – aufgrund der generellen Verweisung von OR 656a – *im Bereich der vermögenswerten Rechte ganz allgemein* den aktienrechtlichen Gleichbehandlungsgrundsatz auch auf die Partizipanten ausdehnen müssen, freilich im Sinne einer relativen Gleichbehandlung, wie sie auch für die Aktionäre gilt (dazu § 39 N 51 ff[14]). Die Gleichbehandlung ist daher auch etwa zu beachten hinsichtlich des Rechts auf Bauzinsen (dazu § 40 N 115 ff) und auf Benutzung gesellschaftlicher Anlagen (dazu § 40 N 125 ff) sowie – was praktisch besonders bedeutsam sein kann – hinsichtlich des *Vorwegzeichnungsrechts*[15].

Der Gleichstellungsgrundsatz soll jedoch die Möglichkeit, *Vorzugsaktien* zu schaffen, nicht ausschliessen. Auch wird nicht etwa verlangt, dass die Partizipanten den privilegierten Aktien gleichzustellen wären. Vielmehr bestimmt OR 656 f II: «Bestehen mehrere Kategorien von Aktien, so müssen die Partizipationsscheine zumindest der Kategorie gleichgestellt sein, die am wenigsten bevorzugt ist.»

Das naheliegende Bedenken, es könnte eine kleine Kategorie von schlechtgestellten Aktien geschaffen und die Gleichstellung der PS mit dieser Kategorie vorgesehen werden, pariert die Botschaft mit dem Hinweis, dass «ein solches Vorgehen gegen Treu und Glauben» verstossen würde[16].

b) Hatte der Gesetzgeber einerseits einen angemessenen Schutz der nicht stimmberechtigten Partizipanten sicherzustellen, so musste er anderseits dafür sorgen, dass durch die Rechte der Partizipanten die *Gesellschaft nicht über Gebühr in ihrer künftigen Entwicklung* – die allenfalls auch eine Beeinträchtigung der im PS verankerten Rechte beinhalten muss – *gehindert* werde. Die Lösung ist im Konzept der *Schicksalsgemeinschaft* von Partizipanten und Aktionären gefunden worden: Die Aktionäre können durch GV-Beschlüsse die Stellung der Partizipanten zwar *verschlechtern,* und die Partizipanten müssen dies akzeptieren, aber nur dann, wenn die *Aktionäre für sich selbst dieselbe Einbusse auf sich nehmen.* In den

---

[12] So für das Recht auf Dividende ausdrücklich Botschaft 135.
[13] Zu letztem präzisierend nachstehend N 56 ff.
[14] A.M. offenbar Hess in Basler Kommentar zu Art. 656 f N 2, welcher den *abschliessenden* Charakter der Aufzählung von OR 656f I betont.
[15] Bei dessen Einführung gingen die Partizipanten offenbar vergessen. Die Anwendung von OR 653c auch auf Partizipanten lässt sich aber mit der allgemeinen Gleichstellung nach OR 656a II oder auch in einer analogen Anwendung von OR 656g begründen.
[16] Botschaft 59.

Worten des Gesetzes: «Statutenänderungen und andere Generalversammlungsbeschlüsse, welche die Stellung der Partizipanten verschlechtern, sind nur zulässig, wenn sie auch die Stellung der Aktionäre, denen die Partizipanten gleichstehen, entsprechend beeinträchtigen.» (OR 656f III) [17,18]

2. Die Vermögensrechte

32   a) Der Partizipant ist ausschliesslich vermögensmässig interessierter Beteiligter, und das Gesetz schützt seine Position – wie soeben ausgeführt – durch den Grundsatz der vermögensrechtlichen Gleichstellung.

33   b) Dabei handelt es sich um eine *Mindest*gleichstellung, d. h. es ist möglich, *Vorzugs-PS* zu schaffen, die vermögensmässig gegenüber den Aktien privilegiert sind.

34   Hat eine AG *Vorzugsaktien* ausstehend, ist die Zustimmung einer Sonderversammlung der Vorzugsaktionäre erforderlich (OR 654 II, dazu § 26 N 11 ff).

3. Fehlen gesetzlicher Mitwirkungsrechte

35   a) Wesensgemäss konzentriert sich die Rechtsstellung des Partizipanten auf seine Vermögensrechte (dazu vorn Ziff. 2) und deren Schutz (dazu Ziff. 4). Folgerichtig bestimmt OR 656c I: «Der Partizipant hat kein Stimmrecht und – sofern die Statuten nichts anderes bestimmen – keines der damit zusammenhängenden Rechte.»

36   Was mit den mit dem Stimmrecht «zusammenhängenden» Rechten gemeint ist, wird in OR 656c II präzisiert: Es geht um «das Recht auf Einberufung einer Generalversammlung, das Teilnahmerecht, das Recht auf Auskunft, das Recht auf Einsicht und das Antragsrecht».

37   b) Der Ausschluss des *Stimmrechts* ist *zwingend*. Es ist auch nicht möglich, ein solches für ausserordentliche Fälle oder für bestimmte Traktanden, die für die Partizipanten von besonderer Bedeutung sind, vorzusehen.

---

[17] Am Rande sei erwähnt, dass dadurch im Vergleich zum bisherigen Recht eine Abschwächung der Rechtsstellung des Partizipanten erfolgt: Nach Art. 657 IV des OR *1936* (entsprechend dem geltenden OR 657 IV) konnte dem Genussscheininhaber und damit auch dem Partizipanten ein «Verzicht auf einzelne oder alle Rechte» nur auferlegt werden, wenn die Mehrheit der Genuss- bzw. Partizipationsscheine zustimmte. Der Verzicht auf dieses Erfordernis drängte sich auf, weil es in der Praxis oft nicht möglich war, diese Mehrheit zu erreichen, auch wenn die beantragte Veränderung völlig unbestritten war: Die PS sind regelmässig Inhaberpapiere, und Partizipanten erwarten nicht, zu einer Abstimmung eingeladen zu werden. Daher war es meist nicht möglich, für Partizipantenversammlungen auch nur die *Präsenz* der Mehrheit aller ausgegebenen Titel zu erreichen.

[18] Durch die Formulierung «*entsprechend*» (und nicht: «*gleich*») beeinträchtigen soll – in den Worten der Botschaft (S. 135) – die Möglichkeit geschaffen werden, «mögliche Sonderfälle angemessen berücksichtigen zu können, denn es ist nicht auszuschliessen, dass eine Beschränkung der Partizipanten im Dividendenrecht durch eine andere Verschlechterung der Rechtsstellung der Aktionäre ausgeglichen wird.» Der Richter habe diesfalls unter Würdigung aller Umstände und Auswirkungen zu entscheiden, ob eine «entsprechende» Schlechterstellung vorliege.

Durch den kategorischen Ausschluss vom Stimmrecht unterscheidet sich der schweizerische PS von der *deutschen Vorzugsaktie ohne Stimmrecht:* Bei dieser erhalten die Vorzugsaktionäre ein Stimmrecht, wenn der ihnen eingeräumte «Vorzug bei der Verteilung des Gewinns» nicht bezahlt und auch im Folgejahr nicht nachbezahlt wird (AktG 140 II). 38

Ein Stimmrecht steht dem Partizipanten dagegen in der ausnahmsweise einzuberufenden *Sonderversammlung* der Partizipanten zu, dazu N 55. 39

c) Die *mit dem Stimmrecht zusammenhängenden Rechte* können den Partizipanten dagegen *durch statutarische Bestimmung eingeräumt* werden, sei es vollumfänglich, sei es auch nur teilweise oder mit Einschränkungen. So kann ihnen ein Recht auf Teilnahme an der GV (und damit auch das Recht auf Meinungsäusserung) zuerkannt werden, oder es können die Partizipanten die Möglichkeit haben, der GV bestimmte Anträge vorlegen zu lassen. Auch die Rechte auf Auskunft und Einsicht entsprechend OR 697 können den Partizipanten – ganz, zum Teil oder auch nur auf gewisse Themen beschränkt – zuerkannt werden. 40

4. Schutzrechte

Den Partizipanten werden zum Teil dieselben Schutzrechte eingeräumt, wie sie auch den Aktionären zustehen. Überdies sieht das Gesetz auch besondere, spezifisch auf die Position der Partizipanten ausgerichtete Schutzrechte vor. 41

a) Festzuhalten ist zunächst, dass den Partizipanten die in der Aufzählung von OR 656c *nicht* genannten Schutzrechte zukommen: 42

aa) So haben die Partizipanten ein Recht auf *Bekanntgabe des Geschäftsberichts* (OR 696, dazu § 40 N 162 ff): Die Nennung nur des Rechts auf Auskunft und Einsicht, nicht aber des Rechts auf Bekanntgabe des Geschäftsberichts in OR 656c II erfolgte bewusst[19]. 43

bb) Jedem Partizipanten steht sodann das Recht zu, gesetzes- oder statutenwidrige Beschlüsse *anzufechten* (OR 706, dazu § 25 N 11 ff). 44

cc) Auch dem Partizipanten steht die *Verantwortlichkeitsklage* zu (vgl. § 36 N 12). 45

dd) Der Partizipant hat auch das Recht, die *Auflösung der Gesellschaft aus wichtigem Grund* entsprechend OR 736 Ziff. 4 (dazu § 55 N 57 ff) zu beantragen. 46

Unklar ist, wie dabei das gesetzliche Erfordernis, es müsse die Klage durch «mindestens 10 % des Aktienkapitals» unterstützt werden, zu verstehen ist. Eine Addition von Aktien- und PS-Kapital und damit die Zugrundelegung des *gesamten Grundkapitals* als Bemessungsbasis ist wohl nicht verlangt, da die Auflösungsklage bei den Tatbeständen, für die nach OR 656b III das PS-Kapital dem Aktienkapital zuzuzählen ist, nicht genannt ist. Aufgrund des allgemeinen Gleichstellungsgrundsatzes von OR 656a II wird es daher ausreichend sein, wenn 10 % des PS-Kapitals die Klage unterstützen. 47

---

[19] Vgl. Botschaft 133; a. M. offenbar Böckli N 518, der OR 696 bei den Rechten nennt, die den Partizipanten nur dispositiv – aufgrund einer statutarischen Bestimmung – zustehen.

48 ee) Endlich steht dem Partizipanten auch ein *Antragsrecht auf Einsetzung eines Sonderprüfers* zu. Die Statuten können vorsehen, dass die Partizipanten dieses Recht mündlich in der GV ausüben. Falls die Statuten kein solches Recht gewähren, steht den Partizipanten von Gesetzes wegen das Recht zu, den Antrag auf Einsetzung eines Sonderprüfers schriftlich an die GV zu richten[20]. Für die gerichtliche Durchsetzung dieses Rechts bedarf es – was sachlich nicht befriedigt – der Unterstützung von mindestens 10 % des gesamten Grundkapitals, also des Aktien- *und* des PS-Kapitals, falls nicht die Limite von 2 Mio. Franken (Aktien- und PS-Kapital zusammengezählt) erreicht wird (OR 656b III).

49 b) In OR 656d sind *zusätzliche, besonders auf die Position des Partizipanten zugeschnittene Bekanntgaberechte* vorgesehen:

50 «Den Partizipanten muss die Einberufung der Generalversammlung zusammen mit den Verhandlungsgegenständen und den Anträgen bekanntgegeben werden.» (OR 656d I). Für Frist und Form dürften die Vorschriften für die Einberufung der Aktionäre analog gelten (dazu § 23 N 40 ff)[21].

51 Überdies ist jeder Beschluss der GV «unverzüglich am Gesellschaftssitz und bei den eingetragenen Zweigniederlassungen zur Einsicht der Partizipanten aufzulegen. Die Partizipanten sind in der Bekanntgabe darauf hinzuweisen.» (OR 656d II)[22].

52 c) Alternativ zu einem statutarischen Recht auf Auskunft und Einsicht und zum Antragsrecht auf Einleitung einer Sonderprüfung in der GV selbst steht den Partizipanten – wie erwähnt – von Gesetzes wegen (OR 656c III) das Recht zu, entsprechende Begehren «schriftlich zu Handen der Generalversammlung [zu] stellen».

53 Werden Auskunftsbegehren mündlich an der GV beantwortet – und ein Recht auf schriftliche Beantwortung steht den Partizipanten nicht zu –, dann ist die Antwort in analoger Anwendung von OR 656d II unverzüglich nach der GV zur Einsicht der Partizipanten im Wortlaut aufzulegen[23].

54 d) Statutarisch kann den Partizipanten ein Anspruch auf einen *Vertreter im Verwaltungsrat* eingeräumt werden (OR 656e, dazu § 27 N 96 ff).

55 e) Soll die Rechtsstellung der Partizipanten einseitig – also nicht in Schicksalsgemeinschaft mit den Aktionären – beeinträchtigt werden, dann bedarf dies der

---

[20] OR 656c III, wo dieses Recht an eine statutarische Basis geknüpft scheint, ist missverständlich formuliert, vgl. Casutt (Diss., zit § 35 N 1) 73. – Präzisierend (und einschränkend) zum Antragsrecht des Partizipanten Horber (zit. § 40 Anm. 41) 167.

[21] Probleme ergeben sich diesbezüglich bei der Universalversammlung (zu dieser vgl. § 23 N 5 ff), die ja nicht formell einberufen werden muss. Genügen dürfte bei Universalversammlungen die nachträgliche Information (vgl. Studer [zit. § 23 N 1] Ziff. 9.2).

[22] Die Pflicht, die Auflage auch bei den Zweigniederlassungen vorzunehmen (entgegen OR 696 I, zu jener Vorschrift vgl. § 23 N 50), wird in der Lehre als redaktionelles Versehen bezeichnet, vgl. Böckli N 515 Anm. 77 und Studer (zit. § 23 N 1) Ziff. 51.7.

[23] Vgl. Böckli N 512 und Hess in Basler Kommentar zu Art. 656c N 4.

Zustimmung einer *Sonderversammlung der Partizipanten* (OR 656 f IV, dazu § 26 N 18 ff).

5. *Das Bezugsrecht der Partizipanten*

a) Den Partizipanten kommt wie den Aktionären ein Bezugsrecht zu (dazu § 40 N 282 ff). 56

b) Dem Bezugsrecht als einem Recht auf Beibehaltung der gleichen Beteiligungsquote entspricht am besten ein Recht auf Bezug von Wertrechten *gleicher Art*. Dementsprechend sieht OR 656g II vor, «dass Aktionäre nur Aktien und Partizipanten nur Partizipationsscheine beziehen können, wenn das Aktien- und das Partizipationskapital gleichzeitig und im gleichen Verhältnis erhöht werden». Werden also in derselben GV neue Aktien und neue PS entsprechend der bisherigen Beteiligung von Aktien und PS am gesamten Grundkapital geschaffen, dann haben Aktionäre und Partizipanten je ein Recht auf Bezug von Papieren gleicher Art wie die bereits gehaltenen. 57

OR 656g II will diese Regel freilich nur gelten lassen, wenn es *die Statuten* «vorsehen». Richtigerweise muss der Grundsatz des Rechts auf Bezug von Papieren gleicher Art aber auch *ohne statutarische Grundlage* gelten, da dies im Normalfall die *sachlich richtige Lösung* ist (zum Sachlichkeitsgebot vgl. § 39 N 87 ff). Nur ausnahmsweise, beim Vorliegen eines besonderen sachlichen Grundes, dürfen Bezugsrechte «übers Kreuz» vorgesehen werden[24]. 58

c) «Wird das Partizipationskapital oder das Aktienkapital allein oder verhältnismässig stärker als das andere erhöht, so sind die Bezugsrechte so zuzuteilen, dass Aktionäre und Partizipanten am gesamten Kapital gleich wie bis anhin beteiligt bleiben können.» (OR 656g III). Das Recht auf Beibehaltung der Beteiligungsquote geht in diesem Fall der Differenzierung in stimmberechtigte und stimmrechtslose Beteiligungen vor. 59

d) Wird ein PS-Kapital *neu geschaffen,* «so haben die Aktionäre ein Bezugsrecht wie bei der Ausgabe neuer Aktien». (OR 656g I). 60

6. *Verurkundung und Übertragbarkeit*

a) Für die *Verurkundung* der Partizipantenstellung gelten dieselben Regeln wie für die aktienrechtliche Mitgliedschaft, vgl. § 43. 61

b) Ebenso gilt grundsätzlich dasselbe für die *Übertragung* der Rechtsstellung, vgl. daher § 44. 62

Eine *Einschränkung* ist hinsichtlich der *Vinkulierung* zu machen: Unsinnig wäre eine Vinkulierung von *börsenkotierten* PS: Bei kotierten Papieren erfasst die Vinkulierung bekanntlich nur das Stimmrecht und die damit zusammenhängenden Rechte (OR 685f II), während im übrigen die Rechte trotz Vinkulierung übergehen (Näheres in § 44 N 217 ff). 63

---

[24] Ebenso Böckli N 524 und Hess in Basler Kommentar zu Art. 656g N 3.

Dem PS aber fehlen gerade diese durch die Vinkulierung erfassbaren Rechte. Aber auch bei *nicht kotierten* PS dürfte die Vinkulierung kaum vorkommen, da es regelmässig am erforderlichen wichtigen Grund (dazu § 44 N 133 ff) fehlen wird.

64   c) Üblich ist die Ausgestaltung des PS als *Inhaberpapier*.

VI. Die Schaffung und Abschaffung von Partizipationsscheinen und ihre Umwandlung in Aktien

1. Die Schaffung von Partizipationsscheinen

65   Die Schaffung von PS gestaltet sich gleich wie die von Aktien im Zuge der *Gründung* oder einer *Kapitalerhöhung*.

66   Sollen *Vorzugs-PS* geschaffen werden, dann ist allenfalls OR 654 II zu beachten (dazu § 26 N 11 ff).

2. Die Abschaffung von Partizipationsscheinen

67   Die Beseitigung von PS hat in einem *Kapitalherabsetzungsverfahren* (dazu § 53) zu erfolgen. Der «Rückruf» von PS aufgrund einer entsprechenden statutarischen Klausel, wie er unter bisherigem Recht vorkam, ist unter revidiertem Recht, das den PS als einen Bestandteil des Grundkapitals behandelt, nicht mehr möglich.

68   Falls nicht – was im Zuge einer Sanierung denkbar ist – zugleich auch das Aktienkapital auf Null herabgesetzt wird, bedarf es zusätzlich einer Sonderversammlung der Partizipanten (vgl. vorn N 55).

3. Umwandlung von Partizipationsscheinen in Aktien

69   a) Für die Umwandlung von PS in Aktien (zum entsprechenden Trend vgl. N 78 ff) sind in der Lehre zwei Konzepte entwickelt worden, die beide in der Praxis erfolgreich Anwendung gefunden haben:

70   – Nach der einen Methode wird das PS-Kapital auf Null herabgesetzt und unmittelbar danach in gleicher Höhe Aktienkapital geschaffen. Das neue Aktienkapital wird durch die aufgrund der Vernichtung des PS-Kapitals frei gewordenen Mittel liberiert. Es erfolgt also eine Kapitalherabsetzung (bezüglich des PS-Kapitals), unmittelbar gefolgt von einer Kapitalerhöhung (des Aktienkapitals), wobei das neue Kapital durch Gesellschaftsmittel (eben die nicht mehr durch das PS-Kapital gebundenen Mittel) liberiert wird. In Anwendung von OR 732 I[25] wird auf die Anwendung der Kapitalherabsetzungsvorschriften verzichtet[26].

---

[25] Kapitalherabsetzung und gleichzeitige Wiedererhöhung durch neues, voll einbezahltes Kapital, dazu § 53 N 332 f.

[26] Dieses Vorgehen wird postuliert von Zindel/Isler in Basler Kommentar zu Art. 652d N 5 und von Böckli N 485.

– Das andere Vorgehen geht konsequent davon aus, dass das neue Recht das PS-Kapital – gemeinsam mit dem Aktienkapital – zum Grundkapital zählt. Daher wird eine Kapitalveränderung nicht für nötig erachtet, sondern genügt eine einfache Statutenänderung entsprechend der Umwandlung von Inhaber- in Namenaktien oder umgekehrt [27, 28].

b) Beim ersten Konzept werden *neue Aktien* geschaffen, die dann den Partizipanten zur Verfügung gestellt werden. Die bisherigen Aktionäre müssen auf ihr Bezugsrecht verzichten, weshalb das qualifizierte Quorum von OR 704 einzuhalten ist (vgl. OR 704 I Ziff. 6).

Geht man dagegen von einer blossen *Umwandlung* der Titel innerhalb des Grundkapitals aus, wird kein neues Kapital geschaffen und demzufolge auch kein Bezugsrecht entzogen. Es ist keiner der in OR 704 genannten Tatbestände erfüllt, weshalb die Beschlussfassung ohne Einhaltung des qualifizierten Quorums möglich scheint.

Doch spricht der *Sinn* von OR 704 I Ziff. 2 dafür, dass das qualifizierte Quorum trotzdem eingehalten wird: Nach OR 704 I Ziff. 2 gilt das qualifizierte Quorum dann, wenn Stimmrechtsaktien «eingeführt» werden, worunter Lehre und Praxis Fälle subsumieren, in welchen die bisherigen Aktionäre überproportional zu ihrem bisherigen Aktienbesitz an Stimmkraft verlieren (vgl. § 24 N 38). Zwar behalten im Falle der Umwandlung von PS in Aktien die bisherigen Aktionäre ihre Kapitalquote bei. Trotzdem verlieren sie an Stimmkraft, entsprechend dem in OR 704 I Ziff. 2 erfassten Tatbestand.

c) Zu beachten ist sodann OR 656 f IV, das Erfordernis einer Sonderversammlung der Partizipanten, wenn ihnen «Vorrechte» entzogen werden: Dieser Tatbestand ist nicht erfüllt, wenn PS in Aktien gleicher Art – also insbesondere Inhaber-PS in Inhaberaktien – umgewandelt werden: Der Partizipant verliert dadurch keinerlei «Vorrechte», sondern er erlangt im Gegenteil zusätzlich neu die Mitwirkungsrechte. Anders dagegen, wenn – wie dies in der Praxis häufig ist – Inhaber-PS in Namenaktien (und besonders in vinkulierte Namenaktien) umgewandelt werden: Diesfalls wird die Übertragbarkeit der Titel beeinträchtigt, und es kann dieser Entzug eines «Vorrechts» nicht mit dem Gewinn der Mitwirkungsrechte «kompensiert» werden [29].

VII. Die wirtschaftliche Bedeutung

a) Partizipationsscheine erfreuten sich – wie eingangs erwähnt – in den siebziger und achtziger Jahren grosser Beliebtheit vor allem bei Publikumsgesellschaften, die sich dadurch zusätzliches Eigenkapital verschaffen konnten, ohne eine Verwässerung der Stimmrechte in Kauf nehmen zu müssen. Das Instrument des PS diente insbesondere dazu, schweizerische Aktiengesellschaften auch für

---

[27] Vgl. OR 622 III, dazu § 43 N 39 ff; vorausgesetzt ist eine entsprechende statutarische Ermächtigungsklausel, die aber in der die Umwandlung beschliessenden GV selbst eingeführt werden kann.
[28] In diesem Sinne äussern sich Lederer/Käch: Umwandlung von Partizipationskapital in Aktienkapital aus der Sicht des Handelsregisters, JBHReg *1993* 47 ff.
[29] A. M. Horber (zit. § 26 N 1) 32 ff. Vgl. auch § 26 N 18 ff.

ausländische Investoren zu öffnen, ohne eine stimmenmässige «Überfremdung» befürchten zu müssen. Aber auch in «unechten» Publikumsgesellschaften, in welchen ein Aktionär oder eine Aktionärsgruppe (etwa die bisherige Aktionärsfamilie) die Mehrheit hielt und beibehalten wollten, waren PS ein willkommenes Finanzierungsinstrument.

77 b) Ein Dämpfer erfolgte in der zweiten Hälfte der achtziger Jahre: Im Börsencrash vom Oktober 1987 wurden die PS weit überproportional im Mitleidenschaft gezogen. Zudem wurde durch verschiedene Übernahmeversuche und entsprechende Kaufangebote an die Publikumsaktionäre (nicht aber an die Partizipanten) den Investoren in Erinnerung gerufen, dass auch dem Stimmrecht ein Wert zukommen kann.

78 In der Folge – und vor allem im Übergang vom alten zum neuen Aktienrecht – haben zahlreiche Publikumsgesellschaften ihre PS in Aktien umgewandelt, ein Trend, der seither angehalten hat.

79 c) Diese Entwicklung erstaunt insofern, als durch die Aktienrechtsreform der PS deutlich aufgewertet worden ist. Sie ist wohl weniger eine Folge von Schwächen des PS als die einer neuen Flexibilität des Aktienkapitals, die den Ausweg über den PS entbehrlich macht: Der bisherige Mindestnennwert von Aktien ist auf Fr. 10.– herabgesetzt worden[30], und mit dem bedingten und dem genehmigten Kapital wird dem Bedürfnis nach einer Flexibilisierung der Kapitalbasis nachgekommen, das früher auch durch die Ausgabe von PS befriedigt wurde. Ferner geht ein allgemeiner Trend bei Publikumsgesellschaften dahin, möglichst nur eine Kategorie von Beteiligungspapieren ausstehend zu haben, um ein grösseres Handelsvolumen an der Börse zu erzielen. Deshalb sind in letzter Zeit nicht nur häufig verschiedene Aktienkategorien zu einer Einheitsaktie zusammengeführt, sondern auch gleich die PS in Aktien umgewandelt worden.

80 Abzuwarten bleibt, ob der Trend weg vom PS Bestand haben oder ob es gelegentlich zu einer Renaissance dieses Papiers kommen wird. So oder so dürfte der PS auch weiterhin – ja aufgrund der neuen gesetzlichen Ordnung vermehrt – ein nützliches Mittel für massgeschneiderte Lösungen bei privaten Aktiengesellschaften sein.

VIII. Übergangsrecht

81 Vgl. dazu § 5 N 83 ff.

---

[30] PS dienten früher nicht selten als «leichtere» Papiere neben zu schwer gewordenen Aktien.

§ 47 Exkurs I: Genussberechtigte und Genussscheine

Literatur: Zum mit dem geltenden weitgehend übereinstimmenden *bisherigen Recht* vgl. Marcel Broillet: Der Genussschein nach dem schweizerischen Obligationenrecht (Diss. Zürich 1950); Michel L. Catalan: Der Genussschein und seine Besteuerung (Diss. Bern 1964) und vor allem Tassilo Ernst: Der Genussschein im deutschen und schweizerischen Aktienrecht (Diss. Zürich 1963 = ZBR 241). Speziell zum *revidierten Recht* Demarmels (zit. § 46 N 1); Peter in Ciocca (zit. § 46 N 1) sowie aus den *Gesamtdarstellungen* Basler Kommentar zu Art. 657 (Hess) und Böckli N 529 ff.

Ziel der Aktienrechtsreform hinsichtlich der Genussscheine war es, eine klare Abgrenzung des nun gesetzlich geregelten PS zu erreichen (dazu Ziff. VI). Im übrigen ist die Regelung des bisherigen Rechts zwar redaktionell überarbeitet, materiell aber weitgehend unverändert übernommen worden.

I. Wesen und Rechtsnatur des Genussscheins

a) Genussscheine sollen – dies ergibt sich aus der gesetzlichen Umschreibung der potentiell Berechtigten in OR 657 I (dazu N 21 ff) – dazu dienen, *besondere Leistungen* für die Gesellschaft und insbesondere den *Verzicht auf Rechte* gegenüber derselben («*frühere*» Kapitalbeteiligung) zu entgelten.

Obwohl die Verwendbarkeit des Genussscheins nicht darauf beschränkt ist, dient er – nach den Vorstellungen des Gesetzgebers wie auch in der aktienrechtlichen Realität – vor allem dazu, im Falle von *Sanierungen* den zu Schaden Gekommenen eine Kompensation dadurch zu bieten, dass sie an allfälligen künftigen Geschäftserfolgen beteiligt werden sollen.

b) Genussscheine verkörpern *keine Mitgliedschaftsrechte*[1]. Sie beinhalten aber auch *keine Gläubigerrechte,* da in ihnen kein Recht auf Rückzahlung einer Forderung oder auf feste Verzinsung verbrieft werden kann. Richtigerweise sind sie als *Beteiligungsrechte besonderer Art* zu betrachten[2], die sich sowohl von Aktien (durch das Fehlen der Mitgliedschaft) wie auch von Obligationen (durch das Fehlen einer rückzahlbaren Forderung) unterscheiden.

c) Genussscheine bilden – anders als die PS (zu diesen vgl. § 46 N 14) – *nicht Teil des Grundkapitals.*

Das Gesetz unterbindet die Zuweisung der Genussscheine zum Grundkapital schon dadurch, dass es den Genussschein zwingend *nennwertlos* ausgestaltet (OR 657 III, dazu N 38).

---

[1] Im Gegensatz zum bisherigen Recht wird darauf verzichtet, dies im Gesetz ausdrücklich zu erwähnen, weil – so die Botschaft – der «negative Hinweis ..., dass die Genussscheine keine Mitgliedschaftsrechte gewähren, ... unnötig und überdies irreführend» sei (S. 136 f). Der Ausschluss geht klar daraus hervor, dass die möglichen Rechte – allesamt vermögensmässiger Natur – in OR 657 II abschliessend aufgezählt sind (dazu N 15 ff).
[2] In diesem Sinne auch das Bundesgericht; vgl. BGE 113 II 528 ff, 530 f E 4a).

II. Die Schaffung von Genussscheinen

8 a) Genussscheine können bei der Gründung der Gesellschaft[3], aber auch zu einem späteren Zeitpunkt geschaffen werden.

9 b) Erforderlich ist eine entsprechende *statutarische Bestimmung*, also im Falle der nachträglichen Einführung ein statutenändernder Beschluss der GV. Ausführungen zu Genussscheinen gehören damit zum *bedingt notwendigen Statuteninhalt* (vgl. OR 627 Ziff. 9). Anzugeben ist «die Zahl der ausgegebenen Genussscheine und de[r] Inhalt der damit verbundenen Rechte» (OR 657 I).

10 c) Die Anzahl der ausgegebenen Genussscheine und der Inhalt der damit verbundenen Rechte sind *in das Handelsregister einzutragen* (OR 641 Ziff. 7).

11 d) Für die nachträgliche Einführung von Genussscheinen genügt ein *gewöhnlicher statutenändernder Beschluss,* der – mangels abweichender statutarischer Bestimmung – mit dem ordentlichen Quorum des absoluten Mehrs der vertretenen Aktienstimmen (OR 703) gefasst werden kann[4], da die Einführung von Genussscheinen in der (abschliessend gedachten, vgl. § 24 N 29) Aufzählung der ein qualifiziertes Quorum verlangenden «wichtigen» Beschlüsse nicht genannt ist. Anwendbar ist insbesondere auch nicht OR 704 I Ziff. 5: Die dort erwähnten «besonderen Vorteile» meinen die sog. Gründervorteile im Sinne von OR 650 II Ziff. 6, die *ad personam* gewährt werden. Diese können, müssen aber nicht in Genussscheinen verbrieft werden.

12 Der *Verzicht auf qualifizierte Beschlussfassungserfordernisse* für die Einführung von Genussscheinen erstaunt, kann doch die nachträgliche Schaffung von Genussscheinen mit entsprechenden Vermögensrechten die vermögensmässige Position des Aktionärs empfindlich beeinträchtigen. Wie bei der nachträglichen Einführung von Vorzugsaktien (dazu § 41 N 41) hat der Gesetzgeber jedoch auf einen erhöhten Schutz der Aktionäre verzichtet (oder dessen Einführung vergessen).

13 Auch eine *Sonderversammlung allfälliger Vorzugsaktionäre* entsprechend OR 654 II (dazu § 26 N 11 ff) ist für die nachträgliche Einführung von Genussscheinen nicht erforderlich, da dieser Tatbestand von OR 654 II und III nicht erfasst wird. Wiederum ist nicht klar, ob es sich um einen bewussten gesetzgeberischen Entscheid oder ein (nicht korrigierbares) Versehen handelt.

14 Zu beachten sind jedoch stets die allgemeinen *materiellrechtlichen Schranken* einer Beeinträchtigung von Aktionärsrechten – das Gleichbehandlungsgebot (vgl. § 39 N 11 ff), das Sachlichkeitsgebot und die Pflicht zu schonender Rechtsausübung (dazu § 39 N 86 ff).

---

[3] Das bisherige Recht erwähnte dies in Art. 657 II OR *1936* ausdrücklich. Die Reform hat diese Bestimmung gestrichen, dadurch aber insofern keine Rechtsänderung bewirkt (vgl. OR 657 V, wo die Ausgabe bei der Gründung vorausgesetzt wird, dazu N 26).

[4] Art. 658 des OR *1936*, der – wenn die Statuten nichts anderes bestimmten – eine qualifizierte Präsenz verlangte, ist ersatzlos gestrichen worden.

III. Der mögliche Inhalt von Genussrechten

a) «Durch die Genussscheine können den Berechtigten nur Ansprüche auf einen Anteil am Bilanzgewinn oder am Liquidationsergebnis oder auf den Bezug neuer Aktien verliehen werden.» (OR 657 II). Die Aufzählung ist *abschliessend*[5]. 15

Diese Rechte entsprechen den hauptsächlichen vermögensmässigen Rechten der Aktionäre, wobei sie nicht in gleicher Weise ausgestaltet sein müssen. Ein Anspruch auf Mindestgleichbehandlung, wie er für die PS im revidierten Recht vorgesehen ist (OR 656f I, dazu § 46 N 26 ff), besteht somit nicht. Auch die für die Bezugsrechte von Partizipanten im Gesetz zwingend verankerte Ordnung (OR 656g, dazu § 46 N 56 ff) kommt auf die Genussberechtigten nicht zur Anwendung. 16

Die Genussberechtigten sind daher auf Gedeih und Verderb *von der Beschlussfassung in der GV* (auf die sie keinen Einfluss haben) *abhängig*, es sei denn, ihre Rechtsstellung sei *statutarisch geklärt*. 17

Ein statutarischer Schutz kann insbesondere dadurch eingeführt werden, dass eine Relation zu den entsprechenden Rechten der Aktionäre fixiert wird, etwa die Gleichbehandlung beim Recht auf Dividende oder Liquidationserlös. 18

Hat die GV entsprechend beschlossen, dann steht den Genussberechtigten ein *klagbares Forderungsrecht* zu, entsprechend dem Recht der Aktionäre auf die beschlossene Dividende (dazu § 39 N 118). 19

b) Die gesetzlich vorgesehenen Rechte – Dividendenrecht, Recht auf das Liquidationsergebnis und Bezugsrecht – können den Genussberechtigten *kumulativ* eingeräumt werden. 20

IV. Die Genussberechtigten

a) Auch der *Kreis der potentiell Genussberechtigten* ist durch das Gesetz – freilich weniger präzis – eingeschränkt worden: Genussscheine sollen geschaffen werden können zugunsten von Personen, «die mit der Gesellschaft durch frühere Kapitalbeteiligung oder als Aktionär, Gläubiger, Arbeitnehmer oder in ähnlicher Weise verbunden sind» (OR 657 I). 21

aa) Der Hinweis auf eine *frühere* Kapitalbeteiligung weist auf den Haupteinsatz des Genussscheins als *Sanierungsmittel* hin: Personen, die im Zuge von Sanierungen auf ihre Rechte verzichtet haben, sollen die Chance erhalten zu profitieren, falls sich die Gesellschaft später wieder erholt und Gewinne erzielt. 22

bb) Auch die Verbindung mit der Gesellschaft als *Aktionär* dürfte in erster Linie im Zusammenhang mit Sanierungen von Bedeutung sein: Aktionäre, die auf ihre Position 23

---

[5] Botschaft 137.

ganz oder zum Teil verzichtet haben, sollen durch eine Beteiligung beim erhofften künftigen Wiederaufschwung entschädigt werden[6].

24   cc) Dasselbe gilt für die Stellung als *Gläubiger*. Hauptfall dürfte die «frühere» Kapitalbeteiligung, d. h. die Kompensation eines Forderungsverzichts, sein[7].

25   dd) Neu werden in OR 657 die *Arbeitnehmer* als mögliche Genussberechtigte genannt. Nach den Worten der Botschaft soll damit ein «Instrument zur Einführung der Mitbeteiligung der Arbeitnehmer am Unternehmensgewinn zur Verfügung» gestellt werden[8], eine «flexible Lösung» für «Mitbeteiligungen in kleinem Rahmen»[9]. Dass dafür der gesetzlich schlecht geschützte Genussschein das richtige Instrument ist, darf mit Fug bezweifelt werden. Wenn schon dem Kapitalanleger durch die Neuordnung des PS eine verstärkte Stellung eingeräumt werden sollte (vgl. § 46 N 7), dann wäre es billig gewesen, auch für Arbeitnehmer analoge Verbesserungen vorzusehen[10].

26   ee) OR 657 V nennt explizit die Möglichkeit, Genussscheine zugunsten der *Gründer* auszugeben, beschränkt diese Möglichkeit aber insofern, als zu ihren Gunsten Genussscheine «nur aufgrund der ursprünglichen Statuten geschaffen werden» dürfen.

27   ff) Schliesslich sollen Genussscheine ausgegeben werden können zugunsten von Personen, die mit der Gesellschaft «in ähnlicher Weise verbunden sind» (OR 657 I). Zur analogen Bestimmung des bisherigen Rechts hält BGE 93 II 399 f fest, der Gesetzgeber habe damit «einen entwicklungsfähigen Tatbestand und damit eine Art Generalklausel» schaffen wollen. Zum revidierten Recht ist dazu einschränkend festzuhalten, dass eine *Verwandtschaft* mit dem gesetzlich explizit genannten Personenkreis zu verlangen ist.

28   gg) *Nicht mehr möglich* wird es künftig sein, Genussscheine – wie unter bisherigem Recht üblich (vgl. § 46 N 3) – als *Mittel der Kapitalbeschaffung* einzusetzen. Hierfür ist vielmehr zwingend der neu gesetzlich geregelte PS bestimmt.

29   b) Immer ist zu verlangen, dass den eingeräumten Vorteilen eine *Gegenleistung* der Begünstigten gegenübersteht. «Die Aktionäre brauchen es sich also nicht gefallen zu lassen, dass Genussscheine an solche Personen verabfolgt werden, die der Gesellschaft überhaupt keine Vorteile verschafft haben. Erforderlich ist dabei nach der Lehre stets, dass die Überlassung von Genussscheinen ein Äquivalent bilde für einen der Gesellschaft eingeräumten Vorteil ...»[11]. Dieser kann unterschiedlichster Art sein, wenn auch der Hauptfall der eines Rechtsverzichts[12] sein dürfte.

---

[6]   Die Verbindung mit einem früheren Rechtsverzicht ist aber nicht zwingend.
[7]   Wiederum ist aber die Verbindung mit einem Verzicht nicht zwingend. Genussscheine können auch «gewöhnlichen» Obligationären zugewiesen werden.
[8]   Botschaft 60.
[9]   Botschaft 136.
[10] Eine generelle Beschränkung der Mitarbeiterbeteiligung auf den PS kam wohl deshalb nicht in Betracht, weil der PS per definitionem «gegen Einlage ausgegeben» werden und «einen Nennwert» haben muss (OR 656a I). Zumindest die eigentlichen Schutzrechte hätten dem Arbeitnehmer aber eingeräumt werden können.
[11] BGE 93 II 399, mit Hinweisen auf die Literatur.
[12] Verzicht auf Aktionärsrechte oder auf Forderungen im Zuge einer Sanierung.

V. Schutz der Aktionäre und Schutz der Genussberechtigten

a) Durch das Erfordernis einer angemessenen Gegenleistung sind die *Aktionäre* geschützt vor einer *unsachlichen* Einräumung von Genussrechten zugunsten von Personen, die der Gesellschaft keinen angemessenen Gegenwert zukommen liessen. Dabei verbleibt der GV freilich ein gewisser Spielraum für die Beurteilung und Ausgestaltung[13].

Zu beachten ist – wie erwähnt – auch das Gleichbehandlungsprinzip, vor allem dann, wenn Genussscheine zugunsten einzelner Aktionäre oder Aktienkategorien ausgegeben werden.

Werden Aktionäre in ihren Rechten durch die Schaffung von Genussscheinen verletzt, steht ihnen ein *Anfechtungsrecht* zu[14].

b) Die *Genussberechtigten* sind insofern schlecht geschützt, als der Gesetzgeber für die *Ausgestaltung* ihrer Rechte den Gesellschaften *freie Hand* lässt[15]. Auch steht den Genussberechtigten – anders als den Partizipanten (vgl. § 46 N 44) – *kein Recht auf Anfechtung von GV-Beschlüssen* zu.

Die fehlende gesetzliche Absicherung erklärt sich aus der *Flexibilität,* die einem Sanierungsinstrument zukommen muss, aber auch kann: Im Sanierungsfall muss auch eine *schlechte Rechtsstellung* eingeräumt werden können, da sich die Gesellschaft anderes allenfalls gar nicht leisten kann. Gleichzeitig rechtfertigt es sich, die künftigen Genussberechtigten nicht besonders zu schützen, da diese – wenn ihnen ein Verzicht auf bisherige Rechte zugemutet wird – das von der Gesellschaft gemachte Angebot *aus eigenem Antrieb kritisch prüfen* werden.

Dafür ist der Schutz der Genussberechtigten *besonders ausgeprägt* für den Fall, dass ihnen ein (erneuter) *Rechtsverzicht zugemutet* werden soll. Ein solcher kann *durch die GV allein nicht beschlossen* werden; vielmehr bedarf es der Zustimmung der «Inhaber der Mehrheit aller im Umlauf befindlichen Genussscheintitel» (OR 657 IV).

Dieses Quorum, dem als Bemessungsbasis *sämtliche* und nicht nur die bei der Abstimmung *vertretenen* Genussscheine zugrunde liegen, ist regelmässig schwer zu erreichen, da Genussscheine zumeist Inhaberpapiere sind, weshalb die Berechtigten von der Gesellschaft nur schwer kontaktiert werden können, um so mehr, als sie nicht erwarten, zur Ausübung des Stimmrechts eingeladen zu werden.

Nach OR 657 IV bilden die Genussberechtigten «von Gesetzes wegen eine Gemeinschaft, für welche die Bestimmungen über die Gläubigergemeinschaft bei Anleihensobligationen sinngemäss gelten». Diese Verweisung auf Regeln, welche für eine *Gläubiger*gemeinschaft geschaffen sind, bringt zahlreiche Unsicherheiten mit sich[16].

---

[13] Vgl. BGE 93 II 403.
[14] Dazu § 25 N 11 ff, als Beispiel einer (erfolglosen) Anfechtung vgl. BGE 93 II 393 ff.
[15] Dies im Gegensatz zum Grundsatz der (Mindest-)Gleichstellung bei den PS, dazu § 46 N 26 ff.
[16] Vgl. die Hinweise in der in BGE 113 II 530 ff angeführten Literatur.

VI. Abgrenzung des Genussscheins vom Partizipationsschein

38　　Grossen Wert legt das revidierte Recht auf die Abgrenzung des Genussscheins vom PS: «Der Genussschein darf keinen Nennwert haben; er darf weder Partizipationsschein genannt noch gegen eine Einlage ausgegeben werden, die unter den Aktiven der Bilanz ausgewiesen wird.» (OR 657 III).

39　　Damit wird der Hauptunterschied zwischen dem PS als einem Finanzierungsmittel (Ausgabe eines Nennwertpapiers gegen Einlage) klargestellt und die Bezeichnung «Partizipationsschein» geschützt[17].

VII. Verurkundung und Übertragbarkeit

40　　a) Für die *Verbriefung* der Rechte aus Genussscheinen bestehen die gleichen Möglichkeiten wie für diejenige von Aktien, vgl. § 43.

41　　Üblich ist die Verbriefung in Inhaberpapieren, doch können Genussrechte auch *unverbrieft* sein. Sie sind dann durch Zession zu übertragen (analog der Übertragung unverbriefter Aktienrechte, dazu § 44 N 102).

42　　b) In der Regel sind Genussrechte *frei übertragbar*.

VIII. Übergangsrecht

43　　Vgl. dazu § 5 N 85.

IX. Hinweis: Genussaktien

44　　In der Praxis finden sich vereinzelt sog. Genussaktien, d. h. *nennwertlose Aktien*[18], die durch eine Herabsetzung des Aktienkapitals auf Null – sei es durch Rückzahlung, sei es im Zuge einer Sanierung – entstanden sind.

45　　Im Gegensatz zu den Genussscheinen kommen diesen nennwertlosen Urkunden eigentliche Mitgliedschaftsrechte, insbesondere das *Stimmrecht*[19], zu.

---

[17] Vgl. in diesem Zusammenhang den Bezeichnungszwang für PS gemäss OR 656a III (dazu § 46 N 10). Dagegen wird keine Pflicht eingeführt, den Genussschein als solchen zu bezeichnen. In der Praxis kommt insbesondere der Begriff «Besserungsschein» für den Sanierungsgenussschein vor.
[18] Bzw. Aktien mit einem Nennwert von Fr. 0.–.
[19] Zumindest im Sinne des sog. *Virilstimmrechts*, vgl. § 24 N 62.

§ 48 Exkurs II: Gläubiger, Mitarbeiter und Allgemeinheit

Literatur: Dem *Gläubigerschutz* dienen insbesondere die aktienrechtlichen Kapitalschutzbestimmungen. Vgl. daher die Literaturangaben in § 50 N 1. Zur Gläubigerstellung von Aktionären vgl. Huguenin Jacobs (zit. § 39 N 1) 255 ff und die Literaturangaben in § 40 Anm. 20. – Hinsichtlich der *Mitarbeiter* vgl. die Angaben zur Mitarbeiterbeteiligung in § 3 Anm. 57.

a) Aktienrecht ist *Organisationsrecht*, es befasst sich mit Organen und Gesellschaftern. Die *Gläubiger* bleiben weitgehend ausgeblendet, wobei freilich zahlreiche zwingende Bestimmungen des Aktienrechts auch oder gar ausschliesslich dem Gläubigerschutz dienen.

Das schweizerische Aktienrecht ist (noch) *Gesellschaftsrecht* und nicht Unternehmensrecht[1]. Daher bilden auch die *Mitarbeiter* und ihre besondere Rechtsstellung grundsätzlich nicht Gegenstand des Aktienrechts.

Immerhin finden sich einige aktienrechtliche Bestimmungen, die speziell auf die Gläubiger oder Mitarbeiter Bezug nehmen. Darauf – und nicht etwa allgemein auf die Stellung von Gläubigern und Arbeitnehmern – sei im folgenden kurz eingetreten (Ziff. I und II).

b) Aktienrecht ist *Privatrecht* und dient damit in erster Linie der Erfüllung privater Bedürfnisse. Doch trägt es auch den Interessen der *Allgemeinheit* Rechnung – generell durch zwingende gesetzliche Bestimmungen und spezifisch durch Sondervorschriften für volkswirtschaftlich bedeutsame Gesellschaften (vgl. Ziff. III).

I. Gläubiger

Das Aktienrecht räumt den Gläubigern bestimmte *Informationsrechte* und weitere *Schutzrechte* ein. Diese werden zwar überwiegend andernorts besprochen, sollen im folgenden aber in einer Übersicht zusammengefasst werden (Ziff. 1). Daran schliessen Hinweise zu einer vor allem für Publikumsgesellschaften geeigneten Form der Fremdkapitalbeschaffung an, zu der sich zwar nicht im Aktienrecht, aber in der die Wertpapiere regelnden fünften Abteilung des OR besondere Bestimmungen finden (vgl. Ziff. 2).

Zu den besonders auch im Interesse der Gläubiger aufgestellten *Kapitalschutzbestimmungen* vgl. § 50, ferner auch schon § 3 N 63 ff.

Hinsichtlich der Probleme, die sich bei rechtsgeschäftlichen Beziehungen der *Aktionäre* zu ihrer Gesellschaft stellen, vgl. § 40 N 325, 87 ff.

---

[1] Zur einheitlichen rechtlichen Erfassung des Unternehmens vgl. Meier-Hayoz/Forstmoser § 5 N 1 ff.

1. Aktienrechtliche Schutzbestimmungen zugunsten der Gläubiger

9   a) Den Gläubigern kommen – falls sie ein schutzwürdiges Interesse haben – gewisse *Informationsrechte* zu[2]:

10 aa) Nach OR 697h II ist den Gläubigern «*Einsicht in die Jahresrechnung, die Konzernrechnung und die Revisionsberichte [zu] gewähren*»[3].

11 Neben ihrer Gläubigerstellung[3a] müssen die Gläubiger «*ein schutzwürdiges Interesse nachweisen*»[3b]. Dieses ist – in den Worten der Botschaft – jedenfalls dann zu bejahen, «wenn die Forderung gefährdet erscheint, also nicht fristgerecht beglichen wird, oder wenn andere Anzeichen vorliegen, die auf finanzielle Schwierigkeiten hindeuten. Schutzwürdig ist das Einsichtsinteresse auch nach Einleitung eines nicht offensichtlich aussichtslosen Forderungsprozesses gegen die Gesellschaft»[4]. Keine Einsicht ist zu gewähren, wenn sie nur «zur Befriedigung der Neugierde, zur Kenntnisnahme von Geschäftsgeheimnissen oder zur Auskundschaftung der Konkurrenzverhältnisse» dienen würde[5]. «Im Streitfall entscheidet der Richter.» (OR 697h II)[5a].

12 In analoger Anwendung von OR 696 III bzw. 697h I wird man das Einsichtsrecht auf *ein Jahr* beschränken.

13 bb) Gläubiger sind sodann allenfalls «*über die Organisation der Geschäftsführung*» schriftlich zu orientieren (OR 716b II, dazu § 11 N 27 f).

14 Während Gläubiger, die Einsicht in die Rechnungslegung und die Revisionsberichte nehmen wollen, ein schutzwürdiges Interesse «nachweisen» müssen (OR 697h II), soll es hinsichtlich der Orientierung über die Organisation genügen, wenn sie ein solches Interesse «glaubhaft machen». Es ist zu bezweifeln, dass mit der unterschiedlichen Wortwahl eine bewusste Differenzierung beabsichtigt war.

15 cc) Besonders umfassende Informationsrechte stehen den *Anleihensobligationären* bzw. ihrem *Vertreter* zu, wenn sich eine Gesellschaft mit der Erfüllung

---

[2] Die *Allgemeinheit* muss dagegen nur ausnahmsweise – wenn die Gesellschaft Anleihensobligationen ausstehend hat oder wenn ihre Aktien an einer Börse kotiert sind – orientiert werden, vgl. OR 697h I und dazu hinten N 57 ff.

[3] Anders als die Aktionäre (dazu OR 696 I) haben die Gläubiger dagegen kein Recht auf Einsicht in den Jahresbericht. Ein Grund für die Differenzierung ist nicht ersichtlich, sie ist aber offenbar bewusst gewollt (vgl. Botschaft 168 zur entsprechenden Differenzierung in OR 697h I). – Zum Einsichtsrecht der Gläubiger vgl. Hungerbühler (zit. nachstehend Anm. 13a) insbes. 145 f sowie ZR *1995* 129 ff Nr. 41.

[3a] Das bisherige Recht sprach die Informationsrechte einer Person zu, «die sich als Gläubiger der Gesellschaft ausweist» (OR *1936* Art. 704), und das BGer folgerte daraus, es müsse die Gläubigerstellung nicht nur glaubhaft gemacht, sondern bewiesen werden (BGE 111 II 282, vgl. auch BGE 78 I 174). Daran dürfte die Aktienrechtsreform trotz des Wegfalls dieses Passus nichts geändert haben.

[3b] Die entsprechende Norm des bisherigen Rechts – OR *1936* Art. 704 – enthält diese Präzisierung nicht.

[4] Botschaft 169, vgl. auch SJZ *1994* 389 Nr. 11.

[5] Botschaft 169.

[5a] Zum Verfahren vgl. BGE 120 II 352 ff. – Ein strikter Beweis wird nicht verlangt, doch genügt auch nicht blosses Glaubhaftmachen. Vielmehr muss die hohe Wahrscheinlichkeit des Interesses nachgewiesen werden, BGer in Sem. *1995* 306 f (unpublizierte E 4 von BGE 120 II 352 ff).

ihrer Verpflichtungen aus der Anleihe im Verzug befindet, OR 1160 (dazu N 23 ff).

b) In zwei Fällen wird dem Gläubiger die Möglichkeit eingeräumt, klageweise entweder die *Wiederherstellung des gesetzmässigen Zustandes* oder die *Auflösung der Gesellschaft* durchzusetzen:

aa) Nach OR 625 II kann der Richter – wenn es an der erforderlichen Mindestzahl von Aktionären (dazu § 14 N 6 ff) oder an den vorgeschriebenen Organen fehlt – auf Begehren nicht nur eines Aktionärs, sondern auch eines Gläubigers die Auflösung verfügen, sofern die Gesellschaft nicht binnen angemessener Frist den gesetzmässigen Zustand wieder herstellt (vgl. dazu § 55 N 115 ff).

In der Praxis ist dieses Klagerecht *bedeutungslos:* Der Gläubiger, welcher der Ansicht ist, im Falle einer Auflösung der AG eher befriedigt zu werden, wird den im SchKG vorgezeichneten einfacheren Weg gehen, also die Gesellschaft betreiben und anschliessend die Eröffnung des Konkurses durchsetzen.

bb) Nach OR 727e III kann neben den Aktionären auch jeder Gläubiger beim Richter «die Abberufung eines Revisors verlangen, der die Voraussetzungen für das Amt nicht erfüllt» (vgl. dazu § 32 N 50).

c) OR 727c II gibt dem Gläubiger – in gleicher Weise wie dem Aktionär – das Recht, im Konzern eine über das gesetzliche Minimalerfordernis hinausgehende Unabhängigkeit der Revisoren durchzusetzen (vgl. § 32 N 25).

d) Im Konkurs der AG können die Gläubiger *Verantwortlichkeitsansprüche* geltend machen (OR 754 I, 757, dazu § 36 N 25 f).

e) Das Recht auf Feststellung der *Nichtigkeit* eines Beschlusses der GV oder des Verwaltungsrates steht jedermann, also auch dem Gläubiger zu (vgl. § 25 N 132).

2. *Exkurs: Obligationenanleihen*[6]

a) Von den verschiedenen Möglichkeiten, die der AG zur Beschaffung von Fremdkapital offenstehen, sei nur diejenige der Ausgabe von *Anleihensobligationen* erwähnt. Es handelt sich um regelmässig in Wertpapieren verbriefte *Darlehensforderungen,* die im Rahmen einer meist längerfristigen Anleihe serienweise zu den nämlichen Bedingungen auf einmal öffentlich ausgegeben werden. Der Obligationär hat ein Recht auf Verzinsung[7] und Rückzahlung des zur Verfügung gestellten Kapitals[8].

---

[6] Vgl. dazu Daniel Daeniker: Anlegerschutz bei Obligationenanleihen (Diss. Zürich 1992 = SSHW 142); Andreas Rohr: Grundzüge des Emissionsrechts (Zürich 1990 = SSB 3) 295 ff; Meier-Hayoz/von der Crone (zit. § 43 N 1) § 21; Jäggi/Druey/von Greyerz (zit. § 43 N 1) 90 ff.
[7] Der Zinssatz wird meist in fester Höhe bestimmt (sog. *straight bonds*), er kann aber auch variabel gestaltet sein.
[8] Vgl. aber die Wandelung als Alternative zur Rückzahlung bei Wandelobligationen, dazu N 28.

24 Für Anleihensobligationen findet sich in OR 1156 ff eine detaillierte Ordnung: Insbesondere ist bei öffentlichen Emissionen ein *Prospekt* vorgeschrieben, auf den die Bestimmungen über den *Prospekt bei der Ausgabe neuer Aktien* (dazu § 52 N 87 ff) entsprechende Anwendung finden (OR 1156 II, dort auch Hinweise auf weitere Angaben). Ferner sieht das Gesetz vor, dass die Gläubiger von Anleihensobligationen von Gesetzes wegen zu einer *Gläubigergemeinschaft* verbunden werden (OR 1157), die gegebenenfalls einen oder mehrere Vertreter zu bestellen hat (OR 1158, zu deren Aufgaben und Rechten OR 1159 ff).

25 Im *Aktienrecht* wird auf Anleihensobligationen Bezug genommen, indem für Gesellschaften, die eine Anleihensobligation ausstehend haben, die Pflicht zur Konzernrechnungslegung (zu dieser § 51 N 190 ff) verschärft wird (OR 663e III Ziff. 1). Strenger sind auch die Informationspflichten der Gesellschaft: Nach OR 697h I ist die Jahres- und Konzernrechnung mit den Revisionsberichten entweder im SHAB zu veröffentlichen oder jedermann auf dessen Kosten zur Verfügung zu stellen, und zwar ohne dass ein Interesse nachgewiesen werden müsste (vgl. dazu hinten N 57 ff).

26 b) In der Praxis haben sich Formen von Obligationenanleihen entwickelt, die einen *Bezug zum Eigenkapital* haben: die *Wandel- und Optionsanleihen*[9].

27 aa) *Gemeinsam* ist beiden Anleihensformen die Verbindung einer (zumeist fest) *verzinslichen Obligation* mit einem *Recht auf Bezug von Aktien* (oder allenfalls Partizipationsscheinen) der Schuldner-AG oder einer ihr nahestehenden Gesellschaft.

28 *Verschieden ist die Verknüpfung:* Bei der *Wandelobligation* hat der Gläubiger neben den üblichen Rechten auf Zins und Rückzahlung die Befugnis, zu im voraus festgelegten Bedingungen während einer bestimmten Frist die Gläubigerstellung gegen diejenige eines Aktionärs oder Partizipanten *einzutauschen*. Der Berechtigte hat also die Möglichkeit, seine Forderungsrechte (auf Verzinsung und Rückzahlung) *in Beteiligungsrechte umzuwandeln*. Wird das Wandelrecht ausgeübt, *erlischt das Forderungsrecht*.

29 Bei der *Optionsanleihe* können zwar ebenfalls während einer bestimmten Frist zu festgelegten Bedingungen Beteiligungspapiere erworben werden, doch gehen dabei die Kapitalforderung und die daraus fliessenden Rechte nicht unter: Der Anleger, welcher die Option ausübt, bleibt Gläubiger und *behält sein Recht auf Verzinsung und Rückzahlung*. Zusätzlich kann er eine Beteiligtenstellung erlangen. Da die Ausübung des Bezugsrechts keinen Einfluss auf die Gläubigerstellung hat, wird dieses Recht meist in einem selbständigen Optionsschein verbrieft, der separat handelbar ist.

30 Für den *Anleger* sind diese Formen der Kapitalanlage insofern interessant, als sie die Vorteile der *verzinslichen Investition* mit denen der *Beteiligung* verbinden: Der Anleger hat auf jeden Fall ein Recht auf Verzinsung und Rückzahlung seiner

---

[9] Dazu ausführlich Rolf Kormann: Die Wandelanleihe im schweizerischen Recht (Diss. Zürich 1965 = ASR 368) und Rohr (zit. Anm. 6) 422 ff; vgl. auch Meier-Hayoz/von der Crone (zit. § 43 N 1) § 25 und Köndgen/Daeniker: Wandel- und Optionsanleihen in der Schweiz, ZGR *1995* 341 ff.

Einzahlung. Gleichzeitig aber steht ihm die Möglichkeit offen, sich bei einer positiven Entwicklung des Unternehmens am Gewinn und am inneren Wertzuwachs zu beteiligen. – Für die *kapitalsuchende AG* sind diese Formen vorteilhaft, weil der Anleger bereit ist, für die ihm eingeräumten Vorteile schlechtere Bedingungen und namentlich eine tiefere Verzinsung in Kauf zu nehmen.

bb) Anders als das bisherige enthält das *revidierte Aktienrecht* eine Reihe von Bestimmungen für diese *eigenkapitalbezogenen Anleihen:* 31
– So ist das *bedingte Kapital* (dazu § 52 N 298 ff) in erster Linie geschaffen worden, um im Hinblick auf Wandel- und Optionsanleihen eine Möglichkeit zu schaffen, die Erhöhung des Aktienkapitals nur für den Fall und in dem Ausmass zu beschliessen, als Wandel- und Optionsrechte ausgeübt werden[10]. 32
– Durch das *Vorwegzeichnungsrecht* sollen die bisherigen Aktionäre (und Partizipanten) bei der Ausgabe von eigenkapitalbezogenen Anleihen vor einer Verwässerung ihrer Rechte geschützt werden (OR 653c, dazu § 40 N 301 ff). 33
– Werden Beteiligungspapiere durch die Ausübung von Wandel- oder Optionsrechten bezogen, sollen die *Vinkulierungsvorschriften* keine Anwendung finden, es sei denn, es wäre dies in den Statuten und im Emissionsprospekt ausdrücklich vorbehalten (OR 653d I, dazu § 44 N 249 ff). 34
– Endlich sieht das Gesetz zwingend einen *Verwässerungsschutz* zugunsten der Bezugsberechtigten vor, wobei der für die Regelung des PS entwickelte Gedanke der Schicksalsgemeinschaft (dazu § 46 N 31) aufgenommen wird, vgl. OR 653d II: 35

«Wandel- oder Optionsrechte dürfen durch die Erhöhung des Aktienkapitals, durch die Ausgabe neuer Wandel- oder Optionsrechte oder auf andere Weise nur beeinträchtigt werden, wenn der Konversionspreis gesenkt oder den Berechtigten auf andere Weise ein angemessener Ausgleich gewährt wird, oder wenn die gleiche Beeinträchtigung auch die Aktionäre trifft.» 36

c) Eine andere Abart der Obligationenanleihe ist die sog. *nachrangige Anleihe* (subordinated loan), die für den Fall der Zahlungsunfähigkeit der Gesellschaft mit einem *Rangrücktritt* (zu diesem vgl. § 50 N 214 ff) versehen ist[11]. Hinsichtlich des Risikos für die Anleger steht diese Anleihe zwischen den Beteiligungspapieren (Aktie und PS) einerseits und den gewöhnlichen Anleihen (und anderen Forderungen gegenüber der Gesellschaft) auf der anderen Seite: Die Befriedigung erfolgt erst, wenn die übrigen Gläubiger bezahlt worden sind, aber immer- 37

---

[10] Das bisherige Recht kannte nur die bedingungslose Kapitalerhöhung in festen Stufen. Vor der Ausgabe einer Wandel- oder Optionsanleihe musste daher (um die allfällige Ausübung des Bezugsrechts sicherzustellen) das Aktienkapital vorsorglich und unbedingt erhöht werden. Die so geschaffenen sog. *Vorratsaktien* wurden bis zur Ausübung des Bezugsrechts treuhänderisch bei einer Bank oder befreundeten Gesellschaft gehalten, ein Vorgang, der zwar durch die Praxis befriedigend gelöst werden konnte, aber rechtlich komplexe Fragen aufwarf. Vgl. zu diesen Vorratsaktien BGE 117 II 292 ff und die dort zitierte Literatur.
[11] Vgl. dazu Thomas Rihm: Nachrangige Schuldverpflichtungen (Diss. Basel 1992 = SSTRK 108) 37 ff.

hin vor der Ausschüttung eines verbleibenden Liquidationsüberschusses an Aktionäre und Partizipanten.

38 Nachrangige Anleihen kommen bei *Banken* vor. Bankengesetzlich zählen sie in gewissem Umfang und unter bestimmten Voraussetzungen zu den für Banken vorgeschriebenen eigenen Mitteln, werden sie also wie Eigenkapital behandelt.

39 d) Anleihensobligationen sind ein Finanzierungsinstrument für grosse, volkswirtschaftlich bedeutsame Aktiengesellschaften. In der Schweiz dürften sich etwa 500 Gesellschaften dieses Instruments bedienen.

II. Mitarbeiter

1. Mitarbeiter als Gläubiger besonderer Art

40 a) Arbeitnehmer sind (auch) Gläubiger der Gesellschaft. Die vorstehend N 9 ff erwähnten Schutzrechte kommen daher auch ihnen zu.

41 b) Auf die *Gläubigerstellung der Mitarbeiter* ist im Zuge der Aktienrechtsreform wiederholt hingewiesen worden. So wurde im Ständerat eine Bestimmung vorgeschlagen, wonach Aktiengesellschaften gehalten sein sollten, «einer gewählten Vertretung der Belegschaft Einsicht in die Jahresrechnung, die Konzernrechnung und die entsprechenden Revisionsberichte zu gewähren». Der Antrag wurde abgelehnt, wobei zur Begründung darauf hingewiesen wurde, dass den Arbeitnehmern als Gläubigern ohnehin die Informationsrechte gemäss OR 697h II (dazu vorn N 10 ff) zustünden[12].

2. Besondere aktienrechtliche Bestimmungen für Arbeitnehmer

42 a) In OR 673 und 674 III ist die Bildung von Reserven *«zur Gründung und Unterstützung von Wohlfahrtseinrichtungen für Arbeitnehmer des Unternehmens»* – auf statutarischer Basis oder auch im Einzelfall durch GV-Beschluss – ausdrücklich vorgesehen (vgl. dazu § 50 N 46 ff, 63). Dadurch wird ein sozial verantwortliches Verhalten der AG gefördert, obwohl dies zwangsläufig zu einer Einschränkung des Dividendenrechts der Aktionäre führt.

43 b) Ein besonderes Publizitätserfordernis findet sich in OR 663b Ziff. 5: Im Anhang der Jahresrechnung (dazu § 51 N 137 f) sind *«Verbindlichkeiten gegenüber Vorsorgeeinrichtungen»* aufzuführen.

44 c) Das Gesetz fördert die *Mitarbeiterbeteiligung:*
45 – Ausdrücklich wird in OR 652b II «die Beteiligung der Arbeitnehmer» als ein wichtiger Grund genannt, welcher die Aufhebung des Bezugsrechts der Aktionäre bei der Schaffung neuer Aktien rechtfertigen kann (dazu § 40 N 256b).

---

[12] Vgl. AmtlBull SR *1988* 508 ff; zu den nun spezialgesetzlich geregelten Informationsrechten der Arbeitnehmerinnen und Arbeitnehmer vgl. § 3 Anm. 59. – Besondere Informationsrechte stehen Arbeitnehmern zu, denen vertraglich ein Anteil am Gewinn, Umsatz oder sonst am Geschäftsergebnis zusteht, vgl. OR 322a II, III.

– Insbesondere das *bedingte Kapital* soll dazu dienen, «den Arbeitnehmern Rechte auf den Bezug neuer Aktien» einzuräumen (OR 653 I, dazu § 52 N 233).
– Folgerichtig werden die Arbeitnehmer auch beim Schutz der Wandel- oder Optionsberechtigten genannt (OR 653d I).
– Schliesslich soll auch der *Genussschein* als Instrument der Mitarbeiterbeteiligung eingesetzt werden können (OR 657 I, dazu kritisch § 47 N 25).

Vgl. im übrigen auch die Hinweise in § 3 N 70 ff.

d) Eine institutionalisierte *Mitbestimmung* ist im schweizerischen Aktienrecht nicht vorgesehen, vgl. § 3 N 73 ff.

III. Allgemeinheit[13]

a) Die aktienrechtlichen Kapitalschutzbestimmungen und ganz allgemein die Vorschriften, welche das ordnungsgemässe Funktionieren und Wirtschaften von Aktiengesellschaften sicherstellen sollen, dienen nicht nur den direkt Beteiligten – den Aktionären, Gläubigern und den Mitarbeitern –, sondern auch der Allgemeinheit, die – vor allem bei volkswirtschaftlich bedeutsamen Gesellschaften – vital an der Lebensfähigkeit der Aktiengesellschaften und ihrer Unternehmungen interessiert ist. Insofern dient das Aktienrecht – wie allgemein das Privatrecht – auch *öffentlichen Interessen*.

b) Speziell dem Interesse der Allgemeinheit dienen die *Verschärfungen,* die das Aktienrecht hinsichtlich der Rechnungslegung und -prüfung für volkswirtschaftlich bedeutsame Gesellschaften vorschreibt:
– Während kleinere Gesellschaften allenfalls von der Pflicht zur Erstellung einer *Konzernrechnung* befreit werden können, ist diese bei grösseren Gesellschaften unumgänglich (vgl. die Kriterien von OR 663e II, dazu § 51 N 205 ff).
– Bei volkswirtschaftlich bedeutsamen Gesellschaften müssen sodann die Revisoren besondere fachliche Voraussetzungen erfüllen (vgl. OR 727b, dazu § 32 N 8 ff).

c) Das Aktienrecht – und generell das Handelsrecht – trägt sodann den *Informationsinteressen* der Allgemeinheit Rechnung, wobei wiederum für volkswirtschaftlich bedeutsame Gesellschaften Besonderes gilt:
– Durch die Institution des *Handelsregisters*, in das jedermann – ohne ein Interesse nachweisen zu müssen – Einsicht nehmen kann, sind grundlegende Informationen (auch) über Aktiengesellschaften allgemein zugänglich (vgl. dazu auch § 16 N 42 ff). Ergänzend verlangt das Gesetz, dass die Eintragungen im Handelsregister sowie gewisse vom Gesetz vorgeschriebene Veröffentlichungen (vgl. OR 681 II, 682 I, 696 II, 733, 742 II) im *Schweiz. Handelsamtsblatt* publiziert werden müssen (OR 931 I, II).

---

[13] Zum Problem allgemein vgl. Jean Nicolas Druey: Die Information des Outsiders in der Aktiengesellschaft, in: Von Büren u. a. (vgl. LV) 69 ff; ferner Pythagoras Nagos: Externe Berichterstattung – Information für «Stakeholders» (Diss. oec. Zürich 1991 = Mitteilungen aus dem Handelswissenschaftlichen Seminar der Universität Zürich Bd. 173).

57 – Eine darüber hinausgehende Pflicht zur Offenlegung der finanziellen Verhältnisse ist dagegen – von der vorn N 10 ff erwähnten speziellen Regelung zugunsten der Gläubiger abgesehen – zwingend nur für solche Gesellschaften vorgeschrieben, die an den *Kapitalmarkt* gelangt sind, vgl. OR 697h I[13a].

58 «Jahresrechnung und Konzernrechnung sind nach der Abnahme durch die Generalversammlung mit den Revisionsberichten entweder im Schweizerischen Handelsamtsblatt zu veröffentlichen oder jeder Person, die es innerhalb eines Jahres seit Abnahme verlangt, auf deren Kosten in einer Ausfertigung zuzustellen, wenn

59 1. die Gesellschaft Anleihensobligationen ausstehend hat;
60 2. die Aktien der Gesellschaft an einer Börse kotiert sind.»

61 Diese Gesellschaften – und nur sie – müssen also jedermann (und damit der Allgemeinheit) voraussetzungslos Auskunft über ihre finanzielle Lage geben, soweit sie sich in der Jahres- und der allfälligen Konzernrechnung (dazu § 51 N 190 ff) niederschlägt.

62 Betroffen sind ca. 500 Gesellschaften, wobei zu sagen ist, dass diese auch ohne die aktienrechtliche Spezialbestimmung von OR 697h I zumindest für ihre eigene Rechnung offenlegungspflichtig wären:

63 – Für die Zulassung zur Börse verlangen die *Kotierungsreglemente*, dass die geprüfte Jahresrechnung zusammen mit dem Revisionsbericht der Öffentlichkeit zugänglich gemacht wird.

64 – Beim öffentlichen Angebot von Anleihensobligationen muss ein *Prospekt* aufgelegt werden, der über die letzte Jahresrechnung und Konzernrechnung mit dem Revisionsbericht sowie allenfalls über Zwischenabschlüsse Aufschluss gibt (OR 1156 II in Verbindung mit OR 652a I Ziff. 5, zum Prospekt vgl. § 52 N 87 ff).

65 Gesellschaften mit börsenkotierten Aktien (und nur sie) müssen der Allgemeinheit auch Auskunft über ihre *Grossaktionäre* geben, sofern ihnen diese bekannt sind oder bekannt sein müssten (OR 663c, dazu § 39 N 8).

66 d) In *Spezialgesetzen* sind (auch) im Interesse der Allgemeinheit strengere Vorschriften für Aktiengesellschaften bestimmter Branchen vorgesehen, so für *Bankaktiengesellschaften* im Bankengesetz[14], für Aktiengesellschaften der *Versicherungsbranche* im Versicherungsaufsichtsgesetz[15], ferner etwa für Aktiengesellschaften, welche die Funktion der Fondsleitung von Anlagefonds ausüben, im Anlagefondsgesetz[16] und in den zu diesen Gesetzen erlassenen Verordnungen.

[13a] Vgl. dazu Caspar A. Hungerbühler: Die Offenlegung aus der Sicht des Unternehmens (Diss. Freiburg 1994 = AISUF 142).

[14] BG über die Banken und Sparkassen vom 8. November 1934, verschiedentlich revidiert (SR 952.0), mit einer auch aktienrechtlich wesentlichen Revision vom 18. März 1994, die am 1.2.1995 in Kraft getreten ist. Zur Pflicht von Banken, den Geschäftsbericht in gedruckter Form «jedermann, der es verlangt, zur Verfügung zu stellen», vgl. BankG 6 IV und BankV 26.

[15] BG betreffend die Aufsicht über die privaten Versicherungseinrichtungen vom 23. Juni 1978 (VAG), ebenfalls verschiedentlich revidiert, SR 961.01.

[16] BG über die Anlagefonds vom 18. März 1994 (AFG), in Kraft seit 1.1.1995, SR 951.3.

10. Kapitel: Kapitalschutz und Rechnungslegung

Materialien:
- Zum aktienrechtlichen *Minimalkapital* (OR 621): Botschaft 40 f, 108 f; AmtlBull NR *1985* 1670 f, SR *1988* 464–467;   1
- zu den *Reservebildungsvorschriften* (OR 671–674): Botschaft 151 f, AmtlBull NR *1985* 1721 f, SR *1988* 503, NR *1990* 1363;   2
- zu den *stillen Reserven* (OR 669 III, 663b Ziff. 8) insbesondere: Botschaft 67–73, 149; AmtlBull NR *1985* 1662, 1669, 1711–1716, 1719 f, SR *1988* 456, 475–477, 499–501, NR *1990* 1360–1362;   3
- zum *Schutz vor freiwilliger Vermögensverminderung*: zu OR 678 f: Botschaft 153 f, AmtlBull NR *1985* 1722, SR *1988* 503, NR *1990* 1363; zu OR 680 II: Botschaft 154; AmtlBull NR *1985* 1722, SR *1988* 503, NR *1990* 1363;   4
- zu den Schranken des *Erwerbs eigener Aktien* (OR 659–659b): Botschaft 62 f, 137 f, AmtlBull NR *1985* 1692, SR *1988* 474;   5
- zu den Pflichten bei *Kapitalzerfall und Überschuldung* (OR 725 f): Botschaft 182–184, AmtlBull NR *1985* 1786, SR *1988* 515;   6
- zu den *Bewertungsvorschriften* und zum *Aufwertungsverbot* (OR 664–670): Botschaft 66 f, 147–150, AmtlBull NR *1985* 1719–1721, SR *1988* 499–503, NR *1990* 1363, SR *1991* 65;   7
- zu *Rechnungslegung und Geschäftsbericht* (OR 662–663g): Botschaft 63–77, 141–147, AmtlBull NR *1985* 1693–1719, SR *1988* 474–480, NR *1990* 1359–1363, SR *1991* 65;   8
- zur *Konzernrechnungslegung* (OR 663e-663h) insbesondere: Botschaft 73–76, 147, AmtlBull NR *1985* 1715–1719, SR *1988* 478–480, NR *1990* 1363.   9

Vgl. auch die Hinweise auf die Materialien betreffend Gründung (vor § 13 N 1), Kapitalveränderung (vor § 52 N 1 f), Revisionsstelle (vor § 32 N 1 ff) und Aktionärsrechte (vor § 39 N 1 ff).   10

Da die AG regelmässig wirtschaftlich und oft unternehmerisch tätig ist und da für ihre Verpflichtungen nur ihr eigenes Vermögen haftet, kommt der *Ausgestaltung der Kapitalbasis und ihrem Schutz im Aktienrecht besonderes Gewicht* zu.   11

Im folgenden werden zunächst die Elemente, aus denen sich das Kapital einer AG regelmässig zusammensetzt, vorgestellt (§ 49). Sodann wird auf die aktienrechtlichen Kapitalschutzbestimmungen eingetreten, sofern dies nicht in anderem Zusammenhang geschieht oder geschehen ist (§ 50). Schliesslich werden die besonderen aktienrechtlichen Vorschriften zur Rechnungslegung und zur Offenlegung der finanziellen Verhältnisse vorgestellt (§ 51).   12

§ 49 Die Kapitalbasis der Aktiengesellschaft

1 *Literatur:* Peter M. Binder: Das Verbot der Einlagerückgewähr im Aktienrecht (Diss. Bern 1981 = SSTRK 47); Peter Ochsner: Über das Eigenkapital der Aktiengesellschaft (Diss. Zürich 1971 = ZBR 365); Werner Schmid: Das feste Grundkapital der Aktiengesellschaft (Diss. Zürich 1948). – Vgl. auch die Literaturangaben zu den §§ 50 und 51.

I. Eigenkapital und Fremdkapital

2 a) Eine unternehmerische Tätigkeit kann auf zweierlei Art finanziert werden: entweder aus eigenen Mitteln des Unternehmens oder aus solchen, die ihm von dritter Seite zur Verfügung gestellt werden. Im ersten Fall spricht man von *Eigenkapital,* im zweiten von *Fremdkapital.* Dies gilt auch für die AG:

3 aa) *Eigenkapital* sind zunächst die von den Aktionären (und allenfalls auch Partizipanten) zur Verfügung gestellten Mittel, das sog. *Grundkapital* (vgl. Ziff. II) und ein allfälliges Agio (zu diesem § 14 N 17).

4 Dass die AG diese Mittel von den Aktionären und Partizipanten erhalten hat, ändert an der Qualifikation als *Eigen*kapital nichts: Die Mittel sind *in das Vermögen der AG* übergegangen, die Aktionäre (und Partizipanten) haben keinerlei Rückforderungsrechte (vgl. OR 680 II), dafür aber die Möglichkeit, am Vermögen der Gesellschaft wirtschaftlich zu partizipieren[1].

5 Zum Eigenkapital gehören überdies die im Laufe der Zeit von der AG *erarbeiteten und nicht ausgeschütteten Werte* (vgl. Ziff. III und IV), wobei diese Mittel unterteilt werden in solche, die als *Reserven* nur für gewisse Zwecke eingesetzt werden dürfen, und die sog. *freien Mittel,* über welche die AG frei verfügen und die sie insbesondere auch (in der Form von Dividenden und anderen Arten der Gewinnbeteiligung) an ihre Aktionäre und Partizipanten ausschütten darf.

6 bb) Das *Fremdkapital* umfasst diejenigen Mittel, die von dritter Seite stammen und über kurz oder lang zurückerstattet werden müssen. «Fremdkapital» meint also «Schulden», Verbindlichkeiten der Gesellschaft gegenüber Dritten (dazu Ziff. V).

7 Zum Fremdkapital werden auch die sog. *Rückstellungen* gezählt, d. h. Mittel, die gebunden sind für die Erfüllung von Verpflichtungen, die zwar bereits verursacht worden sind, deren Wirkung aber erst in Zukunft eintreten wird (vgl. hinten N 65).

8 Fremdkapital kann auch von *Aktionären* stammen, dann nämlich, wenn sie der AG nicht als Gesellschafter, sondern als Geldgeber wie irgendwelche Dritte gegenüberstehen (dazu § 40 N 338 ff).

---

[1] Rechtlich steht dieses Vermögen im Alleineigentum der AG, vgl. § 1 N 21 f.

b) Streng zu unterscheiden vom Begriff des (Eigen- und Fremd-)Kapitals ist derjenige des *Vermögens*: Damit meint man die *Summe aller Vermögenswerte*, an denen eine AG berechtigt ist, ihre *Aktiven*. 9

Mit *«Bruttovermögen»* wird dabei der *Gesamtwert aller Vermögensteile* einer AG bezeichnet, mit *«Rein-»* oder *«Nettovermögen»* dieser Gesamtwert vermindert um den Teil, der von Dritten, also *fremd*finanziert ist. 10

c) Das *Vermögen* erscheint in der Bilanz auf der Aktivseite, das *Eigen- und Fremdkapital* auf der Passivseite. *Rechnerisch* entspricht das Bruttovermögen der Summe von Eigen- und Fremdkapital, das Nettovermögen dem Eigenkapital. 11

Daraus erklärt sich auch, dass die Aktiv- und die Passivseite der Bilanz stets gleich gross sind, geben sie doch beide Auskunft über die *Mittel einer Unternehmung*: Auf der Aktivseite wird ausgeführt, wie *diese Mittel eingesetzt* sind (etwa als auf der Bank liegendes Bargeld, in Warenvorräten, Halb- oder Fertigfabrikaten, in Maschinen, Liegenschaften, Investitionen in anderen Unternehmen usw.). Aus der Passivseite ergibt sich, *woher die Mittel stammen* (aus Einlagen der Gesellschafter, aus erarbeiteten und nicht ausgeschütteten Mitteln oder von Dritten). Vgl. dazu im einzelnen § 51. 12

d) Anzustreben ist ein – je nach Branche und anderen Gesichtspunkten unterschiedliches – *vernünftiges Verhältnis von Eigen- und Fremdkapital* und insbesondere die ausreichende Ausstattung einer Unternehmung mit Eigenkapital: Allfällige Verluste sollen im Rahmen der Quote «Eigenkapital» aufgefangen werden können, damit der Gesellschaft stets genügend Aktiven verbleiben, um ihre Verpflichtungen gegenüber Dritten erfüllen zu können. 13

Eine vielzitierte Faustregel besagt etwa, dass das sog. *Anlagevermögen*, d. h. diejenigen Aktiven, welche die Gesellschaft für ihre Tätigkeit dauerhaft benötigt[2], durch *Eigenkapital* und allenfalls langfristig zur Verfügung gestelltes Fremdkapital abgedeckt sein sollte, während dem *Umlaufvermögen* rechnerisch auch bloss kurzfristig zur Verfügung gestelltes Fremdkapital gegenüberstehen darf. Wird Anlagevermögen durch nur kurzfristig verfügbares Fremdkapital finanziert, dann riskiert die Unternehmung, beim Rückzug dieser Mittel nicht im erforderlichen Umfang über Bargeld und rasch in Bargeld umzuwandelnde Aktiven zu verfügen und daher *illiquid* zu werden. Sie ist dann zwar nicht überschuldet, kann aber trotzdem ihren Verpflichtungen nicht bzw. nicht rechtzeitig nachkommen. 14

Im Aktienrecht finden sich – abgesehen von der allgemeinen Pflicht zur sorgfältigen Geschäftsführung (OR 717 I), die auch eine Pflicht beinhaltet, zu einer angemessenen Finanzierung Sorge zu tragen – *keine Bestimmungen, die eine angemessene, d.h. risikogerechte Eigenkapitalquote vorschreiben*[2a]. Und schon gar nicht wird verlangt, dass die Höhe des Aktienkapitals der wirtschaftlichen Bedeutung des betriebenen Unternehmens entspricht (vgl. § 1 N 50 f, dort auch Hinweise auf spezialgesetzliche Sondervorschriften). 15

---

[2] Immobilien, Produktionswerkzeuge usw.; hinzugezählt wird auch etwa eine eiserne Reserve an Vorräten, über die man stets sollte verfügen können.

[2a] Steuerrechtlich wird dagegen bei unangemessen tiefem Eigenkapital allenfalls ein Teil des Fremdkapitals wie Eigenkapital behandelt, vgl. hinten N 68.

II. Grundkapital, insbesondere Aktienkapital

16 Begriff und Funktion des Grundkapitals sind schon in § 1 N 38 ff vorgestellt worden. An dieser Stelle sind einige Ergänzungen anzubringen:

1. Aktien- und Partizipationskapital als Elemente des Grundkapitals

17 a) Das bisherige Recht kannte nur *eine* Form des Grundkapitals: das Aktienkapital. Die Begriffe «*Aktienkapital*» und «*Grundkapital*» waren *identisch*.

18 Durch die Aktienrechtsreform ist der *Partizipationsschein* aufgewertet und zu einem *Bestandteil des Grundkapitals* gemacht worden (vgl. § 46 N 14). Dabei gilt für das Aktien- und das PS-Kapital grundsätzlich die gleiche Ordnung (OR 656a II, dazu § 46 N 11 f).

19 b) Während jede AG zwingend über ein Aktienkapital verfügt, kommt das PS-Kapital nur ausnahmsweise vor. Dies mag erklären, weshalb der Gesetzgeber nur von «Aktienkapital» spricht und den Oberbegriff «Grundkapital» vermeidet (dazu kritisch § 46 N 21).

20 Im folgenden wird – entsprechend der Terminologie des Gesetzes – ebenfalls nur von «Aktienkapital» gesprochen, wobei jeweils das (allfällige) PS-Kapital mitgemeint ist.

2. Begriff und Wesen des Aktienkapitals

21 a) Das Aktienkapital entspricht der *Gesamtsumme von Einlagen* in das Gesellschaftsvermögen, zu denen sich die Aktionäre (mindestens) verpflichtet haben[3].

22 Die Einlageverpflichtung kann in bar (vgl. § 14 N 18 ff) oder auch in Sachwerten (vgl. § 15 N 9 ff) erfüllt werden. Mindestens im Teilbetrag von 20 % des Nennwertes jeder Aktie muss sie beim Erwerb der Aktionärsstellung *erbracht* sein (OR 632, 652c, dazu § 14 N 24)[4]. Im übrigen genügt die Einlage*verpflichtung*, welche die Gesellschaft jederzeit geltend machen kann (vgl. § 14 N 30 ff).

23 Gleichzeitig bildet das Aktienkapital eine *Sperrziffer*, indem das Gesetz verlangt, dass eine Gesellschaft ein *Nettovermögen mindestens in der Höhe des Aktienkapitals* aufweisen soll. Anders ausgedrückt: Solange das Nettovermögen einer AG die Sperrziffer «Aktienkapital» nicht übersteigt, darf die AG keine freiwilligen Vermögensverminderungen, also insbesondere keine Ausschüttungen an die Aktionäre, vornehmen.

24 b) Über das effektive Vermögen der AG gibt das Aktienkapital keine Auskunft. Es stellt – um es nochmals zu betonen – einen blossen *Sollbetrag* dar, eine

---

[3] «Mindestens» deshalb, weil der Ausgabebetrag von Aktien auch höher als zum Nennwert – mit einem Agio, das nicht zum Aktienkapital gehört – angesetzt werden kann, vgl. § 14 N 17.
[4] Überdies müssen insgesamt mindestens Fr. 50 000.– eingebracht worden sein (OR 632 II).

rechnerische Grösse, in der ein Reinvermögen (mindestens) *vorhanden sein soll, aber nicht unbedingt ist.*

Während sich das Brutto- und das Reinvermögen einer AG laufend verändern, bleibt das Aktienkapital – von den formellen Schritten der Kapitalerhöhung und -herabsetzung (dazu 11. Kapitel) abgesehen – unverändert: 25

– Durch Gewinne vergrössert sich das Reinvermögen, durch Ausschüttungen und Verluste wird es vermindert. Das Aktienkapital als Sperrziffer wird davon nicht berührt. 26

– Bei schlechtem Geschäftsgang kann das Reinvermögen der AG auch unter die Sperrziffer «Aktienkapital» sinken: Das Aktienkapital ist dann nicht mehr voll gedeckt («Unterbilanz», dazu § 50 N 193 ff), bleibt aber in der bisherigen Höhe konstant. Hält die negative Entwicklung an, dann wird die Gesellschaft schliesslich über gar keine Aktiven mehr verfügen, die rechnerisch der Position «Aktienkapital» gegenübergestellt werden können, ja es wird ihr Bruttovermögen nicht einmal mehr reichen, um das Fremdkapital, die Verpflichtungen gegenüber Dritten, abzudecken. In diesem Fall ist die Gesellschaft *überschuldet* (dazu § 50 N 205 ff), es wird über sie der Konkurs eröffnet, obwohl die Aktienkapitalziffer noch immer unverändert in der gleichen Höhe in der Bilanz steht. 27

(Vgl. die ausführliche Darstellung an einem Beispiel bei Meier-Hayoz/Forstmoser, § 12 N 29 ff.) 28

3. Erfordernis eines festen Aktienkapitals in minimaler Höhe

a) Das Aktienkapital muss *mindestens Fr. 100 000.–* (für Gesellschaften, die vor dem 1. Januar 1985 gegründet wurden: mindestens Fr. 50 000.–) betragen (vgl. OR 621, dazu § 1 N 49). Dadurch will der Gesetzgeber sicherstellen, dass die AG bei ihrem Start über ein minimales Eigenkapital verfügt[5]. Freilich bleibt die Eintrittsschwelle tief angesetzt[6], zumal nur Fr. 50 000.– bei der Gründung liberiert sein müssen (OR 632 II). 29

Eine obere Limite besteht nicht, da die AG auch für Gross- und Grösstgesellschaften zur Verfügung stehen soll[7]. 30

b) Das Aktienkapital muss *ziffernmässig in bestimmter Höhe festgelegt* sein, und Veränderungen sind nur in den formellen – den Schutz der Gläubiger sicher- 31

---

[5] Bei der bewusst für kleinere Verhältnisse konzipierten GmbH beträgt dagegen das minimale Grundkapital (dort Stammkapital genannt) Fr. 20 000.–, OR 773.
[6] Das OR *1936* verlangte bereits ein Minimalkapital von Fr. 50 000.–, und schon 1983 hätte man – wie die bundesrätliche Botschaft festhält – das Mindestkapital auf Fr. 250 000.– anheben müssen, wenn man die Geldentwertung voll hätte kompensieren wollen. Davon wurde bewusst abgesehen, weil die AG als *Mädchen für alles* im Wirtschaftsleben voll etabliert war und aus dieser Position nicht verdrängt werden konnte und sollte (vgl. Botschaft 40 f).
[7] Dagegen wurde für die GmbH als obere Grenze des Stammkapitals 2 Mio. Franken festgelegt, OR 773.

stellenden – Verfahren der Kapitalerhöhung und -herabsetzung möglich (vgl. § 1 N 48 und 11. Kapitel).

32 Auch darin zeigt sich die Bedeutung des Grundkapitals für die AG als einer kapitalbezogenen Gesellschaft, im Gegensatz zur personenbezogenen *Genossenschaft*: Bei jener ist das Grundkapital nicht nur fakultativ, sondern «Genossenschaften mit einem zum voraus festgesetzten Grundkapital sind unzulässig» (OR 828 II).

4. Funktionen und Schutz des Aktienkapitals

33 a) Das Aktienkapital stellt einen *Sollbetrag* dar, in dessen Höhe in der Gesellschaft Reinvermögen vorhanden sein soll.

34 Dadurch soll eine *Haftungsbasis für die Gläubiger* sichergestellt werden. Gemäss OR 620 I haftet bekanntlich für die Verbindlichkeiten der AG «nur das Gesellschaftsvermögen» (vgl. § 1 N 57 ff). Dem Gesetzgeber lag daher daran, dass mindestens in einer minimalen Höhe Reinvermögen in der Gesellschaft vorhanden ist und so als Haftungssubstrat für die Gläubiger dienen kann.

35 Zu betonen ist erneut, dass das Aktienkapital nicht etwa Haftungsbasis ist. Vielmehr soll es eine Haftungsbasis *sicherstellen*, indem in seiner Höhe Vermögenswerte in der Gesellschaft verbleiben müssen, die zur Abdeckung von Verlusten eingesetzt werden können, bevor diese auf das Fremdkapital durchschlagen und Gläubiger geschädigt werden.

36 Damit sichert das Aktienkapital auch eine *Kreditbasis für die Gesellschaft*: Dritte, die Geldmittel oder andere Vermögenswerte zur Verfügung stellen, verlangen regelmässig eine gewisse Sicherheit; Kredit wird nur gewährt, wenn eine Kreditbasis vorhanden ist. Bei den Personengesellschaften liegt diese Grundlage in der Persönlichkeit der unbeschränkt haftenden Gesellschafter (Personalkredit), bei der AG dagegen ausschliesslich im Vermögen der Gesellschaft (Realkredit). Dieses Vermögen soll daher bei der Gründung der AG in bestimmter Höhe (eben derjenigen der Sperrziffer «Aktienkapital») *zur Verfügung stehen*, und es soll in mindestens dieser Höhe auch nach Möglichkeit *erhalten bleiben*.

37 b) Der Gesetzgeber kann freilich nicht verhindern, dass eine AG *Verluste* erleidet und sich das *Gesellschaftsvermögen* – gegen den Willen ihrer Organe und Aktionäre – *vermindert*. Er hat aber eine Reihe von Vorschriften aufgestellt, die dem *Schutz eines minimalen Reinvermögens* dienen, vgl. dazu § 1 N 41 ff und § 50.

38 c) Dem Aktienkapital kommt noch eine weitere Funktion zu, die sich aus der Kapitalbezogenheit der aktienrechtlichen Mitgliedschaft (vgl. 39 N 2 ff) erklärt: Es ist in *Teilsummen* (Aktien) zerlegt (dazu sogleich nachstehend) und bildet so die Grundlage für die *Bemessung der Rechte der Aktionäre* (vgl. § 39 N 51 ff), wobei das Aktienrecht freilich auch die absolute Gleichstellung der Gesellschafter nach Köpfen (vgl. § 39 N 71 ff) und andere Abweichungen von der Zumessung der Rechte nach der Kapitalbeteiligung (vgl. § 41 N 20 ff) kennt.

5. Zerlegung des Aktienkapitals in Teilsummen, Aktien

a) Nach der Legaldefinition von OR 620 I ist das Aktienkapital *in Teilsummen (Aktien) zerlegt*. Diese lauten auf einen bestimmten *Nominalbetrag*, mindestens auf Fr. 10.– (OR 622 IV, vor der Aktienrechtsreform Fr. 100.–, vgl. § 1 N 52).

So wenig die Höhe des Aktienkapitals über das Vermögen einer AG aussagt, *so wenig ist der Nennbetrag einer Aktie ein Indikator für ihren Wert*:

Der *Substanzwert* einer Aktie bestimmt sich vielmehr nach dem Nettovermögen der Gesellschaft. Hat beispielsweise eine AG ein Reinvermögen von Fr. 300 000.– und ein Aktienkapital von Fr. 100 000.–, das in 1000 Aktien à Fr. 100.– aufgeteilt ist, beträgt der Substanzwert einer Aktie Fr. 300.– (Fr. 300 000.– geteilt durch 1000 Teile).

Vom Nennwert und vom Substanzwert zu unterscheiden ist sodann der sogenannte *innere Wert* einer Aktie, für dessen Berechnungen neben dem Substanzwert auch noch die *Ertragskraft* berücksichtigt wird: Falls etwa eine Gesellschaft bei einem Reinvermögen von Fr. 150 000.– Jahr für Jahr einen Reingewinn von Fr. 100 000.– erwirtschaften und deshalb regelmässig hohe Dividenden ausschütten kann, beträgt der innere Wert der Aktien ein Vielfaches des Substanzwertes, da ein allfälliger Aktienerwerber bereit sein wird, nicht nur und vielleicht nicht einmal in erster Linie für die in den Aktien verkörperte Substanz zu zahlen, sondern auch – und allenfalls primär – für den künftig zu erwartenden Ertrag. Wenn das Gesetz vom «wirklichen Wert» spricht (OR 685b I), meint es wohl diesen inneren Wert, also eine Berücksichtigung sowohl der Substanzwert- wie der Ertragswertkomponente.

Bei regelmässig gehandelten Aktien bestimmt der Ertragswert – zusammen mit anderen Faktoren – ihren *Marktpreis*, bei börsenkotierten Aktien also den *Kurswert*.

Der Nennbetrag einer Aktie ist also – was ihren Wert betrifft – eine irreführende Grösse. Trotzdem hat es der Gesetzgeber ausdrücklich abgelehnt, nennwertlose Aktien (die als Quote des Gesamtkapitals bzw. des Gesellschaftsvermögens definiert würden) zuzulassen[8].

b) Zu ergänzen ist, dass der Ausdruck «Aktie» nicht nur in der vorstehend geschilderten Bedeutung als *Quote des Aktienkapitals* verwendet wird, sondern auch noch in zwei weiteren Bedeutungen:
– «Aktie» meint auch das Anteilsrecht oder Mitgliedschaftsrecht des Aktionärs, den *Inbegriff der Rechte und Pflichten* des Gesellschafters.
– Hierfür ist der Nennwert durchaus von Bedeutung, daneben freilich auch der effektive Kapitaleinsatz (vgl. § 39 N 51 ff). Nennwertlose Quotenaktien hätten freilich für die Zumessung von Aktionärsrechten ebenso dienen können.
– Schliesslich meint «Aktie» auch die *Urkunde, in der die Rechte des Aktionärs verbrieft sind* (dazu § 43).

Die drei Aspekte *hängen eng zusammen*: Es ist charakteristisch für die AG als kapitalbezogene Gesellschaft, dass das Anteilsrecht des Gesellschafters davon abhängt, welche Quote des Aktienkapitals er gezeichnet und/oder liberiert hat.

---

[8] Vgl. Botschaft 43.

Ebenso ist charakteristisch für das typischerweise kapitalbezogene und anonyme Mitgliedschaftsrecht die Verbriefung in einer Urkunde, welche die Rechtsstellung leicht übertragbar macht, also in einem Wertpapier.

6. Publizität

50 Entsprechend der Bedeutung des Aktienkapitals gehören Angaben zu dessen Höhe, zur Stückelung und zum Umfang der Liberierung zum *absolut notwendigen Statuteninhalt* (OR 626 Ziff. 3, zum absolut notwendigen Inhalt der Statuten allgemein § 8 N 57 ff) und gehören diese Angaben auch zum *Handelsregistereintrag* (OR 641 Ziff. 4, dazu § 16 N 46 f).

III. Reserven

51 Eine Ergänzung finden die Bestimmungen zum Schutz des Aktienkapitals durch die gesetzlichen Vorschriften über die *Reservebildung*. Ihre Ausgestaltung wird in § 50 N 5 ff besprochen. Hier geht es darum, Begriff, Funktion und Arten von Reserven vorzustellen:

1. Begriff und Funktion

52 Gemäss OR 671 ist die AG verpflichtet, über die Aktienkapitalziffer hinaus eine gewisse Quote des Jahresgewinns und bestimmte weitere Mittel «der allgemeinen Reserve zuzuweisen». Weitere Reserven sind in OR 671a ff vorgesehen.

53 Die gesetzliche Ausdrucksweise (den Reserven «zuweisen») darf nicht darüber hinwegtäuschen, dass die Reserven so wenig wie das Aktienkapital einen konkreten Vermögenswert, ein Aktivum der Gesellschaft darstellen: Auch hier handelt es sich um eine Wert*quote, in deren Höhe das Vermögen nicht freiwillig oder – genauer – nur für ganz bestimmte Zwecke freiwillig vermindert werden darf* (vgl. § 50 N 25 ff). Insbesondere sind also in der Höhe der *Sperrquote «Reserven»* Ausschüttungen an die Aktionäre untersagt.

54 Dadurch wird die Gesellschaft gezwungen, über die Sperrziffer «Aktienkapital» hinaus Vermögenswerte in der Gesellschaft zurückzubehalten und dadurch ihre Vermögensbasis zu stärken. Davon profitieren die Gläubiger, indem das Haftungssubstrat der Gesellschaft vermehrt wird, aber auch die Gesellschaft, die sich dadurch selbst finanzieren kann.

2. Arten

55 Das Gesetz unterscheidet zwischen *gesetzlichen* (OR 671–671b), *statutarischen* (OR 672 f) und *durch die GV im Einzelfall beschlossenen* (OR 674 II, III) Reserven. Gemeinsam ist ihnen, dass eine Sperrquote auf der Passivseite der

Bilanz geschaffen wird, durch *welche Aktiven in der Gesellschaft gebunden* bleiben, wobei diese Sperrquote nur vermindert (und entsprechend Aktiva in ihrer Höhe nur verwendet) werden dürfen für bestimmte, durch Gesetz oder Statuten festgelegte Zwecke.

Vgl. im übrigen § 50 N 5 ff. 56

Oft wird in der Bilanz auch eine Position *«freie Reserven»* aufgeführt, als ein Teil des Eigenkapitals, über den die AG und ihre GV frei verfügen kann, die aber – anders als der «Gewinnvortrag» und der «Jahresgewinn» – nicht zur Ausschüttung an die Aktionäre vorgesehen ist. Unter den hier verwendeten Begriff der Reserven als eines *gebundenen* Teils des Eigenkapitals fallen diese freien Reserven nicht. Vielmehr sind sie rechtlich gleich zu behandeln wie Gewinnvortrag und Jahresgewinn. 57

3. *Stille Reserven insbesondere*

a) Das schweizerische Aktienrecht lässt es nach wie vor zu, dass – in gewissen Grenzen – in der Rechnungslegung *tiefgestapelt* wird (vgl. OR 669 III und dazu § 50 N 68 ff): Vermögenswerte der Gesellschaft können bewusst unterbewertet[9], Verbindlichkeiten bewusst zu hoch bilanziert[10] werden[11]. Dadurch entstehen sog. *stille* Reserven: Wird ein Aktivum unter seinem Wert in der Bilanz aufgeführt oder eine Verpflichtung gegenüber Dritten über ihrer effektiven oder mutmasslich zu erwartenden Höhe bilanziert, so *vermindert sich der in jenem Jahr ausgewiesene Gewinn*. Was aber als Gewinn nicht ausgewiesen ist, kann auch nicht als Dividende an die Aktionäre ausgeschüttet werden (OR 675 II), verbleibt also als Wert in der Gesellschaft. Dadurch wird eine Reserve geschaffen, eine Vermögensquote, die dem Eigenkapital zuzurechnen ist und nicht ausgeschüttet werden kann. 58

b) Aber nicht nur der freie Entscheid des Verwaltungsrates, den Vermögensausweis der Gesellschaft im Vergleich zur Realität bewusst schlechter darzustellen, sondern auch zwingende *Bewertungsvorschriften des Gesetzes* führen zur Bildung stiller Reserven: So wird z. B. für das Anlagevermögen – zu dem auch Grundstücke gehören können – in OR 665 vorgeschrieben, es dürfe «höchstens zu den Anschaffungs- oder den Herstellungskosten bewertet werden, unter Abzug der notwendigen Abschreibungen» (dazu § 50 N 250 ff). Eine AG darf daher ihre Liegenschaften selbst dann höchstens zum Anschaffungswert bilanzieren, wenn diese vor Jahrzehnten gekauft wurden und heute ein Vielfaches des Kaufpreises wert sind (zu Ausnahmen vgl. § 50 N 302 ff). Im Ausmass des nicht 59

---

[9] Ein Grundstück oder auch der Maschinenpark wird mit einem sog. «Merkfranken» in der Bilanz aufgeführt, obwohl es sich um Millionenwerte handelt.
[10] Für künftige Garantieverpflichtungen wird eine Rückstellung von Fr. 100 000.– gemacht, obwohl mit Sicherheit vorauszusehen ist, dass die Garantiearbeiten nur einen Bruchteil dieses Betrages ausmachen werden.
[11] Verpönt ist es dagegen heute, *fiktive*, also überhaupt nicht bestehende *Passiven* in die Bilanz aufzunehmen oder *Aktiven vollständig zu verschweigen*.

bilanzierten und nicht bilanzierbaren Mehrwertes bestehen stille Reserven – man spricht von *Zwangsreserven*.

60 c) Der Gesetzgeber hat zu den stillen Reserven ein zwiespältiges Verhältnis[12]: Einerseits begrüsst er jede Stärkung des Unternehmens, anderseits muss er dem Umstand Rechnung tragen, dass der Verwaltungsrat durch die Bildung stiller Reserven die Kompetenz der GV, über den erwirtschafteten Gewinn zu beschliessen (OR 698 II Ziff. 4), beschränkt und dass durch die Bildung und Auflösung stiller Reserven der wahre Geschäftsgang verschleiert und so die Transparenz beeinträchtigt werden kann. Einen Kompromiss für diesen Konflikt zu finden, war eines der wichtigsten Ziele der Aktienrechtsreform. Zur Regelung unter revidiertem Aktienrecht vgl. § 50 N 91 ff.

IV. Freies Eigenkapital

61 Soweit das Eigenkapital einer AG nicht durch das Aktienkapital, das PS-Kapital und gebundene Reserven *gesperrt* ist, kann die Gesellschaft und damit die GV darüber frei verfügen. Insbesondere dürfen diese Mittel auch der Gesellschaft entzogen und *an die Aktionäre ausgeschüttet* werden.

62 Das Gesetz spricht in diesem Zusammenhang vom *Bilanzgewinn* (OR 663a III), der sich aus dem *Jahreserfolg* (Gewinn bzw. Verlust) des letzten Geschäftsjahres (OR 663 IV) und dem *Gewinn-* bzw. *Verlustvortrag* des Vorjahres zusammensetzt. Hinzu kommen Reserven, die keiner Zweckbindung unterliegen und in deren Höhe daher frei über Aktiven der Gesellschaft verfügt werden kann.

V. Fremdkapital

63 a) *Fremdkapital* sind die von Dritten zur Verfügung gestellten Mittel oder – anders ausgedrückt – die *Verbindlichkeiten der Gesellschaft gegenüber Drittpersonen*, ihre *Schulden*.

64 Das Gesetz unterscheidet in OR 663a III zwischen kurzfristigen und langfristigen Verbindlichkeiten, wobei die Grenze in der Praxis bei der *Fälligkeitsfrist von einem Jahr* gezogen wird[13]. Typischerweise langfristig sind die Verpflichtungen einer Gesellschaft aus Anleihensobligationen (dazu § 48 N 23 ff), die im Anhang zur Jahresrechnung besonders auszuweisen sind (OR 663b Ziff. 6, dazu § 51 N 139 f).

65 Zum Fremdkapital gehören bilanztechnisch auch die *Rückstellungen* (OR 663a III), die gebildet werden für künftig erwartete Verpflichtungen, die in ihrer

---

[12] Vgl. die ausführliche Darstellung in Botschaft 67 ff.
[13] *Kurzfristig* sind – wie OR 663a II festhält – etwa Schulden gegenüber Dritten «aus Lieferungen und Leistungen», die regelmässig kurz nach Erhalt zu zahlen sind. Kurzfristig ist auch der von einer Bank eingeräumte (und jederzeit rückforderbare) Kontokorrentkredit. *Langfristig* sind dagegen – meist zwar nicht formell, wohl aber wirtschaftlich – hypothekarisch gesicherte Kredite.

Höhe oder im Zeitpunkt noch ungewiss sind, und insbesondere auch für «ungewisse Verpflichtungen und drohende Verluste aus schwebenden Geschäften» (OR 669 I). Im Gegensatz zu den *Reserven*, die zur Stärkung des Unternehmens im Hinblick auf *irgendwelche* künftige, noch unbekannte Herausforderungen gebildet werden, dienen Rückstellungen der Abdeckung *konkret erwarteter oder drohender* Verpflichtungen, von «Schulden, die wegen der Ungewissheit ihres Bestehens oder ihrer Höhe noch nicht endgültig als Verbindlichkeiten passiviert werden»[14]. Da die Pflicht zur Leistung *erwartet oder befürchtet* wird, sind Rückstellungen beim Fremdkapital zu verbuchen, während die Reserven zum Eigenkapital gehören.

In der Praxis wird die Position *«Rückstellungen»* oft dazu verwendet, stille Reserven zu bilden[15]. 66

b) Langfristigem Fremdkapital, das *Aktionäre* zur Verfügung gestellt haben, kommt wirtschaftlich nicht selten die Funktion von *«Quasi-Eigenkapital»* zu, vgl. § 40 N 339. 67

Das *Steuerrecht* spricht von *verdecktem Eigenkapital*, wenn eine AG mit einem im Verhältnis zu ihren Aktiven unangemessen niedrigen Eigenkapital ausgestattet ist und das fehlende Eigenkapital durch Darlehen der Gesellschafter kompensiert wird. Steuerlich werden Fremdmittel, die wirtschaftlich Eigenkapital darstellen, zum massgebenden Eigenkapital gerechnet, und die auf diesen Mitteln bezahlten Zinsen gelten als steuerbarer Reingewinn[16]. 68

---

[14] Botschaft 149; vgl. auch § 50 N 288 ff.
[15] Es wird etwa für die künftigen Kosten aus einem Prozess eine Rückstellung gebildet, die weit über dem schlimmstenfalls zu erwartenden Prozessausgang liegt. Oder es wird die Abgeltung von Kaufpreisminderungen in beträchtlichem Umfang zurückgestellt, obwohl seit vielen Jahren keine entsprechenden Ansprüche an die Gesellschaft gerichtet worden sind.
[16] Vgl. Botschaft zur Änderung des DBG und des StHG vom 16.2.1994: Neue Bestimmungen über das verdeckte Eigenkapital, BBl *1994* II 358 ff, 359, 362, 364.

§ 50 Aktienrechtliche Kapitalschutzbestimmungen

Literatur: Binder (zit. § 49 N 1); Bochud (zit. § 40 N 1) 145 ff, 226 ff; Alexander Brunner: Insolvenz und Überschuldung der Aktiengesellschaft nach altem und neuem Recht, AJP *1992* 806 ff; Roger Giroud: Die Konkurseröffnung und ihr Aufschub bei der Aktiengesellschaft (Diss. Zürich, 2. A. 1986 = SSHW 50); Rudolf Lanz: Kapitalverlust, Überschuldung und Sanierungsvereinbarung (Diss. Bern 1985 = SSTRK 68); Ochsner (zit. § 49 N 1); Revisionshandbuch der Schweiz 1992 (Zürich 1992) Bd. I 56 ff, 120 ff; W. Schmid (zit. § 49 N 1). – Aus den *Gesamtdarstellungen* zum neuen Aktienrecht vgl. Basler Kommentar zu Art. 659–659b (von Planta), 664–674 (Neuhaus), 678–680 (Kurer) und 725 f (Wüstiner) sowie Böckli N 362 ff, 922 ff, 1006 ff, 1037 ff, 1423 ff und 1678 ff.

Die grosse Bedeutung der Kapitalbasis für die AG erklärt es, dass sich im ganzen Aktienrecht verteilt zahlreiche Vorschriften finden, die dem Kapitalschutz dienen: beim Schutz der Aufbringung der Mittel (Ziff. I N 3 f) und ihrer weiteren Äufnung (Ziff. II N 5 ff), beim Schutz vor und bei freiwilliger Verminderung der Kapitalbasis (Ziff. III N 105 ff), insbesondere auch beim Erwerb eigener Aktien (Ziff. IV N 131 ff). Sodann kennt das Aktienrecht strenge Vorschriften für die Fälle von Kapitalzerfall und Überschuldung (Ziff. V N 187 ff) und verschärfte Bewertungsvorschriften, die sicherstellen sollen, dass von richtigen bzw. im Zweifel von zu tiefen und keinesfalls von zu hohen Werten ausgegangen wird (Ziff. VI N 230 ff). Auch die gegenüber dem allgemeinen Buchführungsrecht verschärften Anforderungen an die Transparenz der Jahresrechnung und ihre sachkundige Prüfung durch die Revisionsstelle dienen dem Kapitalschutz (vgl. Ziff. VII N 319).

I. Schutz der Aufbringung der Mittel

a) Die Vorschriften über die Gründung der AG (vgl. §§ 13 ff) sollen insbesondere gewährleisten, dass die ausgewiesenen Mittel der Gesellschaft auch wirklich zur Verfügung stehen. Zu denken ist etwa an die Bestimmungen, welche die Zeichnung sämtlicher Aktien im Sinne einer eindeutigen Verpflichtung, mindestens den Nennwert zu leisten, sicherstellen sollen (OR 624, 629 II, 630, dazu § 14 N 12 ff), die Regeln über die Mindestliberierung und diejenigen, welche die tatsächliche Erfüllung der Liberierungspflicht garantieren sollen (OR 632, 633 f, 635 f, dazu § 14 N 18 ff, § 15 N 37 ff).

b) Entsprechende Regeln sind für die *Kapitalerhöhung* (OR 650–653i, dazu § 52) vorgesehen, vgl. insbes. OR 652 (dazu § 52 N 115 ff), 652c-652 f (dazu § 52 N 119 ff), 653e (dazu § 52 N 383 ff) und 653f (dazu § 52 N 396 ff).

II. Pflicht zur Verstärkung der Kapitalbasis: Reservebildungsvorschriften

1. Allgemeines

5   Durch die Vorschriften über die Reserven (gleichbedeutend wird in Lehre und Praxis das Wort «Rücklagen» verwendet) fördert der Gesetzgeber die Vermögensbildung in der AG: Zur Sperrziffer «Aktienkapital» kommen weitere Sperrziffern hinzu, wodurch die Gesellschaft gezwungen wird, entsprechende Mittel in ihrem Vermögen zu behalten, sie also nicht an die Aktionäre auszuschütten[1].

6   Eine minimale Reservebildung schreibt das Gesetz zwingend vor (vgl. Ziff. 2 und 3), einer zusätzlichen Reservebildung – durch Beschlüsse der GV und des Verwaltungsrates – steht es positiv gegenüber (vgl. Ziff. 3–5). Immerhin werden für die zusätzliche Reservebildung zum Schutze des Dividendeninteresses der Aktionäre (und allenfalls Partizipanten) auch Limiten gesetzt. Ein besonderes gesetzgeberisches Problem stellt die Sicherstellung der Transparenz hinsichtlich der *stillen* Reserven dar (vgl. Ziff. 6, insbes. N 79 ff).

2. Die allgemeine gesetzliche Reserve (OR 671)

7   a) OR 671 I und II sieht eine allgemeine Reservebildungspflicht vor:

8   «5 Prozent des Jahresgewinnes sind der allgemeinen Reserve zuzuweisen, bis diese 20 Prozent des einbezahlten Aktienkapitals erreicht.

9   Dieser Reserve sind, auch nachdem sie die gesetzliche Höhe erreicht hat, zuzuweisen:

10 1. ein bei der Ausgabe von Aktien nach Deckung der Ausgabekosten über den Nennwert erzielter Mehrerlös, soweit er nicht zu Abschreibungen oder zu Wohlfahrtszwecken verwendet wird;

11 2. was von den geleisteten Einzahlungen auf ausgefallene Aktien übrigbleibt, nachdem ein allfälliger Mindererlös aus den dafür ausgegebenen Aktien gedeckt worden ist;

12 3. 10 Prozent der Beträge, die nach Bezahlung einer Dividende von 5 Prozent als Gewinnanteil ausgerichtet werden.»

13 Eine Reservebildungspflicht besteht also hinsichtlich zweier Einnahmequellen der Gesellschaft:

14 – mit Bezug auf Einnahmen aus ihrer Geschäftstätigkeit, soweit daraus ein *Gewinn* erwirtschaftet wurde (OR 671 I, 671 II Ziff. 3),

15 – hinsichtlich der *Einlagen der Aktionäre*, soweit diese den Nennwert ihrer Aktien übersteigen (OR 671 II Ziff. 1 und 2)[1a].

16 Im einzelnen folgendes:

17 aa) Der Reserve «zuzuweisen» sind 5 Prozent des jeweiligen Jahresgewinns, jedoch nur, bis die Reserve die Höhe von 20 Prozent des *einbezahlten* (also nicht notwendig des nominellen) Aktienkapitals erreicht hat.

---

[1] Der AG soll – zum Schutz ihrer Gläubiger – stets ein Reinvermögen im Umfang von Grundkapital und gebundenen (vgl. N 7 ff) Reserven verbleiben (BGE 117 IV 267).

[1a] Insofern ist die vereinfachte Aussage in § 49 N 54, die Reserven hätten die Funktion, einen Teil der erwirtschafteten Erträge im Unternehmen zurückzubehalten, zu präzisieren.

Zu erinnern ist daran, dass dem Aktienkapital ein allfälliges PS-Kapital hinzuzurechnen ist (OR 656b III, dazu § 46 N 14 f). Besteht ein PS-Kapital, müssen also 20 Prozent der Gesamtsumme des einbezahlten Grundkapitals erreicht sein. 18

bb) Zu dieser ersten Zuweisung kommt eine zweite, falls die AG eine Dividende von mehr als 5 Prozent ausschüttet, und zwar im Umfang von 10 Prozent des Dividendenbetreffnisses, soweit dieses eine Dividende von 5 Prozent übersteigt (vgl. OR 671 II Ziff. 3). 19

Für diese zweite Zuweisung sieht das Gesetz keine obere Schranke vor. In der Literatur wird jedoch die Auffassung vertreten, die Zuweisung müsse nur erfolgen, bis die Hälfte des Aktienkapitals (des gesamten und nicht nur des einbezahlten) erreicht sei. Dies deshalb, weil der allgemeinen Reserve eine Sperrfunktion nur bis zur Höhe der Hälfte des Aktienkapitals zukommt (OR 671 III, dazu N 25 ff). Vertretbar ist aber auch, dass eine weitere Speisung erfolgen soll, wodurch dann eine *freie* Reserve entsteht. 20

cc) Der allgemeinen Reserve zuzuweisen ist ein allfälliges *Agio* (OR 671 II Ziff. 1, zu diesem vgl. § 14 N 17), falls es nicht für Abschreibungen oder für Wohlfahrtszwecke verwendet wird. 21

Umstritten ist, ob die Obergrenze von 50 Prozent gemäss OR 671 III auch für das Agio gilt[2] oder ob Beträge in der Höhe des Agios für immer gesperrt bleiben müssen[3]. 22

dd) Der allgemeinen Reserve zuzuweisen ist auch ein allfälliger *Kaduzierungsgewinn* (OR 671 II Ziff. 2, vgl. dazu § 44 N 47). 23

Nochmals zu betonen ist, dass man sich durch den Wortlaut, es seien gewisse Beträge der Reserve «zuzuweisen», nicht täuschen lassen darf: Reserven sind keine Aktivposten, die sich lokalisieren und aussondern liessen[4]. Vielmehr handelt es sich um eine in den Passiven figurierende Sperrquote, der (irgendwelche) Werte gegenüberstehen müssen und in deren Höhe die Gesellschaft ihre Aktiven nicht oder nur zu ganz bestimmten Zwecken vermindern darf[5]. 24

b) «Die allgemeine Reserve darf, soweit sie die Hälfte des Aktienkapitals nicht übersteigt, nur zur Deckung von Verlusten oder für Massnahmen verwendet werden, die geeignet sind, in Zeiten schlechten Geschäftsganges das Unternehmen durchzuhalten, der Arbeitslosigkeit entgegenzuwirken oder ihre Folgen zu mildern.» (OR 671 III). 25

Wie erwähnt ist hier Kriterium nicht das einbezahlte, sondern das *nominelle* Aktien- und allenfalls PS-Kapital. 26

Aus der gesetzlichen Formulierung geht hervor, dass die allgemeine Reserve als *Vorkehr für Krisenzeiten* gedacht ist. 27

---

[2] Ein übersteigender Betrag wäre daher nicht gesperrt und könnte an die Aktionäre zurückfliessen, so Forstmoser § 9 N 54, Revisionshandbuch I 306 sowie differenzierend und ausführlich Neuhaus in Basler Kommentar zu Art. 671 N 28 ff.
[3] So Böckli N 924.
[4] Noch stärker irreführend war die Ausdrucksweise des bisherigen Rechts: «einem allgemeinen Reservefonds zuzuweisen», die – wie die Botschaft (S. 151) zu Recht ausführt – «den falschen Eindruck erweckte, dass die Reserven auch unter den Aktiven ausgeschieden seien.»
[5] Vgl. aber die Präzisierung zur Funktion als Sperrquote nachstehend N 29.

28 Im übrigen wird man aus der gesetzlichen Einschränkung nicht recht klug: Eindeutig ist zwar, dass Ausschüttungen an die Aktionäre oder eine Gewinnbeteiligung des Verwaltungsrates unterbunden werden sollen (so explizit auch OR 674 I). Dagegen bleibt offen, welche weiteren Konsequenzen OR 671 III haben soll, ist doch eigentlich jeder Einsatz von Mitteln im Interesse der Gesellschaft zugleich auch eine Massnahme, die mithilft, «in Zeiten schlechten Geschäftsganges das Unternehmen durchzuhalten» und «der Arbeitslosigkeit entgegenzuwirken». Muss allenfalls eine Ausgabe im Rahmen von OR 671 III vor allem bewahrenden Charakter haben, sollen also Investitionen mit expansiver Absicht untersagt werden? Eher wahrscheinlich ist, dass der Gesetzgeber mit dieser Formulierung (die praktisch unverändert aus dem bisherigen Recht übernommen wurde) der falschen Vorstellung von den Reserven als einem «Fonds», also einem für bestimmte Zwecke reservierten Aktivum, unterlegen ist.

29 Soweit die Position «Allgemeine Reserve» die Hälfte des Aktienkapitals übersteigt, *entfällt die Sperre*[6] und können die Mittel der Gesellschaft frei – allenfalls auch für Ausschüttungen an die Aktionäre – verwendet werden. Die Aussage, die Reserven würden eine *Sperrziffer* bilden, ist insofern zu präzisieren.

3. *Besondere gesetzliche Reserven (OR 671a, 671b)*

30 Neben der allgemeinen Reserve sieht das Gesetz spezielle Reserven für zwei Sonderfälle vor:

31 a) Nach OR 659 darf eine AG in gewissen Grenzen *eigene Aktien* erwerben. Doch schreibt OR 659a II vor, dass die Gesellschaft für bei ihr liegende eigene Aktien (die in ihrer Bilanz in den Aktiven ausgewiesen sind) «einen dem Anschaffungswert entsprechenden Betrag gesondert als Reserve auszuweisen» hat. Diese Reserve für eigene Aktien wird erst «bei Veräusserung oder Vernichtung von Aktien im Umfang der Anschaffungswerte aufgehoben» (OR 671a).

32 Vgl. im übrigen N 158 f.

33 b) OR 665 untersagt grundsätzlich die *Aufwertung von Grundstücken oder Beteiligungen* über den Anschaffungspreis hinaus. OR 670 sieht zu diesem Aufwertungsverbot gewisse Ausnahmen vor[7].

34 Dabei wird verlangt, dass der Aufwertungsbetrag «gesondert als Aufwertungsreserve auszuweisen» ist (OR 670 I).

35 Nach OR 671b ist die *Auflösung der Aufwertungsreserve* nur in drei Fällen zulässig:

36 – Bei der Umwandlung in Aktienkapital: In diesem Fall wird eine Sperrziffer (Aufwertungsreserve) durch eine andere Sperrziffer (Aktienkapital) abgelöst.

37 Gemäss OR 656a II kommt auch die Umwandlung in PS-Kapital in Betracht.

38 – Im Umfang einer Wiederabschreibung: Wird die Aufwertung rückgängig gemacht, erübrigt sich auch die Reserve.

---

6   Allenfalls vorbehältlich der Agio-Reserve, vgl. vorn N 21.
7   Vgl. dazu N 302 ff.

– Bei Veräusserung der aufgewerteten Aktiven: Verschwindet das entgegen der allgemeinen Regel bewertete Aktivum, dann entfällt der Grund für die Aufwertungsreserve.

Die Reserve ist auch dann voll aufzulösen, wenn der Bilanzwert bei der Veräusserung nicht erreicht wird.

c) Dadurch, dass für die eigenen Aktien oder für den Aufwertungsbetrag in den Passiven eine Gegenposition in der Form einer Reserve und damit einer Sperrziffer gebildet wird, werden Ausschüttungen in der Höhe dieser Posten verhindert[8].

4.   Statutarische Reserven (OR 672 f)

a) «Die Statuten können bestimmen, dass der Reserve höhere Beträge als 5 Prozent des Jahresgewinnes zuzuweisen sind und dass die Reserve mehr als die vom Gesetz vorgeschriebenen 20 Prozent des einbezahlten Aktienkapitals betragen muss.

Sie können die Anlage weiterer Reserven vorsehen und deren Zweckbestimmung und Verwendung festsetzen.» (OR 672).

Statutarisch kann also die allgemeine gesetzliche Reserve über das in OR 671 vorgeschriebene Mindestmass angehoben werden, indem eine *höhere Quote des Jahresgewinns zugewiesen* oder der *Mindestbetrag* der Reserve *über die Limite von 20 Prozent* des einbezahlten Kapitals hinaus erhöht wird. Die so erweiterte Reserve untersteht der Zweckbindung von OR 671 III (dazu vorn N 25 ff). Statutarisch können aber auch *andere* Reserven mit einer spezifischen, von der gesetzlichen abweichenden Zweckbindung eingeführt werden.

In beiden Fällen vergrössert sich die Ausschüttungssperre.

b) «Die Statuten können insbesondere auch Reserven zur Gründung und Unterstützung von Wohlfahrtseinrichtungen für Arbeitnehmer des Unternehmens vorsehen.» (OR 673).

Die *Zweckbindung von Gesellschaftsaktiven zu Wohlfahrtszwecken* – also zugunsten einer über die gesetzlichen Verpflichtungen hinausgehenden Personalvorsorge – kann so statutarisch verankert werden.

Die aus dem bisherigen Recht übernommene Bestimmung dürfte heute angesichts der umfassenden gesetzlichen Regelung der Personalvorsorge kaum mehr von Bedeutung sein.

c) Denkbar ist auch die Schaffung einer sog. *Dividendenausgleichsreserve*, der in guten Geschäftsjahren ein Teil des Jahresgewinns zugewiesen wird, um auch in schlechteren Zeiten eine Ausschüttung zu ermöglichen. Naturgemäss beinhaltet die Dividendenausgleichsreserve keine Ausschüttungssperre[9].

---

[8]   Verhindert wird – wohl ungewollt – bei der Aufwertung allerdings auch die gesetzlich vorgegebene Zielsetzung «Beseitigung der Unterbilanz», vgl. N 315 f.
[9]   Wohl aber eine Einschränkung der Verwendungsmöglichkeiten von Gesellschaftsmitteln.

50 Dasselbe gilt, wenn eine *freie Reserve* geschaffen wird. Es handelt sich dabei um freies Eigenkapital, das beliebig eingesetzt werden kann und in dessen Höhe auch Ausschüttungen vorgenommen werden dürfen.

51 d) Die Einführung statutarischer Reserven fehlt in der Liste der wichtigen GV-Beschlüsse von OR 704. Mangels einer anderen Statutenvorschrift können solche Reserven daher gemäss OR 703 *mit dem absoluten Mehr der vertretenen Aktienstimmen eingeführt* werden (vgl. § 24 N 25 ff), obwohl dadurch die Dividendenrechte der Aktionäre geschmälert werden.

52 Zu beachten sind jedoch die allgemeinen Regeln für Eingriffe in die Interessenssphäre der Aktionäre: *Die Gleichbehandlung* ist zu wahren (vgl. § 39 N 11 ff), die Reservebildung muss *sachlich gerechtfertigt* sein (vgl. § 39 N 8 ff), und sie soll nicht weitergehen als *erforderlich* (vgl. § 39 N 91 f).

53 An statutarische Reservebildungsvorschriften ist die *GV gebunden*. Doch hat sie es in der Hand, diese im Wege der Statutenänderung zu beseitigen und dadurch gebundene Mittel zu freien zu machen.

5. *Von der Generalversammlung im Einzelfall beschlossene Reserven (OR 674 II, III)*

54 a) Das Gesetz geht noch weiter und räumt der GV die Befugnis ein, auch *ohne statutarische Grundlage zusätzliche Reserven zu beschliessen*. Anders als bei statutarischen Reserven sind jedoch Umfang und Zielsetzung gesetzlich ausdrücklich beschränkt:

55 Beschlussmässige Reserven sind für vier Zwecke vorgesehen:
56 – soweit «dies zu Wiederbeschaffungszwecken notwendig ist» (OR 674 II Ziff. 1),
57 – «zur Gründung und Unterstützung von Wohlfahrtseinrichtungen für Arbeitnehmer des Unternehmens und zu anderen Wohlfahrtszwecken» (OR 674 III),
58 – mit «Rücksicht auf das dauernde Gedeihen des Unternehmens» (OR 674 II Ziff. 2 1. Teil) oder
59 – «auf die Ausrichtung einer möglichst gleichmässigen Dividende» (OR 674 II Ziff. 2 2. Teil),
60 wobei für die beiden letzten Fälle ausdrücklich verlangt wird, dass sich die Reservebildung «unter Berücksichtigung der Interessen aller Aktionäre rechtfertigt» (OR 674 II Ziff. 2). Diese Beschränkung entspricht der für die Bildung von stillen Reserven durch den Verwaltungsrat in OR 669 III vorgesehenen (vgl. dazu N 83 ff)[10].

61 Durch die Verpflichtung auf die Interessen aller Aktionäre soll verhindert werden, dass eine Mehrheit die Minderheit aushungert, indem sie übermässige Reserven beschliesst und damit die Ausschüttung von Gewinnen verunmöglicht[11].

---

[10] Dass das Gesetz in OR 674 von den Interessen *aller* Aktionäre, in OR 669 dagegen von den Interessen *der* Aktionäre spricht, ist redaktionelle Unsorgfalt und soll nicht etwa einen Unterschied andeuten. Auch nach OR 674 II muss den Interessen sämtlicher Aktionärsgruppen – unabhängig davon, ob ihnen eine unterschiedliche Rechtsstellung zukommt oder ob lediglich ihre Interessenlage verschieden ist – Rechnung getragen werden.

[11] Vgl. als Beispiel eines solchen Vorgehens – nicht durch Reservebildung, aber durch Zuweisung hoher Beträge an Personalfürsorgestiftungen – SAG *1975* 108 f.

b) Reserven zu *Wiederbeschaffungszwecken* sollen sicherstellen, dass die betrieblichen Anlagen künftig auch dann erneuert werden können, wenn inzwischen Preissteigerungen erfolgt sind.

c) Neben den «Wohlfahrtseinrichtungen» ist in OR 674 III im Gegensatz zu OR 673 auch eine Reservebildung «zu anderen Wohlfahrtszwecken» erwähnt. Dass ein Unterschied gewollt ist, bleibt zweifelhaft[12].

d) Mit dem Hinweis auf das *dauernde* Gedeihen des Unternehmens wird zum Ausdruck gebracht, dass eine AG nicht unbedingt *kurzfristige* Gewinne anstreben muss (vgl. dazu § 40 N 26).

e) Die Möglichkeit, im Interesse einer *gleichmässigen Dividende* Reserven zu schaffen, entspricht der Tendenz schweizerischer Aktiengesellschaften nach einer Verstetigung der Ausschüttungen trotz von Jahr zu Jahr schwankendem Geschäftserfolg (vgl. dazu § 40 N 35).

Das gleiche Resultat kann erzielt werden, wenn ein Teil des Jahresgewinns als Gewinnvortrag oder freies Eigenkapital in der Gesellschaft belassen wird. Die Zuweisung zu einer Dividendenausgleichsreserve deutet jedoch an, dass eine spätere Ausschüttung beabsichtigt ist.

f) Die GV hat es in der Hand, den Beschluss zur Reservebildung wieder aufzuheben und so die freie Ausschüttung der betreffenden Beträge zu ermöglichen.

6. *Stille Reserven insbesondere (OR 669 II–IV)*[13]

a) Stille Reserven entstehen dadurch, dass die *Vermögenslage* in der Bilanz *schlechter ausgewiesen* wird, als sie tatsächlich ist. Dadurch wird das freie Eigenkapital geschmälert, was zum selben Resultat führt wie die offene Reservebildung: Was nicht als freies Eigenkapital ausgewiesen ist, kann nicht ausgeschüttet werden. Doch ist diese Reserve «still», d.h. in der Bilanz in keiner Position ausgewiesen (vgl. dazu schon § 49 N 58 ff).

Im Zuge der Aktienrechtsreform hat sich eine Differenzierung in drei Kategorien stiller Reserven eingebürgert:
– Von *Zwangsreserven* spricht man, wenn stille Reserven ohne das Zutun der Gesellschaftsorgane – ja vielleicht gegen ihren Willen – aufgrund gesetzlicher Bewertungsvorschriften entstehen (vgl. § 49 N 59).

---

[12] Die Differenz findet sich schon im bundesrätlichen Entwurf; sie ist in den Räten nicht diskutiert worden.
[13] Vgl. dazu Böckli N 1112 ff; Boemle (zit. § 51 N 1) 122 ff; Botschaft 67 ff; Revisionshandbuch (zit. N 1) Bd. I 215 ff; Hanspeter Thiel: Stille Reserven als ungelöstes Problem, ST *1991* 556 ff. Aus der reichhaltigen Literatur zur Gesetzesreform vgl. Andreas Binder: Die Verfassung der Aktiengesellschaft (Diss. Basel 1988) 224 ff; Vischer/Rapp: Zur Neugestaltung des Schweizerischen Aktienrechts (Bern 1968) 27 ff sowie die Aufsätze von Werner Niederer, in: Probleme der Aktienrechtsrevision, Berner Tage für die Juristische Praxis 1972 (Bern 1972) 33 ff; Karl Käfer in SAG *1976* 54 ff; Heinz Reichwein in SAG *1979* 77 ff und Max Boemle in SAG *1979* 84 ff.

71 – *Ermessensreserven* ergeben sich, wenn der Grundsatz der Bilanz*vorsicht* (dazu N 231 und § 51 N 42 ff) zu ernst genommen wird, wenn also Abschreibungen, Wertberichtigungen und Rückstellungen *übervorsichtig* (aber ohne die Absicht bewussten Tiefstapelns) vorgenommen werden.

72 – Schliesslich spricht man von *Willkür-* oder *stillen Absichtsreserven*[14], wenn eine Gesellschaft *ganz bewusst und ohne den Zwang einer gesetzlichen Vorschrift ihre Vermögenslage zu schlecht darstellt*. Solche Reserven werden vom Verwaltungsrat oder in seiner Verantwortung gebildet. Man spricht daher auch von *Verwaltungsreserven*.

73 b) *Zwangsreserven* sind nicht vermeidbar und stellen insofern kein Problem dar. Auch gegen eine besonders vorsichtige Beurteilung und dadurch entstehende *Ermessensreserven* ist grundsätzlich nichts einzuwenden. Problematisch erscheinen dagegen die *Willkürreserven*:

74 – Die willentliche Bildung stiller Reserven kann dazu führen, dass nur ein *Bruchteil des wirklich erzielten Gewinnes* ausgewiesen wird und für die Ausschüttung an die Aktionäre zur Verfügung steht. An sich brauchen die Aktionäre durch ein solches Vorgehen freilich nicht geschädigt zu werden: Was in der Gesellschaft zurückbehalten wird, erhöht den inneren Wert ihrer Beteiligung. Diese Wertsteigerung können die Aktionäre durch die Veräusserung ihrer Aktien realisieren. Und sollte es einmal zur Auflösung der Gesellschaft kommen, werden nach Abschluss der Liquidation die nicht ausbezahlten Gewinne als Liquidationsüberschuss an die Gesellschafter verteilt (vgl. zu den Zusammenhängen zwischen dem Dividendenrecht und dem Recht auf Liquidationsanteil auch § 40 N 99).

75 In der Praxis spielt dieser theoretisch richtige Ausgleich freilich oft nicht: Vor allem bei personenbezogenen kleinen, gelegentlich aber auch bei grösseren Aktiengesellschaften kann der Wertzuwachs durch Verkauf oft nicht realisiert werden, weil sich kein Käufer findet, der von der Gesellschaft im Rahmen ihrer Vinkulierungsordnung akzeptiert würde. Da die Aussicht auf einen Liquidationserlös meist auch nur theoretischer Art ist, bleibt dann dem Minderheits- oder Kleinaktionär nichts anderes übrig als die Veräusserung an die Mehrheit zu einen unangemessenen Preis.

76 – Dazu kommt, dass durch stille Reserven die *Information* über die wirkliche wirtschaftliche Lage einer Gesellschaft *verschleiert* werden kann. Der gewöhnliche Publikumsaktionär, aber auch der nicht im Verwaltungsrat vertretene Minderheitsaktionär läuft dann Gefahr, Papiere im falschen Zeitpunkt an einen besser orientierten «Insider» zu veräussern oder von einem solchen zu erwerben und so zu Schaden zu kommen.

77 – Vor allem aber wird durch die Möglichkeit der Bildung und Auflösung stiller Reserven dem Verwaltungsrat eine Manövriermasse in die Hand gegeben, durch welche *Rückschläge im Geschäftsgang und geschäftspolitische Fehlentscheide vertuscht* werden können. Der über den wirklichen Geschäftsgang

---

[14] Diese zweite Bezeichnung verwendet Boemle (zit. § 51 N 1) 126 f.

nicht informierte Aktionär aber kann von seinen Mitwirkungsrechten – vor allem dem Wahlrecht – keinen vernünftigen Gebrauch machen: Ein seinen Aufgaben nicht gewachsener Verwaltungsrat wird wieder gewählt, da die GV das Versagen nicht oder nicht im wirklichen Umfang erkennen kann.

Dem wird entgegengehalten, dass es einer AG nicht zuträglich sei, ihre Vermögens- und Ertragslage schonungslos gegenüber den Aktionären (und damit bei grösseren Gesellschaften auch gegenüber der Allgemeinheit und insbesondere der Konkurrenz) offenlegen zu müssen. Auch wird erklärt, die Bildung stiller Reserven sei für die Selbstfinanzierung der Gesellschaft unerlässlich – ein Argument freilich, das mit Bezug auf die Bildung von *Reserven* allgemein zutrifft, nicht aber spezifisch für *stille* Reserven[15].

c) Das *bisherige* Aktienrecht liess sowohl die Bildung wie auch die Auflösung stiller Reserven fast unbeschränkt und still zu. Hier eine Neuordnung zu finden war eine der umstrittensten und meistdiskutierten Aufgaben der Aktienrechtsreform. Das Ergebnis ist ein *Kompromiss*:
– Die *Bildung* stiller Reserven bleibt weiterhin zulässig, freilich etwas stärker eingeschränkt.
– Dagegen ist die besonders problematische *Auflösung* stiller Reserven grundsätzlich offenzulegen.
Im einzelnen folgendes:

d) Nach OR 669 III sind stille Reserven[16] «zulässig, soweit die Rücksicht auf das dauernde Gedeihen des Unternehmens oder auf die Ausrichtung einer möglichst gleichmässigen Dividende es unter Berücksichtigung der Interessen der Aktionäre rechtfertigt».

Zulässig ist die Bildung stiller Reserven also nicht schlechthin, sondern nur insoweit, als sie sich durch einen der gesetzlich genannten Gründe rechtfertigen lässt:
– Mit Rücksicht auf das *dauernde Gedeihen des Unternehmens*: Die bisherige Praxis hat unter diesem Aspekt eine sehr weitgehende Reservebildung toleriert[17]: Die Gerichte glaubten, nur einschreiten zu dürfen, «wenn die Generalversammlung den Rahmen vernünftiger Überlegungen *willkürlich* überschritten hat»[18,19].
– Die *Ausrichtung einer möglichst gleichmässigen Dividende*: Auch hier kommt die Idee der Stetigkeit der Ausschüttungen, losgelöst vom effektiven Jahreserfolg der Gesellschaft, zum Ausdruck (dazu schon vorn N 49).

---

[15] Zu weiteren Argumenten pro und contra vgl. Botschaft 68 f.
[16] Gemeint sind Willkürreserven; die Unumgänglichkeit von Zwangs- und die Zulässigkeit von Ermessensreserven steht ausser Frage.
[17] Vgl. ZR *1941* Nr. 104 S. 269 ff; SAG *1964* 250 ff.
[18] BGE 91 II 310.
[19] Trotzdem ist es nicht richtig, wenn Boemle (zit. § 51 N 1) 142 schreibt, es bleibe die Bildung stiller Reserven «auch unter dem revidierten Aktienrecht *uneingeschränkt* zulässig». Eine uneingeschränkte Zulässigkeit gab es schon bisher nicht, und durch die Reform sind – wie noch zu zeigen sein wird – in freilich bescheidenem Ausmass zusätzliche Schranken hinzugekommen.

87 Beigefügt wird vom Gesetz der – eigentlich selbstverständliche – Vorbehalt, die Reservebildung müsse «unter Berücksichtigung der Interessen der Aktionäre» gerechtfertigt sein.

88 Dagegen wurde im Parlament die vom Bundesrat vorgeschlagene zusätzliche Einschränkung, es müsse sich die Reservebildung durch «Gründe besonderer Vorsicht» rechtfertigen, gestrichen. Die ursprüngliche Absicht, die Möglichkeit stiller Reservebildung deutlich zu beschränken, wurde dadurch stark abgeschwächt.

89 Zu beachten ist, dass die Bildung stiller Reserven nicht nur durch OR 669 III eingeschränkt wird, sondern allenfalls auch durch andere gesetzliche Bestimmungen, insbesondere durch OR 662a I, wonach die Jahresrechnung eine möglichst zuverlässige Beurteilung der Vermögens- und Ertragslage der Gesellschaft gewährleisten soll (dazu § 51 N 29 ff). Eine zuverlässige Darstellung der Ertragslage liegt jedenfalls dann nicht vor, wenn nur ein Bruchteil des echten Gewinns ausgewiesen wird[20].

90 Die Bildung stiller Reserven kann erfolgen durch *bewusste Unterbewertung von Aktiven*[21] oder durch *bewusst zu hohe Bilanzierung von Passiven*[22]. *Verpönt* war dagegen schon nach bisheriger Gerichtspraxis die Verbuchung *fiktiver Passiven*[23], und nach revidiertem Recht ist auch die *Nichtverbuchung von Aktiven oder Erträgen* nicht gestattet[24].

91 e) Markanter sind die Fortschritte der Aktienrechtsreform hinsichtlich der *Transparenz:*

92 aa) Zwar galt schon bisher die nun in OR 669 IV verankerte Vorschrift, die Bildung und Auflösung von stillen Reserven der *Revisionsstelle mitzuteilen*[25].

93 bb) Neu ist dagegen die Pflicht zur *Offenlegung* der Auflösung stiller Reserven *in der Jahresrechnung:* Diese Pflicht besteht gemäss OR 663b Ziff. 8, falls der Gesamtbetrag der aufgelösten stillen Reserven[26] «den Gesamtbetrag der neugebildeten derartigen Reserven übersteigt, wenn dadurch das erwirtschaftete Ergebnis wesentlich günstiger dargestellt wird».

94 *Nicht jede Auflösung* stiller Reserven muss also offengelegt werden, sondern nur eine Auflösung, der nicht die *Neubildung* solcher Reserven an anderer Stelle gegenübersteht. Und auch wenn die Auflösung die gleichzeitige Bildung stiller Reserven übersteigt, besteht eine Pflicht zur Bekanntgabe nur, wenn dadurch der Erfolg *wesentlich* günstiger als in Wirklichkeit dargestellt wird.

---

[20] Ebenso Böckli N 1135, der es grundsätzlich für unzulässig erachtet, «wenn die willentlich vollzogene stille Bildung stiller Reserven die Hälfte oder mehr des in der Rechnungsperiode erwirtschafteten Gewinns ausmacht». Zum Problem vgl. schon SAG *1964* 252 ff.
[21] Eine Liegenschaft oder Fabrikanlage wird etwa in der Bilanz zum sog. Merkfranken eingesetzt.
[22] Insbesondere (vertreten wird in der Lehre auch: ausschliesslich) durch betriebswirtschaftlich nicht benötigte Rückstellungen.
[23] Vgl. BGE 92 II 247 und 110 Ib 133 E 3 cc.
[24] Es läge darin ein Verstoss gegen den Grundsatz der Vollständigkeit der Jahresrechnung, OR 662a II Ziff. 1 (dazu § 51 N).
[25] Immerhin wurde der Wortlaut im Vergleich zum bisherigen Art. 663 III des OR *1936* etwas präzisiert und verschärft.
[26] Und der aufgelösten Wiederbeschaffungsreserven, dazu nachstehend N 101.

Unklar ist die Bedeutung des Ausdrucks «wesentlich», und zwar nicht nur deshalb, 95
weil damit ein Ermessensspielraum eröffnet wird. Vielmehr stellt sich die Frage, ob mit
diesem Begriff einfach der in der Rechnungslegungslehre anerkannte Grundsatz der
«materiality» im Gesetz explizit erwähnt werden sollte oder ob damit eine weitergehende
Beschränkung der Bekanntgabepflicht gemeint ist.

Präzise Regeln gelten im *Bankenbereich*: Wesentlich ist eine Auflösung in der Regel, 96
wenn sie 2% des ausgewiesenen Eigenkapitals oder 20% des ausgewiesenen Reingewinns überschreitet[27].

Damit eine AG der Offenlegungspflicht nach OR 663b Ziff. 8 nachkommen kann, 97
muss sie eine interne «Schattenrechnung» über Bildung, Bestand und Auflösung stiller
Reserven führen.

f) In der Praxis ist das Verstecken von Gewinnen durch die Bildung stiller 98
Reserven vor allem ein Problem kleinerer, privater Aktiengesellschaften. Publikumsgesellschaften sind dagegen schon durch die Zwänge des Kapitalmarktes
und die börslichen Kotierungsvorschriften gehalten, ihr Licht nicht unter den
Scheffel zu stellen[28].

g) Nach OR 669 II darf die Gesellschaft bzw. ihr Verwaltungsrat ohne Be- 99
schränkung «zu Wiederbeschaffungszwecken zusätzliche Abschreibungen, Wertberichtigungen und Rückstellungen vornehmen und davon absehen, überflüssig
gewordene Rückstellungen aufzulösen».

Durch solche Reservebildung (die nicht an die Voraussetzungen von OR 669 III 100
gebunden ist) wird – wie erwähnt (vgl. vorn N 62) – der Geldentwertung oder Preiserhöhungen, die zu höheren Wiederbeschaffungskosten für gleichwertige Güter führen können, Rechnung getragen. Sie ist in der Höhe begrenzt durch die sachlich vertretbare
Prognose der künftigen Kosten.

Auch die Wiederbeschaffungsreserven sind der Revisionsstelle im einzelnen mitzutei- 101
len und hinsichtlich der Offenlegungspflicht von OR 663b Ziff. 8 mitzuzählen.

7. Sonderfälle

Nach OR 671 IV bestehen für *Holdinggesellschaften,* also Gesellschaften, «deren 102
Zweck hauptsächlich in der Beteiligung an anderen Unternehmen besteht», abgeschwächte Vorschriften für die Bildung und den Einsatz von Reserven, was sich deshalb
rechtfertigt, weil die Reservebildung schon auf der Stufe der Unternehmen erfolgt, an
denen die Holdinggesellschaft beteiligt ist.

Konzessionierte Transportanstalten sind nach OR 671 V, «unter Vorbehalt abweichen- 103
der Bestimmungen des öffentlichen Rechts, von der Pflicht zur Bildung der Reserve
befreit.» (Vgl. dazu § 63 N 37).

---

[27] Vgl. die Richtlinien der EBK zu den Rechnungslegungsvorschriften ... vom 14.12.1994, II. 2.,
wiedergegeben in Sonderheft (zit. § 51 N 1) 81 f.

[28] Eine Studie von Arthur Andersen und des Handelswissenschaftlichen Seminars der Universität
Zürich (zit. § 51 Anm. 44) kommt zum Ergebnis, dass bei Publikumsgesellschaften im Rahmen des
Konzernabschlusses stille Willkürreserven kaum mehr gebildet werden.

104   Für *Versicherungseinrichtungen* richtet sich die Reservebildungspflicht «nach dem von der zuständigen Aufsichtsbehörde genehmigten Geschäftsplan» (OR 671 VI), und für *Bankaktiengesellschaften* gilt das Bankengesetz.

III.   Schutz vor und bei freiwilliger Kapitalverminderung

105   Die Sperrziffer «Aktienkapital» ist nicht sakrosankt: Das Gesetz erlaubt die Kapitalherabsetzung, aber nur in einem formell streng geregelten Verfahren (vgl. Ziff. 1). Ausserhalb dieses Verfahrens besteht bezüglich der Kapitaleinlage des Aktionärs (und Partizipanten) ein absolutes Rückzahlungsverbot (vgl. Ziff. 2). Zum Schutz des Eigenkapitals der AG sieht das Gesetz überdies gewisse Rückerstattungspflichten zulasten von Aktionären, Mitgliedern des Verwaltungsrates und diesen nahestehenden Personen vor (vgl. Ziff. 3).

1.   Die Herabsetzung des Aktienkapitals

106   Für die Herabsetzung des Aktienkapitals schreibt das Gesetz in OR 732 ff ein an strenge Vorschriften gebundenes formelles Vorgehen vor, das sicherstellen soll, dass Gläubiger nicht zu Schaden kommen. Besonders streng sind die Voraussetzungen dann, wenn im Zuge der Kapitalherabsetzung Mittel an die Aktionäre zurückfliessen sollen. Vgl. dazu § 53.

2.   Das Kapitalrückzahlungsverbot

107   a) Nach OR 680 II (des bisherigen wie des geltenden Aktienrechts) steht dem Aktionär kein Recht zu, den einbezahlten Betrag zurückzufordern[29]. Lehre und Praxis haben aus dieser Bestimmung über ihren Wortlaut hinaus ein *Rückzahlungsverbot*, welches auch die Gesellschaft bindet, entwickelt[30]. «Was der Aktiengesellschaft an Eigenmitteln zugeführt wird, durchläuft einen Einbahnweg. Sobald die Einlagen des Aktionärs ... einmal bei der Gesellschaft angelangt sind, ist die Entnahme dieser zugeschossenen Mittel grundsätzlich verboten und, wird sie dennoch vollzogen, unerlaubt»[31].

108   Jede Rückzahlungsverpflichtung der AG wäre nach einhelliger Lehre und Praxis *absolut nichtig*[32]. Das Bundesgericht hat zudem betont, dass auch eine

---

[29]   Vgl. dazu etwa BGE 110 II 300 E 3 b.
[30]   Vgl. etwa BGE 65 I 148 f. Untersagt ist auch der Erlass der Einlagepflicht (vgl. Binder [zit. § 49 N 1] 27 und Bürgi Art. 680 N 30) und nach herrschender Lehre sogar die Stundung des Liberierungsbetrages (Bürgi Art. 680 N 30).
[31]   Bezirksgericht Aarau in SJZ *1985* 42 ff, 43.
[32]   Vgl. etwa SJZ *1954* Nr. 54 S. 130 f; Binder (zit. § 49 N 1) 37 f.

indirekte Rückerstattungspflicht ungültig wäre und dass eine allfällige Rückzahlung «die Einlagepflicht wieder aufleben lässt»[33].

b) Der zwingende Charakter des Kapitalrückzahlungsverbots von OR 680 II steht nicht nur gesellschaftsrechtlichen Beschlüssen, welche dieses Verbot verletzen, entgegen, sondern auch *vertraglichen Vereinbarungen*: Jede vertragliche Verpflichtung, in welcher eine AG dem Aktionär einen Anspruch auf Rückerstattung seiner Einlage einräumt, ist daher nichtig[34] und lässt – wenn sie trotzdem vollzogen wird – die Liberierungspflicht des Aktionärs wieder aufleben. Erfolgt eine Leistung an Dritte, die wirtschaftlich eine Kapitalrückzahlung darstellt[35], dann ist diese jedenfalls bei Bösgläubigkeit nach Bereicherungsgrundsätzen zurückzuerstatten[36].

109

c) Eine Konsequenz des Verbots der Einlagenrückerstattung ist die in OR 675 II verankerte Einschränkung, wonach Dividenden «nur aus dem Bilanzgewinn und aus hierfür gebildeten Reserven ausgerichtet werden» dürfen (dazu § 40 N 34 f)[36a]. Auch das aktienrechtliche Zinszahlungsverbot (OR 675 I) soll eine Kapitalrückzahlung verhindern, wobei freilich durch die Möglichkeit sogenannter Bauzinse ein Einbruch in dieses Konzept erfolgt (OR 676, dazu § 40 N 115 ff).

110

Der Rückzug der Kapitaleinlage des Aktionärs kann auch *strafrechtlich relevant* sein[37].

111

3. *Aktienrechtliche Rückerstattungspflichten (OR 678 f)*[37a]

a) Nach den Bestimmungen von OR 678 f sind von der Gesellschaft ungerechtfertigt erbrachte Leistungen unter gewissen Voraussetzungen zurückzuerstatten: Zurückzugeben sind *offene Gewinnausschüttungen* (OR 678 I, dazu

112

---

33 BGE 109 II 129; vgl. auch ZBJV *1957* 33 f.
34 SJZ *1954* Nr. 56 S. 130 f, vgl. auch § 40 N 348.
35 Vgl. den Tatbestand von ZR *1990* Nr. 36 S. 59 ff: Rückzahlung eines den Aktionären für die Liberierung der Aktien gewährten Darlehens durch die AG.
36 Nicht geklärt ist, inwieweit die Rückerstattungspflicht auch gegenüber dem *gutgläubigen* Erwerber durchzusetzen ist. Für eine extensive Interpretation der Rückerstattungspflicht – mit Ausnahme nur dann, wenn der Empfänger einer Leistung *nicht wissen konnte,* dass eine Rückerstattung vorliegt – Siegwart Art. 659 N 5 und Erwin Willener: Vorratsaktien... (Diss. Zürich 1986) 94; für Gutglaubensschutz dagegen Böckli N 403.
36a Das Auszahlungsverbot soll auch auf die gesetzlich gebundenen Reserven erweitert.
37 Vgl. BGE 117 IV 259 ff: Eine Vermögensdisposition des einzigen Verwaltungsrates und Alleinaktionärs auf Kosten der Einpersonen-AG erfüllt den objektiven Tatbestand der ungetreuen Geschäftsführung (StGB 159), wenn das nach der Entnahme verbleibende Reinvermögen nicht mehr zur Deckung von Aktienkapital und gebundenen Reserven ausreicht.
37a Vgl. dazu Beat Spörri: Die aktienrechtliche Rückerstattungspflicht, zivilrechtliche und steuerrechtliche Aspekte (Diss. Zürich, erscheint voraussichtlich 1996); ferner etwa Stucchi/Moghini: Art. 678 CO: Aspetti legali e fiscali e posizione dell'ufficio di revisione, ST *1995* 752 ff.

N 118) sowie – in engeren Grenzen – auch *verdeckte Gewinnausschüttungen* (OR 678 II, dazu N 119 ff). Eine besondere Regelung gilt im Konkursfall für *Tantiemen* (OR 679, dazu N 126).

113 OR 678 f ist eine aktienrechtliche Spezialordnung für Fälle der *ungerechtfertigten Bereicherung*, die der allgemeinen Regelung von OR 62 ff vorgeht.

114 b) Der Rückerstattungspflicht unterliegen «Aktionäre und Mitglieder des Verwaltungsrates sowie diesen nahestehende Personen» (OR 678 I).

115 Dass die *Mitglieder des Verwaltungsrates* neben den *Aktionären* eigens genannt sind, obwohl sie regelmässig auch Aktionäre sind (vgl. OR 707 I), erklärt sich daraus, dass die Rückerstattungspflicht auch Leistungen erfasst, die in der Eigenschaft als Verwaltungsratsmitglied und nicht als Aktionär erlangt wurden. Die durch die Aktienrechtsreform vollzogene Ausweitung auf *nahestehende Personen* will Umgehungsgeschäfte miterfassen, nämlich Leistungen an Drittpersonen, die in enger Beziehung (z. B. aufgrund von Verwandtschaft oder Konzernverbundenheit) zu Aktionären oder Verwaltungsratsmitgliedern stehen. *Nicht von OR 678 erfasst sind Leistungen an andere Dritte.* Sie sind allenfalls nach allgemeinem Bereicherungsrecht zurückzufordern.

116 Verlangt ist von OR 678 nicht nur, dass Leistungen *ungerechtfertigt* waren, sondern – dies in Abweichung zum allgemeinen Bereicherungsrecht –, dass die Leistungen *«in bösem Glauben»* bezogen wurden.

117 Für die Beurteilung der Bösgläubigkeit gelten die allgemeinen Regeln von ZGB 3: Guter Glaube wird vermutet, doch kann sich auf die Vermutung nicht berufen, wer bei gebotener Aufmerksamkeit nicht gutgläubig sein konnte.

118 c) OR 678 I erfasst die *formell als Ausschüttungen deklarierten Leistungen der Gesellschaft, «Dividenden, Tantiemen, andere Gewinnanteile oder Bauzinse»*[37a]. Ungerechtfertigt sind solche Leistungen, wenn es an formellen oder materiellen Voraussetzungen fehlt[38].

119 d) OR 678 II regelt die *«Rückerstattung anderer Leistungen der Gesellschaft»*. Damit sind *verdeckte Gewinnausschüttungen* (dazu § 40 N 87 ff) gemeint, also geschäftsmässig nicht gerechtfertigte Zuwendungen von finanziellen Vorteilen in anderer Form als durch formelle Ausschüttung. Die Rückerstattungspflicht mit Bezug auf solche Leistungen ist beschränkt: Eine Pflicht besteht nur, «soweit diese in einem offensichtlichen Missverhältnis zur Gegenleistung und zur wirtschaftlichen Lage der Gesellschaft stehen» (OR 678 II).

[37a] Zur Frage, wie hinsichtlich ungerechtfertigter Liquidationsanteile vorzugehen ist, vgl. § 56 N 135 ff.
[38] *Formell:* z. B. Ausschütten einer Dividende, obwohl keine revidierte Bilanz vorliegt (vgl. OR 729c I); *materiell:* z. B. Ausschütten eines Scheingewinns, der durch Überbewertungen des Gesellschaftsvermögens zustande kam.

Zu denken ist etwa an die «Entschädigung» von Dienstleistungen, die in Wahrheit gar nicht oder nur in geringem Umfang erbracht werden[39], an die Begleichung von Schulden der Aktionäre oder Verwaltungsratsmitglieder durch die Gesellschaft[40], an zinslose Darlehen ohne Sicherheit an Aktionäre oder diesen Nahestehenden[41] oder an den Verkauf von Vermögenswerten der Gesellschaft an die Aktionäre unter ihrem Marktwert. Für die Beurteilung der Frage, ob ein offensichtliches Missverhältnis vorliegt, wird man sich an die in Lehre und Praxis zu OR 21 entwickelten Kriterien halten, wobei allenfalls die Schwelle zum verpönten Missverhältnis tiefer anzusetzen ist. 120

OR 678 II verlangt ein Missverhältnis nicht nur zur *Gegenleistung*, sondern auch zur *wirtschaftlichen Lage* der Gesellschaft. Obwohl aus den Materialien klar wird, dass der Gesetzgeber die beiden Voraussetzungen bewusst *kumulativ* verlangen wollte[42], wird von der Lehre ausschliesslich auf die Gegenleistung abgestellt und eine Beurteilung nach dem zusätzlichen Kriterium der wirtschaftlichen Lage der Gesellschaft als sinnwidrig abgelehnt[43]. 121

Offen ist, ob auch die Rückerstattungspflicht nach OR 678 II Bösgläubigkeit verlangt. Ein Teil der Lehre bejaht dies, obwohl diese Voraussetzung in Abs. 2 nicht genannt ist[44]. Ein anderer Teil geht dagegen von einer – widerlegbaren – Vermutung des bösen Glaubens aus[45]. In der Praxis wird die Differenz oft kaum eine Rolle spielen, weil es sich meist um Fälle handeln wird, in denen der Betroffene nach den Umständen nicht gutgläubig sein konnte und er sich daher ohnehin nicht auf den guten Glauben berufen kann (ZGB 3 II). 122

e) Für die Rückerstattungspflicht sieht OR 678 IV eine vom allgemeinen Bereicherungsrecht (vgl. OR 67) abweichende *fünfjährige Verjährungsfrist* vor, die mit dem Empfang der Leistung zu laufen beginnt. 123

Neben der Gesellschaft sind auch die *Aktionäre klageberechtigt* (OR 678 III), da sie durch die Verminderung des Gesellschaftsvermögens mittelbar ebenfalls geschädigt werden (zum mittelbaren Schaden vgl. § 36 N 13 ff). Ihre Klage geht auf *Leistung an die Gesellschaft*, entsprechend dem allgemeinen Grundsatz, dass mittelbarer Schaden auch mittelbar ersetzt wird. 124

Anders als bei der Anfechtungs- und der Verantwortlichkeitsklage (zu diesen vgl. OR 706a III und 756 II, dazu § 25 N 80 ff und § 36 N 121 ff) sieht das Gesetz *keine Sonderregel für die Zuweisung der Verfahrenskosten* vor. Offen ist, ob – wie dies in der Lehre postuliert wird[46] – OR 756 II analog anwendbar ist. 125

f) Für den *Konkursfall* sieht OR 679 hinsichtlich der *Tantiemen* (zu diesen § 28 N 122 ff) eine erweiterte Rückerstattungspflicht vor. Angesichts der Seltenheit der Tantieme dürfte dieser Regelung kaum praktische Bedeutung zukommen. 126

---

[39] In der Praxis recht verbreitet sind sog. Beraterverträge mit Personen, deren Ratschläge die Gesellschaft nie in Anspruch zu nehmen gedenkt.
[40] Vgl. den Tatbestand von ZR *1990* Nr. 36 S. 59 ff.
[41] Vgl. in diesem Zusammenhang § 40 N 348.
[42] Vgl. Botschaft 153.
[43] Vgl. Böckli N 1427, Kurer in Basler Kommentar zu Art. 678 N 16.
[44] So Kurer in Basler Kommentar zu Art. 678 N 18, 27, 28.
[45] Also entgegen der Regel von ZGB 3. So Böckli N 1427.
[46] So von Casutt (zit. § 25 N 85) 93.

127 g) In Erinnerung zu rufen ist, dass dem Aktionär *weitere Rechtsbehelfe* zur Verfügung stehen:
128 – die *Anfechtungsklage*, wenn die rechtswidrige Leistung auf einem GV-Beschluss beruht (dazu § 25 N 11 ff),
129 – die *Verantwortlichkeitsklage*, wenn sie vom Verwaltungsrat vorgenommen wird (dazu § 36 f),
130 – die *Nichtigkeitsklage*, wenn das in Ziff. 2 hievor besprochene Kapitalrückzahlungsverbot verletzt wird (dazu § 25 N 86 ff).

IV. Schranken für den Erwerb eigener Aktien (OR 659–659b) [47]

1. Problematik und Grundsätze der gesetzlichen Regelung

131 a) Durch den Erwerb eigener Aktien wird das *Vermögen der Gesellschaft geschwächt:* Die Aktien einer Gesellschaft verkörpern nichts anderes als eine Quote ihres Vermögens. Bei deren Erwerb erhält daher die AG keinen echten Gegenwert, da sie ja ihr eigenes Vermögen bereits besitzt. Solange sich Aktien der AG in ihrem eigenen Eigentum befinden, stellen sie daher einen «Nonvaleur» dar [48]. Die Wiederveräusserung beseitigt zwar diesen Zustand, doch trägt die Gesellschaft das Risiko der fehlenden Verkäuflichkeit. Im Konkursfall wegen Überschuldung werden die eigenen Aktien «sogleich völlig wertlos» [49].

132 Besonders krass sind die Auswirkungen auf die Kapitalbasis dann, wenn für den Erwerb der Aktien Mittel verwendet werden, die der Sperrziffer «Aktienkapital» gegenüberstehen: Wirtschaftlich führt dies zu einer «restitution aux actionnaires de leurs versements» [50], einer Rückerstattung der Einlage und damit einer Verletzung von OR 680 II. Problematisch ist aber auch der Einsatz von durch Reserven gebundenen Mitteln für den Erwerb eigener Aktien.

133 Bei Barzahlung führt der Erwerb eigener Aktien bei der Gesellschaft zudem zu einem *Abfluss von Liquidität.*

134 Nun können Gesellschaften freilich *legitime Interessen* am Erwerb einer beschränkten Anzahl eigener Aktien haben: Eine Publikumsgesellschaft kann etwa danach trachten, ungerechtfertigte Ausschläge der Börsenkurse ihrer Aktien zu glätten, indem eigene Aktien erworben oder veräussert werden [51]. Und bei einer

---

[47] Vgl. dazu etwa Ernst Giger: Der Erwerb eigener Aktien aus aktienrechtlicher und steuerrechtlicher Sicht (Diss. Bern 1995 = BBSW 9); Peter Nobel: Vom Umgang mit eigenen Aktien, SnA 6 (Zürich 1994); Reinhard Oertli: Zum Erwerb eigener Aktien, SZW *1994* 261 ff; alle mit ausführlichen Literaturangaben. Zu einer Spezialfrage vgl. René Bösch: Eigene Aktien im Handelsbestand von Banken, AJP *1995* 745 ff.
[48] BGE 117 II 297.
[49] Botschaft 62.
[50] BGE 117 II 297.
[51] Sog. *Kurspflege,* die allgemein als erlaubt und allenfalls sogar als geboten erachtet wird, im Gegensatz zur *Kursmanipulation,* durch die gerechtfertigte Kursänderungen bekämpft oder ungerechtfertigte ausgelöst werden, und die verpönt ist (vgl. BGE 113 Ib 170ff) und die künftig auch

kleineren Gesellschaft mit wenigen Aktionären kann sich die vorübergehende «Parkierung» von Aktien bei der AG selbst aufdrängen, wenn ein Aktionär seine Beteiligung veräussern will und sich zur Zeit kein geeigneter Käufer findet[52].

b) Dem Erwerb eigener Aktien kann wirtschaftlich der *Erwerb durch eine Tochtergesellschaft* gleichkommen: Wird die Tochtergesellschaft zu hundert Prozent beherrscht, dann ist das Vermögen der Tochtergesellschaft Teil des Vermögens der Muttergesellschaft und wirken sich Veränderungen bei der Tochtergesellschaft im gleichen Ausmass auch bei der Muttergesellschaft aus (vgl. § 51 N 233 ff). Bei einer kleineren Beteiligung ergibt sich derselbe Effekt in abgeschwächter Form.

c) Unabhängig vom Kapitalschutz stellen sich beim Erwerb eigener Aktien *weitere Probleme*:

Durch den Erwerb wird die Gesellschaft *zu ihrem eigenen Aktionär*. Falls sie – und damit konkret ihr Verwaltungsrat – die Mitwirkungsrechte ausüben kann, erfolgt eine unerwünschte Einflussnahme des Verwaltungsrates auf die GV, die dem Verwaltungsrat als Wahl- und Entlastungsorgan vorstehen sollte.

Nicht unproblematisch ist sodann der Erwerb eigener Aktien im Hinblick auf den Grundsatz der *Gleichbehandlung*, da stets nur einzelne Aktionäre berücksichtigt werden können (dazu Näheres in § 53 N 79 ff).

d) Die gesetzliche Ordnung trägt dieser Interessenlage durch eine differenzierte Regelung Rechnung:
– Der Erwerb eigener Aktien ist grundsätzlich *zulässig*, aber nur in Schranken und nur unter *Voraussetzungen*, die sicherstellen sollen, dass das gebundene Kapital nicht tangiert wird (OR 659, dazu Ziff. 2).
– Der Erwerb durch *Tochtergesellschaften* wird dem Erwerb durch die AG selbst gleichgestellt (OR 659b, dazu Ziff. 3).
– Die *Mitwirkungsrechte* an eigenen Aktien ruhen (OR 659a I, dazu Ziff. 4).
– Endlich wird für eine angemessene *Transparenz* gesorgt (OR 663b Ziff. 10, dazu N 160 ff).

---

durch einen voraussichtlich 1996 mit dem neuen BEHG (dazu § 62 N 15 ff) in Kraft tretenden neuen Art. 161bis StGB mit folgendem Wortlaut unter Strafe gestellt werden soll:
«Wer in der Absicht, den Kurs von in der Schweiz börslich gehandelten Effekten zu beeinflussen, um daraus für sich oder für Dritte einen Vermögensvorteil zu erzielen:
wider besseren Wissens irreführende Informationen verbreitet oder
Käufe und Verkäufe über diese Effekten tätigt, die beidseitig direkt oder indirekt auf Rechnung derselben Person oder zu diesem Zweck verbundenen Personen erfolgen,
wird mit Gefängnis oder Busse bestraft.»
Näheres bei Christine von Moos: Kursmanipulation (Diss. Zürich, erscheint voraussichtlich 1995 oder 1996) und bei Niklaus Schmid: Zu neueren Entwicklungen auf dem Gebiete des schweizerischen Börsenstrafrechts, in FS Juristentag 1994 (Zürich 1994) 525 ff, 529 ff.
[52] Vgl. dazu OR 685b I, wonach eine AG Erwerber von nicht kotierten vinkulierten Namenaktien aus beliebigen Gründen ablehnen kann, wenn sie dafür sorgt, dass dem Erwerber die Aktien zum wirklichen Wert abgenommen werden, dazu § 44 N 161 ff und hinten N 146 ff.

2. Beschränkte Zulässigkeit des Erwerbs eigener Aktien und Vorschriften zum Kapitalschutz

144   a) Das *bisherige* Recht hat den Erwerb eigener Aktien grundsätzlich untersagt, in einer Reihe von im Gesetz aufgeführten Tatbeständen aber ausnahmsweise zugelassen. Das *revidierte* Aktienrecht geht einen anderen Weg: Es gestattet den Erwerb eigener Aktien, setzt aber umfangmässige Schranken.

145   aa) Nach OR 659 I darf eine Gesellschaft eigene Aktien erwerben, wenn «der gesamte Nennwert dieser Aktien 10 Prozent des Aktienkapitals nicht übersteigt.» In diesem Ausmass darf eine AG – falls sie über die nötigen Mittel verfügt (N 158) – ohne Begründung eigene Aktien erwerben und halten.

146   bb) Durch OR 659 II wird die Limite ausnahmsweise erhöht: «Werden im Zusammenhang mit einer Übertragbarkeitsbeschränkung Namenaktien erworben, so beträgt die Höchstgrenze 20 Prozent.».

147   Dadurch soll einer AG ermöglicht werden, entsprechend OR 685b I und IV einen nicht genehmen Interessenten vom Erwerb ihrer Aktien auszuschliessen und dafür die Übernahme der zum Verkauf angebotenen Aktien zum wirklichen Wert zu offerieren (vgl. dazu § 44 N 161 ff).

148   Die liberalere Regelung gilt jedoch nicht uneingeschränkt:

149   «Die über 10 Prozent des Aktienkapitals hinaus erworbenen eigenen Aktien sind innert zweier Jahre zu veräussern oder durch Kapitalherabsetzung zu vernichten.» (OR 659 II). Vorgesehen ist also nur eine Übergangsregelung für die Zeit, bis die Gesellschaft einen ihr genehmen Erwerber gefunden hat. Bleibt die Suche erfolglos oder wird sie gar nicht an die Hand genommen, so muss das Aktienkapital herabgesetzt und müssen im Zuge der Herabsetzung die von der Gesellschaft gehaltenen eigenen Aktien – soweit sie die normale Limite von OR 659 I übersteigen – vernichtet werden (dazu § 53).

150   cc) Leider harmoniert die neue aktienrechtliche Ordnung nicht mit der steuerrechtlichen: Die Eidg. Steuerverwaltung betrachtet den Erwerb eigener Aktien als eine sog. *Teilliquidation* bzw. Steuerumgehung, d.h. sie wendet darauf – falls die Aktien innert einer Toleranzfrist von einem Jahr nicht wieder veräussert werden – die gleichen Grundsätze an wie auf die teilweise Liquidation der Gesellschaft. Dies bedeutet in der Regel, dass der den Nennwert übersteigende Teil des Erwerbspreises als Liquidationsüberschuss der *Verrechnungssteuer* unterworfen wird und der *Verkäufer der Aktien* auf diesem Differenzbetrag *Einkommenssteuer* entrichten muss, sofern die betreffende AG die eigenen Aktien nicht spätestens innert Jahresfrist veräussert[53].

151   Dadurch wird die durch das Aktienrecht angestrebte Liberalisierung steuerrechtlich torpediert:

---

[53] BGE in ASA 42 (1973/74) 319; Conrad Stockar: Aktienrechtsreform, ST *1992* 488 ff. – Nach neuester Praxis sollen Ausnahmen in besonderen Fällen möglich sein und wird zudem von der Besteuerung abgesehen, wenn sich die AG dazu verpflichtet, die zurückgenommenen Aktien innerhalb von *zwei* Jahren weiter zu veräussern. Vgl. im übrigen zur steuerrechtlichen Behandlung des Erwerbs eigener Aktien das Kreisschreiben Nr. 25 der Eidg. Steuerverwaltung, Hauptabteilung Direkte Bundessteuer, vom 27.7.1995, Ziff. 2.

– Die zweijährige Veräusserungsfrist von OR 659 II wird faktisch auf ein Jahr herabgesetzt, da die Gesellschaft – besonders im Interesse des Veräusserers – die Steuerfolgen vermeiden wird. 152

– Aber auch die 10-Prozent-Limite von OR 659 I wird illusorisch, da die Steuerfolgen auch eintreten können, wenn weniger als 10 Prozent des Aktienkapitals von der Gesellschaft erworben werden. 153

In der bundesrätlichen Botschaft ist dieses Problem erkannt und bewusst in Kauf genommen worden: «Diese Neuregelung[54] präjudiziert keine Änderung der von den Steuerbehörden gehandhabten Praxis, wonach der Erwerb eigener Aktien (auch beim Kauf von weniger als 10%) unter dem Gesichtspunkt der Teilliquidation gewürdigt wird.»[55]. 154

In der Literatur ist wiederholt eine flexiblere Steuerpraxis insbesondere hinsichtlich der Veräusserungsfrist verlangt worden. «Kommt es nicht zu dieser sachlich gebotenen Anpassung der Steuerpraxis an das neue Recht, so ist dieses steuerlich durchkreuzt; die vom Gesetzgeber als zusätzliche Flexibilität angebotene Möglichkeit des beschränkten Aktienrückkaufs erwiese sich als eine fiskalische Falle.»[56]. Es gibt bis jetzt keine Anzeichen, dass die Eidg. Steuerverwaltung ihre Praxis für die Annahme einer Teilliquidation dem neuen Aktienrecht anzupassen gedenkt. 155

dd) Hat eine AG PS ausstehen, dann gilt als Bemessungsbasis für OR 659 das *gesamte Grundkapital*, also die Summe von Aktien- und PS-Kapital. Trotzdem kann sich die Gesellschaft darauf beschränken, ausschliesslich Aktien zu erwerben. Da das PS-Kapital das Doppelte des Aktienkapitals ausmachen darf (OR 656b I), hat dies zur Konsequenz, dass eine Gesellschaft, welche die Möglichkeit der Schaffung von PS-Kapital voll ausgeschöpft hat, bis zu 30 Prozent – ja im Falle von OR 659 II bis zu 60 Prozent – ihrer eigenen Aktien erwerben darf. Dies ist sachlich übertrieben, gesetzgeberisch aber – dies ergibt sich aus einer expliziten Stellungnahme in der bundesrätlichen Botschaft[57] – gewollt. 156

ee) Bei *Banken* sind nach der Auffassung der Eidg. Bankenkommission die im «Rahmen einer üblichen Geschäftstätigkeit erforderlichen Handelsbestände an eigenen Aktien ... bei der Anwendung von Art. 659 OR nicht mitzuzählen», ebensowenig die üblichen Handelsbestände an eigenen PS[58]. 157

b) Unabdingbare Voraussetzung für jeden Erwerb eigener Aktien ist es, dass «frei verwendbares Eigenkapital in der Höhe der dafür nötigen Mittel vorhanden ist» (OR 659 I). «Zulasten des Aktienkapitals und der allgemeinen Reserven[59] dürfen somit keine eigenen Aktien (oder Partizipationsscheine) erworben wer- 158

---

54 D.h. die Zulässigkeit des Erwerbs eigener Aktien in bestimmten Schranken.
55 S. 62.
56 Böckli N 410; zum Problem ausführlich und mit ähnlicher Forderung Peter Locher: Steuerrechtliche Folgen der Revision des Aktienrechtes, ASA 61 (1992/93) 97 ff, 108 ff.
57 S. 62.
58 Rundschreiben EBK vom 25. August 1993 Ziff. 10.
59 Richtigerweise ist wohl nicht auf die allgemeine Reserve nach OR 671 abzustellen, sondern auf die gesetzlichen Reserven im Sinne von OR 671–671b. Vgl. auch die Bemerkungen zu den massgebenden Reserven bei Unterbilanz hinten N 196.

den. Auf diese Weise wird verhindert, dass der Erwerb eigener Aktien eine Einlagerückgewähr darstellt»[60].

159 c) Als Gegenposition zu den als Aktivum zu bilanzierenden eigenen Aktien hat die Gesellschaft nach OR 659a II auf der Passivseite ihrer Bilanz «einen dem Anschaffungswert entsprechenden Betrag gesondert als Reserve auszuweisen.» Damit wird dem Umstand Rechnung getragen, dass eigene Aktien – würde die Gesellschaft liquidiert – keinen echten Wert darstellen: Die Aktien werden zwar als Aktivum bilanziert, aber auf der Passivseite muss in Höhe des Anschaffungswertes eine zusätzliche Ausschüttungssperre eingeführt werden[61].

160 d) Für die nötige *Transparenz* sorgt OR 663b Ziff. 10. Danach muss der Anhang der Jahresrechnung unter anderem enthalten «Angaben über Erwerb, Veräusserung und Anzahl der von der Gesellschaft gehaltenen eigenen Aktien, einschliesslich ihrer Aktien, die eine andere Gesellschaft hält, an der sie mehrheitlich beteiligt ist[62]; anzugeben sind ebenfalls die Bedingungen, zu denen die Gesellschaft die eigenen Aktien erworben oder veräussert hat».

161 Dadurch wird nicht nur den Informationsinteressen der Aktionäre Genüge getan, sondern auch sichergestellt, dass die Vorgänge hinsichtlich eigener Aktien von der Revisionsstelle geprüft werden (vgl. OR 728 I: Der Anhang und damit auch die Angaben über eigene Aktien bilden Teil der Jahresrechnung, die auf ihre Gesetzes- und Statutenkonformität zu prüfen ist; zur Prüfung vgl. § 33 N 6 ff).

162 Noch ungeklärt und umstritten ist der erforderliche *Detaillierungsgrad* der Angaben. Nicht verlangt ist – zumindest im Falle häufiger Transaktionen – die Aufführung jeder einzelnen Transaktion mit den einschlägigen Angaben. Dagegen fragt es sich, ob pauschale Hinweise auf den Anfangs- und Schlussbestand sowie die Gesamtzahl der An- und Verkäufe und den Durchschnittspreis[63] genügen. Angemessen dürften in der Regel monatliche Zusammenfassungen sein[64].

163 e) OR 659 ff beziehen sich auf den *derivativen* Erwerb eigener Aktien.

164 Der *originäre* Erwerb eigener Aktien wurde unter bisherigem Recht vom Bundesgericht für «absolument inadmissible»[65] gehalten, weil dadurch keine Liberierung erfolge. Einleuchten wollte diese Praxis – und vor allem ihre Begründung – freilich schon bisher nicht recht, soweit die neu zu schaffenden Aktien – wie sog. Gratisaktien (dazu § 52 N 129 ff) – aus freien Gesellschaftsmitteln liberiert werden konnten[65a].

---

[60] Botschaft 61.
[61] Vgl. dazu Reinhard Oertli: Die Reserve für eigene Aktien, in: Jahrbuch zum Finanz- und Rechnungswesen 1994 (Zürich 1994) 59 ff.
[62] Zu diesem Tatbestand vgl. sogleich N 175 ff.
[63] So der Vorschlag von Boemle (zit. § 31 N 1) 311.
[64] So Revisionshandbuch (zit. N 1) 81.
[65] BGE 117 II 298, mit Hinweis auf BGE 99 II 60.
[65a] Gl. M. Oertli (zit. Anm. 47) 265 ff, mit weiteren Angaben. Zur Schaffung von sog. *Vorratsaktien* durch Selbstzeichnung und -liberierung vgl. § 52 N 292.

Unter revidiertem Recht muss auch der *originäre Erwerb eigener Aktien* in den Schranken von OR 659 zulässig sein, d. h. in der dort genannten prozentualen Limite von 10 % und bei Liberierung aus freien Gesellschaftsmitteln. 165

f) Im Gegensatz zum bisherigen Recht (zu diesem OR *1936* Art. 659 I) gestattet das revidierte Recht die *Pfandnahme eigener Aktien*, und zwar ohne Einschränkung. 166

Die Botschaft begründet dies damit, dass die Pfandnahme regelmässig eine Forderung der Gesellschaft voraussetze und es «sinnwidrig» wäre, «gesicherte Darlehen einer strengeren Regel zu unterwerfen als ungesicherte, und dies gilt auch dann, wenn die Sicherung in eigenen Aktien besteht.»[66]. 167

Aktienrechtlich problematisch kann aber die Darlehensgewährung an Aktionäre an sich sein, vgl. § 40 N 345 ff. 168

g) Zu beachten sind auch bei Rechtsgeschäften in eigenen Aktien die allgemeinen aktienrechtlichen Grundsätze, namentlich das *Gleichbehandlungsprinzip*. 169

Dabei ist freilich beim *Erwerb* eigener Aktien eine Ungleichbehandlung nicht zu umgehen, da ja stets nur einzelne Aktionäre berücksichtigt werden. Aus sachlichen Gründen lässt sich aber eine Ungleichbehandlung rechtfertigen (vgl. § 39 N 58 ff). 170

Bei der Veräusserung sind grundsätzlich alle Aktionäre gleich – entsprechend der Quote ihrer Beteiligung – zu berücksichtigen, sofern nicht sachliche Gründe eine Ungleichbehandlung rechtfertigen[67]. 171

h) Da bei einem Kauf auf Termin der Käufer das wirtschaftliche Risiko vom Zeitpunkt des Kaufsabschlusses an und nicht erst beim für später terminierten Übergang der Rechte trägt, sind bei einem *Kauf eigener Aktien auf Termin* die Vorschriften zum Kapitalschutz (vgl. vorn N 158 ff) schon im Zeitpunkt des Kaufsabschlusses und nicht erst beim Rechtsübergang einzuhalten. 171a

i) Die *Rechtsfolgen* bei einem Verstoss gegen die Regeln betreffend den Erwerb eigener Aktien sind *unterschiedlich*: 172

aa) Die *prozentualen Limiten* von OR 659 I und II sind – wie das grundsätzliche Erwerbsverbot des bisherigen Rechts[68] – als blosse *Ordnungsvorschriften* zu betrachten, welche die Gültigkeit des Erwerbsgeschäfts nicht berühren[69]. 173

bb) Wird jedoch gegen das Gebot, eigene Aktien nur aus frei verwendbarem Eigenkapital zu erwerben, verstossen, dann werden die Sperrziffern «Aktienkapital» und «gebundene Reserven» tangiert, und es erfolgt allenfalls wirtschaftlich eine *Kapitalrückzahlung*. Entsprechende Geschäfte sind daher nichtig (vgl. N 107 ff). 174

---

[66] S. 62.
[67] Dies entgegen BGE 88 II 98 ff, vgl. § 39 N 43 ff.
[68] Zu diesem BGE 117 II 300, 110 II 299 f, 96 II 22 sowie grundlegend 60 II 313 ff.
[69] Denkbar ist die Begründung einer Verantwortlichkeit der handelnden Organe wegen unsorgfältiger Geschäftsführung (vgl. § 37 N 20 ff).

3. Gleichstellung des Erwerbs durch Tochtergesellschaften (OR 659b)

175 a) In konsequenter Fortsetzung, Präzisierung und Verschärfung einer vom Bundesgericht schon vor Jahrzehnten eröffneten Praxis[70] stellt das revidierte Recht den Erwerb durch Tochtergesellschaften dem durch die Gesellschaft selbst gleich:

176 «Ist eine Gesellschaft an Tochtergesellschaften mehrheitlich beteiligt, so gelten für den Erwerb ihrer Aktien durch diese Tochtergesellschaften die gleichen Einschränkungen und Folgen wie für den Erwerb eigener Aktien.» (OR 659b I).

177 Dadurch wird dem Umstand Rechnung getragen, dass sich der Erwerb durch eine Tochtergesellschaft wirtschaftlich gleich auswirken kann wie der Erwerb durch die Gesellschaft selbst (vgl. vorn N 135).

178 b) Der Begriff «mehrheitlich beteiligt» wird im Gesetz nicht präzisiert. Nach der von OR 659 ff verfolgten ratio – dem Kapitalschutz – muss es im Hinblick auf die hier besprochenen *Kapitalschutzbestimmungen* auf die *Kapital-* und nicht etwa nur auf die Stimmbeteiligung ankommen[71,72].

179 OR 659b findet auch Anwendung bei einer *indirekten* Mehrheitsbeteiligung, d. h. auf *Enkelgesellschaften*[73], nicht dagegen bei Schwestergesellschaften.

180 c) Falls sowohl Mutter- wie Tochtergesellschaft Aktien der Muttergesellschaft erwerben, sind diese zusammenzuzählen und sind die in OR 659 vorgeschriebenen Grenzwerte (gemessen am Grundkapital der Muttergesellschaft) *insgesamt* einzuhalten.

181 d) Das erforderliche freie Eigenkapital muss nach Aussage der Botschaft «bei der Muttergesellschaft vorliegen»[74].

182 Die Muttergesellschaft muss auch die erforderliche *Reserve* bilden (so ausdrücklich OR 659b III).

183 e) OR 659b I geht davon aus, dass eine Gesellschaft, an der eine andere mehrheitlich beteiligt ist, Aktien dieser anderen Gesellschaft erwirbt. Zeitlich kann sich der Vorgang auch *umgekehrt* vollziehen: Die Gesellschaft B hält Aktien einer Gesellschaft A, und diese erlangt in der Folge eine Mehrheitsbeteiligung an der Gesellschaft B. OR 659b erfasst in Abs. 2 auch diesen Vorgang:

184 «Erwirbt eine Gesellschaft die Mehrheitsbeteiligung an einer anderen Gesellschaft, die ihrerseits Aktien der Erwerberin hält, so gelten diese Aktien als eigene Aktien der Erwerberin.»

---

[70] Vgl. BGE 72 II 275 ff.

[71] Letzterer wird dadurch Rechnung getragen, dass auch die Stimmrechte der bei einer Tochtergesellschaft liegenden Aktien entsprechend OR 659a I ruhen.

[72] A. M. von Planta in Basler Kommentar zu Art. 659b N 3, der die Stimmen- und nicht die Kapitalmehrheit für massgebend erachtet. Diese Ansicht verkennt u. E. die Aufgabe von OR 659 ff, die Erhaltung des gebundenen Eigenkapitals sicherzustellen. – Auf die Stimmkraft mag es dagegen im Hinblick auf den Stimmrechtsausschluss von OR 659a I ankommen, vgl. § 24 Anm. 47a.

[73] Differenzierend hiezu Oertli (zit. Anm. 265 f): Die vermögensmässigen Einschränkungen und Folgen sind zu beachten «wenn alle der hintereinandergeschalteten Beteiligungen miteinander multipliziert, eine Gesamtbeteiligungsquote von mehr als 50% ergeben», die Beschränkungen der Mitwirkungsrechte (dazu N 186), wenn die AG – indirekt – die Willensbildung kontrolliert.

[74] S. 63.

f) Eine weitere Ausnahme ist zu machen bei *Fondsleitungsgesellschaften* mit Bezug auf 184a
Aktien ihrer Muttergesellschaft, soweit diese Aktien für Rechnung eines Anlagefonds
verwaltet werden: Formell stehen diese Aktien zwar im Eigentum der Fondsleitungsgesellschaft, wirtschaftlich kommen sie aber ausschliesslich den Anlegern zu[74a], die auch die
Mittel für den Erwerb aufgebracht haben[74b].

g) In der Lehre ist die Regelung von OR 659b als inkohärent und lückenhaft kritisiert 185
worden, vgl. Anne Petitpierre-Sauvain: L'acquisition indirecte par la société de ses propres actions, SZW *1992* 220 ff.

4. *Exkurs: Folgen für die Mitwirkungsrechte*

«Das Stimmrecht und die damit verbundenen Rechte eigener Aktien 186
ruhen.» (OR 659a I). Vgl. dazu § 24 N 84 ff.

V. Pflichten bei Kapitalverlust und Überschuldung[75]

OR 725 f sehen Vorkehren vor für die Fälle des Kapitalzerfalls und der 187
Überschuldung:
- Ist das gebundene Eigenkapital zur Hälfte nicht mehr gedeckt, so ist eine GV 188
  einzuberufen und sind dieser Sanierungsmassnahmen zu beantragen (OR 725 I).
- Besteht begründete Besorgnis der Überschuldung, so ist durch eine von der 189
  Revisionsstelle zu prüfende Zwischenbilanz zu klären, ob sich die Besorgnis
  als richtig erweist. In diesem Fall ist der Richter zu benachrichtigen[76], es sei
  denn, Gläubiger erklärten sich bereit, im nötigen Umfang ihre Forderungen
  denen der übrigen Gläubiger hintanzustellen (OR 725 II).
- Der Richter eröffnet grundsätzlich den Konkurs, kann ihn aber aufschieben, 190
  wenn Aussicht auf Sanierung besteht. Er trifft dann die nötigen Massnahmen
  und kann insbesondere einen Sachwalter bestellen (OR 725a).

[74a] Vgl. AFG 2 I.
[74b] Anders verhält es sich, falls die Fondsleitungsgesellschaft Aktien der Muttergesellschaft in ihren Eigenbeständen hat. Insoweit kommt OR 659b I voll zum Tragen.
[75] Vgl. dazu insbesondere Brunner (zit. N 1); Jean Nicolas Druey: Kapitalverlust und Überschuldung, ST *1988* 99 ff; Giroud (zit. N 1); Louis Dallèves: Dépôt du bilan, ajournement de faillite et nouveau droit concordataire, in: Die Verantwortlichkeit des Verwaltungsrates (SnA 5, Zürich 1995) 89 ff; Bruno Kistler: Perte de capital et surendettement, ST *1993* 103 ff, 209 ff; Frank Gulich: Rechtliche Aspekte bei der Gründung einer Auffanggesellschaft i.w.S. (Diss. Zürich 1993) 19 ff; Jürg A. Koeferli: Der Sanierer einer Aktiengesellschaft, Arbeitsleistungsvertrag, Kapitalverlust, Überschuldung und Verantwortlichkeit (Diss. Zürich 1994 = SSHW 158); Lanz (zit. N 1). Zu beachten ist, dass durch die Aktienrechtsreform die Bestimmungen zu Kapitalverlust und Überschuldung zwar nicht im Grundsatz, aber doch in einigen wesentlichen Punkten materiell und überdies formell abgeändert wurden.
[76] Der Begriff «Anzeigepflichten» in der Marginalie zu OR 725 erfasst offenbar sowohl die Pflicht zur Orientierung der GV wie auch die der Benachrichtigung des Richters. Er dürfte mit dem Begriff «Meldepflicht» in OR 656b III übereinstimmen, vgl. § 46 Anm. 9.

191 Dieses Regelungsgefüge soll – im Interesse der Aktionäre, aber auch weiterer Kreise[76a] – die Lebensfähigkeit einer AG nach Möglichkeit erhalten. Zugleich soll aber auch dafür gesorgt werden, dass die Geschäftstätigkeit eingestellt wird, bevor Gläubiger wesentlich zu Schaden kommen, falls keine Aussicht auf erfolgreiche Weiterführung mehr besteht.

192 Zur Kaskade der gesetzlich vorgeschriebenen Massnahmen im einzelnen folgendes:

1. Unterbilanz und Kapitalverlust

193 a) Von einer *Unterbilanz* spricht man, wenn die Aktiven einer Gesellschaft zwar das Fremdkapital noch voll decken[77], nicht aber das Aktienkapital (und das allfällige PS-Kapital). In der Bilanz muss dann – zum Ausgleich der Aktiv- und der Passivseite – auf der Aktivseite eine Position «Verlust» oder «Verlustvortrag» eingesetzt werden.

194 Aktienrechtlich ist die Unterbilanz insofern bedeutsam, als OR 735 ein vereinfachtes Verfahren der Kapitalherabsetzung vorsieht, um Unterbilanzen zu beseitigen (dazu § 53 N 258 ff).

195 In OR 725 I wird eine qualifizierte Form der Unterbilanz angesprochen und als *Kapitalverlust* bezeichnet: der Umstand, «dass die Hälfte des Aktienkapitals und der gesetzlichen Reserven nicht mehr gedeckt ist».

196 Im einzelnen ist die Berechnung der *Bezugsgrösse* umstritten: Fest steht zwar, dass das *gesamte* Grundkapital zu berücksichtigen ist, neben dem Aktienkapital also auch ein allfälliges PS-Kapital (so ausdrücklich OR 656b III). Unbestritten ist auch, dass es auf das *nominelle* und nicht bloss auf das einbezahlte Kapital ankommt. Uneinheitlich werden dagegen die *Reserven* berücksichtigt: Nach der Mehrheitsmeinung sind neben der «allgemeinen» Reserve im Sinne von OR 671 auch die Reserven für eigene Aktien und die Aufwertungsreserve (OR 671a und 671b) zu berücksichtigen[78]. Böckli[79] will dagegen nur die allgemeine gesetzliche Reserve mitzählen. Der ersten Auffassung ist angesichts der klaren gesetzlichen Terminologie[80] der Vorzug zu geben.

197 Der Verlust der Hälfte des Grundkapitals und der gesetzlichen Reserven ist nicht nur für OR 725 bedeutsam, sondern auch für die in OR 670 geregelte Aufwertung (dazu N 306 f).

198 b) Basis für die Feststellung ist die «letzte Jahresbilanz» (OR 725 I). Besteht jedoch während des Jahres Grund zur Annahme, dass der Tatbestand von OR

[76a] Vgl. BGE 116 II 324 E 3c, wonach diese Ordnung (bzw. die entsprechende des bisherigen Rechts) «dem Schutz der Interessen der Gläubiger» dient.
[77] Ist dies nicht der Fall, dann ist die Gesellschaft *überschuldet*.
[78] So Wüstiner in Basler Kommentar zu Art. 725 N 18, mit weiteren Hinweisen; Dekker (zit. nachstehend Anm. 111); ebenso schon Botschaft 183.
[79] N 1681 f.
[80] Vgl. OR 671 ff, wo unter dem Begriff «gesetzliche Reserven» die allgemeine Reserve, die Reserve für eigene Aktien und die Aufwertungsreserve zusammengefasst werden.

725 I erfüllt ist, dann ist eine Zwischenbilanz zu erstellen und sind gegebenenfalls gestützt auf diese die in OR 725 I vorgeschriebenen Schritte zu unternehmen.

Die Bilanz soll zu *Fortführungswerten* errichtet sein, es sei denn, die Liquidation der Gesellschaft stehe fest. 199

Der Bilanzverlust kann *unecht* sein: dann nämlich, wenn er durch stille Reserven kompensiert wird. Der Verwaltungsrat hat es dann in der Hand, durch deren Auflösung den Kapitalverlust zu beseitigen und so die Schritte gemäss OR 725 I zu vermeiden. 200

c) Steht der Kapitalverlust fest, dann ist «unverzüglich» eine GV einzuberufen (dazu § 23 N 16 ff), darf also nicht bis zur nächsten ordentlichen GV zugewartet werden. 201

Zuständig ist – wie sonst – der Verwaltungsrat. Bleibt er untätig, muss «nötigenfalls» die Revisionsstelle einladen, und im Liquidationsstadium kann diese Aufgabe den Liquidatoren zukommen (vgl. § 23 N 19 ff). 202

d) Die GV dient nicht nur der Orientierung und Beratung, sondern es sind ihr vom Verwaltungsrat *konkrete Sanierungsmassnahmen* zu beantragen. 203

In Betracht kommen etwa die Auflösung von Reserven, eine Kapitalherabsetzung – meist verbunden mit einer gleichzeitigen Erhöhung zur Beschaffung neuen Kapitals –, die Umwandlung von Fremdkapital in Eigenkapital durch eine Kapitalerhöhung mit Liberierung mittels Verrechnung (vgl. OR 634a II, dazu § 15 N 28 ff) oder andere Formen der Beschaffung neuen Eigenkapitals. 204

2. *Begründete Besorgnis einer Überschuldung*

a) Besteht begründeter Anlass zur Annahme, das Eigenkapital der Gesellschaft könnte vollständig aufgezehrt, die Gesellschaft also überschuldet sein, dann «muss eine Zwischenbilanz erstellt und diese der Revisionsstelle zur Prüfung vorgelegt werden» (OR 725 II, zur Prüfung vgl. § 33 N 79 ff)[80a]. 205

Die Zwischenbilanz ist grundsätzlich zu *Fortführungswerten* – also unter der Annahme, dass die geschäftliche Tätigkeit weitergeführt wird – zu erstellen[80b], es sei denn, die Aufgabe der Geschäftstätigkeit stehe fest. Sollte eine Bilanz zu Fortführungswerten eine Überschuldung zeigen, ist auch noch eine Bilanz zu *Liquidations- (Veräusserungs-)werten* zu errichten. 206

Welche der beiden Bilanzen das bessere Bild ergibt, steht nicht von vorneherein fest: Da eine Liquidation zur Zerschlagung von aufeinander abgestimmten Sachgesamtheiten führt, werden zahlreiche Aktiven zu einem tieferen Wert eingesetzt werden müssen als dem, der ihnen im Rahmen der unternehmerischen Einheit zukommt. Anderseits kommen bei den Veräusserungswerten stille Reserven zum Vorschein, was besonders bei Liegenschaften bedeutsam sein kann. 207

[80a] Am Erfordernis einer *geprüften* Zwischenbilanz ist in jedem Falle festzuhalten, vgl. ZR *1995* Nr. 49 S. 149 ff, wo jedoch im Gläubigerschutzinteresse der Konkurs trotz Fehlern eröffnet wurde. Zur Bedeutung der Prüfung durch die Revisionsstelle vgl. auch BGE 120 II 425 ff.
[80b] In ZR *1995* Nr. 49 S. 149 ff wird ein Rechnungswerk entsprechend einer ordentlichen Jahresrechnung verlangt – also auch einen Anhang (und offenbar eine Erfolgsrechnung) erfassend. Angesichts des Wortlauts des Gesetzes und der Funktion der Zwischenrechnung ist dies fraglich.

208 b) Zeigt die Zwischenbilanz eine *Überschuldung sowohl zu Fortführungs- wie auch zu Veräusserungswerten*[81], dann ist der Richter zu benachrichtigen (zur Ausnahme bei Rangrücktritt vgl. Ziff. 3).

209 Zuständig ist der *Verwaltungsrat*, der darüber formell zu beschliessen hat[82] und diese Aufgabe nicht delegieren kann.

210 Bleibt der Verwaltungsrat untätig, so hat – in offensichtlichen Fällen – die *Revisionsstelle* die Anzeige vorzunehmen (vgl. OR 729b II, dazu § 33 N 90 ff)[82a].

211 Befindet sich die Gesellschaft in Liquidation, ist die Benachrichtigung des Richters Aufgabe der *Liquidatoren* (OR 743 II).

212 c) Trotz des an sich eindeutigen Wortlauts des Gesetzes, der die Pflicht zur Benachrichtigung des Richters ohne Ausnahme vorsieht und den Entscheid über Sanierungsmassnahmen dem Richter zuweist (OR 725a, dazu N 223 ff), lässt es die Bundesgerichtspraxis zu, dass der Verwaltungsrat zunächst die Möglichkeit einer Sanierung prüft und die Benachrichtigung bei echten Sanierungschancen unterlässt[83]. Die bundesgerichtliche Praxis ist als sachgerecht zu begrüssen, doch ist vor ihrer extensiven Auslegung zu warnen, hält doch das Bundesgericht selber deutlich fest, dass «blosse Spekulationen, übertriebene Erwartungen oder vage Hoffnungen auf eine Sanierung» nicht dazu berechtigen, «die Benachrichtigung des Richters im Überschuldungsfall über längere Zeit hinauszuzögern.»[84]

213 d) Von der Überschuldung zu unterscheiden ist die *Zahlungsunfähigkeit oder Insolvenz*: Diese kann Folge einer Überschuldung sein, aber auch einer bloss vorübergehenden Illiquidität[84a].

3. *Ausnahme von der Pflicht zur Benachrichtigung des Richters bei Rangrücktritt*[85]

214 a) Mit dem Vorbehalt des sog. Rangrücktritts nimmt das revidierte Recht eine in der Praxis trotz bisher unsicherer Rechtsgrundlage entwickelte Massnah-

---

[81] Und kann diese nicht durch Aufwertungen gemäss OR 670 (dazu N 302 ff) beseitigt werden.

[82] Die Überschuldungsanzeige liegt also nicht im Ermessen eines einzelnen Verwaltungsratmitglieds, auch wenn diesem die Einzelzeichnungsberechtigung zukommt, vgl. Brunner (zit. N 1) 814, mit weiteren Hinweisen; ferner ZR *1995* Nr. 49 S. 149 E 1.1.

[82a] Zur fehlenden Legitimation des Willensvollstreckers des verstorbenen Hauptaktionärs vgl. ZR *1995* Nr. 51 S. 154 ff.

[83] Vgl. BGE 116 II 540 f E 5a, dazu auch Erich Frey in ST *1988* 342 f; BGE 108 V 188 E 2.

[84] Bundesgericht im Entscheid 116 II 533 ff, zit. nach Frey (zit. Anm. 83); in der Amtlichen Sammlung ist diese Passage nicht abgedruckt.

[84a] Besonders problematisch ist der Tatbestand der nicht mit einer Überschuldung verbundenen Zahlungsunfähigkeit bei Banken. BankG 29 ff sehen für diesen Fall die gerichtliche Anordnung einer *Stundung*, verbunden mit der Einsetzung eines Kommissärs vor, vgl. dazu etwa BGE 117 III 83 ff.

[85] Zum Rangrücktritt allgemein und unter bisherigem Recht vgl. Markus Duss: Der Rangrücktritt des Gesellschaftsgläubigers bei Aktiengesellschaften (Diss. Zürich 1971 = ZBR 375) und Peter Böckli: Der Rangrücktritt im Spannungsfeld von Schuld- und Aktienrecht, in: FS Schluep (Bern 1988) 339 ff; zum revidierten Recht vgl. Böckli N 1699 ff; Wüstiner in Basler Kommentar zu Art. 725 N 45 ff; Stoffel in Ciocca (vgl. LV) 190 ff; Viktor Müller in ST *1994* 923 ff und Anton Pestalozzi in SZW *1992* 180 f. – Grundsätzlich zur Problematik auch Rihm (zit. § 48 Anm. 11), insbes. 37 ff, 54 ff, 95 ff.

me auf, um den Gang zum Richter zu vermeiden: Der Richter muss bei Unterdeckung nur benachrichtigt werden, «sofern nicht Gesellschaftsgläubiger im Ausmass dieser Unterdeckung im Rang hinter alle anderen Gesellschaftsgläubiger zurücktreten».

b) Durch den Rangrücktritt (in der Praxis auch *Subordinationserklärung* genannt) verzichtet ein Gläubiger nicht etwa auf seine Forderung[86]. Er erklärt sich aber bereit, für den Fall des Konkurses oder der Liquidation Befriedigung erst und nur dann zu verlangen, wenn sämtliche übrigen Gläubiger voll befriedigt worden sind.

Um seine Funktion zu erfüllen, muss der Rangrücktritt zusätzlichen, gesetzlich nicht erwähnten Anforderungen genügen:
– Er muss *unbedingt* und für solange *unwiderruflich* erklärt sein, *bis die Überschuldung der Gesellschaft beseitigt ist,* oder – besser – bis die Gesellschaft wieder über ein minimales Eigenkapital verfügt, das ihr die Fortsetzung ihrer Geschäftstätigkeit erlaubt.
– Der Rangrücktritt sollte über das gesetzlich Verlangte hinaus nicht nur im Ausmass der Unterdeckung abgegeben werden, sondern so, dass auch noch absehbare künftige Verluste abgedeckt werden.
– Schliesslich sollte der Rangrücktritt mit einer *Stundung* der Forderung verbunden sein, da diese sonst trotz des Rücktritts bei Fälligkeit geltend gemacht werden könnte.

Zu beachten ist ferner, dass der Zurücktretende den Rücktritt selber verkraften können muss, damit nicht Gefahr besteht, dass die Rücktrittserklärung von dessen eigenen Gläubigern nach SchKG 288 angefochten werden kann.

Auch in seiner erweiterten Form ist der Rangrücktritt kein eigentliches Sanierungsmittel, da die Forderung bestehen bleibt. Er eignet sich daher nur, wenn die Schwäche der Gesellschaft als vorübergehend erscheint oder sich eine Sanierung abzeichnet. Andernfalls hilft nur ein *Forderungsverzicht*.

c) In der Praxis werden Rangrücktritte oft durch der Gesellschaft nahestehende Personen – etwa von Aktionären, die der Gesellschaft Darlehen zur Verfügung gestellt haben, oder einer verbundenen Gesellschaft im Konzern – ausgesprochen.

4. *Richterliche Massnahmen*

a) Wird der Richter benachrichtigt[86a], so hat er grundsätzlich den *Konkurs zu eröffnen*, wenn die Voraussetzungen dafür erfüllt sind, d.h. wenn ihm eine formell korrekte Überschuldungsanzeige unterbreitet wurde und die Gesell-

---

[86] Diese ist daher auch weiterhin zu bilanzieren.
[86a] Die Erstattung der Überschuldungsanzeige ist eine formelle Voraussetzung, ohne die der Richter auch dann nicht einschreiten kann, wenn er von anderer Seite von der Überschuldung Kenntnis erhält, vgl. BGE 99 Ia 15 f.

schaft materiell überschuldet[87] ist. Die Gesellschaft wird dadurch *aufgelöst* (OR 736 Ziff. 3, dazu § 55 N 33 ff) und ist nach den Vorschriften des Konkursrechts zu *liquidieren* (vgl. OR 740 V).

224 b) Auf Antrag des Verwaltungsrates oder eines Gläubigers kann der Richter den Konkurs «*aufschieben, falls Aussicht auf Sanierung besteht*»[87a], was anhand eines Sanierungsplanes von den Gesuchstellern darzulegen ist[87b].

225 Statt einer Benachrichtigung des Richters im Sinne von OR 725a, verbunden mit einem Antrag auf Aufschub des Konkurses, wird in der Praxis in der Regel ein Gesuch um *Nachlassstundung* gestellt, was jedoch voraussetzt, dass zugleich der Entwurf eines Nachlassvertrages eingereicht wird[88].

226 c) Schiebt der Richter die Konkurseröffnung auf, dann «trifft er Massnahmen zur Erhaltung des Vermögens» (OR 725a I).

227 Insbesondere kann er «einen Sachwalter bestellen und entweder dem Verwaltungsrat die Vertretungsbefugnis entziehen oder dessen Beschlüsse von der Zustimmung des Sachwalters abhängig machen. Er umschreibt die Aufgaben des Sachwalters» (OR 725a II).

228 d) Da die negative Publizität einer Bekanntgabe des Konkursaufschubes die Sanierungsbemühungen vereiteln könnte, muss nach revidiertem Recht der Konkursaufschub «nur veröffentlicht werden, wenn dies zum Schutze Dritter erforderlich ist» (OR 725a III).

5. *Persönliche Konsequenzen für die Verantwortlichen*

229 Erinnert sei daran, dass die fahrlässige oder gar absichtliche Herbeiführung einer Überschuldung zur persönlichen Verantwortlichkeit der zuständigen Organe führen kann (dazu § 36 ff). Die Missachtung der Sorge für das Gesellschaftsvermögen ist ein klassischer Grund für Verantwortlichkeitsprozesse.

---

[87] Diese Voraussetzung hat der Richter zu prüfen (Brunner [zit. N 1] 812), wobei die Prüfung summarisch erfolgt (ZR *1995* S. 151 E II. 2) und der Richter in der Regel auf den Bericht der Revisionsstelle abstellen wird.
[87a] Vgl. als – negative – Beispiele ZR *1995* Nr. 50 S. 151 ff, insbes. 152 f E 3 und ZR *1995* Nr. 60 S. 184 ff. – Zu beachten sind alle involvierten Interessen, neben denen der Gesuchsteller auch die «der Gläubiger, der Gesellschaft und der Allgemeinheit am Weiterbestand bzw. an der Liquidation», ZR *1995* Nr. 60 S. 186.
[87b] Der Richter kann die Einreichung einer von der Revisionsstelle der Gesellschaft geprüften Zwischenbilanz verlangen (BGE 120 II 425 ff), wie sie bei Besorgnis einer Überschuldung ohnehin zu erstellen ist, vgl. 205 ff. Die Massnahmen gemäss Sanierungsplan sollen geeignet sein, «den Wiederaufbau der Gesellschaft mit grosser Wahrscheinlichkeit herbeizuführen», ZR *1995* Nr. 60 S. 185 f.
[88] Vgl. SchKG 293 ff, dazu Fritzsche/Walder: Schuldbetreibung und Konkurs nach schweizerischem Recht Bd. II (Zürich 1993) 583 ff, mit weiteren Angaben.

VI. Bewertungsvorschriften und Aufwertungsverbot[89]

1. Allgemeines

a) Schon das allgemeine Buchführungsrecht schreibt vor, dass in der Bilanz «alle Aktiven höchstens nach dem Werte anzusetzen [sind], der ihnen im Zeitpunkt, auf welchen die Bilanz errichtet wird, für das Geschäft zukommt» (OR 960 II).

Dieses sog. *Vorsichtsprinzip* (im Aktienrecht nun in OR 662a II Ziff. 3 ausdrücklich erwähnt, vgl. dazu § 51 N 42 ff) wird präzisiert und ergänzt durch das *Imparitätsprinzip:* Danach dürfen *Gewinne* nur dann ausgewiesen werden, wenn sie effektiv realisiert worden sind[90] *(Realisationsprinzip)*, während umgekehrt *Verluste* bilanzmässig zu berücksichtigen sind, sobald sie befürchtet werden müssen, also auch vor ihrer Realisierung[91,91a].

Durch diese Grundsätze soll verhindert werden, dass ein zu positives Bild der Unternehmung gezeichnet und dadurch auch Gewinne ausgewiesen – und allenfalls ausgeschüttet – werden, die in Wirklichkeit gar nicht erzielt worden sind. Das Aktienrecht verschärft diese allgemeinen Regeln durch eine Reihe *spezifischer Bewertungsvorschriften* (OR 665–669, dazu Ziff. 3–4).

b) Nun können diese Bestimmungen freilich dazu führen, dass gewisse Vermögenswerte in der Bilanz eindeutig unter ihrem Wert aufgeführt werden müssen. Dadurch entstehen – ohne das Zutun und den Willen der Verantwortlichen – stille Reserven, sog. stille *Zwangs*reserven (vgl. § 49 N 59). Im Normalfall mag dies im Interesse einer Stärkung der Kapitalbasis des Unternehmens durchaus erwünscht sein. Doch kann die erzwungene Unterbewertung zur Folge haben, dass formell eine Unterbilanz oder gar eine Überschuldung ausgewiesen werden muss, obwohl dies materiell – bei einer Beurteilung nach betriebswirtschaftlich angemessenen Werten – keineswegs der Fall ist. In dieser Situation erlaubt das Gesetz ausnahmsweise eine *Aufwertung* (OR 670, dazu Ziff. 5).

c) In einer aktienrechtlichen Sonderbestimmung wird sodann die *Aktivierung gewisser Kosten* erlaubt (OR 664, dazu Ziff. 2).

---

[89] Zu den aktienrechtlichen Bewertungsvorschriften vgl. insbes. Boemle (zit. § 51 N 1) 220 ff, Neuhaus in Basler Kommentar zu Art. 664 ff, Böckli N 1006 ff sowie Revisionshandbuch (zit. N 1) Bd. I 58 f, 120 ff.
[90] Das einer Gesellschaft gehörende Rohmaterial darf höchstens zum Einstandspreis eingesetzt werden, auch wenn in der Zwischenzeit die Marktpreise massiv gestiegen sind.
[91] Ist das Warenlager durch Überalterung entwertet worden, dann muss dies in Bilanz und Erfolgsrechnung schon dann berücksichtigt werden, wenn die Ware noch am Lager liegt, also nicht erst bei ihrer Veräusserung.
[91a] Vgl. die Umschreibung in BGE 116 II 539.

2. Die Aktivierung von Kosten

235 a) Kosten sind Aufwand, sie sind als solche *nicht aktivierungsfähig*, führen also nicht zu einer Position, die in der Bilanz unter den Aktiven aufgeführt werden kann.

236 Löhne, Mieten, Gebühren, Steuern usw. sind zu zahlen und führen dadurch zu einer Ertragsminderung, ohne dass ein direkt benennbarer Gegenwert erlangt würde, der in die Bilanz aufgenommen werden könnte.

237 b) Zu diesem generellen *Aktivierungsverbot* sieht OR 664 eine *Ausnahme* vor: «Gründungs-, Kapitalerhöhungs- und Organisationskosten, die aus der Errichtung, der Erweiterung oder der Umstellung des Geschäfts entstehen, dürfen bilanziert werden.»

238 Der Aufwand für Gründung, Kapitalerhöhung und Organisation dient zwar der AG, indem dadurch die Infrastruktur für die unternehmerische Tätigkeit bereitgestellt wird. Doch entstehen in der Regel keine Werte, die als solche realisiert werden könnten.

239 Wird die Gesellschaft liquidiert, dann werden die entsprechenden Aufwendungen wertlos – im Gegensatz zu Anlagen und Vorräten, die durch Veräusserung zu Geld gemacht werden können.

240 Trotzdem erlaubt das Gesetz die Nennung dieser Kosten unter den Aktiven der Bilanz, wie wenn es sich um einen echten, veräusserbaren Wert handeln würde. Die Aktivierung darf freilich nur *auf Zeit erfolgen:* Die aktivierten Kosten müssen «innerhalb von fünf Jahren abgeschrieben» werden (OR 664).

241 Die Erlaubnis, bestimmte Kosten zunächst einmal zu aktivieren und im Anschluss daran über mehrere Jahre abzuschreiben, soll dazu beitragen, durch den Geschäftsgang *nicht gerechtfertigte Ausschläge* in der Erfolgsrechnung und im bilanziellen Ausweis eigener Mittel zu vermeiden: Die Einmalabschreibung könnte zu einer starken Belastung eines einzigen Jahres führen, obwohl die durch Gründung, Kapitalerhöhung und organisatorische Massnahmen geschaffene Struktur der Gesellschaft über viele Jahre dienen mag.

242 Das Gesetz befreit also nicht etwa von der Pflicht, die Kosten für Gründung, Kapitalerhöhung und Organisation auszuweisen und abzuschreiben. Es ermöglicht aber eine Verteilung auf mehrere Jahre und dadurch eine *Glättung* der Ertragsausweise.

243 Zu betonen ist, dass nicht beliebige, sondern nur die in OR 664 ausdrücklich genannten Kosten aktiviert und über mehrere Jahre abgeschrieben werden dürfen[92]:

244 – Die *Gründungskosten* beinhalten den Aufwand für die Gründung der Gesellschaft, also Beratungskosten, Gebühren für öffentliche Beurkundung und Handelsregistereintrag, Bankspesen und die Stempelsteuer.

---

[92] So ist zum Beispiel der Aufwand einer Werbekampagne sofort abzuschreiben, auch wenn diese noch in den Folgejahren Früchte trägt. Auch Löhne sind unverzüglich abzuschreiben. Aktivierbar ist allenfalls ein durch die eigene Arbeit geschaffener Mehrwert des Anlagevermögens oder der Vorräte.

- *Kapitalerhöhungskosten* sind die entsprechenden, bei einer Kapitalerhöhung anfallenden Aufwendungen. 245
- *Organisationskosten* für die Errichtung und Restrukturierung des Geschäftsbetriebs sind etwa Aufwendungen für die Bildung von Zweigniederlassungen oder Tochtergesellschaften. 246

Die Aufwertung dieser Kosten ist eine vom Gesetz eingeräumte *Möglichkeit*, nicht etwa eine Pflicht. Möglich (und häufig) ist auch die sofortige Abschreibung oder eine kürzere Abschreibungsfrist. Der Abschreibungssatz braucht im übrigen nicht linear gehalten zu werden. 247

Für die nötige *Transparenz* sorgt das Gesetz, indem es vorschreibt, dass diese aktivierten Kosten «*gesondert ausgewiesen*» werden müssen[93]. 248

3. Besondere Bewertungsvorschriften

Für drei Bilanzpositionen enthält das Aktienrecht spezifische Bewertungsvorschriften: für das Anlagevermögen (OR 665), die Vorräte (OR 666) und für Wertschriften (OR 667). 249

a) «Das Anlagevermögen darf höchstens zu den Anschaffungs- oder den Herstellungskosten bewertet werden, unter Abzug der notwendigen Abschreibungen.» (OR 665). 250

Es gilt also das *Kostenprinzip*. Aufwertungen über die seinerzeitigen Kosten für den Erwerb oder die Herstellung sind – entgegen der allgemeinen Regelung von OR 960 II (vgl. vorn N 230) – selbst dann unzulässig, wenn sich der Wert der Anlagen seit dem Erwerb bzw. der Herstellung für das Unternehmen stark erhöht hat und dieser erhöhte Wert auch am Markt realisiert werden könnte[94]. (Zur Ausnahme von OR 670 vgl. N 302 ff.) 251

Wohl aber schreibt das Gesetz allenfalls *Abschreibungen* vor, nämlich dann, wenn sich die Bewertung zu Anschaffungs- oder Herstellungskosten nicht mehr rechtfertigt (dazu N 282 ff). 252

In der Erlaubnis, Anlagevermögen zu *Herstellungskosten* zu bilanzieren, liegt eine *Ausnahme* zu einem streng verstandenen *Realisationsprinzip*, da der Wert der Anlage – solange sie nicht veräussert wird – ja (noch) nicht in Geld umgesetzt worden ist. 253

Was zum Anlagevermögen zu zählen ist, umschreibt OR 663a II: «Finanzanlagen, Sachanlagen und immaterielle Anlagen». 254

- *Sachanlagen* sind namentlich die Immobilien (soweit sie dem Betrieb dienen und nicht einfach eine Kapitalanlage sind), die Maschinen, Betriebs- und Geschäftseinrichtungen. 255
- Zu den *Finanzanlagen* gehören insbesondere auch die in OR 665a näher umschriebenen *Beteiligungen*. «Beteiligungen sind Anteile am Kapital anderer 256

---

[93] Unzulässig wäre daher die Zusammenfassung mit anderen immateriellen Anlagen in der für jene vorgeschriebenen (OR 663a II) Bilanzposition.
[94] Zulässig ist jedoch die *Wiederaufwertung* (nach vorgängiger Abschreibung) bis zu den Anschaffungs- oder Herstellungskosten, falls der Marktwert diesen Kosten zumindest entspricht.

Unternehmen, die mit der Absicht dauernder Anlage gehalten werden und einen massgeblichen Einfluss vermitteln.» (OR 665a II).

257 Nicht jeder Anteil am Kapital einer anderen Unternehmung ist also eine Beteiligung. Vielmehr sind ein subjektives und ein objektives Element vorausgesetzt:

258 – Die Gesellschaft muss den Kapitalanteil *auf Dauer halten* wollen. Es soll sich nicht bloss um eine kurzfristige Investition (diese wird in OR 667 geregelt, dazu N 271 ff) handeln[95].

259 – Der Anteil am Kapital muss zudem einen *massgeblichen* – nicht aber unbedingt einen *beherrschenden – Einfluss* vermitteln. Einen massgeblichen Einfluss setzt das Gesetz unwiderlegbar voraus, wenn «*[s]timmberechtigte Anteile von mindestens 20 Prozent*» gehalten werden (OR 665a III). Auch ein kleinerer Anteil kann aber – besonders dann, wenn das Kapital der Gesellschaft, in die investiert wurde, im übrigen breit gestreut ist – einen massgebenden Einfluss vermitteln.

260 Eigene Aktien können niemals Finanzanlage sein, schon deshalb nicht, weil ein Einfluss auf die Gesellschaft mit diesen Aktien verpönt ist (vgl. N 186). Das Gesetz spricht bewusst vom Anteil am Kapital *anderer* Unternehmen.

261 Wegen ihrer besonderen Bedeutung nicht nur für die Ertragskraft, sondern auch für die Einflussmöglichkeiten einer Gesellschaft unterstellt das Gesetz die Beteiligungen einer *erhöhten Transparenz:* Die «*Gesamtbeträge der Beteiligungen*» müssen in der Bilanz *gesondert angegeben* werden (OR 663a IV), dürfen also nicht einfach in der Gesamtziffer der Finanzanlagen (OR 663a II) verschwinden. Überdies muss «*jede Beteiligung, die für die Beurteilung der Vermögens- und Ertragslage der Gesellschaft wesentlich ist*», im Anhang der Bilanz aufgeführt werden (OR 663b Ziff. 7).

262 – Zu den *immateriellen Anlagen* gehören etwa Konzessionen, Lizenz- und Markenrechte, Patente und nicht patentiertes Know-how.

263 Auch ein allfälliger *Goodwill* gehört – wenn er aktiviert ist – zu den immateriellen Anlagen. Dabei ist jedoch zu beachten, dass die Aktivierung von Goodwill nur zulässig ist, wenn er *entgeltlich erworben,* nicht aber, wenn er selbst erarbeitet worden ist. Die Aktivierung von selbst geschaffenem Goodwill würde gegen das Realisationsprinzip verstossen.

264 *Forschungs- und Entwicklungsaufwand* darf nicht ohne weiteres aktiviert werden, sondern nur dann, wenn er zu einem konkreten, direkt verwertbaren Ergebnis geführt hat (diesfalls kann es sich um Herstellungskosten im Sinne von OR 665 oder 666 handeln).

265 b) Für die Bewertung von *Vorräten* schreibt OR 666 das sog. *Niederstwertprinzip* zwingend vor:

266 «Rohmaterialien, teilweise oder ganz fertiggestellte Erzeugnisse sowie Waren dürfen höchstens zu den Anschaffungs- oder den Herstellungskosten bewertet werden.

267 Sind die Kosten höher als der am Bilanzstichtag allgemein geltende Marktpreis, so ist dieser massgebend.»

---

[95] In der Praxis wird die Grenze in der Regel bei einem Jahr gezogen, doch kann dies nur eine allgemeine Richtschnur sein und kommt es auf die *Absicht* der Gesellschaft bzw. ihrer verantwortlichen Organe an.

Es ist also – eine Konsequenz des Vorsichtsprinzips – zwischen den Beschaffungs- oder Herstellungskosten einerseits und dem aktuellen Marktpreis auf der anderen Seite jeweils der *tiefere Wert* für die Bilanzierung zu wählen. Dem Imparitätsprinzip entsprechend werden so Verluste (tieferer Marktpreis) unverzüglich realisiert, nicht dagegen Mehrwerte (Marktpreis über den Gestehungskosten), die noch nicht durch Veräusserung realisiert worden sind[96].

Massgebend sind die Verhältnisse am Bilanzstichtag.

Steuerlich wird auf dem Warenlager eine Abschreibung von bis zu einem Drittel der Anschaffungs- oder Herstellungskosten toleriert. Da sich dadurch der auszuweisende und steuerbare Ertrag reduziert, wird von dieser Möglichkeit in der Praxis oft auch dann Gebrauch gemacht, wenn nach den Bewertungsregeln des Aktienrechts eine Abschreibung nicht nötig wäre. Es entstehen so *stille Willkürreserven*, falls die Reservebildung nicht zur Deckung der mit der Lagerhaltung verbundenen Risiken erforderlich ist.

c) Für *Wertschriften*[97] sieht OR 667 eine differenzierte Ordnung vor:

aa) «Wertschriften ohne Kurswert dürfen höchstens zu den Anschaffungskosten bewertet werden, unter Abzug der notwendigen Wertberichtigungen.» (OR 667 II).

Dieser Grundsatz entspricht dem Realisations- und dem Imparitätsprinzip: Ein Mehrwert über die Anschaffungskosten hinaus bleibt – solange er nicht durch Verkauf realisiert worden ist – unberücksichtigt. Dagegen ist einem allfälligen Minderwert durch Wertberichtigungen Rechnung zu tragen.

Steigt der Wert von Wertschriften über die Anschaffungskosten, entstehen *stille Zwangsreserven* (vgl. dazu N 70).

bb) Anders ist die Ordnung für *Wertschriften mit Kurswert:* diese «dürfen höchstens zum Durchschnittskurs des letzten Monats vor dem Bilanzstichtag bewertet werden» (OR 667 I).

Wertschriften mit *Kurswert* sind solche, die regelmässig gehandelt werden. Nicht erforderlich ist, dass der Handel an einer Börse erfolgt[98].

Durch OR 667 I erlaubt das Gesetz eine Bilanzierung auch über den Anschaffungskosten und so ausnahmsweise den *Ausweis von nicht realisierten Gewinnen.*

Eine Pflicht zur Aufwertung besteht nicht. Vielmehr kann auch entsprechend OR 667 II zu Anschaffungswerten bilanziert werden. Dadurch können – freiwillig – stille Reserven geschaffen werden. Dagegen *müssen* Verluste ausgewiesen werden: Liegt der Durchschnittswert des letzten Monats vor dem Bilanzstichtag unter den Anschaffungskosten, dann muss eine Wertberichtigung vorgenommen werden.

OR 667 und die in Abs. 1 vorgesehene Aufwertungsmöglichkeit findet nur Anwendung auf Wertschriften, die *nicht mit der Absicht dauernder Anlage* gehalten werden. Für

---

[96] Auch bei den Vorräten gilt eine Abweichung vom Realisationsprinzip insofern, als die Herstellungskosten ausgewiesen werden dürfen.
[97] Dazu gehören nicht nur eigentliche Wert*papiere*, sondern auch nicht verbriefte Wert*rechte*, vgl. in diesem Zusammenhang die Bemerkungen in § 43, insbes. N 59 ff.
[98] Dies entgegen dem französischen und italienischen Wortlaut, wo von «titres cotés en bourse», «titoli quotati in borsa» gesprochen wird.

Wertschriften, die zum Anlagevermögen gehören, gilt dagegen OR 665, wonach eine Bewertung höchstens zu Anschaffungskosten, abzüglich allenfalls notwendiger Abschreibungen, erfolgen darf[99].

280 Für *eigene Aktien* dürfte die Möglichkeit der Aufwertung *nicht zugelassen* sein, da sonst die in OR 659a II vorgesehene «Neutralisierung» durch eine dem Anschaffungswert entsprechende Reserve (dazu N 159) illusorisch würde[100].

281 cc) Erwähnt sei, dass für Banken und für Lebensversicherungsgesellschaften besondere Regeln aufgestellt worden sind[101].

4. Abschreibungen, Wertberichtigungen und Rückstellungen

282 a) OR 669 sieht minimale Pflichten und darüber hinausgehende Rechte zu *Wertkorrekturen* vor. Dabei wird zwischen Abschreibungen, Wertberichtigungen und Rückstellungen differenziert:

283 aa) «Die *Abschreibung*[102] ist die Wertkorrektur auf dem Anlagevermögen und dient dazu, den Anschaffungspreis auf die Benutzungsdauer zu verteilen und dem Anlagegut den Wert beizumessen, der ihm am Bilanzstichtag zukommt.»[103]

284 Abschreibungen sollen also der Abnützung und anderen Wertverlusten von *Anlagegütern* wie Maschinen, Fahrzeugen, Mobiliar usw. Rechnung tragen und die Wertverminderung angemessen auf die ganze Lebenszeit des in Frage stehenden Anlagegutes verteilen. Wie die Abschreibung zu vollziehen ist, wird vom Gesetz nicht vorgeschrieben. In Betracht kommen verschiedene *Methoden*. So kann alljährlich *linear* über die gesamte mutmassliche Lebenszeit ein gleicher Prozentsatz des Anschaffungswertes abgeschrieben werden. Möglich ist es auch, der am Anfang stärkeren Wertverminderung durch einen anfänglich höheren Abschreibungssatz Rechnung zu tragen. Verbreitet ist die *degressive* Abschreibung: Sie erfolgt in prozentual gleicher Höhe vom jeweils verbliebenen *Restbuchwert* des betreffenden Aktivums[104]. Die Abschreibung kann sodann *direkt* oder *indirekt* erfolgen: direkt, indem das in Frage stehende Anlagegut alljährlich in der Bilanz zu einem entsprechend tieferen Wert eingesetzt wird, indirekt, indem der Anschaffungswert beibehalten, aber eine Jahr für Jahr wachsende Korrekturposition aufgebaut wird, bis schliesslich das Anlagegut verzehrt ist oder veräussert wird.

285 Erforderlich können auch – bei aussergewöhnlichem Wertzerfall – *ausserordentliche* Abschreibungen sein.

---

[99] Dies ergibt sich zwar nicht aus dem Wortlaut von OR 667, wohl aber aus der eindeutigen Systematik.
[100] Ebenso wohl Boemle (zit. § 51 N 1) 224 f; a. M. und für die Möglichkeit der Aufwertung Neuhaus in Basler Kommentar zu Art. 669 N 17.
[101] Für Banken vgl. insbes. das Rundschreiben der Eidg. Bankenkommission vom 25. 9. 1990, für Lebensversicherungseinrichtungen die VO über die Beaufsichtigung von privaten Versicherungseinrichtungen vom 11. September 1931 (SR 961.05) Art. 46a-47h.
[102] Hervorhebung hinzugefügt.
[103] Botschaft 149.
[104] Dabei erfolgt nie eine vollständige Abschreibung auf Null.

bb) «Wertberichtigungen sind Wertkorrekturen auf dem Umlaufvermögen und dienen der Durchführung des Niederstwertprinzips.»[105]

Wertberichtigungen können in der Bilanz ebenfalls gesondert ausgewiesen werden. Sie können aber auch in einer anderen Position enthalten sein, z. B. im «Warenaufwand», so dass dann in der Bilanz nur noch der verminderte Restwert aufscheint[106].

cc) «Rückstellungen dienen der Berücksichtigung von Verbindlichkeiten, von denen nicht feststeht, wann und in welcher Höhe sie fällig werden.»[107]

Klar zu unterscheiden ist zwischen *Rückstellungen* und *Reserven:* Beide stellen zwar Positionen auf der *Passivseite* dar, *Sperrziffern,* die sicherstellen sollen, dass entsprechende Vermögenswerte in der Gesellschaft zurückbehalten werden. Doch dient die Rückstellung zur Abdeckung von künftig erwarteten oder zumindest befürchteten *Verpflichtungen*[108], während die *Bildung von Reserven* dazu dienen soll, Vermögenswerte zur Stärkung der Gesellschaft zurückzubehalten, ohne dass dafür besondere Bedürfnisse erkennbar wären. Folgerichtig erscheinen die Rückstellungen in der Bilanz im *Fremdkapital*[109], die Reserven dagegen im *Eigenkapital.*

Rückstellungen werden etwa gebildet im Umfang der *Steuern,* welche die Gesellschaft aufgrund ihrer Geschäftstätigkeit im betreffenden Jahr künftig voraussichtlich zu bezahlen haben wird: Da durch die Steuern der verfügbare Gewinn gemindert wird, ist es gerechtfertigt, ja geboten, die erwarteten Beträge «zurückzustellen». (Steuerlich werden jedoch in der Regel nur Rückstellungen für Steuern anerkannt, die für ein abgelaufenes Geschäftsjahr geschuldet, aber noch nicht bezahlt sind.)

Durch Rückstellungen kann auch *drohenden Verpflichtungen* Rechnung getragen werden, wie sie sich aus hängigen Prozessen, aber auch aus Eventualverpflichtungen (Bürgschaften und Garantien) für die Gesellschaft ergeben können[109a].

In der Terminologie des revidierten Rechts *keine Rückstellung, sondern eine Wertberichtigung* ist die sog. *«Delkredere-Rückstellung»,* d. h. eine Wertkorrektur bei den Forderungen der Gesellschaft, mit welcher dem Risiko der Uneinbringlichkeit Rechnung getragen wird, also eine Korrektur beim *Umlaufvermögen*[110].

---

[105] Botschaft 149. Vgl. als Beispiele BGE 113 II 55 (Wertberichtigung als Gegenposten zu einem unter den Aktiven zum Nominalwert aufgeführten Guthaben, dessen Schuldner nicht mit Sicherheit zahlungsfähig ist) und BGE 116 II 536 (Rückstellung für Eventualverpflichtungen und schwebende Geschäfte).

[106] Daraus dürfte es sich auch erklären, dass in OR 663 III zwar ausdrücklich verlangt wird, dass in der Erfolgsrechnung der «Aufwand für Abschreibungen gesondert ausgewiesen» wird, sich aber keine entsprechende Vorschrift für Wertberichtigungen findet.

[107] Botschaft 149, vgl. auch § 49 N 65.

[108] Von denen freilich noch nicht feststeht, wann und in welcher Höhe sie fällig werden, ja vielleicht sogar, ob sie überhaupt je entstehen werden.

[109] Der Abfluss von Mitteln in ihrer Höhe steht fest oder wird befürchtet.

[109a] Vgl. die Beispiele und Erwägungen in BGE 116 II 537 ff.

[110] Auch die «Delkredere-Rückstellung» dient oft der Bildung stiller Reserven, indem Korrekturen vorgenommen werden, die über das hinausgehen, was an Debitorenverlusten zu erwarten ist. Dieses Vorgehen wird steuerlich begünstigt: Die Eidgenössische Steuerverwaltung lässt auf risikobehafteten inländischen Guthaben ohne nähere Prüfung pauschale Wertberichtigungen von 5 Prozent und auf ausländischen von 10 Prozent zu (in den Kantonen bestehen teilweise andere Regelungen). Diese pauschalen Ansätze dienen insbesondere auch der Vereinfachung der steuerlichen Einschätzung.

293 dd) Zusammenfassend: Abschreibungen, Wertberichtigungen und Rückstellungen stellen *Wertkorrekturen* dar, wobei Rückstellungen zu einer Vergrösserung der Passiven führen, Abschreibungen und Wertberichtigungen dagegen zu einer Verminderung der Aktiven, des Anlagevermögens oder des Umlaufvermögens. Abschreibungen betreffen dabei die Wertberichtigung des laufenden Jahres, die Wertberichtigung umfasst die kumulierten Abschreibungen.

294 b) Die *Pflicht* zu Wertkorrekturen wird in OR 669 I wie folgt umschrieben: «Abschreibungen, Wertberichtigungen und Rückstellungen müssen vorgenommen werden, soweit sie nach allgemein anerkannten kaufmännischen Grundsätzen notwendig sind. Rückstellungen sind insbesondere zu bilden, um ungewisse Verpflichtungen und drohende Verluste aus schwebenden Geschäften zu decken.»

295 Es handelt sich um diejenigen Korrekturen, die erforderlich sind, um eine korrekte und dem Vorsichtsprinzip Rechnung tragende Darstellung der finanziellen Lage der Gesellschaft sicherzustellen.

296 Eine Gesellschaft *muss* also den Minderwerten ihres Anlagevermögens, die aus Abnützung resultieren, durch angemessene Abschreibungen Rechnung tragen. Sie *muss* den alterungs- und marktbedingten Minderwert ihrer Warenlager berichtigen. Sie *muss* künftig zu erwartenden Verbindlichkeiten durch Rückstellungen begegnen, auch wenn Höhe, Zeitpunkt und selbst der Eintritt als solcher noch nicht feststehen.

297 c) Wird OR 669 I beachtet, dann ist sichergestellt, dass sich die Vermögenslage der Gesellschaft nicht in einem zu günstigen Licht präsentiert. *Nicht gewährleistet* ist dagegen die Zukunft des Unternehmens: Falls nämlich infolge der Geldentwertung oder aus anderen Gründen die von der Gesellschaft für ihren Betrieb benötigten Güter nur zu höheren Kosten wiederbeschafft werden können, genügt die Abschreibung auf Null während der Lebenszeit nicht. Vielmehr müssen *zusätzliche Werte* für die Neubeschaffung bereitgestellt werden.

298 OR 669 II dient diesem Ziel: «Der Verwaltungsrat darf zu Wiederbeschaffungszwecken zusätzliche Abschreibungen, Wertberichtigungen und Rückstellungen vornehmen und davon absehen, überflüssig gewordene Rückstellungen aufzulösen.»

299 Durch ein solches Vorgehen entstehen *stille Reserven* (dazu allgemein N 68 ff, 83 ff): Aktiven werden durch übermässige Abschreibungen oder Wertberichtigungen verkleinert, Passiven durch zu hohe oder nicht mehr nötige Rückstellungen vergrössert, was beides dazu führt, dass in der Bilanz ein reduziertes Reinvermögen und Eigenkapital ausgewiesen wird. Was aber nicht ausgewiesen ist, kann auch nicht an die Gesellschafter ausgeschüttet werden, bleibt daher als Reinvermögen in der Gesellschaft.

300 Soweit solche stillen Reserven *Wiederbeschaffungszwecken* dienen (also die Mehrkosten der neuen Beschaffung ausgleichen sollen), dürfen sie vom Verwaltungsrat gebildet werden, ohne dass die in OR 669 III vorgesehenen besonderen Voraussetzungen erfüllt sein müssen.

301 d) Schliesslich erlaubt OR 669 III auch die Bildung darüber hinausgehender stiller Reserven, aber nur zu bestimmten Zwecken und unter bestimmten Voraussetzungen, vgl. dazu im einzelnen vorn N 83 ff.

5. Ausnahmsweise Aufwertung von Grundstücken oder Beteiligungen[111]

a) Die Vorschrift, das Anlagevermögen «höchstens zu den Anschaffungs- oder den Herstellungskosten» zu bewerten (OR 665, dazu N 250 ff), kann zu *stillen Zwangsreserven* führen (vgl. § 49 N 59): Steigt der echte Wert von Gegenständen des Anlagevermögens über die Anschaffungskosten hinaus – was vor allem bei über längere Zeit gehaltenen Liegenschaften die Regel sein dürfte –, dann kann der die Anschaffungskosten übersteigende *Mehrwert nicht ausgewiesen* werden.

Im Normalfall ist diese vom Gesetzgeber gewollte Konsequenz erwünscht, stärkt sie doch die Eigenkapitalbasis. Zu unerwünschten, ja abwegigen Resultaten kann sie aber in Fällen des Kapitalzerfalls führen: Eine Gesellschaft muss dann allenfalls eine Unterbilanz oder gar eine Überschuldung ausweisen, nur weil die effektiv vorhandenen Mehrwerte still bleiben und nicht durch eine Bilanzierung zum wirklichen Wert ausgewiesen werden können.

b) Schon unter bisherigem Recht sind in der Praxis – freilich praeter oder gar contra legem – in solchen Fällen Aufwertungen von Grundstücken und Beteiligungen in engen Schranken toleriert worden – mit ungutem Gefühl, da eine gesetzliche Basis fehlte. Das revidierte Recht lässt nun in OR 670 I eine Aufwertung von Grundstücken oder Beteiligungen «zur Beseitigung der Unterbilanz» unter gewissen materiellen und formellen Voraussetzungen ausdrücklich zu. Es nimmt daher eine *Ausnahme* vom in OR 665 verankerten *Prinzip des Anschaffungswerts* in Kauf.

OR 670 muss nur angerufen werden, wenn eine Aufwertung *über die Anschaffungskosten hinaus* erfolgen soll: Werden dagegen lediglich nicht oder nicht mehr benötigte Abschreibungen rückgängig gemacht – also bei einer Aufwertung bis maximal zu den Anschaffungskosten –, müssen die besonderen Anforderungen von OR 670 nicht eingehalten werden. Vorausgesetzt ist dann nur (aber immerhin), dass durch die Aufwertung weder die Anschaffungs- bzw. Herstellungskosten noch der wirkliche Wert überschritten werden.

c) Vorausgesetzt ist, dass eine *qualifizierte Unterbilanz*, d. h. ein *Kapitalverlust im Sinne von OR 725 I* vorliegt, d. h., «dass die Hälfte des Aktienkapitals und der gesetzlichen Reserven nicht mehr gedeckt ist» (vgl. dazu vorn N 195 f).

Während im Rahmen von OR 725 I feststeht, dass ein allfälliges PS-Kapital zum Aktienkapital hinzuzurechnen ist, scheint dies bei OR 670 nicht der Fall zu sein: OR 656b III erwähnt bei den Fällen, bei denen das PS-Kapital dem Aktienkapital zuzuzählen ist, nur die «Meldepflicht bei Kapitalverlust» (also OR 725 I), nicht aber die Aufwertung. Ein gewollter Unterschied ist aber nicht anzunehmen, er wäre auch unsinnig. Einmal mehr muss daher davon ausgegangen werden, dass die scheinbar differenzierte Regelung Folge

---

[111] Vgl. dazu Stephan Dekker: Aufwertung von Grundstücken und Beteiligungen im neuen Aktienrecht, in: Schluep/Isler (vgl. LV) 95 ff; Mettler/Nadig: Zur Aufwertung von Beteiligungen und Grundstücken nach neuem Aktienrecht, ST *1993* 437 ff.

gesetzgeberischer Nachlässigkeit und damit ein Versehen ist. Für OR 670 ist deshalb die gleiche Berechnungsweise vorzusehen wie für OR 725 I (dazu N 196).

308   Abzustellen ist auf die *formelle Bilanz*. Verfügt eine Gesellschaft über stille Willkürreserven (zum Begriff vgl. N 72), dann steht es ihr frei, diese aufzulösen und so die Unterdeckung zu beseitigen. Verpflichtet ist sie dazu jedoch nicht, und es ist daher denkbar, dass eine Gesellschaft das Verfahren von OR 670 wählt und ihre stillen *Willkürreserven* schont.

309   d) Die Möglichkeit der Aufwertung ist an enge *materielle Schranken* gebunden:

310   aa) Gegenstand der Aufwertung können nur *Grundstücke* (vgl. ZGB 655) oder *Beteiligungen* (vgl. OR 665a, dazu vorn N 256) sein, dagegen nicht andere Elemente des Anlage- oder gar des Umlaufvermögens.

311   bb) Für die Aufwertung sind zwei *Obergrenzen* vorgesehen, die beide nicht überschritten werden dürfen:

312   – Die Aufwertung darf höchstens bis zum *wirklichen Wert* vorgenommen werden, wobei das Gesetz die Konkretisierung dieses Begriffs bewusst «Lehre und Rechtsprechung überlassen» hat[112].

313   – Sodann ist wohl anzunehmen, dass die Aufwertung nur im Umfang der *ausgewiesenen Unterbilanz* vorgenommen werden darf, nicht darüber hinaus, auch wenn der wirkliche Wert höher liegen würde[113].

314   e) *Formelle Voraussetzung* der Aufwertung ist, dass «die Revisionsstelle zu Handen der Generalversammlung schriftlich bestätigt, dass die gesetzlichen Bestimmungen eingehalten sind.» (OR 670 II)[114].

315   f) Unverständlich erscheint zunächst der letzte Satz von OR 670 I: «Der Aufwertungsbetrag ist gesondert als Aufwertungsreserve auszuweisen.» Dadurch wird die im vorherigen Satz genannte *Zielsetzung des Gesetzgebers*, nämlich die «*Beseitigung der Unterbilanz*», gerade vereitelt: Dadurch, dass in der Höhe des Aufwertungsbetrages in den Passiven eine *Reserve, also eine Sperrziffer* zu bilden ist, steht der Betrag eben zur Beseitigung der Unterbilanz nicht zur Verfügung. Die Pflicht zur Reservebildung ist aber eindeutig und muss eingehalten werden.

316   Zu erklären ist der Widerspruch aus der *Gesetzesentstehung:* Satz 1 stammt – in der heutigen Form – aus dem bundesrätlichen Entwurf. Dagegen hatte der Bundesrat ganz bewusst *keine Pflicht zur Bildung einer Aufwertungsreserve* vorgesehen[115]. Im Nationalrat wurde der bundesrätliche Vorschlag durch Satz 2 ergänzt und damit die Aufwertungsre-

---

[112]   Botschaft 150.
[113]   Zögernd, eher gl. M. Mettler/Nadig (zit. Anm. 111) 442.
[114]   Der bundesrätliche Entwurf hatte noch die Bestätigung eines *ausgewiesenen,* d. h. eines besonders qualifizierten Revisors (dazu § 32 N 8 ff) verlangt, doch ist diese – sinnvolle – Anhebung der Qualifikation von den Räten gestrichen worden.
[115]   Vgl. Botschaft 150.

serve eingeführt[116]. Dabei blieb es[117], und der Widerspruch wurde in der Folge nicht beseitigt[118].

g) Die *Auflösung* der Aufwertungsreserve ist nur in den in OR 671b aufgeführten Fällen zulässig, vgl. dazu N 35 ff. 317

h) Zusätzlich zur durch OR 671 I Satz 2 bewirkten *Bilanzpublizität* schreibt das Gesetz «Angaben über Gegenstand und Betrag von Aufwertungen» als einen Bestandteil des *Anhangs* vor (OR 663b Ziff. 9). 318

VII. Verschärfte Rechnungslegungsvorschriften und Prüfung von Buchführung und Jahresrechnung

Verstärkt werden die aktienrechtlichen Kapitalschutzbestimmungen durch *verschärfte Vorschriften für die Rechnungslegung* (OR 662a–663b, 663e–663h, dazu § 51) und durch die *Pflicht zur Prüfung von Buchführung und Jahresrechnung* durch die Revisionsstelle (OR 728, dazu § 33 N 6 ff, vgl. auch die weiteren in § 33 umschriebenen Aufgaben der Revisionsstelle, die direkt oder indirekt ebenfalls dem Kapitalschutz dienen). Die Neuordnung in diesen Bereichen bringt auch eine deutliche Verbesserung der *Transparenz* mit sich. 319

---

[116] Vgl. AmtlBull NR *1985* 1721.
[117] Trotz einer Kritik von Hefti im Ständerat, vgl. AmtlBull SR *1988* 502.
[118] Praktisch kann eine Lösung dadurch gefunden werden, dass das Aktienkapital herabgesetzt und gleichzeitig wieder erhöht wird (OR 732 I und dazu § 53 N 332 ff), wobei die Aufwertungsreserve zur Liberierung des neuen Kapitals eingesetzt wird (OR 671b und dazu N 36).

§ 51 Rechnungslegung und Publizität

Literatur: Karl Blumer: Die kaufmännische Bilanz (10. A. Zürich 1989); Max Boemle: Der Jahresabschluss (2. A. Zürich 1993); Ernst Bossard: Zürcher Kommentar zu OR 957–964 (Zürich 1994); A. Cottier: Traité de comptabilité générale (3 Bde Genève 1989); Klaus Dellmann: Bilanzierung nach neuem Aktienrecht (2. A. Bern 1992); Carl Helbling: Bilanz- und Erfolgsanalyse (9. A. Bern/Stuttgart/Wien 1994 = SSTRK 70); Patrick Huser: Anlegerschutz durch Unternehmenspublizität (Diss. Zürich 1994 = SSHW 156); Karl Käfer: Berner Kommentar zu OR 957–964 (2 Bde Bern 1991); Conrad Meyer: Betriebswirtschaftliches Rechnungswesen (Zürich 1992); Revisionshandbuch der Schweiz 1992 (2 Bde Zürich 1992, Standard-Nachschlagewerk); Aldo C. Schellenberg: Rechnungswesen, Grundlagen, Zusammenhänge, Interpretationen (Zürich 1995); Sonderheft: Die neuen Rechnungslegungsvorschriften, EBK-Bulletin 26 (Bern 1995); André Zünd (Hg.): Grundsätze ordnungsgemässer Rechnungslegung (Zürich 1990 = SSTRK 97). – Aus den *Gesamtdarstellungen* zum neuen Aktienrecht vgl. Basler Kommentar zu Art. 662–663h (Neuhaus), 957–964 (Neuhaus) sowie Böckli N 783 ff. – Eine grundlegende theoretische Auseinandersetzung mit den Auswirkungen von Publizitätsnormen für volkswirtschaftlich bedeutsame Gesellschaften findet sich bei Christian J. Meier-Schatz: Wirtschaftsrecht und Unternehmenspublizität (Zürich 1989).

Zur *Konzernrechnungslegung* insbesondere vgl. Böckli N 1177 ff; Boemle (zit. N 1) 397 ff; Helbling (zit. N 1) 141 ff; Conrad Meyer: Konzernrechnung (Zürich 1993 = SSTRK 122); Guy Mustaki: L'obligation d'établir des comptes dans les groupes de sociétés (Diss. Lausanne 1990 = SSTRK 92); Ralph Michael Peterli: Theorie und Praxis der Konzernrechnungslegung und -prüfung in der Schweiz (Diss. oec. Zürich 1994 = Mitteilungen aus dem Handelswissenschaftlichen Seminar der Universität Zürich Bd. 181); Markus Zenhäusern: Konzernrechnungslegung und -prüfung (Diss. Freiburg, Grüsch 1989); Zenhäusern/Bertschinger: Konzernrechnungslegung (Zürich 1993); Sondernummer Konzernrechnung des Schweizer Treuhänder (ST) Heft 5/*1994* (S. 323 ff).

a) Nach OR 957 ist *buchführungspflichtig,* wer «verpflichtet ist, seine Firma in das Handelsregister eintragen zu lassen». Da für die AG der Handelsregistereintrag Entstehungsvoraussetzung ist (OR 643 I, vgl. § 16 N 49), steht auch ihre Buchführungspflicht schon nach dieser allgemeinen Regel fest.

Die Pflicht zur Buchführung wird in OR 957 umschrieben als Pflicht, «diejenigen Bücher ordnungsmässig zu führen, die nach Art und Umfang [des] Geschäftes nötig sind, um die Vermögenslage des Geschäftes und die mit dem Geschäftsbetriebe zusammenhängenden Schuld- und Forderungsverhältnisse sowie die Betriebsergebnisse der einzelnen Geschäftsjahre festzustellen».

Mit der Buchführungspflicht ist gemäss OR 958 I die Pflicht zur Erstellung einer *Bilanz* und einer *«Betriebsrechnung»* (in der Terminologie des Aktienrechts: *Erfolgsrechnung*) verbunden.

b) In OR 958 ff werden *allgemeine,* für alle im Handelsregister Eintragungspflichtigen geltende *Regeln zur kaufmännischen Buchführung* aufgestellt. Diese gelten auch für die AG (OR 662a IV), werden für sie aber ergänzt durch spezifische, präzisere und verschärfte aktienrechtliche Regeln zur Rechnungslegung

§ 51, N 7–11

(OR 662 ff). (In OR 960 III sind die «abweichenden Bilanzvorschriften» für Aktiengesellschaften ausdrücklich vorbehalten.)

7   Die Bestimmungen über die aktienrechtliche Rechnungslegung sind *in den Abschnitt über die Rechte und Pflichten der Aktionäre* (OR 660 ff) *eingefügt.* Diese systematisch erstaunliche und wenig befriedigende Stellung erklärt sich daraus, dass die Rechnungslegung für die Aktionärsrechte von hoher Bedeutung ist: Im Zentrum der Informationsrechte des Aktionärs (die ihrerseits entscheidend sind für die Ausübung seiner Mitwirkungsrechte) steht das Recht auf Bekanntgabe von Jahresrechnung und Jahresbericht (vgl. OR 696, dazu § 40 N 162 ff). Und das Dividendenrecht als wichtigstes Vermögensrecht des Aktionärs hängt vom in der Jahresrechnung ausgewiesenen Bilanzgewinn ab (OR 675 II, dazu § 40 N 27 ff).

8   Die systematische Zuordnung zu den Aktionärsrechten darf jedoch nicht darüber hinwegtäuschen, dass die kaufmännische Buchführung *Schutzfunktionen auch im Interesse Dritter,* d.h. der Gläubiger, Arbeitnehmer und des Staates, erfüllt[1]. Die Buchführungspflicht enthält dadurch eine *öffentlich-rechtliche Komponente*[2], weshalb die gesetzlichen Regeln zur Rechnungslegung *zwingende Minimalbestimmungen* darstellen, von deren Einhaltung auch die Zustimmung sämtlicher Aktionäre nicht dispensiert. Bezeichnend ist denn auch, dass die Nichtbeachtung nicht nur privat-, sondern auch strafrechtliche Sanktionen nach sich ziehen kann (vgl. N 85 ff).

9   c) Im folgenden werden die aktienrechtlichen Vorschriften zur *Rechenschaftsablage* (OR 662–663h) besprochen. Diese erfolgt im sog. *Geschäftsbericht* (vgl. lit. A, N 14 ff), der sich in einen Zahlenteil, die *Jahresrechnung* (vgl. lit. B, N 26 ff) und einen verbalen Teil, den *Jahresbericht* (vgl. lit. D, N 257 ff) gliedert. Zum Zahlenteil gehört unter bestimmten Voraussetzungen auch eine *Konzernrechnung* (vgl. lit. C, N 190 ff).

10 An anderer Stelle – bei der Behandlung der aktienrechtlichen Kapitalschutzbestimmungen – sind die speziellen aktienrechtlichen Bewertungsvorschriften (OR 664–670) und die Pflicht zur Reservebildung (OR 671–674) behandelt worden (vgl. § 50 N 230 ff, 5 ff).

11 d) Im Zuge der Aktienrechtsreform sind die Vorschriften zur Rechnungslegung grundlegend umgestaltet und stark verschärft worden. Die Folge ist eine im Vergleich zum bisherigen Recht *markante Verbesserung der Informationslage* der Aktionäre und allenfalls auch der Gläubiger sowie der Allgemeinheit. Dazu ist freilich festzuhalten, dass die meisten Publikumsgesellschaften die zwingenden Minimalanforderungen des revidierten Rechts schon bisher überschritten haben. Für zahlreiche private Aktiengesellschaften dürften dagegen die neuen Rechnungslegungsvorschriften – allenfalls zusammen mit der Neuordnung für Verwaltungsrat und Revisionsstelle – zu den folgenreichsten Bestimmungen des neuen Aktienrechts gehören.

---

[1]   Vgl. dazu Käfer (zit. N 1) 175.
[2]   Bürgi, Kommentar zu OR 662 f N 19.

e) Auch bei den *Rechnungslegungsvorschriften* hat der Gesetzgeber an der *Einheit des Aktienrechts* festgehalten, mit einer *Ausnahme für die Konzernrechnung*, von deren Erstellung kleinere Gesellschaften befreit sein können (OR 663e II, dazu N 205 ff).   12

Flexible, je nach Grösse und Struktur einer Gesellschaft unterschiedliche Anforderungen an die Rechnungslegung ergeben sich jedoch aus allgemeinen Regeln zur Rechnungslegung: Nach OR 957 sind diejenigen Bücher zu führen, die *«nach Art und Umfang» des Geschäfts* für einen sicheren Einblick in die Vermögenslage erforderlich sind. Auch OR 662a I verlangt, dass die Jahresrechnung so aufzustellen ist, «dass die Vermögens- und Ertragslage der Gesellschaft möglichst zuverlässig beurteilt werden kann», was je nach Komplexität der Geschäftstätigkeit unterschiedliche Anforderungen beinhaltet. Hinzuweisen ist auch auf OR 716a I Ziff. 3, wo eine *Finanzplanung* nur verlangt wird, «sofern diese für die Führung der Gesellschaft notwendig ist». – Differenzierungen nach der Grösse und volkswirtschaftlichen Bedeutung einer AG finden sich sodann im Umfeld der Vorschriften zur Rechnungslegung: bei der *Revision* (vgl. OR 727b, dazu § 32 N 8 ff) und bei der *Offenlegungspflicht* (vgl. OR 697h I, dazu § 48 N 57 ff).   13

A. Der Geschäftsbericht

a) Zur *ordentlichen Berichterstattung* an die GV (vgl. OR 698 II Ziff. 3 und 4, dazu § 22 N 33 ff) und die Aktionäre (vgl. OR 696, dazu § 40 N 162 ff) sowie ausnahmsweise die Allgemeinheit (OR 697h, dazu § 48 N 57 ff) hat der Verwaltungsrat «für jedes Geschäftsjahr einen Geschäftsbericht» zu erstellen (OR 662 I). Dieser setzt sich zusammen aus dem Jahresbericht, der Jahresrechnung und einer allfälligen Konzernrechnung. Die Jahresrechnung ihrerseits hat zwingend aus Bilanz, Erfolgsrechnung und Anhang zu bestehen (OR 662 II). Die gleiche Gliederung gilt – obwohl das Gesetz dies nicht ausdrücklich sagt – auch für eine allfällige Konzernrechnung.   14

Vorzulegen sind also die folgenden Dokumente: 15

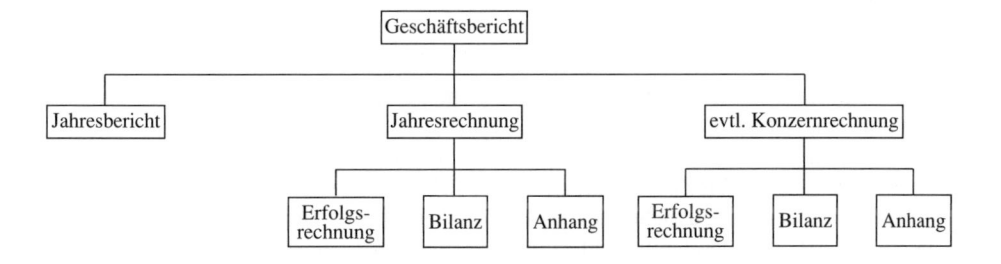

16 Auf die Elemente des Geschäftsberichts wird im folgenden (lit. B–D) im einzelnen eingetreten. Allgemein charakterisieren sie sich wie folgt:

17 – Der *Jahresbericht* ist die verbale Berichterstattung, in welcher der Verwaltungsrat über den «Geschäftsverlauf sowie die wirtschaftliche und finanzielle Lage der Gesellschaft» (OR 663d I) orientiert.

18 – Die *Bilanz* (OR 663a) soll über die Vermögenslage der Gesellschaft zu einem bestimmten Zeitpunkt, dem Bilanzstichtag[3], informieren, indem darin das (Brutto-)Vermögen, die «Aktiven» auf der einen Seite, und die «Passiven», d. h. das Eigenkapital der Gesellschaft und ihre Schulden, auf der anderen Seite einander gegenübergestellt werden.

19 – Die *Erfolgsrechnung* (OR 663) rapportiert über die erfolgswirksamen Vorgänge des Rechnungsjahres, d. h. über die während des Jahres erzielten Erträge und den Aufwand. Während die Bilanz auf einen Stichtag bezogen ist, orientiert die Erfolgsrechnung über den Geschäftsverlauf in einem bestimmten Zeitraum, dem Geschäftsjahr. Aus dem Saldo von Ertrag und Aufwand ergibt sich der Jahresgewinn oder -verlust (OR 663 IV).

20 – Zusätzliche Informationen, die aus Bilanz und Erfolgsrechnung nicht hervorgehen, aber für die Beurteilung der Vermögens- und Ertragslage der Gesellschaft von Bedeutung sind, vermittelt der *Anhang* (OR 663b f).

21 – Mit der *Konzernrechnung* (OR 663e ff) endlich wird dem Umstand Rechnung getragen, dass rechtlich selbständige Gesellschaften wirtschaftlich eine Einheit bilden können, die vermögensmässig als Ganzes und unter Eliminierung der internen Beziehungen zu beurteilen ist.

22 Bei der Verwendung von Literatur und Judikatur aus der Zeit vor der Aktienrechtsreform ist zu beachten, dass die *Terminologie geändert* hat: Der heutige *Jahresbericht* hiess bisher *Geschäftsbericht* (vgl. OR *1936* Art. 724), und ein Oberbegriff für das gesamte Informationswerk fehlte. Die *Erfolgsrechnung* hiess *Gewinn- und Verlustrechnung* (OR *1936*, Marginale zu Art. 662), der *Bilanzgewinn* wurde *Reingewinn* genannt (OR *1936* Art. 660 I, 662 I).

23 b) Der Geschäftsbericht ist *schriftlich zu erstatten*. Das Gesetz sagt dies zwar nicht ausdrücklich, setzt es aber an verschiedenen Orten voraus[4].

24 c) Verlangt ist eine *jährliche Berichterstattung*[4a].

25 *Zwischenberichte* fordert das Aktienrecht – mit einer allfälligen Ausnahme bei der Kapitalerhöhung (vgl. OR 652a I Ziff. 5, dazu § 52 N 102 ff) – keine. Publikumsgesellschaften sehen aber regelmässig eine *halb- oder gar vierteljährliche Zwischenberichterstattung* in stark vereinfachter Form vor, und eine solche wird von Finanzanalysten ultimativ verlangt. Nach dem voraussichtlich 1996 in Kraft tretenden neuen Kotierungsreglement sollen halbjährliche Zwischenberichte *Voraussetzung für die Börsenkotierung* sein[4b], und

---

[3] In der Regel der letzte Tag des Geschäftsjahres.
[4] Vgl. die Pflicht zur Auflage nach OR 696 und zur Zustellung nach OR 697h.
[4a] OR 662 I; dazu (und zu möglichen Ausnahmen) vgl. BGE 119 Ib 114 f.
[4b] Darüber hinaus müssen sog. «kursrelevante Tatsachen» laufend und unverzüglich bekanntgegeben werden (sog. Ad-hoc- oder Folgepublizität).

für *Banken* verlangt BankG 6 III vierteljährliche Zwischenabschlüsse (mit einer Ausnahme für sehr kleine Institute).

B. *Die Jahresrechnung*

Die Jahresrechnung gliedert sich – wie erwähnt – in Erfolgsrechnung, Bilanz und Anhang (vgl. Ziff. II–IV). Nicht verlangt – aber in der Praxis zumindest bei komplexeren Verhältnissen mehr und mehr verbreitet – ist eine sog. Mittelflussrechnung (vgl. Ziff. V). Für alle Bestandteile der Jahresrechnung gelten gemeinsame allgemeine Regeln (vgl. Ziff. I).

I. Allgemeine Regeln zur Rechnungslegung

1. Übersicht zu den rechtlichen Vorschriften

Allgemeine Grundsätze zur Rechnungslegung, die für alle Buchführungspflichtigen gelten, finden sich in OR 959–964. Das Aktienrecht konkretisiert und verschärft die allgemeinen Vorschriften zum einen durch Ausführungen zur ordnungsmässigen Rechnungslegung (OR 662a), zum anderen durch inhaltliche Mindestvorschriften für Erfolgsrechnung, Bilanz und Anhang (OR 663–663c).

Branchenspezifische Spezialbestimmungen finden sich etwa im BankG, im AFG, im VAG und den dazugehörigen Verordnungen.

2. Die Zielsetzung

Nach OR 959 soll die Rechnungslegung so erfolgen, dass «die Beteiligten einen möglichst sicheren Einblick in die wirtschaftliche Lage des Geschäftes erhalten». OR 662a I wiederholt dieses Postulat und verlangt, es sei die Jahresrechnung so aufzustellen, «dass die Vermögens- und Ertragslage der Gesellschaft möglichst zuverlässig beurteilt werden kann». Durch neue Vorschriften zu Mindestgliederung und -inhalt verfolgt das revidierte Aktienrecht diese Zielsetzung weit konsequenter als das bisherige.

Doch ist eine grundlegende *Einschränkung* zu machen: Durch die Bildung *stiller Reserven* kann die Vermögens- und Ertragslage einer Gesellschaft auch unter revidiertem Recht verschleiert werden (vgl. § 50 N 83 ff). Verhindert wird nur, dass durch deren Auflösung ohne entsprechende Offenlegung ein zu positives Bild gezeichnet wird. Statt einer sicheren Beurteilungsbasis will das schweizerische Recht mithin nur *Schönfärberei verhindern*, während es weiterhin *zulässt, dass eine Gesellschaft ihre finanzielle Lage zu schlecht darstellt*. Dies widerspricht nicht nur den Postulaten von OR 959 und 662a I, sondern auch der in ausländischen Rechten üblichen Verpflichtung, eine «*true and fair view*» zu vermitteln. In der Rechts- wie auch der Betriebswirtschaftslehre wird dieser Umstand zu Recht kritisiert.

31   Ganz belanglos ist das Postulat, durch die Rechnungslegung einen sicheren Einblick in die wirtschaftliche Lage zu vermitteln, freilich auch im Hinblick auf die stillen Reserven nicht: Zum einen wird die Bildung stiller Reserven gesetzlich immerhin etwas eingeschränkt (vgl. § 50 N 82 ff), und zum andern verlangen Lehre und Praxis, dass die Positionen, bei denen stille Reserven gebildet werden, in der Jahresrechnung wenigstens angedeutet werden: Unzulässig ist die Bildung stiller Reserven durch Verbuchung fiktiver Passiven oder Nichtverbuchung von Aktiven oder Erträgen (vgl. § 50 N 90).

3. Grundsätze ordnungsgemässer Rechnungslegung

32   a) OR 959 verlangt, dass die Jahresrechnung «nach allgemein anerkannten kaufmännischen Grundsätzen» aufgestellt wird, und das revidierte Aktienrecht spricht – in etwas modernerer Sprache, aber mit gleichem Inhalt – von den «Grundsätzen der ordnungsmässigen Rechnungslegung» (OR 662a I). Diese – in der betriebswirtschaftlichen Lehre und Praxis gebildeten – Prinzipien werden in OR 662a II in einer exemplifikativen Liste enumeriert:

33   «Die ordnungsmässige Rechnungslegung erfolgt insbesondere nach den Grundsätzen der:

34   1. Vollständigkeit der Jahresrechnung;
2. Klarheit und Wesentlichkeit der Angaben;
3. Vorsicht;
4. Fortführung der Unternehmenstätigkeit;
5. Stetigkeit in Darstellung und Bewertung;
6. Unzulässigkeit der Verrechnung von Aktiven und Passiven sowie von Aufwand und Ertrag.»[5]

35   Im einzelnen folgendes:

36   b) Der Grundsatz der *Vollständigkeit* verlangt, dass *sämtliche bilanzpflichtigen Aktiven und Passiven* in der Bilanz aufgeführt werden[6].

37   Der Grundsatz der Vollständigkeit gilt auch für den *Anhang*, d. h. es müssen sämtliche in OR 663b genannten Umstände erwähnt werden, soweit sie für die Gesellschaft zutreffen.

38   Vollständigkeit bedeutet nicht, dass Aktiven nicht in Sammelpositionen zusammengefasst werden können. Vielmehr zeigen schon die Vorschriften über die Mindestgliederung (OR 663, 663a), dass das Gesetz sich mit der Bekanntgabe einiger weniger Posten begnügt.

39   c) Der Grundsatz der *Klarheit* der Angaben verlangt eine übersichtliche Darstellung und Gliederung in einer Form, die es dem buchhalterisch Geschulten

---

[5]   Empfehlungen und Erläuterungen zu den – dort entsprechend den Postulaten in der Lehre richtigerweise differenzierten – «Grundlagen und Grundsätzen» ordnungsmässiger Rechnungslegung finden sich in FER Nr. 3 (zu den FER vgl. N 170 ff).

[6]   Daher ist – wie erwähnt – die Bildung stiller Reserven durch ein *Verschweigen von Aktiven* nicht zulässig (vgl. § 50 N 90). Zumindest mit einem Merkfranken oder als «p. m.» (pro memoria-Position) müssen alle Aktiven erwähnt sein.

erlaubt, die Abschlussrechnung zu verstehen. Insbesondere sind die Positionen richtig und allgemein verständlich zu bezeichnen und sollen nur gleichartige Positionen zusammengefasst werden. Sinnvoll kann eine angemessene Rundung der Beträge sein.

Der Grundsatz der *Wesentlichkeit* (materiality) besagt, dass alle Informationen, durch welche die Adressaten der Jahresrechnung «in ihren Entscheiden gegenüber der Gesellschaft beeinflusst werden können»[7], aufgeführt werden sollen, während umgekehrt Tatsachen, welche für die Entscheidfindung nicht von Bedeutung sind, weggelassen werden dürfen und sollen. 40

Es ist also «danach zu fragen, ob eine bestimmte Angabe den Adressaten der Jahresrechnung dazu veranlassen könnte, sich ein anderes Urteil über die Vermögens- und Ertragslage der Gesellschaft zu machen»[8]. 41

d) Nach dem Grundsatz der *Vorsicht* ist von zwei denkbaren Werten jeweils der für die Gesellschaft ungünstigere zu wählen und bei zwei möglichen Entwicklungen auf die weniger vorteilhafte abzustellen. 42

Konkretisierungen des Vorsichtsprinzips sind etwa das *Imparitätsprinzip,* das damit verbundene *Realisationsprinzip* (vgl. § 50 N 231) und das z. B. in OR 666 II verankerte *Niederstwertprinzip* (dazu § 50 N 265 ff). 43

Die Beachtung des Vorsichtsprinzips führt zu stillen *Ermessensreserven* (vgl. § 50 N 71), während *Willkürreserven* erst entstehen, wenn über das durch die Vorsicht Gebotene hinausgegangen wird. 44

e) Auszugehen ist – wenn kein Anlass für eine abweichende Annahme besteht – von der *zeitlich unbeschränkten Fortführung der Unternehmenstätigkeit,* bei der das Unternehmen als Ganzes (als «going concern») erhalten bleibt. 45

f) Das Gesetz verlangt sodann *«Stetigkeit in Darstellung und Bewertung».* 46

Es gibt meist mehrere Möglichkeiten, einen Gegenstand zu bewerten, und die Jahresrechnung kann – im Rahmen der gesetzlichen Mindestvorschriften – auf sehr unterschiedliche Weise präsentiert werden. Durch das Prinzip der Stetigkeit soll sichergestellt werden, dass jeweils dieselben Regeln angewendet werden, damit der *Vergleich* der Rechnungen mehrerer Jahre möglich ist. 47

Der Vergleichbarkeit dient auch, dass in der Jahresrechnung die *Vorjahreszahlen* anzugeben sind (OR 662a I, dazu N 75 f). 48

g) Durch das in OR 662a II Ziff. 6 aufgeführte *Verrechnungsverbot* wird das sog. *Bruttoprinzip* gesetzlich vorgeschrieben: Aktiven und Passiven bzw. Aufwand und Ertrag dürfen nicht miteinander verrechnet und als blosser Saldoposten angeführt werden. 49

Das Verrechnungsverbot untersagt jedoch nicht direkte Abschreibungen und Wertberichtigungen, durch die der in Frage stehende Vermögenswert jeweils nur noch mit dem verbleibenden Restwert bilanziert wird. Darüber hinaus wird man Verrechnungen von 50

---

[7] FER Nr. 3 Ziff. 9. Ähnlich ist die Umschreibung in BankV 24 III.
[8] Revisionshandbuch (zit. N 1) I 84.

eng miteinander verbundenen Positionen – etwa des Bruttokaufpreises mit den üblichen Preisnachlässen – auch weiterhin zulassen. Unzulässig wären dagegen etwa die Verrechnung von Verkaufserlös und Produktionskosten oder von Aktiv- und Passivzinsen.

51 h) Die Aufzählung von OR 662a II ist *nicht abschliessend*[9].

52 Nicht eigens erwähnt wird etwa das Erfordernis einer *periodengerechten Abgrenzung* aller Aufwendungen und Erträge, ohne die eine korrekte Aussage über das Ergebnis eines Geschäftsjahres unmöglich ist.

53 Wurde etwa in einem Geschäftsjahr bereits die Miete für das nächste Jahr bezahlt, dann ist für den Jahresabschluss der Mietaufwand entsprechend zu reduzieren[10]. Haben Dritte Leistungen, welche die AG erst im nächsten Geschäftsjahr erbringen wird, bereits im voraus bezahlt, dann ist dieser noch nicht verdiente Erlös durch eine Abgrenzungsposition zu kompensieren[11]. Auch Abschreibungen, Wertberichtigungen und Rückstellungen dienen dazu, die periodengerechte Zuweisung von Aufwand zu gewährleisten.

54 Im Aktienrecht nicht erwähnt ist sodann der im Marginale zu OR 959 erwähnte Begriff der *Bilanzwahrheit*, doch schlägt er sich indirekt im Gesetz nieder:

55 – Als sog. *formelle Bilanzwahrheit* wird das Erfordernis der *Vollständigkeit* und rechnerischen Korrektheit bezeichnet.

56 – Das Postulat der *materiellen Wahrheit* kommt zum Ausdruck in der Zielsetzung, eine zuverlässige Beurteilung der Vermögens- und Ertragslage der Gesellschaft zu erlauben.

57 In der neueren Lehre wird der Begriff der Bilanzwahrheit zum Teil abgelehnt, weil sie nur immer eine *relative* Wahrheit sein könne. Man zieht es vor, von der weniger anspruchsvollen Zielsetzung einer «true and fair view» zu sprechen. Dass diese freilich durch die Ordnung des schweizerischen Rechts – besonders wegen der Möglichkeit einer weitgehenden Bildung von *stillen Willkürreserven* – nicht gewährleistet ist (vgl. § 50 N 73 ff), sei nochmals erwähnt.

58 i) OR 662a III erlaubt «in begründeten Fällen» Abweichungen von einzelnen der in Abs. II davor genannten Grundsätze.

59 So kann – und soll – vom Grundsatz der *Unternehmensfortführung* abgewichen werden, wenn die Liquidation der AG bzw. ihrer Unternehmung bevorsteht.

60 Eine Abweichung vom Grundsatz der *Stetigkeit* kann gerechtfertigt sein, wenn eine neue, aussagekräftigere Bewertungsmethode eingeführt wird.

61 Und schliesslich mögen ausnahmsweise auch *Abweichungen vom Verrechnungsverbot* gerechtfertigt sein[12].

---

9 Vgl. OR 662a II a. A.: «insbesondere».
10 Dies erfolgt durch Einbuchung eines sog. *«transitorischen Aktivums»*: Die bereits im voraus für eine nächste Periode bezahlte Miete wird «aktiviert», d. h. es wird ein entsprechender Betrag auf der Aktivseite der Jahresrechnung aufgeführt.
11 Transitorisches Passivum.
12 Auch ohne besonderen Grund dürfte die Verrechnung kleiner, *unwesentlicher* Positionen zulässig sein (dies folgt aus dem Grundsatz der Wesentlichkeit, OR 662a II Ziff. 2).

Die Abweichungen «sind im Anhang darzulegen» (OR 662a III)[13], d. h. nicht nur zu erwähnen und zu beziffern, sondern auch zu *begründen*.

Keine Abweichungen sind nach OR 662a III zulässig mit Bezug auf die Grundsätze der Vollständigkeit, der Klarheit und Wesentlichkeit sowie der Vorsicht.

4. *Abweichungen von den gesetzlichen Vorschriften*

a) OR 663h II erlaubt die Anpassung der Jahresrechnung an die «Besonderheiten des Unternehmens». Dabei sind jedoch die Grundsätze der ordnungsmässigen Rechnungslegung zu beachten und muss der gesetzlich vorgeschriebene Mindestinhalt erhalten bleiben.

Die Bestimmung scheint kaum mehr auszudrücken als die Selbstverständlichkeit, dass die Gesellschaften im Rahmen des zwingenden Rechts ihre Jahresrechnung frei und entsprechend ihren Bedürfnissen gestalten können. In den Worten der Botschaft soll sie «die notwendige Elastizität der Rechnungslegungsvorschriften gewähren»[14]. Klar wird dadurch jedenfalls, dass die gesetzlichen Regeln für die Mindestgliederung von Erfolgsrechnung und Bilanz und für die Gestaltung des Anhangs nicht telquel übernommen werden müssen, sondern dass – immer unter Beibehaltung des zwingenden Mindestinhalts – Anpassungen an die Bedürfnisse einer Branche bzw. Gesellschaft zulässig sind. Aufgrund der obersten Zielsetzung – einen sicheren Einblick in die Vermögenslage zu gewähren – können sich solche Anpassungen sogar aufdrängen.

b) Bedeutsamer ist OR 663h I: «In der Jahresrechnung, im Jahresbericht und in der Konzernrechnung kann auf Angaben verzichtet werden, welche der Gesellschaft oder dem Konzern erhebliche Nachteile bringen können.»

Die Bestimmung ist verwandt mit derjenigen von OR 697 II, wonach die Auskunft an Aktionäre verweigert werden darf, wenn dadurch «schutzwürdige Interessen der Gesellschaft gefährdet» würden (dazu § 40 N 175 ff). Vorausgesetzt ist, dass durch die Weglassung der Gesellschaft *«erhebliche»*, also nicht bloss geringfügige *Nachteile* erspart bleiben[15]. Darüber hinaus wird man fordern, dass es sich nicht um Nachteile handelt, die der Gesellschaft durch das Gesetz bewusst zugemutet werden[16].

Über die Gründe der Weglassung ist die Revisionsstelle zu unterrichten (OR 663h I). Diese hat die Gesetzmässigkeit zu prüfen (OR 728 I und dazu § 33 N 10). Erscheint die Weglassung nicht als gerechtfertigt, ist der GV allenfalls Antrag zu

---

[13] So ist etwa eine Umstellung in den Bewertungsmethoden offenzulegen.
[14] Botschaft 147.
[15] Die Bestimmung ist daher mit grosser Zurückhaltung zu handhaben.
[16] Wenn etwa in OR 663c die Bekanntgabe der Grossaktionäre verlangt wird, dann darf diese nicht unterbleiben mit dem Hinweis darauf, es sei für eine Gesellschaft von Nachteil, wenn bekannt werde, dass sie von einem Hauptaktionär beherrscht sei. Der Gesetzgeber hat die Interessenabwägung hier selbst vorgenommen und entschieden, dass dieser Nachteil im Interesse der Transparenz von Publikumsgesellschaften zu tragen sei.

stellen, die Jahresrechnung nur mit einer Einschränkung zu genehmigen oder gar zurückzuweisen (vgl. OR 729 I, dazu § 33 N 39 ff).

69 Zu betonen ist, dass OR 663h I ausschliesslich den *Verzicht auf Angaben* erlaubt, nicht dagegen andere Abweichungen von den gesetzlichen Vorschriften. Dies beeinflusst auch die Möglichkeiten, auf Angaben zu verzichten[17].

5. Formelle Anforderungen

70 Das Gesetz stellt einige formelle Anforderungen an die Jahresrechnung auf:

71 a) Die Jahresrechnung (nicht aber die laufende Buchhaltung) muss gemäss OR 960 I *in Landeswährung* aufgestellt werden.

72 Forderungen und Kassabestände in fremder Währung sind daher umzurechnen[18].

73 b) OR 961 schreibt im Sinne einer Ordnungsvorschrift vor, dass die Bilanz «von den mit der Geschäftsführung betrauten Personen zu unterzeichnen» ist. Damit wird die Richtigkeit der Bilanz bestätigt und die Verantwortung klargelegt.

74 Als «mit der Geschäftsführung betraute Personen» sind nicht sämtliche Zeichnungsberechtigte zu verstehen, sondern nur Mitglieder des Verwaltungsrates und Personen, an welche der Verwaltungsrat die Geschäftsführung im Sinne von OR 716b delegiert hat.

75 c) OR 662a I verlangt die Angabe der *Vorjahreszahlen*, «damit zwischenzeitliche Vergleiche erleichtert werden»[19].

76 Sind die Vorjahreszahlen aus irgendeinem Grund nicht vergleichbar, wird also vom Grundsatz der Stetigkeit der Darstellung abgewichen, dann ist dies im Anhang zu erwähnen und zu begründen (OR 662a III).

77 d) Hinsichtlich des *Zeitraumes,* innerhalb dessen die Jahresrechnung zu erstellen ist, verweist OR 958 II auf den «ordnungsmässigen Geschäftsgang». Im Aktienrecht ergeben sich verschärfte Anforderungen aus dem Umstand, dass die ordentliche GV «innerhalb sechs Monaten nach Schluss des Geschäftsjahres» stattfinden muss (OR 699 II) und dass der Geschäftsbericht spätestens zwanzig Tage vor dieser GV am Gesellschaftssitz zur Einsicht aufzuliegen hat (OR 696 I).

---

17 Wird etwa über die Auflösung stiller Reserven nicht gemäss OR 663b Ziff. 8 orientiert, dann beinhaltet dies nicht nur einen Informationsverzicht, sondern es wird zugleich der Geschäftserfolg zu positiv dargestellt und dadurch das Postulat der korrekten oder jedenfalls nicht beschönigten Wiedergabe der Ertragslage verletzt.
18 Vgl. dazu FER Nr. 4: «Fremdwährungsumrechnung bei der Konsolidierung von Jahresrechnungen in fremder Währung». Zu den FER vgl. N 170 ff.
19 Botschaft 142.

6. Aufbewahrungs- und Editionspflichten

a) Der zur kaufmännischen Buchführung Verpflichtete – also auch die AG – hat die Geschäftsbücher, Korrespondenz und die Buchungsbelege während zehn Jahren *aufzubewahren* (OR 962 I, zum Beginn der Zehnjahresfrist vgl. OR 962 III)[20].

Während früher die Belege im Original aufbewahrt werden mussten und Mikrofilme Dokumente nicht ersetzen konnten, verlangen die auf den 1. Juli 1976 in Kraft gesetzten revidierten Bestimmungen von OR 962 und 963 nur noch die Aufbewahrung von Betriebsrechnung und Bilanz – bei der AG also der Jahresrechnung – im Original. Für die übrigen Geschäftsbücher reichen Aufzeichnungen auf Bildträgern, für Geschäftskorrespondenz und Buchungsbelege Aufzeichnungen auf Bild- oder Datenträgern, sofern zwei Voraussetzungen erfüllt sind: Die Aufzeichnungen müssen mit den Unterlagen übereinstimmen, und sie müssen jederzeit lesbar gemacht werden können (OR 962 II)[21]. Es ist also zulässig, die Geschäftsbücher (zum Begriff vgl. OR 957) auf Mikrofilm zu speichern und Buchungsbelege nur auf Datenträgern aufzubewahren.

Wenn für die Jahresrechnung die Aufbewahrung «im Original» verlangt wird, dann ist darauf hinzuweisen, dass bei der Speicherbuchführung der Ausdruck eigentlich nicht das Original darstellt und es ein direkt lesbares Original nicht gibt. Das Gesetz meint aber offenbar die Aufbewahrung auf Papier, da sonst der Unterzeichnungspflicht nach OR 961 nicht nachgekommen werden könnte.

Die Aufbewahrung soll namentlich der *Beweissicherung* dienen. OR 962 IV bestimmt dazu ausdrücklich, dass Aufzeichnungen auf Bild- oder Datenträgern «die gleiche Beweiskraft wie die Unterlagen selbst» haben. Kantonale Prozessordnungen dürfen also diese Aufzeichnungen als Beweismittel nicht anders behandeln als die Originale selbst.

b) In Prozessen kann der Richter verfügen, dass Geschäftsbücher, Korrespondenz und Buchungsbelege vorzulegen sind (OR 963 I). Diese *Editionspflicht* besteht auch dann, wenn der zur Führung der Bücher Verpflichtete selber nicht am Rechtsstreit beteiligt ist[22]. Verlangt ist nur, dass die Streitigkeiten mit dem Geschäft zusammenhängen und dass ein schutzwürdiges Interesse an der Edition glaubhaft gemacht wird.

c) Im übrigen besteht *keine allgemeine Pflicht, Bücher und Jahresrechnungen Dritten zugänglich zu machen*. Dieser Grundsatz wird freilich durch Ausnahmen durchbrochen, vgl. § 48, insbes. N 9 ff, 57 ff.

---

[20] Aus Gründen der Beweissicherung kann ein Bedürfnis nach längerer Aufbewahrung bestehen, etwa bei langfristigen Verträgen oder im Hinblick auf steuerrechtliche Verjährungsfristen von mehr als zehn Jahren.
[21] Zur Umsetzung dieser Regeln auf das mittels EDV geführte Rechnungswesen vgl. Bruno Wildhaber: Informationssicherheit, rechtliche Grundlagen und Forderungen an die Praxis (Diss. Zürich 1993 = CuR 26) 78 ff.
[22] Vgl. SJZ *1968* Nr. 98 S. 141; BGE 71 II 244 f.

7. Verantwortung und strafrechtlicher Schutz

84 a) Nach OR 716a I Ziff. 6 ist der Verwaltungsrat verantwortlich für den Geschäftsbericht und damit auch für die Jahresrechnung (vgl. dazu § 30 N 52 f). Die Missachtung der Pflicht zur ordnungsgemässen Erstellung der Jahresrechnung kann zur persönlichen Verantwortung im Sinne von OR 754 (dazu § 36 und § 37 N 20 ff, insbes. 29) führen.

85 b) OR 964 behält ausdrücklich «Strafbestimmungen über die Verletzung der Pflicht zur Buchführung sowie zur Aufbewahrung von Geschäftsbüchern und Geschäftskorrespondenzen» vor.

86 Aus dem allgemeinen Strafrecht sind etwa zu erwähnen
- StGB 152: Unwahre Angaben über kaufmännische Gewerbe,
- StGB 153: Unwahre Angaben gegenüber Handelsregisterbehörden,
- StGB 163: Betrügerischer Konkurs,
- StGB 166: Unterlassung der Buchführung,
- StGB 170: Erschleichung eines gerichtlichen Nachlassvertrages,
- StGB 251: Urkundenfälschung,
- StGB 325: Ordnungswidrige Führung der Geschäftsbücher (und Verletzung der Aufbewahrungspflicht).

87 Zu beachten sind sodann die besonderen Tatbestände des *Steuerstrafrechts*[23].

88 Vgl. dazu Niklaus Schmid: Aktuelle Fragen und Tendenzen bei der strafrechtlichen Ahndung von Buchführungs- und Bilanzmanipulationen, SAG *1980* 142 ff; Erich Stieger: Buchführungsdelikte. – Strafbare Handlungen im Zusammenhang mit der kaufmännischen Buchführung nach Art. 957–962 OR und Art. 662–670 OR und ihre Erfassung durch das StGB (Diss. Zürich 1975); Sibylle Zweifel: Buchführungsdelikte mittels EDV und Massnahmen zu deren Verhinderung (Diss. oec. Zürich 1984 = CuR 14). Als Beispiele aus der Praxis vgl. etwa BGE 103 IV 176 (Fälschung der Buchhaltung zum Zwecke der Steuerhinterziehung), 108 IV 25 ff (Falschbeurkundung durch Wechsel- und Checkreiterei), 117 IV 163 ff, 449 ff (Unterlassung der Buchführung).

II. Gliederung und Mindestinhalt der Erfolgsrechnung (OR 663)

89 a) OR 663 I verlangt eine Gliederung in drei Bereiche sowohl für die Erträge wie auch für den Aufwand: Zu unterscheiden sind *«betriebliche und betriebsfremde sowie ausserordentliche Erträge und Aufwendungen»*.

90 *Betrieblich* sind Aufwendungen und Erträge aus der ordentlichen, im Rahmen des Gesellschaftszwecks ausgeübten Tätigkeit, *betriebsfremd* dagegen jene, die nicht mit der ordentlichen Geschäftstätigkeit zusammenhängen oder die sich aus nicht betriebsnotwendigen Aktiven ergeben.

91 Bei Industrieunternehmen etwa sind betrieblich Aufwand und Ertrag aus der Produktion, betriebsfremd dagegen die Gewinne und Verluste, die aus einem als Kapitalanlage

---

[23] Die Steuererlasse enthalten regelmässig eigene Strafbestimmungen, vgl. etwa MWSTV 60 ff.

gehaltenen Wertschriftenportefeuille hervorgehen. Bei einem Dienstleistungsunternehmen sind betrieblich die Honorareinnahmen und der Personalaufwand, nichtbetrieblich die aus einer im Eigentum der AG befindlichen Wohnliegenschaft erzielten Mietzinsen.

Ordentliche Aufwendungen und Erträge sind – in den Worten der Botschaft[24] – solche, die «wiederkehrend» sind, *ausserordentliche* solche, die «nicht wiederkehrend» sind. Sowohl betriebliche wie betriebsfremde Erträge und Aufwendungen können ordentlich oder ausserordentlich sein. 92

Ausserordentliche betriebliche Erträge entstehen etwa bei der Veräusserung der Produktionsanlage (nicht dagegen bei einer Veräusserung einzelner Maschinen im Rahmen der normalen Erneuerung), ausserordentliche nicht betriebliche Erträge bei der Veräusserung einer zu Anlagezwecken gehaltenen Liegenschaft. 93

Die entsprechenden Positionen von Aufwand und Ertrag sind jeweils einander gegenüberzustellen. 94

b) OR 663 II schreibt eine Mindestgliederung für die Erträge vor: «Unter Ertrag werden der Erlös aus Lieferungen und Leistungen, der Finanzertrag sowie die Gewinne aus Veräusserungen von Anlagevermögen gesondert ausgewiesen.» Die Gliederung ist bei jeder der in OR 663 I genannten Ertragsarten einzuhalten. 95

Erlös aus *Lieferungen und Leistungen* entsteht aus der Tätigkeit der Unternehmung – aus Produktion, Vertrieb, Dienstleistung usw. 96

Der *Finanzertrag* umfasst etwa im betrieblichen Bereich die Zinsen aus den bei einer Bank für die Abwicklung des Zahlungsverkehrs unterhaltenen Kontobeziehungen, im ausserbetrieblichen Bereich Dividenden und Kursgewinne aus Wertschriften, die zu Anlagezwecken gehalten werden. 97

Gewinne aus Veräusserungen von Anlagevermögen werden nicht selten ausserordentlich sein; ordentlich ist jedoch der Erlös, der im Rahmen des normalen Ersatzes alter Maschinen, Fahrzeuge usw. durch neue anfällt. 98

c) Entsprechend bestimmt OR 663 III für den *Aufwand:* «Unter Aufwand werden Material- und Warenaufwand, Personalaufwand, Finanzaufwand sowie Aufwand für Abschreibungen gesondert ausgewiesen.» 99

Material-, Waren- und Personalaufwand ist erforderlich für die Leistungserstellung im Unternehmen, ebenso – im Rahmen der Fremdfinanzierung – Finanzaufwand. Von den Abschreibungen zu unterscheiden sind die *Rückstellungen.* Diese werden sinnvollerweise in einer Position *«übriger Aufwand»* aufgeführt, die zwar im Gesetz nicht genannt ist, meist aber erforderlich sein wird. 100

d) Als Konsequenz aus der Gegenüberstellung von Aufwendungen und Erträgen zeigt die Erfolgsrechnung «den Jahresgewinn oder den Jahresverlust» (OR 663 IV). 101

---

[24] S. 144.

102   e) Das Gesetz schreibt damit folgende *Mindestgliederung*[25] vor:

Aufwand
Betrieblicher Aufwand
– Betrieblicher Material- und Warenaufwand
– Betrieblicher Personalaufwand
– Betrieblicher Finanzaufwand
– Ordentliche Abschreibungen auf dem betriebsnotwendigen Vermögen
– Übriger Betriebsaufwand (z. B. Rückstellungen, etwa solche für Steuern)
Betriebsfremder Aufwand
– Material- und Warenaufwand aus betriebsfremder Tätigkeit
– Personalaufwand aus betriebsfremder Tätigkeit
– Finanzaufwand aus betriebsfremder Tätigkeit
– Ordentliche Abschreibungen auf nicht betriebsnotwendigem Vermögen
– Übriger betriebsfremder Aufwand
Ausserordentlicher Aufwand
– Ausserordentlicher Material- und Warenaufwand
– Ausserordentlicher Personalaufwand
– Ausserordentlicher Finanzaufwand
– Ausserordentliche Abschreibungen
– Übriger ausserordentlicher Aufwand
<u>Jahresgewinn</u>
Total Aufwand

Ertrag
Betrieblicher Ertrag
– Erlös aus Lieferungen und Leistungen
– Finanzertrag auf betrieblichen Aktiven
– Gewinne aus der Veräusserung von betrieblich genutztem Anlagevermögen (soweit wiederkehrend)
– Übriger Betriebsertrag
Betriebsfremder Ertrag
– Erlös aus Lieferungen und Leistungen im nicht betrieblichen Bereich
– Finanzertrag aus nicht betriebsnotwendigen Aktiven
– Gewinne aus Veräusserung von nicht betriebsnotwendigem Anlagevermögen
– Übriger betriebsfremder Ertrag
Ausserordentlicher Ertrag
– Ausserordentlicher Erlös aus Lieferungen und Leistungen
– Ausserordentlicher Finanzertrag
– Ausserordentliche Gewinne aus der Veräusserung von Anlagevermögen
– Übriger ausserordentlicher Ertrag
<u>Jahresverlust</u>
Total Ertrag

---

[25]   Vgl. Revisionshandbuch (zit. N 1) I 103 f. Ein besonderes Schema gilt für Bankaktiengesellschaften, vgl. BankV 25a und Sonderheft (zit. N 1) 96 ff.

Im Rahmen dieser Mindestpositionen ist eine Zusammenfassung untersagt, ebenso natürlich die Verrechnung von Aufwand- und Ertragsposten. 103

Von selbst versteht sich, dass nur diejenigen Positionen aufgeführt werden müssen, bei denen Aufwand oder Ertrag entstanden ist. 104

III. Gliederung und Mindestinhalt der Bilanz (OR 663a)

a) «Die Bilanz weist das Umlaufvermögen und das Anlagevermögen, das Fremdkapital und das Eigenkapital aus.» (OR 663a I). 105

Zu den Begriffen Anlage- und Umlaufvermögen vgl. § 49 N 14, zu den Begriffen Eigen- und Fremdkapital § 49 N 2 ff. 106

b) Für die Aktivseite der Bilanz wird in OR 663a II weiter verlangt: «Das Umlaufvermögen wird in flüssige Mittel, Forderungen aus Lieferungen und Leistungen, andere Forderungen sowie Vorräte unterteilt, das Anlagevermögen in Finanzanlagen, Sachanlagen und immaterielle Anlagen.» 107

Mit «flüssigen Mitteln» sind sofort verfügbare Geldmittel gemeint, also der Kassabestand, Postcheckguthaben, Kontokorrentguthaben und andere kurzfristig kündbare Guthaben. «Forderungen aus Lieferungen und Leistungen» meint die Forderungen aus betrieblicher Tätigkeit, «andere Forderungen» diejenigen aus nichtbetrieblicher Tätigkeit oder ausserordentlichen Geschäften. 108

Zu den verschiedenen Formen der Anlage vgl. § 50 N 254 ff. 109

Nicht aus OR 663a II, aber aus Abs. IV ergibt sich, dass auch ein allfälliger *Bilanzverlust* gesondert ausgewiesen werden muss. Er stellt eine Gegenposition zum in den Passiven aufzuführenden Eigenkapital dar, das um die Höhe des Bilanzverlustes vermindert wird. 110

c) Für die *Passivseite* schreibt OR 663 III vor: «Das Fremdkapital wird in Schulden aus Lieferungen und Leistungen, andere kurzfristige Verbindlichkeiten, langfristige Verbindlichkeiten und Rückstellungen unterteilt, das Eigenkapital in Aktienkapital, gesetzliche und andere Reserven sowie in einen Bilanzgewinn.» 111

Mit «Schulden aus Lieferungen und Leistungen» ist wiederum die betriebliche Tätigkeit angesprochen, während übrige kurzfristige Verbindlichkeiten in der dafür vorgesehenen zweiten Position aufzuführen sind. Davon getrennt zu nennen sind die langfristigen Verbindlichkeiten, wobei die Grenze in der Praxis bei der Fälligkeitsfrist von einem Jahr gezogen wird. 112

Zu den Positionen des Eigenkapitals vgl. § 49 N 16 ff. 113

d) In Ergänzung zu OR 663a II und III wird in Abs. IV der gesonderte Ausweis bestimmter Positionen verlangt, die für die Beurteilung der finanziellen Struktur einer Gesellschaft von besonderer Bedeutung sind: «Gesondert angegeben werden auch das nicht einbezahlte Aktienkapital, die Gesamtbeträge der Beteiligungen, der Forderungen und der Verbindlichkeiten gegenüber anderen 114

Gesellschaften des Konzerns oder Aktionären, die eine Beteiligung an der Gesellschaft halten, die Rechnungsabgrenzungsposten sowie ein Bilanzverlust.»

115   In Höhe des nicht einbezahlten Aktienkapitals besteht eine Forderung der Gesellschaft gegenüber ihren Aktionären (vgl. § 14 N 30 ff), die unter den «anderen Forderungen» anzuführen ist.

116   Zum Begriff der *Beteiligungen* vgl. OR 665a, dazu § 50 N 256 ff.

117   Da Forderungs- und Schuldverhältnisse gegenüber Aktionären und nahestehenden Personen aktienrechtlich kritisch sein können (vgl. § 40 N 329 ff), schreibt das Gesetz den gesonderten Ausweis solcher Beziehungen zu «anderen Gesellschaften des Konzerns oder Aktionären» vor, bei den Aktionären jedoch beschränkt auf die *Grossaktionäre*[26].

118   *Rechnungsabgrenzungsposten* dienen vor allem dazu, die *periodengerechte* Darstellung sicherzustellen.

119   Aus OR 659a II ergibt sich überdies, dass die Reserve für eigene Aktien (dazu § 50 N 159) gesondert ausgewiesen werden muss, und OR 670 I verlangt dasselbe für eine allfällige *Aufwertungsreserve* (dazu § 50 N 315 f).

120   e) Aus OR 663a ergibt sich also die folgende *Mindestgliederung*[27]:

Aktiven

Umlaufvermögen
– Flüssige Mittel
– Forderungen aus Lieferungen und Leistungen
  – gegenüber Dritten
  – gegenüber Aktionären, die eine Beteiligung halten und gegenüber Konzerngesellschaften
– Andere Forderungen
  – Nicht einbezahltes Aktienkapital (und evtl. PS-Kapital)
  – Forderungen gegenüber Aktionären, die eine Beteiligung halten und gegenüber Konzerngesellschaften, soweit nicht aus Lieferungen und Leistungen
  – Übrige kurzfristige Forderungen, d. h. solche des Umlaufvermögens
– Vorräte
– Übriges Umlaufvermögen
  – Insbes. aktive Rechnungsabgrenzungen

Anlagevermögen
– Finanzanlagen
  – Beteiligungen
  – Darlehen an Aktionäre, die eine Beteiligung halten und gegenüber Konzerngesellschaften
  – Andere Finanzanlagen

---

[26] Der Ausweis wird verlangt mit Bezug auf Aktionäre, «die eine Beteiligung an der Gesellschaft halten» (OR 663a IV; zur Umschreibung der «Beteiligung» vgl. OR 665a).
[27] Vgl. Revisionshandbuch (zit. N 1) I 98 f. Die Reihenfolge «Umlaufvermögen» und dann «Anlagevermögen» ist nicht zwingend, ebensowenig die Reihenfolge «Fremdkapital»/«Eigenkapital». – Zum – abweichenden – Gliederungsschema für Banken vgl. BankV 25 und Sonderheft (zit. N 1) 74 ff.

- Sachanlagen
- Immaterielle Anlagen
  - Gründungs-, Kapitalerhöhungs- und Organisationskosten
  - Andere immaterielle Anlagen
- Bilanzverlust

Total Aktiven

Passiven

Fremdkapital
- Schulden aus Lieferungen und Leistungen
  - Gegenüber Aktionären, die eine Beteiligung halten und gegenüber Konzerngesellschaften
  - Gegenüber Dritten
- Andere kurzfristige Verbindlichkeiten
  - Gegenüber Aktionären, die eine Beteiligung halten und gegenüber Konzerngesellschaften
  - Gegenüber Dritten
- Langfristige Verbindlichkeiten
  - Gegenüber Aktionären, die eine Beteiligung halten und gegenüber Konzerngesellschaften
  - Gegenüber Dritten
- Rückstellungen
- Übriges Fremdkapital
  - Insbes. passive Rechnungsabgrenzungen

Eigenkapital
- Aktienkapital
- Evtl. PS-Kapital
- Gesetzliche Reserven
  - Allgemeine Reserve
  - Reserve für eigene Aktien
  - Aufwertungsreserve
- Andere Reserven
- Bilanzgewinn

Total Passiven

IV. Der Mindestinhalt des Anhangs der Jahresrechnung (OR 663b, 663c)[28]

1. Die Funktion des Anhangs

121 a) Das revidierte Recht verlangt neu zwingend einen Anhang der Jahresrechnung[29]. Dadurch soll die *Transparenz verbessert* werden, indem zusätzliche Angaben gemacht werden, die sich aus Bilanz und Erfolgsrechnung nicht ergeben, jedoch für die Beurteilung der Vermögens- und Ertragslage einer AG wesentlich sind.

122 b) Der Anhang ist *Teil der Jahresrechnung*. Die Grundsätze ordnungsmässiger Rechnungslegung (OR 662a, dazu N 32 ff), aber auch die übrigen zwingenden Rechnungslegungsvorschriften (etwa hinsichtlich der Bewertung) gelten daher auch für ihn.

123 c) Ein Anhang ist auch bei der Konzernrechnung zu erstellen.

2. Die verlangten Angaben

124 Zum *Inhalt* folgendes:

125 a) Ziff. 1: *Eventualverpflichtungen*[30] *und Interzessionsgeschäfte*. Anzugeben sind Bürgschaften, Garantieverpflichtungen sowie Grund- und Faustpfandbestellungen, wobei bei der Pfandbestellung – nach freilich nicht unbestrittener Ansicht – der Betrag der maximalen Inanspruchnahme, höchstens aber der Buchwert des Pfandes anzugeben ist.

126 Umstritten ist, ob ein einziger Betrag genannt werden darf[31] oder ob jede der drei genannten Positionen einzeln aufzuführen ist[32].

127 Ob sog. *Patronatserklärungen*[33] anzugeben sind, hängt vom Grad der rechtlichen Bindung ab. Im allgemeinen wird davon abgesehen werden können, da mit der Abgabe solcher Erklärungen rechtliche Verpflichtungen gerade vermieden werden sollen.

128 Die Angabe der Sicherungsgeschäfte im Anhang ist nur solange zulässig, als die Verpflichtung *ungewiss* ist. Ist dagegen damit zu rechnen oder steht gar fest, dass sie in An-

---

[28] Vgl. dazu Max Boemle: Die Gestaltung des Anhangs, ST *1994* 905 ff; ders.: Die Bedeutung des Anhangs für die Rechnungslegung der Banken, in: FS Kleiner (Zürich 1993) 197 ff. – Für Banken gelten die besonderen – weit detaillierteren – Vorschriften von BankV 25c, dazu Sonderheft (zit. N 1) 105 ff.

[29] Darauf verzichtet kann nur werden, wenn zu keiner der in OR 663b aufgeführten Positionen etwas zu sagen ist. Immerhin wird man zumindest verlangen, dass dies ausdrücklich erklärt wird.

[30] Vgl. dazu (unter bisherigem Recht) Stephan v. Segesser: Eventualverpflichtungen (Diss. Bern 1988 = SSHW 106); ferner etwa BGE 116 II 536 f.

[31] So Böckli N 942.

[32] So Revisionshandbuch (zit. N 1) I 74 und Neuhaus in Basler Kommentar zu Art. 663b N 13.

[33] Vgl. Peter R. Altenburger: Die Patronatserklärungen als «unechte» Personalsicherheiten (Diss. Basel 1979 = SSHW 40).

spruch genommen wird, dann ist sie als Rückstellung oder als Verbindlichkeit zu bilanzieren[34].

b) Ziff. 2: *Zu Sicherungszwecken verpfändete oder abgetretene Aktiven und Aktiven unter Eigentumsvorbehalt.*

Sachwerte können in der Bilanz auch dann als Aktiven aufgeführt werden, wenn sie verpfändet oder mit einem Eigentumsvorbehalt belastet sind. Dies, obschon das Risiko besteht, dass sie der Gesellschaft entzogen werden.

Ziff. 2 sorgt für die nötige Transparenz, wobei nur die Angabe eines Gesamtbetrages, also des maximalen Risikos eines Vermögensentzuges, anzugeben ist.

c) Ziff. 3: *Nichtbilanzierte Leasingverbindlichkeiten.*

Durch Leasingverträge entstehen regelmässig langfristige Verpflichtungen der Gesellschaft. Diese sind offenzulegen, entweder in der Bilanz[35] oder eben im Anhang.

d) Ziff. 4: *Brandversicherungswerte der Sachanlagen.*

Auch hier genügt ein Gesamtbetrag.

Brandversicherungswerte können ein Indiz für in der Position «Liegenschaften» versteckte stille Reserven sein, freilich ein *unsicheres* Indiz, da sie den tatsächlichen Wert nicht unbedingt widerspiegeln und insbesondere nur den Gebäude-, nicht aber den Landwert erfassen.

e) Ziff. 5: *Verbindlichkeiten gegenüber Vorsorgeeinrichtungen.*

Soweit Vermögen von Personalvorsorgestiftungen überhaupt im Unternehmen selbst angelegt werden darf (vgl. ZGB 89bis IV), ist dies im Anhang offenzulegen.

f) Ziff. 6: Angaben betreffend *Anleihensobligationen.*

Vgl. dazu § 48 N 23 ff. Aus dem Wortlaut ergibt sich, dass die Angaben für jede einzelne Obligationenanleihe zu machen sind.

g) Ziff. 7: *«[J]ede Beteiligung, die für die Beurteilung der Vermögens- und Ertragslage der Gesellschaft wesentlich ist.»*

Die Bestimmung ergänzt die Angabe der Beteiligungen in der Bilanz (dazu N 114): Während jene in einem Gesamtbetrag erfolgen darf, sind im Anhang die Beteiligungen einzeln zu nennen, jedoch nur dann, wenn sie für die Beurteilung der finanziellen Situation der AG *wesentlich* sind[35a].

h) Ziff. 8: *Nettobetrag der aufgelösten stillen Reserven.*

Vgl. dazu § 50 N 93 ff.

i) Ziff. 9: *«Angaben über Gegenstand und Betrag von Aufwertungen.»*

Vgl. dazu OR 670 und § 50 N 302 ff.

---

[34] Vgl. BGE 116 II 536.
[35] Durch Aktivierung der geleasten Maschinen, Fahrzeuge usw. und Berücksichtigung der entsprechenden Leasingverpflichtungen in den Passiven.
[35a] Vgl. dazu Leonardo Cereghetti: Offenlegung von Unternehmensbeteiligungen (Diss. St. Gallen 1995) insbes. 103 ff.

147 k) Ziff. 10: *Angaben über Geschäfte in eigenen Aktien.*
148 Vgl. dazu OR 659 f und § 50 N 144 ff, insbes. N 160 ff.
149 l) Ziff. 11: *Betrag einer allfälligen genehmigten bzw. bedingten Kapitalerhöhung.*
150 Vgl. zu diesen Formen der Kapitalerhöhung § 52 N 208 ff, 298 ff. Anzugeben ist nur der Betrag, in welchem die Erhöhung *noch nicht stattgefunden hat.* Die Information wird ergänzt durch die im Jahresbericht enthaltenen Auskünfte über «die im Geschäftsjahr eingetretenen Kapitalerhöhungen» (OR 663d II, dazu N 261 ff).
151 m) Ziff. 12: *Andere vom Gesetz vorgeschriebene Angaben.*
152 Solche finden sich an verschiedenen Stellen:
153 aa) Nach OR 662a III sind Abweichungen von den Grundsätzen der ordnungsmässigen Rechnungslegung im Anhang darzulegen, vgl. vorn N 58 ff.
154 bb) OR 663c verlangt von Gesellschaften mit börsenkotierten Aktien die Angabe der Grossaktionäre, die der Gesellschaft bekannt sind oder bei angemessener Sorgfalt bekannt sein sollten, vgl. dazu § 39 N 8 ff.
155 cc) Nach OR 663g II sind im *Anhang der Konzernrechnung* die *Konsolidierungs- und Bewertungsregeln* zu nennen, ebenso, wenn die Gesellschaft davon abweicht (vgl. dazu N 221 ff).
156 dd) Nicht geklärt ist, ob und allenfalls inwieweit zusätzliche Angaben erforderlich sind, wenn sie für eine zuverlässige Beurteilung der Vermögens- und Ertragslage der Gesellschaft (vgl. OR 662a I und dazu vorn N 29 f) erforderlich sind.
157 Böckli[36] hält die «Angabe der wichtigsten *Bewertungsgrundsätze*» für «fast nicht entbehrlich». Ebenso bejaht er eine Pflicht für Angaben, die unerlässlich sind, «um beim Leser *Missverständnisse zu vermeiden*»[37]. Ob aus dem allgemeinen Grundsatz von OR 662a I angesichts seiner Konkretisierungen im Folgetext solche weitergehenden Angabe*pflichten* abgeleitet werden können, erscheint aber fraglich. Sicher ist, dass solche Angaben *wünschbar* sind.
158 n) Zulässig und erwünscht sind *weitere Angaben,* die den Informationsgehalt der Jahresrechnung vergrössern.
159 So verlangt FER Nr. 1 (dazu N 172) in Ziff. 3, dass im Anhang die «angewandten Grundsätze zur Rechnungslegung» aufzuführen sind, was die von Böckli geforderte Information über die Bewertungsgrundsätze einschliesst.

---

[36] N 969.
[37] N 972.

V. Keine allgemeine Pflicht zur Erstellung einer Mittelflussrechnung[38]

a) Ergänzend zur *Bilanz* als einer auf einen Stichtag bezogenen Darstellung der Vermögenslage und zur *Erfolgsrechnung* als Wiedergabe der erfolgswirksamen Vorgänge – Aufwand und Ertrag – während einer bestimmten Periode wird in der Praxis mehr und mehr eine sog. *Mittelflussrechnung* erstellt. Diese gibt Auskunft über die Herkunft und die Verwendung von Finanzmitteln, über *Mittelzufluss und -abfluss* in einem bestimmten Zeitraum (meist dem Geschäftsjahr), *bezogen auf einen bestimmten, abgegrenzten Bereich, den sog. Fonds*[39].

Der Fonds kann etwa die flüssigen Mittel einer Gesellschaft erfassen (man spricht dann von einer *Geldflussrechnung*). Er zeigt dann den Geldzufluss (also die Mittel*herkunft* bzw. -beschaffung[40]) und den Geldabfluss (also die Mittel*verwendung*[41]). Als Fonds kann aber auch z. B. das gesamte Netto-Umlaufvermögen abgegrenzt werden (man spricht dann von einer *Kapitalflussrechnung*).

«Die Mittelflussrechnung (Kapitalflussrechnung, Geldflussrechnung) vermittelt, zusätzlich zur Bilanz und zur Erfolgsrechnung, ergänzende Informationen über Investitions- und Finanzierungsvorgänge und die Entwicklung der Finanzlage der Unternehmung bzw. des Konzerns[42].».

b) In komplexen Verhältnissen ist eine Mittelflussrechnung als «dritter Teil der Jahresrechnung» vor allem für die *Planung der Liquidität* erforderlich und bei grossen Gesellschaften üblich[43]. Dabei kommen die verschiedensten Arten der Darstellung, aber auch der Abgrenzung des «Fonds» vor.

c) Das revidierte Recht erwähnt eine solche Rechnung sowenig wie das bisherige, doch kann sich die Pflicht, eine Mittelflussrechnung erstellen zu lassen, aus der dem Verwaltungsrat unabdingbar zugewiesenen Aufgabe, nötigenfalls eine Finanzplanung vorzusehen (OR 716a I Ziff. 3, vgl. § 30 N 42 f), ergeben. Obligatorisch (mit gewissen Ausnahmen) ist eine Mittelflussrechnung bei Banken (vgl. BankV 23 II, 25b und dazu Sonderheft [zit. N 1] 128).

---

[38] Vgl. dazu Karl Käfer: Kapitalflussrechnungen (2. A. Zürich/Stuttgart 1984); Boemle (zit. N 1) 340 ff; Helbling (zit. N 1) 156 ff; Meyer (zit. N 1) 127 ff; FER Nr. 6 (dazu N 172): Mittelflussrechnungen.

[39] Vgl. die Umschreibung in FER Nr. 6 Ziff. 8: «Die Mittelflussrechnung stellt die Zu- und Abgänge für einen abgegrenzten Bestand an Mitteln (Fonds) während eines Zeitabschnittes – in der Regel das Geschäftsjahr – dar.».

[40] Z. B. Erarbeitung im Unternehmen selbst, sog. *Cash flow*, Eigenfinanzierung durch Kapitalerhöhungen oder Fremdfinanzierung durch die Plazierung von Obligationenanleihen oder Aufnahme von Bankkrediten.

[41] Z. B. für Investitionen, also den Erwerb von Anlagevermögen, aber auch – allenfalls ungewollt – für eine Vermehrung des Umlaufvermögens, wie sie durch eine Erhöhung des Warenlagers zwangsläufig geschieht, weiter für die Rückzahlung von Fremdkapital und für Gewinnausschüttungen.

[42] FER Nr. 6 Ziff. 7

[43] Eine in Anm. 44 erwähnte Studie (S. 25) kommt für 1993 zum Schluss, dass weit über 90 % der untersuchten (grösseren) Konzerne eine Mittelflussrechnung publizieren. 1988 waren es noch 61 % gewesen.

VI. Exkurs: Die Bedeutung privater und internationaler Regelwerke und Standards

165 a) Die aktienrechtlichen Vorschriften zur Rechnungslegung, die für Gesellschaften unterschiedlichster Branchen, Grösse und Struktur gelten, müssen zwangsläufig sehr allgemein gehalten sein. Die Konkretisierung wird – von Spezialbestimmungen für einzelne Branchen abgesehen (vgl. N 28) – den Gesellschaften überlassen. Diese gehen oft – und bei Publikumsgesellschaften ausnahmslos – über das gesetzliche Minimum hinaus.

166 Individuelle Lösungen der einzelnen Gesellschaften haben nun aber den Nachteil, dass sie *Vergleiche* zwischen verschiedenen Unternehmen *erschweren oder verunmöglichen*. Aus Vergleichen mit den Resultaten anderer Gesellschaften kann aber eine Unternehmensleitung wertvolle Schlüsse ziehen. Auch für volkswirtschaftliche Betrachtungen ist eine gewisse Einheitlichkeit in der Darstellung erwünscht. Vor allem aber ist Vergleichbarkeit ein unabdingbares Erfordernis für die Entscheide der Kapitalanleger und die Arbeit der Finanzanalysten. – In der Schweiz wird das Postulat der Vereinheitlichung – und zugleich der branchenspezifischen Spezialisierung – seit Jahrzehnten durch *einheitliche Kontenpläne* für verschiedene Branchen angestrebt (vgl. N 168).

167 Für *Publikumsgesellschaften* sind sodann die gesetzlichen Anforderungen *ungenügend*. Vor allem (aber nicht nur) im Hinblick auf diese Publikumsgesellschaften sind auf Initiative der Treuhandkammer Empfehlungen ausgearbeitet worden, welche die gesetzlichen Bestimmungen konkretisieren und erweitern (vgl. N 170 ff). Für grösste Gesellschaften, die international tätig sind und die auch Zugang zu internationalen Finanzmärkten haben wollen, genügt aber auch die Beachtung dieser privaten nationalen Empfehlungen nicht. Mehr und mehr haben sie sich in den letzten Jahren auf *internationale Standards* ausgerichtet, die teils vom Gesetzgeber, teils auch aus privater Initiative aufgestellt worden sind (vgl. N 176 ff)[44]. Zur Zeit streben auch mittelgrosse und kleinere Publikumsgesellschaften die Erfüllung der in ausländischen Regelwerken verankerten Anforderungen (und entsprechende Bestätigungen im Revisionsbericht) an.

168 b) Seit Jahrzehnten besteht in der Schweiz ein von Karl Käfer erarbeiteter und im Jargon nach ihm benannter einheitlicher «*Kontenrahmen für Gewerbe-, Industrie- und Handelsbetriebe*»[45]. Auf dieser Basis sind – unter Mitwirkung der Handels-, Gewerbe- und Industrieverbände – für 45 verschiedene Branchen *ein-*

---

[44] Eine gemeinsame Studie von Arthur Andersen und des Handelswissenschaftlichen Seminars der Universität Zürich (Entwicklung in der schweizerischen Rechnungslegung, Zürich 1995) kommt zum Schluss, dass ein Grossteil der untersuchten Gesellschaften die Anforderungen der Europäischen Union (dazu nachstehend N 176 ff) erfüllt und viele darüber hinausgehen und die IAS-Empfehlungen (dazu nachstehend N 182 ff) beachten. Dies gilt jedenfalls für den für die Anleger entscheidenden Konzernabschluss (zu diesem N 190 ff), weniger dagegen für den Einzelabschluss der kotierten Muttergesellschaft selbst. – Vgl. auch Thomas Braun: Verbesserte Aktionärsinformation in der Schweiz, ST *1994* 281 ff.

[45] Vgl. Karl Käfer: Kontenrahmen für Gewerbe-, Industrie- und Handelsbetriebe (10. A. Bern 1987); vgl. auch die Übersicht bei Helbling (zit. N 1) 34 ff.

heitliche Kontenpläne erarbeitet worden, die in der schweizerischen Wirtschaft weite Verbreitung finden.

c) Erheblichen Einfluss auf die Entwicklung der Rechnungslegung nimmt die Schweizerische Kammer der Bücher-, Steuer- und Treuhandexperten, die *Treuhandkammer*. Mit dem *Revisionshandbuch der Schweiz* (vgl. N 1) hat sie ein Nachschlagewerk geschaffen, das neben der Revision auch die Fragen der Buchführung und Rechnungslegung ausführlich behandelt. Die dort aufgeführten Grundsätze gehen deutlich über die gesetzlichen Minimalerfordernisse hinaus. 169

Die Kammer hat 1984 auch die Initiative zur Ausarbeitung von Empfehlungen zur *Verbesserung der Rechnungslegung* in der Schweiz ergriffen und die «Stiftung für Empfehlungen zur Rechnungslegung» gegründet. Diese unabhängige private Institution ist Rechtsträgerin der aus höchstens 25 Mitgliedern unterschiedlicher Herkunft bestehenden «Fachkommission für Empfehlungen zur Rechnungslegung» (= *FER*). Die Empfehlungen sollen als selbst geschaffenes Recht der Wirtschaft eine Annäherung der schweizerischen Praxis an internationale Rechnungslegungsgrundsätze ermöglichen und dadurch die Aussagekraft und Vergleichbarkeit der Jahresrechnungen verbessern. An den FER-Standards orientieren sich vor allem mittelgrosse schweizerische Unternehmen. 170

Die Fachkommission hat bisher – neben einer Grundlage, die über Zielsetzung, Themen und Verfahren orientiert – acht Fachempfehlungen erarbeitet. Ein Schwergewicht liegt auf der Konzernrechnung (für die gesetzliche Vorschriften fast völlig fehlen, vgl. N 221 ff). Für diese ist sie dem international üblichen – im revidierten Aktienrecht jedoch nicht verwirklichten (vgl. N 30) – Prinzip der «true and fair view» verpflichtet. Es soll ein «den tatsächlichen Verhältnissen entsprechendes Bild der Vermögens-, Finanz- und Ertragslage» des Konzerns vermittelt werden[46], was die Eliminierung von stillen Willkürreserven (dazu § 50 N 72) einschliesst. 171

1994 sind die bestehenden Fachempfehlungen in überarbeiteter Form – angepasst an das revidierte Aktienrecht, zum Teil aber auch an internationale Tendenzen – in überarbeiteter Form erlassen worden[47]. Es handelt sich um die folgenden Empfehlungen: 172

FER Nr. 0: Zielsetzung, Themen und Verfahren der Fachempfehlungen zur Rechnungslegung
FER Nr. 1: Bestandteile des Einzelabschlusses und der Konzernrechnung
FER Nr. 2: Konzernrechnung
FER Nr. 3: Grundlagen und Grundsätze ordnungsmässiger Rechnungslegung

---

[46] FER Nr. 2 Ziff. 1
[47] Die revidierten FER sollen angewendet werden für die Jahresabschlüsse betreffend die Geschäftsjahre ab 1. Januar 1994. Der Text kann bezogen werden bei der Fachkommission für Empfehlungen zur Rechnungslegung, Postfach 892, 8025 Zürich. Er ist – zusammen mit den in N 172a erwähnten FER Nr. 9, 11 und 14 – auch publiziert in einer Sonderausgabe des «Schweizer Treuhänder» (ST), August 1995. Eine Übersicht vermittelt Giorgio Behr: Transparente Rechnungslegung nach internationalen Richtlinien, ST *1993* 109 ff.

FER Nr. 4: Fremdwährungsumrechnung bei der Konsolidierung von Jahresrechnungen in fremder Währung
FER Nr. 5: Bewertungsrichtlinien für die Konzernrechnung
FER Nr. 6: Mittelflussrechnung
FER Nr. 7: Darstellung und Gliederung der Konzernbilanz und -erfolgsrechnung
FER Nr. 8: Anhang der Konzernrechnung.

172a Ende 1994 verabschiedete die Fachkommission drei weitere Empfehlungen, die Anwendung finden sollen auf Jahresrechnungen, die am 1.1.1996 oder später beginnen:

FER Nr. 9: Immaterielle Werte
FER Nr. 11: Steuern im Konzernabschluss
FER Nr. 14: Konzernrechnung von Versicherungsunternehmen.

173 Weitere Empfehlungen sollen folgen:

174 FER Nr. 10 soll die Behandlung von Ausserbilanzgeschäften regeln, FER Nr. 12 die Zwischenberichterstattung. FER Nr. 13 soll sich mit Leasinggeschäften, FER Nr. 15 mit nahestehenden Personen und FER Nr. 16 mit der Behandlung von Pensionsverpflichtungen befassen.

175 Die *Schweizerische Zulassungsstelle* der Börsen schreibt künftig die Einhaltung der FER als *Mindestvoraussetzung für die Kotierung* vor[48]. Die grössten, international tätigen und an ausländischen Kapitalmärkten aktiven Schweizer Konzerne und auch eine Reihe kleinerer Gesellschaften gehen freilich über die Erfordernisse der FER hinaus und orientieren sich an internationalen Standards:

176 d) Zahlreiche schweizerische Aktiengesellschaften, die ihre Jahresrechnung öffentlich zugänglich machen, richten sich nach den *EG-Richtlinien* (dazu § 68 N 26 ff). Von Bedeutung sind vor allem zwei Richtlinien:

177 – die Vierte Richtlinie über den Abschluss von Kapitalgesellschaften («Bilanzrichtlinie») von 1978[49] und

178 – die Siebente Richtlinie über den Konzernabschluss («Konzernbilanzrichtlinie») von 1983[50].

179 *Banken* orientieren sich sodann an der EG-Bankbilanzrichtlinie von 1986[51].

180 Für *Versicherungsunternehmen* – besonders solche, die auch im EG-Raum aktiv sind – ist die Versicherungsrichtlinie von 1991[52] von zunehmender Bedeu-

---

[48] Vgl. dazu Günther Schultz: Die künftige Regelung der Börsenzulassung, ST *1994* 363 ff sowie hinten § 61 N 23 ff.
[49] Vierte Richtlinie des Rates vom 25. Juni 1978 (78/660/EWG) aufgrund von Art. 54 Absatz 3 Buchstabe g) des Vertrages über den Jahresabschluss von Gesellschaften bestimmter Rechtsformen, mit Änderungen durch zwei Richtlinien vom 8. November 1990.
[50] Siebente Richtlinie des Rates vom 13. Juni 1983 (83/349 EWG) aufgrund von Art. 54 Absatz 3 Buchstabe g) des Vertrages über den konsolidierten Abschluss, mit Änderungen durch zwei Richtlinien vom 8. November 1990.
[51] Richtlinie des Rates vom 8. Dezember 1986 (86/635/EWG) über den Jahresabschluss und den konsolidierten Abschluss von Banken und anderen Finanzinstituten.
[52] Richtlinie des Rates vom 19. Dezember 1991 (91/674/EWG) über den Jahresabschluss und den konsolidierten Abschluss von Versicherungsunternehmen.

tung, und zwar nicht nur für ihre Tochtergesellschaften im EG-Raum, sondern auch hinsichtlich der Konsolidierung.

Eine besonders prominente Umsetzung haben die Vierte und Siebte Richtlinie im *deutschen Bilanzrichtlinien-Gesetz,* durch welches mit Wirkung ab 1.1.1986 das deutsche *Handelsgesetzbuch* den EG-Vorgaben angepasst wurde, erfahren. Auch diese Bestimmungen sind für die schweizerische Praxis bedeutsam.

e) Für ihre *Konzernrechnungslegung* orientieren sich multinationale – zum Teil aber auch kleinere – Schweizer Unternehmen mehr und mehr an den vom International Accounting Standards Committee (IASC) erarbeiteten *International Accounting Standards* (IAS).

Das IASC ist eine weltweite private Organisation, in der Wirtschaftsprüferverbände aus gegen 80 Ländern vertreten sind. Ihr Ziel ist eine weltweite Harmonisierung der finanziellen Berichterstattung.

Das IASC hat eine Vielzahl von *Standards* herausgegeben, ähnlich den FER, aber weit detaillierter[53].

In der Regel – aber nicht durchwegs – gehen die IAS weiter als die EG-Richtlinien. Zudem behandeln sie eine Vielzahl von Themen, die von der EG nicht oder noch nicht bearbeitet worden sind (so etwa die Mittelflussrechnung).

f) Geringere Bedeutung kommt in der Schweiz den amerikanischen *Generally Accepted Accounting Principles* (US-GAAP)[53a] und dem britischen Pendant, den UK-GAAP, zu.

g) Die Rechnungslegung der schweizerischen Publikumsgesellschaften ist in den letzten Jahren massiv und weit über die aktienrechtlichen Minimalanforderungen hinausgehend verbessert worden. Gute Praxis dürfte heute die Einhaltung der FER sein. Für Gesellschaften, die sich am internationalen Kapitalmarkt finanzieren wollen, genügt aber die Einhaltung dieser schweizerischen Standards nicht. Vielmehr müssen sie internationale Standards erfüllen und sich durch eine entsprechende Bestätigung im Prüfungsbericht des Konzernprüfers (zu diesem § 34) darüber ausweisen, dass sie die Anforderungen der EG-Richtlinien oder der IAS erfüllen[54].

Für die Verbesserung der Aktionärsinformation setzt sich vor allem die Schweizerische Vereinigung für Finanzanalyse und Vermögensverwaltung ein, deren Kommission «Information der Aktionäre» regelmässig Berichte publiziert[55].

---

53   Vielfach bestehen aber Wahlmöglichkeiten, die freilich künftig eingeschränkt werden sollen.
53a Vgl. dazu die Übersicht von Peter Bertschinger in ST *1995* 269 ff.
54   Als Faustregel kann gelten, dass die Einhaltung der IAS das höchste Ansehen geniesst und dass auch den FER Genüge getan wird, wenn die Erfordernisse der IAS erfüllt sind. Dagegen gehen die FER über die EG-Richtlinien insofern hinaus, als sie eine Mittelflussrechnung verlangen.
55   Vgl. Information der Aktionäre: Rechnungslegung und Berichterstattung (Zürich 1991), Information der Aktionäre: Informationspolitik börsenkotierter Unternehmen im Jahre 1993 (Zürich 1993) sowie: Transparente Rechnungslegung und Berichterstattung von Banken (Zürich 1994). – Zu den Untersuchungen der Vereinigung von 1993 vgl. auch Braun (zit. Anm. 44). Informativ sodann auch Schweiz. Treuhandgesellschaft/Pictet: Die Transparenz in der Berichterstattung von Schweizer Gesellschaften (o.O. 1991).

189   Eine Übersicht zu den verschiedenen Regelungswerken vermittelt Helbling (zit. N 1) 131 ff[56].

C. Die allfällige Konzernrechnung[57]

1. Begriff, Problematik und rechtliche Erfassung des Konzerns

190   Zum Konzernrecht (bzw. dessen weitgehendem Fehlen im schweizerischen Recht) vgl. § 60 N 27 ff. An dieser Stelle sind einige Hinweise vorwegzunehmen, die für das Verständnis der Regeln zur Konzernrechnung erforderlich sind.

191   a) Das revidierte Aktienrecht enthält in OR 663e I eine Definition des Konzerns: Es soll sich um eine Zusammenfassung von Gesellschaften «durch Stimmenmehrheit oder auf andere Weise ... unter einheitlicher Leitung» handeln.

192   Charakteristisch sind also zwei Merkmale:

193   – Es bestehen verschiedene Gesellschaften, *rechtlich selbständige Einheiten* (Unterschied zur Zweigniederlassung).

194   – Diese sind jedoch *unter einheitlicher Leitung zusammengefasst,* sie bilden eine *wirtschaftliche Einheit* (Unterschied zur «typischen» AG).

195   b) Solchen Gebilden wird das herkömmliche Aktienrecht, das von der Selbständigkeit und Unabhängigkeit der AG ausgeht (vgl. § 1 N 11 ff), nicht gerecht. Wohl bleiben die in einem Konzern zusammengefassten Gesellschaften rechtlich eigenständig, doch verhalten sie sich nicht wie rechtlich selbständige Einheiten. Vielmehr werden sie unternehmerisch zusammengefasst, als ob sie *eine einzige Einheit* bilden würden. Die *selbständige und freie Willensbildung,* die das Aktienrecht für die AG voraussetzt, *fehlt bei der Konzerntochtergesellschaft.*

196   Hinzu kommt, dass Transaktionen innerhalb des Konzerns *vor den Gesetzen des Marktes nicht standzuhalten* brauchen. So kann einer Konzerntochter im Verkehr mit anderen Gesellschaften desselben Konzerns ein bestimmter *Transferpreis* auferlegt werden, der am freien Markt niemals erzielt oder niemals bezahlt würde. Ganz allgemein kann eine Konzerntochter zu Handlungen oder Unterlassungen gezwungen werden, die zwar im *Interesse des Konzernganzen, nicht aber im eigenen Interesse* der Tochtergesellschaft liegen[58].

197   Die *Einzelabschlüsse der einzelnen Konzerngesellschaften* können daher ein verfälschtes Bild der Wirklichkeit zeichnen, weil in ihnen den erwähnten Besonderheiten nicht Rechnung getragen wird und weil insbesondere die *konzerninternen Beziehungen* nicht ausgeblendet und korrigiert werden[59].

---

[56] Dort auf S. 545 ff auch ein Vergleich der Anforderungen nach IAS, EG-Richtlinien und US-GAAP. Zu den neuesten Entwicklungen bei den IAS vgl. Anne Kristin Koberg: IASC: Zehn revidierte Standards, ST *1994* 15 ff.
[57] Für Literatur zur Konzernrechnung vgl. vorn N 2, zum Konzern allgemein § 60 N 1 f.
[58] Z. B. Übernahme unattraktiver Aufgaben zugunsten des gesamten Konzerns oder Verzicht auf Erwerbsmöglichkeiten im Interesse einer anderen Konzerngesellschaft.
[59] Durch ein Hin- und Herverschieben von Gütern kann der im Einzelabschluss gezeigte Umsatz von Konzerntöchtern aufgebläht, durch überhöhte Transferpreise ein Gewinn ausgewiesen werden, der sich am Markt nicht erzielen liesse.

c) Diesem letzten Aspekt – der *Rechnungslegung* – trägt das revidierte Aktienrecht Rechnung, indem es rudimentäre Vorschriften über die Erstellung einer *Konzernrechnung* enthält. Im übrigen nimmt aber auch das revidierte Aktienrecht den Konzern nur ganz vereinzelt zur Kenntnis[60].

2. *Pflicht zur Erstellung einer Konzernrechnung*

Konzerne haben – von sogleich (N 205 ff) zu besprechenden Ausnahmen abgesehen – eine *konsolidierte Jahresrechnung*, eine *Konzernrechnung* zu erstellen. Eine solche Rechnung nimmt – im Gegensatz zu den Einzelabschlüssen der einzelnen Konzerngesellschaften – Rücksicht auf die wirtschaftliche Realität: Sie behandelt den Konzern als *Einheit,* d. h. sie *eliminiert die konzerninternen Geschäftsbeziehungen*[61].

In ihrem Aufbau entspricht die Konzernrechnung grundsätzlich der Jahresrechnung für Einzelgesellschaften. Auch sie setzt sich aus Erfolgsrechnung, Bilanz und Anhang zusammen. Zu den Regeln für ihre Erstellung vgl. N 221 ff.

3. *Anwendungsbereich der Konzernrechnungslegungspflicht*

a) Der Anwendungsbereich der Regeln zur Konzernrechnung wird in OR 663e I gesteckt: «Fasst die Gesellschaft durch Stimmenmehrheit oder auf andere Weise eine oder mehrere Gesellschaften unter einheitlicher Leitung zusammen (Konzern), so erstellt sie eine konsolidierte Jahresrechnung (Konzernrechnung).»

Eine *einheitliche Leitung* liegt in den Worten der Botschaft[62] «sicher dann vor, wenn die Unternehmungspolitik der einen Gesellschaft durch die Organe der andern bestimmt wird, wenn also eine Gesellschaft den Leitungsorganen der andern Weisungen erteilen kann, oder wenn die Leitungsorgane dieser Gesellschaft sich zumindest nach den Vorstellungen, Plänen oder Anregungen der andern Gesellschaft richten müssen». Weiter soll die Einheitlichkeit der Leitung allenfalls dann zu bejahen sein, wenn eine AG «ihre Finanzierungsentscheide im Gebiet der eigenen Mittel nicht selbständig treffen kann, sondern sich dabei nach einer andern Gesellschaft richten muss».

Mit welchem *Mittel* die einheitliche Leitung erzielt wird, spielt keine Rolle. Das Gesetz erwähnt ausdrücklich die *Stimmenmehrheit.* In Betracht kommen

---

[60] Immerhin sind gewisse Offenlegungspflichten vor allem auch in Konzernverhältnissen bedeutsam, so die Pflicht zur Bekanntgabe von Beteiligungen in der Jahresrechnung (OR 663a und 663b Ziff. 7, dazu N 114 ff und 141 f) und die Pflicht zur Bekanntgabe der Beteiligungsverhältnisse bei Publikumsgesellschaften (OR 663c, dazu § 39 N 8 f).
[61] Darin liegt eine Konkretisierung des *Realisationsprinzips* (zu diesem vgl. § 50 N 231): Lediglich konzernintern erzielte Erträge sind nicht echt realisiert.
[62] S. 74.

aber auch vertragliche Vereinbarungen, entsprechende Statutenbestimmungen[63] oder schliesslich dominierende personelle Beziehungen.

204 Umstritten ist, ob die Konsolidierungspflicht nur einsetzt, wenn die einheitliche Leitung auch *tatsächlich ausgeübt* wird oder ob die Beherrschungs*möglichkeit* genügt[64]. Während die betriebswirtschaftliche Literatur überwiegend auf die Leitungs*möglichkeit* abstellt[65], legt Peter Böckli[66] mit ausführlicher Begründung dar, dass eine Konsolidierungspflicht nur besteht, wenn «die Obergesellschaft aufgrund ihrer Gestaltungsentscheide tatsächlich die mehreren rechtlich selbständigen Untergesellschaften mit sich selbst zu einem wirtschaftlichen Gesamtunternehmen zusammengefasst hat». «Die Obergesellschaft, die das nicht getan hat – vor allem die sich auf die Verwaltung ihrer Beteiligungen konzentrierende Holdinggesellschaft – ist nicht konsolidierungspflichtig.»[67].

205 b) Zur allgemeinen Regel von OR 663e I kennt das Gesetz zwei *Ausnahmen,* beide ihrerseits wiederum mit Unterausnahmen[67a]: die Befreiung für Kleinkonzerne und diejenige für Zwischengesellschaften:

206 aa) «Die Gesellschaft ist von der Pflicht zur Erstellung einer Konzernrechnung befreit, wenn sie zusammen mit ihren Untergesellschaften zwei der nachstehenden Grössen in zwei aufeinanderfolgenden Geschäftsjahren nicht überschreitet:
1. Bilanzsumme von 10 Millionen Franken;
2. Umsatzerlös von 20 Millionen Franken;
3. 200 Arbeitnehmer im Jahresdurchschnitt.» (OR 663e II).

207 Kleine Konzerne sollen so vom Aufwand einer Konzernrechnung befreit sein, was freilich sachlich nicht einleuchtet, da die Konzernproblematik nicht von der Grösse der beteiligten Unternehmen abhängt. Immerhin wird die Regel der Befreiung in mehreren Fällen durchbrochen:

208 «Eine Konzernrechnung ist dennoch zu erstellen, wenn:
1. die Gesellschaft Anleihensobligationen ausstehend hat;
2. die Aktien der Gesellschaft an der Börse kotiert sind;
3. Aktionäre, die zusammen mindestens 10 Prozent des Aktienkapitals vertreten, es verlangen;

---

[63] In denen sich eine Gesellschaft in den Dienst der anderen oder einer Unternehmensgruppe stellt.
[64] In diesem zweiten Sinn das angelsächsische sog. «Control-Prinzip». Die Frage wird in der Botschaft *1983* bewusst offengelassen (S. 74), und sie wurde in den Räten nicht diskutiert.
[65] So Revisionshandbuch (zit. N 1) 88 f und Meyer (zit. N 2) 17 f. Tendenziell dieser Ansicht auch Forstmoser in SZW *1992* 68.
[66] Konsolidierungspflicht: Auslösung durch «Control» oder «einheitliche Leitung?», ST *1994* 369 ff. Gl. M. Roland von Büren in ZBJV *1995* 57 ff, 82; Neuhaus in Basler Kommentar zu Art. 663e N 9; Zenhäusern/Bertschinger (zit. N 1) 48 ff; Gregor Scholz in ST *1994* 295 ff.
[67] Immerhin ist einer Gesellschaft, welche die Stimmenmehrheit an einer anderen in ihrer Hand hat, die Beweisführung für das Fehlen einer einheitlichen Leitung zuzumuten. – Vgl. auch Jean Nicolas Druey in ZSR *1980* 337 f, der zwar von einer tatsächlichen einheitlichen Leitung ausgeht, diese aber für in der Lehre dermassen abgeschwächt hält, dass man sich der potentiellen Leitung annähere.
[67a] Besondere Kriterien – für Ausnahmen und Unterausnahmen – gelten für Bankaktiengesellschaften, vgl. BankV 23a III–V und dazu Sonderheft (zit. N 1) 35 ff.

4. dies für eine möglichst zuverlässige Beurteilung der Vermögens- und Ertragslage der Gesellschaft notwendig ist.» (OR 663e III).

In der Praxis dürfte die Befreiung vor allem spielen bei Familienunternehmen, die – was häufig ist – in eine Immobiliengesellschaft einerseits und eine Produktions- und Vertriebsgesellschaft auf der anderen Seite aufgeteilt sind, aber einheitlich geführt werden.

bb) Eine weitere Ausnahme gilt für sog. *Zwischengesellschaften:*

«Ist eine Gesellschaft in die Konzernrechnung einer Obergesellschaft einbezogen, die nach schweizerischen oder gleichwertigen ausländischen Vorschriften erstellt und geprüft worden ist, so muss sie keine besondere Konzernrechnung erstellen, wenn sie die Konzernrechnung der Obergesellschaft ihren Aktionären und Gläubigern wie die eigene Jahresrechnung bekannt macht.» (OR 663 f I).

Die *Gleichwertigkeit* ist im Einzelfall zu prüfen, wobei die Einhaltung der IAS- oder auch der EG-Richtlinien Gewähr für Gleichwertigkeit bieten dürfte. Um die Zielsetzung – angemessene, gleichwertige Information – sicherzustellen, ist zu verlangen, dass die Rechnung der Obergesellschaft in einer in der Schweiz allgemein verstandenen Sprache verfasst[68] und dass sie in einer gängigen Währung erstellt ist.

Wiederum besteht eine Ausnahme zur Ausnahme:

«Sie [die Zwischengesellschaft] ist jedoch verpflichtet, eine besondere Konzernrechnung zu erstellen, wenn sie ihre Jahresrechnung veröffentlichen muss[69] oder wenn Aktionäre, die zusammen mindestens 10 Prozent des Aktienkapitals vertreten, es verlangen.» (OR 663 f II).

Von dieser Befreiung profitieren etwa schweizerische Tochtergesellschaften multinationaler Konzerne, die ihrerseits wieder an Tochtergesellschaften beteiligt sind.

c) Zum *Konsolidierungskreis* gehören grundsätzlich *sämtliche Gesellschaften,* die unter der einheitlichen Leitung einer schweizerischen AG stehen, gleich, ob sie ihren Sitz und ihre Tätigkeit in der Schweiz oder im Ausland haben.

Immerhin sind *Ausnahmen* denkbar:
– Nach dem Grundsatz der *Wesentlichkeit* kann «von der Aufnahme von Gesellschaften abgesehen werden ..., die für das Gesamtbild unwesentlich sind»[70].
– Vor allem in Konzernverhältnissen dürfte sodann die Schutzklausel von OR 663h (dazu vorn N 64 ff) Anwendung finden, wonach bei der Rechnungslegung Angaben entfallen dürfen, deren Offenlegung für die Unternehmung erhebliche Nachteile mit sich bringen könnte.

Zu Recht weist Böckli[71] darauf hin, dass überdies der Einbezug von solchen Gesellschaften in die Konsolidierung entfallen kann oder gar soll, «die ein derartig *grundlegend verschiedenes Bilanzbild* aufweisen, dass die Zusammenfassung und Vermischung der Zahlen eine zuverlässige Beurteilung der Vermögens- und Ertragslage geradezu verhindern oder vereiteln würde». Es folgt dies aus der allgemeinen Zielsetzung für die Rech-

---

[68] Neben den schweizerischen Amtssprachen gehört dazu sicher auch Englisch, dagegen nicht Japanisch.
[69] Vgl. dazu OR 697h und § 48 N 57 ff.
[70] Botschaft 73.
[71] N 1207, ablehnend aber Meyer (zit. N 2) 63.

nungslegung, eine zuverlässige Beurteilung der Vermögens- und Ertragslage zu gewährleisten (vgl. OR 662a I, dazu N 29 ff). Über solche Gesellschaften ist aber in anderer Form angemessen zu berichten.

4. Grundsätze für die Erstellung der Konzernrechnung

221 a) Das Gesetz enthält eine lapidare Bestimmung für die Erstellung der Konzernrechnung, OR 663g I: «Die Konzernrechnung untersteht den Grundsätzen ordnungsmässiger Rechnungslegung.»[71a].

222 Verwiesen wird also auf die in OR 662a II aufgeführten und die weiteren in der Praxis anerkannten Grundsätze (dazu N 32 ff).

223 Auch im übrigen gelten die Bestimmungen über die Jahresrechnung analog. Verlangt ist ebenfalls eine Gliederung in Erfolgsrechnung, Bilanz und Anhang, geboten kann eine Mittelflussrechnung sein. Auch gilt der Grundsatz, dass die Rechnung eine möglichst zuverlässige Beurteilung der Vermögens- und Ertragslage ermöglichen soll (OR 662a I, dazu N 29 ff).

224 b) Eine einzige – den Anhang betreffende – Spezialbestimmung enthält OR 663g II: «Im Anhang zur Konzernrechnung[72] nennt die Gesellschaft die Konsolidierungs- und Bewertungsregeln. Weicht sie davon ab, so weist sie im Anhang darauf hin und vermittelt in anderer Weise die für den Einblick in die Vermögens- und Ertragslage des Konzerns nötigen Angaben.».

225 Die Ergänzung des Anhangs durch Ausführungen zu den Konsolidierungs- und Bewertungsregeln[73] ist deshalb erforderlich, weil das Gesetz für die Erstellung der Konzernrechnung *grösste Freiheit* lässt. Eine sinnvolle Interpretation ist daher nur möglich, wenn die *Grundsätze offengelegt* werden. (*Abweichungen* von den allgemein beachteten Regeln sind auch im Anhang des Einzelabschlusses zu erwähnen, OR 662a III, vgl. N 58 ff).

226 Erforderlich und üblich sind insbesondere Angaben über den Konsolidierungskreis (dazu N 216 ff), die Konsolidierungsart (dazu N 237 ff), die Bewertungsregeln (wobei in der Regel zu differenzieren ist zwischen Finanzanlagen, Sachanlagen, immateriellen Anlagen und insbesondere Goodwill), sowie die Methode der Umrechnung von Fremdwährungen.

227 c) Eine spezifische Voraussetzung für die Erstellung einer Konzernrechnung ist die *Einheitlichkeit der Grundlagen*. Es müssen daher für den ganzen Konzern verbindliche, einheitliche Vorgaben aufgestellt werden oder es sind die Einzelabschlüsse vor der Konsolidierung entsprechend zu bearbeiten.

[71a] In Spezialgesetzen können branchenspezifisch detaillierte Vorschriften vorgesehen werden, so insbes. für Banken in BankV 25e ff, dazu Sonderheft (zit. N 1) 117 ff.
[72] Da der Anhang einen *Bestandteil* der Jahresrechnung – auch der Konzernjahresrechnung – bildet, ist die gesetzliche Ausdrucksweise «Anhang *zur* Konzernrechnung» unpräzis. Richtig: «Anhang *der* Konzernrechnung».
[73] Ausführungen zu den Bewertungsregeln sind auch im Anhang des Einzelabschlusses sinnvoll, vgl. N 158 f.

Zu beachten ist insbesondere
- die Einheitlichkeit der Kontenpläne, damit im gesamten Konzern gleiche Vorgänge gleich verbucht werden;
- die Einheitlichkeit der Bewertungsgrundsätze;
- die Einheitlichkeit der Währung. Im internationalen Konzern sind daher Fremdwährungen umzurechnen[74]. Verlangt wird auch, dass die Umrechnung konzernweit nach derselben Methode erfolgt[75].
- Endlich ist der gleiche Stichtag zu wählen[76].

Da die konsolidierte Rechnung den Konzern als Einheit darstellt, sind alle internen Beziehungen zu eliminieren.
- Die in der Bilanz der Muttergesellschaft aufgeführten Beteiligungen sind mit dem Eigenkapital der jeweiligen Tochtergesellschaften zu verrechnen.
- Konzerninterne Verpflichtungen und Guthaben sind ebenfalls zu verrechnen.
- Lediglich interne Umsätze, Zins- und Dividendenzahlungen sind zu eliminieren, desgleichen konzerninterne Zwischengewinne auf Warenlagern und anderen Positionen.

d) Für die Erfassung der Gesellschaften, an denen der Konzern beteiligt ist, gibt es verschiedene Möglichkeiten, die je nach Intensität der Beteiligung Verwendung finden.

aa) Die *Vollkonsolidierung* ist üblich bei einer (direkten oder indirekten) Beteiligung von mehr als 50% der Stimmrechte und selbstverständlich bei einer Beteiligung von 100%. Dies bedeutet, dass alle Aktiven und Passiven und aller Aufwand und Ertrag der Tochtergesellschaften zu 100% in die konsolidierte Bilanz aufgenommen werden[77] und dass die Minderheitsanteile Dritter an den eigenen Mitteln und am Geschäftsergebnis in Bilanz und Erfolgsrechnung separat ausgewiesen werden. Für den Ausweis in der Bilanz sind dabei drei Varianten denkbar und in der Praxis üblich:
- Nach der *Einheitstheorie* werden die Anteile Dritter (da es sich um Risikokapital handelt) beim Eigenkapital des Konzerns ausgewiesen.
- Nach der *Interessentheorie* erfolgt der Ausweis beim Fremdkapital, da sich im Umfang der Beteiligung von Minderheitsaktionären Einfluss sowie die Berechtigung am Reinvermögen und am Ertrag seitens der Muttergesellschaft reduzieren.
- Nach der *Niemandsland-Methode* schliesslich werden die Anteile der Minderheitsaktionäre zwischen dem Eigen- und dem Fremdkapital als eigene Position ausgewiesen.

In der *Erfolgsrechnung* werden jeweils der Gewinn einschliesslich der Minderheitsanteile und – als Abzug davon – die Minderheitsanteile ausgewiesen.

---

[74] Dazu FER Nr. 4: «Fremdwährungsumrechnung bei der Konsolidierung von Jahresrechnungen in fremder Währung.»

[75] OR 960 I, wonach die Bilanz in Landeswährung aufzustellen ist, findet nach Ansicht der Lehre auf die Konzernrechnung nicht Anwendung (vgl. Böckli N 1228 und Georges Muller in Ciocca [vgl. LV] 109f), so dass die Konzernbilanz auch in ausländischer Währung aufgestellt werden kann. In US-Dollars wird etwa die Konzernbilanz der ABB erstellt, während Nestlé – trotz weit überwiegend im Ausland liegender Aktivitäten – eine konsolidierte Rechnung in Schweizer Franken vorlegt.

[76] Sind die Geschäftsjahre der Konzerngesellschaften unterschiedlich festgelegt (was in der Praxis tunlichst vermieden wird), sind daher Zwischenabschlüsse unumgänglich.

[77] Unter Eliminierung der konzerninternen Beziehungen, vgl. N 199.

243   bb) Die sog. *Quotenkonsolidierung* ist üblich bei Joint Ventures, bei denen zwei Unternehmensgruppen dieselbe Beteiligungsquote von 50 % zukommt, ferner findet sie Verwendung bei Beteiligungen von 20–50 %, falls damit ein massgebender Einfluss verbunden ist.

244   Bei dieser Methode werden die Aktiven und Passiven sowie die einzelnen Aufwand- und Ertragspositionen entsprechend der Beteiligungsquote, also quotenmässig, im Konzernabschluss erfasst[78].

245   cc) Keine Konsolidierung erfolgt bei der sog. *Equity-Methode,* die ebenfalls Anwendung findet auf Beteiligungen zwischen 20 und 50 %, wenn diese mit einem massgebenden (nicht aber beherrschenden) Einfluss verbunden sind.

246   Danach werden in der Bilanz das anteilige Eigenkapital[79] und in der Erfolgsrechnung der Anteil am Erfolg der Untergesellschaft, welcher der Beteiligung entspricht, aufgeführt.

247   dd) Schliesslich werden Beteiligungen unter 20 % (und solche, die nicht mit einem massgebenden Einfluss verbunden sind) nach der sog. *Cost-Methode* eingesetzt, d. h. sie werden von der Bilanz der Muttergesellschaft unverändert in die konsolidierte Bilanz übernommen[80].

248   ee) FER Nr. 2 (Konzernrechnung) sieht in Ziff. 4 vor: «Die Konzernrechnung ist nach der Methode der Vollkonsolidierung zu erstellen. Abweichungen von dieser Methode sind im Anhang offenzulegen und zu begründen.» Und für nicht konsolidierte Beteiligungen wird in Ziff. 6 bestimmt, sie seien «anteilsmässig», also nach der Equity-Methode zu erfassen.

249   e) Das Gesetz schreibt die Konsolidierungs- und Bewertungsgrundsätze nicht vor. In der Praxis ist es üblich, sich an eines der folgenden Regelwerke zu halten:

250   – an die *aktienrechtlichen Vorschriften zum Einzelabschluss* (OR 663 ff, dazu N 27 ff),
251   – an die Grundsätze der FER (dazu N 170 ff),
252   – an die Anforderungen der Siebten EG-Richtlinie,
253   – an die IAS [80a].

254   Vereinfacht lässt sich sagen, dass diese Reihenfolge mit steigenden Anforderungen an den Konzernabschluss, aber auch steigendem Ansehen bei Anlegern und Finanzanalysten, übereinstimmt. Ausser den aktienrechtlichen Bestimmungen orientieren sich die genannten Regelwerke an der «true and fair view». Zumindest die Publikumsgesellschaften streben dieses Prädikat schon heute fast durchwegs an[81], und für die Zukunft dürfte es richtungsweisend sein.

---

[78] In der betriebswirtschaftlichen Literatur wird die Quotenkonsolidierung – ausser für Joint Ventures – kritisiert, weil sie der Konzerneinheit nicht angemessen Rechnung trage.
[79] Entsprechend den Aussagen in der Bilanz der Untergesellschaft.
[80] Also zum Buchwert, d. h. zu den Anschaffungskosten, unter Abzug der notwendigen Abschreibungen, OR 665, dazu § 50 N 250 ff.
[80a] Dazu und zur Umsetzung in der Schweiz Bürge/Ohlund in ST *1994* 340 ff.
[81] Vgl. die in Anm. 44 erwähnte Studie, wonach sich 1993 96 % der untersuchten Konzerne einer Bewertung nach betriebswirtschaftlichen Werten und damit nach den Grundsätzen einer «true and fair view» unterzogen, während es 1988 erst 43 % waren. Eine Übersicht über die Praxis der Publikumsgesellschaften findet sich bei Braun (zit. Anm. 44) 282 f. – Eine gesetzliche Pflicht, den Grundsatz von «true and fair» einzuhalten, besteht für Banken, vgl. BankV 25d I: «Die Konzernrechnung muss ein Bild vermitteln, das der tatsächlichen Vermögens-, Finanz- und Ertragslage des Bankkonzerns entspricht.» Eine Beeinflussung durch die Bildung oder Auflösung stiller Willkürreserven (dazu § 50 N 68 ff, insbes. 73 ff) ist also verpönt.

5. Auswirkungen der Konzernrechnung auf den Einzelabschluss

Obwohl dies im Gesetz nicht ausdrücklich aufgeführt wird, vertritt die Lehre zu Recht die Auffassung, dass der Einzelabschluss einer Konzerngesellschaft vereinfacht werden kann, wenn eine konsolidierte Rechnung zur Verfügung steht. Diese Ansicht hat ihren Niederschlag auch in FER Nr. 1 Ziff. 4 gefunden:

«Ist die Unternehmung Teil eines Konzerns, so kann der Einzelabschluss vereinfacht werden, sofern eine Konzernrechnung erstellt und diese den Adressaten des Einzelabschlusses zugänglich gemacht wird.»[82]

D. Der Jahresbericht (OR 663d)

a) Der Jahresbericht ist der *verbale Teil der Berichterstattung der AG*. Er stellt – in den Worten des Gesetzes (OR 663d I) – «den Geschäftsverlauf sowie die wirtschaftliche und finanzielle Lage der Gesellschaft dar».

aa) Bei der Darstellung des *Geschäftsverlaufs* sind auch die *Rahmenbedingungen,* das wirtschaftliche und allenfalls politische Umfeld zu nennen. Je nach Gesellschaft und Bedeutung ist etwa auf besondere Investitionen, auf die Forschungs- und Entwicklungstätigkeit oder auf ausserordentliche Ereignisse hinzuweisen.

bb) Zur Beurteilung der wirtschaftlichen Lage gehört eine Stellungnahme zur Positionierung der Gesellschaft im Markt. Sinnvoll, aber durch das schweizerische Recht nicht verlangt, sind Hinweise zu den Zukunftschancen.

cc) Bei der Darstellung der *finanziellen Lage* ist die Wiedergabe und Kommentierung bestimmter wesentlicher Kennzahlen sinnvoll. Wünschbar sind auch Hinweise zur künftigen Finanzierung der Geschäftstätigkeit.

b) OR 663d II verlangt im weiteren Angaben über «die im Geschäftsjahr eingetretenen Kapitalerhöhungen» und die Wiedergabe der «Prüfungsbestätigung».

aa) Die Angabe der *«eingetretenen»,* also der *vollzogenen* Kapitalerhöhungen (d. h. der Erhöhungen sowohl des Aktien- wie auch des allfälligen PS-Kapitals) ergänzt die im Anhang verlangte Angabe zum (noch nicht verwendeten) genehmigten und bedingten Kapital (dazu OR 663b Ziff. 11, vgl. N 149 f).

bb) Mit *«Prüfungsbestätigung»* sind die Bestätigungen im Zusammenhang mit Kapitalerhöhungen gemeint (zu diesen § 33 N 73 ff), nicht die Berichterstattung zur Jahresrechnung, die der GV selbständig (wenn auch formal allenfalls als Bestandteil des Geschäfts-, nicht aber des Jahresberichts) zu unterbreiten ist.

c) Im übrigen gilt die allgemeine Richtschnur von OR 662a I, wonach eine zuverlässige Beurteilung der Situation der Gesellschaft ermöglicht werden soll. In diesem Lichte kann die Berichterstattung über einzelne Geschäftssparten

---

[82] Freilich wird die Einhaltung des gesetzlichen Minimums ausdrücklich vorausgesetzt.

sinnvoll sein oder auch der Hinweis auf wesentliche Ereignisse, die sich nach Abschluss des Geschäftsjahres ergeben haben[83].

265 d) Der Jahresbericht unterliegt – dies ergibt sich aus OR 728 – nicht der Prüfung durch die Revisionsstelle.

266 e) Aus OR 697h folgt sodann, dass der Jahresbericht Dritten gegenüber nicht offengelegt werden muss. Gesellschaften, die gemäss OR 697h I zur Offenlegung ihrer finanziellen Verhältnisse gegenüber jedermann verpflichtet sind (dazu § 48 N 57 ff), stellen aber regelmässig den gesamten Geschäftsbericht einschliesslich des Jahresberichts zur Verfügung.

267 f) *Kein Jahresbericht* wird zur *Konzernrechnung* verlangt. In der Praxis sind aber verbale Ausführungen zu Geschäftsverlauf und Lage des Konzerns üblich, sei es in einem eigenen Bericht, sei es als Teil des Jahresberichts der Konzernobergesellschaft.

---

[83] Dies wird für Bankaktiengesellschaften in BankV 23 I ausdrücklich verlangt: Der Jahresbericht «enthält auch Angaben über alle wesentlichen Ereignisse, die nach dem Bilanzstichtag eingetreten sind».

11. Kapitel: Veränderungen des Grundkapitals

Materialien:
- zur *Kapitalerhöhung:*
  - Allgemeines und ordentliche Kapitalerhöhung (OR 650, 652–652h): Botschaft 46–49, 116f, 118–123; AmtlBull NR *1985* 1678 f, 1679–1681, SR *1988* 470, 471, NR *1990* 1357, 1358;
  - genehmigte Kapitalerhöhung (OR 651, 651a): Botschaft 49–52, 117f; AmtlBull NR *1985* 1679, SR *1988* 470 f, NR *1990* 1357 f, SR *1991* 65;
  - bedingte Kapitalerhöhung (OR 653–653i): Botschaft 52–55, 123–131; AmtlBull NR *1985* 1681–1686, SR *1988* 471–473, NR *1990* 1358 f, SR *1991* 65;
- zur *Kapitalherabsetzung* (OR 732–735): Botschaft 190; AmtlBull NR *1985* 1788, SR *1988* 517 f, NR *1990* 1389.

a) Die AG verfügt notwendig über ein *Aktienkapital* (OR 620 I, vgl. § 1 N 38), allenfalls zusätzlich auch über ein *PS-Kapital*[1]. Aktienkapital und allfälliges PS-Kapital sind – anders als etwa bei der Genossenschaft – in bestimmter Höhe *festgelegt* (OR 620 I, dazu § 49 N 29 ff).

Diese starre Ordnung drängt sich grundsätzlich zum Schutz sowohl der Gläubiger (denen die Kapitalziffer als Sperrziffer ein minimales Haftungssubstrat gewährleisten soll) wie auch der Aktionäre (deren Rechte sich grundsätzlich nach ihrer Kapitalbeteiligung bemessen) auf. Manchmal erweist sich aber das Korsett des festen Grundkapitals als zu rigid, drängen sich *Kapitalveränderungen* auf:
- Die Gesellschaft kann das Bedürfnis haben, ihre Eigenkapitalbasis durch die Ausgabe und Liberierung neuer Aktien zu erweitern. Dies macht eine Kapitalerhöhung erforderlich.
- Allenfalls erweist sich aber auch das durch die Sperrziffer «Aktienkapital» bzw. «Grundkapital» in der Gesellschaft blockierte und nicht ausschüttbare Vermögen für die Bedürfnisse der AG als zu gross und kann nicht vernünftig eingesetzt werden: Dann ist eine Kapitalherabsetzung sinnvoll, um die Sperrziffer und dadurch das gebundene Gesellschaftsvermögen zu verkleinern. Eine Kapitalherabsetzung ist sodann auch nötig, wenn eine Gesellschaft Verluste erlitten hat und sie nun die auf der Aktivseite figurierende Position «Verlustvortrag» (vgl. § 50 N 193 ff) beseitigen möchte: Es ist dies nur möglich, wenn auch die Passivseite «verkürzt» wird, eben durch eine Verminderung der Sperrziffer «Aktienkapital».

Das Gesetz lässt sowohl die Kapitalerhöhung wie die Kapitalherabsetzung zu, aber nur in formalisierten, gesetzlich bis in die Einzelheiten geregelten Verfahren, die in erster Linie sicherstellen sollen, dass Gläubiger nicht zu Schaden kommen und die überdies auch das Interesse der Aktionäre an einer Beibehaltung ihrer Beteiligungsquote absichern sollen.

---

[1] Aktienkapital und allfälliges PS-Kapital bilden zusammen das Grundkapital, vgl. § 49 N 17 ff.

8   b) In der Aktienrechtsreform ist die *Kapitalerhöhung* grundlegend überarbeitet und insbesondere in drei Punkten neu geregelt worden:

9   – Während bisher die Kapitalerhöhung weitgehend durch eine Verweisung auf das Gründungsverfahren geregelt war, wird sie im revidierten Recht *eigenständig geordnet.*

10 – Dabei wurden die *Kompetenzen* zwischen GV und Verwaltungsrat *neu aufgeteilt* und dem Verwaltungsrat nicht nur – wie bisher – der Vollzug der Erhöhung, sondern auch die formelle Feststellung der Durchführung zugewiesen.

11 – Vor allem aber sollte eine *Flexibilisierung* erfolgen durch die Einführung von zwei neuen Formen der Kapitalerhöhung: Neben die ordentliche tritt neu die genehmigte und die bedingte Erhöhung.

12 c) Dagegen ist die Ordnung der *Kapitalherabsetzung* praktisch unverändert aus dem bisherigen Recht übernommen worden[2].

§ 52 Die Erhöhung des Aktienkapitals

1   *Literatur:* Berthel/Bochud N 240 ff; François Chaudet: L'augmentation ordinaire du capital social, in: Ciocca (vgl. LV) 275 ff; Louis Dallèves: Les augmentations autorisées et conditionnelles du capital, in: Ciocca 287 ff; Forstmoser § 15 (mit umfassenden Literaturangaben zum bisherigen Recht); Marianne Hensler: Die bedingte Kapitalerhöhung (Diss. Bern 1982); Beat Hess: Die mangelhafte Kapitalerhöhung bei der AG (Diss. Freiburg i. Ü. 1977 = SSHW 24); Peter Isler: Ausgewählte Aspekte der Kapitalerhöhung, AJP *1992* 726 ff; Clemens Meisterhans: Ausgewählte Fragen zur Kapitalerhöhung ..., JBHReg *1994* 174 ff; Christian Notter: Das Kapitalerhöhungsverfahren nach dem bundesrätlichen Entwurf 1983 über die Revision des Aktienrechts (Diss. Zürich 1984); Thomas von Planta: Der Schutz der Aktionäre bei der Kapitalerhöhung (Diss. Basel 1992 = Basler Studien zur Rechtswissenschaft Reihe A Bd. 26); Rebsamen/Thomi 72 ff; Peter Ruf: Gründung und Kapitalerhöhung im neuen Aktienrecht, BN *1991* 351 ff, insbes. 367 ff; Rolf Watter: Die Gründung und Kapitalerhöhung im neuen Aktienrecht, in: Das neue Aktienrecht, Schriftenreihe SAV Bd. 11 (Zürich 1992) 55 ff, insbes. 58 ff; Christian Wenger: Das bedingte Kapital (Diss. Zürich, erscheint voraussichtlich 1995 oder 1996). – Aus den Gesamtdarstellungen zum neuen Aktienrecht vgl. Basler Kommentar zu Art. 650–653i (Zindel/Isler bzw. Isler/Zindel) sowie Böckli N 149 ff.

2   *Mustertexte* für die bei Kapitalerhöhungen erforderlichen Beschlüsse der GV und des Verwaltungsrates finden sich bei Berthel/Bochud 101 ff, im Texthandbuch Gesellschafts-

---

[2]   Neben terminologischen Anpassungen («Aktienkapital» statt «Grundkapital») erfolgten lediglich zwei Anpassungen an andernorts vorgenommene Änderungen: an die neue Mindestkapitalziffer von Fr. 100 000.– (OR 732 V, bisher Fr. 50 000.–) und an die Einführung des «besonders befähigten Revisors» für bestimmte qualifizierte Revisionsfälle (OR 732 II; für die Kapitalherabsetzung war schon bisher der Bericht einer besonders qualifizierten, vom Bundesrat anerkannten Revisionsstelle erforderlich. Das neue Recht kennt nun einheitlich für komplexe Revisionsaufgaben den besonders befähigten Revisor, vgl. zu diesem § 32 N 8 ff). – Vgl. sodann OR 656a II, woraus sich die Anwendbarkeit von OR 732ff auch auf PS ergibt.

recht (Textvorlagen zum neuen Aktienrecht) des Notariatsinspektorats des Kantons Zürich (Zürich 1992, vervielfältigt) Ziff. 4–6. Mustertexte für die Handelsregisteranmeldungen bzw. -eintragungen finden sich bei Rebsamen/Thomi 72 ff und bei Küng (zit. § 16 N 1).

A. *Grundlagen und Übersicht*

I. Gründe, Rechtsnatur und Zulässigkeit der Kapitalerhöhung

1. Gründe für Kapitalerhöhungen

Die möglichen Gründe für Kapitalerhöhungen sind mannigfaltig:

a) In erster Linie dient die Kapitalerhöhung dem *Zufluss neuen Eigenkapitals,* sei es zur Erweiterung der bisherigen Geschäftstätigkeit, zur Beseitigung einer Illiquidität, zur Bereitstellung der Mittel für eine Fusion, zur Ablösung von Fremdkapital oder – bei Banken – zur Anpassung der eigenen Mittel an die spezialgesetzlichen Erfordernisse[1]. Auf diesen Hauptfall der *Eigenfinanzierung* ist die gesetzliche Ordnung ausgerichtet.

b) Die Kapitalerhöhung kann aber auch die *Umschichtung innerhalb des Eigenkapitals* ohne Zufluss neuer Mittel zum Zweck haben, indem Reserven oder unverteilte Gewinne in Grundkapital umgewandelt werden. Die Sicherheit der Gläubiger und damit die Kreditbasis der Gesellschaft werden so verstärkt, darf sich doch die AG in Höhe ihres Grundkapitals ihrer Aktiven nicht freiwillig entäussern (vgl. § 49 N 23). Die Umschichtung kann aber auch dazu dienen, zusätzliche Aktien zu schaffen, um – da das Vermögen der Gesellschaft gleich bleibt – den Wert der einzelnen Aktie und ihren Börsenkurs zu senken. Auch kann die Dividende «optisch leichter» gestaltet werden, indem sie – bei gleicher absoluter Höhe – auf ein grösseres Kapital verteilt und so in Prozenten kleiner wird. Endlich kann die Umschichtung auch steuerliche Vorteile mit sich bringen.

c) Die unter gleichzeitiger Herabsetzung des bisherigen Aktienkapitals durchgeführte Kapitalerhöhung kann eine *Sanierungsmassnahme* sein (vgl. dazu OR 732 I und hinten § 53 N 334 ff).

d) Die Kapitalerhöhung kann sodann der *Umwandlung von Fremdkapital in Eigenkapital* dienen. Auch die Umwandlung ist oft ein Mittel der Sanierung, indem Schulden in Risikokapital übergeführt werden. Ein Umwandlungsrecht wird auch dem Wandelobligationär eingeräumt (vgl. § 48 N 26 ff sowie hinten N 318 ff).

e) Mit der Kapitalerhöhung wurden unter bisherigem Recht gelegentlich auch wenig lautere *Nebenzwecke* verfolgt, etwa die Benachteiligung von Minderheits-

---

[1] Vgl. BankG 4 ff und BankV 11 ff.

aktionären[2] oder von Erwerbern der neuen Aktien[3]. Das revidierte Recht hat die Vorkehren zum Schutz vor solchen Machenschaften deutlich und wirksam verbessert, so durch die Verstärkung des Bezugsrechts und die Einführung des Vorwegzeichnungsrechts (dazu § 40 N 215 ff) und durch Pflichten zu Rechenschaftsablage und Prüfung (OR 652e und 652f, dazu N 149 ff).

2. *Rechtsnatur und Zulässigkeit*

9 a) Die Kapitalerhöhung wird heute in der Doktrin einhellig als blosse *Statutenänderung* verstanden.

10 Durchwegs *abgelehnt* wird die früher vereinzelt geäusserte Ansicht, die Kapitalerhöhung stelle eine *Neugründung* dar. Vielmehr wird betont, dass die Erhöhung die *Identität* der AG nicht tangiert.

11 Immerhin wird nicht verkannt, dass das Erhöhungsverfahren *dem Gründungsverfahren verwandt* ist. Obwohl das revidierte Recht – im Gegensatz zum bisherigen – die Kapitalerhöhung eigenständig regelt, sind die Beziehungen zur Gründung vielfältig (vgl. etwa die Verweisung in OR 652c).

12 b) Die Kapitalerhöhung ist grundsätzlich *jederzeit zulässig,* und zwar auch dann, wenn das bisherige Aktienkapital noch nicht voll liberiert worden ist[4].

13 Eine *Ausnahme* dürfte sich für die AG in *Liquidation* ergeben, da der Liquidationszweck eine Kapitalerhöhung kaum je rechtfertigen dürfte.

II. Die Stellung des Aktionärs[5,6]

1. Kein Recht auf Beibehaltung des Aktienkapitals in seiner bisherigen Höhe

14 Der Aktionär muss eine Kapitalerhöhung dulden[7]. Es gibt also *kein wohlerworbenes Recht auf Beibehaltung des Aktienkapitals* in seiner bisherigen Höhe[8].

15 Ebensowenig hat der Aktionär ein Recht darauf, dass der *innere Wert* der bisherigen Aktien *beibehalten* bleibt. Er muss sich vielmehr eine Verwässerung

---

[2] Vgl. die Tatbestände von BGE 91 II 298 ff, 99 II 55 ff und 102 II 265 ff.
[3] Namentlich durch Ausgabe mit einem übersetzten Agio.
[4] BGE 26 II 435 ff.
[5] Mitgemeint ist stets der Partizipant, vgl. § 46 N 26 ff.
[6] Vgl. dazu insbes. Thomas von Planta (zit. N 1) sowie Andreas von Planta: Aktionärsschutz bei der bedingten Kapitalerhöhung, SZW *1992* 205 ff.
[7] Vorbehalten bleiben Fälle des Rechtsmissbrauchs (vgl. § 39 N 103 ff). Verpönt wäre eine Erhöhung, die nur darauf abzielt, Minderheitsaktionäre zu schädigen. Bei der Ausgestaltung sind sodann das Sachlichkeitsgebot und die Pflicht zur schonenden Rechtsausübung zu beachten (vgl. § 39 N 86 ff). Daher sollen die Ausgabebedingungen für neue Aktien so ausgestaltet sein, dass sie sich nicht für einzelne Aktionäre unnötig nachteilig auswirken.
[8] Vgl. BGE 99 II 59, 86 II 85.

der alten Aktien, die sich durch eine Ausgabe der neuen unter ihrem inneren Wert ergibt, gefallen lassen[9].

Schliesslich kann der Aktionär auch nicht verlangen, dass ihn die Gesellschaft vor einem Wertverlust dadurch schütze, dass sie einen Markt für die Bezugsrechte schafft oder dass gar sie oder ein Mehrheitsaktionär die Bezugsrechte eines zeichnungsunwilligen Aktionärs abkauft[10].

2. *Recht auf Teilnahme an einer Kapitalerhöhung und auf Erhaltung der Beteiligungsquote*

Der Schutz der bisherigen Aktionäre wird vielmehr dadurch gewährleistet, dass ihnen das Recht zusteht, an Kapitalerhöhungen teilzunehmen und *neu auszugebende Aktien im Verhältnis zu ihrem bisherigen Aktienbesitz zu übernehmen*. Diese Möglichkeit wird durch das *Bezugsrecht* und – indirekt – das *Vorwegzeichnungsrecht* gewährleistet (dazu § 40 N 229 ff).

3. *Keine Pflicht zur Teilnahme an einer Kapitalerhöhung*

Der Grundsatz der beschränkten Leistungspflicht des Aktionärs (vgl. OR 680 I und dazu § 42 N 8 ff) gilt auch bei Kapitalerhöhungen: Kein Aktionär kann verpflichtet werden, neue Aktien zu erwerben oder auf die von ihm gehaltenen Aktien über die volle Liberierung (und das vereinbarte Agio) hinaus Zuzahlungen zu leisten. An einer Kapitalerhöhung mit Zufluss neuer Mittel braucht sich daher kein Aktionär zu beteiligen. Doch muss der seine Bezugsrechte (oder das Vorwegzeichnungsrecht) nicht ausübende Aktionär Verluste seiner Stimmkraft wie allenfalls auch des inneren Werts seiner Beteiligung in Kauf nehmen. Der Aktionär hat daher «kein wohlerworbenes Recht, dass sich die relative Grösse seiner Beteiligung nicht vermindere»[11].

III. Arten der Kapitalerhöhung

Die Möglichkeiten der Kapitalerhöhung können nach verschiedenen Kriterien gegliedert werden:

---

[9] Wiederum sind aber die allgemeinen Vorbehalte anzubringen: Das Vorgehen der Gesellschaft darf nicht rechtsmissbräuchlich sein, und es soll sich an den Geboten der Sachlichkeit und der schonenden Rechtsausübung orientieren. Unhaltbar ist in dieser Hinsicht – jedenfalls im Lichte der heute herrschenden Anschauungen – BGE 99 II 55 ff, wo die Ausgabebedingungen für neue Aktien bewusst und sachlich unnötig so ausgestaltet wurden, dass ein das Bezugsrecht nicht ausübender Minderheitsaktionär einen hohen finanziellen Nachteil erlitt.
[10] Vgl. BGE 99 II 60.
[11] BGE 98 II 100.

1. Ordentliche, genehmigte und bedingte Kapitalerhöhung

20 Diese Gliederung liegt der gesetzlichen Regelung zugrunde. Massgebend für die Abgrenzung ist, ob die Generalversammlung den Entscheid über die Erhöhung des Aktienkapitals voll in der eigenen Hand behält oder ob – und an wen – sie diesen Entscheid teilweise delegiert:

21 a) Grundform ist die *ordentliche* Kapitalerhöhung. Die *GV entscheidet* bei diesem Verfahren *alle wesentlichen Fragen* selbst. Mit dem Vollzug wird der Verwaltungsrat beauftragt.

22 Unter bisherigem Recht war dies die einzige vom Gesetz vorgesehene Form der Erhöhung. Eine wesentliche Zielsetzung der Reform war die *Flexibilisierung des Aktienkapitals* und damit die Erleichterung der Kapitalbeschaffung[12] durch die Einführung des genehmigten und des bedingten Kapitals als zwei neuen, zusätzlichen Möglichkeiten.

23 b) Beim *genehmigten* Kapital geht es darum, dass die GV nur die *Möglichkeit* einer Kapitalerhöhung und ihre Eckwerte beschliesst, den Entscheid über die Durchführung dagegen *dem Verwaltungsrat überlässt*. «Im Rahmen der Ermächtigung kann der Verwaltungsrat Erhöhungen des Aktienkapitals durchführen.»[13]

24 c) Bei der *bedingten* Kapitalerhöhung trifft die GV ebenfalls nur den Grundsatzentscheid einer *allfälligen* Erhöhung. Ob und in welchem Umfang das Aktienkapital tatsächlich erhöht wird, bestimmen *Dritte – Wandel- oder Optionsberechtigte* oder auch *Mitarbeiter:* Das Aktienkapital wird nur dann und nur insoweit erhöht, als Gläubiger einer Wandel- oder Optionsanleihe oder Mitarbeiter sich für den Erwerb neuer Aktien entscheiden.

25 d) Alle drei Arten der Erhöhung stehen *sämtlichen Gesellschaften* offen, was im Zuge der Gesetzesreform nicht von Anfang an feststand. In der Praxis wird aber das bedingte und das genehmigte Kapital vorwiegend von *Publikumsgesellschaften* eingesetzt, während sich bei kleineren Gesellschaften mit beschränktem Aktionärskreis kaum ein Bedürfnis zeigt, von den neuen Möglichkeiten Gebrauch zu machen.

2. Gliederung nach Art der Liberierung

26 a) Mit Bezug auf die Liberierung kann danach differenziert werden, ob im Zuge der Erhöhung der Gesellschaft zusätzliche Mittel zufliessen oder nicht.

27 b) *Ohne Zufluss neuer Mittel* erfolgt eine Kapitalerhöhung, wenn die Liberierung aus *Eigenkapital* erfolgt (OR 652d, dazu N 129 ff).

28 c) Im Normalfall erhält dagegen die AG im Zuge der Kapitalerhöhung *zusätzliche Eigenmittel*. Dies kann auf verschiedene Weise erfolgen:

---

[12] Vgl. Botschaft 26 f.
[13] OR 651 IV.

– Grundtatbestand ist – wie bei der Gründung – die *Barliberierung* durch Bareinzahlung (dazu N 119). 29

– Möglich ist aber auch die Erfüllung der Liberierungspflicht durch eine *Sacheinlage* (dazu N 120 f). 30

– Schliesslich kann die Liberierung auch durch *Verrechnung* mit gegenüber der Gesellschaft bestehenden Forderungen, also durch Umschichtung von Fremd- in Eigenkapital, erfolgen (dazu N 122 ff). 31

3. Einfache und qualifizierte Kapitalerhöhung

Diese Gliederung – sie entspricht der bei der Gründung (dazu § 13 N 30 ff) üblichen – überschneidet sich mit der soeben erwähnten: 32

a) Eine *qualifizierte* Kapitalerhöhung liegt vor in den Fällen der Liberierung durch Sacheinlage, durch Verrechnung oder aus eigenen Mitteln der Gesellschaft, zudem aber auch bei der Sachübernahme (dazu N 121) sowie dann, wenn bestimmten Personen besondere Vorteile eingeräumt werden (dazu N 121). 33

b) Eine *einfache* Kapitalerhöhung ist gegeben, wenn keiner der genannten qualifizierenden Tatbestände erfüllt ist, also bei einer Barliberierung ohne Sachübernahme und ohne Einräumung von Sondervorteilen. 34

4. Der Adressatenkreis

Nach dem Kreis der Berechtigten sind Kapitalerhöhungen zu gliedern in solche *mit Bezugsrecht* (das Recht zum Bezug neuer Aktien steht den Aktionären zu, Dritten höchstens dann, wenn Aktionäre auf ihr Recht verzichten) und solche, bei denen das *Bezugsrecht entzogen* wird (die Aktionäre haben diesfalls kein Vorrecht auf den Bezug der neuen Aktien). Analoges gilt bei der bedingten Kapitalerhöhung hinsichtlich der Gewährung oder Wegbedingung des *Vorwegzeichnungsrechts*. 35

5. Schaffung zusätzlicher Aktien oder Nennwerterhöhung

Schliesslich kann auch danach differenziert werden, ob die Erhöhung der Kapitalziffer durch die *Ausgabe neuer Aktien* erfolgt[14] oder ob – was selten ist – die Zahl der Aktien gleich bleibt, jedoch ihr *Nennwert erhöht* wird[15]. 36

---

[14] Davon geht stillschweigend die gesetzliche Regelung aus, vgl. etwa OR 652b I, wo von «neu ausgegebenen Aktien» gesprochen wird.
[15] Trotz des Schweigens des Gesetzes ist unbestritten, dass an die Stelle der Ausgabe neuer Aktien auch die Heraufsetzung des Nennwerts der bestehenden Titel treten kann, vgl. etwa BGE 67 I 114 E 2.

6. Besonderheiten

37 Besonderes kann gelten, wenn *Vorzugs-* oder *Stimmrechtsaktien* geschaffen werden sollen oder die Gesellschaft *Partizipationsscheine* ausstehend hat (dazu N 423 ff).

7. Exkurs: Gleiche Regeln für die Erhöhung des Aktien- und des Partizipationskapitals

38 Das Gesetz enthält Bestimmungen nur über die Erhöhung des Aktienkapitals (OR 650–654). Wegen der allgemeinen Verweisung von OR 656a II finden diese aber auch auf die Erhöhung (oder Schaffung) eines allfälligen Partizipationskapitals Anwendung.

IV. Die gesetzliche Ordnung

39 a) Neu ist im Vergleich zum bisherigen Recht, dass das Gesetz die Kapitalerhöhung im wesentlichen *selbständig* und nicht durch eine Verweisung auf die Bestimmungen über die Gründung regelt[16].

40 Dabei geht der Gesetzgeber davon aus, dass sich die ordentliche und die genehmigte Kapitalerhöhung im wesentlichen nur durch den Umfang der Kompetenzdelegation von der GV an den Verwaltungsrat unterscheiden. Diese beiden Formen sind daher in einem einzigen Abschnitt (OR 650–652h) normiert. Selbständig und ausführlich geregelt wird dagegen die bedingte Kapitalerhöhung (OR 653–653i).

41 b) Im folgenden wird zunächst die *ordentliche Kapitalerhöhung* behandelt, einschliesslich der für *alle Formen* der Erhöhung geltenden Regeln (lit. B, N 42 ff). Daran schliesst die Besprechung der genehmigten (lit. C, N 208 ff) und der bedingten (lit. D, N 298 ff) Kapitalerhöhung an. Auf Besonderheiten wird in lit. E (N 423 ff) hingewiesen.

B. *Die ordentliche Kapitalerhöhung*

I. Das Verfahren im allgemeinen; Kompetenzabgrenzungen

42 a) In aller Kürze umschreibt OR 650 I das ordentliche Kapitalerhöhungsverfahren wie folgt: «Die Erhöhung des Aktienkapitals wird von der Generalversammlung beschlossen; sie ist vom Verwaltungsrat ... durchzuführen.» Zu ergänzen ist, dass auch dem dritten obligatorischen Gesellschaftsorgan bei der Kapital-

---

[16] Vgl. immerhin OR 652c.

erhöhung eine Rolle zukommt: «Die Revisionsstelle prüft den [vom Verwaltungsrat zu erstellenden] Kapitalerhöhungsbericht und bestätigt schriftlich, dass dieser vollständig und richtig ist.» (OR 652 f I)[17].

b) Etwas detaillierter sind im Kapitalerhöhungsverfahren die folgenden Schritte und Aufgaben zu unterscheiden:

- Die *GV* fasst den Erhöhungsbeschluss und legt die wesentlichen Einzelheiten der Kapitalerhöhung fest. Sie beauftragt den Verwaltungsrat mit der Durchführung. (Vgl. OR 650[18], dazu N 63 ff).
- Der *Verwaltungsrat* bietet die Aktien den dafür Bestimmten zur Zeichnung an (OR 652 ff, dazu N 86 ff), und er überprüft die Liberierung (zu dieser vgl. OR 652c f, dazu N 115 ff).
- Über seine Tätigkeit erstattet der Verwaltungsrat schriftlich Bericht (OR 652e, dazu N 149 ff), und die *Revisionsstelle* überprüft diesen Kapitalerhöhungsbericht (OR 652f mit einer Ausnahme in Abs. 2, vgl. N 158 ff).
- Abschliessend stellt der *Verwaltungsrat* den erfolgreichen und korrekten Vollzug der Kapitalerhöhung fest und passt die Statuten – Kapitalziffer sowie Angaben über die Anzahl sowie allenfalls Art, Nennwert und Liberierung der ausgegebenen Aktien – an (OR 652g, dazu N 164 ff). Wie üblich sorgt er auch für die Eintragung der Statutenänderung im Handelsregister (OR 652h I, dazu N 178 ff).

II. Die Beschlussfassung durch die Generalversammlung

1. Form und Quorum

a) Obwohl kein statutenändernder Beschluss vorliegt[19], verlangt das Gesetz wegen der Tragweite des Erhöhungsbeschlusses die *öffentliche Beurkundung* (OR 650 II, zur öffentlichen Beurkundung allgemein vgl. §14 N 68 ff).

b) An sich schreibt das Gesetz *kein besonderes Quorum* vor. Mangels anderer statutarischer Regelung kann daher der Erhöhungsbeschluss grundsätzlich mit der absoluten Mehrheit der vertretenen Aktienstimmen gefasst werden (OR 703,

---

[17] Zur Ausnahme bei der einfachen Kapitalerhöhung mit Barliberierung vgl. OR 652f II.
[18] Der Unterschied der *genehmigten* zur hier besprochenen *ordentlichen* Kapitalerhöhung liegt in zwei Punkten: Die Einzelheiten der Erhöhung werden durch die GV weniger umfassend festgelegt und zum Teil – in einem späteren Zeitpunkt – durch den Verwaltungsrat bestimmt. Der Verwaltungsrat wird zudem von der GV nicht *beauftragt*, sondern lediglich *ermächtigt*, eine Kapitalerhöhung durchzuführen. – Bei der *bedingten* Kapitalerhöhung beschliesst zwar die GV die Erhöhung; ihre Durchführung hängt aber vom Entscheid Dritter ab, das bedingt geschaffene Kapital zu übernehmen. Näheres hinten lit. C und D, N 214 ff und 304 ff.
[19] Die Statutenänderung erfolgt erst später, durch den Verwaltungsrat nach Abschluss der Kapitalerhöhung, vgl. OR 652g und hinten N 164 ff. Anders verhält es sich bei der genehmigten Kapitalerhöhung, vgl. OR 651 und dazu N 264 ff.

dazu § 24 N 25 ff). Doch sind die Ausnahmen, in welchen das *qualifizierte Quorum von OR 704 I* (dazu § 24 N 28 ff) einzuhalten ist, derart zahlreich, dass die gesetzliche Grundregel in der Praxis eher die Ausnahme sein dürfte:

50 Die erschwerten Anforderungen für «wichtige Beschlüsse» gemäss OR 704 I sind einzuhalten,
51 – wenn die Liberierung gegen Sacheinlage oder aus Eigenkapital erfolgt (OR 704 I Ziff. 5),
52 – in weiteren Fällen der qualifizierten Kapitalerhöhung: bei der Sachübernahme und der Gewährung von besonderen Vorteilen (OR 704 I Ziff. 5),
53 – bei einer Aufhebung oder Einschränkung des Bezugsrechts (OR 704 I Ziff. 6),
54 – bei der Einführung von Stimmrechtsaktien (OR 704 I Ziff. 2[20]),
55 – ferner – dies sei als Exkurs ergänzt – bei jeder genehmigten oder bedingten Kapitalerhöhung (OR 704 I Ziff. 4).
56 Das gewöhnliche Quorum von OR 703 genügt daher nur gerade bei *ordentlichen Kapitalerhöhungen*, bei denen
57 – in bar oder durch Verrechnung liberiert wird und weder eine Sachübernahme noch die Einräumung besonderer Vorteile beabsichtigt ist *und*
58 – das Bezugsrecht voll gewahrt wird *und*
59 – keine Stimmrechtsaktien «eingeführt» werden.

60 c) In Erinnerung gerufen sei, dass einer Kapitalerhöhung allenfalls nicht nur die GV, sondern zusätzlich auch eine *Sonderversammlung* zustimmen muss, so
61 – wenn eine neue, gegenüber bereits bestehenden Vorzugsaktien *privilegierte Aktienkategorie* oder wenn privilegierte Partizipationsscheine geschaffen werden sollen (vgl. § 26 N 12),
62 – wenn die Kapitalerhöhung einseitig – ohne entsprechende Verschlechterung der Rechtsstellung von Aktionären – die Position der *Partizipanten* beeinträchtigt (vgl. § 26 N 22).

2. Der Inhalt

63 a) OR 650 II zählt den erforderlichen Inhalt des Erhöhungsbeschlusses *abschliessend* auf. Dabei kann – in Analogie zur Gliederung des Statuteninhalts (dazu § 8 N 3 ff) – zwischen absolut und bedingt notwendigem Inhalt des Beschlusses unterschieden werden.
64 Absolut notwendig sind die in Ziff. 1–4 aufgeführten Angaben, mit Ausnahme des zweiten Teils von Ziff. 2 und des zweiten Teils von Ziff. 4[21]. Bedingt notwendig sind die übrigen Angaben, also insbesondere diejenigen von Ziff. 5–9.
65 b) Zum *absolut notwendigen* Inhalt des Erhöhungsbeschlusses gehören:

---

[20] Vgl. aber zur einschränkenden Interpretation des Begriffs «Einführung» § 24 N 38.
[21] Ab «sowie» wird in diesen beiden Ziffern bedingt notwendiger Statuteninhalt genannt.

aa) der Gesamtbetrag, um den das Aktienkapital *erhöht* werden soll (Ziff. 1)[22]. 66
Ist ungewiss, ob die Kapitalerhöhung im vollen Umfang erfolgreich sein wird, ist
es auch zulässig, anstelle des genauen Erhöhungsbetrages einen *Maximalbetrag*
zu nennen;

bb) der *Liberierungsbetrag* (Ziff. 1 a. E.). Im Minimum sind 20% des Nenn- 67
werts jeder Aktie zu liberieren (OR 632 I, dazu § 14 N 24)[23];

cc) der *Ausgabebetrag* für die neuen Aktien oder die *Ermächtigung* an den 68
Verwaltungsrat, diesen festzusetzen (Ziff. 3). Der Ausgabebetrag kann den
Nennwert der Aktie übersteigen, wenn – was bei Kapitalerhöhungen häufig ist –
die Aktien mit einem *Agio* ausgegeben werden. Die Festlegung des Ausgabebetrages kann – was jedenfalls bei Publikumsgesellschaften zweckmässig ist – an
den Verwaltungsrat delegiert werden, aber nur durch expliziten GV-Beschluss;

dd) der *Beginn der Dividendenberechtigung* (Ziff. 3 a. E.). Nach dem klaren 69
Wortlaut des Gesetzes kann dieser Entscheid offenbar nicht an den Verwaltungsrat delegiert werden (ein freilich wenig sinnvolles Delegationsverbot);

ee) die *Form der Liberierung* (Ziff. 4 a. A.). In Betracht kommen die Barlibe- 70
rierung, die Liberierung durch Verrechnung, diejenige aus Eigenmitteln und
schliesslich die Sacheinlage (vgl. N 115 ff);

ff) verschiedene Bestimmungen hinsichtlich des *Bezugsrechts* (Ziff. 8 und 9), 71
so der Entscheid über die Zuweisung nicht ausgeübter oder entzogener Bezugsrechte (Ziff. 8 zweiter Teil) und über die Voraussetzungen für die Ausübung
vertraglich erworbener Bezugsrechte (Ziff. 9).

Wenig problematisch ist die *Zuweisung nicht ausgeübter* Bezugsrechte, konnte doch 72
der Aktionär seine Rechte wahrnehmen und hat er freiwillig darauf verzichtet. Immerhin
sind auch dabei die allgemeinen aktienrechtlichen Grundsätze – besonders das Gleichbehandlungsprinzip – zu beachten. Sinnvoll dürfte etwa bei privaten Aktiengesellschaften
die proportionale Zuteilung an die zeichnungswilligen Aktionäre sein, bei Publikumsgesellschaften die Weisung, diese Bezugsrechte zu Marktbedingungen im Publikum zu pla-
zieren. Doch sind auch andere Regeln möglich.

Bei der Ausübung *vertraglich erworbener Bezugsrechte* (Ziff. 9) geht es um die Frage, 73
ob – und allenfalls mit welchen Einschränkungen – Bezugsrechte ausgeübt werden können, die der Berechtigte nicht originär (als Aktionär), sondern derivativ (als Vertragspartner eines seine Bezugsrechte veräussernden Aktionärs) erworben hat. Insbesondere kann
vorgesehen werden, dass die Ausübung derivativ erworbener Bezugsrechte nur im Rah-

---

[22] Vor dem 1.1.1985 gegründete Aktiengesellschaften dürfen bekanntlich auch weiterhin ein
Kapital von nur Fr. 50 000.– ausweisen, vgl. UeBest 2 II sowie § 49 N 29 ff. Wird das Kapital heraufgesetzt, müssen aber auch diese Gesellschaften die Mindesthöhe von Fr. 100 000.– einhalten, vgl.
Rutschi in JBHReg 1992 (Zürich 1992) 48 f.
[23] Keine Liberierung ist in den seltenen Fällen nötig, in denen die Kapitalerhöhung nicht durch
die Ausgabe neuer Aktien, sondern durch die Erhöhung des Nennwerts der bisherigen Aktien
erfolgt, vorausgesetzt natürlich, dass der bereits liberierte Betrag mindestens 20% des neuen Aktiennennwerts ausmacht.

men der Vinkulierungsbestimmungen zulässig ist, während der Aktionär als originärer Erwerber diese Rechte bedingungslos ausüben kann.

74 Näheres vorn § 40 N 291 ff.

75 c) Zum *bedingt notwendigen* Inhalt des Erhöhungsbeschlusses gehören:

76 aa) die Einschränkung oder Aufhebung des *Bezugsrechts* (Ziff. 8). Wird das Bezugsrecht gewährt, braucht dies nicht eigens gesagt zu werden. Doch ist eine solche Klarstellung in der Praxis verbreitet und sinnvoll.

77 Der *Entzug* oder die *Einschränkung* des Bezugsrechts (vgl. dazu § 40 N 229 ff) ist für den Aktionär besonders schwerwiegend. Daher ist die *beabsichtigte Verwendung* offenzulegen, wobei – jedenfalls bei der ordentlichen Kapitalerhöhung – die blosse Übernahme der Umschreibung von OR 652b II Satz 2 nicht genügen dürfte, sondern präzisere Angaben zu machen sind[24]. Während bei der genehmigten Kapitalerhöhung umstritten ist, ob und allenfalls inwieweit der Entscheid über den Bezugsrechtsentzug an den Verwaltungsrat delegiert werden kann (vgl. dazu § 40 N 271 ff), ist bei der ordentlichen Erhöhung eine solche *Delegation nicht zuzulassen*.

78 bb) Ausführungen über *Vorrechte einzelner Aktienkategorien* (Ziff. 2 a. E.). Solche Angaben sind nur erforderlich, wenn privilegierte Aktien – also neben Stammaktien Stimmrechts- oder Vorzugsaktien (dazu § 41 N 25 ff) – eingeführt werden sollen[25]. Fehlt es an Aktien unterschiedlicher Kategorien, dann entfällt diese Angabe;

79 cc) *qualifizierende Tatbestände* ganz allgemein, also neben der Liberierung durch Sacheinlage auch Sachübernahmen sowie besondere Vorteile (Ziff. 4–6). Die erforderlichen Angaben entsprechen zwar nicht wörtlich, aber der Sache nach den auch bei der Gründung verlangten (vgl. OR 628, dazu § 15 N 59 ff);

80 dd) eine allfällige *Vinkulierung* neuer Namenaktien (Ziff. 7), wobei die Vinkulierungsgründe nicht wörtlich aufgeführt sein müssen[26].

81 Fehlt es an einer Bestimmung, dann sind neu geschaffene Namenaktien frei übertragbar, auch wenn bereits bestehende vinkuliert sind.

82 In Erinnerung zu rufen ist, dass die Vinkulierung bei der Ausübung der Bezugsrechte durch den Aktionär, dem diese originär eingeräumt worden sind, keine Anwendung findet (OR 652b III, dazu § 40 N 288 ff). Wohl aber kann sie vertraglich erworbenen Bezugsrechten entgegengesetzt werden, falls ein entsprechender Beschluss vorliegt (vgl. OR 650 II Ziff. 9 und vorn N 73).

---

[24] A.M. wohl Zindel/Isler in Basler Kommentar zu Art. 650 N 28, die in der gesetzlichen Umschreibung Mindestangaben erblicken. Weitere Angaben sind jedoch auch nach Zindel/Isler zu machen, wenn der konkrete Verwendungszweck der neu zu schaffenden Aktien bereits bekannt ist.

[25] Keine unterschiedlichen Kategorien sind Inhaber- und Namenaktien, soweit sie – von der Form der Übertragung abgesehen – gleich ausgestaltet sind, vgl. die Umschreibung in OR 709 I und dazu § 27 N 78 ff.

[26] Der Detaillierungsgrad ist im einzelnen umstritten: Nach Zindel/Isler (Basler Kommentar zu Art. 650 N 25) ist eine «Angabe der einzelnen Vinkulierungsgründe ... nicht verlangt». Dagegen verlangt Böckli (N 179), es seien «die Hauptelemente der ... Vinkulierungsgründe anzugeben». Aus Gründen der Vorsicht wird man die Beschlussformel möglichst präzis fassen.

3. Die Wirkung

a) Der Beschluss der GV stellt einen *Auftrag an den Verwaltungsrat* dar, die Kapitalerhöhung in der beschlossenen Form durchzuführen. Durch den Beschluss selbst wird also das Kapital (noch) nicht erhöht, und es findet – wie erwähnt – auch (noch) keine Statutenänderung statt.

b) Das Gesetz selbst setzt dem Verwaltungsrat für die Erfüllung seiner Verpflichtung eine *Dreimonatsfrist*, vgl. OR 650 III: «Wird die Kapitalerhöhung nicht innerhalb von drei Monaten ins Handelsregister eingetragen, so fällt der Beschluss der Generalversammlung dahin.».

Nach unbestrittener Ansicht handelt es sich um eine *Verwirkungsfrist,* deren Regelung freilich unglücklich ausgefallen ist: Auch eine korrekt durchgeführte Kapitalerhöhung kann von Opponenten durch Einspruch und vorsorgliche Massnahmen verzögert werden – regelmässig um mehr als drei Monate. Um solchen Missbrauch zu verhindern, nimmt die herrschende Lehre (zu Recht) an, für die Einhaltung der Frist sei die *Anmeldung* beim Handelsregisteramt (dazu § 16 N 3 ff) und nicht der Registereintrag massgebend[27].

III. Zeichnungseinladung und Zeichnung der neuen Aktien

1. Das Vorrecht der bisherigen Aktionäre

Den Aktionären steht grundsätzlich das Recht zu, die neu auszugebenden Aktien zu übernehmen und so ihre *Beteiligungsquote* an der Gesellschaft zu erhalten. Dieses Recht ist durch das *Bezugsrecht* geschützt, das von der GV nur ausnahmsweise entzogen werden kann. Vgl. dazu ausführlich § 40 N 229 ff.

2. Die Einladung zur Zeichnung, insbesondere der allfällige Emissionsprospekt

a) Die neuen Aktien sind den zum Bezug Berechtigten zur Zeichnung anzubieten. Werden neue Aktien *«öffentlich zur Zeichnung angeboten»*, so muss dies mit einem *Emissionsprospekt* (OR 652a I)[28] erfolgen.

«Öffentlich ist jede Einladung zur Zeichnung, die sich nicht an einen begrenzten Kreis von Personen richtet.» (OR 652a II).

---

[27] In diesem Sinn auch HRV 80 II: «Anmeldungen, die nach der Frist von drei Monaten (Art. 650 Abs. 3 OR) *eingereicht* werden, sind abzuweisen.» (Hervorhebung hinzugefügt).

[28] Zum Emissionsprospekt vgl. insbes. Arnold B. Rolf: Der Börsenprospekt (Diss. Zürich 1969); Franco Taisch: Das öffentliche Angebot im neuen Aktienrecht, in: Schluep/Isler (vgl. LV) 263 ff; Rolf Watter: Prospektpflicht und Prospekthaftpflicht, ST *1991* 669 ff; ders.: Prospekt(haft)pflicht heute und morgen, AJP *1992* 48 ff; Dieter Zobl/Reto Arpagaus: Zur Prospekt-Prüfungspflicht der Banken bei Emissionen, in: Aspekte des Wirtschaftsrechts, FS zum Schweiz. Juristentag 1994 (Zürich 1994) 195 ff.

89 Wo nach dieser an das Recht der Anlagefonds angelehnten[29] Umschreibung die Grenze zu ziehen ist, ist im einzelnen umstritten. Fest steht jedenfalls, dass es sich nicht um ein quantitatives, sondern um ein *qualitatives* Kriterium handelt[30]. Entscheidend ist die *qualitative Unbestimmtheit* des angesprochenen Kreises, der Umstand, dass die Zeichnungsaufforderung nicht einen privaten und individuellen Charakter hat.

90 Nicht öffentlich ist jedenfalls die Zeichnungseinladung einer privaten Aktiengesellschaft an ihre Namenaktionäre. Dagegen ist unklar, ob – wie in der Botschaft ausgeführt wird – eine Zeichnungseinladung, die sich ausschliesslich an die bisherigen Aktionäre richtet, «niemals öffentlich [ist], auch wenn die Aktionärszahl gross ist»[31]. In der Literatur wird dem mehrheitlich – und u. E. zu Recht – entgegengehalten, dass jedenfalls die Einladung von Gesellschaften mit börsenkotierten Aktien an ihre Inhaberaktionäre, die über Zeitungsinserate erfolgt, als öffentlich zu gelten hat[32].

91 Rechtlich ist der Prospekt nicht als Offerte, sondern – wie dies OR 652a II technisch richtig festhält – als *Einladung* zu einer solchen zu betrachten.

92 Unklar ist, ob beim sog. *Festübernahmeverfahren,* wo die Aktien zunächst von einer Bank oder einer nahestehenden Gesellschaft übernommen und erst anschliessend den letztendlich Berechtigten zugewiesen werden (vgl. nachstehend N 198 ff), eine Prospektpflicht besteht. Bei einer formellen Betrachtungsweise ist dies zu verneinen, da die Aktionäre nicht durch Zeichnung bei der Gesellschaft, sondern durch Kauf von der Bank Aktien erwerben. Unter bisherigem Aktienrecht wurde daher eine Prospektpflicht beim Festübernahmeverfahren überwiegend abgelehnt[33]. Die herrschende Lehre zum geltenden Recht bejaht dagegen die Prospektpflicht zumindest dann, wenn ein Bezugsrechtshandel stattfindet[34], und in der Praxis wird in diesen Fällen regelmässig – und der Sache nach zu Recht – ein Prospekt ausgegeben[34a].

93 b) Der *Inhalt* des Prospekts wird in OR 652a I detailliert und zwingend umschrieben.

94 Erforderlich sind Angaben über:

95 aa) den *Handelsregistereintrag,* jedoch ohne Aufführung aller Vertretungsberechtigten (Ziff. 1);

96 bb) die bisherige Höhe und Zusammensetzung des *Aktienkapitals* mit Anzahl, Nennwert und Art der *Aktien* sowie allfälligen Vorrechten einzelner Aktienkategorien[34b] (Ziff. 2);

---

29 Vgl. bisher AFV 1 sowie nach dem revidierten, seit 1.1.1995 in Kraft stehenden Recht AFG 2 II: Die dortigen Umschreibungen unterscheiden sich insofern von der des OR, als von einem *«eng»* begrenzten bzw. umschriebenen Kreis von Personen die Rede ist.
30 Dies im Gegensatz zum Begriff der Gewerbsmässigkeit nach Bankenrecht, vgl. BankV 3a II: «Gewerbsmässig ... handelt, wer dauernd mehr als 20 Publikumseinlagen entgegennimmt.»
31 Botschaft 120; gl. M. Notter (zit. N 1) 101.
32 So Zindel/Isler in Basler Kommentar zu Art. 652a N 3; ähnlich Böckli N 194. Ausführlich zu den Kriterien Taisch (zit. Anm. 28.).
33 Forstmoser § 9 N 344, mit Hinweisen in Anm. 658.
34 Vgl. Zindel/Isler, Basler Kommentar zu Art. 652a N 3, mit Hinweisen.
34a Mit der – wenn auch allenfalls freiwilligen – Ausgabe eines Prospekts unterstellen sich die Verantwortlichen der Prospekthaftung (vgl. OR 752 und § 37 N 72 ff).
34b Zu erwähnen sind in gleicher Weise auch die PS (vgl. OR 656a II).

cc) Statutenbestimmungen über eine *genehmigte* oder *bedingte Kapitalerhöhung* (Ziff. 3); 97

dd) die Anzahl der allfälligen *Genussscheine* und ihre Rechtsstellung (Ziff. 4); 98

ee) «die letzte Jahresrechnung und Konzernrechnung mit dem Revisionsbericht, und, wenn der Bilanzstichtag mehr als sechs Monate zurückliegt, über die Zwischenabschlüsse» (Ziff. 5); 99

ff) die in den letzten fünf Jahren bzw. seit Gründung der Gesellschaft ausgerichteten *Dividenden* (Ziff. 6); 100

gg) den *Beschluss über die Ausgabe neuer Aktien* (Ziff. 7), mit den vorstehend N 65 ff aufgeführten Informationen. 101

c) In verschiedener Hinsicht unklar und z. T. umstritten ist die Tragweite des Erfordernisses, allenfalls *Zwischenabschlüsse* vorzulegen: 102

aa) Feststehen dürfte – auch wenn sich das Gesetz dazu ausschweigt –, dass für den Zwischenabschluss «eine im Vergleich zur Jahresrechnung sehr geraffte Darstellungsweise» ausreicht[35]. 103

bb) Diskutiert wurde, ob Zwischenabschlüsse der Gesellschaft selbst *und* konsolidierte Zwischenabschlüsse vorgelegt werden müssen oder ob ein Abschluss der Gesellschaft – entsprechend der Jahresrechnung – allein genügt[36] bzw. ob gerade umgekehrt ein konsolidierter Abschluss allein ausreicht[37]. Nach der Ordnung des schweizerischen Rechts erscheint es als unumgänglich, beides vorzulegen: *sowohl einen Einzel- wie einen Konzernabschluss*[38]. 104

cc) Unbestritten ist, dass Zwischenabschlüsse *nicht geprüft* sein müssen. Ein Revisionsbericht ist daher nicht verlangt[39]. 105

dd) Schliesslich ist – trotz des an sich eindeutigen Gesetzeswortlauts – die Frage gestellt worden, wie die *Frist von sechs Monaten seit dem Bilanzstichtag* zu verstehen sei: Diese Frist widerspricht den internationalen Gepflogenheiten; üblich sind *neun Monate*. Dies mit gutem Grund, liegen doch die Jahres- und die Konzernrechnung grösserer Gesellschaften meist erst etwa drei Monate nach dem Bilanzstichtag in geprüfter Form vor. Erst von diesem Zeitpunkt an aber kann gestützt auf die «letzte Jahresrechnung und Konzernrechnung» ein Prospekt ausgegeben werden. Bei Anwendung der Sechsmonatsfrist würde der Jahresabschluss daher nur für ein knappes Vierteljahr als Basis dienen können. Gesellschaften, die jederzeit in der Lage sein wollen, Kapitalerhöhungen durchzuführen, müssten daher jedes Vierteljahr Zwischenabschlüsse erstellen. Dies hat der Gesetzgeber nicht erkannt und sicherlich nicht gewollt. Eine Untersuchung[40] kommt 106

---

[35] So ein Rechtsgutachten Böckli/Druey/Forstmoser/Hirsch/Nobel betreffend die Veröffentlichung von Zwischenabschlüssen im Emissionsprospekt, publiziert in SZW *1993* 282 ff, 287.
[36] So die einschlägigen EG-Richtlinien.
[37] So in der Praxis geäusserte Ansichten mit dem Hinweis darauf, dass konsolidierte Abschlüsse in Konzernen weit aussagekräftiger sind als Einzelabschlüsse (vgl. zu dieser Problematik § 51 N 255 f).
[38] Vgl. Gutachten (zit. Anm. 35) 287.
[39] Vgl. Gutachten (zit. Anm. 35) 288 f.
[40] Zit. Anm. 35.

daher zum Schluss, dass OR 652a I Ziff. 5 nicht wörtlich auszulegen ist, sondern dass es genügt, dass der Stichtag des letzten Jahresabschlusses *nicht mehr als neun Monate* zurückliegt[41].

107   d) Die bei der Redaktion oder Verbreitung eines mangelhaften Prospektes mitwirkenden Personen werden *persönlich verantwortlich* (OR 752 und dazu § 37 N 72 ff), und die Herausgabe eines inhaltlich unwahren Emmissionsprospekts kann strafrechtlich den Tatbestand der *Falschbeurkundung* erfüllen[41a].

3. Die Aktienzeichnung

108   a) Nach OR 652 I werden die Aktien «in einer besonderen Urkunde (Zeichnungsschein) nach den für die Gründung geltenden Regeln gezeichnet»[42].

109   Damit wird verwiesen auf *OR 630*, wonach die Aktienzeichnung nur gültig ist, wenn sie die übernommenen Aktien nach «Anzahl, Nennwert, Art, Kategorie und Ausgabebetrag» präzise umschreibt (OR 630 Ziff. 1) und zudem eine bedingungslose Verpflichtung enthält, «eine dem Ausgabebetrag entsprechende Einlage zu leisten» (OR 630 Ziff. 2). Dagegen wird bei der Gründung *kein Zeichnungsschein* erstellt, da dort die Zeichnung im Errichtungsakt erfolgt (vgl. § 14 N 14).

110   b) OR 652 II regelt den *Inhalt des Zeichnungsscheins*, soweit er sich nicht aus der impliziten Verweisung auf OR 630 ergibt: Zusätzlich zu jenen Angaben muss der Zeichnungsschein «auf den Beschluss der Generalversammlung über die Erhöhung oder die Ermächtigung zur Erhöhung des Aktienkapitals und auf den Beschluss des Verwaltungsrates über die Erhöhung Bezug nehmen. Verlangt das Gesetz einen Emissionsprospekt, so nimmt der Zeichnungsschein auch auf diesen Bezug». Damit soll sichergestellt werden, «dass der Zeichner die entsprechenden Gesellschaftsbeschlüsse und gegebenenfalls den Prospekt kennt oder hätte kennen können»[43].

111   Der Text von OR 652 II ist insofern unklar, als daraus hervorgehen könnte, dass stets auf einen Beschluss des Verwaltungsrates Bezug zu nehmen ist. Dies ist jedoch nur bei der *genehmigten Kapitalerhöhung* (zu dieser nachstehend N 208 ff) erforderlich, da bei der ordentlichen Erhöhung des Aktienkapitals der Verwaltungsrat die Erhöhung nicht zu beschliessen, sondern lediglich zu vollziehen hat.

112   c) Als *Offerte* ist der Zeichnungsschein nicht unbeschränkt verbindlich. Das Gesetz präzisiert, dass – falls der Zeichnungsschein selbst keine Befristung enthält – «seine Verbindlichkeit drei Monate nach der Unterzeichnung» endet[44].

---

41   Vgl. Gutachten (zit. Anm. 35) 284 ff.
41a   BGE 120 IV 125 ff E 4.
42   Zu den bei der Gründung geltenden Regeln vgl. § 14 N 12 f.
43   Botschaft 119; der Inhalt jener Beschlüsse braucht dagegen nicht wiedergegeben zu werden.
44   Im Zeichnungsschein können sowohl längere wie auch kürzere Befristungen vorgesehen werden.

Es handelt sich um eine *Verwirkungsfrist,* die mit der Unterzeichnung zu laufen beginnt und im einzelnen nach OR 77 I Ziff. 3 zu bestimmen ist.

d) *Nicht erforderlich* ist ein Zeichnungsschein, wenn das neue Kapital aus *Eigenkapital* der Gesellschaft liberiert wird (vgl. OR 652d und dazu N 129 ff).

IV. Die Liberierung

1. Grundsatz und Übersicht

Der Grundsatz ist in OR 652d klar festgehalten: «Soweit das Gesetz nichts anderes vorschreibt, sind die Einlagen nach den Bestimmungen über die Gründung zu leisten.».

Es wird also auf die Regelung im *Abschnitt über die Gründung* verwiesen, wo die Liberierung durch Bareinlage (OR 633, vgl. nachstehend Ziff. 2) und durch Sacheinlage (OR 634, vgl. nachstehend Ziff. 3) geregelt und überdies – fälschlicherweise freilich nur im Artikel über die *nachträgliche* Liberierung – die Liberierung durch Verrechnung erwähnt (OR 634a II, vgl. nachstehend Ziff. 4) werden.

Eigens geordnet – weil bei der Gründung nicht vorkommend – wird die *Liberierung aus Eigenkapital* (OR 652d, vgl. dazu Ziff. 5).

Im Gesetz nicht genannt ist eine weitere Form, die im Zuge der Anpassung an das neue Recht gelegentlich vorkommen dürfte: die «Liberierung» durch *Herabsetzung der Liberierungsquote* (vgl. Ziff. 6).

2. Barliberierung

Es gelten die gleichen Regeln wie für die Gründung, vgl. §14 N 18 ff.

3. Liberierung durch Sacheinlage

Auch hier kann vollumfänglich auf die Besprechung der Regelung bei der Gründung verwiesen werden, § 15 N 9 ff.

Ergänzt sei, dass auch die weiteren qualifizierenden Umstände, die nicht die Liberierung betreffen – die Sachübernahme und die Einräumung besonderer Vorteile – grundsätzlich gleich geregelt sind wie bei der Gründung, vgl. daher § 15 N 18 ff, 24 ff.

4. Liberierung durch Verrechnung

a) Die Liberierung durch Verrechnung kommt bei der Kapitalerhöhung häufiger als bei der Gründung vor:
– Bei *Publikumsgesellschaften* erfolgt sie v. a. in Verbindung mit Wandelobligationen (zu diesen § 48 N 26): Wenn der Berechtigte von seinem Wandelrecht Gebrauch macht, also seine Forderungsrechte in Beteiligungsrechte «umwan-

delt», werden die Forderungsrechte (auf Verzinsung und Rückzahlung der Obligation) durch Verrechnung mit der Liberierungsschuld getilgt.

124 – Bei *Gesellschaften mit geschlossenem Aktionärskreis* kommt die Verrechnung v. a. mit Bezug auf Forderungen von nahestehenden Personen (besonders Aktionären) vor: Eine Verstärkung der Eigenkapitalbasis geschieht hier nicht selten dadurch, dass gegen Ausgabe von Aktien auf Forderungen verzichtet wird[45].

125 – Nicht selten ist die Liberierung durch Verrechnung eine *Sanierungsmassnahme*: Eine Gesellschaft, die nicht in der Lage ist, ihre Schulden zurückzuzahlen, kann sich mit Gläubigern auf eine Umwandlung von Forderungen in Aktienkapital einigen[46].

126 b) Auch für die Liberierung durch Verrechnung gelten grundsätzlich dieselben Regeln *wie bei der Gründung*, vgl. § 15 N 28 ff.

127 Da diese Liberierungsform – im Gegensatz zur Sacheinlage[47] – nicht bei den «wichtigen Beschlüssen» von OR 704 aufgeführt ist, genügt mangels besonderer statutarischer Vorschriften die Beschlussfassung mit dem ordentlichen *Quorum von OR 703*[48], was freilich weder sachlich noch systematisch gerechtfertigt ist[49].

128 Gegenüber der Erhöhung durch Sacheinlage sind die Anforderungen auch insofern abgeschwächt, als *keine Publizität* erfolgt: Die Verrechnungsliberierung muss in den Statuten nicht genannt werden, sie wird im Handelsregisterauszug nicht erwähnt und nicht im SHAB publiziert. Immerhin hat der Verwaltungsrat darüber im Kapitalerhöhungsbericht (zu diesem N 150 ff) Rechenschaft abzulegen[50].

5. *Liberierung aus Eigenkapital*

129 a) Im Abschnitt über die Kapitalerhöhung eigens geregelt wird die unter bisherigem Recht trotz des Schweigens des Gesetzes von der Praxis entwickelte Kapitalerhöhung aus Gesellschaftsmitteln. Bei dieser Form der Erhöhung wird das Gesamtvermögen der Gesellschaft nicht erhöht, sondern es erfolgt lediglich eine *Verschiebung von freien zu gebundenen Gesellschaftsmitteln*, eine Umschich-

---

[45] Oft handelt es sich bei den zu verrechnenden Beträgen um eine Art «Quasi-Eigenkapital», d. h. um Forderungen, mit deren Rückzahlung nicht ernsthaft gerechnet wurde, weil die Mittel für den ordentlichen Betrieb des Unternehmens benötigt werden, vgl. dazu § 40 N 338 ff.
[46] Die Kapitalerhöhung ist daher keineswegs stets das Zeichen einer florierenden, ihre Geschäftstätigkeit ausbauenden Gesellschaft!
[47] Zu dieser vgl. OR 704 I Ziff. 5.
[48] Ebenso Christian Köpfli: Kapitalerhöhung aus Aktionärsdarlehen: Zulässigkeit und Quorum, in: JBHReg 1994 (Zürich 1994) 18 ff.
[49] Oft wird freilich das qualifizierte Quorum von OR 704 deshalb erforderlich sein, weil nicht alle Aktionäre in gleicher Weise entsprechend ihrer bisherigen Kapitalbeteiligung an der Kapitalerhöhung mittels Verrechnung teilnehmen können, weshalb das Bezugsrecht zu entziehen oder zu beschränken ist und OR 704 I Ziff. 6 zur Anwendung kommt.
[50] Da dieser Bericht bei den Handelsregisterunterlagen liegt, können Gläubiger die Verrechnungsliberierung erkennen, aber nur, wenn sie sich die Mühe einer persönlichen Einsichtnahme beim Amt nehmen.

tung: Bisher freie (und damit auch ausschüttbare) Mittel werden neu der Sperrquote «Aktienkapital» zugewiesen und durch diese gebunden.

Für die bei der Kapitalerhöhung aus Gesellschaftsmitteln auszugebenden Papiere hat sich der Begriff *«Gratisaktien»* eingebürgert.

b) Als *Gründe* für eine Kapitalerhöhung aus Gesellschaftsmitteln können etwa angeführt werden:
- die *Senkung der Aktienkurse,* indem durch die Ausgabe neuer Aktien der innere Wert und damit der Kurs der bisherigen vermindert wird;
- die *Herabsetzung des Dividendensatzes:* Da die Dividende meist in Prozenten des Nennwerts der Aktien oder des Aktienkapitals angegeben wird, kann eine in ihrer absoluten Höhe gleichbleibende Dividende optisch leichter gestaltet werden, wenn das Kapital vergrössert wird;
- die *Verstärkung der Kreditbasis,* indem bisher frei verfügbares Kapital in Aktienkapital umgewandelt und damit der Ausschüttung an die Aktionäre entzogen wird;
- die Erhaltung der Liquidität und die *Förderung der Selbstfinanzierung,* indem den Aktionären statt einer Bardividende Gratisaktien abgegeben werden, was ohne Abfluss von liquiden Mitteln möglich ist und zugleich die Ausschüttung der neu durch die erhöhte Sperrziffer gebundenen Mittel in der Zukunft verhindert.

Die Liberierung aus Gesellschaftsmitteln findet auch Anwendung bei der *Umwandlung von Partizipationsscheinen in Aktien,* wenn diese nicht als einfache Statutenänderung betrachtet und durchgeführt wird (vgl. dazu § 46 N 69).

c) Der Gesetzgeber lässt – was unter bisherigem Recht nicht ganz klar war – die Liberierung mit Gesellschaftsmitteln ausdrücklich zu: «Das Aktienkapital kann auch durch Umwandlung von frei verwendbarem Eigenkapital erhöht werden.» (OR 652d I).

Doch bedarf es zur Liberierung *frei verwendbarer Mittel*. Damit ist eine Liberierung nicht möglich aus irgendwie gebundenen Kapitalelementen: dem Aktienkapital[51], der allgemeinen gesetzlichen Reserve, soweit sie die Hälfte des Aktienkapitals nicht übersteigt (vgl. OR 671 II und dazu § 50 N 25 ff), der Reserve für eigene Aktien (OR 671a, § 50 N 159), aber auch nicht aus statutarisch für bestimmte Zwecke vorgesehenen Reserven wie etwa einer Dividendenreserve.

Frei verwendbar sind der Bilanzgewinn und die *freien* statutarischen Reserven. Sodann kann gemäss ausdrücklicher gesetzlicher Vorschrift auch die Aufwertungsreserve zur Liberierung verwendet werden (vgl. OR 671b, wo die Auflösung dieser Reserve «durch Umwandlung in Aktienkapital» vorgesehen ist, dazu § 50 N 35). Die allgemeine gesetzliche Reserve ist frei verwendbar, falls sie die Hälfte des Aktienkapitals übersteigt (OR 671 III, dazu § 50 N 29).

Zum Schutz vor Missbräuchen verlangt das Gesetz, dass die Deckung des Erhöhungsbetrages «mit der Jahresrechnung in der von den Aktionären genehmigten Fassung oder, wenn der Bilanzstichtag mehr als sechs Monate zurückliegt, mit einem geprüften Zwischenabschluss nachgewiesen» wird (OR 652d II).

---

[51] Die Liberierung aus Aktienkapital käme auch einer verpönten Kapitalrückzahlung (vgl. OR 680 II) gleich.

141 Es bedarf also als Basis in jedem Falle einer *geprüften Rechnung*[52], sei es der Jahresrechnung, sei es eines – knapper gefassten – Zwischenabschlusses[53].

142 Verlangt ist zusätzlich die Einhaltung des *qualifizierten Mehrs* bei der Beschlussfassung (OR 704 I Ziff. 5).

143 Auch bei der Erhöhung aus Eigenkapital verzichtet der Gesetzgeber auf Statuten- und direkte Registerpublizität[53a]. Wohl aber verlangt er Rechenschaftsablage (vgl. OR 652e Ziff. 3, dazu nachstehend N 149 ff).

144 d) *Zeichnungsscheine* sind bei Erhöhungen aus Eigenkapital *nicht erforderlich*.

145 e) Zur *steuerlichen Behandlung* ist zu erwähnen, dass auch eine Kapitalerhöhung aus Gesellschaftsmitteln *stempelsteuerpflichtig* ist, obwohl der Gesellschaft keine neuen Werte zufliessen.

146 Die Steuerpraxis verschiedener Kantone[54] und des Bundes[55] erschwert die Erhöhung aus Eigenkapital dadurch, dass die Ausgabe von Gratisaktien und die Gratis-Nennwerterhöhung als *geldwerte Leistung an die Aktionäre* betrachtet und demzufolge *als Einkommen besteuert* werden[56]. (Zwar wird der Aktionär durch den Bezug von Gratisaktien oder eine Gratis-Nennwerterhöhung wirtschaftlich nicht bereichert, erfolgt doch auch bei ihm – wie bei der Gesellschaft – lediglich eine Umschichtung: Die bisherigen Aktien verlieren an Wert im gleichen Masse wie ein Wertzuwachs durch den Erhalt neu ausgegebener Aktien erlangt wird. Indessen entgehen die Reserven, aus denen die Gratifikationen liberiert werden, endgültig der Besteuerung, die latent auf ihnen lastet.) Diese vom BGer wiederholt geschützte Steuerpraxis ist von zahlreichen Autoren kritisiert worden. Sie ist nun aber im BG über die direkte Bundessteuer vom 14. 12. 1990 ausdrücklich verankert[57].

6. *Liberierung durch Herabsetzung der Liberierungsquote?*

147 Bekanntlich braucht das Aktienkapital – von Inhaberaktien und Stimmrechtsaktien abgesehen (vgl. OR 683 II, 693 II) – nicht voll liberiert zu sein (vgl. § 14 N 24 und § 24 N 104). Denkbar ist es daher, bei einer Gesellschaft, die bisher

---

[52] Die genehmigte Jahresrechnung ist ohnehin geprüft, da die Prüfung Genehmigungsvoraussetzung ist, vgl. § 22 N 35.
[53] Zu den Anforderungen an den Zwischenabschluss vgl. vorn N 102 ff. Zu beachten ist, dass bei der Erhöhung aus Eigenkapital – anders als für den Emissionsprospekt – ein *geprüfter* Zwischenabschluss verlangt wird. Fraglich ist, ob auch bei dieser Bestimmung statt einer Sechs- eine Neunmonatsfrist vertretbar ist.
[53a] Aus den beim Handelsregisteramt einsehbaren Belegen geht aber die Erhöhung aus Eigenkapital hervor.
[54] Nicht dagegen des Kantons Zürich, vgl. ZR *1975* Nr. 57 S. 119 ff.
[55] Vgl. BG über die direkte Bundessteuer vom 14.12.1990 (SR 642.11) Art. 20 I lit. c, wo die frühere Gerichtspraxis (BGE 103 Ia 117 E 4a, mit Verweisungen) übernommen wird.
[56] Konsequenterweise unterliegt die Liberierung aus Gesellschaftsmitteln auch der Verrechnungssteuer.
[57] Vgl. Anm. 55.

über ein voll liberiertes Aktienkapital verfügte, eine Kapitalerhöhung durchzuführen, die Nennwerte der Aktien entsprechend zu erhöhen, jedoch keine zusätzlichen Mittel einzuschütten, sondern neu zu erklären, das Kapital sei nur teilweise liberiert.

Dieses Verfahren ist vom Bundesgericht als rechtmässig anerkannt worden[58]. Es könnte im Zuge der Anpassung an das neue Recht und die von Fr. 50 000.– auf Fr. 100 000.– erhöhte Mindestkapitalziffer in nächster Zeit eine gewisse Bedeutung erlangen. 148

V. Weitere Vollzugsmassnahmen

1. Rechenschaftsablage und Prüfung

Das Gesetz schreibt zwingend vor, dass der Verwaltungsrat über die Durchführung der Kapitalerhöhung *Rechenschaft abzulegen* hat (vgl. lit. a) und dass überdies in den meisten Fällen der Kapitalerhöhung die Revisionsstelle diesen *Bericht* und damit indirekt die *Kapitalerhöhung prüfen* muss (vgl. lit. b). 149

a) Über die Durchführung der Kapitalerhöhung hat der Verwaltungsrat «*Rechenschaft*» abzulegen (OR 652e). Dieser Bericht hat eine ähnliche Funktion wie der *Gründungsbericht* (zu diesem vgl. OR 635 und dazu § 15 N 41 ff). Im Gegensatz zum Gründungsbericht ist jedoch ein Kapitalerhöhungsbericht *in allen Fällen*, also nicht nur dann, wenn qualifizierte Tatbestände vorliegen, *erforderlich*[59, 59a]. 150

Der *Inhalt* des Kapitalerhöhungsberichts ist in OR 652e umschrieben: Die erforderlichen Angaben bei der Erhöhung durch Sacheinlage und Verrechnung sowie bei Sachübernahmen und bei der Einräumung besonderer Vorteile stimmen wörtlich mit den bei der Gründung verlangten überein (vgl. OR 652e Ziff. 1, 2 und 5 mit OR 635 Ziff. 1–3, dazu § 15 N 42–47). Zusätzlich wird die bei der Gründung nicht vorkommende Liberierung aus Eigenkapital angesprochen, bei der Rechenschaft über die *freie Verwendbarkeit* des umgewandelten Kapitals abzulegen ist (OR 652e Ziff. 3). 151

Spezifisch für die Kapital*erhöhung* ist sodann OR 652e Ziff. 4, wonach der Verwaltungsrat Rechenschaft abzulegen hat über «die Einhaltung des Generalversammlungsbeschlusses». Dazu gehören insbesondere Angaben «über die Einschränkung oder die Aufhebung des Bezugsrechtes und die Zuweisung nicht ausgeübter oder entzogener Bezugsrechte». Selbst dann, wenn die Bezugsrechte durch GV-Beschluss entzogen worden sind, muss also über deren Verwendung Auskunft gegeben werden. Ebenso ist der Verwal- 152

---

[58] Vgl. BGE 67 I 116, E 4, 5; zum Problem auch Manfred Küng: Kapitalerhöhung durch Herabsetzung der Liberierungsquote, in: JBHReg 1994 (Zürich 1994) 15 ff. – Da keine Ausschüttung erfolgt, steht insbesondere das Kapitalrückzahlungsverbot von OR 680 II (dazu § 50 N 107 ff) nicht entgegen.
[59] Dies gilt auch für die genehmigte Kapitalerhöhung, während es bei der bedingten Erhöhung keinen Kapitalerhöhungsbericht gibt, vgl. hinten N 281 und 403 ff.
[59a] Es ergibt sich dies aus OR 652e Ziff. 4, wonach auch über die «Einhaltung des Generalversammlungsbeschlusses» Rechenschaft abzulegen ist.

tungsrat rechenschaftspflichtig hinsichtlich der Zuweisung von nicht ausgeübten Bezugsrechten. (Dabei geht es freilich nur um die Nennung der Grundsätze und nicht etwa die Offenlegung der bezugsberechtigten Personen im einzelnen.) Auch durch diese Massnahmen soll das Bezugrecht des Aktionärs gestärkt werden.

153 Dem Wortlaut von OR 652e ist zu entnehmen, dass die blosse Erklärung, die gesetzlichen Vorschriften und die Weisungen der GV seien eingehalten worden, nicht genügt. Vielmehr sind *materielle Angaben* zu machen, ist zu *begründen*, dass das Gesetz und die Beschlüsse der GV beachtet worden sind.

154 Der Kapitalerhöhungsbericht ist Voraussetzung für die anschliessende formelle Feststellung der Durchführung der Erhöhung und die damit verbundene Statutenänderung (vgl. OR 652g, dazu N 164). Liegt der Bericht nicht vor, können diese öffentlich zu beurkundenden Beschlüsse nicht gefasst werden (vgl. OR 652g II, wonach die Urkundsperson «die Belege, die der Kapitalerhöhung zugrunde liegen» – also auch den Erhöhungsbericht –, «einzeln zu nennen» hat). Auch ist der Bericht für die Anmeldung der Kapitalerhöhung beim Handelsregister (dazu N 179) erforderlich (vgl. HRV 80 I lit. e).

155 Obwohl der Kapitalerhöhungsbericht eine Rechenschaftsablage (auch) zuhanden der Aktionäre beinhaltet, wird er diesen bzw. der GV nicht vorgelegt. Als Handelsregisterbeleg ist er aber *jedermann zugänglich* (vgl. OR 930), kann er also von Gläubigern und interessierten Aktionären eingesehen werden.

156 Der Kapitalerhöhungsbericht ist *schriftlich* zu erstatten (OR 652e) und von einem Mitglied des Verwaltungsrates *zu unterzeichnen* (vgl. HRV 80 I lit. e).

157 Für unrichtige Angaben im Kapitalerhöhungsbericht können die Mitglieder des Verwaltungsrates und weitere Mitwirkende *persönlich verantwortlich* werden[60].

158 b) Der Kapitalerhöhungsbericht ist in der Regel *durch die Revisionsstelle zu prüfen* (OR 652f)[61]. Von der Prüfung *ausgenommen* ist lediglich der Bericht über eine ordentliche Erhöhung mit Barliberierung, Gewährung des Bezugsrechts und ohne irgendwelche qualifizierenden Tatbestände (OR 652f II).

159 Die Revisionsstelle hat die *Vollständigkeit* und die *Richtigkeit* des Kapitalerhöhungsberichts zu bestätigen, was sowohl eine *formelle* (Vollständigkeit) wie auch eine *materielle* (Richtigkeit) Überprüfung bedingt. Bestätigt werden muss nur das *Ergebnis,* es bedarf also – anders als beim Kapitalerhöhungsbericht des Verwaltungsrates – *keiner Begründung*[62].

---

[60] Vgl. OR 753; die dort verwendete Bezeichnung «Gründungshaftung» ist zu eng. Dass auch die Kapitalerhöhung mitgemeint ist, ergibt sich aus der beiläufigen Erwähnung des Kapitalerhöhungsberichts in OR 753 Ziff. 1. Vgl. im übrigen § 37 N 64. Die Haftung der Mitglieder des Verwaltungsrates und weiterer Organe kann – mit gleichem Ergebnis – auch aus OR 754 hergeleitet werden.
[61] Die Prüfung hat durch die von der GV *gewählte Revisionsstelle* zu erfolgen, nicht durch irgendeinen Revisor, vgl. JBHReg 1993 (Zürich 1993) 187.
[62] Neben einer Bestätigung, die Prüfung durchgeführt zu haben und die gesetzlichen Anforderungen an Befähigung und Unabhängigkeit zu erfüllen (OR 729 II analog), genügt daher etwa folgender Satz: «Aufgrund unserer Prüfung stellen wir fest, dass die Angaben im Kapitalerhöhungsbericht vollständig und richtig sind und den gesetzlichen Vorschriften sowie dem Generalversammlungsbeschluss vom ... entsprechen.» (Revisionshandbuch (zit. § 32 N 1) Bd. II 577).

Das Vorliegen der Prüfungsbestätigung ist eine weitere Voraussetzung für die 160
öffentliche Beurkundung des Feststellungsbeschlusses des Verwaltungsrates (OR
652g I). Sie ist der Handelsregisteranmeldung beizufügen (HRV 80 I lit. g), ist
daher ebenfalls Registerbeleg und als solcher *jedermann zugänglich.* Die *Aktionäre* werden darüber *zusätzlich informiert,* weil die Prüfungsbestätigung im Jahresbericht wiederzugeben ist (OR 663d II, dazu § 51 N 201).

Die Bestätigung muss vorbehaltlos, *uneingeschränkt* erfolgen (vgl. HRV 80 I 161
lit. g). Andernfalls wird die Kapitalerhöhung vom Registerführer nicht eingetragen.

Vgl. im übrigen zur Prüfung Revisionshandbuch der Schweiz (zit. § 32 N 1) Bd. II 162
537 ff, 555 ff, ferner vorn § 33 N 73 ff.

Für ihre Tätigkeit unterliegt die Revisionsstelle der *Revisionshaftung* (so aus- 163
drücklich OR 755, vgl. dazu § 37 N 41 ff).

2. *Feststellungsbeschluss und Statutenänderung*

a) Gestützt auf seinen eigenen Kapitalerhöhungsbericht und – falls erfor- 164
derlich – die Prüfungsbestätigung, hat der Verwaltungsrat die erfolgreiche
Durchführung der Kapitalerhöhung *festzustellen* und die *Statuten* entsprechend
zu ändern. Im einzelnen folgendes:

b) Der Verwaltungsrat hat gemäss OR 652g I festzustellen, 165
«1. dass sämtliche Aktien gültig gezeichnet sind[63]; 166
2. dass die versprochenen Einlagen dem gesamten Ausgabebetrag entspre- 167
chen;
3. dass die Einlagen entsprechend den Anforderungen des Gesetzes, der 168
Statuten oder des Generalversammlungsbeschlusses geleistet wurden[64].»

c) Sodann sind die *Statuten anzupassen*[65]. Zu ändern sind stets die *Ziffer des* 169
Aktienkapitals, sodann – je nach Art der Erhöhung und ihrer Durchführung – die
Angaben über die Anzahl[66], den Nennwert[67] und die Art[68] der Aktien und
allenfalls auch über den Umfang der Liberierung.

---

[63] Diese Feststellung entfällt bei der Kapitalerhöhung aus eigenen Mitteln der Gesellschaft.
[64] Bei der Bareinlage ist also die Hinterlegung bei einer Bank zu bestätigen (vgl. § 14 N 19 ff), bei Sacheinlagen die freie Verfügbarkeit (vgl. § 15 N 14 f, mit Präzisierung in N 15), bei der Verrechnungsliberierung der Bestand einer Forderung und die erfolgte Verrechnung (vgl. § 15 N 31 f), bei der Liberierung aus Eigenkapital das Vorliegen freier Gesellschaftsmittel und ihre Umwandlung in Aktienkapital.
[65] OR 652g I nennt zunächst die Statutenänderung und anschliessend die Feststellung. Die Abfolge muss aber umgekehrt sein.
[66] Diese Angabe braucht nicht geändert zu werden, wenn der Nennwert der Aktien bei gleichbleibender Aktienzahl verändert wird.
[67] Falls die neuen Aktien einen anderen Nennwert als die bisherigen haben.
[68] Falls nicht Aktien gleicher Art ausgegeben werden.

170 d) Sowohl der Feststellungs- wie der Kapitalerhöhungsbeschluss sind *öffentlich zu beurkunden*[68a]. In der Regel erfolgt dies in der gleichen Urkunde, erforderlich ist es aber nicht.

171 Auch wenn – wie dies in einfachen Verhältnissen und aufgrund des Festübernahmeverfahrens (dazu hinten N 198 ff) auch bei Publikumsgesellschaften häufig sein dürfte – die Beschlussfassung durch den Verwaltungsrat unmittelbar derjenigen durch die GV folgt, sind GV- und Verwaltungsratsbeschluss getrennt zu beurkunden[69].

172 In der Urkunde sind «die Belege, die der Kapitalerhöhung zugrunde liegen, einzeln zu nennen», und es hat die Urkundsperson «zu bestätigen, dass sie dem Verwaltungsrat vorgelegen haben» (OR 652g II)[70].

173 Zu den Belegen gehören neben dem Kapitalerhöhungsbericht und der allfälligen Prüfungsbestätigung auch etwa Zeichnungsscheine, ein allfälliger Emissionsprospekt, die Bescheinigung des Bankinstituts über die Hinterlegung der Liberierungsbeträge, allfällige Sacheinlage- und – soweit sie bereits vorliegen – Sachübernahmeverträge.

174 e) Sowohl der Feststellungs- wie der Statutenänderungsbeschluss sind *rein formaler Natur* und lassen *keinen Spielraum für die Beschlussfassung* zu. Das Erfordernis, eine Verwaltungsratssitzung durchzuführen, wird daher oft als unnötig belastend empfunden.

175 Da es in Verwaltungsratssitzungen grundsätzlich keine Möglichkeit der Stellvertretung gibt (vgl. § 31 N 33), wird in der Praxis eine Erleichterung oft dadurch gesucht, dass im Organisationsreglement auf die Einhaltung des normalen Präsenzquorums verzichtet wird, «wenn ausschliesslich die erfolgte Durchführung einer Kapitalerhöhung festzustellen und die anschliessend vorzunehmende Statutenänderung zu beschliessen sind», vgl. dazu § 31 N 21. Diese Beschlüsse können dann durch ein einziges anwesendes Verwaltungsratsmitglied allein getroffen werden.

176 f) Im *Innenverhältnis* ist mit der Beschlussfassung durch den Verwaltungsrat die *Kapitalerhöhung abgeschlossen*. Die an den neuen Aktien (oder Partizipationsscheinen) Berechtigten können daher von nun an *sämtliche Rechte* – Mitwirkungs-, Vermögens- und Schutzrechte – geltend machen[71].

177 Damit die Kapitalerhöhung auch im *Aussenverhältnis* Wirksamkeit erlangt, ist ein *weiterer Schritt* nötig:

[68a] Vgl. dazu Christian Brückner: Schweizerisches Beurkundungsrecht (Zürich 1993) insbes. N 2990 ff.

[69] Die Register- und Notariatspraxis gewisser Kantone toleriert freilich in einfachen Fällen, dass nur eine einzige Urkunde ausgestellt wird (vgl. Vincent Rivier in SJ *1995* 185 ff, 187).

[70] HRV 80a II lit. d auferlegt dem Registerführer ausdrücklich, er habe zu prüfen, ob die Belege einzeln genannt sind.

[71] Vorbehalten bleibt eine andere Regelung im Erhöhungsbeschluss und im Emissionsprospekt, und für den Beginn der Dividendenberechtigung ist nach OR 650 II Ziff. 3 in jedem Falle eine Regelung durch die GV erforderlich (vgl. vorn N 69). Diese kann, muss aber nicht die Dividendenberechtigung sogleich beginnen lassen.

3. Anmeldung beim Handelsregisteramt und Eintragung in das Handelsregister

a) «Der Verwaltungsrat meldet die Statutenänderung und seine Feststellungen beim Handelsregister zur Eintragung an.» (OR 652h I). 178

Dabei sind die öffentlichen Urkunden über die Beschlüsse der GV und des Verwaltungsrates mit Beilagen sowie eine beglaubigte Ausfertigung der geänderten Statuten einzureichen (OR 652h II, zu den einzureichenden Belegen im einzelnen vgl. die ausführliche Liste von HRV 80 I). 179

Werden im Zuge der Kapitalerhöhung *Grundstücke* eingebracht oder als Sachübernahme übernommen, dann bedarf es überdies einer Unbedenklichkeitserklärung mit Bezug auf die Lex Friedrich, vgl. dazu § 16 N 22 ff. 180

Der Verwaltungsrat ist gegenüber den Aktionären – nicht aber den Gläubigern – zur Durchführung der Kapitalerhöhung und damit auch zur Anmeldung mit tunlicher Beschleunigung *verpflichtet* (zur Frist vgl. OR 650 III und dazu vorn N 84 f). 181

Vgl. im übrigen § 16 N 3 ff. 182

b) Der Registerführer hat die Anmeldung zu *prüfen,* insbesondere hinsichtlich der Vollständigkeit des GV-Beschlusses (dazu im einzelnen HRV 80a I) und der Verwaltungsratsbeschlüsse (dazu im einzelnen HRV 80a II). 183

Vgl. im übrigen § 16 N 27 ff. 184

c) Die neuen Bestimmungen über die Höhe des Aktienkapitals, die Aktien und allenfalls statutarische Bestimmungen über qualifizierte Kapitalerhöhungen sind in das Handelsregister *einzutragen,* und es sind im übrigen die eingereichten Dokumente zu den öffentlich zugänglichen (vgl. HRV 9) Registerbelegen zu nehmen. 185

Unmittelbar mit der Eintragung in das Tagebuch des Handelsregisters – und nicht erst nach der Publikation im Schweiz. Handelsamtsblatt – wird die *Kapitalerhöhung auch nach aussen hin wirksam* (vgl. OR 647 III). 186

Ein *Widerruf* ist nun nicht mehr möglich; vielmehr könnte die Kapitalerhöhung nur noch auf dem Wege der Kapitalherabsetzung gemäss OR 732 ff (dazu § 53) rückgängig gemacht werden. 187

Vgl. im übrigen § 16 N 42 ff. 188

d) Die geänderten statutarischen Bestimmungen zur Höhe des Aktienkapitals und hinsichtlich der Aktien sowie allfällige Angaben über qualifizierte Tatbestände sind im Schweiz. Handelsamtsblatt zu *veröffentlichen.* 189

Vgl. dazu § 16 N 65. 190

4. Exkurs: Entrichtung der Emissionsabgabe

Die Emissionsabgabeforderung entsteht im Zeitpunkt der Eintragung der Kapitalerhöhung im Handelsregister[71a], vgl. dazu allgemein § 16 N 67 ff. Die 191

[71a] Anders bei der bedingten Erhöhung, vgl. hinten N 395.

für die Gründungsphase vorgesehene, voraussichtlich per 1.1.1996 in Kraft tretende Befreiung von der Abgabe kann bei der Kapitalerhöhung nicht geltend gemacht werden[71b].

5. Aktienausgabe und Schicksal vorzeitig ausgegebener Aktien

192 a) Nach der Eintragung der Kapitalerhöhung im Handelsregister[72] – und erst dann – dürfen für die neu geschaffenen Aktien *Urkunden ausgestellt* werden. Auch können nun die bisherigen Aktientitel – soweit nötig – den neuen statutarischen Bestimmungen angepasst werden.

193 b) «Aktien, die vor der Eintragung der Kapitalerhöhung ausgegeben werden, sind nichtig; die aus der Aktienzeichnung hervorgehenden Verpflichtungen werden dadurch nicht berührt.» (OR 652h III). Diese Bestimmung entspricht OR 644 I, vgl. daher § 17 N 31 f.

194 Auch die in OR 644 II vorgesehene Haftung findet entsprechende Anwendung.

VI. Mängel der Kapitalerhöhung und fehlerhafte Aktienzeichnung

195 Bei Fehlern im Erhöhungsverfahren und bei fehlerhafter Zeichnung neuer Aktien gelten die für Mängel im Gründungsstadium genannten Grundsätze, vgl. daher § 17. Zu betonen ist insbesondere, dass die einmal im Handelsregister eingetragene Erhöhung analog OR 643 II (dazu § 17 N 14) trotz Mängeln des Erhöhungsverfahrens wirksam wird. Die Mängel sind aber zu bereinigen, oder es ist das fehlerhaft erhöhte Kapital in einem formellen Herabsetzungsverfahren (dazu § 53) zu beseitigen.

196 Zu ergänzen ist (weil sich diese Frage im Gründungsverfahren nicht stellt), dass *Fehler und insbes. die Unvollständigkeit des Zeichnungsscheins* nur bei *wesentlichen Mängeln* die Unverbindlichkeit der Zeichnungsverpflichtung zur Folge haben, namentlich dann, wenn es an einer bedingungslosen Verpflichtung, eine bestimmte Anzahl neuer Aktien zu bestimmten Konditionen zu übernehmen, fehlt. Nach erfolgter Eintragung der Kapitalerhöhung im Handelsregister ist eine Berufung auf Mängel des Zeichnungsscheins nicht mehr möglich (vgl. § 17 N 35 analog).

197 Vgl. im übrigen Hess (zit. N 1) sowie Forstmoser § 15 N 337 ff, mit weiteren Angaben.

[71b] Wurde die AG mit dem Mindestkapital von Fr. 100 000.– errichtet und ihr Kapital später z. B. auf Fr. 150 000.– heraufgesetzt, so unterliegt die Kapitalerhöhung der Emissionsabgabe, obwohl bei der Gründung der Freibetrag Fr. 250 000.– beträgt!

[72] Genau: Nach der Eintragung in das Tagebuch.

VII. Exkurs: Die Praxis des Festübernahmeverfahrens

a) Der Gesetzgeber geht davon aus, dass *als erstes* die GV die Erhöhung des Aktienkapitals beschliesst und dass *im Anschluss daran* der Verwaltungsrat die beschlossene Erhöhung durchführt.

In der Praxis ist jedoch – zumindest bei Publikumsgesellschaften – ein *anderes Vorgehen* die Regel:

Bevor der GV überhaupt ein Antrag auf Kapitalerhöhung gestellt wird, vereinbart die Gesellschaft mit einem Dritten – meist einer Bank oder einem Bankenkonsortium –, dass dieser sämtliche Aktien aus einer – noch gar nicht beschlossenen – Kapitalerhöhung zeichnet und liberiert. Dabei steht die Verpflichtung des Dritten unter der *Bedingung,* dass die Kapitalerhöhung rechtens beschlossen wird. Auch handelt der Dritte lediglich *treuhänderisch:* Er verpflichtet sich, die von ihm übernommenen Aktien den Aktionären oder anderen Personen – entsprechend der Beschlussfassung der GV (und allenfalls des Verwaltungsrates) – «zum Bezug» anzubieten.

Dadurch kann das *Verfahren vereinfacht* und *beschleunigt* werden: Am Tage der Beschlussfassung durch die GV steht bereits fest, dass die Erhöhung des Aktienkapitals erfolgreich durchgeführt ist (die Durchführung erfolgt eben treuhänderisch im voraus, unter der Bedingung, dass die GV entsprechend beschliessen werde), und es kann unmittelbar im Anschluss an die GV der – ohnehin versammelte – Verwaltungsrat die erfolgreiche Durchführung feststellen und die Statuten entsprechend abändern.

b) Leider hat es der Gesetzgeber unterlassen, das *Festübernahmeverfahren* eigens zu ordnen, obwohl dieses schon unter altem Recht üblich war und eine gesetzliche Regelung anlässlich der Reformarbeiten verschiedentlich angeregt worden ist. Er war offenbar der (irrigen) Ansicht, die gesetzliche Neuordnung mache das Festübernahmeverfahren obsolet. Die Erfahrungen unter neuem Recht zeigen jedoch das Gegenteil.

c) Lehre und Praxis gehen auch unter neuem Recht von der *Zulässigkeit* des Festübernahmeverfahrens aus, zeigt doch eine nähere Prüfung, dass weder die Aktionäre noch die Gläubiger durch dieses Vorgehen benachteiligt werden[73]. Insbesondere gereicht es dem Aktionär nicht zum Nachteil, wenn ihm statt eines *Bezugsrechts gegenüber der Gesellschaft* ein *Recht zum Kauf von Aktien gegenüber der Bank bzw. dem Bankenkonsortium* zusteht[74]. Doch darf nicht ausser acht gelassen werden, dass *formalrechtlich eine Kapitalerhöhung mit Entzug des Bezugsrechts* vorliegt und dies für die Einzelheiten des Verfahrens entscheidend

---

[73] Die fatalen Folgen, die sich bei der Festübernahme von *Obligationen* ergeben können (dazu BGE 112 II 444 ff und SAG *1987* 72 ff), sind bei der Festübernahme von Aktien ausgeschlossen.

[74] Rechtlich sind die Unterschiede aber nicht zu übersehen: Im ersten (gesetzlich vorgesehenen) Fall erfolgt der Erwerb von Aktien originär durch Ausübung des Bezugsrechts als eines Aktionärsrechts, im zweiten derivativ durch Kauf.

sein muss. Es sind daher die *formellen Anforderungen einer Kapitalerhöhung mit Bezugsrechtsentzug* zu beachten, was insbesondere bedeutet:

204 – Einhalten des *Quorums* von OR 704 I,

205 – Erwähnung des Bezugsrechtsausschlusses im *Kapitalerhöhungsbericht* gemäss OR 652e[75],

206 – Beibringung einer *Prüfungsbestätigung* der Revisionsstelle gemäss OR 652f.

207 Näheres bei Peter Forstmoser: Zulässigkeit des Festübernahmeverfahrens ... unter neuem Aktienrecht?, SZW *1993* 101 ff und neuestens bei Daniel Strazzer: Die Festübernahme bei der Kapitalerhöhung der AG (Diss. Zürich, erscheint voraussichtlich 1996).

C. *Die genehmigte Kapitalerhöhung*

208 Das Gesetz regelt die genehmigte Kapitalerhöhung, da diese «der konventionellen Kapitalerhöhung nahesteht»[76], gemeinsam mit der ordentlichen Erhöhung in OR 650–652h und geht lediglich in zwei Artikeln (OR 651, 651a) auf Besonderheiten der genehmigten Kapitalerhöhung ein. Die folgende Darstellung beschränkt sich ebenfalls auf die Besonderheiten, und im übrigen wird auf lit. B, N 42 ff hievor verwiesen.

I. Funktion, Charakteristik und Problematik

1. *Die Funktion*

209 a) Besonders grössere Aktiengesellschaften haben oft das Bedürfnis, für bestimmte Zwecke rasch *über neues Eigenkapital verfügen zu können*. Insbesondere ist dies erforderlich, wenn im Zuge einer Unternehmensübernahme die Aktionäre der zu übernehmenden Gesellschaft mit Aktien der eigenen Gesellschaft abgefunden werden sollen.

210 Bei Publikumsgesellschaften ist die Durchführung einer GV ein kostspieliges und schwerfälliges Verfahren, das sich für rasche Entscheide und die kurzfristige Schaffung neuen Kapitals denkbar schlecht eignet. Publikumsgesellschaften werden es daher vermeiden, ausserordentliche Generalversammlungen einzig zum Zwecke der Kapitalerhöhung einberufen zu müssen. Gerade sie aber haben vielleicht mehrmals im Jahr das Bedürfnis, im Zuge von Übernahmen oder zu ähnlichen Zwecken über eigene Aktien zu verfügen.

211 b) Unter bisherigem Recht ist diesem Bedürfnis durch das in der Praxis geschaffene Instrument der *Vorratsaktien* Rechnung getragen worden: An einer ordentlichen GV wurden durch eine Kapitalerhöhung «auf Vorrat» neue Aktien geschaffen unter Entzug des Bezugsrechts und mit der Bestimmung, diese Aktien

---

[75] Dabei ist es zur Klärung der Verhältnisse sinnvoll, darauf hinzuweisen, dass das Bezugsrecht «*mittelbar*» gewährt wird.
[76] Botschaft 47.

seien vom Verwaltungsrat «im Interesse der Gesellschaft» einzusetzen[77]. Dass ein Bedürfnis nach solchen Vorratsaktien bestand, war kaum bestritten. Zugleich aber war das Unbehagen über den Umstand verbreitet, dass durch die Praxis der Vorratsaktien dem Verwaltungsrat zu weit gehende Befugnisse eingeräumt würden.

c) Nach revidiertem Recht dürfte die Schaffung von Vorratsaktien durch Kapitalerhöhung in der Regel schon deswegen nicht mehr möglich sein, weil der Entzug des Bezugsrechts nur aus wichtigem, der GV offenzulegendem Grund zulässig ist (vgl. § 40 N 242 ff) und bei Vorratsaktien der Verwendungszweck bei deren Schaffung meist nicht bekannt ist (Näheres hinten N 290 ff). An ihre Stelle sollte das *genehmigte Kapital* treten. 212

Die Funktion der genehmigten Kapitalerhöhung ist es, die Kapitalbasis *flexibel* auszugestalten und die *rasche Schaffung neuer Aktien im Bedarfsfall* zu ermöglichen. 213

2. Charakteristik

Diese Flexibilität wird dadurch erreicht, dass entscheidende *Kompetenzen im Rahmen der Kapitalerhöhung* von der GV *an den Verwaltungsrat delegiert* werden. Zwar bleibt es Sache der GV, das *genehmigte Kapital an sich* und damit die *Möglichkeit* einer Kapitalerhöhung und ihre zeitlichen und umfangmässigen Schranken *zu beschliessen*. In diesem Rahmen aber soll der Entscheid über die Durchführung, den Zeitpunkt, die Bedingungen und den Umfang dem Verwaltungsrat übertragen sein. Dieser bestimmt, ob, wann und in welcher Höhe eine Kapitalerhöhung stattfinden soll, und er legt die «Angaben über den Ausgabebetrag, die Art der Einlagen, die Sachübernahmen und den Beginn der Dividendenberechtigung» (OR 651 III) fest. 214

Charakteristisch für die genehmigte Kapitalerhöhung ist somit, dass an die Stelle des *Auftrags* der GV an den Verwaltungsrat, das Kapital zu erhöhen, die blosse *Ermächtigung* tritt und dass ausserdem massgebende Entscheidungen über die Ausgestaltung der Erhöhung an den Verwaltungsrat *delegiert* werden. 215

3. Die Problematik

Damit ist auch die Problematik der genehmigten Kapitalerhöhung offenkundig: 216

Bekanntlich ist die GV *«oberstes Organ»* der AG in dem Sinne, dass ihr die grundlegenden Entscheide zugeordnet sind (vgl. § 20 N 10 ff). Dazu gehören Statutenänderungen und insbesondere die Veränderung der Kapitalbasis. 217

---

[77] In der Doktrin war die Praxis der Vorratsaktien umstritten, durch das Bundesgericht wurde sie in einem grundlegenden Entscheid (BGE 117 II 290 ff) unter gewissen Voraussetzungen für zulässig erachtet.

218 Das Ziel, die rasche Schaffung von Eigenkapital aufgrund eines aktuellen Bedürfnisses zu ermöglichen, kann nun aber nur erreicht werden, wenn *der GV Kompetenzen* im Zuge der Kapitalerhöhung *entzogen* und diese dem Verwaltungsrat übertragen werden. Das Institut des genehmigten Kapitals ritzt daher – soll es funktionstauglich sein – an der formellen Vorrangstellung der GV.

219 Der Gesetzgeber hatte daher einen Kompromiss zu treffen: Er sieht zwar eine Kompetenzdelegation an den Verwaltungsrat vor, aber nur in bestimmten umfangmässigen, zeitlichen und inhaltlichen Schranken.

II. Einsatzmöglichkeiten des genehmigten Kapitals und Schranken für die Delegation von Kompetenzen an den Verwaltungsrat

220 Die umfangmässigen und zeitlichen Schranken für genehmigtes Kapital sind im Gesetz eindeutig festgelegt und geben kaum zu Diskussionen Anlass (vgl. Ziff. 1 und 2). Weniger eindeutig und in der Praxis äusserst umstritten ist dagegen, zu welchen Zwecken das genehmigte Kapital eingesetzt werden kann und in welchem Ausmass die *inhaltliche* Bestimmung des Kapitaleinsatzes an den Verwaltungsrat delegierbar ist (dazu Ziff. 3).

1. Betragliche Schranken

221 a) «Das genehmigte Kapital darf die Hälfte des bisherigen Aktienkapitals nicht übersteigen.» (OR 651 II Satz 2).

222 Massgebend ist der im Handelsregister eingetragene Kapitalbetrag[78] im Zeitpunkt der Beschlussfassung[79].

223 Der Höchstbetrag des genehmigten Kapitals muss *durch die GV festgelegt* und *in den Statuten aufgeführt* sein (OR 651 II Satz 1). Fehlt die zahlenmässige Begrenzung, dann gilt nicht etwa der gesetzliche Höchstbetrag der Hälfte des Aktienkapitals (OR 651 II Satz 2), sondern es ist der Beschluss unwirksam.

224 b) Hat eine Gesellschaft Aktienkapital *und* Partizipationskapital geschaffen, dann ist das *gesamte Grundkapital* die massgebende Bezugsgrösse (vgl. OR 656a II, wonach die Bestimmungen über das Aktienkapital auch für das Partizipationskapital gelten, dazu § 46 N 14 ff). In der Höhe der Hälfte des *gesamten* Grundkapitals kann daher neues Aktienkapital oder auch neues Partizipationskapital oder eine Kombination der beiden Elemente des Grundkapitals geschaffen werden.

225 c) In OR 653a I findet sich eine entsprechende Ermächtigung zur Schaffung von bedingtem Kapital in der Höhe der Hälfte des bisherigen Aktienkapitals (dazu hinten N 312). Die beiden Ermächtigungen können *kombiniert* werden, es kann also eine Gesellschaft in der Höhe von je der Hälfte ihres Grundkapitals kumulativ *sowohl genehmigtes wie auch bedingtes Kapital schaffen*.

---

[78] *Bedingtes Kapital* (dazu nachstehend lit. D N 298 ff) ist dabei nicht mitzuzählen.
[79] Sinkt dieser in der Folge aufgrund einer Kapitalherabsetzung (dazu § 53), dann braucht deswegen das bereits beschlossene genehmigte Kapital nicht herabgesetzt zu werden.

2. Zeitliche Schranken

a) Nach OR 651 I kann die GV den Verwaltungsrat «ermächtigen, das Aktienkapital innert einer Frist von längstens zwei Jahren zu erhöhen»[80]. Die Befristung muss – durch Festlegung der Zeitspanne oder des Endtermins – im GV-Beschluss enthalten sein. Fehlt die Befristung, dann ist nicht etwa die gesetzliche Maximalfrist massgebend, sondern es ist der Beschluss unwirksam.

Die Frist berechnet sich – wenn die Statuten nicht einen bestimmten Endtermin festlegen – ab Eintragung der Ermächtigung im Handelsregister[81]. Die Frist ist eingehalten, «wenn die effektive Kapitalerhöhung vor ihrem Ablauf ins Handelsregister eingetragen wird»[82], d. h. wenn die Anmeldung beim Handelsregister innert Frist erfolgt (vgl. vorn N 178).

b) Nach *Ablauf der Frist* wird der Ermächtigungsbeschluss *unwirksam*. Die Ermächtigung ist aufgrund eines Beschlusses des Verwaltungsrates aus den Statuten zu streichen (OR 651a II)[83]. Dabei handelt es sich um eine blosse Ordnungsvorschrift. Die Genehmigung entfällt auch, wenn die Streichung unterbleibt.

c) Die GV kann die Ermächtigung – wiederum für die Maximalfrist von zwei Jahren – *verlängern*, und es ist anzunehmen, dass Publikumsgesellschaften routinemässig jedes zweite Jahr die statutarische Basis für genehmigtes Kapital neu schaffen bzw. deren Gültigkeit verlängern werden.

3. Inhaltliche Schranken

a) Soweit bei der Ausgabe genehmigten Kapitals das *Bezugsrecht der Aktionäre gewahrt* wird, ergeben sich neben den vorgenannten zeitlichen und umfangmässigen *keine weiteren Schranken* für das genehmigte Kapital, es sei denn, die GV beschliesse solche, was ihr freisteht[84].

Das Verfahren der genehmigten Erhöhung kann allenfalls bei Publikumsgesellschaften auch dann, wenn das Bezugsrecht gewährt wird, wegen seiner *Flexibilität* dem der ordentlichen Erhöhung vorgezogen werden: Es gilt statt der Dreimonatsfrist von OR 650 III (dazu vorn N 84) eine Frist von bis zu zwei Jahren. Dadurch erhält die Gesellschaft bzw. ihr Verwaltungsrat die Möglichkeit,

---

[80] In der EG und im deutschen Recht ist dagegen eine Frist von fünf Jahren vorgesehen. Eine solche war noch im bundesrätlichen Entwurf von 1983 enthalten. Den Räten schien dies eine zu weitgehende Kompetenzdelegation an den Verwaltungsrat. Sie schufen daher eine – unnötige – Differenz zum Recht der EG.
[81] Botschaft 117, mit Verweisung auf OR 647 III.
[82] Botschaft 117.
[83] Ebenfalls zu streichen ist die Ermächtigung jeweils insoweit, als von ihr Gebrauch gemacht wurde, was ebenfalls in OR 651a II erwähnt wird.
[84] Es kann etwa beschlossen werden, dass pro Geschäftsjahr nur eine bestimmte Quote des genehmigten Kapitals eingesetzt werden soll, oder es kann die GV Vorgaben über den Ausgabebetrag oder die Art der Liberierung (z. B. Verpflichtung auf Barliberierung) machen.

aufgrund der Börsenentwicklung den optimalen Zeitpunkt für eine Kapitalerhöhung und den im Zeitpunkt der Erhöhung angemessenen Ausgabebetrag festzulegen.

232 b) Um von der Flexibilität im Einsatz des genehmigten Kapitals voll profitieren zu können, wird freilich der *Entzug des Bezugsrechts* die Regel sein. Damit sind die *inhaltlichen Schranken* zu beachten, an die gemäss OR 652b II der Bezugsrechtsentzug gebunden ist (vgl. dazu § 40 N 242 ff). Die Tragweite dieser Einschränkung war nach dem Inkrafttreten des neuen Rechts insbesondere im Hinblick auf das genehmigte Kapital stark umstritten. In einem Grundsatzentscheid vom 25. 4. 1995[84a] hat das Bundesgericht eine liberale Praxis initiiert und damit sichergestellt, dass das neue Instrument des genehmigten Kapitals die ihm vom Gesetzgeber zugedachten Funktionen erfüllen kann[84b].

233 OR 652b II nennt als wichtige, den Entzug des Bezugsrechts rechtfertigende Gründe «die Übernahme von Unternehmen, Unternehmensteilen oder Beteiligungen sowie die Beteiligung der Arbeitnehmer». Unbestritten und nach dem Gesetzeswortlaut («insbesondere») eindeutig ist, dass es sich hier nur um eine exemplifikative Aufzählung handelt und andere wichtige bzw. sachliche Gründe den Entzug des Bezugsrechts rechtfertigen können (dazu auch § 40 N 249). Dagegen ist im einzelnen ungeklärt, welche Gründe als wichtig gelten können.

234 Im Hinblick auf den Tatbestand der *Finanzierung* steht nach einem ersten Grundsatzentscheid des Bundesgerichts fest[84c], dass der Umstand, dass von Dritten ein höherer Erlös als von den Aktionären zu erwarten ist, als wichtiger Grund nicht genügt. Wohl aber kann sich im Einzelfall ein Bezugsrechtsentzug zu Finanzierungszwecken rechtfertigen (vgl. § 40 N 256c).

235 c) Stark umstritten war sodann, *wie konkret* die statutarische (und von der GV zu beschliessende) Umschreibung des Einsatzes des genehmigten Kapitals sein muss, um den Bezugsrechtsentzug zu rechtfertigen.

236 Fest stand, dass nicht einfach an «wichtige Gründe» verwiesen werden darf, sondern dass bestimmte Verwendungszwecke genannt werden müssen. Umstritten war dagegen, ob es genüge, die exemplifikative Umschreibung von OR 652b II in Beschluss und Statuten zu übernehmen, allenfalls ergänzt durch weitere, spezifisch für die Gesellschaft in Betracht kommende Verwendungszwecke.

237 Ein erster Entscheid zum revidierten Recht[85] nahm eine äusserst restriktive Haltung ein und verlangte, es müsse «ein Projekt vorhanden sein oder zumindest in Aussicht stehen»[86]. Diese Auffassung liesse sich zwar aufgrund einer grammatikalischen Ausle-

---

[84a] Vgl. § 40 Anm. 57.
[84b] Aufgrund des Urteils der Vorinstanz (abgedruckt in SZW *1994* 285 ff) wäre dagegen das genehmigte Kapital voraussichtlich toter Buchstabe geblieben, vgl. § 40 N 275.
[84c] Vgl. § 40 Anm. 57.
[85] Urteil des Handelsgerichts des Kantons Zürich vom 15. September 1994 in Sachen BK Vision AG gegen Schweiz. Bankgesellschaft, teilweise wiedergegeben und kommentiert in SZW *1994* 285 ff.
[86] SZW *1994* 289.

gung des Gesetzes vertreten, sie widerspricht aber dem Sinn des genehmigten Kapitals und der vom Gesetzgeber gewollten Flexibilisierung der Kapitalbasis: Es geht ja beim genehmigten Kapital gerade darum, dem Verwaltungsrat ein Instrument in die Hand zu geben, um künftige – *allenfalls auch unerwartete* – Chancen (z.B. der Übernahme eines Unternehmens) wahrnehmen und die dafür erforderlichen Aktien schaffen zu können. Nur ausnahmsweise wird schon bei der Erhöhung ein konkretes Projekt vorhanden sein.

Das Bundesgericht hat diesen Entscheid nun korrigiert und sich zugunsten eines praktikablen Verständnisses der Bezugsrechtsordnung entschieden, vgl. § 40 N 275 ff, insbes. 280. 237a

d) Unbestritten ist, dass der Verwaltungsrat – abweichende statutarische Auflagen vorbehalten – von seiner Ermächtigung auch in *Teilbeträgen* und zu *mehreren Malen* Gebrauch machen kann. So kann allenfalls im Laufe eines Jahres das genehmigte Kapital mehrmals zur Abfindung der Veräusserer bei verschiedenen Übernahmetransaktionen eingesetzt werden. 238

e) Fest steht aufgrund der Praxis des Bundesgerichts, dass es – im Rahmen von wichtigen, statutarisch umschriebenen Gründen – möglich ist, bei Publikumsgesellschaften den Entscheid betreffend den Entzug des Bezugsrechts an den Verwaltungsrat zu delegieren, vgl. dazu § 40 N 271 ff[87]. 239

III. Das Verfahren

Auf das Erhöhungsverfahren ist im folgenden nur insoweit einzugehen, als es von dem der ordentlichen Kapitalerhöhung (zu diesem vorn N 42 ff) abweicht. Dazu folgendes: 240

1. Die Beschlussfassung durch die Generalversammlung

Vgl. dazu allgemein vorn N 48 ff. Zu beachten sind – im Vergleich mit der ordentlichen Kapitalerhöhung – die folgenden *Besonderheiten:* 241

a) Anders als bei der ordentlichen Kapitalerhöhung fasst die GV einen *statutenändernden Beschluss*[88]. Dabei muss – wiederum in Abweichung von der Beschlussfassung über eine ordentliche Kapitalerhöhung (dazu vorn N 49) – in jedem Falle das *qualifizierte Quorum* von OR 704 eingehalten werden (OR 704 I Ziff. 4). 242

Der Beschluss ist *öffentlich zu beurkunden* (OR 647 I; für die ordentliche Kapitalerhöhung gilt dasselbe aufgrund von OR 650 II. Zur öffentlichen Beurkundung allgemein vgl. § 14 N 68 ff). 243

---

[87] BGE 121 III 223 ff, 239 ff.
[88] Freilich ist es nicht ganz präzis, wenn das Gesetz in OR 651 I ausschliesslich die Statuten*änderung* als Basis für genehmigtes Kapital nennt. Vielmehr können auch schon die *Urstatuten* eine entsprechende Bestimmung enthalten.

244　　Der *Inhalt* des Erhöhungsbeschlusses ergibt sich aus OR 650 II, mit den Ausnahmen, die sich aus der Delegation von Kompetenzen an den Verwaltungsrat ergeben (vgl. OR 651 III und Näheres nachstehend N 254 ff). Statutarisch festzulegen sind[89]:

245　　– der «*Nennbetrag...*, *um den der Verwaltungsrat das Aktienkapital erhöhen kann*» (OR 651 II);

246　　– die (maximale) Anzahl, der Nennwert und die Art der neu zu schaffenden Aktien;

247　　– im Falle von Namenaktien allfällige Vinkulierungsbestimmungen;

248　　– die Einschränkung bzw. Aufhebung des Bezugsrechts, wobei umstritten ist, ob und allenfalls in welchen Schranken dieser Entscheid an den Verwaltungsrat delegiert werden kann (dazu vorn N 239 ff);

249　　– die Zuweisung nicht ausgeübter oder entzogener Bezugsrechte;

250　　– die Voraussetzungen für die Ausübung vertraglich erworbener Bezugsrechte.

251　　Näheres vorn N 63 ff.

252　　Die entsprechenden Angaben gehören zum *bedingt notwendigen Statuteninhalt* (dazu allgemein § 8 N 5, 64 ff). Sie sind beim Handelsregisteramt *anzumelden* und in das Handelsregister *einzutragen* (OR 647 II, dazu § 9 N 11 ff). Dagegen ist eine *Publikation* der Einzelheiten im SHAB *nicht erforderlich*: Durch die Genehmigung seitens der GV entsteht vorerst noch kein neues Aktienkapital (dafür bedarf es einer Beschlussfassung des Verwaltungsrates, dazu nachstehend N 264 ff); die Sperrquote, auf die sich auch Dritte verlassen dürfen, wird daher noch nicht verändert. Im SHAB wird daher nur publiziert, dass die Gesellschaft ihre Statuten hinsichtlich einer nicht publikationspflichtigen Tatsache geändert habe[90].

253　　b) Anders als bei der ordentlichen Erhöhung wird der Verwaltungsrat zur Kapitalerhöhung *nicht beauftragt, sondern lediglich ermächtigt* (vgl. vorn N 23 f). Die Ermächtigung kann – solange und soweit der Verwaltungsrat davon nicht Gebrauch gemacht hat – von der GV *widerrufen* werden[91].

254　　c) Charakteristisch für die genehmigte Kapitalerhöhung ist – wie erwähnt – die *Delegation* einer Reihe von *Entscheiden* durch die GV an den Verwaltungsrat:

255　　aa) Der Verwaltungsrat entscheidet, *ob das Kapital überhaupt* erhöht werden soll und – falls ja – *in welcher Höhe* (immer im Rahmen der Vorgaben der Generalversammlung).

---

[89]　Vgl. Zindel/Isler in Basler Kommentar zu Art. 651 N 16 f und Böckli N 186.

[90]　Existenz und Höhe des genehmigten Kapitals wird daher Dritten nicht durch Veröffentlichung bekannt gemacht. Sie sind auch nicht aus dem Handelsregisterauszug ersichtlich (zu Recht bedauernd Zindel/Isler in Basler Kommentar zu Art. 651 N 10. Nur durch Einsichtnahme in die (auch beim Handelsregisteramt hinterlegten [OR 640 III Ziff. 1] und damit allgemein zugänglichen) Statuten können sich Dritte Klarheit verschaffen.

[91]　Beim Widerrufsbeschluss muss das Quorum von OR 704 nicht eingehalten werden, da keine Minderheitsinteressen gefährdet sind.

Auch in der Wahl des *Zeitpunktes* der Kapitalerhöhung kann dem Verwaltungsrat erheblicher Spielraum eingeräumt werden: Während die ordentliche Kapitalerhöhung innerhalb von drei Monaten in das Handelsregister eingetragen werden muss (OR 650 III, dazu vorn N 84), kann dem Verwaltungsrat bei der genehmigten Kapitalerhöhung eine Frist von bis zu zwei Jahren für die Durchführung der Erhöhung eingeräumt werden (OR 651 I, dazu vorn N 231). 256

bb) Sodann können (und dies ist der Normalfall) gemäss OR 651 III die folgenden Entscheidungen an den Verwaltungsrat delegiert werden: 257
– der *Ausgabebetrag* für die neuen Aktien; 258
– die *Art der Einlagen* und allfällige Sachübernahmen. Wird die genehmigte Erhöhung im Rahmen einer Unternehmensübernahme eingesetzt, erfolgt die Liberierung naturgemäss mittels *Sacheinlage*. Soll eine beschlossene Unternehmensübernahme durch die Kapitalerhöhung *finanziert* werden[92], liegt eine *Sachübernahme* vor; 259
– der *Beginn der Dividendenberechtigung*. 260

cc) Umstritten ist, inwieweit dem Verwaltungsrat in weiteren Punkten *Spielraum eingeräumt* werden kann, so 261
– hinsichtlich des *Entzugs des Bezugsrechts* (dazu § 40 N 271 ff) und 262
– mit Bezug auf den genauen *Einsatz des genehmigten Kapitals* (dazu vorn N 235 ff). 263

2. *Beschlussfassung und Statutenänderungen durch den Verwaltungsrat*

a) In den durch die GV abgesteckten Grenzen «kann der Verwaltungsrat Erhöhungen des Aktienkapitals durchführen. Dabei erlässt er die notwendigen Bestimmungen, soweit sie nicht schon im Beschluss der Generalversammlung enthalten sind» (OR 651 IV). Zu den Bestimmungen, deren Erlass dem Verwaltungsrat zugewiesen werden kann oder muss, vgl. vorn N 242 ff. 264

Zu regeln ist gegebenenfalls auch die *Vinkulierung* neu geschaffener Namenaktien. Eine in den Bestimmungen zum genehmigten Kapital enthaltene Anweisung an den Verwaltungsrat, neue Aktien als vinkulierte Namenaktien zu schaffen, genügt für sich allein nicht. Vielmehr sind die *neu geschaffenen Aktien selbst zu vinkulieren*, ganz abgesehen davon, dass die Bestimmungen über die Ermächtigung nach spätestens zwei Jahren – eine Verlängerung durch die GV vorbehalten – dahinfallen (OR 651 I) und aus den Statuten zu streichen sind (OR 651a II). 265

Der *Kapitalerhöhungsbeschluss* des Verwaltungsrates braucht *nicht öffentlich beurkundet* zu werden, und selbstverständlich führt er – da die Statuten vorerst 266

---

[92] Zur Zulässigkeit des Einsatzes genehmigten Kapitals für Finanzierungszwecke vgl. N 234 und § 40 N 256c.

unverändert bleiben und erst nach erfolgreicher Durchführung der Erhöhung zu ändern sind – auch nicht zu einem Handelsregistereintrag.

267   b) Nach durchgeführter Kapitalerhöhung fasst der Verwaltungsrat den *Feststellungsbeschluss* in gleicher Weise wie bei der ordentlichen Erhöhung (vgl. dazu OR 651g und vorn N 165 ff).

268   c) Im weiteren hat der Verwaltungsrat die erforderlichen *Statutenänderungen* vorzunehmen. Er muss dies in doppelter Hinsicht tun:

269   aa) Gleich wie bei der ordentlichen Erhöhung sind die *Konsequenzen der Kapitalerhöhung* in den Statuten zu verankern, ist in jedem Fall die Höhe des Aktienkapitals abzuändern und sind – je nach den Umständen – die Angaben über die Anzahl, den Nennwert und die Art der Aktien, allenfalls auch über den Umfang der Liberierung neu zu fassen oder zu ergänzen. *Diese* Statutenänderung vollzieht sich ebenfalls gleich wie bei der ordentlichen Erhöhung, vgl. daher vorn N 169 ff.

270   bb) *Zusätzlich* ist eine weitere Statutenänderung vorzunehmen, nämlich die Anpassung der das *genehmigte Kapital* betreffenden Bestimmung:

271   – Hat der Verwaltungsrat von seiner Ermächtigung erst *teilweise* Gebrauch gemacht, dann setzt er «den Nennbetrag des genehmigten Kapitals in den Statuten entsprechend herab» (OR 651a I).

272   – Hat er seine Ermächtigung voll ausgeschöpft und ist das genehmigte Kapital aufgezehrt, dann hat er die (nun gegenstandslos gewordene) Bestimmung über die genehmigte Kapitalerhöhung aus den Statuten zu streichen.

273   Das Gesetz erwähnt dies nicht, wohl aber den zweiten Fall der Gegenstandslosigkeit: den «Ablauf der für die Durchführung der Kapitalerhöhung festgelegten Frist» (OR 651a II).

274   Die statutenändernden Beschlüsse hinsichtlich des genehmigten Kapitals sind *öffentlich* zu beurkunden und beim Handelsregister anzumelden (HRV 81b II).

275   d) In der Praxis werden der Erhöhungsbeschluss einerseits und der Feststellungsbeschluss sowie der Beschluss betreffend die Herabsetzung oder Aufhebung des genehmigten Kapitals auf der anderen Seite oft gleichzeitig gefasst und in einer einzigen öffentlichen Urkunde verurkundet. Dies ist möglich, wenn die Zeichnung und Liberierung der neuen Aktien bereits vor dem Erhöhungsbeschluss vorweggenommen wurden, was auch bei der genehmigten Kapitalerhöhung auf dem Wege des Festübernahmeverfahrens (dazu vorn N 198 ff) erfolgen kann.

3.   *Zeichnung, Liberierung und weitere Vollzugsmassnahmen*

276   a) *Zeichnungseinladung* und *Zeichnung* vollziehen sich gleich wie bei der ordentlichen Kapitalerhöhung, vgl. vorn N 86 ff.

277 Zu präzisieren ist, dass der allfällige Emissionsprospekt (dazu vorn N 87 ff) sowohl über den Ermächtigungsbeschluss der GV wie auch über den Durchführungsbeschluss des Verwaltungsrates Auskunft geben muss[93].

278 b) Die *Liberierung* wird oft in der Form einer *Sacheinlage* erfolgen; allenfalls liegt auch eine qualifizierte Erhöhung im Sinne einer *Sachübernahme* vor (vgl. vorn N 120 f). Dem Verwaltungsrat obliegt es, die qualifizierenden Anforderungen zu erfüllen.

279 Da der GV «die Beschlussfassung über die Verwendung des Bilanzgewinnes» unübertragbar vorbehalten ist (OR 698 II Ziff. 4), kommt eine Liberierung aus Eigenkapital (dazu vorn N 129 ff) nur in Betracht, wenn dies durch die GV und mithin im *Ermächtigungsbeschluss* vorgesehen wurde.

280 Vgl. im übrigen vorn N 115 ff.

281 c) Zu *Rechenschaftsablage und Prüfung* vgl. vorn N 150 ff.

282 d) Hinsichtlich der *Anmeldung beim Handelsregisteramt* und *Eintragung in das Handelsregister* ist zu beachten, dass stets zwei Beschlüsse anzumelden und einzutragen sind:

283 – die Kapitalerhöhung und

284 – die gleichzeitige Reduktion bzw. Beseitigung des genehmigten Kapitals.

285 Im SHAB publiziert wird nur die Kapitalerhöhung, da das genehmigte Kapital, das ja keinerlei Haftungssubstrat sicherstellt, für Dritte in der Regel nicht relevant ist[93a]. Auf die Herabsetzung oder Eliminierung des genehmigten Kapitals wird nur mit dem Hinweis aufmerksam gemacht, es seien die Statuten hinsichtlich einer nicht publikationspflichtigen Tatsache geändert worden.

286 Zu den dem Handelsregisteramt einzureichenden Belegen gehört auch der (nicht notwendig öffentlich beurkundete) Beleg über den Kapitalerhöhungsbeschluss des Verwaltungsrates (vgl. HRV 81b I).

287 Vgl. im übrigen vorn N 178 ff.

288 e) Die *Eidg. Emissionsabgabe* ist in gleicher Weise wie bei der ordentlichen Kapitalerhöhung zu entrichten, vgl. dazu § 16 N 67 f.

289 f) Zur *Ausgabe neuer Aktien* vgl. vorn N 192.

IV. Exkurs: Vorratsaktien

290 a) Unter bisherigem Recht war es – wie vorn N 211 erwähnt – bei Publikumsgesellschaften üblich, in einem gewissen Umfange sog. *Vorratsaktien* in

---

[93] Als «Beschluss über die Ausgabe neuer Aktien» im Sinne von OR 652a I Ziff. 7 ist der Erhöhungsbeschluss des Verwaltungsrates zu verstehen. Die Pflicht zur Information über den Genehmigungsbeschluss ergibt sich aus OR 652a I Ziff. 3.
[93a] A. M. und für Publikation beider Kapitalerhöhungen Böckli N 187. Wie hier Zindel/Isler in Basler Kommentar zu OR 651 N 3, 10 und die Registerpraxis.

Bereitschaft zu halten. Es waren dies Aktien, die – unter Entzug des Bezugsrechts der bisherigen Aktionäre – von einer Bank, einem Bankenkonsortium oder einer befreundeten Gesellschaft treuhänderisch gezeichnet und liberiert worden waren und die dann dem Verwaltungsrat «für Zwecke im Interesse der Gesellschaft» zur Verfügung standen (sog. *freie* Vorratsaktien, im Gegensatz zu *gebundenen*, die – im gleichen Verfahren – für ganz bestimmte Zwecke, etwa im Zusammenhang mit einer Wandel- oder Optionsanleihe, geschaffen wurden [zu letzterem vgl. hinten N 419]).

291 b) Ob das Instrument der freien Vorratsaktien auch unter neuem Recht eingesetzt werden darf (obwohl für dessen Zwecke das genehmigte Kapital dienen soll), wurde nach dem Inkrafttreten des revidierten Rechts intensiv diskutiert. Die Frage hat deshalb an Brisanz verloren, weil das Bundesgericht zur Frage der Verwendbarkeit des genehmigten Kapitals eine liberale Praxis eingeschlagen hat[94].

292 In *einer* Hinsicht hat das revidierte Aktienrecht die Schaffung von Vorratsaktien *erleichtert:* Es erlaubt den Aktiengesellschaften, *eigene Aktien* bis zur Höhe von 10 % des Aktienkapitals zu halten, sofern die Gesellschaft über die erforderlichen freien Mittel verfügt (OR 659 I, dazu § 50 N 145 ff). Zulässig sein muss es auch, in diesem Rahmen eigene Aktien *originär* zu erwerben (vgl. § 50 N 165).

293 Doch dürfte die Schaffung von freien *Vorratsaktien* durch Selbstzeichnung und -liberierung seitens der Gesellschaft in der Regel daran scheitern, dass es an einem wichtigen Grund für den Entzug des Bezugsrechts der Aktionäre (dazu § 40 N 249) fehlt. Und selbst im Rahmen wichtiger Gründe – und damit im gleichen Ausmass wie bei der Schaffung von genehmigtem Kapital (dazu vorn N 233 f) – dürfte die Schaffung von Vorratsaktien durch Kapitalerhöhung nicht unproblematisch sein: Der Gesetzgeber hat die Ermächtigung, genehmigtes Kapital zu schaffen, bewusst auf zwei Jahre limitiert (vgl. vorn N 226). Durch das Instrument der Vorratsaktien würde diese Kompetenzbegrenzung unterlaufen.

294 Zulässig dürfte es sein, dass – aufgrund eines entsprechenden Beschlusses der GV (vgl. OR 650 II Ziff. 8 und dazu N 71) – die Gesellschaft Aktien, auf deren Bezug verzichtet wurde, selbst zeichnet und liberiert. Auch steht einer Schaffung von Vorratsaktien durch originäre Zeichnung und Liberierung eigener Aktien durch die Gesellschaft dann nichts entgegen, wenn *sämtliche Aktionäre* mit diesem Vorgehen *einverstanden* sind. Und schliesslich bleibt es einer Gesellschaft unbenommen, in den gesetzlichen Schranken eigene Aktien derivativ zu erwerben und auf diese Weise «Vorratsaktien» zu beschaffen[95].

295 Zur Frage der Zulässigkeit von sog. *gebundenen* Vorratsaktien vgl. hinten N 421.

296 c) Vorratsaktien, die bereits beim Inkrafttreten des revidierten Rechts geschaffen waren, werden von diesem nicht tangiert und können in bisheriger Weise eingesetzt werden.

---

94 Vgl. dazu die Bemerkungen in § 40 N 275.
95 Im Einsatz dieser Aktien ist die Gesellschaft freilich nicht völlig frei; sie hat die allgemeinen aktienrechtlichen Grundsätze, insbesondere das Gleichbehandlungsprinzip, zu wahren, vgl. § 50 N 169 ff.

d) Näheres zu den Vorratsaktien allgemein bei Dieter Zobl: Rechtliche Probleme im Zusammenhang mit der Schaffung von Vorratsaktien, SZW *1991* 1 ff sowie bei Erwin Willener: Vorratsaktien (Diss. Zürich 1986); zur Frage der Zulässigkeit von Vorratsaktien unter revidiertem Recht bei Patrick Hünerwadel: Vorratsaktien im Lichte des revidierten Aktienrechts, SZW *1993* 37 ff; Örtli (zit. § 50 Anm. 47) 266 ff, Wenger (zit. N 1) § 2 B, ferner bei Zindel/Isler in Basler Kommentar zu Art. 651 N 12 f (mit weiteren Angaben) und Böckli N 442 ff, insbes. 445 f.

D. Die bedingte Kapitalerhöhung[96]

I. Funktion, Charakteristik und Problematik

1. Die Funktion

«Die Generalversammlung kann eine bedingte Kapitalerhöhung beschliessen, indem sie in den Statuten den Gläubigern von neuen Anleihens- oder ähnlichen Obligationen gegenüber der Gesellschaft oder ihren Konzerngesellschaften sowie den Arbeitnehmern Rechte auf den Bezug neuer Aktien (Wandel- oder Optionsrechte) einräumt.» (OR 653 I).

Aus dieser den Abschnitt über die bedingte Kapitalerhöhung einleitenden Umschreibung ergeben sich zwei Einsatzmöglichkeiten:

– In erster Linie soll das bedingte Kapital für *Finanzierungszwecke* dienen, und zwar spezifisch für *eigenkapitalbezogene Formen der Fremdkapitalbeschaffung* (dazu § 48 N 26 ff): Die für Wandel- und Optionsanleihen allenfalls (nämlich im Fall der Wandelung bzw. Ausübung der Optionsrechte) notwendigen Aktien (oder auch Partizipationsscheine) können aufgrund einer bedingten Kapitalerhöhung entstehen. Näheres hinten N 318 ff.

– In zweiter Linie soll bedingtes Kapital für die *Mitarbeiterbeteiligung* (dazu § 3 N 70 ff) eingesetzt werden können. Näheres hinten N 327 ff.

– Zur Frage *weiterer,* im Gesetz nicht genannter Verwendungszwecke vgl. hinten N 330 ff.

2. Charakteristik

a) Wie beim genehmigten Kapital entscheidet die GV nicht endgültig, sondern schafft sie lediglich die *Möglichkeit* einer Kapitalerhöhung.

b) Im Gegensatz zum genehmigten Kapital erfolgt aber *keine Kompetenzdelegation* an den Verwaltungsrat. Vielmehr werden «Mass und Zeitpunkt der Erhö-

---

[96] Vgl. dazu neben der vorn N 1 zitierten Literatur (insbes. Wenger) auch Daniel Schlatter/Peter Honegger: Bedingtes Kapital: Offene Fragen und Lösungsvorschläge, in: JBHRreg 1994 (Zürich 1994) 22 ff; Andreas von Planta: Aktionärsschutz bei der bedingten Kapitalerhöhung, SZW *1992* 205 ff.

hung durch das Verhalten Dritter bestimmt»[97], durch die Ausübung von Wandel- oder Optionsrechten durch die Berechtigten: «Das Aktienkapital erhöht sich ohne weiteres in dem Zeitpunkt und in dem Umfang, als diese Wandel- oder Optionsrechte ausgeübt und die Einlagepflichten durch Verrechnung oder Einzahlung erfüllt werden.» (OR 653 II).

305 c) Daraus ergibt sich eine weitere Besonderheit, die mit dem das schweizerische – und allgemein das kontinentaleuropäische – Aktienrecht beherrschenden Grundsatz des festen Grundkapitals[98] nur schwer vereinbar ist: Die *Erhöhung* des Aktienkapitals erfolgt *«tropfenweise»*, *«kontinuierlich»*[99], entsprechend der meist über einen bestimmten Zeitraum hinweg möglichen Ausübung der Wandel- oder Optionsrechte. Im Zeitraum, während dem Wandel- oder Optionsrechte ausgeübt werden können, ist daher das Grundkapital *variabel*.

306 Da aus praktischen Gründen der Eintrag des Aktien- und Partizipationskapitals im Handelsregister nicht kontinuierlich, sondern nur auf bestimmte Stichtage hin nachgetragen werden kann (dazu nachstehend N 410 ff), sich das Aktien- oder PS-Kapital aber «ohne weiteres» (OR 653 II) mit der Rechtsausübung und Erfüllung der Einlagepflicht erhöht, muss auch in Kauf genommen werden, dass der Registereintrag für einen gewissen Zeitraum nicht den Tatsachen entspricht, nicht aktuell ist (vgl. OR 653h und dazu nachstehend N 390, 412).

3. *Problematik*

307 a) Die Eigenart der *kontinuierlichen Kapitalerhöhung* ist – wie erwähnt – mit den Grundsätzen des herkömmlichen Aktienrechts nicht leicht in Einklang zu bringen. Der Gesetzgeber hat daher das Vorgehen ausführlich, detailliert und eigenständig geregelt (vgl. OR 653–653i und dazu nachstehend N 348 ff).

308 b) Besondere Aufmerksamkeit war dabei dem *Schutz der Beteiligten*, der bisherigen Aktionäre (und allenfalls Partizipanten), aber auch der Wandel- oder Optionsberechtigten zu schenken:

309 – Beim bedingten Kapital muss das *Bezugsrecht notwendig entzogen* werden, da die neuen Aktien ja für den Bezug durch die Wandel- und Optionsberechtigten zur Verfügung stehen müssen. Die bisherigen *Aktionäre und Partizipanten* sind daher vor einer unangemessenen *Verwässerung ihrer Rechte* zu schützen. (Zum Schutz der bisher Beteiligten vgl. OR 653c und dazu nachstehend N 337 ff.)

310 – Aber auch die *Wandel- oder Optionsberechtigten* bedürfen des Schutzes: Sie können ihre Rechte erst in Zukunft geltend machen, und es muss daher sichergestellt werden, dass ihre Rechtsposition nicht durch Massnahmen, welche die AG in der Zwischenzeit trifft (zum Beispiel weitere Kapitalerhöhun-

---

[97] Botschaft 53.
[98] Dazu § 1 N 38 ff.
[99] Botschaft 53.

gen) verschlechtert wird. Dies muss in einer Form erfolgen, welche die Gesellschaft nicht über Gebühr in ihrem Handlungsspielraum einengt. (Zum *Verwässerungsschutz* zugunsten der Wandel- oder Optionsberechtigten vgl. OR 653d II und nachstehend N 343 ff.)

II. Einsatzmöglichkeiten und gesetzliche Schranken

Der Gesetzgeber lässt bedingte Kapitalerhöhungen – anders als ordentliche – nicht beliebig zu. Vielmehr setzt er *umfangmässige Schranken* (dazu N 312 ff) und begrenzt er die *Einsatzmöglichkeiten* auf bestimmte enge – wohl zu enge – Zwecke (vgl. N 317 ff). Eine von Gesetzes wegen festgelegte *zeitliche Grenze,* wie sie beim genehmigten Kapital vorgesehen ist (dazu vorn N 226 ff), gibt es dagegen beim bedingten Kapital nicht (vgl. N 315 f). 311

1. Betragliche Schranken

a) Das Gesetz schränkt bedingte Kapitalerhöhungen umfangmässig in gleicher Weise wie genehmigte ein: «Der Nennbetrag, um den das Aktienkapital bedingt erhöht werden kann, darf die Hälfte des bisherigen Kapitals nicht übersteigen.» (OR 653a I, vgl. damit OR 651 II Satz 2). 312

Die Einschränkung wird durch die Botschaft[100] mit der Eigenart des bedingten Kapitals begründet: «Durch die Schaffung eines bedingten Kapitals gibt die Generalversammlung die Befugnis auf, über den aktienrechtlichen Zentralbegriff selber zu bestimmen, und zwar zugunsten von Personen, die nicht in die aktienrechtliche Organisation der Gesellschaft eingegliedert sind und denen sonst keine Mitbestimmungsrechte zustehen. Diese Kompetenzübertragung muss sich in Grenzen halten.» 313

b) Im einzelnen gelten dieselben Regeln wie für das genehmigte Kapital, vgl. daher vorn N 221 ff. 314

2. Keine zeitliche Begrenzung

Anders als beim genehmigten Kapital (zu jenem OR 651 I, dazu vorn N 226 ff) braucht dagegen die GV bedingtes Kapital *nicht zu befristen*. Eine gesetzliche Befristung hätte dem vorgesehenen Einsatz im Zusammenhang mit – vielleicht sehr langfristigen – Anleihensobligationen widersprochen. 315

Selbstverständlich ist aber die GV befugt, im Erhöhungsbeschluss Fristen vorzusehen, sei dies generell, sei es im Hinblick auf bestimmte Verwendungszwecke[101]. 316

---

[100] S. 124.
[101] So wird nicht selten der Einsatz befristet, wenn das Vorwegzeichnungsrecht der Aktionäre entzogen und die Anleihens- oder ähnliche Obligationen Dritten angeboten werden sollen.

3. Einsatzmöglichkeiten

317 Die *genehmigte* Kapitalerhöhung kann – solange das Bezugsrecht gewahrt wird – grundsätzlich für beliebige Zwecke, gleich wie die ordentliche Erhöhung eingesetzt werden. Anders ist es bei der *bedingten* Kapitalerhöhung: Für sie hat der Gesetzgeber in OR 653 I nur zwei Einsatzmöglichkeiten vorgesehen: die Bereitstellung von Aktien im Zusammenhang mit Anleihens- oder ähnlichen Obligationen einerseits (dazu lit. a N 318 ff) und die Mitarbeiterbeteiligung auf der anderen Seite (dazu lit. b N 327 ff). Die Praxis hat sich freilich bereits heute über diese wohl als *abschliessend* gedachte Aufzählung der Einsatzmöglichkeiten hinweggesetzt (vgl. lit. c N 330).

318 a) Bedingtes Kapital soll für eine besondere Form der *Finanzierung* eingesetzt werden können: für die Beschaffung von *Fremdkapital,* das mit einem *Bezug zum Eigenkapital* der AG verbunden ist (sog. equity-linked transactions, dazu 48 N 26 ff):

319 aa) Gläubigern einer Gesellschaft[102] kann das Recht eingeräumt werden, ihre Forderung zu bestimmten Bedingungen in eine Beteiligung am Eigenkapital (als Aktionär oder Partizipant) umzutauschen, zu *wandeln.* Der Geldgeber, der von seinem Wandelrecht Gebrauch macht, verliert die Gläubigerstellung und insbesondere sein Recht auf Rückzahlung der Forderung. Er wird dafür Aktionär oder Partizipant. Die Gesellschaft wird von ihrer Rückzahlungspflicht befreit, das Fremdkapital wird kleiner.

320 Die Verknüpfung von Fremd- und Eigenkapital kann aber auch darin bestehen, dass Gläubigern der Gesellschaft[103] eine *Option* auf den Bezug von Aktien oder Partizipationsscheinen zu bestimmten Bedingungen eingeräumt wird. Auch bei Ausübung der Option *bleibt die Gläubigerstellung bestehen,* das Fremdkapital der Gesellschaft vermindert sich also nicht.

321 Während Wandelrechte stets von Gläubigern geltend gemacht werden, braucht dies bei der Option nicht der Fall zu sein. Vielmehr wird das Optionsrecht meist in einem (regelmässig als Inhaberpapier ausgestalteten) Wertpapier separat verbrieft und kann es in dieser Form selbständig und unabhängig vom Forderungsrecht gehandelt werden.

322 bb) Die Rechte auf den Bezug neuer Aktien sollen «den Gläubigern von neuen Anleihens- oder ähnlichen Obligationen» eingeräumt werden können.

323 Zum Begriff der *Anleihensobligationen* vgl. § 48 N 23 f. Charakteristisch ist die massenweise und öffentliche Ausgabe, für die das Gesetz einen Prospekt vorschreibt, sowie die Verbriefung in Wertpapieren.

324 Unklar ist der Begriff der *«ähnlichen Obligationen».* Jedenfalls will der Gesetzgeber mit dieser Umschreibung eine Einschränkung vornehmen, also nicht jede Art von Forderungen als Grundlage für Wandel- oder Optionsrechte vorse-

---

[102] Oder einer mit ihr konzernverbundenen Gesellschaft, dazu N 325.
[103] Oder einer Konzerngesellschaft, dazu N 325.

hen. Nach der Botschaft[104] sind Forderungen dann einer Anleihensobligation ähnlich, «wenn Bestand und Verrechenbarkeit der Forderung sowie die Person des Gläubigers leicht feststellbar sind». In der Doktrin werden als Beispiele etwa sog. Notes (d. h. nicht öffentlich ausgegebene Serienschuldverpflichtungen[105]) erwähnt, aber auch Geldmarktpapiere oder Geldmarktbuchforderungen[106,107].

cc) Die Obligationen müssen nicht notwendig von der Gesellschaft selbst, sie können auch von einer mit ihr *im Konzern verbundenen Gesellschaft* ausgegeben werden. In der Praxis geht es darum, dass eine Konzern*unter*gesellschaft, die nicht in der Schweiz domiziliert ist, die Anleihe begibt, wobei sich das Wandel- oder Optionsrecht auf den Bezug von Aktien der schweizerischen Konzern*ober*gesellschaft richtet[108]. 325

dd) Das Gesetz spricht von *«neuen»* Obligationen. Trotzdem wird man nicht ausschliessen, dass bedingtes Kapital auch für bereits bestehende Obligationen eingesetzt wird[109]. 326

b) Wandel- oder Optionsrechte können sodann auch den *Arbeitnehmern* eingeräumt werden. 327

Gedacht wurde vom Gesetzgeber wohl an *Mitarbeiteraktien,* die der gesamten oder einem Grossteil der Belegschaft offeriert werden (dazu § 3 N 70 ff). Doch kann bedingtes Kapital auch für sog. *Stock-Option-Pläne* eingesetzt werden, mit denen leitende Mitarbeiter die Möglichkeit erhalten, Aktien der Gesellschaft zu vorgegebenen Bedingungen zu erwerben und sich so am Unternehmenserfolg zu beteiligen (vgl. § 3 N 72). 328

Obwohl der Gesetzeswortlaut dies nicht vorsieht, nimmt die Doktrin an, dass bedingtes Kapital auch zugunsten von Arbeitnehmern in anderen *Konzerngesellschaften* eingesetzt werden kann. 329

---

[104] S. 124.
[105] Vgl. dazu Franco Taisch: Privatplazierungen, insbesondere im Hinblick auf Notes (Diss. Zürich 1987 = SSHW 101).
[106] Vgl. Isler/Zindel in Basler Kommentar zu Art. 653 N 13, Böckli N 223 Anm. 98 und von Planta (zit. Anm. 96) 206.
[107] Ungeklärt ist vor allem, ob die *massenweise* gleichartige Ausgabe ein notwendiges Kriterium ist oder ob auch ein *Einzeldarlehen,* soweit die Rechtslage «leicht feststellbar» ist, mit Options- oder Wandelrechten verbunden werden kann. Letzteres ist – in Übereinstimmung mit der herrschenden Lehre – zu befürworten, da weder der klare Wortlaut des Gesetzes noch ein schutzwürdiges Interesse entgegenstehen. So kann etwa im Zuge einer *Sanierung* Geldgebern ein Options- oder Wandelrecht eingeräumt werden, um ihnen die Möglichkeit zu verschaffen, sich bei einer Erholung der Gesellschaft an dieser beteiligen zu können.
[108] Dieses Vorgehen wird meist aus steuerlichen Gründen gewählt: Soweit die von der im Ausland domizilierten (Finanz-)Gesellschaft aufgenommenen Mittel nur im Ausland verwendet werden, entfallen die schweizerische Verrechnungssteuer und die Emissionsabgabe auf den Obligationen; vgl. Stocker/Hochreutener (Hg.): Die Praxis der Bundessteuern II. Teil: Stempelabgaben und Verrechnungssteuer (Basel, Loseblattausgabe, Nachtrag 47 [1993]) N 21 zu VStG 4 I lit. a.
[109] In der Praxis finden sich entsprechende Fälle; in der Doktrin ist die Frage umstritten: zustimmend Böckli N 226; kritisch und einschränkend Isler/Zindel in Basler Kommentar zu Art. 653 N 12; ablehnend mit Hinweis auf den klaren Wortlaut Dallèves (zit. N 1) 298.

330 c) Nicht genannt werden in OR 653 I die *Aktionäre*, und in der Tat scheint der Gesetzgeber den Kreis der möglichen Berechtigten bewusst auf Nichtaktionäre eingeschränkt zu haben[110].

331 In der Praxis besteht jedoch ein *legitimes Bedürfnis*, das bedingte Kapital auch zugunsten von Aktionären einzusetzen. So sind in den letzten Jahren verschiedene Gesellschaften dazu übergegangen, ihren Aktionären sog. *Gratisoptionen* zuzuteilen, die zum künftigen Bezug von Aktien zu im voraus festgelegten Bedingungen berechtigen, während andere den Aktionären das Recht einräumten, statt einer Bardividende zusätzliche Titel zu erwerben (sog. *Wahldividende*). Es ist schwer einzusehen, weshalb für solche *Aktionärsoptionen* das bedingte Kapital nicht zur Verfügung stehen soll[111].

332 In der *Lehre* wird daher trotz des einschränkenden Wortlauts des Gesetzes der Einsatz von bedingtem Kapital im Zusammenhang mit *Aktionärsoptionen* mehrheitlich befürwortet[112], und seit dem Inkrafttreten des revidierten Aktienrechts haben verschiedene Publikumsgesellschaften Aktionärsoptionen auf der Basis des bedingten Kapitals geschaffen[113].

333 d) Noch weiter gehend wird in der Literatur die Auffassung vertreten, das bedingte Kapital könne auch für weitere Zwecke dienen, sofern die Gesellschaft ein Interesse an bedarfsmässiger Ausgabe von Aktien habe und der Aktionärsschutz sowie der Schutz vor Scheinliberierung gewährleistet sei[114].

334 So soll es auch möglich sein, ganz allgemein sog. «nackte», «einfache» (d. h. nicht mit einer Anleihe verbundene) Optionen auf der Basis von bedingtem Kapital zu schaffen, freilich unter der Voraussetzung, dass die so ausgegebenen Optionen zunächst den Aktionären angeboten werden[115]. Und auch für Fusionen und andere Formen von *Unternehmensübernahmen* soll bedingtes Kapital eingesetzt werden können, obwohl dies vom Gesetzgeber ausdrücklich ausgeschlossen wurde[116]. Aufgrund einer Betrachtung der auf dem Spiel stehenden Interessen kann man dem zustimmen, doch ist fraglich, ob der klare und bewusste Wortlaut des Gesetzes eine derart ausdehnende Interpretation erlaubt.

---

110 Vgl. Botschaft 123: «Die bedingte Kapitalerhöhung geht stets mit der Einräumung von Bezugsrechten an Nichtaktionäre einher.»
111 Der Unterschied zur gesetzlich ausdrücklich vorgesehenen Optionsanleihe liegt einzig darin, dass keine ursprüngliche Verbindung mit einer Forderung besteht. Dies ist um so weniger von Bedeutung, als Optionsscheine, die im Zusammenhang mit Optionsanleihen ausgegeben wurden, oft auch selbständig und losgelöst von der Obligation gehandelt werden, vgl. vorn N 32 f.
112 Vgl. die Übersicht bei Isler/Zindel, Basler Kommentar zu Art. 653 N 17 f; zustimmend seither auch Huguenin Jacobs (zit. § 40 N 1) 129 und ausführlich Wenger (zit. N 1) § 7.
113 Andere Möglichkeiten zur Unterlegung von Aktionärsoptionen – etwa der Einsatz von genehmigtem Kapital oder von «gebundenen» Vorratsaktien – sind komplizierter und – was die Vorratsaktien betrifft – rechtlich ebenfalls nicht problemlos.
114 So Wenger (zit. N 1) § 6 f, mit ausführlicher Begründung.
115 Dies aufgrund des Vorwegzeichnungsrechts von OR 653c, dazu § 40 N 301 ff.
116 Vgl. Botschaft 54 f: «Das deutsche Aktienrecht stellt die bedingte Kapitalerhöhung auch für die Vorbereitung des Zusammenschlusses mehrerer Unternehmen zur Verfügung (§ 192 Abs. 2 Ziff. 2 AktG). Davon muss im schweizerischen Recht abgesehen werden.»

e) Das Gesetz geht von der Schaffung bedingten Kapitals im Wege der Kapital*erhöhung* aus. Wie das genehmigte Kapital kann aber auch bedingtes Kapital schon in den *Urstatuten* geschaffen werden.

335

III. Der Schutz der Beteiligten

Das Gesetz hat Schutzvorkehren sowohl für die bisherigen Aktionäre (und allenfalls Partizipanten) wie auch für die Wandel- und Optionsberechtigten getroffen:

336

1. Schutz der Aktionäre

Der Aktionär (und Partizipant) hat grundsätzlich ein *Recht auf Beibehaltung seiner Beteiligungsquote* (vgl. dazu § 40 N 215 ff). Dieses Recht wird bei der ordentlichen und der genehmigten Kapitalerhöhung durch das *Bezugsrecht* (dazu § 40 N 229 ff) geschützt.

337

Bei der *bedingten* Kapitalerhöhung muss das Bezugsrecht zwangsläufig entzogen werden, da die neu zu schaffenden Aktien den Wandel- oder Optionsberechtigten zur Verfügung stehen sollen. Der Schutz der bisherigen Aktionäre und Partizipanten erfolgt hier durch das sog. *Vorwegzeichnungsrecht* (OR 653c), dadurch, dass Obligationen, mit denen Wandel- oder Optionsrechte verbunden sind, «vorweg den Aktionären entsprechend ihrer bisherigen Beteiligung zur Zeichnung anzubieten» (OR 653c I) sind. Will man – über den Wortlaut des Gesetzes hinausgehend – das bedingte Kapital auch für die Schaffung von «nackten», nicht mit einer Forderung verbundenen Optionsrechten zulassen (dazu vorn N 334), dann besteht das Vorwegzeichnungsrecht auch für den Erwerb solcher selbständiger Optionsrechte.

338

Das Vorwegzeichnungsrecht kann aus wichtigen Gründen – also analog dem Bezugsrecht (dazu OR 652b II und § 40 N 242 ff) – eingeschränkt oder aufgehoben werden (OR 653c II, dazu § 40 N 315). Es *muss* entzogen werden, wenn den Arbeitnehmern Rechte auf den Bezug von Aktien eingeräumt werden sollen.

339

Soll bedingtes Kapital sowohl für die Ausübung von Wandel- oder Optionsrechten von Obligationären oder Aktionären wie auch für die Mitarbeiterbeteiligung eingesetzt werden, dann muss in den Statuten klargestellt sein, «welcher Betrag des bedingten Kapitals maximal den Mitarbeitern zur Verfügung gestellt wird»[116a].

339a

Vgl. im übrigen § 40 N 301 ff.

340

[116a] BGE 121 III 240 E 5a.

2. Schutz der Wandel- und Optionsberechtigten

341 Zugunsten der Wandel- und Optionsberechtigten sieht das Gesetz in OR 653d einen doppelten Schutz vor: Der Berechtigte soll in die Lage versetzt werden, sein Recht auch auszuüben und Aktionär werden zu können, und seine Rechtsstellung soll vor Verwässerung geschützt werden.

342 a) Wandel- oder Optionsberechtigten soll «die Ausübung dieses Rechts nicht wegen einer Beschränkung der Übertragbarkeit von Namenaktien verwehrt werden» (OR 653d I) können. Diese Bestimmung ist freilich nur *dispositiver Natur*. Vgl. dazu hinten N 362.

343 b) Wandel- und Optionsrechte sind insofern gefährdet, als die Gesellschaft durch Kapitaltransaktionen – z. B. Ausgabe neuer Aktien unter dem inneren Wert der bisherigen, Aktiensplits, Ausgabe neuer Wandel- oder Optionsrechte – den Wert ihrer Aktien (oder Partizipationsscheine) und damit auch der Wandel- oder Optionsrechte vermindern kann. OR 653d II enthält eine Bestimmung, die *gegen eine solche Verwässerung schützen* soll: «Wandel- oder Optionsrechte dürfen durch die Erhöhung des Aktienkapitals, durch die Ausgabe neuer Wandel- oder Optionsrechte oder auf andere Weise nur beeinträchtigt werden, wenn der Konversionspreis gesenkt oder den Berechtigten auf andere Weise ein angemessener Ausgleich gewährt wird ...».

344 aa) Die Verwässerung soll also *kompensiert werden,* entweder durch eine *Herabsetzung des Erwerbspreises*[117] oder *auf andere Weise*[118].

345 Wie der Verwässerungsschutz im einzelnen ausgestaltet ist, ergibt sich aus den Anleihensbedingungen.

346 bb) Ein Ausgleich der Verwässerung braucht freilich nicht in jedem Falle zu erfolgen. Vielmehr kann er gemäss OR 653d II entfallen, «wenn die gleiche Beeinträchtigung auch die Aktionäre trifft».

347 Es wird hier der Gedanke der *Schicksalsgemeinschaft,* der vom Recht der Partizipationsscheine her bekannt ist (vgl. § 46 N 31), übernommen, freilich zu Unrecht: Wandel- und Optionsberechtigte sind – solange sie ihre Rechte noch nicht ausgeübt haben – mit den Aktionären (und allenfalls Partizipanten) *noch nicht zu einer Schicksalsgemeinschaft verbunden,* sondern sie stehen der Gesellschaft als vertraglich Berechtigte gegenüber. Die gesetzliche Ordnung entspricht aber der bisherigen Praxis.

---

[117] Das Gesetz spricht von «Konversionspreis», ein Begriff, der nur für Wandel-, nicht aber für Optionsrechte passt.
[118] Zu denken ist etwa daran, dass das Wandel- oder Optionsrecht zum Bezug einer grösseren Anzahl von Titeln berechtigt.

IV. Das Verfahren

Wie bei der ordentlichen und der genehmigten, so hat auch bei der bedingten Kapitalerhöhung die *GV durch statutenändernden Beschluss* die Grundlage zu schaffen (vgl. OR 653b, dazu Ziff. 1). Im statutarisch vorgegebenen Rahmen kann der Verwaltungsrat den Einsatz des bedingten Kapitals konkretisieren (dazu Ziff. 2). Die «Durchführung der Kapitalerhöhung»[119] hängt von der Ausübung von Wandel- oder Optionsrechten ab, und sie ist mit der Liberierung neu zu schaffender Aktien verbunden (OR 653e, dazu Ziff. 3 und 4). Der Vollzug unterliegt einer Prüfung (OR 653f, dazu Ziff. 5). Anschliessend sind durch den Verwaltungsrat die Statuten und der Registereintrag anzupassen (OR 653g und 653h, dazu Ziff. 6), und es sind die statutarischen Bestimmungen über die bedingte Kapitalerhöhung schliesslich – wenn die Wandel- oder Optionsrechte erloschen sind – zu streichen (OR 653i, dazu Ziff. 7).

Ein Festübernahmeverfahren, wie es bei der ordentlichen und der genehmigten Kapitalerhöhung zumindest bei Publikumsgesellschaften die Regel bildet (dazu vorn N 198 ff, 275), ist bei der bedingten Kapitalerhöhung nicht möglich, und für den Einsatz von Vorratsaktien sollte unter revidiertem Recht kein Bedürfnis mehr bestehen (vgl. Ziff. 8).

1. Der statutenändernde Grundlagenbeschluss der Generalversammlung

a) Die Schaffung bedingten Kapitals ist durch die GV mit dem *qualifizierten Mehr* von OR 704 (vgl. 704 I Ziff. 4) oder einem allenfalls strengeren statutarischen Quorum zu beschliessen. Es handelt sich um einen *statutenändernden Beschluss*[120], der *öffentlich zu beurkunden* (OR 647 I) ist. Dabei sind gewisse Bestimmungen bei *jeder* bedingten Kapitalerhöhung notwendig (vgl. lit. b, N 351 ff), andere nur, wenn die GV eine *bestimmte Ordnung* treffen will (vgl. lit. c, N 359 ff). Schliesslich sind allfällige *weitere Elemente* des GV-Beschlusses zu erwähnen, die nicht erforderlich sind und die – falls die GV eine Regelung zu treffen wünscht – nicht in die Statuten aufgenommen werden müssen (vgl. lit. d, N 369 ff)[121].

b) Der bei jeder bedingten Kapitalerhöhung notwendige *unabdingbare Statuteninhalt* ist in OR 653b I Ziff. 1–4 aufgeführt und soll sicherstellen, dass aus den Statuten nicht nur der Umstand bedingten Kapitals an sich, sondern auch Einzel-

---

[119] Marginalie zu OR 653e ff.
[120] Bestimmungen über das bedingte Kapital gehören daher zum sog. bedingt notwendigen Statuteninhalt, vgl. § 8 N 64 ff.
[121] Die Begriffe «absolut, bedingt und fakultativ notwendiger Statuteninhalt» sollten in diesem Zusammenhang vermieden werden: Gewisse Beschlusselemente sind zwar bei jeder bedingten Kapitalerhöhung unabdingbar (insofern «absolut» erforderlich), doch brauchen die Statuten keinerlei Bestimmungen über bedingtes Kapital zu erhalten, gehören solche Bestimmungen also zum sog. «bedingt notwendigen» Statuteninhalt (vgl. § 8 N 64 ff, 71).

heiten einer möglichen Kapitalerhöhung hervorgehen. Erforderlich sind die folgenden Angaben:

352 aa) der *Nennbetrag* der bedingten Kapitalerhöhung (OR 653b I Ziff. 1), d. h. der Maximalbetrag, um den sich das Aktienkapital allenfalls gestützt auf den Ermächtigungsbeschluss der GV erhöhen kann;

353 bb) *Anzahl, Nennwert und Art der allenfalls neu zu schaffenden Aktien* (OR 653b I Ziff. 2).

354 Diese Angaben sind für jede allenfalls auszugebende Aktienart getrennt aufzuführen, d. h. es ist z. B. anzugeben, wieviele Namenaktien und wieviele Inhaberaktien welchen Nennwerts maximal ausgegeben werden dürfen[122];

355 cc) der Kreis der Wandel- oder Optionsberechtigten (OR 653b I Ziff. 3). Lehre und Praxis sind sich dabei einig darüber, dass es nicht darum gehen kann, die Berechtigten im einzelnen zu nennen, sondern dass es genügt, die Kategorien von Berechtigten, für die bedingtes Kapital zur Verfügung stehen soll, zu umschreiben[123];

356 dd) die Aufhebung der Bezugsrechte der bisherigen Aktionäre (OR 653b I Ziff. 4).

357 Da die Zielsetzung des bedingten Kapitals – Schaffung von Aktien zur Erfüllung von Wandel- oder Optionsrechten – den Entzug des Bezugsrechts zwingend voraussetzt, ist diese Bestimmung eigentlich überflüssig. Immerhin mag sie der Klarheit der Verhältnisse dienen.

358 ee) *Beispiel* einer – weit gefassten – Bestimmung für bedingtes Kapital: «Das Aktienkapital wird unter Ausschluss des Bezugsrechts der Aktionäre durch Ausgabe von höchstens XX voll zu liberierenden Inhaberaktien von je Fr. YY.– Nennwert im Maximalbetrag von Fr. ZZ Mio. erhöht a) durch Ausübung von Options- oder Wandelrechten, die in Verbindung mit Anleihensobligationen der Gesellschaft oder einer ihrer Tochtergesellschaften eingeräumt worden sind, und/oder b) durch Ausübung von Optionsrechten im Rahmen von Aktionärsoptionen, und/oder c) bis zum Maximalbetrag von Fr. VV Mio. für Zwecke der Mitarbeiterbeteiligung.»[124].

359 c) *Weitere Bestimmungen* im Zusammenhang mit bedingtem Kapital, die zwar nicht unbedingt erforderlich sind, aber *nur durch Aufnahme in die Statuten wirksam* werden, ergeben sich aus OR 653b I Ziff. 5 und 6, OR 653d I und OR 653b II. Sie dienen der *Transparenz* zugunsten der Aktionäre wie auch der Wandel- oder Optionsberechtigten. Im einzelnen folgendes:

360 aa) Sollen aufgrund des bedingten Kapitals *Vorzugsaktien* (dazu § 41 N 26 ff) ausgegeben werden, dann ist darauf in den Angaben über das bedingte Kapital –

---

[122] Dass die betreffende Aktienart in der Gesellschaft bereits besteht, ist nicht erforderlich.
[123] Z. B.: Berechtigte aus Options- oder Wandelrechten, die in Verbindung mit Anleihensobligationen der Gesellschaft eingeräumt worden sind; Mitarbeiter; Aktionäre, denen Aktionärsoptionen eingeräumt worden sind.
[124] In der Regel folgen weitere Bestimmungen über die Voraussetzungen für den Entzug des Vorwegzeichnungsrechts, dazu nachstehend N 359 ff.

allenfalls auch bloss durch Verweisung auf den einschlägigen Statutenartikel – hinzuweisen (OR 653b I Ziff. 5).

bb) Ebenfalls ist zu erwähnen, wenn aufgrund bedingten Kapitals *vinkulierte Namenaktien* geschaffen werden sollen[125]. 361

cc) Eine allfällige Vinkulierungsbestimmung erfasst nur die *Übertragung* von Aktien, nicht dagegen ihren ursprünglichen Erwerb aufgrund eines Wandel- oder Optionsrechts. Doch besteht nach OR 653d I die Möglichkeit, die *Ausübung von Wandel- oder Optionsrechten einzuschränken*. Auch diese Beschränkung muss aber statutarisch verankert und durch die GV beschlossen sein. Überdies muss sie – zum Schutz der Erwerber von Wandel- oder Optionsrechten – im Emissionsprospekt vorbehalten werden. 362

dd) «Werden die Anleihens- oder ähnlichen Obligationen, mit denen Wandel- oder Optionsrechte verbunden sind, nicht den Aktionären vorweg zur Zeichnung angeboten, so müssen die Statuten überdies angeben: 363
1. die Voraussetzungen für die Ausübung der Wandel- oder der Optionsrechte; 364
2. die Grundlagen, nach denen der Ausgabebetrag zu berechnen ist» (OR 653b II). 365

Neben dem Umstand des *Entzugs des Vorwegzeichnungsrechts* als solchem (dazu § 40 N 311 ff) müssen also zum Schutz der Aktionäre zusätzliche Angaben im statutenändernden Beschluss enthalten sein: Mit den «Voraussetzungen für die Ausübung der Wandel- oder Optionsrechte» sind dabei freilich nicht Einzelheiten gemeint, sondern nur allgemeine Angaben namentlich über den Zeitraum, in welchem Wandel- oder Optionsrechte ausgeübt werden können[126]. 366

Auch hinsichtlich der *Berechnung des Ausgabebetrages* sind in den Statuten nur «Grundlagen» zu nennen, etwa der minimale Wandel- oder Optionspreis gemessen am Börsenkurs. 367

Zusätzlich verlangt das Bundesgericht – trotz des Schweigens des Gesetzes sachlich zu Recht –, dass dann, wenn sowohl die Inhaber von Anleihensobligationen wie auch die Mitarbeiter als Berechtigte genannt werden, der Gesamtumfang der maximal für Optionsrechte der Mitarbeiter zur Verfügung stehenden Aktien in den Statuten aufgeführt wird[127]. 367a

Ein *Beispiel* für eine OR 653b II genügende Bestimmung findet sich in § 40 Anm. 66. 368

d) Weitere Einzelheiten im Zusammenhang mit bedingtem Kapital können, müssen aber nicht in den Statuten enthalten sein, bilden also *fakultativen Statuteninhalt*. Die GV kann eine Ordnung auch ausserhalb der Statuten treffen oder die Regelung dem Verwaltungsrat überlassen. Daraus ergeben sich Unterschiede zur ordentlichen und teils auch zur genehmigten Erhöhung. 369

---

[125] Die statutarische Vinkulierung bereits ausgegebener Namenaktien erstreckt sich nicht ohne weiteres auf neu, gestützt auf bedingtes Kapital zu schaffende Aktien. Vielmehr ist die Übertragungsbeschränkung bei den Angaben über das bedingte Kapital zu nennen.
[126] Vgl. Botschaft 125.
[127] BGE 121 III 240 E 5a.

370 aa) So braucht es *keine Sachübernahmebestimmung*, auch wenn bereits feststeht, wozu der Erlös einer Wandel- oder Optionsanleihe dienen soll[128] (vgl. dagegen für die ordentliche Kapitalerhöhung OR 650 II Ziff. 5).

371 bb) Ebensowenig braucht der *Beginn der Dividendenberechtigung* geregelt zu werden (vgl. dagegen für die ordentliche Erhöhung OR 650 II Ziff. 3).

372 cc) Nicht geregelt werden muss sodann die *Zuweisung nicht ausgeübter oder entzogener Vorwegzeichnungsrechte* (vgl. dagegen für das Bezugsrecht bei der ordentlichen und der genehmigten Erhöhung OR 650 II Ziff. 8).

373 dd) Werden *mehrerer Kategorien von Berechtigten* genannt, gehört dagegen die Festlegung des Maximalumfangs zugunsten der einzelnen Kreise nach der Praxis des Bundesgerichts zum notwendigen Statuteninhalt, obwohl das Gesetz dies nicht verlangt (vgl. N 367a).

374 e) Wie gezeigt muss die GV auch hinsichtlich der ihr zwingend zugewiesenen Fragen nur die *Grundlagen* regeln. Dies lässt *Spielraum für den Verwaltungsrat* (vgl. dazu Ziff. 2 N 377 ff).

375 f) Die Bestimmungen über das bedingte Kapital sind *beim Handelsregister anzumelden* (vgl. HRV 82 I). Eine Publikation im SHAB unterbleibt, da die Kenntnis der Existenz bedingten Kapitals für Dritte nicht entscheidend ist[129]. Auch im Handelsregisterauszug erscheint bedingtes Kapital nicht (OR 641 e contrario).

376 «Wandel- oder Optionsrechte, die vor der Eintragung der Statutenbestimmung über die bedingte Kapitalerhöhung im Handelsregister eingeräumt werden, sind nichtig.» (OR 653b III). Der Gesetzgeber trifft damit dieselbe Ordnung wie bei der vorzeitigen Ausgabe von Aktien (vgl. OR 644 I und dazu § 17 N 31 ff)[129a].

2. Einsatz und Konkretisierung durch den Verwaltungsrat

377 a) Im Rahmen der Vorgaben der GV kann der Verwaltungsrat den Kreis der Wandel- oder Optionsberechtigten, die Zahl und Ausgabebedingungen von Anleihen wie auch die Wandel- und Optionsbedingungen festlegen. Insofern besteht auch beim bedingten Kapital ein erheblicher Entscheidungsspielraum zugunsten des Verwaltungsrates[130].

---

[128] So die einhellige Lehre; offen dagegen Botschaft 124.

[129] Veröffentlicht wird nur, es seien die Statuten im Hinblick auf eine nicht publikationspflichtige Tatsache geändert worden.

[129a] Ob diese Gleichstellung sachlich richtig ist, erscheint fraglich: Eine Gesellschaft hat verschiedene Möglichkeiten, ihrer Verpflichtung, aufgrund eines Wandel- oder Optionsrechts Aktien zu liefern, nachzukommen. Sie kann sich daher – unabhängig vom Bestand eines bedingten Kapitals – verpflichten, Wandel- oder Optionsrechte zu honorieren. Wie sie dies tut, ist ihre Sache, und schlimmstenfalls könnte sie die erforderlichen Aktien am Markt erwerben.

[130] Anders noch Botschaft 125, wo erklärt wurde, es seien in den Statuten anzugeben «die notwendigen Merkmale der auszugebenden Anleihe, wie Nennwert, Laufzeit, Wandelrecht und Wandelfrist». Diese Ansicht, die sich nicht auf den Text des Entwurfs stützen konnte, wurde im Laufe der parlamentarischen Beratung ausdrücklich abgelehnt, vgl. etwa die Voten Schüle und Leuenberger in AmtlBull NR *1985* 1683 f.

b) Im Rahmen der gesetzlichen und statutarischen Schranken kann der Entscheid über den *Entzug des Vorwegzeichnungsrechts* dem Verwaltungsrat zugewiesen werden[131]. 378

Der Verwaltungsrat hat diesfalls immer noch die Möglichkeit, eine Anleihe den Aktionären vorweg anzubieten[132]. 379

3. Ausübung der Wandel- oder Optionsrechte

«Wandel- oder Optionsrechte werden durch eine schriftliche Erklärung ausgeübt, die auf die Statutenbestimmung über die bedingte Kapitalerhöhung hinweist; verlangt das Gesetz einen Emissionsprospekt, so nimmt die Erklärung auch auf diesen Bezug.» (OR 653e I). 380

Dieser Vorgang entspricht der Aktienzeichnung bei der ordentlichen und der genehmigten Erhöhung (vgl. OR 652 und dazu vorn N 108 ff): Die schriftliche Erklärung entspricht dem Zeichnungsschein (OR 652 II), und statt auf die kapitalerhöhenden Beschlüsse ist auf die einschlägige Statutenbestimmung hinzuweisen. Bezug zu nehmen ist sodann auch auf einen allfälligen Emissionsprospekt (so, wenn die Rechte aus einer Wandel- oder Optionsanleihe hervorgehen, vgl. OR 1156)[133]. 381

«Im übrigen ist die Ausübung der Wandel- und Bezugserklärung der Zeichnung gleichzusetzen, so dass Art. 630 anzuwenden ist.»[134]. Ein Unterschied besteht aber darin, dass – anders als bei der Gründung und der ordentlichen oder genehmigten Kapitalerhöhung – *nicht sämtliche Rechte ausgeübt werden müssen*[134a], da «das Zustandekommen der [bedingten] Kapitalerhöhung nicht von der Zeichnung und Liberierung der andern Aktien abhängt», sondern jede Aktie «einzeln gezeichnet und liberiert» wird[135]. Daher ist – im Gegensatz zu OR 652 III – auch keine Befristung der Verbindlichkeit vorgesehen, und es hat die Ausübung des Rechts und die Erfüllung der Einlagepflicht direkt gestaltende (kapitalerhöhende) Wirkung[136]. 382

4. Liberierung und Entstehung der Aktionärsrechte

a) Das Gesetz sieht nur zwei *Arten* der Liberierung vor: die «Leistung der Einlage durch Geld oder Verrechnung» (OR 653e II). 383

---

[131] Vgl. § 40 N 312.
[132] Dies kann, muss aber nicht in den Statuten festgehalten sein.
[133] Die Bezugnahme auf den Emissionsprospekt wird in der Literatur zu Recht als unnötig erachtet: Die Begebung der Anleihe und damit die Ausgabe des Prospekts wird meist Jahre zurückliegen, und es werden die dortigen Angaben nicht mehr aktuell sein. (In diesem Sinne bereits Botschaft 128.)
[134] Botschaft 128. Vgl. dazu § 14 N 12 ff.
[134a] Immerhin kann auch bei der ordentlichen und der genehmigten Kapitalerhöhung lediglich ein *Maximalbetrag* festgesetzt werden (vgl. vorn N 66).
[135] Botschaft 129.
[136] Der Zeichnungsschein ist dagegen als Offerte zu betrachten, vgl. vorn N 112 ff.

384 Die *Barliberierung* kommt bei der Ausübung von Optionsrechten – solche, die mit einer Anleihe verbunden sind, aber auch selbständige Optionsrechte von Mitarbeitern und allenfalls von Aktionären – in Betracht, die Liberierung durch *Verrechnung* bei der Wandelobligation. Im zweiten Fall vermindert sich das Fremdkapital der Gesellschaft im Umfang der Liberierung.

385 *Sacheinlagen* werden im Gesetz nicht erwähnt, sie sollten – dies ergibt sich aus der Botschaft[137] – bewusst *nicht zugelassen* werden[138]. Die herrschende Lehre[139] schliesst sich dem Willen des Gesetzgebers an; eine neue Monographie will dagegen Sacheinlagen – mit gewissen Einschränkungen für Aktionäre und diesen nahestehende Personen – auch bei der bedingten Kapitalerhöhung zulassen[140].

386 Ebenso wollte der Gesetzgeber eine *Liberierung aus Gesellschaftsmitteln ausschliessen*[141], obwohl hiefür – etwa im Zusammenhang mit der Mitarbeiterbeteiligung – durchaus ein Bedürfnis bestehen könnte. Die Lehre geht ebenfalls von der Unzulässigkeit einer Liberierung aus Gesellschaftsmitteln aus.

387 Möglich sind *Sachübernahmen,* wobei die qualifizierenden Vorschriften nicht eingehalten werden müssen (vgl. vorn N 370).

388 b) Das Gesetz schreibt zwingend sowohl für die Bareinlage wie auch für die Liberierung durch Verrechnung vor, dass die Leistung der Einlage bei einem Bankinstitut im Sinne des BankG erfolgen muss (OR 653e II).

389 Die Bareinlage kann also nicht direkt an die Gesellschaft geleistet werden, sie muss an eine Bank erfolgen. Ebenso kann die Verrechnung nicht direkt gegenüber der Gesellschaft erklärt werden, sondern die Verrechnungserklärung muss ebenfalls an die dafür bestimmte Bank gerichtet sein. Umstritten ist, inwieweit der Bank über die administrativen Aufgaben hinaus eine Pflicht zukommt, die Ordnungsmässigkeit der Liberierung *materiell zu prüfen*[142]. Jedenfalls muss sie feststellen, dass die Ausübungserklärung vollständig erfolgt ist und die Einlage geleistet wurde[143].

390 Die eingegangenen Beträge werden von der Bank sofort der Gesellschaft zur Verfügung gestellt. Anders als bei der Gründung (OR 633 II, dazu § 14 N 20) und der ordentlichen und genehmigten Kapitalerhöhung (vgl. die Verweisung in OR 652c) bleiben die Einlagen also nicht bis zur Eintragung der Kapitalerhöhung im Handelsregister gesperrt. Es ist dies eine Konsequenz der kontinuierlichen und erst im nachhinein periodisch im Handelsregister nachzutragenden Erhöhung, wie sie für das bedingte Kapital charakteristisch ist (vgl. vorn N 305 f).

---

[137] S. 124.
[138] So sollte das bedingte Kapital nicht für Fusionen und andere Unternehmenszusammenschlüsse zur Verfügung stehen, vgl. Botschaft 54 f und vorn N 334.
[139] Böckli N 228, Isler/Zindel in Basler Kommentar zu Art. 653 N 19.
[140] So Wenger (zit. N 1) § 6 C I 1 c, bb und § 10 C.
[141] Botschaft 124.
[142] Für eine materielle Prüfungspflicht Isler/Zindel, Basler Kommentar zu Art. 653e N 6 und Wenger (zit. N 1) § 10 C, beide im Anschluss an Botschaft 129; dagegen Böckli N 247.
[143] Bei der Ausübung von Optionsrechten ist der Optionsschein einzuliefern, bei der von Wandelrechten die Obligation.

Wenn man die *Sacheinlage* bei der bedingten Kapitalerhöhung zulassen will, dann ist zu verlangen, dass die qualifizierenden Anforderungen gemäss OR 634 und 652e Ziff. 1 beachtet werden. So ist bei der Eintragung der Erhöhung in das Handelsregister ein Kapitalerhöhungsbericht einzureichen.

c) Gesetzlich zwingend vorgeschrieben ist in jedem Fall die *volle Liberierung* (OR 653a II), was die Botschaft damit begründet, der Wandel- oder Optionsberechtigte geniesse – ähnlich wie der an Stimmrechtsaktien Berechtigte (dazu OR 693 II) – ein Sonderrecht, und überdies gehe es darum, einfache Verhältnisse zu schaffen.

d) «Die Aktionärsrechte entstehen mit der Erfüllung der Einlagepflicht.» (OR 653e III). Auch in dieser Hinsicht muss also die Eintragung der Kapitalerhöhung im Handelsregister nicht abgewartet werden. Ebensowenig bedarf es eines Feststellungsbeschlusses des Verwaltungsrates, sondern es erlangt der Leistende ohne weiteres und sogleich die volle Aktionärsstellung.

e) Daher sind auch bereits in diesem Zeitpunkt die (allfälligen[144]) *Aktientitel* auszugeben[145].

f) Schliesslich wird im Zeitpunkt der Ausgabe der Beteiligungsrechte die *eidgenössische Emissionsabgabe* (dazu allgemein § 16 N 67 f und § 53 N 347 ff) in der Höhe von 3 % des Ausgabebetrages fällig. Sie ist von der Gesellschaft zu entrichten (zur Frist vgl. StG 7 lit. a[bis], 11 lit. b).

5. *Prüfung und Prüfungsbericht*

Die Durchführung der bedingten Kapitalerhöhung ist *durch einen Revisor zu prüfen* (OR 653f I). Das Ergebnis der Prüfung ist in einem *schriftlichen Prüfungsbericht* zuhanden des Verwaltungsrates zu bestätigen (OR 653f II[146]). Die Prüfungsbestätigung ist im Jahresbericht wiederzugeben (OR 663d II und dazu § 51 N 261 ff).

Im Vergleich zur Prüfung bei der ordentlichen und der genehmigten Erhöhung ergeben sich einige *Besonderheiten:*
– Die Prüfung muss stets durch einen *besonders befähigten* Revisor durchgeführt werden (vgl. dagegen OR 652f I, wonach bei der ordentlichen und der genehmigten Erhöhung generell die Revisionsstelle zuständig ist).
– Es muss *in jedem Fall* eine Prüfung durchgeführt werden (vgl. dagegen OR 652f II).

---

144 Vgl. zur Verurkundung der aktienrechtlichen Mitgliedschaft § 43 N 2 ff.
145 Dies wiederum entgegen dem Vorgehen bei der Gründung bzw. der ordentlichen und genehmigten Erhöhung, wo die Eintragung im Handelsregister abzuwarten ist, vgl. OR 644 I.
146 Anders als der Bericht über die Prüfung von Buchführung und Jahresrechnung (dazu OR 729 I und § 33 N 39 ff) darf dieser Bericht *keine Vorbehalte* enthalten.

400 – Zu prüfen ist nicht die Vollständigkeit und Richtigkeit eines Kapitalerhöhungsberichtes des Verwaltungsrates (ein solcher liegt bei der bedingten Erhöhung nicht vor[147]), sondern die korrekte Durchführung der Aktienausgabe.

401 – Schliesslich ist die Prüfung *periodisch und allenfalls mehrmals vorzunehmen:* stets nach Abschluss eines Geschäftsjahres[148], auf Begehren des Verwaltungsrates zusätzlich auch schon vorher.

402 Vgl. im übrigen auch § 33 N 75 f.

6. Anpassung der Statuten und Registereintrag

403 a) «Nach Eingang der Prüfungsbestätigung stellt der Verwaltungsrat in öffentlicher Urkunde Anzahl, Nennwert und Ort der neu ausgegebenen Aktien sowie die Vorrechte einzelner Kategorien und den Stand des Aktienkapitals am Schluss des Geschäftsjahres oder im Zeitpunkt der Prüfung fest. Er nimmt die nötigen Statutenanpassungen vor.» (OR 653g I)[149].

404 Anders als bei der ordentlichen und der genehmigten kommt dem Verwaltungsrat bei der bedingten Kapitalerhöhung keine aktive Rolle im Sinne einer Entscheidung darüber, ob erhöht werden soll, zu. Vielmehr hat er lediglich Feststellungen zu treffen und daraus die Konsequenzen für Statutenänderungen zu ziehen.

405 Die *Änderung der Statuten* hat stets in zweierlei Hinsicht zu erfolgen:

406 – Einerseits sind die *Aktienkapitalziffer* und die damit verbundenen Angaben über die Zahl und Art der ausgegebenen Aktien der neuen Sachlage anzupassen.

407 – Auf der anderen Seite ist das *bedingte Kapital* entsprechend *herabzusetzen* und sind die damit verbundenen Angaben über die möglicherweise auszugebenden Aktien zu berichtigen.

408 Will man die Liberierung durch Sacheinlage zulassen, dann hätte der Verwaltungsrat auch eine Sacheinlagebestimmung (dazu § 15 N 57 ff) in die Statuten aufzunehmen.

409 In der öffentlichen Beurkundung des Verwaltungsratsbeschlusses sind nicht nur die Feststellungen hinsichtlich der Kapitalerhöhung und der Statutenänderungen festzuhalten, sondern es ist auch festzustellen, «dass die Prüfungsbestätigung die verlangten Angaben enthält» (OR 653g II).

---

[147] Mit einer Ausnahme allenfalls dann, wenn man die Liberierung durch Sacheinlage zulassen will, dazu vorstehend N 385.
[148] Dazu ist zu beachten, dass gemäss OR 653h (vgl. nachstehend N 410) der Verwaltungsrat die Erhöhung innert dreier Monate seit Abschluss des Geschäftsjahres beim Handelsregister anzumelden hat, die Prüfung also vorher erfolgen muss.
[149] Auch wenn in der betreffenden Periode *keine* Options- oder Wandelrechte ausgeübt und daher keine neuen Aktien ausgegeben wurden, muss die Feststellung erfolgen. Eine Statutenanpassung entfällt in diesem Fall.

b) «Der Verwaltungsrat meldet dem Handelsregister spätestens drei Monate nach Abschluss des Geschäftsjahres die Statutenänderung an und reicht die öffentliche Urkunde und die Prüfungsbestätigung ein.» (OR 653h). 410

Zu den mit der Anmeldung einzureichenden Belegen vgl. HRV 82a I[149a], zur Prüfung durch den Registerführer HRV 82a II. 411

Die Eintragung im Handelsregister hat – anders als bei der ordentlichen und der genehmigten Erhöhung (dazu vorn N 186) – lediglich *deklaratorische* Wirkung: Die Kapitalerhöhung hat im Zeitpunkt der Erfüllung der Einlagepflicht bereits stattgefunden (vgl. vorn N 306). Auch handelt es sich bei der Dreimonatsfrist von OR 653h um eine blosse *Ordnungsvorschrift,* deren Nichteinhaltung keine Auswirkungen auf die materielle Rechtslage hat. 412

Die Kapitalerhöhung ist im Schweiz. Handelsamtsblatt zu publizieren. 413

7. Streichung von gegenstandslos gewordenen Bestimmungen über bedingtes Kapital

Wie bei der genehmigten Kapitalerhöhung (vgl. OR 651a und vorn N 284) sind auch beim bedingten Kapital die einschlägigen Statutenbestimmungen zu streichen, wenn sie gegenstandslos geworden sind. Dies ist der Fall, wenn alle Wandel- oder Optionsrechte ausgeübt worden oder wenn sie aus einem anderen Grund (z. B. durch Zeitablauf) erloschen sind[150]. 414

Das Verfahren entspricht dem bei der Anpassung der statutarischen Bestimmungen im Zuge der Ausübung von Options- oder Wandelrechten: 415
– Vorausgesetzt ist, dass ein besonders befähigter Revisor in einem schriftlichen Bericht bestätigt, dass alle Wandel- oder Optionsrechte erloschen sind (OR 653i I). 416
– Der Beschluss ist öffentlich zu beurkunden, und die Urkundsperson hat zu bestätigen, «dass der Bericht des Revisors die verlangten Angaben enthält» (OR 653i II). 417

Möglich ist, dass die GV das bedingte Kapital wieder erhöht, bevor es aufgebraucht ist. Bei Publikumsgesellschaften dürfte dies die Regel sein. 418

8. Exkurs: Festübernahme und Vorratsaktien

a) Dem Wesen des bedingten Kapitals entspricht es, dass ein *Festübernahmeverfahren für die Kapitalerhöhung ausgeschlossen* ist: Das Kapital soll ja kontinuierlich, aufgrund der Ausübung der Wandel- oder Optionsrechte geschaffen und nicht schon im voraus im vollen Umfang bereitgestellt werden. 419

[149a] Hinzukommen kann allenfalls eine Erklärung im Zusammenhang mit der Lex Friedrich.
[150] Während Bestimmungen über das genehmigte Kapital – Verlängerungen durch die GV vorbehalten – nach spätestens zwei Jahren zu streichen sind (vgl. OR 651 I und dazu vorn N 228), können Bestimmungen zum bedingten Kapital – da dieses nicht befristet zu werden braucht – über Jahre und Jahrzehnte in den Statuten bleiben.

420 Eine Festübernahme kann dagegen im Hinblick auf Wandel- oder Optionsanleihen vorgesehen werden, und in der Praxis ist es üblich, dass solche Anleihen zunächst von einem Bankenkonsortium fest übernommen und erst anschliessend an die letztlich Berechtigten weitergegeben werden.

421 b) Unter dem *bisherigen Recht* wurden die Funktionen, die nun dem bedingten Kapital zukommen, mit *Vorratsaktien* befriedigt. Dabei handelte es sich um sog. *gebundene* Vorratsaktien, die nicht zur beliebigen Verfügung des Verwaltungsrates im Interesse der Gesellschaft standen, sondern spezifisch für die Ausübung von Wandel- oder Optionsrechten reserviert waren.

422 Für ein solches Vorgehen dürfte unter revidiertem Recht kein Bedürfnis mehr bestehen. Immerhin ist es möglich, noch bestehende Vorratsaktien für Wandel- oder Optionsanleihen einzusetzen.

E. *Sonderfälle*

423 a) Hat eine Gesellschaft *Vorzugsaktien* ausstehend, dann ist bei einer Kapitalerhöhung OR 654 II zu beachten (dazu § 26 N 11 ff).

424 b) Der Bundesrat wollte Wandel- und Optionsrechte zum Bezug von *Stimmrechtsaktien* nicht zulassen[151]. Die entsprechende Bestimmung ist aber im Laufe der Gesetzesberatung gestrichen worden[151a], so dass unter geltendem Recht mit bedingtem Kapital auch Stimmrechtsaktien geschaffen werden können.

425 c) Bei *vinkulierten Namenaktien* ist zu beachten, dass das Bezugsrecht der Vinkulierung vorgeht (OR 652b III, dazu 40 N 288 ff). Auch Wandel- und Optionsrechte sollen durch die Vinkulierung grundsätzlich nicht eingeschränkt sein, doch ist diese Ordnung dispositiver Natur (OR 653d I, dazu vorn N 362).

426 Ferner ist zu beachten, dass eine allfällige Vinkulierung bei *jeder Schaffung neuer Namenaktien* eigens beschlossen werden muss. Eine in den Statuten verankerte Vinkulierungsbestimmung findet auf neu geschaffene Namenaktien grundsätzlich nicht Anwendung.

427 d) Zum Bezugsrecht beim Vorliegen von *Partizipationsscheinen* und bei *unterschiedlichen* Aktienkategorien vgl. OR 656g und dazu § 40 N 282 ff.

428 Auch Partizipanten sind allenfalls zu einer Sonderversammlung einzuladen (vgl. OR 656f IV und § 26 N 18 ff).

---

[151] So Art. 653a III des bundesrätlichen Entwurfs und dazu Botschaft 125.
[151a] Vgl. Amtl. Bull. NR *1985* 1682 ff.

§ 53 Die Herabsetzung des Aktienkapitals

Literatur: Bürgi, Kommentar zu Art. 732–735; Forstmoser § 16; Funk zu Art. 732–735; von Greyerz 271 ff; Küng in Basler Kommentar zu Art. 732–735; Bernhard Mosimann: Die Herabsetzung des Grundkapitals bei der Aktiengesellschaft und ihr Einfluss auf die wohlerworbenen Rechte des Aktionärs (Diss. Bern 1938); Emil Müller: Kapitalherabsetzung bei der Aktiengesellschaft (Bern 1938); Patry 187 ff; Revisionshandbuch (zit. § 32 N 1) Bd. II 499 ff; Schucany zu Art. 732–735; von Steiger 303 ff; Alfred Wieland: Zur Kapitalherabsetzung der Aktiengesellschaft nach revidiertem Obligationenrecht, ZSR *1941* 1 ff; Bernhard Zingg: Der Gläubigerschutz bei der Herabsetzung des Aktienkapitals (Diss. Zürich 1940). – Umfassende Literaturangaben bei Forstmoser § 16 N 1 f.

Für *Mustertexte* für die zu fassenden Beschlüsse und die Anmeldung beim Handelsregisteramt vgl. die Angaben bei § 52 N 2.

Die Bestimmungen über die Kapitalherabsetzung sind praktisch unverändert aus dem bisherigen Recht übernommen worden. Angepasst wurden lediglich die Terminologie und die Bestimmungen über das Mindestkapital (OR 732 V) und den für die Herabsetzungsprüfung zuständigen Revisor (OR 732 II) (vgl. Vorbemerkungen vor § 52 Anm. 2). Literatur und Judikatur aus der Zeit vor der Aktienrechtsreform können daher unverändert beigezogen werden.

A. Grundlagen und Übersicht

I. Begriff und Arten der Kapitalherabsetzung, Anwendungsbereich von OR 732 ff

1. Der Begriff der Kapitalherabsetzung und der Anwendungsbereich der einschlägigen Gesetzesbestimmungen

a) Kapitalherabsetzung bedeutet die *Verminderung des Nominalbetrages des statutarisch bestimmten Grundkapitals.* Belanglos ist dabei, ob die Herabsetzung einbezahltes oder (noch) nicht einbezahltes Kapital betrifft.

Das Gesetz spricht konsequent von der Herabsetzung des *Aktien*kapitals. Wie andernorts finden die Bestimmungen aber auch Anwendung auf das *Partizipationskapital* (OR 656a II). Auch im folgenden ist die Herabsetzung des Partizipationskapitals stets mitgemeint.

b) *Negativ* ist festzuhalten:
– Eine Kapitalherabsetzung liegt nur vor, wenn das *tatsächlich ausgegebene* (wenn auch nicht notwendig liberierte) *Kapital* herabgesetzt wird. Werden Bestimmungen über *genehmigtes* oder *bedingtes* Kapital gestrichen oder modifiziert (dazu § 52 N 271 ff und 414 ff), dann bedeutet dies *keine Kapitalherabsetzung,* da das bedingte und das genehmigte Kapital nur die *Möglichkeit* der

künftigen Schaffung von Aktienkapital, nicht aber tatsächlich ausgegebenes Kapital beinhalten[1].

8 – Keine Kapitalherabsetzung liegt vor, wenn nur die *Zusammensetzung* des Grundkapitals geändert wird, dieses in seiner Gesamtheit aber keine Verminderung erfährt. Daher bedingt auch die Umwandlung von Partizipationsscheinen in Aktien nicht notwendig eine Kapitalherabsetzung, obwohl die Partizipationsscheine eliminiert werden (vgl. § 46 N 69 ff).

9 – Ebensowenig handelt es sich um eine Kapitalherabsetzung, wenn die offenen oder stillen *Reserven reduziert* werden.

10 – Keine Kapitalherabsetzung liegt vor, wenn die Gesellschaft *eigene Aktien erwirbt* (dazu § 50 N 131 ff)[2].

11 – Nicht mit der Kapitalherabsetzung zu verwechseln ist endlich die *Kraftloserklärung* von Aktien im Sinne von OR 971 f (vgl. § 44 N 19)[3] oder nach dem neuen Börsengesetz[3a], ebensowenig die in OR 681 f geregelte *Kaduzierung* (dazu § 44 N 17 ff)[4].

12 c) Das Kapitalherabsetzungsverfahren des Aktienrechts braucht nicht beachtet zu werden, wenn das Aktienkapital durch *gerichtlichen Nachlassvertrag* herabgesetzt wird. Vielmehr kommen dann SchKG 293 ff oder die einschlägigen Spezialbestimmungen[5] zur Anwendung.

13 Dagegen finden die Vorschriften über die Kapitalherabsetzung beim *aussergerichtlichen Nachlassvertrag,* dem die Gläubiger freiwillig zustimmen, Anwendung[6].

---

[1] Selbstverständlich darf bedingtes Aktienkapital nur dann eliminiert werden, wenn es nicht zur Absicherung von bereits eingeräumten Options- oder Wandelrechten benötigt wird.
[2] Wohl aber kann der Erwerb eigener Aktien als *Vorbereitung* für eine Kapitalherabsetzung dienen, dazu hinten N 79.
[3] Die Kraftloserklärung betrifft lediglich die Aktien*urkunde*. Diese wird für ungültig erklärt. Der Nominalbetrag des Aktienkapitals bleibt unverändert, und auch der bisher durch das kraftlos erklärte Papier verkörperte Kapitalanteil bleibt erhalten.
[3a] Dieses ermöglicht die Kraftloserklärung von verbleibenden Aktien (der Urkunden wie der Rechte), wenn aufgrund eines Übernahmeangebotes 98 % der Stimmrechte in einer Hand vereinigt werden konnten, vgl. § 61 N 50 und § 44 N 58 ff.
[4] Durch die Kaduzierung werden Mitgliedschaftsrechte eines *bestimmten Aktionärs* vernichtet. Die Mitgliedschaftsstelle als solche bleibt dagegen erhalten und wird nach Möglichkeit neu besetzt, vgl. § 44 N 40 ff.
[5] Vgl. die Übersicht bei Hans Ulrich Walder: SchKG-Textausgabe (12. A. Zürich 1990) Art. 293 Anm. 1.
[6] Eine Besonderheit besteht immerhin darin, dass die Herabsetzung ausnahmsweise (zur Regel vgl. Anm. 34) auch dann erfolgen kann, wenn die Gesellschaft *überschuldet* ist, falls nur nach durchgeführter Sanierung (also in Berücksichtigung von Forderungsverzichten, Umwandlungen von Forderungen in Aktienkapital usw.) die verbleibenden Forderungsansprüche durch die Aktiven voll gedeckt sind.

2. *Arten der Kapitalherabsetzung*

Zu unterscheiden sind zwei Arten der Kapitalherabsetzung: 14
- Die Herabsetzung kann dadurch erfolgen, dass den Aktionären ihre *Einlagen ganz oder teilweise zurückerstattet* oder dass diese von Liberierungspflichten befreit werden. Man spricht dann von einer Kapitalherabsetzung mit Freigabe von Mitteln oder von *konstitutiver Kapitalherabsetzung*. Diese Art der Herabsetzung wird in OR 732–734 als Hauptfall behandelt, dazu nachstehend lit. B, N 33 ff. 15
- Eine Kapitalherabsetzung kann sodann beim Vorliegen einer *Unterbilanz*, zur Deckung und zum Ausgleich von Verlusten erfolgen, was als Kapitalherabsetzung durch Abschreibung, als nominelle oder *deklarative Kapitalherabsetzung* bezeichnet wird. Hiezu finden sich besondere Bestimmungen in OR 735, vgl. dazu nachstehend lit. C, N 258 ff. 16

Ein *Sonderfall* liegt vor, wenn das Aktienkapital zwar reduziert, jedoch gleichzeitig mindestens *im selben Ausmass neues, voll liberiertes Kapital* geschaffen wird. Rechtlich liegt dann keine Herabsetzung vor, und es sind die Bestimmungen von OR 932 ff nicht zu beachten. Zu diesem Vorgang vgl. nachstehend lit. D, N 332 ff. 17

3. *Sonderfälle*

a) Das *BankG* kennt für die *konstitutive* Kapitalherabsetzung[7] in Art. 11 formell besondere Bestimmungen, die sich jedoch mit denen des OR materiell praktisch decken[8]. 18

b) Nicht ganz geklärt ist die Kapitalherabsetzung bei einer *AG in Liquidation*. Zwar ist heute die Zulässigkeit von Kapitalherabsetzungen auch in diesem Stadium anerkannt. Doch fragt es sich, inwieweit die allgemeinen Gläubigerschutzbestimmungen und die übrigen Einschränkungen noch zu beachten sind[9]. 19

II. Gründe für die Kapitalherabsetzung

Einer Kapitalherabsetzung können sehr *unterschiedliche Bestrebungen* zugrunde liegen: 20
- Ein Unternehmen kann *überkapitalisiert* sein, weshalb sich eine Verminderung der Kapitalbasis durch Rückzahlung an die Aktionäre aufdrängt. Dadurch 21

---

[7] Und nur für diese, nicht auch für die deklarative Herabsetzung.
[8] Erweitert ist die Aufgabe des Revisors, der nicht nur – wie nach OR – die Deckung der Forderungen zu bestätigen hat (OR 732 II, dazu N 88 ff), sondern auch, dass «die Liquidität gesichert ist» (BankG 11 I lit. a). Subsidiär kommen für Bankaktiengesellschaften OR 732 ff zur Anwendung. (Vgl. SchlBest OR *1936* 16.)
[9] So ist fraglich, ob ein *Schuldenruf* (dazu OR 733 und nachstehend N 138 ff) noch sinnvoll und nötig ist. Zuzulassen ist – entgegen OR 732 V – eine Herabsetzung unter die Mindestsumme von Fr. 100 000.– (vgl. zur Registerpraxis SAG *1938/39* 164 f), und auch gegen eine Herabsetzung des Nennwerts der Aktien unter Fr. 10.– (OR 622 IV) ist im Liquidationsstadium nichts einzuwenden (BJM *1957* 138 Nr. 34).

können allenfalls die Prosperität angehoben und eine bessere Rendite erzielt werden.

22 – Im Rahmen einer Kapitalherabsetzung kann einzelnen Aktionären die Möglichkeit eingeräumt werden, *aus der Gesellschaft auszuscheiden* und ihre Einlage – allenfalls vermehrt um einen Anteil an den Reserven – zurückzuerhalten.

23 – Die Herabsetzung kann sodann dem Ausgleich von Verlusten, der *Beseitigung einer Unterbilanz* dienen.

24 – Endlich kann die Kapitalherabsetzung auch für die *Amortisation eigener Aktien*, die von der Gesellschaft erworben wurden, eingesetzt werden.

25 Je nach Zielsetzung sind die *Risiken für die Gläubiger unterschiedlich.* Dementsprechend ist auch das Verfahren verschieden ausgestaltet, wobei vor allem darauf abgestellt wird, ob im Zuge der Kapitalherabsetzung Zuwendungen an Aktionäre erfolgen (konstitutive Herabsetzung, dazu N 33 ff) oder ob die Herabsetzung lediglich der *Bereinigung der Bilanz* dient, ohne dass sich die Vermögenswerte der Gesellschaft verringern (deklaratorische Herabsetzung, dazu N 258 ff).

III. Problematik und Schranken

26 a) Kapitalherabsetzungen tangieren die *Gläubigerinteressen:*

27 – Besonders offenkundig ist dies, wenn Rückzahlungen an die Aktionäre erfolgen oder diese von noch bestehenden Liberierungspflichten befreit werden: Das Gesellschaftsvermögen – bei der AG das ausschliessliche Haftungssubstrat (vgl. OR 620 I a. E. und dazu § 1 N 57 ff) – wird vermindert, und das Risiko der Gläubiger erhöht sich entsprechend[10].

28 – Aber auch dann, wenn die Herabsetzung nur die Beseitigung einer Unterbilanz bezweckt, wenn also keine Rückzahlungen erfolgen, sind die Gläubiger von der Kapitalreduktion betroffen: Da Dividenden «nur aus dem Bilanzgewinn und aus hierfür gebildeten Reserven ausgerichtet werden» dürfen (OR 675 II, zum Begriff des Bilanzgewinns § 49 N 62), sind die Gewinne eines Geschäftsjahres zunächst dafür zu verwenden, allfällige Kapitalverluste früherer Jahre auszugleichen. Wird nun eine Unterbilanz (zum Begriff vgl. § 50 N 193 ff) durch Kapitalreduktion beseitigt, dann entfällt diese Pflicht im Ausmass der Reduktion, und es können künftige Jahresgewinne für Dividendenzahlungen verwendet werden.

29 Die Kapitalherabsetzung führt damit zu einer *Verminderung* der (heutigen oder allenfalls auch künftigen) *Haftungsbasis* der Gesellschaft.

30 b) Der *Aktionär* hat bei Kapitalherabsetzungen vor allem ein legitimes Interesse an Gleichbehandlung (dazu allgemein § 39 N 11 ff). Im übrigen tangieren Kapitalreduktionen seine Stellung kaum, sofern eine Art der Durchführung ge-

---

[10] Die Kapitalherabsetzung mit Rückzahlung stellt eine – gesetzlich ausdrücklich zugelassene – Ausnahme zum Kapitalrückzahlungsverbot von OR 680 II dar, BGE 109 II 129 E 2.

wählt wird, die ihn nicht zur Preisgabe von Mitgliedschaftsstellen zwingt[11]: Wird das Gleichbehandlungsprinzip gewahrt, dann bleiben sein proportionaler Anteil am Gesellschaftsvermögen wie auch der Umfang seiner Mitwirkungsrechte gleich. Falls keine Ausschüttungen erfolgen, verändert sich auch der innere Wert seiner Aktien nicht. Werden Rückerstattungen – gleichmässig zugunsten aller Aktionäre – vorgenommen, dann erhält der Aktionär wie bei Dividendenausschüttungen (zu jenen § 40 N 20) von der Gesellschaft im gleichen Umfang Leistungen, in welchem der innere Wert der Aktien sinkt.

In Lehre und Praxis ist denn auch unbestritten, dass dem Aktionär *kein wohlerworbenes Recht auf Beibehaltung des Aktienkapitals* zukommt[12] und eine Schranke ihm gegenüber lediglich in den allgemeinen Prinzipien wie Gleichbehandlung, Sachlichkeit und schonende Rechtsausübung (vgl. § 39 N 11 ff) und im allgemeinen Verbot des Rechtsmissbrauchs (dazu § 39 N 103 ff)[13] liegt.

c) Dieser Interessenlage entsprechend, schreibt das Gesetz in erster Linie *Schutzvorkehren zugunsten der Gläubiger* vor. Diese greifen vor allem bei der *konstitutiven* Kapitalherabsetzung, während die *deklarative* Herabsetzung, bei welcher kein bestehendes Haftungssubstrat verloren geht, weniger einschränkend geregelt werden konnte.

B. Das Kapitalherabsetzungsverfahren im allgemeinen und die konstitutive Kapitalherabsetzung insbesondere

I. Grundlagen der konstitutiven Kapitalherabsetzung

In OR 732–734 wird als Hauptfall diejenige Form der Kapitalherabsetzung behandelt, bei welcher regelmässig Zuwendungen an Aktionäre erfolgen oder diese von Liberierungspflichten befreit werden. In diesem Fall ist das vollständige Herabsetzungsverfahren durchzuführen, während für die Herabsetzung zum Ausgleich von Verlusten in OR 735 ein vereinfachtes Verfahren (dazu N 274 ff) vorgesehen ist.

1. Die erfassten Fälle

a) Bei der konstitutiven Kapitalherabsetzung wird durch eine Verminderung des Aktienkapitals *ein Teil des bisher gebundenen Gesellschaftsvermögens in freies Vermögen umgewandelt,* das meist als Kapitalrückzahlung den Aktionären zukommt. Gleichgestellt ist der Fall, dass Aktionäre *von noch bestehenden Liberierungspflichten befreit* werden.

---

[11] Einer Kapitalherabsetzung durch Verminderung der Anzahl der im Umlauf befindlichen Aktien (dazu hinten N 73 ff, 305) werden dadurch Schranken gesetzt.
[12] Vgl. BGE 99 II 59 (für die Kapital*erhöhung*), 86 II 84 (für die Herabsetzung auf Null).
[13] Zum Missbrauchsverbot bei Kapitalherabsetzungen vgl. BGE 51 II 437.

35 b) Zu erwähnen sind die folgenden *Sonderfälle:*

36 aa) Das durch die Kapitalverminderung entstandene freie Vermögen wird nicht an die Aktionäre zurückbezahlt, sondern verbleibt als *Reserve* weiterhin in der Gesellschaft. Da die Reserven weniger stark gebunden sind als das Aktienkapital, ist auch bei dieser Variante nach richtiger Ansicht das Herabsetzungsverfahren nach OR 732–734 anzuwenden und nicht das vereinfachte Verfahren von OR 735.

37 bb) Das Verfahren der konstitutiven Kapitalherabsetzung ist auch zu beachten, wenn die Gesellschaft *eigene Aktien erwirbt* (dazu § 50 N 131 ff) *und diese anschliessend vernichtet.*

38 cc) Endlich ist das Herabsetzungsverfahren nach OR 732 ff einzuhalten, wenn das Aktienkapital deshalb herabgesetzt wird, weil eine vorausgegangene und im Handelsregister eingetragene Kapitalerhöhung mit einem Mangel – insbes. einem *wesentlichen Irrtum* – behaftet ist und nun rückgängig gemacht werden soll[14].

39 Konstitutive und deklarative Kapitalherabsetzungen können *kombiniert,* die Rückerstattung von Kapitaleinlagen mit der Beseitigung einer Unterbilanz verbunden sein. In diesem Fall muss stets das ausführliche Verfahren nach OR 732–734 beachtet werden, da das vereinfachte Verfahren von OR 735 ausschliesslich zum Zweck der Beseitigung einer durch Verluste entstandenen Unterbilanz zulässig ist.

2. Die konstitutive Kapitalherabsetzung als einziger Weg zur Rückzahlung von Einlagen

40 Zu betonen ist, dass die Form der konstitutiven Kapitalherabsetzung *unumgänglich* ist, wenn den Aktionären *Einlagen zurückerstattet* oder diese *von Liberierungspflichten befreit* werden sollen. Dies ergibt sich aus dem in OR 680 II verankerten *Kapitalrückzahlungsverbot* (dazu § 50 N 107 ff), das nicht nur die eigentliche *Einlagerückerstattung* erfasst, sondern ebenso den *Erlass der Liberierungspflicht* und die Rückerstattung einbezahlten Kapitals unter gleichzeitiger Begründung einer *Pflicht zur Wiedereinzahlung*[15].

3. Charakteristik des Verfahrens und Überblick über den Ablauf

41 a) Die konstitutive Kapitalherabsetzung geht stets mit einer tatsächlichen *Verminderung der Gesellschaftsmittel* oder zumindest mit einer Verminderung des den Gläubigern gebundenen Gesellschaftsvermögens[16] einher. Sie ist daher nur unter Einhaltung von *verschärften Gläubigerschutzbestimmungen* zulässig[17].

42 b) Das *Verfahren* gestaltet sich wie folgt:

---

[14] Vgl. BGE 102 Ib 21 ff, insbes. 23 f; unhaltbar das dort S. 38 ff geschilderte Vorgehen eines Handelsregisteramtes, das beim Wegfall einer geplanten Sacheinlage die «Berichtigung» des Registereintrages aufgrund einer einfachen Statutenänderung zuliess. Vgl. auch § 52 N 195 ff.
[15] Denkbar ist dagegen bei einer Kapitalerhöhung die «Liberierung» durch Herabsetzung der Liberierungsquote, dazu § 52 N 147 f.
[16] So im Falle der Umwandlung von Aktienkapital in Reserven, da diese nicht in gleicher Weise gebunden sind wie das Aktienkapital.
[17] Vgl. BGE 102 Ib 23.

- Der Verwaltungsrat holt den in OR 732 II vorgeschriebenen besonderen Revisionsbericht ein. 43
- Auf der Grundlage dieses Berichts beschliesst die Generalversammlung 44
  - die Herabsetzung des Aktienkapitals auf einen bestimmten tieferen Betrag, 45
  - die Art der Durchführung der Herabsetzung sowie 46
  - eine entsprechende Änderung der Statuten. 47
  Diese Beschlussfassung ist öffentlich zu beurkunden. 48
- Im Anschluss daran wird die Herabsetzung durch dreimalige Publikation im Schweiz. Handelsamtsblatt und überdies in der in den Statuten vorgesehenen Form den Gläubigern mitgeteilt. Diese können innert zwei Monaten, von der dritten Publikation im Schweiz. Handelsamtsblatt an gerechnet, ihre Forderungen anmelden und Befriedigung oder Sicherstellung verlangen. 49
- Nach Ablauf der für die Forderungsanmeldung vorgesehenen zweimonatigen Frist und nach Befriedigung oder Sicherstellung der rechtzeitig angemeldeten Forderungen steht der Durchführung der Herabsetzung nichts mehr im Wege. 50
- Die Anmeldung der Herabsetzung beim Handelsregisteramt und ihre Eintragung dürfen erst erfolgen, nachdem durch öffentliche Urkunde festgestellt worden ist, dass der Revisionsbericht erstattet worden ist, dass die Aufforderung an die Gläubiger korrekt veröffentlicht wurde und die Sperrfrist abgelaufen ist und dass allenfalls die Forderungen der rechtzeitig angemeldeten Gläubiger befriedigt oder sichergestellt worden sind. 51

4.   Zur steuerrechtlichen Behandlung

Steuerrechtlich wird die Kapitalherabsetzung als *Teilliquidation* der AG betrachtet. 52

Die in der Form der Kapitalherabsetzung vorgenommene Rückerstattung an Aktionäre ist solange *steuerneutral*, als es sich nur um die ganze oder teilweise Tilgung der dem Gesellschafter zustehenden Anteile am ausgewiesenen einbezahlten Aktienkapital handelt, solange also die Rückzahlung höchstens *zu pari* erfolgt. 53

Dagegen stellen *Über-Pari*-Rückzahlungen *Gewinnausschüttungen* und stellt damit die Differenz zwischen dem herabgesetzten Nominalwert und der Rückerstattung bei den Aktionären grundsätzlich Vermögensertrag dar, der in der Regel der Verrechnungssteuer unterliegt und bei Beteiligungsrechten im Privatvermögen bei der direkten Bundessteuer und in den meisten Kantonen als Einkommen steuerbar ist. 54

Wird der Aktionär bei der Kapitalherabsetzung *unter pari* abgefunden, dann ergibt sich für ihn ein Verlust. Bei der *Gesellschaft* entsteht ein *Buchgewinn,* der im Rahmen der direkten Bundessteuer[18] *erfolgsneutral* ist und bei der Berechnung des Vermögensstandgewinns der AG ausser Betracht bleibt. 55

---

[18]   Nicht aber unbedingt nach kantonaler Steuerpraxis.

56 Näheres bei Danielle Yersin: Apports et retraits de capital propre et bénéfice imposable (thèse Lausanne 1977) 193 ff und bei Ernst Känzig: Erhöhung und Herabsetzung des Unternehmungskapitals und ihre steuerlichen Folgen, ZBl *1965* 465 ff, 489 ff.

II. Schranken der konstitutiven Kapitalherabsetzung

1. Einhaltung der gesetzlichen Minimalsumme des Aktienkapitals (OR 732 V)

57 a) OR 732 V untersagt die Herabsetzung des Aktienkapitals unter den gesetzlich vorgeschriebenen (OR 621) Minimalbetrag von Fr. 100 000.–[19].

58 Soll das Kapital unter die Minimalsumme von OR 621 gesenkt werden, so ist dies nur im Rahmen einer *Umwandlung* in eine andere Gesellschaftsform möglich[20].

59 b) Zur Schranke von OR 732 V bestehen zwei *Ausnahmen:*

60 aa) Zulässig ist die Herabsetzung auf einen Betrag unter Fr. 100 000.–, ja selbst die Herabsetzung auf Null, in Verbindung mit einer *gleichzeitigen Kapitalerhöhung* im selben Ausmass durch neues, voll liberiertes Kapital[21]. Gemäss OR 732 I wird dieser Fall von den Bestimmungen über die Kapitalherabsetzung nicht erfasst. (Näheres hinten N 332 ff.)

61 bb) Nicht verlangt wird von der Registerpraxis die Einhaltung der Minimalsumme bei einer Herabsetzung im *Liquidationsstadium.*

2. Einhaltung des minimalen Nennwerts (OR 622 IV)

62 Eine weitere Schranke der konstitutiven Kapitalherabsetzung ergibt sich aus OR 622 IV: Danach muss der minimale Nennwert der Aktien *mindestens 10 Franken* betragen[22].

63 Auch hier lässt die Praxis Ausnahmen im *Liquidationsstadium* zu[23].

III. Möglichkeiten der Herabsetzung

64 Die Veränderung der Aktienkapitalziffer verlangt zwangsläufig eine Anpassung bei den Aktien, wobei zwei Möglichkeiten in Betracht kommen:

65 – die *Verminderung des Nennwerts* einzelner oder aller Aktien (vgl. Ziff. 1) oder

---

[19] Das Partiziptionskapital darf dagegen auch unter diesen Betrag gesenkt werden, da für jenes keine Mindestgrenze besteht, OR 656b II.

[20] OR 824 gestattet die Umwandlung der AG in eine GmbH ohne Liquidation, wobei jedoch das Stammkapital der GmbH nicht geringer sein darf als das bisherige Aktienkapital. Die Kapitalherabsetzung kann daher erst nach erfolgter Umwandlung durchgeführt werden.

[21] Vgl. BGE 86 II 80 ff.

[22] Bei der deklaratorischen Herabsetzung besteht diese Schranke nicht, vgl. OR 622 V und hinten N 300 ff.

[23] BJM *1957* 138 Nr. 34.

– die *Verminderung der Anzahl* ausstehender Aktien (vgl. Ziff. 2). 66

Denkbar sind auch *Kombinationen.* So kann der Herabsetzung des Nennwerts 67
eine Zusammenlegung von Aktien vorausgehen.

1. Verminderung des Aktiennennwertes

Bei dieser Art der Kapitalherabetzung (sie wird in der Praxis auch als 68
«Herabstempelung» bezeichnet) bleiben alle Mitgliedschaftsstellen erhalten.
Falls die Nennwertherabsetzung bei sämtlichen Aktien *gleichmässig* erfolgt,
muss sich der Aktionär diese gefallen lassen[24]: Mitgliedschaftsrechte werden
weder vernichtet noch in ihrem rechtlichen Gehalt beschränkt, da der quotenmässige Anteil der einzelnen Aktie am Gesamtkapital unverändert bleibt.

Dagegen wäre die *ungleiche* Herabsetzung innerhalb einer Aktienkategorie 69
eine Verletzung des Gleichbehandlungsprinzips, die sich ein Aktionär nicht gefallen lassen muss.

Sind Aktien *verschiedener Kategorien* und insbesondere verschiedenen Nenn- 70
werts im Umlauf, dann ist dem aktienrechtlichen Gleichbehandlungsgrundsatz
dadurch Rechnung zu tragen, «dass eine angemessene Beziehung zwischen den
beiderseits gebrachten Opfern hergestellt wird»[25].

Im einzelnen ist das Vorgehen umstritten. Gefallen lassen müssen sich auch 71
Vorzugsaktionäre jedenfalls die gleichmässige proportionale Herabsetzung der
Nennwerte aller Aktienkategorien, da diese nicht zu einer Beeinträchtigung der
Vorrechte führt[26]. Eine einseitige oder überproportionale Herabsetzung von
Vorzugsaktien bedarf dagegen der Zustimmung der Vorzugsaktionäre in einer
Sonderversammlung (OR 654 III, dazu § 26 N 11 ff). Zusätzlich ist zu verlangen,
dass diese Massnahme sachlich gerechtfertigt und schonend ist und dass sie keine
willkürliche Schlechterstellung der Vorzugsaktionäre bedeutet[27].

Zulässig sein dürfte – immer in den allgemeinen Schranken der schonenden Rechtsaus- 72
übung und der Sachlichkeit – eine Differenzierung in dem Sinne, dass Aktionäre, die zu
freiwilligen Zuzahlungen auf ihre Aktien bereit sind, *keine Herabsetzung* erfahren.

2. Verminderung der Anzahl Aktien

a) Bei dieser Vorgehensweise, die sich namentlich aufdrängt, wenn die 73
Aktien bereits auf den Mindestnennwert von Fr. 10.– lauten, werden notwendig
Mitgliedschaftsstellen vernichtet. Es ist daher dem Grundsatz Rechnung zu tra-
gen, dass es im Aktienrecht – mit Ausnahme der Kaduzierung – keinen zwangs-

---

[24] Vgl. BGE 86 II 82 ff. Selbst eine Herabsetzung des Nennwerts auf Null, wie sie bei der
deklarativen Kapitalherabsetzung denkbar ist, verletzt keine wohlerworbenen Aktionärsrechte, vgl.
BGE 86 II 84 und SAG *1985* 99 ff.
[25] Schluep (zit. § 39 N 1) 207.
[26] Vgl. zum analogen Problem des Einbezuges von Partizipationsscheinen in eine Kapitalherabsetzung BGE 113 II 533 E 5a.
[27] Vgl. die Übersicht zu den Grundprinzipien der aktienrechtlichen Mitgliedschaft in § 39 N 11 ff.

weisen Ausschluss von Gesellschaftern gibt (vgl. dazu 44 N 52 ff, mit Präzisierungen in N 56 ff). Eine Kapitalherabsetzung im Wege der Verminderung der Anzahl ausstehender Aktien ist daher nur in engen Grenzen möglich.

74 b) Theoretisch denkbar sind drei Möglichkeiten: die Zusammenlegung von Aktien, der (freiwillige) Rückkauf und die zwangsweise Amortisation. Im einzelnen ist zu differenzieren:

75 aa) Die *Zusammenlegung von Aktientiteln*[28] ist nur unter zwei Voraussetzungen zulässig:
76 – Erforderlich ist eine *Statutenänderung* (OR 623 I).
77 – Verlangt ist sodann die *Zustimmung* der betroffenen Aktionäre (OR 623 II).

78 Das *Zustimmungserfordernis* ist eine Folge davon, dass einerseits die aktienrechtliche Mitgliedschaft zu den absolut wohlerworbenen, nicht entziehbaren Aktionärsrechten gehört (dazu § 39 N 113 ff) und dass anderseits der Aktionär nicht verpflichtet werden kann, mehr zu leisten als die Liberierung seiner Aktien (OR 680 I, dazu § 42 N 8 ff). Es ist offenkundig, dass die zwangsweise Durchsetzung einer Aktienzusammenlegung diese Prinzipien verletzen würde: Der Aktionär, der nicht über genügend Titel verfügt, um diese gegen einen neuen auszutauschen, hätte nur die Wahl, entweder seine Mitgliedschaft aufzugeben oder zusätzliche Mittel für den Erwerb von Titeln einzusetzen. Und auch derjenige Aktionär, der über die zur Zusammenlegung nötige Anzahl Aktien verfügt, wäre mit Bezug auf verbleibende Restaktien (Aktienspitzen) vor die gleiche Alternative gestellt. Die Aktienzusammenlegung kann daher nur freiwillig erfolgen, was OR 623 II betont[29]. Da der Aktionär zur Zustimmung nicht gezwungen werden kann, darf auch die Verweigerung der Zustimmung *nicht mit Nachteilen verbunden* werden. Wohl aber kann die Rechtsstellung der zusammengelegten Aktien so ausgestaltet werden, dass den mitwirkenden Aktionären im Vergleich zu den die Zustimmung verweigernden keine Nachteile erwachsen, etwa indem Stimmkraft und Vermögensrechte im Vergleich zu den nicht zusammengelegten Aktien entsprechend erhöht werden.

79 bb) Die Verminderung der Anzahl ausgegebener Aktien kann auch durch den *Rückkauf von Papieren* (vgl. dazu OR 659 f und § 50 N 131 ff) und deren anschliessende Vernichtung (vorgesehen in OR 659 II a. E.) erfolgen.

80 Rechnung zu tragen ist dabei dem *Gleichbehandlungsprinzip*. Dies kann etwa dadurch geschehen, dass ein Rückkaufsangebot allen Aktionären gemacht wird und der Erwerb von den verkaufswilligen Aktionären proportional zu ihrem Aktienbesitz vorgenommen wird. Entsprochen wird dem Grundsatz aber auch, wenn sich die Gesellschaft von den Aktionären Offerten zum Verkauf geben lässt und die günstigsten berücksichtigt. Und schliesslich ist dem Gleichbehandlungsprinzip Genüge getan, wenn die Aktien am anonymen Markt, insbesondere an der Börse, erworben werden.

---

[28] Darunter ist die Vereinigung mehrerer Aktien zu einer einzigen zu verstehen, was mit dem Untergang von Mitgliedschaftsstellen verbunden ist. Etwas völlig anderes ist die Ausgabe eines Sammeltitels über eine Mehrheit von Aktien ohne Beseitigung der rechtlichen Selbständigkeit der einzelnen Mitgliedschaftsstellen, vgl. dazu § 43 N 50 ff.

[29] Sind Aktien mit einer Nutzniessung belastet, so muss die Zustimmung u. E. in analoger Anwendung von ZGB 773 II durch den Nutzniesser *und* den Eigentümer erfolgen.

Das Prinzip der *Freiwilligkeit* ist streng zu beachten: Ein zwangsweiser Erwerb ist – jedenfalls ohne statutarische Grundlage – nicht zulässig, auch dann nicht, wenn der Grundsatz der Gleichbehandlung etwa durch Auslosung der zurückzukaufenden Aktien gewahrt würde[30]. 81

cc) Ob ein *zwangsweiser Rückkauf* (gewöhnlich als *Aktienamortisation* oder auch als *Rückruf* bezeichnet) aufgrund einer statutarischen Grundlage möglich ist, ist umstritten[31]. 82

dd) Die Möglichkeit einer *zwangsweisen Amortisation* sieht das neue Börsengesetz vor, wenn ein Anbieter aufgrund eines öffentlichen Übernahmeangebotes 98 % der Stimmrechte erlangen konnte, vgl. § 61 N 50 und § 44 N 58 ff. 82a

IV. Erfordernis eines besonderen Revisionsberichts[32]

1. Unabdingbarkeit und Zweck

Ein Beschluss über die Herabsetzung des Aktienkapitals darf erst gefasst werden, nachdem ein *besonderer Revisionsbericht,* der von einem *besonders befähigten Revisor* erstattet werden muss, eingeholt worden ist (OR 732 II). Diese Voraussetzung ist *zwingend*[33], und es kann auf die Einholung des Berichts auch dann nicht verzichtet werden, wenn die Gesellschaft erklärt, sie habe überhaupt keine Gläubiger oder alle ihre Gläubiger hätten sich mit der vorgesehenen Herabsetzung ausdrücklich einverstanden erklärt. 83

Zweck des Berichts ist es festzustellen, dass auch nach erfolgter Kapitalherabsetzung die Forderungen sämtlicher Gläubiger voll gedeckt sind[34]. Der Revisionsbericht bildet so die Grundlage für den Kapitalherabsetzungsbeschluss. Darüber hinaus soll er allgemein präventiv wirken und Gesetzwidrigkeiten vermeiden. 84

2. Anforderungen an den Revisor, Verantwortlichkeit

a) Der Revisionsbericht kann nur von einem *besonders befähigten* Revisor im Sinne von OR 727b (dazu § 32 N 8 ff) erstattet werden. Falls die Revisions- 85

---

[30] Vgl. SJZ *1933/34* Nr. 89 S. 105.

[31] Vgl. dazu Forstmoser § 16 N 105 ff, mit weiteren Hinweisen. Verlangt wäre jedenfalls die Verankerung des Amortisationsrechts in den Urstatuten oder durch einstimmigen statutenändernden Beschluss sämtlicher Aktionäre. Die Rechtmässigkeit einer solchen Basis ist aber angesichts von OR 680 I ungewiss.

[32] Vgl. dazu ausführlich Revisionshandbuch der Schweiz (zit. § 32 N 1) Bd. II 512 ff.

[33] Vgl. BGE 76 I 162 ff, 167.

[34] Andernfalls ist die Gesellschaft überschuldet, und es ist nicht eine Kapitalherabsetzung durchzuführen, sondern der Konkurs anzumelden; vgl. BGE 76 I 166 f E 3. Eine Ausnahme kann im Zuge einer Sanierung gemacht werden, wenn die für die Sanierung erforderlichen Mittel gesichert sind (vgl. BGE 76 I 166 f E 3).

stelle der Gesellschaft diese Qualifikation nicht erfüllt, muss daher für die Kapitalherabsetzungsprüfung ein besonderer Revisor bestellt werden.

86 b) Erfüllt sein müssen auch die Vorschriften über die *Unabhängigkeit* gemäss OR 727c (dazu § 32 N 24 ff).

87 c) Entgegen bisherigem Recht untersteht der Prüfer gemäss OR 732 II auch dann, wenn er nicht Revisionsstelle der Gesellschaft ist, der *aktienrechtlichen Verantwortlichkeit* (vgl. OR 755).

3. *Die Untersuchungen des Revisors*

88 a) Der Revisor hat die Auswirkungen der Herabsetzung zu prüfen, und zwar nicht etwa nur formell, sondern *auch materiell*. Dabei hat die Prüfung mindestens so weit zu gehen, dass mit Sicherheit festgestellt werden kann, dass die Gesellschaft ihre *Verbindlichkeiten auch nach der Kapitalherabsetzung erfüllen* kann, dass also die zur Befriedigung der zur Zeit bestehenden Gläubiger notwendige Deckung vorhanden ist.

89 *Nicht verlangt* ist u. E. im Rahmen des aktienrechtlichen Herabsetzungsverfahrens eine Überprüfung der *Liquidität*[35]. Ebensowenig ist eine *Prüfung der allgemeinen Leistungsfähigkeit* der Gesellschaft vorgeschrieben.

90 b) Zur Erfüllung seines Auftrages stehen dem Revisor die erforderlichen *Einsichts- und Auskunftsrechte* zu, wobei die Regeln zu OR 728 II (dazu § 33 N 29 ff) analog Anwendung finden können. Der Revisor wird sich im allgemeinen auf die ihm *vorgelegten Unterlagen verlassen* dürfen, doch ist deren Richtigkeit zumindest durch *Stichproben* nachzuprüfen und ist die richtige Bewertung mindestens der wichtigsten Aktiven nötigenfalls durch *Expertise* zu ermitteln (vgl. auch § 33 N 16 ff).

91 c) Das Schwergewicht der Revision liegt auf der Beurteilung der *Bilanzpositionen*. Ein Einbezug der *Erfolgsrechnung* ist vom Gesetz nicht vorgeschrieben, dürfte aber erforderlich sein für die Überprüfung der Fortführungswerte (dazu sogleich nachstehend) sowie zur Beurteilung der Weiterentwicklung vom Zeitpunkt der Prüfungen an bis zur Durchführung der Herabsetzung[36]

92 Umstritten ist, welcher *Bewertungsmasstab* der Prüfung zugrunde zu legen ist. Nach einer früher herrschenden Ansicht sollten *Liquidations-(Veräusserungs-)werte* massgebend sein, während im neueren Schrifttum die Ansicht vorherrscht, es habe die Beurteilung auf *Fortführungs- oder Betriebswerten* zu basieren (zur Unterscheidung vgl. § 50 N 206 f). Im Revisionshandbuch[37] wird zu Recht darauf hingewiesen, dass beide Auffas-

---

[35] Eine Ausnahme gilt gemäss BankG 11 für Bankaktiengesellschaften.
[36] Das Revisionshandbuch (zit. § 32 N 1) Bd. II 512 folgert aus der Zielsetzung der Revision, «dass Bestand und Wert der vorhandenen Aktiven und Verbindlichkeiten eigentlich vorausschauend auf den Zeitpunkt der vollzogenen Kapitalherabsetzung ermittelt werden sollten».
[37] Bd. II 513.

sungen «nur bedingt vertretbar» sind und dass *je nach Situation zu differenzieren* ist: «Ist die *Fortführung* des Unternehmens *gewollt und nicht gefährdet,* ist die Deckung der Gläubiger nach den aktienrechtlichen Fortführungswerten zu prüfen ... Ist die *Fortführung gefährdet* oder *nicht gewollt,* so ist die Beurteilung sowohl nach aktienrechtlichen Fortführungswerten als auch nach Veräusserungswerten vorzunehmen. Nur wenn nach beiden Kriterien die Gläubigerdeckung gegeben ist, kann die Kapitalherabsetzung befürwortet werden.»

Zu betonen ist, dass auch bei einer Bemessung nach Fortführungswerten die Ermittlung der Substanzwerte allein nicht genügt, sondern dass auch der *Ertrag* berücksichtigt werden muss (vgl. auch § 44 N 164). 93

Bedingte Verbindlichkeiten wie Bürgschaften, Garantieverpflichtungen und Pfandbestellungen zugunsten Dritter sollen im Umfang einer vorsichtigen Beurteilung der Risiken eingesetzt werden, ebenso *bestrittene Forderungen*[38]. 94

d) Der Zweck der Untersuchung verlangt, dass sie in einem *Zeitpunkt möglichst kurz vor der Beschlussfassung* über die Herabsetzung und basierend auf einem *möglichst aktuellen Bilanzstichtag* durchgeführt wird. Eine allgemein verbindliche Frist enthält das Gesetz freilich nicht. Es liegt daher im Ermessen und der Verantwortung der Revisionsstelle zu bestimmen, welche Zeitspanne noch toleriert werden kann, wobei «das Ausmass der Überdeckung der Verbindlichkeiten und die Voraussehbarkeit der künftigen Erfolgs- und Vermögensentwicklung» zu berücksichtigen sind[39]. Nötigenfalls ist eine Zwischenbilanz zu erstellen, und falls sich das Herabsetzungsverfahren über längere Zeit hinzieht, muss allenfalls auch der Revisionsbericht neu eingeholt werden. 95

4. Form und Inhalt des besonderen Revisionsberichts, für die Feststellung massgebender Zeitpunkt

a) Der Revisionsbericht ist *schriftlich zu erstatten,* da er gemäss OR 734 letzter Satz und HRV 84 I dem Handelsregister einzureichen ist[39a]. 96

Das Ergebnis des Revisionsberichts ist gemäss OR 732 III im Herabsetzungsbeschluss festzuhalten und daher nach OR 647 I *öffentlich zu beurkunden.* 97

b) *Inhaltlich* ist entscheidend die Feststellung, dass die *Forderungen* der Gläubiger auch nach durchgeführter Herabsetzung des Aktienkapitals *voll gedeckt* sind[40]. 98

---

[38] Für sie verlangt freilich ein älterer Entscheid der Zürcher Aufsichtsbehörde über das Handelsregister volle Sicherstellung, solange nicht richterlich festgestellt ist, dass sie nicht bestehen, vgl. Justizdirektion Zürich in SAG *1939/40* 82.
[39] Revisionshandbuch (zit. § 32 N 1) Bd. II 513. In der Handelsregisterpraxis wird zum Teil verlangt, dass der Bericht auf einer Bilanz basiert, die nicht älter als sechs Monate ist.
[39a] Die in der Literatur zum Teil geäusserte Ansicht, es bestehe Formfreiheit, ist daher abzulehnen.
[40] Die Feststellung, durch die Kapitalherabsetzung erfahre die Lage der Gläubiger keine Verschlechterung, ist nicht ausreichend.

99   Im weiteren soll der Revisionsbericht die *Art und den Umfang der Herabsetzung* erwähnen. Sinnvoll ist es sodann, wenn festgestellt wird, auf welcher Grundlage und zu welchen Werten die Bewertung durchgeführt wurde. Weiter ist es zweckmässig, dem Bericht Zwischenbilanzen vor und nach der geplanten Herabsetzung anzufügen.

100 Vorbehalte und *Bedingungen,* die sich auf die Feststellung der Deckung beziehen, sind im Revisionsbericht nicht zulässig, es sei denn, ihre Erfüllung lasse sich ohne weiteres feststellen wie etwa im Fall einer geplanten sofortigen Wiedererhöhung des herabgesetzten Kapitals.

101 Analog OR 729 II wird man verlangen, dass der Herabsetzungsbericht die Personen, welche die Revision geleitet haben, nennt und bestätigt, dass die Anforderungen an Befähigung und Unabhängigkeit erfüllt sind.

102 Für *Beispiele* von Revisionsberichten vgl. Revisionshandbuch (zit. § 32 N 1) Bd. II 518 ff.

103 c) Während die Untersuchungen des Revisors und die zugrunde gelegte Bilanz einige Zeit zurückliegen können (vgl. soeben N 95), muss die feststellende Bestätigung *auf den Zeitpunkt der GV hin* erfolgen. Falls die Untersuchungen nicht unmittelbar vor der beschliessenden GV und aufgrund einer aktuellen Bilanz erfolgten, sollte die Revisionsstelle daher bestätigen, dass in der Zwischenzeit *keine wesentlichen Änderungen* eingetreten sind, welche die volle Deckung der Forderungen Dritter in Frage stellen könnten[41]. Eine solche Bestätigung wird dann impliziert, wenn der Bericht des Revisors auf die Generalversammlung oder einen unmittelbar davor liegenden Zeitpunkt hin datiert ist.

104 d) *Fehlt* der Revisionsbericht oder enthält er die erforderliche Feststellung nicht, dann kann die GV die Herabsetzung nicht gültig beschliessen und hat das Handelsregisteramt die Eintragung zu verweigern.

V.   Herabsetzungsbeschluss der Generalversammlung

1.   Ausschliessliche Beschlussfassungskompetenz der Generalversammlung

105 Die Beschlussfassung über die Kapitalherabsetzung als statutenändernder (vgl. OR 626 Ziff. 3) Beschluss liegt in der *ausschliesslichen Kompetenz der Generalversammlung* (vgl. OR 698 II Ziff. 1).

106 Anders als bei der Kapitalerhöhung gibt es bei der Herabsetzung *keine Möglichkeit der Delegation,* bei welcher der Herabsetzungsentscheid in die Hand des Verwaltungsrates oder gar Dritter gelegt würde. Vielmehr muss die GV die Entscheidung selbst treffen.

---

[41]   Vgl. auch BGE 91 Ib 148 f, wo für den bezüglich der Interessenlage vergleichbaren Fall der Kapitalerhöhung durch Verrechnung eine Erklärung (in jenem Fall freilich des Verwaltungsrates) vorgeschlagen wird, «dass die umzuwandelnden Eigenmittel der Gesellschaft fortgesetzt zur Verfügung stehen».

2. Der Inhalt des Herabsetzungsbeschlusses

a) Anzugeben ist im Herabsetzungsbeschluss die *neue Höhe des Aktienkapitals*. 107

Möglich ist es freilich, zunächst nur den *Höchstbetrag* zu nennen, um den das Kapital herabgesetzt werden soll, also analog der Kapitalerhöhung (dazu § 52 N 66) die Herabsetzung nicht *um einen,* sondern *bis zu einem* bestimmten Betrag zu beschliessen. Diesfalls ist freilich nach dem Vollzug der Herabsetzung ein zusätzlicher Beschluss der GV erforderlich, da – anders als bei der Kapitalerhöhung (dazu § 52 N 164 ff) – der statutenändernde Feststellungsbeschluss nicht in die Hand des Verwaltungsrates gelegt werden kann. 108

b) Der GV-Beschluss hat «das Ergebnis des Revisionsberichtes festzustellen» (OR 732 III); dieser ist somit notwendige Grundlage des Herabsetzungsbeschlusses (OR 729c I analog). Ausreichend ist die generelle Feststellung, dass die Forderungen der Gläubiger trotz der beabsichtigten Kapitalherabsetzung voll gedeckt bleiben. 109

c) Sodann muss der Beschluss angeben, «in welcher Art und Weise die Kapitalherabsetzung durchgeführt werden soll» (OR 732 III). Der Zweck muss zwar nicht genannt werden, doch ergibt er sich in der Regel aus der Art der Herabsetzung. 110

Zur «Art und Weise» der Herabsetzung gehört in erster Linie der Entscheid darüber, ob es sich um die Beseitigung einer *Unterbilanz* oder um eine Kapitalherabsetzung *anderer Art,* insbesondere in Verbindung mit einer *Kapitalrückzahlung,* handelt. 111

Im weiteren ist auch festzulegen, *wie die Anpassung des Aktienkapitals vorzunehmen* ist, ob durch Verminderung des Nennwerts der einzelnen Aktien oder durch Reduktion der Aktienzahl. Auch dieser Entscheid darf somit nicht dem Verwaltungsrat überlassen werden. 112

Zulässig muss es immerhin sein, im Sinne einer *bedingten Beschlussfassung* den Verwaltungsrat anzuweisen, die Herabsetzung zunächst auf eine Art zu versuchen und anschliessend – sollte dieser erste Versuch scheitern – auf eine andere (vgl. hinten N 132 f). 113

d) Neu zu fassen sind die *statutarischen Bestimmungen* über die Höhe des Aktienkapitals, über Anzahl, Nennwert, Art und Liberierung der Aktien und allenfalls die entsprechenden Bestimmungen zum PS-Kapital. 114

3. Verfahren

a) Allgemein sind die Vorschriften für *statutenändernde Beschlüsse* (dazu § 9 N 5 ff) zu beachten, zusätzlich bestimmte, besonders für das Herabsetzungsverfahren verlangte Erfordernisse. 115

Als Traktandum, über das die GV Beschluss zu fassen hat, ist die geplante Kapitalherabsetzung gemäss OR 700 I gehörig *anzukündigen* (dazu § 23 N 40 ff). Aus dem mit der Ankündigung bekanntzugebenden *Antrag* muss zudem hervorgehen, um oder auf welchen bzw. bis zu welchem Betrag das Kapital herabgesetzt werden soll und welche Art und Weise der Herabsetzung vorgesehen ist. 116

117 Regelmässig bedingt die Kapitalherabsetzung eine *Statutenänderung*. Anders verhält es sich nur, wenn das Kapital zwar herabgesetzt, aber *gleichzeitig bis zur bisherigen Höhe* durch neues Kapital ersetzt wird. In diesem Fall liegt keine Kapitalherabsetzung im Sinne des Gesetzes vor (vgl. OR 732 I und hinten N 332 ff).

118 b) Von Gesetzes wegen ist für den Kapitalherabsetzungsbeschluss kein qualifiziertes Mehr verlangt. Vorbehältlich anderer statutarischer Bestimmungen kann der Beschluss daher gemäss OR 703 mit der *absoluten Mehrheit der vertretenen Aktienstimmen* gefasst werden. Eine *andere statutarische Regelung* ist jedoch zulässig, sowohl im Sinne der Erschwerung wie auch der Erleichterung (vgl. § 24 N 46 ff).

119 Bestehen in einer Gesellschaft *Vorzugsaktien* und werden durch die Herabsetzung deren Vorrechte tangiert, dann bedarf es nach dispositivem Recht zusätzlich zur GV einer *Sonderversammlung der Vorzugsaktionäre* (OR 654 II, dazu § 26 N 11 ff). Ebenso ist nach dispositivem Gesetzesrecht eine Sonderversammlung nötig, wenn *Partizipationskapital* ausstehend ist und die Partizipanten Vorrechte verlieren (OR 656 f IV und dazu § 26 N 18 ff).

120 Bei der *gleichmässigen* Herabsetzung aller Kategorien von Beteiligungsrechten werden jedoch *keinerlei Vorrechte* tangiert und bedarf es daher auch keiner Sonderversammlungen[42].

121 c) Nach OR 732 II soll der mit der Erstattung des Revisionsberichts beauftragte *Revisor* an der beschlussfassenden GV *anwesend* sein. Dadurch soll er Gelegenheit erhalten, seinen Bericht zu erläutern und Fragen von Aktionären zu beantworten. Die Anwesenheit des Revisors ist auch in der zu errichtenden öffentlichen Urkunde festzuhalten.

122 Gesetzlich nicht explizit geregelt ist die Frage, welche Konsequenzen die *Abwesenheit* der Revisionsstelle oder gar das *Fehlen eines Revisionsberichts* mit sich bringt. Man wird jedoch OR 729c II analog anwenden dürfen: Fehlt der Revisionsbericht, dann ist der Herabsetzungsbericht nichtig, ist kein Revisor anwesend, dann ist er anfechtbar.

123 Ebenso muss es analog OR 729c III zulässig sein, dass die GV durch einstimmigen Beschluss auf die Anwesenheit des Revisors verzichtet.

124 d) Der GV-Beschluss ist *öffentlich zu beurkunden* (vgl. OR 647 I).

125 Die öffentliche Urkunde soll neben den allgemeinen Feststellungen über das Zustandekommen der GV, den Vorsitz und die Protokollführung sowie allfällige Organvertreter, abhängige Stimmrechtsvertreter und Depotvertreter die *folgenden Feststellungen* enthalten:

126 – den alten und den neuen Aktienkapitalbetrag,

127 – die Neufassung der Statutenbestimmungen über die Höhe und Zusammensetzung des Aktienkapitals sowie Anzahl, Nennwert und Art der Aktien und Umfang der Liberierung,

---

42 BGE 113 II 530 ff.

- die Feststellung der Anwesenheit des Revisors und des Ergebnisses des Revisionsberichts, 128
- die Art der Durchführung der Kapitalherabsetzung, 129
- den Auftrag an den Verwaltungsrat, die zur Durchführung der Herabsetzung erforderlichen Schritte vorzunehmen[43]. 130

Auch wenn ausnahmsweise die Kapitalherabsetzung nicht mit einer Statutenänderung verbunden wird (wegen gleichzeitiger Wiedererhöhung auf die bisherige Höhe), sind die Beschlüsse öffentlich zu beurkunden[44]. 131

e) Denkbar sind *bedingte Beschlüsse* zu den *Modalitäten* des Herabsetzungsverfahrens: So kann etwa eine Herabsetzung durch Reduktion der Nennwerte bedingt beschlossen werden für den Fall, dass die in erster Linie beabsichtigte Herabsetzung mittels Rückkaufs von Aktien erfolglos sein sollte. 132

Aber auch die *Herabsetzung schlechthin* kann *bedingt beschlossen* werden; etwa für den Fall, dass genügend Mittel für die Rückzahlung der Liberierungsbeträge vorhanden sind. In aller Regel wird dann jedoch nach erfolgter Durchführung noch ein zusätzlicher feststellender Beschluss der GV erforderlich sein. 133

Ein *Widerruf* der Kapitalherabsetzung muss durch *gegenteiligen GV-Beschluss* zulässig sein, soweit und solange dadurch nicht Interessen Dritter beeinträchtigt werden. Dabei sind die für statutenändernde Beschlüsse bestehenden Erfordernisse einzuhalten. Ausgeschlossen ist der Widerruf jedenfalls, wenn die Kapitalherabsetzung im Handelsregister eingetragen worden ist. Es bleibt dann nur noch die Wiedererhöhung in einem formellen Kapitalerhöhungsverfahren (dazu § 52). 134

f) Eine Besonderheit des Herabsetzungsbeschlusses liegt darin, dass er – entgegen der allgemeinen Regel von OR 647 II für statutenändernde Beschlüsse – *vorerst nicht im Handelsregister einzutragen* ist: Entsprechend OR 734 hat vielmehr die Eintragung erst zu erfolgen, nachdem die Durchführung der Herabsetzung einschliesslich der allfälligen Befriedigung oder Sicherstellung der angemeldeten Gläubiger durch öffentliche Urkunde festgestellt worden ist. 135

VI. Weitere Gläubigerschutzbestimmungen

Da bei einer Kapitalherabsetzung, die mit der Freigabe von Mitteln verbunden ist, der Gesellschaft *Haftungssubstrat entzogen* wird, musste der Gesetzgeber dem Schutz der Gläubiger besondere Beachtung schenken. 136

Wichtigstes Instrument – das freilich auch für die deklarative Herabsetzung vorgesehen ist – des Gläubigerschutzes ist der in OR 732 II verlangte *Revisionsbericht* (dazu vorn N 83 ff), der sicherstellen soll, dass eine Herabsetzung nur erfolgt, wenn die Forderungen der Gläubiger voll gedeckt bleiben. Zusätzliche 137

---

[43] Muster finden sich in den «Textvorlagen zum neuen Aktienrecht» (hg. vom Inspektorat für Notariate ... des Kantons Zürich, Zürich 1992, Ziff. 9).
[44] So jedenfalls die Lehre, freilich ohne Begründung. Hinzuweisen ist darauf, dass OR 650 II für kapitalerhöhende Beschlüsse der GV allgemein die öffentliche Beurkundung verlangt und HRV 80 lit. a diese ebenfalls voraussetzt.

Schutzvorkehren sind der in OR 733 vorgesehene *Schuldenruf* (dazu N 138 ff), die den Gläubigern durch den gleichen Artikel eingeräumte Möglichkeit, *Befriedigung oder Sicherstellung* ihrer Forderungen zu verlangen (dazu N 159 ff), die sich aus diesen Regeln ergebenden *Schranken der Auszahlung* (dazu N 192 ff) und schliesslich die Vorschriften von OR 732 IV über die *Verwendung eines allfälligen Buchgewinns* (dazu N 178 ff).

1. Der Schuldenruf

138   a) Dient die Kapitalherabsetzung nicht nur der Beseitigung einer Unterbilanz (zu jenem Fall vgl. OR 734 und nachstehend lit. C, N 258 ff), sondern wird Kapital zurückbezahlt oder werden im Zusammenhang mit der Herabsetzung offene oder stille Reserven gebildet (konstitutive Herabsetzung), dann sind die Gläubiger durch *öffentliche Bekanntgabe* über den Herabsetzungsbeschluss und ihre Schutzansprüche zu orientieren.

139   b) Die *Form* der Bekanntgabe ist durch OR 733 zwingend festgelegt:

140   – Verlangt ist auf jeden Fall eine dreimalige Publikation im *Schweiz. Handelsamtsblatt*[45, 45a].

141   – Verlangt wird zusätzlich eine Bekanntgabe in der *in den Statuten vorgesehenen Form* (vgl. OR 626 Ziff. 7, dazu § 8 N 63). Dabei wird freilich häufig als statutarisches Publikationsorgan ebenfalls das Schweiz. Handelsamtsblatt genannt, womit dann eine Veröffentlichung in einem weiteren Blatt entfällt.

142   Unklar ist nach dem Wortlaut des Gesetzes, ob auch die (zusätzliche) Veröffentlichung in der statutarisch vorgesehenen Form *dreimal* zu erfolgen hat oder ob die Statuten weniger weit gehen können. Die herrschende Lehre geht von einer Pflicht zur dreimaligen Veröffentlichung aus.

143   – Nicht verlangt ist eine zusätzliche Aufforderung an die der Gesellschaft bekannten Gläubiger durch *persönlichen Brief*[46].

144   c) Zum *Inhalt* der Bekanntmachung gehört in erster Linie die *Aufforderung an die Gläubiger,* welche Befriedigung oder Sicherstellung beanspruchen wollen, ihre Forderungen innert der gesetzlichen Frist von zwei Monaten seit der dritten Bekanntmachung im Schweiz. Handelsamtsblatt bei der Gesellschaft *anzumelden.*

145   Im übrigen spricht das Gesetz lediglich davon, es müsse der Herabsetzungsbeschluss *veröffentlicht* werden. Was zur Bekanntgabe gehört, bestimmt sich nach den Interessen

---

[45]   Die Vorschrift ist wohl auch bei *Bank*aktiengesellschaften einzuhalten, obwohl BankG 11 I lit. b nur eine (einmalige) Bekanntmachung in der in den Statuten vorgesehenen Form verlangt.
[45a]   «Dreimal» bedeutet, dass die Publikation in drei verschiedenen Ausgaben des SHAB, die freilich einander unmittelbar folgen können, zu publizieren ist.
[46]   Der Gesetzgeber differenziert bewusst und zu Recht zwischen den Anforderungen bei der Liquidation (dazu OR 742 II und § 56 N 92) und denen bei der Kapitalreduktion: Während bei der Liquidation die AG als Schuldnerin untergeht, bleibt sie nach der Kapitalherabsetzung weiterhin bestehen, weshalb der Anmeldung der Forderungen nur eine beschränkte Bedeutung zukommt.

der Gläubiger: Es braucht daher nicht der ganze Herabsetzungsbeschluss publiziert zu werden, sondern es genügt die Mitteilung derjenigen Punkte, die für den Entscheid der Gläubiger massgebend sind, ihre Forderungen anzumelden oder nicht. Bekanntzugeben sind insbesondere der *Umfang* der Herabsetzung sowie die geplante *Verwendung der frei werdenden Mittel.* Einzelheiten der Durchführung, die nur für die Aktionäre von Bedeutung sind, brauchen dagegen nicht mitgeteilt zu werden.

d) Über den *Zeitpunkt* der Veröffentlichung schweigt sich das Gesetz aus. Die Publikation sollte aber bald nach der Beschlussfassung erfolgen, da die von der Revisionsstelle getroffenen Feststellungen bei längerem Zuwarten allenfalls nicht mehr zutreffen könnten. 146

Keine Gesetzesvorschrift besteht auch mit Bezug auf die *Zeitspanne zwischen den drei Veröffentlichungen.* Immerhin ergibt sich aus dem Erfordernis der dreimaligen Publikation, dass die Veröffentlichung in *drei verschiedenen Ausgaben* des Publikationsorgans zu erfolgen hat. 147

Der *Ablauf der Anfechtungsfrist von OR 706* muss von der Gesellschaft *nicht abgewartet* werden. Doch kann ein Zuwarten dann sinnvoll sein, wenn eine Anfechtung des Herabsetzungsbeschlusses in Aussicht gestellt wurde. 148

e) Die öffentliche Bekanntgabe kann *nicht vermieden* werden[47]. Sie muss auch dann erfolgen, wenn sämtliche bekannten Gläubiger darauf verzichten, ebenfalls wenn aus der Bilanz keine Gläubiger ersichtlich sind[48]. 149

Die öffentliche Bekanntmachung lässt sich auch nicht ersetzen durch eine Erklärung des Verwaltungsrates, es seien keine Kreditoren vorhanden oder diese seien in anderer Form in Kenntnis gesetzt worden, ebensowenig durch eine entsprechende Bestätigung der Revisionsstelle. Es soll eben durch die Publikation allen – auch allfälligen *unbekannten* – Gläubigern Gelegenheit gegeben werden, ihre Forderungen anzmelden. 150

2. *Die Anmeldung von Forderungen*

a) OR 733 sieht eine *Frist von zwei Monaten* vor, binnen der die Gläubiger ihre Forderungen bei der Gesellschaft anmelden können. Dieser Frist kommt eine doppelte Funktion zu: 151
– Für die Gläubiger stellt sie eine *Anmeldefrist* dar. 152
– Für die Gesellschaft handelt es sich um eine *Wartefrist,* da die Kapitalherabsetzung frühestens nach deren Ablauf durchgeführt und in das Handelsregister eingetragen werden kann (OR 734, dazu nachstehend N 192 ff). 153

b) Die Frist *beginnt* nach OR 733 von der dritten Publikation im Schweiz. Handelsamtsblatt an zu laufen[49]. Das *Ende* der Sperrfrist fällt auf den Vortag des dem Beginn des Fristenlaufs entsprechenden Tages des übernächsten Monats. 154

---

[47] Vgl. BGE 102 Ib 25, SJZ *1945* Nr. 180 S. 374 Ziff. 3.
[48] SJZ *1939/40* 212.
[49] Bzw. – genauer – analog OR 932 II vom nächsten Werktag an, der auf den Ausgabetag der betreffenden Nummer des Handelsamtsblattes folgt.

155 c) Bezüglich der *Wirkungen* der Frist ist vorab festzuhalten, dass ihr Ablauf keinerlei Bedeutung für den Bestand oder Nichtbestand von Forderungen und ebensowenig für deren Fälligkeit hat. Wesentlich ist die Frist für die Gläubiger lediglich mit Bezug auf ihr Recht zur Sicherstellung oder Befriedigung (dazu sogleich nachstehend N 159 ff), das für nicht innert Frist angemeldete Forderungen *verwirkt* ist.

156 Für die *Gesellschaft* bedeutet der Fristablauf, dass sie die Kapitalherabsetzung vollziehen kann, falls innert Frist keine Forderungen oder Begehren um Sicherstellung angemeldet worden sind oder sobald die Befriedigung oder Sicherstellung der angemeldeten Forderungen erfolgt ist.

157 d) Bei der Zweimonatsfrist handelt es sich um eine *Präklusivfrist,* die weder gehemmt noch von den Gläubigern unterbrochen werden kann. Seitens der AG kann dagegen die Frist freiwillig verlängert werden.

158 e) Zur Frage einer allfälligen *Verkürzung* der Sperrfrist vgl. hinten N 184 ff.

3. *Der Anspruch auf Befriedigung oder Sicherstellung*

159 a) Nach dem Wortlaut von OR 733 können die Gläubiger «unter Anmeldung ihrer Forderungen Befriedigung oder Sicherstellung verlangen». Den Gläubigern scheint dadurch ein *Wahlrecht* zwischen den beiden Möglichkeiten eingeräumt zu werden. In der Literatur besteht jedoch zu Recht Einigkeit darüber, dass dies nicht die Meinung des Gesetzes sein kann und weder den Gläubigern noch der Gesellschaft ein Wahlrecht zukommt. Vielmehr sind *fällige* Forderungen zu *erfüllen,* es sei denn, Gesellschaft und Gläubiger einigten sich auf blosse Sicherstellung. *Nicht fällige* Forderungen sind dagegen grundsätzlich nur sicherzustellen. Der Gläubiger kann die Erfüllung nicht verlangen, und der Herabsetzungsbeschluss bewirkt die Fälligkeit nicht. Der Gesellschaft ihrerseits steht ein Recht zur (vorzeitigen) Tilgung nur dann zu, wenn sich die vorzeitige Erfüllbarkeit aus der Forderung selbst ergibt (vgl. OR 81 I).

160 b) Stark umstritten sind in der Literatur die Fragen nach *Umfang und Art der Sicherstellung* und nach dem *Kreis der Berechtigten:*

161 aa) Sicherstellung oder Befriedigung verlangen können nur *Gläubiger,* nicht dagegen die Inhaber von Beteiligungsrechten, also insbes. nicht die Genussberechtigten.

162 Aus der ratio des Schutzzwecks folgt, dass nur solche Gläubiger davon profitieren sollen, die der AG im Vertrauen auf die bisherige Vermögensbasis Kredit gewährten. Daraus ergibt sich als Schranke in zeitlicher Hinsicht, dass der Sicherstellungsanspruch nur Gläubigern zukommen soll, deren Forderungen *vor der Publikation des Herabsetzungsbeschlusses* begründet worden sind[50].

---

[50] Dabei ist u. E. – entgegen der herrschenden schweizerischen Lehre – auf die dritte Publikation abzustellen.

bb) Sicherzustellen sind auch *bestrittene* Forderungen[51]. Unbestritten ist weiter, dass auch *bedingte* Forderungen sichergestellt werden müssen, ebenso konkursrechtlich *privilegierte*. Dagegen nimmt die Lehre an, Forderungen, für die bereits *besondere Sicherheiten* bestellt worden sind, seien nicht bzw. nur in dem Umfang sicherzustellen, in welchem sie durch die besonderen Sicherheiten nicht gedeckt sind. Dieser Auffassung ist u. E. nicht beizupflichten[52]. Auch der schon anderweitig abgesicherte Gläubiger kann daher u. E. Sicherstellung verlangen. 163

cc) Auch der *Umfang* der Sicherstellungspflicht ist *umstritten:* Während einzelne Autoren Sicherstellung im *vollen Umfang* der angemeldeten Forderung verlangen, sind andere der Auffassung, es genüge eine *proportionale Sicherstellung*, d. h. eine Sicherstellung in dem Umfang, in welchem die bisherige Deckung durch die Kapitalherabsetzung reduziert wird. Der zweiten Auffassung ist u. E. zuzustimmen: Durch die Sicherstellung soll der Gläubiger so gestellt werden, wie wenn die Kapitalherabsetzung nicht stattgefunden hätte. Dafür genügt die *anteilsmässige* Sicherstellung[53]. 164

c) Über die *Art* der Sicherstellung enthält das Aktienrecht keinerlei Vorschriften. Es sind daher die allgemeinen obligationenrechtlichen Grundsätze beizuziehen, wobei freilich festzuhalten ist, dass sich im schweizerischen Schuldrecht – im Gegensatz etwa zum deutschen – keine Regeln über die Sicherstellungsarten finden. Allgemeiner Grundsatz muss ein, dass *vollwertiger Ersatz für die Sicherheitsminderung* zu leisten ist. 165

Als Mittel der Sicherheitsleistung kommen etwa eine *Realsicherung* durch pfandrechtliche Haftung von Grundstücken oder Mobilien oder durch Sicherungsübereignung in Betracht, oder eine *Personalsicherung* durch Bürgschaft oder auf andere Art (etwa durch Wechselverpflichtung sicherheitshalber), aber auch etwa die Hinterlegung von Geld oder Wertpapieren mit der Anweisung an den Verwahrer, den hinterlegten Gegenstand an den Gläubiger herauszugeben, falls dessen Forderung gegen den Schuldner fällig wird und sie nicht erfüllt wird. 166

Entsprechend den allgemeinen Regeln steht die *Wahl* der Gesellschaft als der Schuldnerin der Sicherstellung zu, wobei die Sicherheit zu ihrem Zweck tauglich, also ausreichend und verwertbar sein muss. 167

Die Sicherheit braucht nicht notwendig durch *Gesellschaftsaktiven,* sie kann auch durch Personal- oder Realsicherheiten *Dritter* geleistet werden. 168

d) Zur *Prüfung der Frage, ob Sicherstellung* erfolgen muss und ob eine angebotene Sicherheitsleistung ausreicht, sind weder der beurkundende Notar noch der Handelsregisterführer zuständig. Streitfälle sind vielmehr durch den *Richter* zu entscheiden[54]. 169

---

[51] Will sich die Gesellschaft der Sicherstellung entziehen, so muss über die Forderung gerichtlich entschieden werden.
[52] Sie ist schon deshalb unpraktikabel, weil in der Regel erst nach der Verwertung feststeht, ob eine Sicherheit tatsächlich volle Deckung gewährleistet. Überdies übersieht die herrschende Auffassung, dass eine zusätzliche Personal- oder Realsicherheit das Gesellschaftsvermögen als Haftungsbasis nicht ersetzt, sondern dass sie – abgesehen von der Gült (ZGB 847) – zu diesem hinzutritt. – A. M. und in Übereinstimmung mit der herrschenden Lehre ist Peter Nobel.
[53] A. M. Manfred Küng in Basler Kommentar zu Art. 733 N 5.
[54] Mangels besonderer gesetzlicher Bestimmungen ist im *ordentlichen Verfahren* zu entscheiden, was zu erheblichen Verzögerungen führen kann.

170 e) Wird die Kapitalherabsetzung *nicht vollzogen,* dann entfallen die aus der Sicherstellung fliessenden Vorrechte, unabhängig davon, ob die Sicherheit durch die AG selbst oder durch Dritte geleistet wurde: Die Sicherstellung bezweckt einzig den Ausgleich von Nachteilen, die für Gläubiger aus der Herabsetzung entstehen könnten. Unterbleibt die Herabsetzung, dann entfällt der Grund für die Sicherstellung.

171 Dies gilt u. E. auch für den Fall, dass die Gesellschaft während des Herabsetzungsverfahrens *in Konkurs gerät:* Die Gläubiger, denen Sicherheit geleistet wurde, sind dann den übrigen Gläubigern gegenüber nicht privilegiert, die Rechte aus Real- und Personalsicherheiten können nicht geltend gemacht werden. Gerät dagegen die Gesellschaft erst nach vollzogener Kapitalherabsetzung in Konkurs, dann können sich die Gläubiger, deren Forderungen sichergestellt wurden, vorab aus der Geltendmachung oder Verwertung der Sicherheiten decken. Für einen nicht gedeckten Rest bleibt eine Konkursforderung gegen die AG.

172 f) Umstritten ist, wie bei einer Auseinandersetzung über Fragen der Sicherstellung die *Parteirollen zu verteilen* sind. Jedenfalls kann die Eintragung der Kapitalherabsetzung nicht mit einem blossen Hinweis auf bestehende Streitfälle vorgenommen werden, sondern es ist zuzuwarten, bis die Streitfrage gerichtlich geklärt wird[55]. Im übrigen bestehen zwei Auffassungen:

173 – Nach der einen bleibt der *Gesellschaft* nichts anderes übrig, als gegen den Gläubiger auf Feststellung des Nichtbestehens der behaupteten Ansprüche auf Sicherheitsleistung zu klagen. Diese Auffassung scheinen auch die Registerbehörden zu teilen[56].

174 – Nach einer anderen Auffassung soll der Registerführer in analoger Anwendung von HRV 32 II dem *Gläubiger* eine nach kantonalem Prozessrecht genügende Frist zur Erwirkung einer vorsorglichen Verfügung ansetzen, verbunden mit der Androhung, dass die Eintragung vollzogen werde, wenn der Gläubiger die Frist unbenützt verstreichen lasse oder der Richter die Eintragung nicht untersage.

175 Zuzugeben ist, dass es *praktisch wenig befriedigend* sein kann, wenn die *Gesellschaft zur Klage gezwungen* wird: Gläubiger – auch solche mit bestrittenen Forderungen – können dadurch ungerechtfertigten Druck auf die Gesellschaft ausüben, und es ist auch darauf hinzuweisen, dass die Gläubiger durch das Obligatorium des Revisionsberichts ohnehin gut geschützt sind. Trotzdem muss wohl die Klägerrolle der Gesellschaft zugewiesen werden: Es ist ihre Sache, *für die Erfüllung der Eintragungsvoraussetzungen zu sorgen* und dies in öffentlicher Urkunde bestätigen zu lassen. Dazu gehört nötigenfalls auch die Erwirkung einer richterlichen Feststellung, dass den Erfordernissen zu Sicherheitsleistung Genüge getan worden ist[57].

176 g) *Fällige Forderungen* sind auf Anmeldung hin *vollständig zu erfüllen.*

---

[55] Schon die nach OR 734 eine Eintragungsvoraussetzung bildende Feststellung der Einhaltung der Gläubigerschutzbestimmungen in öffentlicher Urkunde (dazu nachstehend N 215 ff) ist nicht möglich.
[56] Vgl. SAG *1937/38* 113.
[57] Die Bestimmung von HRV 32 II trifft auf den Sachverhalt nicht zu: Sie ist nur dann anwendbar, wenn ein Dritter gegen eine aufgrund der Belege rechtlich mögliche Eintragung opponiert. Bestreitet ein Gläubiger, genügend sichergestellt oder befriedigt worden zu sein, dann ist die in OR 734 verlangte öffentliche Urkunde nicht auszustellen und sind daher die Belege unvollständig, was den Registerführer zur Verweigerung der Eintragung veranlassen muss.

Ist eine Forderung, deren Fälligkeit der Gläubiger behauptet, von der Gesellschaft 177
bestritten, dann hat diese die Möglichkeit, eine Verzögerung der Herabsetzung bis zum
rechtskräftigen Entscheid dadurch zu vermeiden, dass sie Sicherheit leistet.

4. Die Verwendung eines allfälligen Buchgewinns

a) Unter *Buchgewinn* ist ein «Gewinn» zu verstehen, der nicht mit einer 178
realen Vermögenszunahme verbunden, sondern lediglich durch buchhalterische
Massnahmen entstanden ist. Im Rahmen von OR 732 IV ist der Begriff *enger* zu
verstehen: Erfasst ist hier nur ein Sollsaldo, der verbleibt, nachdem die mit der
Kapitalherabsetzung direkt verbundenen Aufwendungen – insbesondere die
Auszahlungen an die Aktionäre – verbucht worden sind.

Ein Buchgewinn im Sinne von OR 732 IV entsteht, wenn der Betrag, um den 179
das Aktienkapital herabgesetzt wird, *nicht in vollem Umfange* für Rückzahlungen, zur Befreiung von Liberierungspflichten oder zur Abschreibung einer Unterbilanz *benötigt* wird.

b) Ein allfälliger Buchgewinn ist nach OR 732 IV «*ausschliesslich zu Abschrei-* 180
bungen zu verwenden».

Die Fassung von BankG 11 I lit. c ist dagegen weiter: Danach kann ein Buchgewinn 181
nicht nur für Abschreibungen, sondern über die nötigen Abschreibungen hinaus auch zur
Bildung von Reserven verwendet werden. In der Lehre werden die uneinheitlichen Formulierungen und die nach allgemeiner Ansicht zu enge Fassung des OR zu Recht bedauert:

Die ratio der beiden Normen liegt darin zu *verhindern*, dass ein blosser Buchgewinn an 182
die Aktionäre *ausgeschüttet* und damit den Gläubigern entzogen wird. Im Lichte dieser
Zielsetzung erscheint die enge Fassung von OR 732 IV wenig sinnvoll. In der Lehre wird
daher durchwegs der Schluss gezogen, es handle sich bei der Formulierung von OR 732 IV
um ein gesetzgeberisches *Versehen* und es bestehe kein Grund für eine Einschränkung
gegenüber dem BankG.

Entgegen dem zu engen Wortlaut lässt es daher OR 732 IV zu, aus einer Kapitalherab- 183
setzung allfällig resultierende Buchgewinne *für Abschreibungen oder zur Bildung von
Reserven* zu verwenden. So gebildete Reserven müssen in der Gesellschaft gebunden
bleiben, dürfen also nicht – in Form von Dividende – an die Aktionäre ausgeschüttet und
den Gläubigern entzogen werden[58].

**5. Exkurs: Möglichkeiten der Abkürzung oder Vorverlegung
des Gläubigerschutzverfahrens?**

In der Literatur werden verschiedene Fälle einer *Abkürzung* des Gläubiger- 184
schutzverfahrens erwähnt:
– Eine Kürzung der zweimonatigen Wartefrist soll zulässig sein, wenn *alle Gläubiger* 185
einverstanden sind.

---

[58] Vgl. BGE 51 II 436 f.

186 – Falls gar *keine Gläubiger vorhanden* sind, soll auf die Publikation mit anschliessender Wartefrist überhaupt verzichtet werden können.
187 – Weiter soll eine Verkürzung der Frist dann möglich sein, wenn alle Gläubiger *vorzeitig sichergestellt oder befriedigt* worden sind.
188 – Und endlich soll ein abgekürztes Verfahren dann zulässig sein, wenn der Zweck der Wartefrist «*auf andere Weise» vorzeitig erfüllt* ist.
189 Alle diese Wege sind u. E. *nicht gangbar,* dienen doch die Gläubigerschutzvorschriften vor allem auch dem Schutz von *unbekannten* oder von der Gesellschaft *nicht anerkannten* Gläubigern. Diese Zielsetzung aber verlangt die vollumfängliche Erfüllung der Schutzvorschriften von OR 733. Auch wäre der Registerführer, an den sich OR 734 richtet, gar nicht in der Lage zu prüfen, ob eine Benachteiligung der Gläubiger ausgeschlossen ist. An der *zwingenden Natur* der Ordnung des Schuldenrufs ist daher festzuhalten.

VII. Vollzug der Herabsetzung, besonders Kapitalrückzahlung an die Aktionäre

190 a) Der Vollzug der Herabsetzung bewirkt die *Freigabe von bisher gebundenem Gesellschaftsvermögen,* insbesondere durch Rückzahlung an die Aktionäre oder ihre Befreiung von Liberierungspflichten, aber auch für andere Zwecke (vgl. vorn N 34 ff).

191 *Buchhalterisch* kommt dies im häufigsten Fall, nämlich der Kapitalrückzahlung an Aktionäre, dadurch zum Ausdruck, dass zunächst bei gleichbleibender Bilanzsumme das Aktienkapitalkonto herabgesetzt wird unter gleichzeitiger Eröffnung eines entsprechenden transitorischen Passivpostens. Bei fortschreitender Rückzahlung reduziert sich das transitorische Konto, und in gleichem Umfang zeigt sich auf der Aktivseite der Bilanz ein Abfluss der für die Rückzahlungen verwendeten liquiden Mittel. Nach abgeschlossener Durchführung hat sich die Bilanzsumme der Gesellschaft um den Betrag der Kapitalherabsetzung reduziert.

192 b) Fest steht nach OR 734, dass der Vollzug der Herabsetzung *frühestens* nach Ablauf der zweimonatigen Wartefrist und – falls Forderungen angemeldet worden sind – nach erfolgter Befriedigung oder Sicherstellung der Gläubiger stattfinden darf.

193 Uneinheitlich wird die Frage beantwortet, ob mit der Auszahlung überdies noch *zuzuwarten* ist bis zur Errichtung der in OR 734 vorgesehenen *öffentlichen Urkunde* oder gar bis zum *Eintrag der Herabsetzung* in das Handelsregister[59].

194 Dazu ist festzuhalten, dass OR 734 erklärt, die Herabsetzung dürfe erst nach Ablauf der den Gläubigern angesetzten Frist und nach Befriedigung oder Sicherstellung der angemeldeten Forderungen durchgeführt werden. Die Errichtung der öffentlichen Urkunde und der anschliessende Registereintrag werden zwar im gleichen Artikel auch genannt, aber *nicht als Voraussetzungen für die Durchführung der Herabsetzung.* Damit kommt zum Ausdruck, dass die Kapitalrückzahlung bzw. die Befreiung von Liberierungs-

---

[59] So Küng in Basler Kommentar zu Art. 734 N 7.

pflichten – als Teil der Durchführung der Herabsetzung – schon *vor der Errichtung der öffentlichen Urkunde* und damit auch *vor dem Registereintrag* erfolgen darf.

Ein *Recht* auf Rückzahlung oder Befreiung seitens der Aktionäre besteht freilich in jenem Zeitpunkt noch nicht. Vielmehr entsteht ihr Anspruch erst mit dem Registereintrag. Bis zu diesem Zeitpunkt steht noch nicht endgültig fest, ob die Herabsetzung abgeschlossen wird, und es müssen sich die Aktionäre allenfalls auch eine Rückforderung von bereits erstatteten Beträgen gefallen lassen[60].

Zusammenfassend ist somit festzuhalten, dass die Gesellschaft die Rückzahlung an Aktionäre bzw. ihre Befreiung von Einzahlungspflichten unmittelbar nach Ablauf der Wartefrist von OR 733 *und* erfolgter Befriedigung oder Sicherstellung allfällig angemeldeter Forderungen vornehmen *darf*[61], dass sie diese aber erst nach erfolgtem Registereintrag vornehmen *muss*.

VIII. Berichtigung der Aktientitel

a) Als Folge der Kapitalherabsetzung ist eine *Bereinigung bei den ausgegebenen Aktien* vorzunehmen. Diese kann erfolgen durch *Umtausch* der alten Aktien in neue oder durch deren *Abstempelung*, beides allenfalls – nämlich im Falle einer Verminderung der Aktienzahl – verbunden mit einer *Vernichtung* von Aktientiteln.

b) Die Gesellschaft hat *kein direktes Zwangsmittel* in der Hand, um die Rückgabe der Aktien zur Berichtigung, Zusammenlegung oder Vernichtung zu erwirken. Es fragt sich daher, wie vorzugehen ist, um die Bereinigung zu erzielen.

Fest steht zunächst, dass jedenfalls das *Kaduzierungsverfahren* (dazu OR 681 f und § 44 N 17 ff) *nicht angestrengt* werden kann: Die Kaduzierung ist ein Mittel zur Sicherung der Aufbringung des Aktienkapitals und von Gesetzes wegen beschränkt auf Fälle, in denen ein Aktionär seiner Liberierungspflicht nicht rechtzeitig nachgekommen ist. Auch bezweckt die Kaduzierung gerade nicht die Herabsetzung des Kapitals, sondern dessen Erhaltung.

Umstritten ist, ob die nicht eingelieferten und infolge Kapitalherabsetzung nicht mehr der wahren Rechtslage entsprechenden Aktientitel durch *Kraftloserklärung* (OR 971 f und dazu § 44 N 19) bereinigt werden können. In der Literatur ist dies schon vorgeschlagen, von der herrschenden Lehre aber u. E. zu Recht abgelehnt worden: Voraussetzung für die Kraftloserklärung ist ein Begehren des «*Berechtigten*», d. h. des Aktionärs (allenfalls auch des Nutzniessers oder Pfandgläubigers), nicht aber der Gesellschaft, da diese am Papier nicht berechtigt ist.

Die Gesellschaft hat daher nur *Möglichkeiten des indirekten Zwangs,* um die Bereinigung durchzusetzen:

---

[60] Die Rückforderung erfolgt nach Bereicherungsgrundsätzen, also bei Bösgläubigkeit in vollem Umfang, bei Gutgläubigkeit nur insoweit, als die Bereicherung noch besteht (vgl. OR 64 und BGE 50 II 179). OR 678 I kommt u. E. nicht analog zur Anwendung.

[61] Falls die Abwicklung des Herabsetzungsverfahrens aus irgendeinem Grund gefährdet erscheint, ist die Rückzahlung freilich nicht tunlich. Vielmehr gehört es dann zur Sorgfaltspflicht des Verwaltungsrates, mit Rückzahlungen bis zum Registereintrag zuzuwarten.

202 – Sind die Aktienrechte in einem Wertpapier verkörpert, dann kann die Rückzahlung auf die Aktie von der Einreichung des Titels zur Vernichtung oder Bereinigung abhängig gemacht werden.

203 – Unter der gleichen Voraussetzung können wohl auch weitere Leistungen der AG wie Dividendenzahlungen und die Ausübung des Stimmrechts für nicht umgetauschte oder nicht abgestempelte Aktien verweigert werden.

204 – Endlich sind zum Handel an der Börse von einem bestimmten Stichtag an nur bereinigte bzw. neue Titel zuzulassen.

205 c) Die *Bereinigung* der Aktienurkunden ist im Interesse der Sicherheit des Rechtsverkehrs *wünschenswert*. *Voraussetzung* für den Eintritt der mit der Kapitalherabsetzung verbundenen Änderungen und für den allfälligen Hinfall der Rechtsgültigkeit der Aktientitel ist sie jedoch *nicht:*

206 – Zuerst versteht sich von selbst, dass bei Aktientiteln, die blosse *Beweisurkunden* ohne Wertpapiercharakter sind, nicht die allenfalls nicht mehr zutreffende Urkunde verbindlich ist, sondern der davon abweichende Statuteninhalt. Die mit der Herabsetzung verbundenen Änderungen treten daher ein, auch wenn die Urkunden nicht berichtigt worden sind.

207 – Nicht anders verhält es sich aber, wenn die Aktienurkunde als *Wertpapier* ausgestaltet ist: Der Aktie fehlt die materielle Skripturrechtlichkeit, d. h. es gehen die verurkundeten Rechte nicht notwendig aus dem Papier selbst hervor, sondern sie sind abhängig vom Inhalt der Statuten (vgl. § 43 N 24). Ein Aktienerwerber muss daher die statutarische Ordnung – und zwar die *jeweilige* statutarische Ordnung – auch dann als verbindlich anerkennen, wenn diese im Widerspruch zur Aktienurkunde steht und er gutgläubig war.

208 Die mit der Kapitalherabsetzung verbundenen Änderungen treten somit unmittelbar aufgrund des *Eintrages der Statutenänderung im Handelsregister* ein, und es ist die Berichtigung der Titel nur deklaratorischer Natur.

209 d) Freilich ist der Verwaltungsrat gehalten, angemessene *Massnahmen zur Einziehung und Vernichtung oder Korrektur* der von der Kapitalherabsetzung betroffenen Aktien zu treffen. Der Aktionär hat einen Anspruch auf Verbriefung seiner Rechte in korrekter Form, und durch die Bereinigung soll auch der Gefahr eines Missbrauchs entgegengewirkt werden.

210 e) Massgeblicher *Zeitpunkt* für den Eintritt der Nennwertherabsetzung oder (im Falle der Reduktion der Aktienzahl) des Untergangs der Aktienstelle dürfte der Moment sein, in welchem *feststeht, welche Aktien in welchem Umfang betroffen sind,* und nicht erst der Zeitpunkt des Handelsregistereintrages[62,63].

211 f) Nach dem Eintritt des Stellenuntergangs bzw. der Nennwertverminderung hat der betroffene Aktionär hinsichtlich der untergegangenen Stelle oder im

---

[62] Freilich sind – falls die Herabsetzung schliesslich nicht zustande kommt bzw. nicht durch Registereintrag abgeschlossen wird – die Wirkungen der Herabsetzung rückgängig zu machen.

[63] Das Dividendenrecht, das sich nach OR 661 nach dem auf das Aktienkapital einbezahlten Betrag bemisst, dürfte allerdings mangels anderer Festlegung erst im Zeitpunkt der tatsächlichen Rückerstattung an den Aktionär entfallen bzw. reduziert werden.

Umfang der Nennwertreduktion nur noch allfällige *Gläubigerrechte* gegenüber der Gesellschaft auf Rückzahlung der frei gewordenen Kapitalsumme. Diese Rechte *verjähren* nach Ablauf von *zehn Jahren* (vgl. OR 127).

g) Während die Herabsetzung durch Verminderung des Nennwerts keine besonderen Probleme aufgibt (es ist lediglich ein Umtausch bzw. eine Abstempelung der ausgegebenen Aktien vorzunehmen), ist die Kapitalherabsetzung mittels Verminderung der Zahl der im Umlauf befindlichen Aktien schwieriger zu vollziehen:

– Bei einer *Zusammenlegung* von Aktien gibt vor allem die Behandlung der *Aktienspitzen* Probleme auf. Eine Lösung kann nur auf der Grundlage der Freiwilligkeit getroffen werden, es sei denn, nach den Urstatuten oder aufgrund einer durch einstimmigen Beschluss sämtlicher Aktionäre eingeführten Statutenänderung sei ein anderes Vorgehen zulässig.

– Auch die Verminderung der Aktienzahl durch *Rückkauf* von Papieren hat auf der Grundlage der Freiwilligkeit zu erfolgen, wobei der Gleichbehandlung der veräusserungswilligen Aktionäre Rechnung zu tragen ist.

IX. Öffentliche Feststellungsurkunde

a) Gemäss OR 734 ist in einer *öffentlichen Urkunde* festzustellen, dass die gesetzlichen Vorschriften über die Kapitalherabsetzung eingehalten worden sind. Diese notarielle Feststellung ist von der am Anfang des Herabsetzungsverfahrens stehenden Beurkundung des Herabsetzungsbeschlusses der Generalversammlung klar zu unterscheiden. Da *keine Generalversamlung* stattfindet[64], handelt es sich nicht um eine Beurkundung von Versammlungsbeschlüssen, sondern vielmehr um eine *notarielle Feststellung* auf der Grundlage der erforderlichen Belege.

b) Aus dem *Inhalt* der Urkunde[65] soll nach OR 734 hervorgehen, dass die Vorschriften des Abschnitts über die Kapitalherabsetzung erfüllt worden sind. Gemeint ist damit die Einhaltung der *Verfahrensvorschriften* und die *Erfüllung der angemeldeten Schutzansprüche*.

In der Urkunde ist somit festzustellen (vgl. HRV 83 II),
– dass die GV das Kapital gestützt auf den besonderen Bericht eines besonders befähigten Revisors auf Fr. XX.– herabgesetzt und die Statuten entsprechend geändert hat,
– dass die Aufforderung an die Gläubiger entsprechend OR 733 korrekt veröffentlicht worden und dass die gesetzliche Wartefrist abgelaufen ist,
– dass angemeldete Forderungen befriedigt bzw. sichergestellt worden sind bzw. dass innert Frist keine Begehren um Befriedigung oder Sicherstellung für Forderungen eingegangen sind.

Der Urkundsperson sind neben dem GV-Beschluss der besondere Revisionsbericht und die Belege für die Veröffentlichungen des Schuldenrufs sowie eine Bestätigung der

---

[64] Eine Ausnahme gilt allenfalls dann, wenn der Herabsetzungsbeschluss den Umfang der Herabsetzung bzw. die Höhe des neuen Kapitals noch nicht definitiv festgelegt hat, dazu vorn N 108.
[65] Ein Muster findet sich im Texthandbuch Gesellschaftsrecht (zit. § 52 N 2) Ziff. 92.

222 Befriedigung oder Sicherstellung angemeldeter Forderungen vorzulegen, und es ist der öffentlichen Urkunde neben den bei Statutenrevisionen allgemein erforderlichen Belegen der besondere Revisionsbericht beizufügen oder beizulegen (HRV 84 I).

222 Während die Einhaltung der Verfahrensvorschriften und das Einholen eines Revisionsberichts aus Belegen hervorgehen, ist die Überprüfung der *Befriedigung oder Sicherstellung der angemeldeten Gläubiger* problematischer. Die Bestätigung ist von der Gesellschaft und nicht etwa von den Gläubigern einzuholen, da sie es ist, welche die Ausstellung einer Urkunde verlangt. Dabei muss ausreichen, dass der Verwaltungsrat oder eine besondere für die Anmeldung von Forderungen bezeichnete Stelle eine schriftliche Bestätigung ausstellt, aus der hervorgeht, dass alle angemeldeten Forderungen befriedigt oder sichergestellt worden sind bzw. dass keine Anmeldungen eingegangen sind.

223 c) Sind die festzustellenden Voraussetzungen nicht vollständig erfüllt, so ist die Ausstellung der Urkunde zu verweigern, oder es müssen zumindest die entsprechenden Vorbehalte angebracht werden[66].

X. Anmeldung, Eintragung in das Handelsregister und Veröffentlichung im Schweizerischen Handelsamtsblatt

224 Nach dem materiellen Abschluss des Herabsetzungsverfahrens und nach erfolgter Feststellung der Einhaltung der Gläubigerschutzbestimmungen in öffentlicher Urkunde ist die Kapitalherabsetzung *im Handelsregister einzutragen*. Anmeldung und Eintragung entsprechen im wesentlichen den gleichen Vorgängen anlässlich des Gründungsverfahrens. Es sei daher generell verwiesen auf § 16 N 3 ff. An dieser Stelle sind nur einige Präzisierungen angebracht:

1. Die Anmeldung

225 a) Obwohl sich aus OR 734 nur ein *Recht* auf Eintragung zu ergeben scheint, kann nicht zweifelhaft sein, dass eine *Pflicht des Verwaltungsrates* besteht, die Eintragung anzumelden. Diese Pflicht besteht sowohl den *Aktionären* gegenüber[67] als auch im Interesse der *Öffentlichkeit* und besonders der *Gläubiger* an der Wahrheit der Registereinträge[68]. Die Anmeldung soll unverzüglich nach der Erlangung der öffentlichen Feststellungsurkunde erfolgen.

226 Eine Besonderheit im Vergleich zur Anmeldung anderer statutenändernder Beschlüsse besteht – wie erwähnt (vorn N 135) – darin, dass die einzutragenden Tatsachen *nicht*

---

[66] Eine durch Vorbehalt qualifizierte Urkunde wird der Gesellschaft nichts nützen, da diese für die Eintragung der Kapitalherabsetzung beim Handelsregister nicht ausreicht.

[67] Dies insbesondere, weil die Kapitalrückerstattung bzw. Befreiung von Liberierungspflichten erst mit dem Eintrag definitive Wirkung erlangt.

[68] Bei der konstitutiven Kapitalreduktion besteht ein solches Interesse in vermehrtem Masse, da den Gläubigern im Falle von Rückzahlungen an die Aktionäre oder der Befreiung von Liberierungspflichten Haftungssubstrat entzogen wird.

unmittelbar nach der Beschlussfassung angemeldet werden können, sondern erst nach erfolgter Durchführung der Herabsetzung bzw. zumindest der Gläubigervorschriften[69].

b) Zum *Inhalt* der Anmeldung und den erforderlichen *Unterlagen* vgl. HRV 84[70]. 227

Aus der Anmeldung muss sich zumindest ergeben, dass eine Kapitalherabsetzung entsprechend den eingereichten Belegen eingetragen werden soll. Im übrigen folgen die erforderlichen Angaben aus den Belegen selbst. Einzureichen sind: 228
- wie bei jeder Statutenänderung die *öffentliche Urkunde* über den statutenändernden *Generalversammlungsbeschluss;* 229
- der besondere *Revisionsbericht* (HRV 84 I); 230
- die öffentliche *Feststellungsurkunde* gemäss OR 734 (HRV 84 II). Diese muss vorbehaltlos bestätigen, dass die Verfahrensvorschriften eingehalten und die angemeldeten Schutzansprüche erfüllt worden sind; 231
- endlich auch ein bereinigtes Exemplar der *geänderten Statuten*. 232

Fehlen notwendige Belege, dann hat der Registerführer die *Anmeldung zurückzuweisen.* 233

Zurückzuweisen ist die Anmeldung u. E. auch dann, wenn die Feststellungsurkunde nach OR 734 nicht oder nur mit Vorbehalt ausgestellt werden konnte, weil mit einzelnen Gläubigern keine Einigung über die Befriedigung oder Sicherstellung ihrer Forderungen erzielt werden konnte (vgl. vorn Anm. 57). 234

2. *Das Verfahren vor dem Handelsregisteramt*

Erinnert sei daran, dass die Kognitionsbefugnis und -pflicht des Handelsregisterführers mit Bezug auf die Erfüllung der *formellen Voraussetzungen* unbeschränkt ist. Dazu gehört namentlich die Prüfung der formellen Korrektheit und Vollständigkeit der Belege. Eine Pflicht zur Prüfung der *tatsächlichen Richtigkeit* der Angaben besteht dagegen nur in sehr beschränktem Umfang. Dies gilt namentlich auch für die Feststellungen im Revisionsbericht und in der öffentlichen Urkunde, die vom Registerführer als richtig anzuerkennen sind, falls nicht die Unrichtigkeit offenkundig ist[71]. Immerhin ist Einwendungen Dritter, insbesondere von Gläubigern, allenfalls dadurch Rechnung zu tragen, dass die Eintragung ausgesetzt und den Dritten Frist zur Klage entsprechend HRV 32 II angesetzt wird. 235

Vgl. im übrigen § 16 N 27 ff. 236

---

[69] Zur vorzeitigen Rückzahlung vgl. vorn N 184 ff.
[70] Zahlreiche Muster finden sich bei Rebsamen/Thomi 122 ff.
[71] Der Registerführer hat daher z. B. nicht zu prüfen, ob die dreimalige öffentliche Aufforderung an die Gläubiger ergangen ist und ob die angemeldeten Forderungen sichergestellt oder erfüllt worden sind, sondern nur, ob die öffentliche Urkunde die entsprechenden Feststellungen enthält.

3. Die Eintragung in das Register, Inhalt und Wirkungen

237 Einzutragen ist die Änderung in der Höhe des Aktienkapitals und im Nennwert bzw. in der Zahl der Aktien.

238 Mit der Eintragung wird die Kapitalherabsetzung *nach aussen hin wirksam.* Aber auch die *internen* Wirkungen werden erst mit dem Registereintrag *definitiv*[72].

239 Die Wirkungen des Registereintrages beginnen *unmittelbar mit der Eintragung* (OR 647 III in Verbindung mit OR 932 III), also nicht erst nach der Publikation im Schweiz. Handelsamtsblatt.

240 Die Eintragung ist *Voraussetzung für die Rechtsgültigkeit* der Kapitalherabsetzung. Ohne Eintrag ist die Herabsetzung wirkungslos, und zwar intern wie extern, und es sind allenfalls bereits eingetretene Wirkungen rückgängig zu machen.

241 Vgl. im übrigen § 16 N 42 ff.

4. Die Veröffentlichung im Schweizerischen Handelsamtsblatt

242 Zu *publizieren* ist die Herabsetzung des Aktienkapitals sowie des Aktiennennwerts bzw. der Aktienzahl. Nach konstanter Registerpraxis wird auch die *Art* der Herabsetzung veröffentlicht[73].

XI. Mängel des Herabsetzungsverfahrens

243 Bezüglich allfälliger Mängel ist zu differenzieren:

244 a) *Fehler in der Beschlussfassung* durch die Generalversammlung können verschiedene Folgen haben:

245 – Ist der Beschluss *unvollständig,* dann ist er allenfalls gar nicht vollziehbar.

246 – Wurden Vorschriften verletzt, die nur *im Interesse der Gesellschaft* oder ihrer *Aktionäre* aufgestellt sind, dann ist der gefasste Beschluss anfechtbar. So etwa dann, wenn die Ankündigung nicht in der in OR 700 vorgeschriebenen Form erfolgte. Anfechtbarkeit ist in analoger Anwendung von OR 729c II auch anzunehmen, wenn die Revisionsstelle an der GV nicht vertreten war (vgl. vorn N 122 f). Unterbleibt die fristgerechte Anfechtung, dann wird der Beschluss voll wirksam.

247 – Werden Vorschriften verletzt, die auch *im Interesse von Gläubigern oder Dritten* aufgestellt worden sind, oder werden *Grundlagen der aktienrechtlichen Fundamentalordnung* missachtet, dann hat der Registerführer die Eintragung abzulehnen. Der Mangel ist durch nochmalige Beschlussfassung zu beheben.

248 – Wenig geklärt ist die Frage, welche Rechtsfolgen eintreten, wenn ein Herabsetzungsbeschluss *trotz Fehlern* in der Beschlussfassung im Handelsregister *eingetragen* wird,

---

[72] Vorläufig konnten sie dagegen schon *früher* eintreten, vgl. vorn N 194 f.
[73] Etwa durch Hinweise wie «Herabsetzung durch Rückzahlung», «... durch Schulderlass» oder durch ausdrückliche Erwähnung des Verfahrens nach OR 735.

und auch die neue Gesetzesbestimmung zur Nichtigkeit (OR 706b, dazu § 25 N 86 ff) hilft hier kaum weiter. In der Literatur wird u. E. teilweise zu weitgehend Nichtigkeit angenommen, die auch durch Registereintrag nicht geheilt werden könne. In der Regel dürfte – analog den für die Gründung geltenden Regeln oder aufgrund allgemeiner Lehren – *die Kapitalherabsetzung als solche mit dem Eintrag wirksam* werden. Die Fehler sind jedoch *zu korrigieren.* Falls sich dagegen aus dem Eintrag irreparable Nachteile für Gläubiger ergeben, können diese gerichtlich (vgl. HRV 32 in Verbindung mit HRV 33) die Rückgängigmachung der Eintragung durchsetzen. Die Regeln betreffend die Wiedereintragung einer gelöschten Gesellschaft (dazu § 56 N 154 ff) kommen analog zur Anwendung.

b) War die *Durchführung* des Herabsetzungsverfahrens mangelhaft, dann ist für die Rechtsfolgen entscheidend, ob der Registerführer den Mangel im Rahmen seiner Prüfung feststellt oder nicht: 249

– Entdeckt er den Mangel und liegt dies im Rahmen seiner Kognitionsbefugnis und -pflicht, dann hat er die Anmeldung *zurückzuweisen,* womit die Herabsetzung nicht wirksam werden kann[74]. 250

– *Erfolgt die Eintragung* der Kapitalherabsetzung trotz Mängeln – sei es infolge eines Versehens des Registerführers, sei es deshalb, weil der Mangel bei der Prüfung nicht festgestellt werden konnte oder die Kognitionsbefugnis des Registerführers nicht gegeben war –, dann hat dies wie vorn N 238 f erwähnt in der Regel die Wirksamkeit der Kapitalherabsetzung zur Folge, jedoch mit der Konsequenz, dass die Fehler zu korrigieren sind. 251

c) Verwaltungsrat und Revisor können nach den Bestimmungen von OR 754 ff für von ihnen begangene Fehler *verantwortlich* gemacht werden (dazu § 36 und § 37 N 2 ff, 41 ff). 252

XII. Exkurs: Kapitalherabsetzung aufgrund eines richterlichen Urteils

a) Nach OR 736 Ziff. 4 können Aktionäre aus wichtigen Gründen die Auflösung der Gesellschaft verlangen. Nach revidiertem Recht hat der Richter jedoch – auch wenn die Voraussetzungen für die Auflösung an sich erfüllt sind – die Möglichkeit, «auf eine andere sachgemässe und den Beteiligten zumutbare Lösung [zu] erkennen». 253

Gedacht ist dabei in erster Linie an eine Abfindung der klagenden Aktionäre aus Mitteln der Gesellschaft. Eine solche kann in beschränktem Umfang durch Aktienrückkauf erfolgen, in grösserem (die Limiten von OR 659 übersteigenden) Masse dagegen nur durch Kapitalherabsetzung. 254

b) Im Rahmen von OR 736 Ziff. 4 kann daher eine *Herabsetzung des Aktienkapitals gerichtlich angeordnet* werden[75]. 255

---

[74] Vgl. BGE 50 II 179 f.
[75] Sie wurde als Möglichkeit im Zuge des Gesetzgebungsverfahrens ausdrücklich erwähnt, vgl. AmtlBull SR *1988* 518.

256 Das richterliche Urteil ersetzt den Kapitalherabsetzungsbeschluss, und der Richter kann wohl auch den nach OR 732 II verlangten besonderen Revisionsbericht veranlassen. Im übrigen ist die Durchführung gleich wie bei einer durch die GV beschlossenen Herabsetzung Sache des Verwaltungsrates.

257 Näheres bei Jakob Höhn: Andere sachgemässe und den Beteiligten zumutbare Lösungen im Sinne von Art. 736 Ziff. 4 OR, in: Schluep/Isler (vgl. LV) 113 ff, 124 ff, und bei Böckli N 1950 ff. Vgl. auch hinten § 55 N 106 ff.

C. Die deklarative Herabsetzung insbesondere

I. Grundlagen

258 Neben der konstitutiven Kapitalherabsetzung steht als zweite Hauptart die *deklarative*, die beim *Vorliegen einer Unterbilanz* (zum Begriff vgl. § 50 N 193 f) zur Deckung und zum Ausgleich von Verlusten vorgenommen wird. Grundsätzlich kommt das für die konstitutive Herabsetzung vorgesehene Verfahren zur Anwendung, doch bestehen für die deklarative Herabsetzung einerseits zusätzliche Schranken, anderseits Vereinfachungen im Verfahren (vgl. OR 735):

259 – *Schranken* ergeben sich daraus, dass diese Art der Herabsetzung *ausschliesslich der Beseitigung einer Unterbilanz* dienen soll.

260 – *Vereinfacht* ist das Verfahren, weil der Gesellschaft *kein Haftungssubstrat entzogen* wird[76] und deshalb die Anforderungen an den Gläubigerschutz weniger weit gehen können.

261 In der Folge sind nur die *Besonderheiten* dieser Herabsetzungsart darzustellen. Im übrigen sei verwiesen auf vorn N 33 ff.

1. Die Interessenlage

262 a) Das in OR 735 vorgesehene vereinfachte Herabsetzungsverfahren ist eine *Sanierungsmassnahme*[77]. Sie soll es der Gesellschaft ermöglichen, eine *Unterbilanz zu beseitigen*.

263 Oft wäre wohl eine Herabsetzung zu Sanierungszwecken nicht möglich, wenn die Gesellschaft die Forderungen ihrer Gläubiger sicherstellen oder befriedigen müsste. Der Gesetzgeber hat daher auf dieses Erfordernis bei der deklarativen Kapitalherabsetzung verzichtet.

264 b) Das Verfahren liegt allenfalls auch im *Interesse der Aktionäre*, da die Gesellschaft nach erfolgter Herabsetzung künftige Gewinne nicht mehr für die Deckung des Grundkapitals zurückhalten muss, sondern diese – in den Schranken von OR 671 ff – als Dividende ausschütten kann.

---

[76] Vgl. BGE 113 II 533 E 5a.
[77] Die Herabsetzung für sich allein stellt freilich keine Sanierung dar; vielmehr bedarf es zusätzlich des Zuflusses neuer Mittel.

c) Die *Interessen der Gläubiger* werden durch die deklarative Kapitalherabsetzung – im Gegensatz zur konstitutiven – insofern nicht tangiert, als das vorhandene Haftungssubstrat erhalten bleibt und weder Vermögen zur Ausschüttung an die Aktionäre frei wird noch bestehende Liberierungspflichten aufgehoben werden.

Eine Schlechterstellung der Gläubiger tritt aber insofern ein, als künftige Gewinne als Dividende verteilt werden können, ohne dass vorerst die Kapitalverluste früherer Jahre ausgeglichen werden müssten[78] (dazu vorn N 28). Der Gesetzgeber hat diese Beeinträchtigung der Gläubiger bewusst[79] in Kauf genommen in der Annahme, es liege auch in ihrem Interesse, wenn eine Gesellschaft wieder Dividenden ausschütten und einen Verlustvortrag beseitigen kann und dadurch an Kreditwürdigkeit gewinnt.

2. *Die erfassten Fälle; Abgrenzungen*

a) Nach OR 735 kommt das vereinfachte Verfahren nur zum Zug, wenn
– eine *Unterbilanz* vorliegt,
– diese durch *Verluste* entstanden ist und
– das Kapital um *nicht mehr als den Betrag dieser Unterbilanz herabgesetzt* werden soll.

Im einzelnen dazu nachstehend N 286 ff.

b) OR 735 ist als Ausnahmebestimmung und als Einschränkung des Prinzips der Erhaltung des Aktienkapitals *eng auszulegen.* Daher ist etwa das ausführliche Verfahren von OR 732 ff dann anzuwenden, wenn eine Kapitalherabsetzung sowohl konstitutive wie deklarative Elemente enthält[80].

c) Vorausgesetzt ist, dass überhaupt eine *Kapitalherabsetzung im Rechtssinne* vorliegt. Dies ist dann *nicht der Fall,* wenn die Herabsetzung mit einer *gleichzeitigen Erhöhung* durch neues, voll einbezahltes Kapital bis zur bisherigen Höhe einhergeht, vgl. OR 732 I und nachstehend lit. D (N 332 ff).

3. *Charakteristik des Verfahrens und Überblick über den Ablauf*

a) Das *Verfahren* ist insofern *vereinfacht,* als die Aufforderung an die Gläubiger sowie deren Befriedigung oder Sicherstellung gemäss OR 733 entfallen können. Im übrigen entspricht es dem der ordentlichen Kapitalherabsetzung. Daher sind die Vorschriften von OR 732 und 734 zu beachten.

b) Der *Ablauf* ist rascher als bei der ordentlichen Herabsetzung:

---

[78] Vgl. OR 675 II, wonach Dividenden nur aus dem Bilanzgewinn und hierfür gebildeten Reserven ausgerichtet werden dürfen, dazu § 40 N 27 ff.
[79] Vgl. Botschaft *1928* 59.
[80] So, wenn bei einer Sanierung das Kapital in einem die Verluste übersteigenden Betrag herabgesetzt wird, damit noch Rückstellungen oder Reserven gebildet werden können.

276 — Wie bei der konstitutiven Herabsetzung holt der Verwaltungsrat zunächst den in OR 732 II verlangten besonderen *Revisionsbericht* ein.
277 — Auf der Basis dieses Berichts beschliesst die *GV*
278 — die Herabsetzung des Aktienkapitals um einen bestimmten, den Verlustvortrag nicht übersteigenden Betrag,
279 — die Art der Durchführung der Herabsetzung sowie
280 — eine entsprechende Änderung der Statuten.
281 — Die Beschlussfassung ist öffentlich zu beurkunden.
282 — Anders als beim ordentlichen Verfahren, bei dem nun der Schuldenruf durchzuführen ist, kann beim vereinfachten Verfahren die *Herabsetzung unmittelbar nach der Beschlussfassung* erfolgen.
283 — OR 735 ist insofern *zu eng* gefasst, als nur der Wegfall der Aufforderung an die Gläubiger und ihrer Befriedigung oder Sicherstellung erwähnt werden. Richtigerweise ist aber davon auszugehen, dass auch die in OR 734 vorgesehenen Gläubigerschutzbestimmungen – Einhaltung einer Wartefrist und Überprüfung der Einhaltung der Gläubigerschutzbestimmungen durch eine Urkundsperson – entfallen können. Der Anmeldung beim Handelsregister sind daher nur der Herabsetzungsbeschluss der GV, der besondere Revisionsbericht und ein nachgeführtes beglaubigtes Statutenexemplar beizufügen.

4. Keine Steuerfolgen

284   Die deklarative Kapitalherabsetzung, bei der keine frei werdenden Mittel an die Gesellschafter zurückbezahlt werden, ist in der Regel steuerlich *erfolgsneutral*.

285   Vgl. im übrigen die Literaturangaben vorn N 56.

II. Voraussetzungen und Schranken der deklarativen Kapitalherabsetzung

1. Herabsetzung nur zur Beseitigung einer durch Verluste entstandenen Unterbilanz

286   a) Die deklarative Kapitalherabsetzung ist nur zum Zwecke der *Beseitigung einer Unterbilanz* zulässig. Für deren Ermittlung sind die allgemeinen aktienrechtlichen Bewertungsvorschriften (dazu § 50 N 230 ff) zu beachten. Dabei ist u. E. auf die Werte abzustellen, die den Aktiven bei der *Weiterführung* des Unternehmens zukommen.

287   Das Erfordernis der Unterbilanz muss sowohl *formell wie materiell* erfüllt sein:
288 — *Materiell* ist zu verlangen, dass das *Aktienkapital tatsächlich nicht mehr voll gedeckt* ist. Daher ist eine Kapitalherabsetzung im vereinfachten Verfahren – entgegen einer in der Lehre vertretenen Ansicht – nicht zuzulassen, solange der Unterbilanz neben dem Aktienkapital noch *Reserven* gegenüberstehen.
289   Nicht leicht zu beantworten ist die Frage, ob auch *stille Reserven* für die Beseitigung der Unterbilanz eingesetzt werden müssen, bevor eine Kapitalherabsetzung im verein-

fachten Verfahren erfolgen darf. Dies ist im Interesse des Gläubigerschutzes und im Hinblick darauf, dass eine Unterbilanz *materiell* vorliegen muss, zu bejahen, soweit es sich bei den stillen Reserven um Willkür- und nicht um Zwangsreserven handelt[81] (vgl. zu den Begriffen § 50 N 69 ff).

– Dass materiell eine Unterbilanz vorliegt, genügt für sich allein nicht: Diese muss vielmehr offen, *formell* ausgewiesen sein.

b) Auch das vereinfachte Kapitalherabsetzungsverfahren ist nur zulässig, wenn nach erfolgter Herabsetzung die Forderungen der Gläubiger immer noch *voll gedeckt* sind.

Grundsätzlich ist daher das vereinfachte Verfahren nur zulässig, wenn die Gesellschaft eine *Unterbilanz* aufweist, nicht dagegen, wenn sie *überschuldet* ist[82]. Ist die Gesellschaft überschuldet, dann muss nach OR 725 II der Richter benachrichtigt werden, der entweder die Konkurseröffnung auszusprechen hat oder – falls Aussicht auf Sanierung besteht – diese aufschieben kann (OR 725a, vgl. § 50 N 223 ff).

Doktrin und Praxis lassen jedoch aus Zweckmässigkeitsüberlegungen eine *Ausnahme* dann zu, «wenn die Beibringung der für die Durchführung der Sanierung erforderlichen Mittel bereits sichergestellt ist»[83]. Dies kann etwa dann der Fall sein, wenn gleichzeitig mit der Herabsetzung eine Erhöhung des Aktienkapitals erfolgt und sich Gläubiger bereit erklären, für ihre Forderungen Aktien zu zeichnen und diese durch Verrechnung ihrer Guthaben zu liberieren[84].

Doch müssen zumindest nach erfolgter Sanierung die Forderungen der verbliebenen Gläubiger gedeckt sein. *Unrichtig* ist daher die in der Literatur vereinzelt anzutreffende Auffassung, es genüge, dass durch das Verfahren die Stellung der Gläubiger *nicht verschlechtert* werde.

c) Die Unterbilanz muss *durch Verluste entstanden* sein, «darf also z. B. nicht nur auf übermässiger Abschreibung von Aktiven beruhen»[85], sondern muss etwa die Folge einer Entwertung von Gesellschaftsaktiven oder von verlustbringenden Transaktionen sein[86].

d) Die Herabsetzung darf die *Unterbilanz nicht übersteigen*[87].

Immerhin dürfte es zulässig sein, den Herabsetzungsbetrag auf eine *runde Zahl* aufzurunden. Noch weiter geht das Bundesgericht in einem obiter dictum, wonach die Beschränkung des Umfangs der Abschreibung «nicht kleinlich auszulegen» und «sogar die Anlage bescheidener offener Reserven zur Förderung des endgültigen Erfolgs der Sanie-

---

[81] In diesem Sinne wohl auch BGE 76 I 166, dazu hinten N 295.
[82] Vgl. BGE 76 I 166.
[83] BGE 76 I 167.
[84] So der Tatbestand von BGE 76 I 162 ff = SAG *1950/51* 44 ff.
[85] BGE 76 I 166.
[86] Festzuhalten ist freilich, dass der Registerführer nicht in der Lage ist nachzuprüfen, welches die Grundlage einer Unterbilanz ist. Doch hat sich die Revisionsstelle in ihrem Bericht zur Ursache der Unterbilanz zu äussern.
[87] Vgl. BGE 102 Ib 23 f; 76 I 166; ZBGR *1941* 109 f.

rung nicht ausgeschlossen» seien[88]. Diese Auffassung ist u. E. abzulehnen und der Anwendungsbereich von OR 735 – wie eingangs postuliert – eng zu fassen.

2. Einhalten der gesetzlichen Minimalsumme des Aktienkapitals

298   Auch bei der Herabsetzung zu Sanierungszwecken darf die *Mindestsumme* des Aktienkapitals von Fr. 100 000.– (OR 621) *nicht unterschritten* werden (OR 732 V).

299   Immerhin bestehen – gleich wie bei der konstitutiven Herabsetzung – zwei *Ausnahmen*: Eine Unterschreitung der Grenze von Fr. 100 000.– ist zulässig, wenn das Aktienkapital zugleich wieder auf diesen Betrag erhöht wird, und die Einhaltung der Minimalsumme wird in der Praxis im Liquidationsstadium nicht verlangt.

3. Keine Nennwertschranke

300   a) Im Gegensatz zur konstitutiven Herabsetzung gestattet OR 622 IV bei der Herabsetzung zu Sanierungszwecken eine *Reduktion des Nennwertes unter Fr. 10.–*. Eine untere Grenze besteht nicht, und es ist daher auch gestattet, zum Zwecke der Sanierung den Nennwert von Aktien auf *Null* herabzusetzen[89]. Auch solche Aktien sind gemäss OR 626 Ziff. 4 in den *Statuten* zu erwähnen und nach OR 641 Ziff. 5 in das *Handelsregister* einzutragen.

301   b) Die Herabsetzung darf *keine wohlerworbenen Rechte verletzen*[90]. Doch hat der Aktionär – wie erwähnt (vorn N 31) kein wohlerworbenes Recht auf Beibehaltung des Nennwerts seiner Aktien[91], sowenig wie er ein Recht auf Beibehaltung des Aktienkapitals in seiner bisherigen Höhe hat (dazu auch § 52 N 14 ff). Wohl aber muss jedem Aktionär trotz einer allfälligen Herabsetzung des Nennwerts auf Null *eine Stimme* verbleiben (OR 692 II[92]), falls es die Gesellschaft nicht vorzieht, entsprechend OR 692 III das Stimmrecht dem ursprünglichen Nennwert entsprechend zu belassen[93].

302   c) Die Unterschreitung des minimalen Nennwerts von Fr. 10.– gilt *nur für «alte»*, in ihrem Nennwert herabzusetzende Aktien, *nicht dagegen für «neue» Aktien*, die im Zuge einer gleichzeitigen Kapitalerhöhung herausgegeben werden[94].

4. Keine Pflicht zur Beseitigung der vollen Unterbilanz

303   Es ist nicht zu beanstanden, wenn durch eine Kapitalherabsetzung eine *Unterbilanz nur teilweise beseitigt* wird. Auch nach erfolgter Kapitalherabsetzung

---

[88] BGE 86 II 86.
[89] Vgl. BGE 86 II 81.
[90] BGE 86 II 82.
[91] Speziell im Hinblick auf eine Herabsetzung auf Null: BJM *1984* 169 ff = SAG *1985* 99 ff.
[92] Vgl. als Beispiel BGE 86 II 83.
[93] Obschon diesfalls – gemessen am Nennwert – ein Stimmprivileg geschaffen wird, brauchen Inhaberaktien nicht in Namenaktien umgewandelt zu werden, kommt also OR 693 nicht zum Zug, vgl. BGE 67 I 251.
[94] Das Bundesgericht hat hievon in einem nicht amtlich publizierten Entscheid (referiert in SAG *1938/39* 219 f) eine Ausnahme von dieser Regel zugelassen – u. E. zu Unrecht.

ist daher das Grundkapital allenfalls nicht voll gedeckt. Die Forderungen der Gläubiger dürfen jedoch auf keinen Fall gefährdet sein.

III. Die gesetzliche Ordnung im einzelnen

Vgl. dazu allgemein vorn N 33 ff. Hier ist nur auf Besonderheiten der deklarativen Herabsetzung einzugehen. 304

1. Möglichkeiten der Herabsetzung

Auch bei der deklarativen Herabsetzung kann die Reduktion des Aktienkapitals durch eine *Verminderung des Nennwerts* von Aktien oder eine *Verminderung der Aktienzahl* erreicht werden. Letzteres wird – wie soeben erwähnt – insofern erleichtert, als die Mindestnennwertschranke von Fr. 10.– entfällt. 305

Im Hinblick auf die Herabsetzung durch *Verminderung der Aktienzahl* ist zu beachten, dass ein *Rückkauf von Papieren nicht in Betracht* kommt. Dies muss auch für einen Rückkauf *unter pari* gelten, ist doch Voraussetzung jeder deklarativen Kapitalherabsetzung, dass keine Vermögenswerte von der Gesellschaft abfliessen. Möglich wäre daher nur ein *unentgeltlicher* Erwerb eigener Aktien. 306

2. Erfordernis eines besonderen Revisionsberichts

Prüfung und Inhalt des Berichts entsprechen denen bei der konstitutiven Herabsetzung. Zusätzlich hat sich die Prüfung auf die besonderen *Voraussetzungen des vereinfachten Verfahrens* zu erstrecken[95]: 307
– Es ist festzustellen, dass eine *Unterbilanz* vorliegt. 308
– Zu untersuchen ist weiter, ob die Unterbilanz auf *Verluste* zurückzuführen ist. 309
– Endlich ist zu prüfen, ob die *Herabsetzung nicht grösser als die Unterbilanz* ist. 310

Nicht geprüft werden muss dagegen, ob das Unternehmen nach erfolgter Sanierung *lebensfähig* ist[96]. 311

Das Vorliegen der besonderen Voraussetzungen des vereinfachten Verfahrens ist auch *im Revisionsbericht zu bestätigen*. 312

3. Statutenändernder Generalversammlungsbeschluss

a) Modifikationen im Vergleich zum entsprechenden Beschluss bei der konstitutiven Herabsetzung ergeben sich aus den materiellen Unterschieden der beiden Verfahren: 313
– Der Beschluss soll nicht nur auf den Revisionsbericht Bezug nehmen, sondern auch festhalten, dass mit der Herabsetzung die *Beseitigung einer Unterbilanz bezweckt* ist. 314

---

[95] Vgl. BGE 76 I 166.
[96] Unrichtig diesbezüglich BGE 86 I 166, wonach sich der Revisionsbericht darüber aussprechen müsse, ob «die A.-G. somit die Voraussetzungen für ein betriebs- und lebesfähiges Unternehmen ... wieder erfülle».

315 – Eine *öffentliche Bekanntgabe* des Herabsetzungsbeschlusses und die damit verbundene Aufforderung an die Gläubiger, ihre Forderungen anzumelden, *entfällt.*

316 – Da auf den Herabsetzungsbeschluss nicht noch ein besonderes Gläubigerschutzverfahren folgt, kann der Beschluss *unverzüglich beim Handelsregisteramt angemeldet* werden, ohne dass es noch einer besonderen notariellen Feststellungsurkunde (vgl. OR 734 und dazu vorn N 215 ff) bedürfte.

4. Wegfall besonderer Gläubigerschutzbestimmungen

317 Die weiteren für die konstitutive Kapitalherabsetzung vorgesehenen Gläubigerschutzbestimmungen können bei der deklarativen Herabsetzung teilweise entfallen, teils sind sie praktisch gegenstandslos:

318 – Da bei der deklarativen Herabsetzung den Gläubigern *kein Haftungssubstrat entzogen* wird, erübrigen sich der Schuldenruf und die sich daran anschliessende besondere Wahrung der Gläubigerrechte. Das Gesetz hält dies in OR 735 ausdrücklich fest, freilich in einer Formulierung, die teils zu eng, teils zu weit gefasst ist:

319 – *Zu eng* gefasst ist der Wortlaut, indem er nur die Aufforderung an die Gläubiger und deren Sicherstellung oder Befriedigung erwähnt. Auch die übrigen Gläubigerschutzbestimmungen, insbesondere die Wartefrist und die Überprüfung der Einhaltung des Gläubigerschutzes durch eine Urkundsperson entfallen.

320 – Grammatikalisch *zu weit* gefasst ist der Gesetzestext, indem eine Pflicht zur *Befriedigung* der Gläubiger natürlich nicht entfällt, soweit diese aufgrund der Fälligkeit ihrer Forderungen Befriedigung erlangen können. Die vertraglichen Rechte der Gläubiger werden durch die Herabsetzung nicht tangiert.

321 – Nach OR 732 IV ist ein allfälliger *Buchgewinn* für Abschreibungen zu verwenden (vgl. vorn N 180 ff). Theoretisch ist diese Norm auch bei der deklarativen Herabsetzung zu beachten, praktisch ist sie bei ihr *gegenstandslos.*

5. Vollzug der Herabsetzung

322 Während die konstitutive Herabsetzung durch die Freigabe von bisher gebundenem Gesellschaftsvermögen (Rückzahlung oder Befreiung von Liberierungspflichten) vollzogen wird, besteht bei der deklarativen Herabsetzung der Vollzug in der vollständigen oder teilweisen *Beseitigung der Unterbilanz.* Eine Freigabe von Gesellschaftsvermögen entfällt.

6. Berichtigung der Aktientitel

323 Es ergeben sich keine Besonderheiten, mit der bereits erwähnten Ausnahme, dass eine Herabsetzung des Nennwerts auch unter Fr. 10.– möglich ist.

7. Keine öffentliche Feststellungsurkunde

Die bei der konstitutiven Herabsetzung vorgeschriebene öffentliche Urkunde *entfällt*, was in HRV 84 III ausdrücklich festgehalten ist.

8. Anmeldung beim Handelsregisteramt, Eintragung und Veröffentlichung im Schweizerischen Handelsamtsblatt

Da die Gläubigerschutzvorschriften gemäss OR 733 entfallen, kann die Herabsetzung – wie erwähnt – *unmittelbar nach erfolgtem Statutenänderungsbeschluss* beim Handelsregisteramt *angemeldet* werden.

Mit Bezug auf die *Prüfung* durch den Registerführer ist zu betonen, dass dieser nicht in der Lage ist zu untersuchen, ob die Voraussetzungen des vereinfachten Verfahrens *materiell* gegeben sind. Er kann und muss sich diesbezüglich auf die Feststellungen der Revisionsstelle verlassen. Doch hat er zu prüfen, ob eine *Unterbilanz formell ausgewiesen* worden ist.

Bei der *Veröffentlichung im Handelsamtsblatt* kann zwar der Ausdruck «Unterbilanz» vermieden werden. Doch wird in der Registerpraxis zu Recht wenigstens der Hinweis verlangt, dass die Herabsetzung im Sinne von OR 735 durchgeführt worden ist.

9. Widerruf und Mängel

Mit Bezug auf *spezifische Mängel* der deklarativen Herabsetzung ist festzuhalten:
– *Überstieg die Herabsetzung den Betrag der Unterbilanz,* wurde aber der Mehrbetrag für Abschreibungen verwendet, dann ist der Herabsetzungsbeschluss – da keine Interessen Dritter unmittelbar verletzt wurden – lediglich anfechtbar.
– Erfolgten *Rückerstattungen an Aktionäre,* dann sind diese nach Bereicherungsgrundsätzen *rückgängig zu machen*.

Eine weitergehende Sanktion – insbesondere die der Nichtigkeit der Kapitalherabsetzung als solcher – ist u. E. nicht angebracht, da auch beim vereinfachten Verfahren durch besonderen Revisionsbericht bestätigt wird, dass die Forderungen der Gläubiger voll gedeckt sind.

D. *Kapitalherabsetzung unter gleichzeitiger Wiedererhöhung auf den bisherigen Betrag*

OR 732 enthält einen Vorbehalt für den Fall, dass die Kapitalherabsetzung verbunden ist mit einer gleichzeitigen Wiedererhöhung bis zur bisherigen Höhe durch neues, voll einbezahltes Kapital[97]: In diesem Sonderfall sollen die

---

[97] Vgl. als Beispiel BGE 86 II 78 ff. – In der Praxis ist für dieses Vorgehen der Ausdruck «*Kapitalschnitt*» üblich.

Regeln von OR 732 ff nicht zur Anwendung kommen, liegt somit *keine Kapitalherabsetzung* im Sinne des Gesetzes vor.

333 Im Vergleich zur deklarativen Herabsetzung ist das Verfahren *weiter vereinfacht,* indem der besondere Revisionsbericht und allenfalls auch das Erfordernis einer Statutenänderung entfallen. Erforderlich bleiben öffentlich zu beurkundende Generalversammlungsbeschlüsse betreffend die Herabsetzung und Wiedererhöhung des Aktienkapitals, ein Feststellungsbeschluss des Verwaltungsrates zur Kapitalerhöhung und die Anmeldung dieser Beschlüsse beim Handelsregisteramt, es sei denn, es werde der Weg der sogenannten *stillen* Sanierung (dazu nachstehend N 345 f) gewählt.

I. Interessenlage, Voraussetzungen und Schranken

334 a) Die mit einer gleichzeitigen Wiedererhöhung verbundene Kapitalherabsetzung ist in der Regel eine *Sanierungsmassnahme.* Dabei bleibt das Aktienkapital in der bisherigen Höhe bestehen, weshalb die Interessen der Gläubiger noch weniger betroffen werden als bei der deklarativen Herabsetzung. Vielmehr wird ihre Position *verbessert,* indem nicht nur kein Vermögen aus der Gesellschaft abfliesst, sondern diese zusätzlich *neue Vermögenswerte* erhält. Die in OR 732 ff vorgesehenen Massnahmen zum Gläubigerschutz erübrigen sich daher[98].

335 b) Voraussetzung ist, dass gleichzeitig mit der Kapitalherabsetzung eine *Wiedererhöhung* «bis zur bisherigen Höhe» oder – präziser – *mindestens bis zur bisherigen Höhe* stattfindet, und zwar durch *voll einbezahltes Kapital.*

336 c) Bei der Herabsetzung braucht die Limite von Fr. 100 000.– (OR 621) nicht eingehalten zu werden, ja es ist sogar eine Herabsetzung auf Null gestattet, ohne dass dieses Vorgehen als Liquidation mit anschliessender Neugründung zu behandeln wäre[99].

337 Die Herabsetzung mit gleichzeitiger Wiedererhöhung ist – entgegen einer formellen Auslegung von OR 725 II a. E. – auch dann zulässig, wenn die Gesellschaft *überschuldet* ist.

338 d) Die herabgesetzten *alten Aktien* sind an *keine Nennwertschranke* gebunden; es ist auch eine Herabsetzung des Nennwertes auf Null und damit die Umgestaltung der Aktien zu solchen ohne Nennwert zulässig[100]. Dagegen ist zu verlangen, dass die im Zuge der Wiedererhöhung herausgegebenen *neuen Aktien* den minimalen Nennwert von Fr. 10.– (OR 622 IV) aufweisen.

---

[98] BGE 102 Ib 23.
[99] ZR *1911* Nr. 128 S. 219.
[100] BGE 86 II 81.

II. Das Verfahren

Das Verfahren zeichnet sich dadurch aus, dass mit der Kapitalherabsetzung eine *gleichzeitige Wiedererhöhung* mindestens auf den bisherigen Betrag verbunden ist. Diese kann erfolgen durch Ausgabe neuer Aktien oder durch Zuzahlungen auf die bisherigen Aktien. Nur im ersten Fall muss der Vorgang nach aussen in Erscheinung treten, während eine Sanierung durch Zuzahlung auch auf stillem Wege möglich (und in der Praxis verbreitet) ist. Im einzelnen folgendes:

1. Das Verfahren bei Ausgabe neuer Aktien

a) Da OR 732 ff nicht zur Anwendung kommen, *entfällt der besondere Gläubigerschutz* des Herabsetzungsverfahrens auch in seiner reduzierten, für die deklarative Herabsetzung vorgesehenen Form. Mit der Umstrukturierung ist auch *nicht notwendig eine Statutenänderung* verbunden [101].

b) Erforderlich sind ein *Kapitalherabsetzungs- und ein Erhöhungsbeschluss* der Generalversammlung, dem sich – entsprechend den allgemeinen Regeln des Kapitalerhöhungsverfahrens (dazu § 52 N 164 ff) – ein Feststellungsbeschluss des Verwaltungsrates anschliesst.

Die Beschlüsse sind *öffentlich zu beurkunden*, beim Handelsregisteramt *anzumelden* [102] und von diesem im Schweiz. Handelsamtsblatt zu *publizieren* und im Register *einzutragen* [103].

c) Für die *Liberierung* der neu ausgegebenen Aktien besteht die erwähnte Besonderheit, dass OR 732 *Volliberierung* verlangt. Im übrigen kommen die allgemeinen Regeln zur Anwendung. Insbesondere kann auch in diesem Verfahren die Liberierung in *bar* oder *qualifiziert* erfolgen (vgl. dazu § 14 N 18 ff und § 15 N 9 ff sowie § 52 N 115 ff). Eine häufige Sanierungsmassnahme ist insbesondere die Liberierung durch *Verrechnung*, indem sich Gläubiger bereit erklären, Aktien zu übernehmen und diese durch Verrechnung mit ihren Forderungen zu liberieren (vgl. § 52 N 122 ff).

2. Besonderheiten der Deckung des Aktienkapitals durch Zuzahlungen von Aktionären

a) Statt durch Ausgabe neuer Aktien kann die an eine Herabsetzung anschliessende Kapitalerhöhung auch durch *Heraufsetzung des Nennwerts* beste-

---

[101] Eine solche ist nur erforderlich, wenn das Aktienkapital über den bisherigen Betrag hinaus erhöht wird oder in der Aufteilung in Aktien Änderungen vorgenommen werden.
[102] Vgl. Eidg. Handelsregisteramt in SJZ *1939/40* 211.
[103] Eingetragen und publiziert wird, dass das Kapital auf den Betrag XX herabgesetzt und wieder auf den Betrag YY erhöht worden ist, wobei eine allfällige *qualifizierte* Wiedererhöhung ausdrücklich zu erwähnen ist. Vgl. die Beispiele bei Rebsamen/Thomi 132 ff.

hender Aktien vorgenommen werden (vgl. dazu allgemein § 52 N 36). Das vorstehend N 340 ff skizzierte Verfahren kommt entsprechend zur Anwendung.

345 b) *Wirtschaftlich* kann dasselbe Resultat auf einem einfacheren Weg – ohne Kapitalherabsetzung und anschliessende Wiedererhöhung – dadurch erreicht werden, dass Aktionäre freiwillig über die Volliberierung hinaus *Zuzahlungen* auf ihre Aktien erbringen oder *Verpflichtungen der Gesellschaft übernehmen:* Auch dadurch können eine Unterbilanz beseitigt und der Gesellschaft neue Mittel zugeführt bzw. kann diese von Verlusten befreit werden. Ein Kapitalherabsetzungs- und ein Erhöhungsbeschluss sind nicht erforderlich[104].

346 Der Vorteil dieser *stillen* Sanierung liegt darin, dass *keine Kapitalveränderungen* stattfinden und somit die öffentliche Beurkundung, die Eintragung im Handelsregister und die damit verbundene *Publizität entfallen*. Die stille Sanierung wird daher in Gesellschaften mit kleinem Aktionärskreis der offenen – durch Kapitalherabsetzung und Wiedererhöhung – oft vorgezogen. Sie ist freilich nur im Einverständnis aller bzw. aller betroffenen Aktionäre möglich.

III. Exkurs: Entrichtung der Emissionsabgabe?

347 Bei der *Ausgabe neuer Aktien* ist die Eidg. Emissionsabgabe zu entrichten (vgl. § 16 N 67 f und die dort N 69 erwähnte Ausnahme für kleinere Verhältnisse).

348 In *Sanierungsfällen* ist jedoch ein *Erlass der Abgabe* möglich. Nach einer neueren Praxis bejaht die *Eidg. Steuerverwaltung* das Vorliegen einer Sanierung dann, wenn und soweit die bei einem Unternehmen aufgelaufenen *Verluste durch geeignete Massnahmen reduziert* werden. Solche Massnahmen stellen etwa die Herabsetzung und anschliessende Wiedererhöhung des Kapitals (Einzahlung durch Aktionäre oder Dritte oder Umwandlung von Forderungen), Forderungsverzichte von Gesellschaftern oder Zuschüsse von Aktionären dar.

349 Liegt eine Sanierung in diesem Sinne vor, so wird zugunsten des Abgabepflichtigen das *Vorliegen einer offenbaren Härte vermutet* und der Erlass grundsätzlich zugebilligt. Ausnahmsweise können freilich eine offenbare Härte verneint und der Erlass verweigert werden, so etwa dann, wenn ein Unternehmen über Reserven verfügt, welche die vorhandenen Verluste decken, aber auch, wenn die Massnahmen *keine echte Sanierung*, d. h. keine Gesundung des Unternehmens bewirken oder wenn die Gesellschaft über ein ungenügendes Aktienkapital verfügt.

350 Näheres in: Die Praxis der Bundessteuern, II. Teil: Stempelabgaben und Verrechnungssteuer, Hg: Stockar/Hochreutner (Basel, Loseblattausgabe) zu StG 12.

---

[104] ZR *1940* Nr. 96 S. 209 f.

12. Kapitel: Die Beendigung der Aktiengesellschaft

Materialien: Botschaft 190 f, AmtlBull NR *1985* 1788, SR *1988* 518 f, NR *1990* 1389, SR *1991* 76, NR *1991* 852.

§ 54 Übersicht

I. Die grundsätzlich unbeschränkte Dauer der AG

Die AG ist eine juristische Person. Als solche ist sie – im Gegensatz zu den Personengesellschaften (zu diesen vgl. OR 545 I Ziff. 2, 574 I und 619 [mit einer Ausnahme in Abs. 2]) – unabhängig von ihren Mitgliedern und von einem Mitgliedschaftswechsel nicht betroffen. 1

Grundsätzlich ist daher – soweit statutarisch nichts anderes vorgesehen ist (vgl. OR 627 Ziff. 4 und dazu § 8 N 69) – die *Dauer einer AG unbeschränkt*. 2

II. Beendigungsgründe und Beendigungsarten

a) Das Gesetz sieht jedoch eine Reihe von *Beendigungsgründen* zwingend vor (vgl. insbes. OR 736). Weitere Gründe können in den Statuten enthalten sein, und schliesslich kann das Ende einer AG auch durch GV-Beschluss herbeigeführt werden. (Näheres in § 55.) 3

b) Bei den *Beendigungsarten* ist vor allem danach zu unterscheiden, ob das wirtschaftliche Substrat der Gesellschaft untergeht oder erhalten bleibt. Im ersten Fall spricht man von einer *Auflösung mit Liquidation* (dazu § 56), im zweiten von einer Auflösung *ohne Liquidation*. Hauptfall der Auflösung ohne Liquidation ist die *Fusion* (dazu § 57), weitere Fälle sind die Umwandlung in eine andere Rechtsform, die sogenannte Verstaatlichung und die Sitzverlegung ins Ausland (dazu § 58). 4

c) Hinsichtlich der Beendigungsarten kann auch danach unterschieden werden, ob die Beendigung *mit dem Willen* der (Mehrheit der) Aktionäre (aufgrund eines GV-Beschlusses oder der Statuten) oder *unabhängig von deren Willen* (durch Entscheid des Richters oder des Handelsregisterführers) erfolgt. Grundlage einer Beendigung ohne Liquidation ist regelmässig ein GV-Beschluss, theoretisch auch eine statutarische Bestimmung. Die Beendigung mit Liquidation kann – je nach den Umständen – durch die Aktionäre oder den Richter bzw. den Handelsregisterführer ausgelöst werden. 5

III. Das Beendigungsverfahren

6 Mit dem Eintritt eines Auflösungsgrundes hört die AG keineswegs zu existieren auf: Vielmehr tritt sie in ein neues Stadium ihrer Existenz, das *Beendigungs-, Abwicklungs- oder Auflösungsstadium:* Bei der Auflösung *mit Liquidation* besteht die AG vorderhand als juristische Person weiter (OR 739 I), aber mit neuer, eingeschränkter Zielsetzung, nämlich mit dem Zweck, ihr eigenes Ende vorzubereiten. Erst nach Abschluss dieses Stadiums hört die AG zu bestehen auf und ist sie im Handelsregister zu löschen. Wird die AG *nicht liquidiert,* sondern ihre Substanz in anderer Form weitergeführt (wie bei der Fusion oder der Umwandlung in eine andere Rechtsform), dann verliert zwar die AG die Rechtspersönlichkeit (vgl. § 57 N 152), doch muss die Beendigung – bei der Fusion etwa der Übergang von Vermögen und Mitgliedschaft – faktisch vollzogen werden.

7 Bei der Auflösung mit Liquidation wird das Beendigungsstadium als *Liquidationsstadium* bezeichnet. Wird die AG nicht liquidiert, dann ist in diesem Zeitraum die Übernahme des Vermögens bzw. die Umwandlung zu vollziehen.

8 Schematisch stellt sich also das Beendigungsverfahren wie folgt dar:

↓	↓	→
Eintritt eines Auflösungsgrundes	Abwicklungsstadium, Beendigungsstadium, Liquidationsstadium	Erlöschen der Gesellschaft
OR 736	OR 737 f, 739–747, 748–750, 751, 824–826; IPRG 163 f	OR 746, 748 Ziff. 7, 751 III, 826 V; IPRG 164 I
vgl. § 54	vgl. §§ 56–58	vgl. § 56 N 152, 57 N 152, 58 N 22, 34 f, 48

IV. Der Einfluss der Aktienrechtsreform

9 Der fünfte Abschnitt (OR 736–751) über die Beendigung der AG ist in der Aktienrechtsreform *nur punktuell abgeändert* worden:

10 – In OR 736 Ziff. 4 wurden das Quorum herabgesetzt und eine Alternative zur Auflösung (dazu § 55 N 106 ff) eingeführt.

11 – Durch OR 737 wurde schon bisher der Verwaltungsrat von der Pflicht, den Richter zu benachrichtigen, im Falle des Konkurses entbunden. Das neue Recht sieht als zusätzliche Ausnahme die Auflösung durch richterliches Urteil vor.

12 – In OR 740 IV wird festgehalten, dass bei der Auflösung durch richterliches Urteil der Richter die Liquidatoren zu bestimmen hat.

13 – Der bisherige Art. 740 IV wird unverändert zu Art. 741 I, der bisherige Art. 741 I wird zu Abs. 2, und bisher Art. 741 II ist in Art. 740 III als Satz zwei integriert worden.

14 – OR 745 I erwähnt – was auch bisher selbstverständlich war – die Berücksichtigung der Vorrechte einzelner Aktienkategorien bei der Verteilung des Liquidationsüberschusses.

– In OR 745 III wird schliesslich – in Anlehnung an die bisherige Praxis, aber verbunden mit einer Stärkung des Gläubigerschutzes – unter gewissen Voraussetzungen eine vorzeitige Ausschüttung des Liquidationsüberschusses vorgesehen. 15

Zu ergänzen ist, dass die Bestimmung von HRV 51 betreffend die Sitzverlegung von der Schweiz ins Ausland sachlich unverändert und auch wörtlich praktisch identisch in IPRG 163 I und 164 I aufgenommen worden ist. 16

Literatur und Judikatur zum bisherigen Aktienrecht bleiben daher aktuell. 17

§ 55 Auflösungsgründe und Abwicklungsstadium

Literatur: Wilfried Bertsch: Die Auflösung der Aktiengesellschaft aus wichtigen Gründen (Diss. Zürich 1947 = ZBR 129); Böckli N 1939 ff; Bürgi, Kommentar zu Art. 736–738; Otto Diethelm: Grundsätzliches zur Frage der Auflösung handelsrechtlicher Körperschaften (Diss. Zürich 1953); Markus Kick: Die verbotene juristische Person (Diss. Freiburg 1993); Peider Mengiardi: Statutarische Auflösungsgründe im Recht der Aktiengesellschaft ... in: Boemle/Geiger ... (vgl. LV) 265 ff; Charles Metzler: Die Auflösungsgründe im Bereich der Aktiengesellschaft (Diss. Bern 1952); John Nenninger: Der Schutz der Minderheit in der Aktiengesellschaft nach schweizerischem Recht (Diss. Basel 1969 = Basler Studien 105 [1974]) 52 ff; Christoph Stäubli in Basler Kommentar zu Art. 736–738; Pierre Tercier: La dissolution de la société anonyme pour justes motifs ..., SAG *1974* 67 ff, vgl. auch ders. in SAG *1979* 69 ff und SAG *1980* 79 ff.

Zum Auflösungsstadium vgl. auch die Literatur zu §§ 56–58.

Mit der Auflösung beginnt das Stadium der *Beendigung* einer AG[1], unabhängig davon, ob die Liquidation vorgesehen ist oder die Substanz in anderer Rechtsform beibehalten bleiben soll.

Im folgenden werden zunächst die Gründe für die Auflösung einer AG besprochen (lit. A, N 5 ff), anschliessend die Besonderheiten der AG im Abwicklungsstadium (lit. B, N 149 ff). Sodann wird der Frage nachgegangen, ob eine Auflösung rückgängig gemacht werden kann (lit. C, N 179 ff).

A. Die Auflösungsgründe

OR 736 enthält eine *Liste von Auflösungsgründen*, die freilich *nicht vollständig* ist:
- In Ziff. 5 wird ausdrücklich auf *weitere vom Gesetz vorgesehene Fälle* verwiesen. Solche Auflösungsgründe finden sich in OR 625 II, 627 Ziff. 4, 643 III, 708 III und in den SchlBest. des BG über die Revision des Aktienrechts Art. 2, sodann in ZGB 57 III. Vgl. ferner HRV 60 und 89.
- Sodann wird in Ziff. 1 auf *statutarische* Auflösungsgründe verwiesen.

I. Auflösung nach Massgabe der Statuten (OR 736 Ziff. 1)

1. Allgemeines

a) OR 736 erwähnt in Ziff. 1 allgemein die Auflösung «nach Massgabe der Statuten». OR 627 Ziff. 4 nennt noch besonders *einen* Fall der statutarischen Auflösungsgründe: die Befristung (dazu N 18 f).

---

[1] Der Titel zum fünften Abschnitt des Aktienrechts («Auflösung der Aktiengesellschaft») ist daher zu eng, da in diesem Abschnitt nicht nur der Eintritt der Auflösung, sondern die Beendigung als Ganzes einschliesslich der Liquidation, Übernahme oder Umwandlung behandelt wird.

9 Statutarische Auflösungsgründe gehören zum *bedingt notwendigen* Statuteninhalt (vgl. § 8 N 5), was freilich insofern wenig bedeutsam ist, als es die GV in der Hand hat, auch ohne statutarische Basis die Auflösung zu beschliessen (OR 736 Ziff. 2, dazu N 22 ff).

10 Die Statuten können die gesetzlich vorgesehenen Auflösungsgründe *erweitern*, nicht aber einschränken[2].

11 b) Mit dem Eintritt eines statutarischen Auflösungsgrundes tritt die Gesellschaft *ohne weiteres* in das Beendigungsstadium ein. Eines besonderen Beschlusses der GV oder gar eines richterlichen Entscheides bedarf es nicht.

12 Statutarisch kann freilich auch eine *andere Ordnung* vorgesehen werden. So kann etwa ein bestimmtes Ereignis als wichtiger Grund bezeichnet werden, der zwar nicht von selbst zur Auflösung führt, wohl aber zur Einleitung einer Auflösungsklage nach OR 736 Ziff. 4 berechtigt.

13 c) *Vor dem Eintritt* eines statutarischen Auflösungsgrundes kann dieser unter Einhaltung der Bestimmungen über die Statutenänderung (dazu § 9 N 5 ff) abgeändert und insbesondere auch aufgehoben werden.

14 Stark umstritten ist dagegen die Frage, ob die Fortsetzung einer AG auch *nach Ablauf* der in den Statuten bestimmten Zeitdauer bzw. nach dem Eintritt eines anderen statutarischen Auflösungsgrundes beschlossen werden kann, dazu nachstehend N 199 f.

15 d) Als *Beispiele* statutarischer Auflösungsgründe sind – neben der im Gesetz ausdrücklich genannten *Befristung* – etwa denkbar: Verlust eines bestimmten Teils des Aktienkapitals[3] oder Unmöglichkeit, eine bestimmte Rendite zu erwirtschaften, Nichterteilung oder Nichterneuerung einer Konzession, Verlust eines Patentes. Umstritten ist, ob die *Kündigung* durch einen Aktionär als statutarischer Auflösungsgrund normiert werden kann, dazu N 20 f.

16 Ein Auflösungsgrund kann auch *implizit* aus einer statutarischen Bestimmung hervorgehen, so etwa, wenn der statutarische *Gesellschaftszweck* vollständig *erfüllt* oder wenn er *unmöglich* geworden ist. Doch wird man in solchen Fällen einen richterlichen Auflösungsentscheid aufgrund einer Klage (OR 736 Ziff. 4) verlangen.

17 Statutarische Auflösungsgründe sind in der Praxis *selten*.

2. Zeitablauf insbesondere

18 Regelmässig wird eine AG für *unbestimmte Zeit* gegründet. Doch sieht das Gesetz die Möglichkeit einer statutarischen *Begrenzung der Dauer* der Gesellschaft ausdrücklich vor (OR 627 Ziff. 4).

---

[2] Immerhin können sie mit Bezug auf OR 736 Ziff. 2 – Auflösung durch GV-Beschluss – Einschränkungen und Erschwerungen (insbes. erhöhte Quoren) vorschreiben.

[3] In Verschärfung von OR 725 soll also nicht erst die Überschuldung zur Auflösung führen.

Denkbar ist es, in den Statuten einen *bestimmten Zeitpunkt* zu fixieren. Der Auflösungszeitpunkt kann aber auch bloss *bestimmbar* sein[4], oder es kann auf ein Ereignis abgestellt werden, das zwar sicher, jedoch in einem *noch unbestimmten Zeitpunkt* eintreten wird[5]. 19

3. Zulässigkeit der Kündigung als Auflösungsgrund?

Eine *Mehrheit* von Autoren hält es für *unzulässig*, eine Kündigung durch Aktionäre als Auflösungsgrund statutarisch vorzusehen[6]. Dagegen hält Mengiardi (zit. N 1) statutarische Kündigungsrechte für *zulässig*. Dieser Auffassung ist u. E. *zuzustimmen*: Der Einführung eines Kündigungsrechts steht keine zwingende Bestimmung des Aktienrechts entgegen, sofern nur der Grundsatz der Gleichbehandlung der Aktionäre und die übrigen aktienrechtlichen Grundprinzipien gewahrt bleiben und das Kündigungsrecht nicht so ausgestaltet ist, dass es indirekt zur Erzwingung zusätzlicher, über die Liberierung hinausgehender Leistungen eingesetzt werden kann. 20

In einem Kündigungsrecht kann ein äusserst wirksames Mittel des *Minderheitenschutzes* liegen. 21

II. Auflösung durch Generalversammlungsbeschluss (OR 736 Ziff. 2)

Häufigster Auflösungsgrund dürfte ein Beschluss der GV sein. Dazu folgendes: 22

a) Die Befugnis, die Auflösung der Gesellschaft zu beschliessen, steht der GV *unentziehbar* zu. Sie kann *nicht auf ein anderes Organ delegiert* werden. 23

In der Praxis kommt es freilich bei Aktiengesellschaften mit einer kleinen Zahl von Gesellschaftern vor, dass die Auflösung nicht durch die GV, sondern durch den *Verwaltungsrat* beschlossen wird. Zwar ist ein solcher Beschluss *nichtig*, doch kann er *faktisch dennoch Wirkungen* zeitigen, wenn der Verwaltungsrat gestützt darauf zur Liquidation der Gesellschaft schreitet[7]. 24

b) Der Auflösungsbeschluss kann – unter Einhaltung der Verfahrensvorschriften (dazu § 23 N 16 ff) – *jederzeit* gefasst werden, solange *nicht ein anderer Auflösungsgrund wirksam geworden ist*[8]. 25

Zur Anwendung kommen die allgemeinen Regeln über die Beschlussfassung in der GV (dazu § 24). Ein qualifiziertes Quorum (dazu § 24 N 28 ff) ist von 26

---

[4] Ablauf eines Vertrages, einer Konzession, eines Patentes ...
[5] Etwa der Tod eines Aktionärs.
[6] Diese Auffassung wurde auch in der Expertenkommission zum OR *1936* geäussert, vgl. ProtExp 536.
[7] Vgl. die Tatbestände von BGE 115 Ib 274 ff und 393 ff sowie Wettenschwiler (zit. § 56 N 1) 45 ff.
[8] Auch die statutarische Festlegung einer bestimmten Dauer der Gesellschaft unterbindet die vorzeitige Auflösung durch GV-Beschluss nicht.

Gesetzes wegen nur verlangt bei der *Auflösung der Gesellschaft ohne Liquidation* (OR 704 I Ziff. 8), also durch Fusion, Übernahme, Umwandlung und Sitzverlegung ins Ausland (dazu sogleich N 30)⁹.

27 *Statutarische Erschwerungen* der Beschlussfassung sind jedoch möglich (vgl. § 24 N 46 ff) und in der Praxis häufig.

28 c) Der Auflösungsbeschluss ist – wie andere besonders bedeutsame GV-Beschlüsse (z. B. Statutenänderung, OR 647 I) – *öffentlich zu beurkunden*.

29 d) Der Beschluss muss den klaren *Willen* ausdrücken, die Gesellschaft *aufzulösen*. Festzuhalten ist sodann auch, *auf welche Weise* die Auflösung vollzogen werden soll, ob durch Liquidation, Fusion, Übernahme durch eine Körperschaft des öffentlichen Rechts oder Umwandlung. Immerhin darf wohl davon ausgegangen werden, dass dann, wenn die GV die Auflösung beschliesst, ohne die Art des Vollzugs zu präzisieren, stets eine Auflösung mit anschliessender Liquidation gemeint ist.

30 *Implizit* liegt ein Auflösungsbeschluss auch in der Beschlussfassung über die *Verlegung des Gesellschaftssitzes ins Ausland* (dazu IPRG 163 f und § 5 N 44, 46 ff). Es handelt sich um eine Auflösung ohne Liquidation, da die Gesellschaft zwar ihre Rechtspersönlichkeit als schweizerische AG aufgibt, jedoch nach ausländischem Recht fortbesteht.

31 Wird nichts anderes beschlossen, dann wird die Auflösung *sofort wirksam*.

32 e) Wie jeder GV-Beschluss kann auch der Beschluss über die Auflösung *angefochten* werden (dazu OR 706 f und § 25 N 11 ff). Stark umstritten ist, ob ein *Widerruf* durch gegenteiligen Beschluss möglich ist (dazu N 186 ff).

III. Auflösung infolge Konkurseröffnung und aus ähnlichen Gründen (OR 736 Ziff. 3)

33 OR 736 Ziff. 3 sieht als weiteren Auflösungsgrund die *Eröffnung des Konkurses* über die AG vor. Zu erwähnen sind sodann gewisse der Konkurseröffnung *verwandte Tatbestände*, die ebenfalls zur Auflösung führen.

1. Eröffnung des Konkurses

34 Entsprechend der gesetzlichen Gliederung können die *Konkursgründe* unterteilt werden in Fälle der Konkurseröffnung *ohne* vorgängige Betreibung (SchKG 190 ff) und solche der Konkurseröffnung *im Anschluss an ein Betreibungsverfahren* (SchKG 159 ff, 177 ff), dazu nachstehend lit. a und b, N 35 ff. Für

---

[9] Im Regelfall gilt also das Quorum von OR 703, obwohl mit der Auflösung eine Zweckänderung einhergeht (dazu hinten N 153) und eine solche üblicherweise ein qualifiziertes Quorum verlangt (vgl. OR 704 I Ziff. 1).

alle Fälle gelten dieselben Regeln hinsichtlich des Zeitpunkts des Eintritts der Auflösung (dazu lit. c, N 47 ff) und des Verhältnisses zu anderen Auflösungsgründen (dazu nachstehend lit. d, N 51 f).

a) Das SchKG nennt eine Reihe von Fällen der *Konkurseröffnung ohne vorgängige Betreibung*: 35

aa) Hauptfall dürfte der ausschliesslich für Körperschaften des OR vorgesehene (vgl. SchKG 192) Tatbestand der *Überschuldung* sein (vgl. dazu OR 725 f, insbes. 725a I und § 50 N 187 ff, insbes. 223 ff). 36

Zweck dieses besonderen Konkursgrundes ist der *Gläubigerschutz*: Es soll dafür gesorgt werden, dass eine Gesellschaft ihre werbende Aktivität beim Eintritt der Überschuldung einstellt, damit eine Vermehrung der Gläubigerforderungen und der zu erwartenden Verluste verhindert wird[10]. 37

bb) Nach SchKG 191 kann ein Schuldner die Konkurseröffnung durch eine *Insolvenzerklärung*[11] bewirken, d. h. dadurch, dass «er sich beim Gerichte zahlungsunfähig erklärt». Diese Bestimmung ist nach unbestrittener Auffassung auch für die AG anwendbar. Erforderlich ist ein öffentlich beurkundeter GV-Beschluss[12]. Anders als bei der Konkurseröffnung infolge Überschuldung kommt es nicht auf die *tatsächliche Vermögenslage* der Gesellschaft an, sondern lediglich auf die *Erklärung*. 38

cc) Nach SchKG 309 kann jeder Gläubiger die Konkurseröffnung ohne vorgängige Betreibung verlangen, wenn eine *Nachlassstundung widerrufen* (dazu SchKG 298 II bzw. revSchKG 298 III [in Kraft ab 1.1.1997]) oder ein ausserhalb eines Konkursverfahrens angestrebter *Nachlassvertrag verworfen* (vgl. SchKG 306) bzw. ein in oder ausser Konkurs bestätigter Nachlassvertrag *widerrufen* (vgl. SchKG 316 i. V. m. 309 bzw. revSchKG 313 i. V. m. 309) worden sind. 39

dd) Gemäss SchKG 190 I Ziff. 2 kann ein Gläubiger sodann die Konkurseröffnung gegen einen der Konkursbetreibung unterliegenden Schuldner – und damit auch gegen eine AG – ohne vorgängige Betreibung verlangen, wenn dieser seine *Zahlungen eingestellt* hat[13]. 40

ee) Endlich sieht SchKG 190 I Ziff. 1 eine Reihe *weiterer Gründe* vor, bei deren Vorliegen ein Gläubiger ohne vorgängige Betreibung die Konkurseröffnung verlangen kann. Es handelt sich um Fälle widerrechtlichen Verhaltens des Schuldners. 41

b) Bei der *Konkurseröffnung mit vorgängiger Betreibung* ist zu differenzieren: 42

aa) Das normale Verfahren ist das der *ordentlichen Konkursbetreibung* (vgl. SchKG 159 ff). Es setzt einen konkursfähigen Schuldner[14], ein korrektes Einleitungsverfahren (dazu SchKG 67 ff) und ein entsprechendes Fortsetzungsbegehren (SchKG 159) voraus. 43

---

[10] Vgl. etwa SAG *1952/53* 55.
[11] Vgl. dazu Beat Lanter: Die Insolvenzerklärung als Mittel zur Abwehr von Pfändungen (Diss. Zürich 1976).
[12] Giroud (zit. § 50 N 1) 49 f.
[13] Zum Begriff der Zahlungseinstellung vgl. etwa BGE 85 III 152 ff E 4, BlSchK *1978* 156 f. Erforderlich ist eine *dauernde* Einstellung der Zahlungen.
[14] Für die AG vgl. ausdrücklich SchKG 39 I Ziff. 7 bzw. revSchKG 39 I Ziff. 8.

44 bb) Als besonders rasches Verfahren für Forderungen aus Wechseln und Checks steht sodann die *Wechselbetreibung* zur Verfügung (vgl. SchKG 177 ff)[15].

45 Gemäss SchKG 46 II ist *Betreibungsort* der AG zwingend und ausschliesslich der im Handelsregister eingetragene *Sitz* (dazu § 8 N 32 ff). Eine Besonderheit gilt nur für die *ausländische AG*, deren schweizerische Zweigniederlassung an ihrem «Sitz» der selbständigen Konkursbetreibung in der Schweiz unterliegt (vgl. § 59 N 95 ff).

46 Am Betreibungsort ist auch der *Konkurs zu eröffnen*[16].

47 c) Mit der *rechtskräftigen Erklärung der Konkurseröffnung* tritt die AG in das Auflösungsstadium, falls sie nicht bereits aus einem anderen Grund aufgelöst ist.

48 Die Konkurseröffnung kann aus verschiedenen Gründen *hinausgeschoben* werden:

49 – Das *SchKG* und das *Prozessrecht* kennen eine Reihe von Tatbeständen, die dazu führen, dass das Konkurserkenntnis ausgesetzt wird.

50 – Für den Fall der Überschuldungsanzeige ist sodann in OR 725a eine besondere aktienrechtliche Möglichkeit des Konkursaufschubes vorgesehen (vgl. § 50 N 224 ff).

51 d) Im *Verhältnis zu anderen Auflösungsgründen* gilt der Grundsatz der *Priorität*: Ist eine Gesellschaft bereits aufgelöst, bewirkt die Konkurseröffnung keine Auflösung mehr. Wohl aber ändert sich das Beendigungsverfahren, indem an die Stelle der Liquidation nach OR 739 ff das konkursamtliche Liquidationsverfahren (SchKG 221 ff) tritt.

52 Die Konkurseröffnung über eine bereits aufgelöste Gesellschaft ergibt sich insbesondere aus OR 743 II: Danach haben die Liquidatoren, «sobald sie eine Überschuldung feststellen, den Richter zu benachrichtigen; dieser hat die Eröffnung des Konkurses auszusprechen».

2. *Konkursähnliche Auflösungsgründe*

53 a) Durch einen *Nachlassvertrag mit Vermögensabtretung* (Liquidationsvergleich) im Sinne vom SchKG 316a ff[17] (bzw. 317 ff nach revidiertem SchKG, in Kraft ab 1.1.1997) tritt die Gesellschaft in der Regel in das Auflösungsstadium. So, wenn das Vermögen von den Gläubigern liquidiert und verteilt wird. Möglich ist freilich, dass «mit einem Vermö-

---

15 Da die Fähigkeit, im Wege der Wechselbetreibung belangt zu werden, mit der allgemeinen Konkursfähigkeit übereinstimmt (vgl. SchKG 177 I), ist die AG ohne weiteres auch wechselbetreibungsfähig.

16 Ist eine Betreibung bei mehreren schweizerischen Zweigniederlassungen eines ausländischen Unternehmens angehoben worden, wird der Konkurs jedoch nur an *einem* Ort eröffnet, da nämlich, «wo er zuerst erkannt wird» (SchKG 55).

17 Dazu Fritzsche/Walder: Schuldbetreibung und Konkurs nach schweizerischem Recht, Bd. II (Zürich 1993) 583 ff; Ernst Ganahl: Entscheidungskriterien für die Wahl und die Bestätigung eines Nachlassvertrages gemäss SchKG (Diss. Zürich 1978); Hans Glarner: Das Nachlassvertragsrecht nach Schweiz. SchKG (Zürich 1967); Hans Hurter: Der Nachlassvertrag mit Gesellschaftsgründung (Diss. Bern 1989); Peter Ludwig: Der Nachlassvertrag mit Vermögensabtretung ... (Diss. Bern 1970 = ASR 403); Peter Vollenweider: Pfandverwertung beim Nachlassvertrag mit Vermögensabtretung (Diss. Zürich 1993 = SSBR 16).

gensrest oder durch Einsetzung neuer Mittel ein Unternehmen weiterbesteht»[18]. Sodann tritt die Gesellschaft auch dann nicht notwendigerweise in das Auflösungsstadium, wenn nicht alle Aktiven auf die Gläubiger übertragen werden müssen[19].

Jedenfalls ist der Abschluss des Nachlassvertrages gemäss HRV 64 II ähnlich einem Konkurserkenntnis in das Handelsregister einzutragen, wobei diese Eintragung von der erst nach Abschluss der Liquidation erfolgenden Anmeldung der Gesellschaft zur Löschung gemäss HRV 66 III zu trennen ist[20].

b) *Notorisch überschuldete* Aktiengesellschaften sind nach der Registerpraxis gemäss HRV 89 zu löschen, auch wenn kein Konkursbegehren eingereicht und demzufolge der Konkurs nicht ausgesprochen wurde[21].

c) Ergänzend ist darauf hinzuweisen, dass bei der *Einstellung eines Konkursverfahrens mangels Aktiven* zwar der den Konkurs betreffende Registereintrag aufzuheben (HRV 65), zugleich aber die Gesellschaft endültig zu löschen (HRV 66 II) ist, allenfalls nach vorgängiger Liquidation[22].

IV. Auflösung durch den Richter aus wichtigem Grund (OR 736 Ziff. 4)

Neben zwei besonders geregelten Tatbeständen, in welchen die Auflösung der AG beim Richter verlangt werden kann (OR 643 III, dazu § 17 N 19 ff und OR 625 II, dazu hinten N 115 ff) räumt OR 736 Ziff. 4 *allgemein* einer Minderheit von Aktionären das Recht ein, beim Richter die Auflösung der Gesellschaft *aus wichtigen Gründen* zu verlangen.

1. Funktion, Problematik und Grundlagen der Klage auf Auflösung aus wichtigem Grund

a) OR 736 Ziff. 4 will – in den Worten des Bundesgerichts – «*vor allem den Schutz der Minderheit gegen Machtmissbrauch der Mehrheit gewährleisten*»[23]. Die Auflösungsklage stellt somit «ein Sicherheitsventil dar, das einer Minderheit, deren Rechte in bösgläubiger Weise von der Mehrheit verletzt werden und die sich mit keinem anderen statutarischen oder gesetzlichen Mittel dagegen zur Wehr setzen kann, die Anrufung des Richters gestattet, um einer objektiv unhaltbaren Situation ein Ende zu setzen»[24].

---

[18] Fritzsche/Walder (zit. Anm. 17) § 77 N 6.
[19] Zu weitgehend aber BGE 64 II 368, wonach «die Einleitung eines gerichtlichen Nachlassvertrages mit Abtretung aller Aktiven ... keine Auflösung und Beendigung einer A. G.» bedeutet.
[20] Vgl. BGE 60 I 37 ff.
[21] So eine Auskunft des Eidg. Amtes für das Handelsregister vom 10. 9. 1936, wiedergegeben in SAG *1936/37* 158, und ein Entscheid des Regierungsrates des Kantons Schwyz vom 3. 12. 1936, wiedergegeben in SAG *1936/37* 164 f. Diese Praxis ist noch heute gültig. Zur Löschung vgl. § 56 N 146 ff.
[22] BGE 67 I 257.
[23] BGE 105 II 125.
[24] BGE 67 II 165; ähnlich ZR *1940* 213.

59 In der Literatur wird auch auf die *präventive Wirkung* der Klagemöglichkeit hingewiesen sowie darauf, dass bei *Dauerrechtsverhältnissen* ganz allgemein die Möglichkeit einer Auflösung aus wichtigem Grund gegeben sein müsse. Bei der AG drängt sich diese um so mehr auf, als dem Aktionär kein Austrittsrecht zusteht (vgl. § 44 N 61 ff).

60 Als einem Schutz gegen Machtmissbrauch kommt OR 736 Ziff. 4 im Gebiet des Aktienrechts eine *ähnliche Funktion zu wie ZGB 2* im Zivilrecht allgemein[25]. Doch wäre es falsch, in der Auflösungsklage nur eine Konkretisierung von ZGB 2 zu erblicken, da sich die Bestimmung nicht im Schutz gegen treuwidriges Verhalten des Mehrheitsaktionärs erschöpft.

61 b) *Problematisch* ist die Auflösungsklage im System des Aktienrechts deshalb, weil durch sie das *Mehrheitsprinzip* (zu diesem § 29 N 24, 108 f) *durchbrochen* wird. Vor allem aber tangiert die Auflösung einer AG nicht nur die Interessen der Beteiligten. Vielmehr kann sie «schwerwiegende Folgen wirtschaftlicher und sozialer Art haben»[26], «von welchen allenfalls auch Dritte betroffen werden können»[27].

62 c) Das Recht einer Minderheit, die Auflösung aus wichtigem Grund zu verlangen, erscheint daher zwar als *unabdingbar* zum Schutz gegen Machtmissbrauch seitens der Majorität. Doch handelt es sich um ein *ausserordentliches Rechtsmittel*[28], das nur *ausnahmsweise* zur Verfügung stehen soll. Dementsprechend hat der Gesetzgeber das Klagerecht mehrfach eingeschränkt:

63 – *formal*, indem nicht jede Minderheit klagen kann, sondern nur eine Minorität, die mindestens *10 Prozent des Aktienkapitals* vertritt (dazu N 93),

64 – *materiell* vor allem dadurch, dass die Klage nur beim Vorliegen von «*wichtigen*» Gründen zu schützen ist (dazu N 71 ff),

65 – und schliesslich durch die im schweizerischen Recht ganz aussergewöhnliche Bestimmung, wonach der Richter die Klage nicht nur gutheissen oder ablehnen, sondern auch «auf eine andere sachgemässe und den Beteiligten zumutbare Lösung erkennen» kann (dazu N 106 ff).

66 Die Praxis hat als weitere Schranke den Grundsatz der *Subsidiarität* (dazu N 110 ff) aufgestellt.

67 d) Die gesetzliche Regelung ist insofern *zwingend*, als sie das *Minimum des Minderheitenschutzes* festlegt[29]. Einer Erweiterung oder Ergänzung der gesetzlichen Ordnung durch die Statuten – etwa Herabsetzung des Quorums oder Nennung von Tatbeständen, die per se wichtig sein sollen – steht jedoch nichts entgegen.

---

[25] So BGE 67 II 165.
[26] BGE 104 II 35.
[27] BGE 105 II 128.
[28] Vgl. BGE 105 II 124.
[29] Erschwerungen – auch solche verfahrensmässiger Art – sind daher unzulässig.

e) Im Zuge der *Aktienrechtsreform* hat der Gesetzgeber – entsprechend seinem erklärten Ziel, den Minderheitenschutz zu verbessern[30] – die Voraussetzungen der Auflösungsklage *erleichtert*. Zugleich hat er aber versucht, die Härten der Konsequenzen einer erfolgreichen Klage für die Mehrheit und Dritte abzumildern: 68

– Erleichtert wurde die Geltendmachung der Klage dadurch, dass diese nur noch von 10 Prozent (statt bisher 20 Prozent) des Aktienkapitals unterstützt werden muss. 69

– Sowohl eine Milderung der Folgen des Klagerechts wie auch eine Erhöhung der Prozesschancen des Klägers liegt in der neuen Bestimmung, wonach der Richter statt der Auflösung eine andere sachgemässe Lösung vorsehen kann: Einerseits können dadurch die Härten der Auflösung vermieden werden, anderseits steigen die Chancen des Klägers, da ein Richter eher geneigt sein wird, die Klage gutzuheissen, wenn er die harte Konsequenz der Auflösung nicht aussprechen muss. 70

2. Der Begriff des wichtigen Grundes

a) Der Begriff des wichtigen Grundes wird *im Aktienrecht gesetzlich nicht umschrieben*, sondern als *Blankettnorm* verwendet. Nach ZGB 4 ist der Richter daher gehalten, «seine Entscheidung nach Recht und Billigkeit zu treffen». 71

b) Für das *Gesellschaftsrecht* allgemein hat das Bundesgericht das Vorliegen wichtiger Gründe bejaht, «wenn die wesentlichen Voraussetzungen persönlicher und sachlicher Natur, unter denen der Gesellschaftsvertrag eingegangen wurde, nicht mehr vorhanden sind, so dass die Erreichung des Gesellschaftszwecks in der bei der Eingehung der Gesellschaft beabsichtigten Art nicht mehr möglich, wesentlich erschwert oder gefährdet ist»[31]. *Speziell für die AG* wird man einen wichtigen Grund in Anlehnung an Formulierungen des Bundesgerichts dann annehmen dürfen, wenn der Weiterbestand der Gesellschaft den Minderheitsaktionären (unter Berücksichtigung der Interessen Dritter wie namentlich von Mitarbeitern) *nach Treu und Glauben objektiv nicht mehr zugemutet werden darf*. 72

c) Mit diesen *allgemeinen Formulierungen* ist freilich für den Entscheid im Streitfall wenig gewonnen. Für die *Konkretisierung im Aktienrecht* wird in der Literatur wiederholt auf einen von Bertsch[32] entwickelten Fragenkatalog verwiesen. Danach hat der Richter zu prüfen: 73

«1. Werden durch die Fortexistenz der Gesellschaft Aktionärinteressen ökonomischer oder ideeller Natur des Klägers, die durch einen allgemeinen Rechtssatz ... oder spezielle Bestimmungen des Gesetzes oder der Statuten geschützt sind, verletzt oder schwer gefährdet? 74

2. Kann der Verletzung bzw. schweren Gefährdung nicht durch ein anderes weniger weit gehendes Mittel wirksam begegnet werden?[33] 75

---

[30] Vgl. dazu etwa Botschaft 24 und allgemein § 3 N 56 ff.
[31] BGer in ZR *1945* Nr. 106 S. 237 (im Hinblick auf eine GmbH).
[32] Zit. N 1, 115 f.
[33] Dieser Aspekt ist nun auch in die gesetzliche Ordnung eingeflossen, vgl. nachstehend N 106 ff.

76 3. Muss die Fortsetzung der Gesellschaft den Klägern nicht zugemutet werden, weil andere, an der AG direkt oder indirekt beteiligte Personenkreise schutzwürdige, wichtigere Interessen an der Existenz der Gesellschaft besitzen?»

77 Dazu ist im einzelnen das Folgende zu präzisieren:

78 aa) Der Richter hat seinen Entscheid aufgrund einer *Interessenabwägung* zu treffen[34]. Zu beachten sind dabei die Interessen *aller Beteiligten*, die Individualinteressen der klagenden Aktionäre[35] wie auch die Interessen der an der Klage nicht beteiligten Aktionäre und schliesslich diejenigen von Dritten, insbesondere der Arbeitnehmer.

79 bb) Das richterliche Ermessen ist auf den *Einzelfall* auszurichten. Es sind somit die konkreten Verhältnisse zu berücksichtigen[36,37], namentlich auch der *besondere Charakter der in Frage stehenden Gesellschaft*. So hat das Bundesgericht etwa betont, es handle sich bei einer Gesellschaft um eine «petite société anonyme, dont les actionnaires ont quasi nécessairement des relations personnelles»[38], oder anderseits apodiktisch erklärt, bei grossen Publikumsgesellschaften würden «die Interessen der Unternehmung und der beteiligten Dritten, namentlich der Arbeitnehmer, eine Auflösung praktisch ausschliessen»[39].

80 cc) Anzulegen ist nach unbestrittener Lehre und Praxis ein *strenger Massstab*[40]. So genügt es für die Auflösung nicht, dass «Streitigkeiten zwischen der Mehrheit und Minderheit entstanden und weitere zu befürchten sind»[41] und reicht die «blosse Befürchtung eines künftigen Machtmissbrauchs»[42] nicht aus, ebensowenig einzelne Fehltritte der Mehrheit, wohl aber der systematische «mépris total» der legitimen Interessen einer Minderheit[43].

81 dd) Dem Wesen der AG als einer Kapitalgesellschaft entspricht es, dass als wichtige Auflösungsgründe in erster Linie *sachliche Gründe* in Betracht kommen[44]. Doch ist auch eine Auflösung aus *persönlichen Gründen*[45] schon ausgesprochen worden, aber nur, weil diese zu einer objektiven und dauernden Unhaltbarkeit der Verhältnisse führten[46]. Die Gründe für eine Auflösung müssen *nicht unbedingt finanzieller Natur* sein[47], wenn auch die finanzielle Benachteiligung von Minderheitsaktionären fast durchwegs Anlass zur Klage bieten dürfte.

---

[34] Vgl. etwa BGE 105 II 124 f, 127, 128.
[35] Das Bundesgericht betont zu Recht, dass das Kollektivinteresse der AG bzw. der Mehrheitsaktionäre am Fortbestand der Gesellschaft «nicht generell dem Individualinteresse der Minderheit vorzuziehen, sondern diesem im Prinzip gleichwertig» ist, BGE 105 II 128.
[36] BGE 105 II 124.
[37] So ist etwa auf seiten des Klägers der Verkäuflichkeit seiner Aktien Rechnung zu tragen.
[38] BGE 84 II 50.
[39] BGE 105 II 129.
[40] Vgl. BGE 105 II 124, 67 II 166, ZR *1940* 213 Nr. 96.
[41] BGE 104 II 43.
[42] BGE 104 II 42.
[43] BGE 84 II 49 f.
[44] Vgl. BGE 67 II 164.
[45] So ausdrücklich BGE 105 II 128.
[46] So etwa, wenn Differenzen unter den Aktionären zur dauernden Beschlussunfähigkeit von Organen führen, vgl. Rep. *1967* 96.
[47] BGE 105 II 124.

ee) Ein wichtiger Auflösungsgrund kann – was freilich die Ausnahme sein wird – auch dann gegeben sein, wenn *kein Verschulden* der Mehrheit vorliegt.

d) Die in der publizierten *Gerichtspraxis* referierten Fälle sind fast durchwegs solche des *Machtmissbrauchs* eines oder mehrerer Mehrheitsaktionäre, vgl.
- BGE 105 II 114 ff: Auflösungsklage gutgeheissen wegen schwerer und anhaltender Missachtung der Kontrollrechte und schwerer finanzieller Benachteiligung des Minderheitsaktionärs;
- BGE 104 II 32 ff: Klage abgewiesen, weil blosse Streitigkeiten zwischen Mehrheit und Minderheit für eine Auflösung nicht genügten und es sich die Klägerin weitgehend selbst zuzuschreiben habe, dass sie sich in einer schwierigen Situation befinde[48];
- BGE 84 II 44 ff: Klage gutgeheissen, weil die Mehrheit die gesellschaftlichen Entscheidungen konstant ausserhalb der offiziellen Sitzungen traf und die Minderheit vor faits accomplis stellte, und weil die Mehrheit überdies das Gesellschaftsvermögen zu ihrem eigenen Vorteil und dem von nahestehenden Personen und Drittgesellschaften unter völliger Missachtung der legitimen Interessen der Minderheit verwaltet hatte;
- BGE 67 II 162 ff: Bejaht, dass ein fortgesetzter Machtmissbrauch der Majorität Grund für eine Auflösungsklage sein kann, in casu aber Auflösung abgelehnt, weil andere Rechtsmittel bestanden und der Minderheitsaktionär beanstandete Handlungen widerspruchslos hatte geschehen lassen;
- BGE in SAG *1964* 130 ff: Klage auf Auflösung wegen Zweckänderung abgelehnt;
- Rep. *1967* 95: Auflösungsklage gutgeheissen, die unter anderem damit begründet wurde, einer der beiden Verwaltungsratsmitglieder missachte die Gesellschaftsinteressen zu seinem persönlichen Vorteil, und er verunmögliche es den übrigen Beteiligten, ihre legitimen Rechte geltend zu machen;
- ZR *1941* Nr. 104 S. 269: Begründung der Auflösungsklage damit, es seien übermässige stille Reserven geschaffen worden mit dem Zweck, die Jahresrechnung ohne Gewinn abzuschliessen und die Ausrichtung von Dividenden zu verhindern. Klage abgewiesen, weil die Reservestellung durchaus vernünftig schien;
- ZR *1940* Nr. 96 S. 213: Auflösungsklage abgewiesen, weil der Kläger weder in den Verwaltungsratssitzungen noch in der GV je gegen die angeblichen Missstände remonstriert hatte.

In der *Literatur* werden als Auflösungsgründe etwa die *Unmöglichkeit der Zweckerreichung* und die dauernde *Funktionsunfähigkeit von Organen*[49] erwähnt, ferner der Umstand, dass eine AG ihrer wirtschaftlichen Substanz völlig *entleert* wurde.

---

[48] Zur Kritik dieses fragwürdigen Entscheides vgl. Tercier in SAG *1979* 69 ff und Kummer in ZBJV *1980* 42 ff.
[49] Das *Fehlen* notwendiger Organe bildet einen Sondertatbestand: OR 625 II, dazu N 115 ff.

3. *Verfahrensfragen*

93   a) Die *Aktivlegitimation* steht von Gesetzes wegen Aktionären zu, die mindestens *zehn Prozent des Aktienkapitals* vertreten[50,51]. Weder die Gläubiger noch der Verwaltungsrat sind klageberechtigt.

94   Die Aktionärseigenschaft muss sowohl im Zeitpunkt des Eintritts des wichtigen Grundes wie auch in demjenigen der Klage gegeben sein: Der Veräusserer hat kein schutzwürdiges Interesse an der Auflösung mehr[52], und da das Klagerecht ein persönliches Gestaltungsrecht bildet, geht es nicht auf einen Erwerber über.

95   Bei *verpfändeten Aktien* ist nur der Eigentümer legitimiert[53], während bei Aktien, die mit einer *Nutzniessung* belastet sind, wohl nur der Nutzniesser und der Eigentümer *gemeinsam* klageberechtigt sind[54].

96   b) *Passivlegitimiert* ist die Gesellschaft als solche, nicht etwa Generalversammlung, Verwaltungsrat oder Aktionärsmehrheit.

97   c) Eine *Frist* für die Anhebung einer Auflösungsklage besteht nicht, doch kann die Einreichung einer Auflösungsklage nach langem Zuwarten einen Verstoss gegen Treu und Glauben darstellen und entfällt das Klagerecht, wenn der wichtige Grund entfallen ist. Zudem kann das Zuwarten des Aktionärs ein Anhaltspunkt dafür sein, dass er einen Missstand nicht für unhaltbar erachtet[55]. Dem Aktionär darf jedoch kein Vorwurf daraus gemacht werden, dass er über längere Zeit hin Rechtsverstösse duldet oder durch andere Massnahmen zu beseitigen sucht[56].

98   d) *Örtlich zuständig* ist – wie allgemein bei Klagen gegen die Gesellschaft – das zuständige Gericht am eingetragenen Sitz der AG. *Sachlich zuständig* ist je nach kantonalem Prozessrecht das Zivil- oder ein besonderes Handelsgericht.

99   Nach Lehre und Praxis kann die Auflösungsklage auch einem *Schiedsgericht* unterbreitet werden[57].

100   Möglich ist im Rahmen von Auflösungsklagen die Anordnung *vorsorglicher Massnahmen*, obwohl dies in OR 736 Ziff. 4 – anders als in OR 643 II und 625 II – nicht ausdrücklich erwähnt wird.

101   e) Die Auflösung der Gesellschaft durch gerichtlichen (oder aussergerichtlichen) *Vergleich* wird man ebensowenig zulassen wie die vergleichsweise Aufhebung eines Auflösungsbeschlusses der GV[58].

---

50   Entscheidend ist der *Nennwert*, nicht der Grad der Liberierung.
51   Falls von mehreren Auflösungsklägern einer die Klage nachträglich zurückzieht und die verbleibenden nicht mehr zehn Prozent des Aktienkapitals vertreten, ist die Klage abzuweisen, BGE 109 II 140 ff.
52   Rep. *1967* 93, 99.
53   Vgl. ZGB 905 und 906 I analog.
54   ZGB 773 II analog.
55   Vgl. ZR *1940* Nr. 96 S. 213.
56   Vgl. den Tatbestand von BGE 104 II 114 ff.
57   Vgl. SAG *1965* 23 ff = SJZ *1964* 310 = ZBJV *1965* 61 ff; BGE 69 II 118.
58   Zu letzterem vgl. BGE 80 I 390 f.

4. *Das richterliche Urteil, besonders die Verfügung anderer sachgemässer Lösungen*

a) Liegt nach Ansicht des Richters *kein wichtiger Grund* vor, dann ist die Klage *abzuweisen*. Das abweisende Urteil ist in seinen Wirkungen auf die Prozessparteien und ihre Rechtsnachfolger beschränkt. Andere Aktionäre können somit aus dem gleichen wichtigen Grund erneut eine Auflösungsklage anheben.

b) *Bejaht* der Richter das Vorliegen eines wichtigen Grundes, dann spricht er grundsätzlich die *Auflösung der Gesellschaft* aus.

Das gutheissende Urteil ist ein *Gestaltungsurteil*, dem konstitutive Wirkung zukommt, das also unmittelbar Rechtsänderungen bewirkt und nicht etwa nur solche feststellt[59]. Die Gesellschaft tritt direkt in das *Liquidationsstadium* ein; die gemäss OR 737 verlangte Anmeldung beim Handelsregister hat nur deklaratorische Wirkung.

Das gutheissende Urteil wirkt notwendig *für und gegen alle Aktionäre*.

c) Während der Richter nach bisherigem Recht beim Bejahen eines wichtigen Grundes die Auflösung der Gesellschaft vornehmen *musste,* stellt ihm das revidierte Recht eine *Alternative* zur Verfügung: Statt der Auflösung «kann der Richter auf eine andere sachgemässe und den Beteiligten zumutbare Lösung erkennen» (OR 736 Ziff. 4 Satz 2).

Mit einer «anderen Lösung» dürfte eine solche gemeint sein, die zwar die *Beendigung der Gesellschaft vermeidet,* die *Kläger aber in vergleichbarer Weise schützt.* Diese Lösung muss «sachgemäss» sein, und sie soll den «Beteiligten» – also nicht nur den Klägern, sondern allen Aktionären und darüber hinaus allenfalls auch betroffenen Dritten wie Arbeitnehmern – zumutbar sein.

Entscheide zu dieser Norm liegen zur Zeit unseres Wissens noch keine vor. In der Literatur werden etwa folgende Massnahmen erwähnt: die Anordnung eines Rückkaufs der Aktien von Minderheitsaktionären, allenfalls verbunden mit einer Kapitalherabsetzung, die Vorgabe der Dividendenpolitik, die Anweisung, einen oppositionellen Aktionär in den Verwaltungsrat aufzunehmen.

Näheres bei Jakob Höhn: Andere sachgemässe und den Beteiligten zumutbare Lösungen im Sinne von Art. 736 Ziff. 4 OR, in: Schluep/Isler (vgl. LV) 113 ff; vgl. auch Lukas Handschin: Auflösung der Aktiengesellschaft aus wichtigem Grund und andere sachgemässe Lösungen, SZW *1993* 43 ff und Böckli N 1941 ff.

5. *Das Verhältnis zu anderen Rechtsbehelfen und Auflösungsgründen*

a) Nicht restlos geklärt ist das *Verhältnis zu anderen Rechtsbehelfen*, die dem Aktionär zustehen. Immerhin sind sich Lehre und Praxis darüber einig, dass die Auflösung der Gesellschaft eine *ultima ratio* ist, von der zurückhaltend Gebrauch gemacht werden muss. Insofern kann von einer *Subsidiarität* der Auflö-

---

[59] Vgl. BGE 109 II 143 = Pra. *1993* Nr. 241 S. 650.

sungsklage gesprochen werden⁶⁰. Subsidiarität bedeutet jedoch nicht, dass in jedem Fall versucht werden müsste, mittels anderer Rechtsbehelfe wie Anfechtungs- und Verantwortlichkeitsklage gegen Missstände vorzugehen. Vielmehr kann dies allenfalls unzumutbar sein⁶¹.

111   b) Im Verhältnis zu *anderen Auflösungsgründen* ist entscheidend, welcher Grund zuerst eingetreten ist.

112   Wird die Gesellschaft vor Eintritt der Rechtskraft des Urteils aus einem anderen Grund aufgelöst, dann wird die Klage auf Auflösung aus wichtigem Grund gegenstandslos.

V. Weitere Fälle der Auflösung durch den Richter

113   OR 736 Ziff. 5 erwähnt die Auflösung der Gesellschaft «in den übrigen vom Gesetze vorgesehenen Fällen». Darunter sind in erster Linie weitere Fälle der Auflösung durch den Richter zu subsumieren (dazu sogleich nachstehend), daneben auch Fälle einer Auflösung durch den Handelsregisterführer (dazu Ziff. VI N 138 ff) und allenfalls andere Behörden (dazu Ziff. VII N 145 ff).

1. Gründungsmängel

114   Vgl. dazu OR 643 III und IV und § 17 N 19 ff.

2. Absinken der Mitgliederzahl und Fehlen notwendiger Organe (OR 625 II)

115   a) OR 625 I sieht für den Zeitpunkt der Gründung eine Mindestzahl von *drei Aktionären* vor⁶². Auch müssen anlässlich der Gründung sämtliche gesetzlich und statutarisch vorgeschriebenen *Organe bestellt* sein.

116   Werden diese Anforderungen *im Gründungsstadium* nicht erfüllt, dann hat der Handelsregisterführer die Anmeldung zurückzuweisen, und es kann die Gesellschaft nicht eingetragen werden. Sind sie zu einem *späteren Zeitpunkt* nicht mehr erfüllt, so führt dies keineswegs ohne weiteres zur Auflösung der Gesellschaft. Doch kann der Mangel nach OR 625 II zur *richterlichen Auflösung* führen.

117   b) Das Gesetz verhindert ein *Absinken der Mitgliederzahl* unter drei *nach erfolgter Gründung* nicht. Zweimann- und Einmanngesellschaften werden vom

---

⁶⁰ So vor allem frühere Entscheide, vgl. etwa BGE 67 II 166 und ZR *1940* Nr. 96 S. 213. Differenzierend dagegen BGE 105 II 126 f.
⁶¹ So BGE 105 II 114 ff in einem Fall, in welchem die Mehrheit «durch eine langjährige Rechtsverweigerung eine missbräuchliche Haltung an den Tag» (S. 126) gelegt hatte. Die Klage auf Auflösung wurde in jenem Fall geschützt, obwohl der Kläger sein Recht durch die Anrufung des Richters jeweils hatte durchsetzen können.
⁶² Statutarische Vorschriften über die Bestellung der Organe können zu einer höheren Mindestzahl führen.

Gesetz *toleriert*, und sie sind in der Praxis ausserordentlich häufig (Näheres in § 62 N 26 ff, 98 ff).

Das Gesetz kann auch nicht verhindern, dass einer Gesellschaft gesetzlich oder statutarisch vorgeschriebene *Organe fehlen*. 118

Doch soll in diesen Fällen eine Klage auf *Auflösung der Gesellschaft* möglich sein. 119

c) *Aktivlegitimiert* zu dieser Klage ist *jeder Aktionär*, unabhängig vom Umfang seiner Beteiligung. Aktivlegitimiert sind sodann auch *Gläubiger*, nicht dagegen weitere Dritte[63]. 120

Passivlegitimiert ist die *Gesellschaft*. Fehlen ihr die Verwaltungsorgane, dann ist ihr allenfalls ein *Beistand* zu bestellen (vgl. § 20 N 43 ff). In engen Grenzen dürfte es ferner zulässig sein, dass ein anderes Organ für das fehlende handelt (dazu § 20 N 44 ff). 121

d) Die Klage wird *hinfällig*, wenn der *gesetzes-* und (so ist über den gesetzlichen Wortlaut hinaus zu ergänzen) *statutengemässe Zustand wieder hergestellt* wird. Dazu hat der Richter *angemessene Frist* in Würdigung aller Umstände anzusetzen. 122

– Dies ist leicht zu bewerkstelligen, wenn die verlangte Mindestzahl von Aktionären nicht mehr vorhanden ist: Es genügt, dass Aktionäre einzelne Aktien *an Dritte abtreten*. Dabei ist eine bloss *fiduziarische* Abtretung ausreichend, da auch der Strohmann wirklicher Aktionär ist (vgl. § 14 N 8). 123

– Fehlen notwendige Organe, dann sind diese *hinzuzuwählen*, wobei wiederum der Beizug von *fiduziarisch* tätigen Personen genügt. Ist lediglich eine statutarische Vorschrift nicht eingehalten, kann der Mangel allenfalls durch eine Vereinfachung der Organisation mittels Statutenänderung behoben werden. 124

e) Wird der gesetzes- und statutengemässe Zustand nicht innert Frist wieder hergestellt, dann *kann der Richter die Auflösung aussprechen*, doch *muss er dies nicht tun*. Er wird insbesondere die Auflösung dann ablehnen, wenn aus dem nicht gesetzmässigen Zustand Dritten und allfälligen Minderheitsaktionären kein oder nur ein geringer Nachteil erwächst. 125

Spricht der Richter die Auflösung aus, dann tritt die Gesellschaft in das *Liquidationsstadium* über. Die Durchführung der Liquidation kann freilich Probleme stellen, wenn die nötigen Organe fehlen[63a]. 126

f) Die *praktische Bedeutung* der Klage gemäss OR 625 II ist denkbar gering[63b]: An einer Auflösung wegen Fehlens der minimalen Mitgliederzahl dürfte niemand ein legitimes Interesse haben. Und falls notwendige Organe fehlen, werden 127

---

[63] Durch Befriedigung eines klagenden Gläubigers kann eine Gesellschaft daher die Durchführung des Verfahrens verhindern.

[63a] In ZR *1995* Nr. 42 S. 132 ff wurde aus Gründen des Gläubigerschutzes die Liquidation im konkursamtlichen Verfahren verfügt.

[63b] Als Beispiel vgl. ZR *1995* Nr. 42 S. 133 ff.

zumindest die Gläubiger auf dem Wege der Zwangsvollstreckung einfacher und schneller zum Ziel kommen.

3. *Unsittliche oder widerrechtliche Gesellschaftszwecke (ZGB 57 II)*

128 a) Die *Zielsetzung* einer AG muss sich in den Schranken des Rechts und der guten Sitten bewegen. Das Verbot der Widerrechtlichkeit und Unsittlichkeit ergibt sich aus OR 19 f und wird für die juristischen Personen in ZGB 52 III wiederholt. Dabei ist nicht nur die schriftliche Formulierung in den Statuten massgebend, sondern ebenso die tatsächlich ausgeübte Tätigkeit[64].

129 b) Wird der Zweck einer Organisation im Laufe ihrer Tätigkeit widerrechtlich oder unsittlich, dann ist sie vom Richter aufzulösen (so ausdrücklich für den Verein ZGB 78 und für die Stiftung ZGB 88 II)[64a]. Für die Auflösung sieht ZGB 57 III in Anlehnung an die Bestimmungen über die ungerechtfertigte Bereicherung als Konsequenz vor, dass das *Vermögen dem Gemeinwesen zufällt*[64b]. Die Tragweite dieser Bestimmung ist nach drei Seiten hin stark umstritten:

130 – Wird von ZGB 57 III jede Art von Widerrechtlichkeit oder Unsittlichkeit in der Zweckverfolgung erfasst?

131 – Gilt diese Regelung auch für die Körperschaften des OR und insbesondere die AG oder nur für Verein und Stiftung?

132 – Findet die Sanktion auch dann Anwendung, wenn eine juristische Person von Anfang an einen widerrechtlichen oder unsittlichen Zweck verfolgt oder nur dann, wenn die Zielsetzung nachträglich illegal oder unsittlich geworden ist?

133 Das *Bundesgericht* hat sich konsequent für einen *weiten Anwendungsbereich* ausgesprochen und erklärt, die Sanktion des Vermögensverfalls nach ZGB 57 III finde auch auf Aktiengesellschaften Anwendung. Dabei sei gleichgültig, ob der Zweck von allem Anfang widerrechtlich gewesen oder ob er es erst im Laufe der Zeit geworden sei[65].

134 Widerrechtlichkeit des Gesellschaftszwecks wurde dabei in neuerer Zeit namentlich bei Aktiengesellschaften konstatiert, die dazu dienten, die Beschränkungen über den Erwerb von Grundstücken durch Personen im Ausland (Lex Friedrich) zu umgehen[66].

---

[64] Vgl. BGE 115 II 401 ff: Nach ihren Statuten bezweckte eine AG «den Kauf, Verkauf, die Konstruktion und Vermietung sowie die Verwaltung von Immobilien ...». Tatsächlich diente sie jedoch nur dazu, die zwingenden Vorschriften über den Erwerb von Grundstücken durch Personen im Ausland zu umgehen.

[64a] Die Klage auf Auflösung einer Gesellschaft mit rechtswidrigem Zweck ist jederzeit möglich, BGE 111 Ib 190 E d, mit Hinweisen.

[64b] Vgl. auch StGB 59 I. Im Rahmen der Bekämpfung des organisierten Verbrechens wird noch weiter gegangen: Nach StGB 59 III (Fassung vom 18. 3. 1994, in Kraft seit 1. 8. 1994) hat der Richter «die Einziehung aller Vermögenswerte, welche der Verfügungsmacht einer kriminellen Organisation unterliegen», zu verfügen.

[65] BGE 112 II 1 ff, 115 II 404 ff.

[66] BGE 110 Ib 115, 112 II 1 ff, 115 II 401 ff.

In der *Literatur* haben die Entscheide des Bundesgerichts zu zahlreichen *kontroversen Stellungnahmen* geführt, vgl. die Bemerkungen und Aufsätze von A. Heini, A. Hirsch, J.-N. Druey in SAG *1986* 180 ff, von G. Broggini und G. Maranta in SJZ *1988* 113 ff und 359 ff, von A. Brüesch in ZBGR *1988* 333 ff, von B. Schnyder in ZBJV *1988* 71 ff und von M. Becker in ZSR *1988* I 613 ff; ferner – zum Vorentscheid 107 Ib 12 ff – von H. M. Riemer in SAG *1982* 86 f. Umfassend zum Problem nun Markus Kick: Die verbotene juristische Person (Diss. Freiburg 1993 = AISUF 193).

135

Ins Feld geführt wird einerseits, ZGB 57 III könne auf die Körperschaften des OR nicht Anwendung finden, weil für sie eine besondere Ordnung vorgesehen sei (vgl. für die AG OR 643 III und 745), während anderseits argumentiert wird, die Bestimmungen von ZGB 52 ff gälten nach ihrem Wortlaut für alle juristischen Personen. Ausgeführt wird sodann zum einen, ZGB 57 III könne nur bei nachträglicher Rechts- oder Sittenwidrigkeit zur Anwendung kommen, da nur dann eine juristische Person «aufgehoben» werde, während bei ursprünglich unsittlichem oder widerrechtlichem Zweck die Persönlichkeit aufgrund von ZGB 52 III gar nicht habe erlangt werden können. Dem wird entgegengehalten, eine solche Differenzierung sei formalistisch und sachlich nicht gerechtfertigt. In einem neueren Entscheid – BGE 115 II 401 ff – hat das Bundesgericht sich mit der Lehre ausführlich auseinandergesetzt und an seiner bisherigen Praxis festgehalten.

136

4. Fehlende Anpassung an das revidierte Recht

In den SchlBest zum revidierten Aktienrecht wird in Art. 2 II vorgesehen, dass Gesellschaften, «die ihre Statuten trotz öffentlicher Aufforderung durch mehrfache Publikation im Schweizerischen Handelsamtsblatt und in den kantonalen Amtsblättern nicht innert fünf Jahren den Bestimmungen über das Mindestkapital, die Mindesteinlage und die Partizipations- und Genussscheine anpassen, ... auf Antrag des Handelsregisterführers vom Richter aufgelöst» werden sollen[67].

137

VI. Auflösung durch den Handelsregisterführer

Das Gesetz sieht eine Reihe von Tatbeständen vor, bei denen die Registerbehörden die Auflösung (oder die Löschung) einer AG von Amtes wegen vorzunehmen haben:

138

1. Nichterfüllung der Nationalitäts- und Wohnsitzerfordernisse von OR 708, Fehlen eines Geschäftslokals oder Domizils

a) Sind die Vorschriften von OR 708 (dazu § 27 N 68 ff) nicht mehr erfüllt, «so hat der Handelsregisterführer der Gesellschaft eine Frist zur Wiederherstel-

139

---

[67] Ein Vorbehalt gilt mit Bezug auf das Mindestkapital für Gesellschaften, die vor dem 1.1.1985 gegründet worden sind und ferner hinsichtlich der Höhe des Partizipationskapitals für Gesellschaften, deren PS-Kapital das Doppelte des Aktienkapitals am 1.1.1985 überstieg. Vgl. zu diesem Auflösungsgrund § 5 N 76.

lung des gesetzmässigen Zustandes zu setzen und nach fruchtlosem Ablauf die Gesellschaft von Amtes wegen als aufgelöst zu erklären» (OR 708 IV).

140   Das Verfahren wird in HRV 86 präzisiert.

141   b) Dasselbe Verfahren findet analog Anwendung in Fällen, in denen eine juristische Person am Ort des statutarischen Sitzes kein Rechtsdomizil mehr hat (vgl. HRV 88 a).

142   c) Die Auflösung durch die Registerbehörde erscheint im Hinblick auf das Gewaltenteilungsprinzip als problematisch, und es ist daher zu begrüssen, dass in den Schlussbestimmungen zum revidierten Aktienrecht – anders als in den Schlussbestimmungen zum OR 1936 – die Auflösung von Gesellschaften, die ihre Statuten nicht fristgemäss dem revidierten Recht anpassen, dem Richter vorbehalten bleibt.

2.   Exkurs: Löschung der Gesellschaft infolge Einstellung der Aktivität

143   Nicht nur eine Auflösung, sondern die *Löschung* einer AG von Amtes wegen ist in HRV 89 vorgesehen für Gesellschaften, deren *effektive Existenz dahingefallen* ist[67a]. Zweck dieser Löschung von Amtes wegen ist der *Schutz der Registerwahrheit*. Auch soll durch die Norm der Handel mit Aktienmänteln (dazu § 56 N 163 ff) unterbunden werden.

144   Hat eine Gesellschaft zwar ihre Tätigkeit eingestellt und ist sie liquidiert worden, sind aber ihre *Organe noch vorhanden,* dann ist nicht nach HRV 89, sondern nach *HRV 60* vorzugehen, d. h. es sind die Anmeldepflichtigen aufzufordern, die Löschung anzumelden[68].

VII.   Auflösung durch andere Behörden

145   a) BankG 23[quinquies] sieht vor, dass die *Bankenkommission* einer Bank, welche die Voraussetzungen der Bewilligung nicht mehr erfüllt oder ihre gesetzlichen Pflichten grob verletzt, die Bewilligung zur Geschäftstätigkeit entzieht. Gemäss Art. 23[quinquies] II bewirkt der *Entzug der Bewilligung* unmittelbar die *Auflösung* der Bank-AG[69].

146   In analoger Anwendung dieser Bestimmung kann die Bankenkommission auch die Auflösung und die Liquidation einer Gesellschaft verfügen, die eine bankmässige Tätigkeit ausübt, ohne im Besitz einer Bewilligung zu sein[70].

67a   Untätigkeit während längerer Zeit ist jedoch nur ein Indiz für das Dahinfallen der gesellschaftlichen Existenz. Entscheidend ist, dass die Gesellschaft von den Beteiligten endgültig aufgegeben worden ist (eine Frage, zu der sich die am Eintrag der Gesellschaft Interessierten gegebenenfalls äussern können müssen), vgl. BGE 80 I 62 f E 2b, c.
68   Vgl. BGE 94 I 565, 65 I 139 ff.
69   Dazu Bodmer/Kleiner/Lutz: Kommentar zu Art. 23[quinquies] sowie als Beispiel EBK Bulletin Heft 6 (Juli 1980) 5 ff.
70   Vgl. Jahresbericht 1981 der Eidg. Bankenkommission S. 12 f. Das Bundesgericht hat diese Praxis in einem nicht amtlich veröffentlichten Entscheid vom 22. 4. 1980 (vgl. EBK Bulletin Heft 6 [Juli 1980] 5 ff) ausdrücklich als zulässig erklärt. Sie wurde bestätigt in einer Präsidialverfügung der EBK vom 20. 9. 1989, vgl. EBK Bulletin Heft 20 (1990) 16 ff.

b) Im allgemeinen bewirkt dagegen der *Entzug einer behördlichen Bewilligung oder Konzession* nicht ohne weiteres die *Auflösung* der Gesellschaft. Allenfalls wird dadurch aber die Verfolgung des Gesellschaftszwecks unmöglich, was Anlass zu einer Klage auf Auflösung aus wichtigem Grund sein kann. 147

c) Keine Auflösungskompetenz kommt dem *Strafrichter* zu. 148

B. Das Abwicklungsstadium

1. Allgemeines

«Die aufgelöste Gesellschaft tritt in Liquidation, unter Vorbehalt der Fälle der Fusion, der Übernahme durch eine Körperschaft des öffentlichen Rechts und der Umwandlung in eine Gesellschaft mit beschränkter Haftung.» (OR 738). 149

Die AG hört somit – wie mehrmals erwähnt – nicht zu bestehen auf, sondern sie tritt lediglich in ein neues, nämlich das Beendigungs- oder Abwicklungsstadium, das mit der Löschung im Handelsregister beendet wird. 150

2. Beibehaltung von Rechtspersönlichkeit und Handlungsfähigkeit im Liquidationsstadium

Unbestritten ist heute, dass die Gesellschaft im Beendigungsstadium bei der Auflösung mit Liquidation weiter bestehen bleibt und ihre *Identität* beibehält[71], ebenso ihre *Rechtspersönlichkeit*[72]. Damit bleibt auch die *Handlungsfähigkeit* erhalten, wobei sie jedoch auf die neue Zielsetzung der Gesellschaft *eingeschränkt* wird, dazu sogleich nachstehend. 151

Anders verhält es sich dagegen bei der Auflösung *ohne Liquidation*, namentlich aufgrund einer *Fusion* (vgl. § 57 N 152), der *Umwandlung* in eine GmbH (vgl. § 58 N 22), der *«Verstaatlichung»* (vgl. § 58 N 34 f) oder der *Sitzverlegung ins Ausland* (vgl. § 58 N 48). 152

3. Einschränkung von Zweck und Organkompetenzen

a) Mit dem Eintritt eines Auflösungsgrundes *ändert sich der Zweck* der Gesellschaft: Diese besteht fortan nicht mehr um ihrer statutarischen Zielsetzung willen, sondern nur noch mit dem Ziel ihrer eigenen Beendigung; es ist «jeder werbende Zweck hinfällig geworden», und die «ganze fernere Tätigkeit der Gesellschaft kann lediglich noch auf die gehörige Abwicklung ihrer Verhältnisse gerichtet sein»[73]. 153

---

[71] So ausdrücklich BGE 91 I 444, 90 II 257.
[72] So ausdrücklich für die Liquidation OR 739 I. Betont wird der Weiterbestand der Rechtspersönlichkeit etwa in BGE 117 III 41 f, 97 III 36 f, 91 I 444, 90 II 247 ff und in ZR *1982* Nr. 51 S. 128.
[73] BGer in SAG *1938/38* 69.

154 Diese Beschränkung des Zwecks kann auch *Dritten entgegengehalten* werden, jedenfalls dann, wenn der Eintritt in das Auflösungsstadium entsprechend der gesetzlichen Vorschrift in der Firma angezeigt wird (vgl. OR 739 I und nachstehend N 157).

155 b) Die Zweckänderung bringt eine *Änderung der Befugnisse der Organe* mit sich: Diese werden mit dem Eintritt des Auflösungsgrundes – wie OR 739 II für den Fall der Liquidation ausdrücklich festhält – beschränkt auf diejenigen Handlungen, die für die Erfüllung des neuen Gesellschaftszwecks, d. h. für die Beendigung der Gesellschaft erforderlich sind[74].

4. Weitere Wirkungen

156 a) Allgemein ist festzuhalten, dass die bestehenden *gesetzlichen und statutarischen Regelungen weitergelten*, soweit nicht durch die besonderen Bestimmungen für die Liquidation, Fusion usw. etwas anderes festgelegt ist oder sich eine Abweichung aus der Natur der Sache ergibt.

157 b) *Firma und Firmenschutz* bleiben erhalten, doch sieht OR 739 I für den Fall der Liquidation den obligatorischen *Firmenzusatz* «in Liquidation» vor[74a], ebenso SchKG 316d II[75] für den Fall der Nachlassliquidation den Zusatz «in Nachlassliquidation»[76].

158 Die so ergänzte Firma ist bis zur Löschung der Gesellschaft beizubehalten[77].

159 Auch ihren *Sitz* behält die Gesellschaft bei[78].

160 c) Die *rechtlichen Bindungen* gegenüber Dritten bleiben ebenfalls bestehen, wobei immerhin zu prüfen ist, inwieweit sich infolge der Änderung des Gesellschaftszwecks eine Modifikation aufdrängt[79]. Neue Bindungen können – freilich beschränkt auf das Ziel der Beendigung der Gesellschaft – ohne weiteres eingegangen werden.

161 d) Die *innere Organisation* der Gesellschaft und die Möglichkeiten ihrer Umgestaltung bleiben zwar grundsätzlich erhalten[80], werden aber durch den Eintritt in das Auflösungsstadium modifiziert (vgl. für die Liquidation § 56 N 60 ff).

---

74 Vgl. BGE 91 I 445, Eidg. Amt für das Handelsregister in ZBGR *1956* 304 f. Zur Beschränkung der Handlungsfähigkeit der ordentlichen Organe im Konkurs (OR 740 V) vgl. BGE 117 III 41 f.
74a Vgl. dazu André Lugon in JBHReg *1995* 89 ff.
75 Entsprechend SchKG 319 II in der ab 1. 1. 1997 geltenden Fassung.
76 Die Nichtverwendung des Zusatzes macht jedoch ein Geschäft nicht ungültig, BGE 90 II 257.
77 Eine Änderung der Firma während der Liquidation ist nicht zulässig. Dagegen wird gelegentlich kurz vor dem Eintritt eines Auflösungsgrundes die Firma geändert, um die Publizität des Beendigungsverfahrens einzuschränken.
78 ZR *1982* Nr. 51 S. 128.
79 So kann der Eintritt in das Auflösungsstadium allenfalls einen *wichtigen Grund* für die vorzeitige Beendigung von Vertragsverhältnissen bilden.
80 So ist für eine Gesellschaft in Liquidation weiterhin eine Revisionsstelle zu bestellen, vgl. SJZ *1995* 341 f.

e) Im *Prozess* ist eine in Auflösung befindliche AG allenfalls kautionspflichtig[81]. 162

f) Untersteht die Gesellschaft einer *staatlichen Aufsicht*, so bleibt diese während des Beendigungsstadiums bestehen[82]. 163

5. *Der Zeitpunkt des Eintritts der Wirkungen*

Der Eintritt eines Auflösungsgrundes wirkt *konstitutiv*: Die aufgelöste Gesellschaft tritt in das Beendigungsstadium ein, ohne dass es noch eines zusätzlichen Aktes – etwa der Eintragung im Handelsregister – bedürfte[83]. 164

Dritten gegenüber ist freilich der Eintritt des Auflösungsgrundes in der Regel nicht ausreichend, sondern bedarf es wegen der in OR 933 verankerten positiven und negativen Publizitätswirkung des Registereintrages (dazu § 16 N 51 ff) der Anmeldung und Eintragung beim Handelsregister (dazu sogleich nachstehend). 165

6. *Anmeldung und Eintragung beim Handelsregister*

a) OR 737 verlangt, dass die Auflösung der Gesellschaft beim Handelsregisteramt *anzumelden* ist. Dieses nimmt die *Eintragung in das Register* vor und sorgt für die *Veröffentlichung* im Schweiz. Handelsamtsblatt (dazu OR 931 und § 16 N 65 ff). Gleichzeitig ist die bisherige Firma durch die neue Firma mit dem Zusatz «in Liquidation» bzw. «in Nachlassliquidation» zu ersetzen (vgl. N 157). 166

Die Anmeldung ist *in jedem Falle vorzunehmen*, in der Regel durch den Verwaltungsrat, im Falle der Auflösung durch Urteil des Richters, Konkurs oder Nachlassvertrag durch Mitteilung des Richters bzw. der Nachlassbehörde[84]. Insbesondere hat die Anmeldung auch dann zu erfolgen, wenn die Gesellschaft wirtschaftlich stillgelegt und liquidiert worden ist[85], ohne dass ein Auflösungsbeschluss gefasst worden oder ein anderer in OR 736 genannter Grund eingetreten wäre. 167

Nach dem Eintritt des Auflösungsgrundes hat die Anmeldung *unverzüglich*, jedenfalls aber *vor Beginn der Liquidationshandlungen*, zu erfolgen. Verpönt ist daher die früher 168

---

[81] So etwa nach Zürcher Zivilprozessordnung 73 Ziff. 5, vgl. dazu SJZ *1958* 40 Nr. 7.
[82] So für Banken im Liquidationsstadium BGE 69 I 139.
[83] So für die Auflösung mit Liquidation ausdrücklich OR 738, vgl. auch BGE 91 I 445: Eintritt der Liquidation heisst Eintritt des auflösenden Ereignisses wie etwa GV-Beschluss.
[84] Die Auflösung muss dem Registerführer von Amtes wegen mitgeteilt werden, was sich für den Konkurs aus SchKG 176 ergibt, während in den übrigen Fällen der Auflösung durch den Richter die Anweisung an den Registerführer nach kantonalem Prozessrecht zu erfolgen hat, vgl. HRV 59 II.
Im Falle des gerichtlichen *Nachlassvertrages mit Vermögensabtretung* hat die Anmeldung durch die gerichtlich ernannten Liquidatoren zu erfolgen, vgl. BGE 60 I 48.
[85] Vgl. dazu die Tatbestände von BGE 115 Ib 274 ff, 393 ff. Dafür, dass solche Gesellschaften als aufgelöst gelten, vgl. BGE 94 I 565, 80 I 62.

verbreitete Übung, die Auflösung erst nach durchgeführter Liquidation und gleichzeitig mit der Löschung anzumelden[86].

169 b) Die Anmeldung hat – wie alle Anmeldungen – im Registerkreis des statutarischen *Sitzes* der AG zu erfolgen, und zwar *möglichst rasch* nach Eintritt des Auflösungsgrundes und jedenfalls vor Beginn der ersten Liquidationshandlungen[87].

170 c) Aus dem Umstand, dass in OR 737 vom «Verwaltungsrat» die Rede ist, haben verschiedene Autoren gefolgert, es müsse die Anmeldung durch den Gesamtverwaltungsrat eingereicht werden. Dem ist entgegenzuhalten, dass auch für die Anmeldung der Auflösung die allgemeine Ordnung und damit HRV 22 II gilt: Besteht der Verwaltungsrat aus mehreren Personen, dann ist die Anmeldung durch den Präsidenten oder seinen Stellvertreter sowie den Sekretär oder ein zweites Mitglied des Verwaltungsrates vorzunehmen.

171 Ist der Verwaltungsrat zur Anmeldung *nicht in der Lage* oder besteht kein Verwaltungsrat mehr, dann hat nach HRV 88 die GV die Personen zu bezeichnen, die die Anmeldung einzureichen haben.

172 d) Zur *Form* der Anmeldung vgl. § 16 N 8 ff. Zu den dortigen Ausführungen betreffend die Eintragung der AG nach ihrer Gründung ist zu ergänzen, dass bei der schriftlichen Anmeldung der Auflösung die *Unterschriften* der Anmeldenden in der Regel *nicht mehr beglaubigt* werden müssen[88].

173 Der Anmeldung ist als Beleg im Falle der Auflösung durch richterliches Urteil das *Dispositiv* des in Rechtskraft erwachsenen *Entscheides* beizulegen, bei der Auflösung durch Beschluss der GV die *öffentliche Urkunde* über den GV-Beschluss oder ein beglaubigter Auszug daraus (HRV 28 II). Wird die Gesellschaft nach Massgabe der Statuten aufgelöst, genügt ein Hinweis auf die einschlägige statutarische Bestimmung.

174 Aus der Anmeldung und den beigefügten Belegen muss die *Auflösung* der Gesellschaft *klar hervorgehen*.

175 Anzumelden sind auch die *Liquidatoren*, und zwar auch dann, wenn der Verwaltungsrat die Liquidation übernimmt[89].

176 Anmeldungsmuster finden sich bei Rebsamen/Thomi 229 ff.

177 e) Dem Eintrag der Auflösung kommt in der Regel nur *deklaratorische* Bedeutung zu[90]. Es sind damit jedoch die *Publizitätswirkungen* nach OR 933 (vgl. § 16 N 51 ff) verbunden: Dritten kann eine nicht eingetragene Auflösung nur

---

[86] Vgl. den Tatbestand von BGE 64 II 150 ff. Da die neuere Handelsregisterpraxis die Löschung der Gesellschaft vom Nachweis der Beachtung der gesetzlichen Liquidationsvorschriften abhängig macht (vgl. SAG *1984* 48 und Lussy in BN *1986* 228 ff), bringt ein solches Vorgehen keine Vereinfachungen mehr. Zum Problem vgl. Wettenschwiler (zit. § 56 N 1) passim (die Arbeit wurde vor der Praxisänderung der Registerbehörden geschrieben) und § 56 N 143.
[87] In der Praxis wird dieser Regel freilich in kleinen Verhältnissen oft nicht nachgelebt.
[88] HRV 23 II.
[89] Zu den erforderlichen Angaben vgl. HRV 40. Weiter muss aus der Anmeldung die Vertretungsberechtigung (vgl. OR 740 III) hervorgehen. Als *Beleg* für Wahl und Ordnung der Zeichnungsberechtigung ist das Original des GV-Protokolls oder ein beglaubigter Auszug daraus beizulegen.
[90] BGE 91 I 445.

entgegengehalten werden, wenn sie diese nachweislich gekannt haben (OR 933 II), und die eingetragene Auflösung gilt Dritten gegenüber als bekannt (OR 933 I). Dies ist von Bedeutung insbesondere im Hinblick auf die Einschränkung der Vertretungsmacht der Organe infolge Zweckänderung der aufgelösten Gesellschaft.

f) Erinnert sei daran, dass eine faktisch liquidierte Gesellschaft *von Amtes wegen gelöscht* werden kann (vgl. vorn N 143 f).

178

C. Zur Möglichkeit, die Auflösung rückgängig zu machen

I. Allgemeines

a) Fallen die Gründe, die zur Auflösung der Gesellschaft geführt haben, im nachhinein und vor der Durchführung der Liquidation weg, dann kann ein Bedürfnis bestehen, die Auflösung wieder rückgängig zu machen. Die Neugründung ist dafür wegen der anfallenden Kosten und insbesondere aus Steuergründen kein angemessener Ersatz.

179

b) Für einzelne Fälle der Auflösung ist die Frage – und zwar im Sinne einer *Möglichkeit der Rückgängigmachung* – *positivrechtlich* geregelt, so für die Auflösung wegen Konkurseröffnung und durch den Registerführer (dazu N 181 f). Eine *allgemeine* Regel besteht dagegen im schweizerischen Aktienrecht *nicht*, und in Literatur und Judikatur wird die Frage *sehr unterschiedlich beantwortet*, wobei teils dogmatisch, teils positivrechtlich unter Hinweis auf OR 739, teils praktisch-fiskalisch und teils auch unter Berücksichtigung der betroffenen Interessen argumentiert wird (vgl. N 185 ff).

180

II. Positivrechtliche Ordnungen

1. Widerruf der Auflösung durch Konkurs

Nach SchKG 195 ist der Konkurs – unabhängig vom Grund der Eröffnung – zu widerrufen, wenn die schriftliche *Erklärung sämtlicher Gläubiger* beigebracht wird, dass diese ihre Konkurseingabe zurückgezogen haben oder wenn ein *Nachlassvertrag* zustande gekommen ist[91,92]. Dadurch kann der Schuldner – die AG – wieder über das Vermögen verfügen.

181

---

[91] In seiner ab 1.1.1997 geltenden Fassung erwähnt SchKG 195 als weiteren Grund den Nachweis, dass sämtliche Forderungen getilgt sind.
[92] Sind die Voraussetzungen erfüllt, dann *muss* der Widerruf unbekümmert um dessen Zweckmässigkeit oder die Würdigkeit des Schuldners ausgesprochen werden, BGE 99 Ia 14 f.

182 Der Widerruf ist dem Handelsregisterführer mitzuteilen (SchKG 176), und dieser hat die Konkurseintragung zu löschen (OR 939 II, HRV 65).

2. Widerruf der Auflösung durch den Handelsregisterführer

183 Für den Fall der Auflösung durch den Registerführer wegen *Nichterfüllung der Nationalitäts- und Wohnsitzerfordernisse* des Verwaltungsrates (OR 708 I, IV)[93] sieht HRV 86 III ausdrücklich den *Widerruf der Auflösung* vor, wenn der gesetzmässige Zustand innert drei Monaten wieder hergestellt wird. Es handelt sich um eine *Kann*-Vorschrift.

184 Vgl. dazu Balthasar Bessenich: Der Widerruf der Auflösung der Aktiengesellschaft von Amtes wegen gemäss Art. 86 Abs. 3 HRegV, in: JBHReg *1994* 129 ff.

III. Möglichkeit des Widerrufs in gesetzlich nicht geregelten Fällen

185 Eine *allgemeine Regel* zum Widerruf der Auflösung besteht im schweizerischen Aktienrecht nicht. Insbesondere lässt sich eine solche u. E. – entgegen der Ansicht des Bundesgerichts[94] und eines Teils der Lehre – nicht aus OR 739 II ableiten.

Im einzelnen folgendes:

1. Widerruf einer Auflösung durch Generalversammlungsbeschluss?

186 a) Schweizerische Behörden und Gerichte hatten sich wiederholt mit der Frage zu befassen, ob ein Auflösungsbeschluss der GV widerruflich sei. Dies wurde konsequent *verneint*[95]. Ins Feld geführt wurden vor allem zwei Argumente:

187 – Die Zulassung eines Widerrufs und damit einer sogenannten Rückgründung ermögliche Missbräuche, womit insbesondere die Verwertung von blossen *Aktienmänteln* (dazu § 56 N 163 ff) gemeint war.

188 – Infolge der Auflösung würden die *Befugnisse der Gesellschaftsorgane* gemäss OR 739 II auf die Handlungen *beschränkt*, die für die Durchführung der Liquidation erforderlich seien. Dazu gehöre der Widerruf eines Auflösungsbeschlusses nicht, da dieser im Gegenteil auf eine Fortsetzung der Gesellschaft abziele[96].

---

[93] Nicht aber für die anderen in OR 708 erwähnten Fälle.
[94] So – mit ausführlicher Begründung – BGE 91 I 438 ff.
[95] Vgl. etwa Eidg. Justiz- und Polizeidepartement in SJZ *1926/27* 48 f Nr. 8, BGE in SAG *1938/39* 68 sowie unter ausführlicher Auseinandersetzung mit den Lehrmeinungen und Berücksichtigung der Materialien BGE 91 I 438 ff (offen dagegen BGE 80 I 387 f). Die Frage ist zur Zeit erneut vor Bundesgericht hängig.
[96] Vgl. insbes. BGE 91 I 446 E 5a.

b) In der schweizerischen *Literatur* sind die *Ansichten geteilt*, wobei heute die Auffassung vorherrschen dürfte, die Auflösung könne unter gewissen Voraussetzungen rückgängig gemacht werden[97]. 189

c) Den Argumenten, die *gegen die Möglichkeit* angeführt werden, die beschlossene Auflösung rückgängig zu machen, ist zu entgegnen: 190
- Art. 739 befasst sich u. E. nur mit den Befugnissen der Gesellschaftsorgane *im Hinblick auf die Liquidation*[98]. Diese Bestimmung kann daher nicht angerufen werden, wenn über die Rechtslage im Liquidationsverfahren *an sich* zu entscheiden ist. 191
- Im Hinblick auf die praktisch-fiskalische Argumentation, durch den Widerruf würden die mit den Liquidations- und Gründungsformalitäten verbundenen Gebühren und Steuern vermieden, ist zu entgegnen, dass das StG Steuerumgehungen mittels Verwertung von sogenannten Aktienmänteln (dazu § 56 N 170 f) dadurch verhindert, dass es den Handwechsel der Mehrheit der Beteiligungsrechte einer AG, die wirtschaftlich liquidiert oder in liquide Form gebracht worden ist, für abgabepflichtig erklärt[99]. 192
- Endlich verletzt die Rückgängigmachung der Auflösung jedenfalls solange keine Interessen von Gläubigern oder Dritten, als keine Verteilung des Gesellschaftsvermögens stattgefunden hat. 193

Positiv ist dagegen festzuhalten, dass der Widerruf eines Auflösungsbeschlusses letztlich nur eine *Zweckänderung* darstellt: Die Gesellschaft kehrt von ihrem beschränkten Liquidationszweck zurück zum Zweck der aktiven Tätigkeit. Die Kompetenz zu einer solchen Zweckänderung muss der GV auch im Auflösungsstadium zukommen. 194

d) Ist ein Widerruf der Auflösung nicht schlechthin ausgeschlossen, so ist im einzelnen zu *differenzieren*: 195
- Nicht massgebend kann sein, ob die Auflösung schon im Handelsregister eingetragen und im Schweiz. Handelsamtsblatt publiziert worden ist: Zwar können sich Dritte auf die Eintragung verlassen. Doch steht das Verkehrsinteresse einem Widerruf nicht entgegen, sondern verlangt es nur, dass auch der Widerruf gehörig zu publizieren ist[100]. 196
- Wesentlich ist dagegen das Stadium, in welchem sich der Liquidationsvorgang befindet: Ist die Gesellschaft bereits *liquidiert*, dann ist ein Widerruf nicht mehr zulässig. 197

e) Lässt man den Widerruf – entgegen BGE 91 I 438 ff – zu, dann hat er durch contrarius actus, d. h. durch *öffentlich zu beurkundenden GV-Beschluss,* zu erfolgen. War die Auflösung bereits im Handelsregister eingetragen, dann ist auch dieser Beschluss einzutragen. 198

---

[97] *Für* die grundsätzliche Möglichkeit einer Rückgängigmachung äussern sich etwa mit ausführlicher Begründung Robert Heberlein: Die Kompetenzausscheidung bei der Aktiengesellschaft in Liquidation ... (Diss. Zürich 1969) 12 ff, Bürgi zu Art. 736 N 19 ff und die Kommentare zum Recht der GmbH von Werner von Steiger (Zürich 1965) Art. 820 N 29 ff und Janggen/Becker (Bern 1939) Art. 128 N 5 ff. *Dagegen* wenden sich Hansjörg Budliger: Das Recht des Aktionärs auf Anteil am Liquidationsergebnis (Diss. Zürich 1954) 47 ff (mit Vorbehalten für den Zeitraum vor dem Registereintrag) sowie ohne Begründung Forstmoser/Meier-Hayoz: Einführung in das schweiz. Aktienrecht (3. A. Bern 1983) § 41 N 89 und Patry 267 f. – Weitere Hinweise bei Wettenschwiler (zit. § 56 N 1) 8 f.
[98] Anders aber BGE 91 I 446 E 5a.
[99] Vgl. StG 5 II lit. b.
[100] Hinzuweisen ist in diesem Zusammenhang darauf, dass Eintrag und Publikation für den Übergang in den Liquidationszustand nicht konstitutiv sind (vgl. vorne N 177).

2. Widerruf einer Auflösung nach Massgabe der Statuten?

199 Unproblematisch ist die Aufhebung eines statutarischen Auflösungsgrundes *vor seinem Eintritt* (vgl. vorn N 13).

200 *Umstritten* ist dagegen, ob eine Auflösung nach Massgabe der Statuten auch nach dem Eintritt des Auflösungsgrundes widerrufen werden kann. Nach der hier vertretenen Auffassung ist dies – mit den in N 195 ff erwähnten Vorbehalten – zu bejahen[101]. Der Widerruf hat durch einen *statutenändernden Beschluss* zu erfolgen, der öffentlich zu beurkunden und im Handelsregister einzutragen ist. Eine stillschweigende Fortführung der Gesellschaft nach dem Eintritt des statutarischen Auflösungsgrundes gibt es also nicht.

3. Widerruf einer Auflösung durch den Richter aus wichtigem Grund?

201 Die Klage auf Auflösung aus wichtigem Grund steht nur den Aktionären zu, schützt also ausschliesslich deren private Interessen und nicht auch diejenigen der Gläubiger und des Publikums im allgemeinen. Dies ist auch im Hinblick auf die Möglichkeiten, eine richterliche Auflösung aus wichtigem Grund rückgängig zu machen, zu beachten. Zugleich ist aber den prozessualen Konsequenzen Rechnung zu tragen. Daraus ergibt sich folgendes:

202 Solange das *Auflösungsurteil nicht gefällt* ist, können die klagenden Aktionäre ihre Klage zurückziehen und damit die Auflösung verhindern. Diese ist noch nicht eingetreten und braucht somit auch nicht rückgängig gemacht zu werden.

203 *Nach der Urteilsfällung* ist ein Klagerückzug nicht mehr möglich. Doch kann die beklagte Gesellschaft gegen das Urteil allenfalls ein Rechtsmittel einlegen und können die klagenden Aktionäre in der Folge im Rechtsmittelverfahren die Klage zurückziehen[102].

204 Das *rechtskräftige Urteil ist ein Gestaltungsurteil*[103], weshalb die Rechtsänderung mit der formellen Rechtskraft des gutheissenden Urteils eintritt. Im Einverständnis sämtlicher Aktionäre sollte jedoch auch in diesem Stadium ein Widerruf in den Schranken von N 186 ff hievor zugelassen werden.

---

[101] In diesem Sinne auch das Eidg. Amt für das Handelsregister in einem Schreiben von 17. 8. 1932, SJZ *1933/34* 105 Nr. 90 = SAG *1932/33* 142.
[102] Die ist allerdings nur möglich, wenn dem Rechtsmittel von Gesetzes wegen oder durch richterliche Anordnung aufschiebende Wirkung zuerkannt wird, vgl. BGE 91 II 148 und Sträuli/Messmer: Kommentar zur Zürcherischen Zivilprozessordnung (2. A. Zürich 1982) N 6 zu § 260.
[103] Vgl. Oscar Vogel: Grundriss des Zivilprozessrechts (4. A. Bern 1995) 7. Kapitel N 39.

§ 56 Die Liquidation

Literatur: Bürgi/Nordmann zu Art. 739–747; Robert Heberlein: Die Kompetenzausscheidung bei der Aktiengesellschaft in Liquidation unter Mitberücksichtigung der Kollektivgesellschaft ... (Diss. Zürich 1969); Hans Ulrich Liniger: Die Liquidation der Genossenschaft (Diss. Zürich 1982 = ZStP 27); Thomas Mannhart: Die Aufhebung mit Liquidation von Stiftungen ... (Diss. Zürich 1986 = ZStP 53) 97 ff; Franco Maurer: Das Recht auf den Liquidationsanteil bei der Aktiengesellschaft (Diss. Bern 1951); Christoph Stäubli in Basler Kommentar zu Art. 739–747; Fritz von Steiger 339 ff.

Der Abschnitt über die Auflösung mit Liquidation ist praktisch unverändert aus dem bisherigen Recht übernommen worden. Es erfolgten einige terminologische Anpassungen und Umstellungen. Die einzige wesentliche materielle Änderung findet sich in OR 745 III, wo die Möglichkeit einer vorzeitigen Auszahlung des Liquidationsüberschusses geordnet ist (vgl. im übrigen § 54 N 15 ff). Literatur und Judikatur aus der Zeit vor der Aktienrechtsreform bleiben daher aktuell.

A. *Begriff, Grundsätzliches und Übersicht*

a) Liquidation ist das *Verfahren zwischen dem Eintritt eines Auflösungsgrundes und dem vollständigen Untergang der Gesellschaft,* das alle Massnahmen umfasst, die dazu dienen, die laufenden Geschäfte zu beenden, noch bestehende Verpflichtungen zu erfüllen, das Vermögen zu verwerten und einen Überschuss unter die Aktionäre zu verteilen. Zweck der Liquidation ist die *Versilberung des Vermögens* der Gesellschaft und die *Verteilung des* nach der Erfüllung sämtlicher Verpflichtungen verbleibenden *Nettovermögens* an die Aktionäre.

Als *freiwilliges Verfahren* unterscheidet sich die Liquidation im Sinne von OR 739 ff von der konkursamtlichen Zwangsliquidation und von der Liquidation im Rahmen eines Nachlassvertrages mit Vermögensabtretung, bei denen den Gesellschaftsorganen das Verfügungsrecht über das Vermögen der Gesellschaft entzogen wird.

Die konkursamtliche Zwangsliquidation und die Durchführung eines Nachlassvertrages mit Vermögensabtretung richten sich nach den Bestimmungen des SchKG[1]. Im folgenden werden diese zwangsweisen Liquidationsverfahren nur am Rande erwähnt.

b) Im wesentlichen umfasst das Liquidationsverfahren (OR 742–746) die folgenden Massnahmen:
- die Erstellung einer *Liquidationseröffnungsbilanz* und allenfalls jährlicher *Zwischenbilanzen* (OR 742 I, 743 V, dazu nachstehend N 78 ff),

---

[1] Vgl. SchKG 221 ff, 316a ff (bzw. in der ab 1.1.1997 geltenden Fassung 337 ff) sowie die Verweisung in OR 740 V.

8 – die Aufforderung an die Gläubiger, ihre Ansprüche bekanntzugeben, der sogenannte *Schuldenruf* (vgl. OR 742 II, dazu nachstehend N 90 ff),
9 – die Beendigung der laufenden Geschäfte, die *Verwertung der Aktiven* und nötigenfalls den Einzug noch ausstehender Liberierungsbeträge sowie die *Erfüllung bzw. Sicherstellung der Verbindlichkeiten* der Gesellschaft (vgl. OR 743 I, III, IV, 744, dazu N 104 ff),
10 – die *Verteilung* eines allfälligen Aktivenüberschusses nach Beachtung einer Sperrfrist (OR 745, dazu N 119 ff),
11 – den Antrag zur *Löschung* der Gesellschaft beim Handelsregisteramt (OR 746, dazu N 146 ff).
12 c) Zur rechtlichen Stellung der AG in Liquidation vgl. im übrigen § 55 N 149.

B. *Liquidatoren und ordentliche Gesellschaftsorgane*

13 Zuständig für die Durchführung der Liquidation sind die *Liquidatoren* (dazu N 14 ff). Diese haben sämtliche Aufgaben zu erfüllen, die direkt mit der Liquidation zusammenhängen. Die übrigen Gesellschaftsorgane bleiben bestehen, aber mit modifizierten Funktionen (vgl. N 60 ff).

I. Bestellung der Liquidatoren und Beendigung ihres Amtes

1. Die gesetzlichen Erfordernisse

14 a) Wie bei der Bestellung und Zusammensetzung des Verwaltungsrates lässt das Gesetz auch für das Liquidationsorgan grosse Freiheit. Zu bestellen sind ein oder mehrere[2] natürliche oder juristische Personen[3]. Besondere Qualifikationen, wie sie für die Revisoren verlangt werden (vgl. OR 727a f und dazu § 32 N 4), sind gesetzlich nicht verankert[4]. Doch kann die Übernahme des Amts eines Liquidators trotz fehlender Kenntnisse eine persönliche Verantwortlichkeit nach OR 754 ff (dazu § 36 f) nach sich ziehen[5].

15 b) Nach OR 740 III muss wenigstens einer der Liquidatoren «in der Schweiz wohnhaft und zur Vertretung berechtigt sein»[6]. Insofern besteht Übereinstim-

---

[2] Dass das Gesetz in Mehrzahl spricht, schliesst die Bestellung eines einzigen Liquidators nicht aus.
[3] Für die Funktion des Liquidators können – anders als für die des Verwaltungsrates (dazu OR 707 III und § 27 N 7) – nach unbestrittener Lehre und Praxis auch juristische Personen bestellt werden, vgl. BGE 62 II 285 ff, 115 Ib 291 sowie HRV 41 a. E.
[4] Zu verlangen ist immerhin Urteilsfähigkeit.
[5] Vgl. für das analoge Problem bei Mitgliedern des Verwaltungsrates SAG *1944/45* 199.
[6] Sind mehrere Liquidatoren nur gemeinsam zeichnungsberechtigt, dann müssen so viele von ihnen in der Schweiz wohnhaft sein, dass sie das Vertretungsrecht ausüben können.

mung mit den Anforderungen für den Verwaltungsrat. Dagegen gelten die Nationalitätserfordernisse von OR 708 (dazu § 27 N 68 ff) für die Liquidatoren nicht.

c) Ein Recht auf Vertretung einer Minderheitsgruppe entsprechend OR 709 (dazu § 27 N 78 ff) besteht nicht. 16

d) Im Gegensatz zu den Mitgliedern des Verwaltungsrates (zu diesen OR 707 I und dazu § 27 N 2 ff) brauchen die Liquidatoren *nicht Aktionäre* zu sein. 17

e) Die Liquidatoren dürfen nicht zugleich Revisoren der Gesellschaft sein (vgl. die analog anwendbare Regel von OR 727c, dazu § 32 N 24 ff). 18

2. *Bestellung der Liquidatoren*

a) Das Gesetz enthält eine dispositive Norm über die Bestimmung der Liquidatoren (OR 740 I a. A., dazu N 21 f). Davon abweichend können die Liquidatoren durch die Statuten ernannt (dazu N 23), von der Generalversammlung bestellt (dazu N 24 f) oder vom Richter (dazu N 26 ff) bzw. einer Behörde (dazu N 31 ff) eingesetzt werden. 19

Die unterschiedlichen Bestellungsgründe haben auf die Rechtsstellung des Liquidators sowie die Art und den Umfang seiner Aufgaben keinen Einfluss, wohl aber auf die Möglichkeit der Abberufung (dazu N 40 ff). 20

b) Nach der subsidiären gesetzlichen Ordnung (OR 740 I) wird die Liquidation durch den *Verwaltungsrat* durchgeführt[7]. Mit dem Eintritt des Auflösungsgrundes werden so sämtliche Mitglieder des Verwaltungsrates zu Liquidatoren, wobei sie die Aufgaben und Befugnisse des Verwaltungsrates in Personalunion weiterführen. 21

Die Mitglieder des Verwaltungsrates sind zur Übernahme der Aufgabe der Liquidation verpflichtet, können sich ihr aber durch Rücktritt vom Amt entziehen. 22

Möglich ist die *statutarische Bezeichnung* der Liquidatoren[8], was freilich kaum je vorkommt[9]. 23

Häufig ist die Bestellung der Liquidatoren durch die *Generalversammlung*. Oft wird durch die Wahl nur die gesetzliche Vermutung (die Mitglieder des Verwaltungsrates sind zugleich Liquidatoren) bestätigt, was rechtlich ohne Bedeutung ist. Die Generalversammlung kann aber auch nur einen Teil des Verwaltungsrates oder verwaltungsfremde Dritte als Liquidatoren einsetzen. 24

---

[7] Diese Aufgabe hat der Verwaltungsrat auch etwa dann, wenn ein Konkurs über die Gesellschaft mangels Aktiven eingestellt wurde, die Gesellschaft aber noch (für die Durchführung eines Konkursverfahrens nicht ausreichende) Aktiven besitzt: BGE 90 II 257 f.
[8] Etwa dadurch, dass der Inhaber einer bestimmten Funktion als Liquidator bestimmt wird, theoretisch auch durch namentliche Nennung.
[9] Mit Ausnahme des – überflüssigen – Hinweises, dass die Liquidation durch den Verwaltungsrat vorzunehmen ist.

25   Dass Strohmänner eingesetzt werden, kann sowenig verhindert werden wie beim Verwaltungsrat (zu jenem vgl. § 28 N 175 ff). Doch wird der Strohmann-Liquidator für allfällige Pflichtversäumnisse persönlich verantwortlich[10].

26   c) Nach OR 741 II kann der *Richter* allenfalls auf Antrag eines Aktionärs Liquidatoren aus wichtigen Gründen ernennen, nach OR 740 III auf Antrag eines Aktionärs oder auch eines Gläubigers sodann auch dann, wenn kein zur Vertretung berechtigter Liquidator in der Schweiz wohnhaft ist.

27   Der Richter kann nur auf *Antrag* hin tätig werden, nie von Amtes wegen. Aktivlegitimiert sind Aktionäre und – im Rahmen von OR 740 III – Gläubiger. Passivlegitimiert ist – sofern das Verfahren als streitiges ausgestaltet ist – die Gesellschaft. Örtlich zuständig sind die Gerichte am Sitz der Gesellschaft. Im übrigen richtet sich das Verfahren nach kantonalem Prozessrecht[11].

28   Die Kompetenz des Richters beschränkt sich auf die Ernennung (allenfalls verbunden mit der Regelung der Vertretungsrechte). Dagegen ist nach unbestrittener Ansicht ein Weisungsrecht des Richters gegenüber den ernannten Liquidatoren ausgeschlossen[12]. Vielmehr hat der durch den Richter eingesetzte Liquidator dieselbe Stellung wie der von der Gesellschaft ernannte.

29   Sind die Wohnsitz- und Vertretungsvoraussetzungen gemäss OR 740 III nicht oder nicht mehr erfüllt, so *muss* der Richter auf Antrag einen Liquidator ernennen. Im übrigen erfolgt dagegen die Ernennung nur, «sofern wichtige Gründe vorliegen», und zudem nur «nötigenfalls» (OR 741 II). Dies ist dann der Fall, wenn ohne diese Massnahme eine ordnungsgemässe Liquidation nicht erwartet werden kann.

30   Vgl. im übrigen Arthur Meier-Hayoz: Die richterliche Ernennung von Liquidatoren bei der Aktiengesellschaft, SJZ *1950* 213 ff.

31   d) «Im Falle des Konkurses besorgt die Konkursverwaltung die Liquidation nach den Vorschriften des Konkursrechtes.» (OR 740 V).

32   Beim Nachlassvertrag mit Vermögensabtretung bestellen die Gläubiger die Liquidatoren (SchKG 316b I Ziff. 2 bzw. 318 II Ziff. 2 in der ab 1.1.1997 geltenden revidierten Fassung).

33   e) Eine besondere Ordnung gilt für *Banken*, die infolge des Entzugs der Bewilligung zur Geschäftstätigkeit aufgelöst worden sind: Nach BankG 23 quinquies II hat in diesen Fällen die Bankenkommission den Liquidator zu ernennen.

---

[10]   BGE 115 Ib 395 E 4b.
[11]   Die *Kantone* haben es insbesondere in der Hand, das Verfahren als solches der streitigen oder der freiwilligen Gerichtsbarkeit auszugestalten. Aus der Sicht des *Bundesgerichts* stellt die Ernennung von Liquidatoren dagegen – unabhängig von der kantonalen Ordnung – stets einen Akt der freiwilligen Gerichtsbarkeit dar, was dazu führt, dass eine Berufung an das Bundesgericht nicht möglich ist, weil keine Zivilrechtsstreitigkeit im Sinne der Rechtsprechung zum OG vorliegt (BGE 117 II 164). Dagegen betrachtet das Bundesgericht die *Abberufung* von Liquidatoren als streitige Gerichtsbarkeit (vgl. hinten N 45), mit dem unbefriedigenden Resultat, dass bei der praktisch häufigen gleichzeitigen Abberufung und Neubestellung eines Liquidators in ein und demselben Verfahren eine Berufung an das Bundesgericht zwar hinsichtlich der Abberufung, nicht aber der Neubestellung zulässig ist.
[12]   Vgl. ZR *1939* Nr. 149 S. 362 f. Nichts einzuwenden ist freilich gegen Weisungen, die nur die gesetzlich vorgeschriebenen Tätigkeiten des Revisors wiederholen: BGE 112 II 12 E 7b.

f) Umstritten ist, wie vorzugehen ist, wenn ein Liquidator *überhaupt fehlt*. Einzelne Autoren wollen für diesen Fall OR 740 III analog anwenden, andere schlagen die Ernennung eines Beistandes gemäss ZGB 393 Ziff. 4 durch die Vormundschaftsbehörde (dazu § 20 N 43 ff) vor. U. E. kommen beide Möglichkeiten alternativ in Betracht. 34

3. *Amtsbeginn und Amtsdauer, Eintragung im Handelsregister*

a) Die Liquidatoren treten ihr Amt *unmittelbar nach der Bestellung*[13] an. 35

b) In der Regel und im Zweifel werden die Liquidatoren für die *ganze Dauer der Liquidation* bestellt. Periodische Neuwahlen finden daher keine statt, und zwar auch dann nicht, wenn der Verwaltungsrat selbst die Liquidation vollzieht[14]. 36

c) «Die Liquidatoren sind vom Verwaltungsrat zur Eintragung in das Handelsregister anzumelden, auch wenn die Liquidation vom Verwaltungsrat besorgt wird.» (OR 740 II). Der Eintrag hat lediglich *deklaratorischen Charakter*[15]. 37

Die Anmeldung erfolgt nach den für Mitglieder des Verwaltungsrates geltenden Regeln (dazu § 30 N 106 ff). Anzumelden sind auch allfällige Änderungen, wobei auch hiefür der Verwaltungsrat zuständig ist. 38

4. *Die Beendigung des Amts des Liquidators*

a) Die *ordentliche Beendigung* des Amts der Liquidatoren fällt mit dem Ende der Liquidation oder ausnahmsweise mit dem Ablauf einer Amtsdauer zusammen. 39

b) *Ausserordentlich* wird das Amt der Liquidatoren beendet durch Abberufung seitens der GV oder des Richters sowie durch Rücktritt. 40

aa) In OR 741 I wird das allgemein in OR 705 I verankerte Abberufungsrecht der GV wiederholt: «Die Generalversammlung kann die von ihr ernannten Liquidatoren jederzeit abberufen.»[16] 41

Es gelten dieselben Regeln wie für die Abberufung von Mitgliedern des Verwaltungsrates (dazu § 27 N 38 ff). 42

bb) *Richterlich bestellte* Liquidatoren können dagegen nicht einfach von der GV durch Mehrheitsbeschluss abberufen werden, da dies der Schutzfunktion der richterlichen Ernennung widerspräche. 43

---

[13] Bzw. mit der Annahme der Bestellung, die auch stillschweigend erfolgen kann.
[14] Doch ist es möglich, das Amt freiwillig bestellter Liquidatoren zu befristen oder periodische Neuwahlen vorzusehen.
[15] BGE 59 II 62, ZR *1944* Nr. 38 S. 86.
[16] Der Passus «die von ihr ernannten Liquidatoren» ist zu eng gefasst: Das Abberufungsrecht besteht auch gegenüber Mitgliedern des Verwaltungsrates, die ohne besondere Ernennung aufgrund der subsidiären gesetzlichen Ordnung das Amt eines Liquidators erfüllen, ebenso bei statutarisch bestimmten Liquidatoren.

44 cc) OR 741 II sieht vor, dass «der Richter, sofern wichtige Gründe vorliegen[17]», auf Antrag eines Aktionärs «Liquidatoren abberufen» kann. Neben der in OR 727e III vorgesehenen Abberufung eines Revisors handelt es sich um den einzigen Fall einer richterlichen Abberufung im schweizerischen Aktienrecht. Die Bestimmung bezweckt den Schutz der Minderheitsaktionäre während der Liquidation[18].

45 Das Verfahren wird vom Bundesgericht als solches der *streitigen Gerichtsbarkeit* verstanden[19]. Aktivlegitimiert ist nach zwingender gesetzlicher Bestimmung *jeder einzelne Aktionär*, unabhängig vom Umfang seines Aktienbesitzes[19a]. Keine Legitimation kommt dagegen den Gläubigern zu. Passivlegitimiert ist die Gesellschaft und nicht etwa der abzuberufende Liquidator[20].

46 dd) Korrelat zum Recht auf jederzeitige Abberufung ist das *einseitige Demissionsrecht* der Liquidatoren, das ebenfalls *jederzeit und voraussetzungslos* ausgeübt werden kann.

47 ee) Erfolgen die Abberufung bzw. der Rücktritt *zur Unzeit*, so werden die Gesellschaft bzw. der demissionierende Liquidator allenfalls *schadenersatzpflichtig*[21].

II. Die Stellung der Liquidatoren

1. Die Liquidatoren als Organ der Gesellschaft

48 a) Nach heute kaum mehr bestrittener Lehre und Praxis[22] sind die Liquidatoren *Organ* der Gesellschaft. Zwar werden sie im Abschnitt über die *Organisation der Aktiengesellschaft* (OR 698 ff) nicht genannt. Die Organstellung ergibt sich aber aus der gesetzlichen Ordnung: der Geschäftsführungspflicht gemäss OR 743 III (dazu N 49 ff), der Haftung der Gesellschaft für Schaden aus unerlaubten Handlungen von Liquidatoren (OR 743 VI, dazu N 53 ff), aber auch aus der Unterstellung der Liquidatoren unter die aktienrechtliche Verantwortlichkeit (OR 754 I, dazu N 58).

49 b) Die Liquidatoren «haben die Gesellschaft in den zur Liquidation gehörenden Rechtsgeschäften zu vertreten, können für sie Prozesse führen, Vergleiche und Schiedsverträge abschliessen und, soweit erforderlich, auch neue Geschäfte eingehen» (OR 743 III). Entsprechend dem Verwaltungsrat bei der nicht aufgelösten Gesellschaft stellen die Liquidatoren also bei der aufgelösten das *ge-*

---

[17] Beispiel eines wichtigen Grundes: Interessenkollision zufolge einer Doppelfunktion als Liquidator und Mitglied des Verwaltungsrates einer Nachfolgegesellschaft, PKG *1990* 188 ff.
[18] BGE 117 II 165 E 2a, dort auch zu den Voraussetzungen.
[19] Vgl. BGE 117 II 164 E 1, 69 II 36, 55 II 331.
[19a] BGE 117 II 165.
[20] Sem. *1980* 283; anders noch SJZ *1924/25* 307 ff.
[21] Dies in – zumindest analoger – Anwendung von Mandatsrecht (OR 404 II) und trotz Fehlens einer Bestimmung, wie sie in OR 705 II für die Mitglieder des Verwaltungsrates und der Revisionsstelle verankert ist.
[22] Vgl. schon BGE 45 II 422.

schäftsführende Organ dar, und es sind die Kompetenzen des Verwaltungsrates entsprechend eingeschränkt (vgl. N 72 ff)[23].

Die Liquidatoren sind befugt, alles zu unternehmen, was zur Durchführung der Liquidation gehört. Anderseits ist negativ festzuhalten, dass ihre Kompetenzen auf das für die Liquidation Nötige und Nützliche beschränkt sind[24]. Daraus ergibt sich, dass sich die *Geschäftsführungsbefugnis* der Liquidatoren in der Regel auf *Abwicklungsgeschäfte* beschränkt, wobei sie immerhin – wie soeben zitiert – «auch neue Geschäfte eingehen» dürfen, soweit dies für die Liquidation erforderlich ist.

Die *Vertretungsmacht* nach aussen ergibt sich aus OR 718a; sie erstreckt sich – entsprechend den Aufgaben und Kompetenzen der Liquidatoren – auf alle Rechtsgeschäfte, die der Liquidationszweck mit sich bringen kann. Eine Beschränkung ist nur im Rahmen von OR 718a II möglich. Vgl. im übrigen § 21 N 3 ff.

Ist nichts anderes bestimmt, dann ist anzunehmen, dass die *Geschäftsführung* allen Liquidatoren *gesamthaft*, die *Vertretungsbefugnis* dagegen jedem Liquidator *einzeln* zusteht (OR 716b III und OR 718 I[25] analog). Den Liquidatoren muss es aber erlaubt sein, sich angemessen zu organisieren und allenfalls auch entsprechend OR 716b Teile der Geschäftsführung zu delegieren. Ebenso können sie Vollmachten erteilen.

c) Als Organe sind die Liquidatoren Teil der juristischen Person selbst und nicht etwa Stellvertreter (dazu allgemein § 19 N 9 ff). Daher binden sie «die juristische Person sowohl durch den Abschluss von Rechtsgeschäften als durch ihr sonstiges Verhalten» (ZGB 55 II), also insbesondere auch durch in ihrer Organeigenschaft begangene *unerlaubte Handlungen*. OR 743 VI hält dies – als Wiederholung von OR 722 – ausdrücklich fest. (Zur Haftung der AG für unerlaubte Handlungen ihrer Organe allgemein vgl. § 21 N 2 ff).

2. Das interne Verhältnis der Liquidatoren zur Gesellschaft

a) Das interne Verhältnis der Liquidatoren zur AG wird im allgemeinen als *Mandatsverhältnis* bezeichnet. Richtiger wäre es wohl – gleich wie beim Mitglied eines Verwaltungsrates – von einem *mandatsähnlichen Verhältnis sui generis* zu sprechen. Dabei ist – wiederum gleich wie beim Mitglied des Verwaltungsrates – davon auszugehen, dass durch den Akt der Bestellung ein *einheitliches Rechtsverhältnis* zwischen der Gesellschaft und dem Organ entsteht (vgl. die Ausführungen in § 28 N 2 ff).

---

[23] Dies ist dann nicht von Belang, wenn – entsprechend der subsidiären gesetzlichen Ordnung – die Liquidation durch den Verwaltungsrat besorgt wird.

[24] So liegt es etwa ausserhalb der Kompetenz des Liquidators, den Auflösungsbeschluss rückgängig zu machen, und zwar auch dann, wenn darüber ein gerichtlicher Vergleich zustande kommt, vgl. BGE 80 I 385.

[25] A. M. Stäubli in Basler Kommentar zu Art. 743 N 17, der annimmt, dass ohne entsprechende Regelung die Liquidatoren *gemeinsam* zeichnen müssen.

55 Ein mandatsähnliches Verhältnis ist auch für richterlich bestellte Liquidatoren anzunehmen[26, 27].

56 b) Der Liquidator hat Anspruch auf *Entschädigung* für seine Tätigkeit (vgl. OR 394 III analog)[28].

57 Wo die Entschädigung nicht durch die GV festgelegt wird, können die Liquidatoren ihre Entschädigung – entsprechend der für den Verwaltungsrat geltenden Übung – selbst festlegen[29]. Vgl. dazu auch die Ausführungen zur Entschädigung der Mitglieder des Verwaltungsrates in § 28 N 121, wobei für Liquidatoren erfolgsabhängige Entschädigungen kaum in Betracht kommen dürften.

58 c) Die Liquidatoren unterstehen in gleicher Weise wie der Verwaltungsrat der *aktienrechtlichen Verantwortlichkeit* (OR 754 I). Vgl. dazu § 36 f und insbes. § 37 N 18[30].

59 d) Wenn für das Liquidationsorgan und die Liquidatoren eine spezifische Regelung fehlt, wird man in der Regel die für den Verwaltungsrat und seine Mitglieder aufgestellten Normen analog anwenden können.

III. Die ordentlichen Gesellschaftsorgane

1. Der Grundsatz

60 «Die Befugnisse der Organe der Gesellschaft werden mit dem Eintritt der Liquidation auf die Handlungen beschränkt, die für die Durchführung der Liquidation erforderlich sind, ihrer Natur nach jedoch nicht von den Liquidatoren vorgenommen werden können.» (OR 739 II). Für den Konkurs bestimmt OR 740 V überdies: «Im Falle des Konkurses besorgt die Konkursverwaltung die Liquidation nach den Vorschriften des Konkursrechtes. Die Organe der Gesellschaft behalten die Vertretungsbefugnis nur, soweit eine Vertretung durch sie noch notwendig ist.».

61 Aus dieser Ordnung ergibt sich dreierlei:

62 – Entsprechend der neuen Zielsetzung der AG beschränken sich die Organbefugnisse auf das für die Beendigung der Gesellschaftstätigkeit Notwendige (vgl. dazu auch § 55 N 153 ff).

---

[26] Immerhin mit einer Besonderheit hinsichtlich der Abberufung, vgl. OR 741 II und dazu vorn N 43 ff.
[27] Dagegen wird der von der Eidg. Bankenkommission eingesetzte Liquidator in der Judikatur nicht als Beauftragter der Bank verstanden, vgl. ZR *1978* Nr. 96 S. 214.
[28] Vorzubehalten ist der Fall, dass der Liquidator bereits als Angestellter der Gesellschaft aus Arbeitsvertrag entschädigt wird.
[29] Eine übersetzte Entschädigung kann durch die Gesellschaft – vertreten durch ihren Verwaltungsrat – gerichtlich angefochten werden.
[30] Vgl. als Beispiel der persönlichen Haftung des Liquidators (in casu für Steuerforderungen): BGE 115 Ib 393 ff.

– Auch in diesem Rahmen sind die Organkompetenzen dadurch beschränkt, 63
dass die den Liquidatoren durch das Gesetz eingeräumten Befugnisse grundsätzlich vorgehen[31].
– Mit diesen Besonderheiten bleiben die ordentlichen Gesellschaftsorgane im 64
Beendigungsverfahren «weiterbestehen und haben auch noch in diesem Stadium das Recht und die Pflicht, die Interessen der AG nach Möglichkeit zu wahren»[32].

2. Die Generalversammlung

a) Der GV verbleiben die in OR 698 aufgezählten Befugnisse (dazu § 22 65
N 8 ff), soweit sie im Beendigungsstadium noch von Bedeutung sind:
– Denkbar sind Statutenänderungen, jedoch nur solche, die durch die Liquidation geboten sind[33]. 66
– Während die Liquidatoren regelmässig für die gesamte Dauer des Verfahrens bestellt 67
werden, sind die Mitglieder des Verwaltungsrates und der Revisionsstelle wie bisher periodisch zu wählen.
– Ein allfälliger Liquidationsbericht (entsprechend dem Jahresbericht)[34] ist zu genehmigen. 68
– Ebenso sind Zwischenbilanz und Schlussbilanz (dazu N 78 ff) zu genehmigen. Für 69
einen Beschluss über die Verwendung eines Bilanzgewinnes besteht dagegen kein Raum.
– Den Mitgliedern des Verwaltungsrates und den allenfalls von ihnen verschiedenen 70
Liquidatoren ist Entlastung zu erteilen.

b) Stark umstritten ist die Frage, ob und allenfalls inwieweit die GV den Liquidatoren 71
verbindliche Weisungen erteilen kann. Unter bisherigem Recht wurde das Weisungsrecht überwiegend bejaht, jedoch meist mit Einschränkungen. Insbesondere wurde hervorgehoben, dass Weisungen die Interessen von Gläubigern nicht gefährden dürfen und dass die gesetzlichen Kompetenzen der Liquidatoren als zwingendes Recht nicht durch Weisungen der GV abgeändert werden können. Auf das revidierte Recht, das die Unentziehbarkeit der Leitungskompetenz – jedenfalls für den Verwaltungsrat – betont (vgl. OR 716a und dazu § 30 N 29 ff), sind die in der Literatur zum bisherigen Recht getroffenen Schlüsse nicht unbesehen übertragbar. In *einem* Punkt sieht das Gesetz freilich die Möglichkeit eines Eingriffs in die Geschäftsführungskompetenzen ausdrücklich vor: Nach OR 743 IV kann die GV den freihändigen Verkauf von Aktiven untersagen.

---

[31] Vgl. als Beispiel für die Kompetenzbeschränkung im Konkurs BGE 117 III 39 E 3 ff.
[32] BGE 99 Ia 18, für den Konkurs.
[33] So kann – falls sich die Liquidation länger hinzieht – allenfalls durch eine konstitutive Kapitalherabsetzung (dazu § 53 N 33 ff) die Möglichkeit für Auszahlungen an die Aktionäre geschaffen werden. Das Herabsetzungsverfahren und insbesondere dessen Gläubigerschutzbestimmungen (dazu § 53 N 136 ff) sind jedoch zu beachten. – Unzulässig, weil dem Liquidationszweck zuwiderlaufend, dürften dagegen Kapitalerhöhungen sein.
[34] Ein solcher ist zwar im Gesetz nicht vorgesehen, aber bei länger dauernder Liquidationstätigkeit wünschenswert.

3. Der Verwaltungsrat

72 a) Entgegen einer in der Literatur vertretenen Auffassung[35] besteht der Verwaltungsrat auch dann als notwendiges Organ weiter, wenn er nicht mit der Liquidation betraut wird. Freilich sind seine Kompetenzen stark eingeschränkt.

73 Zu den verbliebenen Aufgaben des Verwaltungsrates gehören etwa die Vorbereitung der GV und die Ausführung ihrer Beschlüsse (vgl. OR 716a I Ziff. 6 und dazu § 30 N 54 f) und – nach freilich bestrittener Auffassung – die Aufsicht über die Liquidation. Der Verwaltungsrat nimmt auch die Rechte der Gesellschaft gegenüber den Liquidatoren wahr[36].

74 b) Dagegen sind die Vertretungs- und Geschäftsführungsbefugnis des Verwaltungsrates, der nicht selbst die Liquidation besorgt, stark eingeschränkt (vgl. OR 739 II, dazu vorn N 49)[37]. Doch können die Liquidatoren dem Verwaltungsrat gestatten, bis auf weiteres die Geschäftstätigkeit fortzuführen.

75 c) Umstritten ist in der Lehre, ob es zulässig ist, Direktoren und Prokuristen während des Liquidationsstadiums in ihren Funktionen zu belassen. U. E. ist dies zu bejahen und in komplexen Verhältnissen unumgänglich.

4. Die Revisionsstelle

76 Die Revisionsstelle bleibt während der Liquidation notwendiges Organ einer AG[38]. Ihre Pflichten bleiben weitgehend dieselben wie bei einer «werbenden» Gesellschaft. Insbesondere hat sie die Bilanzen – Liquidationseröffnungsbilanz (OR 742 I, dazu N 78 ff), allfällige Zwischenbilanzen (OR 743 V, dazu N 83 ff) und die Schlussbilanz (dazu N 86) – zu prüfen und darüber Bericht zu erstatten. Da im Liquidationsstadium keine Dividenden mehr ausgeschüttet werden dürfen (vgl. N 114 f), entfällt die Begutachtung des Antrages über die Verwendung des Bilanzgewinnes (OR 728 I)[39].

C. Das Liquidationsverfahren

77 Die AG in Liquidation besteht nur noch zum Zweck ihrer Beendigung. Dritte können jedoch die Liquidation nicht erzwingen[40]. Ausser einer allfälligen

---

[35] Vgl. die Übersicht bei Wettenschwiler (zit. N 1) 29 f.
[36] Vgl. BGE 88 III 28 ff für den Fall des Konkurses. Auch über die Anhebung von Verantwortlichkeitsklagen gegen die Liquidatoren hat – entgegen BGE 48 III 43 und der herrschenden Lehre – grundsätzlich der Verwaltungsrat und nicht etwa die GV zu entscheiden.
[37] Vgl. etwa BGE 90 II 252 f E 2: Während der Dauer des Konkursverfahrens besteht keine Vertretungsbefugnis hinsichtlich eines zur Konkursmasse gehörenden Anspruches.
[38] Vgl. SJZ *1995* 341. Nötigenfalls ist eine Revisionsstelle durch den Richter zu bestimmen (OR 727f, dazu § 32 N 36 ff).
[39] Vgl. im übrigen Revisionshandbuch der Schweiz 1992 Bd. I (Zürich 1992) 493 ff sowie Mathias Widmer in ST *1980* Heft 4, 6 ff.
[40] Vgl. das in SAG *1952/53* 210 erwähnte Beispiel einer AG, die 1887 in das Liquidationsstadium eingetreten und 1953 noch immer nicht liquidiert war.

Verantwortlichkeit der Liquidatoren nach OR 754 ff (dazu § 36 f) zeitigt daher die Unterlassung der Liquidation keine praktischen Wirkungen.

I. Liquidationsbilanz, allfällige Zwischenbilanzen und Schlussbilanz

a) «Die Liquidatoren haben bei der Übernahme ihres Amtes eine Bilanz aufzustellen.» (OR 742 I). 78
Stichtag für diese *Liquidationseröffnungsbilanz* ist der Tag der Auflösung der Gesellschaft. 79

Entsprechend der Zielsetzung des Liquidationsstadiums basiert die Liquidationseröffnungsbilanz nicht auf Fortführungs-, sondern auf Veräusserungswerten. Dabei darf jedoch der Möglichkeit, das Unternehmen als Ganzes veräussern zu können, Rechnung getragen werden. 80

Die Liquidationseröffnungsbilanz schafft die Ausgangslage für das Liquidationsverfahren. Sie zeigt vor allem auch eine allfällige Überschuldung der Gesellschaft auf (vgl. dazu OR 743 II und N 117 ff). 81

Es empfiehlt sich, die Liquidationseröffnungsbilanz durch die Revisionsstelle prüfen zu lassen und sie der GV vorzulegen. 82

b) Erstreckt sich die Liquidation über längere Zeit, dann haben die Liquidatoren *«jährliche Zwischenbilanzen aufzustellen»* (OR 743 V). Diese sind – obwohl das Gesetz davon nicht spricht – durch eine Erfolgsrechnung zu ergänzen, wobei diese namentlich die Unterschiede zwischen den Bewertungsansätzen und dem effektiven Verkaufserlös aufzeigen soll. Durch dieses Rechnungswerk wird die Jahresrechnung der werbenden Gesellschaft ersetzt. 83

Als Stichtag kann der Tag der Auflösung oder auch der Stichtag der früheren Jahresrechnung gewählt werden. 84

Die Zwischenrechnungen sind von der Revisionsstelle zu prüfen. 85

c) Nach Abschluss aller Liquidationshandlungen ist eine *Liquidationsschlussbilanz* aufzustellen, welche als Basis für die Verteilung des Liquidationsüberschusses (dazu N 119 ff) dient. 86

II. Der Schutz der Gläubiger

1. Allgemeines

Der bevorstehende Untergang der Gesellschaft gefährdet die Position der Gläubiger. Das Gesetz trifft diesbezüglich Schutzvorkehren in zweierlei Hinsicht: 87
– Durch ein *Ausschüttungsverbot* für die Zeit der Liquidation und eine *Sperrfrist* vor der Verteilung des Liquidationsüberschusses (dazu Ziff. V, N 128 ff) soll sichergestellt werden, dass sämtliche Forderungen erfüllt werden, bevor die Aktionäre zum Zuge kommen. 88

89 – Demselben Ziel dienen spezifische *Informations- und Sicherstellungspflichten* (dazu sogleich nachstehend). Diese – und die Pflicht zur Benachrichtigung des Richters bei Überschuldung (OR 743 II, dazu N 117 ff) – sollen zudem die *Gleichbehandlung der Gläubiger* gewährleisten.

2. Benachrichtigung der Gläubiger

90 a) «Die aus den Geschäftsbüchern ersichtlichen oder in anderer Weise bekannten Gläubiger sind durch besondere Mitteilung, unbekannte Gläubiger und solche mit unbekanntem Wohnort durch öffentliche Bekanntmachung im Schweizerischen Handelsamtsblatt und überdies in der von den Statuten vorgesehenen Form von der Auflösung der Gesellschaft in Kenntnis zu setzen und zur Anmeldung ihrer Ansprüche aufzufordern.» (OR 742 II).

91 Das Gesetz verlangt also die Benachrichtigung der Gläubiger auf zweierlei Art:

92 aa) Gläubiger, deren Forderungen und Adresse bekannt sind, müssen persönlich durch *Brief* orientiert und zur Anmeldung ihrer Ansprüche aufgefordert werden. Empfehlenswert ist aus Beweisgründen die eingeschriebene Zustellung.

93 bb) Unbekannte Gläubiger und solche, deren Adresse nicht bekannt ist, werden durch *öffentliche Bekanntmachung* (sog. *Schuldenruf*) orientiert. Gesetzliche Mindestanforderung ist die dreimalige Publikation im Schweiz. Handelsamtsblatt[41]. Sehen die Statuten ein weiteres Publikationsorgan vor (vgl. OR 626 Ziff. 7, dazu § 8 N 63), dann ist der Schuldenruf auch in diesem zu veröffentlichen[42]. Vgl. im übrigen die Ausführungen in § 53 N 138 ff.

94 Die öffentliche Bekanntmachung ist als Massnahme zum Schutz der Gläubiger unumgänglich und namentlich auch dann erforderlich, wenn die aufgelöste Gesellschaft erklärt, alle Gläubiger zu kennen[43]. Die neuere Registerpraxis trägt dem dadurch Rechnung, dass die Registerbehörden die Löschung einer AG erst dann vornehmen, wenn der dreimalige Schuldenruf erfolgt ist (vgl. vorn N 93).

95 b) Die Gläubiger sind gehalten, ihre *sämtlichen* Ansprüche geltend zu machen, auch bedingte und noch nicht fällige sowie solche, von denen sie wissen, dass sie von der Gesellschaft bestritten werden. Eine Anmeldepflicht besteht jedoch nicht, ebensowenig eine gesetzliche Frist. Vielmehr sind bis zur Verteilung des Liquidationsergebnisses (dazu N 119 ff) alle Anmeldungen zu berücksichtigen[44]. Nach der Löschung der Gesellschaft besteht dagegen nur noch die Möglichkeit, die Wiedereintragung zu verlangen (dazu N 154 ff) oder – bei pflichtwidriger Nichtbeachtung einer Forderung – gegen die Verantwortlichen mittels Verantwortlichkeitsklage (dazu § 36 f) vorzugehen.

---

[41] Dass die Publikation dreimal zu erfolgen hat, ergibt sich aus OR 745 II.
[42] Nach herrschender Lehre ebenfalls dreimal.
[43] BGE 115 II 273 f E 2.
[44] Gläubiger, die ihre Anmeldung verspätet vornehmen, haben für allfällige Zusatzkosten aufzukommen.

3. *Sicherstellung der Erfüllung der Verpflichtungen*

a) Ausser im – in dieser Darstellung ausgeklammerten – Falle des Konkurses (vgl. SchKG 208) bewirkt der Eintritt in das Liquidationsstadium *keine vorzeitige Fälligkeit* der Forderungen gegenüber der Gesellschaft. Diese kann daher mit der Erfüllung ihrer Verpflichtungen bis zum jeweiligen Fälligkeitsdatum zuwarten. Auch wird sie von ihr *bestrittene* Forderungen erst erfüllen, wenn die Rechtslage gerichtlich geklärt oder ein Vergleich abgeschlossen worden ist. Bei *bedingten* Forderungen ist sodann der Eintritt der Bedingung abzuwarten.

Für all diese Fälle, in denen feststehende oder auch bloss mögliche Forderungen vorderhand nicht erfüllt werden, sieht das Gesetz *Vorkehren zum Schutz der Gläubiger* vor, wobei der Gesellschaft bei nicht fälligen und streitigen Verbindlichkeiten (nicht aber bei anerkannten und fälligen) Wahlmöglichkeiten zustehen.

b) «Haben bekannte Gläubiger die Anmeldung unterlassen, so ist der Betrag ihrer Forderungen gerichtlich zu hinterlegen.» (OR 744 I). Diese Bestimmung gilt – wie sich e contrario aus OR 744 II ergibt – für *fällige und unbestrittene* Forderungen. In diesem Fall ist die Hinterlegung zwingend vorgeschrieben.

Über den Wortlaut des Gesetzes hinaus ist die Hinterlegung auch dann zu verlangen, wenn Forderungen an sich feststehen, jedoch die Gläubiger nicht bekannt sind.

Der gerichtlich hinterlegte Betrag stellt ein *Zahlungssurrogat* dar[45]. Die Hinterlegung ermöglicht es der Gesellschaft, den verbleibenden Überschuss an die Aktionäre zu verteilen (dazu N 120 ff).

Die Möglichkeit der Hinterlegung besteht auch für nicht fällige und für streitige Verbindlichkeiten (OR 744 II). Für diese sieht das Gesetz jedoch zwei Alternativen vor, derer sich die Gesellschaft nach ihrer Wahl bedienen kann:

c) Den Gläubigern kann eine *gleichwertige Sicherheit* bestellt werden (OR 744 II Mitte). Diese soll einen vollwertigen Ersatz für die unterlassene Hinterlegung bieten, also die vollständige Erfüllung der Verbindlichkeit gewährleisten. (Vgl. im übrigen § 53 N 165.)

d) Schliesslich kann die Gesellschaft im Hinblick auf nicht fällige und auf streitige Verbindlichkeiten sowohl auf Hinterlegung wie auch auf Sicherheitsleistung dann verzichten, wenn «die Verteilung des Gesellschaftsvermögens bis zur Erfüllung dieser Verbindlichkeiten ausgesetzt wird» (OR 744 II a. E.). Den allfälligen Gläubigern verbleibt so das gesamte Nettovermögen der Gesellschaft als Sicherheit erhalten.

III. Die Liquidationshandlungen

«Die Liquidatoren haben die laufenden Geschäfte zu beendigen, noch ausstehende Aktienbeträge nötigenfalls einzuziehen, die Aktiven zu verwerten

---

[45] BGE 69 I 140 E 4.

und die Verpflichtungen der Gesellschaft, sofern die Bilanz und der Schuldenruf keine Überschuldung ergeben, zu erfüllen.» (OR 743 I). Dadurch wird das Vermögen der Gesellschaft auf ihren Aktivenüberschuss zurückgeführt und dieser in liquide Form gebracht, um anschliessend an die Aktionäre verteilt werden zu können (dazu N 119 ff).

1. Beendigung der Geschäfte

105 a) Die Liquidatoren haben die laufenden Geschäfte entsprechend den vertraglichen Vereinbarungen zu Ende zu führen. Grundsätzlich sind Verträge ordentlich abzuwickeln, doch kann sich bei langfristigen Vereinbarungen eine vorzeitige Kündigung aufdrängen.

106 b) Ihrer Funktion entsprechend ist die Geschäftsführungsbefugnis der Liquidatoren grundsätzlich auf *Abwicklungsgeschäfte* beschränkt. Immerhin können sie gemäss OR 743 III «auch neue Geschäfte eingehen», soweit dies für die Liquidation erforderlich ist. Dies kann namentlich dann sinnvoll sein, wenn das Unternehmen der Gesellschaft als Ganzes verkauft werden soll[45a].

2. Verwertung der Aktiven

107 a) Die Liquidatoren haben die Aktiven zu realisieren, also die Forderungen einzuziehen[46] und das Gesellschaftsvermögen zu versilbern.

108 b) Falls die Generalversammlung nichts anderes angeordnet hat (vgl. OR 743 IV), entscheiden die Liquidatoren, wie sie die Verwertung vornehmen wollen, ob durch Versteigerung oder freihändigen Verkauf. Letzteres dürfte die Regel sein[47]. Dabei ist es auch möglich, die Unternehmung als gesamtes Geschäft mit Aktiven und Passiven im Sinne von OR 181 zu veräussern[48].

109 c) Realisierte Geldbeträge sind – soweit sie nicht zur Schuldentilgung eingesetzt werden müssen – ertragsbringend anzulegen. Möglich ist auch die Gewährung von Darlehen an die Aktionäre, wobei jedoch – wie üblich – das «arm's length principle» zu beachten ist (vgl. § 40 N 345 ff, insbes. 349).

[45a] Vgl. in diesem Zusammenhang Andres Baumgartner: Fortführung eines Unternehmens nach Konkurseröffnung ... (Diss. Freiburg 1987 = AISUF 77).

[46] Dazu gehört auch die Geltendmachung allfälliger Verantwortlichkeitsansprüche. Der Entscheid über ihre Geltendmachung kommt – entgegen der in der Lehre allgemein vertretenen Auffassung – u. E. nicht der Generalversammlung, sondern den Liquidatoren zu. Über allfällige Verantwortlichkeitsansprüche gegen die Liquidatoren entscheidet nach der hier vertretenen Ansicht der Verwaltungsrat, vgl. vorn N 73.

[47] Vgl. etwa BGE 90 II 247 ff: Entgeltliche Abtretung einer Forderung an einen Dritten.

[48] Die AG in Liquidation bleibt während zweier Jahre solidarisch haftbar, vgl. OR 181 II und OR 143 ff. Es ist daher für Sicherstellung (vgl. vorn N 90 ff) zu sorgen.

3. Erfüllung der Verpflichtungen

Soweit nicht eine Überschuldung zu befürchten ist (dazu nachstehend N 119 ff), sind die Verpflichtungen der Gesellschaft zu erfüllen:
- Fällige Forderungen sind zu begleichen oder es ist ein entsprechender Betrag zu hinterlegen (OR 733).
- Für bestrittene und nicht fällige Forderungen ist ebenfalls ein entsprechender Betrag zu hinterlegen oder Sicherheit zu bestellen (vgl. vorn N 101 ff).

4. Allfällige Einforderung ausstehender Liberierungsbeträge

Falls der Gesellschaft die nötigen Mittel zur Erfüllung ihrer Verpflichtungen fehlen, sind – im Zuge der Verwertung der Aktiven – auch ausstehende Liberierungsbeträge einzuziehen (OR 743 I). Dagegen wird darauf verzichtet, solange die Gesellschaft ihre Verbindlichkeiten auch ohne die Restliberierung erfüllen kann (vgl. OR 743 I: «nötigenfalls»). Auch steht dem Aktionär nicht das Recht zu, von sich aus Einzahlungen vorzunehmen, um einen höheren Anteil am Liquidationserlös zu erlangen[49].

5. Keine Dividendenzahlungen

Bis zur Beendigung der Liquidationsphase haben Ausschüttungen an die Aktionäre zu unterbleiben. Dividendenzahlungen sind also nicht mehr vorzunehmen.

Denkbar ist es jedoch wie erwähnt (vorn Anm. 33), im Zuge einer konstitutiven Kapitalherabsetzung – und unter Einhaltung ihrer Vorschriften, namentlich der Gläubigerschutzbestimmungen (dazu § 53 N 136 ff) – Auszahlungen an die Aktionäre vorzunehmen.

6. Schlussabrechnung

Nach Abschluss der Liquidationshandlungen ist eine Schlussbilanz aufzustellen, die von der Revisionsstelle zu prüfen ist. Sie bildet die Basis für die Verteilung des Liquidationsüberschusses an die Aktionäre (dazu N 119 ff).

IV. Massnahmen bei Feststellung einer Überschuldung

a) Ergibt sich aufgrund der Liquidationseröffnungsbilanz oder während der Liquidationshandlungen eine Überschuldung, dann haben die Liquidatoren «den Richter zu benachrichtigen; dieser hat die Eröffnung des Konkurses auszu-

---

[49] Vgl. OR 745 I, wonach der Liquidationsüberschuss «nach Massgabe der einbezahlten Beträge» verteilt wird.

sprechen». (OR 743 II)[50,51]. Dadurch soll die Gleichbehandlung der Gläubiger in den für die Überschuldung vorgesehenen Verfahren sichergestellt werden.

118   b) Problematisch ist es daher, wenn in der Literatur (vgl. etwa Wettenschwiler [zit. N 1] 37 f, mit weiteren Angaben; Stäubli [zit. N 1] Art. 743 N 10) die Auffassung vertreten wird, bei Gefahr einer Überschuldung seien die Gläubiger aufgrund eines Teilzahlungsplans gleichmässig zu befriedigen: Diese Kompetenz steht den Liquidatoren nicht zu.

V. Verteilung des Vermögens

119   Erst nach Abschluss der Liquidationshandlungen, insbesondere nach erfolgter Tilgung der Schulden der Gesellschaft (OR 745 I) ist der verbleibende Überschuss an die Aktionäre zu verteilen:

1. Der Schlüssel

120   a) Gemäss OR 745 I wird der Liquidationsüberschuss, «soweit die Statuten nichts anderes bestimmen, unter die Aktionäre nach Massgabe der einbezahlten Beträge und unter Berücksichtigung der Vorrechte einzelner Aktienkategorien verteilt».

121   b) Nach dispositivem Gesetzesrecht dient somit als Schlüssel der auf das Aktienkaptial *einbezahlte* Betrag und nicht etwa der Nennwert der von einem Aktionär gehaltenen Aktien (so auch OR 661).

122   Unter bisherigem Recht war trotz dieses Wortlauts umstritten, ob wirklich der einbezahlte Betrag massgebend sei oder ob es nicht doch auf den Nennwert ankomme[52]. Dies, weil das bisherige Recht von einer Verteilung «im Verhältnis der mit ihren Aktien verbundenen *Rechte*» sprach, was von einem Teil der Lehre als Verweisung auf den Nennwert verstanden wurde. Das revidierte Recht hat diese Zweideutigkeit beseitigt, indem nun von *«Vorrechten»* gesprochen wird, was keinen Zweifel darüber offenlässt, dass – dispositiv und ohne statutarische Einräumung einer privilegierten Stellung – der einbezahlte Betrag massgebend ist.

123   Zum einbezahlten Betrag gehört *nicht ein allfälliges Agio*; dieses ist für die Berechnung der Liquidationsquote somit nicht zu berücksichtigen. Es folgt dies aus dem Wortlaut insbesondere von OR 661[53]. Die Nichtberücksichtigung eines Agios ist in aller Regel auch sachlich korrekt: Eine Liberierung mit Agio erfolgt häufig bei Kapitalerhöhungen, wobei

---

50   Analog OR 725 II wird man den Liquidatoren die Pflicht auferlegen, eine Zwischenbilanz aufzustellen, falls begründete Besorgnis einer Überschuldung besteht.
51   Ob auch im Liquidationsstadium der Revisionsstelle eine subsidiäre Anzeigepflicht zukommt (vgl. OR 729b II und dazu § 33 N 90 ff), ist umstritten: Bejahend Revisionshandbuch (zit. Anm. 39) I 493 f; verneinend Stäubli (zit. N 1) Art. 743 N 14.
52   Vgl. die Übersicht bei Wettenschwiler (zit. N 1) 39 f.
53   «Im Verhältnis der auf das *Aktienkapital* einbezahlten Beträge» (Hervorhebung hinzugefügt), also ohne Berücksichtigung von Beträgen, die über das Aktienkapital hinaus geleistet wurden.

das Agio eine Art «Einkauf» in schon bestehende Reserven darstellt, die auf Kosten der bisherigen Aktionäre (durch Verzicht auf Ausschüttungen) gebildet worden sind.

Den Aktionären gleichgestellt sind die Partizipanten (OR 656a II). 124

c) «Vorrechte» können allfälligen *Vorzugsaktien* eingeräumt werden (so ausdrücklich OR 656 II, vgl. § 41 N 26 ff). 125

Neben Vorrechten für einzelne Kategorien von Aktien oder Partizipationsscheinen können die Statuten auch *andere Abweichungen* von der dispositiven gesetzlichen Ordnung vorsehen, insbesondere eine Ausschüttung an die aus *Genussscheinen* Berechtigten[54]. 126

Theoretisch denkbar, in der Praxis aber kaum vorkommend sind andere Regelungen. So kann eine gemeinnützige AG (vgl. § 2 N 67) statutarisch bestimmen, es sei der Liquidationsüberschuss analog der dispositiv für Genossenschaften geltenden Ordnung (vgl. OR 913 IV) *für gemeinnützige Ziele zu verwenden.* 127

2. *Die gesetzliche Sperrfrist*

a) Zum Schutze der Gläubiger sieht das Gesetz eine Sperrfrist vor: «Die Verteilung darf frühestens nach Ablauf eines Jahres vollzogen werden, von dem Tage an gerechnet, an dem der Schuldenruf zum dritten Mal ergangen ist.» (OR 745 II). Wenn die Liquidation vor Ablauf dieser Frist beendet werden konnte, muss daher mit der Ausschüttung zugewartet werden. 128

Es handelt sich um eine gesetzliche *Mindestfrist*, die durch die Gesellschaft verlängert werden kann. Dies kann erforderlich sein, wenn eine AG nicht bereit ist, für noch nicht fällige oder umstrittene Forderungen Sicherheit zu leisten (vgl. vorn N 96 ff). 129

Die Einhaltung des Sperrjahres wurde früher oft missachtet. Das Bundesgericht gewährte in solchen Fällen den Gläubigern ein Recht auf Wiedereintragung der Gesellschaft, falls nicht von vorneherein feststand, dass die Gläubiger dadurch keine bessere Stellung erlangen würden[55]. Nach der neueren Registerpraxis, die die Löschung einer AG vom Nachweis der Beachtung der gesetzlichen Liquidationsvorschriften abhängig macht (vgl. § 55 Anm. 86), sollten solche Fälle nicht mehr vorkommen. 130

b) Schon das bisherige Recht sah eine Verteilung vor Ablauf des Sperrjahres vor. Diese konnte vom Richter bewilligt werden, wenn «nach den Umständen eine Gefahr für die Gläubiger ausgeschlossen» (OR *1936* 745 III) erschien. 131

Das revidierte Aktienrecht sieht eine präzisere und einfacher zu handhabende Ordnung vor, die überdies den Interessen der Gläubiger besser Rechnung trägt: «Eine Verteilung darf bereits nach Ablauf von drei Monaten erfolgen, wenn ein besonders befähigter Revisor bestätigt, dass die Schulden getilgt sind und nach den Umständen angenommen werden kann, dass keine Interessen Dritter gefährdet werden.» (OR 745 III). 132

---

[54] So ausdrücklich OR 657 II, vgl. § 47 N 15 ff.
[55] Vgl. BGE 64 I 337; 100 Ib 37 f.

133   Erforderlich ist damit auf jeden Fall die Einhaltung einer *dreimonatigen Sperrfrist*. Sodann ist die vorzeitige Ausschüttung nur möglich, wenn ein besonders qualifizierter Revisor (dazu § 32 N 8 ff) bestätigt, dass keine Gläubigerinteressen gefährdet sind (vgl. hiezu § 33 N 84 f). Diese Bestätigung ersetzt die richterliche Bewilligung des bisherigen Rechts.

3. Unbekannte Aktionäre

134   Sind Aktionäre oder deren Adresse unbekannt, dann ist der ihnen zukommende Anteil zu hinterlegen[56].

4. Ungerechtfertigt bezogene Liquidationsanteile

135   a) Der Gesetzgeber hat es unterlassen, die auch unter bisherigem Recht offene Frage zu klären, wie vorzugehen ist, wenn Liquidationsanteile ungerechtfertigt bezogen worden sind. Insbesondere findet dieser Sachverhalt keine Erwähnung im Abschnitt über die «Rückerstattung von Leistungen» (OR 678 f, dazu § 50 N 112 ff).

136   In Betracht kommen drei Möglichkeiten:
137   – die *analoge* Anwendung von OR 678,
138   – die Abwicklung nach den Grundsätzen über die ungerechtfertigte Bereicherung[57],
139   – eine durch den Richter in Lückenfüllung gemäss ZGB 1 II aufzustellende Ordnung[58].
140   U. E. lässt sich die Anwendung von Bereicherungsrecht am besten begründen.

141   b) Falls ein Gläubiger erst nach Ablauf der Sperrfrist und Verteilung des Überschusses bekannt wird, brauchen die Aktionäre ihre Liquidationsanteile nicht zurückzuerstatten; der gutgläubige Bezug hat in diesem Fall nicht als «ungerechtfertigt» zu gelten[59].

142   c) Ungerechtfertigte Auszahlungen an die Aktionäre können eine *persönliche Haftung der Liquidatoren* für dadurch verursachten Schaden nach sich ziehen (OR 754 I, dazu § 36 f).

5. Exkurs: Stille Liquidation und faktische Liquidation

143   a) Bis anfangs der achtziger Jahre wurden die Vorschriften über die Liquidation in kleineren Verhältnissen oft umgangen: Die Gesellschaftstätigkeit wurde zu Ende geführt, ohne dass die Gesellschaft als «in Liquidation» im Handelsregister eingetragen wurde und ohne dass ein Schuldenruf erfolgte. Erst nach Abschluss der Liquidationstätigkeit erfolgte eine Anmeldung beim Handelsregisteramt, die gleichzeitig den Übertritt in das Liquidationsstadium und die Löschung beinhaltete[60]. Man sprach in solchen Fällen von einer *stillen Liquidation*.

---

[56] Rep. *1984* 372 f.
[57] In diesem Sinne Arnold Edelmann in SAG *1943/44* 89 ff, 109 ff, insbes. 95.
[58] So Emil Schucany in SAG *1945/46* 66 f, insbes. 71 f.
[59] Wohl aber dann, wenn bekannte Gläubiger bei der Liquidation nicht berücksichtigt wurden. Gl. M. Edelmann (zit. Anm. 57) 110 ff und Schucany (zit. Anm. 58) 73.
[60] Vgl. im einzelnen Wettenschwiler (zit. N 1) insbes. 15 ff.

Eine Änderung der Handelsregisterpraxis, die seit 1984 die Löschung der Gesellschaft vom Nachweis der Beachtung der gesetzlichen Liquidationsvorschriften abhängig macht[61], hat dieser zwar pragmatischen, aber rechtswidrigen Lösung ein Ende bereitet.

b) Verpönt ist auch die sog. *faktische Liquidation*, bei der das Gesellschaftsvermögen durch Beendigung der Gesellschaftsaktivitäten ohne förmlichen Beschluss in liquide Form gebracht wird, vgl. dazu N 65. 144

D. Das Ende der Liquidation

Nach dem Abschluss der Liquidationstätigkeit (einschliesslich der Verteilung des Vermögens) ist die Gesellschaft im Handelsregister zu *löschen*, wobei freilich unter gewissen eng umschriebenen Voraussetzungen eine *Wiedereintragung* in Betracht kommt (dazu Ziff. I N 146 ff). Es verbleiben jedoch gewisse *nachwirkende Pflichten* (dazu Ziff. II N 159 ff). Verpönt ist es, eine liquidierte Gesellschaft nicht zu löschen, sondern als sog. «*Mantelgesellschaft*» einer anderen Verwendung zuzuführen (dazu Ziff. III N 163 ff). 145

I. Löschung und allfällige Wiedereintragung der Gesellschaft

1. Die Löschung

a) «Nach Beendigung der Liquidation ist das Erlöschen der Firma von den Liquidatoren beim Handelsregisteramt anzumelden.» (OR 746, vgl. auch OR 938). 146

b) *Zuständig* – und zwar ausschliesslich – sind nach der expliziten gesetzlichen Vorschrift die *Liquidatoren*. Es ist dies eine Ausnahme vom Grundsatz, dass auch im Liquidationsstadium der Verwaltungsrat für den Verkehr mit dem Handelsregisteramt zuständig bleibt (vgl. als Beispiel OR 740 II). 147

Das Registeramt nimmt die Löschungseintragung vor, wenn 148
– nachgewiesen ist, dass die Gläubigerschutzbestimmungen eingehalten wurden[62] und 149
– die eidgenössischen und kantonalen Steuerbehörden bestätigt haben, dass die Steuerforderungen getilgt oder sichergestellt sind[62a]. 150

---

[61] Vgl. § 58 Anm. 86.
[62] Vgl. § 55 Anm. 86; die auch in der neuesten Literatur zu findende Aussage, es finde keine Prüfung der Einhaltung der gesetzlichen Vorschriften durch den Registerführer statt, trifft also nicht (mehr) zu.
[62a] Vgl. etwa MWSTV 59 IV.

151 c) Ist eine Gesellschaft faktisch liquidiert und wird die Löschung nicht angemeldet, dann hat der Registerführer *von Amtes wegen* die Löschung vorzunehmen (HRV 89, dazu § 55 N 138 ff).

152 d) Die Löschung der AG hat lediglich *deklaratorische Wirkung*. Die AG verliert ihre Rechtspersönlichkeit nicht durch die Löschung, sondern dann, wenn die Liquidationshandlungen beendet sind. Einerseits verliert daher eine vollständig liquidierte Gesellschaft ihre Rechtspersönlichkeit auch, wenn die Löschung unterlassen wird. Andererseits kann eine AG trotz Löschung weiterexistieren, wenn noch Aktiven vorhanden sind[63].

153 *Praktische Wirkung* entfaltet die Löschung jedoch deshalb, weil die gelöschte Gesellschaft *nicht mehr nach aussen auftreten* kann: Sie kann nicht klagen oder betreiben und ebensowenig beklagt oder betrieben werden[64]. Zur Abwicklung von nicht liquidierten Rechtsverhältnissen kann daher die Wiedereintragung erforderlich sein:

2. *Ausnahmsweise Wiedereintragung einer gelöschten Aktiengesellschaft*

154 a) Aufgrund des Begehrens eines Gläubigers[65], eines Gesellschaftsorgans[66] oder auch eines Aktionärs wird eine gelöschte AG ausnahmsweise *wieder eingetragen*, wenn nachträglich *unverwertete Aktiven* oder *nicht berücksichtigte Passiven* zum Vorschein kommen.

155 b) Das Vorhandensein neuen Vermögens bzw. einer nicht berücksichtigten Forderung ist *glaubhaft zu machen*, wobei an den Nachweis keine hohen Anforderungen gestellt werden[67]. Nur wenn ein Rechtsverhältnis, das von der Eintragung abhängt, offensichtlich materiellem Zivilrecht widerspricht oder wenn offensichtlich kein Vermögen mehr vorhanden ist, ist die Wiedereintragung zu verweigern[68].

156 c) Der Gesuchsteller muss jedoch an der Wiedereintragung ein *schutzwürdiges Interesse* haben, und der Rechtsbehelf der Wiedereintragung hat überdies nur *subsidiären Charakter*: Wenn Ansprüche auch auf einem anderen, ebenfalls zumutbaren Weg durchgesetzt werden können, ist die Wiedereintragung zu verweigern[69,70].

---

[63] Vgl. BGE 95 I 69 für den Fall der Sitzverlegung ins Ausland.
[64] Vgl. in diesem Zusammenhang BGE 73 II 62 E 1: Die von einer AG angehobene Betreibung kann nach ihrer Löschung nicht fortgesetzt werden. Sie kann aber nach der Wiedereintragung wieder aufgenommen werden.
[65] Vgl. BGE 64 II 150 ff; BGer in JBHReg *1994* 193, 198 ff. Die Gläubigerstellung muss glaubhaft gemacht, aber nicht bewiesen werden.
[66] Der Liquidatoren (vgl. BGE 78 I 454 f) oder des Verwaltungsrates.
[67] Vgl. BGE 64 I 334 ff, 100 Ib 38 E 1 (mit Hinweisen), 110 II 396 f.
[68] BGE 100 Ib 38.
[69] BGE 100 Ib 38 (mit Hinweisen), 110 II 397.
[70] So kann etwa eine Verantwortlichkeitsklage gegen ehemalige Organe zumindest dann auch ohne Wiedereintragung geltend gemacht werden, wenn ein direkter Gläubigerschaden eingeklagt wird.

d) Kommt dem Handelsregisterführer zur Kenntnis, dass die Löschung einer AG 157
ungerechtfertigt war, weil die Liquidation nicht durchgeführt wurde, dann kommt theoretisch in analoger Anwendung von HRV 60 eine *Wiedereintragung von Amtes* wegen in Betracht. Praktische Fälle sind freilich keine bekannt.

e) Mit der Wiedereintragung erlangt die Gesellschaft ihre *Handlungsfähigkeit* 158
wieder[71]. Insofern kann von einem «Wiederaufleben der juristischen Persönlichkeit»[72] gesprochen werden[73]. Die Organe – und insbesondere die Liquidatoren – können ihre Tätigkeit wieder aufnehmen, und Gläubiger können ihre Forderungen gegen die Gesellschaft geltend machen.

II. Nachwirkende Pflichten

«Die Geschäftsbücher der aufgelösten Gesellschaft sind während zehn 159
Jahren an einem sicheren Ort aufzubewahren, der von den Liquidatoren, und wenn sie sich nicht einigen, vom Handelsregisteramt zu bezeichnen ist.» (OR 747, vgl. auch die allgemeine Vorschrift von OR 962 I).

Richtig müsste statt von der «aufgelösten» von der «gelöschten» Gesellschaft gespro- 160
chen werden, da «Auflösung» den Eintritt in das Liquidationsstadium und nicht die Beendigung der Gesellschaft bedeutet (vgl. § 55 N 149) und die Aufbewahrungspflicht an die Beendigung der Gesellschaft bzw. den Löschungseintrag im Handelsregister anknüpft.

Für die Aufbewahrung haben die Liquidatoren zu sorgen[74]. 161

Im übrigen gelten die allgemeinen Vorschriften betreffend Aufbewahrung und 162
Edition (OR 962 f, dazu § 51 N 78 ff).

III. Mantelgesellschaften[75]

a) Von einer *Mantelgesellschaft* (oder einem Aktienmantel) spricht man 163
im Falle einer AG, die tatsächlich aufgelöst und vollständig liquidiert worden ist und damit ihre faktische Existenz verloren hat, deren Löschung im Handelsregi-

---

[71] Vgl. BGE 73 II 62 und dazu Anm. 64.
[72] BGE 64 II 151.
[73] Dagegen wäre es nicht korrekt, daraus zu schliessen, die Gesellschaft sei vorher untergegangen. Vielmehr ist die bloss deklaratorische Natur der Löschung und damit auch des Wiedereintrages zu betonen.
[74] Neben einer zivilrechtlichen persönlichen Verantwortlichkeit nach OR 754 II kommt auch eine strafrechtliche Verantwortung in Betracht: Vgl. den in StGB 325 II umschriebenen Übertretungstatbestand.
[75] Vgl. dazu Duri F. Prader: Die Vorrats- oder Mantelgesellschaft im schweizerischen Aktienrecht (Zürich 1995); sodann Weiss N 271 ff, Carl Baudenbacher in Basler Kommentar zu Art. 620 N 8 f; Fridolin Hauser: Der Mantel bei der Aktiengesellschaft und Gesellschaft mit beschränkter Haftung (Diss. Freiburg 1939); Jean-Louis von Planta: Die rechtliche Behandlung des Aktienmantels (Diss. Basel 1976 MaschSchr); Peter Staehelin: Die Rückgründung aufgelöster Gesellschaften oder Genossenschaften BJM *1973* 217 ff.

ster aber nicht vollzogen wurde[76]. Es fehlt also jeder materielle Gehalt; vorhanden ist nur noch das leere Gehäuse der vollständig liquidierten Gesellschaft.

164   Die Mantelgesellschaft betreibt keinerlei Aktivitäten mehr, und sie hat weder Schulden noch Aktiven[77].

165   Mantelgesellschaften entstehen durch eine *faktische Liquidation* der Gesellschaft ohne Beachtung der gesetzlichen Vorschriften. Sie können freilich auch direkt *als solche gegründet* werden[78].

166   b) Die jeder Substanz entleerte, vollständig liquidierte AG hat keine Rechtspersönlichkeit mehr (vgl. vorn N 152). Sie ist daher im Handelsregister zu löschen, allenfalls auch zwangsweise[79].

167   c) Trotz dieser Rechtslage werden leere Aktienmäntel (bzw. – genauer – die Aktien der liquidierten Gesellschaft) gelegentlich rechtsgeschäftlich übertragen. Durch den Erwerb eines Mantels und seine Aktivierung nach erfolgter Anpassung der Statuten sollen Gründungskosten gespart oder Zeit gewonnen werden. Auch kann es etwa darum gehen, einen guten Firmennamen weiterhin verwenden zu können[80].

168   Nach der konstanten bundesgerichtlichen Praxis sind solche Rechtsgeschäfte widerrechtlichen Inhalts und (falls die Beteiligten davon Kenntnis haben) – als Umgehung der Gründungsvorschriften *nichtig*[81]. Der Registerführer hat daher – wenn ihm der Vorgang bekannt wird, was die Ausnahme sein dürfte – allfällige Änderungseintragungen zu verweigern[82]. Die Lehre ist zum Teil weniger streng[83] und verlangt eine Entscheidung im Einzelfall gestützt auf das Verbot des Rechtsmissbrauchs (ZGB 2 II).

169   d) Wird dagegen ein Aktienmantel nachträglich *aktiviert oder reaktiviert*, kann schon aus Gründen des Gutglaubensschutzes an den strengen Nichtigkeitsfolgen nicht mehr festgehalten werden. Vielmehr ist eine solche Gesellschaft *wie eine*

---

[76] Vgl. etwa die Tatbestände von BGE 87 I 295 ff und 67 I 36 ff; zur Abgrenzung von einer bloss notleidenden oder nur vorübergehend inaktiven AG (dazu N 172) vgl. BGE 64 II 361 ff und 55 I 346 ff.
[77] Abgesehen allenfalls von einem Darlehen an den Alleinaktionär.
[78] Gründung «auf Vorrat» ohne die Absicht, den in den Statuten genannten Gesellschaftszweck aufzunehmen.
[79] Vgl. BGE 94 I 562 ff, 55 I 36. Nur die definitiv aufgegebene, nicht dagegen die bloss während längerer Zeit untätige AG ist zu löschen: BGE 80 I 62 f.
[80] Vgl. das Beispiel von BGE 93 II 256 ff. Das Bundesgericht hält in jenem Entscheid die Unzulässigkeit eines solchen Vorgehens fest.
[81] Vgl. die ausführlichen Erläuterungen in BGE 64 II 361 ff (in casu wurde die Widerrechtlichkeit verneint, da es um eine zwar notleidende, aber bestehende AG ging), 55 I 134 ff. Diese Praxis wird durch das BGer in einem Sem *1990* 108 wiedergegebenen Entscheid bestätigt. – Vgl. sodann auch BGE 97 IV 17: Ein nicht gelöschter, völlig inhaltloser Aktienmantel kann zu Täuschungen Anlass geben, und seine Verwertung stellt eine klare Umgehung der Vorschriften über die Auflösung der Aktiengesellschaft dar.
[82] Vgl. BGE 87 I 295, 67 I 36 ff.
[83] Vgl. die Übersicht bei Baudenbacher (zit. Anm. 75) N 8.

mit Gründungsmängeln behaftete zu behandeln (dazu § 17 N 14 ff) und sind die von solchen Gesellschaften eingegangenen Rechtsgeschäfte gültig.

e) Weniger prüde als das Privatrecht ist das *Steuerrecht*, das den Mantelhandel als Liquidation mit anschliessender Neugründung behandelt und entsprechend besteuert[84]. Abgabepflichtig ist die AG, wobei der Veräusserer nach StG 10 I solidarisch haftet.

Das Steuerrecht geht überdies von einem weiteren Begriff des Mantelverkaufs aus und nimmt einen solchen allenfalls auch dann an, wenn die AG auf der Aktivseite der Bilanz noch gewisse Werte ausweist[85].

f) Von der Übernahme eines Aktienmantels zu unterscheiden ist der Erwerb einer *notleidenden* oder einer nur *vorübergehend inaktiven* Gesellschaft. Solche Gesellschaften sind als normal weiterbestehende Aktiengesellschaften zu betrachten[86], und Rechtsgeschäfte über ihre Aktien sind ohne weiteres zulässig[87].

E. *Steuerfolgen*

a) Die *AG* bleibt während des Liquidationsverfahrens steuerpflichtig. Der während der Liquidationsphase im Rahmen der *ordentlichen* Geschäftstätigkeit erwirtschaftete *Ertrag* und das erwirtschaftete *Kapital* werden in Bund und Kantonen bis zur Beendigung der Liquidation *pro rata besteuert.*

b) Auch bei der *Verrechnungssteuer* wird der Liquidationsüberschuss als steuerbarer Ertrag behandelt, wobei jedoch derjenige Teil der Ausschüttung an die Aktionäre, der lediglich eine Rückzahlung des auf das Aktienkapital einbezahlten Betrages darstellt, nicht besteuert wird[88]. Die Gesellschaft hat daher – wie bei der Ausschüttung von Dividenden – 35 % der steuerbaren Leistung abzuliefern, wobei die in der Schweiz wohnhaften Aktionäre diesen Betrag bei ordnungsgemässer Versteuerung wieder zurückfordern können. (Im Ausland ansässige Aktionäre können dagegen die Entlastung nur im Rahmen von allfälligen mit ihrem Wohnsitzstaat abgeschlossenen Doppelbesteuerungsabkommen geltend machen.)

c) Beim Aktionär werden Liquidationsausschüttungen bei der direkten *Bundessteuer* als *steuerbares Einkommen* besteuert, soweit es sich nicht bloss um die

---

[84] Vgl. StG 5 II lit. b, wonach der Begründung von Beteiligungsrechten (und damit der Gründung einer AG) gleichgestellt ist «der Handwechsel der Mehrheit der Beteiligungsrechte an einer inländischen Aktiengesellschaft ..., die wirtschaftlich liquidiert oder in liquide Form gebracht worden ist».
[85] Vgl. BGE 87 I 295 ff, 80 I 30 ff sowie den soeben zitierten Art. 5 II lit. b des StG, wo der wirtschaftlich liquidierten AG eine Gesellschaft, deren Vermögen «in liquide Form gebracht worden ist», gleichgestellt wird.
[86] Vgl. BGE 60 I 62 f, 55 I 346 ff.
[87] BGE 64 II 361 ff.
[88] BG über die Verrechnungssteuer vom 19.12.1966 (SR 642.211) Art. 20 I.

Rückzahlung bestehender Kapitalanteile handelt. Auch in den *Kantonen* werden Liquidationsdividenden in der Regel als Einkommen steuerlich erfasst. Wiederum unterliegt der Besteuerung nur der Überschuss nach Abzug desjenigen Teils, der eine Rückzahlung von liberiertem Aktienkapital darstellt.

176 d) Vgl. im übrigen § 64.

§ 57 Die Fusion

Literatur: Bürgi/Nordmann zu Art. 748–750; André Cuendet: La fusion par absorption, en particulier le contrat de fusion (Diss. Lausanne 1974 = ASR 427); Burkhard K. Gantenbein: Die Fusion von juristischen Personen und Rechtsgemeinschaften im schweizerischen Recht (Diss. Freiburg 1995 = AISUF 144); Robert Meier: Die Rechtsnatur des Fusionsvertrages (Diss. Zürich 1986 = SSHW 83); Lutz Mellinger: Die Fusion von Aktiengesellschaften im schweizerischen und deutschen Recht (Diss. Zürich 1971); Andreas Neumann: Fusionen und fusionsähnliche Unternehmenszusammenschlüsse unter besonderer Berücksichtigung finanzieller Aspekte (Diss. oec. 1994 = Bank- und finanzwirtschaftliche Forschungen 187); Pierre-Alain Recordon: La protection des actionnaires lors des fusions et scissions de sociétés en droit suisse et en droit français (Diss. Genève 1974); Jürg Suter: Die Fusion von Aktiengesellschaften im Privatrecht und im Steuerrecht (Diss. Zürich 1965); Martin Stehli: Aktionärsschutz bei Fusionen ... (Diss. Zürich 1975 = SSHW 7); Niklaus C. Studer: Die Quasifusion (Diss. Bern 1974 = ASR 431); Rudolf Tschäni: Unternehmensübernahmen nach Schweizer Recht (2. A. Basel 1991) insbes. 63 ff, 183 ff; ders. in Basler Kommentar zu Art. 748–750; Rolf Watter: Unternehmensübernahmen (Zürich 1990) insbes. 299 ff.

Art. 748–750 über die Fusion sind aus dem bisherigen Recht übernommen worden. Einzig die Terminologie wurde angepasst, indem durchwegs statt von «Verwaltung» neu von «Verwaltungsrat» gesprochen wird (vgl. OR 748 Ziff. 1–3 und OR 750 I). Literatur und Judikatur zum bisherigen Recht sind daher weiter verwendbar.

A. Vorbemerkung betreffend die Möglichkeiten einer Beendigung ohne Liquidation

Das Gesetz sieht eine Reihe von Auflösungsverfahren vor, bei denen zwar die *AG als Rechtssubjekt untergeht* oder zumindest eine *andere Rechtsform* annimmt, das *Vermögenssubstrat* der Gesellschaft jedoch *erhalten* bleibt.

Der wichtigste Fall einer solchen *Beendigung ohne Liquidation* ist die Fusion (vgl. OR 748–750), die in diesem Paragraphen behandelt wird.

Weitere Fälle sind die *Umwandlung* in eine andere Rechtsform (vgl. OR 824–826), die sog. *Verstaatlichung* (vgl. OR 751) sowie die *Sitzverlegung ins Ausland* (vgl. IPRG 163 f). Davon wird in § 58 die Rede sein.

Ein Meinungswechsel findet zur Zeit statt in der Frage, ob es neben den gesetzlich vorgesehenen Formen der Beendigung ohne Liquidation auch weitere gibt (dazu N 25 ff und § 58 N 24 ff).

B. Fusion und fusionsähnliche Tatbestände im allgemeinen

I. Der Begriff der Fusion; Wesenselemente

1. Der Begriff

7 Fusion[1] bedeutet die vertraglich vereinbarte «liquidationslose Vereinigung der beteiligten Aktiengesellschaften zu einer einzigen rechtlichen Einheit»[2]. Aktiven und Passiven (mindestens) einer Gesellschaft gehen dabei im Wege der Universalsukzession über, und die Kontinuität der Mitgliedschaft bleibt gewahrt.

8 Zu den Begriffselementen im einzelnen folgendes:

2. Auflösung ohne Liquidation

9 «Die Fusion setzt voraus, dass eine oder mehrere oder alle an der Fusion beteiligten Gesellschaften in einer einzigen, bereits bestehenden oder neugegründeten Gesellschaft aufgehen.»[3]. Mindestens eine Gesellschaft wird also aufgelöst, jedoch nicht liquidiert, sondern *in eine andere übergeführt*. Die wirtschaftliche wie auch die mitgliedschaftliche Kontinuität bleiben gewahrt. Insoweit erscheint die Fusion als Gegensatz zur *Liquidation*.

3. Vermögensübergang durch Universalsukzession

10 Bei der Fusion werden die Aktiven und Passiven, die Rechte und Pflichten einer oder mehrerer Aktiengesellschaften auf eine übernehmende Gesellschaft übertragen (vgl. OR 748, 749 I). Die Fusion sichert so «die Kontinuität der gesamten vermögensrechtlichen Beziehungen trotz eines Subjektwechsels»[4]. Der Übergang erfolgt im Wege einer *Universalsukzession*, «analog zur Nachfolge der Erben in das Vermögen des Erblassers. Alle Rechte und alle Pflichten der absorbierten Gesellschaft gehen auf die absorbierende Gesellschaft über, ohne dass dafür besondere Übertragungshandlungen notwendig wären»[5]. Diesbezüglich unterscheidet sich die Fusion von der *Geschäftsübernahme* nach OR 181, die im Wege der Singularsukzession vollzogen wird[6].

---

[1] Das deutsche Recht verwendet den Ausdruck «Verschmelzung».
[2] BGE 108 Ib 453 E 4a.
[3] BGE 102 Ib 142.
[4] BGE 115 II 418.
[5] BGE 108 Ib 454.
[6] Vgl. § 15 N 17.

4. *Mitgliedschaftliche Kontinuität*

Gewahrt bleibt auch die mitgliedschaftliche Kontinuität: Die Gesellschafter der untergehenden AG verlieren zwar die Mitgliedschaft bei *dieser* Gesellschaft, sie erlangen aber gleichzeitig *Mitgliedschaftsrechte in der übernehmenden Gesellschaft*. Diese setzt die bestehenden Mitgliedschaftsverhältnisse nahtlos fort; die Gesellschafter der übertragenden AG *bleiben Aktionäre*, allerdings in einer anderen Gesellschaft[7].

5. *Untergang mindestens einer juristischen Person*

Mit der Fusion ist notwendig der *Untergang mindestens einer Gesellschaft* verbunden. Der Verlust der Rechtspersönlichkeit tritt im Zeitpunkt der Eintragung der Fusion im Handelsregister (dazu N 123 ff) ein[8].

II. Arten der Fusion und fusionsähnliche Tatbestände

1. *Die beiden Arten der Fusion: Absorption und Kombination*

Das Gesetz unterscheidet zwei Arten der Fusion: die «Übernahme einer Aktiengesellschaft durch eine andere» (Marginalie zu OR 748[9]) und die «Vereinigung mehrerer Aktiengesellschaften» (Marginalie zu OR 749). Der erste Fall wird in Lehre und Praxis als *Absorption* oder *Annexion* bezeichnet[10], der zweite als *Kombination*:
– Bei der *Absorption* übernimmt eine AG eine (oder mehrere) andere Aktiengesellschaften. Die übernehmende Gesellschaft bleibt bestehen, die anderen gehen durch Fusion unter.
– Bei der *Kombination* werden zwei oder mehrere Aktiengesellschaften in einer neu zu gründenden Gesellschaft vereinigt. Alle beteiligten Gesellschaften gehen unter bzw. in einer neuen Gesellschaft auf.
Da die Kombination verfahrensmässig komplizierter ist und sie überdies bis vor kurzem mit steuerlichen Nachteilen verbunden war (vgl. hinten N 230), kommt sie praktisch kaum vor. Auch da, wo sich zwei gleich starke Gesellschaften auf der Basis der Gleichwertigkeit vereinigen, wird verfahrensmässig regelmässig der Weg der *Absorption* gewählt. Dieser wird daher im folgenden im

---

[7] Vgl. BGE 108 Ib 456 f und hinten N 155 ff.
[8] BGE 108 Ib 454, vgl. hinten N 152.
[9] Ergänzt wird dieser Artikel durch OR 750, wo die Übernahme durch eine Kommandit-AG geregelt wird, und durch OR 770, der den umgekehrten Vorgang – Übernahme einer Kommandit-AG durch eine AG – vorsieht. Da diese Bestimmungen bedeutungslos geblieben sind, werden sie im folgenden ausser acht gelassen.
[10] Vereinzelt wird der Begriff «Absorption» enger als eine Unterform der Annexion verwendet. Diese Differenzierung ist unnötig, und es wird hier – mit der weit überwiegenden Lehre und Praxis – darauf verzichtet.

einzelnen besprochen (lit. C, N 38 ff), während hinsichtlich der Kombination nur auf die Besonderheiten hingewiesen werden soll (lit. D, N 214 ff).

2. *Der weiter gefasste wirtschaftliche Fusionsbegriff, insbesondere unechte Fusion und Quasifusion*

17 a) Im allgemeinen Sprachgebrauch werden mit «*Fusion*» oft auch Vorgänge bezeichnet, die zwar in ihren wirtschaftlichen Konsequenzen mit der Fusion weitgehend übereinstimmen, die aber rechtlich anders zu qualifizieren sind. Zu diesen Vorgängen gehören die sog. *unechte Fusion* (dazu N 18) und die *Quasifusion* (dazu N 19), und gelegentlich werden noch weitere Fälle des Zusammenschlusses oder der Übernahme miterfasst (vgl. N 20 ff).

18 b) Als *unechte Fusion* wird die Übernahme des Unternehmens einer anderen Gesellschaft (oder auch nur eines Teils dieses Unternehmens) mit Aktiven und Passiven gemäss OR 181 verstanden. Die übertragende Gesellschaft erhält als Gegenleistung entweder Bargeld oder Aktien der übernehmenden Gesellschaft[11]. Die übertragende Gesellschaft kann alsdann liquidiert werden, wobei die erhaltenen Barmittel oder Aktien als Liquidationserlös an deren Aktionäre ausgeschüttet werden. Im Falle der Abgeltung mit Aktien ist das Resultat ähnlich wie bei einer Fusion mit Absorption, während bei der Abfindung in bar die Aktionäre der übernommenen Gesellschaft ausscheiden.

19 c) Von einer *Quasifusion* wird gesprochen, wenn eine Gesellschaft *sämtliche Aktien einer anderen Gesellschaft* (oder zumindest die grosse Mehrzahl) *erwirbt*[12]. Den Aktionären der übernommenen Gesellschaft können als Gegenleistung wiederum Aktien der übernehmenden Gesellschaft oder aber Barmittel zugewiesen werden. Im ersten Fall, dem *Aktientausch,* ist das Resultat wirtschaftlich der Fusion ähnlich. Rechtlich unterscheidet sich die Quasifusion von der echten Fusion jedoch dadurch, dass die übernommene Gesellschaft als Tochtergesellschaft der übernehmenden bestehen bleibt[13].

20 d) Von den weiteren Möglichkeiten des Zusammenschlusses seien zwei erwähnt:

21 – Zwei Gesellschaften können ihre Unternehmen (oder auch Unternehmensteile) in eine gemeinsam zu gründende *Tochtergesellschaft* einbringen[14] und so ein *Gemeinschaftsunternehmen* (Joint venture) schaffen[15]. In diesem Fall wird

---

[11] Diese werden meist durch eine Kapitalerhöhung geschaffen, die durch die als Sacheinlage einzubringenden Werte (dazu § 52 N 12 f) liberiert werden.
[12] Dazu ausführlich Studer (zit. N 1) passim.
[13] Dieser Vorgang führt zur Konzernbildung, vgl. dazu § 60 N 3 ff.
[14] Technisch geschieht dies durch Sacheinlagegründung, vgl. § 15 N 9 ff, insbes. 17.
[15] Dazu Matthias Oertle: Das Gemeinschaftsunternehmen (Joint Venture) im schweizerischen Recht (Diss. Zürich 1990 = SSHW 132); Claude Reymond: Le contrat de «Joint Venture», in: FS Schluep (Zürich 1988) 383 ff; Christian J. Meier-Schatz (Hg.): Kooperations- und Joint-Venture-Verträge (Bern/Stuttgart/Wien 1994).

keine Gesellschaft aufgelöst, sondern im Gegenteil eine zusätzliche neue geschaffen. Auch behalten die Gesellschafter ihre bisherige Stellung als Aktionäre einer der beiden Partnergesellschaften des Joint venture.
– Umgekehrt können die Aktionäre zweier Gesellschaften ihre Aktien als Sacheinlage in eine *gemeinsame Holdinggesellschaft*[16] einbringen und sich dann an dieser Holdinggesellschaft beteiligen. Auch bei diesem Verfahren, das dem der Quasifusion ähnlich ist, wird eine zusätzliche neue Gesellschaft gegründet, aber als Mutter- statt – wie beim Joint venture – als Tochtergesellschaft. Die bisherigen Aktionäre erhalten im Austausch zu ihren Aktien solche einer neuen Gesellschaft, wie dies auch bei der Fusion durch Kombination geschieht. 22

III. Gesetzlicher Numerus clausus oder Freiheit der Fusionsmöglichkeiten?

1. Die gesetzliche Ordnung

Das Gesetz sieht die Fusion *nur für bestimmte Zusammenschlüsse* vor: als Annexion oder Kombination zwischen zwei Aktiengesellschaften (OR 748, 749), als Annexion zwischen Kommandit-Aktiengesellschaften unter sich (OR 770 III) sowie zwischen AG und Kommandit-AG (OR 750, 770 III) und endlich als Annexion zwischen Genossenschaften (OR 914). In einem weiteren Sinne ist auch noch die – vom Gesetzgeber systematisch abgetrennte – Übernahme einer AG oder einer Genossenschaft durch eine Körperschaft des öffentlichen Rechts (OR 751, 915, dazu § 58 N 32 ff) in diesem Zusammenhang zu nennen. 23

Es fragt sich, ob die gesetzlich genannten Fälle abschliessend gedacht sind oder ob weitere Fusionsmöglichkeiten bestehen. 24

2. Die Entwicklung in Lehre und Praxis

a) Die traditionelle schweizerische Doktrin ging davon aus, dass *andere* als die gesetzlich explizit vorgesehenen Fälle der Fusion *unzulässig* seien[17]. Wo der Gesetzgeber keine explizite Regelung getroffen habe, da sei der Weg der *unechten Fusion* oder der *Quasifusion* zu wählen. 25

b) In der neueren und neuesten Lehre wird dagegen – gestützt vor allem auf den Grundsatz der Privatautonomie – die Auffassung vertreten, eine *echte Fusion* zwischen Körperschaften müsse *auch ohne explizite gesetzliche Regelung zulässig* sein: so etwa als Fusion von Gesellschaften mit beschränkter Haftung, aber auch als sog. rechtsformübergreifende Fusion (also als Zusammenschluss von Körperschaften ungleicher Rechtsform, etwa einer AG mit einer Genossenschaft) und schliesslich als grenzüberschreitende Fusion zwischen einer schweizerischen und 26

---

[16] Zum Begriff der Holdinggesellschaft vgl. § 60 N 54.
[17] So etwa Bürgi/Nordmann Vorb. zu Art. 748–750 N 11; Meier-Hayoz/Forstmoser: Einführung in das schweiz. Aktienrecht (2./3. A. Bern 1980/1983) § 43 N 29.

einer ausländischen Körperschaft[18]. Eine noch weitergehende Liberalisierung – Fusionsfähigkeit sämtlicher juristischer Personen und darüber hinaus sogar von Kollektiv- und Kommanditgesellschaften – wird in einer neuesten Dissertation vertreten[19].

27 c) Die *Praxis* hat diese Tendenzen aufgenommen, ja sie ist ihnen zum Teil vorausgegangen:

28 – In einem grundlegenden Entscheid hat das Bundesgericht die Fusion von *Stiftungen* für zulässig erklärt, obwohl das Stiftungsrecht die Fusion nicht kennt[20].

29 – In anderen – vereinzelten – Fällen wurde die sog. *rechtsformübergreifende Fusion*, d.h. die Fusion von juristischen Personen unterschiedlicher Rechtsform, bewilligt[21].

30 – Im Zuge der Privatisierung der Solothurner Kantonalbank wurde 1995 schliesslich die Fusion einer öffentlichrechtlichen Anstalt mit einer privatrechtlichen AG zugelassen[22].

31 – Endlich gestattet die neue Handelsgerichtspraxis auch die internationale Fusion[23].

32 *Rechtspolitisch* erscheint – soweit die Anliegen des Gläubiger- und des Gesellschafterschutzes angemessen berücksichtigt werden können – eine möglichst grosse Gestaltungsfreiheit (auch) in der Änderung der gesellschaftsrechtlichen Strukturen wünschbar. So schlug denn auch eine vom Bundesrat 1993 eingesetzte «Groupe de réflexion 'Gesellschaftsrecht'»[24] vor, es könnten «die Fusionsmöglichkeiten ausgedehnt werden auf die Fusion zwischen Rechtsträgern verschiedener Rechtsformen und die grenzüberschreitende Fusion»[25]. Der Entwurf für ein BG über die Fusion, Spaltung und Umwandlung, in welchem gewisse rechtsformüberschreitende Fusionen ausdrücklich ermöglicht und steuerneutral ausgestaltet werden sollen, soll im Sommer 1996 in die Vernehmlassung gehen[25a].

---

[18] So Manfred Küng: Zum Fusionsbegriff im schweizerischen Recht, SZW *1991* 245 ff, und Frank Vischer: Drei Fragen aus dem Fusionsrecht, SZW *1993* 1 ff. Vgl. auch die Übersicht bei Peter (zit. § 58 N 2) 40 ff.
[19] Gantenbein (zit. N 1) passim, insbes. 127 ff.
[20] BGE 115 II 415 ff.
[21] Vgl. die Beispiele bei Roland von Büren in SZW *1995* 85 ff, 88.
[22] Die Privatisierung erfolgte in der Weise, dass zunächst eine privatrechtliche AG gegründet und die bisherige Solothurner Kantonalbank dann von dieser absorbiert wurde.
[23] Vgl. Sylvia Zimmermann: Internationale Fusionen: Neue Praxis in der Schweiz, ST *1995* 159 f. Die Praxis lehnt sich dabei an die Bestimmungen über die Sitzverlegung aus dem bzw. in das Ausland an (IPRG 161–163, HRV 50 f, dazu § 5 N 44 ff). – Grundsätzlich zum Problem: Balthasar Bessenich: Die grenzüberschreitende Fusion nach den Bestimmungen des IPRG und des OR (Diss. Basel 1991 = Schriftenreihe des Instituts für internationales Recht ... Bd. 50).
[24] Vgl. dazu § 67 N 10 ff.
[25] Schlussbericht der Groupe de réflexion (Bern 1993) 64.
[25a] Nicht zuzulassen sind aber – de lege lata wie de lege ferenda – Fusionen zwischen Gebilden, die in ihrer Struktur allzu unterschiedlich sind, wie etwa zwischen Körperschaften (Mitglieder!) und Stiftungen (Destinatäre!).

IV. Wirtschaftliche Gründe der Fusion

a) Fusionen sind ein Mittel der *Unternehmenskonzentration.* Als solches stehen sie neben anderen Möglichkeiten wie etwa *Erwerb massgebender Beteiligungen, Kreuzverflechtung* durch gegenseitige Beteiligung, Koordination aufgrund der *Identität leitender Organe* oder der *Hauptaktionäre,* aber auch Verbindung juristischer Personen durch *statutarische Bestimmungen* oder durch Verknüpfung ihrer Aktien zu *Zwillingsaktien*[26]. Auch die vorn N 17 ff erwähnten Möglichkeiten der *unechten Fusion* und der *Quasifusion,* des *Joint venture* oder der Bildung einer gemeinsamen *Holdinggesellschaft* stehen im Dienste der Konzentration. Verglichen mit diesen anderen Möglichkeiten, ist die Fusion die *konsequenteste Form der Unternehmenszusammenfassung,* da sie eine nicht nur wirtschaftliche, sondern auch rechtliche Einheit schafft.

Fusionen von volkswirtschaftlich bedeutsamen Gesellschaften sind – wie Konzentrationsprozesse schlechthin – von eminenter *wettbewerbsrechtlicher Bedeutung.* In der zur Zeit hängigen Reform des Kartellrechts soll daher eine *Fusionskontrolle (bzw. allgemeiner eine Kontrolle von Zusammenschlüssen)* mit Genehmigungspflicht für bedeutendere Konzentrationsvorgänge eingeführt werden[27].

Über die wirtschaftliche Bedeutung von Zusammenschlüssen orientiert alljährlich eine Publikation der HandelsZeitung «Wer übernahm wen?».

b) Fusionen können auch ein Instrument der *Restrukturierung* im Rahmen eines Konzerns sein, so bei Fusionen zwischen Mutter- und Tochtergesellschaft[28] oder zwischen Schwestergesellschaften.

c) Zur Frage, ob die Fusion auch als Mittel der *Sanierung* eingesetzt werden kann, vgl. nachstehend N 62 f.

C. *Die Absorption und der Ablauf der Fusion im allgemeinen*

I. Vorbemerkung und Übersicht

1. Die Absorption als einzige praktizierte Fusionsform

Wie schon vorn N 16 erwähnt, ist die Kombination in der Praxis toter Buchstabe geblieben und werden Fusionen praktisch ausschliesslich auf dem Wege der Annexion vollzogen. Zu den Nachteilen der Kombination gegenüber der Annexion vgl. hinten N 232 ff.

---

[26] Zu diesem – in neuerer Zeit etwas aus der Mode gekommenen – Instrument vgl. Jürg Plattner: Die Zwillingsaktie. Ein Beitrag zum Recht der Unternehmenszusammenfassung (Diss. Zürich 1970 = ZBR 333).
[27] Vgl. Botschaft vom 23.11.1994, BBl *1995* I 465 ff, 578 ff sowie zum Stand Mitte 1995 (nach der erstmaligen Behandlung im Nationalrat) Frank Scherrer: Die schweizerische Fusionskontrolle – bisherige Anläufe und Ansatz zum Sprung, in: Kellerhals (Hg.): Aktuelle Fragen zum Wirtschaftsrecht (Zürich 1995) 193 ff. Inzwischen (Oktober 1995) haben beide Räte zugestimmt.
[28] Vgl. das Beispiel von BGE 108 Ib 440 ff.

2. Rechtlicher und wirtschaftlicher Sachverhalt

39   a) Wer wen annektiert, ist nicht selten Gegenstand intensiver, von Prestigeüberlegungen getragener Auseinandersetzungen zwischen den Organen der beteiligten Gesellschaften. Bei den Organen wie bei der Belegschaft der untergehenden Gesellschaft müssen psychologische Widerstände überwunden werden, während sich die an der übernehmenden Gesellschaft Beteiligten als «Sieger» fühlen.

40   b) *Sachlich* sind Auseinandersetzungen über die Parteirolle bei der Fusion deshalb nicht entscheidend, weil es ohne weiteres möglich ist, in wirtschaftlicher Hinsicht von der rechtlich gewählten Konzeption abzuweichen:

41   – So kann den Aktionären der übernommenen Gesellschaft die Aktien- und Stimmenmehrheit an der übernehmenden eingeräumt werden (zur Zuweisung von Aktien an die Aktionäre der untergehenden Gesellschaft allgemein vgl. nachstehend N 157, 159 ff). Die Aktionäre der absorbierten Gesellschaft kontrollieren dadurch künftig die übernehmende Gesellschaft.

42   – Nicht nur hinsichtlich des Aktionariats, sondern auch mit Bezug auf die Organe bestimmt sich die künftige Vorherrschaft nicht danach, welche Gesellschaft die andere rechtlich übernimmt, sondern vielmehr nach den Vereinbarungen darüber, wer die Schlüsselstellen einnehmen soll[29], wie der Verwaltungsrat zusammenzusetzen ist und wem das Präsidium zugewiesen wird.

43   – Schliesslich sagt die Wahl des rechtlichen Vorgehens auch nichts darüber aus, welche Betriebe der beiden zusammengeschlossenen Gesellschaften weitergeführt (und allenfalls ausgebaut) werden sollen, welche dagegen zurückgestuft oder geschlossen.

44   Wirtschaftlich ist daher eine «Übernahme» der formalrechtlich absorbierenden Gesellschaft durch die untergehende möglich, und ebenso ist es möglich (und häufig), dass echte *Parität* angestrebt wird.

45   c) Die Zuweisung der Rollen von übernehmender (weitergeführter) und absorbierter (untergehender) Gesellschaft sollte daher nach praktisch wirtschaftlichen Überlegungen geschehen. Dabei wird zwar der Grösse und wirtschaftlichen Bedeutung der betroffenen Gesellschaften hohe Bedeutung zukommen[30], doch sind auch andere Aspekte mit einzubeziehen: Wesentlich kann etwa die personelle Situation sein, aber auch der Bekanntheitsgrad der Firmennamen oder das Vorliegen von Bewilligungen und Konzessionen[31].

---

[29]   Es können dies ebensogut Organe der übernommenen wie der übernehmenden Gesellschaft sein.
[30]   Im Regelfall übernimmt die grössere Gesellschaft die kleinere.
[31]   Bewilligungen oder Konzessionen der untergehenden Gesellschaft erlöschen, falls sie nicht übertragbar ausgestaltet sind, diejenigen der übernehmenden Gesellschaft bleiben grundsätzlich erhalten und müssen nicht neu beantragt werden.

3. *Übersicht über das Verfahren*

Die Fusion wird eingeleitet durch *Fusionsverhandlungen* zwischen den beteiligten Gesellschaften bzw. ihren Organen. Diese führen zur Abfassung eines *Fusionsvertrages*, der vorderhand nur bedingt[32] wirksam wird (dazu Ziff. II, N 51 ff). 46

Auf der Basis des Fusionsvertrags hat die GV der *untergehenden* Gesellschaft ihre Auflösung zu beschliessen (dazu Ziff. III, N 102 ff). Regelmässig muss auch die GV der *übernehmenden* Gesellschaft Beschlüsse fassen[33] (dazu Ziff. IV, N 111 ff). Aufgrund der GV-Beschlüsse beider Gesellschaften sind die nötigen *Handelsregistereinträge* vorzunehmen (dazu Ziff. V, N 123 ff). 47

Es vollzieht sich nun der *Aktientausch*, durch den die Aktionäre der untergehenden Gesellschaft zu solchen der übernommenen werden (dazu Ziff. VI, N 154 ff). 48

Die *Vermögen* beider Gesellschaften sind sodann zu *verschmelzen* (dazu Ziff. VII, N 181 ff), wobei dem *Schutz der Gläubiger* der übernommenen Gesellschaft besondere Bedeutung zukommt (dazu Ziff. VIII, N 192 ff). 49

Schliesslich ist die übernommene Gesellschaft *im Handelsregister zu löschen* (dazu Ziff. IX, N 210 ff). 50

II. Fusionsverhandlungen und Fusionsvertrag, insbesondere Festlegung des Austauschverhältnisses

1. Die Fusionsverhandlungen

a) Am Anfang einer Fusion stehen meist informelle – vielleicht gar ohne eigentlichen Auftrag durch eine Organperson oder auch einen Dritten gemachte – Abklärungen, ob überhaupt beidseits ein *Fusionsinteresse* besteht. 51

Solche Sondierungen können zwischen Gesellschaften geschehen, die sich aus langjähriger Zusammenarbeit kennen, aber auch zwischen Konkurrenten oder zwischen Gesellschaften bzw. Konzernen, die bisher keinerlei – weder positive noch negative – Kontakte hatten. Häufig sind auch erste Abklärungen, die durch spezialisierte Dritte (namentlich von Banken oder Bankabteilungen, die auf das Geschäft der «Mergers and Acquisitions» spezialisiert sind) *anonym*, auf einer «no name-basis», gemacht werden. 52

b) Besteht beidseits Interesse an einem Zusammenschluss, dann können eigentliche *Verhandlungen* beginnen. Dabei wird zumeist grosses Gewicht auf die *Geheimhaltung gegenüber Dritten*, aber auch zwischen den betroffenen Gesell- 53

---

[32] Vorbehalt der Zustimmung durch das Aktionariat zumindest auf der Seite der untergehenden, meist auch auf seiten der übernehmenden Gesellschaft.
[33] Z. B. Kapitalerhöhung zur Bereitstellung der erforderlichen Aktien, allenfalls weitere Statutenänderungen, Zuwahlen in den Verwaltungsrat.

schaften gelegt: Zum einen ist es für alle Beteiligten oder zumindest einzelne unter ihnen nachteilig, wenn Fusionsverhandlungen, die schliesslich scheitern, bekannt werden[34]. Sodann sollen auch allfällige *Insidergeschäfte*[35] verhindert werden.

54 c) Beim Fortgang der Verhandlungen zeigt sich meist ein Dilemma: Beide Parteien (oder zumindest die übernehmende) haben ein eminentes *Informationsinteresse*. Beide (und ganz besonders die zu annektierende) haben aber zugleich ein ebenso grosses Interesse an *Geheimhaltung*[36]. Um einen praktikablen Ausgleich zwischen den konkurrierenden Offenlegungs- und Geheimhaltungsinteressen zu finden, haben sich gewisse Techniken entwickelt:

55 – Vor Beginn detaillierter Verhandlungen unterzeichnen die Parteien meist eine *Absichtserklärung*. Darin halten sie ihre Absicht fest, in Fusionsverhandlungen zu treten und diese zu einem guten Abschluss zu führen. Allenfalls werden auch schon gewisse Zielsetzungen[37] festgelegt. Sodann verpflichten sich die Parteien, die ihnen im Zuge der Fusionsverhandlungen zukommenden Informationen geheimzuhalten und auch im eigenen Unternehmen nicht zu verwenden sowie – im Falle des Scheiterns der Fusion – alle erhaltenen Dokumente zurückzugeben, ohne Kopien davon zu erstellen. Der Absichtserklärung soll keine rechtliche Verbindlichkeit zukommen – mit Ausnahme der Bestimmungen über Geheimhaltung und Rückgabe sowie einer allfälligen Schiedsgerichtsklausel.

56 – In einer späteren Phase vereinbaren die Parteien oft die Durchführung eines sog. *Due Diligence-Verfahrens:* Man einigt sich im Grundsatz auf die Übernahme, unter der Bedingung, dass die getroffenen Annahmen richtig sind und keine «bösen Überraschungen» auftreten. Gestützt darauf wird – in der Regel von der zu übernehmenden Gesellschaft – detailliert und umfassend Einblick in das eigene Unternehmen gewährt. Es erfolgen nun – in zum voraus definiertem Umfang – «Due Diligence-Prüfungen», die eine Beurteilung der für den Zusammenschluss wesentlichen Elemente en connaissance de cause ermöglichen sollen. Die Abklärungen erfolgen oft durch externe Berater (Buchprüfungsexperten, Anwälte, Fachleute der betreffenden Branche), allenfalls auch durch einzelne interne Spezialisten der Gegenseite. Fallen sie zur Zufriedenheit aus, dann steht dem definitiven Vertragsschluss (allenfalls mit Anpassungen aufgrund der Resultate des Due Diligence-Verfahrens) nichts mehr entgegen. Andernfalls kommt es zu neuen Verhandlungen, oder es scheitert die Fusion, was zwar meist für eine oder beide Parteien erhebliche Härten mit sich bringt, aber noch immer dem Bruch in einem späteren Zeitpunkt vorzuziehen ist.

---

[34] Namentlich der Umstand, dass eine Gesellschaft einen Übernehmer sucht und somit ein *Übernahmekandidat* ist, kann sich für die Zukunft negativ auswirken.
[35] Vgl. StGB 161 und dazu § 28 N 57 f.
[36] Scheitern die Fusionsverhandlungen, dann kann sich die Offenlegung von Interna während der Gespräche äusserst nachteilig auswirken. Zuweilen wird auch an der Ernsthaftigkeit von Verhandlungsangeboten gezweifelt und befürchtet, es gehe der Gegenseite nur darum, Einblick in das Konkurrenzunternehmen zu erlangen.
[37] Wer übernimmt wen? Welche Betriebe sollen weitergeführt werden? Soll die Fusion auf der Basis der Parität durchgeführt werden?

2. Der Fusionsvertrag

a) Den Abschluss erfolgreicher Fusionsverhandlungen bildet der *Fusionsvertrag*. Parteien dieses Vertrages sind die *beteiligten Aktiengesellschaften*[38], «auch wenn der Vertrag durch deren Verwaltungen ausgehandelt wird»[39].

Umstritten ist, ob eine *AG im Liquidationsstadium* noch fusionieren kann[40]:
- Als *übernehmende Gesellschaft* kann eine AG in Liquidation jedenfalls nur dann eingesetzt werden, wenn man den Widerruf der Auflösung zulassen will (dazu § 55 N 185 ff).
- Weniger Probleme dürften sich stellen, wenn sich eine *zu übernehmende Gesellschaft* bereits im Liquidationsstadium befindet: Die Übernahme durch eine andere Gesellschaft kann als Massnahme des *Vollzugs der Beendigung* in ähnlicher Weise sinnvoll sein wie die Veräusserung des Unternehmens der Gesellschaft als Ganzes (dazu § 56 N 106). Und die Generalversammlung bleibt als Organ auch in der Liquidationsphase – freilich mit eingeschränkten Kompetenzen (dazu § 56 N 65 ff) – bestehen[41].

Unklar ist sodann, ob – und gegebenenfalls unter welchen Umständen – eine *überschuldete AG* fusionieren kann. Wirtschaftlich kann eine solche Massnahme Sinn machen, so namentlich, wenn durch die Übernahme einer überschuldeten Gesellschaft deren Verlustvorträge steuerlich wirksam gemacht werden können. Zur Frage der rechtlichen Zulässigkeit folgendes:

Ausgeschlossen ist die Fusion jedenfalls dann, wenn bereits der *Konkurs eingetreten* ist: Gemäss SchKG 204 kann die konkursite Gesellschaft über ihr Vermögen nicht mehr verfügen, dieses also auch nicht auf dem Wege der Fusion in eine andere AG einbringen. (Möglich ist jedoch, im Rahmen der Regeln des SchKG, die Verwertung des Unternehmens als Ganzes.)

Dagegen fragt es sich, ob die Fusion eine Sanierungsmassnahme im Sinne von OR 725a bilden kann, durch die sich der *Konkurs vermeiden* lässt. Dazu ist vorab festzuhalten, dass jedenfalls die gesetzlichen Bestimmungen zu Kapitalverlust und Überschuldung (OR 725 f, dazu § 50 N 187 ff) einer Absorption der überschuldeten Gesellschaft nicht ohne weiteres entgegenstehen: Wohl besteht grundsätzlich eine Pflicht zur unverzüglichen Benachrichtigung des Richters und hat dieser grundsätzlich den Konkurs zu eröffnen. Die Praxis des Bundesgerichts lässt aber einen Aufschub der Benachrichtigung bei echten Sanierungschancen zu (vgl. § 50 N 212), und überdies kann der Richter den Konkurs bei Aussicht auf Sanierung aufschieben (dazu § 50 N 224 ff).

Damit stellt sich die Frage, ob sich aus dem *Recht der Fusion* ein Verbot ergibt. Da sich das Gesetz ausschweigt, ist – grundsätzlich – aufgrund des Prinzips der Privatautonomie von der *Zulässigkeit* auszugehen. Doch können sich Schranken aus dem Wesen der Fusion

---

[38] In Betracht kommen nach neuerer Lehre und Praxis allenfalls auch andere juristische Personen, vgl. vorn N 26 ff.
[39] BGE 108 Ib 453.
[40] Vgl. die Übersicht über die Lehrmeinungen bei Bürgi/Nordmann Art. 748 N 42.
[41] Gegen die Möglichkeit, noch im Liquidationsstadium die Fusion zu beschliessen, spricht freilich der Umstand, dass von mehreren möglichen Auflösungsgründen derjenige massgebend ist, der zuerst wirksam geworden ist (vgl. § 55 N 25). Es liesse sich daher argumentieren, dass nach dem Eintritt einer Auflösung mit Liquidation der Weg für die Fusion (als andere Form der Auflösung) versperrt sei.

und der Zielsetzung des Gesetzgebers, aber auch aufgrund von Durchführungshandlungen ergeben:

65 – *Nicht in Betracht* kommen kann eine Fusion jedenfalls dann, wenn zur Sicherung der Kontinuität der Mitgliedschaft der Aktionäre der untergehenden Gesellschaft bei der annektierenden Gesellschaft eine *Kapitalerhöhung* durchzuführen wäre: Die neu zu schaffenden Aktien müssten nach den allgemeinen Regeln (dazu insbes. § 14 N 18 ff und § 15 N 3, 9 ff) liberiert werden, und zwar durch das einzubringende Vermögen der übernommenen Gesellschaft. Weist dieses Vermögen einen Passivenüberschuss aus, dann kann die Liberierungspflicht nicht erfüllt werden.

66 – Ausnahmsweise bedarf es bei der Fusion jedoch keiner Kapitalerhöhung, so insbes. dann, wenn eine Muttergesellschaft ihre zu hundert Prozent gehaltene *Tochtergesellschaft übernimmt* (vgl. N 176 ff). In diesem Fall könnten nur die in OR 748 enthaltenen *Gläubigerschutzbestimmungen* einer Fusion entgegenstehen. Dies ist nicht der Fall: Zu beachten ist vorab, dass diese Bestimmungen lediglich die Gläubiger der untergehenden Gesellschaft schützen (vgl. N 192 ff), nicht dagegen diejenigen der übernehmenden (vgl. N 209). Die Stellung der Gläubiger der übernommenen Gesellschaft aber verbessert sich, wenn an die Stelle des Konkurses die Übernahme durch eine zahlungsfähige Gesellschaft tritt.

66a Solange die Schulden der zu übernehmenden Gesellschaft schwergewichtig in Verbindlichkeiten gegenüber der übernehmenden Muttergesellschaft bestehen und die Tochtergesellschaft ohne diese Verbindlichkeiten nicht überschuldet wäre, werden übrigens auch die Gläubiger der übernehmenden Gesellschaft nicht benachteiligt, da die Muttergesellschaft diese Verluste ohnehin zu tragen hat[42]. Anders verhält es sich dagegen, wenn die Tochtergesellschaft auch aufgrund ihrer Verpflichtungen gegenüber *Dritten* verschuldet ist: Da im Konkurs der Tochtergesellschaft die Muttergesellschaft zwar ihre Beteiligung voll abzuschreiben, nicht aber zusätzlich für die Überschuldung der Tochtergesellschaft einzustehen hat, erleiden deren Gläubiger eine Benachteiligung, wenn die Muttergesellschaft das Vermögen der Tochter und damit ihre sämtlichen Verpflichtungen übernimmt. In diesem Fall dürfte die Übernahme der Tochtergesellschaft durch Fusion in der Regel eine vermögensschädigende Handlung zulasten der Muttergesellschaft sein, die als unsorgfältige Geschäftsführung (vgl. OR 717 I) zur Verantwortlichkeit des Verwaltungsrates der Muttergesellschaft führen kann (vgl. § 37 N 20 ff). Immerhin kann sich auch in solchen Fällen die Übernahme geschäftspolitisch rechtfertigen, namentlich dann, wenn es das Prestige der Muttergesellschaft und ihrer Unternehmensgruppe nicht erlaubt, eine Tochtergesellschaft konkurs gehen zu lassen, oder wenn aufgrund der engen Verbindungen zwischen Mutter- und Tochtergesellschaft ein erhebliches Risiko der Durchgriffshaftung (dazu § 62 N 47) der Muttergesellschaft besteht[43].

66b Ähnliche Überlegungen dürften im Hinblick auf die Fusion von *Schwestergesellschaften*, deren eine überschuldet ist, massgebend sein.

---

[42] In diesen Fällen wird denn auch nach der Praxis des Eidg. Handelsregisteramtes die Fusion einer überschuldeten Gesellschaft bewilligt.

[43] Enger die derzeitige Praxis des Eidg. Handelsregisteramtes, welche die Absorption einer wegen Drittverbindlichkeiten überschuldeten Gesellschaft nicht zulässt. Für eine generelle Zulassung der Absorption einer überschuldeten Tochtergesellschaft dagegen Manfred Küng in Treuhand+Praxis *1991* 154 ff (der sich aber zu Unrecht auf BGE 115 II 420 E 2c a. E. beruft), ebenso Clemens Meisterhans: Zur Absorptionsfusion mit Passivenüberschuss, JBHReg *1995* 117 ff.

– *Andere Fälle* der Fusion mit einer überschuldeten Gesellschaft dürften *nicht vorkommen,* schon deshalb nicht, weil sich die zur Wahrung der mitgliedschaftlichen Kontinuität erforderliche Abfindung der Aktionäre der übernommenen Gesellschaft mit Aktien der übernehmenden nicht rechtfertigen liesse.

67

b) Neben der Bezeichnung der Parteien (und der ihnen zugedachten Rolle als übernehmende bzw. übernommene Gesellschaft) weist der Fusionsvertrag folgenden *Mindestinhalt* auf:

68

– die *Einigung zu fusionieren* und

69

– die *Festlegung des Umtauschverhältnisses,* das beim Tausch der Aktien der übernommenen Gesellschaft in solche der übernehmenden Anwendung finden soll (dazu N 86 ff).

70

Regelmässig enthält der Fusionsvertrag *weitere Bestimmungen,* etwa

71

– Hinweise bezüglich der bei der übernehmenden Gesellschaft erforderlichen Statutenänderungen, insbesondere der für die Bereitstellung der Umtauschaktien nötigen Kapitalerhöhung, allenfalls auch von Änderungen der Firma und des Zwecks,

72

– Einzelheiten über die für den Umtausch vorgesehenen Aktien und einen allfälligen Spitzenausgleich (dazu N 99), ebenso über den Vollzug des Austauschs, namentlich den Zeitpunkt,

73

– weitere zeitliche Angaben: In welchem Zeitraum soll die Fusion durchgeführt werden; bis zu welchem Datum bleibt der Fusionsvertrag bindend, falls sich die Beschlussfassung in den Generalversammlungen verzögern sollte; welcher Stichtag soll für den Übergang von Nutzen und Gefahr am Vermögen der übernommenen Gesellschaft massgebend sein?

74

– Aussagen über die personelle Zusammensetzung der Organe der fusionierten Gesellschaft, insbes. von Verwaltungsrat und Geschäftsleitung,

75

– die Auflistung der Pflichten beider Parteien hinsichtlich des Vollzugs der Fusion,

76

– Regeln über die Kostentragung,

77

– die Festlegung des anwendbaren Rechts (wobei für innerschweizerische Fusionen die Anwendbarkeit von Schweizer Recht selbstverständlich ist), des Gerichtsstandes und allenfalls auch eine Schiedsgerichtsklausel,

78

– einen Vorbehalt der positiven Beschlussfassung in der GV der untergehenden Gesellschaft (dazu N 102 ff) sowie allenfalls auch der übernehmenden Gesellschaft (dazu N 111 ff).

79

Als *Bestandteil* oder *Anhang* des Fusionsvertrages wird regelmässig eine Fusions(übernahme)bilanz beigefügt, durch welche das Umtauschverhältnis und die vorgesehene Kapitalerhöhung begründet werden. Gelegentlich werden auch die Statuten der übernehmenden Gesellschaft (in ihrer künftigen Form) beigelegt.

80

c) Aus dem Schweigen des Gesetzes entnahm die Lehre bisher, dass der Fusionsvertrag bei der Annexion an *keine besondere Form* gebunden ist[44,45]. In

81

---

[44] Anders bei der Kombination, wo in OR 749 III Ziff. 2 die öffentliche Beurkundung verlangt wird.

[45] Die gesetzliche Regelung der Annexion ordnet den Fusionsvertrag nicht und nimmt auf ihn nur an einer einzigen Stelle – OR 748 Ziff. 8 – Bezug. Bei der Ordnung der Kombination kommt dagegen die zentrale Bedeutung des Fusionsvertrages besser zum Ausdruck, vgl. OR 749 III Ziff. 1, 2 und 4.

der Praxis wurde der Fusionsvertrag jedoch ausnahmslos *schriftlich* abgeschlossen. Unter revidiertem Recht wird man das Erfordernis der Schriftlichkeit allenfalls aus OR 634 Ziff. 1 ableiten (vgl. hinten N 169).

82 d) Der Fusionsvertrag ist ein *Innominatkontrakt*, zu dessen Rechtsnatur verschiedene Meinungen vertreten werden. Vereinfachend können die Lehrmeinungen in zwei Gruppen eingeteilt werden: Die eine qualifiziert den Fusionsvertrag als *schuldrechtliches Verpflichtungsgeschäft*, die andere als *Gesellschaftsvertrag*[46].

83 Unbestritten ist, dass der Fusionsvertrag bloss *obligatorische Wirkungen* entfaltet: Mit seinem Abschluss verpflichten sich die beteiligten Gesellschaften dazu, die nötigen Handlungen für das Zustandekommen der Fusion vorzunehmen[47]. Ob die Fusion schliesslich vollzogen wird, hängt von einem *Generalversammlungsentscheid* – jedenfalls der untergehenden und allenfalls auch der aufnehmenden Gesellschaft – ab. Der Vertrag befindet sich daher zunächst in einem Schwebezustand, er kann nur *suspensiv bedingt* abgeschlossen werden[48].

84 e) Als (Gesellschafts-)*Vertrag* kann der Fusionsvertrag wegen Willensmängeln *angefochten* (vgl. OR 21 ff) und auch seine allfällige *Nichtigkeit* (vgl. OR 20) geltend gemacht werden. Nach der Beschlussfassung durch die Generalversammlung(en) dürften jedoch nur noch die *aktienrechtlichen Schutzvorkehren* – namentlich Anfechtung und Feststellung der Nichtigkeit von GV-Beschlüssen (OR 706 ff, dazu § 25 und hinten N 110) und allenfalls analoge Anwendung der Bestimmungen über Gründungsmängel (vgl. OR 643 und dazu § 17 N 14 ff) – in Betracht kommen.

85 f) Über den Fusionsvertrag und seine Grundlagen müssen die *Aktionäre informiert* werden (vgl. allgemein zum Recht des Aktionärs auf Auskunft und Einsicht OR 697 und dazu § 40 N 166 ff). Dabei darf nach Ansicht des Bundesgerichts bei Fusionen «angenommen werden, dass die ihrer Vorbereitung dienenden Unterlagen Bestandteil der Akten beider Gesellschaften bilden»[49], weshalb die Aktionäre beider (oder aller) beteiligter Gesellschaften ihr Auskunftsrecht bezüglich sämtlicher Unterlagen wahrnehmen können.

---

46 So sieht Meier (zit. N 1, insbes. 37 ff, 138) im Fusionsvertrag einen *gesellschaftsrechtlichen Vertrag*, der bis zum Zeitpunkt der Verschmelzung dem Recht der einfachen Gesellschaft unterstehe. Anschliessend bestehe «eine Selbstbindung der überlebenden Körperschaft fort, die gesellschaftsintern Wirkungen» entfalte (S. 138).
47 Diese Verpflichtung entsteht unabhängig davon, ob entsprechende Pflichten im Fusionsvertrag ausdrücklich genannt sind oder nicht.
48 Die Bedingung wird in den Fusionsverträgen meist ausdrücklich verankert, sie gilt aber – zumindest mit Bezug auf die zu übernehmende Gesellschaft – auch ohne solchen Vorbehalt.
49 BGE 109 II 50.

3. *Das Austauschverhältnis insbesondere*

a) Der Festlegung des Austauschverhältnisses für den *Umtausch der Aktien der übernommenen Gesellschaft in solche der übernehmenden* kommt für die Aktionäre beider Gesellschaften zentrale Bedeutung zu. Das Austauschverhältnis bestimmt, ob die Aktionäre der beteiligten Gesellschaften vermögensmässig gleich behandelt werden oder ob die einen begünstigt, die andern dagegen benachteiligt werden.

Zugrunde zu legen ist eine *Bewertung beider Gesellschaften* aufgrund einheitlicher und allgemein anerkannter Regeln[50]. Dadurch kann der *wirkliche Wert* der Aktien beider Gesellschaften bestimmt werden, und aus diesem ergibt sich das Austauschverhältnis.

Als Ausgangslage für die Bewertungen dienen oft bestehende Bilanzen. Diese sollten möglichst aktuell sein[51] und den gleichen Stichtag aufweisen.

Bei der Bewertung zu berücksichtigen sind namentlich auch bei den jeweiligen Gesellschaften liegende eigene Aktien sowie solche des Fusionspartners.

b) Problemlos ist die Festlegung des Umtauschverhältnisses dann, wenn die Aktien beider Gesellschaften *denselben inneren Wert* haben, aber auch, wenn einer Aktie der untergehenden Gesellschaft eine feste Zahl von Aktien der übernehmenden gegenübergestellt werden kann[52]. Schwierigkeiten ergeben sich dagegen, wenn der Wert einer Aktie der untergehenden Gesellschaft nicht dem Wert von einer oder mehreren ganzen Aktien der übernehmenden Gesellschaft entspricht[53]. Oder es ist die Aktie der untergehenden Gesellschaft weniger wert als diejenige der übernehmenden Gesellschaft, so dass den Aktionären der ersten Gesellschaft, wenn sie nur eine einzige Aktie besitzen, keine einzige Aktie der übernehmenden Gesellschaft im Austausch zugewiesen werden könnte[54]. In solchen Fällen hat zunächst eine *Anpassung der Werte* zu erfolgen[55].

---

[50] Vgl. dazu die Literatur zur Unternehmensbewertung, insbes. Carl Helbling: Unternehmensbewertung und Steuern (7. A. Düsseldorf 1993).
[51] Die Registerpraxis verlangt etwa, dass die Fusionsbilanz nicht älter als ein Jahr bzw. als die letzte ordentliche Jahresbilanz ist.
[52] Eine Aktie der untergehenden Gesellschaft ist zum Beispiel so viel wert wie drei Aktien der übernehmenden Gesellschaft.
[53] Einer Aktie der untergehenden Gesellschaft entsprechen z. B. 1,7 Aktien der übernehmenden Gesellschaft.
[54] Der Aktionär mit nur einer Aktie hätte dann nur die Wahl, entweder aus der Gesellschaft auszuscheiden oder aber eine Zuzahlung zu leisten. Das erste käme einem unzulässigen Ausschluss aus der Gesellschaft gleich (vgl. § 44 N 52 ff), das zweite einer ebenso unzulässigen Auferlegung einer über die Liberierung hinausgehenden Pflicht (vgl. § 42 N 8 ff).
[55] Denkbar wäre es freilich auch, für die Abfindung neue Aktien mit abweichendem Nennwert zu schaffen. Eine solche Verkomplizierung der Kapitalbasis wird jedoch meist vermieden, zumal sie unerwünschte Folgen haben kann (vgl. das in OR 709 I verankerte Vertretungsrecht jeder Aktionärskategorie sowie OR 693 I, wonach bei der Ausgabe von Aktien unterschiedlichen Nennwerts [unechte] Stimmrechtsaktien entstehen, wenn statutarisch bestimmt wird, dass auf jede Aktie eine Stimme entfällt).

91	Für die *Wertkorrektur zur Erzielung praktikabler Austauschverhältnisse* gibt es verschiedene Möglichkeiten:
92	– Die Aktien der übernehmenden Gesellschaft können durch *Aktiensplits* (dazu § 43 N 49) in solche von geringerem Wert zerlegt werden. Allenfalls sind auch die Aktien beider Gesellschaften zu splitten, um ein ganzzahliges Umtauschverhältnis zu erhalten[56].
93	– Der umgekehrte Vorgang – die *Zusammenlegung* von Aktien einer Gesellschaft – ist dagegen nur möglich, wenn sämtliche Aktionäre zustimmen (OR 623 II).
94	– Die Aktien einer oder beider Gesellschaften können in ihrem *Wert vermindert* werden, um ein angemessenes Wert- und Austauschverhältnis zu erlangen. Dies kann auf vielfache Weise geschehen:
95	– Durch Ausschüttungen können Aktien «leichter» gemacht werden[57].
96	– Dasselbe Ergebnis kann durch eine *Kapitalherabsetzung mit Rückzahlung* (dazu § 53 N 33 ff) erreicht werden.
97	– Umgekehrt kann eine *Kapitalerhöhung* mit einer *Liberierung aus Eigenkapital* vorgenommen und können so «*Gratisaktien*» ausgeschüttet werden (vgl. § 52 N 129 ff). Durch die Vermehrung der Aktienzahl bei gleichbleibendem Gesellschaftsvermögen wird der Wert der einzelnen Aktie entsprechend vermindert.
98	– Schliesslich können die *Parteirollen vertauscht* werden: Die ursprünglich für die Übernahme vorgesehene Gesellschaft übernimmt formalrechtlich diejenige, deren Weiterbestand geplant war. Auf die wirtschaftlichen Verhältnisse braucht dieses Vorgehen – wie erwähnt (vorn N 40 ff) – keinen Einfluss zu haben.
99	Relativ geringfügige Unterschiede können überdies nach einhelliger Lehre durch einen *Spitzenausgleich mittels Barabfindung* ausgeglichen werden.
100	c) Dagegen ist es nach herrschender Lehre und Registerpraxis nicht zulässig, anstelle des Aktientauschs in grösserem Umfang *Barabfindungen* vorzunehmen[58]. Barabgeltungen in grossem Stil würden gegen das der Fusion eigene Wesensmerkmal der *Kontinuität der Mitgliedschaft*[59] verstossen.
101	Falls es nicht gelingt, ein geeignetes Austauschverhältnis zu schaffen, das den Aktionären der untergehenden Gesellschaft im wesentlichen die Fortführung ihrer Mitgliedschaft bei der übernehmenden Gesellschaft ermöglicht, muss auf andere Vorgehensarten mit ähnlichem Resultat – besonders die unechte Fusion und die Quasifusion (dazu vorn N 17 ff) – ausgewichen werden.

---

[56] Beträgt das Umtauschverhältnis z. B. 4 : 5, dann sind – soweit dies die gesetzliche Mindestnennwertgrenze von Fr. 10.– (OR 622 IV) erlaubt – die Aktien der einen Gesellschaft in jeweils vier, die der anderen Gesellschaft in 5 neue Aktien zu splitten, um ein Umtauschverhältnis von 1:1 zu erhalten.
[57] Eine Aktie verliert zwangsläufig im Umfang der Ausschüttung an innerem Wert, vgl. § 40 N 20.
[58] Vgl. dazu ausführlich Robert Meier: Barabgeltung bei Fusionen, in: Schluep/Isler (vgl. LV) 132 ff. Eine abweichende Meinung wird von Watter (zit. N 1) insbes. Rz 645 ff, vertreten. Auch Peter Nobel ist der Ansicht, Barabfindungen anstelle des Aktientauschs seien zulässig, wenn eine Wertanpassung nicht möglich ist.
[59] Dazu N 11 und BGE 108 Ib 456 ff E 6.

III. Beschlussfassung in der Generalversammlung der untergehenden Gesellschaft

a) Jedenfalls bei der untergehenden Gesellschaft (zu den Verhältnissen bei der aufnehmenden vgl. N 111 ff) muss die Fusion *durch die GV beschlossen* werden: Es handelt sich um eine *Auflösung* der Gesellschaft (vgl. die Marginalie zu OR 748–751), und eine solche muss – soweit die Gesellschaft selbst dafür zuständig ist (zu den Auflösungsgründen vgl. § 55 N 5 ff) – durch die GV als oberstes Organ beschlossen werden. 102

b) Über die *Information der Aktionäre* im Hinblick auf einen Fusionsbeschluss enthält das Gesetz keine Bestimmungen. Da jedoch der Fusionsvertrag die notwendige Basis für den Beschluss der Aktionäre bildet, muss zumindest dieser den Aktionären zur Verfügung stehen. Die Lehre geht über dieses Erfordernis hinaus und verlangt die Möglichkeit des Einblicks in weitere Unterlagen wie Fusionsbilanzen und Statuten der übernehmenden Gesellschaft. In der Praxis ist sodann – obwohl vom Gesetz nicht verlangt – ein *Erläuterungsbericht* des Verwaltungsrates üblich. 103

In analoger Anwendung von OR 700 I (dazu § 23 N 40 ff) ist zu verlangen, dass diese Dokumente den Aktionären mindestens 20 Tage vor der Durchführung der GV zur Verfügung stehen. Unter bisherigem Recht verlangte die Lehre – gestützt auf Art. 700 I des OR *1936* – die Auflage der einschlägigen Dokumente. Da das revidierte Recht die Auflage durch die Bekanntgabe der Anträge in der Einberufung zur GV (OR 700 II) ersetzt hat, wäre aus dieser Praxis zu folgern, dass die einschlägigen Dokumente mit der Einberufung zugestellt bzw. (bei Inhaberaktien) publiziert werden müssen (vgl. § 23 N 45 ff). Diese Konsequenz dürfte – namentlich im Hinblick auf umfangreiche Fusionsunterlagen – zu weit gehen, und es dürfte genügen, dass neben dem Antrag des Verwaltungsrates, die Fusion zu beschliessen (OR 700 II), ein Hinweis erfolgt, wo die einschlägigen Dokumente eingesehen oder bezogen werden können. Jedenfalls aber muss die Bekanntgabe des Fusionsvertrages im Rahmen der Einladung genügen. 104

c) Der Beschluss bedarf der Einhaltung des doppelt qualifizierten *Quorums von OR 704* (dazu § 24 N 28 ff), handelt es sich doch um einen Fall der «Auflösung der Gesellschaft ohne Liquidation» (OR 704 I Ziff. 8). 105

Die Statuten können die Quorumserfordernisse – allgemein oder auch nur für den Fall des Fusionsbeschlusses – *verschärfen* (vgl. § 24 N 46 ff). Umstritten ist in der Literatur, ob Statutenbestimmungen, die allgemein für den Auflösungsbeschluss ein erschwerendes Quorum vorsehen, auch speziell auf den Fusionsbeschluss Anwendung finden oder ob damit nur die Auflösung mit Liquidation gemeint ist[60]. U. E. ist dies eine Frage der Auslegung, die nicht generell beantwortet werden kann. 106

Nach einhelliger Lehre ist der Auflösungsbeschluss *öffentlich zu beurkunden*[61]. 107

---

[60] Vgl. die Übersichten bei Meier (zit. N 1) 13 und Bürgi/Nordmann zu Art. 748 N 60, welche beide die zweite Auffassung vertreten.
[61] Die Lehre beruft sich durchwegs auf OR 647 I, obwohl dort die öffentliche Beurkundung nur für statutenändernde Beschlüsse verlangt wird.

108 d) In der Regel – erforderlich ist dies nicht – fasst die GV der untergehenden Gesellschaft den Fusionsbeschluss, *bevor die GV der übernehmenden Gesellschaft* (dazu N 111 ff) entschieden hat. Diesfalls steht die Beschlussfassung – auch wenn es nicht ausdrücklich erklärt wird – unter der *Suspensivbedingung* des Zustandekommens der erforderlichen Beschlüsse auch bei der übernehmenden Gesellschaft.

109 e) Der gültig zustande gekommene und wirksam gewordene Fusionsbeschluss bewirkt die *Auflösung* der Gesellschaft.

110 f) Der Auflösungsbeschluss kann *angefochten* bzw. es kann die gerichtliche *Feststellung der Nichtigkeit* des Fusionsbeschlusses verlangt werden[62]. Dass mit der Aufhebung oder Nichtigerklärung eines Fusionsbeschlusses erhebliche praktische Schwierigkeiten verbunden sind, steht einer Gutheissung der Klage in der Regel nicht entgegen[63].

IV. Beschlussfassung in der Generalversammlung der übernehmenden Gesellschaft

1. Beschlüsse aus Anlass der Fusion

111 a) In der Regel muss die GV der übernehmenden Gesellschaft im Hinblick auf eine Fusion schon deshalb Beschlüsse fassen, weil diese *Statutenänderungen* mit sich bringen:

112 – Insbesondere müssen die für den Umtausch erforderlichen Aktien meist durch eine *Kapitalerhöhung* neu geschaffen werden[64] (vgl. dazu N 168).

113 – Gelegentlich bedingt die Annexion auch eine *Änderung des Zwecks* und allenfalls der *Firma* der aufnehmenden Gesellschaft.

114 Erforderlich sind allenfalls *weitere*, nicht statutenändernde *GV-Beschlüsse*. Insbesondere kann die Gesellschaft aufgrund des Fusionsvertrages gehalten sein, *Zuwahlen in den Verwaltungsrat* vorzunehmen.

115 b) Diese Beschlüsse unterliegen den üblichen Regeln (vgl. § 24). Zu beachten ist, dass die Schaffung von Aktien für den Umtausch zwangsläufig eine Aufhebung des Bezugsrechts bedingt, weshalb das qualifizierte Quorum von OR 704 I einzuhalten ist (vgl. OR 704 I Ziff. 8).

---

[62] Vgl. die Beispiele von BGE 116 II 713 ff = Pra *1992* Nr. 12 S. 55 ff (Entscheid zum Genossenschaftsrecht), ferner BGE 97 I 487 und 97 II 189 (die Ausführungen im letztgenannten Entscheid zum Eintritt der Fusionswirkungen sind nicht korrekt, vgl. nachstehend N 150 und Anm. 77).
[63] Vgl. BGE 97 I 487, 97 II 189, 116 II 716.
[64] Die Befugnis hiezu kann freilich unter revidiertem Aktienrecht durch die Schaffung von genehmigtem Kapital an den Verwaltungsrat delegiert worden sein, vgl. N 170.

2. Erfordernis eines spezifischen Fusionsbeschlusses?

a) Ausnahmsweise geht die Fusion weder mit einer Kapitalerhöhung[65] noch mit anderen statutenändernden Beschlüssen und auch nicht mit Wahlen oder anderen ähnlichen Beschlüssen einher. Es fragt sich, ob diesfalls (oder ob in jedem Fall) die GV der übernehmenden Gesellschaft einen *expliziten Fusionsbeschluss* zu fassen hat oder ob die Beschlussfassung über die Fusion an sich dem Verwaltungsrat zukommt.

b) Unter dem bisherigen Recht war die Frage in der Literatur umstritten, und das Bundesgericht schien – wollte man ein dictum in BGE 108 Ib 454 zum Nennwert nehmen[66] – eine Genehmigung durch die GV für unumgänglich zu halten.

Das revidierte Recht stellt nun klar, dass ein eigentlicher Fusionsbeschluss *nur von der GV der untergehenden Gesellschaft, nicht dagegen von derjenigen der übernehmenden zu fassen* ist. Dies lässt sich jedenfalls aus OR 704 I Ziff. 8 herleiten, wo von einem Beschluss über die *Auflösung* der Gesellschaft ohne Liquidation die Rede ist[67, 68].

c) Obwohl – zumindest nach revidiertem Recht – ein GV-Beschluss bei der übernehmenden Gesellschaft nicht erforderlich ist, wird in der Praxis der Entscheid über die Fusion oft dennoch der GV vorgelegt. Ein solches Vorgehen ist zulässig, da der Entscheid über eine Fusion nicht zu den «unübertragbaren und unentziehbaren Aufgaben» des Verwaltungsrates gemäss OR 716a (dazu § 30 N 29 ff) gehört. Auch kann im Fusionsvertrag die Zustimmung der GV (auch) der übernehmenden Gesellschaft ausdrücklich vorbehalten werden.

3. Wirkungen der Beschlussfassung

a) Durch den Beschluss der zweiten GV – und es ist dies in der Regel, wenn auch nicht notwendig, die GV der *übernehmenden* AG – sind die *Suspensivbedingungen,* mit denen der Fusionsvertrag abgeschlossen wurde, regelmässig *erfüllt,* und es wird der Fusionsvertrag *definitiv.*

---

[65] Zur Bereitstellung der Umtauschaktien auf anderem Wege als durch Kapitalerhöhung vgl. N 171 ff.
[66] An jener Stelle ist die Rede davon, der Fusionsvertrag müsse «notwendigerweise von den Generalversammlungen der fusionierten Gesellschaften» (Mehrzahl!) genehmigt werden.
[67] Das bisherige Recht sprach dagegen in OR 649 I zweideutig von der Beschlussfassung über «eine Fusion».
[68] Ein bewusster Gestaltungswille des Gesetzgebers lässt sich den Materialien freilich nicht entnehmen: Die Botschaft (S. 173) erläutert Art. 704 I Ziff. 8 des geltenden Rechts lediglich durch den Hinweis, dass eine Auflösung ohne Liquidation in drei Fällen möglich sei, durch Fusion, Übernahme durch eine Körperschaft des öffentlichen Rechts und Umwandlung in eine GmbH. In den Räten wurde die Bestimmung nicht diskutiert.

121 Die Parteien sind nun verpflichtet, die *Fusion zu vollziehen*[69].

122 b) Für die Anfechtbarkeit bzw. allfällige Nichtigkeit der Beschlüsse der übernehmenden Gesellschaft gilt dasselbe wie für die Beschlüsse der untergehenden Gesellschaft, dazu vorn N 110.

V. Die Einträge im Handelsregister

123 Zum Vollzug der Fusion gehört als erstes die Veranlassung der erforderlichen Registereinträge.

1. Eintrag bei der übernehmenden Gesellschaft

124 a) Als erstes hat die übernehmende Gesellschaft die erforderlichen Eintragungen zu veranlassen[70].

125 b) Einzutragen sind die mit der Fusion zusammenhängenden *statutenändernden Beschlüsse*, so insbesondere die für die Schaffung der Umtauschaktien beschlossene Kapitalerhöhung und allenfalls weitere Statutenänderungen (z. B. solche des Zwecks oder der Firma).

126 Der Anmeldung[71] sind die folgenden *Belege* beizufügen:
127 – der öffentlich beurkundete GV-Beschluss der aufnehmenden Gesellschaft betreffend Kapitalerhöhung sowie weitere Statutenänderungen und das Protokoll über allfällige Wahlen; beizufügen ist bei Statutenänderungen ein nachgeführtes, beglaubigtes Exemplar der Statuten.
128 (Falls die Kapitalerhöhung im Rahmen von genehmigtem Kapital erfolgte, tritt der Kapitalerhöhungsbeschluss des Verwaltungsrates [zu diesem § 52 N 264 ff] an die Stelle des GV-Beschlusses);
129 – der öffentlich beurkundete GV-Beschluss der untergehenden Gesellschaft[72];

---

[69] Weitergehend – und nach einhelliger Lehre unrichtig – BGE 108 Ib 455, wonach «im Zeitpunkt der Genehmigung des Fusionsvertrages durch die Generalversammlungen der beiden Unternehmungen» der *Vermögensübergang* von der untergehenden auf die übernehmende Gesellschaft erfolgen soll: Richtigerweise erfolgt dieser Übergang erst mit dem Handelsregistereintrag (dazu N 150 ff), vgl. Meier (zit. N 1) S. 85 Anm. 122, mit weiteren Hinweisen.

[70] So jedenfalls nach herrschender Lehre, vgl. Meier (zit. N 1) 16, mit Hinweis auch auf abweichende Meinungen. Da die Bereitstellung der für den Austausch erforderlichen Aktien eine Voraussetzung für die Wirksamkeit des Fusionsbeschlusses der untergehenden Gesellschaft ist, muss der Eintrag bei der übernehmenden Gesellschaft jedenfalls dann zuerst erfolgen, wenn die Umtauschaktien durch Kapitalerhöhung erst geschaffen werden mussten.

[71] Gemäss HRV 22 II ist diese durch den Präsidenten des Verwaltungsrates oder seinen Stellvertreter sowie den Verwaltungsratssekretär oder ein zweites Mitglied des Verwaltungsrates zu unterzeichnen.

[72] Auf diesen Beleg kann verzichtet werden, wenn die übernommene Gesellschaft ihren Sitz im gleichen Registerbezirk wie die aufnehmende hat.

- die öffentliche Urkunde über die Feststellungsbeschlüsse des Verwaltungsrates bezüglich der Kapitalerhöhung und die entsprechende Statutenänderung (vgl. OR 652g); 130
- Fusionsvertrag und Fusionsbilanz der übernommenen Gesellschaft; 131
- die Stampa-Erklärung (dazu § 16 N 19 ff), wobei zu bestätigen ist, dass neben den aus den Unterlagen (besonders dem Fusionsvertrag) hervorgehenden Werten keine wesentlichen weiteren Gegenstände übernommen werden oder werden sollen; 132
- der Kapitalerhöhungsbericht des Verwaltungsrates (dazu § 52 N 150 ff) und die Prüfungsbestätigung der Revisionsstelle (dazu § 52 N 158 ff); 133
- allenfalls erforderliche staatliche Genehmigungen (z. B. aufgrund der Lex Friedrich, vgl. § 16 N 22 ff[73]). 134

c) Selbst wenn *keine Statutenänderung* erfolgt[74], verlangt die Praxis eine *Anmeldung und Eintragung der Fusion*. Sie stützt sich dabei auf HRV 20 II, wonach auch Tatsachen, deren Eintragung an sich nicht vorgesehen ist, «dann eingetragen werden [können], wenn das öffentliche Interesse es rechtfertigt, ihnen Wirkung gegenüber Dritten zu verleihen»[75]. 135

In der Anmeldung ist diesfalls darauf hinzuweisen, dass keine Kapitalerhöhung stattfindet (z. B., weil die übernehmende Gesellschaft Alleinaktionärin der zu übernehmenden Gesellschaft ist [vgl. N 176] oder weil der Aktientausch mit Vorratsaktien bzw. eigenen Aktien vollzogen wird [vgl. N 172]). 136

Als *Belege* sind einzureichen: 137
- der Verwaltungsratsbeschluss über die Genehmigung des Fusionsvertrages; 138
- Fusionsvertrag und Fusionsbilanz; falls die aufzunehmende Gesellschaft ihren Sitz ausserhalb des Registerbezirks der übernehmenden hat, zudem der öffentlich beurkundete GV-Beschluss der aufzunehmenden Gesellschaft. 139

d) Eintragungsmuster finden sich bei Rebsamen/Thomi 191 ff. 140

2. *Eintrag bei der untergehenden Gesellschaft*

a) Für die untergehende Gesellschaft bestimmt OR 748 Ziff. 7 ausdrücklich, es sei die Auflösung «zur Eintragung in das Handelsregister anzumelden». Diese Anmeldung erfolgt regelmässig (und – falls bei der übernehmenden Gesellschaft eine Kapitalerhöhung für die Schaffung von Austauschaktien nötig ist – notwendigerweise, vgl. Anm. 11) nach der Eintragung bei der übernehmenden Gesellschaft. 141

---

[73] Die Bundesgerichtspraxis verlangt eine (neue) Bewilligung selbst dann, wenn eine der Bewilligungspflicht unterstellte Muttergesellschaft ihre Tochtergesellschaft absorbiert und daher durch die Fusion keine Veränderung der wirtschaftlichen Zugehörigkeit der betreffenden Grundstücke bewirkt wird, BGE 108 Ib 440 ff, 447 f; dazu zu Recht kritisch Homburger in SAG *1984* 35.
[74] Es sind keine Umtauschaktien erforderlich (dazu N 176 ff) oder diese werden anderweitig beschafft (dazu N 171 ff), und es fanden auch keine weiteren statutenändernden oder sonst eintragungspflichtigen Beschlüsse der GV statt.
[75] Vgl. Küng (zit. Anm. 43) 157 f.

142 Nach den allgemeinen Regeln (vgl. HRV 22 II und dazu § 16 Anm. 2) und der expliziten Bestimmung in OR 737 hat die Anmeldung durch den Verwaltungsrat zu erfolgen[76].

143 b) Die Anmeldung hat festzuhalten, dass die Gesellschaft infolge Fusion gemäss OR 748 mit der Gesellschaft X (übernehmende Gesellschaft) aufgelöst werde und dass Aktiven und Passiven auf die Gesellschaft X übergehen.

144 Der Anmeldung sind die folgenden *Belege* beizufügen:
145 – der öffentlich beurkundete GV-Beschluss,
146 – Fusionsvertrag und Fusionsbilanz,
147 – falls die übernehmende Gesellschaft ihren Sitz nicht im gleichen Registerbezirk hat, ausserdem ein Handelsregisterauszug über die aufnehmende Gesellschaft, aus dem hervorgeht, dass die für die Fusion erforderlichen Beschlüsse (insbes. eine allfällige Kapitalerhöhung) gefasst wurden.

148 Waren im Hinblick auf die Fusion *Statutenänderungen oder andere eintragungspflichtige Vorgänge* (etwa Mutationen im Verwaltungsrat) erforderlich, so sind auch diese nach den normalen Regeln (vgl. OR 647 und OR 641 Ziff. 9, dazu § 27 N 25 ff) zur Eintragung anzumelden.

149 c) Ein Eintragungsmuster findet sich bei Rebsamen/Thomi 237 f.

3.   Wirkungen der Registereinträge

150 a) Mit den Registereinträgen wird die *Fusion wirksam;* der Eintrag wirkt somit für die Fusion *konstitutiv*[77]. Massgebend ist dabei nach herrschender Lehre und Praxis die Eintragung des Fusionsbeschlusses bei der *untergehenden Gesellschaft*[78].

151 b) Aufgrund der durch die Eintragung vollzogenen Fusion tritt die übernehmende Gesellschaft zufolge *Universalsukzession*[79] in die Rechte und Pflichten der untergehenden Gesellschaft ein, und die Aktionäre der untergehenden Gesellschaft werden zu solchen der übernehmenden.

152 Im Zeitpunkt des Registereintrages «verliert die absorbierte Gesellschaft ihre Rechtspersönlichkeit ..., obwohl ihre formelle Registerlöschung aus Gründen des

---

[76] Unrichtig daher der französische Text von OR 748 Ziff. 7, wonach der Verwaltungsrat der *übernehmenden* Gesellschaft («les membres du conseil d'administration de la société reprenante») die Anmeldung vorzunehmen hätte. Das Versehen ist anlässlich der Aktienrechtsreform leider nicht korrigiert worden.

[77] So die einhellige Lehre und BGE 108 Ib 454. Anders – und wohl unrichtig – BGE 97 II 189, wo erklärt wird, die Fusion sei «nicht die rechtliche Folge der Eintragung des Fusionsbeschlusses», sondern sie setze «ein tatsächliches Verhalten der Organe der fusionierenden Gesellschaft voraus». Diese Auffassung übersieht den Unterschied zwischen einer Auflösung mit Liquidation, bei der es auf die tatsächlichen Liquidationshandlungen ankommt (vgl. § 56 N 152), und der Auflösung zufolge Fusion, bei welcher der Registereintrag konstitutiv wirkt.

[78] Vgl. ZR *1990* Nr. 5 S. 11 sowie BGE 108 Ib 454, wo die Fusionswirkungen ebenfalls an den Eintrag bei der absorbierten Gesellschaft angeknüpft werden.

[79] BGE 108 Ib 454.

Gläubigerschutzes erst später erfolgt»[80]. Die Konsequenz des Verlusts der Rechtspersönlichkeit wird damit begründet, dass das Gesetz nur für die Auflösung *mit Liquidation* die Beibehaltung der juristischen Persönlichkeit vorsieht (OR 739 I).

c) Mit dem Handelsregistereintrag ist zwar die *Fusion erfolgt*, doch bedarf es im Anschluss daran noch einer Reihe von *Vollzugsmassnahmen*, durch die dem Mitgliedschaftsübergang (dazu Ziff. VI, N 155 ff) und der Vermögensverschmelzung (dazu Ziff. VII, N 181 ff) Rechnung getragen wird. Dabei trägt das Gesetz dem Schutz der Gläubiger der untergehenden Gesellschaft besonders Rechnung (vgl. Ziff. VIII, N 181 ff). 153

VI. Fortführung der Mitgliedschaft der Aktionäre der untergehenden Gesellschaft in der übernehmenden Gesellschaft

Mit der Fusion werden die Aktionäre der untergehenden Gesellschaft zu solchen der übernehmenden (vgl. Ziff. 1, N 155 ff). Es findet ein Aktientausch statt, wobei es verschiedene Möglichkeiten für die Bereitstellung der erforderlichen Aktien gibt (vgl. Ziff. 2, N 167 ff). Ausnahmsweise kann freilich auf die Zuweisung neuer Aktien verzichtet werden (vgl. Ziff. 3, N 176 ff). 154

1. Erwerb der Mitgliedschaft bei der übernehmenden Gesellschaft

a) Aufgrund des Fusionsvertrages ist die übernehmende Gesellschaft verpflichtet, die erforderlichen freien Mitgliedschaftsstellen für die Aufnahme der Aktionäre der untergehenden Gesellschaft bereitzuhalten (zu den Möglichkeiten der Bereitstellung vgl. N 167 ff). 155

b) «Nach Eintragung der Auflösung werden die zur Abfindung bestimmten Aktien der übernehmenden Gesellschaft den Aktionären der aufgelösten Gesellschaft nach Massgabe des Fusionsvertrages ausgehändigt.» (OR 748 Ziff. 8). 156

Den Aktionären der untergehenden Gesellschaft steht somit das Recht zu, Titel der übernehmenden Gesellschaft zu erhalten. Diese kann ihrerseits die Herausgabe der Aktientitel der untergehenden Gesellschaft verlangen; insofern findet ein Austausch statt[81]. 157

c) Rechtlich handelt es sich jedoch keineswegs um ein Austauschgeschäft; vielmehr ist von der *Kontinuität der Mitgliedschaft* auszugehen, die vom Vorgang der Fusion allerdings insofern betroffen ist, als sie *in einer anderen Gesellschaft weitergeführt* wird. 158

---

[80] BGE 108 Ib 454 E 4a.
[81] Das Recht auf Aktien der übernehmenden Gesellschaft ist – als Berechtigung, die aus der Mitgliedschaft fliesst – unverjährbar. Nicht bezogene Titel dürfen daher nicht verwertet werden, sie sind vielmehr weiterhin zur Verfügung zu halten und allenfalls analog OR 92 zu hinterlegen.

159 Aus der Kontinuität der Mitgliedschaft ergibt sich materiell wie formell, dass die Aktionäre der untergehenden Gesellschaft Anspruch auf Aktien der übernehmenden Gesellschaft haben: Materiell ergibt sich dieser Anspruch daraus, dass dem Aktionär gegen seinen Willen die *Mitgliedschaft nicht entzogen* werden kann (vgl. § 44 N 52 ff)[82]. Formell ist das Recht auf Aushändigung von Aktien der übernehmenden Gesellschaft eine Konkretisierung des allgemeinen Rechts auf Verurkundung der Mitgliedschaft (dazu § 43 N 2 ff).

160 Die Kontinuität der Mitgliedschaft hat auch zur Folge, dass sich der Aktionär – falls die Fusion ordnungsgemäss beschlossen und durchgeführt worden ist – den *Übertritt* in die übernehmende AG *gefallen lassen* muss: Ein Austrittsrecht (dazu allgemein § 44 N 61 f) gibt es auch im Falle der Fusion nicht.

161 d) Den Aktionären der untergehenden Gesellschaft ist die Fortführung der Mitgliedschaft bei der übernehmenden Gesellschaft mit all ihren Rechten – namentlich auch dem Recht zur Mitwirkung – zu ermöglichen. *Unzulässig* wäre es daher, die Aktionäre der untergehenden Gesellschaft bei der übernehmenden Gesellschaft ohne ihre Zustimmung mit *Partizipationsscheinen* abzufinden.

162 Nichts spricht jedoch dagegen, den Partizipanten einer untergehenden Gesellschaft Partizipationsscheine der übernehmenden zuzuweisen.

163 e) Da die Aktionäre der untergehenden Gesellschaft in der übernehmenden AG ihre bisherige Mitgliedschaft weiterführen, bleiben auch ihre *unentziehbaren Rechte erhalten*.

164 Zu weit geht es dagegen, wenn in der Literatur erklärt wird, die Rechtsstellung der Aktionäre der untergehenden Gesellschaft bleibe «identisch»: Mit dem Übergang in die absorbierende Gesellschaft werden die Aktionäre der untergehenden AG einer neuen innergesellschaftlichen und insbes. statutarischen Ordnung unterworfen, die für sie nun verbindlich wird. Auch müssen sie es sich gefallen lassen, dass ihre Stimmquote aufgrund des Zusammenschlusses sinkt. Entsprechende Beeinträchtigungen hätten die Aktionäre aber auch bei ihrer bisherigen Gesellschaft in Kauf nehmen müssen: Durch Statutenänderungen hätte ihre Rechtsstellung verändert werden können[83], und insbesondere hätte auch ihre Stimmquote durch Kapitalerhöhungen mit Entzug des Bezugsrechts (dazu § 40 N 237 ff) beeinträchtigt werden können.

165 Dass die bisherige Rechtsstellung weitergeführt wird, zeigt sich auch bei den *Aktionärspflichten:* Hatte die untergehende AG nur teilweise liberierte Namenaktien ausstehend, dann besteht die Pflicht zur nachträglichen Liberierung (dazu allgemein § 14 N 30 ff) gegenüber der absorbierenden Gesellschaft weiter.

166 f) *Rechte Dritter* wie Nutzniessung und Pfandrechte (dazu allgemein § 45 N 13 ff) bestehen an den neuen Titeln ebenfalls weiter.

---

[82] Daher kann – wie vorn N 100 erwähnt – die übernehmende Gesellschaft Aktionäre der untergehenden Gesellschaft gegen ihren Willen nicht in bar abfinden.
[83] Das dafür allenfalls verlangte Quorum wird auch bei der Fusion eingehalten, da der Fusionsbeschluss zu den wichtigen Beschlüssen gehört, die der qualifizierten Zustimmung nach OR 704 bedürfen (vgl. vorn N 105).

2. Exkurs: Die Bereitstellung der erforderlichen Aktien

Für die Bereitstellung der für den Umtausch erforderlichen Aktien stehen der absorbierenden Gesellschaft mehrere Möglichkeiten offen: 167

a) Regelfall ist die Schaffung neuer Aktien durch eine *Kapitalerhöhung mit Entzug des Bezugsrechts*. Dabei ist nach den allgemeinen Regeln das qualifizierte Quorum von OR 704 einzuhalten (vgl. OR 704 Ziff. 6). Der materiell erforderliche wichtige Grund für den Bezugsrechtsentzug (vgl. § 40 N 242 ff) dürfte regelmässig gegeben sein: OR 652b nennt die «Übernahme von Unternehmen» (wozu wirtschaftlich die Fusion zu zählen ist) ausdrücklich als Beispiel eines wichtigen, den Entzug rechtfertigenden Grundes. 168

Wirtschaftlich liegt eine *Kapitalerhöhung mit Sacheinlage* vor, wird doch als Gegenwert für die neu auszugebenden Aktien keine Barleistung erbracht, sondern das Vermögen der untergehenden Gesellschaft mit Aktiven und Passiven übertragen. Die herrschende Lehre zum bisherigen Recht wollte jedoch die Bestimmungen über die Sacheinlage nicht angewendet wissen, sondern ging davon aus, es liege bei der Fusion ein eigens geregelter *Sonderfall* vor. Unter revidiertem Recht sind wohl dieselben Schutzvorkehren einzuhalten wie bei der Kapitalerhöhung mit Sacheinlage: Das Erfordernis der qualifizierten Beschlussfassung ergibt sich – wie soeben ausgeführt (N 168) – schon wegen des Entzugs des Bezugsrechts. Der Verwaltungsrat hat bei Kapitalerhöhungen ganz allgemein einen *Kapitalerhöhungsbericht* (dazu § 52 N 150 ff) zu verfassen[84]. Erforderlich ist auch eine Prüfungsbestätigung gemäss OR 652f (dazu § 52 N 158 ff), da der Ausnahmetatbestand von OR 652f II nicht erfüllt ist. Endlich wird man – in analoger Anwendung von OR 634 Ziff. 1 – verlangen, dass der Fusionsvertrag gleich einem Sacheinlagevertrag schriftlich abgefasst wird. 169

Die Kapitalerhöhung kann als *ordentliche Erhöhung* (dazu § 52 N 42 ff) durchgeführt werden, aber ebenso auf dem Wege der *genehmigten* Erhöhung (dazu § 52 N 208 ff). In der Tat wurde die Einführung des genehmigten Kapitals vor allem damit begründet, es sei dem Verwaltungsrat ein flexibles Instrument für Unternehmensübernahmen (und dadurch auch Fusionen) in die Hand zu geben. 170

b) Ausnahmsweise können die erforderlichen Aktien *auf andere Weise bereitgestellt* werden: 171

aa) Allenfalls verfügt die Gesellschaft noch über *Vorratsaktien* (dazu § 52 N 290 ff) die den Aktionären der untergehenden Gesellschaft zugeteilt werden können. 172

---

[84] Das Erfordernis eines Berichts ergibt sich aus OR 652e Ziff. 4, wonach Rechenschaft über «die Einhaltung des Generalversammlungsbeschlusses» abzulegen ist. Anders als bei der Sacheinlage (dazu OR 652e Ziff. 1) brauchen offenbar keine Ausführungen über die «Angemessenheit der Bewertung» gemacht zu werden. Die erforderliche Transparenz ergibt sich jedoch aus dem Fusionsvertrag.

173 bb) Die gleiche Funktion können *eigene Aktien* (dazu § 50 N 131 ff) erfüllen. Allenfalls erwirbt die Gesellschaft auch eigene Aktien (z. B. von einem Hauptaktionär) eigens zum Zweck, diese in einer Fusion einzusetzen.

174 cc) Falls im Vermögen der untergehenden Gesellschaft Aktien der übernehmenden liegen, können diese – da ja das Vermögen als Ganzes auf die übernehmende Gesellschaft übergeht – ebenfalls für den Aktienaustausch dienen.

175 dd) Schliesslich können neue Aktienstellen auch statt durch eine Kapitalerhöhung dadurch geschaffen werden, dass die bestehenden Aktien in solche kleineren Nennwerts aufgeteilt, gesplittet, werden (sog. *Splitting-Fusion*)[85].

3. Fälle der Fusion ohne Aktientausch

176 a) Eine Kapitalerhöhung oder die anderweitige Bereitstellung von Aktien erübrigt sich bei der *Absorption einer Tochtergesellschaft durch ihre Muttergesellschaft:* Diesfalls ist «die aufnehmende Gesellschaft im Zeitpunkt der Fusion selbst Eigentümerin der Aktien der absorbierten Gesellschaft»[86], weshalb ein Aktientausch nicht vorgenommen werden muss.

177 Auch bei dieser Sachlage ändert sich jedoch «nichts am Grundsatz der Kontinuität der Mitgliedschaft»[87], ebensowenig am Prinzip der Universalsukzession (dazu nachstehend N 181 f). Die formellen Erfordernisse der Fusion sind einzuhalten, und insbesondere ist bei der Tochtergesellschaft ein Auflösungsbeschluss durch die GV erforderlich.

178 Ist die Muttergesellschaft lediglich *Mehrheitsaktionärin,* braucht es dagegen Aktien für die aussenstehenden Aktionäre.

179 b) Falls die Aktien zweier *Schwestergesellschaften* vollständig im Besitz derselben Muttergesellschaft sind, erübrigt sich die Bereitstellung von Austauschaktien ebenfalls, da das Aktionariat beider Gesellschaften identisch ist[88]. Eine Kapitalerhöhung bei der absorbierenden Schwestergesellschaft und die Zuweisung dieser neuen Aktien an die Muttergesellschaft ist aber möglich und steuerlich meist sinnvoll.

180 c) Schliesslich ist auch die Annexion der *Muttergesellschaft durch ihre Tochter* ohne Zuweisung neuer Aktien möglich[89].

VII. Vermögensverschmelzung

181 a) «Die Kontinuität der Vermögensrechte als zweites grundlegendes Prinzip der Fusion bedeutet, dass das Vermögen der absorbierten Gesellschaft als

---

[85] Vgl. dazu im einzelnen Rolf H. Weber: Splitting-Fusion in der Praxis, SZW *1993* 172 ff.
[86] BGE 108 Ib 456.
[87] BGE 108 Ib 456.
[88] Die Muttergesellschaft hält künftig nur die Aktien einer einzigen Gesellschaft, doch ist deren innerer Wert entsprechend gestiegen.
[89] Vgl. zu diesen Formen Küng (zit. Anm. 18) 250.

Ganzes infolge Universalsukzession auf die annektierende Gesellschaft übergeht. Die absorbierende Gesellschaft übernimmt mit anderen Worten nicht nur die Aktiven, sondern auch die Passiven der untergehenden juristischen Person.»[90]. Daraus ergibt sich eine «Kontinuität der gesamten vermögensrechtlichen Beziehungen trotz eines Subjektwechsels»[91]. Insofern ist der Übergang von Rechten und Pflichten bei der Fusion derjenigen im *Erbfall* vergleichbar.

b) Da der Rechtsübergang von Gesetzes wegen erfolgt, sind *keinerlei Übertragungshandlungen* erforderlich. So gehen Grundstücke ohne weiteres von der untergehenden auf die übernehmende Gesellschaft über[92], und Ordrepapiere brauchen nicht indossiert zu werden. 182

Kennzeichnend ist weiter, dass die annektierende AG in die Gesamtheit der Rechte und Pflichten der untergehenden Gesellschaft *ohne und auch gegen den Willen der betroffenen Gläubiger und Schuldner eintritt,* dass sich also die Vertragspartner der übertragenden AG den Subjektwechsel gefallen lassen müssen. Das Gesetz kompensiert dies durch besondere Gläubigerschutzvorschriften, vgl. dazu sogleich N 192 ff. 183

c) Aus praktischem Bedürfnis heraus sind freilich trotzdem gewisse *Vollzugsmassnahmen* angezeigt: 184

Die *Grundbucheinträge* sind zu korrigieren, weil nur so die übernehmende Gesellschaft grundbuchlich über die Grundstücke verfügen kann. Bei *Forderungen* ist eine Anzeige des Übergangs an den Schuldner zweckmässig. Bei *Immaterialgüterrechten* (Patenten, Mustern und Modellen, Marken) sollte der Registereintrag aktualisiert werden. In *prozessualen Verfahren* ist die übernehmende AG als Partei bekanntzugeben[93]. 185

d) *Ausnahmen* vom Grundsatz des voraussetzungslosen und automatischen Rechtsübergangs können sich dann ergeben, wenn bei einem Rechtsgeschäft die *Person der Gegenpartei* von besonderer Bedeutung ist: 186

– Befinden sich im Vermögen der übernommenen Gesellschaft *vinkulierte Namenaktien* einer Drittgesellschaft, so wird die übernehmende Gesellschaft nicht ohne weiteres Aktionärin. Vielmehr finden auf sie die Vinkulierungsbestimmungen Anwendung. Dabei fragt es sich, ob die Regel für den Übergang im Erbgang (OR 685b IV) analog Anwendung findet. Das Bundesgericht hat dies für den Übergang zufolge einer gesetzlich (durch ausländisches Recht) verfügten Fusion bejaht, im übrigen aber ausdrücklich offengelassen[94]. 187

– Eine allfällige Bewilligungspflicht nach der Lex Friedrich (dazu § 62 N 129 ff) besteht auch beim Erwerb durch Fusion, und zwar nach der Bundesgerichtspraxis selbst dann, wenn eine Muttergesellschaft ihre Tochtergesellschaft absorbiert und daher keine 188

---

[90] BGE 108 Ib 457.
[91] BGE 115 II 418.
[92] Allenfalls fallen jedoch Gebühren oder kantonale Steuern, namentlich Handänderungssteuern auf Grundstücken, an (vgl. Anm. 103).
[93] Vgl. im einzelnen Tschäni in Basler Kommentar zu Art. 748 N 7 ff.
[94] BGE 109 II 135.

189 — Veränderung der wirtschaftlichen Zugehörigkeit der betroffenen Grundstücke erfolgt[95].
189 — Arbeitnehmer dürften aufgrund von OR 333 I das Recht haben, den Übergang des Arbeitsvertrags abzulehnen und so das Arbeitsverhältnis auf den Ablauf der gesetzlichen Kündigungsfrist aufzulösen.
190 — Hat die übernommene AG eine Sache vermietet, so fragt es sich, ob die Fusion als «Wechsel des Eigentümers» im Sinne von OR 261 zu gelten hat[96].
191 — Bei «Dauerschuldverhältnissen» kann der Rechtsübergang für den Vertragspartner allenfalls einen wichtigen Grund für die vorzeitige Kündigung darstellen.

VIII. Schutz der Gläubiger der übernommenen Gesellschaft

1. Fusionsrecht als Gläubigerschutzrecht

192   Das Gesetz trägt dem Umstand, dass sich die Gläubiger der übernommenen Gesellschaft gegen die Fusion nicht zur Wehr setzen können, dadurch Rechnung, dass zugunsten dieser Gläubiger *umfassende Schutzbestimmungen* vorgesehen sind: OR 748 – der einzige Gesetzesartikel, der sich mit der Fusion durch Absorption befasst – stellt zum grössten Teil *Gläubigerschutzrecht* dar (vgl. 748 Ziff. 1–6).

2. Die Schutzvorkehren im einzelnen

193   a) Die übernehmende Gesellschaft hat einen Schuldenruf zu erlassen (vgl. lit. b), und sie muss das Vermögen der übernommenen Gesellschaft während einer Sperrfrist getrennt verwalten (vgl. lit. c). Kommt es zum Konkurs, dann wird das Vermögen der übernommenen Gesellschaft zugunsten ihrer Gläubiger ausgesondert (vgl. lit. f).

194   Die Mitglieder des Verwaltungsrates der übernehmenden Gesellschaft sind für die getrennte Vermögensverwaltung persönlich und solidarisch verantwortlich (vgl. lit. d). Während der Dauer der getrennten Verwaltung bleibt der bisherige Gerichtsstand der übernommenen Gesellschaft erhalten (vgl. lit. e).

195   b) Die Gläubiger der übernommenen Gesellschaft sind durch den Verwaltungsrat der übernehmenden Gesellschaft durch einen *Schuldenruf* zu orientieren. Dieser richtet sich nach den für die Liquidation geltenden Vorschriften, vgl. daher § 56 N 93 f[97].

---

[95] BGE 108 Ib 440 ff.
[96] Ablehnend Tschäni in Basler Kommentar zu Art. 748 N 13.
[97] Dagegen ist eine persönliche Benachrichtigung der bekannten Gläubiger – anders als bei der Liquidation (zu jener vgl. OR 742 II) – nicht vorgesehen. Das Bundesgericht scheint jedoch OR 748 Ziff. 1 als integrale Verweisung auf OR 742 II – einschliesslich der persönlichen Bekanntgabe – zu verstehen, vgl. BGE 115 II 273 E 2a. Für das Erfordernis auch der persönlichen Mitteilung an die bekannten Gläubiger spricht sich auch Tschäni in Basler Kommentar zu Art. 748 N 33 aus.

Der Schuldenruf ist unabdingbar und namentlich auch dann erforderlich, wenn die 196
aufgelöste Gesellschaft erklärt, sämtliche Gesellschaftsgläubiger zu kennen[98].

c) Das Vermögen der aufgelösten Gesellschaft ist durch die übernehmende 197
Gesellschaft für eine gewisse Zeit *getrennt zu verwalten*. Dadurch soll eine Aussonderung und getrennte Verwertung im Konkurs (dazu N 207 f) sichergestellt werden.

Hinsichtlich des *Zeitraums*, für den die getrennte Verwaltung zu beachten ist, ist OR 198
748 widersprüchlich:
– In Ziff. 2 wird die getrennte Verwaltung des Vermögens der aufgelösten Gesellschaft 199
verlangt, «bis ihre Gläubiger befriedigt oder sichergestellt sind».
– Ziff. 6 verweist dagegen auf OR 745, wonach grundsätzlich eine Jahresfrist seit dem 200
dritten Schuldenruf einzuhalten ist, jedoch aufgrund der Bestätigung eines besonders
befähigten Revisors eine frühere Verteilung möglich ist (vgl. dazu § 56 N 131 ff).
Die beiden Bestimmungen sind wohl *kumulativ* zu erfüllen, zumal eine Löschung der 201
übernommenen Gesellschaft erst nach Befriedigung oder Sicherstellung ihrer Gläubiger
zulässig ist (OR 748 Ziff. 7).

Trotz dem Erfordernis der getrennten Verwaltung darf – und soll – das Vermögen der 202
übernommenen Gesellschaft zugunsten der übernehmenden Gesellschaft und ihrer Geschäftstätigkeit eingesetzt werden. Auch stehen OR 748 Ziff. 2 und 6 einer Veräusserung
von Aktiven der übernommenen Gesellschaft nicht entgegen, doch sind deren Surrogate
dem getrennt verwalteten Vermögen zuzuweisen.

In der Praxis wird der Pflicht zur getrennten Vermögensverwaltung oft nicht nachge- 203
lebt. Es ist dies insofern verständlich, als sie nur schwer zu erfüllen ist und die Gläubigerschutzbestimmungen des Fusionsrechts insgesamt als überspannt erscheinen.

d) «Die Mitglieder des Verwaltungsrates der übernehmenden Gesellschaft 204
sind den Gläubigern persönlich und solidarisch dafür verantwortlich, dass die
Verwaltung getrennt geführt wird.» (OR 748 Ziff. 3). Mit «Gläubigern» sind
dabei nur diejenigen der übernommenen Gesellschaft gemeint, da für die Gläubiger der übernehmenden Gesellschaft kein besonderer Schutz besteht (vgl.
N 209).

e) Während der Dauer der getrennten Vermögensverwaltung bleibt für die 205
Gläubiger der übernommenen Gesellschaft der bisherige Gerichtsstand der aufgelösten Gesellschaft bestehen (OR 748 Ziff. 4). Einzuklagen ist jedoch die übernehmende Gesellschaft.

Eine Betreibung ist dagegen – auch wenn sie sich aus einer Forderung gegen die 206
übernommene Gesellschaft herleitet – am Sitz der übernehmenden Gesellschaft anzuheben (vgl. SchKG 46 II), da an diesem Ort einheitlich der Konkurs zu eröffnen ist (SchKG
55).

f) Die getrennte Vermögensverwaltung zeitigt Wirkungen in einem allfälligen 207
Konkurs der übernehmenden Gesellschaft: In einem solchen Konkurs bildet das
getrennt verwaltete Vermögen «eine besondere Masse und ist, soweit nötig,

---

[98] Vgl. BGE 116 II 272 ff.

ausschliesslich zur Befriedigung der Gläubiger der aufgelösten Gesellschaft zu verwenden» (OR 748 Ziff. 5).

208 Ein allfälliger Überschuss nach Befriedigung der Gläubiger der aufgelösten Gesellschaft fällt in die allgemeine Konkursmasse. Reicht dagegen das getrennt verwaltete Vermögen zur Deckung der Forderungen der Gläubiger der aufgelösten Gesellschaft nicht aus, dann können sich diese an der weiteren Konkursmasse gleich wie die übrigen Gläubiger beteiligen.

3. *Exkurs: Keine Schutzvorkehren zugunsten der Gläubiger der übernehmenden Gesellschaft*

209 Zugunsten der Gläubiger der übernehmenden Gesellschaft bestehen keine entsprechenden Schutzvorkehren, obwohl sich eine Fusion auch für sie nachteilig auswirken kann. Die Differenzierung ist deshalb gerechtfertigt, weil für diese Gläubiger *kein Schuldnerwechsel* erfolgt und sich ein Gläubiger Dispositionen seines Schuldners gefallen lassen muss, auch wenn sie für ihn nachteilig sind.

IX. Löschung der absorbierten Gesellschaft

210 a) Nach Befriedigung oder Sicherstellung (dazu § 56 N 96 ff) der Gläubiger der aufgelösten Gesellschaft und nach Ablauf der Sperrfrist ist die übernommene AG im Handelsregister zu *löschen* (OR 748 Ziff. 7).

211 b) Die Löschung ist vom Verwaltungsrat der übernehmenden Gesellschaft anzumelden. Sie setzt den Nachweis voraus, dass der Schuldenruf vollzogen wurde[99], und kann erst vorgenommen werden, wenn die Sperrfrist gemäss OR 748 Ziff. 6 i.V.m. OR 745 (dazu vorn N 197 ff) abgelaufen ist.

212 c) Die Löschung bildet den letzten Akt des Fusionsverfahrens. Da die aufgelöste Gesellschaft bereits beim Eintrag der Fusionsbeschlüsse in das Handelsregister ihre Rechtspersönlichkeit verloren hat[100], kommt ihr lediglich *deklaratorische Bedeutung* zu.

213 d) Erfolgte die Löschung zu Unrecht, ist eine *Wiedereintragung* denkbar[101].

---

[99] Vgl. BGE 115 II 274 f E 3.
[100] Vgl. BGE 108 Ib 454 E 4a und vorn N 152.
[101] Vgl. BGE 97 II 189; die dortige Aussage, die Verschmelzung sei «nicht die rechtliche Folge der Eintragung des Fusionsbeschlusses», sondern sie setze ein tatsächliches Verhalten der Organe der fusionierenden Gesellschaften voraus, ist freilich nicht haltbar (vgl. vorn N 151 f). Vgl. auch den Tatbestand von ZR *1990* Nr. 5 S. 11 ff sowie vorn § 56 N 154 ff.

D. Besonderheiten der Kombination

I. Charakterisierung und Verfahren

1. Grundlagen der gesetzlichen Ordnung

a) OR 749 regelt – gleichgeordnet zur in OR 748 behandelten «Übernahme einer Aktiengesellschaft durch eine andere» – die «Vereinigung mehrerer Aktiengesellschaften», die sog. *Kombination*. Dabei geht es ebenfalls um die liquidationslose Auflösung und Beendigung von Aktiengesellschaften, wobei das Vermögen mit Aktiven und Passiven auf dem Wege der Universalsukzession auf eine andere Gesellschaft übergeht und die Aktionärsstellung – wenn auch in einer neuen Gesellschaft – erhalten bleibt.

Charakteristisch für die Kombination – und gleichzeitig Kriterium für die Unterscheidung von der Absorption – ist es, dass bestehende Aktiengesellschaften durch eine «neu zu gründende Aktiengesellschaft» übernommen werden (OR 749 I).

b) Die Kombination wird vom Gesetzgeber durch zwei Verweisungen (OR 749 II) und einige besondere Bestimmungen (OR 749 III) geregelt:

aa) Verwiesen wird zunächst auf die Vorschriften über die *Gründung* (vgl. OR 629 ff und dazu vorn § 13 ff). Diese Bestimmungen sind vor allem bezüglich der Errichtung und Entstehung der neuen Gesellschaft, die das Vermögen der bisherigen Gesellschaften übernehmen soll, bedeutsam.

bb) Als zweites wird verwiesen auf die Regeln der *Absorption* (OR 748, dazu vorn N 46 ff). Diese sind massgebend mit Bezug auf die vermögensmässige Universalsukzession, die Kontinuität der Mitgliedschaft und den Gläubigerschutz.

cc) Endlich enthält OR 749 in Abs. 3 einige spezifisch für die Kombination geschaffene Bestimmungen. Auf diese ist im folgenden kurz einzutreten.

2. Verbindung von Fusionsvertrag und Gründungsvorbereitungen (OR 749 III Ziff. 1)

a) Der Gesetzgeber hebt bei der Kombination die Bedeutung des *Fusionsvertrages* hervor (vgl. auch vorn Anm. 45), und er setzt ihn überdies in Verbindung mit den für die Gründung der neuen AG erforderlichen Handlungen:

b) Anders als bei der Fusion durch Absorption (dazu vorn N 38 ff, insbes. 81) ist der Fusionsvertrag bei der Kombination *öffentlich zu beurkunden.*

c) Neben dem Fusionsvertrag mit seinem üblichen Inhalt (vgl. vorn N 68 ff[102]) sollen die Statuten der neuen Gesellschaft festgesetzt sowie die Übernahme

---

[102] Festzuhalten ist, dass die Fusion im Wege der Kombination erfolgen soll.

sämtlicher Aktien und die Einbringung des Vermögens der bisherigen Gesellschaften in eine neu zu gründende AG bestätigt werden.

3. *Beschlüsse der Generalversammlungen aller beteiligten Gesellschaften (OR 749 III Ziff. 2)*

223 «Der Fusionsvertrag ist von der Generalversammlung einer jeden der bisherigen Gesellschaften zu genehmigen.» (OR 749 III Ziff. 2). Dass – anders als bei der Absorption (dazu vorn N 116 ff) – bei sämtlichen beteiligten Gesellschaften die GV zu entscheiden hat, erklärt sich daraus, dass bei der Kombination keine der bisherigen Gesellschaften weitergeführt wird.

4. *Gründung der neuen Gesellschaft (OR 749 III Ziff. 3)*

224 «Auf Grund der Genehmigungsbeschlüsse wird in öffentlicher Urkunde die neue Gesellschaft als gegründet erklärt und in das Handelsregister eingetragen.» (OR 749 III Ziff. 3). In einer weiteren öffentlichen Urkunde ist also die neue Gesellschaft zu gründen. Dabei sind die Feststellungen gemäss OR 629 II zu treffen und die Erfordernisse der Sacheinlagegründung (vgl. OR 628 und dazu § 15) einzuhalten. Erforderlich sind sodann ein Gründungsbericht entsprechend OR 635 (dazu § 15 N 41 ff) und dessen Prüfung durch einen Revisor entsprechend OR 635a (dazu § 15 N 49 ff). Gründungsbericht und Prüfungsbestätigung sind neben den Statuten und dem Fusionsvertrag der Anmeldung beim Handelsregisteramt beizulegen (OR 631 II, vgl. § 16 N 13).

225 Ein Muster für die Anmeldung findet sich bei Rebsamen/Thomi 65 ff.

5. *Aktientausch (OR 749 III Ziff. 4)*

226 Nach Abschluss des Gründungsvorganges «werden die Aktien der neuen Gesellschaft nach Massgabe des Fusionsvertrages» an die Aktionäre der durch die Vereinigung untergegangenen Gesellschaften ausgehändigt, und zwar – wie das Gesetz hier präzisiert – «gegen Ablieferung der alten Aktien». Vgl. zum Aktienaustausch vorn N 156 ff.

6. *Anmeldung der Auflösung und Löschung der untergehenden Gesellschaften*

227 Die Auflösung der untergehenden Gesellschaften ist wie bei der Annexion (dazu vorn N 123 ff) bei den zuständigen Handelsregisterämtern anzumelden, und nach Durchführung des Schuldenrufs (dazu vorn N 195 f), Befriedigung oder Sicherstellung aller Gläubiger (dazu vorn N 198 ff) sowie Ablauf der Sperrfrist (dazu vorn N 197 ff) können die durch Fusion untergegangenen Gesellschaften im Handelsregister gelöscht werden.

228 Ein Muster für die Auflösungsanmeldung findet sich bei Rebsamen/Thomi 239.

II. Die geringe praktische Bedeutung der Kombination und ihre Gründe

a) Die Kombination *kommt in der Praxis kaum vor.* Auch da, wo sich zwei gleich starke Partner zusammentun, wird regelmässig der Weg der Absorption gewählt (vgl. vorn N 16).

b) Das Verfahren der Kombination wurde bisher schon deshalb vermieden, weil es mit steuerlichen Nachteilen verbunden war: Die Emissionsabgabe von 1 % wurde auf dem gesamten eingebrachten Vermögen aller beteiligten Gesellschaften berechnet, während sie bei der Absorption nur auf dem Vermögen der übernommenen Gesellschaft erhoben wurde. Seit der am 1.4.1993 in Kraft getretenen Revision des StG (Art. 6 Ia^{bis}) sind jedoch Umstrukturierungen von der Emissionsabgabe befreit, weshalb dieser Nachteil entfallen ist.

Steuerliche Nachteile können sich jedoch auch heute noch bei den *Handänderungssteuern für Grundstücke* ergeben, die – falls sie bei Fusionen überhaupt erhoben werden[103] – bei der Absorption nur auf den Grundstücken der übernommenen, bei der Kombination dagegen auf den Grundstücken beider Gesellschaften anfallen.

c) In Abwicklung und rechtlichen Konsequenzen weist die Kombination im Vergleich zur Absorption eine Reihe von *Nachteilen* auf:

– Das *Verfahren ist komplizierter,* und zwar sowohl auf der gesellschaftsrechtlichen wie auf der schuldvertraglichen Ebene:
  – Im Gegensatz zur Absorption findet eine *Vermögensübernahme* bei mehreren Gesellschaften statt, indem alle fusionierenden Gesellschaften von einer neu zu gründenden AG übernommen werden.
– *Der Schuldenruf* hat für alle beteiligten Gesellschaften zu erfolgen.
– Auch das Erfordernis, das Vermögen einer aufgelösten Gesellschaft *getrennt zu verwalten,* findet bei der Kombination für alle beteiligten Gesellschaften Anwendung.
– Die *Berichtigung der Registereinträge* (Handelsregister, Grundbuch, immaterialgüterrechtliche Eintragungen) hat ebenfalls bei sämtlichen Gesellschaften zu erfolgen.
– Ein Nachteil besteht sodann darin, dass das bisherige Prioritätsdatum für die *Eintragung der Firma im Handelsregister* und damit auch der entsprechende Firmenschutz (vgl. dazu § 8 N 26) entfallen.
– *Bewilligungen und Konzessionen* können bei der Fusion untergehen bzw. sind neu einzuholen[104], falls sie nicht übertragbar sind. Bei der Kombination trifft dies – im Gegensatz zur Annexion – wiederum sämtliche Gesellschaften.
– Endlich *fehlt es* bei allen Beteiligten – Anwälten und Treuhändern, Notaren und Registerbehörden – *an Erfahrung.*

---

[103] Die Regelung in den Kantonen ist sehr unterschiedlich und wird auch durch das BG über die Harmonisierung der direkten Steuern (dazu nachstehend N 243) nicht vereinheitlicht werden. Die Tendenz geht freilich dahin, auch bei den Handänderungssteuern Ausnahmen für Umstrukturierungen vorzusehen.

[104] Dies gilt auch für allfällige Bewilligungen aufgrund der Lex Friedrich, vgl. dazu vorn N 134.

241 d) Dem steht gegenüber, dass die *Kombination der Idee, zwei gleichwertige Partner zusammenzubringen, eher entspricht* als die Absorption, bei welcher eine der beiden Gesellschaften in der anderen aufgeht. Auch eine Absorption kann jedoch auf der Basis der Gleichberechtigung – ja sogar der Vorrangstellung der untergehenden Gesellschaft – durchgeführt werden (vgl. vorn N 40 ff), und die Erfahrung zeigt, dass es auch bei der Absorption möglich ist, gegenüber Beteiligten und Dritten zu kommunizieren, dass es um den Zusammenschluss zweier gleichberechtigter Partner zu einer «neuen» wirtschaftlichen Einheit geht.

E. Steuerrechtliche Aspekte

242 Vgl. dazu § 66 N 41 ff sowie Richard Reich: Unternehmensumstrukturierungen im schweizerischen Steuerrecht, in: Widmann/Mayer: Umwandlungsrecht (Bonn, 20. Aktualisierung 1992) nach § 28; Stephan Pfenninger-Bischofberger: Grundsteuerfolgen von Unternehmensrestrukturierungen (Diss. Zürich 1995 = SSHW 161).

243 Das auf den 1.1.1993 in Kraft getretene BG über die Harmonisierung der direkten Steuern der Kantone und Gemeinden (StHG)[105] sieht in Art. 24 III vor, dass stille Reserven nicht besteuert werden, «wenn die Steuerpflicht in der Schweiz fortbesteht, keine buchmässige Aufwertung stattfindet und die bisher für die Gewinnsteuer massgeblichen Werte übernommen werden, bei:

244 a) Umwandlung in eine andere Kapitalgesellschaft oder Genossenschaft, wenn der Geschäftsbetrieb unverändert weitergeführt wird und die Beteiligungsverhältnisse grundsätzlich gleich bleiben;

245 b) Unternehmenszusammenschluss durch Übertragung sämtlicher Aktiven und Passiven auf eine andere Kapitalgesellschaft oder Genossenschaft (Fusion nach Art. 748–750 OR oder Geschäftsübernahme nach Art. 181 OR);

246 c) Aufteilung einer Unternehmung durch Übertragung von in sich geschlossenen Betriebsteilen auf andere Kapitalgesellschaften oder Genossenschaften, wenn die übernommenen Geschäftsbetriebe unverändert weitergeführt werden.»

247 Soweit die kantonalen Steuergesetze bereits an das StHG angepasst sind oder dies bereits nach der bisherigen kantonalen Praxis möglich war, können daher Umstrukturierungen auch auf kantonaler Ebene *steuerneutral* vollzogen werden.

248 Dieselbe Regelung findet sich im seit dem 1.1.1995 in Kraft stehenden BG über die direkte Bundessteuer (DBG)[106], vgl. Art. 61.

249 Auch künftig können aber Umstrukturierungen zu *kantonalen Handänderungssteuern* zufolge der Übertragung von Immobilien führen[107].

---

[105] Vom 14.12.1990, SR 642.14; für die Anpassung der kantonalen Gesetze besteht eine Übergangsfrist bis zum 1.1.2001.
[106] Vom 14.12.1990, SR 642.11.
[107] Vgl. vorn N 231. Das Steuerharmonisierungsgesetz erfasst diese Steuern nicht.

F. Exkurs: Die Teilung der Aktiengesellschaft

a) *Gesetzlich nicht geregelt* ist der zur Fusion entgegengesetzte Vorgang: 250
die *Teilung* einer AG in zwei (oder mehrere) rechtlich selbständige Einheiten
(sog. *Spaltung*, vgl. § 66 N 60).

b) In der *Praxis* wird eine Unternehmensteilung etwa auf folgendem Weg 251
durchgeführt:

aa) Die aufzuteilende AG gründet zunächst eine Tochtergesellschaft, in die sie 252
im Wege der *Sacheinlage* bestimmte Unternehmensteile einbringt. Sie erhält – als
Alleinaktionärin – sämtliche Aktien der neu gegründeten Gesellschaft.
In einem zweiten Schritt wird das Kapital der aufzuteilenden ersten AG im 253
Wege einer *konstitutiven Kapitalherabsetzung* (dazu § 53 N 33 ff) herabgesetzt.
Als «Rückzahlung» (dazu § 53 N 190 ff) bzw. Kapitalherabsetzungsentgelt werden die Aktien der neu gegründeten Tochtergesellschaft an die Aktionäre ausgeschüttet. Diese sind nun Aktionäre von zwei nebeneinander stehenden Gesellschaften geworden, die Aufteilung ist vollzogen.

bb) Während das soeben geschilderte Verfahren gleichsam das Gegenstück 254
zur *Absorption* ist (aus einer Gesellschaft werden deren zwei, wobei die bisherige AG bestehen bleibt), kann auch ein Weg gewählt werden, welcher der
Kombination gegenübergestellt werden kann: Eine AG bringt ihr gesamtes
Vermögen in mehrere neu gegründete Tochtergesellschaften ein, sie wird anschliessend aufgelöst und liquidiert, wobei die Aktien der Tochtergesellschaften
den Aktionären der liquidierten Gesellschaft als «Liquidationserlös» zugewiesen werden.

cc) Aufgrund des geltenden Rechts nicht möglich ist dagegen die *direk-* 255
te Spaltung einer AG im technischen Sinn, d.h. die Aufteilung von Aktiven
und Schulden auf zwei Gesellschaften ohne Kapitalherabsetzung oder Liquidation.

c) Die Abspaltung kann unter gewissen Voraussetzungen *steuerlich neutral* durchge- 256
führt werden. Insbesondere haben die Übertragungen zu Buchwerten zu erfolgen und soll
das Aktionariat der neu geschaffenen Gesellschaft für eine gewisse Zeitspanne dem der
bisherigen Gesellschaft zumindest mehrheitlich entsprechen[108] (vgl. auch N 246 und 248).
Vgl. im übrigen hinten § 66 N 62 ff.

d) Zur Aufspaltung von Aktiengesellschaften vgl. im übrigen Bernhard Martin Ham- 257
mer: Die Teilung der Aktiengesellschaft ... (Diss. Zürich 1978); Arnold Peter Huber: Die
Spaltung von Aktiengesellschaften aus handelsrechtlicher Sicht (Diss. Bern 1979); Balthasar Bessenich: Gedanken zur Einführung der Spaltung im schweizerischen Aktienrecht,
SZW *1992* 157 ff (mit zahlreichen Literaturangaben) sowie Caspar Zellweger: Spaltung
nach schweizerischem Recht, in: JBHReg *1993* 24 ff (mit Hinweisen auf andere Spaltungsvarianten).

---

[108] Näheres bei Pfenninger-Bischofberger (zit. N 242) 241 ff.

§ 58 Weitere Fälle der Beendigung ohne Liquidation

Literatur:
- Zur *Umwandlung der AG in eine GmbH:* Patrick Hünerwadel in Basler Kommentar zu Art. 824–826; Janggen/Becker: Die Gesellschaft mit beschränkter Haftung, Berner Kommentar Bd. VII/3 (Bern 1939) zu Art. 824–826; Clemens Meisterhans in JBHReg *1995* 49 ff; Werner von Steiger: Die Gesellschaft mit beschränkter Haftung, Zürcher Kommentar Bd. 5c (Zürich 1965) zu Art. 824–826; Herbert Wohlmann: Die Gesellschaft mit beschränkter Haftung, in: SPR VIII/2 (Basel 1982) 315 ff, 338 ff (Neuauflage in Vorbereitung); ferner – zum Registerrecht –: Werner Lederer in JBHReg *1994* 51 ff.
- Zu *gesetzlich nicht geregelten Fällen der Umwandlung der Rechtsform:* Roland von Büren: Die Rechtsformumwandlung einer öffentlich-rechtlichen Anstalt in eine privatrechtliche Aktiengesellschaft nach OR 620 ff, SZW *1995* 85 ff; Christian J. Meier-Schatz: Die Zulässigkeit aussergesetzlicher Rechtsformwechsel im Gesellschaftsrecht, ZSR *1994* I 353 ff; Henry Peter: La transformation des Sociétés ..., JBHReg *1995* 30 ff.
- Zur *Übernahme einer AG durch eine Körperschaft des öffentlichen Rechts:* Bürgi/Nordmann zu Art. 751; Fritz v. Steiger 350 f; Tschäni und Hünerwadel in Basler Kommentar zu Art. 751 bzw. 915; Franz Winiker: Die Übernahme des Vermögens einer Aktiengesellschaft durch eine Körperschaft des öffentlichen Rechts ... (Diss. Freiburg 1952).
- Zur *Sitzverlegung ins Ausland:* Frank Vischer in: Heini/Keller/Siehr/Vischer/Volken (Hg.): IPRG Kommentar (Zürich 1993) zu Art. 163.

a) Die Regelung der Umwandlung einer AG in eine GmbH ist aus dem bisherigen Aktienrecht unverändert übernommen worden, ebenso die Übernahme einer AG durch eine Körperschaft des öffentlichen Rechts. Bisherige Doktrin und Praxis können daher weiterhin beigezogen werden.

Erst in neuerer Zeit ist dagegen die Frage intensiver diskutiert worden, ob es auch ohne explizite gesetzliche Grundlage möglich sei, eine Körperschaft in eine andere umzuwandeln. Und die Sitzverlegung ins Ausland wurde zwar nicht im Aktienrecht, wohl aber im IPRG (Art. 153 f) neu geregelt.

b) Die in diesem Paragraphen zusammengefassten Formen der Beendigung kommen in der Praxis selten vor. Auch ist die konkrete Ausgestaltung regelmässig *einzelfallbezogen*. Im folgenden werden daher nur einige Grundzüge aufgezeigt.

I. Umwandlung der Rechtsform

Das Gesetz regelt die Umwandlung der AG in eine GmbH (dazu Ziff. 1). Weitere Fälle der liquidationslosen Umwandlung in eine andere privatrechtliche Körperschaft sind im Gesetz nicht vorgesehen, werden aber von Lehre und Praxis diskutiert (vgl. Ziff. 2). In einem Exkurs sei noch kurz hingewiesen auf die Umwandlung von Genossenschaften in Aktiengesellschaften (vgl. Ziff. 3).

1. Die Umwandlung einer AG in eine GmbH (OR 824–826)

9 a) Die GmbH wurde im schweizerischen Recht erst mit der Revision des Gesellschaftsrechts von 1936 eingeführt. Sie sollte zu einem «Zwischenglied zwischen den rein kapitalistisch und den rein individualistisch organisierten Vergesellschaftungsformen»[1] werden. Für kleinere Verhältnisse sollte sie neben die Rechtsform der AG treten bzw. diese ersetzen.

10 Um für bereits bestehende Gesellschaften einen Anreiz zum Übertritt in die GmbH zu schaffen, wurde im Recht der GmbH (OR 824–826) eine *erleichterte Umwandlung der AG in die GmbH* vorgesehen.

11 b) Wie bei der Fusion handelt es sich bei diesem Vorgang um eine *Auflösungsart*, bei der die AG *nicht liquidiert* wird: Sie wird zwar aufgelöst, doch geht das *Vermögen auf die neu zu gründende GmbH über*.

12 c) Ähnlich wie bei der Fusion sollen die vermögensmässige und die mitgliedschaftliche *Kontinuität gewahrt* bleiben, jedoch nicht mit gleicher Konsequenz. Vielmehr wird zum Schutz einer Aktionärsminderheit ein *Austrittsrecht* vorgesehen. Da dadurch das Haftungssubstrat reduziert werden kann, enthält das Gesetz Gläubigerschutzbestimmungen, die denen bei der Fusion nachempfunden sind.

13 Im einzelnen folgendes:

14 aa) Den Aktionären der umzuwandelnden AG «ist durch eine Bekanntmachung in der in den Statuten vorgeschriebenen Form Gelegenheit zu geben, sich bis zum Nominalbetrage ihrer Aktien bei der neuen Gesellschaft zu beteiligen» (OR 824 Ziff. 2). Ein Aktionär, «der sich nicht oder nur mit einem Teile seiner Aktien bei der neuen Gesellschaft beteiligt, kann von dieser die Auszahlung seines verhältnismässigen Anteils am Vermögen der aufgelösten Gesellschaft verlangen»[2] (OR 825 I, vgl. auch nachstehend N 17).

15 Damit wird der *Grundsatz der mitgliedschaftlichen Kontinuität durchbrochen*. Ganz preisgegeben wird er jedoch nicht: Die GmbH kann nämlich nur dann gegründet werden, wenn die Beteiligungen der (bisherigen) Aktionäre «zusammen mindestens zwei Drittile des Grundkapitals der bisherigen Gesellschaft betragen» (OR 824 Ziff. 3).

16 bb) Das Stammkapital der neu zu gründenden GmbH darf nicht geringer sein als das Aktienkapital der bisherigen AG (OR 824 Ziff. 1).

17 cc) Wie bei der Fusion geht das Vermögen der aufgelösten AG «ohne weiteres» auf die neue Gesellschaft über (OR 826 I, vgl. dazu § 57 N 10), freilich belastet mit der Verpflichtung, Aktionäre abzufinden, die sich an der GmbH nicht beteiligen wollen. Zum Schutz der Gläubiger werden verschiedene Vorkehren (ähnlich denen bei der Annexion und bei der Liquidation) getroffen:

18 – Es ist ein *Schuldenruf* durchzuführen (OR 826 II, vgl. § 57 N 195 f).

---

[1] Botschaft *1928* 68.
[2] Zur Berechnung des Anteils des ausscheidenden Aktionärs dient eine Bilanz, «die der Genehmigung der Generalversammlung der Aktionäre mit einer Mehrheit von mindestens drei Vierteilen des vertretenen Grundkapitals bedarf».

- Die Gläubiger können gegen den Übergang der Schuld auf die neue Gesellschaft 19
  Widerspruch erheben (OR 826 II), und sie haben dann ein Recht auf *Befriedigung oder
  Sicherstellung* (OR 826 III Satz 1, vgl. dazu die entsprechende Ordnung bei der Liquidation, § 56 N 96 ff).
- Ähnlich wie bei der Fusion wird die Einhaltung dieser Schutzvorkehren durch eine 20
  persönliche und solidarische *Haftung der Verantwortlichen* abgesichert (OR 826 IV, vgl.
  für die Fusion OR 748 Ziff. 3 und dazu § 57 N 204).
- *Auszahlungen* an die nicht zur GmbH übertretenden Aktionäre dürfen erst erfolgen, 21
  wenn die Rechte der *Gläubiger vollständig gewahrt* sind (OR 826 III Satz 2, vgl. die
  ähnliche – freilich durch den Einschub einer Sperrfrist strengere – Vorschrift für die
  Liquidation in OR 745, dazu § 56 N 128).

dd) Wie bei der Fusion ist die Auflösung der AG beim Handelsregister anzumelden 22
(OR 826 V a. A., vgl. dazu § 57 N 141 ff) und ist diese im Register nach Abschluss des
Übergangs zu löschen (OR 826 V a. E., vgl. dazu auch § 57 N 210 ff).

d) Die Regelung ist unter bisherigem Recht ohne grosse Bedeutung gewesen. 23
Seit der Einführung des revidierten Aktienrechts finden sich dagegen im SHAB
regelmässig Anzeigen im Zusammenhang mit der Umwandlung bestehender
Aktiengesellschaften in Gesellschaften mit beschränkter Haftung[3].

2. Weitere Fälle der Umwandlung in eine andere Rechtsform?

Im geltenden Recht ist zwar der Übergang von einer privatrechtlichen 24
AG in eine öffentlichrechtliche Institution gesetzlich sanktioniert (OR 752, dazu
sogleich N 30 ff). Dagegen finden sich keinerlei Anhaltspunkte dafür, dass sich
eine AG ausserhalb der Bestimmungen von OR 824 ff in eine andere Rechtsform
des Privatrechts umwandeln könnte.

In der Lehre wird jedoch neuerdings nicht nur für die Möglichkeit von Fusio- 25
nen ausserhalb der gesetzlich explizit geregelten Möglichkeiten eingetreten, sondern auch für die Zulässigkeit des *Rechtsformwechsels ohne ausdrückliche gesetzliche Basis*[4]. In Einzelfällen ist ein solches Vorgehen *von der Praxis anerkannt*
worden[5].

Begründet wird die Zulässigkeit eines solchen Vorgehens in erster Linie mit 26
dem Grundsatz der *Privatautonomie*[6]. Daneben kann auch das IPRG beigezogen
werden, das in Art. 161 – in Anlehnung an früheres Recht – die liquidationslose

---

[3] Es entspricht dies dem Boom der Neugründungen von GmbH seit der Aktienrechtsreform,
dazu § 2 N 63.
[4] So mit eingehender Begründung Meier-Schatz (zit. N 2) passim.
[5] Vgl. BGE 87 I 301 ff (Umwandlung einer Genossenschaft in einen Verein) sowie das bei von
Büren (zit. N 2) bei Anm. 37 erwähnte Beispiel der Umwandlung einer Bankgenossenschaft ohne
Anteilscheinkapital in eine AG. Zum zweiten Beispiel vgl. immerhin hinten N 30 ff. – In SHAB
Nr. 99 vom 23. 5. 1995, S. 2883 findet sich sodann das Beispiel der Umwandlung einer GmbH in eine
AG.
[6] So insbesondere Meier-Schatz (zit. N 2).

Umwandlung einer ausländischen in eine inländische Gesellschaft vorsieht[7] (vgl. dazu § 5 N 44).

27 Der Vorentwurf für ein BG über die Fusion, Spaltung und Umwandlung, der voraussichtlich Mitte 1996 in die Vernehmlassung gehen wird, sieht liquidationslose Umwandlungen der Rechtsform ausdrücklich vor. Dies entspricht auch den Postulaten, die eine Groupe de réflexion «Gesellschaftsrecht»[8] 1993 in einem Bericht über die künftige Ausgestaltung des schweizerischen Gesellschaftsrechts aufgestellt hat[9].

3. Exkurs: Die Umwandlung einer Genossenschaft in eine AG

28 Während der Gesetzgeber von 1936 die Einführung der *GmbH* durch die Möglichkeit einer liquidationslosen Umwandlung der AG in die GmbH fördern wollte, war er umgekehrt darauf bedacht, dass die Rechtsform der *Genossenschaft* künftig nur noch von genossenschafts-«typischen» Organisationen benutzt werde. Für atypische Genossenschaften sollte daher die Umwandlung in eine AG erleichtert werden:

29 In Art. 4 der UeBest zum OR 1936 wurde der Bundesrat ermächtigt, «allgemein oder im einzelnen Fall Vorschriften über die Umwandlung einer Genossenschaft in eine Handelsgesellschaft ohne Liquidation» zu erlassen. Gestützt auf diese Bestimmung, erliess der Bundesrat eine Verordnung über die Umwandlung von Genossenschaften in Handelsgesellschaften vom 29.12.1939. Die Verordnung wurde am 1.4.1966 formell aufgehoben, ohne dass sie grosse praktische Bedeutung erlangt hätte[10].

30 In BankG 14 wird der Bundesrat ermächtigt, für die *liquidationslose Umwandlung von Genossenschaftsbanken* in Aktiengesellschaften oder Kommanditaktiengesellschaften allgemein oder für einzelne Fälle erleichternde Vorschriften aufzustellen. Diese Ermächtigung ist heute noch in Kraft. Der Bundesrat hat zwar keine allgemeinen Bestimmungen erlassen, jedoch in einer liberalen Praxis *von Fall zu Fall* einer erleichterten Umwandlung zugestimmt[11].

31 Vgl. im übrigen Daniel Wehrli: Die Umwandlung einer Genossenschaft in eine Aktiengesellschaft (Diss. Zürich 1976 = SSHW 16) sowie speziell im Hinblick auf Genossenschaftsbanken B. Lutz in: Bodmer/Lutz: Kommentar zum BG über die Banken und Sparkassen (Zürich 1976 ff) zu Art. 14.

---

[7] Darauf beruft sich namentlich – im Hinblick auf die Umwandlung von öffentlichrechtlichen Bankinstituten in solche des Privatrechts – Peter Nobel: Lageanalyse und rechtliche Entwicklungsperspektiven der Kantonalbanken, AJP *1994* 1554 ff.
[8] Dazu § 67 N 15 f.
[9] Vgl. Schlussbericht der Groupe de réflexion «Gesellschaftsrecht» (Bern 1993) 63: «Die Durchlässigkeit zwischen den verschiedenen Rechtsformen ist durch die Erweiterung der Möglichkeit einer Rechtsnachfolge nach dem Prinzip der Universalsukzession zu verbessern. Auch nach der Gründung eines Unternehmens soll dessen juristische Struktur veränderten Bedürfnissen angepasst werden können. Die Notwendigkeit einer Flexibilisierung des Gesellschaftsrechts wird allgemein auch in ausländischen Rechtsordnungen anerkannt ...»
[10] Vgl. dazu BGE 92 I 400 ff.
[11] Ein bedeutender Fall war etwa die Umwandlung der Schweizerischen Volksbank in eine AG im Jahre 1994.

II. Die Übernahme durch eine Körperschaft des öffentlichen Rechts («Verstaatlichung»)

a) «Wird das Vermögen einer Aktiengesellschaft vom Bunde, von einem Kanton oder unter Garantie des Kantons von einem Bezirk oder von einer Gemeinde übernommen, so kann mit Zustimmung der Generalversammlung vereinbart werden, dass die Liquidation unterbleiben soll.» (OR 751 I).

Im Einverständnis beider Seiten («vereinbart») ist also die Übernahme des Vermögens einer AG ohne Liquidation durch die öffentliche Hand möglich, falls die Übernahme durch den Bund oder einen oder mehrere Kantone oder zumindest mit Garantie eines Kantons erfolgt.

b) Die GV hat einen entsprechenden Auflösungsbeschluss zu fassen (OR 751 II), wobei das qualifizierte Mehr von OR 704 zu beachten ist (vgl. OR 704 I Ziff. 8: «Auflösung der Gesellschaft ohne Liquidation»). Die Auflösung ist beim Handelsregisteramt anzumelden (OR 751 II).

c) «Mit der Eintragung dieses Beschlusses ist der Übergang des Vermögens der Gesellschaft mit Einschluss der Schulden vollzogen ...» (OR 751 III). Die Eintragung ist mithin *konstitutiv* für den Vermögensübergang.

Im Gegensatz zur Fusion enthält das Gesetz *keine Gläubigerschutzbestimmungen*, obwohl der Vermögensübergang ohne und allenfalls gegen den Willen der Gläubiger erfolgt. Es erschien dies angesichts der Bonität von Bund und Kantonen gerechtfertigt.

III. Exkurs: Die Umwandlung einer öffentlichrechtlichen Institution in eine privatrechtliche AG («Privatisierung»)

a) Während der Gesetzgeber nur den Weg von der privatrechtlichen AG (oder Genossenschaft, vgl. OR 915) zum Staat regelt, ist zur Zeit der umgekehrte Vorgang – die *Privatisierung staatlicher Institutionen* – von weit höherer Aktualität. Insbesondere bei Kantonalbanken und bei öffentlichrechtlich konzipierten Krankenkassen sind Privatisierungen erfolgt oder wird über solche laut nachgedacht.

b) Eine «Privatisierung» kann ohne weiteres dadurch vollzogen werden, dass das interessierte Gemeinwesen eine *privatrechtliche AG gründet* und deren Aktien in der Folge veräussert. Dieser Weg wurde bis vor kurzem als der einzig gangbare erachtet, obwohl er wegen seiner Kosten- und Steuerfolgen wenig befriedigte.

In neuester Zeit ist dagegen auch im Hinblick auf diese Umwandlung der Rechtsform eine *Liberalisierung postuliert und praktiziert* worden. Die *direkte Umwandlung der Rechtsform* sollte auch *über die Trennlinie von öffentlichem Recht und Privatrecht hinaus gestattet* werden. Die direkte Überführung einer öffentlichrechtlichen Institution in eine privatrechtliche AG – ohne Liquidation und ohne Fusion – soll bei der Berner Kantonalbank[12] und voraussichtlich auch bei der St. Galler Kantonalbank, ferner bei bisher öffentlichrechtlichen Krankenkassen praktiziert werden.

40 Der Vorentwurf für ein BG über die Fusion, Spaltung und Umwandlung[13] will die liquidationslose Umwandlung öffentlichrechtlicher Organisationen in private Aktiengesellschaften ausdrücklich gestatten.

41 c) Voraussetzung ist, dass der umzuwandelnden öffentlichrechtlichen Institution *eigene Rechtspersönlichkeit* zukommt: Eine (unselbständige) öffentlichrechtliche Anstalt ohne eigene Rechtspersönlichkeit könnte nicht ohne Neugründung in eine privatrechtliche AG umgewandelt werden.

42 d) Zu beachten sind gewisse Vorgaben, wie sie von den Registerbehörden im Hinblick auf die Umwandlung der Berner Kantonalbank formuliert worden sind[14]:
43 – Die Gläubigerinteressen dürfen nicht beeinträchtigt werden[15].
44 – Insbesondere darf die Kapitalausstattung nicht geschwächt werden.
45 – Die Rechte von Drittbeteiligten[16] dürfen nicht verletzt werden.
46 – Und ganz allgemein sollen sich die Änderungen auf ein Minimum beschränken, damit der Grundsatz der *Kontinuität des Rechtsinstituts* gewahrt bleibt. Insbesondere sollen Zweck, Firma und Organisation möglichst unverändert weitergeführt werden.

47 e) Zu einem andern Weg der Überführung einer öffentlichrechtlichen Institution in eine privatrechtliche AG – der Fusion – vgl. § 57 N 30.

IV. Sitzverlegung ins Ausland und aus dem Ausland

48 a) Auch durch die Unterstellung unter ausländisches Recht verliert die schweizerische AG ihre bisherige Rechtsform. Durch IPRG 163 f wird eine solche Sitzverlegung über die Landesgrenze – in Anlehnung an bisheriges Recht – auch ohne Liquidation und Neugründung ermöglicht, wenn gewisse Voraussetzungen erfüllt sind (vgl. dazu § 5 N 44, 46 ff sowie zur steuerrechtlichen Behandlung der Sitzverlegung ins Ausland § 66 N 39 f).

49 b) Auch der umgekehrte Vorgang, die *Immigration* einer ausländischen Gesellschaft in die Schweiz, ist ohne Liquidation und Neugründung möglich (IPRG 161 f, vgl. dazu § 5 N 45).

---

[12] Dazu ausführlich von Büren, zit. N 2.
[13] Dazu § 57 N 32, 67 N 33.
[14] Dazu von Büren (zit. N 2) 90, 91.
[15] Dies bedingt allenfalls eine Weiterhaftung von Bund, Kanton oder Gemeinde für die bisherigen Verpflichtungen, allenfalls auch in Form einer Garantie oder Bürgschaft.
[16] Etwa von sog. «Partizipanten», wobei dieses Institut bei öffentlichrechtlichen Institutionen dem privatrechtlichen nicht zu entsprechen braucht.

13. Kapitel: Gegliederte und verbundene Aktiengesellschaften: Zweigniederlassung und Konzern

Materialien:
Zur *Zweigniederlassung:* OR *1881* Art. 624, 625 II; Entwürfe zur Revision des OR *1881: 1919* Art. 641, *1923* Art. 657, *1928* Art. 640; ProtExp 202 ff; Botschaft *1928* 26; StenBull SR *1931* 360, NR *1934* 275.

Zum *Konzernrecht* allgemein: Zwischenbericht des Präsidenten und des Sekretärs der Arbeitsgruppe für die Überprüfung des Aktienrechtes ... (Bern 1972, vervielfältigt) 192 f; Botschaft *1983* 4 f.

Zur *Rechnungslegung* insbesondere vgl. die Angaben vor § 49 N 9.

a) Das schweizerische Aktienrecht orientiert sich grundsätzlich an der *wirtschaftlich und rechtlich selbständigen, einheitlich organisierten und geführten* Unternehmung. Im Zeichen wirtschaftlichen Wachstums kann sich jedoch eine stärkere *Strukturierung* aufdrängen, namentlich auf zwei Arten:

– Ein Unternehmen kann seine *rechtliche Einheit bewahren,* sich aber regional ausbreiten, an verschiedenen Orten Produktions- oder Vertriebsstellen errichten und diesen eine gewisse Selbständigkeit verleihen.

– Anderseits können auch bestimmte Funktionen ausgegliedert und *rechtlich selbständigen, wirtschaftlich aber abhängigen Gesellschaften* zugewiesen werden, oder es können Verbindungen eingegangen werden zur Zusammenfassung rechtlich selbständiger Gesellschaften zu einer wirtschaftlichen Einheit.

b) Das schweizerische Aktienrecht hat seit jeher in der Form der *Zweigniederlassung* eine Grundlage für die *räumliche Aufgliederung* zur Verfügung gestellt, vgl. dazu § 59.

c) Dagegen hat es die *wirtschaftliche Verbindung formell selbständiger Unternehmen* unter bisherigem Recht nur am Rande berücksichtigt: durch praktisch wenig bedeutsame Sondernormen für *Holdinggesellschaften* (vgl. OR 671 IV und 708 I, dazu § 27 N 74 und § 50 N 102).

Im *revidierten* Recht wird nun der *Konzern,* d. h. die wirtschaftliche Zusammenfassung rechtlich selbständiger Unternehmen unter einheitlicher Leitung (vgl. § 51 N 190 ff), offiziell zur Kenntnis genommen (vgl. die ausdrückliche Nennung in OR 663e I, 653 I und 727c II). Explizit geregelt wird aber nur *ein* Aspekt des Konzernrechts: die *Rechnungslegung* (vgl. OR 663e ff und dazu § 51 N 190 ff) und ihre Offenlegung (vgl. OR 697h und dazu § 48 N 57 ff). Ein Ausfluss der Konzernbetrachtung findet sich sodann bei der Regelung der *Unabhängigkeit der Revisoren* (vgl. OR 727c II und dazu § 32 N 25) und beim *bedingten Kapital* (vgl. OR 653 I und dazu § 52 N 325).

Eine Berücksichtigung der wirtschaftlichen Realität *verbundener Unternehmen* findet sich auch noch an zwei weiteren Stellen: bei der Regelung des *Erwerbs eigener Aktien* (vgl. OR 659b und dazu § 50 N 175; ferner OR 663b Ziff. 10) und bei der *Offenlegung* der Beteiligungsverhältnisse von Publikumsgesellschaften (vgl. OR 663c II und dazu § 39 N 8 f).

11 Näheres in § 60.

§ 59 Gegliederte Unternehmen: Die Zweigniederlassung

1 *Literatur:* Peter Gauch: Der Zweigbetrieb im schweizerischen Zivilrecht (Zürich 1974); sodann Martin Eckert in Basler Kommentar zu Art. 935; Forstmoser § 14; Franz Schenker in Basler Kommentar zu Art. 642; Siegwart zu Art. 642; Werner von Steiger: Zürcher Kommentar zum Recht der Gesellschaft mit beschränkter Haftung (Zürich 1965) zu Art. 782.

2 Zur registerrechtlichen Behandlung insbes. Walter Lussy: Aktuelle Fragen des Handelsregisterrechts, BN *1986* 213 ff, 217 ff; Karl Rebsamen: Handbuch für das Handelsregister (Basel 1993, vervielfältigt).

3 Die Regelung der Zweigniederlassung ist – von einer terminologischen Anpassung abgesehen («Verwaltungsrat» statt «Verwaltung» in OR 642 II) – unverändert aus dem bisherigen Recht übernommen worden. Literatur und Judikatur aus der Zeit vor der Aktienrechtsreform bleiben daher aktuell.

I. Der Begriff der Zweigniederlassung

1. Fehlen einer Legaldefinition, Terminologie

4 a) Der Begriff der Zweigniederlassung wird im Gesetz vorausgesetzt (so allgemein in OR 935 und 460 I und besonders für die AG in OR 642 und 718a II; vgl. auch HRV 69 ff), aber nicht umschrieben.

5 Nach herrschender Lehre und feststehender bundesgerichtlicher Praxis ist «darunter ein kaufmännischer Betrieb zu verstehen, der zwar rechtlich Teil einer Hauptunternehmung ist, von der er abhängt, der aber in eigenen Räumlichkeiten dauernd eine gleichartige Tätigkeit wie jene ausübt und dabei über eine gewisse wirtschaftliche und geschäftliche Unabhängigkeit verfügt»[1].

6 Zweigniederlassungen sind also *Geschäftsbetriebe* (dazu N 10 f), die durch zwei Elemente gekennzeichnet sind:

7 – durch eine gewisse *Selbständigkeit* gegenüber einer Hauptniederlassung in wirtschaftlicher Hinsicht (dazu N 12 ff),

8 – durch ihre *rechtliche Abhängigkeit* von einem Hauptunternehmen (dazu N 31 ff).

---

[1] BGE 117 II 87, ebenso BGE 108 II 124 (dieser Entscheid ist im Ergebnis – nicht aber hinsichtlich der Umschreibung der Zweigniederlassung – fragwürdig, vgl. die Kritik von Forstmoser in SAG *1982* 164 f), BGE 103 II 201 f (mit weiteren Verweisen) und BGE 120 III 13.

b) Gleichbedeutend mit dem Begriff «Zweigniederlassung» wird in Literatur und Praxis der Ausdruck «Filiale» verwendet. Dagegen bedeutet «filiale» in der französisch-schweizerischen Rechtssprache in der Regel «Tochtergesellschaft», rechtlich selbständiges Tochterunternehmen; der französische Ausdruck für Zweigniederlassung ist «succursale».

2. *Das Erfordernis eines Geschäftsbetriebes*

HRV 69 verlangt, dass die Zweigniederlassung einen *Geschäftsbetrieb*, ein nach kaufmännischer Art geleitetes Gewerbe führt[2].

Eine Geschäftsstelle kann also nur dann Zweigniederlassung sein, wenn sie eine sogenannte *Leistungseinheit* darstellt. Hiezu ist erforderlich, dass Menschen und Mittel bezeichnet werden können, die der Geschäftsstelle zuzuordnen sind.

3. *Relative Selbständigkeit in wirtschaftlicher und geschäftlicher Hinsicht*

a) Erforderlich ist zunächst eine gewisse *örtliche Trennung*, die sich regelmässig darin manifestiert, dass der Betrieb am Ort seiner Tätigkeit über eigene Lokale verfügt[3].

Doch ist nicht ausgeschlossen, dass eine Zweigniederlassung im Registerbezirk oder sogar am Ort der Hauptniederlassung gebildet wird.

b) Verlangt wird weiter, dass der Geschäftsbetrieb der Zweigniederlassung für eine gewisse *Dauer* vorgesehen ist, dass er nicht von vorneherein bloss vorübergehend (wie etwa der Verkaufsstand an einer Messe) ist.

c) Schliesslich muss die Zweigniederlassung unter einer *ständigen eigenen Leitung* stehen[4], die aufgrund eigener Willensbildung für die Niederlassung selbständig Geschäfte abschliessen und nach aussen auftreten kann[5].

Zumindest der *laufende Betrieb* muss selbständig geführt werden können. Dagegen ist *nicht erforderlich*, dass die Kompetenz der Leitung der Zweigniederlassung sich auf *alle Geschäfte* bezieht.

d) Aus der Bundesgerichtspraxis ergeben sich etwa die folgenden *Kriterien:*

aa) Regelmässig – aber nicht begriffsnotwendig – verfügt die Zweigniederlassung über eigenes Personal[6]. Zumindest soll eine *eigene Leitung* gegeben sein[7].

---

[2] Zum Begriff des Geschäfts- bzw. Gewerbebetriebes vgl. die Umschreibung und Aufzählung in HRV 53 sowie Meier-Hayoz/Forstmoser § 4 N 34 ff.
[3] So die herrschende Lehre und die frühere Praxis des Bundesgerichts, von der aber in BGE 108 II 127 f abgewichen wurde.
[4] Vgl. BGE 117 II 87 ff sowie etwa 81 I 154 ff.
[5] Diesem Punkt kommt grosse Bedeutung zu. Es entscheidet sich danach oft, ob eine Zweigniederlassung oder bloss eine Auslieferungsstelle oder ein Hilfsetablissement vorliegt. So verlangt das Handelsregisteramt in einem Zirkularschreiben eine Erklärung, dass die *eigene* Leitung im Rahmen der gewöhnlichen Geschäfte vom Hauptbetrieb unabhängig sei.
[6] Vgl. BGE 108 II 128 E 3b; strenger noch BGE 68 I 113.
[7] Anders – und wohl unrichtig – im Ergebnis BGE 108 II 128 E 3b.

19 Nicht verlangt ist, dass sich die leitenden Persönlichkeiten dauernd am Ort des Geschäftsbetriebes aufhalten oder dass sie gar dort Wohnsitz haben. Doch soll die Leitung der Zweigniederlassung «eine in sich geschlossene und damit selbständige Aufgabe darstell[en] und nicht bloss als Teil der unternehmerischen Gesamtleitung erschein[en]»[8].

20 bb) Massgebend ist nach Ansicht des Bundesgerichts die *Autonomie nach aussen,* die sich in einem «unmittelbaren Marktzugang», in «direkte[n] Beziehungen zur Kundschaft» manifestiert[9]. Eine blosse Vermittlungs- und Ausführungstätigkeit reicht daher nicht aus, um den Bestand einer Zweigniederlassung zu bejahen[10].

21 Indizien sind in dieser Hinsicht nach der Ansicht des Bundesgerichts, ob eigene Korrespondenz mit eigenem Briefkopf geführt wird, ob wiederholt Telegrammadresse, Telefon-, Telefax- und Telexnummern angegeben werden und ob ein Postcheck- oder Bankkonto vorhanden ist[11].

22 cc) Auch *intern* sollte eine gewisse *kaufmännische und wirtschaftliche Selbständigkeit* nicht fehlen[12]. Die Zweigniederlassung soll organisatorisch eigenständig sein und auch eine eigene Rechnung aufweisen[13], die jedoch nicht notwendig am Ort der Zweigniederlassung und von dieser selbst besorgt zu werden braucht[14] und die – für sich allein betrachtet – auch nicht den Anforderungen an eine kaufmännische Buchhaltung im Sinne von OR 957 ff genügen muss[15].

23 dd) Zur Beurteilung der erforderlichen *Autonomie* verlangt das Bundesgericht auch etwa, dass der Zweigbetrieb ohne tiefgreifende Änderungen *als selbständiges Unternehmen betrieben* werden könnte[16].

24 ee) Keinesfalls verlangt wird jedoch, dass bei der Zweigniederlassung *sämtliche Tätigkeiten* der Unternehmung ausgeübt werden[17]. Vielmehr ist es geradezu typisch für eine Zweigniederlassung, dass sie auf bestimmte Aufgaben beschränkt ist.

25 e) *Keine Zweigniederlassungen* sind daher sog. Neben- und Hilfsetablissemente, Fabrikationsstellen, Aushändigungslager, Zahlstellen, technische Büros oder

---

[8] BGE 117 II 89. Zur (berechtigten) Kritik an diesem kaum praktikablen Kriterium vgl. Rolf Bär in ZBJV *1993* 366 f.
[9] BGE 117 II 88.
[10] Vgl. BGE 103 II 202 f.
[11] Vgl. BGE 117 II 88, 103 II 202, 89 I 413.
[12] Das Bundesgericht scheint freilich in seiner neueren Praxis – vgl. insbes. BGE 117 II 85 ff – ausschliesslich oder zumindest schwergewichtig auf das Aussenverhältnis abzustellen.
[13] Vgl. BGE 103 II 202.
[14] BGE 79 I 76.
[15] BGE 68 I 111 f.
[16] Vgl. BGE 108 II 124 f, 103 II 201. Diesem Kriterium kommt gleiches Gewicht zu wie dem Erfordernis eigener Räumlichkeiten und selbständigen Personals. So wurde etwa im letztgenannten Entscheid das Vorliegen einer Zweigniederlassung verneint, obwohl eigenes Personal in eigenen Räumlichkeiten tätig war, weil eine weitgehende administrative und finanzielle Zentralisation am Hauptsitz vorlag, wo alle wichtigen Entscheidungen getroffen wurden. Ähnliche Überlegungen finden sich in BGE 117 II 85 ff.
[17] Vgl. BGE 89 I 407 ff.

blosse Verkaufsstellen[18], auch wenn sie im gewöhnlichen Sprachgebrauch häufig als «Filialen» bezeichnet werden[19].

f) Die *Selbständigkeit* und *Unabhängigkeit* der Zweigniederlassung ist jedoch nur *relativ:* Die Zweigniederlassung soll ihrer Geschäftsnatur nach der Hauptniederlassung gleichartig sein[20] und mit ihr ein wirtschaftliches Ganzes bilden, sie bleibt ein *Teil der Gesamtunternehmung*[21]. 26

g) Auch wenn das Bundesgericht immer wieder die gleichen Umschreibungen für die Zweigniederlassung verwendet, ist seine *Praxis schillernd:* 27
– Vereinzelt wurde das Vorliegen einer Zweigniederlassung trotz geringer Unabhängigkeit und Selbständigkeit bejaht[22]. 28
– Andernorts wurde der Bestand einer Zweigniederlassung trotz relativer Selbständigkeit einer Geschäftsstelle verneint[23]. 29

Dabei lässt sich keine Tendenz in der bundesgerichtlichen Praxis feststellen. Vielmehr hat man den Eindruck, dass das Bundesgericht dann, wenn es gegen den Willen der Betroffenen eine Eintragung erzwingen will, einen largen Massstab an die Eintragungsvoraussetzungen legt[24]. Will es dagegen einem Eintragungs*willigen* den Eintrag verweigern, dann betont es die erheblichen Anforderungen an die Selbständigkeit[25]. 30

4. Die rechtliche Abhängigkeit der Zweigniederlassung

Die Zweigniederlassung besitzt *keine eigene Rechtspersönlichkeit,* sie bleibt Bestandteil des Gesamtunternehmens und kann ohne dieses rechtlich nicht bestehen. Lediglich in gewissen Beziehungen ist sie durch ausdrückliche 31

---

[18] Vgl. BGE 103 II 201 f.
[19] Schon gar nicht erfüllt die Anforderungen an eine Zweigniederlassung ein Briefkastendomizil, das einzig eingerichtet wird, um Ortsansässigkeit nachzuweisen und damit an den lokalen öffentlichen Ausschreibungen teilnehmen zu können, vgl. ZBGR *1979* 197 (Anweisung des Schweiz. Justiz- und Polizeidepartmentes an die Handelsregisterämter). Dasselbe Ziel kann freilich dadurch erreicht werden, dass eine *Schwestergesellschaft* mit Sitz am betreffenden Ort gegründet wird, da der Sitz einer AG unabhängig vom Ort der tatsächlichen Aktivität frei gewählt werden kann, vgl. § 8 N 33.
[20] Vgl. BGE 79 I 71.
[21] Diese legt zumindest die *obersten Grundsätze* fest, nach denen sich die geschäftliche Tätigkeit der Zweigniederlassung zu entfalten hat, und sie entscheidet auch regelmässig über die Zuweisung von Betriebsmitteln. Oft ernennt sie das Personal, jedenfalls dessen *Leitung*.
[22] So in BGE 108 II 122 ff in einem Fall, in welchem weder eigene Lokale noch Personal, das in direkter vertraglicher Beziehung zur angeblichen Zweigniederlassung stand, vorhanden waren.
[23] Vgl. etwa ZBJV *1941* 141, wo der Charakter einer Zweigniederlassung verneint wurde bezüglich der Generalagentur einer Versicherung, da diese kein eigenes Geschäftsvermögen besass und organisatorisch vom Hauptsitz abhängig war. Vgl. sodann BGE 117 II 85 ff, wo der Umstand, dass der Leiter der Zweigniederlassung nur zusammen mit einem Mitglied des Verwaltungsrates zeichnen konnte, zur Verneinung einer Zweigniederlassung führte. (Anders wäre es nach Auffassung des Bundesgerichts [a. a. O. 89] allenfalls gewesen, wenn «innerhalb des Verwaltungsrates eine Kompetenzabgrenzung vorgenommen und genau bestimmt» worden wäre, «welches Mitglied für die Niederlassung im Sinne eines Tätigkeitsschwerpunktes zuständig ist».)
[24] Beispiel: BGE 108 II 122 ff.
[25] Beispiel: BGE 117 II 85 ff.

gesetzliche Regelung (dazu nachstehend N 60 ff) rechtlich verselbständigt. Durch das Fehlen einer eigenen Rechtspersönlichkeit[26] unterscheidet sich die Zweigniederlassung insbesondere von der *Tochtergesellschaft.*

32 Die Zweigniederlassung verfügt auch nicht über eigenes Vermögen. Unmöglich sind daher Rechtsgeschäfte von Zweigniederlassungen unter sich oder mit der Hauptniederlassung[27].

33 Wird die Hauptniederlassung im Handelsregister gelöscht, so fällt auch die Zweigniederlassung dahin.

5. Exkurs: Der Begriff der Hauptniederlassung

34 a) Als Exkurs sei darauf hingewiesen, dass das Gesetz für die *Hauptniederlassung* eine Ordnung nur bezüglich der *Personengesellschaften* und der *Einzelunternehmung* trifft: Für sie kommt OR 934 I zum Zug, wonach der ein kaufmännisches Gewerbe Betreibende sich am Ort der Hauptniederlassung in das Handelsregister eintragen muss. Für die *AG* kann diese Bestimmung jedoch nicht gelten, da sie ihren Sitz innerhalb der Schweiz frei wählen kann (vgl. § 8 N 33).

35 Auszugehen ist wohl infolge des Schweigens des Gesetzes für die Körperschaften von folgender Ordnung:

36 – Wo sich die Hauptniederlassung am Sitz der Gesellschaft befindet, wird die Gesellschaft als solche eingetragen. Dem Publizitätserfordernis wird damit Genüge getan.

37 – Wo sich dagegen die Hauptniederlassung an einem anderen Ort befindet als der statutarische Sitz, ist sie als Zweigniederlassung einzutragen. Dies dürfte auch der registerrechtlichen Praxis entsprechen.

38 b) Schliesslich ist noch auf den Begriff Hauptsitz in OR 935 I hinzuweisen. *Hauptsitz* im Sinne dieser Bestimmung ist bei der AG der Sitz der Gesellschaft gemäss OR 640 f (zu diesem § 8 N 32 ff)[28].

II. Die registerrechtliche Behandlung der Zweigniederlassung

1. Recht und Pflicht zur Eintragung

39 a) Eintragungs*fähig* als Zweigniederlassung ist nur ein Geschäftsbetrieb, der den soeben entwickelten Begriff der Zweigniederlassung erfüllt. Eine Möglichkeit, durch freiwillige Eintragung die rechtlichen Wirkungen der Zweignie-

---

[26] Vgl. BGE 120 III 11 ff.
[27] Dies schliesst natürlich nicht aus, dass sich Niederlassungen gegenseitig buchmässig erkennen oder belasten und dass sie allenfalls auch gesonderte interne Bilanzen aufstellen.
[28] BGE 108 II 125 E 2. Unrichtig aber wohl die apodiktische Aussage, wonach bei Aktiengesellschaften Sitz und Hauptniederlassung im Sinne von OR 934 f generell übereinstimmen sollen.

derlassung herbeizuführen, obwohl die tatsächlichen Voraussetzungen fehlen, besteht also nicht.

Liegt eine Zweigniederlassung im Sinne des Gesetzes vor, dann *muss* sie grundsätzlich *eingetragen* werden. Der Eintragungs*fähigkeit* entspricht daher in der Regel die Eintragungs*bedürftigkeit*.

Lehre und Praxis wenden denn auch die gleichen – freilich wie erwähnt schillernden – Kriterien für die Beurteilung des Rechts wie der Pflicht zur Eintragung an. Sachlich erscheint dies insofern nicht unbedingt zwingend, als durch den freiwilligen Eintrag kaum jemandem Nachteile erwachsen[29], eine liberalere Praxis als im Hinblick auf die Eintragungs*pflicht* also durchaus vertretbar wäre.

b) Eine *Ausnahme* ergibt sich aus HRV 54 ff: Werden jährliche Roheinnahmen von Fr. 100 000.– nicht erreicht, besteht auch für die Zweigniederlassung *keine Eintragungspflicht*. Sind die Voraussetzungen für eine Zweigniederlassung im übrigen gegeben, *darf* jedoch der Eintrag erfolgen. Es besteht also Eintragungs*fähigkeit* ohne Eintragungs*pflicht*.

2. *Die Anmeldung der Zweigniederlassung*

a) Zweigniederlassungen sind beim Handelsregisteramt am Ort, an welchem sie sich befinden, zur Eintragung anzumelden[30].

Im Gegensatz zum Sitz (dazu § 8 N 33) kann der Anmeldungsort nicht frei gewählt werden. Vielmehr liegt er notwendig dort, wo die Zweigniederlassung geführt und tatsächlich betrieben wird.

b) Die Anmeldung ist gemäss OR 642 II «von den mit der Vertretung betrauten Mitgliedern des Verwaltungsrates» vorzunehmen[31].

c) Der erforderliche *Inhalt* der Eintragung ergibt sich aus HRV 71, wo die in das Handelsregister einzutragenden Tatsachen aufgeführt sind. Bezüglich der erforderlichen *Belege* vgl. HRV 72 II[32].

3. *Die Eintragung der Zweigniederlassung*

a) Die *Existenz* der Zweigniederlassung hängt von der der *Hauptniederlassung* ab. Eine Zweigniederlassung kann daher erst eingetragen werden, nachdem die Eintragung der AG als solcher im Schweiz. Handelsamtsblatt (SHAB)

---

[29] Kritisch in diesem Sinne Bär in ZBJV *1993* 367.
[30] OR 642 I. OR 935 I und HRV 71 lit. c sprechen untechnisch vom «Sitz» der Zweigniederlassung. Rechtlich kann eine Gesellschaft jedoch nur *einen* Sitz – den Hauptsitz – haben (vgl. § 8 N 34), und es kommen die spezifischen Rechtswirkungen des Sitzes (dazu § 8 N 36 ff) auf den Eintragungsort der Zweigniederlassung nicht zur Anwendung.
[31] Präzisierend hiezu HRV 72 I lit. c sowie für Änderungsanmeldungen HRV 73 lit. c.
[32] Verlangt wird zudem von verschiedenen Registerämtern die Unterzeichnung einer Erklärung, in welcher bestätigt wird, dass die zu errichtende Filiale die für eine Zweigniederlassung erforderliche Selbständigkeit aufweist.

publiziert worden ist (OR 935 I, HRV 71 lit. b), und sie wird von Amtes wegen gelöscht, wenn die AG gelöscht wird (vgl. HRV 77 II lit. a).

48 Die Eintragung ist zudem am Sitz der AG im Handelsregister vorzumerken (HRV 76 I).

49 b) Für das *Eintragungsverfahren* gelten sinngemäss die gleichen Grundsätze wie für die Eintragung der AG selbst (dazu § 16 N 27 ff).

50 c) Der *Inhalt* der Eintragung bestimmt sich nach HRV 71. Die Eintragung ist im SHAB zu veröffentlichen (OR 931 I).

4. *Änderung und Löschung der Eintragung*

51 a) *Ändern* sich bei der Zweigniederlassung eintragungspflichtige Tatsachen, dann ist dies ebenfalls unter Einreichung der erforderlichen Belege *anzumelden* (vgl. OR 937)[33].

52 b) Die *Löschung* der Zweigniederlassung *kann* erfolgen, wenn die Voraussetzungen der Eintragungs*pflicht* entfallen sind. Sie *muss* erfolgen, wenn die Erfordernisse der Eintragungs*fähigkeit* nicht mehr bestehen. Von Amtes wegen erfolgt die Löschung gestützt auf eine Mitteilung des Registerführers am Sitz der AG, dass diese gelöscht worden ist (vgl. HRV 77).

53 Eine «Liquidation» der Zweigniederlassung vor ihrer Löschung ist nicht erforderlich: Die noch hängigen Verpflichtungen bleiben weiterhin aufrecht und binden nach wie vor die AG als solche[34]. Daher kann auch ein Gläubiger nicht verlangen, dass die Löschung unterbleibe, bis er bezahlt oder sichergestellt worden ist[35].

5. *Die Bedeutung der Eintragung im Handelsregister*

54 a) Die Eintragung der Zweigniederlassung hat – anders als der Eintrag der AG selbst (zu diesem vgl. OR 643 I und § 16 N 49) – lediglich *deklaratorische Bedeutung*. Sind die Voraussetzungen einer Zweigniederlassung erfüllt, dann treten die daran geknüpften materiellrechtlichen Folgen ein, unabhängig davon, ob die Zweigniederlassung ordnungsgemäss eingetragen wurde oder nicht[36].

55 b) Die Eintragung zeigt jedoch die *allgemeinen Rechtswirkungen handelsregisterlicher Eintragungen;* insbesondere sind mit ihr die Publizitätswirkungen von OR 933 und die Regelung der Beweiskraft gemäss ZGB 9 verbunden.

---

[33] HRV 72 I lit. c gilt entsprechend.
[34] Vgl. BGE 98 Ib 104.
[35] Vgl. ZR *1928* Nr. 18 S. 37 f.
[36] Sem. *1954* 50.

III. Die rechtliche Behandlung im übrigen

1. Die Zuständigkeit zur Errichtung von Zweigniederlassungen

Die Errichtung von Zweigniederlassungen steht – wenn sich aus den Statuten nichts anderes ergibt – in der Kompetenz des *Verwaltungsrates*[37]. 56

2. Die Firma der Zweigniederlassung

Gemäss OR 952 I und HRV 70 I müssen Zweigniederlassungen die *gleiche Firma* führen wie die Hauptniederlassung[38]. Doch dürfen dieser Firma *besondere Zusätze* beigefügt werden, sofern diese nur die Niederlassung betreffen. Eine Pflicht zu solchen Zusätzen besteht jedoch nicht[39]. Ist ein Zusatz eingetragen worden, dann *muss* er auch verwendet werden. 57

Die allfälligen Zusätze müssen die allgemeinen Grundsätze der Firmenbildung (dazu § 8 N 13 ff) erfüllen. Im übrigen besteht nur *eine* zusätzliche Schranke: Gemäss OR 952 I sind die Zusätze so zu wählen, dass sie *nur für die Zweigniederlassung zutreffen*. Die vorgesehenen Zusätze werden häufig, müssen aber nicht notwendig dazu dienen, die Zweigniederlassung als solche zu kennzeichnen. 58

3. Der Tätigkeitsbereich

Der Tätigkeitsbereich der Zweigniederlassung hat sich stets *im Rahmen des Zwecks der Gesellschaft* zu bewegen. Doch kann die Zweigniederlassung auf *Teilbereiche* der gesellschaftlichen Aktivitäten beschränkt sein. 59

4. Leitung und Vertretung der Zweigniederlassung

a) Die *Leitung* der Zweigniederlassung kann einem Direktor, einem Prokuristen oder auch einem Handlungsbevollmächtigten anvertraut werden (vgl. § 29 N 47 ff). 60

b) Gemäss OR 460 I, 718a II und HRV 71 lit. f können Vollmachten *auf den Geschäftskreis der Zweigniederlassung beschränkt* werden. Die Wirkung einer solchen Einschränkung darf freilich nicht überschätzt werden: Faktisch wird sie gegenstandslos, sofern Zweck und Tätigkeit der Haupt- und der Zweigniederlassung nicht differenziert werden. 61

---

[37] Vgl. Eidg. Amt für das Handelsregister in SAG *1934/35* 49. Möglich ist, dass die *GV* durch statutarische Bestimmung das Recht zur Bildung von Zweigniederlassungen in ihrer Hand behält. Eine Delegation der Entscheidkompetenz vom Verwaltungsrat an die Geschäftsführung dürfte dagegen wegen der Bedeutung dieses Geschäfts nicht zulässig sein.

[38] Vgl. dazu BGE 93 I 561 ff, 102 Ib 111 E 2 (betreffend ausländische Unternehmen).

[39] Anders ist die Regelung für die Schweizer Zweigniederlassung einer ausländischen Unternehmung, dazu nachstehend N 91.

62 c) Neben den speziell und ausschliesslich für die Zweigniederlassung Zeichnungsberechtigten muss nach der Praxis der Verwaltungsrat für die Filiale zeichnungsberechtigt sein, sei es, dass ein einzelzeichnungsberechtigtes Mitglied dafür vorgesehen wird, sei es, dass mehrere unter sich kollektiv Zeichnungsberechtigte genannt werden[40,41].

5. Der besondere Gerichtsstand am Ort der Zweigniederlassung

63 a) Gemäss OR 642 III besteht kraft Bundesrechts am Ort der Zweigniederlassung ein *besonderer Gerichtsstand*[42]. Daneben steht der allgemeine Gerichtsstand des Hauptsitzes weiter zur Verfügung.

64 Der Sondergerichtsstand am Ort der Zweigniederlassung gilt jedoch nur für Ansprüche, die *mit dem Geschäftsbetrieb der Niederlassung im Zusammenhang stehen*[43].

65 Ist eine Beziehung zur Zweigniederlassung vorhanden, dann können *alle* Ansprüche an ihrem Ort geltend gemacht werden, also neben vertraglichen insbesondere auch solche aus ausservertraglicher Schädigung oder Bereicherung.

66 Entgegen dem Wortlaut von OR 642 III wird der Gerichtsstand nach herrschender und u. E. richtiger Lehre *nicht durch die Eintragung begründet*, sondern besteht unabhängig vom Eintrag immer dann, wenn die Voraussetzungen der Zweigniederlassung erfüllt sind[44]. Ist dagegen umgekehrt eine Zweigniederlassung eingetragen, ohne dass die Voraussetzungen gegeben wären, dann ist dies als *freiwillige Unterstellung* unter diesen Gerichtsstand zu werten[45].

67 Der Sondergerichtsstand der Zweigniederlassung findet keine Anwendung für Verantwortlichkeitsklagen[46], ebensowenig für die Kraftloserklärung von Inhaberpapieren[47].

68 b) Das *kantonale Recht* kann einen Sondergerichtsstand am *Geschäftsort* einer Unternehmung vorsehen, auch wenn die *Voraussetzungen für eine Zweigniederlassung nicht erfüllt* sind[48].

---

[40] BJM *1957* 135, BGE 117 II 89.
[41] Das Zeichnungsrecht ausschliesslich von Mitgliedern des Verwaltungsrates würde aber der erforderlichen Selbständigkeit der Zweigniederlassung nicht genügen, vgl. BGE 117 II 89.
[42] Es handelt sich um eine gerechtfertigte Abweichung vom in BV 59 garantierten Wohnsitzgerichtsstand.
[43] Vgl. SJZ *1942/43* 231 f Nr. 148.
[44] Die Frage ist aber umstritten und in der neueren Bundesgerichtspraxis offen gelassen worden, vgl. etwa BGE 108 II 130, 103 II 203. Der Gläubiger hat jedenfalls ein schutzwürdiges Interesse daran, die Existenz einer Zweigniederlassung durch die zuständige Behörde feststellen zu lassen, BGE 108 II 130.
[45] Vgl. BGE 62 I 18 f.
[46] Vgl. OR 761 und dazu § 36 N 115 ff.
[47] Vgl. OR 981 II; BGE 74 II 245 f.
[48] So etwa Zürcher Zivilprozessordnung 3. BV 59 wird durch solche Sondergerichtsstände nicht verletzt, vgl. BGE 101 Ia 40 f.

6. Der Ort der Zweigniederlassung als Erfüllungsort

a) Die Zweigniederlassung kann ausdrücklich, aber auch stillschweigend als *Erfüllungsort im Sinne von OR 74 I vereinbart* sein.

b) Die Zweigniederlassung kann aber auch *gesetzlicher Erfüllungsort gemäss OR 74 II* sein:

– Für *Geldschulden*, die gegenüber einer Zweigniederlassung bestehen, ist der Ort der Zweigniederlassung als Erfüllungsort im Sinne von OR 74 II Ziff. 1 zu betrachten.

– Wird eine *bestimmte Sache* geschuldet, so gilt nach herrschender Lehre als subsidiärer Erfüllungsort trotz OR 74 II Ziff. 2 der Ort des schuldnerischen «Wohnsitzes»[49]. Stammt die Forderung aus dem Geschäftsbetrieb einer Zweigniederlassung, dann ist ihr «Sitz» auch in diesem Fall als Erfüllungsort zu betrachten.

– Endlich ist der Ort der Zweigniederlassung auch «Wohnsitz» im Sinne von OR 74 II Ziff. 3 bei durch Zweigniederlassungen begründeten Rechtsgeschäften und somit Erfüllungsort für *weitere Verbindlichkeiten*.

7. Betreibungsrechtliche Wirkungen

Betreibungsrechtlich hat die Zweigniederlassung einer schweizerischen AG keine Wirkungen[50]. *Betreibungsort* ist vielmehr ausschliesslich der Hauptsitz[51].

8. Exkurs: Zweigniederlassung und Betriebsstätte im Steuerrecht

a) Im Hinblick auf die *Besteuerung* von örtlich abgetrennten, rechtlich jedoch nicht verselbständigten Teilen eines Unternehmens wird auf den Begriff der *Betriebsstätte* abgestellt. Als Betriebsstätte gilt nach dem BG über die direkte Bundessteuer (DBG) vom 14.12.1990[52] «eine feste Geschäftseinrichtung, in der die Geschäftstätigkeit eines Unternehmens ganz oder teilweise ausgeübt wird. Betriebsstätten sind insbesondere Zweigniederlassungen, Fabrikationsstätten, Werkstätten, Verkaufsstellen, ständige Vertretungen, Bergwerke und andere Stätten der Ausbeutung von Bodenschätzen sowie Bau- oder Montagestellen von mindestens zwölf Monaten Dauer.»

Diese Umschreibung entspricht dem Betriebsstättenbegriff, den das Bundesgericht in seiner Rechtsprechung zum *interkantonalen Doppelbesteuerungsrecht*

---

[49] Vgl. von Tuhr/Escher: Allgemeiner Teil des Schweizerischen Obligationenrechts II (3. A. Zürich 1974) 42.

[50] Anders die schweizerische Zweigniederlassung eines ausländischen Unternehmens, vgl. dazu N 95 ff.

[51] Vgl. SchKG 46 II, BlSchK *1973* 110 f Nr. 33; BGE 120 III 11 ff (auch betreffend die allfällige Heilung der fehlerhaften Zuweisung der Rolle der Gläubigerin oder Schuldnerin in einer Betreibung).

[52] SR 642.11 Art. 51 II.

entwickelt hat[53]. Die *innerkantonalen* Betriebsstättenbegriffe stimmen dagegen nicht notwendig mit den Kriterien überein, die für die Abgrenzung der kantonalen Steuerhoheiten gelten.

77   b) Zweigniederlassungen stellen regelmässig *Betriebsstätten* dar und unterliegen daher einer *beschränkten Steuerpflicht*[54]. Doch decken sich die Begriffe Zweigniederlassung und Betriebsstätte nicht: Allgemein gilt, dass an die Selbständigkeit der Betriebsstätte *geringere Anforderungen* gestellt werden als an die der Zweigniederlassung. Der steuerrechtliche Begriff der Betriebsstätte ist damit umfassender als der handelsrechtliche der Zweigniederlassung.

IV. Internationale Tatbestände

1. Die schweizerische Zweigniederlassung einer ausländischen Aktiengesellschaft

78   a) Ausländische Gesellschaften können in der Schweiz Zweigniederlassungen errichten. Diese unterstehen nach IPRG 160 I schweizerischem Recht[55].

79   Nach schweizerischem Recht richtet sich namentlich die Frage, ob die inländische Niederlassung einer ausländischen AG als Zweigniederlassung im Rechtssinne anzusehen ist[56]. Dabei ist der *gleiche Begriff der Zweigniederlassung* zugrunde zu legen wie für inländische Gesellschaften.

80   Schweizerisches Recht ist sodann anwendbar mit Bezug auf die *äusseren Rechtsbeziehungen*, etwa im Hinblick auf die Vertretungsmacht der handelnden Personen[57].

81   Die *internen* Verhältnisse – etwa die Regelung der Zuständigkeit und der gesellschaftsrechtlichen Erfordernisse zur Errichtung und Aufhebung einer Zweigniederlassung – unterstehen dagegen grundsätzlich dem Recht des *ausländischen Personalstatuts*.

82   b) Das schweizerische Recht hat für Zweigniederlassungen ausländischer Gesellschaften zum Teil *spezielle Regeln* aufgestellt, die nachstehend kurz erwähnt werden.

83   aa) Gemäss OR 935 II sind die schweizerischen Zweigniederlassungen von Unternehmen mit Hauptsitz im Ausland im Handelsregister einzutragen, «und zwar in derselben Weise wie diejenigen schweizerischer Firmen, soweit das ausländische Recht keine Abweichung nötig macht»[58]. Oft ist allerdings nur die

---

[53] Vgl. etwa BGE 110 Ia 193 f E 3, 4.
[54] Vgl. etwa DBG 51, StHG 21 I.
[55] Genauer: Schweizerisches Recht kommt zur Anwendung mit Bezug auf das Handelsregisterrecht, die Firma und die Vertretung. Im übrigen bleibt das ausländische Gesellschaftsrecht massgebend (vgl. Frank Vischer im IPRG-Kommentar [Zürich 1993] Art. 160 N 11).
[56] Vgl. Vischer (zit. Anm. 55) Art. 160 N 11 ff sowie als Beispiel BGE 108 II 124 ff.
[57] Vgl. IPRG 160 II und vorn § 5 N 40 ff.
[58] Vgl. auch IPRG 160 III, wonach der Bundesrat die näheren Vorschriften über die Pflicht zur Eintragung in das Handelsregister erlässt; dazu HRV 75 und 75a in der seit 1.1.1990 in Kraft stehenden Fassung.

analoge Anwendung der für schweizerische Gesellschaften geltenden Vorschriften möglich bzw. sind Modifikationen nötig. Im übrigen ist zu differenzieren danach, ob es sich um die *erste* Eintragung einer schweizerischen Zweigniederlassung handelt oder um die Eintragung *weiterer* Zweigniederlassungen in der Schweiz:

- Die Eintragung der *ersten* schweizerischen Zweigniederlassung «muss nach Form und Inhalt der Eintragung einer schweizerischen Hauptniederlassung entsprechen, soweit das ausländische Recht keine Abweichung nötig macht» (HRV 75 I). 84

    Zum Vorgehen im einzelnen vgl. HRV 75 II und III. 85

- «Auf weitere Zweigniederlassungen, welche die ausländische Firma in der Schweiz errichtet, finden die Vorschriften über die Zweigniederlassungen schweizerischer Unternehmen Anwendung.» (HRV 75a I). 86

    Zum Vorgehen vgl. HRV 75a II. In analoger Anwendung von HRV 76 ist am Ort der Eintragung der ersten schweizerischen Zweigniederlassung die Eintragung, Löschung und Sitzverlegung jeder weiteren Zweigniederlassung vorzumerken. 87

Die schweizerische Zweigniederlassung einer ausländischen AG wird *auf Antrag* der zur Anmeldung verpflichteten Personen der Hauptniederlassung *gelöscht*, wenn der Geschäftsbetrieb aufgehört hat. Kommen diese Personen der Aufforderung des Registerführers nicht nach oder ist die Hauptniederlassung selber erloschen, so erfolgt die Löschung *von Amtes wegen*[59]. 88

bb) Die *Firma* einer ausländischen AG richtet sich grundsätzlich nach ausländischem Recht. Die schweizerische Zweigniederlassung muss jedoch den *schweizerischen firmenrechtlichen Anforderungen* (dazu § 8 N 10 ff) entsprechen[60]. 89

So sind insbesondere *täuschende* oder bloss reklamehafte Bezeichnungen untersagt und unterstehen *regionale* Bezeichnungen den auch für schweizerische Gesellschaften geltenden Beschränkungen[61]. Auch mit Bezug auf die *Ausschliesslichkeitsrechte* an schon eingetragenen Firmen kommen gegenüber den Zweigniederlassungen ausländischer Gesellschaften die schweizerischen Regeln zum Zug. Dabei ist insbesondere zu beachten, dass die Eintragung in einem *ausländischen* Handelsregister *keine Priorität* begründet[62]. Will ein ausländisches Unternehmen in der Schweiz firmenrechtlichen Schutz beanspruchen, dann muss es daher (mit einer Zweigniederlassung) im Schweizerischen Handelsregister eingetragen werden. Doch kann einer ausländischen Firma allenfalls auch ohne bzw. vor dem Eintrag Schutz gestützt auf das UWG gewährt werden[63]. 90

---

[59] Entscheidend für die Löschung ist die Tatsache, dass der Geschäftsbetrieb aufgehört hat. Sie wird vollzogen ohne Rücksicht darauf, ob noch Verbindlichkeiten aus dem Geschäftsbetrieb bestehen, und sie kann daher auch nicht durch einen Gläubiger der Gesellschaft verhindert werden, vgl. BGE 98 Ib 104 f.

[60] Vgl. BGE 102 Ib 111, 114; 102 Ib 18 E 1.

[61] Vgl. BGE 102 Ib 111 ff und 16 ff.

[62] BGE 98 II 59 f, 90 II 199 E 3c.

[63] Vgl. BGE 109 II 483 ff: Das ausländische Unternehmen «Computerland Europe S. à r. l.» konnte erfolgreich einem schweizerischen Unternehmen die Verwendung der Firma «Computerland AG» verbieten lassen.

91 Ist die Firma der ausländischen Gesellschaft an sich zulässig, so ist für die Bildung der Firma der Zweigniederlassung noch OR 952 II bzw. HRV 70 II zu beachten: Die Firma muss den *Ort der Hauptniederlassung,* den *Ort der Zweigniederlassung* und die ausdrückliche *Bezeichnung als solche* enthalten[64]. Da durch diese Hinweise darauf aufmerksam gemacht werden soll, dass es sich um die Zweigniederlassung eines ausländischen Unternehmens handelt, ist die *Führung dieser ergänzten Firma* im Rechtsverkehr *zwingend.*

92 cc) OR 935 II und IPRG 160 II verlangen, dass für schweizerische Zweigniederlassungen ausländischer Gesellschaften ein *Bevollmächtigter mit Wohnsitz in der Schweiz*[65] «mit dem Rechte der geschäftlichen Vertretung» bestellt werden muss[66].

93 Der *Umfang der Vertretungsmacht* des Bevollmächtigten bestimmt sich nach schweizerischem Recht (IPRG 160 II).

94 dd) Auch bei der Schweizer Zweigniederlassung einer ausländischen AG besteht ein *besonderer Gerichtsstand* gemäss OR 642 III (dazu vorn N 63 ff). Da der Eintrag im Handelsregister nur deklaratorischer Natur ist, steht dieser Gerichtsstand u. E. *unabhängig vom Registereintrag*[67] zur Verfügung.

95 ee) Gemäss SchKG 50 I untersteht die Zweigniederlassung – wiederum unabhängig von ihrem allfälligen Eintrag im Handelsregister[68] – für die auf ihre Rechnung eingegangenen Verbindlichkeiten wie auch für ausservertragliche Forderungen der *selbständigen Konkursbetreibung* in der Schweiz. Unterhält ein ausländisches Unternehmen *mehrere Zweigniederlassungen* in der Schweiz, so begründet *jede* einen Betreibungsort nach SchKG 50 I.

96 Teilnahmeberechtigt am schweizerischen Konkurs des Zweigbetriebes sind Forderungen, «für die in der Schweiz ein Betreibungsort gegeben ist und gegeben wäre, sofern der Konkurs nicht ausgebrochen wäre»[69].

97 Die Konkurseröffnung über die Zweigniederlassung eines ausländischen Unternehmens ist jedoch nur zulässig unter dem *Vorbehalt abweichender staatsvertraglicher Bestimmungen*[70].

98 Ein über die *ausländische Hauptniederlassung* eröffneter Konkurs erfasst das in der Schweiz gelegene Vermögen der Zweigniederlassung nicht.

---

64 Also z. B. Compagnie Luxembourgoise de Banque S. A., Luxembourg, succursale de Zurich.
65 Nicht erforderlich ist, dass der Bevollmächtigte das Schweizer Bürgerrecht besitzt.
66 Der Bevollmächtigte muss die Zweigniederlassung (und damit die Gesellschaft) einzeln vertreten können bzw. es müssen bei Kollektivvertretung soviele Vertretungsberechtigte in der Schweiz wohnhaft sein, als für eine rechtsgültige Vertretung nötig ist.
67 Vgl. vorn N 66.
68 BGE 114 III 6 ff.
69 BGE 40 III 127.
70 Vgl. insbes. den Staatsvertrag mit Frankreich vom 15. 6. 1869, SR 0276.193.491 und dazu BGE 93 I 716 ff, sodann den Konkursvertrag mit dem Königreich Württemberg, dazu (insbes. zur Frage der Gültigkeit) BGE 104 III 70.

ff) *Steuerrechtlich* ist gegenüber Staaten, mit denen die Schweiz *kein Doppelbesteuerungsabkommen* abgeschlossen hat, die Frage des Vorliegens einer *Betriebsstätte* nach der kantonalrechtlichen Regelung und – für die direkte Bundessteuer – nach DBG 51 zu beantworten. Wird die Steuerhoheit dagegen zwischen der Schweiz und einem andern Staat durch ein *Doppelbesteuerungsabkommen* abgegrenzt, gehen die staatsvertraglichen Abgrenzungskriterien den landesrechtlichen Regelungen auf eidgenössischer und kantonaler Ebene vor[71].

Die meisten von der Schweiz abgeschlossenen Doppelbesteuerungsabkommen übernehmen den Betriebsstättenbegriff des *Musterabkommens der OECD*[72]. Danach bedeutet der Begriff «Betriebsstätte» eine feste Geschäftseinrichtung, durch die Tätigkeit eines Unternehmens ganz oder teilweise ausgeübt wird.

Beachtenswert ist die Sonderregelung im *Stempel- und Verrechnungssteuerrecht*. Als Inländer gilt danach u. a. jedes im inländischen Handelsregister eingetragene Unternehmen[73]. Damit sind inländische Zweigniederlassungen ausländischer Unternehmen für ihren inländischen Geschäftsbereich Inländer und *selbständige Steuersubjekte*. Dies gilt auch für Transaktionen zwischen Hauptsitz und Zweigniederlassung.

2. *Die ausländische Zweigniederlassung einer schweizerischen AG*

Die ausländische Zweigniederlassung einer schweizerischen AG kann im schweizerischen Handelsregister weder eingetragen noch vorgemerkt werden. Die *formellrechtlichen* Voraussetzungen ihrer Begründung richten sich nach ausländischem Recht.

---

[71] Nach schweizerischer Praxis bleibt die landesrechtliche Regelung indessen anwendbar, wenn sie einen einschränkenderen Betriebsstättenbegriff kennt als der Staatsvertrag.
[72] Musterabkommen der OECD zur Vermeidung der Doppelbesteuerung des Einkommens und des Vermögens, Fassung 1992, Art. 5.
[73] BG über die Stempelabgaben vom 27. 6. 1973 (SR 641.10) 4 I; BG über die Verrechnungssteuer vom 13. 10. 1965 (SR 642.21) 9 I.

§ 60 Konzern und Holdinggesellschaft

Literatur: Vgl. vor allem die folgenden neuesten Monographien: Marc Amstutz: 1
Konzernorganisationsrecht, Ordnungsfunktion, Normstruktur, Rechtssystematik (Diss.
Zürich 1993 = ASR 551); Lukas Handschin: Der Konzern im geltenden schweizerischen
Privatrecht (Zürich 1994); Wolfgang Zürcher: Der Gläubigerschutz im schweizerischen
Aktienrechts-Konzern (Diss. Zürich 1993 = ASR 547).

Vgl. im weiteren Max Albers-Schönberg: Haftungsverhältnisse im Konzern (Diss. 2
Zürich 1980 = SSHW 44); Aleidus Bosman: Konzernverbundenheit und ihre Auswirkungen auf Verträge mit Dritten (Diss. Zürich 1984 = SSHW 76); Roland von Büren: Der
Konzern im neuen Aktienrecht, in: von Büren usw. (vgl. LV) 47 ff; Silvio Caflisch: Die
Bedeutung und die Grenzen der rechtlichen Selbständigkeit der abhängigen Gesellschaft
im Recht der Aktiengesellschaft (Diss. Zürich 1961); Markus Dennler: Durchgriff im
Konzern (Diss. Zürich 1984); Jean Nicolas Druey (Hg.): Das St. Galler Konzernrechtsgespräch (Bern/Stuttgart 1988) mit Beiträgen verschiedener schweizerischer und ausländischer Autoren; ders.: Aufgaben eines Konzernrechts, ZSR *1980* II 273 ff; Hansjörg Graf:
Verträge zwischen Konzerngesellschaften ... (Diss. Bern 1988 = ASR 515); Karl Hofstetter: Sachgerechte Haftungsregeln für multinationale Konzerne ... (Tübingen 1995); Marcus Lutter: Stand und Entwicklung des Konzernrechts in Europa, ZGR *1987* 324 ff; Anne
Petitpierre-Sauvain: Droit des sociétés et groupes de sociétés (Genève 1972); Flurin von
Planta: Der Interessenkonflikt des Verwaltungsrates der abhängigen Konzerngesellschaft
(Diss. Zürich 1988 = ZStP 59); Adrian Plüss: Zur Rechtsstellung des «Konzernführers»,
in: Schluep/Isler (vgl. LV) 147 ff; Martin Plüss: Der Schutz der freien Aktionäre im
Konzern (Diss. St. Gallen 1977); Roland Ruedin: Vers un droit suisse des groupes de
sociétés?, ZSR *1980* II 151 ff; Ronald Urs Ruepp: Die Aufteilung der Konzernleitung
zwischen Holding- und Managementgesellschaft (Diss. Zürich 1994 = SSHW 157); Bruno
Slongo: Der Begriff der einheitlichen Leitung als Bestandteil des Konzernbegriffs (Diss.
Zürich 1980); Klaus Tappolet: Schranken konzernmässiger Abhängigkeit im schweizerischen Aktienrecht (Diss. Zürich 1973 = ZBR 414); Martin Zweifel: Holdinggesellschaft
und Konzern (Diss. Zürich 1973 = SSHW 1). Ferner ST *1992* Heft 5 (mit Beiträgen u. a.
von Jakob, Pennone, Düggelin, Landolf und Spori).
Zur Konzernrechnungslegung vgl. die Angaben bei § 51 N 2.

A. *Die Konzernrealität und das Fehlen eines schweizerischen Konzernrechts*

1. Rechtstatsächliches

a) Das aktienrechtliche Leitbild der *rechtlich, wirtschaftlich und organisa-* 3
torisch selbständigen Gesellschaft (vgl. vor § 59 N 4) wird der Wirklichkeit je
länger je weniger gerecht: Durch Beteiligungen und Verträge sind Gesellschaften
auf mannigfache Weise miteinander *verflochten* und oft zur wirtschaftlichen Einheit, zum *Konzern* (vgl. § 51 N 191 ff), zusammengefasst.

In Deutschland soll heute die grosse Mehrheit aller Aktiengesellschaften konzernver- 4
bunden sein. In der Schweiz, in der zahlenmässig die kleine, personenbezogene AG bei

weitem vorherrscht[1], liegen die Verhältnisse insgesamt anders. Bei den *Publikumsgesellschaften* wird die Konzernverbundenheit jedoch mehr und mehr zur Regel. So ergab eine Untersuchung im Jahre 1991, dass von 306 börsenkotierten Gesellschaften lediglich 89 nicht in einem Konzern verbundene «Einzelgesellschaften» waren.

5 b) Wirtschaftliche Verflechtungen können die verschiedenartigsten Formen annehmen[2]:

6 – Ein Unternehmen kann an einem anderen *mehrheitlich beteiligt* sein (im Sinne einer Kapital- und/oder Stimmenmehrheit).

7 – Die Beteiligung führt zu einem *Abhängigkeitsverhältnis,* wenn auf eine Gesellschaft unmittelbar oder auch nur mittelbar (über die Beteiligung an anderen Gesellschaften) ein beherrschender Einfluss ausgeübt wird.

8 – Ein *Konzern* liegt schliesslich vor, wenn mehrere Unternehmen rechtlich zwar eigenständig organisiert, wirtschaftlich aber unter einheitlicher Leitung zu einem Gesamtunternehmen (einer wirtschaftlichen Einheit) zusammengefasst sind[2a]. (Die einheitliche Leitung kann auf einer hundertprozentigen Beteiligung basieren. Es liegt dann eine Einpersonengesellschaft [zu dieser § 62 N 26 ff] vor. Möglich ist aber auch bloss eine Mehrheits- oder gar eine kontrollierende Minderheitsbeteiligung.)

9 – Eine Sonderform der Unternehmensverbindung, die eigene Probleme aufwirft, ist die *wechselseitige Beteiligung.*

10 c) Konzerne insbesondere können gegliedert werden in *Unterordnungskonzerne* (zwischen den einzelnen Konzernunternehmen besteht ein Abhängigkeitsverhältnis) und *Gleichordnungskonzerne* (die Unternehmen stehen grundsätzlich gleichberechtigt nebeneinander) sowie – nach einem anderen Gliederungskriterium – in *Vertragskonzerne* (die Zusammenfassung beruht auf vertraglicher Grundlage) und *faktische Konzerne* (mehrere Unternehmen sind aufgrund eines ausservertraglichen Verhältnisses zusammengefasst, insbesondere durch Beteiligung einer Gesellschaft am Aktienkapital von einer oder mehreren anderen Gesellschaften).

11 Zu den *faktischen Unterordnungskonzernen* zählen insbesondere jene, die unter der Leitung einer *Holdinggesellschaft* stehen. Sie sind in der Rechtswirklichkeit bei weitem am bedeutsamsten.

2. Die Problematik der Konzernbildung

12 Die Folgen einer Zusammenfassung rechtlich selbständiger Unternehmen unter einheitlicher Leitung liegen auf der Hand: Die Entscheidungsfreiheit der Organe abhängiger Gesellschaften ist faktisch stark eingeschränkt. Angestrebt werden nicht mehr die Vorteile der eigenen Gesellschaft, sondern die

---

[1] Vgl. die Hinweise bei Meier-Hayoz/Forstmoser § 12 N 307.
[2] Eine entsprechend detaillierte Regelung kennt das deutsche Recht, vgl. AktG 291 ff.
[2a] Eine umfassende Übersicht über die Begriffsumschreibungen findet sich bei Handschin (zit. N 1) 27 ff.

allenfalls abweichenden Interessen der Gesellschafts*gruppe*. Dadurch können die Interessen von Gläubigern, aber auch von aussenstehenden (nicht an der Gesellschaftsgruppe beteiligten) Minderheitsaktionären verletzt werden.

3. *Die Erfassung der Konzernrealität in Gesetzesrecht und Rechtspraxis (Übersicht)*

a) In der *Aktienrechtsreform 1968/1991* wurde die Diskussion zur Frage, ob – ähnlich wie etwa in Deutschland – ein eigentliches *Konzernrecht* zu schaffen sei, früh aufgenommen. Der Zwischenbericht der ersten Arbeitsgruppe (vgl. vor § 59 N 2) kommt dabei zu einem merkwürdig gespaltenen Ergebnis: Er hält zwar zunächst fest, es sei die «Regelung des Konzernrechts ... nicht dringend», fährt dann aber wenige Zeilen später mit dem Postulat fort: «Die Ausarbeitung eines Konzernrechtes sollte rasch an die Hand genommen werden ...»[3]. Sodann findet sich schon im Vorschlag von 1972 ein bescheidener Ansatz für die konsolidierte Rechnungslegung: Die Präsentation konsolidierter Jahresrechnungen sollte «attraktiv gemacht werden. Deshalb werden die Gesellschaften, die eine nach allgemein anerkannten Grundsätzen erstellte konsolidierte Jahresrechnung vorlegen, in der eigenen Jahresrechnung von gewissen Angaben befreit ... »[4].

Bei diesem zwiespältigen Verhältnis zur Realität des Konzerns blieb es in der Folge: Der Vorentwurf von 1975 ging über den Zwischenbericht nicht hinaus. In der Vernehmlassung zum Vorentwurf wurde zwar praktisch unisono gefordert, es sollte das Konzernrecht «möglichst rasch» oder «umgehend» an die Hand genommen oder zumindest «nicht einfach schubladisiert» werden[5]. Taten folgten diesen Worten jedoch nicht; vielmehr hielt die Botschaft *1983*[6] zur Konzernproblematik insgesamt lediglich fest: «Die *Konzerne* werfen mannigfaltige Probleme auf, die in einer weiteren Revisionsphase gelöst werden müssen.» Immerhin enthielt der Vorschlag des Bundesrates ein Obligatorium der Konsolidierung[7], und die bundesrätliche Botschaft befasst sich mit diesem Aspekt des Konzernrechts sehr ausführlich[8].

In den Räten wurde die Regelung der Konsolidierung verfeinert. Das Konzernrecht als umfassende Aufgabe kam dagegen nicht mehr zur Sprache.

b) Das geltende schweizerische *Gesetzesrecht* geht daher im Grundsatz nach wie vor von der Vorstellung der *selbständigen* AG aus. Immerhin verschliesst es die Augen nicht gänzlich vor der Realität, sondern enthält eine Reihe von Be-

---

[3] Zwischenbericht 192.
[4] Zwischenbericht (zit. 13. Kapitel N 2) 53. Die Konzernrechnung sollte also nicht Pflicht sein, aber ihre Erstellung belohnt werden.
[5] Vgl. die Zusammenstellung der Ergebnisse des Vernehmlassungsverfahrens zum Vorentwurf vom September 1975 (Eidg. Justizabteilung Mai 1978, vervielfältigt) 423 ff.
[6] S. 5.
[7] Art. 663d des bundesrätlichen Entwurfs.
[8] Botschaft *1983* 73 ff. Darüber hinaus verspricht die Botschaft, es werde die «Konzernrechtsgesetzgebung ... in naher Zeit an die Hand genommen ...» (S. 73).

stimmungen, die teils nur auf Konzerne Anwendung finden, teils besonders auch im Hinblick auf diese von Bedeutung sind:

17 – Herausragend ist dabei die Ergänzung der Rechnungslegungsvorschriften durch die Pflicht zur *Konzernrechnung* (vgl. OR 663e ff, dazu § 51 N 190 ff).

18 – Die *Bekanntgabe der Beteiligungsverhältnisse* an Publikumsgesellschaften ist insbesondere auch im Hinblick auf verbundene Gesellschaften bedeutsam (vgl. OR 663c und dazu § 39 N 8 f). Als weitere Offenlegungspflicht, die vor allem in Konzernverhältnissen bedeutsam ist, ist die Pflicht zur Bekanntgabe von *Beteiligungen in der Jahresrechnung* zu erwähnen (OR 663a und 663b Ziff. 7, dazu § 51 N 114 und 141 f).

19 – Bedeutsam im Hinblick auf wechselseitige Beteiligungen ist die Ausdehnung der Regeln über den Erwerb eigener Aktien auf den *Erwerb durch Tochtergesellschaften* (OR 659b, dazu § 50 N 175 ff).

20 – Vgl. sodann die Hinweise auf weitere Gesetzesbestimmungen, die sich mit Konzernen befassen oder zumindest solche voraussetzen, vorn vor § 59 N 8 ff.

21 c) Dass das schweizerische Aktienrecht den Konzern nur in einzelnen Punkten regelt, bedeutet freilich nicht, dass es im übrigen in der Schweiz kein Konzernrecht gäbe. Vielmehr hat die *Gerichtspraxis* – unterstützt durch die *Lehre* – aus allgemeinen Grundsätzen des Gesellschaftsrechts spezifische Regeln für verbundene Unternehmen entwickelt und Bestimmungen, die für Einzelgesellschaften konzipiert sind, auch für die Regelung von Konzernen fruchtbar gemacht. Geordnet wird so vor allem das Konzern*aussen*recht, insbesondere die Frage der *Haftung im Konzern* (dazu nachstehend N 39 ff).

22 d) Mit dem Konzern*innen*recht befasst sich vor allem die *private Rechtsgestaltung*. Insbesondere geht es dabei um die Sicherstellung der *einheitlichen Leitung*.

23 Auch im übrigen wird die Konzernrealität bei der privaten Gestaltung berücksichtigt, so etwa bei Vinkulierungsbestimmungen von Publikumsgesellschaften, wo juristische Personen, die unter einheitlicher Leitung oder auf ähnliche Weise zusammengefasst sind, oft wie *ein* Aktionär behandelt werden (vgl. § 44 N 192).

24 Im Konzern*aussen*recht ist die private Gestaltung vor allem im Hinblick auf *Verträge* von Bedeutung: Durch sog. Absichts- oder Patronatserklärungen wird häufig auf die Verbundenheit im Konzern hingewiesen (vgl. dazu hinten N 41 f sowie § 51 N 127) und diese für die Vertrags- und insbesondere *Kreditwürdigkeit* von Tochtergesellschaften fruchtbar gemacht.

B. Die rechtliche Behandlung des Konzern

25 Als *Grundsatz* ist festzuhalten, dass der Konzern zwar eine *wirtschaftliche, nicht aber eine rechtliche Einheit* darstellt. In der Regel wird diese rechtliche Selbständigkeit beachtet. Nur *ausnahmsweise* ist die *wirtschaftliche Einheit auch rechtlich relevant*, wird also der Konzern auch rechtlich als *Einheit* behandelt.

26 Im einzelnen folgendes:

I. Sicherstellung der einheitlichen Leitung

1. Das Paradox der gesetzlichen Ordnung

Im Hinblick auf den Konzern als *Leitungseinheit* ergibt sich aus dem schweizerischen Recht ein letztlich unlösbarer Konflikt:
- Einerseits geht der Gesetzgeber von der *Realität der einheitlichen Leitung* aus und erachtet diese offenbar als rechtmässig. Besonders augenscheinlich ist dies in OR 663e I, wo sich eine eigentliche Definition des Konzerns findet (vgl. dazu § 51 N 191 ff). Aber auch andernorts wird die Realität des Konzerns als selbstverständlich (und rechtmässig) vorausgesetzt, vgl. etwa die vorn N 17 ff und vor § 59 N 9 f genannten Normen.
- Auf der anderen Seite stehen *zwingende Rechtsnormen* der konsequenten Realisierung *einer einheitlichen Leitung entgegen:*
  - Zu nennen ist in erster Linie die allgemeine Sorgfaltspflicht, wonach die Mitglieder des Verwaltungsrates «die Interessen der Gesellschaft [und nicht diejenigen einer Unternehmensgruppe oder einer Muttergesellschaft!] in guten Treuen wahren» müssen (OR 717 I, dazu § 28 N 19 ff). Einer Berücksichtigung übergeordneter Konzerninteressen auf Kosten der einzelnen Gesellschaft sind damit Schranken gesetzt.
  - Sodann ist an die unübertragbaren und *unentziehbaren* Aufgaben des Verwaltungsrates nach OR 716a zu erinnern (dazu § 30 N 29 ff), insbesondere daran, dass damit auch einer «Delegation nach oben» und der Einwirkung einer übergeordneten Stelle Schranken gesetzt sind (vgl. dazu im Hinblick auf Einwirkungen der GV § 30 N 61 ff).
  - Zu diesen dem Verwaltungsrat zwingend zugeordneten Aufgaben gehört insbesondere die «Oberleitung der Gesellschaft und die Erteilung der nötigen Weisungen» (OR 716a I Ziff. 1, dazu § 30 N 31 ff). Dies widerspricht der Konzernrealität, in der die Oberleitung oft durch eine andere Konzerngesellschaft (namentlich die Muttergesellschaft, allenfalls auch eine sog. Managementgesellschaft) ausgeübt wird und die Weisungs- und Rapportwege vielfach am Verwaltungsrat vorbei vom Zuständigen der Tochtergesellschaft zum Verantwortlichen der Muttergesellschaft oder einer beigeordneten Managementgesellschaft führen.

2. Die Rechtswirklichkeit

a) Die Praxis lässt sich durch diesen Konflikt nicht beirren: Direkte Weisungen seitens der Ober- oder einer Managementgesellschaft (und zwar nicht nur in Einzelfragen, sondern gerade auch im Grundsätzlichen) sind in Konzernen die Regel, ebenso direkte Unterstellungen von Angestellten der Tochtergesellschaften unter die in der Mutter- oder einer anderen Tochtergesellschaft Verantwortlichen. Und durch sog. «Powers reserved» behält sich die Muttergesellschaft meist die Entscheidung gerade in den grundlegenden, für die strategische Ausrichtung entscheidenden Fragen vor.

34 b) Dies heisst nicht, dass sich die Praxis nicht vielfach bemühen würde, den zwingenden gesetzlichen Vorgaben nachzuleben. Durch verschiedene Vorkehren wird versucht, die legitimen Bedürfnisse der einheitlichen Konzernführung mit den zwingenden gesetzlichen Vorschriften in Einklang zu bringen:

35 aa) In den Statuten wird etwa erwähnt, eine Gesellschaft solle ihren *Zweck im Rahmen einer bestimmten Unternehmensgruppe ausüben* oder es bestehe ihre Zielsetzung darin, Leistungen zugunsten der Gesellschaften eines bestimmten Konzerns zu erbringen.

36 bb) In Reglementen wird die formale (wenn auch nicht rechtsgenügende) *Basis für direkte Weisungen* seitens der Muttergesellschaft, vorbehaltene Entscheidungen und die einheitliche Leitung schlechthin gelegt. Auch wird im Organisationsreglement der Aufgabenbereich des Verwaltungsrates auf das gesetzliche Minimum limitiert (was freilich nicht darüber hinwegtäuschen kann, dass auch dieses Minimum nicht erfüllt wird und nicht erfüllt werden kann)[8a].

37 cc) Und schliesslich wird das persönliche Haftungsrisiko der Mitglieder des Verwaltungsrates der Tochtergesellschaften dadurch gemildert, dass mit ihnen *Treuhandverträge* abgeschlossen werden. Danach verpflichten sich die Mitglieder des Verwaltungsrates der Tochtergesellschaften dazu, in den Schranken von Recht und guten Sitten Weisungen der Muttergesellschaft oder einer anderen Konzerngesellschaft zu befolgen. Im Gegenzug wird ihnen zugesichert, dass sie im Falle einer persönlichen Inanspruchnahme schadlos gehalten werden. Der Verwaltungsrat der Konzerntochter wird sich dann darauf beschränken, für die Zahlungsfähigkeit der Tochtergesellschaft und die Einhaltung der (schweizerischen) Rechtsordnung besorgt zu sein, im vollen Bewusstsein darüber, dass er die zwingend dem Verwaltungsrat zugewiesenen Aufgaben materiell nicht erfüllt, im Vertrauen aber auch darauf, dass der (einzige) Aktionär (die Muttergesellschaft) mit diesem Vorgehen einverstanden ist und Gläubiger nur ein Interesse daran haben können, nicht zu Schaden zu kommen.

38 dd) All dies kann nicht darüber hinwegtäuschen, dass solche Konstruktionen zwingende aktienrechtliche Bestimmungen ausser acht lassen. Doch lässt sich damit leben, jedenfalls dann, wenn die Tochtergesellschaft eine *Einpersonengesellschaft* ist, wenn also ihre sämtlichen Aktien in der Hand einer Konzernmuttergesellschaft oder zumindest innerhalb des Konzerns gehalten werden. Schwierige Loyalitätskonflikte können dagegen aufkommen, wenn an einer Konzern-

---

[8a] Immerhin ist es möglich, im Rahmen von OR 716b I (dazu § 30 N 10 ff, 22 ff) die Geschäftsführung an die Mutter- oder eine Schwestergesellschaft zu delegieren. Gerade die grundlegenden Entscheidungen verbleiben aber beim Verwaltungsrat der Tochtergesellschaft, ebenso die Pflicht zur Überwachung der Geschäftsführung. In der Konzernpraxis wird dieser zwingenden gesetzlichen Kompetenz- und Pflichtenordnung oft nicht oder nur formal nachgelebt, weil sonst die unternehmerische Einheit des Konzerns nicht sichergestellt werden könnte.

tochtergesellschaft noch Minderheitsaktionäre – und seien es auch nur einige wenige mit einem kleinen Kapitalanteil – beteiligt sind[9].

II. Die Haftung im Konzern

1. Der Grundsatz: Haftung nur der Einzelgesellschaft

Als Grundsatz gilt, dass auch im Konzernverbund für Verpflichtungen – seien sie vertraglich, ausservertraglich oder durch ungerechtfertigte Bereicherung begründet – *nur die direkt betroffene Gesellschaft* einstehen muss. Andere Konzerngesellschaften haften nicht. Es gilt dies insbesondere auch für die Muttergesellschaft, die sich als (Haupt- oder Allein-)Aktionärin auf den Grundsatz von OR 620 II berufen kann, wonach die Aktionäre «für die Verbindlichkeiten der Gesellschaft nicht persönlich» haften (dazu § 1 N 60). 39

2. Die Ausnahme: Haftung der Konzernmuttergesellschaft oder anderer Konzerngesellschaften

Die Abweichung von den gesetzlichen Vorstellungen und die damit – in einer typgerechten Betrachtung – verbundenen Anomalien können jedoch zu einer Haftung weiterer Konzerngesellschaften und insbesondere der *Konzernmuttergesellschaft* führen. Lehre und Praxis haben dafür eine ganze Reihe von Ansätzen entwickelt: 40

a) Beim Abschluss von *Verträgen* durch Tochtergesellschaften ist die *Muttergesellschaft oft involviert,* wobei sie nicht selten ihre Beziehung zur Tochtergesellschaft in einer sog. *Patronatserklärung* kundtut. Durch eine solche Erklärung wird – unter Vermeidung einer formellen rechtlichen Bindung, wie sie etwa aus einer Bürgschaft oder einem Garantievertrag hervorginge – die Kreditwürdigkeit der Muttergesellschaft zugunsten des Vertragsabschlusses mit der Tochter eingesetzt. In der Praxis kommen solche Erklärungen in den verschiedensten Formen vor[10], von der blossen Bestätigung, dass die abschliessende Gesellschaft eine Tochtergesellschaft sei und man vom Vertragsabschluss Kenntnis habe (letter of awareness) bis zur Feststellung, es sei die erklärte Politik, Tochtergesellschaften mit den nötigen Mitteln zur Erfüllung ihrer rechtlichen Pflichten auszustatten. 41

Ob aus einer solchen Erklärung – entgegen ihrem Wortlaut und entgegen dem Willen der Muttergesellschaft – eine vertragliche Bindung auch der Muttergesellschaft abgeleitet werden kann, ist aufgrund einer Auslegung nach Vertrauensprinzip zu entscheiden[11]. 42

---

[9] Aus der Sicht der Konzernbildung ist es daher zu begrüssen, dass das neue Börsengesetz den Ausschluss von Kleinaktionären nach einem öffentlichen Übernahmeangebot vorsieht, vgl. § 44 N 58 ff.
[10] Vgl. dazu Altenburger, zit. § 51 Anm. 33.
[11] Vgl. dazu BGE 120 II 334 E 3 (in casu ging es nicht um eine Patronatserklärung, aber um andere Hinweise auf die Konzernverbundenheit. Die Haftung der Konzernmuttergesellschaft aus

43 b) Veranlasst die Muttergesellschaft eine Tochtergesellschaft zu einem rechtswidrigen Verhalten, dann kann ihr dies als *eigene widerrechtliche Handlung* angelastet werden. Falls die Muttergesellschaft die Möglichkeit einer einheitlichen Leitung tatsächlich wahrnimmt, kann die Veranlassung nach Ansicht der Lehre auch fahrlässig erfolgen.

44 Begründet werden kann diese Haftung – sie hat in der Praxis bisher kaum eine Rolle gespielt – mit der Haftung der Muttergesellschaft für ihre Tochter als Hilfsperson (OR 55), aber auch mit der Haftung der Muttergesellschaft für unerlaubte Handlungen ihrer Organe (ZGB 55 II, OR 722).

45 c) Eine Haftung der Muttergesellschaft kann mit den Regeln der *aktienrechtlichen Verantwortlichkeit* (dazu § 36 f) begründet werden[12]:

46 Zumindest in der Lehre, dagegen bisher noch selten in der Praxis, wird eine Haftung der Muttergesellschaft und ihrer Organe aus dem *funktionellen Organbegriff* (dazu § 37 N 4 ff) hergeleitet: Organ im Sinne der aktienrechtlichen Verantwortlichkeit ist bekanntlich nicht nur, wer formell als solches gewählt wird. Vielmehr sind dem Verantwortlichkeitsrecht alle Personen unterstellt, die massgebend an der Willensbildung der AG teilnehmen und korporative Aufgaben selbständig erfüllen (vgl. § 37 N 4).

47 Organe in diesem Sinne können auch Mitglieder des Verwaltungsrates und – vor allem – der Geschäftsleitung der Muttergesellschaft sein, wenn sie direkt auf die Entscheidungen der Tochtergesellschaft einwirken (z. B. durch Weisungen an die formell bei der Tochtergesellschaft zuständigen Organe). Darüber hinaus kann allenfalls auch die *Muttergesellschaft selbst* für Verwaltungs- und Geschäftsführungshandlungen im Rahmen von Tochtergesellschaften zur Verantwortung gezogen werden, weil – bzw. soweit – sie sich direkt oder indirekt in die Verwaltung und Geschäftsführung der Tochtergesellschaft einmischt[13].

48 d) Die Haftung der Muttergesellschaft kann allenfalls auch mit einem sog. *Durchgriff* begründet werden (dazu § 62 N 48 ff). Durchgriff bedeutet – vereinfacht ausgedrückt –, dass die formalrechtliche Selbständigkeit der juristischen Person ignoriert und die wirtschaftliche Realität auch rechtlich als massgebend erachtet wird. Ein Durchgriff von der Tochtergesellschaft auf die Muttergesellschaft und damit die haftungsmässige Inpflichtnahme der Muttergesellschaft ist dann gerechtfertigt, wenn die Berufung auf die rechtliche Selbständigkeit der

---

Vertrag wurde verneint, dagegen eine Haftung aus erwecktem Vertrauen in der Folge [S. 335 ff E 4] bejaht). – Ausführlich zum Problem der Konzernmuttergesellschaft Anton K. Schnyder: Patronatserklärungen – Haftungsgrundlage für Konzernobergesellschaften?, SJZ *1990* 57 ff.

[12] Von selbst versteht sich, dass die im Verwaltungsrat und in der Geschäftsleitung von Tochtergesellschaften tätigen Personen *persönlich* haftbar werden, wenn sie die Interessen ihrer Gesellschaft denen der Muttergesellschaft hintanstellen. Darin liegt ein Risiko für Organpersonen in Tochtergesellschaften, dem in der Praxis durch den Abschluss von Treuhandverträgen Rechnung getragen wird (vgl. vorn N 37).

[13] Keine Haftung besteht dagegen, solange sich die Organe der Obergesellschaft darauf beschränken, die Aktionärsrechte in der Tochtergesellschaft auszuüben.

Tochtergesellschaft als rechtsmissbräuchlich (ZGB 2 II) erscheint. In Konzernverhältnissen ist dies vor allem bei den folgenden Fallgruppen denkbar: Unterkapitalisierung und andere Fälle, in denen die Tochtergesellschaft für sich allein nicht lebensfähig wäre; Fremdsteuerung durch die Muttergesellschaft und Verfolgung von Sonderinteressen der Muttergesellschaft als der Haupt- oder Alleinaktionärin; Sphären- und Vermögensvermischung, d. h. Vernachlässigung der Selbständigkeit der Tochtergesellschaft durch die Muttergesellschaft und schliesslich auch das Erwecken des Anscheins einer persönlichen Verpflichtung der Muttergesellschaft, (etwa dadurch, dass die Einbettung der Tochtergesellschaft in den Konzern im Auftritt dieser Tochtergesellschaft gegenüber Dritten betont wird[14]).

e) Als Grundlage der Haftung der Muttergesellschaft für eine Tochtergesellschaft werden schliesslich auch *andere Gründe* aufgeführt. So hat das Bundesgericht in einem kühnen Entscheid erklärt, es könne «[e]rwecktes Vertrauen in das Konzernverhalten der Muttergesellschaft ... unter Umständen auch bei Fehlen einer vertraglichen oder deliktischen Haftungsgrundlage haftungsbegründend» sein[15]. Dies ergebe sich aus einer «Verallgemeinerung der Grundsätze über die Haftung aus culpa in contrahendo».

3. *Würdigung*

Die Hinweise in Ziff. 2 zeigen, dass aus allgemeinen – geschriebenen und ungeschriebenen – gesellschaftsrechtlichen Bestimmungen durchaus Regeln für die Haftung im Konzern entwickelt werden können. Doch ist die praktische Tragweite solcher Regeln noch weitgehend ungeklärt und erscheinen sie als ungenügend, um einen ausreichenden Schutz der Minderheitsgesellschafter einer abhängigen Gesellschaft und vor allem der Gläubiger und der Allgemeinheit sicherzustellen. Dies zeigt sich schon daran, dass die skizzierten Rechtsbehelfe in der Praxis nur selten zum Tragen kommen.

III. Rechnungslegung und Publizität

Vgl. dazu § 51 N 190 ff (Rechnungslegung) und § 39 N 8 f sowie § 51 N 114, 141 f (Publizität).

IV. Die Berücksichtigung wechselseitiger Beteiligungen

Vgl. dazu OR 659b und dazu § 50 N 175 ff.

---

[14] Vgl. dazu BGE 120 II 334 f.
[15] BGE 120 II 335, vgl. dazu auch die Bemerkungen von Jean Nicolas Druey in SZW *1995* 93 ff und von Rainer Gonzenbach in recht *1995* 117 ff.

C. Die Holdinggesellschaft als Instrument der Konzernbildung[16]

53 In der Konzernrealität dominiert der *faktische Unterordnungskonzern* (zu den Begriffen vgl. vorn N 10) in der Form, dass eine Gesellschaft eine oder mehrere Gesellschaften als Alleinaktionärin bzw. durch Stimmenmehrheiten (oder allenfalls auch kontrollierende Stimmenminderheiten) zu einer wirtschaftlichen Einheit zusammenfasst.

54 Das Vehikel hiezu ist die *Holdinggesellschaft,* d. h. eine (Aktien-)Gesellschaft, deren Hauptzweck es ist, sich an anderen, rechtlich selbständigen Unternehmen (namentlich anderen Aktiengesellschaften) zu beteiligen, und zwar insbesondere durch Mehrheitsbeteiligungen oder hundertprozentige Beteiligungen. Mit der Beteiligung ist zumeist (freilich nicht zwangsläufig) die Ausübung der Kontroll- und Leitungsfunktion verbunden.

55 Holdinggesellschaften sind in der Schweiz sehr verbreitet: So führt die Statistik für Ende 1991 13 880 Holdinggesellschaften in der Rechtsform der AG auf[17].

56 Für Holdinggesellschaften sieht das Zivilrecht zwei (unbedeutende) Erleichterungen vor (vgl. Ziff. I N 57 ff). Ihre Verbreitung als Instrument der Zusammenfassung von Gesellschaften zu einer wirtschaftlichen Einheit verdanken sie jedoch nicht zivilrechtlichen Bestimmungen, sondern einer steuerlichen Privilegierung (dazu Ziff. II N 60).

I. Die zivilrechtliche Behandlung

57 Zivilrechtlich unterstehen Holdinggesellschaften den allgemeinen Bestimmungen, mit Ausnahme von zwei aktienrechtlichen Sondernormen:

58 – Mit Bezug auf die Bildung von Reserven bestehen Erleichterungen (vgl. OR 671 IV und dazu § 50 N 102).

59 – Sodann sind die Vorschriften hinsichtlich der Nationalität und des Wohnsitzes der Verwaltungsratsmitglieder für Holdinggesellschaften, die vorwiegend ausländische Unternehmen beherrschen, abgeschwächt (OR 708 I, dazu § 27 N 74 ff).

II. Die steuerrechtliche Behandlung

60 Steuerrechtlich sind Holdinggesellschaften privilegiert. Dadurch sollen wirtschaftliche Mehrfachbelastungen (Besteuerung von Ertrag und Vermögen zunächst bei der beherrschten Tochtergesellschaft und anschliessend noch einmal bei der Holdinggesellschaft) eliminiert oder stark gemildert werden. Näheres hiezu in § 66 N 15 ff.

---

[16] Vgl. (zum deutschen Recht) dazu auch Marcus Lutter (Hg.): Holding Handbuch (Recht – Management – Steuern) (Köln 1995).
[17] Quelle: Statistisches Jahrbuch der Schweiz 1992, S. 92 (neueste verfügbare Zahlen).

14. Kapitel: Besondere Arten von Aktiengesellschaften

Dank seiner Flexibilität gilt das Aktienrecht über weite Strecken einheitlich für sämtliche Arten von Aktiengesellschaften. Immerhin finden sich – teils im Aktienrecht selbst, teils in Spezialgesetzen – Bestimmungen, die nur für einzelne Arten von Aktiengesellschaften relevant sind (vgl. § 61). Einzelne *Realtypen* zum Begriff (vgl. § 2 N 59) von Aktiengesellschaften werfen sodann besondere Probleme auf (vgl. dazu § 62). An der Grenze zur öffentlich-rechtlichen Institution steht sodann die *gemischtwirtschaftliche AG*, ausserhalb des Aktienrechts die *öffentlichrechtliche AG* (vgl. dazu § 63).

1

§ 61 Sonderbestimmungen für einzelne Arten von Aktiengesellschaften

Der schweizerische Gesetzgeber hat darauf verzichtet, den unterschiedlichen Realtypen der AG durch eine Zweiteilung des Aktienrechts oder gar durch die Schaffung mehrerer, nebeneinander stehender Formen von Aktiengesellschaften Rechnung zu tragen. An der *Einheit des Aktienrechts* wird auch im revidierten Aktienrecht festgehalten. Doch berücksichtigt das Gesetz die besondere Bedeutung von *grossen* und insbesondere von *im breiten Publikum verankerten* Aktiengesellschaften durch eine Reihe von Sonderbestimmungen (vgl. dazu lit. A, N 4 ff).

1

Für Publikumsgesellschaften in einem engeren Sinne – nämlich für Gesellschaften, deren Aktien ganz oder teilweise an einer *Börse kotiert* sind – ist sodann das künftige *Börsengesetz* von eminenter Bedeutung (vgl. dazu lit. B, N 15 ff).

2

Für Aktiengesellschaften einzelner Branchen gelten – zusätzlich zum Aktienrecht und dieses teilweise derogierend – Regeln aus Spezialgesetzen (vgl. dazu lit. C, N 52 ff.).

3

A. *Aktienrechtliche Sonderbestimmungen für Gross- und für Publikumsgesellschaften*

Vereinzelte Sonderbestimmungen des Aktienrechts richten sich allgemein an volkswirtschaftlich bedeutsame Gesellschaften (vgl. lit. a), andere sind nur auf Gesellschaften anwendbar, deren Aktien an einer Börse kotiert sind (vgl. lit. b) oder die sich für die Mittelbeschaffung an das Publikum wenden (vgl. dazu lit. c). Sodann sind noch Regelungen zu erwähnen, die ihrer Natur nach praktisch nur bei grossen Gesellschaften von Bedeutung sind oder bei denen für Grossgesellschaften eine besondere Ordnung gilt (vgl. lit. d).

4

5   a) Bei der Pflicht zur Erstellung einer *Konzernrechnung* nimmt der Gesetzgeber auf die Grösse Rücksicht, indem er Gesellschaften, die eine bestimmte Grössenordnung nicht übersteigen, von der allgemeinen Pflicht zur Erstellung einer Konzernrechnung befreit (vgl. OR 663e und dazu § 51 N 205 ff).

6   b) Für Gesellschaften, deren Aktien ganz oder zum Teil *an einer Börse kotiert* sind, schreibt das Gesetz *erhöhte Transparenz* vor. Überdies werden die *Vinkulierungsmöglichkeiten stark eingeschränkt:*

7   – Gesellschaften, deren Aktien börsenkotiert sind, müssen ihre Jahresrechnung und Konzernrechnung jedermann offenlegen (OR 697h, dazu § 48 N 57 ff).

8   – Sie haben auch ihre bedeutenden Aktionäre und deren Beteiligungen (sofern sie bekannt sind oder bekannt sein müssten) offenzulegen (OR 663c, dazu § 51 N 154).

9   – Endlich gilt für börsenkotierte Namenaktien eine besondere Vinkulierungsordnung, die die Handelbarkeit dieser Aktien sicherstellen soll (OR 685d ff, dazu § 44 N 182 ff).

10   c) Wendet sich eine Aktiengesellschaft für die *Geldbeschaffung an das Publikum*, so hat sie durch einen *Prospekt* für die nötige Transparenz zu sorgen, und zwar sowohl bei der Plazierung von *Aktien* (OR 652a, dazu § 52 N 87 ff) wie auch bei der Beschaffung von *Fremdkapital in Anleihensform* (OR 1156 II, dazu § 48 N 24 f). Überdies kommt die *Prospekthaftung* zum Tragen (OR 752, dazu § 37 N 72 ff).

11   Eine Gesellschaft, die Anleihensobligationen ausstehend hat, muss zudem Jahresrechnung und Konzernrechnung offenlegen (OR 697h I, dazu § 48 N 57 ff).

12   d) Zu erinnern ist schliesslich daran, dass gewisse Bestimmungen sich ihrer Natur nach vorwiegend an grosse Gesellschaften wenden, während andernorts für die Geltendmachung von Aktionärsrechten in Grossgesellschaften Erleichterungen gewährt werden:

13   – Die Bestimmungen über die *institutionelle Vertretung* in der GV durch Organvertreter, Depotvertreter und unabhängige Stimmrechtsvertreter sind auf Gesellschaften mit einem grossen Aktionärskreis zugeschnitten (vgl. OR 689c ff, dazu § 24 N 132 ff), auch wenn sie an sich für sämtliche Aktiengesellschaften anwendbar sind.

14   – Das Recht auf *Traktandierung in der GV* und das Recht, beim Richter die *Einsetzung eines Sonderprüfers* zu beantragen, steht – unabhängig vom prozentualen Anteil der gehaltenen Aktien – allen Aktionären und Aktionärsgruppen zu, die an Aktien mit einem bestimmten Mindestnennwert berechtigt sind (vgl. für die Traktandierung OR 699 III Satz 2 [1 Mio. Fr.] und § 23 N 27 ff, für das Gesuch, einen Sonderprüfer einzusetzen, OR 697b I [2 Mio. Fr.] und dazu § 35 N 42 ff). Bei Grossgesellschaften mit hohem Aktienkapital wird dadurch das prozentuale Erfordernis unterschritten.

B. Das Bundesgesetz über die Börsen und den Effektenhandel (Börsengesetz, BEHG) und kapitalmarktrechtliche Aspekte des Aktienrechts

Materialien: Bericht der Studiengruppe über das Börsenwesen vom 21.12.1989 (Bericht Kaeser); Vorentwurf der Expertengruppe zum Bundesgesetz über die Börsen und den Effektenhandel und Bericht dazu vom März 1991; Botschaft zu einem Bundesgesetz über die Börsen und den Effektenhandel vom 24.2.1993, BBl *1993* I 1369 ff.

Literatur: René Strazzer: Die «Takeover-Regelung» des neuen Börsengesetzes, ST *1995* 721 ff; Hans Caspar von der Crone: Meldepflicht und Übernahmeregelung im neuen Börsengesetz, in: Aktuelle Rechtsprobleme des Finanz- und Börsenplatzes Schweiz, Hg. Peter Nobel, Bd. 3/*1994* (Bern 1995) 63 ff; Alain Hirsch: Der Entwurf zu einem neuen Börsengesetz, in: Aktuelle Rechtsprobleme des Finanz- und Börsenplatzes Schweiz, Hg. Peter Nobel, Bd. 1/*1992* (Bern 1993) 11 ff; Peter Nobel: Reform of the Swiss Securities Markets – The proposed Federal Law on Stock Exchanges and Securities Trading (Stock Exchange Law), SZW *1993* 209 ff; Thomas Pletscher: Übernahmeregelung im neuen Börsengesetz, ST *1994* 170 ff; Markus Ruffner: Der Entwurf eines Bundesgesetzes über die Börsen und den Effektenhandel, AJP *1992* 69 ff; Franz Stirnimann: Börsen- und Effektenhandelsgesetz samt Ausführungsbestimmungen soweit vorliegend, in: Aktuelle Rechtsprobleme des Finanz- und Börsenplatzes Schweiz, Hg. Peter Nobel, Bd. 3/*1994* (Bern 1995) 50 ff; verschiedene Aufsätze in SZW *1995* 209 ff.

I. Entstehungsgeschichte und Inhalt des Börsengesetzes

1. Entstehungsgeschichte

Das Börsenwesen war in der Schweiz stets kantonal geordnet; die Börsenplätze Genf, Basel und Zürich hatten je ihre eigenen, z. T. älter gewordenen Erlasse[1]. Vereinheitlicht wurden aber schon vor einiger Zeit die unter der einheitlichen Administration der sog. *Zulassungsstelle* stehenden Kotierungsreglemente der Börsen von Zürich, Basel und Genf[2]. Die Regeln zur *Kotierung*, d. h. zur Zulassung an die Börse, spielen eine grosse Rolle; die Börsenkotierung ist auch ein wichtiges aktienrechtliches Anknüpfungskriterium (vgl. hinten N 6 ff sowie § 44 N 182 und § 68 N 60 f).

Angesichts der internationalen Entwicklung einerseits, der technischen Fortschritte in Richtung einer elektronischen Börse[3] anderseits, setzte sich in neuerer Zeit zunehmend die Erkenntnis durch, dass der Zeitpunkt zum Erlass eines

---

[1] Vgl. insbes. das Wertpapiergesetz (WPG) des Kantons Zürich vom 22.12.1922, letztmals teilrevidiert am 27.9.1992 sowie die VO zum Wertpapiergesetz vom 2.12.1992.
[2] Zur Zulassungsstelle und ihren Erlassen vgl. Handbuch der Schweizerischen Zulassungsstelle (Loseblatt).
[3] Elektronische Börse Schweiz = EBS; soll vor Ende 1995 in Betrieb genommen werden.

Bundesgesetzes über das Börsenwesen gekommen sei. Diese Einsicht wuchs im Rahmen der breit angelegten, ersten Studiengruppe[4].

19 Eine erste Initiative zur Ordnung des Börsenwesens wurde bereits *1891* als Folge eines *Börsenkrachs* lanciert; der Erlass der kantonalen Gesetze liess diese Anstrengung dann aber gegenstandslos werden. Der Gedanke eines eidgenössischen Börsengesetzes tauchte alsdann, wegen der uneinheitlichen Zulassung ausländischer Effekten, bei den Beratungen zum schweizerischen Bankengesetz wieder auf[5]. Durch die Schaffung der *Schweizerischen Zulassungsstelle* auf dem Vereinbarungsweg wurde aber auch diese bundesrechtliche Intervention abgewehrt[6].

20 Eigentliche Missstände waren bis heute allerdings keine zu beklagen, da die *Kantone* die Handelstätigkeit beaufsichtigten (Börsenkommissär) und die wesentlichen Akteure an den Börsen stets die *Banken* waren, die auch für das sogenannte «indifferente Geschäft» dem Bankengesetz und damit der Aufsicht der Eidgenössischen Bankenkommission (EBK) unterstehen, die sich von Zeit zu Zeit denn auch mit Vorgängen in Börsenabteilungen von Banken zu beschäftigen hatte. Vom Publikum besonders gefürchtet schien der sog. «Kursschnitt» zu sein[7]. Ein wesentlicher Fortschritt war die Schaffung des *Übernahme-Kodex* der Schweizer Börsen[8] und der damit verbundenen *Regulierungskommission*. Der Kodex regelt das Gebiet der öffentlichen Unternehmensübernahmen in freiwilliger Weise. Gemäss ihrer Praxis ist die Regulierungskommission nicht auf aktienrechtliche Fragen eingegangen, doch müssen Angebote grundsätzlich gesetzes- und statutenkonform sein (Ziff. 6.1. Übernahme-Kodex). In formeller Hinsicht hat sich die Kommission bewährt, materiell war ihre Praxis aber unbefriedigend[9].

21 Der Vorentwurf der Expertengruppe zum Börsengesetz unter dem Vorsitz von Alain Hirsch (zit. N 15) wurde ohne wesentlichen Veränderungen in den Vorschlag des Bundesrates von 1993[10] übernommen und wiederum ohne grosse Modifikationen vom Parlament rasch verwirklicht.

22 Das Inkrafttreten des Börsengesetzes ist in der zweiten Hälfte *1996* zu erwarten. Das Gesetz wird von einer ausführlichen Verordnung begleitet werden. Damit wird ein eigentliches Stück Kapitalmarktrecht geschaffen. Zahlreiche Fra-

---

[4] Vgl. Bericht Kaeser (zit. N 15).

[5] StenBull NR *1934* 444, *1938* 376; StenBull SR *1939* 33.

[6] Vgl. dazu Hans-Dieter Vontobel: Kritische Betrachtungen zum Recht der schweizerischen Effektenbörse (Diss. Zürich 1972) 152.

[7] Dazu ausführlich Bruno Gehrig: Der Kursschnitt im Wertpapierhandel, in: FS Kleiner (Zürich 1993) 55 ff; Peter Nobel: Zur Problematik des sogenannten Kursschnittes im Wertpapierhandel, FS Giger (Bern 1989) 527 ff.

[8] Schweizerischer Übernahme-Kodex vom 1. 5. 1991.

[9] Vgl. etwa den Holvis-Entscheid vom 7. 6. 1995, wo es um die Frage ging, ob eine sog. auktionsblockierende Lock-up-Klausel unter dem Gesichtswinkel von Ziff. 6.1. des Kodex sowie aus Aktionärssicht zulässig sei oder nicht (vgl. zu diesem Entscheid auch die Bemerkungen von Christian Meier-Schatz in SZW *1995* 186 ff), sowie den Jacobs-Suchard-Entscheid vom 17. 7. 1991, welcher sich mit der Frage der Ausnahmen von der Karenzfrist, der Ergänzungsfrist und des Verbots eines neuen Angebots innert Jahresfrist (Ziff. 3.4., 3.7. bzw. 3.9. des Übernahme-Kodex) aus Aktionärssicht auseinandersetzte.

[10] BBl *1993* I 1369 ff (zit. N 15).

gen werden aber erst durch die VO zum Börsengesetz und die weiteren Verordnungen näher beantwortet werden, namentlich auch zum Konzernrecht und zum sog. «acting in concert» am Wertpapiermarkt. Hier ist nach einem Überblick nur auf aktienrechtlich besonders interessante Teile hinzuweisen[11]. Zahlreiche Regelungen greifen nämlich direkt in aktienrechtliche Belange ein; das (Aktien-) Recht der kotierten Gesellschaften wird durch das Börsenrecht in wesentlichem Umfang überlagert.

2. *Inhalt des Börsengesetzes*[12]

a) *Materiell* regelt das Gesetz «die Voraussetzungen für die Errichtung und den Betrieb von Börsen sowie den gewerbsmässigen Handel mit Effekten, um für den Anleger Transparenz und Gleichbehandlung sicherzustellen. Es schafft den Rahmen, um die Funktionsfähigkeit der Effektenmärkte zu gewährleisten» (BEHG 1). Dann wurde die Regelung und Verbesserung der internationalen Zusammenarbeit der Aufsichtsbehörden für notwendig gehalten (Verwaltungsrechtshilfe, Amtshilfe, vgl. BEHG 38). Nötig schien auch die gesetzliche Erfassung der Transparenz über den Aktienbesitz[13] und die Kontrolle von Übernahmen. Neben das bereits bekannte Verbot der Insidertätigkeit (StGB 161) tritt neu das Verbot der Kursmanipulation (als StGB 161bis, vgl. BEHG 46).

Aufsichtsbehörde ist die Eidgenössische Bankenkommission (BEHG 34); im Bereich der Übernahmen wird eine *Übernahmekommission* tätig sein (BEHG 23). Für Meldepflichten und Übernahmeangebote werden ebenfalls die Verordnungstexte wesentliche Bestimmungen enthalten. Börsen und Effektenhändler unterstehen einer bundesrechtlichen Bewilligungspflicht, wobei im Börsenbereich die *Selbstorganisation* (self regulation) aber eine grosse Rolle zu spielen berufen ist (BEHG 4).

b) In *formeller* Hinsicht ist das Gesetz in *zehn Abschnitte* (Allgemeine Bestimmungen, Börsen, Effektenhändler, Offenlegung von Beteiligungen, öffentliche Kaufangebote, Aufsichtsbehörde, Verhältnis zum Ausland, Beschwerdeverfahren, Strafbestimmungen, Schlussbestimmungen) unterteilt.

c) Für eine aktienrechtliche Betrachtung sind wesentliche Materien die Offenlegung von Beteiligungen und die öffentlichen Kaufangebote. Von Interesse sind aber auch die gesetzlichen Definitionen der «Effekten» und «Börsen».

---

[11] Das Aktienrecht enthält den Begriff «an einer/der Börse kotiert» oder «börsenkotiert» in OR 663c I, 663e III Ziff. 2, 685d, 685e, 685f I, 697h, 727b I Ziff. 2. Es ist davon auszugehen, dass das BEHG den Begriff «kotiert» in einem engeren, technischen Sinn verwenden wird, neben «zum Handel an einer Börse zugelassen»; die börsenbezogenen aktienrechtlichen Regeln umfassen aber beide Segmente. Daneben ist zu beachten, dass im Tatbestand der Kursmanipulation (vorgesehen als StGB 161bis, vgl. BEHG 46) «börslich gehandelt» steht, um bezüglich dieser Voraussetzung Übereinstimmung mit dem Insidertatbestand (StGB 161) zu erreichen. Vgl. auch hinten N 32.
[12] BG über die Börsen und den Effektenhandel vom 24. 3. 1995 (Börsengesetz, BEHG), BBl *1995* II 419 ff.
[13] Zur Bestimmung von OR 663e, die der erwähnten Zielsetzung dient, vgl. § 39 N 8 ff.

27 Der Begriff der *Effekten* wird in BEHG 2 lit. a wie folgt modern umschrieben:

> «Effekten: vereinheitlichte und zum massenweisen Handel geeignete Wertpapiere, nicht verurkundete Rechte mit gleicher Funktion (Wertrechte) und Derivate».

28 Unter *«Börsen»* versteht BEHG 2 lit. b:

> «Börsen: Einrichtungen des Effektenhandels, die den gleichzeitigen Austausch von Angeboten unter mehreren Effektenhändlern sowie den Vertragsabschluss bezwecken».

29 d) Die Börse hat ein *Reglement zur Zulassung von Effekten zum Handel* zu erlassen. Dazu sagt BEHG 8 II:

> «Das Reglement enthält Vorschriften über die Handelbarkeit der Effekten und legt fest, welche Informationen für die Beurteilung der Eigenschaften der Effekten und der Qualität des Emittenten durch die Anleger nötig sind.»

30 Das Gesetz legt auch fest, dass das Kotierungsreglement internationalen Standards zu genügen habe (BEHG 8 III). Die Zulassungsstelle hat bezüglich der *Unternehmenspublizität* bereits jetzt die FER-Richtlinien[14] für verbindlich erklärt und verlangt demgemäss für kotierte Gesellschaften[15] hinsichtlich des Konzernabschlusses – über die aktienrechtliche Regelung hinaus (OR 669, 663g) – die Einhaltung des Grundsatzes der «True and Fair View», also einen sicheren Einblick in die Lage des Geschäfts[16]. Auch Gesellschaften, die nicht Teil eines Konzerns sind, müssen inskünftig in analoger Weise Rechnung legen. Eine Revision des Kotierungsreglements soll auch vorsehen, dass von den Unternehmen kurswesentliche Informationen laufend zu publizieren sind (sog. Ad-hoc-Publizität; § 84).

31 Das Börsengesetz regelt den *Primärmarkt*, d.h. die Emission von Effekten, nicht. Dieser Aspekt untersteht weiterhin dem *Obligationenrecht* (OR 652a, 752, 1156ff). Eine erweiternde Gesetzgebung ist jedoch geplant. Die Effektenhändler sind überdies gehalten, die ihnen neu gemäss Börsengesetz obliegenden Verhaltensregeln (BEHG 11) auch bei öffentlichen Angeboten auf dem Primärmarkt einzuhalten (BEHG 2 lit. d).

32 e) Zum Schutz der Effektenmärkte und zur Wahrung der Chancengleichheit der Anleger ist per 1. Juli 1988 bereits das *Verbot der Ausnützung von Insiderwissen (StGB 161)*[17] *erlassen worden. Die Bestimmung lautet folgendermassen:*

> «1. Wer als Mitglied des Verwaltungsrates, der Geschäftsleitung, der Revisionsstelle oder als Beauftragter einer Aktiengesellschaft oder einer sie beherrschenden oder von ihr abhängigen Gesellschaft,

---

14 Fachempfehlungen zur Rechnungslegung FER, vgl. dazu § 51 N 170 ff.
15 In der Schweiz sind zur Zeit rund 300 Gesellschaften kotiert.
16 Ebenso die 7. EG-Richtlinie 83/349 in Art. 16, ABl L 193 18.7.1983, 1.
17 Vgl. zur Insiderstrafnorm eingehend Peter Böckli: Schweizer Insiderrecht und Banken – Einfluss der EG-Richtlinie von 1989, AJP 1993 769 ff; Christoph Peter: Aspekte der Insiderstrafnorm (Diss. Chur/Zürich 1991); Niklaus Schmid: Schweizerisches Insiderstrafrecht (Bern 1988) sowie die Bundesgerichtsentscheide BGE 119 IV 38, 118 Ib 448, 543, 547. – Zur Entstehung der Strafnorm vgl. Peter Forstmoser: Insiderstrafrecht; die neue schweizerische Strafnorm gegen Insider-Transaktionen, SZW *1988* 122 ff.

als Mitglied einer Behörde oder als Beamter,
oder als Hilfsperson einer der vorgenannten Personen
sich oder einem andern einen Vermögensvorteil verschafft, indem er die Kenntnis einer vertraulichen Tatsache, deren Bekanntwerden den Kurs von in der Schweiz börslich oder vorbörslich gehandelten Aktien, andern Wertschriften oder entsprechenden Bucheffekten der Gesellschaft oder von Optionen auf solche in voraussehbarer Weise erheblich beeinflussen wird, ausnützt oder diese Tatsache einem Dritten zur Kenntnis bringt,
wird mit Gefängnis oder Busse bestraft.
2. Wer eine solche Tatsache von einer der in Ziffer 1 genannten Personen unmittelbar oder mittelbar mitgeteilt erhält und sich oder einem andern durch Ausnützen dieser Mitteilung einen Vermögensvorteil verschafft,
wird mit Gefängnis bis zu einem Jahr oder mit Busse bestraft.
3. Als Tatsache im Sinne der Ziffern 1 und 2 gilt eine bevorstehende Emission neuer Beteiligungsrechte, eine Unternehmensverbindung oder ein ähnlicher Sachverhalt von vergleichbarer Tragweite.
4. Ist die Verbindung zweier Aktiengesellschaften geplant, so gelten die Ziffern 1–3 für beide Gesellschaften.
5. Die Ziffern 1–4 sind sinngemäss anwendbar, wenn die Ausnützung der Kenntnis einer vertraulichen Tatsache Anteilscheine, andere Wertschriften, Bucheffekten oder entsprechende Optionen einer Genossenschaft oder einer ausländischen Gesellschaft betrifft.»

Ungewissheit hat vor allem der Ausdruck des «ähnlichen Sachverhaltes von vergleichbarer Tragweite» bereitet; das Bundesgericht hat nun klargestellt, dass es sich dabei um Informationen mit Bedeutung für die Kapitalstruktur handelt[18].

Das Börsengesetz fügt nun in BEHG 46 mit der gleichen Zielsetzung das *Verbot der Kursmanipulation* als neuen StGB 161bis hinzu[19], der wie folgt lautet:

«Wer in der Absicht, den Kurs von in der Schweiz börslich gehandelten Effekten erheblich zu beeinflussen, um daraus für sich oder für Dritte einen unrechtmässigen Vermögensvorteil zu erzielen:
wider besseren Wissens irreführende Informationen verbreitet oder
Käufe und Verkäufe von solchen Effekten tätigt, die beidseitig direkt oder indirekt auf Rechnung derselben Person oder zu diesem Zweck verbundener Personen erfolgen,
wird mit Gefängnis oder Busse bestraft».

Die generalklauselartige Formulierung des bundesrätlichen Vorschlages[20] ist vom Parlament abgelehnt worden.

---

[18] Pra. *1993* Nr. 150.
[19] Zur Kursmanipulation Jacques Iffland: La répression pénale des manipulations de cours en droit suisse (Lausanne 1994); Niklaus Schmid: Zu neueren Entwicklungen auf dem Gebiete des schweizerischen Börsenstrafrechts, FS zum Schweizerischen Juristentag 1994 (Zürich 1994) 525 ff.
[20] Vgl. BBl *1993* I 1459.

II. Offenlegung von Beteiligungen

36 Das Börsengesetz geht davon aus, dass *massgebliche Beteiligungen* eine *kursrelevante Information* darstellen. So auch hinsichtlich einer sich anbahnenden *Übernahme*. Auf der anderen Seite war bezüglich der zahlreichen *Familienaktiengesellschaften*[21] bereits hier ein Kompromiss zu finden. Vor allem auf sie ist eine zusammenfassende Meldepflicht «als Gruppe» zugeschnitten. Auch dort ist aber die Gesamtbeteiligung, die Identität der Mitglieder, die Art der Absprache und die Vertretung offenzulegen (BEHG 20 III). Die Gesellschaft muss die ihr mitgeteilten Informationen über die Veränderungen bei den Stimmrechten veröffentlichen (BEHG 21). Der Erwerber ist seinerseits sowohl gegenüber den Börsen als auch der Gesellschaft *meldepflichtig* (BEHG 20 I). Unter der unscheinbaren Kompetenz, dass die Aufsichtsbehörde Bestimmungen über die Berechnung der Stimmrechte erlässt (BEHG 20 V), verbirgt sich die in der Verordnung zu regelnde Möglichkeit, dass bei Verletzung der Meldepflichten Stimmrechte suspendiert werden.

37 BEHG 20 lautet wie folgt:

«1. Wer direkt, indirekt oder in gemeinsamer Absprache mit Dritten Aktien einer Gesellschaft mit Sitz in der Schweiz, deren Beteiligungspapiere mindestens teilweise in der Schweiz kotiert sind, für eigene Rechnung erwirbt oder veräussert und dadurch den Grenzwert von 5, 10, 20, $33^{1}/_{3}$, 50 oder $66^{2}/_{3}$ Prozent der Stimmrechte, ob ausübbar oder nicht, erreicht, unter- oder überschreitet, muss dies der Gesellschaft und den Börsen, an denen die Beteiligungspapiere kotiert sind, melden.
2. Die Umwandlung von Partizipations- oder Genussscheinen in Aktien und die Ausübung von Wandel- oder Erwerbsrechten sind einem Erwerb gleichgestellt.
3. Eine vertraglich oder auf eine andere Weise organisierte Gruppe muss die Meldepflicht nach Absatz 1 als Gruppe erfüllen und Meldung erstatten über:
a. die Gesamtbeteiligung;
b. die Identität der einzelnen Mitglieder;
c. die Art der Absprache;
d. die Vertretung.
4. Haben die Gesellschaft oder die Börsen Grund zur Annahme, dass ein Aktionär seiner Meldepflicht nicht nachgekommen ist, so teilen sie dies der Aufsichtsbehörde mit.
5. Die Aufsichtsbehörde erlässt Bestimmungen über den Umfang der Meldepflicht, die Behandlung von Erwerbsrechten, die Berechnung der Stimmrechte sowie über die Fristen, innert welchen der Meldepflicht nachgekommen werden muss und eine Gesellschaft Veränderungen der Besitzverhältnisse nach Absatz 1 zu veröffentlichen hat. Die Übernahmekommission (Art. 23) hat ein Antragsrecht.
6. Wer Effekten erwerben will, kann über Bestand oder Nichtbestand einer Offenlegungspflicht einen Entscheid der Aufsichtsbehörde einholen.»

---

[21] Gemäss einer Studie der Bank Julius Bär sind von 114 analysierten Gesellschaften immerhin deren 75 als Familiengesellschaften zu qualifizieren und lediglich 19 sind echte Publikumsgesellschaften (die restlichen Unternehmen gaben keine Auskünfte), vgl. Hans Kaufmann/Beat Kunz: Swiss Share Ownership, Nr. 1/Juni *1991*, publiziert von der Bank Julius Bär, Zürich.

Die Verletzung der Meldepflicht zieht Strafe nach sich, die ein drastisches 38
Ausmass erreichen kann, nämlich Busse bis zum Doppelten des Wertes des nicht
gemeldeten Bestandes (BEHG 41).

Die Meldepflicht wird in Übernahmesituationen noch verstärkt, indem nicht 39
nur der Anbieter, sondern jedermann, der mindestens 5 Prozent der Stimmrechte einer Zielgesellschaft hält, jede Veränderung sowohl der Übernahmekommission als auch den Börsen, an denen die Papiere kotiert sind, zu melden hat
(BEHG 31 I).

Übergangsrechtlich sind alle 5 Prozent der Stimmrechte überschreitenden Beteiligungen innert dreier Jahre offenzulegen (BEHG 51). 40

III. Öffentliche Kaufangebote

1. Grundregeln

Bereits bisher unterlagen öffentliche Kaufangebote dem freiwillig aufge- 41
stellten Übernahme-Kodex der Börsen. Das Börsengesetz enthält nun in BEHG
22–31 und 51 eine darauf aufbauende, gesetzliche Regelung, die freilich umfangreich und kompliziert ausgefallen ist. Massgebliche Behörde ist hier die von der
EBK gewählte *Übernahmekommission* (BEHG 23), die aber nicht verfügen,
sondern nur empfehlen kann (Verfügungsbehörde ist auch hier die EBK selber).

Die Grundidee besteht einerseits darin, dass den *Anteilsinhabern* in einem 42
geprüften Angebot (Prospekt) genügend *Informationen* zur Verfügung gestellt
werden sollen, um einen bewussten Entscheid fällen zu können (BEHG 22–28).
So hat auch der Verwaltungsrat der Zielgesellschaft einen Bericht zu erstatten
und ist er in seinen Defensivmassnahmen beschränkt, indem er keine Rechtsgeschäfte tätigen darf, die den Aktiv- oder Passivbestand der Gesellschaft nennenswert verändern (BEHG 29 I und II Satz 1), was für die GV indessen nicht gilt
(BEHG 29 II Satz 2). Fraglich ist, wie weit Defensivbeschlüsse (der GV) «auf
Vorrat» zulässig sind, und ob es Defensivbeschlüsse gibt, die per se verpönt sind
(BEHG 29 III). Stets gelten nach der hier vertretenen Auffassung OR 706 und
706b.

Bei konkurrierenden Angeboten sollen die Anleger frei wählen können 42a
(BEHG 30 I).

Das Gesetz verlangt auch eine Gleichbehandlung der Inhaber gleicher Betei- 43
ligungspapiere (BEHG 24 II).

Dann ist derjenige, der mehr als $33^{1}/_{3}$ Prozent der Stimmrechte einer schweize- 44
rischen Zielgesellschaft überschreitet, gehalten, ein *Angebot für sämtliche kotierten Papiere mit Stimmrecht* zu unterbreiten (BEHG 32 I).

Vor der Kotierung der Beteiligungspapiere können die Gesellschaften in den 45
Statuten festlegen, dass ein Übernehmer nicht zu einem öffentlichen Kaufangebot verpflichtet ist (BEHG 22 II). Nach der Kotierung ist eine solche statutarische Regel (opting out) nur noch möglich, «sofern dies nicht eine Benachteiligung der Aktionäre im Sinne von Art. 706 des Schweizerischen Obligationen-

rechts bewirkt» (BEHG 22 III). Übergangsrechtlich können bereits kotierte Gesellschaften die Nichtanwendbarkeit der Angebotspflicht innert zweier Jahre in die Statuten aufnehmen, wobei die Schranke von OR 706 nicht gelten soll (BEHG 53). Die Möglichkeit des «Opting out» bezieht sich aber nur auf das Pflichtangebot.

46   Die Zielgesellschaften können den Grenzwert von $33^1/_3$ Prozent statutarisch auch ohne weiteres auf 49 Prozent anheben (BEHG 32 I).

47   In berechtigten Fällen kann die Aufsichtsbehörde (EBK) Ausnahmen von der Angebotspflicht gewähren (BEHG 32 II). Dabei wird wiederum besonders an «organisierte Gruppen» (wie Familienaktiengesellschaften) gedacht (vgl. vorn N 36).

48   Daneben wird – abweichend vom bundesrätlichen Entwurf – als Ausnahme von der Angebotspflicht auch der Katalog des Erwerbs der Stimmrechte auf dem Wege von «Schenkung, Erbgang, Erbteilung, eheliches Güterrecht oder Zwangsvollstreckung» eingefügt (BEHG 32 III, vgl. auch den Katalog in OR 685d III, dazu § 44 N 210 f).

2. Übergangsrecht und Altbestände

49   Übergangsrechtlich soll derjenige, der mehr als $33^1/_3$ Prozent, aber weniger als 50 Prozent hält, ein Angebot unterbreiten, wenn er weitere Beteiligungsrechte erwirbt und die Grenze von 50 Prozent überschreitet (BEHG 52). Bezüglich der bei Inkrafttreten des Gesetzes bereits im Mehrheitsbesitz stehenden Gesellschaften ist aufgrund dieser Bestimmung ein qualifiziertes Schweigen des Gesetzgebers anzunehmen. Es fehlt auch an entsprechenden Übergangsbestimmungen. Folglich ist kein Angebot abzugeben.

3. Eingliederung

50   Das Gesetz regelt auch die sogenannte *Eingliederung* (aus der Sicht der Minderheitsaktionäre: «squeeze out»), indem derjenige, der im Anschluss an ein öffentliches Angebot über *98 Prozent* der Stimmrechte einer Zielgesellschaft verfügt, vom Richter die *Kraftloserklärung der restlichen Beteiligungspapiere* verlangen kann. Er muss zu diesem Zweck Klage gegen die Gesellschaft erheben, aber auch die restlichen Aktionäre können dem Verfahren beitreten (BEHG 33). Auch hierzu findet sich eine übergangsrechtliche Regelung, indem die Inhaber von mehr als 98 Prozent aufgrund eines früheren öffentlichen Kaufangebots innert einer Frist von sechs Monaten ab Inkrafttreten des Gesetzes eine solche Kraftloserklärung verlangen können (BEHG 54 I). Da hier nicht ein preislich bestimmtes Angebot voranging, muss der Preis für diesen «Auskauf» bestimmt werden. Die Übergangsbestimmung sagt, dass der Eigentümer der kraftlos erklärten Beteiligungspapiere Anspruch auf einen «angemessenen Preis» habe (es ist hier also nicht die Rede vom «wirklichen Wert» wie in OR 685b), der sich «auf Grund eines Berichts der Revisionsstelle» errechnet (BEHG 54 II). Diese offenen Formulierungen könnten Anlass zu Komplikationen geben.

Das Börsengesetz greift für kotierte Aktiengesellschaften weit in gesellschafts- 51
rechtliche Belange ein und ist daher stets in die Betrachtung miteinzubeziehen.

C. Ergänzende spezialgesetzliche Bestimmungen für einzelne Branchen

Für einzelne Wirtschaftszweige werden in Spezialgesetzen erschwerende 52
oder zusätzliche Anforderungen für die Errichtung und den Betrieb von Aktiengesellschaften aufgestellt. Erwähnt und skizziert seien hier nur die beiden wichtigsten Sonderordnungen: diejenige für Bank-Aktiengesellschaften (vgl. Ziff. I) und die für die Versicherungs-AG (vgl. Ziff. II)[22].

I. Die Bank-Aktiengesellschaft

Literatur: Bodmer/Kleiner/Lutz, Kommentar zum schweizerischen Bankengesetz 53
(Zürich 1976 ff, Loseblatt); Leo Schürmann: Wirtschaftsverwaltungsrecht (3. A. Bern 1994) § 40.

Die bedeutenden Banken sind als Aktiengesellschaften organisiert und 54
unterstehen damit dem Aktienrecht. Daneben unterstehen sie aber auch dem Bankengesetz[23] (BankG) und der zugehörigen Verordnung[24] (BankV). Diese Gesetzgebung unterstellt die Ausübung einer Banktätigkeit einer *Bewilligungspflicht*, und der Eintrag ins Handelsregister kann erst erfolgen, wenn die Bewilligung der Aufsichtsbehörde (Eidgenössische Bankenkommission, EBK) vorliegt (BankG 3 I).

Das BankG schreibt u. a. eine Prüfung von Statuten und Reglementen durch 55
die EBK vor, ferner der genügenden Verwaltungsorganisation und der Gewähr für einwandfreie Geschäftstätigkeit der Organe sowie der Inhaber qualifizierter Beteiligungen (mit 10 % und mehr). Für Banken ist auch vorgeschrieben, «besondere Organe für die Geschäftsleitung einerseits und für die Oberleitung, Aufsicht und Kontrolle andererseits auszuscheiden und die Befugnisse zwischen diesen Organen so abzugrenzen, dass eine sachgemässe Überwachung der Geschäftsführung gewährleistet ist» (BankG 3 II lit. a).

Überwachungsbereiche sind sodann Liquidität, Eigenmittel und Risikovertei- 56
lung; die Überwachung erfolgt dabei auf internationaler Konzernbasis (konsoli-

---

[22] Als weiteres praktisch wenig bedeutsames Beispiel kann die Sonderordnung für Fondsleitungsgesellschaften im BG vom 18. 3. 1994 über die Anlagefonds (Anlagefondsgesetz, AFG), SR 951.31, genannt werden. Das AFG wird ergänzt durch zwei Verordnungen: die VO über die Anlagefonds (AFV) vom 19. 10. 1994 (SR 951.311) und die VO der EBK über die Anlagefonds (AFV-EBK) vom 27. 10. 1994 (SR 951.311.1).
[23] BG über die Banken und Sparkassen vom 8. 11. 1934, in der Fassung vom 18. 3. 1994, SR 952.0.
[24] VO über die Banken und Sparkassen (Bankenverordnung) vom 17. 5. 1972, in der Fassung vom 12. 12. 1994, SR 952.02.

diert). Als Kern der Aufsicht ist heute die Überwachung der Eigenmittelsituation zu sehen. In absehbarer Zeit wird auch die Unterlegung der Marktrisiken gefordert werden. Bei der Gesetzgebung für diese Materien spielen die internationalen Harmonisierungsbestrebungen im Rahmen des *Ausschusses für Bankenaufsicht* bei der BIZ (Bank für internationalen Zahlungsausgleich) eine grosse Rolle. Die Rechnungslegung der Banken, für die grundsätzlich auf das Aktienrecht verwiesen wird (BankG 6 II), ist in Tat und Wahrheit sehr weitgehend einer Spezialordnung unterstellt (BankV 23–28), die vom Aktienrecht abweicht, d. h. weiter geht und ausgebauter ist.

57 Die Banken werden von besonders für die Bankrevision befähigten externen Revisionsstellen geprüft, die ihrerseits auch einer Zulassung durch die EBK bedürfen. Diese externe Revisionsstelle gilt nach der Rechtsprechung nicht als Organ der Gesellschaft[25]. Die Funktion der externen Revisionsstelle kann, muss aber nicht mit der aktienrechtlichen Revisionsstelle zusammengelegt werden. Die Revision ist weitgehend materieller Art, und Form und Inhalt des Revisionsberichtes sind sowohl in der BankV wie auch in einem ausführlichen Rundschreiben der EBK[26] geordnet.

58 Das BankG geht dem Aktienrecht als Spezialgesetz grundsätzlich[27] vor, und zwar auch dem neuen Aktienrecht, soweit das BankG eine Materie ordnet. Der Vorbehalt von Art. 16 der Schluss- und Übergangsbestimmungen des OR vom 18. 12. 1936 gilt auch gegenüber dem revidierten Aktienrecht. Die EBK hat die wesentlichen Regeln hierzu in einem speziellen Rundschreiben festgehalten[28].

II. Die Versicherungs-Aktiengesellschaft

59 *Literatur:* Moritz Kuhn: Grundzüge des Schweizerischen Privatversicherungsrechts (Zürich 1989) 45 ff; Weiss N 405 ff.

60 Grundsätzlich stehen für nicht staatliche Versicherungsgesellschaften[29] sämtliche Organisationsformen des Gesellschaftsrechts zur Verfügung[30]. In der Praxis sind Versicherungen aber hauptsächlich in die Form der Aktiengesellschaft gekleidet, so dass auf sie die Bestimmungen des 26. Titels des Obligationenrechts anwendbar sind. Da jedoch ein Bedürfnis besteht, den Versicherungsnehmer vor

---

25 BGE 117 II 315 ff; kritisch dazu Peter Nobel: SZW *1993* 182 ff.
26 EBK-RS 78/3 vom 26. 9. 1978.
27 Zur Problematik bei Überlagerungen und Widersprüchen vgl. etwa Brigitte Tanner: Die Auswirkungen des neuen Aktienrechts auf Gesellschaften mit beschränkter Haftung, Genossenschaften und Bankaktiengesellschaften, in: Schluep/Isler (vgl. LV) 31 ff sowie Peter Nobel: Aktienrechtsreform und Banken, in: FS Kleiner (Zürich 1993) 169 ff.
28 EBK-Rundschreiben 93/1 vom 25. 8. 1993.
29 Als staatliche, öffentlich-rechtliche Versicherungsanstalten sind etwa die AHV oder die SUVA zu nennen.
30 Vgl. aber VAG 11, wonach die Bewilligung anderer als in die Rechtsform der Aktiengesellschaft oder Genossenschaft gekleideter Versicherungen der Begründung bedarf.

dem Abschluss von Verträgen mit zahlungsunfähigen Gesellschaften zu bewahren, besteht – ähnlich wie bei der Bank-AG – eine strenge, verfassungsrechtlich verankerte[31], *staatliche Aufsicht*. Geregelt wird sie vor allem im Versicherungsaufsichtsgesetz[32] (VAG) und der dazugehörigen Verordnung[33] (AVO) sowie dem Versicherungsvertragsgesetz[34] (VVG). Nach VAG 7 bedarf der Betrieb einer Versicherungseinrichtung einer Bewilligung (Konzession) durch das Eidgenössische Justiz- und Polizeidepartement, die dann erteilt wird, wenn die Kautelen von VAG 8 f und 10–14 erfüllt sind.

Die Überwachung und Kontrolle erstreckt sich u. a. auf die Bereiche des (gesamten) Geschäftsbetriebs, der Solvenzerhaltung, der Befolgung des genehmigten Geschäftsplans sowie – bei inländischer Tätigkeit – der Beachtung der schweizerischen Versicherungsgesetzgebung. Bei Missständen schreitet die Aufsichtsbehörde ein (VAG 17 I und II). 61

Weiter enthält das VAG Bestimmungen bezüglich der Änderung des Geschäftsplanes, der Prüfung der Tarife, der Regelung der Bilanzierung, der Berichterstattung sowie der Auskunftspflicht (VAG 19–23). 62

Infolge des erhöhten Schutzbedürfnisses der Versicherungsnehmer bestimmt OR 671 VI, dass Versicherungseinrichtungen ihre Reserven nach dem von der zuständigen Aufsichtsbehörde genehmigten Geschäftsplan bilden. 63

Zur Deckung der Kosten, die durch diese Aufsicht entstehen, erhebt der Bund jährlich Gebühren (VAG 24), und die Aufsichtsbehörde veröffentlicht einen Bericht über den Stand der beaufsichtigten Versicherungseinrichtungen (VAG 25). 64

---

[31] BV 34 II.
[32] BG vom 23. 6. 1978 betreffend die Aufsicht über die privaten Versicherungseinrichtungen, SR 961.01.
[33] VO vom 11. 9. 1931 über die Beaufsichtigung von privaten Versicherungseinrichtungen, SR 961.05.
[34] BG über den Versicherungsvertrag vom 2. 4. 1908, SR 221.229.

§ 62 Gesetzlich nicht geregelte Sonderarten

Im weiten Rahmen des positivrechtlichen Begriffes der AG (dazu § 1) ist nicht nur Platz für den gesetzlichen Typus der Publikumsgesellschaft (dazu § 2 N 13 ff), sondern auch für zahlreiche gesetzlich nicht geregelte atypische Erscheinungsformen. Dabei tritt oft eine erhebliche *Diskrepanz zwischen Rechtsform und Wirklichkeit* ein: In der Form der kapitalbezogenen AG erscheinen Wirtschaftseinheiten, die in ihrer sozialen Struktur eher dem Typus einer Personengesellschaft (vgl. N 2 ff), eines Einzelunternehmens mit beschränkter Haftung (vgl. N 26 ff) oder einer Genossenschaft (vgl. N 136 ff) entsprechen. Sodann kann mit der AG auch eine Art «Grundstück mit eigener Rechtspersönlichkeit» geschaffen werden (vgl. N 111 ff).

A. Die personalistische Aktiengesellschaft

Literatur: Ruedi Bürgi: Möglichkeiten des statutarischen Minderheitenschutzes in der personalistischen AG (Diss. Bern 1987 = SSHW 104); Peter Dorscheid: Austritt und Ausschluss des Gesellschafters aus der personalistischen Kapitalgesellschaft ... (Diss. Genf 1994 = SSHW 73); Peter Forstmoser: Die Behandlung der personenbezogenen AG im Entwurf für eine Reform des Aktienrechts, SAG *1984* 50 ff; Leo Fromer: Merkmale und Besonderheiten der privaten Aktiengesellschaften, SAG *1957/58* 124 ff; Arthur Meier-Hayoz: Personengesellschaftliche Elemente im Recht der Aktiengesellschaft, in: FS Hug (Bern 1968) 377 ff; Hans-Joachim Pfitzmann: Ausschluss und Austritt aus der personalistischen Kapitalgesellschaft (Diss. Lausanne, erschienen Bern/Frankfurt 1974); Sigmund Pugatsch: Der Austritt des Aktionärs aus der personenbezogenen Aktiengesellschaft (Diss. Zürich 1976); Hans-Albrecht Vogel: Die Familienkapitalgesellschaften (Diss. Zürich 1974 = SSHW 4).

I. Umschreibung

Personalistisch sind solche Aktiengesellschaften, bei denen sich die Aktien im Eigentum eines *überschaubaren* Kreises von durch *persönliche Bande miteinander verbundenen* Personen befinden.

Statt von personalistischer AG spricht man auch von personenbezogener, von individualistisch strukturierter, von privater oder (in Anlehnung an die angelsächsische close company) von geschlossener AG.

Eine personalistische AG besonderer Art ist die *Familien-AG*, deren Aktionäre typischerweise alle oder doch überwiegend derselben Familie angehören, so dass die Gesellschaft durch die Familienzugehörigkeit entscheidend geprägt wird (neben der Beteiligungsmehrheit liegt meist auch die Unternehmensleitung in den Händen von Familienangehörigen, die danach trachten, die Gesellschaft der Familie zu erhalten). Eine (verdeckte) Familien-AG kann aber auch bestehen, wenn eine Familie nur eine kontrollierende Beteiligung in ihrer Hand behält, während die restlichen Aktien an der Börse gehandelt werden.

II. Stiefmütterliche Behandlung durch den Gesetzgeber

6   Trotz grosser Verbreitung der personalistischen AG ist ihr auch im neuen Recht nicht die gebührende Aufmerksamkeit geschenkt worden. Die wiederholt erwogene Zweiteilung des Aktienrechts mit einer Sonderordnung für die personenbezogene Klein-AG ist unterblieben. Vom gesetzlichen Leitbild der Publikumsgesellschaft wird nur vereinzelt abgewichen. Nur da und dort wird auf die Bedürfnisse der privaten AG Rücksicht genommen durch differenzierende Ordnungen und Sondervorschriften für Grossgesellschaften. So sind die Vinkulierungsmöglichkeiten für personalistische Aktiengesellschaften grösser als für Publikumsgesellschaften (vgl. § 44 N 103 ff), treffen die strengen Offenbarungspflichten keine Gesellschaft, die den Kapitalmarkt nicht in Anspruch nimmt (vgl. § 48 N 57 ff), trifft die Prospektpflicht nur Publikumsgesellschaften (vgl. § 52 N 87 ff) und braucht eine personenbezogene AG in der Regel keine besonders befähigten Revisoren (§ 32 N 8 ff). Aber für personalistische Aktiengesellschaften bedeutsame Fragen bleiben im übrigen unbeantwortet. Es fehlt an Regeln für Aktionärbindungsverträge (§ 39 N 151 ff), für statutarische Erwerbsberechtigungen (§ 44 N 258 ff) und für die Stellvertretung im Verwaltungsrat (§ 28 N 185 ff).

III. Annäherungen an das Recht der Personengesellschaft

7   Die personalistische AG ist gekennzeichnet durch zahlreiche Ähnlichkeiten mit den Personengesellschaften:

1. Erschwerter Mitgliederwechsel

8   Die Übertragbarkeit der Aktien an Dritte kann mittels Vinkulierung *erschwert* (Ablehnung der Übertragung aus einem in den Statuten genannten wichtigen Grund) oder im Einzelfall völlig *ausgeschlossen* werden (Ablehnung ohne Grundangabe dann, wenn die Gesellschaft zur Übernahme der Aktien zum wirklichen Wert bereit ist. Vgl. OR 685b und dazu § 44 N 161 ff). Die Geschlossenheit des Mitgliederkreises entspricht so weitgehend derjenigen bei Personengesellschaften.

2. Annäherung an die Selbstorganschaft

9   *Unternehmensbesitz und Unternehmensleitung* liegen oft noch *in einer Hand*, indem die Aktionäre im eigenen Unternehmen auch Positionen in der Geschäftsführung einnehmen. Faktisch findet sich in solchen Gesellschaften das

für die Personengesellschaften kennzeichnende Prinzip der *Selbstorganschaft*[1] wieder verwirklicht.

In Anlehnung an die rechtsgemeinschaftlichen Handelsgesellschaften lassen sich zwei Unterarten der personalistischen Aktiengesellschaft unterscheiden:

– Nehmen *sämtliche* Aktionäre an der Geschäftsleitung teil, so entsteht eine Tätigkeitsgemeinschaft, wie sie für die Kollektivgesellschaft charakteristisch ist.

– Häufig sind jene Fälle, wo die Geschäftsführung nur *einem* oder *einigen wenigen* Aktionären übertragen wird, während die übrigen Aktionäre – ähnlich den Kommanditären – sich lediglich kapitalmässig am Geschäft beteiligen. Solche Konstellationen trifft man häufig bei Familienunternehmen, namentlich in Fällen wachsender Aufgliederung der Familie. Familienangehörige, die nicht selbst an der Unternehmensleitung teilnehmen wollen oder dazu mangels entsprechender Fähigkeiten nicht in der Lage sind, können die Geschäftsführung den hiefür Interessierten bzw. Geeigneten überlassen oder sogar an familienfremde Personen delegieren.

3. Aktionärbindungsverträge

Zwischen den einzelnen Aktionären bestehen *enge*, keineswegs nur ausserrechtliche *Bindungen*. Da die Begründung anderer aktienrechtlicher Pflichten als jener zur Liberierung der gezeichneten Anteile unzulässig wäre (§ 42 N 16 ff), beruhen diese Beziehungen freilich nicht auf Aktienrecht, sondern auf besonderen Schuldverträgen oder auf einer neben der AG unter den Aktionären bestehenden einfachen Gesellschaft. Inhalt dieser sog. Aktionärbindungsverträge bilden namentlich Bindungen des Stimmrechts und des Verfügungsrechts über die Aktien sowie die Statuierung besonderer Treuepflichten, durchwegs also Bestimmungen über die *Ausübung von Aktionärsrechten* (vgl. § 39 N 146 ff).

4. Übernahme von Gesellschaftsverbindlichkeiten durch Aktionäre

Trotz der aktienrechtlich auch hier geltenden Beschränkung der Haftung auf das Gesellschaftsvermögen leisten die Aktionäre von personalistischen Aktiengesellschaften oft Sicherheit für Gesellschaftsschulden mit ihrem *Privatvermögen*. Garantieverträge, Bürgschaften, Schuldmitübernahmen oder die Einräumung hypothekarischer Sicherheiten zugunsten von Gesellschaftsgläubigern sind keine Seltenheit.

5. Fehlende Kapitalsammelfunktion

Die personenbezogene AG hat im Gegensatz zur Publikumsgesellschaft nicht eine spezifische Kapitalsammelfunktion; sie wendet sich *nicht an beliebige*

---

[1] Dazu Meier-Hayoz/Forstmoser § 2 N 85.

Geldgeber, um ein Unternehmen mit dem nötigen Eigenkapital zu versorgen. Das bedeutet in der wirtschaftlichen Praxis freilich keineswegs eine Beschränkung ihrer möglichen Grösse; die Schweiz kennt vielmehr eine Anzahl sehr grosser personalistischer Aktiengesellschaften.

16 Immerhin finden die Übereinstimmungen mit dem Recht der Personengesellschaften an den konstituierenden Merkmalen der AG (dazu § 1 N 6 ff) ihre Schranken.

IV. Unterschiede gegenüber dem Recht der Personengesellschaften

17 Ihrer Atypizität zum Trotz erfüllt die personalistische AG voll und ganz die begrifflichen Merkmale der Aktiengesellschaft:

18 – Sie hat eine körperschaftliche (nicht eine rechtsgemeinschaftliche) Struktur (vgl. § 1 N 11 ff); rechtlich besteht stets Drittorganschaft;
19 – sie ist Grundkapitalgesellschaft (vgl. § 1 N 38 ff) und
20 – für ihre Schulden haftet ausschliesslich das Gesellschaftsvermögen (vgl. § 1 N 57 ff).

21 Das führt zu eindeutigen Grenzziehungen gegenüber den Personengesellschaften:

1. Strengere Gründungsvoraussetzungen, straffere Organisation und anspruchsvollere Rechnungslegung

22 Auch die personalistische AG ist den – im Vergleich zu den Personengesellschaften – *strengeren aktienrechtlichen Vorschriften* namentlich über die Gründung (§ 14 ff), die Organisation (§ 20) und die Rechnungslegung (§ 51) unterworfen.

2. Gesicherte Existenz der Gesellschaft auch beim Tod eines Gesellschafters

23 Dank der eigenen Rechtspersönlichkeit ist der Bestand der Gesellschaft *unabhängig vom Tod eines Aktionärs*. Oft sind es gerade die Probleme des Unternehmens im Erbgang, welche eine personalistische AG entstehen lassen. Während Einzelunternehmen und Personengesellschaften im Falle des Todes eines Beteiligten in ihrer Existenz gefährdet sind und überaus schwierige Probleme der Nachlassverteilung aufwerfen, ermöglicht die Rechtsform der AG die Sicherung eines Unternehmens im Erbgang und – dank der Normierung der Anteilsrechte – eine vereinfachte Regelung der Nachfolgeverhältnisse.

3. Mehrheitsprinzip

24 Regelmässig dringt das körperschaftliche und kapitalistische Prinzip auch bei der Beschlussfassung in der GV durch. Hier ist das personengesellschaftliche

Einstimmigkeits- durch das Mehrheitsprinzip ersetzt und bemisst sich das Stimmrecht nicht mehr nach Köpfen, sondern nach der Kapitalbeteiligung[2].

4. Beschränkte Berücksichtigung persönlicher Verhältnisse bei der Auflösung aus wichtigen Gründen

Grundsätzlich darf die Auflösung aus wichtigem Grund auch bei einer personalistischen AG nur aus *sachlichen*, nicht aus *persönlichen* Gründen erfolgen. Doch führen bei ihr Spannungen zwischen den Aktionären eher als bei typischen Aktiengesellschaften zu Verhältnissen, welche die Weiterführung der Gesellschaft für eine Minderheit auch *objektiv unzumutbar* machen (vgl. dazu § 55 N 71 ff). Auch ist dem Typus bei der richterlichen Interessenabwägung Rechnung zu tragen: Bei einer kleinen Gesellschaft mit wenigen Aktionären ist die Auflösung eher zu verantworten als «bei grossen Publikumsgesellschaften, wo ... die Interessen der Unternehmung und der beteiligten Dritten, namentlich der Arbeitnehmer, eine Auflösung praktisch ausschliessen»[3]. Auch die in OR 736 Ziff. 4 neu eingefügte Möglichkeit für den Richter, statt die Auflösung der Gesellschaft anzuordnen auf eine «andere sachgemässe und den Beteiligten zumutbare Lösung» zu erkennen (vgl. § 55 N 106 ff), wird am ehesten bei personalistischen Gesellschaften zum Tragen kommen.

B.   *Die Einpersonen-Aktiengesellschaft*

Literatur: Giorgio Bernardoni: L'azionista unico e l'azionista sovrano nel diritto svizzero e italiano (Diss. Bern 1971); Norwin Meyer: Die Einmann- und die Zweimann-Aktiengesellschaft in der Praxis, SAG *1971* 241 ff; Herbert Schönle: Die Einmann- und die Strohmanngesellschaft unter besonderer Berücksichtigung der Fiducia (Diss. Freiburg i. Ü. 1957); Siegwart zu Art. 625 N 19 ff; Eric Teitler: Die Einmann-Immobilienaktiengesellschaft (Diss. Zürich 1969 = ZBR 313); ferner verschiedene Aufsätze von Flüge, Schönle und Schucany in SAG *1959/60* 105 ff, *1960/61* 33 ff, 233 ff, *1961/62* 7, 65 ff, 221 ff.

I.   Umschreibung

Die *Einpersonen-AG* oder – wie sie bisher durchwegs genannt wurde – die *Einmann-AG* stricto sensu ist eine AG, deren sämtliche Aktien in der Hand *einer* Person vereinigt sind. Diese eine Person führt die AG praktisch wie ein Einzelunternehmen. Faktisch handelt es sich um ein *Einzelunternehmen mit beschränkter Haftung*.

---

[2] Freilich wird das Prinzip der Stimmkraft entsprechend der Kapitalbeteiligung oft dadurch modifiziert, dass den im Unternehmen aktiven Aktionären durch Stimmrechtsaktien (dazu § 24 N 95 ff) ein privilegiertes Mitwirkungsrecht eingeräumt wird.
[3] BGE 105 II 129.

28 Die Praxis zieht den Kreis weiter und spricht von Einmann-AG nicht nur dann, wenn alle Aktien im Eigentum *einer* Person (dem Alleinaktionär) stehen, sondern auch, wenn eine AG eindeutig von einer einzigen Person (einem Hauptaktionär) beherrscht wird[4]. Diese Gleichbehandlung von *Quasi-Einpersonengesellschaften* mit der Einpersonen-AG im eigentlichen Sinn findet allerdings dort ihre Grenzen, wo es (wie namentlich in Konzernverhältnissen) um Fragen des Schutzes der Minderheitsaktionäre geht.

II. Die Frage der Zulässigkeit

1. Vom Gesetz nicht verboten

29 Die Einpersonen-AG ist auch unter neuem Recht weder ausdrücklich zugelassen noch ausdrücklich verboten; sie ist weiterhin *geduldet*. Anders als im deutschen Recht, wo seit 1994 auch eine einzelne Person befugt ist, eine AG zu gründen[5], verlangt OR 625 I eine Mindestbeteiligung von drei Gründern. Für die Aufrechterhalten dieses Mindestbestandes von drei Aktionären enthält das Gesetz allerdings keine wirksame Sanktion[6]. Es bestimmt in OR 625 II, dass, wenn die Zahl der Aktionäre unter das Minimum von drei sinkt, der Richter auf Begehren eines Aktionärs oder eines Gläubigers die Auflösung verfügen kann, sofern die Gesellschaft nicht binnen angemessener Frist den gesetzmässigen Zustand wieder herstellt (vgl. dazu § 55 N 115 ff). Damit bringt das Gesetz klar zum Ausdruck, dass eine Einpersonen-AG *nicht ipso iure nichtig* ist, sondern gegebenenfalls vom Richter *aufgelöst werden kann* (nicht muss). Das Gesetz anerkennt so indirekt die Einpersonen-AG, denn in der Regel hat weder ein ausgeschiedener Aktionär noch ein Gläubiger Interesse daran, eine Einpersonengesellschaft aufzulösen. Es unterbleibt durchwegs eine Klage, so dass Einpersonengesellschaften faktisch und juristisch bestehen bleiben.

30 Während bei den Personengesellschaften das Absinken der Mitgliederzahl auf *eine* Person das Ende der Gesellschaft bedeutet, geht die AG nicht unter. Ein *Personenverband* (und damit eine wirkliche Gesellschaft im Sinne einer Vereinigung mehrerer Personen) besteht zwar auch hier nicht mehr; aber die *Verbandsperson* (in ihrer formalen Verselbständigung) existiert weiter.

---

[4] Wobei es gleichgültig ist, ob die Minderheitsgesellschafter Strohmänner oder wirkliche Aktionäre sind; vgl. BGE 71 II 274, 81 II 459, 92 II 160, 96 II 442.

[5] Der revidierte § 2 des deutschen Aktiengesetzes lautet: «An der Feststellung des Gesellschaftsvertrages (der Satzung) müssen sich eine oder mehrere Personen beteiligen, welche die Aktien gegen Einlagen übernehmen.» Die Bestimmung wurde in Vollzug der 12. Richtlinie eingeführt, vgl. dazu § 68 N 33i. In der Schweiz sind auch schon entsprechende Vorschläge für eine Gesetzesreform gemacht worden, vgl. § 67 N 17.

[6] Der Gesetzgeber verzichtete auf eine Löschung von Amtes wegen durch den Handelsregisterführer (was für die Einpersonen-GmbH erwogen, aber auch dort unterlassen wurde: StenBull NR *1934* 740).

2. Rechtliche Duplizität trotz wirtschaftlicher Identität

Einmanngesellschaft und Alleinaktionär sind trotz faktischer Einheit juristisch *zwei verschiedene Personen*. Damit wird dem Unternehmer die Möglichkeit zur Risikobegrenzung gegeben, denn im Tätigkeitsbereich des Unternehmens *haftet allein* die mit eigener Rechtspersönlichkeit ausgestattete AG. Für die Schulden der AG kann der Alleinaktionär grundsätzlich nicht belangt werden. Diese Zweiteilung kann legitimen Bedürfnissen entsprechen (dazu Ziff. III N 32 ff) und wird dann auch grundsätzlich aufrechterhalten (dazu Ziff. IV N 39 ff). Indessen darf die Tatsache, dass die beiden Rechtssubjekte vom gleichen Willen beherrscht werden, dann nicht ausser acht gelassen werden, wenn mit den Doppelrollen Missbrauch getrieben wird (dazu Ziff. V N 47 ff).

III. Die Einpersonen-Aktiengesellschaft im Dienste legitimer Interessen

Die Gründung einer Einpersonen-AG entspricht in vielen Fällen legitimen Interessen:

1. Vereinfachung der Vererbung und Veräusserung von Unternehmen

a) Die Umwandlung einer Einzelfirma in eine Einpersonen-AG vermag oftmals die *künftige Erbteilung* erheblich zu erleichtern, weil nicht das schwer teilbare Unternehmen selbst in den Nachlass fällt, sondern die den Unternehmenswert verkörpernden Aktien und allenfalls Partizipationsscheine unter die Erben verteilt werden können.

Eines von insgesamt vier Kindern möchte beispielsweise das väterliche Geschäft weiterführen, wäre aber nicht in der Lage, das Einzelunternehmen zu übernehmen und die übrigen Erben (seine Mutter und die Geschwister) auszuzahlen. Die Rechtsform der AG vereinfacht die Nachfolgeregelung. Alle Erben erhalten ihre Erbanteile in Form von Aktien und/oder Partizipationsscheinen. Der hiefür prädestinierte Sohn ist als Mehrheitsaktionär geschäftsführender Verwaltungsrat; die andern begnügen sich als nicht aktiv mitwirkende Minderheitsaktionäre oder als Partizipanten mit ihren Ansprüchen auf Gewinnbeteiligung und reduzierte Mitsprache.

b) Ähnliche Probleme wie beim Erbgang stellen sich bei der *Veräusserung* eines Einzelunternehmens. Auch hier vermag die Umwandlung in eine Einpersonen-AG den Übertragungsvorgang zu vereinfachen: An die Stelle der oft umständlichen Übertragung von Aktiven und Passiven tritt der formfreie Verkauf von Aktien. Dieses Vorgehen kann zudem auch steuerlich vorteilhafter sein.

2. Wunsch nach Haftungsbeschränkung

Überall dort, wo mit dem Betreiben eines Unternehmens besonders *hohe Risiken* verbunden sind, Risiken, die bei aller Sorgfalt des einzelnen Unternehmers nicht ausgeschlossen werden können, sollte man dem Wunsch nach einer

Beschränkung der Haftung Rechnung tragen können. Auch dem Einzelnen muss Gelegenheit gegeben werden, das gewünschte, vielleicht stark auf seine persönliche Fähigkeiten zugeschnittene, aber risikoreiche Geschäft unter vernünftiger Absicherung seiner wirtschaftlichen Existenz zu betreiben[7]. Durch die Einbringung des Unternehmens in eine – ausschliesslich haftende – AG kann diesem Bedürfnis Rechnung getragen werden[8].

3. Instrument der Konzernbildung

37 a) Eine bedeutende Rolle spielt die Einpersonengesellschaft im Konzernrecht. Die wirtschaftlich einheitliche Leitung verbunder Unternehmen basiert oft auf hundertprozentiger Beteiligung einer Muttergesellschaft an einer oder mehreren Tochtergesellschaften. Dank der Vereinigung *sämtlicher* Aktien bei der Konzernmutter werden die durch konzernrechtliche Bindungen sonst verursachten rechtlichen Schwierigkeiten (Minderheitenschutz!) gar nicht aktuell (vgl. § 60 N 38).

38 b) Entsprechende Verhältnisse trifft man zunehmend auch im Bereich wirtschaftlicher Betätigung der öffentlichen Hand: beim Ausgliedern und Verselbständigen bestimmter Tätigkeitsbereiche z. B. gewerblicher Art in der Rechtsform von Einmannaktiengesellschaften.

IV. Das Trennungsprinzip

1. Der Grundsatz

39 a) Die Rechtsordnung geht aus Gründen der Rechtssicherheit und des Vertrauensschutzes von der vollständigen rechtlichen und tatsächlichen Trennung der AG und ihren Gesellschaftern in persönlicher und vermögensrechtlicher Hinsicht aus. Die Selbständigkeit der juristischen Person – auch der Einpersonen-AG – ist als Regelfall in Lehre und Praxis unbestritten. Die wirtschaftliche Identität mit dem dahinterstehenden Hauptgesellschafter ist daher grundsätzlich ohne Bedeutung[9]; die *formale Ordnung wird auch materiell beachtet*. Es gilt nach weit überwiegender und vom Bundesgericht anerkannter Lehre die sog. «modifizierte Einheitstheorie»[10], wonach bei einer AG «nicht die Tatsache allein, dass

---

[7] Beispiele aus der Gerichtspraxis bei Baudenbacher in Basler Kommentar zu Art. 625 N 32.
[8] Freilich darf man sich in dieser Beziehung keinen Illusionen hingeben: Falls sich die Einpersonen-AG Fremdkapital von Dritten beschaffen muss, werden sich diese oft nicht mit dem Haftungssubstrat der Gesellschaft zufrieden geben. Vielmehr wird auch der dahinterstehende Alleinaktionär in die Pflicht genommen: Durch Bürgschaften, Hypotheken auf seiner Privatliegenschaft oder andere Sicherheitsleistungen muss auch er das Risiko mittragen (vgl. vorn N 14).
[9] Vgl. etwa BGE 72 II 284, ferner BGE 117 IV 267, wonach «auch die Einmannaktiengesellschaft nicht nur eine ... Fiktion [ist], sondern, wie jede AG, eine reale Person, die insbesondere Trägerin von Vermögen sein kann ...».
[10] Vgl. BGE 72 II 284.

sie eine Einmann-Gesellschaft ist, die Berufung auf ihre rechtliche Selbständigkeit missbräuchlich machen»[11] kann.

b) Die Einpersonen-AG untersteht voll und ganz dem Aktienrecht. Sie muss «das Spiel der AG spielen», hat sich also auch dort an die aktienrechtliche Organisation und deren Formalakte zu halten, wo dies aufgrund der besonderen personellen Situation verblüfft. So muss jährlich eine ordentliche GV durchgeführt werden, sind die Geschäfte von einem Verwaltungsrat zu führen und hat eine Revisionsstelle der GV über das Finanzgebaren der Geschäftsführung Bericht zu erstatten[12].

2. *Der Anwendungsbereich*

Die Trennung des Geschäftsvermögens der Einpersonen-AG vom Privatvermögen des Alleinaktionärs ist *in allen Rechtsgebieten* zu beachten.

a) Im *Privatrecht* müssen bei Verschiebungen zwischen dem Privat- und dem Geschäftsvermögen materiell und formell jene Normen angewendet werden, die für entsprechende Rechtsvorgänge zwischen zwei verschiedenen Rechtsträgern gelten: Grundstückveräusserungen sind öffentlich zu beurkunden, für die Übertragung von Fahrnisgegenständen gilt das Traditionsprinzip, bei der Übertragung von Ordrepapieren darf das Indossament nicht fehlen. Der Verkauf der Aktien durch den Alleinaktionär stellt für das vorkaufsbelastete Grundstück der Einpersonen-AG im Normalfall keinen Vorkaufsfall dar[13,14].

b) Auch im *Vollstreckungsrecht* bleibt die privatrechtliche Trennung aufrecht. In der Zwangsvollstreckung gegen die Einpersonen-AG kann nicht auf die Vermögenswerte des Alleinaktionärs und in der Betreibung gegen den Alleinaktionär nicht auf Eigentumsgegenstände seiner AG gegriffen werden[15].

c) Im *Prozessrecht* wird ebenfalls an der Eigenständigkeit der Einpersonen-AG festgehalten. Sie und nicht der Alleinaktionär ist Prozesspartei in den sie betreffenden Angelegenheiten. Sich zu ihrem Vorteil auf die wirtschaftliche Identität mit dem Alleinaktionär zu berufen, ist ihr versagt[16]. Zu beachten bleibt allerdings, dass gerade in Fragen prozessualer Natur (wie etwa im Falle von

---

[11] BGE 85 II 114, ebenso BGer in Sem *1993* 371 f.
[12] Vgl. BGE 86 II 171 ff; die in jenem Entscheid gezogenen harten Konsequenzen für die Verantwortlichkeit der Revisionsstelle würden freilich heute vom Bundesgericht allenfalls nicht mehr gezogen, vgl. das Dictum in BGE 119 II 259. – Vgl. auch BGE 117 IV 266: «Die Einmannaktiengesellschaft ist wie jede AG eine reale Person, nicht nur eine Fiktion oder gewissermassen ein zweites Portemonnaie, über dessen Inhalt der einzige Verwaltungsrat und Aktionär nach Belieben verfügen könnte ...».
[13] Vgl. hinten Anm. 23 und 32.
[14] Weitere Anwendungsfälle für das Trennungsprinzip: BGE 81 II 339 ff, 115 Ib 61.
[15] BGE 105 III 107 ff.
[16] BGE 72 II 76 f; 76 II 92 f. Vgl. dazu auch die Ausführungen zum Durchgriff zugunsten der AG, hinten N 91.

Zeugenaussagen des Alleinaktionärs im Prozess der Einpersonen-AG) die tatsächliche Interessenidentität doch beachtet werden muss.

45   d) Auch im *Strafrecht* ist das Vermögen der AG für den sie beherrschenden Aktionär *fremdes* Vermögen. Unberechtigte Eingriffe in dieses Vermögen muss sich der Alleinaktionär als Schädigung fremden Vermögens zurechnen lassen. Entgegen einer früheren, zu wenig differenzierenden Rechtsprechung[17] müssen nach heutiger Auffassung des Bundesgerichtes für die Bestrafung des Alleinaktionärs allerdings noch zusätzliche Voraussetzungen erfüllt sein[18].

46   e) Ebenso ist im *Steuerrecht* vom Grundsatz der Vermögenstrennung der beiden Rechtssubjekte auszugehen. So kann die Einpersonen-AG den Lohn des als Geschäftsführer tätigen Alleinaktionärs als Betriebsausgabe absetzen. Erst was eine angemessene Höhe des Gehalts übersteigt, wird als verdeckte Gewinnausschüttung besteuert. Steuerrechtlich gilt selbstverständlich auch, dass wer die Vorteile einer Verselbständigung eines Unternehmensteils haben will, die damit vebundenen Nachteile in Kauf nehmen muss. So erstreckt sich die für eine Krankenkasse gültige Steuerbefreiung nicht auf eine in ihrem alleinigen Eigentum stehende AG, deren Gesellschaftszweck in der Verwaltung einer Liegenschaft besteht, in der ausschliesslich diese Krankenkasse und Alleinaktionärin untergebracht ist[19].

V.   Die Korrektur von Missbräuchen: der Durchgriff[20]

1.   *Der Durchgriff als Ausnahme vom Trennungsprinzip*

47   a) Auch wenn mit der Einpersonen-AG und dem Alleinaktionär zwei klar zu unterscheidende Rechtssubjekte vorliegen, darf doch nicht ausser acht

---

[17] Vgl. BGE 85 IV 224 ff, wonach der Alleinaktionär, der ein im Eigentum der AG stehendes Auto in Brand steckt, vorsätzliche Brandstiftung begeht, und BGE 97 IV 10 ff, wonach wegen ungetreuer Geschäftsführung bestraft wird, wer als Alleinaktionär eine für das Vermögen der AG nachteilige Vermögensdisposition trifft.

[18] Vgl. das für die heutige Praxis massgebende Präjudiz BGE 117 IV 259 ff: Der Tatbestand der ungetreuen Geschäftsführung ist nur erfüllt, wenn das nach den zwingenden aktienrechtlichen Kapitalschutzbestimmungen zu erhaltende Mindest-Reinvermögen der AG (entsprechend dem Grundkapital und den gebundenen Reserven) angegriffen wird und der zulasten der Gesellschaft betriebene Aufwand nicht mit den Pflichten zur sorgfältigen Geschäftsführung vereinbar ist.

[19] BGE 109 Ib 110 ff. Zur im übrigen sehr differenzierten (leider allzu häufig vom Grundsatz «in dubio pro fisco» geprägten) Behandlung der Einpersonen-AG im Steuerrecht vgl. Baudenbacher in Basler Kommentar zu Art. 625 N 31 und die dort aufgeführte Rechtsprechung.

[20] Vgl. dazu Silvio Caflisch: Die Bedeutung und die Grenzen der rechtlichen Selbständigkeit der abhängigen Gesellschaft im Recht der Aktiengesellschaft (Diss. Zürich 1961); Carsten Thomas Ebenroth: Zum «Durchgriff» im Gesellschaftsrecht, SAG *1985* 124 ff; Forstmoser § 1 N 84 ff (mit weiteren Literaturangaben); Eric Homburger: Zum «Durchgriff» im schweizerischen Gesellschaftsrecht, SJZ *1971* 249 ff; Dieter Kehl: Der sogenannte Durchgriff (Dietikon 1991). Eine umfassende – weit über das Aktienrecht hinausgehende – Zusammenstellung der Rechtsprechung findet sich bei Hrant Hovagemyan: Transparence et réalité économique des sociétés (Lausanne 1994).

gelassen werden, dass beide Subjekte letztlich vom gleichen Willen beherrscht werden, so dass unter bestimmten Umständen die hinter der rechtlichen Form liegende wirtschaftliche Realität beachtet werden muss. Das geschieht auf dem Weg des sog. *Durchgriffs*.

b) Durchgriff bedeutet Aufhebung der Trennung zwischen der AG und ihren Aktionären, Ausserachtlassen der eigenen Persönlichkeit der juristischen Person, Ignorierung der Rechtsform und der formalrechtlichen Selbständigkeit, Gleichstellung von Gesellschaft und Gesellschafter dadurch, dass *der Schleier der juristischen Person beiseitegeschoben* wird[21].

c) Ein Durchgriff wird vollzogen, wenn die Berufung auf die rechtliche Selbständigkeit der juristischen Person als *missbräuchlich* erscheint. In solchen Fällen «kann der Grundsatz der Trennung zwischen der AG als selbständige juristische Person und ihren Eigentümern aufgehoben werden»[22].

So etwa, wenn eine juristische Person vorgeschoben wird zur Umgehung der Grundstückgewinnsteuer oder eines Vorkaufsrechts[23], wenn die Staatsangehörigkeit der hinter einer juristischen Person stehenden natürlichen Personen vertuscht werden soll[24], wenn eine AG zur unerlaubten Risiko- und Haftungsbeschränkung missbraucht werden[25] oder wenn mittels einer AG ein Konkurrenz- oder Fabrikationsverbot umgangen werden soll[26]. In Konzernverhältnissen kann ein Durchgriff in Betracht kommen, wenn Tochtergesellschaften von der Muttergesellschaft derart beherrscht werden, dass ihnen keine Selbständigkeit mehr zukommt[27].

2. *Theoretische Begründung*

Die schweizerische Lehre und Praxis handelt das Durchgriffsproblem in erster Linie anhand der Einpersonengesellschaft ab, obwohl theoretisch gleiche Überlegungen auch bei Gesellschaften mit mehreren Aktionären in Betracht kommen. In der Literatur wird vor allem auf Konzernverhältnisse eingetreten.

Zur *Begründung* werden unterschiedliche Konstruktionen zugrunde gelegt, doch wird der Durchgriff überwiegend als ein *Problem von ZGB 2 und insbesondere des Rechtsmissbrauchsverbots* von dessen Abs. 2 verstanden[28]. Nach den Kriterien des Rechtsmissbrauchs und der Gesetzesumgehung soll geprüft wer-

---

[21] Im amerikanischen Recht wird von «piercing the corporate veil» gesprochen.
[22] ZR *1991* Nr. 85 S. 279 ff.
[23] Indem die Aktien der Immobiliengesellschaft anstelle des Grundstücks übertragen werden, vgl. BGE 92 II 160 ff, andersseits aber 99 Ia 459 ff.
[24] Vgl. den Tatbestand von BGE 112 II 1 ff.
[25] Vgl. BGE 102 III 169 f, andersseits aber BGE 108 II 214 f.
[26] Vgl. BGE 71 II 272 ff, andersseits aber BGE 92 II 160 ff, wo das Bundesgericht im Hinblick auf die Umgehung eines Vorkaufsfalles einen formellen Standpunkt einnimmt.
[27] Vgl. BGE 72 II 275 ff, andersseits aber SJZ *1987* 85 Nr. 13.
[28] Vgl. aus der Gerichtspraxis etwa BGE 102 III 170, 92 II 164, 85 II 114 f, 81 II 460 f, 72 II 76, 71 II 274.

den, wann eine *zweck- und funktionswidrige Verwendung des Rechtsinstituts der AG* vorliegt, die von der Rechtsordnung nicht zu anerkennen ist.

3. Allgemeine Voraussetzungen

53   Wie allgemein bei der Anwendung von ZGB 2 ist auch beim Durchgriff eine Prüfung zwar nach *objektiven Kriterien,* aber *auf den Einzelfall bezogen* vorzunehmen. Dabei ist eine *Abwägung* zwischen den *Interessen* an der Beachtung der formalrechtlichen Lage und denen an ihrer Korrektur vorzunehmen.

54   Für den Durchgriff vorausgesetzt ist stets ein *Abhängigkeitsverhältnis,* wobei nichts darauf ankommt, ob dieses an sich zulässig ist oder nicht. Abhängigkeit für sich allein genügt jedoch niemals für einen Durchgriff, sondern es müssen *weitere Komponenten* hinzukommen [29].

55   Begründet wird die Abhängigkeit regelmässig durch *Aktienbesitz:* Die beherrschende Person ist Allein- oder doch zumindest Hauptaktionärin der abhängigen AG. Andere Formen der Abhängigkeit sind denkbar, in der schweizerischen Gerichtspraxis aber bisher nicht beurteilt worden.

56   Bei der Interessenabwägung im Einzelfall ist stets davon auszugehen, dass die *Berufung auf die Trennung von AG und Aktionär an sich rechtens* ist: Zutreffend hält daher das Bundesgericht fest, dass «es die rechtliche Selbständigkeit einer juristischen Person grundsätzlich zu beachten gilt, es sei denn, sie werde im Einzelfall rechtsmissbräuchlich, entgegen Treu und Glauben geltend gemacht ...»[30].

57   Die Interessenabwägung ist im Hinblick auf die konkret «in Frage kommenden Einzelbestimmungen»[31] vorzunehmen, und sie kann – je nach der gestellten Frage – zu durchaus unterschiedlichen Resultaten führen[32].

4. Arten des Durchgriffs und Rechtsfolgen

58   a) Die *Arten* des Durchgriffs können nach verschiedenen Kriterien gegliedert werden:

59   – Hauptfall ist im Zivilrecht der *direkte* Durchgriff von der juristischen Person auf den dahinterstehenden Aktionär, doch kommen auch Fälle des *umgekehrten* Durchgriffs – der Inanspruchnahme der Gesellschaft für Verpflichtungen des Allein- oder Hauptaktionärs – vor.

---

[29] Vgl. BGE 85 II 114.
[30] BGE 113 II 36.
[31] BGE 85 II 115.
[32] Die Veräusserung sämtlicher Aktien einer Immobiliengesellschaft kann z. B. steuerrechtlich als Handänderung des Grundstücks betrachtet werden, während zivilrechtlich von der Anwendung der Formvorschrift des Grundstückkaufs abgesehen wird (vgl. BGE 45 II 33 ff, 54 II 440 f) und die Übertragung allenfalls auch keinen Vorkaufsfall darstellt (vgl. BGE 92 II 160 ff).

- Der Durchgriff erfolgt in aller Regel *zu Lasten* der Beteiligten. Ob und allenfalls in welchem Umfang er von diesen auch zu ihren *Gunsten* angerufen werden kann, ist umstritten. 60
- Unter dem Stichwort Durchgriff werden gelegentlich auch Sachverhalte diskutiert, die direkt Wirkungen für die hinter einer juristischen Person stehenden natürlichen Personen haben, ohne dass die Trennung zwischen Gesellschaft und Gesellschafter aufgehoben werden müsste. Es kann hier von einem *unechten* Durchgriff gesprochen werden (dazu N 92 ff). 61
- Die Durchgriffslehre ist in erster Linie im *Privatrecht* entwickelt worden. Die Problematik stellt sich aber auch in *anderen Rechtsgebieten,* wobei zum Teil andere Kriterien und Massstäbe anzuwenden sind (vgl. dazu N 95 ff). 62

b) Anhand der schweizerischen und ausländischen Kasuistik können die Sachverhalte des Durchgriffs in verschiedene *Fallgruppen* gegliedert werden: 63
- *Sphären- und Vermögensvermischung,* d. h. Vernachlässigung der Selbständigkeit der juristischen Person durch die Beteiligten selbst[33], 64
- *Erwecken des Anscheins* einer persönlichen Verpflichtung des Aktionärs ohne Eingehen einer entsprechenden Schuld, 65
- *Unterkapitalisierung* und andere Fälle, in denen die juristische Person *nicht selber lebensfähig* ist, 66
- *Fremdsteuerung* durch den Hauptaktionär und Verfolgung von Sonderinteressen desselben. 67

c) Der Durchgriff *hebt das Trennungsprinzip ganz oder teilweise auf.* Im einzelnen können die Rechtsfolgen unterschiedlich sein: 68
- Am häufigsten ist die *Erstreckung der Schuldverpflichtung* oder zumindest der *Haftung* von der juristischen Person auf ihren Haupt- oder Alleinaktionär oder umgekehrt, so dass der Gesellschafter anstelle der Gesellschaft oder zusätzlich zu ihr oder umgekehrt die Gesellschaft mit dem Gesellschafter direkt ins Recht gefasst werden kann. 69
- Der Durchgriff kann zur Folge haben, dass ein *Rechtsgeschäft* zwischen der Gesellschaft und ihrem Hauptaktionär *nicht anerkannt* wird[34] und die Grundsätze zum Verbot des Selbstkontrahierens angewendet werden. 70
- Bei Bürgschaften kann der Durchgriff zu einer *Durchbrechung der Regressordnung* führen[35]. 71
- Der Durchgriff kann bewirken, dass *Eigenschaften der natürlichen Person* einer von dieser beherrschten juristischen Person *anzurechnen* sind[36]. 72
- Aufgrund des Durchgriffs kann das Eigentum der juristischen Person als *Eigentum des Hintermannes* verstanden werden[37]. 73

---

[33] So, wenn der Alleinaktionär private Verpflichtungen durch die AG begleichen lässt.
[34] Vgl. BGE 58 II 162 ff bezüglich einer Zession.
[35] Vgl. BGE 81 II 455 ff.
[36] Vgl. BGE 72 II 67 ff (Durchgriff verneint), Sem. *1979* 21 ff (Durchgriff bejaht); eine solche Zurechnung erfolgt häufiger im öffentlichen Recht, besonders im Steuer- und Fremdenrecht.
[37] Vgl. SJZ *1958* 21 ff.

74 – Der Durchgriff kann dazu führen, dass bestimmte *Formvorschriften einzuhalten* sind, obwohl ein Rechtsgeschäft bei formalrechtlicher Betrachtung formfrei abgeschlossen werden könnte[38].

75 – In Konzernverhältnissen können sich *Auskunftsrechte* von Aktionären der Konzernobergesellschaft auch auf die Verhältnisse bei Tochtergesellschaften erstrecken[39].

5. Der direkte Durchgriff insbesondere

76 a) Der Hauptfall des Durchgriffs besteht wie erwähnt darin, dass ein Gläubiger seine gegenüber einer AG bestehende *Forderung auch gegen den Haupt- oder Alleinaktionär geltend machen* kann, sei es, dass dieser zum Solidarschuldner wird, sei es, dass er für die Verpflichtung der Gesellschaft mithaftet.

77 Aus Lehre und Rechtsprechung lassen sich etwa folgende *Fallgruppen* ermitteln:

78 aa) Der Allein- oder Hauptgesellschafter trifft *gesellschaftsschädigende Verfügungen* oder er stattet die Gesellschaft bewusst mit einem für ihre Zwecke *ungenügenden Kapital* aus.

79 Klassisch sind zwei tatbeständlich gleiche amerikanische Fälle[40]: New Yorker Taxiunternehmen hatten ihre Flotten in jeweils zwei Wagen aufgeteilt und diese in rechtlich getrennte Corporations eingebracht. Aus Unfällen belangt, stellten sie sich auf den Standpunkt, Haftungssubstrat sei nur das Vermögen derjenigen Corporation, in deren Eigentum sich der den Unfall verursachende Wagen befand. Die Gerichte werteten dieses Vorgehen als Missbrauch der Rechtsform und erklärten das Gesamtunternehmen als für den Schaden haftbar.

80 bb) Ein Durchgriff kann erfolgen bei *Vermischung von Vermögen* und Angelegenheiten des Alleingesellschafters und seiner Gesellschaft und insbesondere dann, wenn die gesellschaftsrechtlichen *Formalitäten nicht eingehalten* werden[41].

81 cc) Der Durchgriff kann sich rechtfertigen, wenn der Hauptaktionär den *Anschein* persönlicher Verantwortung erweckt[42].

---

[38] Verneint mit Bezug auf die Formbedürftigkeit des Kaufvertrages über sämtliche Aktien einer Immobiliengesellschaft in BGE 54 II 440 f und 79 II 83.
[39] Vgl. SAG *1973* 49 (es handelt sich freilich nicht um einen echten Durchgriffsfall).
[40] Mull v. Colt Co., 31 F.R.D. 154 (1962) sowie Walkovsky v. Carlton, 233 N. N. 2d 6 (1966).
[41] Bei kleineren Einpersonengesellschaften betrachtet sich der Alleinaktionär gelegentlich als direkter Eigentümer des Gesellschaftsvermögens, aus dem er sich nach Belieben auch für private Zwecke bedient. Es ist dann nur konsequent, dass sich auch die Gläubiger nicht an das Trennungsprinzip halten müssen, sondern dass sie für Verpflichtungen der Gesellschaft auch auf das Privatvermögen des Aktionärs greifen können.
[42] Vgl. den Tatbestand von BGE 120 II 331 ff, wo das Bundesgericht freilich den Begriff «Durchgriff» vermeidet und statt dessen von einer Haftung für erwecktes Konzernvertrauen spricht.

dd) Durchgegriffen werden kann allenfalls, wenn Vermögen verselbständigt bzw. abgetreten wird, *um es dem Zugriff der Gläubiger zu entziehen*[43].

ee) Zurückhaltung zeigen die schweizerische Lehre und Praxis hinsichtlich der *Gleichstellung des Verkaufs von Aktien mit der Veräusserung* des im Eigentum der Gesellschaft stehenden *Grundstücks* oder des durch sie geführten *Unternehmens:*

In BGE 45 II 33 ff entschied das Bundesgericht, dass der Kauf sämtlicher Aktien einer Immobiliengesellschaft, deren einziges Aktivum in einem Grundstück bestand, als gültiger Fahrnis- und nicht etwa als wegen Formmangels ungültiger Grundstückkauf zu betrachten sei. Diese Regel wurde bestätigt in BGE 54 II 440 und 79 II 83.

In BGE 92 II 160 ff wurde festgehalten, dass der Verkauf der Quasi-Gesamtheit der Aktien einer Immobiliengesellschaft mit Bezug auf das Grundstück keinen Vorkaufsfall darstelle.##

Werden Aktien veräussert, so erstreckt sich die *Gewährleistung* – besondere Abmachungen vorbehalten – nach herkömmlicher Praxis *nur auf Mängel an der Aktienurkunde* selber wie Fälschungen, Beschädigungen und das Fehlen von Bestandteilen, nicht dagegen auf Vermögenswerte im Eigentum der AG[44].

6. *Der umgekehrte Durchgriff*

Zurückhaltender sind Lehre und Praxis mit Bezug auf die Zulassung eines umgekehrten Durchgriffs[45], d. h. der Erstreckung einer Verpflichtung bzw. Haftung des Allein- oder Hauptaktionärs auf die von diesem beherrschte Gesellschaft.

So erklärte das Bundesgericht in BGE 71 II 272 ff, die von einer natürlichen Person im Zusammenhang mit dem Erwerb eines Patentes begründeten Verpflichtungen (Konkurrenzverbote) lasteten auch auf den von ihr beherrschten Gesellschaften, auf die sie das Patent übertragen hatte.

In BGE 102 III 165 ff anerkannte das Bundesgericht, dass das im Eigentum einer AG stehende Grundstück für eine Schuld des Alleinaktionärs verarrestiert werden könne. Ein umgekehrter Durchgriff wird dagegen verneint in BGE 85 II 111 ff sowie in Sem. *1973* 369 ff.

In ZR *1991* Nr. 85 S. 276 ff wurde der Durchgriff bejaht, weil die Berufung auf das Trennungsprinzip nur dazu dienen sollte, den Hauptaktionär ausserstande zu setzen, seinen Unterhaltsverpflichtungen nachzukommen[46].

---

[43] Vgl. SJZ *1958* 21 ff Nr. 3; ablehnend dagegen SJZ *1964* 123 f Nr. 66 und BGE 85 II 111 ff.
[44] Vgl. BGE 79 II 160 ff und 97 II 45 ff. Einen Ausweg findet die schweizerische Praxis dadurch, dass sie bei schwerwiegenden Mängeln an Vermögenswerten der Gesellschaft, deren Aktiengesamtheit erworben wurde, die Berufung auf Grundlagenirrtum oder andere Willensmängel zulässt. In einem Entscheid des Waadtländer Tribunal cantonal wurden freilich Mängel der Liegenschaft einer Immobiliengesellschaft als Mängel auch der Aktien qualifiziert, soweit sie den Wert derselben direkt beeinflussten, vgl. SJZ *1981* 28 Nr. 5. Näheres zum Problem vorn § 44 N 276 ff.
[45] Vgl. ZR *1991* Nr. 85 S. 276 ff, 281 E 12, wonach der umgekehrte Durchgriff «ganz besonderer Begründung» bedarf.
[46] Der Entscheid wurde nicht rechtskräftig, doch kam das übergeordnete Gericht auf einem andern Weg zu einem ähnlichen Resultat.

7. Der Durchgriff zugunsten der Gesellschaft bzw. des beherrschenden Gesellschafters

91   Umstritten ist in der Lehre, ob ein Durchgriff *zugunsten* der AG oder ihres Hauptaktionärs vorgenommen werden darf. Überwiegend wird dies abgelehnt, in Übereinstimmung mit der schweizerischen *privat- und vollstreckungsrechtlichen Praxis*, die einen Durchgriff zugunsten der Beteiligten regelmässig verweigert[47].

8. Unechte Durchgriffstatbestände

92   In Literatur und Judikatur ist zuweilen von «Durchgriff» die Rede in Fällen, in denen es nicht darum geht, von der formalrechtlichen Selbständigkeit der juristischen Person abzusehen:

93   a) Der Haupt- oder Alleinaktionär kann allenfalls durch sein Verhalten *direkt verpflichtet* werden, *Handlungen der juristischen Person gegen sich gelten zu lassen,* etwa wegen der Abgabe von Garantie- oder Patronatserklärungen, durch das Erwecken von Vertrauen in die eigene Verpflichtung, durch culpa in contrahendo usw.[48].

94   b) Aus der *Auslegung* eines Vertrages oder einer Gesetzesnorm kann sich ergeben, dass eine Verpflichtung der AG auch den Hauptaktionär direkt trifft, dass sich die Gesellschaft nicht nur auf ihre eigenen Interessen, sondern auch auf die ihres Hauptaktionärs berufen kann oder dass umgekehrt der beherrschende Aktionär ein schutzwürdiges Interesse an der Durchsetzung eines Rechts hat, wenn formell Rechte seiner AG auf dem Spiel stehen[49].

9. Der Durchgriff in anderen Rechtsgebieten

95   Durchgriffsüberlegungen kommen auch *ausserhalb des Gesellschaftsrechts* zum Tragen, und sie haben zum Teil in der gesetzlichen Ordnung ihren Niederschlag gefunden:

96   – So können besondere persönliche Merkmale, welche die Strafbarkeit begründen oder erhöhen, auf die als Organe wirkenden natürlichen Personen anzu-

---

[47] Vgl. etwa BGE 72 II 67 ff (die Einmann-AG kann sich gegenüber einer Betreibung der Ehefrau ihres Alleinaktionärs nicht auf das Verbot der Zwangsvollstreckung unter Ehegatten gemäss ZGB 173 berufen), BGE 80 III 15 ff (ein Schuldner kann das Automobil, das er im Betrieb einer AG, deren einziger Aktionär er ist, verwendet, nicht als Berufsgerät im Sinne von SchKG 92 Ziff. 3 von der Pfändung ausnehmen), BGE 81 II 339 ff (der Alleinaktionär ist nicht auch persönlich Besitzer von Inhaberaktien, die sich im Besitz seiner AG befinden).
[48] Vgl. BGE 120 II 331 ff.
[49] Vgl. ZR *1979* Nr. 133 S. 306, wonach das Interesse am Weiterbestand eines arbeitsvertraglichen Konkurrenzverbots auch dann erhalten bleibt, wenn der Berechtigte sein Geschäft in eine von ihm beherrschte AG einbringt.

wenden sein, «wenn diese Merkmale nicht bei ihnen persönlich, sondern bei der juristischen Person ... vorliegen»[50].

- Und nach der Lex Friedrich (dazu hinten N 129 ff) gelten als «Personen im Ausland» nicht nur juristische Personen mit statutarischem oder tatsächlichem Sitz im Ausland, sondern auch solche, «die ihren statutarischen und tatsächlichen Sitz in der Schweiz haben und in denen Personen im Ausland eine beherrschende Stellung innehaben» (Art. 5 I lit. c).

C. *Die Zweipersonen-Aktiengesellschaft*

Literatur: Hans-Konrad Peyer: Die Zweimann-Aktiengesellschaft (Diss. Zürich 1963 = ASR 352); Hans Caspar von der Crone: Lösung von Pattsituationen bei Zweimann-Gesellschaften, SJZ *1993* 37 ff.

I. Umschreibung

Unter Zweipersonen- oder Zweimann-AG versteht man eine AG, deren Aktien in der Hand von *zwei* meist in der *Geschäftsführung aktiv tätigen* Personen vereinigt sind.

Sie kann von Anfang an als solche geplant sein, wobei dann für den Gründungsakt ein Strohmann beigezogen werden muss (originäre Zweimann-AG), oder es kann erst im Laufe der Dauer einer personalistischen AG eine Schrumpfung auf zwei Gesellschafter eintreten (nichtoriginäre Zweimann-AG).

Die beiden Aktionäre können gleich grosse Aktienpakete haben (paritätische), oder es kann einer Mehrheits- eine Minderheitsbeteiligung gegenüberstehen (nichtparitätische Zweipersonen-AG).

II. Die Problematik der Zweipersonen-Aktiengesellschaft

Den Besonderheiten der Zweipersonen-AG ist nicht leicht beizukommen.

a) Bei den *nichtparitätischen* Zweipersonengesellschaften können sich besonders akute Fragen des Minderheitenschutzes stellen, deren angemessene Beantwortung Schwierigkeiten bereitet[51].

b) Für Licht und Schatten, Glück und Unglück sorgt bei der *paritätischen* Zweimanngesellschaft das Einstimmigkeitsprinzip. *Positiv* ist der den beiden Aktionären damit auferlegte Zwang zur Konsensfindung, *negativ* die Gefahr

---

[50] StGB 172 für die Vermögensdelikte, vgl. auch StGB 326.
[51] Vgl. BGE 99 II 55 ff, 102 II 265 ff und dazu Meier-Hayoz/Zweifel: Der Grundsatz der schonenden Rechtsausübung im Gesellschaftsrecht, in: FS H. Westermann (Karlsruhe 1974) 383 ff.

schwerer Funktionsstörung in Fällen fehlender Einigung. Individuelle und kollektive Interessen werden durch das *Einstimmigkeitsprinzip* geschützt: «Ein bestimmtes Projekt findet nur dann einstimmige Unterstützung, wenn es für jeden einzelnen der Beteiligten vorteilhaft oder zumindest nicht nachteilig ist». Ein solches Projekt weist aber «auch aus kollektiver Sicht einen positiven Saldo auf». Denn «Projekte, die sich zwar positiv auf die Stellung einzelner Beteiligter auswirken, deren kollektiver Saldo aber negativ ist, haben hier – anders als unter dem Mehrheitsprinzip – in keinem Fall Erfolgschancen»[52].

105 Aber wenn die Konsenssuche scheitert, kommt es zur *Entscheidungsunfähigkeit,* zum Patt. Die GV ist nicht mehr in der Lage, ihre Aufgabe wahrzunehmen, Verwaltungsrat und Revisionsstelle können nicht mehr bestellt, die nötigen GV-Beschlüsse nicht mehr gefasst werden.

III. Zur Lösung von Patt-Situationen

106 Mit zwei Bestimmungen bietet das Gesetz eine Grundlage zur Behebung derartiger Funktionsstörungen: durch OR 713 I und OR 736 Ziff. 4. Im übrigen ist es Aufgabe der Parteien, vorausschauend Überbrückungsregelungen zu treffen.

1. Die Notwendigkeit präventiver Regelungen in den Statuten und in Aktionärbindungsverträgen

107 Eine Lähmung des Unternehmens muss für die Fälle künftiger Meinungsverschiedenheiten der Partner vermieden werden. Für den beratenden Juristen öffnet sich hier ein Exerzierfeld für eine phantasiereiche Ausgestaltung der Statuten und vor allem der sie ergänzenden schuldrechtlichen Verträge[53].

2. Der Stichentscheid

108 Während ein Stichentscheid des Vorsitzenden der *GV* nur besteht, wenn er statutarisch vorgesehen wird[54], gilt im *Verwaltungsrat* der Stichentscheid des Präsidenten kraft dispositiven Gesetzesrechts. Beim Fehlen anderslautender statutarischer Vorschriften kann somit dank OR 713 I das Patt im Verwaltungsrat vermieden werden.

109 Man muss sich freilich bewusst sein, dass die Sicherung der Funktionsfähigkeit des Verwaltungsrates durch den Stichentscheid auf Kosten eines der beiden Aktionäre oder Aktionärsgruppen geht: Wer nicht über den Stichentscheid verfügt, wird bei allen umstrittenen Fragen unterliegen. Wird der gesetzlich vorgesehene Stichentscheid des Vorsitzenden im Verwaltungsrat noch durch den Stichentscheid des Vorsitzenden in der GV er-

---

52 Von der Crone (zit. N 98) 39.
53 Vgl. die Vorschläge von Peyer (zit. N 98) 74 ff und von der Crone (zit. N 98) 40 ff sowie vorn § 39 N 139 ff.
54 Dazu, dass dies auch bei Zweimanngesellschaften möglich ist vgl. BGE 95 II 562 f.

gänzt, dann wird einer der beiden Aktionäre trotz Parität in der Kapitalbeteiligung faktisch zum Minderheitsaktionär: Mit Ausnahme der «wichtigen Beschlüsse» von OR 704 kann der durch den Stichentscheid privilegierte Aktionär seine Meinung stets durchsetzen, und auch bei den Wahlen hängt der Partner – soweit nicht durch einen Aktionärbindungsvertrag geschützt – vom Wohlwollen des über den Stichentscheid verfügenden Aktionärs ab. Man wird sich daher die Einführung dieses Instruments der Konfliktlösung im Einzelfall gut überlegen und sich fragen müssen, ob es sinnvoll ist, den Stichentscheid statutarisch auf die GV auszuweiten oder ob nicht gerade umgekehrt durch die Statuten der Stichentscheid im Verwaltungsrat wegbedungen werden sollte!

3. Richterliche Hilfe beim Vorliegen wichtiger Gründe

Ein zum Funktionszusammenbruch führendes Patt kann «wichtiger Grund» im Sinne von OR 736 Ziff. 4 sein. Anders als im früheren Recht ist der Richter bei Bejahung des wichtigen Grundes nicht mehr gezwungen, die Auflösung der Gesellschaft anzuordnen, sondern darf er «auf eine andere sachgemässe und den Beteiligten zumutbare Lösung erkennen» – eine für den in unternehmerischen Belangen oft nicht erfahrenen Richter schwierige Aufgabe[55].

D. Die Immobilien-Aktiengesellschaft

Literatur: Peter Jäggi: Die Immobilien-Aktiengesellschaft, SAG *1974* 145 ff = ZBGR *1974* 321 ff; Teitler (zit. N 26).

Zur *Lex Friedrich* im besonderen: Böckli N 604 ff; René P. Eichenberger: Die Behandlung des Aktienerwerbes in der Lex Friedrich (Diss. Zürich 1992); Peter Forstmoser/Adrian Plüss: Probleme von Publikumsgesellschaften mit der «Lex Friedrich» unter neuem Aktienrecht, SJZ *1993* 297 ff; Gian Gaudenz Lüthi: Anwendungsprobleme in der Bundesgesetzgebung über den Erwerb von Grundstücken durch Personen im Ausland (Diss. Zürich 1987); Beat Rechsteiner: Beschränkungen des Grundstückerwerbs durch Ausländer (Diss. Zürich 1985 = ZStöR 53).

Die Bezeichnung «Immobilien-AG» wird heute nicht nur verwendet für das, was *herkömmlich allein* darunter verstanden wurde: eine AG mit dem Zweck des Erwerbs eines bestimmten Grundstücks (Immobilien-AG im eigentlichen, engeren Sinn; dazu Ziff. I N 114 ff), sondern – unter dem Aspekt der von der *Lex Friedrich*[56] angestrebten Abwehr von ausländischem Einfluss auf schweizerische Immobilien – auch für jede andere AG, deren Aktiven zu mehr als einem Drittel aus Grundstücken in der Schweiz bestehen (Immobilien-AG im weiteren Sinn, Quasi-Immobilien-AG; dazu Ziff. II N 129 ff).

---

[55] Wertvolle Empfehlungen für mögliche richterliche Massnahmen finden sich bei von der Crone (zit. N 98) 37 ff. Vgl. im übrigen die Ausführungen zu dieser Bestimmung in § 55 N 106 ff.
[56] BG über den Erwerb von Grundstücken durch Personen im Ausland vom 16. 12. 1983 (BewG), SR 211.412.41.

I. Die Immobilien-Aktiengesellschaft im engeren Sinn

1. Umschreibung

114 Die Immobilien-AG ist eine AG mit dem *ausschliesslichen Zweck des Erwerbs eines bestimmten Grundstücks* (ausnahmsweise auch mehrerer bestimmter Grundstücke).

115 Zum Wesen der Immobilien-AG gehört:

116 – die faktische Beschränkung auf *einen oder wenige Aktionäre*; es handelt sich in der Regel um eine Einpersonen-AG mit der Besonderheit,

117 – dass das Hauptaktivum ein *bestimmtes Grundstück* ist (ausnahmsweise mehrere; keine Immobilien-AG im hier erörterten Sinne ist dagegen die Dienstleistungs-AG, welche die Verwaltung und Nutzung zahlreicher Liegenschaften betreibt, und schon gar nicht die für fremde Rechnung tätige Liegenschaftenverwaltungs-AG);

118 – eine gewisse *Statik*: Während die typische AG Trägerin eines dynamischen Unternehmens ist (unmittelbar oder doch – wie bei der Holdinggesellschaft – mittelbar), erschöpft sich die Funktion der Immobilien-AG in der Zuordnung von Eigentum und der damit verbundenen Nutzung.

118a Nicht zu den Immobilien-AG gehören denn auch jene Gesellschaften, die den Handel mit Liegenschaften bezwecken, oder jene, die unter Benutzung eines Grundstückes eine eigenständige Tätigkeit entfalten (z. B. Führung eines Ferienheimes).

119 Eine im Hinblick auf den besonderen steuerrechtlichen Regelungszweck etwas erweiterte Legaldefinition der Immobilien-AG i. e. S. enthält DBG 75 III:

120 «Als Immobiliengesellschaft gilt eine Kapitalgesellschaft, die sich hauptsächlich mit der Überbauung, dem Erwerb, der Verwaltung und Nutzung oder der Veräusserung von Liegenschaften befasst.»

121 Es geht dort um eine auf die so umschriebene Immobilien-AG zugeschnittene Präzisierung des allgemeinen Grundsatzes, dass Fremdkapital, das wirtschaftlich Eigenkapital bildet, zum *steuerbaren Eigenkapital* gerechnet wird. Vorgeschrieben wird eine feste Quote des Eigenkapitals (ein Drittel, künftig voraussichtlich ein Viertel) im Verhältnis zu den für die Gewinnsteuer massgeblichen Werten der Aktiven. – Entsprechende Anordnungen finden sich auch in StHG 29 (und in einem im Entwurf vorliegenden Art. 29a StHG)[57].

2. Zur Problematik

122 Fragwürdig ist die in der Schweiz sehr verbreitete Immobilien-AG unter *sachenrechtlichem* Gesichtspunkt. Das für das schweizerische Grundstücksrecht charakteristische, die ganze Sachenrechtsordnung prägende *Publizitätsprinzip* wird durch die Trennung von «wirtschaftlichem Eigentum» des Aktionärs und «rechtlichem Eigentum» der Immobilien-AG *in Frage gestellt*. Das der Offenle-

---

[57] Vgl. BBl 1994 II 357 ff.

gung der Eigentumsverhältnisse dienende Grundbuch verheimlicht den wahren Berechtigten, indem es nur die vorgeschobene AG als Eigentümerin aufführt. Handänderungen erfolgen unter Ausschluss der Öffentlichkeit durch formlose Veräusserung der Aktien; der Übergang der Berechtigung am Grundstück vollzieht sich ohne öffentlich beurkundeten Vertrag und ohne den gestützt darauf vollzogenen Eintrag des Erwerbers im Grundbuch[58]. Kennzeichnend für die Immobilien-AG ist somit die Verschleierung von Eigentumszuständigkeit und Eigentumsveräusserung. Die Immobilien-AG hat *Tarnfunktion bezüglich Rechtsinnehabung und Rechtsübertragung.*

Die fehlende Transparenz verlockt zu missbräuchlichem Verhalten. Der *Richter* hat – wie in andern Fällen missbräuchlicher Verwendung einer juristischen Person (vgl. vorn N 47 ff) – die Möglichkeit, die formalrechtliche Eigentumszuständigkeit der Immobilien-AG zu ignorieren und direkt auf den wirtschaftlichen Eigentümer zu greifen. Der Durchgriff erfolgt aber nur im konkreten Fall, für welchen die Voraussetzung des Missbrauchs nachgewiesen ist; der Bestand der Immobilien-AG als solcher wird davon nicht betroffen.

Zunehmend wird aber auch vom *Gesetzgeber* der Tarnfunktion der Immobilien-AG ein Riegel geschoben, so z. B. im *Steuerrecht*. Die Veräusserung von Aktien wäre an sich nicht wie die Übertragung von Grundstücken abgabepflichtig. Doch unterwirft die in den Steuergesetzen angeordnete wirtschaftliche Betrachtungsweise auch die Veräusserung der Aktien einer Immobilien-AG durchwegs der Handänderungs- und Grundstückgewinnsteuer.

Auch zur Umgehung des *Verbots des Grundstückserwerbs durch Personen im Ausland* hat die Immobilien-AG dank strenger gesetzlicher Anordnungen ihre Verschleierungsfunktion eingebüsst:

3. *Die Immobilien-Aktiengesellschaft im engeren Sinn in der Lex Friedrich*

Nach BewG 2 bedürfen Personen im Ausland für den Erwerb von Grundstücken in der Schweiz einer Bewilligung. Bewilligungspflichtig ist unter anderem auch der Erwerb eines Anteils an einer Immobilien-AG i. e. S.: «Als Erwerb eines Grundstückes gilt der Erwerb des Eigentums oder der Nutzniessung an einem Anteil an einer juristischen Person, deren tatsächlicher Zweck der Erwerb von Grundstücken ist.» (BewG 4 I lit. e).

Massgebend ist somit nicht, wie die Zweckumschreibung in den Statuten der betreffenden AG lautet (ob ausdrücklich die Rede ist von Erwerb, Innehabung, Nutzung, Verwaltung oder dergleichen eines bestimmten Grundstücks), sondern die *tatsächliche Zweckverfolgung*, wie sie sich vor allem darin manifestieren kann, dass sich der Rohertrag der AG hauptsächlich aus dem Ertrag von Immobi-

---

[58] Der Verkauf sämtlicher Aktien ist nach bundesgerichtlicher Praxis (vgl. BGE 79 II 83) gültiger Fahrniskauf und nicht etwa wegen Formmangels ungültiger Grundstückkauf. Entsprechend erstreckt sich die Gewährleistung nur auf Mängel an den Aktien und nicht auf Mängel des Grundstücks. Über Ausnahmefälle vorn in Anm. 44.

lienvermögen zusammensetzt oder dass das Hauptaktivum in einem Grundstück besteht.

128   Bewilligungspflichtig ist *jeder* Anteilerwerb durch eine Person im Ausland ohne Rücksicht auf sein Ausmass, also schon der Kauf einer *einzigen* Aktie einer Immobilien-AG i. e. S.

II. Die Immobilien-Aktiengesellschaft im weiteren Sinn als Sonderform der Lex Friedrich

129   a) Um eine Überfremdung einheimischen Bodens zu verhindern, hat die Lex Friedrich nicht nur den Erwerb von Anteilen an Immobiliengesellschaften i. e. S. durch Personen im Ausland einer Bewilligungspflicht unterstellt, sondern auch den Aktienerwerb bei allen anderen Gesellschaften mit einem bestimmten Mindestanteil des Gesellschftsvermögens in schweizerischen Immobilien (= Immobilien-AG i. w. S.) und einem beherrschenden Ausländeranteil. BewG 4 I lit. d deklariert als bewilligungspflichtig den «Erwerb des Eigentums oder der Nutzniessung an einem Anteil an einer juristischen Person, deren Aktiven nach ihrem tatsächlichen Wert zu mehr als einem Drittel aus Grundstücken in der Schweiz bestehen, sofern Personen im Ausland dadurch eine beherrschende Stellung erhalten oder verstärken».

130   Voraussetzung für die Anwendung der Lex Friedrich auf Aktiengesellschaften, die ein nach kaufmännischer Art geführtes Gewerbe betreiben, ist somit,
– dass es sich um eine Immobilien-AG i. w. S. handelt (lit. b, N 131),
– in welcher Personen im Ausland eine beherrschende Stellung schon erlangt haben oder durch beabsichtigten Aktienkauf erlangen würden (lit. c, N 132).

131   b) Eine Immobilien-AG i. w. S. liegt vor, wenn *mehr als ein Drittel* der Gesellschaftsaktiven aus Grundstücken auf Schweizer Boden besteht. Massgebend ist der allenfalls durch Experten festzusetzende *Verkehrswert* der verschiedenen Aktiven (nicht der Bilanzwert). Als Immobilienaktiva gelten nicht nur Grundstücke im Sinne des ZGB, sondern alle in der Lex Friedrich bewilligungspflichtig erklärten Rechtspositionen[59].

132   c) Ein zur Unterstellung unter die Lex Friedrich führender *beherrschender Ausländeranteil* wird *vermutet*, wenn mehr als ein Drittel des Aktienkapitals in der Hand von Personen im Ausland liegt bzw. solche Personen über mehr als einen Drittel der Stimmen in der GV verfügen (BewG 6 II lit. a und b). Letztlich massgebendes Kriterium ist aber nach der Generalklausel von BewG 6 der Umstand, dass Personen im Ausland in der Lage sind – aus was für Gründen auch immer – «die Verwaltung oder Geschäftsführung entscheidend zu beeinflussen».

133   d) Zusätzlicher Grundstückserwerb einer solch ausländisch beherrschten Immobilien-AG i. w. S. untersteht der allgemeinen Bewilligungspflicht, und weitere Personen im Ausland, die Aktien einer solchen Gesellschaft erwerben wollen,

---

[59]   Dazu BewG 4 und Eichenberger (zit. N 112) 59 ff.

müssen eine Bewilligung einholen. Das sind für Publikumsgesellschaften *unhaltbare Zustände*, die als Sofortmassnahme nach interpretatorischen Anpassungen der Lex Friedrich an das neue Aktienrecht rufen, längerfristig aber nur durch Gesetzesänderungen befriedigend korrigiert werden können[60].

III. Die Mieter-Aktiengesellschaft

Die Mieter-AG ist eine Sonderform der Immobilien-AG, die vor allem in der welschen Schweiz als Ersatzlösung für das bis 1965 unzulässige Stockwerkeigentum Anklang fand (société immobilière d'actionnaires-locataires). Die AG ist Eigentümerin eines Gebäudes mit Wohnungen. Jedem Aktionär gehört eine in einem Paket zusammengefasste und in einem Zertifikat verurkundete Anzahl von Aktien, die wertmässig einer der Wohnungen entsprechen und ihm das durch Mehrheitsbeschluss nicht entziehbare Recht verleihen, diese Wohnung zu benutzen[61]. Auch sog. «Eigentum im Time-Sharing», wie es bei Ferienwohnungen vorkommt, lässt sich auf diese Weise realisieren[62].

Näheres bei Meier-Hayoz/Rey, Berner Kommentar zu ZGB 712a–712t (Bern 1988) Vorb. zu Art. 712a–712t N 10 und 99, mit weiteren Hinweisen; Paul Richli: Die Miete – Beteiligung an Wohnungen (Diss. Bern 1974 = ASR 430).

E. *Die genossenschaftliche Aktiengesellschaft*

Literatur: Kurt Hanns Ebert: Die Problematik der kooperativen Aktiengesellschaften im schweizerischen und deutschen Aktienrecht, ZSR *1974* I 163 ff; F. Gilliard: Tendances coopératives dans la société anonyme, in: Boemle/Geiger u. a. (vgl. LV) 149 ff; Brigitta Kratz: Die genossenschaftliche Aktiengesellschaft; Möglichkeiten und Grenzen einer atypischen Ausgestaltung der Aktiengesellschaft (Diss. Zürich, erscheint 1995 oder 1996); André Lasserre: La société anonyme à but non économique en droit Suisse (thèse Lausanne 1976).

Die genossenschaftliche AG ist eine Vereinigung von Personen zum Zwecke der Befriedigung gemeinschaftlicher wirtschaftlicher Bedürfnisse in gemeinsamer Selbsthilfe[63].

Sie trägt *personalistisch-genossenschaftliche* Züge. Wie bei einer Genossenschaft spielt die persönliche Mitwirkung der Teilnehmer eine Rolle. Die Statuten schreiben jeweils vor, es sei «die Zulassung eines Aktionärs von bestimmten

---

[60] Vgl. § 44 N 202 und Forstmoser/Plüss (zit. N 112) 297 ff. Die dort angeregte liberalere Auslegung wird nun auch von der zuständigen eidg. Behörde vertreten.
[61] Vgl. die in BGE 107 Ib 325 ff unter verrechnungssteuerlichen Gesichtspunkten besprochene AG.
[62] Vgl. dazu Stefan Schalch: Time-Sharing an Ferienimmobilien (Diss. Zürich 1990 = SSHW 128) insbes. 207 ff.
[63] Vgl. die Beispiele bei Kratz (zit. N 136) § 3 N 11 ff.

persönlichen, beruflichen, betrieblichen oder fachlichen Voraussetzungen abhängig zu machen. So sind z. B. nur die Inhaber bestimmter Berufe oder sonstige Personen mit gemeinsamen wirtschaftlichen Bedürfnissen als Aktionäre qualifiziert»[64]. Andererseits soll grundsätzlich allen Anwärtern mit entsprechender Qualifikation der Zugang zur AG offenstehen.

139 Im Versuch, sich an das genossenschaftliche Prinzip der offenen Tür anzulehnen, liegt die Problematik dieser Sonderart. Die frühere Praxis suchte die Lösung in der Errichtung von Aktiendepots bei Dritten für künftige Namenaktionäre. Dank der Einführung des bedingten Kapitals (dazu § 52 N 298 ff) können allenfalls die legitimen Bedürfnisse der genossenschaftlichen AG leichter befriedigt werden, freilich nur, falls man die Einsatzmöglichkeiten des bedingten Kapitals über den Wortlaut des Gesetzes hinaus erweitert[65].

---

[64] Ebert (zit. N 136) 166.
[65] Vgl. dazu § 53 N 317 ff. Skeptisch Kratz (zit. N 136) § 11 N 70. Für einen weiteren Einsatzbereich des bedingten Kapitals allgemein dagegen Wenger (zit. § 52 N 1) 6 f.

§ 63 Gemischtwirtschaftliche und spezialgesetzliche Aktiengesellschaften

Literatur: François Bellanger: Le régime juridique de la banque nationale suisse (Diss. Genf 1980); Hans Beeli: Das öffentliche und gemischtwirtschaftliche Unternehmen am Beispiel der Luzerner und Zuger Kantonalbank (Diss. Freiburg 1989); Marc Russenberger: Die Sonderstellung der Schweiz. Kantonalbanken (Diss. Zürich 1988); Beat Schmid: Die Unabhängigkeit der Schweizerischen Nationalbank und ihre rechtliche Sicherung (Diss. Freiburg 1979); Leo Schürmann: Das Recht der gemischtwirtschaftlichen und öffentlichen Unternehmen mit privatrechtlicher Organisation, ZSR *1953* 65a ff; ders.: Wirtschaftsverwaltungsrecht (3. A. Bern 1994) 262 ff; ders.: Nationalbankgesetz und Ausführungserlasse, Kommentar und Textausgabe (Bern 1980); Michael Stämpfli: Die gemischtwirtschaftliche Aktiengesellschaft (Bern 1991 = ASR 533); Armin Stoffel: Beamte und Magistraten als Verwaltungsräte gemischtwirtschaftlicher Aktiengesellschaften (Diss. St. Gallen 1975); Urs Thomann: Die staatlich gebundene Aktiengesellschaft, Eine Studie am Beispiel der Swissair (Diss. Zürich 1982); Weiss N 355 ff; Hans-Martin Weltert: Die Organisations- und Handlungsform in der schweizerischen Elektrizitätsversorgung (Diss. Basel 1990 = SSHW Bd. 129); Martin Wernli in Basler Kommentar zu Art. 762 ff.

A. *Die gemischtwirtschaftliche Aktiengesellschaft*

I. Öffentliche, gemischtwirtschaftliche und kantonalrechtliche Aktien-Unternehmen

Das Recht der öffentlichen Unternehmung, wo der Staat mit hoheitlichen Mitteln in Gesellschaftsform öffentliche Aufgaben erfüllt[1], ist sehr vielfältig[2]. Das ZGB hält als (unechten) Vorbehalt fest, dass für die öffentlich-rechtlichen und kirchlichen Körperschaften und Anstalten das öffentliche Recht des Bundes und der Kantone vorbehalten bleibe (ZGB 59 I). Dieser Vorbehalt ist aber nicht umfassend. Zu beachten sind die spezialgesetzlichen Vorschriften des Bundesrechts, die eine Gesellschaft organisieren, sie aber nur teilweise zu einer Gesellschaft mit öffentlich-rechtlichen Elementen machen (Beispiele: Schweizerische Nationalbank, Eisenbahn-AG, vgl. hinten N 23 ff und 36 ff), ferner die Aktiengesellschaften mit besonderen Zwecken, die hinsichtlich von Teilaspekten dem öffentlichen Recht unterliegen (Beispiele: Banken, Versicherungen, vgl. § 61 N 53 ff, 59 ff).

Für kantonalrechtliche Anstalten steht das aktienrechtliche Kleid, d. h. die Aufteilung des Kapitals in Teilsummen und die Beteiligung Privater, nur zur Verfügung, sofern der Kanton subsidiär haftet (OR 763)[3].

---

[1] Zur Abgrenzung und deren Schwierigkeiten im einzelnen, Meier-Hayoz/Forstmoser § 1 N 19–32.
[2] Darstellung bei Schürmann, Wirtschaftsverwaltungsrecht (zit. N 1).
[3] Ein Vorbehalt gilt für Gebilde, die vor dem 1.1.1883 durch besondere kantonale Gesetze gegründet worden sind, OR 763 II.

4   Es ist eine Frage des öffentlichen Rechts, wie weit das Gemeinwesen sich in den Formen des Privatrechts (und seinen Gestaltungsmöglichkeiten) betätigen darf[4]. Eine privatrechtliche Gesellschaft darf ihre Entscheide aber auch beim Vorliegen öffentlicher Interessen nicht etwa an den Zustimmungsvorbehalt des Gemeinwesens binden; dies verstösst gegen ZGB 27[5].

5   Das Aktienrecht enthält den Begriff des gemischtwirtschaftlichen Unternehmens, nämlich in OR 762 II. Gemeint ist dort eine mit öffentlichen Interessen verknüpfte wirtschaftliche Tätigkeit in der Rechtsform der AG, in der Regel unter Beteiligung (allenfalls 100 Prozent) des Gemeinwesens. Der Begriff des gemischtwirtschaftlichen Unternehmens wird aber auch in einem weiteren, über diese aktienrechtliche Festlegung in OR 762 hinausgehenden Sinn verwendet, nämlich für den Bereich der spezialgesetzlichen Aktiengesellschaften des Bundesrechts[6]. Der öffentliche Unternehmensbereich rückt mit den zur Zeit aktuellen Privatisierungsabsichten wieder vermehrt ins Blickfeld rechtlichen Interesses.

II.   Zum Begriff der gemischtwirtschaftlichen Unternehmung

6   Das schweizerische Gesellschaftsrecht bestimmt in OR 762 I, dass Unternehmungen[7], an denen Körperschaften des öffentlichen Rechts ein öffentliches Interesse haben – das sehr vielfältiger Art sein kann –, diesen ein *statutarisches Recht* zur Entsendung von Vertretern in den Verwaltungsrat oder in die Revisionsstelle einräumen können, auch wenn die Körperschaft nicht Aktionärin ist. Dieses *Entsendungsrecht* besteht seit der Revision nur noch alternativ (Verwaltungsrat *oder* Revisionsstelle), da die frühere Regelung (kumulativ) als mit der Unabhängigkeit der Revisionsstelle nicht vereinbar betrachtet wurde. Grundsätzlich gilt für die Mitgliedschaft im Verwaltungsrat auch hier die Regel, dass nur natürliche Personen, allenfalls als Vertreter einer juristischen Person, wählbar sind (OR 707 III). Diese müssen ihrerseits nicht Aktionäre sein (vgl. OR 707 I).

7   Im zweiten Absatz von OR 762 wird von «solchen Gesellschaften» (im Sinne des Abs. 1) «*sowie*[8]... gemischtwirtschaftlichen Unternehmungen, an denen die Körperschaft des öffentlichen Rechts als Aktionär beteiligt ist», gesprochen[9].

---

[4]   Stämpfli (zit. N 1) 7.
[5]   BGE 67 I 262.
[6]   Vgl. dazu Schürmann, Wirtschaftsverwaltungsrecht (zit. N 1) 263.
[7]   Aus der systematischen Stellung des Gesetzesartikels muss geschlossen werden, dass hier damit lediglich Aktiengesellschaften gemeint sind; zum Unternehmensbegriff Peter Nobel: Das Unternehmen als juristische Person, WuR *1980* 27 ff insbes. 28.
[8]   Hervorhebung durch die Verfasser.
[9]   Erwähnt sei in diesem Zusammenhang, dass grundsätzlich nicht nur die AG, sondern sämtliche Rechtsformen des Privatrechts zur Begründung einer gemischtwirtschaftlichen Unternehmung zur Verfügung stehen. Allerdings fallen aus praktischen Überlegungen (Haftungsordnung) die Personengesellschaften ausser Betracht.

Daraus ist zu schliessen, dass eine Beteiligung des Gemeinwesens für den Begriff des gemischtwirtschaftlichen Unternehmens nicht zwingend ist. Es ist nicht die in OR 762 II erwähnte Unternehmung der eigentliche Typus der gemischtwirtschaftlichen Aktiengesellschaft, sondern diese ist vielmehr als ein Anwendungsfall von OR 762 I zu sehen, nämlich mit der zusätzlichen Kapitalbeteiligung des Gemeinwesens an einer Aktiengesellschaft, an der ein öffentliches Interesse besteht.

Die Befugnis zur Entsendung von Vertretern bedarf denn auch im Falle der Beteiligung des Gemeinwesens der statutarischen Verankerung[10]. Bei mehrheitlicher Beteiligung des Gemeinwesens genügen aber auch die ordentlichen aktienrechtlichen Regeln zur Kompetenz der GV für die Errichtung der gewünschten Organbesetzung. Mit dem Entsendungsrecht ist die besondere direkte Haftung des Gemeinwesens verbunden (OR 762 IV). Im übrigen gilt das Aktienrecht ohne Ausnahmen. Die gemischtwirtschaftliche AG ist eine Gesellschaft des Bundesprivatrechts, d. h. des Aktienrechts. 8

III. Motive zur Gründung gemischtwirtschaftlicher Unternehmen

Die Beweggründe des Gemeinwesens, sich an einer Gesellschaft des Privatrechts zu beteiligen, können mannigfaltiger Natur sein: 9

Die Beteiligung der öffentlichen Hand an gemischtwirtschaftlichen Unternehmen ist heute noch ein wesentliches Mittel *wirtschaftspolitischer* Tätigkeit. Nicht zuletzt aber ist die – bundesrechtlich geregelte und somit für alle Beteiligten einheitlich geltende – AG ein gutes Mittel zur überregionalen bzw. *interkantonalen Zusammenarbeit* öffentlicher Körperschaften. 10

Sodann besteht in dem Umstand, dass gemischtwirtschaftliche Betriebe in der Regel bereits eine höhere betriebliche Effizienz aufweisen als reine Staatsbetriebe, eine weitere Motivation des Gemeinwesens, sich an Gesellschaften des Privatrechts zu beteiligen. Auch kann der Staat mit der Wahl der gemischtwirtschaftlichen Gesellschaftsform sowohl von der *Sachkenntnis und Erfahrung privater Personen bzw. Unternehmungen profitieren* als auch die Haftung auf verschiedene Subjekte verteilen. Ein weiterer Vorteil der privaten Beteiligung kann in einer eventuell besseren Akzeptanz und Verankerung der Gesellschaft in der Bevölkerung gesehen werden[11]. 11

Im weiteren machen sich in der letzten Zeit vor allem bei den Kantonalbanken[12], aber auch im PTT-Telecom-Bereich Tendenzen bemerkbar, dass die öffentliche Hand bisherige Staatsbetriebe in Anstaltsform in privat- oder gemischtrechtliche Körperschaften überführen will, um so zum einen die Möglichkeit zu schaffen, den Eigenkapitalbedarf durch 12

---

[10] Vgl. dazu Bürgi/Nordmann Art. 762 N 3.
[11] Beeli (zit. N 1) 77.
[12] So etwa die Solothurner Kantonalbank, die per 1.1.1995 vom Schweizerischen Bankverein übernommen wurde, oder die am 6.4.1995 vom Berner Regierungsrat erklärte Absicht, die Berner Kantonalbank (öffentlich-rechtliche Anstalt des kantonalen Rechts) in eine AG des Bundesprivatrechts zu überführen (vgl. dazu auch Roland von Büren in: SZW *1995* 85 ff).

private Kapitalgeber zu decken. Zum anderen soll damit aber auch eine organisatorische, fachliche und politische Autonomie geschaffen werden, um sich so den rasch ändernden äusseren Bedingungen anzupassen und damit öffentliche Aufgaben möglichst wirtschaftlich erfüllen zu können[13].

13   Demgegenüber mag für Private – sowohl natürliche wie juristische Personen – die Beteiligung an einer gemischtwirtschaftlichen Gesellschaft insofern von Vorteil sein, als durch die durch das Gemeinwesen oftmals gegebene *Staatsgarantie* eine besondere Sicherheit bestehen kann. Ebenso kann eine derartige Beteiligung ein Tätigwerden in einem sonst monopolisierten Unternehmensbereich[14] ermöglichen.

IV. Einzelheiten zur Ordnung gemäss OR 762

14   Das den interessierten[15] Körperschaften statutarisch eingeräumte Recht auf Abordnung von Vertretern ist seiner Natur nach ein direktes, eigentliches *Entsendungs*recht und nicht nur ein mehr oder weniger verbindliches Vorschlagsrecht. Gemäss OR 762 II steht auch das Recht auf Abberufung der vom Gemeinwesen abgeordneten Vertreter nur diesem selbst zu; insofern wird auch hier die Kompetenz der GV eingeschränkt[16]. Die von der Körperschaft abgeordneten Vertreter des Verwaltungsrats oder der Revisionsstelle haben die gleichen Rechte und Verpflichtungen wie die von der GV gewählten (OR 762 III). Allerdings haftet gemäss OR 762 IV gegenüber der Gesellschaft, den Aktionären und den Gläubigern – unter Vorbehalt bundes- oder kantonalrechtlicher Regressbestimmungen gegen den Abgeordneten, die aber nicht nach aussen wirken können – allein die Körperschaft des öffentlichen Rechts[17].

15   Diese *direkte Haftungsübernahme des Gemeinwesens*, wobei grundsätzlich die jeweiligen Verantwortlichkeitsgesetze zum Zuge kommen, bedeutet eine klare Abweichung vom Grundsatz der persönlichen Verantwortlichkeit der gemäss OR 754 mit der Verwaltung, der Geschäftsführung oder der Liquidation befass-

---

[13]   Obwohl das BankG für Kantonalbanken eine Errichtung durch kantonalen gesetzlichen Erlass verlangt (BankG 3 IV), ist es nach der neuen Praxis der EBK möglich, eine Kantonalbank (für die im übrigen die unbeschränkte Staatsgarantie konstitutiv ist) auch in der Form der gemischtwirtschaftlichen Aktiengesellschaft des Bundesrechts zu betreiben und nur für den (Um-)Gründungsbeschluss den kantonalen gesetzlichen Erlass vorzusehen.

[14]   Etwa an kantonalen Elektrizitätswerken, konzessionierten Schiffahrtsgesellschaften oder aber an der Swissair.

[15]   Das öffentliche Interesse des Gemeinwesens muss sich auf die tatsächlich ausgeübte Tätigkeit oder den statuarischen Zweck der Gesellschaft richten. Eine alleinige finanzielle Beteiligung genügt nicht als Nachweis des öffentlichen Interesses.

[16]   Allerdings kann die GV die Abberufung eines Gemeindevertreters aus wichtigem Grund verlangen, BGE 51 II 330 ff insbes. 339.

[17]   Ist die Körperschaft des öffentlichen Rechts zudem Aktionärin der Gesellschaft, steht es ihr frei, sich an der GV an den Wahlen des Verwaltungsrats zu beteiligen und dazu auch eigene Kandidaten aufzustellen. Allerdings unterstehen diese gewählten Vertreter dann nicht mehr den Bestimmungen von OR 762 III und IV, sondern haften persönlich für ihre Verwaltungshandlungen gemäss OR 754.

ten Personen bzw. Organe[18, 19], die nur allenfalls als Vertretungshandlung (vgl. OR 707 III) oder über ZGB 55 einer delegierenden juristischen Person weiter zugerechnet werden kann (dazu § 21 N 3 ff).

Der Anspruch der Körperschaft des öffentlichen Rechts[20] auf *Gewährung der Mitverwaltungs- oder Kontrollrechte* entsteht nicht ipso iure. Vielmehr braucht es den Beschluss der GV, die eine entsprechende Statutenbestimmung vorzusehen hat. Es ist auch zulässig, dem Gemeinwesen die statutarische Möglichkeit einzuräumen, die Mehrheit der Vertreter im Verwaltungsrat zu stellen[21]. 16

Obschon davon ausgegangen werden kann, dass durch das öffentliche Interesse, das sich mit dem Gesellschaftszweck bzw. der Unternehmenstätigkeit decken muss[22], mehrheitlich eine Kongruenz zwischen dem öffentlichen Interesse und demjenigen der Gesellschaft besteht, kann es durch die zweiseitige Bindung[23] des abgeordneten Vertreters zu *Interessenkollisionen* kommen. Dabei wird es sich wohl meist um Fragen im Zusammenhang mit der Gewinnorientierung der Gesellschaft handeln. Da die Gewinnorientierung (die nicht mit kurzfristiger Gewinnmaximierung gleichzusetzen ist, vgl. § 40 N 22 ff) aber typisches Merkmal der AG ist und das Recht auf Bewahrung dieser Gewinnstrebigkeit dem Aktionär nicht ohne dessen Zustimmung entzogen werden darf[24], muss in einer solchen Konfliktsituation – zumal die entsandten Vertreter die gleichen Rechte und Pflichten, so also auch diejenige zu gewinnorientiertem Handeln, haben – grundsätzlich der Wahrung des Gesellschaftsinteresses gegenüber der Pflicht zur Wahrung des öffentlichen Interesses der Vorrang gegeben werden[25]. Dann ist – wie erwähnt – auch hier die Gleichbehandlung der Aktionäre zu beachten. 17

Delegierte Mitglieder sind auskunftsberechtigt und auskunftsverpflichtet – das ist ein Korrelat zur Haftung. 18

Die in diesem Zusammenhang stehende Frage der Weisungsbefugnis des Gemeinwesens ist hier nur von untergeordneter Bedeutung. Da das Gemeinwesen gegenüber der Gesellschaft, den Aktionären und Gläubigern für Pflichtverletzungen der abgeordneten Mitglieder ausschliesslich – ob diese nun weisungsgebunden oder frei gehandelt haben – haftet, ist ein allfälliges Weisungsrecht nur im Innenverhältnis zwischen dem abgeordneten Vertreter und der Körperschaft des öffentlichen Rechts relevant. Hingegen ist davon auszugehen, dass die Vertreter 19

---

[18] Zum Organbegriff vgl. § 19 N 2 ff.
[19] Nach herrschender Lehre ist eine persönliche Haftung der Abgeordneten ausgeschlossen.
[20] Ob neben den im Gesetz erwähnten Körperschaften des öffentlichen Rechts wie Bund, Kanton, Bezirk und Gemeinde auch Nichtgebietskörperschaften (Dorfkorporationen usw.) ein Entsendungsrecht zusteht, ist in der Literatur umstritten, muss aber aufgrund der Entstehungsgeschichte bejaht werden.
[21] BGE 71 I 187 ff.
[22] Widrigenfalls kein Entsendungsrecht des Gemeinwesens gegeben ist.
[23] Einerseits steht der entsandte Vertreter in direkter Rechtsbeziehung zum Gemeinwesen, anderseits als Organ in ebensolcher zur Gesellschaft.
[24] Vgl. § 39 N 118. Aufgrund einer entsprechenden Statutenbestimmung kann die Gewinnstrebigkeit allerdings eingeschränkt werden.
[25] So auch ausführlich Stämpfli (zit. N 1) 119 ff; a.M. Schürmann ZSR (zit. N 1) 177a sowie Bürgi/Nordmann Art. 762 N 28.

des Gemeinwesens dieses über die Belange der Gesellschaft umfassend informieren dürfen.

20   Die Abschaffung des Entsendungsrechts des Gemeinwesens[26] wird – analog zur Entstehung – mit Beschluss der GV getroffen. Falls die Abordnung von Vertretern des Gemeinwesens Bedingung für die Erteilung einer Konzession oder einer öffentlich-rechtlichen Genehmigung war, kann das Gemeinwesen bei Abschaffung des Entsendungsrechts durch die GV der Gesellschaft die erteilten Rechte allenfalls wegen Nichterfüllens der Bedingung entziehen.

V. Zur Durchsetzung der öffentlichen Interessen

21   Die Durchsetzung der Interessen des Gemeinwesens erfolgt durch die statutarische Zwecksetzung und dann durch die Möglichkeit, die Stimmverhältnisse in der GV bzw. die davon abhängige Zusammensetzung des Verwaltungsrates zu beeinflussen. Dem Gemeinwesen steht auch die Möglichkeit offen, sich wie ein gewöhnlicher Aktionär zu betätigen und somit denselben Stellenwert wie alle anderen Aktionäre einzunehmen. Es kann aber auch versuchen, sich die Stimmmehrheit durch mehrheitlichen Aktienbesitz oder durch die Schaffung von «Stimmrechtsaktien», den Abschluss von Aktionärbindungsverträgen usw. zu sichern. Sind neben dem Gemeinwesen private Aktionäre beteiligt, so ist zu beachten, dass grundsätzlich auch in gemischtwirtschaftlichen Aktiengesellschaften der *Grundsatz der Gleichbehandlung der Aktionäre* gilt (OR 706 II Ziff. 3, 717 II, dazu § 39 N 11 ff).

22   Eine weitere Möglichkeit der Einflussnahme des Gemeinwesens auf die Gesellschaft ist unter den gegebenen Voraussetzungen die in N 14 ff hievor erwähnte Abordnung gemäss OR 762. In diesem Fall beschränkt die Gesellschaft durch eigene Zugeständnisse in zulässiger Weise ihre Selbständigkeit und räumt dem Gemeinwesen ein statutarisches Mitverwaltungs- oder Kontrollrecht ein.

B. *Spezialgesetzliche Aktiengesellschaften*

I. Die Schweizerische Nationalbank (SNB)

23   Seit der Verfassungsrevision von 1891 steht das Recht zur Ausgabe von Banknoten und anderen gleichwertigen Geldzeichen ausschliesslich dem Bund zu (BV 39 I). BV 39 II ermächtigt den Bund weiter, das Emissionsmonopol entweder einer unter gesonderter Verwaltung stehenden Staatsbank oder einer zentralen Aktienbank zu übertragen. Sowohl der Bundesrat wie die Bundesver-

---

[26] Was z. B. durch Wegfall des öffentlichen Interesses an der Unternehmung, Eintritt vertraglich vereinbarter Auflösungsgründe, gegenseitiger Übereinkunft oder Kündigung durch die Unternehmung geboten sein kann.

sammlung entschieden sich vorab für die Schaffung einer Staatsbank; das entsprechende Gesetz fand jedoch nach Ergreifung des Referendums keine Mehrheit. Nach längeren Auseinandersetzungen einigte man sich schliesslich auf die Organisationsform der Aktiengesellschaft, und so kam 1905 das *BG über die Nationalbank*[27] (NBG) zustande. Das NBG regelt sämtliche Belange der SNB, so dass diese – in Abweichung zur aktienrechtlichen Ordnung – über *keine Statuten* verfügt.

NBG 1 bestimmt, dass das Banknotenmonopol auf eine unter dem Namen «Schweizerische Nationalbank» bestehende, zentrale Notenbank zu übertragen ist, die als juristische Person ausgestaltet ist und unter Mitwirkung und Aufsicht des Bundes verwaltet wird. Das Grundkapital beträgt 50 Millionen Franken und ist zur Hälfte einbezahlt (NBG 5 I und II). Es ist in 100 000 auf den Namen lautende Aktien zum Nominalwert von Fr. 500.– aufgeteilt. Zur Eintragung ins Aktienbuch oder zur Zeichnung neuer Aktien können gemäss NBG 7 nur Schweizer Bürger und schweizerische öffentlich-rechtliche Körperschaften sowie Kollektiv- und Kommanditgesellschaften und juristische Personen, deren Hauptniederlassung sich in der Schweiz befindet, zugelassen werden. Die Übertragung geschieht durch Indossament, bedarf der Genehmigung des Bankausschusses und wird mit der Eintragung ins Aktienbuch rechtsgültig (NBG 8). Im Jahre 1993 befand sich das Aktienkapital zu 63 % in den Händen der Kantone sowie anderer öffentlich-rechtlicher Körperschaften und Anstalten, zu 36 % (davon waren 23 % natürliche und 13 % juristische Personen) in den Händen Privater[28]. 24

Das Stimmrecht ist, öffentlich-rechtliche Körperschaften und Anstalten ausgenommen, ohne Rücksicht auf den Aktienbesitz, sowohl für eigene als auch für vertretene Aktien auf 100 limitiert (NBG 35). Der Kapitalerhöhungsbeschluss bedarf der Genehmigung der Bundesversammlung (NBG 6 I). Der Bund haftet hingegen nicht für die Verbindlichkeiten der SNB. 25

Subsidiär, d. h. insoweit als das NBG in bezug auf die Organisation, Verwaltung und den Gerichtsstand keine anderweitigen Bestimmungen enthält, finden die Vorschriften des 26. Titels des Obligationenrechts über die Aktiengesellschaft Anwendung (NBG 13). 26

Organisatorisch ist die Schweizerische Nationalbank gemäss NBG 28 in die Generalversammlung der Aktionäre (NBG 29–39), den Bankrat (NBG 40–47), den Bankausschuss (NBG 48 f), die Lokalkomitees (NBG 50), die Revisionskommission (NBG 51), das Direktorium (NBG 52) sowie die Lokaldirektionen (NBG 54) gegliedert. 27

Hier im organisatorischen Bereich zeigen sich denn auch am deutlichsten die sich aus BV 39 II ergebenden *Mitwirkungsbefugnisse des Bundes*. So wählt der Bundesrat etwa die Mitglieder des Direktoriums (NBG 53), der Lokaldirektion (NBG 54) sowie 25 der 40 Bankräte. 28

Bezüglich der rechtlichen Einordnung der SNB hat das Bundesgericht wiederholt festgehalten[29], dass der Charakter der SNB *dualistischer Natur* ist. Soweit sie in ihrem hoheitlichen Aufgabenkreis Verfügungen erlässt, ist sie als autonome 29

---

[27] BG über die Nationalbank vom 6.10.1905, SR 951.11.
[28] Vgl. dazu den SNB-Geschäftsbericht *1993* 70.
[29] BGE 105 Ib 348 ff (Texon), BGE 109 Ib 146 ff (Treuhänder-Verband).

eidgenössische Anstalt zu sehen; in Ausübung ihrer allgemeinen Banktätigkeit (Diskont-, Lombard-, Devisen- und Offenmarktpolitik) ist die SNB Subjekt des Privatrechts.

II. Die Swissair (Schweizerische Luftverkehrs-Aktiengesellschaft)

30 In Gegensatz zur Nationalbank hat der Bund bei der Regelung des Luftverkehrs (BV 37ter) auf die Errichtung eines Staatsbetriebes verzichtet und *private Gesellschaften konzessioniert*. Gemäss LVG 27 i. V. m. LVG 28[30] bedarf jede gewerbsmässige Beförderung auf regelmässigen Luftverkehrslinien einer Konzession durch das Eidgenössische Verkehrs- und Energiewirtschaftsdepartement. Interessierte Kreise, namentlich Regierungen der interessierten Kantone und die öffentlichen Transportanstalten, sind dabei vor dem Konzessionsentscheid anzuhören (LVG 28 III).

31 Die Konzession bestimmt Dauer, Sitz, Finanz- und Rechnungswesen sowie die Flugplan-, Tarif-, Betriebs- und Beförderungspflicht. Ebenso enthält sie Bestimmungen über die Personalfürsorgeeinrichtungen der Luftfahrtbetriebe und die Bedingungen für den Erwerb des Betriebes durch den Bund (LVG 29 I und II sowie LFV[31] 100 ff).

32 Gemäss LVG 103 werden nun sowohl interne, kontinentale als auch interkontinentale Linienverbindungen, an denen ein allgemeines Interesse besteht, von *einer* gemischtwirtschaftlichen schweizerischen Luftverkehrsgesellschaft betrieben, an der der Bund beteiligt ist. Umgesetzt wurde dieser Leistungsauftrag mit der Schaffung der Swissair als Aktiengesellschaft nach OR 762 II[32].

33 Neben der aktienrechtlichen Ordnung und Struktur der Swissair prägen etliche Modifikationen und Spezialbestimmungen der Luftfahrtsgesetzgebung ihr Bild. Der Bund hat sich sowohl im Konzessionsvertrag als auch in den Statuten starke Einflussmöglichkeiten und teilweise vom Aktienrecht abweichende Bestimmungen vorbehalten. So hält Art. 1 Abs. 2 der Statuten der Swissair beispielsweise fest, Leitmotiv der Gesellschaft (und für alle nachfolgenden Einzelzwecke) sei das *allgemeine Interesse des Landes*.

34 Weiter entsendet die öffentliche Hand – in Anwendung von OR 762 – zehn Vertreter in den höchstens 30 Mitglieder zählenden Verwaltungsrat. Diese «Vertretung der öffentlichen Hand» setzt sich gemäss Art. 12 Abs. 2 der Statuten zusammen aus vier Bundesvertretern, drei Vertretern der Kantone Basel, Genf und Zürich sowie den vom EVED ernannten übrigen Vertretern. Auch im siebenköpfigen Verwaltungsausschuss ist die öffentliche Hand mit zwei Abgeordneten vertreten.

35 Bemerkenswert im Zusammenhang mit der durch LVG 103 getroffenen Regelung des Linienverkehrs ist der Umstand, dass durch diese gesetzliche Vorgabe die Swissair in eine «eigenartige Figur»[33] mutierte. Dies aus folgendem

---

30   BG über die Luftfahrt vom 21. 12. 1948, SR 748.0.
31   VO über die Luftfahrt vom 14. 11. 1973, SR 748.01.
32   Zur gemischtwirtschaftlichen AG nach OR 762 II vgl. vorn N 5 ff.
33   Thomann (zit. N 1) 206, mit weiteren Verweisen.

Grund: Bis zur Beteiligung des Bundes – mittels einer Kapitalerhöhung – an der Swissair war diese eine ganz normale eigenständige Gesellschaft des Privatrechts, die bereit war, ihr Angebot freiwillig zu erfüllen. Mit der Konzession wurde ihr die Erfüllung ihres Auftrages von der öffentlichen Hand auch zur Pflicht gemacht.

III. Die Eisenbahn-Aktiengesellschaften

Der enorme Kapitalbedarf zum Bau und Betrieb von Eisenbahnen führte dazu, dass sämtliche Eisenbahnunternehmen, sofern es sich nicht um Staats- oder Gemeindebetriebe handelte, in die für die Aufbringung grosser Kapitalsummen besonders geeignete Form der AG gekleidet wurden. Da aber das mit dem Eisenbahnbetrieb verbundene öffentliche Interesse eine spezielle gesetzliche Regelung nicht nur der Führung, sondern auch der Organisation des Betriebes erforderlich machte, entstand der eigenartige Typus der Eisenbahn-AG. Die Normen des Aktienrechts wurden im Hinblick auf das allgemeine Bedürfnis an einem gesunden Eisenbahnwesen *modifiziert*.

Die BV besagt, dass die Gesetzgebung über Bau und Betrieb der Eisenbahnen Bundessache ist (BV 26). So wird die Konstituierung einer Eisenbahn-AG von der Erteilung einer *Konzession* abhängig gemacht (EbG 5)[34]. Sodann unterliegen die Statuten der Prüfung und Genehmigung durch den Bundesrat (VEbG 8)[35]. Das Grundkapital kann zwar frei gewählt werden, dem Konzessionsgesuch muss jedoch ein Finanzausweis beigelegt werden, und die Aufbringung des Kapitals wird besonders streng kontrolliert (VEbG 25 ff). Hinsichtlich der Reservebildung bestimmt OR 671 V, dass konzessionierte Transportanstalten, unter Vorbehalt abweichender Bestimmungen des öffentlichen Rechts, von der Pflicht zur Bildung von Reserven befreit sind. Die privatrechtlichen Bestimmungen über die kaufmännische Buchführung sowie über die Gewinn- und Verlustrechnung und Bilanz der Aktiengesellschaften werden dann durch Bestimmungen zum Rechnungswesen (EbG 63 ff) ergänzt. Für finanzielle Nachteile, die die Eisenbahngesellschaften zur Erfüllung des öffentlichen Interesses erleiden, werden sie dann aber gemäss EbG 49 ff vom Bund entschädigt. Ebenso kann der Bund – wenn es für das Land oder eine Region von erheblicher Bedeutung ist – den Gesellschaften Beiträge und Darlehen zur Verbesserung der Anlagen und Einrichtungen, zur Umstellung oder gar zur Aufrechterhaltung des Betriebs zur Verfügung stellen. Die Liquidation der Eisenbahnaktiengesellschaften[36] richtet sich schliesslich nach den Bestimmungen des BG über Verpfändung und Zwangsliquidation von Eisenbahn- und Schiffahrtsunternehmungen[37].

---

[34] Eisenbahngesetz vom 20.12.1957, SR 742.101.
[35] VO zum Bundesgesetz vom 23.12.1872 über den Bau und Betrieb der Eisenbahnen, SR 742.121.
[36] Bei Ablauf einer zeitlich limitierten Konzession etwa.
[37] BG vom 25.9.1917, SR 742.211.

IV. Die Elektrizitäts-Aktiengesellschaften

38 Bei der Gründung von Elektrizitätsgesellschaften wurde – sofern sie nicht durch das Gemeinwesen in der Form öffentlich-rechtlicher Anstalten errichtet wurden –, infolge des auch beim Bau von Elektrizitätswerken enormen Kapitalbedarfs, die AG als geeignetste Rechtsform bevorzugt berücksichtigt. Das mit der Erzeugung von Elektrizität verbundene öffentliche Interesse machte es indessen nötig, die aktienrechtliche Normierung mittels zusätzlicher spezialgesetzlicher Erlasse zu ergänzen.

39 Diese Sondervorschriften beziehen sich einmal generell und in bezug auf sämtliche Energielieferanten auf die allgemeine Zielsetzung einer sparsamen und rationellen Energienutzung[38].

40 Bezüglich der Nutzbarmachung von Wasserkräften zur Gewinnung von Energie bzw. Elektrizität beziehen sich die Sondernormen des BG über die Nutzbarmachung der Wasserkräfte[39] (BNW) vor allem auf die Kompetenzen der berechtigten Gemeinwesen[40] zur Verleihung der Nutzungsrechte. Erneut wurde also zur Wahrung der allgemeinen Interessen ein *Konzessionszwang* geschaffen. Das Gemeinwesen beachtet bei der Vergabe der Wasserrechte das öffentliche Wohl (BNW 39) und setzt nach Massgabe des kantonalen Rechts die Leistungen und Bedingungen fest, gegen die dem Beliehenen das Nutzungsrecht erteilt wird (BNW 48 I). Bezüglich der Person des Beliehenen, den technischen Belangen der Anlagen sowie der Dauer der Verleihung kommen dem Gemeinwesen Mitspracherechte zu (BNW 54 ff).

41 Sodann werden die Gründe für die Beendigung der Verleihung, sei dies durch Rückkauf, Erlöschung, Heimfall oder Verwirkung (d. h. durch Pflichtversäumnisse des Beliehenen) spezialgesetzlich geregelt (BNW 63–67).

C. *Exkurs: Ausschluss der Anwendung des Gesetzes auf öffentlich-rechtliche Anstalten, OR 763*

42 Von der gemischtwirtschaftlichen ist die *öffentlichrechtliche Aktiengesellschaft* abzugrenzen. Im achten Abschnitt des Aktienrechts wird aber nur von kantonalrechtlichen Unternehmen gesprochen. Gemäss OR 763 I[41] unterstehen durch *kantonale* Gesetze gegründete und durch öffentliche Behörden verwaltete

---

[38] BB vom 14.12.1990 für eine sparsame und rationelle Energienutzung, ENB, SR 730.0.
[39] BG vom 22.12.1916, SR 721.80.
[40] Die Berechtigung der betreffenden Gemeinwesen wird – abgesehen von der allgemeinen Oberaufsicht des Bundes über die Nutzbarmachung der Wasserkräfte – durch das kantonale Recht definiert (BNW 2 i. V. m. 1).
[41] Es handelt sich bei dieser Bestimmung um einen Vorbehalt des Bundesrechts zugunsten des öffentlichen kantonalen Rechts (unechter Vorbehalt i. S. v. ZGB 6 I).

Gesellschaften und Anstalten wie Banken, Versicherungs- oder Elektrizitätsunternehmen auch dann nicht den aktienrechtlichen Bestimmungen des OR, wenn das Kapital – ganz oder teilweise – in Aktien zerlegt ist und unter Beteiligung von Privaten aufgebracht wird, sofern der Kanton entweder die subsidiäre Haftung für die Verbindlichkeiten dieser Gesellschaften übernimmt oder sofern diese vor dem 1. Januar 1883 gegründet worden sind und unter Mitwirkung öffentlicher Behörden verwaltet werden[42]. Selbst wenn im Gründungsakt oder in den Statuten auf das Aktienrecht verwiesen oder dieses analog angewandt wird, handelt es sich dabei um subsidiäres kantonales und nicht mehr um Bundeszivilrecht. Es handelt sich nach der üblichen Terminologie um kantonalrechtliche Aktiengesellschaften; nach der Systematik des Gesetzes (s. Titel vor OR 763) also weiterhin um kantonalrechtliche Anstalten. Typische Beispiele sind hier *Kantonalbanken*, die diese Rechtsform annehmen (AR, VD [Banque Cantonale Vaudoise], VS)[43].

Die dem kantonalen Gesetzgeber obliegende Ausgestaltung ist grundsätzlich frei, doch ist OR 763 I so zu verstehen, dass die Zerlegung in Aktien und die Beteiligung von Privaten nur zulässig ist, wenn der Kanton subsidiär die Haftung übernimmt. Das die Gesellschaft gründende kantonale Gesetz muss dabei zumindest eine den Zweck, die Organisation, die Herkunft und Verwendung des Kapitals betreffende Regelung enthalten. Eine Verweisung auf das Aktienrecht des OR führt dazu, dass dieses als kantonales Recht anzuwenden ist. Ebenso ist die Gesellschaft im Handelsregister einzutragen[44], allerdings kommt dem Eintrag keine konstitutive, sondern lediglich deklaratorische Wirkung zu[45]. 43

Die Mitwirkung der Behörde muss nach bisheriger Lehre über eine blosse Aufsichts- bzw. Abordnungsfunktion im Sinne von OR 762 hinausgehen. Verlangt ist ein konkretes Tätigwerden in einem der Gesellschaftsorgane sowie die entsprechende gesetzliche Regelung[46]. Wo Statuten und Statutenänderungen von der Behörde zu genehmigen sind, genügt es, wenn die Mitverwaltungsrechte statutarisch festgehalten sind[47]. U. E. ist jedoch die im Gesetz geforderte «Mitwirkung der öffentlichen Behörde» bei der Verwaltung vielmehr als ein sekundäres Merkmal, das sich aus der Errichtungsform fast notwendigerweise ergibt und in verschiedenster Weise gehandhabt werden kann, zu sehen; so genügt beispielsweise die Errichtung einer dualistischen Organstruktur (dazu § 29 N 16) mit einem seitens der Behörden (mit-)besetzten Aufsichtsrat. 44

---

[42] OR 763 II (teilweise echter Vorbehalt zugunsten des kantonalen Privatrechts, teilweise unechter Vorbehalt zugunsten des kantonalen öffentlichen Rechts).
[43] Die Kantonalbanken waren traditionellerweise öffentlich-rechtliche Anstalten mit Rechtspersönlichkeit. Daraus folgte eine Tendenz zur Umwandlung in Gesellschaften nach OR 763; neuerdings wird eher die Organisationsform des Aktienrechts des OR angestrebt. Das Bundesgericht ordnet die Kantonalbanken der «fiskalischen Wettbewerbswirtschaft» zu (BGE 120 II 326).
[44] BGE 80 I 383 f.
[45] Wernli (zit. N 1) Art. 763 N 3 mit weiteren Hinweisen.
[46] Bürgi/Nordmann Art. 763 N 7.
[47] Bürgi/Nordmann Art. 763 N 7 a. E.

15. Kapitel: Die Besteuerung der Aktiengesellschaft

Auf die steuerrechtlichen Auswirkungen aktienrechtlicher Vorgänge ist in diesem Buch laufend an den einschlägigen Stellen hingewiesen worden. Diese Behandlung einzelner Aspekte soll im folgenden ergänzt werden durch eine kurze *Gesamtübersicht* des Steuerrechts der AG in der Schweiz.

§ 64 Die Besteuerungssysteme der Aktiengesellschaft

Literatur: Peter Agner/Beat Jung/Gotthard Steinmann: Kommentar zum Gesetz über die direkte Bundessteuer (Zürich 1995); Silvio Bianchi: Le conseguenze fiscali del nuovo diritto svizzero della società anonima, ST *1994* 70 ff; Ernst Blumenstein/Peter Locher: System des Steuerrechts (4. A. Zürich 1992, Neuauflage erscheint Ende 1995); Francis Cagianut/Ernst Höhn: Unternehmungssteuerrecht (Bern/Stuttgart 1986); Peter Gurtner: Steuerfolgen des neuen Aktienrechts, ST *1992* 477 ff; Ernst Höhn: Steuerrecht (7. A. Bern/Stuttgart 1993); Thomas Koller: Privatrecht und Steuerrecht. Eine Grundlagenstudie zur Interdependenz zweier Rechtsgebiete (Bern 1993); Peter Locher: Steuerrechtliche Folgen der Revision des Aktienrechtes, ASA *1993* 97 ff; Markus R. Neuhaus: Unternehmensbesteuerung nach neuem Aktienrecht, ST *1994* 81 ff; Peter Nobel: Aktienrechtliche Entscheide (2.A. Bern 1991) 383 ff; Jean-Marc Rivier: La fiscalité de l'entreprise constituée sous forme de société anonyme (Lausanne 1994); Klaus A. Vallender u.a.: Schweiz. Steuer-Lexikon, Bd. 1 (Zürich 1989); Ferdinand Zuppinger: Einige Gedanken zur Besteuerung der Aktiengesellschaften in der Schweiz, ASA *1985* 529 ff.

Sowohl im Bund als auch in den Kantonen wird jede juristische Person – anders als Personengesellschaften – als *selbständiges Steuersubjekt* behandelt, selbst wenn sie von einer einzelnen Person beherrscht wird, wie etwa die Einmann-AG. Dieser Grundsatz kann dort seine Grenzen finden, wo eine juristische Person lediglich der Steuerumgehung dient.

Im folgenden werden nur die Grundzüge der steuerlichen Ordnung der AG dargestellt.

Steuerrechtliche Vorgänge können auch Rückwirkungen auf die privatrechtlichen Verhältnisse der AG ausüben. So darf eine AG im Handelsregister erst gelöscht werden, wenn nachgewiesen ist, dass sie die geschuldeten Bundessteuern bezahlt hat.

Die AG wird steuerpflichtig für ihren Ertrag und ihr Kapital. Es wird eine Ertragssteuer (Gewinnsteuer) und eine Kapitalsteuer erhoben. Vorgänge des Wertpapierverkehrs sowie Gründung und Kapitalerhöhung können sodann der Stempelsteuerpflicht unterliegen.

I. Neue gesetzliche Grundlagen

6 Am 14.12.1990 haben die Eidgenössischen Räte das *BG über die direkte Bundessteuer (DBG)*[1] sowie das *BG über die Harmonisierung der direkten Steuern der Kantone und Gemeinden (StHG)*[2] verabschiedet. Sie betreffen auch die Besteuerung der AG[2a].

7 Das DBG löst den BRB über die Erhebung einer direkten Bundessteuer (BdBSt)[3] ab und ist am 1.1.1995 in Kraft getreten. Damit ist die direkte Bundessteuer auf Gesetzesstufe – entsprechend der bereits seit 1959 bestehenden Verfassungskompetenz in BV 41ter VI – kodifiziert worden.

8 Das StHG ist auf den 1.1.1993 in Kraft getreten und steht in enger Verbindung mit dem DBG. Es beruht auf der Bundesgesetzgebungskompetenz in BV 42^{quinquies} und stellt Grundsätze auf, wie die Kantone bei den direkten Steuern zu legiferieren haben. Das StHG ist ein *Rahmengesetz,* was bedeutet, dass es keine direkte Anwendung findet, sondern von den Kantonen durch eine Revision des eigenen kantonalen Steuerrechts in die Rechtswirklichkeit umgesetzt werden muss. StHG 72 I gewährt den Kantonen dafür Frist bis zum 1.1.2001.

II. Bundes-, Kantons- und Gemeindesteuern

9 Die schweizerischen Steuerverhältnisse sind gekennzeichnet durch die *bundesstaatliche Struktur* des Landes. Auch eine schweizerische Aktiengesellschaft hat daher im Prinzip an drei verschiedene Gemeinwesen Steuern zu entrichten, nämlich an den Bund sowie an den Kanton und die Gemeinde ihres Sitzes.

10 Für die Besteuerung ist neben dem formellen statutarischen auch der effektive Sitz, namentlich aber der Ort der sog. *Betriebsstätte* bedeutsam. Darunter versteht man eine ständige Geschäftseinrichtung, in der mit gewisser Selbständigkeit ein qualitativ oder quantitativ wesentlicher Teil der Tätigkeit des Unternehmens ausgeübt wird (vgl. DBG 51 II sowie § 59 N 75)[4].

11 Darüber hinaus unterstehen juristische Personen auch der *Kirchensteuerpflicht.* Trotz widersprechender Auffassungen in der Doktrin hat das Bundesgericht seit 1878 in ständiger Rechtsprechung entschieden, dass die Bestimmung von BV 49 VI einen Ausfluss der auf natürliche Personen bezogenen Glaubens- und Gewissensfreiheit darstelle, auf die sich juristische Personen nicht berufen könnten. Zudem sei die «Pflicht zur Leistung von Steuern an ein territorial

---

[1] SR 642.11.
[2] SR 642.14.
[2a] Vgl. zu den Auswirkungen der Aktienrechtsrevision für die direkte Bundessteuer Kreisschreiben Nr. 25 der Eidg. Steuerverwaltung vom 27.7.1995.
[3] SR 642.11.
[4] Ebenso die bundesgerichtliche Umschreibung der Betriebsstätte, vgl. BGE 95 I 435; vgl. auch StG ZH 4 II.

bestimmtes Gemeinwesen, das zur Erfüllung einer öffentlichen Aufgabe mit Steuerhoheit ausgestattet wurde, ... nicht von der personellen Zugehörigkeit zu diesem Gemeinwesen abhängig»[5].

Dieses Nebeneinander verschiedener Steuerhoheiten hat zur Folge, dass die Steuerbelastung einer schweizerischen Gesellschaft nicht nur von der Höhe ihrer Einkünfte und ihres Vermögens, sondern in starkem Masse auch von der Wahl des Sitzes, der Orte, an denen sie tätig ist, sowie vom Gesellschaftszweck und von der Natur ihrer Tätigkeit abhängt, denn insbesondere in der Besteuerung von Holding- und Domizilgesellschaften[6] bestehen zwischen den Kantonen zum Teil beträchtliche Unterschiede. 12

Sofern sich der Tätigkeitsbereich einer schweizerischen AG über die Landesgrenzen hinaus erstreckt, können ferner die von der Schweiz abgeschlossenen Doppelbesteuerungsabkommen[7] von Bedeutung sein. 13

III. Ordentliche Steuern auf Gewinn und Kapital

Die AG als Kapitalgesellschaft entrichtet ordentlicherweise auf dem erzielten Gewinn die Ertrags- bzw. Gewinnsteuer und auf dem Kapital die Kapitalsteuer (DBG 1 lit. b, StHG 2 lit. b, StG ZH 45–47). Das gilt zumindest für den Normalfall der Erwerbsgesellschaft. 14

Neben der AG haben die Anteilsinhaber (Aktionäre und Partizipanten) ihre Beteiligung an der Gesellschaft als Vermögen zu versteuern und unterliegen für den daraus erzielten Vermögensertrag der Einkommenssteuer. Das in Kapitalgesellschaften investierte Kapital und die von diesen ausgeschütteten Gewinne werden somit zweimal besteuert[8]. 15

---

[5] BGE 102 Ia 468 ff, insbes. 475 mit ausführlicher Begründung und zahlreichen Hinweisen.
[6] Zu diesen Begriffen vgl. § 66 N 17, 19.
[7] Dazu hinten § 66 N 25 ff.
[8] Sog. wirtschaftliche Doppelbelastung, siehe § 66 N 2 ff.

§ 65 Die Steuerpflicht der Aktiengesellschaft

Literatur: Vgl. § 64 N 1. Conrad Stockar: Aktienrechtsreform – Neuerungen bei Stempelabgaben und Verrechnungssteuer, ST *1992* 488 ff.

A. Die eidgenössischen Stempelabgaben

I. Wesen und rechtliche Grundlage der Stempelsteuer

1. Wesen der Stempelsteuer

Der Bund erhebt gemäss StG 1 I[1] u. a. Steuern auf der Ausgabe inländischer Aktien und sonstiger Beteiligungsrechte (lit. a; Emissionsabgabe) und dem Umsatz in- und ausländischer Wertpapiere (lit. b; Umsatzabgabe).

Was die eidgenössische Gesetzgebung als Gegenstand einer Stempelabgabe bezeichnet oder steuerfrei erklärt, ist der Belastung durch gleichgeartete Kantons- und Gemeindesteuern entzogen (StG 3).

Die Stempelsteuer ist als *Rechtsverkehrssteuer* ausgestaltet. Sie knüpft an verschiedene, im Gesetz umschriebene Vorgänge an, wie etwa die Schaffung neuer Beteiligungsrechte oder den Kauf einer Obligation. Des weiteren ist sie eine sogenannte *Selbstveranlagungssteuer*; sie ist vom Pflichtigen selbst zu berechnen und unaufgefordert mit entsprechendem Formular zu bezahlen (StG 34 I und II).

2. Rechtliche Grundlage der Stempelsteuer und Revision

Die Kompetenz des Bundes, Stempelsteuern zu erheben, ist in BV 41 ^{bis} I lit. a enthalten. Gestützt darauf erging das Stempelsteuergesetz.

Das Stempelsteuergesetz in seiner ursprünglichen Fassung war überholt. Es beeinträchtigte teilweise die internationale Konkurrenzfähigkeit des Finanzplatzes Schweiz. Am 4.10.1991 haben die Eidgenössischen Räte eine Reformvorlage verabschiedet, welche diesen Mängeln Rechnung trägt. Weil gegen die Vorlage jedoch das Referendum ergriffen worden ist, konnten die neuen Bestimmungen erst am 1.4.1993 in Kraft treten. Sodann folgte im Rahmen des dritten bundesrätlichen Sanierungspakets eine weitere Teilrevision des StG; diese sieht einerseits eine Senkung der Emissionsabgaben von 3 % auf 2 % auf der Ausgabe von Beteiligungsrechten sowie eine Steuerbefreiung für Gründungen, sofern die Leistungen der Gesellschafter insgesamt Fr. 250 000.– nicht übersteigen, vor, anderseits eine Erhöhung des Sachversicherungsstempels, was sich im Endeffekt ertragsneutral auswirken soll[2].

---

[1] BG über die Stempelabgaben vom 27.6.1973 (SR 641.10), letztmals revidiert am 4.10.1991 (AS *1993* I 222 ff) sowie im Rahmen des dritten bundesrätlichen Sanierungsprogramms am 24.3.1995 (Inkrafttreten: 1.1.1996).
[2] Vgl. Botschaft über die Sanierungsmassnahmen 1994 für den Bundeshaushalt vom 19.10.1994, BBl *1995* I 89 ff, insbes. 91.

II. Die Emissionsabgabe

7   Gegenstand der Abgabe sind in erster Linie die *entgeltliche oder unentgeltliche Begründung und Erhöhung des Nennwertes von Beteiligungsrechten* in Form von Aktien und Partizipationsscheinen (StG 5 I lit. a). Steuersubjekt ist jeweils die Aktiengesellschaft.

8   Neu sieht StG 6 I lit. h ab 1.1.1996 vor, dass die bei der Gründung einer AG geschaffenen Beteiligungsrechte von der Emissionsabgabe ausgenommen sind, sofern die Einlagen der Aktionäre den Gesamtbetrag von 250 000 Franken nicht übersteigen. Geschuldet bleibt indessen die Emissionsabgabe, sofern eine mit dem Mindestkapital von 100 000 Franken abgabefrei gegründete Gesellschaft ihr Aktienkapital später auf 150 000 oder 200 000 Franken erhöht. Es geht bei StG 6 lit. h nämlich ausdrücklich nur um die *Errichtung einer neuen Gesellschaft*.

9   Die Umwandlung von PS in Aktien stellte nach der bisherigen Rechtsprechung eine Begründung neuer Beteiligungsrechte dar und war demzufolge steuerbar[3]. Nach neuem Aktienrecht gehört der PS nicht mehr zur Kategorie der Genussscheine, sondern ist als Aktie ohne Stimmrecht konzipiert[4], weshalb er sowohl im revidierten Stempelsteuer- als auch im Verrechnungssteuergesetz ausdrückliche Erwähnung findet. Dieser Neukonzeption zufolge wird die Umwandlung von PS in Aktien und umgekehrt nun ausdrücklich von der Emissionsabgabe ausgenommen (StG 6 I lit. g). Diese Ausnahmeregel könnte sich für diejenigen Aktiengesellschaften vorteilhaft auswirken, die ihr PS-Kapital im Sinne von OR 656b i.V.m. Art. 2 der Übergangsbestimmungen auf das Doppelte des Aktienkapitals reduzieren müssen und allgemein bei der Umwandlung von PS in Aktien, die ja im Trend liegt (vgl. § 46 N 78 ff)[5].

10   Im einzelnen sind folgende Vorfälle emissionssteuerrechtlich von Bedeutung:

10a   Anlässlich der Gründung sowie bei der Kapitalerhöhung einer schweizerischen Aktiengesellschaft ist die einmalige eidgenössische Emissionsabgabe von 2 % (bis Ende 1995: 3 %) auf dem Aktienkapital zu entrichten (StG 8 I lit. a). Berechnungsbasis ist der Verkehrswert der ausgegebenen Beteiligungsrechte (StG 8 III). Bei Sacheinlagen ist der wirkliche Wert der Einlage massgebend.

10b   Die Europäische Union hat bereits 1985 die Besteuerung von Sitzverlegungen, Fusionen, Aufspaltungen und Umwandlungen von Gesellschaften abgeschafft. Die entsprechenden Abgaben (die schon bisher auf 1% reduziert worden waren) sind neu nun auch in der Schweiz aufgehoben worden (StG 6 I lit. a[bis]).

10c   Die entgeltliche oder unentgeltliche Begründung und Erhöhung des Nennwertes von PS inländischer Gesellschaften, Genossenschaften oder gewerblicher Unternehmen des öffentlichen Rechts unterliegt gemäss StG 5 I lit. a fünfter Strich der Emissionssteuer. Fraglich in diesem Zusammenhang ist, ob auch die Ausgabe von Aktien durch kantonale öffentlich-rechtliche Unternehmen im Sinne von OR 763 emissionssteuerpflichtig ist[6].

---

3   ASA *1977/78* 538; BGE 105 Ib 175.
4   Vgl. auch hinten N 37.
5   Vgl. auch Locher (zit. § 64 N 1) 106 f.
6   Bejahend der Entscheid der Eidg. Steuerverwaltung vom 31.10.1994 E 3a.

III. Die Umsatzabgabe

Gegenstand der Umsatzabgabe ist die *Übertragung von Eigentum an bestimmten Urkunden gegen Entgelt,* sofern eine der Vertragsparteien oder der Vermittler inländischer Effektenhändler ist (StG 13 I). Der Begriff der Eigentumsübertragung ist hierbei weit auszulegen; er umfasst auch den originären Erwerb, d.h. die Übergabe des Titels an den ersten Erwerber[7]. Die Abgabe bemisst sich nach dem Entgelt und beträgt 1,5 bis 3 Promille (StG 16).

Steuerbare Urkunden sind Obligationen und Beteiligungsrechte aller Art (vgl. im einzelnen StG 13 II).

Unter «Effektenhändler» im Sinne von StG 13 III sind natürliche und juristische Personen und Personengesellschaften zu verstehen, die gewerbsmässig den An- und Verkauf von steuerbaren Urkunden für eigene oder fremde Rechnung betreiben, also insbes. Banken, Broker, Fondsleitungen und Depotbanken von Anlagefonds. Ebenfalls dazu zu zählen sind Gesellschaften, die zwar nicht den gewerbsmässigen Handel in steuerbaren Urkunden betreiben, sich jedoch statutarisch die Beteiligung an anderen Unternehmen zum Hauptzweck setzen (sog. Holdinggesellschaften[8]) und deren Gesellschaftskapital eine halbe Million Franken beträgt (lit. c von Abs. 3). Der steuerrechtliche Begriff des «Effektenhändlers» ist von demjenigen gemäss BEHG zu unterscheiden (dazu vorn § 61 N 24f.).

B. Die Kapitalsteuer

I. Begriff des Kapitals

Bei der AG werden das bei der Gründung oder später *liberierte Kapital* sowie die bei ihrer Schaffung *als Ertrag versteuerten Reserven* besteuert; dazu zählen auch die aus versteuertem Gewinn gebildeten stillen Reserven. Das noch nicht einbezahlte Gesellschaftskapital ist im allgemeinen auch noch nicht steuerbar.

II. Steuerobjekt

In Bund und Kantonen sind bei der AG das einbezahlte Aktien- und allfällige PS-Kapital, die offenen und die als Ertrag versteuerten stillen Reserven Objekt der Kapitalsteuer (DBG 74, StHG 29 II lit. a, StG ZH 47 I lit. a). Zusätzlich steuerbar ist ferner jener Teil des Fremdkapitals, dem wirtschaftlich die Bedeutung von Eigenkapital zukommt (DBG 75, StHG 29 III). Massgebend für

---

[7] ASA *1977/78* 528.
[8] Vgl. dazu hinten § 66 N 17 sowie § 60 N 53 ff.

die Bewertung der Vermögensbestandteile ist grundsätzlich deren *Ertragssteuerwert*. Bei Wertpapieren gilt der Kurswert als Verkehrswert.

16 Zu den steuerbaren offenen Reserven gehört steuerrechtlich auch der Gewinnvortrag, während ein Verlustvortrag abziehbar ist.

17 Die Rechtsprechung in Steuersachen[9] ist ferner dazu übergegangen, die Aktiengesellschaften nicht nur nach dem Aktienrecht, sondern auch nach den *tatsächlichen wirtschaftlichen Gegebenheiten* zu beurteilen. «Keinerlei Verfassungsrecht gebietet dem kantonalen Gesetzgeber, bei der steuerlichen Behandlung des 'Eigenkapitals' von Handelsgesellschaften ausschliesslich auf den obligationenrechtlichen Begriff des Eigenkapitals abzustellen»[10]. Damit wurde der Grundsatz der Massgeblichkeit der handelsrechtlichen Bilanz durchbrochen, und die Steuerbehörden sind veranlasst worden, die von den Aktionären anlässlich der Finanzierung bzw. Sanierung der Gesellschaft gewährten Darlehen – sofern diese ungewöhnlich hoch ausfallen – ganz oder teilweise zum Eigenkapital hinzuzurechnen (vgl. zu dem «Quasi-Eigenkapital» bildenden Darlehen von Aktionären § 40 N 338 ff).

III. Die Kapitalsteuer als proportionale Steuer

18 Der Bund (DBG 78 I) und die meisten Kantone erheben die Kapitalsteuer als proportionale Steuer, so auch der Kanton Zürich gemäss StG 48 IV. Beim proportionalen Steuersatz beträgt die Steuer immer gleichviel Promille bzw. Prozente der Berechnungsgrundlage (hier des steuerbaren Kapitals im Sinne der Umschreibung in N 16).

C. Die Ertrags- bzw. Gewinnsteuer

I. Begriff des Ertrages

19 Der Begriff des Ertrages wird weder in den kantonalen Steuergesetzen noch in den Bundessteuergesetzen ausdrücklich definiert.

20 Jedoch sind alle Gesellschaften verpflichtet, nach kaufmännischer Art Buch zu führen (OR 957). Steuerlicher Ausgangspunkt für die Ertragsermittlung ist diese nach kaufmännischen Grundsätzen erstellte *Erfolgsrechnung*. Das DBG sowie die kantonalen Steuergesetze gehen vom Saldo der Erfolgsrechnung (Gewinn- und Verlustrechnung) aus und stellen diesen Begriff an die Spitze der gesetzlichen Umschreibung des Ertrages (DBG 58, StG ZH 45). Das Steuerrecht bestimmt jedoch nicht, wie der Saldo der Erfolgsrechnung zu ermitteln sei; diese

---

[9] Etwa BGE 115 Ib 269 ff; 109 Ia 97 ff.
[10] BGE 109 Ia 101.

Rechnung richtet sich, sofern nicht spezielle steuerrechtliche Vorschriften entgegenstehen, nach den einschlägigen Normen des Handelsrechts[11].

II. Steuerobjekt

Steuerobjekt und Bemessungsgrundlage der Ertragssteuer ist der *Reingewinn* (DBG 57, StHG 24, StG ZH 45 und 46), wozu die ordentlichen und ausserordentlichen Erträge gehören. 21

Als ordentliche Erträge sind sämtliche Einkünfte aus Leistungserstellung (Umsatz) und aus Vermögen (Zinsen), auf welche die AG rechtlich Anspruch hat, zu qualifizieren. Ausserordentliche Erträge bilden demgegenüber Kapitalgewinne auf beweglichen und unbeweglichen Werten, einschliesslich der Liquidationsgewinne (vgl. zur Abgrenzung auch vorn § 51 N 92 f). Die Gewinne auf unbeweglichem Vermögen werden entweder mit der separaten Grundstückgewinnsteuer oder im Rahmen der Ertragssteuer erfasst. 22

Vom (steuerbaren) Ertrag darf der Aufwand abgezogen werden, soweit er geschäftsmässig begründet ist (DBG 59, StHG 25). 23

Was die Aktionäre in ihrer Eigenschaft als Gesellschafter an die AG leisten – zum Beispiel Agios, A-fonds-perdu-Zuwendungen – ist grundsätzlich Kapitaleinlage und gehört daher nicht zum steuerbaren Gewinn (DBG 60 lit. a, StHG 24 II lit. a)[12]. 24

Nicht als Belastung abziehbar sind die Gewinnausschüttungen an die Aktionäre, zumal sie nur aus dem steuerbaren Gewinn der AG geleistet werden können. Das gilt sowohl für die offenen Gewinnausschüttungen – also Dividenden – wie auch für die verdeckten. Darunter werden Vorteile verstanden, welche die AG ihren Teilhabern oder diesen nahestehenden Personen im Bewusstsein zuwendet, dass sie diese unter sonst gleichen Bedingungen unbeteiligten Dritten nicht gewähren würde (vgl. auch § 40 N 87 ff); steuerlich wird auch übersetzter Aufwand (Gehälter, Zinsen, Spesenvergütungen) so qualifiziert. 25

III. Die Ertragssteuer als von der wirtschaftlichen Leistungsfähigkeit abhängige Steuer

Die Ertragssteuer wird sowohl beim Bund als auch bei den meisten Kantonen nach Massgabe der *Ertragsintensität* bemessen (DBG 222, StG ZH 48 I und III). Das Verhältnis Ertrag–Kapital ergibt den Massstab für die wirtschaftliche Leistungsfähigkeit des Unternehmens und damit für die *Progression*. Der Steuersatz ist somit um so höher, je grösser die Rendite, d. h. der Reingewinn im Verhältnis zum Kapital ist. Der Steuersatz ist aber meistens nach unten und oben 26

---

[11] Vgl. § 51 N 89 ff; ferner Art. 662a ff OR.
[12] Das heisst freilich nicht, dass gar keine Steuer erhoben wird, vgl. zur darauf anfallenden Stempelsteuer vorn N 7 ff.

begrenzt, so dass die Steuerbelastung nur bei mittlerer Rendite progressiv verläuft, bei tiefer und hoher Rendite dagegen porportional ist[13]. Zudem bemisst sich die Ertragssteuer nicht nach der reinen Ertragsintensität; vielmehr kennen die meisten Kantone verschieden konzipierte *Mehrstufentarife*. Auch für die direkte Bundessteuer ist der sog. *Dreistufentarif* des bisherigen Rechts beibehalten worden, vgl. DBG 222.

D. Die eidgenössische Verrechnungssteuer

I. Rechtliche Grundlage und Wesen der Verrechnungssteuer

27 Gestützt auf BV 41bis I lit. b wurden das BG über die Verrechnungssteuer vom 13.10.1965 (VStG)[14] sowie die VV zum BG über die Verrechnungssteuer vom 19.12.1966 (VStV)[15] erlassen.

28 Die Verrechnungssteuer ist eine *eidgenössische Quellensteuer* mit Sicherungscharakter. Ihr unterliegt ein grosser Teil der Erträgnisse aus schweizerischen Kapitalanlagen. Der Satz beträgt heute 35%, was im internationalen Vergleich als hoch zu bezeichnen ist.

29 Die Verrechnungssteuer will vor allem den inländischen Empfänger veranlassen, die steuerbare Leistung bei den direkten Steuern ordnungsgemäss anzugeben bzw. ordnungsgemäss als Ertrag zu verbuchen. Insofern kommt ihr Sicherungscharakter zu. Für diesen Hauptfall stellt die Verrechnungssteuer keine endgültig geschuldete Steuer dar. Sie wird zwar beim Schuldner der steuerbaren Leistung (an der Quelle) erhoben (VStG 10 I), jedoch können bei Fälligkeit der steuerbaren Leistung in der Schweiz wohnhafte Aktionäre und Zinsgläubiger die Verrechnungssteuer im ordentlichen Veranlagungsverfahren zurückfordern (VStG 21 ff).

30 Steuerpflichtig ist – wie bereits erwähnt – der Schuldner der steuerbaren Leistung (VStG 10 I); er hat der eidgenössischen Steuerverwaltung entweder die Steuer zu entrichten oder die Leistung zu melden (VStG 11). Verrechnungssteuerpflichtig auf Dividenden ist so die AG.

31 Der Steuerpflichtige hat die Steuer selbst zu berechnen und bei Fälligkeit unaufgefordert mit dem dazu bestimmten Formular zu bezahlen.

32 Kann die Verrechnungssteuer nicht überwälzt werden, so beträgt der Steuersatz zu Lasten der AG nicht 35%, sondern sogar 53,8%. Denn damit die Steuerbehörde 35% des von der AG ausgeschütteten Ertrages erhält, muss die AG – weil sie infolge Unkenntnis des Aktionärs die Steuer nicht überwälzen kann – 53,8% des direkt dem Aktionär auszuschüttenden Betrages der Steuerbehörde überweisen.

---

[13] Höhn, Steuerrecht (zit. § 64 N 1) 375.
[14] SR 642.21.
[15] SR 642.211.

II. Gegenstand der Verrechnungssteuer im allgemeinen

Der eidgenössischen Verrechnungssteuer unterliegen *sämtliche Formen vermögenswerter Zuwendungen* der AG an die Inhaber gesellschaftlicher Beteiligungsrechte, die nicht eine Rückzahlung der im Zeitpunkt der Leistung bestehenden Anteile am einbezahlten Grundkapital darstellen, sowie Fremdkapitalzinsen (vgl. auch VStV 20), insbesondere Dividenden, Gewinnausschüttungen im Falle einer Liquidation sowie Zinsen von Obligationen.

III. Sonderfälle

1. Gratisaktien

Begrifflich ist die Gratisaktie eine Form der Kapitalerhöhung aus Reserven. Reserven werden in Aktienkapital umgewandelt (vgl. § 52 N 129 ff).

Die so konzipierte Aktienkapitalerhöhung bewirkt weder eine Bereicherung des Aktionärs noch eine Realisierung des Aktienmehrwertes, da die alten und die neuen Aktien wirtschaftlich identisch sind[16]. Trotzdem hat die im Wege der Gratisaktienemission durchgeführte Kapitalerhöhung aus Reserven nach dem geltenden Recht steuerliche Folgen.

So unterliegt die Gratisaktienausgabe generell der Verrechnungssteuer gemäss VStV 20 I. Diese Auffassung wird auch vom Bundesgericht[17] unter Beiziehung von VStG 4 I i.V.m. 18 und 25 geteilt. Beim Aktionär ist die Gratisnennwerterhöhung ferner sowohl bei der direkten Bundessteuer als auch in den meisten Kantonen als Einkommen steuerbar.

Den Gratisaktien gleichgestellt sind nach revidiertem Aktienrecht die Gratis-Partizipationsscheine (VStV 20 I), denn unter dem neuen Recht sind die Partizipationsscheine nicht mehr der Kategorie der Genussscheine zuzuordnen, sondern sind als «Aktien ohne Stimmrecht» konzipiert (OR 656a II; vgl. vorn § 46 N 8 f).

2. Geldwerte Leistungen

Eine geldwerte Leistung liegt im Sinne der bundesgerichtlichen Rechtsprechung immer dann vor, wenn eine AG ihren Aktionären oder diesen nahestehenden Personen Leistungen hat zukommen lassen, «die wirtschaftlich so reell sind, dass dafür eine Gegenleistung zu erwarten gewesen wäre, die sich im Saldo der Gewinn- und Verlustrechnung als ertragssteigernd hätte auswirken» können[18]. Korrigierende Aufrechnungen wurden dabei namentlich unter dem Titel der verdeckten Gewinnausschüttung oder der Gewinnvorwegnahme beim An-

---

[16] Höhn, Steuerrecht (zit. § 64 N 1) 283.
[17] Vgl. BGE 95 I 599 ff.
[18] BGE 113 Ib 24.

teilsinhaber als Vermögensertrag und gegebenenfalls bei der Gesellschaft als steuerbarer Gewinn aufgerechnet.

39 Der neue OR 678 qualifiziert nun solche geldwerten Leistungen unter gewissen Voraussetzungen auch als handelsrechtswidrig[19]. Unter dessen Abs. 1 fallen insbesondere auch die Gewinnvorwegnahmen, während Abs. 2 jene Tatbestände erfasst, die im Steuerrecht seit jeher unter dem Titel «verdeckte Gewinnausschüttung» oder «geldwerte Leistung» schlechthin bekannt sind. Die steuerrechtliche Doktrin vertritt die Auffassung, dass solche Leistungen an die Aktionäre mangels klaren Ausweises in der Buchhaltung inskünftig den (objektiven) Tatbestand des Steuerbetrugs[20] erfüllen könnten[21].

3. Konzernrechtliche Umgestaltung von Beteiligungsverhältnissen (sog. Transponierungstheorie)

40 Als Transponierung wird die *Einbringung von Aktien in die eigene Aktiengesellschaft* bezeichnet[22]; mit diesem Vorgang können allenfalls Vermögenswerte in den steuerfrei rückzahlbaren Nennwertbereich verschoben werden.

41 Wenn ein Steuerpflichtiger gegen Gutschrift Aktien in eine von ihm beherrschte Gesellschaft einbringt, stellt nach der Praxis der Bundessteuerbehörden und des Bundesgerichts diese Einbringung der Beteiligung steuerlich nicht eine Veräusserung dar, sondern ist *Ausfluss einer Umstrukturierung des Vermögens*. Der dabei erzielte Ertrag wird nicht als bundessteuerfreier Kapitalgewinn, sondern als steuerbarer Vermögensertrag qualifiziert. Allerdings verlangt diese Transponierungstheorie das Einbringen einer Beteiligung in eine alleine oder zusammen mit anderen[23] beherrschte Gesellschaft; weitere Voraussetzung ist ferner die beherrschende Stellung des Aktionärs in der bisherigen Gesellschaft[24].

42 Lässt sich der Aktionär bei dieser Umstrukturierung einen höheren Nennwert als den bisherigen anrechnen oder ein Guthaben auszahlen, so ist der den bisherigen Nennwert übersteigende Betrag als geldwerte Leistung zu qualifizieren und unterliegt der Verrechnungssteuer.

43 Soll der Verkehrswert oder ein den Nominalwert der eingebrachten Aktien übersteigender Wert in die Bilanz der Gesellschaft aufgenommen werden, kann im Zeitpunkt der Einbringung die sog. *Agio-Lösung* gewählt werden. Diese besteht darin, dass die Übertragung von Beteiligungen in die eigene AG zu einem den Nominalwert übersteigenden Einbringungswert einkommenssteuerfrei zugelassen wird, wenn dieser Mehrwert einem Reservekonto der Gesellschaft gutgeschrieben wird. Auf diese Weise bleibt der latente Steueranspruch

---

19 Gurtner (zit. § 64 N 1) 478; dazu vorn § 50 N 114, 117.
20 Unter Steuerbetrug ist die durch Zuhilfenahme von Urkunden qualifizierte Steuerhinterziehung zu verstehen.
21 Vgl. Gurtner (zit. § 64 N 1) 478, mit weiteren Nachweisen.
22 StE *1986* B 24.4. Nr. 15.
23 StE *1986* B 24.4. Nr. 6.
24 StE *1988* B 24.4. Nr. 15; BGE 101 Ib 47.

grundsätzlich gewahrt, indem künftige Leistungen der Gesellschaft an den Aktionär zu Lasten eines solchen Reservekontos als Beteiligungsertrag steuerbar ist[25].

4. Teilliquidation

Eine Besteuerung lösen alle Vorgänge aus, die wirtschaftlich eine Liquidation oder Teilliquidation bewirken, durch welche die AG im Ergebnis den Beteiligten Vermögen preisgibt, soweit dies keine Rückzahlung der bestehenden Kapitalanteile darstellt[26].

Steuerbarer Beteiligungsertrag aus einer Teilliquidation der AG kann dem Aktionär etwa dann zufliessen, wenn die AG ihm Teile ihres Vermögens aufgrund eines Beschlusses über die Herabsetzung des Grundkapitals (OR 732 I) gegen Rückgabe eigener Aktien aushändigt. Eine geldwerte Leistung aus einer Teilliquidation fällt dem Aktionär ferner dann zu, wenn eine Gesellschaft, die ihr Aktienkapital nicht herabsetzt, eigene Aktien aus einem anderen Grunde zurückkauft (OR 659 I). Dasselbe trifft zu, wenn die AG die zurückgekauften Aktien fiduziarisch auf einen Dritten überträgt, ohne dass der Gegenwert der Aktien der Gesellschaft wieder zufliesst.

Soweit die Zuwendung an den Aktionär infolge Teilliquidation den Betrag seiner bisherigen Kapitalbeteiligung übersteigt, unterliegt er der Verrechnungssteuer im Sinne von VStG 4 I[27].

Im Falle des Erwerbs eigener Aktien gemäss OR 659 hat die Eidg. Steuerverwaltung unter altem Recht die Verrechnungssteuer erhoben, sofern die Gesellschaft die Aktien nicht innert Jahresfrist mindestens zum Einstandspreis wieder veräussert hat[28]. Diese Frist soll nun mit Rücksicht auf die (beschränkte) Zulässigkeit des Erwerbs eigener Aktien nach revidiertem Aktienrecht (dazu § 50 N 144 ff) auf zwei Jahre erhöht werden. Die Revision «präjudiziert (grundsätzlich aber) keine Änderung der von den Steuerbehörden gehandhabten Praxis, wonach der Erwerb eigener Aktien (auch beim Kauf von weniger als 10 %) unter dem Gesichtspunkt der Teilliquidation gewürdigt wird»[29].

Steuer- und Aktienrecht sollten aber koordiniert werden, wenn das Aktienrecht den Erwerb eigener Aktien bis 10 %, eventuell bis 20 %, zulässt. Verwiesen sei hier auf die Vinkulierungsordnung nicht kotierter Gesellschaften. Nach OR 685b I kann die AG einen Aktionär nur noch dann ablehnen, wenn sie hierfür einen statutarisch genannten Grund bekanntgeben kann oder wenn sie ihm die Aktien selber abkauft (sog. escape clause; vgl. vorn § 44 N 161 ff). In vielen Fällen wird die letztere Lösung als angebracht erscheinen, jedoch stellt diese nach

---

[25] Vgl. Kreisschreiben Nr. 6 der Eidgenössischen Steuerverwaltung vom 3. 2. 1987; ferner BGE 97 I 438 ff.
[26] StE *1990* B 24.4 Nr. 19.
[27] BGE 97 I 448.
[28] Stockar (zit. N 1) 491.
[29] Botschaft 62; vgl. auch Peter Nobel: Vom Umgang mit eigenen Aktien (Zürich 1994 = SnA 6) 33 f.

Ansicht der Eidgenössischen Steuerverwaltung einen Teilliquidationsfall dar, der die Verrechnungssteuerpflicht auslöst. Dem Aktionär werden also 35 % Verrechnungsteuer abgezogen, denn die Gesellschaft wird diese überwälzen müssen, will sie nicht selber 53,8 % bezahlen[30]. Die gute Absicht des Gesetzgebers, das Ausscheiden von Aktionären zu erleichtern, könnte damit ins Leere fallen. Es ist daher zu begrüssen, dass die Eidg. Steuerverwaltung zu einer weniger starren Praxis tendiert (vgl. § 50 Anm. 53).

49   Dient hingegen der Erwerb eigener Aktien der Abwehr eines unfriendly takeover, ist der Schluss auf eine Teilliquidation nicht begründet; hier muss dem Motiv des Aktienrückkaufs Rechnung getragen werden, und es ist zu erwarten, dass die bisherige Praxis der Eidgenössischen Steuerverwaltung für solche Fälle unter dem revidierten Aktienrecht eine Flexibilisierung erfährt[31].

---

[30] Vgl. vorn N 32.
[31] Vgl. auch Stockar (zit. N 1) 491 f.

§ 66 Steuerrechtliche Verflechtungstatbestände

Literatur: Vgl. § 64 N 1; Ernst Höhn: Interkantonales Steuerrecht (Bern/Stuttgart 1983); Ernst Höhn (Hg.): Handbuch des internationalen Steuerrechts der Schweiz (Bern/Stuttgart 1984); Peter Spori: Die Unternehmensgruppe in der Mehrwertsteuer, ASA *1994/95* 479 ff.

A. Die Problematik der wirtschaftlichen Doppelbelastung und ihre Bedeutung bei der Wahl der Gesellschaftsform

Die AG ist steuerpflichtig für ihren Ertrag und ihr Kapital[1]. Nun hat aber jede AG auch Mitglieder, die ertrags- und kapitalmässig an der Gesellschaft beteiligt sind. Für diese Beteiligung an der AG und für den Ertrag daraus sind sie ebenfalls steuerpflichtig. Der im Unternehmen erzielte Ertrag, der ausgeschüttet wird, und das im Unternehmen investierte Kapital werden somit – wirtschaftlich betrachtet – steuerlich doppelt belastet: einmal bei der AG, zum zweiten Mal beim Aktionär. DBG und StHG haben in diesem Bereich keine Milderungen gebracht. Jedoch ist die steuerliche Freistellung von privaten (also von natürlichen Personen im Privatvermögen realisierten) Kapitalgewinnen auf Beteiligungspapieren beibehalten worden (DBG 16 III, StHG 7 IV lit. b).

Ungeachtet dieser wirtschaftlichen Doppelbelastung nimmt die Zahl der Aktiengesellschaften jedes Jahr zu, vor allem weil sich Einzelfirmen und Personengesellschaften in solche umwandeln.

Dieses Entwicklungsbild mag zwar aufzeichnen, dass die wirtschaftliche Doppelbelastung bei AG und Aktionär solange tragbar ist, als sich die Steuersätze in einigermassen vernünftigen Grenzen halten. Auf der anderen Seite wird aber die Doppelbelastung gerade bei der grossen Mehrheit der personenbezogenen Aktiengesellschaften empfunden, wo der Kreis der Beteiligten klein ist und sich diese zudem aktiv im Unternehmen betätigen. Hier wird trotz der rechtlichen Trennung von Gesellschaft und Privatvermögen subjektiv beides doch als wirtschaftliche Einheit gesehen.

Demgegenüber ist bei den grossen Publikumsgesellschaften der einzelne Aktionär gar nicht in der Lage, den Geschäftsgang des Unternehmens zu beeinflussen. Hier wird die AG als wirtschaftlich eigenständiger Faktor verstanden, der von der Person des Aktionärs unabhängig ist, so dass auch deren Behandlung als eigenständiges Rechts- und Steuersubjekt als durchaus normal betrachtet wird. Ausländische Ordnungen differenzieren aber auch zwischen ausgeschüttetem und einbehaltenem Gewinn.

---

[1] Vgl. § 64 N 14.

B. Gesellschaften mit besonderen Zwecken

I. Konzernbildung

1. Grundbegriffe und Problematik

6 Eine typische AG mit kommerziellem Erwerbszweck kann sich in unterschiedlichem Masse an anderen Gesellschaften beteiligen.

7 Unter Beibehaltung ihrer wirtschaftlichen Tätigkeit kann sie an einer oder mehreren anderen Gesellschaften eine massgebliche Beteiligung[2] erwerben; man spricht alsdann von einer *Beteiligungsgesellschaft*[3].

8 Hält eine AG nur Beteiligungen an anderen Gesellschaften, ohne dass sie eine eigene wirtschaftliche Tätigkeit entwickelt, spricht man von einer (reinen) *Holdinggesellschaft* (dazu § 60 N 53 ff).

9 Die Mehrzahl der Kantone kannte schon bis anhin besondere Regelungen sowohl für Beteiligungs- als auch für Holdinggesellschaften. Das Steuerharmonisierungsgesetz hält an diesen Privilegierungen in Art. 28 grundsätzlich fest, jedoch ist diese Norm für den kantonalen Gesetzgeber in zweifacher Hinsicht verbindlich: Kantone, die bislang keine solchen Vergünstigungen vorsahen, müssen sie neu einführen; Kantone, die bisher weitergehende Privilegien gewährten, haben sie auf das im StHG vorgeschriebene Mass abzubauen[4].

10 Abgesehen von diesen Sondernormen kannte das positive schweizerische Recht vor der Aktienrechtsreform den Begriff des Konzerns noch nicht[5]. Der Begriff wird nun aber im Zusammenhang mit der Pflicht zur Konzernrechnungslegung verwendet (OR 663e I). Eine Tochtergesellschaft ist aber, selbst wenn sie von der Muttergesellschaft wirtschaftlich abhängig ist, weder eine Betriebsstätte[6] noch eine Zweigniederlassung, sondern eine rechtlich selbständige AG mit eigenen Organen. Der Verwaltungsrat einer Tochtergesellschaft ist daher auch steuerrechtlich gehalten, die Geschäfte im Interesse dieser Gesellschaft selbst und nicht in demjenigen des Konzerns zu führen[7]. Aus diesen Gründen ist es im schweizerischen Recht nirgends erlaubt, dass eine Konzernleitung die von den verschiedenen zugehörigen Gesellschaften erzielten Gewinne frei auf diese Gesellschaften verteilt, um für die Gesamtheit des Konzerns Steuern zu sparen[8]. Derartige «Gewinnüberweisungen» innerhalb eines Konglomerates werden steuerlich als geldwerte Leistung qualifiziert und im Sinne von VStG 4 I lit. b der Verrechnungssteuer unterworfen[9].

---

[2] Vgl. dazu hinten N 12.
[3] Eine Industriegesellschaft hält beispielsweise 50 % des Kapitals einer Lieferantengesellschaft.
[4] Botschaft zu den Bundesgesetzen über die Harmonisierung der direkten Steuern der Kantone und Gemeinden sowie über die direkte Bundessteuer vom 25. 5. 1983, BBl *1983* III 1 ff, insbes. 115.
[5] BGE 108 Ib 37 E 4 und 448.
[6] Vgl. zum Begriff vorn § 64 N 10.
[7] BGE 108 Ib 37 E 4c.
[8] BGE 110 Ib 127 ff = Pra. *1984* Nr. 257.
[9] Vgl. auch § 65 N 38 f sowie BGE 110 Ib 127 ff = Pra. *1984* Nr. 257.

Die Schweiz hat mit BV 41ter i. V. m. UeBest. BV 8 und (einstweilen) einer 11
gestützt darauf ergangenen bundesrätlichen Verordnung eine *Mehrwertsteuerordnung* erlassen[10]. MWSTV 17 III führt eine von der Praxis vehement geforderte Gruppenbesteuerung ein, deren Anwendungsbereich wie folgt formuliert wurde:

«Juristische Personen mit Sitz oder Betriebsstätte in der Schweiz, welche eng miteinander verbunden sind, können beantragen, gemeinsam als einziger Steuerpflichtiger behandelt zu werden. Die enge Verbindung liegt namentlich vor, wenn nach dem Gesamtbild der tatsächlichen Verhältnisse eine natürliche oder juristische Person durch Stimmenmehrheit oder auf andere Weise eine oder mehrere juristische Personen unter einheitlicher Leitung zusammenfasst. Unter diesen Voraussetzungen kann auch die Eidgenössische Steuerverwaltung die Gruppenbesteuerung verlangen. Die Wirkungen der Gruppenbesteuerung sind auf Innenumsätze zwischen den im schweizerischen Inland gelegenen Gesellschaften beschränkt. Sämtliche an der Gruppe beteiligten Gesellschaften und Personen gelten zusammen als ein Steuerpflichtiger»[11].

2. Beteiligungsgesellschaften

Der Ausdruck «Beteiligungsgesellschaft» ist eine Kurzformel für *«Gesell-* 12
schaft mit massgeblicher Beteiligung».

StHG 28 I schreibt sämtlichen Kantonen den sog. *Beteiligungsabzug* vor; für 13
die direkte Bundessteuer ist dieser in DBG 69 verankert. Danach haben die Beteiligungsgesellschaften Anspruch auf Ermässigung der Gewinnsteuer im Verhältnis des Netto-Beteiligungsertrages zum gesamten Reingewinn (sog. *Nettoertragsmethode*). Als «massgeblich» gilt dabei im Sinne von DBG und StHG eine Beteiligung ab 20 % oder von mindestens 2 Millionen Franken am Grund- oder Stammkapital einer anderen Gesellschaft.

Zum Beteiligungsertrag gehören die ordentlichen und ausserordentlichen Ausschüt- 14
tungen aus massgeblichen Beteiligungen, die verdeckten Gewinnausschüttungen, die Ausschüttungen auf Partizipationsscheinen, Liquidationsanteile und Gratisaktien, sofern sie als Ertrag verbucht worden sind[12].

3. Die Privilegierung der Holdinggesellschaft

Bei einer Konzernstruktur mit einer Mutter- und einer oder mehreren 15
Tochtergesellschaften wird jede Gesellschaft besteuert. Die ausgeschütteten Gewinne können sowenig wie bei einer Ausschüttung an andere Aktionäre in Abzug gebracht werden; der Empfänger hat Zugänge als Einkommen bzw. als Ertrag zu versteuern. Das könnte eine bis zu dreifache steuerliche Belastung des

---

10 Verordnung über die Mehrwertsteuer vom 22. 6. 1994 (MWSTV), AS *1994* 1464 ff.
11 Vgl. Merkblatt der Eidg. Steuerverwaltung zur Gruppenbesteuerung vom 30. 11. 1994, insbes. Ziff. I; Näheres auch bei Spori (zit. N 1) 479 ff.
12 Vgl. auch ASA *1953/54* 227.

erwirtschafteten Gewinnes (bei der Tochtergesellschaft, der Muttergesellschaft und schliesslich beim Aktionär) zur Folge haben.

16 Hier schafft die steuerrechtliche Regelung für die Holdinggesellschaft Abhilfe, erlaubt sie es doch, den Konzern gewissermassen als wirtschaftliche Einheit zu behandeln.

17 Der *Begriff* der Holdinggesellschaft wird von den einzelnen Kantonen verschieden umschrieben. Mehrheitlich wird indessen verlangt, dass der Zweck der Gesellschaft ausschliesslich oder hauptsächlich in der *dauernden Verwaltung von Beteiligungen* bestehen muss. Dem Hauptzweck untergeordnete Nebentätigkeiten von sekundärer Bedeutung vermögen den Charakter der Holdinggesellschaft nicht zu beeinträchtigen.

18 Solchen Gesellschaften haben die Kantone nach StHG 28 II steuerliche Erleichterungen in Form des sogenannten *Holdingprivilegs* zu gewähren. Dieses besteht darin, dass Holdinggesellschaften nur eine reduzierte Kapitalsteuer (StHG 29 II lit. a) und keine Gewinnsteuer zu entrichten haben. Das Recht der direkten Bundessteuern kennt kein Holdingprivileg, wohl aber den Beteiligungsabzug (DBG 69), der natürlich auch dann geltend gemacht werden kann, wenn eine Gesellschaft *nur* die Verwaltung von Beteiligungen bezweckt, also bei einer reinen Holdinggesellschaft.

II. Die Domizilgesellschaft

19 Als Domizilgesellschaft gilt eine Gesellschaft, die – ohne eine Holdinggesellschaft zu sein – zwar im Kanton bzw. in der Schweiz ihr Rechtsdomizil hat, daselbst bzw. in der Schweiz aber weder Grundeigentum besitzt noch eine geschäftliche Tätigkeit ausübt (StHG 28 III). Unter diesen Begriff fallen beispielsweise Patentgesellschaften, deren Einkommen aus ausländischen Lizenzgebühren besteht, ferner Gesellschaften, die ausländische Liegenschaften besitzen oder deren Einkommen (Zwischengewinne, Kommissionen) aus Transaktionen stammt, die im Ausland abgeschlossen und abgewickelt werden, also die Schweiz nicht berühren.

20 StHG 28 III verpflichtet sämtliche Kantone, den Domizilgesellschaften Steuererleichterungen zu gewähren. Danach sind Beteiligungserträge und Kapitalgewinne auf Beteiligungen steuerfrei. Die übrigen in der Schweiz erzielten Einkünfte werden zum ordentlichen Tarif besteuert. Für die aus dem Ausland stammenden Einkünfte können die Kantone Tarifermässigungen gewähren (StHG 28 III lit. a–c)[13].

---

13 Vgl. Höhn, Steuerrecht (zit. § 64 N 1) 393.

C. Das Problem der Doppelbesteuerung

I. Das interkantonale Doppelbesteuerungsverbot

1. Rechtsgrundlage

BV 46 II verbietet die Doppelbesteuerung im interkantonalen Verhältnis[14]. Die Gerichtspraxis zu dieser Verfassungsnorm ist äusserst umfangreich. Nach Ansicht des Bundesgerichts liegt verpönte Doppelbesteuerung vor, wenn ein Steuerpflichtiger von zwei oder mehreren Kantonen für das nämliche Steuerobjekt und für die gleiche Zeit zu Steuern herangezogen wird (aktuelle Doppelbesteuerung) oder wenn ein Kanton in Verletzung der geltenden Kollisionsnormen seine Steuerhoheit überschreitet und eine Steuer erhebt, zu deren Erhebung ein anderer Kanton zuständig wäre (virtuelle Doppelbesteuerung). Ausserdem hat das Bundesgericht aus BV 46 II abgeleitet, ein Kanton dürfe einen Steuerpflichtigen nicht deshalb stärker belasten, weil er nicht in vollem Umfang seiner Steuerhoheit unterstehe, sondern zufolge seiner territorialen Beziehungen auch noch in einem anderen Kanton steuerpflichtig sei[15]. 21

2. Die Besteuerung von interkantonalen Unternehmungen

Die AG ist an dem Ort zu besteuern, an welchem die Verwaltung tatsächlich geführt wird[16]. Interkantonale Steuerkonflikte können vor allem entstehen, wenn eine AG über eine Haupt- sowie Nebenbetriebsstätten in anderen Kantonen verfügt. 22

Eine interkantonale Unternehmung in diesem Sinne liegt vor, wenn eine AG ausser an ihrem Geschäftsort *mindestens eine Betriebsstätte in einem andern Kanton* besitzt[17]. Das Vorliegen einer Zweigniederlassung im Sinne von OR 642 (dazu § 59 N 4 ff) ist nicht Voraussetzung der steuerrechtlichen Annahme einer Betriebsstätte. 23

Eine interkantonale Unternehmung stellt eine *rechtliche und wirtschaftliche Einheit* dar. Die in den einzelnen Kantonen erzielten Gewinne dürfen daher nicht zerstückelt und getrennt besteuert werden. Auch muss zuerst das Gesamtvermögen festgestellt werden. Anschliessend ist nach den Regeln der Steuerausscheidung eine quotenmässige Verteilung der Steuerfaktoren auf die beteiligten Kantone vorzunehmen, wobei dem Hauptsitz ein Vorausanteil (sog. Praecipuum) 24

---

[14] BV 46 II erteilt nach seinem Wortlaut dem Bundesgesetzgeber den Auftrag, mit entsprechenden Vorschriften eine Doppelbesteuerung zu verhindern. Jedoch blieb diese Gesetzgebungskompetenz unbenutzt, weshalb das Bundesgericht BV 46 II direkt anwendet.
[15] BGE 101 Ia 251.
[16] StG ZH 4 I; es gilt hier – anders als im IPR, vgl. § 5 N 9 ff – also das Sitzprinzip.
[17] Zum Begriff der Betriebsstätte vgl. vorn § 64 N 10.

dann zukommt, wenn andernfalls bei der Quotenermittlung die Bedeutung des Hauptsitzes zu wenig Berücksichtigung findet[18].

II. Die Problematik der internationalen Doppelbesteuerung

25   a) Eine internationale Doppelbesteuerung liegt vor, wenn die gleiche Aktiengesellschaft von zwei Staaten für das gleiche Steuerobjekt und für die gleiche Zeitperiode mit gleichen oder ähnlichen Steuern belastet wird.

26   b) Die *Vermeidung solcher Doppelbesteuerungen* ist die Hauptaufgabe des internationalen Steuerrechts; um sie zu erfüllen, werden *Doppelbesteuerungsabkommen (DBA)* abgeschlossen. Die DBA sind funktionell dazu bestimmt, unerwünschte, zu einer Doppelbesteuerung führende Auswirkungen ausländischer Steuerrechtsordnungen zu bekämpfen. Es ist wichtig zu beachten, dass diese DBA den Zweck haben, zwar die doppelte oder gar mehrfache Besteuerung auszuschliessen, nicht aber jede Besteuerung eines Steuerpflichtigen zu vermeiden.

27   Eine internationale Doppelbesteuerung kann entweder mittels interner oder durch staatsvertragliche Kollisionsnormen vermieden werden. So wird eine Doppelbesteuerung in vielen Fällen bereits dadurch reduziert oder ausgeschlossen, dass die Schweiz ihren Besteuerungsanspruch kraft internen Landesrechts[19] nicht in Bereiche ausdehnt, in die auch andere Staaten eingreifen. Vor allem aber hat der Bund mit zahlreichen Staaten Doppelbesteuerungsabkommen in Form von Staatsverträgen abgeschlossen; diese erstrecken sich auf alle Arten von Einkommenssteuern und in vielen Fällen auch auf die Vermögens- und ferner die Erbschaftssteuer.

28   c) Bereits seit 1963 liegt ein vom OECD-Rat genehmigter Entwurf eines *Musterabkommens* für ein zweiseitiges, umfassendes Abkommen zur Vermeidung von Doppelbesteuerungen bei den Einkommens- und Vermögenssteuern vor, welches vom Fiskalkomitee der OECD, dem auch die Schweiz angehörte, ausgearbeitet wurde. Dieses erste umfassende Abkommen ist im Jahre 1977 durch ein neues ersetzt worden. Beide Musterabkommen sind freilich nicht geltendes Recht, sondern empfohlene Vertragsmuster für den Abschluss von bilateralen Verträgen durch die OECD-Staaten. Sie haben für die Ausgestaltung der seither abgeschlossenen Steuer-Staatsverträge einen massgeblichen Einfluss ausgeübt und zwar auch in Drittstaaten.

29   In Anbetracht der fortlaufenden Internationalisierung der wirtschaftlichen Tätigkeiten und der Weiterentwicklung der Steuersysteme drängte sich eine erneute Überarbeitung des OECD-Abkommens auf, welche im Herbst 1992 abgeschlossen worden ist. Der Vertragstext selber erfuhr zwar keine grundlegenden materiellen Änderungen, wohl aber die Kommentare dazu. Namentlich be-

---

[18] Vgl. Höhn, Interkantonales Steuerrecht (zit. N 1) 374 ff.
[19] Sog. Aussensteuerrecht, welches sich auf internationale Verhältnisse bezieht.

schränkt sich das Musterabkommen nicht mehr auf die blosse Vermeidung der internationalen Doppelbesteuerung, sondern es soll auch die steuerliche Gleichbehandlung sowie das Verständigungsverfahren regeln, dessen Zweck darin besteht, Steueransprüche zwischen den Partnerstaaten abzugrenzen und ein zwischenstaatliches Einverständnis zu treffen, welches eine abkommenswidrige Besteuerung oder eine Doppelbesteuerung beseitigt.

Die Staatsverträge gehen dem Bundesrecht und dem kantonalen Recht vor. Die Sicherung dieses Vorranges kann mit staatsrechtlicher Beschwerde durchgesetzt werden[20].

d) Insbesondere die Privilegierung der Domizilgesellschaften[21] ist im Ausland in zunehmendem Masse auf Kritik gestossen, weil diese Gesellschaften zwar keine oder nur eine reduzierte kantonale Ertragssteuer entrichten, jedoch die schweizerischen DBA in Anspruch nehmen. Der Bundesrat hat dieser Kritik durch den Erlass des BRB vom 14.12.1962 «betreffend Massnahmen gegen ungerechtfertigte Inanspruchnahme von Doppelbesteuerungsabkommen des Bundes»[22] Rechnung getragen. Dessen Art. 1 I bestimmt, dass die in einem zwischenstaatlichen Abkommen des Bundes zur Vermeidung der Doppelbesteuerung vom anderen Vertragsstaat zugesicherte Herabsetzung von an der Quelle erhobenen Steuern nicht Personen zugute kommen darf, die darauf nach dem Abkommen keinen Anspruch haben. Das Anwendungsgebiet des Beschlusses wird also ausdrücklich auf *ausländische Quellensteuern* beschränkt. Nach Art. 1 II gilt die Inanspruchnahme einer Steuerentlastung im Sinne von Abs. I als ungerechtfertigt, wenn die im Abkommen umschriebenen Voraussetzungen, wie insbesondere Wohnsitz oder Sitz in der Schweiz, Recht zur Nutzung, Versteuerung, nicht erfüllt sind (lit. a), oder wenn sie missbräuchlich erfolgt (lit. b).

Art. 2 I umschreibt die missbräuchliche Inanspruchnahme einer Steuerentlastung wie folgt:

«Eine Steuerentlastung wird von einer natürlichen oder juristischen Person oder Personengesellschaft mit Wohnsitz oder Sitz in der Schweiz missbräuchlich beansprucht, wenn die Inanspruchnahme dazu führen würde, dass die Steuerentlastung zu einem wesentlichen Teil direkt oder indirekt nicht abkommensberechtigten Personen zugute kommt.»

Abs. II von Art. 2 zählt eine Reihe von Beispielen auf, bei deren Vorliegen die genannte Voraussetzung als erfüllt zu betrachten ist. Von besonderer Bedeutung ist hier lit. b von Art. 2 II. Danach liegt *Missbrauch* vor, wenn Angehörige von Drittstaaten über die Erträgnisse von Beteiligungen oder Lizenzen praktisch steuerfrei verfügen können, indem sie die Gewinne bei einer schweizerischen Gesellschaft thesaurieren, um von der Schweiz aus darüber verfügen zu können. Schweizerischen Kapitalgesellschaften oder Genossenschaften, an denen nicht abkommensberechtigte Personen zu einem wesentlichen Teil direkt oder indirekt durch Beteiligung oder in anderer Weise interessiert sind, müssen angemessene

---

[20] OG 84 I lit. c.
[21] Vgl. N 19.
[22] SR 672.202.

Gewinnausschüttungen vornehmen, wenn sie abkommensbegünstigte Einkünfte beziehen[23].

III. Zur Problematik der Wegzugssteuer

1. Der steuerliche Realisationstatbestand

34 Im Blickfeld der hier zu behandelnden Problematik stehen Vorgänge ohne Subjektwechsel, Vorgänge, bei denen die Wirtschaftsgüter und die in ihnen enthaltenen stillen Reserven im Eigentum des bisherigen Rechtsträgers bleiben.

35 Verlassen diese Wirtschaftsgüter oder Vermögensgesamtheiten ihren angestammten steuerlichen Hoheitsbereich, so verlieren die bis anhin steuerbefugten Gemeinwesen die Möglichkeit, die stillen Reserven bei ihrer Realisierung in einem späteren Zeitpunkt zu besteuern.

36 Die in Frage stehenden rechtlichen Vorgänge sind unterschiedlicher Natur. Zum einen kann es sich um die Verlegung des gesellschaftsrechtlichen Sitzes in eine andere Steuerhoheit oder dann um eine Überführung von Wirtschaftsgütern in eine andere Steuerhoheit handeln[24]. Selbstverständlich können sich die beiden Fälle auch vermischen. Stets aber stellt sich dieselbe Frage nach der Abgrenzung der Steuerhoheiten zwischen Wegzugs- und Zuzugsfiskus. Es sind dies Fragen des interkantonalen Rechts beim Kantonswechsel und solche des internationalen Rechts beim Übertritt über die Landesgrenzen.

2. Sitzverlegung über die Grenze

37 a) In der Lehre war die kantonale Wegzugsbesteuerung im *interkantonalen* Bereich verfassungsrechtlich umstritten[25]. Einigkeit bestand lediglich darin, dass sie einer klaren gesetzlichen Grundlage bedürfe. Eine solche war denn auch in verschiedenen kantonalen Steuerordnungen vorhanden[26].

38 Das StHG beseitigt in Art. 24 II lit. b die Wegzugssteuer im interkantonalen Verhältnis nun aber gänzlich. Vorbehalten bleiben lediglich die durch Veräusserungen oder buchmässige Höherbewertungen erzielten Gewinne sowie die steuerliche Schlussabrechnung bei Verlegung von Unternehmen ins Ausland[27].

39 b) Erfolgt die Sitzverlegung ins *Ausland*, wird diese verrechnungssteuerrechtlich wie eine Liquidation behandelt (VStG 4 II, vgl. auch DBG 58 I lit. c Satz 2). Für die direkten Steuern wird über die stillen Reserven insoweit abgerechnet, als

---

[23] Vgl. auch BGE 116 Ib 217 ff; 113 Ib 195 ff.
[24] Vgl. Peter Spori: Zur steuersystematischen Realisation, ASA *1988/89* 65 ff insbes. 81.
[25] Vgl. Spori (zit. N 1) 84; Jacques-André Reymond: L'imposition des transferts de siège et des fusions intercantonales de sociétés est-elle contraire à la constitution fédérale?, SAG *1974* 123 ff; zur Auffassung des Bundesgerichts ferner BGE 116 Ia 84.
[26] Nachweise bei Spori (zit. N 1) 82 Anm. 73.
[27] BBl *1983* III 111.

dem schweizerischen Fiskus eine Erfassung dieser Reserven inskünftig nicht mehr möglich ist (e contrario DBG 61, StHG 24 III).

Eine Benutzung der durch das IPRG grundsätzlich gegebenen Möglichkeiten (vgl. § 5 N 46 ff) wird dadurch erschwert.

D. *Steuerliche Folgen von Unternehmenszusammenschlüssen und Unternehmensspaltungen*[28]

I. Verschmelzung von Aktiengesellschaften

1. Echte Fusion

Unter den Tatbestand der echten Fusion sind die *Annexion* (OR 748, dazu § 57 N 38 ff) und die *Kombination* (OR 749, dazu § 57 N 214 ff) zu subsumieren. Beide Vorgänge sind dadurch gekennzeichnet, dass die übernehmende Gesellschaft durch *Universalsukzession* in die Rechte und Pflichten der übernommenen Gesellschaft eintritt. Diese wiederum ist ein Fall der *Steuersukzession*. Deren Eintritt ist in der Regel mit dem Zeitpunkt der Auflösung der übernommenen Unternehmung identisch. Eine andere Regelung gilt jedoch insbesondere bei den direkten Bundessteuern: Gemäss DBG 54 III tritt die Steuersukzession erst mit der Beendigung des Fusionsvorganges ein.

Sachlich scheint es geboten, dass alle Gewinne der fusionierenden Gesellschaften lückenlos versteuert werden. Da die übernommene Gesellschaft aber nicht liquidiert wird, steht eine Abrechnung über deren stille Reserven nicht zur Diskussion.

a) Die *Übernehmerin* übernimmt sowohl die noch nicht versteuerten Gewinne als auch die Verluste der untergehenden Gesellschaft, wobei letztere mit den Gewinnen verrechnet werden können. Ferner übernimmt sie die Aktiven und Passiven zu Buchwerten; dieser Zugang ist eine erfolgsneutrale Kapitaleinlage, die keine Ertragsbesteuerung auslöst. Jedoch besteuern einzelne Kantone das Agio als Ertrag. Dagegen ist die Erhebung der Emissionsabgabe auf der Ausgabe von Beteiligungsrechten an die Aktionäre der übernommenen Gesellschaft mit der Revision des BG über die Stempelsteuern vom 4.10.1991 gestrichen worden.

b) Seitens der *übernommenen Gesellschaft* werden stille Reserven in der Steuerpraxis nicht besteuert, soweit diese auf die Übernehmerin übergehen, keine Ausschüttung erfolgt und die Besteuerungsmöglichkeit erhalten bleibt.

---

[28] Zur Umstrukturierung von Unternehmen ist ein Bundesgesetz geplant (Entwurf Prof. Frank Vischer), das auch steuerliche Vorschriften enthalten soll, vgl. § 67 N 33.

45 c) Die *Anteilsinhaber der übernehmenden Gesellschaft* haben insoweit steuerliche Folgen zu gewärtigen, als ihnen geldwerte Leistungen ausgerichtet werden[29].

46 d) Die *Teilhaber der übernommenen Gesellschaft* schulden eine Verrechnungssteuer, sofern die Reserven und Gewinne der übernommenen Gesellschaft den Aktionären als geldwerte Leistungen ausgerichtet werden, etwa in Form von Barausschüttungen oder Nennwerterhöhungen (e contrario VStG 5 I lit. a). Des weitern unterliegen diese Ausrichtungen als Vermögensertrag der direkten Bundessteuer (DBG 20 I lit. c) und in der Regel auch der kantonalen Einkommenssteuer.

2. Unechte Fusion

47 Eine unechte Fusion liegt vor, wenn bei der zu übernehmenden Gesellschaft zwecks Zusammenschlusses mit einer anderen Gesellschaft zivilrechtlich ein *Liquidationsverfahren* durchgeführt wird, «in dessen Verlauf die Aktiven und Passiven dieser Gesellschaft gemäss OR 181 durch Singularsukzession auf die übernehmende Gesellschaft übergehen, indem die übernommene Gesellschaft ihr Vermögen auf ihre Anteilsinhaber überträgt und diese es in die übernehmende Gesellschaft einbringen»[30].

48 Die Übertragung auf die Anteilsinhaber geschieht einzig zum Zweck und unter der Bedingung der unmittelbar anschliessenden Sacheinlage in die übernehmende Gesellschaft und nicht zwecks freier Verfügung über das Vermögen. Als solche ist diese Anteilsübertragung auf die Teilhaber lediglich ein Durchgangsstadium im Zuge der Reorganisation des Unternehmens und insofern auch *nicht entgeltlich*.

49 Mangels dieser Entgeltlichkeit findet denn auch keine (steuerbare) echte Realisierung stiller Reserven statt. Im übrigen wird die unechte Fusion steuerlich gleich behandelt wie die echte[31].

3. Absorption einer Tochtergesellschaft

50 Bei der Absorption einer Tochtergesellschaft durch die Muttergesellschaft handelt es sich um einen *Sonderfall der Fusion,* wobei es zur Liquidation der ersteren kommt. Zwischen der übernehmenden Gesellschaft und den Beteiligten an der übernommenen Gesellschaft besteht Identität, was zu steuerlichen Spezialproblemen führt.

51 a) Steuerliche Behandlung der *Tochtergesellschaft:* Sofern die Muttergesellschaft die von der Tochtergesellschaft ausgeübte Tätigkeit fortsetzt, liegt ein

---

[29] Vgl. dazu N 58.
[30] Cagianut/Höhn, Unternehmungssteuerrecht (zit. § 64 N 1) 595.
[31] Höhn, Steuerrecht (zit. § 64 N 1) 363.

unentgeltlicher Realisationstatbestand vor, der keine Abrechnung über die stillen Reserven nach sich zieht[32].

b) Steuerliche Behandlung der *Muttergesellschaft:* Bei der Muttergesellschaft wird durch die Absorption die Beteiligung an der Tochtergesellschaft ersetzt durch die Aktiven und Verbindlichkeiten derselben. Dabei kann ein positiver oder negativer buchmässiger Saldo resultieren, der als Fusionsgewinn bzw. Fusionsverlust zu qualifizieren ist.

Im Umfang des *Fusionsgewinnes* realisiert die Muttergesellschaft durch Absorption stille Reserven auf ihrer Beteiligung, die als Ertrag steuerbar sind (DBG 70).

Kommt die Ersetzung der Beteiligung durch die Aktiven und Verbindlichkeiten der bisherigen Tochtergesellschaft einer buchmässigen Abschreibung gleich, spricht man von einem *Fusionsverlust.* Steuerlich stellt sich alsdann die Frage, ob diese Abschreibung geschäftsmässig begründet ist. Sie muss bejaht werden, soweit der Verkehrswert des übernommenen Vermögens unter dem bisherigen Buchwert der Beteiligung liegt; dann muss der Fusionsverlust als geschäftsmässig begründete Abschreibung zugelassen werden. Andernfalls ist die Berücksichtigung des Fusionsverlustes zu Lasten des Geschäftsgewinnes nicht begründet.

Die Ausnahmevorschrift von VStG 5 I lit. a, wonach Reserven und Gewinne einer AG von der Verrechnungssteuerpflicht ausgenommen sind, sofern sie bei einer Fusion in die Reserven der aufnehmenden Gesellschaft einfliessen, findet auf die Absorption einer Tochtergesellschaft insofern Anwendung, als die Reserven und Gewinne der Tochter in jene der Muttergesellschaft integriert werden. Das ist dann der Fall, wenn der Buchwert der Beteiligung an der Tochtergesellschaft in der Bilanz der Mutter nicht höher ist als das Gesellschaftskapital der Tochter.

Verrechnungssteuern sind indessen zu entrichten, wenn mangels Überganges der Reserven der Tochtergesellschaft in jene der Muttergesellschaft der Buchwert der Beteiligung in der Bilanz der Muttergesellschaft das Grundkapital der Tochtergesellschaft übersteigt.

II. Zusammenschluss von Aktiengesellschaften ohne Verschmelzung

1. Der fusionsähnliche Tatbestand

a) Ein fusionsähnlicher Tatbestand liegt vor, wenn die Unternehmensübernahme aufgrund einer *Zusammenschlussvereinbarung* zwischen den Organen der beteiligten Gesellschaften erfolgt. Dabei können die beteiligten Unternehmen von den gleichen Anteilsinhabern beherrscht sein oder aber sich in den Händen von personell verschiedenen Teilhabern befinden. Letzteres trifft regelmässig bei Publikumsgesellschaften zu. In diesem Fall muss die übernehmende Gesellschaft den an der übernommenen Gesellschaft beteiligten Personen neue Beteiligungsrechte ausgeben; die Anteilsinhaber der übernommenen Gesell-

---

[32] DBG 54 III und 61 I lit. b; vgl. auch ASA *1987/88* 182.

schaft leisten eine Sacheinlage in Form der Beteiligungsrechte (also bei der AG der Aktien und allenfalls PS) an der übernommenen Gesellschaft[33].

58   b) Die übernommene Gesellschaft bleibt auch nach dem Zusammenschlussvertrag samt ihrem Vermögen rechtlich bestehen, weshalb sich für sie keine Steuerfolgen ergeben.

Ihre Anteilsinhaber sind hingegen für allfällige geldwerte Leistungen steuerpflichtig.

2. *Aktientausch zwecks Übernahme einer Gesellschaft*

59   Der Aktientausch beruht auf einem einseitigen Angebot der übernahmewilligen Gesellschaft an die Adresse der Anteilsinhaber der zu übernehmenden Gesellschaft. Da bei letzterer der Übernahmewille fehlt, kann von einem fusionsähnlichen Tatbestand nicht die Rede sein, weshalb auch die entsprechenden steuerlichen Regeln keine Anwendung finden. Massgebend sind daher die allgemeinen Bestimmungen über Kapitalerhöhungen und die Besteuerung von Kapitalgewinnen beim Aktientausch.

III. Spaltung von Unternehmen

1. Begriff und wirtschaftliche Bedeutung der Unternehmensspaltung

60   Unter *Spaltung* versteht man die Aufteilung einer Unternehmung in zwei oder mehrere Unternehmungen, von denen jede eine selbständige wirtschaftliche Einheit bildet und in einer der handelsrechtlichen Gesellschaftsformen weitergeführt wird. Sie bedeutet die vollumfängliche oder teilweise Übertragung von Aktiven und Passiven eines Rechtsträgers auf neue oder bereits bestehende Rechtsträger gegen die Einräumung von Anteils- und Mitgliedschaftsrechten.

61   Die Unternehmensspaltung bildet ein zentrales Element der Umstrukturierung von Gesellschaften. Sie hat im schweizerischen Recht bis heute keine ausdrückliche Regelung erfahren. Um so mehr war es der sog. Groupe de réflexion «Gesellschaftsrecht», welche sich mit der Grundsatzfrage einer freiwilligen Angleichung des schweizerischen Rechts an die Richtlinien der EU auseinandersetzte (vgl. § 67 N 10 ff), ein Anliegen, ein entsprechendes Sondergesetz zu empfehlen, welches die Aufteilung und Neustrukturierung von Unternehmen erleichtert[34].

---

33   Cagianut/Höhn, Unternehmungssteuerrecht (zit. § 64 N 1) 604.
34   Groupe de réflexion «Gesellschaftsrecht», Schlussbericht vom 24. 9. 1993, 66.

2. Steuerrechtliche Probleme bei Unternehmensspaltungen

Wichtigstes Steuerproblem der Unternehmensspaltung ist die Frage der steuerlichen *Teilliquidation*[35] und damit verbunden der Realisierung *stiller Reserven*.

Das Gesellschaftsvermögen steht nicht im Eigentum der Aktionäre und PS-Inhaber, sondern in jenem der AG. Dasselbe gilt folglich auch für die stillen Reserven. Eine echte Realisierung stiller Reserven liegt nur vor, wenn sich zugleich auch die Anteile am buchmässigen Kapital verändern. Solange jedoch keine Vermögenswerte aus der AG abfliessen oder bei der Aufgliederung eines Unternehmens nur auf einen neuen Unternehmensträger übertragen werden, und solange die Beteiligungsverhältnisse mehrheitlich (d. h. zu mindestens 51 %) unverändert bleiben, kann keine steuerpflichtige Teilliquidation angenommen werden. Auch die Verschiebungen in den Anteilen an stillen Reserven zufolge der Spaltung treffen die Aktionäre und PS-Inhaber nur indirekt.

Die Frage, ob stille Reserven realisiert werden oder nicht, stellt sich namentlich auch, wenn die Teilung in eine Betriebsgesellschaft und eine *Immobiliengesellschaft* erfolgen soll. Eine steuerliche Teilliquidation ist dann anzunehmen, wenn sich die Tätigkeit der Immobiliengesellschaft in dem erschöpft, was mit der blossen Geldanlage einer Gesellschaft in Liegenschaften sowieso verbunden ist. Nur wenn die Immobilien-AG zahlreiche Grundstücke durch eigene Dienstleistungen betreut oder mit ihnen handelt, sind die begriffstypischen Eigenschaften eines Betriebs im steuerrechtlichen Sinn erfüllt. Werden hingegen im Rahmen einer Unternehmensspaltung Kapitalanlage und Betrieb getrennt, so verlieren die stillen Reserven ihre bisherige betriebliche Verknüpfung. Daher ist es ausgeschlossen, stille Reserven auf Liegenschaften, die bis anhin der Gesellschaft lediglich als Kapitalanlage dienten, steuerneutral auf eine Immobilien-AG zu übertragen, selbst wenn sie dort einem neuen Betrieb dienen sollten[36].

---

[35] Vgl. dazu vorn § 65 N 44 ff.
[36] Vgl. zur Frage der Abspaltung einer Immobiliengesellschaft auch BGE 115 Ib 263 ff sowie André Rouiller: Unternehmensteilungen, ASA *1986/87* 303 ff insbes. 308 f. Ausführlich und kritisch nun Pfenninger-Bischofberger (zit. § 57 N 242) 241 ff.

16. Kapitel: Die Zukunft der schweizerischen Aktiengesellschaft und die Europäisierung des Aktienrechts

In diesem letzten Kapitel sollen ein kurzer Blick auf die Zukunft des schweizerischen Aktienrechts geworfen (§ 67) und das in wichtigen Teilen harmonisierte Aktienrecht der Europäischen Union vorgestellt werden (§ 68).

§ 67 Die Zukunft des schweizerischen Aktienrechts

Literatur: Groupe de réflexion «Gesellschaftsrecht», Schlussbericht vom 24. September 1993 (Hg.: Bundesamt für Justiz, Vertrieb durch die Eidg. Drucksachen- und Materialzentrale [Bestellnummer 407.020 d], 3000 Bern); Hanspeter Kläy: Überblick über den Schlussbericht der Groupe de réflexion «Gesellschaftsrecht», SZW *1994* 135 ff.

a) Wäre 1992 der Beitritt der Schweiz zum EWR beschlossen worden, so hätte innert drei Jahren eine Anpassung an das Gesellschaftsrecht der EG erfolgen müssen, soweit dieses in *Richtlinien* konkretisiert und zum sog. Acquis communautaire erklärt worden ist. Damit wäre eine *erneute Revision des revidierten Aktienrechts* unumgänglich geworden. Das negative Resultat der Abstimmung über das EWR-Abkommen vom 6. 12. 1992 hat einen unmittelbaren Anpassungsdruck beseitigt.

b) Die Frage nach der Zukunft des schweizerischen Aktienrechts und künftigen Änderungen ist trotzdem nicht müssig. Recht ist niemals unverrückbar in Stein gemeisselt, und das geltende Aktienrecht wird mit Sicherheit nicht wieder – wie das frühere – für mehr als ein halbes Jahrhundert praktisch unverändert Bestand haben.

Einige parlamentarische Vorstösse sind denn auch hängig (Ziff. 1), und eine vom Bundesrat eingesetzte Groupe de réflexion hat eine Reihe von Vorstössen gemacht, die – zumindest auch – die AG betreffen (Ziff. 2). Drei neue Gesetze – das eine vor dem Inkrafttreten stehend, das zweite in der parlamentarischen Beratung und das dritte als Vorentwurf in nächster Zukunft für die Vernehmlassung vorgesehen – haben sodann direkt Auswirkungen auf das Aktienrecht bzw. einzelne Arten von Aktiengesellschaften (vgl. Ziff. 3). Schliesslich ist immer wieder die Frage nach der Europaverträglichkeit des schweizerischen Aktienrechts und dem Erfordernis seiner Anpassung an europäische Standards zu stellen (vgl. Ziff. 4).

1. Parlamentarische Vorstösse

Verschiedene parlamentarische Vorstösse – teils älteren Datums, teils auch im Anschluss an die Revision des Aktienrechts eingebracht – befassen sich mit dem Aktienrecht oder sind zumindest für die Rechtsform der AG bedeutsam. Dabei werden vor allem zwei Themenkreise angesprochen:

7 – Zum einen wird die Schaffung eines eigentlichen *Konzernrechts* postuliert.
8 – Zum andern soll für die *kleinen und mittleren Unternehmen* eine besser passende rechtliche Basis zur Verfügung gestellt werden. In dieser Hinsicht werden verschiedene Anregungen gemacht: weitergehende Differenzierungen im Aktienrecht, eine Revision des Rechts der GmbH oder gar die Schaffung einer neuen Gesellschaftsform für Klein- und Mittelbetriebe bzw. von unterschiedlichen Formen von Aktiengesellschaften für die Bedürfnisse kleiner bzw. grosser Unternehmen.
9 Nach der Inkraftsetzung des revidierten Aktienrechts wurde auch eine *Anschlussrevision* verlangt.

2. *Der Bericht der Groupe de réflexion «Gesellschaftsrecht»*

10 a) Im Januar 1993 setzte der Vorsteher des Eidg. Justiz- und Polizeidepartementes eine aus Fachleuten zusammengesetzte Arbeitsgruppe ein mit dem Auftrag, den *rechtspolitischen Handlungsbedarf im Bereich des Gesellschaftsrechts* zu prüfen. Diese *Groupe de réflexion* erstattete im September 1993 einen ausführlichen Schlussbericht, in welchem zu den im Parlament vorgebrachten Revisionspostulaten Stellung bezogen und weitere Vorschläge gemacht wurden (vgl. N 1). Der Bericht befasst sich mit allen Gesellschaftsformen einschliesslich der Personengesellschaften, der GmbH und der Genossenschaft und überdies mit dem Wertpapierrecht. Verschiedene Vorschläge betreffen das Aktienrecht, und weitere sind für die Aktiengesellschaften direkt oder indirekt von Bedeutung:

11 b) Wichtigstes Anliegen ist der Groupe de réflexion die *«europarechtliche Ausrichtung»* des schweizerischen Rechts. Es müsse verhindert werden, dass sich das schweizerische Gesellschaftsrecht in seiner Fortbildung vom EU-Recht entferne. Bei künftigen Gesetzesrevisionen seien europataugliche Regelungen anzustreben, und gewichtige Diskrepanzen zu den EU-Richtlinien (zu diesen § 68 N 26 ff, 31 ff) seien durch Reformen zu beseitigen. Daraus ergeben sich für die Arbeitsgruppe verschiedene Postulate, die sie in erster Priorität realisiert haben möchte.

12 c) So sollte insbesondere das schweizerische *Recht der Rechnungslegung* durch eine Normierung auf Verordnungsebene oder durch ein besonderes Rechnungslegungs- und Publizitätsgesetz neu gestaltet und an die Vierte und Siebte EG-Richtlinie (vgl. § 68 N 33d und 33f) angepasst werden. In der Tat unterscheidet sich das geltende schweizerische Konzept, das die Bildung stiller Reserven weiterhin zulässt (dazu § 50 N 68 ff) schon im Ansatz vom europäischen Prinzip der «True and Fair View»[1] (zu diesem vgl. § 51 N 171). Wie in der EU sollen für kleine, für mittlere und für grosse Gesellschaften differenzierte Lösungen vorge-

---

[1] Zu beachten ist in diesem Zusammenhang, dass sich die bedeutenderen schweizerischen Unternehmen – zumindest in ihrer Konzernrechnung – schon heute überwiegend freiwillig dem Prinzip der true and fair view unterstellt haben, vgl. § 51 N 187.

sehen werden². Zugleich soll der Grundsatz realisiert werden, wonach für alle Unternehmen mit wirtschaftlicher Tätigkeit in gleicher Grössenordnung unabhängig von der gewählten Rechtsform eine einheitliche Lösung gelten soll³.

d) Ebenfalls in erster Priorität sollen die *fachlichen Anforderungen an besonders befähigte Revisoren* (zu diesen § 32 N 8 ff) der Achten EU-Richtlinie angepasst werden, namentlich durch die Einführung eines Zulassungsverfahrens und einer formellen Anerkennung, durch eine Herabsetzung der Schwelle, bei der eine besondere Befähigung verlangt wird (zum geltenden schweizerischen Recht vgl. OR 727b) und durch eine Erweiterung der gesetzlichen Vorschriften über die Unabhängigkeit (zum geltenden Recht vgl. OR 727c und dazu § 32 N 24 ff). 13

e) Weitere Vorschläge sollen – ebenfalls in Anpassung an das EU-Recht – *praktischen Bedürfnissen* Rechnung tragen und insbesondere die *Durchlässigkeit zwischen den verschiedenen Gesellschaftsformen erhöhen:* 14

aa) So soll – auch dies in erster Priorität – die *Fusion, Spaltung und Umwandlung* von Gesellschaften (vgl. dazu nach geltendem Recht §§ 57 f) in Anpassung an die Dritte und Sechste Richtlinie (dazu § 68 N 33c und 33e) erleichtert und dadurch das Gesellschaftsrecht *flexibler ausgestaltet* werden. Unternehmen würden so die Möglichkeit erhalten, ihre Rechtsform ohne erheblichen Aufwand geänderten Verhältnissen anzupassen⁴. 15

Die Groupe de réflexion begrüsst ein entsprechendes Gesetzgebungsprojekt (dazu N 33). Sie weist jedoch darauf hin, dass in diesem Bereich eine Anpassung des Privatrechts nicht genügt, sondern dass gleichzeitig im *Fiskalrecht* sichergestellt werden muss, dass Restrukturierungsmassnahmen *steuerneutral* durchgeführt werden können. Dies soll nun durch eine Ergänzung des Projekts sichergestellt werden. 16

bb) Weniger dringlich (zweite Priorität), aber sinnvoll erscheint es der Expertengruppe, entsprechend der Zwölften EG-Richtlinie (vgl. § 68 N 33i) die *Gründung* von Aktiengesellschaften und GmbH *als Einpersonengesellschaften* zu gestatten (zum geltenden Recht vgl. § 14 N 6 ff). Dabei müsste jedoch der Umstand, dass es sich um eine Einpersonengesellschaft handelt, offengelegt werden. 17

cc) *Skeptisch* ist die Groupe de réflexion dagegen im Hinblick auf zusätzliche *Erleichterungen für Kleingesellschaften* im Vergleich zum geltenden Recht, wie sie auf politischer Ebene verschiedentlich gefordert wurden. Solche Erleichterungen wären ihrer Ansicht nach sachlich nicht gerechtfertigt. 18

f) Die Erwägungen der Groupe de réflexion bezüglich *anderer Gesellschaftsformen* sind auch für die AG bedeutsam: 19

---

² Die Anforderungen für Kleingesellschaften sollen jedoch gegenüber dem geltenden Recht nicht herabgesetzt werden.
³ Das geltende Recht sieht für Personengesellschaften, aber auch für die Genossenschaft deutlich weniger hohe Anforderungen als für die AG vor.
⁴ Zu den entsprechenden Tendenzen in der Praxis vgl. § 57 N 25 ff und § 58 N 24 ff.

20 aa) *Abgelehnt* wird zunächst der in parlamentarischen Vorstössen gemachte Vorschlag, eine *neue Gesellschaftsform für Klein- und Mittelbetriebe* zu schaffen. Es wird darauf hingewiesen, dass solchen Betrieben die Formen der einfachen Gesellschaft[5], der Kollektivgesellschaft, der Kommanditgesellschaft, der Kommandit-AG, der GmbH und der Genossenschaft zur Verfügung stehen und dass sich in der Praxis die AG für Kleinunternehmen gut bewährt[6] hat.

21 *Abgelehnt* wird demzufolge auch der Vorschlag einer *Zweiteilung des Aktienrechts* in eine Rechtsform für grosse und eine solche für kleine und mittlere Gesellschaften. Wo sachliche Gründe dies gebieten würden, habe bereits das geltende Aktienrecht die Differenzierung vollzogen[7].

22 bb) Befürwortet wird dagegen eine Revision des Rechts der *GmbH*, wobei es nicht um einen «grundlegenden Umbau» gehen soll und ebensowenig darum, die Anforderungen im Hinblick auf die Kapitalausstattung und die Rechnungslegung herabzusetzen.

23 cc) Angeregt wird, künftig auch *juristische Personen als unbeschränkt haftende Gesellschafter einer Kommanditgesellschaft* zuzulassen (vgl. dagegen zum geltenden Recht OR 594 II). Dadurch würde es möglich, faktisch eine «Personengesellschaft mit beschränkter Haftung» zu schaffen, wie sie vor allem in Deutschland in der Form der GmbH & Co. KG sehr verbreitet ist: In einer Kommanditgesellschaft wird als einziger persönlich haftender Gesellschafter eine GmbH (oder eine AG) eingesetzt, wodurch die beteiligten natürlichen Personen ihr Risiko auf den Kapitaleinsatz in der GmbH (oder AG) und als beschränkt haftende Kommanditäre limitieren können.

24 dd) Nach Auffassung der Groupe de réflexion ist die *Kommandit-AG* eine geeignete Alternative zur AG für kleine und mittlere Unternehmen, bei denen einzelne der Beteiligten im Betrieb aktiv mitarbeiten und andere bloss Geldgeber sind. Die Groupe de réflexion schlägt daher eine gründliche Überarbeitung des Rechts der Kommandit-AG und die Ergänzung der heute weitgehend durch Verweisungen auf das Aktienrecht gestalteten Ordnung vor, um diese Rechtsform attraktiver zu gestalten.

25 ee) Schliesslich hält die Expertengruppe auch eine Revision des *Genossenschaftsrechts* für wünschbar. Dabei soll es nicht darum gehen, atypischen Grossgenossenschaften künftig diese Rechtsform zu versagen und sie in die Ordnung der AG zu zwingen. Wohl aber sollen allenfalls besondere Bestimmungen für

---

[5] Dieser Hinweis ist insofern problematisch, als es der einfachen Gesellschaft grundsätzlich nicht gestattet ist, ein nach kaufmännischer Art geführtes Gewerbe zu betreiben, vgl. Meier-Hayoz/Forstmoser § 8 N 23 ff.

[6] In der Tat handelt es sich bei der Grosszahl der schweizerischen Aktiengesellschaften um kleine, oft personenbezogene Gebilde, vgl. Meier-Hayoz/Forstmoser § 12 N 306 ff.

[7] Vgl. die Ausnahmen von der Pflicht zur Erstellung einer Konzernrechnung (OR 663e, dazu § 51 N 205 ff), die erhöhten Anforderungen an Revisoren bei Grossgesellschaften (OR 727b, dazu § 32 N 8 ff), die differenzierte Regelung der Vinkulierung (OR 685 ff, dazu § 44 N 103 ff) und die Beschränkung der Offenlegungspflicht auf Grossgesellschaften (OR 697h, dazu § 48 N 55 ff).

atypische Genossenschaften eingeführt und soll das Genossenschaftsrecht in den Punkten, in denen sich die AG von der Genossenschaft nicht wesentlich unterscheidet, an das Aktienrecht angepasst werden[8].

ff) Diese Reformen im übrigen Gesellschaftsrecht stuft die Expertenkommission in zweiter Priorität ein.

g) Uneinheitlich waren die Auffassungen in der Expertengruppe hinsichtlich der Wünschbarkeit, über die bestehenden Ansätze[9] hinaus ein eigentliches *Konzernrecht* zu schaffen. Eine Mehrheit der Groupe de réflexion lehnt dies ab, «weil die Schweiz sonst über den Stand der Regelungen in anderen Ländern hinausgehen müsste»[10] und sie sich dadurch Standortnachteile einhandeln könnte, aber auch wegen der Schwierigkeit, internationale Konzerne durch Landesrecht zu regeln. Prüfenswert – freilich ohne Dringlichkeit (dritte Priorität) – erscheint dagegen eine punktuelle Regelung zusätzlicher konzernrechtlicher Problembereiche etwa hinsichtlich «der Konzernpublizität, der Konzernleitung (Weisungsrecht, Leitungspflicht), der Konzern-Organverantwortlichkeit und der Konzern-Insolvenz»[11]. Eine Minderheit der Expertengruppe erachtet zusätzlich konzernrechtliche Vorschriften überhaupt als entbehrlich, eine andere Minderheit setzt sich für ein eigentliches Konzernrecht ein.

h) Das *Wertpapierrecht* soll nach Auffassung der Expertengruppe der Realität angepasst werden, insbesondere im Hinblick auf die nicht materialisierten Wertrechte (zu diesen vgl. § 43 N 59 ff). Das Postulat wird als nicht vordringlich ebenfalls in die dritte Priorität eingestuft[12].

i) Die Bereinigung der *Ungereimtheiten des revidierten Aktienrechts*[13] erachtet die Groupe de réflexion nicht als erforderlich, zumal verschiedene als Mängel gerügte Regelungen weniger materielle Unrichtigkeiten als bewusste politische Entscheide darstellten und Formulierungsfehler, Lücken sowie widersprüchliche Aussagen weitgehend durch Literatur und Judikatur bereinigt werden könnten. Bei Gelegenheit seien jedoch «einige unbestrittene technische Mängel durch punktuelle Änderungen der entsprechenden Vorschriften zu eliminieren»[14].

k) Der von der Groupe de réflexion erstattete Bericht widerspiegelt – wie jeder Expertenbericht – die Meinung der Mitglieder der Kommission bzw. ihrer

---

[8] So etwa mit Bezug auf die erhöhten Anforderungen an die Rechnungslegung, die besonderen Publizitätsvorschriften für volkswirtschaftlich bedeutsame Gesellschaften, die Qualifikation und Unabhängigkeit der Revisoren sowie die Sonderprüfung.
[9] Vgl. insbes. das Erfordernis einer Konzernrechnung, OR 663e ff und dazu § 51 N 190 ff.
[10] Schlussbericht (zit. N 1) 78.
[11] Schlussbericht (zit. N 1) 78.
[12] Das künftige Börsengesetz (vgl. nachstehend N 32 sowie ausführlich § 61 N 15 ff) trägt der Dematerialisierung Rechnung, indem als «Effekten» nicht nur Wertpapiere erfasst werden, sondern auch «nicht verurkundete Rechte mit gleicher Funktion (Wertrechte)» (BEHG 2 lit. a).
[13] Vgl. dazu Peter Forstmoser: Ungereimtheiten und Unklarheiten im neuen Aktienrecht, SZW *1992* 58 ff.
[14] Schlussbericht (zit. N 1) 58.

Mehrheit. Andere Experten hätten die Gewichte wohl anders gelegt. Auch sind die Folgerungen der Groupe de réflexion in keiner Weise bindend und kann die künftige *politische Auseinandersetzung* in andere Richtungen führen. Doch wird sich die rechtspolitische Diskussion im Gesellschaftsrecht mit Standortbestimmung und Empfehlungen der Expertengruppe auseinandersetzen müssen, und insofern kann der Schlussbericht ein Indiz für die Weiterentwicklung des schweizerischen Aktienrechts sein.

3. Neue Gesetze mit aktienrechtlicher Relevanz

31 a) Klarer vorhersehbar sind die Einwirkungen von in Bearbeitung befindlichen oder bereits verabschiedeten Gesetzen auf das Aktienrecht. Zwar ist – wie erwähnt – eine erneute Reform des Aktienrechts nicht geplant[15]. Doch werden andere wirtschaftsrechtliche Erlasse auf das Aktienrecht einwirken. Drei Beispiele seien erwähnt:

32 aa) In der zweiten Hälfte 1996 soll ein neues *BG über die Börsen und den Effektenhandel* (BEHG) in Kraft treten. Dieses Gesetz und die ergänzenden Erlasse, die weitgehend von den Privaten im Wege der Selbstregulierung zu schaffen sind, werden für Publikumsgesellschaften von grosser Bedeutung sein und insbesondere deren Transparenz verbessern. Auch enthält das BEHG eine Regelung für öffentliche Kaufangebote, vgl. dazu § 61 N 17 ff, 42 N 37 ff.

33 bb) In einem früheren Stadium – in dem der Beendigung des Vorentwurfs, der im Sommer 1996 zur Vernehmlassung freigegeben werden soll – steht ein *BG über die Fusion, Spaltung und Umwandlung,* das die durch die Praxis bereits angebahnte Flexibilisierung für Umstrukturierungen unter Vermeidung von Liquidationen und Neugründungen privatrechtlich regeln und steuerrechtlich ausgestalten soll.

34 cc) Schliesslich sei erwähnt, dass – gleichsam als Gegenstück zur Erleichterung von Fusionen – in einem zur Zeit (Oktober 1995) von beiden Räten in erster Lesung durchbehandelten neuen *Kartellgesetz* eine *Kontrolle für grössere Unternehmenszusammenschlüsse* eingeführt werden soll (vgl. dazu § 57 N 34).

35 b) Beabsichtigt ist sodann eine Neuregelung des *Rechnungslegungsrechts,* durch welche die Vorschriften für die verschiedenen Gesellschaftsformen harmonisiert werden sollen. Weiter will das Eidg. Justiz- und Polizeidepartement die Regelung der *GmbH* im Hinblick auf das neu erweckte Interesse an dieser Rechtsform (vgl. § 2 N 63) überarbeiten lassen.

36 c) Vorläufig *verzichtet* wird dagegen auf die Schaffung eines eigentlichen *Konzernrechts* und eine Revision des *Wertpapierrechts*.

---

[15] Die Situation könnte sich ändern, falls es zu einer stärkeren Annäherung an Europa kommen sollte.

4. *Die Frage nach der Europaverträglichkeit des schweizerischen Aktienrechts*

Nach der erklärten Absicht des Bundesrates will die Schweiz an ihrer Integrationspolitik gegenüber der EU festhalten. Aber auch unabhängig davon erscheint es – jedenfalls nach Ansicht der Groupe de réflexion – aus «sachlichen, wirtschaftlichen und rechtlichen Gründen ... angezeigt, eine Harmonisierung des schweizerischen Gesellschaftsrechts mit den Rahmenvorschriften der EG ... voranzutreiben»[16]. Damit stellt sich die Frage der *Europakompatibilität* des heutigen schweizerischen Aktienrechts (vgl. dazu § 68 N 55 ff). «Eine gründliche Kenntnis der Richtlinien der EG und die Vertrautheit mit den zu ihrer Umsetzung in den Nachbarländern erlassenen Gesetzen wird für jede zukünftige Revision des Gesellschaftsrechts von grosser Bedeutung sein ...»[17] Die vorliegende Darstellung des schweizerischen Aktienrechts sei daher mit einem Blick auf die europäischen Vereinheitlichungstendenzen abgeschlossen.

---

[16] Schlussbericht (zit. N 1) 19.
[17] Schlussbericht (zit. N 1) 19.

§ 68 Zur Europäisierung des Aktienrechts

Literatur zum EG-Gesellschaftsrecht allgemein: Peter Behrens: Das Gesellschaftsrecht im Europäischen Binnenmarkt, EuZW *1990* 13 ff; Christoph E. Hauschka: Die Tätigkeit der Europäischen Gemeinschaft im Gesellschaftsrecht zwischen Rechtsangleichung und Funktionen allgemeiner Gesetzgebung, ZRP *1990* 179 ff; Marcus Lutter: Europäisches Unternehmensrecht (3. A. Berlin/New York 1991, ZGR Sonderheft); Christian J. Meier-Schatz: Europäische Harmonisierung des Gesellschafts- und Kapitalmarktrechts, WuR *1989* 84 ff.

Schweizerische Literatur mit vergleichenden Hinweisen: Böckli, passim; François Dessemontet: Droit des sociétés, in: Die Europaverträglichkeit des schweizerischen Rechts, Schriften zum Europarecht, Bd. 1 (Zürich 1990) 377 ff; Peter Nobel: EG-Gesellschaftsrecht und Schweizer Aktienrecht im Vergleich, ST *1992* 421 ff; ders.: Die Harmonisierung des Gesellschaftsrechts – Primat der Europäisierung des Aktienrechts, in: Zeller/Stupp/Ruffner (Hg.): Kennzeichen des EG-Rechts (Zürich 1992) 15 ff; ders.: Das EG-Binnenmarktprogramm und die Weiterentwicklung des schweizerischen Gesellschaftsrechts, Aussenwirtschaft *1988* 423 ff; ders.: Europäisierung des Aktienrechts (Diss. St.Gallen 1974); Thomas Pletscher: Aktuelle Entwicklungen im EG-Gesellschaftsrecht, ST *1991* 169 ff; Gregor Scholz: Auswirkungen der 7. EG-Richtlinie auf Schweizer Konzerne, ST *1984* 17 ff; Günther Schulz: Die Konzernrechnung gemäss FER – Einflüsse des neuen Aktienrechts und der 7. EG-Richtlinie, ST *1988* 166 ff; André Zünd: Rechnungslegung, in: Die Europaverträglichkeit des schweizerischen Rechts, Schriften zum Europarecht, Bd. 1 (Zürich 1990) 393 ff.

Überblicke: Acquis Communautaire zum Gesellschaftsrecht im Anhang XXII zum EWR, Vorlage vom 6.12.1992, BBl *1992* IV 1492 ff; Kommission der Europäischen Gemeinschaften, Binnenmarkt Bd. 3: Bedingungen für die Unternehmenskooperation, Stand 1.1.1993 (enthält auch einen Überblick über die steuerrechtlichen Vorlagen).

Literatur zur Societas Europaea insbesondere: Christoph E. Hauschka: Kontinuität und Wandel im Statut für eine Europäische Aktiengesellschaft (SE) 1989, EuZW *1990* 181 ff; Peter Hommelhoff: Gesellschaftliche Fragen im Entwurf eines SE-Statuts, AG *1990* 422 ff; Marcus Lutter: Genügen die vorgeschlagenen Regelungen für eine «Europäische Aktiengesellschaft»?, AG *1990* 413 ff; Bernd von Maydell: Die vorgeschlagenen Regeln zur Mitbestimmung für eine Europäische Aktiengesellschaft, AG *1990* 442 ff.

I. Die europäische Rechtsangleichung im Gesellschaftsrecht

1. Grundlagen der Rechtsangleichung im EWG-Vertrag

a) Die Rechtsangleichung gehört seit Anbeginn (1957) zu den Grundaufgaben der Europäischen Gemeinschaft. EWGV 3 lit. h verlangt die «Angleichung der innerstaatlichen Rechtsvorschriften, soweit dies für das Funktionieren des Gemeinsamen Marktes erforderlich ist». Somit werden funktionelle und wettbewerbswirtschaftliche Aspekte hervorgehoben.

Die Einheitliche Europäische Akte von 1986, deren Ziel die Verwirklichung des Binnenmarktes bis zum 31. Dezember 1992 war, hat diese stets umstrittene

«Erforderlichkeit für das Funktionieren des Gemeinsamen Marktes» noch akzentuiert, indem der «Binnenmarkt» umfassen soll «einen Raum ohne Binnengrenzen, in dem der freie Verkehr von Waren, Personen, Dienstleistungen und Kapital ... gewährleistet ist» (EWGV 7a II). Für das Gesellschaftsrecht stehen die Niederlassungsfreiheit (EWGV 52 ff) und die Kapitalverkehrsfreiheit (EWGV 73b ff) im Vordergrund.

7   Die grundlegende Bestimmung findet sich im Programmartikel zur Aufhebung der Beschränkungen der Niederlassungsfreiheit, welche verlangt, «soweit erforderlich die Schutzbestimmungen zu koordinieren, die in den Mitgliedstaaten den Gesellschaften ... im Interesse der Gesellschafter sowie Dritter vorgeschrieben sind, um diese Bestimmungen gleichwertig zu gestalten» (EWGV 54 III lit. g).

8   Diese Norm war die Basis für die umfangreichen *Rechtsangleichungsarbeiten*, die von den Gemeinschaften im Bereiche des Gesellschaftsrechts unternommen wurden. Die EG-Kommission war stets gewillt, den Begriff «Schutzbestimmungen» weit zu interpretieren; sie wollte damit auch die Interessen der Arbeitnehmer als «Dritte» erfassen und gab den Angleichungsarbeiten damit überdies einen unternehmens- und sozialpolitischen Gehalt.

9   Zusätzlich zum weit verstandenen Kriterium der Schutzbedürftigkeit wurde zunehmend auf die Herstellung gleicher wettbewerblicher Voraussetzungen und ferner – mit dem Binnenmarktprogramm – auf das für einen intensiven Wirtschaftsverkehr notwendige Vertrauen in die Vergleichbarkeit der rechtlichen Voraussetzungen und Rahmenbedingungen abgestellt. Dabei trat neben der Harmonisierungsnotwendigkeit auch der Gedanke der Prüfung der Gleichwertigkeit rechtlicher Vorschriften in den Vordergrund (EWGV 100b), der auch für Drittstaaten besonders bedeutsam sein kann (vgl. hinten N 24 ff). An die Stelle der Harmonisierung kann damit die *Anerkennung der Ursprungskonformität* treten.

10 Überblickt man das Gesamtprogramm der gesellschaftsrechtlichen Angleichung (vgl. hinten N 33 ff), so stellt es, da ihm also auch kaum Grenzen der «Notwendigkeit» gesetzt wurden, eine erstaunliche und imposante Leistung dar; gerade im weiten Bereich des Gesellschaftsrechts dürfte die EG-Rechtsangleichung bis heute am weitesten fortgeschritten sein.

11 b) Im weiteren Bereich des Gesellschaftsrechts spielt auch die Kapitalverkehrsfreiheit (EWGV 73b) eine zunehmend wichtige Rolle. Die Richtlinie zu ihrer Verwirklichung[1] zählt (gemäss Anhang I) zur Kapitalverkehrsfreiheit alle für die Durchführung des Kapitalverkehrs erforderlichen Geschäfte natürlicher oder juristischer Personen und den Zugang der Marktteilnehmer zu sämtlichen Finanzverfahren. Spezifisch aufgeführt sind u. a. die Direktinvestitionen (Gründung und Erweiterung von Unternehmen, Beteiligung an neuen oder bereits bestehenden Unternehmen), Immobilieninvestitionen und Geschäfte mit Wertpapieren.

---

[1] RL 88/361 vom 24. 6. 1988, ABl L 178, 8. 7. 1988, 5.

Zudem schreibt EWGV 221 vor, dass die EG-Mitgliedstaaten binnen drei Jahren nach Inkrafttreten des EWG-Vertrages die Staatsangehörigen der anderen Mitgliedländer hinsichtlich ihrer Beteiligung an Kapitalgesellschaften den eigenen Staatsangehörigen gleichzustellen haben.

c) Aktienrecht ist nach heutiger Betrachtungsweise nicht mehr nur Gesellschaftsorganisationsrecht, sondern steht auch in enger Verbindung zum *Kapitalmarktrecht*. Es wäre sogar möglich, wie das amerikanische Beispiel einzelstaatlichen Gesellschaftsrechts mit der SEC[2] als mächtiger Bundesbehörde zur Überwachung der Einhaltung der bundesrechtlichen Wertpapiergesetze und des Wertpapierverkehrs zeigt, eine Harmonisierung vom Kapitalmarktrecht her zu betreiben. Dabei würden vor allem die Anforderungen an die Transparenz und die Treuepflicht der Gesellschaftsorgane in den Vordergrund gestellt.

Das Europäische Recht hat sich in einer zweiten Phase, nachdem der Segré-Bericht von 1966 zu einem Europäischen Kapitalmarkt zuerst lange in Vergessenheit geraten war, ebenfalls (zusätzlich) einer solchen Betrachtungsweise zugewandt. Diesem Entwicklungsschritt kam entgegen, dass auch die Arbeiten zur Gesellschaftsrechtsangleichung Publizität und Transparenz stets gross geschrieben hatten.

In der Schweiz werden sich diesen Materien das Eidg. Börsengesetz[3] und dessen Bearbeitungen zuwenden (dazu § 61 N 15 ff).

d) Das niederlassungsrechtliche Kapitel des EWGV sagt bereits einleitend, dass die Herstellung der Niederlassungsfreiheit auch die «Gründung von Agenturen, Zweigniederlassungen oder Tochtergesellschaften», ferner «die Aufnahme und Ausübung selbständiger Erwerbstätigkeiten sowie die Gründung und Leitung von Unternehmen, insbesondere von Gesellschaften» umfassen solle (EWGV 52 II).

So stellt EWGV 58 für die Anwendung des Niederlassungskapitels den natürlichen Personen «die nach den Rechtsvorschriften eines Mitgliedstaates gegründeten Gesellschaften, die ihren Sitz, ihre Hauptverwaltung oder ihre Hauptniederlassung innerhalb der Gemeinschaft haben», gleich (Abs. I).

Man könnte meinen, damit sei nicht nur die freie Gründung von Unternehmen, sondern auch die Freizügigkeit von Gesellschaften selbst ermöglicht worden. Diese Ansicht erweist sich aber als unzutreffend (vgl. auch hinten N 23 zum Fall Daily Mail). Schon der Vertrag sieht in EWGV 220 u. a. vor, dass die Mitgliedstaaten (soweit erforderlich) untereinander Verhandlungen einleiten, um die gegenseitige Anerkennung der Gesellschaften, die Beibehaltung der Rechtspersönlichkeit bei Verlegung des Sitzes von einem Staat in einen anderen und die Möglichkeit der Verschmelzung von Gesellschaften, die den Rechtsvorschriften verschiedener Mitgliedstaaten unterstehen, sicherzustellen[4].

---

2   Securities and Exchange Commission.
3   Bundesgesetz über die Börsen und den Effektenhandel (BEHG) vom 24.3.1995 (BBl *1995* II 419 ff).
4   Zu den Möglichkeiten der Sitzverlegung über die Grenze ohne Liquidation nach Schweizer Recht vgl. § 5 N 44.

19 e) Die Ausarbeitung der in EWGV 220 Unterabsatz 3 vorgesehenen Zusatzabkommen ist nie richtig vom Fleck gekommen.

20 Fertiggestellt wurde zwar ein Europäisches Anerkennungsabkommen von 1968[5]. Mangels vollständiger Ratifizierung (die Niederlande streikten) konnte es aber nie in Kraft treten und wird es auch kaum mehr.

21 Das Abkommen war von allem Anfang an konzeptionell fragwürdig. Erstens suchte es einen Kompromiss zu finden zwischen der Inkorporationstheorie und der Theorie des Verwaltungssitzes im Bereiche der Bestimmung des auf Gesellschaften anwendbaren Rechts (vgl. dazu § 5 N 16), und zweitens kann dem Begriff der «Anerkennung» heute neben der Bestimmung des auf die Gesellschaft anwendbaren Rechts (Anknüpfung zur Bestimmung des Personalstatuts) kein eigener Gehalt mehr zukommen. Konzeptionell und historisch wollte die Anerkennung aber dazu dienen, jedenfalls die Rechtsfähigkeit ausländischer «Gebilde» zu erhalten; im Bereiche der EG sollten die Folgen der verbreiteten Theorie des Verwaltungssitzes kompromisshaft abgeschwächt werden.

22 Weitere Abkommensprojekte (internationale Sitzverlegung und Fusion) sind im frühen Entwurfsstadium steckengeblieben. Die Voraussetzungen einer internationalen Fusion sollen jetzt aber auf dem Wege der Richtlinie geschaffen werden[6].

23 Im berühmten Fall Daily Mail[7] hat dann auch der Europäische Gerichtshof entschieden, dass eine Freizügigkeit der Gesellschaften «beim derzeitigen Stand des Gesellschaftsrechtes» (noch) nicht garantiert sei; so durfte England die Verlegung des effektiven Tätigkeitsortes einer Gesellschaft ins Ausland mit einer Wegzugs- bzw. Liquidationssteuer belegen. Somit sind insbesondere auch noch fiskalische Hindernisse zu beachten.

24 f) Über die internationalprivatrechtliche Bedeutung von EWGV 58 I (vgl. vorn N 17) ist immer wieder diskutiert und versucht worden, daraus eine Verpflichtung für die Anerkennung der Inkorporationstheorie abzuleiten. Dies ist von Bedeutung, weil wichtige Mitgliedländer (Deutschland, Frankreich, Italien) immer noch der Sitztheorie anhängen (zu diesen Theorien vgl. § 5 N 9 ff).

25 Zu diesem Streit bestehen noch keine Entscheidungen, doch ergibt sich aus dem Wortlaut der Bestimmung, dass, wenn die Gründung nach dem Recht eines Gemeinschaftsstaates erfolgt und ein statutarischer Sitz im Gemeinschaftsraum (nicht einmal nur im Gründungsstaat) vorliegt, eine Gesellschaft Bestand haben muss. Wird dieser Bestand in einem Land mit der Theorie des Verwaltungssitzes nicht gewährleistet, ist die Gleichstellung mit den natürlichen Personen nicht gegeben.

26 g) Als primäres Mittel der Rechtsangleichung erwies sich – allgemein im EG-Recht und im Gesellschaftsrecht insbesondere – die *Richtlinie»;* diese ist «für jeden Mitgliedstaat, an den sie gerichtet wird, hinsichtlich des zu erreichen-

---

[5] Beilage 2/69 zum Bulletin der EG.
[6] Zum Entwurf einer 10. RL hinten N 35b.
[7] EuGH, 27. 9. 1988, Rs 81/87 Slg. *1988*, 5483 ff.

den Zieles verbindlich, überlässt jedoch den innerstaatlichen Stellen die Wahl der Form und der Mittel» (EWGV 189 III). Zur Verwirklichung des Binnenmarktes ist der Erlass von Richtlinien (mit Ausnahme von Arbeitnehmermaterien) auch mit qualifizierter Mehrheit möglich (EWGV 100a).

Die Richtlinie bedarf demnach der Umsetzung in Landesrecht und der Einpassung in die nationalen Rechtssysteme. Für die Umsetzung enthalten die Richtlinien selbst jeweils eine Frist, die in der Regel in (mehreren) Jahren bemessen wird. Diese Fristen werden von den Mitgliedstaaten freilich oft nicht eingehalten.

Im Bereich des Gesellschaftsrechts sind die Richtlinien zwar schon aus technischen Gründen detailliert, enthalten aber zahlreiche Wahlmöglichkeiten; auch harmonisiertes Recht kann damit vielfältig bleiben und das Landesrecht behält seine (grosse) Bedeutung. Es gibt kein formell vereinheitlichtes Europäisches Gesellschaftsrecht.

Neben den gesellschaftlichen Richtlinien (dazu hinten N 33 ff) plante die EG-Kommission stets den Erlass einer (verbindlichen) *Verordnung* über das Statut einer Aktiengesellschaft Europäischen Typs, der sogenannten «Societas Europaea» (dazu hinten N 44 ff). Die Form der Verordnung ist für die Mitgliedstaaten direkt verpflichtend (EWGV 189 II).

Die in EWGV 220 vorgesehenen Abkommen sind als Zusatzverträge völkerrechtlicher Art aufzufassen.

2. *Stand der gesellschaftsrechtlichen Arbeiten in der EG*

a) Im Bereiche der Richtlinien (zum Begriff vgl. vorn N 26) ist hier zu unterscheiden zwischen denjenigen, die durch den Rat der EG formell erlassen wurden und damit geltendes Gemeinschaftsrecht bilden, und denjenigen, die sich in einem mehr oder weniger fortgeschrittenen Vorschlagsstadium befinden und kommende Perspektiven aufzeigen (vgl. sogleich N 35 f).

Die in Kraft stehenden Richtlinien müssen von den Mitgliedstaaten in nationales Recht umgesetzt werden, und diesbezüglich sind Unterschiede in der Verwirklichung feststellbar. Von den 13 von der Europäischen Kommission bisher vorgelegten Projekten zu Gesellschaftsrichtlinien sind gegenwärtig deren neun positives Recht geworden; davon sind aber nur gerade drei in sämtlichen EG-Staaten in nationales Recht transformiert worden[8].

An formell in Kraft stehenden Richtlinien, die alle (ausser die 12. RL) für Aktiengesellschaften gelten (zum Teil nicht nur), sind die folgenden zu verzeichnen über:

1. EG-Richtlinie 68/151 (Offenlegung, Gültigkeit eingegangener Verpflichtungen, Nichtigkeit)
ABl L 65 14.3.1968, 8

---

[8] Zur Umsetzung des positiven Richtlinienrechts in nationales Recht in den einzelnen Mitgliedstaaten vgl. ABl C 187 18.7.1991, 1 f.

33b 2. EG-Richtlinie 77/91 (Gründung, Kapitalschutz)
ABl L 26 31.1.1977, 1
Geändert durch Richtlinie 92/101
ABl L 347 28.11.1992, 64

33c 3. EG-Richtlinie 78/855 (Verschmelzung von Aktiengesellschaften)
ABl L 295 20.10.1978, 36

33d 4. EG-Richtlinie 78/660 (Jahresabschluss)
ABl L 222 14.8.1978, 11
Geändert durch Richtlinien 90/604
(ABl L 317 16.11.1990, 57) und 90/605
(ABl L 317 16.11.1990, 60)

33e 6. EG-Richtlinie 82/891 (Spaltung von Aktiengesellschaften)
ABl L 378 31.12.1982, 47

33f 7. EG-Richtlinie 83/349 (Konsolidierter Jahresabschluss)
ABl L 193 18.7.1983, 1
Geändert durch Richtlinien 90/604
(ABl L 317 16.11.1990, 57) und 90/605
(ABl L 317 16.11.1990, 60)

33g 8. EG-Richlinie 84/253 (Qualifikation der Rechnungsprüfer)
ABl L 126 12.5.1984, 20

33h 11. EG-Richlinie 89/666 (Zweigniederlassungen)
ABl L 395 30.12.1989, 36

33i 12. EG-Richtlinie 89/667 (Einmann-GmbH)
ABl L 395 30.12.1989, 40.

34 Anzumerken ist, dass der EuGH bereits auch einzelnen Bestimmungen des gesellschaftsrechtlichen Richtlinienrechts unmittelbare Wirkung verliehen hat[9].

35 An Richtlinien*vorschlägen* sind die folgenden zu verzeichnen:
Vorschläge zur

35a 5. EG-Richtlinie (Struktur der AG, Mitbestimmung)
Geänderter Richtlinienvorschlag vom 19.8.1983
(ABl C 240 9.9.1983, 2), zweiter Änderungsvorschlag vom 20.12.1990
(ABl C 7 11.1.1991, 4) und dritter Änderungsvorschlag vom 20.11.1991
(ABl C 321 12.12.1991, 9)

35b 10. EG-Richtlinie (Grenzüberschreitende Fusionen)
Richtlinienvorschlag vom 14.1.1985
ABl C 23 25.1.1985, 11

35c 13. EG-Richtlinie (Übernahmeangebote)
Geänderter Richtlinienvorschlag vom 14.9.1990
ABl C 240 26.9.1990, 7.

---

[9] Verb. Rs C-134/91 und C-135/91, Slg. 1992, I-5699; vgl. Verb. Rs C-6/90 und C-9/90, Slg. 1990, I-5357; Rs 8/81, Slg. 1982, 53.

Im Vorentwurfsstadium befindet sich eine Richtlinie zum Konzernrecht 36
(9. EG-Richtlinie[10]). Ebenfalls ein (überarbeiteter) Vorentwurf von 1987 liegt
vor für eine Liquidationsrichtlinie (14. EG-Richtlinie[11]).

Zu beachten sind auch die *arbeitnehmerbezogenen, sozialpolitisch orientierten* 37
Richtlinien, obwohl es im EG-Rahmen zu einer eigentlichen Mitbestimmung
(noch) nicht kam. Es sind namentlich die folgenden:

- EG-Richtlinie 75/129 über Massenentlassungen 37a
  ABl L 48 22. 2. 1975, 29; geändert durch Richtlinie 92/56, ABl L 245 26. 8. 1992, 3

- EG-Richtlinie 77/187 über die Wahrung von Ansprüchen der Arbeitnehmer 37b
  beim Übergang von Unternehmen, Betrieben oder Betriebsteilen
  ABl L 61 5. 3. 1977, 26

- EG-Richtlinie 94/45 über die Einsetzung eines Europäischen Betriebsrats 37c
  oder die Schaffung eines Verfahrens zur Unterrichtung und Anhörung der
  Arbeitnehmer in gemeinschaftsweit operierenden Unternehmen und Unternehmensgruppen
  ABl L 254 30. 9. 1994, 64 (Erste RL *ohne* Beteiligung von Grossbritannien)

- EG-Richtlinie 89/391 über die Durchführung von Massnahmen zur Verbesse- 37d
  rung der Sicherheit und des Gesundheitsschutzes der Arbeitnehmer bei der
  Arbeit
  ABl L 183 29. 6. 1989, 1.

Zu beachten ist auch die Empfehlung des Rates 92/443 zur Förderung der 37e
Beteiligung der Arbeitnehmer an den Betriebserträgen (einschliesslich Kapitalbeteiligung)
ABl L 245 26. 8. 1992, 53.

Diese arbeitnehmerbezogenen Richtlinien waren im Rahmen der Eurolex-/ 38
Swisslex-Pakete auch Grundlage der Gesetzgebung in der Schweiz. Einerseits
wurden im Arbeitsrecht des OR die Regeln zum Übergang des Arbeitsverhältnisses geändert und der Rechtsbereich der Massenentlassung geregelt[12]. Es sind
u. a. Konsultationen einer Arbeitnehmervertretung vorgesehen (OR 333a, 335 f).
Dann wurde erstmals ein schweizerisches Mitwirkungsgesetz erlassen[13]. Dieses
regelt die Wahl der Arbeitnehmervertretung, die Mitwirkungsrechte (allg. Informationsrecht zu den obigen Materien und zu Arbeitssicherheit und Gesundheitsschutz) und den Grundsatz von Treu und Glauben bei der Zusammenarbeit von
Arbeitgebern und Arbeitnehmern in betrieblichen Angelegenheiten (Art. 11).
Das Gesetz beschränkt sich auf die betriebliche Mitwirkung und führt keine
Mitbestimmung im Unternehmen ein. Verlangt wird aber eine mindestens jährli-

---

[10] Internes Dokument, abgedruckt bei Lutter (zit. N 1) 279 ff.
[11] Vgl. Lutter (zit. N 1) 321 ff.
[12] Änderung vom 17. 12. 1993, OR 333 ff, AS *1994* 804; dazu Gabriel Aubert: Die neue Regelung über Massenentlassungen und den Übergang von Betrieben, AJP *1994* 699 ff. Die geänderte Richtlinie über Massenentlassungen von 1992 fand aber noch keine Berücksichtigung.
[13] BG über die Information und Mitsprache der Arbeitnehmerinnen und Arbeitnehmer in den Betrieben (Mitwirkungsgesetz vom 17. 12. 1993, AS *1994* 1037).

che Information «über die Auswirkungen des Geschäftsganges auf die Beschäftigung und die Beschäftigten» (Art. 9 Abs. 2).

39 Die Richtlinie betreffend Europäische Betriebsräte tangiert auch Konzerne ausserhalb der Gemeinschaft, sobald sie mehr als 1000 Arbeitnehmer in der Gemeinschaft beschäftigen. Auch sie haben wenigstens für die Arbeitnehmer in der Gemeinschaft gemäss der RL ein Verfahren zur länderübergreifenden Unterrichtung und Anhörung der Arbeitnehmer einzurichten. Verlangt wird eine Anhörung der Arbeitnehmervertretung, bevor Massnahmen mit erheblichen Auswirkungen auf die Interessen der Arbeitnehmer ergriffen werden. Beabsichtigt ist vor allem ein Dialog mit der «zentralen Leitung» (oder deren Vertretung in der Gemeinschaft über Massnahmen mit internationalen Auswirkungen im Konzern).

40 Aus dem *Kapitalmarktbereich* sind folgende EG-Richtlinien zu verzeichnen:

40a – EG-Richtlinie 79/279 über die Zulassung von Wertpapieren zum Börsenhandel
ABl L 66 16. 3. 1979, 21
Geändert durch Richtlinie 88/148 (ABl L 62 5. 3. 1982, 22)

40b – EG-Richtlinie 80/390 über den Börsenprospekt
ABl L 100 17.4.1980, 1
Geändert durch Richtlinien 82/148
(ABl L 62 5. 3. 1982, 22), 87/345
(ABl L 185 4. 7. 1987, 81) und 90/211
(ABl L 112 3. 5. 1990, 24)

40c – EG-Richtlinie 82/121 über Halbjahresberichte
ABl L 48 20. 2. 1982, 26

40d – EG-Richtlinie 85/611 über bestimmte Organismen für gemeinsame Anlagen in Wertpapieren (OGAW)
ABl L 375 31. 12. 1985, 3
Geändert durch Richtlinie 88/220
(ABl L 100 19. 4. 1988, 31; zurzeit wieder in Revision)

40e – EG-Richtlinie 88/361 zur Durchführung von Art. 67 EWGV
ABl L 178 8. 7. 1988, 5

40f – EG-Richtlinie 88/627 betreffend Erwerb und Veräusserung einer bedeutenden Beteiligung
ABl L 348 17. 12. 1988, 62

40g – EG-Richtlinie 89/298 über die Koordinierung der Bedingungen für den Emissionsprospekt
ABl L 124 5. 5. 1989, 8

40h – EG-Richtlinie 89/592 betreffend Insidergeschäfte
ABl L 334 18. 11. 1989, 30

40i – EG-Richtlinie 93/22 über Wertpapierdienstleistungen
ABl L 141 11. 6. 1993, 27.

Diese Richtlinien haben den Entwurf zu einem schweizerischen Börsen- und Effektenhandelsgesetz massgeblich beeinflusst (dazu § 61 N 15 ff.). Mit der Totalrevision des auch organisatorische Vorschriften enthaltenden Anlagefondsrechtes[14] (in Kraft seit 1. Januar 1995) wurde ebenfalls Europakonformität zu erreichen versucht. Doch sieht auch das neue schweizerische AFG ausschliesslich das Konzept des Kollektivanlagevertrages vor; korporative Gebilde bleiben aus dem Schweizer Anlagefondsrecht somit ausgeschlossen. Für diese soll das Gesellschaftsrecht zur Regelung genügen. 41

Auf die künftige europäische Entwicklung wird dadurch Rücksicht genommen, dass der Bundesrat die Anlagevorschriften in Zukunft – auf Verordnungsstufe und in Abweichung vom Gesetzesrecht – an die Entwicklung der europäischen Vorschriften anpassen kann (AFG 32 II, 43 III).

Daneben können auch bankbezogene Richtlinien relevant sein. So die EG-Richtlinie 86/635 über den Jahresabschluss und den konsolidierten Abschluss von Banken und anderen Finanzinstituten (ABl L 372 31. 12. 1986, 1), welche eine Anpassung der 4. und 7. Richtlinie im Gesellschaftsrecht (Rechnungslegung und Publizität) für den Bankbereich darstellt. Sie war eine der Grundlagen für die über die Aktienrechtsreform hinausgehende Revision von BankG 6 und der BankV (Art. 23 ff.) zur Rechnungslegung (in Kraft seit 1. Februar 1995). 42

Die EG-Rechtsentwicklung beeinflusst auch das Recht der schweizerischen Versicherungsunternehmen massgeblich[14a]. 43

b) Das faszinierende Projekt einer *supranationalen Aktiengesellschaft* Europäischen Typs *(Societas Europaea = SE)* wurde bereits Anfang der siebziger Jahre entwickelt. Die Kommission sah darin ihre zweite Strategie neben dem Harmonisierungsprogramm. Anfänglich als umfassendes aktienrechtliches Statut nach den Idealvorstellungen der Kommission für eine Europäische Grossgesellschaft perfektionistisch umfassend konzipiert, sind die neuen Vorschläge schlichter ausgefallen[15]. 44

Die künftige SE soll in einem Mitgliedstaate inkorporiert sein und, soweit nicht vorgehendes Gemeinschaftsrecht besteht, dem nationalen Recht unterstehen. Materiell gilt damit auch für die SE weitgehend das gesellschaftsrechtliche Richtlinienrecht; da dieses aber in nationales Recht transformiert wird (vgl. vorn N 27), kommt auch hier europarechtlich harmonisiertes nationales Recht zum Zuge. 45

Der Statutsentwurf[16] regelt, unter welchen Umständen eine SE gegründet werden kann, nämlich durch Verschmelzung (Fusion), Errichtung einer Holding- 46

---

14 Vgl. AFG 9.
14a Dazu Moritz Kuhn, Swisslex und Versicherungen, AJP *1994* 706 ff.
15 Vgl. erster Vorschlag einer Verordnung des Rates über das Statut für europäische Aktiengesellschaften vom 30. 6. 1970, ABl C 124 10. 10. 1970, 1 sowie in der Sonderbeilage zum Bulletin 8/*1970* der EG; geänderter Vorschlag in der Beilage 4/*1975* zum Bulletin der EG; neuer Verordnungsentwurf vom 25. 8. 1989, ABl C 263 16. 10. 1989, 41 mit Änderungen vom 24. 1. 1991, ABl C 48 25. 2. 1991, 72 und vom 16. 5. 1991, ABl C 176 8. 7. 1991, 1.
16 Vgl. ABl C 176 8. 7. 1991, 1.

gesellschaft, Errichtung einer gemeinsamen Tochtergesellschaft, Umwandlung einer nationalen AG oder Gründung mit Beteiligung einer bereits bestehenden SE.

47 Angehörigen aus Drittstaaten, d. h. solchen, die nicht Mitglied der EG oder über einen EWR-Vertrag mit der Gemeinschaft verbunden sind, steht die Gründung einer SE nicht zur Verfügung. Sie ist aber – indirekt – durch Tochtergesellschaften im EG-Raum möglich.

48 Die Kommission strebt an, dass die SE mitbestimmt sein wird und hat diesbezüglich einen separaten Richtlinienvorschlag vorgelegt, der sich durch Variantenreichtum und Flexibilität auszeichnet[17]. Diese Spaltung der Vorlage war angezeigt, da der Erlass der 5. Richtlinie (Strukturrichtlinie; vgl. vorn N 35a) seit langem durch die Mitbestimmungsdiskussion verhindert wird.

49 Möglich sind verschiedene Mitbestimmungsformen:

49a – Repräsentationsmodell (deutsches Muster): Mindestens ein Drittel und maximal die Hälfte des Aufsichts- oder Verwaltungsorgans besteht aus Arbeitnehmervertretern (Art. 4 Abs. 1);

49b – Kooptationsmodell (niederländisch inspiriert): Die Zuwahl von Mitgliedern des Aufsichts- oder Verwaltungsorgans erfolgt durch dieses Organ selbst, jedoch steht der Hauptversammlung der Aktionäre oder den Arbeitnehmervertretern ein Widerspruchsrecht zu (Art. 4 Abs. 1);

49c – Separates Arbeitnehmer-Gesellschaftsorgan (europarechtliche Neukonzeption) mit Informations- und Anhörungsrechten in zentralen Fragen (Art. 5);

49d – Tarifvertragliche Regelung (französische Tradition) zwischen der Gesellschaft und ihren Arbeitnehmern, wobei letzteren minimale unentziehbare Informations- und Anhörungsrechte zukommen (Art. 6).

50 Die ursprünglich umfangreichen steuerrechtlichen Bestimmungen in den Verordnungsentwürfen von 1970 und 1975 sind einem einzigen Artikel (Art. 133) gewichen, welcher besagt, dass Gewinne und Verluste, die in Betriebsstätten verschiedener Mitgliedstaaten angefallen sind, verrechnet werden dürfen. Im übrigen gilt für die SE das Steuerrecht des Staates, in dem sie ihren Sitz hat.

51 Insgesamt sind mit diesem flexiblen Vorgehen der Kommission die Verwirklichungschancen einer Gesellschaft Europäischen Typs gestiegen. In neuer Zeit sind auch entsprechende Vorschläge (mit Abspaltung der Arbeitnehmerfragen) für ein Statut der Europäischen Genossenschaft (ABl C 236 31. 8. 1993, 17) und des Europäischen Vereins (ABl C 236 31. 8. 1993, 1) vorgelegt worden.

52 c) Bereits im Jahre 1985 wurde eine erste Form einer Europäischen Gesellschaft geschaffen, nämlich die der «Europäischen Wirtschaftlichen Interessenvereinigung (EWIV)» (nach dem Muster des französischen «Groupement d'intérêt économique»).

---

[17] Vorschlag für eine Richtlinie des Rates zur Ergänzung des SE-Statuts hinsichtlich der Stellung der Arbeitnehmer vom 25. 8. 1989 ABl C 263 16. 10. 1989, 69 mit Änderungen vom 24. 1. 1991, ABl C 48 25. 2. 1991, 100 und vom 6. 4. 1991, ABl C 138 29. 5. 1991, 8.

Diese europarechtliche Zusammenschlussform wurde in einer Verordnung 53
erlassen[18] und dient im wesentlichen der organisatorischen Erleichterung der
grenzüberschreitenden Kooperation zwischen im übrigen selbständig bleibenden
Unternehmen; dabei ist vor allem an die Zusammenarbeit mittlerer und kleiner
Unternehmen gedacht. Die EWIV unterscheidet sich von einer anderen Gesellschaft durch ihren Zweck, der allein darin bestehen darf, die wirtschaftliche
Tätigkeit ihrer Mitglieder zu erleichtern oder zu entwickeln. Wegen dieses
Hilfscharakters muss die Tätigkeit der Vereinigung mit der wirtschaftlichen Tätigkeit ihrer Mitglieder verknüpft sein und darf nicht an deren Stelle treten
(EWIV-VO 3).

Es ist nicht möglich, dass Angehörige von Drittstaaten an einer EWIV beteiligt werden. Denn Voraussetzungen einer EWIV-Mitgliedschaft sind Gründung 54
des Unternehmens nach dem Recht eines EG-Staates, satzungsmässiger oder
gesetzlicher Sitz in der EG sowie Hauptverwaltung des Unternehmens in der EG.

II. Zur Europafähigkeit des revidierten schweizerischen Aktienrechts

1. Allgemeine Bemerkungen

a) Die langwierigen schweizerischen Reformarbeiten, die ernsthaft an die 55
Hand genommen wurden, als die erste europäische Richtlinie zur Angleichung
des Gesellschaftsrechtes bereits erlassen war (1968), waren nicht etwa europafeindlich. Stets wurde auf die Harmonisierungsarbeiten hingewiesen, in der Botschaft von 1983[19] allerdings in unwürdiger Kürze auf knapp einer Seite. Man
blieb letztlich aber auf sich selbst konzentriert und glaubte nicht so recht an diese
Arbeiten. So kam die Beachtung der Differenz im Detail wohl zu kurz. Erst die
Liste des Acquis Communautaire im Anhang XXII zum EWR-Vertrag[20], der am
6. Dezember 1992 dann aber scheiterte, löste eine gewisse Bestürzung aus. Nach
wie vor gebricht es aber an einem systematischen Überblick.

b) Die Aktienrechtsreform hätte in ihrer allerletzten Phase noch scheitern 56
können, denn im September 1990 wurde ein Rückweisungsantrag (NR Ledergerber) gestellt, da die Vorlage zu wenig «europafähig» sei. Der Vorstoss wurde
nicht überwiesen, zumal Bundesrat Koller (ehemaliger Professor für Europarecht) sich vehement einsetzte und die erzielten Fortschritte herausstrich, wobei
er aber doch eine weitere Reformbedürftigkeit anerkennen musste.

Er führte im Parlament aus[21]: 57

«Aber hier muss ich doch ein erstes Missverständnis klarstellen: Es wird implizit so
getan, als ob das EG-Gesellschaftsrecht eine feststehende Grösse wäre. Das ist aber in

---

18 Verordnung (EG) Nr. 2137/85 des Rates vom 25. 7. 1985, ABl L 199 31. 7. 1985, 1.
19 Botschaft 12 f.
20 BBl *1992* IV 1492 ff.
21 Vgl. AmtlBull NR *1990* 1356 f.

keiner Weise der Fall. Einmal ist die EG selber noch weit davon entfernt, ein einheitliches Gesellschaftsrecht entwickelt zu haben. Auch in der EG bestehen nach wie vor die Gesellschaftsrechte und damit die Aktienrechte der zwölf EG-Mitgliedstaaten. Was die EG auf diesem Gebiete erlassen hat, sind mehrere Richtlinien zur Harmonisierung des Aktienrechts. Und das ist ein ständiger Prozess in der EG.»

58 Nach einem Streifzug durch die Ergebnisse in bezug auf die fünf Hauptziele der Reform[22] räumte er aber die weitere Revisionsbedürftigkeit unseres Rechts ein. Insbesondere im Bereiche der Transparenz waren gewichtige Differenzen zu registrieren, und es ist darauf hinzuweisen, dass die Herstellung möglichst grosser Transparenz und Publizität ein zentrales Anliegen aller europäischen Reformarbeiten war, wobei aber durchaus auch Rücksicht auf die Belange mittlerer und kleinerer Gesellschaften genommen wurde. In diesem Punkte hat das schweizerische Parlament das Gebot der Stunde nicht erkannt (OR 663b Ziff. 10, 663h, 669, dazu vorn § 50 N 79 ff und § 51). Abgesehen von dieser – allerdings zentralen – Frage kann aber nicht gesagt werden, das neue schweizerische Aktienrecht unterscheide sich fundamental vom europäischen Gesellschaftsrecht.

59 Es kommt dazu, dass wenigstens im Bereiche der börsenkotierten Gesellschaften neu nun mittels der Kotierungsvorschriften dem Prinzip der «True and Fair View» in der Rechnungslegung, wie es sich in bemerkenswerter Schönheit schon lange in OR 959 formuliert findet, zum Durchbruch verholfen werden soll.

2. *Hinweise zu einzelnen Punkten*

60 a) Bei den *Börsenkotierungs- und Emissionsbestimmungen* des EG-Rechts spielt die Frage der sog. unbeschränkten Handelbarkeit von Aktien eine Rolle[23]. Die nach neuem Aktienrecht geltende Vinkulierung nach EG-Recht (Prozentklausel, OR 685d I) wäre auch in diesem Lichte zu prüfen; sie widerspricht der Anforderung gegenüber der Handelbarkeit aber nicht generell. Die (versteckte) Ausländervinkulierung für kotierte Namenaktien in UeBest 4 (dazu § 5 N 94 ff) stellt dagegen auf jeden Fall nach EG-Recht eine für kotierte Namenaktien verpönte Ausländerdiskriminierung dar.

61 Im übrigen zeigt die Börsenprospekt-Richtlinie eine Differenz zum schweizerischen Recht hinsichtlich der Erstellung von Zwischenabschlüssen, wobei das schweizerische Recht ausnahmsweise strenger formuliert ist: Ein Zwischenabschluss ist nach OR 652a I Ziff. 5 zu erstellen, wenn der Bilanzstichtag mehr als sechs Monate zurückliegt; das EG-Recht ist hier grosszügiger und verlangt in Anhang Schema A, Kap. 5/Ziff. 51.4. einen solchen erst nach neun Monaten seit dem Bilanzstichtag. Die schweizerischen Börsen wollen auf dem Wege einer sinnvollen Interpretation von OR 652a I Ziff. 5 zum gleichen Resultat gelangen[24].

---

[22] Vgl. § 4 N 84 ff.
[23] Börsenprospekt-Richtlinie, Anhang Schema A, Kap. 2/Ziff. 22.4.; Nachweis vgl. vorn N 40b.
[24] Vgl. auch die Ausführungen in einem in SZW *1993* 280 ff veröffentlichten Rechtsgutachten, wonach auch nach schweizerischem Recht die Anwendung einer Neunmonatsfrist vertretbar ist (S. 280, 284 ff).

b) Die erste Gesellschafts-Richtlinie (Nachweise vorn N 33a) regelt die Bereiche der *formellen Publizität,* der Gültigkeit der für die Gesellschaft eingegangenen *Verpflichtungen* sowie der *Nichtigkeit* und Vernichtbarkeit von Gesellschaften.

Die *formelle Publizität* umfasst im wesentlichen die auch in der Schweiz sorgfältig geregelte (Handels-)Registerpublizität. Abweichend von den schweizerischen Vorschriften verlangt die Richtlinie aber auch die jährliche Deponierung der Jahresrechnung aller Gesellschaften beim Register (Art. 2 Abs. 1 lit. f i.V.m. Art. 3 Abs. 1. RL, vgl. damit OR 697h). Bei der Offenlegung der Jahresrechnung zeigt sich ein klares Anpassungsbedürfnis.

Die Frage der *Gültigkeit der* für die Gesellschaft vorgenommenen *Vertretungshandlungen* war in Europa von der Differenz geprägt zwischen der Organtheorie (Organe sind Teil der juristischen Person und verpflichten diese vollumfänglich, vgl. § 21 N 2 ff) und der Ultra-Vires-Lehre (Beschränkung der Handlungsfähigkeit der Gesellschaft auf einen detailliert gefassten Zweckkatalog, der durch Vertreter aktualisiert wird). Art. 9 der ersten Richtlinie enthält eine in der Wortwahl etwas verschlungene Option zugunsten umfassender Verpflichtung der Gesellschaft.

Das Schweizer Recht zeigt hier keine wesentlichen Differenzen (insbesondere auch angesichts von IPRG 158, dazu § 5 N 32). Fraglich könnte werden, ob der Zweck der Gesellschaft weiterhin überhaupt noch eine inhaltliche Vertretungsschranke darstellen kann[25].

c) Die zweite Richtlinie über die *Kapitalaufbringung und Kapitalerhaltung* (Nachweise vorn N 33b) zeigt Differenzen zum schweizerischen Recht vor allem in technischen Details, die leicht auszumerzen gewesen wären (Mindesteinzahlung z. B. 25 und nicht 20 Prozent, vgl. Art. 9 Abs. 1 der zweiten Richtlinie mit OR 632 I; Fristen für genehmigtes Kapital, 5 Jahre gemäss Art. 25 Abs. 2. RL, 2 Jahre nach OR 651 I).

Auffallend ist aber, mit welchem Aufwand europarechtlich um die Beschränkung des Erwerbs eigener Aktien gerungen wurde, wenn die Resultate auch nicht stark von der schweizerischen Ordnung abweichen (vgl. Art. 18–23 der 2. RL mit OR 659–659b, dazu § 50 N 131 ff).

Bemerkenswert ist, dass auch die Inanspruchnahme von Gesellschaftsmitteln für den Erwerb von Aktien der Gesellschaft durch Dritte (Aktionäre) untersagt wird (Art. 23 der 2. RL). In der Schweiz könnten diese Sachverhalte höchstens unter Berufung auf die Zweckwidrigkeit verboten werden, sie waren bisher vor allem (bloss) steuerrechtlich problematisch.

d) Die dritte und sechste Richtlinie (Nachweise vorn N 33c und 33e) regeln *Fusion und Spaltung* auf nationaler Ebene, um die Voraussetzungen zu einer Richtlinie über die grenzüberschreitende Fusion zu schaffen (Entwurf zu einer 10. Richtlinie, die an die Stelle eines Abkommens nach EWGV 220 Unterabsatz 3 treten soll).

---

[25] Dazu BGE 116 II 320 ff und vorn § 21 N 5.

70 Diese Richtlinien, die die Pflicht zur eigentlichen Prüfung des Fusionsplans und besonders des Umtauschverhältnisses enthalten, bereiten uns keine besondere Mühe, sofern die neuen Pflichten zur Prüfung des Gründungs- und Kapitalerhöhungsberichtes (OR 635, 635a, 652e, 652f) ernstgenommen werden.

71 Ein neues Bundesgesetz zu diesen Fragen ist aber in Vorbereitung (Entwurf F. Vischer).

72 e) Die vierte und siebte Richtlinie (Nachweise vorn N 33d und 33f) zur *Rechnungslegung für Einzelgesellschaften und Konzerne* stellen das Kernstück des Europa-Gesellschaftsrechts dar. In der Schweiz ist die Publizität, vor allem der börsenkotierten Gesellschaften, über die aktienrechtlichen Anforderungen hinausgegangen. Eine grosse Rolle haben dabei auch die aus freiwilligen Arbeiten hervorgegangenen Fachempfehlungen[26] der «Fachkommission für Empfehlungen zur Rechnungslegung» gespielt. Diese sollen nun sogar ins Börsenrecht übernommen werden (vgl. hinten N 86). Verschiedene Schweizer Gesellschaften haben aber auch schon internationale Standards übernommen (IAS, GAAP).

73 Mit der starken Verbesserung unserer Rechnungslegungsvorschriften ist der gesetzgeberische Abstand zum Ausland verkleinert worden, doch konnte der schweizerische Gesetzgeber sich noch nicht entschliessen, das Prinzip der «True and Fair View», das eine Rechnungslegung vermitteln sollte, konsequent vorzuschreiben. Es blieb bei der Möglichkeit der Bildung stiller Reserven (OR 669 III und IV, dazu § 49 N 58 ff) und einer beschränkten Offenlegung (OR 663b Ziff. 8, dazu § 50 N 93 f). Auch weitere Einbrüche werden zugelassen, etwa mit der Möglichkeit, Angaben im Gesellschafts- und Konzerninteresse wegzulassen (OR 663h I).

74 Die Praxis vieler Gesellschaften ist über die neuen aktienrechtlichen Vorschriften bereits hinausgegangen[27], und für die Zulassung zu einer Schweizer Börse ist dies Voraussetzung (vgl. § 51 N 175).

75 Im Bereiche der Rechnungslegung wird die Frage der Anerkennung der Gleichwertigkeit in Zukunft eine grössere Rolle spielen. Wird die Rechnungslegung einer schweizerischen Gesellschaft nämlich als gleichwertig zu den EG-Normen betrachtet, so erfolgt eine Befreiung von der Verpflichtung zur Vorlage eines EG-Teilkonzernabschlusses. Die Anerkennung der Gleichwertigkeit im Einzelfall dürfte möglich sein, wenn eine Gesellschaft von einer anerkannten Prüfungsgesellschaft das Testat erhält, konform zu den EG-Normen Rechnung zu legen (vgl. Art. 11 der siebten Richtlinie). Dazu wird es aber auch den im schweizerischen Recht fehlenden Konzernlagebericht (Art. 36 der 7. RL) brauchen.

76 Die Rechnungen sind in Europa zudem zu publizieren (Art. 47 der vierten Richtlinie bzw. Art. 38 der siebten Richtlinie), während der schweizerische Gesetzgeber bei der Veröffentlichung eine nicht leicht verständliche Zurückhaltung übt (OR 697h, dazu § 48 N 57 ff).

---

[26] Sog. Fachempfehlungen zur Rechnungslegung FER Nr. 0–8 vom 1.1.1994.
[27] Finanzanalyse.

f) Die achte Richtlinie (Nachweis vorn N 33g) verlangt *Prüferunabhängigkeit* 77
sowie *Prüferbefähigung.* Die Unabhängigkeit ist im neuen schweizerischen Recht
ebenfalls stärker akzentuiert worden (OR 727c, dazu § 32 N 4 ff). Was die Befähigung betrifft, so wird in Europa (über komplizierte Übergangsbestimmungen)
letztlich Universitätsniveau der Prüferausbildung verlangt. Materiell dürfte der
Status der schweizerischen eidg. dipl. Bücherexperten aber genügen, so dass es
mehr um eine Frage der organisatorischen Transformation gehen wird. In der
Schweiz verweist die aufgrund von OR 727b II vom Bundesrat am 15. Juni 1992
erlassene Verordnung über die fachlichen Anforderungen an besonders befähigte Revisoren[28] internationalrechtlich auf diese achte Richtlinie (Art. 1 lit. 3). In
der Schweiz begnügt man sich einstweilen noch mit Diplomen, die ausserhalb
einer Hochschule erworben werden können, doch wird eine zusätzliche lange
Erfahrung (5 bzw. 12 Jahre je nach Ausbildung) verlangt.

g) Die übrigen Richtlinien befinden sich in einem mehr oder weniger fortge- 78
schrittenen Entwurfsstadium.

Die Arbeiten zu einem Europäischen *Konzernrecht* (Legalisierung der Lei- 79
tungsmacht, aber Schutz der sog. aussenstehenden Aktionäre und der Gläubiger
der abhängigen Gesellschaft) sind nicht vorangekommen, mit Ausnahme der
Regelung der Konzernpublizität in der siebten Richtlinie. Die nicht sehr positiven deutschen Erfahrungen mit dem (komplizierten) Recht der verbundenen
Unternehmen (AktG 291–338) haben hier hemmend gewirkt. Unser neues Recht
knüpft aber bereits fortschrittlich die Pflicht zur Konzernrechnungslegung an die
«einheitliche Leitung» an (OR 663e, dazu § 51 N 194).

Vom Kapitalmarktrecht her kommt es vermehrt zur Pflicht der *Publizität* 80
betreffend Beteiligungsnahme (vgl. Art. 10 der EG-Richtlinie betreffend Erwerb
und Veräusserung einer bedeutenden Beteiligung, Nachweis vorn N 40f). Eine
solche Pflicht ist auch im künftigen schweizerischen Börsengesetz vorgesehen
(dazu § 61 N 15 ff). Selbst das neue Aktienrecht sieht eine Offenlegung bedeutender Aktionäre vor (OR 663c, dazu § 39 N 8).

h) Besonders hinzuweisen ist auf die seit langem diskutierten und umstritte- 81
nen Vorschläge zu einer fünften EG-Richtlinie (Nachweis vorn N 35a), der sog.
«Strukturrichtlinie». Bei dieser Richtlinie geht es um «Corporate Governance» in
einem weiteren Sinne. Thema ist erstens die *Leitungsstruktur,* wobei die Mitgliedstaaten, unter grundsätzlicher Bevorzugung der ersten Variante, sollen wählen
können zwischen einer dualistischen (Vorstand und Aufsichtsrat nach deutschem
Muster) und einer monistischen (Verwaltungs-)Ordnung.

Dann sollen auch die *Aktionärsrechte* ausgebaut werden; die Änderungsvor- 82
schläge wollen das Stimmrecht strikte nach dem Kapitalanteil gestalten und
damit Stimmrechtsaktien ausschliessen (vgl. Art. 33 des Änderungsvorschlages
vom 20.12.1990; Nachweis vorn N 35a). Auch unser neues Recht tritt Stimmrechtsaktien mit mehr Zurückhaltung entgegen (OR 693, 704; dazu § 24 N 105 ff).

---

[28] SR 221.302; dazu § 5 N 59.

83 Bisher grosses (Verhinderungs-)Thema dieser Richtlinie war ferner die *Mitbestimmung der Arbeitnehmer*[29]. Hier sollen die gleichen vier Möglichkeiten gegeben sein, wie bei der SE (dazu vorn N 49a–49d). In der Schweiz ist die Mitbestimmungsdiskussion seit der Abstimmung von 1976 über eine Mitbestimmungsinitiative[30] eingeschlafen. Seit dem 1. Mai 1994 ist ein betriebliches Mitwirkungsgesetz in Kraft, das vor allem die Anhörung und Information der Arbeitnehmer bei wichtigen Ereignissen regelt[31]. Dieses Gesetz ist mit den vorne erwähnten, arbeitnehmerbezogenen Richtlinien vergleichbar. Zum Mitwirkungsgesetz vgl. vorne N 38.

84 Was den *Wertpapierbereich* betrifft, so steht ein eidgenössisches Börsengesetz vor der Inkraftsetzung[32]. Es sind auch Vorarbeiten zu einem Finanzdienstleistungsgesetz vorhanden[33]. Die Insidergesetzgebung von StGB 161 dürfte im wesentlichen europakompatibel sein. Das Börsengesetz führt auch das Verbot der Kursmanipulation ein (StGB 161bis).

85 Im Bereiche der *Publizität der börsenkotierten Gesellschaften* wird einstweilen mittels der Kotierungsbestimmungen versucht, Europakompatibilität zur erreichen (True and Fair View, Halbjahresberichte). In bezug auf die Bestimmungen zum Emissionsprospekt (OR 652a) ist möglichst auf dem Interpretationswege und in der Praxis Vergleichbarkeit anzustreben.

86 Durch eine Revision der *Kotierungsbestimmungen* sollen die acht FER-Empfehlungen zu börseneigenen Kotierungsregeln im Sinne eines Minimalstandards erhoben werden. Dies zeigt grosses Vertrauen in die Selbstregulierung. Die FER-Regeln beziehen sich vor allem auf die Konzernrechnungslegung (jetzt gemäss OR 663e); um auch im Bereiche der (immer noch zahlreichen) Gesellschaften, die keinen Konzern bilden, eine genügende Rechnungslegung zu erreichen, wird auch die Einheitlichkeit und Stetigkeit der Bewertungsrichtlinien verlangt. Nach diesem Revisionspaket werden noch sieben Unterschiede zum Richtlinienrecht im Bereiche der Rechnungslegung verbleiben (v. a. Bewertung, Regeln der Kapitalkonsolidierung, Behandlung nicht konsolidierter Beteiligungen, Veröffentlichung der Bezüge der Organe).

---

[29] Zum Problem vgl. § 3 Anm. 59.
[30] Initiativtext in BBl *1971* II 780 f; Botschaft des Bundesrates und Gegenvorschlag der Bundesversammlung in BBl *1973* II 237 ff.
[31] Vgl. § 3 Anm. 59.
[32] Vgl. Anm. 3.
[33] Bericht Nobel/Hirszowic/Hertig; nicht veröffentlicht.

Konkordanztabellen

1. Vergleich OR 1991/1936

Revidiertes Recht OR 1991 Artikel	Altes Recht OR 1936 Artikel	Revidiertes Recht OR 1991 Artikel	Altes Recht OR 1936 Artikel
620	620	652e	–
621	621	652f	–
622	622	652g	–
623	623	652h	653
624	624	653	–
625	625	653a	–
626	626	653b	–
627	627	653c	–
628	628	653d	–
629	638	653e	–
630	632	653f	–
631 I	639	653g	–
631 II	637 II	653h	–
632	633 I–II	653i	–
633	633 III	654	654
634	633 IV	(655 aufgehoben)	
634a	–	656	656
635	630	656a	–
635a	–	656b	–
(636–639 aufgehoben)		656c	–
640	640	656d	–
641	641	656e	–
642	642	656 f	–
643	643	656g	–
644	644	657	657
645	645	(658 aufgehoben)	
(646 aufgehoben)		659	659 I–III
647	647	659a	659 V
(648–649 aufgehoben)		659b	–
650	650 I–II	660	660
651	–	661	661
651a	–	662	722 III, 724
652	650 III	662a I–III	–
652a	651	662a IV	662 II
652b	652	663	–
652c	–	663a I	663 I
652d	–	663a II	–

1043

Revidiertes Recht OR 1991 Artikel	Altes Recht OR 1936 Artikel	Revidiertes Recht OR 1991 Artikel	Altes Recht OR 1936 Artikel
663a III	668 I	685c	–
663a IV	668 II	685d	686
663b Ziff. 1	670 I	685e	–
663b Ziff. 2–3	–	685f	–
663b Ziff. 4	665 IV	685g	–
663b Ziff. 5	–	686	685
663b Ziff. 6	669	686a	–
663b Ziff. 7–12	–	687	687
663c	–	688	688
663d	724	689	689 I–II
663e	–	689a	689 III–IV
663f	–	689b	689 V
663g	–	689c	–
663h	–	689d	–
664	664	689e	–
665	665	690	690
665a	–	691	691
666	666	692	692
667	667	693	693
(668 aufgehoben)		694	694
669 I	670 II	695	695
669 II	–	696	696
669 III–IV	663 II–III	697	697
670	–	697a	–
671	671	697b	–
671a	–	697c	–
671b	–	697d	–
672	672	697e	–
673	673	697f	–
674	674	697g	–
675	675	697h	704
676	676	698	698
677	677	699	699
678	678	700	700
679	679	701	701
680	680	702	702
681	681	703	703
682	682	704	648, 649, 655, 658
683	683		
684	684	705	705
685	686 III–IV	706 I	706 I
685a	–	706 II	646, 706 II
685b	686	706 V	706 V

Revidiertes Recht OR 1991 Artikel	Altes Recht OR 1936 Artikel	Revidiertes Recht OR 1991 Artikel	Altes Recht OR 1936 Artikel
706a	706 III–IV	729	729 I
706b	646, 697 IV	729a	723 II
707	707	729b	729 III
708	711	729c	729 II+IV
709	708 IV–V	730	730
710	708 I	731	731
711	–	731a	–
712	714 I	732	732
713 I	–	733	733
713 II	716	734	734
713 III	715	735	735
714	–	736	736
715	713 II	737	737
715a	713 I	738	738
716	721 I–II	739	739
716a I Ziff. 1	722 II Ziff. 2	740	740 I–III+ V, 741 II
716a I Ziff. 2	712 II, 717 I		
716a I Ziff. 3	722 III	741 I	740 IV
716a I Ziff. 4	721 III	741 II	741 I
716a I Ziff. 5	722 II Ziff. 3	742	742
716a I Ziff. 6	722 II Ziff. 1, 724	743	743
716a I Ziff. 7	–	744	744
716a II	714 II	745	745
716b	717	746	746
717	722 I	747	747
718	717	748	748
718a	718	749	749
719	719	750	750
720	720	751	751
721	721 III	752	752
722	718 III	753	753
(723–724 aufgehoben)		754	754
725	725 I–III	755	754 I
725a	725 IV	756	755
726	726	757	756, 758
727	727 I	758	757
727a	–	759	759
727b	723 I	760	760
727c	727 II	761	761
727d	727 III	762	762
727e	727 IV	763	763
727f	–		
728	728		

2. Vergleich OR 1936/1991

Altes Recht OR 1936	Revidiertes Recht OR 1991	Altes Recht OR 1936	Revidiertes Recht OR 1991
Artikel	Artikel	Artikel	Artikel
620	620	658	704
621	621	659 I–IV	659
622	622	659 V	659a
623	623	660	660
624	624	661	661
625	625	662 I	–
626	626	662 II	662a IV
627	627	663 I	663a I
628	628	663 II–III	669 III–IV
629	–	664	664
630	635	665	665
631	–	666	666
632	630	667	667
633 I–II	632	668 I	663a III
633 III	633	668 II	663a IV
633 IV	634	669	663b Ziff. 6
634	–	670 I	663b Ziff. 1
635	–	670 II	669 I
636	–	671	671
637	631 II	672	672
638	629	673	673
639	631 I	674	674
640	640	675	675
641	641	676	676
642	642	677	677
643	643	678	678
644	644	679	679
645	645	680	680
646	706, 706b	681	681
647	647	682	682
648	704	683	683
649	704	684	684
650 I–II	650	685	686
650 III	652	686	685, 685b, 685d
651	652a	687	687
652	652b	688	688
653	652h	689 I–II	689
654	654	689 III–IV	689a
655	704	689 V	689b
656	656	690	690
657	657	691	691

Altes Recht OR 1936 Artikel	Revidiertes Recht OR 1991 Artikel	Altes Recht OR 1936 Artikel	Revidiertes Recht OR 1991 Artikel
692	692	722 III	662, 716a I Ziff. 3
693	693	723 I	727b
694	694	723 II	729a
695	695	724	662
696	696	725 I–III	725
697	697, 706b	725 IV	725a
698	698	726	726
699	699	727 I	727
700	700	727 II	727c
701	701	727 III	727d
702	702	727 IV	727e
703	703	728	728
704	697h	729 I	729
705	705	729 II	729c
706 I	706 I	729 III	729b
706 II	706 II	729 IV	729c
706 III–IV	706a	730	730
706 V	706 V	731	731
707	707	732	732
708 I	710	733	733
708 II–III	–	734	734
708 IV–V	709	735	735
709	–	736	736
710	–	737	737
711	708	738	738
712	716a I Ziff. 2	739	739
713 I	715a	740 I–III	740
713 II	715	740 IV	741 I
714 I	712	740 V	740 V
714 II	716a II	741 I	741 II
715	713 III	741 II	740 III
716	713 II	742	742
717	716b, 718	743	743
718 I–II	718a	744	744
718 III	722	745	745
719	719	746	746
720	720	747	747
721 I–II	716	748	748
721 III	716a I Ziff. 4, 721	749	749
722 I	717	750	750
722 II Ziff. 1	716a I Ziff. 6	751	751
722 II Ziff. 2	716a I Ziff. 1	752	752
722 II Ziff. 3	716a I Ziff. 5	753	753

Altes Recht OR 1936 **Artikel**	Revidiertes Recht OR 1991 **Artikel**	Altes Recht OR 1936 **Artikel**	Revidiertes Recht OR 1991 **Artikel**
754	754, 755	760	760
755	756	761	761
756	757	762	762
757	758	763	763
758	757		
759	759		

Sachregister

Die Angabe erfolgt nach Paragraphen und Noten.

A

Abschreibungen 50 N 282 ff; s.a. *Wertkorrekturen*
Absorption **57 N** 14, **38 ff**, 176, 180 f, 218; s.a. *Fusion*
Abstraktionsprinzip 44 N 99
Abwicklungsstadium 55 N 149 ff
Abwicklungsverfahren 54 N 6 ff
Actio pro socio 2 N 34
AG s. *Aktiengesellschaft*
Agio **14 N 17**, 23; 44 N 20; 49 N 3; 50 N 21 f; 56 N 123
Aktie
- Ausgabebetrag 14 N 16 f; 17 N 31 ff
- Begriff 1 N 52; 49 N 39 ff
- börsenkotierte 44 N 186; s.a. *Vinkulierung*
- eigene s. *Aktien, eigene*
- Einheit 45 N 11
- Eintragung 43 N 80 ff
- Ertragswert 49 N 42 f
- gemeinschaftliches Eigentum 39 N 199; 45 N 3 ff
- innerer Wert 49 N 42 s.a. *Wirklicher Wert der Aktie*
- Mitarbeiteraktie s. dort
- Nennwert s. dort
- nennwertlose 1 N 52; 4 N 55; 49 N 47
- nutzniessungsbelastete 24 N 125; 44 N 39, 127; 45 N 13 ff
- Rückkauf 53 N 79 ff
- Stammaktie 43 N 13
- Statuteneintrag 8 N 58
- stimmrechtslose 1 N 55
- Stückelung 1 N 52
- Substanzwert 49 N 41 f
- teilliberierte 14 N 25, 32 ff; 24 N 102 ff; 30 N 58; 41 N 23; 44 N 93 f
- Titel s. *Aktientitel*
- Übertragung s. dort
- Umwandlung 43 N 39 ff
- Urkunde 49 N 48; s.a. *Aktientitel*
- verpfändete 44 N 39; 45 N 25 ff
- Verurkundung s. dort
- Vinkulierung, s. dort
- Vorratsaktie 4 N 51
- Wechsel der Art 8 N 72 f; 43 N 39 ff
- wirklicher Wert s. *Wirklicher Wert der Aktie*
- Zeichnung s. *Zeichnung der Aktien*
- Zusammenlegung s. *Aktienzusammenlegung*

Aktien, eigene vor 49 N 5; **50 N 131 ff**, 280; 51 N 147; 53 N 306
- Bilanzierung 50 N 260, 280
- Erwerb durch Tochtergesellschaft 24 N 86 f; **50 N** 135, 141, **175 ff**
- Europakompatibilität der Regelung 68 N 67 f
- Gleichbehandlungsprinzip 39 N 50
- originärer Erwerb 50 N 164 f
- Pfandnahme 45 N 33; 50 N 166 f
- Prüfung durch Revisionsstelle 50 N 161
- Reservebildungspflicht 50 N 31 f, 159, 182; 51 N 119
- Rückkauf 40 N 78, 82, 85
- Schranken des Erwerbs 50 N 145 ff
- Steuerrechtliche Aspekte 50 N 150 ff
- Stimmrecht 24 N 84 ff; 39 N 205
- Terminkauf 24 N 88d
- und Anlagefonds 50 N 184a
- und Depotstimmrecht 24 N 88b
- und Kapitalherabsetzung 53 N 10, 37

Aktienbuch 14 N 33 ff; **43 N 76 ff**; 44 N 245; 45 N 15, 31
- Einsichtsrecht 43 N 89 ff
- Eintragungsvoraussetzungen 43 N 80 f
- Eintragungswirkungen 43 N 82 ff; 44 N 90
- Schliessung 23 N 70 ff
- Streichung 43 N 87 ff; 44 N 16, 214, 253

Aktiengesellschaft
- abhängige 60 N 25 ff
- Abwicklungsverfahren s. dort
- Abwicklungsstadium s. dort

- als Grundkapitalgesellschaft 1 N 38 ff; 2 N 22
- Auflösungsarten 54 N 4 f
- Ausschluss von Gesellschaftern 44 N 52 ff
- Beendigung §§ 54–58
- Beendigungsgründe s. *Auflösungsgründe*
- Begriff **1 N 1 ff;** 2 N 2, 4
- Besteuerung §§ 64–66
- Dauer 8 N 69; 54 N 2 f
- Elemente 1 N 4 ff
- Erwerb aller Aktien 44 N 276 ff; 62 N 86
- Firma s. dort
- gemischtwirtschaftliche 6 N 16; **63 N 1 ff**
- genossenschaftliche 62 N 136 ff
- Gewinnstrebigkeit 2 N 53 ff; 25 N 32
- Gründung s. dort
- Gründungssysteme s. dort
- Haftungssubstrat 1 N 57 ff
- Handlungsfähigkeit 55 N 152
- historische Entwicklung 4 N 5 ff
- Immobilien-Aktiengesellschaft s. dort
- kantonalrechtliche 63 N 42 ff
- Kapitalbezogenheit 2 N 22 ff
- kapitalistische 1 N 38 ff; **2 N 19, 22 ff;** 3 N 86
- Klein-Aktiengesellschaft, s. dort
- kooperative 2 N 57; 40 N 129
- körperschaftliche Struktur 1 N 11 ff
- Legaldefinition **1 N 2 ff**, 65; 2 N 7
- Leitbild 1 N 65; 2 N 5 ff
- Liquidation s. dort
- Liquidationsstadium 54 N 7
- Mieter-Aktiengesellschaft s. dort
- Nationalität 5 N 51 ff; 16 N 22 f
- nichtige 17 N 17 f
- nichtwirtschaftliche 2 N 10, 17
- öffentlichrechtliche 6 N 16
- Parteifähigkeit 1 N 36
- personalistische s. dort
- Prozessfähigkeit 1 N 36
- Rechtsfähigkeit 1 N 32 ff; 55 N 151
- rechtsgeschäftliche Beziehungen zu Aktionären 40 N 325 ff
- Rechtsnatur während Gründung 13 N 25 ff; 18 N 1 ff
- Sitz s. dort
- Sonderarten
- strafrechtliche Verantwortlichkeit 1 N 37; 21 N 16; 36 N 152 f
- Struktur 1 N 11 ff
- Teilung 57 N 250 ff
- typische 2 N 58
- Typus 1 N 64 f; **2 N 1 ff**, 19 ff, 59 ff, 64 ff; 7 N 42 f
- Übernahme durch Körperschaft öffentlichen Rechts 58 N 32 ff
- Umwandlung in GmbH 58 N 9 ff
- Umwandlung in andere Rechtsformen 58 N 24 ff
- Verhältnis zu Personengesellschaften 62 N 7 ff
- Vermögen s. *Gesellschaftsvermögen*
- Vertretung nach aussen 5 N 32; 8 N 53; 10 N 2; 21 N 1 ff; **30 N 75 ff;** 68 N 64 f
- zivilrechtliche Deliktsfähigkeit 21 N 9 ff
- Zweck s. *Gesellschaftszweck*

Aktienkapital **1 N 38 ff**; 43 N 14; s.a. *Grundkapital*
- als Bemessungsgrundlage der Aktionärsrechte 39 N 51 ff; 49 N 38
- als Sperrziffer 1 N 39; 49 N 23 ff; 50 N 5
- Begriff und Wesen 49 N 21 ff
- Bilanzierung 1 N 45
- Erhöhung s. *Kapitalerhöhung*
- Funktion 1 N 41; 49 N 34 ff
- Herabsetzung s. *Kapitalherabsetzung*
- Liberierung, s. dort
- Mindestkapital 1 N 49; 4 N 80; 5 N 78 f, 86 ff; vor 49 N 1; 53 N 57 ff, 298 f
- nicht einbezahltes 51 N 114 f
- Rückzahlungsverbot 40 N 348; 50 N 107 ff, 174; 53 N 40
- Schutz s. *Kapitalschutzbestimmungen*
- Statuteneintrag 8 N 58
- und Grundkapital 1 N 38 ff; 46 N 14 ff; 49 N 16 ff

- und Partizipationskapital 46 N 11 f, 22 ff
- Zerlegung 1 N 52 f

Aktienmantel 56 N 163 ff

Aktienrecht
- allgemeine Entwicklung 4 N 5 ff
- Anwendung auf andere Gesellschaftsformen 5 N 73; 6 N 17 ff
- Ausblick 67 N 1 ff
- Auslegung 2 N 74 ff; 7 N 33
- Einheit 2 N 59 ff; 4 N 62, 97; 51 N 12; 61 N 1
- Elastizität 1 N 3 f
- Entwicklung in der Schweiz 4 N 28 ff
- Europäisierung 68 N 1 ff
- örtlicher Geltungsbereich 5 N 4 ff
- Rechtsquellen 6 N 1 ff
- Verhältnis zum Europarecht 4 N 102 ff; 67 N 3, 11 ff, 35; 68 N 55
- zeitlicher Geltungsbereich 5 N 56 ff

Aktienrechtsreform
- Entwicklung 4 N 47 ff
- Reform von 1936 4 N 41 ff
- Schwerpunkte 4 N 85 ff
- und Beendigung der Aktiengesellschaft 54 N 9 ff
- und Konzernrecht 60 N 13 ff
- und Minderheitenschutz 41 N 8 ff
- Würdigung 4 N 95 ff
- zukünftige Entwicklung §§ 67/68

Aktiensplit 43 N 49; 57 N 92

Aktientausch 57 N 48

Aktientitel 17 N 32; **43 N 1 ff**; 44 N 35
- Ausgabezeitpunkt 17 N 31 ff; 43 N 69 ff; 44 N 69; 52 N 192 ff
- Bedeutung 39 N 20 ff; 43 N 24
- Bereinigung 53 N 197 ff, 323
- Kraftloserklärung 44 N 19; 53 N 11, 200
- Sammeltitel s. *Zertifikat*

Aktienzusammenlegung 43 N 49; **53 N 75 ff**, 212 f; 57 N 93
- zwangsweise s. *Amortisation*

Aktionär
- Aberkennung der Aktionärseigenschaft 43 N 87 f; s.a. *Aktienbuch*
- Arten 3 N 36 ff
- Grossaktionär 3 N 40; 39 N 68; 42 N 32, 40; 51 N 117, 154

- Mehrheitsaktionär 3 N 43, 55; 37 N 13, 26; 39 N 46
- Minderheitsaktionär 3 N 43 f, 55; 31 N 20; s.a. *Minderheitenschutz*
- ohne Stimmrecht 25 N 42; 35 N 44; 39 N 37; **44 N** 201, 209, **217 ff**, 251a
- Pflichten s. *Aktionärspflichten*
- Rechte s. *Aktionärsrechte*
- rechtsgeschäftliche Beziehungen zur Aktiengesellschaft 40 N 325 ff
- Schutz bei bedingter Kapitalerhöhung 52 N 309, 337 ff
- Verantwortlichkeit s. dort
- Verhältnis zum Mitaktionär 2 N 34; 3 N 36 ff
- Verhältnis zur Verwaltung 3 N 29 ff

Aktionärbindungsverträge 2 N 45 ff; 3 N 61; 4 N 97; 7 N 31; 27 N 95; 31 N 36 ff; **39 N 139 ff**; 42 N 44 f; 44 N 261
- als personalistisches Element 62 N 13
- Begriff 39 N 154 f
- Charakterisierung 39 N 156 ff
- Dauer 39 N 173 ff
- Durchsetzung 39 N 191 ff
- Form 39 N 171 f
- Inhalt 39 N 146 ff
- rechtliche Qualifikation 39 N 162 ff
- Stimmbindungsvereinbarungen 24 N 92; 39 N 202 ff
- und statutarische Ordnung 39 N 168 ff, 186 ff
- Wirkung 2 N 46; 39 N 158 ff
- Zulässigkeit 39 N 149 f

Aktionärsdarlehen 40 N 336 ff; 50 N 222

Aktionärskonsortium 39 N 155

Aktionärspflichten vor 39 N 4 ff, 22; 39 N 3, 142 ff, 202; **42 N 1 ff**
- Angebotspflicht s. dort
- Meldepflicht bei Erwerb von Aktienpaketen s. dort
- Pflicht zu Arbeitsleistung 42 N 25
- hinsichtlich Kapitalerhöhung 52 N 18
- Teilnahme an Generalversammlung 23 N 95
- Treuepflicht 42 N 26 ff
- vertragliche Zusatzpflicht 42 N 43 ff

Aktionärsrechte vor 39 N 4 ff; **40 N 1 ff, 13**

1051

Sachregister

- Anspruch auf Gleichbehandlung 39 N 33, 119
- Anteil am Bilanzgewinn 40N 27 ff
- auf Gewinnstrebigkeit 39 N 118
- Beeinträchtigung, Beschränkung 25 N 24 ff, 92 ff; 39 N 91; 48 N 42
- Beibehaltung der Beteiligungsquote 52 N 14 ff, 86; s.a. *Bezugsrecht*
- Beibehaltung des Aktienkapitals 53 N 31
- Bemessung 2 N 29 ff; 39 N 51 ff; 41 N 2 ff; 49 N 38
- Bezugsrecht s. dort
- Einsichtsrecht s. *Informationsrecht*
- Einteilungen 40 N 2 ff
- erschwert abänderliche 39 N 121 ff
- Erwerbsrechte s. dort
- Geltendmachung 43 N 15 f
- Gruppenrechte 39 N 134 f
- Individualrechte 39 N 129, 135
- Informationsrechte s. dort
- Kapitalbezogenheit s. *Bemessung*
- Kontrollrechte s. dort
- Minderheitenrechte 39 N 130 ff, 135
- Mitwirkungsrechte s. dort
- Nebenrechte 40 N 128
- Rückerstattung von Leistungen 50 N 112 ff
- Schutzrechte s. dort
- Spaltung 45 N 12
- statutarische Erweiterung 39 N 135 f
- Stimmrecht, s. dort
- unentziehbare s. *Wohlerworbene Rechte*
- unverzichtbare 25 N 96, 115; 39 N 110 ff
- Vermögensrechte s. dort
- Verurkundung der Mitgliedschaft 43 N 2 ff; 53 N 209
- Vorwegzeichnungsrecht s. dort
- wohlerworbene s. dort

Amortisation 44 N 69, 53 N 82 f; s.a. *Aktienzusammenlegung*

Amtsdauer
- der Revisionsstelle 32 N 41 f, 46; 34 N 19
- des Liquidators 56 N 35 ff

- des Verwaltungsrats 8 N 80; 27 N 29 ff, 35 ff

Anfechtbarkeit von Generalversammlungsbeschlüssen s. *Anfechtungsklage, Anfechtungsgründe*

Anfechtung von Verwaltungsratsbeschlüssen s. *Verwaltungsrat, Beschlussfassung*

Anfechtungsklage 25 N 11 ff
- Aktivlegitimation 2 N 32; **25 N** 11 f, **41 ff**, 49 f; 39 N 74; 40 N 137; 46 N 44
- Anfechtungsgründe 25 N 13 ff; 39 N 83, 208
- Frist 25 N 53 ff
- Kognitionsbefugnis des Richters 25 N 59 ff
- Kostentragung 25 N 79 ff
- Passivlegitimation 25 N 52
- Streitwert 25 N 79 ff
- Verfahrensfragen 25 N 66 ff
- Verhältnis zur Verantwortlichkeitsklage 25 N 7
- Verhältnis zur Auflösungsklage 25 N 8
- vorsorgliche Massnahmen 25 N 75 ff

Anfechtungsrecht s. *Anfechtungsklage, Aktivlegitimation*

Angebotspflicht 8 N 86b; 42 N 40; 44 N 74 ff; **61 N 41 ff**

Anhang zur Jahresrechnung 49 N 64; 50 N 160 f, 318; **51 N** 20, 37, 62, **121 ff**

Anhang zur Konzernrechnung 51 N 123, 155, 224 ff

Anlagefonds 24 N 88; 48 N 66

Anlagevermögen 33 N 18; 49 N 14; **50 N 250 ff**; 302

Anleihensobligationäre 3 N 68; 26 N 10, 33 ff; 48 N 15
- Prinzip der Schicksalsgemeinschaft 52 N 347
- Recht auf Einberufung der Generalversammlung 23 N 21
- Schutz der Wandel-/Optionsberechtigten 52 N 341 ff

Anleihensobligationen 37 N 79; **48 N 23 ff**; 49 N 64; 51 N 139; 61 N 10 f; s.a. *Bedingte Kapitalerhöhung*
- Ausübung der Wandel-/Optionsrechte 52 N 380 ff

- Wandel- und Optionsanleihen 39 N 34; 40 N 301 ff; 44 N 249 ff; **48 N 26 ff**, 47; 52 N 123, 300, 310
Anmeldung beim Handelsregister s. *Handelsregisteranmeldung*
Annexion s. *Absorption*
Anscheinsvollmacht 30 N 98
Anstalt 1 N 13
Antragstellung in Generalversammlung 23 N 43
Anwalt 28 N 50, 179 f; 37 N 61, 77
Anzeigepflicht der Revisionsstelle 33 N 59 ff, 90 ff, 115
Apportgründung s. *Sacheinlagegründung*
Arbeitnehmer s. *Mitarbeiter*
Arm's Length Principle 40 N 344; 56 N 109
Audit Committee 29 N 40 f
Aufbewahrungspflicht 51 N 78 ff
Auflösung
- Abwicklungsstadium 55 N 149 ff
- durch andere Behörden 55 N 145 ff
- durch den Handelsregisterführer 55 N 138 ff
- durch den Richter s. Auflösungsklage
- Eintrag ins Handelsregister 55 N 164 f
- ohne Liquidation 57 N 3 ff, 58 N 1 ff; s.a. Fusion
- Widerruf 55 N 179 ff
- Widerruf durch Generalversammlungsbeschluss 55 N 186 ff
- Widerruf durch den Handelsregisterführer 55 N 183 f
- Widerruf durch den Richter 55 N 201 ff
- Widerruf nach Massgabe der Statuten 55 N 199 f
Auflösungsbeschluss 55 N 25 ff
Auflösungsgründe 55 N 5 ff
- bei einer personalistischen Aktiengesellschaft 62 N 25
- bei fehlerhafter Gründung 17 N 19 ff
- Fehlen von Organen 55 N 115 ff; 62 N 29
- fehlende Anpassung ans revidierte Aktienrecht 54 N 137
- Generalversammlungsbeschluss 24 N 44 f; 55 N 22 ff

- Konkurseröffnung 55 N 34 ff
- Kündigung 55 N 20 f
- Nachlassvertrag mit Vermögensabtretung 55 N 53 f
- richterliches Urteil s. *Auflösungsklage*
- statutarische 8 N 69; 55 N 8 ff
- Unsittlichkeit/Widerrechtlichkeit 55 N 128 ff
- Unterschreitung der minimalen Mitgliederzahl 55 N 115 ff; 62 N 29
- Verhältnis zueinander 55 N 51 f
- Zeitablauf 8 N 69; 55 N 18 f
- Zeitpunkt der Wirkungen 55 N 164 f
Auflösungsklage 25 N 8; 44 N 73; 46 N 46 f; **55 N 57 ff**
- Aktivlegitimation 48 N 17 f; 55 N 93 ff
- Frist 55 N 97
- Klagegründe 2 N 32; 5 N 76; 17 N 19 ff; 20 N 43; 28 N 74; **55 N 71 ff, 113 ff**
- Passivlegitimation 55 N 96
- Urteil 55 N 102 ff
- Verhältnis zu anderen Rechtsbehelfen 55 N 110 ff
- Zuständigkeit 55 N 98
Auflösungsstadium s. *Abwicklungsstadium*
Aufsichtsrat 20 N 5
Aufsichtsratssystem 29 N 16; 30 N 7
Aufwand 51 N 89 ff, 99 ff
Aufwertungsprüfung 33 N 78; 50 N 314
Aufwertungsreserve 50 N 34 ff, 315 ff; 51 N 119
Aufwertungsverbot **50 N 33 ff**, 197, 233, 302 ff; 51 N 145
Ausfallhaftung 44 N 44
Auskunftsrecht
- der Aktionäre 2 N 32; 3 N 48; 35 N 4, 18, 31; 39 N 73; **40 N 166 ff**
- der Partizipanten 46 N 43, 52 f
- des Verwaltungsratsmitglieds 28 N 78
- Schranken 40 N 170 ff
- über Organisation der Geschäftsführung 40 N 187 ff
- Verweigerung 51 N 67
Ausländerklausel 44 N 182, 193 ff
Ausländische Gesellschaften 5 N 40 ff

1053

Auslegung der Statuten 7 N 33 ff
Ausschlussrecht 44 N 16, 56 ff; s.a. *Kaduzierung*
Ausschüsse s. *Verwaltungsrat*
Ausstandspflicht des Verwaltungsratsmitglieds 28 N 32 ff
Austrittsrecht 44 N 16, 61 ff, 80; 55 N 59; 57 N 160
– bei Fusion 57 N 160
– bei Umwandlung in GmbH 57 N 12

B

Bank-Aktiengesellschaft 44 N 196, 203; 56 N 33; **61 N 53 ff**
– Auflösung von Reserven 50 N 96
– bankengesetzliche Revisionsstelle 32 N 20
– Kapitalherabsetzung 53 N 18, 181
– Meldepflicht bei Erwerb von Aktienpaketen s. dort
– Mindestaktienkapital 1 N 51
– Organisation der Exekutive 20 N 8; 29 N 22, 65
– Publizitätserfordernisse 48 N 66; 51 N 25
– Verantwortlichkeit 36 N 4; 37 N 76
Bauzinsen 40 N 115 ff; 46 N 28
Bedingte Kapitalerhöhung 4 N 71, 79; 8 N 71; 24 N 41; 44 N 13; 48 N 46; 51 N 149; **52 N 24, 298 ff**
– Anpassung der Statuten 52 N 403 ff
– Einsatzmöglichkeiten 52 N 317 ff
– Festübernahme 52 N 419 f
– Frist 52 N 315 f
– Generalversammlungsbeschluss 52 N 350 ff
– Höchstbetrag 52 N 312 ff
– Liberierung 52 N 383 ff
– Problematik 52 N 307 ff
– Prüfung durch Revisor 52 N 396 ff
– Streichung/Modifikation 52 N 414 ff; 53 N 7
– Verfahren 52 N 348 ff
– Zeichnung durch Aktionäre 52 N 330 ff
Beendigung der Aktiengesellschaft s. *Auflösung*

Beendigungsstadium s. *Abwicklungsstadium*
Beendigungsverfahren s. *Abwicklungsverfahren*
Beiräte 20 N 34 ff; 29 N 72
Beistand 20 N 43
Bekanntmachungen der AG 8 N 63 f; 23 N 45 ff
Belege
– bei Gründungsversammlung 14 N 56 f; 16 N 8 ff
– bei Handelsregistereintrag 16 N 8 ff
Benutzungsrechte 46 N 28
Beschlussfassung s. *Generalversammlung, Beschlussfassung, Verwaltungsrat, Beschlussfassung*
Besondere Vorteile **15 N** 5, **24 ff**, 62; 41 N 29
Bestätigungsbericht 15 N 49 ff
Besteuerung der Aktiengesellschaft s. *Steuern*
Beteiligung 33 N 78; 50 N 256 ff, 261; 51 N 114
Beteiligung, wechselseitige 60 N 19
Beteiligungsgesellschaft 66 N 7, 12 ff
Betreibungsort 8 N 39; 55 N 45; 57 N 206
Betriebsstätten 59 N 75 ff; 64 N 10
Beurkundung, öffentliche s. *Öffentliche Beurkundung*
Bewertungsgrundsätze 50 N 230 ff; 51 N 155 ff
– bei konstitutiver Kapitalherabsetzung 53 N 92 ff
– bei Sachübernahme, -einlage 15 N 45 ff
– im Konzern 51 N 155, 224 ff, 249 ff
– immaterielle Anlagen 50 N 262 ff
– und stille Reserven 49 N 59
– Wertschriften 50 N 271 ff
Bezugsrecht 4 N 73; **40 N** 7, 109 ff, 215 ff, **229 ff;** 52 N 17, 35, 71 ff
– bei Ausgabe von Partizipationsscheinen 46 N 59 f
– bei Nutzniessung 45 N 17 ff
– bei Vorliegen verschiedener Aktienkategorien bzw. Partizipationsscheinen 40 N 282 ff, 291 ff; 52 N 72
– Berechtigte 40 N 232 ff

- Entzug 24 N 41; 39 N 90, 93, 126; 40 N 226 ff
- Folgen der Verletzung 40 N 298 f
- formeller Schutz 40 N 237 ff
- Kompetenzordnung 40 N 257 ff
- materieller Schutz 40 N 242 ff
- und Anleihensobligationen 48 N 35 f
- und Vinkulierung 40 N 233 ff, 288 ff; 44 N 248 ff
- Zuweisung nicht ausgeübter/entzogener Bezugsrechte 40 N 281, 291 ff

Bilanz 1 N 45; 33 N 30; 49 N 11 f; 51 N 18; s.a. *Jahresrechnung*
- Bilanzgrundsätze s. *Rechnungslegung, ordnungsgemässe*
- Gliederung 51 N 105 ff
- konsolidierte s. *Konsolidierungspflicht*
- Liquidationseröffnungsbilanz 56 N 7, 78 ff
- Liquidationsschlussbilanz 56 N 86
- Unterbilanz 53 N 23; s.a. dort
- Zwischenbilanz s. dort

Bilanzerklärung 33 N 30
Bilanzgewinn 22 N 42 ff; 25 N 38; 40 N 27 ff; 49 N 62
Bilanzstichtag 50 N 267, 269
Bilanzverlust 51 N 110
Bilanzwahrheit 51 N 54 ff; s.a. *Rechnungslegung, ordnungsgemässe*
Board System 29 N 15
Börse 61 N 28 f
Börsengesetz 4 N 101; 6 N 14; 39 N 32; 44 N 16, 58 ff, 74 ff; **61 N 15 ff**
Börsenkotierte Aktiengesellschaft 61 N 6 ff; s.a. *Publikumsgesellschaft*
Börsenkotierte Gesellschaften 4 N 97, 101, 103; 6 N 14; 39 N 31; 51 N 154; **61 N 6 ff**; s.a. *Publikumsgesellschaften*
Bruttoprinzip 51 N 49 f
Buchaktionär 44 N 108
Buchführungspflicht 16 N 59; 51 N 3 ff

C

Code Unique System 4 N 40
Cost-Methode 51 N 247; s.a. *Kostenprinzip*
Coupon 43 N 56 ff

D

Darlehen an Aktionäre 50 N 168; 50 N 114
Décharge s. *Entlastung*
Delegation von Aufgaben des Verwaltungsrats 8 N 79; 11 N 16 ff; 20 N 32 f; 28 N 82, 149; **29 N 24 ff**; **30 N 22 ff**
- an die Geschäftsleitung 29 N 12 ff, 23 ff
- an die Revisionsstelle 33 N 101 ff
- an den Delegierten des Verwaltungsrats 28 N 149 ff
- Vertretung der Aktiengesellschaft nach aussen 30 N 75 ff
- Wirkung 36 N 39; 37 N 37 ff

Delegation von Kompetenzen der Generalversammlung **40 N 271 ff**; 52 N 214 ff, 254 ff; 53 N 106
Delegiertenversammlung 23 N 13
Delegierter des Verwaltungsrats s. *Verwaltungsrat*, Delegierter
Delkredere-Rückstellung 50 N 292
Depositenstelle 14 N 19, 31
Depotstimmrecht 24 N 88b, 136 ff; s.a. *Stimmrecht, Stellvertretung*
Depotvertreter 24 N 123, 136 ff
Diplomatischer Schutz 5 N 55
Direktion s. *Geschäftsleitung*
Direktoren s. *Geschäftsleitung*
Dispo-Aktie 44 N 231, 239 f
Dividende 3 N 52; 22 N 44; 39 N 118; **40 N 17 ff**, 218 ff; 50 N 110; 51 N 7
- Akontozahlung 40 N 57 f
- Ausschüttungsformen 40 N 64 ff
- Bemessung 39 N 52; 40 N 60 f
- Fälligkeit 40 N 62
- Gewinnstrebigkeit 2 N 55
- Interesse 3 N 50; 40 N 126
- Interimsdividende s. dort
- Rückerstattung 50 N 118
- und Ertragswert 49 N 42

Dividendenausgleichsreserve 22 N 46; 40 N 34 f, 46; **50 N 49**
Dividendencoupon 43 N 56 ff
Domizil s. *Sitz*
Domizilgesellschaft 66 N 19 f
Doppelbesteuerung 66 N 21 ff
Doppelgesellschaft 39 N 164
Doppelorgan 28 N 170

Sachregister

Doppelvertretung 30 N 124 ff
Drittorganschaft 1 N 29; 39 N 26
Due-Diligence-Verfahren 57 N 56
Durchgriff 2 N 73; 5 N 51; 44 N 284; 60 N 48; **62 N 47 ff**
– Arten 62 N 58 ff
– direkter 62 N 59, 76 ff
– umgekehrter 62 N 59, 87 ff
– unechter 62 N 61, 92 ff
– Voraussetzungen 62 N 53 ff
– zugunsten der Gesellschaft 62 N 91

E

Editionspflicht 51 N 82 f
Effekten 61 N 27 f
EG-Richtlinien 51 N 176 ff, 187, 211, 251; 67 N 12 f, 17; **68 N 26 ff; S. 1112 f**
Eigene Aktien s. *Aktien, eigene*
Eigenkapital 49 N 2 ff, 13; 50 N 204; 51 N 105, 110
– freies 49 N 61 f
– gebundenes 50 N 188
– Quasi-Eigenkapital 40 N 339; 49 N 67
– verdecktes 49 N 68
Eigenkapitalquote 49 N 15
Einberufung der Generalversammlung s. *Generalversammlung, Einberufung*
Einfache Gesellschaft 39 N 152, 162 f, 182 ff, 199
Eingliederung 61 N 50 f
Einheitsaktie 43 N 22
Einheitstheorie 51 N 239
Einmann-Aktiengesellschaft s. *Einpersonen-Aktiengesellschaft*
Einpersonen-Aktiengesellschaft 1 N 16; 2 N 11, 61, 73, 77; 4 N 50, 66; 23 N 123; **62 N 26 ff**
– Durchgriff 62 N 47 ff
– und Konzernbildung 60 N 38; 62 N 37 f
– Zulässigkeit 62 N 29 ff
– Zwecke 62 N 32 ff
Einsichtsrecht s. *Auskunftsrecht*
Einstimmigkeitsprinzip 62 N 104 f
Eintrag ins Handelsregister s. *Handelsregistereintrag*
Einwegzertifikat 43 N 51, 61 f, 68

Eisenbahn-Aktiengesellschaften 63 N 36 f
Elektrizitäts-Aktiengesellschaften 63 N 38 ff
Emissionsabgabe 16 N 67 f; 52 N 191, 288, 395; 53 N 347 ff; **62 N 7 ff**
Emissionsprospekt 52 N 87 ff, 323
Entlastung 22 N 47 ff; 28 N 135; 35 N 113 ff; **36 N 128 ff**
– Tragweite 22 N 52; 36 N 129 f
– Wirkungen 22 N 49 f; 36 N 131 ff, 156
– Stimmrechtsausschluss 24 N 78 ff; 39 N 205
Entstehung der Aktiengesellschaft s. *Gründung*
Equity-linked transactions 52 N 318
Equity-Methode 51 N 245
Erfolgsrechnung 33 N 30; 51 N 5, 19, **89 ff**
Erhöhung des Aktienkapitals s. *Kapitalerhöhung*
Erläuterungsbericht 33 N 48 ff, 56
– bei Fusion 57 N 103
– zur Konzernrechnung 34 N 30
Errichtung der Aktiengesellschaft 13 N 23, 28 f; 14 N 1 ff
Errichtungsakt 14 N 45 ff
Ertrag 51 N 89 ff, 95 ff
Erwerb aller Aktien 44 N 276 ff
Erwerbsrechte 39 N 194; 44 N 258 ff
Escape-Clause 44 N 161 ff, 264; 50 N 146 f; zum Übernahmepreis s. *Wirklicher Wert der Aktie*
Europäische Aktiengesellschaft s. *Societas Europaea*
Eventualverpflichtungen 33 N 20; 51 N 125
EWR 67 N 3

F

Familien-Aktiengesellschaft 3 N 62; 20 N 41; 23 N 67; 24 N 98; 41 N 35; 42 N 28; 51 N 209; 61 N 36; **62 N 5**
FER-Richtlinien 51 N 170 ff, 187, 250
– FER Nr. 1 51 N 159, 255
– FER Nr. 2 51 N 248
Festübernahme 4 N 101; 40 N 290, 297, 300; **52 N** 92, **198 ff**, 349, 419 f

Fiduziarische Übertragung s. *Treuhänderische Übertragung der Aktien*
Fiduziarisches Verwaltungsratsmitglied s. *Verwaltungsratsmitglied*, fiduziarisches
Fiktionstheorie 4 N 12
Filiale 59 N 9, 25
Finanzanlagen 50 N 256
Finanzkontrolle 30 N 44
Finanzplanung 30 N 42 f
Firma 1 N 31; **8 N 10 ff**; 16 N 26
- bei Auflösung der Gesellschaft 55 N 157 f, 166
- der Zweigniederlassung 59 N 57 f
- einer ausländischen Aktiengesellschaft 59 N 89 ff
- Gebrauchspflicht 8 N 30a
- Täuschungsverbot 8 N 11, 18 f, 21
- Wahrheitsgebot 8 N 11, 18, 21
Firmenschutz 8 N 26 ff
Fonds 51 N 160 f, 163
Forderungsverzicht 50 N 221
Fortführungsgrundsatz 50 N 206 ff; 51 N 45, 59; s.a. *Rechnungslegung, ordnungsgemässe*
Freie Mittel 49 N 5
Fremdkapital **49 N** 2, 6 ff, **63 ff;** 50 N 204; 51 N 105, 111
Fremdkapital, langfristiges 49 N 67
Führerprinzip 20 N 9
Fusion 4 N 100; 44 N 174; **57 N 1 ff**
- Fusionsbeschluss 57 N 116 ff
- Ablauf 57 N 46 ff
- Absorption s. dort
- Absorption einer Tochtergesellschaft 66 N 50 ff
- als Sanierungsmassnahme 57 N 63 ff
- Annexion s. *Absorption*
- Arten 57 N 13 ff
- Austauschverhältnis 57 N 86 ff
- Barabfindung 57 N 99 f
- Begriff 57 N 7 ff
- bei Überschuldung 57 N 61
- Bereitstellung der Aktien 57 N 167 ff
- Beschlussfassung der Generalversammlung der übernehmenden Gesellschaft 57 N 111 ff
- Beschlussfassung der Generalversammlung der untergehenden Gesellschaft 57 N 102 ff
- Erwerb der Mitgliedschaft der neuen Gesellschaft 57 N 155 ff
- Europakompatibilität der Regelung 68 N 69 ff
- Fusionsverhandlungen 57 N 51 ff
- Gläubigerschutz 57 N 192 ff
- Handelsregister-Eintrag der übernehmenden Gesellschaft 57 N 123 ff, 150 ff
- Handelsregister-Eintrag der untergehenden Gesellschaft 57 N 141 ff
- im Liquidationsstadium 57 N 58
- Kombination 57 N 214 ff
- Löschung der absorbierten Gesellschaft 57 N 210 ff
- Möglichkeiten 57 N 23 ff
- nach Konkurseröffnung 57 N 62
- ohne Aktientausch 57 N 176 ff
- Schuldenruf 57 N 195
- steuerrechtliche Aspekte 57 N 242 ff; 66 N 41 ff
- unechte 57 N 18, 33; 66 N 47 ff
- Vermögensverschmelzung 57 N 181 ff
- wirtschaftliche Gründe 57 N 33 ff
- zwischen verschiedenen Gesellschaftsformen 57 N 26
Fusionsgewinn 66 N 53
Fusionsverlust 66 N 54
Fusionskontrolle 57 N 34; 67 N 34
Fusionsvertrag 57 N 46, 57 ff, 220 ff
- Form 57 N 81
- Inhalt 57 N 68 ff

G

GAAP s. *Generally Accepted Accounting Principles*
Geheimhaltungspflicht
- des Verwaltungsratsmitglieds 28 N 40 ff
- strafrechtlicher Schutz 28 N 54 ff
Geltungsbereich des Aktienrechts 5 N 1 ff
- örtlich 5 N 4 ff; s.a. *Internationales Privatrecht*
- zeitlich 5 N 56 ff

Gemischtwirtschaftliche Aktiengesellschaft 6 N 16; 63 N 2 ff
Genehmigte Kapitalerhöhung 4 N 70, 79; 8 N 71; 30 N 59; 33 N 73 ff; 40 N 267 ff; 51 N 149; **52 N** 23, 111, **208 ff**
- Erhöhungsbeschluss 52 N 244 ff
- Feststellungsbeschluss 52 N 267
- Frist 52 N 226 ff
- Höchstbetrag 52 N 221 ff
- inhaltliche Schranken 52 N 230 ff
- Problematik 52 N 216 ff
- Streichung/Modifikation 52 N 271 ff; 53 N 7
- Verfahren 52 N 240 ff

Generally Accepted Accounting Principles 51 N 186; 68 N 72
Generalversammlung 1 N 25, §§ 22–26
- Anträge 23 N 63 ff, 107 ff
- Anwesenheit der Revisionsstelle 22 N 37; 25 N 38; 33 N 47, 77; 39 N 77; 40 N 159
- Ausführung der Beschlüsse 30 N 55
- ausserordentliche 23 N 3 ff
- Befugnisse s. *Generalversammlung, Befugnisse*
- Beschlussfassung s. *Generalversammlung, Beschlussfassung*
- Durchführung 23 N 82 ff
- Einberufung s. *Generalversammlung, Einberufung*
- fehlerhafter Beschluss, s. *Generalversammlungsbeschluss, fehlerhafter*
- Gleichbehandlungsprinzip 39 N 28
- Konstituierung 23 N 97
- Leitung 23 N 100 ff
- Mängel in der Durchführung 23 N 124
- ordentliche 23 N 3 f
- Organisation 23 N 1 ff
- Protokollierung 23 N 112 ff
- Sonderversammlungen s. dort
- Stellvertretung s. *Stimmrecht, Stellvertretung*
- Teilnahmepflichten 23 N 93 ff
- Traktandenliste 23 N 58 ff
- Traktandierung 23 N 16; 25 N 21; 35 N 38
- Universalversammlung 23 N 5 ff
- Vorbereitung 30 N 54
- Zeitpunkt 23 N 85
- Zulassungsprüfung 23 N 86

Generalversammlung, Befugnisse 22 N 1 ff
- Abberufung der Revisionsstelle 32 N 47 ff
- Abberufung des Verwaltungsrats 27 N 38 ff
- Abberufungen 22 N 29 f
- Auflösung der Gesellschaft 55 N 23
- Aufsicht 20 N 7
- bei Liquidation 56 N 65 ff
- Einfluss auf Revisionsstelle 20 N 2 ff
- Einfluss auf Verwaltungsrat 20 N 28 f
- Eingriffe anderer Organe 20 N 30
- Einsetzung Sonderprüfer 35 N 23, 33 ff
- Einwirkung auf Aufgaben des Verwaltungsrats 30 N 61 ff; 31 N 31
- Entlastung der Verwaltungsratsmitglieder s. *Entlastung*
- Erweiterung 22 N 74 ff; 28 N 144
- Genehmigung des Geschäftsberichts 22 N 33 ff
- Geschäftsführung 22 N 77 ff
- Gewinnverwendung 22 N 41 ff
- hinsichtlich Bezugsrecht 40 N 258 ff
- hinsichtlich Vorwegzeichnungsrecht 40 N 311 ff
- interne Rechtsetzung 22 N 3
- Organisationsreglement 11 N 26
- statutarische 22 N 74 ff
- Statutenänderung 9 N 6 ff; 22 N 11 ff
- Überschreitung 25 N 127
- unübertragbare 9 N 6; 20 N 18; **21 N 8 ff**
- Verwaltungsaufgaben 22 N 6
- Wahlen 22 N 17; 25 N 125

Generalversammlung, Beschlussfassung 4 N 75; 8 N 66 f; 23 N 111; **24 N 1 ff**; 25 N 33, 11
- Abstimmungsverfahren 24 N 55a ff
- Beschlussfähigkeit 23 N 61 f
- erleichterte/erschwerte s. *Quoren*
- fehlerhafte s. *Generalversammlungsbeschluss, fehlerhafter*
- in Zweipersonen-Aktiengesellschaft 62 N 104 ff

- qualifizierte Mehrheit 3 N 56; **24 N** 10, **28 ff**; 26 N 2; 39 N 122; s.a. *Quoren*
- Reglemente 12 N 4
- Stichentscheid des Vorsitzenden 24 N 56 ff; 62 N 108
- Stimmrechtsbeschränkungen 24 N 89 ff
- Verhandlungsfähigkeit 23 N 62 f
- Verletzung der Statuten 10 N 1
- wichtige Beschlüsse 24 N 28 ff, 115; 40 N 241
- Zirkulationsbeschlüsse 23 N 10 ff; 25 N 121

Generalversammlung, Einberufung 8 N 59; **23 N 16 ff**; 25 N 124; 30 N 54 f; 39 N 133
- Bekanntgabe an Partizipanten 23 N 75
- durch Generalversammlung 23 N 38
- durch Revisionsstelle 23 N 20; 33 N 66
- Form 23 N 45
- Frist 23 N 40 ff
- Inhalt der Einladung 23 N 53 ff
- Recht des Aktionärs auf Einberufung s. *Aktionärsrechte*
- Verletzung der Einberufungsvorschriften 23 N 77 ff; 25 N 124
- Widerruf 23 N 81

Generalversammlungsbeschluss, fehlerhafter 25 N 1 ff
- Anfechtbarkeit 3 N 25, 48, 57; **25 N 1 ff**, 11 ff; 39 N 20, 62, 137 f; 50 N 24; s.a. *Anfechtungsklage*
- Ausgabe von Genussscheinen 47 N 32
- Ausschüttungsbeschluss 40 N 59
- bei Verletzung von Einberufungsvorschriften 23 N 77 ff
- Beschränkung von Kontrollrechten 40 N 161
- institutionelle Stellvertretung 24 N 148
- Mängel in der Durchführung der Generalversammlung 23 N 124
- Mitwirkung Unbefugter 23 N 90; 25 N 33
- Nichtbeschluss 25 N 117
- Nichtigkeit 3 N 57; **25 N 1 ff**; s.a. *Nichtigkeit von Generalversammlungsbeschlüssen*
- Rechtswidrigkeit 25 N 17 f, 107 ff

- Scheinbeschluss 25 N 117
- Zweckwidrigkeit 8 N 55

Genossenschaft 2 N 3, 7, 12, 22; 23 N 9; 67 N 25
- Anwendung von Aktienrecht 5 N 73; 6 N 17 ff
- Umwandlung in Aktiengesellschaft 58 N 28 ff

Genussaktie 47 N 44 f
Genussschein 25 N 47; 46 N 3; **47 N 1 ff**; 48 N 48
- Schaffung 47 N 8 ff
- Sonderversammlung 26 N 7, 25 ff
- statutarische Grundlage 8 N 76
- und Partizipationsschein 47 N 38 f
- Verzicht auf Rechte 26 N 25 ff

Gerichtsstand 8 N 38; 36 N 115 ff; 57 N 205
Gerichtsstandsklausel 8 N 85
Gesamtakttheorie 13 N 15
Gesamteigentum s. *Aktie*, gemeinschaftliches Eigentum
Geschäftsbericht 4 N 68; **51 N 14 ff**
- Auflage 23 N 50 ff
- Bekanntgabe 23 N 50 ff; **40 N 162 ff**
- Erstellung 30 N 52 f
- Genehmigung 22 N 33 f
- Prüfung 33 N 6 ff
- Zwischenbericht 51 N 25; 52 N 102 ff

Geschäftsführender Ausschuss 29 N 37 ff
Geschäftsführung 28 N 109 ff
Geschäftsgeheimnis 35 N 81, 93 ff; 40 N 175 ff
Geschäftsleitung 5 N 90; 20 N 32 f; 28 N 149 ff; 29 N 6 ff
- Abberufung 29 N 70 ff
- Entlastung 22 N 51
- Ernennung 30 N 46 ff, 67
- Oberaufsicht 30 N 47 f
- Pflichtverletzung 37 N 20 ff
- Verantwortlichkeit s. dort
- Vertretung der Aktiengesellschaft nach aussen 30 N 75 ff

Geschäftslokal 8 N 43
Geschäftsniederlassung 8 N 43
Gesellschaftsinteresse 39 N 64
Gesellschaftsvermögen 1 N 21 ff; 44 N 65; 49 N 25

Sachregister

- als ausschliessliches Haftungssubstrat 1 N 57 ff
- Rechtsverhältnisse 1 N 21 f; 49 N 4, 9 f
- Schutz s. *Kapitalschutzbestimmungen*

Gesellschaftszweck 2 N 50 ff; **8 N 45 ff**
- Änderungen 8 N 57, 84; 24 N 34; 55 N 153 f; 57 N 113
- faktische Änderung 22 N 72, 78
- nichtwirtschaftlicher 2 N 10, 17; 4 N 40
- statutarische Umschreibung 8 N 50 ff
- widerrechtlicher/unsittlicher 55 N 128 ff
- wirtschaftliche Zielsetzung 2 N 50 ff

Gesetzliche Reserven 40 N 42; 49 N 55
- allgemeine 50 N 7 ff
- besondere 50 N 30 ff

Gewinn
- Ausschüttung 40 N 21, 53 f; 50 N 112
- Bilanzgewinn 22 N 42 ff; 25 N 38, 49 N 62
- verdeckte Ausschüttung 40 N 40, 87 ff, 334; 65 N 38 f
- Verwendung 22 N 41 ff

Gewinn- und Verlustrechnung s. *Jahresrechnung*

Gewinnstrebigkeit 40 N 22 ff; **2 N 19, 53 ff**; 3 N 11; 8 N 45 ff, 84

Gewinnvortrag 40 N 30, 36; 49 N 57, 62

Gewohnheitsrecht 7 N 18; 12 N 7; s.a. *Observanz*

Gläubiger der Aktiengesellschaft 48 N 1 f, 6 ff
- Anfechtungsrecht 25 N 48
- Auflösungsklage 17 N 21
- Geltendmachung der Nichtigkeit 3 N 65
- Haftungssubstrat 1 N 61
- Informationsrechte 3 N 67
- Interessen 3 N 63 ff; 53 N 26 ff, 265 f
- und Durchsetzung der Statuten 7 N 9
- Recht auf Wiedereintragung 56 N 130, 154 ff; 57 N 213
- Verantwortlichkeitsklage 3 N 66; 36 N 12, 25 f, 32 ff, 38, 41 ff

Gläubigergemeinschaft 26 N 10, 33 ff; 36 N 44; s.a. *Anleihensobligationäre*

Gläubigerrechte 40 N 9 ff

Gläubigerschutz 3 N 63 ff; 44 N 65; 53 N 26 ff, 136 ff
- bei Fusion 57 N 192 ff
- bei Kapitalherabsetzung s. dort
- bei Liquidation 56 N 87 ff

Gleichbehandlungsprinzip 8 N 75; 24 N 61, 70 ff; 26 N 9; **39 N 11 ff**; 43 N 46; 44 N 65, 190, 199; 47 N 14; 50 N 138, 169 ff; 53 N 30
- absolute Gleichbehandlung 39 N 71 ff
- Adressaten 39 N 27 ff
- bei Kaduzierung 44 N 25
- geschützte Personen 39 N 33
- Inhalt und Schranken 39 N 51 ff
- Mitwirkungsrechte 39 N 79 ff
- Partizipanten 39 N 22, 33; 46 N 26 ff
- relative Gleichbehandlung 39 N 51 ff
- schuldvertragliche Verhältnisse 39 N 43 ff
- Schutzrechte 39 N 71 ff
- Ungleichbehandlung 25 N 27 ff; 44 N 200
- unter Aktienkategorien 39 N 39 ff
- Verhältnis zu ZGB 2 39 N 105 ff
- Verletzung 25 N 27 ff; 39 N 83 ff

GmbH 2 N 8, 63; 6 N 17, 20; 39 N 140; 44 N 52; 67 N 22, 35

Goodwill 15 N 13; 50 N 263

Grandfathering 5 N 77

Gratisaktie 40 N 75; 45 N 18; 52 N 130; 57 N 97; **65 N 34 ff**; s.a. *Liberierung, aus Gesellschaftsmitteln*

Gratiskapitalerhöhung s. *Liberierung, aus Gesellschaftsmitteln*

Gratisoption 52 N 331

Graue Eminenz 19 N 18; 37 N 12; s.a. *Vorwort*

Grossunternehmen 2 N 12, 18, 62; 3 N 94; 4 N 66, 68; 20 N 15, 32; **61 N 12 ff**; s.a. *Publikumsgesellschaften*

Groupe de réflexion 66 N 61; 67 N 10 ff

Gründer
- abzugebende Willenserklärungen 14 N 46 ff
- besondere Vorteile s. dort
- Mindestzahl 14 N 6 ff
- Person 14 N 9

- Pflichtverletzung 37 N 66 ff
- Rechenschaftsbericht 15 N 41 ff
- und Genussscheine 47 N 26
- Verantwortlichkeit s. *Gründungshaftung*

Gründervorteile s. *Besondere Vorteile*

Grundkapital 1 N 38 ff; 47 N 6 f; **49 N 3, 16 ff**; s.a. *Aktienkapital*
- Änderung der Zusammensetzung 53 N 8
- Aufbringung 3 N 64
- variables 52 N 305

Grundstücke 33 N 78; 50 N 310; 52 N 180

Gründung 1 N 43; §§ 13–18
- Arten 13 N 30 ff
- Checkliste 14 N 82
- Haftung s. *Verantwortlichkeit*
- Handlung vor Errichtung 18 N 2 ff
- Kosten 50 N 237 ff
- Neuerungen durch Aktienrechtsreform 13 N 37 ff
- öffentliche Beurkundung 14 N 68 ff
- Prospekt 37 N 72 ff
- qualifizierte, s. dort
- Rechtshandlungen für werdende Aktiengesellschaft 18 N 1 ff
- Rechtsnatur der entstehenden Aktiengesellschaft 13 N 25
- Rechtsnatur des Gründungsvorgangs 13 N 15 ff
- Stadien 13 N 22 ff
- und Kapitalschutz 50 N 3
- Versammlung s. *Gründungsversammlung*
- Voraussetzungen 13 N 3 ff

Gründungsbericht 15 N 41 ff; 33 N 71

Gründungshaftung 14 N 83 ff; 15 N 67; 17 N 28 ff; **37 N 55 ff**; s.a. *Verantwortlichkeit*

Gründungsmängel 17 N 1 ff
- bei Mantelgesellschaften
- Haftung 17 N 28 ff; 36 N 62
- Heilung durch Handelsregister-Eintrag 17 N 14 ff
- mangelhafte Liberierung 17 N 36 ff
- Nichtigkeit der Aktiengesellschaft 17 N 17 f
- Willensmängel 17 N 34 f

Gründungssysteme 4 N 25

Gründungsurkunde 14 N 58 ff

Gründungsversammlung 14 N 45 ff
- abzugebende Willenserklärungen 14 N 46 ff
- Beschluss 14 N 52
- vorliegende Belege 14 N 57

Gründungsvertrag 13 N 15 ff

Gruppenklausel 24 N 63; 44 N 192

Gruppenrechte
- Rechtsbehelfe bei Missachtung 27 N 84 ff
- Vertretung im Verwaltungsrat 27 N 78 ff

Güterrecht 44 N 76, 126, 172, 180, 182, 210

GV s. *Generalversammlung*

H

Haftung s. *Verantwortlichkeit*

Haftungsverhältnisse bei der Aktiengesellschaft 1 N 23, 57 ff; 3 N 63; 5 N 34 ff

Handeln für künftige Aktiengesellschaft 18 N 1 ff; 37 N 57

Handelsregister
- Eintragungsort 8 N 37
- Eintragungssperre 25 N 67 f
- Statuteneintrag 9 N 12 ff
- und öffentliches Interesse 48 N 56
- Verfahren 16 N 27 ff
- Zweck 16 N 42 ff

Handelsregisteranmeldung
- bei Gründung 16 N 3 ff
- bei Kapitalherabsetzung 53 N 225 ff, 325 ff
- Checkliste 16 N 15 ff
- Inhalt 16 N 8 ff
- Verwaltungsratsmitglieder 27 N 25 ff
- privatrechtliche Einsprache 16 N 40 f
- Verfahren 16 N 3 ff
- Zurückweisung 16 N 38 f

Handelsregistereintrag 16 N 42 ff
- als Entstehungsvoraussetzung 13 N 8; 16 N 49; 51 N 3
- Angaben zum Aktienkapital 49 N 50
- Bedeutung 1 N 62; 27 N 28
- bei Gründung 13 N 29; **16 N 1 ff**; 44 N 11

1061

- bei Kapitalerhöhung 44 N 12
- bei Kapitalherabsetzung 53 N 135, 237 ff, 325 ff
- bei qualifizierter Gründung 15 N 63 f
- Beschränkung der Vertretungsmacht 30 N 94, 106 ff
- Inhalt 16 N 46 f
- Liquidator 55 N 175; 56 N 37 f
- Löschung der Aktiengesellschaft s. *Löschung der Aktiengesellschaft im Handelsregister*
- Publikation im SHAB 16 N 65 ff
- Revisionsstelle 32 N 19, 37, 44, 60
- Vertretungsberechtigte 30 N 106 ff
- Verwaltungsrat 27 N 25 ff, 52 ff; 37 N 11
- Wiedereintragung 56 N 130, 154 ff; 57 N 213
- Wirkungen 9 N 12 ff; **16 N 48 ff;** 17 N 14 ff; 21 N 6; 25 N 76; 59 N 54 f
- Zweigniederlassung 59 N 39 ff

Handelsregisterführer 17 N 4 f; 27 N 27; 37 N 63
- Aufgaben 16 N 27 ff; 52 N 183
- Kognition 7 N 20; 10 N 2; **16 N 30 ff**; 53 N 235

Handlungsbevollmächtigte **29 N** 62 ff, **67**, 70, 74; 30 N 87, 93, 104; 37 N 17

Hauptniederlassung 59 N 34 ff

Hauptsitz 59 N 38

Herabsetzung des Aktienkapitals s. *Kapitalherabsetzung*

Herabstempelung 53 N 68

Hilfspersonen 19 N 9 ff; 21 N 22 ff

Höchststimmklausel s. *Stimmrechtsbeschränkung*

Holdinggesellschaft 2 N 4, 52; 24 N 88; 27 N 74; 39 N 201; 57 N 22; **60 N 53 ff;** 66 N 8
- Reservebildungsvorschriften 50 N 102
- steuerliche Behandlung (Holdingprivileg) 60 N 60, 66 N 15 ff

HR s. *Handelsregister*

I

IAS s. *International Accounting Standards*
Immobilien-Aktiengesellschaft 2 N 4; 62 N 111 ff; 66 N 64

Immobilien-Aktiengesellschaft im engeren Sinn
- Begriff 62 N 114 ff
- Problematik 62 N 122 ff
- und Lex Friedrich 62 N 126 ff

Immobilien-Aktiengesellschaft im weiteren Sinn 62 N 129 ff

Imparitätsprinzip 50 N 231 ff, 273; 51 N 43

Individualinteressen 3 N 24 ff

Individualschutz 41 N 5 ff

Indossament 44 N 90

Informationsrecht 39 N 110; **40 N 146 ff**; 51 N 7
- Auskunftsrecht s. dort
- des Verwaltungsratsmitglieds 28 N 78, 96 ff
- Durchsetzung 40 N 196
- Einsicht in Geschäftsbücher 40 N 192 ff
- Einsicht ins Aktienbuch 40 N 195; 43 N 89 ff
- Einsicht ins Generalversammlungsprotokoll 23 N 121; 40 N 139, 156
- Einsichtsrechte bei Fusion 57 N 103 f
- im Konzern s. Konzern

Inhaberaktie 43 N 26, 58
- Anonymität 39 N 6
- Einladung an Generalversammlung 23 N 47 f
- Liberierung 14 N 28, 38
- Sammelverwahrung 45 N 6 ff
- Titel 43 N 16, 19 ff
- Übertragung 44 N 85 ff
- Verpfändung 45 N 30
- Zutritt zur Generalversammlung 23 N 68

Inkorporationstheorie 5 N 9 f, 15, 56

Innerer Wert s. *Wirklicher Wert der Aktie*

Innergesellschaftliche Grundlagen 7 N 23 ff; 12 N 1 ff

Insidergeschäfte 28 N 57 f; 50 N 76; 57 N 53; 61 N 32 f

Insolvenz s. *Zahlungsunfähigkeit*

Insolvenzerklärung 55 N 38

Institutionelle Investoren 3 N 40, 50

Institutionelle Stellvertreter s. *Stimmrecht, Stellvertretung*

Interessen im Aktienrecht **3 N 1 ff**; 35
N 93 ff; 51 N 8
- Abwägungskriterien 3 N 11 ff
- der Aktionäre 40 N 126; 53 N 264
- der Arbeitnehmer 3 N 69 ff
- der Gläubiger 3 N 63 ff; 25 N 114
- Haltung des Gesetzgebers 3 N 20 ff
- im verbundenen Unternehmen 60
N 12; s.a. *Minderheitenschutz*
- Interessenkonflikte 3 N 45; 30 N 128a;
35 N 93 ff; 63 N 17
- öffentliche Interessen 3 N 86 ff; 25
N 113; 63 N 6 ff, 21 f
- und Informationsrechte des Aktionärs
40 N 146 ff
- Unternehmensinteresse 3 N 11 ff; 35
N 3
- wirtschaftliche Auswirkungen 3 N 97 ff
Interessentheorie 51 N 240
Interimsdividende 40 N 55 ff
Interimsscheine 43 N 72 ff; 44 N 40
International Accounting Standards 51
N 182 ff, 187, 211, 252; 68 N 72
Internationales Privatrecht 5 N 4 ff
- Bedeutung nationaler Kontrolle 5
N 51 ff
- Personalstatut 5 N 9 ff, 27 ff
- Schweizerische Zuständigkeit 5 N 21 ff
Interner Abschlussbericht 33 N 53
Internes Inspektorat 30 N 45
Internes Recht der Aktiengesellschaft
§§ 7–12
Interzessionsgeschäfte 51 N 125

J

Jahresbericht 51 N 17, 256 ff
Jahreserfolg 49 N 62
Jahresgewinn 40 N 29, 38 ff; 49 N 57
Jahresrechnung 4 N 68; 33 N 8; 40 N 162;
51 N 26 ff; s.a. *Geschäftsbericht*
Jahresverlust 40 N 31
Joint Venture 51 N 243; 57 N 21, 33
Juristische Person 1 N 13 ff, 21

K

Kaduzierung 14 N 40; 17 N 39; **44 N 16 ff**;
53 N 11, 199

- Kaduzierungsgewinn 50 N 23
- Verfahren 44 N 23 ff
- Wirkung 44 N 36 ff
Kapitalbasis 49 N 1 ff
Kapitalerhöhung 1 N 48; 39 N 50; 50 N 4;
52 N 1 ff; 57 N 112
- Abschluss 52 N 176 f
- Angabe im Geschäftsbericht 51
N 261 ff
- Anmeldung beim Handelsregisteramt
52 N 178 ff
- Arten 52 N 19 ff
- Aufgaben des Verwaltungsrats 30
N 59; 52 N 149 ff
- bedingte s. *Bedingte Kapitalerhöhung*
- Erhöhungsbeschluss 52 N 63 ff
- Erwerb der Mitgliedschaft 44 N 12
- Feststellungsbeschluss 52 N 164 ff
- Festübernahme s. dort
- genehmigte s. *Genehmigte Kapitalerhöhung*
- Gründe 52 N 3 ff
- Haftung 37 N 64
- Kosten 50 N 237 ff
- Liberierung 52 N 45 ff
- Mängel 17 N 15; 52 N 195 ff
- ordentliche 33 N 73 f, 76; 52 N 21 f,
42 ff
- Prüfung durch Revisionsstelle 33
N 73 ff; 52 N 42
- qualifizierte 8 N 71; 52 N 32 ff
- Quoren 24 N 41 f
- Rechtsnatur 52 N 9 ff
- Verantwortlichkeit 37 N 64, 79
- Zeichnungseinladung 52 N 87 ff
Kapitalerhöhungsbericht 52 N 128, 149 ff
Kapitalgesellschaft 1 N 20
Kapitalherabsetzung 1 N 48; 30 N 83; 44
N 68; 50 N 105 ff, 204; **53 N 1 ff**
- als Sachausschüttung 40 N 77, 81, 85
- aufgrund richterlichen Urteils 24
N 253 ff
- Begriff 53 N 4 ff
- bei Unterbilanz s. Kapitalherabsetzung, deklarative
- Gläubigerschutz 53 N 57 ff, 83 ff,
136 ff, 298 ff, 307 ff, 317 ff

- Gründe 53 N 20 ff
- Prüfung durch Revisionsstelle 33 N 83
- Quorum 24 N 42
- Sicherstellung der Gläubigerforderungen 53 N 160 ff
- Verfahrensmängel 53 N 243 ff

Kapitalherabsetzung mit Wiedererhöhung **53 N** 17, 60, 299, **332 ff**
- Ausgabe neuer Aktien 53 N 340 ff
- Zuzahlung bisheriger Aktionäre 53 N 344 ff

Kapitalherabsetzung, deklarative 53 N 16, 258 ff
- Generalversammlungsbeschluss 53 N 317 ff
- Mängel 53 N 328 ff
- Möglichkeiten 53 N 305 ff
- Öffentliche Feststellungsurkunde 53 N 324
- Revisionsbericht 53 N 307 ff
- steuerliche Konsequenzen 53 N 284
- Verwendung des Buchgewinns 53 N 321
- Vollzug 53 N 322
- Voraussetzungen 53 N 267 ff, 286 ff

Kapitalherabsetzung, konstitutive **53 N** 15, 18, **33 ff**; 57 N 96
- Anspruch auf Befriedigung/Sicherstellung 53 N 159 ff
- Berichtigung der Aktientitel 53 N 197 ff
- Forderungsanmeldung 53 N 151 ff
- Generalversammlungsbeschluss 53 N 107 ff
- Öffentliche Feststellungsurkunde 53 N 215
- Revisionsbericht 53 N 83 ff, 122
- Schranken 53 N 57 ff
- Schuldenruf 53 N 138 ff
- steuerliche Konsequenzen 53 N 52 ff; 65 N 44 ff
- Verfahren 53 N 42 ff, 184 ff
- Verfahrensmängel 53 N 243 ff
- Verwendung des Buchgewinns 53 N 178 ff
- Vollzug 53 N 190 ff

Kapitalmarktrecht 61 N 15 ff
Kapitalrückzahlungsverbot 50 N 107 ff

Kapitalschutzbestimmungen 1 N 42 ff; 3 N 64; 50 N 1 ff
- Aufwertungsverbot s. dort
- Bewertungsvorschriften s. *Bewertungsgrundsätze*
- Pflichten bei Kapitalverlust/Überschuldungsgefahr 50 N 187 ff
- Reservebildungsvorschriften s. dort
- Schranken des Erwerbs eigener Aktien s. *Aktien, eigene*
- Schutz vor freiwilliger Kapitalverminderung 5 N 105 ff

Kapitalumwandlung 46 N 69 ff; 52 N 136
Kapitalverlust 33 N 10; 50 N 187 ff, 195
Kartell 3 N 96; s.a. *Unternehmenszusammenschlüsse*
Kaufmännische Buchführung s. *Buchführungspflicht*
Kaufmännisches Unternehmen 2 N 52
Kaufrecht an Aktien s. *Erwerbsrechte*
Kausalitätsprinzip 44 N 87
Klein-Aktiengesellschaft 2 N 8, 11, 18, 63; 4 N 97; 40 N 205 f, 254, 42 N 28; 67 N 20
Kognition des Handelsregisterführers s. *Handelsregisterführer, Kognition*
Kollektivgesellschaft 1 N 18; s.a. *Personengesellschaften*
Kollektivunterschrift 21 N 6
Kombination 57 N 15, 214 ff
Kommandit-Aktiengesellschaft 4 N 18; 6 N 21; 67 N 24
Kommanditgesellschaft 1 N 18; 4 N 18; 39 N 199; 67 N 23; s.a. *Personengesellschaften*
Kompetenzdelegation s. *Delegation von Aufgaben des Verwaltungsrats*
Kompetenzverteilung 20 N 9 ff; s.a. *Verwaltungsrat, Aufgaben; Generalversammlung, Befugnisse; Revisionsstelle, Aufgaben*
Konkurrenzverbot des Aktionärs 42 N 33 ff
Konkurrenzverbot des Verwaltungsratsmitglieds 28 N 35 ff, 64, 72
Konkurs 36 N 19, 23 f, 26; 37 N 19; 50 N 126, 190; 53 N 171; **55 N 33 ff**; 57 N 62

- der übernehmenden Gesellschaft 57 N 207 f
- und ordentliche Liquidation 55 N 51 f
- und Verantwortlichkeitsklage 36 N 19 f, 31, 149; 37 N 19

Konkurseröffnung 50 N 223 f
- auf Anzeige des Verwaltungsrats hin 55 N 36 ff
- nach Betreibung 55 N 42 ff
- Widerrufbarkeit 55 N 181

Konkursverwaltung 36 N 26, 37, 144, 160

Konsolidierungspflicht 4 N 98; 34 N 3 ff; 40 N 155; **51 N 199, 201 ff**
- Auswirkung auf Einzelabschluss 34 N 8
- bei Kleinkonzernen 51 N 206 ff
- bei Zwischengesellschaften 51 N 210 ff
- Konsolidierungskreis 51 N 216 ff

Konsolidierungsregeln 34 N 26 f; 51 N 155, 223 f, 248 ff

Kontenrahmen 51 N 166, 168

Kontrollrechte des Aktionärs
- Beeinträchtigung 25 N 92
- und Sonderprüfung 35 N 16

Kontrollstelle s. *Revisionsstelle*

Kontrolltheorie 5 N 51 f, 55; 8 N 41

Konventionalstrafe 14 N 39; 39 N 198; 42 N 20; 44 N 18, 20, 50

Konversion 44 N 269 ff

Konzern 3 N 96; 34 N 2; 51 N 114, 117; **60 N 1 ff**
- Aktienrechtsrevision 4 N 66, 101
- Begriff 60 N 10
- Behandlung im europäischen Wirtschaftsrecht 68 N 79
- bedingtes Kapital 52 N 329
- Definition 51 N 191; 60 N 8
- einheitliche Leitung 60 N 27 ff
- faktischer Konzern 60 N 10
- Gleichordnungskonzern 60 N 10
- Haftungsverhältnisse 60 N 39 ff
- Informationspflichten 40 N 197 ff
- Informationsrechte des Verwaltungsrats 28 N 108
- Konzernrechnungsprüfer, s. dort
- Muttergesellschaft 37 N 14, 27
- Organisation der Exekutive 29 N 20
- Rangrücktritt 50 N 222

- Rechnungslegung, s. *Konzernrechnungslegung*
- rechtliche Behandlung 60 N 25 ff
- steuerliche Behandlung 66 N 6 ff
- Tochtergesellschaft 51 N 195 f
- Unterordnungskonzern 60 N 10
- vertraglicher Konzern 60 N 10
- Vertreter im Verwaltungsrat der Tochtergesellschaft 28 N 164 ff
- Vinkulierungsvorschriften 2 N 62
- Wandel-/Optionsanleihen 52 N 325

Konzernrechnungslegung 4 N 98; 22 N 38; 34 N 3 f; 39 N 133; 48 N 57 ff; vor 49 N 9; **51 N** 14, 21, 123, **190 ff**; 61 N 7
- Aufbau der Konzernrechnung 51 N 200
- Grundsätze 51 N 221 ff
- Erstellungspflicht s. *Konsolidierungspflicht*
- Europakompatibilität der Regelung 68 N 72 ff
- IAS-Standards 51 N 182
- Jahresbericht 51 N 267
- Konsolidierungsregeln s. dort
- und Einzelabschluss 51 N 255 f
- Zwischenabschluss 52 N 102 ff; 68 N 61

Konzernrechnungsprüfer 22 N 24; 34 N 1 ff
- Aufgaben, Pflichten 34 N 21 ff
- Bestellung 34 N 16 ff
- Wählbarkeitsvoraussetzungen 34 N 10 ff

Konzessionierte Transportanstalten 50 N 103

Konzessionssystem 4 N 25, 38; 13 N 11

Kopfstimmprinzip 24 N 62; 31 N 22

Körperschaft 1 N 11 ff

Kostenprinzip 50 N 250 ff

Kostentragung
- Anfechtung Generalversammlungsbeschluss 25 N 79 ff
- Sonderprüfung 35 N 105 ff
- Verantwortlichkeitsklage 36 N 121 ff

Kotierungsreglement 48 N 63; 50 N 97; 61 N 30

Kotierungsvoraussetzungen 51 N 25, 175; 61 N 29 f

1065

Sachregister

Kraftloserklärung 44 N 19; 53 N 11, 200
Kreationstheorie 13 N 15
Kursmanipulation 61 N 34
Kursschnitt 61 N 20

L

Laienrevision 4 N 69
Leasingverbindlichkeiten 51 N 132
Legaldefinition der Aktiengesellschaft
 1 N 65
Leitbild der Aktiengesellschaft 1 N 65;
 2 N 5 ff
Lex Friedrich 16 N 22 f; 62 N 126 ff
Liberierung 14 N 18 ff; 52 N 115 ff
– aus Gesellschaftsmitteln 40 N 76, 80;
 45 N 18; **52 N** 27, 114, 117, **129 ff**
– bei Kapitalerhöhung **52 N** 26 ff, 45,
 115 ff
– bei Nutzniessung 45 N 21
– durch Herabsetzung der Liberierungsquote 52 N 147 f
– durch Sacheinlage 52 N 120; s.a.
 Sacheinlagegründung
– durch Verrechnung 15 N 28 ff, 43, 63;
 50 N 204; 52 N 122 ff
– mangelhafte 17 N 36 ff
– minimale 14 N 24; 49 N 22, 29
– nachträgliche 14 N 30 ff; 30 N 58; 33
 N 72
– nachträgliche qualifizierte 15 N 36, 66
– qualifizierte 15 N 9 ff; s.a. *Sacheinlagegründung, Sachübernahmegründung*
– Teilliberierung 14 N 24; 49 N 29
Liberierungspflicht 1 N 59 f; 3 N 61; 8
 N 70; 14 N 35, 41; **42 N 3 ff**; 44 N 119
– bei teilliberierten Aktien 14 N 32 ff
– Folgen der Nichterfüllung 14 N 39 f;
 44 N 17 ff, 49 f
– Verjährung 14 N 41
Liquidation 44 N 15, 128; 50 N 74; 52
 N 13; 55 N 149 ff; **56 N 1 ff**
– Abschluss 56 N 145 ff
– einer nichtigen Aktiengesellschaft 17
 N 18
– faktische 56 N 144, 151
– Gläubigerschutz 56 N 87 ff
– Hinterlegung 56 N 98 ff

– Handelsregister-Eintrag 55 N 166 ff
– Kapitalherabsetzung 53 N 19
– konkursamtliche 56 N 4 f, 31 f
– Liquidationshandlungen 56 N 104 ff
– nachwirkende Pflichten 56 N 159 ff
– Schuldenruf 56 N 90 ff
– Sicherheitsleistung 56 N 96 ff
– Steuerfolgen 56 N 173 ff
– stille 56 N 143
– Teilliquidation s. dort
– Verfahren 56 N 6 ff, 77 ff
– Verteilschlüssel 56 N 120 ff
– Verteilung des Vermögens 56 N 119 ff
Liquidationsanteil 56 N 119 ff
– Sperrfrist für Auszahlung 56 N 128 ff
– ungerechtfertigter Bezug 56 N 135 ff
– vorzeitige Überschuss-Verteilung 33
 N 84 ff
Liquidationseröffnungsbilanz 56 N 7,
 78 ff
Liquidationsschlussbilanz 56 N 86
Liquidationsstadium 54 N 7 ff
Liquidator 56 N 13 ff
– Abberufung 56 N 40 ff
– als Organ 19 N 5; 56 N 48 ff
– Amtsdauer 56 N 35 ff
– Aufgaben s. *Liquidator, Aufgaben*
– Beendigung des Amtes 56 N 39 ff
– Bestellung 56 N 19 ff
– Einberufung der Generalversamm-
 lung 23 N 21
– Haftung für Steuern 38 N 5
– Handelsregistereintrag 55 N 89; 56
 N 37 f
– internes Verhältnis zur Gesellschaft 56
 N 54 ff
– Pflichtverletzung 37 N 33 ff
– Recht auf Abberufung 39 N 78
– richterliche Berufung 56 N 26 ff, 43 ff
– Stellung 56 N 48 ff
– Verantwortlichkeit 37 N 18; 56 N 58
– Voraussetzungen des Amtes 56 N 14 ff
Liquidator, Aufgaben 50 N 202, 211; **56
 N 104 ff**
– Beendigung der Geschäfte 56 N 105 f
– bei Überschuldung 56 N 117 f
– Dividendenzahlung 56 N 114 f

- Einforderung ausstehender Liberierungsbeträge 56 N 113
- Erfüllung der Verpflichtungen 56 N 110 ff
- Schlussabrechnung 56 N 116
- Verwertung der Aktiven 56 N 107 ff

Löschung der Aktiengesellschaft im Handelsregister 56 N 11, 146 ff; 57 N 50, 210 ff
- infolge Einstellung der Aktivität 55 N 143 f
- nach Fusion 57 N 210 ff
- Wirkung 56 N 152

M

Management letter 33 N 54, 56
Mantelgesellschaft 56 N 163 ff
- steuerrechtliche Behandlung 56 N 170 f
- zivilrechtliche Behandlung 56 N 168 f

Mehrheiten s. *Quoren*
Mehrheitsprinzip s. auch *Quoren*
- Grundsatz 3 N 23, 55; **24 N 7 ff**; 39 N 24 f, 108 f; 55 N 61
- Schranken 41 N 1 ff

Meldepflicht bei Erwerb von Aktienpaketen 24 N 88 f; 39 N 8 ff; 42 N 37 ff; 61 N 37 ff

Mieter-Aktiengesellschaft 20 N 41; 62 N 134 f

Minderheitenrechte
- Auflösungsklage s. dort
- Einberufung der Generalversammlung 23 N 22 ff
- Traktandierungsrecht 23 N 26 ff

Minderheitenschutz 3 N 56 ff; 26 N 2; 41 N 5 ff
- Aktienrechtsrevision 4 N 67, 93; 55 N 68 ff
- Auflösungsklage s. dort
- bei der Bildung von Reserven 50 N 61
- durch qualifizierte Quoren 24 N 51
- Einsetzung des Sonderprüfers 35 N 41 ff
- Minderheitenbegehren 23 N 22, 26, 31 ff
- und Anfechtungsklage 25 N 11 f

- und Revisionsstelle 32 N 31 ff
- und Sonderprüfung 35 N 21
- Vertretung im Verwaltungsrat 3 N 60; 27 N 88 ff; 28 N 162 f

Mindestnennwert 1 N 52; 53 N 62, 300 ff
Mitarbeiter 3 N 22, 69 ff; 48 N 3 f; 57 N 189
Mitarbeiteraktie **3 N 70 ff**; 40 N 95; 41 N 36; 48 N 44 f; 52 N 328
Mitarbeiterbeteiligung 48 N 40 ff; 52 N 327 ff, 339a; s.a. *Mitarbeiteraktie*
Mitbestimmung 3 N 73 ff; 4 N 66; 48 N 50; 68 N 48 ff, 83
Miteigentum s. *Aktie, gemeinschaftliches Eigentum*
Mitgliedschaft 44 N 1 ff
- Anonymität 39 N 5 ff
- Ausnahmen von der Kapitalbezogenheit 41 N 20 ff
- Bedeutung für Verband 1 N 18
- Erwerb 44 N 10 ff
- Kapitalbezogenheit 2 N 22, 25 ff; **39 N 2 ff**, 140; 41 N 2 ff; 44 N 6 ff
- Übertragung s. *Übertragung von Aktien*
- und Fusion 57 N 155 ff
- Verlust s. *Kaduzierung* und *Aktienbuch, Streichung*
- Verurkundung s. *Aktientitel*
- Wechsel 1 N 31; 2 N 33; s.a. *Übertragung von Aktien*

Mittelflussrechnung 51 N 160 ff
Mitwirkungsrechte 39 N 79; **40 N 7, 130 ff**
- Antragsrecht 23 N 16 ff; **30 N 107 ff**
- Äusserungsrecht in der Generalversammlung 23 N 30, 104 ff; 40 N 136
- passives Wahlrecht 27 N 14; 40 N 140
- Recht auf Einberufung der Generalversammlung 2 N 32; 23 N 16 ff; 39 N 133; 40 N 134
- Recht auf Einladung 40 N 133
- Recht auf Teilnahme an der Generalversammlung 39 N 110; 40 N 135
- Recht auf Vertretung im Verwaltungsrat 39 N 136
- Traktandierungsrecht 2 N 32; 23 N 16 ff, 26 ff; 39 N 131, 136; 40 N 134

Muttergesellschaft s. *Konzern*

N

Nachlassstundung 50 N 225; 55 N 39
Nachlassvertrag 50 N 225; 53 N 12 f; 55 N 39; 56 N 32
Nachrangige Anleihe 48 N 37 f
Nachschusspflicht 42 N 17
Namenaktie 35 N 34; 39 N 7, 35; 43 N 29 ff, 64 ff
– börsenkotierte 39 N 8, 37; 44 N 182 ff; 45 N 47; 61 N 9
– Einladung an Generalversammlung 23 N 46, 73
– Interimsschein s. dort
– Kaduzierung 44 N 28
– teilliberierte s. *Aktie, teilliberierte*
– Titel 43 N 16, 19 ff; s.a. *Aktientitel*
– Übertragung 2 N 42; 14 N 32; 44 N 90 ff; s.a. *Übertragung von Aktien*
– vinkulierte, s. *Vinkulierung*
– Zutritt zur Generalversammlung 23 N 70 ff
Nationalbank 63 N 23 ff
Nationalität
– der Aktiengesellschaft 5 N 51 ff; 16 N 22 f
– der Verwaltungsratsmitglieder 27 N 63, 68 ff
Naturaldividende 40 N 66 ff
Nebenleistungspflichten 42 N 17 ff
Nennwert 1 N 52 f; 14 N 16 f; 24 N 23, 115; 43 N 10, 39 ff; 49 N 39 f
– Mindestnennwert 53 N 62, 300 ff
– Wechsel 43 N 39 ff; 52 N 36; 53 N 68
Nichtbeschluss der Generalversammlung 25 N 117
Nichtigkeit der Aktiengesellschaft 17 N 17 f
Nichtigkeit von Generalversammlungsbeschlüssen **25 N** 1 ff, **86 ff**; 39 N 110, 137; s.a. *Generalversammlungsbeschluss, fehlerhafter*
– bei formellen Mängeln 25 N 117 ff
– Geltendmachung 25 N 128 ff; 48 N 22
– gesetzliche Nichtigkeitsfälle 25 N 89 ff
– Heilung 25 N 135 f
– richterliche Interessenabwägung 25 N 103 ff

– Verletzung von Aktionärsrechten 25 N 92 ff
– Verletzung von Grundstrukturen 25 N 97 ff
Nichtigkeit von Verwaltungsratsbeschlüssen s. *Verwaltungsrat, Beschlussfassung*
Nichtigkeitsklage 25 N 7; 50 N 130
Niederlassung 5 N 19
Niederstwertprinzip 33 N 18; **50 N 265 ff**, 286; 51 N 43
Niemandsland-Methode 51 N 241
Nominalkapital 1 N 38
Nominees 24 N 72; 44 N 191
Nonversés 14 N 30
Normativsystem s. *System der Normativbestimmungen*
Nutzniessung an Aktien 45 N 13 ff

O

Obligationenanleihen s. *Anleihensobligationen*
Observanz 7 N 27; 12 N 7 ff
– Verhältnis zu Statuten 12 N 10
– Verhältnis zum Gesetzesrecht 12 N 9
Octroi 4 N 25
Offenlegung s. *Publizität*
Offenlegungspflicht
– Beteiligungen 51 N 114, 141 f; 60 N 18; 61 N 36 ff
– Geschäftsbericht 48 N 57 ff; 62 N 6
Öffentliche Beurkundung 14 N 81 f; 15 N 38; 23 N 118, 120; 37 N 62, 78
– anwendbares Recht 6 N 15; 14 N 69
– bei Kapitalerhöhung 52 N 48, 170 ff, 243, 266, 274
– Beschlüsse über Statutenänderungen 9 N 11 ff
– des Errichtungsaktes 14 N 3, 68 ff
– Kapitalherabsetzungsbeschluss 53 N 124 ff
– qualifizierter Generalversammlungsbeschluss 23 N 118
– Zweck 14 N 70 ff
Öffentliche Interessen 48 N 51 ff
Öffentliche Kaufangebote 61 N 41 ff
Öffentliches Recht
– Strafrecht, s. dort

- Verantwortlichkeit 38 N 1 ff
Offre Public d'Achat 4 N 101
Ökonomische Analyse des Rechts
  3 N 97 ff
Omnipotenztheorie 20 N 9, 11
OPA s. *Offre Public d'Achat*
Option, einfache 52 N 334
Options- und Wandelanleihen s. *Anleihensobligationen*
Organ §§ 19–21
- Abberufung von Mitgliedern 22 N 29 ff
- Begriff s. *Organ, Begriff*
- Bestellung **14 N 43 ff**; 22 N 17 ff
- Exekutivorgan 19 N 6
- faktisches 19 N 20; 21 N 10; 35 N 75; 37 N 4 ff; 39 N 30
- fakultatives 20 N 31 ff
- Fehlen notwendiger Organe 20 N 43 ff
- Funktionen **20 N 1 ff**; 37 N 2
- Gewaltentrennung 20 N 21 ff
- Haftung, s. *Verantwortlichkeit*
- Handlungsunfähigkeit 20 N 43 ff
- Liquidator s. dort
- Stellung bei Auflösung, insbesondere Liquidation 55 N 155; 56 N 60 ff
- und Hilfsperson 19 N 12
- unerlaubte Handlungen 21 N 9 ff
- Verantwortlichkeit, s. dort
- Verfügungsberechtigung 1 N 21
- Verhältnis zueinander 20 N 9 ff
- Verpflichtung der Aktiengesellschaft durch Organe 21 N 1 ff
- Vertretung eines Organs durch ein anderes 20 N 44 ff
- Verwaltungsrat, s. dort
Organ, Begriff 19 N 1 ff
- Abgrenzung Stellvertreter/Hilfsperson 19 N 9 ff; 30 N 88 ff
- formelle Organstellung 19 N 17; 37 N 3
- im Verantwortlichkeitsrecht 19 N 7 f; 37 N 3 ff; 60 N 46
- Kriterien der Organstellung 19 N 17 ff
- materielle Organstellung 19 N 18; 37 N 4 ff
Organisation 1 N 17, 24 ff; 30 N 34
Organisationsreglement 5 N 90; **11 N 1 ff**; 20 N 32; 31 N 25 f

- Begriff 11 N 3 ff
- formelle Anforderungen 11 N 19 ff
- Genehmigungsvorbehalt der Generalversammlung 11 N 26
- Inhalt 11 N 7 ff; 28 N 33, 82, 105; 31 N 26
- Offenlegungspflicht 11 N 27 f
- und Kompetenzdelegation 11 N 16 ff; 29 N 12; 30 N 37
Organisationsvertrag 13 N 19
Organtheorie s. *Realitätstheorie*
Organvertreter 24 N 123, 132 ff

P

Paritätsprinzip 20 N 9, 12
Partizipanten
- Anfechtungsrecht 25 N 46; 46 N 44
- bei Liquidation 56 N 124
- Bezugsrecht 46 N 56 ff
- Entzug von Rechten 26 N 6, 18 ff
- Informationsrechte 46 N 49 ff
- Leistungspflicht 1 N 59 f
- Mitwirkungsrechte 46 N 35 ff
- Rechte an Generalversammlung 23 N 39, 75
- Rechtsstellung 39 N 22; 46 N 26 ff
- Schutzrechte 46 N 41 ff
- Sonderversammlung 26 N 18 ff
- Stimmrecht 24 N 106
- und Sonderprüfung 35 N 35
- Verantwortlichkeitsklage 36 N 12
- Vermögensrechte 46 N 13, N 32 f
- Vertretung im Verwaltungsrat 27 N 96 ff; 28 N 172; 46 N 54
Partizipationskapital 1 N 55 f; 35 N 45; 46 N 8; 49 N 18 ff
- Erhöhung 52 N 38
- Obergrenze 1 N 55; 5 N 80; 46 N 24 f
- und Aktienkapital 46 N 11 ff
- und Aufwertungsverbot 50 N 307
- und Reservebildung 50 N 18
- Untergrenze 1 N 55; 46 N 23
Partizipationsschein 1 N 55; 4 N 51, 72; 5 N 83 ff; **46 N 1 ff**
- Abschaffung 46 N 67 f
- Begriff 46 N 8 f
- Nennwert 46 N 25

- Prinzip der Schicksalsgemeinschaft 46 N 31
- Schaffung 46 N 65 f
- statutarische Grundlage 8 N 76
- Umwandlung in Aktien 46 N 69 ff; 52 N 136
- und Genussschein 47 N 38 f
- Vorzugs-Partizipationsschein 46 N 66
- wirtschaftliche Bedeutung 46 N 76 ff

Passivvertretung 30 N 129 ff
Patronaler Fonds 24 N 88b
Patronatserklärung 51 N 127; 60 N 24, 41
Personalistische Aktiengesellschaft **2 N** 7, 16, **35 ff**; 3 N 62; 39 N 141 ff; 40 N 205 f; 42 N 28; **62 N 2 ff**
- Gemeinsamkeiten mit Personengesellschaften 62 N 7 ff
- Unterschiede zu Personengesellschaften 62 N 17 ff

Personalstatut 5 N 9, 26 ff
Personengesellschaften 1 N 12, 17 f; 44 N 52
- Umwandlung in Aktiengesellschaft 15 N 17
- Abgrenzung zur personalistischen Aktiengesellschaft 62 N 21 ff

Persönlichkeitsrechte der Aktiengesellschaft 1 N 35
Pflichtaktie 27 N 5
Poolvertrag 39 N 155
Powers reserved 60 N 33
Praecipuum 66 N 24
Präsenzliste 23 N 89
Präsenzquorum 24 N 5
Präsident des Verwaltungsrats 23 N 98; **28 N** 77, 102 f, 115, 119, 133, **137 ff**; 29 N 2 ff; 31 N 5, 30
Prinzip des Anschaffungswerts 50 N 304
Prioritätsaktien s. *Vorzugsaktien*
Privatisierung öffentlichrechtlicher Institutionen 57 N 30; 58 N 37 ff
Prokurist **29 N 62 ff**, 70 f, 74; 30 N 83, 93, 104; 37 N 17
Prospekt s. *Gründung*
Prospekthaftung 5 N 23; 37 N 72 ff; 61 N 10
Prospektpflicht 52 N 87 ff; 62 N 6

Prozentklausel 44 N 182, 188 ff
PS s. *Partizipationsschein*
Publikationsorgan 8 N 63 f
Publikumsgesellschaft 3 N 43; 20 N 15; 40 N 72, 254; 43 N 4, 59 ff
- als Leitbild 2 N 13 f, 58; 4 N 66
- Gleichbehandlungsprinzip 39 N 18, 70
- kapitalbezogene Struktur 2 N 24
- Kapitalerhöhung 52 N 199 ff, 210
- Offenlegungspflichten 39 N 8 ff; 61 N 6 ff, 36 ff
- Rechnungslegung 4 N 68; 51 N 11, 167
- Schutz vor unfriendly takeovers 24 N 52
- Stimmrechtsvertretung 24 N 123; 61 N 13
- Teilnahme an Generalversammlung 23 N 67 ff
- Vinkulierung 44 N 104 f

Publizität 8 N 63; 68 N 63
- bei Gründung 15 N 57 ff
- registerrechtliche 16 N 42 ff
- und Organisationsreglement 11 N 27

Q

Qualifizierte Beschlussfassung s. *Beschlussfassung*
Qualifizierte Gründung 13 N 31; **15 N 1 ff**; 16 N 13, 19
- Begriff 15 N 2 ff
- besondere Vorteile bestimmter Personen 15 N 5, 24 ff
- Bewertungsgrundsätze 15 N 45 ff
- Formerfordernisse 15 N 38 ff
- Kombination 15 N 35
- nachträgliche 15 N 36
- Offenlegung 15 N 57 ff
- Prüfung durch Revisor 15 N 49 ff
- Rechenschaftsablegung der Gründer 15 N 41 ff
- Sacheinlage s. *Sacheinlagegründung*
- Sachübernahme s. *Sachübernahmegründung*
- Schutzvorkehrungen 15 N 37 ff
- Verrechnung 15 N 6, 28 ff

Qualifiziertes Mehr s. *Quoren*
Quasifusion 57 N 19, 33

Quoren 24 N 3 ff; s.a. *Generalversammlung, Beschlussfassung*
– Arten 24 N 8 ff
– bei bedingter Kapitalerhöhung 52 N 350
– bei Einführung von Genussscheinen 47 N 11 f
– bei Fusion 57 N 105
– bei genehmigter Kapitalerhöhung 52 N 242
– für Kapitalerhöhung 52 N 49 ff
– für Sonderprüfung 35 N 36, 46
– für Statutenänderungen 9 N 10; 25 N 24 ff
– für wichtige Beschlüsse 24 N 28 ff
– Grundregel 24 N 25 ff
– statutarische Erleichterung 24 N 46, 53
– statutarische Erschwerung 3 N 60; 24 N 46 ff
Quotenaktie 1 N 52; 4 N 55; 49 N 44, 47
Quotenkonsolidierung 51 N 243 f

R

Rangrücktritt 50 N 189, 214 ff
Realisationsprinzip 50 N 231 ff, 253, 273; 51 N 43
Realitätstheorie 4 N 12; 21 N 2, 16
Realtypus der Aktiengesellschaft 2 N 59 ff
Rechnungsabgrenzungsposten 51 N 114, 118
Rechnungslegung 4 N 52; 33 N 10; vor 49 N 8; 50 N 319; **53 N 1 ff**; 67 N 35
– Abweichung von den gesetzlichen Vorschriften 51 N 64 ff
– Aktivierung von Kosten 50 N 235 ff
– allgemeine Regeln 51 N 27 ff
– Aufbewahrungspflicht 51 N 78 ff
– Bewertungsvorschriften 33 N 10; vor 49 N 7
– Editionspflicht 51 N 82 f
– formelle Anforderungen 51 N 70 ff
– intertemporales Recht 5 N 95 ff
– Konzernrechnungslegung, s. dort
– private und internationale Standards 51 N 165 ff
– strafrechtlicher Schutz 51 N 85 ff
– Terminologie 51 N 22

Rechnungslegung, ordnungsgemässe 51 N 32 ff, 58 ff, 153
– Bruttoprinzip 51 N 49 f, 61
– Klarheitsgrundsatz 51 N 39
– Stetigkeit der Darstellung 51 N 46 ff, 60
– Vollständigkeitsgrundsatz 51 N 36 f
– Vorsichtsprinzip 50 N 231 ff, 295; 51 N 42, 63
– Wesentlichkeitsprinzip 33 N 23; 50 N 95; 51 N 40 f, 217
– Fortführungsprinzip 51 N 45
Rechnungswesen 30 N 40 f
Rechtsanwalt s. *Anwalt*
Rechtsfähigkeit der Aktiengesellschaft 1 N 32 ff; 55 N 151
Rechtsmissbrauchsverbot 25 N 17; 28 N 97; **39 N 103 ff**, 206
Rechtspersönlichkeit 1 N 11, 18
– Entstehung 1 N 62
– Konsequenzen 1 N 31 ff
Reform des Aktienrechts s. *Aktienrechtsreform*
Registerkreis 16 N 4
Reglement 7 N 23 ff; 11 N 3 f; 12 N 2 ff; s.a. *Organisationsreglement*
Regress s. *Rückgriff*
Regulierungskommission 61 N 20
Rektaaktie 43 N 34 ff; 44 N 95 ff
Reservebildungsvorschriften 1 N 46; 33 N 28; vor 49 N 2; **50 N 5 ff**
Reserven 22 N 46; 40 N 42 ff; 44 N 65; **49 N 51 ff**; 50 N 204
– allgemeine 3 N 20; 50 N 21
– Änderung 53 N 9
– Bildung 1 N 46; 3 N 47;
– durch Generalversammlung im Einzelfall beschlossene 49 N 55; 50 N 54 ff
– freie 40 N 36; 49 N 57; 50 N 20, 50
– für eigene Aktien 51 N 119
– für Wohlfahrtszwecke 3 N 22; 40 N 47; 50 N 46 ff
– gesetzliche s. *Gesetzliche Reserven*
– statutarische 49 N 55; 50 N 42 ff
– stille s. *Stille Reserven*
– und Rückstellungen 50 N 289
Revision

1071

Sachregister

- Bedeutung der Revisionspraxis 33 N 124 ff
- interne 32 N 62 f
- Laienrevision 4 N 69

Revisionsausschuss 29 N 40 f
Revisionsbericht 22 N 35 ff; **33 N 39 ff**, 108; 34 N 30; 40 N 163 ff
- Auflage 23 N 50 ff
- bei konstitutiver Kapitalherabsetzung 53 N 83 ff, 122

Revisionsgesellschaft 32 N 18; 28 ff
Revisionshaftung s. *Verantwortlichkeit, der Revisionsstelle*
Revisionsschlussbesprechung 33 N 55
Revisionsstelle 1 N 27; §§ 32–34; 44 N 170
- Abberufung 32 N 47 ff; 48 N 19
- Amtsdauer 32 N 41 f, 46; 34 N 19
- Anfechtungsrecht 25 N 51
- Aufgaben, s. *Revisionsstelle, Aufgaben*
- Auskunftsrecht 33 N 29 ff
- Beendigung des Mandats 32 N 45 ff; 34 N 16
- Befähigung 4 N 69; 5 N 89; 32 N 4 ff; 68 N 77
- Bestellung 32 N 34 ff
- Einsetzung durch Richter 32 N 36 ff
- Entlastung 22 N 51
- Handelsregistereintrag 32 N 37 ff, 44, 60
- Informationsrecht 33 N 29 ff
- Konzernrechnungsprüfer, s. dort
- Minderheitenvertreter 32 N 31 ff
- Pflichtverletzung 37 N 47 ff
- Rücktritt 32 N 53 ff
- Statuteneintrag 8 N 82 f
- Unabhängigkeit **32 N 24 ff**; 33 N 77; 34 N 9, 11; 48 N 20; 68 N 77
- Vakanz 32 N 61
- Verantwortlichkeit 33 N 5, 118; 34 N 39; 36 N 9, 69, 96; **37 N 41 ff**; 52 N 163
- Verletzung der Statuten 10 N 3
- Vertreter einer Körperschaft öffentlichen Rechts 8 N 87
- Wahl 22 N 21 ff; 24 N 110; 32 N 34 f, 41 ff
- Wählbarkeitserfordernisse **32 N 3 ff**; 34 N 10 ff

- Wohnsitz/Sitz 32 N 22 f; 34 N 13

Revisionsstelle, Aufgaben 20 N 20; **33 N 1 ff**
- Abschlussprüfung **33 N 2, 6 ff**, 70; 50 N 319
- an der Generalversammlung 23 N 94; 34 N 29
- Anzeigepflichten 33 N 59 ff, 90 ff, 115
- Auskunft an Aktionäre 40 N 168
- Auskunft an Sonderprüfer 33 N 114; 35 N 74 ff
- ausserordentliche Prüfungsfälle 32 N 15; 33 N 68 ff
- bei Aufwertung 33 N 78; 50 N 314
- bei bedingter Kapitalerhöhung 33 N 75 ff; 52 N 396 ff
- bei Kapitalerhöhung 33 N 73 ff; 52 N 158 ff
- bei Kapitalherabsetzung 53 N 83 ff
- bei Kapitalverlust 50 N 202, 210
- bei Konzernprüfung 34 N 21 ff
- bei Liquidation 56 N 76
- bei Sitzverlegung 33 N 86
- bei Überschuldungsgefahr 33 N 79 ff, 90 ff, 115; vor 49 N 6
- bei vorzeitiger Verteilung des Liquidationsüberschusses 33 N 84 f; 56 N 133
- bei Weglassung von Angaben 51 N 68
- Berichterstattung an Generalversammlung **33 N 2, 39 ff**; 34 N 31 f
- Einberufung der Generalversammlung 23 N 20; 33 N 66
- Eingriff anderer Organe 20 N 22 ff
- Erläuterungsbericht s. *Revisionsbericht*
- Erweiterungen
- Geschäftsführungshandlungen 33 N 87 ff
- Geschäftsführungspflicht 34 N 35 f
- Gründungsprüfung 15 N 49 ff; 33 N 71 f
- interne Revision 32 N 62 ff
- Jahresbericht 51 N 265
- Präsenzpflicht an Generalversammlung 22 N 37; 23 N 94; 24 N 31; 25 N 38; **33 N 47**, 77; 39 N 77; 40 N 159
- Schweigepflicht 33 N 2, 107 ff; 34 N 38

- Überwachung der Geschäftsführung 33 N 36
- Verhältnis zu Aufgaben der Generalversammlung 20 N 30
- Verhältnis zu Aufgaben des Verwaltungsrats 20 N 27; 36 N 96
- zusätzliche Aufgaben 8 N 82; 33 N 98 ff; 20 N 6; 37 N 46

Revisor s. *Revisionsstelle*

Revisor, besonders befähigter 4 N 59; 30 N 60; **32 N 8 ff**; 33 N 38, 48, 75, 77, 83 f; 52 398; 53 N 85; 56 N 132 f

Richter
- Einberufung der Generalversammlung 23 N 35
- Einsetzung Revisionsstelle 32 N 36 ff
- Einsetzung Sonderprüfer 35 N 51 ff
- Ernennung Liquidator 56 N 27 ff
- Bereinigung des Berichts des Sonderprüfers 35 N 82 ff

Richterrecht 7 N 18

Rückerstattungsklage 39 N 76; 50 N 124 f

Rückerstattungspflichten 28 N 134; 40 N 335; 42 N 21; **50 N 112 ff**
- Liquidationsanteile 56 N 135 ff
- Tantièmen 50 N 112, 118, 126

Rückgriff 36 N 106, 110 f, 138

Rücklagen s. *Reserven*

Rückstellungen 33 N 30; **49 N 7, 65 f**; 50 N 98, 288 ff; s.a. *Wertkorrekturen*

Rückzahlungsverbot s. *Kapitalrückzahlungsverbot*

S

Sachanlagen 50 N 255

Sacheinlagegründung 4 N 98; 15 N 3, 9 ff; s.a. *Qualifizierte Gründung*
- Eintrag in Statuten 15 N 60
- Gegenstand 15 N 10 ff
- Löschung 15 N 64

Sachlichkeitsgebot 25 N 24 ff; 26 N 9; 28 N 66; 30 N 20; **39 N 87 ff**, 127; 47 N 14, 30

Sachübernahmegründung 4 N 98; **15 N 4, 18 ff**; 18 N 13 ff; s.a. *Qualifizierte Gründung*
- Eintrag in Statuten 15 N 61

- Löschung 15 N 64
- Verhältnis zu OR 645 18 N 13 ff

Sachverständiger 22 N 27; 33 N 106 f; 35 N 21, 54

Sachwalter 50 N 190, 227
- als Organ 19 N 5
- Verantwortlichkeit 37 N 18

Sammelverwahrung s. *Inhaberaktie*

Sanierung 41 N 37; 42 N 23; 52 N 6, 125; 53 N 262
- stille 53 N 333 f, 345 f

Sanierungsplan 50 N 224

Schaden 36 N 12 ff, 57 ff, 148
- damnum emergens 36 N 58
- immaterielle Unbill 36 N 59
- lucrum cessans 36 N 58
- mittelbarer 36 N 15, 17, 29 f, 41 ff, 61, 121
- Reflexschaden 36 N 15
- Schaden der Gesellschaft 36 N 17
- unmittelbarer 36 N 14, 16, 127, 145

Schattenrechnung 50 N 96

Scheinbeschluss 25 N 117

Schenkung 44 N 76

Schicksalsgemeinschaft 26 N 19; 46 N 31; 52 N 347

Schiedsgericht 25 N 67 f; 36 N 118 f

Schiedsgerichtsklausel, statutarische 8 N 85

Schonende Rechtsausübung 26 N 9; 28 N 66; **39 N 95 ff**, 127; 44 N 255; 47 N 14

Schuldenruf 30 N 84; 53 N 138 ff; 56 N 8

Schutzrechte 2 N 32; 3 N 24; 36 N 21 ff; 39 N 72 ff; **40 N 7 f, 141 ff**; 45 N 22
- Anfechtung Generalversammlungsbeschluss s. *Anfechtungsklage*
- Einsetzung eines Sonderprüfers 2 N 32; 35 N 2 ff, 28; 39 N 132 f
- Auflösungsklage 2 N 32; 17 N 19 ff
- Verantwortlichkeitsklage 36 N 12, 21 ff, 33, 36, 41 ff

Schweigepflicht s. *Geheimhaltungspflicht*

Schweizerische Effekten-Giro AG 43 N 64 f; 45 N 8 f

Schweizerisches Handelsamtsblatt 8 N 63a, 16 N 65; 17 N 23; 23 N 47 f

SEGA s. *Schweizerische Effekten-Giro AG*

Selbstkontrahieren 30 N 121 ff, 128; 40 N 331
Selbstorganschaft 1 N 29; 2 N 8; 29 N 7; 62 N 9
SHAB s. *Schweizerisches Handelsamtsblatt*
Shareholders 3 N 21
Sicherungsübereignung von Aktien 45 N 35 ff
Simultangründung 13 N 33 ff
Sitz 1 N 31; 8 N 32 ff
– als Betreibungsort 8 N 39; 55 N 45; 57 N 206
– bei Auflösung 55 N 159
– der Zweigniederlassung 8 N 44
– effektiver 8 N 42
– fliegender Sitz 8 N 34
– Gerichtsstand 36 N 115
– im internationalen Verhältnis 5 N 8, 18 ff
– Rechtsfolgen 8 N 36 ff
– Verlegung s. *Sitzverlegung*
Sitztheorie 5 N 9, 11; 8 N 41
Sitzverlegung 8 N 35
– Haftung 38 N 6
– internationale **5 N 44 ff**; 14 N 87; 30 N 86; 58 N 48 f
– Quorum 24 N 43
– steuerliche Behandlung 66 N 37 ff
Societas Europaea 68 N 29, 44 ff
Société anonyme 4 N 27
Solidarität 36 N 107 ff
Sonderprüfer 40 N 152
– Einsetzung 35 N 23 ff; 46 N 48
– Einsetzung durch Generalversammlungsbeschluss 35 N 33 ff
– Einsetzung durch Minderheitsbegehren 35 N 41 ff
– Einsetzung durch Richter 35 N 51 ff
– Informationsrechte 35 N 74 ff
– Qualifikationen 35 N 54 ff
– Stellung 35 N 6 f, 16 ff, 66
– Unabhängigkeit 35 N 56 f
Sonderprüfung 33 N 106; **35 N 1 ff**
– Auskunftspflicht der Revisionsstelle 33 N 114
– Bedeutung in der Praxis 35 N 112 ff

– Bericht 35 N 79 ff
– Durchführung 35 N 67 ff
– Einleitung 24 N 112; 35 N 33 ff; 46 N 48, 52
– Einspruch der Gesellschaft 35 N 83 ff
– Frist 35 N 68 f
– Funktion 35 N 8 ff
– intertemporales Recht 5 N 91
– Kostenregelung 35 N 105 ff
– Prüfungsbereich 35 N 15
– Umfang der Prüfung 35 N 58 ff
– und Aktionärsrechte 36 N 2
– und Geschäftsgeheimnis 35 N 81, 93 ff
– Voraussetzungen 35 N 24 ff
Sonderversammlung **26 N 1 ff**; 39 N 124
– der Genussscheinberechtigten 26 N 7, 25 ff; 47 N 35 f
– der Partizipanten 26 N 6, 18 ff; 46 N 55, 75
– der Stimmrechtsaktionäre 26 N 16 ff
– der Vorzugsaktionäre 26 N 5, 11 ff; 47 N 13
Sozialversicherungsrecht 38 N 9 ff
Spaltung von Unternehmen 4 N 100
– Begriff 66 N 60 f
– steuerrechtliche Behandlung 66 N 62 ff
Spaltungstheorie 44 N 108
Staatsgarantie 63 N 13
Staatsgläubigerverbände 4 N 14 f
Stakeholders 3 N 21, 27; 30 N 5; 39 N 87
Stammaktie 2 N 39; 41 N 31; 43 N 13
Stampa-Erklärung 16 N 19 ff; 57 N 132
Statuten 1 N 30; **7 N 1 ff**
– Änderung 9 N 5 ff, 22 N 11 ff; s.a. *Quoren*
– Änderung durch Verwaltungsrat 9 N 7 ff; 30 N 59; 52 N 169, 268 ff, 403 ff
– Auslegung 7 N 33 ff
– Festlegung 14 N 10
– Folgen der Verletzung 7 N 20 ff; 10 N 1 ff
– Form 9 N 1 ff
– Funktion 7 N 6 ff
– Handelsregistereintrag s. dort
– Inhalt s. *Statuteninhalt*
– originäre 9 N 4
– Rechtsnatur 7 N 5

- schuldvertragliche Ergänzungen 7 N 29 ff; 12 N 14
- und Aktionärbindungsverträge 7 N 31
- und andere innergesellschaftliche Rechtsquellen 7 N 23; 12 N 1 ff
- und staatliche Rechtsordnung 7 N 11 ff
- und zwingendes Recht 7 N 12 ff
- Verhältnis zu anderen Rechtsquellen 7 N 10 ff

Statuteninhalt **8 N 1 ff**; 31 N 32
- absolut notwendiger 8 N 7 ff; 12 N 5; 49 N 50
- anfechtbarer 7 N 22
- bedingt notwendiger 8 N 64 ff; 12 N 5; 15 N 59; 52 N 252
- bei bedingter Kapitalerhöhung 52 N 350 f
- fakultativer Inhalt 7 N 11; 8 N 88 f
- Konversion 44 N 269 ff
- nichtiger 7 N 21 f

Stellvertreter
- und Organ 19 N 9 ff
- und Stimmrecht s. *Stimmrecht, Stellvertretung*
- im Verwaltungsrat 28 N 185 ff

Steuern 8 N 42; 38 N 2 ff; §§ 64–66
- Besteuerungssysteme 64 N 1 ff
- Doppelbesteuerung 66 N 21 ff
- Emissionsabgabe s. dort
- Ertragssteuer 65 N 19 ff
- Gewinnsteuer 65 N 19 ff
- im Konzern 66 N 6 ff
- Kapitalsteuer 65 N 14 ff
- Quellensteuer 65 N 28
- Stempelsteuer 65 N 2 ff
- Steuerfolgen bei Absorption einer Tochtergesellschaft 66 N 50 ff
- Steuerfolgen bei Aktionärsdarlehen 40 N 340 ff, 346
- Steuerfolgen bei Fusionen 57 N 242 ff; 66 N 41
- Steuerfolgen bei Kapitalerhöhung aus Gesellschaftsmitteln 52 N 145 f
- Steuerfolgen bei unechter Fusion 66 N 47 ff
- Steuerfolgen bei Unternehmensspaltung 66 N 62 ff
- Steuerfolgen bei Zusammenschluss ohne Verschmelzung 66 N 57 ff
- steuerrechtliche Verflechtungstatbestände 66 N 1 ff
- stille Reserven 66 N 62 ff
- Umsatzabgabe 65 N 11 ff
- verdeckte Gewinnausschüttung 40 N 96 f
- Verrechnungssteuer 40 N 63; 65 N 27 ff
- Wegzugsteuer 66 N 34 ff
- Zweigniederlassung 59 N 75 ff, 99 ff

Stichentscheid 62 N 108 ff
- im Verwaltungsrat 8 N 81; 28 N 143; 30 N 65; **31 N 29 ff**
- in der Generalversammlung 24 N 56 ff

Stiftung 1 N 13

Stille Reserven 3 N 20; 4 N 93; 15 N 46; 33 N 20, 32; 40 N 39, 49, 204; vor 49 N 3; 49 N 58 ff; **50 N 68 ff**, 299 ff; 51 N 30 f, 57
- Absichtsreserven s. *Willkürreserven*
- Auflösung 50 N 93 ff; 51 N 143
- Bildung 50 N 82 ff
- Ermessensreserven 50 N 71, 73; 51 N 44
- steuerrechtliche Aspekte 66 N 62 ff
- Willkürreserven 50 N 72, 73 ff, 270, 308; 51 N 44
- Zwangsreserven 49 N 59; 50 N 70, 73, 233, 274, 302

Stimmbindungsverträge 24 N 92 ff; s.a. *Aktionärbindungsverträge*

Stimmenkauf 39 N 207

Stimmenquorum s. *Quoren*

Stimmrecht 2 N 30
- Ausübung bei Interessenkonflikten 24 N 75
- Bemessung 2 N 30; 24 N 11 ff; 39 N 53 f
- im Verwaltungsrat s. *Verwaltungsratsmitglied, Rechte*
- skaliertes 24 N 61
- statutarische Regelung 8 N 60
- Stimmbindungsverträge 24 N 92 ff; s.a. *Aktionärbindungsverträge*
- Stimmrechtsaktien s. dort
- Suspendierung 24 N 88 f

- Vertretung, 24 N 72, 120 ff; 25 N 94; 40 N 138; s.a. *Stimmrecht, Stellvertretung*
Stimmrecht, Stellvertretung 24 N 120 ff
- Depotvertreter 24 N 131, 136 ff
- gewillkürte 24 N 124, 126
- institutionelle 24 N 122 f, 145 ff; 25 N 37
- Organvertreter 24 N 131, 132 ff
- Transparenzpflichten 24 N 145 ff; 25 N 37
- unabhängiger Stimmrechtsvertreter 24 N 72, 122 f, 134 f, 152
- Weisungen des Aktionärs 24 N 127 ff
Stimmrechtsaktien 2 N 36, 39 ff; **24 N 95 ff**; 39 N 57; 41 N 30; 43 N 21 f; 52 N 424
- Abschaffung 26 N 16 ff
- Arten 24 N 100 f
- Ausgestaltung 24 N 104
- Beschränkung von Privilegien 26 N 16 ff
- Bezeichnung als 43 N 13
- Einführung 24 N 37, 117 ff; 39 N 40
- Konstruktion 24 N 100 ff
- Liberierung 14 N 27
- Schranken des Stimmrechtsprivilegs 5 N 70, 81 f; **24 N 105 ff**; 32 N 33; 35 N 39
- Vertretung im Verwaltungsrat 27 N 80
Stimmrechtsausschluss 24 N 75 ff; 25 N 34
- bei Entlastung 24 N 78 ff
- bei vinkulierten Namenaktien 24 N 83
- eigene Aktien der Gesellschaft 24 N 84 ff
- und Interessenkonflikte 24 N 75 ff
Stimmrechtsbeschränkung **24 N 60 ff**; 39 N 111; 41 N 22
- Ausnahmen 24 N 69 ff; 39 N 66
- Einführung 24 N 65 ff
- Gruppenklauseln 24 N 63 f
- Umgehung 39 N 204; 45 N 41
Stimmrechtsvereinbarungen s. *Aktionärbindungsverträge*
Stock-option-Pläne 3 N 72
Stockdividende 40 N 75, 84
Strohmänner 28 N 176
Subordinationserklärung s. *Rangrücktritt*

Sukzessivgründung 13 N 33 ff; 14 N 5; 22 N 12
Suppleanten 28 N 185 ff; 31 N 35
Swissair 63 N 30 ff
Syndikat 39 N 155
System der freien Körperschaftsbildung 13 N 10
System der Normativbestimmungen 3 N 92; 4 N 25, 38; 13 N 12 ff; 14 N 86

T

Takeover 4 N 101; 61 N 41 ff; s.a. *Angebotspflicht*
Talon 43 N 58
Tantièmen 22 N 45; **28 N 122 ff**; 40 N 50; 50 N 112, 118, 126
Teilliquidation 53 N 52 ff; **65 N 44 ff**; 66 N 62
Tendenzbetriebe 44 N 147
Titel s. *Aktientitel*
Tochtergesellschaft
Tradition 44 N 96
Traktandenliste 23 N 58 ff
Traktandierung 23 N 16; 35 N 38; 61 N 14
Transponierungstheorie 65 N 40 ff
Trennungsprinzip 62 N 39 ff
Treuepflicht
- des Aktionärs 2 N 45; 39 N 142 f
- des Verwaltungsratsmitglieds 28 N 25 ff
Treuhänderische Übertragung der Aktien 39 N 200; 45 N 36 ff
True and Fair View 4 N 98; 51 N 30, 57, 253; 67 N 12
Typus der Aktiengesellschaft 1 N 64 f; **2 N 1 ff**, 19 ff, 59 ff, 64 ff; 7 N 42 f

U

Überkapitalisierung 53 N 21
Übernahmekodex 61 N 20
Übernahmekommission 61 N 24, 41
Überschuldung 30 N 57; 33 N 67, 79 ff, 90; 37 N 31; 49 N 27; **50 N 189, 205 ff**; 56 N 117 f
- Anzeigepflicht der Revisionsstelle 33 N 90 ff, 115
- Konkurseröffnung 50 N 208, 223

- Stundung 50 N 224 f
- Zwischenbilanz 33 N 79 ff; 50 N 189

Übertragung von Aktien 44 N 79 ff
- Beschränkung s. *Vinkulierung*
- börsenmässige 44 N 215 ff
- durch Erbgang 44 N 76, 125, 172, 180, 182, 210; 45 N 5, 16
- Eintrag ins Aktienbuch 43 N 82 ff
- Genussscheine 47 N 40
- Inhaberaktien s. dort
- Namenaktien s. dort
- Partizipationsschein 46 N 62 f
- Rektaaktien 44 N 95 ff
- teilliberierte Aktien 44 N 93 f
- treuhänderische 45 N 35 ff
- unverbriefte Aktienrechte 44 N 102
- vinkulierte Namenaktien s. *Vinkulierung*

Übertragungsbeschränkung s. *Vinkulierung*

Umlaufvermögen 33 N 18; 49 N 14; 51 N 105, 107

Umwandlungsklausel 43 N 40

Unabhängiger Stimmrechtsvertreter s. *Stimmrecht, Stellvertretung*

Unerlaubte Handlung der Organe 21 N 9 ff; s.a. *Verantwortlichkeit*

Universalversammlung 23 N 5 ff; 24 N 32; 25 N 119

Unterbilanz 30 N 78; 49 N 27; **50 N 193 ff**, 233, 303, 306, 313; 53 N 16, 23, 28, 258 ff, 303

Unterdeckung 30 N 56

Unterkapitalisierung 40 N 341, 344

Unternehmensinteresse 3 N 11 ff; 35 N 3

Unternehmenskonzentration 57 N 33 ff

Unternehmenszusammenschlüsse 57 N 34; 67 N 34

Unterpari-Emission 14 N 16 f

Unverzichtbare Rechte s. *Aktionärsrechte, unverzichtbare*

Urabstimmung 23 N 9

V

Verantwortlichkeit 4 N 99; 8 N 54; §§ 36–38; 50 N 229; s.a. *Verantwortlichkeitsklage*

- adäquater Kausalzusammenhang 36 N 91 ff
- allgemeine Voraussetzungen 36 N 3, 56 ff
- bei Kompetenzdelegation 37 N 37 ff
- Beschränkung durch Décharge 36 N 128 ff
- Beschränkung durch Delegation 37 N 37 ff
- der Aktionäre 1 N 60; 36 N 7
- der Geschäftsleitung 36 N 7; 37 N 2, 17
- der Gründer 3 N 66; 14 N 83 ff; 15 N 67; 17 N 28 ff; **36 N 10, 55 ff**; 37 N 56, 73
- der Liquidatoren 36 N 8; 37 N 18; 38 N 5; 56 N 142
- der Revisionsstelle 33 N 5, 118; 34 N 39; 36 N 9, 69, 96; **37 N 41 ff**; 52 N 163
- der Sonderprüfer 35 N 109 ff
- des besonders befähigten Revisors 53 N 87
- des Verwaltungsrates 36 N 7, 68, 96; 37 N 2 ff; 38 N 6; 51 N 84
- Entlastung, s. dort
- für Gründungsmängel 14 N 22, 84; 15 N 67; **17 N 28 ff;** 37 N 55 ff
- für Kapitalerhöhungsbericht 52 N 157
- für Sozialversicherungsbeiträge 38 N 9 ff
- Haftung für Verwaltung, Geschäftsführung und Liquidation 37 N 2 ff
- Haftpflichtige 36 N 5 ff, 148; **37 N 1 ff**
- im Konzern 60 N 45 ff
- mehrere Haftpflichtige 36 N 106 ff
- nach öffentlichem Recht 38 N 1 ff
- pflichtwidriges Verhalten 36 N 70 ff; 37 N 20 ff, 47 ff, 66 ff, 82 ff
- Prospekthaftung 37 N 72 ff
- Revisionshaftung 37 N 41 ff
- Schaden s. dort
- Solidarität 36 N 107 ff
- Verschulden 36 N 75 ff, 101 ff, 110

Verantwortlichkeitsklage 28 N 71; 36 N 46 ff; 50 N 129
- Anhebung 24 N 113
- Anspruchskonkurrenzen 36 N 27 ff

1077

- Ausschluss Klagerecht 36 N 127 ff
- Gerichtsstand 5 N 22; 36 N 115 ff
- Gleichbehandlungsprinzip 39 N 84
- im internationalen Verhältnis 5 N 22
- Kausalzusammenhang 36 N 91 ff
- Klageberechtigte 36 N 12 ff; 39 N 75, 110; 46 N 45; 48 N 21
- Kostentragung 36 N 121 ff
- Passivlegitimation 36 N 5 ff, 148; 37 N 1 ff
- Praktische Bedeutung 36 N 161 ff
- Rechtsnatur 36 N 35 ff
- Regress 36 N 106, 110 f, 138
- Schadenersatzbemessung 36 N 99 ff
- Streitwert 36 N 120
- und Sonderprüfung 35 N 9, 20, 112 ff
- Verhältnis zur Anfechtungs-/Nichtigkeitsklage 25 N 7
- Verjährung 36 N 109, 146 ff
- Wirkung des Urteils 36 N 139 ff

Verbandswille 1 N 28

Verbriefung s. *Aktientitel*

Verein 44 N 52

Verhandlungsfähigkeit
- der Generalversammlung
- des Verwaltungsrats

Verlustvortrag 40 N 31; 49 N 62; 50 N 194

Vermögensrechte 1 N 31; 40 N 7 f, 14 ff
- Bemessung 2 N 31, 39 N 51 f
- Benutzung gesellschaftlicher Anlagen 40 N 125
- Dividendenrecht 3 N 52; 39 N 118; **40 N 17 ff**, 218 ff; 51 N 7; s.a. *Dividende*
- Recht auf Anteil am Bilanzgewinn 40 N 27 ff
- Recht auf Bauzinsen 40 N 115 ff; 46 N 28
- Recht auf Liquidationsergebnis 40 N 98 ff
- Verjährung 44 N 55

Verpflichtungserklärung 1 N 43

Verrechnungssteuer 40 N 63; 65 N 27 ff

Versicherungs-Aktiengesellschaft 1 N 51; 2 N 61; 6 N 8; 48 N 66; 50 N 104; 51 N 180; **61 N 59 ff**

Verstaatlichung einer Aktiengesellschaft 57 N 23; 58 N 32 ff

Vertretung der Aktiengesellschaft 30 N 75 ff
- deliktisches Handeln 21 N 9 ff
- Doppelvertretung 30 N 124 ff
- Form der Zeichnung 30 N 102 ff
- Handelsregistereintrag 30 N 106 ff
- Interessenkonflikte 30 N 121 ff
- Passivvertretung 30 N 129 ff
- rechtsgeschäftliches Handeln 21 N 3 ff
- Selbstkontrahieren 30 N 121 ff, 128 f
- Vertretungsbefugnis 30 N 99
- Vertretungsmacht 21 N 2 ff; 30 N 91 ff
- Wissensvertretung 30 N 132 ff

Verurkundung s. *Aktientitel*

Verwaltungsrat 1 N 26; 3 N 34; §§ 27–31
- Abberufung 27 N 38 ff
- Abberufung von Bevollmächtigten 29 N 70 ff
- Änderungen durch Aktienrechtsreform vor 27 N 3 ff
- Anfechtungsrecht 25 N 49 f
- Aufgaben s. *Verwaltungsrat, Aufgaben*
- Ausschüsse 28 N 159 ff; **29 N** 11, 23, **30 ff**
- Beirat 27 N 73
- Beschlussfähigkeit 31 N 18 ff
- Beschlussfassung s. *Verwaltungsrat, Beschlussfassung*
- Décharge s. *Entlastung*
- Delegierter **28 N** 77, **149 ff**; 29 N 13, 45 f
- Domizilerfordernisse 27 N 75 f
- Einfluss auf Revisionsstelle 20 N 23
- Eingriff in Kompetenzbereich 20 N 26 ff
- Einstellung von Bevollmächtigten 29 N 70 ff
- Entlastung s. dort
- Entsendungsrecht öffentlichrechtlicher Körperschaften 63 N 6 ff, 14
- Gleichbehandlungspflicht 28 N 65; 30 N 17 ff; 39 N 21, 29
- Gruppenvertreter 27 N 78 ff; 28 N 48, 162 f
- Handelsregistereintrag 27 N 25 ff, 52 ff
- Information 28 N 79 ff
- Konstituierung 29 N 2 ff; 30 N 65 f
- Mitglied s. *Verwaltungsratsmitglied*

- Nationalität 27 N 63, 68 ff
- Organisation 29 N 1 ff
- Präsident 23 N 98; **28 N** 77, 102 f, 115, 119, 133, **137 ff**; 29 N 2 ff; 31 N 5, 30
- Sekretär 29 N 2; 31 N 13
- Sitzung 28 N 99, 140; 31 N 5 ff
- Sitzungsprotokoll 31 N 14 ff, 51
- Statuteneintrag 8 N 79 ff
- Vakanzen 27 N 58 ff
- Verantwortlichkeit, s. dort
- Verhältnis zu den Aktionären 3 N 29 ff
- Verhältnis zur Geschäftsleitung 20 N 5; 29 N 5 ff, 47 ff
- Verletzung von Statutenbestimmungen 10 N 3
- Vertretung verschiedener Aktienkategorien 8 N 83a; 27 N 78, 116; 28 N 44, 162
- Vizepräsident 28 N 146 ff
- Wahl 22 N 18 ff; 27 N 21 ff; 28 N 73
- Wählbarkeitsvoraussetzungen **27 N 2 ff**, 63, 68 ff
- Zusammensetzung 27 N 66 ff

Verwaltungsrat, Aufgaben 20 N 19; **30 N 1 ff**; 44 N 23 ff; s.a. *Verwaltungsrat, unübertragbare Aufgaben*

- Änderung von Statuten 9 N 7 ff; 30 N 59; 52 N 169, 268 ff, 403 ff
- Auskunft gegenüber Aktionären 40 N 168
- Auskunft gegenüber Revisionsstelle 33 N 29 ff
- bei Kaduzierung 44 N 23 ff, 40
- Benachrichtigung des Richters 50 N 209, 212
- Delegation s. *Delegation von Aufgaben des Verwaltungsrats*
- Einsatz bedingten Kapitals 52 N 377 ff
- Entscheid von Eintragungsgesuchen 44 N 129
- Ernennung der Zeichnungsberechtigten 29 N 62 ff; 30 N 46
- Errichtung von Zweigniederlassung 59 N 56
- Geschäftsführung 11 N 7 ff; 22 N 77 ff; 28 N 109 ff; **30 N 9 ff**
- Liquidation 56 N 21 f, 72 ff; s.a. dort
- und Bezugsrecht 40 N 264 f
- unübertragbare s. *Verwaltungsrat, unübertragbare Aufgaben*
- Verhältnis zu Aufgaben der Generalversammlung 20 N 30
- Vertretung der Aktiengesellschaft gegen aussen 30 N 75 ff

Verwaltungsrat, Beschlussfassung 31 N 18 ff

- Anfechtbarkeit von Verwaltungsratsbeschlüssen 25 N 9; 31 N 41
- fehlerhafter Verwaltungsratsbeschluss 25 N 9 f
- freiwillige Vorlage an Generalversammlung 30 N 72 f
- Nichtigkeit von Beschlüssen 25 N 9, 137; **31 N 41 ff**; 39 N 110
- Quoren 31 N 18 ff
- Stellvertretung 28 N 185 ff; 31 N 33 ff
- Stichentscheid 8 N 81; 28 N 143; 30 N 65; **31 N 29 ff**
- Stimmbindungen 31 N 36 ff
- Zirkulationsbeschlüsse 23 N 10; 31 N 46 ff

Verwaltungsrat, unübertragbare Aufgaben 20 N 19; 29 N 19; **30 N 29 ff**; 60 N 31

- Aufsicht über die Geschäftsleitung 30 N 47 ff
- bei Kapitalerhöhung 30 N 59; 52 N 149 ff
- bei Kapitalzerfall/Überschuldung 30 N 56 f; 33 N 80; vor 49 N 6; 50 N 201 f, 209
- Einberufung nachträglicher Leistungen 30 N 58
- Einwirkungsmöglichkeiten der Generalversammlung 30 N 61 ff
- Ernennung und Abberufung der Geschäftsleitung 30 N 46 ff, 67
- Erstellung des Geschäftsbericht 30 N 52 f
- Festlegung der Organisation 30 N 34 ff
- Finanzverantwortung 30 N 39 ff
- im Zusammenhang mit der Generalversammlung 23 N 19, 24, 64 ff, 88; 30 N 54 f
- Oberleitung 30 N 31 ff, 68 ff

Sachregister

- Prüfung der Revisionsstelle 30 N 60
Verwaltungsratsmitglied 28 N 1 ff
- Abberufung 27 N 38 ff
- abhängiges s. Vertreter einer juristischen Person
- Alterslimite 27 N 13
- Amtsdauer 8 N 80; 27 N 29 ff, 35 ff
- Beendigung des Mandats 27 N 33 ff, 45 ff
- Entschädigung 27 N 42; 28 N 121 ff
- externes 29 N 15
- faktisches 28 N 183 f; 37 N 16
- fiduziarisches 27 N 71; **28 N** 12, 49, **175 ff**; 31 N 36 ff; 36 N 89
- Honorar 28 N 127 ff
- internes 29 N 15
- Pflichten 28 N 17 ff
- Rechtsnatur des Mandats 28 N 2 ff
- Rücktritt 27 N 43 f
- Sitzungsgelder 28 N 131
- Solidarhaftung 36 N 106 ff, 167; 38 N 3 ff
- stilles 27 N 72; **28 N 181 f**; 37 N 16
- Tantièmen 22 N 45; **28 N 122 ff**; 40 N 50; 50 N 112, 118, 126
- Vertreter der Aktienkategorien **27 N 78 ff**; 116; 28 N 44, 162 f
- Vertreter der Partizipanten 27 N 96 ff; 28 N 172; 46 N 54
- Vertreter einer juristischen Person 27 N 9 ff, 49; **28 N 44, 164 ff**; 37 N 15
- Vertreter einer Körperschaft öffentlichen Rechts 8 N 87; 27 N 17 f, 40; 28 N 44; 63 N 17 ff
- Vertreter einer Minderheit 3 N 60; 27 N 88 ff; 28 N 162 f
Verwaltungsratsmitglied, Pflichten 28 N 17 ff
- Aktenrückgabe 28 N 61 ff
- Mitwirkungspflicht 28 N 67 f
- Persönliche Erfüllung 28 N 18
- Pflichtverletzung 28 N 71 ff; 37 N 20 ff
- Rückerstattungspflicht s. dort
- Schweigepflicht 28 N 40 ff
- Sorgfaltspflicht 23 N 93; 28 N 19 ff; 30 N 15; 36 N 85 ff; 39 N 21; 40 N 330; 49 N 15; 60 N 30
- statutarische Modifikation 28 N 69 f

- Teilnahme an Generalversammlung 23 N 93
- Treuepflicht 28 N 25 ff
Verwaltungsratsmitglied, Rechte 28 N 75 ff
- Antragsrecht 28 N 112; 31 N 12
- Bemessung 28 N 76 f
- Einsichtsrecht 28 N 103
- Einberufung einer Sitzung 28 N 115
- Entlastung 28 N 135
- Geschäftsführungsrecht 28 N 109 ff
- Informationsrechte 5 N 91; 28 N 78 ff
- Meinungsäusserungsrecht 28 N 112; 31 N 12
- Rücktrittsrecht 27 N 43 f
- Stimmrecht 28 N 113
- Teilnahme an Sitzungen des Verwaltungsrats 28 N 111
- Vertretung der Gesellschaft 28 N 118 ff; 29 N 9; 30 N 9 ff, 75 ff
Vinkulierte Namenaktie 2 N 42 ff
- Bezugsrecht 40 N 233 ff, 288, 296; 44 N 248 ff
- Kapitalerhöhungsbeschluss 52 N 80 ff
- Ruhen des Stimmrechts 24 N 83
- Übertragung 44 N 103 ff
- Verpfändung 45 N 32, 34
- Verurkundung 43 N 13
Vinkulierung 2 N 43 f; 4 N 93; 43 N 21 f, 31, 33; **44 N 103 ff**
- Ablehnung ohne Grundangabe 44 N 72, 122
- bei bedingter Kapitalerhöhung 52 N 361 f, 425 f
- bei börsenkotierten Aktien 5 N 94 f; 44 N 125 f, 183 ff, 209 f
- bei genehmigter Kapitalerhöhung 52 N 265
- bei nicht börsenkotierten Aktien 8 N 56; 39 N 93; **44 N 124, 126, 133 ff**
- Escape-Clause s. dort
- Europakompatibilität 68 N 60
- Fusion der Aktionäre 57 N 187
- gesetzliche 44 N 117 ff, 160 ff
- Gruppenklausel s. dort
- nachträgliche 39 N 40; 43 N 43 ff; 44 N 254 f
- Partizipationsschein 46 N 63

- Quorum 24 N 40
- statutarische 44 N 123 ff
- temporäre Aufhebung 24 N 36, 39
- Umgehung 44 N 171, 252 f; 45 N 42 ff
- und Anleihensobligationen 48 N 34
- vorübergehende Ausschaltung 44 N 256 f
- Wegfall der Eintragungsvoraussetzungen 44 N 54

Vollkonsolidierung 51 N 238
Vollständigkeitserklärung s. *Abschlussprüfung*
Vorhandrechte s. *Erwerbsrechte*
Vorkaufsrechte s. *Erwerbsrechte*
Vorräte 50 N 265 ff
Vorratsaktien 4 N 5; **52 N** 211 f, **290 ff**, 349, 421 f
Vorrechte einzelner Aktienkategorien 8 N 75; 52 N 78; s.a. *Stimmrechtsaktien; Vorzugsaktien*
Vorsitz
- in der Generalversammlung 23 N 100
- im Verwaltungsrat 28 N 137 f

Vorsorgeeinrichtungen 51 N 137
Vorwegzeichnungsrecht 39 N 90, 93; **40 N** 217, **301 ff**; 46 N 28; 48 N 33; 52 N 17, 35, 338 f, 363 ff
- Begründung und Grundsatz 40 N 301 ff
- Entzug durch Verwaltungsrat 52 N 378 f
- gesetzliche Ordnung 40 N 309 ff

Vorzugsaktien **41 N 26 ff**; 52 N 360, 423; 56 N 125
- Begriff 26 N 11
- Bezeichnung als 43 N 13
- Einschränkung, Beeinträchtigung 26 N 11 ff; 41 N 47; 47 N 13
- möglicher Zweck 41 N 33 ff
- nachträgliche Einführung 41 N 40 ff
- Sonderversammlung der Aktionäre 26 N 11 ff; 46 N 34
- stimmrechtslose 46 N 38
- und Kapitalherabsetzung 53 N 71, 119
- und Partizipationsschein 46 N 29
- Vertretung im Verwaltungsrat 27 N 78 ff
- Vorrechte 8 N 75

W

Wahldividende 40 N 76; 52 N 331
Wahlen s. *Generalversammlung, Verwaltungsrat* und *Revisionsstelle*
Wahlrecht s. *Stimmrecht; Mitwirkungsrechte*
Wandel- und Optionsanleihen s. *Anleihensobligationen*
Wechselseitige Beteiligung 60 N 9
Weisungen für Stimmabgabe 24 N 127, 139 f
Wertberichtigung 33 N 30; 50 N 286 f, 292; s.a. *Wertkorrekturen*
Wertkorrekturen 50 N 282, 293 ff; 51 N 49
Wichtiger Grund 39 N 93 f; 40 N 249; 52 N 233 ff; 55 N 71 ff
Wiederbeschaffungsreserven 33 N 32; 40 N 45; 50 N 56, 62, 100
Wiedereintragung der Aktiengesellschaft 56 N 130, 154 ff; 57 N 213
Willensmängel bei Aktienzeichnung 17 N 34 f
Wirklicher Wert der Aktie 44 N 163 ff, 266; 49 N 42; 50 N 312
Wissensvertretung 21 N 7; 30 N 132 ff
Wohlerworbene Rechte 39 N 113 ff; 40 N 41; 58 N 163
Wohlfahrtseinrichtungen 40 N 25; s.a. *Reserven*

Z

Zahlungsunfähigkeit 50 N 213
Zeichnung der Aktien 14 N 11 ff; 17 N 34 f; 52 N 86 ff, 108 ff
Zeichnungserklärung 1 N 43
Zeichnungsschein 52 N 108 ff, 144
Zertifikat 43 N 50 ff, 61
Zession 44 N 97, 101 f
Zinszahlungsverbot 40 N 115 ff
Zirkulationsbeschluss 23 N 9 ff; 25 N 121
Zulassungsstelle 61 N 17, 19
Zusammenschlussvereinbarung/-vertrag 66 N 57 f
Zwangsvollstreckung 44 N 76, 126, 172, 180, 182, 211
Zweck der Aktiengesellschaft s. *Gesellschaftszweck*

1081

Zweigniederlassung 8 N 44; 21 N 6; 30 N 95; **59 N 1 ff**
- als Erfüllungsort 59 N 69 ff
- Begriff 59 N 4 ff
- einer ausländischen Gesellschaft 5 N 40 ff; 59 N 78 ff
- einer schweizerischen Gesellschaft im Ausland 59 N 102
- Firma 59 N 57 f
- Gerichtsstand 59 N 63 ff
- registerrechtliche Behandlung 59 N 39 ff
- steuerliche Behandlung 59 N 75 ff, 99 ff
- Vertretungsbeschränkungen 59 N 60 ff

Zweimann-Aktiengesellschaft s. *Zweipersonen-Aktiengesellschaft*
Zweipersonen-Aktiengesellschaft 3 N 15; 24 N 58; **62 N 98 ff**
- Lösung von Patt-Situationen 62 N 106 ff
- Problematik 62 N 102

Zwillingsaktien 57 N 33
Zwischenbericht s. *Geschäftsbericht*
Zwischenbilanz 33 N 79 ff; 53 N 95
- bei Liquidation 56 N 69, 83 ff
- bei Überschuldung 50 N 189

Zwischendividende s. *Interimsdividende*
Zwischengesellschaft 51 N 210 ff

Gesetzesregister

Übersicht

		Seite
1.	Obligationenrecht und Handelsregisterverordnung	1084
	– Obligationenrecht, Stand 30. Juni 1995	1084
	– Schlussbestimmungen des BG über die Revision des Aktienrechts	1102
	– Aktienrecht 1936, in der bis 30. Juni 1992 geltenden Fassung	1102
	– Schlussbestimmungen OR 1936	1102
	– Handelsregisterverordnung, Stand 30. Juni 1995	1102
	– Handelsregisterverordnung, in der bis 30. Juni 1992 geltenden Fassung	1104
2.	Übrige Erlasse des schweizerischen Rechts	1104
	– Bundesverfassung	1104
	– Organisationsgesetz	1104
	– Zivilgesetzbuch	1104
	– Schlusstitel ZGB	1105
	– BG über den Erwerb von Grundstücken durch Personen im Ausland	1105
	– VO über Anforderungen an besonders befähigte Revisoren	1105
	– VO über die Gläubigergemeinschaft bei Anleihensobligationen	1105
	– Konkordat über die Schiedsgerichtsbarkeit	1105
	– Schuldbetreibungs- und Konkursgesetz	1105
	– Schuldbetreibungs- und Konkursgesetz, in Kraft ab 1. Januar 1997	1106
	– BG über das Internationale Privatrecht	1106
	– Strafgesetzbuch	1107
	– BG über die wirtschaftliche Landesversorgung	1107
	– Stempelsteuergesetz	1107
	– VO zum Stempelsteuergesetz	1107
	– Mehrwertsteuerverordnung	1107
	– BG über die Tabaksteuer	1108
	– BG über die direkten Bundessteuern	1108
	– Steuerharmonisierungsgesetz	1108
	– Verrechnungssteuergesetz	1108
	– VV zum BG über die Verrechnungssteuer	1108
	– BRB über die ungerechtfertigte Inanspruchnahme von Doppelbesteuerungsabkommen	1109
	– BG über die Nutzbarmachung der Wasserkräfte	1109
	– Eisenbahngesetz	1109
	– VO zum BG über den Bau und Betrieb von Eisenbahnen	1109
	– BG über die Luftfahrt	1109
	– BG über die Information und Mitsprache der Arbeitnehmerinnen und Arbeitnehmer in den Betrieben	1109
	– BG über die Alters- und Hinterlassenenversicherung	1109
	– Nationalbankgesetz	1109

– Anlagefondsgesetz	1110
– Bankengesetz	1110
– Bankenverordnung	1110
– Versicherungsaufsichtsgesetz	1110
– Lugano-Übereinkommen	1111
– Börsen- und Effektenhandelsgesetz	1111
3. Kantonale Erlasse	1111
– ZPO des Kantons Zürich	1111
– Gesetz über die direkten Steuern des Kantons Zürich	1111
– Wertpapiergesetz des Kantons Zürich	1112
4. Ausländische Erlasse und EG-Recht	1112
– Deutsches Aktiengesetz	1112
– Deutsches Bilanzrichtlinien-Gesetz	1112
– Vertrag zur Gründung der Europäischen Wirtschaftsgemeinschaft	1112
– 1. EG-Richtlinie 68/151	1112
– 2. EG-Richtlinie 77/91	1112
– 4. EG-Richtlinie 78/660	1112
– 7. EG-Richtlinie 83/349	1112
– 8. EG-Richtlinie 84/253	1113
– EG-Bankbilanzrichtlinie 86/635	1113
– EG-Versicherungsrichtlinie 91/674	1113

Die Nachweise erfolgen nach Paragraphen und Noten.

1. Obligationenrecht und Handelsregisterverordnung

Bundesgesetz über das Obligationenrecht vom 30. März 1911 (SR 220), Stand 30. Juni 1995

1 I	39 N 171	32 II	18 N 4; 30 N 102, 105
11 I	14 N 68; 15 N 38	32 III	18 N 4
13 II	31 N 48	34 I	39 N 196
14 II	43 N 12	41 ff	36 N 21, 35
16	39 N 172	41	17 N 33
19	39 N 149; 55 N 128	42 I	36 N 63
19 II	7 N 16	42 II	36 N 63
20	25 N 86, 91; 39 N 149;	43 I	36 N 102
	45 N 40; 55 N 128; 57 N 84	44 I	36 N 97
21 ff	17 N 34; 57 N 84	44 II	36 N 104
24 I Ziff. 4	44 N 282	50	21 N 20
28	43 N 87; 44 N 282	50 II	36 N 110
31	25 N 45	54	36 N 78
32 ff	18 N 5; 19 N 13; 21 N 8, 20;	55	19 N 12; 21 N 24; 60 N 44
	30 N 88, 120	55 I	21 N 24
32 I	19 N 13	60 II	21 N 19; 36 N 152

62	50 N 113	322a III	48 N 41
64	53 N 195	333 ff	68 N 38
67	50 N 123	333	3 N 73
74	8 N 40	333 I	57 N 189
74 I	59 N 69	333a	3 N 73; 68 N 38
74 II	59 N 70	335d ff	3 N 73
74 II Ziff. 1	59 N 71	335 f	68 N 38
74 II Ziff. 2	59 N 72	394 II	28 N 10
74 II Ziff. 3	59 N 73	394 III	56 N 56
77 I Ziff. 3	25 N 54; 52 N 113	397	24 N 144; 35 N 109
81 I	53 N 159	397 I	24 N 127
92	57 N 157	398	35 N 109
97 I	36 N 35	398 III	28 N 18
99 II	36 N 103	404	29 N 70; 39 N 166
101	19 N 12; 21 N 23	404 I	34 N 20; 39 N 178
101 II	21 N 23	404 II	27 N 42 f; 28 N 16; 29 N 73; 32 N 53; 56 N 47
101 III	21 N 23		
120 I	15 N 31	436	30 N 122
120 II	15 N 32	458 ff	29 N 66
120 III	15 N 32	458	1 N 34
127	44 N 55; 53 N 211	459	30 N 83, 93
128 Ziff. 1	44 N 55	459 I	29 N 66
135	36 N 150	459 II	29 N 66
136 I	36 N 109	460 I	59 N 4, 61
143 ff	56 N 108	460 II	30 N 13, 96
145 II	36 N 111	460 III	30 N 97
148 III	36 N 111	462	1 N 34; 29 N 67; 30 N 87, 93
149 I	36 N 111, 138		
164 ff	18 N 4	462 I	29 N 67
165 I	43 N 16, 35	480	39 N 197
175 ff	18 N 4	530 ff	13 N 28
181	15 N 17; 56 N 108; 57 N 10, 18, 245; 66 N 47	530 II	13 N 25
		534 I	24 N 48
181 II	15 N 17; 56 N 108	535	27 N 2
197 ff	44 N 283	537	18 N 3, 5
197	44 N 279	538 I	28 N 20
201	44 N 282	543 I	18 N 3
203	44 N 282	543 II	18 N 5
261	57 N 190	543 III	18 N 5
321a	7 N 32	545	39 N 166
321a III	28 N 37	545 I Ziff. 2	54 N 1
321a IV	28 N 43	546	39 N 166
321d	28 N 7	546 I	39 N 183 ff
321e	7 N 32	552	1 N 34
321e II	28 N 20	552 I	13 N 29
322a	48 N 41	557 II	27 N 2
322a II	48 N 41	561	28 N 36

574 I	54 N 1	626 Ziff. 7	**8 N 63 f;** 53 N 141; 56 N 93
577	44 N 52	627	7 N 11; **8 N 64 ff;** 14 N 2
578	44 N 52	627 Ziff. 1	8 N 66
594 II	1 N 34; 67 N 23	627 Ziff. 2	**8 N 68;** 22 N 45; 28 N 123
598 II	28 N 36	627 Ziff. 3	8 N 68
599	27 N 2	627 Ziff. 4	**8 N 69;** 54 N 2; 55 N 6, 8, 18
619	54 N 1		
619 II	44 N 52; 54 N 1	627 Ziff. 5	8 N 70
620 ff	2 N 6; 6 N 2	627 Ziff. 6	8 N 71
620 I	**1 N 2 ff,** 38; 2 N 7; 46 N 22; 49 N 34, 39; vor 52 N 3; 53 N 27	627 Ziff. 7	8 N 72 f
		627 Ziff. 8	8 N 74
		627 Ziff. 9	**8 N 75;** 41 N 32; 47 N 9
620 II	**42 N 16 ff;** 60 N 39	627 Ziff. 10	8 N 75
620 III	**2 N** 10, **50 ff;** 4 N 40; 8 N 84	627 Ziff. 11	8 N 66
		627 Ziff. 12	8 N 79
621	1 N 49; 5 N 78; 13 N 41; 46 N 23; **49 N 29 ff;** 53 N 57 f, 298, 336	627 Ziff. 13	8 N 82
		628	7 N 11; 8 N 64, 71; **15 N** 40, **59 ff;** 52 N 79; 57 N 224
622	40 N 13	628 I	15 N 60
622 I	43 N 19	628 II	**15 N** 22, 36, **59 ff;** 15 N 61; 18 N 13 f, 16
622 II	**43 N 20 ff,** 24; 46 N 71		
622 III	**43 N 39 ff;** 46 N 71	628 III	8 N 65; **15 N** 24, **62;** 41 N 29
622 IV	**1 N 52 ff;** 40 N 77; 43 N 49, 55; 46 N 25; 49 N 39; 53 N 19, 61 f, 300, 338		
		628 IV	15 N 64
		629 ff	57 N 217
622 V	**43 N** 2, **12,** 25; 53 N 62	629	13 N 3, 23; **14 N** 3, **46 ff;** 15 N 53; 16 N 9; 37 N 55, 73
623	22 N 57		
623 I	43 N 49	629 I	9 N 1 f; 13 N 8; **14 N** 2, 43, **47 ff, 68 ff**
623 II	43 N 49; 57 N 93		
624	**14 N 16 f;** 15 N 45; 25 N 98; 50 N 3	629 II	**14 N 12 ff,** 50, 65; 50 N 3
		629 II Ziff. 1	1 N 43; 14 N 11, 14, 53
624 I	44 N 40	629 II Ziff. 2	14 N 54
625 I	2 N 11; **14 N** 2, **6 ff;** 55 N 115; 62 N 29	629 II Ziff. 3	14 N 11, 42, 55
		630	1 N 43; **14 N** 2, **15,** 43; 50 N 3; 52 N 109 f, 382
625 II	14 N 6; 20 N 43; 40 N 13; 48 N 17; **55 N** 6, 57, 100, **115 ff;** 62 N 29		
		630 Ziff. 1	42 N 4; 52 N 109
		630 Ziff. 2	52 N 109
626	7 N 11, 13; **8 N 7 ff,** 87; 14 N 2	631	**14 N** 3, **77 ff;** 15 N 53
		631 I	14 N 56, 68, 77
626 Ziff. 1	5 N 18; **8 N 10 ff, 32 ff**	631 II	9 N 1 f; 14 N 77; 15 N 22, 39a; 16 N 9, 13; 18 N 13; 57 N 224
626 Ziff. 2	**8 N 45 ff**		
626 Ziff. 3	1 N 48; **8 N 58;** 14 N 25, 42; 49 N 50; 53 N 105		
		632 ff	42 N 4
626 Ziff. 4	1 N 52; **8 N 58,** 76; 53 N 300	632	1 N 43; 5 N 78; **14 N** 2, **24 ff;** 49 N 22; 50 N 3
626 Ziff. 5	**8 N 59 f; 23 N 45 ff**	632 I	24 N 102; 39 N 54; 46 N 25; 52 N 67; 68 N 66
626 Ziff. 6	8 N 61		

632 II	1 N 49; 13 N 41; 24 N 104; 46 N 23; 49 N 22, 29	642	5 N 19, 40; 8 N 44; **59 N 4 ff, 43 ff;** 66 N 23
633	**14 N** 2, **19 ff;** 15 N 34; 50 N 3; 52 N 116	642 I	59 N 43 f
		642 II	17 N 14; 59 N 45
633 I	14 N 19, 23, 56	642 III	5 N 43; **59 N 63 ff**, 94
633 II	52 N 390	643	13 N 24; **16 N 49 f;** 57 N 84
634	**15 N** 8, **9 ff**, 34; 50 N 3; 52 N 116, 391	643 I	1 N 62; 8 N 8; 13 N 8; **16 N 49 f;** 51 N 3; 59 N 54
634 Ziff. 1	**15 N 38;** 57 N 81, 169	643 II	**17 N 14 ff,** 36; 52 N 195; 55 N 100
634 Ziff. 2	**15 N 14 f,** 32		
634 Ziff. 3	**15 N 41 ff, 49 ff**	643 III	**17 N 19 ff,** 24; 40 N 13; 55 N 6, 57, 114, 136
634a	**14 N 30 f,** 34, 81; 15 N 8		
634a I	30 N 58, **14 N 30 ff**	643 IV	16 N 63; **17 N** 19, **23;** 55 N 114
634a II	**15 N** 29, **36;** 41 N 37; 50 N 204; 52 N 116	644	43 N 2
		644 I	17 N 32; 43 N 69, 75; 52 N 193, 376, 394
635	**15 N 41 ff,** 49; 18 N 16; 50 N 3; 52 N 150; 57 N 224; 68 N 70	644 II	17 N 33; 52 N 194
		645	13 N 28; 14 N 83; 18 N 7f, 14
635 Ziff. 1	18 N 13; 52 N 151	645 I	18 N 8 f, 13; 37 N 57
635 Ziff. 2	15 N 29, 34; 52 N 151	645 II	18 N 10, 13 ff
635 Ziff. 3	52 N 151	647	**9 N 5 ff;** 14 N 42; 57 N 148
635a	13 N 40; **15 N 49 ff;** 18 N 16; 32 N 15; 37 N 44; 50 N 3; 57 N 224; 68 N 70	647 I	**9 N 2 ff, 11 ff;** 14 N 42, 81; 52 N 243, 350; 53 N 97, 124; 55 N 28; 57 N 107
640	13 N 24; **16 N 3 ff**, 15; 59 N 38		
640 I	5 N 9, 18; 8 N 37; **16 N 4**	647 II	7 N 8; **9 N** 3, **11;** 52 N 252; 53 N 135
640 II	9 N 3; **16 N 5 ff**		
640 III	**16 N 9 ff;** 52 N 252	647 III	8 N 35; **9 N 12 ff,** 16 N 64; 52 N 186, 227; 53 N 239
640 III Ziff. 1	16 N 11		
640 III Ziff. 2	9 N 1; 14 N 3; **16 N 10**	650 ff	1 N 48; 52 N 1 ff
640 III Ziff. 3	16 N 12	650	vor 22 N 6; 50 N 4; 52 N 44
640 IV	16 N 14		
641	13 N 24; **16 N** 43, **46 ff,** 65; 52 N 375; 59 N 38	650 I	22 N 58, 60; **52 N 42 ff, 84 f**
		650 II	14 N 81; 40 N 240; **52 N** 48, **63 ff,** 243 f; 53 N 131
641 Ziff. 1	16 N 46		
641 Ziff. 2	16 N 46	650 II Ziff. 1	52 N 64, 66 f
641 Ziff. 3	16 N 46	650 II Ziff. 2	40 N 260; 52 N 64, 68, 78
641 Ziff. 4	1 N 48; 49 N 50	650 II Ziff. 3	40 N 261 f, 266; 52 N 64, 69, 176, 371
641 Ziff. 5	1 N 52; 53 N 300		
641 Ziff. 6	15 N 63	650 II Ziff. 4	52 N 64, 70, 79
641 Ziff. 7	47 N 10	650 II Ziff. 5	52 N 79, 370
641 Ziff. 8	16 N 46	650 II Ziff. 6	15 N 24; 41 N 29; 47 N 11; 52 N 79
641 Ziff. 9	27 N 25; 57 N 148		
641 Ziff. 10	5 N 89; 32 N 37, 44; 34 N 17	650 II Ziff. 7	52 N 64, 80
641 Ziff. 11	16 N 46		

650 II Ziff. 8	40 N 259, 263, 275, 281, 291 f; 52 N 71, 76, 294, 372	652c	39 N 90; 42 N 5; 49 N 22; 50 N 4; 52 N 11, 39, 45, 390
650 II Ziff. 9	40 N 71, 73, 82, 275, 291, 293, 296	652d	15 N 9; 40 N 75; 50 N 4; **52 N** 45, 114, **115 ff,** 117
650 III	**52 N 84 f,** 181; 231, 256	652d I	52 N 137
651	vor 22 N 6; 50 N 4; **52 N 208 ff**	652d II	52 N 140
651 I	22 N 58, 60; **52 N 226 ff, 241 ff,** 256, 265, 315, 414; 68 N 66	652e	50 N 4; **52 N** 8, 46, **150 ff,** 153, 205; 68 N 70
		652e Ziff. 1	52 N 151, 391; 57 N 169
		652e Ziff. 2	52 N 151
651 II	40 N 267 f; **52 N 221 ff,** 245, 312	652e Ziff. 3	52 N 143
		652e Ziff. 4	52 N 150, 152; 57 N 169
651 III	40 N 267, 269 f, 275; **52 N** 214, **244 ff,** 257	652e Ziff. 5	15 N 24; 52 N 151
		652 f	32 N 15; 37 N 44; 50 N 4; **52 N** 8, 46, **158 ff,** 206; 57 N 169; 68 N 70
651 IV	30 N 59; 40 N 267 ff; **52 N 264 ff**		
651a	22 N 13; 50 N 4; **52 N** 208, **270 ff,** 414	652 f I	33 N 74; **52 N** 42, **159,** 398
		652 f II	52 N 46, 158, 399; 57 N 169
651a I	31 N 21; 52 N 271		
651a II	**52 N 228,** 231, 265	652g	14 N 42; 22 N 13; 30 N 59; 31 N 21; 50 N 4; **52 N** 47 f, 154, **164 ff,** 267; 57 N 130
652	50 N 4; **52 N** 45, **108 ff,** 206, 381		
		652g I	44 N 12; **52 N** 160, **165 ff,** 169
652 I	52 N 108		
652 II	52 N 110 f, 381	652g II	14 N 81; **52 N** 154, **172 f**
652 III	52 N 112, 382	652g III	43 N 2; 52 N 179
652a	2 N 62; 50 N 4; **52 N 87 ff,** 206; 61 N 10, 31; 68 N 85	652h	50 N 4; **52 N 178 ff**
		652h I	52 N 47, 178
652a I	**52 N** 87, **93 ff**	652h II	52 N 179
652a I Ziff. 1	52 N 95	652h III	43 N 69, 75; 52 N 193
652a I Ziff. 2	52 N 96	653 ff	**52 N** 40, **299 ff,** 307
652a I Ziff. 3	52 N 97, 277	653	vor 22 N 6; **50 N** 4, **303 ff**
652a I Ziff. 4	52 N 98	653 I	22 N 58, 60; 48 N 46; **52 N** 298 ff, 330; vor 59 N 9
652a I Ziff. 5	33 N 79; 48 N 64; 51 N 25; 52 N 99, 106; 68 N 61		
		653 II	44 N 12; **52 N 304 ff,** 306
652a I Ziff. 6	52 N 100	653a	50 N 4
652a I Ziff. 7	52 N 101, 277	653a I	52 N 225, 312
652a II	**52 N 88 ff,** 91, 273	653a II	14 N 27; 46 N 28; **52 N 392**
652b	vor 39 N 7; **40 N** 13, **229 ff,** 279; 50 N 4; 52 N 36; 57 N 168	653b	50 N 4; **52 N** 348, **350 ff**
		653b I Ziff. 1	52 N 351 f
		653b I Ziff. 2	52 N 351, 353
652b I	**40 N 229,** 232	653b I Ziff. 3	52 N 351, 355
652b II	22 N 58; 39 N 90, 93 f, 126; **40 N** 110, **237 ff, 242 ff,** 280, 298, 315; 48 N 45; 52 N 77, 232 ff, 339	653b I Ziff. 4	52 N 351, 356
		653b I Ziff. 5	52 N 359 f
		653b I Ziff. 6	52 N 359
		653b II	40 N 311, 313; **52 N** 359, **363 ff,** 368
652b III	**40 N 288 ff;** 44 N 248 f; 52 N 82, 425		

653b II Ziff. 1	40 N 313; 52 N 364	656a ff	8 N 77; vor 39 N 13; **46 N 1 ff**
653b II Ziff. 2	40 N 313; 52 N 365	656a	5 N 83; **46 N 23 ff,** 28
653b III	17 N 32; 52 N 376	656a I	1 N 55; **46 N 8;** 47 N 25
653c	vor 39 N 7; 40 N 13; 46 N 28; 48 N 33; 50 N 4; **52 N** 309, **338**	656a II	1 N 40, 55; 5 N 83; 22 N 60; 23 N 23, 76; 25 N 46; 36 N 12; vor 39 N 13; **46 N 11 f,** 47; 49 N 18; 50 N 37; vor 52 N 12; 52 N 38, 96; 53 N 5; 56 N 124
653c I	40 N 303 f; 52 N 338		
653c II	39 N 93; 40 N 315; **52 N 339**		
653c III	40 N 316	656a III	**46 N 10;** 47 N 39
653d	50 N 4; **52 N 341**	656b	65 N 9
653d I	44 N 249 f; 48 N 34, 47; **52 N 342,** 359, 362, 425	656b I	1 N 55; **46 N 24;** 50 N 156
		656b II	1 N 55; 5 N 83; **46 N 23;** 53 N 57
653d II	39 N 34; 48 N 35; **52 N** 310, **343 ff**, 396	656b III	5 N 83; 23 N 23; 35 N 45; **46 N 15ff, 47; 50 N 18, 189, 196, 3**07
653e	50 N 4; **52 N** 348, **380 ff**		
653e I	52 N 380		
653e II	42 N 5; 52 N 383, 388	656b IV	52 N 224
653e III	52 N 393	656b V	46 N 12
653 f	32 N 14; 37 N 44; 50 N 4; 52 N 348, **396 ff**	656c	5 N 93; 23 N 86; 35 N 34; **46 N 35 ff**
653 f I	33 N 75; 52 N 396	656c I	23 N 39; 26 N 18; **46 N 35 ff**
653 f II	33 N 75; 52 N 396		
653g	14 N 42; 22 N 13; 30 N 59; 31 N 21; 50 N 4; **52 N** 348, **403 ff**	656c II	23 N 23; 25 N 46; 44 N 218; **46 N 36, 40,** 43
653g I	14 N 81, 52 N 403	656c III	35 N 34; 35 N 35; 46 N 48, 52
653g II	52 N 409		
653h	50 N 4; **52 N** 306, 348, 401, **410 ff**	656d	5 N 83; 23 N 39; **46 N 49 ff**
		656d I	23 N 75; **46 N 50**
653i	32 N 14; 33 N 77; 50 N 4; 52 N 348	656d II	23 N 75; **46 N 51**
		656e	27 N 96; 28 N 172; **46 N 54**
653i I	52 N 416	656f	5 N 84; **46 N 26 ff;** 52 N 428
653i II	52 N 417	656f I	39 N 22, 33; 40 N 282; **46 N 26 ff,** 47 N 16
654 ff	**41 N 26 ff**		
654	15 N 25; vor 39 N 8; 39 N 140; 41 N 41	656f II	39 N 22, 33; 40 N 282; **46 N 29 f**
654 I	22 N 59; **41 N 41 ff**	656f III	26 N 19; **46 N 31**
654 II	26 N 5, 12,14 f; 39 N 40; **41 N 46;** 46 N 34, 66; 47 N 13; 52 N 423; 53 N 119	656f IV	26 N 6, 20 ff; **46 N 55, 75;** 53 N 119
		656g	5 N 83; **40 N** 13, 232, **282 ff;** 46 N 28; 47 N 16; 52 N 427
654 III	26 N 5, 12, 15, 17; **41 N 47;** 47 N 13		
656	vor 39 N 8; 39 N 140; **41 N 26 ff**	656g I	**40 N 282 ff;** 46 N 60
		656g II	**40 N 284, 287;** 46 N 57
656 I	41 N 31 f	656g III	39 N 22, 33; **40 N 285;** 46 N 59
656 II	41 N 27; 56 N 125		

657	8 N 77; 15 N 26; 25 N 47; vor 39 N 14; 46 N 3; 47 N 3ff	662a ff	**51 N 1 ff;** 65 N 20
		662a	50 N 319; **51 N 27 ff,** 122
657 I	22 N 61; 26 N 25; **47 N 3 ff, 21 ff;** 48 N 48	662a I	5 N 88; 33 N 23; **50 N 89;** 51 N 13, 29 f, **32 ff,** 48, 75, 156 f, 220, 223, 264
657 II	15 N 26; 26 N 31; 40 N 232; 47 N 5, **15;** 56 N 126 ff	662a II	33 N 15; 50 N 231; **51 N 32 ff,** 51, 58, 76, 222
657 III	**47 N 7, 38 f**	662a II Ziff. 1	50 N 90; 51 N 36 ff
657 IV	26 N 7 f, 26, 28 f, 32; 46 N 31; **47 N 33 ff**	662a II Ziff. 2	51 N 39 ff, 61
		662a II Ziff. 3	51 N 42 ff
657 V	**47 N 8, 26**	662a II Ziff. 4	51 N 45
659 ff	**50 N 131 ff;** 68 N 67	662a II Ziff. 5	51 N 46 ff
659	24 N 84; 44 N 162; 45 N 18; **50 N** 31, 140, **144 ff;** 156 f, 163, 165, 178, 180; 51 N 148; 53 N 254; 65 N 47	662a II Ziff. 6	51 N 49
		662a III	51 N 58, 62 f, 153, 225
		662a IV	51 N 6
659 I	**50 N 145,** 149, 152, 158; 52 N 292; 65 N 45	663 ff	2 N 10; 22 N 33; 33 N 13; **51 N 1 ff,** 27
659 II	44 N 162; **50 N 146 ff,** 153, 156, 173	663	2 N 10; 50 N 319; **51 N** 19, 38, **89 ff**
659a	39 N 205; 50 N 163, 178	663 I	51 N 89
659a I	**24 N 84 ff;** 39 N 50; 50 N 142, 178, 186	663 II	50 N 248, 287; **51 N 95**
		663 III	51 N 99
659a II	**50 N** 31, **159,** 280; 51 N 119	663 IV	49 N 62; **51 N** 19, **101**
659b	24 N 86f; 50 N 141, 163, 178 f, 185; vor 59 N 10; 60 N 19, 52	663a	50 N 319; **51 N** 18, 38, **105 ff,** 120 f, 198; 60 N 18
		663a I	51 N 105
659b I	**50 N 175 ff,** 183, 184a	663a II	49 N 64; 50 N 254, 261; **51 N** 107, 110, 114, **120**
659b II	50 N 183 ff		
659b III	50 N 182	663a III	49 N 62, 64 f; 51 N 111, 114, 120
660 ff	vor 39 N 4; 51 N 7	663a IV	40 N 337; 50 N 261; **51 N** 110, **114 ff**
660	vor 39 N 5; **40 N 14 ff**		
660 I	1 N 10; 2 N 10, 56; 3 N 52; 22 N 44; **40 N** 13, **17 ff,** 27, 41	663b	33 N 20; 50 N 319; **51 N** 20, 37, **121 ff**
		663b Ziff. 1	33 N 20; 51 N 125
660 II	40 N 98, 112	663b Ziff. 2	51 N 129
660 III	2 N 10; 41 N 20	663b Ziff. 3	51 N 132 f
661	2 N 31; vor 39 N 5; 39 N 52, 56; **40 N 60;** 41 N 24; 53 N 210; 56 N 121, 123	663b Ziff. 4	51 N 134
		663b Ziff. 5	48 N 43; 51 N 137
		663b Ziff. 6	49 N 64; 51 N 139
662 ff	2 N 11; 3 N 33; 16 N 59; 33 N 10; vor 39 N 12; 40 N 150; 51 N 9	663b Ziff. 7	4 N 101; 40 N 198; 50 N 261; **51 N 141 f,** 198; 60 N 18
		663b Ziff. 8	4 N 104; 33 N 20; 40 N 39, 204; **50 N 93 ff,** 100; 51 N 69, 143 ; 68 N 73
662	3 N 33; **40 N 162 ff,** 198		
662 I	22 N 33; 40 N 162; 51 N 14, 24		
		663b Ziff. 9	50 N 318; 51 N 145
662 II	22 N 33; 33 N 8; 40 N 162; 51 N 14	663b Ziff. 10	**50 N** 143, **160 ff;** 51 N 147; vor 59 N 10; 68 N 58

663b Ziff. 11	51 N 149, 262	665a I	50 N 256 ff
663b Ziff. 12	51 N 151	665a II	50 N 256, 259; 65 N 37
663c	2 N 62; 28 N 42; **39 N 8 ff;** 40 N 154; 43 N 92; 48 N 65; 51 N 20, 67, 154, 198; 60 N 18; 61 N 8; 68 N 80	665a III	50 N 259
		666	33 N 10; **50 N** 232, 249, 264, **265 ff**
		666 I	50 N 266
663c I	4 N 101; 61 N 22	666 II	50 N 267; 51 N 43
663c II	2 N 46; 39 N 8; vor 59 N 10	667	33 N 10; **50 N** 232, 249, 258, **271 ff,** 279
663d	51 N 257 ff		
663d I	**51 N** 17, **257 ff**	667 I	**50 N 275 ff,** 277, 279
663d II	**51 N** 150, **261 ff;** 52 N 160	667 II	33 N 26; **50 N 272 ff,** 278
663e ff	2 N 62; 3 N 965 N 58; 28 N 47; 29 N 20; 34 N 3; **51 N** 21, **190 ff;** vor 59 N 9; 60 N 17, **51 ff;** 67 N 27	669	33 N 10; **50 N** 232, **282 ff;** 61 N 30; 68 N 58
		669 I	49 N 65; **50 N 294 ff,**
		669 II	50 N 98, **298 ff**
663e	4 N 101; 22 N 24; 24 N 88; 34 N 3, 5; 50 N 319; **51 N 201 ff;** 61 N 5; 67 N 21; 68 N 79	669 III	3 N 20, 47, 52, 69; 4 N 104; 22 N 62; 28 N 26; 33 N 26; 40 N 26; 49 N 58; **50 N** 60, **83 ff,** 89, 99, 300 f; 68 N 73
663e I	28 N 108; 29 N 20; 51 N 191, 201, 205; vor 59 N 9; 60 N 28; 66 N 10	669 IV	33 N 32; **50 N 91 ff;** 68 N 73
		670	15 N 45; 32 N 15; 33 N 10; **50 N** 33, 197, 208, 233, 251, **302 ff**
663e II	3 N 94; 5 N 88; 48 N 53; **51 N** 12, **206 ff**		
663e III	3 N 94; **51 N 208 f**	670 I	33 N 78; **50 N** 34, **304, 315;** 51 N 119
663e III Ziff. 1	48 N 25		
663e III Ziff. 2	61 N 22	670 II	32 N 15; 33 N 78; 37 N 44; **50 N 314**
663e III Ziff. 3	39 N 133; 40 N 155		
663 f	34 N 5; 50 N 319; **51 N 210 ff**	671 ff	33 N 10; vor 39 N 12; **50 N 5 ff** 158, 196; 51 N 10; 53 N 264
663 f I	**51 N 211 f**		
663 f II	3 N 94; 34 N 3; **51 N 214**		
663g	50 N 319; 51 N 221 ff; 61 N 30	671	3 N 47; 28 N 124; 33 N 28; 40 N 33, 42; 46 N 17; 49 N 52; **50 N 7 ff,** 44, 158, 196
663g I	34 N 3; **51 N 221 ff**		
663g II	34 N 3, 26; **51 N** 155, **224 ff**		
663h	50 N 319; **51 N 64 ff,** 219; 68 N 58	671 I	1 N 46; **50 N 7,** 14, 17 f, 318
		671 II	50 N 7, 14; 52 N 138
663h I	**51 N** 66, **68 f;** 68 N 73	671 II Ziff. 1	14 N 17; **50 N 15, 21 f**
663h II	51 N 64 ff	671 II Ziff. 2	**50 N 15, 23 f**
664 ff	33 N 10; vor 39 N 12; **50 N 230 ff;** 51 N 10	671 II Ziff. 3	**50 N 19 f**
		671 III	3 N 69; **50 N** 20, 22, **25 ff,** 28, 44; 52 N 139
664	**50 N** 234, **237 ff**		
665	15 N 45; 33 N 10, 26, 78; 49 N 59; **50 N** 33, 232, 249, **250 ff,** 264, 302, 304; 51 N 247	671 IV	**50 N 102;** vor 59 N 8; 60 N 58; 61 N 63;
		671 V	**50 N 103;** 63 N 37
		671 VI	50 N 104
665a	33 N 10; **50 N** 232, **256 ff,** 310; 51 N 116	671a	33 N 28; 49 N 52, 55; **50 N 31 f,** 196; 52 N 138

671b	49 N 52, 55; **50 N 33 ff,** 196, 316 f; 52 N 139		34, 43; 44 N 56, 147; 52 N 18; 53 N 82
672	3 N 47; 7 N 13; 33 N 28; 40 N 43; 49 N 52, 55; **50 N 42 ff**	680 II	1 N 44; 25 N 98; 40 N 348; 45 N 33; 49 N 4; **50 N 107 ff,** 132; 52 N 138; 53 N 27, 40
672 I	50 N 42	681	14 N 40; 17 N 39; 42 N 7; 44 N 17; 53 N 11, 199
672 II	50 N 43		
673	3 N 22, 47, 69; 33 N 28; 40 N 25, 43; 48 N 42; 49 N 52, 55; **50 N 46 ff,** 63	681 I	14 N 39; **44 N 49**
		681 II	8 N 63; **44 N 17 ff,** 35; 48 N 56
674	22 N 46; 49 N 52; **50 N 54 ff**	681 III	**44 N 22, 50**
674 I	50 N 28	682	14 N 40; 17 N 39; 42 N 7; **44 N** 21, **27 ff;** 53 N 11, 199
674 II	22 N 62; 40 N 44; 49 N 55; **50 N 55, 58 ff**		
		682 I	8 N 63; **44 N 28,** 33; 48 N 56
674 II Ziff. 1	3 N 20; 50 N 56	682 II	44 N 28
674 II Ziff. 2	3 N 20, 52, 69; 28 N 26; 40 N 26, 35; **50 N 58 ff**	682 III	44 N 44
		683 ff	vor 39 N 5
674 III	3 N 22, 47, 69; 22 N 62; 40 N 25, 44; 48 N 42; 49 N 55; **50 N 57,** 63	683	14 N 38; 43 N 2
		683 I	39 N 54; **43 N 27, 71;** 44 N 28
675	vor 39 N 5	683 II	**43 N 71;** 52 N 147
675 I	1 N 44; **40 N 115 ff;** 50 N 110	684 I	2 N 42; 43 N 31
675 II	1 N 44 f; 3 N 60; **40 N 21 ff,** 34, 53 f, 65; 49 N 58; 50 N 110; 51 N 7; 53 N 28, 266	684 II	2 N 42; **43 N 29;** 44 N 90
		685 ff	**44 N 103 ff;** 67 N 21
		685	**44 N** 94, **117 ff,** 248
676	1 N 44; 22 N 63; vor 39 N 5; **40 N** 13, **115 ff;** 50 N 110	685 I	44 N 247
		685 II	44 N 119, 247
676 I	40 N 117	685a ff	2 N 43, 62; 39 N 140; **44 N 123 ff**
676 II	40 N 117, 120		
677	1 N 44; **28 N 121 ff;** 40 N 50	685a I	44 N 123
678	25 N 99; 28 N 134; 35 N 9; vor 39 N 5, 12; 39 N 85; 40 N 13, 54; 42 N 21; **50 N 112 ff,** 56 N 135; 65 N 39	685a II	44 N 127; 45 N 15
		685a III	44 N 128
		685b	2 N 44; **44 N** 123, **133 ff, 161 ff,** 175, 266; 61 N 50; 62 N 8
678 I	25 N 100; 40 N 59; 50 N 112, 114, 118; 53 N 195; 65 N 39		
		685b I	39 N 93; 43 N 85; **44 N** 72, 121, **133 ff, 161 ff,** 172, 247, 257, 266; 49 N 42; 50 N 134, 147; 65 N 48
678 II	40 N 94, 96, 335; **50 N** 112, **119 ff**		
678 III	39 N 76; 50 N 124		
678 IV	50 N 123	685b II	8 N 56; 39 N 94; **44 N** 133, **139 ff,** 147, 154, 159, 247, 266
679	28 N 134; vor 39 N 5, 12; **50 N** 112, **126;** 56 N 135		
679 I	50 N 126	685b III	24 N 94; 39 N 7; 43 N 85; **44 N** 122, **171,** 247; 45 N 46
679 II	50 N 126		
680 ff	vor 39 N 5	685b IV	43 N 85; **44 N** 126, 165, 167, **172 ff,** 210, 247; 45 N 5, 16; 50 N 147; 57 N 187
680 I	1 N 59; 2 N 7; 27 N 24; 39 N 144; **42 N** 2, **8 ff,** 18, 26,		

685b V	44 N 165	688 I	43 N 74
685b VI	44 N 166	688 II	14 N 29; 43 N 74
685b VII	**44 N 175 f,** 264 f	688 III	43 N 73
685c	44 N 124, 266	689 ff	vor 22 N 6; vor 39 N 5; 39 N 110; **40 N 130 ff**
685c I	39 N 36; 40 N 235; **44 N 165, 179,** 220, 262	689	**23 N 16 ff, 58 ff;** 39 N 79; **40 N 13, 135**
685c II	**44 N 180,** 165, 220; 45 N 12	689 I	vor 22 N 2
685c III	23 N 70; 44 N 177, 266	689 II	23 N 15, 82, 86; **24 N 120 ff;** 25 N 94; 39 N 140; 40 N 13, 138
685d ff	**44 N 182 ff;** 61 N 9		
685d	2 N 44; 39 N 70; 44 N 125, 245; 61 N 22		
685d I	5 N 94; 39 N 8; 43 N 85; **44 N** 146, 151, **188 ff,** 194, 245, 247; 68 N 60	689a	40 N 13, 135; **43 N** 30, **76 ff**
		689a I	**23 N 67 ff;** 24 N 126
		689a II	**23 N 67 ff;** 24 N 126; 43 N 15; 43 N 26; 44 N 89; 45 N 30
685d II	24 N 94; 39 N 7; 43 N 85; **44 N** 122, 171, **208 f,** 242, 245, 247; 45 N 46		
		689b ff	**24 N 120 ff;** 40 N 13, 138
685d III	**44 N** 126, **210 ff,** 247; 45 N 5, 16; 61 N 48	689b	**24 N 120 ff;** 45 N 25
		689b I	**24 N 127 ff,** 133
685e	44 N 213; 61 N 22 f	689b II	**24 N 125;** 45 N 30
685 f	**39 N 205, 215 ff;** 44 N 125	689c ff	3 N 33
685 f I	**44 N 215 f,** 219, 244 f; 61 N 22	689c	2 N 62; 23 N 57, 73; **24 N** 88b, 122, **132 ff,** 150; 61 N 13
685 f II	23 N 86; 35 N 34; 40 N 234; **44 N 217 ff,** 247; 46 N 63		
		689d	2 N 62; 23 N 42, 57, 73; **24 N** 122, **136 ff**
685 f III	23 N 86; 24 N 83; 25 N 42; 35 N 34, 44; 39 N 37; 43 N 78; **44 N** 131, 201, **217,** 221 f, 245, 247	689d I	24 N 139 ff
		689d II	24 N 139 ff
		689d III	24 N 136 ff
685 f IV	**44 N 235,** 253a	689e	**23 N 73,** 82; 24 N 122
685g	23 N 70, 72; **44 N 223**	689e I	**23 N 89,** 113; 24 N 145, 148; 25 N 14, 24, 37
686	28 N 103; **43 N 76 ff;** 44 N 90		
		689e II	23 N 103, 124; **24 N 145 ff;** 25 N 14, 37
686 I	2 N 42, 23 N 46; 24 N 132; **43 N** 30, 76, **78 ff;** 45 N 15		
		690 I	**24 N 125;** 43 N 54; 45 N 3, 9, 22
686 II	**43 N 80 f;** 44 N 90		
686 III	43 N 11, 30	690 II	**24 N 125;** 45 N 13, 22
686 IV	2 N 42; **43 N** 30, 77, **82 ff**	691	40 N 13, 137
686a	**43 N 87 f;** 44 N 51, 171, 245, 252	691 I	**24 N 94;** 39 N 204; 45 N 41
		691 II	23 N 90
687	**14 N 32 ff;** 42 N 6; 44 N 93, 118	691 III	**23 N** 71, **90,** 124; 24 N 148 f; 25 N 14, 18, 33, 36, 74, 122; 39 N 208
687 I	14 N 33 f		
687 II	**14 N 36 f;** 44 N 44	692	23 N 82; **24 N 11 ff;** 40 N 13
687 III	**14 N 35;** 44 N 118	692 I	2 N 30; 8 N 60; 24 N **12 f,** 100; 27 N 94; 31 N 22; 39 N 53
687 IV	**14 N 25;** 44 N 10		
688	**43 N** 2, 27, **72 ff**		

1093

692 II	**24 N 16 ff,** 60, 62, 66; 39 N 66, 111; 41 N 22; 53 N 301	697a I	**35 N** 18, 24, **31**, 33
		697a II	35 N 21
692 III	53 N 301	697b	3 N 57; 22 N 65; 33 N 106;
693	2 N 39; 15 N 25; **24 N 95 ff;** vor 39 N 8; 39 N 140; 53 N 301; 68 N 82		**35 N 41 ff,** 52, 108; 39 N 78; 61 N 14
		697b I	2 N 32; **35 N** 21, **41 ff,** 101; 39 N 132 f
693 I	22 N 64; 24 N 14, **100 ff;** 39 N 57; 57 N 90	697b II	35 N 48
693 II	2 N 40; 5 N 81; 14 N 27; **24 N 104;** 43 N 27; 46 N 24; 52 N 147, 392	697c	3 N 57; 22 N 65; **35 N 51 ff**
		697c I	35 N 51
		697c II	35 N 54
693 III	2 N 40; 22 N 23; **24 N 105 ff**	697c III	35 N 55
693 III Ziff. 1	32 N 33	697d I	35 N 67
693 III Ziff. 2	33 N 106	697d II	35 N 74
693 III Ziff. 3	35 N 39	697d III	35 N 67, 85
693 III Ziff. 4	36 N 18	697d IV	35 N 67
694	**40 N 131;** 44 N 12	697e I	35 N 79, 93
695	**24 N 78 ff;** 36 N 128	697e II	35 N 83, 93
695 I	22 N 54; 24 N 78; 39 N 205	697e III	35 N 90
695 II	24 N 79	697 f	35 N 102
696	**23 N 50 ff;** 25 N 109; 35 N 18; 39 N 73, 110; 40 N 150, 163; 46 N 43; 51 N 7, 14, 23	697 f I	35 N 68
		697 f II	35 N 103
		697g	**35 N** 103, **105 ff**
		697g I	25 N 84; **35 N 106 f**
696 I	22 N 33; **23 N 50 ff,** 75 f, 103; 25 N 93; 35 N 100; **40 N** 13, **162 ff,** 198; 46 N 51; 48 N 10; 51 N 77	697g II	35 N 107
		697h	2 N 62; 4 N 97, 103; vor 39 N 12; **48 N 9 f;** 51 N 14, 23, 214, 266; vor 59 N 9; 61 N 7, 11, 22; 67 N 21; 68 N 63, 76
696 II	8 N 63; **23 N 45 ff;** 25 N 94; 40 N 164; 48 N 56		
		697h I	3 N 94; 22 N 33; **48 N 9 f,** 25, 57, 62; 51 N 13, 266
696 III	**40 N 165;** 48 N 12		
697	11 N 28; 23 N 93; 28 N 96; 33 N 114; 35 N 18; 39 N 73, 110; **40 N 146 ff;** 46 N 40; 57 N 85	697h II	3 N 67; 5 N 64; **48 N 9 f,** 41
		698 ff	2 N 11; 19 N 3; **22 N 1 ff;** 56 N 48
		698	19 N 3; 56 N 65
697 I	2 N 32; 23 N 104; **40 N 166 ff**	698 I	**20 N 10 ff,** 30
		698 II	20 N 18; **22 N 1 ff;** 23 N 60; 30 N 6
697 II	28 N 40; 33 N 110; 35 N 5; **40 N 170 ff;** 43 N 92; 51 N 67		
		698 II Ziff. 1	9 N 6 f; 14 N 42; **22 N 11 ff;** 53 N 105
697 III	28 N 40; 35 N 5; **40 N 192 ff;** 43 N 92		
		698 II Ziff. 2	5 N 89; **22 N 17 f,** 31; 27 N 21; 32 N 34
697 IV	35 N 19; **40 N 196**		
697a ff	3 N 33; 5 N 91; 33 N 106; **35 N 1 ff;** 40 N 13, 152	698 II Ziff. 3	**22 N 33 ff;** 51 N 14
		698 II Ziff. 4	**22 N 33 ff, 41 ff;** 40 N 19, 53; 49 N 60; 51 N 14; 52 N 279
697a	3 N 33; 22 N 65; **35 N** 32, **33 ff**	698 II Ziff. 5	**22 N 47 ff;** 36 N 128

698 II Ziff. 6	22 N 8, **56 ff,** 74; 40 N 275	704 I	**24 N 28 ff;** 41 N 16; 52 N 49 f, 204
699	**23 N 16 ff,** 103; 40 N 13		
699 I	22 N 9; **23 N 16 ff;** 32 N 54; 33 N 4, 66; 34 N 36; 37 N 51	704 I Ziff. 1	8 N 57; **24 N 34 ff;** 55 N 26
		704 I Ziff. 2	**24 N 37 ff,** 118; 26 N 17; 39 N 40; 41 N 39, 43; 43 N 49; 47 N 74; 52 N 54
699 II	**23 N** 3, 41, **44 ff,** 85; 31 N 7; 51 N 77		
699 III	2 N 32; 3 N 57; **23 N** 3, **22 ff,** 32; 35 N 101; 39 N 79, 131, 133; 40 N 134; 61 N 14	704 I Ziff. 3	**24 N 40;** 39 N 40; 44 N 254
		704 I Ziff. 4	**24 N 41 f;** 40 N 311; 52 N 55, 242, 350
699 IV	**23 N 31 ff;** 27 N 62	704 I Ziff. 5	15 N 24; **24 N 41 f;** 41 N 43; 47 N 11; 52 N 51 f, 127, 142
700	**23 N 40 ff;** 39 N 79; 40 N 13, 133; 53 N 246		
700 I	**23 N 40 ff;** 31 N 7; 53 N 116; 57 N 104	704 I Ziff. 6	**24 N 41 f;** 39 N 126; 40 N 241, 259; 46 N 72; 52 N 53, 127; 57 N 168
700 II	**23 N 58 ff;** 25 N 21; 57 N 104		
700 III	22 N 37; **23 N 38,** 59, 104; 35 N 38	704 I Ziff. 7	24 N 43
		704 I Ziff. 8	**24 N 44 f;** 55 N 26; 57 N 105, 114, 118; 58 N 34
700 IV	**23 N** 38, **63;** 39 N 79		
701	**23 N 5 f;** 24 N 33	704 II	9 N 10; **24 N** 28, **46 ff**
701 I	23 N 6	704 III	**24 N 36, 39;** 44 N 257
701 II	23 N 5	705	22 N 29 f
702	22 N 9; 23 N 82, 97, 99	705 I	**22 N 29 f,** 66; 27 N 38; 56 N 41
702 I	23 N 67 ff		
702 II	**23 N** 8, **112 ff;** 31 N 15	705 II	**22 N 29 f;** 27 N 42; 28 N 16; 32 N 48; 56 N 47
702 II Ziff. 1	**23 N 113;** 24 N 146		
702 II Ziff. 2	**23 N** 73, **114**	706 ff	3 N 57; **25 N 1 ff,** 86; vor 39 N 9; 57 N 84
702 II Ziff. 3	**23 N 115;** 40 N 160		
702 II Ziff. 4	23 N 116	706	3 N 26; 8 N 55; 12 N 13; 23 N 77, 124; **25 N** 11, **13 ff;** 32 N 51; 39 N 110; 40 N 13; 46 N 44; 53 N 148; 55 N 32; 61 N 45
702 III	**23 N 121;** 40 N 13, 139, 156		
703	3 N 23, 55; 8 N 66; 9 N 10; 12 N 4; 23 N 82, 89; **24 N 23 ff,** 38, 42, 66, 89; 25 N 60; 26 N 8, 17a; 31 N 23; 35 N 36; 36 N 18; 39 N 101, 108; 40 N 111; 41 N 42; 43 N 43; 47 N 11; 50 N 51; 52 N 49, 56, 127; 53 N 118; 55 N 26		
		706 I	2 N 32; 10 N 1; **25 N 13 ff, 41 ff,** 49; 39 N 74; 40 N 59
		706 II	**25 N** 6, 13, **19 ff;** 40 N 298
		706 II Ziff. 1	**25 N 19 ff,** 44; 44 N 132
		706 II Ziff. 2	24 N 76; **25 N 24 ff;** 39 N 89
		706 II Ziff. 3	3 N 58; 24 N 76; **25 N 27 ff,** 60, 74, 97; 39 N 20, 28, 62, 64, 83, 90; 63 N 21
704	3 N 23; 5 N 92 f; 8 N 66; 9 N 10; 23 N 89; **24 N 3 ff,** 27, 53, 89, 115; 26 N 17; 39 N 40, 122 f; 40 N 111, 241; 41 N 43; 43 N 49; 44 N 254; 46 N 73; 50 N 51; 52 N 127, 242, 253, 350; 57 N 105, 164, 168; 68 N 82		
		706 II Ziff. 4	2 N 56 f; 24 N 30; **25 N 32,** 96; 39 N 116, 118; 40 N 22
		706 V	25 N 62, 70
		706a	25 N 11; 55 N 6
		706a I	10 N 2; 23 N 78; **25 N** 40, 45, **53 ff**
		706a II	25 N 50

1095

706a III	**25 N 79 ff;** 32 N 51; 35 N 108; 50 N 125	711 II	vor 27 N 5; 27 N 54
706b	7 N 28; 23 N 77; **25 N** 6, **86 ff**, 102; 31 N 42; 39 N 74, 110; 40 N 13; 53 N 248	712 I	28 N 137, 140; 29 N 2
		712 II	22 N 19; 29 N 3
		713	8 N 79; **31 N** 3, **23 ff**
706b Ziff. 1	23 N 6; **25 N** 12, 90, **92 ff;** 39 N 112	713 I	12 N 4; 24 N 57; 28 N 140; 29 N 8; 30 N 65; **31 N** 3, **23 ff, 29 ff;** 62 N 106, 108
706b Ziff. 2	**25 N 90, 92;** 39 N 112; 40 N 161	713 II	23 N 10; 28 N 117; **31 N** 3, **46 ff**
706b Ziff. 3	3 N 65; **25 N** 91, **97 ff,** 40 N 59	713 III	23 N 117; 28 N 142; 29 N 8; **31 N** 3, **14 ff**
707 ff	19 N 3	714	3 N 57, 65; 25 N 10, 137; **31 N** 3, **41 ff;** vor 39 N 9; 40 N 161
707	22 N 4, 20; **vor 27 N 2 ff; 27 N 2 ff;** 40 N 140		
707 I	1 N 29; 4 N 96; 14 N 7; 27 N 2, 67, 98; 50 N 115; 56 N 17; 63 N 6	715	28 N 115, 140 f; **31 N** 3, **5 ff**
		715a	3 N 60; 5 N 91; vor 27 N 5; **28 N 78 ff, 96 ff;** 29 N 8
707 II	27 N 2	715a I	28 N 96 ff
707 III	1 N 34; **27 N** 4, **9 ff,** 49; 28 N 29, 44, 46, 165, 167, 170; 30 N 89; 32 N 28; 37 N 15; 56 N 14; 63 N 6, 15	715a II	28 N 99; 31 N 13
		715a III	28 N 100, 103, 141
		715a IV	**28 N** 97, **103,** 141
		715a V	**28 N 102,** 106
708	4 N 44; 5 N 41; 15 N 12; 22 N 20; **27 N 68 ff;** 55 N 139, 183; 56 N 15	715a VI	28 N 103 f
		716	19 N 6; **30 N 2 ff;** 37 N 20
		716 I	11 N 16, 19; 20 N 19; 22 N 25, 74; **30 N** 2, **3 ff**
708 I	4 N 96; 14 N 9, 43, 73; 20 N 38; 24 N 88; **27 N 68 ff,** 74; 55 N 183; vor 59 N 8; 60 N 59	716 II	20 N 19; 24 N 85; 28 N 109; 29 N 6; **30 N** 3, **9 ff**
		716a	3 N 23, 34; 5 N 90; 19 N 6; 20 N 5, 19, 35; vor 27 N 4; 56 N 71; 57 N 119; 60 N 31
708 II	14 N 43; **27 N 75;** 30 N 14		
708 III	14 N 43; 27 N 68; 55 N 6		
708 IV	27 N 63	716a I	11 N 22; 20 N 13, 16, 28; 29 N 19, 29, 53; **30 N** 4, 11, **29 ff,** 58; 33 N 99
709	8 N 83a; **27 N** 61, **78 ff;** 28 N 29, 44; 39 N 78; 40 N 13; 56 N 16		
		716a I Ziff. 1	25 N 127; 28 N 104; **30 N 31 ff;** 60 N 32
709 I	22 N 20; 24 N 116; **27 N** 41, 49, **78 ff,** 89, 91, 97; 28 N 162; 32 N 31; 39 N 114, 134; 41 N 31; 52 N 78; 57 N 90	716a I Ziff. 2	11 N 26; 12 N 3; 28 N 69; 29 N 3, 28; **30 N 34 ff,** 66
		716a I Ziff. 3	**30 N 39 ff;** 51 N 13, 164
		716a I Ziff. 4	23 N 3; 29 N 64; **30 N 46,** 67
		716a I Ziff. 5	**30 N 47 ff**
709 II	3 N 60; **27 N 88 ff;** 28 N 162, 173; 32 N 31; 39 N 136	716a I Ziff. 6	22 N 9, 39; 23 N 83, 97; **30 N 52 ff;** 40 N 162; 51 N 84; 56 N 73
710	8 N 80, 83; **27 N 29 ff;** 32 N 41		
710 I	27 N 29	716a I Ziff. 7	30 N 57
710 II	27 N 32	716a II	28 N 82, 95, 159; **29 N** 12, **31 ff,** 43
711 I	27 N 52 ff		

716b	5 N 90; 8 N 79; 11 N 6; 19 N 6; vor 27 N 4; **29 N 10 ff;** 30 N 66; 51 N 74; 56 N 52	725 II	30 N 56; 32 N 15; 33 N 80; 46 N 20; **50 N** 189, **205 ff, 214 ff;** 53 N 292, 337; 56 N 117
716b I	5 N 90; 8 N 79; **11 N 16 ff;** 20 N 5, 32; 28 N 149; **29 N 12 ff,** 24, 34, 48; 60 N 36	725a	vor 27 N 5; 33 N 93; **50 N** 187, 190, 212, **223 ff;** 53 N 292; 55 N 36; 57 N 63
716b II	**11 N 7 ff,** 27; 28 N 82; 29 N 43, 71; 30 N 34; 39 N 73; 40 N 13, 157; 48 N 13	725a I	50 N 226; 55 N 36
		725a II	19 N 5; 22 N 32; 37 N 18; **50 N 227**
716b III	23 N 19; 28 N 68, 119; **29 N 6 ff;** 30 N 3; 56 N 52	725a III	50 N 228
717	**28 N 19 ff, 25 ff**	726	30 N 51
717 I	3 N 12, 20; 23 N 93; **28 N 19 ff, 25 ff;** 29 N 8, 59; 30 N 15; 36 N 18; 39 N 29; 42 N 31; 44 N 129; 49 N 15; 57 N 66a; 60 N 30	726 I	29 N 70 ff
		726 II	23 N 3; 28 N 73; **29 N 72**
		726 III	29 N 73 f
		727 ff	19 N 3; 22 N 23; **32 N 2 ff**
		727	5 N 89; 22 N 23; **32 N 34 ff;** 56 N 76
717 II	3 N 58; 23 N 101; 25 N 28; vor 27 N 4 f; 29 N 59; **30 N 17 ff;** 39 N 21, 29 f, 63, 73; 40 N 281; 63 N 21	727 I	22 N 21
		727 II	14 N 43; 15 N 12; **32 N 22 f,** 29; 34 N 13
718	19 N 13; 20 N 19; **30 N 9 ff, 75 ff,** 86	727a	5 N 89; 14 N 43; 15 N 55; **32 N 4 ff;** 56 N 14, 76
718 I	21 N 6; **28 N 118 ff;** 29 N 9; 30 N 9, 75, 126; 56 N 52	727b	2 N 62; 3 N 94; 5 N 89; 14 N 43; 15 N 55; **32 N 8 ff;** 33 N 48, 56, 71, 74; 34 N 10, 15; 48 N 54; 51 N 13; 53 N 85; 56 N 14; 67 N 13, 21
718 II	20 N 32; **28 N 149 ff;** **29 N** 13, **47 ff;** 30 N 12, 75, 87, 94; 59 N 4		
718 III	**30 N** 2, **12 ff,** 75	727b I Ziff. 1	32 N 10
718a	56 N 51	727b I Ziff. 2	**32 N 11;** 61 N 22
718a I	8 N 53; **21 N 3 ff; 30 N** 92, 126	727b I Ziff. 3	4 N 97; **32 N 12**
		727b II	5 N 59; **32 N 16;** 68 N 77
718a II	21 N 6; **30 N** 94, **97;** 56 N 51; 59 N 61	727c	5 N 89; 14 N 43; 15 N 55; 24 N 134; **32 N 24 ff,** 44; 34 N 11; 53 N 86; 56 N 18; 67 N 13; 68 N 77
719	30 N 85, 103		
720	16 N 14; 30 N 106, 111		
721	23 N 3; **29 N 62 ff,** 64, 67; 30 N 12, 46, 87	727c I	27 N 15; **32 N 24;** 33 N 103; 34 N 12
722	5 N 33; 19 N 6, 13; **21 N 9 ff;** 30 N 96; 56 N 53; 60 N 44	727c II	**32 N 25;** 34 N 12 f; 39 N 77; 40 N 13; 48 N 20; vor 59 N 9
725	vor 22 N 6; vor 27 N 5; 33 N 10, 93; 37 N 31; 46 N 20; **50 N 187 ff;** 55 N 15, 36; 57 N 63	727d	1 N 34; 3 N 118; **32 N 28 ff;** 35 N 57
		727d I	22 N 21 f; 37 N 43
		727d II	32 N 18, 29
725 I	23 N 3, 20; 30 N 57; 46 N 20; **50 N** 188, **195 ff,** 306 f	727d III	32 N 24, 29
		727e I	8 N 83; **32 N 41 ff,** 46; 34 N 19

727e II	**32 N 53 ff;** 39 N 77	731 II	20 N 6; 22 N 27, 69; **33**
727e III	22 N 29; **32 N** 7, **47 ff;** 40		N 33, 104, **106 ff,** 121; 35
	N 13; 48 N 19; 56 N 44		N 21
727e IV	32 N 60	731a	22 N 24, 26; **34 N 6 ff,** 18
727f	34 N 18	731a I	**34 N 10 ff**
727f I	32 N 38	731a II	34 N 6, 11 ff, 21, 32
727f II	32 N 40	732 ff	1 N 48; 52 N 187; **53 N 4 ff,**
727f III	32 N 52		15, 18, 33, 36, 38 f, 272, 332,
727f IV	32 N 52		334, 340
728	**33 N** 2, **6 ff,** 39, 65; 37 N 44,	732	vor 22 N 6; 22 N 70; 44
	47; 50 N 319; 51 N 265		N 65; 50 N 106; 53 N 274,
728 I	20 N 20, 23; 22 N 42; **33**		332, 343
	N 6 ff, 60 f, 64; 40 N 53;	732 I	46 N 71; 50 N 316; 52 N 6,
	50 N 161; 51 N 68; 56 N 76		60; **53 N 105 ff,** 273; 65 N 45
728 II	33 N 11, 29; 53 N 90	732 II	32 N 14; 33 N 83; 37 N 44;
729	20 N 20; **33 N** 2, **38 ff,** 65;		**53 N** 3, 18, 43, **83 ff,** 121,
	35 N 80		137, 256, 276
729 I	15 N 53; 22 N 33, 42; **33**	732 III	**53 N** 97, **109 ff**
	N 39 ff; 34 N 25; 40 N 53;	732 IV	**53 N** 137, **178 ff,** 182, 321
	51 N 68; 52 N 396	732 V	**53 N** 3, 19, **57 ff,** 298
729 II	15 N 52; **33 N 43;** 52 N 159;	733	8 N 63; 48 N 56; **53 N** 19,
	53 N 101		**137 ff,** 151, 154, 159, 189,
729a	20 N 20; **33 N** 2, **48 ff;** 34		196, 219, 274, 325; 56 N 111
	N 30	734	7 N 9; 14 N 81; **53 N** 96, 135,
729b	**33 N** 2, **59 ff**		138, 153, 172, 175, 189,
729b I	23 N 20; **33 N** 38, **59 ff,** 109;		**190 ff,** 215 f, 225, 231, 234,
	34 N 31		274, 283, 316
729b II	33 N 4, 38, 67, **90 ff,** 113;	735	53 N 16, 33, 36, 39, 242,
	50 N 210; 56 N 117		**258 ff,** 262, 267, 272, 283,
729c	**22 N 35 ff,** 42, 57; 23 N 94;		297, 318, 327
	32 N 46; 33 N 2, 38; 40	736 ff	**54 N 1 ff,** 9
	N 159	736	54 N 3, 8; **55 N 5 ff,** 167
729c I	**22 N** 33, **35;** 33 N 47; 50	736 Ziff. 1	8 N 69; **55 N** 7, **8 ff**
	N 118; 53 N 109	736 Ziff. 2	14 N 81; vor 22 N 6; 22
729c II	**22 N 36;** 23 N 124; 25 N 14,		N 71; **55 N** 9 f, **22 ff**
	38, 100, 115; 40 N 59; 53	736 Ziff. 3	50 N 223; **55 N 33 ff**
	N 122, 246	736 Ziff. 4	2 N 32, 75; 3 N 57; 8 N 55;
729c III	**22 N 37,** 67; 23 N 94; 24		17 N 26; 25 N 8; vor 39
	N 31; 33 N 47; 40 N 13; 53		N 10; 39 N 78, 94, 133; 40
	N 123		N 13; 44 N 73; 46 N 46; 53
730	**33 N** 2, 107, **109 ff;** 34 N 38		N 253, 255; 54 N 10, 12, 16;
730 I	28 N 41; **33 N 110 f**		**55 N 57 ff,** 100, 109; 62
730 II	33 N 112		N 25, 106, 110
731	22 N 68; **33 N** 2, **96 ff,**	736 Ziff. 5	**55 N** 6, **113**
	106 ff; 34 N 37	737	54 N 8, 11; 55 N 104, 166;
731 I	20 N 6, 24, 27, 47; **33 N** 87,		57 N 142
	98 ff, 119	738	54 N 8; **55 N 149 ff**

739 ff	54 N 8; 55 N 51; **56 N 3 ff**	745 III	32 N 14; 33 N 84; 37 N 44; 54 N 15; **56 N 2, 131 ff**
739	55 N 191		
739 I	5 N 76; 8 N 24; 54 N 6; **55 N 151 ff,** 180; 57 N 112	746	54 N 8; **56 N** 11, **146 ff**
		747	56 N 159
		748 ff	54 N 8; **57 N** 2, **3 ff**, 102, 245
739 II	55 N 155, 185, 188; **56 N 60 ff,** 74	748	24 N 44; **57 N** 10, 23, **38 ff,** 66, 143, 198, 214, 218; 66 N 41
740 ff	19 N 5		
740	vor 22 N 6; 37 N 18; **56 N 14 ff**	748 Ziff. 1	**57 N** 2, 192, **195 f**
		748 Ziff. 2	**57 N** 2, 192, **197 ff**
740 I	22 N 27, 71; 23 N 21; **56 N 19 ff**	748 Ziff. 3	**57 N** 2, 192, **204;** 58 N 20
		748 Ziff. 4	**57 N** 192, **205 f**
740 II	**56 N 37,** 147	748 Ziff. 5	**57 N** 192, **207 f**
740 III	54 N 13; 55 N 175; **56 N 15,** **26 ff,** 34	748 Ziff. 6	**57 N** 192, **200,** 202, 211
		748 Ziff. 7	54 N 8; **57 N** 141 f, 201, **210 ff**
740 IV	22 N 26 ff; 54 N 12; **56 N 26 ff**	748 Ziff. 8	**57 N** 81, **155 ff**
740 V	27 N 50; 50 N 223; 55 N 155; **56 N** 5, **31 ff,** 60	749	24 N 44; **57 N** 13, 23, **214 ff;** 66 N 41
741	vor 22 N 6; 37 N 18; **56 N 40 ff**	749 I	**57 N** 10, **215**
		749 II	57 N 216 ff
741 I	22 N 29; 54 N 13; **56 N 40 ff**	749 III	**57 N** 216, **219 ff**
		749 III Ziff. 1	14 N 81; **57 N** 81, **220 ff**
741 II	39 N 78; 40 N 13; 54 N 13; **56 N** 26, 29, **44 ff,** 55	749 III Ziff. 2	22 N 71; **57 N** 81, **223**
		749 III Ziff. 3	57 N 224 f
742 ff	**56 N** 6, **77 ff**	749 III Ziff. 4	**57 N** 81, **226**
742	37 N 20; **56 N 78 ff**	750	24 N 44; 57 N 13, 23
742 I	**56 N** 7, 76, **78 ff**	750 I	14 N 81; 57 N 2
742 II	8 N 63; 53 N 143; **56 N** 8, **90 ff;** 57 N 195	750 II	57 N 13
		751	24 N 44; 54 N 8; 57 N 5, 23; **58 N 32 ff**
743 I	**56 N** 9, **105 ff,** 113		
743 II	48 N 56; 50 N 211; 55 N 52; **56 N** 81, 89, **117 ff**	751 I	22 N 71; **58 N 32 f**
		751 II	14 N 81; **58 N 34**
743 III	**56 N** 9, 48, **49 ff,** 106	751 III	54 N 8; **58 N 35**
743 IV	22 N 71; **56 N** 9, 48, 71, **108 ff**	752 ff	3 N 57; 5 N 39; 13 N 29; 17 N 33; 35 N 109; 39 N 75, 110; **36 N 1 ff,** 75; 40 N 13
743 V	**56 N** 7, 76, **83 ff**	752	3 N 57; 17 N 28 f; 36 N 3, 6, 10, 12; **37 N 72 ff;** 52 N 92, 107; 58 N 24; 61 N 10, 31
743 VI	56 N 53		
744	56 N 9		
744 I	56 N 98		
744 II	**56 N** 98, **101 ff**		
745	vor 39 N 10; 55 N 136; **56 N** 10, **119 ff;** 57 N 200, 211; 58 N 21	753	3 N 66; 13 N 28 f; 14 N 8, 84; 17 N 28; 36 N 3, 10, 12; **37 N 55 ff;** 52 N 157
745 I	40 N 101; 54 N 14; **56 N 119 ff**	753 Ziff. 1	15 N 48, 67; **37 N 64, 66**
		753 Ziff. 2	14 N 22; 37 N 66
745 II	33 N 84; **56 N** 93, **128 ff**	753 Ziff. 3	37 N 66

754 ff	7 N 9, 32; 10 N 3; 27 N 18; 28 N 78; 33 N 122; 39 N 84; **37 N 2 ff;** 40 N 59; 53 N 252; 56 N 14, 77	763 I	63 N 42 f
		763 II	63 N 3, 42
		764 I	1 N 34
		764 II	5 N 73; 6 N 20
754	3 N 66; 7 N 32; 19 N 7; 36 N 3, 36; **37 N 2 ff**, 18, 65; 51 N 84; 52 N 157; 63 N 14	770	57 N 13, 23
		770 III	57 N 23
		772 II	39 N 140
754 I	28 N 71; 30 N 19; 36 N 7, 12; **37 N 2 ff,** 5, 20; 48 N 21; 56 N 48, 58; 56 N 142	773	49 N 29 f
		774 II	44 N 8
		777 Ziff. 2	39 N 140
754 II	vor 27 N 4; 29 N 28; 29 N 63; 30 N 71; 36 N 4, 39; **37 N 37 ff;** 56 N 161	788 II	6 N 20
		789 III	43 N 18
		791	23 N 82; 39 N 140
755	3 N 66; 33 N 118; 34 N 39; 36 N 3, 9, 36; **37 N 41 ff,** 65; 52 N 163; 53 N 87	803	39 N 140
		804 II	6 N 20
		805	5 N 73; 6 N 20
756	**36 N** 16, **23**	808 III	24 N 25
756 I	**36 N** 16, **23,** 28, 47, 61	808 VI	5 N 73; 6 N 20
756 II	3 N 33; 25 N 82; **36 N 4, 121 ff;** 50 N 125	811 I	27 N 2; 39 N 140
		817 I	6 N 20
757	36 N 16; 48 N 21	818	28 N 36; 39 N 140
757 I	**36 N** 16, **26,** 48, 61, 135, 151	819 II	6 N 20
757 II	36 N 26	822 II	44 N 61
757 III	36 N 24, 38, 50	822 III	44 N 52
758	22 N 49; **36 N** 16, 54, **128 ff**	822 IV	44 N 52
758 I	22 N 50; **36 N** 49, 129, **132 f**	823	6 N 20
758 II	**36 N** 113, **134,** 156	824 ff	24 N 44; 54 N 8; 56 N 5; 58 N 9 ff, 24
759	**36 N** 4, 16, **106 ff**		
759 I	4 N 99; **36 N** 65, 95, 102, 106, **107 ff,** 112, 170	824	53 N 58
		824 Ziff. 1	58 N 16
		824 Ziff. 2	58 N 14
759 II	4 N 99; **36 N** 95, 106, **112 f**	824 Ziff. 3	58 N 15
759 III	36 N 106	825	22 N 71
760	35 N 114; **36 N** 16, 21, **146 ff**	825 I	58 N 14
760 I	36 N 147 ff	826 I	58 N 17
760 II	36 N 152	826 II	58 N 18 f
761	8 N 38; **36 N** 4, 16, 21, **115 ff**	826 III	58 N 19, 21
762	6 N 16; 22 N 14, 31; 28 N 29, 44, 173; **63 N** 5, 7, **14 ff,** 22, 32, 44	826 IV	58 N 20
		826 V	54 N 8; 58 N 22
		827	5 N 73; 6 N 20
		828	2 N 3, 7; 39 N 140
762 I	8 N 87; 27 N 17; 28 N 174; **63 N 6 ff**	828 I	2 N 33, 54
		828 II	44 N 5; 49 N 32
762 II	27 N 17, 40; 28 N 173; **63 N** 5, **7,** 14, 32	829	4 N 29
		839 I	2 N 33
762 III	27 N 18; **63 N 14**	842	44 N 61
762 IV	1 N 64; 27 N 18; 28 N 45, 173 f; 37 N 15; **63 N 8,** 14	842 I	2 N 33
763	63 N 3, 43		

846	44 N 52	940	16 N 32
847 II	44 N 5	940 I	10 N 2; 16 N 27
847 III	44 N 5	940 II	8 N 8; 16 N 27
849 III	44 N 5	944	8 N 12, 17
850 II	44 N 5	950 ff	8 N 12
852 II	43 N 18	950 I	8 N 13
853 III	43 N 18	950 II	8 N 15
854	39 N 11, 51	951 II	8 N 26
858 II	6 N 18	952 I	59 N 57 f
859	39 N 140	952 II	59 N 91
859 II	40 N 125	955	8 N 12
866	39 N 140; 42 N 26	956	8 N 12
869 ff	39 N 140	957 ff	59 N 22
874 II	6 N 19	957	16 N 59; 28 N 103; 51 N 3 f, 13, 79; 65 N 20
880	22 N 9		
885	24 N 16, 62; 39 N 140	958 ff	51 N 6
888 I	24 N 25	958 I	51 N 5
892	23 N 9	958 II	51 N 77
894 I	27 N 6	959 ff	51 N 27
896 II	6 N 18	959	33 N 26; 51 N 29 f, 32, 54; 68 N 59
913 IV	39 N 140; 40 N 113; 56 N 127		
914	57 N 23	960 I	51 N 71, 231
915	57 N 23, 37	960 II	15 N 45; 50 N 230, 251
917 II	6 N 19	960 III	51 N 6
920	5 N 73; 6 N 18	961	51 N 73; 51 N 80
928 I	37 N 63	962	23 N 122; 51 N 79; 56 N 162
930	7 N 8; 16 N 44; 52 N 155	962 I	51 N 78; 56 N 159
931	16 N 45; 48 N 56; 55 N 166	962 II	51 N 79
931 I	16 N 65; 59 N 50	962 III	51 N 78
931 II	8 N 63a	962 IV	51 N 81
932 ff	53 N 17	963	51 N 79; 56 N 162
932	16 N 60; 27 N 57	964	51 N 85
932 I	16 N 61	971	44 N 19; 53 N 11, 200
932 II	9 N 12; 16 N 62; 53 N 154	972	53 N 11, 200
932 III	16 N 64; 53 N 239	974	43 N 34
933	16 N 51; 27 N 57; 55 N 165, 177; 59 N 55	978 I	43 N 26
		1006 II	44 N 91
933 I	16 N 52; 27 N 28; 55 N 177	1152 II	44 N 91
933 II	16 N 53; 30 N 97; 55 N 177	1156 ff	3 N 68; 26 N 33; 61 N 31
934	59 N 38	1156	48 N 24, 64; 52 N 381
934 I	59 N 34	1156 II	61 N 10
935	59 N 4, 38	1157 ff	26 N 36
935 I	59 N 38, 43, 47	1157	48 N 24
935 II	59 N 83, 92	1158	48 N 24
937	15 N 6; 59 N 51	1159	48 N 24
938	56 N 146	1160	48 N 15
939 II	55 N 182	1164 ff	26 N 36 f

1164 I	26 N 10, 36	1170 I	26 N 27
1169	14 N 81	1173	26 N 27
1170	26 N 36		

Schlussbestimmungen des Bundesgesetzes über die Revision des Aktienrechts

1	5 N 62	3 II	5 N 76
2	55 N 6; 65 N 9	3 III	5 N 84 f; 26 N 31; 39 N 37; 46 N 10
2 I	5 N 65 f, 72		
2 II	1 N 49; 5 N 70 f, 76, 80; 52 N 66; 55 N 137	4	2 N 44; 5 N 60, 95; 44 N 125, 193, 203, 206, 247; 68 N 60
2 III	5 N 74		
3	5 N 70	5	5 N 61, 70, 81; 24 N 108
3 I	5 N 65	6	5 N 60, 92 ff; 24 N 55

Aktienrecht 1936, in der bis 30. Juni 1992 geltenden Fassung

629 ff	13 N 33	704	5 N 64
630	13 N 39	705 II	32 N 48
638	13 N 33	708 III	27 N 58
646	39 N 115	708 IV	27 N 79; 28 N 161
648	5 N 92 f	709	27 N 5
649	5 N 92	710	27 N 5
649 I	57 N 118	711	4 N 44
655	5 N 92; 41 N 44	715 II	31 N 17
657 II	47 N 8	716	31 N 51
657 IV	46 N 31	717	5 N 90
658	47 N 11	717 II	28 N 149
659 I	50 N 166, 173	717 III	28 N 119
660 I	51 N 22	721 I	30 N 5
662	51 N 22	724	22 N 33; 51 N 22
662 I	51 N 22	728	33 N 13
663 III	50 N 92	729 III	33 N 62
685 IV	23 N 70	736 IV	2 N 75
686 II	2 N 44; 44 N 107; 45 N 15	740 IV	54 N 13
686 IV	44 N 173	741 I	54 N 13
696	22 N 33	741 II	54 N 13
700 I	57 N 104		

Schlussbestimmungen OR 1936

2 II	5 N 71	16	53 N 18; 61 N 58
4	58 N 29		

Verordnung über das Handelsregister vom 7. Juni 1937 (SR 221.411), Stand 30. Juni 1995

3 III	16 N 39	9	16 N 44, 47; 52 N 185
3 IV	16 N 39	11	16 N 37
5	16 N 39	20 II	57 N 135

Gesetzesregister

21	10 N 2; 16 N 27	71 lit. c	59 N 43
21 II	8 N 8	71 lit. f	59 N 61
22 II	15 N 4; 27 N 26, 53; 28 N 142, 147; 30 N 108; 55 N 170; 57 N 126, 142	72 I lit. c	59 N 45, 51
		72 II	59 N 46
		73 lit. c	59 N 45
23	16 N 7; 30 N 108	75	5 N 19; 59 N 83
23 I	27 N 26	75 I	5 N 42; 59 N 84
23 II	27 N 26; 55 N 172	75 II	59 N 85
23 III	30 N 109	75 III	59 N 85
25a I	27 N 54	75a	59 N 83
26 III	30 N 104	75a I	59 N 86
26 IV	30 N 111	75a II	59 N 87
28 II	16 N 16; 55 N 173	76	59 N 87
30	23 N 84	76 I	59 N 48
32	53 N 248	77	59 N 52
32 I	16 N 40	77 II lit. a	59 N 47
32 II	25 N 57, 76; 53 N 174 f, 235	78	14 N 4; 16 N 15
33	53 N 248	78 I lit. c	14 N 44; 27 N 27
38	3 N 92; 8 N 12, 17; 16 N 30	78 I lit. d	16 N 16
39	8 N 10, 12, 17	78 I lit. e	16 N 17
40	27 N 25; 55 N 175	78 I lit. f	16 N 18
41	1 N 34; 56 N 14	78 I lit. g	16 N 19
42 I	8 N 48	78 II	16 N 13
42 II	8 N 44	78 II lit. a	15 N 58
43 I	8 N 43; 16 N 18	78 II lit. c	15 N 39a, 58
44 ff	8 N 12, 17	78 III	14 N 60
44	8 N 20	79	14 N 3 f, 67; 16 N 31
44 II	8 N 30a	79 I	14 N 58; 43 N 16
46 III	8 N 22	80 I	52 N 179
49 ff	8 N 35	80 I lit. d	vor 27 N 3; 52 N 172
51	54 N 16	80 I lit. e	vor 27 N 3; 52 N 154, 156
54 ff	59 N 42	80 I lit. g	52 N 160 f
59	15 N 6	80 II	52 N 85
59 II	55 N 167	80a I	52 N 183
60	55 N 6, 144; 56 N 157	80a II	52 N 183
60 I	16 N 8	81a	vor 27 N 3
64 II	55 N 54	81b II	vor 27 N 3; 52 N 274, 286
65	55 N 56, 182	82 I	52 N 375
66 II	55 N 56	82a	vor 27 N 3
66 III	55 N 54	82a I	52 N 411
69 ff	59 N 4	82a II	52 N 411
69	59 N 10	83 I lit. a	14 N 42
70	5 N 19; 8 N 12	83 I lit. c	14 N 31
70 I	59 N 57	83 II	53 N 217
70 II	59 N 91	84	53 N 227
71	59 N 46, 50	84 I	53 N 96, 221, 230
71 lit. b	59 N 47	84 II	53 N 231

1103

84 III	53 N 324	88a	55 N 141
86	27 N 63; 55 N 140	89	55 N 6, 55, 143 f; 56 N 151
86 II	vor 27 N 3	90	5 N 73
86 III	27 N 63; 55 N 183 f	113	16 N 45
86a II	32 N 19, 44	114	16 N 37
88	vor 27 N 3; 55 N 171	115	16 N 37

Handelsregisterverordnung, in der bis 30. Juni 1992 geltenden Fassung

80	15 N 28

2. Übrige Erlasse des schweizerischen Rechts

Bundesverfassung vom 29. Mai 1874 (SR 101)

26	63 N 37	41 ter VI	64 N 7
37 ter	63 N 30	42 quinquies	63 N 8
39 I	63 N 23	46 II	66 N 21
39 II	63 N 23, 28	49 VI	64 N 11
41 bis I lit. a	65 N 5	59	5 N 25; 59 N 68
41 bis I lit. b	65 N 27	UeBest 8	66 N 11
41 ter	66 N 11		

Bundesgesetz über die Organisation der Bundesrechtspflege vom 16. Dezember 1943 (SR 173.110)

44 ff	23 N 34

Schweizerisches Zivilgesetzbuch vom 10. Dezember 1907 (SR 210)

1 II	7 N 18; 56 N 139	19 III	36 N 78
2	2 N 73; 24 N 66; 39 N 104 f; 42 N 36; 55 N 60; 62 N 52 f	27	25 N 91; 63 N 4
		27 II	1 N 35
2 I	25 N 17	52 ff	19 N 6; 55 N 136
2 II	2 N 82; 3 N 56; 25 N 17; 28 N 25; 60 N 48; 62 N 52	52 II	17 N 17
		52 III	3 N 93; 16 N 49; 17 N 17; 55 N 128, 136
3 II	16 N 53; 30 N 97; 50 N 117, 122	53	1 N 32; 8 N 49
4	25 N 83; 55 N 71	54	8 N 49
5 I	6 N 15	55	5 N 33; 19 N 6; 63 N 15
6 I	63 N 42	55 II	21 N 2 f, 9; 56 N 53; 60 N 44
7	6 N 2; 7 N 4; 13 N 21; 28 N 10	56	5 N 18; 8 N 32 f
		57 II	55 N 128 ff, 136
8	25 N 74	57 III	3 N 93; 55 N 6, 129 f, 133, 136
9	16 N 55		
9 I	13 N 71; 23 N 119	59	4 N 29
9 II	16 N 55	59 I	63 N 2
19 II	24 N 124	59 III	13 N 11

60	13 N 10	518	24 N 124
62	13 N 25	551 II	24 N 124
67 II	24 N 25	554	24 N 124
68	24 N 75; 28 N 32	648 II	45 N 10
72	44 N 52	655	50 N 310
78	55 N 129	737 II	39 N 96
88 II	55 N 129	745	45 N 24
173	62 N 91	755	45 N 13
304	24 N 124	847	53 N 163
367	24 N 124	905	24 N 125; 45 N 26; 55 N 95
393	24 N 124	906 I	55 N 95
393 Ziff. 4	20 N 43; 56 N 34	934	44 N 88
407	24 N 124	935	44 N 88
413	24 N 124	973	16 N 56
419	24 N 124		

Schlusstitel Zivilgesetzbuch

1	5 N 62	4	5 N 63
2	5 N 63 ff	55	6 N 15
3	5 N 63, 66		

Bundesgesetz über den Erwerb von Grundstücken durch Personen im Ausland («Lex Friedrich», SR 211.412.41)

2	62 N 126	6	44 N 202; 62 N 132
4	62 N 131	6 II lit. a	5 N 54; 62 N 132
4 I lit. d	62 N 129	6 II lit. b	62 N 132
4 I lit. e	62 N 126	18	16 N 23
5 I lit. c	62 N 97		

Verordnung über Anforderungen an besonders befähigte Revisoren vom 15. Juni 1992 (SR 221.302)

3	32 N 19	3 I	30 N 60

Verordnung über die Gläubigergemeinschaft bei Anleihensobligationen vom 9. Dezember 1949 (SR 221.522.1)

6	14 N 81

Konkordat über die Schiedsgerichtsbarkeit vom 27. März 1969 (SR 279)

6 I	25 N 68; 39 N 171	6 II	8 N 86; 25 N 68

Bundesgesetz betreffend Schuldbetreibung und Konkurs vom 11. April 1889 (SR 281.1)

5	37 N 19	50 I	59 N 95
39 I Ziff. 7	16 N 58; 55 N 43	55	57 N 206
46 II	8 N 39; 55 N 45; 57 N 206	67 ff	55 N 43

92 Ziff. 3	62 N 91	221 ff	55 N 51; 56 N 5
159 ff	55 N 34, 43	237 II	22 N 32
159	55 N 43	240	24 N 124
176	55 N 167, 182	253 II	22 N 32; 36 N 19
177 ff	55 N 44	260	36 N 42
177 I	16 N 58; 55 N 44	260 II	36 N 29, 38
190 ff	55 N 34	288	50 N 220
190 I Ziff. 1	55 N 41	293 ff	53 N 12
190 I Ziff. 2	55 N 40	298 II	55 N 39
191	55 N 38	306	55 N 39
192	55 N 36	309	55 N 39
195	55 N 181	316	55 N 39
204	57 N 62	316a ff	55 N 53; 56 N 5
207	36 N 18	316b I Ziff. 2	56 N 32
208	56 N 96	316d II	55 N 157
219 IV 1. Kl. lit. a	28 N 7		

Revidiertes Bundesgesetz betreffend Schuldbetreibung und Konkurs (in Kraft ab 1. Januar 1997)

39 I Ziff. 8	55 N 43	313	55 N 39
195	55 N 181	317 ff	55 N 53
298 III	55 N. 39	318 II Ziff. 2	56 N 32
309	55 N 39	319 II	55 N 157

Bundesgesetz über das Internationale Privatrecht vom 18. Dezember 1987 (SR 291)

10	5 N 7	155 lit. d	8 N 25
13	5 N 20	155 lit. h	5 N 33
17	5 N 20	156 ff	5 N 15, 26 ff
21	5 N 19	156	5 N 30
21 I	5 N 17 f; 8 N 32	157	5 N 31
21 II	5 N 17 f	158	5 N 32 f; 68 N 65
53	5 N 8	159	5 N 7, 29, 34 ff
133 II	5 N 33	160 I	5 N 40; 59 N 78
150 ff	5 N 6	160 II	5 N 41; 59 N 80, 92 f
150	5 N 7	161 ff	5 N 44
151	58 N 6	161	5 N 45; 33 N 86; 58 N 26, 49
151 I	5 N 21		
151 II	5 N 22	161 II	5 N 45, 50
151 III	5 N 23	162 ff	5 N 7
152	5 N 35; 58 N 6	162	5 N 45; 33 N 86; 58 N 49
153	5 N 7, 45	162 III	33 N 86
154	5 N 10, 17, 26	163	5 N 46; 54 N 8; 55 N 30; 57 N 5; 58 N 48
154 I	5 N 12		
154 II	5 N 13	163 I	54 N 15
155	5 N 21	163 II	5 N 7, 45, 47, 50

164	5 N 46; 54 N 8; 55 N 30; 57 N 5; 58 N 48	165 I lit. a	5 N 24
		165 II	5 N 24
164 I	54 N 8, 16	166	5 N 17
165	5 N 24		

Schweizerisches Strafgesetzbuch vom 21. Dezember 1937 (SR 311.0)

59 I	55 N 129	161 bis	50 N 134; 61 N 22 f, 34; 68 N 84
59 III	55 N 129		
70	36 N 154	162	28 N 55 f
71 I	36 N 153	163	51 N 86
110 Ziff. 5	14 N 85	166	51 N 86
138	28 N 30	170	51 N 86
140	28 N 173	172	21 N 19a; 37 N 2; 62 N 96
152	14 N 85; 51 N 86	179 bis	22 N 117
153	16 N 8, 36; 51 N 86	251 ff	15 N 67
158	28 N 30	251	14 N 85; 51 N 86
159	50 N 111	321	28 N 59
161	28 N 57; 61 N 22 f, 32; 68 N 84	321 I	33 N 110
		325	51 N 86; 56 N 161
		326	21 N 19a; 37 N 2; 62 N 96

Bundesgesetz über die wirtschaftliche Landesversorgung vom 8. Oktober 1982 (SR 531)

61	5 N 47

Bundesgesetz über die Stempelabgaben vom 27. Juni 1973 (SR 641.10)

1 I	65 N 2	8 III	65 N 10a
3	65 N 3	10 I	16 N 68; 38 N 8; 56 N 170
4 I	59 N 101		
5 I lit. a	65 N 7, 10c	11 lit. b	52 N 395
5 II lit. b	55 N 192; 56 N 170 f	11 lit. c	16 N 68
6 I lit a bis	65 N 10b	13 I	65 N 11
6 I lit. g	65 N 9	13 II	65 N 12
6 I lit. h	16 N 68; 65 N 8	13 III	65 N 13
6 Ia bis	57 N 230	13 III lit. c	65 N 13
7 I lit a	16 N 68	16	65 N 11
7 I lit. a bis	52 N 395	34 I	65 N 4
8 I lit. a	16 N 68; 65 N 10a	34 II	65 N 4

Verordnung über die Stempelabgaben vom 3. Dezember 1973 (SR 641.101)

9 I	16 N 68	9 II	16 N 68

Verordnung über die Mehrwertsteuer vom 22. Juni 1994 (SR 641.201)

17 III	66 N 11	26 II	40 N 96
25	38 N 4	59 IV	56 N 150
25 II	38 N 7	60 ff	51 N 87

Bundesgesetz über die Tabaksteuer vom 21. März 1969 (SR 641.31)

8	38 N 4	8 II	38 N 7

Bundesgesetz über die direkten Bundessteuern vom 14. Dezember 1990 (SR 642.11)

1 lit. b	64 N 14	59	65 N 23
5	38 N 4, 7	60 lit. a	65 N 24
16 III	66 N 2	61	57 N 248; 66 N 39
20 I lit. c	52 N 146; 66 N 46	61 I lit. b	66 N 51
51	59 N 99	69	66 N 13, 18
51 II	59 N 75, 77; 64 N 10	70	66 N 53
54 III	66 N 41, 51	74	65 N 15
55 II	38 N 4, 7	75	65 N 15
57	65 N 21	75 III	62 N 119
58	65 N 20	78 I	65 N 18
58 I lit. c	66 N 39	222	65 N 26

Bundesgesetz über die Harmonisierung der direkten Steuern der Kantone und Gemeinden vom 14. Dezember 1990 (SR 642.14)

2 lit. b	64 N 14	28 II	66 N 18
7 IV lit. b	66 N 2	28 III	66 N 19 f
21 I	59 N 77	28 III lit. a	66 N 20
24	65 N 21	28 III lit. b	66 N 20
24 II lit. a	65 N 24	28 III lit. c	66 N 20
24 II lit. b	66 N 38	29	62 N 121
24 III	57 N 243; 66 N 39	29 II lit. a	65 N 15, 18
25	65 N 23	29 III	65 N 15
28	66 N 9	29a	62 N 121
28 I	66 N 13	72 I	64 N 8

Bundesgesetz über die Verrechnungssteuer vom 13. Oktober 1965 (SR 642.21)

4 I	65 N 36, 46	11	65 N 30
4 I lit. b	66 N 10	15	38 N 4
4 II	66 N 39	15 II	38 N 7
5 I lit. a	66 N 46, 55	18	65 N 36
5 II	66 N 46	20 I	56 N 174
9 I	59 N 101	21 ff	65 N 29
10 I	65 N 29 f	25	65 N 36

Vollziehungsverordnung zum Bundesgesetz über die Verrechnungssteuer vom 19. Dezember 1966 (SR 642.211)

20	65 N 33	20 I	65 N 37

Bundesratsbeschluss über die ungerechtfertigte Inanspruchnahme von Doppelbesteuerungsabkommen vom 14. Dezember 1962 (SR 672.202)

1 I	66 N 31	2 I	66 N 32
1 II	66 N 31	2 II	66 N 33
1 II lit. a	66 N 31	2 II lit. b	5 N 54; 66 N 33
1 II lit. b	66 N 31		

Bundesgesetz über die Nutzbarmachung der Wasserkräfte vom 22. Dezember 1916 (SR 721.80)

1	63 N 40	48 I	63 N 40
2	63 N 40	54 ff	63 N 40
39	63 N 40	63 ff	63 N 41

Eisenbahngesetz vom 20. Dezember 1957 (SR 742.101)

5	63 N 37	63 ff	63 N 37
49 ff	63 N 37		

Verordnung zum Bundesgesetz über den Bau und Betrieb von Eisenbahnen vom 23. Dezember 1872 (SR 742.121)

8	63 N 37	25 ff	63 N 37

Bundesgesetz über die Luftfahrt vom 21. Dezember 1948 (SR 748.0)

27	63 N 30	29 II	63 N 31
28	63 N 30	100 ff	63 N 31
28 III	63 N 30	103	63 N 32, 35
29 I	63 N 31		

Bundesgesetz über die Information und Mitsprache der Arbeitnehmerinnen und Arbeitnehmer in den Betrieben vom 17. Dezember 1993 (SR 822.14)

9 II	68 N 38	11	68 N 38

Bundesgesetz über die Alters- und Hinterlassenenversicherung vom 20. Dezember 1946 (SR 831.10)

52	38 N 10, 12

Bundesgesetz über die Nationalbank vom 6. Oktober 1905 (SR 951.11)

1	63 N 24	13	63 N 26
5 I	63 N 24	29 ff	63 N 27
5 II	63 N 24	35	63 N 25
6 I	63 N 25	40 ff	63 N 27
7	63 N 24	48	63 N 27

49	63 N 27		52	63 N 27
50	63 N 27		53	63 N 28
51	63 N 27		54	63 N 27 f

Bundesgesetz über die Anlagefonds vom 18. März 1994 (SR 951.31)

2 I	50 N 184a		32 I	43 N 59
2 II	52 N 89		32 II	68 N 40
9	68 N 41		43 III	68 N 41

Bundesgesetz über die Banken und Sparkassen vom 8. November 1934 (SR 952.0)

1 IV	8 N 23		11 I lit. b	53 N 140
3 I	61 N 54		11 I lit. c	53 N 181
3 II lit. a	8 N 90; 20 N 8; 28 N 156; 29 N 22; 61 N 55		14	58 N 30
			15 I	8 N 23
3 II lit. b	1 N 51		18 ff	32 N 20; 34 N 15
3 IV	63 N 12		19 I	33 N 27
3 V	42 N 41		20	32 N 20
3 bis	5 N 54		21	33 N 58
3 bis III	44 N 203 f		23 bis II	35 N 12
4 ff	52 N 4		23 ter I bis	24 N 88f
6	68 N 42		23 quinquies	55 N 145
6 II	5 N 73; 61 N 56		23 quinquies II	55 N 145; 56 N 33
6 III	51 N 25		24 III	51 N 40
6 IV	48 N 66		29 ff	50 N 213
11	53 N 18, 89		47	28 N 59
11 I lit. a	53 N 18			

Verordnung zum Bundesgesetz über die Banken und Sparkassen vom 17. Mai 1972 (SR 952.02)

3a II	52 N 89		25	51 N 120
4 I	1 N 51		25a	51 N 102, 192
8	20 N 8; 28 N 156; 29 N 22		25b	51 N 164
11 ff	52 N 4		25c	51 N 121
23 ff	61 N 56; 68 N 42		25d I	51 N 254
23 I	51 N 264		25e ff	51 N 221
23 II	51 N 164		26	48 N 66
23a III	51 N 205		34 ff	34 N 15
23a IV	51 N 205		35	32 N 20
23a V	51 N 205		40 ff	33 N 27
23b	51 N 25		43 ff	33 N 58
24 III	51 N 40		44	34 N 15

Bundesgesetz betreffend die Aufsicht über die privaten Versicherungseinrichtungen vom 23. Juni 1978 (SR 961.05)

7	61 N 60		8	61 N 60

9	61 N 60	19 ff	61 N 62
10 ff	61 N 60	24	61 N 64
17 I	61 N 61	25	61 N 64
17 II	61 N 61	46a ff	50 N 281

Übereinkommen über die gerichtliche Zuständigkeit und die Vollstreckung gerichtlicher Entscheidungen in Zivil- und Handelssachen vom 16. September 1988 (SR 0.275.11)

5 Ziff. 1	5 N 25	53 I	5 N 18

Bundesgesetz über die Börsen und den Effektenhandel vom 24. März 1995 (tritt voraussichtlich 1996 in Kraft)

1	61 N 23	29 II	61 N 42
2 lit. a	43 N 59; 61 N 27; 67 N 28	30 I	61 N 42
2 lit. b	61 N 28	31 I	61 N 39
2 lit. d	61 N 31	32	44 N 74
4	61 N 24	32 I	61 N 44, 46
8 II	61 N 29	32 II	61 N 47
8 III	61 N 30	32 III	61 N 48
11	61 N 31	32 IV	39 N 30
20	42 N 37 f; 61 N 37	33	44 N 58
20 I	61 N 36	34	61 N 24
20 III	61 N 36	38	61 N 23
20 V	61 N 36	41	61 N 38
21	61 N 36	46	61 N 22, 34
22 ff	61 N 41 f	51	61 N 40 f
22 II	44 N 78; 61 N 45	52	44 N 77; 61 N 49
22 III	61 N 45	53	61 N 45
23	61 N 24, 41	54	44 N 60
24 II	61 N 43	54 I	61 N 50
29 I	61 N 42	54 II	61 N 50

3. Kantonale Erlasse

Gesetz über die direkten Steuern des Kantons Zürich vom 8. Juli 1951 (GS 631.1)

4 I	66 N 22	47 I lit. a	65 N 15
4 II	64 N 1	48 I	65 N 26
45 ff	64 N 14	48 III	65 N 26
45	65 N 20 f	48 IV	65 N 18
46	65 N 21		

Gesetz über den Zivilprozess des Kantons Zürich vom 13. Juni 1976 (GS 271)

3	59 N 68	219 Ziff. 14a	32 N 50
53 II	35 N 116	219 Ziff. 17	23 N 34
219 Ziff. 13	35 N 52		

Gesetz betreffend den gewerbsmässigen Verkehr mit Wertpapieren des Kantons Zürich vom 22. Dezember 1912 (GS 953.1)

1 II   43 N 59

4. Ausländische Erlasse und EG-Recht

Deutsches Aktiengesetz vom 6. September 1965

2	62 N 29	242	25 N 135
140 II	46 N 38	291 ff	60 N 5; 68 N 79
145 IV	35 N 94	320	44 N 52
168 III	40 N 256a	394	28 N 45

Deutsches Bilanzrichtlinien-Gesetz vom 19. Dezember 1985

51 N 181

Vertrag zur Gründung der Europäischen Wirtschaftsgemeinschaft vom 25. März 1957

3 lit. h	68 N 5	73b	68 N 11
7a II	68 N 6	100a	68 N 26
52 ff	68 N 6	100b	68 N 9
52 II	68 N 16	189 II	68 N 29
54 III lit. g	68 N 7	189 III	68 N 26
58	68 N 17	220	68 N 18, 30
58 I	68 N 17, 24	220 III	68 N 19, 69
73b ff	68 N 6	221	68 N 12

1. EG-Richtlinie 68/151 (ABl L 65 14. 3. 1968, 8)

2 I lit. f	68 N 63	9	68 N 64
3 I	68 N 63		

2. EG-Richtlinie 77/91 (ABl 26 31. 1. 1977, 1), geändert durch Richtlinie 92/101 (ABl L 347 28. 11. 1992, 64)

9 I	68 N 66	23	68 N 68
18 ff	68 N 67	25 II	68 N 66

4. EG-Richtlinie 78/660 (ABl L 222 14. 8. 1978, 11), geändert durch Richtlinie 90/604 und 90/605 (ABl L 317 16. 11. 1990, 57 resp. 60)

51 N 177	47	68 N 76

7. EG-Richtlinie 83/349 (ABl L 193 18. 7. 1983, 1), geändert durch Richtlinie 90/604 und 90/605 (ABl L 317 16. 11. 1990, 57 resp. 60)

	51 N 178	38	68 N 76
11	68 N 75		

8. EG-Richtlinie 84/253 (ABl L 126 12. 5. 1984, 20)

1 lit. 3   68 N 77

EG-Bankbilanzrichtlinie 86/635 (ABl L 372 31. 12. 1986, 1)

           51 N 179

EG-Versicherungsrichtlinie 91/674 (ABl L 370 31. 12. 1991, 7)

           51 N 180